Coleção **NOVO CPC**
Doutrina Selecionada — 1

PARTE GERAL

Coordenador Geral
Fredie Didier Jr.

Organizadores
Lucas Buril de Macêdo
Ravi Peixoto
Alexandre Freire

Coleção **NOVO CPC**
Doutrina Selecionada

1

PARTE GERAL

2.ª **edição**, revista e atualizada

2016

www.editorajuspodivm.com.br

www.editorajuspodivm.com.br

Rua Mato Grosso, 175 – Pituba, CEP: 41830-151 – Salvador – Bahia
Tel: (71) 3363-8617 / Fax: (71) 3363-5050 • E-mail: fale@editorajuspodivm.com.br

Copyright: Edições JusPODIVM

Conselho Editorial: Dirley da Cunha Jr., Leonardo de Medeiros Garcia, Fredie Didier Jr., José Henrique Mouta, José Marcelo Vigliar, Marcos Ehrhardt Júnior, Nestor Távora, Robério Nunes Filho, Roberval Rocha Ferreira Filho, Rodolfo Pamplona Filho, Rodrigo Reis Mazzei e Rogério Sanches Cunha.

Capa: Marcelo S. Brandão (santibrando@gmail.com)

N935	Novo CPC doutrina selecionada, v. 1: parte geral / coordenador geral, Fredie Didier Jr. ; organizadores, Lucas Buril de Macêdo, Ravi Peixoto, Alexandre Freire. – Salvador : Juspodivm, 2016.
	1552 p.
	Vários autores.
	Bibliografia.
	ISBN 978-85-442-0740-6.
	1. Processo civil - Brasil. 2. Processo civil - Legislação - Brasil I. Didier Jr., Fredie. II. Macêdo, Lucas Buril de. III. Peixoto, Ravi. IV. Freire, Alexandre. V. Título. VI. Título : processo de conhecimento e disposições finais e transitórias.
	CDD 347.05

Todos os direitos desta edição reservados à Edições JusPODIVM.

É terminantemente proibida a reprodução total ou parcial desta obra, por qualquer meio ou processo, sem a expressa autorização do autor e da Edições JusPODIVM. A violação dos direitos autorais caracteriza crime descrito na legislação em vigor, sem prejuízo das sanções civis cabíveis.

Dedicamos esse volume aos professores Fredie Didier Jr. e Leonardo Carneiro da Cunha, por todas as suas importantes contribuições, firmadas com muita humildade e grandeza, ao direito processual civil brasileiro e à nossa formação pessoal.

APRESENTAÇÃO À 2ª EDIÇÃO

Inicialmente, agradecemos ao público pela rápida acolhida da *Coleção Novo CPC – Doutrina Selecionada*. Ficamos positivamente surpresos com o sucesso editorial da obra, que se esgotou em pouquíssimos meses.

Após esgotada a primeira edição, optamos, ao invés de apenas soltar uma nova tiragem, por fazer, efetivamente, uma segunda edição da coleção *Doutrina Selecionada*, com a adição de novos textos e a revisão daqueles que já constavam, sobretudo diante da precoce alteração da Lei 13.105/2015.

Às vésperas da plena eficácia do novo Código de Processo Civil, esperamos que o *Doutrina Selecionada* cumpra sua função de fornecer aos estudantes e práticos uma visão ampla do novo sistema processual, com grande riqueza de perspectivas, auxilie na solução dos vários problemas interpretativos que se avizinham. Queremos crer que, nestes livros, reúne-se a mais recente produção da processualística brasileira.

Especificamente neste volume, que trata da Parte Geral, vários dos artigos foram atualizados, seja com base na recente reforma do CPC/2015, seja por conta da grande produção doutrinária existente durante o ano de 2015.

Sobre as novidades, fazemos menção ao texto de Roberto Campos Gouveia Filho e Gabriela Expósito de Miranda, sobre o fenômeno processual de acordo com os planos material, pré-processual e processual do direito, ao ensaio de Dierle Nunes, Clenderson Rodrigues da Cruz e Lucas Dias Costa Drummond sobre a primazia do mérito, ao artigo de Ronaldo Brêtas de Carvalho Dias sobre a constitucionalização do processo civil, ao artigo de Thiago Rodovalho sobre a mediação no CPC/2015, ao texto de Benedito Cerezzo Pereira Filho, acerca dos honorários advocatícios, ao ensaio de Rennan Faria Krüger Thamay e Vinícius Ferreira de Andrade sobre as condições da ação, ao ensaio de Pedro Henrique Pedrosa Nogueira, acerca da legitimidade processual, ao texto de Maurilio Casas Maia, sobre a intervenção de terceiro da defensoria pública nas ações possessórias multitudinárias, ao texto de Cristina Ferraz sobre a citação eletrônica, ao artigo de Renato Resende Beneduzi, sobre o *forum non conveniens*, ao artigo de Gelson Amaro de Souza, sobre assistência e coisa julgada, o de Vinicius Silva Lemos, sobre a extinção da nomeação a autoria e o ensaio de Rafael Calheiros Bertão, sobre negócios jurídicos processuais.

Recife, 01 de fevereiro de 2016,

Os organizadores.

Sumário

PARTE I
ASPECTOS PRÉVIOS AO CPC/2015

Capítulo 1 ▶ Breve história (ou 'estória') do Direito Processual Civil brasileiro: das Ordenações até a derrocada do Código de Processo Civil de 1973 .... **41**

Rodrigo Mazzei

1. INTRODUÇÃO 41
2. AS ORDENAÇÕES AFONSINAS, MANUELINAS E FILIPINAS 42
    2.1 ORDENAÇÕES AFONSINAS 43
    2.2. ORDENAÇÕES MANUELINAS 44
    2.3. ORDENAÇÕES FILIPINAS 45
3. O REGULAMENTO COMERCIAL 737/1850 46
4. A CONSOLIDAÇÃO DE RIBAS 47
5. A CONSOLIDAÇÃO DE JOSÉ HIGINO DUARTE PEREIRA 48
6. OS CÓDIGOS ESTADUAIS (PROCESSO CIVIL) 48
7. O CÓDIGO DE PROCESSO CIVIL DE 1939 50
8. O CÓDIGO DE PROCESSO CIVIL DE 1973 53
9. A CONSTITUIÇÃO FEDERAL DE 1988 E A LEGISLAÇÃO PROCESSUAL (EM ESPECIAL SUA RELAÇÃO COM O CÓDIGO DE PROCESSO CIVIL DE 1973) 62
10. BREVE FECHAMENTO 67

Capítulo 2 ▶ Fatos institucionais e o NCPC: implicações ontológicas e epistemológicas **71**

Marcelo Lima Guerra

1. INTRODUÇÃO: A CRIAÇÃO DE UM NOVO CÓDIGO DE PROCESSO CIVIL E A OPORTUNIDADE DE REPENSAR A MISSÃO DA CIÊNCIA DO DIREITO 71
2. ONTOLOGIA SOCIAL E A ESTRATÉGIA INSTITUCIONALISTA: O CONCEITO DE FATO INSTITUCIONAL 73
    2.1. FATOS INSTITUCIONAIS E NORMAS CONSTITUTIVAS 73
    2.2. NORMAS CONSTITUTIVAS, MOLDURAS SENTENCIAIS, FORMAS LÓGICAS POR ELAS EXPRESSAS E AS EXPRESSÕES SUBSTITUTIVAS DE VARIÁVEIS OCORRENTES EM MOLDURAS SENTENCIAIS. 76
    2.3. INSUFICIÊNCIA DAS NORMAS CONSTITUTIVAS DE SEARLE 79
    2.4. OS DOIS TIPOS DE NORMAS CONSTITUTIVAS INDISPENSÁVEIS À EXISTÊNCIA DE FATOS INSTITUCIONAIS 80

NOVO CPC DOUTRINA SELECIONADA, V. 1 • Parte Geral

2.5. SOBRE A DISTINÇÃO ENTRE NORMAS EXPLÍCITAS E NORMAS IMPLÍCITAS EM PRÁTICAS 83

2.6. INSTITUIÇÕES COMO "REIFICAÇÃO" DE AGREGADOS DE NORMAS 85

2.7. FATOS INSTITUCIONAIS E SEUS NOMES: UMA AMBIGUIDADE TÍPICA DOS NOMES DE FATOS INSTITUCIONAIS (= Y-EXPRESSÕES) 86

2.8. DUAS MANEIRAS DE "NÃO EXISTIR" DETERMINADO FATO INSTITUCIONAL 88

2.9. REFERÊNCIA DAS Y- EXPRESSÕES 89

2.10. IMPLICAÇÕES EPISTEMOLÓGICAS DA PECULIAR ONTOLOGIA DOS FATOS INSTITUCIONAIS 91

3. DA ONTOLOGIA SOCIAL À ONTOLOGIA JURÍDICA: OS FATOS JURÍDICOS, EM ESPECIAL OS INSTITUTOS JURÍDICOS, COMO FATOS INSTITUCIONAIS. 93

4. DA ONTOLOGIA JURÍDICA À EPISTEMOLOGIA JURÍDICA: SOBRE A "DESCOBERTA" E A "ESCOLHA" DE NATUREZAS JURÍDICAS DE INSTITUTOS. 96

4.1. A IMPORTÂNCIA DO VOCABULÁRIO NA IMPLEMENTAÇÃO DA ESTRATÉGIA INSTITUCIONALISTA   101

5. CONSIDERAÇÕES CONCLUSIVAS 103

6. BIBLIOGRAFIA 106

Capítulo 3 ▶ A Teoria Geral do Processo e a Parte Geral do Novo Código de Processo Civil 107

Leonard Ziesemer Schmitz

1. NOTAS INTRODUTÓRIAS: O NOVO CÓDIGO DE PROCESSO CIVIL E A APRESENTAÇÃO DO PROBLEMA . 107

2. TEORIA GERAL DO PROCESSO: BREVES COMENTÁRIOS 110

3. "PARTE GERAL" COMO TÉCNICA LEGÍSTICA 112

4. PARTE GERAL E TEORIA GERAL: UMA PRIMEIRA APROXIMAÇÃO 114

5. TRANSFORMAÇÕES SOCIOCULTURAIS E JURÍDICAS, DE 1970 AOS DIAS DE HOJE 116

6. AS FEIÇÕES CONTEMPORÂNEAS DA TEORIA GERAL DO PROCESSO 121

7. A TEORIA GERAL DO PROCESSO CONTEMPORÂNEA E A PARTE GERAL DO NCPC 125

7.1. NORMAS "FUNDAMENTAIS" DO NOVO CPC 126

7.2. NOVIDADES "ESTRUTURAIS" DA PARTE GERAL 130

8. CONCLUSÕES 134

9. BIBLIOGRAFIA 136

Capítulo 4 ▶ A Regra Interpretativa da Primazia do Mérito e o Formalismo Processual Democrático 139

Dierle Nunes
Clenderson Rodrigues da Cruz
Lucas Dias Costa Drummond

1. INTRODUÇÃO 139

2. DO FORMALISMO PROCESSUAL: UMA REFLEXÃO SOBRE SUA HISTÓRIA E SEUS FUNDAMENTOS 145

3. NOÇÕES FRONTEIRIÇAS DO FORMALISMO PROCESSUAL: DISTINÇÕES COM A TÉCNICA PROCESSUAL E A PROPOSTA DE UM NOVO FORMALISMO DEMOCRÁTICO 149

SUMÁRIO

4. O ACESSO À JUSTIÇA E O NOVO CÓDIGO DE PROCESSO CIVIL À LUZ DO FORMALISMO DEMOCRÁTICO. ... 158

    4.1. AS PROPOSTAS REFORMISTAS E O FORMALISMO DEMOCRÁTICO. ... 158

    4.2. DO ACESSO À JUSTIÇA: REFORÇO AO (ANTI) FORMALISMO? ... 159

    4.3. O NOVO CÓDIGO DE PROCESSO CIVIL: COMO FORMALISMO DEMOCRÁTICO COMPLEMENTA A PRIMAZIA DO MÉRITO E O MÁXIMO APROVEITAMENTO. ... 167

5. CONSIDERAÇÕES FINAIS ... 173

REFERÊNCIAS ... 175

Capítulo 5 ▶ O Fenômeno Processual de Acordo com os Planos Material, Pré-Processual e Processual do Direito: Breves Considerações do Tema a Partir (e além) do Pensamento de Pontes de Miranda ... 179

Roberto P. Campos Gouveia Filho
Gabriela Expósito Miranda

1. INTRODUÇÃO ... 179

2. DA FORMAÇÃO DOS FATOS JURÍDICOS À CONSTITUIÇÃO DAS RELAÇÕES JURÍDICAS ... 181

3. O PLANO MATERIAL A PARTIR DOS ELEMENTOS DA RELAÇÃO JURÍDICA ... 185

    3.1. CONSIDERAÇÕES INICIAIS ... 185

    3.2. DIREITO, PRETENSÃO E AÇÃO: SÍNTESE DOS ELEMENTOS PRINCIPAIS DAS RELAÇÕES JURÍDICAS ... 186

4. O PLANO PRÉ-PROCESSUAL ... 189

    4.1. CONSIDERAÇÕES INICIAIS SOBRE A PRÉ-PROCESSUALIDADE ... 189

    4.2. PRETENSÃO E PRETENSÕES À TUTELA JURÍDICA: DA GENERALIDADE ÀS ESPECIFICIDADES 190

    4.3. O DIREITO AO REMÉDIO JURÍDICO PROCESSUAL ... 193

5. O PLANO PROCESSUAL ... 194

    5.1. CONSIDERAÇÕES INICIAIS ... 194

    5.2. O REMÉDIO JURÍDICO PROCESSUAL ... 195

    5.3. A AÇÃO PROCESSUAL ... 197

6. CONCLUSÃO ... 202

7. REFERÊNCIAS ... 202

PARTE II
JURISDIÇÃO E CONDIÇÕES DA AÇÃO

Capítulo 1 ▶ A visão de jurisdição incorporada pelo Novo Código de Processo Civil ... 209

Maria Angélica E. F. Feijó

1. INTRODUÇÃO ... 209

2. A VISÃO DE JURISDIÇÃO NO CÓDIGO DE PROCESSO CIVIL DE 1973. O JUIZ COMO MERO APLICADOR DO DIREITO, MEDIANTE A DESCOBERTA E A DECLARAÇÃO DA NORMA PREEXISTE....... 212

   2.1. A INFLUÊNCIA DO PENSAMENTO JURÍDICO DOS OITOCENTOS E DO INÍCIO DOS NOVECENTOS NA FORMAÇÃO DO CÓDIGO BUZAID. O COGNITIVISMO INTERPRETATIVO E O RACIOCÍNIO LÓGICO-SILOGÍSTICO DO JUIZ.............. 213

   2.2. A TEORIA DECLARATÓRIA DA JURISDIÇÃO 216

3. A NOVA VISÃO DE JURISDIÇÃO. O JUIZ E O SEU PAPEL DE RECONSTRUÇÃO DO ORDENAMENTO JURÍDICO 219

   3.1. A PASSAGEM DO ESTADO LEGISLATIVO PARA O ESTADO CONSTITUCIONAL E AS MUDANÇAS NO ÂMBITO DA TEORIA DO DIREITO. O CETICISMO MODERADO INTERPRETATIVO E O CONSEQUENTE RACIOCÍNIO LÓGICO-ARGUMENTATIVO DO JUIZ. 220

   3.2. A TEORIA RECONSTRUTIVISTA DA JURISDIÇÃO 222

4. DA JURISDIÇÃO AO PROCESSO: A INCORPORAÇÃO DA NOVA VISÃO DE JURISDIÇÃO NO CÓDIGO DE PROCESSO CIVIL DE 2015 E OS EFEITOS PRÁTICOS. 226

   4.1. CONTRADITÓRIO 227

   4.2 FUNDAMENTAÇÃO 231

   4.3. DA JURISPRUDÊNCIA AO PRECEDENTE 235

5. CONCLUSÃO 240

Capítulo 2 ▶ Fonte normativa da legitimação extraordinária no Novo Código De Processo Civil: a legitimação extraordinária de origem negocial............ 241

Fredie Didier Jr.

1. CONCEITO DE LEGITIMAÇÃO EXTRAORDINÁRIA 241

2. FONTE NORMATIVA DA LEGITIMAÇÃO EXTRAORDINÁRIA. 242

3. LEGITIMAÇÃO EXTRAORDINÁRIA ATIVA DE ORIGEM NEGOCIAL. 244

4. LEGITIMAÇÃO EXTRAORDINÁRIA PASSIVA DE ORIGEM NEGOCIAL. 246

5. O CHAMAMENTO À AUTORIA COMO EXEMPLO HISTÓRICO DE LEGITIMAÇÃO EXTRAORDINÁRIA DE ORIGEM NEGOCIAL. 247

6. LEGITIMAÇÃO EXTRAORDINÁRIA DE ORIGEM NEGOCIAL E PENDÊNCIA DO PROCESSO 248

7. REFERÊNCIAS BIBLIOGRÁFICAS. 248

Capítulo 3 ▶ Do dogma da completude à (im)possibilidade jurídica do pedido: aportes filosóficos à reflexão do tema 249

Deocleciano Otávio Neto
Lúcio Grassi de Gouveia
Mateus Costa Pereira

1. INTRODUÇÃO. 249

2. A (IM)POSSIBILIDADE JURÍDICA DO PEDIDO NO NOVO CPC: REFLEXÕES INICIAIS SOBRE O TEMA A PARTIR DE UM DEBATE TRAVADO DENTRE FREDIE DIDIER JR., ALEXANDRE FREITAS CÂMARA E LEONARDO JOSÉ CARNEIRO DA CUNHA 250

SUMÁRIO

3. DA (IM)POSSIBILIDADE JURÍDICA DO PEDIDO NA DOUTRINA BRASILEIRA: COMPREENSÃO E EXEMPLIFICAÇÃO 252

4. RECOLOCAÇÃO DO TEMA SOB A ÓPTICA HERMENÊUTICA 254

5. CONSIDERAÇÕES FINAIS 256

6. REFERÊNCIAS BIBLIOGRÁFICAS 256

Capítulo 4 ▶ Condições da Ação no Novo CPC 259

Rennan Faria Krüger Thamay
Vinícius Ferreira de Andrade

1. ASPECTOS INTRODUTÓRIOS 259

2. SUMIRAM AS CONDIÇÕES DA AÇÃO NO NOVO CPC? 260

3. CONDIÇÕES DA AÇÃO 263

    3.1. SOBRE A POSSIBILIDADE JURÍDICA DO PEDIDO: UMA "RELÍQUIA" DO MUSEU DOS INSTITUTOS PROCESSUAIS EXTINTOS 266

    3.2. INTERESSE DE AGIR 268

    3.3. LEGITIMAÇÃO PARA A CAUSA 271

REFERÊNCIAS BIBLIOGRÁFICAS 275

Capítulo 5 ▶ A Legitimidade Processual no Novo Código de Processo Civil 279

Pedro Henrique Nogueira

1. INTRODUÇÃO 279

2. A LEGITIMIDADE AD CAUSAM E A TEORIA DE LIEBMAN SOBRE AS "CONDIÇÕES DA AÇÃO" 279

3. A CRÍTICA 281

4. DISTINGUINDO LEGITIMIDADE PROCESSUAL E A LEGITIMIDADE AD CAUSAM 281

5. A LEGITIMIDADE PROCESSUAL COMO REQUISITO DE EFICÁCIA DO ATO POSTULATÓRIO 284

    5.1. A "TEORIA DA ASSERÇÃO" 285

    5.2. OUTROS REQUISITOS SUBJETIVOS INTEGRANTES DA LEGITIMIDADE DE AGIR 287

6. A LEGITIMIDADE PROCESSUAL NÃO SE CONFUNDE COM A LEGITIMIDADE AD PROCESSUM 289

7. NOTA CONCLUSIVA 290

PARTE III
NORMAS FUNDAMENTAIS

Capítulo 1 ▶ A constitucionalização do novo Código de Processo Civil ... 295

Ronaldo Brêtas de Carvalho Dias

1. INTRODUÇÃO 295

NOVO CPC DOUTRINA SELECIONADA, V. 1 • Parte Geral

2. PROCESSO CONSTITUCIONAL 296

3. INTERPRETAÇÃO E APLICAÇÃO DO NOVO CÓDIGO CONFORME NORMAS FUNDAMENTAIS 297

4. CONTRADITÓRIO E FUNDAMENTAÇÃO DAS DECISÕES JURISDICIONAIS 299

5. NORMAS DO NOVO CÓDIGO CONFORMADAS AO PROCESSO CONSTITUCIONAL 302

6. DISTORÇÕES NORMATIVAS DO NOVO CÓDIGO AO PROCESSO CONSTITUCIONAL 306

7. CONCLUSÕES 309

8. BIBLIOGRAFIA 309

Capítulo 2 ▶ A influência do processo constitucional sobre o novo CPC. 311
Dhenis Cruz Madeira

1. CONSIDERAÇÕES INICIAIS 311

2. AFINAL, O QUE É O PROCESSO CONSTITUCIONAL? 312

3. O PROCESSO CONSTITUCIONAL: NASCIMENTO E DESENVOLVIMENTO 315

4. BREVE HISTÓRICO DA LEGISLAÇÃO PROCESSUAL CIVIL BRASILEIRA 322

    4.1. LEGISLAÇÃO PROCESSUAL NO BRASIL-COLÔNIA: A IMPORTÂNCIA DAS ORDENAÇÕES DO REINO 322

    4.2. PERÍODO REPUBLICANO: A IMPORTÂNCIA DOS CÓDIGOS ESTADUAIS 326

    4.3. O CPC DE 1939: O PRIMEIRO CPC BRASILEIRO 328

    4.4. O CPC DE 1973: O CÓDIGO BUZAID E A FORTE INFLUÊNCIA DE LIEBMAN 333

    4.5. O CPC DE 2015: O PRIMEIRO CPC DEMOCRÁTICO 336

5. A INFLUÊNCIA DO PROCESSO CONSTITUCIONAL SOBRE O NOVO CPC 339

6. CONSIDERAÇÕES FINAIS 345

7. REFERÊNCIAS BIBLIOGRÁFICAS 346

Capítulo 3 ▶ Uma Primeira Análise Constitucional Sobre os Princípios no Novo Código de Processo Civil 351
Rennan Faria Krüger Thamay
Rafael Ribeiro Rodrigues

1. BREVES CONSIDERAÇÕES SOBRE O TEMA 351

2. PRINCÍPIO DA COOPERAÇÃO 353

3. PRINCÍPIO DO CONTRADITÓRIO 355

4. PRINCÍPIO DA MOTIVAÇÃO 358

5. PRINCÍPIO DO DEVIDO PROCESSO LEGAL 361

6. PRINCÍPIO DA PUBLICIDADE 364

7. CONSIDERAÇÕES FINAIS 366

8. REFERÊNCIAS BIBLIOGRÁFICAS 367

SUMÁRIO

Capítulo 4 ▶ Dimensão processual do princípio do devido processo constitucional... **369**

Alexandre Freitas Câmara

1. INTRODUÇÃO.. 369
2. DEVIDO PROCESSO LEGAL OU DEVIDO PROCESSO CONSTITUCIONAL?............................ 370
3. O DEVIDO PROCESSO CONSTITUCIONAL E AS GARANTIAS CONSTITUCIONAIS..................... 372
4. DEVIDO PROCESSO E PARTICIPAÇÃO: O PAPEL DO CONTRADITÓRIO NA CONSTRUÇÃO DE UM DEVIDO PROCESSO CONSTITUCIONAL.. 378
5. CONCLUSÃO.. 382

Capítulo 5 ▶ Mediação e conciliação no Poder Judiciário e o Novo Código de Processo Civil.. **383**

Leonardo Carneiro da Cunha
João Luiz Lessa Neto

1. INTRODUÇÃO.. 383
2. A RESOLUÇÃO Nº 125, DE 29 DE NOVEMBRO DE 2010, DO CNJ................................ 384
3. O INCENTIVO, A PROMOÇÃO E O ESTÍMULO DA CONCILIAÇÃO E DA MEDIAÇÃO................. 385
4. CONCILIAÇÃO E MEDIAÇÃO: NOÇÕES GERAIS... 387
5. NORMAS PRÓPRIAS DA MEDIAÇÃO E DA CONCILIAÇÃO.. 388
6. ALGUMAS OBSERVAÇÕES SOBRE O MODELO DE PROCESSO MULTIPORTAS..................... 389
7. O MODELO PROPOSTO NO NOVO CÓDIGO DE PROCESSO CIVIL................................. 391
8. CONCLUSÃO.. 394

CAPÍTULO 6 ▶ A Viragem da Mediação no NCPC e no Marco Legal da Mediação no Brasil.. **395**

Thiago Rodovalho

1. MEDIAÇÃO OBRIGATÓRIA NO BRASIL COM O ADVENTO DO NCPC E DO MARCO LEGAL DA MEDIAÇÃO?.. 395
2. O QUE É OBRIGATÓRIO NA MEDIAÇÃO OBRIGATÓRIA?... 398
3. A ESPERANÇA DA MEDIAÇÃO NO BRASIL E A EXPERIÊNCIA CANADENSE....................... 400
4. CONCLUSÃO.. 404
5. REFERÊNCIAS BIBLIOGRÁFICAS... 404

Capítulo 7 ▶ A proibição de comportamento contraditório e o Novo Código de Processo Civil.. **407**

Lucio Picanço Facci

1. INTRODUÇÃO.. 407

NOVO CPC DOUTRINA SELECIONADA, V. 1 • Parte Geral

2. O DIREITO POSITIVO BRASILEIRO E OS FUNDAMENTOS JURÍDICOS DA PROIBIÇÃO DE COMPORTAMENTO CONTRADITÓRIO 407

3. INSTRUMENTALIZAÇÃO JURÍDICA DO *NEMO POTEST VENIRE CONTRA FACTUM PROPRIUM*: PRESSUPOSTOS GERAIS PARA A INCIDÊNCIA DO PRINCÍPIO 411

4. APLICAÇÃO DO PRINCÍPIO DE PROIBIÇÃO DE COMPORTAMENTO CONTRADITÓRIO NO ESPAÇO DAS RELAÇÕES DE DIREITO PÚBLICO 415

5. A CONFIANÇA LEGÍTIMA E O DIREITO PROCESSUAL CIVIL BRASILEIRO 431

6. CONCLUSÃO 437

7. BIBLIOGRAFIA 439

Capítulo 8 ▶ Os Impactos do Novo CPC Na Razoável Duração do Processo 443

Aluisio Gonçalves de Castro Mendes
Larissa Clare Pochmann da Silva

INTRODUÇÃO 443

1. A DURAÇÃO RAZOÁVEL E A DEMOCRATIZAÇÃO DO PROCESSO, O DEMOCRATISMO E A BUSCA DE UM PONTO DE EQUILÍBRIO 444

2. O FORTALECIMENTO DO CONTRADITÓRIO 446

3. A ORDEM DE JULGAMENTO DOS PROCESSOS 447

4. PRAZOS PROCESSUAIS EM DIAS ÚTEIS 448

5. AUMENTO DE PRAZOS 448

6. TÉCNICA DE JULGAMENTO FRACIONADO DAS APELAÇÕES QUANDO O JULGAMENTO NÃO FOR UNÂNIME 449

7. ADMISSIBILIDADE DE RECURSOS FEITA SOMENTE PELO ÓRGÃO AD QUEM 449

8. PRECEDENTES JUDICIAIS 450

9. INCIDENTE DE RESOLUÇÃO DE DEMANDAS REPETITIVAS (IRDR) 451

10. RECURSOS REPETITIVOS 452

11. CALENDÁRIO PROCESSUAL: IDEAL A SER PERSEGUIDO? 453

REFERÊNCIAS BIBLIOGRÁFICAS 453

Capítulo 9 ▶ Os princípios da fundamentação e do contraditório no Novo Código de Processo Civil. Primeiras impressões 455

Paulo Roberto Iotti Vecchiatti
Alexandre Melo Franco Bahia

1. O QUADRO DESOLADOR. JURISPRUDÊNCIA DEFENSIVA QUE DESCONSIDERA AS ALEGAÇÕES DAS PARTES EM SUAS DECISÕES. CRÍTICAS À JURISPRUDÊNCIA ACERCA DO TEMA. 455

2. DOIS OÁSIS EM MEIO A UM DESERTO. PRECEDENTES QUE LEVAM A SÉRIO A FUNDAMENTAÇÃO DAS DECISÕES JUDICIAIS 461

SUMÁRIO

3. O NOVO CPC E A TENTATIVA DE, ATRAVÉS DE **NOVOS TEXTOS**, EXIGIR-SE QUE SE LEVE A SÉRIO O DEVER DE FUNDAMENTAÇÃO DAS DECISÕES JUDICIAIS... 463

4. CONCLUSÃO 475

5. REFERÊNCIAS BIBLIOGRÁFICAS.. 476

Capítulo 10 ► O contraditório e suas feições no Novo CPC...................... 481
Beclaute Oliveira Silva
Welton Roberto

1. INTRODUÇÃO... 481

2. ABERTURA SEMÂNTICO-PRAGMÁTICA DO NOVO CPC 482

3. CONTRADITÓRIO E SUAS EXPRESSÕES 483

4. NÚCLEO DO CONTRADITÓRIO EFETIVO 488

5. PARIDADE DE ARMAS (ISONOMIA PROCESSUAL).. 490

6. CONTRADITÓRIO E DEFESA SUBSTANCIAL NO NOVO CPC... 493

7. CONSIDERAÇÕES CONCLUSIVAS 498

8. REFERÊNCIAS 499

Capítulo 11 ► Cooperação e vedação às decisões por emboscada ("ambush decision").. 501
Eduardo Augusto Madruga de Figueiredo Filho
Rinaldo Mouzalas

1. INTRODUÇÃO... 501

2. COOPERAÇÃO INTERSUBJETIVA 504

3. INTERAÇÃO ENTRE O DEVER DE CONSULTA E O CONTRADITÓRIO DINÂMICO............... 507

4. VEDAÇÃO ÀS DECISÕES POR EMBOSCADA 509

5. CONSIDERAÇÕES FINAIS 514

Capítulo 12 ► Notas sobre o contraditório e a cognição no processo civil 517
Leonardo Faria Schenk

1. INTRODUÇÃO 517

2. O CONTEÚDO ATUAL DA GARANTIA DO CONTRADITÓRIO E OS SEUS REFLEXOS SOBRE A COGNIÇÃO . 518

3. AS LIMITAÇÕES AO CONTRADITÓRIO E A COGNIÇÃO SUMÁRIA.................................. 520

4. PRESSUPOSTOS CONSTITUCIONAIS DA COGNIÇÃO SUMÁRIA 524

5. CONCLUSÃO 527

6. BIBLIOGRAFIA... 527

NOVO CPC DOUTRINA SELECIONADA, V. 1 • Parte Geral

Capítulo 13 ▶ Por um processo civil comunicativo e dialógico 531

Paulo Sérgio Velten Pereira

1. INTRODUÇÃO 531
2. UM CÓDIGO INFORMADO PELO PRINCÍPIO DO CONTRADITÓRIO 532
3. O ABANDONO DO PROCESSO AUTOCRÁTICO COM CONTRADITÓRIO RESTRITO ÀS PARTES 534
4. O MODELO CONSTITUCIONAL DE PROCESSO CIVIL BRASILEIRO 537
5. O CONTRADITÓRIO COMO DEVER DE CONSULTA E DE DIÁLOGO 539
6. DA DECISÃO-SURPRESA À DECISÃO-PROJETO 542
7. CONSIDERAÇÕES FINAIS 543
8. REFERÊNCIAS 544

Capítulo 14 ▶ Contraditório, argumentação e mandamentalidade: um aporte no pragmatismo e no construtivismo jurídico à luz do art. 10 do Novo CPC 547

Ricardo Tinoco de Góes

1. INTRODUÇÃO 547
2. ARGUMENTAÇÃO E CONTRADITÓRIO SEGUNDO A TEORIA CLÁSSICA DO PROCESSO 549
3. ARGUMENTAÇÃO E CONTRADITÓRIO PARA UMA TÉCNICA DE COGNIÇÃO ADEQUADA 552
4. EM CONCLUSÃO: UMA COGNIÇÃO ADEQUADA PARA A PROVISÃO DE UMA TUTELA MANDAMENTAL EFETIVA: CONTRADITÓRIO E ARGUMENTAÇÃO SEGUNDO O USO PRAGMÁTICO DA LINGUAGEM 556
5. BIBLIOGRAFIA 558

Capítulo 15 ▶ A colaboração dos sujeitos processuais na construção da decisão judicial e o contraditório como "influência" 561

Sandro Marcelo Kozikoski

1. CONTEXTUALIZAÇÃO DO TEMA 561
2. A FILTRAGEM CONSTITUCIONAL E O *IURA NOVIT CURIA* 563
3. CONTRADITÓRIO "PARTICIPAÇÃO" E CONTRADITÓRIO "INFLUÊNCIA" 565
4. A PLURALIZAÇÃO DO DEBATE E A INTERVENÇÃO DE NOVOS ATORES 568
5. CONCLUSÕES 569
6. BIBLIOGRAFIA 570

Capítulo 16 ▶ Efetividade *versus* segurança jurídica: cenários de concretização dos dois macro princípios processuais no Novo CPC 573

Fernando Rubin

1. INTRODUÇÃO 573

18

SUMÁRIO

2. AS CONCEPÇÕES DE SEGURANÇA JURÍDICA E EFETIVIDADE COMO MACRO PRINCÍPIOS PROCESSUAIS 574

3. AS ALTERAÇÕES LEGISLATIVAS NO CÓDIGO BUZAID EM NOME DA EFETIVIDADE PROCESSUAL 578

4. O APROVADO PROJETO DO NOVO CPC: UMA TENTATIVA PAULATINA DE REEQUILÍBRIO DO SISTEMA? 581

5. CONCLUSÃO 589

6. REFERÊNCIAS DOUTRINÁRIAS 591

Capítulo 17 ▶ Da proteção contra surpresa processual e o Novo CPC... 595
Maíra de Carvalho Pereira Mesquita

1. INTRODUÇÃO 595

2. DA VISÃO CLÁSSICA OU TRADICIONAL DO CONTRADITÓRIO 596

3. DA FACETA SUBSTANCIAL DO CONTRADITÓRIO OU CARÁTER DINÂMICO 602

    3.1. DEMOCRACIA, DEBATE E DECISÃO 602

    3.2 CONTRADITÓRIO E DEMOCRACIA NO ESTADO CONSTITUCIONAL BRASILEIRO 603

4. DA VEDAÇÃO A DECISÕES SURPRESA 607

    4.1. VISÃO GERAL 607

    4.2. DA VEDAÇÃO A DECISÕES SURPRESA NO NOVO CPC 610

5. CONCLUSÃO 615

6. REFERÊNCIAS 615

Capítulo 18 ▶ Flexibilização procedimental no Novo Código de Processo Civil 619
Eduardo Cambi
Aline Regina das Neves

1. INTRODUÇÃO 619

2. ADAPTABILIDADE PROCEDIMENTAL 620

3. FUNDAMENTOS LEGITIMADORES DA FLEXIBILIZAÇÃO PROCEDIMENTAL 622

    3.1. DEVIDO PROCESSO LEGAL 622

    3.2. NIKLAS LUHMANN E A LEGITIMAÇÃO PELO PROCEDIMENTO 625

    3.3. PREVISIBILIDADE E SEGURANÇA JURÍDICAS 626

    3.4. FLEXIBILIZAÇÃO PROCEDIMENTAL E PONDERAÇÃO DE VALORES 628

4. FLEXIBILIZAÇÃO PROCEDIMENTAL NO CÓDIGO DE PROCESSO CIVIL DE 1973 631

5. FLEXIBILIZAÇÃO PROCEDIMENTAL NO NOVO CÓDIGO DE PROCESSO CIVIL E AS FONTES AUTÔNOMAS 634

    5.1. FLEXIBILIZAÇÃO PROCEDIMENTAL JUDICIAL 634

    5.2. FLEXIBILIZAÇÃO PROCEDIMENTAL VOLUNTÁRIA 637

    5.3. CONSTRUÇÃO DE NOVO MODELO PROCESSUAL 645

NOVO CPC DOUTRINA SELECIONADA, V. 1 • Parte Geral

6. DESAFIOS AOS RESULTADOS DA FLEXIBILIZAÇÃO PROCEDIMENTAL.. 648

    6.1. A RELEITURA DO PAPEL DO PODER JUDICIÁRIO NA CONSTRUÇÃO DO PROCESSO JUSTO 649

    6.2. A RELEITURA DO PAPEL DAS PARTES NA CONSTRUÇÃO DO PROCESSO JUSTO 651

7. CONCLUSÕES.. 653

8. REFERÊNCIAS BIBLIOGRÁFICAS.. 654

Capítulo 19 ▶ Os procedimentos simplificados e flexibilizados no Novo CPC 659
Fernando da Fonseca Gajardoni

1. MODELOS PROCEDIMENTAIS.. 659

2. PROCEDIMENTOS OU RITOS NO CPC/1973 660

3. RAZÕES QUE INSPIRARAM A CRIAÇÃO DOS PROCEDIMENTOS ESPECIAIS............... 661

4. OS PROCEDIMENTOS NO NOVO CPC (LEI 13.105/2015)............................. 662

5. A SIMPLIFICAÇÃO FORMAL E RITUAL NO NOVO CPC 662

    5.1. A SUBSTITUIÇÃO DOS PROCEDIMENTOS COGNITIVOS ORDINÁRIO E SUMÁRIO PELO PROCEDIMENTO COMUM. 663

    5.2. O FIM DOS PROCEDIMENTOS ESPECIAIS CAUTELARES.............................. 666

    5.3. A EXTINÇÃO DE INÚMEROS PROCEDIMENTOS ESPECIAIS COGNITIVOS 667

    5.4. A MANUTENÇÃO, REALOCAÇÃO E INSERÇÃO DE NOVOS PROCEDIMENTOS ESPECIAIS COGNITIVOS 668

    5.5. A RESSURREIÇÃO (NOVA ROUPAGEM) DE ALGUNS PROCEDIMENTOS ESPECIAIS............ 669

        5.5.1. AÇÃO DE DEPÓSITO.. 669

        5.5.2. AÇÃO MONITÓRIA 671

6. FLEXIBILIZAÇÃO E DÉFICIT PROCEDIMENTAL NO NOVO CPC 673

    6.1. PROCEDIMENTO RÍGIDO COMO REGRA DE ORDEM PÚBLICA.......................... 673

    6.2. PROCEDIMENTO RÍGIDO COMO FATOR DE SEGURANÇA E PREVISIBILIDADE DO SISTEMA....... 674

    6.3. FLEXIBILIZANDO A RIGIDEZ DO PROCEDIMENTO SEM PERDER A PREVISIBILIDADE E SEGURANÇA DO SISTEMA.. 675

    6.4. FLEXIBILIZAÇÃO PROCEDIMENTAL E CONDICIONAMENTOS.......................... 676

    6.5. A MITIGAÇÃO DA REGRA DA FLEXIBILIZAÇÃO PROCEDIMENTAL PELO JUIZ E A FLEXIBILIZAÇÃO PROCEDIMENTAL VOLUNTÁRIA NO NOVO CPC.................................. 678

7. CONCLUSÃO 680

8. REFERÊNCIAS BIBILOGRÁFICAS.. 680

Capítulo 20 ▶ A oralidade no Novo Código de Processo Civil: de volta para o passado... 683
Oscar Valente Cardoso

1. INTRODUÇÃO.. 683

2. DELIMITAÇÃO CONCEITUAL.. 684

SUMÁRIO

3. ANTECEDENTES HISTÓRICOS: PROCESSO ROMANO, DIREITO COMUM E PROCESSO CIVIL MODERNO . 687

    3.1. DIREITO ROMANO 688

    3.2. DIREITO COMUM 691

    3.3. DIREITO PROCESSUAL MODERNO 692

4. PROCESSO CIVIL BRASILEIRO: ORIGENS 694

5. A ORALIDADE NO CÓDIGO DE PROCESSO CIVIL DE 1973 699

6. A ORALIDADE NO NOVO CÓDIGO DE PROCESSO CIVIL 701

7. CONCLUSÕES 706

8. REFERÊNCIAS BIBLIOGRÁFICAS 709

PARTE IV
A APLICAÇÃO SUBSIDIÁRIA DO CPC/2015 AO PROCESSO DO TRABALHO

Capítulo 1 ▶ O Novo CPC e Sua Aplicação Supletiva e Subsidiária no Processo Do Trabalho **713**

    Edilton Meireles

1. INTRODUÇÃO 713

2. DOS PROCEDIMENTOS E DO PROCEDIMENTO TRABALHISTA 714

3. ELEMENTOS ESSENCIAIS DO PROCESSO DO TRABALHO 716

4. CONCEITOS FUNDAMENTAIS DO PROCESSO E SUA APLICAÇÃO ÀS AÇÕES TRABALHISTAS 718

5. PRINCÍPIOS DO PROCESSO DO TRABALHO 719

6. A BUSCA EQUIVOCADA DA AUTONOMIA E O ESQUECIMENTO DO PROCESSO DO TRABALHO 720

7. DA REGRA SUPLETIVA E DA REGRA SUBSIDIÁRIA 721

8. REVOGAÇÃO DA REGRA DE SUBSIDIARIEDADE CONTIDA NA CLT 727

9. COMPATIBILIDADE COM O PROCESSO DO TRABALHO 728

    9.1. INCOMPATIBILIDADE E CONCEITO JURÍDICO INDETERMINADO 734

10. DA APLICAÇÃO DA REGRA SUPLETIVA 736

11. CONCLUSÕES 739

12. REFERÊNCIAS 740

PARTE V
COOPERAÇÃO JURÍDICA INTERNACIONAL

Capítulo 1 ▶ Considerações sobre a cooperação jurídica internacional no Novo Código de Processo Civil **743**

    Flávia Pereira Hill

1. INTRODUÇÃO 743

NOVO CPC DOUTRINA SELECIONADA, V. 1 • Parte Geral

2. EXIGÊNCIA DE TRATADO OU RECIPROCIDADE *VERSUS* GARANTIA DE ACESSO À JUSTIÇA E ISONOMIA. DISPOSIÇÕES GERAIS DE COOPERAÇÃO JURÍDICA INTERNACIONAL 743

3. COOPERAÇÃO JURÍDICA INTERNACIONAL ATIVA E PASSIVA 748

4. CARTA ROGATÓRIA 750

5. AUXÍLIO DIRETO 753

6. HOMOLOGAÇÃO DE SENTENÇA ESTRANGEIRA 756

7. CONCLUSÃO 762

8. REFERÊNCIAS BIBLIOGRÁFICAS 764

Capítulo 2 ▶ Cooperação judicial internacional no novo Código de Processo Civil: sentença estrangeira, carta rogatória e auxílio direto 767

José Maria Tesheiner
Felipe Waquil Ferraro

1. INTRODUÇÃO 767

2. COOPERAÇÃO JUDICIAL INTERNACIONAL 768

3. HOMOLOGAÇÃO DE SENTENÇA ESTRANGEIRA 770

4. CARTA ROGATÓRIA 772

    4.1. ROGATÓRIA CITATÓRIA 774

    4.2. ROGATÓRIA PROBATÓRIA 775

    4.3. ROGATÓRIA EXECUTÓRIA 776

5. AUXÍLIO DIRETO 776

OBRAS REFERIDAS 779

PARTE VI
COMPETÊNCIA

Capítulo 1 ▶ A Competência no Novo Código de Processo Civil 785

Marina França Santos

1. A COMPETÊNCIA NO NOVO CÓDIGO DE PROCESSO CIVIL (NCPC) 785

2. MUDANÇAS GERAIS NAS REGRAS DE DISTRIBUIÇÃO DE COMPETÊNCIA 786

3. MODIFICAÇÃO DA COMPETÊNCIA 792

4. INCOMPETÊNCIA 794

5. CONCLUSÃO 796

BIBLIOGRAFIA 796

Capítulo 2 ▶ *Forum non conveniens* 799

Renato Resende Beneduzi

1. INTRODUÇÃO 799

2. FORUM NON CONVENIENS E A CONVENIÊNCIA-ADEQUAÇÃO 802

SUMÁRIO

3. FORUM NON CONVENIENS E O ABUSO NA ESCOLHA DO JUÍZO COMPETENTE.................................. 806

4. FORUM NON CONVENIENS E LITISPENDÊNCIA INTERNACIONAL....................................... 811

6. CONCLUSÃO.. 815

7. BIBLIOGRAFIA... 816

Capítulo 3 ► Arbitrabilidade, competência e as diretrizes necessárias à interpretação dos arts. 23, I e 964 do Novo Código de Processo Civil... 819

Suzana Santi Cremasco

1. CONSIDERAÇÕES INICIAIS.. 819

2. ARBITRABILIDADE E COMPETÊNCIA... 825

3. DIRETRIZES NECESSÁRIAS À INTERPRETAÇÃO DOS ARTIGOS 23, I, E 964 DO NOVO CÓDIGO DE PROCESSO CIVIL... 829

4. CONCLUSÕES... 833

5. BIBLIOGRAFIA... 835

Capítulo 4 ► A jurisdição nacional sob o viés do Novo Código de Processo Civil.. 839

Vanessa de Oliveira Bernardi

1. INTRODUÇÃO... 839

2. A COMPETÊNCIA EXCLUSIVA BRASILEIRA E O RESPEITO À SOBERANIA NACIONAL...................... 840

3. CONCORRÊNCIA ENTRE JURISDIÇÕES: BRASIL VERSUS PAÍS ESTRANGEIRO.......................... 844

4. LITISPENDÊNCIA INTERNACIONAL: ENTRE O MONISMO INTERNACIONALISTA MODERADO E OS PROBLEMAS GERADOS PELA OCORRÊNCIA DA LITISPENDÊNCIA INTERNACIONAL........................ 846

5. A ACEITABILIDADE DA CLÁUSULA DE ELEIÇÃO DE FORO.. 851

6. CONSIDERAÇÕES FINAIS.. 854

7. REFERÊNCIAS BIBLIOGRÁFICAS.. 855

PARTE VII
DOS SUJEITOS DO PROCESSO

Capítulo 1 ► As restrições à atuação processual dos cônjuges previstas no art. 73 do CPC/2015 e as influências operadas pelo Código Civil.. 861

Ravi Peixoto

1. INTRODUÇÃO... 861

2. A QUESTÃO DOS DIREITOS REAIS IMOBILIÁRIOS E OS DIREITOS POSSESSÓRIOS...................... 862

NOVO CPC DOUTRINA SELECIONADA, V. 1 • Parte Geral

2.1. AS QUESTÕES PROCESSUAIS 866

3. A ANÁLISE DA ATUAÇÃO NO POLO PASSIVO 869

    3.1. AS CONSEQUÊNCIAS DA AUSÊNCIA DE CITAÇÃO DO LITISCONSORTE PASSIVO NECESSÁRIO SIMPLES 869

    3.2. AS HIPÓTESES DE EXIGÊNCIA DE FORMAÇÃO DO LITISCONSÓRCIO PASSIVO NECESSÁRIO 870

        3.2.1. FATOS RELATIVOS A AMBOS OS CÔNJUGES OU ATO PRATICADO POR ELES 870

        3.2.2. DÍVIDAS CONTRAÍDAS POR UM DOS CÔNJUGES EM FAVOR DA FAMÍLIA 871

4. CONCLUSÃO 873

Capítulo 2 ▶ Litigância de má-fé no Novo Código de Processo Civil (Lei n. 13.105/15) 875

Maria Carolina Silveira Beraldo

1. CONSIDERAÇÕES INICIAIS 875

2. DISCIPLINA DA LITIGÂNCIA DE MÁ-FÉ NO NOVO CÓDIGO DE PROCESSO CIVIL 877

    2.1. DEVERES PROCESSUAIS 878

    2.2. TIPOLOGIA DOS ATOS PROCESSUAIS EM LITIGÂNCIA DE MÁ-FÉ. AFERIÇÃO DO DOLO............... 879

3. SANÇÕES PELA LITIGÂNCIA DE MÁ-FÉ 880

4. ATOS ATENTATÓRIOS À DIGNIDADE DA JUSTIÇA 882

5. CONSIDERAÇÕES FINAIS 885

Capítulo 3 ▶ Os Honorários Advocatícios no Novo Código de Processo Civil e a Valorização do Advogado enquanto Profissional Indispensável à Administração da Justiça (Art. 133, CF) 887

Benedito Cerezzo Pereira Filho

1. BREVE SÍNTESE DO NOVO CÓDIGO 887

    1.1 DEBATES PÓS-SANÇÃO! 892

2. O JUIZ DO CÓDIGO DE 1973 893

3. O JUIZ DO (DIREITO) ESTADO CONSTITUCIONAL 894

4. UM NOVO CÓDIGO. UM NOVO PARADIGMA. UM NOVO JUIZ. 895

    4.1. O PODER DO JUIZ 896

5. A VALORIZAÇÃO DOS HONORÁRIOS ADVOCATÍCIOS FORTALECE A ADVOCACIA E GARANTE JUSTIÇA COM QUALIDADE AO POVO 898

6. SÍNTESE CONCLUSIVA 904

REFERÊNCIAS 905

Capítulo 4 ▶ Os honorários de sucumbência no Novo CPC 907

Alexandre Freire
Leonardo Albuquerque Marques

SUMÁRIO

1. INTRODUÇÃO 907

2. O REGRAMENTO GERAL DOS HONORÁRIOS DE SUCUMBÊNCIA 907

3. A FAZENDA PÚBLICA E OS HONORÁRIOS SUCUMBENCIAIS 910

4. A SUCUMBÊNCIA RECURSAL 912

5. A COMPENSAÇÃO DE HONORÁRIOS NA SUCUMBÊNCIA DE RECÍPROCA 913

6. CONCLUSÕES 914

7. BIBLIOGRAFIA 915

Capítulo 5 ▶ Os honorários advocatícios pela sucumbência recursal no CPC/2015 917

Luiz Henrique Volpe Camargo

1. INTRODUÇÃO 917

2. A REDAÇÃO ORIGINAL DO ANTEPROJETO APRESENTADA EM 19-06-2010 (ART. 73, §§6º, 8º E 9º), COTEJADA COM AS MODIFICAÇÕES REALIZADAS NO SENADO FEDERAL NA VERSÃO APROVADA EM 15-12-2010 (ART. 87, §7º), DEPOIS, COMPARADA COM A VERSÃO FINAL APROVADA NA CÂMARA DOS DEPUTADOS EM 26-04-2014 (ART. 85, §11). 920

3. A SUCUMBÊNCIA RECURSAL NO CÓDIGO DE PROCESSO CIVIL DE 2015. 925

   3.1. A CONDIÇÃO PARA CABIMENTO DOS HONORÁRIOS DE SUCUMBÊNCIA RECURSAL. 926

   3.2. O ARBITRAMENTO EM JULGAMENTO MONOCRÁTICO OU COLEGIADO. 927

   3.3. O ARBITRAMENTO NO CASO DE INADMISSÃO OU IMPROVIMENTO DO RECURSO; PROVIMENTO TOTAL E DE PROVIMENTO PARCIAL DO RECURSO. 928

   3.4. OS CRITÉRIOS PARA A FIXAÇÃO DOS HONORÁRIOS PELA SUCUMBÊNCIA RECURSAL. 933

   3.5. CUMULAÇÃO DE HONORÁRIOS DE SUCUMBÊNCIA RECURSAL COM MULTA E OUTRAS SANÇÕES. 937

   3.6. INEXISTÊNCIA DE HONORÁRIOS RECURSAIS NA REMESSA NECESSÁRIA. 937

   3.7. HONORÁRIOS QUANDO O ADVOGADO DEIXA DE APRESENTAR RESPOSTA AO RECURSO. 938

   3.8. SUCUMBÊNCIA RECURSAL E LITISCONSÓRCIO. 939

   3.9. HONORÁRIOS DE SUCUMBÊNCIA RECURSAL E DIREITO INTERTEMPORAL. 940

4. CONCLUSÃO 944

Capítulo 6 ▶ Gratuidade da Justiça no Novo CPC 947

Fernanda Tartuce
Luiz Dellore

1. RELEVÂNCIA DO TEMA 947

2. CONCEITOS DE JUSTIÇA GRATUITA, ASSISTÊNCIA JUDICIÁRIA E ASSISTÊNCIA JURÍDICA INTEGRAL E GRATUITA. 949

3. JUSTIÇA GRATUITA NA LEI. 1060/50 951

4. JUSTIÇA GRATUITA NO NOVO CPC 953

NOVO CPC DOUTRINA SELECIONADA, V. 1 • Parte Geral

5. COMPARATIVO ENTRE OS DOIS SISTEMAS 954

    5.1. REQUERIMENTO E CONCESSÃO 955

    5.2. IMPUGNAÇÃO À GRATUIDADE DEFERIDA 958

    5.3. RECURSO CABÍVEL CONTRA A DECISÃO QUE APRECIA A IMPUGNAÇÃO 960

6. CONCLUSÕES 962

7. REFERÊNCIAS BIBLIOGRÁFICAS 964

Capítulo 7 ▶ O problema dos custos do processo e sua regulamentação pelo Novo CPC 965

Rafael Sirangelo de Abreu

1. CONSIDERAÇÕES INTRODUTÓRIAS 965

2. PROBLEMAS DE ACESSIBILIDADE ECONÔMICA: DESEQUILÍBRIO NO ACESSO AO PROCESSO 966

3. O BENEFÍCIO DA GRATUIDADE DE JUSTIÇA E OUTRAS SOLUÇÕES PARA O PROBLEMA DOS CUSTOS: A INCORPORAÇÃO DO TRATAMENTO DO TEMA PELO NOVO CPC 971

4. CONSIDERAÇÕES FINAIS 980

5. REFERÊNCIAS BIBLIOGRÁFICAS 981

Capítulo 8 ▶ O benefício da justiça gratuita no Novo Código de Processo Civil 983

Ticiano Alves e Silva

1. INTRODUÇÃO 983

2. DIREITO FUNDAMENTAL À GRATUIDADE DA JUSTIÇA: ANÁLISE A PARTIR DO PLANO CONSTITUCIONAL .. 984

3. DAQUELES QUE PODEM SER BENEFICIÁRIOS DA GRATUIDADE DA JUSTIÇA 986

4. OBJETO E EXTENSÃO DA GRATUIDADE DA JUSTIÇA: O BENEFÍCIO ABRANGE O QUE E EM QUE MEDIDA? 988

5. REQUISITO PARA A CONCESSÃO DO BENEFÍCIO 991

6. PROCEDIMENTO PARA A CONCESSÃO DO BENEFÍCIO 993

    6.1. O PEDIDO DE GRATUIDADE: MOMENTO E FORMA 993

    6.2. A APRECIAÇÃO DO PEDIDO DE GRATUIDADE PELO MAGISTRADO 994

    6.3. A IMPUGNAÇÃO AO PEDIDO DE GRATUIDADE 996

    6.4. RECURSOS CABÍVEIS E OUTROS ASPECTOS RECURSAIS 997

7. RESPONSABILIDADE PELO PAGAMENTO DAS DESPESAS PROCESSUAIS E DOS HONORÁRIOS ADVOCATÍCIOS 999

8. SANÇÃO APLICÁVEL AO REQUERENTE DE MÁ-FÉ 1000

9. CONCLUSÃO 1001

10. BIBLIOGRAFIA 1002

SUMÁRIO

Capítulo 9 ▶ A Advocacia Pública e o Novo Código de Processo Civil...**1003**

Lucio Picanço Facci

1. INTRODUÇÃO 1003
2. A ADVOCACIA PÚBLICA NO NOVO CÓDIGO DE PROCESSO CIVIL 1004
3. A REDEFINIÇÃO DOS PARADIGMAS DO DIREITO ADMINISTRATIVO.......................... 1005
4. O CIDADÃO-ADMINISTRADO COMO FOCO PRINCIPAL DO DIREITO ADMINISTRATIVO BRASILEIRO CONTEMPORÂNEO 1010
5. LIMITES CONSTITUCIONAIS À AUTOTUTELA ADMINISTRATIVA................................ 1012
6. ADVOCACIA PÚBLICA: SUAS FUNÇÕES E CARACTERÍSTICAS NA CONTEMPORANEIDADE 1014
7. CONCLUSÃO... 1018
8. BIBLIOGRAFIA 1018

Capítulo 10 ▶ Autonomia e independência funcional da Defensoria Pública **1021**

Eduardo Cambi
Priscila Sutil de Oliveira

1. INTRODUÇÃO 1021
2. NEOCONSTITUCIONALISMO E SUA INFLUÊNCIA NO NCPC 1022
3. A CONCRETIZAÇÃO DA GARANTIA DO ACESSO EFETIVO À JUSTIÇA......................... 1025
4. CRÍTICA À DISCRICIONARIEDADE HERMENÊUTICA... 1029
5. DEFENSORIA PÚBLICA COMO PACIFICADORA SOCIAL....................................... 1036
6. CONSIDERAÇÕES FINAIS 1041
7. REFERÊNCIAS BIBLIOGRÁFICAS.. 1041

PARTE VIII
INTERVENÇÃO DE TERCEIROS

Capítulo 1 ▶ A Intervenção de Terceiros no CPC/2015.........................**1045**

Izabel Cristina Pinheiro Cardoso Pantaleão

1 - INTRODUÇÃO 1045
2 - CONSIDERAÇÕES INICIAIS.. 1046
3 – A INTERVENÇÃO DE TERCEIROS NO CPC/2015... 1047
4 - CONCLUSÃO 1056
5 - BIBLIOGRAFIA... 1057

Capítulo 2 ▶ Intervenção de terceiros no Novo Código de Processo Civil 1059
Marina França Santos

1. O INSTITUTO DA INTERVENÇÃO DE TERCEIROS 1059
2. A ASSISTÊNCIA NO NOVO CÓDIGO DE PROCESSO CIVIL... 1061
3. A DENUNCIAÇÃO DA LIDE NO NOVO CÓDIGO DE PROCESSO CIVIL............................ 1064
4. O CHAMAMENTO AO PROCESSO NO NOVO CÓDIGO DE PROCESSO CIVIL 1069
5. NOVA MODALIDADE DE INTERVENÇÃO DE TERCEIROS: O INCIDENTE DE DESCONSIDERAÇÃO DA PERSONALIDADE JURÍDICA... 1069
6. NOVA MODALIDADE DE INTERVENÇÃO DE TERCEIRO: O AMICUS CURIAE 1072
7. MODALIDADES DE INTERVENÇÃO DE TERCEIROS QUE DEIXAM DE EXISTIR NO NOVO CÓDIGO DE PROCESSO CIVIL 1075
8. BIBLIOGRAFIA 1076

Capítulo 3 ▶ A assistência no Novo Código de Processo Civil Brasileiro 1079
Leonardo Carneiro da Cunha

1. AS INTERVENÇÕES DE TERCEIRO NO NOVO CPC... 1079
2. ASSISTÊNCIA NO NOVO CPC... 1082
3. ASSISTÊNCIA TÍPICA E INTERVENÇÃO DE TERCEIRO NEGOCIADA.............................. 1083
4. PODERES DO ASSISTENTE SIMPLES... 1085
5. INTERVENÇÃO DO COLEGITIMADO 1089
6. ASSISTÊNCIA PROVOCADA 1091
7. CONCLUSÕES... 1092

Capítulo 4 ▶ Assistência e a Coisa Julgada 1093
Gelson Amaro de Souza

1. NOTA INTRODUTÓRIA 1093
2. CONCEITO DE ASSISTÊNCIA... 1094
3. NATUREZA JURÍDICA DA ASSISTÊNCIA... 1094
4. ESPÉCIES DE ASSISTÊNCIA... 1096
    4.1. ASSISTÊNCIA SIMPLES 1096
    4.2. ASSISTÊNCIA LITISCONSORCIAL 1097
    4.3. DIFERENÇAS ENTRE ASSISTÊNCIA SIMPLES E ASSISTÊNCIA LITISCONSORCIAL 1097
5. DIFERENÇAS: ASSISTÊNCIA LITISCONSORCIAL E LITISCONSÓRCIO ULTERIOR 1099
6. EFEITOS DA ASSISTÊNCIA.. 1101

SUMÁRIO

6.1. QUANTO À POSIÇÃO: 1101

6.2. QUANTO AOS DIREITOS: 1102

6.3. QUANTO ÀS OBRIGAÇÕES: 1102

7. COISA JULGADA 1103

8. QUANTO AOS LIMITES OBJETIVOS E SUBJETIVOS DA COISA JULGADA 1103

9. A POSIÇÃO DO ASSISTENTE NA RELAÇÃO PROCESSUAL.............................. 1104

10. A NORMA DO ART. 123 DO CPC – JUSTIÇA DA DECISÃO 1105

11. COISA JULGADA E O ASSISTENTE 1110

12. INEXISTÊNCIA DE COISA JULGADA PARA O ASSISTENTE.............................. 1112

12.1. CASOS DE SOLIDARIEDADE 1116

12.2. CASOS DE DIREITO COMUM.. 1118

12.3. CASOS DE COMPRA E VENDA COM CESSÃO DO CONTRATO 1119

12.4. CASOS DE LOCAÇÃO E SUBLOCAÇÃO 1119

12.5. CASOS COMO OS DE ANULAÇÃO DE ASSEMBLÉIA............................ 1120

12. 6. CÔNJUGES... 1120

CONCLUSÕES.. 1121

REFERÊNCIAS 1122

Capítulo 5 ▶ O "incidente" da desconsideração da personalidade jurídica: apontamentos à luz do Novo CPC..................... 1125

Antônio Pereira Gaio Júnior

1. CONSIDERAÇÕES INICIAIS 1125

2. PESSOA JURÍDICA: NATUREZA E CAPACIDADE 1127

3. PESSOA JURÍDICA: PERSONALIDADE E SUA DESCONSIDERAÇÃO 1130

4. INCIDENTE DE DESCONSIDERAÇÃO DA PERSONALIDADE JURÍDICA NO NOVO CÓDIGO DE PROCESSO CIVIL BRASILEIRO 1135

4.1. NATUREZA DE "INCIDENTE" 1137

4.2. CABIMENTO... 1138

4.3. LEGITIMIDADE E PARTICIPAÇÃO 1139

4.4. REGRAS PROCESSUAIS E PROCEDIMENTAIS 1140

5. CONSIDERAÇÕES FINAIS 1143

6. REFERÊNCIAS BIBLIOGRÁFICAS... 1143

Capítulo 6 ▶ O incidente de desconsideração da personalidade jurídica do Novo Código de Processo Civil 1147

Humberto Dalla Bernardina de Pinho
Marina Silva Fonseca

NOVO CPC DOUTRINA SELECIONADA, V. 1 • Parte Geral

1. INTRODUÇÃO 1147

2. A DESCONSIDERAÇÃO DA PERSONALIDADE JURÍDICA: CONTORNOS DE DIREITO MATERIAL................... 1149

    2.1. PRESSUPOSTOS LEGITIMADORES DA DESCONSIDERAÇÃO.. 1150

    2.2. EFEITOS DA DESCONSIDERAÇÃO – ANÁLISE À LUZ DA TEORIA DUALISTA DA OBRIGAÇÃO........... 1158

3. O DESENVOLVIMENTO PROCESSUAL DA DESCONSIDERAÇÃO DA PERSONALIDADE JURÍDICA E O REGRAMENTO DO NOVO CPC 1161

    3.1. NECESSIDADE DE AÇÃO AUTÔNOMA DE CONHECIMENTO OU EFETIVAÇÃO DA *DISREGARD* NO CURSO DO PROCESSO PRINCIPAL 1162

    3.2. OS POLOS PROCESSUAIS ATIVO E PASSIVO NO INCIDENTE DE DESCONSIDERAÇÃO................... 1166

    3.3. CONTRADITÓRIO E AMPLA DEFESA NO DESENVOLVIMENTO PROCESSUAL DA DESCONSIDERAÇÃO DA PERSONALIDADE JURÍDICA.. 1169

4. CONCLUSÕES 1173

5. REFERÊNCIAS... 1175

Capítulo 7 ▶ O incidente de desconsideração da personalidade jurídica no Novo Código de Processo Civil...................... 1181
Michel Ferro e Silva

1. INTRODUÇÃO 1181

2. NOÇÕES GERAIS... 1182

3. DO INCIDENTE DE DESCONSIDERAÇÃO DA PERSONALIDADE JURÍDICA NO NCPC............................ 1186

4. CONCLUSÃO.. 1191

5. BIBLIOGRAFIA 1192

Capítulo 8 ▶ A sistematização do *amicus curiae* no Novo Código de Processo Civil Brasileiro... 1195
Marcelo Miranda Caetano

1. A REALIDADE BRASILEIRA 1195

2. O ART. 138 DO NOVO CPC 1198

3. ENUNCIADOS DO FÓRUM PERMANENTE DE PROCESSUALISTAS CIVIS 1201

4. CONCLUSÃO.. 1202

5. BIBLIOGRAFIA 1203

Capítulo 9 ▶ A natureza jurídica do *amicus curiae* no Novo Código de Processo Civil... 1205
Marta Valéria C. B. Patriota

1. INTRODUÇÃO 1205

SUMÁRIO

2. A NORMATIZAÇÃO DO INSTITUTO E A DEFESA DE INTERESSES PARA ALÉM DAS PARTES 1206

3. O AMICUS CURIAE COMO SUJEITO DO AMBIENTE COOPERATIVO 1212

4. O AMICUS NO ORDENAMENTO JURÍDICO BRASILEIRO 1226

5. A NATUREZA JURÍDICA DO AMICUS CURIAE SEGUNDO O NOVO CÓDIGO DE PROCESSO CIVIL 1228

6. CONCLUSÃO 1230

7. REFERÊNCIAS 1231

Capítulo 10 ▶ A Extinção da Nomeação à Autoria como Intervenção de Terceiro e a Nova Forma Procedimental de Correção do Polo Passivo 1235

Vinicius Silva Lemos

1. INTRODUÇÃO 1235

2. A NOMEAÇÃO À AUTORIA NO CPC/73 1236

    2.1 A SUA FORMALIDADE COMO INTERVENÇÃO DE TERCEIRO 1237

3. A RETIRADA DA NOMEAÇÃO À AUTORIA NO NOVO CPC 1239

    3.1 A ESCOLHA POR UM NOVO PROCEDIMENTO 1240

4. O PROCEDIMENTO SUBSTITUTO DA NOMEAÇÃO À AUTORIA 1240

    4.1 A ALEGAÇÃO DO RÉU SOBRE A ILEGITIMIDADE PASSIVA NA CONTESTAÇÃO 1241

        4.1.1 A MULTA APLICÁVEL AO RÉU EM CASO DE INJUSTIFICADAMENTE NÃO INDICAR A PARTE QUE ENTENDE LEGÍTIMA 1242

    4.2. A MANIFESTAÇÃO DO JUÍZO E A ESCOLHA DO AUTOR 1243

        4.2.1 A REJEIÇÃO DA INDICAÇÃO E A MANUTENÇÃO DO RÉU INDICADO NA INICIAL 1244

        4.2.2 A SUBSTITUIÇÃO DO RÉU E A INCLUSÃO DO INDICADO NA CONTESTAÇÃO 1245

        4.2.3 A INCLUSÃO DO INDICADO NA CONTESTAÇÃO E A FORMAÇÃO DO LITISCONSÓRCIO PASSIVO 1246

    4.3 A AUSÊNCIA DE DISCRICIONARIEDADE DO JUÍZO SOBRE O PROCEDIMENTO 1247

        4.3.1 A NECESSIDADE DE SEGUIR AS ORIENTAÇÕES DO AUTOR 1248

5. A AUSÊNCIA DE DECISÃO DO JUÍZO E A RETIRADA DO CPC COMO INTERVENÇÃO DE TERCEIRO 1249

6. BIBLIOGRAFIA 1251

Capítulo 11 ▶ A Intervenção De Terceiro Da Defensoria Pública Nas Ações Possessórias Multitudinárias Do NCPC: Colisão De Interesses (Art. 4º-A, V, LC N. 80/1994) e Posições Processuais Dinâmicas 1253

Maurilio Casas Maia

1. INTRODUÇÃO 1253

2. INTERESSE INSTITUCIONAL E CONSTITUCIONAL DA DEFENSORIA PÚBLICA 1255

NOVO CPC DOUTRINA SELECIONADA, V. 1 • Parte Geral

2.1 AS ATRIBUIÇÕES DEFENSORIAIS DE ACORDO COM AS 4 (QUATRO) ONDAS DE ACESSO À JUSTIÇA 1256

2.2 SOBRE A AUSÊNCIA DE ADJETIVAÇÃO CONSTITUCIONAL DOS "NECESSITADOS" E DA "INSUFICIÊNCIA DE RECURSOS" (ADI 3943, REXT 733433 E ERESP 1192577) 1260

2.3 SOBRE AS MÚLTIPLAS NECESSIDADES E SEUS RESPECTIVOS NECESSITADOS 1261

2.4 MODALIDADES DE INTERVENÇÃO DOS ÓRGÃOS CONSTITUCIONAIS POSTULANTES DO SISTEMA DE JUSTIÇA BRASILEIRO 1262

    2.4.1 CARREIRAS PÚBLICAS POSTULATÓRIAS ESSENCIAIS À JUSTIÇA E A TRÍPLICE CAPACIDADE: BREVES ESCLARECIMENTOS 1265

3. POSSESSÓRIAS MULTITUDINÁRIAS (OU COLETIVAS) NO NCPC E INTERVENÇÃO DA DEFENSORIA PÚBLICA 1266

3.1 A INTERVENÇÃO DEFENSORIAL DO § 1o DO ART. 554 DO NCPC 1267

    3.1.1 UMA LEITURA CONSTITUCIONALMENTE CONFORME DO § 1o DO ART. 554 DO NCPC (ADI 3943): "HIPOSSUFICIÊNCIA ECONÔMICA" OU "HIPOSSUFICIÊNCIA"? 1270

3.2 A INTERVENÇÃO DEFENSORIAL DO § 2o DO ART. 565 DO NCPC 1272

    3.2.1 O DEFENSOR PÚBLICO DO § 1o DO ART. 554 SERIA O MESMO DO § 2o DO ART. 565, AMBOS DO NCPC? 1274

    3.2.1 NATUREZA E FUNÇÃO DA INTERVENÇÃO DEFENSORIAL DO § 2o DO ART. 565 DO NCPC. 1276

3.3 DA DINAMICIDADE DAS POSIÇÕES PROCESSUAIS OCUPADAS PELA DEFENSORIA PÚBLICA NAS POSSESSÓRIAS MULTITUDINÁRIAS 1280

4. CONCLUSÃO: A RENOVAÇÃO DO PAPEL DA DEFENSORIA PÚBLICA EM UM PROCESSO POLICÊNTRICO E COMPARTICIPATIVO 1281

5. REFERÊNCIAS 1286

PARTE IX
ATOS, PRAZOS E NEGÓCIOS PROCESSUAIS

Capítulo 1 ▶ Do Processo Eletrônico: das Origens ao NCPC 1293
Alexandre Freire Pimentel

1. DAS ORIGENS DO DIREITO E DO PROCESSO ELETRÔNICO NO DIREITO COMPARADO 1293

2. ESCORÇO HISTÓRICO SOBRE O PROCESSO ELETRÔNICO BRASILEIRO 1295

3. DA PRÁTICA ELETRÔNICA DE ATOS PROCESSUAIS NO CPC DE 2015 1297

4. ATA NOTARIAL E ATOS REGISTRAIS ELETRÔNICOS 1298

5. REQUISITOS DOS SISTEMAS DE PROCESSO JUDICIAL ELETRÔNICO 1299

6. GERENCIAMENTO DOS SISTEMAS JUDICIAIS ELETRÔNICOS 1300

7. A GARANTIA DE ACESSO DAS PARTES E DOS ADVOGADOS AO PROCESSO ELETRÔNICO 1301

    7.1. ACESSO À JUSTIÇA ELETRÔNICA POR PESSOAS COM DEFICIÊNCIA 1304

        7.1.1. A CONVENÇÃO DE NOVA YORK E OS DIREITOS DA "PESSOA COM DEFICIÊNCIA" 1305

        7.1.2. ASSINATURAS DIGITAIS E USUÁRIOS DEFICIENTES VISUAIS E AUDITIVOS 1305

SUMÁRIO

8. INTIMAÇÃO ELETRÔNICA DA FAZENDA PÚBLICA 1306

9. O REQUISITO DA CERTIFICAÇÃO DIGITAL E A QUESTÃO DA VALIDADE DOS ATOS PROCESSUAIS ELETRÔNICOS 1307

10. O PROBLEMA DA VEICULAÇÃO DA DECISÃO JUDICIAL NO SÍTIO ELETRÔNICO DO TRIBUNAL 1308

REFERÊNCIAS 1310

Capítulo 2 ▶ Considerações sobre a citação por meio eletrônico no NCPC 1311
Cristina Ferraz

1. CONSIDERAÇÕES GERAIS SOBRE A CITAÇÃO 1311

    1.1 CITAÇÃO COMO REQUISITO DE VALIDADE AO PROCESSO 1311

    1.2 PESSOALIDADE DA CITAÇÃO 1314

2. CITAÇÃO POR MEIO ELETRÔNICO 1315

    2.1. O NCPC E AS HIPÓTESES PREFERENCIAIS DE CITAÇÃO POR MEIO ELETRÔNICO 1318

    2.2. REGRAS SOBRE A CITAÇÃO POR MEIO ELETRÔNICO 1320

3. CONCLUSÃO 1322

REFERÊNCIAS BIBLIOGRÁFICAS 1323

Capítulo 3 ▶ A "contratualização" do processo no Novo Código de Processo Civil 1325
Érico Andrade

1. INTRODUÇÃO 1325

2. A "CONTRATUALIZAÇÃO" DO PROCESSO: UMA BREVE VISÃO DE DIREITO COMPARADO 1326

    2.1. A CONTEXTUALIZAÇÃO DA JURISDIÇÃO E DO PROCESSO NO ÂMBITO DO DIREITO PÚBLICO 1326

    2.2. "CONTRATUALIZAÇÃO" DO PROCESSO 1329

    2.3. CALENDÁRIO PROCESSUAL 1334

3. A "CONTRATUALIZAÇÃO" DO PROCESSO E O CALENDÁRIO DO PROCESSO NO NOVO CPC 1336

4. INDICAÇÕES CONCLUSIVAS 1342

5. REFERÊNCIAS BIBLIOGRÁFICAS 1344

Capítulo 4 ▶ Negócios Jurídicos Processuais: a Ampliação das Hipóteses Típicas pelo Novo Código de Processo Civil 1347
Rafael Calheiros Bertão

1. INTRODUÇÃO 1347

2. NEGÓCIO JURÍDICO PROCESSUAL 1348

    2.1. A TEORIA DO FATO JURÍDICO APLICADA AOS ATOS PROCESSUAIS 1348

NOVO CPC DOUTRINA SELECIONADA, V. 1 • Parte Geral

2.2. EXISTE NEGÓCIO JURÍDICO PROCESSUAL? 1350

3. O NOVO CÓDIGO DE PROCESSO CIVIL 1355

    3.1. CONTEXTO HISTÓRICO 1355

    3.2. O MODELO COOPERATIVO DE PROCESSO: BREVES CONSIDERAÇÕES 1357

    3.3. O MODELO COOPERATIVO DE PROCESSO E OS NEGÓCIOS JURÍDICOS PROCESSUAIS 1360

4. OS NEGÓCIOS JURÍDICOS PROCESSUAIS TIPIFICADOS NA LEGISLAÇÃO BRASILEIRA 1362

    4.1. REGRAMENTO ATUAL: CÓDIGO DE PROCESSO CIVIL DE 1973 1362

    4.2. O NOVO CÓDIGO DE PROCESSO CIVIL: A AMPLIAÇÃO DAS HIPÓTESES TÍPICAS 1365

        4.2.1. A REDUÇÃO DOS PRAZOS PEREMPTÓRIOS 1366

        4.2.2. A ESCOLHA CONSENSUAL DO PERITO 1366

        4.2.3. ORGANIZAÇÃO CONSENSUAL DO PROCESSO E AUDIÊNCIA DE SANEAMENTO EM COOPERAÇÃO COM AS PARTES 1367

        4.2.4. CALENDÁRIO PROCESSUAL 1368

5. CONCLUSÕES 1371

6. REFERÊNCIAS BIBLIOGRÁFICAS 1373

Capítulo 5 ► Uma contribuição ao estudo da existência, validade e eficácia dos negócios jurídicos processuais 1377

Jaldemiro Rodrigues de Ataíde Júnior

1. CONSIDERAÇÕES INICIAIS 1377

2. BREVES CONSIDERAÇÕES SOBRE OS NEGÓCIOS JURÍDICOS MATERIAIS E PROCESSUAIS 1383

3. EXISTÊNCIA, VALIDADE E EFICÁCIA DOS NEGÓCIOS JURÍDICOS – CAMPO-INVARIÁVEL 1386

4. EXISTÊNCIA, VALIDADE E EFICÁCIA DOS NEGÓCIOS JURÍDICOS PROCESSUAIS – CAMPO-DEPENDENTE E CAMPO-DEPENDENTE' 1390

5. UMA ÚLTIMA PALAVRA SOBRE O OBJETO LÍCITO NOS NEGÓCIOS PROCESSUAIS E A RELEVÂNCIA DA ORDEM PÚBLICA COMO LIMITE À NEGOCIAÇÃO 1394

6. CONCLUSÕES 1396

Capítulo 6 ► A negociação no Novo Código de Processo Civil: novas perspectivas para a conciliação, para a mediação e para as convenções processuais 1399

Julio Guilherme Müller

1. INTRODUÇÃO 1399

2. PANORAMA GERAL SOBRE A NEGOCIAÇÃO NO CPC DE 1973 1400

3. A NEGOCIAÇÃO NO NOVO CÓDIGO DE PROCESSO CIVIL 1403

    3.1. CONCILIAÇÃO E MEDIAÇÃO 1403

    3.2. NEGÓCIOS PROCESSUAIS 1411

SUMÁRIO

4. CONCLUSÃO: "POR UMA CONSCIÊNCIA EM FAVOR DA NEGOCIAÇÃO" 1414

5. BIBLIOGRAFIA 1418

Capítulo 7 ▶ Sobre a *atipicidade* dos negócios processuais e a hipótese *típica* de calendarização 1421
Murilo Teixeira Avelino

1. BREVES CONSIDERAÇÕES SOBRE O NEGÓCIO JURÍDICO 1421

2. O MARCO PRINCIPIOLÓGICO DO NCPC 1425

3. OS NEGÓCIOS PROCESSUAIS ATÍPICOS – ART. 190 DO NCPC 1429

4. A CALENDARIZAÇÃO DO PROCEDIMENTO – ART. 191 DO NCPC 1432

5. PROBLEMATIZAÇÃO DE ALGUNS PONTOS 1433

6. (IN)CONCLUSÕES 1438

7. BIBLIOGRAFIA 1439

Capítulo 8 ▶ As férias dos advogados privados: a suspensão dos prazos processuais de 20 de dezembro a 20 de janeiro no CPC de 2015 1441
Welder Queiroz dos Santos

1. INTRODUÇÃO 1441

2. SUSPENSÃO DOS PRAZOS PROCESSUAIS E ATIVIDADE JURISDICIONAL ININTERRUPTA 1443

3. VEDAÇÃO A REALIZAÇÃO DE AUDIÊNCIAS E JULGAMENTOS POR ÓRGÃO COLEGIADO 1447

4. A INDISPENSABILIDADE DOS ADVOGADOS PARA A ADMINISTRAÇÃO DA JUSTIÇA E A SUSPENSÃO DOS PRAZOS PROCESSUAIS 1448

5. A RETOMADA DO PRAZO 1450

6. BIBLIOGRAFIA 1451

Capítulo 9 ▶ Invalidades processuais no Código De Processo Civil de 2015 1453
Eduardo Scarparo

1. INTRODUÇÃO 1453

2. SOBRE O ULTRAPASSADO SENTIDO DA COMINAÇÃO DA NULIDADE NOS DIFERENTES SISTEMAS E SEU COTEJO COM A NOVA LEGISLAÇÃO 1455

3. PARTICIPAÇÃO E CONTRADITÓRIO NO NOVO CÓDIGO DE PROCESSO CIVIL, CONSIDERANDO ESPECIFICAMENTE A TEMÁTICA DAS INVALIDADES PROCESSUAIS 1458

4. PODERES DAS PARTES, DO MINISTÉRIO PÚBLICO E DO JUIZ 1462

5. REFERÊNCIAS BIBLIOGRÁFICAS 1467

Capítulo 10 ▶ Algumas notas sobre a chamada "nulidade guardada"...1469
João Roberto de Sá Dal'Col

1. DO OBJETO DO ESTUDO 1469
2. DA INSTRUMENTALIDADE DAS FORMAS E DA RELAÇÃO ENTRE O DIREITO MATERIAL E O PROCESSO: EFETIVIDADE PROCESSUAL NO PLANO CONCRETO 1470
3. DA IMPOSSIBILIDADE DA NULIDADE PROCESSUAL SER SANADA 1473
4. DA CHAMADA "NULIDADE GUARDADA" E OS SEUS EFEITOS 1475
5. CONCLUSÃO 1480
6. BIBLIOGRAFIA 1481

Capítulo 11 ▶ Nulidade e o Novo Processo Civil Brasileiro - parte 1: o que significa "alcançar a finalidade"?...................................... 1483
Renzo Cavani

1. PREMISSA 1483
2. VÍCIO E NULIDADE: INDISPENSÁVEL PONTO DE PARTIDA 1484
    2.1. FUNCIONALIDADE DA NULIDADE NO PROCESSO CIVIL... 1484
    2.2. O VÍCIO COMO PRESSUPOSTO DA NULIDADE: DIFERENÇA ENTRE ATO VICIADO E ATO NULO . 1486
3. A FINALIDADE NO ÂMBITO DA NULIDADE PROCESSUAL: POR UMA EXPLICAÇÃO DO MODELO DA FINALIDADE 1491
    3.1. PRIMEIRAS INTERROGANTES.. 1491
    3.2. FINALIDADE OBJETIVA E SUBJETIVA 1492
    3.3. A CONFUSÃO ENTRE FINALIDADE DO ATO E EFEITOS DO ATO....................................... 1494
    3.4. A FINALIDADE COMO SITUAÇÃO IDEAL 1496
    3.5. A COGNIÇÃO JUDICIAL NO MODELO DA FINALIDADE 1498
4. CONCLUSÕES... 1499
5. REFERÊNCIAS BIBLIOGRÁFICAS.. 1500

Capítulo 12 ▶ Preclusão elástica no Novo CPC: protesto antipreclusivo, uma oportunidade perdida 1503
Zulmar Duarte

1. INTRODUÇÃO... 1503
2. PRECLUSÃO... 1504
3. PRECLUSÃO ELÁSTICA NO NOVO CPC 1509
4. PROTESTO ANTIPRECLUSIVO E O NOVO CPC.. 1514
5. CONCLUSÃO 1518
6. REFERÊNCIAS 1518

SUMÁRIO

PARTE X
O REGIME DAS QUESTÕES DE ORDEM PÚBLICA NO CPC/2015

Capítulo 1 ▶ O regime das questões de ordem pública no Novo CPC..... 1523
Trícia Navarro Xavier Cabral

1. NOÇÕES GERAIS SOBRE AS QUESTÕES DE ORDEM PÚBLICA 1523

2. EVOLUÇÃO HISTÓRICA DAS QUESTÕES DE ORDEM PÚBLICA 1525

3. IDENTIFICAÇÃO DAS QUESTÕES DE ORDEM PÚBLICA 1526

4. PRESSUPOSTOS PROCESSUAIS.. 1528

5. CONDIÇÕES DA AÇÃO 1529

6. O TRATAMENTO DAS QUESTÕES DE ORDEM PÚBLICA NO CPC/2015.. 1536

7. NECESSIDADE DE CONTRADITÓRIO PARA O RECONHECIMENTO DE QUESTÕES PRÉVIAS 1541

8. CONCLUSÃO 1545

9. BIBLIOGRAFIA... 1545

PARTE I

ASPECTOS PRÉVIOS AO CPC/2015

CAPÍTULO 1

Breve história (ou 'estória') do Direito Processual Civil brasileiro: das Ordenações até a derrocada do Código de Processo Civil de 1973[1]

Rodrigo Mazzei[2]

SUMÁRIO: 1. INTRODUÇÃO; 2. AS ORDENAÇÕES AFONSINAS, MANUELINAS E FILIPINAS; 2.1 ORDENAÇÕES AFONSINAS; 2.2. ORDENAÇÕES MANUELINAS; 2.3. ORDENAÇÕES FILIPINAS; 3. O REGULAMENTO COMERCIAL 737/1850. ; 4. A CONSOLIDAÇÃO DE RIBAS; 5. A CONSOLIDAÇÃO DE JOSÉ HIGINO DUARTE PEREIRA; 6. OS CÓDIGOS ESTADUAIS (PROCESSO CIVIL); 7. O CÓDIGO DE PROCESSO CIVIL DE 1939; 8. O CÓDIGO DE PROCESSO CIVIL DE 1973; 9. A CONSTITUIÇÃO FEDERAL DE 1988 E A LEGISLAÇÃO PROCESSUAL (EM ESPECIAL SUA RELAÇÃO COM O CÓDIGO DE PROCESSO CIVIL DE 1973); 10. BREVE FECHAMENTO.

1. INTRODUÇÃO

A Lei n.º 13.105/2015, publicada no Diário Oficial da União do dia 17 de março de 2015, instituiu um novo Código de Processo Civil, que estará em vigor no prazo de 1 (um) ano. Nada obstante a substituição do diploma de 1973 (que foi alvejado por numerosas reformas legislativas em questões pontuais, notadamente após a década de 1990), observamos que dados da história do Direito Processual Pátrio ficam cada vez mais apagados, não sendo reservado espaço adequado sobre o tema, inclusive em 'manuais' prestigiados. A situação cria ambiente não apenas para o esquecimento da marcha histórica, mas também para inserção de "certas estórias" sobre a trajetória da codificação.

---

1. O presente texto faz parte dos trabalhos apresentados a título de pós-doutoramento efetuado junto à Universidade Federal do Espírito Santo (UFES).
2. Pós-doutorado (UFES), Doutor (FADISP) e Mestre (PUC-SP). Professor (graduação e mestrado) da UFES (Universidade Federal do Espírito Santo). Membro do IBDP. Presidente da ESA (OAB-ES) e Vice Presidente do Instituto dos Advogados do ES (IAEES). Ex- Juiz Eleitoral (classe dos juristas) TRE-ES. Advogado.

O presente texto busca, simplesmente, resgatar alguns dados históricos, a fim de que, com o conhecimento sobre o longo percurso até a edição Código de Processo Civil de 1973, "estórias" não sejam contadas e, notadamente, alguns fatos relevantes não sejam esquecidos.

2. AS ORDENAÇÕES AFONSINAS, MANUELINAS E FILIPINAS

De forma bem resumida, pode-se dizer que as Ordenações são o resultado da idéia de agrupamento sistemático das leis (tratado, por alguns, como verdadeiro processo de *codificação* [3-4]) iniciado no reinado de Dom João I, cuja concretização demorou mais de meio século até a promulgação das Ordenações Afonsinas em 1446 (a primeira na tríade das Ordenações).

Vale lembrar, para efeito de localização temporal, que as Ordenações Afonsinas foram concluídas em 1446 (no mesmo ano em que Dom Afonso assumiu o poder) e aplicadas até 1521. As Ordenações Manuelinas tiveram seu período de vigência entre 1521 e 1603 e, por derradeiro, sendo seguidas das Ordenações Filipinas, as quais tiveram sua vigência bem alongada aqui no Brasil.[5]

---

3. No sentido da aproximação das Ordenações aos códigos, confira-se: Milton Duarte Segurado (História resumida do direito brasileiro. Rio de Janeiro: Editora Rio, 1982, p. 28), Silva Pacheco (Evolução do Processo Civil Brasileiro. 2 ed. Rio de Janeiro: Renovar, 1999, p. 43) e Arthur Virmond de Lacerda (História breve das codificações jurídicas. Curitiba: Juruá, 1997, p. 47). Com olhos na técnica utilizada para a sua formação, Joaquim Ferreira entende que as Ordenações do Reino se afinam mais à compilação do que à codificação propriamente dita (História de Portugal. 2ª. Ed.. Porto: Editorial Domingos Barreira, 1951, p. 276), posição que é também adotada por Flávia Lages de Castro (História do direito geral e do Brasil. 5ª. Ed. Rio de Janeiro: Lúmen Júris, 2007 p. 273-274). Há, ainda, quem defenda que a consolidação é a figura que mais se aproxima das Ordenações, como se nota dos textos de Isidoro Martins Junior (História do direito nacional. 3ª. Ed. Brasília: DIN-Unb, 1979, p. 125) e Walter Vieira do Nascimento (Lições de história do direito. 15ª. Ed.; Rio de Janeiro: Forense, p. 193).

4. É importante observar que há diferença entre codificar, compilar e consolidar. Entende-se, de um modo geral, que a compilação se caracteriza pela reunião dos textos legais já existentes, enquanto a codificação se notabiliza pela sistematização (e produção) de direito novo. Há ainda a consolidação, que está além da compilação, mas não alcança a codificação. Com efeito, a consolidação não se limita a reunir os textos legais existentes, pois sua missão exige mais, já que inclui no labor uma conjunção harmônica e sistemática (que, inclusive, permite a eliminação de conflitos entre as normas existentes), porém não busca a formação de direito novo, tal como a codificação. Segundo José de Oliveira Ascensão: "A consolidação é alguma coisa menos que o código, mas alguma coisa mais que a compilação. Não se limita como esta a juntar e eventualmente ordenar leis preexistentes; mas também não representa inovação, ao contrário do código. Por ela, os próprios textos existentes são alterados; o que passa para a consolidação não são as fórmulas, são as regras, e estas podem receber nova formulação" (O direito: introdução e teoria geral, 2. ed., Rio de Janeiro: Renovar, 2001, p. 378). Ainda acerca dos conceitos e diferença entre consolidação e codificação, confira-se: Maria Helena Diniz (Código Civil de 1916. in História do direito brasileiro. Eduardo C. B. Bittar (Org.) São Paulo: Atlas, 2003, p. 210), Mario Luiz Delgado (Codificação, descodificação e recodificação do direito civil brasileiro. São Paulo: Saraiva, 2011, p. 35-56), e Luiz Guilherme Marinoni e Daniel Mitidiero (O projeto do CPC. São Paulo: Revista dos Tribunais: 2010, p. 50-55).

5. Algumas regulações das Ordenações Filipinas estiveram presentes – na parte de direito material - até a entrada em vigor do Código Civil de 1916, em pleno século XX, pois a Consolidação das Leis Civis

Saliente-se, todavia, que no aspecto formal todas as três Ordenações possuem estrutura assemelhada, com divisão em 05 (cinco) livros (Livro I – Direito Administrativo e Organização Judiciária; Livro II – Direito dos Eclesiásticos, do Rei, dos Fidalgos e dos estrangeiros; Livro III – Processo civil; Livro IV – Direito Civil e Direito Comercial; Livro V Direito Penal e Processo Penal).

2.1 ORDENAÇÕES AFONSINAS

No intuito de ordenar e organizar o vasto número de leis esparsas existentes em Portugal na primeira metade do século XV, Dom João I arquitetou processo de organização deste conteúdo legislativo.[6]

Inicialmente, os trabalhos ficaram a cargo do Corregedor da Corte, João Mendes, o qual foi substituído, posteriormente, por Rui Fernandes. A obra foi finalizada durante a regência de Dom Pedro, em 1446, ano em que Dom Afonso V assume o trono português.[7] E, como bem atesta WALTER VIEIRA DO NASCIMENTO, nas Ordenações Afonsinas se nota que há prestígio às leis promulgadas desde

---

orquestrada por Teixeira de Freitas aproveitou, em parte, esse último diploma. No sentido: Cláudio Valentim Cristiani (O Direito no Brasil Colonial. In Fundamentos de história do direito. Antonio Carlos Wolkmer (Org.) 2ª. ed. Belo Horizonte: Del Rey, 2002, p. 338) e Alcides de Mendonça Lima (Introdução aos Recursos Cíveis, 2a. edição. São Paulo: Revista dos Tribunais, 1976, p. 23). No Processo Civil, sua aplicação foi também bastante duradoura, eis que, mesmo após a independência política de Portugal, continuaram a ser aplicadas por força do Decreto de 20.10.1823, naquilo em que não afetasse a soberania nacional. No sentido, Arruda Alvim lembra que: "Em 1871, o governo imperial encarregou o Conselheiro Ribas de consolidar as Ordenações e as leis extravagantes, que, posteriormente à Independência, foram sendo promulgadas pelo governo imperial, vindo, por uma resolução imperial de 1876 a ser adotada, como lei processual, a Consolidação de Ribas. As Ordenações Filipinas, portanto, através da Consolidação de Ribas, continuaram a reger nosso processo civil até a proclamação da República" (Manual de direito processual civil. 14. ed.. São Paulo: Revista dos Tribunais, 2011, p. 67). As Ordenações Filipinas somente se desvincularam do processo civil nacional após a edição do Decreto 763, de 1890, que ampliou a aplicação do Regulamento 737/1850 para o âmbito do processo civil, já que seu espectro original era apenas o processo comercial (o tema será tratado adiante). Sobre a duração e influência das Ordenações no processo civil nacional, resumido (mas com conteúdo), confira-se: Ovídio A. Baptista da Silva (Teoria geral do processo civil. São Paulo: Revista dos Tribunais, 1997, p. 27-29).

6. Não resta dúvida que, pelo ineditismo, as Ordenações Afonsinas (em relação às duas que a sucedem) são as que possuem maior originalidade, sendo, inclusive, tratada por autores como a primeira codificação européia. No sentido, Milton Duarte Segurado, apesar de afirmar que as Ordenações Afonsinas foram o "primeiro código europeu", lembra que a "Suécia já possuía ordenações, publicadas em 1452, seis anos mais novas que as Afonsinas, mas nenhuma das duas fora ainda impressa" (História resumida do direito brasileiro. Rio de Janeiro: Editora Rio, 1982, p. 28). Parecendo concordar com a idéia de primeiro código completo, confira-se ainda: Silva Pacheco (Evolução do Processo Civil Brasileiro. 2 ed. Rio de Janeiro: Renovar, 1999, p. 43). Contra, entendendo que as Ordenações devem ser vistas como resultado do processo de compilação, confira-se: Joaquim Ferreira (História de Portugal. 2ª. Ed. . Porto: Editorial Domingos Barreira, 1951, p. 276) e Flávia Lages de Castro (História do direito geral e do Brasil. 5ª. Ed. Rio de Janeiro: Lúmen Júris, 2007 p. 273-274).

7. Conforme José Rogério Cruz e Tucci e Luiz Carlos de Azevedo (Lições de História do Processo Civil Lusitano. São Paulo: Revista dos Tribunais, 2009. p.33)

Afonso II, às resoluções das cortes desde Afonso IV, às concordatas de D. Dinis, D. Pedro e D. João, bem como à influência do direito canônico e à Lei de Sete Partidas, dos costumes e usos.[8]-[9]-[10]

Como anunciado anteriormente, a estrutura do texto é apresentada em cinco livros; ao Livro III, coube tratar do processo civil, mostrando-se este, inclusive, razoavelmente extenso no tocante aos recursos.

Para MARIO JULIO E ALMEIDA COSTA, as Ordenações Afonsinas destacam-se na evolução do direito português devido ao papel decisivo na consolidação de um sistema jurídico autônomo e nacional.[11] Ademais, "representam o suporte da evolução subsequente do direito português", uma vez que as Ordenações que se seguiram, embora trouxessem inovações, mantiveram a mesma estruturação lógica, bastando-se, em sua maioria, a meramente atualizar a obra.

2.2. ORDENAÇÕES MANUELINAS

No início do século XVI o regente Dom Manuel tratou de começar uma reforma legislativa que afetava as Ordenações Afonsinas.[12]-[13] Um primeiro projeto foi apresentado, em meados de 1.514, pelos juristas Rui Boto, Rui da Grã e

---

8. Lições de história do direito. 15ª. Ed.; Rio de Janeiro: Forense, p. 193. No mesmo sentido (entre vários): Humberto Dalla Bernardina e Pinho (Teoria geral do processo civil contemporâneo. Rio de Janeiro: Lúmen Júris, 2007, p.14) e Rodrigo Klippel (teoria geral do processo civil. 2ª. ed. Niterói: Impetus, 2009, p. 21).
9. Há boa influência do Direito Canônico da época, pois a palavra "pecado" é encontrada como sinônimo de "crime" em alguns momentos, como bem lembra Flávia Lages de Castro (História do direito geral e do Brasil. 5ª. Ed. Rio de Janeiro: Lúmen Júris, 2007 p. 276).
10. Percebe-se, também, a presença do Direito Romano com bastante influência, consoante anotam José Rogério Cruz e Tucci e Luiz Carlos de Azevedo (Lições de História do Processo Civil Lusitano. São Paulo: Revista dos Tribunais, 2009. p. 33-34) e Alexandre Augusto de Castro Corrêa (História do direito nacional desde a antiguidade até o Código Civil de 1916. In História do direito brasileiro. Eduardo C. B. Bittar (Org.). São Paulo: Atlas, 2003, p. 82).
11. História do Direito Português. 3 ed. Coimbra: Almedina, 2002, p. 278.
12. Conforme explica Mario Julio de Almeida Costa, à época da edição das Ordenações Afonsinas ainda não se utilizava a imprensa, o que dificultava a publicidade das leis. Especula-se, portanto, que a introdução da imprensa (apenas a partir do final do século XV) tenha motivado o desejo de atualização das Ordenações Afonsinas. Isto é, uma vez que começariam a ser publicadas, que fossem desde já atualizadas. Há quem acredite, porém, que, em verdade, as novas Ordenações surgiram do interesse de Dom Manuel em ter seu nome vinculado não apenas à fase dos descobrimentos além mar, mas também a uma vultosa reforma legislativa (História do Direito Português. 3 ed. Coimbra: Almedina, 2002, p. 282).
13. Como bem ressalta Flávia Lages de Castro (História do direito geral e do Brasil. 5ª. Ed. Rio de Janeiro: Lúmen Júris, 2007 p. 278-279), é importante notar que ao largo das Ordenações Afonsinas foram editadas outras leis extravagantes, muitas delas reclamadas pelos avanços e dinamismo exigidos pelo panorama advindo das grandes navegações e descobertas, o que justificava novo trabalho de organização sistemática das normas. Além disso, houve uma questão de afirmação nacionalista dos portugueses, eis que a redação rebuscada das Ordenações Afonsinas se identificava muito do "Castelhano", o que oportunizou a implementação de redação legal mais simples (e ágil) para as relações advindas do novo contexto vivido pela nação lusa, aproximando-a do escrito português.

Cristóvão Esteves, texto este que se mostrou apegado em demasia aos ditames Afonsinos, culminando, pois, em uma edição definitiva apresentada apenas em 1.521.[14]

A estrutura trazida pela primeira Ordenação Portuguesa foi mantida[15], embora possam se encontrar algumas diferenças de regramentos e até mesmo na forma redacional, pois as Ordenações Manuelinas, segundo historiadores, se valeu do estilo "decretório", para indicar que todas as normas eram novas, embora muitas vezes estivesse se valendo de material já vigente.[16]

Registre-se que, apesar do seu período de vigência estar aproximado às datas que marcam a descoberta do Brasil e as primeiras tentativas de ocupação do território, certo é que sua aplicação não teve significância na história do Direito brasileiro, pois, como bem lembra OVÍDIO A. BATISTA DA SILVA, "nossa organização política era, então, praticamente inexistente".[17]

2.3. ORDENAÇÕES FILIPINAS

Na vigência do período conhecido como União Ibérica, sob o comando de Dom Filipe I (II da Espanha), foi determinada uma nova atualização das ordenações, realmente necessária diante da evolução das relações jurídicas. Embora espanhol Filipe I não pretendia entrar em confronto com o povo português, razão pela qual optou por juristas locais para dar cabo ao trabalho, conforme os usos e tradições do país. Assim, surgiu a última das Ordenações a vigorar no Brasil, que entraram em vigor em 1603, já no reinado de Filipe II (de Portugal).[18]

---

14. Segundo Milton Duarte Segurado: "O primeiro código impresso que teve a humanidade foram as Manuelinas, aliás cópia reformada e melhorada das Afonsinas". (História resumida do direito brasileiro. Rio de Janeiro: Editora Rio, 1982, p. 28)

15. Conforme Cláudio Valentim Cristiani "As Ordenações Manuelinas, de 1521, foram a obra da reunião das leis extravagantes promulgadas até então com as Ordenações Afonsinas, num processo de técnica legislativa, visando melhor entendimento das normas vigentes" (O Direito no Brasil Colonial. In Fundamentos de história do direito. Antonio Carlos Wolkmer (Org.). 2ª. ed. Belo Horizonte: Del Rey, 2002, p. 337-338). Semelhante, confira-se: Walter Vieira do Nascimento (Lições de história do direito. 15ª. Ed.; Rio de Janeiro: Forense, p. 193), Milton Duarte Segurado (História resumida do direito brasileiro. Rio de Janeiro: Editora Rio, 1982, p. 30).

16. No sentido, Flávia Lages de Castro afirma que: "A Ordenação Manuelina é diferente da Afonsina, porque foi feita em estilo 'decretório', ou seja, a redação é em decretos, como se fossem todas normas novas, independentemente de serem, e muitas vezes o eram, novas formas de leis vigentes. Em contrapartida as duas ordenações assemelham-se porque partem do pressuposto que quando algo não está previsto deve ser consultado o direito romano, ou seja, ambas mantém o direito romano como subsidiário" (História do direito geral e do Brasil. 5ª. Ed. Rio de Janeiro: Lúmen Júris, 2007 p. 278).

17. Teoria geral do processo civil. São Paulo: Revista dos Tribunais, 1997, p. 28.

18. Há quem sustente que as Ordenações Filipinas "são mera cópia das Manuelinas", como é o caso de Milton Duarte Segurado (História resumida do direito brasileiro. Rio de Janeiro: Editora Rio, 1982, p. 28), eis que a estrutura e pensamento das Ordenações Manuelinas estão presentes na última das ordenações.

Dando seguimento ao tradicionalismo das reformas das Ordenações, as normas de processo civil encontravam-se no Livro III, dos cinco existentes.

Registre-se que os regramentos previstos nas Ordenações Filipinas, mesmo após a independência política de Portugal ocorrida em 1.822, continuaram a ser aplicados no Brasil, consoante Decreto datado de 20 de outubro de 1.823, que previu a continuidade da aplicação da legislação portuguesa no Brasil naquilo que não infringisse a soberania e o regime nacional, ou seja, mesmo após a independência proclamada figuras do direito processual civil seguiam modulação da última das Ordenações do Reino.[19] E tal postura perdurou por bastante tempo, pois como se verá adiante, a primeira legislação genuinamente nacional - o Regulamento 737/1850 - teve campo de atuação limitado (ações vinculadas ao direito comercial).

3. O REGULAMENTO COMERCIAL 737/1850

O Regulamento Comercial 737 de 1850 (tratado de um modo geral apenas como *Regulamento 737*[20]) foi editado no mesmo ano do Código Comercial, no intuito de dar aplicabilidade à lei material. Nada obstante seu espectro comercial, as normas procedimentais por ele veiculadas, diante da ausência de um Código Processual Civil, acabaram, adiante e por um determinado período, aplicadas às relações cíveis gerais, por força do Decreto 763 de 1890[21], sendo por tal passo, chamado como o primeiro corpo de leis completo na parte processual civil.[22-23]

Ovídio A. Baptista da Silva afirma que, de fato, as Ordenações Filipinas herdaram o núcleo das antecessoras, mas é possível encontrar algumas diferenças na parte processual (Teoria geral do processo civil. São Paulo: Revista dos Tribunais, 1997, p. 28-29). Semelhante: Rodrigo Klippel (Teoria geral do processo civil. 2ª. ed. Niterói: Impetus, 2009, p. 22).

19. No sentido: J. M. Othon Sidou (Recursos processuais na história do direito. 2ª. ed. Rio de Janeiro: Forense, 1978, p. 64-65), Gabriel José de Rodrigues Rezende Filho (Curso de direito processual civil. Volume III. 5ª. ed.. São Paulo: Saraiva, 1960, p.109), Humberto Dalla Bernardina e Pinho (Teoria geral do processo civil contemporâneo. Rio de Janeiro: Lúmen Júris, 2007, p.15).

20. O Regulamento 737 era tratado como o Código de Processo Comercial, conforme José Manoel de Arruda Alvim. Segundo o jurista: "Havia, então, a jurisdição comercial ao lado da jurisdição civil. As Ordenações Filipinas continuaram a reger a matéria de processo civil, enquanto o Regulamento 737 regia a de processo comercial" (Manual de direito processual civil. 14. ed.. São Paulo: Revista dos Tribunais, 2011, p. 67).

21. Art. 1º São applicaveis ao processo, julgamento e execução das causas civeis em geral as disposições do regulamento n. 737 de 25 de novembro de 1850, excepto as que se conteem no titulo 1º, no capitulo 1º do titulo 2º, nos capitulos 4º e 5º do titulo 4º, nos capitulos 2º, 3º e 4º e secções 1ª e 2ª do capitulo 5º do titulo 7º, e no titulo 8º da primeira parte. Paragrapho unico. Continuam em vigor as disposições legaes que regulam os processos especiaes, não comprehendidos no referido regulamento.

22. J. M. Othon Sidou (Recursos processuais na história do direito. 2ª. ed. Rio de Janeiro: Forense, 1978, p. 69).

23. Não existe um consenso sobre a qualidade técnica do Regulamento 737, mesmo se utilizados os parâmetros da sua época de aparição. No sentido, Cândido Rangel Dinamarco: "O discutido Regulamento 737, que uns consideram um monumento legislativo de sua época e outros dizem ser o atestado de ignorância dos juristas de então (J. F. MARQUES, Instituições, I, nº 57), era, de qualquer forma, um diploma superado

4. A CONSOLIDAÇÃO DE RIBAS

Não obstante a importância do Regulamento 737/1850 não possa ser desprezada, é capital recordar que sua abrangência, primitivamente projetada, tinha alcance limitado às questões de natureza mercantil, de modo que ficaria um vácuo para as questões cíveis que, via de talante, abriam espaço para a aplicação das Ordenações Filipinas[24], situação nada desejável para um Brasil que se declarava independente de Portugal.

Diante da situação, o Governo Imperial, com espeque na Lei 2.033, de 20 de setembro de 1871, escolheu o Conselheiro Antonio Joaquim Ribas para reunir, em forma de *consolidação*, as principais normas processuais (entre as quais as Ordenações e as leis extravagantes).

O labor de Ribas, na realidade, além de *consolidar*, acabou por "reescrever", em certos pontos, as disposições, de modo que o resultado de seu trabalho passou a ter força de lei, por meio da Resolução Imperial de 28 de dezembro de 1876, conhecida como a "Consolidação de Ribas".[25] Em suma, apesar do rótulo de *consolidação*, o trabalho de Ribas não se limitou apenas a reunir sistematicamente o material legal existente sobre processo civil, pois, na empreitada, temas foram reescritos de acordo com o seu entendimento próprio.

A forma com que o labor de Ribas ocorreu pode explicar o distanciamento da sua *consolidação* com os dispositivos que constavam no Regulamento 737/1850 preteritamente, pois foi apresentada arquitetura bem distinta em alguns pontos.[26]

---

pelas conquistas de BÜLOW, WACH, HELLWIG, DEGENKOLB, CHIOVENDA, MENESTRINA, ALFREDO ROCCO, CARNELUTTI, LIEBMAN, ALBERTO DOS REIS, COUTURE. (Direito processual civil. São Paulo: Bushatsky, 1975, p. 07-08). Próximo: E. D. Moniz de Aragão (Embargos infringentes. São Paulo: Saraiva, 1974, p. 38-39). Ainda sobre o mesmo diploma, Antonio Carlos de Araújo Cintra, Ada Pellegrini Grinover e Cândido Rangel Dinamarco afirmam (em nota de texto) que: "O Regulamento 737 dividiu os processualistas. Foi considerado 'um atestado de falta de cultura jurídica, no campo do direito processual, da época em que foi elaborado'; e foi elogiado como 'mais alto e mais notável monumento legislativo do Brasil, porventura o mais notável código de processo até hoje publicado na América'. Na realidade, examinado serenamente em sua própria perspectiva histórica, o Regulamento 737 é notável do ponto de vista da técnica processual, especialmente no que toca à economia e simplicidade" (Teoria geral do processo. 18ª ed.. São Paulo: Malheiros, 2002, p. 106).

24. Confira-se: Arruda Alvim (Manual de direito processual civil. 14. ed.. São Paulo: Revista dos Tribunais, 2011, p. 67) e Antonio Carlos Silva (Embargos de declaração no processo civil. Rio de Janeiro: Lúmen Júris, 2000, p. 61).

25. No sentido: Arruda Alvim (Manual de direito processual civil. 14. ed.. São Paulo: Revista dos Tribunais, 2011, p. 67), Humberto Dalla Bernardina e Pinho (Teoria geral do processo civil contemporâneo. Rio de Janeiro: Lúmen Júris, 2007, p.15), Rodrigo Klippel (Teoria geral do processo civil. 2ª. ed. Niterói: Impetus, 2009, p. 22), E. D. Moniz de Aragão (Embargos infringentes. São Paulo: Saraiva, 1974, p. 41) e Ovídio A. Baptista da Silva (Teoria geral do processo civil. São Paulo: Revista dos Tribunais, 1997, p. 30).

26. Segundo Antonio Carlos de Araújo Cintra, Ada Pellegrini Grinover e Cândido Rangel Dinamarco: "O trabalho de Ribas, na verdade, não se limitou a compilar as disposições processuais então vigentes. Foi além, reescrevendo-as muitas vezes tal como interpretava; e, como fonte de várias disposições de sua

A Consolidação de Ribas, contudo, não teve vida longa, pois, com a instalação da República, o Regulamento 737/1850 passou a ser aplicado também nas causas cíveis, consoante Decreto 763, de 16 de setembro de 1.890.

5. A CONSOLIDAÇÃO DE JOSÉ HIGINO DUARTE PEREIRA

Com a consolidação da República, por força do Decreto 848, de 11 de outubro de 1890, foi criada a Justiça Federal, de modo que o Regulamento 737/1850 passou a ser aplicado também no âmbito das causas federais.[27]

No entanto, tal situação foi apenas transitória, pois o Governo Republicano, diante da divisão, trazida pela Constituição Federal de 1891, do poder de legislar sobre direito processual entre Estados e União, encomendou ao jurista José Higino Duarte Pereira um trabalho de sistematização de material legal (também perfilado ao estilo de *consolidação*), a fim de que as questões de competência da Justiça Federal possuíssem uma regulação processual própria e diversa do Regulamento 737/1850[28] (já com os dias contados a partir da concepção constitucional de 1891 de formação das codificações processuais por cada Estado Federal).[29]

O resultado da empreitada foi aprovado pelo Decreto 3.084, de 05 de novembro de 1.898.

6. OS CÓDIGOS ESTADUAIS (PROCESSO CIVIL)

A Constituição Federal de 1891 (nossa primeira Carta Magna de origem republicana) dispunha no sentido de que os Estados-membros detinham

---

Consolidação, invocava a autoridade não só de textos romanos, como de autores renomeados, em lugar de regras legais constantes das Ordenações ou leis extravagantes" (Teoria geral do processo. 18ª ed.. São Paulo: Malheiros, 2002, p. 106).

27. No sentido: Antonio Carlos de Araújo Cintra, Ada Pellegrini Grinover e Cândido Rangel Dinamarco (Teoria geral do processo. 18ª ed.. São Paulo: Malheiros, 2002, p. 107).

28. Como se percebe, a idéia de formação de microssistemas processuais tem antecedentes no século XIX, embora tenha tomado relevo somente no século XX. Aliás, certo é que a diferenciação de sistemas processuais, hoje utilizada em escala, pode servir de ferramenta de manipulação no fortalecimento de alguns microssistemas, como bem alerta Carlos Augusto Silva em relação ao Poder Público em Juízo (O processo civil como estratégia de poder: reflexo da judicialização da política no brasil. Rio de Janeiro: Renovar, 2004. p. 38). No sentido mais amplo, confira-se: MAZZEI, Rodrigo O Código Civil de 2002 e a sua interação com os Microssistemas e a Constituição Federal. Revista da Faculdade Autônoma de Direito, v. 1, p. 245-278, 2011; MAZZEI, Rodrigo Ação popular e o microssistema da tutela coletiva (republicação). In: DIDIER JR, Fredie; MOUTA, José Henrique. (Org.). Tutela Jurisdicional Coletiva. Salvador: Juspodivm, 2009, v. 1, p. 373-395.

29. Segundo Antonio Carlos de Araújo Cintra, Ada Pellegrini Grinover e Cândido Rangel Dinamarco "Elaborou-se, portanto, de um lado a legislação federal de processo, cuja consolidação foi preparada por José Higino Duarte Pereira (...) e de outro lado, iniciaram-se aos poucos os trabalhos de preparação dos Códigos de Processo Civil e dos Códigos de Processo Criminal estaduais, na maioria presos ao figurino federal" (Teoria geral do processo. 18ª ed.. São Paulo: Malheiros, 2002, p. 107).

Cap. 1 • BREVE HISTÓRIA (OU 'ESTÓRIA') DO DIREITO PROCESSUAL CIVIL BRASILEIRO
Rodrigo Mazzei

competência para legislar sobre o direito processual comum[30], reservando-se à União apenas o espaço legislativo sobre o direito processual aplicado à Justiça Federal.[31]

Ainda que com uma roupagem não uniforme, haviam pontos de contato em alguns códigos de processo civil editados pelos Estados federados[32-33]. De todo modo, merece ser salientado que, com raras exceções, as codificações de processo civil estaduais se notabilizaram pela reprodução de regras e princípios já cristalizados no sistema legal (com apego excessivo ao direito lusitano[34]), sendo parcas as novidades representativas.[35] E, com um olhar mais profundo, nota-se desníveis entre as legislações processuais produzidas nos Estados, sendo que as de melhor qualidade acabaram superando as de nível mais atrasado como fontes para o direito processual novo.[36-37]

---

30. Nossa primeira Constituição republicana (1981) é nitidamente inspirada, como bem lembra Arruda Alvim, no "padrão da Constituição política dos Estados Unidos da América do Norte (induvidosamente no que respeita à competência legislativa adjudicada aos Estados, desde então, definidos como federados)" (Manual de direito processual civil. 14. ed.. São Paulo: Revista dos Tribunais, 2011, p. 67). Sobre os desdobramentos da desunificação do direito processual, confira-se (bem fundamentado): Alcides de Mendonça Lima (Sistema de normas gerais dos recursos cíveis. Rio de Janeiro: Livraria Freitas Bastos, 1963, p. 54-60).
31. No sentido: Antonio Carlos de Araújo Cintra, Ada Pellegrini Grinover e Cândido Rangel Dinamarco (Teoria geral do processo. 18ª ed.. São Paulo: Malheiros, 2002, p. 107).
32. O primeiro Estado a ter uma legislação processual própria foi o Pará (1905), um estatuto de processo civil, sem o perfil de codificação. O aparecimento dos códigos não foi uniforme (houve até Estado que se omitiu em editar sua codificação – por exemplo, Goiás), sendo alguns tardios como os de São Paulo, Espírito Santo e Paraíba (1930). Como pesquisa sobre os Códigos Estaduais, confira-se: Teresa Arruda Alvim Wambier (Os agravos no CPC brasileiro. 3ª. ed. São Paulo: Revista dos Tribunais, 2000. p. 45-46).
33. Por exemplo, segundo Antônio Macedo de Campos os "códigos estaduais não divergiram entre si no que concerne aos embargos, aceitando, de maneira geral, os declaratórios para a primeira instância e infringentes e de nulidade para a segunda instância" (Recursos no processo civil. São Paulo: Sugestões Literárias, 1980, p. 244).
34. Conforme E. D. Moniz de Aragão (Embargos infringentes. São Paulo: Saraiva, 1974, p. 45).
35. No sentido: Ovídio A. Baptista da Silva (Teoria geral do processo civil. São Paulo: Revista dos Tribunais, 1997, p. 30-31) e Antonio Carlos de Araújo Cintra, Ada Pellegrini Grinover e Cândido Rangel Dinamarco (Teoria geral do processo. 18ª ed.. São Paulo: Malheiros, 2002, p. 107).
36. Conforme J. M. Othon Sidou (Recursos processuais na história do direito. 2ª. ed. Rio de Janeiro: Forense, 1978, p. 68),
37. Um dos destaques, sem dúvida, foi a codificação baiana. Confira-se, no sentido, Arruda Alvim (Manual de direito processual civil. 14. ed.. São Paulo: Revista dos Tribunais, 2011, p. 67) Rodrigo Klippel (Teoria geral do processo civil. 2ª. ed. Niterói: Impetus, 2009, p. 22) e Antonio Carlos de Araújo Cintra, Ada Pellegrini Grinover e Cândido Rangel Dinamarco (Teoria geral do processo. 18ª ed.. São Paulo: Malheiros, 2002, p. 107). Vale dizer que o condutor do Código de Processo Civil da Bahia, o professor Eduardo Espínola, que chegou a Ministro do Supremo Tribunal Federal, é homenageado na "Coleção Temas de Processo Civil – Estudos em Homenagem a Eduardo Espínola", coordenada por Fredie Didier Jr, que justifica a honraria feita: "Ainda cabe uma explicação sobre o "homenageado". O Prof. Eduardo Espínola é, certamente, um dos maiores juristas brasileiros do século XX: em minha opinião, o maior civilista brasileiro da primeira metade do século passado. (...) Autor de obras fundamentais, é dele o projeto do antigo Código de Processo Civil do Estado da Bahia (Lei Estadual n. 1.121 de 21 de agosto de 1915), considerado por muitos, se não o melhor (para ARRUDA ALVIM, p. ex), ao menos um dos mais importantes, influentes e bem feitos códigos de processo estaduais vigentes da República Velha até 1934, quando passou a União

Registre, outrossim, que alguns Estados deixaram de produzir sua codificação processual civil própria e permaneceram regidos pelo Regulamento 737, até quando sobreveio o Código Processual Civil de 1939. Esse é o caso de Goiás, Alagoas, Mato Grosso e Amazonas.[38]

7. O CÓDIGO DE PROCESSO CIVIL DE 1939

Como é notório, após a promulgação da Constituição de 1934 (artigo 5º, XIX[39]), reservou-se apenas ao legislador federal a competência para legislar sobre direito processual, postura esta que foi ratificada, mais tarde, pela Constituição de 1937[40]. Tal situação esvaziou as codificações estaduais e, por meio do Decreto-lei nº 1.608/39, foi instituído o primeiro Código de Processo Civil no Brasil, com franco objetivo federativo de uniformizar a legislação processual[41].

É de se observar, contudo, que, entre as Constituições Federais de 1934 e 1937, ocorreram fatos que mudaram os rumos nos trabalhos para a nossa primeira codificação processual civil.

Com efeito, para a satisfação do disposto no seu artigo 5º, XIX, na Carta de 1934 constava o artigo 11 das Disposições Transitórias, segundo qual o governo, tão logo promulgada a Constituição, deveria formar comissão de juristas para edificar a codificação de processo civil e comercial. [42] Seguindo a determinação constitucional, foram nomeados, para a Comissão acerca da codificação

---

a ter competência exclusiva para legislar sobre processo civil" (Relativização da coisa julgada: enfoque crítico. Coleção de temas de processo civil. Estudos em homenagem a Eduardo Espínola. Vol.2. Salvador: JusPODIVM, 2004, texto inserto orelha da obra).

38. Conforme Silva Pacheco (Evolução do Processo Civil Brasileiro. 2 ed. Rio de Janeiro: Renovar, 1999, p.145).

39. Confira-se: Art. 50. Compete privativamente à União: (...) XIX – legislar sobre: a) direito penal, comercial, civil, aéreo e processual; registros públicos e juntas comerciais.

40. Arruda Alvim anota que a Constituição Federal de 1937, embora ratificasse a idéia de construir o código processual já anunciado no diploma de 1934, teve uma inovação importante para os rumos do Judiciário nacional: a extinção da Justiça Federal (Manual de direito processual civil. 14. ed.. São Paulo: Revista dos Tribunais, 2011, p. 68).

41. Situação mantida nas Constituições subseqüentes. Há, atualmente, pequena abertura na Carta Magna de 1988, através do artigo 24, incisos X e XI, já que há previsão de competência concorrente dos Estados para legislar sobre a criação, funcionamento e processo do juizado de pequenas causas e sobre procedimentos em matéria processual. Confira-se, no sentido: Antonio Carlos de Araújo Cintra, Ada Pellegrini Grinover e Cândido Rangel Dinamarco (Teoria geral do processo. 18ª ed.. São Paulo: Malheiros, 2002, p. 107). Sobre a unificação do direito processual e seus desdobramentos, confira-se (bem fundamentado): Alcides de Mendonça Lima (Sistema de normas gerais dos recursos cíveis. Rio de Janeiro: Livraria Freitas Bastos, 1963, p. 60-68).

42. Art 11. O Governo, uma vez promulgada esta Constituição, nomeará uma comissão de três juristas, sendo dois ministros da Corte Suprema e um advogado, para, ouvidas as Congregações das Faculdades de Direito, as Cortes de Apelações dos Estados e os Institutos de Advogados, organizar dentro em três meses um projeto de Código de Processo Civil e Comercial; e outra para elaborar um projeto de Código de Processo Penal.

Cap. 1 • BREVE HISTÓRIA (OU 'ESTÓRIA') DO DIREITO PROCESSUAL CIVIL BRASILEIRO
Rodrigo Mazzei

processual civil e comercial, os Ministros Arthur Ribeiro, Carvalho Mourão e o advogado Levy Carneiro, ficando cada um dos juristas responsável por uma parte do texto. O trabalho foi entregue em 1935 ao então Ministro de Justiça (Vicente Ráo), sendo, em seguida (1936), publicado e encaminhado ao Congresso Nacional, através de mensagem do Presidente da República[43]. Ocorre que, com o Golpe de 10 de novembro de 1937, houve a dissolução do Congresso e a *revogação* da Carta Constitucional de 1934.[44]

Assim, embora a Carta de 1937 (em seu artigo 16, n. XVI[45]) previsse a unificação do direito processual, mediante competência privativa para a União Federal, os atores foram trocados para a edificação do diploma processual civil. Inicialmente o novo Ministro da Justiça (Francisco Campos) nomeou para a Comissão os seguintes juristas: Álvaro Berford, Edgard Costa e Goulart de Oliveira (Desembargadores da Corte de Apelação do Distrito Federal) e Álvaro Mendes Pimentel, Múcio Continetino e Pedro Batista Martins (Advogados). Todavia, ocorreram divergências internas na referida Comissão e, de forma singular, Pedro Batista Martins apresentou trabalho solo ao Ministro da Justiça, que o mandou publicar para receber sugestões.

Interessante notar que, à margem da Comissão indicada, foram produzidos alguns textos (com autorias e teor diferentes[46]) com o intuito de se tornarem a codificação processual determinada pela Carta Magna. Todavia, o texto final escolhido foi aquele mesmo produzido, isoladamente, por Pedro Batista Martins. Este trabalho teve o mérito de, além de agradar o Ministério da Justiça, ser entregue em tempo curto, tendo recebido a revisão pelo jurista e magistrado Guilherme Estelita, com o auxílio de Abgard Renault e do próprio Francisco Campos, o Ministro da Justiça.[47]

O Código de Processo de 1939 recebeu influência dos ordenamentos da Alemanha e da Áustria, assim como dos trabalhos que se efetuavam na Itália e em Portugal para a estruturação dos diplomas processuais[48], tendo Pedro

---

43. Arruda Alvim chega a comentar trechos do trabalho de Levy Carneiro, publicado na Imprensa Nacional em 1936, como projeto de codificação. Confira-se: (Direito Processual Civil. Volume I. São Paulo: Revista dos Tribunais, 1972, p. 231-232).

44. Confira-se: Moacyr Lobo da Costa (Breve notícia histórica do direito processual civil brasileiro e de sua literatura.São Paulo: Revista dos Tribunais, , 1970, p. 99).

45. Art. 16 - Compete privativamente à União o poder de legislar sobre as seguintes matérias: (...)XVI - o direito civil, o direito comercial, o direito aéreo, o direito operário, o direito penal e o direito processual;

46. Na nossa pesquisa encontramos o texto de lavra de Cícero Augusto Vieira, que contém 1.269 artigos, diferente, pois, até no quantitativo do texto escolhido (Projeto do código de processo civil e comercial. São Paulo: Editora Jurídica Brasileira, 1939).

47. Confira-se: Moacyr Lobo da Costa (Breve notícia histórica do direito processual civil brasileiro e de sua literatura. São Paulo: Revista dos Tribunais, , 1970, p. 99).

48. De toda sorte, com o avançar do tempo, a codificação foi taxada de atrasada, pois distanciada das novas idéias européias, sobretudo na Itália e Alemanha. No sentido, Cândido Rangel Dinamarco afirmou

Batista Martins se valido do então direito nacional, inclusive dos códigos de São Paulo, Minas Gerais, Bahia, Rio Grande do Sul, Rio de Janeiro e Distrito Federal como fontes de contribuição.[49]

Ocorreram críticas desde a sua apresentação no cenário jurídico[50-51] e, mais tarde, já quando em vigor, que se formassem reclames bradando pelas necessidades de reforma ou, até mesmo, sua substituição, críticas estas que se tornaram mais representativas antes mesmo de a codificação de 1939 completar duas décadas de vigência.[52]

---

que: "Quando foi elaborado o código de 1939, vínhamos de uma legislação ainda extremamente ligada à tradição lusitana das Ordenações, em que não se faziam sentir os ecos da profunda reforma científica operada, através de obras alemãs e italianas sobretudo, no direito processual civil" (Direito processual civil. São Paulo: Bushatsky, 1975, p. 07). De forma diversa, Ovídio A. Baptista da Silva entendia que "o Estatuto Processual de 1939 apresentava-se como diploma moderno, inspirado nas doutrinas européias contemporâneas, particularmente a italiana, embora ainda fiel à tradição luso-brasileira em muitos pontos" (Teoria geral do processo civil. São Paulo: Revista dos Tribunais, 1997, p. 31). Parecendo concordar com a segunda posição, confira-se: Humberto Dalla Bernardina e Pinho (Teoria geral do processo civil contemporâneo. Rio de Janeiro: Lúmen Júris, 2007, p.16).

49. Em sentido amplo: Moacyr Lobo da Costa (Breve notícia histórica do direito processual civil brasileiro e de sua literatura. São Paulo: Revista dos Tribunais,, 1970, p. 100-1101). Confira-se ainda; Pedro Martins Baptista (Em defesa do Ante-Projeto de Código de Processo Civil. In Código de Processo Civil. MARTINS, Pedro Baptista; LEAL, Victor Nunes. Rio de Janeiro: Livraia José Olympio Editora, 1939, p.XXXIV).

50. O anteprojeto foi publicado no Diário Oficial de 04 de fevereiro de 1939 para o fim de receber sugestões e, antes da entrada em vigor do texto final, foram feitos alguns encontros para debate do trabalho apresentado por Pedro Baptista Martins. Percebe-se, pelo teor da Conferência pronunciada pelo condutor da codificação processual civil na Faculdade de Direito de São Paulo (sob os "auspícios do Instituto dos Advogados"), no dia 17 de maio de 1939, que haviam restrições ao trabalho que foi entregue por Pedro Baptista Martins, que, no início de sua fala, fez questão de registrar: "Das agressões pessoais, editadas e reeditadas, como das críticas amargas, provocadas pela revolta dos interesses criados, dou-me por plenamente compensado com a homenagem que me presta o mais notável centro de trabalho e cultura do país, com a solidariedade de seu laborioso e infatigável Govêrno, aquí expressivamente representado pelo eminente Secretário de Justiça" (Em defesa do Ante-Projeto de Código de Processo Civil. In Código de Processo Civil. MARTINS, Pedro Baptista; LEAL, Victor Nunes. Rio de Janeiro: Livraria José Olympio Editora, 1939, p.XXVII). Com análise panorâmica do texto final, confira-se: Ataliba Vianna (Inovações e obscuridades do código de processo civil e comercial brasileiro.São Paulo: Livraria Martine Editora, 1940).

51. A observação de Rodrigo Klippel sobre a codificação de 1939 é oportuna: "Suas qualidades e defeitos são bastante conhecidos: preconizou o princípio da oralidade, que garante a concentração dos atos processuais, o contato imediato do juiz com as partes e provas, etc. Entretanto, elaborou um número excessivo de procedimentos especiais, um sistema recursal complexo e confuso, em que a escolha do meio recursal hábil poderia depender do tipo de conteúdo do ato recorrido, tornando essencial o emprego da chamada 'fungibilidade recursal', ou seja, a desconsideração do erro na interposição do vetor recursal devido à dificuldade do sistema" (Teoria geral do processo civil. 2ª. ed. Niterói: Impetus, 2009, p. 23).

52. Afirma-se na boa doutrina que o primeiro reclame representativo quanto à necessidade de "aposentadoria" do CPC/1939 foi efetuado pelo professor Alfredo Buzaid, em conferência apresentada na Faculdade de Pelotas, no dia 10.06.1955. No sentido: Alcides de Mendonça Lima (Introdução aos Recursos Cíveis. 2a. edição. São Paulo: Revista dos Tribunais, 1976, p. 69) e E. D. Moniz de Aragão (Embargos infringentes. São Paulo: Saraiva, 1974, p. 52). Todavia, já se instalava bem antes movimento reformista, reclamando mudanças internas (em forma de revisão) no Código de Processo Civil de 1939. No sentido, confira-se conferência feita - ainda na década de 40 – por Luiz Machado Guimarães no Clube dos Advogados do Rio de Janeiro, publicada mais tarde quase na íntegra (A revisão do código de processo civil. In Estudos de direito processual civil. Rio de Janeiro: Jurídica Universitária, 1969, p. 141-158).

Há, contudo, um mérito que não se pode negar à nossa codificação de 1939: as Ordenações Filipinas – que há muito não eram mais aplicadas em Portugal[53] – deixaram de ser fonte legal do nosso direito processual, ocorrendo, finalmente, a tardia libertação.[54] De toda sorte, a desvinculação não foi absoluta, pois, na parte dos recursos, o diploma processual civil de 1939 se valeu de institutos previstos nas Ordenações, com influência do Regulamento 737[55] e, ainda, de alguns dos Códigos Estaduais.

Somente a grande reforma de 1973, trazendo codificação mais atual e contemporânea aos ordenamentos estrangeiros assemelhados, eliminou alguns institutos considerados como recursos no diploma de 1939 (agravo de petição, agravo no auto do processo, embargos de nulidade e infringentes nos tribunais[56], revista e os embargos de divergência de jurisprudência no Supremo).

8. O CÓDIGO DE PROCESSO CIVIL DE 1973

É instintiva a lembrança do Código de Processo Civil (Lei nº 5.869 de 11 de janeiro de 1973) atual com as suas possíveis raízes do Regime Militar, tendo em vista o marco que o acompanha (1973), ou seja, entrou em vigor no período de regência decorrente do Golpe de 1964.

---

53. Coincidentemente, em 1939, por meio do Decreto-lei nº 29.637, de 28 de maio de 1939, foi editada nova legislação codificada em Portugal, que demonstrava a diferenciação quanto aos recursos, já que a mesma previa "a apelação, a revista, o agravo, a queixa e o recurso para o tribunal pleno, como os recursos de caráter ordinário; a oposição de terceiro e a revisão eram os remédios classificados como extraordinários", consoante anota J. M. Othon Sidou (Recursos processuais na história do direito. 2ª. ed. Rio de Janeiro: Forense, 1978, p. 74). Há figura próxima aos embargos de declaração na codificação processual lusa de 1939, consoante pode se notar dos artigos 666º a 670º, sendo tratado no Livro III, Título II, Capítulo V (Da sentença), que fica antes do capítulo VI (Dos recursos). Adiante faremos comparativo com a legislação portuguesa, mais especificamente sobre a codificação de 1939, vale conferir: José Alberto dos Reis (Código de processo civil anotado. 2ª. ed. Coimbra: Coimbra Editora, 1940, p. 454-457).
54. No sentido: J. M. Othon Sidou (Recursos processuais na história do direito. 2ª. ed. Rio de Janeiro: Forense, 1978, p. 71).
55. Aqui vale registro que o legislador de 1939 não adotou a exata fórmula do Regulamento 737. Com posições antagônicas, Alcides de Mendonça Lima afirmou que, no Regulamento 737, os declaratórios eram vistos como 'incidente da apelação' (Introdução aos Recursos Cíveis, 2a. edição. São Paulo: Revista dos Tribunais, 1976, p. 209). Contra, em termos, por afirmar que os declaratórios estavam regulados "no Título 'Dos recursos', em seus artigos 639, 641, 642 e 643", confira-se: Vicente Miranda (Embargos de declaração do processo civil brasileiro. São Paulo: Saraiva, 1990, p. 20). Certo é que no diploma de 1939 ocorreu prestígio as fórmulas dos Códigos Estaduais, criando-se procedimentalização dos embargos declaratórios afim aos recursos.
56. A manutenção de grande número de embargos era, para J. M. Othon Sidou, "tortura mental para os principiantes do estudo processual e matéria para desgastar penas e consumir papel em puro gáudio de devaneios filosóficos" (Recursos processuais na história do direito. 2ª. ed. Rio de Janeiro: Forense, 1978, p. 72),

Com efeito, durante a primeira metade do Regime Militar foi promulgado um novo Código de Processo Civil (o de 1973), substituindo, em quase tudo, a codificação de 1939[57]. Todavia, a idéia de um novo código para o processo civil não resulta de componente do Regime Militar, pois, anteriormente, logo no início da década de sessenta, o governo Jânio Quadros/João Goulart convidou Alfredo Buzaid[58] para confeccionar o anteprojeto de um Código de Processo Civil (CPC), no intuito de ocupar o lugar que, então, era preenchido pela codificação de 1939.

O trabalho confiado a Buzaid foi entregue em 1964, já no contexto do Regime Militar[59] e foi apresentado, pelo mesmo, ao Congresso Nacional em agosto de 1972, consoante se verifica do texto legal e da Exposição de Motivos do Código de Processo Civil, subscrita pelo próprio Alfredo Buzaid (não como autor do texto que se projetava para a codificação, mas como Ministro da Justiça da época – 1972).[60]

Como é de trivial sabença, Alfredo Buzaid foi Ministro da Justiça, ocupando o posto de outubro de 1969 até março de 1974[61], ou seja, em exercício durante o governo do general Garrastazu Médici (provavelmente o período de maiores restrições políticas e autoritarismo na história do país)[62-63]. No entanto, é

---

57. Conforme os artigos 1217 e 1218 das disposições finais e transitórias do CPC de 1973, foram mantidos os recursos e os procedimentos dos processos regulados em leis especiais, até ulterior lei que os adaptasse ao CPC de 1973, e alguns procedimentos especiais previstos no CPC de 1939.

58. Confira-se Cândido Rangel Dinamarco (Direito processual civil. São Paulo: Bushatsky, 1975, p. 01-02).

59. Vale destacar, como bem fez Arruda Alvim (Manual de direito processual civil. 14. ed.. São Paulo: Revista dos Tribunais, 2011, p. 68), que o texto de Buzaid, embora tenha passado pelo exame de outros juristas (como foi o caso de Luiz Antônio de Andrade e Luiz Machado Guimarães - substituído por José Frederico Marques após a sua morte), foi mantido em sua essência, sendo rejeitadas poucas sugestões dos revisores. Com resenha sobre a atuação de juristas na revisão do Código de Processo Civil, confira-se: Cândido Rangel Dinamarco (Direito processual civil. São Paulo: Bushatsky, 1975, p. 03-04) e E. D. Moniz de Aragão (Embargos infringentes. São Paulo: Saraiva, 1974, p. 52-55).

60. No dia 02 de agosto de 1972, o Presidente (General) Emilio Garrastazu Médici submeteu o texto que veio a se tornar o atual Código de Processo Civil. Confira-se: "Excelentíssimos Senhores Membros do Congresso Nacional. Nos termos do art. 56 da Constituição, tenho a honra de submeter à elevada deliberação de Vossas Excelências, acompanhado da exposição de Motivos do Senhor Ministro de Estado da Justiça, o anexo projeto de lei de 'Código de Processo Civil'. Brasília, 2 de agosto de 1972. Emilio G. Médice". Sobre a tramitação legislativa, confira-se: Cândido Rangel Dinamarco (Direito processual civil. São Paulo: Bushatsky, 1975, p. 04-06).

61. Há um incidente que envolve o nome de Alfredo Buzaid durante o período em que estava no cargo de Ministro da Justiça. Com efeito, Buzaid "teve um filho suspeito de estar envolvido em um crime de grande repercussão ocorrido em Brasília. Trata-se do chamado Caso Ana Lídia em que uma menina de apenas 7 anos foi seqüestrada, torturada e estuprada, sendo assassinada em 11 de setembro de 1973. Na ocasião Ana Lídia tinha sido levada a um sítio situado em Sobradinho, o qual era propriedade de Eurico Resende, então Vice-Líder da Arena no Senado Federal. Apesar da participação de Eduardo Ribeiro Rezende (filho do senador) no episódio, a maior suspeita é a de que o crime hediondo tenha sido cometido por Alfredo Buzaid Júnior, filho do Ministro, razão pela qual o caso se tornou mais um exemplo de impunidade em Brasília" (Disponível em: <http://pt.wikipedia.org/wiki/Alfredo_Buzaid>. Acesso em 07 de outubro de 2014).

62. Uma verdadeira "linha dura", conforme relata NADINE HABERT (A década de 70: apogeu e crise da ditadura militar brasileira. São Paulo: Editora Ática, 2003, p. 10).

63. Com tal dado histórico, é de se observar que, no hiato em que Alfredo Buzaid foi Ministro da Justiça, foi trazido à baila o Decreto Lei 1.077 de 1970 (que instaurou a censura prévia). Assim determinava o

possível se afirmar que a saída de Alfredo Buzaid do Ministério da Justiça, em março de 1974, não encerrou sua vinculação ao Regime Militar. Tanto assim que, em data posterior ao fim do governo Médici, no governo do General João Batista Figueiredo, em 1982, Buzaid foi nomeado ministro do Supremo Tribunal Federal (STF).

Observe-se que o texto final se difere do que foi inicialmente apresentado em 1964 pelo (*Professor*) Alfredo Buzaid, inclusive na Exposição de Motivos. Com efeito, o Anteprojeto de 1964 – segundo publicação de Imprensa Nacional - na forma primitiva continha 913 artigos, não trazendo alusão aos Livros IV (Dos Procedimentos Especiais) e ao Livro V (Disposições Finais e Transitórias)[64].

Decreto-Lei: "O PRESIDENTE DA REPÚBLICA, usando da atribuição que lhe confere o artigo 55, inciso I da Constituição e CONSIDERANDO que a Constituição da República, no artigo 153, § 8º dispõe que não serão toleradas as publicações e exteriorizações contrárias à moral e aos costumes; CONSIDERANDO que essa norma visa a proteger a instituição da família, preserva-lhe os valôres éticos e assegurar a formação sadia e digna da mocidade; CONSIDERANDO, todavia, que algumas revistas fazem publicações obscenas e canais de televisão executam programas contrários à moral e aos bons costumes; CONSIDERANDO que se tem generalizado a divulgação de livros que ofendem frontalmente a moral comum; CONSIDERANDO que tais publicações e exteriorizações estimulam a licença, insinuam o amor livre e ameaçam destruir os valores morais da sociedade Brasileira; CONSIDERANDO que o emprêgo dêsses meios de comunicação obedece a um plano subversivo, que põe em risco a segurança nacional. DECRETA: Art. 1º Não serão toleradas as publicações e exteriorizações contrárias à moral e aos bons costumes quaisquer que sejam os meios de comunicação. Art. 2º Caberá ao Ministério da Justiça, através do Departamento de Polícia Federal verificar, quando julgar necessário, antes da divulgação de livros e periódicos, a existência de matéria infringente da proibição enunciada no artigo anterior. Parágrafo único. O Ministro da Justiça fixará, por meio de portaria, o modo e a forma da verificação prevista neste artigo. Art. 3º Verificada a existência de matéria ofensiva à moral e aos bons costumes, o Ministro da Justiça proibirá a divulgação da publicação e determinará a busca e a apreensão de todos os seus exemplares. Art. 4º As publicações vindas do estrangeiro e destinadas à distribuição ou venda no Brasil também ficarão sujeitas, quando de sua entrada no país, à verificação estabelecida na forma do artigo 2º dêste Decreto-lei. Art. 5º A distribuição, venda ou exposição de livros e periódicos que não hajam sido liberados ou que tenham sido proibidos, após a verificação prevista neste Decreto-lei, sujeita os infratores, independentemente da responsabilidade criminal:I - A multa no valor igual ao do preço de venda da publicação com o mínimo de NCr$ 10,00 (dez cruzeiros novos); II - À perda de todos os exemplares da publicação, que serão incinerados a sua custa. Art. 6º O disposto neste Decreto-Lei não exclui a competência dos Juízes de Direito, para adoção das medidas previstas nos artigos 61 e 62 da Lei número 5.250, de 9 de fevereiro de 1967. Art. 7º A proibição contida no artigo 1º dêste Decreto-Lei aplica-se às diversões e espetáculos públicos, bem como à programação das emissoras de rádio e televisão. Parágrafo único. O Conselho Superior de Censura, o Departamento de Polícia Federal e os juizados de Menores, no âmbito de suas respectivas competências, assegurarão o respeito ao disposto neste artigo. Art. 8º Êste Decreto-Lei entrará em vigor na data de sua publicação, revogadas as disposições em contrário. Brasília, 26 de janeiro de 1970; 149º da Independência e 82º da República. EMÍLIO G. MÉDICI. Alfredo Buzaid."

64. Na Exposição de Motivos do Anteprojeto apresentado em 1964, o professor Buzaid justificou a falta dos demais livros: "O Anteprojeto compõem-se de cinco livros. Três deles figuram no presente fascículo, designados de parte geral. Faltam, como se vê, o quarto livro, dedicado aos procedimentos especiais e o quinto, que reúne disposições de excepcional importância, sobretudo pelo reflexo que vão produzir na organização judiciária. Vacilamos a princípio se deveríamos incluí-los desde logo no Anteprojeto. Mas uma demorada reflexão nos convenceu de que não seria lógico, ou pelo menos plausível, tratar dos

PARTE I – ASPECTOS PRÉVIOS AO CPC/2015

Afora a questão formal entre o texto embrionário assinado pelo *Professor* e o posterior subscrito pelo *Ministro*, em alguns pontos pouco se percebe diferença na colocação e na redação de alguns dispositivos, mas em outros as alterações de texto são evidentes. Apenas para demonstrar uma mudança de rumo, no texto enviado em 1964 não consta a *remessa necessária* (tratada no CPC de 1939 como *recurso ex offício*), sendo tal figura repudiada taxativamente na Exposição de Motivos primitiva (1964) pelo (*Professor*) Buzaid[65-66].

Como é curial, com pequenas alterações[67] e retificando a denominação do instituto (pois não se valeu mais da antiga denominação de *apelação necessária*),

---

procedimentos especiais, sem conhecer, primeiro, os trabalhos dos eminentes mestres, incumbidos de redigir os Códigos das Obrigações, de Sociedades de Títulos de Crédito e de Navegação (Anteprojeto de Código de Processo Civil. Rio de Janeiro: Departamento de Imprensa Nacional, 1964, p.11.

65. "O Anteprojeto suprimiu o recurso ex offício, admitido pelo Código de Processo Civil (art. 822) e por algumas leis especiais (Decreto-lei nº 960, arts. 53, 54 e 74, parágrafo único, Decreto-Lei, nº 3.365, art. 28, § 1º e Lei 1.533, art. 12, parágrafo único), reincorporadas ao sistema do Código. Acerca do recurso ex offício as opiniões divergem. Alguns eminentes autores não lhe regateiam louvores.«É ele» escreve José Frederico Marques 'instrumento eficaz para evitar conluios pouco decentes entre juízes fracos e indignos desse nome e funcionários relapsos da administração pública. È ainda modo para suprimir a ação, nem sempre eficaz e enérgica do Ministério Público em processo em que esta afeta a tutela ativa e militante de interesses indisponíveis. Salvo os casos de sentença que decreta a nulidade do casamento e da que homologa desquite amigável (Código de Processo Civil, art. 822), todos os demais se referem a pleitos de que é parte a União, O Estado ou Município. Ora, os argumentos utilizados pelos defensores do recurso ex offício não justificam a necessidade, nem sequer a utilidade prática como meio de impugnação de sentenças; procuram explicar a sua manutenção pelo receio de conluio entre pessoas que figuram na relação processual ou por deficiente tutela dos interesses públicos. Ora, o argumento de que os representantes do poder público podem agir com incúria não releva um defeito da função, mas do órgão, cujo inexação no cumprimento do dever merece ser punida pelos meios regulares do direito e não por transferência ao Judiciário do controle de seu comportamento irregular. A missão do Judiciário é declarar relações jurídicas e não suprir as deficiências dos representantes da Fazenda ou do Ministério Público. Por outro lado, pra obstar à formação de conluio entre as partes, no processo, confere o Código meios eficazes". (destaque nosso). A dicção de Alfredo Buzaid acima transcrita consta na Exposição de Motivos do Anteprojeto apresentado em 1964, no Capítulo III, da Parte III, da referida exposição (Anteprojeto de Código de Processo Civil. Rio de Janeiro: Departamento de Imprensa Nacional, 1964, p.36).

66. O exemplo pontual da remessa necessária projeta o leitor mais crítico a uma analise mais detida na comparação das Exposições de Motivos do texto de 1964 e com o apresentado ao Congresso Nacional (1972), que resultou no Código de Processo Civil de 1973. No trabalho original (Parte II, Capítulo II) há uma preocupação acerca da "Orientação Política" que norteava o Anteprojeto, em que deveria haver "perfeito equilíbrio" entre o "processo civil e a organização judiciária", em que se reforçaria o Poder Judiciário dos Estados, indicando-se, inclusive, a necessidade de "criação de uma verba no orçamento da União, destinada a subvencionar o Poder Judiciário dos Estados". Mais ainda, o texto original preconizava a idéia de unidade do Poder Judiciário, tanto assim que o Professor Buzaid cravou que embora "a Constituição vigente consagre um Poder Judiciário federal distinto do Poder Judiciário estadual, a verdade é que o Poder Judiciário é uno", com a criação de mecanismos para que não continuasse "subordinado ao Poder Executivo", diante da dependência orçamentária.

67. Houve o deslocamento para a Seção referente à coisa julgada, não mais constando na parte dedicada aos recursos em espécie. Tal fato não impede, contudo, que vários procedimentos referentes à apelação sejam adotados no julgamento da remessa, em especial os constantes do capítulo que trata da ordem dos processos no Tribunal (arts. 547-565 do CPC).

a codificação de 1973 incorporou em seu ventre (art. 475 do CPC[68]) a figura antes rejeitada pelo *Professor* Buzaid.

O Anteprojeto do Código de Processo Civil passou, como se vê, por uma situação de adequação em que aquele que forjou suas bases, mais tarde, como Ministro da Justiça, teve a oportunidade de conduzir para a sua aprovação.

A observação é relevante na medida em que é possível se fazer uma breve comparação com o Código Civil, pois aquele diploma em época contemporânea também estava sendo alvo de mudanças para apresentação de nova codificação. Em 1963, antes, portanto, de deflagrado o Golpe Militar, o Professor Orlando Gomes[69] foi convidado para orquestrar[70] anteprojeto com o propósito de substituir o Código Civil de 1916.[71]

O trabalho apresentado em 1965 (ou seja, também depois do Golpe Militar) foi descartado, sem uma justificativa muito clara. Cogita-se que o motivo para o desprezo foi conteúdo muito avançado para o padrão social que se pretendia *ditar* na época, já que o texto sobre a batuta de Orlando Gomes tratava de questões como concubinato e filiação adulterina. Esta versão parece ter sentido quando se lê fala do então Desembargador do Tribunal de Justiça ALCEU CORDEIRO FERNANDES que, em conferência data de 20 de junho de 1966 na sede da Sociedade Brasileira de Defesa da Tradição da Família e Propriedade, enaltece

---

68. Embora no parágrafo único do art. 475 do CPC houvesse referência à apelação voluntária, esta expressão, contudo, foi retirada após as alterações sofridas no dispositivo por força da Lei nº 10.352/2001. Confira a redação original antes da reforma implementada pela Lei nº 10.352/2001: Art. 475 - Está sujeita ao duplo grau de jurisdição, não produzindo efeito senão depois de confirmada pelo tribunal, a sentença: I - que anular o casamento; II - proferida contra a União, o Estado e o Município; III - que julgar improcedente a execução de dívida ativa da Fazenda Pública (art. 585, VI). Parágrafo único - Nos casos previstos neste artigo, o juiz ordenará a remessa dos autos ao tribunal, haja ou não apelação voluntária da parte vencida; não o fazendo, poderá o presidente do tribunal avocá-los.

69. Em 1961 Orlando Gomes era contra a confecção de um novo Código Civil, defendendo a manutenção do diploma de 1916, mas, posteriormente, em 1963, ao ser escolhido para a missão, sustentou a necessidade de reforma. A contradição do ilustre professor é, de fato, configurada, bastando leitura da fala de defesa (O Código Civil e sua reforma, in Direito privado: novos aspectos, Rio de Janeiro: Freitas Bastos, 1961, p. 115-127) e as razões constantes da apresentação do Anteprojeto de Código Civil, coordenado pelo ilustre doutrinador (Código Civil – Projeto Orlando Gomes, Rio de Janeiro: Forense, 1985, p. 4-17). A dubiedade também foi notada por Geraldo de Oliveira Santos Neves (Código Civil brasileiro de 2002: principais alterações, Curitiba: Juruá, 2003, p. 52-53.)

70. Na verdade, Orlando Gomes seria o relator, mas haveria a participação também de Orozimbo Nonato e Caio Mário da Silva Pereira, com a idéia inicial de se fazer um Código de Obrigações em separado. No Código de Obrigações, a Parte Geral e os Contratos seriam de responsabilidade de Caio Mário da Silva Pereira. O trabalho deveria ser complementado com Sociedades e Exercício da Atividade Mercantil (Sylvio Marcondes) e Títulos de Crédito (Theophilo de Azeredo Santos).

71. Sobre a caminhada entre o Código Civil de 1916 e o Código Civil de 2002, confira-se Rodrigo Mazzei [Notas iniciais à leitura do novo Código Civil. In: ALVIM, Arruda; ALVIM, Thereza (Coords.). Comentários ao Código Civil brasileiro: parte geral (arts. 1º a 103). Rio de Janeiro: Forense, 2005. v. 1.]

NOVO CPC DOUTRINA SELECIONADA, v. 1 • Parte Geral

PARTE I – ASPECTOS PRÉVIOS AO CPC/2015

o Golpe Militar e faz severas críticas ao trabalho de Orlando Gomes (que estaria esputando, na sua visão, contra os valores morais, sociais e religiosos).[72]

Note-se que tal discurso foi feito um dia antes do anúncio oficial da mensagem governamental, datado de 21 de junho de 2010, que ceifou o trabalho conduzido por Orlando Gomes[73]. O jurista baiano não detinha grande prestígio entre os militares, o que facilitou o corte de seu labor.

Diferentemente, de Orlando Gomes, Alfredo Buzaid se notabilizou pela sua aproximação com o *movimento integralista*[74] e por possuir grande penetra-

---

72. Confira-se alguns trechos da fala do Desembargador do Tribunal de Justiça de São Paulo que mais tarde foi editada em formato de livro (Reforma do Código Civil: estudos e sugestões. São Paulo: Editora Revista dos Tribunais, 1966.): "O movimento de março de 1964 surgiu, precisamente, na oportunidade em que o País dava a impressão de caminhar em sentido literalmente diverso daquele que as suas raízes cristãs, democráticas e livres aconselhavam. Todavia, apesar do reajustamento de sua caudal histórica ao seu verdadeiro nível, restaram, ainda, resquícios do passado recente, dominado pela técnica da propaganda materialista. Por isso mesmo, não é possível aceitar, desde logo, aquelas tendências legislativas que vieram dominadas por essa propaganda ideológica" (p. 07). "(...) Pululam leis que são letra morta, sem a menor ressonância na estrutura e vigência do povo brasileiro. Um exemplo dessa legiferação abstrata é o intitulado "Estatuto da mulher casada", que na verdade, não tem tido reflexos de maior colorido na vida real das famílias bem constituídas. Há, por assim dizer, uma verdadeira separação entre o mundo legal, criando pelos legisladores, que pretendem impor um modelo, muitas vezes inspirado por situações particulares ou experiências exóticas, e o mundo autêntico que não pode ser confundido com suas distorções, contrárias à ética religiosa e social..... "(p. 54-55). "(...) Assim, o Decreto n. 51.005, deveria ser compreendido como um imperativo de atualização e não de substituição, por outro tipo de Código, como ocorreu, principalmente no direito de família, onde todas as nossas tradições foram completamente subvertidas, sob a invocação de figurinos mais avançados..... Resta, porém, a grande esperança no alto critério do Congresso Nacional, do Governo da República, cuja ideologia, sem dúvida, não se afina com o Projeto de Código Civil, e nas forças irremovíveis da história, que, nos momentos mais decisivos de seu desenrolar, têm salvo a nossa Pátria das mais terríveis tormentas....." (p. 55-56).

73. Alceu Cordeiro Fernandes parece se vangloriar do seu feito, pois consigna ao final da publicação na derradeira nota de rodapé (nº 28): "Esta Conferência foi realizada no dia 20 de junho de 1966, em São Paulo, na Sociedade Brasileira de Defesa da Tradição, Família e Propriedade. E no dia 21 de juho era anunciada oficialmente a mensagem governamental retirando o Projeto" (Reforma do Código Civil: estudos e sugestões. São Paulo: Editora Revista dos Tribunais, 1966, p. 56). Apesar do discurso, acima reproduzido, ter recebido o caráter pessoal, na verdade Alceu Cordeiro Fernandes representava aquilo que o Tribunal de Justiça de São Paulo (ao menos na sua maioria) pensava. Tanto assim na obra em que a conferência foi publicada há um anexo de uma Comissão de Desembargadores do Tribunal (Desembargador Joaquim de Sylos Cintra - Presidente, Alceu Cordeiro Fernandes – relator, Hildebrando Dantas de Freitas e José Geraldo Rodrigues Alckimin – membros), em que se ratificam pontos importantes da conferência de Alceu Cordeiro Fernandes (ob. cit. p. 57-62). Mais ainda, na abertura da obra (p. 03), há uma nota da editora que demonstra claramente a posição que fora adotada e a comemoração pela censura ao trabalho de Orlando Gomes, confira-se: "NOTA DA EDDITORA: Reúnem-se, nesta obra, alguns estudos do Desembargador Alceu Cordeiro Fernandes sobre a projetada reforma do Código Civil Brasileiro, que chegou a ter sua discussão iniciada no Congresso Nacional, sustando-se com a retirada do Projeto de Lei, a pedido do Governo, para novo exame de pontos que vinham provocando acerba discussão nos circuitos jurídicos nacionais. O último dos trabalhos apresentados consiste nas Observações e Conclusões da análise do Projeto, feita por uma Comissão de Desembargadores do E. Tribunal de Justiça de São Paulo, da qual foi relator o mesmo ilustre autor dos demais trabalhos. Reúne o volume, pois, a preciosa contribuição do E. Tribunal de Justiça de S. Paulo, que esta Editora tem a satisfação de apresentar, para o reexame da matéria e sua formulação adequada no futuro Projeto de Código Civil".

74. Movimento que continha em sua fileira vários juristas de renome, como é o caso de Miguel Reale (Disponível em: ‹http://pt.wikipedia.org/wiki/A%C3%A7%C3%A3o_Integralista_Brasileira›. Acesso em: 10 de

ção política com atores do Regime, chegando a ocupando cargos de extrema importância (entre os quais Ministro da Justiça, como já assinalado).[75]

Dessa forma, é possível se verificar que, além dos predicados intelectuais[76], a densidade política de Alfredo Buzaid foi importante para o êxito do Código de Processo Civil de 1973.

Para Carlos Augusto Silva, "o Código Buzaid absorveu as conquistas do desenvolvimento científico da ciência processual, mostrando-se de grande valor técnico-teórico. Contudo não incorporou as novas tendências do processo civil". [77] De fato, o Código de Processo Civil de 1973 – notadamente na sua redação original - está arraigado dos princípios do liberalismo, preso a uma concepção pouco social. Observe-se, por exemplo, que o Código de 1973 não mostra

---

novembro de 2014). Ao longo das suas vidas, a relação de Buzaid e Reale se afina em linhas uniformes, não só pelo integralismo, mas também pela condução de codificações nacionais e, posteriormente, no ambiente da Academia Paulista de Letras (Buzaid, já empossado, fez o discurso de recepção de Miguel Real na posse da cadeira nº 02, em outubro de 1977).

75. Após o descarte de Orlando Gomes, Alfredo Buzaid foi peça chave para a escolha de Miguel Reale para a coordenação dos trabalhos no novo Código Civil. Buzaid, mesmo antes de assumir o cargo de Ministro da Justiça, já gozava de grande prestígio no Poder Executivo, sendo, inclusive, peça na engrenagem para a escolha de Miguel Reale (também um notório integralista) para a condução do anteprojeto do Código Civil que viria a substituir o diploma de 1916, segundo relatos da época. No sentido, é interessante conferir a visão de Caio Mário da Silva Pereira quanto aos fatos que antecederam à escolha de Miguel Reale para a função de coordenador do Projeto: "Em maio de 1967, o então Ministro da Justiça, Professor Gama e Silva, estando em Portugal para as cerimônias comemorativas do centenário de vigência do Código Civil português, transmitiu-me convite para integrar a comitiva. Num dado momento, Alfredo Buzaid, pessoa da sua mais íntima confiança, consultou-me se eu aceitaria o encargo de redigir um Projeto de Código Civil. Respondi-lhe que, se convidado, anuiria, desde que me fosse dado comunicá-lo a Orozimbo Nonato e Orlando Gomes, e uma vez fosse respeitada minha posição doutrinária de unificação do Direito Obrigacional. No mês de novembro do mesmo ano, em minha casa, e na presença do Prefeito Luiz de Souza Lima e do Procurador do Estado Joaquim Ferreira Gonçalves, o Ministro confirmou o convite, acrescentando ao Diretor da Faculdade de Direito Lourival Villela Viana, providenciasse ele quem me substituísse no próximo ano letivo. Para grande surpresa minha, no ano seguinte li nos jornais que para esse mister fora convidado o grande jurisconsulto Francisco Campos. A estranheza foi tanto maior que tinha eu conhecimento de que Francisco Campos era contrário a qualquer reforma, porque (disse-me pessoalmente) o País passava por uma revolução jurídico-social, e 'não se codifica uma revolução'. Vim depois a saber que o nome de Campos fora lançado apenas como 'cortina de fumaça', pois o convite verdadeiramente fora dirigido a Miguel Reale, não propriamente para redigir o Projeto, pois nunca fora civilista. Seria apenas coordenador de uma Comissão". (Direito civil: alguns aspectos de sua evolução, Rio de Janeiro: Forense, 2001, p. 101-102).

76. Autor de diversas obras jurídicas, discípulo de Enrico Tullio Liebman, integrante da Escola Paulista de Direito Processual e fundador do Instituto Brasileiro de Direito Processual (em 1958, em conjunto com Luís Eulálio de Bueno Vidigal, José Frederico Marques e Galeno Lacerda). Mesmo fora do campo jurídico, há farta produção de Alfredo Buzaid (empossado no dia 06 de junho de 1973 na cadeira nº 31 da Academia Paulista de Letras), podendo se citar (entre vários textos): Marxismo e Cristianismo.Brasília: Ministério da Justiça, 1970.José Bonifácio: a visão do estadista. São Paulo: Departamento da Imprensa Nacional, 1972. Humanismo Político. Guanabara: Ministério da Justiça, 1973; Ensaios literários e históricos. São Paulo: Saraiva, 1983; Camões e o Renascimento. São Paulo: Saraiva, 1984.

77. O Processo Civil como Estratégia de Poder: Reflexo da Judicialização da Política no Brasil. Rio de Janeiro: Renovar, 2004. p. 38.

preocupação de calibre com o acesso à justiça e, muito pelo contrário, com raras exceções, opta por uma trilha em que o formalismo é colocado com farol de iluminação.

Com efeito, apesar de adotar a correta linha de autonomia do direito material processual em relação ao direito material, o Código de Processo Civil de 1973 o faz com excessos[78]. Exemplo claro se dá com o perfil que se traçou para processo de conhecimento, que permitiu a interpretação absolutamente majoritária de que a sentença judicial transitada em julgado, ainda que com acolhido o pedido, na maioria das vezes não satisfazia o direito da postulante, sendo necessário novo processo judicial (agora de execução) para o mister.[79]

Em resenha, ainda que involuntariamente, não se idealizou o *processo civil* como *meio* para o resultado, pois se forjou um Código de Processo Civil com a preocupação mor de fixar a idéia do *processo como ciência própria*, tal qual

---

78. Em curtíssimo resumo, tem-se que inicialmente o processo e seus institutos eram estudados apenas e tão-somente como procedimento (simples apêndice do direito material). Pensava-se na ação como um reflexo do direito, de modo que o processo era o procedimento lógico para se obter do Estado-juiz o que o ordenamento legal outorgava como direito ao seu titular. Assim, não se cogitava a autonomia do direito processual. Havia desprezo à independência científica, com preocupação demasiada nos aspectos externos do processo, sem a diferenciação entre o direito e o seu exercício. Esse primeiro capítulo, chamado de primeira fase (procedimentalismo), em que se vislumbrou o sincretismo entre o direito processual e o direito privado, perdurou até a segunda metade do século XIX. Tendo como ponto de debate a actio romana, travou-se acirrada discussão entre Bernardo Windscheid e Teodoro Muther, frutificando – de tal embate – os estudos de Oskar Von Bulow, que abriram caminho para a segunda fase do estudo do direito processual civil (autonomia). O processo, então, passou a ser estudado como ciência própria, diante da natureza diversa entre processo e procedimento, sendo o primeiro visto como a relação jurídica e o segundo como exteriorização daquele. Verticalizou-se a ciência processual em reflexões sobre a jurisdição, a ação, a defesa e, mais ainda, desvendando-se os pressupostos processuais para, mais tarde, desencadear a discussão sobre as condições da ação.

79. Esta concepção adotada pelo Código de Processo Civil de 1973, que acaba por criar uma fragilidade na potência do processo de execução, incomodou alguns juristas. Um exemplo que pode ser lembrado, até porque talvez o mais conhecido, foi Ovidio Araujo Baptista da Silva que criticou a leitura destrilhada do direito obrigacional, esquecendo-se das raízes romãs e bizantinas, para a generalização das sentenças condenatórias num modelo de pouca efetividade. Vale, pois, conferir a síntese da crítica: "A sentença condenatória possui, sem dúvida, eficácia executiva, como afirma LIEBMAN (Manuale, v. 1, n. 84), todavia, o peso desta eficácia é menor do que as eficácias condenatória e declaratória, a ponto de não permitir que a execução se faça na mesma relação processual do 'processo de conhecimento' Em suma, a sentença condenatória é aquela que prepara a execução, mas não executa imediatamente BA mesma relação processual condenatória. (..) O campo natural das ações condenatórias é o direito das obrigações, que se trate das obrigações nascidas dos contratos ou dos atos ilícitos, ou das obrigações impostas por lei (KARL LARENZ, Derecho de obrigaciones, I, §, 4, III), pois o direito moderno, a partir do direito romano do período bizantino, ampliou o conceito de obrigação, através das denominadas obrigações ex lege, dando origem ao fenômeno da universalização da ação condenatória, com a correspondente supressão das tutelas de títpo interdital (execuções reais e ações mandamentais), como procuramos monstrar em outra oportunidade (Jurisdição e execução na tradição romano-canônica)" (Curso de Processo Civil. Volume I. Processo de Conhecimento. 5ª. Edição. São Paulo, Editora Revista dos Tribunais, 2001, p. 174). Com crítica mais aguda, confira-se o mesmo autor em Jurisdição e execução na tradição romano-canônica. São Paulo, Editora Revista dos Tribunais, 1996.

tratado nos 'povos mais civilizados'.[80] De toda sorte, os requintes do Código de Processo Civil, em culto ao Direito Processual como ciência autônoma, acabaram por criar um fértil ambiente para estudos monográficos, com abordagens de diversos institutos jurídicos, até então não desenvolvidos no Brasil. [81]

Note-se, por outra banda, que enquanto cultuávamos a autonomia do processo civil, paralelamente, em outras nações, os estudiosos fixavam-se em novas preocupações com o processo civil, estudando-o não mais apenas como *ciência autônoma* (ou com focos limitados a determinadas figuras jurídicas), mas como instrumento fundamental para pacificação dos conflitos e a proteção dos direitos fundamentais. No entanto, no Brasil tal missão parecia impossível, eis que como se poderia imaginar que num *Estado de Exceção* fosse debatido o *processo civil* para a garantia de direitos fundamentais? Assim, durante o período da Ditadura alguns assuntos do processo civil em debate internacional eram praticamente inóspitos aqui no Brasil. [82]

Mais ainda, questões importantes à concepção de *acesso à justiça*, tais como assistência judiciária e benefício da justiça gratuita, embora tenham sido

---

80. Há trechos contidos na Exposição de Motivos do texto final do Código de Processo Civil que demonstram tal preocupação: "(...) reconhecemos que o Código de Processo Civil representa um assinalado esforço para adequar o direito brasileiro à nova orientação legislativa dos povos civilizados". (...) "o processo civil é preordenado a assegurar a observância da lei, há de se ter, pois tantos atos quantos sejam necessários para alcançar esta finalidade. Diversamente de outros ramos da ciência jurídica, que traduzem a índole do povo através da tradição, o processo civil deve ser dotado exclusivamente de meios racionais, tendentes a obter a atuação do direito." (...) "Empregamos aí [LIVRO III – Processo Cautelar] a expressão processo cautelar. Cautelar não figura, nos nossos dicionários, como adjetivo, mas tão-só como verbo, já em desuso. O projeto adotou, porém, como adjetivo, a fim de qualificar um tipo de processo autônomo. Na tradição de nosso direito processual era a função cautelar distribuída, por três espécies de processos, designados por preparatórios, preventivos e incidentes. O projeto, reconhecendo-lhe caráter autônomo, reuniu os vários procedimentos preparatórios, preventivos e incidentes sob fórmula geral, não tendo encontrado melhor vocábulo que o adjetivo cautelar para designar a função que exercem" (...)

81. Houve, inclusive, migração e dedicação exclusiva de juristas ao Direito Processual Civil, atraídos pelo vasto campo de questões intactas a serem abordadas. Isso acabou provocando um descompasso nas pesquisas, com avanço e apresentação de muitos trabalhos científicos em tal área, sem que houvesse o mesmo resultado no Direito Civil. No Brasil, em especial, esse fenômeno foi muito sentido, a partir do Código de Processo Civil de 1973, com a proliferação e publicação de diversas monografias com abordagens no campo do Direito Processual, enquanto no Direito Civil o número de trabalhos de temática centrada foi bem menor, sustentando-se, basicamente, através da publicação dos manuais que, ao longo do tempo, foram sendo reeditados, com poucas alterações.

82. Por exemplo, sobre tutela coletiva há estudos que surgem ao fim da década de 60 e início de 70, sobretudo na Itália. Fixa-se, inclusive, no Congresso de Pávia, em que ocorreu a participação contundente de Mauro Cappelleti e Vicenzo Vigoriti, o momento histórico em que a tutela coletiva passa a ter grande visibilidade para os estudiosos de todo mundo. Entretanto, no Brasil a análise mais moderna (e geral) da tutela coletiva somente veio a ocorrer no começo da década de 80, com a edição inclusive da Lei 7.347 de 24 de julho de 1985 (Ação Civil Pública), que somente tomou corpo e importância a partir da Constituição Federal de 1988 e, posteriormente, do Código de Defesa do Consumidor, formando aquilo que se denomina hoje de microssistema da tutela coletiva (Sobre a tutela coletiva e a sociedade contemporânea, confira-se nosso texto: Tutela coletiva em Portugal: uma breve resenha, in Rodrigo Mazzei; Rita Dias Nolasco (Coords.), Direito processual coletivo, São Paulo: Quartier Latin, 2005, p. 650-657).

trazidos como temática na Exposição de Motivos do Anteprojeto em 1964 foram negligenciados olimpicamente no texto da codificação de 1973.[83] Observe-se que a idéia inicial de Alfredo Buzaid para a formatação da codificação processual não se distanciava da concepção de uma justiça mais acessível, tanto assim que na Exposição de Motivos de 1964 chegou a se anunciar que no Livro V haveria a inserção de uma justiça local, com a figura do pretor.[84]

Não foi por acaso que - na retomada ao caminho de um Estado Democrático - a codificação processual civil tenha sofrido numerosas reformas ligadas à efetividade e simplificação dos atos processuais (e, porque não, dos processos), assim como se instalou ao seu redor uma série de diplomas satélites para a efetivação de direitos até então não cogitados no seu perfil atual, como é o caso das ações coletivas.[85]

Portanto, ainda que com méritos técnicos e de qualidade superior ao texto anterior, o Código de Processo Civil de 1973 não foi capaz de oferecer à sociedade em plenitude os instrumentos de acesso à justiça. Em verdade, a ausência de preocupação social percebida na codificação impediu que o avanço da doutrina e da jurisprudência ocorresse naquele momento de forma mais rápida em relação a práticas ligadas ao que se denomina "as novas tendências no processo civil".

9. A CONSTITUIÇÃO FEDERAL DE 1988 E A LEGISLAÇÃO PROCESSUAL (EM ESPECIAL SUA RELAÇÃO COM O CÓDIGO DE PROCESSO CIVIL DE 1973)

O Código de Processo Civil de 1973 e a legislação processual especial sofreram grande mudança (ou pelo menos deveriam) com a promulgação da Constituição Federal de 1988. Isso porque a Carta Magna, em seu artigo 1º [86], anuncia que toda e qualquer interpretação do nosso sistema legal deverá estar alinhada ao Estado Democrático de Direito, situação da qual não o direito processual.[87]

---

83. Curiosamente, o professor Buzaid na Exposição de Motivos de 1964, afirmou que a Lei 1.050/50 era incompleta e defeituosa, por isso "reclamando emendas substanciais" que acabaram não sendo feitas na codificação de 1973.

84. Confira-se: "O Anteprojeto lança bases de uma justiça municipal, exercida pelo pretor (Constituição Federal , art. 124, XI). Esse novo órgão é facultativo, existindo nos Estados, que lhe reclamarem a criação. O intento do Anteprojeto é o de por a justiça junto do povo. Não basta, na verdade, um Código, que facilite o desenvolvimento do processo e a decisão da causa, se a organização judiciária não pode realizar efetivamente os princípios que estruturam o sistema" (destaque não original).

85. O habeas data, presente pela primeira vez no sistema jurídico brasileiro no art.5º, LXII da Constituição Federal, recebeu regulamentação específica com a Lei 9.501 de 1997.

86. Art. 1º A República Federativa do Brasil, formada pela união indissolúvel dos Estados e Municípios e do Distrito Federal, constitui-se em Estado Democrático de Direito e tem como fundamentos: I - a soberania; II - a cidadania; III - a dignidade da pessoa humana; IV - os valores sociais do trabalho e da livre iniciativa; V - o pluralismo político. (destaques não existentes no original).

87. Com razão, portanto, Luiz Guilherme Marinoni e Daniel Mitidiero quando afirmam que "as linhas fundamentais de um Código de Processo Civil só podem ser buscadas na própria idéia de Estado Constitucional

Vale notar que, de um modo geral, afirma-se que com a Carta Magna de 1988 o direito processual passou por processo de reformulação que não só adotou novos instrumentos legais (como é caso do mandado de injunção[88]), assim como potencializou outros já existentes (em exemplo a ação popular[89])[90]. No entanto, houve tímida abordagem científica sobre os efeitos da Carta Política de 1988 acerca de institutos processuais forjados em períodos em que a democracia estava longe de estar instalada, marca efetiva das codificações processuais de 1939 e de 1973, consoante podemos realçar no presente ensaio. Tal missão reclama a análise dos paradigmas constitucionais (alguns já previstos antes da Carta de 1988 e outros inseridos como novidades), expressados através de *princípios*[91], pois estes, além de nortear nova inspiração para o legislador ordinário, conformaram o direito infraconstitucional vigente[92] (açambarcando, assim, o

---

e no modelo constitucional de nosso processo civil" (O projeto do CPC. São Paulo: Revista dos Tribunais, 2010, p. 15-16). Confira-se ainda, no tema: Hermes Zaneti Junior (Processo constitucional. Lumen Juris: Rio de Janeiro, p. 03-11), José Roberto dos Santos Bedaque (garantia da amplitude de produção probatória. In Garantias constitucionais do processo civil. José Rogério Cruz e Tucci (Coord.). São Paulo: Revista dos Tribunais, 1998, p. 157-158) e Carlos Alberto de Santana (Cumprimento de sentença e multa do artigo 475-J. Curitiba: Juruá, 2008, p. 43-44).

88. Art. 5º (...) LXXI - conceder-se-á mandado de injunção sempre que a falta de norma regulamentadora torne inviável o exercício dos direitos e liberdades constitucionais e das prerrogativas inerentes à nacionalidade, à soberania e à cidadania; (grifo não existente no original).

89. Art. 5º. (...) LXXIII - qualquer cidadão é parte legítima para propor ação popular que vise a anular ato lesivo ao patrimônio público ou de entidade de que o Estado participe, à moralidade administrativa, ao meio ambiente e ao patrimônio histórico e cultural, ficando o autor, salvo comprovada má-fé, isento de custas judiciais e do ônus da sucumbência; (grifo não existente no original).

90. No sentido: Dierle Nunes e Alexandre Bahia (Processo Constitucional Contemporâneo. In Processo e constituição: os dilemas do processo constitucional e dos princípios constitucionais. Humberto Theodoro Júnior, Petrônio Calmon e Dierle Nunes (Coords.). Rio de Janeiro: GZ Editora, 2010, p. 4).

91. Há uma dificuldade na fixação da conceituação dos princípios constitucionais, conforme bem exposto e detalhado por Sérgio Sérvulo da Cunha (Princípios constitucionais. São Paulo: Saraiva, 2006, p. 05-11 e p. 98-100). Para nosso texto a concepção de princípios adotada se fixa nas diretrizes balizadoras que definem os pontos de referência para aplicação do direito constitucional, enquanto instrumento de concretização do Estado Democrático de Direito. Interessante, para tal, observar os contornos traçados por Mônia Clarissa Hennig Leal: "(...) esses princípios representam, dentro do sistema, não só uma tarefa a realizar, mas também um dado, um ponto de referência para a sua operacionalização, principalmente por estarem positivados, isto é, por estarem nele inseridos, de modo que a sua incorporação já não pode ser mais contestada. Esta incorporação, pela Constituição, dos valores jurídicos acolhidos pela comunidade política desempenha, por sua vez, uma dupla função, pois, ao mesmo tempo que permite uma fundamentação axiológica sobre a qual se apóia todo o ordenamento jurídico, impõe a necessidade de se lhes atribuir – uma vez que normatizados – plena eficácia. Diante do exposto, é razoável afirmar que os princípios conformam um plano axiológico que, no contexto de um Estado Democrático de Direito, constitui a característica marcante do ordenamento constitucional, conformando uma Constituição material que não permite que sejam tratados como meras normas programáticas, de caráter eminentemente político e desprovidas de qualquer normatividade, como nos períodos jusnaturalista e positivista" (A constituição como princípio: os limites da jurisdição constitucional brasileira. Barueri: Manole, 2003, p. 142).

92. No sentido, confira-se Néstor Pedro Sagués (La interpretación judicial de la constitución. Buenos Aires: Ediciones Depalma, 1998, p. 19-20).

direito processual como um todo), eis que este não pode subsistir à margem das diretrizes, sob pena da não recepção. [93]

Não resta dúvida que as bases constitucionais em que se repousa o Estado Democrático de Direito e as garantias que lhe são inerentes deveriam ser imediatamente absorvidas pelo sistema legal vigente, ou seja, são auto-aplicáveis como regra, pois não se pode pensar em represar a norma constitucional pela falta de disciplina da legislação infraconstitucional[94], exceto se assim constar de forma clara do diploma magno.[95-96]

Não é à toa que doutrina de escol tem sustentado que o núcleo principiológico do direito processual está, sem dúvida, no Diploma Magno de 1988[97], responsável pela reformulação das bases de tal ramo, a partir do ditado de garantias constitucionais[98]. Esta mudança de cenário, como é óbvio, não se aplica

---

93. Por tal passo, Rodolfo Luis Vigo sustenta que "La interpretación constitucional con los consiguientes resultados interpretativos consagrados en sentencias, que implican no sólo enriquecer el texto constitucional, sino también la declaración de inconstitucionalidad de normas jurídicas legales o jurisprudenciales, como asimismo la prescripción de cuál es la interpretación que debe conferirse a ciertas disposiciones legales o, supone todo ello un fuerte impacto sobre el sistema de fuentes previsto en el ordenamiento jurídicos" (Interpretación constitucional. 2ª. ed.. Buenos Aires: Abeledo-Perrot, 204, p. 198).

94. No sentido, confira-se: Arruda Alvim (Princípios constitucionais na constituição federal de 1988 e o acesso à justiça. In Revista do advogado. São Paulo: Associação dos Advogados. V. 34, jul. 1991, p. 14-15). Por tal passo, é possível aproveitar a inteligência de Luís Roberto Barroso, ao se referir às normas definidoras de direito, pois estas "investem o jurisdicionado no poder de exigir do Estado – ou de outro eventual destinatário da regra – prestações positivas e negativas, que proporcionem o desfrute dos bens jurídicos nela consagrados" (O direito constitucional e a efetividade de suas normas. 5ª. ed.. Rio de Janeiro: Renovar, 2001, p. 280). No tema, ainda, vale conferir: Ana Paula Costa Barbosa (A legitimação dos princípios constitucionais. Rio de Janeiro: Renovar, 2002, p. 163-176).

95. No sentido, confira-se: Arruda Alvim (Princípios constitucionais na constituição federal de 1988 e o acesso à justiça. In Revista do advogado. São Paulo: Associação dos Advogados. V. 34, jul. 1991, p. 14-15). Por tal passo, é possível aproveitar a inteligência de Luís Roberto Barroso, ao se referir às normas definidoras de direito, pois estas "investem o jurisdicionado no poder de exigir do Estado – ou de outro eventual destinatário da regra – prestações positivas e negativas, que proporcionem o desfrute dos bens jurídicos nela consagrados" (O direito constitucional e a efetividade de suas normas. 5ª. ed.. Rio de Janeiro: Renovar, 2001, p. 280). No tema, ainda, vale conferir: Ana Paula Costa Barbosa (A legitimação dos princípios constitucionais. Rio de Janeiro: Renovar, 2002, p. 163-176).

96. Ainda assim, há limites na retenção da aplicação do direito constitucional pela falta de regramento infraconstitucional, surgindo soluções (como é o caso do mandado de injunção) para suprir o vácuo legal regulamentador determinado pela Carta Magna.

97. Willis Santiago Guerra Filho chega afirmar que: "(...) a Constituição possui natureza (também) de uma lei processual, assim como institutos fundamentais do direito processual possuem estatuto constitucional e, logo, são (também) de natureza material" (Teoria processual da constituição. 2ª. ed. São Paulo: Celso Bastos Editor, 2000, p. 27-28).

98. Oportuno o alerta de Eduardo Arruda Alvim: "Um primeiro ponto que deve ser considerado por aquele que se propõe estudar os princípios do processo civil é o que os princípios cardeais dessa disciplina encontram encartados na Constituição Federal, principalmente com larga explicitude a partir do advento da carta de 1988.". E continua: "o núcleo do processo civil encontra-se hoje disciplinado na Constituição muito intensamente. Daí a importância de serem estudados os princípios a partir do plano constitucional (..)" (Direito processual civil. 2ª ed.. São Paulo: Revista dos Tribunais, p. 104). Com bússola semelhante, Carlos Alberto de Santana leciona que em relação "às normas infraconstitucionais, o que de mais prioritário se

apenas ao direito processual civil, indo desaguar também em outras legislações processuais, ainda que de caráter especialíssimo.

Apenas para se ter uma idéia do novo contexto que se inaugura com a Constituição Federal de 1988 que prima, repita-se, pela instalação de verdadeiro (não falso, muito menos utópico) Estado Democrático de Direito, desde logo lembramos que o legislador constitucional fez questão de alargar o direito ao contraditório a todo e qualquer tipo de processo, situação noviça até então em cartas constitucionais brasileiras, eis que nos diplomas anteriores (1891, 1934, 1937, 1946 e 1967) havia alusão a tal garantia constitucional tão somente para os processos de natureza penal e administrativa. Nessa linha, o processo civil passou a ser albergado – de forma explícita – pelo contraditório aplicável a um Estado Democrático de Direito.[99-100]

Saliente-se, por deverás relevante, que o Código de Processo Civil de 1973 foi alvo de várias reformas processuais, com intervenções legislativas em vários pontos de seu corpo, o que, mesmo gerando alguns revezes[101], foi importante para sua "revitalização" em temas específicos.

Contudo, não temos dúvida alguma que - mais importante do que as reformas (e até mesmo a substituição por um nova codificação) – o Código de Processo Civil deve ser visto com um corpo legal que se submete a um ambiente totalmente diferente do qual ele foi promulgado, já que, como todo respeito, não se pode pensar que na década de 70 vivíamos num Estado Democrático.

---

evidencia para que a interpretação leve a resultados eficazes é, inquestionavelmente, o resguardo na unidade do ordenamento jurídico, unidade que, como se disse, deve se estabelecer a partir da Constituição. O jurista portanto, deve ter sempre em mente que a Constituição é a sua principal arma e que a lei é coadjuvante em relação a Constituição. (..) Dessa forma, como premissa básica, deve-se interpretar as normas processuais, à luz dos princípios de índole marcadamente constitucional" (Cumprimento de sentença e multa do artigo 475-J. Curitiba: Juruá, 2008, p. 43-44). No tema, vale conferir também: Hermes Zaneti Junior (Processo constitucional. Lumen Juris: Rio de Janeiro, p. 03-11), Luiz Guilherme Marinoni e Daniel Mitidiero (O projeto do CPC. São Paulo: Revista dos Tribunais: 2010. p. 15-51) e Luiz Guilherme Marinoni (Teoria geral do processo. São Paulo: RT, 2006, p. 21-22), Andrés Gil Domingues (En busca de una interpretácion constitucional. Buenos Aires: Ediar, 1997, p.296-297).

99. No sentido: Hermes Zaneti Junior (Processo constitucional. Lumen Juris: Rio de Janeiro, p. 191) e Sérgio Massaru Takoi [O direito de ver seus fundamentos considerados (como corolário dos princípios do contraditório e da ampla defesa) e a sua manifestação nos embargos de declaração em processo judicial e administrativo. Disponível em: <http://www.apejur.com.br/downloads/artigo-sergiomassaru.pdf>. Acesso em 16.09.2014, p. 2-2].

100. No sentido: "O art. 5º, LV, da CF ampliou o direito de defesa dos litigantes, para assegurar, em processo judicial e administrativo, aos acusados em geral, o contraditório e a ampla defesa, com os meios e os recursos a ela inerentes" (STF, RMS 24823, Relatora Ministra. ELLEN GRACIE, Segunda Turma, j. em 18/04/2006, DJ 19-05-2006, p. 43).

101. Temos a opinião, inclusive, de que a grande quantidade de "mini-reformas" acabou por fixar boa parte da doutrina em debates sobre as questões que foram objeto das reformas legislativas, situação que conspirou – mesmo que involuntariamente – para debates de horizontes mais amplos (e verticais) de temas relevantes do Direito Processual Civil, como é o caso da relação Código de Processo Civil de 1973 e Constituição Federal de 1988.

Assim, contextualizar o Código de Processo Civil de 1973 para o movo quadrante trazido pela Cara Constitucional de 1988 é missão mais importante do que, repita-se, implementar um espírito reformista que seja desapegado da inspiração de um Estado Democrático de Direito.

Fazendo um paralelo com o Direito Civil, vê-se – facilmente – como a recepção dos ditames da Carta Magna de 1988 foi mais acanhado no Direito Processual, pouco se cogitando sobre revogação de dispositivos atrelados ao Código de Processo Civil, também sendo de presença pequena as falas sobre a necessidade de uma releitura completa da codificação de 1973, para que esta se conformasse a um modelo de Estado Democrático[102].

Com efeito, quando da promulgação da Carta Constitucional de 1988, não restou dúvida que o Direito Civil, então vigente na codificação de 1916, necessitava de nova interpretação *de acordo* com a nova ordem constitucional. Referimos-nos não apenas aos pontos em que houve incompatibilidade flagrante, com revogação de dispositivos da codificação e inserção de novos institutos (situação bem perceptível no Direito de Família[103]), mas também (e em especial) às questões que continuaram sendo reguladas pelo Código Civil, mas que passaram a ter outra leitura diante do influxo constitucional, como foi o caso do direito de propriedade (artigo 524), que necessitou ser compatibilizado com a Carta Magna de 1988[104].

A interpretação de vários dispositivos do Código Civil de 1916, com a entrada em vigor da Constituição de 1988, passou a ter nova matriz, ou seja, nestas situações não ocorreu a revogação de comandos infraconstitucionais, mas tão somente a necessidade de adequar a sua realidade – através de nova interpretação (agora constitucional) de sua roupagem[105]. O fenômeno aqui posto não foi

---

102. Na realidade, de forma mais tardia ao que ocorreu no Direito Civil e através de um coro de voz menor do que também ocorreu em relação ao Código Civil, os grandes trabalhos sobre a necessidade de conformação da legislação processual aos ditames do modelo de Estado Democrático implementado pela Carta Constitucional de 1988 somente vieram à tona, com peso e importância, ao final da década de 90 e no virar do milênio.

103. Por exemplo, foram revogadas as disposições do Código Civil de 1916 que faziam diferenciação entre os filhos advindos fora do casamento (artigo 227, § 6º) e houve a inserção da União Estável (artigo 226, § 3º), instituto sem previsão na codificação da época.

104. Na Constituição de 1988 a propriedade recebe tratamento de grande monta, estando regulada, com destaque, na parte "Dos Direitos e Deveres Individuais e Coletivos" (art. 5º, XXII e XXIII), no capítulo "Dos Princípios Gerais da Atividade Econômica" (art. 170, III), e em vários outros dispositivos (mais casuísticos), como por exemplo, os artigos 156, § 1º, 182, § 2º e 4º, 184, caput, 185 e 186. A base dos regramentos acima indicados está na função social da propriedade, faceta desconhecida no texto do Código Civil de 1916, como se percebe do artigo 524 do diploma codificado.

105. Em paralelo, o texto projetado para o que veio a ser o Código de 2002 teve que ser remodelado a partir da Constituição Federal de 1988. No sentido: Joseli Lima Magalhães (Da recodificação do direito civil brasileiro. Rio de Janeiro, 2006, p. 84-89) e Mário Luiz Delgado (Codificação, descodificação e recodificação do direito civil brasileiro. São Paulo: Saraiva, 2011, p. 373-407).

exclusivo do Brasil, pois a Itália passou por situação assemelhada, de modo que dispositivos de seu Código Civil tiveram que ser objeto de *releitura*, incluindo os que tratavam do direito de propriedade. [106]

10. BREVE FECHAMENTO

Não se pode, portanto, pensar que as codificações (assim como qualquer legislação infraconstitucional) fiquem imunes se o paradigma constitucional for alterado. Há, em suma, necessidade de conformação do direito às opções postas na Constituição, postura esta que demanda a interpretação de todo sistema legal guiada pelo farol constitucional, notadamente quando se pretende plasmar na nação um verdadeiro Estado Democrático de Direito amparado em diploma constitucional.[107-108-109]

---

106. Nada obstante a diferença estrutural das codificações italiana e brasileira, não se pode deixar de registrar que o artigo 833 do Código Civil italiano passou a ter interpretação diferente da inicial, após a edição da nova Carta Constitucional naquela nação. Em síntese, o dito dispositivo infraconstitucional recebeu uma (re)leitura constitucional, para se conformar com a concepção da função social da propriedade. No sentido, confira-se a lição de Salvatore Patti: "Non è possibile in questa sede trattare il tema della efficacia dei diritti fondamentali nel diritto privato, ma in ogni caso può dirsi che le norme della Costituzione sono servite ad affermare nuove posizione soggettive giuridicamente tutelate e a dare un significato diverso a molte norme contenute nel codice civile. Un esempio forse basta a far capire le caratteristiche della vicenda: in materia di proprietà, l'art. 833 sanziona il divieto degli atti emulativi, però la stessa norma stabilisce che è sufficiente una utilità del proprietario per salvare la legittimità dell'atto. Si trata in effetti di una norma di tipo «egoista» perché – in base ad una interpretazione letterale – un'utilità anche minima basta per rendere legittimo un atto di esercizio del diritto di proprietà che danneggia (a volte gravemente) un altro soggetto. L'art. 833, letto alla luce della norma della Costituzione sulla funzione sociale (art. 42), acquista un diverso significato: la giurisprudenza comincia a ritenere necessario un bilanciamento degli interessi, quelli del proprietario e quelli del terzo danneggiato. Si procede in tal modo ad una rilettura delle norme del codice, ad una interpretazione attenta ai valori della Costituzione. Nel linguaggio dei civilisti il riferimento ai valori della Costituzione diviene sempre più frequente. D'atra parte, Ludwig Raiser ha scritto che il Grundgesetz si può considerare come una cassaforte di valori e questa idea in una certa misura si ritrova tra i civilisti italiani che hanno proceduto alla «rilettura» delle norme del codice civile." (Codificazione ed evoluzione del diritto privato. 1. ed., Roma: Laterza, 1999, p. 19).

107. No sentido, em termos amplos, com análise do binômio Estado Democrático de Direito e Constituição, confira-se: Eleanora Ceccherini (La codificazione dei diritti nelle recenti constituzioni. Milano: Giuffrè Editore, 2002, em especial p. 53-63) e Salvatore Patti (Codificazione ed evoluzione del diritto privato. 1. ed., Roma: Laterza, 1999, p. 17-18).

108. O Estado Democrático de Direito faz com que os novos códigos tenham que ter outra estrutura e diálogo diferente com a Constituição Federal e as demais leis, pois as codificações perdem o caráter de portal mais alto, para funcionar com função participativa na tradução e remessa do direito constitucional para o restante do sistema legal. Há, assim, alteração de paradigma na própria idéia de codificação. No sentido, em caráter amplo da questão, confira-se: Luis Maria Cazorla Prieto (Codificación contemporânea y técnica legislativa. Pamplona: Editorial Aranzi, 1999, p. 54-64), Mário Reis Marques (Codificação e paradigmas da modernidade. Coimbra: Gráfica de Coimbra, 2003, p.553-573), Salvatore Patti (Diritto privato e codificazioni europpe. Milano: Giuffrè Editore, 2004, p. 190-192), Fábio Siebeneichler de Andrade (Da codificação; crônica de um conceito. Porto Alegre: Livraria do Advogado, 1997, p. 163-167), Daniel R. Pastor (Recodificación penal y principio da reserva legal Buenos Aires: Ad-Hoc, 2005, p. 135-137),

109. Provavelmente pelo fato do Código de Processo Civil ser mais novo (1973) e por trazer consigo doutrina focada em temas mais modernos (que redundaram em reformas pontuais no texto codificado), o forte

PARTE I – ASPECTOS PRÉVIOS AO CPC/2015

Portanto, o texto de 1973 é uma codificação que precisa ser "lida" e "aplicada" de forma diferente do momento histórico em que foi editado, pois a Constituição Federal de 1988 o trouxe para um modelo processual diverso, vinculado a um Estado Democrático de Direito.

Assim, com todo respeito, antes da notícia de que teríamos um novo Código de Processo Civil, a discussão sobre a viabilidade (ou não) de uma nova codificação processual civil não era uma bandeira (ao menos relevante) dos processualistas que, de um modo geral, apontavam para necessidade da (re) interpretação do texto codificado de 1973 no quadrante de um modelo democrático de processo devidamente inserido - e que demorou a ser descoberto de fato - no ventre da Carta Magna de 1988.

No sentido, merece gizar que entre as conclusões do I Encontro de Jovens Processualistas – evento promovido pelo Instituto Brasileiro de Direito Processual (IBDP) no fim do ano de 2008[110] - ficou assentado em Plenário (assim como nos grupos de discussão, de forma unânime) que não era necessária a confecção de um 'novo CPC'. Conclui-se que bastava que fosse adotada uma mudança de mentalidade do interprete, já que impossível dissociar o texto codificado nos ditames constitucionais. Sem prejuízo de tal importante constatação comum, os grupos de trabalho também concluíram que existiam algumas contradições na codificação em vigor, deslizes estes que espalhavam de formas variadas (como, em exemplos, o uso de semântica inadequada e a existência de incompatibilidades injustificadas com o Código Civil de 2002). De toda sorte, a conclusão mais importante do Encontro de Jovens Processualistas foi a imperiosa necessidade do arejamento da codificação processual de 1973 a partir do modelo democrático de processo ditado pela Carta Magna de 1988.

Nada obstante tal quadro, pouco tempo depois, os processualistas passaram a trabalhar com rumo diverso daquele que a bússola doutrinária indicava, na medida em que, através do Ato nº 379/2009, de lavra do Presidente do Senado Federal, foi instituída Comissão de Juristas - presidida pelo então Ministro do Superior Tribunal de Justiça Luiz Fux - para elaborar 'Anteprojeto do

---

impacto da Constituição Federal na legislação processual não tenha sido tão avistado (e aceito) da forma que foi no Direito Civil. No entanto, não temos dúvidas que há institutos que precisam de novo formato, pois, por exemplo, os contornos de contraditório exigidos num verdadeiro Estado Democrático de Direito são outros, bem diferentes dos que eram plasmados no direito constitucional anterior. Contraditório, no sistema processual atual (escorado em Carta Constitucional vinculada ao Estado Democrático de Direito) implica em abrir ambiente com segurança jurídica para a efetiva participação no processo, com igualdade, ou seja, a decisão judicial só pode ser obtida se o for através de concretização democrática, da qual as partes não podem ser alijadas. Próximos, à parte final de nossa fala, confira-se: Luiz Guilherme Marinoni e Daniel Mitidiero(O projeto do CPC. São Paulo: Revista dos Tribunais, 2010, p. 15-16).

110. O I Encontro de Jovens Processualistas ocorreu na cidade de São Paulo, nas instalações da Faculdade de Direito do largo do São Francisco (USP), tendo como seu idealizador o professor Paulo Hoffman.

Novo Código de Processo Civil'. Em curtíssimo espaço de tempo[111], a Comissão apresentou ao Senado Federal seu labor em janeiro de 2010, vindo o texto base a dar ensejo ao PLS 166/2010. Após a remessa para Câmara, o texto seguiu tramitação até que fosse consolidado no PL n. 8.046/2010, sendo possível se notar que na Câmara foram feitas alterações, não sendo a redação a mesma – em vários pontos – em relação ao que ficou assentado inicialmente no Senado Federal.

Como dito no início do texto, logo na sua abertura, através da Lei n.º 13.105/2015, o Código de Processo Civil de 1973 foi substituído por uma nova codificação. Temos a certeza de que não basta um novo diploma legal codificado para que o direito processual civil possa estampar as cores de um modelo democrático de Direito. Em suma, a empreitada poderá ser absolutamente inócua, pois como tentamos trazer ao longo do nosso trabalho, não é simplesmente a alteração da base codificada que mudará – automaticamente - as noções e posturas em relação ao direito processual civil e a sua necessária vinculação ao modelo democrático introduzido pela Constituição de 1988. Mas essa análise é assunto para outro trabalho.....

---

111. O Ato nº 379/2009 é datado de 30 de setembro de 2009

CAPÍTULO 2

Fatos institucionais e o NCPC: implicações ontológicas e epistemológicas

Marcelo Lima Guerra[1]

SUMÁRIO: 1. INTRODUÇÃO: A CRIAÇÃO DE UM NOVO CÓDIGO DE PROCESSO CIVIL E A OPORTUNIDADE DE REPENSAR A MISSÃO DA CIÊNCIA DO DIREITO; 2. ONTOLOGIA SOCIAL E A ESTRATÉGIA INSTITUCION-ALISTA: O CONCEITO DE FATO INSTITUCIONAL; 2.1. FATOS INSTITUCIONAIS E NORMAS CONSTITUTIVAS; 2.2. NORMAS CONSTITUTIVAS, MOLDURAS SENTENCIAIS, FORMAS LÓGICAS POR ELAS EXPRESSAS E AS EXPRESSÕES SUBSTITUTIVAS DE VARIÁVEIS OCORRENTES EM MOLDURAS SENTENCIAIS.; 2.3. INSU-FICIÊNCIA DAS NORMAS CONSTITUTIVAS DE SEARLE; 2.4. OS DOIS TIPOS DE NORMAS CONSTITUTIVAS INDISPENSÁVEIS À EXISTÊNCIA DE FATOS INSTITUCIONAIS; 2.5. SOBRE A DISTINÇÃO ENTRE NORMAS EXPLÍCITAS E NORMAS IMPLÍCITAS EM PRÁTICAS; 2.6. INSTITUIÇÕES COMO "REIFICAÇÃO" DE AGREGA-DOS DE NORMAS; 2.7. FATOS INSTITUCIONAIS E SEUS NOMES: UMA AMBIGUIDADE TÍPICA DOS NOMES DE FATOS INSTITUCIONAIS (= Y-EXPRESSÕES); 2.8. DUAS MANEIRAS DE "NÃO EXISTIR" DETERMINADO FATO INSTITUCIONAL; 2.9. REFERÊNCIA DAS Y- EXPRESSÕES; 2.10. IMPLICAÇÕES EPISTEMOLÓGICAS DA PECULIAR ONTOLOGIA DOS FATOS INSTITUCIONAIS; 3. DA ONTOLOGIA SOCIAL À ONTOLOGIA JURÍDICA: OS FATOS JURÍDICOS, EM ESPECIAL OS INSTITUTOS JURÍDICOS, COMO FATOS INSTITUCIONAIS.; 4. DA ON-TOLOGIA JURÍDICA À EPISTEMOLOGIA JURÍDICA: SOBRE A "DESCOBERTA" E A "ESCOLHA" DE NATUREZAS JURÍDICAS DE INSTITUTOS; 4.1. A IMPORTÂNCIA DO VOCABULÁRIO NA IMPLEMENTAÇÃO DA ESTRATÉGIA INSTITUCIONALISTA; 5. CONSIDERAÇÕES CONCLUSIVAS.; 6. BIBLIOGRAFIA.

1. INTRODUÇÃO: A CRIAÇÃO DE UM NOVO CÓDIGO DE PROCESSO CIVIL E A OPORTUNIDADE DE REPENSAR A MISSÃO DA CIÊNCIA DO DIREITO

A criação de uma nova e importante grande codificação de leis, como é um código de processo civil, oferece uma oportunidade única para que sejam repensadas questões perenes, relativas à missão da ciência do direito, especialmente daquele seu setor costumeiramente denominado *dogmática jurídica*. É certo que com o novo CPC muitos institutos jurídicos e suas respectivas disciplinas foram mantidos, mas também alguns novos institutos foram criados "do zero", velhos regimes e disciplinas jurídicas foram mantidas, porém

---

1. Pós-Doutor pela Università degli Studi di Pavia. Doutor e Mestre em Direito pela PUC-SP. Professor da Graduação e do Curso de Mestrado da Faculdade de Direito da Universidade Federal do Ceará. Juiz do Trabalho do TRT-7a Região

"rebatizadas", ao mesmo tempo em que o nome de "batismo" de alguns institutos foram mantidos, apesar das respectivas disciplinas terem sido alteradas, às vezes em pontos substanciais. É precisamente num contexto assim em que se faz mais oportuno uma investigação como a presente.

Afinal, o que é um instituto jurídico? Como explicar a criação, a extinção e a mera "modificação" de institutos jurídicos? O que é que se faz quando se atribui esta ou aquela "natureza jurídica" a determinado instituto? Que tipo de respostas procuramos? Para que serve fazer esta indagação e para que serve a resposta possivelmente obtida? O que faz alguém quando "descobre" a natureza jurídica de algo, normalmente, um "instituto jurídico"? São questões assim que a presente investigação tenta responder. Aqui não se tratará de nenhuma das mudanças introduzidas com o novo CPC, mas será apresentada a estratégia que se considera mais adequada para realizar a análise crítica devida das novidades implementadas com este novo diploma legal. Aqui se procurará oferecer uma contribuição em epistemologia jurídica, sobre os métodos de trabalho da doutrina jurídica, em geral, e da processual, em particular, partindo de lições colhidas na ontologia jurídica, sugeridas pela teoria dos fatos institucionais.

Dessa forma, a presente investigação se desenvolverá ao longo, basicamente, das seguintes etapas:

i. Colher uma lição em ontologia social, no sentido de extrair daí uma estratégia de abordagem da realidade social, a qual pode ser referida como "estratégia institucionalista", que procura explicar fenômenos cruciais dessa realidade com base no conceito de *fato institucional*, compreendido como *fato constituído por normas*, ou melhor, *fato cuja ocorrência requer (é possibilitada) por um conjunto de normas*.

ii. Em seguida, adotar essa estratégia institucionalista na explicação dos institutos jurídicos em geral, sustentando que tais fenômenos jurídicos são *fatos institucionais*.

iii. Finalmente, apontar importantes implicações que essa estratégia traz para uma epistemologia jurídica ontologicamente adequada, nomeadamente, no sentido de indicar onde procurar respostas para perguntas do tipo "O que é ou qual a natureza jurídica do instituto jurídico X?", qual o lugar desse tipo de investigação nas nossas vidas (o valor prático disso) e a inevitabilidade de uma discussão (ética) sobre "Qual a natureza jurídica que queremos que o instituto o X tenha em nossa comunidade?".

Como se disse, é esse último objetivo que se considera o objetivo principal do presente estudo, sendo as metas relativas à ontologia social e jurídica apenas etapas intermediárias (embora sejam questões, obviamente, capazes de serem e merecerem ser estudadas autonomamente). Essa restrição se revelará importante, na medida em que justificar uma análise superficial e minimamente informativa (sem ser comprometedora) no que diz que com os objetivos (i) e (ii).

2. ONTOLOGIA SOCIAL E A ESTRATÉGIA INSTITUCIONALISTA: O CONCEITO DE FATO INSTITUCIONAL

A segunda metade do século XX assistiu um grande despertar de interesses sobre a ontologia, com uma ênfase peculiar nos acontecimentos e objetos mais corriqueiros na experiência cotidiana das pessoas, como o fato de Fortaleza ser a capital do Ceará, o fato de João ter R$20,00 na sua carteira, o fato de que a Copa de 2014 de futebol ocorreu no Brasil, entre outros. É precisamente o estudo destes acontecimentos cotidianos que vem sendo conduzido sob o rótulo de *ontologia social*.

'Ontologia social' já é, atualmente, nome atribuído a centros, institutos, laboratórios de pesquisas, o que se comprova com uma rápida navegação na internet ("googleando" o termo 'ontologia social'). Ganha corpo, portanto, como uma disciplina acadêmica autônoma. Contudo, impõe-se reconhecer que as pesquisas conduzidas melhor se enquadram na noção de "ramo multidisciplinar" de investigação, do que de "disciplina", tamanho é o espectro de contribuições diferentes que ela aglutina e que ela proporciona.

Como quer que seja, contribuições recentes em ontologia social, especialmente as obras de John Searle[2], demonstram a fecundidade do conceito teórico de *fato institucional*, sobretudo pela ampliada compreensão, que ele permite, daquilo que costumamos referir como "nossa realidade social" como sendo dotada de uma *estrutura normativa constitutiva*. O conceito de *fato institucional* funda, assim, o que se pode chamar de *estratégia institucionalista* de explicação (ontológica) de nossa realidade cultural e social, no sentido de explicação dos acontecimentos e objetos mais relevantes que integram a experiência cotidiana das pessoas consigo mesmas e, sobretudo, com as outras pessoas, ou seja, as múltiplas interações sociais que mantemos (e, às vezes, até evitamos manter). Impõe-se, portanto, uma cuidadosa exposição da noção de *fato institucional*, sendo ela a noção central da estratégia institucionalista.

2.1. Fatos institucionais e normas constitutivas

A construção do conceito teórico de fatos institucionais deve muito ao já mencionado filósofo John Searle, mesmo que muitas das ideias utilizadas por

---

2. SEARLE, John. Speech Acts – An Essay in the Philosophy of Language; SEARLE, J. The Construction of Social Reality, SEARLE, J. Making the Social World: The Structure of Human Civilization. Sobre a ontologia social de Searle cf. SAVAS L. Tsohatzidis (ed.). Intentional Acts and Institutional Acts, Essays on John Searle's Social Ontology.

Searle tenham sido elaboradas por outros que lhe antecederam. Searle tratou dos fatos institucionais já no começo de sua carreira filosófica, mas o fez de forma bastante ligeira e superficial.[3] Foi somente em 1995, em sua monografia específica sobre o assunto, *The Construction of Social Reality*, que ele ofereceu um tratamento aprofundado sobre os fatos institucionais, com ricas e importantes discussões.

No que se segue, adota-se a ideia básica de que há fatos cuja existência depende de um sistema de convenções e normas (explícitas ou implícitas em práticas sociais) previamente estabelecidas, sendo estes os *fatos institucionais*. Todavia, adota-se uma compreensão algo diversa da de Searle sobre as normas constitutivas, para considerar que elas serão sempre um agregado de dois tipos. Esse esclarecimento permitirá ver, mais rápida e claramente as implicações para a epistemologia jurídica (em que consiste e qual a relevância da indagação sobre a natureza jurídica de um instituto jurídico), que se obtém quando se considera os fatos jurídicos (ao menos os mais relevantes) como fatos institucionais (qualquer que seja a *teoria explicativa de como e porque nascem, permanecem e se extinguem os fatos institucionais*) Com alguns pequenos ajustes, portanto, as ideias de Searle consistem numa poderosa ferramenta de reflexão jurídica e serão aqui adotadas.

Searle constrói a noção de fatos institucionais recorrendo a duas distinções ou dicotomias fundamentais: a que distingue normas regulativas e normas constitutivas e a que distingue fatos brutos e fatos institucionais. Searle defende que há dois tipos distintos de normas, as regulativas e as constitutivas. As normas regulativas disciplinam condutas e atividades que podem ser realizadas com total independência da existência de tais normas. Assim, as normas de etiqueta estabelecendo como se deve comer são exemplos paradigmáticos dessas normas. Já as normas constitutivas não se limitam a disciplinar condutas: elas *tornam possível a própria existência de condutas e objetos, os quais sequer existiriam sem tais normas* – e, precisamente por isto, são ditas *constitutivas*.[4] Tais normas, que têm como exemplo paradigmático as normas de um jogo, são abundantes no universo social, bem como no específico universo jurídico (embora seja ainda recente a reflexão teórica sobre elas): aquelas que determinam os *requisitos essenciais de um ato jurídico*, as que definem certos *objetos* como *cédulas de dinheiro e moedas* etc.[5]

---

3. No seu mencionado livro Speech Acts de 1969 e antes no seu artigo "How to Derive Ought from Is" de 1964, cujo teor é reproduzido no primeiro texto.

4. . Searle, Speech Acts, cit., pp. 50-53.

5. Vale registrar que o conceito de regra constitutiva já havia sido identificado antes de Searle, assim como a própria dicotomia mencionada, muito embora tenha sido a obra de Searle o principal fator de sua ampla recepção na filosofia contemporânea. É quanto está documentado, com precisão, em LORINI,

Cap. 2 • FATOS INSTITUCIONAIS E O NCPC: IMPLICAÇÕES ONTOLÓGICAS E EPISTEMOLÓGICAS
Marcelo Lima Guerra

Há, desde logo, algo a dizer sobre essa distinção de Searle entre normas regulativas e constitutivas, já no que diz com a noção mesma de "normas regulativas" (sobre as normas constitutivas dir-se-á mais após a apresentação da distinção entre fatos brutos e fatos institucionais). Com efeito, fora do universo jurídico é fácil dar exemplos de normas que *se referem a uma prática ou ações que podem ocorrer independentemente dessa norma*. Já no contexto de um ordenamento jurídico específico, revela-se difícil atender também à seguinte exigência: que a prática ou ação disciplinada por uma norma regulativa fosse tal que *poderia acontecer independentemente de quaisquer outras normas do mesmo ordenamento*. Se fosse o caso de se exigir tanto, apenas as ações humanas que fossem "fatos brutos" poderiam ser "objeto de disciplina" de uma norma regulativa. Ora, o próprio exemplo de Searle é sugestivo disso, uma vez que manifestamente desatende essa condição mais rigorosa. É que para "dirigir numa estrada à direita" ou "dirigir numa estrada à esquerda" não é *necessário*, obviamente, uma norma que diga "é obrigatório dirigir na mão esquerda" ou o contrário. Contudo, para que "algo seja dirigir na estrada" é necessária a existência prévia de outras normas (das quais se verá fazer parte qualquer "norma regulativa" como a de Searle), que definam o que *"vale como dirigir numa estrada em determinado contexto"*. Só por isso, já se impõe tomar com reservas a dicotomia sugerida por Searle como esgotando o universo normativo com o par "normas regulativas/normas constitutivas".

A segunda distinção, estreitamente ligada à primeira, é aquela entre *fatos brutos* e *fatos institucionais*. Os *fatos brutos* são aqueles cuja ocorrência independe de qualquer *norma* formulada pelo homem. Assim, são exemplos paradigmáticos de fatos brutos os eventos naturais, incluindo processos e objetos.

Giuseppe. Dimensioni Giuridiche dell'Istituzionale. Cf. Também CONTE, Amedeo G. Fenomeni di fenomeni. In Filosofia del Linguaggio Normativo, Vol. II, p. 324-327, que aí documenta a presença de ao menos uma das modalidades de normas constitutivas, aquela que Conte chama de "regole eidetico-costitutive", em obras de Johannes K. Thomae, Edmund Husserl, Ludwig Wittgenstein e Ernst Mally; é também de Conte o registro que já em RAWLS, John, 'Two concepts of rules', in The Philosophical Review, n. 64 (1955), p. 3-32, os dois conceitos aparecem claramente formulados ("È John Rawls, Two Concepts of Rules, 1955, colui che ha determinato il concetto di 'regola costitutiva' per opposizione al concetto di 'regola regolativa' (sia pure senza designare questi concetti con quei due termini, d'origine kantiana, che nove anni dopo, nel 1964, Searle avrebbe introdotto". CONTE, Amedeo. Paradigmi di analisi di una regola in Wittgenstein, IN Filosofia del Linguaggio Normativo. Vol. II, p. 273); é neste mesmo ensaio (cf. o tópico 2 do ensaio referido), ademais, que Conte comprova sua hipótese historiográfica de que Wittgenstein teria sido um "teórico ante litteram das normas constitutivas". Anote-se, ainda, que essa distinção entre normas constitutivas e regulativas foi absorvida pela filosofia contemporânea do direito, e a categoria da norma constitutiva tem sido objeto de inúmeros estudos – os quais permitiram a identificação de diversas subespécies (cf. CONTE, Fenomeni di fenomeni, cit., pp. 329-339; cf, ainda, MAZZARESE, Tecla. Logica Deontica e Linguaggio Giuridic, p. 39-47, que investiga a distinção entre normas regulativas e constitutivas e as possíveis espécies dessa última categoria, também com relação às metanormas) – tendo se revelado muito mais eficaz, como instrumento de análise, do que, por exemplo, a mais antiga categoria da "norma técnica".

Já os *fatos institucionais* são aqueles que *só podem ocorrer*, só podem *existir* por causa de um *sistema de normas* (precisamente, as *normas constitutivas* da primeira distinção), sistema esse que, normalmente, é também reconhecido pelo nome de '*instituição*'.[6] São fatos que não existem *in rerum natura*. Exemplos paradigmáticos são as jogadas de um jogo: nenhum movimento natural do homem pode constituir um "roque", um "xeque-mate" ou um "gol", a menos que existam normas (de xadrez e de futebol, respectivamente) que definam tais jogadas, ou *o que vale como elas*. O mesmo vale para quase todos os *atos jurídicos*: "comodatos", "casamentos", "demissões" são atos que *só podem existir e serem realizados em função da existência prévia de normas que os definam*. São exemplos paradigmáticos de *fatos institucionais* os atos jurídicos, as jogadas de um jogo, o Estado, o dinheiro etc. Segundo Searle, toda *instituição* consiste num sistema de normas constitutivas, de tal forma que a todo fato institucional subjaz "uma (um sistema de) regra(s) da forma 'X vale como Y no contexto C'". No entanto, como se procurará demonstrar, esta fórmula adotada por Searle é insuficiente para capturar alguns aspectos fundamentais dos fatos institucionais, sobretudo de sua constituição normativa, isto é, *do sistema de normas constitutivas que lhes é subjacente*.[7]

2.2. Normas constitutivas, molduras sentenciais, formas lógicas por elas expressas e as expressões substitutivas de variáveis ocorrentes em molduras sentenciais.

Nessa ordem, convém introduzir alguns termos e algumas ideias. Nem todo conjunto de palavras é uma sentença, mas a esmagadora maioria das sentenças são conjuntos de palavras – embora aquilo que permita distinguir um determinado conjunto de palavras como sendo ou não uma sentença seja algo extremamente controvertido, sobre o qual não se tratará aqui. As sentenças são objetos linguísticos normalmente constituídos de mais de uma expressão linguística e não se confundem com aquilo que elas expressam. Quer dizer, uma sentença em inglês e uma sentença em português, seja uma escrita e a outra falada, podem significar a mesma coisa, apesar de, em si mesmo consideradas, possuírem características tão distintas.

Para viabilizar uma exposição clara dos argumentos e conclusões que se pretende desenvolver e alcançar no presente trabalho, revela-se oportuna a

---

6. SEARLE, John. Speech Acts, cit., pp. 50-53.
7. O próprio Searle (Speech Acts, cit., p. 59), ao analisar a promessa, demonstra isso. Aquela que ele define como "regra da condição essencial" não pode ser considerada como sendo dotada da (ou instanciando a) fórmula 'X vale como Y no contexto C'. No texto, será demonstrado que 'Y' precisa ser constituído ou definido por outras normas e tais normas correspondem, precisamente, àquelas que Searle chama de "normas de condição essencial".

introdução de alguns termos relacionados às sentenças.[8] Considere-se como exemplo de sentença a seguinte construção: "O autor do presente artigo nasceu em Fortaleza". Cada uma das expressões linguísticas que compõem essa sentença, bem como as inúmeras combinações que podem ser obtidas com elas e que podem ser *elementos comuns* em sentenças diferentes, será aqui denominada *fator sentencial*. Assim, as expressões 'autor' 'do' 'presente', 'o autor do', 'em', 'artigo nasceu em' são todas exemplos de *fatores sentenciais* e todas elas podem ser elementos comuns entre a primeira sentença e outra completamente diferente, como, por exemplo: "O compositor da presente ópera viveu em Paris a maior parte de sua vida". Ambas as sentenças compartilham os fatores 'o', 'da', 'presente', 'em'.

Agora, se for extraído um determinado fator de uma sentença e se restar assinalada a *ausência* que, nesta sentença, foi provocada pela retirada deste fator, então o que se obtém é algo mais que um simples *fator sentencial*. Tem-se uma estrutura mais complexa, mais informativa, a qual será denominada *moldura sentencial*.[9] Tomando-se a primeira das sentenças indicadas como exemplo, tem-se que "X nasceu em Fortaleza" e "O autor do Y nasceu em Z" são exemplos de molduras sentenciais.

Molduras sentenciais são extremamente úteis para revelar a *forma lógica* daquilo que é expresso pelas sentenças. Não só diferentes sentenças podem expressar a mesma coisa, mas coisas diferentes expressas por diferentes sentenças podem ter *uma mesma e única forma lógica*. Pense-se, por exemplo, na moldura sentencial "X é mais alto que Y". Substituindo as variáveis X e Y por expressões compatíveis – nomes próprios de seres ou entidades dotadas de altura, pode-se obter um número indeterminado de sentenças diferentes. Por exemplo:

(1) João é mais alto que Pedro

(2) Maria é mais alta que Paulo

(3) Carlos é mais alto que Vitor

(4) Lucas é mais alto que Rafaela

(5) Heloísa é mais alta que Eduarda

Aquilo que tais sentenças expressam, os sentidos por elas veiculados são diferentes entre si, porém todos compartilham de uma mesma forma lógica e esta forma lógica é, precisamente, aquilo que é captado e expresso pela moldura sentencial 'X é mais alto do que Y'.

---

8. A terminologia que se segue foi desenvolvida por Gilbert Ryle em seu artigo "Categories" (cf. RYLE, Gilbert. Categories. In Ryle, Gilbert. Collected Essays – 1929 - 1968, p. 188).

9. RYLE, ob. loc. cit.

Enfim, as expressões que foram (e qualquer outra que possa ser) utilizadas para preencher as variáveis X e Y na moldura sentencial mencionada, podem ser denominadas, respectivamente, *X-expressões* e *Y-expressões*. Uma "X-expressão", seja advertido, é só um termo técnico, artificialmente criado e introduzido no presente vocabulário, para se referir a certos fatores sentenciais específicos, ou seja, qualquer expressão linguística que esteja "no lugar", ou "no papel" ou "na função de uma variável X", na numa moldura sentencial como "X é maior que Y" (a qual expressa, como se viu, uma peculiar *forma lógica de estados de coisas*), o mesmo se podendo dizer das "Y-expressões". Apesar de uma certa estranheza nesta opção terminológica, não há nada minimamente "misterioso" nela: trata-se apenas de uma ferramenta para um pensamento global sobre as molduras sentenciais, formas lógicas por elas expressas e os seus possíveis "elementos".

Em cada tipo de relação, captada na sua mera forma lógica expressa numa moldura sentencial, as variáveis de tal moldura assinalam um tipo de termo, ou seja, um espectro quantitativamente indeterminado, mas qualitativamente determinado de termos (itens, *relata*) que podem preencher cada uma das variáveis. Quer dizer, dependendo do tipo de relação, apenas certos itens podem ocupar as respectivas "posições" deixadas em aberto na forma lógica da relação, sem cometer nenhum absurdo. Por exemplo, apenas entidades das quais se pode dizer que "nasceram em algum lugar", podem ocupar a forma lógica expressa pela moldura sentencial "X nasceu em Fortaleza", sem cometer um absurdo lógico.[10] Assim, no contexto de uma determinada moldura sentencial com duas variáveis, essa terminologia permite que se possa referir, coletivamente, a qualquer uma das expressões (e, assim, às suas respectivas referências, ou itens por elas referidos) que podem preencher ou substituir uma das variáveis ocorrentes na mesma moldura. Essa é uma das utilidades em se referir a elas como "X-expressões" e "Y-expressões".

Com base nessa terminologia, é possível reformular a afirmação de Searle no sentido de que todas as normas constitutivas têm a mesma forma lógica – a saber, X vale como Y no contexto Z – em termos mais precisos e que possibilitam uma melhor compreensão dos fenômenos a que Searle se referia. Com efeito, enquanto um mero conjunto de expressões linguísticas, 'X vale como Y no contexto Z' não é uma sentença, mas uma moldura sentencial, a qual pode permitir a formação de um número indeterminado de sentenças diferentes,

---

10. Aqui, convém diferenciar um absurdo lógico de uma falsidade. "Chopin" pode, sem absurdo lógico, figurar como uma X-expressão na moldura "X nasceu em Fortaleza", mesmo que o resultado obtido com a substituição seja uma sentença falsa ("Chopin nasceu em Fortaleza"). Já "Vermelho" não pode ser uma X-expressão na mesma moldura, pois a substituição respectiva gera uma construção linguística que expressa um absurdo lógico (ou melhor, não expressa rigorosamente nada).

todas, inclusive, expressando sentidos diferentes, mas sentidos estes que compartilham de uma mesma forma lógica. Preenchidas cada uma das variáveis aí ocorrentes, por expressões compatíveis – X-expressões, Y-expressões e C-expressões – ter-se-ia uma sentença que expressaria uma norma constitutiva. Dessa forma, o que Searle diz é que todas as normas constitutivas podem ser expressas por sentenças que, embora diferentes as sentenças e as normas, todas elas, as normas, possuem uma única forma lógica, a qual seria captada e expressa pela seguinte moldura sentencial 'X vale como Y no contexto C'.

Assim, por exemplo, "Este objeto de madeira com desenho de cavalo vale como cavalo branco no contexto dessa partida de xadrez" é uma sentença apta a veicular uma normas constitutiva, justamente dotada da forma lógica expressa pela moldura sentencial "X vale como Y no contexto C". Além disso, pode-se dizer que, em tal sentença, o *fator sentencial* "Este objeto de madeira com desenho de cavalo" é uma *X-expressão*, enquanto que o *fator sentencial* "cavalo branco" é uma *Y-expressão* e o *fator sentencial* "essa partida de xadrez" é uma *C-expressão*.

2.3. Insuficiência das normas constitutivas de Searle

De posse de um vocabulário assim enriquecido com a clara distinção entre molduras sentenciais, formas lógicas por elas veiculadas e expressões que substituem ou preenchem variáveis nas mencionadas molduras, é possível analisar alguns aspectos fundamentais dos fatos institucionais, especialmente na perspectiva de sua dinâmica concreta, de sua compreensão e de seu uso como ferramenta social. De posse de um vocabulário enriquecido com as noções de X-expressões, Y-expressões e C-expressões,[11] inaugura-se uma possibilidade de vislumbrar a maior complexidade da constituição normativa de fatos institucionais, em relação ao quanto reconhecido por Searle. Com efeito, aqui se vai defender que para instituir fatos institucionais é necessário não um, mas dois tipos de normas, apenas uma delas tendo a forma "X vale como Y no contexto C".

O ponto se revelará, após exposto, quase uma obviedade e, certamente, não se distancia dos pontos centrais das teses defendidas por Searle, especialmente o tratamento que ele deu no seu *The Construction of Social Reality*, ao que aí Searle denomina como *"status function"*, que seria a noção correspondente à de "valor institucional", do vocabulário que se desenvolve no presente texto. Todavia, explicitar esta obviedade se revela bastante útil, sempre para a finalidade modesta de apenas assinalar as implicações epistemológicas, quanto ao

---

11. Mais adiante, como se verá, será necessário introduzir as "Z-expressões".

estudo do direito, para o caso de *alguma teoria dos fatos institucionais* ser "verdadeira" (e útil). A estrutura básica e elementar dos fatos sociais seria melhor compreendida se referida (a possibilidade de existência deles) não apenas a normas constitutivas como as que Searle identificou como tal, através da fórmula "X vale como Y no contexto C", mas sim com a conjugação desta com outro tipo de "normas constitutivas". Como se vai mostrar, passo a passo, a existência de fatos institucionais pressupõe, certamente, a existência de normas que estabeleçam *a que tipo de coisa se vai atribuir o valor deste fato institucional*, mas também pressupõe outras normas que *definam este valor, através da imposição de alguma consequência* (= possibilidade de ser, dever ou poder) *à existência deste fato institucional.* As primeiras são convenções que bem podem ser chamadas de "convenções institutivas", enquanto que às segundas cabe a denominação de "convenções atributivas". É apenas com a existência conjugada desses dois tipos de normas ou convenções que, no conjunto, se torna efetivamente *possível* a ocorrência de certos fatos (*instituída* essa própria possibilidade).

2.4. Os dois tipos de normas constitutivas indispensáveis à existência de fatos institucionais

Numa sentença como "Este objeto de madeira com desenho de cavalo vale como cavalo branco no contexto dessa partida de xadrez", tem-se que, segundo o vocabulário firmado, "Este objeto de madeira com desenho de cavalo" é uma X-expressão e "cavalo branco" é uma Y-expressão. Em algumas sentenças expressivas de normas constitucionais as X-expressões podem se referir, indireta ou diretamente, a entidades concretas, inclusive "fatos brutos", ou seja, entidades existentes *in rerum natura*, como é, precisamente, o caso desta norma utilizada como exemplo. Quer dizer, as X-expressões, nessas normas constitutivas, são dotadas ou possuem uma *contrapartida no mundo empírico*, a qual pode ser determinada *independentemente da existência da norma mesma* (no caso, um determinado objeto de madeira com um desenho do animal conhecido como "um cavalo").

Por outro lado, o mesmo *jamais* pode ocorrer com relação às Y-expressões. Em sentenças expressivas de regras constitutivas, as Y-expressões, mesmo que gramaticalmente possam parecer possuir uma contrapartida empírica, jamais a possuem, o que se infere pela circunstância dela se apresentar, *prima facie*, como um certo "valor" ou um certo "valer como" que é *atribuído* a algo. Dessa forma, com este vocabulário se pode formular uma afirmação geral de grande importância na compreensão das normas constitutivas, especialmente no que diz com a insuficiência da concepção que delas Searle desenvolveu, inicialmente: o que quer que seja *nomeado* por uma Y-expressão é algo que, *necessariamente*, precisa ser *definido por outras normas*, pois sem esta definição, as normas com a forma "X vale como Y..." não teriam sentido completo algum. É que tais normas exigem que se saiba, de antemão, *que valor, nomeado por uma Y-expressão, se está atribuindo a algo, nomeado por uma X-expressão.*

Esta necessária dicotomia de normas *constitutivas* é bem visível e fácil de compreender quando são considerados os fatos institucionais relativos a um jogo e suas relações com as normas desse jogo. Com certeza, parte importante das normas deste jogo é destinada à função de *definir a quem e ao que serão atribuídos os valores específicos desse mesmo jogo, ou seja, a quem distribuir os papéis de "personagens" ou participantes do jogo.* Essas normas são, portanto, aquelas convenções denominadas aqui de "institutivas" e que são, efetivamente, dotadas da forma expressa pela moldura "X vale como Y o contexto C", como observou Searle. Tais normas serão chamadas, no presente texto, de *"normas constitutivas de entidade" – ou, com deliberado artificialismo, "E-normas constitutivas".* Elas, por assim dizer, definem o "X da questão", estipulando *quem ou o que vai valer como Goleiro, Bandeirinha e outros, se o jogo for futebol, ou cavalo branco, bispo preto, rainha etc, se o jogo for xadrez.*

Por outro lado, há de haver outras normas que definam *o que significa o valor de Y* (ou o "valer como Y") que, em "X vale como Y no contexto C", é atribuído a X, no contexto C. Ora, o "ser goleiro" ou "ser bandeirinha", assim como o "ser um cavalo branco" ou o "ser uma Rainha Preta" não são, como bem se sabe, "atributos naturais", mas são "valores" ou "funcionalidades" que são criadas ou constituídas também por convenções humanas, ou seja, também pela estipulação de normas. Estas normas podem ser até bastante distintas entre si e diversificadas, mas elas, conjuntamente, são dotadas de uma característica comum: elas imputam ou estabelecem *consequências* à existência do fato institucional em questão e é precisamente por isso que elas devem ser tidas como igualmente *constitutivas* deste fato institucional: são elas que dão alguma *significação específica* à adoção de normas da forma "X vale como Y no contexto C".

Com efeito, para que se possa atribuir certo *valor institucional* a determinada entidade com uma regra do tipo "X vale como Y no contexto C", é necessário também que este valor institucional, este "valer como Y", já *exista*, ou melhor, que seja *definido*. Ora, não sendo o *valor institucional*, obviamente, uma *propriedade natural*, algo que exista *in rerum natura*, ele próprio precisa ser constituído. Assim, há a necessidade de outras convenções ou normas constitutivas, precisamente as que estipulem o valor institucional que é atribuído (por outras normas) a certas entidades.

As normas que definem quem ou o que vai "valer como" goleiro, bandeirinha, cavalo branco etc., são que aqui se chamou de *normas constitutivas de entidade* e são, efetivamente, dotadas de estrutura adequadamente expressa com a fórmula "X vale como Y no contexto C". Já o conjunto de normas que determinam o que se faz como goleiro, bandeirinha, cavalo branco, etc., correspondem às convenções que aqui foram denominadas de "atributivas" e serão aqui denominadas *normas constitutivas de valor* – ou, com deliberado artificialismo, "*V-normas constitutivas*". Estas últimas podem ser bastante diferenciadas, como veremos em breve, mas para realçar o elemento comum já apontado, é possível afirmar que todas são dotadas uma forma lógica expressa por uma moldura sentencial como "Se Y, então é normativamente possível Z". Este ponto requer cuidadosa atenção.

As normas constitutivas de valor (V-normas constitutivas) são todas aquelas em que o fato institucional "comparece" como algo existente. Dito de outro modo, o conjunto das normas que tenham um determinado fato institucional referido em seu antecedente, isto é, que instituam uma *consequência normativa para a existência concreta de certo fato institucional do tipo abstratamente indicado na norma, ou meramente "nomeado" em seu antecedente.* É esse conjunto que *define* o valor específico (que identifica determinado fato institucional como tal), que vem a ser atribuído a certas "entidades", que venham a se enquadrar nos moldes das descrições abstratas correspondentes às X-expressões das sentenças que veiculam as normas constitutivas de entidade (E-normas constitutivas).

Como se sabe, uma "coisa institucional" é reconhecida, principalmente, por aquilo que é proibido ou obrigatório acontecer com ela (ou em razão de sua "existência concreta"), ou aquilo que se está autorizado a fazer com ela (ou em razão de sua "existência concreta"). Em muitos casos, a "identidade" de um fato institucional traduz-se numa complexa combinação de tudo isso (como é o caso de muitos dos institutos jurídicos). Assim, ao se arriscar uma estrutura única para todas as múltiplas possibilidades de normas constitutivas de valor, optou-se pelo uso da expressão "normativamente possível", como forma para que possa abranger todas as posições deônticas possíveis:

    i.   É obrigatório fazer Z

    ii.   É proibido fazer Z

    iii.   É permitido fazer Z

    iv.   É autorizado (= empoderado) a fazer Z

Nesse sentido é que se pode considerar que os *valores institucionais* são, no mais abstrato nível de discurso sobre eles, *possibilidades normativas de agir*, incluindo-se nessa noção a *possibilidade de transformar a posição normativa de outrem, a possibilidade de fazer algo, a possibilidade de estabelecer correspondências a uma propriedade natural ou institucional etc.* Apenas por necessidade prática e por simplicidade na argumentação (mas também o nível de abstração do discurso acima permite a tanto), adota-se para tais *normas constitutivas das possibilidades de agir, em que se traduz um determinado valor institucional*,[12] a forma lógica expressa pela moldura sentencial 'Se Y então é normativamente possível fazer Z'. [13]

De outra parte, vale sublinhar que essa compreensão das normas constitutivas como sendo um acoplamento de normas constitutivas de entidade e de valor (E-normas constitutivas e V-normas constitutivas), é um forte argumento contra a suposta dicotomia exaustiva, como parece querer Searle, que dividiria o universo normativo em normas constitutivas e normas regulativas. Especialmente no universo jurídico, como já se mencionou, dificilmente se encontrará um exemplo de "norma regulativa pura", na medida em que a quase a todos os exemplos de normas jurídicas que prescrevem condutas, devem ser compreendidas, na realidade, como V-normas regulativas, na medida em que as condutas que elas impõem não são "naturais", nem o são a maioria dos sujeitos a quem essa condutas são impostas (por exemplo, empregadores e empregados, locadores e locatários etc.). [14]

2.5. Sobre a distinção entre normas explícitas e normas implícitas em práticas

A essa altura da análise, é oportuno tecer algumas considerações sobre a distinção entre normas explícitas e normas implícitas em práticas. Para muitos pode parecer duplamente estranha uma tentativa de compreender tantos fatos cotidianos da maior relevância como casar com alguém, ter dinheiro, votar para presidente da república, ser um presidente da república, com uma noção tal

---

12. Valor este que, seja recordado, atribuído a um substrato empírico, selecionado segundo E-normas constitutivas, qualifica este substrato como determinado "fato institucional", em um dos sentidos desta ambígua expressão.

13. Aqui, nem é relevante tomar partido quanto à questão de saber se as normas com estrutura 'X vale como Y' e as normas com a estrutura 'Se Y, então Z' são, de fato, conjuntos distintos de normas, ou partes distintas de uma só estrutura mais complexa, do tipo 'Se X, então Z'. Tendo em vista a complexidade que esses agregados de normas constitutivas apresentam na vida social é conveniente, em nome da clareza, considerar como sendo distintas tais normas, sendo inofensivo que, eventualmente, uma pesquisa mais aprofundada venha a revelar que, rigorosamente, isto que é tido como sendo dois conjuntos de normas distintas são apenas dois conjuntos de elementos associados de normas complexas. Como quer que seja, as expressões que, nessa fórmula, venham a substituir a variável 'Z', serão denominadas "Z-expressões".

14. Com o próprio exemplo utilizado por Searle para fixar sua noção de norma regulativa, é possível demonstrar a inviabilidade da dicotomia por ele apresentada como exaustiva. É certo que eu posso, numa estrada inglesa ou em qualquer outra, andar à esquerda ou à direita da estrada, independentemente de uma regra que diga ser obrigatório andar à esquerda ou à direita. No entanto, ninguém pode saber o que é, qual é a essência de uma estrada inglesa, sem saber que nessa estrada é obrigatório andar por tal ou qual (no caso, esquerdo) lado da estrada. A norma regulativa que Searle aponta, com relação à atividade de dirigir numa estrada, é constitutiva de valor do fato institucional "dirigir numa estrada inglesa".

que permite incluir, no mesmo "denominador comum", coisas tão arbitrárias como as peças e as jogadas específicas de um jogo. Outra dificuldade, talvez mais séria, diz respeito a um possível regresso ao infinito na compreensão dos fatos institucionais como aqueles cuja existência dependa da existência prévia de um conjunto de normas (ditas, por isso mesmo, constitutivas). Ora, se "normas" não são, por sua vez, "fatos brutos", haverá de haver normas que atribuam a certos atos o "valor de criar normas" e a certas entidades o "valor de norma". Como escapar desse regresso ao infinito?

Aqui, toca-se num ponto extremamente complexo, sobre o qual não se poderá dizer muito, consistente na extrema complexidade da constituição normativa da realidade social, em geral e da jurídica em particular, em razão do que se pode mesmo postular a existência de uma continuidade entre a normatividade jurídica e a normatividade social. Fatos institucionais também servem de substrato na formação de diferentes fatos institucionais no sentido de que aquele "algo", referido por uma X-expressão numa E-norma constitutiva, já é, por sua vez, um fato institucional, ou seja, uma funcionalidade, atribuída a outro "algo", referido por outra X-expressão, que comparece em outra E-norma constitutiva e assim sucessivamente, até situações em que não se sabe ao certo se se está diante de um fato bruto ou apenas de um fato de nível muito elementar de institucionalidade, mas ainda assim convencionalmente criado.[15] Revela-se, portanto, indispensável compreender que, ao lado das normas constitutivas explícitas, há aquelas implícitas em práticas sociais e estas normas representariam o limite desse aparente "regresso ao infinito".

O que há de tão peculiar no caso dos "fenômenos sociais" que são típicos de um jogo? É que se não forem todas, ao menos a maior parte das normas constitutivas de determinado "fato de um jogo" são *explícitas* e documentadas publicamente em inscrições ou textos escritos. Nos fatos mais cotidianos da nossa vida, o que chamaremos de "fatos culturais", essas normas constitutivas, que também existem, costumam ser *implícitas em práticas sociais*. A "visibilidade" dessas normas requer, portanto, "lentes especiais", ou seja, um conceito mais explícito e mais refinado de "regra social", que permita identificar a "existência implícita numa prática social" de uma dessas normas.

Se alguém realiza uma conduta do tipo C e justifica, publicamente, ou está disposto a justificar publicamente, se assim instado a fazê-lo, na ocorrência de

---

15. No universo jurídico, é fácil dar exemplos disso. Um título executivo é um valor institucional que se atribui, entre outras coisas, a notas promissórias. Porém notas promissórias são, por sua vez, valores institucionais que se atribui a certas declarações de vontade, ou melhor, a certas inscrições físicas de declarações de vontade. Os fatos institucionais que compõem a "realidade jurídica", portanto, são, em grande parte dos casos, moldados a partir de fatos institucionais culturalmente constituídos, isto é, a partir de uma normatividade difusa, mas, ainda assim, uma normatividade.

um fato do tipo F e se este alguém está disposto a criticar, ou de fato critica outro alguém por não realizar C, não obstante a ocorrência do fato F e se há um reconhecimento entre algum número vago de participantes da comunidade em que vive este alguém de que F é razão bastante para C, então há, implícita nas práticas sociais desta comunidade, em algum grau, uma norma que, mesmo nunca tendo sido formulada explicitamente, se o fosse, seria enunciada com uma sentença que instanciaria a forma lógica captada na seguinte moldura sentencial: "Se F, então C é devida".

Há uma diferença de grau, mas não tão substancial, entre a existência de uma norma explicitamente criada e a existência implícita de uma norma assim numa *prática social*. Aliás, parece mesmo que, ao fim e ao cabo, as normas explícitas só existem na medida em que amparadas por normas implícitas em práticas.[16] Dessa forma, com a distinção entre normas explicitamente formuladas e normas implícitas em práticas sociais, dribla-se a alegação do regresso ao infinito na análise dos fatos institucionais aqui defendida.

2.6. Instituições como "reificação" de agregados de normas

Essas possibilidades de agir que definem, ou às quais se reduzem a natureza de qualquer instituição ou fato institucional, acabam sendo percebidas e compreendidas como "qualidades" ou "atributos" (sendo o conjunto destes atributos a sua "natureza") do instituto, nomeado por uma expressão qualquer (que *assim* começa a ganhar "existência"). Assim, por exemplo, em um jogo de xadrez, o cavalo é definido, entre outras, pela regra que determina que ele deve andar em "L". Uma outra maneira de expressar a mesma coisa é dizer que o cavalo "tem o atributo ou a natureza de andar em L", ou "ser aquele que anda em L". Daí é só um passo "esquecer" as normas de xadrez e enxergar uma "natureza", ou uma "identidade" para os cavalos no xadrez.

Contudo, essa "personificação de normas em institutos" parece ser um mecanismo extremamente facilitador da cognição de "agregados de normas",

---

16. A noção de normas implícitas em práticas foi, pioneiramente, objeto das reflexões de Ludwig Wittgenstein, Gilbert Ryle e Willfrid Sellars e a ela têm recorrido inúmeras investigações que defendem uma visão normativa da linguagem e da intencionalidade (cf. BRANDOM, Robert, Making it Explicit: Reasoning, Representing and Discursive Commitment, especialmente, p. 18 a 30). No direito, todavia, foi Hart quem, pioneiramente, se valeu dessa noção na sua análise do ordenamento jurídico. Há muita incompreensão da natureza propriamente normativa da regra de reconhecimento de Hart, uma das noções centrais de sua análise, atribuindo a Hart uma concepção próxima aos dos realistas americanos e escandinavos, que reduzem a normatividade jurídica, em última análise, a fatos. O que conduz a esta equivocada interpretação da teoria de Hart e de sua noção de regra de reconhecimento é a falta de compreensão da noção de norma implícita em prática. Regras de reconhecimento são, necessariamente, normas implícitas em práticas, só que em práticas de alguns sujeitos em particular, mais precisamente, juízes e outros agentes estatais. Sobre a noção de regra de reconhecimento em Hart, cf. HART, H.L.A. The Concept of Law, p. 100-109.

uma tendência espontânea nossa em "personificá-las" em "entidades autônomas", ou seja, os *institutos* ou *instituições*. Isso é particularmente importante em se tratando de instituições complexas como são as *instituições jurídicas*. Com efeito, "conhecer uma instituição social" (assim como conhecer um instituto jurídico, como se verá), é saber da existência e da articulação recíproca de um conjunto de normas, as quais nem precisam ser "acessadas" no seu conjunto, uma vez que apenas algumas "características" (que são mais fáceis de lembrar) serão lembradas e, normalmente, basta se saber as características mais "marcantes". Isto é, inclusive, o que possibilita que "se saiba da existência de uma instituição" e mesmo que se conheça seu "funcionamento geral", sem saber quais são todas (nem mesmo a maioria, ou mesmo nenhuma, explicitamente) as normas ou normas constitutivas que a definem [17] [18]

2.7. Fatos institucionais e seus nomes: Uma ambiguidade típica dos nomes de fatos institucionais (= Y-expressões)

Ninguém irá confundir entre um fato institucional como "João tem pouco dinheiro em sua carteira", o conceito "(ter) dinheiro" e o mero "nome" dessa coisa que alguém, eventualmente, tem na sua carteira e chama de "dinheiro". Uma coisa é o *fato*, outra, naturalmente, a *instituição*, da qual este fato é um "exemplo", e outra coisa ainda é o *nome* que se dá ao *fato* e à *instituição*. Mas essa distinção às vezes se mostra difícil de traçar, ao menos nos casos dos fatos institucionais.

Com efeito, vale advertir para um fenômeno curioso relativo às expressões normalmente utilizadas para nomear fatos institucionais. Como se viu, em normas constitutivas do tipo "X vale como Y no contexto Z", as Y-expressões nomeiam, sempre, o *fato institucional* constituído por uma regra assim. A análise já realizada permite, por sua vez, compreender que as Y-expressões indicam uma "funcionalidade", precisamente o *valor institucional* que é atribuído ao que quer que seja referido pelas X-expressões, valor este que é "definido" por um conjunto de normas do tipo "Se Y então é normativamente possível Z".

---

17. E tem mais um ponto: é sempre possível enriquecer o nosso conhecimento das normas do jogo de buraco, com novas variantes, decorrentes da substituição de algumas das normas do jogo por outras, mas ainda se permanece falando de "buraco" ou uma "variação de buraco", quando, rigorosamente, é o mesmo fenômeno (em grau mais reduzido; quão é necessário?) que ocorre quando se constata a diferença entre dois jogos: dois jogos são diferentes, no fundo, pela mesma razão que dois jogos se apresentam como variações de "um só e mesmo jogo". Por que, em alguns casos, a diferença das normas de um jogo traduz-se em mudança do jogo J1 para o jogo J2 e em outros casos a diferença das normas de jogo consiste apenas em passar da "variação V1 do jogo J" para a "variação V2 do mesmo jogo J"?

18. .Ademais, permite uma melhor integração de um vocabulário funcional, que será indispensável nas discussões valorativas.

Essa mesma expressão também é utilizada de forma sutilmente diferente para identificar o específico fato institucional, que vem a ser o que quer que seja referido por uma X-expressão, já tomado como *sendo* o fato institucional do tipo especificado. Ora, bem se vê que todas as Y-expressões são empregadas para denominar tanto um determinado *tipo de fatos institucionais*, ou seja, a *instituição em si*, como também um *fato institucional concreto deste tipo*, fazendo-as *padecer de uma ambiguidade típica*.

Pense-se, por exemplo, no seguinte diálogo:

(1) João: O que é o *goleiro*?

(2) Maria: É o que pode pegar a bola com as mãos, estando na grande área.

Nenhuma pessoa está sendo especificada com este "esclarecimento". O que está sendo definido ou especificado não é uma pessoa, mas um "tipo" de coisas, uma "função" ou "serventia" que algumas coisas e não outras exercem.

Pense-se, agora, neste outro diálogo:

(3) Pedro: Quem é o *goleiro*?

(4) Paula: É o João.

"Goleiro", aqui, já é expressão utilizada para indicar uma pessoa determinada. Precisamente, a pessoa que, no contexto de alguma partida, está "valendo como" ou exercendo a função de "goleiro". Como se vê, a palavra "goleiro", a qual nomeia um fato institucional, é usada, em certos contextos, para se referir ao "valer como goleiro" ou "valor institucional em abstrato de ser goleiro", o qual é atribuído a algo, a algum substrato (empírico ou outro). Em outros contextos a mesma palavra é utilizada para indicar um ente particular, precisamente um determinado fato institucional (e não um tipo ideal de fato institucional).

Na maior parte das vezes essa ambiguidade não traz problemas. No entanto, será bastante útil na compreensão de problemas típicos de institutos jurídicos, segundo a estratégia institucionalista, manter o mais clara e acessível possível a distinção entre o "valor institucional", em si mesmo considerado [conjunto de possibilidades de ser], e o "portador desse valor institucional", isto é, a entidade particular [corpórea ou não, não é necessário, agora, decidir], *tomada como portadora de determinado valor institucional*;. Daí a conveniência de introduzir uma *regra terminológica*, a qual dará lugar a um número indeterminado de novos termos livres dessa ambiguidade. Assim, toda Y-expressão, que nomeia um fato institucional (comparecendo, portanto, numa instância qualquer de "X vale como Y no contexto C"), poderá ser substituída:

(a) por uma (V)Y-expressão, nos casos em que a Y-expressão é utilizada para indicar o valor institucional em abstrato, ou seja, enquanto o *valor institucional que normas do tipo 'Se Y, então é possível normativamente Z' [V-normas constitutivas] definem e que normas do tipo 'X vale como Y' atribuem a certas entidades [E-normas constitutivas]*; por exemplo, V-goleiro, V-dinheiro, enquanto "papéis abstratos".

(b) por uma (E)Y-expressão, nos casos em que a Y-expressão é utilizada para indicar a *entidade concreta, dotada de coordenadas espaciais e/ou temporais próprias já tomadas como "portadoras" do valor institucional Y, segundo normas do tipo 'X vale como Y'*. Por exemplo, E-goleiro, para se referir ao João, E-dinheiro para se referir ao que tenho (ou não) na minha carteira.

2.8. Duas maneiras de "não existir" determinado fato institucional

A eliminação desta ambiguidade é, ainda, deveras importante para *revelar* e *eliminar* outra ambiguidade, igualmente relevante, neste contexto. A ambiguidade de 'fato institucional' [e, portanto, todas as 'Y-expressões'] talvez estimule a confusão de ideias acerca dos múltiplos sentidos que 'inexistência de fato institucional' pode veicular, em função, precisamente, das diversas possibilidades de desambiguação já vistas para 'fato institucional'.

Com efeito, há situações bem distintas em que se diz que o 'fato institucional Y não existe'. Uma é quando *não existe o V-fato institucional*, ou seja, não há nenhuma regra constitutiva *estipulando um determinado valor institucional para Y*. Outra situação é aquela em que *não existe o E-fato institucional*, ou seja, *a entidade portadora de determinado valor institucional*. Esta situação, por sua vez, desdobra-se em duas outras:

(a) não há a entidade referida, em uma regra constitutiva do tipo 'X vale como Y', pela respectiva 'X-expressão';

(b) a entidade *apresentada* como correspondendo àquela referida por uma X-expressão, numa regra do tipo 'X vale como Y', *não se enquadra ao modelo correspondente a esta X-expressão*.[19]

---

19. Registro uma tese que procuro desenvolver, com base nestas ideias sobre fatos institucionais, a qual se torna mais visível com o vocabulário introduzido: não existe diferença ontológica entre os fenômenos referidos pelo uso padrão de expressões como 'ato jurídico nulo', 'ato jurídico anulável' e 'ato jurídico inexistente'. Todos estes fenômenos jurídicos pertencem ao mesmo gênero, a saber, não correspondência entre determinado substrato empírico apresentado como "valendo como" um E-ato jurídico e o tipo normativo utilizado para definir o gênero de substratos ao qual se atribui o V-ato jurídico. Trata-se, portanto, de situações onde se verifica a não existência institucional de algo como ato jurídico ou, mais simplesmente, inexistência de ato jurídico. O que há – e é mais do razoável que exista, quando se

Um exemplo poderá esclarecer este ponto: *dinheiro* é, reconhecidamente, um fato institucional, posto que só existe na medida em que exista um sistema de normas constitutivas que definam:

(a) *qual é o "valor-dinheiro"* (através de V-normas constitutivas ['Se Y, então Z'])

(b) *o que vale como dinheiro* (através de E-normas constitutivas ['X vale como Y no contexto C']).

Desta forma, quando se diz "Não existe a cédula de R$30,00", se está afirmando a *não existência de uma V-cédula* ou de um determinado "valor institucional de cédula". Já quando se diz "Você não tem dinheiro", seja numa situação em que não há nenhum objeto na sua carteira, seja porque aqueles que lá estão não correspondem a um determinado modelo, se está afirmando a *não existência de uma E-cédula,* ou seja, a não existência de um objeto com valor de dinheiro.

Aqui, convém se valer da notória peça *Hamlet*, de Shakespeare, para dar mais um exemplo esclarecedor. Uma situação de não existência de personagem é aquela em que se afirma a não existência de "Hamlette", a (suposta) irmã de Hamlet. Nesse caso, afirma-se *não existir nenhum conjunto de falas que constitua o personagem denominado 'Hamlette',* isto é, não existe um V-Hamlette. Outro caso bem distinto de não existência de personagem é o caso em que, numa encenação concreta de Hamlet, todas as falas do próprio Hamlet sejam *silencia-das* pela falta de um ator (escutando-se o silêncio no lugar dessas falas). Aqui, falta um E-Hamlet.

2.9. Referência das Y- expressões

Nesta ordem, está preparado o terreno para formular uma indagação esclarecedora: *a que se referem as expressões linguísticas que podem substituir 'Y' numa regra constitutiva que instancie a fórmula 'X vale como Y no contexto C?* Como se viu, tais Y-expressões *nomeiam* aquilo que se reconhece como um *fato*

---

pensa em instituições como artefatos culturais criados pela humanidade [pois artefatos são para serem utilizados] e nos diferentes problemas que o uso de fatos institucionais como atos jurídicos, a situação desenhada acima pode desencadear, é uma diferença de tratamento deôntico ou normativo a dar a situações pertencentes a um mesmo tipo. Com efeito, a mesma situação de desconformidade de um ato com um modelo legal constitutivo [inexistência daquele ato como aquele tipo de ato, cuja possibilidade de existência é constituída pelo modelo] admite tratamentos diferenciados em função da maior ou menor "tolerância" ou "boa vontade" do ordenamento jurídico para com o desvio. Registro, ainda, que a diversidade de tratamento é de ser decidida em função dos valores implicados com as soluções que variarem num espectro que vai da tolerância total [irregularidade] à tolerância zero [inexistência], e nunca com base em uma suposta "constatação" do diferente tipo de fenômeno.

(ato ou objeto) institucional. Mas esta resposta é insuficiente, pois ainda cabe perguntar *o que nomeia uma expressão que nomeia um fato institucional?* Isto, um fato institucional, *existe*? De que ele é feito? Nem adianta tentar responder afirmando que uma Y-expressão nomeia o *valor atribuído a X* (insista-se, pela clareza, *aos objetos referidos por X-expressões*). A questão persiste: em que *consiste* tal "valor"? Ele *existe*? De que ele é feito?

Creio ser possível dar, agora, um passo fundamental para tentar responder a esta indagação, reunindo alguns pontos já firmados. Da análise das E-normas constitutivas, recordo que as X-expressões se referem, direta ou indiretamente, a entidades - que me seja desculpado o quase pleonasmo - *existentes*. A estas entidades é que se atribui o *valor institucional* Y, supostamente nomeado pela Y-expressão de normas da forma 'X vale como Y...'.

Por outro lado, da análise das V-normas constitutivas, recordo que as Z-expressões se referem, precisamente, ao que melhor se candidata como *"substância"* deste *"valor institucional"*, ou seja, as mencionadas *possibilidades de agir*. Que sobraria, então, como referência de Y-expressões? Nada, na linha da clássica resposta de Alf Ross.[20]

O valor institucional constituído pelas V-normas constitutivas, consistente nas *possibilidades de agir*, as quais são referidas pelas Z-expressões, é atribuído diretamente às entidades selecionadas por E-normas constitutivas e referidas pelas X-expressões. As Y-expressões são, em princípio, apenas ferramentas linguísticas para *imputar* o valor institucional constituído por V-normas constitutivas às *entidades* indicadas ou definidas por E-normas constitutivas.

Por exemplo, além da pessoa a quem se atribui, no contexto de uma partida de futebol, o "valor institucional de goleiro", designadas por 'X-expressões' (que compõem o enunciado de E-normas constitutivas, aquelas dotadas da estrutura X vale como Y no contexto C) e o conjunto de possibilidades de ação em que se traduz este valor, designadas por 'Z-expressões' (que comparecem no enunciado de V-normas constitutivas, aquelas com a estrutura Se Y, então Z), não haveria mais nada a que se referir. Assim, o E-goleiro, nomeado por uma Y-expressão, não é uma "entidade a mais", além dessas duas realidades – o substrato e o valor institucional, mas sim a entidade tida como portadora do valor.

O valor institucional constituído pelas V-normas constitutivas, consistente nas *possibilidades de ação*, as quais são referidas pelas Z-expressões, é atribuído diretamente às entidades selecionadas por E-normas constitutivas e referidas pelas X-expressões. As Y-expressões são, em princípio, apenas ferramentas

---

20. ROSS, Alf. 'Tû-Tû', in SCARPELLI Uberto [ed.] Diritto e Analisi del Linguaggio, p. 165-181.

linguísticas para *imputar* o valor institucional constituído por V-normas constitutivas às *entidades* indicadas por E-normas constitutivas (referidas por X-expressões).

2.10. Implicações epistemológicas da peculiar ontologia dos fatos institucionais

Fatos institucionais são, como se viu, dotados de uma ontologia bastante peculiar, na medida em que são duplamente dependentes de convenções humanas: uma convenção que bem se pode dizer *"institutiva"* – a E-norma constitutiva – e uma outra convenção que bem pode se chamar *"atributiva"* – a V-norma constitutiva. A convenção institutiva é aquela com a qual se convenciona que certa coisa ou certo tipo de coisas *deve ser tida como possuindo determinado valor*, ou seja, que *valem como* (ou devem ser tidas como *valendo como*) certa outra "coisa" (que na verdade jamais consiste numa substância concreta, mas num conjunto de qualidades ou propriedades, que são convencionalmente atribuídos ou substâncias concretas, no nível mais elementar de criação de fatos institucionais, ou a outro conjunto de qualidades, por sua vez atribuído convencionalmente a outra substância concreta: a institucionalidade em cadeia já mencionada). Por isso mesmo, tais normas ou convenções institutivas tem a seguinte forma geral: "X vale como Y no contexto C".

Por outro lado, uma *convenção* atributiva *é realizada pela adoção de uma regra geral*, com a qual, a um só tempo, se *define este valor*, ou seja, as consequências em que se traduzem atribuir a certo X o valor Y e se permite considerar que sempre que este X ocorra concretamente, no contexto especificado, ele "tenha o valor de Y", produzindo, as consequências definidas pela mesma regra. Tais regras convencionais atributivas tem a seguinte forma geral: "Se Y, então Z".

Reconhecer que algo, costumeiramente designado por certa expressão (uma "Y-expressão"), consiste num *fato institucional* é, portanto, dizer, em primeiro lugar, que com tal expressão nomeia, primariamente, um "valor" que é atribuído a algo, costumeiramente designado por uma expressão diversa (uma X-expressão), e que irá, secundariamente, também ser nomeado pela primeira expressão, uma vez que os nomes de todos fatos institucionais, nomeiam também a própria coisa à qual se atribui esse valor, mas já referida não como a "coisa em si", mas como "a coisa valendo como Y". Depois, considerar algo como um determinado valor institucional que se atribui a outro algo, por convenção, também implica considerar que a significação deste valor é da mesma forma convencionalmente determinada.

Ora, essa peculiar ontologia dos fatos institucionais é determinante, no plano epistemológico, quanto às suas teorizações possíveis. Com efeito, uma investigação teórica sobre qualquer fato institucional em particular admite, em princípio, a elaboração de duas modalidades marcadamente distintas de teorias: uma teoria *descritiva* e uma teoria *prescritiva*.

A missão de uma teoria descritiva de determinado fato institucional, que define a sua *forma geral*, é dupla:

1) verificar ou descrever, numa determinada comunidade, a que tipo de coisas ou itens é atribuído o específico "valor institucional", que caracteriza o V-fato institucional em questão, o que significa verificar ou constatar a existência de E-normas constitutivas ou convenções institutivas (ou seja, identificar o "x" da questão, no sentido de identificar o tipo de itens específicos que substituem o "X", na forma geral "X vale como Y no contexto Z");

2) verificar ou descrever, numa determinada comunidade, o significado deste "valor institucional" que é atribuído a certos itens, no sentido de identificar quais as consequências que, nesta comunidade, produz a atribuição deste valor a certos itens, quer dizer, qual a diferença que faz, nesta comunidade, cada vez que um determinado destes itens é tido como "um E-fato institucional", o que significa verificar ou constatar a existência de V-normas constitutivas ou convenções atributivas, dotadas da forma lógica "Se Y, então Z", as quais fixam as consequências referidas. Tais consequências se traduzem naquilo que Searle, em suas obras mais recentes e específicas sobre fatos institucionais, chama de "poderes deônticos", isto é, as possibilidades de condutas que são associadas à atribuição deste valor a determinado item (o que se autoriza que seja feito em se considerando algo como "um E-fato institucional").

Da mesma forma, uma teoria prescritiva, também tem dois objetivos básicos, os quais também definem a forma geral de uma dessas teorias, e são exatamente simétricos àqueles de uma teoria descritiva, sendo que ao invés de se tratar de uma investigação empírica, voltada a *descrever* as mencionadas práticas numa dada comunidade, consiste num *empreendimento normativo*, voltado a *prescrever* como devem ser essas práticas.[21] Tais objetivos são, portanto, os seguintes:

---

21. Vale notar que na descrição de práticas haverá de conter, certamente, a indicação das regras utilizadas, que podem muito bem ser jurídicas, e na prescrição deverá haver o uso de regras ou normas, para justificar tais prescrições, sendo que tais normas tanto podem ser do próprio ordenamento, diversas daquelas usadas efetivamente (e constariam numa mera descrição de tais práticas), ou normas éticas. Esta diferença entre "menção" de normas e "uso" de normas em inferências normativas é a que Hart tentou formular com a distinção entre "aspecto externo" e "aspecto interno" de regras.

1) Indicar, justificadamente, a que itens *deve ser* atribuído determinado "valor institucional", vale dizer, *o que se deve considerar valendo como um determinado tipo de fato institucional.*

2) Indicar, justificadamente, qual *deve ser* a significação prática deste valor, ou seja, em que poderes deônticos tal valor se traduz, quais são as condutas que são possibilitadas (autorizadas) ao se considerar algo *valendo como este determinado tipo de fato institucional.*

3. DA ONTOLOGIA SOCIAL À ONTOLOGIA JURÍDICA: OS FATOS JURÍDICOS, EM ESPECIAL OS INSTITUTOS JURÍDICOS, COMO FATOS INSTITUCIONAIS.

O uso da noção de fatos institucionais (e da estratégia institucionalista) na compreensão dos fenômenos jurídicos é algo já difundido amplamente na filosofia e na teoria do direito, e daí para outras áreas da ciência jurídica.[22] É possível apresentar uma defesa, mesmo que num plano bem geral, da adoção da estratégia institucionalista na compreensão dos fenômenos jurídicos. Os dividendos que se pretende colher, tanto em ontologia jurídica, como em epistemologia jurídica, no presente trabalho, não requerem uma teoria muito detalhada dos fatos institucionais – tarefa esta que bem pode se considerar como não concluída. Para os resultados aqui pretendidos, será suficiente aceitar, em sede de ontologia social, a "magra, porém incontroversa" tese de que há fatos cuja ocorrência depende da prévia existência de um sistema de normas. Basta admitir isso, para viabilizar as lições que se pretende colher, com a estratégia institucionalista, tanto em sede de ontologia, como naquela da epistemologia jurídica (O que é um instituto jurídico? O que é investigar sua existência e sua natureza? Qual a importância disso? E, acima de tudo, o que há de relevante para se pensar sobre institutos jurídicos: descobrir suas naturezas ou construí-las?).

A explicação do por que nós elaboramos normas e como elas conferem existência aos fatos ditos institucionais, ou seja, a explicação de quais os

---

22. Cf., a respeito, e apenas a título exemplificativo, MACCORMICK, Neil e WEIBERGER, Ota. An Institutional Theory of Law, RUITER, Dick W. P. Institutional Legal Facts, LORINI, Giuseppe. Dimensioni Giuridiche dell'Istituzionale. Em outras oportunidades, dois importantes temas já foram enfrentados com o uso explícito da estratégia institucionalista, a saber: as definições de título executivo e juiz. Cf. GUERRA, Marcelo Lima. Título executivo como representação documental típica do crédito: resposta a José Miguel Garcia Medina. In: DIDIER JÚNIOR, Fredie e JORDÃO, Eduardo Ferreira. (Orgs.). Teoria do Processo: Panorama Doutrinário Mundial, p. 575-621; GUERRA, Marcelo Lima. O que é um juiz? In Revista de Processo, v. 191, p. 321-337 (este último trabalho, também está disponível em http://www.google.com.br/url?sa=t&rct=j&q=&esrc=s&source=web&cd=1&cad=rja&uact=8&ved=0CBoQFjAA&url=http%3A%2F%2Frevistas.unifacs.br%2Findex.php%2Fredu%2Farticle%2Fdownload%2F1853%2F1405&ei=MckjVYX8KYPLsAW3q4GYDw&usg=AFQjCNHnA8R33f-QTU8brbLJOdZpu2WHbog&sig2=haoX47cPOJ3Lgtkue4JZEw&bvm=bv.89947451,d.eXY).

mecanismos psicológicos e sociais subjacentes à existência (criação, permanência e extinção) de uma instituição, são temas extremamente complexos e ainda em investigação. Contudo, não é necessário examinar as complexas explicações, como a que Searle dá ao longo de quase toda sua monografia *The Construction of Social Reality*, do porquê e do como fatos institucionais são formados, como compatibilizar a noção de fatos institucionais com um realismo que entende o mundo como constituído, basicamente, de fatos físicos. Na realidade, para se chegar às conclusões ontológicas e, especialmente, às epistemológicas que se pretende aqui defender, quanto ao universo jurídico, é suficiente a mera e irrecusável consciência de que, em nossa vida cotidiana, a maioria dos fatos e acontecimentos relevantes, não se ajustam bem ao conceito de "fatos brutos", e sim àquele de "fatos que só podem ocorrer em função da prévia existência de um sistema de normas constitutivas dessa mesma possibilidade", ou seja, *fatos institucionais*.

Qualquer que seja, portanto, a explicação verdadeira do porquê e do como nós, humanos, com nossas "mentes" e ações (na medida em que houver uma distinção entre ambos), criamos realidades, objetos e eventos, já é bastante sugestivo o mero fato de que a melhor explicação da maior parte dos "fatos cotidianos", daquilo que ocorre instante a instante com alguém, é a de considerar tais fatos como *constituídos convencional e normativamente*, mesmo que por normas meramente implícitas em práticas sociais, sendo plausível entender essas normas constitutivas como sendo um amálgama de normas de dois tipos (ou com duas funções distintas), as *normas constitutivas de entidade* (convenções institutivas) e as *normas constitutivas de valor* (*convenções atributivas*). Se o único ponto em ontologia social com o qual se comprometer, para fins dos objetivos deste trabalho, é um aspecto assim singelo, mas também assim incontroverso, as conclusões a serem fundadas neste ponto serão igualmente independentes destas discussões.

Como quer que seja, no presente texto comportam apenas algumas observações gerais sobre a peculiar ontologia jurídica implicada na estratégia institucionalista, vale dizer, quais as contribuições dessa estratégia para a compreensão do peculiar "modo de ser" das entidades jurídicas em geral, e em especial dos institutos jurídicos. E isso apenas para preparar uma lição em epistemologia jurídica sobre a missão fundamental da ciência do direito, sendo mesmo o objetivo principal do presente escrito enfatizar esta lição específica. Nessa ordem, portanto, cabe advertir que considerar os institutos jurídicos[23]

---

23. Insista-se que o que se diz, no presente trabalho, sobre "institutos jurídicos", vale também para entidades típicas do "universo jurídico" e que se aproximam mais de "fragmentos" de institutos jurídicos ou de práticas sociais que os envolvem, tais como fatos, atos, agentes e mesmo objetos jurídicos. Claro

como fatos institucionais consiste, basicamente, em subscrever as seguintes teses sobre eles:

a) Que os institutos jurídicos são tais que sua existência sempre requer a existência prévia de algumas normas (as quais constituem a possibilidade mesma de ocorrer o fenômeno em questão).

b) Que os institutos jurídicos devem ser compreendidos (a) ora, como sendo valores ou funcionalidades *normativamente* atribuídas a *algo* (determinado tipo de entidade, fato, ato ou objeto), em determinado *contexto*, por determinadas *normas constitutivas*, no caso, as E-normas constitutivas; (b) ora, como sendo fenômenos individuais considerados não mais em si mesmos, mas como portadores ou substratos concretos de tais valores ou funcionalidades (respectivamente, como V-instituto jurídico e como E-instituto jurídico).

c) Que tais valores ou funcionalidades são normativamente constituídos (jamais "naturalmente dados") por outro grupo de normas, as V-normas constitutivas, amalgamadas às primeiras, e se traduzem nas "possibilidades de agir" que caracterizam essa peculiar funcionalidade.

Da mesma forma, todas as considerações feitas sobre a ambiguidade típica de expressões que nomeiam fatos institucionais, o problema da referência de tais expressos e os dois modos distintos de "não existir" fatos institucionais aplicam-se, igualmente, aos institutos jurídicos. Todas as expressões que nomeiam institutos jurídicos são igualmente ambíguas, servindo tanto para designar o específico valor institucional que caracteriza tal instituto jurídico (o que se chamaria V-instituto jurídico), como o fenômeno concreto considerado não mais em suas propriedades específicas, mas como *portando o referido valor institucional*, ou seja, *valendo como determinado instituto jurídico* (o que se chamaria o E-instituto jurídico). Tome-se, como exemplo, o instituto designado pela expressão 'nota promissória'. Num vocabulário mais rigoroso e preciso,

---

que, num sentido amplo, o termo "instituto jurídico" cobre todas essas realidades, podendo-se falar em juízes, sentenças, contratos e documentos públicos como sendo, todos eles, institutos jurídicos e, portanto, fatos institucionais. De outra parte, os institutos jurídicos, segundo essa sua peculiar ontologia revelada pela estratégia institucionalista, são de tal forma interligados que, às vezes, é uma questão de mera conveniência contextual considerar algum fenômeno jurídico como um instituto jurídico ou como um fragmento de um instituto jurídico mais complexo. Assim, por exemplo, pode-se falar no Poder Judiciário como uma instituição jurídica e os juízes, suas providências, certos objetos (como a toga, a cadeira ao lado da cadeira do juiz, onde deve tomar assento o representante do Ministério Público), como "fragmentos dessa instituição jurídica. Porém, cada um deles, considerados em si mesmos, são dotados da mesma peculiar ontologia e podem ser, individualmente, considerados como fatos institucionais autônomos, constituídos pelas suas respectivas e específicas normas constitutivas.

seria conveniente distinguir a 'V-nota promissória' e a 'E-nota promissória'. Com a primeira expressão – 'V-nota promissória' – designar-se-ia a funcionalidade em abstrato, o "valer como nota promissória", que é determinado por V-normas constitutivas (convenções atributivas) e que se traduzem nas consequências jurídicas imputadas (em abstrato, repita-se) à existência concreta de determinado tipo de entidade, tipo este definido por E-normas constitutivas (descritos nas respectivas X-expressões ocorrentes nestas normas). Já com a segunda expressão – 'E-nota promissória' – designar-se-ia o objeto concreto que, possuindo as qualidades descritas numa E-norma constitutiva (referida pela X-expressão que comparece no enunciado desta norma), seria considerado não mais em suas qualidades e atributos específicos, mas como *uma nota promissória individual*", ou seja, como "algo valendo como (ou dotado do valor de) uma nota promissória".

Dessa forma, caracterizar os institutos jurídicos como fatos institucionais permite concluir que aquilo que se tem como a "natureza jurídica" de um instituto, outra coisa não é senão a *funcionalidade normativamente constituída por V-normas constitutivas* e normativamente atribuída a algo por E-normas constitutivas. Dito de outro modo, a natureza jurídica de um instituto nada mais seria do que as possibilidades de ação, definidas por um grupo de normas, e atribuídas a algo por outro grupo de normas. Por isso mesmo, quando se fala nessa funcionalidade como "atributos de algo", o que se está fazendo já é uma "compreensão personificada" dessas mesmas normas que criam tal funcionalidade (e, indiretamente, das normas que atribuem essa funcionalidade a "algo"). É quando a natureza jurídica se apresenta como o conjunto de "atributos" do instituto, com os quais compreendemos "personificadamente" aquela funcionalidade normativamente constituída.

4. DA ONTOLOGIA JURÍDICA À EPISTEMOLOGIA JURÍDICA: SOBRE A "DESCOBERTA" E A "ESCOLHA" DE NATUREZAS JURÍDICAS DE INSTITUTOS.

Estas singelas conclusões obtidas em sede de ontologia jurídica (sobre a natureza jurídica dos institutos jurídicos) com a estratégia institucionalista, já possibilitam colher alguns importantes "frutos epistemológicos". Como se viu, considerar institutos jurídicos como fatos institucionais é uma tomada de posição ontológica que condiciona, no plano epistemológico, como devem ser, em suas linhas gerais, os métodos de trabalho de investigação de institutos jurídicos. Como já se assinalou quanto aos fatos institucionais, os institutos jurídicos também admitiriam, em princípio, duas modalidades distintas (mas que se revelarão complementares em mais de um aspecto) de investigações: a elaboração de uma teoria descritiva e de uma teoria prescritiva de institutos jurídicos.

Cumpre advertir, todavia, que há uma complexidade própria dos institutos jurídicos, especialmente decorrentes de peculiaridade das normas que constituem os ordenamentos jurídicos contemporâneos, que torna praticamente inviável uma radical separação de uma teoria puramente descritiva e uma teoria (puramente) prescritiva de institutos jurídicos, como se vai apontar. Mesmo assim, é fundamental não perder a distinção entre as metas ou missões fundamentais associadas a cada uma dessas formas de teorização sobre institutos jurídicos, como ferramenta de preservar o máximo de objetividade e racionalidade, por parte dos doutrinadores, na elaboração de suas teorias sobre qualquer instituto jurídico. Com efeito, por mais difícil que, em muitas oportunidades, isso se mostre, se as normas que constituem um instituto jurídico só podem ser formuladas por um grupo específico de pessoas, especialmente autorizadas a tanto, entre elas não se incluindo, por definição, o doutrinador, este último deve manter um compromisso deontológico em tentar, em primeiro lugar, limitar-se a constatar quais normas são essas, normas cuja existência, em princípio, *independe* ou *deveria independer* da existência e da opinião sobre elas do doutrinador que delas toma conhecimento.[24] É este compromisso deontológico com a máxima objetividade possível, que se procura assinalar e manter com a distinção entre uma teoria descritiva e uma teoria prescritiva de institutos jurídicos.

Feita esta ressalva, impõe-se reconhecer que a mera compreensão de um instituto jurídico qualquer inicia-se com a (tentativa de) elaboração de uma teoria descritiva dele, a qual, nas suas linhas gerais, deve resultar do seguinte procedimento. O passo inicial consiste, simplesmente, em considerar o *nome* do instituto jurídico em questão como uma expressão que *nomeia um*

---

24. O exercício da ciência do direito, ou melhor, da função, não disciplinada como uma "profissão", de investigar o direito e teorizar sobre ele, não deixa de estar submetido, mesmo assim, a deveres deontológicos. Aliás, no caso dos juristas, deveria existir uma maior consciência quanto à grande responsabilidade social que paira sobre quem se arvora a "doutrinar", responsabilidade esta que decorre do fato, muitas vezes ignorado, que teses e opiniões jurídicas, especialmente quando formuladas por autores que ganharam, bem ou mal, algum prestígio na comunidade jurídica respectiva, influenciam diretamente decisões judiciais e, com isso, o destino das pessoas. A mera consciência disso já deveria ser o bastante para que os doutrinadores adotassem uma postura o mais rigorosa possível, na elaboração de suas obras, o que tem sido cada vez mais raro na doutrina brasileira, a maioria dela produzida sob a pressão de fatores mercadológicos e interesses oportunísticos. Com efeito, não são poucos os exemplos de autores de nomeada que, para aproveitarem a oportunidade mercadológica oferecida pelo surgimento de uma nova lei – como tão frequentemente aconteceu, nos últimos vinte anos, em matéria processual civil – escrevem obras superficiais, nas quais manifestam mais as suas "primeiras impressões" sobre as inovações legislativas, do que um tratamento fruto de uma reflexão demorada e bem conduzida, em que tais primeiras impressões são submetidas a "testes", que qualquer autor responsável pode impor a si mesmo, seja levantando, ele próprio, contra-argumentos às suas ideias, seja submetendo essas ideias a colegas para deles colher impressões críticas e, assim, produzir uma doutrina fruto de um processo argumentativo mais reflexivo e crítico.

fato institucional. Com isso, restam como que implicitamente determinados os próximos passos na elaboração de tal teoria descritiva do instituto em questão. Assim, reconhecer que um instituto jurídico é um fato institucional implicará reconhecer que *compreender um instituto jurídico*, pelo menos no sentido de *conhecer sua existência*, há de consistir em:

(i) *saber (constatar, identificar) qual é* a funcionalidade característica do instituto: o que é possível acontecer/fazer em *consequência* (em razão ou causa ou ambos) da existência do instituto [= *saber agir de acordo* com a existência do instituto].

(ii) *saber (constatar, identificar)* a que objetos se atribui tal funcionalidade.

Devido à dupla convencionalidade dos institutos jurídicos, o que se verifica na necessidade de pelo menos um par de normas constitutivas amalgamadas para criá-los, para se realizar ambos os objetivos, há de se realizar uma tarefa que, de um modo geral, tende a não ir além de uma mera "constatação" ("descrição", disse Kelsen[25]) da existência de uma articulação de normas de dois tipos:

(1) as V-normas constitutivas que instituem ou definem a própria funcionalidade na qual consiste a "natureza jurídica" do instituto e que é atribuída, através daquele outro tipo de normas, as E-normas constitutivas, ao que quer que seja e sirva de "substrato empírico".

(2) as E-normas constitutivas que definem *qual será o substrato, o suporte fático ao qual atribuir essa funcionalidade específica*, criada pelas primeiras normas referidas.

Consequentemente, uma teoria prescritiva de qualquer instituto jurídico é igualmente condicionada pela sua dupla convencionalidade. Com efeito, uma tal teoria é voltada à valoração do instituto jurídico, tal como *existe* no ordenamento jurídico ao qual pertença, e tomadas de posições sobre como deveria ser cada um dos seus dois distintos aspectos mencionados:

a) *propor qual deve ser* a funcionalidade característica do instituto (o que é possível acontecer/fazer em *consequência* (em razão ou causa

---

25. Advirta-se, todavia, que não sendo normas entidades diretamente perceptíveis, mas construções simbólicas atribuídas, por atos de expressão e de interpretação de substratos físicos, que essa "constatação" é radicalmente distinta da mera constatação de fenômenos diretamente perceptíveis e pode (e costuma ser) altamente controversa. Admite-se, no entanto, para fins de exposição, que se possa e se tenha chegado a algum consenso sobre qual norma é veiculada por determinado texto legal. Mesmo assim, a noção de "descrição de normas", central na epistemologia jurídica kelseniana, ou é entendida como uma metáfora, ou, se tomada literalmente, deve ser tida como um completo non sense. Aqui, não convém examinar qual das duas concepções foi, efetivamente, aquela subscrita por Kelsen.

ou ambos) da existência do instituto [saber agir de acordo com a existência do instituto] e/ou

b) *propor a que objetos* se *deve* atribuir tal funcionalidade.

Ora, tendo em vista que ambos os aspectos são constituídos por normas de um tipo determinado, o resultado de uma teoria prescritiva de um instituto jurídico não pode deixar de consistir no seguinte:

I.   propor as V-normas que devem instituir ou definir a própria funcionalidade que caracteriza o instituto como tal, a qual consiste na "natureza jurídica" do instituto, e que é atribuída, através daquele outro tipo de normas, as E-normas, ao que quer que seja e sirva de "substrato empírico" e/ou

II. propor as E-normas que devem definir *qual será o substrato, o suporte fático ao qual atribuir essa funcionalidade específica*, criada pelas primeiras normas referidas.

Como se disse, há, no entanto, sérios obstáculos à realização e elaboração de teorias puramente descritivas dos institutos jurídicos, dificuldades essas decorrentes de peculiaridade das normas que constituem os ordenamentos jurídicos contemporâneos. Em primeiro lugar, há uma série de obstáculos decorrentes da mera circunstância de que a esmagadora maioria das normas integrantes de um ordenamento jurídico – portanto, as V-normas constitutivas e as E-normas constitutivas – são criadas pelo proferimento ritual de expressões linguísticas, os "enunciados legislativos", dos quais as normas seriam o *sentido* ou *significado* por eles veiculados. São notórias e amplamente discutidas e debatidas as dificuldades com que se depara o intérprete em determinar a norma criada pelas autoridades competentes, dispondo apenas do *texto* por eles enunciado e alguns escassos elementos contextuais relevantes. Em inúmeras ocasiões, portanto, a mera "constatação" de V-normas constitutivas e/ou de E-normas constitutivas que criam e definem determinado instituto jurídico se revela impossível, de modo a que, ao fim e ao cabo, o que faz o intérprete é propor uma teoria "quase-prescritiva", no sentido de tomar uma posição sobre "qual *deve ser considerada como sendo* a V-norma ou E-norma veiculada por determinado texto legislativo, assumindo que o legislador teria se submetido a certos critérios de racionalidade".

O mesmo também ocorre diante de outra ordem de obstáculos. Pode ocorrer que algumas dessas normas constitutivas de um determinado ordenamento jurídico, embora objetivamente identificáveis, entrem em choque com outras normas do ordenamento jurídico, choque esse de uma natureza tal que só poderia ser resolvido através de um sopesamento dos valores em jogo. Também nesse caso, a determinação da "natureza jurídica" de determinado instituto jurídico não se reduziria à mera identificação de um conjunto de normas, mas numa *escolha* do intérprete por uma ou algumas dentre um universo maior de normas, todas possivelmente incidentes.

Rigorosamente, é sutil e quase inexistente a diferença entre uma tal teoria e uma teoria puramente prescritiva. No entanto, se impõe tentar manter a distinção, para evitar que o intérprete se permita formular teorias prescritivas, "disfarçadas" sob as vestes de teorias puramente descritivas. Isso é, precisamente, o que mais frequentemente ocorre quando não se adota uma estratégia institucionalista e se trata os institutos jurídicos como "entidades" que se assemelham às "coisas naturais", aos "fatos brutos", no sentido de se considerar que institutos jurídicos possuem "naturezas jurídicas" *com total independência de qualquer ordenamento jurídico, as quais seriam dissociadas, portanto, de qualquer norma jurídica específica.* É essa metodologia, largamente utilizada, inclusive na doutrina processual brasileira, que se pode denominar "essencialismo jurídico" e cujo erro central consiste, justamente, nesta equivocada tomada de posição sobre a ontologia dos institutos jurídicos, que os considera como dotados de "essências", as quais transcendem e são independentes de ordenamentos jurídicos.

Advirta-se que, na doutrina processual, não há uma explícita defesa dessa tomada de posição ontológica, ou seja, uma explícita preocupação em defender um essencialismo jurídico. O que há é, tão somente, um *exercício* desta equivocada ontologia dos institutos jurídicos, o que se detecta sempre que um doutrinador, para definir um instituto jurídico específico, vale-se de "conceitos apriorísticos", colhidos nesta ou naquela tradição doutrinária, sem nenhum compromisso em identificar, no ordenamento jurídico no qual se insere o instituto jurídico analisado, qualquer norma deste ordenamento que seria a responsável pela criação do referido instituto, mesmo que tal norma se revele incompleta ou em parte indeterminável. É o que ocorre, justamente, sempre que certos institutos jurídicos, como sentenças judiciais, são tratados em abstrato e delas se busca dar conceitos e determinar tipologias *sem fazer qualquer referência a nenhum ordenamento jurídico.* Um exemplo clássico, na doutrina nacional, dessa estratégia essencialista, frontalmente oposta à estratégia institucionalista aqui defendida, é a adoção da assim chamada "classificação quinária" das sentenças judiciais, na qual cada um dos tipos de sentença são definidos *como se fossem entidades existentes fora de qualquer ordenamento, numa espécie de mundo platônico de formas ideais.*[26]

---

26. Para uma crítica a essa classificação quinária, quando a estratégia institucionalista ora explicitamente defendida correspondia apenas a intuições do autor, cf. GUERRA, Marcelo Lima. Direitos Fundamentais e a Proteção do Credor na Execução Civil.

Cap. 2 • FATOS INSTITUCIONAIS E O NCPC: IMPLICAÇÕES ONTOLÓGICAS E EPISTEMOLÓGICAS
Marcelo Lima Guerra

A estratégia institucionalista reconhece e está em sintonia com as dificuldades de se formular meras "descrições objetivas" de normas jurídicas. Mas ao assumir que os institutos jurídicos são, necessariamente, dotados da "essência" que determinadas normas, de um determinado ordenamento, eventualmente lhe confira, essa estratégia evita que intérpretes formulem *prescrições* sobre quais normas devem ser essas, prescrições essas disfarçadas em afirmações sobre a "essência (abstrata) verdadeira deste ou daquele instituto jurídico". Vincular naturezas jurídicas a normas jurídicas de um determinado ordenamento submete o intérprete a um marco objetivo, na sua investigação: a prioridade do dado normativo. Isto é feito de tal forma que, mesmo quando se revelar impossível determinar, por mera constatação, quais as normas que definem, em todos os seus aspectos, determinado instituto jurídico, impondo-se que, nesse caso, o próprio intérprete *proponha uma norma*, ele o faça *explicitamente, de modo a também explicitamente, dele se poder exigir a devida justificação de sua proposta.*

4.1. A importância do vocabulário na implementação da estratégia institucionalista

Um ponto muito importante quanto à implementação efetiva da estratégia institucionalista, diz respeito à atenção e ao cuidado ao serem dados aos termos e conceitos utilizados. A compreensão de um instituto jurídico, especialmente quando ele é recém criado, desafia nossa compreensão, mesmo quando suas respectivas normas constitutivas são claramente identificáveis. É o que ocorre, por exemplo, com a edição de uma nova lei. Mesmo quando plenamente identificáveis as normas constitutivas que definem um instituto jurídico, sobretudo a funcionalidade que lhe é típica, mas também os respectivos substratos aos quais tal funcionalidade é atribuída, precisam ser devidamente *explicados* e essa explicação se faz, obviamente, através de um vocabulário mais básico, que não envolva os termos e conceitos utilizado pelas próprias normas constitutivas do instituto. Um exemplo pode ajudar na mais rápida apreensão do deste aspecto fundamental.

Os termos e conceitos típicos do jogo de xadrez, relacionados às suas peças e jogadas, são todos definidos pelas normas constitutivas deste jogo xadrez. Contudo, para explicar a funcionalidade que é atribuída a um cavalo ou a um bispo, ou seja, para compreender as próprias regras do jogo e, por exemplo, ensiná-las a um neófito, é necessário, sempre, se valer de um vocabulário mais básico, que inclua noções como "casa preta", "casa branca", "andar em diagonal", "andar em L", "perder", "ganhar", as quais não são definidas pelas regras do xadrez.

Ademais, o próprio uso das expressões linguísticas, na constituição de fatos institucionais, em geral, e de institutos jurídicos, em particular, revela-se peculiarmente problemático. Como se viu, as expressões que nomeiam os institutos jurídicos, assim como qualquer fato institucional, padecem de uma típica ambiguidade, só eliminável com a introdução de termos artificialmente diferenciados. Sem essa introdução, essa ambiguidade, muitas vezes, permanece despercebida, o que gera inúmeros erros de categoria e discussões estéreis.[27]

Assim, somente com base num vocabulário mais básico, especialmente marcado por termos e noções funcionais, é possível compreender, plenamente, um instituto jurídico. Isso é necessário não apenas para o "ensino" das normas constitutivas de um instituto jurídico, mas, sobtetudo, para a construção de teorias sobre eles, especialmente aqueles casos em que uma teoria puramente descritiva se torna impraticável, exigindo tomadas de posições "prescritivas" por parte do intérprete. Nessas situações, é crucial ter uma correta compreensão geral, marcadamente funcional, do instituto sob exame, para que melhor possam ser discutidos, racionalmente e à luz dos outros elementos do ordenamento jurídico (e mesmo elementos metajurídicos), os aspectos controvertidos do instituto em questão.

Por isso, esse vocabulário mais básico deve ser marcadamente funcional, pois deve procurar sempre captar o instituto jurídico na perspectiva "pré-jurídica", ou seja, na perspectiva da vida cotidiana das pessoas que são afetadas por ele, pois a linguagem artificial do direito, os fatos artificialmente criados por ela, são todos voltados, em última análise, à vida cotidiana das pessoas, com suas necessidades e problemas básicos e mesmo perenes. Somente nessa perspectiva funcional os seres humanos podem ser compreendidos naquelas suas características mais fundamentais e podem mesmo dialogar, não obstante suas muitas vezes radicais diferenças culturais.

Aliás, é um vocabulário básico e marcadamente funcional o que possibilita não apenas uma adequada e proveitosa discussão sobre institutos jurídicos, mas também que viabilize e possa mediar um diálogo entre culturas jurídicas,

---

27. Numa pequena nota, (GUERRA, Marcelo lima. "Quem tem medo do MP (investigando crimes)?". Disponível em https://doisgumesdotcom.wordpress.com/2013/06/14/quem-tem-medo-do-mp-investigando-crimes/), procurou-se demonstrar como se estava incorrendo num erro de categoria e descambando para discussões mal encaminhadas, ao nas discussões travadas à época da votação da PEC, pela falta do reconhecimento desta ambiguidade. No referido texto, os problemas que estavam em jogo ficarão melhor esclarecidos com a simples adoção de um vocabulário, no qual a expressão 'Ministério Público', a qual nomeia um instituto jurídico, foi desambiguada nas linhas do que aqui se propõe, sendo substituída por 'MP-enquanto-órgão' (equivalente a 'V-Ministério Público'), expressão empregada para se referir ao órgão (instituto jurídico enquanto valor abstrato), definido pelo seu conjunto de atribuições legais, e por 'pessoa-ocupante-de-posição-no-MP-enquanto-órgão' (equivalente a 'E-Ministério público'), expressão reservada para se referir às pessoas ocupantes do órgão, ou seja, as pessoas concretamente consideradas não mais nas suas características pessoais, mas como "valendo como investida dos poderes típicos do V-Ministério Público".

separadas no espaço e no tempo. Dito de outro modo, é um vocabulário assim, ao qual se dedique a devida atenção, que possibilita investigações ontologicamente adequadas em comparação de institutos jurídicos, seja numa perspectiva de direito comparado, comparando institutos jurídicos análogos em diferentes ordenamentos jurídicos, seja numa perspectiva histórica, em que um único instituto jurídico é analisado ao longo das suas diferentes constituições que possui, nos diferentes ordenamentos jurídicos que foram se sucedendo, no tempo, numa mesma comunidade (pois, na perspectiva institucionalista, a "evolução histórica" de institutos jurídicos está muito mais para a sucessão de diferentes institutos jurídicos, ligados por características comuns, do que, por exemplo, a "evolução de uma espécie natural": isso nada mais é do que manter a coerência com o caráter *convencional* dos institutos jurídicos).

5. CONSIDERAÇÕES CONCLUSIVAS

Encerrando essas breves reflexões sobre a importância da estratégia institucionalista como opção epistemológica mais ontologicamente adequada ao estudo do direito, em geral, e ao direito processual, em particular, cumpre tecer algumas considerações conclusivas, apenas no sentido de reafirmar a oportunidade dessas reflexões, nesse momento histórico em que um novo Código de processo Civil foi criado.

Os principais pontos da estratégia institucionalista podem ser assim resumidos:

1. Todos os institutos jurídicos são estritamente convencionais, embora as convenções que os constituam sejam diversas em papel ou função e mesmo em outros aspectos, podendo ser convenções consistentes em normas explicitamente formuladas, ou convenções consistentes em normas implícitas em práticas sociais ou mesmo uma mistura ou combinação de ambas.

2. Por isso mesmo, a "essência" de todo e qualquer instituto jurídico reduz-se ao conteúdo das normas que os constituem, quaisquer que sejam elas, de tal forma que para indicar, descrever ou caracterizar a "natureza jurídica" de determinado instituto jurídico, é indispensável fazer referência (mesmo que implícita) a normas jurídicas; dito de outra forma, mesmo que, por opções estilísticas, um intérprete não mencione nenhuma norma jurídica, ao caracterizar um determinado instituto jurídico, ele deve ser capaz de, sendo a tanto desafiado, converter seu discurso de modo a tornar explícitas as normas constitutivas do instituto, que ele invoca, implicitamente, ao caracterizar ou indicar sua natureza jurídica.

3. Nos ordenamentos jurídicos contemporâneos, é recorrente que o intérprete se veja diante de uma situação paradoxal ou de um genuíno dilema: embora as normas jurídicas constitutivas de qualquer instituto jurídico sejam criadas apenas por determinados agentes especificamente autorizados a tanto, a determinação dessas normas, pelos demais operadores do direito, encarregados de aplicá-las, inclusive os doutrinadores, encarregados de compreendê-las, pode se apresentar *objetivamente impraticável*, por diversas ordens de obstáculos, das quais se destacou duas: (1) as deficiências típicas do fato de tais normas serem veiculadas por expressões linguísticas, das quais as normas são o respectivo sentido ou significado; (2) as dificuldades decorrentes da existência de normas em excesso e contraditórias, cujos conflitos só se pode resolver no plano do sopesamento de valores; em ambas as situações, a mera "constatação" da natureza jurídica de institutos se mostra impraticável, sendo a determinação de tal natureza, em ao menos um de seus aspectos (mesmo que raramente em todos), dependente de uma contribuição do intérprete, que vai além de apenas "determinar" as normas constitutivas criadas pelos respectivos agentes competentes (legisladores); nesses casos, todavia, o intérprete estará, de qualquer forma, *propondo (quase--prescrevendo) a existência de alguma (ou todas) as normas constitutivas de determinado instituto jurídico, a fim de caracterizar a sua natureza jurídica.*

4. Um ponto fundamental da estratégia institucionalista é precisamente esse, acima assinalado: mesmo diante dessas situações paradoxais de indeterminação do "direito posto", a determinação da natureza jurídica de um instituto jurídico *sempre se reduz ao teor de determinadas normas que o constituam, mesmo que tais normas sejam construídas e propostas pelo próprio intérprete.* Dessa forma, a estratégia institucionalista veta, como radicalmente equivocada, do ponto de vista da ontologia dos institutos jurídicos, qualquer tomada de posição sobre sua natureza jurídica, que se baseie em noções e conceitos aprioristicos, formulados sem nenhuma referência a nenhuma norma, nem a nenhum ordenamento jurídico, como se dos institutos jurídicos se pudesse falar com a mesma "lógica" (ou "gramática", como diria Wittgenstein) própria do discurso sobre os "fatos brutos" ou os "tipos naturais", ou seja, aqueles fatos que ocorrem independente de qualquer sistema prévio de convenções humanas. Assim, a estratégia institucionalista é frontalmente oposta a toda forma de essencialismo jurídico e, com isso, exige do intérprete uma atitude explicitamente

racional, na qual suas *opiniões pessoais*, suas *contribuições subjetivas*, as quais se revelam, nas situações indicadas, *inevitáveis*, sejam feitas *explicitamente e também explicitamente justificadas.*

5. Uma ferramenta fundamental para a implementação da estratégia institucionalista é o desenvolvimento de um vocabulário adequado para explicar os institutos jurídicos. Esse vocabulário deve ser marcadamente funcional e constituído por termos e conceitos mais básicos, que não invoquem os termos e conceitos específicos do instituto jurídico em questão. Justamente pela dupla convencionalidade dos institutos jurídicos, da sua natureza artificial e do forte papel que aí desempenha o uso "constitutivo de palavras" – destacando-se a ambiguidade característica dos termos que nomeiam institutos jurídicos e da ausência de contrapartida empírica, em sentido estrito, de que elas padecem – é indispensável o uso cuidadoso de um vocabulário que permita a compreensão dos institutos jurídicos na perspectiva (e no nível básico do respectivo vocabulário) das necessidades básicas humanas, individuais e sociais que eles se propõem a suprir. Aliás, é justamente um vocabulário assim o que permite um "diálogo" comparativo de institutos jurídicos de diversos ordenamentos jurídicos e de diversas épocas históricas.

Por todas essas razões, através da estratégia institucionalista é possível compreender aspectos controvertidos de institutos jurídicos, sobretudo aqueles problemas que surgem, tipicamente, no contexto da criação ou modificação de tais institutos, sem incorrer em essencialismo jurídico e na arbitrariedade doutrinária que se esconde nele. É o que deve ocorrer na compreensão do novo CPC; O intérprete será convocado a discutir inúmeros aspectos controvertidos dos institutos processuais que integram este novo e importante diploma legal e deverá fazê-lo, sempre, da forma mais racional possível e com a consciência e o compromisso de que o intérprete, em princípio, não é e não está autorizado a ser *legislador*, mesmo que, residualmente, ele, no exercício de sua missão, deva e não possa deixar de ir além da constatação da existência de normas e chegue mesmo à sugestão de qual norma *deve ser considerada como vigente.*

A estratégia institucionalista aqui adotada permite e facilita que isso seja feito, principalmente de forma explícita. Ademais, com a preocupação com o vocabulário que ela implica, também poderão ser melhor desempenhadas as inevitáveis comparações dos atuais institutos jurídicos que integram o novo CPC, com aqueles análogos que integram o CPC de 73, bem como com as legislações processuais de outros países.

6. BIBLIOGRAFIA

BRANDOM, Robert, *Making it Explicit: Reasoning, Representing and Discursive Commitment.* Cambridge: Harvard University Press, 1994

CONTE, Amedeo G. Fenomeni di fenomeni. In *Filosofia del Linguaggio Normativo.* Vol. II. Torino: G. Giappichelli Editore, 1995., p. 313-346.

CONTE, Amedeo. Paradigmi di analisi di una regola in Wittgenstein, IN *Filosofia del Linguaggio Normativo.* Vol. II, Torino: G. Giappichelli Editore, 1995, p. 265-312

GUERRA, Marcelo Lima. *Direitos Fundamentais e a Proteção do Credor na Execução Civil.* São Paulo: RT, 2003.

GUERRA, Marcelo lima. *Quem tem medo do MP (investigando crimes)?* Disponível em https://doisgumesdotcom.wordpress.com/2013/06/14/quem-tem-medo-do-mp-investigando-crimes/

GUERRA, Marcelo lima. Título executivo como representação documental típica do crédito: resposta a José Miguel Garcia Medina. In: DIDIER JÚNIOR, Fredie e JORDÃO, Eduardo Ferreira. (Orgs.). *Teoria do Processo: Panorama Doutrinário Mundial.* Salvador: Jus Podium, 2007, p. 575-621

HART, H.L.A. *The Concept of Law,* 2nd edition with a Postscript edited by P.A. Bulloch and J. Raz, Oxford : Oxford University Press, 1994

LORINI, Giuseppe. *Dimensioni Giuridiche dell'Istituzionale,* Padova : CEDAM, 2000.

MACCORMICK, Neil e WEIBERGER, Ota. *An Institutional Theory of Law,* Dordrecht: D. Reidel, 1986)

MAZZARESE, Tecla. *Logica Deontica e Linguaggio Giuridico.* Padova : CEDAM, 1989.

RAWLS, John. Two concepts of rules, *in The Philosophical Review,* n. 64 (1955), pp. 3-32.

ROSS, Alf, 'Tû-Tû', *in* SCARPELLI Uberto [ed.] *Diritto e Analisi del Linguaggio,* Milano : Edizioni di Comunità, 1976, pp. 165-181.

RUITER, Dick W. P. *Institutional Legal Facts.* Dordrecht : Kluwer Academic Publishers, 1993

RYLE, Gilbert. Categories. In Ryle, Gilbert. *Collected Essays – 1929 - 1968.* London: Routledge, 2009, p. 178-193.

SEARLE, John. *Making the Social World: The Structure of Human Civilization,* Oxford : Oxford University Press, 2010.

SEARLE, John. *Speech Acts – An Essay in the Philosophy of Language,* Cambridge : Cambridge University Press, 1969.

SEARLE, John. *The Construction of Social Reality,* London : Penguin Books, 1996.

TSOHATZIDIS, Savas L. (ed.). *Intentional Acts and Institutional Acts, Essays on John Searle's Social Ontology,* Dordrecht: Springer, 2007.

CAPÍTULO 3

A Teoria Geral do Processo e a Parte Geral do Novo Código de Processo Civil

Leonard Ziesemer Schmitz[1]

SUMÁRIO: 1. NOTAS INTRODUTÓRIAS: O NOVO CÓDIGO DE PROCESSO CIVIL E A APRESENTAÇÃO DO PROBLEMA; 2. TEORIA GERAL DO PROCESSO: BREVES COMENTÁRIOS; 3. "PARTE GERAL" COMO TÉCNICA LEGÍSTICA; 4. PARTE GERAL E TEORIA GERAL: UMA PRIMEIRA APROXIMAÇÃO; 5. TRANSFORMAÇÕES SOCIOCULTURAIS E JURÍDICAS, DE 1970 AOS DIAS DE HOJE; 6. AS FEIÇÕES CONTEMPORÂNEAS DA TEORIA GERAL DO PROCESSO; 7. A TEORIA GERAL DO PROCESSO CONTEMPORÂNEA E A PARTE GERAL DO NCPC; 7.1. NORMAS "FUNDAMENTAIS" DO NOVO CPC; 7.2. NOVIDADES "ESTRUTURAIS" DA PARTE GERAL; 8. CONCLUSÕES; 9. BIBLIOGRAFIA.

1. NOTAS INTRODUTÓRIAS: O NOVO CÓDIGO DE PROCESSO CIVIL E A APRESENTAÇÃO DO PROBLEMA

O Direito Processual Civil brasileiro vivencia, nos últimos dois anos, um momento histórico e definidor, que culminou na promulgação de um novo Código de Processo Civil. A ideia de elaborar uma nova codificação surgiu como uma tomada de consciência de que as grandes reformas estruturais do atual CPC nas décadas passadas fizeram-no perder a coerência original, e transformaram-no em um compilado de enunciados sem uma ideologia nítida identificável:

> "É por esta razão que vale destacar que Código de Processo Civil da atualidade não é – nem pode mais pretender ser – 'código', no mesmo sentido ideológico ou político daquele que era em 1973. O nome 'código' ainda utilizado largamente justifica-se muito mais pela tradição, quiçá pelo costume, do que por uma opção ideológica coerente ou, quando menos, que repouse nas mesmas escolhas feitas pelo legislador anterior, de 1973, e na tradição do pensamento jurídico então predominante".[2]

---

1. Doutorando em Direito Processual Civil na Pontifícia Universidade Católica de São Paulo (PUC/SP). Mestre em Direito Processual Civil na PUC/SP. Graduado em Direito pela Universidade Federal de Santa Catarina - UFSC, com estágios de pesquisa em Washington DC (George Washington University) e Padova (UNIPD/Itália). Advogado.
2. BUENO, Cassio Scarpinella. Curso sistematizado de direito processual: teoria geral do direito processual civil. São Paulo: Saraiva, 2012, p. 110.

Sendo a atual "codificação" um mosaico de diferentes abordagens históricas do direito processual, e que já não possui condições de lidar com a situação judiciária brasileira atual, foi dado início à elaboração de um novo Código, veiculado através de uma comissão de juristas instituída em outubro de 2009 especificamente para a confecção de um anteprojeto que refletisse a concepção mais moderna do processo civil. A comissão percebeu desde logo que ao novo código deveria ser conferido um grau mais intenso de funcionalidade, já que a inclusão, aos poucos, de alterações no CPC vigente, comprometeu sua forma sistemática.

A ideia central, que marcou os trabalhos da comissão, foi a de imprimir mais *celeridade* ao processo, visando à *efetividade* da tutela jurisdicional.[3] Outra preocupação, esta já existente há muitos anos, foi a de *constitucionalizar* o sistema processual, principalmente tendo em vista o caráter dirigente e principiológico da Constituição de 1988 e a inadequação de um código elaborado anteriormente à sua promulgação. O resultado foi o Projeto de Lei 166/2010, originário do Senado, que foi posteriormente encaminhado à Câmara dos Deputados e que, sob a forma do Projeto de Lei 8.046/2010, sofreu inúmeras alterações, tanto provenientes de projetos que já tramitavam na Câmara, quanto de novas proposições legislativas com vistas a incrementar a redação e a organicidade desse novo código. O Projeto da Câmara retornou ao senado, sofreu ainda outras alterações, e foi promulgado como Lei n. 13.105/2015, em dezesseis de março. É o Novo Código de Processo Civil brasileiro.

Resumindo bem as intenções da comissão de juristas – intenções estas que, em grande parte, foram mantidas e respeitadas ao longo do processo legislativo –, extrai-se da exposição de motivos do Anteprojeto apresentado ao Senado:

> Com evidente redução da complexidade inerente ao processo de criação de um novo Código de Processo Civil, poder-se-ia dizer que os trabalhos da Comissão se orientaram precipuamente por cinco objetivos: 1) estabelecer expressa e implicitamente verdadeira sintonia fina com a Constituição Federal; 2) criar condições para que o juiz possa proferir decisão de forma mais rente à realidade fática subjacente à causa; 3) simplificar, resolvendo problemas e reduzindo a complexidade de subsistemas, como, por exemplo, o recursal; 4) dar todo o rendimento possível a cada processo em si mesmo considerado; e, 5) finalmente, sendo talvez este último objetivo parcialmente alcançado pela realização

---

3. Essa preocupação deriva, em grande parte, pelo excessivo volume de trabalho dos tribunais superiores, que acumulam recursos e não logram prestar tutela jurisdicional em tempo razoável, como preceitua e comanda o art. 5º, LXXVIII, da CF/88.

daqueles mencionados antes, imprimir maior grau de organicidade ao sistema, dando-lhe, assim, mais coesão.

Esses objetivos serviram de guia inclusive para as inúmeras sugestões e críticas que foram oferecidas aos projetos de lei.[4] O último dos pontos elencados (relativo à organicidade e coesão) foi o que deu origem à maior das alterações estruturais do código que virá: a adoção de uma Parte Geral. Ao elucidar os porquês dessa inovação, a exposição de motivos do Anteprojeto elaborado pela comissão de juristas traz uma nota de rodapé que é uma síntese do objeto deste artigo:

> Para EGAS MONIZ DE ARAGÃO, a ausência de uma parte geral, no Código de 1973, ao tempo em que promulgado, era compatível com a ausência de sistematização, no plano doutrinário, de uma teoria geral do processo. E advertiu o autor: "não se recomendaria que o legislador precedesse aos doutrinadores, aconselhando a prudência que se aguarde o desenvolvimento do assunto por estes para, colhendo-lhes os frutos, atuar aquele" (Comentários ao Código de Processo Civil: v. II. 7.a Ed. Rio de Janeiro: Forense, 1991, p. 8). **O profundo amadurecimento do tema que hoje se observa na doutrina processualista brasileiro justifica, nessa oportunidade, a sistematização da teoria geral do processo, no novo CPC** (grifou-se).

O problema que surge, então, é o seguinte: a elaboração de uma Parte Geral, no Código de Processo Civil, significa mesmo uma "sistematização da teoria geral do processo"? As contribuições doutrinárias para uma teoria geral são, de fato, traduzíveis, ou "positiváveis" em uma codificação? Mais ainda: temos condições de falar em uma *teoria geral* do processo, atualmente?

O presente estudo buscará estabelecer, primeiramente, qual a relação existente entre a Teoria Geral do Processo e o direito positivo (especificamente, a Parte Geral adotada) para, então, analisar de que forma uma exerce influência sobre o outro, buscando mesmo definir se *deve*, ou não, haver essa influência. A abordagem deste estudo parte do pressuposto de que a lei processual, tanto quanto outros textos normativos, existe em um momento histórico e reflete uma determinada realidade sociocultural. Para tanto, será imprescindível brevemente dispor sobre como a evolução social e jurídica experimentada nas últimas décadas influiu nas modernas concepções de Teoria Geral do Processo, e no que isso tudo é relacionado à percepção de defasagem do CPC vigente.

---

4. Nesse ponto, merece destaque a proposta elaborada pelo Instituto Brasileiro de Direito Processual, que leva as assinaturas dos professores Ada Pellegrini Grinover, Carlos Alberto Carmona, Cassio Scarpinella Bueno e Paulo Henrique dos Santos Lucon. As alterações propostas visavam antes de tudo a correções técnicas e aprimoramentos que foram, em sua grande maioria, adotados pelo projeto de lei na Câmara.

Por último, os conceitos trabalhados deverão ser examinados conjuntamente, para que concretamente se veja de que formas a teoria geral do processo contemporânea dialoga com Código de Processo Civil projetado, em especial com a sua Parte Geral.

2. TEORIA GERAL DO PROCESSO: BREVES COMENTÁRIOS

Muito embora essa "categoria" de estudo denominada "Teoria Geral do Processo" seja muito difundida, não há um consenso sobre seu conteúdo e seus exatos contornos científicos. Em verdade, pouco se produziu, no País, acerca de o que é definitivamente a teoria geral do processo.

Tirantes certas divergências doutrinárias, pode-se dizer que a teoria geral do processo é "um sistema de conceitos e princípios elevados ao grau máximo de generalização útil e condensados indutivamente a partir do confronto dos diversos ramos do direito processual".[5] Trata-se, isso é certo, do estudo de conceitos teóricos que formem uma estrutura apta a fornecer elementos para a construção positivada de sistemas de direito processual. Não se confunde, portanto, com o próprio direito positivo, mas o transcende. Nessa dimensão, a recente obra monográfica de Fredie Didier sobre o tema destaca:

> [...] é uma disciplina jurídica dedicada à elaboração, à organização e à articulação dos conceitos jurídicos fundamentais (lógico-jurídicos) processuais. São conceitos lógico-jurídicos processuais todos aqueles indispensáveis à compreensão jurídica do fenômenos processual, onde quer que ele ocorra.[6]

A tese acima pode ser alvo de inúmeras críticas. No entanto, para o que importa ao presente trabalho, ela logra relacionar a "teoria geral" (que, bem ou mal, é forte na doutrina brasileira) com o direito positivo.

Para essa tese, a teoria geral do processo é parte epistemológica,[7] quase filosófica, do direito processual. Seria, nessa perspectiva, um excerto da própria Teoria Geral do Direito. Por outro lado, parte da doutrina diz que a teoria

---

5. DINAMARCO, Candido Rangel. A instrumentalidade do processo. São Paulo: RT, 1987, p. 76.
6. DIDIER, Fredie. Sobre a teoria geral do processo, essa desconhecida. Salvador: Juspodivm, 2012, p. 64.
7. A Teoria Geral do Direito e a Epistemologia do Direito formam campos complementares do conhecimento jurídico, porém podem ser diferenciadas uma da outra, nas palavras de Miguel Reale: "A Epistemologia Jurídica aprecia os problemas das fontes ou do processo interpretativo do direito como condições transcendentais logicamente prévias a tôda e qualquer experiência jurídica possível, passada ou futura; a Teoria Geral do Direito, ao contrário, indaga das fontes e dos processos interpretativos vigentes em nossa época, discriminando-lhes as formas, as modalidades, os limites e as funções nos quadros do ordenamento jurídico pátrio, em confronto com os dos Países de correlato sistema cultural." (A filosofia do direito e as formas do conhecimento jurídico. In: Doutrinas Essenciais de Direito Civil. São Paulo: RT, out. 2010, p. 696, vol. 1).

(seja a ampla teoria geral do direito, seja a teoria do processo) não deve ser confundida com a filosofia,[8] pois esta deve ter como objeto a "teoria da justiça", enquanto a teoria geral absorveria da filosofia seu conteúdo ontológico.[9]

De qualquer forma, o que se deve ter presente é que a teoria geral do processo desenvolve-se em um plano abstrato do conhecimento, e é responsável por elaborar conceitos que servirão como base, como fundamento estruturante, para a construção de sistemas positivados, dogmáticos, de direito processual. É portanto disciplina altamente teórica, voltada à indagação dos institutos comuns às várias figuras processuais.

Ainda, a teoria geral postula uma "visão metodológica unitária do direito processual".[10] Essa visão metodológica desenvolveu-se a partir do reconhecimento da autonomia do plano processual, em detrimento da relação material subjetiva. Como conteúdo básico da teoria geral do processo construíram-se os institutos fundamentais da *ação, jurisdição, processo, e defesa*. Esses conceitos é que, historicamente, foram mais bem trabalhados pela teoria geral, a fim de fornecer matéria-prima para a dogmática processual.

Uma certa parcela da doutrina opta por girar a teoria geral em torno do conceito de jurisdição – como é o caso da obra de Dinamarco –, outra, em torno da ação – como têm feito com muita clareza processualistas como Ovídio Baptista e Carlos Alberto Alvaro de Oliveira. Outros estudiosos, ainda, centralizam a teoria na ideia mesma de "processo" (o que, a abordagem que será aqui apresentada, parece ser a mais adequada).

"Processo", assim, é categoria que foi incialmente destacada e definida como sendo meramente uma relação jurídica autônoma do direito material (uma "relação jurídica processual"). Mais tarde, essa conceituação foi expandida de diversas outras formas, tendo-se entendido o processo, dentre outras maneiras, como "ato jurídico complexo pelo qual se busca a produção de uma norma jurídica por meio do exercício da função jurisdicional",[11] ou ainda como "procedimento animado pelo contraditório".[12]

A nós, no presente estudo, a definição exata não importa. Interessa abordar a disciplina processual e compreender o processo como um "método de atuação do Estado, no sentido de técnica que deve ser utilizada pelo Estado-juiz para prática e exteriorização de sua vontade" funcional.[13] O Estado (mais

---

8. MACHADO NETTO, Antônio Luís. Teoria da Ciência Jurídica. São Paulo: Saraiva, 1975, p. 19.
9. BOBBIO, Norberto. Teoria della scienza giuridica. Torino: G. Giappichelli, 1958, p. 18.
10. DINAMARCO, op. Cit., p. 100.
11. DIDIER, op. Cit., p. 75.
12. FAZZALARI, Elio. Istituizioni di diritto processuale. Padova: Cedam, 1983, em especial pp 61/67.
13. BUENO, Cassio Scarpinella. Op. Cit., p. 84.

especificamente, o Estado-juiz), assim, age "processualmente",[14] e a teoria geral do processo é o conjunto de proposições teóricas que deve nortear e dar contornos a esta atuação, na sua função jurisdicional. A função da teoria, pode-se concluir, é a de metodologicamente construir e organizar conceitos, que serão interpretados e utilizados para a concretização da dogmática nos textos de lei. Não se quer, com isso, dizer que a elaboração conceitual seja feita dissociada da realidade (da "facticidade", como diria Heidegger).[15] Sob esse aspecto, a teoria geral do processo é a alma da legislação processual; não integra, mas dá vida às leis processuais.

Não é unânime a ideia de que exista, em verdade, uma teoria "geral" para o direito processual civil (e muito menos para o "processo", de forma genérica). Este artigo não se posiciona sobre essa discordância. O intuito é lançar um olhar para a parte da doutrina que defende a existência desta teoria, e contrastar seu conteúdo com a Parte Geral do novo CPC, para concluir quais são (se é que há) as intersecções entre elas.

3. "PARTE GERAL" COMO TÉCNICA LEGÍSTICA

A Lei Complementar 95/1998, que dispõe sobre a redação e consolidação das leis – a legística –, estabelece critério de especificidade para a organização de um texto legal em seu artigo 10, inciso V: "o agrupamento de artigos poderá constituir Subseções; o de Subseções, a Seção; o de Seções, o Capítulo; o de Capítulos, o Título; o de Títulos, o Livro e o de Livros, a Parte". O inciso VI do mesmo artigo diz que "parte" pode ser dividida em "geral" e "especial".

"Parte", nesse contexto, é a subdivisão mais abrangente de um texto de lei, no Brasil. A Parte Geral, como o nome sugere, deve ser o trecho da lei que contenha disposições mais abstratas e que se prestem a introduzir o conteúdo da Parte Especial. É um "conjunto de enunciados normativos que servem à compreensão e à aplicação de outras normas, ditas especiais ou específicas."[16] São enunciados que podem ser aplicados em qualquer situação e em todo o restante do mesmo diploma legal. Em outras palavras, se um instituto está colocado na parte geral, mas não diz respeito a todo o sistema, está mal colocado.[17]

A adoção de Partes Gerais remonta aos grandes sistemas de direito privado da Europa continental no século XIX. Os códigos civis tipicamente positivistas,

---

14. GUERRA FILHO, Willis Santiago. Teoria processual da constituição, 3ª ed. São Paulo: RCS, 2007.
15. De forma alguma se está aqui querendo repristinar a já superada "jurisprudência dos conceitos" do século XIX. Muito pelo contrário, a teoria geral do processo precisa olhar de forma rente aos fatores sociais, estabelecendo contornos jurídicos a eles.
16. DIDIER, op. Cit., p. 60.
17. WIEACKER, Franz. História do Direito Privado Moderno, 3ª ed. Lisboa: Calouste Gulbenkian, 2004, pp. 558 a 561.

comprometidos com a construção de legislação científica e lógica, utilizam-se de uma Parte Geral como elemento de coerência do ordenamento.[18] O parâmetro mais nítido é o Bügerliches Gesetzbuch (BGB) alemão, de 1900. No Brasil, os Códigos Civis de 1916 e 2002 adotam Partes Gerais.

No sistema do Código Civil brasileiro , a Parte Geral cuida exatamente de fornecer ou conceituar algumas figuras jurídicas que são utilizadas para interpretar o restante da lei – ou seja, a Parte Especial. Ademais:

> " a parte geral pode conter normas que se aplicam além do veículo normativo a que pertençam. As regras da parte geral do código civil brasileiro, por exemplo, servem a todo o direito privado brasileiro, e não apenas àquilo que pelo mesmo código foi regulado. É 'geral' também por esse motivo".[19]

Mesmo no Código Civil (que deve aqui ser encarado paradigmaticamente, como uma experiência de adoção da Parte Geral dentro do sistema positivo), houve intensa discussão acerca do cabimento ou não de elaborar esse conjunto de enunciados gerais. Orlando Gomes, por exemplo, via na inclusão de uma Parte Geral a positivação de conceitos e construções eminentemente técnicas ou formulações abstratas que dizem mais respeito à filosofia do direito.[20] Uma codificação deveria, para o autor, ser um texto de disposições com eficácias normativas, não meramente enunciativas. A formulação de princípios gerais não seria suportada pelo texto legal, para a doutrina das últimas décadas.

No entanto, acredita-se que a sistematização dos conceitos básicos e construções técnicas que formam a Parte Geral do Código Civil brasileiro tem uma função interessante. "O conhecimento desses conceitos e princípios gerais facilita a compreensão e a aplicação das disposições legais consignadas na parte especial" do código.[21]

Adotar uma Parte Geral de conceitos é uma opção com pés fincados no positivismo. E mesmo para os positivistas, a conceituação abstrata é necessária. Franz Wieacker, por exemplo, comentando a experiência alemã, frisa que "no seio da opção por uma construção científica de caráter sistemático, a questão da parte geral alcança o problema mais vasto da ponderação entre uma

---

18. "Na verdade, a construção de uma Parte Geral pertence às tarefas irrenunciáveis de uma ciência do direito, desde que esta se entenda como sistemática, como aconteceu com a alemã a partir do começo do século passado; só a Parte Geral garante a coerência intelectual e metodológica de uma ordem jurídica cientificamente concebida" (WIEACKER, Franz. História do Direito Privado Moderno, 3ª ed. Lisboa: Calouste Gulbenkian, 2004, pp. 560).

19. GOMES, Orlando. Introdução ao direito civil. Rio de Janeiro: Forense, 2010, p. 61.

20. GOMES, Orlando. Introdução ao direito civil. Rio de Janeiro: Forense, 2010, p. 75.

21. SILVA, Alzira Pereira da. A função da parte geral no sistema do código civil. In: Doutrinas Essenciais de Direito Civil. São Paulo: RT, out. 2010, p. 801, vol. 2.

exposição que surpreenda o direito de forma axiomática ou, pelo contrário, na sua ligação à realidade".[22] E, em conclusão, diz que a Parte Geral do BGB é "dispensável, quando não prejudicial".[23]

Relativamente ao processo, a Parte Geral tem função semelhante – e, do mesmo modo, críticas podem ser feitas a ela. O fato é que, no caso do CPC, a Parte Geral não é uma novidade em si, pois a essência do que lá está é uma repetição dos conceitos iniciais do CPC/73. A opção foi, portanto, de organização e cientificidade, e não de acréscimo de um conteúdo inexistente (salvo exceções que serão vistas adiante). O legislador do CPC/15 é, confessadamente, apegado a uma visão científica do direito, ao menos no que toca à escolha por organizar conceitos.

Nessa medida, é importante compreender até que ponto as disposições de uma Parte Geral de uma lei processual devam coincidir – se é que deve haver essa coincidência – com as proposições e construções de uma teoria geral do processo.

4. PARTE GERAL E TEORIA GERAL: UMA PRIMEIRA APROXIMAÇÃO

Pelo que se viu, a teoria geral do processo alimenta a dogmática jurídica, e a seu tempo a parte geral de uma lei é uma apresentação, um contorno jurídico do conteúdo da própria lei. Essas duas situações, no entanto, não são, e nem podem pretender ser, congruentes, pois se desenvolvem em planos diversos: uma, eminentemente no plano teórico ou mesmo epistemológico; outra, no plano de direito positivo:

> "exatamente porque são linguagens distintas, não se recomenda ao legislador 'normatizar' conceitos jurídicos fundamentais. Não se deve verter à linguagem legislativa os enunciados doutrinários, transformando em 'norma' aquilo que é pressuposto teórico para a compreensão dos textos normativos"[24]

Alguns autores relutam em acreditar nessa dicotomia. José Carlos Barbosa Moreira, nesse ponto, vai ao encontro do que já disse Egas Moniz de Aragão (na introdução deste artigo) ao acreditar que a teoria geral do processo seria uma sistematização do que seria a parte geral de um código de processo:

> "[...] tentar-se-á redigir uma teoria geral do processo civil, para estudar os institutos fundamentais da nossa disciplina, inclusive aqueles que, versados embora no Livro I do novo diploma, sob a

---

22. WIEACKER, Franz. História do Direito Privado Moderno, 3ª ed. Lisboa: Calouste Gulbenkian, 2004, p. 559.
23. WIEACKER, Franz. História do Direito Privado Moderno, 3ª ed. Lisboa: Calouste Gulbenkian, 2004, p. 560.
24. DIDIER, op. Cit, p. 62

rubrica "do processo de conhecimento", com maior propriedade se inseririam numa parte geral a que o legislador não abriu espaço na estrutura do código".[25]

No extremo oposto do que disse Barbosa Moreira, Fredie Didier responde:

> A parte geral não é a sistematização da teoria geral do processo, que deve ser feita pela epistemologia do processo. Parte geral é excerto de determinado diploma normativo (códigos, estatutos, etc), composto por enunciados normativos aplicáveis a todas as demais parcelas do mencionado diploma e, eventualmente, até mesmo a outras regiões do ordenamento jurídico. Eventual sistematização da teoria geral do processo daria lugar a um livro de Filosofia do Processo, tese ou manual, produto da atividade científica, não da legislativa.[26]

Em um ponto, concorda-se plenamente com o professor baiano: a parte geral é produto de atividade legislativa, enquanto a teoria geral provém de atividade doutrinária. *Teoria do processo não pode ser uma descrição do que seja o direito processual positivado.* No entanto, é imprescindível reconhecer que a teoria geral do processo, ao construir conceitos jurídicos elementares, alimenta, fornece subsídios, para o que for ser desenvolvido legislativamente. Assim, a adoção de uma parte geral no texto positivo, com função precípua de nortear o que deve ser entendido por "direito processual civil", é inclusive um reconhecimento de que a teoria geral tem importância sistematizante; é, digamos, uma demonstração nítida de que existe uma certa referibilidade (embora não coincidência) entre os planos da teoria e do direito positivo, conforme já previa Francesco Carnelutti:

> Estou seguro de não me enganar se afirmo que a ciência do direito processual não atingirá sua rota até que seja construída uma parte geral, na qual os elementos comuns a todas as formas de processo encontrem sua elaboração.[27]

A teoria geral do processo, para refletir corretamente aquilo a que se presta, precisa ser elaborada mediante a constante observação do real em suas manifestações fenomenológicas.[28] Quer dizer, a teoria descreve fenômenos sociais e atribui-lhes significância jurídica. Nesse aspecto, a "colocação dos

---

25. MOREIRA, José Carlos Barbosa. O novo processo civil brasileiro. Rio de Janeiro: Forense, 2008, p. 1.
26. DIDIER, op. Cit., p. 85.
27. Tradução do autor. No original: "sono sicuro di non sbagliarmi se affermo che la scienza del diritto processuale non toccherà la sua rotta fino a che non sia saldamente costruita una parte generale, in cui gli elementi comuni a ogni forma di processo trovino la loro elaborazione" (CARNELUTTI, Francesco. Sistema del diritto processuale civile. Padova: CEDAM, 1939, p. 267, *apud* ALVIM, Arruda. Tratado de direito processual civil. São Paulo: RT, 1990, p. 105).
28. DINAMARCO, op. Cit., p. 78.

pressupostos sociológicos do processo, reflete-se no próprio direito positivo, e deveria, com mais rigor ainda, refletir-se nas leis".[29] O que se pretende dizer, em suma, é que a constatação de que os conceitos trabalhados pela teoria devam ser observados pelo direito positivo não implica concluir que a teoria geral é sistematizada dentro de uma codificação.

Dessa forma, em um primeiro momento conclui-se que a teoria geral do processo exerce influência sobre o direito processual como um todo, pois ela é responsável pela elaboração das "linhas mestras" do que deve ser a ciência processual. Por sua vez, a parte geral utiliza alguns dos conceitos da teoria para desempenhar a função de, internamente ao sistema de direito positivo, orientar o restante do texto legislativo facilitando sua interpretação e dando coesão ao sistema.

Para que se possa compreender, concretamente, de que forma a teoria geral do processo exerceu essa dita influência sobre a parte geral do código de processo civil projetado, é necessário situar tanto teoria quanto dogmática no contexto histórico atual. Para tanto, deve-se antes fazer uma digressão para evidenciar as mudanças recentes ocorridas na sociedade e no Estado de Direito brasileiros.

5. TRANSFORMAÇÕES SOCIOCULTURAIS E JURÍDICAS, DE 1970 AOS DIAS DE HOJE

Entender plenamente um texto normativo importa inseri-lo em seu momento histórico. O Código de Processo Civil vigente, como elaborado em 1973, foi redigido carregado por uma ideologia própria de seu tempo, sendo que da década de setenta para cá tiveram lugar inúmeras mudanças tanto na sociedade brasileira quanto no estudo científico do direito – e, da mesma forma, do direito processual civil. Essas mudanças necessariamente devem constituir a base para que se empregue uma nova abordagem ao fenômeno jurídico, pois, parece "indubitável reconhecer ao direito processual civil o seu caráter histórico-cultural".[30]

Arruda Alvim, ao discorrer sobre a necessidade de uma nova teoria do conhecimento jurídico, diz que as causas de defasagem da teoria clássica do direito são elementos de uma nova feição cultural. São elas, em síntese: 1) a chamada ascensão das massas, e a locomoção de novos grupos sociais dentro de uma mesma sociedade, agora detentores de interesses juridicamente tuteláveis; 2) imprescindibilidade de utilização do Direito como sistema de controle social; 3) a necessidade de reconstrução conceitual do Direito, fugindo da

---

29. ALVIM, op. Cit., p. 9
30. MITIDIERO, Daniel Francisco. Elementos para uma teoria contemporânea do processo civil brasileiro. Porto alegre: Livraria do Advogado, 2005, p. 16.

dedução dogmática; 4) o problema da ineficiência da autoridade (e de falta de efetividade da Justiça).[31]

Jorge Walter Peyrano, ilustre processualista argentino, faz uma construção semelhante: elucida que os juízes têm, atualmente, dever muito maior dentro da jurisdição, e elenca as causas: 1) *El triunfo del neoliberalismo, que importó una retirada del poder administrador de muchos sectores que han quedado sin control gubernamental y sólo sujetos a la tutela jurisdiccional; 2) el inmovilismo del legislador ibero-americano que, de ordinario, llega tarde, y a veces nunca, a regular problemáticas que deben ser resueltas merced al ingenio pretoriano; 3) el habitual uso de conceptos indeterminados en la redacción de las leyes, que, de propósito, otorgan a los magistrados un amplio margen de interpretación e argumentación; e 4) la aparición de nuevos sectores tutelables (intereses difusos, derechos de la tercera generación, etc.) que reclaman una intervención más acentuada del órgano jurisdiccional.*[32]

Fredie Didier, por sua vez, já de maneira mais rente ao presente estudo, destaca quais as principais características fundamentantes de uma nova abordagem da teoria geral do processo:

a) Desenvolvimento da teoria dos princípios, de modo a reconhecer-lhes eficácia normativa: o princípio deixa de ser técnica de integração do Direito e passa a ser uma espécie de norma jurídica.

b) A jurisprudência passa a ser reconhecida como fonte do direito. Certamente, o intercâmbio entre as tradições jurídicas do civil law e do common law é uma das principais causas dessa transformação.

c) A expansão da técnica legislativa das cláusulas gerais, espécie de texto normativo cujo antecedente (hipótese fática) é composto por termos vagos e o consequente (efeito jurídico) é indeterminado. [...] A existência de cláusulas gerais reforça o poder criativo da atividade jurisdicional. O órgão julgador é chamado a interferir mais ativamente na construção do ordenamento jurídico, a partir da solução de problemas concretos que lhe são submetidos.[33]

A isso, se acrescenta ainda o desenvolvimento de uma Crítica Hermenêutica do Direito, influenciada pela reviravolta pragmático-linguística do início do século XX.[34] Enxergar o direito como linguagem, especialmente no campo do

---

31. ALVIM, op. cit., pp. 110/113.
32. PEYRANO, Jorge Walter. Nuevas tácticas procesales. Rosario: Nova Tesis, 2010, pp. 14/15.
33. DIDIER, op. Cit., pp. 158/159.
34. Fala-se aqui da recepção da hermenêutica pelo direito, bem atestada por LAMEGO, José. Hermenêutica e jurisprudência. Lisboa: Fragmentos, 1990. A crítica hermenêutica do Direito é feita no Brasil, dentre ouros mas especialmente, por STRECK, Lenio Luiz. Hermenêutica jurídica e(m) crise, 8ª ed. Porto Alegre: Livraria do advogado, 2011.

direito processual civil, equivale a estabelecer parâmetros de controle das decisões judiciais, o que coloca o processo civil nos trilhos do Estado Constitucional. O processo deixa de ser mera técnica, e passa a ser pressuposto de uma interpretação correta do que é o Direito.[35]

O relatório-geral apresentado pelo Deputado Sérgio Barradas Carneiro ao Projeto de Lei 8.046/2010 apresenta uma constatação bastante semelhante: ao justificar a necessidade de elaboração de um novo Código de Processo Civil, elenca terem ocorrido nas últimas décadas mudanças "nos planos normativo, científico, tecnológico e social".

A "revolução jurídica" seria a decorrente da entrada em vigor da Lei do Divórcio (6.515/1977), da Constituição Federal (1988) do Código de Defesa do Consumidor (8.078/1990) e do Código Civil (10.406/2002). Esses quatro textos teriam sido responsáveis por uma alteração no arcabouço jurídico brasileiro. O CPC/73, diz o relatório, não tem condições técnicas suficientes para lidar com essa nova realidade legislativa.

"Revolução científica", a seu turno, é consequência do crescimento exponencial do ensino jurídico no Brasil. É "científica" no âmbito da ciência jurídica, e nesse ponto são destacadas a força normativa dos princípios – antes enxergados meramente como instrumentos de integração e de preenchimento de lacunas – e a força criativa da função jurisdicional (que merece cuidado, pois se não for bem compreendida, gera riscos à autonomia do Direito).

No campo "tecnológico", ressalta-se ser imprescindível criar mecanismos eletrônicos e viabilizar a administração virtualizada do Poder Judiciário. Isso leva em conta o fato de o código projetado dever, necessariamente, ser pensado para durar décadas, precisando ao menos tentar prever uma realidade tecnológica mais avançada nos próximos anos.

Por fim, a "revolução social", que em primeiro lugar tem relação com a facilitação e a atenção ao acesso à justiça. Observa-se no relatório que o crescimento econômico brasileiro foi um fator que impulsionou o consumo e, assim, a massificação social, repercutindo diretamente na maneira como a função jurisdicional deve ser exercida.

De fato, as relações entre os particulares e o Estado foram profundamente modificadas, tendo crescido em importância os direitos cujos titulares são grupos de indivíduos ou à sociedade inteira, no caso dos direitos difusos.[36]

---

35. Assim, o Direito caminha em direção à Democracia. Do contrário, teremos mais e mais decisões "solitárias", ou solipsista, como denuncia NUNES, Dierle José Coelho. Processo jurisdicional democrático. Curitiba: Juruá, 2002.

36. Sobre o tema, mais aprofundadamente: VENTURI, Elton. Processo civil coletivo: a tutela jurisdicional dos direitos difusos, coletivos e individuais homogêneos no Brasil. Perspectivas de um código brasileiro de processos coletivos. São Paulo: Malheiros, 2007

De forma geral pode-se dizer, sem medo de enganos, que a Constituição Federal foi a responsável pela grande virada paradigmática em todos os aspectos acima apontados. Assim, mesmo se antes de 1988 o processo civil já era sistematicamente regido constitucionalmente, a partir da promulgação da CF/88, toda a disciplina processual precisou ser revisitada e enxergada com novos olhos. Fala-se, aqui, de elaborar um sistema que corresponda a um "modelo constitucional de direito processual civil".[37]

A utilização muito mais madura e complexa dos princípios é decorrência desse novo modelo de processo, imposto pela Constituição.[38] Da mesma forma o é a crescente importância de direitos ou interesses considerados coletivamente, modificando-se a estrutura mesma da relação entre os particulares e o Estado. A sociedade como um todo ganhou em dinamismo, com surgimento dos direitos coletivos e difusos, que Paulo Bonavides conceitua como de "terceira geração":

> "dotados de altíssimo teor de humanismo e universalidade, os direitos de terceira geração tendem a cristalizar-se no fim do século XX enquanto direitos que não se destinam especificamente à proteção dos interesses de um indivíduo, de um grupo ou de um determinado Estado. Têm primeiro por destinatário o gênero humano mesmo, num momento expressivo de sua afirmação como valor supremo em termos de existencialidade concreta.[39]

Essas novas feições, dinâmicas e complexas, do Estado de Direito Constitucional, são justamente a causa da adoção de cláusulas gerais e conceitos jurídicos vagos dentro de textos normativos. Arruda Alvim, já na década de oitenta, apontava essa possível solução legislativa:

> "a nós parece que a solução sistemática adequada será, nesses setores, adotar-se uma legislação predominantemente mais flexível, sem diretrizes rígidas, de tal forma a deixar real liberdade dentro da legalidade ao Poder Judiciário, mercê da eleição de um método aporético, em que, ao revés, do "pensamento sistemático", conferir-se-ão apenas possíveis caminhos ao juiz que, efetivamente, nesses setores encontra-se com problemas de solução extremamente difícil".[40]

Uma perspectiva contemporânea do estudo do processo civil deve contemplar, portanto, a abertura de possibilidade para que o juiz utilize-se dessa

---

37. BUENO, op. Cit., p. 128.
38. Sobre o tema, NERY JR, Nelson. Princípios do processo na constituição federal. São Paulo: RT, 2010; GUERRA FILHO, Willis Santiago. A dimensão processual dos direitos fundamentais. In: Revista de Processo. São Paulo: RT, jul/1997, p. 166, vol. 87.
39. BONAVIDES, Paulo. Curso de Direito Constitucional. São Paulo: Saraiva, 2007, p. 418.
40. ALVIM, Arruda. A arguição de relevância no recurso extraordinário. São Paulo: RT, 1988, p. 66.

flexibilidade legislativa, a fim de encontrar soluções jurídicas mais rentes à realidade. *Conceitos vagos*, nesse aspecto, são aqueles que por sua vagüidade ou polissemia permitem mais de uma interpretação válida,[41] e cujo conteúdo exato deve ser construído no curso do tempo e definido de acordo com o momento histórico. *Cláusulas gerais*, por sua vez, são "poros" no ordenamento, que permitem a comunicação do texto legal com diversas e complexas situações da realidade. São enunciados generalísticos que tenham, abstratamente, significância jurídica e que exijam que o intérprete (o julgador) encontre seu significado concreto. Princípios, conceitos vagos e cláusulas gerais comunicam-se entre si em um grau hierárquico de especificidade. "As cláusulas gerais são compostas, em sua formulação verbal, de conceitos vagos ou indeterminados e, como se observou, encampam princípios."[42]

Sobre isso, é importante reconhecer que *todo texto é vago*.[43] Não existem conceitos unívocos. A legislação, ao lançar mão de conceitos indeterminados, apenas confessa expressamente algo que já existe, que é a polissemia de sentidos textuais. Em outras palavras, qualquer legislação (mesmo uma que se pretenda rígida, não flexível) precisa ser interpretada.

De toda forma, as legislações mais "flexíveis" têm contato íntimo com a atividade do juiz. Assim, já no Código Civil a adoção de cláusulas gerais e de conceitos indeterminados "incrementou – e em muito – os poderes do magistrado entre nós por causa da sua indisfarçável necessidade de interpretação-aplicação-criação pelo juiz".[44]

De tudo isso, perceba-se que a ciência processual, como produto social e da cultura em um momento histórico, também mereceu alterações, já que "a estrutura mesma do processo civil depende dos valores adotados e, então, não se trata de simples adaptação técnica do instrumento processual a um objetivo determinado, mas especialmente de uma escolha de natureza política, escolha essa ligada às formas e ao objetivo da própria administração judicial".[45]

Assim, no plano processual o esforço teórico para desvincular o processo do direito material acabou por criar um sistema formalista que pretendia neutralidade, a partir de meados do século XIX e até a metade do século XX. Esse caráter a-valorativo, também em razão da promulgação da Constituição, perdeu razão de ser, já que o modelo constitucional impõe necessariamente o

---

41. WAMBIER, Teresa Arruda Alvim. Recurso especial, recurso extraordinário e ação rescisória. São Paulo: RT, 2008, p. 152/153.
42. Idem, p. 163.
43. "todos os conceitos são vagos; eles estão longe de ser tão nitidamente distintivos como parecem querer alegar" (MÜLLER, Friedrich. O novo paradigma do direito. São Paulo: RT, 2013, p. 121).
44. BUENO, Op. Cit., p. 115.
45. OLIVEIRA, Carlos Alberto Alvaro de. Do formalismo no processo civil. São Paulo: Saraiva, 1997, p. 74.

respeito a uma série de princípios que constituem um arcabouço ideológico de escolhas políticas. Assim:

> "Deixa-se de lado o mito da neutralidade do juiz, mero aplicador *automático* da lei, e passa-se a lidar com o juiz que se sabe necessariamente influenciado pelos valores dispersos na sociedade civil e no próprio Estado. O juiz, antes mero aplicador da lei, dada como pronta e acabada pelo legislador, passa a ser, hoje, compreendido como elo fundamental na cadeia de produção normativa. É ele, isto não tem por que ser negado, criador da norma jurídica. E, além de aplicar o direito, o juiz deve ter poderes para instrumentar (realizar), concretamente, a sua decisão, o que, de sua parte, convida a uma reconstrução de outros temas do direito processual civil."[46]

Essas alterações – constitucionalização, atenção aos princípios, maior flexibilização das leis, maior abrangência e importância da atividade hermenêutica do juiz, coletivização de interesses – produzem efeitos na maneira como é construída a teoria geral do direito, e portanto também na própria teoria geral do processo.

6. AS FEIÇÕES CONTEMPORÂNEAS DA TEORIA GERAL DO PROCESSO

Como já se destacou mais ao início deste estudo, a teoria geral do processo foi desenvolvida basicamente com a construção de seus institutos fundamentais – ação, jurisdição, processo, defesa. Ocorre que a teoria clássica nasceu justamente por conta de uma necessidade, sentida ao fim do século XIX, de destacar o plano processual como um ramo autônomo da ciência jurídica, desvinculada das relações de direito material. Esse esforço teórico teve razão de ser, à sua época, pois a ciência do processo carecia de uma atenção própria, e foi nesse contexto que a teoria geral do processo foi originalmente construída:

> "A concepção que se tinha na ciência processual, na primeira metade deste século, como bem mostra Vittorio Denti, era a de que deveria estar afastada do meio social, voltada para a elaboração de princípios e categorias dotados de intrínseca validade. Daí o enorme desenvolvimento de conceitos como jurisdição, ação, coisa julgada, ato processual, procedimento, lide, questão, etc."[47]

Isso, de forma geral, fez com que essa tão dificilmente galgada "autonomia" do direito processual abandonasse, ou retirasse a atenção, do verdadeiro

---

46. BUENO, op. Cit., p. 116.
47. OLIVEIRA, Carlos Alberto Alvaro de. Procedimento e ideologia no direito brasileiro atual. Revista da Ajuris. Porto alegre, 1985, p. 79, n. 33.

foco da ideia de Justiça: o direito subjetivo material. Assim, "o processo civil acabou relegado a um expediente de índole técnica, de todo infenso a valores em seu trato cotidiano".[48] Essa concepção formalista, em seu estágio maior de desenvolvimento, acabou por indevidamente se sobrepor ao próprio direito:

> "O campo do direito processual está impregnado pela ideia de domínio da técnica que a vê como instrumento e não pergunta o que ela é. Isso faz do direito processual um espaço totalizante que aniquila o ser do direito material, já não sendo o direito processual criado em função do direito material, mas esse criado em função daquele. O direito material é, hoje, o que lhe determina a essência moderna, distorcida, do processo. O processo, como técnica, altera a essência do direito material, a ponto de tornar o usurpador devedor em virtude do processo. O direito material concreto tem seu sentido transformado pela técnica".[49]

Nessa perspectiva, o direito subjetivo (o direito material) deixa de existir "em si"; existiria na verdade uma projeção sua através do processo, que por seu rigor técnico poderia transformar e deformar o que eram as pretensões (repita-se: no campo de direito material) originárias. Foi esse predomínio da técnica que vigorava como pensamento científico quando da elaboração do CPC vigente. No entanto, já há muito tempo esse paradigma de dicotomia foi superado, no plano da ciência do direito:

> "com o código de Processo Civil de 1973, diploma normativo que inaugurou entre nós, inequivocadamente, o processualismo, impondo um método científico ao processo civil à força de construções alimentadas pela lógica teórico-positiva, evadindo-o da realidade." E, mais adiante, "o formalismo-valorativo no Brasil desembarca com a Constituição de 1988. É nela que devemos buscar as bases de um processo cooperativo, com preocupações éticas e sociais. Superado aquele estágio anterior de exacerbação técnica, de vida breve entre nós, recobra-se a consciência de que o processo está aí para concretização de valores, não sendo estranho à função do juiz a consecução do justo, tanto que se passa a vislumbrar, no processo, o escopo de realizar justiça no caso concreto."[50]

O "modelo" processual contemporâneo, portanto, exige esse abrandamento da técnica, para dar lugar a uma visão interpretativa do direito. O direito processual não prescinde da hermenêutica e da Constituição.[51] Assim, os

---

48. MITIDIERO, op. Cit., p. 19
49. HIDALGO, Daniela Boito Maurmann. Relação entre direito material e processo: uma compreensão hermenêutica. Porto Alegre: Livraria do advogado, 2011, p. 99.
50. MITIDIERO, op. Cit., pp. 37/38
51. Uma visão atualizada sobre isso está em HOMMERDING, Adalberto Narciso. Fundamentos para uma compreensão hermenêutica do processo civil. Porto Alegre: Livraria do advogado, 2007.

institutos fundamentais do processo devem ser reestudados à luz de uma concepção mais atualizada do que seja o fenômeno jurídico.

"Processo", como instituto central da própria teoria geral, precisa deixar de ser uma realidade independente, devendo-se entender seu papel como técnica concretizadora, como instrumento voltado à realização prática do que é o direito material. Nesse ponto, a relação entre direito processual e material deve ser repensada:

> "processo não significa forma do direito material. [...] a antítese não é direito material – direito formal e sim, direito material – direito instrumental. Isto porque instrumento como ente *a se*, possui matéria e formas próprias, independentes da matéria e da forma da realidade jurídica, dita material, sobre a qual opera."[52]

Veja-se que essa relação – o reconhecimento de autonomia, porém de estrita dependência – entre processo e direito material era, desde sempre, a mais correta compreensão do tema, na visão de Carnelutti: "sem o processo, o direito não poderia atingir seus escopos; mas tampouco o processo sem o direito [material]. A relação entre os dois polos é circular. Por isso se constitui aquele ramo do direito que se chama direito processual."[53] Isso inevitavelmente reflete no que se pode entender como sendo o conteúdo da teoria geral do processo, contemporaneamente, em decorrência da "afirmação do comprometimento axiológico das instituições processuais".[54]

Assim, por exemplo, "não há mais como sustentar as antigas teorias da jurisdição, que reservavam ao juiz a função de declarar o direito ou de criar a norma individual, submetidas que eram ao princípio da supremacia da lei e ao positivismo acrítico".[55] "Jurisdição", contemporaneamente e tendo em vista as modificações sociais e jurídicas expostas acima, relaciona-se com a própria atividade interpretativa em prol de tutelar (no sentido de salvaguardar, cuidar, concretizar) direitos, mais do que simplesmente enunciar a "vontade concreta da lei", no sentido *chiovendiano*.

Também a "ação", que foi o centro das atenções dos processualistas na tentativa de desvinculação do direito material ao processo, precisa ser entendida como um direito subjetivo público (porque voltado em face do Estado-juiz), porém que visa unicamente à concretização de pretensões oriundas de direitos

---

52. LACERDA, Galeno. Comentários ao código de processo civil. Rio de Janeiro: Forense, 1998, p. 24.
53. Tradução do autor. No original: "senza il processo, dunque il diritto non potrebbe raggiungere i suoi scopi; ma neanche il processo senza il diritto. Il rapporto tra i due termini è circolare. Perciò si costituisce quel ramo del diritto, che si chiama diritto processuale" (CARNELUTTI, Francesco. Diritto e processo. Nápoles: Morano Editore, 1958, p. 33.
54. DINAMARCO, op. Cit., p. 74.
55. MARINONI, Luis Guilherme. Teoria geral do processo. São Paulo: RT, 2007, p. 137.

subjetivos materiais. Ela é "exercitável ao longo de todo o processo como forma de garantir àquele que o exerce a prestação da tutela jurisdicional".[56] Nas palavras de Daniel Mitidiero:

> "Os processualistas cuidaram da ação por um motivo específico: através desse conceito buscavam explorar as relações entre o direito material e o processo civil. Contemporaneamente, porém, sabemos que todo o processo reage ao plano do direito material, não se cingindo o imbricamento entre o direito e o processo à categoria da ação."[57]

Até mesmo a ideia de "defesa", conceito menos trabalhado entre os teóricos do processo, merece nova roupagem. É que historicamente o contraditório, embora sempre presente como elemento de um devido processo legal, tem sido entendido como uma contraposição do réu no sentido de esquivar-se daquilo que foi dito pelo autor. Isso parte da premissa de um processo individualista, baseado unicamente no "conflito de interesses" e com primazia no pedido formulado pelo autor ao Estado-juiz. Ocorre que, até mesmo pela incidência do princípio da igualdade e do acesso à justiça (já que o réu, apenas por estar nesse "lado" da controvérsia, não deixa de fazer jus ao acesso à justiça), "defesa só pode ser entendida como o direito subjetivo público de o réu pedir, ao Estado-juiz, tutela jurisdicional".[58] Apenas assim o demandado será tratado em pé de igualdade, podendo-se inclusive dizer que exerce direito de ação, guardadas as devidas proporções.[59]

Nessa perspectiva, o que se percebe é uma nova maneira de encarar os institutos fundamentais da teoria geral do processo, a partir da necessidade de reaproximar o direito processual do direito material. Essa necessidade é tão iminente e tão central que, mais contemporaneamente, tem-se construído e conceituado um novo instituto, com pretensão de integrar a teoria geral: fala-se da "tutela jurisdicional".

Tutela de direitos, ou tutela jurisdicional, é uma decorrência do estudo da jurisdição, da ação, do processo e da defesa, no "modelo" de processo civil contemporâneo. A partir da noção de efetividade da jurisdição, decorrente do próprio art. 5º, XXXV, da Constituição, significa verdadeiramente a *realização concreta* do direito que foi lesado ou ameaçado. Seja para o autor, quando ele

---

56. BUENO, op. Cit., p. 387.
57. MITIDIERO, op cit., p. 91. O grande contributo à teoria da ação no direito brasileiro pode ser visto em PONTES DE MIRANDA, Francisco Cavalcanti. Tratado de direito privado, tomo V, 3ª ed. Rio de Janeiro: Borsoi, 1970, em especial pp. 125 e ss.
58. BUENO, op. Cit., p. 520.
59. Sobre o tema: SICA, Heitor Vitor Mendonça . O direito de defesa no processo civil brasileiro: um estudo sobre a posição do réu. São Paulo: Atlas, 2011.

tem razão, seja para o réu quando ele, o réu, tem razão".[60] Essa conceituação de tutela permite extrapolar a mera declaração de direitos (o reconhecimento de um direito em juízo), fazendo com que a satisfação, a efetivação dessa situação jurídica declarada faça parte do exercício da jurisdição. Quer dizer, à jurisdição calha aplicar o direito, e não somente fazê-lo incidir no caso concreto.[61]

O direito à prestação jurisdicional efetiva engloba i) o direito à técnica processual adequada, ii) o direito de participar por meio de procedimento adequado, e iii) o direito à resposta do juiz. Significa que são necessárias a norma processual, o procedimento em si, e o reconhecimento do direito pelo Estado--juiz, para se poder falar em tutela efetiva.[62] Nessa perspectiva, a concepção de tutela jurisdicional pode passar a ser o eixo metodológico do moderno estudo de direito processual civil, pois é aí que reside o contato mais próximo entre o processo e o direito material.

Em linhas gerais, essas são algumas das características da teoria geral do processo contemporânea. Tendo em vista o que já se expôs acerca da maneira como a teoria geral influencia o direito positivo, cabe agora analisar o problema especificamente: de que forma os conceitos teóricos impactaram a construção de uma Parte Geral no projeto do novo Código de Processo Civil.

7. A TEORIA GERAL DO PROCESSO CONTEMPORÂNEA E A PARTE GERAL DO NCPC

O processo legislativo para a construção de um novo Código de Processo Civil contou com inúmeras modificações estruturais desde a apresentação do anteprojeto, em 2010. A ideia de instituir uma parte geral, no entanto, foi sempre um consenso entre a comunidade jurídica, com vistas a, minimamente, organizar melhor o código.

Em verdade, a estrutura básica do que será a parte geral, no projeto, é muito semelhante ao que no CPC vigente encontra-se nos artigos 1º a 273, já dentro do Livro I, que trata do "processo de conhecimento". Por óbvio, diante do que já foi dito neste estudo, uma Parte Geral necessariamente deve ser aplicável a todo o restante do código, não podendo de forma alguma confundir-se com uma "introdução ao processo de conhecimento". Isso, ao que parece, está bem delineado e foi respeitado pela comissão ao redigir o que se propôs como

---

60. BUENO, op. Cit., p. 311.
61. A "incidência" do direito reconhecido é infalível, pois age no plano das ideias. Diferentemente, a aplicação do direito é o atendimento por parte do Estado daquela situação jurídica que foi pedida. (PONTES DE MIRANDA, Francisco Cavalcanti. Tratado de direito privado, tomo V, 3ª ed. Rio de Janeiro: Borsoi, 1970, p. 12).
62. MARINONI, Luis Guilherme. Técnica processual e tutela de direitos. São Paulo: RT, 2004, p. 185.

parte geral; são dispositivos que cuidam, de forma geral (a repetição do termo é proposital), dos contornos básicos do que venha a ser o processo civil brasileiro. Cabe observar o que, dentro desta nova parte geral, guarda relação (ou sofre influência) da teoria geral do processo em sua feição contemporânea.[63]

7.1. Normas "fundamentais" do Novo CPC

Já de início é possível enxergar as intenções da comissão de juristas traduzidas no texto. Os primeiros doze artigos compõem um capítulo denominado "das normas fundamentais do processo civil", e se prestam a orientar, principiologicamente e através de conceitos indeterminados, a atividade dos sujeitos e do Estado dentro do processo. O artigo 1[64] é, em síntese, a positivação do "modelo constitucional de processo civil", deixando-se claro que há um inegável enfoque do direito processual a partir do texto constitucional.

Os artigos 2[65] e 3[66] – embora este último seja repetição do que já diz o art. 5º, XVIII, da CF/88 – traduzem os princípios da inércia e da inafastabilidade da jurisdição, alertando para o fato de que a arbitragem (realidade inescondível no cenário societário e negocial brasileiro e mundial) e a conciliação respeitam, e não ferem, a inafastabilidade da jurisdição.[67] O que os parágrafos do art. 3º fazem é instituir um *sistema multiportas* de acesso à Justiça, incrementando (e não limitando) o exercício de jurisdição.[68]

O artigo 4º merece destaque: "As partes têm direito de obter em prazo razoável a solução integral do mérito, *incluída a atividade satisfativa*". Há, aqui, duas novidades muito importantes a serem ressaltadas. Primeiramente, a

---

63. A ideia do presente estudo, como já se destacou, é a de estudar de que maneira a teoria geral do processo é relacionada à proposta de parte geral no novo CPC. Assim, as muitas disposições constantes na parte geral que já existem no CPC vigente não serão objeto de análise. Manter-se-á o foco em questionar se as linhas mestras da parte geral são fruto, mesmo, de uma teoria do processo, com especial atenção ao que foi trazido de novo.

64. "O processo civil será ordenado, disciplinado e interpretado conforme as normas e os valores consagrados na Constituição da República Federativa do Brasil, observando-se as disposições deste Código".

65. "Salvo exceções previstas em lei, o processo começa por iniciativa da parte e se desenvolve por impulso oficial".

66. "Não se excluirá da apreciação jurisdicional ameaça ou lesão a direito".

67. Aqui importa notar que no artigo 3º foi adotada a redação sugerida pelo projeto substitutivo, já mencionado, apresentado pelo Instituto Brasileiro de Direito Processual, elencando a conciliação e a arbitragem como componentes da jurisdição. A redação original dizia não ser excluída de apreciação a lesão a direito, "ressalvados os litígios voluntariamente submetidos à solução arbitral". Arbitragem aparecia, nesse sentido, como um contraponto à inafastabilidade da jurisdição, o que não parece ser a melhor abordagem do tema. É salutar a adoção da proposta substitutiva.

68. Sobre isso: THEODORO, Humberto Jr.; NUNES, Dierle. BAHIA, Alexandre Melo Franco. Novo CPC - Fundamentos e sistematização. Rio de Janeiro: Forense, 2015, em especial pp. 213 e ss. Ainda: CUNHA, Leonardo Carneiro. A mediação e a conciliação no projeto do novo CPC: meios integrados de resolução de disputas. In: NUNES, Dierle; et. al. Novas tendências do processo civil, vol. 2. Salvador: Juspodivm, 2012.

positivação dentro da legislação processual do princípio da "duração razoável do processo", presente na EC 45/2004 e constante do art. 5º, LXXVIII, da Constituição.[69] E em segundo lugar, uma nítida contribuição da teoria do processo: a noção de que a efetiva satisfação do direito (material) é, sim, parte integrante do exercício jurisdicional e do processo. De fato, o processo não finda com a sentença de mérito; a sentença (que declara, mas ainda não efetiva, o mérito) é apenas um momento inicial da tutela jurisdicional,[70] e já há muitos anos a doutrina ressalta mais atenta vem ressaltando isso. A simples inclusão desta segunda parte do artigo 4º é uma lição valiosa, que leva em conta ao mesmo tempo a contemporânea ideia de "jurisdição" e a certeza de que "processo" deve servir como técnica valorativa que objetiva, acima de tudo, a realização do direito material.

Os artigos 5º (boa-fé processual), 6º (cooperação), 9º e 10 (proibição de "decisões surpresa" e contraditório efetivo) formam um conjunto de valores traduzidos no que a teoria denomina "colaboração processual". Cabe aqui tecer breves comentários acerca dessa inovação.

A positivação destas normas, de caráter programático, decorre diretamente da ideia de que o Estado de Direito Democrático, é, antes de tudo, participativo.[71] Nas palavras do relatório-geral apresentado à Câmara dos Deputados: "A participação desborda dos limites estritamente políticos para se projetar em todas as manifestações da vida em comunidade. É pela participação que se legitima a conduta dos agentes de Estado que implementam o quanto deliberado nas instâncias próprias. Em outras palavras, *a atuação do Estado, para ser legítima, há de decorrer das deliberações democráticas*" (grifou-se). Concebe-se, assim, a ideia de um contraditório renovado, que englobe a ideia de cooperação:

---

69. Retorna-se ao início desta exposição para lembrar que a "celeridade", a desburocratização, são motores dos trabalhos da comissão redatora do projeto de código.

70. BUENO, op. Cit., p. 312.

71. Não obstante, a força "normativa" da ideia de colaboração tem sido questionada por parte da doutrina, que entende não ser possível positivar, e tampouco denominar de "princípio", a noção cooperativa de processo. Sobre isso, dois artigos: O primeiro, onde se defende que "a colaboração no processo civil não implica colaboração entre as partes. As partes não querem colaborar. A colaboração no processo civil que é devida no Estado Constitucional é a colaboração do juiz para com as partes" (MITIDIERO, Daniel Francisco. Colaboração no processo civil como prêt-à-porter? Um convite ao diálogo para lenio streck. In: Revista de Processo. São Paulo: RT, abr/2011, p. 55, vol. 194.); outro, em resposta, argumenta que "A 'cooperação processual' não é um princípio; não está dotada de densidade normativa; as regras que tratam dos procedimentos processuais não adquirem espessura ontológica face à incidência desse standard. Dito de outro modo, a 'cooperação processual' - nos moldes que vem sendo propalada - 'vale' tanto quanto dizer que todo processo deve ter instrumentalidade ou que o processo deve ser tempestivo ou que as partes devem ter boa-fé". (STRECK, Lenio. Um debate com (e sobre) o formalismo-valorativo de daniel mitidiero, ou "colaboração no processo civil" é um princípio? In: Revista de Processo. São Paulo: RT, nov/2012, p. 213, vol. 213).

"leva-se o próprio magistrado ao contraditório, ao diálogo, fomentando-se a dialética no processo. [...] adota-se um novo referencial teórico para o direito processual civil: abandonam-se os solilóquios de um juiz centrado em seu próprio eu[72] [...] assumindo-se, ao revés, o contraditório como norte da investigação dialética, suficiente para o alcance do consenso judiciário". Assim evita-se a decisão surpresa."[73]

A ideia da colaboração no processo civil não é nova na doutrina. Vem sendo desenvolvida, em dimensões diferentes, já há muitos anos.[74] Transformar o processo em um ambiente dialético é a intenção, justamente dando ênfase à função democrática do processo.

A premissa interpretativa da cooperação não significa uma utopia, no sentido de uma parte cooperar com o seu adversário – isso seria inimaginável como imposição normativa, no processo brasileiro marcado pelo conflito de interesses. Cooperar, muito diferentemente disso, precisa ser entendido como uma relação democrática entre partes e juiz, com o objetivo de construir uma decisão de mérito que seja fruto de debate. Nos aproximamos assim de disposições já constantes na Alemanha[75] e na França,[76] por exemplo, que impedem decisões *solitárias* do juiz, alheias ao que foi objeto do processo.

Essa dimensão do contraditório é uma mudança paradigmática no sistema processual. Além dela, a cooperação pode significar um incentivo (ou um constrangimento) a que os órgãos jurisdicionais colaborem entre si, em um determinado caso. Por isso mesmo, destaca-se a adição dos artigos 26 a 41, que tratam da cooperação internacional entre países em prol da solução processual (onde atualmente é prevista, apenas, a hipótese de carta rogatória, sem a concreta ideia de colaboração),[77] além dos artigos 67 a 69, que reproduzem a ideia de

---

72. A respeito dessa ideia de "solipsismo", entendida como o juiz centrado em si mesmo e ausente do contato com as parte envolvidas no processo: STRECK, Lenio Luis. O que é isto - decido conforme minha consciência? Porto Alegre: Livraria do Advogado, 2013.
73. MITIDIERO, op. Cit., p. 55
74. Destaquem-se os trabalhos de NUNES, Dierle José Coelho. Processo jurisdicional democrático. Curitiba: Juruá, 2002; TROCKER, Nicolò. Processo civile e costituizione. Milano: Giuffrè, 1974, pp. 670 e ss.
75. O §139 do Zivilprocess Ordnung (ZPO) alemão relativiza completamente o conceito de "iuria novi curia"como o conhecemos no Brasil. Segundo esse dispositivo, é dever do juiz levar em consideração e discutir os aspectos jurídicos do objeto litigioso do processo, não podendo adotar fundamentos desconhecidos até então pelas partes.
76. O art. 16 do Code de Procédure Civile francês diz que o juiz deve submeter-se, ele mesmo, ao contraditório, e que não pode fundar sua decisão sobre questões de direito sem as partes apresentarem suas considerações a respeito. No original: Le juge doit, en toutes circonstances, faire observer et observer lui-même le principe de la contradiction. [...]Il ne peut fonder sa décision sur les moyens de droit qu'il a relevés d'office sans avoir au préalable invité les parties à présenter leurs observations.
77. Trata-se de importante alteração que coloca o processo mais rente ao século XXI, considerando-se a posição do Brasil como polo econômico cada vez mais atuante. Atualmente a matéria é regida somente pela Resolução 09/2005, do STF.

cooperação, desta vez entre Estados dentro do País. Interpreta-se corretamente, assim, o artigo 6º, quando diz que "todos" os sujeitos devem cooperar entre si para solucionar a controvérsia.

Nesse ponto ainda, é de se questionar se a sistematização geral da produção probatória (muitas vezes chamada a "teoria geral da prova") não deveria estar incluída na Parte Geral – na verdade, "re-incluída", pois constava da parte geral no Anteprojeto, e foi retirada ao longo do processo legislativo. Isso, em primeiro lugar, pois "sua disciplina concerne, também, à execução civil e à tutela de urgência",[78] razão por que já foi sugerida a transferência dos artigos 369 e seguintes (atualmente constantes do processo de conhecimento) para a parte geral. E, em um segundo aspecto, porque a produção de provas é justamente o que dá validade à ideia de que o processo é um ambiente dialético e cooperativo. Essa relação é, desde há muito, defendida por parte da doutrina:

> "sin embargo, destacamos que en la actualidad el concepto de prueba civil ha alcanzado un nivel empinado en la escala axiológica procesal. Se habla, con razón, acerca de que la prueba es el alma del proceso; reconociéndose que existe un derecho de probar completado por un derecho a una debida y explicitada valoración de la prueba producida.
>
> Hoy resulta válido pergeñar nuevas definiciones del proceso civil, ahora desde la perspectiva probatoria. Así, considerarlo como un espacio democrático de reconstrucción de lo pretérito."[79]

É por esse tipo de incongruência que a Parte Geral não é sempre coerente. Um sistema que pretende ser científico precisaria fazer caber, na sua Parte Geral, as disposições que fossem comuns ao restante do código. Mas o direito processual civil usa, em diversas oportunidades, conceitos da Parte Especial de forma "geral". Toma emprestado, nesse caso, a disposição sobre prova, para fazer incidir nos procedimentos executivos e nas defesas do executado. Os institutos de direito não cabem, assim, em caixas, como se fosse possível dizer o que é geral e o que não é: a relação entre disposições gerais e mais específicas é circular, e depende do caso concreto. Por isso a crítica, de que a opção política pela Parte Geral não, por si só, o que dá sistematicidade ao código.

O artigo 8º do novo CPC é uma regra que pretende ser um guia interpretativo ao juiz. É carregada de conceitos vaguíssimos: "Ao aplicar o ordenamento jurídico, o juiz atenderá aos fins sociais e às exigências do bem comum, resguardando e promovendo a dignidade da pessoa humana e observando a proporcionalidade, a razoabilidade, a legalidade, a publicidade e a eficiência".

---

78. LOPES, João Baptista. Futuro CPC: breves anotações sobre a parte geral. In: Revista de Processo. São Paulo: RT, dez, 2012, p. 221, vol. 214.

79. PEYRANO, op cit., p. 39.

O interessante deste dispositivo é a mixagem teórica, ou a falta de coerência nos conceitos usados. Misturam-se "fins sociais e exigências do bem comum", típicos do fim do século XIX na Alemanha;[80] a dignidade da pessoa humana que surge forte ao fim da Segunda Guerra Mundial;[81] ainda, a proporcionalidade e a razoabilidade desenvolvidas pelos argumentativistas ao longo do século XX;[82] e por fim, os princípios da atuação da Administração Pública, constantes do art. 37 da CF/88. A positivação de uma norma nesses moldes é uma tentativa de dirigir a atuação do julgador, indicando as diretrizes e valorativas de que deve servir-se quando da tomada de decisões no curso do processo.

O que ocorre, no entanto, é que não há justificativa aparente para a junção de tantos momentos históricos em um só "checklist" hermenêutico judicial. Aliás, não existe um procedimento unívoco de interpretação; não há como procedimentalizar a compreensão do direito.[83] Com a devida vênia às ótimas intenções que o artigo tem, ele pode ser mais prejudicial que saudável à própria interpretação do direito.

O artigo 11 traduz o princípio da publicidade, já bastante sedimentado no processo civil brasileiro, e o artigo 12 introduz a regra (que, até por sua posição topográfica dentro do código, deve ser encarada como uma norma fundamental do processo) de que "os órgãos jurisdicionais deverão obedecer à ordem cronológica de conclusão para proferir sentença ou acórdão". Estabelece-se, aí uma regra fixa de gestão de processos em gabinetes de magistrados, o que também pode ser alvo de severas críticas.[84]

7.2. Novidades "estruturais" da Parte Geral

Pois bem. Além dessas disposições, claramente estruturantes dentro do sistema processual e que trazem consigo uma forte carga teórica e ideológica, a Parte Geral contempla algumas outras "novidades" em relação ao CPC/73, que merecem ser sucintamente destacadas.

---

80. IHERING, Rudolf Von. O espírito do direito romano. Rio de Janeiro: Alba, 1943.
81. MARITAIN, Jacques. Os direitos do homem e a lei natural, 3ª ed. Rio de Janeiro: Livraria José Olympio Editora, 1967.
82. Uma ótima crítica da vulgarização destes institutos está em SILVA, Luís Virgílio Afonso da. O proporcional e o razoável. Revista dos tribunais, vol. 798. São Paulo: RT, 2002, pp. 23/50.
83. A crítica a dispositivos como este foi objeto está em OLIVEIRA, Rafael Thomaz de. Decisão judicial e o conceito de princípio. Porto Alegre: Livraria do Advogado, 2008; e sobre a fundamentação problemática que pode surgir da má compreensão da hermenêutica: SCHMITZ, Leonard Ziesemer. A (crise de) fundamentação das decisões judiciais e a construção da resposta ao caso concreto. Dissertação de mestrado defendida na Pontifícia Universidade Católica de São Paulo, em 2014, sob a orientação de José Manoel de Arruda Alvim Netto.
84. Por todos, ver: GAJARDONI, Fernando da Fonseca. O novo CPC e o fim da gestão na Justiça. Artigo publicado em ‹jota.info/o-novo-cpc-e-o-fim-da-gestao-na-justica›, acesso em 19/04/2015.

O artigo 17, embora repita a essência do que atualmente diz o artigo 3º no CPC vigente, ganha importância renovada, pois na sistemática atual, a necessidade de "interesse e legitimidade" para o exercício do direito de ação contrasta com o que diz o artigo 267, VI, que acrescenta a tão polêmica "possibilidade jurídica do pedido" como condição da ação. No CPC projetado, o artigo 495, VI, elimina de vez a categoria "condições da ação", aduzindo que o feito poderá ser extinto simplesmente quando o juiz "verificar ausência de legitimidade ou de interesse processual".[85] A construção das condições da ação, e a sua compreensão histórica, é tema que tem íntima relação com a teoria geral do processo, pois o conceito próprio de "ação" é uma das razões da existência da disciplina processual como ciência autônoma. Atualmente, no entanto, foi preciso superar o paradigma que veio das lições *liebmanianas* para adotar uma feição de "ação" mais voltada ao modelo constitucional do processo, e mais acurada teoricamente.[86]

Adiante, trata-se de questões de limites territoriais da jurisdição e de competência – que embora não tenham sido muito modificadas, são muito bem alocadas na parte geral. Uma outra questão digna de nota é o conceito dado pelo código do que seja "conexão". O atual artigo 103 reputa serem conexas "duas ou mais ações, quando lhes for comum o objeto ou a causa de pedir". No Projeto apresentado ao Senado (PL 166/2010), a redação foi havia sido apurada e o conceito, modificado: "Consideram-se conexas duas ou mais ações, quando, decididas separadamente, gerarem risco de decisões contraditórias." Essa nova definição é bastante mais abrangente e poderia responder melhor a casos em que, embora não houvesse conexão estrita (ou seja, não existisse pedido ou causa de pedir idênticos), haveria necessidade de reunião de demandas. No entanto, o Projeto apresentado pela Câmara (PL. 8.046/2010) retornou à redação vigente – art. 55 –, acrescentando ainda um parágrafo que ordena serem "reunidas para julgamento conjunto as ações que, decididas separadamente, possam gerar risco de decisões conflitantes ou contraditórias, *ainda que não haja conexão entre elas.*" Essa alteração é nítida no sentido de abandonar a tentativa de conceito mais abrangente de conexão – e é uma questão cujo deslinde deve ser atribuído, também, às conceituações da teoria geral do processo.

Logo em seguida, dedica-se a parte geral aos "sujeitos do processo"; novamente, não há significativamente elementos novos em relação ao CPC vigente,

---

85. A exposição de motivos já do Anteprojeto de código fez questão de frisar que "Com o objetivo de se dar maior rendimento a cada processo, individualmente considerado, e, atendendo a críticas tradicionais da doutrina, deixou, a possibilidade jurídica do pedido, de ser condição da ação. A sentença que, à luz da lei revogada seria de carência da ação, à luz do Novo CPC é de improcedência e resolve definitivamente a controvérsia".

86. Sobre isso, e concordando com o projeto não fazer uso da expressão "condições da ação": DIDIER, Fredie. Será o fim da categoria "condições da ação"? Um elogio ao projeto do novo código de processo civil. In: Revista de Processo. São Paulo: RT, jul/2011, p. 256, vol. 197.

porém sem dúvidas o projeto acerta em estabelecer, em enunciados gerais, as questões de capacidade e de representação processual. Ainda sobre os sujeitos, é salutar a modificação estrutural que cria, nos artigos 77 e 78, os deveres das partes e de seus procuradores, em estrita observância da boa-fé preceituada no artigo 5º do mesmo projeto. Esses deveres ficam subordinados à "responsabilidade das partes por dano processual", seção imediatamente seguinte, que nos artigos 79 a 81 regulamenta as punições relativas à má-fé no curso do processo. O artigo 85 trata de honorários de advogado, e inova ao ser minucioso nas diversas hipóteses de cabimento de verba remuneratória – são ao todo dezenove parágrafos contemplando situações de pagamento de honorários. Essa mudança, embora singela, vem para atender ao caráter de indispensabilidade do advogado à Administração da Justiça, de acordo com o artigo 133 da Constituição.

Outra "correção" técnica feita pelo projeto está presente no artigo 104, §2º, que diz serem "ineficazes" os atos praticados sem procuração, enquanto o atual CPC diz serem inexistentes (art. 37, p. único). Essa ideia de ineficácia já existia no art. 662 do CC/02, que trata de atos praticados por procurador munido de instrumento de mandato. Trata-se de uma outra contribuição da teoria do processo, pois a readequação e a reclassificação de atos processuais em seus planos (de existência, validade e eficácia) é fruto de estudos teóricos que visam a melhor descrever esses fenômenos jurídicos (processuais).

O artigo 139 merece um destaque mais atencioso. É uma adaptação do que consta do artigo 125, no CPC vigente, determinando que o juiz seja dirigente do processo e delineando alguns dos objetivos que lhe competem nessa função. A novidade está, basicamente, no inciso IV, que possibilita ao magistrado "determinar, de ofício ou a requerimento, todas as medidas coercitivas ou sub-rogatórias necessárias para assegurar a efetivação da decisão judicial e a obtenção da tutela do direito". Esse dispositivo, que se constitui nitidamente de uma *cláusula geral* nos termos já vistos acima, é um reconhecimento efetivo de que o exercício da jurisdição abrange também atividades não cognitivas, mas puramente voltadas à satisfação da situação jurídica material. O processo perde sua característica clássica de meramente "revelar" a verdade, e passa a dever "reconstituir" ou "imunizar" as situações de crise do direito material. Nesse aspecto, assemelha-se ao que diz o artigo 461 do atual CPC, porém vai além, já que estabelece entre os deveres mais gerais da atividade do juiz o de efetivar a sua decisão, através de "todas as medidas" que forem necessárias para tanto. Quer dizer:

> "há de ser rejeitado com veemência o formalismo oco e vazio, que desconhece o concreto e deixa de fazer justiça. A organização do processo e sua ordem, por sua vez, também não são

destituídos de conteúdo. Assim, **se o juiz preservar as garantias das partes, vedado não lhe é adotar um ponto de vista mais maleável, adaptando o direito e o sistema ao caso, quando necessário para vencer o formalismo, obstaculizador da justiça na hipótese concreta"** (grifou-se).[87]

Essa "cláusula geral executiva", que dá ao juiz praticamente um "poder geral de execução", é a mais nítida tradução do que, acima neste estudo, foi apontado como uma flexibilização do ordenamento processual, para render mais adaptabilidade a casos concretos. É, também, contribuição de uma teoria do processo contemporânea.

Nesse mesmo ponto, o inciso VI do artigo 139 possibilita ao juiz "dilatar os prazos processuais e alterar a ordem de produção dos meios de prova adequando-os às necessidades do conflito, de modo a conferir maior efetividade à tutela do direito".[88] Aqui, o dispositivo é conjugado com os artigos 190 e 191, que em causas versando sobre direitos disponíveis possibilita às partes efetuar o chamado "acordo de procedimento", que significa "estipular mudanças no procedimento para ajustá-lo às especificidades da causa e convencionar sobre os seus ônus, poderes, faculdades e deveres processuais, antes ou durante o processo".

Especificamente em relação ao tema de "defesa" (repita-se: muito pouco desenvolvido pela teoria do processo, em detrimento dos outros institutos), inovou-se ao retirar do réu a posição de contradizer, meramente, o que tenha aduzido o autor. O artigo 238 do projeto diz: "A citação é o ato pelo qual são convocados o réu, o executado ou o interessado para integrar a relação processual". Não há mais espaço, portanto, para abordar o processo como um conflito bilateral de interesses entre autor e réu, onde um pede providências ao Estado-juiz e o outro busca esquivar-se do que foi pedido. Essa ideia ecoa a ideia de "relação jurídica processual" como sendo triangular, que remonta à pandectística alemã como conceito de direito privado, e já há muitos anos não é corrente na teoria para descrever o fenômeno processual. Da mesma forma, o artigo 239 diz ser causa de invalidade (e não inexistência) do processo a falta de citação, em uma demonstração de que a "não formação da relação jurídica processual" não é o que define a existência de "processo", como a clássica doutrina ditava.[89] Assim, o réu, o executado, ou qualquer interessado,

---

87. Oliveira, op. Cit., p. 213

88. A redação original, do PL 166/2010, era muito mais abrangente: art. 120, VI: "adequar as fases e os atos processuais às especificações do conflito, de modo a conferir maior efetividade da tutela do bem jurídico, respeitando sempre o contraditório e a ampla defesa".

89. Dentre os defensores da citação como pressuposto de existência, por todos: ALVIM, Arruda. Manual de direito processual civil. São Paulo: RT, 2010, pp. 493/494.

quando for chamado aos autos pela primeira vez – seja para efetuar pedidos contrapostos, concordar com os pedidos do autor, tomar ciência da demanda e permanecer silente, ou mesmo para se defender em juízo – integrará a relação processual.

Por fim, o código trata das tutelas "provisórias" na Parte Geral. É compreensível não fazerem parte do processo de conhecimento, já que as medidas de urgência e de evidência são cabíveis em todo e qualquer procedimento. Muito embora o Livro que trate destas medidas possa ser alvo de inúmeras críticas (que não cabem neste estudo), é de se mencionar que se trata de uma simplificação dos métodos de que dispõe a parte para buscar um provimento de forma antecipada – mais uma vez com o enfoque na *tutela jurisdicional* que se faz necessária através do processo.

Uma passagem assim breve e sucinta do novo CPC revela que, bem ao estilo do que se evidenciou como sendo a função dessa subdivisão legística, a Parte Geral será constituída de normas introdutórias sobre atos processuais e suas hipóteses de nulidade; disporá sobre quem participará do processo, sejam as partes, os interessados, os julgadores e os auxiliares da Justiça; descreverá, enfim, qual será o "método" processual, em sua essência, e auxiliará a compreensão do restante do código. Essa parte geral tem, na medida do que se procurou demonstrar, uma ideologia que em grande parte é proveniente de conceituações próprias da teoria geral do processo.

8. CONCLUSÕES

Por tudo o que se viu até aqui, é possível estabelecer algumas conclusões. A primeira delas é a de que Parte Geral e Teoria Geral de forma alguma podem pretender ser a mesma coisa, nem mesmo se podendo afirmar que a parte geral é a "sistematização" da teoria geral. Essas duas categorias são desenvolvidas em planos distintos do conhecimento: uma (a teoria) no campo ideal da epistemologia, elaborando conceitos a partir de descrições fenomenológicas da realidade; outra (a parte geral) dentro do direito positivado, sendo eminentemente prescritiva e não comportando teorizações muito abstratas que não sejam úteis à interpretação da própria lei da qual faz parte.

Ocorre que a teoria geral do processo é a responsável por alimentar e fornecer subsídios para a elaboração dos enunciados que farão parte do direito processual positivo. Em outras palavras: "o repertório fornecido pela teoria geral do processo serve, principalmente, para a devida compreensão e aplicação do direito processual. É instrumento indispensável ao êxito da ciência dogmática do processo".[90] Assim, a teoria geral relaciona-se com todo o

---

90. DIDIER, op. Cit. p. 118.

processo, da sua propositura até a decisão, incluindo os recursos, as técnicas de cumprimento da decisão, enfim, tudo o que seja matéria processual é fruto de construções teóricas e sistematizadoras de uma teoria do processo. Nesse aspecto, a relação entre a teoria geral do processo e uma parte geral não pode ser diferente daquela entre a teoria e as disposições acerca dos recursos, por exemplo. Não obstante, em certa medida existe uma íntima referibilidade entre a dogmática e a teoria. Esta, como dito, alimenta aquela, que em sua parte geral poderá dispor de enunciados (positivos, não meramente conceituais) úteis para a compreensão do restante do texto normativo.

Outra conclusão a que se pôde chegar é a de que, para compreender adequadamente os motivos que levaram à constatação da defasagem do CPC vigente, é imprescindível elencar e expor quais foram as mudanças socioculturais e jurídicas mais impactantes, dos anos 1970 até os dias de hoje. Essas constatações evidenciaram que a própria teoria geral do processo era outra, na época da feitura do CPC em 1973. Sendo assim, as modificações que de lá para cá tomaram lugar reestruturaram a teoria geral do processo, que por sua vez deverá alimentar com novos conceitos uma dogmática processual também renovada, o que "deixa evidente o imbricamento entre o processo civil, a Constituição e a cultura, sendo este último, pois, o método mais adequado para estudar o direito processual civil contemporâneo".[91] Eis aí o caminho que justifica a elaboração de um código novo.

Por fim, conclui-se que essa teoria geral do processo em sua feição contemporânea (influenciada pelas mudanças lembradas pelo parágrafo anterior) tem um papel importante e definidor para traçar as bases assentadoras do novo código de processo civil que se projeta atualmente. Em primeiro lugar, ao impor uma constitucionalização de toda a abordagem processual, inclusive ditando algumas das normas fundamentais do processo, de índole principiológica. Em segundo lugar, por conceber o processo em função do direito material, nunca este em função daquele. Nesse ponto, em recente artigo, o professor Arruda Alvim resumiu a questão à luz do projeto:

> "Além disso, da estrutura do Projeto extrai-se, em primeiro lugar, a intenção de se imprimir maior organicidade e simplicidade à normativa processual civil e ao processo, com o objetivo de fazer com que o juiz deixe, na medida do possível, de se preocupar excessivamente com o processo, como se fosse um fim em si mesmo, deslocando o foco da atenção do julgador para o direito material. Com isto, pretende-se descartar uma processualidade excessiva, desvinculada do objetivo do direito material".[92]

---

91. MITIDIERO, op. Cit., p. 21
92. ALVIM, Arruda. Notas sobre o projeto de código de processo civil. In: Revista de Processo, São Paulo: RT, jan/2011, p. 299, vol. 191.

O estreitamento do processo com o direito material – com a valorização das técnicas de tutela jurisdicional – é o principal valor que a teoria do processo (agora já ciente de sua autonomia, porém dependência, do direito material) contribui, para o CPC/2015 e, especialmente, para a Parte Geral da nova lei.

9. BIBLIOGRAFIA

ALVIM, Arruda. **A arguição de relevância no recurso extraordinário**. São Paulo: RT, 1988.

_____. **Tratado de direito processual civil**. São Paulo: RT, 1990.

_____. **Manual de direito processual civil**. São Paulo: RT, 2010.

_____. **Notas sobre o projeto de código de processo civil**. In: Revista de Processo, São Paulo: RT, jan/2011, p. 299, vol. 191.

BOBBIO, Norberto. **Teoria della scienza giuridica**. Torino: G. Giappichelli, 1958.

BONAVIDES, Paulo. **Curso de Direito Constitucional**. São Paulo: Saraiva, 2007.

BUENO, Cassio Scarpinella. **Curso sistematizado de direito processual: teoria geral do direito processual civil**. São Paulo: Saraiva, 2012;

CARNELUTTI, Francesco. **Diritto e processo**. Nápoles: Morano Editore, 1958.

CUNHA, Leonardo Carneiro. A mediação e a conciliação no projeto do novo CPC: meios integrados de resolução de disputas. In: NUNES, Dierle; et. al. **Novas tendências do processo civil, vol. 2**. Salvador: Juspodivm, 2012.

DIDIER, Fredie. **Será o fim da categoria "condições da ação"? Um elogio ao projeto do novo código de processo civil**. In: Revista de Processo. São Paulo: RT, jul/2011, p. 256, vol. 197.

_____. **Curso de processo civil**, vol. 1. Salvador: Jus Podivm, 2012, em especial pp. 84/95.

_____. **Sobre a teoria geral do processo, essa desconhecida**. Salvador: Juspodivm, 2012.

DINAMARCO, Candido Rangel. **A instrumentalidade do processo**. São Paulo: RT, 1987.

FAZZALARI, Elio. **Istituizioni di diritto processuale**. Padova: Cedam, 1983.

GOMES, Orlando. **Introdução ao direito civil**. Rio de Janeiro: Forense, 2010.

GUERRA FILHO, Willis Santiago. **A dimensão processual dos direitos fundamentais**. In: Revista de Processo. São Paulo: RT, jul/1997, p. 166, vol. 87.

_____. **Teoria processual da constituição**, 3ª ed. São Paulo: RCS, 2007.

HOMMERDING, Adalberto Narciso. **Fundamentos para uma compreensão hermenêutica do processo civil**. Porto Alegre: Livraria do advogado, 2007.

HIDALGO, Daniela Boito Maurmann. **Relação entre direito material e processo: uma compreensão hermenêutica.** Porto Alegre: Livraria do advogado, 2011.

IHERING, Rudolf Von. **O espírito do direito romano.** Rio de Janeiro: Alba, 1943

LACERDA, Galeno. **Comentários ao código de processo civil.** Rio de Janeiro: Forense, 1998.

por LAMEGO, José. **Hermenêutica e jurisprudência.** Lisboa: Fragmentos, 1990

LOPES, João Baptista. **Futuro CPC: breves anotações sobre a parte geral.** In: Revista de Processo. São Paulo: RT, dez, 2012, p. 221, vol. 214.

MARINONI, Luis Guilherme. **Técnica processual e tutela de direitos.** São Paulo: RT, 2004

_____. **Teoria geral do processo.** São Paulo: RT, 2007.

MACHADO NETTO, Antônio Luís. **Teoria da Ciência Jurídica.** São Paulo: Saraiva, 1975.

MARITAIN, Jacques. **Os direitos do homem e a lei natural,** 3ª ed. Rio de Janeiro: Livraria José Olympio Editora, 1967.

MITIDIERO, Daniel Francisco. **Elementos para uma teoria contemporânea do processo civil brasileiro.** Porto alegre: Livraria do Advogado, 2005.

_____. **Colaboração no processo civil como prêt-à-porter? Um convite ao diálogo para lenio streck.** In: Revista de Processo. São Paulo: RT, abr/2011, p. 55, vol. 194.

MIRANDA, Pontes de. **Tratado de direito privado.** Rio de Janeiro: Borsoi, 1970, tomo I.

MOREIRA, José Carlos Barbosa. **O novo processo civil brasileiro.** Rio de Janeiro: Forense, 2008.

MÜLLER, Friedrich. **O novo paradigma do direito.** São Paulo: RT, 2013.

NERY JR, Nelson. **Princípios do processo na constituição federal.** São Paulo: RT, 2010.

NUNES, Dierle José Coelho. **Processo jurisdicional democrático.** Curitiba: Juruá, 2002.

OLIVEIRA, Carlos Alberto Alvaro de. **Procedimento e ideologia no direito brasileiro atual.** Revista da Ajuris. Porto alegre, 1985, p. 79, n. 33.

_____. **Do formalismo no processo civil.** São Paulo: Saraiva, 1997.

OLIVEIRA, Rafael Thomaz de. Decisão judicial e o conceito de princípio. Porto Alegre: Livraria do Advogado, 2008.

PEYRANO, Jorge Walter. **Nuevas tácticas procesales.** Rosario: Nova Tesis, 2010.

PONTES DE MIRANDA, Francisco Cavalcanti. Tratado de direito privado, tomo V, 3ª ed. Rio de Janeiro: Borsoi, 1970.

REALE, Miguel. **A filosofia do direito e as formas do conhecimento jurídico.** In: Doutrinas Essenciais de Direito Civil. São Paulo: RT, out. 2010, p. 696, vol. 1

RODRIGUES, Horácio Wanderlei; LAMY, Eduardo de Avelar. **Teoria geral do processo.** Rio de Janeiro: Elsevier, 2012

SCHMITZ, Leonard Ziesemer. **A (crise de) fundamentação das decisões judiciais e a construção da resposta ao caso concreto.** Dissertação de mestrado defendida na Pontifícia Universidade Católica de São Paulo, em 2014, sob a orientação de José Manoel de Arruda Alvim Netto.

SICA, Heitor Vitor Mendonça . **O direito de defesa no processo civil brasileiro: um estudo sobre a posição do réu.** São Paulo: Atlas, 2011.

SILVA, Alzira Pereira da. **A função da parte geral no sistema do código civil.** In: Doutrinas Essenciais de Direito Civil. São Paulo: RT, out. 2010, p. 801, vol. 2.

SILVA, Luís Virgílio Afonso da. O proporcional e o razoável. **Revista dos tribunais,** vol. 798. São Paulo: RT, 2002.

STRECK, Lenio Luiz. **Hermenêutica jurídica e(m) crise, 8ª ed.** Porto Alegre: Livraria do advogado, 2011

_____. **O que é isto – decido conforme minha consciência?** Porto Alegre: Livraria do Advogado, 2013.

_____. **Um debate com (e sobre) o formalismo-valorativo de daniel mitidiero, ou "colaboração no processo civil" é um princípio?** In: Revista de Processo. São Paulo: RT, nov/2012, p. 213, vol. 213.

THEODORO, Humberto Jr.; NUNES, Dierle. BAHIA, Alexandre Melo Franco. **Novo CPC – Fundamentos e sistematização.** Rio de Janeiro: Forense, 2015.

TROCKER, Nicolò. **Processo civile e costituizione.** Milano: Giuffrè, 1974.

VENTURI, Elton. **Processo civil coletivo**: a tutela jurisdicional dos direitos difusos, coletivos e individuais homogêneos no Brasil. Perspectivas de um código brasileiro de processos coletivos. São Paulo: Malheiros, 2007.

WAMBIER, Teresa Arruda Alvim. **Recurso especial, recurso extraordinário e ação rescisória.** São Paulo: RT, 2008.

WIEACKER, Franz. **História do Direito Privado Moderno.** Lisboa: Calouste Gulbenkian, 1980.

CAPÍTULO 4

A Regra Interpretativa da Primazia do Mérito e o Formalismo Processual Democrático

Dierle Nunes[1]

Clenderson Rodrigues da Cruz[2]

Lucas Dias Costa Drummond[3]

SUMÁRIO: 1. INTRODUÇÃO; 2. DO FORMALISMO PROCESSUAL: UMA REFLEXÃO SOBRE SUA HISTÓRIA E SEUS FUNDAMENTOS; 3. NOÇÕES FRONTEIRIÇAS DO FORMALISMO PROCESSUAL: DISTINÇÕES COM A TÉCNICA PROCESSUAL E A PROPOSTA DE UM NOVO FORMALISMO DEMOCRÁTICO.; 4. O ACESSO À JUSTIÇA E O NOVO CÓDIGO DE PROCESSO CIVIL À LUZ DO FORMALISMO DEMOCRÁTICO; 4.1. AS PROPOSTAS REFORMISTAS E O FORMALISMO DEMOCRÁTICO.; 4.2. DO ACESSO À JUSTIÇA: REFORÇO AO (ANTI) FORMALISMO?; 4.3. O NOVO CÓDIGO DE PROCESSO CIVIL: COMO FORMALISMO DEMOCRÁTICO COMPLEMENTA A PRIMAZIA DO MÉRITO E O MÁXIMO APROVEITAMENTO; 5. CONSIDERAÇÕES FINAIS; REFERÊNCIAS.

1. INTRODUÇÃO

Com a aprovação do Novo Código de Processo Civil[4] entra em pauta sua interpretação, especialmente quando se percebe que desde o início a legislação

---

1. Doutor em Direito Processual (PUC-Minas/Università degli Studi di Roma "La Sapienza"). Mestre em Direito Processual (PUC-Minas). Professor Permanente do Programa de Pós- Graduação em Direito da PUCMINAS. Professor Adjunto na PUCMINAS e na UFMG. Secretário Geral Adjunto do Instituto Brasileiro de Direito Processual (IBDP), Membro fundador da Associação Brasileira de Direito Processual Constitucional (ABDPC), Associado do Instituto dos Advogados de Minas Gerais (IAMG). Membro da Comissão de Juristas que assessorou no substitutivo do Novo Código de Processo Civil Brasileiro junto a Câmara dos Deputados. Advogado e sócio do Escritório Camara, Rodrigues, Oliveira & Nunes Advocacia (CRON Advocacia). E-mail: dierlenunes@gmail.com
2. Mestre em Direito Processual pela PUC-Minas. Especialista em Direito Processual pelo IEC PUC-Minas. Professor do Curso de Direito da Faculdade de Pará de Minas - FAPAM. Advogado. E-mail: clendersoncruz@gmail.com.
3. Mestre em Direito Processual pela PUC- Minas. Advogado. E-mail: lucas_drummond27@hotmail.com.
4. Lei n. 13.105 de 16 de março de 2015.

traz um capítulo de normas fundamentais de perfil predominantemente constitucionais.

E com o novo sistema dogmático estruturado faz-se mister a percepção de um formalismo que se adeque às diretrizes do processo democrático, de modo a se evitar que as formas processuais sejam estruturadas e interpretadas em dissonância com os ditames conteudísticos do modelo constitucional de processo.[5]

É nessa quadra que se insere o presente estudo que visa apresentar um perfil interpretativo e prático para a aplicação da norma fundamental descrita no art. 4º do Novo CPC que concebe *a regra interpretativa da primazia do mérito*[6] ou "solução integral do mérito".

Com a mesma torna-se inaceitável, por exemplo, a jurisprudência defensiva no campo recursal, rigor quase "ritual" na análise de requisitos de admissibilidade intrínsecos e extrínsecos, que busca promover o impedimento da fruição plena de direitos (muitas vezes, fundamentais) e esvaziar o papel garantístico que o processo deve desempenhar na atualidade. O Novo CPC, no entanto, a partir da primazia do mérito, apresenta consideráveis ganhos no campo recursal a partir

---

5. BARROS, Flaviane de Magalhães. *O modelo constitucional de processo penal: a necessidade de uma interpretação das reformas do processo penal a partir da Constituição. In*: MACHADO, Felipe Daniel Amorim; CATTONI DE OLIVEIRA, Marcelo Andrade (Coord.). Constituição e processo: a contribuição do processo para o constitucionalismo brasileiro. Belo Horizonte: Del Rey. 2009.

6. THEODORO JR, Humberto; NUNES, Dierle; BAHIA, Alexandre Melo Franco; PEDRON, Flávio. *Novo CPC: Fundamentos e sistematização*. 2ª Edição. Rio de Janeiro: GEN Forense, 2015. Chamada por boa parcela da processualística brasileira de "princípio da primazia do mérito". Cf. DIDIER, Fredie. *Curso de direito processual civil*. Salvador: Juz Podivm, 2015. v.1. p. 136. Também chamado de "preponderância do mérito": DUARTE, Zulmar. *Preponderância do Mérito no Novo CPC*. Acessívelemhttp://genjuridico.com. br/2015/01/23/preponderancia-do-merito-no-novo-cpc/ Negamos o caráter de princípio da norma, pois como se asseverou em outra oportunidade: "Nesse mesmo passo, também não pode a doutrina brasileira começar a inventar princípios que também carecem de lastro normativo. Dworkin (que é um importante autor quando falamos do estudo e das definições contemporâneas sobre o tema) é preciso em afirmar que os princípios são frutos da história institucional de uma dada comunidade, razão pela qual não são inventados por atos criativos individuais, e sim, compreendem um reconhecimento intersubjetivo de uma prática social que espelha uma correção normativa (dizem a respeito do que é correto/lícito e do que é incorreto/ilícito); isto é, princípios estabelecem normas a respeito de direitos que encontram sua base na normatividade constitucional. Perder isso de vista, é correr o risco de desvincular os princípios de sua força normativa e, com isso, desnaturar sua normatividade (para não falar em um discurso banalizador). Paradoxalmente, ao ler textos acerca do Novo CPC já se começa a perceber a alusão a supostos novos princípios sem que o seu idealizador decline qual seria o âmbito de sua correção normativa ou de vinculação com a história institucional da comunidade jurídica brasileira. A simples existência de novas regras não as habilita a serem aplicadas com a dimensão de normas-princípio. Ainda que tal doutrina se mostre bem intencionada, é preciso identificar que o uso argumentativo é que estabelece a diferença entre princípios, regras e diretrizes políticas, já que não se mostra plausível a tese de Alexy de uma distinção estrutural (morfológica ou a priori)." NUNES, Dierle; PEDRON, Flávio. Doutrina deve ter prudência e rigor ao definir princípios do Novo CPC. Disponível em: http://www.conjur.com.br/2015-abr-19/doutrina-prudencia-definir-principios-cpc

dos arts. 932, parágrafo único,[7] 938, §1º,[8] 1007,[9] 1.013, §3º[10], 1.017, §3º,[11] 1.029, §3º[12],

---

7. "Art. 932. Incumbe ao relator: [...]Parágrafo único Antes de considerar inadmissível o recurso, o relator concederá o prazo de 5 (cinco) dias ao recorrente para que seja sanado vício ou complementada a documentação exigível. Ver: Enunciado 82 do FPPC: É dever do relator, e não faculdade, conceder o prazo ao recorrente para sanar o vício ou complementar a documentação exigível, antes de inadmitir qualquer recurso, inclusive os excepcionais. Enunciado 463 do FPPC: (art. 932, parágrafo único) O art. 932, parágrafo único, deve ser aplicado aos recursos interpostos antes da entrada em vigor do CPC de 2015 e ainda pendentes de julgamento. Enunciado 551 do FPPC: (art. 932, parágrafo único; art. 6º; art. 10; art. 1.003, §6º) Cabe ao relator, antes de não conhecer do recurso por intempestividade, conceder o prazo de cinco dias úteis para que o recorrente prove qualquer causa de prorrogação, suspensão ou interrupção do prazo recursal a justificar a tempestividade do recurso. Enunciado 550 do FPPC: (art. 932, parágrafo único; art. 6º; art. 10; art. 1.029, §3º; art. 1.033; art.1.035) A inexistência de repercussão geral da questão constitucional discutida no recurso extraordinário é vício insanável, não se aplicando o dever de prevenção de que trata o parágrafo único do art. 932, sem prejuízo do disposto no art. 1.033. (Grupo: Recursos (menos os repetitivos) e reclamação).

8. "Art. 938. A questão preliminar suscitada no julgamento será decidida antes do mérito, deste não se conhecendo caso seja incompatível com a decisão. § 1º Constatada a ocorrência de vício sanável, inclusive aquele que possa ser conhecido de ofício, o relator determinará a realização ou a renovação do ato processual, no próprio tribunal ou em primeiro grau de jurisdição, intimadas as partes" Pontue-se que conforme o enunciados do Fórum Permanente de Processualistas Civis: *Enunciado 199 do FPPC: No processo do trabalho, constatada a ocorrência de vício sanável, inclusive aquele que possa ser conhecido de ofício pelo órgão jurisdicional, o relator determinará a realização ou a renovação do ato processual, no próprio tribunal ou em primeiro grau, intimadas as partes; cumprida a diligência, sempre que possível, prosseguirá no julgamento do recurso. Enunciado n.o 332 do FPPC: Considera-se vício sanável, tipificado no art. 938, §10, a apresentação da procuração e da guia de custas ou depósito recursal em cópia, cumprindo ao relator assinalar prazo para a parte renovar o ato processual com a juntada dos originais. Enunciado n.o 333 do FPPC: Em se tratando de guia de custas e depósito recursal inseridos no sistema eletrônico, estando o arquivo corrompido, impedido de ser executado ou de ser lido, deverá o relator assegurar a possibilidade de sanar o vício, nos termos do art. 938, §10.*"

9. **Art. 1.007.** No ato de interposição do recurso, o recorrente comprovará, quando exigido pela legislação pertinente, o respectivo preparo, inclusive porte de remessa e de retorno, sob pena de deserção. [...] § 20 A insuficiência no valor do preparo, inclusive porte de remessa e de retorno, implicará deserção se o recorrente, intimado na pessoa de seu advogado, não vier a supri-lo no prazo de 5 (cinco) dias. § 30 É dispensado o recolhimento do porte de remessa e de retorno no processo em autos eletrônicos. § 40 O recorrente que não comprovar, no ato de interposição do recurso, o recolhimento do preparo, inclusive porte de remessa e de retorno, será intimado, na pessoa de seu advogado, para realizar o recolhimento em dobro, sob pena de deserção. 50 É vedada a complementação se houver insuficiência parcial do preparo, inclusive porte de remessa e de retorno, no recolhimento realizado na forma do § 40. § 60 Provando o recorrente justo impedimento, o relator relevará a pena de deserção, por decisão irrecorrível, fixando-lhe prazo de 5 (cinco) dias para efetuar o prepare. § 70 .0 equívoco no preenchimento da guia de custas não implicará a aplicação da pena de deserção, cabendo ao relator, na hipótese de dúvida quanto ao recolhimento, intimar o recorrente para sanar o vício no prazo de 5 (cinco) dias.

10. Que amplia as hipóteses da aplicação da teoria da causa Madura: "**Art. 1.013.** A apelação devolve- rá ao tribunal o conhecimento da matéria impugnada [...] § 30 Se o processo estiver em condições de imediato julgamento, o tribunal deve decidir desde logo o mérito quando: I reformar sentença fundada no art 485; II decretar a nulidade da sentença por não ser ela congruente com os limites do pedido ou da causa de pedir; III constatar a omissão no exame de um dos pedidos, hipótese em que poderá julgá-lo; IV. decretar a nulidade de senten- ça por falta de fundamentação. § 4º Quando reformar sentença que reconheça a decadência ou a prescrição, o tribunal, se possível, julgará o mérito, examinando as demais questões, sem determinar o retorno do processo ao juízo de primeiro grau."

11. Art.1.017. [...] § 30 Na falta da cópia de qualquer peça ou no caso de algum outro vício que comprometa a admissibilidade do agravo de instrumento, deve o relator aplicar o disposto no art 932, parágrafo único

12. "**Art. 1.029.** O recurso extraordinário e o recurso especial, nos casos previstos na Constituição Federal, serão interpostos perante o presidente ou o vice-presidente do tribunal recorrido, em petições distintas que conterão: [...]§ 30 O Supremo Tribunal Federal ou o Superior Tribunal de Justiça poderá desconsiderar

entre muitos outros.[13]

Também o faz ao criar para o magistrado deveres normativos comparticipativos (cooperativos) nos arts. 64, §4º,[14] 139, IX,[15] 317,[16] 352,[17] 488,[18] 700, §5º[19] e igualmente para as partes ao estabelecer um série de ônus argumentativos, como v.g, os dos arts. 339,[20] 1.003, §6º.[21]

Em verdade, a própria associação do "procedimento" a "um rito" nos conduz à comparação da forma processual, que possui finalidade e conteúdo necessário, a práticas ligadas a conceitos transcendentais imperscrutáveis, impensáveis em qualquer raciocínio jurídico, no qual toda interpretação e aplicação deva vir embasada em contundente fundamento explicativo.

Daí se enxergar em boa perspectiva a regra interpretativa da primazia do julgamento do mérito com a busca de um máximo aproveitamento processual legítimo, encampada desde o art. 40 do Novo CPC,22 que perpassa toda a redação da nova legislação, no sentido de se fundar um novo formalismo que abandone a antiquíssima premissa do ritual.

---

vício formal de recurso tempestivo ou determinar sua correção, desde que não o repute grave. Conforme enunciados do FPPC: *"Enunciado n.o 83 do FPPC: Fica superado o enunciado 115 da súmula do STJ após a entrada em vigor do CPC ("Na instância especial é inexistente recurso interposto por advogado sem procuração nos autos"). (Grupo: Ordem dos Processos no Tribunal, Teoria Geral dos Recursos, Apelação e Agravo); Enunciado n.o 219 do FPPC: O relator ou o órgão colegiado poderá desconsiderar o vício formal de recurso tempestivo ou determinar sua correção, desde que não o repute grave. (Grupo: Recursos Extraordinários); Enunciado n.o 220 do FPPC: O Supremo Tribunal Federal ou o Superior Tribunal de Justiça inadmitirá o recurso extraordinário ou o recurso especial quando o recorrente não sanar o vício formal de cuja falta foi intimado para corrigir. (Grupo: Recursos Extraordinários)."*

13. Cf. texto de abril de 2015: http://justificando.com/2015/04/28/algumas-novidades-do-novo-cpc-em-materia--recursal/

14. Que prevê a potencialidade de aproveitamento das decisões proferidas por juízo incompetente mediante a *translatio judicii*: **"Art. 64.** A incompetência, absoluta ou relativa, será alegada como questão preliminar de contestação: [..] §4º Salvo decisão judicial em sentido contrário, conservar-se-ão os efeitos de decisão proferida pelo juízo incompetente até que outra seja proferida, se for o caso, pelo juízo competente."

15. **"Art. 139.** O juiz dirigirá o processo conforme as disposições deste Código, incumbindo-lhe:[...] IX. determinar o suprimento de pressupostos processuais e o saneamento de outros vícios processuais."

16. **"Art. 317.** Antes de proferir decisão sem resolução de mérito, o juiz deverá conceder à parte oportunidade para, se possível, corrigir o vício."

17. **"Art. 352.** Verificando a existência de irregularidades ou de vícios sanáveis, o juiz determinará sua correção em prazo nunca superior a 30 (trinta) dias."

18. **"Art. 488.** Desde que possível, o juiz resolverá o mérito sempre que a decisão for favorável à parte a quem aproveitaria eventual pronunciamento nos termos do art 485."

19. **"Art. 700.** [...]§ 50 Havendo dúvida quanto à idoneidade de prova documental apresentada pelo autor, o juiz intimá-lo-á para, querendo, emendar a petição inicial, adaptando-a ao procedimento comum.

20. **"Art. 339.** Quando alegar sua ilegitimidade, incumbe ao réu indicar o sujeito passivo da relação jurídica discutida sempre que tiver conhecimento, sob pena de arcar com as despesas processuais e de indenizar o autor pelos prejuízos decorrentes da falta de indicação."

21. **"Art. 1.003,** [...]§ 60 O recorrente comprovará a ocorrência de feriado local no ato de interposição do recurso."

22. **"Art. 4º** *As partes têm direito de obter em prazo razoável a solução integral do mérito, incluída a atividade satisfativa."*

Em outra perspectiva, o abandono e esvaziamento do formalismo, constitucionalmente compreendido, em prol de uma concepção ainda vinculada ao dogma socializador do protagonismo judicial, que permitiria ao magistrado sozinho flexibilizar as formas (vezes sim, vezes não) no exercício de um ativismo "seletivo",[23] também merecem ser combatidos, uma vez que toda forma processual guarda fundamento numa garantia constitucional, não sendo algo que se encontre sob a escolha subjetiva e contingencial de qualquer dos sujeitos processuais.

Aqui se fala da ideia de uma intervenção gerencial do conflito (*case* e *court mangement*), por todos os sujeitos processuais, no sentido de se promover uma administração/dimensionamento dos conflitos mediante uma análise panorâmica do próprio fenômeno da litigiosidade (plúrima)[24] e de suas causas na atualidade, algo louvável e necessário a ser desempenhado por todos aqueles que militam no sistema processual de aplicação de direitos. Enquanto a processualística não ampliar seus horizontes não trabalharemos com as causas (gatilhos) dos litígios e continuaremos a "enxugar um gelo" interminável.

Ou seja, neste texto o foco será o de se tratar a forma processual em consonância com seu conteúdo adequado de modo que sua aplicação ou flexibilização deva se dar em consonância com um pressuposto material e discursivo (debatido no processo) e não em razão de uma escolha solitária (ou salvacionista) do decisor (de corrigir equívocos das partes).

O Novo CPC, nesses termos, procura atribuir uma responsabilização de todos os sujeitos processuais, mediante uma teoria normativa da comparticipação, de modo a viabilizar uma análise de suas técnicas e formas segundo as bases fundamentais constitucionais, com a finalidade de se prestigiar a primazia do mérito.

Pontue-se que, conquanto o formalismo processual se trate de tema frequentemente mencionado nos estudos do Direito Processual sua abordagem ordinariamente se dá embasada tão só no vetor da celeridade.

Assim, são reiteradas as afirmações ingênuas no sentido de se imputar ao formalismo processual a culpa pela morosidade que acomete os sistemas processuais da atualidade. Por estas mesmas razões é comum ver tal instituto vulgarmente confundido com o *"formalismo excessivo"* ou *"forma pela forma"*.

Estas posturas intelectuais se olvidam, em boa parte da vezes, da constatação de que o enorme tempo processual é gasto prioritariamente nos cartórios

---

23. NUNES, Dierle; TEIXEIRA, Ludmila. *Acesso à justiça democrático*. Brasília: Gazeta, 2013.
24. Sobre o pluralismo das litigiosidades e de sua abordagem cf. FISS, Owen. The forms of Justice. *Harvard Law review*. v. 93. nov. 1979.

de juízo, tendo limitada importância o respeito (ou não) da forma/garantia processual nesta situação.[25]

Ocorre, assim, que muitas destas afirmações acabam por não guardar qualquer relação com o sentido científico e objetivo da expressão *"formalismo processual"*, fazendo com que tais sofismas proliferem em escala geométrica na linguagem forense ou, até mesmo, nos textos acadêmicos.

Assim, após considerar o formalismo, antes de tudo, uma garantia do processo democrático, fica claro que as ondas reformistas muitas vezes incorporaram um sentido antiformalista, culminando na desvalorização tanto da forma quanto da técnica processual.

Algumas destas tendências, ainda vinculadas ao pensamento socializador/ estatalista, acabam por penalizar o magistrado ao lhe atribuir a função de *engenheiro social solitário,* com capacidade de dimensionar todos os dilemas da sociedade, e acabam potencializando a litigiosidade uma vez que os cidadãos passam a judicializar "tudo" sob a crença que o Judiciário conseguirá, sem infraestrutura e debate, realizar *"escopos sociais e políticos"*[26], como se defende desde Klein[27]. Com isso, mitiga-se a forma e se alargam os poderes do juiz para que este possa alcançar os sobreditos *"valores superiores"*.[28]

Nesta esteira, o problema proposto no presente estudo cinge-se à verificação do tipo de formalismo do processo albergado no Novo Código de Processo Civil e como esse poderá influir e fazer valer *a norma fundamental da primazia do mérito.*

O objetivo é apresentar uma (re)leitura do formalismo processual, agora democrático, e demonstrar que a exigência da forma deve possuir fundamento nos direitos fundamentais, demonstrando que parte da mudança *"qualitativa"* do sistema passa por esta alteração interpretativa e dogmática. Mais do que isso, pretende-se demonstrar que ao se aplicar a nova concepção de formalismo, agora conteudístico, temos ganhos na celeridade processual e temos um procedimento constitucionalizado e democrático de prestigiar o mérito.

---

25. Pesquisa realizada em 2006 em Cartórios da Comarca de São Paulo atesta que: "O tempo em que o processo fica em cartório é grande em relação ao tempo total do processamento. Descontados os períodos em que os autos são levados ao juiz para algum decisão ou retirados por advogados para vista e manifestação, eles ficam nos cartórios por um periodo equivalente a 80% (no cartório A) em 95% (nos cartórios B de C) do tempo total do processamento." MINISTÉRIO DA JUSTIÇA. Análise da gestão e funcionamento dos cartórios judiciais. Brasília, 2007. p. 22.

26. DINAMARCO, Cândido Rangel. *A Instrumentalidade do Processo.* 15ª ed. São Paulo: Editora Malheiros, 2013. p. 188-208.

27. KLEIN, Franz. *Zeit-und Geistesströmungen im Prozesse.* Frankfurt am Main: Vittorio Klostermann, 1958.

28. BEDAQUE, José Roberto dos Santos. *Efetividade do Processo e Técnica Processual.* 3ª ed. São Paulo: Malheiros, 2010. p. 81-84.

Para tanto, é preciso estabelecer a necessária conexão entre o formalismo processual e uma abordagem processual democrática, a partir da observância das garantias constitucionais processuais, bem como dos direitos fundamentais.

Com este objetivo, em um primeiro momento, será realizada uma reconstrução do formalismo processual, a fim de se investigar parcela de suas origens e identificar sua finalidade precípua de limitação do exercício do poder.

Na segunda seção, buscar-se-á estabelecer uma distinção entre a forma, a técnica processual e o formalismo, a fim de se evitar confusões que frequentemente ocorrem no campo desta discussão. Ainda nesta oportunidade será encaminhada uma proposta de um formalismo processual democrático.

Na terceira e última seção, verificar-se-ão as críticas às abordagens realizadas acerca do tema, sob a ótica dos Movimentos de *"Acesso à Justiça"* de viés socializador, de modo a permitir a evidente possibilidade de convivência harmônica entre o formalismo processual democrático e os ditames do Acesso à Justiça Democrático. Esta noção deverá, destarte, figurar como matriz para as cogitações pertinentes ao Novo Código de Processo Civil, sendo que nos proporemos a fazer uma análise crítica de alguns institutos ali constantes.

Por fim, será verificado como o formalismo processual democrático poderá auxiliar metodicamente no máximo aproveitamento da demanda e plena análise cognitiva dos conflitos levados pelos cidadãos ao sistema jurisdicional.

2. DO FORMALISMO PROCESSUAL: UMA REFLEXÃO SOBRE SUA HISTÓRIA E SEUS FUNDAMENTOS

Não se pode olvidar que as reflexões sobre o formalismo não são recentes. Por suposto, desafiam uma longa retrospectiva do passado, citando, como exemplo, a proposição de Troller, para quem a primeira explicitação de critérios formais no processo remontam os idos de 150 a.C., através da *Lex Aebutia*.[29]

Entretanto, para fins do presente estudo, cumpre focalizar a importância que o formalismo teve a partir do Liberalismo Processual, bem como quais foram as feições por aquele assumidas durante o período estatalista[30] da Socialização Processual. Isto porque, segundo o saudoso professor Alvaro de Oliveira, que aproveitamos para homenagear com esta singela reflexão deste

---

29. O autor esclarece que no curso da história a revolta pessoal em face do formalismo foi comprimida em prol de uma aclamação coletiva contra o processo dominador (TROLLER, Alois. *Os Fundamentos do Formalismo Processual Civil*. Porto Alegre: Sergio Antônio Fabris Editor, 2009. p. 16).
30. TARELLO, Giovanni. *Dottrine del processo civile*: studi storici sulla formazione del diritto processuale civile. Il Mulino, 1989. p. 17.

ensaio, em face de sua passagem, e ser o mesmo, indiscutivelmente, um dos maiores estudiosos do formalismo no Brasil[31], a evolução do formalismo se deu de forma *"helicoidal"* passando por momentos de formalismo extremado, ou em sentido oposto, de seu afastamento completo. **Seguramente, o formalismo acompanha seu tempo, de modo que as relações sociais, o liberalismo e a socialização deixaram seus traços e influíram na sua intensidade.**

Esta correlação paradigmática implica em importante premissa de reflexão ao induzir a necessária análise do formalismo em consonância com seu momento e Estado que se vincula.[32]

Com efeito, o formalismo exacerbado retrata uma época na qual as partes detêm a primazia nas funções processuais. O juiz, de outro lado, tem a sensível redução de suas funções, apresentando-se como neutro. Em tal período, o formalismo garantiria a fiscalização das ações das partes e principalmente das condutas do juiz. Eleva-se nessa fase o rigor da forma, privilegiando a escritura.

Fazendo remissão à ideologia liberal, Calamandrei asseverou o papel da legalidade na função de preservação do "valor" (para ele) mais caro aos liberais, qual seja, a liberdade. Ali, sobreleva-se a importância do procedimento, enquanto garantia de um debate livre, sem maiores ingerências por parte de terceiros, razão pela qual a forma preponderaria sobre os conteúdos de tais deliberações. Para ele *"o programa dos liberais não diz respeito ao conteúdo das leis, mas quanto a estrutura do mecanismo constitucional que deve servir a criá--las. Nesse sentido, se pode dizer que a escolha liberal está mais para a forma do que para o conteúdo"*(grifo nosso) (tradução livre).[33]

Neste sentido, quanto à função de assegurar a contenção do poder exercido pelo Estado-juízo, Alois Troller advertiu, que, *"se de vez em quando quisermos amaldiçoar o formalismo processual, pensemos que em um importante domínio jurídico ele ata as mãos da arbitrariedade"*[34].

Não obstante ao acima noticiado, verifica-se que a ideia liberal de formalismo acabava por se perverter, na medida em que foi radicalizado e levado às últimas consequências. Isto porque ora recairiam em uma noção de formalismo exacerbado, ora contribuiriam para transformar o processo em um mero jogo

---

31. Pontue-se que a proposta do professor segue um viés axiológico, que respeitamos, mas não seguimos.
32. ALVARO DE OLIVEIRA, Carlos Alberto. *Do Formalismo no Processo Civil: proposta de um formalismo-valorativo.* 4ª ed. São Paulo: Saraiva, 2010. p. 33.
33. No original: *"Il programma dei liberali non riguarda dunque tanto il contenuto delle leggi, quanto la struttura del meccanismo costituzionale.che deve servire a crearle"* (CALAMANDREI, Piero. *Non c´è Libertà senza Legalità.* Roma: Laterza, 2013. p. 9-10).
34. TROLLER, Alois. *Os Fundamentos do Formalismo Processual Civil.* Porto Alegre: Sergio Antonio Fabris Editor, 2009. p. 109.

amplamente dominado pelas partes, em que o êxito não necessariamente será atribuído a quem tenha razão.[35]

Com isso, o declínio do liberalismo processual, em face da ascensão do movimento de publicização do processo, afigura-se marcante em obras como a de Oskar Bülow que ofertam margem para o denominado *"formalismo moderno"*. O processo passa então a ser reconhecido como uma relação de direito público, no qual o juiz exerce a função estatal, de natureza principal. Essa última fase, que se vale de preceitos socializadores da obra legislativa de Klein,[36] se materializa, segundo Alvaro de Oliveira, pelo processo do bem-estar social.[37] Há nesse período uma preponderância do juiz no processo, que se justificaria na função social do processo. Essa fase marca a socialização do direito processual, que conforme se vê, foi a matriz do direito processual do Brasil, a partir dos Códigos de Processo Civil de 1939, 1973 e das reformas processuais até antes do CPC-2015.

Com a mudança da sociedade, assiste-se ao fortalecimento do Estado em face das partes, época marcada pela ausência de técnica e de consciência do povo em face do poder exercido. O período é marcado pela outorga total do poder ao Estado-Juiz, que é livre para apreciar e julgar o caso, sem que em algumas hipóteses observe as normas procedimentais. O juiz detém uma grande liberdade para o julgamento do litígio e baixo nível de fiscalidade (*accountability*) do exercício de seu múnus. As partes, por outro lado, têm sua participação reduzida (passiva) no procedimento. Portanto, essa fase é marcada, por vezes, pelo arbítrio e decisionismo do Estado-Juiz.

Alvaro de Oliveira, ao tratar desse período, pondera que *"à medida que cresce e intensifica-se o poder e o arbítrio do juiz, enfraquece-se também o formalismo, correlativo elemento de contenção."*[38]

Nesse contexto, importante ressaltar que os movimentos antiformalistas não se restringiram à socialização processual. Segundo Chase, o marco para expansão do poder discricionário que representou uma guinada do processo estadunidense, no sentido de flexibilização, coincide com o discurso de Roscoe Pound propugnado em 1906. Nesta oportunidade, este pensador apresentou as

---

35. GOLDSCHMIDT, James. *Os princípios gerais do processo civil.* Belo Horizonte: Lider, 2002. p. 49. CALAMANDREI, Piero. *O processo como um jogo.* Trad. Roberto Claro. Curitiba: Genesis - Revista de Direito Processual Civil, nº 23, janeiro-março de 2002. p. 194-195.
36. Para uma análise das tendências reformistas de modo mais pormenorizado cf. NUNES, Dierle José Coelho. *Processo Jurisdicional Democrático.* Curitiba: Juruá, 2008.
37. TROLLER, Alois. *Os Fundamentos do Formalismo Processual Civil.* Porto Alegre: Sergio Antonio Fabris Editor, 2009. p. 75.
38. TROLLER, Alois. *Os Fundamentos do Formalismo Processual Civil.* Porto Alegre: Sergio Antonio Fabris Editor, 2009. p. 44.

causas da insatisfação popular com a justiça e que de mais a mais, teve íntima ligação com o liberalismo.[39]

Pound, entre as várias causas de insatisfação, ressaltou que a mais importante e constante insatisfação com todas as leis de todos os tempos é encontrada a partir da operacionalização necessariamente mecânica das regras legais. Menciona em seu discurso que seria necessário afastar-se da lei, a fim de colocar a administração da justiça em contato com as condições morais, sociais e políticas. Diz mais, ressalta que a solidificação da discricionariedade importaria na estabilidade e uniformidade da ação judicial, quando a equidade e a lei natural tornam-se rígidas.[40]

A influência de valores eficientistas no desenvolvimento do direito processual passou por um processo de racionalização tecnocrática da justiça, com ênfase no custo-benefício e da produtividade.[41]

Em nossa visão, o liberalismo econômico norte-americano influenciou sobremaneira a visão dos Tribunais que passaram a ter a necessidade de acompanhar a revolução tecnológica para que tivessem legitimada sua autoridade. Como ressalta Chase, os defensores da liberalização procedimental tinham admiração pelo modelo empresarial da época, buscando um modelo científico, flexível e simples. **Na verdade, uma resposta econômica ao aumento das demandas e a escassez de recursos aplicados no orçamento destinado ao Judiciário na época.**[42] Os Tribunais necessitavam, pela modernidade, apresentar uma nova imagem de eficientes, pragmáticos e sábios; essas condições eram essenciais, em uma sociedade tecnocrática, para o exercício do poder.[43]

No entanto, conforme restou pontuado anteriormente, o que se pretende com o presente estudo é ultrapassar tanto as premissas liberais, quanto sociais, haja vista que após a Constituição Federal de 1988 aboliu-se qualquer cogitação dos Estados sob comento e, consequentemente, suas manifestações nas funções estatais em prol da assunção de uma perspectiva de processo democrático e comparticipativo, que busca promover um equilíbrio de papéis e responsabilidade para todos os sujeitos processuais, mediante um sistema policêntrico[44].

---

39. CAPPELLETTI, Mauro; GARTH, Bryant. *Acesso à Justiça*. Porto Alegre: Sergio Antônio Fabris Editor, 1988, p. 121.
40. POUND, Roscoe. *The Causes of Popular Dissatisfaction with the Administration of Justice*. Presented at the anual convention of the American Bar Association in 1906.
41. CHASE, Oscar G. *Direito, cultura e ritual. Direito, cultura e ritual*. Trad. Sérgio Arenhart, Gustavo Osna. São Paulo: Marcial Pons, 2014. p. 121
42. CHASE, Oscar G. *Direito, cultura e ritual. Direito, cultura e ritual*. Trad. Sérgio Arenhart, Gustavo Osna. São Paulo: Marcial Pons, 2014. p. 122-124
43. CHASE. *Op. Cit.*, p. 125
44. NUNES, Dierle José Coelho. *Processo Jurisdicional Democrático*. Cit.

Vive-se o momento da consolidação do Estado Democrático de Direito e a propensa efetivação dos direitos fundamentais, de modo que o processo, com o auxílio do formalismo, no sentido proposto no presente estudo, poderá fortalecer as estruturas para tais fins.

Para tanto, após essa breve reflexão histórico-paradigmática do formalismo processual será possível apresentar uma crítica às propostas que pretendem seu afastamento, que sob uma interpretação tradicional poderiam permitir uma leitura inadequada da proposta do novo Código de Processo Civil.

3. NOÇÕES FRONTEIRIÇAS DO FORMALISMO PROCESSUAL: DISTINÇÕES COM A TÉCNICA PROCESSUAL E A PROPOSTA DE UM NOVO FORMALISMO DEMOCRÁTICO.

Conforme restou salientado anteriormente, tem-se que o formalismo processual assumiu papel histórico de contenção de eventuais arbitrariedades cometidas pelo juiz, de sorte que se concretizou como verdadeira garantia das partes durante a tramitação do processo.

Não é demais recordar, mais uma vez, que a expressão *"formalismo processual"* não está sendo empregada no presente trabalho no modo como comumente é feito, de sorte que não se trata de uma designação pejorativa de observância da *"forma pela forma"*.

De modo aparentemente semelhante à função do formalismo processual descrita por Troller, verifica-se que a Técnica Processual foi concebida como alternativa aos critérios de aplicação do direito que passassem pela subjetividade e *"inteligência individual"* do julgador, substituindo os meios de aplicação da Justiça do tipo salomônico. Com isso, passaria a se considerar uma estrutura normativa que, de forma objetiva, possibilitaria aos membros da sociedade contarem com a mesma segurança em juízo, independentemente das características cognitivas pessoais do juiz[45] (previsibilidade) especialmente quando se percebe a presença em julgamentos dos chamados **vieses cognitivos (*cognitive biases*)**,[46] deturpações de julgamento a que qualquer decisor está submetido por inúmeros fatores, como a incerteza ínsita ao julgamento e a exiguidade de tempo.

Como informado em outra sede:

---

45. GONÇALVES, Aroldo Plínio. *Técnica Processual e Teoria do Processo*. 2ª Ed. Belo Horizonte: Del Rey, 2012. p.37-38.
46. Para uma introdução sobre o tema: FONSECA COSTA, Eduardo José. Algumas considerações sobre as iniciativas judiciais probatórias. *Revista Brasileira de Direito Processual, 90* (RBDPro 90). Belo Horizonte: Editora Fórum, 2015. p. 153-173.

Estudos empíricos (psicológicos e jurídicos), realizados com magistrados americanos, demonstram que o juiz sofre propensões cognitivas que o induzem a usar atalhos para ajudá-lo a lidar com a pressão da incerteza e do tempo inerentes ao processo judicial. É evidenciado que mesmo sendo experiente e bem treinado, sua vulnerabilidade a uma ilusão cognitiva no julgamento solitário influencia sua atuação. Um exemplo singelo encontrado nas pesquisas, que aclara esta situação, é a propensão do magistrado que indefere uma liminar, a julgar, ao final, improcedente o pedido. Por um efeito de bloqueio ficou demonstrado que o juiz fica menos propenso à mudança de sua decisão mesmo à luz de novas informações ou depois de mais tempo para a reflexão. [....]Todas estas constatações que mostram a autenticidade de preocupações acadêmicas envolvendo a crítica ao solipsismo e protagonismo judiciais, de um lado, e com a busca estratégica de sucesso, inclusive de má-fé, além da atecnia, por parte dos advogados, de outro, demonstram empiricamente a existência do problema e a necessidade de dimensionamento de contramedidas processuais com a finalidade de esvaziar e controlar **os comportamentos não cooperativos** e contaminados de todos os sujeitos processuais."[47-48]

---

47. THEODORO JR., NUNES, BAHIA, PEDRON. Novo CPC – Fundamentos e sistematização. Rio de Janeiro: GEN Forense, 2015, 1a ed. p. 64-65; 87-89, passim.

48. Levar a sério estes vieses não significa buscar e acatar necessariamente uma concepção de índole realista (realismo jurídico que de modo recorrente aposta na força decisória embasada no discurso positivista da autoridade do decisor para criar o direito), que aqui se rechaça, mas de mediante sua percepção se gerar constrangimentos racionais (embasados numa leitura forte dos princípios processuais constitucionais) para que o uso da linguagem, pelo decisor e partes, se estruture de modo que se desincumbam de seus ônus argumentativos e promova-se a formação dialógica das decisões, impedindo-se escolhas solitárias e exercícios discricionários do poder. Não se pode negligenciar que algumas correntes realistas denunciam os riscos do decisionismo e buscam criar constrangimentos materiais para os decisores. Just e Assis pontuam "a necessidade de legitimar a decisão interpretativa junto aos seus destinatários, assim como de persuadir os membros de um órgão colegiado, quando for o caso. Tal constituiria uma constrição objetiva que obrigaria a recorrer a argumentos extraídos da verdade do texto (sic), ou, mais genericamente, a fundamentar a decisão afirmando que ela decorre de uma norma. A melhor fundamentação, desse ponto de vista, consistiria em afirmar que não se poderia agir de outro modo, isto é, numa "dissimulação do poder de que deveras se dispõe. 2) O intérprete se veria obrigado, lado outro, a fim de preservar a sua posição relativa no sistema de competências, a levar em conta o modo como os demais atores poderiam exercer suas próprias competências. Num sistema de balanceamento de poderes as normas organizam as relações entre autoridades de tal forma que o poder discricionário de uns dissuade os outros de exercerem desmesuradamente o seu próprio poder discricionário. Por exemplo, uma corte constitucional pode ver-se constrangida a modular os efeitos de sua decisão de forma a não provocar o exercício do poder de reforma que pode ser de seu interesse evitar, de acordo com as circunstâncias. 3) Ao fim, o intérprete seria constrangido a ser coerente com os métodos e os conceitos que utiliza com vistas à manutenção de seu poder de dizer o direito. Poder este que é definido como a capacidade de influenciar o comportamento de outrem, para o que a sua manutenção depende do uso moderado, traduzindo-se pela estatuição de regras gerais e estáveis, uma vez que, se as jurisdições superiores viessem a atribuir qualquer significado a qualquer texto, as jurisdições inferiores e os próprios jurisdicionados não teriam como regular as suas próprias condutas. No exemplo do juiz constitucional,

Em assim sendo e em que pese tanto a forma quanto a técnica processual cumprirem, em alguma medida, a função limitadora acima noticiada, urge alertar que o formalismo tem domínios próprios, de sorte que não há que confundi-lo com aquele outro instituto. Assim, há que se considerar as diversas distinções que se faz acerca do tema ora examinado.

Atendo-se aos estudos feitos acerca do tema em apreço, verifica-se que a forma foi subdividida em seus sentidos amplo e estrito, consoante preconizou Alvaro de Oliveira. Com isso, o referido autor assevera que o formalismo processual, ou forma em sentido amplo, refere-se à organização do processo como um todo, não se confundindo, portanto, com a forma do ato processual individualmente considerado. Em síntese, segundo o autor:

> Forma em sentido amplo investe-se, assim, da tarefa de indicar as fronteiras para o começo e o fim do processo, circunscrever o material a ser formado, e estabelecer dentro de quais limites devem cooperar e agir as pessoas atuantes no processo para o seu desenvolvimento.[49]

Já vislumbrando as diversas confusões decorrentes da indistinção entre o formalismo e a técnica processual[50], haja vista o compartilhamento da função reguladora da atividade jurisdicional, verifica-se que Alvaro de Oliveira apressou-se em estabelecer noções individualizadas sobre os institutos mencionados. Com isso, tem-se que o referido autor vislumbrava no formalismo processual um caráter preponderantemente axiológico, permeado por valores culturais da sociedade, momento no qual apresenta a sua tese do formalismo-valorativo.

Igualmente, prossegue elucidando que o caráter valorativo do formalismo processual decorreria do fato de que o Direito seria uma criação cultural do homem, não estando imune, por conseguinte, a influências axiológicas. Por esta razão, afirma que *"a questão axiológica termina por se precipitar no ordenamento de cada sistema e na própria configuração interna do processo, pela indubitável*

---

uma sequência de interpretações arbitrárias poderia conduzir a que se colocasse em questão a sua legitimidade, mas, sobretudo, ele não poderia continuar a determinar, como atualmente o faz, o conteúdo de toda a legislação futura" JUST DA COSTA E SILVA, Gustavo; ASSIS, Igor. A teoria dos constrangimentos do raciocínio jurídico e seu teste de verdade: uma análise retroditiva da arguição de descumpri- mento de preceito fundamental no 132/RJ. *Revista Caderno de Relações Internacionais*, vol. 5, no 8, jan-jun. 2014. p. 168. Os próprios autores constatam algumas incongruências no discurso realista e que o projeto estaria inacabado. Preferimos pontuar que o discurso positivista/realista está umbilicalmente ligado a concepções que aposta em virtudes que os decisores, por serem humanos, não conseguem atingir em termos de *fairness*.

49. ALVARO DE OLIVEIRA, Carlos Alberto. *O formalismo-valorativo no confronto com o formalismo excessivo*. In: Revista de Processo, São Paulo: RT, n.º 137, 2006. p. 5.

50. Neste sentido, cf. BEDAQUE, José Roberto dos Santos. *Efetividade do Processo e Técnica Processual*. 3ª ed. São Paulo: Malheiros, 2010. p. 95.

natureza de fenômeno cultural deste e do próprio direito".[51] Nesta perspectiva, aborda-se o formalismo processual em relação aos fins e meios que desempenha processualmente. Tal análise leva em consideração que o processo se prestaria, sempre segundo Alvaro, a tutelar os "valores mais importantes", tais como a realização da Justiça material e da paz social, quando se manifesta como um fim. Já quanto aos meios, o processo, associado ao formalismo, se reportaria à necessidade de se consagrar valores como a *efetividade, a segurança e a organização interna justa do próprio processo (fair trial)".* [52]

Nesta linha de reflexão, denota-se que, na tese do formalismo-valorativo, o traço distintivo do formalismo e da técnica processual revela-se pela existência de um caráter axiológico daquele, em face da neutralidade desta. Isto porque a técnica não se reportaria ao valor das suas finalidades, não valorando, igualmente, a licitude ou ilicitude destas, ao reverso do que ocorre no formalismo de caráter valorativo. Com efeito, Alvaro de Oliveira pondera que o formalismo *"exatamente porque fenômeno cultural, informado por valores, não se confunde com a técnica, que é neutra a respeito da questão axiológica".*[53]

Entretanto, tem-se que tal tese, não obstante à sofisticação das suas cogitações, bem como a sua contribuição para a diferenciação do que sejam técnica e formalismo processual, acaba por recair na noção socializadora (estatalista) do processo e em seus paradoxos. Ademais, acaba por construir um sistema informado por valores (aplicáveis em consonância com a preferência do aplicador) e não por princípios (comandos deontológicos que impõem correção normativa).

Como se sabe, a Socialização do Processo se inaugura na segunda metade do século XIX tendo como expoentes iniciais Anton Menger e Franz Klein, que apregoavam, entre várias outras características, a existência predominante de uma função social do processo, além de fins políticos e econômicos.[54]

Para a presente discussão, fica clara a aderência de Alvaro de Oliveira às matrizes teóricas acima indicadas, uma vez que, para este autor, caberia aos valores de origem cultural orientar a composição da estrutura processual e de seus respectivos fins. Assim, percebe-se que a noção valorativa do formalismo processual surge como um sintoma natural das noções que outrora nortearam, inclusive, o processo nazifascista, no qual caberia ao juiz transpor os valores da

---

51. ALVARO DE OLIVEIRA, Carlos Alberto. *O formalismo-valorativo no confronto com o formalismo excessivo.* In: Revista de Processo, São Paulo: RT, n.º 137, 2006. p. 6.
52. ALVARO DE OLIVEIRA. *Op. Cit.,* p. 9
53. ALVARO DE OLIVEIRA. *Op. Cit.,* p. 8.
54. NUNES, Dierle José Coelho. *Processo Jurisdicional Democrático.* Curitiba: Juruá, 2008. p. 78.

sociedade, realizando uma paz social (valor) a ser engendrada por um atributo pessoal do julgador.[55]

A proposta axiológica acaba desaguando numa opção entre as preferências do aplicador e não em posições deontológicas (do que é devido e correto).

Assim, torna-se forçoso concluir que o aspecto axiológico não se encontra apto para distinguir o formalismo da técnica. Com isso, se faz necessária a consideração de outra vertente de pensamento acerca da diferenciação entre o formalismo e a técnica processual, de modo que possa desgarrar-se das cogitações socializadoras do processo, partindo de premissas principiológicas, ou seja, normativas (deontológicas).

Atendo-se à necessidade de se estabelecer uma distinção entre a técnica e o formalismo processual, ressaltou-se no início desta seção que a técnica processual cumpriria um papel limitador da atividade jurisdicional e dos abusos das partes, uma vez que estabeleceria parâmetros objetivos que orientariam o julgador no exercício de suas funções assim como evitaria os excessos cometidos pelas partes e advogados (boa-fé objetiva processual). Assim, baseado nas lições de Lalande, verifica-se que Leal ilustrou a técnica como o conjunto de *"procedimentos conjugados e bem orientados para produzir resultados úteis"*.[56] Percebe-se, com isso, que a noção de técnica encontra-se umbilicalmente ligada à ideia de ordenação do proceder, no intuito de se atingir um resultado útil.

A partir dessas noções, tem-se que a técnica processual edificou-se como meio de ordenação normativa da atividade jurisdicional, que se dá pela

---

55. NUNES, Dierle José Coelho. *Processo Jurisdicional Democrático*. Curitiba: Juruá, 2008. p. 90. MAUS, Ingeborg. *Judiciário como superego da sociedade: o papel da atividade jurisprudencial na "sociedade órfã"*. Novos Estudos CEBRAP, n.58, p. 197, nov. 2000. Cumpre aqui salientar que não se pretende aqui atribuir à obra de Alvaro de Oliveira um viés totalitário, mas tão somente ilustrar os riscos que rondam a implementação de um processo socializador, o qual pode facilmente se transformar em um instrumento autoritário de dominação, se encaixado naquela vertente teórica acima descrita. Ainda neste sentido, tem-se que Glauco Gumerato Ramos noticia a ligação existente entre esta linha teórica de realização dos "valores superiores" do ordenamento jurídico com o ativismo judicial, relacionando-o à vertente socializadora do processo, que no Brasil recebeu a alcunha de instrumentalidade do processo, senão veja-se: *"Os defensores do ativismo judicial enxergam o fenômeno processual desde uma perspectiva (ultra)publicista. Na linha argumentativa da chamada instrumentalidade do processo concebem técnicas processuais como categorias jurídicas a serviço da 'pacificação social', do 'processo justo', da 'verdade', da 'justiça', e outros tantos valores de rarefeita densidade tópica. Sim, pois a 'pacificação social', o 'processo justo', a 'verdade', a 'justiça', sempre será aquilo que parecer melhor ao detentor do Poder, no caso, o juiz. Para os ativistas, a figura proeminente do standart processual (=um sujeito imparcial, e dois parciais) é o juiz e a este cabe manejar a jurisdição (=poder)."* (RAMOS, Glauco Gumerato. Poderes do Juiz – Ativismo (=Autoritarismo) ou Garantismo (=Liberdade) no Novo CPC. In: ROSSI, Fernando; RAMOS, Glauco Gumerato; GUEDES, Jefferson Carús; DELFINO, Lúcio; MOURÃO, Luiz Eduardo Ribeiro (Coord). O Futuro do Processo Civil no Brasil: Uma Análise Crítica ao Projeto do Novo CPC. Belo Horizonte: Fórum, 2011. p. 706.)

56. LEAL, Rosemiro Pereira. *Teoria Geral do Processo: primeiros Estudos*. 6ª Ed. São Paulo: Thomson IOB, 2005. p. 56. GONÇALVES, Aroldo Plínio. *Técnica Processual e Teoria do Processo*. 2ª Ed. Belo Horizonte: Del Rey, 2012. p.16.

coordenação de atos processuais. Erige-se, por conseguinte, uma noção de procedimento, o qual será considerado por Fazzalari como uma estrutura técnica e normativa de atos-fatos e posições subjetivas sequenciais que visa à construção do pronunciamento (1958).

Ocorrendo a construção participada da decisão, por intermédio da estrutura normativa do contraditório, tem-se que tal procedimento transmuta-se em processo, segundo a concepção fazzalariana.[57] Igualmente, o processo jurisdicional, enquanto técnica, é visto como uma *"atividade disciplinada por uma estrutura normativa voltada para a preparação do provimento, com a participação, em contraditório de seus destinatários"* a qual visa, igualmente, a construção participada da decisão.[58]

Lado outro, enquanto a técnica processual refere-se à estrutura normativa coordenada dos atos processuais conjuntamente, verifica-se que, ao que parece, a forma concerne especialmente aos atos processuais, seus respectivos atributos e requisitos individualmente. Nesta esteira, a literatura jurídica aponta dois desdobramentos da forma, os quais se reportam ora ao *"revestimento externo do ato, sua feição exterior"*, ora aos requisitos legais prescritos pela norma.[59]

Destarte, fica claro que o traço distintivo da técnica e da forma processual consiste, baseado nas lições acima colacionadas, no papel procedimental que estas desempenham, sendo que a forma processual deverá se referir ao ato individualmente considerado, enquanto que a técnica processual visará ordenar e coordenar tais atos formais.[60] Já quanto aos aspectos que as assemelham não se pode descurar que ambas exercem o papel de limitar os poderes atribuídos ao julgador além de aferir a conduta das partes, consagrando-se as noções de vinculação do julgador ao princípio da Reserva Legal.[61] Por tais razões, há que se sobrelevar que tais garantias das partes se reportarão forçosamente a um bloco aglutinante de normas constitucionais.[62]

Por estas razões torna-se imprescindível para o estudo de ambos os institutos que tal distinção seja clara, uma vez que pode levar ao que se considera um equívoco ao fundi-los em um único significado. Tais desacertos podem

---

57. FAZZALARI, Elio. *Instituições de Direito Processual*. 8ª Ed. Campinas: Bookseller, 2006. p. 113-119. GONÇALVES, Aroldo Plínio. *Técnica Processual e Teoria do Processo*. 2ª Ed. Belo Horizonte: Del Rey, 2012. p. 88-90, 93 e 147-148.

58. GONÇALVES. *Op. Cit.*, p. 147-148.

59. GONÇALVES, Aroldo Plínio. *Nulidades no Processo*. 2ª Ed. Belo Horizonte: Del Rey, 2012. p. 16.

60. Em sentido francamente diverso: *"o formalismo, ou forma em sentido amplo, não se confunde com a forma do ato processual individualmente considerado"* (ALVARO DE OLIVEIRA, Carlos Alberto. *O formalismo-valorativo no confronto com o formalismo excessivo*. In: Revista de Processo, São Paulo: RT, n.º 137, 2006. p. 5.).

61. BRÊTAS, Ronaldo de Carvalho Dias. *O Processo Constitucional e o Estado Democrático de Direito*. Belo Horizonte: Del Rey, 2010. p. 118.

62. BARACHO, José Alfredo de Oliveira. *Processo Constitucional: aspectos contemporâneos*. Belo Horizonte: Fórum, 2006. p. 23 e 47.

conduzir, inclusive, que seja feita tábula rasa de quaisquer dos institutos, a ponto de se olvidar na aplicação de um ou de outro.

Feito o dimensionamento acima acerca das diferenças entre técnica processual e forma, cumpre pontuar que a proposta de um **formalismo processual democrático** encontra seu fundamento na alteração dos critérios de verificação dos atributos e requisitos do ato processual, na medida em que sua validade e legitimidade seriam constatadas quando sua forma apresentasse um fundamento de direito fundamental.

Portanto, o formalismo processual democrático, como sistema normativo de análise dos atributos e requisitos do ato processual segundo um direito fundamental, coaduna com a busca de uma *"efetividade normativa qualitativa"* do processo, em superação a efetividade meramente *"quantitativa"*, própria dos movimentos reformistas até recentemente no Brasil.[63]

E é nesse viés que o formalismo democrático apresenta grande contribuição à interpretação do Novo CPC, porquanto é através dele que se almejará sempre solução integral do mérito sem, contudo, se descurar do modelo constitucional do processo. Na medida que se tem um método interpretativo ofertado a todos os sujeitos processuais para realizar comparticipativamente a análise da viabilidade de aproveitamento do ato pelas normas fundamentais da Constituição e do Processo e não mais mediante uma escolha solitária e assistencialista do magistrado, ganhando-se de modo qualitativo em eficiência.

Ademais, isto afasta por completo qualquer defesa de que a regra interpretativa da primazia do mérito imponha um assistencialismo judicial em face da atecnia de alguns advogados.

Na medida em que o sistema adota uma teoria normativa da comparticipação (cooperação), que leva a sério e é embasada no contraditório como influência, e respeita a boa-fé objetiva não existe mais espaço para ausências de responsabilidades de nenhum sujeito processual, de modo que as regras de aproveitamento não devem servir de salvo-conduto para manobras de má-fé ou para deficiências das partes.

Destarte, o formalismo democrático, a juízo do presente estudo, pressupõe que forma processual deva ser analisada com o propósito de assegurar conteúdos

---

63. Lenio Streck adverte que a crescente produção legislativa tendente a uma efetividade meramente *"quantitativa"* enfraquece a força normativa da Constituição, de forma que cabe ao formalismo processual contribuir com o fortalecimento da força normativa da Constituição, na medida em que reclama a observância em cada forma processual a efetivação de um direito fundamental. (STRECK, Lenio Luís. *Hermenêutica, Constituição e Processo ou de "como discricionariedade não combina com democracia": o contraponto da resposta correta. In:* CATTONI DE OLIVEIRA, Marcelo Andrade; MACHADO, Felipe Daniel Amorim (Coord.). Constituição e processo: a contribuição do processo ao constitucionalismo democrático brasileiro. Belo Horizonte: Del Rey, 2009. p. 16.)

de direitos fundamentais (normativos) e não valores superiores dentro de um culturalismo que acabam recaindo em potenciais decisionismos e atividades assistenciais, que contrariam a própria matriz democrática da nova legislação.

Lado outro, em razão de o formalismo processual democrático demandar a observância dos direitos fundamentais nos atributos e requisitos do ato processual (forma), e, consequentemente, na estrutura técnica do processo, ele contribui com a proposta de um processo democrático. Isto porque a perspectiva intersubjetiva e comparticipativa do processo jurisdicional exige a estruturação processual que permita o exercício de um **controle compartilhado** sobre o papel do magistrado e das partes.[64]

Com efeito, o exercício dessa fiscalidade exercido mutuamente pelos sujeitos processuais guarda inteira consonância com o Estado Democrático de Direito, já que, segundo Ítalo Andolina, *"a ordem democrática impõe que a cada poder corresponda uma responsabilidade, e que, por isso cada poder seja objeto de controle correlato"*.[65]

Neste ínterim, na perspectiva comparticipativa, o processo fixa os limites de atuação e constitui condição de possibilidade para que todos os sujeitos processuais discutam argumentos normativos[66], o formalismo democrático seria elemento imprescindível, exigindo que em cada forma processual dos atos desses sujeitos se encontrasse o fundamento um direito fundamental, com a finalidade última de alcançar, com eficiência, em prestígio a primazia do mérito, a solução integral do conflito.

Noutra ponta, o formalismo processual democrático tem, nesse viés, o caráter de uma teoria estrutural, como aquela proposta por Alexy para a Teoria dos Direitos Fundamentais, já que se propõe analisar as estruturas das formas, as influências no sistema jurídico e sua fundamentação no âmbito dos direitos fundamentais, divergindo em relação à função integrativa, uma vez que a proposta do formalismo processual é legitimar..[67]

Com efeito, o formalismo processual democrático apresenta-se como um fortalecedor da estrutura normativa do processo, na medida em que assegura

---

64. NUNES, Dierle José Coelho. *Apontamentos iniciais de um processualismo constitucional democrático*. In: CATTONI DE OLIVEIRA, Marcelo Andrade; MACHADO, Felipe Daniel Amorim (Coord.). Constituição e processo: a contribuição do processo ao constitucionalismo democrático brasileiro. Belo Horizonte: Del Rey, 2009. p. 360.
65. ANDOLINA, Ítalo Augusto. *O papel do processo na atuação do ordenamento constitucional e transnacional*. Trad. Oreste Nestor de Souza Laspro. Revista de Processo n. 87. Doutrina Internacional.
66. NUNES. *Op. Cit.*, p. 361.
67. Por suposto, a proposta de um formalismo processual democrático não adere a proposta de Direitos Fundamentais de Alexy, mas sim um acolhimento metodológico como uma teoria estrutural, posto que, a presente, se presta a legitimar e não integrar. ALEXY, Robert. *Teoria dos Direitos Fundamentais*. Trad. Virgílio Afonso da Silva. São Paulo: Malheiros, 2008. p. 42-43.

no conteúdo de cada forma processual a observância dos direitos fundamentais, de forma a assegurar *"um espaço-tempo racionalmente construído com a participação de todos os interessados na tomada de decisões"*.[68]

Repise-se: não se pretende aplicar o formalismo segundo critérios de ordem axiológica, mas sim, ao contrário, aplicar segundo critérios de ordem garantista, expressão aqui utilizada correlacionada com a defesa da aplicação dinâmica dos princípios constitucionais processuais na perspectiva democrática constitucional, proposta anteriormente aqui e não filiada à linha teórica de Ferrajoli.[69]

A forma processual aqui, não é a forma kantiana, a qual pressupõe esvaziamento e ausência de substância. Aqui não é o "a priori" o balizador mas sim o conteúdo de direitos fundamentais.[70]

O formalismo democrático atuaria no horizonte interpretativo da validade do ato, cuja análise ocorreria segundo o nível de correspondência com as normas constitucionais. Essa noção surge em oposição àquela em que o ato processual é analisado somente segundo a finalidade pretendida. A mudança de perspectiva de análise se faz necessária uma vez que, consoante Rafael Lazzarotto Simioni e Alexandre Bahia, no Estado Democrático de Direito há grande preocupação não apenas com a declaração de direitos fundamentais, mas também como garantir formas de protegê-los[71], no caso, processualmente.

Com efeito, o formalismo impõe limites às propostas reformistas tradicionais que estabelecem a *"busca de uma eficiência sem respeitar as garantias processuais constitucionais que asseguram a legitimidade da formação da decisão em uma renovada concepção do Estado Constitucional"*.[72]

A implementação de direitos fundamentais exige a utilização de um aparato processual adequado, neste incluído as bases de um formalismo democrático, que conforme advertência defendida em trabalho anterior, não pode ser visto (o aparato processual) como um entrave à sua obtenção.[73]

---

68. NUNES, Dierle José Coelho. *Processo Jurisdicional Democrático*. Curitiba: Juruá, 2008. p. 139.
69. NUNES. *Op. cit.*, p. 163.
70. Emanuele Severino esclarece que a forma Kantiana *"é uma representação que não pode, portanto provir ela mesma do exterior – não pode ser portanto, por sua vez, uma sensação – devendo encontrar-se, a priori, no espírito."* (SEVERINO, Emanuele. A Filosofia Moderna. Trad. José Machado Dias. Lisboa: Edições Setenta, 1984. p. 171).
71. BAHIA, Alexandre Gustavo Melo Franco; SIMIONI, Rafael Lazzarotto. *Como os juízes decidem? Proximidades e divergências entre as teorias da decisão de Jürgen Habermas e Niklas Luhmann*. Revista Sequencia, n. 59, p. 61- 88, dez. 2009. p. 62.
72. NUNES, Dierle; BAHIA, Alexandre Gustavo Melo Franco. Processo Constitucional: Uma aborgadagem a partir dos desafios do Estado Democrático de Direito. Revista Eletrônica de Direito Processual – *REDP. Vol. IV. ISSN* 1982-636. p. 230.
73. NUNES; BAHIA. *Op.cit.*, p. 236.

Portanto, adverte-se: nossa proposta não tem natureza ritual, mas sim *"um formalismo constitucionalmente adequado vocacionado a defesa e a manutenção dos direitos fundamentais, em perspectiva normativa"*.[74]

Essa é a proposta de um formalismo processual democrático que dará subsídio para a crítica que será levada a efeito na próxima seção, com o intuito de demonstrar a insubsistência das propostas reformistas que propõe o afastamento do formalismo, denotando, qual o tônus interpretativo deverá ser utilizado para a análise do Novo Código de Processo Civil.

4. O ACESSO À JUSTIÇA E O NOVO CÓDIGO DE PROCESSO CIVIL À LUZ DO FORMALISMO DEMOCRÁTICO.

4.1. As propostas reformistas e o formalismo democrático.

Após construir este breve histórico, fundamentos, distinções básicas e as propostas do formalismo processual democrático, já se tem elementos suficientes para enfrentar mais um problema a ser dirimido, que é a crítica ao predomínio das tendências antiformalistas do processo na atualidade e os seus reflexos no Novo Código de Processo Civil.

O Código de Processo Civil nos moldes acima expostos, precisa ser interpretado em consonância com um formalismo constitucionalizado, especialmente por declaradamente estar embasado em premissas comparticipativas/ cooperativas e no contraditório como influência e não surpresa (art. 10).

No entanto, se seguirmos um viés tradicional, tal alteração poderia evidenciar uma recepção e interpretação a partir de movimentos que propugnam um acesso à justiça, de perfil socializador, que direcionavam-se para a proposta de um processo flexível (pelo juiz, sem ingerência das partes) e mais rápido, categoricamente contrário a própria opção da negociação processual trazida pelo CPC-2015 (art. 190).

Com isso, o que se pretende neste ponto é indagar se seria o Acesso à Justiça, na ótica tradicional, um fundamento que militaria em desfavor do formalismo e seria possível a defesa de um Acesso à Justiça democrático que reclamaria uma reflexão; e após tal discussão, com a finalidade de contextualizar o estudo, propõe-se uma leitura de alguns preceitos alterados do CPC à luz de um Formalismo Democrático.

---

74. ; NUNES, Dierle; BAHIA, Alexandre Gustavo Melo Franco. *Por um novo paradigma processual.* Revista da Faculdade de Direito do Sul de Minas. Pouso Alegre, ed. 26, p. 79-78, jan/jun. 2008. p. 84.

Enfim, pretende-se, de modo não exaustivo, dada a amplitude do tema, indagar se estariam com razão as correntes que propõe a desformalização do processo; ou se o que é necessário na verdade seria um enquadramento do formalismo ao Estado Democrático.

4.2. Do Acesso à Justiça: reforço ao (anti) formalismo?

Os movimentos reformistas representados pela *"desformalização"* do direito processual propõem uma série de medidas com nítidas tendências de ataque ao formalismo. Esses movimentos têm no Acesso à Justiça socializador os seus maiores fundamentos e justificativas para flexibilização, ao argumento de que o formalismo dificultaria a acessibilidade, especialmente para uma significativa parcela da população, bem como tornaria ineficaz o exercício da atividade jurisdicional em razão da demora.[75]

A discussão sobre o Acesso à Justiça ganhou notória evidência acadêmica a partir da publicação do Relatório Geral do *"Projeto Florença de Acesso à Justiça"* em 1978.[76] A partir de tal projeto, Cappelletti e Jones Jr pretendiam, mediante um Estudo comparatista, estabelecer suas bases, apresentando sua definição, estágio da época e propostas para sua efetivação nos países participantes.

De início, no relatório geral, Cappelletti e Garth ressaltaram que a expressão *"Acesso à Justiça"* é de difícil definição, mas para esses, ela representaria o sistema pelo qual as pessoas poderiam reivindicar seus direito e resolver seus litígios sob os auspícios do Estado. Destarte, ressaltam que o tema pode *"ser encarado como o requisito fundamental – o mais básico dos direitos humanos – de um sistema jurídico moderno e igualitário que pretenda garantir, e não apenas proclamar os direitos de todos."* O direito de Acesso à Justiça seria um direito social fundamental e, para eles, o ponto central da moderna processualística.[77]

Ao presente estudo se centraliza a discussão na terceira onda de Acesso à Justiça, haja vista que esta apresenta os esforços preponderantes no sentido de *"melhorar e modernizar"* os tribunais e seus procedimentos. Isso tudo por

---

75. NUNES, Dierle José Coelho; TEIXEIRA, Ludmila. *Acesso à Justiça Democrático*. Brasília: Gazeta Jurídica, 2013. p. 99-100.

76. O Projeto Florença de Acesso à Justiça foi um enorme projeto patrocinado Fundação Ford e Conselho Nacional de Pesquisa da Itália, sob a Direção de Mauro Cappelletti. Envolveu 23 países no projeto e teve seu Relatório Geral publicado em uma obra de quatro tomos. (NUNES, Dierle José Coelho. *Processo Jurisdicional Democrático: Uma Análise Crítica das Reformas Processuais*. 1ª ed. 4ª reimp. Curitiba: Juruá Editora, 2012.)

77. CAPPELLETTI, Mauro; GARTH, Bryant. *Acesso à Justiça*. Porto Alegre: Sergio Antônio Fabris Editor, 1988.p. 8 e 12-13.

intermédio da simplificação dos procedimentos e a apresentação de métodos alternativos a resolução de conflitos.[78]

Como já se ressaltou, o Projeto Florença representou o ápice da socialização processual, embora tenha surgido quando já era patente a crise do *Welfare State*, já que o Estado se mostrava incapaz de prover todas as necessidades da sociedade.[79]

Outro projeto semelhante que merece destaque é o patrocinado pelo Banco Mundial e que teve como resultado a publicação do Documento Técnico 319S, em 1996. Esse projeto teve como principal tema o Acesso à Justiça nos Países Latino-americanos e Caribe.[80]

O Documento Técnico 319S, divulgando pesquisa de opinião realizada no Brasil, relatou que 82% dos juízes indicaram que o excesso de formalidades processuais seriam a causa da ineficiência do Poder Judiciário, assim como 73% desses mesmos juízes atribuíram ao grande número de recursos a causa de uma administração da Justiça ineficiente.[81]

Em síntese, o Documento Técnico 319S recomendou aos países objeto de estudo (incluído nestes o Brasil), como medida principal, a adoção de mecanismos alternativos de resolução de conflitos como meio de dar maior Acesso e reduzir o custo da litigância.[82]

Destarte, sob o marco das conclusões dos projetos acima, ter-se-ia como altamente eficaz e proveitosa para o *"Acesso efetivo a Justiça"*[83] a proposta de uma simplificação de procedimentos e adoção de métodos alternativos de resolução de conflitos, o que poderia representar uma forma de garantir o Acesso de forma igualitário a todos e ainda uma *"Justiça"* mais eficaz e confiável.

Os Tribunais brasileiros, por sua vez, tentaram absorver essa lógica. Contudo, paradoxalmente, já demonstrando as ambiguidades de tais propostas, reclamaram a si a competência para a simplificação procedimental, bem como a inclusão desses métodos em seu âmbito de atuação de modo

---

78. CAPPELLETTI; GARTH. *Op.cit.,.p.* 76. NUNES, Dierle José Coelho. *Processo Jurisdicional Democrático: Uma Análise Crítica das Reformas Processuais.* Curitiba: Juruá Editora, 2012. p. 115.
79. NUNES. *Op. Cit.*, p.115 e 135.
80. DAKOLIAS, Maria. *Documento Técnico 319: O Setor Judiciário na América Latina e no Caribe.* Banco Mundial Washington, D.C. Trad. Sandro Eduardo Sardá. 1996. Disp. em: http://api.ning.com/files/meKe3Qn5I3ldV-GYiJBQwYm6MKO9AtJnGsqyEqsINhUR4XbIvXke*eTQ1S7hQa*cCE22ZkyI4dBWqMP-Xz3YPtYKc9gLJQWtH/documento318JustiabrasileiraeacordoEUA.pdf. Acesso em 11/01/2014. (*A permissão para reproduzir partes deste documento para uso estudantil é garantido pelo Centro de Autorização para Direitos Autorais, suíte 910, 222 Rosewood Drive, Danvers, Massachusetts 01923, U.S.A.*)
81. *Ibidem.*
82. *Ibidem.*
83. CAPPELLETTI; GARTH. *Op. Cit.*, p. 15.

preponderantemente amador. Dessa forma, o que deveria representar a descentralização sistêmica, apontaria para uma releitura mais branda e palatável de uma centralização ainda mais densa.[84]

Na esteira dessa releitura, Bedaque afirma que o apego exagerado ao formalismo acaba por transformar o processo em mecanismo burocrático, de forma que aponta ser necessário reconhecer no juiz protagonista, dotado de sensibilidade e bom senso, a possibilidade de adequar o mecanismo formal às especificidades da situação colocada em discussão. Atribui ao rigor formal excessivo um caráter patológico que deve ser eliminado mediante a aplicação de um suposto 'princípio' da *"elasticidade processual"*.[85]

No entanto, segundo algumas conjecturas do presente estudo, a proposta de desformalização e desjurisdicização representam, ao contrário, uma forma estratégica de manter a centralização do poder, como dito acima, além de justificar a ineficiência de um sistema falido, onde o formalismo, em uma leitura democrática, consoante acima, poderia representar, na verdade, um avanço.

Não se pode olvidar, como se teve oportunidade de pontuar em outra sede, que a aposta num modelo integrado multiportas de dimensionamento de conflitos, apesar de apresentar várias virtudes quando realizado de modo profissional, não pode recair em alguns mitos:

> Os próprios "mitos" de que a opção pelas ADRs aliviaria o sistema jurisdicional, no entanto, são colocados em xeque quando se analisam modelos que adotaram tal premissa, absorvendo esses meios para dentro do aparato estatal. Emblemático, nesse aspecto, é o exemplo americano de consolidação do modelo na década de 1970, eis que, como informa Chase: "(...) se o objetivo fundamental dos defensores dos meios alternativos foi reduzir o peso depositado no Judiciário, os caminhos administrativos eleitos para este fim foram no mínimo peculiares. É que o estabelecimento de programas institucionais de arbitragem e mediação no âmbito dos próprios tribunais assumiu especial ênfase nesta ascensão, fazendo com que os custos inerentes à manutenção do sistema jurisdicional seguissem sólidos e transparecendo que (salvo a hipótese da nova roupagem reduzir a proporção total de litígios) o objetivo não seria alcançado. Além disso, não se deve olvidar da possibilidade de que diversas demandas compulsoriamente enviadas a estes

---

84. Dierle Nunes e Ludmila Teixeira propõem como questão o paradoxo da reprodução do modelo centralizador e uniformizante. (NUNES, Dierle José Coelho; TEIXEIRA, Ludmila. *Acesso à Justiça Democrático*. Brasília: Gazeta Jurídica, 2013. p. 103.)

85. BEDAQUE, José Roberto dos Santos. *Efetividade do Processo e Técnica Processual*. 3ª ed.. São Paulo: Malheiros Editores, 2010. p. 45-46

meios alternativos retornassem ao apreço jurisdicional pela recusa de uma das partes em aceitar seu desfecho. Além disso, em 1975, quando os clamores pelos meios alternativos eclodiram, inexistia prova empírica de que efetivação serviria para uma melhor equalização no tempo de Judiciário. Afinal, como isto seria possível tendo em conta que eles sequer teriam sido efetivamente testados? Realmente, estudos posteriores relacionados aos efeitos das ADR levam a conclusões intrigantes, expondo que a crença na sua atividade como ferramenta de gerenciamento processual é muito superior ao seu impacto concreto nesta frente. Advogados e juízes compartilham amplamente a ideia de que a nova estrutura dos Tribunais reduziria custos e permitiria uma economia de tempo, enquanto os dados empíricos indicam exatamente o contrário (o que não significa que não possa ter havido êxitos pontuais, mas demonstra que os benefícios não ocorreram em uma escala global). Estas constatações não apenas enfraquecem a relação entre o avanço dos meios alternativos e a crise jurisdicional, como ainda nos indicam a necessidade de investigar as origens de uma crença ao mesmo tempo inconsistente e tão inabalável."[86] Essa narrativa é muito relevante no atual contexto do Novo CPC pela crença que motiva alguns em otimizar os meios "alternativos" dentro do sistema jurisdicional. Talvez essa opção momentânea de absorção pelo Estado Jurisdição seja uma necessidade, na presente época em que tudo é judicializado, no sentido de busca por uma adequação. Assim, claramente, a atual escolha pode trazer ferramentas plúrimas ao jurisdicionado, mas sem a pretensão de trazer maior celeridade e diminuição de custos, especialmente quando se percebe a necessidade que o Novo CPC traz de que os novos conciliadores e mediadores passem por uma capacitação obrigatória (que induz gastos – art. 167)[87]

---

86. BEDAQUE, José Roberto dos Santos. *Efetividade do Processo e Técnica Processual*. 3ª ed.. São Paulo: Malheiros Editores, 2010. p. 147-148.
87. Art. 167. Os conciliadores, os mediadores e as câmaras privadas de conciliação e mediação serão inscritos em cadastro nacional e em cadastro de tribunal de justiça ou de tribunal regional federal, que manterá registro de profissionais habilitados, com indicação de sua área profissional.
§ 1.º Preenchendo o requisito da capacitação mínima, por meio de curso realizado por entidade credenciada, conforme parâmetro curricular definido pelo Conselho Nacional de Justiça em conjunto com o Ministério da Justiça, o conciliador ou o mediador, com o respectivo certificado, poderá requerer sua inscrição no cadastro nacional e no cadastro de tribunal de justiça ou de tribunal regional federal.
§ 2.º Efetivado o registro, que poderá ser precedido de concurso público, o tribunal remeterá ao diretor do foro da comarca, seção ou subseção judiciária onde atuará o conciliador ou o mediador os dados necessários para que seu nome passe a constar da respectiva lista, para efeito de distribuição alternada e aleatória, observado o princípio da igualdade dentro da mesma área de atuação profissional.
§ 3.º Do credenciamento das câmaras e do cadastro de conciliadores e mediadores constarão todos os dados relevantes para a sua atuação, tais como o número de causas de que participou, o sucesso ou

para a profissionalização de suas funções e da necessidade de criação dos centros de autocomposição.[88]

Caso contrário poderia se partir de uma percepção, em nossa perspectiva equivocada, de que se o Novo CPC for aplicado fora de uma vertente forte (constitucional) de comparticipação/cooperação, ou mesmo de uma leitura inadequada que mantenha o viés de protagonismo judicial, a flexibilização ou mesmo novos institutos (como os negócios processuais do art.190) poderiam induzir perspectivas mais uma sofisticadas de encriptação do poder.

A perspectiva de protagonismo judicial é claramente, ainda, extraída do próprio Documento Técnico 319S, na Seção Acesso à Justiça. No referido documento está consignado que os juízes não observam rigorosamente os prazos processais a eles determinados. Citando um estudo realizado na Bolívia, financiado pelo próprio Banco Mundial, afirma que enquanto uma manifestação judicial naquele país poderia ocorrer no prazo máximo de 42 dias, ela ocorria, em média, em 519 dias. O referido estudo trouxe a conclusão de que a culpa pela morosidade não poderia ser atribuída ao procedimento, mas sim no modo como era desenvolvida a função jurisdicional, uma vez que os próprios juízes não cumpriam os prazos regulamentares. O mesmo estudo recomendou para um progresso em matéria de efetividade, a simples observância das disposições sobre prazos nos Códigos vigentes.[89]

A conclusão que se chega diante de tal estudo é que a morosidade dos processos judiciais não está concentrada simplesmente no formalismo exacerbado, sequer no *"excesso de recursos"*, mas pelo fato de juízes não observarem os prazos processuais a eles conferidos e da completa ausência de um gerenciamento administrativo e de casos (*court e case management*), que no mais das vezes não observam em razão, também, da ausência de estrutura funcional.

---

insucesso da atividade, a matéria sobre a qual versou a controvérsia, bem como outros dados que o tribunal julgar relevantes.

§ 4.º Os dados colhidos na forma do § 3.º serão classificados sistematicamente pelo tribunal, que os publicará, ao menos anualmente, para conhecimento da população e fins estatísticos, e para o fim de avaliação da conciliação, da mediação, das câmaras privadas de conciliação e de mediação, dos conciliadores e dos mediadores.

§ 5.º Os conciliadores e mediadores judiciais cadastrados na forma do *caput*, se advogados, estarão impedidos de exercer a advocacia nos juízos em que exerçam suas funções.

§ 6.º O tribunal poderá optar pela criação de quadro próprio de conciliadores e mediadores, a ser preenchido por concurso público de provas e títulos, observadas as disposições deste Capítulo.

88. THEODORO JR, NUNES, BAHIA, PEDRON. *Novo CPC: fundamentos e sistematização*. Rio de Janeiro: GEN Forense, 2a ed. 2015.

89. DAKOLIAS, Maria. *Documento Técnico 319: O Setor Judiciário na América Latina e no Caribe*. Banco Mundial Washington, D.C. Trad. Sandro Eduardo Sardá. 1996. Disp. em: http://api.ning.com/files/meKe3Qn5l3IdVGYi-JBQwYm6MKO9AtJnGsqyEqslNhUR4XbIvXke*eTQ1S7hQa*cCE22ZkyI4dBWqMP-Xz3YPtYKc9gLJQWtH/documento-318JustiabrasileiraeacordoEUA.pdf. Acesso em 11/01/2014.

A implementação de estrutura funcional, que preveja um administrador judicial dos conflitos, aliado a um aparelhamento do Judiciário, e uma posterior observância dos prazos pelos juízes importaria em uma diminuição considerável da duração do processo, e consequentemente acarretaria a diminuição do número de ações. Por óbvio, de nada adianta implementar a referida medida, se não forem conjugados esforços em outros sentidos, conforme será objeto de análise a seguir.

Com Teixeira, já se observou que o modelo de desformalização tem como função o resgate da legitimidade do Judiciário, onde se opta por uma "ética de tratamento" voltada para o *"consenso terapêutico"*. Ademais, apoiados nas conclusões de Boaventura de Souza Santos, apresentou-se a preocupação de que a informalização perigosamente se traduza em *"mecanismo de dispersão do tipo trivialização e neutralização"*, representando um instrumento de *"desarme e desmobilização"*. Assim, esses movimentos serviriam tão somente para acalmar as massas frente aos problemas do Judiciário, mas não apresentaria nenhum ganho substancial, ao contrário, apenas reforçaria um modelo já vigente.[90]

Vale dizer que a preocupação acima é justificada conforme se depreende da leitura do estudo patrocinado pelo Banco Mundial. Com efeito, este consagra em seu prefácio, como um de seus objetivos, o de contribuir com subsídios para eventuais reformas processuais nos países latino-americanos, a fim de aumentar a eficiência e confiança no Judiciário, o que, consequentemente, proporcionaria um ambiente propício à abertura para o comércio, financiamentos e investimentos.[91]

Por outro lado, deve ser levado em consideração que esses mecanismos e os modelos propostos pelos reformistas ligados a desformalização do processo, podem majorar o arbítrio e a opressão do sistema, uma vez que o formalismo é um competente mecanismo para frear o arbítrio.

Nesse quadrante, algumas propostas de desformalização, como aquelas observadas no Projeto de Florença para os Juizados de Pequenas Causas – tais como: desencorajamento a contratação de advogados (em alguns casos,

---

90. NUNES, Dierle José Coelho; TEIXEIRA, Ludmila. *Acesso à Justiça Democrático*. Brasília: Gazeta Jurídica, 2013. p. 104 e105.

91. DAKOLIAS, Maria. *Documento Técnico 319: O Setor Judiciário na América Latina e no Caribe*. Banco Mundial Washington, D.C. Trad. Sandro Eduardo Sardá. 1996. Disp. em: http://api.ning.com/files/meKe3Qn5I3ldVGYi-JBQwYm6MKO9AtJnGsqyEqslNhUR4XbIvXke*eTQ1S7hQa*cCE22Zkyl4dBWqMP-Xz3YPtYKc9gLJQWtH/documento-318JustiabrasileiraeacordoEUA.pdf. Acesso em 11/01/2014.

sugerem proibição)[92]; equalização de partes através de juízes ativistas[93]; arbitragem sem a presença de advogados[94]; decisões por equidade lastreada na Justiça e não no princípio da legalidade[95]; – causam severa preocupação em uma sociedade carente de distribuição de renda e de implementação de direitos fundamentais.

Na conjuntura brasileira, a defesa técnica é uma garantia constitucional inarredável para assegurar uma competência de atuação em face da enorme complexidade dos sistemas jurídicos.

Lado outro, o duplo ativismo judicial (técnico e institucional), especialmente seletivo, com a finalidade de tornar "equânimes" os procedimentos também não podem ser recepcionados em um Estado Democrático, uma vez que a proposta de Cappelletti tinha bases de um direito processual socializador, reportando-se, consequentemente, a um paradigma de Estado Social abolido com o advento do Texto Constitucional de 1988.

Obviamente não se propõe um juiz aos moldes liberais, mas sim um juiz que participe sem, no entanto, ser uma super-parte; o que se pretende é estabelecer um formalismo à luz do processo democrático, por intermédio do qual se estabeleça parâmetro normativo que permita a comparticipação das partes na formação dos pronunciamentos e que não represente a mantença de interpretações rituais como as constantes da admissibilidade rigorística dos recursos mediante a conhecida jurisprudência defensiva.

Estrutura-se a análise conteudística da forma do ato processual com fundamento em um direito fundamental.

Como se vê, os discursos antiformalismo representam uma aproximação de um sistema repleto de decisionismos e beneficiamentos assistenciais, em

---

92. *"a. Promovendo a acessibilidade geral. A redução do custo e duração do litígio é, sem dúvida, um objetivo primordial das reformas recentes. As causas de distribuição, por exemplo, são muito baixas para quase todos os tribunais de pequenas causas. O principal custo, ou principal risco, nos países em que vigora o princípio da sucumbência está, no entanto, nos honorários advocatícios. Por isso, estão sendo tomadas providencias para desencorajar ou mesmo proibir a representação através de advogados."* (CAPPELLETTI, Mauro; GARTH, Bryant. Acesso à Justiça. Porto Alegre: Sergio Antônio Fabris Editor, 1988. p. 100).
93. *"b. A equalização das partes. Juízes mais ativos podem fazer muito para auxiliar os litigantes que não contam com assistência profissional."* (CAPPELLETTI, Mauro; GARTH, Bryant. Acesso à Justiça. Porto Alegre: Sergio Antônio Fabris Editor, 1988. p. 100).
94. *"O processo de conciliação informal, discreto, frequentemente sem caráter público, parece bem adaptado para partes desacompanhadas de advogados e tem as vantagens já descritas de ajudar a preservar relacionamentos complexos e permanentes."* (CAPPELLETTI, Mauro; GARTH, Bryant. Acesso à Justiça. Porto Alegre: Sergio Antônio Fabris Editor, 1988. p. 109).
95. *"d. Simplificando as normas substantivas para a tomada de decisões em pequenas causas. Uma idéia proposta por muitos reformadores de pequenas causas é a de que se permita aos árbitros tomar decisões baseadas na "justiça" mais do que na letra fria da lei."* (CAPPELLETTI, Mauro; GARTH, Bryant. Acesso à Justiça. Porto Alegre: Sergio Antônio Fabris Editor, 1988. p. 111).

que o direito se encontra no recinto concentrado infiscalizável do *"bom senso"* do juiz.[96] Evidentemente, há uma indicutível maioria de magistrados probos e retos, contudo, não se pode submeter todo um sistema normativo a um entendimento personalíssimo, até mesmo porque não estaria em consonância com o Estado Democrático.

Ademais, todo o estudo dos vieses cognitivos (*cognitive biases*), antes indicado, mostra que muitas vezes os juízes sofrem de deturpações cognitivas decisórias que o processo e seu formalismo podem combater (*debiasing*). Como já se disse:

> Como combate a estas deturpações decisórias o processo (constitucionalizado, com garantias v.g. do contraditório e do devido processo constitucional) acaba viabilizando uma contramedida corretiva (contrafática) aos vieses (*debiasing*)[97] especialmente porque um "problema para muitas decisões é que as pessoas fazem julgamentos com base na informação limitada que vem à mente ou entregues pelo ambiente, que é muitas vezes incompleta ou tendenciosas - um fenômeno que Kahneman (2011) chama de 'o que você vê é tudo que existe'".[98] Nestes termos *o processo constitucional acaba servindo de garantia dialógica de debiasing.*[99]

Vale dizer que, a despeito da apresentação de uma série de equívocos existentes, ou pelo menos pontos que mereciam uma reflexão mais pormenorizada, os discursos a respeito das transformações propostas dos movimentos reformistas até recentemente, no sentido da informalização da Justiça, são extremamente parciais e apenas festejam as virtudes redentoras do fenômeno, sem ressalvar suas ambiguidades e riscos. Consoante se expôs com Teixeira, uma reflexão mais aprofundada acerca do tema pode levar a conclusão que ao

---

96. Rosemiro Pereira Leal pondera que *"a decisão, nesse conceito, como resultante necessária de um alardeado "acesso à justiça", cumpriria o nobre desiderato luhmaniano de oferenda pública de um Poder Judiciário agrupador de um colegiado de guardiães-mosqueteiros dos sistemas jurídico, social e econômico e da rara agilidade mental dos seus integrantes, seria distribuidor de célere paz social e eticidade formal na solução dos conflitos. A racionalidade sistêmica aqui supriria e curaria as lacunas e a dolosidade dos planos enganosos dos governos, bem como levaria uma justiça farmacológica aos desafortunados pelo abandono e opressão estatais".* (LEAL, Rosemiro Pereira. *Teoria Processual da Decisão Jurídica*. São Paulo: Landy Editora, 2002. p. 105).

97. Debiasing refers to any technique that is designed to prevent or mitigate cognitive bias. LARRICK, Richard P. *Debiasing. Blackwell Handbook Of Judgment And Decision Making*. Derek J. Koehler & Nigel Harvey eds., 2004. p. 326-327.

98. SOLL, Jack B.; MILKMAN, Katherine L.; PAYNE, John W.. A User's Guide To Debiasing. June 17, 2014). Wiley-Blackwell Handbook of Judgment and Decision Making, Gideon Keren and George Wu (Editors)

99. NUNES, Dierle. *Colegialidade corretiva, precedentes e vieses cognitivos: algumas questões do CPC-2015. Revista Brasileira de Direito Processual*. 2015. (no prelo).

contrário de progresso, o movimento representa *"verdadeiras opções políticas nem sempre democráticas"*.[100]

Não se pode perder de vista, como se ponderou com *Teixeira, que* quando se explicitam movimentos de *"flexibilização"*, *"informalização"* e *"deslegalização"* se buscam aliados estratégicos do controle dos níveis de dissenso e de desaprovação social, o que contribui com a manutenção da competência atual, sem maiores gastos e responsabilidades. De tal modo, o Estado mantém a legitimidade da Função Jurisdicional por meios estratégicos, enquanto deveria ser através de medidas democráticas, que mais das vezes reclamariam a observância de um formalismo.[101]

Não se pode admitir, como querem alguns[102], que a segurança seja sacrificada em prol da celeridade, sob pena de se presenciar uma *"harmonia coerciva"*, que não é senão uma *"violência"* e silenciamento.[103]

E é com base em tais preocupações, que ganha relevância um estudo sobre o formalismo em face de tais movimentos reformistas e na iminência da alteração da legislação processual, se faz necessário conjecturar sobre os novos institutos que foram criados, com o objetivo de viabilizar um progresso na Democracia, e não somente uma realocação de problemas.

O formalismo, nos termos propostos no presente estudo, garante um ganho democrático à interpretação das formalidades, haja vista que a análise do resultado (fim) se dará de forma qualitativa e terá como fundamento as garantias processuais constitucionais. O fim alcançado pelo ato será analisado não só pelo resultado obtido, mas se o meio pelo qual se chegou a este ato atendeu aos ditames constitucionais.

4.3. O novo Código de Processo Civil: como formalismo democrático complementa a primazia do mérito e o máximo aproveitamento.

Em que pesem as constatações feitas pelo Documento Técnico 319S mencionadas alhures, nota-se uma tendência teórica de se imputar ao formalismo processual a culpa pela eventual falta de efetividade e celeridade do processo. Ainda, foi possível constatar que teóricos da Socialização Processual, como

---

100. NUNES, Dierle José Coelho; TEIXEIRA, Ludmila. *Acesso à Justiça Democrático.* Brasília: Gazeta Jurídica, 2013. p. 108-109.
101. NUNES; TEIXEIRA. *Op. Cit.,* p. 24.
102. Bedaque afirma que "a ciência processual moderna vem admitindo o sacrifício da segurança em rol da celeridade" (BEDAQUE, José Roberto dos Santos. *Efetividade do Processo e Técnica Processual.* 3ª ed. São Paulo: Malheiros Editores, 2010. p. 60).
103. NUNES; TEIXEIRA. *Op. Cit.,* p. 120.

Cappelletti e Garth[104], recomendaram amplamente que o formalismo processual fosse mitigado, a fim de facilitar o Acesso à Justiça, uma vez que tais conceitos seriam excludentes entre si.

Nesta esteira, cumpre reiterar que estas tendências guardam relação íntima com o fenômeno da Socialização do Processo e com o Neoliberalismo Processual, repercutindo no Direito Processual em escala global. A predominância em escala global dos fenômenos do antiformalismo, da Socialização Processual e da Discricionariedade Judicial ficam evidentes, quando da leitura dos relatórios feitos por renomados processualistas ao redor do globo[105].

Exemplo pertinente nesse momento é a proposta socializadora do formalismo em Büllow, donde é possível extrair uma concessão forte, autoritária, de poderes ao juiz, o que de certa forma não o distingue da proposta liberalizante de Wach, assim considerado por Tarello[106].

Assim, atendo-se a uma leitura apressada do Novo Código de Processo Civil, poder-se-ia concluir que seus idealizadores haveriam seguido integralmente as mesmas tendências acima noticiadas, no tocante à mitigação das formas dos atos processuais, a exemplo do que ocorreu com as normas atinentes à flexibilização procedimental. Entretanto, em uma análise mais acurada das disposições ali constantes, é possível verificar que algumas das formas de mitigação formal da lei podem acabar por servir a um fortalecimento da noção de Formalismo Processual Democrático e, consequentemente, a reafirmação dos conteúdos de direitos fundamentais anteriormente sobrelevados.

Mais do que é isso, é possível verificar uma série de comandos normativos no Código orientando para uma nova concepção de direito processual, na qual se extraia a primazia do mérito e máximo aproveitamento balizados pelo modelo constitucional do processo, com o modelo interpretativo do formalismo processual.

Conquanto importantíssimas todas as cogitações teóricas, faz-se necessário a partir desse momento, a apresentação das mudanças dogmáticas ensejadas a partir da combinação entre formalismo processual democrático e a primazia do mérito, oportunidade na qual se vislumbra uma complementariedade recíproca entre os aludidos institutos.

Isso porque, o Legislador se preocupou acertadamente com a disseminação alardeada da Jurisprudência Defensiva, que de mais a mais, estabelecia

---

104. CAPPELLETTI, Mauro; GARTH, Bryant. *Acesso à Justiça*. Porto Alegre: Sergio Antônio Fabris Editor, 1988.
105. MALESHIN, Dimitri et al (Coord.). *Civil Procedure in Cross-Cultural Dialogue: Eurasia Context*. Irvine: University of California, 2013.
106. TARELLO, Giovanni. *Dottrine del processo civile*: studi storici sulla formazione del diritto processuale civile. Il Mulino, 1989. p. 43.

uma interpretação rigorosa sobre alguns requisitos de natureza secundária quando da admissão de recursos, com a única finalidade de representar um "filtro" que, analisado à luz da Constituição, se mostra inconstitucional.

Como observaram Oliveira Junior, Roque, Gajardoni e Dellore: *"a jurisprudência defensiva consiste, grosso modo, em um conjunto de entendimentos – na maioria das vezes sem qualquer amparo legal – destinados a obstaculizar o exame do mérito dos recursos, principalmente de direito estrito".* O obstáculo conclamado, conforme os autores, tem como balizamento a rigidez excessiva em relação a interpretação de requisitos extrínsecos de recursos, o que representava uma permanente consagração de um formalismo excessivo injustificado.[107] Tais tendências são preponderantemente verificadas durante o curso do processo nos Tribunais superiores que vinham implementando uma política restritiva a recursos, utilizando-se, para tanto, de medidas excessivamente formalistas, que na verdade representavam a reificação da forma pela forma.

Um exemplo de tal política judiciária é o enunciado de súmula de n. 418 do STJ que estabelece que seria inadmissível o Recurso Especial interposto antes da publicação do Acórdão que decidiu os Embargos de Declaração. Ora, de tal exigência (forma) não se extrai nenhum conteúdo de direito fundamental, ao contrário, ela impede a concretização de um direito fundamental, qual seja o direito ao recurso, que de mais a mais, representa uma extensão do direito ao contraditório.[108] Em homenagem a tais exigências, foi pensando em vedar situações como a acima que foram propostos uma série de dispositivos no CPC com a finalidade de afastar a referida modalidade de jurisprudência.

Quando da leitura do Relatório do Projeto n. 8046/10, especificamente, na alínea "c" que trata das principais modificações do Novo Código especificamente, quando tratou do Livro IV *"Dos Processos nos tribunais e dos meios de impugnação das decisões judiciais"* percebe-se a presença de tópico próprio, qual seja, o de número 15, que tem como objetivo exclusivamente explicitar as alterações que visam o afastamento a jurisprudência defensiva.

O primeiro a ser citado é o art. 218, §4º do Novo CPC, o qual teve como objeto afastar a interpretação jurisprudencial calcada no enunciado de súmula 418 do STJ. O referido dispositivo estabelece que é considerado tempestivo o Recurso Principal interposto antes da publicação do Acordão que não sofreu alteração em seu texto em razão dos Embargos.

---

107. Oliveira Junior, Zulmar Duarte; Roque, Andre Vasconcelos; GAJARDONI, Fernando da Fonseca; DELLORE, Luiz. A jurisprudência defensica ainda pulsa no novo CPC. Disponível em: http://www.conjur.com.br/2013-set-06/jurisprudencia-defensiva-ainda-pulsa-codigo-processo-civil. Acesso em 28/05/2014.

108. NUNES, Dierle José Coelho. *Direito constitucional ao recurso*: da teoria geral dos recursos, das reformas processuais e da compartição nas decisões. Rio de Janeiro: Lumen Juris, 2006. p. 169 e 177.

Nesse passo, importante trazer a baila os enunciados de número 22 e 23 do Fórum Permanente de Processualistas Civis. Os referidos enunciados confirmam a superação das limitações a direitos fundamentais acima apresentadas e confirmam o caráter progressista que a doutrina pretende oferecer ao Novo CPC:

> **Enunciado n. 22**: (art. 218, § 4º; art. 1.016) O Tribunal não poderá julgar extemporâneo ou intempestivo recurso, na instância ordinária ou na extraordinária, interposto antes da abertura do prazo. *(Grupo: Ordem dos Processos no Tribunal, Teoria Geral dos Recursos, Apelação e Agravo)*

> **Enunciado n. 23**: (art. 218, § 4º; art. 1.037, § 4º) Fica superado o enunciado 418 da súmula do STJ após a entrada em vigor do NCPC *("É inadmissível o recurso especial interposto antes da publicação do acórdão dos embargos de declaração, sem posterior ratificação"). (Grupo: Ordem dos Processos no Tribunal, Teoria Geral dos Recursos, Apelação e Agravo)*

Seguindo esta tendência e já atento a recomendação doutrinária de já se interpretar o sistema atual em conformidade com as novas premissas [109] o STJ[110] e o STF[111] já veem afastando ao aludido enunciado de Súmula.

Atento as diretrizes interpretativas que deverão nortear o novo CPC, o Fórum Permanente de Processualistas Civis, dando interpretação constitucional ao novo dispositivo, trouxe ainda os enunciados 82 e 83, apresentando a leitura consoante a que o formalismo democrático propõe:

> **Enunciado n. 82**: É dever do relator, e não faculdade, conceder o prazo ao recorrente para sanar o vício ou complementar a documentação exigível, antes de inadmitir qualquer recurso, inclusive os excepcionais. *(Grupo: Ordem dos Processos no Tribunal, Teoria Geral dos Recursos, Apelação e Agravo)*

> **Enunciado n. 83**: Fica superado o enunciado 115 da súmula do STJ após a entrada em vigor do NCPC *("Na instância especial é inexistente recurso interposto por advogado sem procuração nos autos"). (Grupo: Ordem dos Processos no Tribunal, Teoria Geral dos Recursos, Apelação e Agravo)*

Importante destacar que o vício em questão não apresenta prejuízo a nenhum direito fundamental da parte contrária. É, pois, uma formalidade que

---

109. NUNES, Dierle. Interpretação processual já deveria considerar conceitos do novo CPC. Acessível em: (http://www.conjur.com.br/.../dierle-nunes-interpretacao-proce...) em sentido idêntico: DIDIER JR, Fredie. Eficácia do novo CPC antes do término do período de vacância da lei. Acessível em: (https://www.academia.edu/.../Eficácia_do_novo_CPC_antes_do_té...)

110. STJ, QO no RESP 1.129.215 – DF, Min. Luiz Felipe Salomão. DJ 07/10/2015.

111. STF, AI 703269 AgR-ED-ED-EDv-ED / MG, rel. Min. Luiz Fux, DJ 05/03/2015.

pode ser sanada, até porque, o próprio CPC anterior não fazia a distinção no art. 13, sobre qual momento seria possível a regularização processual.

Outro dispositivo do Novo CPC de grande importância é o art. 932, parágrafo único que atribui como dever normativo de cooperação dos relatores o de conceder 5 dias ao recorrente para que seja sanado vício ou complementada a documentação exigível, antes de considerar inadmissível o recurso.

Igualmente, o art. 1.007, além de manter a atual regra de aproveitamento recursal por insuficiência do preparo (§2º) estabelece em seu § 4º o direito do recorrente que não comprovar, no ato de interposição do recurso, o recolhimento do preparo, inclusive porte de remessa e de retorno, de ser intimado, na pessoa de seu advogado, para realizar o recolhimento em dobro, de modo que a pena de deserção somente será declarada após ofertada esta possibilidade. E, de modo a impedir comportamento não cooperativos de má fé o § 5º veda a complementação se houver insuficiência parcial do preparo nesta segunda oportunidade de seu recolhimento.[112]

Ainda no que tange ao preparo, o §7º ceifa o absurdo entendimento de o equívoco no preenchimento da guia de custas implicaria a aplicação da pena de deserção[113], uma vez constatado tal vício cabe "ao relator, na hipótese de dúvida quanto ao recolhimento, intimar o recorrente para sanar o vício no prazo de 5 (cinco) dias." Na mesma esteira do vício analisado no parágrafo anterior, não representa, para a parte contrária, nenhum prejuízo o seu saneamento e privilegia o contraditório.

Segundo a "primazia", antes de inadmitir um recurso por vícios ou documentação insuficiente, hipóteses recorrentes no foro, o relator deverá viabilizar a oportunidade de correção do defeito pela parte dentro da premissa da primazia do mérito e do formalismo democrático, impedindo o uso de interpretações ritualísticas para inviabilizar a análise de fundo recursal.

---

112. Seguindo ainda esta premissa: "o art. 218, §4º do CPC2015, em superação ao enunciado de Súmula 418 do STJ, impede ao tribunal julgar extemporâneo ou intempestivo recurso, na instância ordinária ou na extraordinária, interposto antes da abertura do prazo. Nos moldes do art. 932, se estabelece a impossibilidade do relator dos recursos inadmitir um recurso antes de viabilizar a correção dos vícios, como, por exemplo, de ausência de documentação ou de representação." Cf. NUNES, Dierle. Interpretação processual já deveria considerar conceitos do novo CPC Publicado em: http://www.conjur.com.br/2015-mar-29/dierle-nunes-interpretacao-processual-deveria-considerar-cpc

113. "[...] ficou consolidado, no âmbito do STJ, o entendimento de que, em qualquer hipótese, o equívoco no preenchimento do código de receita na guia de recolhimento macula a regularidade do preparo recursal, inexistindo em tal orientação jurisprudencial violação aprincípios constitucionais relacionados à legalidade (CF, art. 5º, II), ao devido processo legal e seus consectários (CF, arts. 5º, XXXV e LIV, e 93, IX) e à proporcionalidade (CF, art. 5º, § 2º). Ressalva do entendimento pessoal deste Relator, conforme voto vencido proferido no julgamento do AgRg no REsp 853.487/RJ." AgRg no AREsp 449265 / PR, Rel. Min. Raul Araújo, Quarta Turma, Dje 26/03/2014. Destacamos.

Sabe-se, também, que em conformidade com o enunciado de súmula 126 do STJ seria inadmissível recurso especial, quando o acordão recorrido assenta em fundamentos constitucional e infraconstitucional, qualquer deles suficiente, por si só, para mantê-lo, e a parte vencida não manifesta recurso extraordinário.

Pode ocorrer, no entanto, que a questão constitucional no acórdão recorrido não seja tão clara para o recorrente que, então, apenas se vale de REsp por ofensa a lei federal. No entanto, quando o caso chega ao STJ, este entende que o que há, no caso, é apenas matéria constitucional e, então, decidia pelo não conhecimento do recurso

Constatando esta possibilidade, e em conformidade com a primazia do mérito, o CPC-2015, nos arts. 1.032 permite a conversão do REsp em RE (em nome do princípio da fungibilidade) e remessa do mesmo ao STF – já o artigo 1.033 dispõe sobre a possibilidade inversa, isto é, do STF converter RE em REsp quando se detectar que não há ofensa (direta) à Constituição mas, apenas, ofensa à lei federal.

Note que esta situação jurídica poderia gerar grandes discussões em decorrência das normas fundamentais do CPC/2015. No entanto, os arts. 1.032 e 1.033 ofertam[114] solução processual legítima a viabilizar o julgamento do recurso.

Seguindo a mesma premissa cumpre trazer à baila o art. 1.017, §3º que, ao admitir que a falta de peça obrigatória no agravo de instrumento não implicará na inadmissibilidade direta, podendo ser sanada no prazo de cinco dias, o que também reforça a possibilidade de revisão das decisões.

Ademais, certo é que o imperativo em questão possui relações íntimas com a disciplina conferida ao sistema das nulidades no Novo CPC, muito embora a respectiva redação se assemelhe sobremaneira à dada ao Código Buzaid (1973). Entretanto, denota-se que o sistema das nulidades merece ser interpretado dentro das reflexões até aqui expostas, sob pena de se recair num anacronismo maléfico às propostas de cooperação e comparticipação ali inauguradas.[115]

Com isso, fica claro que a proposta do legislador foi de justamente primar pelo máximo aproveitamento da atividade processual desenvolvida no curso do processo, ressalvado o "piso" mínimo de proteção ao princípio constitucional da ampla defesa. Trata-se justamente, da conciliação entre os imperativos

---

114. NUNES, Dierle, PIRES, Michel. A conexão normativa entre os recursos extraordinários. CUNHA, Leonardo. *Novo CPC e o processo tributário*. São Paulo: Foco Fiscal, 2015. THEODORO JÚNIOR, Humberto. NUNES, Dierle. BAHIA, Alexandre Melo Franco. PEDRON, Flávio Quinaud. *Novo CPC – fundamentos e sistematização*. cit.

115. Para uma análise profunda do tema cf. CABRAL, Antônio do Passo. *Nulidades no processo moderno*. Rio de Janeiro, GEN forense, 2010.

de máximo aproveitamento com a concepção das formas processuais considerando-se seus conteúdos de direitos fundamentais.

Cabe mencionar, conquanto os dispositivos acima representem uma espécie de desformalização, eles se adequam perfeitamente a leitura que o formalismo democrático pretende emprestar aos atos processuais. Em cada um dos casos acima, ficou resguardado o conteúdo de direito fundamental pretendido em cada um dos atos, qual seja, o direito ao contraditório. Ainda mais, a inobservância das formalidades não representou prejuízo ao direito da parte contrária.

Ressalta-se inclusive que, se observado o princípio do Acesso à justiça democrático de forma ampliada, o qual também é uma garantia fundamental, não se tem dúvidas que a evolução legislativa levada a efeito representam a sua consolidação, haja vista que o que cada uma das propostas almeja possibilitar maior respeito aos direitos fundamentais.

Noutra ponta, não pode se esquecer que a tônica do processualismo democrático é a comparticipação e a cooperação, de forma que uma interpretação de que os dispositivos acima estariam contrários aos interesses da parte contrária, representaria uma visão privatista e individualista do processo, o que não se coaduna com tal perspectiva teórica.

5. CONSIDERAÇÕES FINAIS

O segundo pós-guerra, em face das barbáries perpetradas no período imediatamente anterior, abriu ao Direito uma oportunidade libertária e, com esta, um grande dilema acerca do limites do exercício do Poder.

Seu exercício solitário passou a ser combatido e tornou-se imperativa sua processualização de modo a coibir seu exercício arbitrário e permitir a efetiva participação dos afetados.

Assim, pode-se perceber no decorrer do presente estudo que o formalismo viabiliza a referida processualização, com o objetivo de viabilizar limites procedimentais ao poder além de efetivas possibilidades de participação.

Ao longo da história, pode-se perceber que a intensidade do formalismo esteve atrelada ao funcionamento do Estado, sofrendo influências de toda sorte, sendo mais vigoroso durante o apogeu do Estado Liberal e mais brando nos Estados Sociais.

Por conseguinte, apontou-se que a técnica processual, a forma do ato processual e o formalismo processual são distintos, sendo o primeiro o conjunto de atos ordenados para se chegar ao pronunciamento; a segunda a exteriorização dos atributos e requisitos do ato e o terceiro, a rigor do presente estudo, um aparato normativo que exige que a cada forma do ato corresponda e tenha em si o conteúdo de um direito fundamental.

Dessa forma, o formalismo processual surge como instituto que deve ser interpretado a luz do Estado Democrático de Direito, exigindo que em cada forma processual seja examinada a existência de um direito fundamental. Logo, o formalismo processual surge como garantia e não se limita a adoção de um formalismo axiológico (valores) ou da forma pela forma (abstrato).

Altera-se, com isso, a análise da forma do ato processual, dispensando atenção não somente a sua finalidade, mas sim com a exata correspondência dessa com um direito de modo que forma e conteúdo passem a ser analisados a partir de sua co-originariedade. A legitimidade do ato perde aderência exclusiva com sua finalidade (os fins justificam os meios) e passa a relacionar-se com as bases de um processualismo democrático, implementador de direitos fundamentais.

A mudança apresenta ao sistema um ganho em democraticidade e efetividade normativa, ou seja, os atos processuais guardarão maior correspondência com direitos fundamentais sem que para isso seja necessária a adoção de medidas de engessamento positivistas (exegéticas) ou de flexibilização total pelo juiz mediante um ativismo seletivo.

Com efeito, foi noticiado que estão sendo apregoados movimentos com tendências de desformalização do processo, em benefício de uma suposta efetividade e celeridade, se preocupando mais com o fim do que propriamente o conteúdo do que será realizado. Neste interim, foi salientada a preocupação tocante a tais movimentos, levando-se em conta o Acesso à Justiça e o Novo Código de Processo Civil.

Ademais, verificou-se que algumas das disposições constantes no referido texto legislativo podem perfeitamente ser interpretadas à luz da proposta do formalismo democrático, na medida em que não colidem diretamente com tal noção.

Ainda, não se pode descurar que a visão aqui proposta sobre o formalismo processual acaba por viabilizar uma visão que prime pelos julgamentos de mérito, sem, entretanto, favorecer a atecnia das partes e olvidar a importância que as formas devem conter, desde que interpretadas à luz de uma respectivo conteúdo de direito fundamental.

Como o sistema é embasado numa teoria normativa da comparticipação (cooperação), que leva a sério e é embasada no contraditório como influência, e respeita a boa-fé objetiva, não existe mais espaço para ausências de responsabilidades de nenhum sujeito processual, de modo que as regras de aproveitamento não devem servir de salvo-conduto para manobras de má-fé ou para deficiências das partes.

Igualmente, não se trata de se conceber uma visão de que o processo e suas formas conteriam mero caráter instrumental, mas que conteria uma instrumentalidade técnica e uma função de garantia destinada a criar espaços discursivos de construção participada das decisões e de fiscalidade do papel de todos os sujeitos processuais.

Com efeito, foi possível constatar que o Novo CPC acaba por adotar uma visão amplamente refratária a interpretações de cunho exegéticos das formas processuais, visando reconhecer a primazia do mérito sobre as mesmas, não incorrendo nas concepções anteriores da instrumentalidade do processo e das formas que acabavam fazendo tábula rasa de ambos.

Por fim, percebe-se que o formalismo processual é apto a afastar das reformas leituras que postulam somente uma efetividade *quantitativa* e anuncia a possibilidade de uma efetividade normativa *qualitativa*, tornando efetivo o Acesso à Justiça preconizado na Constituição de 1988, consagrando definitivamente a primazia dos julgamentos de mérito e máximo aproveitamento da atividade processual, sobre o dito formalismo exacerbado, desde que, evidentemente, sejam observados os conteúdos de direitos fundamentais depreendidos das referidas formas processuais.

No entanto, existem inúmeros conteúdos dogmáticos (alguns indicados no início do presente ensaio) que merecem atenção doutrinária pormenorizada. Fica aqui o convite para que a doutrina cumpra o seu papel de geração de constrangimento epistemológico para o novo modelo processual dogmático que estabelece novas responsabilidades e mais respeito ao modelo constitucional de processo.

REFERÊNCIAS

ALEXY, Robert. **Teoria dos Direitos Fundamentais**. Trad. Virgílio Afonso da Silva. São Paulo: Malheiros, 2008.

ALMEIDA, Andrea Alves. **Espaço jurídico processual na discursividade metalinguística**. Curitiba: Editora CRV, 2011.

ALVARO DE OLIVEIRA, Carlos Alberto. **Do Formalismo no Processo Civil: proposta de um formalismo-valorativo**. 4ª ed. São Paulo: Saraiva, 2010.

ALVARO DE OLIVEIRA, Carlos Alberto. **O formalismo-valorativo no confronto com o formalismo excessivo**. In: Revista de Processo, São Paulo: RT, n.º 137, 2006.

ANDOLINA, Ítalo Augusto. **O papel do processo na atuação do ordenamento constitucional e transnacional**. Trad. Oreste Nestor de Souza Laspro. Revista de Processo n. 87. Doutrina Internacional.

BAHIA, Alexandre Gustavo Melo Franco; SIMIONI, Rafael Lazzarotto. **Como os juízes decidem? Proximidades e divergências entre as teorias da decisão de Jürgen Habermas e Niklas Luhmann**. Revista Sequencia, n. 59, p. 61- 88, dez. 2009. p. 62.

BAHIA, Alexandre Gustavo Melo Franco; NUNES, Dierle José Coelho. **Por um novo paradigma processual**. Revista da Faculdade de Direito do Sul de Minas. Pouso Alegre, ed. 26, p. 79-78, jan/jun. 2008. p. 84.

BAHIA, Alexandre Gustavo Melo Franco; NUNES, Dierle José Coelho. **Processo Constitucional: Uma aborgadagem a partir dos desafios do Estado Democrático de Direito**. Revista Eletrônica de Direito Processual – REDP. Vol. IV. ISSN 1982-636.

BARROS, Flaviane de Magalhães; MACHADO, Felipe Daniel Amorim. **Prisão e Medidas Cautelares: Nova Reforma do processo penal**. Belo Horizonte: Del Rey, 2011.

BARACHO, José Alfredo de Oliveira. **Processo constitucional**. Rio de Janeiro: Forense, 1984.

BARACHO, José Alfredo de Oliveira. **Processo Constitucional: aspectos contemporâneos**. Belo Horizonte: Fórum, 2006.

BEDAQUE, José Roberto dos Santos. **Efetividade do Processo e Técnica Processual**. 3ª ed. São Paulo: Malheiros, 2010.

BRÊTAS, Ronaldo de Carvalho Dias. **O Processo Constitucional e o Estado Democrático de Direito**. Belo Horizonte: Del Rey, 2010.

BRÊTAS, Ronaldo de Carvalho Dias. **O Processo Constitucional e o Estado Democrático de Direito**. 2ª ed. Belo Horizonte: Del Rey, 2012.

BRETAS, Ronaldo de Carvalho Dias. SOARES, Carlos Henrique. **Manual Elementar de Processo Civil**. Belo Horizonte: Editora DelRey, 2011

BÜLOW, Oskar Von. **Teoria das Exceções e dos Pressupostos Processuais**. 2ª Ed. Campinas: LZN, 2005.

CALAMANDREI, Piero. **O processo como um jogo**. Trad. Roberto Claro. Curitiba: Genesis - Revista de Direito Processual Civil, nº 23, janeiro-março de 2002. p. 191-209.

CALAMANDREI, Piero. **Non c´è Libertà senza Legalità**. Roma: Laterza, 2013.

CAPPELLETTI, Mauro; GARTH, Bryant. **Acesso à Justiça**. Porto Alegre: Sergio Antônio Fabris Editor, 1988.

CHASE, Oscar G. **Direito, cultura e ritual**. Trad. Sérgio Arenhart, Gustavo Osna. São Paulo: Marcial Pons, 2014. p. 121.

CRUZ, Clenderson. **A Ampla Defesa na Processualidade Democrática**. Rio de Janeiro: Lumen Juris, 2015

DAKOLIAS, Maria. **Documento Técnico 319: O Setor Judiciário na América Latina e no Caribe**. Banco Mundial Washington, D.C. Trad. Sandro Eduardo Sardá. 1ª ed. 1996. Disp. em: http://api.ning.com/files/meKe3Qn5I3IdVGYiJBQwYm6MKO9AtJnGsqyEqslNhUR4XbI-vXke*eTQ1S7hQa*cCE22ZkyI4dBWqMP-Xz3YPtYKc9gLJQWtH/documento318Justiabrasilei-raeacordoEUA.pdf. Acesso em 11/01/2014. *(A permissão para reproduzir partes deste* documento para uso estudantil é garantido pelo Centro de Autorização para Direitos Autorais, suíte 910, 222 Rosewood Drive, Danvers, Massachusetts 01923, U.S.A.)

DINAMARCO, Cândido Rangel. **A Instrumentalidade do Processo**. 15ª ed. São Paulo: Editora Malheiros, 2013.

FAZZALARI, Elio. **Instituições de Direito Processual**. 8ª Ed. Campinas: Bookseller, 2006.

GAJARDONI, Fernando Fonseca. **Flexibilização Procedimental – Razoabilidade ou Excesso de Poder do Juiz?**. In: ROSSI, Fernando; RAMOS, Glauco Gumerato; GUEDES, Jefferson Carús; DELFINO, Lúcio; MOURÃO, Luiz Eduardo Ribeiro (Coord). O Futuro do Processo Civil no Brasil: Uma Análise Crítica ao Projeto do Novo CPC. Belo Horizonte: Fórum, 2011. p. 689-697.

GOLDSCHMIDT, James. **Os principios gerais do proceso civil**. Belo Horizonte: Lider, 2002.

GONÇALVES, Aroldo Plínio. **Nulidades no Processo**. 2ª Ed. Belo Horizonte: Del Rey, 2012.

GONÇALVES, Aroldo Plínio. **Técnica Processual e Teoria do Processo**. 2ª Ed. Belo Horizonte: Del Rey, 2012.

LEAL, Rosemiro Pereira. **Processo como teoria da lei democrática**. 1ª ed. Belo Horizonte: Editora Fórum, 2010.

LEAL, Rosemiro Pereira. **Teoria Geral do Processo: primeiros Estudos**. 6ª Ed. São Paulo: Thomson IOB, 2005.

LEAL, Rosemiro Pereira. **Teoria Processual da Decisão Jurídica**. São Paulo: Landy Editora, 2002.

MALESHIN, Dimitri et al (Coord.). **Civil Procedure in Cross-Cultural Dialogue: Eurasia Context**. Irvine: University of California, 2013.

MAUS, Ingeborg. **Judiciário como superego da sociedade: o papel da atividade jurisprudencial na "sociedade órfã"**. Novos Estudos CEBRAP, n.58, p. 197, nov. 2000.

MINISTÉRIO DA JUSTIÇA. **Análise da gestão e funcionamento dos cartórios judiciais**. Brasília, 2007.

NUNES, Dierle José Coelho; TEIXEIRA, Ludmila. **Acesso à Justiça Democrático**. 1ª ed. Brasília: Gazeta Jurídica, 2013. p. 111.

NUNES, Dierle José Coelho. **Apontamentos iniciais de um processualismo constitucional democrático**. In: CATTONI DE OLIVEIRA, Marcelo Andrade; MACHADO, Felipe Daniel Amorim (Coord.). Constituição e processo: a contribuição do processo ao constitucionalismo democrático brasileiro. Belo Horizonte: Del Rey, 2009.

NUNES, Dierle José Coelho. **Direito constitucional ao recurso:** da teoria geral dos recursos, das reformas processuais e da comparticipação nas decisões. Rio de Janeiro: Lumen Juris, 2006.

NUNES, Dierle José Coelho. **Processo Jurisdicional Democrático: Uma Análise Crítica das Reformas Processuais**. 1ª ed. 4ª reimp. Curitiba: Juruá Editora, 2012.

RAMOS, Glauco Gumerato. **Poderes do Juiz – Ativismo (=Autoritarismo) ou Garantismo (=Liberdade) no Novo CPC**. In: ROSSI, Fernando; RAMOS, Glauco Gumerato; GUEDES,

Jefferson Carús; DELFINO, Lúcio; MOURÃO, Luiz Eduardo Ribeiro (Coord). **O Futuro do Processo Civil no Brasil: Uma Análise Crítica ao Projeto do Novo CPC**. Belo Horizonte: Fórum, 2011. p. 705-711.

POUND, Roscoe. **The Causes of Popular Dissatisfaction with the Administration of Justice**. Presented at the anual convention of the American Bar Association in 1906.

ROSSI, Fernando; RAMOS, Glauco Gumerato; GUEDES, Jefferson Carús; DELFINO, Lúcio; MOU-RÃO, Luiz Eduardo Ribeiro (Coord). O Futuro do Processo Civil no Brasil: **Uma Análise Crítica ao Projeto do Novo CPC**. Belo Horizonte: Fórum, 2011.

STRECK, Lenio Luís. **Hermenêutica, Constituição e Processo ou de "como discricionariedade não combina com democracia": o contraponto da resposta correta**. In: CATTONI DE OLIVEIRA, Marcelo Andrade; MACHADO, Felipe Daniel Amorim (Coord.). Constituição e processo: a contribuição do processo ao constitucionalismo democrático brasileiro. Belo Horizonte: Del Rey, 2009.

TARELLO, Giovanni. **Dottrine del processo civile**: studi storici sulla formazione del diritto processuale civile. Il Mulino, 1989

TAVARES, Fernando Horta. **Acesso ao direito, duração razoável do procedimento e tutela jurisdicional efetiva nas constituições brasileiras e portuguesa: um estudo comparativo**. In: CATTONI DE OLIVEIRA, Marcelo Andrade; MACHADO, Felipe Daniel Amorim (Coord.). Constituição e processo: a contribuição do processo ao constitucionalismo democrático brasileiro. Belo Horizonte: Del Rey, 2009.

THEODORO JÚNIOR, Humberto; NUNES, Dierle; BAHIA, Alexandre Melo Franco; PEDRON, Flávio Quinaud. *Novo CPC*: fundamentos e sistematização. Rio de Janeiro: Forense, 2015.

TROLLER, Alois. **Os Fundamentos do Formalismo Processual Civil**. Porto Alegre: Sergio Antônio Fabris Editor, 2009.

CAPÍTULO 5

O Fenômeno Processual de Acordo com os Planos Material, Pré-Processual e Processual do Direito: Breves Considerações do Tema a Partir (e além) do Pensamento de Pontes de Miranda

Roberto P. Campos Gouveia Filho[1]

Gabriela Expósito Miranda[2]

SUMÁRIO: 1. INTRODUÇÃO; 2. DA FORMAÇÃO DOS FATOS JURÍDICOS À CONSTITUIÇÃO DAS RELAÇÕES JU-RÍDICAS; 3. O PLANO MATERIAL A PARTIR DOS ELEMENTOS DA RELAÇÃO JURÍDICA; 3.1. CONSIDERAÇÕES INICIAIS; 3.2. DIREITO, PRETENSÃO E AÇÃO: SÍNTESE DOS ELEMENTOS PRINCIPAIS DAS RELAÇÕES JURÍDICAS; 4. O PLANO PRÉ-PROCESSUAL; 4.1. CONSIDERAÇÕES INICIAIS SOBRE A PRÉ-PROCESSUALIDADE; 4.2. PRETEN-SÃO E PRETENSÕES À TUTELA JURÍDICA: DA GENERALIDADE ÀS ESPECIFICIDADES; 4.3. O DIREITO AO REMÉDIO JURÍDICO PROCESSUAL; 5. O PLANO PROCESSUAL; 5.1. CONSIDERAÇÕES INICIAIS; 5.2. O REMÉDIO JURÍDICO PROCESSUAL; 5.3. A AÇÃO PROCESSUAL; 6. CONCLUSÃO; 7. REFERÊNCIAS.

1. INTRODUÇÃO

A ideia do presente artigo é apresentar os dados necessários para o estudo do fenômeno processual a partir da Teoria Geral do Direito, ciência esta que, como cediço, tem por objeto os conceitos fundamentais aplicáveis a quaisquer ramos do direito positivo. Para tanto, utilizar-se-á a teoria do fato jurídico de

---

1. Bacharel em Direito e Mestre em Direito Processual pela Universidade Católica de Pernambuco (UNICAP). Professor de Direito Civil e Processual Civil da mesma Instituição de Ensino Superior. Vice-Presidente da Associação Brasileira de Direito Processual (ABDPro). Membro da Associação Norte e Nordeste dos Profes-sores de Processo (ANNEP). Vice-diretor da Escola Judicial do Tribunal Regional Eleitoral de Pernambuco (TRE-PE). Assessor da Presidência do TRE-PE.
2. Bacharela em Direito pela Universidade Católica de Pernambuco. Advogada.

Pontes de Miranda e os conceitos por ela oferecidos, como: suporte fático, incidência, fato jurídico, relação jurídica, situações jurídicas ativas e passivas.

Na esteira do pensamento do mesmo autor, divide-se o mundo em três planos de análise: material, pré-processual e processual. Em cada um, há fatos jurídicos e efeitos deles: as situações jurídicas.

O parâmetro de estudo é, portanto, o processo, entendido como fenômeno do mundo jurídico. É, por ele, e somente, que se pode falar em direito (em sentido objetivo) material, pré-processual e processual. Com isso, não se nega, tal como os prosélitos da unidade do ordenamento jurídico (Salvatore Satta[3], em especial), a existência de direitos antes de proferida uma sentença num processo jurisdicional. Direitos há antes do processo, e isso parece ser algo inegável; no entanto, fora do processo todo direito é simplesmente ele mesmo, sem a necessidade de adjetivações. O direito ganha a qualidade de material quando contraposto a outro, dito, acima de tudo, processual[4]. Isso, sem dúvidas, só é possível se tivermos como referencial um processo determinado.

Para além da análise do direito material e do direito processual, descreve-se, a partir do pensamento de Pontes de Miranda, o que vem a ser o direito pré-processual, justificando-se, além disso, a importância do estudo dele.

Enfim, trata-se de um texto cujo objetivo central é fornecer as bases mínimas para outros estudos que venham a aprofundar os diversos temas aqui tratados.

Um alerta faz-se necessário. O trabalho não é atrelado à literalidade do pensamento de Pontes de Miranda. A noção de ação processual, ao final

---

3. Nesse sentido, ver SATTA, Salvatore. *Direito Processual Civil*. Trad. Luiz Autuori. Rio de Janeiro: Borsoi, 1970, t. 1, p. 61-64.

4. Essa perspectiva de analisar o direito material tem um sentido dinâmico e concreto, pois lida com o direito enquanto efeito de um fato jurídico, e não com a simples previsão dele em algum texto normativo, perspectiva estática e abstrata. Além disso, é calcada num viés sintático porquanto a adjetivação do direito não se dá por força de seu conteúdo e o que ele representa em essência, mas sim pela posição que ele ocupa no sistema: a relação dele com outro. É nesse sentido que se diz material o direito afirmado num processo judicial e, com isso, colocado para ser analisado pelo Estado-juiz. Assim sendo, o conteúdo do direito (ou seja, sobre o que ele recai) é, para tal perspectiva, sem importância. Não obstante, é possível, e necessário, distinguir o direito processual dos outros numa perspectiva abstrata, no sentido daquilo que é normatizável, especialmente por intermédio de leis. A importância de tal perspectiva ganha contornos práticos pois, pelo sistema constitucional vigente, é necessário saber o que é lei de direito processual, para fins de delimitar a competência legislativa (art. 22, I, e art. 24, XI, § 1°, ambos da CRFB). O problema, aqui, ganha contornos semânticos, porquanto, para definir o direito, é necessário analisar seu conteúdo, sendo irrelevante a relação que ele venha a ter com outro (problema sintático). Nesse caso, lei de direito processual é aquela que regula a formação e o desenvolvimento válido e eficaz do processo judicial, entendendo este como procedimento e relação jurídica processual. Reduz-se, aqui, o processo ao judicial (o que não ocorre na perspectiva dinâmico-concreta) pelo fato de os outros entes federativos além da União poderem legislar sobre o direito processual administrativo. Para a segunda perspectiva acima lançada – a estático-semântica – ver, com todo proveito, BRAGA, Paula Sarno. *Norma de Processo e Norma de Procedimento*: o problema da repartição de competência legislativa no direito constitucional brasileiro. Salvador: JusPODIVM, 2015, embora a autora não faça a distinção das perspectivas na forma acima.

desenvolvida, por exemplo, difere de algumas passagens da obra do jurista alagoano, ao menos no sentido literal do texto.

Assume-se, com isso, o risco de interpretar o pensamento de Pontes de Miranda, tirando dele conclusões próprias.

2. DA FORMAÇÃO DOS FATOS JURÍDICOS À CONSTITUIÇÃO DAS RELAÇÕES JURÍDICAS

"Nada mais reprovável, em método, começar-se a falar dos direitos, das pretensões, das ações e das exceções, antes de se falar da regra jurídica, do suporte fático, da incidência da regra jurídica, da entrada do suporte fático no mundo jurídico, do fato jurídico"[5]. No trecho supracitado, Pontes de Miranda frisa a necessidade do estudo do fato jurídico para, posteriormente, adentrar na análise dos direitos-deveres, das pretensões-obrigações etc. Tem-se, com isso, a base da teoria do fato jurídico ponteana.

Em verdade, ela é a própria Teoria Geral do Direito desenvolvida pelo citado jurista[6]. É possível, obviamente, criticar as premissas dela, por, e.g., não servirem para sustentar o direito como fenômeno linguístico. No entanto, não há como negar que, por ela, Pontes de Miranda pretende explicar a totalidade do fenômeno jurídico em sua dimensão normativa: "a noção fundamental do direito é a de fato jurídico; depois, a de relação jurídica"[7], diz ele, algo que sintetiza a premissa acima.

Dito isso, pode-se prosseguir.

Para entender a teoria ponteana é importante ressaltar que existem fatos relevantes e irrelevantes para o direito[8]. Nem tudo que acontece no mundo é jurídico, obviamente. O critério para estabelecer o que é relevante ou não para o direito é de cunho valorativo: aquele que tem o poder de relevar o direito (a comunidade jurídica[9]) escolhe quais fatos passam a ser relevantes, criando-se, com isso, a norma jurídica.

Desse modo, a partir da valoração, a norma, devidamente textualizada, descreve uma hipótese (suporte fático): um fato ou um complexo de fatos e,

---

5. PONTES DE MIRANDA, Francisco Cavalcanti. *Tratado de Direito Privado*. 2. ed Rio de Janeiro: Borsoi, 1955, t. 5, p. 22.

6. Nesse sentido, aplicando as premissas da teoria em análise à lei, algo que, ao menos de modo sistemático não foi feito por Pontes de Miranda, ver NEVES, Marcelo. *Teoria da Inconstitucionalidade das Leis*. São Paulo: Saraiva, 1988, p. 41-42.

7. PONTES DE MIRANDA, Francisco Cavalcanti. *Tratado de Direito Privado*. 3. ed. Rio de Janeiro: Borsoi, 1970, t. 1, p. XVI.

8. A distinção entre fatos que são ou não relevantes para o direito é a base para a determinação do mundo dos fatos e do mundo jurídico, sendo este composto apenas por fatos jurídicos. Mundo jurídico que, estando num plano lógico, é criação do pensamento humano. Nesse sentido, ver MELLO, Marcos Bernardes de. *Teoria do Fato Jurídico*: plano da existência. 17. ed. São Paulo: Saraiva, 2011, p. 39-41.

9. Expressão utilizada por Marcos Bernardes de Mello para designar o grupo social que tem o poder de ditar normas jurídicas (op. ult. cit., p. 38).

como consequências de tais fatos, imputa algo a alguém. Concretizada a hipótese, a norma incide sobre o suporte fático, gerando, com isso, o fato jurídico[10]. Este é, pois, formado pela incidência da norma sobre o suporte fático concretizado, o qual o texto da norma previamente estabelece.

Ressalte-se que suporte fático é fenômeno concernente ao mundo dos fatos, não se podendo, apenas com ele, falar em mundo jurídico. Trata-se, enfim, de um fato – conduta ou evento[11] – relevante para o direito, em virtude da valoração feita no âmbito da dimensão política[12], momento de construção da norma jurídica abstrata[13].

Composto o suporte fático suficiente[14], haverá a incidência da norma jurídica surgindo o fato jurídico[15]. A principal função da incidência é, pois, juridicizar o suporte fático.

Pontes de Miranda divide, além disso, o mundo do direito em três planos: existência, validade e eficácia[16]. Com a concreção do suporte fático e,

---

10. Idem, p. 43. Ainda, VILANOVA, Lourival. *Causalidade e Relação no Direito*. 4. ed. São Paulo: RT, 2000, p. 144-145.

11. O evento e a conduta são espécies do gênero fatos. A segunda pode ser definida como fatos decorrentes do agir humano, comissivos ou omissivos, são os chamados atos; aquele, como puro fato estranho à interferência humana. Nesse sentido, ver MELLO, Marcos Bernardes de, op. cit., p. 38.

12. O fenômeno jurídico pode ser dividido em três dimensões: a política, a normativa e a sociológica. A dimensão política é aquela onde a comunidade jurídica valora os fatos provenientes da relação intersubjetiva entre as pessoas e, assim, edita normas baseadas em tais fatos, imputando-lhes consequências jurídicas. A dimensão normativa leva em consideração o direito como comandos e suas expressões normativas. Nela, predomina o viés dogmático. Por fim, a dimensão sociológica relaciona a norma jurídica a sua efetivação no mundo social. Nesse sentido, ver MELLO, Marcos Bernardes de, op. cit., p. 44-46.

13. Idem, p. 73.

14. O suporte fático pode ser formado por elementos nucleares, complementares e integrativos. Os nucleares são fatos essenciais à incidência da norma jurídica, a presença desses elementos é pressuposto de qualquer fato jurídico. Há um fato central, o cerne do suporte fático, e, além dele, outros componentes do núcleo do suporte fático, chamados de elementos completantes, que possuem uma ligação direta com a existência do suporte fático. Já os elementos complementares não compõem o núcleo do suporte fático, referindo-se à perfeição de seus elementos, podem ser complementares em relação aos sujeitos, ao objeto ou à forma e constituem pressupostos de validade e eficácia dos atos jurídicos. Por fim, têm-se os elementos integrativos que não estão vinculados aos planos da existência, validade e eficácia, sem esses elementos o fato existirá, será válido e produzirá efeitos, entretanto sua presença possibilitará a ele uma eficácia adicional. O registro do acordo de transmissão da propriedade e o lançamento tributário são bons exemplos de elementos integrativos. No primeiro caso, a transmissão da propriedade é possibilitada pela integração do registro ao acordo; no segundo, o crédito tributário torna-se exigível com o lançamento. Ao citar a expressão suporte fático suficiente supõe-se a presença dos elementos nucleares: cerne e completantes. Os elementos complementares e integrativos não dizem respeito à suficiência do suporte fático, e sim à sua perfeição ou, como já dito, à validade e à eficácia do ato jurídico. Ver, sobre o todo, MELLO, Marcos Bernardes de, op. cit., p. 85-99.

15. Idem, p. 108.

16. Marcelo Neves, dantes citado, no que tange às normas jurídicas utiliza o termo pertinência no lugar do termo existência empregado por Pontes de Miranda e seguido por Marcos Bernardes de Mello. Isso

consequentemente, a incidência da norma, tem-se o plano da existência do fato jurídico (= suporte fático juridicizado pela incidência).

Passa-se, com isso, à análise dos outros planos: validade e eficácia. O primeiro é contingencial, pois não ocorre para todos os tipos de fatos jurídicos, limitando-se aos atos jurídicos lícitos; o segundo, por sua vez, é geral.

Mesmo para os fatos jurídicos que têm o plano da validade em sua vida, a validade não é condição absoluta para seu ingresso no plano da eficácia[17]. Há atos inválidos que geram efeitos, como, por exemplo, o casamento nulo putativo. Existir, valer e produzir efeitos são situações distintas relacionadas aos fatos jurídicos. A existência, porém, é base para as outras duas situações[18].

Diante disso, pode-se dizer que somente fatos jurídicos geram eficácia jurídica[19], sendo esta entendida como "o conjunto de efeitos que as normas jurídicas imputam a fatos jurídicos, desde as situações jurídicas mais simples, como as qualificações e as qualidades[20], às mais complexas relações jurídicas"[21], como a relação processual.

Neste trabalho, adotar-se-á a classificação das situações jurídicas de Marcos Bernardes de Mello[22].

---

se deve ao fato de o autor pernambucano não colocar, ao contrário de Pontes de Miranda, as normas jurídicas no plano do ser, mas sim como componentes de um sistema nomoempírico prescritivo (o ordenamento jurídico), no plano do dever ser, constituindo estruturas de significação deôntica (op. cit., p. 42). Rigorosamente, o termo utilizado por Marcelo Neves melhor define também os fatos jurídicos como um todo, pois, em virtude do fato de a causalidade jurídica ser de tipo imputacional, o inexistente para o direito pode ter toda relevância em outros sistemas do mundo fático. O termo pertinência diz que tal fato é componente do mundo jurídico. Caso ele não tenha pertinência, será estranho ao mundo do direito, sem que, com isso, seja inexistente como um todo, porquanto possa ser pertinente a outros sistemas. Todavia, utilizar-se-á o termo existência neste trabalho pelo fato de seu emprego ser universalmente consagrado.

17. MELLO, Marcos Bernardes de. Da Ação como Objeto Litigioso no Processo Civil. COSTA, Eduardo José da Fonseca; MOURÃO, Luiz Eduardo Ribeiro; NOGUEIRA, Pedro Henrique Pedrosa (coords.). *Teoria Quinária da Ação*. Salvador: JusPODIVM, 2010, p. 369.

18. MELLO, Marcos Bernardes de, op. ult. cit., p. 372.

19. *"Eficácia jurídica é o que se produz no mundo como decorrência dos fatos jurídicos"*, PONTES DE MIRANDA, Francisco Cavalcanti. *Tratado de Direito Privado*. Rio de Janeiro: Borsoi, 1954, t. 1, p. 4. Grifos do original.

20. As capacidades em direito, como a capacidade jurídica e a capacidade processual, são exemplos de qualidades, espécies de situações jurídicas simples.

21. Idem, p. 374.

22. Não se pode deixar de referendar a existência de tantos outros entendimentos para o termo situação jurídica. Não há como, do mesmo modo, negar que há outras classificações além da acima adotada. A proposta de Marcos Bernardes de Mello é, neste trabalho, seguida não só por entender a situação jurídica como a eficácia dos fatos jurídicos, a partir da concepção ponteana em torno deste, como também, e principalmente, por alocar a relação jurídica entre as situações jurídicas possíveis. Para um estudo mais detalhado do instituto, com definições e classificações não necessariamente uniformes, ver BONNECASE, Julien. *Introducción al Estudio del Derecho*. Trad. Jorge Guerrero. 2. ed. Bogotá: Editorial Temis, 2000, p. 49-50; GOLDSCHIMDT, James. *Teoría General del Proceso*. Barcelona:

Desse modo, pode-se entender o termo situação jurídica em dois sentidos, a saber: lato e estrito. No primeiro sentido, denota qualquer consequência que se produz no mundo jurídico decorrente de um fato jurídico. Aqui, o termo situação jurídica engloba todas as categorias eficaciais. Já em sentido estrito, o termo serve para designar todas as situações jurídicas que não sejam relações jurídicas, já que seus efeitos só atingem uma esfera jurídica[23].

Além disso, pode-se classificar as situações jurídicas em simples[24] e complexas, estas, por sua vez, dividem-se em unilaterais e bilaterais ou relações jurídicas[25], sendo as últimas as mais importantes categorias eficaciais[26]-[27].

A complexidade da relação jurídica, diferenciadora das demais espécies de situações jurídicas, está no fato de ela envolver a esfera jurídica de mais de um sujeito. A pluralidade de sujeitos é, portanto, um pressuposto essencial seu[28]. Afasta-se, assim, a possibilidade de existência de relação jurídica que não enlace mais de um sujeito de direito. Não é aceitável, desse modo, o entendimento acerca da possibilidade de um indivíduo manter relação jurídica com ele mesmo. O chamado dever consigo mesmo existe em planos não jurídicos[29], jamais no âmbito de uma relação jurídica.

Outro pressuposto para existência da relação jurídica é o objeto. Não há relação jurídica sem objeto, o qual poderá ser coisa (objeto corpóreo), bem

---

Labor, 1936, p. 55; ENNECCERUS, Ludwig; NIPPERDEY, Hans Carl. *Tratado de Derecho Civil: parte general.* Trad. Blas Pérez González e José Alguer. Barcelona: Bosch, 1953, v. 1, t. 1, p. 314-315, nota 3; CARNELUTTI, Francesco. *Teoria Geral do Direito.* Trad. A. Rodrigues Queiró e Artur Anselmo de Castro. Rio de Janeiro: Âmbito Cultural Edições, 2006, 283; BETTI, Emílio. *Teoria General del Negocio Jurídico.* Trad. A. Martin Perez. 2. ed. Madri: Editorial Revista de Derecho Privado, 1959, p. 4; ASCENÇÃO, José de Oliveira. *Introdução à ciência do direito.* 3. ed. Rio de Janeiro: Renovar, 2005, p. 7-8; RÁO, Vicente. *O Direito e a Vida dos Direitos.* 2. ed. São Paulo: Resenha Universitária, 1978, v. 2, t. 2, p. 272; GOMES, Orlando. *Introdução ao Direito Civil.* 6. ed. Rio de Janeiro: Forense, 1978, p. 123. GONÇALVES, Aroldo Plínio. *Técnica Processual e Teoria do Processo.* Rio de Janeiro: Aide, 1992, p. 86 e, principalmente, CASTRO, Torquato. *Teoria da Situação Jurídica em Direito Privado Nacional:* estrutura, causa e título legitimário do sujeito. São Paulo: Saraiva, 1985, p. 50 e segs.

23. Idem, p. 94-95.
24. A situação jurídica simples é aquela que atinge a esfera jurídica de apenas um sujeito e tem como conteúdo atribuir uma qualidade ou qualificação no mundo jurídico. Nesse sentido, ver MELLO, Marcos Bernardes de, op. ult. cit., p. 104.
25. Idem, 99.
26. Idem, p. 95.
27. Adota-se, neste trabalho, a seguinte definição de relação jurídica: "toda relação intersubjetiva sobre a qual a norma jurídica incidiu, juridicizando-a, bem como aquela que nasce, já dentro do mundo do direito, como decorrência de fato jurídico", Idem, p. 188.
28. Há quem defenda a possibilidade de relação jurídica entre objetos de direito, como a relação que se dá entre o bem principal e o bem acessório. Nesse sentido, ver, CASTRO JR., Torquato. *A Pragmática das Nulidades e a Teoria do Ato Jurídico Inexistente.* São Paulo: Noeses, 2009, p. 21.
29. MELLO, Marcos Bernardes de. *Teoria do Fato Jurídico:* plano da eficácia, op. cit., p 195.

imaterial ou promessa de prestação[30], seja esta de tipo comissivo ou omissivo: fazer ou não fazer.

O último pressuposto indispensável para a formação da relação jurídica é a correspectividade entre as situações jurídicas que a compõem: direito-dever etc. O tema será pormenorizado em item abaixo.

Enfim, a relação jurídica pode ser entendida como um conjunto cujo principal elemento é o direito subjetivo[31]. O direito subjetivo é, pois, elemento da relação: dela ele exsurge; constituindo ela o invólucro dele.

Dito isso passe-se à análise dos elementos da relação jurídica nos três planos citados no título deste item.

3. O PLANO MATERIAL A PARTIR DOS ELEMENTOS DA RELAÇÃO JURÍDICA

3.1. Considerações Iniciais

Em apertada síntese, serão delimitados, neste item, os elementos mais importantes de uma relação jurídica, a saber: direito, pretensão e ação. A ideia, aqui, é o estudo de tais elementos em sua pureza, ou seja, antes de serem afirmados numa demanda judicial, passando a compor o objeto de um processo.

Em rigor, todavia, não são apenas as relações jurídicas materiais que podem ser compostas por tais elementos: direitos e pretensões, ao menos, podem compor relações jurídicas pré-processuais e processuais. A premissa deste trabalho é, inclusive, analisar o processo como parâmetro de distinção entre os planos material, pré-processual e processual do direito.

Neste momento, no entanto, o focar-se-á apenas as relações jurídicas num momento em que estejam indiferentes a um processo, como se este sequer existisse.

Rigorosamente, em tal momento, não só elas, como também, e principalmente, o plano que as engloba não deveriam ser adjetivados de materiais. Utiliza-se o adjetivo, contudo, para fins didáticos.

---

30. Idem, p. 197.
31. Analogamente, ASSIS, Araken de. *Cumulação de Ações*. 4. ed. São Paulo: RT, 2002, p. 39-40.

3.2. Direito, Pretensão e Ação: síntese dos elementos principais das relações jurídicas

De relações jurídicas, como já dito, podem surgir direitos subjetivos[32]. Acima de tudo, ele enseja um acréscimo na esfera jurídica de alguém, acarretando, em consequência, uma limitação na esfera de outrem[33]. O direito é, pois, vantagem auferida pela incidência da norma[34]. Direito subjetivo, como qualquer situação jurídica, é um dado estático no mundo jurídico[35]. Tê-lo significa titularizá-lo, sem que, necessariamente, seja ele exercido[36].

A correspectividade do direito é o dever. Como ela é, necessariamente, um dado indispensável, sempre existirá, numa relação jurídica, ao menos dois sujeitos.

Os direitos subjetivos são integrados por poderes. Dentre estes, tem-se o poder de exigir: a pretensão[37].

A partir do momento em que a prestação – objeto do direito – for exigível surge a pretensão[38], caracterizada por ser o grau de exigibilidade do direito[39]. Considera-se a pretensão, pois, como um *plus* em relação ao direito subjetivo[40].

No polo contrário à pretensão encontra-se a obrigação. Dessa forma, sem pretensão o direito não obriga o sujeito passivo. A pretensão, tanto no que tange à sua existência, quanto em relação ao seu exercício e à sua observância,

---

32. Ressalte-se que é possível a existência de direitos subjetivos sem relação jurídica formada, como ocorre com o direito potestativo gerado pela oferta aos destinatários dela.
33. NOGUEIRA, Pedro Henrique Pedrosa. *Teoria da Ação de Direito Material.* Salvador: JusPODIVM, 2008, p. 115.
34. Nesse sentido, PONTES DE MIRANDA, Francisco Cavalcanti. *Tratado de Direito Privado,* op. cit., t. 5, p. 225-226.
35. Desse modo, ASSIS, Araken de, op. cit., p. 75.
36. Por óbvio, o não exercício de uma situação jurídica, como o direito ou, especialmente, a pretensão pode ser um dado de todo relevante para o direito positivo, pois pode ser elemento componente de suporte fático de fatos jurídicos dos mais diversos, como do ato-fato jurídico da prescrição ou o da preclusão pelo não exercício (temporal). Direito, pretensão e ação são situações jurídicas, estão no plano da eficácia, portanto. Daí dizer serem estáticos, no sentido de apenas titularizados por alguém. O exercício deles, sempre por um ato (= agir humano, conduta), seja ou não jurídico, os dinamiciza, fazendo com que seu conteúdo repercuta. O não exercício da situação jurídica é estático em relação a ela, porquanto, como dito, o conteúdo de tal direito não vai repercutir. Tudo, enfim, é um problema de referencial: em relação ao seu conteúdo, o não exercício da situação jurídica é estático; em relação a suportes fáticos de fatos jurídicos como a prescrição, dinâmico.
37. Assim, NOGUEIRA, Pedro Henrique Pedrosa, op. cit., p. 107.
38. SILVA, Ovídio A. Baptista da. Direito Subjetivo, Pretensão de Direito Material e Ação. MACHADO, Fábio Cardoso; AMARAL, Guilherme Rizzo (orgs.). *Polêmica sobre a Ação.* Porto Alegre: Livraria do advogado, 2006, p. 17.
39. GOUVEIA FILHO, Roberto P. Campos; PEREIRA, Mateus Costa. Ação Material e Tutela Cautelar. COSTA, Eduardo José da Fonseca, MOURAO, Luiz Eduardo Ribeiro, NOGUEIRA, Pedro Henrique Pedrosa (coords.). *Teoria Quinária da Ação.* Salvador: JusPODIVM, 2010, p. 563.
40. NOGUEIRA, Pedro Henrique Pedrosa, op. cit., p.116.

situa-se no âmbito da licitude. Portanto, como será pormenorizado adiante, não se pode condicionar a pretensão ao descumprimento do direito a quem ela se vincula.

Com o descumprimento da prestação devida[41], surge a ação[42-43], que, em regra[44], é o grau de impositividade do direito subjetivo[45]. Com a ação, o sujeito ativo da relação jurídica não necessita da cooperação do sujeito passivo para a satisfação de seu direito, já que, em virtude dela, poderá impô-lo ao sujeito passivo[46]. No que tange à pretensão, todavia, o agir do sujeito passivo da relação é relevante. Nesse caso, ele, como obrigado ao cumprimento da prestação prometida, há de fazê-lo nos moldes devidos, em momento oportuno; ao não fazê-lo, o sujeito ativo passa a ter o poder de satisfação: a ação.

Vale frisar que, embora titular da ação, o sujeito ativo poderá ou não exercê-la. Caso não exercida, a ação permanece como potencialidade, sentido estático do termo. Com o exercício, ter-se-á a ação em sentido dinâmico.

Há várias classificações das ações. Dentre todas[47], a mais importante é aquela que tem por critério sua eficácia preponderante. Aqui se fala em ações

---

41. Nem sempre a ação surge de um ilícito (violação). Muitas ações de jurisdição voluntária, como a de arrecadação de bens do ausente ou a de arrecadação de coisas vagas, bem denotam isso. Ação é acima de tudo um poder de satisfação.
42. GOUVEIA FILHO; PEREIRA, op. cit., p. 563.
43. O termo ação não é de sentido unívoco. Sobre o tema, em importante síntese, ver GRECO, Leonardo. A Teoria da Ação no Processo Civil. São Paulo: Dialética, 2003, p. 9-16. Neste trabalho, por exemplo, adotar-se-á, ao menos, dois sentidos para o termo: um material e outro processual. Tal dualidade foi, durante bom tempo, solenemente ignorada pela doutrina, não obstante à monumental obra de Pontes de Miranda. Recentemente, o tema voltou à discussão na processualística brasileira, destacando-se os trabalhos de Carlos Alberto Alvaro de Oliveira e de Ovídio Baptista da Silva. O primeiro defendendo a inutilidade da distinção; o segundo, a total importância (ver, nesse sentido, acima de tudo a síntese de MITIDIERO, Daniel. Polêmica sobre a Teoria Dualista da Ação (Ação de Direito Material – "Ação" Processual): uma resposta a Guilherme Rizzo Amaral. Polêmica sobre a Ação. AMARAL, Guilherme Rizzo; MACHADO, Fabio Cardoso (orgs.). Porto Alegre: Livraria do Advogado, 2006, p. 129-139.
44. Há casos em que a ação não é ligada a qualquer direito, sendo apenas, portanto, um poder de imposição de algo a alguém. É o que ocorre, por exemplo, com a ação declaratória negativa. Ação, em sentido mais amplo, é poder para a satisfação de algo, independentemente da existência de um direito que lhe seja subjacente ou, na forma exposta acima, de ocorrência de um ilícito. Ação, como dito alhures, é poder para satisfação de algo.
45. MELLO, Marcos Bernardes de. Teoria do Fato Jurídico: plano da eficácia, op. cit., p. 203.
46. GOUVEIA FILHO; PEREIRA, op. cit., p. 563.
47. Outras classificações das ações são possíveis. Num trabalho deveras original, Eduardo José da Fonseca Costa relaciona a classificação das ações com as vertentes da semiótica: sintática, semântica e pragmática. No pensamento do autor, pode-se classificar as ações sintaticamente – relacionando uma ação a outra – ao falar em ação principal e ação acessória, em ação antecedente e ação incidente; uma classificação semântica – ou seja, a partir do objeto – é possível quando, por exemplo, se faz alusão a ação real e a ação pessoal, a ação de conhecimento e a ação de execução; por fim, uma classificação pragmática – relação do termo com seus utentes – seria possível a partir da importância prática exercida pela ação (pragmática acional). Nesse caso, no entender do autor em comento, a classficação ponteana, seguida neste trabalho, tem viés pragmático acional. Sobre todo o dito, ver, COSTA, Eduardo José da Fonseca.

declaratórias, constitutivas, condenatórias, mandamentais e executivas. As sentenças que as reconhecem incorporam, com a devida coloração processual, tais eficácias.

Não é objeto deste artigo destrinchar a classificação quinária das ações, analisando, criteriosamente, cada espécie eficacial. Muito menos, adentrar nas nuances do famoso teorema ponteano da constante quinze. O relevante – e, aqui, deixa-se registrado – são as premissas de que a eficácia sentencial (fala-se das sentenças de procedência, sentenças estas que julgam procedente a ação processualizada) emana do direito material (não se está por dizer, com isso, serem elas limitadas a ele) e de que não há sentença de uma única eficácia. É errado, assim, falar, por exemplo, em sentença meramente declaratória[48].

Por fim, a relação jurídica pode ter seu conteúdo eficacial preenchido por outra situação jurídica: a exceção[49]. Exceção é uma posição jurídica ativa atribuída ao titular da situação do acionado. Como posição jurídica ativa, ela tem um espectro contrário, a situação do excepto. Especificamente, exceção é direito negativo (contra-direito) que apenas encobre a eficácia do direito[50], da

---

Teoria Trinária v.s. Teoria Quinária: crônica de um diálogo de surdos. COSTA, Eduardo José da Fonseca, MOURÃO, Luiz Eduardo Ribeiro, NOGUEIRA, Pedro Henrique Pedrosa (coords.). *Teoria Quinária da Ação*, op. cit., p. 195-204, 196-7, em especial.

48. Não há sentença meramente declaratória. A sentença de força ou eficácia preponderante declaratória sempre vem enxertada de uma eficácia mandamental, de modo implícito. Tal eficácia mandamental é o preceito do Estado-juiz dirigido a todos para que não atentem, no plano real, contra a certeza jurídica gerada pela declaração judicial. Caso o façam, é possível pleitear a execução indireta da sentença, por intermédio de técnicas coercitivas. Um caso talvez ajude na compreensão. Suponha-se a existência de uma sentença declaratória da inexistência de uma dívida. Suponha-se, além disso, que a "dívida", declarada inexistente, esteja representada por um título, o qual vem a ser protestado. Ora, no caso, o protesto é fato do mundo real que atenta contra a eficácia mandamental da sentença declaratória, de modo que o prejudicado pode, de logo, pleitear a execução indireta da sentença. Não precisa, por óbvio, propor qualquer ação pela qual possa se discutir, de modo definitivo ou provisório, a dívida já declarada inexistente. Nesse sentido, as ditas cautelares inominadas de sustação de protesto, se ainda este não tiver sido consumado, ou, tendo o sido, de cancelamento dele, medidas muito comuns como preparatórias da ação declaratória em questão, são, na verdade, técnicas que possibilitam a antecipação da eficácia mandamental da futura e provável sentença declaratória de inexistência da dívida consubstanciada no título a ser ou, conforme o caso, já protestado. O uso de tal técnica como ação cautelar inominada deu-se pelo fato de, até 1994, como cediço, não termos, genericamente, a possibilidade de antecipação dos efeitos da tutela satisfativa do direito. Sobre a eficácia imediata mandamental da sentença de força declaratória, ver PONTES DE MIRANDA, Francisco Cavalcanti. *Tratado das Ações*. São Paulo: RT, 1970, t. 2, p. 62-63 e, especialmente, 77-79.

49. Sobre o tema, DIDIER JR., Fredie. Teoria das exceções: a exceção e as exceções. *Revista de Processo*. São Paulo: RT, 2004, n. 116.

50. "A exceção é direito negativo; mas, no negar, não nega a existência, nem a validade, nem desfaz, nem co-elimina atos de realização da pretensão (compensação), – só encobre a eficácia do direito, pretensão, ação ou exceção", PONTES DE MIRANDA, Francisco Cavalcanti. *Tratado de direito privado*: parte geral. 3. ed. Rio de Janeiro: Borsoi, 1970, t. 6, p. 10. Há quem fale que as exceções, quando acolhidas, podem extinguir direitos. Nesse sentido, MELLO, Marcos Bernardes de. *Teoria do fato jurídico*: plano da eficácia, op. cit., p. 184-185.

pretensão, da ação de direito material ou de outra exceção. Tem por características, portanto: a) ser situação jurídica, compondo, pois, o plano da eficácia, necessitando, para repercutir seus efeitos, ser exercida em moldes fixados; b) ter eficácia apenas neutralizante da situação jurídica a quem se opõe, e não eficácia extintiva[51].

4. O PLANO PRÉ-PROCESSUAL

4.1. Considerações Iniciais sobre a Pré-processualidade

Como aludido acima, entende-se, na perspectiva dinâmico-concreta, por material todo direito que, quando processualizado, passa a compor o objeto de um processo. É material, assim, o direito que, por intermédio de um processo judicial, é levado à apreciação jurisdicional. Logicamente, só se pode iniciar o processo judicial, entendido, aqui, como relação processual (eficácia do fato jurídico processual), se, e somente se, se tiver direito a tal processo e à tutela jurisdicional que, por ele, se pretende. Processo iniciado por alguém não titular do direito a ele é ato jurídico ineficaz, ou seja, não gerador de relação processual e todo seu conteúdo eficacial. O direito ao processo e o direito à tutela jurisdicional por ele perseguida são, portanto, direitos existentes num plano intermediário: o plano pré-processual.

A razão de serem classificados como pré-processuais se dá pelo fato de não serem, ao menos num primeiro momento, objeto do processo judicial, porquanto não sejam eles levados à apreciação judicial, nem constituírem eficácia da relação processual, pois, como dito, pelo simples fato de serem pressupostos para sua formação, a ela antecedem. A pré-processualidade, desse modo, parece nítida se se considerar que tais direitos são preparatórios da formação da relação processual. Portanto, a noção de pré-processualidade só pode ser

---

51. Não se pode confundir as exceções com as objeções. Objeção é fato extinto de direito: "O excipiente recusa-se a satisfazer a pretensão porque a eficácia dessa é *encoberta*. Não objeta, não alega fato extintivo ou modificativo, ou que teria impedido o nascimento do direito do demandante. Nas objeções não há alegações de direitos, mas de fatos", PONTES DE MIRANDA, Francisco Cavalcanti. *Tratado de direito privado*. 2. ed. Rio de Janeiro: Borsoi, 1958, t. 22, p. 28-29. Tal distinção tem total relevância em termos processuais. Quando o réu se defende alegando exceção, ele afirma ter, no plano material, situação jurídica contra o autor, de modo que passa a ser, no processo, autor de tal afirmação, devendo esta, quando analisada, ser julgada procedente ou improcedente, tal como deve sê-lo a afirmação do autor feita contra o réu. Com as objeções isso não ocorre, pois, ao afirmá-las, o réu não diz ter situação jurídica material contra o autor, mas, afirmando fato, nega, e tão só, ter o autor direito contra ele. Por exemplo, na ação reivindicatória, o réu diz que o autor não é proprietário, pois ele, réu, adquiriu a propriedade do bem por usucapião. Em suma, enquanto na exceção afirma-se situação jurídica ativa; na objeção nega-se tão somente a situação afirmada.

mensurada a partir de tal perspectiva: algo estranho ao objeto do processo judicial e necessário à formação da relação jurídica processual.

Outra ressalva importante é relativa ao fato de que o direito objetivo pré--processual independe de grau hierárquico da lei que o preveja. Tanto pode haver direito pré-processual em nível constitucional, como em nível infraconstitucional. Nesse sentido, é válido frisar que o direito constitucional tanto estabelece normas jurídicas materiais, pré-processuais e processuais[52].

Abaixo, tratar-se-á das mais importantes situações jurídicas pré-processuais.

4.2. Pretensão e Pretensões à Tutela Jurídica: da generalidade às especificidades

Por conta do monopólio estatal da jurisdição, na maior parte dos casos, o exercício da ação material encontra-se deveras limitado. Pode-se dizer que, ao menos num primeiro momento, a ação material é efetivada por intermédio do Estado, na sua porção Estado-juiz[53].

O Estado detém o monopólio da jurisdição desde que impossibilitou aos homens a realização da justiça de mão própria[54]. Em contrapartida, ele, ao menos no ordenamento pátrio, atribui a todos o direito de instá-lo a solucionar situações das mais diversas, litigiosas ou não[55].

---

52. As normas jurídicas que estabelecem as ações constitucionais (ADIN, ADC, ADPF etc.), no que tange à eficácia destas, são, por exemplo, normas de direito material, pois tratam de algo que, quando processualizado, comporá o objeto do julgamento. Já as normas que tratam do acesso à justiça (art. 5°, XXXV, CRFB), no que se refere, ao menos, às pretensões à tutela jurídica, são normas de direito pré-processual. Por sua vez, a norma que estabelece a necessidade de o processo judicial desenvolver-se validamente, vertente do devido processo legal, é processual. Isso, ressalte-se, tanto no segundo caso, quanto no último, é relativo, porquanto, a depender do referencial, por poderem compor o objeto do julgamento de um determinado processo (ser causa de pedir de um recurso, por exemplo), são enquadrados como direito material.
53. Ver, para tanto, ASSIS, Araken de, op. cit., p. 79; ABREU, Leonardo Santana de Abreu. *Direito, Ação e Tutela Jurisdicional*. Porto Alegre: Livraria do Advogado, 2011, p.121.
54. Nesse sentido, PONTES DE MIRANDA, Francisco Cavalcanti. *Tratado das Ações*. São Paulo: RT, 1970, t. 1, p. 231.
55. Válido tecer breves comentários acerca da pretensão à tutela jurídica nos processos de jurisdição voluntária. Em determinadas situações os sujeitos de direito são autorizados, quando necessário, a solucionar seus conflitos sendo necessária a homologação das vontades por parte do Estado é o que se chama de jurisdição voluntaria. Nesse tipo de jurisdição não há falar em conflito propriamente dito, e sim em tutela de interesses. A doutrina diverge acerca da natureza jurídica da jurisdição voluntária, havendo, corrente tradicional, aqueles que defendem não haver, em verdade, jurisdição, mas simples ato da Administração Pública protegendo interesses privados. De outro lado, há importante parcela da doutrina que sustenta a natureza jurisdicional da chamada jurisdição voluntária. Para tanto, ver, com argumentos similares aos ora defendidos, por todos, PONTES DE MIRANDA, Francisco Cavalcanti. *Comentários ao Código de Processo Civil*. Rio de Janeiro: Forense, 1977, t. 16, p. 5-6; SILVA, Ovídio Baptista da. *Curso de Processo Civil*. 8. ed. Rio de Janeiro: Forense, 2008, v. 1, t. 1, p. 31-34; GRECO, Leonardo. *Jurisdição Voluntária Moderna*. São Paulo: Dialética, 2003, p. 19-21.

Por haver essa limitação, existe em favor dos sujeitos a pretensão à tutela jurídica, ligada ao direito, titularizado por cada um contra o Estado-juiz, à tutela jurisdicional.

Desse modo, para melhor designar o instituto, deve-se utilizar o termo pretensão à tutela jurídica, e não apenas direito à tutela jurisdicional, pois este último, base sobre a qual repousa a primeira, já nasce dotado de exigibilidade. Assim, ao se fazer alusão à pretensão, o direito a ela ligado é implicitamente mencionado. Além disso, a exigibilidade não é do direito em si, mas sim da tutela, uma vez ser ela o objeto da promessa de prestação feita pelo Estado no momento em que limitou o exercício pleno da ação material.

Costuma-se denominar a pretensão à tutela jurídica de direito de ação. E é este, como cediço, o objeto das mais conhecidas teorias sobre a natureza da ação, muito embora, algumas delas, não o tenham propriamente como base[56].

Um aspecto fundamental da pretensão em análise é seu viés pré-processual, já que a relação Estado-Sujeito de Direito, erigida a partir da limitação feita pelo primeiro ao exercício da ação material, se dá anteriormente ao próprio processo, pré-existindo, pois, a ele[57]. A pretensão à tutela jurídica tanto é devida ao autor quanto ao réu[58].

---

56. Diversas teorias foram criadas acerca da ação. Defendida por Friedrich Carl von Savigny, a primeira teoria acerca do tema, a teoria civilista, afirma que a ação é inerente ao direito material, sendo a ação o próprio direito material violado. Ela exsurge, pois, da lesão. Em seguida, historicamente, tem-se a famosa polêmica Windscheid x Muther, pela qual duas importantes noções foram consolidadas: a de pretensão (pelo primeiro) e a de direito à tutela jurisdicional (pelo segundo). Nos fins do século XIX (mais especificamente, em 1885), surge a teoria concreta defendida, inicialmente, pelo alemão Adolf Wach e, posteriormente, pelo italiano Giuseppe Chiovenda, os quais, a seus modos, entendiam que o direito de ação era dependente da procedência do pedido. Houve, principalmente com Wach, a diferenciação plena do direito de ação e do direito material. Em contrapartida, sendo historicamente anterior, tem-se a teoria abstrata da ação, pela qual se propugna a desvinculação do direito de ação da sentença de procedência do pedido. São prosélitos de tal ideia, principalmente, Alexander Plosz, Heinrich Degenkolb, num primeiro momento, e, em seguida, por Alfredo Rocco. Por fim, tem-se a teoria eclética, defendida pelo italiano Enrico Tullio Liebman. Para tal teoria, o direito de ação nem está vinculado a uma sentença procedente nem é completamente independente do direito material, trata-se de um direito a uma sentença de mérito, independentemente de ser favorável ou não. Sobre o tema, ver, dentre outros, WINDSCHEID, Bernhard; MUTHER, Theodor. *Polemica sobre la "Actio"*. Trad. Tomás A. Banzhaf. Buenos Aires: E.J.E.A, 1974, *passim*; WACH, Adolf. *La Pretención de Declaración*. Trad. Juan M. Semon. Buenos Aires: E.J.E.A, s.a, p. 19 e segs.; CHIOVENDA, Giuseppe. La Acción en el Sistema de los Derechos. *Ensayos de Derecho Procesal Civil*. Trad. Santiago Sentis Melendo. Buenos Aires: E.J.E.A, 1949, t. 1, p. 7 e segs.; LIEBMAN, Enrico Tullio. *Manual de Direito Processual Civil*. 3. ed. Trad. Cândido Rangel Dinamarco. São Paulo: Malheiros, 2005, v. 1, p. 197-203; PONTES DE MIRANDA, Francisco Cavalcanti. *Tratado das Ações*. São Paulo: RT, 1970, t. 1, p. 271-278; PASSOS, José Joaquim Calmon de. *A Ação no Direito Processual Civil Brasileiro*. Salvador: Impressa Oficial, 1960, p. 7 e segs.; SILVA, Ovídio Baptista da; GOMES, Fábio Luiz. *Teoria Geral do Processo Civil*. 3. ed. São Paulo: RT, 2002, p. 90 e segs.

57. Assim, MELLO, Marcos Bernardes de. Da Ação como Objeto Litigioso no Processo Civil, op. cit., p. 393.

58. Nesse sentido, ver PONTES DE MIRANDA, Francisco Cavalcanti. Relação Jurídica Processual. SANTOS, J. M. Carvalho (org.). *Repertório Enciclopédico do Direito Brasileiro*. Rio de Janeiro: Borsoi, s.a., p. 92.

Por fim, é importante distinguir a pretensão à tutela jurídica da pretensão a uma sentença favorável[59]. A primeira, como já dito, é aquela titularizada (ao menos no sistema de direito positivo brasileiro) por qualquer sujeito de direito a fim de obter do Estado-juiz uma resposta a uma provocação lhe feita[60]; a segunda, decorre da relação processual, a partir da demonstração feita ao juiz por algumas das partes acerca da justeza de seus fundamentos[61]. Colocar a sentença favorável como conteúdo da pretensão à tutela jurídica, é retornar à concepção civilista da ação. Portanto, vincular a pretensão à tutela jurídica a uma ação (no sentido material) é retirar dela sua autonomia (demonstrada por Theodor Muther[62], no momento inicial, e por Adolf Wach[63], em definitivo) e a abstração (sustentada, não necessariamente com os mesmos fundamentos, por Alexander Plòsz, Heinrich Degenkolb, Ludovico Mortara, Alfredo Rocco, Eduardo J. Couture[64] dentre tantos outros). É indispensável, pois, para entender o regramento dado pelo ordenamento jurídico-positivo ao instituto, caracterizá-lo como público, autônomo e abstrato.

Isso não significa, contudo, a impossibilidade de haver no plano pré-processual situações jurídicas estritamente ligadas às situações jurídicas situadas no plano material.

Pode-se dizer que, paralelamente à ideia de pretensão à tutela jurídica, nos moldes acima delineados, há, no plano pré-processual, pretensões à tutela jurídica contra o Estado-juiz específicas, vinculadas a cada tipo de direito, pretensão e ação materiais passíveis de processualização. Por exemplo, paralela à ação de reintegração de posse, há a pretensão à tutela jurisdicional reintegratória, esta servindo de instrumento para aquela.

Dessa forma, sem maiores problemas, afirma-se que, havendo no plano material situação jurídica processualizável (ações, em regra), há, no plano pré-processual, situações jurídicas a ela correlatas.

---

59. PONTES DE MIRANDA, Francisco Cavalcanti, op. ult. cit., p. 08.
60. Fale-se, acima, em obtenção de uma resposta a uma provocação feita ao Estado-juiz, porquanto tal expressão sirva para abranger qualquer tipo de manifestação por parte dele acerca da demanda lhe dirigida, até mesmo a declaração de inexistência da pretensão à tutela jurídica, por não ser o autor, por exemplo, dotado de capacidade de ser parte.
61. Vale ressaltar que, para que haja a titularidade e o exercício da pretensão à tutela jurídica, não há de existir necessariamente uma lide. Um exemplo disso é a existência da pretensão à tutela jurídica nos casos de jurisdição voluntária. Nesse sentido, ver PONTES DE MIRANDA, Francisco Cavalcanti. *Comentários ao Código de Processo Civil*, t. 16, op. cit., p. 6-7.
62. MUTHER, Theodor. Sobre La Doctrina de la *Actio* Romana, del Derecho de Accionar Actual, de la *Litiscontestatio* y de la Sucesión Singular en las Obligaciones. *Polemica sobre la "Actio"*. Trad. Tomás A. Banzhaf. Buenos Aires: E.J.E.A, 1974, p. 236 e segs.
63. WACH, Adolf. op. cit., p. 19 e segs.
64. COUTURE, Eduardo J. *Fundamentos del Derecho Procesal Civil*. 3. ed. Buenos Aires: Depalma, 1976, p. 67 e segs.

As pretensões à tutela jurídica específicas têm a ver com cada tipo de tutela jurisdicional existente: certificatória, modificatória, inibitória, reintegratória, asseguratória e ressarcitória[65].

A pretensão à obtenção de tais tutelas existe no plano pré-processual, não como pretensão à tutela jurídica genérica, mas sim correlacionada à existência de situações jurídicas materiais das mais diversas passíveis de serem atingidas por fatos jurídicos ilícitos, sejam situações jurídicas, como direitos, sejam até mesmo situações de tuteláveis pelo direito, como a posse.

4.3. O Direito ao Remédio Jurídico Processual

O exercício da pretensão à tutela jurídica se dá por intermédio dos remédios processuais, remédios a que se costuma denominar, na processualística, de demanda[66].

Em rigor, remédio jurídico processual é o meio instrumental pelo qual os sujeitos postulam a prestação jurisdicional[67].

Sendo o remédio processual um ato de exercício, ele tem por pressuposto o próprio direito a ele. Tal direito é ligado, desde seu nascedouro, a uma pretensão: relativa ao uso dele. Ao titularizá-lo, portanto, titulariza-se pretensão a exigir do Estado-juiz o não óbice (prestação negativa) ao seu uso.

De plano, deve-se firmar a diferenciação do direito ao remédio jurídico processual e da pretensão a ele correlata da pretensão à tutela jurídica. Trata-se de situações jurídicas distintas, ambas situadas no plano pré-processual: a segunda, como visto acima, tem como objeto a tutela jurisdicional; os primeiros, com os meios para obtenção dela.

É necessário reforçar que, tal como a pretensão à tutela jurídica, o direito ao remédio processual e a pretensão a ele correlata têm no Estado-juiz seu sujeito passivo, ou seja, este último é o obrigado da relação jurídica deles continente. Relação jurídica de direito pré-processual, ressalte-se.

Contrariamente ao dito, Leonardo Santana de Abreu, dos poucos autores a analisar o tema dos remédios processuais, utiliza, ao que parece, como sinônimas as noções de direito à tutela jurisdicional e direito ao remédio jurídico

---

65. Classifica as tutelas no modo posto acima, MITIDIERO, Daniel. *Colaboração no Processo Civil*. São Paulo: RT, 2009, p. 144-145.
66. Nesse sentido, ver MELLO, Marcos Bernardes de. Da ação como Objeto Litigioso no Processo Civil, op. cit., p. 393.
67. Desse modo, PONTES DE MIRANDA, Francisco Cavalcanti. *Comentários ao Código de Processo Civil*. 2. ed. Rio de Janeiro: Forense, 1958, t. 1, p. 88.

processual: "O direito ao remédio jurídico processual ou o direito à prestação jurisdicional, constitui aspecto fundamental da estrutura do Estado moderno e, portanto, está elevado à categoria de direito fundamental constitucional"[68].

Equivoca-se o autor ao igualar a pretensão à tutela jurisdicional com o direito ao remédio jurídico processual, já que, além do afirmado acima, este serve à efetivação dela, sendo eles, apenas por isso, situações jurídicas distintas. Enquanto a pretensão à tutela jurídica configura-se como o poder, correlato à obrigação do Estado, de exigir a tutela jurisdicional, o remédio jurídico processual – objeto do direito a ele – é meio para prestação dela por parte do Estado-juiz. Muito embora pré-processuais são, como visto, situações jurídicas distintas.

Abaixo, a noção de remédio processual será melhor delineada e suas implicações práticas serão problematizadas.

5. O PLANO PROCESSUAL

5.1. Considerações Iniciais

A análise dada aos direitos, pretensões, ações e seus correspectivos passivos nos planos acima – material e pré-processual – teve por base a simples possibilidade de alguém titularizá-los. Seu sentido estático, portanto. É chegado o momento de estudá-los dinamicamente, a partir do exercício de alguns deles e da afirmação de outros. Tem-se, para tanto, o plano processual. Dele, em termos de Teoria Geral do Direito, dois conceitos são relevantes para este trabalho: remédio processual e ação processual.

Isso não quer dizer, no entanto, que inexistam no plano processual direitos-deveres, pretensões-obrigações etc. Negar a existência de tais situações jurídicas no plano referido seria negar a própria existência da relação processual, gerada pela admissibilidade do remédio processual utilizado[69].

Exemplificando-se apenas do ponto de vista das partes, sem atentar ao próprio poder do Estado-juiz, pode-se dizer que há, no plano processual, entre outros: pretensão ao julgamento favorável, na hipótese de a parte ter razão;

---

68. ABREU, Leonardo Santana, op. cit., p.122.
69. A relação processual propriamente dita surge quando o Estado-juiz admite a demanda determinando a citação do réu, esta que, quando realizada validamente, angulariza a relação processual formada. Antes da admissibilidade da demanda, o Estado-juiz atua no plano pré-processual, de modo que o dever dele de analisar a demanda é dever pré-processual. Sobre o tema, ver PONTES DE MIRANDA, Francisco Cavalcanti. *Comentários ao Código de Processo Civil*. 2. ed. Rio de Janeiro: Forense, 1979, t. 1, p. XXVI-XXVII.

pretensão ao remédio recursal, no caso de a parte vir, mesmo que minimamente, a sucumbir (art. 996, *caput*, CPC/15; art. 499, *caput*, CPC/73); pretensão à admissibilidade da produção de alguma prova, nas hipóteses em que o meio probatório é admissível.

Tais situações jurídicas são, indubitavelmente, processuais, pois componentes da relação processual. Este trabalho tem por premissa o estudo dos planos material, pré-processual e processual do direito a partir da proposição ‹fato jurídico–relação jurídica› e dos efeitos desta última. A análise, contudo, de cada situação jurídica componente da relação processual demandaria um estudo próprio. Eis a razão de, abaixo, limitar-se o objeto do plano processual aos exercícios e às afirmações de situações jurídicas existentes nos planos anteriores.

Nos itens seguintes, concentrar-se-á a análise no remédio processual e na ação processual[70].

5.2. O Remédio Jurídico Processual

Como delineado, o direito ao remédio processual é direito ao meio hábil à prestação da tutela jurisdicional. Não se trata, em verdade, de um único direito, mas sim de um plexo de acordo com cada tipo procedimental. Há, desse modo, a possibilidade de ser titular do direito ao remédio processual ordinário (procedimento ordinário) e a possibilidade de ser titular de direitos a remédios processuais específicos, como o direito ao mandado de segurança, por exemplo.

É importante estabelecer a relação existente entre demanda e remédio processual. Em sentido estrito, o termo remédio processual serve para designar o próprio procedimento: meio dado para a prestação da tutela jurisdicional, sendo a demanda apenas o primeiro ato de sua cadeia. Aqui, demanda é, pois, elemento do conjunto remédio jurídico processual. Num sentido mais amplo, valendo-se de uma metonímia, pode-se usar o termo remédio processual como sinônimo do ato demanda. Abaixo, utilizar-se-á o termo nos dois sentidos.

---

70. Seria possível, no mínimo, pormenorizar também o problema em torno das exceções substanciais processualizadas. Em rigor, todavia, toda a lógica a ser empregada para a ação processual serve a elas, como serve, igualmente, a qualquer outra situação jurídica ativa alegável pelo réu no processo. Este artigo, é bom frisar mais uma vez, não tem por intuito esgotar a análise dos institutos nele mencionados. Pelo contrário, pretende-se apenas lançar bases para outros estudos, daí o termo "breves considerações" lançado no título. Assim, para evitar repetições desnecessárias, remete-se para as notas 49 e 50, nas quais o problema da processualização das exceções substanciais foi tratado.

Antes de prosseguir, válido refrisar que o direito ao remédio processual e a pretensão a ele correlata se situam no plano pré-processual, pois antes de iniciar-se qualquer processo, e para a própria eficácia do ato jurídico processual, há de titularizá-los. Veja-se, por exemplo, o caso emblemático do mandado de segurança: ou se tem, antes do início do processo, o direito a ele, de modo que a marcha procedimental pode prosseguir, ou não se tem, algo que enseja, por ineficácia do ato processual, a inadmissibilidade do procedimento.

Com o exercício das situações jurídicas existentes no plano pré-processual: direito e pretensão à tutela jurídica e direito ao remédio processual adequado ao caso, pode-se falar em processo. Aqui, situa-se o remédio jurídico processual. Este, sendo exercício de situação jurídica, entra na classe dos atos[71].

Sintetizando, nos moldes da teoria do fato jurídico seguida neste trabalho, pode-se dizer que o direito ao remédio processual (plano da eficácia) se situa no plano pré-processual pelo simples fato de anteceder ao processo. Não se pode exercer um direito sem se ter tal direito: ao demandar, exerce-se, além de tudo, o direito pré-processual ao remédio jurídico processual; já o exercício dele, por intermédio da demanda (a qual, igualmente, serve de base para o exercício da pretensão à tutela jurídica), é fato jurídico (plano da existência) que dá ensejo à formação do processo: procedimento e relação processual.

Diferenciar o direito ao remédio processual, e a pretensão a ele vinculada, e as diversas ações materiais existentes é fundamental, porquanto, dentre outras coisas, é possível que haja preclusão[72] ou, conforme o caso, prescrição de um sem que o outro seja atingido. Exemplos nos são dados pelo direito

---

71. Válido frisar que o exercício de uma situação jurídica pode se caracterizar com um simples ato-fato jurídico como no pagamento de uma obrigação, ou até mesmo se caracterizar como um ato irrelevante para o direito como a plantação de uma árvore em um imóvel pertencente ao proprietário. Dessa forma, nota-se que nem todo exercício de situação jurídica é ato jurídico.

72. O termo preclusão acima colocado guarda sinonímia com o termo decadência utilizado, hoje, largamente pelos juristas dos diversos ramos do direito positivo, em especial o direito privado. A razão pela opção do termo preclusão no lugar do habitual decadência deve-se ao equívoco etimológico do último: "o direito cai; não decai", diz Pontes de Miranda (*Tratado de Direito Privado*. 3. ed. Rio de Janeiro: Borsoi, 1970, t. 6, p. 135). Decair é verbo que denota processo. Em linguagem comum, ao se dizer, por exemplo, estar uma determinada empresa em decadência, é porque ela está em processo (ou, numa etapa final deste, na iminência) de ultimação. Tal realidade, por certo, não acontece com o direito sujeito a prazos "decadenciais": ocorrido o ato-fato jurídico, o direito é extinto inexoravelmente. A opção pelo uso do termo preclusão, espécie do gênero caducidade (= perda de situações jurídicas ativas, como, e em especial, o direito), na esteira de Pontes de Miranda, que o utiliza em toda sua obra, deve-se ao fato de que o instituto é presente em todos os ramos do direito positivo, algo que o faz objeto, portanto, da Teoria Geral do Direito, e não restrito ao direito processual, como pretendem alguns a partir de Giuseppe Chiovenda (Nesse sentido, ver *Instituições de Direito Processual Civil*. Trad. J. Guimarães Menegale. 2. ed. São Paulo: Saraiva, 1969, v. 1, p. 372). Isso não quer dizer, todavia, que, no processo, as preclusões, em regra, fiquem dentro dos lindes dele: eficácia endo-processual da preclusão. Conclui-se afirmando que preclusões existem dentro e fora do processo, extinguindo situações jurídicas ativas processuais e extraprocessuais.

positivo, seguem alguns: primeiramente, ocorrido o transcurso no prazo do art. 23, Lei n. 12.016/09, extingue-se o direito (e, consequentemente, a pretensão) ao remédio processual mandado de segurança, sem que, com isso, se perca a ação material mandamental processualizável, algo que terá de ser feito por outra via; do mesmo modo, ultrapassado o prazo do art. 562, *caput*, CPC/15 (art. 924, CPC/73), perde-se o direito ao remédio processual específico dado às ações possessórias de reintegração e manutenção, não se perde – a própria literalidade do dispositivo denota isso – a ação, que, no plano material, permanece possessória e, por isso, sumária; por fim, ocorrida a prescrição prevista no art. 59, Lei n. 7.357/85 (Lei do Cheque), resta prescrita a ação executiva que exsurge do cheque (o título cambiariforme perde a executividade) e precluso o direito ao remédio processual executivo, surgindo, com isso, nos moldes do art. 61 da mesma lei, a ação material de locupletamento sem causa, de igual sumariedade da ação executiva prescrita, uma vez que, uma vez transmitido, a causa do título não poderá ser discutida. Ação esta que poderá ser processualizável tanto pela via do remédio processual especifico monitório (enunciado n. 299 da Súmula do STJ) como pela via do remédio processual comum, ordinário ou sumário a depender do caso, tendo-se, portanto, no plano pré-processual direito a tais remédios.

Nesse último exemplo, destaca-se outro dado importante dos remédios processuais. É possível que, no plano pré-processual, haja concorrência de direitos aos remédios processuais, de modo que o titular deles pode fazer a escolha do meio que melhor entender. Nesse caso, há, no plano jurídico em análise, além de tudo acima dito, direito potestativo à escolha do direito ao remédio processual em concorrência. Para isso, obviamente, o procedimento especial deve ser de uso facultativo. Do contrário, sendo o procedimento de uso obrigatório, como ocorre com o procedimento especial das ações de usucapião de terras particulares (arts. 942-945, CPC/73; recepcionado, minimamente, pelo art. 259, I, CPC/15), das ações de demarcação de terras particulares (arts. 574-587, CPC/15; arts. 950-966, CPC), das ações divisórias (arts. 588-598, CPC/15; art. 967-981, CPC/73) dentre tantos outros, não há concorrência de direitos, não havendo falar em direito potestativo à escolha.

5.3. A Ação Processual

Por fim, faz-se necessário tratar da ação processual, outro instituto inerente ao plano processual. Conforme ensinamento de Pedro Henrique Nogueira, a ação processual exsurge quando o sujeito de direito vai a juízo valendo-se de um remédio jurídico processual a que tem direito para alegar que uma pretensão foi violada. Dessa forma, pode-se entender como ação processual o instrumento, fornecido pelo ordenamento jurídico, para exercício do direito à jurisdição[73]. Equipara-se, com isso, a ação processual ao remédio jurídico processual.

Discorda-se, todavia, de tal entendimento. Há nítida e importante diferença entre a ação processual e o remédio jurídico processual.

Consoante visto acima, remédio jurídico processual é meio dado para a obtenção da tutela jurisdicional, servindo a demanda, seu primeiro ato, para o exercício de situações jurídicas pré-processuais e, conforme o caso, materiais das mais diversas. Pelo fato de, ao fim ao cabo, servir para o exercício de situações jurídicas relevante para o direito, configura-se como um fato jurídico, mais especificamente um ato jurídico, já que a vontade é elemento central de seu suporte fático.

Já a ação processual, a ser pormenorizada em seguida, é afirmação (comunicação de fato) que preenche o conteúdo do remédio jurídico processual.

O conteúdo da demanda é, acima de tudo, formado pela declaração de vontade do autor de levar uma questão à solução jurisdicional, pela comunicação de vontade de ver tal problema resolvido e por afirmações das mais diversas acerca da existência de situações jurídicas materiais contra o réu[74]. Dentre estas, tem-se a ação processual. Nesse sentido, entre remédio jurídico processual e ação processual, tem-se uma distinção de continente para conteúdo.

Dito isso, passe-se à definição e à estruturação da ação processual.

De logo, afirma-se: para a existência dela, não é necessária a ação material, pois que desta constitui simples afirmação.

Não se pode confundir a noção de ação processual com a noção de ação material, como se tal dicotomia fosse irrelevante[75], de modo que a primeira estivesse embutida na segunda. Há, como explanado, uma diferença substancial entre as duas. Basicamente, se por acaso a ação de direito material estivesse inserida na ação processual, todas as demandas seriam julgadas procedentes.

Ação processual[76] é, desse modo, afirmação: alegação, acima de tudo, da existência da titularidade de uma ação material. Assim, no processo não há

---

73. NOGUEIRA, Pedro Henrique Pedrosa, op. cit., p. 151.
74. Nesse sentido, ver PONTES DE MIRANDA, Francisco Cavalcanti. *Comentários ao Código de Processo Civil*. 2. ed. Rio de Janeiro: Forense, 1958, t. 1, p. 63.
75. É o caso de OLIVEIRA, Carlos Alberto Alvaro. Direito Material, Processo e Tutela Jurisdicional. AMARAL, Guiherme Rizzo; MACHADO, Fábio Cardoso (orgs.). *Polêmica sobre a Ação*, op. cit., p. 285 e segs.
76. Pontes de Miranda, autor a quem muitos, com razão, tributam o papel de distinguir a ação material da ação processual não tem uma definição muito fixa da expressão ação processual. Muitas vezes, ele a

ação material, nem pretensão e nem direito subjetivo, não eles em seu estado puro[77]; há sim uma ação processualizada[78], ou seja, afirmada processualmente.

Na demanda judicial é necessário distinguir dois atos: o ato de afirmação e o ato de exercício. O primeiro, desde que a parte afirme ao Estado-juiz ter algo contra o réu, sempre existe; o segundo é vinculado à existência da situação jurídica material, esta que vem a ser exercida processualmente. Em rigor, a afirmação é do exercício, por intermédio da demanda, da ação material.

Tanto é possível demandar judicialmente afirmando-se ter, no plano material, ação contra o réu e de fato tê-la, de modo que, além de sua afirmação no processo, se tem seu exercício processual: um exercício processual de uma situação jurídica material, portanto; como é possível afirmar-se na petição inicial ter algo sem, na verdade, titularizá-lo no plano material. Não é por outro motivo que se diz não ter razão o autor.

A ação processual é, desse modo, apenas a afirmação da ação material em juízo. O real exercício desta última é algo estranho à ação processual, sendo, além disso, contingencial. Toda demanda judicial, pela necessidade de ter um objeto, tem ação processual; nem todas elas, entretanto, contêm o exercício de uma ação material.

Eis, portanto, a razão das expressões ação procedente e ação improcedente. A crítica, feita por muitos, à expressão julgou procedente (ou, conforme o caso, improcedente) a ação deve ser rechaçada, pois o termo ação posto na oração não significa a ação material em si, muito menos a pretensão à tutela jurídica ("direito de ação"), mas sim a afirmação da ação, ou seja, a ação

---

utiliza entre aspas, tratando-a como sinônima de remédio jurídico processual. Segue uma passagem: "A 'ação', no sentido de direito processual, ou *remédio jurídico processual*, é meio instrumental que o direito formal põe a serviço de pessoas que estejam em determinadas situações, para que, com o uso dêle, possam suscitar a *decisão*", PONTES DE MIRANDA, Francisco Cavalcanti. Remédio Jurídico Processual. *Repertório Enciclopédico do Direito Brasileiro*. SANTOS, J. M. Carvalho (org.). Rio de Janeiro: Borsoi, s.a., p. 155. Logo, a ideia do autor em comento difere da defendida neste artigo. Todavia, em outra passagem, de outra obra, o citado jurista, a partir de explicação paralela ao texto corrido (ligação de expressões com setas de orientação), embora continue a dar à "ação" o sentido de remédio jurídico processual ao ligá-la ao exercício da pretensão à tutela jurídica, traz uma noção que se aproxima da ora defendida, porquanto afirme que o exercício da ação material no processo corresponde à relação jurídica deduzida (*res in iudicium deducta*)". Nesse sentido, ver, PONTES DE MIRANDA, Francisco Cavalcanti. *Tratado de Direito Privado*. 2. ed. Rio de Janeiro: Borsoi, 1959, t. 25, p. 197.

77. Nesse sentido, ver SILVA, Ovídio Baptista da. *Jurisdição, Direito Material e Processo*. Rio de Janeiro, Forense, 2008, p. 63.

78. Rigorosamente, o termo ação processualizada é mais adequado para definir o instituto em análise do que ação processual. A utilização, todavia, desta última expressão é importante do ponto de vista retórico-pragmático pois se trata de expressão largamente utilizada na doutrina e na praxe forense. Assim, utilizá-lo é importante do ponto de vista de uma retórica estratégica. Sobre a retórica estratégica, ver ADEODATO, João Maurício. *Uma Teoria Retórica da Norma Jurídica e do Direito Subjetivo*. São Paulo: Noeses, 2011, p. 20-21, dentre outras.

processual. Dizer, assim, ser improcedente a ação é dizer que a afirmação da parte não tem lastro no plano material, de modo que se afirmou, no plano processual, algo que, no entender do Estado-juiz, não se titulariza no plano material.

A ação processual é, pois, o cerne da *res in iudicium deducta*, ou seja, do objeto da declaração[79]. Pode-se denominá-la de direito litigioso ou, mais tecnicamente, situação jurídica litigiosa.

Nesse caso, a importância de entendê-la como uma categoria distinta da ação material ganha relevo, pois, estando uma causa pendente de decisão, qualquer ato de disposição (alienação ou oneração) das situações jurídicas processualizadas (direito, pretensão e, acima de tudo, ação) não as terá por objeto em sua pureza material, mas sim seu estado processualizado[80]. É ponto referente à conhecida alienação do direito litigioso do art. 109, CPC/15 (art. 42, CPC/73).

Equiparada, portanto, a noção de ação processual à de situação jurídica litigiosa, pode-se dizer que a primeira tem sua duração limitada à pendência de uma relação jurídica processual. Prolatada a sentença definitiva (entendendo-se, aqui, aquela com força de coisa julgada), a ação processual deixa de existir, passando a haver a certificação da existência ou não da ação material afirmada, ou seja, o estado de incerteza, de simples afirmação, se esvai: a *res in iudicium deducta* torna-se *res judicata*.

Ação processual não é, assim, a ação material, nem a pretensão à tutela jurídica, nem o remédio jurídico processual, nem qualquer eficácia da relação processual[81]. Trata-se de categoria jurídica distinta, correspondendo a uma

---

79. A expressão objeto da declaração posta acima serve para designar aquilo que alguns autores chamam de objeto litigioso do processo (ver, por todos, SANCHES, Sydney. Objeto do Processo e Objeto Litigioso do Processo. *Revista de Processo*. São Paulo: RT, 1979, n. 13, p. 44-45; DIDIER JR., Fredie. *Curso de Direito Processual Civil*. 13. ed. Salvador: JusPODIVM, 2011, v. 1, p. 313-314). Para tais autores, objeto litigioso do processo é a parcela do objeto do processo sobre a qual deve recair o julgamento. Prefere-se o uso da expressão objeto da declaração em vez de objeto litigioso, pois tudo que é posto à análise judicial ganha litigiosidade, inclusive matérias estranhas ao julgamento (= declaração judicial), como a propriedade na ação reivindicatória. Assim, usa-se a expressão objeto da declaração para designar aquilo que será objeto da eficácia declaratória da sentença, e a expressão objeto da análise judicial para se referir a toda e qualquer questão que possa vir a ser objeto de cognição judicial. A segunda expressão, como cediço, engloba a primeira, correspondendo ao sentido de objeto do processo na classificação consagrada.
80. Sobre a autonomia do direito litigioso, ver OLIVEIRA, Carlos Alberto Alvaro de. *Alienação da Coisa Litigiosa*. 2. ed. Rio de Janeiro: Forense, 1986, p. 59 e segs.
81. A ação processual não é eficácia da relação processual. Não é nenhum direito ou pretensão que se tenha contra o Estado-juiz em virtude do processo, como o direito à sentença de mérito. No entanto, uma das eficácias da relação processual é fazer processualizada a afirmação feita pelo autor na demanda, ou seja, dar ensejo ao estado processual da ação. Não se tem ação processual contra o Estado-juiz, embora se tenha, no mínimo, contra ele pretensão à análise dela. Ação processual se tem contra o réu, pelo

afirmação feita processualmente da existência ou inexistência de situações jurídicas materiais, em especial a ação. Tem sua vida restrita ao tempo de pendência da relação processual.

Em rigor, as expressões autor e réu servem para designar os sujeitos da ação processual. Autor é aquele que afirma ter algo (situações jurídicas, como direito, pretensão e ação) contra outrem, dito réu, no plano material. É autor, pois, da afirmação da ação material em juízo[82], afirmação esta que se faz contra o réu, e não em face dele[83].

Além disso, vários institutos da processualística, como causa de pedir, litispendência, conexão e outros, têm por base a noção de ação processual.

Em rigor, dizer que há litispendência entre ações, por exemplo, não é propriamente dizer que há duplicidade ou multiplicidade de ações materiais, até porque, levando-se em conta seu *locus*: o plano material, só há uma; duplicidade ou multiplicidade, em verdade, de ação processual, pois se afirmou mais de uma vez a mesma ação material. Ressalte-se que a análise da conexão e da identidade de ações deve ser feita antes do deslinde processual, ou seja, enquanto pendente a ação processual.

Do mesmo modo ocorre com a causa de pedir. O estudo desta centra-se na análise das afirmações feitas pelo autor na petição inicial. Afirmações dos fatos jurídicos (causa remota) e da relação jurídica (causa próxima) que ensejam o pedido. O cerne de tais afirmações, já no âmbito da causa de pedir próxima, é a ação processual. Não se deve, assim, dizer que a causa de pedir próxima é a ação material, pois esta pode não existir ou, conforme o caso, embora existente, ser tida por inexistente. É no plano da linguagem (*dictum*) que reside a causa de pedir: seja a remota, seja a próxima, esta última, para os fins deste trabalho, em especial.

---

simples fato de afirmar-se ter algo contra ele. Rigorosamente, as expressões autor e réu servem para designar os sujeitos da ação processual: alguém é autor da afirmação que, no processo, se faz contra outrem, ou seja, o réu.

82. Quando o réu alega no processo, por exemplo exceções substanciais, ele passa a processualizar outra situação jurídica ativa, de modo que a *res in iudicium deducta* é ampliada. Em verdade, o réu é autor de tal afirmação, que é feita contra o autor da afirmação que lhe foi oposta. Por exemplo, o réu, quando alega exceção de prescrição, alega que, embora tenha o autor pretensão contra ele, tem ele contra o autor o poder de neutralizá-la (a dita exceção). Nesse caso, deve ser dado ao réu tratamento de autor, a ponto de sua afirmação também dever ser julgada procedente ou improcedente.

83. Quando alguém vai a juízo, pede algo ao Estado-juiz. Para tanto, em face (ou perante) deste último afirma ter contra outrem, o réu, algo no plano material. Ação é poder de impor algo a alguém, poder, portanto, que se tem contra este alguém. É, pois, totalmente impróprio dizer que o autor tem ação em face do réu. Tem (ou melhor, diz ter, já que se trata, em si, de simples afirmação) ação contra ele. A ação processual se faz perante o Estado-juiz, mas sempre contra o réu. Sobre o tema, com muito proveito, SILVA, Ovídio Baptista da. Execução em face do Executado. *Da Sentença Liminar à Nulidade da Sentença*. Rio de Janeiro: Forense, 2001, p. 139-158.

6. CONCLUSÃO

O trabalho que ora se finda teve por objetivo lançar as bases para uma forma pouco comum na análise do fenômeno processual: o estudo dele a partir dos planos material, pré-processual e processual do direito.

A base teórica para tanto foi a obra de Pontes de Miranda, tanto a parte jurídico-processual, como, e principalmente a parte teórico-jurídica. Não se pretendeu, todavia, explicá-la, mas sim dar-lhe uma interpretação própria. Daí a expressão "para além" utilizada no título.

Várias noções foram estabelecidas ao longo do texto, como ação material, pretensão à tutela jurídica, direito ao remédio jurídico processual, o próprio remédio jurídico processual e ação processual. Para nenhuma delas, contudo, ousou-se a tentar esgotar o estudo. Pretendeu-se lançar as bases para que, a partir da premissa teórica acima exposta, tais institutos sejam reanalisados.

É um trabalho, pois, com pretensão de provocar os operadores do processo e juristas do processo para a observação dos pontos por ele abordados, a fim de que, se possível, novos estudos sobre os diversos temas referidos ao longo do texto venham a surgir. Eis a função do presente artigo.

7. REFERÊNCIAS

ABREU, Leonardo Santana de Abreu. *Direito, Ação e Tutela Jurisdicional*. Porto Alegre: Livraria do Advogado, 2011.

ADEODATO, João Maurício. *Uma Teoria Retórica da Norma Jurídica e do Direito Subjetivo*. São Paulo: Noeses, 2011.

AMARAL, Guilherme Rizzo; MACHADO, Fabio Cardoso (orgs.). Porto Alegre: Livraria do Advogado, 2006.

ASCENÇÃO, José de Oliveira. *Introdução à ciência do direito*. 3. ed. Rio de Janeiro: Renovar, 2005.

ASSIS, Araken de. *Cumulação de Ações*. 4. ed. São Paulo: RT, 2002.

BETTI, Emílio. *Teoria General del Negocio Jurídico*. Trad. A. Martin Perez. 2. ed. Madri: Editorial Revista de Derecho Privado, 1959.

BONNECASE, Julien. *Introducción al Estudio del Derecho*. Trad. Jorge Guerrero. 2. ed. Bogotá: Editorial Temis, 2000.

BRAGA, Paula Sarno. *Norma de Processo e Norma de Procedimento*: o problema da repartição de competência legislativa no direito constitucional brasileiro. Salvador: JusPODIVM, 2015.

CARNELUTTI, Francesco. *Teoria Geral do Direito*. Trad. A. Rodrigues Queiró e Artur Anselmo de Castro. Rio de Janeiro: Âmbito Cultural Edições, 2006.

CASTRO, Torquato. *Teoria da Situação Jurídica em Direito Privado Nacional*: estrutura, causa e título legitimário do sujeito. São Paulo: Saraiva, 1985.

CASTRO JR., Torquato. *A Pragmática das Nulidades e a Teoria do Ato Jurídico Inexistente*. São Paulo: Noeses, 2009.

CHIOVENDA, Giuseppe. La Acción en el Sistema de los Derechos. *Ensayos de Derecho Procesal Civil*. Trad. Santiago Sentis Melendo. Buenos Aires: E.J.E.A, 1949, t. 1.

COSTA, Eduardo José da Fonseca. Teoria Trinária v.s. Teoria Quinária: crônica de um diálogo de surdos. COSTA, Eduardo José da Fonseca, MOURÃO, Luiz Eduardo Ribeiro, NOGUEIRA, Pedro Henrique Pedrosa (coords.). *Teoria Quinária da Ação*, op. cit., p. 195-204.

COUTURE, Eduardo J. *Fundamentos del Derecho Procesal Civil*. 3. ed. Buenos Aires: Depalma, 1976.

DIDIER JR., Fredie. *Curso de Direito Processual Civil*. 13. ed. Salvador: JusPODIVM, 2011, v. 1.

_____. Teoria das exceções: a exceção e as exceções. *Revista de Processo*. São Paulo: RT, 2004.

ENNECCERUS, Ludwig; NIPPERDEY, Hans Carl. *Tratado de Derecho Civil*: parte general. Trad. Blas Pérez González e José Alguer. Barcelona: Bosch, 1953, v. 1, t. 1.

GRECO, Leonardo. *A Teoria da Ação no Processo Civil*. São Paulo: Dialética, 2003

GRECO, Leonardo. *Jurisdição Voluntária Moderna*. São Paulo: Dialética, 2003.

GOLDSCHIMDT, James. *Teoría General del Proceso*. Barcelona: Labor, 1936.

GOMES, Orlando. *Introdução ao Direito Civil*. 6. ed. Rio de Janeiro: Forense, 1978.

GONÇALVES, Aroldo Plínio. *Técnica Processual e Teoria do Processo*. Rio de Janeiro: Aide, 1992.

GOUVEIA FILHO, Roberto P. Campos; PEREIRA, Mateus Costa. Ação Material e Tutela Cautelar. COSTA, Eduardo José da Fonseca, MOURAO, Luiz Eduardo Ribeiro, NOGUEIRA, Pedro Henrique Pedrosa (coords.). *Teoria Quinária da Ação*. Salvador: JusPODIVM, 2010.

LIEBMAN, Enrico Tullio. *Manual de Direito Processual Civil*. 3. ed. Trad. Cândido Rangel Dinamarco. São Paulo: Malheiros, 2005, v. 1.

MELLO, Marcos Bernardes de. Da Ação como Objeto Litigioso no Processo Civil. COSTA, Eduardo José da Fonseca; MOURÃO, Luiz Eduardo Ribeiro; NOGUEIRA, Pedro Henrique Pedrosa (coords.). *Teoria Quinária da Ação*. Salvador: JusPODIVM, 2010.

MELLO, Marcos Bernardes de. *Teoria do Fato Jurídico*: plano da eficácia. 6. ed. São Paulo: Saraiva, 2011.

_____. *Teoria do Fato Jurídico*: plano da existência. 17. ed. São Paulo: Saraiva, 2011.

MITIDIERO, Daniel. *Colaboração no Processo Civil*. São Paulo: RT, 2009, p. 144-145.

_____. Polêmica sobre a Teoria Dualista da Ação (Ação de Direito Material – "Ação" Processual): uma resposta a Guilherme Rizzo Amaral. *Polêmica sobre a Ação.*

MUTHER, Theodor. Sobre La Doctrina de la *Actio* Romana, del Derecho de Accionar Actual, de la *Litiscontestatio* y de la Sucesión Singular en las Obligaciones. *Polemica sobre la "Actio".* Trad. Tomás A. Banzhaf. Buenos Aires: E.J.E.A, 1974.

NEVES, Marcelo. *Teoria da Inconstitucionalidade das Leis.* São Paulo: Saraiva, 1988.

NOGUEIRA, Pedro Henrique Pedrosa. *Teoria da Ação de Direito Material.* Salvador: JusPODIVM, 2008.

OLIVEIRA, Carlos Alberto Alvaro de. *Alienação da Coisa Litigiosa.* 2. ed. Rio de Janeiro: Forense, 1986.

PASSOS, José Joaquim Calmon de. *A Ação no Direito Processual Civil Brasileiro.* Salvador: Impressa Oficial, 1960.

PONTES DE MIRANDA, Francisco Cavalcanti. *Comentários ao Código de Processo Civil.* 2. ed. Rio de Janeiro: Forense, 1958, t. 1.

_____. *Comentários ao Código de Processo Civil.* 2. ed. Rio de Janeiro: Forense, 1979, t. 1.

_____. *Comentários ao Código de Processo Civil.* Rio de Janeiro: Forense, 1977, t. 16.

_____. Relação Jurídica Processual. SANTOS, J. M. Carvalho (org.). *Repertório Enciclopédico do Direito Brasileiro.* Rio de Janeiro: Borsoi, s.a.

_____. Remédio Jurídico Processual. *Repertório Enciclopédico do Direito Brasileiro.* SANTOS, J. M. Carvalho (org.). Rio de Janeiro: Borsoi, s.a.

_____. *Tratado das Ações.* São Paulo: RT, 1970, t. 1.

_____. *Tratado das Ações.* São Paulo: RT, 1970, t. 2.

_____. *Tratado de Direito Privado.* Rio de Janeiro: Borsoi, 1954, t. 1.

_____. *Tratado de Direito Privado.* 3. ed. Rio de Janeiro: Borsoi, 1970, t. 1.

_____. *Tratado de Direito Privado.* 2. ed Rio de Janeiro: Borsoi, 1955, t. 5.

_____. *Tratado de direito privado:* parte geral. 3. ed. Rio de Janeiro: Borsoi, 1970, t. 6.

_____. *Tratado de direito privado.* 2. ed. Rio de Janeiro: Borsoi, 1958, t. 22.

_____. *Tratado de Direito Privado.* 2. ed. Rio de Janeiro: Borsoi, 1959, t. 25.

RÁO, Vicente. *O Direito e a Vida dos Direitos.* 2. ed. São Paulo: Resenha Universitária, 1978, v. 2, t. 2.

SANCHES, Sydney. Objeto do Processo e Objeto Litigioso do Processo. *Revista de Processo.* São Paulo: RT, 1979, n. 13, p. 44-45.

SATTA, Salvatore. *Direito Processual Civil*. Trad. Luiz Autuori. Rio de Janeiro: Borsoi, 1970, t. 1.

SILVA, Ovídio Baptista da. *Curso de Processo Civil*. 8. ed. Rio de Janeiro: Forense, 2008, v. 1, t. 1.

SILVA, Ovídio A. Baptista da. Direito Subjetivo, Pretensão de Direito Material e Ação. MACHADO, Fábio Cardoso; AMARAL, Guilherme Rizzo (orgs.). *Polêmica sobre a Ação*. Porto Alegre: Livraria do advogado, 2006.

SILVA, Ovídio Baptista da. Execução em face do Executado. *Da Sentença Liminar à Nulidade da Sentença*. Rio de Janeiro: Forense, 2001.

_____.*Jurisdição, Direito Material e Processo*. Rio de Janeiro, Forense, 2008.

SILVA, Ovídio Baptista da; GOMES, Fábio Luiz. *Teoria Geral do Processo Civil*. 3. ed. São Paulo: RT, 2002.

WACH, Adolf. *La Pretención de Declaración*. Trad. Juan M. Semon. Buenos Aires: E.J.E.A, s.a.

WINDSCHEID, Bernhard; MUTHER, Theodor. *Polemica sobre la "Actio"*. Trad. Tomás A. Banzhaf. Buenos Aires: E.J.E.A, 1974, *passim*.

VILANOVA, Lourival. *Causalidade e Relação no Direito*. 4. ed. São Paulo: RT, 2000.

PARTE II

JURISDIÇÃO E CONDIÇÕES DA AÇÃO

CAPÍTULO 1

A visão de jurisdição incorporada pelo Novo Código de Processo Civil

Maria Angélica E. F. Feijó[1]

SUMÁRIO: 1. INTRODUÇÃO; 2. A VISÃO DE JURISDIÇÃO NO CÓDIGO DE PROCESSO CIVIL DE 1973. O JUIZ COMO MERO APLICADOR DO DIREITO, MEDIANTE A DESCOBERTA E A DECLARAÇÃO DA NORMA PREEXISTE; 2.1. A INFLUÊNCIA DO PENSAMENTO JURÍDICO DOS OITOCENTOS E DO INÍCIO DOS NOVECENTOS NA FORMAÇÃO DO CÓDIGO BUZAID. O COGNITIVISMO INTERPRETATIVO E O RACIOCÍNIO LÓGICO-SILOGÍSTICO DO JUIZ.; 2.2. A TEORIA DECLARATÓRIA DA JURISDIÇÃO; 3. A NOVA VISÃO DE JURISDIÇÃO. O JUIZ E O SEU PAPEL DE RECONSTRUÇÃO DO ORDENAMENTO JURÍDICO; 3.1. A PASSAGEM DO ESTADO LEGISLATIVO PARA O ESTADO CONSTITUCIONAL E AS MUDANÇAS NO ÂMBITO DA TEORIA DO DIREITO. O CETICISMO MODERADO INTERPRETATIVO E O CONSEQUENTE RACIOCÍNIO LÓGICO-ARGUMENTATIVO DO JUIZ.; 3.2. A TEORIA RECONSTRUTIVISTA DA JURISDIÇÃO; 4. DA JURISDIÇÃO AO PROCESSO: A INCORPORAÇÃO DA NOVA VISÃO DE JURISDIÇÃO NO CÓDIGO DE PROCESSO CIVIL DE 2015 E OS EFEITOS PRÁTICOS; 4.1. CONTRADITÓRIO ; 4.2 FUNDAMENTAÇÃO ; 4.3. DA JURISPRUDÊNCIA AO PRECEDENTE; 5. CONCLUSÃO.

1. INTRODUÇÃO

Quem já se dedicou à leitura do Novo Código de Processo Civil[2] (Novo CPC), mesmo que de forma mais apressada, percebeu que alguns dos institutos do Direito Processual Civil nele previstos ganharam novos contornos. Este é o caso, por exemplo, do *contraditório*, da *fundamentação* das decisões judiciais e da *jurisprudência*, ou melhor, o precedente. A partir da vigência do Novo CPC, o juiz não poderá decidir questões que por ele podem ser suscitadas de ofício sem antes ouvir as partes; e, igualmente, não poderá adotar em sua decisão fundamento que não tenha sido previamente debatido por elas (artigo 10º do Novo CPC). Além disso, os Tribunais estarão incumbidos de uniformizar a sua jurisprudência, mantendo-a íntegra, estável e coerente.

À primeira vista, podemos considerar estas mudanças trazidas no texto do Novo CPC *apenas como um pequeno aperfeiçoamento na técnica de utilização* destes institutos processuais. Ocorre que, a partir de uma visão mais aprofundada,

---

1. Bacharel e mestranda pela Universidade Federal do Rio Grande do Sul (UFRGS). Pesquisadora do Grupo de Pesquisa CNPq Processo Civil e Estado Constitucional. Advogada.

2. BRASIL. Lei nº 13.105 de 16 de março de 2015. Código de Processo Civil. Planalto. Disponível em: ‹http://www.planalto.gov.br/ccivil_03/_Ato2015-2018/2015/Lei/L13105.htm›. Acesso em 09/04/2015.

é possível perceber que *a visão a respeito da função do juiz no processo se transformou.*

Isto quer dizer que *não podemos mais encarar a tarefa do juiz como a de mero aplicador da lei* que, a partir da verificação dos fatos provados pelas partes no processo, *descobre o significado intrínseco e preexistente da lei, declarando* a norma aplicável ao caso concreto, que nas palavras de Giuseppe Chiovenda é dita como: *"fazer atuar a vontade concreta da lei"[3].* Hoje, o juiz tem o dever de dialogar com as partes[4] não só no que concerne aos fatos da causa, mas também em relação ao direito aplicável ao caso. A partir do reconhecimento da evidente distinção entre texto e norma[5], o juiz, mediante a influência das partes, deve escolher o significado que será atribuído ao texto normativo, de forma argumentativamente justificada (artigo 489, § 1º, do Novo CPC).

É que, desde 1973, o processo civil brasileiro passou por mudanças substanciais quanto à sua finalidade e estrutura, e, a *jurisdição* – antigo polo metodológico do estudo da Teoria Geral do Processo[6] – não chegou a ser revisitada pelos *processualistas* mediante a consideração das mudanças que ocorreram no âmbito da *teoria do direito.*

A *jurisdição* tem se mostrado como mais do que um simples instrumento de *resolução de conflitos.* Para além do caso concreto, sua função ocupa importante lugar ao lado da função legislativa para a *criação e o desenvolvimento do direito[7].* Isto é, a decisão judicial, que é o *produto* da atividade jurisdicional,

---

3. Amplamente: CHIOVENDA, Giuseppe. Instituições de Direito Processual Civil. Tradução da 2ª ed. italiana: J. Guimarães Menegale. 3ª ed. São Paulo: Saraiva, 1969. vol I, II e III. Principios de Derecho Procesal Civil. Tradução da 3ª edição italiana: José Casais y Santaló. Madrid: Reus, 1922. Tomos I e II. Saggi di Diritto Processuale Civile. Milano: Giuffrè, 1993. vol I, II e III.

4. Característica inerente ao modelo de processo colaborativo adotado no Novo CPC (artigo 6º do Novo CPC). Sobre o modelo colaborativo de Processo Civil: MITIDIERO, Daniel. Colaboração no Processo Civil: pressupostos sociais, lógicos e éticos. 2ª ed. rev. atual. e amp. São Paulo: RT, 2011. (1ª edição 2009) e DIDIER Jr., Fredie. Fundamentos do Princípio da Cooperação no Direito Processual Civil Português. Coimbra: Coimbra, 2011.

5. A distinção entre texto e norma é bem trabalhada pela Escola de Gênova (ou, pelo Realismo Genovês), como se observa em: TARELLO, Giovanni. L'Interpretazione della legge. Milano: Giuffrè, 1980. GUASTINI, Riccardo. Interpretare e Argomentare. Milano: Giuffrè, 2011. CHIASSONI, Pierluigi. Tecnica dell'interpretazione giuridica. Bologna: Il Mulino, 2007. BARBERIS, Mauro. Um poco de Realismo sobre el Realismo "Genovés". In: BELTRÁN, Jordi Ferrer; RATTI, Giovanni B. El Realismo Jurídico Genovés. Madrid: Marcial Pons, 2011. p. 201-213. E, também, por Humberto Ávila no clássico: ÁVILA, Humberto. Teoria dos Princípios: da definição à aplicação dos princípios jurídicos. 15ª ed. rev. atual. e amp. São Paulo: Malheiros, 2014 (1ª edição 2003).

6. Neste aspecto, nossas principais referências são: BAPTISTA DA SILVA, Ovídio Araújo. Jurisdição e Execução na Tradição Romano-Canônica. 3ª ed. rev. Rio de Janeiro: Forense, 2007. E: Processo e Ideologia: o paradigma racionalista. Rio de Janeiro: Forense, 2004. Além de: DINAMARCO, Cândido Rangel. Instrumentalidade do Processo. 15ª ed. rev. e atual. São Paulo: Malheiros, 2013.

7. É o que afirma Mitidiero: "...legislação e jurisdição atuam coordenada e conjuntamente para a produção e promoção do império do Direito." (MITIDIERO, Daniel. Cortes Superiores e Cortes Supremas. p. 54.)

atualmente, possui dois endereços diferentes: um para o *caso concreto* – quando proporciona a tutela do direito, mediante processo justo – e outro, para a *ordem jurídica* – consubstanciada na *atividade interpretativa* do juiz[8].

Isso demonstra que o estudo das *teorias da interpretação judicial* é fundamental para compreendermos o *papel que função jurisdicional* ocupa em nosso Estado Constitucional brasileiro.

É este o objetivo deste breve ensaio. Nossa hipótese é a que, no âmbito da *teoria do direito,* a concepção a respeito da *interpretação judicial* é o que determina a ideia de *jurisdição* no contexto do *processo civil.* E, só é possível aferir a adoção de uma ou outra ideia de *jurisdição,* quando olhamos para a *reflexão prática* desta ideia perante as definições e o tratamento que é outorgado aos *institutos* do processo civil.

Para cumprir com objetivo traçado, trataremos da *interpretação judicial* em sentido estrito, isto é, apenas a interpretação dos *textos normativos,* deixando de lado a interpretação dos *elementos não textuais* de nossa ordem jurídica, por tratar-se de matéria extensa, que não seria aqui suficientemente analisada em razão do escopo mais restritivo a que este trabalho se propõe. Desta feita, considerando os dois percursos que a doutrina tem apontado para a construção do direito – *das fontes às normas, e das normas ao sistema* – nos preocuparemos em demonstrar como o juiz percorre o *primeiro percurso*[9], e como esta estrada leva à *reconstrução do ordenamento jurídico através da atividade jurisdicional.*

O ensaio está, portanto, divido em três partes para demonstração da nossa hipótese. Na primeira, analisaremos a ideia de jurisdição no Código de Processo Civil de 1973[10] (Código Buzaid[11]), partindo do estudo do pensamento jurídico característico dos oitocentos e novecentos. Abordaremos a *teoria cognitivista da interpretação judicial* para representar a antiga ideia que tínhamos de *jurisdição como declaração da norma preexistente,* que simplificava o raciocínio judicial à uma operação *lógica-silogística.*

Na segunda parte, analisaremos a *nova teoria sobre a jurisdição,* considerando as principais mudanças que a transição do Estado Legislativo para o

---

8. Amplamente: MITIDIERO, Daniel. Fundamentação e Precedente - Dois discursos a partir da decisão judicial. REPRO, vol. 206, 2012, p. 61-77.
9. Deixamos de tratar do segundo percurso (das normas ao sistema), porque implicaria na ampliação do objeto da pesquisa para abranger o problema concernente às lacunas do ordenamento jurídico. Problema este que é muito mais amplo do que o escopo do presente trabalho.
10. BRASIL. Lei nº 5.869, de 11 de janeiro de 1973. Planalto. Disponível em: < http://www.planalto.gov.br/ccivil_03/leis/l5869compilada.htm>. Acesso em 23 nov. 2014.
11. Expressão utilizada por Daniel Mitidiero no clássico ensaio: MITIDIERO, Daniel. O processualismo e a formação do Código Buzaid. REPRO, v. 35, n. 183, p. 165-194, 2010.

Estado Constitucional acarretou no âmbito da teoria do direito. Trataremos da *teoria cética moderada da interpretação judicial* para justificar a atual ideia de *jurisdição como reconstrução da ordem jurídica*, mediante a outorga de sentido aos textos normativos, em um raciocínio mais complexo que o lógico-silogístico, o *lógico-argumentativo*.

Na última parte do trabalho, constataremos como cada *concepção a respeito da jurisdição teve repercussão prática na estruturação do processo civil* no que toca a três institutos básicos da disciplina processual: o *contraditório*, a *fundamentação* das decisões judiciais e a *jurisprudência* e o *precedente*, para demonstrar a veracidade da hipótese adotada nesta pesquisa.

2. A VISÃO DE JURISDIÇÃO NO CÓDIGO DE PROCESSO CIVIL DE 1973. O JUIZ COMO MERO APLICADOR DO DIREITO, MEDIANTE A DESCOBERTA E A DE-CLARAÇÃO DA NORMA PREEXISTE.

É sabido que o Código Buzaid foi elaborado sob a influência do Direito Processual Civil italiano da primeira metade dos novecentos, época em que a ciência processual, nascida na Alemanha[12], provava a sua autonomia através do constante desenvolvimento dos seus conceitos e institutos frutos do trabalho dos juristas italianos.

O estudo desta fase do desenvolvimento do direito processual, o *processualismo*[13], revela as particularidades da cultura jurídica desta época, caracterizada por um pensamento jurídico que carregava a ideia do *direito enquanto lei*, cuja fonte de criação era única e exclusivamente oriunda do Parlamento, o Poder Legislativo do Estado. Neste modelo de Estado, que aqui chamamos de *"Estado Legislativo"*[14], o juiz não é nada mais do que um agente a serviço da lei,

---

12. Sobre o nascimento do Direito Processual enquanto ciência autônoma, ver: BÜLOW, Oskar. Die Lehre von den Proceßeinreden und die Proceßvoraussetzungen. Gießen: Verlag von Emil Roth, 1868. Também: DINA-MARCO, Cândido Rangel. Instituições de Direito Processual Civil. 6ª ed. rev. e atual. São Paulo: Malheiros, 2009. vol. I. MITIDIERO, Daniel. Colaboração no Processo Civil: pressupostos sociais, lógicos e éticos. 2ª ed. rev. atual. e amp. São Paulo: RT, 2011. (1ª edição 2009) e MARINONI, Luiz Guilherme; ARENHART, Sérgio Cruz; MITIDIERO, Daniel. Teoria Geral do Processo. São Paulo: RT, 2015.

13. Denominação utilizada pela Escola Gaúcha de Processo Civil, nesse sentido: ALVARO DE OLIVEIRA, Carlos Alberto. Do Formalismo no Processo Civil: proposta de um Formalismo-Valorativo. 4ª ed. rev. atual. e amp. São Paulo: Saraiva, 2010. MITIDIERO, Daniel. O processualismo e a formação do Código Buzaid.. In: Revista de Processo, v. 35, n. 183, p. 165-194, 2010. Que também é chamada por "conceitualismo" pela Escola Paulista de Processo Civil, neste sentido: DINAMARCO, Cândido Rangel. Instituições de Direito Processual Civil. 6ª ed. rev. e atual. São Paulo: Malheiros, 2009. vol. I. CINTRA, Antônio Carlos de Araújo. GRINOVER, Ada Pellegrini. DINAMARCO, Cândido Rangel. Teoria Geral do Processo. 25ª ed. rev. e atual. São Paulo: Malheiros, 2009. (1ª edição 1974).

14. Sobre o Estado Legislativo, ver: ZAGREBELSKY, Gustavo. Il diritto mite. Torino: Eunaudi, 1992. MARINONI, Luiz Guilherme; ARENHART, Sérgio Cruz; MITIDIERO, Daniel. Teoria Geral do Processo. São Paulo: RT, 2015.

cuja atividade estava reduzida à simples *exegese do texto* e à *descoberta da vontade do legislador*[15].

Essa concepção a respeito do direito demonstra a existência de um *cognitivismo interpretativo* que via no *texto da lei* a *norma*, e reduzia a função do juiz à de *mero descobridor da vontade do legislador*, que *declarava o direito* a ser aplicado no caso concreto.

A lei colocava-se, assim, como a garantia de segurança ao cidadão. Desta feita, acreditamos ser fundamental o estudo das *teorias sobre a interpretação da lei*, para o estudo da ideia de *jurisdição* incorpora pelo Código Buzaid.

Se é verdade que a adoção de uma determinada *teoria do direito* é capaz de gerar efeitos sobre a *solução prática de problemas jurídicos*[16], então é imprescindível a revelação das *teorias da interpretação* que estiveram por detrás de nossa cultura jurídica, para evidenciarmos a sua influência sobre a *função que a jurisdição ocupava perante a nossa ordem jurídica*.

2.1. A influência do pensamento jurídico dos oitocentos e do início dos novecentos na formação do Código Buzaid. O cognitivismo interpretativo e o raciocínio lógico-silogístico do juiz.

Em 1964, Alfredo Buzaid entregava ao Governo Federal o Anteprojeto para o Código de Processo Civil, que viria a ser promulgado apenas em 1973, após a revisão e discussão de seu texto pela Comissão de juristas formada por José Carlos Moreira Alves, Luís Antônio de Andrade, José Frederico Marques e Cândido Rangel Dinamarco, além da assídua participação de José Carlos Barbosa Moreira.

Buzaid era Professor Catedrático de Direito Processual Civil da Faculdade de Direito da Universidade de São Paulo, e trazia consigo enorme bagagem da doutrina processual civil italiana, em razão de ter sido aluno de Enrico Tullio Liebman, quando este estava em sua estada no Brasil por força das agitações que sofria a Itália por conta do clima da Segunda Guerra Mundial[17]. Liebman chegou ao Brasil em meados de 1940, e passou a ministrar aulas na Universidade de São Paulo. Na mesma época, formou grupo de estudos com seletos alunos, dentre

---

15. ZAGREBELSKY, Gustavo. Il diritto mite. Torino: Eunaudi, 1992. p 38
16. Larenz já afirmava: "Toda e qualquer metodologia do Direito se funda numa teoria do Direito, ou quando menos implica-a. Ela exibe necessariamente um duplo rosto – um que está voltado para a dogmática jurídica e para a aplicação prática dos seus métodos, outro que se volta para a Teoria do Direito.". (Prefácio do Metologia da Ciência do Direito. Tradução da 6ª edição alemã reformulada: José Lamengo. 3ª edição. Lisboa: Fundação Calouste Gulbekian, 1997. p. XXII.)
17. . MITIDIERO, Daniel. O processualismo e a formação do Código Buzaid.. In: Revista de Processo, v. 35, n. 183. 2010. p. 173 e ss.

213

eles Alfredo Buzaid ao lado de Luís Eulálio de Bueno Vidigal, Benvindo Aires, Bruno Affonso de André e José Frederico Marques.

Foi, portanto, a partir das lições de Liebman na Universidade de São Paulo, que o processo civil se desenvolveu no Brasil sob forte influência do arcabouço teórico da doutrina italiana, mais precisamente, de Giuseppe Chiovenda[18]. É também por esta razão, que afirmamos que o Código Buzaid representa a adoção dos conceitos e institutos desenvolvidos pela doutrina italiana. A este respeito, lembramos da *introdução* escrita por Alfredo Buzaid na tradução da 2ª edição da obra *Instituições de Direito Processual* de Chiovenda, em que ele afirma ser este o *livro-chave para a compreensão do Código de Processo Civil de 1973*[19].

É inegável, portanto, que o Código Buzaid incorporava a visão de Chiovenda acerca da jurisdição, vendo-a como função do Estado responsável por fazer *atuar a vontade concreta da lei*. Por este motivo, o estudo da *teoria declaratória da jurisdição* é aqui traçado tendo Chiovenda como protagonista, visto que foi ele um dos maiores doutrinadores sobre o tema, o responsável por fundar o estudo da ciência do Direito Processual Civil na Itália[20], e um dos italianos que maior influência sofreu da doutrina alemã, principalmente de Adolf Wach.

Sobre este aspecto, é interessante lembrar que Wach, para além de processualista, era *teórico do direito*[21], que trazia em seus escritos traços do *cognitivismo interpretativo*. Tal teoria da interpretação jurídica era representada pela ideia de que a interpretação dos textos normativos consistiria em uma atividade *puramente cognoscitiva e lógico-dedutiva*[22], e nunca como uma atividade *criativa, arbitrária, valorativa ou politicamente comprometida*, ainda que seja técnica[23]. Sua base está focada na crença de que o texto normativo possui um significado *intrínseco, previamente dado* pela autoridade normativa que o editou, o legislador. Essa concepção trazia consigo a ideia de que a tarefa do intérprete consistiria apenas em *revelar* o seu significado, mediante a verificação da relação entre palavras e realidade, ou pela identificação da *"vontade"* unívoca do legislador[24]. Neste contexto, Wach fazia referências constantes à atividade

---

18. GRINOVER, Ada Pellegrini. O magistério de Enrico Tullio Liebman no Brasil. Revista da Faculdade de Direito, Universidade de São Paulo, v. 81, p. 98-102, 1986.
19. BUZAID, Alfredo. "Introdução" na obra: CHIOVENDA, Giuseppe. Instituições de Direito Processual Civil. Tradução da 2ª ed. italiana: J. Guimarães Menegale. 3ª ed. São Paulo: Saraiva, 1969. vol I.
20. BUZAID, Alfredo. Introdução. In: CHIOVENDA, Giuseppe. Instituições de Direito Processual Civil vol I, p. VII.
21. LARENZ, Karl. Metologia da Ciência do direito. p, 40-ss.
22. Conforme: CHIASSONI, Pierluigi. L'indirizzo Analitico nella Filosofia del Diritto: I. da Bentham a Kelsen. Torino: G. Giappichelli, 2009. p. 232. GUASTINI, Riccardo. Das fontes às normas. Tradução: Edson Bini. São Paulo: Quartier Latin, 2005. p. 139 e VIOLA, Francesco. Orientamenti storici in tema di interpretazione della legge. Palermo: Celup, 1975. p. 63.
23. CHIASSONI, Pierluigi. L'indirizzo Analitico nella Filosofia del Diritto: I. da Bentham a Kelsen. p. 232.
24. A base em que está apoiada o cognitivismo interpretativo é dita como falaciosa por GUASTINI, Riccardo. Das fontes às normas. p. 139.

cognitiva do intérprete em seu clássico *Manual*[25], quanto afirmava, por exemplo, que: *"é necessário entender a lei, e não criá-la"*[26], *"interpretar a lei significa buscar e descobrir uma vontade que constitui o significado da lei"*[27], e ainda, *"interpretar significa expor o conteúdo imanente à lei"*[28].

Para o *cognitivismo interpretativo*, o intérprete poderia averiguar tanto o significado *objetivo*[29] do texto normativo, como a *intenção subjetiva de seus autores*[30]. Em outras palavras, "interpretar" para o *cognitivismo* não passaria da simples *descoberta*[31] *(i)* do *significado objetivo* do texto, ou, *(ii)* da *vontade subjetiva* do legislador, pressupondo, em ambas as hipóteses, a existência de um *sentido unívoco e preexistente, suscetível de conhecimento*[32] de apenas *uma interpretação, a correta*[33].

Todas essas considerações demonstram que Wach pressupunha, ainda que inconscientemente, que a *ciência do direito era descritiva*[34], isto é, caberia aos

---

25. Isso quer dizer que, para WACH, a interpretação era o meio pelo qual era possível entender a lei, e nunca criar o direito. Da lei seria retirada uma única interpretação, a correta, na medida em WACH defendia que o texto da lei não apresentaria problemas de equivocidade como a ambiguidade ou a vagueza, vez que a intepretação "sempre requer uma complicada operação dedutiva" a partir dos conceitos que já estão incorporados no sistema jurídico. Mais especificamente, não poderia existir qualquer óbice para a descoberta do significado da lei, pois estes significados já teriam sido trabalhados e desenvolvidos pela doutrina científica. O trabalho do legislador, portanto, ao editar a lei seria o de reproduzir os conceitos do sistema do ordenamento jurídico. É por esta razão que WACH afastava a ideia de descoberta da vontade do legislador como finalidade da atividade interpretativa, enaltecendo que, em verdade, a finalidade da interpretação era a descoberta da vontade da lei. Mesmo mostrando-se preocupado com o viés objetivo da interpretação judicial, WACH era um cognitivista. Isso porque, em sua teoria, o intérprete estaria autorizado a praticar apenas atos de conhecimento para interpretação da lei, nunca de atos vontade. Nesse sentido: WACH, Adolf. Manual de Derecho Procesal Civil. p 354-371. MITIDIERO, Daniel. Cortes Superiores e Cortes Supremas. Do controle à interpretação, da Jurisprudência ao Precedente. p. 36-39.
26. WACH, Adolf. Manual de Derecho Procesal Civil. p 354.
27. WACH, Adolf. Manual de Derecho Procesal Civil. p 355.
28. WACH, Adolf. Manual de Derecho Procesal Civil. p 357.
29. Neste aspecto, WACH contribuiu, em sua época, para o desenvolvimento de viés objetivista para a teoria da interpretação judicial sob o prisma do cognitivismo, na medida em que entendia que o decisivo para a interpretação da lei não era a vontade do legislador, mas a vontade do direito, que era deduzida a partir das proposições constantes na lei e em todo o sistema jurídico. Segundo este autor, "estabelecer uma teoria da interpretação, era estabelecer uma teoria sobre a determinação do conteúdo da lei", e este era o trabalho para uma "doutrina científica". Assim, o objeto da interpretação era visto como a lei escrita, e, igualmente, este era o seu limite. O intérprete não poderia ultrapassar as palavras do legislador. A finalidade da interpretação era puramente científica e não produtiva, consistindo em esclarecer a vontade contida na lei. Neste sentido: WACH, Adolf. Manual de Derecho Procesal Civil. p 353-370. LARENZ, Karl. Metologia da Ciência do Direito. p, 40-ss.
30. GUASTINI, Riccardo. Das fontes às normas. Tradução: Edson Bini. p. 139.
31. GUASTINI, Riccardo. Interpretare e Argomentare. p. 409-410. e VILLA, Vittorio. A Pragmatically Oriented Theory of Legal Interpretation. In: Revus 12 - 2010. p. 102.
32. GUASTINI, Riccardo. Interpretare e Argomentare. p. 409-410., também em: "Due esercizi di non cognitivismo". In P. Comanducci, R. Guastini (eds.). Analisi e diritto. Ricerche di giurisprudenza analitica. Torino: Giappichelli, 1999, pp. 277-280.
33. GUASTINI, Riccardo. Das fontes às normas. p. 139.
34. Sobre este tema: ÁVILA, Humberto. Função da Ciência do direito Tributário: do Formalismo Epistemológico ao Estruturalismo Argumentativo. Revista direito Tributário Atual. São Paulo: Dialética, 2013. n. 29.

juristas apenas descrever o significado do direito, que era considerado como um objeto suscetível de conhecimento. Essa concepção de ciência, por sua vez, repercutiu diretamente na visão de *jurisdição* que este jurista alemão desenvolveu. Se à doutrina cabia apenas descrever o significado do direito, ao juiz caberia tão somente declarar o significado preexistente da lei. É por esta razão que Wach concluiu que a *jurisdição* consiste em uma *função do Estado destinada à mera aplicação do direito pelos Tribunais*[35], sem adscrição por parte do intérprete. Era, assim, por meio da *jurisdição* que o direito material era aplicado de forma autoritativa e vinculante.

Nesse contexto, somente havia como concluir que a sentença seria o meio de *"se revelar o mandamento abstrato da lei em forma concreta através da boca do juiz"*[36]. A partir da concepção *cognitivista da interpretação* de Wach, somada à sua ideia de *jurisdição como mera declaração de direitos*, Chiovenda desenvolveu a *teoria declaratória da jurisdição*, com a famosa expressão descritiva de: *"atuação da vontade concreta da lei"*.

2.2. A Teoria Declaratória da Jurisdição

O desenvolvimento das primeiras teorias sobre a jurisdição ocorreu durante a fase do *processualismo*, em que o processo civil firmava-se como *ciência autônoma*. Inserido neste contexto histórico-cultural, Chiovenda estava desafiado a afirmar a total separação do *direito processual* em relação ao *direito material* em seus estudos. Isso quer dizer que a sistematização dos institutos e dos conceitos desta nova *ciência* deveriam estar sincronizados com esta distinção.

Podemos relacionar a necessidade do afastamento entre *direito material* e *direito processual* daquela época com a necessidade de separar rigidamente a função do Estado que tem o poder de *criar* a norma, daquele que tem o poder de *aplicá-la*. Em outras palavras, apenas a uma das funções do Estado poderia ser outorgado o poder de *criar* o direito, cabendo à outra a descoberta do significado e a declaração do direito preexistente, mediante a sua aplicação ao caso concreto. Cabia assim, ao poder legislativo criá-lo, e ao poder jurisdicional aplicá-lo[37]. Não era permitido nenhum ato de criação daqueles que exerciam a função de aplicadores do direito.

---

35. WACH, Adolf. Manual de Derecho Procesal Civil. Vol. II, p. 8.
36. WACH, Adolf. Manual de Derecho Procesal Civil. Vol. II. p. 9.
37. Neste mesmo sentido observa Cappelletti: "O nexo entre processo e direito material que as últimas gerações do processualismo italiano estão redescobrindo, depois de descurado por longo tempo em virtude da "excessivamente aclamada autonomia da ação e da relação processual", apresenta dois campos principais para exame. O primeiro, que será objeto específico deste trabalho, concerne ao problema da

Cap. 1 • A VISÃO DE JURISDIÇÃO INCORPORADA PELO NOVO CÓDIGO DE PROCESSO CIVIL
Maria Angélica E. F. Feijó

A *teoria declaratória da jurisdição* pressupunha o *cognitivismo interpretativo* oriundo dos dogmas do iluminismo, na medida em que a jurisdição, um instituto que havia sido apropriado pela doutrina da recém-nascida *ciência processual* não poderia admitir que a atividade do juiz pudesse possuir qualquer poder criativo, tal como o legislador possuía, sobre o direito (material)[38].

Dentro desta perspectiva, CHIOVENDA entendia que o primeiro *pressuposto processual*[39] que constitui condição indispensável para o exame do mérito de uma demanda é a *jurisdição*. Isso quer dizer que a demanda precisa estar endereçada a um órgão do Estado revestido de jurisdição. A *jurisdição* é vista como uma das funções do Estado, ao lado da *legislativa* e da *governamental (ou administrativa)*[40]. A partir desta constatação, CHIOVENDA afirma que a jurisdição, como função da soberania do Estado, possui a mesma extensão dela. Quando falamos que *"a jurisdição é atuação da lei"*, significa que *"não pode haver sujeição à jurisdição senão onde possa haver sujeição à lei; e, vice-versa, em regra, onde há sujeição à lei, aí há sujeição à jurisdição."*[41]

Das três funções do Estado, a única que pode atuar a *vontade da lei* é a *jurisdicional*. Ademais, em razão de ser uma função estatal, os juízes e seus auxiliares são funcionários do Estado. Não poderia mais se admitir que outras pessoas exercessem a função jurisdicional, senão aqueles que são empregados do Estado, por força do princípio democrático. Isso porque, para CHIOVENDA *"os funcionários judiciais não são nomeados a capricho do governo; os cargos não são designados a título de mercê, como sucedia em outros tempos"*[42], importando para a atividade jurisdicional o fato de *"as nomeações se fazer segundo normas fixadas por leis que abrem caminho aos mais idôneos e preparados"*[43] para

---

"criatividade" da função jurisdicional, ou seja, da produção do direito por obra dos juízes. Com terminologia um pouco envelhecida, trata-se de verificar se o juiz é mero intérprete-aplicador do direito, ou se participa, lato sensu, da atividade legislativa, vale dizer, mais corretamente da criação do direito." (CAPPELLETTI, Mauro. Juízes Legisladores? Tradução: Carlos Alberto Alvaro de Oliveira. Porto Alerge: Sérgio Antônio Fabris, 1993. p. 13)

38. É apropriado referir o que Dinamarco sublinha: "A escalada de autonomia científica do direito processual, fruto dos estudos principiado em meados do séc. XIX, deixou fora de dúvida que o direito processual tem sua vida própria e cabe-lhe uma missão social e jurídica diferente, em relação ao direito substancial. Seus escopos, ou objetivos próprios (sociais, políticos e jurídicos), são bem definidos e não se confundem com o deste; apoia-se em fundamentos metodológicos que não são os mesmos do direito substancial (é direito público formal, não participa da criação de direitos); e tem seu próprio objeto material, que são categorias jurídicas relacionadas com a atividade destinada a eliminar conflitos." (DINAMARCO, Cândido Rangel. Instituições de direito Processual Civil. 6ª ed. rev. e atual. São Paulo: Malheiros, 2009. vol. I. p. 45.)

39. CHIOVENDA, Giuseppe. Instituições de direito Processual Civil. vol II, p. 3.

40. CHIOVENDA, Giuseppe. Instituições de direito Processual Civil. vol II, p. 4.

41. CHIOVENDA, Giuseppe. Instituições de direito Processual Civil. vol II, p. 35.

42. CHIOVENDA, Giuseppe. Instituições de direito Processual Civil. vol II, p. 5.

43. CHIOVENDA, Giuseppe. Instituições de direito Processual Civil. vol II, p. 5.

assumirem os cargos jurisdicionais. Assim, a diferença entre *a função legislativa* e a *função jurisdicional* é bastante clara para este autor: enquanto o legislador dá as normas reguladoras da atividade dos cidadãos e dos órgãos públicos, cabe ao juiz atuá-las[44].É, portanto, por meio do processo civil que se desenvolve a função pública da jurisdição para a *atuação da lei*[45].

A expressão *"atuação da vontade concreta da lei"* é, portanto, elemento chave para entendermos a *teoria declaratória da jurisdição* para CHIOVENDA[46].

Primeiramente, *lei* para Chiovenda (em sentido *lato*) é a manifestação de uma *vontade* coletiva geral, destinada a regular a atividade dos cidadãos ou dos órgãos públicos. Possui o escopo de conservação da ordem jurídica do Estado, assim como dos bens que lhe são próprios, bem como, regular a atribuição dos bens da vida aos diferentes sujeitos jurídicos[47].

A *"vontade concreta da lei"* seria estabelecida toda vez que ocorressem fatos correspondentes àqueles previstos abstrata e genericamente na norma encerrada na lei[48], o se assemelha ao fenômeno da incidência. Assim, dessa vontade geral e abstrata da lei nasce uma vontade particular, a sentença, que tende a *atuar* no caso concreto[49]. Essa vontade precisa ser concretizada, seja de forma voluntária (extrajudicial) ou involuntária (judicial)[50].

CHIOVENDA criticava a teorização sobre qualquer ato que importasse na *determinação* ou na *criação* da vontade da lei, na medida em que essa vontade é preexistente à atividade jurisdicional, o que requer o seu descobrimento, e não criação[51].

---

44. CHIOVENDA, Giuseppe. Instituições de direito Processual Civil. vol II, p. 6.
45. CHIOVENDA, Giuseppe. Principios de Derecho Procesal Civil. p. 83.
46. Quem muito estudou e criticou Chiovenda, principalmente no que tange à expressão "vontade concreta da lei" foi Ovídio Baptista. Neste sentido, amplamente: BAPTISTA DA SILVA, Ovídio Araújo. Jurisdição e Execução na Tradição Romano-Canônica. 3ª ed. rev. Rio de Janeiro: Forense, 2007. (1ª edição 1996); BAPTISTA DA SILVA, Ovídio Araújo. Processo e Ideologia: o paradigma racionalista. Rio de Janeiro: Forense, 2004; BAPTISTA DA SILVA, Ovídio Araújo. Epistemologia das Ciências Culturais. Porto Alegre: Verbo Jurídico, 2009.
47. CHIOVENDA, Giuseppe. Instituições de direito Processual Civil. vol I, p. 3.
48. CHIOVENDA, Giuseppe. Instituições de direito Processual Civil. vol I, p. 4.
49. CHIOVENDA, Giuseppe. Instituições de direito Processual Civil. vol I, p. 4.
50. Daí justifica-se porque CHIOVENDA entende que a ação é um poder do autor de realização da vontade concreta da lei, que prescinde da vontade e da prestação do réu. Quando CHIOVENDA esclarece que o autor pode propor demanda fundado em direito que alega ter, mas que, em verdade, não procede, existirá uma vontade concreta da lei que determinará que essa demanda seja recebida, declarada e tratada como destituída de fundamento. Isto é, a tutela jurisdicional será prestada pelo Estado, ao reconhecer e negar ao autor o direito pleiteado, pois este não subsiste. Isto quer dizer que, o direito de ação pra CHIOVENDA é distinto e independente do direito material. Nesse sentido: CHIOVENDA, Giuseppe. Instituições de direito Processual Civil. vol I, p. 4.
51. CHIOVENDA, Giuseppe. Instituições de direito Processual Civil. vol I, p. 40 e 42.

Em síntese, a *teoria declaratória da jurisdição* pode ser assim chamada em razão da *postura* do juiz *diante do ordenamento jurídico*, em atividade meramente *declaratória*. Não é à toa que Chiovenda definia jurisdição como *"a função do Estado que tem por escopo a atuação da vontade concreta da lei por meio de substituição, pela atividade de órgãos públicos, da atividade de particulares ou de outros órgãos públicos, já no afirmar a existência da vontade da lei, já no torná-la, praticamente, efetiva"*[52].

Neste panorama, a interpretação feita pelo juiz não podia ser mais que *simples ato de cognição para a descoberta do significado intrínseco e preexistente à atividade interpretativa, que necessariamente deveria resultar em uma única resposta correta, a vontade do legislador ou a vontade da lei*. O raciocínio judicial era *lógico-silogístico*, em que, para chegar-se à conclusão (decisão) para o caso concreto, bastava a demonstração da premissa maior (a lei), e da premissa menor (os fatos da causa juridicamente relevantes). A *jurisdição* era um meio apto apenas para tutelar *direitos individuais já violados*. Desta forma, a eficácia da sua função não ultrapassava o caso concreto. Seu objetivo era resolver conflitos.

A consequência desta teoria da jurisdição foi o afastamento e a distanciação da função jurisdicional em relação à função legislativa.

3. A NOVA VISÃO DE JURISDIÇÃO. O JUIZ E O SEU PAPEL DE RECONSTRUÇÃO DO ORDENAMENTO JURÍDICO

Na primeira parte deste trabalho demonstramos que a teoria declaratória da jurisdição está diretamente ligada à concepção cognitivista da interpretação jurídica e ao raciocínio lógico-silogístico na interpretação e aplicação do Direito, cuja origem está delineada na cultura jurídica dos oitocentos e do início dos novecentos. Fruto deste panorama histórico-jurídico, o raciocínio judicial estava limitado à descoberta e à aplicação da lei de forma lógico-silogística. O juiz, ao desempenhar a sua atividade, em nada contribuía para o desenvolvimento do Direito, visto que seu papel era passivo e praticamente nulo perante a ordem jurídica. Entretanto, o direito passou por substanciais mudanças na passagem do Estado Legislativo para o Estado Constitucional, o que mostra que a antiga visão de jurisdição de Chiovenda, que acabou sendo incorporada pelo Código Buzaid, já está ultrapassada.

---

52. CHIOVENDA, Giuseppe. Instituições de direito Processual Civil. vol II, p. 3.

3.1. A passagem do Estado Legislativo para o Estado Constitucional e as mudanças no âmbito da Teoria do Direito. O ceticismo moderado interpretativo e o consequente raciocínio lógico-argumentativo do juiz.

A passagem do *Estado Legislativo* dos oitocentos e novecentos para o *Estado Constitucional* contemporâneo teve como principal característica a mudança da compreensão do direito em *três aspectos*[53].

A primeira transformação é relativa à *teoria das normas*. Na perspectiva dos oitocentos e do início dos novecentos a *norma* era sinônimo de *regra*. Os *princípios* eram compreendidos apenas em uma dimensão pré-legislativa como *fundamentos* para as normas, e não como normas em si. Entretanto, atualmente as normas estão compreendidas em três espécies: *princípios, regras e postulados*[54]. A primeira espécie, os *princípios*, passam a ganhar *força normativa*[55], na medida em que servem como normas finalísticas ao imporem um *estado ideal* de coisas a ser perseguido[56]. Já a segunda, as *regras* consistem em normas que impõe a adoção de uma conduta imediata[57]. E os *postulados*, a terceira espécie normativa, servem para orientar na aplicação de outras normas[58]. Essa mudança *qualitativa* no âmbito da *teoria das normas* veio acompanhada de uma *quantitativa*: a multiplicação das fontes. A *plenitude* dos *códigos oitocentistas* não mais existe nos códigos atuais que convivem com diversas legislações esparsas. O ordenamento jurídico passa a ser mais complexo do que fora anteriormente[59].

A segunda mudança concerne à *técnica legislativa*. Desde a Escola da Exegese, os códigos eram redigidos de forma *casuística*, objetivando a *completude*. Hoje, além da técnica *casuística*, nossa legislação é redigida a partir da técnica *aberta*, com a utilização de conceitos jurídicos indeterminados e cláusula gerais, que permitem uma maior maleabilidade da legislação à riqueza do mundo dos fatos[60].

---

53. MITIDIERO, Daniel. Cortes Superiores e Cortes Supremas. Do controle à interpretação, da Jurisprudência ao Precedente. São Paulo: RT, 2013. p. 13

54. Aqui nos valemos preponderantemente das lições de ÁVILA, Humberto. Teoria dos Princípios: da definição à aplicação dos princípios jurídicos. 15ª ed. rev. atual. e amp. São Paulo: Malheiros, 2014. (1ª edição 2003), entretanto, sem ignorar as teorias desenvolvidas por Robert Alexy, Ronald Dworkin – no âmbito internacional – e por Marcelo Neves – no âmbito nacional.

55. Nesse sentido: GUASTINI, Riccardo. Das fontes às normas. Tradução: Edson Bini. São Paulo: Quartier Latin, 2005. p. 185 e ss. ÁVILA, Humberto. Teoria dos Princípios: da definição à aplicação dos princípios jurídicos. 15ª ed. rev. atual. e amp. São Paulo: Malheiros, 2014. p.102 e ss. ALEXY, Robert. Teoria dos direitos Fundamentais. Tradução: Virgílio Afonso da Silva. São Paulo: Malheiros, 2008. p.87 e ss. ZAGREBELSKY, Gustavo. Il diritto mite. Torino: Eunaudi, 1992. p. 147 e ss.

56. ÁVILA, Humberto. Teoria dos Princípios. p. 102-103.

57. ÁVILA, Humberto. Teoria dos Princípios. p. 103.

58. ÁVILA, Humberto. Teoria dos Princípios. p. 164-165 e 177.

59. MITIDIERO, Daniel. Cortes Superiores e Cortes Supremas. p. 13-14.

60. MITIDIERO, Daniel. Cortes Superiores e Cortes Supremas. p. 14.

Cap. 1 • A VISÃO DE JURISDIÇÃO INCORPORADA PELO NOVO CÓDIGO DE PROCESSO CIVIL
Maria Angélica E. F. Feijó

E, por último – e mais importante para este trabalho –, houve uma mudança na compreensão da *interpretação jurídica*. A interpretação realizada pelo órgão jurisdicional não corresponde mais à *descoberta da vontade da lei*, mas na *reconstrução* do sentido normativo dos dispositivos textuais criados pelo legislador, a partir de uma perspectiva *cética moderada* e lógico-argumentativa do direito. Isso quer dizer que o *texto* dado pelo legislador não é a *norma* pronta e acabada. Ele precisa da atividade do intérprete para ter seu sentido adscrito. Nesta mesma linha de raciocínio, o direito deixa de ser tido como algo suscetível de conhecimento, ou seja, algo que precisa ser descoberto, para ser encarado como algo *construído* mediante *argumentação*[61].

O importante é que a transformação da visão da compreensão do direito repercute diretamente na visão sobre o *instrumento* de realização prática do direito, o *processo civil*[62], assim como sobre a *jurisdição*. E a hipótese trabalhada pesquisa é que, no âmbito da *teoria do direito*, a concepção a respeito da *interpretação judicial* é o que determina a ideia de *jurisdição* no contexto do *processo civil*.

Neste aspecto, a *teoria cética moderada da interpretação* tem como premissa a distinção entre texto e norma[63]. O texto dado pelo legislador precisa ser interpretado para tornar-se norma. A norma é, portanto, o sentido do texto, a sua interpretação[64]. A admissão desta distinção evidencia a importância da atividade do intérprete para a construção da norma[65], sendo este o fundamento basilar para o desenvolvimento de uma *nova visão sobre a jurisdição*. É que, nesta linha de raciocínio, o juiz – enquanto *intérprete autêntico*[66] – possui importante função para o nosso ordenamento jurídico, a de *reconstrução*[67].

---

61. MITIDIERO, Daniel. Cortes Superiores e Cortes Supremas. p. 14-15.
62. Importante constatação é feita neste sentido por Mitidiero, dentro do paradigma do Estado Legislativo e do Estado Constitucional: "Como é sabido, a passagem do Estado Legislativo para o Estado Constitucional acarretou uma tríplice alteração no que concerne à compreensão do direito. Essas três grandes mudanças fizeram com que o processo deixasse de ser pensado simplesmente como um perfil subjetivo, pré-ordenado somente para a resolução de casos concretos em juízo." (MITIDIERO, Daniel. Cortes Superiores e Cortes Supremas. Do controle à interpretação, da Jurisprudência ao Precedente. p. 13)
63. Distinção avisada por H. AVILA, Teoria dos Princípios, assim como pela Escola de Gênova, no que tange à Teoria do Direito, como em G. TARELLO. L' interpretazione della legge. R. GUASTINI. Das fontes às normas. e Interpretare e Argomentare. P. CHIASSONI. Tecnica dell'interpretazione giuridica.
64. H. ÁVILA, Teoria dos Princípios. 50-51. R. GUASTINI. Interpretare e Argomentare. 8 e 64.
65. H. ÁVILA, Teoria dos Princípios. 50-51. R. GUASTINI. Interpretare e Argomentare. 8 e 64.
    G. TARELLO. L' interpretazione della legge. K. LARENZ. Metodologia da Ciência do Direito. P. CHIASSONI. Tecnica dell'interpretazione giuridica. F. MÜLLER. O Novo Paradigma do Direito.
66. G. TARELLO. L' interpretazione della legge. (p. 64). H. KELSEN. Teoria Pura do Direito. 392-397.
67. ÁVILA, Teoria dos Princípios. Págs. 53-54. "Daí se dizer que interpretar é construir a partir de algo, por isso significa reconstruir, a uma porque utiliza como ponto de partida os textos normativos, que oferecem limites à construção de sentidos; a duas, porque manipula a linguagem, à qual incorporados os núcleos de sentido, que são, por assim dizer, constituídos pelo uso, e preexistentes ao processo interpretativo individual."

Isso porque a *teoria cética moderada* reconhece que o intérprete realiza tanto atos de *cognição* quanto de *vontade* na sua atividade interpretativa, na medida em que é tarefa do intérprete resolver o problema da *equivocidade dos textos* outorgados pelo legislador. O Direito, assim, é reconstruído por meio da atividade do intérprete[68].

Importa, para este momento, entendermos que para a *teoria cética moderada da interpretação* o texto dado pelo legislador não é a norma. A norma só é alcançada após a atividade do intérprete. Aqui está, portanto, a justificativa para a adoção da premissa da distinção entre texto e norma. Dentro de uma perspectiva *cética-moderada* da interpretação, o texto e a norma são elementos distintos. Como elemento de conexão entre ambos está a atividade do intérprete:

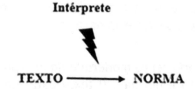

É na importância da atividade do intérprete para a construção da norma que este trabalho está apoiado. É a partir desta constatação que torna-se relevante o estudo da Jurisdição, antes vista somente através dos olhos dos cognitivistas.

É por esta razão que a doutrina aponta para o deslocamento *da vocação do nosso tempo para a legislação e para a ciência do Direito* para a vocação do nosso tempo para a *jurisdição* – isto é, para o processo[69]. Em outras palavras, isso significa dizer que a jurisdição é mais que um meio de resolução de conflitos ao passo que promove a *reconstrução do ordenamento jurídico*, visando dar unidade e coerência ao Direito[70].

3.2. A Teoria Reconstrutivista da Jurisdição

A *teoria do direito* evoluiu no campo das *teorias da interpretação*, no sentido de ultrapassar a ideia de que *interpretar* consistiria apenas em *descobrir*,

---

68. GUASTINI, Interpretare (p. 424-427), AVILA, Função da Ciência (p. 184).
69. SAVIGNY, Friedrich Carl von. De la vocación de nuestro siglo para la legislación y para la ciencia del derecho. Madrid: La Spaña Moderna, Ano VIII. E PICARDI, Nicola. "A Vocação do Nosso Tempo para a Jurisdição". In: Jurisdição e Processo. Organizador e revisor técnico da tradução: Carlos Alberto Alvaro de Oliveira. Rio de Janeiro: Forense, 2008.
70. MITIDIERO, Daniel. Cortes Superiores e Cortes Supremas. p. 15-16.

revelar ou *conhecer* o significado da *"norma"*, que era preexistente à atividade do intérprete. Evoluiu para reconhecer que, interpretar é também *escolher*, além de *conhecer* – isto é –*conhecer* todos os sentidos que um texto normativo pode apresentar para, depois, *escolher* qual deles será a norma. É uma escolha *discricionária*[71] que faz parte da atividade do juiz, e que deve ser *argumentativamente justificada*. Se este *paradigma*[72] cognitivista foi superado no âmbito da *teoria do direito*, há, necessariamente, *reflexos* no campo do *processo civil*, principalmente no que diz respeito à *função do juiz perante a ordem jurídica*.

Ocorre que esta afirmação coloca em dúvida a clássica teoria sobre a jurisdição, reproduzida ainda hoje em manuais acadêmicos[73], de que a atividade

---

71. Nesse sentido: LARENZ, Karl. Metologia da Ciência do Direito. Tradução da 6ª edição alemã reformulada: José Lamengo. 3ª edição. Lisboa: Fundação Calouste Gulbekian, 1997. P. 166. E mais aprofundadamente: BARAK, Aharhon. La discrezionenalità del giudice. Tradução: Ilaria Mattei. Milano: Giuffrè, 1995.

72. Utilizamos esta expressão em homenagem ao professor Ovídio Baptista, que costumeiramente a utilizava para tratar do paradigma racionalista, tendo por base a definição de Thomas Kuhn, que entende que paradigmas são realizações científicas, que são universalmente aceitas e, que, durante determinado período de tempo servem para fornecer problemas e soluções para uma comunidade científica. Vide: KUHN, Thomas. S. A estrutura das revoluções científicas. São Paulo: Perspectiva, 1991.

73. Para Arruda Avim: "(...)coube ao Poder Judiciário a função de dizer o direito no processo de conhecimento e, quando necessário, de realiza-lo coativamente (processo de execução)." (p. 199) e, também: "O legislador, ao elaborar a lei, inova na ordem jurídica, pois toda a lei discrimina, traçando novas condutas, ao passo que o juiz, aplicando a norma já existente, não o faz com a mesma intensidade, visto que apenas fez valer a norma anterior, aplicando-a no caso concreto". (p. 201) – ALVIM, Arruda. Manual de direito Processual Civil. 15ª ed. rev. amp. e atual. São Paulo: Revista dos Tribunais, 2012. Em outras palavras, Scarpinella afirma: "Jurisdição, assim, é a função exercida pelo Estado-juiz para declarar e realizar concretamente o direito, mesmo que uma tal realização seja forçada, isto é, não conte com a colaboração, compreendida a palavra em seu sentido mais amplo, daquele em face de quem a função jurisdicional será prestada." (p. 250) – SCARPINELLA BUENO, Cassio. Curso Sistematizado de direito Processual Civil: Teoria Geral do direito Processual Civil. 8ª ed. rev. e atual. São Paulo: Saraiva, 2014, vol. I. Já para Câmara, não existem dúvidas que a ideia de jurisdição de Chiovenda é a mais adequada: "Verifica-se, assim, que um conceito de jurisdição só será adequado se tomar por base a concepção de Chiovenda. É com base nessa premissa que conceituamos a função jurisdicional como função do Estado de atuar a vontade concreta do direito objetivo, seja afirmando-a, seja realizando-a praticamente, seja assegurando a efetividade de sua afirmação ou de sua realização prática." (p. 72) – CÂMARA, Alexandre Freitas. Lições de direito Processual Civil. 14ª ed. rev. e atual. Rio de Janeiro: Lumen Juris, 2006. vol. I. Para Humberto Theodoro Jr., o conceito de jurisdição estaria ligado tanto à ideia de Chiovenda, quando a de Carnelutti (a partir da ideia de lide): "jurisdição é a função do Estado de declarar e realizar, de forma prática, a vontade da lei diante de uma situação controvertida." (p. 38) – THEODORO JÚNIOR, Humberto. Curso de direito Processual Civil – Teoria geral do direito processual civil e processo de conhecimento. 49ª ed. Rio de Janeiro: Forense, 2008. Vol. I. Na definição de Fux a jurisdição possui "a atribuição de solicionar conflitos mediante a aplicação do direito objetivo, abstratamente concebido, ao caso concreto" (p.42), ao finalizar esta afirmação, o autor cita Chiovenda na sua nota de rodapé nº 2. – FUX, Luiz. Curso de direito Processual Civil – processo de conhecimento. 3ª ed. Rio de Janeiro: Forense, 2005. vol. I. E, de forma não muito diferente, defini Amaral Santos: "o objetivo do Estado, no exercício da função jurisdicional, é assegurar a paz jurídica pela atuação da lei disciplinadora da relação jurídica em que controverterem as partes", outra importante passagem: "Enquanto no desempenho da função legislativa o Estado elabora leis, normas gerais e abstratas de coexistência social, no exercício da jurisdição atua a lei no caso concreto". (p. 31) – SANTOS, MOACYR AMARAL. Primeiras linhas de direito processual civil. 28ª ed. atualizada por Maria Beatriz Amaral Santos Köhnen. São Paulo: Saraiva, 2011. vol. I.

do juiz estaria voltada apenas para a solução do caso concreto, mediante a *declaração* e a *aplicação* da lei. Nossa hipótese é que tal teoria foi desenvolvida em um contexto jurídico diverso do atual, quando pressupunha-se que a *norma era dada* pelo legislador, sendo proibida ou limitada a sua interpretação[74]. Embora útil ao seu tempo, hoje esta teoria encontra-se superada. Entretanto, só é possível realizar essa afirmação se adotada a premissa da distinção entre texto e norma. Caso contrário, não haveria justificativa para o presente trabalho, na medida em que estaríamos satisfeitos com os estudos sobre a jurisdição realizados até hoje, sendo desnecessária a revisitação deste instituto tão caro do direito Processual Civil. Por esta razão, são valiosos os ensinamentos de Ovídio Baptista:

> Imaginar hoje que o juiz seja apenas "boca da lei", como no século XVIII pretendera Montesquieu, depois de tudo o que se escreveu e de toda as vicissitudes que marcaram o trágico século XX, afigura-se, para a grande maioria de nossos juristas, uma grosseira heresia, fruto de ingenuidade, quando não de uma indesculpável ignorância.
>
> Este modo de pensar o direito Processual Civil talvez seja um dos ardis mais astuciosos a impedir a sua evolução. Enquanto formos mantidos na ilusão desse falso progresso, estaremos apaziguados e satisfeitos com os pródigos de nossa modernidade, no campo legislativo e doutrinário.[75]

Assim, a *teoria declaratória da jurisdição* não mais se sustenta atualmente. Hoje é preciso encarar que o papel da jurisdição em nosso Estado Constitucional é diverso daquele que ocupava no Estado Legislativo. É a partir da adoção de uma *teoria cética moderada da interpretação jurídica* que podemos fundamentar uma *teoria reconstrutivista da jurisdição*.

Nossa hipótese é a de que o *juiz cria e reconstrói o direito mediante a jurisdição*. Isso quer dizer que ele tem tanto o poder de criar a *regra iuris* do caso concreto, como *reconstruir* a ordem jurídica mediante a outorga de sentido ao texto normativo[76]. "*Sendo os enunciados jurídicos potencialmente equívocos antes do processo de interpretação, a norma que dele resulta constitui um enriquecimento do sistema jurídico.*"[77]

---

74. Amplamente: MITIDIERO, Daniel. Cortes Superiores e Cortes Supremas. Do controle à interpretação, da Jurisprudência ao Precedente. São Paulo: RT, 2013. MARINONI, Luiz Guilherme. STJ enquanto Corte de Precedente. Recompreensão do Sistema Processual da Corte Suprema. São Paulo: RT, 2013.

75. BAPTISTA DA SILVA, Ovídio Araújo. Processo e Ideologia: o paradigma racionalista.Rio de Janeiro: Forense, 2004. p. 89.

76. TARUFFO, Michele. Legalità e giustificazione della creazione giudiziaria del diritto. Rev. Trim. Dir. Proc. Civ. ano LV, n. 1, mar/2001, p. 11-31.

77. MITIDIERO, Daniel. Cortes Superiores e Cortes Supremas. p. 72.

Utilizamos a expressão *"reconstrutivista"* para denominar tal teoria, porque entendemos que a *atividade jurisdicional* transformou-se e evolui assim como a *teoria do direito*. O juiz, hoje, tem o papel de *reconstruir* o ordenamento jurídico mediante a *interpretação* do texto legislativo[78], isso quer dizer que a sua atividade vai além daquela simples tarefa de *declarar* a norma preexistente. Reconstruir, portanto, é a expressão que melhor encaixa na ideia que estamos aqui a desenvolver, pois *reconstruir* significa *construir* algo a partir tendo um *ponto de partida*[79]. E é exatamente isso que o juiz faz. Ele *constrói* a *norma* tendo como *ponto de partida* o *texto*[80]. Veja-se que não é uma atividade puramente criativa, na medida em que não cria *ex novo*, tal como o legislador – o legislador originário, o legislador constitucional, ele cria a partir do texto normativo, isto é, *reconstrói*.

Isso quer dizer que *atividade interpretativa* realizada pelo juiz envolve mais que atos de *conhecimento*, envolve também atos de *vontade* a partir do momento que o juiz escolhe dentro os diversos significados que um texto normativo pode apresentar qual o sentido que deve prevalecer em detrimento dos demais, utilizando-se, assim de raciocínio *lógico-argumentativo* para *fundamentar* quais os *argumentos* o *influenciaram* na tomada da decisão, tendo por base o diálogo proporcionado pelo contraditório.

Diante deste novo panorama, a jurisdição pressupõe no campo da *teoria do direito*, uma *teoria cética moderada da interpretação*, e uma *teoria das normas* que distingue as espécies normativas em *regras, princípios e postulados*. Isso significa que hoje a *função jurisdicional* colabora com a *função legislativa* para o desenvolvimento do Direito.

A jurisdição passa a ser mais do que um meio eficaz de tutelar não só direitos individuais já violados, mas também um meio para tutelar a *ameaça de lesão* ou de *violação* aos direitos individuais, individuais homogêneos, coletivos ou difusos[81]. A *amplitude da eficácia* da atividade jurisdicional não é mais limitada ao caso concreto, (dimensão particular), passando a atingir também o

---

78. Humberto Ávila explica: "pode-se afirmar que o intérprete não só constrói, mas reconstrói sentido, tendo em vista a existência de significados incorporados ao uso linguístico e construídos na comunidade do discurso. (...) Daí se dizer que interpretar é construir a partir de algo, por isso significa reconstruir: a uma, porque utiliza como ponto de partida os textos normativos, que oferecem limites à construção de sentidos; a duas, porque manipula a linguagem, à qual são incorporados núcleos de sentidos, que são, por assim dizer, constituídos pelo uso, e preexistente ao processo interpretativo individual." in: Teoria dos Princípios: da definição à aplicação dos princípios jurídicos. 15ª ed. rev. atual. e amp. São Paulo: Malheiros, 2014. p. 53-54. (1ª edição 2003)
79. ÁVILA, Humberto. Teoria dos Princípios. p. 53-54.
80. ÁVILA, Humberto. Teoria dos Princípios. p. 52.
81. Amplamente: CAPPELLETTI, Mauro; GARTH, Bryant. Acesso à justiça. Tradução: Ellen Gracie Northfleet. Porto Alegre: Fabris, 1998.

ordenamento jurídico (dimensão geral). Assim, podemos dizer que a jurisdição tem uma função *privada* e uma função *pública*, isto é, ao mesmo tempo em que está voltada para a *tutela jurisdicional do direito* (para às partes), também está incumbida em *reconstruir os sentidos normativos dos textos* (em uma dimensão geral – para a ordem jurídica) [82].

Aos olhos dos mais apressados, afirmar que o *juiz cria a norma* – ou em outras palavras, que ele *reconstrói o sentido normativo do texto* – pode gerar, no mínimo, certo desconforto. Isso por *dois* motivos evidentes. O *primeiro*, porque o dogma iluminista da *separação dos poderes* parece impedir que qualquer operador do direito possa ver com bons olhos qualquer afirmação que sustente que o juiz possui poderes criativos, mesmo que em certo grau. O *segundo*, porque poderia dizer que o poder de escolha do juiz em relação ao *sentido do texto* (a norma) pode ir do *discricionário ao arbitrário*[83]. Entretanto, não é isso que estamos aqui a defender.

Quando afirmamos que o juiz tem poder *discricionário*, isto é, *criativo* (em algum grau) precisamos verificar como ele desempenha este poder[84], para saber como *controlar* tal poder. De acordo com o que sustentamos, ele o exerce mediante a estruturação de argumentos – o *estruturalismo argumentativo*[85] – justificadamente. Assim, o controle judicial é realizado por meio da *justificação da decisão*, tanto *interna* quanto *externa*, que deve ser racionalmente demonstrada[86].

4. DA JURISDIÇÃO AO PROCESSO: A INCORPORAÇÃO DA NOVA VISÃO DE JURISDIÇÃO NO CÓDIGO DE PROCESSO CIVIL DE 2015 E OS EFEITOS PRÁTICOS.

O *processo civil* passou por transformações substanciais desde 1973, principalmente no que toca ao *contraditório*, a *fundamentação* e o *precedente*. Isso demonstra que a antiga ideia de jurisdição não mais se sustenta perante a promulgação de um Novo Código de Processo Civil. Esta nova legislação processual incorpora, mesmo que implicitamente e (talvez) inconscientemente, a ideia de uma *teoria reconstrutivista da jurisdição*, conforme passamos a demonstrar.

---

82. Constatação semelhante é feita por Christoph Kern ao tratar do papel das Cortes Supremas. Nesse sentido: KERN, Christoph. O Papel das Cortes Supremas. Tradução: Maria Angélica Feijó e Ronaldo Kochem. REPRO, ano 103, vol. 948, out/2014. p. 47-76.
83. Conforme adverte Taruffo em Legalità e giustificazione della creazione giudiziaria del diritto. Rev. Trim. Dir. Proc. Civ. ano LV, n. 1, mar/2001, p. 15-19.
84. Igualmente: TARUFFO, Michele. Legalità e giustificazione della creazione giudiziaria del diritto. Rev. Trim. Dir. Proc. Civ. ano LV, n. 1, mar/2001, p. 11-31.
85. Sobre este assunto: ÁVILA, Humberto. Função da Ciência do Direito Tributário: do Formalismo Epistemológico ao Estruturalismo Argumentativo. In: Revista Direito Tributário Atual. São Paulo: Dialética, 2013. n. 29.
86. Abordaremos melhor este aspecto quando falarmos da fundamentação das decisões.

4.1. Contraditório

Na perspectiva do cognitivismo interpretativo, o contraditório não passava de mera bilateralidade de manifestações, cujo objetivo estava associado ao binômio informação-reação. Ou seja, bastavam as partes serem intimadas dos atos que ocorriam no processo, assim como oportunizado a elas a respectiva manifestação, para que o contraditório estivesse satisfeito.

Já na visão do ceticismo moderado interpretativo, o contraditório significa *participar* do processo e nele *influir*. Em outras palavras, podemos dizer que binômio *informação-reação* não é mais suficiente para representar o conteúdo do contraditório, que hoje por ser melhor refletido no binômio *participação-influência*, tal como podemos observar a partir dos dispositivos constantes nos artigos 7º; 115; 513, inciso II; 369; e, 493 do Novo CPC.

Essa nova ideia de contraditório demonstra que a jurisdição hoje é ambiente democrático. Para muito além da hipótese de que apenas na esfera legislativa haveria democracia, a jurisdição tem se mostrado, cada vez mais, um ambiente democrático, na medida em que as partes têm o direito e o poder de *participar* da condução do processo que levará à solução do seu caso, e, principalmente, o de *influir* na decisão que gerará efeitos na sua esfera jurídica.

Tal concepção do contrário é fruto de uma evolução histórica recente, pois no positivismo jurídico do século XIX até a primeira metade do século XX, o conteúdo do contraditório foi esvaziado a ponto de, sequer, ser reconhecido como um direito fundamental processual. Na Alemanha, durante o período nazista, a pretensão era suprimir o contraditório que, apenas no período pós-guerra, e com a transformação do eixo do Estado de direito em torno da dignidade humana, do acesso à justiça e dos direitos fundamentais, que o contraditório foi resgatado[87].

Foi a partir da virada da concepção individualista para a publicista do processo que identificou-se no exercício da função jurisdicional objetivos que ultrapassam a esfera de interesse das partes, para atender interesses sociais e políticos, como mais fundamental deles, o da participação popular e democrática através do processo[88].

---

87. CABRAL, Antônio do Passo. "Princípio do Contraditório". In: TORRES, Ricardo Lobo; KATAOKA, Eduardo Takemi; GALDINO, Flávio (org); TORRES, Silvia Faber (sup). Dicionário de Princípios Jurídicos. Rio de Janeiro: Editora Elsevier, 2011. p. 193-194.

88. CABRAL, Antônio do Passo. "Princípio do Contraditório". In: TORRES, Ricardo Lobo; KATAOKA, Eduardo Takemi; GALDINO, Flávio (org); TORRES, Silvia Faber (sup). Dicionário de Princípios Jurídicos. Rio de Janeiro: Editora Elsevier, 2011. p. 197; DINAMARCO, Cândido Rangel. Instrumentalidade do Processo. 15ª ed. rev. e atual. São Paulo: Malheiros, 2013. P. 81-84.

A ideia de contraditório como *participação* e *influência* está, portanto, diretamente ligada à ideia de Estado Constitucional. Isso porque, é intrínseco a este modelo de Estado a importância da *participação* como o elemento legitimador do exercício do poder[89]. E, se o poder do Estado é uno, e o seu exercício é dividido em diferentes funções, não há como negar que a jurisdição é uma delas. Tal compreensão da função jurisdicional esclarece que é também mediante a jurisdição que são concretizados os escopos políticos e democráticos do direito. Não há como fechar os olhos para essa realidade. As hipóteses em que o povo dispõe de instrumentos para manifestar seus interesses e opiniões perante o Estado, de forma direta, são escassas e pouco utilizadas no Brasil, como o referendo e o plebiscito[90]. Assim, como negar que a jurisdição é um ambiente democrático, se as partes participam e influenciam diretamente na decisão (o direito) que será aplicado a elas? A resposta nos parece clara no sentido de que negar esta realidade[91] é retroceder aos oitocentos. E, neste aspecto, é preciso ser dito que a democracia não está apenas presente no perfil representativo, mas também – e, principalmente – nos perfis participativo e deliberativo[92].

O contraditório é, portanto, a via de participação e influência pelo processo, através do ambiente jurisdicional. Todos os agentes do processo participam do debate sobre a solução da lide, ou melhor, participam da discussão a respeito do conteúdo probatório e dos sentidos normativos que devem ser dados aos textos legislativos[93].

---

89. OLIVEIRA, Rodrigo Führ de. O contraditório e a motivação no Processo Civil. Do cognitivismo interpretativo ao ceticismo moderado. 2013. 72 f. Trabalho de Conclusão de Curso (Graduação em direito) - Universidade Federal do Rio Grande do Sul, Porto Alegre, 2013. p.50.

90. MENDES, Conrado Hübner. Controle de Constitucionalidade e democracia. Rio de Janeiro: Elsevier, 2008. P. 184-190.

91. Precisamos esclarecer que não há espaço neste trabalho para o desenvolvimento aprofundado das questões sobre jurisdição, processo e democracia. Ainda mais, quando analisa-se este tema exclusivamente sob o aspecto constitucional, que requer um aprofundamento e cuidado ainda maior para tratar desta matéria que, inclusive, vem sendo trabalhada pela doutrina contemporânea. Por ora, basta ser apresentada a ideia de que a jurisdição, mediante o processo, é ambiente democrático quando visualizamos o contraditório na sua faceta participação-influência. Sobre o problema da democracia a atividade jurisdicional no âmbito constitucional, amplamente: MENDES, Conrado Hübner. Controle de Constitucionalidade e democracia. Rio de Janeiro: Elsevier, 2008. E, também, do mesmo autor: direitos Fundamentais, separação de poderes e deliberação. São Paulo: Saraiva, 2011. Sobre a resistência em enxergar na função jurisdicional o exercício da democracia: CARVALHO, Amilton Bueno de. Papel dos Juízes na Democracia. Revista da AJURIS, Jul/1997. Ano XXIV. vol. 70. p. 345-373.

92. E acrescenta: "De fato, as instâncias de participação popular não se exaurem no âmbito legislativo através do direito de votar e ser votado. Qualquer meio de pressionar, influenciar e reivindicar posicionamentos decisórios estatais deve ser fomentado como forma legítima de participação (...). "Princípio do Contraditório". In: TORRES, Ricardo Lobo; KATAOKA, Eduardo Takemi; GALDINO, Flávio (org); TORRES, Silvia Faber (sup). Dicionário de Princípios Jurídicos. Rio de Janeiro: Editora Elsevier, 2011. p. 197.

93. CABRAL, Antônio do Passo. O contraditório como dever e a boa-fé processual objetiva. REPRO, vol. 126. Ago/2005. p. 59 e ss.

Isso quer dizer que a eficácia do contraditório não está restrita as partes, mas também ao juiz. E esta afirmação não se restringe ao entendimento de que o juiz está sujeito ao contraditório apenas no que diz respeito ao seu dever de garanti-lo às partes. Pelo contrário, a eficácia do contraditório sobre o juiz é bem mais ampla.

O contraditório não permite ao juiz, por exemplo, decidir sobre questões que não foram previamente debatidas pelas partes[94], e muito menos, decidir com base em *fundamento* que não foi discutido pelas partes. Nesse sentido o artigo 10 do Novo CPC:

> Art. 10. O juiz não pode decidir, em grau algum de jurisdição, com base em fundamento a respeito do qual não se tenha dado às partes oportunidade de se manifestar, ainda que se trate de matéria sobre a qual deva decidir de ofício.

E a doutrina aponta: *"a regra está em que todas as decisões definitivas do juízo se apoiem tão somente em questões previamente debatidas pelas partes."*[95] Há, portanto, a proibição de *decisões-surpresas* emitidas pelo Poder jurisdicional, na medida em que o contraditório assegura a participação das partes em juízo, ao mesmo tempo que tutela a *segurança jurídica* dos jurisdicionados frente ao Estado-juiz. Ainda nesta linha, para se evitar *decisões-surpresas*, o juiz tem o *dever de debate* e o *dever de consulta* às partes.

É por isso que afirmamos que o contraditório é bem desenvolvido em um *modelo de processo cooperativo*, em que o juiz tem para com as partes o dever de *colaboração*, que pode traduzido nas condutas judiciais de *prevenção, esclarecimento, consulta* e *auxílio*[96]. O modelo de processo cooperativo é expressamente adotada no Novo CPC, em seu artigo 6o:

> Art. 6º Todos os sujeitos do processo devem cooperar entre si para que se obtenha, em tempo razoável, decisão de mérito justa e efetiva.

---

94. Não esquecemos que as decisões provisórias (como aquelas que antecipam a tutela jurisdicional em face da urgência) podem ser tomadas sem o prévio debate entre as partes, em razão do contraditório, neste caso, ser aplicado de forma diferida/postergada. Não há, nesta hipótese, violação ao contraditório que, em razão da urgência, é realizado após a decisão judicial. É o que esclarece: MARINONI, Luiz Guilherme; MITIDIERO, Daniel. Direitos Fundamentais Processuais. In: SARLET, Ingo; MARINONI, Luiz Guilherme; MITIDIERO, Daniel. Curso de direito Constitucional. São Paulo: RT, 2012. p. 648-649-650.

95. MARINONI, Luiz Guilherme; MITIDIERO, Daniel. Direitos Fundamentais Processuais. In: SARLET, Ingo; MARINONI, Luiz Guilherme; MITIDIERO, Daniel. Curso de direito Constitucional. São Paulo: RT, 2012. p. 648-649.

96. Sobre os deveres de prevenção, esclarecimento, consulta e auxílio, utilizamos o modelo de colaboração no processo desenvolvido por: MITIDIERO, Daniel. Colaboração no Processo Civil: pressupostos sociais, lógicos e éticos. Todavia, não esquecemos da contribuição de FREDIE DIDIER JR. sobre este mesmo tema, em uma perspectiva um pouco diferente desenvolvida em: Fundamentos do Princípio da Cooperação no direito Processual Civil Português. Coimbra: Coimbra, 2011.

O modelo cooperativo de processo civil é reforçado pelo reconhecimento da *teoria cética moderada da interpretação* como influência na concepção de jurisdição, pois *"acaba alterando a maneira de como o juiz e as partes se comportam diante da ordem jurídica a interpretar [e] aplica no caso concreto."*[97] Da mesma forma, a lógica-argumentativa utilizada para interpretar e aplica o direito, exige que as partes participem do debate sobre todos os pontos relativos ao processo, que convencionamos distinguir em dois principais: as *questões de fato* e as *questões de direito* que irão compor a decisão judicial. Este debate é travado mediante a troca de argumentos, que devem ser observados pelo juiz quando for o momento de decidir o caso.

O viés da *participação* como conteúdo do contraditório, até agora destacado, mostra-se vazio se não for contraposto ao viés da *influência*. É que não basta a mera participação das partes no processo sem que haja a real influência desta participação no conteúdo da decisão judicial. Caso bastasse, ainda estaríamos na perspectiva da suficiência da bilateralidade de instância de manifestação das partes, típica do contraditório visto a partir do cognitivismo interpretativo.

Em verdade, só é possível aferir se houve substancialmente a participação das partes na tomada da decisão pelo juiz, se o debate travado entre elas influenciou o conteúdo da decisão judicial. Se não houve influência, não houve efetiva participação (mas apenas bilateralidade de oitivas). É por isso que o contraditório, influenciado pela ideia de uma jurisdição que reconstrói os sentidos das proposições jurídicas, é denominado de *contraditório-forte* ou *contraditório-substancial*.

A conclusão decorrente destas afirmações é a de que *o contraditório é o direito de influência sobre a decisão judicial,* tanto em relação às provas produzidas no processo (em uma dimensão particular: partes), quanto à outorga de sentido aos textos normativos na atividade de reconstrução da ordem jurídica (em uma dimensão geral: ordem jurídica) que compõe a *fundamentação* da decisão.

É por esta razão que só podemos aferir se houve ou não a efetiva *participação* das partes no processo através da sua *influência* na decisão judicial. A influência, por sua vez, só pode ser atestada quando olhamos para o raciocínio que levou o juiz a decidir de uma determinada maneira. Este raciocínio está expresso e delineado na fundamentação da decisão judicial.

---

97. MARINONI, Luiz Guilherme; MITIDIERO, Daniel. Direitos Fundamentais Processuais. In: SARLET, Ingo; MARINONI, Luiz Guilherme; MITIDIERO, Daniel. Curso de direito Constitucional. São Paulo: RT, 2012. p. 648-649.

4.2 Fundamentação

Demonstramos que a anterior concepção *da jurisdição como função limitada ao descobrimento e à declaração da norma preexistente* reduzia o raciocínio judicial ao campo da lógica formal, em que a decisão era a conclusão de uma operação silogística realizada pelo juiz. Para ser considerada fundamentada, a decisão judicial deveria conter expressamente a representação desse raciocínio *lógico-silogístico*[98] aplicado pelo juiz. Bastava, assim, que apenas fosse demonstrada qual a norma que estava sendo aplicada ao caso (premissa maior), e os fatos juridicamente relevantes e provado no processo (premissa menor).

A partir do *ceticismo moderado interpretativo*, entendemos que a norma não é aquele texto dado pelo legislador, a norma é o sentido dado ao texto pelo intérprete, a partir de, em um primeiro momento, com o conhecimento de todos os sentidos que um texto normativo pode apresentar para, em um segundo momento, ao decidir por qual sentido é o adequado e deve prevalecer em detrimento dos demais. Somente após esta operação é que a norma jurídica está cristalizada para ser aplicada ao caso.

Entretanto, esta atividade de outorga de sentido à norma é feita por todos os agentes do processo: partes e juiz. Dentro de um modelo de processo colaborativo, o juiz é paritário no diálogo, e apenas assimétrico na decisão. Ou seja, *no momento do debate* do sentido do texto normativo, juiz e partes dialogam mediante contraditório-forte, formando uma verdadeira *comunidade de trabalho (Arbeitsgemeinschaft)* [99] para a construção da norma, a partir dos sentidos mínimos que apresentam os textos normativos dados pelo legislador. Já, no momento da decisão, o juiz decide por qual o sentido do texto que deve prevalecer sobre os demais, justificando mediante a apresentação de argumentos a construção do sentido e a sua adequação ao caso concreto. Aqui, portanto, o raciocínio judicial não é mais apenas lógico-silogístico, mas lógico-argumentativo.

Isso quer dizer que a fundamentação da decisão judicial adquire significado e importância ainda maior no contexto da promulgação do Novo CPC, na medida em que na decisão judicial está a justificação do sentido outorgado ao texto normativo – isto é, a norma. E não só, a fundamentação tem importante função endereçada às partes, na medida em que é o núcleo duro do *direito fundamental ao processo justo* e, ao mesmo tempo, o *banco de prova do direito ao contraditório das partes*[100].

---

98. Sobre a análise do raciocínio silogístico realizado pelos juízes: CHIASSONI, Pierluigi. Notas para un análisis silogístico del discurso judicial. Doxa, n. 20, 1997, p. 53-90.

99. MITIDIERO, Daniel. Colaboração no Processo Civil: pressupostos sociais, lógicos e éticos. p. 81 e ss.

100. MARINONI, Luiz Guilherme; MITIDIERO, Daniel. Direitos Fundamentais Processuais. In: SARLET, Ingo; MARINONI, Luiz Guilherme; MITIDIERO, Daniel. Curso de direito Constitucional. São Paulo: RT, 2012. p. 665-667. e MITIDIERO, Daniel. Fundamentação e Precedente - Dois discursos a partir da decisão judicial. REPRO, vol. 206, 2012, p. 62-63.

O contraditório é, na verdade, o parâmetro para verificação da *extensão* do dever de motivação das decisões judiciais[101].

> Se o contraditório significa direito de influir, é pouco mais que evidente que tem de ter como contrapartida *dever de debate – dever de consulta, de diálogo, inerente à estrutura cooperativa do processo. Como é de facílima intuição, não é possível aferir se a influência foi efetiva se não há o dever judicial de rebate aos fundamentos levantados pelas partes.* (grifo dos autores)[102]

E, a fundamentação é, assim, o elemento definidor da jurisdição[103]. Se não há fundamentação na decisão judicial, não há atividade jurisdicional. Essa é a ideia que nossa Constituição Federal traz no artigo 93, inciso IX, quando expressa: *"todos os julgamentos dos órgãos do Poder Judiciário serão públicos, e fundamentadas todas as decisões, sob pena de nulidade"*[104].

Assim, o dever de motivação das decisões judiciais no Estado Constitucional mostra-se como um importante instrumento de controle do poder da jurisdição a serviço do jurisdicionado, assim como da sociedade em geral. Isso porque,

> [m]ais do que possibilitar às partes atacarem de forma especificada os fundamentos da decisão, tal exigência de motivação consiste em um meio de controle da sociedade sobre a atuação dos juízes, de sua legalidade e imparcialidade, razão pela qual até as decisões de última instância, que não suportem recurso, devem estar fundamentadas. Além do controle processual, a justificação se presta também ao controle extraprocessual e difuso sobre o modo como o Estado administra a justiça na sociedade.[105]

É por esta razão que a fundamentação das decisões judiciais é o elemento que legitima a atividade jurisdicional. Assim,

> [n]o plano concernente à individualização, intepretação e argumentação jurídica, interessa ter presente a dimensão dialogal do processo – desde a sua formação até a sua extinção – e a

---

101. MARINONI, Luiz Guilherme; MITIDIERO, Daniel. Direitos Fundamentais Processuais. In: SARLET, Ingo; MARINONI, Luiz Guilherme; MITIDIERO, Daniel. Curso de direito Constitucional. São Paulo: RT, 2012. p. 665-667

102. MARINONI, Luiz Guilherme; MITIDIERO, Daniel. Direitos Fundamentais Processuais. In: SARLET, Ingo; MARINONI, Luiz Guilherme; MITIDIERO, Daniel. Curso de direito Constitucional. São Paulo: RT, 2012. p. 667.

103. TARUFFO, Michele. La Motivazione della Sentenza Civile. p. 466.

104. BRASIL. Constituição da República Federativa do Brasil de 1988. Senado. Disponível em: <http://www.planalto.gov.br/ccivil_03/Constituicao/Constituicao.htm>. Acesso em 05/03/2015.

105. ROQUE, Andre Vasconcelos. Dever de Motivação das Decisões Judiciais e Controle da Jurisprudência no Novo CPC. In: FREIRE, Alexandre; DANTAS, Bruno; NUNES, Dierle; DIDIER JR., Fredie; MEDINA, José Miguel Garcia; FUX, Luiz; CAMARGO, Luiz Henrique Volpe; OLIVEIRA, Pedro Miranda de Oliveira. Novas Tendências do Processo Civil. Estudos sobre o Projeto do Novo Código de Processo Civil. Salvador: Jus Podivm, 2013. p. 250.

Cap. 1 • A VISÃO DE JURISDIÇÃO INCORPORADA PELO NOVO CÓDIGO DE PROCESSO CIVIL

Maria Angélica E. F. Feijó

necessidade de o discurso jurídico ser racionalmente estruturado e coerente. Isso quer dizer que o discurso deve ser intersubjetivamente controlável a partir da invocação de razões relevantes que conduzam ao maior grau possível de aceitação racional da decisão, dado que o escopo da justificação está justamente em conduzir a partir daí a um grau significativo de aceitação da decisão.[106]

Sem a justificação das razões e das premissas adotas pelo juiz em sua decisão, não podemos dizer que estamos dentro do ambiente democrático da jurisdição.[107] Tanto é que, a diferença entre a atividade do juiz para a atividade do legislador é juntamente esta: o juiz age justificadamente, ao fundamentar as suas decisões; já, o legislador, não.

Ocorre que, ainda hoje, a estrutura fundamental das decisões judiciais está apoiada, apenas, em raciocínios silogísticos[108]. É que o silogismo ainda é visto como o instrumento de resolução de dois problemas: o da decisão judicial para o caso, como o da motivação[109]. Entretanto, esta visão não pode mais subsistir a partir da vigência do Novo CPC. Isso porque, o seu artigo 489, § 1º, demonstra qual o conteúdo que uma decisão precisa apresentar para ser considerada como fundamentada:

> § 1º Não se considera fundamentada qualquer decisão judicial, seja ela interlocutória, sentença ou acórdão, que:
>
> I - se limitar à indicação, à reprodução ou à paráfrase de ato normativo, sem explicar sua relação com a causa ou a questão decidida;
>
> II - empregar conceitos jurídicos indeterminados, sem explicar o motivo concreto de sua incidência no caso;
>
> III - invocar motivos que se prestariam a justificar qualquer outra decisão;
>
> IV - não enfrentar todos os argumentos deduzidos no processo capazes de, em tese, infirmar a conclusão adotada pelo julgador;
>
> V - se limitar a invocar precedente ou enunciado de súmula, sem identificar seus fundamentos determinantes nem demonstrar que o caso sob julgamento se ajusta àqueles fundamentos;

---

106. MITIDIERO, Daniel. Cortes Superiores e Cortes Supremas. Do controle à interpretação, da Jurisprudência ao Precedente. p. 26.

107. Nesse sentido MENDES, Conrado Hübner. Controle de Constitucionalidade e democracia. Rio de Janeiro: Elsevier, 2008. E, também, do mesmo autor: direitos Fundamentais, separação de poderes e deliberação. São Paulo: Saraiva, 2011.

108. Coforme constata BAPTISTA DA SILVA, Ovídio Araújo. Epistemologia das Ciências Culturais. p. 79.

109. TARUFFO, Michele. La Motivazione della Sentenza Civile. Padova: Cedam, 1975. p. 11-12.

VI - deixar de seguir enunciado de súmula, jurisprudência ou precedente invocado pela parte, sem demonstrar a existência de distinção no caso em julgamento ou a superação do entendimento.

Não podemos negar que o juiz utilize silogismos em seu raciocínio, se não estaríamos negando nossa realidade forense. Entretanto, também se vale de outros tipos de valorações e raciocínios dedutivos e indutivos para chegar à decisão definitiva sobre o caso. Caso contrário, se o raciocínio do juiz consistisse apenas em silogismos, não haveria espaço para a interpretação da lei, assim como para a justificação deste processo interpretativo realizado pelo juiz[110]. Em outras palavras, *"a concepção de uma jurisdição apenas declaratória impede que o juiz fundamente a sentença"*[111]

O problema é que o raciocínio realizado pelo juiz é um processo mental complexo. Tanto é que, recente estudo realizado por pesquisadores da Universidade Federal do Paraná concluiu que, de forma geral, os juízes paranaenses primeiro decidem, para depois encontrarem o fundamento para a sua decisão[112].

É por esta razão que, quando analisamos a decisão judicial precisamos ter clara a distinção entre o *contexto decisório* e o *contexto justificativo* (*context of discovery and context of justification*). O primeiro está relacionado com "lógica do juiz", é o procedimento que conduz à formulação uma determinada solução para o caso. Já, o segundo diz respeito à "lógica da decisão", que corresponde à demonstração de sua mediante a apresentação de justificação[113].

Pouco importa qual os aspectos subjetivos que influenciam a tomada de decisão pelo juiz – como as questões de cunho particular, ideológico, político ou cultural – até porque, não são passíveis de controle. O que importa, portanto, é a justificação da decisão.

Assim, hoje, a demonstração do silogismo realizado pelo juiz não é suficiente para fundamentar uma decisão judicial, tal como demonstra os dispositivos

---

110. Segundo TARUFFO, não se negava que o raciocínio judicial poderia ser sintetizado em uma operação silogística, mas que também não poderia ser deixado de lado um novo elemento que mudou o modo tradicional de vermos a função do juiz e a natureza da decisão judicial, era o surgimento do problema dos valores na jurisprudência. O juiz passou, assim, de uma "função abstrata" e de uma "máquina neutra" para tornar-se um portador de valores éticos-políticos. Nesse sentido: TARUFFO, Michele. La Motivazione della Sentenza Civile. p. 20-23.

111. Ovídio segue, demonstrando que a fundamentação é ainda mais importante dentro do contexto da equivocidade dos textos normativos: "Fundamentar pressupõe, necessariamente, a possibilidade de existir duas ou mais soluções legítimas. Isto, para o sistema, seria conferir ao juiz o poder de rever, ou mesmo criticar, a solução dada pelo texto da lei que lhe cabe apenas revelar, jamais criticar." (BAPTISTA DA SILVA, Ovídio Araújo. Epistemologia das Ciências Culturais. Porto Alegre: Verbo Jurídico, 2009. p. 99-100.)

112. Ver reportagem divulgada no Conjur: Ideologia pessoal define decisões de juízes, diz estudo. Revista Consultor Jurídico, 6 de julho de 2012. Disponível em: <http://www.conjur.com.br/2012-jul-06/ideologia-pessoal-define-decisoes-juizes-estudo-ufpr>. Acesso em 07/03/2015.

113. TARUFFO, Michele. La Motivazione della Sentenza Civile. p. 213-216.

do parágrafo primeiro do artigo 489 do Novo CPC. A mera demonstração de quais premissas foram utilizadas para a conclusão do caso não justifica o labor intelectual realizado pelo juiz. É que as premissas no raciocínio judicial precisam estar justificadas. E é por esta razão que, para que uma decisão possa ser considerada como fundamentada é preciso que ela apresente, de forma racional, *justificação interna* e *justificação externa*. A *justificação interna* demonstra, justamente, a estrutura *lógica* do raciocínio realizado pelo juiz, que precisa ser coerente (ausência de contradições internas). Já a *justificação externa* está no campo da *argumentação*, o julgador precisa demonstrar racionalmente, por meio dos *argumentos* que foram previamente debatidos pelas partes, outorgou um específico sentido a determinado texto normativo em prejuízo de eventuais e diversos outros sentidos que ele poderia apresentar. E não só, o julgador precisa demonstrar também os critérios levados em conta na valoração da prova, porque determinados fatos foram tomados como relevantes para a causa em detrimento de outros[114]. É por esta razão que dizemos que o raciocínio judicial passou do *lógico-silogístico* para o *lógico-argumentativo*.

Por isso afirmamos que na perspectiva da jurisdição como reconstrução do ordenamento jurídico – mediante a outorga de sentido aos elementos textuais dados pelo legislador – a decisão judicial é uma razão justificada da atividade interpretativa realizada pelo juiz. Na decisão é possível perceber a interpretação enquanto *atividade*, e a interpretação enquanto *resultado*. Na primeira acepção, a interpretação é a *justificação* tanto *interna* quanto *externa* da decisão. E, na segunda acepção, a interpretação enquanto *resultado* deve ser *coerente* e *universalizável*.

Nesse contexto, é fácil reconhecer o caráter completar que a legislação e a jurisdição têm para a criação e o desenvolvimento do direito[115].

4.3. Da Jurisprudência ao Precedente

A compreensão de que a jurisdição tem a função de reconstrução do ordenamento jurídico, por meio da interpretação dos textos normativos para a

---

114. Mais especificamente: "No plano atinente à adequada verificação das alegações de fato, ganha importância a colocação da verdade como objetivo da prova. Trata-se de pressuposto ético inafastável da conformação do direito ao processo justo. Como as alegações de fato concernem ao mundo natural, o processo adquire uma 'dimensione epistemica' e a prova passa a ser instrumento racional para o seu conhecimento. A verdade passa a ser compreendida a partir da ideia de correspondência, de modo que uma proposição é verdadeira se ela corresponde à realidade. Daí que a verdade é ao mesmo tempo objetiva – existe fora do sujeito que a investiga – e relativa – o conhecimento que dela se pode obter normalmente é fundado em um retrato aproximado da realidade. A decisão será tanto mais justa quanto maior for a abertura do processo para a busca da verdade." (MITIDIERO, Daniel. Cortes Superiores e Cortes Supremas. Do controle à interpretação, da Jurisprudência ao Precedente. p. 27)

115. MITIDIERO, Daniel. Cortes Superiores e Cortes Supremas. Do controle à interpretação, da Jurisprudência ao Precedente. p. 54.

fixação da norma jurídica, impõe a *adoção de instrumentos jurídicos* que possam ser capazes de tutelar a *segurança jurídica* – em seus quatro aspectos: cognoscibilidade, previsibilidade, calculabilidade e confiança – e a *igualdade*. Isso porque, quando reconhecemos o problema da equivocidade dos textos, igualmente reconhecemos que é possível construção de várias normas a partir de um dispositivo[116], assim como reconhecemos que, consequentemente, é possível a outorga de diferentes soluções jurídicas para casos semelhantes, na medida em que o direito passa a ser construído a partir da argumentação travada entre as partes e o juiz mediante o contraditório, cuja atividade e resultado constam na fundamentação da decisão judicial. Nesse sentido, o precedente mostra-se um importante instrumento jurídico capaz de garantir igualdade e segurança jurídica ao jurisdicionado e à sociedade em geral.

Isto porque, o precedente é a *ratio decidendi,* ou melhor, são as razões generalizáveis adotadas como necessárias e suficientes para solução de um caso ou de uma questão jurídica[117]. São as abstrações realizadas a partir da fundamentação da decisão judicial[118] – que contém os fatos jurídicos relevantes, a interpretação dos textos normativos e o raciocínio jurídico utilizado pelo juiz na aplicação do direito ao caso – e que podem ser replicadas a outros casos semelhantes[119]. *"Isso quer dizer que para identificação, compreensão e aplicação*

---

116. Neste mesmo sentido, MITIDIERO afirma: "A teoria lógica-argumentativa, sendo uma teoria não cognitivista, pressupõe a possibilidade de ser atribuída uma pluralidade de sentidos aos enunciados jurídicos, com o que a jurisdição tem de tomar verdadeiras decisões ao longo do processo de interpretação, que devem ser idoneamente justificadas interna e externamente, cujo resultado é uma obra de reconstrução semântica. Esse processo interpretativo culmina com a especificação de uma solução jurídica em um determinado contexto fático-jurídico – ou, se quisermos, como um estreitamento da moldura normativa – e o seu aparecimento constitui um novo dado no sistema jurídico. Rigorosamente, não se trata propriamente de criação da norma jurídica, mas de fixação de sentido normativo anteriormente equívoco." (MITIDIERO, Daniel. Cortes Superiores e Cortes Supremas. Do controle à interpretação, da Jurisprudência ao Precedente. p. 71-72.)

117. Necessário frisar: "É preciso perceber, contudo, que a ratio decidendi não é sinônimo de fundamentação – nem, tampouco, de raciocínio judiciário. A fundamentação – e o raciocínio juridiciário que nela tem lugar – diz como o caso particular. A ratio decidendi refere-se à unidade do direito. Nada obstante, a ratio é formada com material recolhido na fundamentação." (MITIDIERO, Daniel. Fundamentação e Precedente - Dois discursos a partir da decisão judicial. REPRO, vol. 206, 2012, p. 71-72.)

118. É por isso que afirma-se que a decisão judicial possui dois endereços, um para o caso concreto – a fundamentação – e, outro, para a sociedade em geral, bem como para a ordem jurídica – o precedente. Amplamente: MITIDIERO, Daniel. Fundamentação e Precedente - Dois discursos a partir da decisão judicial. REPRO, vol. 206, 2012, p. 61-77.

119. Neste aspecto é importante referir que o precedente será identificado sempre por um segundo magistrado, aquele que interpreta a decisão judicial (ou as decisões judiciais) para construção do precedente, e não por aquele que a (as) deu origem. Nesse sentido: MARINONI, Luiz Guilherme. Precedentes obrigatórios. São Paulo: RT, 2010. MITIDIERO, Daniel. Fundamentação e Precedente - Dois discursos a partir da decisão judicial. REPRO, vol. 206, 2012, p. 61-77. MARINONI, Luiz Guilherme. STJ enquanto Corte de Precedente. Recompreensão do Sistema Processual da Corte Suprema.

do precedente é indispensável leva em consideração as razões fático-jurídicas que presidiram a sua formação."[120]

Assim, diferentemente da jurisprudência, o precedente apresenta-se como uma ferramenta mais eficiente para auxiliar na interpretação e na aplicação do direito de forma equânime, por trabalhar com fatos e com o direito conjuntamente. É por esta razão que o Novo CPC, embora utilize nomenclatura equivocada, traz a ideia de um primitivo sistema de precedentes em seu artigo 926:

> Art. 926. Os tribunais devem uniformizar sua jurisprudência e mantê-la estável, íntegra e coerente.
>
> § 1º Na forma estabelecida e segundo os pressupostos fixados no regimento interno, os tribunais editarão enunciados de súmula correspondentes a sua jurisprudência dominante.
>
> § 2º Ao editar enunciados de súmula, os tribunais devem ater-se às circunstâncias fáticas dos precedentes que motivaram sua criação.

Da mesma forma, tenta vincular os juízes e os tribunais aos precedentes, quando observamos a previsão constante no artigo 927:

> Art. 927. Os juízes e os tribunais observarão:
>
> I - as decisões do Supremo Tribunal Federal em controle concentrado de constitucionalidade;
>
> II - os enunciados de súmula vinculante;
>
> III - os acórdãos em incidente de assunção de competência ou de resolução de demandas repetitivas e em julgamento de recursos extraordinário e especial repetitivos;
>
> IV - os enunciados das súmulas do Supremo Tribunal Federal em matéria constitucional e do Superior Tribunal de Justiça em matéria infraconstitucional;
>
> V - a orientação do plenário ou do órgão especial aos quais estiverem vinculados.
>
> § 1º Os juízes e os tribunais observarão o disposto no art. 10 e no art. 489, § 1º, quando decidirem com fundamento neste artigo.
>
> § 2º A alteração de tese jurídica adotada em enunciado de súmula ou em julgamento de casos repetitivos poderá ser precedida de audiências públicas e da participação de pessoas, órgãos ou entidades que possam contribuir para a rediscussão da tese.

---

120. MITIDIERO, Daniel. *Cortes Superiores e Cortes Supremas. Do controle à interpretação, da Jurisprudência ao Precedente.* p. 72.

§ 3º Na hipótese de alteração de jurisprudência dominante do Supremo Tribunal Federal e dos tribunais superiores ou daquela oriunda de julgamento de casos repetitivos, pode haver modulação dos efeitos da alteração no interesse social e no da segurança jurídica.

§ 4º A modificação de enunciado de súmula, de jurisprudência pacificada ou de tese adotada em julgamento de casos repetitivos observará a necessidade de fundamentação adequada e específica, considerando os princípios da segurança jurídica, da proteção da confiança e da isonomia.

§ 5º Os tribunais darão publicidade a seus precedentes, organizando-os por questão jurídica decidida e divulgando-os, preferencialmente, na rede mundial de computadores.

Igualmente, o Novo CPC reflete a preocupação com a observância e a aplicação dos precedentes ao prever que caberá reclamação para *"garantir a observância de enunciado de súmula vinculante e de precedente proferido em julgamento de casos repetitivos ou em incidente de assunção de competência."* (artigo 988, inciso IV). Além disso, prevê técnica para trabalhar com os precedentes, como a da *distinção* prevista no artigo 1.042, § 1º, inciso II:

Art. 1.042. Cabe agravo contra decisão de presidente ou de vice-presidente do tribunal que:

I - indeferir pedido formulado com base no art. 1.035, § 6º, ou no art. 1.036, § 2º, de inadmissão de recurso especial ou extraordinário intempestivo;

II - inadmitir, com base no art. 1.040, inciso I, recurso especial ou extraordinário sob o fundamento de que o acórdão recorrido coincide com a orientação do tribunal superior;

III - inadmitir recurso extraordinário, com base no art. 1.035, § 8º, ou no art. 1.039, parágrafo único, sob o fundamento de que o Supremo Tribunal Federal reconheceu a inexistência de repercussão geral da questão constitucional discutida.

(...)

§ 1º Sob pena de não conhecimento do agravo, incumbirá ao agravante demonstrar, de forma expressa:

(...)

II - a existência de distinção entre o caso em análise e o precedente invocado, quando a inadmissão do recurso:

a) especial ou extraordinário fundar-se em entendimento firmado em julgamento de recurso repetitivo por tribunal superior;

b) extraordinário fundar-se em decisão anterior do Supremo Tribunal Federal de inexistência de repercussão geral da questão constitucional discutida.

Com o desenvolvimento de um sistema de *precedentes judiciais*, mesmo que de forma primitiva no Novo CPC, acaba por demonstrar que a *jurisprudência*, na forma como utilizamos ainda hoje, tem se mostrado como um mecanismo precário para auxiliar na tarefa de unidade interpretativa e aplicativa do direito, visto que foi desenvolvida em um ambiente em que se compreendida que o produto da atividade jurisdicional jamais teria o condão de impactar na ordem jurídica. Muito pelo contrário, a *jurisprudência* era *o resultado da declaração e da aplicação das normas preexistentes ao caso concreto*. Nesse sentido, a jurisprudência trazia somente o *resultado do julgamento da causa*, a partir da condensação de *enunciados abstratos* redigidos sem qualquer contextualização com os fatos do caso concreto[121].

Desta forma, o reconhecimento da jurisdição função destinada não só à aplicação do direito, mas também à sua *interpretação e desenvolvimento*, bem como à *reconstrução do ordenamento jurídico*, demonstra que é preciso pensar a racionalização da atividade jurisdicional, mediante a divisão de competências entre os órgãos do Poder Judiciário. Essa racionalização está afinada com a necessidade do processo civil pensar e desenvolver técnicas e procedimentos idôneos a dar tutela adequada, efetiva e tempestiva aos direitos.

A jurisdição está preocupada tanto com a justiça do caso concreto, como a reconstrução da ordem jurídica. Por esta razão, é preciso que a atividade jurisdicional esteja dividida em órgãos especializados em cumprir com estas duas funções. Nessa linha de raciocínio, o primeiro e o segundo grau de nossa jurisdição estão voltados para a tutela do direito no caso concreto, preocupando-se, primordialmente com a produção e a valoração da prova. Já as nossas Cortes de Vértice, o terceiro grau de jurisdição, está voltado para dar tutela à unidade do direito, mediante a prolação de decisões aptas a formas precedente, e assegurar uma maior igualdade e segurança jurídica para a interpretação e a aplicação do direito.

É por isso que, reconhecermos na *jurisdição a sua função reconstrutiva* impõe-nos a utilização dos precedentes, assim como a adoção de um modelo de cortes de vértice voltada para a sua produção, tal como uma Corte Suprema[122].

---

121. Observação de MITIDIERO, Daniel. Cortes Superiores e Cortes Supremas. Do controle à interpretação, da Jurisprudência ao Precedente. p. 48.

122. Amplamente: MITIDIERO, Daniel. Cortes Superiores e Cortes Supremas. Do controle à interpretação, da Jurisprudência ao Precedente.

5. CONCLUSÃO

Nos últimos séculos, o pensamento jurídico passou por profundas transformações no que toca à compreensão do direito. Igualmente, a disciplina do direito processual civil sofreu substancial mudança no que diz respeito aos seus fins e à sua estrutura. Entretanto, parece que os estudos sobre a *jurisdição* não evoluíram desde da época dos oitocentos e do início dos novecentos. Isto porque essa importante função do Estado tem seu espectro de investigação reduzida por parte dos processualistas, que a tratam como um mero instrumento de resolução de conflitos.

Essa visão reducionista da jurisdição está ligada à história de nosso sistema jurídico, marcado por um direito preponderantemente legislado – herança deixada pela *Era das Codificações* –, durante séculos depositou-se confiança na função do legislador para criar o direito, pretendendo-se, para tanto, limitar a função do juiz a de mero aplicador da lei. Essa era a ideia que estava por detrás do nosso antigo Código Buzaid. E, muito embora ele tenha passado por transformações substanciais a partir de 1994, o Código Reformado ainda assim trazia elementos típicos da cultura jurídica dos oitocentos e do início dos novecentos.

Contudo, a jurisdição ocupa importante lugar ao lado da *função legislativa* para a *criação e o desenvolvimento do direito*. É por esta razão que a decisão judicial – que é o produto da atividade jurisdicional – possui dois endereços diferentes: um para o *caso concreto* – quando proporciona a tutela do direito, mediante processo justo – e outro, para a *ordem jurídica* – consubstanciada na atividade destinada a orientar a sociedade por meio da *interpretação judicial*. É por esta razão que hoje afirmava-se que o legislador é o responsável pela criação dos enunciados de lei e o juiz pela atribuição de sentido ao enunciado e a consequente criação da norma jurídica, mediante a reconstrução do ordenamento jurídico e com respeito aos sentidos mínimos reconhecidos no material dado pelo legislador. Ambos colaboram, portanto, de diferentes formas para a criação e o desenvolvimento do direito.

CAPÍTULO 2

Fonte normativa da legitimação extraordinária no Novo Código De Processo Civil: a legitimação extraordinária de origem negocial[1]

Fredie Didier Jr.[2]

SUMÁRIO: 1. CONCEITO DE LEGITIMAÇÃO EXTRAORDINÁRIA.; 2. FONTE NORMATIVA DA LEGITIMAÇÃO EXTRAORDINÁRIA; 3. LEGITIMAÇÃO EXTRAORDINÁRIA ATIVA DE ORIGEM NEGOCIAL.; 4. LEGITIMAÇÃO EXTRAORDINÁRIA PASSIVA DE ORIGEM NEGOCIAL.; 5. O CHAMAMENTO À AUTORIA COMO EXEMPLO HISTÓRICO DE LEGITIMAÇÃO EXTRAORDINÁRIA DE ORIGEM NEGOCIAL.; 6. LEGITIMAÇÃO EXTRAORDINÁRIA DE ORIGEM NEGOCIAL E PENDÊNCIA DO PROCESSO; 7. REFERÊNCIAS BIBLIOGRÁFICAS.

1. CONCEITO DE LEGITIMAÇÃO EXTRAORDINÁRIA

A principal classificação da legitimação *ad causam* é a que a divide em *legitimação ordinária e legitimação extraordinária*. Trata-se de classificação que se baseia na relação entre o legitimado e o objeto litigioso do processo.

Há legitimação ordinária quando houver correspondência entre a situação legitimante e as situações jurídicas submetidas à apreciação do magistrado. "Coincidem as figuras das partes com os polos da relação jurídica, material ou processual, real ou apenas afirmada, retratada no pedido inicial".[3] Legitimado ordinário é aquele que defende em juízo interesse próprio. "A regra geral da

---

1. Publicado na Revista de Processo, São Paulo, RT, 2014, n. 232.
2. Livre-docente (USP), Pós-doutorado (Universidade de Lisboa), Doutor (PUC/SP) e Mestre (UFBA). Professor-associado de Direito Processual Civil da Universidade Federal da Bahia. Diretor Acadêmico da Faculdade Baiana de Direito. Membro do Instituto Brasileiro de Direito Processual, do Instituto Ibero-americano de Direito Processual, da Associação Internacional de Direito Processual e da Associação Norte e Nordeste de Professores de Processo. Advogado e consultor jurídico. www.frediedidier.com.br facebook.com/FredieDidierJr
3. ARMELIN, Donaldo. Legitimidade para agir no direito processual civil brasileiro. São Paulo: RT, 1979, p. 117.

legitimidade somente poderia residir na correspondência dos figurantes do processo com os sujeitos da lide".[4]

Há *legitimação extraordinária* (legitimação anômala ou substituição processual) quando não houver correspondência total entre a situação legitimante e as situações jurídicas submetidas à apreciação do magistrado. *Legitimado extraordinário é aquele que defende em nome próprio interesse de outro sujeito de direito.*

É possível que, nestes casos, o objeto litigioso *também* lhe diga respeito, quando então o legitimado reunirá as situações jurídicas de legitimado ordinário (defende direito *também* seu) e extraordinário (defende direito *também* de outro);[5] é o que acontece, p. ex., com os condôminos, na ação reivindicatória da coisa comum, art. 1.314 do Código Civil. Enfim, na legitimação extraordinária confere-se a alguém o poder de conduzir processo que versa sobre direito do qual não é titular ou do qual não é titular exclusivo.

Há legitimação extraordinária *autônoma* quando o legitimado extraordinário está autorizado a conduzir o processo independentemente da participação do titular do direito litigioso. "O contraditório tem-se como regularmente instaurado com a só presença, no processo, do legitimado extraordinário".[6] É o caso da administradora de consórcio, que é substituta processual do grupo de consórcio (sociedade não personificada), nos termos do art. 3º da Lei n. 11.795/2008.

2. FONTE NORMATIVA DA LEGITIMAÇÃO EXTRAORDINÁRIA

A legitimação extraordinária deve ser encarada como algo excepcional e deve decorrer de autorização do *ordenamento jurídico*, conforme prevê o art. 18 do novo CPC brasileiro – não mais da "lei" como exige o art. 6º do CPC-73[7].

O CPC adotou a lição de Arruda Alvim[8], Barbosa Moreira e[9] Hermes Zaneti Jr.[10] segundo os quais seria possível a atribuição de *legitimação extraordinária*

---

4. ASSIS, Araken de. "Substituição processual". Revista Dialética de Direito Processual. São Paulo: Dialética, 2003, n. 09, p. 12.
5. ARMELIN, Donaldo. Legitimidade para agir no direito processual civil brasileiro, p. 119-120.
6. MOREIRA, José Carlos Barbosa. "Apontamentos para um estudo sistemático da legitimação extraordinária". Em: Revista dos Tribunais. São Paulo: RT, 1969, n. 404, p. 10.
7. Art. 60, CPC/1973: "Ninguém poderá pleitear, em nome próprio, direito alheio, salvo quando autorizado por lei".
8. Código de Processo Civil Comentado. São Paulo: RT, 1975, v. 1, p. 426. Nesse sentido, também, NERY Jr., Nelson; NERY, Rosa. Código de Processo Civil comentado. 11ª ed. São Paulo: RT, 2011, p. 190.
9. "Notas sobre o problema da efetividade do processo". Temas de Direito Processual Civil – terceira série. São Paulo: Saraiva, 1984, p. 33, nota 7.
10. ZANETI Jr., Hermes. "A legitimação conglobante nas ações coletivas: a substituição processual decorrente do ordenamento jurídico". In: Araken de Assis; Eduardo Arruda Alvim; Nelson Nery Jr.; Rodrigo Mazzei; Teresa Arruda Alvim Wambier; Thereza Alvim (Coord.). Direito Civil e processo: estudos em homenagem ao Professor Arruda Alvim. São Paulo: Revista dos Tribunais, 2007, p. 859-866.

sem previsão expressa na lei, desde que seja possível identificá-la no *ordenamento jurídico*, visto como sistema. A inspiração legislativa é clara.

Há inúmeros exemplos de legitimação extraordinária que decorre da lei: *i)* legitimação para as ações coletivas (art. 5º da Lei n. 7.347/1985; art. 82 do CDC); *ii)* legitimação para a propositura das ações de controle concentrado de constitucionalidade (art. 103, CF/1988); *iii)* legitimação para impetração do mandado de segurança do terceiro titular de direito líquido e certo que depende do exercício do direito por outrem (art. 3º, Lei n. 12.016/2009); *iv)* legitimação do *denunciado à lide* para defender os interesses do denunciante em relação ao adversário comum (arts. 127-128, CPC); *v) legitimação* do Ministério Público para o ajuizamento de ação de investigação de paternidade (art. 2º, §4º, Lei n. 8.560/1992); *vi)* legitimação do capitão do navio para pedir arresto, para garantir pagamento do frete (art. 527 do Código Comercial); *vi)* legitimação do credor e do Ministério Público para propor ação revocatória falimentar – substituem a massa falida (art. 132 da Lei n. 11.101/2005); *vii)* legitimação para impetração do *habeas corpus* (art. 654 do Código de Processo Penal); *viii)* legitimação do representante da entidade onde está abrigado o interditando para a ação de interdição (art. 746, III, CPC); *ix)* credor solidário para a ação de cobrança ou de execução da obrigação solidária (art. 267 do Código Civil) etc.

Sob a vigência do CPC/1973, é pacífico o entendimento de que não se admite *legitimação extraordinária negocial*:[11] por um negócio jurídico, não se poderia atribuir a alguém a legitimação para defender interesses de outrem em juízo. Isso porque o art. 6º do CPC/1973 reputa a lei, e apenas ela, a fonte normativa de legitimação extraordinária.

O art. 18 do CPC exige, para atribuição da legitimação extraordinária, autorização do "ordenamento jurídico", e não mais da lei. Além disso, o art. 189 do CPC consagrou a atipicidade da negociação processual – o tema foi tratado no capítulo sobre a teoria dos fatos jurídicos processuais. *Negócio jurídico é* fonte de norma jurídica, que, por isso mesmo, também compõe o *ordenamento jurídico*[12]. *Negócio jurídico pode ser fonte normativa da legitimação extraordinária.*

Este negócio jurídico é processual, pois atribui a alguém o poder de conduzir validamente um processo.

---

11. NERY Jr., Nelson; NERY, Rosa. Código de Processo Civil comentado. 11ª ed. São Paulo: RT, 2011, p. 190; MARI-NONI, Luiz Guilherme; MITIDIERO, Daniel. Código de Processo Civil comentado artigo por artigo. São Paulo: RT, 2008, p. 101.

12. KELSEN, Hans. Teoria Pura do Direito. João Baptista Machado (trad.) 6ª ed. São Paulo: Martins Fontes, 2000, p. 284-290; PEDROSO, Antonio Carlos de Campos. Normas jurídicas individualizadas – teoria e aplicação. São Paulo: Saraiva, 1993, p. 21-24; 35-43.

Não há, assim, qualquer obstáculo *a priori* para a *legitimação extraordinária de origem negocial*. E, assim sendo, o direito processual civil brasileiro passará a permitir a *legitimação extraordinária atípica*, de origem negocial.

Mas é preciso fazer algumas considerações.

Em primeiro lugar, a solução do problema é diversa, se se tratar de legitimação extraordinária ativa ou passiva.

3. LEGITIMAÇÃO EXTRAORDINÁRIA ATIVA DE ORIGEM NEGOCIAL

A negociação sobre legitimação extraordinária ativa é mais simples e não exige nenhum outro requisito, além dos exigidos para os negócios processuais em geral.

A negociação pode ser para *transferir* ao terceiro a *legitimidade* ou apenas para *estender* a ele essa legitimidade.

É possível a *ampliação da legitimação ativa*, permitindo que terceiro também tenha legitimidade para defender, em juízo, direito alheio. Cria-se, aqui, uma *legitimação extraordinária concorrente*.

É possível, também, negociação para *transferir* a *legitimidade ad causam* para um terceiro, sem transferir o próprio direito, permitindo que esse terceiro possa ir a juízo, em nome próprio, defender direito alheio – pertencente àquele que lhe atribui negocialmente a legitimação extraordinária. Nesse caso, teremos uma *legitimação extraordinária exclusiva decorrente de um negócio jurídico*: somente esse terceiro poderia propor a demanda. Não há óbice algum: se o titular do direito pode transferir o próprio direito ao terceiro ("pode o mais"), pode transferir apenas a legitimidade *ad causam*, que é uma situação jurídica que lhe pertence ("pode o menos").

Essa transferência implica verdadeira renúncia dessa posição jurídica, por isso há de ser interpretada restritivamente (art. 114 do Código Civil). Assim, no silêncio, o negócio há de ser interpretado como se o sujeito apenas quisesse *estender* a legitimação ativa, e não transferi-la.

A negociação assumirá nuances diversas, se se tratar de *legitimação* para a defesa de *direito relativo* (sujeito passivo determinado; direito de crédito, por exemplo) ou para a defesa de *direito absoluto* (sujeito passivo indeterminado; propriedade intelectual, por exemplo).

No primeiro caso, é razoável aplicar, por analogia, algumas regras sobre a cessão de crédito (arts. 286-296, Código Civil). Não apenas pelo *dever de informar*, dever anexo decorrente do princípio da boa-fé contratual. Em certa medida, a transferência da legitimidade para cobrar a prestação devida é uma transformação do conteúdo de um contrato: fez-se o negócio com a informação de que *determinada* pessoa, e apenas ela, iria a juízo discutir eventual inadimplemento.

Assim, a atribuição negocial de legitimação extraordinária é ineficaz em relação ao futuro réu, se este não for notificado; "mas por notificado se tem o devedor que, em escrito público ou particular, se declarou ciente da cessão feita" (art. 290 do Código Civil, aplicado por analogia). Aceita-se, ainda, qualquer meio de prova da notificação[13]; o que o art. 290 do Código Civil faz é presumi-la nesses casos. Demais disso, todas as defesas que o réu poderia opor ao *legitimado ordinário* poderá opor ao legitimado extraordinário negocial (art. 294 do Código Civil, aplicado por analogia)[14]. O futuro réu tem o direito de ser cientificado do negócio, embora não faça parte dele nem precise autorizá-lo.

No caso de legitimação extraordinária para *direitos absolutos*, não há qualquer necessidade de notificação do futuro réu, que, de resto, é desconhecido, pois será aquele que vier a praticar o ilícito extracontratual. O réu não faz parte do negócio processual e nem precisa dele tomar ciência. Até porque não se sabe quem será o réu. Aquele que violar o direito absoluto poderá ser demandado por quem tenha legitimação para tanto, ordinária ou extraordinária.

Um exemplo pode ajudar. Imagine uma negociação empresarial em que uma sociedade transfere para outra sociedade a totalidade da sua participação societária em uma terceira sociedade (objeto do negócio). Mas não há transferência da titularidade das patentes de que essa terceira sociedade (objeto do negócio) era proprietária. Embora não transfira a propriedade das patentes, a vendedora atribui à compradora a legitimidade de defender essas patentes em juízo. *Legitimação extraordinária*, portanto: a empresa compradora defenderá em juízo as patentes da empresa vendedora[15].

Outro exemplo. Nos Juizados Especiais, o comparecimento do autor, à audiência de conciliação, é obrigatório; se o autor não comparecer, o processo é extinto sem exame do mérito (art. 51, I, Lei n. 9.099/1995). Há pessoas que têm sérias dificuldades de comparecer à audiência de conciliação, mas são obrigadas a isso. Basta pensar em pessoas idosas, ou muito doentes, ou com dificuldades de locomoção, ou cuja profissão exige viagens constantes etc. É comum

---

13. Como bem apontou Antonio do Passo Cabral, em conversa travada com o autor.

14. Art. 294 do Código Civil: "O devedor pode opor ao cessionário as exceções que lhe competirem, bem como as que, no momento em que veio a ter conhecimento da cessão, tinha contra o cedente".

15. Ao que parece, foi isso o que aconteceu na venda da Motorola pelo Google à Lenovo: Google ficou com as patentes da Motorola, mas permitiu que a Lenovo, que passaria a ser dona da Motorola, pudesse defendê-las em juízo (http://oglobo.globo.com/sociedade/tecnologia/google-apple-o-resto-11495305?topico=pedro-doria.)

que pessoas muito doentes se valham dos Juizados para obter providência de urgência relacionada ao direito à saúde; ela está acamada e não tem como comparecer à audiência; muita vez a solução é simplesmente adiar *sine die* a realização da audiência, tudo para cumprir o disposto na Lei dos Juizados, que, nesse aspecto, dificulta o acesso à justiça. *Pois a legitimação extraordinária negocial resolveria esse problema*: o legitimado extraordinário não só compareceria à audiência, como autor, como também conduziria todo o restante do processo.

É importante lembrar: o negócio é para a transferência de legitimação *ad causam* ativa. Não se cuida de *transferência do direito* – não se trata, portanto, de *cessão de crédito*. Não há transferência da situação jurídica material, enfim.

4. LEGITIMAÇÃO EXTRAORDINÁRIA PASSIVA DE ORIGEM NEGOCIAL.

Bem diferente é a atribuição negocial de legitimação extraordinária passiva.

Não pode o futuro réu *transferir* sua legitimação passiva a um terceiro. Ou seja, não pode o réu, permanecendo titular de uma situação jurídica passiva (um dever obrigacional, por exemplo), atribuir a um terceiro a legitimação para defender seus interesses em juízo. Seria uma espécie de *fuga do processo*, ilícita por prejudicar o titular da situação jurídica ativa (o futuro autor). *Não se admite que alguém disponha de uma situação jurídica passiva por simples manifestação de sua vontade.*

Nada impede, porém, que o futuro autor participe desse negócio processual e concorde com a atribuição de legitimação extraordinária passiva a um terceiro. Preenchidos os requisitos gerais da negociação processual, não se vislumbra qualquer problema: o sujeito concordou em demandar contra esse terceiro, que defenderá em juízo interesses de alguém que concordou em lhe atribuir essa legitimação extraordinária. Aplica-se aqui, por analogia, a regra da assunção de dívida, permitida com a concordância expressa do credor (art. 299 do Código Civil)[16].

Pode o futuro réu, no entanto, *ampliar* a legitimação passiva, atribuindo a terceiro legitimação extraordinária para defender seus interesses em juízo. Nesse caso, não há qualquer prejuízo para o autor, que nem precisa ser notificado dessa negociação. Isso porque, havendo *legitimação passiva concorrente*, escolherá o autor contra quem quer demandar. A ampliação dos legitimados passivos somente beneficia o autor. A notificação do futuro autor é, na verdade,

---

16. Art. 299 do Código Civil: "É facultado a terceiro assumir a obrigação do devedor, com o consentimento expresso do credor, ficando exonerado o devedor primitivo, salvo se aquele, ao tempo da assunção, era insolvente e o credor o ignorava".

um ônus do futuro réu: é do seu interesse que o futuro autor saiba que pode propor a demanda contra uma terceira pessoa.

Um exemplo. Pode o locador atribuir à administradora do imóvel, com quem mantém contrato, a legitimação extraordinária para também poder ser ré em ação de revisão do valor dos alugueres ou de ação renovatória.

A ampliação da legitimação passiva, com a atribuição de legitimação extraordinária a um terceiro, não permite que qualquer dos possíveis réus, uma vez demandado, *chame ao processo* (arts. 130-132, CPC) o outro legitimado. Há, aqui, apenas colegitimação; não há, nesse caso, solidariedade passiva na obrigação discutida.

É importante lembrar: o negócio é para *ampliação* de legitimação *ad causam* passiva. Não se cuida de *transferência da dívida* – não se trata, portanto, de *assunção de dívida*. Não há transferência da situação jurídica material, enfim.

Nada impede que os contratantes insiram no contrato cláusula que vede a transferência ou ampliação da legitimação *ad causam*.

5. O CHAMAMENTO À AUTORIA COMO EXEMPLO HISTÓRICO DE LEGITIMAÇÃO EXTRAORDINÁRIA DE ORIGEM NEGOCIAL.

Legitimação extraordinária negocial não é novidade em nossa história.

No CPC/1939 havia uma hipótese *típica* de negócio processual, em que se atribuía a alguém a legitimação extraordinária para a defesa de direito de outrem em juízo. Isso acontecia no *chamamento à autoria*. Uma parte convocava um terceiro para sucedê-la em juízo; se esse terceiro aceitasse essa provocação, haveria sucessão processual: eis o negócio processual.

O *chamamento à autoria* era espécie de intervenção de terceiro que existia à época. A parte chamava o terceiro que lhe havia transferido a coisa ou o direito real, que era objeto do processo; se esse *terceiro-chamado* aceitasse o chamamento, assumiria a causa, no lugar do *chamante*, para defender os interesses deste em juízo. O chamamento à autoria poderia redundar, então, em uma sucessão processual, com a troca de sujeitos do processo, transformando-se o terceiro em parte para a defesa dos interesses da parte que provocou a sua intervenção (art. 95, §1º, e art. 97, CPC/1939)[17].

---

17. Art. 95 do CPC/1939: "Aquele que demandar ou contra quem se demandar acerca de coisa ou direito real, poderá chamar à autoria a pessoa de quem houve a coisa ou o direito real, afim de resguardar-se dos riscos da evicção. §1º Se for o autor, notificará o alienante, na instauração do juízo, para assumir a direção da causa e modificar a petição inicial." Art. 97 do CPC/1939: "Vindo a juízo o denunciado, receberá o processo no estado em que este se achar, e a causa com ele prosseguirá, sendo defeso ao autor litigar com o denunciante".

A situação aí era ainda mais grave, pois, feito o chamamento pelo réu, o autor era *obrigado* a demandar contra o legitimado extraordinário passivo (chamado), caso ele aceitasse o chamamento à autoria (art. 97, *parte inicial*, CPC/1939).

6. LEGITIMAÇÃO EXTRAORDINÁRIA DE ORIGEM NEGOCIAL E PENDÊNCIA DO PROCESSO

A atribuição de legitimação extraordinária negocial, durante o processo já instaurado, somente é possível com a concordância de ambas as partes. Isso porque haveria sucessão processual, caso houvesse a mudança negocial do legitimado. Esse fenômeno está regulado pelo art. 109 do CPC, que exige o consentimento de todos.

7. REFERÊNCIAS BIBLIOGRÁFICAS

ARMELIN, Donaldo. *Legitimidade para agir no direito processual civil brasileiro.* São Paulo: RT, 1979.

ARRUDA ALVIM NETTO, José Manuel. *Código de Processo Civil Comentado.* São Paulo: RT, 1975, V. 1.

ASSIS, Araken de. "Substituição processual". *Revista Dialética de Direito Processual.* São Paulo: Dialética, 2003, n. 09.

KELSEN, Hans. *Teoria Pura do Direito.* João Baptista Machado (trad.) 6ª ed. São Paulo: Martins Fontes, 2000.

MARINONI, Luiz Guilherme; MITIDIERO, Daniel. *Código de Processo Civil comentado artigo por artigo.* São Paulo: RT, 2008.

MOREIRA, José Carlos Barbosa. "Apontamentos para um estudo sistemático da legitimação extraordinária". Em: *Revista dos Tribunais.* São Paulo: RT, 1969, n. 404.

MOREIRA, José Carlos Barbosa. "Notas sobre o problema da efetividade do processo". *Temas de Direito Processual Civil – terceira série.* São Paulo: Saraiva, 1984.

NERY Jr., Nelson; NERY, Rosa. *Código de Processo Civil comentado.* 11ª ed. São Paulo: RT, 2011.

PEDROSO, Antonio Carlos de Campos. *Normas jurídicas individualizadas – teoria e aplicação.* São Paulo: Saraiva, 1993.

ZANETI Jr., Hermes. "A legitimação conglobante nas ações coletivas: a substituição processual decorrente do ordenamento jurídico". In: Araken de Assis; Eduardo Arruda Alvim; Nelson Nery Jr.; Rodrigo Mazzei; Teresa Arruda Alvim Wambier; Thereza Alvim (Coord.). *Direito Civil e processo: estudos em homenagem ao Professor Arruda Alvim.* São Paulo: Revista dos Tribunais, 2007.

CAPÍTULO 3

Do dogma da completude à (im)possibilidade jurídica do pedido: aportes filosóficos à reflexão do tema

Deocleciano Otávio Neto[1]

Lúcio Grassi de Gouveia[2]

Mateus Costa Pereira[3]

SUMÁRIO: 1. INTRODUÇÃO; 2. A (IM)POSSIBILIDADE JURÍDICA DO PEDIDO NO NOVO CPC: REFLEXÕES INICIAIS SOBRE O TEMA A PARTIR DE UM DEBATE TRAVADO DENTRE FREDIE DIDIER JR., ALEXANDRE FREITAS CÂMARA E LEONARDO JOSÉ CARNEIRO DA CUNHA; 3. DA (IM)POSSIBILIDADE JURÍDICA DO PEDIDO NA DOUTRINA BRASILEIRA: COMPREENSÃO E EXEMPLIFICAÇÃO; 4. RECOLOCAÇÃO DO TEMA SOB A ÓPTICA HERMENÊUTICA; 5. CONSIDERAÇÕES FINAIS; 6. REFERÊNCIAS BIBLIOGRÁFICAS.

1. INTRODUÇÃO

Em um palco virtual, três (re)conhecidos autores de processo civil – Fredie Didier Jr., Alexandre Freitas Câmara e Leonardo José Carneiro da Cunha –, discutiram a sobrevida das "condições da ação" no repertório jurídico brasileiro com o advento do Código de Processo Civil de 2015; não apenas quanto à categoria referida, mas a divergência também alcançou o – novo – status da (im)possibilidade jurídica do pedido e o da legitimação ordinária. Tudo se passou por meio de mensagens eletrônicas enquanto o hoje CPC/15 ainda era um projeto, já que

---

1. Pós-graduando em direito de família pela Universidade Federal de Pernambuco (UFPE). Bacharel em Direito pela Universidade Católica de Pernambuco (Unicap). Advogado.
2. Doutor em Direito pela Faculdade de Direito da Universidade de Lisboa. Mestre em Direito pela Universidade Federal de Pernambuco (UFPE). Membro da Associação Norte Nordeste de Professores de Processo (Annep). Professor de Processo Civil do mestrado e da graduação da Universidade Católica de Pernambuco (Unicap). Juiz de Direito.
3. Mestre em Direito Processual pela Universidade Católica de Pernambuco (Unicap), onde é professor assistente de processo civil. Membro da Associação Norte Nordeste de Professores de Processo (Annep). Advogado.

seu texto não aludia às "condições da ação", tampouco à "carência de ação" e à "possibilidade jurídica do pedido", sem que, no particular, o panorama tenha se alterado até a promulgação.

Neste trabalho, tomando o referido embate como fio condutor, após uma exposição sumária dos principais argumentos veiculados pelos três autores nos trabalhos desenvolvidos no contexto do debate, perlustramos as concepções de (im)possibilidade jurídica do pedido na doutrina brasileira para, ao final, enunciando a circularidade dos argumentos até então utilizados, trazer um ponto de vista hermenêutico (no sentido de Nelson Saldanha[4]). Nossa proposta, portanto, é a de contribuir para a reflexão do tema, focando na *condição* referida, mas temperando o exame com argumentos não encontrados nas obras consultadas.

2. A (IM)POSSIBILIDADE JURÍDICA DO PEDIDO NO NOVO CPC: REFLEXÕES INICIAIS SOBRE O TEMA A PARTIR DE UM DEBATE TRAVADO DENTRE FREDIE DIDIER JR., ALEXANDRE FREITAS CÂMARA E LEONARDO JOSÉ CARNEIRO DA CUNHA

Em recente trabalho, publicado quando o CPC/15 ainda estava em período de gestação[5], Fredie Didier Jr. enaltecia o texto do projeto por não aludir à "possibilidade jurídica do pedido", tampouco às "condições da ação". Para ele, o que era digno de elogios, a supressão das expressões indicaria a opção legislativa alinhada com a doutrina que criticava a recepção da teoria eclética no direito brasileiro, conduzindo à proscrição das *condições* do repertório jurídico-processual[6].

Sobre a (im)possibilidade jurídica do pedido, com o advento do novo CPC, sustentou que, enfim, o legislador teria reconhecido sua confusão ao mérito (= improcedência), algo que já contaria com a quase unanimidade da doutrina

---

4. SALDANHA, Nelson Nogueira. Filosofia, Povos e Ruínas: páginas para uma filosofia da história. Rio de Janeiro: Calibán, 2002, p. 57. SALDANHA, Nelson Nogueira. Ordem e hermenêutica. 2. ed. Rio de Janeiro: Renovar, 2003, p. 246.

5. DIDIER JR., Fredie. Será o fim da categoria "condição da ação"? Um elogio ao projeto do novo CPC. Disponível em: http://www.frediedidier.com.br/wp-content/uploads/2012/06/Condi%C3%A7%C3%B5es-da-a%-C3%A7%C3%A3o-e-o-projeto-de-novo-CPC.pdf. Acesso em: 10 mar. 2015.

6. Considerando que a nossa reflexão se atém à (im)possibilidade jurídica do pedido, registramos que, para Fredie Didier Jr., no que é acompanhado pelos demais autores, havendo apenas dois juízos – cognição judicial   realizáveis pelo órgão jurisdicional (juízo de admissibilidade e juízo de mérito) e considerando que as condições da ação estão situadas em zona intermediária dentre esses juízos, não faria sentido insistir nelas enquanto categoria. Ao lado deste argumento de índole lógica, o mesmo autor enriquece sua perspectiva com lições doutrinárias de autores brasileiros, com destaque para Cândido Rangel Dinamarco, o qual, sobre ter sido um dos maiores defensores da teoria eclética, há algum tempo propugna o abandono do trinômio (admissibilidade-condições da ação-mérito) para um binômio (admissibilidade-mérito), tal como se dá na Alemanha.

brasileira. No tocante às demais condições da ação, não deixariam de existir, mas seriam deslocadas ao mérito ou à admissibilidade[7].

De sua parte, malgrado concorde com a supressão da possibilidade jurídica do pedido enquanto uma "categoria autônoma" – nas suas palavras –, Alexandre Freitas Câmara rejeitou a ideia de que a aprovação do projeto atestaria sua confusão ao mérito (= improcedência da demanda), uma vez que, para ele, a impossibilidade jurídica do pedido representaria a falta de interesse de agir[8]. Mesmo porque, continua, quem "vai a juízo em busca de algo proibido aprioristicamente pelo ordenamento jurídico postula, a rigor, uma providência jurisdicional que não lhe pode trazer qualquer utilidade", o que é entendido por ausência de *interesse*. No decorrer da exposição, inclusive, destacou que sua interpretação corresponderia à última versão do pensamento de Liebman sobre o tema, o qual, cediço, revisitando a própria doutrina, deixou de sustentar a existência de "três" *condições*[9].

Por outro lado, Alexandre Câmara aduziu que sua posição também estaria afinada com a teoria da asserção, isto é, que a possibilidade jurídica do pedido, doravante, absorvida pelo interesse de agir, seria analisada enquanto *condição* apenas em abstrato (admissibilidade), ou seja, de acordo com as alegações vertidas na inicial. No ensejo, é importante registrar que seus argumentos foram construídos num panorama mais amplo, visto que defende a manutenção da categoria condições da ação, desta feita, apenas com o exame da legitimidade para a causa e do interesse de agir[10].

---

7. Ainda mantendo a fidelidade ao pensamento do autor, para ele, a legitimidade ad causam e o interesse de agir seriam deslocados aos pressupostos processuais. No ponto, entende que o projeto poderia ter avançado ainda mais, a fim de reconhecer que a ausência de legitimação ordinária também redundaria em análise de mérito, mas a legitimação extraordinária também estaria abrangida pela categoria dos pressupostos processuais de validade. De toda sorte, pelos avanços que identifica, assevera que o projeto já seria merecedor de elogios.

8. CÂMARA, Alexandre Freitas. Será o fim da categoria "Condição da Ação"? Uma resposta a Fredie Didier Junior. Disponível em: http://www.leonardocarneirodacunha.com.br/artigos/sera-o-fim-da-categoria-condicao-da-acao-uma-resposta-a-fredie-didier-junior/. Acesso em: 10 mar. 2015.

9. Apenas para fins ilustrativos, fundado na recepção expressa pelo CPC/73, Cassio Scarpinella Bueno afirma que a mudança no pensamento de Liebman seria irrelevante. Curso sistematizado de direito processual civil: teoria geral do direito processual civil. 3. ed. São Paulo: Saraiva, 2009, p. 374.

10. Por fim, também antagonizando com as ideias de Fredie Didier Jr., entende que as condições da ação, enquanto categoria jurídica autônoma, persistem com o novo CPC; que nada justificaria sua abolição, uma vez, ao lado dos pressupostos processuais, também seriam objeto do juízo de admissibilidade, integrando a categoria dos "requisitos para o pronunciamento de mérito". E arremata: "pretender incorporar aos pressupostos processuais a categoria das 'condições da ação' só poderá ser admitido a partir do momento em que se parar de distinguir os próprios fenômenos da ação e do processo"; concluindo com um elogio ao então projeto de novo CPC, no sentido de que, sobre não ter proscrito, apenas teria aperfeiçoado o tratamento das – ainda existentes – condições da ação, que passariam a ser duas: legitimidade ad causam e interesse de agir.

A seu turno, endossando a concepção de que a *possibilidade jurídica* corresponderia à "admissibilidade em abstrato do pronunciamento postulado" em conformidade às normas vigentes no ordenamento jurídico; compreendendo, por pedido juridicamente possível, aquele que tiver respaldo no sistema jurídico perante o qual o juiz está vinculado; Leonardo José Carneiro da Cunha afirmou que o pronunciamento judicial sobre a *impossibilidade jurídica* corresponderia a uma decisão de improcedência sendo, portanto, apta à formação da coisa julgada material – raciocínio similar seria aplicável ao reconhecimento da *ilegitimidade*, a qual, em verdade, revelaria uma denegação da própria pretensão formulada[11].

Para rebater as afirmações de Alexandre Freitas Câmara, comungando com o pensamento de Didier Jr., Leonardo Cunha lembrou que a teoria da asserção surgiu na Itália para avivar os limites dentre o mérito e as condições da ação, minorando os efeitos da crítica sobre a teoria desenvolvida por Liebman. Para o mesmo autor, em arremate, com o novo CPC estaria legitimada a interpretação que situa a *impossibilidade* e a *ilegitimidade* no mérito, ressalvada, no último caso, a legitimação extraordinária.

Pois bem.

Continuando as reflexões sobre o tema partir do dissenso, aprofundemos a análise da (im)possibilidade jurídica do pedido em nossa doutrina, situando os exemplos que a ilustram/arrimam.

3. DA (IM)POSSIBILIDADE JURÍDICA DO PEDIDO NA DOUTRINA BRASILEIRA: COMPREENSÃO E EXEMPLIFICAÇÃO

Ao tratar do tema em foco, para justificar a ideia de que a possibilidade jurídica do pedido corresponderia à ausência de vedação pelo ordenamento jurídico tomado em abstrato, interessante notar que os doutrinadores pátrios giram em torno – com poucas variações – dos mesmos exemplos. Outrossim, desde já registramos que a doutrina costuma tratar a *possibilidade* sob um viés negativo, isto é, na perspectiva da impossibilidade jurídica do pedido, sofrendo alguma variação na perspectiva do direito privado ou do público[12], ou mesmo dentre os ramos processuais civil e penal – no último caso, em virtude do princípio da reserva legal que marca o direito penal. Não por outro motivo, figuram

---

11. CUNHA, Leonardo José Carneiro da. "Será o fim da categoria condições da ação? Uma intromissão no debate travado entre Fredie Didier Jr. e Alexandre Freitas Câmara." Disponível em: http://www.leonardo-carneirodacunha.com.br/artigos/sera-o-fim-da-categoria-condicoes-da-acao-uma-intromissao-no-debate--travado-entre-fredie-didier-jr-e-alexandre-freitas-camara/. Acesso em: 10 mar. 2015.

12. ASSIS, Carlos Augusto. "Condições da ação". In: Teoria geral do processo civil. Milton Paulo de Carvalho (coord.). Rio de Janeiro: Elsevier, 2010, p. 194-195.

exemplos de providências que, abstratamente, seriam consideradas "impossíveis". Comecemos pelas explicações.

Para Moacyr Amaral Santos, a *possibilidade* dizia respeito a uma pretensão que, do ponto de vista abstrato, seria tutelável pelo direito objetivo[13], o que é complementado por Vicente Greco Filho, vislumbrando a finalidade prática da *condição* na inconveniência do desenvolvimento oneroso de uma ação quando, prontamente – "em termos absolutos" –, o atendimento de uma pretensão se apresente inviável; assim, continua o autor, seja porque a "ordem jurídica" não contemple providência "igual à requerida", seja em virtude da mesma ordem proibi-la[14]. Em outras palavras, agora com Bermudes, a possibilidade é encarada como a "tutelabilidade abstrata do pedido autor", vale dizer, que o "direito positivo", explicita ou implicitamente, não proíba a prestação buscada[15]. Também falando num exame colhido "abstrata e idealmente", colhe-se o magistério de Humberto Theodoro Jr.[16] e de Misael Montenegro Filho[17]. Dinamarco, Grinover e Cintra não destoam das linhas anteriores, afirmando que as hipóteses de *impossibilidade jurídica* ocorrem quando o ordenamento jurídico faz uma exclusão apriorística de determinados pedidos. Por oportuno, os mesmos autores assinalam uma tendência de redução dos casos de *impossibilidade* em virtude dos movimentos de *acesso à justiça*[18].

Com o intuito de não tornar fastidiosa a transcrição de outros tantos doutrinadores nacionais a respeito do tema, e considerando que tivemos o cuidado de referenciar outras obras no rodapé, é lícito concluir que larga parcela da

---

13. SANTOS, Moacyr. Primeiras linhas de direito processual civil. São Paulo: Max Limonad, 1962, p. 199.
14. GRECO FILHO, Vicente. Direito processual civil brasileiro. 23. ed. São Paulo: Saraiva, 2010, v. 1, p. 110.
15. BERMUDES, Sergio. Introdução ao processo civil. 4. ed. Rio de Janeiro: Forense, 2006, p. 53-54. No mesmo sentido: DONIZETTI, Elpídio. Curso didático de direito processual civil. 16. ed. São Paulo: Atlas, 2012, p. 50. Em sentido semelhante, fazendo menção a um "princípio da liberdade jurídica", a partir do qual seria lícito pleitear onde não exista vedação: FUX, Luiz. Curso de direito processual civil: processo de conhecimento. 4. ed. Rio de Janeiro: Forense, 2008, v. 1, p. 175. Para Cassio Scarpinella Bueno, a proibição é extensível à causa de pedir. op. cit., p. 374. Em uníssono, e por esse motivo, sustentando ser mais adequado falar em "impossibilidade jurídica da demanda": BASTOS, Antonio Adonias; KLIPPEL, Rodrigo. Manual de processo civil. Vitória: Acesso, 2011, p. 174.
16. THEODORO JR., Humberto. Curso de Direito Processual Civil: teoria geral de direito processual civil e processo de conhecimento. 55. ed. Rio de Janeiro: Forense, 2014, v. 1, p. 79.
17. MONTENEGRO FILHO, Misael Curso de direito processual civil: teoria geral do processo e processo de conhecimento (de acordo com o novo CPC). 11. ed. São Paulo: Atlas, 2015, v. 1, p. 130-131.
18. CINTRA, Antonio Carlos de Araújo; DINAMARCO, Cândido Rangel; GRINOVER, Ada Pellegrini. Teoria geral do processo. 24. ed. São Paulo: Malheiros, 2008, p. 276. Também em perspectiva abstrata, mas sem mencionar a tendência de redução dos casos, Carreira Alvim também ilustra o tema com a situação dos países que não admitem o divórcio. Teoria geral do processo. 11. ed. Rio de Janeiro: Forense, 2006, p. 140. Daniel Neves também fala numa "vedação legal", oriunda de "análise abstrata e realizada a priori" (sic.). Manual de direito processual civil. 2. ed. São Paulo: Método, 2010, p. 85. Por outro lado, há quem entenda que a conformidade perquirida, em verdade, constituir-se-ia numa análise perfunctória do mérito. É o caso de Rodrigues e Lamy: RODRIGUES, Horácio Wanderlei; LAMY, Eduardo de Avelar. Teoria geral do processo. 3. ed. Rio de Janeiro: Elsevier, 2012, p. 97.

doutrina trafega no mesmo sentido: quer dizer, ou o ordenamento prevê abstrata e previamente o pedido veiculado pelo autor ou, ao revés, veda expressamente e, assim, estaríamos diante da (im)possibilidade jurídica do pedido.

Exemplos de impossibilidade jurídica do pedido que costumam ser apontados: pretensão de usucapião de imóveis públicos; pedido de "desligamento" da Federação por Estado brasileiro (direito de secessão); pedido de divórcio nos países em que a quebra do vínculo não tenha guarida; pretensão de reconhecimento do domínio no curso de ação possessória; propositura de execução contra a fazenda pública com pretensão de sujeição de seus bens à penhora; e, o sempre citado caso da cobrança de dívida de jogo.

Não tanto por sua artificialidade, na medida em que algumas dessas situações são de difícil – ou praticamente impossível – ocorrência, mas os exemplos costumam tomar o ordenamento jurídico como um todo completo e acabado, postulando o encerramento das discussões já em nível abstrato – o que será objeto do próximo item. Ora, não precisamos ir tão longe para perceber que, há pouco tempo, costumava-se argumentar que nosso ordenamento não permitia o casamento de pessoas do mesmo sexo, "circunstância" que foi alterada pelo Supremo Tribunal Federal, à míngua de qualquer previsão expressa na lei; por outro lado, há uma grande discussão doutrinária em derredor da "inusucapibilidade" de bens públicos, a qual, no entanto, não será objeto de análise neste momento – fiquemos com estes dois exemplos "sensíveis" para reflexão...

4. RECOLOCAÇÃO DO TEMA SOB A ÓPTICA HERMENÊUTICA

Concebida em abstrato, a (im)possibilidade jurídica do pedido tem relação com alguns valores albergados pelo positivismo jurídico dos sécs. XIX e XX, notadamente, a plenitude hermética do ordenamento jurídico e o dogma da completude/coerência –algo que não passou despercebido ao magistério de José de Albuquerque Rocha, doutrinador que fundamentava a referida *condição* no dogma da completude, sem reservar críticas ao (re)conhecido fundamento jusfilosófico[19]. Não por outro motivo, acriticamente, a doutrina brasileira enxerga a *possibilidade jurídica* como a viabilidade do pedido em abstrato, conforme exposto no item anterior. Façamos a contextualização do tema na ambiência filosófica que lhe ampara(va).

Sendo certo que a doutrina do positivismo jurídico surgiu com a bandeira de repúdio a qualquer respaldo metafísico ao Direito, pressuposto da época à afirmação de sua cientificidade – rechaçando a doutrina do direito natural[20] –, os

---

19. ROCHA, José de Albuquerque. Teoria geral do processo. 9. ed. São Paulo: Atlas, 2007, p. 161.
20. DIMOULIS, Dimitri. Positivismo Jurídico: introdução a uma teoria do direito e defesa do pragmatismo jurídico-político. São Paulo: Método, 2006, p. 68.

Cap. 3 • DO DOGMA DA COMPLETUDE À (IM)POSSIBILIDADE JURÍDICA DO PEDIDO
Deocleciano Otávio Neto – Lúcio Grassi de Gouveia – Mateus Costa Pereira

positivistas empreenderam uma busca por outros fundamentos à Jurisprudência, o que, inicialmente, conduziu à afirmação do direito como ato de autoridade (direito posto[21]) ou mesmo para o embasamento na questão da *validade*. Refratário de fundamentos divinos e/ou naturais – superada a discussão doutrinária sobre a existência de um direito preexistente ao homem, o que Tobias Barreto considerava "teimosia" e "antigalha"[22] – ou de qualquer outro possível argumento metafísico (em nome da objetividade), aos caudatários do juspositivismo o direito é auto-referente[23], isto é, a lei retira fundamento de si mesma, estatuindo-se a hierarquia dentre os atos normativos calcada na disciplina do procedimento de nomogênese (lei superior regula o procedimento de elaboração de lei inferior); não por outro motivo, e já numa perspectiva formalista[24], a *validade* se tornou tão cara às doutrinas positivistas. Em parte, mas não apenas, a bandeira positivista mirava a dignidade científica do Direito; daí os esforços doutrinários à sistematização jurídica no séc. XIX e primeira metade do séc. XX[25].

Para garantir a higidez de seus alicerces, tornou-se indispensável assumir que o ordenamento jurídico – ou o sistema jurídico, qualificação do ordenamento dotado de unidade e coerência (sistematicidade) –, seria um todo completo, harmônico e coerente, donde poderiam ser *deduzidas* soluções jurídicas para todas as situações da vida. Daí a ideia de plenitude hermética, enquanto afirmação e sustentáculo de um sistema criado aprioristicamente. Mas não só. À afirmação de uma ciência jurídica, também foi necessário pressupor um sistema jurídico de índole abstrata, pois era a *forma* de ostentar a universalidade "inerente" ao saber científico.

Malgrado as colocações anteriores sejam insuspeitas ao leitor – a historicidade do pensamento jurídico ocidental dos sécs. XIX e XX denota as assertivas[26] –, na seara do direito processual há alguma dificuldade em perceber que o paradigma sob o qual se forjaram as mencionadas construções teóricas é o

---

21. BARZOTTO, Luis Fernando. O positivismo jurídico contemporâneo: uma introdução a Kelsen, Ross e Hart. São Leopoldo: UNISINOS, 1999, p. 14.
22. BARRETO, Tobias. Questões vigentes de philosofia e de direito. Pernambuco: Liv. Fluminense, 1888, p. 132-133.
23. ADEODATO, João Maurício Leitão. Ética e retórica: para uma teoria da dogmática jurídica. 3. ed. rev. e ampl. São Paulo: Saraiva, 2007, p. 131.
24. BOBBIO, Norberto. O positivismo jurídico: lições de filosofia do direito. Trad. Márcio Pugliesi, Edson Bini, Carlos E. Rodrigues. São Paulo: Ícone, 1995, p. 36.
25. CANARIS, Claus-Wilhelm. Pensamento sistemático e conceito de sistema na ciência do direito. 3. ed. Lisboa: Fundação Calouste Gulbenkian, 2002, p. 16.
26. Sobre o tema, dentre tantos outros, cf. HESPANHA, António Manuel. Cultura Jurídica Européia: síntese de um milênio. Florianópolis: Fundação Boiteux, 2005. SALDANHA, Nelson Nogueira. Ordem e hermenêutica. 2. ed. Rio de Janeiro: Renovar, 2003. GOUVEIA, Lúcio Grassi de. Interpretação criativa e realização do direito. Recife: Bagaço, 2000. CAMARGO, Margarida Maria Lacombe. Hermenêutica e argumentação: uma contribuição ao estudo do direito. 2. ed. rev. e ampl. Rio de Janeiro: Renovar, 2001. STRECK, Lenio Luiz. Verdade e Consenso: Constituição, Hermenêutica e Teorias Discursivas. 4. ed. São Paulo: Saraiva, 2012.

mesmo que arrima a (im)possibilidade jurídica do pedido; noutras palavras, que a discussão doutrinária em derredor do tema assume a mesma tese. Não fosse assim, acreditamos, sequer haveria uma discussão da temática em nível analítico, o que pressupõe a aceitação de – algumas – premissas da tese; noutros dizeres, a crítica não seria apenas imanente[27]. Desta perspectiva, e sem divorciar o Direito da (auto)crítica filosófica, entendemos que sequer haveria debate sobre a manutenção da possibilidade jurídica do pedido. Não haveria um embate na *forma* em que expressado, pois a doutrina, prontamente, assumiria que a *condição* atinente ao pedido (possibilidade jurídica), carece de sustentação filosófica, já que a superação dos dogmas positivistas conduz(iria) à superação da doutrina processual que lhe é depositária; e, principalmente, não se sustentaria a manutenção das hipóteses de impossibilidade jurídica do pedido com o advento do novo CPC, desta feita, sob a roupagem do interesse de agir. Não caímos no mesmo problema, pois a nossa crítica é transcendente, e não imanente,[28] recusando os alicerces teóricos da *possibilidade jurídica*.

5. CONSIDERAÇÕES FINAIS

A eventual manutenção da (im)possibilidade jurídica do pedido passa pela reflexão de seus laços filosóficos, isto é, das premissas de teoria e filosofia do direito que, em última instância, sustenta(va)m a construção processual. A questão não passa apenas pela supressão da expressão lançada pelo legislador, senão pela eventual tentativa de travestir o mesmo raciocínio no *interesse de agir*.

De nossa parte, e pelas razões expostas, entendemos que a superação do tema em nível filosófico deveria conduzir à sua superação em nível processual, vale dizer, na medida em que o ordenamento jurídico não é um todo completo e acabado, donde seriam extraídas soluções jurídicas para todas as situações da vida – dogmas positivistas já superados –, "talvez" não faça sentido a manutenção de seu alicerce em âmbito processual (*possibilidade*). Fica a análise do tema sob a óptica hermenêutica à reflexão.

6. REFERÊNCIAS BIBLIOGRÁFICAS

ADEODATO, João Maurício Leitão. Ética e retórica: para uma teoria da dogmática jurídica. 3. ed. rev. e ampl. São Paulo: Saraiva, 2007.

ALVIM, José Eduardo Carreira. **Teoria geral do processo.** 11. ed. Rio de Janeiro: Forense, 2006.

---

27. Tudo isso, sem ignorar a doutrina que sequer consegue perceber os compromissos ideológicos da (im) possibilidade jurídica do pedido.
28. Crítica "imanente" e "transcendente", tal como pontuado por Losano. Sistema e estrutura do direito: o século XX. Trad. Luca Lamberti. São Paulo: Martins Fontes, 2010, v. 2, p. 129.

ASSIS, Carlos Augusto. "Condições da ação". In: **Teoria geral do processo civil.** Milton Paulo de Carvalho (coord.). Rio de Janeiro: Elsevier, 2010.

BARZOTTO, Luis Fernando. **O positivismo jurídico contemporâneo:** uma introdução a Kelsen, Ross e Hart. São Leopoldo: UNISINOS, 1999.

BARRETO, Tobias. **Questões vigentes de philosofia e de direito.** Pernambuco: Liv. Fluminense, 1888.

BASTOS, Antonio Adonias; KLIPPEL, Rodrigo. **Manual de processo civil.** Vitória: Acesso, 2011.

BERMUDES, Sergio. **Introdução ao processo civil.** 4. ed. Rio de Janeiro: Forense, 2006.

BOBBIO, Norberto. **O positivismo jurídico:** lições de filosofia do direito. Trad. Márcio Pugliesi, Edson Bini, Carlos E. Rodrigues. São Paulo: Ícone, 1995.

BUENO, Cassio Scarpinella. **Curso sistematizado de direito processual civil:** teoria geral do direito processual civil. 3. ed. São Paulo: Saraiva, 2009.

CÂMARA, Alexandre Freitas. Será o fim da categoria "Condição da Ação"? Uma resposta a Fredie Didier Junior. Disponível em: http://www.leonardocarneirodacunha.com.br/artigos/sera-o-fim-da-categoria-condicao-da-acao-uma-resposta-a-fredie-didier-junior/. Acesso em: 10 mar. 2015.

CAMARGO, Margarida Maria Lacombe. **Hermenêutica e argumentação:** uma contribuição ao estudo do direito. 2. ed. rev. e ampl. Rio de Janeiro: Renovar, 2001.

CANARIS, Claus-Wilhelm. **Pensamento sistemático e conceito de sistema na ciência do direito.** 3. ed. Lisboa: Fundação Calouste Gulbenkian, 2002.

CINTRA, Antonio Carlos de Araújo; DINAMARCO, Cândido Rangel; GRINOVER, Ada Pellegrini. **Teoria geral do processo.** 24. ed. São Paulo: Malheiros, 2008.

CUNHA, Leonardo José Carneiro da. "Será o fim da categoria condições da ação? Uma intromissão no debate travado entre Fredie Didier Jr. e Alexandre Freitas Câmara." Disponível em: http://www.leonardocarneirodacunha.com.br/artigos/sera-o-fim-da-categoria-condicoes-da-acao-uma-intromissao-no-debate-travado-entre-fredie-didier-jr-e-alexandre-freitas-camara/. Acesso em: 10 mar. 2015.

DIDIER JR., Fredie. Será o fim da categoria "condição da ação"? Um elogio ao projeto do novo CPC. Disponível em: http://www.frediedidier.com.br/wp-content/uploads/2012/06/Condi%C3%A7%C3%B5es-da-a%C3%A7%C3%A3o-e-o-projeto-de-novo-CPC.pdf. Acesso em: 10 mar. 2015.

DIMOULIS, Dimitri. **Positivismo Jurídico:** introdução a uma teoria do direito e defesa do pragmatismo jurídico-político. São Paulo: Método, 2006.

DONIZETTI, Elpídio. **Curso didático de direito processual civil.** 16. ed. São Paulo: Atlas, 2012.

FUX, Luiz. **Curso de direito processual civil:** processo de conhecimento. 4. ed. Rio de Janeiro: Forense, 2008, v. 1.

GOUVEIA, Lúcio Grassi de. **Interpretação criativa e realização do direito.** Recife: Bagaço, 2000.

HESPANHA, António Manuel. **Cultura Jurídica Européia:** síntese de um milênio. Florianópolis: Fundação Boiteux, 2005.

LOSANO, Mario G. **Sistema e estrutura do direito:** o século XX. Trad. Luca Lamberti. São Paulo: Martins Fontes, 2010, v. 2.

MORIN, Edgar. **Introdução ao pensamento complexo.** 4. ed. Lisboa: Instituto Piaget, 2003.

_____. **O método 1:** a natureza da natureza. Trad. Juremir Machado da Silva. 3. ed. Porto Alegre: Sulina, 2005.

NEVES, Daniel Amorim Assumpção. **Manual de direito processual civil.** 2. ed. São Paulo: Método, 2010.

ROCHA, José de Albuquerque. **Teoria geral do processo.** 9. ed. São Paulo: Atlas, 2007.

RODRIGUES, Horácio Wanderlei; LAMY, Eduardo de Avelar. **Teoria geral do processo.** 3. ed. Rio de Janeiro: Elsevier, 2012.SALDANHA, Nelson Nogueira. **Filosofia, Povos e Ruínas:** páginas para uma filosofia da história. Rio de Janeiro: Calibán, 2002.

_____. **Ordem e hermenêutica.** 2. ed. Rio de Janeiro: Renovar, 2003.

SANTOS, Moacyr Amaral. **Primeiras linhas de direito processual civil.** São Paulo: Max Limonad, 1962.

STRECK, Lenio Luiz. **Verdade e Consenso:** Constituição, Hermenêutica e Teorias Discursivas. 4. ed. São Paulo: Saraiva, 2012.

THEODORO JR., Humberto. **Curso de Direito Processual Civil:** teoria geral de direito processual civil e processo de conhecimento. 55. ed. Rio de Janeiro: Forense, 2014.

CAPÍTULO 4

Condições da Ação no Novo CPC

Rennan Faria Krüger Thamay[1]

Vinícius Ferreira de Andrade[2]

SUMÁRIO: 1. ASPECTOS INTRODUTÓRIOS; 2. SUMIRAM AS CONDIÇÕES DA AÇÃO NO NOVO CPC?; 3. CONDIÇÕES DA AÇÃO; 3.1. SOBRE A POSSIBILIDADE JURÍDICA DO PEDIDO: UMA "RELÍQUIA" DO MUSEU DOS INSTITUTOS PROCESSUAIS EXTINTOS; 3.2. INTERESSE DE AGIR; 3.3. LEGITIMAÇÃO PARA A CAUSA; REFERÊNCIAS BIBLIOGRÁFICAS.

1. ASPECTOS INTRODUTÓRIOS

O processo civil, na pós-modernidade, sempre suscitou constante estudo e adaptações visando a transformar e manter o processo como mecanismo eficiente, eficaz e suficiente para a prestação da tutela jurisdicional. Não por outra razão, a necessidade de reforma estrutural do Código está presente, sim, mas para ajustar o processo ao que dele se pode e deve esperar.

Há, na atualidade, um movimento mundial de nova codificação. Na Itália, nosso berço de muitas construções processuais, publicou-se novo Código de Processo Civil em 2009, assim como em Portugal, em 2013.

Trata-se de movimento que, pela influência dessas culturas, certamente chegaria ao Brasil, onde foi aprovado, em dezembro de 2014, o Novo Código de Processo Civil (Projeto de Lei do Senado nº 166, de 2010 [nº 8.046, de 2010, na Câmara dos Deputados]).

O Novo CPC, Lei n. 13.105, de 16 de março de 2015, que começará a ser aplicável em 16 de março de 2016, substituirá o CPC/73 - Lei n. 5.869, de 11 de janeiro de 1973 -, que muitas conquistas deixou.

---

1. Pós-Doutor pela Universidade de Lisboa. Doutor em Direito pela PUC/RS e Università degli Studi di Pavia. Mestre em Direito pela UNISINOS e pela PUC Minas. Especialista em Direito pela UFRGS. É Professor do programa de graduação e pós-graduação (Doutorado, Mestrado e Especialização) da FADISP. Foi Professor assistente (visitante) do programa de graduação da USP, Professor do programa de graduação e pós-graduação (lato sensu) da PUC/RS. Membro do IAPL (International Association of Procedural Law), do IIDP (Instituto Iberoamericano de Derecho Procesal), do IBDP (Instituto Brasileiro de Direito Processual), IASP (Instituto dos Advogados de São Paulo), da ABDPC (Academia Brasileira de Direito Processual Civil). Advogado, consultor jurídico e parecerista.
2. Especialista em Direito Processual Civil pela PUC/SP. Professor Assistente na FADISP. Advogado.

O novo CPC, que tem como escopo variadas vertentes teórico-normativas, destaca-se pelo compromisso de um processo mais eficiente e célere, pretendendo dar ao jurisdicionado aquilo que de melhor se pode extrair de um processo que respeite, sempre, e acima de tudo, as garantias constitucionais do processo.

Percebe-se, com o novo CPC, uma sintonia mais apurada com a Constituição, louvável aperfeiçoamento, já que a Constituição é a norma estruturalmente mais destacada do país, por sua hierarquia, sendo uma constante no novo CPC a valorização das garantias constitucionais processuais.

Outra característica marcante vem a ser a maior aproximação da decisão judicial da realidade, já que o novo CPC direciona-se, fortemente, para como realizar e cumprir aquilo que fora determinado pelo julgador no feito. Também é marcante a simplificação do procedimento processual, facilitando ainda mais a condução do processo, pretendendo, de forma evidente, aumentar a efetividade processual que poderá garantir a concretização do que fora determinado pelo julgador.

Tudo isso estruturado e permeado por um sistema próprio de precedentes, que tem como finalidade – boa por sinal – a uniformização das posturas decisórias do Poder Judiciário, evitando-se, assim, que se tenham decisões diversas sobre a mesma questão, dando ainda mais coerência ao sistema do novo CPC. Embora reconheçamos não ser uma teoria dos precedentes, assim como a originária, fato é que se tem, com esse novo CPC, uma teoria dos precedentes "à brasileira".

Uma das questões que merece, desde logo, afirmação para que não penda dúvida, em nossa teoria de pressupostos e nulidades, construída para evitar ao máximo o reconhecimento de nulidades e, dentro do possível aproveitar os atos processuais, comporta uma indagação estratégica e relevante em face da estruturação normativa do CPC/2015.

Assim, indaga-se, como alguns, sumiram as condições da ação?

Para resolver esse questionamento de sublime importância, que poderia mudar, por completa a forma de compreender o processo, utilizaremos o próximo sub item, certos de que, realmente, esse corte metodológico e substancia deve ser feito nesse momento para que, então, não se comprometa toda a construção teórico-argumentativa desta obra.

2. SUMIRAM AS CONDIÇÕES DA AÇÃO NO NOVO CPC?

A expressão "condições da ação" não aparece no texto do novo Código de Processo Civil, que, todavia, exige interesse e legitimidade para a postulação em juízo (art. 17).

Indaga-se, então, se permanece a categoria das condições da ação, imaginando-se, por exemplo, que o interesse e a legitimidade possam agora ser considerados "pressupostos processuais".

Devagar com o andor.

A doutrina processual estuda três grandes temas: a jurisdição, o processo e a ação, variando, conforme a época, a importância dada a um ou outro desses temas. O certo, porém, é que conceitualmente processo é uma coisa, ação é outra coisa e jurisdição uma terceira. São conceitos complementares, mas que não se confundem.

Ora, se há condições relativas ao processo, desde Bülow estudadas sob o nome de "pressupostos processuais", é natural que também haja pressupostos da ação, as chamadas "condições da ação". Se o autor postula em juízo sem ter interesse nem legitimidade, há processo, mas não há ação apta a ser efetivamente eficaz.

Enquadrar a legitimidade e o interesse, entre os pressupostos processuais implica confundir ação com processo e não se pode pura e simplesmente negar a existência de condições da ação, por implicar negação do que a Lei afirma: a necessidade de interesse e legitimidade para a postulação em juízo.

Isso deriva da observação sistêmica do novo CPC/, visto que segundo art. 485, o juiz não resolverá o mérito quando: a) verificar a ausência de pressupostos de constituição e de desenvolvimento válido e regular do processo (inc. IV); b) verificar ausência de legitimidade ou de interesse processual (inc. VI).

Evidentemente, merece destaque que os pressupostos processuais estão tratados no inciso IV enquanto, de outro lado, as condições da ação estão trabalhadas no inciso VI.

Fica evidente, assim, que se tratam de temas, institutos e instrumentos diversos que, com destaque próprio, são tratados de forma estruturalmente pontual, pois os pressupostos estão para com o processo assim como as condições da ação (legitimidade e interesse) estão para a ação. São, realmente, instrumentos prévios de controle para que o exercício do direito de ação e processo não sejam confundidos e banalizados.

De outro lado, certo é que desapareceu a "possibilidade jurídica do pedido" como condição da ação, e com razão, porque a doutrina veio a concluir que ela não era senão uma hipótese de improcedência manifesta, tratando-se, pois, de uma questão de mérito.

Com referencia à legitimação para a causa, também tem-se afirmado tratar-se de uma questão de mérito, mas aqui é preciso distinguir, porque há casos em que isso ocorre e casos em que não ocorre.

No âmbito das ações individuais, em que de regra só pode postular em nome próprio o titular do direito subjetivo invocado e somente em face do devedor ou obrigado, realmente a questão da legitimação para a causa envolve o mérito, porque o juiz, ao dizer que o autor não tem legitimidade ativa, por estar indevidamente a postular direito alheio, declara que o autor não tem direito subjetivo contra ou em face do réu.

Já no âmbito das ações coletivas, salta aos olhos que a legitimação para a causa nada tem a ver com o mérito. Assim, por exemplo, a decisão que nega a legitimidade do Ministério Público para ação civil pública em prol de pessoa maior e capaz, nada diz sobre o mérito da causa.

Reafirmamos, pois, que ação é uma coisa e processo, outra coisa.

Permanece a categoria das condições da ação[3], porque permanece a exigência de interesse e legitimidade para a propositura de ação.

Em sentido contrário, sustentando o enquadramento da legitimidade e o interesse entre os pressupostos processuais, pronuncia-se Fredie Didier Jr. Dizendo[4] que "... se apenas há dois tipos de juízo que podem ser feitos pelo órgão jurisdicional (juízo de admissibilidade e juízo de mérito), só há duas espécies de questão que o mesmo órgão jurisdicional pode examinar. Não há sentido lógico na criação de uma terceira espécie de questão: ou a questão é de mérito ou é de admissibilidade. A doutrina alemã, por exemplo, divide as questões em admissibilidade e mérito, simplesmente. Cândido Dinamarco, por exemplo, um dos principais autores brasileiros a adotar a categoria "condição da ação", já defende a transformação deste trinômio em um binômio de questões: admissibilidade e mérito".

Mas acrescenta Didier o seguinte esclarecimento: "Ao adotar o binômio, as condições da ação não desapareceriam. É o conceito "condição da ação" que seria eliminado. Aquilo que por meio dele se buscava identificar permaneceria existente, obviamente. O órgão jurisdicional ainda teria de examinar a legitimidade, o interesse e a possibilidade jurídica do pedido. Tais questões seriam examinadas ou como questões de mérito (possibilidade jurídica do pedido e legitimação *ad causam* ordinária) ou como pressupostos processuais (interesse de agir e legitimação extraordinária)"[5].

---

3. Relevante destacar que o Supremo Tribunal Federal já firmou entendimento sobre a constitucionalidade das condições da ação no RE 631.240MG, rel. Min. Roberto Barroso, *DJe* 10.11.2014.
4. DIDIER JR, Fredie. *Curso de direito processual civil*: introdução ao direito processual civil, parte geral e processo de conhecimento. 17. ed., Salvador: JusPodivm, 2015, p. 304-307.
5. http://www.frediedidier.com.br/wp-content/uploads/2012/06/Condições-da-ação-e-o-projeto-de-novo--CPC.pdf, acesso em 15-11-15, às 21 horas e 16 minutos.

Conclui Didier Jr com um elogio ao novo Código de Processo Civil, por omitir a referência às condições da ação, mas perguntamos: por quê elogiar, se, ainda que sem esse nome, as condições da ação permanecem, tendo-se, assim, uma mudança que ao fim e ao cabo deixa tudo igual?

Finalizando nesse ponto, sem ser exaustivos, veja-se como Galeno Lacerda afirma: "certos autores, adeptos dessa teoria, continuam a tratar as condições da ação em termos chiovendianos. Não se aperceberam da contradição entre considerar o direito de agir como simples direito à sentença e definir-lhes as condições de exercício como necessárias à obtenção de sentença *favorável*. Deve manter-se a distinção entre requisitos da ação e do processo, porque uma coisa é o direito subjetivo; outra, as relações jurídicas que dele brotam. Diferem como conceitos de termo e nexo. O primeiro, parte integrante do segundo, pressupõe exigências singulares; o último as requer plurais. Conceitos relativos, embora distintos, compreendem-se, contudo, mutuamente"[6].

Exatamente nesses termos compreendemos. Assim, "dentro da concepção abstrata do direito de ação, não se justifica, assim, o tratamento separado e oposto das condições da ação e do processo, pois junta-as um vínculo de conteúdo a continente"[7].

3. CONDIÇÕES DA AÇÃO

São condições da ação[8], conforme a doutrina de Liebman, "a possibilidade jurídica do pedido, o interesse de agir (necessidade e adequação do pedido formulado) e a legitimação para a causa"[9].

A ação pode ser considerada: a) como direito a uma sentença qualquer, ainda que meramente processual (teoria do direito abstrato e incondicionado); b) como direito a uma sentença de mérito (teoria de Liebman, a ação como direito abstrato, porém condicionado); c) como direito a uma sentença de mérito favorável (teoria do direito concreto).

---

6. LACERDA, Galeno. *Despacho saneador*. Porto Alegre: Sérgio Antonio Fabris, 1985, p. 58.
7. LACERDA, Galeno. *Despacho saneador*. Porto Alegre: Sérgio Antonio Fabris, 1985, p. 59.
8. Segundo o STJ "os temas que gravitam em torno das condições da ação e dos pressupostos processuais podem ser conhecidos ex officio no âmbito deste egrégio STJ, desde que o apelo nobre supere o óbice da admissibilidade recursal, no afã de aplicar o direito à espécie, nos termos do art. 257 do RISTJ e Súmula n.º 456 do STF (Precedentes: REsp 698.061 - MG, Relatora Ministra ELIANA CALMON), Segunda Turma, DJ de 27 de junho de 2005; REsp 869.534 - SP, Relator Ministro TEORI ALBINO ZAVASCKI, Primeira Turma, DJ de 10 de dezembro de 2007; REsp 36.663 - RS, Relator Ministro ANTÔNIO DE PÁDUA RIBEIRO, Segunda Turma, DJ de 08 de novembro de 1993". STJ - REsp: 864362 RJ 2006/0142749-7, Relator: Ministro LUIZ FUX, Data de Julgamento: 26/08/2008, T1 - PRIMEIRA TURMA, Data de Publicação: DJe 15/09/2008.
9. TESHEINER, José Maria Rosa. THAMAY, Rennan Faria Kruger. *Teoria Geral do Processo*: em conformidade com o Novo CPC. Rio de Janeiro: Forense, 2015, p. 154.

Em geral não se duvida que seja de mérito a sentença que, em processo de conhecimento, acolhe o pedido do autor. A dúvida surge quando a sentença não o acolhe, o que pode ocorrer em três situações diversas: a) o juiz extingue o processo por motivo meramente processual, sem examinar o pedido do autor; b) o juiz examina o pedido do autor e o afirma infundado (sentença de mérito). Portanto, a sentença de carência de ação somente pode ser definida (c) como aquela que extingue o processo, e não por motivo processual e, contudo, sem o exame do mérito, isto é, como a sentença que examina o pedido do autor e não o acolhe, embora sem afirmá-lo infundado (uma espécie de *non liquet* moderno). E porque não examina o mérito (não diz e nem nega razão ao autor) tal sentença não produz coisa julgada, como coerentemente dispõe o CPC/1973, assim como o CPC/2015, que adotou a teoria de Liebman de forma variada.

Afirmarse, pois, que o exame das condições da ação envolve o mérito é um absurdo (autor carecedor de ação e com ação; entrega de uma sentença de mérito a quem não tem direito à prestação jurisdicional de mérito). Contudo, com frequência encontra-se a afirmação de que o exame de tal ou qual condição da ação envolve o mérito. É que se pensa, então, em um conceito de mérito que não é o do CPC, nem o de Liebman, pois nem um nem outro elaboraram sistema com tal contradição interna.

O pronunciamento judicial que não resolve o mérito não obsta a que a parte proponha de novo a ação. Pelo contrário, a sentença de mérito produz coisa julgada material.

Assim, no que respeita ao processo de conhecimento, há um vínculo entre as ideias de mérito e de coisa julgada: se há exame do mérito, há produção de coisa julgada; não havendo exame do mérito, coisa julgada não o há.

Tal já era o pensamento do autor do anteprojeto, na vigência do Código de 1939: "O Código de Processo adotou, segundo Liebman, um conceito geral de mérito, que se encontra expresso no art. 287, quando dispõe que a sentença que decidir total ou parcialmente a lide tem força de lei nos limites das questões decididas". Lide é o fundo da questão, o que equivale dizer: o mérito da causa.[10]

Nessa linha de pensamento, Humberto Theodoro Júnior chegou a negar a existência de sentença de mérito, em processo cautelar, em face da inexistência de coisa julgada: "Como a ação cautelar é puramente instrumental e não cuida da lide, a sentença nela proferida nunca é de mérito, e, consequentemente, não faz coisa julgada, no sentido técnico".[11]

---

10. BUZAID, Alfredo. *Do agravo de petição no sistema do Código de Processo Civil*. São Paulo: Saraiva, 1956. p. 103.
11. THEODORO JÚNIOR, Humberto. *Processo cautelar*. 5. ed. São Paulo: Ed. Universitária de Direito, 1983. p. 156.

Embora reconhecendo o vínculo que, no processo de conhecimento, existe entre as ideias de mérito e de coisa julgada, assim que as condições da ação igualmente são condições para uma sentença com força de coisa julgada material, afirmamos que há mérito em ação cautelar.

No caso de sucumbência do autor, alguma dúvida pode surgir, porque ela tanto pode ser determinada por motivo de mérito (improcedência) quanto por falta de condição da ação ou de outro pressuposto processual. No caso, porém, de acolhimento, nenhuma dúvida pode haver: a decisão é de mérito, pois resolve o mérito. Ora, há casos de acolhimento do pedido de autor em ação cautelar. Logo, há casos de julgamento de mérito em ação cautelar. Se não houvesse mérito em ação cautelar, o juízo seria apenas quanto aos pressupostos processuais e as condições da ação.

Para o acolhimento de pedido cautelar, não basta que o pedido seja possível juridicamente, que as partes sejam legítimas e que esteja presente o interesse de agir, revelado pela prova do *periculum in mora*. É preciso mais: é preciso o *fumus boni juris*, que, não sendo pressuposto processual nem condição da ação, não pode ser senão o mérito da ação cautelar.

A afirmação do *fumus boni iuris* é de mérito, quer em processo de conhecimento, quer em processo cautelar. A diferença é que, naquele, ele não basta para a procedência da ação.

Embora de mérito a sentença proferida em ação cautelar, dela não decorre a imutabilidade característica da coisa julgada material, porquanto se trata, por definição, de regulação provisória.

Observe-se, então, que coisa julgada material supõe decisão de mérito, mas a recíproca não é verdadeira: nem toda decisão de mérito produz coisa julgada material.

Há quem afirme que o exame de qualquer das condições da ação deve ser feito à luz das alegações do autor tão somente. Não, a final, com base nas provas produzidas: "... a legitimidade para agir é estabelecida em função da situação jurídica afirmada no processo e não da situação jurídica concreta, real, existente, coisa que só pode aparecer na sentença. (...). O interesse de agir, da mesma forma como a legitimidade para agir, é avaliado com base nas afirmações do autor. E dizemos isto justamente porque a afirmação do autor de que a situação jurídica foi violada ou está ameaçada de violação é a realidade objetiva de que o juiz dispõe para verificar, desde logo, se há ou não interesse de agir e, em consequência, admitir ou não a ação. De maneira que, se o autor afirma que a situação jurídica foi violada ou está ameaçada de violação, justificado está o seu interesse de agir, ou seja, justificada está a necessidade de proteção jurisdicional do Estado, vez que não poderá, com as suas próprias forças, tutelar essa situação jurídica proibida, como é a justiça privada".[12]

Ada Pellegrini Grinover discorda: "não é possível rotular a mesma circunstância, ora como condição de admissibilidade da ação, ora como mérito, qualificando as decisões de uma ou de outra forma, consoante o momento procedimental em que forem proferidas. Não acolhemos a teoria da 'prospettazione': as condições da ação não resultam da simples alegação do autor, mas da verdadeira situação trazida a julgamento".[13]

Temos que, de regra, a presença ou ausência das condições da ação deve ser afirmada ou negada considerando-se a verdade dos autos, com a ressalva, contudo, que não chega a ser verdadeiramente uma exceção, de que, havendo alegação de direito subjetivo, a lei atribui legitimidade ativa a quem alega sua existência ou inexistência e legitimidade passiva àquele em virtude do qual a existência é afirmada ou negada.

Humberto Theodoro Júnior, talvez para abrir uma brecha na concepção de que a carência de ação permite que se renove a ação, afirma que a parte não estará impedida de voltar a propor a ação, mas depois de preenchido o requisito que faltou na primeira oportunidade (Condições da ação, *RF*, 259:39). É inadmissível, todavia, essa "meia coisa julgada", que admite a renovação da ação, mas somente se implementada a condição que faltava. A ausência de coisa julgada permite, em outro processo, interpretação jurídica diversa. Afirmou-se, por exemplo, na primeira sentença, a impossibilidade jurídica da demanda contra o Poder Público, por não exaurida a via administrativa. Nada impede a prolação de segunda decisão, em outro processo, em sentido oposto, com a afirmação da desnecessidade da prévia exaustão da via administrativa, quiçá por inconstitucionalidade de tal requisito.

3.1. SOBRE A POSSIBILIDADE JURÍDICA DO PEDIDO: uma "relíquia" do museu dos institutos processuais extintos

A ideia da possibilidade jurídica como condição da ação se deve a Liebman que, entretanto, na terceira edição de seu Manual a abandonou, subsumindo-a no interesse de agir. Ele conceituara a possibilidade jurídica como admissibilidade em abstrato do provimento solicitado, isto é, ser este um dentre os que a autoridade judiciária pode emitir, não sendo expressamente vedado.

A impossibilidade jurídica do pedido pode ser afirmada em duas situações: a) inexistência, no ordenamento jurídico, do provimento solicitado

---

12. ROCHA, José de Albuquerque. *Teoria geral do processo*. São Paulo: Saraiva, 1986, p. 146 e 148.
13. As condições... cit., p. 126.

(impossibilidade absoluta, como no exemplo clássico do pedido de divórcio, ao tempo em que não se o admitia); b) inexistência de nexo jurídico entre o pedido e a causa de pedir (impossibilidade relativa, como no caso de pedido de prisão por dívida cambial).

Com apoio em Moniz de Aragão e Galeno Lacerda, Ada Pellegrini Grinover que considera caso de impossibilidade jurídica a ação proposta com falta de ato prévio, exigido para o exercício da ação, como o depósito preparatório; a representação do ofendido ou requisição do ministro da Justiça em ação penal pública condicionada; a autorização da Câmara de Deputados para a instauração de processo contra o presidente e o vice-presidente da República e os ministros de Estado (CF, art. 51, I).

Observa José de Albuquerque Rocha "que a expressão *possibilidade jurídica do pedido* não deve ser entendida em sentido estrito, ou seja, não deve ser entendida como se referindo só ao objeto que se pede em juízo, mas no sentido amplo da possibilidade jurídica da situação armada pelo autor cujo significado, por ser mais compreensivo, envolve não só a ideia do objeto que se pede em juízo como também a da causa ou origem jurídica do objeto e até seu sujeito. A dívida de jogo, por exemplo, tem como objeto a cobrança de uma dívida que, em si mesma considerada, é digna de proteção do direito. No entanto, dada a sua origem ou causa, o jogo, o direito retira-lhe a proteção. Se aplicássemos a expressão possibilidade jurídica do pedido em sentido restrito, não explicaríamos a hipótese da dívida de jogo, cuja impossibilidade jurídica não decorre do pedido, mas da sua causa. Dessa forma, a expressa possibilidade jurídica do pedido deve ser entendida como uma noção de síntese ou um instrumento conceitual com que designamos todas aquelas situações para as quais o ordenamento jurídico dispensa, em tese, a sua proteção".[14]

Após apontar numerosos casos de impossibilidade jurídica do pedido, Cezar Peluso concluiu: "Muito embora sejam heterogêneas as causas político--legislativas da proibição legal, segundo as espécies consideradas, o substrato comum e genérico, que permite sistematizá-las sob a categoria da impossibilidade jurídica do pedido, é o elemento de vedação ao exercício de atividades jurisdicionais, conducentes à sentença que possa, em tese, acolher as respectivas pretensões. Com maior rigor, dir-se-ia que o ordenamento jurídico interdita a própria dedutibilidade daquelas noções (*rectius*, demandas). Tal contexto é que induz à asserção corrente de que inexiste o direito a uma sentença de mérito, por ausência de possibilidade jurídica do pedido".

"Essa qualificação", prossegue Cezar Peluso, "dissimula a verdadeira natureza do fenômeno, coisa em que já atinou a doutrina. 'A impossibilidade

---

14. ROCHA, José de Albuquerque. *Teoria geral do processo*. São Paulo: Saraiva, 1986, p. 143.

jurídica é também uma das formas de improcedência prima facie' (Calmon de Passos, Donaldo Annelin). Na verdade, dizer que determinado pedido não pode ser objeto de decisão jurisdicional de mérito, ou que não pode ser conhecido por força de expressa vedação do ordenamento jurídico, significa reconhecer que não pode ser acolhido, por clara inexistência do direito subjetivo material que pretenda tutelar. Mas isto em nada difere dos juízos ordinários, de improcedência da ação, em que se rejeita o pedido por inexistência do direito substancial), que se não irradia porque não há regra jurídica que, incidindo sobre os fatos provados, produza o efeito pretendido, ou porque não se prova suporte fático sobre o qual incida regra jurídica existente" (*JTACSP*, 81:283).

Assim, a possibilidade jurídica como condição da ação, apresentada por Liebman, parece destinada ao museu dos institutos processuais extintos.

3.2. INTERESSE DE AGIR

Necessidade e *adequação* do provimento solicitado são as expressões que traduzem o que hoje se entende por "interesse de agir".

"De modo geral", dizia Chiovenda, "é possível afirmar que o interesse de agir consiste nisso, que, sem a intervenção dos órgãos jurisdicionais, o autor sofreria um dano injusto".[15]

Observa Barbi que "a legislação anterior, no artigo 2º do Código de Processo Civil, dizia que o interesse pode ser econômico ou moral. Essa conceituação estava ainda imbuída do conceito da doutrina civilista (...). Realmente, enquanto se considerava que o interesse de agir é o mesmo interesse nuclear do direito subjetivo de ser protegido, havia justificativa para essas qualificações, pois o direito subjetivo tem sempre um interesse econômico ou moral. Mas, reconhecido que o interesse de agir é a necessidade ou a utilidade que disto advém não mais se justificam aqueles qualificativos, que só cabem quanto ao interesse contido no direito a ser protegido".[16]

Ada Pellegrini Grinover ensina que, embora nem sempre claramente apontado, outro requisito exsurge, para a configuração do interesse de agir: a adequação do provimento e do procedimento. O Estado nega-se a desempenhar sua atividade jurisdicional até o final, quando o provimento pedido não é adequado para atingir o escopo, no caso concreto.

---

15. *Instituições...* cit., v. 1, p. 181.
16. BARBI, Celso Agrícola. *Comentários ao Código de Processo Civil*. Rio de Janeiro: Forense, 1975. t. 1, v. 1, p. 49-50.

José de Albuquerque Rocha esclarece não ser suficiente afirmar-se a violação ou ameaça de violação da situação jurídica para configurar-se o interesse de agir. "É, igualmente, indispensável que o autor peça o remédio adequado à situação afirmada, ou seja, peça a prestação jurisdicional adequada à realização da situação jurídica afirmada e, bem assim, escolha o processo e o procedimento idôneos à obtenção da proteção jurisdicional pedida. Assim, o interesse de agir compreende não só a necessidade da prestação jurisdicional, mas também a sua adequação à realização dessa situação jurídica afirmada e, bem assim, a idoneidade do processo e do procedimento escolhidos para obter a prestação jurisdicional. De sorte que, se o autor não escolhe a prestação jurisdicional adequada à situação afirmada no processo nem o processo e o procedimento idôneo para a sua obtenção, deve o juiz rejeitar, liminarmente, a sua pretensão por falta de interesse de agir".[17]

Guardemo-nos, contudo, de considerar condição da ação a adequação do procedimento. Tratar a impropriedade de ação como carência de ação constitui, no dizer de Ernane Fidelis dos Santos, erro palmar.[18]

É de Liebman a seguinte lição sobre o interesse de agir:

"Para propor uma demanda em juízo é necessário ter interesse. O interesse de agir é o elemento material do direito de ação e consiste no interesse de obter o provimento demandado.

Ele se distingue do interesse substancial, para cuja proteção se intenta a ação, assim como se distinguem os dois correspondentes direitos, o substancial, que se afirma caber ao autor, e o processual, que se exercita para a tutela do primeiro.

O interesse de agir é, pois, um interesse processual, secundário e instrumental em relação ao interesse substancial primário, e tem por objeto o provimento que se pede ao magistrado, como meio para obter a satisfação do interesse primário, prejudicado pelo comportamento da contraparte, ou, mais genericamente, da situação de fato objetivamente existente. Por exemplo, o interesse primário de quem se afirma credor de 100 é de obter o pagamento desta soma; o interesse de agir surgirá se o suposto devedor não pagar no vencimento, e tem por objeto a condenação do devedor e sucessivamente a execução forçada sobre seu patrimônio.

O interesse de agir surge da necessidade de obter através do processo a proteção do interesse substancial; pressupõe, portanto a lesão deste interesse

---

17. ROCHA, José de Albuquerque. *Teoria geral do processo*. São Paulo: Saraiva, 1986, 149.
18. SANTOS, Ernane Fidelis dos. *Introdução...* cit., p. 160.

e a idoneidade do provimento solicitado, para protegê-lo e satisfazê-lo. Seria de fato inútil examinar a demanda para conceder (ou negar) o provimento solicitado se a situação de fato descrita não constitui uma hipotética lesão do direito, ou interesse, ou se os efeitos jurídicos que se esperam do provimento já foram obtidos, ou enfim se o provimento é inadequado ou inidôneo para remover a lesão. Naturalmente o reconhecimento da subsistência do interesse de agir ainda não significa que o autor tenha razão: quer dizer apenas que a sua demanda se apresenta merecedora de ser tomada em consideração; e ao mérito, não ao interesse de agir, pertence toda questão de fato e de direito relativa à procedência da demanda, isto é, à conformidade ao direito da proteção jurídica que se pretende pelo interesse substancial.

Em conclusão, o interesse de agir decorre da relação entre a situação antijurídica denunciada e o provimento que se pede para remediá-la através da aplicação do direito, e esta relação deve consistir na utilidade do provimento, como meio para outorgar ao interesse ferido a proteção do direito. (...)

O interesse é um requisito não só da ação, mas de todos os direitos processuais: direito de contradizer, de se defender, de impugnar uma sentença desfavorável etc.".[19]

Às vezes não é tanto a *necessidade* quanto a *utilidade* que se encontra na base do interesse de agir. Pode ocorrer, por exemplo, que o Poder Executivo, embora podendo emitir e executar ato administrativo, prefira, por motivos políticos, solicitar provimento jurisdicional, como um mandado de reintegração de posse em terras públicas invadidas. Não há necessidade, mas utilidade, e esta base para que se componha o requisito do interesse de agir.

O interesse de agir frequentemente decorre do inadimplemento, o que o vincula à ação de direito material. Nas ações preventivas e cautelares, o interesse de agir relaciona-se com a ameaça ou perigo de dano. Pode-se, a partir daí, sustentar que o interesse de agir integra o mérito. Trata-se, porém, de parcela do mérito que dele se destaca para a atribuição de tratamento jurídico diferenciado (inexistência de coisa julgada).

Pode decretar-se a carência de ação por falta superveniente do interesse de agir. Por exemplo, julga-se prejudicado o pedido de *habeas corpus* quando, ao tempo do julgamento, já cessou a coação ilegal. "A opinião geralmente admitida", diz Celso Barbi, "é a de que o interesse deve existir no momento em que a sentença for proferida. Portanto, se ele existiu no início da causa, mas desapareceu naquela face, a ação deve ser rejeitada por falta de interesse".[20]

---

19. LIEBMAN, Enrico Tullio. *Manual...* cit., p. 40-42.
20. BARBI, Celso Agrícola. *Comentários...* cit., t. 1, v. 1, p. 62; SAOUZA, Gelson Amaro. *Revista Brasileira de Direito Processual*, 49:138.

3.3. LEGITIMAÇÃO PARA A CAUSA

Esta condição da ação tem suscitado muitas dúvidas e controvérsias, às vezes por não se haver atentado para a circunstância de que se trata de expressão com duplo significado. É que tanto os partidários da teoria do direito concreto quanto Liebman apontam para a legitimação[21] para a causa como condição da ação, mas, para os primeiros, trata-se de condição para uma sentença de procedência e, para o segundo, apenas condição para uma sentença de mérito.

Chiovenda e Barbi definem a legitimação para a causa como "a identidade da pessoa do autor com a pessoa favorecida pela lei, e da pessoa do réu com a pessoa obrigada".[22] Supõe-se, aí, a existência de um credor e de um devedor, segundo o direito material. A definição serve, pois, à teoria do direito concreto de agir, mas não a Liebman, para quem legitimação para a causa é a titularidade (ativa e passiva) da ação. O problema da legitimação consiste na individuação da pessoa que tem o interesse de agir (e portanto a ação) e a pessoa com quem se defronta; em outras palavras, ela surge da distinção entre o *quesito* sobre a existência objetiva do interesse de agir e o *quesito* atinente à sua pertinência subjetiva. A legitimação, como requisito da ação, indica, portanto, para cada processo, as justas partes, as partes legítimas, isto é, as pessoas que devem estar presentes, a fim de que o juiz possa decidir a respeito de um dado objeto.[23]

Ao elaborar a sua teoria, Liebman tinha presente as condições da ação apontadas por Chiovenda (condição ,relembre-se, para uma sentença de procedência): a existência do direito subjetivo afirmado pelo autor (ou a inexistência de direito subjetivo do réu, no caso de ação declaratória negativa), a legitimação para a causa e o interesse. Na transposição de uma teoria, concreta, para outra, abstrata, a existência do direito se transformou em mera "possibilidade jurídica do pedido", o interesse de agir se antevê inalterado, e a legitimação mudou de sentido, pois Chiovenda a entendia como a identidade da pessoa do autor com a pessoa favorecida pela lei e da pessoa do réu com o obrigado, e, para Liebman, passou a significar simplesmente "as pessoas que devem estar presentes, a fim de que o juiz possa decidir a respeito de um dado objeto".

---

21. Sobre a legitimidade como condição da ação vale conferir que "allo stesso modo è condizione della tutela giurisdizionale che questa non possa essere concessa se non nei confronti di chi è per legge il destinatario dell'effeto o degli effeti in cui la tutela si concreta (legittimazione a contraddire)". ARIETA, Giovanni. SANTIS, Francesco de. MONTESANO, Luigi. *Corso base di diritto processuale civile*. 5º ed., Padova: CEDAM, 2013, p. 161. Segundo o STJ, a luz do CPC/73, "a circunstância de o magistrado concluir pelo atendimento das condições da ação - entre elas, a legitimidade da parte - no momento da análise da petição inicial, quando ainda não há o exame de todos os elementos probatórios necessários ao deslinde da controvérsia, não enseja violação do disposto no art. 267, VI, do CPC". STJ - REsp: 1128102 RS 2009/0138452-9, Relator: Ministro JOÃO OTÁVIO DE NORONHA, Data de Julgamento: 11/06/2013, T3 - TERCEIRA TURMA.

22. BARBI, Celso Agrícola. *Comentários...* cit., t. 1, v. 1.

23. LIEBMAN, Enrico Tullio. *Manuale...* cit., p. 40.

Essa mudança de sentido nem sempre tem sido percebida e apontada.

Ernane Fidelis dos Santos já observara: "... bastante estranho que um dos maiores processualistas brasileiros, Prof. Celso Agrícola Barbi, em que pese a superabundância de normas esclarecendo a matéria, se mantenha apegado à doutrina de Chiovenda, quando textualmente afirma sobre o interesse: 'O Código veio incluir no texto legal um princípio que era aceito pacificamente pela doutrina e jurisprudência, isto é, o princípio que só pode propor uma ação em juízo o titular do direito que vai ser discutido'. Com este princípio, o ilustre mestre mineiro prossegue em crítica descabida ao Código, admitindo ter ele dado a titularidade da ação ao titular do direito discutido, mas insistindo ter havido erro de técnica no trato da titularidade do réu, porquanto entende que o direito de defesa independe de ser parte o sujeito passivo da relação deduzida. Mas, na verdade, o Código jamais afirmou ou pretendeu afirmar a validade desta conclusão, pois a titularidade é vista em face do conflito de interesses e não do direito que se pretende reconhecer".

Prossegue Ernane Fidelis dos Santos, transcrevendo, para criticar, a seguinte observação de Barbi: "Parece que houve uma confusão do legislador, porque o problema da legitimação se coloca em termos de legitimação do autor e réu, no sentido de que o autor deve ser o titular do direito e deve propor a ação contra o outro sujeito desse direito. Há, pois, a legitimação ativa e a passiva. A legitimação para contestar, essa não tem a característica que o legislador pareceu lhe dar. Para contestar tem legitimação qualquer pessoa que tenha sido citada como réu numa demanda. Basta que a pessoa tenha sido citada, tenha sido convocada a Juízo, ainda que nada tenha a ver com a questão em discussão, quer dizer, mesmo que não tenha a legitimação passiva, ainda assim tem legitimação para contestar. Quer dizer, os doutrinadores, nesse ponto, não chamam a isso legitimação: é pura e simplesmente um direito de defesa que tem qualquer pessoa que está sendo atacada por uma ação judicial. Naturalmente, isto será interpretado dentro dos termos tradicionais. Todo réu tem direito de se defender, não importando seja ele ou não o sujeito do direito que se ajuizou".

"Data venia", prossegue Ernane Fidélis, "a confusão não está onde se interpreta, mas na própria interpretação. Sabemos da preferência do ilustre mestre pela doutrina de Chiovenda. Correta ou não, entretanto, o Código não a adotou. Nada se pode fazer. Titularidade do autor não é a mesma do titular do direito, nem o réu titular da obrigação correspectiva. A questão gira em torno de 'lide': um conflito de interesses qualificado pela pretensão de um e resistência de outro. E a titularidade da ação é vista frente a tal conflito e não a questão de direito material que se contém na lide".[24]

---

24. SANTOS, Ernane Fidelis dos. *Introdução...* cit., p. 156-158.

Essa distinção entre sujeitos da lide e sujeitos da relação jurídica controvertida é impugnada por Adroaldo Furtado Fabricio:

"não logramos ver modificação significativa no quadro com essa alteração de nomenclatura. Os figurantes da lide são, por hipótese, alguém que se afirma titular de um direito subjetivo material e outrem que opõe resistência à pretensão que lhe é conexa. As pessoas são necessariamente as mesmas. Continua verdadeira, seja que se examine a legitimação pelo prisma do direito material afirmado, seja que se analise pelo ângulo da lide, uma antiga ação.

'O juiz terá negado o pedido, pela inexistência da relação jurídica, pretendida entre o autor e réu. E isso é mérito.

Se o juiz decide que o réu não deve ao autor, terá negado a existência da relação ajuizada, ter-se-á manifestado sobre o pedido de condenação do réu a pagar. Terá julgado improcedente a ação' (Lopes da Costa)".[25]

Em consequência, conclui o autor citado, mesmo *contra legem*, que a legitimação para a causa envolve o mérito e que a decisão a respeito produz coisa julgada material.

Na verdade, nos casos da chamada legitimação ordinária, em que se exige a presença em juízo do próprio titular do direito, assim como do sujeito passivo, a legitimação para a causa não pode nunca ser negada, porque tal importa em negação liminar da existência do próprio direito, o que implica exame do mérito.

A legitimação, porém, pode ser negada quando o autor vai a juízo e afirma que outrem é o titular do direito que pretende ver tutelado, ou quando move ação contra Tício, afirmando ter direito em face de Caio. É então exato que, ao negar a ação, o juiz não afirma nem nega o direito alegado pelo autor, podendo-se, pois, dizer que o autor não tem ação (1º caso) ou que não tem ação contra Caio (2º caso). Nos termos do Código de Processo Civil de 73, não há, nesses casos, exame do mérito, assim como se pode depreender do CPC/2015. Não há coisa julgada. A ação pode ser renovada, ainda que nos mesmos termos. É preciso, porém, chamar-se a atenção para o fato de que, ao contrário do que parece resultar da leitura dos repertórios de jurisprudência, são relativamente raros os casos de ilegitimidade produtores de verdadeira carência de ação. Frequentemente, o que se nega é a legitimidade no sentido chiovendiano, em uma indevida transposição de um conceito próprio de uma teoria concreta para outra, abstrata, propiciada pela identidade de expressão, o que facilmente gera equívocos. Temos, pois, que a carência de ação por ilegitimidade pode

---

25. FABRÍCIO, Adroaldo Furtado. Extinção do processo e mérito da causa. In: OLIVEIRA et al. Saneamento... cit., p. 41.

ser afirmada quando o autor comparece em juízo, descrevendo lide entre terceiro e réu ou entre ele próprio e terceiro, ou seja, nos casos em que o autor, expressa ou implicitamente, invoca o instituto da substituição processual ou a legitimação extraordinária.

Nas ações individuais, ressalvadas as poucas hipóteses de substituição processual, a legitimação para a causa é inseparável do mérito, porque basta que o autor se diga credor do réu para que um e outro tenham legitimidade para a causa.

Nas ações coletivas, a legitimação para a causa distingue-se nitidamente do mérito, restando claro que ele não é examinado, quando o juiz extingue o processo por não haver a ação sido proposta por órgão ou pessoa arrolada no art. 82 do Código do Consumidor.

Certo é que, de regra (e nisso não há senão que concordar com Adroaldo Fabricio), o que se tem é exame do mérito. Assim:

– se o autor se diz credor do réu, por sucessão *inter vivos* ou *mortis causa*, a ação será improcedente, quer o autor não prove a dívida, quer não prove a sucessão. Não há razão processual para distinguir as relações condicionante e condicionada de direito material;[26]

– aquele que se diz esbulhado tem legitimidade para a ação de reintegração de posse. Não provada a posse ou o esbulho, a ação é improcedente;

– legitimado ativo para a ação reivindicatória é quem se afirma proprietário. Não provada a propriedade, a ação é improcedente;

– legitimado ativo para o mandado de segurança é quem se afirma titular de direito líquido e certo. Declarada a inexistência do direito, a denegação do mandado importa em exame do mérito;

– legitimado passivo na ação de prestação de contas é aquele a quem o autor aponta como lhe devendo contas. É de mérito a sentença que afirma que o réu não as deve;

– legitimado passivo na ação penal é aquele a quem o autor aponta como autor do delito. A negativa da autoria é defesa de mérito.

Em nossa concepção, afirme-se, persistem as condições da ação, não havendo, por parte do CPC/2015, qualquer exclusão ou extinção deste fenômeno extremamente relevante para a estrutura processual.

---

26. SANTOS, Ernane Fidelis dos. *Introdução...* cit., p. 155.

REFERÊNCIAS BIBLIOGRÁFICAS

ARAGÃO, Egas Muniz de. Comentários ao Código de Processo Civil. 9. ed. Rio de Janeiro, Forense, 1998, v. II.

ASSIS, Araken de. Manual do processo de execução. 5. ed. São Paulo, RT, 1998.

BARBI, Celso Agrícola. Comentários ao Código de Processo Civil. Rio de Janeiro, Forense, 1975, v. 1, t. 1 e II.

BULOW, Oskar von. La teoría de las excepciones procesales y los presupuestos procesales. Trad. da ed. Alemã de 1868. Buenos Aires, Europa-América, 1964.

CAMARGO, Cláudio Lima Bueno de. Da curadoria especial nas execuções (súmula n. 196 do STJ). Lex – Jurisprudência do Superior Tribunal de Justiça e Tribunais Regionais Federais, v. 111, p. 9).

CARNEIRO, Paulo Cezar Pinheiro. O Ministério Público no processo civil e penal. 5. ed. Rio de Janeiro, Forense, 1995.

CHIOVENDA, Giuseppe. Instituições de Direito Processual Civil. Trad. J. G. Menegale. 2. ed. São Paulo, Saraiva, 1995. v. I.

CINTRA, Antônio Carlos de Araújo, GRINOVER, Ada Pellegrini, DINAMARCO, Cândido. Teoria Geral do Processo. 2. ed. São Paulo, RT, 1979.

DALL'AGNOL JR. Antônio Janyr. Comentários ao Código de Processo Civil. Porto Alegre, Le Jur, 1985. v. III.

DALL'AGNOL JR. Antônio Janyr. Invalidades processuais. Porto Alegre, Le Jur, 1989.

DALL'AGNOL. Jorge Luís. Pressupostos processuais. Porto Alegre, Le Jur, 1988.

DIAS, José de Aguiar. Da responsabilidade civil. 8. ed. Rio de Janeiro, Forense, 1987.

FABRÍCIO, Adroaldo Furtado. Réu revel não citado, 'Querela nullitatis' e ação rescisória. Porto Alegre, Ajuris (42): 7-32, mar. 1988.

GOMES, Orlando. Introdução ao Direito Civil. Rio de Janeiro, Forense, 1983.

GOMES, Orlando. Obrigações. Rio de Janeiro, Forense, 1981.

GONÇALVES, Aroldo Plínio. Nulidades no processo. Rio de Janeiro, Aide, 1993.

GUIMARÃES JÚNIOR, João Lopes. Ministério Público e suas atribuições no processo civil. Justitia. São Paulo, Procuradoria Geral de Justiça, 1993. V. 161, p. 29-39.

KOMATSU, Roque. Da invalidade no processo civil. São Paulo, RT, 1991.

LACERDA, Galeno. Despacho saneador. Porto Alegre, La Salle, 1953.

LAZZARINI, Alexandre Alves. A causa petendi nas ações de separação judicial e de dissolução da união estável. São Paulo, Revista dos Tribunais, 1999.

LIMA, Alcides de Mendonça. Processo de conhecimento e processo de execução. Rio de Janeiro, Forense, 1992.

MACEDO, Alexander dos Santos. Da Querela Nullitatis sua subsistência no direito brasilei-ro. Rio de Janeiro, Lumen Juris, 1998.

MACHADO, Antônio Cláudio da Costa. A intervenção do Ministério Público no processo civil brasileiro. São Paulo, Saraiva, 1989.

MALACHINI, Edson Ribas. Nulidades no processo civil. Revista dos Tribunais, São Paulo, (545) mar. 1981. 25-34.

MARQUES, José Frederico. Manual de direito processual civil. São Paulo, Saraiva, 1974, v. I; 1975. v. III.

MARQUES, Mauro Pinto. A custódia da lei. Porto Alegre, Ajuris (65): 279-84, nov. 95.

MELLO, Marcos Bernardes. Teoria do fato jurídico. 8. ed. São Paulo, Saraiva, 1998.

MÉNDEZ, Francisco Ramos. Derecho Procesal Civil. 5. ed., Barcelona, Bosch, 1992. t. 1.

MESQUITA, José Ignácio Botelho de Mesquita. A causa petendi nas ações reivindicatórias, Ajuris, Porto Alegre, (20): 166-80, nov./1980).

MOREIRA, José Carlos Barbosa. Comentários ao Código de Processo Civil. 7. ed. Rio de Janeiro, Forense, 1998. v. V.

OLIVEIRA, Carlos Alberto Álvaro de. Notas sobre o conceito e a função normativa da nu-lidade. In: OLIVERIA, Carlos Alberto Álvaro de (org.). Saneamento do processo. Porto Alegre, Fabris, 1989. p. 131-9

PASSOS, José Joaquim Calmon de. Comentários ao Código de Processo Civil. Rio de Janei-ro, Forense, 1998. v. III

PEREIRA, Caio Mário da Silva. Instituições de Direito Civil. 6. ed. Rio de Janeiro, Forense, 1982.

PONTES DE MIRANDA. Comentários ao Código de Processo Civil. Rio de Janeiro, Forense, 1976. t. XI.

PONTES DE MIRANDA. Tratado da ação rescisória. Atualizado por Vilson Rodrigues Alves. Campinas, Bookseller, 1998.

SANTOS, Moacyr Amaral. Primeiras linhas de direito processual civil. 14. ed. São Paulo, Saraiva, 1990. v. 1º.

SILVA, Wilson Melo da. Da responsabilidade civil automobilística. 5. ed., São Paulo, Sa-raiva, 1988.

TESHEINER, José Maria Rosa. Elementos para uma teoria geral do processo. São Paulo, Saraiva, 1993.

THEODORO JÚNIOR, Humberto. Nulidade, inexistência de rescindibilidade da sentença. Ajuris, Porto Alegre (25): 161-79, jul. 1982.

THEODORO JÚNIOR, Humberto. Nulidades no Código de Processo Civil. Revista de Proces-so. v. 30, p. 38-59.

TUCCI, Rogério Lauria & TUCCI, José Rogério Cruz e. Indevido processo legal decorrente da apresentação simultânea de memoriais. Revista dos Tribunais, São Paulo, (662): 25-30, dez./1990).

VIEGAS, João Francisco Moreira. Ministério Público; sua atuação no cível. Revista dos Tribunais. São Paulo, 1990. V. 653, p. 257-9.

XAVIER NETO, Francisco de Paulo . Intervenção do Ministério Público pela qualidade de parte. Porto Alegre, Ajuris, (38): 219-23, nov./86.

WALD, Arnold. Curso de direito civil brasileiro. Obrigações e contratos. 7. ed., São Paulo, RT, 1987.

WAMBIER, Teresa Arruda Alvim. Nulidades do processo e da sentença. 4. ed. São Paulo, RT, 1997.

CAPÍTULO 5
A Legitimidade Processual no Novo Código de Processo Civil

Pedro Henrique Nogueira[1]

SUMÁRIO: 1. INTRODUÇÃO; 2. A LEGITIMIDADE *AD CAUSAM* E A TEORIA DE LIEBMAN SOBRE AS "CONDIÇÕES DA AÇÃO"; 3. A CRÍTICA; 4. DISTINGUINDO LEGITIMIDADE PROCESSUAL E A LEGITIMIDADE *AD CAUSAM*; 5. A LEGITIMIDADE PROCESSUAL COMO REQUISITO DE EFICÁCIA DO ATO POSTULATÓRIO; 5.1. A "TEORIA DA ASSERÇÃO"; 5.2. OUTROS REQUISITOS SUBJETIVOS INTEGRANTES DA LEGITIMIDADE DE AGIR; 7. A LEGITIMIDADE PROCESSUAL NÃO SE CONFUNDE COM A *LEGITIMIDADE AD PROCESSUM*; 7. NOTA CONCLUSIVA.

1. INTRODUÇÃO

A legitimidade de agir constitui um dos temas clássicos, praticamente inesgotável na teoria do processo. O assunto está relacionado com o problema do objeto da cognição judicial, tendo em vista do debate sobre a existência de um trinômio de questões a serem examinadas pelo juiz (condições da ação, pressupostos processuais e mérito) ou um binômio (pressupostos processuais e mérito).

Neste breve ensaio, revistaremos a temática, colocando em confronto duas legitimidades distintas (legitimidade de agir e legitimidade para causa), não raro trabalhadas como se fossem a mesma categoria, examinando-as a partir do Código de Processo Civil de 2015.

2. A LEGITIMIDADE *AD CAUSAM* E A TEORIA DE LIEBMAN SOBRE AS "CONDIÇÕES DA AÇÃO"

LIEBMAN desenvolveu sua teoria sobre a natureza da "ação" e a categoria das "condições da ação", deixando na doutrina brasileira vários seguidores.[2] Embora não seja ele quem primeiro houvesse se utilizado dessa nomenclatura,

---

1. Doutor (UFBA) e Mestre em Direito (UFAL). Professor de Direito Processual Civil (graduação e mestrado) na Universidade Federal de Alagoas (UFAL). Coordenador do curso de Direito na Sociedade de Ensino Universitário do Nordeste (SEUNE). Membro do Instituto Brasileiro de Direito Processual (IBDP). Membro fundador da Associação do Norte e Nordeste de Professores de Processo (ANNEP). Advogado.
2. CINTRA, Antônio Carlos de Araújo; GRINOVER, Ada Pellegrini; DINAMARCO, Cândido Rangel. *Teoria Geral do Processo.* 10ª ed. São Paulo: Malheiros, 1994, p. 257; SANTOS, Moacyr Amaral. *Primeiras Linhas de Direito*

pois o próprio Chiovenda[3], já anteriormente, também falava em "condições da ação", embora com outra conotação, foi no contexto de sua doutrina que a teoria se propagou no Brasil.

Para Liebman, a ação é um direito subjetivo público dirigido contra o Estado, mediante o atendimento de certas condições, à obtenção de um julgamento sobre o mérito da demanda[4]. Para o autor italiano, o resultado do julgamento de mérito tanto pode ser favorável, quanto desfavorável; não importa se o autor da demanda tem ou não o direito material alegado, pois, como afirma Cândido R. Dinamarco, "ter ação significa ter direito ao provimento de mérito"[5]. Distancia-se assim da visão concretista de Chiovenda, para quem a ação é um direito do autor a uma sentença favorável[6]. Por isso, costuma-se incluir Liebman entre os teóricos do chamado direito abstrato de ação, em contraposição aos concretistas, dentre estes o próprio Chiovenda, já que para aquele o "direito de ação" existe independentemente da existência do direto subjetivo posto na causa[7].

Só teria ação, segundo Liebman, quem preenchesse certos requisitos, as ditas "condições", que seriam: interesse de agir, possibilidade jurídica do pedido e legitimidade para a causa[8]. Caso constatada a falta de qualquer delas, o juiz deveria extinguir o processo sem julgar-lhe o mérito, reputando o autor carecedor do direito de ação[9]. Daí, portanto, decorre a distinção entre "carência" e "improcedência" da demanda; quando ocorresse a primeira, o autor não possuiria sequer o "direito de ação" e o exame do juiz seria preliminar ao exame do mérito; na segunda, o autor possuiria a ação, enquanto direito público subjetivo de provocar a jurisdição, mas não seria titular do direito subjetivo material alegado. O reconhecimento da "carência de ação", por implicar uma

---

Processual Civil. São Paulo: Saraiva, 1998, v. 1, p. 175; MARQUES, José Frederico. *Instituições de Direito Processual Civil*, II. Rio de Janeiro: Forense, 1971, dentre muitos outros.

3. CHIOVENDA, Giuseppe. *Instituciones de Derecho Procesal Civil*, I. Madrid: Revista de Derecho Privado, 1936, p. 70.
4. LIEBMAN, Enrico Tullio. *Manual de Direito Processual Civil*. Tradução e notas de Cândido Rangel Dinamarco. Rio de Janeiro: Forense, 1980, v. 1, p.150-151.
5. LIEBMAN, Enrico Tullio. *Manual de Direito Processual Civil*. Tradução e notas de Cândido Rangel Dinamarco. Rio de Janeiro: Forense, 1980, v. 1, p. 153.
6. CHIOVENDA, Giuseppe. *Instituciones de Derecho Procesal Civil*, I. Madrid: Ed. Revista de Derecho Privado, 1936, p. 20.
7. O próprio Calamandrei, apesar de não se apoiar na terminologia "condições da ação", utilizava expressão análoga para se reportar ao que chamava de "requisitos constitutivos da ação", os quais, dentro de sua visão concretista, estavam situados no mérito, dissociados da legitimidade *ad processum*, que seria a capacidade de estar em juízo (CALAMANDREI, Piero. *Instituições de Direito Processual Civil*. Trad. Douglas Dias Ferreira. Campinas: Bookseller, 2003, v. 1, p. 220-221).
8. Liebman reformulou seu pensamento, excluindo das condições da ação a possibilidade jurídica do pedido, após a aprovação da Lei do Divórcio na Itália, já que o divórcio era o exemplo encontrado pelo jurista para justificar a existência da possibilidade jurídica do pedido como condição da ação.
9. LIEBMAN, Enrico Tullio. *Manual de Direito Processual Civil*. Tradução e notas de Cândido Rangel Dinamarco. Rio de Janeiro: Forense, 1980, v. 1, p. 154.

sentença sem exame de mérito, significava a ausência do direito de ação e o exercício de uma atividade não-jurisdicional.

3. A CRÍTICA

A teoria de Liebman foi e tem sido alvo de inúmeras críticas, na maioria das vezes, ao nosso ver, procedentes.

Parece-nos equivocado dizer que quando falta qualquer das "condições da ação", o demandante não teria sequer o direito de agir em juízo (pretensão à tutela jurídica). Ora, o demandante, mesmo se não atender a alguma das "condições", tem assegurada a possibilidade de ir ao Judiciário pelo menos para que se diga não ter ele legitimidade de agir ou interesse processual, por exemplo.

Entender que a pretensão à tutela jurídica (direito fundamental à jurisdição) dependeria de certos requisitos situados no plano do objeto litigioso (mérito) é o mesmo que negar a autonomia do direito à jurisdição, hoje alçado a status de direito fundamental[10]. Para Calmon de Passos, a teoria das condições da ação, nos moldes de Liebman, "é revivência teimosa da concepção civilistica da ação; último esforço para acorrentar o direito processual ao direito material"[11].

4. DISTINGUINDO LEGITIMIDADE PROCESSUAL E A LEGITIMIDADE *AD CAUSAM*

É necessário dissociar, dentro da teoria da cognição judicial, a legitimidade *ad causam*, localizada no mérito e, portanto, determinante para o resultado da demanda (procedência ou improcedência), da legitimidade processual, situada no plano da admissibilidade da demanda, que, por sua vez, não pode ser confundida com a capacidade de estar em juízo.

Tem-se afirmado[12] que o responsável pela elaboração do anteprojeto do CPC-1973, Alfredo Buzaid, era discípulo de Liebman e, conseqüentemente, o nosso ordenamento haveria positivado e incorporado sua teoria sobre as "condições da ação".

Contudo, o sistema jurídico deve ser interpretado sem a perquirição da intenção do legislador, sob o risco de incorrermos em exegetismo, já reprovado

---

10. NOGUEIRA, Pedro Henrique Pedrosa. *Teoria da Ação de Direito Material*. Salvador: Juspodivm, 2008, p. 45 e segs.
11. PASSOS, J. J. Calmon de. *Comentários ao Código de Processo Civil*, III. Rio de Janeiro: Forense, 1996, p. 327.
12. GOMES, Fábio. *Carência de Ação*. São Paulo: RT, 1999, p. 30. LAMY, Eduardo. Liebman. In: HOFFMAN, Paulo; CALMON, Petrônio (coord.). *Processualistas Históricos do Brasil*. São Paulo: IBDP, 2010, v. I, p. 120.

desde o século XIX. Por isso, consideramos pertinentes as observações feitas por PONTES DE MIRANDA[13], ao considerar que as "condições da ação", previstas no art. 267, VI do CPC-1973, são na verdade condições da "ação" (de direito processual), ou seja, requisitos do *remédio jurídico processual*. Como propõe RODRIGO DA CUNHA LIMA FREIRE, as condições da ação funcionam como exigências "para um regular exercício da ação no âmbito processual, possibilitando, se preenchidas, o exame do mérito pelo juiz"[14].

É quase um lugar comum afirmar-se que a legitimação prevista no art. 267, VI do CPC-1973 corresponderia à chamada *legitimatio ad causam*, principalmente pelo fato de LIEBMAN havê-la inserido, na sua teoria, entre as condições da ação. O assunto merece maior reflexão.

Do ponto de vista da cognição judicial, a legitimação para a causa, verdadeiramente, se situa no mérito da demanda, porque compõe o objeto litigioso, cuja presença ou ausência implica procedência ou improcedência[15]. É situação de titularidade de um direito subjetivo material[16].

Por outro lado, não se deve afirmar que a legitimidade prevista no Código de Processo Civil de 2015[17] seja a *legitimatio ad causam*. A legitimidade de que trata o CPC-2015, nos arts. 17 e 485, VI, é eminentemente processual. Deve-se compreendê-la como um requisito subjetivo para o uso dos remédios jurídicos processuais. Do ponto de vista da cognição judicial, situa-se fora do mérito.

Enquanto a legitimidade *ad causam* diz respeito à titularidade da situação jurídica de direito material, situada no mérito, a legitimidade de agir se localiza no plano do direito processual. PONTES DE MIRANDA, a partir do CPC-1973, era enfático nessa distinção: "A erronia dos que vêem no art. 267, VI, legitimidade do titular do direito, da pretensão e da ação, confunde, imperdoavelmente, legitimidade de direito material (figurantes da relação jurídica de direito material) e legitimidade processual (partes no processo)"[18].

---

13. MIRANDA, Pontes de. *Comentários ao Código de Processo Civil*, III. Rio de Janeiro: Forense, 1997, p. 484.
14. FREIRE, Rodrigo da Cunha Lima. *Condições da Ação – enfoque sobre o interesse de agir*. 2ª ed. São Paulo: RT, 2001, p. 58.
15. KISCH, W. *Elementos de Derecho Procesal Civil*. Trad. L. Prieto Castro. Madrid: Revista de Derecho Privado, 1940, p. 106; SCHÖNKE, Adolf. *Direito Processual Civil*. Trad. Afonso Celso Rezende. Campinas: Romana, 2003, p. 118; ROSENBERG, Leo. *Tratado de Derecho Procesal Civil*, I. Trad. Angela Romera Vera. Lima: Ara, 2007, p. 291.
16. MELLO, Marcos Bernardes de. Da ação como objeto litigioso no processo civil. In: COSTA, Eduardo José da Fonseca; MOURÃO, Luiz Eduardo; NOGUEIRA, Pedro Henrique Pedrosa (coord.). *Teoria Quinária da Ação - Estudos em homenagem a Pontes de Miranda nos 30 anos de seu falecimento*. Salvador: Juspodivm, 2010, p. 400.
17. "Art. 17. Para postular em juízo é necessário ter interesse e legitimidade."
18. MIRANDA, Pontes de. *Comentários ao Código de Processo Civil*, III. Rio de Janeiro: Forense, 1997, p. 484.

Nessa perspectiva, não haveria problema em inserir a legitimidade processual na noção ampla de "pressupostos processuais", inobstante a ambigüidade do termo, já que ela apontaria, do ponto de vista da cognição judicial, para as questões de admissibilidade, a serem examinadas pelo juízo preliminarmente ao eventual exame de fundo[19].

Desde Bülow[20] os pressupostos funcionavam como elementos necessários à constituição (existência) da relação jurídica processual. Posteriormente, a doutrina passou a tratar também dos pressupostos processuais como os elementos de validade da relação processual[21]-[22]. O Código de Processo Civil de 1973, de certa maneira, parece ter sofrido alguma influência dessa concepção, pois, no art. 267, IV, aludia à "ausência de pressupostos de constituição e de desenvolvimento válido e regular do processo" como causa de extinção do processo, sem resolução de mérito. Tesheiner[23], em classificação mais analítica, agrupou os pressupostos processuais existenciais (pressupostos de constituição) e pressupostos de desenvolvimento válido e regular do processo. José Orlando Rocha de Carvalho[24], por sua vez, apresenta interessante divisão entre pressupostos processuais (exigências para que o processo exista) e requisitos processuais (exigências para um processo válido). Nessa perspectiva, o termo "pressupostos processuais" ficaria restrito para as exigências concernentes ao próprio existir do processo enquanto procedimento (plano da existência).

---

19. Como já lembrava Calamandrei "os pressupostos processuais são as condições que devem existir para que se possa ter um pronunciamento qualquer, favorável ou desfavorável, acerca da demanda, ou seja, para que se concretize o poder-dever do juiz de prover sobre o mérito" (CALAMANDREI, Piero. *Instituições de Direito Processual Civil*. Trad. Douglas Dias Ferreira. Campinas: Bookseller, 2003, v. 1, p. 292).

20. BÜLOW, Oskar Von. *La Teoría de las Excepciones Procesales y los Presupuestos Procesales*. Trad. Miguel Angel Rosa Lichtschein. Lima: Ara, 2008, p. 27 e segs.

21. CINTRA, Antônio Carlos de Araújo; GRINOVER, Ada Pellegrini; DINAMARCO, Cândido Rangel. *Teoria Geral do Processo*. 10ª ed. São Paulo: Malheiros, 1994, p. 286; SANTOS, Valdecí dos. *Teoria Geral do Processo*. 2ª ed. Campinas: Milennium, 2007, p. 157; GRECO FILHO, Vicente. *Direito Processual Civil Brasileiro*. 18ª ed. São Paulo: Saraiva, 2008, v. 2, p. 60.

22. Embora muito se fale em "validade" da relação processual, a rigor, a relação jurídica processual, como efeito, está presente ou não no mundo jurídico, não se podendo falar de relação processual "nula". A invalidade está relacionada ao processo enquanto procedimento (ato-jurídico complexo), do qual se pode tratar como válido ou inválido. Com razão, mais uma vez, Fredie Didier Jr.: "relação jurídica é efeito de fato jurídico, ou existe ou não existe; apenas atos jurídicos podem ser inválidos" (*Curso de Direito Processual Civil*, V. 1. 9ª ed. Salvador: Juspodivm, 2008, p. 209). No mesmo sentido, já advertia Luís Eulálio de Bueno Vidigal: "A relação processual não é válida ou inválida, como pareceu a Chiovenda [...]. A relação processual é a resultante dos atos e fatos constitutivos e das circunstâncias modificadoras. São os atos do processo, a atividade processual, o processo, enfim, é que devem ser válidos" (VIDIGAL, Luiz Eulálio Bueno de. Pressupostos Processuais e Condições da Ação. In: *Revista Brasileira de Direito Processual Civil*, v. 6. São Paulo: Saraiva, jul/dez 1967, p. 9).

23. TESHEINER, José Maria. *Pressupostos Processuais e Nulidades no Processo Civil*. São Paulo: Saraiva, 2000, p. 28.

24. CARVALHO, José Orlando Rocha de. *Teoria dos Pressupostos e Requisitos Processuais*. Rio de Janeiro: Lumen Juris, 2005, p. 109 e segs.

Na Alemanha, como salientou Barbosa Moreira[25], de há muito, o conceito de "pressuposto processual" possui a amplitude que já lhe deveria ter sido dada no Brasil; lá aquilo que aqui se convencionou tratar em separado sob o rótulo de "condições da ação" já está enquadrado no âmbito dos *Prozessvoraussetzungen*.

Na doutrina germânica[26], há uma separação clara entre o direito de condução do processo (que seria, em outras palavras, uma verdadeira legitimidade processual) e a legitimidade objetiva (sinônimo de titularidade do direito pretendido). A doutrina brasileira já deveria seguir essa orientação, muito embora, em nossa literatura, essa distinção conceitual já aparecesse antes mesmo do CPC-1973[27].

5. A LEGITIMIDADE PROCESSUAL COMO REQUISITO DE EFICÁCIA DO ATO POSTULATÓRIO

Conquanto a legitimidade processual pode ser enquadrada como um pressuposto processual, é importante distinguir os pressupostos de validade e os de eficácia.

A "legitimidade" de que cuidam os arts. 17 e 485, VI do CPC-2015 é a aptidão a ser autor, réu ou interveniente em determinado procedimento. É um requisito subjetivo para iniciar um procedimento. Como observou, Thereza Alvim[28], o art. 6º do CPC-1973 disciplinava a legitimidade processual e não a legitimidade *ad causam*. O mesmo se pode dizer em relação ao art. 18 do CPC-2015[29].

Da ausência de legitimidade processual, surge a ineficácia do ato jurídico processual que introduz o procedimento. Em razão dessa falta, não surgirá o

---

25. MOREIRA, José Carlos Barbosa. Sobre Pressupostos Processuais. In: *Temas de Direito Processual – 4ª Série*. São Paulo: Saraiva, 1989, p. 83-84.

26. Como observa Leible, "El derecho de conducción procesalmente debe diferenciarse absolutamente de la legitimación objetiva. La legitimación objetiva (derecho objetivo) está dado cuando el actor es titular del derecho pretendido y el demandado titular de la obligación pretendida" (LEIBLE, Stefan. *Proceso Civil Alemán*. Medellín: Biblioteca Jurídica Diké, 1999, p. 103).

27. Machado Guimarães bem observava que, examinando a legitimidade das partes, "não inquire o juiz se o autor é, efetivamente, senhor do direito que ajuizou e sim se é êle a pessoa a quem a lei reconhece a faculdade de pedir a providência que é objeto da demanda e se o réu é a pessoa em face de quem tal pedido podia ser feito." (GUIMARÃES, Luiz Machado. Carência de Ação. In: *Estudos de Direito Processual Civil*. São Paulo: Editora Jurídica e Universitária, 1959, p. 99).

28. ALVIM, Thereza. *O Direito Processual de estar em Juízo*. São Paulo: RT, 1996, p. 93. Nítida é a distinção que a autora promove entre a legitimidade processual como um pressuposto do atuar em juízo e a legitimidade para causa (ALVIM, Thereza. *O Direito Processual de estar em Juízo*. São Paulo: RT, 1996, p. 85-93). A única ressalva que colocamos é que a legitimidade *ad causam*, como se expôs no texto, seria para nós elemento do mérito, cuja ausência redundará no julgamento da procedência ou improcedência.

29. "Art. 18. Ninguém poderá pleitear direito alheio em nome próprio, salvo quando autorizado pelo ordenamento jurídico."

direito à obtenção de pronunciamento sobre o objeto litigioso. A legitimidade de agir, nessa perspectiva, está sendo tratada como um requisito de *eficácia*[30].

Não há nenhum óbice a que um ato jurídico no processo seja válido, mas ineficaz. São distintos os planos da existência, validade e eficácia[31]. A postulação por quem não possui legitimidade constitui ato processual válido, porém *relativamente ineficaz* por não gerar para o postulante o direito a obter uma resolução judicial sobre o conteúdo do ato postulatório, inexistindo obrigação do órgão julgador de proferir uma resolução judicial examinando o objeto litigioso.

O ato postulatório se traduz numa manifestação de vontade da parte para que o órgão jurisdicional profira uma decisão com um dado conteúdo[32]. A sua eficácia típica, portanto, está na vinculação do juiz ou tribunal ao objeto daquilo que se postulou, isto é, no dever de examinar a postulação. A ilegitimidade processual do postulante impede a produção desse efeito, muito embora não prive o ato de toda sua eficácia, pois mesmo assim estará o juiz ou tribunal obrigado a decidir, ainda que sem resolver o mérito.

5.1. A "teoria da asserção"

A legitimidade processual[33] é aferida em função daquilo que é afirmado pela parte, independentemente de um juízo positivo ou negativo quanto à existência do direito subjetivo material alegado. A cognição do juiz consiste em confrontar as afirmativas do demandante com o esquema abstrato da lei, sem proceder ao "acertamento" do direito litigioso[34]. Como asseverou BARBOSA MOREIRA[35], o juiz deve raciocinar admitindo, por hipótese, em caráter provisório, a veracidade da narrativa da parte, constando ou não a legitimidade de agir, deixando para análise do mérito a respectiva apuração, ante os elementos de

---

30. Em sentido próximo, embora vislumbrando a legitimidade como um pressuposto processual de validade: DIDIER JR., Fredie. Será o fim da categoria "condição da ação"? um elogio ao novo CPC. In: DIDIER JR., Fredie; BASTOS, Antônio Adonias Aguiar (coord.). *O Projeto do Novo Código de Processo Civil (2ª Série) – Estudos em homenagem a J. J. Calmon de Passos.* Salvador: Juspodivm, 2012, p. 317.

31. Sobre a passagem dos atos jurídicos processuais nos três planos (existência, validade e eficácia), conferir, mais amplamente: DIDIER JR., Fredie; NOGUEIRA, Pedro Henrique Pedrosa. *Teoria dos Fatos Jurídicos Processuais.* 2. ed. Salvador: Juspodivm, 2013, p. 29 e segs.

32. SILVA, Paula Costa e. *Acto e Processo – O dogma da irrelevância da vontade na interpretação e nos vícios do acto postulativo.* Coimbra: Coimbra, 2003, p. 255.

33. ROBERTO GOUVEIA FILHO, com acerto, insere a legitimidade extraordinária no âmbito das legitimações puramente processuais, fora, portanto, do campo da legitimação *ad causam* (Cf. Existem Legitimações Puramente Processuais? In: *Revista Dialética de Direito Processual*, nº 65. São Paulo: Dialética, agosto/2008, p. 114, nota 29).

34. WATANABE, Kazuo. *Da Cognição no Processo Civil.* 2 ed. São Paulo: CEBEPEJ, 1999, p. 94.

35. MOREIRA, José Carlos Barbosa. Legitimação para agir. Indeferimento de petição inicial. In: *Temas de Direito Processual.* São Paulo: Saraiva, 1977, p. p200.

convicção fornecidos pela atividade instrutória, proferindo, somente então, o julgamento de fundo.

O art. 18 do CPC/2015 parece não deixar dúvidas a esse respeito e a doutrina brasileira vem, já há algum tempo, incorporando a chamada "teoria da asserção"[36-37], que resolve bem a problemática, evitando inserir a legitimidade ordinária, enquanto categoria processual, indevidamente, no plano do direito material (onde se deve tratar apenas da legitimação *ad causam*).

Muitos criticam a LIEBMAN a respeito de sua teoria das condições da ação e defendem que a análise da presença ou ausência das ditas "condições" se situaria no mérito. Assim o fazem, dentre outros: CALMON DE PASSOS[38], FÁBIO GOMES[39] e OVÍDIO BAPTISTA DA SILVA[40].

Se não podemos deixar de reconhecer a procedência das críticas à teoria de LIEBMAN, não devemos, por outro lado, tratar os textos prescritivos do direito positivo como se neles estivessem pré-estabelecidas pautas de comportamento, que, ao talante do intérprete, pudessem simplesmente ser ignoradas por motivo de uma desavença doutrinária, ou de uma discordância teórica.

As hipóteses de resolução de mérito estão situadas no campo das opções legislativas e devem ser tratadas pelos juristas como conceitos jurídico-positivos[41]. Hoje, à luz do CPC-2015, as ditas "condições da ação" foram eliminadas. A legitimidade de agir estão pré-excluídas do mérito; trata-se de uma contingência, uma opção legislativa.

Portanto, a partir do disposto no art. 17 do CPC-2015[42], a legitimidade processual é atribuída àquele que *postula* a respeito de direito próprio ou, quando

---

36. Sobre a teoria da asserção, conferir, dentre outros: DIDIER JR., Fredie. *Pressupostos Processuais e Condições da Ação – o juízo de admissibilidade do processo*. São Paulo: Saraiva, 2005, p. 216 e segs.; GRECO, Leonardo. *Instituições de Processo Civil*. Rio de Janeiro: Forense, 2009, v. 1, p. 239-241; FREIRE, Rodrigo da Cunha Lima. *Condições da Ação – enfoque sobre o interesse de agir*. 2ª ed. São Paulo: RT, 2001, p. 127 *et passim*; BUENO, Cassio Scarpinella. *Curso Sistematizado de Direito Processual Civil*. 2ª ed. São Paulo: Saraiva, 2008, v. 1, p. 361-362; BEDAQUE, José Roberto dos Santos. *Direito e Processo – influência do direito material sobre o processo*. 4ª Ed. São Paulo: Malheiros, 2006, p. 47; CÂMARA, Alexandre Freitas. *Lições de Direito Processual Civil*, I. 16ª ed. Rio de Janeiro: Lumen Juris, 2007, p. 136.

37. Na jurisprudência brasileira, a "teoria da asserção" foi abraçada em alguns julgados, inclusive do Superior Tribunal de Justiça (Cf. RESP 1324430/SP, Rel. Ministra Nancy Andrighi, DJe 28/11/2013; AgRg no AREsp 205.533/SP, Rel. Ministro Mauro Campbell Marques, DJe 8/10/2012, dentre outros).

38. PASSOS, J. J. Calmon de. *Comentários ao Código de Processo Civil*, III. 9ª ed. Rio de Janeiro: Forense, 2005, p. 246 *et passim*.

39. GOMES, Fábio. *Carência de Ação*. São Paulo: RT, 1999, p. 61.

40. SILVA, Ovídio Baptista da. *Comentários ao Código de Processo Civil*, V. 1. 2ª ed. São Paulo: RT, 2005, p. 47.

41. Sobre a distinção entre conceitos lógico-jurídicos e jurídicos positivos, conferir: TERÁN, Juan Manuel. *Filosofía del Derecho*. 14ª ed. Mexico, Porrúa, 1998, p. 82-83; e VILANOVA, Lourival. *Causalidade e Relação no Direito*. 4ª ed. São Paulo: RT, 2003, p. 238. Aplicando essa distinção, com grande proveito: DIDIER JR., Fredie. *Sobre a Teoria Geral do Processo, essa desconhecida*. Salvador: Juspodivm, 2012, p. 38 e segs.

42. "Art. 17. Para postular em juízo é necessário ter interesse e legitimidade."

estiver autorizado pelo sistema, a respeito de direito alheio. O vínculo de coincidência entre o postulante e sujeito titular do direito subjetivo material *afirmado* confere ao autor a legitimidade processual ordinária ativa. O CPC-2015, no art. 17, evidencia a incorporação no ordenamento brasileiro do que se convencionou denominar de "teoria da asserção".

5.2. Outros requisitos subjetivos integrantes da legitimidade de agir

A lei processual obviamente pode estabelecer requisitos de caráter subjetivo para que alguém faça o uso idôneo dos diversos remédios processuais.

Quando o preenchimento de certos requisitos é posto pelo ordenamento como condição para que o ato jurídico postulatório tenha o objeto da postulação apreciado está-se diante de autêntica legitimidade processual, independente de existência de alguma relação entre o legitimado e o objeto litigioso.

A legitimidade propriamente processual pode se dar inclusive em diferentes procedimentos ou instâncias. Assim, é que se fala, *v.g.*, em legitimidade recursal, legitimidade para impugnar o valor da causa, legitimidade para oferecer exceção declinatória, legitimidade para reconvir etc. Essas legitimidades são autenticamente processuais e não estão *necessariamente* dependentes do direito substancial litigioso. Precisa, a esse respeito, a observação de ROBERTO GOUVEIA FILHO[43]: "se, para alguns atos processuais, é necessário ter uma aptidão que é verificada em concreto, que não pode ser analisada do ponto de vista apriorístico, só podemos estar falando em legitimação e não em capacidade para a prática desses atos".

Com efeito, a legitimidade para apelar pertence ao autor e/ou réu, ainda que a sentença haja pronunciado a legitimidade ativa ou passiva para a demanda; a legitimidade para impugnar o valor da causa pertence ao réu, ainda que ele alegue, na contestação, não ser parte legítima para a demanda; o mesmo se dá com a arguição de incompetência territorial e com a reconvenção: a lei processual estabelece que pode reconvir e/ou alegar incompetência do foro o réu do processo respectivo (mesmo se for parte ilegítima para a demanda). Conforme apontou MARCELO NAVARRO[44], a legitimidade processual é uma "qualidade de que se reveste, em decorrência de uma situação"[45].

---

43. GOUVEIA FILHO, Roberto. Existem Legitimações Puramente Processuais? In: *Revista Dialética de Direito Processual*, nº 65. São Paulo: Dialética, agosto/2008, p. 113.
44. DANTAS, Marcelo Navarro Ribeiro. *Mandado de Segurança Coletivo – legitimação ativa*. São Paulo: Saraiva, 2000, p. 76.
45. Segundo a definição de TERESA ARRUDA ALVIM WAMBIER, "legitimidade processual é a situação jurídica específica que liga o sujeito, que tem a condição genérica de capacidade processual, a um dado objeto e/ou a

Isso mostra que a teoria da asserção é utilíssima por eliminar a confusão que se possa fazer entre a legitimidade para a causa (titularidade do direito subjetivo material) e a legitimidade processual (titularidade da "ação" processual específica a respeito daquele direito litigioso afirmado).

Não é suficiente, porém, invocar a premissa de que a legitimidade será aferida *in statu assertionis* para solucionar todos os problemas que envolvem a legitimidade processual, pois o ordenamento, em certas ocasiões, pode exigir requisitos *adicionais* para que o postulante possa fazer uso de um determinado remédio jurídico.

Há diversos requisitos subjetivos que podem ser estabelecidos pelo ordenamento para uso de remédios processuais sem supor qualquer tipo de vínculo entre o direito subjetivo e/ou dever jurídico substancial *afirmados* pelo demandante.

O CPC/2015, v.g., exige para se propor ação de embargos de terceiro (art. 674) que o demandante não seja parte no processo de que se originou a constrição judicial a ser questionada; o novo CPC também exige para a sociedade propor ação de dissolução parcial que os sócios sobreviventes não aceitem o ingresso dos herdeiros ou sucessores no quadro societário (art. 600, III); a Lei n. 7.347/85 (art. 5º, V, "a") exige, para se ajuizar ação civil pública, que a associação autora esteja constituída há mais de um ano.

A legitimidade de agir, no novo Código de Processo Civil, deve ser compreendida, portanto, como um requisito subjetivo para o uso *eficaz* dos remédios jurídicos processuais. A sua presença depende: a) da coincidência entre os sujeitos indicados para as posições de autor/réu e os sujeitos da relação jurídica substancial *afirmada* na demanda (CPC/2015, art. 17); b) da autorização legal ou negocial[46] quando não houver a coincidência entre os sujeitos do processo e os sujeitos da relação deduzida (v.g., sindicato litigando em favor do sindicalizado; cedente litigando a respeito do direito litigioso cedido); c) do preenchimento de requisitos adicionais, quando assim exigidos pelo sistema (v.g. não ser cessionário de direitos de pessoa jurídica para ajuizar ação nos juizados especiais; não ser parte no processo principal para ajuizar ação de embargos de terceiro etc.).

---

outro sujeito determinado." (WAMBIER, Teresa Arruda Alvim. *Nulidades do Processo e da Sentença*. 6ª ed. São Paulo: RT, 2007, p. 48).

46. Sobre a legitimidade extraordinária atribuída em razão da celebração de negócio jurídico processual, conferir: DIDIER JR., Fredie. Fonte normativa da legitimação extraordinária no novo Código de Processo Civil: a legitimação extraordinária de origem negocial. In: *Revista de Processo*, n. 232. São Paulo: RT, junho/2014, p. 71; BOMFIM, Daniela. Legitimidade extraordinária de origem negocial. In: CABRAL, Antonio do Passo; NOGUEIRA, Pedro Henrique (coord.). *Negócios Processuais*. Salvador: Juspodivm, 2015, p. 335.

7. A LEGITIMIDADE PROCESSUAL NÃO SE CONFUNDE COM A *LEGITIMIDADE AD PROCESSUM*

A legitimidade processual, ativa e passiva, também não deve ser confundida com a *legitimatio ad processum* (capacidade de estar em juízo). Tradicionalmente, no Brasil, tem-se considerado a capacidade de estar em juízo como a aptidão para praticar e ser destinatário de atos processuais independentemente de representação ou assistência[47]. Trata-se de pressuposto processual[48] subjetivo, a ser observado como exigência para a validade do ato processual e quiçá até do próprio procedimento.

Há quem proponha a equiparação das duas categorias no âmbito dos pressupostos processuais. Nessa perspectiva, a capacidade de estar em juízo seria genérica, enquanto a legitimidade processual seria específica para determinado processo. Ambas seriam requisitos de validade de processo[49]. Nesse pensamento, todo aquele que possui capacidade para estar em juízo, teria a legitimidade processual ordinária, podendo atuar em juízo a respeito de direito que entende ser seu[50].

É preciso, contudo, divisar as duas categorias. Não há razão para assimilá-las.

A ausência de capacidade para estar em juízo significa defeito e acarreta a invalidade do ato. A ausência de legitimidade gera *ineficácia relativa*[51] do ato postulatório. Ambas, é certo, estão relacionadas com o atuar das partes no processo. A capacidade para estar em juízo, porém, é requisito de *validade*[52] para a prática de atos processuais independentemente de qual seja o objeto litigioso. A legitimidade processual é o vínculo entre quem atua no processo e quem são os sujeitos da relação jurídica substancial *afirmada* na petição inicial.

Ademais, os regimes jurídicos são diversos. Para o ato processual praticado por quem esteja desprovido de capacidade de estar em juízo, aplica-se

---

47. DIDIER JR., Fredie. *Curso de Direito Processual Civil*. 12ª ed. Salvador: Juspodivm, 2010, v. 1, p. 234.
48. ALVIM, Eduardo Arruda. *Direito Processual Civil*. São Paulo: RT, 2008, p. 170; WAMBIER, Luiz Rodrigues; TALAMINI, Eduardo. *Curso Avançado de Processo Civil*. São Paulo: Saraiva, 2008, v. 1, p. 244; OLIVEIRA, Carlos Alberto Alvaro de; MITIDIERO, Daniel. *Curso de Processo Civil*. São Paulo: Atlas, 2010, v. 1, p. 168; DINAMARCO, Cândido Rangel. *Instituições de Direito Processual Civil*, II. São Paulo: Malheiros, 2009, p. 223, dentre outros.
49. ALVIM, Thereza. *O Direito Processual de estar em Juízo*. São Paulo: RT, 1996, p. 79.
50. ALVIM, Thereza. *O Direito Processual de estar em Juízo*. São Paulo: RT, 1996, p. 81.
51. A ineficácia é relativa porque *restrita* ao efeito típico do ato postulatório. A demanda proposta por parte ilegítima gera efeitos processuais inclusive para o demandante, a despeito na sua ilegitimidade, mas não gera o efeito próprio do ato postulatório, que é obrigar o órgão jurisdicional a se pronunciar sobre o objeto da postulação.
52. Em sentido oposto, entendo que o juízo de inadmissibilidade do processo, seja quando reconheça a falta de legitimidade, seja quando afirme a falta de capacidade processual, acarretaria sempre a invalidade do procedimento: DIDIER JR., Fredie. *Pressupostos Processuais e Condições da Ação – o juízo de admissibilidade do processo*. São Paulo: Saraiva, 2005, p. 28 e segs.

todo o sistema de invalidades processuais, de modo particular, mas não somente: a) a exigência do prejuízo para se pronunciar a invalidade (CPC-2015, art. 282, § 1º); e b) o direito à obtenção de julgamento sobre o mérito em favor de quem aproveitaria a decretação da invalidade (CPC-2015, art. 282, § 2º).

Não há como transpor para as situações de ilegitimidade processual esse regime. Em tese, é possível, v.g., o julgamento de mérito a favor do absolutamente incapaz que propõe demanda[53], por força do art. 282, § 2º do CPC-1973[54], porque a decretação de nulidade é medida de proteção a seus interesses. O juiz somente decreta a inadmissibilidade da demanda (CPC-1973, arts. 13 e 267, IV), porque não se supriu a incapacidade e o prosseguimento do processo seria prejudicial ao incapaz sem a atuação de alguém que o representasse; uma sentença de mérito, nessa situação, poderá favorecê-lo, sem que houvesse a pronúncia da inadmissibilidade da demanda. O mesmo não sucede, todavia, com uma demanda aforada por parte ilegítima. Se o Ministério Público, v.g., propõe demanda sem que lhe caiba a legitimidade processual não há como se cogitar de uma sentença de procedência em tal situação. Seria pouco aceitável, ainda, que o juiz se abstivesse de pronunciar a ilegitimidade processual ativa sob o fundamento de ausência de prejuízo.

Portanto, a equiparação entre os conceitos de legitimidade processual e legitimidade *ad processum* (capacidade de estar em juízo) é criticável do ponto de vista teórico, por se referirem a realidades distintas, assim como do ponto de vista prático, pois não é possível sequer a aplicação recíproca dos respectivos regimes jurídicos.

7. NOTA CONCLUSIVA

O CPC de 2015 estabelece, no art. 17, que para a postulação em juízo é necessário ter legitimidade e cuja falta gera, segundo art. 485, VI[55], decisão judicial (podendo extinguir o processo ou eventualmente não) sem resolução de mérito.

---

53. MIRANDA, Pontes de. *Comentários ao Código de Processo Civil*, III. Rio de Janeiro: Forense, 1997, p. 383.
54. "Art. 282. Ao pronunciar a nulidade, o juiz declarará que atos são atingidos e ordenará as providências necessárias a fim de que sejam repetidos ou retificados.
§ 1º O ato não será repetido nem sua falta será suprida quando não prejudicar a parte.
§ 2º Quando puder decidir o mérito a favor da parte a quem aproveite a decretação da nulidade, o juiz não a pronunciará nem mandará repetir o ato ou suprir-lhe a falta."
55. "Art. 485. O juiz não resolverá o mérito quando:
[...]
VI – verificar ausência de legitimidade ou de interesse processual;"

Andou bem o novo Código ao abandonar a nomenclatura "condições da ação", assim como a expressão "carência de ação", permitindo encerrar a celeuma doutrinária instaurada em torno da legitimidade *ad causam* e o tratamento da legitimidade de agir, dentro da teoria da cognição judicial, com um autêntico pressuposto processual condicionador da eficácia do ato postulatório, inconfundível com a legitimidade *ad processum* (capacidade de estar em juízo).

PARTE III

NORMAS FUNDAMENTAIS

CAPÍTULO 1

A constitucionalização do novo Código de Processo Civil[1]

Ronaldo Brêtas de Carvalho Dias[2]

SUMÁRIO: 1. INTRODUÇÃO; 2. PROCESSO CONSTITUCIONAL; 3. INTERPRETAÇÃO E APLICAÇÃO DO NOVO CÓDIGO CONFORME NORMAS FUNDAMENTAIS; 4. CONTRADITÓRIO E FUNDAMENTAÇÃO DAS DECISÕES JURISDICIONAIS; 5. NORMAS DO NOVO CÓDIGO CONFORMADAS AO PROCESSO CONSTITUCIONAL; 6. DISTORÇÕES NORMATIVAS DO NOVO CÓDIGO AO PROCESSO CONSTITUCIONAL; 7. CONCLUSÕES; 8. BIBLIOGRAFIA.

1. INTRODUÇÃO

A Comissão de Juristas que redigiu o anteprojeto do novo Código de Processo Civil, na sua exposição de motivos, advertiu que um dos objetivos do novo texto seria a constitucionalização do processo, ou seja, a elaboração de um novo Código em harmonia com os preceitos da Constituição Federal de 1988.

Efetivamente, como expressamente consignou a Exposição de Motivos, esse foi o primeiro e mais importante objetivo do novo Código de Processo Civil, eis que, por meio do processo, *"se realizam valores constitucionais"*, a partir daí acentuando *"a necessidade de que fique evidente a harmonia da lei ordinária em relação à Constituição Federal da República fez com que se incluíssem no Código, expressamente, princípios constitucionais, na sua versão processual"*.

Ainda sobre a constitucionalização do processo, a mesma Exposição de Motivos fez o seguinte e importante destaque: *"Hoje, costuma-se dizer que o processo civil constitucionalizou-se. Fala-se em modelo constitucional do processo [...]. O processo há de ser examinado, estudado e compreendido à luz da Constituição e de forma a dar o maior rendimento possível aos seus princípios fundamentais"*.[3]

---

1. Dedico o presente estudo ao talentoso processualista mineiro Ronaldo Cunha Campos, natural de Uberaba, cujas preciosas lições o inspiraram, em grande parte.

2. Advogado. Doutor em Direito Constitucional e Mestre em Direito Civil pela UFMG. Professor nos Cursos de Graduação, Mestrado e Doutorado em Direito da PUC Minas Gerais e na Faculdade de Direito da Universidade de Itaúna, Minas Gerais. Coordenador Adjunto do Programa de Pós-Graduação em Direito da PUC Minas Gerais. Membro do Instituto dos Advogados de Minas Gerais, do Instituto Panamericano de Derecho Procesal, do Instituto do Direito de Língua Portuguesa e do Instituto Popperiano de Estudos Jurídicos.

3. Exposição de Motivos, nota nº 9.

Sendo assim, o presente texto procurará interpretar o novo Código de Processo Civil já sancionado, com vigência prevista para 17 de março de 2016,[4] quanto à sua estruturação normativa e quanto ao enfoque de algumas de suas inovações, segundo a configuração principiológica do devido processo constitucional.

2. PROCESSO CONSTITUCIONAL

A aproximação entre os estudos do processo e da Constituição, intensificada sobremaneira a partir da segunda metade do século XX, gerou o surgimento do Direito Processo Constitucional ou, simplesmente, processo constitucional, em costumeira referência doutrinária da atualidade. A rigor, ao se falar em processo constitucional, não se cogita de um ramo autônomo do Direito, mas de uma visão técnica e científica, que se acentuou com a tendência da constitucionalização do ordenamento jurídico, surgida após a segunda guerra mundial, ao se configurar constitucionalmente o Estado Democrático de Direito. Portanto, em noção ampla, pode-se considerar o processo constitucional estudo metodológico e sistemático pelo qual o processo é examinado em suas relações diretas com as normas da Constituição, formatando a principiologia normativa do devido processo constitucional (ou modelo constitucional do processo), o que abrange o processo constitucional jurisdicional, o processo constitucional legislativo e o processo constitucional administrativo.[5]

Em consequência, como já foi considerado em outro sítio doutrinário: *"É praticamente impossível, no estágio atual de desenvolvimento jurídico em que nos encontramos, discutir direito constitucional sem dizer sobre processo e também não é possível estudar processo sem que o seja no âmbito do direito constitucional. A convergência das duas matérias tornou impossível dialogar sobre uma sem correlação com a outra"*.[6]

Ora, a partir dessa visão constitucional, segundo as lições de Marinoni, Arenhart e Mitidiero, *"o processo deve produzir decisões legítimas [rectius, decisões legitimadas] e justas, ou seja, decisões adequadas aos direitos fundamentais"*,

---

4. A Lei nº 13.105, de 16/3/2015, que instituiu o novo Código de Processo Civil, foi publicada no Diário Oficial da União de 17/3/2015. Seu artigo 1.045 prescreve: *"Este Código entra em vigor após decorrido 1 (um) ano da data de sua publicação oficial"*. Sendo assim, parece-me possível sustentar a vigência do novo Código de Processo Civil na data de 17/3/2015. Nesse sentido, considerações de Aluisio Gonçalves de Castro Mendes e Teresa Arruda Alvim Wambier: *"O Brasil tem, desde o dia 16 de março de 2015, um novo Código de Processo Civil, que entrará em vigor no dia 17 de março de 2016, em razão do período de um ano de vacatio legis"*. (Ideias e opiniões – Informativo do Escritório Wambier e Arruda Alvim Wambier, Advocacia e Consultoria Jurídica, p. 9.
5. Ver BARACHO, José Alfredo de Oliveira. *Processo constitucional*, p. 125-126. BRÊTAS. *Processo constitucional e Estado Democrático de Direito*, p. 4. BRÊTAS. *Direito processual – estudo democrático da processualidade jurídica constitucionalizada*, p. 121.
6. SOARES, Carlos Henrique; BRÊTAS, Ronaldo de Carvalho Dias. *Manual elementar de processo civil*, p. 36.

e, também, *"porque o processo deve ser visto em uma dimensão externa, de atuação dos fins do Estado, é que ele deve se desenvolver de modo a propiciar efetiva participação* [7] dos seus sujeitos - juiz e partes - estas, as pessoas do povo, aquele, o representante do Estado, é o que, exatamente, recomendam os conteúdos normativos dos artigos 1º., 6º., 7º., 8º., 9º., 10 e 11 do novo Código de Processo Civil.

Assim, reportando-me à doutrina de José Alfredo de Oliveira Baracho, posso concluir este tópico com a afirmativa de que essas ideias induzem ao entendimento de que o processo constitucional, no Estado Democrático de Direito, deve ser compreendido como metodologia normativa de garantia dos direitos fundamentais.[8]

3. INTERPRETAÇÃO E APLICAÇÃO DO NOVO CÓDIGO CONFORME NORMAS FUNDAMENTAIS

O novo Código de Processo Civil principia em recomendar que o processo civil deverá ser ordenado, disciplinado e interpretado em conformidade com as normas fundamentais estabelecidas na Constituição, as quais, também, devem ser consideradas diretrizes à aplicação das normas componentes de seu texto, conforme as prescrições normativas dos artigos 1º., 3º., 4º., 6º, 7º., 8º., 9º. 10 e 11.

Em suma, os conteúdos normativos dos referidos artigos recomendam a ordenação, a disciplina do processo e a interpretação das normas que o regem segundo as garantias constitucionais da inafastabilidade da atividade jurisdicional exercida pelo Estado (a jurisdição), da razoável duração do processo, do respeito à dignidade da pessoa humana, da legalidade, do efetivo contraditório, da publicidade e da eficiência.

Em verdade, essas consideradas normas fundamentais são as regras e princípios regentes do processo extraídos diretamente do texto da vigente Constituição Federal, as quais formatam o devido processo constitucional, cuja viga-mestra é o devido processo legal.

Por amor à síntese, poder-se-ia considerar, como sustentou o talentoso processualista mineiro Ronaldo Cunha Campos, em artigo publicado no ano de 1985, intitulado *Garantias constitucionais e processo*, portanto, antes da vigente Constituição Federal de 1988, que o conjunto de normas destinadas à disciplina do processo assenta-se em uma norma jurídica possível de ser denominada

---

7. MARINONI, Luiz Guilherme; ARENHART, Sérgio Cruz; MITIDIERO, Daniel. *Novo Curso de Processo Civil*, v. 1, p. 486-487.

8. BRÊTAS. *Processo constitucional e Estado Democrático de Direito*, p. 44-46.

norma processual fundamental, cujo enunciado se concretiza ou se realiza na dimensão dos enunciados principiológicos que compõem a garantia do devido processo legal.[9]

Com efeito, bem dissertou Ronaldo Cunha Campos: *"Quanto ao processo, entendemos que o conjunto de regras destinado à sua disciplina assenta-se em uma norma jurídica, à qual denominamos norma processual fundamental. Esta assegura ao Estado o monopólio do poder de compor (solucionar) as lides e garante aos sujeitos da lide o poder de participar da atividade destinada a tal composição. [...]. O enunciado [da norma processual fundamental] encontra-se realizado no conceito de devido processo legal. Neste conceito se compreendem, como explicitações, as diversas formas nas quais se traduz a garantia assegurada ao litigante (sujeito da lide) de participar da atividade estatal desenvolvida para a composição (solução) da lide. Alinhem-se, como formas desta garantia, aquelas concernentes ao contraditório, à produção de provas, a adução de razões e pretensões (o chamado direito de ser ouvido), a igualdade das partes, o juiz natural, e, acrescentaríamos nós, o duplo grau de jurisdição. [...]. Prossegue Cunha Campos: "Ao nosso ver, estas figuras, a cujo conjunto se denomina o devido processo legal, consistem em explicitações, modos de realização de uma norma (norma processual fundamental) onde, assegurado o monopólio do poder estatal, garante-se ao litigante o poder de participar da composição da lide. O Estado não partilha o poder, mas o sujeito da lide pode influenciar, através desta participação no processo, a decisão do Judiciário. [...]. Vemos como norma constitucional a garantia do devido processo legal, que, a nosso ver, traduz o enunciado da norma processual fundamental.[...]. E conclui referido autor: a)- O direito processual repousa em uma norma, norma processual fundamental...; b)- A norma processual fundamental encontra expressão no instituto do devido processo legal que a explicita. [...]. As dimensões em que esta garantia deve se manifestar, porquanto, como assinala Vigoriti, esta se manifesta, ou deve se manifestar, em todos os níveis do procedimento".*[10]

Portanto, o devido processo legal,[11] assim qualificado norma processual fundamental, vem a ser um bloco aglutinante e compacto – vale dizer, um bloco granítico – de vários direitos e garantias fundamentais inafastáveis, ostentados

---

9. *Revista da AMAGIS*, v. V, p. 74-92.
10. *Revista da AMAGIS*, v. V, p. 74-77. É de se reparar que, no referido texto, repita-se, publicado em 1985, antes da vigente Constituição Federal, a genialidade de Ronaldo Cunha Campos lhe permitiu madrugar no tempo e conceber as ideias de *influência* e de *participação* das partes, juntamente com o juiz, por meio do devido processo legal, na construção da solução decisória a ser obtida no processo, as quais vêm sustentadas pela doutrina contemporânea e acolhidas no novo Código de Processo Civil. Com efeito, destacou referido autor, há exatos trinta anos: *"dizemos que a norma fundamental garante ao litigante o poder [...] de participar da atividade de compor a lide. O Estado não partilha o poder, mas o sujeito da lide pode influenciar, através desta participação no processo, a decisão do Judiciário"* (loc. cit., p. 81).
11. Constituição Federal, artigo 5º. , inciso LIV: *"ninguém será privado da liberdade ou de seus bens sem o devido processo legal".*

pelas pessoas do povo, quando deduzem pretensão à tutela jurídica como partes nos processos, perante os órgãos estatais jurisdicionais, quais sejam:

1º.) direito de ação, entendido como o direito incondicionado de qualquer pessoa do povo (parte) postular a jurisdição, que deve ser prestada pelo Estado de forma eficiente, ou seja, dentro de um tempo útil ou lapso temporal razoável;

2º.) garantia do juízo natural ou juízo constitucional, que assegura às partes o direito de obter uma decisão proferida por órgão jurisdicional previamente definido no texto constitucional;

3º.) garantia da ampla defesa, com todos os meios e recursos que lhe são inerentes, compreendido o recurso como coextensão da ampla defesa, e incluídos nos meios de defesa o direito à procedimentalização da prova e o direito de ser assistido por advogado ou por defensor público;

4º.) garantia do contraditório paritário e participativo, entendido como a possibilidade de as partes influenciarem e participarem, em igualdade de condições, ao lado do juiz, na construção da solução decisória do processo, assegurando-lhes o direito de ver seus argumentos e razões apreciados com atenção no ato estatal do julgamento, estabelecendo-se, assim, estreita conexão entre a garantia do contraditório com a garantia da fundamentação das decisões jurisdicionais;

5º.) garantia da fundamentação racional das decisões jurisdicionais centrada na reserva legal, ou seja, decisões proferidas com irrestrita obediência ao ordenamento jurídico vigente, sobretudo com foco nos princípios da supremacia da Constituição e da interpretação das normas que compõe o ordenamento jurídico em conformidade com os direitos e garantias fundamentais, características marcantes do Estado Democrático de Direito.[12]

4. CONTRADITÓRIO E FUNDAMENTAÇÃO DAS DECISÕES JURISDICIONAIS

Esses enumerados direitos e garantias fundamentais do povo, posto que estatuídos no extenso rol do artigo 5º. da Constituição Federal vigente, são meios desenvolvidos pela técnica jurídica do Estado Democrático de Direito, com o objetivo de controlar a regularidade constitucional dos atos estatais em geral (gênero) e do ato jurisdicional (espécie), em particular.

Nesse quadro, o processo constitucional, compreendido, como já foi dito, metodologia normativa de garantia dos direitos fundamentais do povo,

---

12. Ver BRÊTAS. *Processo constitucional e Estado Democrático de Direito*, p. 118, 132 e 171. *Técnica processual*, p. 188.

revela-se importante na construção do Estado Democrático de Direito, que se caracteriza política e institucionalmente como o Estado que respeita os direitos fundamentais e, ao mesmo tempo, o Estado que incentiva e concretiza a indispensável participação do povo na solução das questões que importam ao próprio Estado e à sociedade.

Dentre as relacionadas garantias constitucionais ou fundamentais sobressaem o contraditório e a fundamentação das decisões jurisdicionais,[13] que atuam na dinâmica argumentativa fática e jurídica do processo como procedimento em contraditório,[14] de forma a permitir a geração de uma decisão jurisdicional participada e democrática, ou seja, um pronunciamento estatal decisório tecnicamente construído em conjunto pelos sujeitos do processo, quais sejam, partes e juiz.

Na atualidade, o contraditório não significa apenas ciência bilateral e contrariedade dos atos e termos do processo e possibilidade que as partes têm de contrariá-los, mas é compreendido técnica e cientificamente como garantia de participação efetiva das partes no desenvolvimento do processo em suas fases lógicas e atos, a fim de que, em igualdade de condições, possam influenciar em todos os elementos e discussões sobre quaisquer questões de fato e de direito que surjam nas diversas etapas do itinerário procedimental, que despontem como potencialmente importantes para a decisão jurisdicional que será proferida.[15]

Sem dúvida, na contemporaneidade, o contraditório vem a ser a concretização, no processo, do princípio político da participação democrática das partes, como bem considera Leonardo Greco: *"O contraditório passou a constar explícita ou implicitamente das Cartas de Direitos Fundamentais, como a da Constituição brasileira de 1988 (art. 5º., inciso LV), agora não mais simplesmente como um princípio, mas como garantia de eficácia concreta dos direitos fundamentais, característica não só do processo judicial, mas também do processo administrativo, conferindo uma dimensão jamais alcançada ao princípio político da participação democrática, já que, sem ele, esses direitos não passam de vazias proclamações e, somente por meio deles, o Estado põe à disposição dos cidadãos todos os meios possíveis para alcançar na prática essa proteção [...]. Para isso, o contraditório*

---

13. Constituição Federal, artigo 5º., inciso LV: *"aos litigantes, em processo judicial ou administrativo, e aos acusados em geral são assegurados o contraditório e a ampla defesa, com os meios e recursos a ela inerentes".* Artigo 93, inciso IX: *"todos os julgamentos dos órgãos do Poder Judiciário serão públicos, e fundamentadas todas as decisões, pena de nulidade...".*
14. Teoria do processo como procedimento em contraditório ou teoria estruturalista do processo, concebida pelo jurista italiano Elio Fazzalari. Sobre tal assunto, ver BRÊTAS. *Processo constitucional e Estado Democrático de Direito*, p. 106-118.
15. Cf. LEBRE DE FREITAS, José. *Introdução ao processo civil*, p. 96-97.

não pode mais apenas reger as relações entre as partes e o equilíbrio que a elas deve ser assegurado no processo, mas se transforma numa ponte de comunicação de via dupla entre as partes e o juiz. Isto é, o juiz passa a integrar o contraditório, porque, como meio assecuratório do princípio político da participação democrática, o contraditório deve assegurar às partes todas as possibilidades de influenciar eficazmente as decisões judiciais. Ora, de nenhuma valia para a concretização desse objetivo terá toda a atividade dialética das partes se o juiz não revelar de que modo as alegações e provas que lhe são trazidas pelos litigantes estão sendo avaliadas pelo seu entendimento".[16]

Apesar de o juiz não ser um contraditor, deve observar e fazer observar ele próprio o contraditório, que é o meio de assegurar a concretização do princípio da participação democrática das partes no processo, a fim de lhes propiciar todas as possibilidades de influenciarem eficazmente na construção do pronunciamento jurisdicional decisório que ali será proferido.[17]

Nessa ótica, o contraditório se apresenta entrelaçado com a fundamentação das decisões jurisdicionais, ao se tornar fonte geradora das bases argumentativas acerca das questões de fatos e de direito debatidas pelas partes no processo, que deverão ser apreciadas séria e detidamente na decisão que será proferida pelo Estado-Judiciário.[18]

Essa ideia da repercussão direta do contraditório na fundamentação das decisões é acolhida nos estudos de Michele Taruffo, ao partir da consideração de que a dialética ocupa largo espaço e constitui importante fator dinâmico do processo. Por isto, sustenta Taruffo que, na verdade, a decisão jurisdicional pode ser entendida como o resultado final da contraposição dialética travada entre as partes, que é o contraditório, sendo essenciais as argumentações fáticas e jurídicas por elas desenvolvidas no processo, visando à reconstrução do caso concreto e à correta individualização das questões que ali deverão ser julgadas.[19]

Daí a lição de Rosemiro Pereira Leal, para quem a decisão jurisdicional é "julgamento vinculado ao espaço-técnico-procedimental-discursivo do processo cognitivo de direitos, como conclusão coextensiva da argumentação das partes", sendo neste quadro que a decisão adquire "conotação de ato integrante final da estrutura do procedimento".[20]

---

16. *Dicionário de Filosofia do Direito* [contraditório, o princípio do, verbete], p. 155.
17. Cf. GRECO, Leonardo. Loc. cit.
18. Cf. LEAL, André Cordeiro. *O contraditório e a fundamentação das decisões no direito processual democrático*, p. 105.
19. TARUFFO. *L´attività del giudice: mediazioni degli interessi e controllo della attività a cura di Mario Bessone*, p. 147-148.
20. *Teoria processual da decisão jurídica*, p. 26-27.

Em face dessas considerações, tenho sustentado que, na realidade, instaura-se na dinâmica do procedimento o que denomino *quadrinômio estrutural do contraditório, ou seja, informação-reação-diálogo-influência*,[21] como o resultado lógico-formal da correlação do princípio do contraditório com o princípio da fundamentação das decisões jurisdicionais, ambos elevados à categoria de garantias fundamentais no texto da vigente Constituição Federal.[22]

Na lição de Leonardo Greco, esse é o chamado *contraditório participativo*, por meio do qual se alargam amplamente as faculdades de atuação das partes no processo, em defesa de seus interesses, o que *"impõe ao juiz o dever de abandonar a postura burocrática e meramente receptícia, para ativamente envolver as partes num diálogo humano construtivo, em que o julgador não se limita a ouvir, e as partes não se limitam a falar sem saber se estão sendo ouvidas, mas em que uns e outros, em comunicação de dupla via, construam juntos a solução da causa.* E bem arremata Leonardo Greco: *"Como diz Picardi, o contraditório deixou de ser um simples instrumento de luta entre as partes para transformar-se num instrumento operacional do juiz, ou melhor, um pressuposto fundamental do próprio julgamento"*.[23]

5. NORMAS DO NOVO CÓDIGO CONFORMADAS AO PROCESSO CONSTITUCIONAL

Assentadas essas ideias básicas sobre o processo constitucional, passo a examinar alguns conteúdos normativos do novo Código, os quais, em menor ou maior grau de intensidade, pouco importa, de alguma forma se revelam em conformidade com o devido processo constitucional.

Inicio tal exame focalizando, por exemplo, o enunciado normativo do artigo 6º. do novo texto codificado, ao prescrever o *dever de cooperação* aos sujeitos do processo: *"Todos os sujeitos do processo devem cooperar entre si para que se obtenha, em tempo razoável, decisão de mérito justa e efetiva"*.

Impõe-se destacar que esse *dever de cooperação*, às vezes, a meu juízo, impropriamente chamado de *princípio*,[24] não tem tradição no direito processual

---

21. Esse quadrinômio estrutural significa que o efetivo contraditório (ver artigo 7º do novo Código) garante regular *informação* às partes dos atos processuais e a oportunidade a cada uma delas de *reação* aos atos da parte adversa. Porém, tal objetivo exige *diálogo* do juiz com as partes, a fim de lhes proporcionar a oportunidade de ampla manifestação sobre o desenvolvimento do processo e assim exercerem *influência* no seu resultado decisório.
22. Ver BRÊTAS. *Processo constitucional e Estado Democrático de Direito*, p. 133.
23. GRECO, Leonardo. Loc. cit.
24. Ver BRÊTAS. *Processo constitucional e Estado Democrático de Direito*, p. 147-148. THEODORO JÚNIOR, Humberto; NUNES, Dierle; BAHIA, Alexandre Melo Franco; PEDRON, Flávio Quinaud. *Novo CPC – Fundamentos e sistematização*, p. 52.

Cap. 1 • A CONSTITUCIONALIZAÇÃO DO NOVO CÓDIGO DE PROCESSO CIVIL
Ronaldo Brêtas de Carvalho Dias

brasileiro, embora abalizada doutrina aponte seu avançado estudo e consagração codificada no direito processual alemão, francês e português.[25]

Cabe a observação primeira de que o significado léxico da palavra *cooperação*, ato ou efeito de *cooperar*, não guarda compatibilidade lógica com a estrutura dialética do processo. Efetivamente, o conteúdo semântico da expressão *cooperar* indica o sentido de trabalhar em comum, colaborar, auxiliar, ajudar. Porém, a rigor, o trabalho ou a atividade em comum dos sujeitos do processo limita-se tão somente à obtenção de um pronunciamento decisório no processo. Explico. O autor, sujeito parcial do processo, ao exercer seu direito constitucional de ação, postula solução decisória que acolha sua pretensão. O réu, outro sujeito parcial, opõe tenaz resistência à pretensão deduzida pelo autor, exercendo em toda sua plenitude a garantia fundamental da ampla defesa, com todos os meios que lhe são possíveis, almejando decisão jurisdicional que a rejeite. O juiz, sujeito imparcial do processo, que representa o Estado no exercício da jurisdição, portanto, equidistante dos interesses das partes, tem como objetivo dar-lhes resposta decisória que concretize ou realize as normas componentes do ordenamento jurídico no caso em julgamento. A partir desse tenso cenário dialético, resta muito difícil a possibilidade de que os sujeitos do processo – juiz e partes - possam trabalhar em comum, plenamente acordados, colaborando gentilmente uns com os outros ou se auxiliando fraternal e mutuamente, em todos os atos e etapas procedimentais, rumo à decisão final de mérito.

Logo, esse normatizado *dever de cooperação* deve ser tecnicamente entendido e seguido no processo como *comparticipação* dos sujeitos processuais (artigo 6o.). Melhor dizendo, os sujeitos do processo devem praticar os atos processuais que lhes cabem em regime de *comparticipação*, concretizada pelo efetivo contraditório (artigo 7o.), que é seu elemento normativo estruturador, na medida em que o contraditório entrelaça-se com a fundamentação da decisão jurisdicional (artigo 489), permitindo que as partes exerçam influência junto ao julgador, a fim de que o pronunciamento decisório a ser obtido desponte favorável aos seus interesses. Por consequência, no Estado Democrático de Direito, é esta forma de estruturação procedimental que legitima o conteúdo das decisões jurisdicionais proferidas ao seu final, fruto da comparticipação dos sujeitos do processo, quais sejam - juiz, a quem o Estado delegou a função jurisdicional, e partes contraditoras, cada uma delas buscando subordinar o interesse da parte contrária ao seu – implementando-se tecnicamente os direitos e garantias fundamentais por estas ostentados.[26]

---

25. Cf. DIDIER JÚNIOR, Fredie. *Revista de Processo* v. 127, p. 75-79. GREGER, Reinhard. *Revista de Processo* v. 206, p. 123-133. CARNEIRO DA CUNHA, Leonardo. *Revista Brasileira de Direito Processual* v. 79, p. 147-159. ZUFELATO, Camilo. *Novas tendências do processo civil*, p. 101-123.
26. Ver BRÊTAS. *Processo constitucional e Estado Democrático de Direito*, p. 134.

Em concepção científica atualizada, como discorre Dierle José Coelho Nunes, impõe-se a *"leitura do contraditório como garantia de influência no desenvolvimento e resultado do processo"*, sendo esta a razão de se elevar o contraditório à destacada condição de *"elemento normativo estruturador da comparticipação"*. Estas premissas levam referido autor a concluir: *"permite-se, assim, a todos os sujeitos potencialmente atingidos pela incidência do julgado (potencialidade ofensiva) a garantia de contribuir de forma crítica e construtiva para sua formação"*.[27]

Portanto, considero que o dever de cooperação imposto aos sujeitos do processo, tal como normativamente estatuído no referido artigo 6º. do novo Código, relacionado está com a observância da garantia do efetivo contraditório, recomendada no artigo 7º., integrante da norma fundamental explicitada no enunciado do devido processo legal, este, por sua vez, viga-mestra do processo constitucional. A cooperação das partes com o juiz, e deste com aquelas, em realidade, significa a possibilidade concreta de as partes exercerem influência na construção do pronunciamento decisório almejado, pelo que o juiz deverá ter postura receptiva a tanto, mantendo permanente diálogo com elas, a fim de lhes assegurar a garantia fundamental do contraditório.

Nesse sentido, dissertam Humberto Theodoro Júnior, Dierle Nunes, Alexandre Bahia e Flávio Pedron: *"...não é possível mais ler, sob a égide do Novo CPC, a cooperação como singela colaboração [...]. É preciso ler a referida cooperação, como corolário do contraditório, como garantia de influência"*.[28]

Ainda apreciando o assunto, vê-se que, no texto normativo do novo Código, em seu artigo 357, há recomendação expressa para que o juiz, em decisão de saneamento e de organização do processo, resolva questões processuais pendentes, delimite questões de fato e de direito e defina a distribuição do ônus da prova, e assim o fará sob designação de audiência com tal objetivo, se as questões de fato e de direito discutidas no caso concreto se mostrarem complexas.

Ora, em face de todas as considerações até aqui expendidas, em conformidade com o devido processo constitucional, levando-se em conta o quadrinômio estrutural do contraditório que se instala na estrutura dinâmica do procedimento – *informação, reação, diálogo, influência* – percebe-se que o juiz não poderá proferir essa decisão de saneamento e de organização do processo de forma solipsista, ou seja, sem a participação das partes, olvidando o contraditório.

Muito pelo contrário, seguindo as recomendações normativas fundamentais dos artigos 6º e 7º do novo Código, para sanear e organizar o processo,

---

27. *Processo jurisdicional democrático*, p. 227.
28. *Novo CPC – Fundamentos e sistematização*, p. 60.

Cap. 1 • A CONSTITUCIONALIZAÇÃO DO NOVO CÓDIGO DE PROCESSO CIVIL
Ronaldo Brêtas de Carvalho Dias

deverá o juiz previamente ouvi-las e dialogar com elas a respeito, preservando e concretizando, assim, o cogitado regime de cooperação – compartipação - que deve ser observado entre os sujeitos processuais, no desenvolvimento, na organização e no resultado decisório do processo, é o que o novo Código prevê, especificamente, nas normas do seu artigo 357, § 3º.

Outra norma do novo Código que se mostra afeiçoada ao processo constitucional é a que se insere no seu artigo 10, proibindo a chamada decisão- surpresa, fruto do convencimento solitário do juiz, ao prescrever que *"o juiz não pode decidir, em grau algum de jurisdição, com base em fundamento a respeito do qual não se tenha dado às partes oportunidade de se manifestar, ainda que se trate de matéria sobre a qual deva decidir de ofício".*

Também nesse enunciado normativo, o novo Código recepciona a garantia do contraditório em sua concepção atual de participação efetiva das partes em todas as fases lógicas e atos do processo, com a possibilidade de, em plena igualdade, influenciarem na construção do pronunciamento decisório. Quer o novo Código que o contraditório atue efetiva e intensamente na dinâmica do procedimento, por meio de sua configuração estrutural quadripartite, qual seja, *informação-reação-diálogo-influência.* Objetiva apontada norma fundamental codificada que as partes destinatárias do pronunciamento decisório tenham a oportunidade democrática de participar e de influenciar no convencimento do agente público julgador, quanto à reconstrução cognitiva dos fatos discutidos no processo e quanto à seleção das normas do ordenamento jurídico consideradas adequadas à solução do caso em julgamento. O novo Código, sempre prestigiando o efetivo contraditório como norma fundamental do processo (artigo 7º), em concepção atualíssima, impõe ao juiz o dever de provocar de ofício o prévio debate das partes sobre quaisquer questões de fato e de direito que sejam relevantes à solução decisória do processo.

Nesse sentido, como preconizam Humberto Theodoro Júnior, Dierle Nunes, Alexandre Bahia e Flávio Pedron, o princípio do contraditório passa a ter novo significado, compreendido *"como direito de participação na construção do provimento, sob a forma de uma garantia processual de influência e não surpresa para a formação das decisões".*[29]

O novo Código ainda se revela plenamente compatibilizado com o processo constitucional, quando trata da fundamentação das decisões judiciais – decisão interlocutória, sentença e acórdão (artigos 203 e 204) - nas normas do seu artigo 489, em cumprimento ao preceito do artigo 93, IX, da Constituição Federal de 1988.

---

29. *Novo CPC – Fundamentos e sistematização*, p. 83.

Ao tratar do tema, o novo Código, adotando técnica não muito usual, na redação do parágrafo 1º do artigo 489, descreve situações nas quais se evidenciam decisões mal fundamentadas, costumeiramente verificadas na malsinada prática forense, um costume vicioso já enraizado nos juízos e Tribunais brasileiros.[30]

Em suma, nas referidas normas, o que o novo Código visivelmente almeja é que a fundamentação das decisões jurisdicionais esteja tecnicamente correlacionada ao contraditório e que o ato estatal decisório se apresente como conclusão coextensiva da argumentação das partes.

Nesse desiderato, pela via normativa do artigo 489 do novo Código, o Estado Democrático de Direito brasileiro está recomendando aos seus juízes que levem em consideração, séria e detidamente, no ato de julgar, os argumentos relevantes das partes desenvolvidos em torno das relevantes questões de fato e de direito discutidas e que deverão ser decididas no processo. A tanto, em síntese, os juízes, em seus pronunciamentos decisórios, deverão observar as seguintes recomendações do Estado que os nomeou: 1ª.)- enunciar explicitamente os fundamentos pelos quais os argumentos das partes não poderão ser acolhidos; 2ª)- promover o acertamento das suas alegações de fato; 3ª.)- individualizar justificadamente as normas do ordenamento jurídico adequadas à solução do caso concreto; 4ª.)- apontar, na decisão proferida, claramente, as consequências da qualificação jurídica dos fatos valorados pelas provas produzidas; 5ª.)- realizar o cotejo analítico dos excertos dos precedentes e das súmulas jurisprudenciais invocados no julgamento, a título de orientação decisória, com as questões de fato e de direito discutidas, analisadas e decididas no processo; 6ª.)- afastar em definitivo os males do solipsismo, da discricionariedade e do arbítrio no ato de julgar, quando prestam a atividade jurisdicional monopolizada pelo Estado.[31]

6. DISTORÇÕES NORMATIVAS DO NOVO CÓDIGO AO PROCESSO CONSTITUCIONAL

Ao início deste estudo, considerei que um dos objetivos do novo texto processual codificado seria a constitucionalização do processo, ou seja, a

---

30. No assunto, pertinentes as considerações feitas por Humberto Theodoro Júnior: *"O novo Código foi severo e minucioso na repulsa à tolerância com que os Tribunais vinham compactuando com verdadeiros simulacros de fundamentação, em largo uso na praxe dos juízos de primeiro grau e nos tribunais superiores. Enumerou, em longa série, situações em que, exemplificativamente, a sentença não pode, in concreto, ser havida como fundamentada em sentido jurídico (art. 489, § 1º.)"* (Curso de Direito Processual Civil, v. I, p. 1.045).

31. A respeito, ver BRÊTAS. *Processo constitucional e Estado Democrático de Direito*, p. 173-174 e 176-178. THEODORO JÚNIOR, Humberto; NUNES, Dierle; BAHIA, Alexandre Melo Franco; PEDRON, Flávio Quinaud. *Novo CPC – Fundamentos e sistematização*, p. 262-263. MARINONI, Luiz Guilherme; ARENHART, Sérgio Cruz; MITIDIERO, Daniel. *Novo Curso de Processo Civil*, v. 1, p. 511.

elaboração de um Código em harmonia com os preceitos da Constituição Federal de 1988.

Contudo, já que a perfeição não é deste mundo, o que se pode observar e concluir, em face da leitura de alguns dos enunciados normativos do novo Código, é que nem sempre o projetado ali restou concretizado, havendo passagens da codificação reveladoras de sérios arranhões ao processo constitucional, as quais serão examinadas a seguir.

Inicio esse exame focalizando as normas do artigo 487, parágrafo único, e do artigo 332, § 1º., do novo Código, as quais prescrevem julgamento do processo mediante resolução de mérito (sentença definitiva), com a improcedência liminar do pedido, quando, ao exame da petição inicial, o juiz reconhecer, de ofício, a ocorrência da prescrição ou decadência. O Código, nas referidas normas, sob interpretação lógico-sistemática, exclui a possibilidade de o autor manifestar-se previamente sobre tais questões, antes de o juízo decidi-las, malferindo, assim, o efetivo contraditório recomendado no artigo 7º, e permitindo seja proferida a decisão-surpresa expressamente proibida no artigo 10, em sério comprometimento do devido processo constitucional, o que não poderá ocorrer.

Outra situação de grave distorção ao processo constitucional se escancara nas normas do artigo 382, § 4º., do novo Código, quando normatiza o procedimento da produção antecipada da prova, ali se consolidando verdadeiras barbaridades inconstitucionais, ao meu juízo. Conveniente a transcrição normativa em exame: *"Neste procedimento, não se admitirá defesa ou recurso, salvo contra decisão que indeferir totalmente a produção da prova pleiteada pelo requerente originário"* (§ 4º., do artigo 382).

Vê-se que, na disciplina normativa do mencionado procedimento, o novo Código não admite – dir-se-ia melhor, proíbe! - defesa ou recurso, exceto no caso de decisão que totalmente indeferir a prova antecipada pleiteada, o que traduz deslavada e grosseira agressão ao processo constitucional. Para se entender a crítica formulada, formulo alguns exemplos. A produção antecipada da prova foi requerida, mas uma das partes (autor requerente ou réu requerido) não guarda qualquer pertinência subjetiva com as questões de direito material relacionadas aos fatos cuja prova se pretende, vale dizer, na espécie exemplificativa cogitada, não é parte legitimada ou interessada para figurar no procedimento. Pois bem, mesmo assim, o requerido está proibido pelo Código de se defender, pleiteando a extinção do processo, conforme normas do artigo 485, VI, apesar de o mesmo Código, em seu artigo 17, prescrever que, para se postular em juízo, é necessário ter interesse e legitimidade. Outro exemplo, o juiz, no curso do procedimento da produção antecipada da prova pericial, indeferiu quesitos formulados por uma das partes ou indeferiu a arguição de

NOVO CPC DOUTRINA SELECIONADA, v. 1 • Parte Geral

PARTE III – NORMAS FUNDAMENTAIS

impedimento ou de suspeição do perito nomeado, ou indeferiu requerimento para realização de uma segunda perícia (artigo 480), ou indeferiu requerimento da parte para substituição do perito, em face de seu escasso conhecimento ou nenhuma qualificação técnica para a realização do trabalho pericial. Pois bem, também nestes casos, a parte prejudicada está proibida de recorrer contra a decisão judicial de indeferimento. Os exemplos poderiam multiplicar-se, mas, o certo é que, gerando perplexidade, as normas do artigo 382, § 4º., do novo Código, agridem deslavadamente o processo constitucional, e não poderão ser aplicadas pelo juízo, estigmatizadas por manifesta inconstitucionalidade.

Nesse diapasão, urge que os sujeitos do processo interpretem e apliquem as normas do novo Código em estreita sintonia com o processo constitucional, de forma a dar o maior rendimento possível aos seus princípios fundamentais, dentre os quais sobressai o devido processo legal.

Aliás, em outras palavras, é a precisa recomendação de Humberto Theodoro Júnior, Dierle Nunes, Alexandre Bahia e Flávio Pedron: *"Assim, o Novo CPC somente pode ser interpretado a partir de suas premissas, de sua unidade, e especialmente de suas normas fundamentais, de modo que não será possível interpretar/aplicar dispositivos ao longo de seu bojo sem levar em consideração seus princípios e sua aplicação dinâmica (substancial)*.[32]

Finalmente, uma última situação de arranhões ao processo constitucional se descortina, quando o novo Código trata do que chama prova técnica simplificada, na redação do seu artigo 464, § 3º. Trata-se de procedimento simplificado para a produção de prova pericial, cabível quando a questão fática controvertida, embora de menor complexidade, exige o esclarecimento técnico de especialistas. Dita e qualificada prova técnica simplificada consistirá na inquirição pelo juiz de especialista que convocará por intimação, com formação acadêmica específica na área das informações técnicas que prestará, em audiência designada a tal fim, visando ao esclarecimento cabal dos fatos debatidos no processo.

O texto normativo em comentário recomenda que essa modalidade probatória consistirá, *apenas*, na inquirição do especialista pelo juiz, na deficiente redação do artigo 464, § 3º. Todavia, resta claro que as partes, por intermédio de seus advogados constituídos, também poderão fazê-lo – e não *apenas* o juiz, como restringe o Código - em obediência às garantias da ampla defesa e do efetivo contraditório (artigos 1º. e 7º.), componentes do devido processo legal, norma fundamental do processo orientadora de qualquer procedimento.[33]

---

32. *Novo CPC – Fundamentos e sistematização*, p. 13.
33. Ver BRÊTAS. *Técnica processual*, p. 201.

308

7. CONCLUSÕES

O texto do novo Código de Processo Civil revelou acentuada preocupação do legislador com a sua constitucionalização, pois recomenda a interpretação e aplicação de suas normas segundo a Constituição Federal, de forma a proporcionar o maior rendimento possível às suas normas fundamentais.

Andou bem o novo Código nesse desiderato, pois é praticamente impossível no atual estágio científico estudar o direito processual sem que o seja no âmbito do direito constitucional, daí se cogitar de um processo constitucional ou modelo constitucional do processo.

Prestigiando a boa síntese, pode-se dizer que o conjunto de normas destinadas à disciplina do processo assenta-se em uma norma processual fundamental, cujo enunciado se realiza ou se concretiza na dimensão dos enunciados principiológicos que compõem a garantia do devido processo legal.

Dentre os enunciados principiológicos informadores dessa norma processual fundamental, que é o devido processo legal, sobressaem as garantias do contraditório e da fundamentação das decisões jurisdicionais, ambas atuando na dinâmica fática e argumentativa do procedimento, a fim de permitir a geração de uma decisão jurisdicional participada e democrática, construída em conjunto pelo juiz e pelas partes (sujeitos do processo).

Em sintonia com essas diretrizes fundamentais (constitucionais), entre outras, estão as normas dos artigos 1º., 6º., 7º., 8º., 9º., 10, 357 e 489 do novo Código de Processo Civil.

Todavia, porque nada é perfeito neste mundo, há conteúdos normativos do novo Código de Processo Civil reveladores de barbaridades inconstitucionais e de arranhões às normas fundamentais do processo, como, por exemplo, os relativos aos artigos 487, parágrafo único, e 332, parágrafo 1º., interpretados conjuntamente, ao artigo 382, parágrafo 4º., e ao artigo 464, parágrafo 3º.

8. BIBLIOGRAFIA

BARACHO, José Alfredo de Oliveira. *Processo constitucional*. Rio de Janeiro: Forense, 1984.

BRÊTAS, Ronaldo de Carvalho Dias. Uma introdução ao estudo do processo constitucional. *In*: CASTRO, João Antônio Lima; FREITAS, Sérgio Henriques Zandona (Coords.). *Direito processual – estudo democrático da processualidade jurídica constitucionalizada.* Belo Horizonte: PUC Minas/IEC, 2012.

BRÊTAS, Ronaldo de Carvalho Dias. *Processo constitucional e Estado Democrático de Direito.* 3ª. ed. rev. atual. ampl. Belo Horizonte: Del Rey, 2015.

BRÊTAS, Ronaldo de Carvalho Dias. Noções de teoria e técnica do procedimento da prova. *In*: BRÊTAS, Ronaldo de Carvalho Dias; SOARES, Carlos Henrique (Coords.). *Técnica processual*. Belo Horizonte: Del Rey, 2015.

CARNEIRO DA CUNHA, Leonardo. O princípio do contraditório e a cooperação no processo. *Revista Brasileia de Direito Processual*. Belo Horizonte, v. 79, p. 147-159, abril/2012.

CASTRO MENDES, Aluisio Gonçalves; ALVIM WAMBIER, Teresa Arruda. O novo Código de Processo Civil brasileiro. *Ideias e opiniões – Informativo do Escritório Wambier e Arruda Alvim Wambier, Advocacia e Consultoria Jurídica*. Curitiba, n. 22, p. 9, ago./out. 2015.

CUNHA CAMPOS, Ronaldo. Garantias constitucionais e processo. *Revista da AMAGIS (Associação dos Magistrados Mineiros)*. Belo Horizonte, v. V, p. 74-92, 1985.

DIDIER JÚNIOR, Fredie. O princípio da cooperação: uma apresentação. *Revista de Processo*. São Paulo, v. 127, p. 75-79, setembro/2005.

GRECO, Leonardo. Contraditório, o princípio do [verbete]. *In*: BARRETO, Vicente de Paulo (Coord.). *Dicionário de Filosofia do Direito*. São Leopoldo/Rio de Janeiro: UNISINOS-Renovar, 2009.

GREGER, Renhard. Cooperação como princípio processual. *Revista de Processo*. São Paulo, v. 206, p. 123-147, abril/2012.

LEAL, André Cordeiro. *O contraditório e a fundamentação das decisões jurisdicionais*. Belo Horizonte: Mandamentos, 2002.

LEAL, Rosemiro Pereira. *Teoria processual da decisão jurídica*. São Paulo: Landy, 2002.

LEBRE DE FREITAS, José. *Introdução ao processo civil*. Lisboa: Coimbra Editora, 1996.

MARINONI, Luiz Guilherme; ARENHART, Sérgio Cruz; MITIDIERO, Daniel. *Novo Curso de Processo Civil*. São Paulo: RT, 2015, v. 1.

NUNES, Dierle José Coelho Nunes. *Processo jurisdicional democrático*. Curitiba: Juruá, 2008.

SOARES; Carlos Henrique; BRÊTAS, Ronaldo de Carvalho Dias. *Manual elementar de processo civil*. 2ª. ed. Belo Horizonte: Del Rey, 2013.

TARUFFO, Michele. Il controlo di razionalità della decisione fra lógica, retórica e dialettica. *In: L´attività del giudice: mediazioni degli interessi e controllo della attività, a cura di Mario Bessone*. Torino: Giappichelli Editore, 1997.

THEODORO JÚNIOR, Humberto; NUNES, Dierle; BAHIA, Alexandre Melo Franco; PEDRON, Flávio Quinaud. *Novo CPC- Fundamentos e sistematização*. Rio de Janeiro: Forense, 2015.

THEODORO JÚNIOR, Humberto. *Curso de Direito Processual Civil*. 56ª. ed. rev., atual., ampl., de acordo com o Novo CPC. Rio de Janeiro: Forense, 2015, v. I.

ZUFELATO, Camilo. Análise comparativa da cooperação e colaboração entre os sujeitos processuais nos projetos de novo CPC. *In*: FREIRE, Alexandre *et alii* (Orgs). *Novas tendências do processo civil*. Salvador: Jus Podivm, 2013.

CAPÍTULO 2

A influência do processo constitucional sobre o novo CPC

Dhenis Cruz Madeira[1]

SUMÁRIO: 1. CONSIDERAÇÕES INICIAIS ; 2. AFINAL, O QUE É O PROCESSO CONSTITUCIONAL? ; 3. O PRO-CESSO CONSTITUCIONAL: NASCIMENTO E DESENVOLVIMENTO; 4. BREVE HISTÓRICO DA LEGISLAÇÃO PRO-CESSUAL CIVIL BRASILEIRA; 4.1 LEGISLAÇÃO PROCESSUAL NO BRASIL- COLÔNIA: A IMPORTÂNCIA DAS ORDENAÇÕES DO REINO; 4.2 PERÍODO REPUBLICANO: A IMPORTÂNCIA DOS CÓDIGOS ESTADUAIS; 4.3 O CPC DE 1939: O PRIMEIRO CPC BRASILEIRO; 4.4 O CPC DE 1973: O CÓDIGO BUZAID E A FORTE INFLUÊNCIA DE LIEBMAN; 4.5 O CPC DE 2015: O PRIMEIRO CPC DEMOCRÁTICO; 5. A INFLUÊNCIA DO PROCESSO CONSTI-TUCIONAL SOBRE O NOVO CPC; 6. CONSIDERAÇÕES FINAIS; 7. REFERÊNCIAS BIBLIOGRÁFICAS.

1. CONSIDERAÇÕES INICIAIS

Após cerca de cinco anos[2] de tramitação legislativa nas duas Casas (Senado Federal e Câmara dos Deputados) e sanção presidencial, eis que surge, median-te publicação da Lei 13.105/2015, um Novo Código de Processo Civil brasileiro.

Trata-se de norma jurídica que, a partir de agora, chamar-se-á apenas de "Novo CPC" ou CPC/2015.

Não se trata de um acontecimento corriqueiro, afinal, o Novo CPC, de 2015, sucedeu o CPC de 1973, que já contava, portanto, com cerca de 40 anos de idade, sendo que o anterior, o CPC de 1939, tinha cerca de 35 anos de idade quando o CPC subseqüente entrou em vigor.

Consciente do momento histórico vivido, o presente texto, redigido em forma de ensaio, tem por objetivo definir o que é o Processo Constitucional

---

1. Professor Adjunto das Faculdades de Direito da Universidade Federal de Juiz de Fora – UFJF (Mestrado, Especialização e Graduação) e Pontifícia Universidade Católica de Minas Gerais – PUC Minas (Especializa-ção e Graduação). Doutor, Mestre e Especialista em Direito Processual. Advogado. E-mail: cruzmadeira@hotmail.com

2. Por meio do Ato n. 379 de 2009, prolatado pelo então Presidente do Senado Federal, Senador José Sarney, nomeou-se a primeira Comissão de Juristas encarregada de elaborar o Anteprojeto do Novo Código de Processo Civil, tendo o mesmo sido entregue, submetido às duas Casas Legislativas e profundamente modificado – especialmente, quando da tramitação perante a Câmara dos Deputados – até 16 de março de 2015, quando, precedido de sanção presidencial, foi finalmente publicado. Fato é que, cruzentre a primeira versão entregue ao Senado e a última versão sancionada houve muitas mudanças, tantas que quase não há identidade entre a primeira e última.

(item 2); mostrar como surgiu e se desenvolveu o Processo Constitucional (item 3); traçar um esboço histórico da legislação processual civil brasileira (item 4 e subitens), desde o Brasil-Colônia (subitem 4.1) até o CPC publicado em 2015 (subitem 4.5), para, finalmente, mostrar a influência do Processo Constitucional no Novo CPC (item 5).

2. AFINAL, O QUE É O PROCESSO CONSTITUCIONAL?

A definição do *Processo Constitucional* não é uníssona entre os estudiosos do assunto.

Dentre outros, o processual-constitucionalista peruano Domingo García Belaunde afirmou que os vocábulos Processo Constitucional e Direito Processual Constitucional, embora muito utilizados, não são empregados com precisão e ainda estão longe de um consenso semântico entre os juristas.[3]

A causa de tal equivocidade de conceitos talvez se deva ao fato de que, entre os primeiros autores que trataram do tema, era comum, para fins didáticos, fazer-se a distinção entre o *Direito Processual Constitucional* e o *Direito Constitucional Processual*, afirmando-se que o primeiro se referia ao estudo das chamadas *ações constitucionais* (v.g. mandado de segurança, ação direta de inconstitucionalidade, *habeas corpus*, mandado de injunção, *habeas data*, etc), enquanto que o segundo, Direito Constitucional Processual, tinha por objeto do estudo dos princípios e garantias constitucionais do Processo.

Dentre outros,[4] o constitucionalista mexicano Héctor Fix-Zamudio,[5] um dos pioneiros nesse estudo no mundo, chegou a realizar a distinção acima descrita, parecendo ser impossível desprezá-la, ainda que para o rechaço final.[6] Em todo caso, parece que a divisão entre o Direito Processual Constitucional e o Direito Constitucional Processual só se justificaria para fins didáticos, não se tratando, propriamente, de um novo ramo do Direito Processual ou Constitucional.[7]

---

3. BELAUNDE, Domingo García. El Derecho Procesal Constitucional, p. 195-202.
4. Vários juristas tentam distinguir o Direito Constitucional Processual do Direito Processual Constitucional. Há, nesta linha, grandes nomes, tais como, por todos: CANOTILHO, José Joaquim Gomes. Direito constitucional e teoria da constituição, p. 965-966. Em todo caso, os autores que assumem tal divisão parecem concordar com o fato de que a jurisdição constitucional e as chamadas ações constitucionais também devem ser regidas pelos princípios constitucionais do processo.
5. Fix-Zamudio realiza a distinção, conforme se pode ver em: El pensamiento de Eduardo J. Couture y el Derecho Constitucional Procesal, p. 192.
6. Além de Fix-Zamudio, sobre a mencionada divisão entre Direito Constitucional Processual e Direito Processual Constitucional, dentre outros, conferir: CANOTILHO, José Joaquim Gomes. Direito constitucional e teoria da constituição, p. 965-967; MEDINA, Paulo Roberto de Gouvêa. Direito processual constitucional, p. 04-05.
7. Como disseram, dentre outros: ARAÚJO, Marcelo Cunha de. O novo processo constitucional, p. 100 (em sua nota de rodapé n. 8); NERY JÚNIOR, Nelson. Princípios do processo civil na Constituição Federal, p. 20-21.

O que nos parece, porém, é que tal distinção, desde que foi criada, tem gerado mais dificuldade de compreensão do que, propriamente, facilidade, sendo incapaz de atingir seu pretendido fim didático.

Ademais, tal distinção, no plano científico, parece ser irrelevante, porquanto mesmo as ações constitucionais estudadas no Direito Processual Constitucional devem se submeter e ser regidas pelos princípios constitucionais do processo, objeto do Direito Constitucional Processual. Para ser mais direto: a tentativa de se criar duas linhas ou sub-ramos distintos, um, para estudar os princípios e garantias, outro, para estudar os procedimentos (ou ações) previstos no texto constitucional, é, do ponto de visa epistemológico, injustificável.

Não é à toa que Paulo Roberto de Gouvêa Medina[8] chega a dizer que tal desmembramento não possui base metodológica segura e nem possui qualquer relevância prática, sendo que Rosemiro Pereira Leal,[9] também criticando a dicotomia, afirma que a mesma induz o leitor ao erro, porquanto este subentenderia a existência de um direito processual infraconstitucional, o que seria incorreto.

Nessa mesma toada, José Joaquim Gomes Canotilho afirma o Direito Constitucional Processual não existe sem o Direito Processual Constitucional, sendo que, por sua clareza, o trecho merece transcrição:

> "O direito constitucional processual conforma também o direito processual constitucional. A pluralidade de processos jurisdicionais (penais, civis, administrativos, fiscais) não perturba a existência de um paradigma constitucional processual informado pelos princípios que se acabam de referir. A existência de um *paradigma processual* na Constituição portuguesa obriga a estudar e a analisar os diferentes processos não apenas na sua configuração concreta dada pela lei ordinária (os códigos processuais ordinários), mas também sob o ângulo da sua conformidade com as normas constitucionais respeitantes às dimensões processuais das várias jurisdições. O direito processual constitucional estará também, nesta medida, vinculado ao paradigma constitucional do processo."[10]

Nesta linha, como já insistentemente dito, a referida divisão só costuma ser usada para fins didáticos, mas, em realidade, na prática e até na teoria, não encontra justificativa robusta. Aliás, pode-se dizer que tal dicotomia, no atual estágio das Teorias do Processo e da Constituição, mais atrapalham do que ajudam a compreender o próprio Processo Constitucional.

---

8.   Direito processual constitucional, p. 05.
9.   LEAL, Rosemiro Pereira. Teoria Geral do Processo, p. 49.
10. CANOTILHO, José Joaquim Gomes. Direito constitucional e teoria da constituição, p. 967.

Vale lembrar que toda ação, mesmo as previstas em leis infraconstitucionais (v.g. Códigos), possuem fundamento no texto constitucional, pois traduzem o exercício do direito constitucional de provocar a jurisdição – inspirado no direito constitucional de petição, como afirmava Couture.[11]

Neste momento, o leitor deve estar se perguntando: se a distinção sobredita não deve ser mais feita, então, afinal, o que é o Processo Constitucional?

Pois bem, na atualidade, o *Processo Constitucional* ou *Direito Processual Constitucional* – consideremos as expressões como sinônimas – *traduz-se no estudo do Processo frente à Constituição, o estudo do Direito Processual unido ao Direito Constitucional, uma junção entre o Direito Processual e o Direito Constitucional.* Não se trata propriamente de um novo ramo do Direito, mas de um *movimento (ou esforço) metodológico realizado conjuntamente por processualistas e constitucionalistas de vários países e continentes.*

O movimento acima descrito procura abandonar a visão privada e infraconstitucional do Processo – comuns na visão liberal[12] –, para um tratamento público e constitucional.

Isto quer dizer que o Processo Constitucional relaciona o Direito Processual com os vários temas que antes eram exclusivos do Direito Constitucional, tais como a cidadania, a democracia, os direitos fundamentais, a legitimidade das decisões, os princípios constitucionais, a jurisdição, o paradigma constitucional, as funções do Estado, etc.

Assim, seguindo as orientações de vários autores neste sentido,[13] com quem concordamos, utilizar-se-á, neste trabalho, apenas a expressão Direito Processual Constitucional ou simplesmente, *Processo Constitucional*, pois, como dito, a distinção antes apresentada é estéril.

---

11. Cf. Fundamentos del Derecho Procesal Civil, p. 74-79.

12. Sobre a visão liberal de processo, sugere-se, dentre outros: MADEIRA, Dhenis Cruz. Processo de Conhecimento & cognição, p. 90-94; OLIVEIRA, Carlos Alberto Alvaro de. Do formalismo no processo civil, p. 44-52.

13. Em certa altura de sua importante obra, José Alfredo de Oliveira Baracho (Processo Constitucional, p. 125) relativiza as diferenças entre os dois termos: "A aproximação entre Constituição e Processo gera o surgimento do Direito Constitucional Processual ou Direito Processual Constitucional, como preferem outros: 'A condensação metodológica e sistemática dos princípios constitucionais do processo toma o nome de Direito Processual Constitucional.' Não se trata de um ramo autônomo do Direito Processual, mas sim de uma colocação científica, de um ponto de vista metodológico e sistemático, do qual se pode examinar o processo em suas relações com a Constituição." Outros autores, neste ponto específico, caminham em sentido quase idêntico, enxergando o Processo Constitucional de forma mais ampla, abrangendo os dois termos mencionados num só corpo: V.g. CINTRA, Antônio Carlos de Araújo; GRINOVER, Ada Pellegrini; DINAMARCO, Cândido Rangel. Teoria Geral do Processo, p. 79-80; DIAS, Ronaldo Brêtas de Carvalho Dias. Processo Constitucional e Estado Democrático de Direito, p. 03; GUERRA FILHO, Willis Santiago. Processo constitucional e direitos fundamentais, p. 17; LEAL, Rosemiro Pereira. Teoria Geral do Processo, p. 49; MEDINA, Paulo Roberto de Gouvêa. Direito processual constitucional, p. 05.

Ocorre, porém, que tal união entre o Direito Processual e o Direito Constitucional não ocorreu da noite para o dia e, para o bem da verdade, pode-se dizer que ainda está em curso. Resta-nos saber, no item seguinte, quais os juristas que construíram alicerces teóricos do Processo Constitucional para, ao final, demonstrar a influência do mesmo no Novo Código de Processo Civil brasileiro de 2015.

3. O PROCESSO CONSTITUCIONAL: NASCIMENTO E DESENVOLVIMENTO

O movimento científico impingido pelo Processo Constitucional induz ao abandono dos modelos liberal e social de Processo, sendo tal esforço metodológico percebido, sobretudo, ao final e, mais fortemente, após a Segunda Grande Guerra Mundial.

Trata-se de uma linha metodológica que foi sentida, sobretudo e pioneiramente, na América Latina.

Diz-se isto porque o processualista uruguaio Eduardo Juan Couture Etcheverry, mais conhecido como Eduardo J. Couture (1904-1956), foi quem, em plena Segunda Guerra, ministrou, nos anos de 1943 e 1944, um curso em algumas universidades americanas sobre o (então) inovador tema das *garantias constitucionais do processo civil*.[14] Trata-se de curso que deu origem a um texto publicado em 1946[15] e que marcou o início dos estudos do Direito Constitucional Processual, nas palavras de Fix-Zamudio,[16] embora o processualista uruguaio só tenha feito menção expressa à disciplina num texto publicado em 1948, intitulado *Casos de derecho procesal constitucional*.[17]

A liberdade,[18] a natureza jurídica da ação, a interpretação jurídica,[19] a hermenêutica e outros temas afetos à Teoria do Direito, à Filosofia do Direito e, sobretudo, ao Direito Constitucional eram recorrentes dentro da extensa obra processual de Couture.

---

14. Cf. MELENDO, Santiago Sentís. Prólogo, p. XII.
15. COUTURE, Eduardo J. Las garantías constitucionales del proceso civil, p. 158-173.
16. FIX-ZAMUDIO, Héctor. El pensamiento de Eduardo J. Couture y el Derecho Constitucional Procesal, p. 315. O referido artigo, considerado clássico para quem se propõe a estudar o Processo Constitucional, também foi publicado em: Revista de la Facultad de Derecho y Ciencias Sociales, Montevideo, Uruguay. Enero-Junio de 1980, tomo I, p. 51-69 (Estudios em honor de Eduardo J. Couture. Revista de Derecho Procesal, de Uruguay). O trabalho foi republicado em obra de 1988 que reuniu vários artigos do constitucionalista mexicano, que, para facilitar a localização e consulta, servirá de referência bibliográfica nas próximas notas de rodapé (inclusive, quanto às páginas): FIX-ZAMUDIO, Héctor. El pensamiento de Eduardo J. Couture y el Derecho Constitucional Procesal, p. 187-219.
17. Texto que pode ser encontrado em: COUTURE, Eduardo J. Estudios de derecho procesal civil. A edição original é de 1948.
18. V.g. COUTURE, Eduardo J. O princípio da liberdade no sistema do processo civil.
19. Cf. COUTURE, Eduardo J., Interpretação das leis processuais.

NOVO CPC DOUTRINA SELECIONADA, v. 1 • Parte Geral

PARTE III – NORMAS FUNDAMENTAIS

Sua mais famosa obra foi intitulada *Fundamentos del Derecho Procesal Civil*, cuja primeira edição é de 1942, tendo recebido, no ano de 1946, uma edição brasileira com tradução para a língua portuguesa. Nesta última publicação, foram realizados pequenos acréscimos, o principal deles, a identificação do direito de ação como um direito constitucional de petição (*una forma típica del derecho constitucional de petición*),[20] repetindo as lições que antes havia proferido em solo americano.

O fato é que o talento de Couture foi reconhecido ainda em vida, tendo ministrado conferências em todo mundo, desde a América Latina, passando pelos Estados Unidos e diversos países da Europa. Além disto, manteve contato próximo com grandes nomes do Direito Processual de sua época, tais como Calamandrei, Goldschmidt, Carnelutti, Alcalá-Zamora y Castillo[21] somente para citar alguns poucos nomes europeus que o reverenciavam. Um nome famoso entre os brasileiros, Liebman,[22] em 1952, publicou trabalho em que exaltou o nome de Couture e seu esforço de aproximação entre o Direito Constitucional e Processual.

No Uruguai, para se ter uma idéia do prestígio que Couture angariava entre seus pares, recebeu o alemão James Goldschmidt (1940) - que, inclusive, faleceu em Montevidéu,[23] fugindo da perseguição nazista - e Francesco Carnelutti, numa época em que as viagens da Europa à América do Sul eram tormentosas.

De fato, Couture alcançou o grau máximo de reconhecimento e docência em Direito Processual, algo pouco comum para juristas latino-americanos de seu tempo e, como se sabe, ainda hoje.

A junção entre Direito Processual e Constitucional proposta por Couture teve forte influência do Direito norte-americano e inglês, pois, como se disse, o processualista uruguaio, além de conhecedor da cultura jurídica romano-germânica, era um profundo estudioso do direito anglo-saxão,[24] como se percebe nas referências bibliográficas que utilizava.

Destaca-se que Couture iniciou esta aproximação entre os institutos do direito processual com os do direito constitucional antes, durante e um pouco

---

20. COUTURE, Eduardo J. Fundamentos del Derecho Procesal Civil, p. 74.
21. Numa conferência realizada no México em 1947, Alcalá-Zamora y Castillo, referindo-se a Couture, manifestou "uma amizade realmente fraternal". Cf. COUTURE, Eduardo J., Interpretação das leis processuais, p. 59.
22. LIEBMAN, Enrico Tullio. Diritto Costituzionale e Processo Civile, p. 332.
23. Cf. COUTURE, Eduardo J. Prólogo. In: GOLDSCHMIDT, James. Problemas generales del derecho, p. VII-IX.
24. Cf. BIDART, Adolfo Gelsi. Ante Eduardo J. Couture veinte años despues. Montevideo, en 11-05-1976, p. 07-08. Disponível em: ‹http://www.fder.edu.uy/contenido/archivo-historico/documentos/homenaje-a-couture.pdf›. Acesso em 28/01/2012. Sublinhado do original; LIEBMAN, Enrico Tullio. Diritto Costituzionale e Processo Civile, p. 332.

após a Segunda Guerra, só interrompendo suas pesquisas em decorrência de sua morte prematura, ocorrida no ano de 1956, quando estava próximo de completar (apenas) 52 anos de idade.

De todo modo, como se disse, Couture, antes mesmo da Segunda Guerra, defendeu idéias que estavam à frente de seu tempo. Somente para citar alguns exemplos, Couture: a) ligou à ação ao direito constitucional e abstrato de petição,[25] ao direito (que chamava de *poder jurídico*)[26] de provocar a jurisdição, vendo-o como direito à jurisdição, destacando igual direito do réu de se defender e fazendo um paralelo entre ação e exceção;[27] b) escreveu sobre a *tutela constitucional del proceso;*[28] c) enxergou o processo como garantia constitucional[29] e o ligou aos *direitos da pessoa humana;*[30] d) compreendeu que toda parte tinha o direito de ser escutada e, caso não o fosse, esta não-audiência seria uma violação da tutela constitucional do processo;[31] e) defendeu a inconstitucionalidade das leis que impedem a audiência das partes, seja a audiência manifesta na forma oral, seja na forma escrita, tudo isto, por violação da tutela constitucional do processo;[32] f) compreendeu que a privação do direito de recurso também seria inconstitucional;[33] g) disse que os juízes deveriam, por garantia constitucional, ser *independentes* (não aceitando sofrer pressões externas, tanto políticas, quando das massas), exercer sua *autoridade* (no caso, não quer defender o autoritarismo, mas, simplesmente, que as decisões dos juízes deveriam ser efetivadas, não se reduzindo à simples peças acadêmicas) e, por fim, *ser responsabilizados* por seus atos (para que, no exercício de sua função, o juiz não se convertesse num déspota).[34]

---

25. Fundamentos del Derecho Procesal Civil, p. 74-79.
26. Ibidem, p. 57-61.
27. Vale lembrar que a palavra exceção foi aqui usada como sinônimo de resposta, de defesa. Num paralelo entre ação e exceção, afirmou Couture: "El tema de la excepción es, dentro de una concepción sistemática del proceso, virtualmente paralelo al de la acción. La acción, como derecho a atacar, tiene una especie de réplica en el derecho del demandado a defenderse. Toda demanda es una forma de ataque; la excepción es la defensa contra ese ataque, por parte del demandado. Si la acción es, como decíamos, el sustitutivo civilizado de la venganza, la excepción es el sustitutivo civilizado de la defensa." (Fundamentos del Derecho Procesal Civil, p. 90-91)
28. Disse que "la tutela del proceso se realiza por imperio de las previsiones constitucionales." Cf. Fundamentos del Derecho Procesal Civil, p. 148.
29. Cf. COUTURE, Eduardo J. Fundamentos del Derecho Procesal Civil, p. 151; COUTURE, Eduardo J. Las garantías constitucionales del proceso civil.
30. Fundamentos del Derecho Procesal Civil, p. 151.
31. Afirmou Couture: "(...) la privación de una razonable oportunidad de ser escuchado, supone violación de la tutela constitucional del proceso". Fundamentos del Derecho Procesal Civil, p. 156.
32. Fundamentos del Derecho Procesal Civil, p. 156.
33. Ibidem, p. 158.
34. Ibidem, p. 161.

Percebe-se que Eduardo J. Couture, diferentemente de seus contemporâneos europeus,[35] mesmo com as limitações do Direito Constitucional de seu tempo, procurou realizar uma revisitação de todos os institutos que compunham o Direito Processual, procurando, ainda, alinhavar Processo e Constituição de forma didática.

Numa mesa-redonda realizada no ano de 1947, formada logo após algumas conferências realizadas no México, Eduardo J. Couture foi bem direto ao dizer: "Se me perguntassem de onde extraio toda a sua estrutura normativa processual, eu responderia que seu primeiro grau se encontra no texto da Constituição (...)"[36]

Mesmo sabendo que a identificação do pioneirismo do Processo Constitucional seja um tema difícil, conforme já tivemos a oportunidade de tratar,[37] é possível apontar alguns nomes importantes para a primeira fase do Processo Constitucional. Dentre eles, destacam-se os nomes de Kelsen, Couture, Alcalá-Zamora y Castillo e Fix-Zamudio.

De forma didática, Eduardo Ferrer Mac-Gregor[38] esboça o que seria, para ele, as *quatro etapas* de criação e desenvolvimento do Processo Constitucional.

A primeira, chamada de *Etapa Precursora*, teria durado de 1928 a 1942, sendo marcada, sobretudo, pela contribuição de Hans Kelsen que, neste período, após a famosa polêmica com Carl Schmitt,[39] já exilado nos EUA, publica, em 1942,[40] um texto comparativo, entre os sistemas americano e austríaco, acerca do controle de constitucionalidade das leis, sendo considerado o primeiro sobre o tema. Este estudo, segundo Mac-Gregor, não teve grande repercussão no meio jurídico-científico - talvez, pelo fato de Kelsen integrar,[41] na Universidade de Califórnia, o Departamento de Ciência Política, e não, propriamente, a Faculdade de Direito -, e, apesar de ser um tema que interessaria futuramente ao

---

35. Liebman, tempos depois, faz uma crítica aos processualistas europeus, que, como dito, preocupavam-se em demasia com a vinculação entre o processo e o direito privado. Cf. LIEBMAN, Enrico Tullio. Diritto Costituzionale e Processo Civile, p. 329.
36. COUTURE, Eduardo J. Interpretação das leis processuais, p. 145.
37. Conferir trecho de obra de onde foram retirados muitos dados constantes neste item: MADEIRA, Dhenis Cruz. Argumentação Jurídica: (In)compatibilidades entre a Tópica e o Processo, p. 305-335.
38. MAC-GREGOR, Eduardo Ferrer. El derecho procesal constitucional com fenómeno histórico social y como ciencia, p. 83-85.
39. Cf. MAC-GREGOR, Eduardo Ferrer. El derecho procesal constitucional como fenómeno histórico social y como ciencia, p. 82-83. Ainda, sobre a polêmica entre Kelsen e Schmitt: MACEDO JÚNIOR, Ronaldo Porto. Carl Schmitt e a fundamentação do direito; SCHMITT, Carl. O guardião da Constituição.
40. KELSEN, Hans. Judicial review of legislation. A Comparative Study of the Austrian and the American Constitution, p. 183-200; MAC-GREGOR, Eduardo Ferrer. El derecho procesal constitucional como fenómeno histórico social y como ciencia, p. 83.
41. Cf. KELSEN, Hans. Autobiografia de Hans Kelsen, p. 108.

Direito Processual Constitucional, não faz menção expressa ao tema. Fato é que Kelsen, mais afeto aos estudos da Teoria do Direito, não desenvolveu o tema suficientemente no plano processual.

A segunda etapa foi nomeada por Mac-Gregor como *Etapa de Descobrimento Processual*, estando compreendida entre os anos de 1944 e 1947. Trata-se do período em que Alcalá-Zamora y Castillo esteve exilado na Argentina, entre os anos de 44 e 45, e no México, a partir de 1947. É o mencionado processualista espanhol que, neste período, faz remissão a um novo ramo processual que chama de *derecho procesal constitucional*. Mas antes de tal data, em 1933, ainda em Madrid, Alcalá-Zamora y Castillo[42] publicou um folheto, fruto de uma conferência em que analisou a jurisdição constitucional kelseniana e fez referência a um *processo constitucional*, mas sem ainda atribuir o nome à disciplina. Trata-se de uma remissão muito superficial ao tema. Em 1944,[43] Alcalá-Zamora y Castillo se refere à *legislación procesal constitucional*, sendo que a menção ao Direito Processual Constitucional aparece no título do trabalho, sem tratamento mais profundo no texto.

Percebe-se que em todos os textos publicados por Alcalá-Zamora y Castillo, não há um tratamento mais denso sobre o Processo Constitucional. Quase sempre o tema é restrito a uma citação indireta e enfrentamento esparso. Isto não se deve à incapacidade do processualista mexicano, que era um dos interlocutores diretos de Couture,[44] mas a um fato bem captado por García Belaunde:

> "(...) es indudable que Alcalá-Zamora hubiera podido hacer contribuciones notables a este campo si es que se lo hubiese propuesto. Pero el hecho de que viviese en México en una época en que regia los destinos del país un partido hegemónico, respetuoso de las formas pero no por ello menos imperativo, y considerando además que él era un exiliado español que debía observar ciertas reglas de comportamiento, es más que probable que haya asumido inconscientemente una cierta cautela para tratar estos temas, al margen de que probablemente le atrajesen más otros aspectos de teoría general o del proceso civil."[45]

Fato é que Alcalá-Zamora y Castillo só tratou do tema de forma superficial, diferentemente de Couture, que, na mesma época, já pronunciava conferências

---

42. Cf. ALCALÁ-ZAMORA Y CASTILLO, Niceto. Significado y funciones del Tribunal de Garantías Constitucionales, p. 41-44; BELAUNDE, Domingo García. Dos cuestiones disputadas sobre el derecho procesal constitucional, p. 06.
43. Cf. ALCALÁ-ZAMORA Y CASTILLO, Niceto. Ensayos de Derecho Procesal civil, penal y constitucional, p. 51; BELAUNDE, Domingo García. Dos cuestiones disputadas sobre el derecho procesal constitucional, p. 06.
44. Cf. COUTURE, Eduardo J., Interpretação das leis processuais, p. 59.
45. BELAUNDE, Domingo García. Dos cuestiones disputadas sobre el derecho procesal constitucional, p. 08.

sobre as garantias constitucionais do processo, aliás, algumas delas foram pronunciadas em 43, antes da menção explícita de Alcalá-Zamora. Este é um dos motivos pelos quais é difícil saber quem teve primazia nestas idéias acerca do Processo Constitucional, embora possamos colocar Kelsen, Couture e Alcalá-Zamora y Castillo, cada um com sua contribuição, com os três pioneiros neste estudo, que nasceu na América.[46] Mac-Gregor[47] insere, nesta segunda etapa, somente Alcalá-Zamora y Castillo, contudo, pelos motivos já expostos, alterando-se a reflexão do jurista mexicano, parece ser possível incluir Couture nestes passos iniciais, assim como na etapa seguinte.

Seguindo, a terceira é denominada de *Etapa do Desenvolvimento Dogmático Processual*.[48] Trata-se de uma etapa desenvolvida entre os anos de 1946 e 1955, em que se destaca o nome de Couture, seguido de Piero Calamandrei[49] (1950-1956) e Mauro Cappelletti[50] (1955). Entre os anos de 1946 e 1948, o processualista uruguaio propõe e realiza estudos sobre o que chamou de *garantías constitucionales del proceso*, assim como um estudo sobre a jurisdição constitucional. Utiliza a expressão *garantía* como sinônimo de direito fundamental, e não propriamente, conforme lembra Mac-Gregor,[51] como direito de defesa. Há, nesta etapa, como já dito, um maior aprofundamento acerca da relação entre o Direito Processual e a Constituição, algo que não havia sido feito nem por Kelsen, nem por Alcalá-Zamora y Castillo.

Logo após os dois autores em destaque, Piero Calamandrei,[52] na Itália, entre os anos de 1950 e 1956, assim como Mauro Cappelletti, no ano de 1955, iniciaram estudos correlatos. Calamandrei, estudou a jurisdição constitucional sob o prisma do processualismo científico – que, recorde-se, foi inaugurado na Itália por seu mestre Chiovenda –, mas não realiza um maior aprofundamento. Por sua vez, Cappelletti procurou estudar o que chamou de *jurisdição constitucional da liberdade*, que consistia no estudo da proteção jurisdicional dos direitos

---

46. Cf. BELAUNDE, Domingo García. Derecho procesal constitucional, p. 03; BELAUNDE, Domingo García. Dos cuestiones disputadas sobre el derecho procesal constitucional, p. 05-06.
47. MAC-GREGOR, Eduardo Ferrer. El derecho procesal constitucional como fenómeno histórico social y como ciencia, p. 84.
48. Cf. MAC-GREGOR, Eduardo Ferrer. El derecho procesal constitucional como fenómeno histórico social y como ciencia, p. 84.
49. CALAMANDREI, Piero. La ilegittimità costituzionale delle leggi nel processo civile.
50. CAPPELLETTI, Mauro. La giurisdizione costituzionale delle libertà: primo studio sul ricorso costituzionale.
51. MAC-GREGOR, Eduardo Ferrer. El derecho procesal constitucional como fenómeno histórico social y como ciencia, p. 84.
52. Que, inclusive, foi amigo de Alcalá-Zamora y Castillo, como testemunhou Fix-Zamudio em ocasião das palavras que proferiu em razão da morte do processualista espanhol. Cf. Disponível em: ‹http://biblio.juridicas.unam.mx/libros/2/639/2.pdf›. Acesso em 29-01-2012. Sobre a participação de Calamandrei e Cappelletti na terceira etapa, conferir: MAC-GREGOR, Eduardo Ferrer. El derecho procesal constitucional como fenómeno histórico social y como ciencia, p. 84.

Cap. 2 • A INFLUÊNCIA DO PROCESSO CONSTITUCIONAL SOBRE O NOVO CPC
Dhenis Cruz Madeira

fundamentais. Contudo, tanto Calamandrei, quanto Cappelletti não realizam um estudo aprofundado do Processo Constitucional e nem fizeram menção, segundo Mac-Gregor,[53] acerca da existência de um novo ramo processual.

A *quarta etapa* é chamada por Mac-Gregor de *Etapa da Definição Conceitual e Sistemática*, iniciando-se entre os anos de 1955 e 56 e, pode-se dizer, persistindo até os dias atuais.

Trata-se de um período que tem como pioneiro Héctor Fix-Zamudio, por meio de estudos que, inicialmente, foram publicados em 1955 (*La garantía jurisdiccional de la constitución mexicana. Ensayo de uma estructuración procesal del amparo*), com publicações parciais no ano seguinte. O jurista mexicano realiza o percurso já mencionado, desde Kelsen, passando por Couture, Calamandrei e Cappelletti. Nesta etapa, há uma maior sistematização das idéias até então produzidas.

Numa interessante imagem, Mac-Gregor[54] afirma que Kelsen trouxe a semente, Alcalá-Zamora descobre o broto, Couture, Calamandrei e Cappelletti fazem com que nasçam os primeiros ramos e Fix-Zamudio lhe dá forma para que se torne uma árvore suficientemente grande para abrigar todos os demais sob sua sombra. A excelente metáfora apresentada por Mac-Gregor parece merecer um único reparo: Couture, além de ser responsável pelo nascimento dos primeiros ramos, também ajudou Alcalá-Zamora y Castillo a descobrir o broto, ajudando a descortinar o tema pouco mencionado. Fora isso, a imagem nos parece muito adequada.

Nos primeiros passos da formação teórica do Processo Constitucional, parece ser possível estabelecer uma seqüência cronológica[55] entre os trabalhos dos juristas, nesta ordem: Kelsen, Couture/Alcalá-Zamora y Castillo, Calamandrei, Cappelletti, Fix-Zamudio, García Belaunde, Sagüés, Roberto Rosas, José Alfredo Baracho e assim sucessivamente até os autores contemporâneos.

Em solo europeu, talvez devido à destruição gerada pela Segunda Guerra Mundial, o movimento científico descrito demorou a chegar. Como exemplo, percebemos que, na Alemanha, afirma Belaunde,[56] Peter Häberle foi o primeiro a utilizar o termo Direito Processual Constitucional, em 1973, sistematizando-o

---

53. Mac-Gregor agrega o nome de Couture entre os que não fizeram menção ao novo ramo processual, afirmando que Alcalá-Zamora y Castillo e Fix-Zamudio os primeiros a fazer tal referência. Cf. El derecho procesal constitucional como fenómeno histórico social y como ciencia, p. 86.
54. MAC-GREGOR, Eduardo Ferrer. El derecho procesal constitucional como fenómeno histórico social y como ciencia, p. 85.
55. Cf. MAC-GREGOR, Eduardo Ferrer. El derecho procesal constitucional como fenómeno histórico social y como ciencia, p. 90.
56. Cf. El Derecho Procesal Constitucional, p. 11.

somente em 1976. Na Espanha,[57] o primeiro a utilizar a expressão teria sido José Almagro Nosete, num artigo publicado em 1979, sendo que, em 1980, Jesús González Pérez fez um maior aprofundamento no tema.

No Brasil, José Alfredo de Oliveira Baracho tratou profundamente do tema, publicando, no ano de 1984, uma obra extensa com o título *Processo Constitucional*. Um pouco antes da publicação da obra de Baracho, também no Brasil, em São Paulo precisamente, Roberto Rosas publicou um livro em 1983[58] sobre o tema, embora tenha sido uma obra menos profunda e sistematizada se comparada à obra publicada pelo constitucionalista mineiro. De todo modo, a importante obra de Roberto Rosas, logo no início,[59] faz menção a um texto de Hans Kelsen, em que enxergou o processo como garantia da liberdade do cidadão frente ao Estado, sendo que Baracho, de forma bem direta, usa farta bibliografia de Kelsen, Couture, Fix-Zamudio, etc. Assim, no Brasil, temos Roberto Rosas e José Alfredo Baracho como prováveis pioneiros do Processo Constitucional, embora já tenhamos, também no Brasil, outros juristas, não menos importantes, que trataram de assuntos afetos.

Por tudo o que foi dito, ao que parece, o Processo Constitucional foi gestado na América para depois se espalhar pelo mundo, sendo, ainda hoje, *uma proposta teórica em construção*. Por isso, não é por acaso que ainda exista tanta divergência e incompreensões entre os processual-constitucionalistas, pois, sem dúvida, o Processo Constitucional é uma proposta metodológica *in via*, ou seja, ainda não concluída.

4. BREVE HISTÓRICO DA LEGISLAÇÃO PROCESSUAL CIVIL BRASILEIRA

Obviamente, o Novo CPC não surgiu por geração espontânea, sendo, ao revés, fruto de uma evolução história e jurídica, advinda do trabalho e esforço de muitos juristas, de muitas gerações. Nos itens seguintes, apresentar-se-á, em breves linhas, um relato sobre as leis processuais civis que marcaram o Brasil, dividindo-as em fases, até a culminação na nova legislação processual de 2015.

4.1. LEGISLAÇÃO PROCESSUAL NO BRASIL-COLÔNIA: A IMPORTÂNCIA DAS ORDENAÇÕES DO REINO

Sob a perspectiva processual, o período do Brasil-Colônia - início do século XVI ao início do século XIX - foi marcado pela dominação política e administrativa

---

57. Cf. BELAUNDE, Domingo García. El Derecho Procesal Constitucional, p. 12.
58. Cf. ROSAS, Roberto. Direito Processual Constitucional – Princípios Constitucionais do Processo Civil.
59. ROSAS, Roberto. Op. Cit., p. 01.

Cap. 2 • A INFLUÊNCIA DO PROCESSO CONSTITUCIONAL SOBRE O NOVO CPC
Dhenis Cruz Madeira

da Coroa Portuguesa, sendo as regras procedimentais deste período apoiadas em normas de origem medieval, as chamadas Ordenais do Reino. Tem-se, portanto, o processo comum luso-brasileiro,[60] esculpido pelas Ordenações Afonsinas (1446 ou 1447), Manuelinas (1512 ou 1514) e Filipinas (1595 ou 1603).

Embora tivessem alguma sistematização, as Ordenações não possuíam a organização dos Códigos. Quanto ao conteúdo, um traço marcante de tais normas jurídicas era seu forte viés burocrático e formalista, com profundas raízes no direito romano e canônico.

Recorde-se que, no período do Brasil-Colônia, Bülow, Wach, Köhler, Hellwig, Mortara, Chiovenda, Carnelutti e outros juristas sequer existiam, e, por isso, o movimento processual científico alemão e italiano – que, tempos depois, influenciou a legislação processual brasileira - estava longe de surgir. Eis o motivo pelo qual não havia, no período colonial, um estudo autônomo e sistematizado do Direito Processual Civil, algo que só se iniciou no final do século XIX e início do século XX. De um modo geral, a prática judiciária era vista como uma formalidade administrativo-burocrática a ser cumprida e observada pelas partes e pelo julgador, tudo em nome da Metrópole.

A forma prevalecia sobre o conteúdo, o formalismo sobre a formalidade.

Imperava, em solo brasileiro, as normas jurídicas portuguesas, todas elas, com forte influência romano-germânica, muitas delas, advindas das pesquisas e realizadas as Escolas dos Glosadores, Humanistas, Pandectistas e demais escolas européias que, no final da Idade Média e início da Idade Moderna, preocupadas com a regulamentação jurídica da atividade mercantil, queriam dar impulso às grandes navegações e a burguesia, que se preparava para surgir. Havia, pode-se dizer assim, uma utilização e adaptação do direito romano ao período pré-colonial e colonial brasileiro, resultado direto dos estudos e avanços surgidos na Europa.

Vale lembrar que no final da Idade Média, na Europa, o Direito Romano ressurgiu,[61] sendo a oralidade exacerbada do modelo bárbaro substituída pelo formalismo,[62] também exagerado, do Processo Romano e Canônico.

No final da Idade Média, especialmente nos séculos XII e XIII, com a maior organização econômico-social da Europa, surge um movimento de tentativa de

---

60. Cf. OLIVEIRA, Carlos Alberto Alvaro de. Do formalismo no processo civil, p. 33, 39-43.
61. Cf. MARTINS, Argemiro Cardoso Moreira. O Direito Romano e seu ressurgimento no final da Idade Média, p. 181-216. VÉRAS NETO, Francisco Quintanilha. Direito Romano Clássico: seus institutos jurídicos e seu legado, p. 142-9. COUTURE, Eduardo J., Trayectoria y destino del derecho procesal civil hispanoamericano, p. 28.
62. Cf. OLIVEIRA, Carlos Alberto Álvaro de. Do formalismo no processo civil, p. 24-9.

NOVO CPC DOUTRINA SELECIONADA, v. 1 • Parte Geral

PARTE III – NORMAS FUNDAMENTAIS

resgate do sistema romano de julgamento. A Escola dos Glosadores,[63] a Escola dos Comentadores[64] e a Escola Culta[65] encarregaram-se de estudar o Direito Romano, especialmente, as compilações realizadas por Justiniano.

Ao final da Idade Média, diante dos interesses econômicos da burguesia que se consolidada, o modelo jurisdicional esculpido pela Escola Humanista (Idade Moderna), ainda comprometida com os ideais absolutistas,[66] precisou ser revisto.

De se recordar que o Império Bizantino (Idade Média) iniciou-se com o desmoronamento do Império Romano em 565 (morte de Justiniano), quando então se instituiu a cidade de Constantinopla como capital. É justamente a tomada de Constantinopla pelos otomanos (turcos islâmicos) que marca o início da Idade Moderna (1453 a 1789), período que coincide com o Brasil-Colônia.

A região do Bósforo, onde se localizava a capital do Império Bizantino, era uma passagem terrestre importantíssima que ligava a Europa à Ásia. Esse fechamento ocasionou, forçosamente, um estímulo para as *grandes navegações*, haja vista que o *mercantilismo* se fortalecia juntamente com os *Estados Nacionais*. A chegada dos portugueses ao Brasil é, certamente, fruto de tal movimento político e econômico.

Ocorre que o formalismo exagerado do processo romano-canônico alcançado ao final da Idade Média não poderia prevalecer diante do ágil mercantilismo que a Idade Moderna inaugurava.

---

63. A Escola dos Glosadores foi fundada na Universidade de Bolonha, durando do século XII à metade do século XIII. Tal escola contou com a colaboração do italiano Búlgaro, o mesmo que criou a difundida expressão judicium est actum trium personarum: judicis, actoris et rei, ou seja, o processo é um ato de três personagens: juiz, autor e réu. Desta feita, remonta à Idade Média a idéia que inspirou a Teoria do Processo como Relação Jurídica de Bülow, como bem anotam Cintra, Grinover e Dinamarco (Teoria Geral do Processo, p. 280). Como anota, dentre outros, César Fiuza (Direito civil, p. 61), o nome de tal Escola se deve às glosas, que eram esclarecimentos, anotações e explicações feitas sobre os textos justianianeus, sendo que as mesmas eram mais frutos de interpretação do que uma exegese literal.

64. Também chamada da Escola dos Pós-Glosadores (ou Escola Italiana, por se formar, em maioria, por juristas italianos), que foi do século XIV ao XV. Como leciona César Fiuza (Direito civil, p. 61), tal escola não foi mera continuadora da Escola dos Glosadores, já que, diferente desses, tentaram adaptar o Direito Erudito à realidade de sua época, bem como ao direito costumeiro (Direito Próprio) então disseminado.

65. Chamada também de Escola Humanista, prevalecendo durante todo o século XVI, já na Idade Moderna. Embora tenha sido fundada pelo italiano Andrea Alciato, dita escola foi representada, em sua maioria, por juristas franceses, haja vista que dito fundador formou inúmeros adeptos quando de seu magistério em território francês. Tal corrente nasceu no contexto renascentista, valendo-se do método histórico, sociológico e lingüístico para a interpretação dos textos justinianeus. As famosas expressões "Idade Média" e "Corpus Iuris Civilis" foram cunhadas pelos humanistas (Cf. FIUZA, César. Direito civil, p. 61-2).

66. Basta recordar que o trabalho realizado pelos humanistas (adeptos da Escola Culta ou Escola Humanista iniciada no século XVI) rejeitava o Direito Romano original (os textos romanos tornaram-se relíquias de cunho acadêmico) e preocupou-se em, ainda com os olhos nos textos justinianeus, criar um Direito que acompanhasse as necessidades de sua época. Foi justamente essa tentativa de atualização do Direito que intensificou a atividade legislativa dos aristocratas desse período, com a promulgação de inúmeras Ordenanças, como as de Luís XIV e XV, tornando o direito manipulável (obviamente, não pelo povo, mas pelos reis). Sobre o tema, aponta-se: FIUZA, César. Direito civil, p. 62-3.

Nasce então, após as medievais Escolas dos Glosadores e Comentadores, a Escola Humanista (chamada também de Escola Culta), que empregava métodos sociológicos, históricos e lingüísticos para a interpretação dos textos romanos. As compilações de Justiniano (reunidas no medievo *Corpus Iuris Civilis*)[67] passam a ser interpretadas e aplicadas dentro do contexto da época, deixando de ser um presente divino,[68] como acreditavam os estudiosos anteriores. A Escola alemã dos Pandectistas, que teve como último representante Windscheid,[69] nada mais foi do que uma escola que seguia tal linha,[70] realizando uma releitura contextualizada dos escritos romanos e, não raro, a interpretação dos escritos romanos gerava divergências[71] entre aqueles que se propunham a estudá-lo.

Na Idade Moderna, com a racionalidade trazida pelo Renascimento e o resgate contextualizado do Direito Romano, a atividade legislativa ganha força, vez que o Direito, diferentemente com o que ocorria na Idade Média (especialmente, a Alta Idade Média), deixou de ser uma realidade imutável e impassível de interpretação.[72] As várias *ordenações* dos monarcas acabaram por impingir o Direito Comum esculpido pelos estudiosos.

O processo comum luso-brasileiro nada mais foi do que a difusão e adaptação desse Direito.

Assim, as normas processuais civis vigentes neste período eram, falando aqui de forma geral, diretamente inspiradas nas leis romanas e canônicas compiladas pelos juristas europeus na Idade Média e Moderna.

O processo comum luso-brasileiro,[73] apoiado nas Ordenações do Reino de Portugal, possuía algumas características marcantes, tais como: a) era essencialmente escrito; b) o juiz mantinha total distância entre ele e a produção da prova, sendo as testemunhas ouvidas pelo inquiridor, e não pelo julgador; c) havia hierarquia entre as provas, já que o documento escrito prevalecia sobre a prova testemunhal, o que nos leva a afirmar que adotavam o sistema da certeza legal; d) o juiz não possuía livre convicção e nem poderia julgar conforme

---

67. Como destacado em nota de rodapé n.º 195 (página 66), o Corpus Iuris Civilis é resultado da compilação do direito justianeu realizada pelo jurista francês Denis Godefroy no século XVI.
68. FIUZA, César. Direito civil, p. 62.
69. Conforme aponta César Fiuza (Direito civil, p. 62, in fine). Vê-se, pois, que a Escola Humanista da Idade Moderna adentra na Idade Contemporânea.
70. Vários autores apontam que, ao final da Idade Média e início da Moderna, algumas ordenações acabaram por incorporar o Direito Comum, de forte influência romanística, ao seu ordenamento jurídico. Dentre eles: COUTURE, Eduardo J., Trayectoria y destino del derecho procesal civil hispanoamericano, p. 26-8. FIUZA, César. Direito civil, p. 63. OLIVEIRA, Carlos Alberto Álvaro de. Do formalismo no processo civil, p. 28, 30.
71. Cf. WINDSCHEID, Bernard; MUTHER, Theodor. Polémica sobre la "actio".
72. FIUZA, César. Direito civil, p. 63.
73. Cf. OLIVEIRA, Carlos Alberto Alvaro de. Do formalismo no processo civil, p. 35-36.

sua consciência, já que as Ordenações Filipinas, expressamente, diziam que "somente ao Príncipe, que não reconhece Superior, é outorgado por direito que julgue segundo sua consciência". Assim, o juiz tinha que se ater estritamente ao que estava escrito nos autos; e) o procedimento seguia fases rígidas e nitidamente separadas; f) havia uma prevalência do princípio dispositivo, cabendo às partes a iniciativa e o impulso processual. As partes eram senhoras da lide ou *domini litis*.

Por isso, além do que já foi dito no parágrafo anterior, pode-se afirmar que, no Período Colonial brasileiro:

- Não havia um CPC;

- As normas processuais eram baseadas nas Ordenações do Reino;

- As normas jurídico-processuais eram marcadas por um forte formalismo, típicos de suas raízes de Direito Romano, Germânico-Medieval e Canônico;

- Não havia uma separação nítida entre Direito Processual, Civil e Penal, e, muito menos, indícios da influência do Processo Constitucional, que sequer existia neste período;

- As leis processuais da época, se comparadas aos Códigos Procedimentais da Contemporaneidade, eram desorganizadas e avulsas, embora, frise-se, as Ordenações já possuíssem algum grau de organização e sistematização.

4.2. PERÍODO REPUBLICANO: A IMPORTÂNCIA DOS CÓDIGOS ESTADUAIS

Adentrando na República Velha (1889 a 1930), quanto à legislação processual, o Brasil continua a sofrer forte influência dos movimentos científicos europeus.

Neste período, foi marcante o movimento de codificação processual advindo, sobretudo, pelo Estado de Direito Liberal. Não é objetivo deste trabalho explicar em detalhes como ocorreu esse movimento de codificação europeu, motivo pelo qual se indica, para aprofundamento, dentre outras, as excelentes obras de Franz Wieacker[74] e, no Brasil, Carlos Alberto Alvaro de Oliveira.[75]

Fato é que o sobredito movimento de codificação se espalhou na Europa e acabou por estimular, no Brasil, a criação da Lei de 29 de novembro de 1832,

---

74. WIEACKER, Franz. História do direito privado moderno.
75. Cf. Do formalismo no processo civil.

Cap. 2 • A INFLUÊNCIA DO PROCESSO CONSTITUCIONAL SOBRE O NOVO CPC
Dhenis Cruz Madeira

que começou a alterar o sistema das Ordenações do Reino, criando-se um Código de Processo Criminal de primeira instância, estabelecendo, ainda, regras de administração da jurisdição civil.[76] Com a mencionada lei: a) o juiz passou a poder fazer reperguntas às testemunhas (embora o julgador ainda se mantivesse distante da produção da prova, algo que era feito, via de regra, perante um juiz municipal); b) acabava-se com a função do inquisidor (permitindo que as testemunhas fossem inquiridas pelas partes e seus advogados); c) eliminavam-se as réplicas, tréplicas e os embargos antes da sentença final, o que contribuiu para a diminuição do formalismo processual.

Em 1850 é promulgado o Código Comercial, que previa algumas regras procedimentais civis, além de serem aprovadas, no mesmo ano, outras leis processuais civis para causas comerciais.[77]

A partir daí, surgiram vários Códigos Procedimentais Estaduais – ou seja, cada Estado da Federação passou a criar seu próprio CPC. Destarte, as normas processuais das Ordenações do Reino perderam força especialmente a partir de 1850, quando cada Estado da Federação passou a elaborar sua própria legislação processual. Porém, é preciso deixar bem claro, alguns CPCs estaduais ainda seguiam as tradições das Ordenações do Reino, insistindo em manter algumas formalidades de inspiração medieval.

Assim, durante a República Velha, inexistia um único CPC, aplicável a todo o Brasil, havendo apenas Códigos estaduais, muitos deles, de baixa qualidade técnico-jurídica,[78] motivo pelo qual seja difícil compilar características comuns das mencionadas legislações, porquanto havia uma distância – técnica e de conteúdo - muito grande entre as mesmas.

As características da legislação processual civil brasileira no período da chamada República Velha (1889 a 1930) podem ser assim resumidas:

- Existiam os CPCs estaduais, não havendo, portanto, um CPC brasileiro, válido em todo território nacional;

- Os CPCs estaduais eram, no geral, tecnicamente ruins, sendo que muitos deles ainda sofriam, na sua elaboração, influência das Ordenações do Reino, embora esta perdesse, em algumas normas específicas, sua influência direta. Em suma, pode-se dizer que alguns Estados sofriam, mais do que outros, a influência das Ordenações;

- A perda de força normativa das Ordenações do Reino em alguns CPCs estaduais e a crescente codificação processual no Brasil sofreu forte

---

76. Cf. OLIVEIRA, Carlos Alberto Alvaro de. Do formalismo no processo civil, p. 49.
77. Cf. OLIVEIRA, Carlos Alberto Alvaro de. Do formalismo no processo civil, p. 49-50.
78. DINAMARCO, Cândido Rangel. Liebman e a Cultura Processual Brasileira, p. 83-85.

327

influência do movimento de codificação que se espalhou por toda a Europa. Havia, sem dúvida, uma ânsia de se criar Códigos, haja vista o entusiasmo liberal europeu;

- Existia, entre os CPCs estaduais, muita divergência de conteúdo e qualidade, motivo pelo qual a tentativa de identificação de características comuns é infrutífera, improdutiva;

- Mesmo assim, na tentativa de se indicar um ponto comum entre as diversas legislações processuais da República Velha, pode-se apontar a influência do *processo liberal*, com prevalência do *princípio dispositivo*, tal como se notava no período colonial e nas Ordenações;

- No geral, por não possuir um CPC único, válido em todo território nacional, pode-se dizer que a legislação processual civil vigente na República Velha era desorganizada, difusa e não-hierarquizada;

Em suma, não se poderia falar, no Período da República Velha, em Processo Constitucional, porquanto os juristas da época sequer haviam iniciado a construção das bases teóricas do Estado Democrático de Direito, algo que, como já foi demonstrado,[79] só foi ocorrer no final da Segunda Grande Guerra Mundial.

4.3. O CPC DE 1939: O PRIMEIRO CPC BRASILEIRO

Da concepção Estado Liberal (mínimo, não-interventor), que prevaleceu e influenciou a legislação processual civil no Período do Brasil-Colônia e da República Velha, surgiu outra, não menos radical: a do Estado Interventor, ou melhor, do **Estado Social**, também conhecido como Estado do Bem-Estar Social, Estado Republicano[80] ou *Welfare State*.[81]

Note-se que, tanto no Período Colonial quanto no Período da República Velha, o Brasil optou por adotar um modelo liberal de processo, em que prevalecia a vontade das partes e onde o juiz era, no geral, um mero espectador do duelo travado entre autor e réu, cabendo-lhe, ao final, apenas aplicar dedutivamente a norma jurídica ao fato narrado, chegando-se à sentença de forma apodítica.[82] É claro que, como se disse no item anterior, a República Velha

---

79. Cf. item 3 retro.
80. O termo "Estado Republicano" pode ser depreendido da tradução do escrito de Jürgen Habermas: HABERMAS, Jürgen. Três modelos normativos de democracia, p. 107-121.
81. Estado-Providência. Sobre o significado do Welfare State, sugere-se: SOARES, Mário Lúcio Quintão. Teoria do estado, p. 293-8.
82. Sobre o discurso apodítico, conferir já escrevemos: MADEIRA, Dhenis Cruz. Argumentação Jurídica: (In)compatibilidades entre a Tópica e o Processo, p. 135-140.

abrandou – mas não eliminou – a influência das Ordenações do Reino, mas tal influência não foi suficiente para que os Códigos Estaduais abandonassem o modelo liberal de processo.

Em suma, pode-se dizer que tanto o Período Colonial quanto o Período da República Velha abraçaram o processo liberal.

Fato é que, com o surgimento do Estado Social, a intervenção estatal, que no Estado de Direito Liberal era mínima, passou a ser máxima.

Tal mudança paradigmática atingiu o Direito Processual e o modelo de processo.

O julgador, que no Estado Liberal pouco fazia, no Estado Social, passou a exercer papel central na *cognição jurisdicional*,[83] ganhando poderes ilimitados na apreciação das provas e argumentos constantes nos autos. No Estado Social, o juiz poderia julgar contra a prova dos autos e contra a lei, caso, segunda sua compreensão, a lei e a prova dos autos, supostamente, atentassem contra o *interesse público*.

É com a Constituição Mexicana de 1917 e a alemã de Weimar (1919) que esse modelo Estatal é alçado à normatividade. Esse paradigma trouxe a idéia de que o Estado deveria agir efetivamente e sem limites claros para garantia dos chamados direitos sociais (direitos de segunda geração). Foi justamente essa crescente força do Estado e a possibilidade de se afastar a normatividade para atendimento de um – indelimitado - bem-estar social é que ocasionou a eclosão de modelos ditatoriais como, por exemplo, o socialista soviético, o fascista italiano e o nazista alemão, todos eles, baseados na idéia de *interesses de todos* que, ontem e hoje, em realidade, escondem os *interesses de poucos*.

Se o Estado Liberal encarregou de *mitificar a lei* – já que o juiz era um mero aplicador apodítico -, o Estado Social *mitificou o julgador*. Enquanto o Estado Liberal repousava sua legitimidade na atuação do legislador, o Estado Social entendia que a legitimidade estava na autoridade de quem aplicava a lei, quer seja o juiz, quer seja o agente governativo. Destarte, o Estado Social criou o *mito da autoridade*.[84]

No Brasil, influenciado pelos modelos socializantes espalhados pelo mundo – em especial, pela Itália fascista e a Alemanha nazista -, Getúlio Vargas, ao formular seu Estado Novo, pretendeu centralizar seu governo e, para isso, formulou uma série de legislações – grande parte, vigentes ainda hoje – exigíveis

---

83. Cf. MADEIRA, Dhenis Cruz. Processo de conhecimento & cognição.

84. Sobre o mito da autoridade no Estado Social, conferir: MADEIRA, Dhenis Cruz. Processo de Conhecimento & cognição, p. 95.

em todo o território nacional, daí surgindo, dentre elas, o Código de Processo Civil de 1939, de fato, o primeiro CPC brasileiro. Interessante transcrever a perspicaz afirmação de Carlos Alberto Alvaro de Oliveira sobre o surgimento do CPC de 1939:

> "É possível que a passagem dos Códigos estaduais para o Código de 39, editado em pleno Estado Novo, decorra mais das premissas autoritárias informadoras do fascismo do que da corrosão do Estado liberal."[85]

Ou seja, a inspiração do Estado Novo de Getúlio Vargas era o Estado Fascista de Benito Mussolini, espécie de Estado Social, razão pela qual o CPC de 1939 rejeitou o modelo liberal de processo até então adotado pelos CPCs estaduais e, antes deles, pelas Ordenações do Reino.

O CPC de 1939, portanto, tinha dois objetivos políticos: 1) unificar a legislação processual civil brasileira, centralizando o controle das instituições judiciárias; 2) formular um modelo de processo socializante, centralizado na figura do juiz, por influência dos modelos processuais defendidos pelos alemães Oskar Bülow, Anton Menger, Franz Klein,[86] dentre outros.

A inspiração legislativa do CPC de 1939 foi a Ordenança Processual austríaca de 1895, o projeto do CPC português de José Alberto dos Reis de 1926 e o Projeto de CPC italiano de 1919 de Giuseppe Chiovenda (este último, expressamente citado e elogiado na Exposição de Motivos do CPC/1939), todos eles, defensores do protagonismo processual do julgador e do caráter público – e não mais privado – do processo.

Em suma, o CPC de 1939, criado durante o Estado Novo de Getúlio Vargas, defendia o abandono do modelo liberal de processo - em que prevalecia o princípio dispositivo e a vontade das partes - e o acolhimento do modelo social de processo - em que prevalecia o princípio do impulso oficial e a vontade do julgador, do representante do Estado.

Dito Código, como se sabe, contou com a participação de Francisco Campos, principal mentor jurídico do Estado Novo de Vargas.[87] Na exposição de motivos do CPC de 1939, Francisco Campos deixa claro seu objetivo e sua repulsa ao Estado Liberal:

---

85. OLIVEIRA, Carlos Alberto Alvaro de. Do formalismo no processo civil, p. 64.
86. Sobre o tema a socialização processual, dentre outros: NUNES, Dierle José Coelho. Processo jurisdicional democrático, p. 79-94; STRECK, Lenio Luiz. O que é isto – decido conforme minha consciência?, p. 105.
87. Cf. CAMPOS, Francisco. O Estado nacional: sua estrutura, seu conteúdo ideológico. Sobre a influência ideológica do Estado Novo no Direito Processual, conferir o nosso; MADEIRA, Dhenis Cruz. Igualdade e Isonomia Processual, p. 434-440.

"À concepção duelística do processo haveria de substituir-se a concepção autoritária do processo. À concepção do processo como instrumento de luta entre particulares, haveria de substituir-se a concepção do processo como instrumento de investigação da verdade e de distribuição da Justiça."[88]

Como se disse e se percebe, Campos pretendia, claramente, abandonar o modelo liberal de processo – que ele chama de duelístico – para abraçar uma concepção autoritária, dizendo que esta seria, para ele, capaz de distribuir a justiça.

Em discurso ideológico de dominação, Francisco Campos atacava o Estado Liberal, dizendo que este seria um Estado fraco e acéfalo, sem um líder capaz de sintetizar os interesses populares, e, quanto ao processo, afirmava que este tinha a função de ser "um instrumento de defesa dos fracos."[89] Concluía que:

"Somente a intervenção ativa do Estado no processo pode remover as causas de injustiça, que tão freqüentemente ocorrem nas lides judiciárias, criando em torno da Justiça uma atmosfera, muitas vezes imerecida quanto aos juízes, de desconfiança e de desprezo público."[90]

Não há dúvidas de que o principal jurista do Estado Novo era autoritário. [91]

Mostrando sua visão socializante de processo - que ele chama de "concepção publicística do processo" - e o reforço do protagonismo judicial, Francisco Campos deixa clara sua intenção de abandonar o modelo liberal de processo:

"O juiz é o Estado administrando a justiça: não é um registro passivo e mecânico de fatos em relação aos quais não o anime nenhum interesse de natureza vital. Não lhe pode ser indiferente o interesse da justiça. Este é o interesse da comunidade, do povo, do Estado, e é no juiz que tal interesse se representa e personifica." [92]

Em outro trecho, tal intenção fica ainda mais clara:

"O primeiro traço de relevo na reforma do processo haveria, pois, de ser a função que se atribui ao juiz. A direção do processo deve

---

88. CAMPOS, Francisco. O Estado nacional: sua estrutura, seu conteúdo ideológico, p. 163.
89. CAMPOS, Francisco. Op. cit., p. 164.
90. Idem, ibidem.
91. Em outro texto, fazendo ao totalitarismo de seu tempo, Francisco Campos mostrava o papel da violência e a necessidade de se buscar a unidade nacional pela igualdade de pensamento e atitudes, tudo isto, em nome de um suposto bem-comum: "O que o Estado totalitário realiza é – mediante o emprego da violência, que não obedece, como nos estados democráticos, a métodos jurídicos nem à atenuação feminina da chicana forense – a eliminação das formas exteriores ou ostensivas da tensão política." (Op. cit., p. 36).
92. Op. cit., p. 167.

caber ao juiz; a este não compete apenas o papel de zelar pela observância formal das regras processuais por parte dos litigantes, mas o de intervir no processo de maneira que atinja, pelos meios adequados, o objetivo de investigação dos fatos e descoberta da verdade. Daí a largueza com que lhe são conferidos poderes, que o processo antigo, cingido pelo rigor de princípios privatísticos, hesitava em reconhecer-lhe."[93]

Mesmo pretendendo abandonar a tradição liberal, o CPC de 1939 não conseguiu romper totalmente com as normas jurídicas que até então inspiravam muitos dos CPCs estaduais: as Ordenações do Reino e seu formalismo. Fato[94] é que, apesar das inovações alardeadas pela Exposição de Motivos do CPC de 1939, o primeiro CPC brasileiro ainda carregava uma tradição formalista considerada por muitos como irracional.

Curioso destacar que a chegada do professor italiano Enrico Tullio Liebman ao Brasil, com apenas 36 anos de idade, foi quase simultânea à entrada em vigor do primeiro CPC de 1939 e que o famoso processualista italiano[95] se surpreendeu com as regras processuais então aplicadas no Brasil, chegando a afirmar, após seu retorno à Itália, que tinha a impressão de estar diante do direito comum medieval, que era apoiado no formalismo exacerbado e em técnicas abandonadas ou nunca aplicadas, de fato, no território italiano. Por isto, dizia-se surpreso e interessado ao ver, em plena vida, a aplicação de institutos jurídicos medievais que só havia tido contato pelos livros. Certamente, Liebman fazia menção à legislação processual civil até então aplicada nos Fóruns e Tribunais, como dito, ainda inspirada nas Ordenações do Reino.

Podem-se apontar alguns fatos marcantes da legislação processual civil no Brasil a partir de 1930 (Era Vargas):

- Neste período, surgiu o primeiro CPC válido em todo território nacional, o CPC de 1939;

- CPC de 1939 foi uma obra legislativa do Estado Novo de Getúlio Vargas, de inspiração fascista, tendo sido capitaneada por Francisco Campos;

- Reforçou o protagonismo judicial em detrimento do princípio dispositivo;

---

93. CAMPOS, Francisco. O Estado Nacional, p. 167.
94. Cf. DINAMARCO, Cândido Rangel. Liebman e a Cultura Processual Brasileira, p. 84-85.
95. Cf. LIEBMAN, Enrico Tullio. Istituti del diritto comune nel processo civile brasiliano, p. 491; DINAMARCO, Cândido Rangel. Liebman e a Cultura Processual Brasileira, p. 83.

- O CPC de 1939 tentou acompanhar o movimento de socialização processual iniciado por Bülow, Menger, Klein e Chiovenda, e, apesar de criticável, era um Código melhor tecnicamente que a maioria dos CPCs estaduais até então vigentes;

- Apesar do esforço de Francisco Campos, o CPC de 1939 não acompanhou fielmente as conquistas do movimento processual científico europeu, notadamente, das Escolas da Alemanha e Itália;

- Ainda abrigava grande dose de formalismo, talvez, fruto da tradição jurídica da época;

- Por vezes, era muito teórico e de difícil aplicação, não possuindo, por exemplo, um sistema recursal claro. Assim, perante o CPC/39, era comum que o profissional do Direito tivesse dúvida sobre qual o recurso adequado ao combate de determinada decisão;

- O rol de procedimentos especiais era excessivamente numeroso, extenso, talvez, devido à tradição romana e canônica refletida nas Ordenações do Reino e Códigos Estaduais antes da vigência do CPC de 1939;

- O CPC de 1939 não tinha uma sistematização rigorosa, deixando de abrigar uma ordem lógica de suas regras.

Nesta época, marcada profundamente pela Segunda Grande Guerra Mundial, por motivos óbvios, houve uma suspensão ou, no mínimo, diminuição das atividades acadêmicas por parte dos processualistas europeus – lembrando que vários juristas europeus, no período bélico, refugiaram-se na América, onde moraram e trabalharam, valendo lembrar nomes expressivos para o Direito, tais como Kelsen, Recaséns Siches, Alcalá-Zamora y Castillo, James Goldschmidt, etc.

O Processo Constitucional, por este motivo, ainda não havia florescido na Europa e, nem mesmo, no solo americano.

Dentre os juristas que aportaram na América Latina, um deles, Enrico Tullio Liebman, exerceu forte influência no CPC que sucedeu o CPC de 1939, algo que será visto no item a seguir.

4.4. O CPC DE 1973: O CÓDIGO BUZAID E A FORTE INFLUÊNCIA DE LIEBMAN

Como sobredito, Enrico Tullio Liebman chegou ao Brasil junto com a entrada em vigor do CPC de 1939. Antes de chegar ao Brasil, esteve brevemente na Argentina e no Uruguai. Em solo brasileiro, precedendo sua marcante passagem por São Paulo,[96] onde lecionou para vários processualistas, teve rápida atuação em universidades de Minas Gerais e Rio de Janeiro, permanecendo no Brasil até 1946.

Dentre os vários discípulos diretos de Liebman em São Paulo, um deles, Alfredo Buzaid, tempos depois, exerceu o cargo de Ministro da Justiça, sendo apontado como o principal mentor do CPC de 1973. O Anteprojeto do CPC de 1973 foi revisto por uma comissão de juristas formada por José Carlos Moreira Alves, Luís Antônio de Andrade, José Frederico Marques e Cândido Dinamarco, os quais, como se sabe,[97] também se apoiaram nas lições de seu antigo professor Liebman.

A tramitação do CPC de 1973, assim como se deu no CPC de 1939, ocorreu, integralmente, em regime autocrático. Quanto à tramitação legislativa, é possível indicar as datas mais importantes:

- 1964: entrega do Anteprojeto;

- 1972: encaminhamento ao Congresso;

- 1973: aprovação;

- 1974: entrada em vigor;

Vale lembrar que o próprio Alfredo Buzaid, em trabalho específico,[98] reconheceu a influência de Liebman para a elaboração do CPC de 1973, chegando a dizer:

> "Este Código de Processo Civil é um monumento imperecível de glória a Liebman, representando o fruto do seu sábio magistério no plano da política legislativa." [99]

Interessante notar que a influência do processualista italiano na legislação brasileira foi tão grande que, até mesmo na Exposição de Motivos do Anteprojeto do Novo CPC, redigida em 2010, o nome de Liebman foi recordado em nota de rodapé.[100]

Fato é que houve muitas mudanças entre a primeira versão do Anteprojeto e a última versão, aprovada, do CPC de 2015. Dentre as mudanças, pode-se

---

96. Cf. BUZAID, Alfredo. A influência de Liebman no Direito Processual Civil Brasileiro, p. 13; GRINOVER, Ada Pellegrini. O Magistério de Enrico Tullio Liebman no Brasil. Disponível em: www.revistas.usp.br/rfdusp/article/download/67069/69679. Acesso em 21/04/2015.
97. BUZAID, Alfredo. A influência de Liebman no Direito Processual Civil Brasileiro, p. 13-14; 24.
98. Op. Cit., p. 12-26.
99. Op. Cit., p. 24.
100. Cf. Anteprojeto do Novo Código de Processo Civil/Comissão de Juristas Responsável pela Elaboração do Anteprojeto do Novo Código de Processo Civil. – Brasília: Senado Federal, Subsecretaria de Edições Técnicas, 2010, p. 34.

indicar a perda de influência da teoria eclética de Liebman sobre as condições da ação, algo que já foi objeto de estudos específicos no Brasil.[101] Fato é que a leitura da Exposição de Motivos[102] do CPC de 1973 demonstra que os processualistas italianos, com destaque para Chiovenda, Carnelutti, Calamandrei e, sobretudo, Liebman, impactaram a legislação processual civil.

O CPC de 1973 foi, sem dúvida, uma legislação muito superior às predecessoras, tanto quanto ao conteúdo, quanto à sistematização. Trata-se de um Código bem organizado, logicamente concatenado, muito técnico, pouco preocupado com a teorização – algo comum no CPC de 1939 – e mais voltado para a prática. Tais características podem ser constatadas, por exemplo, no sistema recursal adotado pelo CPC de 1973, cuja clareza dá pouca margem para a aplicação do princípio da fungibilidade recursal.

Apesar de sua excelente qualidade técnica, o CPC de 1973 passou por inúmeras reformas, muitas delas, que se distanciaram das idéias liebmanianas. Apenas como exemplo de tal distanciamento, pode-se citar as três grandes reformas[103] do processo de execução ocorridas em 2002, 2005 e 2006, que abandonaram a autonomia entre os procedimentos cognitivo e executivo, defendida por Liebman, para abraçar o sincretismo processual, gerando a auto-executoriedade das sentenças que condenam ao cumprimento de obrigação de (não) fazer e entrega de coisa, além de um procedimento específico para o cumprimento de sentença que fixou pagamento de quantia certa.

Tais reformas, somadas às inúmeras anteriores e posteriores, fizeram com que o CPC de 1973 fosse profundamente alterado, e, como dito, a cada modificação o referido diploma se distanciava de Liebman e se aproximava das novas idéias formuladas pelos processualistas europeus e latino-americanos.

Somado a isso, tem-se a maior mudança normativa ocorrida no Brasil em todos os tempos: o advento da Constituição da República Federativa do Brasil de 1988, que procurou abandonar os modelos de Estado Liberal e Social para agasalhar o Estado Democrático de Direito. O CPC de Buzaid, que até então era útil, passou a não se adequar perfeitamente ao modelo constitucional de processo, já que, de certo modo, ainda abrigava o protagonismo judicial do Estado Social, também presente no CPC de 1939.

---

101. Cf. CALMON DE PASSOS, J. J., A ação no direito processual civil brasileiro; DIDIER JR., Fredie. Curso de Direito Processual Civil, p. 22, 342; MADEIRA, Dhenis Cruz. O novo CPC e a leitura tardia de Liebman: a possibilidade jurídica como matéria de mérito, p. 129-142.

102. Conferir documento, apresentado em 1964, disponível em: http://www2.senado.leg.br/bdsf/bitstream/handle/id/177246/anteprojeto%20de%20codigo%20de%20processo%20civil.pdf?sequence=2. Acesso em: 21/04/2015.

103. Representadas pelas Leis 10.444/2002, 11.232/2005 e 11.382/2006.

Pois bem, mesmo sendo um bom Código do ponto de vista técnico e tendo bem servido ao Brasil por décadas, o CPC de 1973 não está livre de críticas na atualidade, dentre elas:

- Por razões (cronológicas) óbvias, é afastado da Constituição Brasileira de 1988;

- Trabalha a idéia de processo apenas no plano infraconstitucional;

- Desprezou os avanços do Processo Constitucional defendidos, na América Latina, por Kelsen, Couture, Alcalá-Zamora y Castillo, Fix-Zamudio, Néstor Sagüés, García Belaunde, Alfredo Baracho, dentre outros;

- Não possui uma parte geral, sendo que o Livro I (intitulado "Processo de Conhecimento") é usado de forma subsidiária aos demais procedimentos, ou melhor, aos procedimentos previstos nos outros livros;

- Foi objeto de inúmeras reformas que, em grande parte, mutilaram-no e fizeram com que dezenas de artigos não previstos originalmente fossem enxertados no referido diploma legal. Tais reformas acabaram por abalar a sistematicidade e a organização da legislação processual civil.

Obviamente, o fato do CPC de 1973 ter sido formulado antes da Constituição Brasileira de 1988 acabou por gerar questionamentos de vários dispositivos e, mais do que isso, criou a necessidade de se alinhar o Direito Processual Civil ao Direito Constitucional, um dos objetivos do CPC de 2015. O Novo CPC, portanto, procurou abrigar as conquistas oriundas do Processo Constitucional, algo que será demonstrado no item a seguir.

4.5. O CPC DE 2015: O PRIMEIRO CPC DEMOCRÁTICO

Pela primeira vez na história da legislação processual civil brasileira, deparamo-nos com um CPC criado, desde o início de sua tramitação até a sua conclusão, em regime constitucional democrático.

O pontapé inicial para o CPC de 2015 ocorreu em 2009, com a instituição da Primeira Comissão de Juristas encarregada de elaborar o Anteprojeto do Novo Código de Processo Civil, sendo a mesma instituída pelo Ato n. 379, de 2009, do então Presidente do Senado Federal, Senador José Sarney. A partir daí, ocorreram uma série de Audiências Públicas para, antes de se publicar a primeira versão do Anteprojeto, ouvir-se os interessados

A 1ª Audiência Pública ocorreu em 26/02/2010, em Belo Horizonte/MG, no auditório do Tribunal de Justiça de Minas Gerais - TJMG, seguindo-se de audiências

Cap. 2 • A INFLUÊNCIA DO PROCESSO CONSTITUCIONAL SOBRE O NOVO CPC
Dhenis Cruz Madeira

em Fortaleza (05/03/2010), Rio de Janeiro (11/03/2010), Brasília 18/03/2010, São Paulo (26/03/2010), Manaus (09/04/2010), Porto Alegre (15/04/2010) e, finalmente, Curitiba (16/04/2010). Estas representaram a primeira rodada de audiências públicas para que se pudesse colher sugestões úteis à primeira versão do texto do Anteprojeto, que, nesse período, sequer havia sido divulgado, embora já estivesse em fase de elaboração pela comissão.

Foram audiências que contaram, em especial, com a presença de professores universitários, advogados, magistrados, membros do Ministério Público, associações de classe, servidores públicos, estagiários de Direito, etc.

Diante dos diferentes graus de interesse e formação jurídica daqueles que participaram das Audiências Públicas, houve manifestações igualmente variáveis, com sugestões maduras ou apressadas, úteis e inúteis. Disse-se isso porque, em alguns casos, surgiram sugestões que, na verdade, sequer poderiam ter sido ventiladas para uma lei ordinária, ou seja, que deveriam ser objeto de emenda constitucional, e não de um CPC. Em outros casos, surgiram manifestações classistas, reclamações acerca das condições de trabalho e de vencimentos, o que, certamente, desvirtuava o propósito da mencionada Audiência Pública.

No entanto, analisando-se o resultado final, pode-se dizer que as audiências públicas foram úteis, primeiro, para aumentar o grau de legitimidade democrática do Novo CPC, segundo, para se colher sugestões que, a princípio, não haviam sido pensadas pelos membros da Comissão de Juristas nomeada pelo Presidente do Senado.

No mesmo ano de 2010, a Comissão criou um endereço eletrônico para recebimento de sugestões, possuindo, a página eletrônica, 13 (treze) mil acessos e cerca de duzentas e sessenta sugestões de todos os seguimentos jurídicos, dentre os quais os institutos científicos, faculdades de Direito e Universidades, estes últimos, tendo as sugestões, em grande parte, acolhidas pelo Anteprojeto.[104]

Fato é que, após as sugestões, o Anteprojeto do Novo CPC abandonou a celeridade como mote central do Código para abraçar o modelo constitucional do processo, com o foco no princípio do contraditório, este último, em visão atualizada e compartilhada.[105]

---

104. Conferir apresentação do Ministro Luiz Fux, Presidente da Comissão de Juristas encarregada da Elaboração do Anteprojeto do Novo Código de Processo Civil. In: Anteprojeto do Novo Código de Processo Civil/ Comissão de Juristas Responsável pela Elaboração do Anteprojeto do Novo Código de Processo Civil – Brasília: Senado Federal, Subsecretaria de Edições Técnicas, 2010, p. 06.
105. Sobre o compartilhamento ou comparticipação argumentativa, conferir, dentre outras, uma das obras pioneiras no Brasil, da lavra do Prof. Dr. Aroldo Plínio Gonçalves, intitulada "Técnica Processual e Teoria do Processo".

Enfim, o Anteprojeto foi apresentado em 08/06/2010 ao Senado Federal, recebendo a numeração de Projeto de Lei do Senado – PLS – n. 166/2010, tendo sido aprovado, com poucas alterações, em 01/12/2010 (pouco tempo de tramitação, portanto), na mencionada Casa Legislativa, rumando à Câmara dos Deputados, recebendo, nesta última, a denominação de Projeto de Lei n. 8.046/2010. Foi nesta última que o Projeto do Novo CPC recebeu o maior número de sugestões – milhares, frise-se, especialmente, via consulta pública em *sites* governamentais, como os do Ministério da Justiça,[106] assim como centenas de sugestões que partiram, via processo legislativo, dos Deputados Federais, quase sempre, advindos dos trabalhos, anônimos ou não, de juristas de todo o Brasil, fora a participação de dezenas de juristas nomeados para inúmeras comissões de assessoria.

Após a saída da Câmara dos Deputados, o Projeto do Novo CPC ganhou nova redação e estruturação, sendo muitíssimo transformado, tanto que pouco se parecia com o PLS que antes lhes fora entregue. Assim, voltando ao Senado, o Projeto foi aprovado em 04/12/2014, aprovado definitivamente em 17/12/2014 e, finalmente, sancionado em 16/03/2015.

Veja-se que a discussão para a construção do Novo CPC foi intensa e durou cerca de 5 (cinco) anos. Houve intensa participação da comunidade jurídica, recebendo, neste tempo, mais de 100 (cem) audiências públicas e mais de 80.000 (oitenta mil) e-mails com sugestões, além do constante apoio, anônimo ou não, de professores universitários, advogados, julgadores, procuradores públicos, membros do Ministério Público e órgãos de classe não-jurídicos (v.g. Conselho Federal de Economia, no tocante à perícia) de todo o país.

O Novo CPC é, definitivamente, um Código sem dono, já que parece ser impossível indicar, sem cometer injustiça, um ou outro jurista responsável por sua construção. Vê-se, portanto, que o CPC/2015 é muito diferente do CPC/1973 – chamado por alguns de Código Buzaid – ou do CPC de 1939, profundamente vinculado ao nome de Francisco Campos. Não se enxerga, no CPC/2015, nenhum autor exclusivo, tal como era comum se indicar nos CPCs já comentados.

---

106. O texto de orientação no site do Ministério da Justiça foi o seguinte: "A proposta de um novo Código de Processo Civil (CPC) está em discussão no Congresso Nacional. Para colaborar com o processo de reforma do Código, o Ministério da Justiça traz aos cidadãos a oportunidade de debater o tema em um ambiente online e interativo. Nosso objetivo é produzir uma discussão aberta e democrática, qualificando o debate e ampliando a participação da sociedade na elaboração legislativa, de forma a contribuir para o processo de revisão do Código de Processo Civil. O debate online inicia-se no dia 12 de abril e receberá comentários pelo período de um mês. Os resultados do debate serão encaminhados à Comissão Especial encarregada da análise do projeto do novo Código na Câmara dos Deputados. Convidamos a todos para que façam o registro no site e postem seus comentários ao texto, respeitando os termos de uso do debate. Para compreender melhor o formato do debate, recomendamos nosso Tutorial.". Disponível em ‹ http://participacao.mj.gov.br/cpc/›. Acesso em 26/04/2015.

Como se disse, muitas das propostas acolhidas pelo Novo CPC advieram de juristas anônimos, que enviaram e-mails, enviaram propostas aos deputados e senadores, prestaram assessoria gratuita aos membros das mencionadas Casas Legislativas, ou mesmo, que participaram das Audiências Públicas, publicaram artigos científicos em diversos livros e revistas jurídicas, etc.

Assim, nem mesmo os membros da laboriosa Comissão de Juristas então nomeada pelo Senador José Sarney, que teve a difícil tarefa de organizar e iniciar os debates, pode ser apontada, sem se cometer injustiça, como autora exclusiva do CPC/2015, isso porque, como sobredito, o projeto de lei recebeu milhares de alterações advindas, por sua vez, de milhares de sugestões oriundas de todo o país.

Tem-se, pela primeira vez na história legislativa brasileira, um CPC sem dono e, por isso mesmo, é o CPC mais democrático que se tem notícia no Brasil, mais alinhado ao modelo constitucional de processo.

Não se trata, porém, de um texto legal perfeito e, a bem da verdade, nem poderia sê-lo, afinal, o *mito da lei*,[107] que tinha muita força no Estado Liberal de Direito e no positivismo exegético, morreu há tempos. O CPC de 2015, diferentemente, é um Código construído sob o paradigma constitucional do Estado Democrático de Direito e, talvez por isso, seu texto tenha sido tão intensamente debatido e alterado ao longo da tramitação legislativa.

Sem dúvida, o Novo CPC representou um avanço frente aos demais diplomas processuais.

5. A INFLUÊNCIA DO PROCESSO CONSTITUCIONAL SOBRE O NOVO CPC

Sem medo de errar, pode-se afirmar que o Novo CPC brasileiro é reflexo do movimento científico gerado pelo Processo Constitucional e que foi descrito anteriormente.[108] Talvez, mais do que isso, o Novo CPC possa ser encarado como resultado do Processo Constitucional, desde sua origem na América, passando pelo desenvolvimento ocorrido, também, em solo europeu.

Na Exposição de Motivos do Novo CPC, é possível perceber que o objetivo da Comissão de Juristas do Anteprojeto foi, justamente, alinhar os procedimentos previstos no texto normativo infraconstitucional ao modelo constitucional de processo, conforme se pode ler:

---

107. Sobre o mito da lei no Estado Liberal, conferir: MADEIRA, Dhenis Cruz. Processo de Conhecimento & cognição, p. 90-94.

108. Cf. item 3 retro.

> "Um sistema processual civil que não proporcione à sociedade o reconhecimento e a realização dos direitos, ameaçados ou violados, que têm cada um dos jurisdicionados, não se harmoniza com as garantias constitucionais de um Estado Democrático de Direito."

Na mesma Exposição de Motivos, é possível notar, claramente, a influência do Processo Constitucional sobre a lei ordinária de 2015 e, como se disse, a tentativa de harmonização frente ao texto constitucional brasileiro de 1988. *In verbis:*

> "A necessidade de que fique evidente a *harmonia da lei ordinária em relação à Constituição Federal da República* fez com que se incluíssem no Código, expressamente, princípios constitucionais, na sua versão processual. Por outro lado, muitas regras foram concebidas, dando concreção a princípios constitucionais, como, por exemplo, as que prevêem um procedimento, com *contraditório* e produção de provas (...)"

A instituição de uma Comissão para elaboração do Anteprojeto causou estranheza em muitos processualistas e juristas, afinal, o texto do CPC/1973 era, reconhecidamente, um texto normativo de boa qualidade técnica e que havia passado por recentes reformas. Para muitos, não se justificaria a elaboração de um CPC totalmente novo. Porém, a harmonização entre o CPC de 1973 e a Constituição de 1988, em alguns pontos, mostrava-se difícil e o texto infraconstitucional já não reproduzia fielmente as conquistas teóricas das duas últimas décadas, em especial, já não acompanhava os debates ocorridos nos cursos de mestrado e doutorado em Direito Processual do Brasil e do mundo.

Por estes motivos, na Exposição de Motivos, deixou-se claro que o objetivo não era criar um CPC totalmente novo, mas "estabelecer...sintonia fina com a Constituição Federal",[109] objetivo que, ao que parece, com o texto sancionado, foi alcançado ou, na pior das hipóteses, deixou o CPC mais próximo do modelo constitucional de processo.

Sem dúvida, o Projeto do Novo CPC deu alguns passos importantes rumo ao Processo Constitucional, aproximando-se da Constituição.

Desde o primeiro artigo, o Novo CPC deixa clara sua intenção de se alinhar ao *modelo constitucional do processo*, algo que não se vê nos CPCs de 1939 e 1973, obviamente, levando em conta o texto constitucional vigente na época. O art. 1º do Novo CPC é bem explícito nesta intenção de alinhamento à Constituição:

---

109. Trecho extraído da Exposição de Motivos do Anteprojeto do Novo CPC.

Cap. 2 • A INFLUÊNCIA DO PROCESSO CONSTITUCIONAL SOBRE O NOVO CPC
Dhenis Cruz Madeira

> Art. 1º O processo civil será ordenado, disciplinado e interpretado conforme os valores e as normas fundamentais estabelecidos na Constituição da República Federativa do Brasil, observando-se as disposições deste Código.

Trata-se de dispositivo que, em tese, seria dispensável, haja vista o princípio da supremacia da Constituição e a hierarquia de normas que existe entre o texto constitucional e o infraconstitucional, *in casu*, entre a Constituição Brasileira de 1988 e a Lei n. 13.105/2015. Porém, diante da pequena tradição democrática brasileira, o legislador achou por bem inserir o dispositivo na lei ordinária em comento, não deixando margem para a dúvida. Ou seja, o Novo CPC procura fazer um alinhamento entre o Direito Processual Civil e o Direito Constitucional, à semelhança do que foi defendido, nos primórdios do movimento, por Eduardo Couture e Alcalá-Zamora y Castillo, passando por seus seguidores de ontem e de hoje.

Além disso, na parte geral do Novo CPC, vê-se uma série de princípios que, ou repetem os princípios previstos na Constituição Brasileira, ou mesmo, os reafirma em caráter técnico-processual. Um dos exemplos da repetição dos princípios constitucionais do processo está no art. 4º do Novo CPC, que apregoa:

> Art. 4º As partes têm o direito de obter em prazo razoável a solução integral do mérito, incluída a atividade satisfativa.

Percebe-se, assim, uma clara recordação do inciso LXXVIII do art. 5º da Constituição Brasileira, que foi inserido pela Emenda Constitucional n. 45 de 2004:

> LXXVIII a todos, no âmbito judicial e administrativo, são assegurados a razoável duração do processo e os meios que garantam a celeridade de sua tramitação.

O art. 7º do Novo CPC, talvez, deixa o alinhamento com o modelo constitucional de processo ainda mais claro, especialmente quando procura assegurar os princípios da isonomia processual (quando garante às partes paridade de tratamento) e o contraditório:

> Art. 7º É assegurada às partes paridade de tratamento em relação ao exercício de direitos e faculdades processuais, aos meios de defesa, aos ônus, aos deveres e à aplicação de sanções processuais, competindo ao juiz zelar pelo efetivo contraditório.

Há, assim, evidente vinculação, mais uma vez, ao art. 5º da Constituição Brasileira, tanto o *caput* quanto o princípio do contraditório previsto no inciso LV é relembrado pelo Novo CPC:

> Art. 5º Todos são iguais perante a lei, sem distinção de qualquer natureza, garantindo-se aos brasileiros e aos estrangeiros

341

residentes no País a inviolabilidade do direito à vida, à liberdade, à igualdade, à segurança e à propriedade, nos termos seguintes:

LV - aos litigantes, em processo judicial ou administrativo, e aos acusados em geral são assegurados o contraditório e ampla defesa, com os meios e recursos a ela inerentes;

Quanto à isonomia processual,[110] resta claro que o trecho "Todos são iguais perante a lei" do art. 5º da Constituição se reproduz no "paridade de tratamento" às partes do art. 7º do Novo CPC.

Um dos avanços mais notáveis do Novo CPC se nota na, chamemos assim, regulamentação do princípio constitucional do contraditório. A nova legislação de 2015 não deixa dúvidas acerca da estreita ligação existente entre o contraditório e a não-surpresa,[111] quer seja pela vedação expressa de provimento sem a oitiva prévia das partes, quer seja pela efetiva consideração das argumentações e provas trazidas pelas partes aos autos. Assim, o Novo CPC deixa claro que as partes não podem ser surpreendidas com um argumento na sentença que não foi previamente debatido nos autos pelas partes, e, seguindo diretrizes já existentes na legislação processual civil europeia,[112] afasta-se dos velhos brocardos latinos[113] *iuria novit curia*[114] ou da *mihi factum dabo tibi ius.*[115]

O art. 9º do Novo CPC, por exemplo, traz a regra geral de que o julgador não poderá proferir decisão sem a prévia oitiva daqueles que sofrerão os efeitos das decisões, ou seja, das partes:

Art. 9º Não se proferirá decisão contra uma das partes sem que ela seja previamente ouvida.

Trata-se de uma regra geral que possui ressalvas previstas no próprio dispositivo.[116]

---

110. Para aprofundamento sobre o princípio da igualdade e isonomia processual, quando da discussão do Projeto do Novo CPC, recomendamos a leitura de trabalho anterior, escrito quando da discussão do Anteprojeto e por obra coordenada por alguns membros da Comissão de Juristas nomeada pelo Presidente do Senado: MADEIRA, Dhenis Cruz. Igualdade e Isonomia Processual, p. 415-478.

111. Cf. dentre outros: NUNES, Dierle José Coelho. O princípio do contraditório: uma garantia de influência e de não surpresa, p. 145-165.

112. Presentes nos CPCs português, alemão, italiano, francês, etc, cujas normas jurídicas já existem e são aplicadas.

113. Na mesma linha: MADEIRA, Dhenis Cruz. Medida cautelar ex officio e legitimidade decisória, p. 74; NUNES, Dierle José Coelho. Processo jurisdicional democrático, p. 244-247.

114. Que é traduzido com o significado semelhante a "o juiz sabe o direito".

115. Traduzido, no campo jurídico, na parêmia em que o juiz diria à parte: "dê-me os fatos que lhe dou o direito".

116. Art. 9º (...)
Parágrafo único. O disposto no caput não se aplica:
I - à tutela provisória de urgência;
II - às hipóteses de tutela da evidência previstas no art. 311, incisos II e III;

Cap. 2 • A INFLUÊNCIA DO PROCESSO CONSTITUCIONAL SOBRE O NOVO CPC
Dhenis Cruz Madeira

O art. 10 do Novo CPC, reproduz idéia semelhante, assegurando, do mesmo modo, o princípio do contraditório, vinculando-o à não-surpresa:

> Art. 10. O juiz não pode decidir, em grau algum de jurisdição, com base em fundamento a respeito do qual não se tenha dado às partes oportunidade de se manifestar, ainda que se trate de matéria sobre a qual deva decidir de ofício.

Vê-se, portanto, que os artigos 9º e 10 do Novo CPC estampam concepções já defendidas, muito antes do CPC de 2015, por Aroldo Plínio Gonçalves[117] e por muitos outros processualistas brasileiros, em especial, os que compõem a chamada Escola Mineira de Direito Processual.[118]

Por sua vez, o inciso IX do art. 93 da Constituição Brasileira prescreve:

> Art. 93 (...)
>
> IX todos os julgamentos dos órgãos do Poder Judiciário serão públicos, e fundamentadas todas as decisões, sob pena de nulidade, podendo a lei limitar a presença, em determinados atos, às próprias partes e a seus advogados, ou somente a estes, em casos nos quais a preservação do direito à intimidade do interessado no sigilo não prejudique o interesse público à informação;

O art. 11 do Novo CPC reafirma, portanto, o princípio da publicidade e - o princípio, para alguns, ou requisito, para outros – a fundamentação das decisões:

> Art. 11. Todos os julgamentos dos órgãos do Poder Judiciário serão públicos, e fundamentadas todas as decisões, sob pena de nulidade.
>
> Parágrafo único. Nos casos de segredo de justiça, pode ser autorizada a presença somente das partes, de seus advogados, de defensores públicos ou do Ministério Público.

Sobre a fundamentação das decisões, o art. 489 do Novo CPC vem reafirmar que o princípio do contraditório são se resume à oportunidade de

---

III - à decisão prevista no art. 701.

O art. 701, que trata da ação monitória, prevê:

Art. 701. Sendo evidente o direito do autor, o juiz deferirá a expedição de mandado de pagamento, de entrega de coisa ou para execução de obrigação de fazer ou de não fazer, concedendo ao réu prazo de 15 (quinze) dias para o cumprimento e o pagamento de honorários advocatícios de cinco por cento do valor atribuído à causa.

117. Cf. GONÇALVES, Aroldo Plínio. Técnica Processual e teoria do processo.

118. Sobre a Escola Mineira de Direito Processal, conferir, dentre outros: DIAS, Ronaldo Brêtas de Carvalho. Processo Constitucional e Estado Democrático de Direito; NUNES, Dierle José Coelho. Processo jurisdicional democrático.

manifestação das partes, mas, mais do que isso, traduz-se na efetiva oitiva das partes, ou seja, na necessidade de se levar em consideração, no momento da decisão, as alegações e provas produzidas pelas partes, assim como a situação jurídica específica refletida nos autos. Tanto é que, no §1º do art. 489 do CPC de 2015, há previsão de que não se considera como fundamentado o provimento que se limita a aplicar norma jurídica ou súmula genericamente, sem alinhá-lo argumentativamente à situação descrita nos autos:

> Art. 489 (...)
>
> § 1º Não se considera fundamentada qualquer decisão judicial, seja ela interlocutória, sentença ou acórdão, que:
>
> I - se limitar à indicação, à reprodução ou à paráfrase de ato normativo, sem explicar sua relação com a causa ou a questão decidida;
>
> II - empregar conceitos jurídicos indeterminados, sem explicar o motivo concreto de sua incidência no caso;
>
> III - invocar motivos que se prestariam a justificar qualquer outra decisão;
>
> IV - não enfrentar todos os argumentos deduzidos no processo capazes de, em tese, infirmar a conclusão adotada pelo julgador;
>
> V - se limitar a invocar precedente ou enunciado de súmula, sem identificar seus fundamentos determinantes nem demonstrar que o caso sob julgamento se ajusta àqueles fundamentos;
>
> VI - deixar de seguir enunciado de súmula, jurisprudência ou precedente invocado pela parte, sem demonstrar a existência de distinção no caso em julgamento ou a superação do entendimento.

Quando trata das tutelas provisórias (de urgência – satisfativa ou cautelar – ou de evidência), o Novo CPC também prescreve a necessidade de se fundamentar claramente a decisão. Tem-se o art. 298, que deve ser conjugado com o art. 489, antes transcrito:

> Art. 298. Na decisão que conceder, negar, modificar ou revogar a tutela provisória, o juiz motivará seu convencimento de modo claro e preciso.

Além disso, apenas para comprovar, ainda mais, o propositi alinhamento entre o Novo CPC e a Constituição Brasileira de 1988, a novel legislação processual civil, diferentemente das anteriores, previu o instituto do *amicus curiae*, cuja utilização era regulada pelos regimentos internos dos tribunais, não obstante já ser utilizada em ações de grande repercussão – jurídica, social e política - do Supremo Tribunal Federal. Assim, o Novo CPC regulamentou um importante instituto que permite, além de ampliar o contraditório, melhorar a qualidade do debate e da fundamentação das decisões:

> DO AMICUS CURIAE
>
> Art. 138. O juiz ou o relator, considerando a relevância da matéria, a especificidade do tema objeto da demanda ou a repercussão social da controvérsia, poderá, por decisão irrecorrível, de ofício ou a requerimento das partes ou de quem pretenda manifestar-se, solicitar ou admitir a participação de pessoa natural ou jurídica, órgão ou entidade especializada, com representatividade adequada, no prazo de 15 (quinze) dias de sua intimação.

Por fim, procurando observar o devido processo, a imparcialidade judicial e o requisito do juízo natural, o Novo CPC ampliou as hipóteses de impedimento do julgador, dizendo que, caso o juiz tenha relação de emprego ou de prestação de serviços com instituição de ensino (hipótese comum, em que o juiz cumula a função de professor universitário), ou se depare com causa em que figura como parte cliente do escritório de advocacia de seu cônjuge, companheiro ou parente, consanguíneo ou afim, em linha reta ou colateral, até o terceiro grau, inclusive, mesmo que patrocinado por advogado de outro escritório, não poderá julgar a ação, por impedimento (art. 144, VII e VIII). Trata-se, portanto, de hipóteses legais que asseguram paridade de tratamento, ou seja, aplicação do princípio da isonomia processual, em observância ao modelo constitucional do processo.

6. CONSIDERAÇÕES FINAIS

Os princípios e regras jurídicas constantes no Novo CPC reproduzem ou procuram efetivar, tecnicamente, as normas constitucionais, em especial, as normas jurídicas que compõem o modelo constitucional do processo, tais como, com especial destaque, o princípio do contraditório.

O Novo CPC é, sem dúvida, fruto do movimento científico provocado pelo Processo Constitucional, cujo impulso inicial foi dado, sobretudo, na América Latina.

Como se disse, o CPC de 2015 representa um grande avanço frente aos que o precederam, porquanto permite uma aproximação do Direito Processual Civil ao Direito Público, ou, dizendo de outro modo, realizando uma sinergia entre o Direito Processual e o Direito Constitucional, algo que, há tempos, os processualistas defendiam e almejavam.

Em boa hora, o *modelo constitucional de processo* se reflete, com clareza, na lei ordinária infraconstitucional, ou seja, no Novo CPC.

Belo Horizonte(MG)/Juiz de Fora(MG), 29 de abril de 2015.

7. REFERÊNCIAS BIBLIOGRÁFICAS

ALCALÁ-ZAMORA Y CASTILLO, Niceto. *Ensayos de Derecho Procesal civil, penal y constitucional*. Buenos Aires: Revista de Jurisprudencia Argentina, 1944.

ALCALÁ-ZAMORA Y CASTILLO, Niceto. *Proceso, autocomposición y autodefensa*. México: UNAM, 1970.

ALCALÁ-ZAMORA Y CASTILLO, Niceto. *Significado y funciones del Tribunal de Garantías Constitucionales*. Madrid: Reus, 1933.

ANDOLINA, Ítalo; VIGNERA, Giuseppe. *Il modelo costituzionale del processo civile – corso di lezioni*. Torino: Giappichelli, 1990.

ARAÚJO, Marcelo Cunha de. *O novo processo constitucional*. – Belo Horizonte: Mandamentos, 2003.

BARACHO, José Alfredo de Oliveira. Processo Constitucional. *Revista Forense*. – v. 337, 1997 (jan./fev./mar.). – Rio de Janeiro: Forense, 1997.

BARACHO, José Alfredo de Oliveira. *Processo Constitucional*. Rio de Janeiro: Forense, 1984.

BARACHO, José Alfredo de Oliveira. Teoria Geral do Processo Constitucional. *Revista da Faculdade Mineira de Direito*. – v. 1, n. 1 (jan. – jun. 1998). – Belo Horizonte: PUC Minas, 1998.

BELAUNDE, Domingo García. *Derecho procesal constitucional*, Bogotá: Temis, 2001.

BELAUNDE, Domingo García. *Dos cuestiones disputadas sobre el derecho procesal constitucional*. Disponível em: ‹http://www.garciabelaunde.com/articulos/Doscuestionesdisputadas.pdf›.

BELAUNDE, Domingo García. El Derecho Procesal Constitucional: un concepto problemático. In: *Estado de Derecho y la justicia constitucional en el siglo XXI"*, Primer Congreso Boliviano de Derecho Constitucional. Cochabamba: Grupo Editorial Kipus, 2004. Também disponível em: ‹http://www.garciabelaunde.com/articulos/DPCConceptoProblematico.pdf›. Acesso em 31/01/2012.

BELAUNDE, Domingo García. *El habeas corpus interpretado*. Lima: Instituto de Investigaciones Jurídicas de la Pontifica Universidad Católica del Perú, 1971.

BIDART, Adolfo Gelsi. *Ante Eduardo J. Couture veinte años despues*. Montevideo, en 11-05-1976, p. 07-08. Disponível em: ‹http://www.fder.edu.uy/contenido/archivo-historico/documentos/homenaje-a-couture.pdf›. Acesso em 28/01/2012. Sublinhado do original;

BUZAID, Alfredo. A influência de Liebman no Direito Processual Civil Brasileiro. *Revista de Processo*. Ano VII – julho-setembro de 1982, n. 27. São Paulo: Revista dos Tribunais, 1982.

CALAMANDREI, Piero. *La ilegittimità costituzionale delle leggi nel processo civile*. Padua: CEDAM, 1950.

CALMON DE PASSOS, J. J., *A ação no direito processual civil brasileiro*. Salvador: Juspodivm, 2014;

CAMPOS, Francisco. *O Estado nacional: sua estrutura, seu conteúdo ideológico.* – Brasília: Senado Federal, 2001.

CANOTILHO, José Joaquim Gomes. *Direito constitucional e teoria da constituição.*- 7 ed. - Coimbra: Almedina, 2003.

CAPPELLETTI, Mauro. *La giurisdizione costituzionale delle libertà: primo Studio sul ricorso costituzionale.* Milano: Giuffrè, 1955.

CAPPELLETTI, Mauro; GARTH, Bryant. *Acesso à Justiça.* Trad. Ellen Gracie Northfleet. Porto Alegre: Fabris, 1988.

CHIOVENDA, Giuseppe. *Instituições de direito processual civil.* Trad. Paolo Capitanio. Anotações do Prof. Enrico Tullio Liebman. 4 ed. – Campinas: Bookseller, 2009.

CINTRA, Antônio Carlos de Araújo; GRINOVER, Ada Pellegrini; DINAMARCO, Cândido Rangel. *Teoria Geral do Processo.* 18. ed. rev. e atual. São Paulo: Malheiros, 2002.

COUTURE, Eduardo J. *Estudios de derecho procesal civil,* tomo 1, Buenos Aires: Depalma, 1998.

COUTURE, Eduardo J. *Fundamentos del derecho procesal civil.* Buenos Aires: Depalma, 1974.

COUTURE, Eduardo J. Las garantías constitucionales del proceso civil. In: *Estudios de derecho procesal en honor de Hugo Alsina.* Buenos Aires: EDIAR, 1946.

COUTURE, Eduardo J. *O princípio da liberdade no sistema do processo civil.* Lisboa: Jornal do Foro, 1948.

COUTURE, Eduardo J. Prólogo. In: GOLDSCHMIDT, James. *Problemas generales del derecho.* Buenos Aires: Depalma, 1944.

COUTURE, Eduardo J., *Interpretação das leis processuais.* Trad. Gilda Maciel Corrêa Meyer Russomano. – 4 ed. - Rio de Janeiro: Forense, 2001.

COUTURE, Eduardo J., *Trayectoria y destino del derecho procesal civil hispanoamericano.* Buenos Aires: Depalma, 1999.

DIAS, Ronaldo Brêtas de Carvalho. *Processo Constitucional e Estado Democrático de Direito.* – Belo Horizonte: Del Rey, 2010.

DIDIER JR., Fredie. *Curso de Direito Processual Civil.* – 17 ed. – Salvador: Juspodivm, 2015, v. 1.

DINAMARCO, Cândido Rangel. *Liebman e a Cultura Processual Brasileira.* In: COSTA, Hélio Rubens Batista Ribeiro; RIBEIRO, José Horário Halfeld Rezende; DINAMARCO, Pedro da Silva (coords.). *Linhas mestras do processo civil: comemoração dos 30 anos de vigência do CPC.* – São Paulo: Atlas, 2004.

FAVELA, José Ovalle. *Dr. Héctor Fix Zamudio.* Disponível em: ‹http://derecho.procesal.unam.mx/maestros/pdf/Hector_Fix_Zamudio.pdf ›.Acesso em 31/01/2012.

FERRAND, Martín Risso. El debido proceso en la Constitución uruguaya. *Anuario de Derecho Constitucional Latinoamericano.* 17 año. Montevideo-Uruguay: Fundación Konrad Adenauer, 2011.

FIUZA, César. *Direito civil: curso completo.* 7. ed. rev., atual. e ampl. de acordo com o Código Civil de 2002. Belo Horizonte: Del Rey, 2003.

FIX-ZAMUDIO, Héctor. El pensamiento de Eduardo J. Couture y el Derecho Constitucional Procesal. *Boletín Mexicano de Derecho Comparado.* México, v. 10, n. 30, sept./dic. 1977.

FIX-ZAMUDIO, Héctor. *Latinoamerica: constituición, proceso y derechos humanos.* México, D.F.: Miguel Angel Porrúa, 1988.

GOLDSCHMIDT, James. *Problemas generales del derecho.* Buenos Aires: Depalma, 1944.

GONÇALVES, Aroldo Plínio. *Técnica Processual e teoria do processo.* Rio de Janeiro: Aide, 1992.

GRINOVER, Ada Pellegrini. *O Magistério de Enrico Tullio Liebman no Brasil.* Disponível em: www.revistas.usp.br/rfdusp/article/download/67069/69679. Acesso em 21/04/2015.

GUERRA FILHO, Willis Santiago. *Processo constitucional e direitos fundamentais.* São Paulo: Celso Bastos, 1999.

HABERMAS, Jürgen. *Três modelos normativos de democracia.* Trad. Anderson Fortes Almeida e Acir Pimenta Madeira. Cadernos da Escola do Legislativo, Belo Horizonte, n. 3, jan./jun. 1995, p. 107-121.

KELSEN, Hans. *Autobiografia de Hans Kelsen.* Trad. Gabriel Nogueira Dias e José Ignácio Coelho Mendes Neto. - 2 ed. - Rio de Janeiro: Forense Universitária, 2011.

KELSEN, Hans. Judicial review of legislation. A Comparative Study of the Austrian and the American Constitution. In: *The journal of politics.* V. 4, n. 2, mayo de 1942.

LEAL, Rosemiro Pereira. *Teoria geral do processo: primeiros estudos.* 7. ed. - Rio de Janeiro: Forense, 2008.

LIEBMAN, Enrico Tullio. *Corso di diritto processuale civile - nozioni introduttive - parte generale - il processo di cognizione.* Milano: Giuffrè, 1952.

LIEBMAN, Enrico Tullio. Diritto Costituzionale e Processo Civile. *Rivista di Diritto Processuale.* Padova: CEDAM, v. 2, 1952.

LIEBMAN, Enrico Tullio. *Estudos sobre o Processo Civil Brasileiro.* 2 ed., com notas de Ada Pelegrini Grinover. São Paulo: Saraiva, 1947.

LIEBMAN, Enrico Tullio. Istituti del diritto comune nel processo civile brasiliano. In: *Problemi del processo civile.* Nápoles: Morano, 1962.

LIEBMAN, Enrico Tullio. *Manual de Direito Processual Civil.* (Tradução da 4ª edição italiana do Manuale di Diritto Processuale Civile. Giuffrè: Milano, 1980), 3ª ed. Tradução e notas de Cândido Rangel Dinamarco. São Paulo: Malheiros, 2005.

MACEDO JÚNIOR, Ronaldo Porto. *Carl Schmitt e a fundamentação do direito.* - 2 ed. - Trad. Peter Naumann. - São Paulo: Saraiva, 2011.

MAC-GREGOR, Eduardo Ferrer. El derecho procesal constitucional com fenómeno histórico social y como ciencia. In: THEODORO JÚNIOR, Humberto; CALMON, Petrônio; NUNES,

Dierle. (coords.). *Processo e Constituição: os dilemas do processo constitucional e dos princípios processuais constitucionais.* Rio de Janeiro: GZ, 2010.

MADEIRA, Dhenis Cruz. *Argumentação Jurídica: (In)compatibilidades entre a Tópica e o Processo.* Curitiba: Juruá, 2014.

MADEIRA, Dhenis Cruz. Igualdade e Isonomia Processual. In: THEODORO JÚNIOR, Humberto; CALMON, Petrônio; NUNES, Dierle. (Org.). *Processo e Constituição.* 1 ed. Rio de Janeiro: GZ, 2010.

MADEIRA, Dhenis Cruz. *Processo de conhecimento & cognição: uma inserção no estado democrático de direito.* Curitiba: Juruá, 2008.

MADEIRA, Dhenis Cruz. O novo CPC e a leitura tardia de Liebman: a possibilidade jurídica como matéria de mérito. In: ROSSI, Fernando; RAMOS, Glauco Gumerato; GUEDES, Jefferson Carús; DELFINO, Lúcio; MOURÃO, Luiz Eduardo Ribeiro. (Org.). *O futuro do processo civil no Brasil: uma análise crítica ao Projeto do Novo CPC.* Belo Horizonte: Fórum, 2011.

MARTINS, Argemiro Cardoso Moreira. *O Direito Romano e seu ressurgimento no final da Idade Média.* In: WOLKMER, Carlos (Org.). *Fundamentos de história de direito.* 2. ed. 5. tir. rev. e ampl.. Belo Horizonte: Del Rey, 2004.

MEDINA, Paulo Roberto de Gouvêa. *Direito processual constitucional.* – Rio de Janeiro: Forense, 2003.

MELENDO, Santiago Sentís. Prólogo. COUTURE, Eduardo J. *Fundamentos del derecho procesal civil.* Buenos Aires: Depalma, 1974.

NERY JÚNIOR, Nelson. *Princípios do processo civil na Constituição Federal.* 7. ed. rev. e atual. São Paulo: Revista dos Tribunais, 2002.

NUNES, Dierle José Coelho. *O princípio do contraditório: uma garantia de influência e de não surpresa.* In: TAVARES, Fernando Horta (coord.). *Constituição, direito e processo.* – Curitiba: Juruá, 2007.

NUNES, Dierle José Coelho. *Processo jurisdicional democrático.* Curitiba: Juruá, 2008.

OLIVEIRA, Carlos Alberto Alvaro de. *Do formalismo no processo civil.* São Paulo: Saraiva, 1997.

OLIVEIRA, Carlos Alberto Alvaro de. *Do formalismo no processo civil.* – 3. ed. - São Paulo: Saraiva, 2009.

ROMERO, Roberto Negrete. *Niceto Alcalá-Zamora y Castillo.* Disponível em: ‹http://derecho.procesal.unam.mx/maestros/pdf/Niceto_Alcala.pdf›. Acesso em 29-01-2012.

ROSAS, Roberto. *Direito Processual Constitucional – Princípios Constitucionais do Processo Civil.* São Paulo: Revista dos Tribunais, 1983.

SCHMITT, Carl. *O guardião da Constituição.* Trad. Geraldo de Carvalho. – Belo Horizonte: Del Rey, 2007.

SOARES, Mário Lúcio Quintão. *Teoria do estado: o substrato clássico e os novos paradigmas como pré-compreensão para o direito constitucional*. Belo Horizonte: Del Rey, 2001.

STRECK, Lenio Luiz. *O que é isto – decido conforme minha consciência?* - Porto Alegre: Livraria do Advogado, 2010.

THEODORO JÚNIOR, Humberto; CALMON, Petrônio; NUNES, Dierle. (coords.). *Processo e Constituição: os dilemas do processo constitucional e dos princípios processuais constitucionais*. Rio de Janeiro: GZ, 2010.

VÉRAS NETO, Francisco Quintanilha. *Direito Romano Clássico: seus institutos jurídicos e seu legado*, p. 142-9.

WIEACKER, Franz. *História do direito privado moderno*. (Privatrechtsgeschichte der Neuzeit unter besonderer Berücksichtigung der deutschen Entwicklung). Trad. António Manuel Botelho Hespanha. 2. ed. – Lisboa: Calouste Gulbenkian, 1980.

WINDSCHEID, Bernard; MUTHER, Theodor. *Polémica sobre la "actio"*. Trad. Tomás A. Banzhaf. Buenos Aires: Ediciones Jurídicas Europa-America, 1974.

CAPÍTULO 3

Uma Primeira Análise Constitucional Sobre os Princípios no Novo Código de Processo Civil

Rennan Faria Krüger Thamay[1]

Rafael Ribeiro Rodrigues[2]

SUMÁRIO: 1. BREVES CONSIDERAÇÕES SOBRE O TEMA; 2. PRINCÍPIO DA COOPERAÇÃO; 3. PRINCÍPIO DO CONTRADITÓRIO; 4. PRINCÍPIO DA MOTIVAÇÃO; 5. PRINCÍPIO DO DEVIDO PROCESSO LEGAL; 6. PRINCÍPIO DA PUBLICIDADE; 7. CONSIDERAÇÕES FINAIS; 8. REFERÊNCIAS BIBLIOGRÁFICAS.

1. BREVES CONSIDERAÇÕES SOBRE O TEMA

Todo e qualquer Estado que se intitule e pretenda ser tido como um Estado Democrático de Direito deve ter como base pilares suficientemente fortes para tornar possível a construção de uma sociedade sempre livre, justa e solidária[3].

A Constituição da República prevê a existência dessas bases no ordenamento jurídico pátrio por meio de seus *princípios*, dentre os quais os princípios que versam sobre o direito processual. A concretização e o respeito aos princípios constitucionais acarretam a preservação incondicional das bases do Estado

---

1. Pós-Doutorado pela Universidade de Lisboa. Doutor em Direito pela PUC/RS e Università degli Studi di Pavia. Mestre em Direito pela UNISINOS e pela PUC Minas. Especialista em Direito pela UFRGS. Professor de cursos preparatórios para concursos públicos. É Professor do programa de graduação e pós-graduação (Doutorado, Mestrado e Especialização) da FADISP. Foi Professor assistente (visitante) do programa de graduação da USP. Foi Professor do programa de graduação e pós-graduação (lato sensu) da PUC/RS. Membro do IAPL (International Association of Procedural Law), do IIDP (Instituto Iberoamericano de Derecho Procesal), do IBDP (Instituto Brasileiro de Direito Processual), IASP (Instituto dos Advogados de São Paulo), da ABDPC (Academia Brasileira de Direito Processual Civil), do CEBEPEJ (Centro Brasileiro de Estudos e Pesquisas Judiciais). Membro do Grupo de Processo Constitucional do IASP. Membro do corpo editorial da Revista Opinião Jurídica da Unichristus de Fortaleza. Advogado, consultor jurídico e parecerista.
2. Especialista em Direito Processual Civil pela Escola Paulista de Magistratura. Bacharel em Direito pela Faculdade de Direito da Universidade Mackenzie. Advogado. Associado do escritório Arruda Alvim & Thereza Alvim Advocacia e Consultoria Jurídica S/C.
3. De acordo com a Constituição Federal de 1988:
    "Art. 3º Constituem objetivos fundamentais da República Federativa do Brasil:
    I - construir uma sociedade livre, justa e solidária;"

Democrático de Direito –denominado por parte dos doutrinadores de Estado Democrático Social de Direito.

Não é novidade que nas Constituições modernas o movimento de positivação dos princípios tornou-se comum[4], passando a constituir matéria legislada, perdendo seu caráter subsidiário ou residual[5].

Com efeito, os princípios[6] são *fontes primárias*[7] do Direito e do Estado de Direito, efetivamente necessários para que não se engesse a sociedade, volátil que é, por mudar a cada instante em razão da força derivada de sua evolução e desenvolvimento naturais.

De fato, os princípios são as noções fundamentais e informadoras de qualquer organização e sistema jurídico, sendo elementos que dão, efetivamente, racionalidade e lógica ao ordenamento normativo, visto que atribuem sentido de coesão e unidade às normas. Em verdade, os princípios acabam por dar coerência, lógica e ordem ao todo, servindo como instrumentos para a construção de um sistema, bem como de elo para a ligação e coordenação em sua ordem e unidade.

Em se tratando dos princípios constitucionais processuais, estes se prestam para limitar o poder do Estado-juiz e a atuação das partes demandantes, formam bases para assegurar que o direito material será alcançado sem prejuízo a nenhuma das partes, bem como informam e norteiam todo o sistema processual.

Feitas essas breves considerações, agora, olhando para o futuro, importante analisar o tema dos princípios sob a luz do novo Código de Processo Civil,

---

4. CAPELLETTI, Mauro. O controle judicial de constitucionalidade das leis no direito comparado. Tradução de Aroldo Plínio Gonçalves. Porto Alegre: Sergio Antonio Fabris, 1984, p.130.
5. Sobre a função diretiva dos princípios: BOBBIO, Norberto. Principi generali di diritto. In Novissimo Digesto Italiano. V. 13. Turim: Unione Tipografico-Editrice Torinese, 1957, p. 130.
6. "Os princípios informativos são regras predominantemente técnicas e, pois, desligados de maior conotação ideológica, sendo, por esta razão, quase que universais. Já os denominados princípios fundamentais do processo são diretrizes nitidamente inspiradas por características políticas, trazendo em si carga ideológica significativa, e, por isto, válidas para os sistemas ideologicamente afeiçoados aos princípios fundamentais que lhes correspondam. Comportam, os princípios fundamentais, por isso mesmo, princípios antagônicos. Assim, v.g., ao do dispositivo pode-se contrapor o oficioso (inquisitório); ao da oralidade, o do processo inteiramente escrito etc. Os princípios informativos, que, em verdade, se poderiam considerar quase que axiomas, porque prescindem de demonstração maior, são os seguintes: a) lógico; b) jurídico; c) político; e d) econômico." ALVIM, Arruda. Manual de direito processual civil. 13. ed., rev., atual. e ampl. São Paulo: RT, 2010, p. 41.
7. Como fonte material e formal, os princípios permitem afastar injustiças e resolver problemáticas complexas, cuja solução não seria possível com regras legais. Sobre os princípios como fontes do Direito, vide BOBBIO, Norberto. Principi generali di diritto. In Novissimo Digesto Italiano. Op. Cit., p. 890-892.

mais precisamente da Lei nº 13.105, de 16 de março de 2015, a qual entrará em vigor após decorrido 1 (um) ano da data de sua publicação oficial (art. 1.045).

Evidenciaremos no decorrer desta análise que o legislador deu real importância aos princípios constitucionais, sendo algumas normas constitucionais até mesmo transcritas no novo Código de Processo Civil.

Por certo que este estudo não tem a pretensão de abordar todos os princípios do novo Código de Processo Civil. O que se busca, na verdade, é analisar somente os princípios que, no nosso entender, são novidade no sistema ou tiveram mais destaque na nova codificação, conforme se passa a abordar.

2. PRINCÍPIO DA COOPERAÇÃO

Oriundo do direito estrangeiro, mais precisamente da Alemanha, França e Portugal, o princípio da cooperação (ou colaboração) orienta o magistrado a adotar uma postura de *"agente-colaborador do processo, de participante ativo do contraditório e não mais a de um mero fiscal de regras"*[8].

Por certo que, à luz do princípio da cooperação, essa postura diferenciada não é esperada somente por parte do magistrado, mas também das partes demandantes, as quais devem agir em consonância com os *"princípios do devido processo legal, da boa-fé processual e do contraditório"*[9].

Dentre as alterações tidas no sistema processual por meio do novo Código de Processo Civil, uma delas é a forte influência do princípio da cooperação em sua exegese. Princípio este que, em última análise, visa a criar mecanismos processuais para que magistrado e partes cooperem mútua e harmonicamente, a fim de que o processo alcance um resultado rápido, eficaz e justo.

A bem da verdade, o princípio da cooperação é uma das grandes inovações do novo Código de Processo Civil e encontra-se positivado em seu artigo 6º, conforme dispositivo abaixo transcrito:

> "Art. 6º Todos os sujeitos do processo devem cooperar entre si para que se obtenha, em tempo razoável, decisão de mérito justa e efetiva."

Segundo a doutrina detida sobre o tema, o princípio da cooperação é classificado como um efetivo terceiro modelo de processo, sucedendo, portanto,

---

8. DIDIER Jr., Fredie. O princípio da cooperação: uma apresentação. São Paulo: Revista de Processo, v. 127, 2005, p. 76.
9. DIDIER Jr., Fredie. Os três modelos de direito processual: inquisitivo, dispositivo e cooperativo. São Paulo: Revista de Processo, v. 198, 2011, p 218.

os modelos adversarial[10] (isonômico) e o inquisitorial[11] (assimétrico). Enquanto no modelo adversarial o juiz era mero espectador do combate processual realizado pelas partes, por outro lado, no modelo inquisitorial, o juiz conduzia de fato toda a demanda, em conduta ativa e construtiva na formação do processo, até sua decisão final.

Nas palavras de Fredie Didier Júnior:

> "A concretização do princípio da cooperação e, no caso, também de uma concretização do princípio do contraditório, que assegura aos litigantes o poder de influenciar na solução da controvérsia. Como se sabe, ao magistrado a investigação oficial de algumas questões (como por exemplo, os pressupostos processuais e as condições da ação, ex vi do § 3º do art. 267 do CPC), o respeito a este dever revela-se fundamental."[12]

Pela análise do artigo 6º é possível afirmar que suas intenções são boas, pois visa a implementar um modelo cooperativo no processo e fazer com que as partes auxiliem o magistrado na condução da demanda, o que certamente tornaria o trâmite do processo mais organizado, célere e não conturbado. Na prática, entretanto, não é possível afirmar que esta será a realidade.

Não se questiona (e nunca se questionou) o fato de as partes terem que cooperar com o magistrado para otimizar a condução do processo e produção de provas, algo que, consequente, formará o livre convencimento motivado do juiz, que, em última análise, balizará os termos da sentença.

Do mesmo modo, sempre se esperou que o juiz – por ser figura imparcial no processo – colaborasse com as partes e, quando provocado, esclarecesse os pontos que eventualmente sejam necessários para que as partes possam trazer aos autos as informações que influenciaram no seu convencimento. Deve o magistrado, ainda, consultar as partes acerca dos pontos controvertidos e prevenir os demandantes sobre os defeitos existentes nas suas respectivas postulações, dando-lhes oportunidade para saná-los.

Em que pese a nobreza do referido princípio, fato é que, conforme acima pontuado, as premissas sobre as quais ele se funda sempre foram esperadas,

---

10. "o modelo adversarial assume forma de competição ou disputa, desenvolvendo-se como um conflito entre dois adversários diante de um órgão jurisdicional relativamente passivo, cuja principal função é a de decidir. O modelo inquisitorial (não adversarial) organiza-se como uma pesquisa oficial, sendo o órgão jurisdicional o grande protagonista do processo". DIDIER JUNIOR, Fredie. Os Três Modelos de Direito Processual: Inquisitivo, Dispositivo e Cooperativo. São Paulo: Revista de Processo, vol. 198, 2011, p. 215.

11. DIDIER JUNIOR, Fredie. Os Três Modelos de Direito Processual: Inquisitivo, Dispositivo e Cooperativo. São Paulo: Revista de Processo, vol. 198, 2011, p. 219 e ss.

12. DIDIER Jr., Fredie. Os três modelos de direito processual: inquisitivo, dispositivo e cooperativo. São Paulo: Revista de Processo, v. 198, 2011, p. 223/224.

mesmo que não efetivamente implementadas. O que gera preocupação é a possibilidade de este princípio ser aplicável somente no campo teórico, ficando à margem da prática forense.

Ademais, a ideia de que as partes devem cooperar entre si no curso da demanda para, em última análise, auxiliar o magistrado a obter a decisão mais acertada, parece contraditória se considerarmos que as mesmas partes – enquanto demandantes que são – estão em juízo exatamente pelo fato de não terem obtido coesão em suas tratativas antes do ajuizamento da ação. A lide ultrapassa o campo processual e está afeta, antes disso, ao campo do direito material e dos interesses contrapostos.

Assim, nos termos do dispositivo, segundo o qual todos os sujeitos do processo devem cooperar entre si, não conseguimos nos convencer – em especial se considerarmos a realidade cultural brasileira – que autor e réu possam colaborar recíproca e verdadeiramente, um com o outro, visto que seus objetivos são amplamente contraditórios em relação ao objeto sob litígio.

Por certo que somente o tempo e a vivência do novo Código de Processo Civil poderão nos demonstrar qual será a real efetividade desse princípio em nosso sistema, mas, ao que nos parece, a cooperação[13], como princípio traduzido em mecanismo positivo, dificilmente poderá ser tratada como um dever entre partes demandantes, por estarem autor e réu buscando, interesses antagônicos, caso contrário, estes não estariam demandando em juízo.

3. PRINCÍPIO DO CONTRADITÓRIO

Com previsão constitucional expressa, incluído na parte que aborda os direitos e garantias fundamentais, o artigo 5º, LV, assegura que "aos litigantes, em processo judicial ou administrativo, e aos acusados em geral são assegurados o contraditório e ampla defesa, com os meios e recursos a ela inerentes". Dada a sua importância para a manutenção do sistema processual e utilidade para assegurar direitos, o contraditório[14] foi elevado ao *status* de princípio constitucional.

Nos dias de hoje tem-se afirmado que o contraditório se trata de princípio absoluto ao assegurar isonomia entre as partes no processo e por ser a principal ferramenta para a formação regular do processo. Mesmo nesse contexto,

---

13. Sobre a colaboração, confira-se MITIDIERO, Daniel. Colaboração no processo civil: pressupostos sociais, lógicos e éticos, São Paulo: RT, 2009, p. 63 e ss.
14. Sobre o princípio do contraditório, conferir TESHEINER, José Maria Rosa. THAMAY, Rennan Faria Krüger. Teoria Geral do Processo: em conformidade com o Novo CPC. Rio de Janeiro: Forense, 2015, p. 72 e ss.

há julgados do Supremo Tribunal Federal no sentido de que o indeferimento de diligência probatória, tida por desnecessária pelo magistrado de primeiro grau, não teria o condão de violar o princípio do contraditório.[15]

A essência do contraditório não está ligada à efetiva manifestação da parte no processo, mas sim à oportunidade que lhe é dada para se manifestar antes de o magistrado proferir sua decisão sobre matéria ainda não debatida. Trata-se, portanto, de direito processual subjetivo – objetivamente determinado – assegurado às partes, razão pela qual a ausência de manifestação, por vontade própria ou negligência, não significará violação ao contraditório da parte.[16]

Na prática o contraditório pode ser tido como prévio, diferido ou eventual. O prévio é a regra e se dá quando o magistrado franqueia a palavra às partes antes de decidir. Já o contraditório diferido se dá quando primeiro o juiz decide e depois oportuniza o contraditório, como, por exemplo, nas hipóteses de concessão de uma liminar *inaudita altera parte*, tutela antecipada ou medida cautelar. No último caso, o contraditório eventual somente ocorrerá se a parte tiver interesse em propor uma demanda ou o réu suscitar argumento de defesa que vai além dos fundamentos de fato e de direito nos quais se funda a petição inicial do autor[17].

Com efeito, trata-se de princípio essencial ao desenvolvimento válido e regular do processo, sendo entendido sob dois enfoques: a) jurídico, e b) político.[18] Será jurídico quando o contraditório for utilizado para traduzir a garantia de ciência (conhecimento) bilateral dos atos e termos do processo, possibilitando a manifestação das partes sobre os mesmos[19]. Já o enfoque político do contraditório assegura a legitimidade do exercício do poder, o que se consegue pela participação dos envolvidos e interessados na construção do provimento jurisdicional[20].

Não bastam, ainda, a simples oitiva das partes e a oportunidade de estes apresentarem seus elementos de convicção. Antes disso é indispensável, para

---

15. Precedentes. **AI 786434 AgR / DF. AI 816631 AgR / BA.**

16. "A importância desse princípio está diretamente relacionada à dialética do processo e ao conceito de lide. Quanto à dialética é sabido que o processo contemporâneo é um processo de partes, em que há uma tese (afirmação do autor), uma antítese (negação do réu) e, finalmente, uma síntese (sentença do juiz). Daí a importância das partes, quer para iniciar e fixar os limites da controvérsia, quer para desenvolve-la (...)" (RePro 232/18)

17. RePro 232/20

18. "o contraditório, entendido em seus aspectos jurídico e político, é essencial para que haja processo justo, sendo de extrema relevância para a efetivação prática da garantia constitucional do devido processo legal." CÂMARA, Alexandre Freitas. Lições de direito processual civil. V.1. 25 ed. - São Paulo: Atlas, 2014, p. 64.

19. CÂMARA, Alexandre Freitas. Lições de direito processual civil. V.1. 25 ed. - São Paulo: Atlas, 2014, p. 59.

20. CÂMARA, Alexandre Freitas. Lições de direito processual civil. V.1. 25 ed. - São Paulo: Atlas, 2014, p. 61.

realmente se respeitar o contraditório, que os argumentos dos demandantes sejam analisados e considerados pelo julgador antes de este decidir, tanto para acolhida como para rejeição. A cognição deve ser lógica e exaustiva em torno de todo o debate produzido nos autos, de modo que todos os sujeitos do processo tenham real oportunidade de influir na formação do julgado"[21].

Feitas essas considerações, não é exagero dizer que o novo Código de Processo Civil deu real atenção ao princípio do contraditório, sendo este princípio, quiçá, o mais valorizado no novo diploma.

Dentre os dispositivos que abordam o contraditório em suas diversas formas, podemos destacar os artigos 7º, 9º e 10 do novo Código de Processo Civil, todos previstos no capítulo das normas fundamentais do processo civil, conforme transcrevemos abaixo:

> "Art. 7º É assegurada às partes paridade de tratamento em relação ao exercício de direitos e faculdades processuais, aos meios de defesa, aos ônus, aos deveres e à aplicação de sanções processuais, competindo ao juiz zelar pelo efetivo contraditório.
>
> (...)
>
> Art. 9ºNão se proferirá decisão contra uma das partes sem que ela seja previamente ouvida.
>
> Parágrafo único. O disposto no caput não se aplica:
>
> I - à tutela provisória de urgência;
>
> II - às hipóteses de tutela da evidência previstas no art. 311, incisos II e III;
>
> III - à decisão prevista no art. 701.
>
> Art. 10. O juiz não pode decidir, em grau algum de jurisdição, com base em fundamento a respeito do qual não se tenha dado às partes oportunidade de se manifestar, ainda que se trate de matéria sobre a qual deva decidir de ofício."

O artigo 7º aborda o princípio do contraditório em sua essência, podendo ser lido em comunhão com o princípio da isonomia. Percebe-se que esse dispositivo visa a assegurar às partes não só as garantias processuais, como também os ônus e as sanções, caso lhes deva ser imputado, o que nos parece não só justo, como também lógico.

Por certo que ninguém melhor do que o próprio juiz, sujeito processual imparcial, para zelar pelo efetivo contraditório; caso contrário, a aplicação desse princípio restaria sonegada no curso do processo.

---

21. THEODORO JÚNIOR, Humberto. Curso de Direito Processual Civil - Teoria geral do direito processual civil e processo de conhecimento. V.1. - Rio de Janeiro: Forense, 2014, p. 38.

No tocante ao artigo 9º, ao que nos parece, este tem o intuito de extirpar do sistema algo que há muito tempo vem ocorrendo na prática forense, mas que reconhecidamente não é aceito pela doutrina, que é a famigerada "decisão surpresa"[22]. Se as partes têm o direito de participar do processo, com a finalidade de formar o convencimento do magistrado, por certo que se o juiz proferir decisão acerca de fato novo, sobre o qual as partes não tenham tomado ciência e, menos ainda, se manifestado, restará violado o direito ao contraditório.

Nota-se que os incisos do artigo 9º tratam das hipóteses nas quais o contraditório será diferido para não gerar risco a direitos do postulante. De qualquer modo, não nos resta dúvida de que a decisão surpresa foi totalmente extirpada do sistema, tendo o novo Código de Processo Civil pacificado a questão e tornado evidente a impossibilidade de o magistrado decidir sobre fato novo sem franquear a palavra às partes.

Por fim, o artigo 10 pacifica outro ponto controvertido, qual seja, a impossibilidade de o magistrado decidir questão de ordem pública sem antes oportunizar o contraditório.

Como se sabe, as matérias de ordem pública podem ser decididas de ofício pelo magistrado, vez que, em tese, extrapolam os interesses individuais discutidos na demanda e geram reflexos para a sociedade como um todo. Até aqui, sem grandes problemas. A problemática surge quando esta decisão de ofício é dada sem a abertura do prévio contraditório. Nunca se negou a possibilidade de o magistrado decidir matéria de ordem pública de ofício, mas também nunca foi dito que essa decisão poderia ser dada sem se atentar ao contraditório, daí a importância do artigo 10 e a estabilidade que ele notadamente trará para o sistema processual.

4. PRINCÍPIO DA MOTIVAÇÃO

O princípio da motivação das decisões judiciais, também conhecido como princípio da fundamentação, trata-se de princípio de matriz constitucional, segundo o qual "todos os julgamentos dos órgãos do Poder Judiciário serão públicos, e fundamentadas todas as decisões, sob pena de nulidade" (inciso IX, do artigo 93, da Constituição Federal). Esse dever de motivação se estende às decisões administrativas (artigo 93, X, Constituição Federal, e artigo 2º da Lei nº 9.784/99).

---

22. "A utilização pelo juiz, apenas quando do julgamento, de elementos estranhos ao que se debateu no processo – pouco importa trate-se de elementos de fato ou de direito, matéria de ordem pública que seja – produz o que a doutrina e os tribunais, especialmente os europeus, chamam de "decisão-surpresa", "decisão solitária" ou ainda, "sentença de terceira via". Tendo em conta a compreensão atual do contraditório, é algo que se considera inadmissível." (RePro 233/52)

A obediência à devida fundamentação das decisões é matéria de ordem pública, razão por que pode ser conhecida a qualquer tempo e grau de jurisdição. Não é lógico e nem aceitável a ideia de o cidadão ter seu patrimônio invadido pelo Estado-juiz se aquele não tiver, ao menos, ciência dos motivos que balizaram a decisão desfavorável para, em última análise, ter o direito de impugná-la e exercer o direito ao contraditório.

Pode-se dizer que a garantia de motivação das decisões judiciais tem a finalidade de assegurar uma justificação política para as decisões proferidas. Isso, portanto, faz com que a decisão fundamentada possa ser submetida a determinada espécie de controle, seja o conhecido controle advindo das partes, seja da sociedade ou até do próprio Poder Judiciário. Se a decisão não for fundamentada, por certo que o controle restará prejudicado, pois a raiz da decisão será desconhecida e, nesta hipótese, a impugnação não versará sobre o mérito da decisão em si, mas sim sobre o fato de a decisão não ter sido fundamentada[23].

Por certo que a decisão mal fundamentada se equipara à não fundamentada, sendo ambas maculadas com a mesma nulidade prevista no texto Constitucional. Não é difícil concluir o motivo, pois tanto a decisão não fundamentada quanto a mal fundamentada impossibilitam o exercício do contraditório pela parte lesada e o controle dos atos do magistrado e, por terem a mesma consequência, deverão ter o mesmo efeito[24].

De acordo com Eduardo Arruda Alvim, "fundamentar significa dar as razões de fato e de direito que levaram à tomada da decisão. A fundamentação deve ser *substancial* e não meramente *formal*"[25].

Portanto, imprescindível se faz à decisão judicial a fundamentação, ou seja, a exposição dos motivos que levaram o julgador a tomar aquela decisão que atingirá as partes envolvidas no litígio, servindo-se, realmente, como uma explicação jurídica para a posição adotada, dando ao insatisfeito a oportunidade de, querendo e cabendo, interpor o respectivo recurso para ver-se novamente analisar, agora pelo Tribunal, a decisão anteriormente proferida pelo julgador originário.

Atento à importância da fundamentação das decisões, o legislador inseriu, no § 1º do artigo 489 do novo Código de Processo Civil, verdadeiro rol de elementos que, se presentes, tornarão a decisão judicial não fundamentada:

---

23. "o princípio da motivação expressa a necessidade de toda e qualquer decisão judicial ser explicada, fundamentada, justificada pelo magistrado que a prolatou. Com isto o princípio assegura não só a transparência da atividade judiciária mas também viabiliza que se exercite o adequado controle de todas e quaisquer decisões jurisdicionais" BUENO, Cassio Scarpinella. Curso sistematizado de direito processual civil: teoria geral do direito processual civil. V. 1. 8. ed. – São Paulo: Saraiva, 2014, p. 162.
24. CÂMARA, Alexandre Freitas. Lições de direito processual civil. V.1. 25 ed. - São Paulo: Atlas, 2014, p. 66.
25. ALVIM, Eduardo Arruda. Direito processual civil. 5. ed. rev. atual. e ampl. São Paulo: RT, 2013, p. 153.

Art. 489. (...)

§ 1º Não se considera fundamentada qualquer decisão judicial, seja ela interlocutória, sentença ou acórdão, que:

I - se limitar à indicação, à reprodução ou à paráfrase de ato normativo, sem explicar sua relação com a causa ou a questão decidida;

II - empregar conceitos jurídicos indeterminados, sem explicar o motivo concreto de sua incidência no caso;

III - invocar motivos que se prestariam a justificar qualquer outra decisão;

IV - não enfrentar todos os argumentos deduzidos no processo capazes de, em tese, infirmar a conclusão adotada pelo julgador;

V - se limitar a invocar precedente ou enunciado de súmula, sem identificar seus fundamentos determinantes nem demonstrar que o caso sob julgamento se ajusta àqueles fundamentos;

VI - deixar de seguir enunciado de súmula, jurisprudência ou precedente invocado pela parte, sem demonstrar a existência de distinção no caso em julgamento ou a superação do entendimento.

No tocante ao inciso I, ora, se a parte é obrigada a expor as razões de fato e de direito em sua fundamentação, não existe justificativa para eximir-se o magistrado do mesmo ônus processual. Por certo que a decisão se limita a reproduzir ou, ainda que seja, parafrasear dispositivo, sem fazer a subsunção entre o fato e a norma, não pode ser considerada fundamentada e nem se presta para resolver a lide.

A norma é abstrata, e o caso *sub judice* é concreto. A menção de dispositivo normativo na decisão é o começo, a introdução, que espera o jurisdicionado, para este ter em vista que o magistrado está decidindo de acordo com o princípio da legalidade, mas, de maneira alguma, pode ser tida como o fim em si mesmo. Se não houver enfrentamento dos fatos, a decisão nada decidiu.

O inciso II deve ser encarado identicamente ao inciso anterior, pois, ao empregar conceitos jurídicos vagos como princípios, brocardos ou "máximas" do direito, o julgador deve adentrar no fato e informar às partes a correlação entre ambos.

No tocante ao inciso III, este é discutível, pois se a demanda for repetitiva, estando a petição inicial sempre constituída sobre os mesmos fundamentos de fato e de direito, *mutatis mutandis,* não nos parece razoável exigir do magistrado que profira uma decisão customizada para cada demanda, isso sob pena de violar os princípios da celeridade, economia processual e da segurança jurídica.

A violação aos princípios da celeridade e economia processual é de fácil visualização, pois se obrigarmos o magistrado a elaborar uma decisão para cada caso, desconsiderando a existência de demandas idênticas – nas quais o patrono só muda o nome do postulante, nada mais –, estaremos onerando o judiciário com um trabalho que o patrono dos demandantes não teve, o que não parece razoável.

Por sua vez, a segurança jurídica restará afetada se tivermos por base que em casos análogos o mesmo magistrado terá que proferir enésimas decisões, somente no intuito de não ter sua decisão tida como "não fundamentada".

Com relação ao inciso IV, sua redação foi infeliz ao acrescentar a condição "em tese". Ao que nos parece, essa expressão carrega uma carga de subjetivismo tão acentuada que será capaz de, na prática, tornar o inciso sem efeito. Não obstante tal fato, a intenção do legislador foi louvável, pois não são raras as hipóteses nas quais a parte suscita fundamento que entende fundamental para seu êxito na demanda, mas, ao final, o julgador ignora a questão e decide sem nem ao menos mencionar a existência do fundamento.

O inciso V está na mesma linha dos incisos I e II; desta vez no tocante a precedente judicial utilizado para fundamentar a decisão. Por certo que não pode uma decisão se lastrear em outro julgado se este não guardar similitude fática e jurídica suficiente para tanto e, mesmo que a similitude exista, é dever do magistrado demonstrar a existência e não do jurisdicionado exercer profundo processo interpretativo para concatenar o seu caso concreto com o da decisão paradigma.

Por fim, temos o inciso VI, que na mesma linha do inciso anterior, trata de situação diametralmente oposta. Nesse caso o jurisdicionado foi quem suscitou a existência de entendimento judicial para embasar seu fundamento e respectivo direito, sendo que o magistrado, por outro lado, não analisou a questão em sua decisão.

Assim, como observado, a fundamentação é dever daquele que, na condição de julgador, decide o litígio, e sua ausência é elemento gerador de nulidade constitucionalmente prevista. O legislador deu real atenção ao tema e arrolou as hipóteses nas quais a falta de fundamentação irá gerar a nulidade da decisão.

5. PRINCÍPIO DO DEVIDO PROCESSO LEGAL

De matriz constitucional, o princípio do devido processo legal[26], também conhecido como *due process of law*, vem positivado no artigo 5º, LIV, da Constituição Federal, segundo o qual "ninguém será privado da liberdade ou de seus

---

26. ALVIM, Eduardo Arruda. THAMAY, Rennan Faria Krüger. GRANADO, Daniel Willian. Processo constitucional. São Paulo: RT, 2014, p. 24 e ss.

bens sem o devido processo legal", sendo gênero principiológico, considerado efetivo *superprincípio*, na medida em que dele derivam diversos outros princípios[27], tais como o do contraditório e da ampla defesa, por exemplo.

Sua origem remonta ao direito inglês, mais precisamente à Magna Carta imposta pelos barões ao Rei João Sem Terra, no ano de 1215, documento segundo o qual o monarca não poderia decidir de maneira diversa das regras processuais previamente estipuladas. Desse modo, o princípio apresenta tanto um caráter instrumental, por tornar lapidar o processo como uma ferramenta, bem como possui uma dimensão substancial, por impedir as partes de serem julgadas por processo não anteriormente estipulado.

Averiguando o significado desse princípio, pode-se afirmar que o devido processo se desenvolve quando em um determinado processo é assegurado às partes tratamento isonômico, contraditório e equilibrado, buscando um resultado efetivo, adaptado e convergente com os princípios e postulados da instrumentalidade do processo. Nesta hipótese restará, como observado, o devido processo legal[28].

Ademais, deve-se afastar do devido processo legal, por evidente, a noção de que o processo, pela mera forma de procedimentalização, estaria apto a respeitar o devido processo legal como princípio constitucional do processo.

Aliado a essa ponderação, Humberto Theodoro Júnior afirma que o devido processo legal, no Estado Democrático de Direito, jamais poderá ser visto como simples procedimento desenvolvido em juízo. Seu papel é o de atuar sobre os mecanismos procedimentais de modo a preparar e proporcionar provimento jurisdicional compatível com a supremacia da Constituição e a garantia de efetividade dos direitos fundamentais[29].

---

27. CÂMARA, Alexandre Freitas. Lições de direito processual civil. V.1. 25 ed. - São Paulo: Atlas, 2014, p. 42.

28. "o processo deve ser devido porque, em um Estado Democrático de Direito, não basta que o Estado atue de qualquer forma, mas deve atuar de uma específica forma, de acordo com regras preestabelecidas e que assegurem, amplamente, que os interessados na solução da questão levada ao Judiciário exerçam todas as possibilidades de ataque e de defesa que lhe pareçam necessárias, isto é, de participação. O princípio do devido processo legal, neste contexto, deve ser entendido como o princípio regente da atuação do Estado-juiz, desde o momento em que ele é provocado até o instante em que o Estado-juiz, reconhecendo o direito lesionado ou ameaçado, crie condições concretas de sua reparação ou imunização correspondente." BUENO, Cassio Scarpinella. Curso sistematizado de direito processual civil: teoria geral do direito processual civil. V. 1. 8. ed. – São Paulo: Saraiva, 2014, p. 136 e ss.

29. "diante dessas ideias, o processo justo, em que se transformou o antigo devido processo legal, é o meio concreto de praticar o processo judicial delineado pela Constituição para assegurar o pleno acesso à Justiça e a realização das garantias fundamentais traduzidas nos princípios da legalidade, liberdade e igualdade. Nesta ordem de ideias, o processo, para ser justo, nos moldes constitucionais do Estado Democrático de Direito, terá de consagrar, no plano procedimental: a) o direito de acesso à Justiça; b) o direito de defesa; c) o contraditório e a paridade de armas (processuais) entre as partes; d) a independência e a imparcialidade do juiz; e) a obrigatoriedade da motivação dos provimentos judiciais

Como já observado, considera a doutrina o devido processo legal um *superprincípio* (ou *supraprincípio*) devido à sua função de coordenar e delimitar todos os demais princípios que informam tanto o processo como o procedimento.[30]

Além disse, esse dispositivo foi abordado no novo Código de Processo Civil em dispositivos esparsos, conforme se evidencia abaixo:

> Art. 1º O processo civil será ordenado, disciplinado e interpretado conforme os valores e as normas fundamentais estabelecidos na Constituição da República Federativa do Brasil, observando-se as disposições deste Código.
>
> (...)
>
> Art. 26. A cooperação jurídica internacional será regida por tratado de que o Brasil faz parte e observará:
>
> I - o respeito às garantias do devido processo legal no Estado requerente;
>
> (...)
>
> Art. 36. O procedimento da carta rogatória perante o Superior Tribunal de Justiça é de jurisdição contenciosa e deve assegurar às partes as garantias do devido processo legal.

Por conseguinte, a relação do princípio do devido processo legal com o artigo 1º do novo Código de Processo Civil está diretamente ligado à sua previsão constitucional, consoante anteriormente exposto.

O inciso I do artigo 26 aborda questão de direito internacional relativa à cooperação jurídica. A previsão da garantia ao devido processo legal do Estado requerente, no primeiro inciso sobre o tema, acentua a importância desse princípio não só no âmbito do direito interno como também nas tratativas feitas com outros países, sempre no intuito de preservar direitos aos demandantes.

No mesmo sentido, o artigo 36 também trata do devido processo legal em âmbito internacional, desta vez relativo ao procedimento da carta rogatória.

Assim, pode-se perceber a importância do devido processo legal, o qual pode ser compreendido como o preceito fundamental do processo civil[31] que

---

decisórios; f) a garantia de uma duração razoável, que proporcione uma tempestiva tutela jurisdicional". THEODORO JÚNIOR, Humberto. Curso de Direito Processual Civil - Teoria geral do direito processual civil e processo de conhecimento. V.1. - Rio de Janeiro: Forense, 2014, p. 29/30.

30. THEODORO Jr., Humberto, Curso de Direito Processual Civil, vol. I, 41 ed., Rio de Janeiro: Forense, 2004, p. 24.

31. "É, pois, o princípio do devido processo legal, como se acentuou, princípio fundamental. Dele decorrem todos os demais princípios processuais insculpidos no texto constitucional, tais como a proibição da

dá origem aos demais princípios e garantias ao jurisdicionado, inclusive em demandas que ultrapassem as fronteiras do Estado.

6. PRINCÍPIO DA PUBLICIDADE

O princípio da publicidade dos atos processuais também é de matriz constitucional, pois, segundo o artigo 93, IX, da Constituição Federal, todos os julgamentos dos órgãos do Poder Judiciário serão públicos, observados os casos em que se exige sigilo a fim de preservar o direito à intimidade do interessado, mas que não prejudique o interesse público à informação.

Os agentes públicos, atuando como personificação viva do próprio Estado, dão conta de suas atividades aos sujeitos diretamente interessados, aos seus próprios superiores hierárquicos, aos órgãos de fiscalização institucionalizada e ao público, a bem da transparência, destinada a permitir o controle interno e externo daquilo que fazem ou omitem. Para controle de seu grau de aplicação ao serviço público, lisura no proceder e qualidade do serviço, eles devem estar sob uma vigilância tal que permita a justa reação dos destinatários de seus atos, a formação de opinião pública e a atuação fiscalizadora e disciplinar dos órgãos competentes[32].

Nesse passo, o compromisso é com a transparência e o acesso às informações processuais, pois, em regra, o processo e seus julgamentos são públicos, dando ao cidadão a possibilidade de conhecer efetivamente aquilo que vem acontecendo na sociedade e vem sendo objeto de julgamento pelo Poder Judiciário, e, em última análise, a publicidade é "uma garantia política do exercício da função jurisdicional"[33].

---

prova obtida por meio ilícito, o contraditório propriamente dito, a publicidade dos atos processuais etc. É, como diz Nelson Nery Jr., "o princípio fundamental do processo civil que entendemos como a base sobre a qual todos os outros se sustentam". Para Humberto Theodoro Jr., o devido processo legal pode ser considerado como um "superprincípio", na exata medida em que serve de inspiração a todos os demais princípios do direito processual. A cláusula do devido processo legal tem origem remota na Magna Carta, sendo o seu texto o seguinte: "Nenhum homem livre poderá ser detido ou preso, nem que se lhe retirem bens, nem declarado fora da lei, nem prejudicado por qualquer outra forma, nem se procederá e nem se ordenará que se proceda contra ele, senão em virtude de um processo legal e em conforme com a lei do país" [lei do país significa, no caso, law of the land, vale dizer, é expressão mais ou menos equivalente a direito material] (texto da Magna Carta, do Rei João Sem-Terra, 1215; refere-se nessa época a Law of the land, e não há referência, ainda, à expressão due process of law, tendo significado, na época, a limitação ao poder absoluto em favor dos súditos)." ALVIM, Eduardo Arruda. Direito processual civil. 5. ed. rev. atual. e ampl. São Paulo: RT, 2013, p. 125-126.

32. DINAMARCO, Cândido Rangel. Instituições de direito processual civil. V.1. 6 ed. - São Paulo: Malheiros Editores, 2009, p. 186.

33. BUENO, Cassio Scarpinella. Curso sistematizado de direito processual civil: teoria geral do direito processual civil. V. 1. 8. ed. – São Paulo: Saraiva, 2014, p. 160.

Nesse sentido, se as decisões devem ser motivadas, para que o jurisdicionado tenha ciência das razões que levaram à sua conclusão, com mais razão ainda, os atos judiciais deverão ser públicos, excetuando-se somente os casos expressos em lei (artigo 155, CPC/73)[34].

Sopesados os argumentos suprarreferidos, esse entendimento encontra paralelismo com o artigo 189 do novo Código de Processo Civil. *In verbis*:

> "Art. 189. Os atos processuais são públicos, todavia tramitam em segredo de justiça os processos:
>
> I - em que o exija o interesse público ou social;
>
> II - que versem sobre casamento, separação de corpos, divórcio, separação, união estável, filiação, alimentos e guarda de crianças e adolescentes;
>
> III - em que constem dados protegidos pelo direito constitucional à intimidade;
>
> IV - que versem sobre arbitragem, inclusive sobre cumprimento de carta arbitral, desde que a confidencialidade estipulada na arbitragem seja comprovada perante o juízo."

Além do já conhecido interesse público, o inciso I incluiu o termo "social", o que, salvo melhor juízo, dará ensejo para decretação de segredo de justiça em ações que versem sobre direitos coletivos, difusos e individuais homogêneos.

Acompanhando a evolução da sociedade, o inciso II inclui a "união estável" no rol de hipóteses de direito de família nos quais já era anteriormente previsto o segredo de justiça, quais sejam: casamento, separação de corpos, divórcio, separação, filiação, alimentos e guarda de crianças e adolescentes.

O inciso III é novidade e deriva do direito constitucional à intimidade. Essa técnica, mesmo que não prevista no CPC/73, ainda assim é hodiernamente difundida na prática forense sem maiores embaraços, tendo o legislador, apercebendo-se de tal fato, positivado a hipótese para afastar quaisquer dúvidas.

E, ao final, o inciso IV trata do segredo de justiça nas demandas que versem sobre arbitragem. Sobre esse ponto temos que considerar que a Lei nº 9.307/96 (Lei da Arbitragem) não é expressa com relação ao tema. Em que pese a confidencialidade ser a regra na arbitragem, esta não deriva da lei, mas sim do compromisso arbitral, da cláusula compromissória ou do regulamento de arbitragem da instituição escolhida, ou seja, de convenção entre particulares.

---

34. THEODORO JÚNIOR, Humberto. Curso de Direito Processual Civil - Teoria geral do direito processual civil e processo de conhecimento. V.1. - Rio de Janeiro: Forense, 2014, p. 42.

Assim, uma vez comprovada a confidencialidade da arbitragem, deverá o magistrado atribuir segredo de justiça à demanda, não lhe sendo facultada a discricionariedade para decidir em sentido contrário.

7. CONSIDERAÇÕES FINAIS

Além dos princípios supraelencados, outros também foram tratados no novo Código de Processo Civil, tal como o da isonomia[35], da razoável duração do processo[36], do livre convencimento motivado do juiz[37], da inafastabilidade do controle jurisdicional[38], o princípio dispositivo[39] e o princípio da instrumentalidade das formas[40].

Ao que nos parece, os princípios tratados pelo legislador no novo Código de Processo Civil têm duas funções. A primeira, de pacificar conflitos já existentes – tais como os pontuados com relação ao princípio do contraditório – e, em consequência, afastar discussões desnecessárias sobre a condução da demanda.

Já a segunda é utilizada para formar uma nova proposta de condução do processo, seja pela cooperação entre os sujeitos do processo, seja pelo realce ao contraditório ou pela positivação de princípios já anteriormente previstos na constituição.

De qualquer modo, o que se espera, ansiosamente, é que esta gama de princípios ganhe vida – e não fique acorrentada somente ao campo teórico – e concretize as nobres finalidades vislumbradas pelo legislador, notadamente apresentadas desde a Exposição de Motivos desse novo Diploma Processual.

---

35. "Art. 139. O juiz dirigirá o processo conforme as disposições deste Código, incumbindo-lhe:
    I - assegurar às partes igualdade de tratamento;"
36. "Art. 4º As partes têm o direito de obter em prazo razoável a solução integral do mérito, incluída a atividade satisfativa.
    Art. 139. (...)
    II - velar pela duração razoável do processo;"
37. "Art. 371. O juiz apreciará a prova constante dos autos, independentemente do sujeito que a tiver promovido, e indicará na decisão as razões da formação de seu convencimento."
38. "Art. 3º Não se excluirá da apreciação jurisdicional ameaça ou lesão a direito."
39. "Art. 141. O juiz decidirá o mérito nos limites propostos pelas partes, sendo-lhe vedado conhecer de questões não suscitadas a cujo respeito a lei exige iniciativa da parte.(...)
    Art. 492. É vedado ao juiz proferir decisão de natureza diversa da pedida, bem como condenar a parte em quantidade superior ou em objeto diverso do que lhe foi demandado."
40. "Art. 188. Os atos e os termos processuais independem de forma determinada, salvo quando a lei expressamente a exigir, considerando-se válidos os que, realizados de outro modo, lhe preencham a finalidade essencial."

8. REFERÊNCIAS BIBLIOGRÁFICAS

ALVIM, Arruda. *Manual de direito processual civil*. 13. ed., rev., atual. e ampl. São Paulo: RT, 2010.

ALVIM, Eduardo Arruda. *Direito processual civil*. 5. ed. rev. atual. e ampl. São Paulo: RT, 2013.

ALVIM, Eduardo Arruda. THAMAY, Rennan Faria Krüger. GRANADO, Daniel Willian. *Processo constitucional*. São Paulo: RT, 2014.

BOBBIO, Norberto. Principi generali di diritto. *In* Novissimo Digesto Italiano. V. 13. Turim: Unione Tipografico-Editrice Torinese, 1957.

BUENO, Cassio Scarpinella. Curso sistematizado de direito processual civil: teoria geral do direito processual civil. V. 1. 8. ed. – São Paulo: Saraiva, 2014.

CÂMARA, Alexandre Freitas. Lições de direito processual civil. V.1. 25 ed. - São Paulo: Atlas, 2014.

CAPELLETTI, Mauro. O controle judicial de constitucionalidade das leis no direito comparado. Tradução de Aroldo Plínio Gonçalves. Porto Alegre: Sergio Antonio Fabris, 1984.

DIDIER Jr., Fredie. O princípio da cooperação: uma apresentação. São Paulo: Revista de Processo, v. 127, p. 75-80, 2005;

_____. Os três modelos de direito processual: inquisitivo, dispositivo e cooperativo. São Paulo: Revista de Processo, v. 198, 2011.

DINAMARCO, Cândido Rangel. Instituições de direito processual civil. V.1. 6 ed. - São Paulo: Malheiros Editores, 2009.

MITIDIERO, Daniel. Colaboração no processo civil: pressupostos sociais, lógicos e éticos, São Paulo: RT, 2009.

TESHEINER, José Maria Rosa. THAMAY, Rennan Faria Krüger. Teoria Geral do Processo: em conformidade com o Novo CPC. Rio de Janeiro: Forense, 2015.

THEODORO JÚNIOR, Humberto. Curso de Direito Processual Civil - Teoria geral do direito processual civil e processo de conhecimento. V.1. - Rio de Janeiro: Forense, 2014.

THEODORO Jr., Humberto. *Curso de Direito Processual Civil*, vol. I, 41 ed., Rio de Janeiro: Forense, 2004.

CAPÍTULO 4

Dimensão processual do princípio do devido processo constitucional

Alexandre Freitas Câmara[1]

SUMÁRIO: 1. INTRODUÇÃO; 2. DEVIDO PROCESSO LEGAL OU DEVIDO PROCESSO CONSTITUCIONAL?; 3. O DEVIDO PROCESSO CONSTITUCIONAL E AS GARANTIAS CONSTITUCIONAIS; 4. DEVIDO PROCESSO E PARTICIPAÇÃO: O PAPEL DO CONTRADITÓRIO NA CONSTRUÇÃO DE UM DEVIDO PROCESSO CONSTITUCIONAL; 5. CONCLUSÃO.

1. INTRODUÇÃO

A Constituição brasileira estabelece, em seu art. 5º, LIV, que "ninguém será privado da liberdade ou de seus bens sem o devido processo legal". Integra, pois, o ordenamento jurídico brasileiro o princípio conhecido como *devido processo legal*, o qual tem origem na cláusula anglo-saxônica do *due process of law*. Trata-se de princípio que está expressamente constitucionalizado em diversos outros ordenamentos,[2] sendo certo que em alguns deles a garantia é consagrada não obstante não se use a expressão que a Constituição da República brasileira utiliza.[3]

No Brasil, a garantia do devido processo legal foi vista como "um conceito aberto [, i]nstituto de teor inexato, vago, indefinido".[4] O que se busca com este

---

1. Professor Emérito de direito processual civil da EMERJ (Escola da Magistratura do Estado do Rio de Janeiro). Membro da International Association of Procedural Law, do Instituto Ibero-Americano de Direito Processual e do Instituto Brasileiro de Direito Processual. Desembargador no Tribunal de Justiça do Estado do Rio de Janeiro.

2. Como se dá, por exemplo, nos Estados Unidos da América (em cuja Constituição a cláusula due process of law foi inserida pela Quinta Emenda, por força da qual ninguém será privado da vida, liberdade ou propriedade sem tal garantia) e no Equador, cuja Constituição de 2008 estabelece, em seu art. 76, que "em todo processo em que se determinem direitos e obrigações de qualquer ordem, se assegurará o direito ao devido processo" (tradução livre).

3. É o caso, por exemplo, da Constituição italiana, cujo art. 111 fala em uma garantia de giusto processo ("A jurisdição se atua mediante o processo justo regulado pela lei", em tradução livre). A doutrina italiana, porém, não tem dúvida em afirmar que a garantia constitucional do giusto processo corresponde, substancialmente, ao due process of law (assim, por exemplo, Vicenzo Vigoriti, Ancora a proposito della superabile crisi del processo civile, ensaio publicado em meio eletrônico in http://www.judicium.it/admin/saggi/279/VigoritiIII.pdf, acesso em 17/10/2014).

4. Paula Sarno Braga, Aplicação do devido processo legal nas relações privadas. Salvador: Juspodivm, 2008, p. 180.

breve ensaio, porém, é mostrar que a garantia do devido processo legal tem um conteúdo definido, já que visa a assegurar que o processo judicial se desenvolva de acordo com o *modelo constitucional de processo*, sendo, pois, uma verdadeira garantia de que haverá um *devido processo constitucional*.

Para isso, buscar-se-á em primeiro lugar demonstrar que a terminologia mais adequada para designar o aludido princípio é *devido processo constitucional* (e não "devido processo legal"). Em seguida se demonstrará como o devido processo constitucional pode – e deve – ser visto como um mecanismo de asseguração do respeito às garantias constitucionais do processo, dedicando-se especial atenção à garantia de participação que, afinal, resulta do princípio do contraditório, apresentando-se, ao final, algumas breves conclusões.

Fica este estudo, porém, limitado ao exame da dimensão processual do princípio (a que se costuma chamar de *procedural due process*). Há uma dimensão substancial (*substantive due process*), responsável por estabelecer limites ao exercício do poder estatal,[5] que aqui não será examinada, mas que deve ser compreendido como mecanismo de controle material do conteúdo das decisões judiciais.[6]

2. DEVIDO PROCESSO LEGAL OU DEVIDO PROCESSO CONSTITUCIONAL?

Embora o texto constitucional brasileiro fale, expressamente, em "devido processo legal", não se pode ver neste princípio uma garantia de que se observará o devido processo *da lei*.[7] O devido processo que o ordenamento jurídico brasileiro assegura é o *devido processo constitucional*.[8]

Isto se afirma como consequência do fenômeno conhecido como *constitucionalização do Direito*, movimento que foi capaz de alterar profundamente o modo como o Direito é pensado, especialmente na Europa Continental, a partir de meados do século XX (após o fim da Segunda Guerra Mundial).[9] Este movimento chegou ao Brasil, tardiamente, a partir do final da década de 1980, conduzido pela Constituição da República de 1988,[10] e permitiu que se passasse

---

5. Dierle Nunes, Alexandre Bahia, Bernardo Ribeiro Câmara e Carlos Henrique Soares, Curso de direito processual civil. Belo Horizonte: Fórum, 2011, p. 75.
6. Idem, p. 80.
7. Autores há que usam, como sinônima da expressão constitucional, esta outra: "devido processo de lei" (como, por exemplo, Nagib Slaibi Filho, Direito constitucional. Rio de Janeiro: Forense, 2004, p. 402).
8. Expressão que se encontra, por exemplo, na obra de Ronaldo Brêtas de Carvalho Dias, Processo constitucional e Estado Democrático de Direito. Belo Horizonte: Del Rey, 2ª ed., 2012, p. 127.
9. Daniel Sarmento, "O Neoconstitucionalismo no Brasil: riscos e possibilidades", in Daniel Sarmento, Por um constitucionalismo inclusivo: História constitucional brasileira, teoria da Constituição e direitos fundamentais. Rio de Janeiro: Lumen Juris, 2010, p. 236.
10. Luís Roberto Barroso, "Neoconstitucionalismo e constitucionalização do Direito (o triunfo tardio do Direito Constitucional do Brasil)", in Cláudio Pereira de Souza Neto e Daniel Sarmento (coord.), A constitucionalização do Direito – fundamentos teóricos e aplicações específicas. Rio de Janeiro: Lumen Juris, 2007, p. 207. Vale transcrever pequeno trecho do artigo citado, cujo autor integra hoje o Supremo Tribunal Federal:

a pensar todo o Direito (inclusive o direito processual civil) a partir de uma ótica constitucional.

Incorporou-se, assim, ao pensamento jurídico brasileiro a concepção de um *modelo constitucional de processo civil*,[11] a qual encontra seu embrião na obra de Andolina e Vignera.[12]

A visão constitucional do processo vem, cada vez mais, se universalizando. E como afirma Frédérique Ferrand (em tradução livre),[13]

> "Em nosso mundo de sempre crescente complexidade, princípios e direitos processuais fundamentais – frequentemente de origem e natureza constitucional – ganharam um papel de liderança desde que eles são uma condição tão essencial e necessária para o exercício de outros direitos fundamentais. Sua crescente natureza constitucional e/ou fundamental pode ser apreendida com satisfação. Processo tornou-se uma 'tema nobre'".

Pois a partir de um pensamento constitucional acerca do processo, impende considerar que o princípio do "devido processo legal" é, na verdade, o princípio responsável por assegurar que os processos (de qualquer natureza, mas, para o que a este texto interessa, especialmente os processos *civis*) desenvolvam-se conforme o *modelo constitucional de processo*.

Assim, deve-se entender que o princípio do devido processo constitucional assegura que o resultado final do processo (seja ele cognitivo ou executivo) se produza "sob inarredável disciplina constitucional principiológica".[14]

"Sob a Constituição de 1988, o direito constitucional no Brasil passou da desimportância ao apogeu em menos de uma geração. Uma Constituição não é só técnica. Tem de haver, por trás dela, a capacidade de simbolizar conquistas e de mobilizar o imaginário das pessoas para novos avanços. O surgimento de um sentimento constitucional no País é algo que merece ser celebrado. Trata-se de um sentimento ainda tímido, mas real e sincero, de maior respeito pela Lei Maior, a despeito da volubilidade de seu texto. É um grande progresso. Superamos a crônica indiferença que, historicamente, se manteve em relação à Constituição. E, para os que sabem, é a indiferença, não o ódio, o contrário do amor".

11. E não só de processo civil, mas também de um modelo constitucional de processo penal, de processo administrativo, de processo trabalhista etc. Assim, expressamente, Flaviane de Magalhães Barros, "Nulidades e Modelo Constitucional de Processo", in Fredie Didier Júnior (org.), Teoria do Processo. Panorama Doutrinário Mundial, Segunda Série. Salvador: Juspodivm, 2010, p. 245, que afirma ser legítimo expandir-se o modelo constitucional de processo para todos os tipos de processos, não só jurisdicionais, mas também ao processo legislativo, administrativo, arbitral e de mediação.

12. Italo Andolina e Giuseppe Vignera, Il modello cotituzionale del processo civile italiano. Turim: G. Giappichelli, 1990, passim.

13. Frédérique Ferrand, Ideological background of the Constitution, Constitutional rules and civil procedure, in International Association of Procedural Law Seoul Conference 2014. Seul: IAPL, 2014, p. 58. No original: "In our world of ever-growing complexity, fundamental procedural principles and rights – often of constitutional origin and nature – have gained a leading role since they are such an essential and necessary condition for the exercise of other fundamental rights. Their growing constitutional and/or fundamental nature can be acknowledged with satisfaction. Procedure has become a 'noble subject matter'".

14. Ronaldo Brêtas de Carvalho Dias, Processo constitucional e Estado Democrático de Direito, cit., p. 128.

Resulta daí, portanto, que o processo civil precisa ser um processo absolutamente afinado com as garantias resultantes dos princípios constitucionais que compõem o *modelo constitucional de processo*. Em outros termos, o processo civil deve ser (ao menos no que diz respeito ao modelo constitucional *brasileiro* de processo) um processo *isonômico*, que se desenvolve em *contraditório*, perante o *juízo natural*, que proferirá *decisões fundamentadas*, alcançando-se seu resultado final *em tempo razoável*. E tudo isso inspirado pelo princípio do *acesso à justiça*.

3. O DEVIDO PROCESSO CONSTITUCIONAL E AS GARANTIAS CONSTITUCIONAIS

O *devido processo constitucional*, como visto, é um processo que observa as garantias constitucionais do processo. E no modelo constitucional brasileiro há uma plêiade de garantias expressamente previstas. Não é este, evidentemente, o lugar adequado para um exame profundo e exauriente de todas elas. É preciso, porém, dar de cada uma dessas garantias uma breve notícia.

Em primeiro lugar, o devido processo constitucional é um processo *isonômico* (Constituição do Brasil, art. 5º, *caput*). Exige-se, pois, que no processo haja um equilíbrio de forças entre os diversos atores processuais, todos igualmente importantes para a produção do resultado final. Essa isonomia é substancial (que costuma ser descrita através da máxima segundo a qual devem ser tratados *igualmente os iguais e desigualmente os desiguais* nos limites da desigualdade). Assim, justifica-se a existência, no sistema processual, de situações de tratamento diferenciado para as partes (como se dá no caso de serem duplicados os prazos processuais para os assistidos da Defensoria Pública; assim como a inversão do ônus da prova em favor do consumidor em determinadas situações), o que se apresenta como mecanismo de construção de um processo equilibrado, em que não se permitirá que o resultado final favoreça a parte mais forte simplesmente por ser ela a mais forte. O processo deve produzir a decisão correta para o caso concreto,[15] dando-se razão a quem efetivamente a tenha.[16]

Elemento necessariamente integrante de um devido processo constitucional que se apresente como um processo isonômico é a construção de uma

---

15. Entendida aqui a "resposta correta" como "resposta constitucionalmente adequada" (a propósito do ponto, Lenio Luiz Streck, Hermenêutica, neoconstitucionalismo e 'o problema da discricionariedade dos juízes', ensaio publicado em meio eletrônico em http://www.anima-opet.com.br/primeira_edicao/artigo_Lenio_Luiz_Streck_hermeneutica.pdf, p. 8.
16. Afinal, como ensina Ronaldo Brêtas de Carvalho Dias, "o juiz não cria (ou inventa) direito algum no processo que possa ser considerado democrático" (Processo constitucional e Estado Democrático de Direito, cit., p. 92).

técnica de padronização decisória fundada em precedentes. Evidentemente, isto deve ser feito de modo a respeitar o princípio da isonomia, de modo que "se preserva a igualdade quando, diante de situações idênticas, há decisões idênticas. Entretanto, viola-se o mesmo princípio da igualdade quando em hipóteses de situações 'semelhantes', aplica-se, sem mais, uma 'tese' anteriormente definida (sem considerações quanto às questões próprias do caso a ser decidido e o paradigma): aí há também violação à igualdade, nesse segundo sentido, como direito constitucional à diferença e à singularidade".[17]

Em outros termos, a padronização decisória que se deve buscar através de uma técnica de julgamentos fundada em precedentes tem por fim assegurar que casos idênticos recebam decisões idênticas (e, pelos mesmos motivos, casos diferentes devem ser julgados de modo a respeitar as diferenças existentes entre eles).

O devido processo constitucional é, além de isonômico, um processo que se desenvolve perante o *juízo natural*, entendido este como o juízo cuja competência constitucional é prefixada.[18]

Há uma importante ligação entre o princípio do juízo natural e o da isonomia, que se manifesta na busca de uma padronização decisória para as causas idênticas. É que se deve reconhecer, no sistema constitucional, a previsão da existência de tribunais competentes para a determinação da interpretação correta das normas jurídicas. Assim é que, no sistema brasileiro, o *juízo natural* para determinar a interpretação correta das normas constitucionais é o Supremo Tribunal Federal; o juízo natural da fixação da interpretação das normas federais infraconstitucionais é o Superior Tribunal de Justiça; e o juízo natural da fixação da correta interpretação das normas infraconstitucionais locais (estaduais – aí incluídas a que resultem da interpretação das Constituições Estaduais –, distritais – no que diz respeito ao direito local do Distrito Federal – e municipais) são os Tribunais de Justiça.

Disso resulta que um sistema de vinculação a precedentes deverá observar essas competências constitucionais, de modo que, por exemplo, havendo uma divergência acerca da interpretação da lei federal entre o STF e o STJ,

---

17. Dierle Nunes, "Processualismo constitucional democrático e o dimensionamento de técnicas para a litigiosidade repetitiva", in Revista de Processo, vol. 199. São Paulo: RT, set 2011, p. 70.

18. Ronaldo Brêtas de Carvalho Dias, Processo constitucional e Estado Democrático de Direito, cit., pp. 115-118. Leonardo José Carneiro da Cunha afirma que "a garantia do juiz natural contém três significados: a necessidade de o julgador ser pré-constituído, e não constituído post factum; a inderrogabilidade e indisponibilidade da competência; e a proibição de juízes extraordinários e especiais. Em outras palavras, o alcance do juiz natural desdobra-se em três garantias, que consistem na proibição: (a) do poder de comissão; (b) do poder de evocação; e (c) do poder de atribuição" (Leonardo José Carneiro da Cunha, Jurisdição e competência. São Paulo: RT, 2008, p. 62).

deverão os órgãos jurisdicionais decidir observando a orientação do Superior Tribunal de Justiça (e não do STF).[19] Não é por outra razão, aliás, que o texto do novo Código de Processo Civil estabelece, em seu art. 927, que os juízos e tribunais observarão "os enunciados das súmulas do Supremo Tribunal Federal *em matéria constitucional* e do Superior Tribunal de Justiça *em matéria infraconstitucional*" (inciso IV).

Do teor desse dispositivo se percebe a exigência de respeito ao *juízo natural* para determinação da correta interpretação da norma jurídica conforme sua natureza.

Outro princípio componente do modelo constitucional de processo civil brasileiro – e, por isso, integrante da garantia do devido processo constitucional – é o princípio do contraditório. Sobre este se falará melhor adiante, em tópico específico (v. n. 4 deste trabalho), mas não se pode deixar de afirmar desde logo que o princípio constitucional do contraditório deve ser compreendido como uma garantia de participação com influência e de não-surpresa.[20]

Diretamente ligado ao princípio do contraditório é o da fundamentação das decisões judiciais (art. 93, IX, da Constituição da República).[21] E este entrelaçamento dos dois princípios é decorrência direta do *devido processo constitucional*.[22]

O princípio da fundamentação das decisões judiciais é exigência direta da necessidade de que, no Estado Democrático de Direito, haja meios eficazes de controle do conteúdo dos atos de poder, aí incluídos, por óbvio, os pronunciamentos jurisdicionais.

É exatamente esta a percepção de Michele Taruffo (em tradução livre):[23]

---

19. Veja-se, por exemplo, o que acontece no que concerne à interpretação do art. 495 do Código de Processo Civil brasileiro. O Superior Tribunal de Justiça tem entendimento firme (consolidado no enunciado 401 da Súmula da Jurisprudência Dominante daquela Corte), no sentido de que "[o] prazo decadencial da ação rescisória só se inicia quando não for cabível qualquer recurso do último pronunciamento judicial". De sua vez, o STF tem reiteradamente decidido, em processos de ações rescisórias de sua competência originária, que o termo inicial do prazo a que se refere o aludido dispositivo legal, é o momento do trânsito em julgado da decisão rescindenda, o qual não é protraído no tempo pela interposição de recursos inadmissíveis, os quais não obstam a formação da coisa julgada (assim, por exemplo, STF, AR 2337 AgR/DF, rel. Min. Celso de Mello, j. em 20.3.2013). Como se trata, na hipótese, de interpretação de lei federal, deverão os juízos de primeira instância e os tribunais de segunda instância seguir a orientação do STJ, e não a do STF.

20. Por todos, Dierle Nunes, Processo jurisdicional democrático. Curitiba: Juruá, 2008, pp. 224-231.

21. Aponta para esta conexão entre os princípios da fundamentação e do contraditório Ronaldo Brêtas de Carvalho Dias, Processo constitucional e Estado Democrático de Direito, cit., p. 137.

22. Idem, p. 133.

23. Michele Taruffo, La motivazione della sentenza civile. Pádua: Cedam, 1975, p. 405. No original: "Nel suo significato piú profondo, Il principio in esame esprime l'esigenza generale e costante di controllabilità sul modo in cui gli organi statuali esercitano Il potere Che l'ordinamento conferisce loro, e sotto questo

> "No seu significado mais profundo, o princípio em exame exprime a exigência geral e constante de controlabilidade sobre o modo como os órgãos estatais exercitam o poder que o ordenamento lhes confere, e sob este perfil a obrigatoriedade de motivação da sentença é uma manifestação específica de um mais geral 'princípio de controlabilidade' que parece essencial à noção moderna do Estado de direito, e que produz consequências análogas também em campos diversos daquele da jurisdição".

Impõe-se, assim, que todas as decisões judiciais produzidas no devido processo constitucional sejam *justificadas*.[24] E essa fundamentação/justificação da decisão judicial deve ser *substancial*. Em outros termos, é incompatível com o devido processo constitucional – já que inviabiliza o controle do conteúdo da decisão – a emissão de pronunciamentos judiciais apenas *formalmente fundamentados*, como se dá, por exemplo, naqueles casos em que se afirma algo como "presentes os requisitos, defere-se a medida postulada" (ou, ao contrário, "ausentes os requisitos, indefere-se a medida pleiteada"). É em busca da construção de uma "cultura da fundamentação substancial", aliás, que o novo Código de Processo Civil brasileiro estabelece, em seu art. 489, § 1º, que "[n]ão se considera fundamentada qualquer decisão judicial, seja ela interlocutória, sentença ou acórdão, que: I – se limitar à indicação, à reprodução ou à paráfrase de ato normativo, sem explicar sua relação com a causa ou a questão decidida; II – empregar conceitos jurídicos indeterminados sem explicar o motivo concreto de sua incidência no caso; III – invocar motivos que se prestariam a justificar qualquer outra decisão; IV – não enfrentar todos os argumentos deduzidos no processo capazes de, em tese, infirmar a conclusão adotada pelo julgador; V – se limitar a invocar precedente ou enunciado de súmula, sem identificar seus fundamentos determinantes nem demonstrar que o caso sob julgamento se ajusta àqueles fundamentos; VI – deixar de seguir enunciado de súmula, jurisprudência ou precedente invocado pela parte, sem demonstrar a existência de distinção no caso em julgamento ou a superação do entendimento".

Impõe-se, pois, uma fundamentação *substancial* das decisões judiciais, em que estas sejam verdadeiramente justificadas, a fim de que se demonstre sua legitimidade constitucional.

---

profilo l'obbligatorietà della motivazione della sentenza è una specifica manifestazione di un piú generale 'principio del controllabilità' che appare essenziale alla nozione moderna dello Stato di diritto, e che produce conseguenze analoghe anche in campi diversi da quelli della giurisdizione".

24. Como afirma Lenio Luiz Streck, a exigência constitucional de fundamentação implica a obrigação de justificar (Lenio Luiz Streck, Hermenêutica, neoconstitucionalismo e 'o problema da discricionariedade dos juízes', cit., p. 26). Também liga as ideias de fundamentação e justificação Luiz Guilherme Marinoni, Curso de processo civil, vol. 1. Teoria geral do processo. São Paulo: RT, 2006, p. 104, onde se lê que é "imprescindível a [fundamentação da decisão], pois o juiz, como agente do poder não legitimado pelo voto, não pode deixar de justificar as decisões que emite".

O resultado do processo deve ser alcançado em tempo razoável. O inciso LXXVIII do art. 5º da Constituição da República do Brasil expressamente afirma essa garantia, a qual é reconhecida também em importantes documentos internacionais, de que é exemplo mais importante a Convenção Americana de Direitos Humanos (Pacto de São José da Costa Rica), cujo art. 8º, 1, estabelece que "[t]oda pessoa terá o direito de ser ouvida, com as devidas garantias e *dentro de um prazo razoável*, por um juiz ou Tribunal competente, independente e imparcial, estabelecido anteriormente por lei, na apuração de qualquer acusação penal formulada contra ela, ou na determinação de seus direitos e obrigações de caráter civil, trabalhista, fiscal ou de qualquer outra natureza".[25]

Destaque-se, desde logo, algo que está expresso no texto do Pacto de São José da Costa Rica: o direito à duração razoável do processo não implica, muito ao contrário, abrir mão das "devidas garantias". Daí se extrai, portanto, a perfeita harmonia entre a garantia de duração razoável do processo e o princípio do devido processo constitucional. Extrai-se daí que o princípio da duração razoável do processo deve ser compreendido à luz da ideia de *eficiência*, que pode ser entendida como "a razão entre um resultado desejado e os custos necessários para sua produção".[26] Evidentemente, no processo civil não são apenas os custos econômicos, mas todo e qualquer dispêndio, de tempo e energias, necessário para a produção dos resultados que dele são esperados.[27] Isto significa dizer, em outros termos, que o assim chamado *princípio da eficiência processual* nada mais é do que aquilo que tradicionalmente se chamou de *economia processual*.[28]

Falar de eficiência é fazer referência, como se tem visto na doutrina do Direito Administrativo, à *qualidade do serviço*,[29] e com base nesta ideia se pode

---

25. Disposição equivalente pode ser encontrada no art. 6º, 1, da Convenção Europeia de Direitos Humanos (Convenção para a Proteção dos Direitos do Homem e das Liberdades Fundamentais), adotada em Roma, em 1950, cujo teor é o seguinte: "Qualquer pessoa tem direito a que a sua causa seja examinada, equitativa e publicamente, num prazo razoável por um tribunal independente e imparcial, estabelecido pela lei, o qual decidirá, quer sobre a determinação dos seus direitos e obrigações de caráter civil, quer sobre o fundamento de qualquer acusação em matéria penal dirigida contra ela. O julgamento deve ser público, mas o acesso à sala de audiências pode ser proibido à imprensa ou ao público durante a totalidade ou parte do processo, quando a bem da moralidade, da ordem pública ou da segurança nacional numa sociedade democrática, quando os interesses de menores ou a proteção da vida privada das partes no processo o exigirem, ou, na medida julgada estritamente necessária pelo tribunal, quando, em circunstâncias especiais, a publicidade pudesse ser prejudicial para os interesses da justiça".

26. Valentinas Mikelénas, "Efficiency of civil procedure: mission (im)possible?", in Vytatutas Nekrošyus (coord), Recent trends in economy and efficiency of civil procedure. Vilnius: Vilnius University, 2013, p. 142. No original: "ratio between a desired effect and the costs necessary for its production".

27. Alexandre Freitas Câmara, "O direito à duração razoável do processo: entre eficiência e garantias", in Revista de Processo, vol. 223. São Paulo: RT, set 2013, p. 42.

28. Assim, expressamente, Tadeusz Ereciński e Pawel Grzegorczyk, "Effective protection of diverse interests in civil proceedings on the example of Polish act on group action", in Vytatutas Nekrošyus (coord), Recent trends in economy and efficiency of civil procedure, cit., p. 23.

29. José dos Santos Carvalho Filho, Manual de direito administrativo. São Paulo: Atlas, 25ª ed., 2012, p. 29.

Cap. 4 · DIMENSÃO PROCESSUAL DO PRINCÍPIO DO DEVIDO PROCESSO CONSTITUCIONAL
Alexandre Freitas Câmara

afirmar que o sistema de prestação jurisdicional só será eficiente se produzir resultados que serão constitucionalmente legítimos se forem qualitativamente bons.[30] Não há, pois, um "embate" entre celeridade e qualidade do resultado. Não se trata de escolher entre um processo célere e um processo capaz de produzir resultados qualitativamente bons. O devido processo constitucional é capaz de produzir resultados qualitativamente bons (porque constitucionalmente legítimos) em tempo razoável.

Dito de outro modo, "o processo deverá durar o mínimo, mas também todo o tempo necessário para que não haja violação da qualidade na prestação jurisdicional".[31] Em outras palavras, por força da garantia de duração razoável, o processo não pode demorar nem um dia a mais, e nem um dia a menos, do que o tempo necessário para produzir um resultado constitucionalmente legítimo.[32]

Pois há uma intensa ligação entre a garantia de duração razoável do processo e, especialmente nos casos de demandas repetitivas, seriais, a fixação de técnicas de padronização decisória que leva a que casos iguais sejam decididos de forma igual. Daí a importância de mecanismos como o *julgamento por amostragem de recursos repetitivos* (já utilizado no Direito brasileiro desde 2008) e do *incidente de resolução de demandas repetitivas* (previsto no novo Código de Processo Civil brasileiro). Através de tais institutos podem ser fixados padrões decisórios que, corretamente aplicados, permitirão uma uniformização da aplicação das normas capaz de evitar essa verdadeira *cacofonia jurisprudencial* em que a prática forense brasileira se encontra imersa. E isso certamente contribuirá para a duração razoável do processo, uma vez que evitará que casos aos quais se devem aplicar interpretações já consolidadas nos mais altos tribunais continuem a receber decisões fundadas em interpretações divergentes, o que impõe à parte prejudicada que interponha recursos até chegar às instâncias excepcionais, onde aquele entendimento já consolidado acabará por prevalecer (reformando-se decisões de órgãos inferiores que se negaram a aplicar a jurisprudência firme dos órgãos superiores).

Todos estes princípios, formadores do devido processo constitucional, são inspirados pelo *princípio do acesso à justiça*. Este, no Estado Democrático de Direito, deve ser compreendido como "uma proposta reconstrutiva das noções de direitos, de Jurisdição, de processo, já inconciliável com um acesso à justiça

---

30. Alexandre Freitas Câmara, "O direito à duração razoável do processo: entre eficiência e garantias", cit., p. 43.
31. André Ramos Tavares, Reforma do Judiciário no Brasil pós-88. São Paulo: Saraiva, 2005, p. 31.
32. Alexandre Freitas Câmara, "O direito à duração razoável do processo: entre eficiência e garantias", cit., p. 44.

erguido sobre bases socializantes".[33] Em outras palavras, o princípio do acesso à Justiça (que não se confunde com a garantia de amplo acesso ao Judiciário, consagrada no art. 5º, XXXV, da Constituição da República do Brasil) deve ser compreendido como uma exigência de que os atores do processo (partes e seus advogados, juiz, Ministério Público, auxiliares da justiça *etc.*) atuem juntos – cooperem (no sentido de "co-operar", isto é, trabalhar juntos) – para que, como uma verdadeira *comunidade de trabalho*, produzam um resultado processual constitucionalmente legítimo. E esta ideia deve ser levada em consideração na construção de um devido processo constitucional, o qual é vocacionado à produção de decisões constitucionalmente corretas.

4. DEVIDO PROCESSO E PARTICIPAÇÃO: O PAPEL DO CONTRADITÓRIO NA CONSTRUÇÃO DE UM DEVIDO PROCESSO CONSTITUCIONAL

Atenção toda especial deve ser dedicada ao princípio do contraditório, expressamente previsto no inciso LV do art. 5º da Constituição da República, assim redigido: "aos litigantes, em processo judicial ou administrativo, e aos acusados em geral são assegurados o contraditório e ampla defesa, com os meios e recursos a ela inerentes". Essa especial atenção deriva do fato de que o contraditório é a *característica própria do processo*,[34] a partir da qual o próprio conceito de processo deve ser construído.

Explique-se melhor este ponto: desde meados do século XIX, com a conhecida construção teórica desenvolvida a partir da obra de Bülow, tem-se afirmado que o processo é (ou contém) uma relação jurídica, conhecida como *relação processual*.[35] Esta concepção, porém, está ligada a uma visão de processo em que há um exagerado (e para os dias de hoje ultrapassado) fortalecimento da figura do juiz, representativo de uma concepção do processo como mecanismo destinado a realizar os escopos do Estado.

Não é por outra razão que, desde a origem dessa concepção do processo como relação jurídica se afirmou que "às partes se toma em conta unicamente no aspecto de sua vinculação e cooperação com a atividade judicial".[36] E foi este pensamento que levou a afirmar-se, mais modernamente, que o que dá identidade própria à relação processual e a distingue da relação material "não é só a mera presença do Estado-juiz mas sobretudo sua presença na condição

---

33. Dierle Nunes e Ludmila Teixeira, Acesso à justiça democrático. Brasília: Gazeta Jurídica, 2013, p. 68.
34. Elio Fazzalari, Istituzioni di diritto processuale. Pádua: Cedam, 8ª ed., 1996, p. 76.
35. Oskar Von Bülow, La teoria de las excepciones procesales y los presupuestos procesales. Trad. esp. de Miguel Angel Rosas Lichstchein. Buenos Aires: EJEA, 1964, pp. 1-2.
36. Idem, p. 2.

de sujeito exercente do *poder* (jurisdição). Correlativamente, as partes figuram na relação processual em situação de *sujeição* ao juiz".[37]

Ocorre que esta concepção do processo que põe o juiz (aqui compreendido como Estado-juiz) em posição de proeminência, tendo-se as partes como sujeitos ocupantes de posições inferiores, é incompatível com as mais modernas concepções de um Estado Constitucional Democrático de Direito. Isto leva a uma *crise do conceito de relação processual*, já percebida por diversos setores da doutrina,[38] de onde se retira a necessidade de uma nova concepção de processo, de matiz cooperativo e policêntrico, o que leva a defini-lo como *procedimento em contraditório*.[39] O princípio do contraditório, então, é elemento integrante do próprio conceito de processo e, portanto, onde não houver contraditório não haverá verdadeiro processo, mas *mero procedimento*.[40]

Deve-se dar ao princípio do contraditório uma dimensão substancial (e não meramente formal), de modo a ser ele capaz de assegurar a efetiva participação das partes no processo, com influência na formação do resultado. Quer-se com isto afirmar que o contraditório não pode ser visto como mera garantia *formal* de que às partes se dará, ao longo do processo, a possibilidade de falar, de se manifestar. O contraditório é, muito mais do que o "direito de falar", o *direito de ser ouvido*, impondo-se deste modo, ao juiz, o dever de ouvir o que as partes têm a dizer, levando em consideração seus argumentos ao proferir a decisão.

Não vai aqui qualquer novidade. Já há quase meio século que se afirmou, em respeitada sede doutrinária, que o contraditório deve ser entendido como possibilidade de as partes influírem na decisão através do exercício de adequados instrumentos processuais, em igualdade de condições.[41] Pois o

---

37. Antonio Carlos de Araújo Cintra, Ada Pellegrini Grinover e Cândido Rangel Dinamarco, Teoria geral do processo. São Paulo: Malheiros, 22ª ed., 2006, pp. 304-305.
38. Assim, por exemplo, Luiz Guilherme Marinoni, Teoria geral do processo, cit., p. 398, onde se lê que "o conceito de relação jurídica processual é avesso ao de legitimidade, seja de legitimidade pela participação no procedimento, de legitimidade do procedimento e de legitimidade da decisão". No Brasil, sem dúvida, foi pioneira a crítica à teoria da relação processual feita por Aroldo Plínio Gonçalves, Técnica processual e teoria do processo. Rio de Janeiro: Aide, 1992, p. 100, onde se lê que "[i]nexistindo vínculo entre sujeitos, pelo qual atos possam ser exigidos, pelo qual condutas possam ser impostas entre as partes e o juiz, não há como se aplicar ao processo a figura da relação jurídica que, [construída] no século [XIX], fruto do individualismo jurídico, já não encontra terreno propício para continuar vicejando no Direito".
39. Trata-se, aqui, de acolher a ideia central exposta por Elio Fazzalari, Istituzione di diritto processuale, cit., p. 8. Faça-se, porém, o registro de que esta concepção fazzalariana de processo deve, modernamente, receber os bons fluidos da constitucionalização do Direito, o que se faz através da percepção de que o processo deve ser um devido processo constitucional.
40. Dierle Nunes, Processo jurisdicional democrático, cit., p. 206.
41. Luigi Paolo Comoglio, La garanzia costituzionale dell'azione ed Il processo civile. Pádua: Cedam, 1970, p. 242.

contraditório consiste, precisamente, em uma *garantia de participação com influência*.[42]

Significa isto, pois, nas palavras de Ferrand, que às partes "deve também ser garantida a oportunidade de se expressarem perante o órgão jurisdicional, e este deve levar em consideração os argumentos das partes".[43]

Contraria o princípio do contraditório (e, pois, o devido processo constitucional), portanto, qualquer decisão que tenha sido proferida sem que seja ela o resultado de um processo desenvolvido segundo um contraditório efetivo, substancial, em que as partes vejam respeitado de forma substancial seu direito de serem ouvidas (*right to be heard*). É, pois, incompatível com os princípios do contraditório e do devido processo legal o juiz *solipsista*, que constrói sozinho a decisão, sem levar em conta os fundamentos debatidos pelas partes e julgando unicamente a partir de seu próprio modo de ver as questões suscitadas na causa. É que, como afirma Dierle Nunes, a "impossibilidade de análises solipsistas pelo juiz leva obrigatoriamente à percepção de uma perspectiva intersubjetiva e compartipativa do processo jurisdicional".[44]

Resultam daí dois pontos: o primeiro é a obrigatoriedade de que o juiz examine, na decisão que profira, *todos os fundamentos* suscitados pela parte e que sejam, em tese, capazes de lhe assegurar resultado favorável no processo (exatamente nos termos do que consta do art. 489, § 1º, IV, do novo Código de Processo Civil brasileiro); o segundo é a vedação das "decisões-surpresa".

Não se pode aceitar, portanto, que o órgão jurisdicional deixe de examinar algum fundamento relevante suscitado pela parte em defesa de seus interesses. Admiti-lo seria estabelecer um sistema processual em que o contraditório é assegurado apenas do ponto de vista formal, garantindo-se às partes o direito de falar, mas não lhes assegurando o direito de serem ouvidas. É, pois, inaceitável o entendimento – hoje assente nos tribunais brasileiros – segundo o qual o órgão jurisdicional não está obrigado a examinar todos os fundamentos suscitados pelas partes.[45]

De outro lado, afrontam o princípio do contraditório e, por conseguinte, o devido processo constitucional, as "decisões-surpresa", isto é, pronunciamentos

---

42. Dierle Nunes, Processo jurisdicional democrático, cit., p. 227, onde se lê que se impõe "a leitura do contraditório como garantia de influência no desenvolvimento e resultado do processo".
43. Frédérique Ferrand, Ideological background of the Constitution, Constitutional rules and civil procedure, cit., p. 48. No original: "they must also be granted the opportunity to express themselves before court, and the court must take into account the parties' submissions".
44. Dierle Nunes, "Teoria do processo contemporâneo: por um processualismo constitucional democrático", in Revista da Faculdade de Direito do Sul de Minas, Edição especial, 2008, p. 26.
45. Tendência que pode ser vista, por exemplo, na decisão proferida pelo Superior Tribunal de Justiça no julgamento do AgRg no AREsp 549852/RJ, rel. Min. Humberto Martins, j. em 07.10.2014, onde se lê que "[é] sabido que o juiz não fica obrigado a manifestar-se sobre todas as alegações das partes, nem a ater-se aos fundamentos indicados por elas ou a responder, um a um, a todos os seus argumentos, quando já encontrou motivo suficiente para fundamentar a decisão".

judiciais que se apoiam em fundamentos que não tenham sido previamente debatidos pelas partes. Em outras palavras, nenhum fundamento não submetido ao contraditório pode ser validamente empregado para justificar uma decisão judicial, sob pena de se ter uma decisão que não é o resultado de um procedimento em contraditório.

O contraditório compreendido como garantia de não-surpresa é incompatível com o modo como sempre se interpretou a máxima *iura novit cúria*, por força da qual sempre se afirmou que é o órgão jurisdicional que conhece o Direito (e que levava, inexoravelmente, a outra máxima: *da mihi factum, dabo tibi ius* – dá-me os fatos que te darei o direito –, por força da qual sempre se considerou que cabia às partes tão somente narrar os fatos, sendo incumbência do juiz aplicar o Direito aos fatos demonstrados no processo). O princípio do contraditório exige que, não obstante o conhecimento que tenha o juiz acerca do Direito – e se reconhecendo que pode ele suscitar fundamentos jurídicos que as partes não tenham apresentado –, tem ele o dever de submeter tais fundamentos ao debate antes de neles se apoiar para proferir uma decisão. Não é por outra razão que, já nos anos 1970, Fritz Baur afirmava que:[46]

> "a dicção *iura novit curia* não significa que o Tribunal disponha do monopólio da aplicação do direito, desconhecendo ou desprezando as conclusões das partes tendo em vista as normas jurídicas invocadas pelos litigantes".

Também em relação às questões de ordem pública (isto é, aquelas questões que o juiz está autorizado a conhecer *ex officio*), como são as relativas aos pressupostos processuais ou à existência de litispendência ou coisa julgada, o princípio do contraditório exige o debate prévio. Perceba-se: autorização para conhecer de ofício não é o mesmo que autorização para decidir sem respeitar o contraditório. Incumbe ao juiz que suscitar uma questão de ordem pública de ofício submetê-la às partes, abrindo prazo para que sobre elas se manifestem, só então decidindo (e, evidentemente, levando em conta as alegações das partes na construção da decisão).[47]

O órgão jurisdicional deve, portanto, esclarecer previamente quais são os pontos (de fato e de direito) relevantes para a decisão (proibição das decisões-surpresa).[48]

Também este é ponto que ainda não ingressou na cultura forense brasileira. Por aqui é frequente encontrar processos em que o juiz profere sentença

---

46. Fritz Baur, "Da importância da dicção 'iuria novit curia'", in Revista de Processo, vol. 3. Trad. bras. de Arruda Alvim. São Paulo: RT, jul-set 1976, p. 177.
47. Loïc Cadiet e Emmanuel Jeuland, Droit judiciaire privé. Paris: Litec, 5ª ed., 2006, pp. 327-328.
48. Frédérique Ferrand, Ideological background of the Constitution, Constitutional rules and civil procedure, cit., p. 48, onde fala a autora em "prohibition of so-called surprise decisions)".

com base em fundamentos que suscita de ofício (especialmente, mas não apenas, no que diz respeito às causas de extinção do processo sem resolução do mérito).[49] Espera-se que também esta deficiência democrática seja superada com a vigência do novo Código de Processo Civil, cujo art. 10 estabelece que "[o] juiz não pode decidir, em qualquer grau de jurisdição, com base em fundamento a respeito do qual não se tenha dado às partes a oportunidade de se manifestar, ainda que se trate de matéria sobre a qual deva decidir de ofício".

Deve, pois, haver contraditório forte, dinâmico, substancial, para que haja um processo jurisdicional democrático, compatível com o Estado Democrático de Direito. Como visto, sem contraditório não há processo. Afinal, "o processo é contraditório".[50] O contraditório, é, portanto, o mais relevante (do ponto de vista da técnica processual) dentre todos os princípios que compõem o modelo constitucional de processo civil, pois é ele que estabelece a essência do processo, caracterizando-o e, por isso mesmo, viabilizando sua existência.

5. CONCLUSÃO

A constitucionalização do Direito, movimento que fez a Constituição passar a exercer um papel central na compreensão dos fenômenos jurídicos, exigindo que todos os institutos sejam objeto de uma *filtragem constitucional*, é responsável por exigir que a prestação jurisdicional se dê mediante um devido processo constitucional. A produção de resultados jurisdicionais que não sejam o fruto desse devido processo compromete a legitimidade democrática do processo e do próprio Judiciário. Não basta à sociedade, porém, que haja respeito ao Estado Democrático no Executivo e no Legislativo. Também o Judiciário, parte integrante do Estado que é, precisa desenvolver suas atividades de forma democrática. E o processo, método de que o Judiciário se vale para – junto com as partes – construir, de forma comparticipativa, tais resultados, precisa se democratizar. A não ser assim, ter-se-á atividade jurisdicional autoritária em um Estado Democrático de Direito. E isto é a própria negação da Democracia. Augura-se, pois, que cada vez mais se desenvolva uma cultura democrática e constitucional do processo, a fim de que seus resultados sejam cada vez mais legítimos.

---

49. Veja-se, por exemplo, decisão proferida pela eminente Desembargadora Monica Tolledo de Oliveira, do Tribunal de Justiça do Estado do Rio de Janeiro, na apelação cível n. 0004376-65.2005.8.19.0061, em cuja ementa se lê que "[o] reconhecimento 'ex officio' da prescrição é ato que independe da oitiva das partes, não ensejando violação ao princípio do contraditório". Curioso notar que na fundamentação da decisão encontra-se uma verdadeira petição de princípio, já que ali se afirma, textualmente, que "o reconhecimento 'ex officio' da prescrição não enseja violação ao princípio do contraditório, eis que é ato que independe da oitiva das partes". Fica a impressão (para dizer o mínimo) que ali se afirmou, apenas, que não há violação do contraditório simplesmente por não haver necessidade de contraditório. Mas não se diz por que não haveria. Não havendo substancial justificação da decisão, data venia, o pronunciamento jurisdicional não atende à exigência constitucional de fundamentação das decisões judiciais.

50. Loïc Cadiet e Emmanuel Jeuland, Droit judiciaire prive, cit., p. 321. No original: "Le procès est contradiction".

CAPÍTULO 5

Mediação e conciliação no Poder Judiciário e o Novo Código de Processo Civil

Leonardo Carneiro da Cunha[1]

João Luiz Lessa Neto[2]

SUMÁRIO: 1. INTRODUÇÃO; 2. A RESOLUÇÃO Nº 125, DE 29 DE NOVEMBRO DE 2010, DO CNJ; 3. O INCENTIVO, A PROMOÇÃO E O ESTÍMULO DA CONCILIAÇÃO E DA MEDIAÇÃO; 4. CONCILIAÇÃO E MEDIAÇÃO: NOÇÕES GERAIS; 5. NORMAS PRÓPRIAS DA MEDIAÇÃO E DA CONCILIAÇÃO; 6. ALGUMAS OBSERVAÇÕES SOBRE O MODELO DE PROCESSO MULTIPORTAS; 7. O MODELO PROPOSTO NO NOVO CÓDIGO DE PROCESSO CIVIL; 8. CONCLUSÃO.

1. INTRODUÇÃO

O novo Código de Processo Civil traz diversos dispositivos relacionados com os chamados "meios alternativos de resolução de disputas" (ADR – *Alternative Dispute Resolution Methods*).

Ao mesmo tempo que incentiva, o NCPC institucionaliza os ADR, disciplinando-os, na realidade, não como meios "alternativos" de resolução de disputas, mas como meios "integrados". Realmente, ao tratar da mediação e da conciliação, o NCPC prevê sua realização no processo judicial, sem, todavia, eliminar sua independência e flexibilidade, criando, ademais, instrumentos de comunicação e de troca cooperativa com a arbitragem, como a carta arbitral.

Há, no NCPC, uma valorização do consenso e uma preocupação em criar no âmbito do Judiciário um espaço não apenas de *julgamento*, mas de *resolução de conflitos*. Isso propicia um redimensionamento e democratização do próprio

---

1. Mestre em Direito pela UFPE. Doutor em Direito pela PUC/SP. Pós-doutorado pela Universidade de Lisboa. Professor adjunto da Faculdade de Direito do Recife (UFPE), nos cursos de graduação, mestrado e doutorado. Membro do Instituto Iberoamericano de Direito Processual, do Instituto Brasileiro de Direito Processual e da Associação Norte e Nordeste de Professores de Processo. Procurador do Estado de Pernambuco e advogado.
2. Mestre em Direito pela Universidade Federal de Pernambuco/Queen Mary, University of London. Bacharel em Direito pela Faculdade de Direito do Recife (UFPE). Membro da Associação Norte e Nordeste de Professores de Processo e da Comissão de Conciliação, Mediação e Arbitragem da OAB/PE. Advogado.

papel do Poder Judiciário e do modelo de prestação jurisdicional pretendido. O distanciamento do julgador e o formalismo típico das audiências judiciais, nas quais as partes apenas assistem ao desenrolar dos acontecimentos, falando apenas quando diretamente questionadas em um interrogatório com o objetivo de obter sua confissão, são substituídos pelo debate franco e aberto, com uma figura que pretende facilitar o diálogo: o mediador ou o conciliador.

Além de propiciar um redimensionamento e democratização do próprio papel do Poder Judiciário e do modelo de prestação jurisdicional pretendido, o NCPC contribui para ampliar o acesso democrático à justiça, pois, como esclarecem Dierle Nunes e Ludmila Teixeira, "o acesso à justiça democrático exige que as autonomias do cidadãos sejam respeitadas não somente no momento da gênese do direito, mas sobretudo no momento aplicativo"[3].

O NCPC cria um sistema integrado de *resolução de disputas*. Há uma importante mudança de conceito e orientação, o foco deixa de estar (apenas) no *julgamento* e passa para a efetiva *solução* do conflito.

O presente ensaio discorre sobre as principais normas que podem ser extraídas dessas disposições previstas no novo Código.

2. A RESOLUÇÃO Nº 125, DE 29 DE NOVEMBRO DE 2010, DO CNJ

O Conselho Nacional de Justiça, por meio da Resolução nº 125/2010, dispõe sobre a *política judiciária nacional de tratamento adequado dos conflitos de interesses no âmbito do Poder Judiciário.*

Nos termos da citada resolução, cabe aos órgãos judiciários oferecer mecanismos de solução de controvérsias, em especial os chamados meios consensuais, como a mediação e conciliação, além de prestar atendimento e orientação ao cidadão.

Na implementação dessa política judiciária nacional, serão observadas a centralização das estruturas judiciárias, a adequada formação e treinamento de servidores, conciliadores e mediadores, bem como o acompanhamento estatístico específico. O CNJ auxiliará os tribunais na organização dos serviços de mediação e conciliação, podendo ser firmadas parcerias com entidades públicas e privadas.

A política nacional instituída pela mencionada resolução procura conferir tratamento adequado aos conflitos de interesses no âmbito do Poder Judiciário, preocupando-se com a qualidade dos serviços a serem oferecidos. Daí por que há regras explícitas sobre a capacitação dos mediadores e conciliadores.

---

3. *Acesso à justiça democrático.* Brasília: Gazeta Jurídica, 2013, p. 67.

A disciplina contida na Resolução nº 125/2010 do CNJ denota que a conciliação e mediação devem ser organizadas com a finalidade não de solucionar a crise de morosidade da Justiça, mas como um método para se dar tratamento mais adequado aos conflitos de interesses que ocorrem na sociedade[4].

Tais meios são *adequados* para solução de controvérsias. O problema é que, tradicionalmente, estabeleceu-se, no Brasil, um *excesso de litigância* ou uma *judicialização dos conflitos*, acarretando uma quantidade avassaladora de processos instaurados perante o Poder Judiciário. Só que, muitas vezes, a solução adjudicada pelo juiz estatal não é a mais adequada, com resultados insatisfatórios. É preciso estimular e orientar as pessoas a resolverem, por si próprias, seus conflitos, devendo o Judiciário, em algumas hipóteses, ser o meio *alternativo*[5].

O NCPC incorporou as normas contidas na Resolução nº 125/2010 do CNJ. Na verdade, ao dar dignidade legal e codificado à tais disposições, há um aprofundamento e solidificação do uso dos meios consensuais de resolução de disputas, para que cada conflito seja resolvido pelo mecanismo mais adequado, conforme suas próprias peculiaridade.

3. O INCENTIVO, A PROMOÇÃO E O ESTÍMULO DA CONCILIAÇÃO E DA MEDIAÇÃO

Logo no início, quando disciplina as normas fundamentais do processo civil, o NCPC contém disposições informadoras de um modelo processual *cooperativo*, estabelecendo que os sujeitos processuais devem cooperar para o julgamento do processo, cabendo ao juiz velar pelo contraditório e paridade das partes.

O art. 3º do NCPC trata exatamente do princípio da inafastabilidade (reproduzindo o quanto previsto no art. 5º, XXXV, da Constituição Federal), contemplando, em seus parágrafos, a admissibilidade da arbitragem e estabelecendo a promoção dos meios consensuais de resolução de disputas como um dos pilares do processo civil brasileiro. Trata-se, portanto, de uma norma fundamental do processo civil a primazia da resolução consensual dos conflitos.

Efetivamente, caberá aos magistrados, advogados e membros do Ministério Público, inclusive no curso do processo judicial, estimular o uso da conciliação,

---

4. WATANABE, Kazuo. Política judiciária nacional de tratamento adequado dos conflitos de interesses: utilização dos meios alternativos de resolução de controvérsias. *O processo em perspectiva: jornadas brasileiras de direito processual*. São Paulo: RT, 2013, p. 243.
5. CÂMARA, Alexandre Freitas. Mediação e conciliação na Res. 125 do CNJ e no projeto de Código de Processo Civil. *O processo em perspectiva: jornadas brasileiras de direito processual*. São Paulo: RT, 2013, p. 40.

mediação e demais mecanismos consensuais de resolução de conflitos, sendo dever do Estado promover a solução consensual dos conflitos.

A norma é promocional. O Estado deverá *promover* o uso dos ADR e os profissionais da área jurídica deverão *estimular* o seu uso. Isso inclui um esforço de capacitação de pessoal, criação de estrutura física, esclarecimento da população e treinamento dos servidores e dos profissionais do meio jurídico em geral. Não apenas estimula o uso dos ADR em âmbito judicial, mas o NCPC também estabelece que a União, os Estados, o Distrito Federal e os Municípios deverão criar câmaras de mediação e conciliação, com atribuições relacionadas à solução consensual de conflitos no âmbito administrativo. Assim, há a construção de um verdadeiro sistema de resolução de disputas, composto pelo Poder Judiciário e por instituições públicas e privadas dedicadas ao desenvolvimento de mediação, conciliação e arbitragem.

Por outro lado, abrem-se novas possibilidades de atuação para as profissões jurídicas: os advogados e defensores públicos terão de oferecer aos seus clientes *opções* e *caminhos* possíveis para a solução do seu conflito, dentro do dever profissional de esclarecimento.

Da leitura do NCPC observa-se que os meios *alternativos* de resolução de disputa *deixam* de ser apenas *alternativos*, passando a compor um quadro geral dos *meios* de resolução de disputas; passam a ser meios *integrados* de resolução de disputas. A dicotomia (resolução judicial x meios alternativos) fica atenuada. Não se fala mais no *meio* de resolução de disputas e suas alternativas, mas se oferece uma *série de meios*, entrelaçados entre si e funcionando num esquema de cooperação, voltados à resolução de disputas e pacificação social.

O objetivo do processo não é simplesmente *julgar*, mas *resolver disputas*. Isso, muitas vezes, significa uma sentença bem fundamentada, com uma fase de execução ágil e efetiva, mas, em outras, é alcançar o meio termo e o acordo entre as partes. Trata-se de uma importante mudança de paradigma. Tradicionalmente, desde Chiovenda e Carnelutti, sempre se falou que o processo serve para aplicar a lei, sendo um espaço de *decisão* e raciocínio subsuntivo. O processo civil brasileiro, com o NCPC, entra na fase do processo como local de diálogo e de busca pelo *melhor* caminho para a resolução de cada disputa.

Cappelletti e Garth colocam a promoção dos meios alternativos de resolução de disputas na terceira onda de acesso à justiça[6], justamente por eles permitirem um menor formalismo e maior proximidade das partes; esse parece ser o caminho a ser trilhado pelo Brasil.

---

6. CAPPELLETTI, Mauro; GARTH, Bryant. **Acesso à justiça.** Porto Alegre: Sérgio Antonio Fabris, 1988, p. 68-71.

Mariana França Gouveia entende que são dois os fatores que estimulam o desenvolvimento dos ADR: por um lado, a crise do direito e da justiça oficial e, por outro, um desejo crescente do cidadão de participar ativamente da resolução dos seus conflitos[7].

A mediação e a conciliação não devem ser encaradas como medidas destinadas a desafogar o Poder Judiciário, mas como o melhor e mais adequado meio de resolução de disputas. Há disputas, como resta acentuado no item 4 *infra*, que são melhor e mais adequadamente resolvidas pela mediação, enquanto há outras que se resolvem mais apropriadamente pela conciliação, sendo certo que há outras ainda que só se resolvem mais adequadamente pelo julgamento realizado por um juiz.

A mediação e a conciliação não devem ser encaradas como medidas destinadas a desafogar as vias judiciais, ou como alternativas a quem não foi bafejado com as melhores condições de aguardar um desfecho demorado de um processo judicial. Constituem, na realidade, medidas aptas e adequadas a resolver conflitos em determinados casos. Há, efetivamente, casos que são melhor resolvidos por esses meios.

4. CONCILIAÇÃO E MEDIAÇÃO: NOÇÕES GERAIS

A conciliação e a mediação constituem técnicas que se destinam a viabilizar a autocomposição de disputas ou litígios. Nelas, um terceiro intervém, contribuindo para que as partes componham por si mesmas a disputa que há entre elas.

A conciliação e a mediação não se confundem com a arbitragem. Esta é um meio de heterocomposição. O árbitro, assim como o juiz, decide a causa que lhe é submetida. Na conciliação e na mediação, o terceiro é convocado, não para decidir, mas para contribuir com as partes, a fim de que estas, por si, cheguem a uma solução, mediante autocomposição.

A mediação é medida mais adequada aos casos em que tiver havido vínculo anterior entre as partes, a exemplo do que ocorre em matéria societária e de direito de família. O mediador não sugere qualquer solução para o conflito. Sua função é a de auxiliar os interessados a compreender as questões e os interesses em conflito, de modo que eles possam, pelo restabelecimento da comunicação, identificar, por si próprios, soluções consensuais que gerem benefícios mútuos. Para tanto, o mediador vale-se de técnicas próprias, com diálogo, paciência, simplicidade e constante esclarecimento.

---

7. GOUVEIA, Mariana França. **Curso de resolução alternativa de litígios.** Coimbra: Almedina, 2011, p. 27.

Por sua vez, o conciliador deve atuar preferencialmente nos casos em que não tenha havido vínculo anterior entre as partes, como, por exemplo, em acidentes de veículo ou em casos de danos extrapatrimoniais em geral. O conciliador pode sugerir soluções para o litígio, sendo vedada a utilização de qualquer tipo de constrangimento ou intimidação para que as partes conciliem.

5. NORMAS PRÓPRIAS DA MEDIAÇÃO E DA CONCILIAÇÃO

O prevê, em seu art. 166, que "a conciliação e a mediação são informadas pelos princípios da independência, da imparcialidade, da autonomia da vontade, da confidencialidade, da oralidade, da informalidade e da decisão informada".

Merece destaque a confidencialidade. As partes precisam estar à vontade para expor todos seus dramas, objetivos, expectativas, confinando no conciliador ou no mediador a condução segura, discreta e serena dos trabalhos destinados à obtenção de uma autocomposição. A confidencialidade, nos termos do § 1º do art. 166 do NCPC do novo CPC, "estende-se a todas as informações produzidas no curso do procedimento, cujo teor não poderá ser utilizado para fim diverso daquele previsto por expressa deliberação das partes".

O que for narrado, conversado, discutido mantém-se em sigilo, não podendo ser divulgado pelo conciliador ou mediador, nem utilizado por qualquer das partes como argumento ou defesa em eventual disputa judicial posterior, caso frustradas as tentativas de autocomposição pelas partes. O conciliador e o mediador têm dever de sigilo, não podendo, inclusive, divulgar ou depor em juízo, seja como parte, seja como testemunha, sobre o que lhe foi confidenciado nas sessões realizadas com as partes. O dever de sigilo estende-se aos membros das equipes do conciliador ou mediador.

O conciliador ou mediador deve ser imparcial diante dos envolvidos, não podendo ter interesse no resultado em favor de qualquer deles. A aplicação de técnicas negociais pelo conciliador ou mediador, com o objetivo de proporcionar ambiente favorável à autocomposição, não ofende o dever de imparcialidade.

O mediador ou conciliador deve atuar com independência, para bem desempenhar suas funções, respeitando a autonomia da vontade das partes, inclusive no que respeita à definição das regras procedimentais.

A autonomia da vontade deve ser respeitada, reservando-se um espaço destinado para que os interessados possam decidir assuntos de seu interesse e construir a solução do seu conflito, sob a coordenação do conciliador ou mediador, cuja intervenção deve facilitar o restabelecimento da comunicação entre eles.

Pelo princípio da *decisão informada*, os interessados devem receber informações quantitativas e qualitativas sobre a composição que podem realizar, sendo advertidas das possíveis implicações e dos riscos a serem assumidos. É necessário, enfim, que os interessados sejam bem informados para que não sejam surpreendidos por qualquer consequência inesperada da solução pela qual venham a optar.

Tudo deve realizar-se em ambiente informal, leve, com linguagem simples e de fácil compreensão, sem roupas solenes ou símbolos que inibam os interessados, transmitindo-lhes conforto e confiança, com respeito à oralidade e ao diálogo entre todos. É nesse ambiente que cabe ao conciliar ou mediador tranquilizar os envolvidos, demonstrando que é normal haver um conflito, devendo ser igualmente normal resolvê-lo da melhor forma possível.

6. ALGUMAS OBSERVAÇÕES SOBRE O MODELO DE PROCESSO MULTIPORTAS

Em discurso proferido em 1976, na Pound Conference, Frank E. Sander, professor da Universidade de Harvard, foi um dos precursores do crescente interesse nos mecanismos alternativos de resolução de disputas[8], com a concepção de um *multi-door courthouse*, de um processo multiportas.

Frank Sander refere-se à noção de um centro de justiça compreensiva ou abrangente (*comprehensive justice center*), com a ideia de que para a solução do conflito o ideal é encontrar o mecanismo mais adequado e apropriado para o caso, o que pode ser a mediação, a arbitragem, a conciliação ou mesmo o processo judicial, a depender de uma série de fatores.

O sistema clássico da justiça civil ou o processo civil tradicional *não* atenderia adequadamente a *todos* os tipos de demanda, sendo necessário observar o *melhor* caminho a ser seguido, propondo a criação de um centro que permitisse que os conflitos fossem indicados para o meio mais adequado para sua resolução. Daí a imagem de um átrio de fórum com várias portas, cada uma dedicada ao emprego de uma técnica de solução de disputas[9].

Vale dizer que tal imagem é figurada, pois não precisam ser salas em um mesmo ambiente, a concepção do processo multiportas permite a criação de um *sistema de justiça* amplo, que conte com a participação de entidades públicas e privadas, que funcionem em uma rede de cooperação[10].

---

8. MOFFITT, Michael L.. Before the Big Bang: The Making of an ADR Pioneer. In: **Negotiation Journal.** v. 22, n. 4. Massachusetts: Havard Law School, out. 2006.
9. SANDER, Frank. Varieties of dispute processing. In: LEVIN, A. Leo; WHEELER, Russell R.. **The pound conference:** perspectives on justice in the future. Saint Paul: West Publishing Co., 1979, p. 83-85.
10. "Cabe salientar que o Fórum Múltiplas Portas necessariamente não precisa ser dentro dos tribunais, já que não existe uma relação inerente entre eles. Para o professor, os Fóruns são o principal, talvez o mais

O processo judicial seria mais uma porta para a solução dos conflitos, o que impõe uma certa plasticidade, flexibilidade e aproximação entre os mecanismos. Os mecanismos alternativos não precisam necessariamente estar conectados aos tribunais judiciais, mas algumas vezes estão[11].

Na sequência da *Pound Conference*, observou-se um grande interesse pelos mecanismos alternativos de resolução de disputas e diversos tribunais americanos e de todo o mundo procuraram implantar o modelo ou de alguma maneira estimular o uso de ADR.

O Estado passou a reconhecer, incentivar e, às vezes, incorporar os meios alternativos de resolução de disputas ao processo judicial, cooperando também com mecanismos externos à sua estrutura, como as câmaras arbitrais. Isso com o objetivo de construir um sistema de justiça mais completo e adequado.

É nessa mesma linha que o NCPC pretende fomentar e difundir a cultura dos ADR.

Há uma necessidade de redimensionamento do próprio Poder Judiciário, como sendo mais do que um local de aplicação da lei, (como propalado pelo ideal normativista moderno); o Poder Judiciário deve ser um local de resolução de conflitos[12]. Isso implica um redimensionamento também do próprio papel do juiz, que passa a desenvolver funções que antes lhe eram estranhas. O juiz não é apenas o julgador, mas também um facilitador do diálogo entre as partes.

Cumpre observar que o entrelaçamento da mediação e da conciliação no processo judicial, não deve ser tomado como uma solução para desafogar o Judiciário ou como meio para abreviar a duração do processo. O efeito pode até ser este, mas esse não pode ser o objetivo imediato. O que se procura é a construção de um espaço dialético que estimule a resolução da disputa. Um processo de conciliação ou mediação adequado pode ser demorado, até para que se possa equacionar os interesses.

Deve-se mediar e conciliar para encontrar uma composição dos interesses, não para evitar que processos sejam julgados. Há uma grande diferença

---

importante, lugar de tratamento dos conflitos." OLIVEIRA, Luthyana Demarchi; SPENGLER, Fabiana Marion. **O Fórum Multiportas como política pública de acesso à justiça e pacificação social.** Curitiba: Mutideia, 2013, p. 71.

11. CRESPO, Mariana Hernandez; SANDER, Frank. A dialogue between professors Frank Sander and Mariana Hernandez Crespo: exploring the evolution of the multi-door courthouse. In: **University of St. Thomas Law Journal.** v. 5, n. 3. Saint Paul: University of St. Thomas, 2008, p. 671.

12. PINHO, Humberto Dalla Bernardino; PAUMGARTTEN, Michele Pedrosa. O Papel da Mediação no Século de Vocação da Jurisdição e no (Re)dimensionamento da Democratização do Processo Civil. In: SPENGLER, Fabiana Marion; PINHO, Humberto Dalla Bernardino (org.). **Acesso à justiça, jurisdição (in)eficaz e mediação: a delimitação e a busca de outras estratégias na resolução de conflitos.** Curitiba: Multideia, 2013, p. 159-161.

entre o entrelaçamento construtivo, que pressupõe diálogo e alternativas e a massificação que ocorre em muitos "mutirões de conciliação"[13].

Há, evidentemente, críticas doutrinárias sobre os efeitos prejudiciais dessa institucionalização dos mecanismos alternativos, havendo quem defenda que não é papel dos tribunais mediar, mas julgar conflitos compulsoriamente[14]. Por outro lado, a formalidade própria dos tribunais é dissonante com a flexibilidade e informalidade dos mecanismos consensuais de resolução de disputas.

Por isso, essa busca pelo entrelaçamento, pela abertura de novas portas, deve ser trilhada mais como a construção de um novo perfil para a solução do conflito, o que impõe uma formação diferenciada dos advogados e magistrados, do que um engessamento ou criação de etapas obrigatórias no processo judicial.

A transformação proposta pelo modelo multiportas seria tornar o *fórum* um *centro de resolução de disputas*, com a escolha do melhor meio de resolução de disputa para cada caso. Há diversos fatores que devem ser levados em consideração para essa escolha, como a natureza da disputa, a relação das partes envolvidas, o valor econômico em questão e os custos de cada um dos procedimentos ou portas[15]. Os conflitos são diferentes entre si e, por isso, podem – e devem – ser tratados por mecanismo diferentes.

Por isso, o caminho adotado no novo Código de Processo Civil foi o de não estabelecer uma audiência de conciliação obrigatória, mas estimular casos que podem ser adequadamente tratados por conciliação ou mediação a seguirem essa rota, antes de prosseguir para um processo litigioso. O processo fortemente sugere uma audiência inicial de conciliação, que pode ser dispensada por ambas as partes, respeitando, assim, sua autonomia.

7. O MODELO PROPOSTO NO NOVO CÓDIGO DE PROCESSO CIVIL

O art. 165 do NCPC estabelece que os tribunais criarão centros voltados à solução consensual de conflitos. Esses centros terão uma função dúplice. Eles

---

13. PINHO, Humberto Dalla Bernardino; PAUMGARTTEN, Michele Pedrosa. O Papel da Mediação no Século de Vocação da Jurisdição e no (Re)dimensionamento da Democratização do Processo Civil. In: SPENGLER, Fabiana Marion; PINHO, Humberto Dalla Bernardino (org.). **Acesso à justiça, jurisdição (in)eficaz e mediação: a delimitação e a busca de outras estratégias na resolução de conflitos.** Curitiba: Multideia, 2013, p. 172.
14. PINHO, Humberto Dalla Bernardino; PAUMGARTTEN, Michele Pedrosa. O Papel da Mediação no Século de Vocação da Jurisdição e no (Re)dimensionamento da Democratização do Processo Civil. In: SPENGLER, Fabiana Marion; PINHO, Humberto Dalla Bernardino (org.). **Acesso à justiça, jurisdição (in)eficaz e mediação: a delimitação e a busca de outras estratégias na resolução de conflitos.** Curitiba: Multideia, 2013, p. 176.
15. SANDER, Frank. Varieties of dispute processing. In: LEVIN, A. Leo; WHEELER, Russell R.. **The pound conference:** perspectives on justice in the future. Saint Paul: West Publishing Co., 1979, p. 84-85.

serão responsáveis pela realização de sessões e audiências de conciliação e mediação, e deverão desenvolver programas destinados a auxiliar, orientar e estimular a autocomposição. Logo se nota uma preocupação na *difusão* dos mecanismos alternativos de resolução de disputas.

Os centros judiciais e as entidades privadas que se dediquem a essa atividade serão o local próprio para as atividades de mediação e conciliação que apenas de modo excepcional, poderão ser desenvolvidas em juízo, mas conduzidas por um mediador ou conciliador habilitado. Isso reforça a ideia de um "fórum multiportas" de resolução de litígio, contando tanto com varas tradicionais quanto com espaços adequados à mediação e conciliação. O objetivo é criar um ambiente menos formal e mais adequando para a resolução consensual das desavenças.

A mediação ou conciliação não serão, como regra, conduzidas pelo magistrado, evidentemente que as partes podem transigir durante a fase de instrução do processo e o magistrado, em uma atuação cooperativa, deve estimular o diálogo e facilitar a conciliação, mas haverá um profissional específico e devidamente qualificado para atuar no desenvolvimento da resolução consensual da disputa.

Isso é salutar, pois, na presença do magistrado, que julgará impositivamente o conflito, as partes não podem falar abertamente, sob pena de, em alguma medida, minar a sua estratégia jurídica para a fase do contencioso[16].

No modelo do NCPC, o juiz deve sempre estimular a conciliação (inclusive na audiência de instrução, art. 358), embora essa atividade deva ser, por excelência, desenvolvida por um conciliador ou mediador habilitado. A preocupação do NCPC é assegurar a imparcialidade do juiz e permitir um diálogo mais franco e flexível das partes nos esforços de autocomposição, já que o juiz que conduzir ativamente uma mediação ou conciliação pode, em alguma medida, acabar influenciado em seu julgamento pelas tratativas frustradas e pelo que for dito pelas partes no esforço de resolução amigável[17].

Os §§ 3º e 4º do artigo 165 do NCPC definem o papel do mediador e do conciliador. Tal definição seria desnecessária, já que a diferença entre as técnicas é bem trabalhada pela doutrina[18], mas mostra uma preocupação com a afirmação das técnicas no NCPC, dada sua importância no contexto ali considerado.

---

16. SANDER, Frank. Varieties of dispute processing. In: LEVIN, A. Leo; WHEELER, Russell R.. **The pound conference:** perspectives on justice in the future. Saint Paul: West Publishing Co., 1979, p. 75.
17. GOUVEIA, Mariana França. **Curso de resolução alternativa de litígios.** Coimbra: Almedina, 2011, p. 83-87.
18. "What is the difference between conciliation and mediation? Often, the terms are used interchangeably. Technically, however, there is a difference. A conciliator listen to the two parties, hears their different positions, and then, sets forth a proposed settlement agreement, representing what she believes to

O mediador e o conciliador judicial são tratados no NCPC como auxiliares da justiça. Os tribunais poderão, se desejarem, promover concurso público para o provimento de cargos próprios de conciliador e mediador, mas manterão sempre uma lista das câmaras privadas de mediação e conciliação e uma relação de mediadores que atuarão nos centros de mediação e conciliação judiciais. A iniciativa é boa e visa a preparar pessoal devidamente habilitado e qualificado para essas atividades.

Os mediadores e conciliadores que atuem nos centros de mediação e conciliação judiciais e que sejam advogados de formação estarão impedidos de advogar junto ao tribunal a que esteja vinculado o centro em que atuem. Tal restrição, evidentemente, não se aplica aos advogados que desejarem desenvolver atividades de mediação e conciliação em seus escritórios ou em instituições privadas dedicadas à essas atividades, mesmo que essas instituições sejam cadastradas junto a qualquer tribunal.

Sempre será possível, também, que as partes escolham qualquer terceiro (advogado, inclusive) para atuar como mediador ou conciliador em seu caso, independentemente de qualquer cadastro ou formalidade junto ao tribunal. Aqui vige plenamente a autonomia da vontade das partes e a flexibilidade, que são inerentes aos mecanismos consensuais de resolução de disputas.

Deve haver uma preferencia pela flexibilidade e informalidade, para a construção do diálogo. A conciliação ou mediação não precisa sequer ocorrer no ambiente judiciário, podendo, se as partes preferirem ou caso se sentirem mais à vontade, ser realizada no escritório de um dos advogados ou em outro ambiente. Deve sempre ser permitida a realização da audiência (encontro) fora do ambiente judiciário. Como o foco está na superação do dissenso, há o "empoderamento" das partes sobre o conflitos, de mero expectadores do litígio conduzido pelos advogados e pelo magistrado, as partes passam a atores importantes de sua solução.

Todo o processo de mediação e conciliação será sigiloso, como já ocorre nas mediações e conciliações privadas. Nenhuma das alegações das partes, o teor das conversas e dos documentos eventualmente produzidos no esforço para a composição poderão ser disponibilizados a terceiros ou utilizados para fins de instrução em processo judicial. O objetivo é criar um ambiente de franqueza nas negociações e discussões; não pode haver debate franco e

---

be a fair compromise of the dispute. If the proposal does not resolve the dispute, the conciliator may offer another proposal. Although mediators tray to get parties to come up a with settlement agreement themselves, they may also, at the parties' request, make a specific proposal, similar to what conciliators would do." MOSES, Margaret L. **The principles and practice of international commercial arbitration.** Nova Iorque: Cambridge University Press, 2008, p. 14.

acertamento de interesse caso o julgamento puder basear-se no que for dito. De outro modo, a discussão seria falseada pela estratégia jurídica traçada para a vitória na fase litigiosa, impedindo a negociação, não se estabelecendo um mínimo de franqueza entre as partes.

O objetivo de uma solução consensual não é *aplicar a lei* ao caso, mas compor interesses, acomodando as intenções das partes. Daí a importância da confidencialidade nesse momento.

Uma boa medida do NCPC é o fato de o réu apenas apresentar contestação *após* a audiência de conciliação ou do pedido de dispensa dessa. O réu não deve apresentar sua defesa antes da audiência de conciliação, o que facilita o diálogo entre as partes e aumenta a possibilidade de uma composição consensual do litígio. Na contestação, o réu deduz toda a sua matéria de defesa, apresentando sua percepção dos fatos e argumentos jurídicos. A apresentação da defesa *antes* da audiência certamente pode recrudescer o dissenso.

8. CONCLUSÃO

Atualmente, além de haver uma legislação e uma jurisprudência favoráveis à arbitragem, os tribunais, atendendo à Resolução nº 125/2010, do Conselho Nacional de Justiça, já dispõem de medidas para a formação de conciliadores e mediadores e de um sistema de resolução consensual de conflitos.

O novo Código de Processo Civil solidifica o aprofundamento destas medidas, entrelaçando os mecanismos de resolução de disputas em uma teia de cooperação, com a participação de entidades públicas e privadas, num único sistema de justiça. Abre-se perspectiva de um modelo de justiça multiportas, com entrelaçamento (não disjunção ou alternativa) entre o processo judicial tradicional e os vários tipos de ADR. Na verdade, o NCPC eleva à primazia da solução consensual do conflito à condição de norma fundamental do processo civil brasileiro.

CAPÍTULO 6

A Viragem da Mediação no NCPC e no Marco Legal da Mediação no Brasil

Thiago Rodovalho[1]

SUMÁRIO: 1. MEDIAÇÃO OBRIGATÓRIA NO BRASIL COM O ADVENTO DO NCPC E DO MARCO LEGAL DA MEDIAÇÃO?; 2. O QUE É OBRIGATÓRIO NA MEDIAÇÃO OBRIGATÓRIA?; 3. A ESPERANÇA DA MEDIAÇÃO NO BRASIL E A EXPERIÊNCIA CANADENSE.; 4. CONCLUSÃO.; 5. REFERÊNCIAS BIBLIOGRÁFICAS.

1. MEDIAÇÃO OBRIGATÓRIA NO BRASIL COM O ADVENTO DO NCPC E DO MARCO LEGAL DA MEDIAÇÃO?[2]

O Novo Código de Processo Civil (L 13.105/2015 – NCPC) tem no incentivo a outras formas de solução dos conflitos (v., p. ex., os arts. 3.º, 139 e 359) uma de suas diretrizes ou matrizes ideológicas para transformar o processo civil no Brasil, tentando mitigar o problema da alta litigiosidade que assola o país.

Essas outras formas de solução dos conflitos correspondem aos chamados meios *alternativos* de solução de conflitos (ADR – *Alternative Dispute Resolution*), ou melhor, meios *adequados* à solução de conflitos (modernamente, ADR – *Adequate Dispute Resolution*).

Trata-se de visão moderna que, como visto, vem sendo promovida no país desde a Resolução n.º 125 do Conselho Nacional de Justiça - CNJ, e que encontra seu ápice agora com os recentes adventos do NCPC e do Marco Legal da Lei de Mediação (L 13.140 de 2015).

---

1. Professor-Doutor da PUC|Campinas. Doutor e Mestre em Direito Civil pela PUC/SP, com Pós-Doutorado no Max-Planck-Institut für ausländisches und internationales Privatrecht em Hamburgo, Alemanha. Membro da Lista de Árbitros da Câmara de Arbitragem e Mediação da Federação das Indústrias do Estado do Paraná – CAM-FIEP, do Conselho Arbitral do Estado de São Paulo – CAESP, da Câmara de Mediação e Arbitragem das Eurocâmaras – CAE, da Câmara Brasileira de Mediação e Arbitragem Empresarial – CBMAE, do Centro Brasileiro de Mediação e Arbitragem – CEBRAMAR, e da ARBITRANET. Membro do Instituto dos Advogados de São Paulo – IASP, do Instituto de Direito Privado – IDP, do Instituto Brasileiro de Direito Processual Civil – IBDP, e do Centro de Estudos Avançados de Processo – CEAPRO. Coordenador e Professor de Arbitragem na Escola Superior de Advocacia da OAB/SP. Autor de diversas publicações no Brasil e no exterior (livros e artigos).

2. Thiago Rodovalho. *Mediação Obrigatória?*, in Portal Processual, Manaus, 15 de setembro de 2015, p. 1/1.

No NCPC, esse incentivo a outras formas de solução de conflitos vem já expresso no Capítulo I, dedicado justamente às suas *normas fundamentais*, como se extrai da leitura dos arts. 3.º §§ 2.º e 3.º, e também de seu art. 6.º, que consagra o princípio da colaboração processual entre todos os partícipes do processo.

Mas a maior inovação do NCPC, quanto a esse ponto, foi a criação da chamada *audiência necessária de conciliação ou mediação*. Por que audiência *necessária* de conciliação e mediação? Porque, em se tratando de direitos que admitem transação, trata-se de audiência que *necessariamente* ocorrerá, a menos que *ambas* as partes (autor e réu) expressamente manifestem que não têm interesse em sua realização, a teor do art. 334 § 4.º I e § 5.º do NCPC. Era *o consenso quanto ao dissenso*, como bem alcunhou com propriedade ZULMAR DUARTE.[3] Sendo que o não comparecimento injustificado do autor ou do réu a essa audiência de conciliação ou mediação é considerado ato atentatório à dignidade da justiça, sancionado com multa de até dois por cento da vantagem econômica pretendida ou do valor da causa, revertida em favor da União ou do Estado (idem, § 8.º).

Trata-se (ou tratava-se), portanto, de audiência *necessária* de conciliação ou mediação, já que sua ocorrência não poderia ser unilateralmente obstada.

Contudo, ainda no período de *vacatio legis* do NCPC, já se instaurou uma celeuma hermenêutica com o advento da Lei de Mediação. Isto porque, a Lei de Mediação, ao tratar do tema, não repete a possibilidade de que ambas as partes possam opor-se, em consenso, à realização da audiência de mediação, como se extrai da leitura de seus arts. 3.º e 27, especialmente este último, cuja redação reproduzimos: "*Art. 27. Se a petição inicial preencher os requisitos essenciais e não for o caso de improcedência liminar do pedido,* o juiz designará audiência de mediação" (destacamos).

É inquestionável que a Lei de Mediação se sobrepõe à regulação do NCPC, pois se trata de *lei especial* (*lex specialis derogat generali*) e de *lei posterior* (*lex posterior derogat legi priori*), dois critérios para resolver antinomias entre normas.

Assim, três correntes já se formaram: (i) a que entende que a mediação obrigatória é inconstitucional, pois viola a autonomia privada das partes; (ii) a que entende que não haveria incompatibilidade entre Lei de Mediação e NCPC; e, por fim, (iii) a corrente que adotamos, no sentido que a incompatibilidade

---

3.   Zulmar DUARTE. *A difícil conciliação entre o Novo CPC e a Lei de Mediação*, disponível em http://jota.info/a-dificil-conciliacao-entre-o-novo-cpc-e-a-lei-de-mediacao, publicado em 17 de Agosto de 2015.

efetivamente existe, com a revogação dessa parte no NCPC pela Lei de Mediação, instituindo-se, pois, no Brasil, a mediação *obrigatória*, entendimento esse que também é comungado por Zulmar Duarte.[4]

Pensamos dessa maneira, pois, como dito, a Lei de Mediação não repete a possibilidade de oposição à sua realização, consignando, apenas, que, preenchidos seus pressupostos (transacionalidade do direito), *"o juiz **designará** audiência de mediação"*. Sendo que o verbo *"designará"* exprime um *poder-dever* do magistrado. O *poder-dever* é caracterizado por ser uma competência atribuída por lei (= poder), ao mesmo tempo em que essa atribuição não é uma mera *faculdade*, sendo uma *obrigação* (= dever), de tal sorte que não somente *pode* fazê-lo, como *deve* fazê-lo.

Fomos, assim, em nosso sentir, rapidamente da mediação *necessária* no NCPC à mediação *obrigatória* no Marco Legal da Lei de Mediação.

E não nos parece haver inconstitucionalidade na instituição de mediação obrigatória, como defendido pela corrente (i). Ao revés, ela nos parece consentânea com o Estado Democrático brasileiro e com os valores expressos em nossa Constituição Federal em seu preâmbulo, que expressamente consigna que *"Nós, representantes do povo brasileiro, reunidos em Assembléia Nacional Constituinte para instituir um Estado Democrático, destinado a assegurar o exercício dos direitos sociais e individuais, a liberdade, a segurança, o bem-estar, o desenvolvimento, a igualdade e a justiça como valores supremos de uma sociedade fraterna, pluralista e sem preconceitos, fundada na harmonia social e comprometida, na ordem interna e internacional,* <u>com a solução pacífica das controvérsias</u>*, promulgamos, sob a proteção de Deus, a seguinte CONSTITUIÇÃO DA REPÚBLICA FEDERATIVA DO BRASIL"* (destacamos).

A harmonia social e a *solução pacífica das controvérsias* são, portanto, valores e *fundamento* de nosso Estado Democrático, como expressos no preâmbulo. Sendo que, como já tivemos oportunidade de defender, em nosso sentir, *"[o]s preâmbulos das Constituições afirmam princípios constitucionais e têm eminente natureza prescritiva, possuindo, portanto, nítido caráter jurídico, e como tal devem ser lidos"*.[5]

De igual sorte, não nos parece, *venia concessa*, haver acerto na defesa de que não haveria incompatibilidade entre a Lei de Mediação e o NCPC, como defende a corrente (ii), ao argumento de que na LMed art. 27 subsistiria à referência à petição inicial (*"Se a petição inicial preencher os requisitos essenciais*

---

4. Zulmar Duarte. *A difícil conciliação entre o Novo CPC e a Lei de Mediação*, disponível em http://jota.info/a-dificil-conciliacao-entre-o-novo-cpc-e-a-lei-de-mediacao, publicado em 17 de Agosto de 2015.
5. Thiago Rodovalho. *Abuso de direito e direitos subjetivos*, São Paulo: Revista dos Tribunais, 2011, pp. 157/158.

e não for o caso de improcedência liminar do pedido"), de modo que, conforme arts. 319 VII e 334 § 5.º do NCPC, o requisito da *opção do autor pela realização ou não de audiência de conciliação ou de mediação* igualmente subsistiria.

Assim não nos parece, porque a LMed não reproduziu a mesma opção de desinteresse pelo réu (334 § 5.º do NCPC), o que, pelo próprio NCPC, era *conditio sine qua non* para a não-ocorrência da audiência de conciliação ou de mediação.

Deste modo, afigura-se-nos, com a LMed, que a designação de audiência de mediação tornou-se obrigatória no país.

E a instituição da mediação obrigatória no Brasil nos coloca ao lado de outros países que já a adotam, como, p. ex., Canadá, Argentina e Itália,valendo lembrar ainda que mesmo quando o acordo não é atingido, a mediação melhora o relacionamento futuro e facilita também que talvez haja um acordo no futuro. Trata-se, portanto, em nosso sentir, de um grande avanço.

2. O QUE É OBRIGATÓRIO NA MEDIAÇÃO OBRIGATÓRIA?[6]

Com o advento da *mediação obrigatória* (para os que comungam desse entendimento), outra dúvida que surge dessa obrigatoriedade da audiência de mediação, e que justamente dá título a esse capítulo, é: afinal, o que é obrigatório na mediação obrigatória?

Trata-se de dúvida que também tem gerado preocupação a muitos operadores do direito, razão pela qual têm aventado impactos negativos decorrentes dessa obrigatoriedade, especialmente com relação ao problema da morosidade da justiça. Não cremos, contudo, que, no médio e longo prazo, haja esse impacto negativo; ao revés, frutificando a «*cultura de pacificação*», como se espera, seu efeito será «positivo» no médio e longo prazo, ainda que, num primeiro momento, pela necessidade de estruturação e capacitação de mediadores, o que tem sido feito de forma muito mais acanhada do que se necessita, enfrentemos certas dificuldades.

Por evidente, chegar a um acordo não é obrigatório, o que, aí, sim, seria inconstitucional. De igual sorte, não se obriga a «permanecer» num procedimento de mediação.

Nesse contexto, o que, de fato, é obrigatório nos dado pela própria Lei de Mediação. Essa obrigatoriedade recai apenas e tão somente no «dever» de participar da «primeira» sessão de mediação.

---

6. Thiago Rodovalho. *O que é obrigatório na mediação obrigatória?, in* Jornal Estado de Direito, Porto Alegre - RS, 21 de janeiro 2016, p. 1/1.

Esse entendimento pode ser extraído, por analogia, quando a lei trata da «cláusula contratual que preveja a obrigatoriedade de mediação», como, por exemplo, em seu art. 2º §§ 1.º e 2.º (*"§ 1º Na hipótese de existir previsão contratual de cláusula de mediação, as partes deverão comparecer à primeira reunião de mediação. § 2º Ninguém será obrigado a permanecer em procedimento de mediação"* e *"Art. 22. A previsão contratual de mediação deverá conter, no mínimo: [...] IV - penalidade em caso de não comparecimento da parte convidada à primeira reunião de mediação. [...] § 2º Não havendo previsão contratual completa, deverão ser observados os seguintes critérios para a realização da primeira reunião de mediação: [...] IV - o não comparecimento da parte convidada à primeira reunião de mediação acarretará a assunção por parte desta de cinquenta por cento das custas e honorários sucumbenciais caso venha a ser vencedora em procedimento arbitral ou judicial posterior, que envolva o escopo da mediação para a qual foi convidada"*), bem como de outras passagens referentes a disposições comuns ao procedimento de mediação (*"Art. 17. Considera-se instituída a mediação na data para a qual for marcada a primeira reunião de mediação. Art. 18. Iniciada a mediação, as reuniões posteriores com a presença das partes somente poderão ser marcadas com a sua anuência"*).

Assim, andou bem o legislador, harmonizando «liberdade individual» e «comprometimento social» (v. Preâmbulo da Constituição Federal, constituição essa que representa o nosso Contrato Social), obrigando apenas ao comparecimento à «*primeira*» sessão de mediação, mas sem mitigar em demasia a autonomia privada, prescrevendo que as demais sessões só ocorrerão com a anuência das partes.

E por que é tão importante essa obrigatoriedade ao comparecimento à primeira sessão? Ora, num país que vive inequivocamente uma «cultura de sentença» (Kazuo Watanabe) e que ainda dá passos no desenvolvimento de uma «cultura de mediação», essa primeira sessão é crucial (e daí a importância de sua obrigatoriedade) para que o mediador, treinado e capacitado, possa tentar aplacar o «medo do novo» (= "não conheço e não gosto da mediação"), explicando o é e como se desenvolverá o procedimento de mediação.

Isso não significa que o mediador terá êxito em todos os casos, porém, é a oportunidade para que ele faça ao menos a «*introdução*» do procedimento de mediação (a que alguns autores denominam de *setting the table*, no modelo de Harvard), ou seja, o momento em que ele cuidará logística, fará a introdução, explicará os papéis (de «protagonistas») das partes, explicará que não dará conselhos nem terá qualquer função julgadora ou decisória, estabelecerá em conjunto com as partes as regras do procedimento (p. ex., quem falará primeiro, a necessidade de falar um de cada vez, de ouvir o outro, a necessidade de respeito mútuo etc.), explicará a confidencialidade, a possibilidade e o que são os encontros privados (os chamados *caucus*), e como a mediação vai prosseguir.

É dizer, o legislador obrigou o *minimum minimorum* para que, *frustrada* a mediação, abra, então, as portas da jurisdição, salvo nas hipóteses de casos que não admitam mediação ou em que haja urgência ou risco de perecimento do direito (cfr. LMed arts. 3.º, 23 e 27). Não houve negativa de acesso à justiça nem violação ao art. 5.º inc. XXXV, mas apenas um equilíbrio entre esse *direito fundamental* e *comprometimento social com a solução pacífica das controvérsias* (CF Preâmbulo), de modo a que as partes tentem dialogar entre si, com o auxílio de um terceiro treinado e capacitado (mediador), participando de uma única sessão (obrigatória) de mediação (as demais só ocorrerão com o mútuo consenso) antes de se proceder à resolução do problema de forma adjudicada (= sentença, judicial ou arbitral).

Não me parece que num país em que o processo demora décadas e décadas, o comparecimento a essa única sessão de mediação impactará sobremaneira o problema da morosidade judicial (ainda que isso possa ocorrer no começo, ante a ausência de estrutura e mediadores), especialmente tendo-se em conta que essas sessão não ocorrerá na presença do magistrado, cujas audiências naturalmente demoram mais a serem marcadas, diante do acúmulo de trabalho, e, sim, através do exército de mediadores que o Brasil terá de treinar e capacitar nos próximos anos.

3. A ESPERANÇA DA MEDIAÇÃO NO BRASIL E A EXPERIÊNCIA CANADENSE.[7]

A Resolução n. 125 do Conselho Nacional de Justiça, que tratou de formas adequadas de solução de conflitos, teve o importante efeito de estimular, no Brasil, discussões sobre o sistema multiportas de resolução de controvérsias.

O *sistema multiportas* ou *tribunal multiportas*, com inspiração no sistema americano (*Multi-door Courthouse System*),[8] é caracterizado por não restringir as formas de solução de controvérsias exclusivamente ao Poder Judiciário, oferecendo meios alternativos e, muitas vezes, mais adequados ao tipo de conflito, tais como negociação, conciliação, mediação e arbitragem, além de outros ainda menos usuais no país, mas que têm ganhado cada vez mais relevância, na construção civil em particular, como os *dispute boards*.

---

7. Thiago Rodovalho. *Canadá é um bom exemplo do uso da mediação obrigatória*, in Consultor Jurídico (São Paulo. Online), em 24.11.2015, p. 1-1.
8. A consagrada expressão *multi-door courthouse* foi originalmente usada pelo Prof. Frank Sander (Harvard) em 1976, em conferência que posteriormente veio a ser publicada em 1979: Frank Sander. *Varieties of dispute processing*, Minnesota: West Publishing, 1979, pp. 65/87.

A referida Resolução n. 125 focou mais na conciliação e mediação, prestando, com isso, um grande serviço ao país ao estimulá-las, embora o Brasil, estatisticamente, ainda esteja longe dos percentuais de país orientais, EUA e Canadá, que se valem desses métodos há muito mais tempo, estando seu uso culturalmente mais arraigado.

Além dessa resolução, as aprovações do Novo Código de Processo Civil (Lei n. 13.105 de 2015) e da Lei de Mediação (Lei n. 13.140 de 2015) também podem se traduzir justamente no estímulo que falta para que a mediação efetivamente se consolide no país.

Nota-se, ainda, certo desconhecimento acerca da mediação no país, confundindo-a, no mais das vezes, com a conciliação.

Nesse contexto, tem-se que a conciliação é um método muito antigo e difundido no país, no qual o julgador (juiz ou árbitro), ou um conciliador especialmente designado para esse fim, tenta conciliar as partes, buscando chegar a um acordo entre elas. Os contatos na conciliação são mais pontuais e breves, com uma atitude, digamos, mais pró-ativa (com máxima cautela) do conciliador, que pode, inclusive, eventualmente auxiliar na formulação de propostas de acordo para as partes, com o maior dos cuidados que se deve ter nesse momento, para não afetar sua independência e imparcialidade.

De outro turno, a mediação caracteriza-se por ser um *procedimento* (e, por isso, demanda certo tempo e envolvimento maiores do que na conciliação), no qual o mediador, valendo-se das diversas técnicas de mediação existentes (Modelo de Harvard,[9] Modelo Transformativo, Modelo Circular-Narrativo, entre outros),[10] age como um *facilitador da comunicação* entre as partes, para que elas próprias consigam construir conjuntamente um acordo.

A mediação se faz necessária justamente porque há um *problema de comunicação* entre elas, que as impede de, por si sós, chegar a um acordo via negociação. Nesse sentido, como diz uma frase de autoria desconhecida: *the biggest communication problem is we do not listen to understand, we listen to reply.*

Assim, o mediador, ao menos como regra, não propõe acordos, estimulando e facilitando a que as próprias partes o construam, sendo essa uma das

---

9. Sobre o *modelo de Harvard*, pioneiro na matéria, v., por todos, Roger Fisher, William Ury, e Bruce Patton. *Getting to Yes – negotiating agreement without giving in*, 3.ª ed., New York: Penguin Books, 2011, *passim*; na tradução para o português: Roger Fisher, William Ury, e Bruce Patton. *Como chegar ao sim – a negociação de acordos sem concessões*, 2.ª ed., Rio de Janeiro: Imago, 2005, *passim*.

10. A esse respeito, cfr., entre outros, Daniela Monteiro Gabbay. *Mediação & Judiciário no Brasil e nos EUA*, Brasília: Gazeta Jurídica, 2013, pp. 52/61; e Allan J. Stitt. *Mediating commercial disputes*, Ontario: Canada Law Book, 2003, pp. 3/9.

razões pelas quais os resultados obtidos sejam mais duradouros, pois provenientes das próprias partes, e não impostos (*adjudicados*) por um terceiro.

Outro aspecto de suma importância é o sigilo; tudo que ocorre na mediação é absolutamente sigiloso (a menos que, excepcionalmente, os mediandos queiram pactuar de forma diversa), justamente para que as partes possam negociar mais abertamente e com maior franqueza, sem o receio de que isso possa vir a ser usado contra elas num processo, caso o acordo não se concretize.

Assim, a conciliação é método adequado a certos tipos de conflitos (mais pontuais), ao passo que a mediação apresenta-se como uma melhor alternativa a conflitos em que haja um maior relacionamento entre as partes (conflitos empresariais e familiares, por exemplo).

Nesse contexto, o Brasil precisa de medidas no sentido de desenvolver e democratizar, cada vez mais, o uso da mediação no país.

Precisa e muito de iniciativas desse jaez, pois o país desenvolveu e vive uma *cultura do litígio*,[11] como se todo e qualquer conflito necessariamente houvesse de ser judicializado ou resolvido por um terceiro (árbitro).

Curiosamente, até a Constituição Federal de 1988, o Brasil enfrentava alguns óbices para o acesso à justiça, o que se traduziu numa correta e necessária preocupação do nosso legislador em conceber diversos instrumentos para maximizá-lo, como a justiça gratuita, os juizados especiais e um maior reconhecimento de direitos (dano moral, por exemplo).

Esse acesso mais amplo à justiça, contudo, foi levado ao seu paroxismo. É muito interessante e verdadeira a frase do Ministro GILMAR MENDES, que participou da criação dos juizados especiais federais, qualificando-os como *fracasso do sucesso*.

O sucesso das medidas para facilitar o acesso ao judiciário (à exceção, talvez, do mau uso muitas vezes da justiça gratuita) foi tamanho que também se tornou a razão de seu fracasso.

Fracasso, pois criou uma tal *cultura do litígio* no país, como se todo mundo fosse incapaz de resolver até mesmo simples querelas entre vizinhos ou conflitos menores, judicializando todo e qualquer problema, sem necessidade de maior reflexão, simplesmente porque litigar se tornou fácil, acessível e barato.

Essa realidade é facilmente traduzida nos números da Justiça no país.

---

11. Sobre o tema, v, entre outros, Kazuo WATANABE. *Cultura da sentença e cultura da pacificação,* in Flavio Luiz Yarshell e Maurício Zanoide de Moraes. *Estudos em homenagem à Professora Ada Pellegrini Grinover,* São Paulo: DPJ Editora, 2005, pp. 684/690; e Kazuo WATANABE. *Modalidade de mediação,* in CJF. *Mediação: um projeto inovador* (Série Cadernos do CEJ), v. 22, Brasília: CJF, 2003, pp. 42/50.

Cap. 6 • A VIRAGEM DA MEDIAÇÃO NO NCPC E NO MARCO LEGAL DA MEDIAÇÃO NO BRASIL
Thiago Rodovalho

A despeito da maior responsabilidade do Estado (o maior litigante), fato é que o Brasil começou o ano de 2014 com cerca de (absurdos) 100 milhões de processos (o relatório anual feito pelo CNJ revelou que o total de processos em tramitação no Poder Judiciário brasileiro tem aumentado gradativamente desde o ano de 2009, quando era de 83,4 milhões de processos, até atingir a tramitação de mais de 100 milhões de processos em 2014).[12]

Assim, o número de processos pendentes corresponde, grosso modo, a 1 processo a cada 2 habitantes, ou seja, como se metade da população brasileira estivesse litigando ao mesmo tempo.

Justamente por isso, fala-se modernamente, no tocante ao acesso à justiça, não apenas no «*direito de ingressar em juízo*», mas também, e especialmente, no «*direito de sair dele*» e num «*tempo razoável*».

Esses números, contudo, criam uma realidade de processos praticamente impossível de administrar, dificultando como consequência ter-se uma justiça efetiva e célere.

Na cultura oriental, por exemplo, ingressar em juízo é algo excepcional, significando uma frustração social em resolver o problema por si. Nesse sentido, o Japão tem meios informais de controle da sociedade que são extremamente rigorosos (como a família, a vizinhança, as escolas, os locais de trabalho), incentivando a autocomposição dos conflitos. Isto explica porque o Japão tem cerca de 20 mil advogados para uma população aproximada de 130 milhões de habitantes, ao passo que, somente no Estado de São Paulo, por exemplo, são 150 mil advogados para cerca de 40 milhões de habitantes (aproximadamente 1/3 da população do Japão).[13]

Inclusive, países em que a mediação é *obrigatória* têm boas experiências a nos compartilhar, como é o caso do Canadá (mais recentemente, Argentina e Itália também adotaram a *conciliação* ou *mediação obrigatórias*).

Assim, em Ontário, p. ex., onde há hipóteses de mediação obrigatórias, as estatísticas revelam 40% de acordo nas mediações obrigatórias, além de 10 a 20% de acordos parciais. Embora os percentuais de acordos celebrados nas mediações voluntárias sejam maiores (70 a 80% de acordos),[14] os índices obtidos nas mediações obrigatórias não são desprezíveis. Além disso, mesmo quando o

---

12. Cfr. Fonte: CNJ – Indicadores de Produtividade dos Magistrados e Servidores no Poder Judiciário: Justiça em números 2015, ano-base 2014, *passim*.
13. V. Kazuo Watanabe. *Modalidade de mediação*, in CJF. *Mediação: um projeto inovador* (Série Cadernos do CEJ), v. 22, Brasília: CJF, 2003, pp. 42/50.
14. Cfr. Allan J. Stitt. *Mediating commercial disputes*, Ontario: Canada Law Book, 2003, pp. 11/12.

403

acordo não é atingido, a mediação melhora o relacionamento futuro das partes e facilita também que talvez haja um acordo no futuro.

4. CONCLUSÃO.

Portanto, cada vez mais, é preciso mudar a atual realidade brasileira, migrando dessa *cultura de litígio* ou *cultura de sentença* (como, com muita propriedade, alcunhou Kazuo Watanabe) para uma *cultura de pacificação*, com uma maior resolução autocompositiva dos conflitos, como ocorre na mediação e na conciliação.

Isso não significa que não haja casos que devam ser objeto de sentença (judicial ou arbitral), mas eles não devem ser a regra dos conflitos, até para que, nessas situações relevantes, possam receber a devida atenção que merecem.

Assim sendo, nesse ambiente de NCPC, Reforma da LArb e Marco Legal da Mediação, é hora da advocacia se reinventar no Brasil, atenta para o Tribunal Multiportas (*Multi-door Courthouse System*) que cada vez mais se lhe apresenta, possuindo o advogado (i) *função preventiva*, e (ii) *função resolutiva*, sendo que esta última deve contemplar a Negociação, a Mediação, a Arbitragem (jurisdição privada) e o Poder Judiciário (jurisdição estatal), analisando-se, sempre, nos casos concretos que de fato envolvam a necessidade de *sentença* (privada ou estatal), as três variáveis básicas: (i) tempo, (ii) custo, e (iii) expertise das decisões, de modo a que o advogado não mais atue de forma padronizada, como se houvesse apenas uma única porta para resolução dos conflitos: o Poder Judiciário.

5. REFERÊNCIAS BIBLIOGRÁFICAS.

Duarte, Zulmar. *A difícil conciliação entre o Novo CPC e a Lei de Mediação*, disponível em http://jota.info/a-dificil-conciliacao-entre-o-novo-cpc-e-a-lei-de-mediacao, publicado em 17 de Agosto de 2015.

Fisher, Roger; Ury, William; e Patton, Bruce. *Getting to Yes – negotiating agreement without giving in*, 3.ª ed., New York: Penguin Books, 2011.

_____. *Como chegar ao sim – a negociação de acordos sem concessões*, 2.ª ed., Rio de Janeiro: Imago, 2005.

Gabbay, Daniela Monteiro. *Mediação & Judiciário no Brasil e nos EUA*, Brasília: Gazeta Jurídica, 2013.

Rodovalho, Thiago. *Abuso de direito e direitos subjetivos*, São Paulo: Revista dos Tribunais, 2011.

Cap. 6 • A VIRAGEM DA MEDIAÇÃO NO NCPC E NO MARCO LEGAL DA MEDIAÇÃO NO BRASIL
Thiago Rodovalho

_____. *Canadá é um bom exemplo do uso da mediação obrigatória*, in Consultor Jurídico (São Paulo. Online), em 24.11.2015, p. 1/1.

_____. *Mediação Obrigatória?*, in Portal Processual, Manaus, 15 de setembro de 2015, p. 1/1.

_____. *O que é obrigatório na mediação obrigatória?*, in Jornal Estado de Direito, Porto Alegre - RS, 21 de janeiro 2016, p. 1/1.

SANDER, Frank. *Varieties of dispute processing*, Minnesota: West Publishing, 1979.

STITT, Allan J. *Mediating commercial disputes*, Ontario: Canada Law Book, 2003.

WATANABE, Kazuo. *Cultura da sentença e cultura da pacificação*, in Flavio Luiz Yarshell e Maurício Zanoide de Moraes. *Estudos em homenagem à Professora Ada Pellegrini Grinover*, São Paulo: DPJ Editora, 2005.

_____. *Modalidade de mediação*, in CJF. *Mediação: um projeto inovador* (Série Cadernos do CEJ), v. 22, Brasília: CJF, 2003.

CAPÍTULO 7

A proibição de comportamento contraditório e o Novo Código de Processo Civil

Lucio Picanço Facci[1]

SUMÁRIO: 1. INTRODUÇÃO; 2. O DIREITO POSITIVO BRASILEIRO E OS FUNDAMENTOS JURÍDICOS DA PROIBIÇÃO DE COMPORTAMENTO CONTRADITÓRIO ; 3. INSTRUMENTALIZAÇÃO JURÍDICA DO *NEMO PO-TEST VENIRE CONTRA FACTUM PROPRIUM*: PRESSUPOSTOS GERAIS PARA A INCIDÊNCIA DO PRINCÍPIO; 4. APLICAÇÃO DO PRINCÍPIO DE PROIBIÇÃO DE COMPORTAMENTO CONTRADITÓRIO NO ESPAÇO DAS RELA-ÇÕES DE DIREITO PÚBLICO; 5. A CONFIANÇA LEGÍTIMA E O DIREITO PROCESSUAL CIVIL BRASILEIRO; 6. CONCLUSÃO; 7. BIBLIOGRAFIA.

1. INTRODUÇÃO

Neste trabalho, pretendemos analisar a incidência do princípio da proibição de comportamento contraditório nas relações processuais, sob a ótica do novo Código de Processo Civil.

Para tanto, analisaremos, inicialmente, o *nemo potest venire contra factum proprium* de maneira geral, examinando o atual estágio do ordenamento jurídico pátrio a respeito do assunto, os fundamentos que amparam a aplicação do princípio, bem como a sua instrumentalização jurídica e formas de tutela. A seguir, enfrentaremos a possibilidade de aplicação do princípio na esfera das relações de Direito Público para, daí então, analisarmos como o tema foi abordado pelo novo Código de Processo Civil.

2. O DIREITO POSITIVO BRASILEIRO E OS FUNDAMENTOS JURÍDICOS DA PROIBIÇÃO DE COMPORTAMENTO CONTRADITÓRIO

Não há no ordenamento jurídico brasileiro – incluindo-se aí a vigente Constituição da República – dispositivo legal que regule expressa e especificamente

---

1. Doutorando e Mestre em Ciências Jurídicas e Sociais pela Universidade Federal Fluminense (PPGSD – UFF). Especialista em Direito Público pela Universidade de Brasília (UnB). Bacharel em Direito pela Universidade Federal do Rio de Janeiro (UFRJ). Procurador Federal (AGU). e-mail: lucio.facci@live.com

um princípio geral de proibição de comportamento contraditório. Com efeito, o Código Civil brasileiro de 1916[2] não cuidou do princípio, omissão que não foi sanada pela vigente codificação civil.[3] A carência de grandes inovações do novo estatuto civil se deveu, em boa medida, pela falta de atualidade do projeto que deu origem ao novel diploma. Realmente, por se amparar em projeto elaborado na década de 1970, muito antes, portanto, da nova ordem constitucional inaugurada em 1988, o vigorante Código Civil nasceu desatualizado, não tendo se ocupado das grandes conquistas constitucionais da contemporaneidade que tutelam com maior ênfase a personalidade humana e os valores existenciais do que a propriedade e os valores patrimoniais.[4]

Sem embargo das críticas dirigidas ao vigorante Código Civil[5], fato é que nenhum outro diploma legal – nem mesmo a Constituição Federal – regula expressa e especificamente um princípio geral de proibição de comportamento contraditório.

Conquanto seja um princípio não regulado expressamente por nenhum diploma normativo vigente em nosso país, a proibição de comportamento contraditório surge justamente em decorrência da circunstância de que as fórmulas legais são insuficientes para resolver todos os conflitos surgidos na sociedade. A ausência de norma expressa está apenas a exigir uma investigação mais profunda a respeito da aplicabilidade, em nosso país, do princípio da proibição de comportamento contraditório, competindo ao intérprete e ao aplicador das normas jurídicas se desincumbirem de tal tarefa.

A CRFB/88 elegeu como um dos seus objetivos a solidariedade social (art. 3º, I, última parte). Dessa cláusula pode-se extrair um dos fundamentos constitucionais da vedação para agir de maneira contraditória. Com efeito, ao erigi-lo ao patamar constitucional, a vigente Constituição da República atribuiu ao princípio da solidariedade social não apenas o sentimento de identificação com os problemas de outrem, que leva as pessoas a se ajudarem mutuamente, mas, especialmente, impôs a todos o dever de consideração da posição alheia no universo das relações jurídicas.

---

2. Lei nº 3.071, de 1º de janeiro de 1916.
3. Lei nº 10.406, de 10 de janeiro de 2002.
4. Para maior aprofundamento, v. TEPEDINO, Gustavo. O novo Código Civil: duro golpe na recente experiência constitucional brasileira. Editorial à Revista Trimestral de Direito Civil, v. 7. Rio de Janeiro: Renovar, 2001, passim.
5. A referência que ora se faz aos Códigos Civis decorre da circunstância de que em tais diplomas legais historicamente constam – principalmente em suas partes gerais – as disposições relativas à teoria geral do Direito. São inúmeros os exemplos que figuram no vigorante Código Civil: as regras sobre fatos, atos e negócios jurídicos; boa-fé objetiva; abuso de direito; prescrição e decadência etc. Por tal razão, a sede própria para se cuidar da proibição de comportamento contraditório seria no referido diploma legal.

Assim, tendo sido formulado como um meio de se impedir que o comportamento incoerente fira a legítima confiança das pessoas, o *nemo potest venire contra factum proprium* significa instrumento de densificação do objetivo constitucional de solidariedade social, havendo *"direta vinculação entre a solidariedade social e o princípio de proibição de comportamento contraditório"*.[6]

Outro fundamento de índole constitucional do *nemo potest venire contra factum proprium* é o princípio da segurança jurídica[7], erigida a princípio e valor constitucional pela vigente Constituição da República, que consagra a inviolabilidade à segurança no *caput* do seu art. 5º (compreendendo, como espécie, indubitavelmente, a segurança nas relações jurídicas), e assevera em seu preâmbulo que a instituição de um Estado Democrático se destina também a assegurá-la[8]. A proibição de agir contraditoriamente vai ao encontro da exigência comum de estabilidade das relações jurídicas.

Além dos referidos fundamentos constitucionais, a proibição de comportamento contraditório tem por fundamento a boa-fé objetiva, instrumento de tutela da confiança legítima, princípio previsto nos artigos 113 e 422 do vigorante Código Civil. Conforme assevera Valter Shuenquener de Araújo, o princípio da boa-fé objetiva e o princípio da proteção da confiança *"possuem um estreito parentesco"*.[9] O Código Civil revogado, na sua parte geral, não aludia uma única vez à boa-fé, nem mesmo como regra de interpretação dos negócios jurídicos. A boa-fé era apenas considerada como um preceito ético e por isso deveria estar aninhada na mente das pessoas e não no texto legal. A boa-fé não era, assim, entendida como um preceito jurídico, mas apenas como um conceito

---

6. Schreiber, Anderson. A proibição de comportamento contraditório – tutela da confiança e venire contra factum proprium. 2. ed. Rio de Janeiro: Renovar, 2007, p. 107.

7. Segundo Diogo de Figueiredo Moreira Neto, "[t]rata-se, portanto, a segurança jurídica, de um megaprincípio do Direito, o cimento das civilizações, que, entre outras importantes derivações relevantes para o Direito Administrativo, informa o princípio da confiança legítima, o princípio da boa-fé objetiva, o instituto de presunção de validade dos atos do Poder Público e a teoria da evidência" (MOREIRA NETO, Diogo de Figueiredo. Curso de Direito Administrativo. 14. ed. Rio de Janeiro: Forense, 2005, p. 79)

8. Como já tivemos a oportunidade de assinalar alhures, não é destituída de importância a inclusão da segurança jurídica no preâmbulo da Constituição, posto que esse revela os valores que inspiraram o constituinte originário na elaboração da Lei Fundamental. (FACCI, Lucio Picanço. Do prazo prescricional para o ajuizamento de ação civil pública. Revista da AGU nº 20. Brasília-DF, abr./jun. 2009, p. 229). Nesta pauta, vale repisar lição de Paulino Jacques no sentido de que "o preâmbulo, como vimos, não contém normas, regras objetivas de direito, mas, tão-somente, princípios, enunciados teóricos, de caráter político, filosófico ou religioso, que integram a Constituição. Se as normas contidas nos artigos do estatuto supremo constituem, por assim dizer, o corpo da Constituição, é bem de ver que os princípios que se enunciam no preâmbulo, são o seu espírito. 'Não é uma peça inútil ou de mero ornato na construção dela – sustentava João Barbalho – as simples palavras que o constituem, resumem e proclamam o pensamento primordial e os intuitos dos que a arquitetaram (Comentário à Constituição Federal, p. 2)'" (JACQUES, Paulino. Curso de Direito constitucional. 2. ed. Rio de Janeiro: Forense. 1958, pp. 97-98.

9. ARAÚJO. Valter Shuenquener de. O Princípio da Proteção da Confiança. Uma nova forma de tutela do cidadão diante do Estado. **Niterói: Impetus**, 2009, p. 34.

ético, pertencente ao mundo da moral, e, portanto, era considerada apenas no seu aspecto subjetivo. Não se cuidava de uma regra obrigatória de conduta, não consubstanciava um dever jurídico.

Pelo Código Civil vigorante, a interpretação dos negócios jurídicos será feita conforme a boa-fé e os usos do lugar de sua celebração (art. 113, CC/2002), ou seja, a boa-fé foi erigida a regra de hermenêutica dos negócios jurídicos. Além de encerrar uma regra de interpretação, a boa-fé objetiva foi alçada pelo vigente estatuto civil também como dever jurídico de comportamento das partes (art. 422, CC/2002), segundo a qual em todo e qualquer contrato, e ao longo de toda a sua execução, as partes são obrigadas a guardar a mais estreita transparência e probidade, o que já não constitui regra de hermenêutica, mas sim de conduta, vale dizer, norma de agir, verdadeiro comando aos contratantes. A boa-fé passa a ser uma cláusula geral implícita de todo e qualquer negócio jurídico. A terceira e última função atribuída pelo novel diploma a boa-fé objetiva consiste em servir o preceito como limitador dos direitos subjetivos, impedindo o seu exercício abusivo.[10] Com efeito, a concretização da teoria do abuso de direito impõe a consideração de que os direitos subjetivos são limitados pelo seu fim econômico ou social, pelos bons costumes e, principalmente, pela boa-fé (art. 187, CC/2002). Nesta pauta, cumpre registrar lição de Heloísa Carpena, *in litteris*:

> [A]o condicionar o seu exercício a parâmetros de boa-fé, bons costumes e à finalidade sócio-econômica, o legislador submeteu os direitos – individuais e coletivos – aos valores sociais que estes conceitos exprimem. (...) Todo e qualquer ato jurídico que desrespeite tais valores, ainda que não seja ilícito por falta de previsão legal, pode ser qualificado como abusivo, ensejando a correspondente responsabilização.[11]

A relação entre a vedação do comportamento contraditório e a boa-fé foi reconhecida em 2007 pelo Enunciado n. 362, aprovado na IV Jornada de Direito Civil, coordenada pelo Conselho da Justiça Federal, com a seguinte redação: *"[a] vedação do comportamento contraditório (venire contra factum proprium) funda-se na proteção da confiança, tal como se extrai dos arts. 187 e 422 do Código Civil"*. Ao apresentar a justificativa para o referido enunciado, o seu autor, Flávio Tartuce, teve a oportunidade de registrar, *in verbis*:

> O princípio da boa-fé objetiva também representa uma das mais festejadas inovações da nova codificação privada, mantendo

---

10. Sobre a tríplice função da boa-fé objetiva vide Farias, Cristiano Chaves de; Rosenvald, Nelson. Direito civil – teoria geral. 6. ed. Rio de Janeiro: Lumen Juris, 2007, p. 511.
11. CARPENA, Heloísa. "Abuso do Direito no código de 2002. Relativização de direitos na ótica civil-constitucional". In: TEPEDINO, Gustavo (coord.). A parte geral do novo código civil – estudos na perspectiva civil-constitucional. Rio de Janeiro: Renovar, 2002, p. 394.

relação direta com os deveres anexos ou laterais, que devem ser respeitados pelas partes em todas as fases contratuais, assim como prevê o Enunciado n. 170, CJF, da III Jornada de Direito Civil.

Prevê o Enunciado n. 26 da I Jornada de Direito Civil que a boa-fé objetiva pode ser utilizada pelo magistrado para suprir e corrigir o contrato, de acordo com o caso concreto. Para essa correção podem entrar em cena conceitos vindos do Direito comparado, caso daqueles magistralmente expostos por Antônio Manoel da Rocha e Menezes Cordeiro.

Um desses conceitos é justamente a máxima *venire contra factum proprium non potest*, estudada como sendo um tratamento típico de exercício inadmissível de uma posição jurídica, a vedação do comportamento contraditório.

Essa proibição de comportamento contraditório, relacionada com a tutela da confiança, está implícita no art. 422 do CC, que traz justamente a função integradora da boa-fé. Também está implícita no art. 187, que reconhece como ilícito o abuso de direito (função de controle da boa-fé objetiva). Assim sendo, a presente proposta de enunciado visa completar o teor do Enunciado n. 26, CJF. Também completa os Enunciados 25 e 170, que reconhecem a aplicação da boa-fé objetiva em todas as fases contratuais[12]

3. INSTRUMENTALIZAÇÃO JURÍDICA DO *NEMO POTEST VENIRE CONTRA FACTUM PROPRIUM*: PRESSUPOSTOS GERAIS PARA A INCIDÊNCIA DO PRINCÍPIO

A aplicação do princípio da vedação ao comportamento contraditório pressupõe a ocorrência cumulativa de quatro eventos: (i) uma conduta inicial – o *factum proprium*; (ii) a confiança legítima de outrem na preservação do sentido objetivamente extraído do *factum proprium*; (iii) o comportamento contraditório em relação ao sentido objetivo da conduta inicial; (iv) dano efetivo ou potencial.[13]

---

12. O enunciado e a sua justificativa foram extraídos do sítio eletrônico "Portal da Justiça Federal" através do endereço: http://columbo2.cjf.jus.br/portal/publicacao/download.wsp?tmp.arquivo=2016, pp. 301-302. Acesso em 30/09/2012. Seguindo essa orientação, o STJ já decidiu que "(...) 2. Uma das funções da boa-fé objetiva é impedir que o contratante adote comportamento que contrarie o conteúdo de manifestação anterior, cuja seriedade o outro pactuante confiou. 3. Celebrado contrato de locação de imóvel objeto de usufruto, fere a boa-fé objetiva a atitude da locatária que, após exercer a posse direta do imóvel por mais de dois anos, alega que o locador, por ser o nu-proprietário do bem, não detém legitimidade para promover a execução dos aluguéis não adimplidos. 4. Agravo regimental improvido" (STJ, AgRg no AgRg no Ag 610.607/MG, rel. Ministra Maria Thereza de Assis Moura, Sexta Turma, julgado em 25/06/2009, DJe 17/08/2009).

13. Neste sentido, Schreiber, Anderson. A proibição de comportamento contraditório – tutela da confiança e venire contra factum proprium. 2. ed. Rio de Janeiro: Renovar, 2007, p. 132. Valter Shuenquener de Araújo aponta para a exigência de quatro condições essenciais para o emprego do "princípio da proteção da

NOVO CPC DOUTRINA SELECIONADA, v. 1 • Parte Geral

PARTE III – NORMAS FUNDAMENTAIS

Muito embora a doutrina tenha cunhado a expressão *factum proprium* para se referir à conduta inicial, obviamente que a locução não quer referir, como induz o primeiro vocábulo, aos fatos jurídicos em sentido estrito, isto é, aos eventos da natureza. O que se exige, para a instrumentalização jurídica do princípio de proibição de comportamento contraditório, é que tenha havido um comportamento inicial, oriundo da vontade.

A atuação do princípio da proibição de comportamento contraditório pressupõe a existência da confiança legítima de outrem na preservação do sentido objetivo do *factum proprium*. Para que se conclua pela existência desse pressuposto, se faz indispensável aferir se houve adesão à conduta inicial e, portanto, gerada a legítima expectativa de preservação do sentido desse comportamento. O caráter legítimo da confiança pode ser caracterizado quando da confiança subjetiva resulta a prática de atos objetivamente verificáveis praticados.[14]

Diz-se que a confiança deve ser legítima, isto é, deve decorrer naturalmente, razoavelmente, da conduta inicial.[15] A *contrario sensu*, nos casos em que ao

---

confiança": (i) base da confiança; (ii) existência subjetiva da confiança; (iii) exercício da confiança através de atos concretos; e (iv) comportamento que frustre a confiança (ARAÚJO. Valter Shuenquener de. O Princípio da Proteção da Confiança. Uma nova forma de tutela do cidadão diante do Estado. **Niterói: Impetus,** 2009, p. 82).

14. QUINTELA, Guilherme Camargos. A confiança como base das relações sociais pós-modernas: sua indispensabilidade à atividade estatal, em especial na seara tributária. O mecanismo subjetivo de proteção da confiança legítima. Revista do CAAP. Belo Horizonte, jul./dez. 2009. Disponível em http://sachacalmon.com. br/wp-content/uploads/2012/05/Artigo-Revista-CAAP.pdf. Acesso em 10.8.2012, p. 45.

15. O STJ já teve oportunidade de se manifestar sobre o tema no julgado que segue abaixo ementado, verbis: "ADMINISTRATIVO. CONTRATO DE GARANTIA CELEBRADO POR PARTES DISTINTAS DAQUELAS QUE AJUSTARAM O CONTRATO PRINCIPAL. COMPORTAMENTO INICIAL QUE VINCULOU O ATUAR NO MESMO SENTIDO OUTRORA APONTADO. QUEBRA DA CONFIANÇA. RESPONSABILIDADE. PROIBIÇÃO DE COMPORTAMENTO CONTRADITÓRIO (NEMO POTEST VENIRE CONTRA FACTUM PROPRIUM). 1. Não merece prosperar a alegação da recorrente quanto à apontada contradição no aresto impugnado, porquanto nota-se que a conclusão em favor da sua legitimidade partiu da análise, não meramente das partes que formalmente subscreveram a fiança, mas do que efetivamente consistia o objeto desse negócio jurídico - a garantia quanto ao fornecimento de microcomputadores na concorrência pública que ensejou a contratação entre a recorrida e a IBM WTC. 2. Neste sentido, não há contradição no argumento segundo o qual "não há outra forma, senão através da carta de fiança, para explicar a intervenção da IBM BRASIL como garante" e a tese de que carta de fiança não foi relevante para a prolação do acórdão, pois tal irrelevância foi observada tão só sob o ponto de vista formal, isto é, apenas sob a ótica das partes que subscreveram a mesma carta.3. Quanto à apontada afronta aos arts. 985 e 1.483 do Código Civil, verifica-se que o aresto objurgado aparentemente admitiu um contrato de fiança verbal entre a recorrente e a Universidade Federal do Paraná, o que, a princípio, afrontaria ao art. 1.483 do Código Civil de 1916. 4. Contudo, o presente caso apresenta uma peculiaridade que não pode ser ignorada. É que, como bem destacado pela Corte a quo, o ajuste entre a recorrente e o Banco Banorte S.A., tinha exatamente por fim dar garantia ao acordo entabulado entre a Universidade Federal do Paraná e a IBM WTC para o fornecimento de microcomputadores. 5. Deste modo, entender pela irresponsabilidade da IBM BRASIL resultaria em desprover de qualquer eficácia o contrato celebrado entre esta e a mencionada instituição bancária. Adotar um entendimento contrário à legitimidade da recorrente levar-nos-ia a uma questão indecifrável, a um verdadeiro paradoxo: para que serviria o contrato de garantia ante o inadimplemento do contrato principal? 6. Deve-se, portanto, atribuir função econômico-individual ao ajuste, sobretudo diante da redação do art. 422 e do parágrafo único do art.

tempo da prática da conduta, o agente do comportamento enuncia ou objetivamente sugere que poderá modificá-la, ou quando, desde a sua realização, espera-se que a conduta inicial provavelmente não se confirmará, não haverá legítima confiança, podendo haver, isto sim, má-fé (ou mesmo ingenuidade excessiva) de quem alega haver criado fundada expectativa.

A incidência do *nemo potest venire contra factum proprium* pressupõe, ainda, que ocorra de fato a contrariedade em relação ao sentido objetivo de uma conduta anterior, geradora de confiança legítima em outrem. Em outras palavras: deve ser perquirido se houve a ruptura da confiança em razão do comportamento contraditório. Segundo Jesús González Pérez, a contradição com a conduta anterior se situa dentro da idéia de incompatibilidade, definida de acordo com o critério imperante na consciência social.[16] O exame deve ser objetivo, desconsiderando a intenção do agente das condutas: desde que a incompatibilidade gere a quebra da confiança legítima, estará atendido o pressuposto do comportamento contraditório para efeitos de aplicação do *nemo potest venire contra factum proprium*. O objeto da tutela do princípio, assim, não é propriamente a coerência entre os comportamentos, mas, sim, a confiança que a conduta inicial provocou, preservando-se a lealdade entre o agente e o destinatário da conduta. Elucidativo, neste sentido, o magistério de Judith Martins-Costa, *verbis*:

> Na proibição do *venire* incorre quem exerce posição jurídica em contradição com o comportamento exercido anteriormente, verificando-se a ocorrência de dois comportamentos de uma mesma pessoa, diferidos no tempo, sendo o primeiro (o *factum proprium*) contrariado pelo segundo. Consiste, pois, numa vedação genérica à deslealdade.[17]

2.035 do Código Civil de 2002, os quais impõe aos negócios jurídicos – mesmo àqueles constituídos antes da entrada em vigor deste diploma, a obediência à cláusula geral de ordem pública da boa-fé objetiva, a qual, por sua vez, sujeita ambos os contratantes à recíproca cooperação a fim de alcançar o efeito prático que justifica a própria existência do contrato. Sobretudo, também, porque a ninguém é dado vir contra o próprio ato, proibindo-se o comportamento contraditório (nemo potest venire contra factum proprium). 7. De fato, o nemo potest venire contra factum proprium "veda que alguém pratique uma conduta em contradição com sua conduta anterior, lesando a legítima confiança de quem acreditara na preservação daquele comportamento inicial" (TEPEDINO, Gustavo; BARBOZA, Heloisa Helena; e MORAES, Maria Celina Bodin de. Código Civil interpretado conforme a Constituição da República. vol. II. Rio de Janeiro: Renovar, 2006, p. 20) e, na presente hipótese, o comportamento inicial da recorrente (celebração do contrato de garantia quanto ao cumprimento do contratado de fornecimento de microcomputadores) gerou a expectativa justificada da recorrida de que aquela prosseguiria atuando na direção outrora apontada. 8. Recurso especial conhecido e não provido". (STJ, REsp nº 1.217.951 – PR, Relator: Min. Mauro Campbell Marques, Segunda Turma, julgado em 17 de fevereiro de 2011, DJe: 10/03/2011)

16. PÉREZ, Jesús González. El princípio general de la buena fe en el Derecho Administrativo. 3. ed. Madrid: Civitas, 1999, pp. 207-208.

17. MARTINS-COSTA, Judith. A ilicitude derivada do exercício contraditório de um direito: o renascer do venire contra factum proprium. Revista Forense n. 376. Rio de Janeiro: Forense, 2004, p. 110.

Além da conduta inicial, da confiança legítima e do comportamento contraditório, mais um pressuposto deve ser atendido para operar a incidência do *nemo potest venire contra factum proprium*: o dano efetivo ou potencial em decorrência da quebra da confiança. Sem dano latente, não há o que se impedir; sem prejuízo concreto, nada haverá a ser reparado. Assim, a incompatibilidade entre comportamentos e a ruptura da confiança só justificam a atuação do princípio se houver dano ou ameaça de dano a outrem imputável ao comportamento contraditório. Compreendem-se na idéia de dano tanto a lesão patrimonial, decorrente da redução na esfera patrimonial, quanto a moral, isto é, imaterial e psicológica, derivada da violação à dignidade humana.

Considerando que tanto o dano potencial – isto é, o dano latente, que se encontra na iminência de ocorrer – quanto o efetivo ensejam a incidência do princípio de proibição de comportamento contraditório, pode-se dizer que duas são as formas da tutela operada pelo princípio sob esse ângulo: preventiva ou repressiva.

Indubitavelmente que a forma preventiva, decorrente da aplicação do princípio ante a ameaça de dano, é a mais eficaz, tendo em vista que, nesse caso, não terá ocorrido concretamente qualquer prejuízo. Aqui, o *nemo potest venire contra factum proprium* irá incidir para impedir que o comportamento contraditório seja praticado. Essa espécie de tutela se funda, portanto, na ameaça ao direito. Processualmente, essa modalidade de pretensão poderá ser deduzida por meio de ações inibitórias específicas, previstas pelo ordenamento jurídico (de que é exemplo o mandado de segurança preventivo), nada impedindo a utilização de ação inibitória genérica, fundada no art. 5º, XXXV, CRFB/88.[18]

Questão tormentosa para a efetivação da tutela inibitória – isto é, nas demandas cujo objeto seja prevenir a futura lesão – é relativa à prova da demonstração da probabilidade de ocorrência do dano ou mesmo do ato contrário ao direito. Nesta hipótese, será necessária a comprovação de uma conduta concreta que esteja a pôr em risco o direito do autor. Usando os mesmos critérios utilizados por Caio Tácito para a utilização do mandado de segurança preventivo, pode-se afirmar que a probabilidade de ocorrência do dano demonstra-se a partir de *"atos preparatórios ou indícios razoáveis, a tendência de praticar atos, ou omitir-se a fazê-lo, de tal forma que, a conservar-se este propósito, a lesão de direito se torne efetiva".*[19] José dos Santos Carvalho Filho, ao também cuidar dos

---

18. Cf., por todos, MARINONI, Luiz Guilherme; ARENHART, Sérgio Cruz. Manual do processo de conhecimento. 3. ed. São Paulo: Editora Revista dos Tribunais, 2004, p. 343. Em obra específica sobre o tema, Luiz Guilherme Marinoni enfatiza que "a tutela inibitória pode ser postulada diante de qualquer tipo de direito, e não apenas em face de situações de direito material expressamente previstas em lei" (MARINONI, Luiz Guilherme. Tutela inibitória individual e coletiva. 4. ed. São Paulo: Revista dos Tribunais, 2006, p. 39).

19. TÁCITO, Caio. Mandado de segurança preventivo. Revista de direito administrativo, v. 61. Rio de Janeiro: Fundação Getúlio Vargas, 1960, p. 220.

critérios objetivos para a admissibilidade do mandado de segurança na modalidade preventiva, fixa diretrizes que podem seguramente ser utilizadas para aferir se a prática do comportamento contraditório deve ou não ser impedida. Nas palavras do ilustre administrativa:

> o primeiro deles é o da **realidade**, pelo qual o impetrante demonstra realmente que o ato vai ser produzido; o outro é o da **objetividade**, segundo o qual a ameaça de lesão deve ser séria, não se fundando em meras suposições; o último é o da **atualidade**, que indica que a ameaça é iminente e deve estar presente no momento da ação, não servindo, pois, ameaças pretéritas e já ultrapassadas.[20]

A tutela repressiva será necessária nas hipóteses em que a conduta contraditória houver provocado o dano efetivo, nada havendo a se impedir. No direito contemporâneo, que privilegia a execução específica e a concreta satisfação dos interesses, a tutela repressiva deve ser utilizada subsidiariamente, apenas nos casos em que a forma preventiva não tenha mais utilidade, isto é, quando a inibição ou o desfazimento da conduta que se pretendeu impedir não seja mais viável ou torne impossível o retorno ao *status quo ante*.[21]

4. APLICAÇÃO DO PRINCÍPIO DE PROIBIÇÃO DE COMPORTAMENTO CONTRADITÓRIO NO ESPAÇO DAS RELAÇÕES DE DIREITO PÚBLICO

Verificados os fundamentos normativos do *nemo potest venire contra factum proprium* – identificados, principalmente, nos princípios da solidariedade

---

20. Carvalho Filho, José dos Santos, Manual de Direito administrativo. 9. ed. Rio de Janeiro: Lumen Juris, 2002, p. 815, grifos no original. Em se tratando de mandado de segurança, já houve polêmica acerca da hipótese em que, impetrado o competente mandado de segurança preventivo, a autoridade, ainda assim, praticasse o ato que se visava impedir. Havia, nestes casos, quem defendesse ter perdido a impetração seu objeto com a simples prática do ato pelo Poder Público. O impetrante, de acordo com este entendimento, deveria modificar a modalidade da garantia impetrada, ajuizando, portanto, novo mandado de segurança, na espécie repressiva. A jurisprudência atual, no entanto, atendendo à lógica e aos postulados do Direito processual brasileiro, notadamente aos princípios da efetividade, da instrumentalidade e da economia processual, considera que o mandado não ficará prejudicado caso praticado o ato que se visa impedir, "devendo este ser anulado e desconstituído na hipótese de concessão da segurança". (MEIRELLES, Mandado de segurança, ação popular, ação civil pública, mandado de injunção, habeas data, ação direta de inconstitucionalidade, ação declaratória de constitucionalidade e argüição de descumprimento de preceito fundamental. 23ª ed. atual. por Arnoldo Wald e Gilmar Ferreira Mendes. São Paulo: Malheiros, 2001, p. 24). Hely Lopes Meirelles ainda relaciona julgados do Superior Tribunal de Justiça no sentido do texto (RMS 5.051-3-RJ, Relator o Ministro Ari Pargendler, RSTJ 75/165; RMS 6.130-RJ, Relator o Ministro Édson Vidigal, RSTJ 119/566). Tratamos do tema em FACCI, Lucio Picanço. Mandado de segurança contra atos jurisdicionais. Rio de Janeiro: Freitas Bastos, 2004, pp. 42-44. Obviamente que a mesma solução deve ser observada nos casos de aplicação do princípio de proibição de comportamento contraditório na modalidade preventiva em que, posteriormente, seja concretamente praticada a conduta que se procurou impedir.

21. Por todos, v. MARINONI, Luiz Guilherme. Tutela inibitória individual e coletiva. 4. ed. São Paulo: Revista dos Tribunais, 2006, passim; e FUX, Luiz. Curso de Direito processual civil. 2. ed. Rio de Janeiro: Forense, 2004, p. 78.

social, segurança jurídica e boa-fé objetiva – passaremos ao exame da possibilidade de sua aplicação às relações jurídicas de Direito Público.

O problema pode ser encontrado em diversos aspectos das relações jurídico-administrativas, como ocorre nas situações, por exemplo, em que mais de um órgão ou mesmo entidade da Administração Pública possua competência para fiscalizar determinada conduta levada a efeito por um particular, ensejando a possibilidade de serem praticados atos administrativos conflituosos. Ou ainda nos casos em que a Administração, alterando sua interpretação, pratica ato incompatível com o anterior sem que tenha havido modificação no plano fático. Como esclarece David Blanquer, a proteção da confiança legítima, nessas hipóteses, entra em jogo apenas quando a aparência gerada pelo comportamento da Administração Pública cria uma situação favorável ou vantajosa para o cidadão, carecendo de sentido quando a situação for lesiva ou desfavorável.[22]

Em casos como esses, referidos apenas a título de exemplo, aplica-se a teoria das autolimitações administrativas[23], que consubstancia a incidência do *nemo potest venire contra factum proprium* no âmbito da Administração Pública, impedindo que o Poder Público, ante os mesmos elementos de fato, adote entendimentos contraditórios ou em desacordo com os precedentes anteriormente firmados em sede administrativa.

Com efeito, ainda que, por hipótese, se pretenda restringir a aplicabilidade da boa-fé objetiva às relações privadas, sob o argumento de que tal princípio é normativamente tratado pelo vigorante Código Civil (arts. 113, 187, e 422) – entendimento que usamos apenas como recurso argumentativo, pois pensamos que o princípio da boa-fé objetiva rege todas as relações jurídicas, como expressão dos deveres de cooperação, respeito e lealdade que se impõem às partes de qualquer relação contratual, seja ela privada ou administrativa[24] – deve-se admitir a aplicação do princípio de vedação ao comportamento

---

22. BLANQUER, David. Hechos,ficciones, pruebas y presunciones en el Derecho Administrativo "taking facts seriously". Valencia: Tirant lo blanch, 2006, p. 382.
23. Por todos, v. ARAGÃO, Alexandre Santos. Teoria das autolimitações administrativas: atos próprios, confiança legítima e contradição entre órgãos administrativos. Revista de Direito do Estado nº 4. Rio de Janeiro: Renovar, outubro/dezembro de 2006, pp. 231-244.
24. Sobre o tema da utilização de modelos do Direito Civil para a Administração Pública, Gustavo Tepedino assevera que "prevalece nessa tendência a saudável perspectiva finalística na gestão administrativa, perseguindo-se a simplicidade e a transparência peculiares do Direito Privado, cuja importação para o Direito Administrativo é presságio de maior preocupação ética no trato da coisa pública". Para o aludido civilista, este intercâmbio conceitual, longe de representar uma "civilização do Direito Administrativo", representa, na realidade, uma "saudável circulação de modelos jungidos sempre pela mesma tábua de valores, a confirmar, ainda uma vez, a perspectiva unitária do ordenamento" (TEPEDINO, Gustavo. Temas de direito civil. Tomo III. Rio de Janeiro: Renovar, 2009, pp. 435-437). Este entendimento é reforçado por Flávio Tartuce, para quem "[c]onstata-se, em muitos manuais de Direito Administrativo, a falta de menção à boa-fé como princípio a ser aplicado aos contratos administrativos. Demonstrando uma diversidade de

contraditório também nas relações jurídico-administrativas como decorrência da aplicação dos valores constitucionais da solidariedade social e da segurança jurídica, bem como da observância dos princípios constitucionais dirigidos à Administração Pública, em especial a moralidade administrativa (art. 37, *caput*, CRFB/88).[25] Jesús Gonzáles Pérez informa que a ligação entre os princípios da boa-fé e da proteção da confiança legítima é tão estreita que, antes mesmo da sua previsão pelo ordenamento jurídico espanhol, a proteção da confiança dos particulares já era materializada pelos Tribunais espanhóis através da aplicação do princípio da boa-fé, *verbis*:

> *Antes de que se recibiera en nuestro Ordenamiento jurídico el principio de la confianza legítima, las situaciones jurídicas que éste trata de proteger habían quedado protegidas em general por la jurisprudencia aplicando el principio general de La buena fe. Y cuando acoge el principio da confianza legítima va a hacerlo – y sigue haciéndolo – invocando conjuntamente uno y otro.*[26]

---

tratamento, pode ser encontrada, na doutrina clássica administrativista, afirmação de que os contratos administrativos são regidos por normas e princípios próprios, tendo o Direito Privado mero caráter supletivo em relação à matéria. (...) O que se observa é a construção de uma teoria geral do contrato administrativo para a proteção unilateral do Estado de forma exagerada. A justificativa estaria na supremacia do interesse público mas, em verdade, tal posição díspare deu lugar a situações de completa injustiça em nosso País, fundadas muitas vezes nas normas de Direito Público. O Direito Administrativo Brasileiro, tal como foi construído, seguiu a malfadada trilha denunciada por Carré de Malberg, estribando-se no mais puro legalismo. A Lei n. 8.666/1993, conhecida como Lei de Licitações e dos Contratos Administrativos, é o ápice desse apego exagerado à proteção estatal. De início, merece ser criticado o art. 54 da referida norma, pelo qual os contratos administrativos regulam-se pelas suas cláusulas e pelos preceitos de Direito Público, aplicando-lhes apenas supletivamente os princípios da teoria geral dos contratos e as disposições de Direito Privado. Ora, o presente trabalho pretende concluir que a boa-fé objetiva, tratada pelo Código Civil de 2002, tem aplicação imediata aos contratos administrativos – como deve ocorrer em qualquer negócio jurídico –, e não apenas subsidiária, ou supletivamente. Destaque-se que, muito além de qualquer previsão legal, a boa-fé é fundamento de todo o sistema jurídico. Do mesmo modo, não se justifica mais a possibilidade de modificação unilateral ou mesmo de rescisão unilateral dos contratos administrativos por parte do ente estatal, conforme consta do art. 58 da referida norma. Além de se violar a boa-fé, despreza-se a conservação contratual, conceito anexo ao princípio da função social do contrato (art. 421 do Código Civil). É curioso verificar que não há qualquer menção à boa-fé como princípio ou regramento básico dos contratos administrativos na lei estudada". (TARTUCE, Flávio. Estado de Direito e Estado de Legalidade. A aplicação da boa-fé objetiva aos contratos administrativos. Revista da EMERJ, Rio de Janeiro, v. 14, n. 54, abr.-jun. 2011, pp. 81/82)

25. Vale transcrever, neste particular, as palavras de Anderson Schreiber que, ao cuidar da incidência da vedação de venire contra factum proprium no âmbito da Administração Pública, esclarece que "mesmo aqueles que restringem a aplicabilidade da boa-fé objetiva às relações privadas devem admitir a incidência do princípio de proibição do comportamento contraditório em relações de direito público, seja como expressão de institutos verdadeiramente publicísticos (como a moralidade administrativa e a igualdade dos administrados em face da Administração Pública) ou como resultado da direta aplicação do valor constitucional da solidariedade social. A análise de casos mostra que a tudo isto se conforma a nossa jurisprudência" (Schreiber, Anderson. A proibição de comportamento contraditório – tutela da confiança e venire contra factum proprium. 2. ed. Rio de Janeiro: Renovar, 2007, p. 212).

26. PÉREZ, Jesús González. El princípio general de la buena fe en el Derecho Administrativo. 4. ed. Madrid: Civitas, 2004, p. 64.

O princípio da moralidade administrativa, também consagrado pela Lei 9.784/99 como dever do Poder Público de *"atuação segundo padrões éticos de probidade, decoro e boa-fé"* (art. 2º, parágrafo único, IV), constitui pressuposto de juridicidade de todo e qualquer ato da Administração Pública. Amparando--se em lição de Maurice Hauriou, o mestre Hely Lopes Meirelles leciona que esse princípio impõe ao agente público um dever ético de honestidade e lisura na sua conduta, não se limitando a *"decidir somente entre o legal e o ilegal, o justo e o injusto, o conveniente e o inconveniente, o oportuno e o inoportuno, mas também entre o honesto e o desonesto"*.[27] Na mesma direção, Paulo Modesto assevera que a moralidade administrativa abriga o princípio da boa-fé, vedando-se, nas relações administrativas, todo comportamento contrário à conduta reta, normal e honesta que se espera no tráfego jurídico.[28]

Ressalte-se que a conduta inquinada de imoralidade está expressamente sujeita à ação popular (art. 5º, LXXIII, CRFB/88 e Lei nº 4.717/65), cuja legitimação ativa é conferida a qualquer cidadão. Muito embora respeitável doutrina processual impute o mau uso deste instrumento processual à ausência de condições técnicas do cidadão para, em juízo, promover a efetiva proteção do direito violado em face da Administração Pública ou de grandes sociedades empresárias[29], a ação popular representa instrumental de inegável importância para a realização plena do Estado Democrático de Direito, ao conferir efetividade à democracia participativa como exercício da soberania popular (artigos 1º e 14 da Constituição da República).[30] Neste sentido, o STJ, no julgamento de um recurso especial em sede de ação popular, assinalou que o cumprimento do princípio da moralidade, além de se constituir um dever do administrador, apresenta-se como um direito subjetivo de cada administrado. No referido caso, se questionava a inserção no edital de um procedimento licitatório de cláusulas restritivas do caráter competitivo do certame e estabelecimento de cláusulas que permitiram preferências e distinções injustificadas. Além disso, aquela licitação seguia a modalidade 'tomada de preços' no lugar de "concorrência pública". Para além de entender que houve, no caso, desvirtuamento do princípio da igualdade entre os licitantes, a decisão do STJ também se baseou no dever de observância da moralidade administrativa, cabendo ao administrador público a vontade de fazer justiça para os cidadãos sendo eficiente para

---

27. MEIRELLES, Hely Lopes. Direito Administrativo Brasileiro. 25. ed. São Paulo: Malheiros, 2000, p. 83.

28. MODESTO. Paulo. Controle jurídico do comportamento ético da Administração Pública no Brasil. Revista Eletrônica sobre a Reforma do Estado (RERE), Salvador, Instituto de Direito Público da Bahia, nº 10, jun/jul/ago/2007, Internet: www.direitodoestado.com.br. Acesso em 10.3.2008, p. 7.

29. Cf. MARINONI, Luiz Guilherme; ARENHART, Sérgio Cruz. Manual do processo de conhecimento. 3. ed. São Paulo: Editora Revista dos Tribunais, 2004, p. 786.

30. Tivemos a oportunidade de cuidar do tema também em FACCI, Lucio Picanço. Do prazo prescricional para o ajuizamento de ação civil pública. Revista da AGU nº 20. Brasília-DF, abr./jun. 2009, p. 221.

com a própria administração, e não a de beneficiar-se.[31] Nessa direção, vale registrar a oportuna lição de Emerson Garcia, *in litteris:*

> O princípio da legalidade exige a adequação do ato à lei, enquanto o da moralidade torna obrigatório que o móvel do agente e o objetivo pretendido estejam em harmonia com o dever de bem administrar. Ainda que os contornos do ato estejam superpostos à lei, será ele inválido se resultar de caprichos pessoais do administrador, afastando-se do dever de bem administrar e da consecução do bem comum.[32]

A vedação de *venire contra factum proprium* por parte da Administração Pública decorre também do princípio constitucional da igualdade (art. 3º, IV, e art. 5º, *caput* e inciso I, CRFB/88) considerando que a exigência de que sejam perpetradas as mesmas condutas ante as mesmas circunstâncias vai ao encontro da isonomia, que impõe igual tratamento a situações iguais, não sendo lícito à Administração agir de outra forma quando presentes os mesmos elementos fáticos ou em situações jurídicas que contenham a mesma *ratio*.[33] Nessa pauta, pode-se afirmar que o princípio da impessoalidade administrativa (art. 37, *caput*, CRFB/88), como projeção da isonomia, também se encarta como fundamento normativo para a aplicação do princípio de vedação ao comportamento contraditório nas relações de Direito Público.

Ressalte-se que a incidência dos aludidos princípios constitucionais no âmbito das relações jurídico-administrativas bem como o inafastável dever de respeito pela Administração Pública dos direitos e garantias fundamentais dos cidadãos-administrados impedem que o Poder Público deixe de cumprir tais mandamentos constitucionais ao argumento da proteção do erário.[34] Nas precisas palavras de Leonardo Greco, a *"Administração Pública, mais do que qualquer outro sujeito de direito, tem o dever de colaborar lealmente na busca da verdade, pois o Estado não tem interesse em punir inocentes ou arrecadar tributos sobre fatos inexistentes".*[35]

É exatamente em virtude do novo papel da Administração Pública que se afirma positivamente à aplicação da proibição de comportamento contraditório

---

31. STJ, RESP 579541/SP, 1ª Turma, Rel. Min. José Delgado, DJ 19.04.2004.
32. GARCIA, Emerson. A moralidade administrativa e sua densificação. Revista de Direito Constitucional e Internacional. São Paulo. Ano 11, n. 43, abr./jun. 2003, p. 122.
33. No mesmo sentido, PÉREZ, Jesús González. El princípio general de la buena fe en el Derecho Administrativo. Madrid: Civitas, 1983, p. 122.
34. SILVA, José Afonso da. Comentário contextual à Constituição. São Paulo: Malheiros, 2005, p. 605. O ponto será com analisado com maior profundidade adiante, quando do exame do controle da coerência administrativa pela Advocacia Pública.
35. GRECO, Leonardo. Busca da verdade e a paridade de armas na jurisdição administrativa. Revista da Faculdade de Direito de Campos, Ano VII, nº 9, dezembro de 2006, p. 140.

no âmbito das relações jurídico-administrativas: a incidência do princípio na esfera pública densifica os princípios consagrados pela nova ordem constitucional e cumpre o dever de respeito aos direitos e garantias fundamentais. Como observa Rafael Carvalho Rezende Oliveira, a importância do princípio decorre, *"em certa medida, do processo de constitucionalização do direito, com a centralidade dos direitos fundamentais, pois não se pode conceber como válida a atuação estatal que frustra a confiança dos administrados".*[36]

Os Tribunais Superiores compartilham deste entendimento, tendo em várias oportunidades aplicado os princípios da segurança jurídica e da proteção à confiança legítima como limitadores da autotutela administrativa.[37]

Com efeito, o STF, em um mandado de segurança, determinou o restabelecimento de pensão especial que havia sido anulada pelo TCU. Naquele precedente, a pensão havia sido concedida há vinte anos. Nas razões de decidir, a Suprema Corte assinalou que a possibilidade de revogação de atos administrativos não se pode estender indefinidamente, ante a necessidade de estabilidade das situações criadas administrativamente. O STF, no caso citado, fez expressa referência ao princípio da confiança e à possibilidade de sua aplicação no âmbito das relações jurídicas de direito público.[38]

---

36. OLIVEIRA. Rafael Carvalho Rezende. O princípio da proteção da confiança legítima no Direito Administrativo Brasileiro. Revista Carioca de Direito v. 1,, n. 1. Rio de Janeiro: PGM, jan-jun. 2010, p. 102.

37. Sobre a aproximação entre os princípios da segurança jurídica e a tutela da confiança legítima, esclarece Rafael Carvalho Rezende Oliveira que "[e]m relação ao princípio da segurança jurídica, é lícito afirmar que este princípio possui conotação ampla que abrange a ideia de confiança legítima. Isto porque o princípio da segurança jurídica pode ser compreendido a partir de dois aspectos: a) objetivo: estabilização do ordenamento jurídico (certeza do direito), tendo em vista a necessidade de se respeitarem o direito adquirido, o ato jurídico perfeito e a coisa julgada (art. 5o, XXXVI, da CRFB); b) subjetivo: proteção da confiança das pessoas em relação às expectativas geradas por promessas e atos estatais. Não obstante o princípio da proteção da confiança esteja relacionado com o aspecto subjetivo do princípio da segurança jurídica, a sua importância gerou a necessidade de consagrá-lo como princípio autônomo, dotado de peculiaridades próprias" (OLIVEIRA. Rafael Carvalho Rezende. O princípio da proteção da confiança legítima no Direito Administrativo Brasileiro. Revista Carioca de Direito v. 1,, n. 1. Rio de Janeiro: PGM, jan-jun. 2010, p. 89). A respeito da imprecisão terminológica adotada pela jurisprudência para aferir a incidência do princípio da vedação de comportamento contraditório bem como a tutela da confiança legítima, registrou Rafael Maffini que "[a]nalisando-se a jurisprudência do STF e do STJ, é possível encontrar várias decisões que deram concreção ao princípio da proteção substancial da confiança, mesmo que não se o referisse explicitamente. Relegando-se a questão terminológica a um plano secundário, é possível encontrar decisões exaradas com base na proteção da confiança ora sob a designação da boa-fé, ora com referência à segurança jurídica" (MAFFINI, Rafael. Princípio da proteção substancial da confiança no Direito Administrativo brasileiro. Porto Alegre: Verbo Jurídico, 2006, pp. 224-225). Como analisado no primeiro capítulo da presente dissertação, segurança jurídica, boa-fé e confiança legítima, não são expressões sinônimas: consubstanciam categorias jurídicas com significado próprio no âmbito do Direito, muito embora todas elas tenham em comum, dentre outros aspectos, constituírem fundamento para a incidência do princípio de proibição de comportamento contraditório.

38. "EMENTA: Mandado de Segurança. 2. Cancelamento de pensão especial pelo Tribunal de Contas da União. Ausência de comprovação da adoção por instrumento jurídico adequado. Pensão concedida há vinte

Cap. 7 • A PROIBIÇÃO DE COMPORTAMENTO CONTRADITÓRIO E O NOVO CÓDIGO DE PROCESSO CIVIL
Lucio Picanço Facci

No julgamento de outro mandado de segurança, o STF assentou a validade de antigas contratações de empregados públicos, através de processo seletivo sem concurso público, feitas pela INFRAERO. Entendeu a Suprema Corte que as contratações haviam sido realizadas em conformidade com a legislação vigente à época e que as admissões haviam sido validadas por decisão administrativa e acórdão anterior do TCU. Além disso, naquele mandado de segurança, havia sido concedida decisão liminar há mais de dez anos e as circunstâncias do caso revelavam a boa-fé dos impetrantes, a realização de processo seletivo rigoroso, a observância do regulamento da INFRAERO vigente à época da realização do processo seletivo, bem como a existência de controvérsia jurídica, à época das contratações, em relação ao dever de observância à regra do concurso público no âmbito das empresas públicas e sociedades de economia mista. O STF, no precedente citado, mais uma vez referiu expressamente à necessidade de estabilidade das situações criadas administrativamente e à possibilidade de incidência do princípio da confiança nas relações jurídico-administrativas.[39]

---

anos. 3. Direito de defesa ampliado com a Constituição de 1988. Âmbito de proteção que contempla todos os processos, judiciais ou administrativos, e não se resume a um simples direito de manifestação no processo. 4. Direito constitucional comparado. Pretensão à tutela jurídica que envolve não só o direito de manifestação e de informação, mas também o direito de ver seus argumentos contemplados pelo órgão julgador. 5. Os princípios do contraditório e da ampla defesa, assegurados pela Constituição, aplicam-se a todos os procedimentos administrativos. 6. O exercício pleno do contraditório não se limita à garantia de alegação oportuna e eficaz a respeito de fatos, mas implica a possibilidade de ser ouvido também em matéria jurídica. 7. Aplicação do princípio da segurança jurídica, enquanto subprincípio do Estado de Direito. Possibilidade de revogação de atos administrativos que não se pode estender indefinidamente. Poder anulatório sujeito a prazo razoável. Necessidade de estabilidade das situações criadas administrativamente. 8. Distinção entre atuação administrativa que independe da audiência do interessado e decisão que, unilateralmente, cancela decisão anterior. Incidência da garantia do contraditório, da ampla defesa e do devido processo legal ao processo administrativo. 9. Princípio da confiança como elemento do princípio da segurança jurídica. Presença de um componente de ética jurídica. Aplicação nas relações jurídicas de direito público. 10. Mandado de Segurança deferido para determinar observância do princípio do contraditório e da ampla defesa (CF art. 5º LV) (STF, Processo MS 24.268/MG, Relator: Min. Gilmar Mendes, Pleno, DJ 05.02.2004).

39. Mandado de Segurança. 2. "Acórdão do Tribunal de Contas da União. Prestação de Contas da Empresa Brasileira de Infraestrutura Aeroportuária – INFRAERO. Emprego Público. Regularização de admissões. 3. Contratações realizadas em conformidade com a legislação vigente à época. Admissões realizadas por processo seletivo sem concurso público, validadas por decisão administrativa e acórdão anterior do TCU. 4. Transcurso de mais de dez anos desde a concessão da liminar no mandado de segurança. 5. Obrigatoriedade da observância do princípio da segurança jurídica enquanto subprincípio do Estado de Direito. Necessidade de estabilidade das situações criadas administrativamente. 6. Princípio da confiança como elemento do princípio da segurança jurídica. Presença de um componente de ética jurídica e sua aplicação nas relações jurídicas de direito público. 7. Concurso de circunstâncias específicas e excepcionais que revelam: a boa-fé dos impetrantes; a realização de processo seletivo rigoroso; a observância do regulamento da Infraero, vigente à época da realização do processo seletivo; a existência de controvérsia, à época das contratações, quanto à exigência, nos termos do art. 37 da Constituição, de concurso público no âmbito das empresas públicas e sociedades de economia mista. 8. Circunstâncias que, aliadas ao longo período de tempo transcorrido, afastam a alegada nulidade das contratações dos impetrantes.

NOVO CPC DOUTRINA SELECIONADA, v. 1 • Parte Geral

PARTE III – NORMAS FUNDAMENTAIS

O STJ, também em sede de recurso em mandado de segurança, teve oportunidade de enfrentar o tema. Na espécie, se discutia a validade dos atos que efetivaram servidores públicos da Assembleia Legislativa da Paraíba, sem a prévia aprovação em concurso público e após a vigência da norma prevista no art. 37, II, da Constituição Federal. Embora o STJ tenha entendido que as efetivações ocorreram ao arrepio da lei, o transcurso de quase vinte anos tornou a situação irreversível, convalidando os seus efeitos, em observância ao princípio da segurança jurídica. Naquele caso, alguns dos nomeados já haviam até se aposentado, tendo sido os atos respectivos aprovados pelo Tribunal de Contas da Paraíba. O STJ, neste precedente, assegurou, assim, o direito dos servidores de permanecerem nos seus respectivos cargos nos quadros da Assembleia Legislativa do Estado da Paraíba e de preservarem as suas aposentadorias.[40]

Além dos precedentes acima aludidos, é possível encontrar inúmeros julgados, inclusive oriundos dos Tribunais de Justiça, que determinam a preservação da boa-fé objetiva e da vedação de *venire contra factum proprium* nas relações com a Administração Pública.[41]

Para que o princípio incida no âmbito das relações jurídico-administrativas, deve ser apurada, em especial, a ocorrência dos requisitos da identidade subjetiva e objetiva.

---

9. Mandado de Segurança deferido (STF, MS n. 22.357/DF, Rel. Min. Gilmar Mendes, Pleno, DJ 05/11/04, p. 6 (Informativo de Jurisprudência do STF, n. 349)).

40. "(...) 6. Os atos que efetivaram os ora recorrentes no serviço público da Assembleia Legislativa da Paraíba, sem a prévia aprovação em concurso público e após a vigência da norma prevista no art. 37, II, da Constituição Federal, é induvidosamente ilegal, no entanto, o transcurso de quase vinte anos tornou a situação irreversível, convalidando os seus efeitos, em apreço ao postulado da segurança jurídica, máxime se considerando, como neste caso, que alguns dos nomeados até já se aposentaram (4), tendo sido os atos respectivos aprovados pela Corte de Contas Paraibana. 7. A singularidade deste caso o extrema de quaisquer outros e impõe a prevalência do princípio da segurança jurídica na ponderação dos valores em questão (legalidade vs segurança), não se podendo fechar os olhos à realidade e aplicar a norma jurídica como se incidisse em ambiente de absoluta abstratividade. 8. Recurso Ordinário provido, para assegurar o direito dos impetrantes de permanecerem nos seus respectivos cargos nos quadros da Assembleia Legislativa do Estado da Paraíba e de preservarem as suas aposentadorias (STJ, RMS n. 25.652/PB, Rel. Min. Napoleão Nunes Maia Filho, Quinta Turma, DJe 13/10/08 (Informativo de Jurisprudência do STJ, n. 368)).

41. Neste sentido, vale transcrever a seguinte ementa, oriunda do TJRJ: "A Administração Pública é regida, dentre outros, pelos princípios da moralidade e legalidade (art. 37, caput, da Constituição da República) e não pode surpreender o administrado com medidas arbitrárias e contraditórias. Efetivamente, ao negar a nomeação e posse, a conduta adotada pela Administração feriu a boa fé que deve permear as relações entre a Administração e Administrado, consistindo na figura do venire contra factum proprium, aplicável às relações com a Administração Pública e, além dos princípios supra referidos, os da transparência, finalidade, legalidade, razoabilidade, proporcionalidade e, especialmente, o da proteção da confiança legítima, dentre outros.É patente o direito líquido e certo da Impetrante a que a Administração reconheça que até o final do prazo de 180 dias, que lhe fora concedido, estava mantida a possibilidade de ingresso no serviço público, uma vez cumprida a exigência naquele prazo, o que induvidosamente ocorreu. Segurança concedida. (TJRJ, Apelação n° 0036428-30.2010.8.19.0000, Relator: Desembargador José C. Figueiredo, Décima Primeira Câmara Cível, julgado em 17/11/2010, DJ 10/01/2011).

Pelo requisito da identidade subjetiva, exige-se que o emissor do ato anterior e do ato posterior seja a mesma Administração Pública. Com efeito, para a incidência do princípio de proibição de comportamento contraditório, todos os órgãos integrantes da mesma pessoa jurídica devem atuar de forma coordenada, pelo que estará atendido o requisito da identidade subjetiva caso o ato administrativo praticado por um órgão contrarie precedente oriundo de outro da mesma Administração. Cumpre registrar a advertência feita pelo publicista Alexandre Aragão, para quem mesmo se tratando de incoerência entre atos praticados por entidades – e não apenas órgãos, desprovidos de personalidade jurídica – da mesma esfera da Federação, *"não há de ser descartada a priori a aplicação da teoria, a depender do regime autonômico próprio e da vinculação ministerial da entidade"*.[42]

Assim, ainda que os atos contraditórios emanem de órgãos com competências diferentes, o critério para aferir a ocorrência do requisito da identidade subjetiva continuará sendo o da mesma Administração Pública, cuja unidade não deixa de existir em virtude da sua divisão interna organizacional. Sabe-se que, por meio da criação de órgãos administrativos, o fenômeno da desconcentração tem como escopo apenas propiciar melhoria no desempenho das funções administrativas, preservando a unidade da pessoa jurídica de Direito Público da qual fazem parte.

Na mesma direção é a jurisprudência do STJ. Aquela Corte já se deparou com um caso, por exemplo, no qual a União pretendia desqualificar o particular como produtor de sementes de forma a lhe retirar o benefício da alíquota reduzida de que trata o art. 278 do RIR (Decreto n. 85.450/80). Na espécie, entretanto, o particular já se encontrava registrado no Ministério da Agricultura como "produtor de sementes." Tendo sido obtido o registro no órgão de fiscalização competente, decidiu o STJ, então, que não cabia à União indagar ou desclassificar essa situação jurídica sem o procedimento adequado, sob pena de ferimento ao princípio de proibição ao comportamento contraditório.[43]

---

42. ARAGÃO, Alexandre Santos. Teoria das autolimitações administrativas: atos próprios, confiança legítima e contradição entre órgãos administrativos. Revista de Direito do Estado nº 4. Rio de Janeiro: Renovar, outubro/dezembro de 2006, p. 235.

43. "TRIBUTÁRIO – AÇÃO ANULATÓRIA DE DÉBITO FISCAL - PRODUTORA DE SEMENTES - ALÍQUOTA REDUZIDA - ART. 278 DO RIR - ART. 30 DO DECRETO N. 81.877/78, QUE REGULAMENTA A LEI N. 6.507/77. 1. É fato incontroverso nos autos que a recorrida encontra-se registrada no Ministério da Agricultura como "produtora de sementes." É o próprio art. 30 do Decreto n. 81.877/78 que conceitua produtor de semente como "toda pessoa física ou jurídica devidamente credenciada pela entidade fiscalizadora, de acordo com as normas em vigor". Tendo a recorrida obtido o registro competente, não cabia à União indagar ou desclassificar essa situação jurídica sem o procedimento adequado, a fim de excetuá-la da alíquota reduzida descrita no art. 278 do RIR (Decreto n. 85.450/80). 2. Ademais, ao assim pretender fazer, está a União inserida em patente comportamento contraditório, vedado pelo ordenamento jurídico pátrio, pois a ninguém é dado venire contra factum proprium, tudo em razão da caracterização do abuso de direito. Assim, diante da

Quanto ao requisito da identidade objetiva, é preciso que sejam similares as circunstâncias determinantes em que foram praticados os atos administrativos tidos por incoerentes. Segundo Luís Filipe Colaço Antunes, a análise da incompatibilidade entre o ato administrativo anterior e o comportamento posterior da Administração Pública deve ser orientada pelo princípio da boa-fé, de maneira a revelar uma real identidade entre os objetos sobre os quais incide a conduta contraditória.[44] Díez-Picazo esclarece que a identidade objetiva será identificada a partir do exame da causa das condutas administrativas, devendo haver similitude entre os elementos fáticos que ensejaram as atuações administrativas.[45] Se as circunstâncias determinantes são as mesmas e a Administração decide de forma diferente, o ato incoerente é inválido por vulnerar os princípios que a teoria das autolimitações administrativas visa preservar. Nesse sentido, cumpre transcrever elucidativa ementa relativa a recente julgado oriundo do TRF2, *litteris:*

> PROCESSUAL CIVIL. ADMINISTRATIVO. SERVIDOR PÚBLICO CIVIL COMUM FEDERAL. PROCESSO ADMINISTRATIVO DISCIPLINAR. ABANDONO DE CARGO E FALTAS AO SERVIÇO. ARQUIVAMENTO A PARTIR DE CONVENCIMENTO DOS ARGUMENTOS DESENVOLVIDOS POR AQUELE. REALIZAÇÃO DE DESCONTOS EM SUA REMUNERAÇÃO A TÍTULO DE REPOSIÇÃO AO ERÁRIO. AUSÊNCIA DE JUSTIFICATIVA. PRINCÍPIO DA VEDAÇÃO DA ASSUNÇÃO DE COMPORTAMENTOS CONTRADITÓRIOS ENTRE SI.
>
> I. Tendo em vista que o abandono de cargo (assim como ocorre com a inassiduidade habitual, nos termos do art. 139 da Lei n.º

---

especificidade do caso, sem razão a recorrente em seu especial, pois é o registro no órgão de fiscalização competente, diante do reconhecimento da própria União do cumprimento dos requisitos legais, que faz com que a pessoa jurídica ora recorrida seja qualificada como produtora de sementes. 3. Agravo regimental improvido (STJ, AgRg no REsp 396489/PR, Segunda Turma, Relator: Ministro Humberto Martins, Fonte: DJe 26/03/2008). No mesmo sentido já decidiu o TJRJ, litteris: "Revogada licença concedida em razão de o laudo de vistoria técnica realizado no imóvel constatar possibilidade de dano ao meio ambiente pela ocorrência do aterro. O autor somente iniciou o processo de construção no bem em razão da licença concedida nos termos do memorial descritivo do projeto aprovado pelo órgão competente municipal. Confiou porque respaldado em ato proferido pela autoridade administrativa competente para tanto. A revogação do ato administrativo violou a confiança legítima do administrado no ato praticado pelo Poder Público, frustrando expectativas e interesses depositados na realização do projeto. Sabe-se que a desapropriação indireta ocorre quando a Administração Pública retira a propriedade sem a observância do devido processo legal expropriatório. Conforme anteriormente assinalado, a revogação da licença concedida teve como consequência a reprovação do projeto apresentado. Isto não significa que o autor esteja impedido de exercer os poderes inerentes à propriedade do bem, não restando comprovada a alegada supressão. Parcial provimento ao primeiro recurso e improvimento ao segundo" (TJRJ, Apelação nº 0013040-44.2000.8.19.0002 (2008.001.57879), Décima Sétima Câmara Cível, Relator: Des. Edson Vasconcelos, j. em 18.3.2009. Fonte: Ementário: 18/2009 - n. 17 - 14/05/2009, Revista de Direito do TJRJ, v. 79, p. 289).

44. ANTUNES, Luís Filipe Colaço. A teoria do acto e a justiça administrativa. O novo contrato natural. Coimbra: Almedina, 2006, p. 116.

45. Díez-Picazo, Luis. Mª. El precedente administrativo, Revista de Administración Pública, Madrid, n. 98, mayo-agosto de 1982, p. 99.

8.112/1990) se revela como um grau (e, mais precisamente, o grau máximo) de faltas ao serviço, a elisão de tal situação jurídica, por parte da própria Ré, ao realizar arquivamento de PAD – processo administrativo disciplinar para se apurar tudo isso — convencendo-se dos argumentos desenvolvidos pela Autora sobre a forma de justificação de motivo de faltas ao serviço adotada por ela, e, por conseguinte, declarou a inexistência de responsabilidade administrativa da Autora pela suposta prática da indigitada conduta —, deixa de justificar a realização de descontos na remuneração da Autora a título de reposição ao erário de vencimentos percebidos nos respectivos dias, com fundamento no art. 44, caput, II, dessa Lei, **já que simplesmente não se reconhece a existência de uma causa que produza este efeito jurídico genérico.**

II. Mesmo que assim não fosse, em aplicação do princípio da vedação da assunção de comportamentos contraditórios entre si (expresso através da máxima _nemo potest venire contra factum proprium_), não é tolerável, por parte da Ré, ou seja, da mesma entidade pública, na mesma conjuntura, diante de uma mesma conduta praticada pela Autora, reconhecer a licitude da forma de justificação de motivo de faltas ao serviço adotada por ela e, _pari passu_, realizar desconto em sua remuneração a título de reposição ao erário de vencimentos percebidos nos respectivos dias.[46]

Partindo da premissa – objeto de análise do capítulo anterior – de que a nova ordem constitucional impôs novos paradigmas ao Direito Administrativo, que repercutem sobre a atuação da Administração Pública e a intensidade do controle dos seus atos, pode-se afirmar que a teoria das autolimitações administrativas encerra um conjunto de instrumentos complementares cujo escopo é o de assegurar a coerência e a isonomia no tratamento conferido pelo Poder Público aos cidadãos-administrados.

Com efeito, não se admitindo mais a antiga ideia de que a Administração Pública possuiria espaços decisórios inteiramente imunes a qualquer tipo de controle, a teoria das autolimitações administrativas, projeção do princípio de proibição de comportamento contraditório no âmbito das relações jurídico--administrativas, impõe que a Administração Pública, no desempenho de suas inúmeras funções, se autovincule aos atos por ela praticados criadores de legítimas expectativas, devendo respeitar suas consequências.[47]

---

46. TRF2, Apelação Cível 420402, Sétima Turma Especializada, Relator Desembargador Federal Sergio Schwaitzer, Fonte: DJU - Data: 09/12/2008, p. 238, grifos nossos.

47. MORDEGLIA, Roberto Mario. "Comportamientos de la Administración y sus efectos jurídicos tributarios". In: CASSAGNE, Juan Carlos (dir.). Derecho procesal administrativo. Homenaje a Jesús González Pérez. v. 2.

NOVO CPC DOUTRINA SELECIONADA, v. 1 • Parte Geral

PARTE III – NORMAS FUNDAMENTAIS

Dessa forma, ao dever de obediência aos atos administrativos anteriormente praticados corresponde a proibição de exercício arbitrário, incoerente e desigual por parte do Poder Público. A autolimitação administrativa visa resguardar a segurança jurídica, ao garantir a vigência dos atos anteriormente praticados pela Administração Pública, geradores da confiança legítima. Sobre a importância da estabilidade das relações jurídicas, transcrevemos lição preciosa de Celso Antônio Bandeira de Mello, *litteris*:

> *é sabido e ressabido que a ordem jurídica corresponde a um quadro normativo proposto precisamente para que as pessoas possam se orientar, sabendo pois, de antemão, o que devem ou o que podem fazer, tendo em vista as ulteriores conseqüências imputáveis a seus atos. O Direito propõe-se a ensejar uma certa estabilidade, um mínimo de certeza na regência da vida social. Daí o chamado princípio da 'segurança jurídica', o qual, bem por isto, se não é o mais importante dentre todos os princípios gerais de Direito, é, indisputavelmente, um dos mais importantes entre eles. Os institutos da prescrição, da decadência, da preclusão (na esfera processual), do usucapião, da irretroatividade da lei, do direito adquirido, são expressões concretas que bem revelam esta profunda aspiração à estabilidade, à segurança, conatural ao Direito. Tanto mais porque inúmeras dentre as relações compostas pelos sujeitos de direito constituem-se em vista do porvir e não apenas da imediatidade das situações, cumpre, como inafastável requisito de um ordenado convívio social, livre de abalos repentinos ou surpresas desconcertantes, que haja uma certa estabilidade nas situações destarte constituídas.[48]*

Como instrumentos de concretização da teoria das autolimitações administrativas, foram construídas as subteorias dos atos próprios e dos precedentes administrativos.[49] A primeira pode ser arguida dentro da mesma relação jurídica, aplicada, assim, à mesma pessoa em favor da qual fora praticado o ato administrativo anterior, gerador da confiança legítima no seu beneficiário de que a Administração Pública não irá agir de modo contrário ao comportamento anterior. A teoria dos precedentes administrativos, por seu turno, incide sobre relações jurídicas distintas, invocada por pessoa diversa da alcançada pelo entendimento administrativo anterior.

A teoria dos atos próprios já foi expressamente referida pelo STJ. No caso, discutia-se a possibilidade da Administração Pública[50], após firmar diversas

---

Buenos Aires: Hammurabi, 2004, p. 1462.

48. MELLO, Celso Antônio Bandeira de. Curso de Direito Administrativo. 14. ed. São Paulo: Malheiros, 2002, p. 94.

49. Por todos, v. Díez-Picazo, Luis Mª. El precedente administrativo, Revista de Administración Pública, Madrid, n. 98, mayo-agosto de 1982, passim.

50. Naquele caso, o Município de Limeira, situado no Estado de São Paulo.

promessas de compra e venda de lotes referentes a uma gleba de sua propriedade, promover a anulação dos aludidos contratos ao argumento de que o parcelamento não estava regularizado por falta de registro. Aquela Corte de Justiça concluiu pela falta de amparo jurídico à pretendida anulação contratual justamente em virtude do caráter contraditório dos atos levados a efeito pelo Poder Público, proibindo o comportamento contraditório com base na teoria dos atos próprios, *in verbis*:

> LOTEAMENTO. MUNICIPIO. PRETENSÃO DE ANULAÇÃO DO CONTRATO. BO-A-FE. ATOS PROPRIOS.
>
> - TENDO O MUNICIPIO CELEBRADO CONTRATO DE PROMESSA DE COMPRA E VENDA DE LOTE LOCALIZADO EM IMOVEL DE SUA PROPRIEDADE, DESCABE O PEDIDO DE ANULAÇÃO DOS ATOS, SE POSSIVEL A REGULARIZAÇÃO DO LO-TEAMENTO QUE ELE MESMO ESTA PROMOVENDO. ART. 40 DA LEI 6.766/79.
>
> **- A TEORIA DOS ATOS PROPRIOS IMPEDE QUE A ADMINISTRAÇÃO PÚBLICA RETORNE SOBRE OS PROPRIOS PASSOS, PREJUDICANDO OS TERCEIROS QUE CONFIARAM NA REGULARIDADE DE SEU PROCEDIMENTO.**
>
> RECURSO NÃO CONHECIDO.[51]

Diversos outros julgados, ainda que não aludam expressamente à teoria dos atos próprios, impedem que a Administração Pública leve a efeito ato incoerente ao comportamento anterior praticado no âmbito de uma mesma relação jurídica.[52]

Sobre a aplicação da teoria dos precedentes administrativos, vale transcrever elucidativa lição de Paulo Modesto lançada em estudo específico sobre a autovinculação administrativa, *verbis*:

> **A teoria nasceu de uma nova abordagem sobre a situação do administrado (cidadão ou pessoa jurídica) que observa a Administração Pública adotar reiteradamente uma determinada forma**

---

51. Ementa relativa ao REsp 141.879/SP, Relator: Ministro Ruy Rosado de Aguiar, Quarta Turma, julgado em 17.03.1998, DJ 22.06.1998 p. 90, grifos nossos

52. Neste sentido, verbis: "1. Tem direito líquido e certo de permanecer no exercício do cargo público de Policial Federal, o Servidor concursado, nomeado e efetivado por força de apostilamento administrativo (Portaria 2.148/06-MJ), não lhe atingindo a situação consolidada a posterior revogação desse ato administrativo, máxime quando a sua edição foi condicionada à desistência de feitos judiciais por parte do seu beneficiário. 2. A preservação da integridade dos efeitos dos atos administrativos ulteriormente revogados pela Administração atende ao preceito ético da boa fé objetiva e encontra respaldo nos princípios gerais do Direito Público contemporâneo, cuja exegese se orienta também pelo respeito às situações jurídicas consolidadas no tempo; neste caso, o impetrante exerce o cargo de Policial Federal há mais de 12 anos e o apostilamento que o efetivou já conta com mais de 3 anos, vencido o seu estágio probatório e não registrando o Servidor qualquer nota desabonadora de sua conduta funcional. 3. Ordem de segurança concedida de acordo com o parecer do douto MPF. Agravo Regimental prejudicado (STJ, MS 13669 / DF, Relator: Ministro Napoleão Nunes Maia Filho, Terceira Seção, julgado em 22.09.2010 DJe 30.09.2010).

de agir, decidir ou interpretar disposições jurídicas, em casos concretos, ao longo do tempo, fixando um padrão decisório que suscita confiança. Ao provocar a Administração, no entanto, diante do novo caso concreto, o interessado assiste o Poder Público abandonar o padrão decisório reiteradamente adotado no passado sem fundamentação ou motivação especial acerca das razões da mudança de critério.

A doutrina é firme em que, nestes casos, em face do princípio da igualdade, da boa-fé e da segurança jurídica, a reiteração de um mesmo modo de decidir em casos concretos impõe que o mesmo padrão seja adotado nas demandas futuras de mesma natureza, salvo motivação especial, fundada em alteração das circunstâncias e na necessidade de reformar o atendimento anterior em face do interesse público.

A Administração Pública, como regra, portanto, mesmo diante de competência aparentemente discricionária, deve considerar-se "autovinculada ao precedente", isto é, predeterminada na escolha de uma decisão dentre as possíveis no exercício de competência discricionária em razão da reiterada adoção por ela mesma de um mesmo padrão decisório.[53]

Com efeito, se a Administração Pública adotou determinada interpretação como a correta, aplicando-a a casos concretos, não pode, após, anular os atos anteriores, sob o pretexto de que os mesmos foram praticados com base em interpretação incorreta. Como corretamente apontou Maria Sylvia Zanella Di Pietro – ao relacionar o princípio da segurança jurídica à ideia de boa-fé objetiva – do mesmo modo que a lei deve respeitar o direito adquirido, o ato jurídico perfeito e a coisa julgada, também não se admite que o administrado tenha seus direitos flutuando ao sabor das interpretações jurídicas variáveis no tempo, sob pena de violação ao princípio da segurança jurídica.[54] A previsão de certeza não é garantida apenas pelo princípio da legalidade, isto é, pela previsão abstrata e objetiva da lei, devendo ser levada também em consideração a dimensão subjetiva, extraída das expectativas legítimas resultantes da

---

53. MODESTO. Paulo. Autovinculação da Administração Pública. Revista Eletrônica de Direito de Estado nº 24. Salvador, out./dez.2010. Disponível em: http://www.academia.edu/1035236/AUTOVINCULACAO_DA_ADMINISTRACAO_PUBLICA. Acesso em 10.8.2012, p. 2, grifos nossos.

54. PIETRO, Maria Sylvia Zanella Di. Direito Administrativo. 12. ed. São Paulo: Atlas, 2001, p. 85. No mesmo sentido, Humberto Ávila assinala sobre o tema que "[e]ssa proteção decorre do fato de que, embora sem uma manifestação pontual inequívoca, o conjunto de atos administrativos vai, ao longo do tempo, consolidando um entendimento administrativo acerca de determinado assunto. Esse entendimento, ainda que exteriorizado de forma diferente, também serve de base da confiança e, como tal, pode – presentes os requisitos já mencionados – ensejar a proteção do princípio da segurança jurídica" (ÁVILA, Humberto. Segurança Jurídica. Entre permanência, mudança e realização no Direito Tributário. 2. ed. São Paulo: Malheiros, 2012, p. 459).

interpretação conferida à norma ao longo do tempo na sua aplicação pelo Poder Público aos casos concretos.[55]

A jurisprudência também não é indiferente à aplicação da teoria dos precedentes administrativos, de que é exemplo o julgado que segue abaixo ementado:

> Tributário. Imposto de Renda. Documentação Fiscal Parcialmente Destruída. Enchente. Arbitramento.
>
> 1. **As decisões administrativas devem guardar um mínimo de coerência, não se admitindo, por isso, tratamento diferenciado para hipóteses rigorosamente idênticas. Se duas empresas, da mesma localidade, sofreram a inutilização parcial de sua documentação em decorrência de uma inundação, não é lícito ao Fisco, isentando uma, servir-se do arbitramento de lucro para outra com base na própria declaração de rendimento apresentada.**
>
> 2. Incidência da Súmula nº 76, do TRF.
>
> 3. Apelação parcialmente provida para reduzir o percentual da verba de patrocínio.
>
> 4. Remessa improvida.[56]

Conquanto a divisão da teoria das autolimitações administrativas em duas nomenclaturas tenha alguma relevância para a ciência do Direito, o fato é que tanto a subteoria dos atos próprios quanto a dos precedentes administrativos visam preservar a coerência por parte do Poder Público, consistente no dever de observar no futuro a conduta esperada a partir dos atos administrativos anteriores, realizando, assim, os fundamentos normativos do princípio da proteção da confiança no âmbito da Administração Pública: solidariedade social, boa-fé, segurança jurídica, igualdade e moralidade administrativa.

No Direito comparado e mesmo no Brasil, a tutela jurisdicional da confiança legítima tem sido amplamente permitida para várias finalidades, dentre as quais sobressaem a garantia de tratamento isonômico entre os administrados; limitação ao exercício da autotutela administrativa; e o dever de ressarcir decorrente da frustração da expectativa legítima pelo Poder Público.[57]

---

55. RIBEIRO, Ricardo Lodi. "O princípio da proteção à confiança legítima no Direito Tributário". In: SOUZA NETO, Cláudio Pereira de; SARMENTO, Daniel; BINENBOJM, Gustavo (coord.). Vinte anos da Constituição Federal de 1988. Rio de Janeiro: Lumen Juris, 2009, p. 849.

56. TRF1, Apelação Cível nº 9101166930, Rel. Juiz Fernando Gonçalves, Terceira Turma, DJ p. 38.220, 19.11.1992, grifamos.

57. Na doutrina estrangeira, v., por todos, PÉREZ, Jesús González. El princípio general de la buena fe en el Derecho Administrativo. 4. ed. Madrid: Civitas, 2004, pp. 74-81; no Brasil, cf. SILVA, Almiro do Couto e. O princípio da segurança jurídica (proteção à confiança) no Direito Público brasileiro e o direito da Administração Pública de anular seus atos administrativos: o prazo decadencial do art. 54 da Lei do processo administrativo da União (Lei n. 9.784/99). Revista de Direito Administrativo, Rio de Janeiro, n. 237, jul./set. 2004, pp. 277-278.

NOVO CPC DOUTRINA SELECIONADA, v. 1 • Parte Geral

PARTE III – NORMAS FUNDAMENTAIS

Neste sentido, seria possível ordenar os efeitos extraídos da aplicação da proteção da confiança legítima em dois grupos: (i) negativos, nos casos em que a Administração Pública deve se abster de praticar atos restritivos ou ablativos como a revogação ou anulação de ato favorável ao administrado ou a imposição de uma sanção administrativa; e (ii) positivos, hipóteses em que o Poder Público tem o dever de levar a efeito atos administrativos benéficos de reconhecimento ou ampliação dos direitos do administrado, de que seriam exemplos: dever de nomeação em concurso público dos aprovados dentro do número de vagas previsto no edital[58]; dever de ressarcir os administrados que tiveram a confiança violada, como no caso de revogação de permissão de uso condicionada antes do prazo determinado[59]; responsabilidade civil da Administração Pública em decorrência dos atos praticados por agente público de fato putativo[60]; dever de pagamento dos valores decorrentes de contratos administrativos verbais[61]; dever de conceder autorização para exercício de certas atividades quando o beneficiário se encontra na mesma situação fático-jurídica dos demais autorizatários etc.[62]

Em todos os casos acima mencionados, a tutela jurisdicional da confiança legítima funciona como um instrumento de redução (parcial ou até mesmo integral) da discricionariedade administrativa.[63]

Com efeito, em todas as hipóteses referidas neste tópico, a tutela da confiança legítima do administrado (gerada pelo comportamento inicial da própria Administração Pública) consubstancia um importante fator de limitação da discricionariedade administrativa, ao ponto de, em alguns casos, transformá-la em atividade vinculada do administrador público.

---

58. STJ, MS n. 10381/DF, Terceira Seção, Rel. Min. Nilson Naves, DJe 24/04/09, em cuja ementa se lê que o "concurso representa uma promessa do Estado, mas promessa que o obriga – o Estado se obriga ao aproveitamento de acordo com o número de vagas".

59. V. TRF2, AMS 200551010083839, Rel. Des. Federal Fernando Marques, Sexta Turma Especializada, DJU: 28.2.2007, p. 118, julgado no qual se assentou, dentre outras considerações, que "a permissão, embora, via de regra, inteiramente discricionária, pode ser condicionada, quando o próprio Poder Público estabelece limitações, caso em que a discricionariedade administrativa sofrerá mitigação, pois a liberdade de atuação do administrador estará a esbarrar nas condições que ele próprio estabeleceu".

60. Agentes públicos de fato putativos são definidos pela doutrina administrativista como aqueles que desempenham atividade pública como se houvesse legitimidade sem que tenha havido investidura de acordo com o procedimento legal. Os atos praticados por essa espécie de agente devem ser convalidados em proteção à boa-fé do administrado (ex: agente sem investidura que tenha recebido tributos; nesse caso, a quitação firmada pelo agente de fato deve ser, a princípio, convalidada). Por todos, neste sentido, v. CARVALHO FILHO, José dos Santos. Manual de Direito administrativo. 15. ed. Rio de Janeiro: Lumen Juris, 2006, pp. 490-491.

61. Neste sentido, v. STJ, REsp n. 317.463/SP, Rel. Min. João Otávio de Noronha, Segunda Turma, DJ 03/05/04, p. 126.

62. OLIVEIRA. Rafael Carvalho Rezende. O princípio da proteção da confiança legítima no Direito Administrativo Brasileiro. Revista Carioca de Direito v. 1,, n. 1. Rio de Janeiro: PGM, jan-jun. 2010, p. 92.

63. Sobre a redução integral da discricionariedade administrativa, v. MORAES, Germana de Oliveira. Controle jurisdicional da Administração Pública. 2. ed. São Paulo: Dialética, 2004, pp. 169-170.

5. A CONFIANÇA LEGÍTIMA E O DIREITO PROCESSUAL CIVIL BRASILEIRO

Examinado o princípio da proibição de comportamento contraditório bem como a sua plena aplicabilidade na esfera das relações de Direito Pública, passaremos ao exame das possibilidades de tutela da confiança legítima no âmbito das relações processuais, sob a ótica do novo Código de Processo Civil.

Sabe-se que na relação jurídico-processual há uma constante interação entre o órgão jurisdicional e as partes, vale dizer: há uma influência recíproca entre os comportamentos dos sujeitos do processo. Dessa forma, é o processo civil campo fértil para a aplicação do princípio da segurança jurídica e seus desdobramentos.[64]

Afinado com essa perspectiva, o novo CPC inscreveu expressamente entre as "normas fundamentais do processo civil" a cláusula da boa-fé no processo civil, ao exigir de todos que, de qualquer forma, participem do processo o dever de *"comportar-se de acordo com a boa-fé"* (art. 5º). A norma, ousamos afirmar, é das mais importantes do novo diploma. Trata-se de cláusula geral com ampla repercussão sobre a relação processual, de observância obrigatória e contínua em todas as fases do processo.

Dessa maneira, art. 5º enuncia um dever de conduta leal, coerente, lisa, honesta no processo civil. Trata-se de boa-fé *objetiva*, dirigido ao comportamento de todos os atores do processo, um dever ínsito a toda e qualquer relação processual. Isso não é incompatível com a ação estratégica de melhor defesa do direito material em disputa no processo: a observância à boa-fé processual é uma exigência de consideração do outro na relação processual, de modo que a construção da decisão sobre o objeto do processo seja conduzida com respeito à confiança legítima. Como registrou Leonardo Greco:

> a verdade é um dever das partes. É um erro grave supor que a parte ou seu advogado tem o direito de mentir. O advogado tem de ser não somente fiel ao cliente, mas também á justiça. Para o advogado, o dever de se comportar em conformidade com a verdade é um dever profissional, decorrente do seu compromisso de lealdade à justiça.

> A lealdade também impõe às partes e, consequentemente, aos seus advogados o dever de respeitar a posição da outra e a autoridade do juiz, não praticando atos que possam dificultar o exercício dos seus direitos e poderes.

---

64. O Supremo Tribunal Federal já assentou que "os postulados da segurança jurídica, da boa-fé objetiva e da proteção da confiança, enquanto expressões do Estado Democrático de Direito, mostram-se impregnados de elevado conteúdo ético, social e jurídico", e incidem estes princípios "sobre comportamentos de qualquer dos Poderes ou órgãos do Estado" (MS 25805-DF, rel. Min. Celso de Mello, j. 22.03.2010).

> Todas essas exigências compõem o dever de lealdade. O processo precisa ser ético, pois, caso contrário, o seu resultado não será confiável. Os advogados são corresponsáveis, ao lado do juiz, pela manutenção desse clima de lealdade, honestidade e boa-fé no processo, e, por isso, os sistemas europeus, o sistema americano e até o sistema japonês procuram aprofundar os vínculos entre os juízes e os advogados, para que aqueles se sintam mais seguros ao impor sanções às partes quando estas agem deslealmente, na presunção de que os advogados as aconselharam a agir de maneira ética e leal.
>
> (...) Por isso, Calamandrei já dizia, em 1952, no México, que onde existe confiança entre juízes e advogados dispensam-se formalismos. A confiança vale mais do que qualquer regra formal que pretenda conferir segurança e validade aos atos do processo. [65]

O novo CPC torna a fazer referência expressa ao princípio da boa-fé ao indicá-la como norte interpretativo do pedido (art. 322, §2º). É decorrência lógica da lealdade processual as partes apenas deduzirem pedidos em conformidade com a verdade, devendo alegar fatos que acreditem existir.

O novo diploma elege o princípio da boa-fé como pauta de interpretação também dos atos jurisdicionais, ao prever, em seu art. 489, § 3º, que *"a decisão judicial deve ser interpretada a partir da conjugação de todos os seus elementos e em conformidade com o princípio da boa-fé"*.

Pensamos que a tríplice função da boa-fé objetiva, tão conhecida no campo das relações privadas, também opera nas relações processuais.

Assim, a boa-fé é um *dever* de todos os participantes do processo, na dicção categórica do art. 5º. No processo civil não há espaços para a torpeza, para a desonestidade. O respeito à confiança legítima se impõe irrecusavelmente a todos que atuam no processo.

A boa-fé é ainda critério de *interpretação* dos atos dos sujeitos do processo. É um vetor interpretativo, pois deverá nortear o magistrado na identificação do pedido e até mesmo na avaliação acerca da juridicidade dos atos praticados pelas partes, impondo as sanções cabíveis quando vulnerada a confiança legítima verificada no caso concreto. Ainda nesta função de critério de interpretação, também o juiz terá suas decisões avaliadas segundo o critério da boa-fé, não devendo, assim, subsistir ato jurisdicional que viole injustificadamente, por exemplo, a jurisprudência predominante, ou que use como razão determinante

---

65. GRECO, Leonardo. Instituições de Processo Civil. Introdução ao Direito Processual Civil. Volume I. 3. Ed. Forense: Rio de Janeiro, 2011, pp. 467/468.

para decidir fato não considerado como controvertido no curso de toda a instrução e que, por essa razão, não fora provado pela parte prejudicada pela decisão final. Vale dizer: os atos das partes e dos julgadores deverão ser interpretados à luz da boa-fé.

Por fim, a boa-fé no processo civil, funciona, ainda, como importante *limitador* do exercício de poderes e direitos no processo, impedindo, dessa forma, o abuso nas relações processuais, tais como a interposição com intuito manifestamente protelatório pelas partes ou pela modificação incoerente de entendimento pelo magistrado. Ou seja: a boa-fé processual consubstancia um importante critério de juridicidade dos atos dos sujeitos do processo.

O respeito à confiança legítima e a boa-fé são, portanto, princípios que devem ser observados no processo civil, vale dizer: informam qualquer comportamento dos atores processuais, tratando-se de um dever inafastável a quem atua no processo, de um vetor interpretativo para examinar os atos processuais e de um importante limitador de direitos e poderes na relação processual. Nada obstante, sendo o processo civil espaço de tensão dialógica[66] e a relação processual, uma fonte constante de expectativas, o novo CPC enuncia condutas que materializam o respeito à confiança legítima.

Nessa direção, o novo diploma mantém a regra da preclusão lógica, consistente na perda de uma faculdade processual pela prática de ato incompatível com a conduta anterior da mesma parte[67] e que materializa, no âmbito da relação processual, a incidência da vedação de *venire contra factum proprium*. Nesse sentido, é a lição de José Carlos Barbosa Moreira, *verbis*:

> a ninguém é dado usar as vias recursais para perseguir determinado fim, se o obstáculo se originou de ato praticado por aquele mesmo que pretende impugná-lo; no fundo, trata-se de aspecto particular do princípio que proíbe o *venire contra factum proprium*, e o impedimento ao recurso, em perspectiva dogmática, subsume-se na figura denominada *preclusão lógica*, que consiste, como

---

66. O Superior Tribunal de Justiça já registrou que "os princípios da boa-fé e da cooperação exigem a atuação correta das partes, obviamente percebendo que o ambiente processual é pródigo em comportamentos não cooperativos. O formalismo, nesse contexto, deve ceder diante de práticas de condutas maliciosas ou ímprobas" (3º Turma, REsp 1.119.361/RS, Relatora Min. Nancy Andighi, DJe 19.05.2014.

67. Prescreve o Art. 329, novo CPC: "O autor poderá: I – até a citação, aditar ou alterar o pedido ou a causa de pedir, independentemente de consentimento do réu; II – até o saneamento do processo, aditar ou alterar o pedido e a causa de pedir, com consentimento do réu, assegurado o contraditório mediante a possibilidade de manifestação deste no prazo mínimo de 15 (quinze) dias, facultado o requerimento de prova suplementar. Em sede recursal, prevê o art. 1.000, novo CPC. "A parte que aceitar expressa ou tacitamente a decisão não poderá recorrer. Parágrafo único. Considera-se aceitação tácita a prática, sem nenhuma reserva, de ato incompatível com a vontade de recorrer"

é sabido, na perda de um direito ou de uma faculdade processual pelo fato de se haver realizado atividade incompatível com o respectivo exercício.[68]

Esse dever de coerência não é restrito à atividade das partes, mas também ao comportamento do julgador, que não pode surpreender as partes com mudanças abruptas, de que é exemplo a modificação dos ônus da prova em momento processual inadequado. Nesse sentido, o art. 357 do novo CPC prevê que, não sendo hipótese de extinção do processo, julgamento antecipado do mérito e de julgamento antecipado parcial do mérito, deverá o juiz, em decisão de saneamento e de organização do processo: *"II – delimitar as questões de fato sobre as quais recairá a atividade probatória, especificando os meios de prova admitidos; III – definir a distribuição do ônus da prova, observado o art. 373"*[69].

A preclusão para o juiz impede que o julgador rompa com a boa-fé processual, modificando entendimento manifestado no mesmo processo, gerador de confiança legítima nas partes, com exceção, obviamente, das decisões provisórias precárias.

Ainda com o escopo de preservar a previsibilidade das decisões judiciais, o novo CPC enfatiza o dever de respeito aos precedentes, de forma a materializar a segurança jurídica e proteger o princípio da proteção da confiança dos jurisdicionados. A coerência da jurisprudência é pressuposto indispensável

---

68. MOREIRA, José Carlos Barbosa. Comentários ao Código de Processo Civil, v. V. 10. ed. Rio de Janeiro: Forense, 2002, p. 340. Na mesma linha de orientação, já decidiu o STJ, litteris: "O agravante foi alcançado por sua própria conduta anterior. Venire contra factum proprium, como bem definiram os antigos romanos, ao resumir a vedação jurídica às posições contraditórias. Esse princípio do Direito Privado é aplicável ao Direito Público, mormente ao Direito Processual, que exige a lealdade e o comportamento coerente dos litigantes. Essa privatização principiológica do Direito Público, como tem sido defendida na Segunda Turma pelo Min. João Otávio de Noronha, atende aos pressupostos da eticidade e da moralidade. 6. Não poderia a agravante, sob o color de uma perícia, desejar o melhor dos dois mundos. Ajuizar ações é algo que envolve risco (para as partes) e custo (para a Sociedade, que mantém o Poder Judiciário). O processo não há de ser transformado em instrumento de claudicação e de tergiversação. A escolha pela via judiciária exige de quem postula a necessária responsabilidade na dedução de seus pedidos". (AgRg no REsp 946499/SP, Segunda Turma, Relator: Ministro Humberto Martins, DJ 05/11/2007 p. 257, REVPRO vol. 154 p. 176).

69. Prevê o art. 373 do novo CPC: "O ônus da prova incumbe: I – ao autor, quanto ao fato constitutivo de seu direito; II – ao réu, quanto à existência de fato impeditivo, modificativo ou extintivo do direito do autor. § 1º Nos casos previstos em lei ou diante de peculiaridades da causa relacionadas à impossibilidade ou à excessiva dificuldade de cumprir o encargo nos termos do caput ou à maior facilidade de obtenção da prova do fato contrário, poderá o juiz atribuir o ônus da prova de modo diverso, desde que o faça por decisão fundamentada, caso em que deverá dar à parte a oportunidade de se desincumbir do ônus que lhe foi atribuído. § 2º A decisão prevista no § 1º deste artigo não pode gerar situação em que a desincumbência do encargo pela parte seja impossível ou excessivamente difícil. § 3º A distribuição diversa do ônus da prova também pode ocorrer por convenção das partes, salvo quando: I – recair sobre direito indisponível da parte; II – tornar excessivamente difícil a uma parte o exercício do direito. § 4º A convenção de que trata o § 3º pode ser celebrada antes ou durante o processo.

para a segura e estável realização dos direitos. A incoerência representa imprevisibilidade das decisões judiciais, insegurança jurídica, enfraquecimento do regime democrático, intranquilidade e, por isso mesmo, estímulo para novos conflitos. Nesse sentido, o art. 926 do novo CPC impõe aos tribunais uniformizar sua jurisprudência e mantê-la estável, íntegra e coerente (*caput*), bem como o dever de editar enunciados de súmula correspondentes a sua jurisprudência dominante (§1º), atendo-se, para tanto, às circunstâncias fáticas dos precedentes que motivaram sua criação (§2º).

Os precedentes possuem (i) efeito *persuasivo*, quando utilizados para convencer o julgador. A princípio, quanto mais elevado o órgão prolator, dentro da hierarquia do Poder Judiciário, maior será seu poder persuasivo; (ii) efeito *impeditivo ou obstativo da revisão das decisões*, quando tiverem o condão de impedir sua discussão através de recurso (Art. 932, IV, novo CPC), remessa necessária (art. 496, §4º, I, novo CPC), conflito de competência (art. 955, parágrafo único, novo CPC), como as súmulas do Superior Tribunal de Justiça ou do Supremo Tribunal Federal; (iii) *efeito vinculante:* alguns precedentes vinculam e, assim, possuem uma eficácia normativa, devendo ser obrigatoriamente respeitados (art. 927, novo CPC).

Ainda no âmbito dos precedentes como forma de proteção da confiança, o novo CPC prevê expressamente a possibilidade de modulação dos seus efeitos (art. 927, §3º), de forma a evitar que *"os responsáveis por uma eventual ilegalidade sejam premiados com a manutenção dos efeitos de seus atos ilegais. O princípio da proteção da confiança não deve ser interpretado beneficiando a parte que tenha agido de má-fé".*[70]

O princípio da proteção da confiança legítima também tem grande importância no respeito às convenções processuais, sendo que o art. 190 do novo CPC prevê a ampla possibilidade de realização de negócios jurídicos processuais pelas partes da relação processual, quando o processo versar sobre direitos que admitam autocomposição, franqueando-se às partes plenamente capazes, nesses casos, *"estipular mudanças no procedimento para ajustá-lo às especificidades da causa e convencionar sobre os seus ônus, poderes, faculdades e deveres processuais, antes ou durante o processo"* (*caput*). Esta previsão no novo estatuto, a nosso sentir, é salutar e permitirá a adaptação da técnica processual pelas próprias partes à tutela dos seus direitos. Além disso, servem como técnica complementar de gestão do processo civil.[71] A boa-fé processual impõe às par-

---

70. THEODORO JÚNIOR, Humberto et al. Novo CPC – Fundamentos e sistematização. Rio de Janeiro: Forense, 2015, p. 211.

71. Neste sentido, CADIET, Loïc. "Les conventions relatives au procès en droit français". In: Accordi di parti e processo. Milano: Giuffrè, 2008, pp.19-20.

tes o dever de respeitar o que foi acordado no processo, impedindo a violação da confiança nestes casos. O Superior Tribunal de Justiça já teve oportunidade de assinalar, *in verbis*:

> PROCESSUAL CIVIL. TEMPESTIVIDADE DA APELAÇÃO. SUSPENSÃO DO PROCESSO. HOMOLOGAÇÃO ANTES DE SER PUBLICADA A DECISÃO RECORRIDA. IMPOSSIBILIDADE DA PRÁTICA DE ATO ENQUANTO PARALISADA A MARCHA PROCESSUAL. HIPÓTESE QUE NÃO SE CONFUNDE COM A ALEGADA MODIFICAÇÃO DE PRAZO PEREMPTÓRIO. BOA-FÉ DO JURISDICIONADO. SEGURANÇA JURÍDICA E DEVIDO PROCESSO LEGAL. *NEMO POTEST VENIRE CONTRA FACTUM PROPRIUM.*
>
> 1. O objeto do presente recurso é o juízo negativo de admissibilidade da Apelação proferido pelo Tribunal de Justiça, que admitiu o início da contagem de prazo recursal de decisão publicada enquanto o processo se encontra suspenso, por expressa homologação do juízo de 1° grau.
>
> 2. Cuida-se, na origem, de Ação Declaratória ajuizada pela recorrente contra o Município de Porto Alegre, tendo como objetivo a declaração de nulidade de processo administrativo que culminou na aplicação de penalidades pela instalação irregular de duas Estações Rádio Base (ERBs) naquela municipalidade.
>
> 3. O Tribunal *a quo* não conheceu da Apelação da ora recorrente, porquanto concluiu que se trata de recurso intempestivo, sob o fundamento de que a suspensão do processo teria provocado indevida modificação de prazo recursal peremptório.
>
> 4. Com base nos fatos delineados no acórdão recorrido, tem-se que: a) após a interposição dos Embargos de Declaração contra a sentença de mérito, as partes convencionaram a suspensão do processo pelo prazo de 90 (noventa) dias; b) o juízo de 1° grau homologou a convenção em 12.9.2007 (fl. 343, e-STJ); c) posteriormente, em 2.10.2007, foi publicada a sentença dos aclaratórios; d) a Apelação foi interposta em 7.1.2008.
>
> 5. Antes mesmo de publicada a sentença contra a qual foi interposta a Apelação, o juízo de 1° grau já havia homologado requerimento de *suspensão do processo* pelo prazo de 90 (noventa) dias, situação em que se encontrava o feito naquele momento, conforme autorizado pelo art. 265, II, § °3, do CPC.
>
> 6. Não se trata, portanto, de indevida alteração de prazo peremptório (art. 182 do CPC). A convenção não teve como objeto o prazo para a interposição da Apelação, tampouco este já se encontrava em curso quando requerida e homologada a suspensão do processo.

7. Nessa situação, o art. 266 do CPC veda a prática de qualquer ato processual, com a ressalva dos urgentes a fim de evitar dano irreparável. A lei processual não permite, desse modo, que seja publicada decisão durante a suspensão do feito, não se podendo cogitar, por conseguinte, do início da contagem do prazo recursal enquanto paralisada a marca do processo.

8. É imperiosa a proteção da *boa-fé objetiva* das partes da relação jurídico-processual, em atenção aos *princípios da segurança jurídica*, do *devido processo legal* e seus corolários – princípios da confiança e da não surpresa – valores muito caros ao nosso ordenamento jurídico.

9. Ao homologar a convenção pela suspensão do processo, o Poder Judiciário criou nos jurisdicionados a legítima expectativa de que o processo só voltaria a tramitar após o termo final do prazo convencionado. Por óbvio, não se pode admitir que, logo em seguida, seja praticado ato processual de ofício – publicação de decisão – e, ademais, considerá-lo como termo inicial do prazo recursal.

10. Está caracterizada a prática de atos contraditórios justamente pelo sujeito da relação processual responsável por conduzir o procedimento com vistas à concretização do*princípio do devido processo legal*. Assim agindo, o Poder Judiciário feriu a máxima *nemo potest venire contra factum proprium*, reconhecidamente aplicável no âmbito processual. Precedentes do STJ.

11. Recurso Especial provido.

(STJ, 2ª Turma, RECURSO ESPECIAL Nº 1.306.463 – RS; Relator Ministro HERMAN BENJAMIN, j. 4/9/12)

Por fim, o novo diploma processual civil, como não poderia deixar de ser, impõe uma série de sanções para quem pratica atos processuais desleais, de forma a impedir a quebra da boa-fé nas relações processuais, de que são exemplos as multas e indenizações decorrentes de litigância de má-fé ou de prática de ato atentatório à dignidade da justiça (art. 777), a ineficácia da alienação (art. 790, V e VI), e até mesmo proibição de falar nos autos (art. 77, §7º), sendo esta última sanção de constitucionalidade duvidosa, mas que, de todo modo, repete regra já prevista no art.881 do CPC de 1973.

6. CONCLUSÃO

A aplicação do princípio da vedação ao comportamento contraditório pressupõe a ocorrência cumulativa de quatro eventos: (i) uma conduta inicial – o *factum proprium*; (ii) a confiança legítima de outrem na preservação do sentido objetivamente extraído do *factum proprium*; (iii) o comportamento contraditório em relação ao sentido objetivo da conduta inicial; (iv) dano efetivo ou potencial. O objeto da tutela do princípio não é precisamente a coerência entre os comportamentos, mas, sim, a confiança que a conduta inicial provocou, preservando-se a lealdade entre o agente e o destinatário da conduta.

O princípio de proibição de comportamento contraditório incide também na esfera das relações de Direito Público, instrumentalizado pela teoria das autolimitações administrativas, que veda ao Poder Público que, ante os mesmos elementos de fato, adote entendimentos contraditórios ou em desacordo com os precedentes anteriormente firmados em sede administrativa. A aplicação do princípio de vedação ao comportamento contraditório nas relações jurídico-administrativas é decorrência lógica do cumprimento do dever estatal de respeito aos direitos e garantias fundamentais, da aplicação dos valores constitucionais da solidariedade social e segurança jurídica, assim como da observância dos princípios constitucionais dirigidos especificamente à Administração Pública, em especial a moralidade e a impessoalidade administrativa, essa última como projeção do princípio da isonomia.

O novo CPC está afinado com a necessidade de proteção da confiança leg´tima no espaço das relações processuais, tendo enunciado expressamente em seu art. 5º que a boa-fé é um *dever* de todos os participantes do processo. O respeito à confiança legítima se impõe irrecusavelmente a todos que atuam no processo. A boa-fé é ainda um vetor interpretativo, pois deverá nortear o magistrado na identificação do pedido e até mesmo na avaliação acerca da juridicidade dos atos praticados pelas partes, sendo que também o julgador terá suas decisões avaliadas segundo o critério da boa-fé. Por fim, a boa-fé no processo civil, funciona, ainda, como importante *limitador* do exercício de poderes e direitos no processo, impedindo, dessa forma, o abuso nas relações processuais, consubstanciando um importante critério de juridicidade dos atos dos sujeitos do processo.

O respeito à confiança legítima e a boa-fé são, portanto, princípios que devem ser observados no processo civil, vale dizer: informam qualquer comportamento dos atores processuais, Sendo o processo civil campo fértil para a aplicação do princípio, o novo CPC enuncia condutas que materializam o respeito à confiança legítima, de que são exemplos as regras da preclusão lógica, da preclusão *pro judicato*, do respeito aos precedentes, da observância às convenções processuais, e as sanções para quem pratica atos processuais desleais, de forma a tutelar a boa-fé nas relações processuais.

7. BIBLIOGRAFIA

ARAGÃO, Alexandre Santos. *Teoria das autolimitações administrativas: atos próprios, confiança legítima e contradição entre órgãos administrativos.* Revista de Direito do Estado nº 4. Rio de Janeiro: Renovar, outubro/dezembro de 2006.

ARAÚJO. Valter Shuenquener de. *O Princípio da Proteção da Confiança. Uma nova forma de tutela do cidadão diante do Estado.* Niterói: Impetus, 2009.

ANTUNES, Luís Filipe Colaço. *A teoria do acto e a justiça administrativa. O novo contrato natural.* Coimbra: Almedina, 2006.

ÁVILA, Humberto. *Segurança Jurídica. Entre permanência, mudança e realização no Direito Tributário.* 2. ed. São Paulo: Malheiros, 2012.

BLANQUER, David. *Hechos, ficciones, pruebas y presunciones en el Derecho Administrativo "taking facts seriously".* Valencia: Tirant lo blanch, 2006.

CADIET, Loïc. "Les conventions relatives au procès en droit français". In: *Accordi di parti e processo.* Milano: Giuffrè, 2008.

CARPENA, Heloísa. "Abuso do Direito no código de 2002. Relativização de direitos na ótica civil-constitucional". In: TEPEDINO, Gustavo (coord.). *A parte geral do novo código civil – estudos na perspectiva civil-constitucional.* Rio de Janeiro: Renovar, 2002.

CARVALHO FILHO, José dos Santos. *Manual de Direito administrativo.* 9. ed. Rio de Janeiro: Lumen Juris, 2002.

DÍEZ-PICAZO, Luis. Mª. *El precedente administrativo.* Revista de Administración Pública, Madrid, n. 98, mayo-agosto de 1982.

FARIAS, Cristiano Chaves de; ROSENVALD, Nelson. *Direito civil – teoria geral.* 6. ed. Rio de Janeiro: Lumen Juris, 2007.

FACCI, Lucio Picanço. *Do prazo prescricional para o ajuizamento de ação civil pública.* Revista da AGU nº 20. Brasília-DF, abr./jun. 2009.

FUX, Luiz. *Curso de Direito processual civil.* 2. ed. Rio de Janeiro: Forense, 2004.

GARCIA, Emerson. *A moralidade administrativa e sua densificação.* Revista de Direito Constitucional e Internacional. São Paulo. Ano 11, n. 43, abr./jun. 2003.

GRECO, Leonardo. *Busca da verdade e a paridade de armas na jurisdição administrativa.* Revista da Faculdade de Direito de Campos, Ano VII, nº 9, dezembro de 2006, p. 140.

_____. *Instituições de Processo Civil. Introdução ao Direito Processual Civil.* Volume I. 3. Ed. Forense: Rio de Janeiro, 2011.

JACQUES, Paulino. *Curso de Direito constitucional.* 2. ed. Rio de Janeiro: Forense. 1958.

MARTINS-COSTA, Judith. *A ilicitude derivada do exercício contraditório de um direito: o renascer do venire contra factum proprium.* Revista Forense n. 376. Rio de Janeiro: Forense, 2004.

MARINONI, Luiz Guilherme; ARENHART, Sérgio Cruz. *Manual do processo de conhecimento.* 3. ed. São Paulo: Editora Revista dos Tribunais, 2004.

_____. *Tutela inibitória individual e coletiva.* 4. ed. São Paulo: Revista dos Tribunais, 2006.

MEIRELLES, Hely Lopes. *Direito Administrativo Brasileiro.* 25. ed. São Paulo: Malheiros, 2000.

_____. *Mandado de segurança, ação popular, ação civil pública, mandado de injunção, habeas data, ação direta de inconstitucionalidade, ação declaratória de constitucionalidade e argüição de descumprimento de preceito fundamental.* 23. ed. atual. por Arnoldo Wald e Gilmar Ferreira Mendes. São Paulo: Malheiros, 2001.

MELLO, Celso Antônio Bandeira de. *Curso de Direito Administrativo.* 14. ed. São Paulo: Malheiros, 2002.

MODESTO. Paulo. *Controle jurídico do comportamento ético da Administração Pública no Brasil.* Revista Eletrônica sobre a Reforma do Estado (RERE), Salvador, Instituto de Direito Público da Bahia, nº 10, jun/jul/ago/2007, Internet: www.direitodoestado.com. br. Acesso em 10.3.2008.

_____. *Autovinculação da Administração Pública.* Revista Eletrônica de Direito de Estado nº 24. Salvador, out./dez.2010. Disponível em: http://www.academia.edu/1035236/AUTOVINCULACAO_DA_ADMINISTRACAO_PUBLICA. Acesso em 10.8.2012.

MORAES, Germana de Oliveira. *Controle jurisdicional da Administração Pública.* 2. ed. São Paulo: Dialética, 2004.

MOREIRA, José Carlos Barbosa. *Comentários ao Código de Processo Civil,* v. V. 10. ed. Rio de Janeiro: Forense, 2002.

MOREIRA NETO, Diogo de Figueiredo. *Curso de Direito Administrativo.* 14. ed. Rio de Janeiro: Forense, 2005.

OLIVEIRA. Rafael Carvalho Rezende. *O princípio da proteção da confiança legítima no Direito Administrativo Brasileiro.* Revista Carioca de Direito v. 1,, n. 1. Rio de Janeiro: PGM, jan-jun. 2010.

PÉREZ, Jesús González. *El princípio general de la buena fe en el Derecho Administrativo.* Madrid: Civitas, 1983.

_____. *El princípio general de la buena fe en el Derecho Administrativo.* 3. ed. Madrid: Civitas, 1999.

_____. *El princípio general de la buena fe en el Derecho Administrativo.* 4. ed. Madrid: Civitas, 2004.

QUINTELA, Guilherme Camargos. *A confiança como base das relações sociais pós-modernas: sua indispensabilidade à atividade estatal, em especial na seara tributária. O mecanismo subjetivo de proteção da confiança legítima.* Revista do CAAP. Belo Horizonte, jul./dez. 2009. Disponível em http://sachacalmon.com.br/wp-content/uploads/2012/05/Artigo-Revista-CAAP.pdf. Acesso em 10.8.2012.

PIETRO, Maria Sylvia Zanella Di. *Direito Administrativo*. 12. ed. São Paulo: Atlas, 2001.

RIBEIRO, Ricardo Lodi. "O princípio da proteção à confiança legítima no Direito Tributário". In: SOUZA NETO, Cláudio Pereira de; SARMENTO, Daniel; BINENBOJM, Gustavo (coord.). *Vinte anos da Constituição Federal de 1988*. Rio de Janeiro: Lumen Juris, 2009.

SILVA, José Afonso da. *Comentário contextual à Constituição*. São Paulo: Malheiros, 2005

SCHREIBER, Anderson. *A proibição de comportamento contraditório – tutela da confiança e venire contra factum proprium*. 2. ed. Rio de Janeiro: Renovar, 2007.

TÁCITO, Caio. *Mandado de segurança preventivo*. Revista de direito administrativo, v. 61. Rio de Janeiro: Fundação Getúlio Vargas, 1960.

TARTUCE, Flávio. *Estado de Direito e Estado de Legalidade. A aplicação da boa-fé objetiva aos contratos administrativos*. Revista da EMERJ, Rio de Janeiro, v. 14, n. 54, abr.-jun. 2011.

THEODORO JÚNIOR, Humberto et al. *Novo CPC – Fundamentos e sistematização*. Rio de Janeiro: Forense, 2015.

TEPEDINO, Gustavo. *O novo Código Civil: duro golpe na recente experiência constitucional brasileira*. Editorial à Revista Trimestral de Direito Civil, v. 7. Rio de Janeiro: Renovar, 2001.

CAPÍTULO 8

Os Impactos do Novo CPC Na Razoável Duração do Processo

Aluisio Gonçalves de Castro Mendes[1]

Larissa Clare Pochmann da Silva [2]

SUMÁRIO: INTRODUÇÃO; 1. A DURAÇÃO RAZOÁVEL E A DEMOCRATIZAÇÃO DO PROCESSO, O DEMOCRATISMO E A BUSCA DE UM PONTO DE EQUILÍBRIO; 2. O FORTALECIMENTO DO CONTRADITÓRIO; 3. A ORDEM DE JULGAMENTO DOS PROCESSOS; 4. PRAZOS PROCESSUAIS EM DIAS ÚTEIS; 5. AUMENTO DE PRAZOS; 6. TÉCNICA DE JULGAMENTO FRACIONADO DAS APELAÇÕES QUANDO O JULGAMENTO NÃO FOR UNÂNIME; 7. ADMISSIBILIDADE DE RECURSOS FEITA SOMENTE PELO ÓRGÃO *AD QUEM*; 8. PRECEDENTES JUDICIAIS; 9. INCIDENTE DE RESOLUÇÃO DE DEMANDAS REPETITIVAS (IRDR); 10. RECURSOS REPETITIVOS; 11. CALENDÁRIO PROCESSUAL: IDEAL A SER PERSEGUIDO?; REFERÊNCIAS BIBLIOGRÁFICAS.

INTRODUÇÃO

O presente trabalho[3] tem como escopo levantar e analisar, sem caráter exaustivo, os impactos das principais inovações contidas no texto do novo

---

1. Pós-Doutor pela Universidade de Regensburg, Alemanha. Doutor em Direito pela Universidade Federal do Paraná (UFPR). Mestre em Direito pela UFPR. Mestre em Direito pela Johann Wolfgang Goethe Universität (Frankfurt am Main, Alemanha). Especialista em Direito Processual Civil pela Universidade de Brasília (UnB). Professor Associado nos cursos de graduação e pós-graduação da Universidade do Estado do Rio de Janeiro (UERJ) e Professor Titular da Universidade Estácio de Sá (Unesa). Diretor do Instituto Brasileiro de Direito Processual (IBDP). Membro do Instituto Iberoamericano de Direito Processual (IIDP), da Associação Brasil-Alemanha de Juristas e da *International Association of Procedural Law* (IAPL). Ex-Promotor de Justiça. Desembargador Federal. Presidente da 5ª Turma Especializada do Tribunal Regional Federal da 2ª Região (TRF-2). Diretor de Cursos e Pesquisas da Escola da Magistratura Regional Federal (EMARF). Membro do Conselho de Administração do Tribunal Regional Federal da 2ª Região. Membro do Conselho Superior da Escola Nacional de Formação e Aperfeiçoamento de Magistrados (Enfam). Membro da Comissão de Juristas responsável pelo acompanhamento da redação final do Projeto de novo Código de Processo Civil no Senado Federal.
2. Mestre e Doutoranda em Direito pela Universidade Estácio de Sá (UNESA). Graduada em Direito pela Universidade do Estado do Rio de Janeiro (UERJ). Professora no curso de graduação da Universidade Candido Mendes (UCAM), campi Tijuca e Jacarepaguá. Advogada.
3. O presente texto tem como base a palestra apresentada pelo coautor Aluisio Gonçalves de Castro Mendes, no dia 06/06/2014, na IV Jornada de Direito Processual Civil, promovida pela Escola da Magistratura Federal da 1.ª Região, em Brasília; foi atualizado de acordo com a versão do novo Código de Processo Civil remetida para a sanção em 24 de fevereiro de 2015, quando foi publicado na Revista de Processo vol. 241/2015, e foi novamente revisado após a sanção presidencial, ocorrida no dia 16 de março de 2015, quando foi publicado na primeira edição desta obra Para a segunda edição, passou por nova revisão, em outubro novembro de 2015.

Código de Processo Civil na duração razoável do processo. Para tanto, procura, inicialmente, identificar a matriz propulsora da nova legislação, elencando, em seguida, e alguns dos principais impactos das inovações legislativas no tempo dos processos.

Nessa perspectiva, são apontados e analisados 10 aspectos: o fortalecimento do contraditório; a ordem de julgamento dos processos; os prazos em dias úteis; a ampliação dos prazos; a técnica de julgamento fracionado das apelações quando o julgamento não for unânime; a admissibilidade recursal feita somente pelo órgão *ad quem*; os precedentes judiciais; o incidente de resolução de demandas repetitivas; os recursos repetitivos e o calendário processual. Em todos esses pontos há uma sucinta exposição e consideração crítica, de forma a concluir quais inovações poderão contribuir com a duração razoável do processo.

1. A DURAÇÃO RAZOÁVEL E A DEMOCRATIZAÇÃO DO PROCESSO, O DEMO-CRATISMO E A BUSCA DE UM PONTO DE EQUILÍBRIO

Em setembro de 2009, iniciaram-se os trabalhos da Comissão de Juristas, instituída no Senado Federal, responsável pela elaboração do Anteprojeto do novo Código de Processo Civil. Cumprindo o seu desiderato, apresenta-se, em junho de 2010, o texto que seria submetido ao Senado, como PL 166/2010. Na sua exposição de motivos, já se salientavam os cinco objetivos que orientaram precipuamente os trabalhos da Comissão: 1) estabelecimento de sintonia fina com a Constituição; 2) criação de condições para que o juiz possa proferir decisão mais rente à realidade fática da causa; 3) simplificação; 4) efetivação do rendimento de cada processo; e 5) maior grau de organicidade ao sistema[4].

No mesmo ano de 2010, o PLS 166[5] foi aprovado no Senado e seguiu para a Câmara dos Deputados, recebendo, nesta Casa, a identificação de PL 8.046/2010[6], em tramitação conjunta com o PL 6.025/2005. Na Câmara dos Deputados, recebeu aprovação final no dia 26.03.2014.

Sensivelmente modificado, após a tramitação nas duas Casas do Congresso Nacional, retornou o texto ao Senado, na forma de Substitutivo da Câmara, para a apreciação final. No Senado, o texto-base foi aprovado no dia 16.12.2014 e, no dia 17.12.2014, foram votados 16 destaques, sendo apenas dois rejeitados: o cabimento de agravo de instrumento em face de decisão que redistribui o

---

4. BRASIL. Senado Federal. Comissão de Juristas "Novo CPC". Brasília: Senado, jan. 2010. Disponível em: [www.senado.leg.br/senado/novocpc/pdf/Comiss_Juristas_Novo_CPC.pdf]. Acesso em: 23.06.2014.
5. BRASIL. Senado Federal. PLS 166. Brasília: Senado, 2010.
6. BRASIL. Câmara dos Deputados. PL 8.046. Brasília: Câmara dos Deputados, 2010.

ônus da prova e o cabimento de agravo de instrumento em face de decisão que indefere a prova pericial. No dia 24 de fevereiro de 2015, o texto foi remetido para a sanção presidencial[7], quando começou a contar o prazo de 15 (quinze) dias úteis para sanção. No dia 16 de março de 2015, houve a sanção presidencial, com vetos em sete dispositivos. Publicado no dia seguinte, 17 de março de 2015, o novo diploma possui o lapso de 1(um) ano de *vacatio legis*.

Após a sanção do novo diploma, alguns projetos de lei foram propostos para alterar o texto sancionado, mas destaca-se apenas o PL 168/2015, que obteve parecer favorável da Comissão de Constituição e Justiça em 18 de novembro de 2015 e deve ser aprovado já a permitir que a redação do novo Código de Processo Civil entre em vigor alterada, impactando alguns aspectos aqui analisados.

Embora propalado como um resultado desejado, a menor duração do processo nunca esteve arrolada como um dos objetivos expressos e específicos que orientaram os trabalhos dos sujeitos que arquitetaram o novo Código de Processo Civil. De modo indireto, sim, o princípio da razoável duração do processo estaria relacionado com a sintonia fina com a Constituição, como enunciado na Exposição de Motivos que acompanhou o Anteprojeto.

Decorridos cinco anos desde o início da tramitação do projeto, pode-se reiterar, hoje, com relativa segurança, que o princípio da duração razoável do processo não foi o mote direto, imediato e expresso do projeto em qualquer uma das suas versões: na inicial, na primeira aprovada no Senado Federal ou na versão da Câmara dos Deputados e nem na versão sancionada.

Isso não quer dizer que não se almeje a maior celeridade. Porém, esta, se vier a ocorrer, será fruto do resultado a médio ou longo prazo do tratamento dado ao sistema, especialmente no que diz respeito à capacidade e materialização das inovações pertinentes às demandas repetitivas, no âmbito do incidente e dos recursos, e aos precedentes judiciais, conforme será analisado.

O novo CPC parece ter priorizado valores relacionados à democratização do processo judicial, buscando fortalecer o contraditório, a transparência e a necessidade de fundamentação. O texto possui um viés muito forte de democratização do processo, de ampliação do debate e da participação, fazendo com que o Poder Judiciário tenha de desenvolver a atividade jurisdicional com o fortalecimento da fundamentação, das razões de decidir (*ratio decidendi*) do julgamento.

---

7.   BRASIL. Senado Federal. *Parecer n. 1.111, de 2014: Redação Final do Substitutivo da Câmara dos Deputados ao Projeto de Lei do Senado n. 166/20120.* Brasília: DF, Senado, 2014.

É de se ressaltar que a democracia nem sempre coincidirá com celeridade, uma vez que o debate ampliado no processo poderá até incrementar o seu tempo de tramitação. Por exemplo, o fortalecimento do *amicus curiae*, ocasionará mais interlocutores no processo e um controle maior por parte da atividade jurisdicional, até sob o ponto de vista da decisão judicial, exigindo o fortalecimento do ônus argumentativo do próprio juiz.

Esse é o primeiro código após a democratização do Brasil. Os dois últimos foram gerados em períodos de autoritarismo. Será, portanto, um código de experiência da democracia, que não deve se confundir com democratismo, sob o ponto de vista de gerar uma demora processual. A democracia incute a ideia de busca da justiça, de ouvir sempre a outra parte, mas essa busca da justiça não pode acabar em uma solução sem fim, no sentido de sempre se ouvir a outra parte, de modo ilimitado e a ponto de procrastinar indefinidamente os julgamentos. É o momento de se buscar o ponto de equilíbrio, de se prestigiar a democratização do processo, sem, contudo, recair em um democratismo e em uma demora desmedida.

2. O FORTALECIMENTO DO CONTRADITÓRIO

Um dos primeiros pontos com reflexo na duração razoável é o fortalecimento do contraditório, nos termos do art. 10 do novo CPC. Em qualquer grau de jurisdição, o juiz não poderá decidir com base em fundamento a respeito do qual não tenha oportunizado a manifestação das partes, ainda que se trate de matéria sobre a qual deveria decidir de ofício.

Essa previsão já existe no direito estrangeiro[8]. O Código de Processo Civil alemão[9], no § 139, possui um dispositivo semelhante[10], prevendo que o órgão judicial deve, mediante comunicação registrada nos autos, oportunizar a

---

8. Embora se destaque o Código de Processo Civil alemão, disposições semelhantes também são registradas no Código de Processo Civil da França, que prevê no art. 16 que o juiz não pode decidir com fundamento que não tenha sido exposto às partes em contraditório; no art. 183 do Código de Processo Civil italiano, ao dispor que o tribunal deve pedir os esclarecimentos às partes em audiência e no art. 3.º, 3, do novo Código de Processo Civil, que prevê que não é ilícito ao juiz, salvo caso de manifesta desnecessidade, decidir questões, mesmo que possam ser conhecidas de ofício, sem oportunizar previamente a manifestação das partes.

9. ALEMANHA. *Zivilprozessordnung* (Código de Processo Civil). Berlim: Bundesministerium der Justiz und für Verbraucherschutz, 2005.

10. Disciplina o § 139, ZPO Alemã:
"§ 139 Materielle Prozessleitung
(1) Das Gericht hat das Sach- und Streitverhältnis, soweit erforderlich, mit den Parteien nach der tatsächlichen und rechtlichen Seite zu erörtern und Fragen zu stellen. Es hat dahin zu wirken, dass die Parteien sich rechtzeitig und vollständig über alle erheblichen Tatsachen erklären, insbesondere ungenügende Angaben zu den geltend gemachten Tatsachen ergänzen, die Beweismittel bezeichnen und die sachdienlichen Anträge stellen.

manifestação das partes sobre os fatos relevantes, sobre as questões em litígio e até mesmo sobre questões que podem ser conhecidas de ofício; bem como que as partes discutam os pontos que fundamentarem a decisão judicial.

Esse fortalecimento do contraditório previsto no novo Código, por um lado, pode tender a uma maior dilação do processo, por haver um lapso temporal maior até a causa estar pronta para julgamento. Por outro lado, tal previsão, ao assegurar previamente a manifestação das partes, poderá ensejar um lapso temporal menor para que haja a prestação jurisdicional definitiva, evitando recursos desnecessários ou até mesmo discussões sobre intempestividade, já que as partes poderão esclarecer o que for relevante, trazendo informações necessárias ao julgamento.

3. A ORDEM DE JULGAMENTO DOS PROCESSOS

Outro reflexo da duração razoável do processo está no art. 12 do novo Código, que é a ordem de julgamento dos processos. Essa ordem, de acordo com o *caput* do dispositivo, leva em consideração principalmente a data da conclusão e, nos termos da redação da versão sancionada, precisa ser observada. A Lei 13.256/2016 altera essa redação, para deixar que a ordem de julgamentos seja um critério adotado na conclusão dos processos observada, mas suprime a expressão "deverão".

Em princípio, a ideia de uma ordem cronológica é positiva, mas possui algumas falhas, que foram, em parte, corrigidas durante a tramitação do projeto do novo código. Na primeira redação, não havia exceção relacionada às metas estabelecidas pelo CNJ. Não havia, também, exceção em relação aos processos em que outras leis estabeleciam prioridades.

Após as alterações no texto do projeto, houve a previsão de hipóteses excepcionais relevantes, como o julgamento dos recursos repetitivos e a extinção do processo sem julgamento do mérito.

---

(2) Auf einen Gesichtspunkt, den eine Partei erkennbar übersehen oder für unerheblich gehalten hat,darf das Gericht, soweit nicht nur eine Nebenforderung betroffen ist, seine Entscheidung nur stützen, wenn es darauf hingewiesen und Gelegenheit zur Äußerung dazu gegeben hat. Dasselbe gilt für einen Gesichtspunkt, den das Gericht anders beurteilt als beide Parteien.

(3) Das Gericht hat auf die Bedenken aufmerksam zu machen, die hinsichtlich der von Amts wegen zu berücksichtigenden Punkte bestehen.

(4) Hinweise nach dieser Vorschrift sind so früh wie möglich zu erteilen und aktenkundig zu machen. Ihre Erteilung kann nur durch den Inhalt der Akten bewiesen werden. Gegen den Inhalt der Akten ist nur der Nachweis der Fälschung zulässig.

(5) Ist einer Partei eine sofortige Erklärung zu einem gerichtlichen Hinweis nicht möglich, so soll auf ihren Antrag das Gericht eine Frist bestimmen, in der sie die Erklärung in einem Schriftsatz nachbringen kann".

Contudo, ainda resta um problema em relação ao art. 12, que se revela de difícil equação. O novo diploma trata apenas da data de conclusão, sem referência à data de propositura da demanda.

Na prática forense, muitas vezes existem processos conclusos há algum tempo, mas que não são tão antigos, enquanto existem processos com pequeno tempo de conclusão, mas ajuizados há muitos anos. Para equacionar essa questão, o novo diploma talvez pudesse prever uma exceção quanto à data da propositura da demanda. Pela redação final sancionada, uma possível solução para os processos mais antigos está na flexibilidade trazida pelo inc. IX, que exclui da ordem cronológica de julgamentos, mediante decisão fundamentada, a causa que exija urgência no julgamento, possibilidade esta que pode ser mantida mesmo a partir da nova redação atribuída pela Lei 13.256/2016.

A inovação legislativa de uma ordem de julgamento não deve ser um empecilho à duração razoável do processo, na medida que permite o controle das partes em relação à espera de seu julgamento, mediante a publicidade das datas de conclusão dos autos e dos casos que se referem às exceções legais.

4. PRAZOS PROCESSUAIS EM DIAS ÚTEIS

Outra questão que poderá ter impacto na duração razoável do processo é a modificação dos prazos processuais, que deixam de ser contados em dias corridos e passam a ser em dias úteis, nos termos do art. 219.

A medida prolongará os prazos, mas não se revela injusta. Pelo contrário, a expectativa dos profissionais de direito, no sentido de que tenham que realizar os seus serviços, de modo regular, durante os dias úteis, é mais do que razoável. Destaque-se que os prazos em dias úteis são apenas os processuais, os demais prazos continuam regidos pelo direito material.

5. AUMENTO DE PRAZOS

Ainda analisando a duração razoável do processo e os prazos, o novo Código de Processo Civil amplia, de modo geral, os prazos, o que pode repercutir na extensão do tempo de duração dos processos. Um exemplo de aumento, em termos de recursos, foi a tentativa de unificação em 15 (quinze) dias. Outro exemplo é o do prazo para a manifestação do Ministério Público, que, de acordo com o art. 178 do novo diploma, foi para 30 (trinta) dias úteis, o que parece demasiado. O prazo para publicação dos acórdãos foi ampliado para 30 (trinta) dias, de acordo com o art. 944, o que já parece mais consentâneo com a complexidade que envolve o ato, tendo em vista a necessidade de gravação, conferência e juntada de votos, inclusive vencidos, e de possíveis adaptações decorrentes de mudanças ocorridas ao longo do julgamento colegiado.

6. TÉCNICA DE JULGAMENTO FRACIONADO DAS APELAÇÕES QUANDO O JULGAMENTO NÃO FOR UNÂNIME

Outra modificação que pode trazer impacto na duração razoável do processo é a própria técnica de julgamento, prevista no art. 942, para os recursos de apelação, que poderia ser denominada de "embargos infringentes de ofício". A previsão não exige que haja a provocação das partes e será cabível diante de julgamento não unânime, sem distinguir se a sentença atacada analisou ou não o mérito. Prosseguindo o julgamento não unânime em outra sessão próxima, salvo se possível na mesma sessão, com a presença de outros julgadores, em número suficiente para garantir a possibilidade de inversão do resultado inicial, ofertando-se nova sustentação oral para as partes.

Poderá haver retratação do voto pelos julgadores e a previsão de cabimento dessa técnica de julgamento é aplicável, também, à ação rescisória, quando o julgamento não unânime for pela rescisão da sentença, e ao julgamento do agravo de instrumento, quando houver reforma da decisão que julgar parcialmente o mérito. A técnica não será aplicada nos casos de julgamento do incidente de resolução de demandas repetitivas, na assunção de competência, no julgamento da remessa necessária e quando o julgamento não unânime for do plenário ou do órgão especial.

No âmbito dos Tribunais de Justiça (TJs) e Tribunais Regionais Federais (TRFs), essa nova técnica de julgamento terá um impacto grande porque, diante das decisões por maioria, haverá a necessidade de outro julgamento, o que provavelmente alongará a tramitação do processo.

7. ADMISSIBILIDADE DE RECURSOS FEITA SOMENTE PELO ÓRGÃO *AD QUEM*

Em termos de recursos, há uma modificação significativa, porque, no texto sancionado, o juízo de admissibilidade, tanto da apelação, como do recurso especial e do extraordinário, será realizado pelo órgão *ad quem*, e não mais no órgão *a quo*.

No que tange à duração razoável do processo, o exame da admissibilidade recursal realizado pelo órgão *ad quem*, agilizará a remessa do recurso ao tribunal, mas, alongará o tempo de tramitação de recursos intempestivos ou de outras hipóteses de inadmissibilidade.

Já o Projeto de Lei 168 2.384/2015, que pretende alterar os artigos 1029 e 1030 o novo Código de Processo Civil, bem como inserir o dispositivo 1030-A, se aprovado, retornará à realização do juízo de admissibilidade dos recursos extraordinário e especial também no juízo *a quo*, ao fundamento de que evitaria que um grande quantitativo de recursos inadmissíveis chegasse aos tribunais superiores, alongando o tempo de tramitação dos recursos. Destaque-se que, segundo constou na justificativa[11] do projeto, a realização do juízo de admissibilidade pelo órgão *a quo* hoje evita que 48% dos recursos sejam remetidos ao Superior Tribunal de Justiça.

8. PRECEDENTES JUDICIAIS

Outro ponto relevante são os precedentes judiciais. Conforme constou no relatório do Senador Vital do Rêgo, *"o respeito aos precedentes jurisprudenciais é uma das marcas do futuro Código, o que reduzirá o grau de imprevisibilidade jurídica que impera sobre os atores da vida civil"*[12].

O art. 926 indica que a jurisprudência dos tribunais deve se manter íntegra, coerente e estável, além da previsão de que os tribunais devem respeitar seus precedentes e dar-lhes publicidade.

O atual sistema brasileiro se refere especialmente à jurisprudência ou apenas a um dos seus instrumentos de exteriorização, a súmula. Entretanto, a evolução do sistema, tal como vem retratado no novo Código, pressupõe o amadurecimento do tratamento conferido tanto à jurisprudência quanto aos precedentes. Precedente não se confunde com jurisprudência, como bem observa Michele Taruffo[13] em precisa diferenciação:

> Quando se fala em precedente se faz normalmente referência a uma decisão relativa a um caso particular, enquanto que quando se fala da jurisprudência se faz normalmente referência a uma pluralidade, frequentemente bastante ampla relativa a vários e diversos casos concretos (...) em regra a decisão que se assume como precedente é uma só, de modo que fica fácil identificar qual decisão faz precedente. Ao contrário nos sistemas nos quais se alude à jurisprudência, se faz referência normalmente a muitas decisões: às vezes são dúzias até mesmo centenas.

---

11. Texto disponível em http://www.camara.gov.br/proposicoesWeb/prop_mostrarintegra?codteor=1362368&-filename=PL+2384/2015. Acesso em 14 out. 2015.
12. O relatório do Senador Vital do Rêgo está disponível em: [www.senado.leg.br/atividade/materia/getPDF.asp?t=157517&tp=1]. Acesso em: 09.01.2015.
13. TARUFFO, Michelle. Precedentes e Jurisprudência. Revista de Processo, São Paulo, n.199, 2010, p.142-143.

Cap. 8 • OS IMPACTOS DO NOVO CPC NA RAZOÁVEL DURAÇÃO DO PROCESSO
Aluisio Gonçalves de Castro Mendes – Larissa Clare Pochmann da Silva

A delimitação das razões de decidir (*ratio decidendi*) e das circunstâncias essenciais do caso julgado é fundamental para a caracterização dos limites do entendimento firmado pela corte. Esta operação costuma distinguir, portanto, a essência da tese jurídica assumida (*ratio decidendi*) de elementos acidentais (*obter dicta*) ao julgamento.

Os precedentes precisam dispor de clareza, solidez e profundidade nos seus fundamentos, pois, do contrário, dificilmente serão respeitados e seguidos. Nesse sentido, para a formação do precedente, a partir dos artigos 10 e 927, § 1º do NCPC, os argumentos devem ter sido submetidos ao contraditório[14]. O respeito ao precedente decorre e é proporcional, em boa medida, à capacidade de fundamentação contida nas razões da decisão (*ratio decidendi*)., mas, caso deva ocorrer, a distinção de um caso submetido a julgamento em relação ao precedente pode ser realizada por qualquer órgão jurisdicional, independente do precedente invocado[15].

O projeto de lei nº 168/2015 pretende, ainda reiterar a valorização dos precedentes no texto do novo Código de Processo Civil. Destaca-se que o texto do projeto, ao acrescentar os parágrafos quinto e sexto ao artigo 966 do NCPC, pretende esclarecer que o cabimento de ação rescisória por violação à norma jurídica inclui, também, decisão baseada em enunciado de súmula, acórdão ou precedente vinculantes que não tenha considerado a existência de distinção entre a questão discutida no processo e o padrão decisório que lhe deu fundamento.

Sem adentrar em uma explanação mais detalhada sobre os precedentes[16], no que tange à duração razoável do processo, do ponto de vista macro, a vinculação ao precedente judicial pode significar uma celeridade maior, porque, com o acolhimento dos precedentes judiciais no julgamento, há uma tendência à coerência, à integridade e à estabilidade dos julgamentos e, como consequência, também uma tendência à redução do número de recursos, com a diminuição no tempo de tramitação os processos.

9. INCIDENTE DE RESOLUÇÃO DE DEMANDAS REPETITIVAS (IRDR)

O Incidente de Resolução de Demandas Repetitivas está previsto no novo Código de Processo Civil e terá lugar quando houver efetiva multiplicação de processos baseada em uma questão idêntica de direito, bem como grave

---

14. FÓRUM PERMANENTE DE PROCESSUALISTAS CIVIS. *Enunciado 2 do II Fórum Permanente de Processualistas Civis (FPPC).* Salvador, 2014.
15. FÓRUM PERMANENTE DE PROCESSUALISTAS CIVIS. *Enunciado 174 do III Fórum Permanente de Processualistas Civis (FPPC).*Rio de Janeiro, 2014.
16. WAMBIER, Teresa Arruda Alvim. Precedentes e evolução do direito. In: *Direito Jurisprudencial.* São Paulo: RT, 2012, p.11-95.

insegurança jurídica, devido ao risco de decisões contraditórias. Terá, portanto, a perspectiva de trazer racionalização e eficiência diante dos conflitos de massa, evitando que haja ofensa à isonomia e à segurança jurídica nos julgamentos de questões comuns de direito, material ou processual. As questões submetidas ao incidente serão registradas no Conselho Nacional de Justiça, e não haverá custas para esse mecanismo.

O incidente poderá, no início, proporcionar uma maior morosidade aos processos, por sua sistemática processual prever, ao ser instaurado, a suspensão dos processos individuais ou coletivos pendentes, por até um ano[17], prazo a partir do qual, nos termos do art. 980, não analisado o incidente, cessa a suspensão, salvo decisão fundamentada do relator em sentido contrário[18]. Porém, em tese, a médio e longo prazo, o efeito desse novel mecanismo será a racionalização do sistema processual, já que a tese jurídica firmada em sede de incidente será aplicada, ressalvada a possibilidade de sua revisão, nos termos da nova previsão legislativa, a todos os processos individuais ou coletivos que versem sobre idêntica questão de direito e que tramitem na área de jurisdição do respectivo tribunal, bem como aos casos futuros, o que poderá proporcionar celeridade aos processos. Em caso de inobservância da tese fixada no IRDR, caberá reclamação.

10. RECURSOS REPETITIVOS

Em relação aos recursos repetitivos, a sistemática do novo código permite a suspensão expressa de todos os processos pendentes, individuais ou coletivos, que versem sobre a questão submetida à apreciação dos tribunais superiores em sede repetitiva.

Inicialmente, cabe destacar que, com essa previsão, o novo diploma legal corrige um problema existente à luz do Código de Processo Civil de 1973, qual seja: a suspensão de processos cuja questão discutida está submetida à análise em sede de recursos repetitivos é, atualmente, uma construção da jurisprudência dos tribunais superiores. Os arts. 543-B e C do CPC de 1973 preveem expressamente apenas a suspensão na tramitação dos recursos extraordinários e especiais submetidos à sistemática repetitiva, mas não dos processos, em todas as instâncias, que versem sobre a questão a ser discutida.

Em segundo lugar, essa suspensão prevista pelo novo Código deverá ser realizada pelo presidente ou vice-presidente do órgão *a quo*, na área de

---

17. Se houver cumulação de pedidos, a suspensão do processo poderá ser apenas parcial, não abrangendo o pedido cuja tese não será firmada no incidente (FÓRUM PERMANENTE DE PROCESSUALISTAS CIVIS. *Enunciado 205 do III Fórum Permanente de Processualistas Civis (FPPC). Rio de Janeiro, 2014*).

18. MENDES, Aluisio Gonçalves de Castro. *Ações coletivas e meios de resolução coletiva de conflitos no direito comparado e nacional*. 4.ed. São Paulo: RT, 2014, p. 301-302.

jurisdição do respectivo tribunal que recebe o recurso especial ou extraordinário e seleciona dois ou mais recursos representativos da controvérsia, nos termos do art. 1036, evitando a delonga de recebimento no tribunal *ad quem*. Porém, essa decisão não vincula o relator no tribunal superior, que poderá selecionar outros recursos representativos da controvérsia, independente da iniciativa do tribunal *a quo*, determinado a suspensão do processamento de todos os processos pendentes, individuais ou coletivos, que versem sobre a questão e tramitem no território nacional.

O prazo de suspensão será de no máximo um ano, começando a contar da suspensão no órgão *a quo*, de modo que eventual demora no julgamento não comprometa indefinidamente a celeridade dos processos pendentes.

Por fim, cabe, ainda, destacar em relação ao tema que a comunicação do julgamento ao órgão ou à agência reguladora para fiscalização do cumprimento da tese esposada também é outra importante previsão, no sentido de que haja a observância do entendimento judicial firmado. Toda vez que houver julgamento de recursos repetitivo, haverá comunicação ao órgão ou à agência reguladora, para que haja fiscalização do cumprimento da tese firmada em recurso repetitivo, assegurando, em maior escala, a efetividade do provimento jurisdicional.

11. CALENDÁRIO PROCESSUAL: IDEAL A SER PERSEGUIDO?

Por fim, cabe destacar o tema do calendário processual, previsto no art. 191. O julgamento de um processo não depende apenas da vontade do juiz, mas também da colaboração das partes, destacada pelo art. 6º, para a obtenção de uma decisão em tempo razoável.

O jurisdicionado espera pontualidade da justiça e talvez seja um desafio construir um calendário processual, em colaboração com as partes, estabelecendo previamente datas de atos processuais e de julgamento, que deverão ser cumpridos, salvo em casos excepcionais, independente de intimação, em qualquer grau de jurisdição. Coloca-se, portanto, um desafio, ou um ideal, a ser perseguido.

REFERÊNCIAS BIBLIOGRÁFICAS

ALEMANHA. *Zivilprozessordnung* (Código de Processo Civil). Berlim: Bundesministerium der Justiz und für Verbraucherschutz., 2005.

BRASIL. Câmara dos Deputados. *PL N. 8046*. Brasília, DF: Câmara dos Deputados, 2010.

_____.Senado Federal. *Comissão de Juristas "Novo CPC"*. Brasília, DF: Senado, Janeiro de 2010. Disponível em http://www.senado.leg.br/senado/novocpc/pdf/Comiss_Juristas_Novo_CPC.pdf. Acesso em 23 jun. 2014.

_____. *PLS N. 166.* Brasília, DF: Senado, 2010.

_____. Senado Federal. *Parecer nº 1.111, de 2014:* Redação Final do Substitutivo da Câmara dos Deputados ao Projeto de Lei do Senado nº 166/2010. Brasília, DF: Senado, 2014.

CNJ. *Lançamento do Relatório Justiça em Números 2013.* Brasília, DF: CNJ, 2013. Disponível em http://www.cnj.jus.br/evento/eventos-novos/lancamento-do-relatorio-justica-em--numeros-2013/apresentacoes. Acesso em 23 jun. 2014.

FÓRUM PERMANENTE DE PROCESSUALISTAS CIVIS. *Enunciados do II Fórum Permanente de Processualistas Civis (FPPC).* Salvador, 2014.

_____. *Enunciados do III Fórum Permanente de Processualistas Civis (FPPC).* Rio de Janeiro, 2014.

MENDES, Aluisio Gonçalves de Castro. *Ações coletivas e meios de resolução coletiva de conflitos no direito comparado e nacional.* 4.ed. São Paulo: RT, 2014.

TARUFFO, Michelle. Precedentes e Jurisprudência. *Revista de Processo,* São Paulo: RT, n.199, 2010, p. 139-158.

WAMBIER, Teresa Arruda Alvim. Precedentes e evolução do direito. In: *Direito Jurisprudencial.* São Paulo: RT, 2012, p.11-95.

CAPÍTULO 9

Os princípios da fundamentação e do contraditório no Novo Código de Processo Civil. Primeiras impressões

Paulo Roberto Iotti Vecchiatti[1]

Alexandre Melo Franco Bahia[2]

SUMÁRIO: 1. O QUADRO DESOLADOR. JURISPRUDÊNCIA DEFENSIVA QUE DESCONSIDERA AS ALEGAÇÕES DAS PARTES EM SUAS DECISÕES. CRÍTICAS À JURISPRUDÊNCIA ACERCA DO TEMA.; 2. DOIS OÁSIS EM MEIO A UM DESERTO. PRECEDENTES QUE LEVAM A SÉRIO A FUNDAMENTAÇÃO DAS DECISÕES JUDICIAIS.; 3. O NOVO CPC E A TENTATIVA DE, ATRAVÉS DE NOVOS TEXTOS, EXIGIR-SE QUE SE LEVE A SÉRIO O DEVER DE FUNDAMENTAÇÃO DAS DECISÕES JUDICIAIS.; 4. CONCLUSÃO; 5. REFERÊNCIAS BIBLIOGRÁFICAS.

1. O QUADRO DESOLADOR. JURISPRUDÊNCIA DEFENSIVA QUE DESCONSIDERA AS ALEGAÇÕES DAS PARTES EM SUAS DECISÕES. CRÍTICAS À JURISPRUDÊNCIA ACERCA DO TEMA.

É difícil explicar para uma pessoa leiga em Direito ou mesmo para um jurista não habituado ao contencioso que os juízes e Tribunais dizem sem pestanejar que não se consideram obrigados a enfrentar os argumentos jurídicos apresentados pelas partes em suas decisões[3].

Se isso pode se mostrar irrelevante em termos práticos quando o juiz acolhe o(s) pedido(s) por ela formulado(s), o quadro se mostra simplesmente incompreensível quando o juiz o(s) rejeita. Como sempre explicamos em nossas aulas, palestras e exposições em geral quando abordamos o tema, a parte

---

1. Mestre e Doutorando em Direito Constitucional pela Instituição Toledo de Ensino/Bauru.
2. Doutor em Direito Constitucional – UFMG. Professor Adjunto na UFOP e IBMEC-BH. Advogado.
3. Como se pode ver em julgamento paradigmático sobre o qual houve Repercussão geral: "(...). 3. O art. 93, IX, da Constituição Federal exige que o acórdão ou decisão sejam fundamentados, ainda que sucintamente, sem determinar, contudo, o exame pormenorizado de cada uma das alegações ou provas, nem que sejam corretos os fundamentos da decisão." (STF, AI. n. 791.292 – QO, Pleno, Rel. Min. Gilmar Mendes, DJe. 12.08.2010). Em sentido contrário, no entanto, há alguns precedentes do STF, como mostraremos à frente.

ajuíza a ação (ou a contesta) invocando as normas jurídicas "a", "b" e "c" a seu favor, ao passo que o juiz rejeita sua pretensão com base na norma "d", sem nada dizer sobre aquelas outras três, sendo instado a fazê-lo por intermédio de embargos declaratórios, responde singelamente que não se sente obrigado por entender que bastaria expor sua convicção com base no seu "livre convencimento motivado" ou algo do gênero, e que isso seria suficiente para respeitar o princípio legal e constitucional da fundamentação das decisões judiciais (art. 458, II, do CPC/1973 e art. 93, IX, da CF/88). O mesmo se diga quando esse juiz/ magistrado toma apenas uma das teses arguidas pela parte e a rejeita, fundando sua decisão apenas naquela e não enfrentando as demais. De igual forma nossos Tribunais entendem que tal decisão é válida se o argumento tomado foi suficientemente compreensivo para julgar todo o caso. Ainda, por fim, é o caso quando o órgão julgador se limita a citar certa norma, súmula ou precedente (ou a negar que uns ou outros sejam aplicáveis) sem fazer o devido confronto destes com as particularidades do caso concreto. Há, assim, decisões tão genéricas que poderiam servir de fundamento para os processos os mais diversos.[4]

É desoladora a situação do advogado, portanto. Faz ele um prognóstico ao cliente da possibilidade de se ter ganho de causa com base na interpretação de determinado(s) texto(s) normativo(s), ou com base em Súmulas/precedentes, e no caso de derrota no processo, por vezes se vê na posição constrangedora de explicar ao cliente que, por mais que tenha conclamado o juiz ou Tribunal a se manifestar sobre a(s) norma(s) jurídica(s) decorrente(s) deste(s) texto(s) normativo(s), o mesmo simplesmente disse que não iria fazê-lo. É desoladora, igualmente, a situação da Constituição quando a atividade judiciária ocorre de acordo com o "livre convencimento" e não do enfrentamento das teses e argumentos deduzidos no processo.

Como se vê, a fundamentação das decisões judiciais é outro lamentável mal entendido nesse país. Afinal, uma decisão judicial rejeitar a pretensão da parte sem enfrentar os *argumentos jurídicos* (ou seja, as *causas de pedir, os fundamentos jurídicos do pedido*) por ela invocados para respaldá-la implica em pura e simples arbitrariedade, ou seja, a rejeição não (devidamente) fundamentada da pretensão apresentada.

Como desenvolvemos em outra oportunidade (VECCHIATTI, 2014), não bastasse o que diz a Constituição (art. 93, IX), a partir do momento em que os Tribunais exigem o *prequestionamento* da matéria para fins de cabimento de recursos ao Superior Tribunal de Justiça e ao Supremo Tribunal Federal, consubstanciado na análise explícita do tema pela decisão recorrida, então afigura-se

---

4. Sobre isso ver: THEODORO JÚNIOR, et al. (2015); BAHIA (2009, p. 175 e 310); e STRECK (2010).

como direito subjetivo da parte que tenha seus argumentos jurídicos expressamente enfrentados pelo Tribunal quando este rejeita sua pretensão, já que, do contrário, fechadas (arbitrariamente) serão as portas das *instâncias extraordinárias* a ela ou, no mínimo, impor-se-á uma desnecessária (e irrazoável) demora na apreciação do mérito de sua demanda já que ela se verá obrigada a recorrer a tais Tribunais pleiteando a anulação da decisão recorrida (para que outra seja proferida em seu lugar, a qual analise os argumentos jurídicos não analisados por *relevantes*, aptos a influir no deslinde da causa). Postura esta da magistratura que implica em ressuscitar **Kelsen** na pior parte de sua teoria, a saber, a da decisão judicial como mero "ato [arbitrário] de vontade" (KELSEN, 1999, p. 249).

Com efeito, consoante desenvolvemos naquela oportunidade:

> Algo que sempre nos vem à mente quando magistrados deixam de enfrentar os argumentos jurídicos invocados pela parte é o seguinte: **será que eles não sabem como justificar suas decisões com base nos argumentos jurídicos invocados pela parte???** Afinal, quando alguém deixa de enfrentar um argumento contrário à sua conclusão, este alguém dá a entender que não sabe refutar o referido argumento e, mesmo assim, não quer mudar de opinião. Pois bem: será que é essa a imagem que os magistrados querem passar, ou seja, a imagem de *déspotas* que não conseguem enfrentar racionalmente os argumentos jurídicos trazidos pelas partes (para refutá-los) e, apesar dessa incapacidade, decidem contrariamente às normas jurídicas invocadas pela parte por puro despotismo, ou seja, pelo simples fato de se encontrarem em uma *posição de poder* que lhes permite dar a palavra final sobre o caso??? Será que não percebem que isso implica em ressuscitar **Kelsen** na pior parte de sua teoria, a saber, a da decisão judicial como mero "ato [arbitrário] de vontade"??? (KELSEN, 1999, p. 249). *Data maxima venia*, é esta despótica impressão que os magistrados passam ao arbitrariamente deixarem de enfrentar os argumentos jurídicos trazidos pela parte vencida na demanda, razão pela qual uma compreensão imanente do dever de fundamentação em um Estado Democrático de Direito já demanda pelo dever de enfrentamento dos argumentos jurídicos apresentados pelas partes, ao menos quando se rejeitam as pretensões neles baseadas. A *legitimidade democrática* do Judiciário é *discursiva*[5], no sentido de dever justificar racionalmente suas decisões no ordenamento jurídico vigente na pacificação de conflitos inerente à

---

5. Luiz Guilherme Marinoni invoca a lição de Alexy, de representação argumentativa do Judiciário, para justificar a legitimidade democrática do controle judicial da constitucionalidade das leis (MARINONI, 2010, pp. 164-166). Aqui, como se vê, estende-se tal compreensão para as decisões judiciais como um todo. (nota do original)

função jurisdicional para poder convencer a parte derrotada no processo que ela não tinha razão, fazendo-a entender os motivos de seu insucesso (MARINONI, 2010, p. 289), mas tal convencimento só é passível de ser concretizado se as razões apresentadas pela parte derrotada forem enfrentadas, sob pena dela considerar que a decisão foi juridicamente arbitrária ante a singela desconsideração dos argumentos jurídicos que ela acredita que justificavam a pretensão que viu rejeitada pelo Estado-juiz. (VECCHIATTI, 2014, pp. 14-15).

Sobre o tema, vale transcrever a íntegra da lição paradigmática de **Ana de Loures Coutinho Silva**, que demonstra que a rejeição de pedidos sem enfrentar os fundamentos jurídicos que lhes sustentam (tal qual invocados pela parte) implica em negativa de prestação jurisdicional por implicar em rejeição de *pedido* sem enfrentamento da respectiva *causa de pedir*:

> A ausência de apreciação pelo juiz de todos os *fatos e fundamentos que justificam o pedido formulado* implica em *resposta insuficiente* do Poder Judiciário, não sendo dado ao juiz deixar de examinar todas as *causas de pedir* trazidas pelas partes, elegendo algumas que serão desconsideradas e aquelas que serão objeto de expressa apreciação por parte dele.
>
> *Apenas em uma situação* estaria o magistrado dispensado de apreciar todas as causas de pedir apresentadas: quando já tiver encontrado fundamento suficiente *para acolher o pedido*, mas *nunca para julgá-lo improcedente*, pois 'uma causa de pedir não apreciada equivale a uma ação não julgada. Não se confundem argumentos com causa de pedir. O juiz não está mesmo obrigado a responder a todos os argumentos da parte, desde que digam respeito a uma mesma causa de pedir, já apreciada. Tecnicamente, os argumentos são os fatos não-essenciais, acessórios à causa de pedir' [Daniela Zagari].
>
> Cabe aqui distinguir *argumentos* de *fundamentos*: 'os *fundamentos* constituem os pontos levantados pelas partes dos quais decorrem, por si só, a procedência ou a improcedência do pedido formulado. Os *argumentos*, de seu turno, são simples reforços que as partes realizam em torno dos fundamentos' [Luiz Guilherme Marinoni]. As *questões de fato e de direito*, matéria controvertida pelas partes, são os *fundamentos* referidos pelo inciso II do artigo 458 do Código de Processo Civil [de 1973] [Cássio Scarpinella Bueno].
>
> Com relação aos *fundamentos, o juiz está obrigado a analisar todos aqueles trazidos pelas partes, sob pena de essa omissão autorizar o oferecimento de embargos de declaração (CPC, art. 535, II) e acarretar a própria invalidade da decisão judicial* [Luiz Guilherme Marinoni e Daniel Mitidiero].

De fato, nos termos do artigo 458, inciso II, do CPC [de 1973], cabe ao juiz pronunciar-se sobre as *questões de fato e de direito 'relevantes para o julgamento, sem que lhe seja lícito discriminar, manifestando-se a respeito de alguma(s) e silenciando acerca de outra(s)*. Não tem ele, por outro lado, o dever de expressar sua convicção acerca de todos os argumentos utilizados pelas partes, por mais impertinentes e irrelevantes que sejam, mas, salvo quando totalmente óbvia, há de declarar a razão pela qual assim os considerou' [Barbosa Moreira].

Nessa ordem de ideias, tem-se que *a fundamentação deve refletir o exame de todos os fundamentos trazidos pelas partes em seus arrazoados, dispensando-se o julgador de examinar argumentos que não sejam relevantes para o julgamento. Caso contrário*, como conclui Cassio Scarpinella [Bueno], *não seria possível verificar em que condições o julgador encontrou os fundamentos suficientes para julgamento da causa*.

A apreciação insuficiente dos fundamentos deduzidos pelas partes gera uma *resposta deficiente, dada sem levar em consideração todas as razões trazidas pelas partes para influenciar a formação do convencimento do julgador, o que atenta, não só contra o princípio do livre convencimento motivado (CPC, art. 131), mas também contra o dever de motivação das decisões judiciais (CF, art. 93, IX; CPC, art. 458 II), 'na medida em que há a desconsideração de elemento relevante para a formação da convicção do juiz, sem que seja dada justificativa para tal'* [Luiz Guilherme Bondioli]. (SILVA, 2012, pp. 160-162)

É precisa a explicitação da relação entre os *fundamentos jurídicos do pedido* (que aqui chamamos de *argumentos jurídicos*) com a *causa de pedir* da ação judicial. Com efeito, na lição de **Luiz Guilherme Marinoni**:

O inciso III [do art. 282 do CPC/1973] trata dos *fatos e dos fundamentos jurídicos do pedido*, vale dizer, da *causa de pedir*. O autor apresenta as alegações de fato e os fundamentos de direito esperando que, com a confirmação dessas alegações no curso do processo, o pedido seja acolhido. [...] A circunstância de a ação se fundar em afirmações de fato não quer dizer que a ação exija que os fatos sejam reconhecidos no processo. A ação tem o objetivo de permitir o julgamento do pedido. *Para tanto deve se fundar em afirmações de fato e fundamentos de direito*. [...] O autor, ao propor a ação, obviamente pretende algo [...], um bem que faz parte da realidade da vida. É para demonstrar o direito de obter esse bem que o autor apresenta as alegações de fato e os fundamentos de direito. [...] (MARINONI, 2008, p. 174. Grifos nossos)

Como se vê, à exceção da terminologia (o que a primeira autora chamou de *fundamentos* é o que chamamos de *argumentos jurídicos*), tratam-se de lições paradigmáticas que sustentam a crítica aqui formulada. A qualificação dos *fundamentos jurídicos do pedido* (os *argumentos jurídicos* que lhes sustentam) como *causa de pedir* aponta como a própria compreensão processual (infraconstitucional) do tema demonstra o completo descabimento dessa absurda jurisprudência que rejeita os *pedidos* formulados pela parte sem enfrentar os *fundamentos jurídicos* que lhes sustentam, dado que não é possível saber se o Juízo efetivamente analisou e considerou seriamente os fundamentos dos pedidos a ele apresentados se ele não se digna a enfrentá-los expressamente quando rejeita a pretensão respectiva.

Vale mencionar que "jurisprudência defensiva" se dá também pelo rigor quase ritual na análise de requisitos em recursos: indeferimento porque o recurso foi interposto antes do início do prazo ou porque a cópia de comprovação da tempestividade ou do preparo estão ilegíveis ou porque se esqueceu de anexar um ou outro ainda que, dos autos, se prove que tais requisitos foram cumpridos (tudo isso esvazia o papel garantístico que o processo, na atualidade, deve desempenhar) (BAHIA, 2009; THEODORO JÚNIOR, *et al.*, 2015).

De igual modo, ela também se mostra pelo uso indevido de súmulas e precedentes: por vezes, quando o Judiciário vislumbra a possibilidade de determinada questão vir a se multiplicar em inúmeras causas, se apressa em logo "sumular" a tese e/ou proferir decisões com efeito vinculante (em Ação Declaratória de Constitucionalidade, por exemplo), antes mesmo que sobre ela se tenha podido haver o necessário debate, inclusive violando, no caso das Súmulas Vinculantes, a necessidade de "reiteradas decisões" (art. 103-A, CR/88) (MAUÉS, 2012). De fato, como explica Maués, aqueles que defendem o uso de precedentes (e, particularmente, de Súmulas) no Brasil entendem que a defesa dos mesmos implica em que o juiz está vinculado aos enunciados, "mesmo que existam boas razões para não aplicá-lo" (MAUÉS, 2012, p. 588). O autor cita 3 exemplos que mostram como a criação de Súmulas Vinculantes não resolveu o "problema" da necessidade de interpretação, seja porque surgiram casos sobre os quais se teve de fazer "distinção", seja porque, além disso, o açodamento do Tribunal em redigir o texto sem que o tema estivesse suficientemente maduro apenas proporcionou mais questionamentos (e não menos, como se esperaria de uma Súmula): a Súmula Vinculante n. 3, que contem uma ressalva (de que não serão assegurados o contraditório e a ampla defesa na "apreciação da legalidade do ato de concessão inicial de aposentadoria, reforma e pensão" pelo TCU) que teve de ser revista quando do julgamento de um caso no qual a revisão, pelo TCU, de uma aposentadoria se deu em prazo superior a 5 anos – o que contraria entendimento histórico sobre o prazo prescricional para a Administração Pública rever seus atos.

Outro caso é referente à Súmula Vinculante n. 5, que, mostra o autor, foi elaborada sem que o Tribunal consultasse sua própria jurisprudência assentada no que tange ao entendimento do STF de que é sim direito do acusado em procedimentos administrativos de natureza penal ter garantido o contraditório e a ampla defesa, o que fez com que se multiplicassem casos nos quais se teve de fazer "distinguishing". *In verbis*:

> não havia congruência entre esse enunciado e os precedentes do STF que foram invocados como seus fundamentos. Nos debates sobre a edição da súmula, os próprios Ministros reconheceram que não havia decisões reiteradas sobre a matéria, contudo, a existência de enunciado em sentido contrário do Superior Tribunal de Justiça (STJ) fez com que o STF decidisse sumular seu entendimento para impedir a multiplicação de recursos sobre a questão. Em consequência, a forma pouco matizada com que a súmula foi redigida trouxe problemas para sua aplicação, o que obrigou o STF a esclarecer seu entendimento no julgamento do RE n 398.269 (MAUÉS, 2012, p. 589).

Por fim, Maués (2012, p. 589 *et seq.*) cita também Súmula Vinculante n. 13, sobre nepotismo no serviço público. Como lembra, nos próprios precedentes que lhe deram origem o STF fazia diferença entre "cargos estritamente administrativos" e "cargos políticos": para os primeiros pesava o rechaço ao nepotismo, mas não para os segundos (exceto, quanto a este segundo grupo se, **no caso concreto**, se vislumbrasse violação à moralidade administrativa). Em razão disso o STF teve de decidir várias Reclamações "distinguindo" umas e outras situações.

Logo, a interpretação aqui criticada não é nem de longe a melhor, especialmente no sentido de **Dworkin**, no sentido da interpretação construtiva que visa fazer da prática social analisada (no caso, a fundamentação das decisões judiciais) o melhor que ela pode ser, apresentando o conjunto da jurisdição em sua melhor luz, para alcançar o equilíbrio entre a jurisdição tal como a encontramos e a melhor justificação dessa prática (DWORKIN, 2007B, pp. 96 e 112), ou seja, a melhor concretização que se pode dar ao princípio da fundamentação das decisões judiciais. Não se mostra também como a resposta *correta*, entendida como aquela que melhor se compatibiliza com as regras e princípios do ordenamento jurídico em questão (DWORKIN, 2007A, p. 435).

2. DOIS OÁSIS EM MEIO A UM DESERTO. PRECEDENTES QUE LEVAM A SÉRIO A FUNDAMENTAÇÃO DAS DECISÕES JUDICIAIS.

Não obstante o entendimento criticado no tópico anterior seja torrencialmente (e assustadoramente) majoritário, há dois precedentes nos quais uma correta compreensão do dever de fundamentação das decisões judiciais foi apresentada, apontando precisamente que o **direito fundamental ao contraditório** garante à parte o direito não só de se manifestar, mas de ter suas considerações levadas em consideração pelo Judiciário, o que só é possível (acrescentamos) pelo expresso enfrentamento das razões jurídicas invocadas pelas partes.

Como desenvolvemos em outra oportunidade (BAHIA e VECCHIATTI, 2014, pp. 39-41), o **direito fundamental ao contraditório *substantivo*** impõe um *dever de diálogo* entre o Estado-juiz e as partes, no sentido de impor que os argumentos por elas invocados sejam *seriamente/efetivamente considerados* pelo órgão julgador, donde tem-se que, no mínimo, uma interpretação sistemática do dever constitucional (e legal) de fundamentação das decisões judiciais com o direito fundamental ao contraditório (em sua acepção substantiva) impõe que sejam enfrentados tais argumentos jurídicos, visto que é somente pelo seu enfrentamento que saberemos se o Juízo/Tribunal efetivamente *considerou seriamente/efetivamente* referidos argumentos e se efetivamente *dialogou* com a parte para tanto.

Nesse sentido, o **Supremo Tribunal Federal**, no MS. n. 24.268/MG (Tribunal Pleno, DJ de 09.06.2006), em voto da lavra do Ministro Gilmar Mendes, demonstrou que o direito fundamental ao contraditório supõe o **direito de ver seus argumentos considerados** ("*Recht auf Berücksichtigung*"), o que faz com base na doutrina alemã de Dürig/Assmann, no sentido de que **o dever do magistrado de conferir atenção ao direito das partes não envolve apenas a obrigação de tomar conhecimento** ("*Kenntnisnahhmeplicht*"), **mas também a de considerar, séria e detidamente, as razões apresentadas** ("*Erwägungsplicht*"), donde "*O exercício pleno do* **contraditório** *não se limita à garantia de alegação oportuna e eficaz a respeito de fatos, mas implica a possibilidade de ser ouvido também em matéria jurídica*" (cf. STF, MS n. 24.268) [**o que, acrescentamos, só pode ser aferido com certeza e segurança com o enfrentamento destas razões apresentadas**], tendo em vista que, como bem demonstrado pelo **Tribunal Constitucional Alemão**, a pretensão à tutela jurídica ("*Anspruch auf rechtliches Gehör*") envolve não só o direito de manifestação e o direito de informação sobre o objeto do processo, mas também o **direito de ver os seus argumentos contemplados pelo órgão incumbido de julgar** – *in* Decisão da Corte Constitucional Alemã – BverfGE 70, 288-293.

Nos termos da ementa da decisão dos respectivos embargos declaratórios (MS. n. 24.268 ED/MG, DJ. 09.06.2006): "*Segurança deferida para assegurar observância do princípio do contraditório e ampla defesa (CF, art. 5º, LV)*". Logo, entendeu-se que os direitos ao contraditório e à ampla defesa supõem "*o direito de ver os seus argumentos contemplados pelo órgão incumbido de julgar*".

No mesmo sentido, a posição de **Lenio Luiz Streck**, que ratifica tais colocação do citado MS. n. 24.268 ED/STF (STRECK, 2009, pp. 557-558).

Agora um paradigmático acórdão do **Supremo Tribunal Federal** acerca do tema:

> AGRAVO REGIMENTAL NO RECURSO EXTRAORDINÁRIO. SIMPLES. EXCLU-SÃO. AUSÊNCIA DE NOTIFICAÇÃO. OFENSA AOS PRINCÍPIOS DO CONTRA-DITÓRIO E DA AMPLA DEFESA. REEXAME DE PROVAS. IMPOSSIBILIDADE EM RECURSO EXTRAORDINÁRIO. 1. **O Supremo Tribunal Federal fixou jurisprudência no sentido de que os princípios do contraditório e da ampla defesa, ampliados pela Constituição de 1988, incidem sobre todos os processos, judiciais ou administrativos, não se resumindo a simples direito, da parte, de manifestação e infor-mação no processo, mas também à garantia de que seus argu-mentos serão analisados pelo órgão julgador, bem assim o de ser ouvido também em matéria jurídica.** Precedentes. 2. Reexame de fatos e provas. Inviabilidade do recurso extraordinário. Súmula 279 do Supremo Tribunal Federal. Agravo regimental a que se nega provimento.
>
> (STF, RE 492.783 AgR, 2ª Turma, Relator Ministro Eros Grau, DJe de 19.06.2008. Grifos nossos)

No inteiro teor deste acórdão, explicou-se que o Tribunal de 2º Grau anulou a exclusão de uma empresa do benefício tributário do SIMPLES em razão da au-sência de notificação da empresa para o prévio exercício do direito de defesa e produção de provas. Logo, o *caso concreto* deste paradigma não tem relação direta com o que se discute nesse artigo, ou seja, o direito ao contraditório demandar o enfrentamento (expresso) dos argumentos jurídicos apresentados pela parte pelo órgão julgador. De qualquer forma, a formulação linguística da ementa, embora evidentemente deva ser entendida à luz do caso concreto, abrangeu o que aqui se defende, já que defendeu tanto o (óbvio) direito da parte acusada de se manifestar no processo respectivo, como também a ter seus argumentos analisados pelo órgão julgador, o que (acrescentamos) só se pode garantir que ocorreu se tais argumentos forem expressamente enfrenta-dos, ao menos (e principalmente) quando eles são rejeitados.

De qualquer forma, a realidade enfrentada na prática forense está (muito) longe daquilo que estes dois precedentes apontaram.

3. O NOVO CPC E A TENTATIVA DE, ATRAVÉS DE *NOVOS TEXTOS*, EXIGIR-SE QUE SE LEVE A SÉRIO O DEVER DE FUNDAMENTAÇÃO DAS DECISÕES JUDI-CIAIS.

Evidentemente não se tem aqui nenhuma pretensão de se ressuscitar os dogmas da vetusta *Escola da Exegese*, a qual, com a crença oitocentista na *cla-reza do texto* e no poder racionalizador do mesmo, acreditava que *a lei* (a *letra fria da lei*, objetivamente considerada) tornaria "claro" o sentido (*verdadeiro*) do texto normativo e, assim, impediria qualquer outra interpretação – ou, pelo menos, impediria a pretensão em juízo de qualquer outra interpretação (cf. BAHIA e VECCHIATTI, 2014, p. 41).

De qualquer forma, pela lógica da separação *dos poderes* enquanto sistema de freios e contrapesos, quando o Legislativo não aprova a interpretação que o Judiciário atribui a determinados textos normativos, ele os altera (e/ou cria outros) para tentar alterar as decisões judiciais a partir da interpretação destes (novos) textos normativos. Exemplo ainda recente se deu com a *Lei Seca*: tendo o Judiciário entendido que a lei não admitiria prova de embriaguez por outro meio que não o exame de sangue (ou *bafômetro*), por ela falar na quantidade de álcool no sangue que isto caracterizaria, o Legislativo, atendendo a *clamor social*, alterou a lei para admitir a prova da embriaguez não só por "concentração igual ou superior a 6 decigramas de álcool por litro de sangue", mas também por "sinais que indiquem, na forma disciplinada pelo Contran, alteração da capacidade psicomotora" (a serem evidentemente atestados pelo testemunho de policiais que barrarem a pessoa), alteração esta promovida pela Lei 12.760/2012.

Pois bem, no mesmo sentido, entende-se que o Legislativo, atendendo ao clamor de operadores do direito e da doutrina, editou novos textos normativos para, com isso, tentar alterar a Jurisprudência acima criticada e obrigá-la a enfrentar os argumentos jurídicos apresentados pela parte que teve sua pretensão rejeitada pela decisão judicial, tanto por dispositivos específicos sobre o dever de fundamentação quanto pela salutar menção expressa ao princípio do contraditório.

Com efeito, vejamos o teor do **artigo 489, II, §§1º, 2º e 3º, Novo Código de Processo Civil** – lei n. 13105, de 16 de março de 2015:

> Art. 489. São elementos essenciais da sentença:
>
> [...]
>
> II – os fundamentos, em que o juiz analisará as questões de fato e de direito;
>
> [...]
>
> § 1º **Não se considera fundamentada qualquer decisão judicial, seja ela interlocutória, sentença ou acórdão, que:**
>
> I – se limitar à indicação, à reprodução ou à paráfrase de ato normativo, sem explicar sua relação com a causa ou a questão decidida;
>
> II – empregar conceitos jurídicos indeterminados, sem explicar o motivo concreto de sua incidência no caso;

Cap. 9 • OS PRINCÍPIOS DA FUNDAMENTAÇÃO E DO CONTRADITÓRIO NO NOVO CPC
Paulo Roberto Iotti Vecchiatti – Alexandre Melo Franco Bahia

III – invocar motivos que se prestariam a justificar qualquer outra decisão;

IV – não enfrentar todos os argumentos deduzidos no processo capazes de, em tese, infirmar a conclusão adotada pelo julgador;

V – se limitar a invocar precedente ou enunciado de súmula, sem identificar seus fundamentos determinantes nem demonstrar que o caso sob julgamento se ajusta àqueles fundamentos;

VI – deixar de seguir enunciado de súmula, jurisprudência ou precedente invocado pela parte, sem demonstrar a existência de distinção no caso em julgamento ou a superação do entendimento.

§ 2º No caso de colisão entre normas, o órgão jurisdicional deve justificar o objeto e os critérios gerais da ponderação efetuada, enunciando as razões que autorizam a interferência na norma afastada e as premissas fáticas que fundamentam a conclusão.

§ 3º A decisão judicial deve ser interpretada a partir da conjugação de todos os seus elementos e em conformidade com o princípio da boa-fé. **(*grifos nossos*)**

Todos os incisos e parágrafos deste importante dispositivo do NCPC configuram-se claramente como uma reação expressa à jurisprudência atual, que se recusa a enfrentar os argumentos jurídicos apresentados pelas partes. Ora, ao afirmar que se considerará nula, por não fundamentada, a decisão que não enfrentar argumento jurídico deduzido no processo apto a infirmar a decisão em questão, impõe-se logicamente o dever de enfrentamento de todo e qualquer argumento relevante da parte que se mostre contrário à argumentação desenvolvida pela decisão. Isso significa, evidentemente, que o juiz/Tribunal fica obrigado a enfrentar esses argumentos. Supera-se o vetusto princípio do "dai-me os fatos que [eu, juiz,] te dou o Direito" para a correta compreensão do contraditório (substantivo) pelo qual a decisão judicial deve ser construída a partir de argumentos fáticos e *jurídicos* debatidos pelas partes no processo e expressamente analisados pela decisão judicial.

Primeiramente, é preciso ligar o citado dispositivo ao que estabelece a parte principiológica do Novo CPC (arts. 1º-12) e que deve reger a integração/ interpretação da nova lei. Aqui, especificamente, os arts. 7º-10:[6] uma decisão

---

6. "Art. 7º. É assegurada às partes paridade de tratamento em relação ao exercício de direitos e faculdades processuais, aos meios de defesa, aos ônus, aos deveres e à aplicação de sanções processuais, competindo ao juiz zelar pelo efetivo contraditório.
Art. 8º. Ao aplicar o ordenamento jurídico, o juiz atenderá aos fins sociais e às exigências do bem comum, resguardando e promovendo a dignidade da pessoa humana e observando a proporcionalidade, a razoabilidade, a legalidade, a publicidade e a eficiência.
Art. 9º. Não se proferirá decisão contra uma das partes sem que ela seja previamente ouvida.

fundamentada está diretamente relacionada a um renovado conceito de contraditório em sua vertente substantiva em que este deixa de ser compreendido apenas como "dizer e contradizer" ou como "bilateralidade da audiência" e passa a incorporar também a garantia de influência e a vedação à surpresa (THEODORO JÚNIOR, *et al.*, 2015). De forma que **ofende os princípios do contraditório e da ampla defesa**: *(i)* uma decisão que surpreenda a parte, com fundamento não debatido por elas – ainda quando o juiz pode decidir de ofício deve primeiro dar oportunidade de manifestação àquelas; e *(ii)* uma decisão que não reflita a influência que as partes tiveram em sua formulação, seja porque os argumentos de um foram albergados e os de outro devidamente rejeitados.

Assim é que os incisos I, II, V e VI do §1º do citado art. 489, prescrevem uma responsabilidade maior para o magistrado – mas também para as partes – no uso de normas, conceitos jurídicos indeterminados (como "boa-fé objetiva", "dignidade da pessoa humana" etc.) e precedentes/súmulas (inclusive quando entende não ser o caso de usá-los, se valendo de *distinção* ou, a depender do juízo, também da *superação*)[7]. Em qualquer caso o uso/não de algum dos elementos citados apenas se legitima face ao confronto com as particularidades do caso.

A nosso ver, o Novo CPC poderia, até, ter adotado uma redação mais enfática, afirmando o dever de toda e qualquer decisão judicial enfrentar todos os *argumentos jurídicos* apresentados pelas partes, assim entendidos como aqueles que apresentam determinada pretensão com base em normas jurídicas (valendo esclarecer que uma parte que diga que não tinha o dever de agir de outra forma por ausência de lei que a obrigue está, com isso, invocando o art. 5º, II, da CF/88, que aduz que ninguém será obrigado a fazer ou deixar de fazer algo senão em virtude de lei). De qualquer forma, o dispositivo ora comentado evidentemente só pode ser entendido dessa forma, já que a nulidade por não enfrentamento de argumento apto a infirmar a decisão tem como consequência lógica o dever de enfrentamento de tais argumentos.

A qualificação como não fundamentada a decisão que invoque motivos se prestem a "justificar" qualquer outra decisão (fundamentação genérica) dá uma resposta ao problema concreto de decisões que, *v.g.*, rejeitam embargos

---

Parágrafo único. O disposto no caput não se aplica:

I - à tutela provisória de urgência;

II - às hipóteses de tutela da evidência previstas no art. 311, incisos II e III;

III - a decisão prevista no art. 701

Art. 10. O juiz não pode decidir, em grau algum de jurisdição, com base em fundamento a respeito do qual não se tenha dado às partes oportunidade de se manifestar, ainda que se trate de matéria sobre a qual deva decidir de ofício".

7. Sobre os institutos da "distinção" (distinguishing) e da superação (overruling), ver: THEODORO JÚNIOR (et al.) (2015), BUSTAMANTE (2012) e BAHIA; VECCHIATTI (2014).

declaratórios ou declaram a não-admissibilidade de recursos especiais, de revista e extraordinários, que notoriamente o fazem (em geral) com argumentações abstratas sobre a não-incidência das hipóteses legais de cabimento de tais recursos sem, todavia, explicar o motivo de, no caso concreto, os argumentos concretamente invocados pela parte recorrente não teriam cumprido ditos requisitos legais (nos embargos declaratórios, limitando-se a tecer considerações, por vezes longas, sobre o cabimento do recurso apenas em casos de omissão, contradição, obscuridade ou erro material e afirmando não incidirem no caso, sem, todavia, analisar os argumentos concretamente apresentados pelas partes; nas decisões denegatórias de recurso especial, de revista e extraordinário, afirmando a ausência de prequestionamento, de demonstração da negativa de vigência de lei federal ou afronta direta à Constituição, ou de inexistência de demonstração do dissídio jurisprudencial, também sem analisar os argumentos concretamente apresentados pelas partes). Na pontual e precisa afirmação de **Cássio Scarpinella Bueno**, o dispositivo projetado *"exig[e] do julgador que peculiarize o caso julgado e a respectiva fundamentação diante das peculiaridades que lhe são apresentadas"* (BUENO, 2014, p. 252). O que se tem aqui é a exigência de que a fundamentação, tal qual o dispositivos, sejam específicos: a fundamentação de uma decisão não é um trabalho acadêmico que tece considerações gerais/abstratas sobre certo instituto ou problema jurídico, mas, sim, as razões que sustentam, **a partir do caso**, a parte dispositiva. Da mesma forma, então, que esta última só faz sentido a partir das particularidades do caso, aquela também apenas lhe dará suporte se também estiver vinculada ao caso. Perceba-se que mesmo em sistemas de "common law", a formação de um precedente é, em primeiro lugar, a resolução de um caso e apenas indireta e posteriormente, a base para uma futura decisão (LADEIRA; BAHIA, 2014).

A afirmação da nulidade de decisões que invoquem precedentes ou súmulas sem identificar seus fundamentos determinantes (suas *ratione decidendi*) ou explicar de que forma haveria identidade entre os casos é uma clara reação à infinidade de decisões que fazem exatamente isso que o novo texto normativo visa combater, decisões que se limitam a citar ementas de julgados sem explicar de que forma eles seriam compatíveis com o caso concreto. Vale lembrar que, tomando-se súmulas, vinculantes ou não, é de se ver que, de modo geral, sua referência tem se dado de forma desconectada com as questões, debates e teses que lhe deram origem. Assim, ao invocá-las os Tribunais em geral manifestam a autonomia daquelas frente à discussão subjacente – diferentemente do que ocorre com os precedentes dos países do *stare decisis* (THEODORO JR; NUNES; BAHIA, 2010, p. 41). Aqui entre nós a súmula se abstrai dos fundamentos dos julgados que a originaram. Bem ao contrário da vinculação expressa no respeito ao precedente do mundo do *common law* se interessa por toda fundamentação envolta da decisão, consagrada pelo dinâmico contraditório exercido pelas partes. Isso se dá porque, entre nós, toma-se a súmula como se fosse uma norma, isto é, geral e abstrata. Ora, leis, uma vez aprovadas, se desvinculam dos contextos que lhes deram origem – desde Kelsen sabemos que não há *"mens legislatoris"* ou *"mens legis"* (SIMIONI; BAHIA, 2009). Súmulas, ao contrário, são o produto de casos, de decisão de casos, após um profundo debate e ponderação, de forma que estão umbilicalmente ligadas aos casos que lhes deram origem. Pretender aplicar uma súmula, mesmo que vinculante, sem se proceder a uma comparação entre o caso *sub judice* e os que deram origem à súmula, não faz sentido (LADEIRA; BAHIA, 2014).

A afirmação de que o órgão julgador deve justificar o objeto e os critérios da ponderação efetuada, explicando as razões que justificam a prevalência de uma norma (principiológica) sobre outra é uma clara tentativa de racionalizar o processo de *ponderação de princípios conflitantes* efetuado rotineiramente pela jurisprudência, mas sem atender os pressupostos básicos da teoria alexyana (e não ingressaremos aqui na polêmica sobre a própria pertinência da teoria da ponderação de princípios, a qual julgamos juridicamente possível, *desde que* feita de acordo com os pressupostos da teoria), que se refere a uma *precedência condicionada* às peculiaridades do caso concreto. O problema é que a jurisprudência atual muitas vezes se limita a dizer que (considera que) estão em conflito dois princípios contrapostos (por exemplo, liberdade de expressão de um lado e honra ou intimidade de outro) para afirmar a prevalência de um sobre o outro sem explicitar analiticamente o motivo de as circunstâncias do caso concreto o justificarem. Sequer justificando, em geral, se consideram a intervenção de um princípio no âmbito *prima facie* de outro como grave, média ou mínima e principalmente o motivo de classificarem tal intervenção de uma forma ou de outra (pois, como dito, sequer mencionam a gradação da intervenção de um princípio sobre outro, não deixando claro, assim, as razões pelas quais se considerou que um princípio seria mais importante que outro naquele caso concreto). Isso quando não se fazem *ponderações abstratas*, absolutamente incompatíveis com a teoria alexyana da precedência condicionada às peculiaridades do caso concreto. Assim, o texto normativo projetado visa garantir um mínimo de racionalidade nas decisões que adotam o princípio da proporcionalidade no subprincípio da ponderação (proporcionalidade em sentido estrito).

Ademais, vale destacar, como já adiantado acima, a positivação do princípio do **contraditório como princípio estruturante do processo** (algo evidente, mas que a jurisprudência aqui criticada torna salutar a explicitação). Sobre a relação entre o princípio do contraditório *substantivo* com a fundamentação das decisões judiciais (normalmente não reconhecida pela jurisprudência aqui criticada), valem as considerações que fizemos em outra oportunidade:

[...] o **contraditório, em sua acepção substantiva**, significa um dever de diálogo (e cooperação) do Estado-juiz para com a parte, no sentido de analisar seriamente os argumentos por ela apresentados, sendo que só é possível aferir se o Estado-juiz analisou *seriamente* os argumentos da parte se ele os enfrenta expressamente[8]. Ora, a partir do momento em que o contraditório (substantivo) estabelece um dever de diálogo do Estado-juiz com as partes, de sorte a que elas tenham a possibilidade de influenciar na formação convicção do magistrado e, portanto, da decisão judicial, impondo a análise séria e detida das alegações das partes pelo Estado-juiz (MARINONI e MITIDIERO, 2010, pp. 128-129) e considerando especialmente que a legitimidade das decisões judiciais se afere não só pelo procedimento justo, mas também pelo conteúdo da decisão (MARINONI, 2010, pp. 145-146), logo, pela sua fundamentação, é evidente que a decisão judicial deve enfrentar os argumentos jurídicos apresentados pela parte, ao menos quando rejeita as pretensões respectivas, já que essa é a única forma de saber se a fundamentação da decisão efetivamente analisou os argumentos jurídicos que demandavam pela pretensão que ela (decisão) rejeitou. Do contrário, não se pode ter esperança

---

8. Para uma excelente análise do conteúdo jurídico do direito fundamental ao contraditório, em sua acepção substantiva, vide a lição de Humberto Theodoro Junior e Dierle Nunes (THEODORO JÚNIOR; NUNES, 2009, p. 12), segundo os quais a garantia fundamental do contraditório [substantivo] opera não somente no confronto entre as partes [contraposição de argumentos], transformando-se em um dever-ônus do Estado-juiz de provocar de ofício as partes ao prévio debate sobre as questões de fato ou de direito determinantes para a resolução da demanda. Vejamos decisão do Tribunal Constitucional Alemão, trazida pelos citados autores, relativamente ao tema, que reforça a conclusão supra defendida: "(1) O Tribunal tem de discutir com as partes a questão material e litigiosa, tanto quanto necessário, em seus aspectos fáticos e jurídicos, e tem de colocar questões. Tem, então, de provocar que as partes se manifestem em tempo hábil e plenamente sobre os fatos consideráveis, especialmente que possam completar declarações insuficientes para os fatos que são levados em conta, indicar os meios de prova e colocar proposições relevantes. (2) No caso de a parte não ver ou tomar como irrelevante uma opinião (Gesichtpunkt), só pode o Tribunal – desde que não se trate de uma demanda reconvencional (Nebenforberung) – sustentar sua decisão se isso tiver sido indicado por ele e se tiver sido dada oportunidade para exposição. O mesmo vale para uma opinião que o Tribunal avalie diferentemente das duas partes. (3) O Tribunal tem de chamar a atenção para os equívocos no que concerne aos pontos que ex oficio podem ser levados em consideração. (4) Avisos acerca dessas instruções têm de ser transmitidos tão cedo quanto possível e têm de se fazer registrar nos autos. Contra o conteúdo dos autos só é admissível a prova da falsidade. (5) Se para uma parte não é possível uma pronta explicação para uma posição judicial, então deve o Tribunal determinar um prazo no qual a explicação possa ser dada por escrito'. No mesmo sentido, os autores citam decisão da Corte de Cassação da Itália, no sentido de que "na hipótese de o juiz perceber uma questão de fato ou não considerada pelas partes depois da fase preparatória, deve permitir que sobre a questão as partes possuam a oportunidade de discuti-la". Citam os autores, ainda, outro trecho da mesma decisão, segundo o qual "Se ocorrida em primeiro grau e suscitada em apelo, comporta a remessa com prazo para o seu desenvolvimento, no processo de apelação, das atividades cujo exercício não foi possível em primeiro grau. Se verificada em apelo (...), a sua dedução em cassação determina a cassação da sentença com reenvio, com a finalidade de que o juiz do reenvio oferte espaço para as atividades processuais omitidas" (nota e grifos do original).

nenhuma de que a parte derrotada no litígio aceitará a decisão judicial como decorrente do ordenamento jurídico, pois ficará com a impressão de que o Estado-juiz simplesmente ignorou a argumentação jurídica que entende que lhe dava razão e, assim, que o magistrado decidiu conforme seu puro arbítrio e não com base no Direito vigente (se a parte entende que há normas jurídicas a seu favor, cabe ao Estado-juiz que disso discorda enfrentar tal argumentação jurídica e mostrar à parte porque dela discorda). Mesmo a compreensão da pacificação de conflitos, em acepção substantiva, deve supor necessariamente decisões aptas a gerar na parte a compreensão de que o Estado-juiz negou sua pretensão com base no ordenamento jurídico, o que certamente não ocorre quando os argumentos jurídicos da parte são singelamente desconsiderados (não-enfrentados) pela decisão que os rejeita. Nesse sentido, o **Supremo Tribunal Federal**, no MS n.º 24.268, sob a lavra do Ministro Gilmar Mendes, no qual demonstrou-se que o direito fundamental ao contraditório supõe o *direito de ver seus argumentos considerados* (*"Recht auf Berücksichtigung"*), o que faz com base na doutrina alemã de Dürig/Assmann, no sentido de que *o dever do magistrado de conferir atenção ao direito das partes não envolve apenas a obrigação de tomar conhecimento* (*"Kenntnisnahhmeplicht"*), *mas também a de considerar, séria e detidamente, as razões apresentadas* (*"Erwägungsplicht"*), donde afirmou-se que *"O exercício pleno do contraditório não se limita à garantia de alegação oportuna e eficaz a respeito de fatos, mas implica a possibilidade de ser ouvido também em matéria jurídica"* (cf. STF, MS n.º 24.268) [**o que só pode ser aferido com certeza e segurança com o enfrentamento destas razões apresentadas**], tendo em vista que, como bem demonstrado pelo **Tribunal Constitucional Alemão**, a pretensão à tutela jurídica (*"Anspruch auf rechtliches Gehör"*) envolve não só o direito de manifestação e o direito de informação sobre o objeto do processo, mas também o **direito de ver os seus argumentos contemplados pelo órgão incumbido de julgar** – *in* Decisão da Corte Constitucional Alemã – BverfGE 70, 288-293. No mesmo sentido, a posição de **Lenio Luiz Streck**, que ratifica tais colocação do MS n.º 24.268/STF (STRECK, 2009, pp. 557-558), bem como de outro julgado do **Supremo Tribunal Federal**, segundo o qual o direito fundamental ao contraditório *"não se resum[e] a simples direito, da parte, de manifestação e informação no processo, mas também à garantia de que seus argumentos serão analisados pelo órgão julgador, bem assim o de ser ouvido também em matéria jurídica"* (STF, **RE 492.783 AgR/RN, DJe de 19.06.2008. Grifo nosso), de sorte a que, segundo outro precedente do STF, o contraditório garante à parte** *"o direito de ver seus argumentos contemplados pelo órgão julgador"* (STF, AI 481.015/DF, DJ de 08.09.2006, p. 56). (VECCHIATTI, 2014. Grifos do original).

No mesmo sentido, a doutrina de **Luiz Guilherme Marinoni**, cuja extrema pertinência justifica a transcrição completa (referindo-se aos artigos da redação original do Projeto do Senado):

> Em decorrência da estrutura cooperativa do processo civil, o Projeto refere, no art. 10, que 'o juiz não pode decidir, em grau algum de jurisdição, com base em fundamento a respeito do qual não se tenha dado às partes oportunidade de se manifestar, ainda que se trate de matéria sobre a qual tenha que decidir de ofício'. Na mesma linha, o art. 110, parágrafo único: 'As partes deverão ser previamente ouvidas a respeito das matérias de que o juiz conhecer de ofício'. Ainda: 'A prescrição e a decadência não serão decretadas sem que antes seja dada às partes oportunidade de se manifestar (art. 469, parágrafo único); e 'Se constatar de ofício o fato novo, o juiz ouvirá as partes sobre ele antes de decidir' (art. 475, parágrafo único). Por fim, o art. 845, parágrafo único, condiciona a extinção da execução pela pronúncia da prescrição intercorrente ao prévio debate judicial.
>
> Não há dúvida que o Projeto consagrou nestes casos o **direito ao contraditório como dever de consulta ou de diálogo judicial**. A novidade está em que, ao contrário do que sucedia anteriormente, o contraditório atualmente também tem como destinatário o órgão jurisdicional. *O contraditório não é tão somente entre as partes. É também entre o juiz e as partes. O juiz passa a figurar igualmente como um sujeito do contraditório.* Convém explicitar o máximo possível esta ideia.
>
> Outra questão que merece disciplina é a das consequências da violação do dever de diálogo judicial. O Projeto em nenhum momento enfrenta o assunto. A decisão-surpresa existe e é válida. Ela, contudo, viola uma das suas condições de prolação, que é o prévio diálogo com as partes. A decisão-surpresa, portanto, é ineficaz. *Para que o contraditório como dever de debate não acabe sempre postergado e, pois, verdadeiramente aniquilado em determinados casos, é imprescindível explicitar que a prolação de decisão-surpresa obriga o órgão jurisdicional à prolação de nova decisão, desta feita observado o contraditório.* O instrumento recursal que se presta exatamente a esta finalidade é [o d]os embargos de declaração, na medida em que visam ao aperfeiçoamento da decisão, são dirigidos ao juízo que a prolatou e, ainda, interrompem o prazo para os demais recursos. (MARINONI, 2010, pp. 75-76. Grifos parcialmente nossos).

No mesmo sentido, a observação de **Cássio Scarpinella Bueno**, segundo a qual "[a]s previsões querem evitar o proferimento de *decisões-surpresa*, isto é, proferidas pelo magistrado sem que tenha permitido *previamente* às partes a *oportunidade* de influenciar sua decisão. Trata-se de escorreita aplicação do 'princípio do contraditório'" (BUENO, 2014, p. 44. Grifos parcialmente nossos).

Uma hipótese em que tais dispositivos do NCPC deve gerar uma mudança de comportamento atual do Judiciário é nas decisões que não conhecem de recursos por ausência de alguma peça tida como obrigatória/essencial ou por não atendimento dos requisitos legais respectivos. Para exemplificar, no caso de recurso especial e extraordinário que o Tribunal entenda que não teria sido realizado o prequestionamento da matéria, ao invés de reconhecê-lo de ofício como atualmente se faz, deverá haver a intimação da parte para demonstrar a ocorrência do prequestionamento (até porque a parte pode entender que ele estaria evidente no acórdão e, assim, não ter julgado conveniente explicitá-lo), e eventual decisão que ainda assim entenda que ele não teria ocorrido terá que refutar expressamente a argumentação da parte nesse sentido, consoante o dispositivo que torna nula a decisão que não enfrente fundamento jurídico apto a infirmá-la. O mesmo pode se dar sem intimação da parte *se e somente se* no recurso já estiver explicitado o entendimento da parte pela realização do prequestionamento, caso no qual deverá a decisão enfrentar esse entendimento da parte e explicar porque ele (na sua visão) não estaria correto.[9]

Destaque-se que é desnecessária expressa previsão legislativa para que o órgão julgador que tiver desrespeitado o contraditório como dever de diálogo e tiver, assim, proferido decisão-surpresa tenha que saná-lo mediante o acolhimento dos embargos declaratórios. A uma porque isso é a consequência lógica do reconhecimento de norma jurídica consagradora do contraditório como dever de diálogo. A outra porque (e aí discordando em parte da lição de Marinoni), a decisão que desrespeita o contraditório enquanto dever de diálogo é *inválida*, justamente por ter violado uma das *condições* de sua prolação, ao passo que os embargos de declaração existem justamente para, prestigiando-se a economia processual, a celeridade e a razoável duração do processo, evitar-se anular uma decisão por um vício que pode perfeitamente ser sanado pelo próprio órgão prolator da decisão.

Sobre o tema, são pertinentes alguns comentários a respeito de como se daria isso, já que o NCPC demanda a oitiva prévia das partes antes da decisão. Não nos parece haver nenhuma dificuldade aqui: caso o juiz identifique uma questão de ordem pública sobre a qual não houve manifestação das partes ou de uma ou algumas delas, deverá intimá-la(s) para fazê-lo, explicitando

---

9. Vale a ideia do máximo aproveitamento do mérito e do formalismo processual democrático – art. 40. Por isso também o Novo CPC estabelece que, nos Recursos Extraordinário e Especial, se o Relator entender, no STF, que se está diante apenas de uma "questão federal" ou o Relator no STJ que o que há apenas é uma "questão constitucional", ao invés de negar-se seguimento aos respectivos recursos, estes deverão ser redistribuídos para o STJ ou STF, conforme o caso (arts. 1.032 e 1.033).

a questão que entende qualificar-se como de ordem pública e requisitando sua manifestação. O mesmo se entender que há precedente, jurisprudência ou súmula aplicável ao caso: deverá intimar a(s) parte(s) a se manifestar(em) sobre ele(a) – um singelo "Diga(m) a(s) parte(s) sobre o teor do precedente/ da súmula x relativamente ao objeto do litígio" (a decisão pode ser no singular no caso de o juiz o fizer analisando a petição inicial – sendo que, se em uma petição intermediária uma das partes fizer um argumento não debatido pela outra, deverá o juiz determinar a intimação da outra para se manifestar antes de decidir a questão).

Outra questão que poderia gerar algum debate seria sobre a prescrição ou a decadência identificada pelo juiz quando recebe a petição inicial: mesmo com o fato de o dispositivo falar em "partes", no plural, o que poderia fazer com que o juiz, recebida a petição inicial, tivesse que intimar (ou citar) o réu para sobre ela também se manifestar antes da decisão. Novamente, não nos parece haver nenhuma dificuldade sobre o tema. Sobre a prescrição e a decadência, se o tema não tiver sido expressamente enfrentado na petição inicial e o juiz o identificar, deverá intimar a parte autora para explicitar o motivo pelo qual entende não ter se perpetrado prescrição ou decadência no caso concreto (permitindo com que ela, assim, justifique a ocorrência de algum marco interruptivo ou suspensivo da prescrição, ou mesmo defenda a incidência de outra norma jurídica que não a vislumbrada pelo juiz, que tenha um prazo maior). Se o tema já tiver sido trabalhado na petição inicial, então não será necessário intimar a parte-autora para sobre ele se manifestar, já que o *diálogo* que o princípio do contraditório visa resguardar já terá sido atendido, por intermédio de interpretação teleológica do dispositivo em questão (se a finalidade por ele pretendida já tiver sido assegurada, uma compreensão não-formalista do Direito torna desnecessária a intimação).

Sobre o dispositivo falar em "partes", no plural, basta (novamente) não se realizar uma interpretação meramente literal e interpretar o dispositivo com razoabilidade. O dispositivo deve ser interpretado como determinando a intimação da(s) parte(s) que já integre(m) a relação processual. Realmente soaria estranho (e, salvo melhor juízo, injustificável) determinar a intimação para manifestação de alguém que ainda não compõe a relação processual – até porque tal pessoa, quando citada (no caso de réus) ou *chamada ao processo* (em sentido amplo) por intermédio das espécies de intervenção de terceiros poderá se manifestar sobre o tema. Entendemos, assim, que o juiz não precisará determinar a citação (ou, pior, mera intimação sem citação para posterior citação) de parte(s) que não faça(m) parte da ação até aquele momento, embora devendo determinar a manifestação dela sobre os temas que o Juízo já tiver demandado manifestação da(s) parte(s) que já se encontrava(m) no processo no momento respectivo.

A ideia é simples. O juiz não pode (mais) ser visto como um sujeito solipsista que, no alto da condição de um oráculo, decidiria sozinho o processo. Essa compreensão autoritária do processo não pode mais subsistir. O processo contemporâneo é um procedimento em contraditório que visa possibilitar às partes que colaborem na construção da decisão judicial com base nos fundamentos jurídicos (as causas de pedir) de suas pretensões, seja pelo seu acolhimento, seja pelo enfrentamento expresso em caso de rejeição. Como bem expõe Ommati (2014, p. 108):

> [...] se o contraditório significa o direito daquele que será atingido pela decisão a participar da construção da mesma, logo, o órgão responsável por tomar a decisão deve fundamentá-la, justamente para explicar os acertos e equívocos dos interessados na construção do Direito.

Os dispositivos do Novo Código de Processo Civil em questão visam tão somente positivar em legislação infraconstitucional aquilo que já é uma consequência lógica da concretização constitucional do direito fundamental ao contraditório substantivo (não obstante a conveniente desconsideração de tal circunstância pela jurisprudência contemporânea, aqui criticada, cujo desprezo pela acepção substantiva do contraditório gerou a previsão de ditos dispositivos projetados).

Por fim, relativamente a um argumento *ad terrorem* de parte da magistratura, no sentido de que "agora", com o dever de analisar "todos" os argumentos jurídicos das partes deduzidos no processo aptos a infirmar a decisão recorrida, a razoável duração do processo estaria prejudicada por agora as petições iniciais, defesas etc.[10] traiam "inúmeros" argumentos que demandarão enfrentamento. Em primeiro lugar, isso prova como essa parte da magistratura despreza a interpretação do Direito dada pelas partes e adotam uma visão reacionária de processo. Em segundo lugar, presume a má-fé da advocacia em geral com uma tal afirmação. Mas, de qualquer forma, o "problema" apontado é facilmente contornável. Dever de enfrentamento de argumentos não significa

---

10. Como se pode ler nessa manifestação: "Todas as decisões judiciais devem ser fundamentadas, conforme art. 93, IX, da CF. (...). O Novo CPC, contudo, vai além. Pretende subtrair do STF a definição do que é a fundamentação, cujo conceito deixa de ser acadêmico/jurisprudencial e passa a ser legal. Além disso, extirpa-se o entendimento sedimentado de que o órgão julgador não é obrigado a enfrentar todos os argumentos apresentados pelas partes. Doravante, a fundamentação compreenderá os argumentos do vencedor. Mas deverá, também – sob pena de nulidade –, enfrentar todos os argumentos do vencido capazes de, em tese, infirmar a conclusão adotada pelo julgador. Será possível conciliar o volume de feitos que aportarão no STF, inclusive por conta do modelo de admissibilidade concentrada de cabimento do RE (art. 1.027, parágrafo único, CPC/2015), com a necessidade de afastamento dos argumentos do vencido? Em que intensidade os necessários votos mais sucintos dos Ministros do STF, darão margem a seguidos recursos de embargos de declaração?" (GAJARDONI, et al., 2015).

dever de elaborar um tratado jurídico sobre cada argumento da parte. Se o argumento invocado for manifestamente impertinente ou descabido, o juiz/tribunal poderá explicar isso singelamente, em pouquíssimas linhas para cada argumento – e, neste caso (de manifesta impertinência ou descabimento), deverá multar a parte por litigância de má-fé e mesmo oficiar o advogado ao Tribunal de Ética e Disciplina da OAB respectiva. Se acham a multa "baixa" ou "inefetiva", que proponham alterações na lei para "endurecê-la", sem, todavia, afrontar o dever de fundamentação das decisões judiciais e o direito fundamental ao contraditório substantivo.

Como se vê, o Novo Código de Processo Civil traz importantes contribuições para a melhoria da fundamentação das decisões judiciais, trazendo textos normativos aptos a criação de normas jurídicas aptas a justificar a superação (o *overruling*) do absurdo entendimento jurisprudencial que afirma a suposta "desnecessidade" de o órgão julgador enfrentar os *fundamentos jurídicos do pedido* por ele rejeitado (suas *causas de pedir* – os *argumentos jurídicos* na terminologia que aqui utilizamos). Entenda-se bem, tal postura, hoje, já deveria gerar o reconhecimento da inconstitucionalidade de tais decisões por violação do dever constitucional de fundamentação das decisões judiciais (art. 93, IX, da CF/88), que evidentemente supõe a *adequada* fundamentação das mesmas, mas o Projeto de Novo Código de Processo Civil traz importantes subsídios para se superar tal entendimento com base nas normas *legais* decorrentes destes novos textos normativos. É a esperança que se tem.

Para tanto, entendemos que os embargos declaratórios podem se tornar um bom instrumento de diálogo processual entre o Estado-juiz e a(s) parte(s) caso aquele não tenha atendido esse seu dever, decorrente do direito fundamental ao contraditório substantivo. Deve o juiz/tribunal fazê-lo de antemão, mas, caso não o tenha(m) feito e a parte indicar o fundamento jurídico não analisado (ou a questão fática, caso não estejamos nas instâncias extraordinárias, de julgamento de questões puramente de Direito), o juiz/tribunal deverá fazê-lo na decisão dos embargos declaratórios, que como se sabe se integram à decisão embargada.

4. CONCLUSÃO

O Novo Código de Processo Civil (de 2015) traz importantes contribuições para a tentativa de racionalizar as decisões judiciais, mediante a imposição daquilo que devia ser evidente a quem já leva a sério o dever constitucional (e legal) de fundamentação das decisões judiciais, especialmente quando considerado sistematicamente com o direito fundamental ao contraditório substantivo, a saber, do dever de enfrentamento dos argumentos fático-jurídicos das partes aptos a infirmar a lógica da decisão a eles contrária, o dever de explicitar a(s) *ratio(ne) decidendi* de súmulas e precedentes invocados para explicitar o motivo de sua incidência no caso concreto, a proibição de "fundamentações" genéricas que rejeitem pretensões/recursos das partes sem a análise dos argumentos por elas concretamente apresentados e a imposição da justificação do objeto e dos critérios da ponderação efetuada (mediante a explicação das razões que justificam a prevalência de uma norma principiológica sobre outra). Bem como pela explicitação do contraditório como princípio estruturante do processo civil.

Ainda que a norma seja fruto da interpretação (atribuição de sentidos) a textos normativos e seja, assim, fruto da atividade criativa do intérprete, essa atividade é limitada pelos *limites semânticos dos textos normativos*. Assim, espera-se que esses novos condicionamentos instituídos pelo Novo Código de Processo Civil levem a uma melhor fundamentação das decisões judiciais, no mínimo (porque isso é o *mínimo do mínimo* em termos de devido processo legal democrático) a ensejar o enfrentamento dos argumentos jurídicos apresentados pela parte que teve sua pretensão rejeitada no processo (suas *causas de pedir*), pois é inadmissível que uma pessoa seja privada de seus bens e direitos em geral sem ter tido seus argumentos jurídicos expressamente enfrentados pelo órgão julgador que os rejeita. Pacificação social nenhuma (e menos ainda justiça) haverá com decisões que rejeitem pretensões sem enfrentar os fundamentos que embasam tais pretensões.

5. REFERÊNCIAS BIBLIOGRÁFICAS

ALEXY, Robert. **Teoria dos Direitos Fundamentais**. Tradução de Virgílio Afonso da Silva, 5ª Ed. Alemã, 1ª Ed. Brasileira, São Paulo: Malheiros Editores, 2008.

ÁVILA, Humberto. **Teoria dos Princípios. Da definição à aplicação dos princípios jurídicos**, 8ª Ed., São Paulo: Malheiros Editores, 2008.

BAHIA, Alexandre Gustavo Melo Franco. **Recursos Extraordinários no STF e no STJ: Conflito entre Interesses Público e Privado**. Curitiba: Juruá, 2009.

BAHIA, Alexandre Melo Franco; VECCHIATTI, Paulo Roberto Iotti. **Inconstitucionalidade do Requisito da Repercussão Geral do Recurso Extraordinário e da Técnica do Julgamento por Pinçamento**. Revista dos Tribunais (São Paulo. Impresso), v. 911, p. 243-258, 2011.

BAHIA, Alexandre Melo Franco; VECCHIATTI, Paulo Roberto Iotti. O dever de fundamentação, contraditório substantivo e superação de precedentes vinculantes (*overruling*) no Novo CPC: ou do repúdio a uma nova escola da exegese. In: FREIRE, Alexandre et *al.* (orgs.). **Novas tendências do processo civil**. Salvador: Juspodivm, 2014. v. II.

BAHIA, Alexandre Gustavo Melo Franco; VECCHIATTI, Paulo Roberto Iotti. *O Dever de Fundamentação, Contraditório Substantivo e Superação de Precedentes Vinculantes (overruling) no novo CPC - ou do repúdio a uma nova Escola da Exegese*. In: FREIRE, Alexandre et al. **Novas Tendências do Processo Civil. Estudos sobre o Projeto do Novo Código de Processo Civil**. Volume II, Salvador: Editora JusPodVim, 2013, pp. 27-46.

BARCELLOS, Ana Paula de. **A Eficácia Jurídica dos Princípios Constitucionais. O Princípio da Dignidade da Pessoa Humana**. 2ª Ed., Rio de Janeiro-São Paulo-Recife: Editora Renovar, 2008.

BARROSO, Luís Roberto. **O Direito Constitucional e a Efetividade de suas Normas. Limites e Possibilidades da Constituição Brasileira**. 8ª Ed., Rio de Janeiro-São Paulo-Recife: Editora Renovar, 2006.

BARROSO, Luís Roberto. **Interpretação e Aplicação da Constituição**. 6ª Ed., São Paulo: Ed. Saraiva, 2006.

BARROSO, Luís Roberto e BARCELLOS, Ana Paula de. O começo da história. A nova interpretação constitucional e o papel dos princípios no direito brasileiro. *In* **A Nova Interpretação Constitucional: Ponderação, Direitos Fundamentais e Relações Privadas**, 2ª Ed., Rio de Janeiro-São Paulo-Recife, 2006.

BARROSO, Luís Roberto. **Curso de Direito Constitucional Contemporâneo**. São Paulo: Ed. Saraiva, 2009.

BUENO, Cassio Scarpinella. **Quem tem medo do prequestionamento?** Jus Navigandi, Teresina, ano 6, n. 57, jul. 2002. Disponível em: ‹http://jus2.uol.com.br/doutrina/texto.asp?id=3024›. Acesso em: 24 maio 2010.

BUENO, Cassio Scarpinella. **Projetos de Novo Código de Processo Civil Comparados e Anotados**. São Paulo: Ed. Saraiva, 2014.

BUSTAMANTE, Thomas da Rosa. **Teoria do precedente judicial: a justificação e a aplicação de regras jurisprudenciais**. São Paulo: Noeses, 2012.

DWORKIN, Ronald. **Levando os direitos a sério.** Tradução de Nelson Boeira, 2ª Edição, São Paulo: Ed. Martins Fontes, 2007A.

DWORKIN, Ronald. **O Império do Direito.** Tradução de Jefferson Luiz Camargo, Revisão Técnica de Gildo Sá Leitão Rios, 2ª Ed., São Paulo: Ed. Martins Fontes, 2007.

GAJARDONI, Fernando da Fonseca (*et al.*). Os impactos do Novo CPC no STF. **JOTA**, 06.02.2015. Disponível em: ‹http://jota.info/os-impactos-novo-cpc-stf›.

HESSE, Konrad. **A Força Normativa da Constituição**. Tradução de Gilmar Ferreira Mendes, Porto Alegre; Editor Sérgio Antônio Fabris, 1991.

KELSEN, Hans. **Teoria Pura do Direito**. 6ª Edição, São Paulo: Editora Martins Fontes, 1999.

LADEIRA, Aline Hadad; BAHIA, Alexandre Melo Franco. O precedente judicial em paralelo a súmula vinculante: pela (re)introdução da facticidade ao mundo jurídico. **Revista de Processo**, v. 39, n. 234, p. 275-301, ago. 2014.

MARINONI, Luiz Guilherme. **Precedentes Obrigatórios**. São Paulo: Editora Revista dos Tribunais, 2010.

MARINONI, Luiz Guilherme. **Teoria Geral do Processo**. 3ª Ed., 3ª Tir., São Paulo: Ed. RT, 2008.

MARINONI, Luiz Guilherme. MITIDIERO, Daniel. **O Projeto do CPC. Críticas e Propostas**. São Paulo: Ed. RT, 2010.

MAUÉS, Antônio Moreira. Jogando com os precedentes: regras, analogias, princípios. **Revista Direito GV**, vol. 8, n. 2, jul./dez. 2012.

MAXIMILIANO, Carlos. **Hermenêutica e Aplicação do Direito**. 19ª Ed., Rio de Janeiro: Editora Forense, 2007.

MEDINA, José Miguel Garcia. **Câmara deve rever "prequestionamento ficto" no CPC**, Revista **Consultor Jurídico**, 4 de novembro de 2013. Disponível em: ‹http://www.conjur.com.br/2013-nov-04/processo-camara-rever-prequestionamento-ficto-cpc›. (acesso em 05.11.2013).

MENDES, Gilmar Ferreira, COELHO, Inocêncio Mártires e BRANCO, Paulo Gustavo Gonet. **Curso de Direito Constitucional**. São Paulo: Ed. Saraiva, 2007.

MENDES, Gilmar Ferreira. **Direitos Fundamentais e Controle de Constitucionalidade: Estudos de Direitos Constitucional**. 3ª Ed., 3ª Tir., São Paulo: Ed. Saraiva, 2007.

NEGRÃO, Theotônio. GOUVÊA, José Roberto F. **Código de Processo Civil e legislação processual em vigor**, 41ª Ed., São Paulo: Ed. Saraiva, 2009.

OMMATI, José Emílio Medauar. A Fundamentação dos decisões Jurisdicionais no Projeto do Novo Código de Processo Civil. *In*.: FREIRE, Alexandre; DANTAS, Bruno; NUNES, Dierle; DIDIER JR., Fredie *et. al.* **Novas Tendências do Processo Civil:** Estudos sobre o Projeto do Novo Código de Processo Civil. v. III. Salvador: JusPodivm, 2014.

PEREIRA, Jane Reis Gonçalves. **Interpretação Constitucional e Direitos Fundamentais**. Rio de Janeiro-São Paulo-Recife: Ed. Renovar, 2006.

ROTHENBURG, Walter Claudius. **Princípios Constitucionais**. 2ª Tir., Porto Alegre: Sérgio Antonio Fabris Editor, 2003.

SARLET, Ingo Wolfgang. **A Eficácia dos Direitos Fundamentais**. 10ª Ed., Porto Alegre: Ed. Livraria do Advogado, 2009.

SILVA, Ana de Lourdes Coutinho. **Motivação das Decisões Judiciais**. São Paulo: Ed. Atlas, 2012.

SILVA, José Afonso da. **Aplicabilidade das Normas Constitucionais**. 7ª Ed., São Paulo: Malheiros Editores, 2007.

SILVA, Luís Virgílio Afonso da. Interpretação Constitucional e Sincretismo Metodológico. *In*: SILVA, Luís Virgílio Afonso da (org.). **Interpretação Constitucional**. São Paulo: Malheiros Editores, 2005A.

SILVA, Virgílio Afonso da. **Direitos Fundamentais. Conteúdo essencial, restrições e eficácia**. São Paulo: Malheiros Editores, 2009.

SIMIONI, Rafael Lazzarotto; BAHIA, Alexandre Gustavo Melo Franco. Como os Juízes Decidem? Proximidades e Divergências entre as Teorias da Decisão de Jürgen Habermas e Niklas Luhmann. **Revista Sequência**, n. 59, p. 61-88, dezembro 2009. Disponível em: ‹https://periodicos.ufsc.br/index.php/sequencia/article/viewFile/14146/13590›.

STRECK, Lenio Luiz. **Verdade e Consenso. Constituição, Hermenêutica e Teorias Discursivas. Da Possibilidade à necessidade de respostas corretas em Direito**. 3ª Ed., Rio de Janeiro: Ed. Lumen Juris, 2009.

STRECK, Lenio L. **O Que é Isto – Decido Conforme Minha Consciência?** Porto Alegre: Livraria do Advogado, 2010.

THEODORO JUNIOR, Humberto. NUNES, Dierle José Coelho. O princípio do contraditório. **Revista da Faculdade de Direito de Sul de Minas**, Pouso Alegre, 28, p. 177-206, jan./jun. 2009. Disponível em: ‹http://www.fdsm.edu.br/Revista/Volume28/Vol28_10.pdf› (último acesso em 15.08.2013).

THEODORO JÚNIOR, Humberto; NUNES, Dierle; BAHIA, Alexandre Gustavo Melo Franco. Breves considerações da politização do judiciário e do panorama de aplicação no direito brasileiro – Análise da convergência entre o civil law e o common law e dos problemas da padronização decisória. **Revista de Processo**. São Paulo: RT, vol. 189, novembro 2010.

THEODORO JÚNIOR, Humberto; NUNES, Dierle; BAHIA, Alexandre Melo Franco; PEDRON, Flávio Quinaud. **Novo CPC – Fundamentos e Sistematização**. RJ: Forense, 2015.

VECCHIATTI, Paulo Roberto Iotti. Tomemos a Sério os Princípios da Fundamentação, do Prequestionamento e do Contraditório Substantivo. *Da obrigação do magistrado enfrentar todos os argumentos jurídicos da parte.* In: **Processo e jurisdição I** [Recurso eletrônico on-line]. Organização CONPEDI/UFSC; coordenadores: Celso Hiroshi Iocohama, Adriana Goulart de Sena Orsini – Florianópolis : CONPEDI, 2014, pp. 292-321. Disponível em: ‹http://www.publicadireito.com.br/artigos/?cod=be707b06fa79de55›. (acesso em 15.08.14).

CAPÍTULO 10

O contraditório e suas feições no Novo CPC

Beclaute Oliveira Silva[1]

Welton Roberto[2]

"Da discussão é que nasce a luz."
John Stuart Mill

SUMÁRIO: 1. INTRODUÇÃO; 2. ABERTURA SEMÂNTICO-PRAGMÁTICA DO NOVO CPC; 3. CONTRADITÓRIO E SUAS EXPRESSÕES; 4. NÚCLEO DO CONTRADITÓRIO EFETIVO; 5. PARIDADE DE ARMAS (ISONOMIA PROCESSUAL); 6. CONTRADITÓRIO E DEFESA SUBSTANCIAL NO NOVO CPC; 7. CONSIDERAÇÕES CONCLUSIVAS; 8. REFERÊNCIAS.

1. INTRODUÇÃO

O novo CPC traz a lume em seu artigo 7º dois institutos que ora se imbricam para uma nova concepção jurídica e cultural do posicionamento das partes e da atuação do juiz. Trata-se do contraditório substancial e do tratamento paritário que deverá ser dado a autor e réu, pelo magistrado, na discussão das lides cíveis. Pode-se asseverar que o processo civil se encaminha para um método de acertamento privado mais parecido com as formas encontradas para se resolver as lides penais, como se observará a seguir.

Neste trabalho, dois professores, um de processo civil e outro de processo penal, se propõem a analisar algo que é extremamente comum nas duas searas, o contraditório, que no novo código de processo civil optou por uma versão substancial, conferindo inclusive a paridade de armas.

O trabalho que se desenvolve irá primeiro analisar o contraditório substancial, a partir da doutrina italiana e pátria. Verificará também as relações existentes entre o contraditório no âmbito penal e cível. Então se verificará como a aludida opção do legislador do novo CPC poderá vir a repercutir na esfera cível do processo.

---

1. Doutor em Direito pela UFPE. Mestre em Direito pela UFAL. Professor Adjunto da FDA-UFAL (Graduação e Mestrado). Membro fundador da ANNEP. Membro do IBDP e da ABDPC.
2. PhD em Justiça Penal Internacional pela Universidade de Pavia – Itália. Doutor em Processo Penal pela UFPE. Mestre em Processo Penal pela UFAL. Professor Adjunto da FDA-UFAL (Graduação e Mestrado). Advogado Criminalista.

2. ABERTURA SEMÂNTICO-PRAGMÁTICA DO NOVO CPC

Ao tratar da interpretação, Hans Kelsen abre um tópico sobre indeterminação intencional e indeterminação não intencional. Qualifica a primeira como aquela em que o legislador destina ao aplicador a liberdade para escolher a melhor solução dentre as propostas. Lança o exemplo da lei penal, que muitas vezes dá ao magistrado a opção de escolher, no caso concreto, a partir das circunstâncias do caso, se seria melhor a multa ou a prisão. Já a indeterminação não intencional ocorre quando há pluralidade de significações de uma palavra ou sequência de palavras, de dissonância entre a expressão verbal e a vontade do legislador, de discrepância entre um dos sentidos da expressão verbal e a vontade do legislador, ou quando há contradição entre duas normas[3].

Para o nosso estudo, a ênfase se dá em relação à indeterminação não intencional, por conta da polissemia, máxime com relação ao capítulo dedicado às "normas fundamentais do processo civil", que vai do art. 1º ao art. 12 do novo CPC. Aí se acha inserido o art. 7º, que se transcreve: **"é assegurada às partes paridade de tratamento em relação ao exercício de direitos e faculdades processuais, aos meios de defesa, aos ônus, aos deveres e à aplicação de sanções processuais, competindo ao juiz zelar pelo efetivo contraditório"** (Destacou-se.) A preocupação com a concreção do contraditório, nos moldes delineados no referido dispositivo, ganha reforço em diversos artigos do novo código, como se lê, por exemplo, nos arts. 115; 372; 503 etc.

De plano, fica evidenciado no texto do novo CPC que a garantia de tratamento paritário (igualdade processual) e de efetivo contraditório são expressões que implicam indeterminação semântica, a ser sanada no caso concreto. A doutrina (intérprete não autêntico, na visão kelseniana) terá aqui um papel fundamental, já que cabe a ela construir as possíveis significações dos referidos textos[4]. Outro que deverá possuir extrema relevância é o profissional do direito que, atuando no processo, exerce função jurídico-política, já que ao propor a melhor solução para o caso, procura influenciar na produção judicial do direito[5]. Hans Kelsen percebe aqui a importante função do contraditório, que é o poder de influenciar[6].

Deve-se destacar que o legislador retirou do texto oriundo originalmente do Senado Federal a expressão "em caso de insuficiência técnica", no intuito de

---

3. KELSEN, Hans. Teoria Pura do Direito. Trad. João Baptista Machado. 5ª ed. Coimbra: Armênio Amado Editor, 1979, p. 465-466.
4. KELSEN, Hans. Teoria Pura do Direito. Trad. João Baptista Machado. 5ª ed. Coimbra: Armênio Amado Editor, 1979, p. 472.
5. KELSEN, Hans. Teoria Pura do Direito. Trad. João Baptista Machado. 5ª ed. Coimbra: Armênio Amado Editor, 1979, p. 472-473.
6. DIDIER JR., Fredie. Curso de Direito Processual Civil: Teoria Geral do Processo e Processo de Conhecimento. 12ª ed. Salvador: Juspodivm, 2010, p. 52.

evitar uma limitação problemática ao preceito, já que impediria a atuação do magistrado se a insuficiência fosse econômico-financeira. Além disso, a expressão "insuficiência técnica", dada a sua ambiguidade, resultaria em inúmeras discussões sobre a aplicação do dispositivo, o que dificultaria sua aplicabilidade e respectiva efetividade[7].

A paridade de armas implica condição necessária para que o contraditório seja material e não meramente formal[8]. Assim a paridade de armas, em seu sentido material, acaba por se confundir com o devido processo legal substancial[9].

O novo CPC opta por um sentido mais específico do contraditório, qual seja o contraditório substancial, já que a mera participação, expressão formal do contraditório[10], é insuficiente para o processo, no atual estágio de desenvolvimento das técnicas de soluções dos conflitos.

A opção por um contraditório que vai além da mera formalidade visa materializar com mais eficiência as garantias processuais da produção judicial do direito. Isso ganha relevo quando o Poder Judiciário, antes circunscrito a produzir soluções para um caso específico, é chamado a produzir regulações que têm o condão de dirimir de forma abstrata e geral inúmeros conflitos, como se dá nos precedentes vinculantes, já tão em voga em vários instrumentos decisórios.

Para se entender esta nova faceta do contraditório, passa-se a uma análise pormenorizada, a partir da contribuição das doutrinas italiana e pátria a respeito do assunto.

3. CONTRADITÓRIO E SUAS EXPRESSÕES

Elio Fazzalari, ao posicionar o contraditório como elemento principal de todo o conjunto processual, afirma ser o processo um procedimento em contraditório, explicando que este realiza verdadeira função dialética estruturante[11]. Argumenta que o processo é um lugar a produzir efeitos através da participação das partes em contraditório em razão de uma não poder obliterar a atividade da outra, sendo certo ainda que as funções dos sujeitos são reflexas a ponto de a correspondência de poderes, deveres e faculdades ser coligada. Assim, em sua literal expressão:

---

7. GUTIÉRREZ, Daniel Mota. Notas sobre os princípios e as garantias fundamentais do processo civil no projeto do novo CPC. In ROSSI, Fernando et al. O Futuro do Processo Civil. Belo Horizonte: Fórum, 2011, p. 103.

8. CÂMARA, Alexandre Freitas. Lições de Direito Processual Civil. 23ª ed. São Paulo: Atlas, 2012, p. 61.

9. DIDIER JR., Fredie. Curso de Direito Processual Civil: Teoria Geral do Processo e Processo de Conhecimento. 12ª ed. Salvador: Juspodivm, 2010, p. 60.

10. DIDIER JR., Fredie. Curso de Direito Processual Civil: Teoria Geral do Processo e Processo de Conhecimento. 12ª ed. Salvador: Juspodivm, 2010, p. 52.

11. FAZZALARI, Elio. Istituzzioni di Diritto Processuale. 8. ed. Padova: CEDAM, 1996, p. 83.

Il procedimento va, infine, riguardato come uma serie di facoltà, poteri, doveri: quante e quali sono Le posizioni soggettive che è datto trarre dalle norme in discorso; e che risultano anch'esse, e necessariamente, collegate in modo che, ad esempio, um potere spetti ad um soggetto quando um dovere sai stato compiuto, da lui o da altri, e, a sua volta, l'esercizio di quel poetere costituisca Il pressupposto per l'insorgere di um altro potere (o facoltà o dovere)[12].

O escólio de Elio Fazzalari configurou à sua época importante passo para firmar o contraditório dentro de um mecanismo central para a existência do processo. É também do mencionado autor italiano a ideia de que só existirá processo se em uma ou em mais de uma fase do *iter* da formação de um ato for contemplada a participação não só do autor, mas do destinatário dos efeitos daquela relação, desde que tal atividade decorra do próprio agir em contraditório[13].

Ao realizar uma interpretação conforme os valores constitucionais modernos, imperioso será alargar a extensão do contraditório para uma realidade do justo processo. Se este decorre do devido processo legal, como seu primeiro ascendente, se ele conforma a ideia de processo e se o sistema constitucional erige os direitos fundamentais como condição de garantia para todo o restante de sua realização político-democrática[14], não se pode mais aceitar que o contraditório, plasmado no ordenamento, seja ainda o do século passado. Daí a nova adjetivação de contraditório receber do legislador a estrutura de contraditório substancial, ou seja, aquele que será efetivado para além da argumentação ou dos poderes e faculdades retóricas das partes.

O legislador pátrio optou por ultrapassar o sistema de contraditório diferido e privilegiado a uma das partes no processo, ou seja, aquela que porventura teria maiores condições e poder para interferir na produção da prova. Assegurou que o magistrado deverá dar tratamento paritário aos atores do processo enquanto zela pelo "efetivo" contraditório. Assim tenta encontrar equilíbrio para além da liberdade arbitrária do passado, quando as partes eram largadas à sua própria competência, procurando então nortear as lides civis com um ponto a mais no acertamento que se contrapõe ao litígio entre elas. A ideia paritária de contraditório substancial parece mais com a concepção do justo processo adotada pelos italianos em sua Constituição através do artigo 111, com a redação estipulada pela lei constitucional de 23 de novembro de 1999[15].

---

12. FAZZALARI, Elio. Istituzzioni di Diritto Processuale. 8. ed. Padova: CEDAM, 1996, p. 78/82.
13. FAZZALARI, Elio. Istituzzioni di Diritto Processuale. 8. ed. Padova: CEDAM, 1996, p. 83.
14. NUNES, Dierle José Coelho. Processo Jurisdicional Democrático. Curitiba: Juruá, 2008, p. 215.
15. "La giurisdizione si attua mediante il giusto processo regolato dalla legge.
Ogni processo si svolge nel contraddittorio tra le parti, in condizioni di parità, davanti a giudice terzo e imparziale. La legge ne assicura la ragionevole durata.

Na Itália, o contraditório passou a assumir um papel preponderante para o desenvolvimento não só da figura instrumental do processo, como na lição trazida por Elio Fazzalari, mas do justo processo em face de sua assunção como garantia objetiva, e não somente como garantia subjetiva. Assim:

> *Il difensore oggi, al pari del pubblico ministero, individua e raccoglie fonti di prova, portando così al GIP un contributo probatorio per l'archiviazione o l'udienza preliminare con i riti alternativi. Quindi, già in questa fase, si può "accertare la verità" e definire in tempi rapidi il procedimento[16].*

Mario Chiavario, por seu turno, analisa os meandros em que o conteúdo do princípio do contraditório aparece no sistema constitucional italiano, contornando-lhe seus significados e alcances para todo o ordenamento jurídico, e não somente o penal. O primeiro significado do princípio, diz o processualista, é de raiz genérica, servindo de fundamento para todo e qualquer processo, e não somente o penal, pois resguardado como corolário da formação processual. Em um segundo plano, constitui o contraditório um método para a formação da prova. O professor siracusano classifica o princípio entre os fundamentos probatórios, a saber:

> *... il contraddittorio enunciato come un principio di carattere oggettivo, come un metodo: è qualcosa, dunque, che va al di là dell'esigenza di tutela dell'interesse difensivo di chi è accusato penalmente, anche se non vorrei che dimenticassimo i grandi meriti storici di chi, nell'assenza di una norma come quella dell'attuale art. 111 comma 2, ha tratto già dall'art. 24 Cost. la tutela del principio del contraddittorio[17].*

Nel processo penale, la legge assicura che la persona accusata di un reato sia, nel più breve tempo possibile, informata riservatamente della natura e dei motivi dell'accusa elevata a suo carico; disponga del tempo e delle condizioni necessari per preparare la sua difesa; abbia la facoltà, davanti al giudice, di interrogare o di far interrogare le persone che rendono dichiarazioni a suo carico, di ottenere la convocazione e l'interrogatorio di persone a sua difesa nelle stesse condizioni dell'accusa e l'acquisizione di ogni altro mezzo di prova a suo favore; sia assistita da un interprete se non comprende o non parla la lingua impiegata nel processo. Il processo penale è regolato dal principio del contraddittorio nella formazione della prova. La colpevolezza dell'imputato non può essere provata sulla base di dichiarazioni rese da chi, per libera scelta, si è sempre volontariamente sottratto all'interrogatorio da parte dell'imputato o del suo difensore.

La legge regola i casi in cui la formazione della prova non ha luogo in contraddittorio per consenso dell'imputato o per accertata impossibilità di natura oggettiva o per effetto di provata condotta illecita. Tutti i provvedimenti giurisdizionali devono essere motivati.

Contro le sentenze e contro i provvedimenti sulla libertà personale, pronunciati dagli organi giurisdizionali ordinari o speciali, è sempre ammesso ricorso in Cassazione per violazione di legge.Si può derogare a tale norma soltanto per le sentenze dei tribunali militari in tempo di guerra.

Contro le decisioni del Consiglio di Stato e della Corte dei conti il ricorso in Cassazione è ammesso per i soli motivi inerenti alla giurisdizione".

16. ORLANDI, Mariagrazia. La nuova cultura del giusto processo nella ricerca della verità. Giuffrè Editore: Milano, 2007, p. 22.

17. Associazione tra gli studiosi del processo penale. Il contraddittorio tra costituzione e legge ordinaria. Giuffrè Editore: Milano, 2002.p.23.

Diferentemente, o sistema brasileiro buscou garantir no artigo constitucional referente aos direitos fundamentais o contraditório no processo como raiz genérica, corolário de todo e qualquer processo, assim como acentuou Mario Chiavario em seu primeiro pronunciamento acerca da natureza conceitual do princípio em comento. Silenciou, todavia, a respeito do seu alcance e de seu conteúdo. No ordenamento processual penal, seja no atual CPP, seja no projeto n° 156/2009, que busca a criação de um novo CPP de matiz acusatória, o conteúdo continuou de raiz genérica, como mera garantia do processo.

No âmbito processual penal pátrio, embora o legislador após a reforma pontual do sistema probatório tenha trazido para o artigo 155 do CPP a produção da prova em contraditório judicial, a sua positivação sistêmica, por ora, não lhe deu vida para além da funcionalidade processual. A ousadia, todavia, permite também trazê-lo para o campo do método objetivo de acertamento fático acerca da formação da prova, assim como fez o processualista italiano citado. Isso possibilita discutir o contraditório na formação da prova – colheita e produção[18] -, e não somente o contraditório sobre a prova - já colhida e produzida.

O legislador, no novo CPC, foi mais ousado ao positivar o contraditório substancial e a paridade de armas no art. 7° da lei instrumental civil, argumento já defendido, em 2012, em tese de doutorado na Universidade Federal de Pernambuco, a saber, a paridade de armas como consectário do processo moderno na construção do justo processo[19].

Como bem relatado, a incessante busca pela demonstração dos fatos dentro das quadras processuais legítimas se torna mais próxima quando para a prova podem contribuir as partes. As palavras pronunciadas há mais de duzentos anos por Lord Eldon, mencionadas por Mario Chiavario, já nos dão a certeza de que a verdade no processo só pode ser encontrada quando se faz a busca dentro do contraditório: *"truth is best discovered by powerful statementes on both sides of the question"*[20].

Desta forma, o medo de se revelar o conteúdo do contraditório de partes paritárias, equilibrando os poderes dos contendores do processo sobre a prova e afastando o juiz de sua original formação, tem sido obstáculo para o alcance material do contraditório. Parece ser mais uma questão de enfrentamento

---

18. CAMBI, Eduardo. Direito Constitucional à Prova no Processo Civil. São Paulo: RT, 2001, p. 152-153.
19. ROBERTO, Welton. Paridade de Armas no Processo Penal Brasileiro – Uma Concepção do Justo Processo. Tese de Doutorado. UFPE. Recife-PE, 2012.
20. CHIVARIO, Mario. Associazione tra gli studiosi del processo penale. Il contraddittorio tra costituzione e legge ordinaria. Giuffrè Editore: Milano, 2002, p.24.

conceitual dentro de um paradigma valorativo do que propriamente a necessidade de se positivar também referido alcance principiológico no ordenamento, porquanto lá já se encontra normatizado, consoante se depreende do artigo 5.º, LV, da Constituição Federal.

Na esteira do pensamento de Mario Chiavario, o contraditório não pode se reduzir a um torneio meramente oratório, em que as partes discutem sobre uma prova para a qual não contribuíram positivamente em sua formação, principalmente quando todo o esteio probante resulta da investigação preliminar produzida pela polícia judiciária, deixando às partes um papel reduzido de crer em ou desconfiar daquilo que lhes chegou ao conhecimento.

O contraditório como método objetivo passa a creditar às partes a responsabilidade sobre o fato, o processo e o próprio direito. Conforme escólio de Leonardo Carneiro da Cunha:

> O contraditório, atualmente, tem uma dimensão maior, passando a ostentar uma noção mais ampla de contraditoriedade. Tal noção deve ser entendida como garantia de efetiva participação das partes no desenvolvimento de todo litígio, mediante possibilidade de influírem, em igualdade de condições, no convencimento do magistrado, contribuindo na descrição dos fatos, na produção de provas e no debate das questões de direito[21].

Assim sendo, o contraditório em seu caráter metodológico objetivo na formação da prova passa a ser um princípio fundamental que, embora não assuma caráter absoluto, comportando algumas exceções devidamente calibradas dentro da razoabillidade, principalmente para a garantia do sucesso do próprio fim do processo, deve ser considerado como corolário do justo processo, e não somente o penal, sob os auspícios da reforma que ora se impõe.

Segundo Vittorio Grevi, para que haja o justo processo é necessário que o itinerário processual se desenvolva mediante contraditório paritético, perante juiz imparcial[22].

Não há como deixar de incluir, neste contexto, o exercício da ampla defesa como decorrente lógico dos valores até aqui abordados. Aqui, a mescla entre o direito de defesa e o princípio do contraditório acaba se fundindo para além

---

21. CUNHA, Leonardo Carneiro da. A Atendibilidade dos Fatos Supervinientes no Processo Civil. Coimbra: Almedina, 2012, p. 57-58.

22. "La necessità che l'itinerario processuale si svolga nel contraddittorio tra le parti, in condizioni di parità e davanti a giudice terzo. Nulla di nuovo, evidentemente, per quanto riguarda il contenuto dei princìpi così enunciati, che già oggi del resto vengono individuati come canoni essenziali (non i soli, peraltro) del giusto processo." GREVI, Vittorio. Alla ricerca di un processo penale giusto. Mllano: Giuffrè Editore. 2000, p. 156.

de suas naturezas jurídicas e conceitos jurisfilosóficos. Não se pode tratar da existência de um sem se revelar o conteúdo de outro. Como uma simbiose conceitual não poderia garantir a ampla defesa fora da esfera do contraditório.

4. NÚCLEO DO CONTRADITÓRIO EFETIVO

O professor Glauco Giostra, da Universidade *Sapienza* de Roma, discípulo direto dos ensinamentos de Giovanni Conso e Vittorio Grevi, sustenta que o conteúdo nuclear de um processo confiável repousa na realização do contraditório em seus elementos mais essenciais. E quais seriam esses elementos?[23]

Para a consecução do princípio, necessário primordialmente que se esteja diante de partes contrapostas, havendo a ciência e a oportunidade de contrapor não só argumentos – contraditório argumentativo –, mas também fatos devidamente reconstruídos – contraditório material –, em igualdade de condições. Daí se destaca ser a cognição – ciência –, a participação – oportunidade – e a isonomia – paridade – seus elementos essenciais. Acrescente-se aqui o poder de influenciar, como já ficou destacado neste trabalho, com base na contribuição kelseniana. A ausência de qualquer um desses elementos desnatura o contraditório, transformando-o em qualquer outra coisa, menos na precisa regra de ouro, expressão cunhada pela doutrina italiana.

O contraditório não se resume a garantir que uma parte possa se utilizar somente do conteúdo linguístico para contrapor fatos trazidos à cognição pela outra. Isso é arremedo do princípio. Impedir que uma parte tenha contato com a hipótese fática é negar-lhe a oportunidade da efetiva contraposição, daí por que não se justifica, dentro de uma concepção moderna e constitucionalizada do princípio, que os elementos cognitivos da investigação não possam ser também objeto de questionamento pelas partes[24].

Assim, afeta sobremaneira o princípio do contraditório a impossibidade de as partes checarem a hipótese fática mediante instrumentos de investigação próprios, ou mesmo a prática usual de os magistrados brasileiros perguntarem,

---

23. GIOSTRA, Glauco. Indagine e Prova: dalla non dispersione a nuovi scenari cognitivi. Associazione Tra Gli Studiosi del Processo Penale. Verso la riscoperta di un modello processuale. Convegnio in memoria di Antonio Galati. Giuffrè Editore: Milano, 2003, p. 49.

24. No dizer de Glauco Giostra: "Lo scopo dell'atto di indagine non è l'accertamento della verità, ma quello di fornire il massimo contributo informativo per cercare più efficacemente le fonti ed i riscontri, che consentano di verificare in giudizio un'ipotesi di verità: serve a conoscere per agire, non per giudicare. Ne deriva che l'atto di indagine è qualitativamente incommensurabile all'atto di prova." GIOSTRA, Glauco. Indagine e Prova: dalla non dispersione a nuovi scenari cognitivi. Associazione Tra Gli Studiosi del Processo Penale. Verso la riscoperta di un modello processuale. Convegnio in memoria di Antonio Galati. Giuffrè Editore: Milano, 2003, p. 54.

em sede penal, em juízo, se aquela "testemunha" confirma seu depoimento prestado para a autoridade policial, ato praticado longe dos olhos e da efetiva participação das partes. Até porque tal confirmação é prática rotineira.

Conquanto isso toca ao juiz – terceiro não interessado –, não se descura que a aplicabilidade de tais elementos se encontra sob a sua autoridade, por isso supraparte, que imporá aos contendores o respeito aos consectários essenciais. No dizer de Claudio Faranda, o juiz integra o princípio do contraditório de forma a perfectibilizá-lo. No novo CPC, o contraditório se positiva como um dever do magistrado, que deverá velar por sua efetivação.

Um cuidado que se deve ter acerca da participação do juiz na integração do contraditório é de que este não venha interferir, calibrando-o com sua carga de poder na busca da verdade dita real, mas sim efetivamente garanti-lo, integrando-o como método de acertamento da realidade fática trazida pelas partes contrapostas[25]. Desse modo, o fato construído mediante a atividade probatória deve ser objeto da participação efetiva dos litigantes e do magistrado, que deverá velar por sua concretização[26].

Sob o signo da cognição, ciência ou conhecimento, já se desdobra a impossibilidade de se ter sob sigilo fatos e argumentos – em ambos casos, as partes realizam a esgrima paritária de forma clara, não podendo haver, ao menos como regra, provas ou argumentos que não possam ser contrapostos, sob pena de se invalidar o ato processual.

Paolo Tonini relata que as provas colhidas secretamente, seguindo as concepções inerentes ao princípio em estudo, são gravadas por sua inutilizabilidade, expressão cunhada para invalidar a eficácia do ato processual que atente contra o contraditório[27].

Assim, a decisão judicial não é o resultado de uma escolha simplista sobre o desempenho das partes no processo, impondo ao juiz reconhecer sempre, ao acolher a pretensão ministerial, que os fatos provados se encontram além de uma dúvida razoável sobre os fatos que possivelmente ocorreram.

---

25. "Il giudice anche nel caso in cui abbia poteri autonomi di accertamento, lungi dall'impedire l'attuazione del contraddittorio, lo integra e lo disciplina, esercitando su di esso, come nel processo accusatorio puro, funzioni di controllo e di direzione; in alcuni casi tempera addirittura gli squilibri dinamici che possono crearsi tra le parti per imperfezione nell'organizzazione dei relativi uffici." FARANDA, Claudio. La par condicio nel processo penale. Milano: Giuffrè Editore, 1968, p. 15.
26. GIOSTRA, Glauco. Indagine e Prova: dalla non dispersione a nuovi scenari cognitivi p.55.Associazione Tra Gli Studiosi del Processo Penale. Verso la riscoperta di un modello processuale. Convegnio in memoria di Antonio Galati. Giuffrè Editore: Milano, 2003, p. 55.
27. TONINI, Paolo. Giusto processo – nuove norme sulla formazione e valutazione della prova. Padova: Cedam, 2001, p. 59.

A escolha da hipótese efetivada pelo magistrado deve ser realizada aplicando todos os preceitos de garantia, a fim de que a certeza judicante possa estar aproximada da realidade fática que represente algum conteúdo de justiça. *Res iudicata pro veritate accipitur* é a força que se demonstra com a sentença que, passada em julgado, passa a representar a verdade processual, espraiando-a para além do processo. Portanto, não se olvida que o processo precisa garantir ao acusado instrumentos *equo* para combater os efeitos que advirão inexoravelmente das decisões judiciais[28].

Para tanto, Paolo Ferrua aponta que o compromisso com a realidade fática dentro do processo deve ser efetivado com as garantias inerentes a este acertamento, apontando o direito de defesa como inalienável, inviolável e inderrogável. Inconciliável que é o direito de defesa, o contraditório, como estudado, em grau de equivalência aparece como condição de realização da garantia indisponível, tendo como essência o direito de as partes intervirem em condições de paridade, enfatizando-se ainda a constante ameaça que tal garantia sofre[29].

5. PARIDADE DE ARMAS (ISONOMIA PROCESSUAL)

Observa-se que como elemento condicionante fundamental do contraditório, a paridade de armas desponta como elemento cerne para a concreção do princípio/garantia, sem o qual não haveria a sua realização e, por conseguinte, a afetação imediata ao direito de defesa, inquinando o processo de um desequilíbrio funcional inaceitável ao que propõe o que se denomina justo processo.

Não se afasta ainda de cunhar a expressão regra de ouro do processo, porquanto assevera ser o contraditório na formação da prova um novo modelo de justiça distributiva[30]. Portanto, não se pode negar que a paridade de armas, como elemento cerne para a realização do contraditório, ora se posiciona, também, como consectário da realização do justo processo. Esta concepção, dentro dos padrões europeus, principalmente italianos, seria a conclusão óbvia após mera leitura do que dispõe a Constituição da Itália seu artigo 111, já citado. Não

---

28. FERRUA, Paolo. Il giudizio penale: fatto e valore giuridico in FERRUA, Paolo; GRIFANTINI, Fabio M; ILLUMINATI, Giulio; ORLANDI, Renzo. La prova nel dibattimento penale. G.Giappichelli Editore: Torino, 2005, p. 285.

29. "Di queste garanzie, la più complessa e anche la più minacciata – per i fraintendimenti di cui è oggetto – è il contraddittorio, la cui essenza sta nel diritto delle parti di interloquire, in condizioni di parità, su ogni tema rilevante per la decisione." FERRUA, Paolo. Il giudizio penale: fatto e valore giuridico in FERRUA, Paolo; GRIFANTINI, Fabio M; ILLUMINATI, Giulio; ORLANDI, Renzo. La prova nel dibattimento penale. G.Giappichelli Editore: Torino, 2005, p. 286.

30. PAOLO FERRUA – Tavola Rotonda... la regola del contraddittorio nella formazione della prova corrisponde ad un elementare principio di giustizia distributiva – per questo appunto la chiamo "Regola d'Oro" – che suona pressappoco in questi termini: non negare ad altri quel contraddittorio che vorresti fosse riconosciuto a te se fossi imputato (p. 254).

obstante, a construção que ora impõe ser articulada reside na possibilidade de a transposição do elemento cerne – essência – do contraditório, qual seja o tratamento paritário, vir a ser alçada como princípio também dentro do ordenamento jurídico nacional.

Verifica-se que de paridade de armas não se trata expressamente no ordenamento jurídico nacional, não sendo esta encontrada na Carta Maior, na legislação processual penal, embora ganhe destaque no art. 7º do novo Código de Processo Civil, já citado. As Cortes Superiores (STJ e STF) a reconhecem, tratando-a ora como garantia, ora como princípio, ora como fundamento[31].

---

31. HC 71408/RJ-RIO DE JANEIRO - Ementa: JUSTIÇA - PARTÍCIPES - RESPEITO MÚTUO. Advogados, membros do Ministério Público e magistrados devem-se respeito mútuo. A atuação de cada qual há de estar voltada à atenção ao desempenho profissional do homem médio e, portanto, de boa-fé. Não há como partir para a presunção do excepcional, porque contrária ao princípio da razoabilidade. JÚRI - ADIAMENTO ⊠ POSTURA DO MAGISTRADO. Ao Estado-juiz cumpre a prática de atos viabilizadores do exercício pleno do direito de defesa. O pleito de adiamento de uma Sessão, especialmente do Tribunal de Júri, no que das mais desgastantes, deve ser tomado com espírito de compreensão. JÚRI - AUSÊNCIA DO ADVOGADO CONSTITUÍDO - CONSEQÜÊNCIAS. Ausente o advogado por motivo socialmente aceitável, incumbe ao presidente do Tribunal do Júri adiar o julgamento. Injustificada a falta, compete-lhe, em primeiro lugar, ensejar ao acusado a constituição de um novo causídico, o que lhe é garantido por princípio constitucional implícito. Somente na hipótese de silêncio do interessado que, para tanto, há de ser pessoalmente intimado, cabe a designação de defensor dativo. Inteligência dos artigos nos 261, 448, 449, 450, 451 e 452 do Código de Processo Penal, à luz da Carta da República, no que homenageante do direito de defesa, da paridade de armas, alfim, do devido processo legal. Júri realizado com o atropelo de garantias asseguradas à defesa e, por isso mesmo, merecedor da pecha de nulo.

    HC 75527/MS-MATO GROSSO DO SUL. Ementa INTIMAÇÃO PESSOAL - CARACTERIZAÇÃO. Fica caracterizada a intimação pessoal da defensoria pública, a contrapor-se à ficta, resultante da publicação do ato no Diário da Justiça, quando remetido ao Procurador-Geral ofício veiculando a data designada para a prática do ato e constando de cópia a notícia do recebimento. Descabe burocratizar a prática judicial exigindo-se a expedição de mandado e a intimação específica do defensor que vem patrocinando os interesses do acusado. Enfoque idêntico adota-se, até mesmo, ante a necessária paridade de armas quanto ao Ministério Público, ou seja, ao Estado acusador.

    HC 82980/DF-DISTRITO FEDERAL. EMENTA: HABEAS CORPUS. PROCESSO PENAL. HOMICÍDIO. JÚRI. CONCURSO DE PESSOAS. RÉUS DENUNCIADOS POR AUTORIA E PARTICIPAÇÃO. JULGAMENTO DESMEMBRADO. ABSOLVIÇÃO DO PARTÍCIPE. JULGAMENTO DO SEGUNDO RÉU, QUE, EM PLENÁRIO, INVERTE A ACUSAÇÃO INICIALMENTE POSTA NA DENÚNCIA, ASSUMINDO A PARTICIPAÇÃO NO EVENTO CRIMINOSO E IMPUTANDO AO PARTÍCIPE ABSOLVIDO A AUTORIA MATERIAL DO DELITO. ABSOLVIÇÃO. SEGUNDA DENÚNCIA EM CONFORMIDADE COM A NOVA VERSÃO DOS FATOS. ALEGAÇÃO DE AFRONTA À COISA JULGADA. INTELIGÊNCIA DO ART. 110, § 2º, DO CPP. VINCULAÇÃO OBRIGATÓRIA ENTRE PRONÚNCIA-LIBELO-QUESITAÇÃO. INAPLICABILIDADE DO ART. 384, CAPUT E PARÁGRAFO ÚNICO, NA SEGUNDA FASE DO RITO DO JÚRI (JUDICIUM CAUSAE). 1. (Omissis). 2. (Omissis) 3. O procedimento do Júri, marcado por duas fases distintas e procedimentos específicos, exige a correlação obrigatória entre pronúncia-libelo-quesitação. Correlação, essa, que decorre não só da garantia da ampla defesa e do contraditório do réu -- que não pode ser surpreendido com nova imputação em plenário --, mas também da necessidade de observância à paridade de armas entre acusação e defesa. Daí a impossibilidade de alteração, na segunda fase do Júri (judicium causae), das teses balizadas pelas partes na primeira fase (judicium accusationis), não dispondo o Conselho de Sentença dos amplos poderes da mutatio libelli conferidos ao juiz togado. 4. Habeas corpus indeferido.

    HC 83255/SP-SÃO PAULO Ementa: DIREITO INSTRUMENTAL - ORGANICIDADE. As balizas normativas instrumentais implicam segurança jurídica, liberdade em sentido maior. Previstas em textos imperativos, hão de ser respeitadas pelas partes, escapando ao critério da disposição. INTIMAÇÃO PESSOAL - CONFIGURAÇÃO.

NOVO CPC DOUTRINA SELECIONADA, v. 1 • Parte Geral

PARTE III – NORMAS FUNDAMENTAIS

Não obstante, no novo CPC, em que consistiria o tratamento paritário das partes?

A paridade de armas não se deve conceber somente como igualdade de condições com que as partes devam se posicionar, mas também o nível de reciprocidade com que o atuar de um sujeito reflete no outro, respeitando-se as diferenças funcionais dentro dos papéis que desempenham no processo[32]. Seria reducionista a condição de igualdade caso não houvesse a reciprocidade integrativa das ações desenvolvidas pelas partes.

Tal integração deriva de uma natureza cooperativa na formação da prova e no acertamento da verdade processual que o processo adquire ao se amoldar ao sistema acusatório, distinguindo claramente as funções de acusar, defender e julgar[33]. Como assevera Fredie Didier, a cooperação é uma forma de concretização do contraditório[34].

É função precípua da ciência processual procurar equilibrar os instrumentos colocados à disposição da acusação e da defesa, de forma a propiciar que o

---

Contrapõe-se à intimação pessoal a intimação ficta, via publicação do ato no jornal oficial, não sendo o mandado judicial a única forma de implementá-la. PROCESSO - TRATAMENTO IGUALITÁRIO DAS PARTES. O tratamento igualitário das partes é a medula do devido processo legal, descabendo, na via interpretativa, afastá-lo, elastecendo prerrogativa constitucionalmente aceitável. RECURSO - PRAZO - NATUREZA. Os prazos recursais são peremptórios. RECURSO - PRAZO - TERMO INICIAL - MINISTÉRIO PÚBLICO. A entrega de processo em setor administrativo do Ministério Público, formalizada a carga pelo servidor, configura intimação direta, pessoal, cabendo tomar a data em que ocorrida como a da ciência da decisão judicial. Imprópria é a prática da colocação do processo em prateleira e a retirada à livre discrição do membro do Ministério Público, oportunidade na qual, de forma juridicamente irrelevante, apõe o "ciente", com a finalidade de, somente então, considerar-se intimado e em curso o prazo recursal. Nova leitura do arcabouço normativo, revisando-se a jurisprudência predominante e observando-se princípios consagradores da paridade de armas.
HC 87567/SP-SÃO PAULO Ementa: HABEAS CORPUS - PREQUESTIONAMENTO – IMPROPRIEDADE. O fato de, em habeas corpus, o Órgão de origem não haver emitido entendimento sobre certa causa de pedir é desinfluente considerada a nova impetração. O instituto do prequestionamento diz respeito tão-somente aos recursos de natureza extraordinária. RECURSO - PRAZO - TERMO INICIAL - MINISTÉRIO PÚBLICO. A entrega de processo em setor administrativo do Ministério Público, formalizada a carga pelo servidor, configura intimação direta, pessoal, cabendo tomar a data em que ocorrida como a da ciência da decisão judicial. Imprópria é a prática da colocação do processo em prateleira e a retirada à livre discrição do membro do Ministério Público, oportunidade na qual, de forma juridicamente irrelevante, apõe o "ciente", com a finalidade de, somente então, considerar-se intimado e em curso o prazo recursal. Nova leitura do arcabouço normativo, revisando-se a jurisprudência predominante e observando-se princípios consagradores da paridade de armas. Precedente: Habeas Corpus nº 83.255-5/SP, por mim relatado perante o Plenário, com acórdão publicado no Diário da Justiça de 12 de março de 2004.

32. DIDIER JR., Fredie. Curso de Direito Processual Civil: Teoria Geral do Processo e Processo de Conhecimento. 12ª ed. Salvador: Juspodivm, 2010, p. 59-60.
33. Un'identità di situazioni non potrebbe essere attuata, specie nel processo penale, data la diversità di funzioni esplicate delle parti; anche sotto questo primo e più semplice aspetto, il problema dell'eguaglianza non si risolve, spesso, con l'attribuzione di situazioni soggettive eguali, ma di situazione reciproche. (FOSCHINI. Sistema del diritto processuale penale, 1965, p. 261).
34. DIDIER JR., Fredie. Curso de direito processual civil. 12ª ed. Salvador: Juspodivm, 2010, vol. I, p. 81-82.

processo penal, dentro do sistema acusatório, fundado no justo processo, seja dialógico na busca do acertamento da verdade fática penal. Dessa maneira, não se pode deixar de concordar, mais uma vez, com Paolo Ferrua, ao afirmar que qualquer alteração no papel e/ou nas prerrogativas de uma das partes alterará substancialmente a outra, demonstrando assim a necessidade da reciprocidade (e não igualdade) entre o atuar dos sujeitos processuais[35]. Uma esgrima de valores caros a uma sociedade que escolhe o manto da democracia para ajustar seus conflitos. Assim parece ter seguido o mesmo caminho a ciência processual civil no novo CPC.

Desta forma, partindo de uma premissa já relatada em 1968, na Itália, por Claudio Faranda, a paridade de armas (*par condicio*) primeiramente se inicia verificando os diferentes papéis que serão desempenhados pelas partes, e também pelo julgador, a fim de que as atribuições funcionais distintas possam encontrar um ponto de equilíbrio entre seus respectivos direitos, deveres, ônus, garantias, poderes e faculdades. Não é a simples regra para tornar direitos e deveres iguais; embora tal instrumento decorra do princípio da igualdade, dele não é dependente[36].

6. CONTRADITÓRIO E DEFESA SUBSTANCIAL NO NOVO CPC

A defesa é corolário do contraditório. Em face da dimensão substancial do contraditório, pode-se afirmar que este se fundiu à defesa[37]. Nesse contexto, a defesa não é ato do réu, mas garantia de ambas as partes e se constitui como o conjunto dos instrumentos adequados para o exercício do efeitivo contraditório[38].

A ampla defesa, ganha dimensões distintas, a depender do processo em que está inserida. Trata-se, em ambos os casos, de um ônus[39-40]. O poder de-

---

35. FERRUA, Paolo. Associazione Tra Gli Studiosi del Processo Penale. Verso la riscoperta di un modello processuale. Convegnio in memoria di Antonio Galati. Milano: Giuffrè Editore, p. 256.

36. "Il problema della par condicio non si esaurisce – da un punto di vista sistematico – nell'attribuzione a tutte le parte ammesse ad operare nel processo di eguali facoltà, diritti, obblighi e doveri; prima che l'equilibrio tra le situazioni giuridiche attribuite alle parti, esso riguarda infatti la costituzione dei singoli uffici e le loro correlazioni per la formazione del complessivo ufficio giudiziario" in FARANDA, Claudio. La par condicio nel processo penale. Milano: Giuffrè Editore, 1968, p. 3.

37. CUNHA, Leonardo Carneiro da. A Atendibilidade dos Fatos Supervenientes no Processo Civil. Coimbra: Almedina, 2012, p. 58-59. DIDIER JR., Fredie. Curso de Direito Processual Civil: Teoria Geral do Processo e Processo de Conhecimento. 12ª ed. Salvador: Juspodivm, 2010, p. 56.

38. DIDIER JR., Fredie. Curso de Direito Processual Civil: Teoria Geral do Processo e Processo de Conhecimento. 12ª ed. Salvador: Juspodivm, 2010, p. 56.

39. NERY JR., Nelson. Princípios do Processo na Constituição Federal. 9ª ed. São Paulo: RT, 2009, p. 250.

40. "Espécie de poder da parte que possibilita o agir, segundo interesses próprios, não obstante a existência de norma pré-determinada, cuja inobservância pode trazer prejuízo à própria parte onerada." MARINONI, Luiz Guilherme; ARENHART, Sérgio Cruz. Prova. São Paulo: RT, 2009, p. 164.

corrente do ônus é distinto do poder decorrente do direito subjetivo. O direito subjetivo, quando exigível (pretensão), confere ao seu titular o poder de exigir de outrem um comportamento, que tem como correlato uma obrigação (dever exigível) imputada ao sujeito passivo, no caso o Estado-juiz. No caso do ônus, este poder não possui correlação com o comportamento de outrem, satisfazendo-se com o agir voluntário daquele que o detém[41]. Trata-se de uma permissão em que a lei imputa ao titular um agir, impondo um risco pelo seu descumprimento[42].

O ônus se insere na categoria permissão, um dos modais deônticos. Os demais são o proibido e o obrigado (lei deôntica do quarto excluído). As permissões podem ser bilaterais, que se manifestam como permitido fazer e permitido não fazer; ou unilaterais, em que se permite ou fazer ou não fazer[43]. A permissão bilateral também é denominada faculdade.

A análise do modal deôntico facilita a compreensão de como a defesa se manifesta no âmbito penal e no âmbito cível. No âmbito penal, o modal permitido se manifesta sob a forma unilateral, ou seja, permitido fazer. Por esta razão, a sua não realização implica nulidade processual[44], pois o não fazer está proibido[45]. Isso decorre da indisponibilidade do *status libertatis*.

No âmbito cível, a permissão se manifesta na modalidade bilateral. Desta forma a defesa consiste em uma faculdade – fazer ou não fazer. Isso se dá porque no âmbito cível os direitos envolvidos são, em regra, disponíveis.

O ônus da ampla defesa, entretanto, insere-se numa relação jurídica, em que o Estado-juiz é obrigado a disponibilizar para as partes o exercício de um poder, já que ele é quem determina a citação e as demais comunicações necessárias ao efetivo exercício do contraditório. Ademais, como visto, no contraditório substancial a defesa não está circunscrita ao réu, mas aos partícipes no processo. Este dever de disponibilizar há de ser efetivo. Por isso compete ao magistrado velar pelo objeto que disponibiza para as partes, devendo verificar e asseguar a sua efetividade.

No âmbito penal a defesa há de ser técnica, sendo indispensável a presença do advogado. No cível isso não ocorre, sendo possível o patrocínio laico (por exemplo, juizados e lides trabalhistas). A questão que se coloca é: com

---

41. MARINONI, Luiz Guilherme; ARENHART, Sérgio Cruz. Prova. São Paulo: RT, 2009, p. 164.
42. MARINONI, Luiz Guilherme; ARENHART, Sérgio Cruz. Prova. São Paulo: RT, 2009, p. 164.
43. VILANOVA, Lourival. As Estruturas Lógicas e o Sistema de direito Positivo. São Paulo: Max Limonad, 1997, p. 227.
44. NERY JR., Nelson. Princípios do Processo na Constituição Federal. 9ª ed. São Paulo: RT, 2009, p. 250.
45. VILANOVA, Lourival. As Estruturas Lógicas e os Sistema de direito Positivo. São Paulo: Max Limonad, 1997, p. 227.

a adoção do tratamento paritário e do efetivo contraditório no âmbito cível, mudou ou não o modal deôntico, passando a permissão unilateral para sua forma bilateral?

Em uma primeira aproximação, nada impede que haja mudança no modal deôntico, máxime quando tal alteração decorre de novo comando normativo. Pode-se afirmar que haverá, com a aprovação do novo CPC, uma identidade entre o contraditório no processo penal e no processo civil?

Avançando com relação à questão proposta, tem-se que o processo penal exige que o contraditório seja efetivado mediante defesa técnica, conferindo a paridade de tratamento. Este regramento paritário não está positivado expressamente nas regras processuais penais pátrias, embora decorra do contraditório[46]. O tratamento paritário impede que o réu, no processo penal, seja mal assessorado em sua defesa, sendo-lhe facultado substituir advogado constituído por um defensor nomeado pelo magistrado, consoante permissivo do art. 396-A, §2º, do CPP[47].

---

46. ROBERTO, Welton. Paridade de Armas no Processo Penal. Belo Horizonte: Fórum, 2011, p. 93.
47. ROBERTO, Welton. Paridade de Armas no Processo Penal. Belo Horizonte: Fórum, 2011, p. 93.
HABEAS CORPUS. PROCESSO PENAL. ROUBO CIRCUNSTANCIADO E FORMAÇÃO DE QUADRILHA. SUSPENSÃO DO PROCESSO PREVISTA NO ART. 366, DO CÓDIGO DE PROCESSO PENAL. ADVOGADO CONSTITUÍDO NOS AUTOS. JUÍZO DE PRIMEIRO GRAU QUE RECONSIDEROU A DECISÃO DE SUSPENSÃO DO FEITO. POSSIBILIDADE. PROSSEGUIMENTO DO FEITO. ADVOGADA QUE, MESMO INTIMADA, NÃO APRESENTA RESPOSTA À ACUSAÇÃO. NOMEAÇÃO DE DEFENSOR PÚBLICO, NOS TERMOS DO ART. 396-A, § 2.º, DO CÓDIGO DE PROCESSO PENAL. AUSÊNCIA DE RESPOSTA À ACUSAÇÃO. DEFESA QUE, EMBORA TENDO INÚMERAS OPORTUNIDADES PARA APRESENTAR A PEÇA DEFENSIVA, NÃO O FAZ. AUSÊNCIA DE CERCEAMENTO DE DEFESA. NULIDADE NÃO CONFIGURADA. ORDEM DENEGADA.
1. (...) Omissis
2. (...) Omissis
3. Na hipótese, nem sequer havia razão para a suspensão do processo, tanto que, percebido o equívoco, o Magistrado determinou o prosseguimento do curso processual, uma vez que presente nos autos Advogada constituída pelo Réu. 4. No caso dos autos, aplicam-se as disposições legais referentes ao procedimento comum após as modificações realizadas pela Lei n.º 11.719/08. Decretada a revelia do Paciente, o Juízo processante determinou o prosseguimento do feito em 12/09/2008 (portanto, quando já em vigor as modificações promovidas pela referida norma). Dessa forma, o Magistrado, ante a ausência de apresentação de resposta à acusação pelo defensor constituído, pela legislação processual penal em vigor é obrigado a nomear defensor público ao Paciente para que a apresente. 5. O Juízo processante realizou todos os atos previstos em lei: ante a inércia do advogado constituído nos autos, devidamente intimado para apresentação de resposta à acusação, o Juiz, nos termos do art. 396-A, § 2.º, do Código de Processo Penal, nomeou ao Réu defensor público para que o fizesse.
6. Foi dada à Defesa a oportunidade de apresentar resposta à acusação. Contudo, embora manifestando-se nos autos, o Defensor Público ateve-se, tão-somente, a questões preliminares, não apresentando qualquer tese de mérito. 7. Não constitui nulidade a nomeação de defensor público para apresentação de resposta à acusação quando o advogado constituído não o faz, uma vez que expressamente previsto no art. 396-A, § 2.º,do Código de Processo Penal. Da mesma forma, não constitui nulidade a ausência de apresentação de resposta à acusação, uma vez que oportunizado o momento à Defesa, nos termos do art. 396-A, do Código de Processo Penal. 8. Ordem denegada." Relatora Min. Laurita Vaz. STJ. HC 153718 / RJ. 5ª Turma. DJE 3/4/2012.

Apesar de tal entendimento fundamentado na doutrina e em decisões de tribunais superiores, o STF, na Súmula Vinculante nº 5, no âmbito do processo administrativo, reputou que não ofende à Constituição a ausência de defesa técnica[48]. Tal súmula indica um caminho criticado por parte da doutrina[49], pois impõe limites ao contraditório e à defesa, que devem existir tanto no processo judicial como no administrativo, segundo expressa previsão constitucional (art. 5º, LV, da CF/88). O STJ, acerca da matéria, havia veiculado súmula com conteúdo diametralmente oposto (Súmula 343 do STJ, que não mais prevalece por conta da SV nº 5, já referida).

Aqui surge um problema: a existência da SV nº 5 impede que o legislador infraconstitucional positive o contraditório substancial, exigindo defesa técnica? A resposta é não. O fato de a ausência de defesa técnica não ofender à Constiuição não veda que o legislador infraconstitucional possa elastecer uma garantia constitucional com intuito de conferir maior efetividade. Desta forma, não padece de mácula a proposta do código em comento. Da mesma forma, não seria inconstitucional a lei que positivasse o contrário e seguisse o disposto na SV nº 5, malgrado não se concorde com a opção do STF.

A interpretação do contraditório substancial deve levar em consideração o contexto em que está inserido, já que "não há texto sem contexto"[50]. Assim, o contraditório inserido no novo CPC deve observar os seus cânones.

Desta feita, a interpretação do contraditório substancial, no processo civil, deverá ser orientada pela disponibilidade, em regra, dos interesses em jogo. Esta é a regra. Fica a dúvida quando o interesse for indisponível. Não raro, vê-se atuação não muito técnica dos advogados, dos defensores públicos e dos membros do Ministério Público, causando muitas vezes prejuízos aos interesse das partes. Caberia o uso da regra da paridade de armas e do contraditório efetivo presente no processo penal neste caso? Poderia o magistrado destituir o representante da parte que não estivesse agindo para proteger o patrimônio público ou interesse indisponível, por exemplo? Tais práticas não esbarrariam na imparcialidade, requisito para a existência do próprio contraditório efetivo?

São perguntas a que ainda não é possível dar respostas seguras. Só a jurisprudência e as construções doutrinárias poderão no futuro responder. A similitude entre a indisponibilidade tanto no penal como em inúmeras questões cíveis poderá indicar um tratamento igual para os dois ramos ou não.

---

48. "A falta de defesa técnica por advogado no processo administrativo disciplinar não ofende a Constituição."
49. NERY JR., Nelson. Princípios do Processo na Constituição Federal. 9ª ed. São Paulo: RT, 2009, p. 250.
50. CARVALHO, Paulo de Barros. Direito Tributário: Fundamentos de Incidência. São Paulo: Saraiva, 1999, p. 18.

Outra questão que deve ser levada em consideração é a aplicação desta cláusula nos juizados especiais. Neste caso, não será possível efetivar a paridade de armas, em sua integralidade, sem que se revogue o patrocínio laico. Mesmo assim é possível efetivar o contraditório substancial, conferindo às partes a participação efetiva na construção judical do direito. Registre-se que o CPC informa de forma subsidiária as legislações especiais, que prevalecem quando em choque com as leis gerais.

Nos demais casos, a regra proposta deve ser interpretada combinada com a regra da eventualidade (art. 336 do novo CPC), da adstrição do juiz ao pedido etc. Por esta razão, o contraditório efetivo, previsto no novo código, avança, impondo ao Estado-juiz o dever de cuidar da participação efetiva das partes, conferindo aos litigantes, dentro dos limites impostos pela sistemática processual civil, poder de participar e de influir, mas sem alterar o modal deôntico, que permanece sendo uma permissão bilateral (faculdade), ou seja, distinto, ainda que muito mais aproximado, do contraditório no processo penal.

Cabe ao magistrado propiciar de modo efetivo, sem se descurar da imparcialidade, a participação dos litigantes. Estes deverão participar e influenciar da construção judicial do fato e do direito. Neste contexto, fica evidente que o contraditório tem no magistrado um dos seus destinatários, já que deve atuar para propiciá-lo além de velar por seu exercício efetivo.

Ademais, a necessidade de fundamentar, levando em consideração os argumentos trazidos pelas partes, põe o magistrado como sujeito atuante para a concreção do contraditório[51]. Isto se encontra plasmado no julgamento do RMS 24.536/DF, da relatoria do Min. Gilmar Mendes, que assim estipulou: "assegurada pelo constituinte nacional, a pretensão à tutela jurídica envolve não só o direito de manifestação e o direito de informação sobre o objeto do processo, mas também o direito de ver seus argumentos contemplados pelo órgão julgador".

O direito é conhecido dos tribunais? Não. É construído nos tribunais mediante a intermediação efetiva das partes e de seus magistrados. A mesma regra vale para os fatos, como já assentuva Hans Kelsen[52]. Esta, é o que parece ser, nesta primeira aproximação do tema, uma das formas de analisar o contraditório no novo código de processo.

Não se deve esquecer a importante lição difundida por Leonardo Carneiro da Cunha, de que o contraditório deve ser possibilitado inclusive quando há

---

51. SILVA, Beclaute Oliveira. A Garantia Fundamental da Motivação da Decisão Judicial. Salvador: Juspodivm, 2007, p. 117-118.
52. KELSEN, Hans. Teoria Pura do Direito. Trad. João Baptista Machado. 5ª ed. Coimbra: Armênio Amado Editor, 1979, p. 327-334.

matérias que o magistrado deve conhecer de ofício. Tal posição ganhou contornos dogmático expresso no art. 10 do novo CPC.[53] O direito deixou de ser assim uma produção privada do magistado, uma surpresa para as partes, passando a ser permeado pela interferência das partes[54].

7. CONSIDERAÇÕES CONCLUSIVAS

O texto do novo CPC traz inovações que irão impactar o modo como se produzirão as soluções para os conflitos. Introduz de forma expressa uma faceta do contraditório, que já estava lançada na obra fundamental do positivismo jurídico, **Teoria Pura do Direito**, mas que por muitos anos passou ao largo da análise da maioria dos processualistas e que, nas últimas décadas, máxime no século que se inicia, ganhou especial relevo.

A prática jurisprudencial e as construções doutrinárias já vinham apontando para a necessidade de um contraditório efetivo, no entanto, o novo código resolveu positivá-lo. A positivação é importante, pois confere maior estabilidade ao ponto de partida, pois o contraditório em sua acepção ampla, como plasmado na Constituição Federal, em seu art. 5º, LV, sendo um conceito juridicamente aberto, gera maior indeterminação em sua aplicação.

Permanece no novo CPC como conceito juridicamente aberto. No entanto, há uma nítida opção por uma das feições do contraditório, qual seja o substancial. Isso não implica afirmar que o contraditório apenas formal não tem guarida na Constituição. Até porque, apesar de criticado, o STF, em súmula vinculante, assim vaticinou, sendo, até mudança do entendimento, possível a dispensa, por exemplo, da defesa técnica, no âmbito cível, como já ocorre na Justiça do Trabalho e nos Juizados Especiais, ambos sistemas processuais cíveis independentes que sofrerão influência supletiva e subsidiária do novo CPC, como determina o art. 15, que estipula: "na ausência de normas que regulem processos eleitorais, trabalhistas ou administrativos, as disposições deste Código lhes serão aplicadas supletiva e subsidiariamente." Será que em nome de um contraditório substancial haverá por revogado, de forma tácita, os textos legais que autorizam, por exemplo, a postulação laica, que limita de forma efetiva a paridade de tratamento. Mas essa é uma discussão cujo desfecho só se dará no futuro.

---

53. Art. 10. O juiz não pode decidir, em grau algum de jurisdição, com base em fundamento a respeito do qual não se tenha dado às partes oportunidade de se manifestar, ainda que se trate de matéria sobre a qual deva decidir de ofício.
54. CUNHA, Leonardo Carneiro da. A Atendibilidade dos Fatos Supervenientes no Processo Civil. Coimbra: Almedina, 2012, p. 60-61.

Apesar de não se saber ao certo como a opção do novo CPC de um contraditório efetivo será vivenciada na prática forense, as experiências em outras searas e em outros países, bem como a prática já realizada pelos tribunais pátrios e desenvolvida pela doutrina, podem indicar caminhos para se antever como se dará a sua efetivação.

Trata-se, no entanto, de um olhar sobre o futuro, sob a perspectiva do passado, embora se saiba que o presente é quem determina o futuro, já que ele, segundo Heidegger, "é o futuro sido".

8. REFERÊNCIAS

CÂMARA, Alexandre Freitas. **Lições de Direito Processual Civil.** 23ª ed. São Paulo: Atlas, 2012, vol. 1.

CAMBI, Eduardo. **Direito Constitucional à Prova no Processo Civil.** São Paulo: RT, 2001.

CARVALHO, Paulo de Barros. **Direito Tributário:** Fundamentos de Incidência. São Paulo: Saraiva, 1998.

CHIVARIO, Mario. *Associazione tra gli studiosi del processo penale.* **Il contraddittorio tra costituzione e legge ordinaria.** Milano: Giuffrè Editore, 2002.

CUNHA, Leonardo Carneiro da. **A Atendibilidade dos Fatos Supervenientes no Processo Civil.** Coimbra: Almedina, 2012.

DIDIER JR., Fredie. **Curso de Direito Processual Civil:** Teoria Geral do Processo e Processo de Conhecimento. 12ª ed. Salvador: Juspodivm, 2010.

FARANDA, Claudio. *La par condicio nel processo penale.* Milano: Giuffrè Editore, 1968.

FAZZALARI, Elio. *Istituzzioni di Diritto Processuale.* 8ª ed. Padova: CEDAM, 1996.

FERRUA, Paolo. *Il giudizio penale: fatto e valore giuridico* in FERRUA, Paolo; GRIFANTINI, Fabio M; ILLUMINATI, Giulio; ORLANDI, Renzo. *La prova nel dibattimento penale.* Torino: G. Giappichelli Editore, Torino, 2005.

_____. *Associazione Tra Gli Studiosi del Processo Penale.* **Verso la riscoperta di un modello processuale.** *Convegnio in memoria di Antonio Galati.* Milano: Giuffrè Editore, 2002.

GIOSTRA, Glauco. *Indagine e Prova: dalla non dispersione a nuovi scenari cognitivi. Associazione Tra Gli Studiosi del Processo Penale.* **Verso la riscoperta di un modello processuale.** *Convegnio in memoria di Antonio Galati.* Milano: Giuffrè Editore, 2003.

GREVI, Vittorio. *Alla ricerca di um processo penale giusto.* Milano: Giuffrè Editore, 2000.

GUTIÉRREZ, Daniel Mota. Notas sobre os princípios e as garantias fundamentais do processo civil no projeto do novo CPC. *In* ROSSI, Fernando *et al.* **O Futuro do Processo Civil.** Belo Horizonte: Fórum, 2011.

KELSEN, Hans. **Teoria Pura do Direito.** Trad. João Baptista Machado. 5ª ed. Coimbra: Armênio Amado Editor, 1979.

MARINONI, Luiz Guilherme; ARENHART, Sérgio Cruz. **Prova.** São Paulo: RT, 2009.

NERY JR., Nelson. **Princípios do Processo na Constituição Federal.** 9ª ed. São Paulo: RT, 2009.

NUNES, Dierle José Coelho. **Processo Jurisdicional Democrático.** Curitiba: Juruá, 2008.

ORLANDI, Mariagrazia. *La nuova cultura del giusto processo nella ricerca della verità.* Milano: Giuffrè Editore, 2007.

SILVA, Beclaute Oliveira. **A Garantia Fundamental da Motivaçao da Decisão Judicial.** Salvador: Juspodivm, 2007.

ROBERTO, Welton. **Paridade de Armas no Processo Penal.** Belo Horizonte: Fórum, 2011.

_____. **Paridade de armas no processo penal brasileiro: uma concepção do justo processo.** Tese de Doutorado. UFPE. Recife-PE, 2012.

TONINI, Paolo. **Giusto processo – nuove norme sulla formazione e valutazione della prova.** Padova: CEDAM, 2001.

VILANOVA, Lourival. **As Estruturas Lógicas e o Sistema de Direito Positivo.** São Paulo: Max Limonad, 1997.

CAPÍTULO 11

Cooperação e vedação às decisões por emboscada ("*ambush decision*")

Eduardo Augusto Madruga de Figueiredo Filho[1]

Rinaldo Mouzalas[2]

SUMÁRIO: 1. INTRODUÇÃO; 2.COOPERAÇÃO INTERSUBJETIVA; 3. INTERAÇÃO ENTRE O DEVER DE CONSULTA E O CONTRADITÓRIO DINÂMICO; 4. VEDAÇÃO ÀS DECISÕES POR EMBOSCADA; 5. CONSIDERAÇÕES FINAIS.

1. INTRODUÇÃO

A reunião dos princípios (fundamentos) do processo, logo no início do Código de Processo Civil de 2015, alinha-se com a tendência das recentes reformas processuais, *exempli gratia*, o recente CPC português de 2014, a afirmar a operatividade e a necessidade de compreender e aplicar ostextoslegislativos a partir de um harmonioso diálogo entre o Direito Processual, a Teoria Geral do Direito, os Direitos Fundamentais e o Direito Constitucional.

O CPC/2015 afasta-se de um "tratamento puramente privatístico"[3], que se pauta no protagonismo das partes e na figura estática do juiz, bem como do processo social que se embasa nos reclames do Estado Social e no amesquinhamento do papel das partes em prol de um juiz interventivo em demasia. Superam-se, então, os modelos tradicionais de processo, que se mostram incapazes de dar respostas humanísticas e éticas aos novos anseios da população.

---

1. Mestre em Direito Processual Civil pela Universidade de Coimbra. Especialista em Direito Processual Civil pelo Centro Universitário de João Pessoa. Professor do Instituto de Ensino Superior da Paraíba. Advogado. Consultor Jurídico. Email: eduardomadrugaadv@hotmail.com

2. Mestre em Processo e Cidadania pela Universidade Católica de Pernambuco. Especialista em Processo Civil pela Universidade Potiguar. Graduado em Ciências Jurídicas e Sociais pela Universidade Federal da Paraíba. Membro da Associação Norte e Nordeste dos Professores de Processo. Professor da Universidade Federal da Paraíba. Advogado. Consultor Jurídico.

3. THEODORO JUNIOR, Humberto. "Juiz e Partes dentro de um processo fundado no princípio da cooperação", Revista dialética de Direito Processual, n.º 103, set. 2011, p. 62.

O principal antídoto contra o "vírus do autoritarismo"[4] é a cooperação intersubjetiva, que surge como uma enzima a aperfeiçoar a aplicação do princípio dispositivo e do inquisitório, a expurgarseus contornos excessivos ou suas concepções pálidas. A máxima da cooperação, assim, cria uma atmosfera dialogal e cooperante em esferas que, nos termos definidos, antes eram de monopólio das partes ou do juiz.

O presente estudo surge da necessidade de defender um modelo processual tradutor das necessidades de um Estado Democrático de Direito, que deve ser concretizado e solidificado com a afirmação da cooperação, coletada nos direitos fundamentais, na garantia do devido processo, na igualdade, na boa-fé processual, no contraditório dinâmico. É, pois, esse material genético que formará o DNA dessa nova arquitetura processual.

A melhor doutrina aponta para a pertinência desse novo modelo, cujo arrimo qualificativo ideal é o cooperativo ou "comparticipativo"[5] e encampa a cooperação como uma de suas linhas mestras na tarefa de obter, com brevidade e eficácia, a justa composição do litígio.

Neste sentido, Mariana França Gouveia concebe o modelo cooperativo como uma terceira via que se distancia dos modelos clássicos e que tem como espinha dorsal a cooperação, a impor uma mudança de postura a ser adotada pelos sujeitos processuais no curso de todo o processo[6].

Fredie Didier defende que, no modelo cooperativo, a condução do processo deixa de ser determinada por atuações exclusivas, seja das partes, seja do juiz, para se buscar uma condução cooperativa do processo, sem protagonismos[7], onde não há barreiras ou mesmo obstáculos para a comunicação entre os sujeitos processuais.

Aliás, como lembra Ravi Peixoto, não se pode mais conceber que o direito processual se mantenha atrelado às construções teóricas do século XIX e a uma ideologia liberal.A sociedade mudou. A teoria geral do direito recebeu novos aportes teóricos, sobretudo com a adoção dopós-positivismo. Afigura-se, assim, necessário o reconhecimento de um novo modelo de processo baseado no

---

4. Expressão dada por Luís Correia de Mendonça, para atacar os modelos inquisitivos e cooperativos de processo (MENDONÇA, Luís Correia de. "O vírus autoritário". Julgar, n. 1, Lisboa: Associação Sindical dos Juízes Portugueses, 2007).

5. Expressão criada por Dierle Nunes (NUNES, Dierle José Coelho. "Comparticipação e policentrismo: horizontes para a democratização processual civil", Pucminas, 2008. Disponível em: http://www.biblioteca.pucminas.br/teses/Direito_ NunesDJ_1.pdf. Acesso em: 19 de fev. de 2013, p.160-163).

6. GOUVEIA, Mariana França. "Os poderes do juiz cível na ação declarativa". Julgar, n. 1, Lisboa, Associação sindical dos juízes portugueses, 2007, p. 46-49.

7. DIDIER JR., Fredie. Fundamentos do Princípio da Cooperação no Direito Processual Português. Lisboa: WoltersKluwer, 2010, p. 47.

Cap. 11 • COOPERAÇÃO E VEDAÇÃO ÀS DECISÕES POR EMBOSCADA ("AMBUSH DECISION")
Eduardo Augusto Madruga de Figueiredo Filho – Rinaldo Mouzalas

diálogo, onde se reconheça o seu caráter problemático e a construção comparticipativa das soluções dos casos concretos[8]. E completa:

> A condução processual, realizada de modo assimétrico, valoriza o diálogo, por impedir o protagonismo de qualquer dos sujeitos processuais. Essa é uma das principais características do modelo cooperativo de processo, pois, comparando-o com os modelos adversarial e inquisitorial, enquanto no primeiro a condução do processo é predominantemente determinada pela atuação das partes, no segundo a figura destacada é a do magistrado que a comanda, a partir de uma posição assimétrica. Em ambos, há uma certa barreira de comunicação entre as partes e o magistrado.

O CPC/2015, o primeiro Código completamente editado após a promulgação da atual Constituição, ampara nela todo o eixo axiológico e introduz as bases desse novo modelo processual, humanizador e garantístico, a ser concretizado pela doutrina e pelos operadores do direito.

O novo Código apresenta, como "marco estrutural"[9] do processo, a cooperação intersubjetiva, que almeja a figura de um juiz colaborante, que personifica os anseios democráticos e participativos de um Estado Democrático de Direito, de modo a transformar o processo civil em uma comunidade de trabalho (*arbeitsgemeinschaft, comunionedel lavoro*) e a responsabilizar as partes e o tribunal pelos seus resultados[10].

Nesta lógica dialogal,o novo modelo se espraia.Como atenta Eduardo Grasso, "o juiz, no desenvolvimento do diálogo, move-se para o nível das partes: a tradicional construção triangular é substituída por uma perspectiva de posições paralelas"[11]. A comunidade de trabalho deve ser compreendida, então, como um feixe de relações colaborativas que se desenvolvem em um plano paralelo, com plena predominância do diálogo em uma plataforma de boa - fé.

A correta divisão das funções entre as partes e o tribunal é, indubitavelmente, aquela que impõe, ao longo de todo o iter processual,a manutençãode um diálogo entre todos os sujeitos processuais, devendo o processo ser entendido, essencialmente, nas palavras de Paula Costa e Silva, como uma "comunidade de comunicação"[12], que permita uma discussão a respeito de todos os aspectos fáticos e jurídicos relevantes ao deslinde do processo.

---

8. PEIXOTO, Ravi. "Rumo à construção de um processo cooperativo", Revista de Processo, n. 219, São Paulo, RT, mai. 2013, p. 89.
9. SOUZA, Artur César de. "O princípio da cooperação no projeto do novo código de processo civil", Revista de Processo, n. 225, São Paulo, RT, nov. 2013, p. 65.
10. SOUSA, Miguel Teixeira de. Estudos sobre o novo Processo Civil. 2ª ed. Lisboa: Lex, 1997, p. 62.
11. GRASSO, Eduardo. "La collaborazionenel processo civile".RivistadiDirittoProcessuale, vol. 21, Padova, Cedam, 1966, p. 609.
12. SILVA, Paula Costa e. Acto e Processo – o dogma da irrelevância da vontade na interpretação e nos vícios do actopostulativo. Coimbra: Coimbra, 2003, p. 589.

A atividade dos três sujeitos processuais, portanto, deve se entrecruzar mutuamente a partir da comunicação, a resultar numa *"unicaforza operosa (unusactus)"*[13], que tem direção certa: a descoberta da verdadepossível.

E, nessa perspectiva de consagração de um modelo cooperativo de processo a partir doCPC/2015 é que estudaremos a simbiose entre a cooperação e o contraditório dinâmico, especificamente, na sua vertente proibição de decisões por emboscada, de decisões surpresas, ou de sentença de *"terza via"*.

2. COOPERAÇÃO INTERSUBJETIVA

A colocação da ideia de cooperação na categoria de princípios (fundamentos) processuais encontra vozes contrárias na Alemanha. Filiamo-nos, no entanto, à corrente[14] que identifica a máxima da cooperação como um princípio que tem origem germânica e corresponde, nas lições de Greger, a *"ideias fundamentais que determinam globalmente o termo e o caráter de um processo judicial e definem o conjunto de orientações e comportamentos das partes"*[15].

Em Portugal, o princípio da cooperação foi consagrado expressamente no art. 266°/1 do CPC com a reforma de 95/96, sendo tal redação repetida no Novo CPC/2014 português no art. 7°/1 do CPC.

Teixeira de Sousa[16] é quem vai desenvolver as linhas mestras do princípio da cooperação no ordenamento português. O citado autor não confere eficácia normativa direta ao princípio da cooperação capaz de agregar situações não previstas em regras ou subprincípios. Na sua linha, a cooperação só pode ser aplicada por intermédio de regras que a concretizem.

O supracitado autor defende ainda que a sistemática de funcionamento da cooperação se estrutura pela expressa previsão de regras que estabeleçam um plexo de deveres impostos ao juiz: de esclarecimento, de prevenção, de auxílio e de diálogo[17]. Assim, tais deveres são consagrados em artigos específicos do sistema jurídico português e não extraídos da cláusula geral da cooperação presente no art. 7° do seu Novo CPC. Essa visão evidencia os limites do princípio, a

---

13. GRASSO, Eduardo. "La collaborazionenel processo civile". Rivista di Diritto Processuale, vol. 21, Padova, Cedam, 1966, p. 609.
14. Cf. GOUVEIA, Luciano Grassi de. "Cognição processual civil: atividade dialética e cooperação intersubjetiva na busca da verdade real", Revista Dialética do Processo Civil, n. 6, 2006, p. 47; MITIDIERO, Daniel. "Colaboração no processo civil como prêt-à-porter? Um convite ao diálogo para Lenio Streck", Revista de Processo, n. 194, São Paulo, RT, abr. 2011, p. 55.
15. GREGER, Reinhard. "Cooperação como princípio processual", Revista do Processo, n. 206, São Paulo, abr. 2012, p. 212.
16. SOUSA, Miguel Teixeira de. Estudos sobre o novo Processo Civil. 2ª ed. Lisboa: Lex, 1997, p. 65.
17. SOUSA, Miguel Teixeira de. Estudos sobre o novo Processo Civil. 2ª ed. Lisboa: Lex, 1997, p. 66.

deixá-los relativamente claros, o que leva o juiz a pautar a sua atuação apenas em consonância com as concretizações normativas legais.

Essa restrição ocasiona um grande empobrecimento na aplicabilidade da cooperação, pois, de acordo com Paula Costa e Silva, "ao exigir-se uma norma de concretização, amputa-se este princípio do seu espaço natural de actuação: o de impor uma intervenção justificada diretamente por uma justa composição do litígio"[18].

A defender uma posição que amplia a aplicação da cooperação, Fredie Didier, acertadamente, afirma que "a eficácia normativa do princípio da cooperação independe da existência de regras jurídicas expressas"[19]. Na linha de Humberto Ávila[20], Fredie Didier confere ao princípio da cooperação eficácia normativa direta capaz de impor e tornar devidas condutas necessárias à obtenção de um processo leal e cooperativo, mediante substancial cooperação entre as partes e o juiz.

O estado ideal de coisas que o princípio da cooperação almeja é a transformação do ambiente processual numa comunidade de trabalho[21]. A sua bússola deve ser a transformação do processo em uma comunidade de diálogo, para, dentre outros objetivos, mitigar as desigualdades processuais, valorizar a primeira instância, primar pelas decisões de mérito e alcançar a justa e leal composição do litígio, em tempo razoável, sem contudo, despotencializar liberdades e garantias processuais.

Apesar de a cooperação já ter reconhecimento jurisprudencial e implícito pela doutrina brasileira, por meio da constitucionalização do processo, o novo Código de Processo Civil brasileiro dá grande salto qualitativo ao prevê-lo expressamente no rol dos princípios estruturantes do processo[22].

O art. 6° do projeto resta dotado de eficácia normativa direta suficiente para dar suporte a todo leque de situações que devem ser acobertadas pelos reclames da participação, da lealdade e do ideal cooperativo de processo, a dar maior abrangência e conteúdo à cooperação.

---

18. SILVA, Paula Costa e. Acto e Processo – o dogma da irrelevância da vontade na interpretação e nos vícios do actopostulativo. Coimbra: Coimbra, 2003, p. 591-592.
19. DIDIER JR., Fredie. Curso de Direito Processual Civil. 16ª ed. Salvador: JusPODVIM, 2014, vol. 1, p. 91.
20. ÁVILA, Humberto Bergmann. Teoria dos princípios: de definição à aplicação dos princípios jurídicos. – 5ª ed. rev. e ampl. – São Paulo: Malheiros, 2006.
21. DIDIER JR., Fredie. Fundamentos do Princípio da Cooperação no Direito Processual Português. Lisboa: WoltersKluwer, 2010 p. 51.
22. Art. 6º. Todos os sujeitos do processo devem cooperar entre si para que se obtenha, em tempo razoável, decisão de mérito justa e efetiva.

NOVO CPC DOUTRINA SELECIONADA, v. 1 • Parte Geral

PARTE III – NORMAS FUNDAMENTAIS

Acontece que os princípios, segundo Humberto Ávila[23], possuem ainda uma eficácia indireta, quando atuam por meio da intermediação de outras normas. Nessa faceta da eficácia da cooperação, as regras exercem um papel fundamental, pois possuem uma função definitória em relação à cooperação, na medida em que definem e delimitam os comportamentos e as condutas a serem adotados na concretizaçãodas finalidades estabelecidas pelo princípio.

O CPC/2015, nessa seara, poderia ter dado passos mais largos, pois não sistematizou, de forma operativa e didática, o plexo de regras que definem a cooperação, especificamente no que concerne aos deveres de esclarecimento, prevenção, auxílio e consulta, já que tratou o tema de forma esparsa[24].

De qualquer maneira, com a positivação da cooperação, deverá haver alteração do modo de atuar do juiz perante o litígio, a imunizá-lo do autoritarismo. É o que preleciona Mariana França Gouveia[25]:

> Quanto mais se defender a postura colaborante do magistrado, mais autoritarismo lhe retiraremos. Uma magistratura obrigada pela colaboração é a concretização de uma justiça próxima ao cidadão, de uma justiça ao seu serviço. Uma justiça de igualdade entre todos os homens, independentemente de sua posição concreta.

Nesse contexto, a cooperação impõe ao juiz um feixe de deveres, a visar à democratização do processo, a lhe impor limites e a pautar sua conduta pela diligência e responsabilidade quanto à função de prestar tutela jurisdicional.

Em apertada síntese, os deveres oriundos da cooperação terão o escopo de: (I) possibilitar uma reconstrução dos fatos, a mais próxima possível da realidade, elemento imprescindível para justiça da decisão; (II) privilegiar as decisões de mérito sobre as de forma; (III) permitir o diálogo em espaços que eram de monopólio ou das partes ou do juiz, inclusive quanto às questões de direito, a afastar as decisões surpresas; (IV) permitir uma atuação judicial proativa no sentido de alcançar uma igualdade material; (V) atuar preventivamente, a sugeriràs partes atuações que almejem a justa composição do litígio; (VI) viabilizar uma decisão judicial baseada no convencimento do juiz, a afastar o quanto possível as decisões baseadas no artificialismo do ônus da prova como regra de julgamento.

---

23. ÁVILA, Humberto Bergmann. Teoria dos princípios: de definição à aplicação dos princípios jurídicos. – 5ª ed. rev. e ampl. – São Paulo: Malheiros, 2006, p.97.
24. No mesmo sentido: RAATZ, Igor. "Colaboração no processo civil e o projeto do novo Código de Processo Civil", Revista de Processo, n. 192, São Paulo, RT, fev. 2011, p.32.
25. GOUVEIA, Mariana França. "Os poderes do juiz cível na ação declarativa". Julgar, n. 1,Lisboa: Associação sindical dos juízes portugueses, 2007, p.56.

Dentre o feixe de deveres que o princípio da cooperação impõe, o presente estudo se limitará ao dever de consulta ou diálogo no seu ponto de intersecção com o contraditório.

3. INTERAÇÃO ENTRE O DEVER DE CONSULTA E O CONTRADITÓRIO DINÂMICO

Para a melhor compreensão do dever de consulta, é necessário estabelecer um diálogo com o contraditório e perceber que a evolução percorrida pelo contraditório se imbrica com a concretização do dever de diálogo.

A trajetória traçada pelo contraditório é bem atípica e marcada por evoluções e involuções. O cenário social da Idade Média conformou uma acepção dialogal do contraditório, que estruturou um processo de cariz econômico voltado à descoberta de uma verdade provável, com altas doses de diálogo na solução do caso concreto[26].

Com a Idade Moderna, a compreensão do contraditório passoua sofrer grande involução.Passou a ser concebido sob uma óptica estritamente mecânica, de contraposições de teses (dizer-contradizer), como mera garantia formal de bilateralidade da audiência[27], inserido num processo assimétrico em que o juiz buscava a solução do litígio, solitariamente, a enfraquecer a concepção comparticipativa do contraditório[28].

Essa vertente logo se mostrou precária, pois o contraditório estático, de cunho lógico formal, não era suficiente, para ser a trave-mestra do moderno processo civil, que prima pela participação, previsibilidade e pela possibilidade de influência efetiva de todos os sujeitos processuais.

A consolidação de um Estado Democrático de Direito consubstancia, pois, o terreno ideal para a ampliação da noção de contraditoriedade e para refutar a ideia de atos repentinos e inesperados por parte de um órgão público que aplica o direito.

Nessa conjuntura, surge a cooperação na sua faceta "dever de diálogo", para atualizar e dinamizar o conceito do contraditório, a ressuscitar a essência

---

26. MITIDIERO, Daniel. Colaboração no processo civil: pressupostos sociais, lógicos e éticos. São Paulo: RT, 2009, p. 79-82.
27. THEODORO JUNIOR, Humberto; NUNES, Dierle Coelho. "Uma dimensão que urge reconhecer ao contraditório brasileiro: sua aplicação como garantia de influência, de não surpresa e de aproveitamento da atividade processual", Revista de Processo, n.168, São Paulo, RT, fev. 2009, p. 109-110.
28. MITIDIERO, Daniel. Colaboração no processo civil: pressupostos sociais, lógicos e éticos. São Paulo: RT, 2009, p. 84-90.

da concepção medieval, de modo a injetar a previsibilidade, a participação e a influência como elementos essenciais desse novo rosto.

É por meio da interação entre a cooperação e o contraditório que surge a ideia de proibição de decisões surpresas.

A imposição de decisões trilaterais reflete uma nova face do tradicional contraditório, a transformar a estrutura vertical do processo em uma "estrutura horizontalizada", mutação esta que resulta de uma adaptação da ideia do contraditório em um verdadeiro afloramento da cooperação entre as partes e o juiz[29].

O dever de diálogo deve ser visto, então, como uma verdadeira "atualização do princípio do contraditório[30]". Há, assim, um real resgate da concepção, que passa a garantir às partes a influência efetiva no juízo e redimensiona uma acepção mais ampla do contraditório.

O contraditório passa a ser devidamente relido, a representar uma faceta evoluída e fortificada da dimensão medieval. O juiz passa a ser a inserido como sujeito do contraditório, de modo ase criar uma verdadeira mesa redonda de diálogo, onde ele, juntamente com as partes, toma assento.

Assim, o contraditório é alçado à condição de pilar de uma concepção democrática de processo[31], a tornar tão trilateral quanto possível o debate das questões de fato e de direito no curso do processo.

A interação entre os sujeitos processuais, por meio do diálogo sobre todos os atos e fatos componentes do processo, tem o condão de ampliar o quadro de análise, reduzir consideravelmente o risco de opiniões preconcebidas e beneficiar a construção de um juízo ponderado, transparente e aberto.

Nesse plexo de inovações, o contraditório passa a ser a plataforma de sustentação de um modelo cooperativo de processo. Passa a ter estatura constitucional, sendo fundamental para a concretização do processo justo e equitativo.

É por meio desse horizonte de simbiose entre o contraditório e a cooperação que analisará, a seguir, o princípio da vedação às decisões por emboscada.

---

29. GRAZIOLI, Chiara. La terza via e Il giudice programmato: spuntisistemicit. 2008. Disponível em: ‹www.judicium.it›, Acesso em: 10 de mai. de 2013, p. 13.
30. BUENO, Cassio Scarpinella. Amicus curiae no processo civil brasileiro: um terceiro enigmático. São Paulo: Saraiva, 2006, p. 55.
31. RAATZ, Igor. "Colaboração no processo civil e o projeto do novo Código de Processo Civil", Revista de Processo, n. 192, São Paulo, RT, fev. 2011, p.193.

4. VEDAÇÃO ÀS DECISÕES POR EMBOSCADA

O direito comparado apresenta enunciados pretensiosos à proclamação da proibição de decisões surpresa, sendo uma tendência dos novos ares do Processo Civil o redimensionamento do contraditório e a afirmação do dever de diálogo.

No Código de Processo Civil Francês, por exemplo, o dever de consulta está expresso no art. 16°, que impõe ao juiz, em todas as circunstâncias, a ativação prévia do contraditório, sobretudo quanto à adoção de questão de direito não contida na petição inicial, dentre elas as de ordem pública[32].

O sistema jurídico alemão é paradigmático nessa seara, pois consagra o contraditório na alínea 2° do § 139 da ZPO:

> Caso exista um ponto de vista que não tenha sido reconhecido pela parte ou que tenha sido considerado como irrelevante, pode o tribunal fundar sua convicção sobre eles desde que advirta às partes e lhes outorgue a possibilidade de se expressarem a respeito, salvo se tratar de questão secundária. (tradução livre)

Tal dispositivo é considerado corolário do julgamento justo no ordenamento germânico e assevera que a corte deve chamar a atenção das partes para qualquer fator que avalia de forma diferente, a protegê-las contra as decisões desconcertantes (*"bewilderingdecisions"*) ou decisões por emboscada (*"ambushdecision"*)[33].

O sistema alemão estende, mesmo às matérias que podem ser conhecidas de ofício, a proibição de surpresa. De acordo com a alínea 3° do § 139 da ZPO, o tribunal deve consultar as partes sempre que forem realizados atos de ofício, seja em relação a questões de direito ou de fato, a garantir sempre que a manifestação das partes exerça influência sobre a decisão jurisdicional. Mesmo quando o ponto de vista a ser enveredado pelo juiz é completamente contrário ao das partes, o contraditório deve ser ativado[34].

---

32. Art. 16° do Código de Processo Civil francês: "O juiz deve, em todas as circunstâncias, fazer e observar ele mesmo o princípio do contraditório. Ele não pode considerar, na sua decisão, as questões, as explicações e os documentos invocados ou produzidos pelas partes a menos que estes tenham sido objeto de contraditório. Ele não pode fundamentar sua decisão em questões de direito que suscitou de ofício, sem que tenha, previamente, intimado as partes a apresentar suas observações" (In: DIDIER JR., Fredie. Fundamentos do Princípio da Cooperação no Direito Processual Português. Lisboa: WoltersKluwer, 2010, p. 17).

33. HAAS, Ulrich. "The Relationship between the judge and the parties under German law".Reforms of Civil Procedure in Germany and Norway. Edit by: Volker Lipp and HalvardHaukelandFredruksen, Mohr Siebeck, 2011, p. 95.

34. RAGONE, Álvaro J. Pérez; PRADILLO, Juan Carlos Ortiz. Código Procesal Civil Alemán (ZPO). Traduccióncon unestudiointroductorio al proceso civil alemán contemporâneo. Incluye artículos de Hanns Prütting y

Em Portugal, o dever de consulta está consagrado no art. 3°, n. 3°, do novo CPC português de 2014. Ele dispõe que o tribunal deve consultar as partes sempre que pretenda conhecer de matéria de fato ou de direito sobre a qual aquelas não tenham tido a possibilidade de se pronunciarem, salvo manifesta desnecessidade.

Em Itália, tal princípio foi incluído com a recente reforma de 2009, que consagrou, nos arts. 101 e 183 do *"Códice di Procedura Civile"*, a proibição da *"sentenza di terza via"*, *"deicisioni solitarie"* ou *"solipsisticamente adoptada"*[35], a qual veda tomada de decisões surpresas pelo juiz.

Há muito se defende essa nova faceta do contraditório no direito brasileiro, por intermédio de uma leitura constitucional. Mas, é o Código de Processo Civil de 2015 que vem expressamente entrever o contraditório dinâmico, a contemplar uma "imbricação entre o dever de consulta e o direito de participação ou colaboração das partes"[36].

No corpo do CPC/2015, há dois artigos vetores do dever de diálogo. Primeiro, o art. 9°, assevera que não se proferirá sentença ou decisão contra uma das partes, *sem que esta seja previamente ouvida (inaudita altera parte)*, salvo se tratar de tutela antecipada de urgência ou das hipóteses de tutela de evidência previstas no Código[37], situações em que a dispensa da oitiva prévia da parte contrária é equilibrada com a imposição do contraditório postergado ou diferido.

Nessas exceções, não há violação ao contraditório, pois há uma ponderação legislativa entre a o contraditório e a efetividade, a prevalecer este no primeiro momento, enquanto aquele é postergado. Há, então, a postecipação do contraditório, que poderá ser exercido em momento seguinte ao da concessão da medida liminar, a possibilitar, inclusive, que a decisão provisória emitida seja modificada[38].

Já o art. 10, preconiza que, "em qualquer grau de jurisdição, o órgão jurisdicional *não pode decidir com base em fundamento a respeito do qual não se tenha oportunizado manifestação das partes*, ainda que se trate de matéria apreciável de ofício".

Sandra De Falco, 2006. Disponível em: <www.kas.de.>. Acesso em: 23 de mar. de 2013, p. 52.

35. CONSTATINO, Roberta. Principio del contraddittorio e decisioni della "terza via". Contabillita-pubblica.it. Disponível em: http://www.contabilita-pubblica.it/Archivio11/Dottrina/Costantino.pdf Acesso em 09 de jun. de 2013, 2012, p. 1.

36. RAATZ, Igor. "Colaboração no processo civil e o projeto do novo Código de Processo Civil", Revista de Processo, n. 192, São Paulo, RT, fev. 2011, p.32.

37. Art. 9°. Não se proferirá decisão contra uma das partes sem que esta seja previamente ouvida. Parágrafo único. O disposto no caput não se aplica: I – à tutela antecipada de urgência; II – às hipóteses de tutela antecipada da evidência previstas no art. 306, incisos II e III; III – à decisão prevista no art. 716.

38. DIDIER JR., Fredie. Curso de Direito Processual Civil. 17ª ed. Salvador: JusPODVIM, 2015, vol. 1, p. 83.

A fórmula da redação dada pelo legislador ao art. 10 do CPC/2015 fomenta a ativação do contraditório prévio a impedir (ou pelo menos inibir) que o juiz decida, com base em algum fundamento, que não tenha havido participação das partes.

Embora o dever de diálogo englobe, no seu raio de incidência, tanto as questões de fato quanto as questões de direito, será realizado, aqui, mais um corte delimitativo para focar o presente ensaio na análise da proibição das decisões por emboscada nas questões relativas ao direito, quando o juiz, solitariamente, sem ativação do contraditório, agrega na sua decisão uma questão de direito, que não foi ventilada por nenhuma das partes.

Aí, ganha relevância a análise da máxima do *"iura novit curia"*, a qual determina que, contanto que se respeite o *"objet du litige"*, de acordo com a moldura endoprocessual delineada pelas partes[39] (a partir das afirmações de existência de direito que apresentam[40]), o juiz pode levar em consideração questões de direito que lhe pareçam apropriadas, apesar de não suscitadas, e julgar a causa, a não estar o julgador confinado à alegação de direito feita pelas partes[41].

Antigamente, havia uma divisão estanque de tarefas entre o juiz e as partes. Estas se preocupavam, exclusivamente, em provar os fatos afirmados, ao passo que aquele se restringia a fazer um juízo de subsunção entre o material fático e o texto legal considerado por ele o juridicamente mais aderente ao caso.

Além das várias críticas a essa metodologia, que restringe sobremaneira a atividade jurisdicional, ao passo em que, também, se mostra incapaz de resolver as situações do cotidiano forense, tal realidade não se justifica num terreno

---

39. A indagação de direito sofre constrangimentos endoprocessuais que atinam com a configuração factológica que as partes pretendam conferir ao processo. (Ac. 1860/07.0TVLSB.S1, Rel.: Santos Bernardino, julgado em 11/03/10, disponível em: www.dgsi.pt.acesso em 05/04/13).

40. Roberto P. Campos Gouveia Filho, em artigo não publicado, que nos foi gentilmente cedido, entende que o objeto litigioso do processo se delimitaria pela ação processual, que estaria consubstanciada na "afirmação da ação material em juízo" (comunicação de fato que preenche o conteúdo do remédio jurídico processual). A ação processual seria, portanto, "o cerne da res in iudicium deducta, ou seja, do objeto do julgamento. Pode-se denominá-la de direito litigioso ou, mais tecnicamente, situação jurídica litigiosa".
Para o professor pernambucano, o conteúdo da demanda seria, acima de tudo, formado pela declaração de vontade do autor de levar um problema seu à solução jurisdicional, pela comunicação de vontade de ver tal problema resolvido e por afirmações das mais diversas acerca da existência de situações jurídicas materiais contra o réu.
Por outro lado, ao alegar um contradireito, tais quais as exceções substanciais, o réu processualizaria situação jurídica ativa, ampliando o objeto do processo . Passaria a ser o autor das afirmações que acompanham os contradireitos.

41. Ac. 2005/03 do STJ, Rel.: Gabriel Catarino, julgado em 27/09/11, disponível em: www.dgsi.pt. Acesso em 05/05/13.

em que se afirma a cooperação. Montesano assevera que os novos ares do contraditório não eliminam ou atenuam o *"iura novit curia"*, pois o juiz continua a ter o poder-dever de identificar a disposição jurídica aplicável em questão, a não estar vinculado às propostas de enquadramento jurídico apresentadas entre as partes[42].

Contudo, o *"iura novit curia"* recebe uma nova conformação prática, pois o contraditório afeta o modo e o tempo adequados do exercício desse poder-dever[43]. A concretização do princípio da cooperação acarreta um redimensionamento da máxima *"iura novit curia"*, a fazer com que o juiz consulte previamente as partes e colha suas manifestações a respeito da questão, antes de aplicar a norma jurídica construída ao caso concreto[44]. Nesse ponto, a trilateralidade da decisão é fundamental, para torná-la legítima.

Outro ponto que precisa ser clarificado é que a garantia do contraditório dinâmico não constitui um entrave à aceleração, necessária, algumas vezes, à afirmação da duração razoável do processo. O diálogo exige apenas a comunicação para que as partes se manifestem. Sem o exercício do contraditório dinâmico, em ocasião que não houve a colocação prévia, clara e transparente dos pontos controversos é, pelo contrário, ante a ilegitimidade da atuação jurisdicional, fonte geradora de uma infinidade de recursos a violar, aí sim, a razoável duração do processo.

Além disso, o aspecto preventivo do dever diálogo viabiliza às partes o poder de influenciar o trajeto decisório a ser trilhado pelo julgador, a gerar um efeito saudável ao processo, que seria a propensão da parte em não recorrer, em razão da sua *participação efetiva na formação da decisão*, que foi submetida a um *alto grau de debate e de correção*.

Nessa quadra, ganha ênfase a valorização da função jurisdicional exercida em primeiro grau, pois quando as questões a serem inseridas pelo juiz são postas todas em contraditório antes da decisão, viabiliza-se a antecipação do embate de argumentos que, provavelmente, seria realizado por meio de recursos.

Há de enfatizar que a proibição de decisão surpresa não se confunde com o prejulgamento da causa, trata-se, nas precisas linhas de Didier Jr., de um "exercício democrático e cooperativo do poder jurisdicional, até mesmo porque o juiz pode estar em dúvida sobre o tema"[45]

---

42. O princípio do iura nove curiaestá consagrado no art. 5°, n.3, do CPC/2015 português, o qual estabelece que o juiz não está sujeito às alegações das partes no tocante à indagação, interpretação e aplicação das regras de direito.
43. MONTESANO, Luigi. "La garanziacostituzionaledelcontraddittorio e i giudizicivilidi "terza via", RivistadiDiritoProcessuale, n. 55, 2000, p. 929.
44. CUNHA, Leonardo Carneiro da. "O processo civil no Estado Constitucional e os fundamentos do projeto do Novo Código de Processo Civil Brasileiro", Revista de Processo, n. 209, São Paulo, RT, Jul. 2012, p. 360.
45. DIDIER JR., Fredie. Curso de Direito Processual Civil. 17ª ed. Salvador: JusPODVIM, 2015, vol. 1, p. 82.

Um exemplo didático da necessidade de ativação do contraditório sobre questões de direito não ventiladas pelas partes se demonstra na decisão de mérito que, de ofício, decreta prescrição, em pretensão cuja exigibilidade era tempestiva em razão de fator interrupção que não chegou ao conhecimento do juízo de segunda instância. Isso chegaria, no comum das vezes, a impossibilitar a interposição de recurso de natureza extraordinária, em face da necessidade de análise de fatos.

O presente caso demonstra que a intimação das partes para se pronunciar a respeito de uma terceira via elegida pelo juiz poderia evitar todo um *iter* processual desnecessário, bem como iria trazer o diálogo e a comparticipação como elementos atenuadores da irresignação das partes e da propensão a interpor recursos.

Outro campo em que a ativação do contraditório deve ser efetivada é quando o juiz atenta para uma inconstitucionalidade *in concreto* da lei, caso em que deverá intimar as partes para participem, no exercício do seu contraditório dinâmico, do *iter* decisório.

A jurisprudência portuguesa, por exemplo, é vasta na proibição de decisões surpresas, a vedar sentenças de *terza via*.

Nesse sentido, em acórdão do Tribunal da Relação de Lisboa[46], a parte A intentou ação de danos contra dois advogados, que foram contratados para lhe patrocinar em ação de atropelamento, que, por deficiência técnica ou descuido, a defesa foi grosseiramente negligente, a violar deveres de honestidade e diligência, a defraudar por completo as expectativas que lhe haviam criado, a causar prejuízos.

Na contestação, os advogados rebateram as afirmações, a alegar a sua ilegitimidade e a nulidade dos atos praticados. Fizeram, ainda, um pedido reconvencional, incluir danos materiais, morais e a condenação da parte autora por litigância de má-fé. O juiz, ao apreciar o caso, proferiu decisão a inadmitir o pedido reconvencional e considerou a petição inicial inepta por falta de causa de pedir.

Inconformada com a decisão, a parte interpôs recurso para o tribunal, que decidiu, a nosso ver corretamente, que a decisão da primeira instância violou dois deveres da cooperação simultaneamente. Primeiramente, a proibição de decisão surpresa, pois o juiz elegeu uma solução que se desvincula totalmente do sufragado pelas partes, sem dar a ciência prévia e a oportunidade das partes se pronunciarem sobre a *terza via* eleita pelo tribunal.

Também violou o dever de prevenção, pois a parte autora alegou todos os fatos estruturantes da causa de pedir, subjacente ao pedido deduzido, de tal

---

46. Ac. 7892/19, rel.: Ana Resende, julgado em 02/07/13, disponível em: www.dgsi.pt, acesso em 14/08/13.

forma que a atuação correta do julgador, seria, antes de decretar a inépcia da petição inicial, convidar as partes a aperfeiçoar os seus articulados a privilegiar a cooperação e a economia processual. Diante de tais violações à cooperação, nas vertentes prevenção e diálogo, o tribunal decidiu que a decisão de primeira instância foi nula, a determinar que o processo fosse retomado, pois, existe factualismo controvertido, sem prejuízo do convite à parte a aperfeiçoar o seu articulado, de forma a privilegiar a prevalência da decisão de mérito sobre as decisões meramente formais.

Outro caso, onde o juiz tomou uma decisão solitariamente, ocorreu em recente julgado, em que o Tribunal da Relação de Guimarães[47] anulou decisão do juiz *a quo*, que destituiu administrador de insolvência por ter publicado uma venda judicial sem dar dela conhecimento ao processo, no entanto, sem lhe ouvir, a violar, assim, a proibição da indefesa. Entendeu o Tribunal, corretamente, que é inquestionável que esta omissão influi na decisão, pois, o juiz *a quo* não deu a oportunidade de o apelante se defender, nem tampouco, comunicou-lhe que seria destituído, a violar claramente a proibição de decisão surpresa.

Ainda nesse sentido, o Supremo Tribunal de Justiça português, em recente julgado, decidiu que a condenação por litigância de má fé, apesar de não estar subordinada à formulação de pedido, não pode ser decretada *sem prévia audição da parte a ser sancionada*. Isso porque viola o contraditório na vertente proibição de decisão-surpresa, a causar invalidade, que influi na decisão da causa e infringe a igualdade, o acesso ao direito, o contraditório e a proibição da indefesa[48].

Portanto, a vedação às decisões desconcertantes gera uma decisão mais legítima e mais propensa a dirimir a crise de direito existente no caso. O solipsismo e a unilateralidade podem gerar, no caso concreto, más compreensões, decisões pré-concebidas, que não são sadias para o processo e que podem afrontar o direito de defesa das partes e a própria duração razoável do processo.

5. CONSIDERAÇÕES FINAIS

O modelo processual cooperativo é o que mais se coaduna aos países que estão sob a égide de um Estado Democrático de Direito, a exemplo de Brasil, que precisam dar saltos qualitativos na concretização deste modelo.

O presente ensaio procurou, por meio da análise dos deveres oriundos da cooperação, especificamente a vedação às decisões por emboscada, contribuir

---

47. Ac.4223/08, de rel. de Fernando Fernandes Freitas, julgado em 19/02/13, disponível em: www.dgsi.pt, acesso em 05/04/13.

48. Ac.2326/11.09TBLLE.E1.S1, Rel: Des Fonseca Ramos, julgado em 11/09/12, disponível em: www.dgsi.pt, acesso em 05/04/13. No mesmo sentido Ac. 39/12 do TRG, rel.: de Rosa Tching, julgado em 02/07/13, disponível em: www.dgsi.pt.acesso em 01/08/13.

com o estudo do CPC/2015, a fixar parâmetros interpretativos para os textos legais estabelecidos no seu âmago, com vistas a concretizar, no Brasil, um modelo processual mais democrático.

É certo, portanto, que o projeto plantou um feixe de raízes para a concretização de um processo leal, com a inserção da cooperação no art. °6 e seus respectivos deveres estabelecidos de forma esparsa no corpo do texto. Mas, é preciso que a doutrina e a jurisprudência interpretem esse texto a desenvolver uma plataforma cooperativa no ambiente processual e a usar, quando necessário, a força integrativa da cooperação como forma de suprir as ausências do texto legal.

Por isso, atende mais aos reclames de um Estado Democrático de direito, uma decisão comparticipada, em que se maximiza o diálogo e se tenta minimizar a irresignação das partes. É por meio da concretização do princípio da vedação às decisões por emboscada que se espera que o novo sistema processual, a ser inaugurado pelo CPC/2015, estabeleça fortes raízes para solidificação de um modelo processual mais leal, célere, cooperativo e democrático.

A formação desse modelo exige a introdução de uma nova cultura, um verdadeiro giro de mentalidade. É imprescindível, pois, reconhecer que a sua concretização é um processo longo e dificultoso, pois estamos diante de uma releitura de conceitos vitais que, durante anos, enraizaram-se na mentalidade dos sujeitos processuais. Por isso, o sucesso desse novo paradigma está a depender do envolvimento e do comprometimento de todos os profissionais do direito, para que essa nova lógica do processoadentre na cultura jurídica hodierna.

A essência do novo processo civil é a compreensão desta nova realidade cooperativa, que deve transformar paulatinamente a cultura jurídica do nosso país. Faz-se necessário afastar certos padrões tradicionais e dogmas processuais ultrapassados, para impor uma nova mentalidade de uma cultura jurídica mais adequada aos vetores estruturantes da processualística hodierna, para que só assim o novo modelo possa sair do papel e apresentar suas potencialidades práticas.

De nada adianta consagrarmos o princípio da cooperação e seus deveres em regras processuais, se a mudança não promover uma verdadeira virada Kantiana na prática judicial e na consciência dos operadores do direito, que ainda se encontram arraigadas em concepções formalistas e presas a ideais liberais. Todavia, como defende Maxland, para que um sistema amadureça e se aperfeiçoe continuamente na direção da cooperação, três palavras chaves são essenciais: "tempo, conhecimento e experiência"[49].

---

49. MAXLAND, Henry Jonh. "Recent developments in the relationship between judge and parties in Norwegian Courts". In: Reforms of Civil Procedure in Germany and Norway. Edit by Volker Lipp and Halvard Haukel and Fredruksen, Mohr Siebeck, 2011, p.85.

CAPÍTULO 12

Notas sobre o contraditório e a cognição no processo civil[1]

Leonardo Faria Schenk[2]

SUMÁRIO: 1. INTRODUÇÃO ; 2. O CONTEÚDO ATUAL DA GARANTIA DO CONTRADITÓRIO E OS SEUS REFLE-XOS SOBRE A COGNIÇÃO; 3. AS LIMITAÇÕES AO CONTRADITÓRIO E A COGNIÇÃO SUMÁRIA; 4. PRESSUPOS-TOS CONSTITUCIONAIS DA COGNIÇÃO SUMÁRIA; 5. CONCLUSÃO; 6. BIBLIOGRAFIA.

1. INTRODUÇÃO

A crescente importância dos processos de cognição sumária como alternativa simplificada voltada a resolver os conflitos em um menor espaço de tempo merece a nossa atenção.

A opção pela cognição sumária tem alterado as estruturas do processo civil, rompendo com o modelo padrão que liga a jurisdição de conhecimento à necessária formação da coisa julgada. Uma Justiça célere, que assumidamente se disponha a entregar resultados menos elaborados às partes, deve aprender a conviver com uma menor estabilidade jurídica das suas decisões.

O Código de Processo Civil de 2015 se aproxima dessa tendência ao regular, por exemplo, o procedimento da tutela antecipada requerida em caráter antecedente.

Resolver os conflitos, no momento e por um momento, como se verá ao longo do presente estudo, pode representar um avanço na tratativa do grande volume de causas que assolam a nossa Justiça. Mas para que se caminhe sem sobressaltos, e com o máximo respeito às garantias constitucionais do processo, é preciso que se tenha em mente, de modo claro, quais são os limites dessa sumarização.

---

1. Texto extraído em parte do trabalho publicado na Revista Eletrônica de Direito Processual (REDP), vol. XIII, 2014, p. 552-582, com o título "Contraditório e cognição sumária", disponível em: www.redp.com.br.

2. Professor Adjunto de Direito Processual Civil da UERJ. Doutor em Direito Processual pela UERJ. Advogado.

2. O CONTEÚDO ATUAL DA GARANTIA DO CONTRADITÓRIO E OS SEUS REFLEXOS SOBRE A COGNIÇÃO

O primeiro passo para a compreensão do tema está na exata definição do que vem a ser, hoje, a chamada cognição plena.[3]

A importância da garantia do contraditório para o processo dos nossos dias conferiu proteção constitucional à cognição plena.[4] A partir do segundo pós-guerra, em um movimento de valorização e proteção dos direitos humanos capitaneado pela jurisprudência das cortes constitucionais e também dos tribunais internacionais, o contraditório recobrou a sua importância para o modo de ser do processo.[5]

O conteúdo atual da garantia assegura às partes o direito de ter informação e de se manifestar em juízo, núcleo da conhecida audiência bilateral, mas também, e principalmente, o direito de manifestação e influência, com todos os meios disponíveis e legítimos, no *iter* de formação da decisão,[6] do que decorre, em contrapartida, para os julgadores, o dever dialogar com as partes e de não surpreendê-las.

De modo mais claro, o contraditório confere às partes, em sua atual feição humanizada e participativa, como leciona Greco, (i) o direito à adequada e tempestiva notificação do ajuizamento da causa e de todos os demais atos processuais, conferindo ampla possibilidade de impugnação, (ii) o direito de apresentar alegações, de propor, produzir e participar da produção das provas, podendo exigir a adoção de todas as providências que possam ter utilidade para a defesa, conforme as circunstâncias da causa e as imposições do direito material, (iii) o direito à flexibilidade dos prazos e à igualdade concreta, bem como (iv) o direito de influir eficazmente na prestação jurisdicional, com todos os meios aptos a alcançar esse resultado. Cuida-se, para o mesmo autor, de uma "garantia da qual não pode ser privado qualquer cidadão, como exigência de participação eficaz, haja ou não litígio, haja ou não cognição exaustiva, haja jurisdição provocada ou de ofício, seja qual for o procedimento".[7]

Observado o conteúdo atual do contraditório, a cognição plena pressupõe um modelo procedimental idôneo, predeterminado pelo legislador, por norma

---

3. Sobre o tema, com maior profundidade, cf.: SCHENK, Leonardo Faria. **Cognição sumária: limites impostos pelo contraditório no processo civil**. São Paulo: Saraiva, 2013.

4. GRAZIOSI, Andrea. La cognizione sommaria del giudice civile nella prospettiva delle garanzie costituzionali. **Rivista Trimestrale di Diritto e Procedura Civile**. Milano: Giuffrè Editore, ano LXIII, n. 1, mar. 2009. p. 149.

5. PICARDI, Nicola. Il principio del contraddittorio. **Rivista di Diritto Processuale**. Padova: CEDAM, 1998. p. 678.

6. TROCKER, Nicolò. Il nuovo articolo 111 della costituzione e il "giusto processo" in materia civile: profili generali. **Rivista Trimestrale di Diritto e Procedura Civile**. Milano: Giuffrè Editore, 2001. p. 393-395.

7. GRECO, Leonardo. O princípio do contraditório. In: **Estudos de direito processual**. Campos dos Goytacazes: Ed. Faculdade de Direito de Campos, 2005. p. 547-552.

Cap. 12 • NOTAS SOBRE O CONTRADITÓRIO E A COGNIÇÃO NO PROCESSO CIVIL
Leonardo Faria Schenk

geral e abstrata,[8] capaz de assegurar às partes o pleno exercício das suas faculdades defensivas. Pressupõe o prévio contraditório, especialmente quando as decisões possam gozar de especial eficácia executiva, capazes de invadir, desde logo, a esfera jurídica dos destinatários.[9] Essa predeterminação legislativa envolve todas as alegações que sustentam a demanda, sejam as do autor ou as do réu, alcançando tanto a forma de exposição dos fatos quanto os demais fundamentos. Envolve, também, a tipicidade dos meios de prova, existentes ou a produzir, com a definição e regulamentação dos sujeitos, da iniciativa, das formas de produção e dos padrões de aceitação pelo julgador. Envolve, por fim, a previsão de prazos razoáveis para o amplo exercício da defesa, não apenas no momento inicial da marcha processual mas em todo o seu curso, com especial atenção para a fase decisória.[10]

Nesse contexto, a eficácia imediata dos direitos fundamentais, prevista no artigo 5º, §1º, da Constituição da República, assegura aos litigantes em geral, a partir da garantia do contraditório, prevista no inciso LV do mesmo artigo, a possibilidade de, ao menos em uma oportunidade, ter acesso a um processo de cognição plena, do qual resultará uma decisão apta à formação da coisa julgada.[11]

A essência da cognição plena encontra-se, portanto, na máxima predeterminação legislativa ou consensual[12] das modalidades de realização do contraditório,[13] constituindo uma técnica de tutela complexa e sofisticada a serviço da garantia do direito de defesa das partes.[14]

---

8. A partir do início da vigência do CPC de 2015 as partes poderão interferir no conteúdo da cognição também por meio das chamadas convenções processuais.

9. PROTO PISANI, Andrea. Appunti sulla tutela sommaria (Note *de iure condito e de iure condendo*). In: **I processi speciali. Studi offerti a Virgilio Andrioli dai suoi allievi**. Napoli: Casa Editrice Dott. Eugenio Jovene, 1979. p. 312-313; GRAZIOSI, Andrea. La cognizione sommaria del giudice civile nella prospettiva delle garanzie costituzionali. **Rivista Trimestrale di Diritto e Procedura Civile**. Milano: Giuffrè Editore, ano LXIII, n. 1, mar. 2009. p. 149. p. 142.

10. PROTO PISANI, Andrea. **Lezioni di diritto processuale civile**. 5. ed. Napoli: Jovene Editore, 2006. p. 546.

11. A tese da necessária correlação entre a cognição plena e a coisa julgada é defendida, entre outros, por: PROTO PISANI, Andrea. **Lezioni di diritto processuale civile**. 5. ed. Napoli: Jovene Editore, 2006. p. 546. Id. Verso la residualità del processo a cognizione piena? In: **Studi in onore di Carmine Punzi**. Torino: G. Giappichelli Editore, 2008. v. 1. p. 699; FAZZALARI, Elio. Procedimento camerale e tutela dei diritti. **Rivista di Diritto Processuale**. Padova: CEDAM, 1989. p. 912; FAIRÉN GUILLÉN, Victor. Juicio ordinario, plenarios rapidos, sumario, sumarisimo. In: **Temas del ordenamiento procesal**. Proceso civil. Proceso penal. Arbitraje. Madrid: Editorial Tecnos, 1969. t. 2. p. 827-832.

12. Fruto das denominadas convenções processuais, instrumentos que passarão a ser aceitos, observados alguns pressupostos, a partir da vigência do CPC de 2015.

13. PROTO PISANI, Andrea. Verso la residualità del processo a cognizione piena? In: **Studi in onore di Carmine Punzi**. Torino: G. Giappichelli Editore, 2008. v. 1. p. 699.

14. PROTO PISANI, Andrea. Appunti sulla tutela sommaria (Note *de iure condito e de iure condendo*). In: **I processi speciali. Studi offerti a Virgilio Andrioli dai suoi allievi**. Napoli: Casa Editrice Dott. Eugenio Jovene, 1979. p. 313-314.

3. AS LIMITAÇÕES AO CONTRADITÓRIO E A COGNIÇÃO SUMÁRIA

Enquanto técnica de tutela diferenciada, a cognição sumária sempre esteve ligada às tentativas de aceleração e simplificação dos processos.

É possível sumarizar o procedimento, por medida de economia processual, para suprimir formalidades que lhe sejam inúteis, as quais se revelam responsáveis, quase sempre, por fazer o modelo oposto, o chamado procedimento plenário (ordinário), extremamente lento e custoso. Essa sumarização se limita ao aspecto formal, não avançando sobre o campo de análise e decisão do julgador. O fato de não haver cortes qualitativos permite que as decisões proferidas nos procedimentos sumários se habilitem, no geral, à formação da coisa julgada.[15]

Por outro lado, também é possível sumarizar a cognição, como técnica de formação do convencimento do julgador.[16] Aqui, há cortes qualitativos no campo de análise e decisão do julgador, com prejuízo para o conteúdo da garantia do contraditório. Apenas uma faceta do conflito é apreciada pelo Judiciário. Há mais a ser pesquisado, comprovado e decidido. Essas limitações acabam privando as decisões emanadas em cognição sumária do manto protetor da coisa julgada.[17]

Chiovenda, em suas *Instituições*, havia notado que a simplificação dos atos processuais, presente nos chamados sumários indeterminados, não se confundia com uma forma mais drástica e profunda de sumarização, qualificada, esta sim, por uma redução do campo de cognição do julgador, no que convencionou chamar de sumários determinados ou executivos, nada obstante os dois modelos estivessem ligados, em sua origem, à necessidade de evitar as delongas do processo comum.[18]

Como já tivemos a oportunidade de expor,[19] a noção de sumariedade, nos dias atuais, deve se afastar do caráter plenário da cognição por seu conteúdo

---

15. Sobre a distinção, cf.: ZANFERDINI, Flávia de Almeida Montingeli. O devido processo legal e a concessão de tutelas de urgência. **Revista de Processo. REPRO,** São Paulo, ano 36, n. 192, fev. 2011. p. 256-257; TISCINI, Roberta. L'accertamento del fatto nei procedimenti con struttura sommaria. **Judicium.** p. 3. Disponível em: http://www.judicium.it. Acesso em: 7 mar. 2014.

16. Nas lições de Watanabe, a cognição constitui, prevalentemente, "um ato de inteligência, consistente em considerar, analisar e valorar as alegações e as provas produzidas pelas partes, vale dizer, as questões de fato e de direito que são deduzidas no processo e cujo resultado é o alicerce, o fundamento do *judicium,* do julgamento do objeto litigioso do processo". WATANABE, Kazuo. **Cognição no Processo Civil.** 4. ed. rev. e atual. São Paulo: Saraiva, 2012. p. 67.

17. Ainda sobre a relevante distinção, cf.: BARBOSA MOREIRA, José Carlos. Tutela de urgência e efetividade do direito. In: **Temas de direito processual,** oitava série. São Paulo: Saraiva, 2004. p. 91.

18. CHIOVENDA, Giuseppe. **Instituições de direito processual civil.** Tradução da 2. ed. italiana por J. Guimarães Menegale. São Paulo: Saraiva, 1965. v. 1. p. 107.

19. Cf.: SCHENK, Leonardo Faria. **Cognição sumária: limites impostos pelo contraditório no processo civil.** São Paulo: Saraiva, 2013. p. 140, passim.

qualitativo, juridicamente parcial, em que se verificam restrições no objeto da análise do julgador, em razão de limitações impostas às partes, ou por elas convencionadas, como reflexos da compressão dos poderes inerentes ao amplo contraditório.

O emprego da cognição sumária, como forma de tutela diferenciada, responde preponderantemente às situações urgentes, para compor apenas uma parcela do conflito, passível de demonstração por prova rápida, marcando os processos em que foi desenvolvida com o selo da incompletude.[20]

Essa incompletude enseja outra nota característica da cognição sumária, por vezes não reconhecida, consistente na provisoriedade das decisões dela decorrentes,[21] ao menos no plano jurídico, porquanto sempre deverá existir, à disposição e à escolha das partes, uma nova oportunidade, em processo futuro, com cognição plena, para o exercício, amplo, dos direitos inerentes ao contraditório. A coisa julgada se revela, nesse contexto, incompatível com a cognição sumária.

Não havendo complexidade, e na exata medida em que se verificar a ausência de uma justificativa séria para a resistência do demandado, em hipóteses previamente classificadas como lides de pretensão meramente insatisfeitas, a exemplo da falta de pagamento porque o devedor ou não pode pagar ou simplesmente não deseja fazê-lo, será forçoso reconhecer, no modelo processual simplificado e célere que emprega a cognição sumária, uma técnica adequada de tutela diferenciada.

A cognição plena, por outro lado, continuará sendo a técnica adequada para resolver controvérsias efetivas de fato e de direito, como as que dão ensejo, normalmente, aos processos com lides de pretensão contestada, nos quais, por exemplo, o devedor se recusa a pagar porque entende que nada deve ao credor.[22] Nesses casos, a natureza da controvérsia, a exigência de um debate rigoroso sobre as razões e provas trazidas pelas partes e a necessidade de um tempo adequado à construção da decisão fazem os anseios por uma resposta jurisdicional rápida (*far presto*) ceder espaço à tradição para

---

20. FAIRÉN GUILLÉN, Victor. **Lo "sumario" y lo "plenario" en los procesos civiles y mercantiles españoles: pasado y presente**. Madrid: J. San José S.A., 2006. p. 76.

21. Calamandrei já afirmava que a provisoriedade do primeiro provimento (sumário) nasce da possibilidade de um posterior provimento (definitivo), que pode eventualmente sobrevir para anular ou modificar os efeitos do primeiro. Porém, na maior parte dos casos, essa possibilidade não se verifica (ao menos o legislador calcula que não se verificará): permanecendo inerte a parte interessada em provocar a cognição ordinária, "*il provvedimento provisorio si convalida e diventa esso stesso definitivo*". CALAMANDREI, Piero. **Introduzione allo studio sistematico dei provvedimenti cautelari**. Padova: CEDAM, 1936. p. 13-14.

22. PROTO PISANI, Andrea. Verso la residualità del processo a cognizione piena? In: **Studi in onore di Carmine Punzi**. Torino: G. Giappichelli Editore, 2008. v. 1. p. 699-700.

reconhecer o lugar da cognição plena como técnica adequada ao contraditório e essencial para uma decisão justa (far bene).[23]

Como afirma Lombardo,[24] uma coisa é a simplificação do *modus procedendi*, como sequência de atos voltados à emanação do provimento conclusivo do processo, enquanto outra, bastante distinta, é a simplificação do campo ou do tipo da cognição do juiz em relação aos fatos e questões juridicamente relevantes para a causa (*thema decidendum*). Uma coisa, portanto, é o continente da jurisdição, outra, o seu conteúdo.

Os cortes qualitativos no conteúdo das garantias constitucionais, em especial na garantia do contraditório, qualificam, portanto, a cognição do julgador como sumária.

Sempre que, por alguma restrição imposta pelo legislador, às partes não for assegurado o amplo direito de conhecer, participar e eficazmente influir na decisão judicial que resolverá o conflito em que se viram envolvidas, a cognição deixará de ser plena e se tornará sumária. O mesmo ocorre se a restrição tiver sido convencionada pelas próprias partes.[25]

Assim, a cognição sumária é conhecida a partir do conteúdo da cognição plena e por exclusão. Havendo cortes qualitativos no exercício dos direitos inerentes à garantia do contraditório, a cognição será sumária.

Nessa linha, será sumária a cognição do julgador quando superficial a análise dos elementos da demanda,[26] para acudir às situações urgentes, havendo o diferimento dos demais poderes processuais inerentes ao contraditório para etapa posterior do procedimento, ponto em que a definição de cognição sumária se ajusta com a classificação formulada por Watanabe.[27]

Será sumária, também, a cognição do julgador quando houver a imposição, pelo legislador ou mesmo por convenção das partes, de recortes na matéria posta em juízo, de modo que parcela do conflito fique reservada para uma nova demanda, a ser depois ajuizada, conforme o interesse das partes, invertendo-se, com isso, o ônus de instauração do contraditório.[28] Aqui, como

---

23. ANDOLINA, Italo Augusto. Crisi del giudicato e nouvi strumenti alternativi di tutela giurisdizionale. La (nuova) tutela provivisoria di merito e le garalnzie costituzionali del "giusto processo". In: **Studi in onore di Carmine Punzi**. Torino: G. Giappichelli Editore, 2008. v. 1. p. 40-41.

24. LOMBARDO, Luigi. Natura e caratteri dell'istruzione probatoria nel processo cautelare. **Rivista di Diritto Processuale**. Padova: CEDAM, 2001. p. 479

25. Por meio, como visto, das chamadas convenções processuais.

26. CHIOVENDA, Giuseppe. **Instituições de direito processual civil**. Tradução da 2. ed. italiana por J. Guimarães Menegale. São Paulo: Saraiva, 1965. v. 1. p. 237.

27. WATANABE, Kazuo. **Cognição no Processo Civil**. 4. ed. rev. e atual. São Paulo: Saraiva, 2012. p. 118, passim.

28. BARBOSA MOREIRA, José Carlos. Tutela de urgência e efetividade do direito. In: **Temas de direito processual**, oitava série. São Paulo: Saraiva, 2004. p. 92.

se pode notar, a classificação corrente da doutrina qualifica esta cognição como parcial.

Fora desses dois traços comuns de sumarização da cognição, o reconhecimento da proteção constitucional da cognição plena, a partir do conteúdo atual da garantia do contraditório, impõe a identificação de um terceiro tipo de sumarização, verificado, por exclusão, sempre que se observar a imposição pelo legislador de outras limitações ao exercício pleno dos poderes de participação e influência pelas partes. Essa terceira espécie de cognição, também sumária, já não encontra paralelo nas classificações doutrinárias conhecidas.

Exemplo do primeiro tipo de cognição sumária está, reconhecidamente, nas liminares, que conferem desde logo a uma das partes o resultado pretendido com a demanda, invertendo, a partir de então, o ônus do tempo do processo.[29] A cognição sumária porque parcial também é facilmente identificada, a título ilustrativo, nas ações possessórias, nas monitórias e na ação de desapropriação, hipóteses em que há a inversão do ônus de instaurar o contraditório. Mais delicada é a identificação de exemplos do terceiro tipo de cognição sumária, ligado à mitigação do contraditório, porque envolve restrições ora no acesso à Justiça, ora no direito de se defender provando ao longo da marcha processual, ora na etapa recursal ou em qualquer outro momento ou tipo de limitação, como se pode notar no rito dos juizados especiais e nas sentenças liminares de improcedência do pedido (art. 332, CPC de 2015).[30]

No que é mais relevante, nesses três casos se estará diante de uma cognição sumária, e isso porque ela não terá sido capaz de assegurar às partes o exercício, amplo, dos direitos inerentes ao conteúdo atual da garantia do contraditório.

A vinculação da extensão da cognição ao conteúdo da garantia do contraditório permite ampliar o debate em relação às classificações anteriormente postas pela doutrina.[31] Todavia, mais importante do que os nomes atribuídos a cada categoria é, sem dúvidas, o destaque que se deseja conferir à extensão dos direitos das partes ao longo do *iter* de formação da decisão judicial e os seus desdobramentos.

---

29. MARINONI, Luiz Guilherme. **Antecipação de tutela**. 9. ed. rev. atual. e ampl. São Paulo: Editora Revista dos Tribunais, 2006. p. 37-40.
30. Sobre o tema, cf.: GRECO, Leonardo. **Instituições de processo civil. Processo de conhecimento**. v. 2. 2. ed. rev. e atual. Rio de Janeiro: Forense, 2011. p. 384.
31. WATANABE, Kazuo. **Cognição no Processo Civil**. 4. ed. rev. e atual. São Paulo: Saraiva, 2012. p. 118-119. Cf., ainda: DINAMARCO, Cândido Rangel. **Instituições de direito processual civil**. 6. ed. rev. e atual. São Paulo: Malheiros Editores, 2009. v. 3. p. 36 et. seq.; BUENO, Cassio Scarpinella. **Curso sistematizado de direito processual civil: teoria geral do direito processual civil**. 4. ed. rev. e atual. São Paulo: Saraiva, 2010. p. 368-369.

Isso porque a sumarização da cognição indica os rumos do processo civil do futuro.[32] Estudos recentes relevam a tendência, em alguns sistemas processuais, à residualidade dos processos de cognição plena.[33] Fixados os adequados limites de proteção das garantias, parte alguma, afirma Morello, deixará de acorrer a um processo mais simples, capaz de lhe entregar um resultado adequado, em um curto espaço de tempo.[34]

4. PRESSUPOSTOS CONSTITUCIONAIS DA COGNIÇÃO SUMÁRIA

É preciso notar, nesse contexto, que o legislador não é livre para lançar mão da cognição sumária, enquanto técnica de tutela diferenciada, para dar vazão aos movimentos crescentes de insatisfação com os resultados da atividade jurisdicional. Os limites às atividades legislativas ordinárias estão no valor constitucional da cognição plena, tirado do conteúdo atual, humanizado e participativo, da garantia do contraditório.

Nessa linha, um dos pressupostos para a legitimidade constitucional da técnica de sumarização pode ser identificado, segundo Trocker, no fato de que a cognição sumária não pode ser exaustiva em si.[35]

Da não exaustividade da cognição sumária decorrem duas importantes consequências, vistas aqui como pressupostos constitucionais a serem observados pelo legislador processual para conferir legitimidade à técnica de tutela diferenciada. A primeira, e mais relevante delas, está em que as decisões proferidas nos processos guiados por uma cognição sumária não se qualificam a receber o manto protetor da coisa julgada.[36]

A coisa julgada deve ser vista como um desdobramento apenas dos processos capazes de assegurar uma cognição plena, com o amplo exercício pelas

---

32. Nesse sentido: RICCI, Edoardo F. Verso un nuovo processo civile. **Rivista di Diritto Processuale**. Padova: CEDAM, 2003. p. 214-215; BEDAQUE, José Roberto dos Santos. **Tutela cautelar e tutela antecipada: tutelas sumárias e de urgência (tentativa de sistematização)**. 5. ed. rev. e ampliada. São Paulo: Malheiros Editores, 2009. p. 121.

33. PROTO PISANI, Andrea. Verso la residualità del processo a cognizione piena? In: **Studi in onore di Carmine Punzi**. Torino: G. Giappichelli Editore, 2008. v. 1. p. 700; TISCINI, Roberta. **I provvedimenti decisori senza accertamento**. Torino: G. Giappichelli Editore, 2009. p. 3-4.

34. MORELLO, Augusto M. Qué entendemos, en el presente, por tutelas diferenciadas. **Revista de Derecho Procesal 2008-2**. Santa-Fe: Rubinzal-Culzoni, 2008. p. 20.

35. TROCKER, Nicolò. Il nuovo articolo 111 della costituzione e il "giusto processo" in materia civile: profili generali. **Rivista Trimestrale di Diritto e Procedura Civile**. Milano: Giuffrè Editore, 2001. p. 394-395.

36. Nessa linha, cf.: PROTO PISANI, Andrea. **Lezioni di diritto processuale civile**. 5. ed. Napoli: Jovene Editore, 2006. p. 546. No mesmo sentido, em outras oportunidades: Id. Giusto processo e valore della cognizione piena. In: **Le tutele giurisdizionali dei diritti. Studi.** Napoli: Jovene Editore S.P.A., 2003. p. 659; Id. Verso la residualità del processo a cognizione piena? In: **Studi in onore di Carmine Punzi**. Torino: G. Giappichelli Editore, 2008. v. 1, p. 699; Id. Appunti sulla tutela sommaria (Note *de iure condito e de iure condendo*). In: **I processi speciali. Studi offerti a Virgilio Andrioli dai suoi allievi**. Napoli: Casa Editrice Dott. Eugenio Jovene, 1979. p. 312-313.

partes dos direitos inerentes ao contraditório.[37] A jurisdição de conhecimento deve, na atualidade, contentar-se com uma decisão menos estável, fruto dos processos marcados por uma cognição sumária, ao lado dos processos de cognição plena, ainda e sempre essenciais para determinados tipos de conflito.[38]

Dessa consequência, verificada na ausência da coisa julgada, decorre o primeiro pressuposto constitucional legitimador imposto ao legislador processual na adoção da cognição sumária: *a estabilização da decisão deve ser equilibrada.*

Constituem bons exemplos desse equilíbrio, no Código de Processo Civil de 2015: (i) a tutela antecipada requerida em caráter antecedente, cuja decisão interlocutória se tornará estável, quando não interposto recurso, mas não fará coisa julgada e tampouco impedirá a discussão judicial posterior (art. 304, §§); e (ii) a extensão da coisa julgada material à questão prejudicial, desde que tenha havido uma cognição plena sobre a matéria, fruto do contraditório prévio e efetivo (art. 503, §§).

A segunda consequência, também decorrente da não exaustividade dos processos marcados pela cognição sumária, diz respeito à necessidade de se assegurar às partes uma nova oportunidade em juízo, no mesmo processo ou em outro, futuro, para o exercício pleno dos direitos inerentes à garantia do contraditório.

No exemplo das liminares, visto acima como uma das espécies de cognição sumária, essa oportunidade é assegurada no mesmo processo, com o só desdobramento da sua marcha até a sentença e a possibilidade de novos debates na etapa recursal.

Também no caso das limitações impostas à matéria, outro tipo de cognição sumária, o legislador tem se preocupado em oferecer vias de integração do contraditório, com a inversão do ônus de sua instauração. É o que se vê, por exemplo, nas ações de desapropriação, nas possessórias e em tantas outras em que o corte horizontal na cognição encontra respaldo na prévia estipulação de outra via processual, por meio da qual se dará o debate judicial dos temas antes excluídos da análise do julgador.[39]

---

37. Também se referem à tese da necessária correlação: FAZZALARI, Elio. Procedimento camerale e tutela dei diritti. **Rivista di Diritto Processuale**. Padova: CEDAM, 1989. p. 912; FAIRÉN GUILLÉN, Victor. Juicio ordinario, plenarios rapidos, sumario, sumarisimo. In: **Temas del ordenamiento procesal**. Proceso civil. Proceso penal. Arbitraje. Madrid: Editorial Tecnos, 1969. t. 2. p. 827-832; GRECO, Leonardo. **Instituições de processo civil. Processo de conhecimento**. v. 2. 2. ed. rev. e atual. Rio de Janeiro: Forense, 2011. p. 289; Id. Cognição sumária e coisa julgada. **Revista Eletrônica de Direito Processual**, ano 6. v. X, jul./dez. 2012. p. 275-301. Disponível em: http://www.redp.com.br/. Acesso em: 22 mar. 2014.
38. MENCHINI, Sergio. I provvedimenti sommari (autonomi e interinali) con efficacia esecutiva. **Il giusto processo civile. Rivista trimestrale**, anno IV, 2/2009. p. 387.
39. BAPTISTA DA SILVA, Ovídio Araújo. **Curso de processo civil**. 8. ed. rev. atual. Rio de Janeiro: Forense, 2008. v. 1, t. 1. p. 100.

O segundo pressuposto legitimador para a adoção da cognição sumária consiste, portanto, *na oportunidade de acesso futuro à cognição plena*.

Não é só. A vinculação da cognição plena ao conteúdo atual do contraditório exige que as técnicas de sumarização respeitem, ao menos, o núcleo mínimo e essencial da garantia, identificado, aqui, com os direitos relacionados à audiência bilateral.

Ao legislador ordinário não foi dado banir o contraditório dos processos judiciais, em qualquer das suas etapas. Não há ressalvas no art. 5º, LV, da Constituição da República. A importância do contraditório para a caracterização dos processos, em nosso tempo, exige que ao menos uma parcela mínima da garantia deva ser observada em cada processo judicial, sendo esse mais um limite imposto ao legislador processual quando da adoção das técnicas de sumarização da cognição.

A única ressalva está, na tutela de urgência, nos casos em que não se pode esperar a citação da outra parte, sob pena de perecimento do direito. Aqui, o diferimento do contraditório para etapa imediatamente posterior da marcha processual é ditado por imperativos da própria jurisdição, que, na forma do art. 5º, XXXV, da Constituição, deve ser efetiva.[40]

O terceiro pressuposto está ligado, portanto, *ao respeito ao núcleo mínimo da garantia do contraditório*, identificado na audiência bilateral, no direito que as partes têm de conhecer e de se manifestar, querendo, sobre os termos da demanda.

E o quarto, não menos importante, está na *máxima predeterminação dos cortes cognitivos*, pelo legislador processual, de forma geral e abstrata, ou pelas próprias partes, por meio das chamadas convenções processuais homologadas em juízo. Cuida-se, no primeiro caso, de um imperativo do princípio da igualdade, evitando-se, assim, os problemas ligados à necessária imparcialidade do julgador,[41] e, no segundo, de uma manifestação livre e consciente da vontade dos próprios interessados na tutela jurisdicional.

Devidamente observados, esses quatro pressupostos poderão conduzir a cognição sumária a um lugar de destaque entre as técnicas de tutela

---

40. Sobre a aceitação, com reservas, do contraditório diferido, cf., dentre outros: GRAZIOSI, Andrea. La cognizione sommaria del giudice civile nella prospettiva delle garanzie costituzionali. **Rivista Trimestrale di Diritto e Procedura Civile**. Milano: Giuffrè Editore, ano LXIII, n. 1, mar. 2009. p. 172-174; PROTO PISANI, Andrea. **Lezioni di diritto processuale civile**. 5. ed. Napoli: Jovene Editore, 2006. p. 200-205; TROCKER, Nicolò. Il nuovo articolo 111 della costituzione e il "giusto processo" in materia civile: profili generali. **Rivista Trimestrale di Diritto e Procedura Civile**. Milano: Giuffrè Editore, 2001. p. 394-395.
41. GRAZIOSI, Andrea. La cognizione sommaria del giudice civile nella prospettiva delle garanzie costituzionali. **Rivista Trimestrale di Diritto e Procedura Civile**. Milano: Giuffrè Editore, ano LXIII, n. 1, mar. 2009. p. 168; BERIZONCE, Roberto Omar. Lineas tendenciales en la reforma procesal civil en iberoamérica. In: **Problemas actuales del proceso iberoamericano**. Málaga: CEDMA, 2006. t. 1, Actas. p. 340.

diferenciadas voltadas a acelerar o resultado da prestação jurisdicional, com o devido respeito às garantias fundamentais do processo justo.

5. CONCLUSÃO

A residualidade dos processos de cognição plena é uma tendência anunciada. A opção por modelos processuais simplificados, capazes de entregar resultados às partes em um menor espaço de tempo, por meio de uma cognição sumária, sinaliza os novos rumos do processo civil.

Os limites a essa sumarização, como técnica de tutela diferenciada, estão no respeito devido às garantias fundamentais do processo, em especial ao conteúdo humanizado e participativo do contraditório.

Observados os contornos atuais da garantia do contraditório, não pode o legislador processual, como visto, ainda que envolvido com as mais sublimes intenções, sumarizar a cognição em uma das pontas e, na outra, conservar a estabilidade jurídica típica das decisões proferidas nos processos de cognição plena. Não pode, também, impor às partes o processo de cognição sumária, como via exclusiva e exaustiva em si, sempre que a natureza e a relevância do conflito impuserem uma nova oportunidade em juízo. Tampouco pode o legislador dispensar o núcleo essencial da garantia do contraditório e, ainda, outorgar ao julgador, no caso concreto, e à sua escolha, o poder de decidir a extensão e a profundidade dos cortes cognitivos.

As técnicas de tutela diferenciada têm, assim, um papel relevante a desempenhar na caminhada por um processo civil que, a um só tempo, e de modo equilibrado, consiga assegurar às partes o melhor resultado, fruto de uma tutela adequada e tempestiva, com o máximo respeito às garantias fundamentais, sem o que não poderá ser qualificado de justo.

6. BIBLIOGRAFIA

ANDOLINA, Italo Augusto. Crisi del giudicato e nouvi strumenti alternativi di tutela giurisdizionale. La (nuova) tutela provivisoria di merito e le garalnzie costituzionali del "giusto processo". In: **Studi in onore di Carmine Punzi**. Torino: G. Giappichelli Editore, 2008. v. 1, p. 37-46.

BAPTISTA DA SILVA, Ovídio Araújo. O contraditório nas ações sumárias. **Revista da AJURIS. Doutrina e Jurisprudência**, Porto Alegre, ano XXVI, n. 80, p. 211-243, dez. 2000.

_____. **Curso de processo civil**. v. 1, t. 1, 8. ed. rev. atual. Rio de Janeiro: Forense, 2008.

BARBOSA MOREIRA, José Carlos. O Futuro da Justiça: alguns mitos. In: **Temas de direito processual**, oitava série. São Paulo: Saraiva, 2004. p. 01-14.

_____. Tutela de urgência e efetividade do direito. In: **Temas de direito processual**, oitava série. São Paulo: Saraiva, 2004. p. 89-106.

BEDAQUE, José Roberto dos Santos. **Tutela cautelar e tutela antecipada: tutelas sumárias e de urgência (tentativa de sistematização)**. 5. ed. rev. e ampliada. São Paulo: Malheiros Editores, 2009.

BERIZONCE, Roberto Omar. Fundamentos y confines de las tutelas procesales diferenciadas. **Revista de Derecho Procesal 2008-2**. Santa-Fe: Rubinzal-Culzoni, 2008. p. 35-49.

_____. Lineas tendenciales en la reforma procesal civil en iberoamérica. In: **Problemas actuales del proceso iberoamericano**. Málaga: CEDMA, 2006. t. 1, Actas. p. 337-344.

BUENO, Cassio Scarpinella. **Curso sistematizado de direito processual civil: teoria geral do direito processual civil**. 4. ed. rev. e atual. São Paulo: Saraiva, 2010.

CALAMANDREI, Piero. **El procedimiento monitorio**. Tradução de Santiago Sentis Melendo. Buenos Aires: Ediciones Jurídicas Europa-América, 1953.

_____. **Introduzione allo studio sistematico dei provvedimenti cautelari**. Padova: CEDAM, 1936.

CAPPELLETTI, Mauro. Problemas de reforma do processo civil nas sociedades contemporâneas. **Revista Forense**, Rio de Janeiro, n. 318. p. 119-128, abr./maio/jun. 1992.

CARPI, Federico. La semplificazione dei modelli di cognizione ordinaria e l'oralità per un processo civile efficiente. **Rivista Trimestrale di Diritto e Procedura Civile**. Milano: Giuffrè Editore, 2009. p. 1283-1300.

CHIOVENDA, Giuseppe. **Instituições de direito processual civil**. v. 1. Tradução da 2. ed. italiana por J. Guimarães Menegale. São Paulo: Saraiva, 1965.

CIPRIANI, Franco. I problemi del processo di cognizione tra passato e presente. In: **Il processo civile nello stato democratico. Saggi**. Napoli: Edizione Scientifiche Italiane, 2006. p. 27-68.

_____. Il procedimento cautelare tra efficienza e garanzie. In: **Il processo civile nello stato democratico. Saggi**. Napoli: Edizione Scientifiche Italiane, 2006. p. 69-93.

COMOGLIO, Luigi Paolo. Giurisprudenza. Abuso dei diritti di difesa e durata ragionevole del processo: un nuovo parametro per i poteri direttivi del giudice? **Rivista di Diritto Processuale**. Padova: CEDAM, 2009. p. 1684-1700.

DINAMARCO, Cândido Rangel. O princípio do contraditório. In: **Fundamentos do processo civil moderno**. 2. ed. São Paulo: Editora Revista dos Tribunais, 1987. p. 84-100.

_____. **Instituições de direito processual civil**. v. 3. 6. ed. rev. e atual. São Paulo: Malheiros Editores, 2009.

FAIRÉN GUILLÉN, Victor. Juicio ordinario, plenarios rapidos, sumario, sumarisimo. In: **Temas del ordenamiento procesal**. Proceso civil. Proceso penal. Arbitraje. t. 2. Madrid: Editorial Tecnos, 1969.

_____. **Lo "sumario" y lo "plenario" en los procesos civiles y mercantiles españoles: pasado y presente**. Madrid: J. San José S.A., 2006.

FAZZALARI, Elio. Valori permanenti del processo. **Rivista di Diritto Processuale**. Padova: CEDAM. 1989. p. 01-11.

_____. Procedimento camerale e tutela dei diritti. **Rivista di Diritto Processuale**. Padova: CEDAM, 1989. p. 909-920.

GIULIANI, Alessandro. *L'ordo judiciarius* medioevale (Riflessioni su un modello puro di ordine isonomico). **Rivista di Diritto Processuale**. Padova: CEDAM, 1988. p. 598-614.

GRAZIOSI, Andrea. La cognizione sommaria del giudice civile nella prospettiva delle garanzie costituzionali. **Rivista Trimestrale di Diritto e Procedura Civile**. Milano: Giuffrè Editore, ano LXIII, n. 1, p. 137-174, mar. 2009.

GRECO, Leonardo. O princípio do contraditório. In: **Estudos de direito processual**. Campos dos Goytacazes: Ed. Faculdade de Direito de Campos. p. 541-556, 2005.

_____. Garantias fundamentais do processo: o processo justo. In: **Estudos de direito processual**. Campos dos Goytacazes: Ed. Faculdade de Direito de Campos. p. 225-286, 2005.

_____. **Instituições de processo civil. Processo de conhecimento**. v. 2. 2. ed. rev. e atual. Rio de Janeiro: Forense, 2011.

_____. Cognição sumária e coisa julgada. **Revista Eletrônica de Direito Processual**, ano 6. v. X, jul./dez. 2012. p. 275-301. Disponível em: http://www.redp.com.br/. Acesso em: 22 mar. 2014.

LOMBARDO, Luigi. Natura e caratteri dell'istruzione probatoria nel processo cautelare. **Rivista di Diritto Processuale**. Padova: CEDAM, 2001. p. 464-515.

MARINONI, Luiz Guilherme. **Antecipação de tutela**. 9. ed. rev. atual. e ampl. São Paulo: Editora Revista dos Tribunais, 2006.

MENCHINI, Sergio. I provvedimenti sommari (autonomi e interinali) con efficacia esecutiva. **Il giusto processo civile. Rivista trimestrale**, anno IV, 2/2009. p. 367-389.

_____. Nuove forme di tutela e nuovi modi di risoluzione delle controversie: verso il superamento della necessità dell'accertamento con autorità di giudicato. **Rivista di Diritto Processuale**. Padova: CEDAM, 2006. p. 869-902.

MORELLO, Augusto M. Qué entendemos, en el presente, por tutelas diferenciadas. **Revista de Derecho Procesal 2008-2**. Santa-Fe: Rubinzal-Culzoni, 2008. p. 18

OTEIZA, Eduardo. El debido proceso y su proyección sobre el proceso civil en América Latina. **Revista de Processo. REPRO,** São Paulo, ano 34, n. 173. p. 179-200, jul. 2009.

PERROT, Roger. O processo civil francês na véspera do século XXI. Tradução de José Carlos Barbosa Moreira. **Revista de Processo. REPRO**, São Paulo, ano 23, n. 91. p. 203-212, jul./set. 1998.

PICARDI, Nicola. Il principio del contraddittorio. **Rivista di Diritto Processuale**. Padova: CEDAM, 1998. p. 673-681.

_____. "Audiatur et altera pars". Le matrici storico-culturali del contraddittorio. **Rivista Trimestrale di Diritto e Procedura Civile**. Milano: Giuffrè Editore, 2003. p. 7-22.

PROTO PISANI, Andrea. Appunti sulla tutela sommaria (Note *de iure condito e de iure condendo*). In: **I processi speciali. Studi offerti a Virgilio Andrioli dai suoi allievi**. Napoli: Casa Editrice Dott. Eugenio Jovene, 1979. p. 311-360.

_____. **Lezioni di diritto processuale civile**. 5. ed. Napoli: Jovene Editore, 2006.

_____.Verso la residualità del processo a cognizione piena? In: **Studi in onore di Carmine Punzi**. Torino: G. Giappichelli Editore, 2008. v. 1, p. 699-707.

_____. Giusto processo e valore della cognizione piena. In: **Le tutele giurisdizionali dei diritti. Studi.** Napoli: Jovene Editore S.P.A., 2003. p. 655-669.

RICCI, Edoardo F. Verso un nuovo processo civile. **Rivista di Diritto Processuale**. Padova: CEDAM, 2003. p. 211-226.

SCHENK, Leonardo Faria. **Cognição sumária: limites impostos pelo contraditório no processo civil**. São Paulo: Saraiva, 2013.

TARZIA, Giuseppe. L'art. 111 Cost. e le garanzie europee del processo civile. **Rivista di Diritto Processuale**. Padova: CEDAM, 2001. p. 1-22.

THEODORO JÚNIOR, Humberto. Redimensionamento da Coisa Julgada. **Revista Jurídica Notadez**, São Paulo, n. 337, p. 45-64, mar./abr. 2009.

_____; ANDRADE, Érico. A autonomização e a estabilização da tutela de urgência no Projeto de CPC. **Revista de Processo. REPRO**, São Paulo, ano 37, n. 206, p. 13-59, abr. 2012.

TISCINI, Roberta. **I provvedimenti decisori senza accertamento**. Torino: G. Giappichelli Editore, 2009.

_____. L'accertamento del fatto nei procedimenti con struttura sommaria. **Judicium**. p. 3. Disponível em: http://www.judicium.it. Acesso em: 7 mar. 2014

TROCKER, Nicolò. Il nuovo articolo 111 della costituzione e il "giusto processo" in materia civile: profili generali. **Rivista Trimestrale di Diritto e Procedura Civile**. Milano: Giuffrè Editore, 2001. p. 381-410.

WATANABE, Kazuo. **Cognição no Processo Civil**. 4. ed. rev. e atual. São Paulo: Saraiva, 2012.

ZANFERDINI, Flávia de Almeida Montingeli. O devido processo legal e a concessão de tutelas de urgência. **Revista de Processo. REPRO**, São Paulo, ano 36, n. 192, p. 241-268, fev. 2011.

CAPÍTULO 13

Por um processo civil comunicativo e dialógico

Paulo Sérgio Velten Pereira[1]

SUMÁRIO: 1. INTRODUÇÃO; 2. UM CÓDIGO INFORMADO PELO PRINCÍPIO DO CONTRADITÓRIO; 3. O ABANDONO DO PROCESSO AUTOCRÁTICO COM CONTRADITÓRIO RESTRITO ÀS PARTES; 4. O MODELO CONSTITUCIONAL DE PROCESSO CIVIL BRASILEIRO; 5. O CONTRADITÓRIO COMO DEVER DE CONSULTA E DE DIÁLOGO; 6. DA DECISÃO-SURPRESA À DECISÃO-PROJETO; 7. CONSIDERAÇÕES FINAIS; 8. REFERÊNCIAS.

1. INTRODUÇÃO

Com a edição da Lei nº 13.105 de 16 de março de 2015, que instituiu o novo Código de Processo Civil no ordenamento jurídico brasileiro, percebe-se que os debates forenses e acadêmicos em torno desse novel Diploma têm dado pouca ênfase à dimensão que o princípio do contraditório passará a ter a partir de 16 de março do próximo ano, quando o CPC entrará em vigor, considerando o prazo de um ano da sua *vacatio legis*.

Desde sempre o contraditório foi limitado a garantir o conhecimento da existência de um processo e a sucessiva manifestação das partes sobre os atos subsequentes, mas com o novo Código esse princípio será expandido para impor novas obrigações ao magistrado condutor do feito, que deverá, antes de decidir, submeter à manifestação das partes a fundamentação jurídica que pressupõe aplicável ao caso, algo como um projeto de decisão.

Aqui será visto que essa forma de atuação do juiz no modelo do novo Código de Processo Civil é bem distinta daquela com a qual os operadores do direito estão habituados a trabalhar, em que, essencialmente, apenas se assegura a possibilidade de manifestação de uma das partes sobre os atos praticados e alegações deduzidas pela contraparte, observando-se a bilateralidade do processo.

Ao longo do trabalho espera-se demonstrar que a expansão do contraditório tem por finalidade adequar a lei processual ao texto da Constituição

---

1. Doutorando e Mestre em Direito Civil pela PUC/SP. Especialista em Direito Processual Civil pela PUC/SP. Desembargador do TJMA

Federal, fazendo com que a atividade jurisdicional seja desenvolvida da forma mais democrática possível, por meio do aprofundamento do diálogo com as partes e da cooperação judicial, rompendo-se as barreiras impostas pelo processo autocrático do Código Buzaid, com base no qual o juiz é tratado como diretor isolado da batalha travada entre autor e réu.

Submetido ao modelo constitucional de processo, esse contraditório expandido constitui o solo fértil sobre o qual pode se desenvolver um processo civil renovado no país, de bases realmente democráticas, em que as partes, conhecendo previamente a fundamentação jurídica a ser utilizada pelo magistrado, têm a oportunidade de interagir mais ativamente com o Estado-juiz na construção de uma decisão judicial mais justa e efetiva, obtida por um processo igualmente justo e equilibrado.

Este ensaio pretende evidenciar que a elaboração da decisão judicial com a observância do dever de consulta e de diálogo, além de permitir a substituição da *decisão-surpresa* pela *decisão-projeto*, também pode contribuir decisivamente para a redução do déficit democrático do Poder Judiciário, tudo a partir de um processo comunicativo e dialógico, desenvolvido em sintonia fina com a Constituição.

2. UM CÓDIGO INFORMADO PELO PRINCÍPIO DO CONTRADITÓRIO

Ao tempo da edição do atual Código Civil brasileiro (Lei nº 10.406/2002) dizia-se que as modificações introduzidas no novo ordenamento eram essencialmente tópicas, uma vez que um dos objetivos declarados pela comissão de juristas encarregada da elaboração do anteprojeto era manter, na medida do possível, boa parte da redação original do Código Civil de 1916, considerado por muitos estudiosos um primoroso monumento linguístico.[2]

Pouco se falava à época da verdadeira revolução projetada pelos valores e princípios do novo Código Civil, sendo restrita ao círculo acadêmico alguma discussão em torno do sistema móvel de direito privado, composto de princípios e conceitos adredemente vagos para permitir a interpretação dinâmica da nova lei e evitar seu engessamento diante da evolução social.[3]

---

2. Ver a respeito: REALE, Miguel. História do novo código civil. São Paulo: Revista dos Tribunais, 2005, p. 83. Nessa obra o grande jurista brasileiro registra que uma preocupação permanente da comissão elaboradora do anteprojeto do Código Civil de 2002 foi preservar a beleza formal do Código de 1916, tido como um modelo insuperável de vernaculidade, ressaltando Reale que uma lei bela representa meio caminho andado para a comunicação da Justiça.

3. Sobre abertura e mobilidade do sistema de direito privado: CANARIS, Claus-Wilhelm. Pensamento sistemático e conceito de sistema na ciência do direito. 4. ed. Lisboa: Fundação Calouste Gulbenkian, 2008, p. 103 e ss.

Situação semelhante sucede agora com o novo Código de Processo Civil brasileiro sancionado em março do corrente ano. Dá-se grande destaque para a necessidade de organização, coesão e sistematização dos dispositivos da lei processual,[4] mas se dispensa pouca reflexão para os princípios encartados nos enunciados do Livro I da Parte Geral do Código, em especial para a nova dimensão do princípio do contraditório.

A ausência desse debate é lamentável, pois nenhuma mudança legislativa será suficiente para a obtenção de um processo justo, efetivo e de bases democráticas se o *intérprete autêntico* não estiver pronto para *interpretar/aplicar* o novo direito segundo seus valores e princípios informativos.[5] Sem conferir especial atenção para o tema, corre-se o risco de a nova lei ser aplicada com os olhos no retrovisor, abstraindo-se dela um raciocínio meramente formal, desprovido de conteúdo, desconectado da realidade cotidiana e sem sintonia com o Estado Democrático de Direito.

Portanto, o alerta é necessário: com o novo Código, não será possível continuar a conceber a existência do contraditório apenas em relação às duas partes do feito, aos sujeitos parciais do processo.

Ao abrigar o princípio do contraditório em mais de um dispositivo do Título referente às *Normas fundamentais e da Aplicação das normas processuais*,[6] o legislador emprestou a esse princípio o papel de *pensamento diretor* da lei processual. Tanto assim, que se trata do Título de abertura, da sua Parte Geral, cujo propósito é exatamente o de abrigar os princípios vetores que irão informar todos os demais setores do novo Código.[7]

E o fato de o princípio do contraditório estar desse modo organicamente posicionado não deixa de ter um importante significado simbólico, na medida

---

4. Necessidade justificada, segundo a comissão elaboradora do anteprojeto, pelo fato de o velho Código de 1973 ter-se transformado numa colcha de retalhos, mercê das sucessivas reformas tópicas realizadas a partir de meados da década de 1990.
5. Intérprete autêntico no sentido atribuído por Hans Kelsen, de interpretação realizada pelo órgão estatal aplicador do direito (KELSEN, Hans. Teoria pura do direito. Tradução de João Baptista Machado. São Paulo: Martins Fontes, 2003, p. 387 e ss.). Interpretar/aplicar o direito como atividade unitária e não-autônoma, pois o intérprete somente obtém o verdadeiro sentido do texto a partir de um dado caso concreto. Interpretar o direito consiste em dar concretude à lei em cada caso, ou seja, aplicá-la (GADAMER, Hans--Georg. Verdad y método, 4.ed. Tradução de Ana Agud Aparício e Rafael de Agapito. Salamanca: Ediciones Sígueme, 1991, p. 397-401).
6. O art. 7º determina que o juiz zele pelo efetivo contraditório, não qualquer contraditório; o art. 9º veda que se profira decisão contra uma parte sem antes ouvi-la; e o art. 10 proíbe a prolação de decisão sem que as partes tenham oportunidade de se manifestar sobre seus fundamentos (fundamentos da decisão).
7. LARENZ, Karl. Derecho justo - fundamento de ética jurídica. Tradução de Luis Diez-Picazo, Madri: Civitas, 1985, p. 32. Este autor confere aos princípios a função de pensamentos diretores de uma regulação jurídica existente ou possível.

em que serve para disseminar na cultura jurídica a necessidade de encarar a nova legislação como um desdobramento da Constituição Federal e ainda sinalizar o dever de interpretá-la de acordo com os *direitos fundamentais processuais civis*.[8]

É nesse contexto que o contraditório constitui fundamento basilar para a interpretação e aplicação do novo direito processual, sendo a sua expansão de vital importância para a construção de um processo moderno, capaz de atender o clamor social por uma justiça mais célere, efetiva e comprometida com a concretização dos valores democráticos.

O direito processual é um fiel indicador do grau de democracia e de civilidade existentes em determinado Estado. Por isso, o legislador reformista projetou a nova lei tendo o princípio do contraditório como fundamento basilar, assegurando uma participação mais efetiva das partes no processo de construção da decisão judicial.

Nesse contexto, prevê o art. 10 do novo Código que *"O juiz não pode decidir, em grau algum de jurisdição, com base em fundamento a respeito do qual não se tenha dado às partes oportunidade de se manifestar, ainda que se trate de matéria sobre a qual deva decidir de ofício"*.

Sem correspondência no Código de Processo Civil vigente, o novel dispositivo não encapsula o contraditório na simples manifestação sucessiva de autor e réu, como ocorre atualmente. Ele vai além: redimensiona o contraditório, assegurando a manifestação prévia das partes sobre o fundamento da futura decisão, buscando com isso evitar o proferimento de *decisões-surpresa* (*Verbot der Überraschungsentscheidungen*), cuja fundamentação é conhecida somente no momento da publicação.

O novo Código será informado por um contraditório participativo, que obrigará o juiz a se comunicar com as partes – e indiretamente com a sociedade –, transformando o diálogo processual num importante fator de democratização do próprio Poder Judiciário.

3. O ABANDONO DO PROCESSO AUTOCRÁTICO COM CONTRADITÓRIO RESTRITO ÀS PARTES

A perda de funcionalidade e eficiência do velho Código Buzaid não é apenas fruto da atual desarmonia de seus dispositivos, desarmonia gerada pelas sucessivas reformas tópicas adotadas a partir da década de 90. Decorre

---

8. MARINONI, Luiz Guilherme; Mitidiero, Daniel. O projeto do CPC: crítica e propostas. São Paulo: Revista dos Tribunais, 2010, p. 16.

também da manutenção de antigas fórmulas pouco afetas ao contraditório amplo, que hoje somente encontram sentido e aplicação depois de ajustadas pela lente constitucional.[9]

Não há dúvida de que se faz mesmo necessário um novo Código de Processo Civil, capaz não só de dar maior coesão aos enunciados normativos, mas primordialmente aprofundar a harmonização de seus dispositivos com o texto da Constituição Federal de 1988, conformidade que o velho Código Processual de 1973, por ter surgido muito tempo antes, não logrou mais sustentar. Por isso é que entre os objetivos anunciados pela comissão de juristas encarregada da elaboração do Anteprojeto destacam-se a necessidade de imprimir *maior grau de organicidade ao sistema* e estabelecer uma *sintonia fina* com a Constituição.

O que se busca em verdade, mas quase não se ressalta, é deixar de lado o contraditório restrito aos sujeitos parciais do processo e encontrar meios de arbitrar os conflitos da forma mais democrática possível, prestigiando a efetiva participação das partes e também a cooperação do Estado-juiz, pois o direito fundamental ao contraditório encontra assento no valor participação. Nesse aspecto, melhor seria ter mantido a essência da redação dada ao art. 5º pelo Projeto de Lei aprovado no Senado (PL nº 166/2010), que estabelecia possuir as partes *"direito de participar ativamente do processo, cooperando entre si e com o juiz e fornecendo-lhe subsídios para que profira decisões, realize atos executivos ou determine a prática de medidas de urgência".*

Apesar da boa redação desse dispositivo, a redação final do novo CPC adotou a alteração introduzida pelo Projeto de Lei aprovado na Câmara (PL nº 8.046/2010), substituindo a expressa regra de cooperação pelo dever de probidade processual e boa-fé, valores igualmente importantes e que somente reforçam a necessidade de instauração de um ambiente cooperativo cuja razão de ser é garantir a participação ativa do autor e do réu no processo,[10] de modo

---

9. Exemplo disso são os embargos de declaração, recurso que se distingue dos demais pela ausência de previsão do contraditório no Código de Processo vigente, mas que na prática é assegurado com fundamento no art. 5º LV da Constituição Federal, sempre que possível a aplicação de efeito modificativo em caráter excepcional. O novo CPC, conformando-se com a Lei Maior, expressamente prevê o contraditório para os embargos de declaração no art.1.023 § 2º.

10. A redação do art. 5º do Projeto de Lei do Senado foi fortemente criticada ao prever a existência de cooperação entre as próprias partes, o que em tese não se compatibilizaria com a estrutura adversarial ínsita ao processo contencioso. Afinal, se existe processo é porque faltou colaboração mútua no sentido de encontrar uma solução amigável para o conflito. Isso, todavia, seria motivo para simples ajuste e não para o completo abandono do texto, sobretudo, quando o dever de cooperação entre as partes encontrou abrigo no art. 6º do novo CPC. E pior, sem que ficasse aclarado que a colaboração no processo civil do Estado Constitucional, de rigor, deve ser sempre compreendida como a colaboração do juiz em relação às partes. Nesse sentido ver: MARINONI, Luiz Guilherme; MITIDIERO, Daniel. O projeto do CPC: crítica e propostas. Op. cit., p. 73.

a fornecer ao juiz a maior quantidade possível de elementos aptos a permitir o arbitramento de uma solução lógica, coerente e de acordo com o direito posto, se não para eliminar o conflito, por certo para absorver a insegurança.[11]

Não se submete a esse modelo constitucional e sistemático, a forma centralizadora e autocrática de absorção de insegurança reinante na atual processualística nacional, em que somente as partes atuam para valer (quando atuam), ficando reservado para o juiz um papel passivo, de árbitro autômato e equidistante, que *conhece o direito (jura novit curia)*, mas permanece numa redoma de vidro, cooperando pouco e nunca dialogando com as partes na construção do caminho condutor da decisão, que hoje é imposta verticalmente, de forma autocrática.

O tema remete ao mito da caverna de Platão, em que apenas o filósofo que dela podia sair para a luz do dia é capaz de ver as coisas como realmente são e assim governar os demais habitantes que permaneciam olhando para as sombras refletidas na parede da caverna. Revisitando esse mito e aplicando-o como critério de solução dos dilemas do cotidiano, Michael Sandel afirma que essa forma platônica de ver as coisas está certa apenas em parte, *"pois os clamores dos que ficaram na caverna devem ser levados em consideração"*, já que *"a filosofia que não tem contato com as sombras na parede só poderá produzir uma utopia estéril"*.[12]

Sandel quer com isso mostrar que para se captar o sentido de justiça dos julgamentos não basta ao juiz colocar-se acima dos preconceitos e das rotinas do dia a dia – o que, por si só, já é algo bastante difícil para alguns. Essencial, segundo esse pensador, que também colha opiniões e convicções dos outros sujeitos do processo, ainda que posições parciais, como *pontos de partida*, pois constitui um falso pluralismo, típico de democracias ainda jovens, apenas assegurar a manifestação dos destinatários da decisão, olvidando que o mais importante é levar em consideração o que dizem, prestigiando o direito de as partes influenciarem o resultado do julgamento.

---

11. É de Ferraz Junior a percuciente observação de que a finalidade última da decisão judicial não é eliminar os conflitos, mas absorver a insegurança por eles gerada. "Absorção de insegurança significa, pois, que o ato de decidir transforma incompatibilidades indecidíveis em alternativas decidíveis, ainda que, num momento subsequente, venha a gerar novas situações de incompatibilidade eventualmente até mais complexas que as anteriores. Absorção de insegurança, portanto, nada tem a ver com a ideia mais tradicional de obtenção de harmonia e consenso, como se em toda decisão estivesse em jogo a possibilidade de eliminar-se o conflito. Ao contrário, se o conflito é incompatibilidade que exige decisão é porque ele não pode ser dissolvido, não pode acabar, pois então não precisaríamos de decisão, mas de simples opção que já estava, desde sempre, implícita entre as alternativas. Decisões, portanto, absorvem insegurança, não porque eliminam o conflito, mas porque o transformam"(FERRAZ JUNIOR, Tercio Sampaio. Introdução ao estudo do direito: técnica, decisão, dominação. 6 ed. São Paulo: Atlas, 2011, p. 288).

12. SANDEL, MICHAEL J. Justiça: o que é fazer a coisa certa. 6. ed. Tradução de Heloísa Matias e Maria Alice Máximo. Rio de Janeiro: Civilização Brasileira, 2012, p. 38-39.

Convocando essa filosofia para o campo da ciência jurídica, é possível concluir que um processo centrado na figura do juiz, que restringe o contraditório à simples manifestação sucessiva das partes, não é um processo de moldura constitucional capaz de produzir resultados justos e coerentes, ou simplesmente aptos a absorver insegurança, sabido que no processo autocrático a jurisdição, com frequência cada vez maior, tem sido utilizada menos para dirimir do que para criar e recriar conflitos.

Esse vetusto modelo autoritário de processo deve ser abandonado, sendo em seu lugar erigido um novo tipo de contraditório, expandido a partir de uma visão cooperativa de processo, em que o juiz submete às partes sua primeira impressão técnica sobre a questão a ser decidida, colhe suas manifestações a respeito como pontos de partida parciais, abstraindo daí os elementos para a formação de sua convicção e elaboração da solução final de maneira democrática, proferindo uma decisão fundamentada e com o enfrentamento das argumentações deduzidas.[13]

Um país que se proclama democrático e atualmente possui cerca de 95 milhões de processos em tramitação[14] não pode manter seus jurisdicionados sob o jugo de um processo de cariz autocrática, que não privilegia o diálogo inerente ao princípio da colaboração nem se conforma com as escolhas políticas elegidas pela Constituição.

4. O MODELO CONSTITUCIONAL DE PROCESSO CIVIL BRASILEIRO

O processo civil brasileiro não ficou livre do fenômeno da constitucionalização que os direitos, de um modo geral, experimentaram a partir da segunda metade do século XX, fenômeno que Virgílio Afonso da Silva bem definiu como a *"irradiação dos efeitos das normas (ou valores) constitucionais aos outros ramos do direito"*.[15]

Estando a Constituição no centro do sistema jurídico dela se projetam efeitos para as diversas disciplinas, que passam a se comunicar entre si e em perfeita harmonia com os princípios e regras irradiantes do texto constitucional.

Em virtude disso, o processo civil também deve se harmonizar com as garantias constitucionais de um Estado Democrático de Direito, entre as quais a

---

13. A propósito, a necessidade de enfrentamento de todos os argumentos importantes deduzidos no processo está expressamente prevista no novo CPC (art. 489 §1º IV), não se considerando fundamentada a decisão que não observe essa regra, entre outras.
14. De acordo com a 10ª edição do Relatório Justiça em Números, divulgado pelo Conselho Nacional de Justiça. Disponível em:‹ftp://ftp.cnj.jus.br/Justica_em_Numeros/relatorio_jn2014.pdf›. Acesso em 12 nov. 2014.
15. SILVA, Virgílio Afonso da. A constitucionalização do direito: os direitos fundamentais nas relações entre particulares. São Paulo: Malheiros, 2008, p. 18.

que assegura o contraditório aos litigantes no processo judicial, conforme art. 5º LV da Carta Republicana.[16]

Para o autor de uma ação judicial isso importa a possibilidade de veicular perante o Estado-juiz o interesse que pretende ver tutelado, assim como a respectiva prova de suas alegações. E para o réu, a garantia de ser comunicado sobre a demanda e de poder se contrapor em face dela, também por meio de alegações e da produção da prova correlata. Para ambos os protagonistas do processo, representa a garantia de que terão suas argumentações efetivamente levadas em conta (isto é, acolhidas ou rejeitadas) por ocasião do proferimento de qualquer decisão.

Ao Estado-juiz cabe assegurar o equilíbrio e a igualdade de atuação das partes, dentro do que se convencionou chamar de *princípio da paridade de armas*, em verdade, um desdobramento dos princípios da isonomia e do contraditório.[17]

Tão significativo é o papel do contraditório na atualidade, que esse princípio, no Estado Constitucional, passa a compor o próprio conceito de processo, hoje melhor e mais tecnicamente compreendido como *"atividade estatal desenvolvida sob contraditório e ampla defesa para viabilizar o exercício democrático do poder do Estado."*[18]

Nesse conceito subjaz a ideia segundo a qual o Estado-juiz não possui a chave da verdade, por essa razão deve se preocupar com a legitimidade de sua decisão, e esta será tanto mais legítima à proporção que advenha de um processo de deliberação, que assegure a participação ampla e efetiva de todos os atores envolvidos. No âmbito do processo civil, o juiz do Estado Constitucional deve ser *"ativo na condução do processo em colaboração com as partes".*[19] Outra compreensão não é possível quando se invoca o *exercício democrático do poder.*

---

16. CF, art. 5º LV: "aos litigantes, em processo judicial ou administrativo, e aos acusados em geral são assegurados o contraditório e ampla defesa, com os meios e recursos a ela inerentes."

17. O princípio da paridade de armas foi positivado no art. 7º do novo CPC, com a seguinte redação: "É assegurada às partes paridade de tratamento em relação ao exercício de direitos e faculdades processuais, aos meios de defesa, aos ônus, aos deveres e à aplicação de sanções processuais (...)". A regra correspondente do Código de Processo Civil vigente é a do art. 125 I, que diz competir ao juiz "assegurar às partes igualdade de tratamento". Tem-se que a paridade contemplada no texto da nova lei constitui expressão mais ajustada à prática da igualdade aristotélica, à medida que o juiz pode estabelecer as discriminações necessárias, visando assegurar e preservar a participação igualitária das partes, inclusive, por meio da dinamização do ônus da prova, nos termos do art. 373 §1º do novo CPC.

18. RAMOS, Glauco Gumerato. Processo jurisdicional civil, tutela jurisdicional e sistema do CPC: como está e como poderá estar o CPC brasileiro. In: CARNEIRO, Athos Gusmão; CALMON, Petrônio (Coord.). Bases científicas para um renovado direito processual. 2.ed. Salvador: Editora Podivm, 2009, p. 574.

19. MARINONI, Luiz Guilherme; MITIDIERO, Daniel. O projeto do CPC: crítica e propostas. Op. cit., p. 32.

E para que uma democracia possa funcionar bem e perdurar, as decisões não podem ser proferidas antes de um amplo processo de deliberação, que envolva o debate e a crítica esclarecida. Forte nesse entendimento, Albert Hirschman sustenta que constitui um risco para a democracia a existência de opiniões sólidas e preconcebidas, que interditam o debate e não valorizam a opinião do outro.[20]

Essa visão moderna, fundada na teoria da democracia, pressiona por uma mudança de postura do *intérprete autêntico*, que deve abandonar opiniões preconcebidas, não raro formadas no discurso ideológico, e abrir a mente para as argumentações deduzidas pelas partes. Mais que isso: deve levar em conta tais argumentações. Essa deve ser a prática resultante do modelo constitucional de processo, fora do qual não há atividade jurisdicional válida e capaz de assegurar o acesso a uma ordem jurídica justa, democrática e apta a tutelar o direito material de forma efetiva e eficiente.

Mas para que a atividade jurisdicional seja realmente legítima e viabilizadora do exercício democrático do poder do Estado, o contraditório precisa ser visto nessa dimensão mais ampla, participativa e abrangente de todos os aspectos, processuais e materiais, como decorrência das conquistas sociais obtidas ao longo da evolução histórica. Em suma, a nova processualística deve ter presente um contraditório elevado à condição de dogma, que tenha por base o diálogo e por horizonte a convicção de que nada pode ser decidido sem o conhecimento e a participação das partes.

5. O CONTRADITÓRIO COMO DEVER DE CONSULTA E DE DIÁLOGO

Na perspectiva de um processo realmente dialógico, acertou o legislador com a introdução do art. 10 no novo Código. O dispositivo inspira-se na ideia de cooperação judicial e reafirma o direito de participação ativa das partes no processo, consagrando o contraditório como dever de consulta e de diálogo judicial, considerando que o princípio não fica mais restrito às partes, ele se expande e passa a ter como destinatário também o juiz.[21]

Com a entrada em vigor da nova lei, não bastará ao magistrado assegurar a manifestação mútua das partes antes de decidir. Deverá primeiro consultá-las, submetendo ao seu exame prévio os fundamentos que pretende adotar na decisão.

---

20. HIRSCHAMAN, Albert O. Auto-subversão: teorias consagradas em xeque. Tradução de Laura Teixeira Motta. São Paulo: Companhia das Letras, 1996, p. 96.
21. MARINONI, Luiz Guilherme; MITIDIERO, Daniel. O projeto do CPC: crítica e propostas. Op. cit., p. 75.

O processo é produto da vida de relações que se desenvolve no seio da sociedade. Logo, não pode ficar encastelado na técnica e no conhecimento do aplicador da lei. Ao revés, deve estar aberto para sofrer as influências da sociedade que o criou. E é por meio do diálogo que as partes possuem a oportunidade de influenciar eficazmente na formação da convicção do juiz.

Como pressuposto da decisão judicial, o contraditório expandido transforma o processo em instrumento de comunicação, um *processo emancipador de comunicabilidade*, como preconizava Habermas,[22] favorecendo o escopo político de participação da sociedade na busca civilizada da solução dos litígios. Uma busca coletiva, que requer interlocutores instruídos, e não mais um trabalho hercúleo de investigação introspectiva, feita no *silêncio do gabinete* do magistrado.

O processo deixa de ser dialético, limitado ao embate argumentativo fixado entre autor e réu, e passa a ser dialógico, pois considera a manifestação das partes como pontos de partida parciais para a elaboração da decisão judicial. Com isso, concede-se aos sujeitos do processo, que vivenciam o contexto fático regulado pela norma, a possibilidade de ser um de seus cointérpretes, pondo fim ao *monopólio da interpretação* tão criticado pela pena de Peter Häberle, ao argumento de que *"todo aquele que vive no contexto regulado por uma norma e que vive com este contexto é, indireta ou, até mesmo diretamente um intérprete dessa norma. O destinatário da norma é participante ativo, muito mais ativo do que se pode supor tradicionalmente, do processo hermenêutico".*[23]

Com essa visão ampliada de contraditório fundado em dever de consulta e de diálogo com os sujeitos parciais do processo, contribui-se, em preciosa medida, com o equacionamento do problema de déficit democrático do Poder Judiciário[24] – pois a democracia se alimenta muito mais do entrechoque de opiniões do que de consensos e unanimidades –, eliminando a chamada *decisão-surpresa*, nascida da pressa e da falta de diálogo, sendo por isso incapaz de produzir efeito em face do modelo constitucional de processo.[25]

---

22. HABERMAS, Jürgen. Consciência moral e agir comunicativo. Tradução de Guido A. de Almeida. Rio de Janeiro: Tempo Brasileiro, 2003, p. 145.
23. HÄBERLE, Peter. Hermenêutica constitucional: a sociedade aberta dos intérpretes da constituição: contribuição para a interpretação pluralista e 'procedimental' da constituição. Tradução de Gilmar Ferreira Mendes. Porto Alegre: Fabris, 2002, p. 15.
24. E resolver problemas foi uma das linhas de trabalho da Comissão, conforme exposição de motivos do Anteprojeto no novo Código de Processo Civil.
25. MARINONI, Luiz Guilherme; MITIDIERO, Daniel. O projeto do CPC: crítica e propostas. Op. cit., p. 76. Esses autores criticam o fato de o novo Código não haver disciplinado as consequências da decisão-surpresa, que existe e pode ser considerada válida (desde que formalmente fundamentada), embora se revele ineficaz por violar uma das condições de sua prolação, que é exatamente o dever de diálogo em que se desdobra o contraditório.

Além de reafirmar as bases democráticas do processo civil brasileiro, a nova técnica do contraditório recolocará no tablado a necessidade da reflexão resultante do cumprimento dos deveres de consulta e de diálogo, retirando os juízes da *linha de produção* para a qual foram empurrados pelos órgãos de controle com vistas ao atendimento frenético de metas, com graves consequências para a qualidade da prestação jurisdicional.[26] Juízes não podem ser convertidos em autômatos do sistema, devem ser estimulados a proferir decisões maturadas e forjadas no debate processual.

O Judiciário da pós-modernidade não deve cuidar apenas de *fazer depressa* (e a qualquer custo). Deve, conforme o dito espirituoso de José Alberto dos Reis, *fazer bem e depressa*,[27] o que importa prestar a jurisdição em tempo razoável, mas sem prejuízo da qualidade, trabalho que requer uma demora mínima, necessária à reflexão como fruto do diálogo processual.[28]

E não se diga que a sistemática de um processo comunicativo resultará num formalismo excessivo, uma das causas da morosidade que tanto atormenta a comunidade jurídica e constrange o Judiciário.

O processo comunicativo prestigiará o formalismo na dose certa, o bastante para disciplinar o andamento do processo, de modo a evitar o arbítrio do poder e os excessos de uma parte em face da outra. Um *formalismo-valorativo* destinado a conferir segurança jurídica e atenção com os atos que precedem a prolação de uma sentença justa.

Quando proferida com precisão, boa técnica e garantia da efetiva participação dos sujeitos do processo, a decisão judicial tende a ser mantida nos

---

26. As Metas Nacionais do Poder Judiciário, também conhecidas como Metas de nivelamento, foram definidas pela primeira vez no 2º Encontro Nacional do Judiciário, no ano de 2009, em Belo Horizonte, sob a coordenação do Conselho Nacional de Justiça – CNJ. Entre essas metas, a de nº 2 foi merecedora de maior destaque, pois ela determinou aos tribunais que identificassem e julgassem os processos judiciais mais antigos, distribuídos até 31/12/2005. Através da Meta 2 o Judiciário buscou conferir concretude ao direito fundamental à razoável duração do processo (CF, art. 5º LXXVIII), empenhando-se ao máximo para eliminar o estoque de processos responsáveis pelas elevadas taxas de congestionamento nos tribunais. Para 2014, a Meta 2 estabeleceu percentuais de julgamento distintos para os diversos seguimentos do Judiciário. A Justiça Estadual, por exemplo, deverá identificar e julgar, até 31/12/2014, pelo menos 80% dos processos distribuídos até 31/12/2010 no 1º grau, e até 31/12/2011 no 2º grau; e 100% dos processos distribuídos até 31/12/2011 nos Juizados Especiais e nas Turmas Recursais Estaduais. O CNJ também colocou em seu sítio eletrônico um processômetro com o índice de produtividade dos Tribunais brasileiros. Os juízes estão na linha de produção e fiscalizados.
27. FUX, Luiz (Org.). O novo processo civil brasileiro: direito em expectativa. Rio: Forense, 2011, p. 3.
28. A propósito do papel do tempo no processo judicial, Lorenzo Zolezzi Ibárcena adverte que "La búsqueda de la verdad toma tiempo y el tiempo es bueno para enfriar las pasiones y hacer que las personas tocadas por la tragedia, los investigadores, acusadores y juzgadores, y el público en general, tengan tiempo para reflexionar y domar esos instintos de que hablámos, esos instintos de venganza, de búsqueda de un castigo casi siempre irreflexivo" (IBÁRCENA, Lorenzo Zolezzi. Derechoen contexto. Lima: Fondo Editorial de la Pontificia Universidad Católica del Perú, 2012, p.160/161).

tribunais e melhor assimilada pela parte sucumbente, que aceita mais resigna-damente o resultado proclamado, à medida que com ele contribuiu, recebendo todas as justificativas concretas pelas quais o juiz deixou de acolher suas ale-gações, conforme passará a exigir o rico enunciado do art. 489 §1º. Percebe-se, então, que a tutela jurisdicional proferida em bases democráticas, com a obser-vância do dever de consulta e de diálogo, absorve a insegurança de maneira definitiva e plena, devolvendo mais rapidamente a estabilidade para a vida de relações. Eis aí uma boa forma de celeridade a ser resgatada.

6. DA DECISÃO-SURPRESA À DECISÃO-PROJETO

No contexto de um processo de moldura constitucional, em que o contradi-tório se expande para incluir o magistrado, sendo redimensionado como dever de consulta e de diálogo, a tradicional *decisão-surpresa* deve dar lugar à *decisão-projeto*, compreendida como tal um plano ou esboço de fundamentação jurídica que, depois de submetido à manifestação das partes, em qualquer momento em que se houver de decidir, comporá os fundamentos da futura decisão, com base nos quais o juiz analisará as questões de fato e de direito deduzidas.

A depender da qualidade da crítica ofertada pelas partes ao projeto de motivação da futura decisão, o juiz terá a possibilidade de rever a funda-mentação pressuposta para a hipótese, conformando-a com as argumentações apresentadas.

Assim, através da participação ativa e da cooperação das partes no pro-cesso, o condutor do feito tem a oportunidade de entregar uma prestação jurisdicional de melhor qualidade, sendo infinitamente maiores as chances de encontrar uma solução justa, também no sentido de solução *precisa* e *ajustada* ao caso, a solução que contemple a chamada equidade individualizadora de que falava Agostinho Alvim.[29]

A garantia de manifestação prévia das partes sobre os fundamentos da futura decisão não importa prejulgamento, à medida que, nessa fase prepa-ratória, as questões de fato e de direito deduzidas não são analisadas em pormenor e tampouco há acolhimento ou rejeição de qualquer tipo de preten-são. Tudo isso fica para a ocasião de prolação da decisão propriamente dita, decisão em sentido *lato* (interlocutória ou sentença).

O dever de consulta se encerra na apresentação de um simples esboço ou projeto de decisão (que pode ser oral, quando em audiência), pois o que o novo Código exigirá é que o magistrado apenas submeta ao exame das partes

---

29. ALVIM, Agostinho. Da inexecução das obrigações e suas consequências. 5. ed. São Paulo: Saraiva, 1980, p.4.

o fundamento jurídico que pretende adotar, sem ter que necessariamente dizer se o adotará para deferir ou indeferir o que se pede. A decisão propriamente dita, se positiva ou negativa, estará sempre a depender da crítica esclarecida apresentada pelas partes, nisso consiste o diálogo judicial.

Sendo a regra do contraditório expandido também aplicável à matéria sobre a qual o juiz deva decidir de ofício, a *decisão-projeto* caberia na seguinte fórmula: *"digam as partes sobre a incidência da prescrição ao caso"*. Como se vê, a questão não reside apenas em assegurar a manifestação. Está em garantir a manifestação das partes sobre determinada matéria que o julgador pressupõe poder aplicar à situação concreta que se apresentar, mas que somente poderá dela se valer para fundamentar sua decisão, após submetê-la ao escrutínio das partes.

Na prática judiciária hodierna, de um modo geral, a decisão vem na forma de surpresa, o juiz decide de ofício matéria que sequer é agitada no processo, porque de ordem pública, suprimindo a possibilidade de as partes, segundo o exemplo dado, trazerem ao seu conhecimento a ocorrência de uma causa interruptiva ou suspensiva da prescrição.[30]

A consequência é que a jurisdição acaba gerando perplexidade. O juiz decide sem ouvir ou consultar ninguém e, de ordinário, decide mal. Rende ensejo à interposição de um recurso, que sendo provido, determinará a reforma da decisão e, em alguns casos, a restituição dos autos ao 1º grau para novo julgamento, com perda de tempo e energia, prolongando o litígio e ampliando a carga de trabalho dos tribunais desnecessariamente, tudo em desprestígio da jurisdição e do princípio que assegura a solução do processo em tempo razoável.

A ideia de contraditório como dever de diálogo e de consulta, permitindo a substituição da *decisão-surpresa* pela *decisão-projeto*, vem para eliminar o anacronismo, a falta de transparência, o desperdício de tempo e de energia, tornando mais justo o resultado e o processo em si, mercê do equilíbrio propiciado pela garantia da efetiva participação democrática.

7. CONSIDERAÇÕES FINAIS

O contraditório expandido previsto no art. 10 do novo Código colocará o direito processual civil brasileiro num outro estágio evolutivo, com a maximização da oportunidade de as partes atuarem de modo mais efetivo na construção da decisão judicial.

---

30. Nada obstante o sistema processual atual esteja alinhado, em geral, ao modelo de decisão-surpresa, é oportuno observar que a Lei de Execução Fiscal (Lei 6.830/1980), de forma vanguardista e aplicando a ideia de contraditório como dever de diálogo e de consulta, já exige desde 2004 que o magistrado ouça a Fazenda Pública antes de pronunciar a prescrição intercorrente na execução fiscal (art. 40 §4º), exatamente para que possam ser arguidas eventuais causas de suspensão ou interrupção da prescrição do crédito tributário.

Concebendo-se o contraditório como dever de consulta e de diálogo, construir-se-á um processo com bases democráticas, que de certo favorecerá o atingimento dos escopos da jurisdição mais eficazmente do que o atual modelo autocrático de processo permite realizar, sobretudo os objetivos políticos de participação da sociedade na busca da melhor e mais adequada solução do conflito de interesses.

A nova lei, se corretamente compreendida e aplicada, promoverá uma importante mudança de postura do seu aplicador, que deverá refugar idiossincrasias e posições peremptórias, adotando um estilo de atuação mais transparente, maduro e cooperativo, sujeitando a *decisão-projeto* à análise crítica das partes, criando espaços para um debate esclarecido e propositivo.

Processo não é monopólio das partes e tampouco do juiz. A natureza pública do instituto reclama um debate plural, democrático e amplificado pelo diálogo permanente de todos os seus sujeitos.

O contraditório expandido pela efetiva participação das partes na construção da norma do caso concreto constitui uma preciosa garantia fundamental do processo, uma vez que além de legitimar democraticamente a atuação dos juízes, contribuirá para melhorar a qualidade das decisões judiciais.

Por um processo civil comunicativo e dialógico, que venha o novo Código!

8. REFERÊNCIAS

ALVIM, Agostinho. *Da inexecução das obrigações e suas consequências.* 5.ed. São Paulo: Saraiva, 1980.

CANARIS, Claus-Wilhelm. *Pensamento sistemático e conceito de sistema na ciência do direito.* 4.ed. Lisboa: Fundação CalousteGulbenkian, 2008.

CONSELHO NACIONAL DE JUSTIÇA- CNJ.*Relatório justiça em números.* 10.ed. Disponível em: ‹ftp://ftp.cnj.jus.br/Justica_em_Numeros/relatorio_jn2014.pdf›. Acesso em 12 nov. 2014.

FERRAZ JR., Tercio Sampaio. *Introdução ao estudo do direito: técnica, decisão, dominação.* 6.ed. São Paulo: Atlas, 2011.

FUX, Luiz (Org.). *O novo processo civil brasileiro: direito em expectativa.* Rio: Forense, 2011.

GADAMER, Hans-Georg. *Verdad y método,* 4.ed. Tradução de Ana Agud Aparício e Rafael de Agapito. Salamanca: Ediciones Sígueme, 1991.

HÄBERLE, Peter. *Hermenêutica constitucional: a sociedade aberta dos intérpretes da constituição: contribuição para a interpretação pluralista e 'procedimental' da constituição.* Tradução de Gilmar Ferreira Mendes. Porto Alegre: Fabris, 2002.

HABERMAS, Jürgen. *Consciência moral e agir comunicativo.* Tradução de Guido A. de Almeida. Rio de Janeiro: Tempo Brasileiro, 2003.

HIRSCHAMAN, Albert O. *Auto-subversão: teorias consagradas em xeque*. Tradução de Laura Teixeira Motta. São Paulo: Companhia das Letras, 1996.

IBÁRCENA, Lorenzo Zolezzi. *Derecho en contexto*. Lima: Fondo Editorial de la Pontificia Universidad Católica del Perú, 2012.

KELSEN, Hans. *Teoria pura do direito*. Tradução de João Baptista Machado. São Paulo: Martins Fontes, 2003.

LARENZ, Karl. *Derecho justo - fundamento de ética jurídica*. Tradução de Luis Diez-Picazo, Madri: Civitas, 1985.

MARINONI, Luiz Guilherme; Mitidiero, Daniel. *O projeto do CPC: crítica e propostas*. São Paulo:Revista dos Tribunais, 2010.

RAMOS, Glauco Gumerato. Processo jurisdicional civil, tutela jurisdicional e sistema do CPC: como está e como poderá estar o CPC brasileiro. In: CARNEIRO, Athos Gusmão; CALMON, Petrônio (Coord.). *Bases científicas para um renovado direito processual*. 2.ed. Salvador: Editora Podivm, 2009.

REALE, Miguel. *História do novo código civil*. São Paulo: Revista dos Tribunais, 2005.

SANDEL, MICHAEL J. *Justiça: o que é fazer a coisa certa*. 6.ed. Tradução de Heloísa Matias e Maria Alice Máximo. Rio de Janeiro: Civilização Brasileira, 2012.

SILVA, Virgílio Afonso da. *A constitucionalização do direito: os direitos fundamentais nas relações entre particulares*. São Paulo: Malheiros, 2008.

CAPÍTULO 14

Contraditório, argumentação e mandamentalidade: um aporte no pragmatismo e no construtivismo jurídico à luz do art. 10 do Novo CPC

Ricardo Tinoco de Góes[1]

SUMÁRIO: 1. INTRODUÇÃO; 2. ARGUMENTAÇÃO E CONTRADITÓRIO SEGUNDO A TEORIA CLÁSSICA DO PROCESSO.; 3. ARGUMENTAÇÃO E CONTRADITÓRIO PARA UMA TÉCNICA DE COGNIÇÃO ADEQUADA; 4. EM CONCLUSÃO: UMA COGNIÇÃO ADEQUADA PARA A PROVISÃO DE UMA TUTELA MANDAMENTAL EFETIVA: CONTRADITÓRIO E ARGUMENTAÇÃO SEGUNDO O USO PRAGMÁTICO DA LINGUAGEM; 5. BIBLIOGRAFIA.

1. INTRODUÇÃO

Na doutrina brasileira, após a irrupção da magnífica contribuição de Pontes de Miranda ao desenvolvimento dos conceitos de Ação de Direito Material e de Ação Mandamental com o natural desdobramento que dela se alcançou pela definição do que seria a sua respectiva tutela, autorizadas vozes do mundo jurídico passaram a estudar essas figuras sob a perspectiva do sentido amplo e abrangente, assumido por outro conceito, bem mais contemporâneo e alusivo que é à idéia de Tutela Jurisdicional Adequada.

---

1. Doutor em Filosofia do Direito pela PUC/SP. Mestre em Direito Público pela UFRN. Professor de Teoria Geral do Processo, Direito Processual Civil e Filosofia do Direito da UFRN. Ex-professor de Filosofia do Direito e História do Direito da UERN. Professor do PPGD - Programa de Pós-Graduação em Direito da UFRN, lecionando a disciplina Lineamentos Filosóficos ao exercício do Direito, da Democracia e da Jurisdição (Mestrado) e de Teoria Geral do Processo nos Cursos de Especialização em Direito da UFRN, UNP e UNI-RN. Professor Colaborador do MPGPI – Mestrado Profissionalizante de Gestão de Processos Institucionais, lecionando a disciplina Ética, Cultura e Sociedade. Coordenador de Ensino da Escola da Magistratura do Rio Grande do Norte. Coordenador Adjunto do Programa Residência Judicial, em nível de especialização, da ESMARN/UFRN. Juiz de Direito em Natal-RN.

Fala-se, então, de uma tutela comprometida com os escopos constitucionais do processo, numa época em que toda e qualquer tutela jurídica refrata um novo paradigma para o Direito, não mais sintonizado com a necessária legalidade, percutida na visão estreita da fonte legal de primazia, mas sim resultante de outra fundamentação, situada na constitucionalidade de sua fonte, a indicar o vínculo supremo deduzido do Texto Constitucional por sua indisfarçável força normativa.

É o reconhecimento de que a tutela jurisdicional, além de célere e efetiva, deve ainda esboçar o necessário sentido de adequação à realidade do Direito Material a que está a serviço. A palavra adequação, nesse caso, reúne num só termo a dimensão teleológica do processo, cujo fim não exprime mais uma preocupação internalizada ao próprio fenômeno processual, mas sim à esfera conteudística do Direito Substantivo e, também, precisamente, a máxima coincidência possível entre esse conteúdo, já predefinido, e as providências ou medidas práticas adotadas, quando da concessão da própria tutela.

Contudo, não bastasse a aceitação quanto a essa alteração conceitual em torno da tutela jurisdicional do Estado, pôs-se ainda a doutrina a preocupar-se com os meios necessários à consecução desses fins. Daí adveio o estudo específico sobre as denominadas técnicas processuais[2], as quais, em linhas gerais, atuam no plano material, como se dá com a recente proposta da redução do módulo da prova e a sumarização das matérias de defesa; bem assim no plano procedimental, como ocorre com sumarização procedimental resultante do julgamento da parte incontroversa do pedido e das tutelas antecipada, geral e específica e, finalmente, no plano cognitivo como se pode exemplificar por meio das técnicas de cognição sumária, aplicáveis aos institutos da tutela antecipada e cautelar.

Mas, a despeito disso tudo, creio ser ainda mais necessário, também por força do mesmo ideário aportado na Constitucionalização do Processo, que se penetre no âmago dessas novas técnicas propostas para o fim de também se propor alterações quanto aos *métodos* de atuação dos próprios direitos fundamentais e garantias que servem ao processo.

Quer-se, com isso, sustentar que uma nova técnica, assentada sobre o exercício de direitos consignados na Constituição, pouco ou quase nada irá contribuir para a adequação da Tutela Jurisdicional, se esses direitos ou garantias continuarem a ser concebidos nos moldes com que classicamente foram introduzidos no sistema jurídico-constitucional.

---

2. Estudos densamente desenvolvidos por Luís Guilherme Marinoni em *Técnica Processual e Tutela dos Direitos*. São Paulo: Revista dos Tribunais, 2004.

Com clareza, pode-se exemplificar com a técnica de sumarização da tutela, fundada no exercício protelatório do direito de defesa e sua inegável repercussão no trato processual atribuível ao princípio do contraditório. A seu respeito, se a argumentação de que se valha o Juiz, ainda decorrer do vetusto modelo formal (argumentação lógico-formal), que oportuniza amplas hipóteses de elaboração do que seria, no plano interpretativo, a tese defensiva, dificilmente será possível extrair do caso concreto o sentido procrastinatório que a técnica citada adota para o fim de ensejar a concessão da antecipação dos efeitos da tutela.

Com esse exemplo, mostra-se de maneira relativamente fácil como o método para o exercício de direitos e garantias constitucionais também deve ser repensado, a fim de que as técnicas atuem com eficiência e eficácia.

Seguindo esse mesmo trilhar, o presente trabalho propõe-se a reestudar, mesmo que ainda superficialmente, como a argumentação em contraditório pode auxiliar decisiva e substancialmente para a atuação das técnicas processuais que se destinam a prover uma tutela do tipo mandamental.

A esse respeito, ver-se-á que sendo a mandamentalidade a primeira expressão de uma tutela que busca aquela máxima coincidência entre a prestação jurisdicional e a realidade do direito material que esparge do processo[3], torna-se necessário construir um pensamento atado ao modelo pragmático da linguagem[4], demonstrando ao fim que, somente nessa toada, será possível ao juiz, enquanto partícipe do discurso, captar do contraditório, por sua cognição, o sentido real do tipo de ordem ou mandamento destinado a resgatar aquela máxima coincidência que tanto se almeja.

Será com esse esforço que principiaremos a presente abordagem.

2. ARGUMENTAÇÃO E CONTRADITÓRIO SEGUNDO A TEORIA CLÁSSICA DO PROCESSO.

O embate que aqui se elegeu parte, necessariamente, das constatações que se podem extrair sobre o modelo clássico adotado pelo Direito Processual Civil com relação ao exercício prático do contraditório e da argumentação deduzida pelas partes durante o procedimento.

Como se vê classicamente o contraditório se pautou na obrigatoriedade de proceder-se à oitiva das partes em cada oportunidade na qual o Juízo tivesse

---

3. BARBOSA MOREIRA, José Carlos. *Notas sobre o problema da efetividade do processo*. Temas de Direito Processual, Terceira Série, São Paulo: Saraiva, 1984.

4. Trata-se de um modelo que promove a inserção do sujeito (intérprete) no mundo, na perspectiva de concebê-lo na interatividade natural que discursivamente mantém com o outro, captando dessa experienciação mundana e intersubjetiva o que há de relevante para a produção também natural de *consensos*.

que decidir sobre algo no processo, seja em face de uma questão incidente e, portanto provisoriamente, seja em razão do próprio mérito da causa e, assim, com tônus de definitividade.

É claro que essa *performance* do sistema tem sua razão essencial pautada no garantismo processual com que o regime jurídico infraconstitucional se viu instado a adotar, à vista, é certo, dos comandos constitucionais que se sediaram na segurança advinda do princípio retor de todos eles: o princípio do devido processo legal, em suas feições procedimental e substancial, respectivamente.

Contudo, o *formalismo*, o *hermetismo* e o *tecnicismo*[5] excessivos, invariavelmente decorrentes da linguagem que pousa sobre o processo, no sentido de significar unicamente um *meio de representação dos objetos* a serem decididos[6], sem qualquer compromisso com o *agir* simultâneo das partes, rendeu ensejo a uma série de consequências lesivas para que se pudesse alcançar o seu verdadeiro escopo contemporâneo.

Valia-se da oportunidade de *ouvir* a parte sobre aquilo que a outra requereu, sem que essa bilateralidade pudesse influir, de imediato e simultaneamente, na produção de um agir, de uma conduta conducente ora à resolutividade objetiva da questão, ora à indicação de meios práticos e efetivos destinados à sua satisfatividade.

Com isso o contraditório sempre foi justificado unicamente como *garantia ou consectário* do devido processo. Uma marca, em outras palavras, do único compromisso ideológico do Direito Processual até então reinante: o compromisso com o modelo neoliberal de proteção exclusiva dos interesses individuais dos contendores em detrimento do interesse social, público e coletivo de prover-se, com justiça, a decisão de cada caso.

As partes sempre se moveram para a realização prática da contradita, apenas para que acenassem no sentido de poderem anuir ou se opor à pretensão ali esboçada, sem que a tanto fossem instadas a contribuir ativamente para que o *objeto* ali posto fosse, de fato, alvo de um enfrentamento decisivo, com vistas à resolução, com justiça, do dissenso nele consubstanciado.

É o exemplo não incomum das partes que são ouvidas sobre o resultado de um laudo pericial e limitam-se a dizer que divergem daquelas conclusões, apontando aonde lhes parece presente o equívoco do perito, mas sem qualquer

---

5. OLIVEIRA, Carlos Alberto Alvaro. *Do formalismo no processo civil.* São Paulo: Saraiva, 1997, p. 6. Na obra, revela-se a diferença entre formalismo e formalidade em diversos enfoques e repercussões no processo civil.

6. SCHNEIDER, Paulo Rudi. *Experiência e linguagem.* Hermenêutica e Epistemologia. (STEIN, Ernildo & STRECK, Lênio Luiz) Porto Alegre: Livraria do Advogado. 2011, pp. 26-27.

Cap. 14 • CONTRADITÓRIO, ARGUMENTAÇÃO E MANDAMENTALIDADE
Ricardo Tinoco de Góes

compromisso em dizer como seria adequado que o mesmo procedesse, a fim de obter-se uma conclusão diversa da que ele chegou.

Também não difícil sempre foi a possibilidade de a parte ser ouvida sobre um pedido de produção de provas, especificado pelo seu adversário, e simplesmente alegar a não contribuição da sua produção ao objetivo de desvendar a verdade dos fatos, sem que, entretanto, no mesmo momento apresentasse uma alternativa clara para que esse objetivo fosse alcançado no lugar da produção da prova então requerida.

E, geralmente - o que é pior - a linguagem com que se revestem essas modalidades de manifestação, para além do não compromisso do próprio ato com o resgate da utilidade e da finalidade a que se dispõe o processo, também se mostra voltada à supervalorização do tecnicismo jurídico, oriundo da racionalidade teórica que impregnou os sujeitos do processo no exercício de suas atuações em juízo, tornando-os quase sempre indiferentes ao debate advindo das relações partidas do "mundo lá fora"; isto é, o *mundo da vida* no qual o processo se encontra envolto e do qual não pode nem deve se desgarrar.

Se essas questões sempre foram relevantes, pelos motivos já externados, agora, com a redação atribuída ao art. 10 do novo CPC, cuja promulgação se avizinha, com a qual se elege um dispositivo específico para reger, com tônus de generalidade, como pode e deve ser observado o contraditório em juízo, maiores cuidados, segundo creio, devem ser tomados, a fim de que a garantia constitucional da bilateralidade da audiência não se transforme no cenário mais propício para a eternização das teses jurídicas e, ainda, para a procrastinação indevida das etapas procedimentais.

A esse respeito, veja-se a redação atribuída ao art. 10 que vigorará com a edição do novo CPC, *ad litteram*:

> Art. 10. Em qualquer grau de jurisdição, o órgão jurisdicional não
> pode decidir com base em fundamento a respeito do qual não se
> tenha oportunizado manifestação das partes, ainda que se trate
> de matéria apreciável de ofício.

Da leitura, mesmo que superficial, que se faça sobre o dispositivo em referência não é difícil perceber o grau de condicionamento da atividade jurisdicional ao contraditório que se realize sobre toda e qualquer matéria posta à mesa para decisão.

A dicção do dispositivo é clara e o seu compromisso com os interesses titularizados pelas partes mais ainda, conclusão que reforça aquele sentido primeiro, garantista por excelência, que se vê plasmado na tutela constitucional do processo.

Tal compreensão, entretanto, não impede, antes autoriza que empreste-mos à concepção do exercício prático do contraditório o colorido que se extrai do uso pragmático da linguagem, do seu compromisso com o processo de re-sultados e com tudo aquilo que represente sua aproximação com a realidade da vida. Tudo isso na tentativa mais que justificável de trazer para o seu trata-mento jurídico-normativo a percepção de que uma garantia de fundo individual não necessariamente está centrada na simples oitiva bilateral para a prolação de decisões, mas numa participação recíproca voltada à provisão de uma ver-dadeira *tutela*, na qual o direito material que é posto como seu objeto, torne-se o escopo central para o seu atingimento.

Se classicamente, argumentação e(m) contraditório significou e significa(m) a *garantia* de uma participação no e para o processo; agora representa(m) a necessidade de que as partes, sempre ouvidas antes de uma decisão, possam, sobretudo, como queremos acentuar, contribuir para a efetivação da tutela jurisdicional concedida, resgatando toda a utilidade prática do provimento pro-ferido, mediante uma aproximação o máximo possível da realidade em que se insere o processo.

3. ARGUMENTAÇÃO E CONTRADITÓRIO PARA UMA TÉCNICA DE COGNIÇÃO ADEQUADA

O que se quer alvitrar é a compreensão de que a nova disposição nor-mativa que preside a interpretação sobre a exigibilidade do contraditório não pode descartar-se do que, no mundo contemporâneo, se tem como imperativo para o Direito: a sua aproximação à realidade do mundo da vida e com o que de pragmatismo[7], no sentido da sua inserção nessa *mundanidade*, pode-se lhe reconhecer.

Com isso, a participação em contraditório torna-se, como sempre e mais ainda obrigatória, mas o sentido dessa obrigatoriedade, longe de percutir na percepção ideologizada de um garantismo unicamente comprometido com o ideário liberal, de tutela infinita aos interesses puramente individuais, agora se remarca pelo caráter de *contribuição* ao deslinde efetivo do processo que está em curso. É a consideração de que sem essa participação com um enfoque

---

7. Emprega-se o termo *pragmatismo* aqui no seu duplo sentido para o Direito, isto é, serve tanto para o sentido filosófico do *pragmatismo da linguagem*, como em Karl Otto Apel e Jürgen Habermas, como ao sentido teórico de um *pragmatismo* a serviço de uma teoria da decisão judicial, como em Richard Posner. É que o pragmatismo da linguagem fornece a inserção do intérprete no mundo da vida, na perspectiva das suas relações mais comuns e triviais com o outro e o pragmatismo, no sentido de um modelo para a teoria da decisão judicial, volta-se à sobrevaloração dos fatos, somente possível com essa igual inserção do intérprete no mundo (na mundanidade, no sentido metafórico, do "mundo da vida").

essencialmente pragmático pouco ou quase nada adiantará a provisão da própria garantia, senão o que por tradição já se sabe e se conhece: a oportunidade de manifestar-se apenas para informar qual a postura que se assume frente a posição do outro litigante.

Essa percepção sobre o que de fato representa o contraditório segundo esses novos matizes guarda clara relação de interdependência com a Teoria da Cognição Judicial. Esse liame se justifica porque as técnicas de cognição postas a serviço do Juiz voltam-se ao propósito de gerar o conhecimento necessário para que dele se oportunize a decisão judicial.

Mas é claro que essas técnicas não se justificam por si mesmas, pois não são, como se diz, autorreferentes.[8] Elas estão absolutamente relacionadas ao que as partes produziram no processo, quando de suas manifestações, em bilateralidade, e quando de suas atuações no espaço reservado à produção das provas. Esse sentido é por demais importante, posto que daí se percebe o caráter multilateral e plurisubjetivo desse agir em conjunto, compreendendo-se a decisão judicial como o objetivo comum, uma empreitada única, almejada por todos os sujeitos do processo.

A relação a envolver tais técnicas com a obrigatoriedade do contraditório, na latitude encetada pela novel disposição legislativa (artigo 10 do novo CPC) assume contornos diferenciados frente ao estado atual em que se encontra a própria Jurisdição. Conclamada a decidir com legitimidade, isto é, a prover decisões que exponham seu compromisso com o que se espera do Poder Judiciário, com um altíssimo grau de eficiência e efetividade, torna-se impossível conceber a cognição como *mera atividade de conhecimento fático-jurídico para a prolação de atos decisórios, provisórios e definitivos no processo* ou como dito pelo maior estudioso contemporâneo do assunto, "... prevalentemente um ato de inteligência consistente em considerar, analisar e valorar as alegações e as provas produzidas pelas partes, vale dizer, as questões de fato e as de direito que são deduzidas no processo..."[9]

A marca da atualidade, nesse campo, é do desenvolvimento de técnicas de cognição que permitam ou oportunizem uma abertura para a riqueza que os fatos e suas repercussões podem promover na vida dos litigantes, quer dizer, o contraditório que se exige não se torna importante para, apenas, assegurar a defesa dos pontos de vista, a justificarem as teses autoral e defensiva sustentadas em Juízo. Sua relevância se centra no reconhecimento de que agora

---

8. BEDAQUE, José Roberto dos Santos. Efetividade do processo e técnica processual, São Paulo: Malheiros, 2006, p. 26.
9. WATANABE, Kazuo. *Da cognição no processo civil.* Campinas: Bookseller, 2000, pp. 58-59.

devem as partes contribuir para que o Juízo *conheça* o que pragmaticamente o mundo da vida oferece, a fim de que se dissipe o conflito, de sorte a tornar factíveis as formas reais de exercício dos direitos reclamados e reconhecidos, conferindo-se satisfatividade ao que se houve por decidir.

O contraditório, então, deve viabilizar uma cognição judicial comprometida com a *realizabilidade concreta dos direitos*, com a segurança de que essa consequência haurida foi, sobretudo, do que as partes pragmaticamente puderam contribuir a esse fim, o que somente torna mais legítima e, portanto, democrática a solução alcançada no processo.

Como procurei realçar em outra paragem:

> A participação dos que são diretamente interessados nessa empreitada confere legitimidade à atuação da jurisdição, legitimidade que se coaduna com os ideais do Estado Democrático e Constitucional de Direito. Por isso que ao afirmarmos a possibilidade de construir-se a decisão judicial, mediante a ampla participação dos sujeitos processuais, todos concorrendo para a formação de um convencimento consentâneo também com a realidade que se destina à efetivação e tutela dos direitos, é porque já estávamos a inserir a adoção das técnicas de cognição com esse claro desiderato.[10]

Evidentemente que não se está, com isso, defendendo que para toda e qualquer situação vertida no exercício de demandas judiciais a só participação em contraditório com esse novo tônus já resolva os muitos questionamentos que ao longo do tempo têm se seguido acerca da legitimidade das decisões judiciais. É lógico que não chegamos a tanto, pois foi exatamente com essa preocupação que em pesquisa recente verticalizamos esse último tema para atingirmos conclusão maior, no sentido de que essa interlocução discursiva, em contraditório, se expandisse para além das fronteiras da relação processual e alcançasse significativos setores da esfera pública.[11]

É que em muitos outros casos, sobretudo aqueles de larga repercussão no âmbito dos interesses metaindividuais e que, por clara omissão legislativa, deixaram de ser regidos, mesmo que genérica e abstratamente, por uma normatividade partida do Parlamento, somente uma aproximação entre os estamentos de centro, pertencentes ao Judiciário e a esfera pública atuante, vigilante e mobilizada, é que poderia resgatar essa exigência de legitimidade inerente ao paradigma do Estado Constitucional e Democrático de Direito.[12]

---

10. GOES, Ricardo Tinoco de. *Efetividade do processo e cognição adequada.* São Paulo: MP Editora, 2008, p. 149.
11. GOES, Ricardo Tinoco de. *Democracia deliberativa e jurisdição: a legitimidade da decisão judicial a partir e para além da teoria de J. Habermas.* Curitiba: Juruá, 2013, p. 223.
12. GOES, Ricardo Tinoco de. *Ob cit.* p. 223.

Cap. 14 • CONTRADITÓRIO, ARGUMENTAÇÃO E MANDAMENTALIDADE
Ricardo Tinoco de Góes

Portanto, reforça-se aqui o sentido de que há uma exigência presente de que a atividade cognitiva espelhe uma anterior participação em contraditório que, sem embargo do realce que agora se percebe pelo conteúdo prescrito no art. 10 do novo CPC, toma esse caráter cogente na perspectiva de impor a todos os sujeitos parciais do processo a captação do que pragmaticamente se pode contribuir com vistas ao atingimento do escopo concreto a que presta o processo, assegurando-se de uma só vez, legitimidade formal e material à decisão que dele promane.

A leitura que se faça do art. 10 do novo CPC deve, assim, refratar essa perspectiva conteudística. Deve revelar o interesse, marcadamente público e coletivo, de que antes da decisão, obrigatoriamente, ouçam-se as partes para que o contraditório assuma um sentido contributivo, positivo, voltado à cooperação das partes em relação ao juiz, a fim de que os elementos cognitivos necessários à concretização da decisão judicial sejam fornecidos pelas partes, mesmo que o dissenso permaneça quanto ao núcleo do que cada uma pretende no processo.

O que se diga, nesse plano, sobre o contraditório, estenda-se por igual à argumentação que a ele se ata. A idéia que preside o uso pragmático da linguagem, em bilateralidade, está situada no que se propõe tratar a Teoria da Argumentação e hoje, induvidosamente, ao mesmo fim de conferir-se legitimidade e efetividade à decisão judicial, impossível seria tratar a argumentação que se insere no plano do processo, fora do que a discursividade, a dialogicidade e o pragmatismo da linguagem comportam e oferecem.[13]

Um mesmo enfoque preside as duas vertentes do tema aqui tratado. A argumentação teórica antes vazada num racionalismo puro, que aprisionava o juiz (intérprete) aos esquemas lógicos de extração do sentido (esquema S-O da Filosofia da Consciência) hoje o "arremessa ao mundo", de tal modo a vê-lo inserido na mesma discursividade ou linguisticidade em que se encontram os demais sujeitos e os objetos de sua decisão. E essa inserção o arrebata de uma maneira em que a relação de contribuição dele em direção às partes e das partes em relação a ele se faz com o propósito, claramente legítimo, de assegurar-se a concretização do direito material reconhecido em sede decisória.

Por isso a argumentação deve se processar numa zona de simetria e inteligibilidade, de veracidade das proposições, de verdade objetiva (em relação

---

13. É por demais relevante lembrar que as teorias da argumentação, em sua maioria, guardam um ponto de intersecção no plano da filosofia política, pois a finalidade da argumentação atada está ao princípio democrático que fundamenta e consolida as democracias ocidentais de base republicana. Quanto ao Direito, seja na perspectiva de uma informação calcada em valores (ALEXY), ou naquela que repousa na normatividade já posta (McCORMICK), o compromisso político dessas teorias repousa no consenso democrático e na legitimidade das decisões que dele defluem.

aos fatos) e de sinceridade (consigo mesmo)[14] entre os participantes do discurso judicial (autor, juiz e réu, segundo o tripé da relação processual estabelecida em angularidade).

Um contraditório que radique no uso pragmático da linguagem, a favorecer o exercício da argumentação no processo, contribui indiscutivelmente à obtenção de provimentos judiciais legítimos, sendo essa legitimidade compreendida segundo um assentimento pleno, incluindo-se aí o grau de realizabilidade esperado para os direitos materiais postos em tutela.

4. EM CONCLUSÃO: UMA COGNIÇÃO ADEQUADA PARA A PROVISÃO DE UMA TUTELA MANDAMENTAL EFETIVA: CONTRADITÓRIO E ARGUMENTAÇÃO SEGUNDO O USO PRAGMÁTICO DA LINGUAGEM

Ao fim, concebidas as premissas essenciais para a defesa do nosso argumento central, partimos ao arremate, tomando como exemplo claro dessa aproximação permitida pelo contraditório e pela argumentação, o que ocorre com a tutela mandamental, condizente que é com as hipóteses das chamadas tutelas específicas das obrigações de fazer, não fazer e de entrega de coisa certa.

Não há nada mais cristalino, do ponto de vista do que nos informa a argumentação fundada no pragmatismo da linguagem, do que as tutelas jurisdicionais que se realizam para o alcance dessas três modalidades de obrigações.

O liame que percebemos entre o argumento de fundo, aqui desenvolvido, e essas três espécies, situa-se no reconhecimento de que a absorção das práticas diárias, informações, negociações, vivências e tudo o mais que circunda a vida dos sujeitos do processo só pode adquirir peso para a solução dos eventuais conflitos de seus interesses, se lhes permitido for trazer toda essa experienciação para o processo e se essa forma de *inserção no mundo* for mediada, em contraditório, por uma argumentação plasmada nesses mesmos fundamentos.

Nesse sentido, a provisão de uma tutela que se filie às ordens do *fazer*, do *não fazer* e do *dar* certamente é a que mais se aproxima dessa fonte de informação pragmática, pois as atividades que se põem no centro dessas espécies de obrigações civis estão todas situadas na linha do que, pragmaticamente, se mostra necessário às suas concretizações. O "fazer" importa no conhecimento e na possibilidade prática de cumprir algo no mundo; o "não fazer" implica na

---

14. São as chamadas pretensões de validade dos atos da fala de que se serve Habermas para subsidiar sua teoria do Agir Comunicativo e, depois, para fundar sua teoria do Direito, exposta em *Direito e Democracia, entre facticidade e validade*.

ciência do que esse algo, no caso concreto, representa de nocivo, a ponto de se impor a sua abstenção e o "dar" indica o conhecimento do que é posto como alvo de entrega, de tradição, ante ao tipo de vínculo jurídico a reunir os dois sujeitos da relação obrigacional.

O reconhecimento da linguagem pragmática como o meio adequado à mediação, em discurso, dos interesses postos em jogo, a ponto de favorecer a identificação de todos esses escopos, leva-nos a concluir que no momento atual, a tutela mandamental poderia se mostrar bem mais suscetível de concretização se, necessariamente, antecedida fosse pelo uso pragmático da linguagem, em contraditório, isso evidentemente nas não difíceis situações em que a realizabilidade do direito material esteja condicionada a revelação, pela via discursiva, do modo mais adequado e possível destinado ao seu cumprimento.

Almeja-se, com isso, fazer despontar a compreensão de que o processo não só se aproxima da realidade da vida, esquematizando fórmulas que atendam, no plano do procedimento, as várias formas de manifestação dos chamados novos direitos. Também se aproxima e viabiliza a provisão dessa tutela quando se vale de uma linguagem que lhe permite inserir-se no mundo e que, assim, assegura-lhe contar com a contribuição dialógica e discursiva de todos os atores que, com ele e pragmaticamente, possam promover a realizabilidade prática dessas providências.

Nesse rumo, a tutela mandamental talvez seja a modalidade de tutela que mais encarne esse ideal. Ao materializar-se em ordens que ecoam no mundo da vida, ela também precisa receber desse mesmo mundo as influências naturais que só a linguagem pragmática assegura. Essa retroalimentação entre o sistema jurídico-processual e o seu entorno favorece o estabelecimento de possíveis consensos, pois torna simétricas as posições entre aquele que decide e os que participam da decisão, além de reafirmar o compromisso democrático que o processo assume, enquanto instrumento efetivo de atuação do Estado.

O pragmatismo da linguagem liberta o agir dos atores processuais e os concita a contribuírem reciprocamente para que façam da tutela jurisdicional um meio prático de efetivação dos direitos. Porém não é só. A cognição judicial se desenvolve de um modo materialmente mais simples, uma vez que se realiza pelo diálogo, pela abertura discursiva, através das tomadas de posição, informações, contribuições e todo o conjunto de intervenções naturais extraídas da participação em discurso.

Oportuniza-se a adoção de iniciativas que se encontram fora do formalismo procedimental, como a oitiva de pessoas não arroladas, a indicação também informal dos locais onde possa se encontrar o bem ou a coisa a ser entregue, a ampliação das chances de negociação, envolvendo interesses ainda não articulados no processo, enfim, é a abertura ensejada pelo foco nos fatos em detrimento da priorização clássica conferida ao tecnicismo jurídico.

É a "revolução pelos fatos", somente possível se as chances de debate derem-se à luz da contribuição; jamais ao propósito de pôr esses interesses num plano de dissensão ou de retração, voltados somente à reafirmação do litígio como sempre estiveram quando conformados sempre foram ao paradigma diverso, alusivo à linguagem estritamente teórica da Ciência Processual.

Definitivamente, *agir em contraditório não é só reagir juridicamente a uma dada pretensão. É antes convergir faticamente ao desvelamento da realidade, à indicação de soluções e finalmente à tomada de posição do órgão julgador. Não é paradoxal, como se pensava antes, divergir quanto à pretensão e convergir para o alcance de algum resultado. Afinal de contas, aquele que se contrapõe também almeja uma finalidade, mesmo que distinta, em essência e conteúdo, daquela que é pretendida pelo seu oponente. As partes são adversárias quanto ao que se pretende obter com o acesso à jurisdição e ao processo, jamais quanto à utilidade que se deve perseguir, para um sentido ou para outro; para esse ou para aquele norte, com a prolação da decisão judicial.*

Ao final, então, é dizer: a disposição normativa encartada na dicção do art. 10 do novo CPC tomada no significado do que *deve ser* o contraditório, segundo a tutela constitucional do processo e o seu compromisso democrático e republicano com a proteção aos novos direitos, jamais poderá confinar-se na expressão simples e discreta do direito à bilateralidade da audiência. A obrigatoriedade da contradita antes revela, com esse novo disciplinamento, o sentido construtivo que a *participação no processo* deve espelhar. Sua roupagem se modifica para igualmente contemplar a necessidade de que ao *contraditar* a parte igualmente *contribua, coopere* e *concorra* para a construção de decisões legitimamente comprometidas com a justiça dos seus conteúdos.

5. BIBLIOGRAFIA

BARBOSA MOREIRA, José Carlos. *Notas sobre o problema da efetividade do processo.* Temas de Direito Processual, Terceira Série, São Paulo: Saraiva, 1984.

BARBOSA MOREIRA, José Carlos. Temas de Direito Processual, Segunda Série, São Paulo: Saraiva, 1998.

BEDAQUE, José Roberto dos Santos. Efetividade do processo e técnica processual, São Paulo: Malheiros, 2006.

GOES, Ricardo Tinoco de. Efetividade do Processo e Cognição Adequada. São Paulo: MP editora, 2008.

GOES, Ricardo Tinoco de. Democracia Deliberativa e Jurisdição: a legitimidade da decisão judicial a partir e para além da teoria de J. Habermas. Curitiba: Juruá, 2013.

MARINONI, Luís Guilherme. Técnica Processual e Tutela dos Direitos, São Paulo: Revista dos Tribunais, 2004.

MARINONI, Luís Guilherme. Novas Linhas do Processo Civil, São Paulo: Malheiros, 2000.

OLIVEIRA, Carlos Alberto Alvaro. Do formalismo no processo civil, São Paulo: Saraiva, 1997.

POSNER. Richard. A problemática da teoria moral e jurídica. Trad. Marcelo Brandão Cippolla. São Paulo: Martins Fontes, 2012.

SCHNEIDER, Paulo Rudi. *Experiência e linguagem*. In. STEIN, Ernildo & STRECK (Org.), Lênio. Hermenêutica e Epistemologia, Porto Alegre: Livraria do Advogado, 2011.

TARUFFO, Michele. Uma simpes verdade: o juiz e a construção dos fatos. Trad. Vitor de Paula Santos. Madrid: Marcial Pons, 2012.

WATANABE, Kazuo. Da cognição no processo civil, Campinas: Bookseller, 2000.

CAPÍTULO 15

A colaboração dos sujeitos processuais na construção da decisão judicial e o contraditório como "influência"

Sandro Marcelo Kozikoski[1]

SUMÁRIO: 1. CONTEXTUALIZAÇÃO DO TEMA; 2. A FILTRAGEM CONSTITUCIONAL E O *IURA NOVIT CURIA*. 3. CONTRADITÓRIO "PARTICIPAÇÃO" E CONTRADITÓRIO "INFLUÊNCIA"; 4. A PLURALIZAÇÃO DO DEBATE E A INTERVENÇÃO DE NOVOS ATORES; 5. CONCLUSÕES; 6. BIBLIOGRAFIA.

1. CONTEXTUALIZAÇÃO DO TEMA

Não é de hoje que a dogmática jurídica se esforça pela busca idílica do correto sentido da norma jurídica. Leia-se: um significado pensado "aprioristicamente", ignorando, em certa medida, o papel da *linguagem* no campo do discurso jurídico[2]. Vivemos, então, sob os influxos de uma crise de compreensão. Porém, se é possível constatar que a *linguagem*, enquanto condição de possibilidade, *invadiu* o terreno da filosofia jurídica, parece acertado concluir que o estágio atual de compreensão do fenômeno jurídico deve ser compreendido como um sistema de regras e princípios que reclamam, permanentemente, a construção dos seus significados.

---

1. Doutor em Direito das Relações Sociais – UFPR. Prof. Adjunto de Direito Processual Civil da UFPR. Ex-Professor da Faculdade Nacional de Direito (FND) - UFRJ. Membro do Instituto dos Advogados do Paraná (IAP) e do Instituto Brasileiro de Direito Processual - IBDP. Vice-Presidente da Comissão de Estudos Constitucionais da OAB-PR.

2. Ora, "se o direito é linguagem e na linguagem e se o problema do compreender é determinante para a formatação do sentido que se projeta dos enunciados jurídicos (textos normativos), toda questão jurídica deve passar pela exploração deste 'elemento hermenêutico' que caracteriza a experiência jurídica. Há de se ressaltar que, nesse enfoque, hermenêutica deixa de ser uma técnica interpretativa ou uma ferramenta metodológica disponível para determinação da correta interpretação da legislação e passa a ser encarada como um *modo de ser* daquele que compreende o direito, a linguagem passa a ser constituinte e constituidora do mundo do homem" (ABBOUD, Georges. **Jurisdição constitucional e direitos fundamentais**, São Paulo: Editora Revista dos Tribunais, 2011. p. 61).

NOVO CPC DOUTRINA SELECIONADA, v. 1 • Parte Geral

PARTE III – NORMAS FUNDAMENTAIS

Assim, não se pode ignorar que a (re)construção do sentido das normas jurídicas está intimamente atrelada aos dilemas que gravitam em torno de uma teoria contemporânea da decisão jurídica. Dito de outra forma, uma teorização envolvendo a decisão judicial deve garantir as condições discursivas adequadas e compatíveis com a obtenção de respostas alinhadas com a Constituição, que conjuguem a observância dos limites estruturais e semânticos do texto normativo, com substrato nos aportes fornecidos pela hermenêutica jurídica e ainda pela *colaboração* e *influência* dos sujeitos processuais.

Portanto, da hermenêutica podemos extrair algumas premissas que podem auxiliar a compreensão das normas jurídicas e a construção de uma decisão judicial: (i) não se pode mais confundir texto e norma[3]; (ii) o método de concretização dos textos normativos deve conviver com os mecanismos de subsunção; e, por fim, (iii) constata-se ainda o caráter *criativo* da interpretação[4] (quem "interpreta", atribui sentido à norma e não apenas revela uma compreensão pré-existente).

Não basta, portanto, a superação do positivismo exegético, quando se propugnava que o juiz era a boca da lei[5]. Para dizer o menos, a *polissemia* das palavras distancia o intérprete das ditas interpretações *literais*. Disso o século XX já se ocupou. Tampouco é suficiente a abertura principiólogica que pode recair em puro realismo jurídico sem base científica ou sociológica, derivando para o excesso de poderes discricionários nas mãos do Poder Judiciário. Temos visto, atualmente, uma enorme propensão dos juristas contemporâneos a erigirem artificialmente certos princípios jurídicos, muitos deles despidos de significância ou de reduzida *normatividade*. fenômeno alcunhado como "panprincipalismo" por Lênio L. Streck[6]. O apelo a esses princípios esbarra, inicialmente, na dificuldade de definição de seus contornos, diante da vaguidade semântica dos mesmos. E, nesse particular, tem-se um vasto espaço para voluntarismos. Podem funcionar, assim, como álibis interpretativos[7].

---

3. "O pensamento jurídico dominante incorre no equívoco de equiparar texto e norma; essa distinção é importante para demonstrar que a lei e a súmula vinculante, por exemplo, não constituem a norma em si, são enunciados (textos normativos) que sempre comportam interpretação, por mais objetiva que sua prescrição literal possa ser" (ABBOUD, Georges. Ob. Cit., p. 61).

4. Fredie Didier Jr. afirma que, com o reconhecimento do seu papel criativo e normativo, "a função jurisdicional passa a ser encarada como uma função essencial ao desenvolvimento do Direito, seja pela estipulação da norma jurídica do caso concreto, seja pela interpretação dos textos normativos, definindo-se a norma geral que deles deve ser extraída e que deve ser aplicada a casos semelhantes" (DIDIER JR., Fredie. **Curso de direito processual civil: introdução ao direito processual civil, parte geral e processo de conhecimento**, Vol. 1, 17ª ed., Salvador, JusPodium, 2015. p. 41).

5. O princípio da separação dos poderes, idealizado por Montesquieu, idealizou um juiz despido de qualquer voluntarismo na tarefa de aplicar a lei, competindo-lhe, tão-somente, descrever as palavras da lei (MONTESQUIEU, Barão de. **Do espírito das leis**, São Paulo: Abril Cultural, 1973. p. 158).

6. STRECK, Lênio Luiz. **Verdade e consenso**, 4ª ed., São Paulo: Saraiva, 2011. p. 50.

7. "A crítica a esse tipo de compreensão das normas está atrelada na perda-ausência de parâmetros de controle: uma vez que um órgão judicial deixa de se submeter à Constituição e passa a *sacar* 'princípios' a partir de outras fontes, torna-se *legibus solutos* (o *dono da lei* por estar acima dela, inclusive

Não bastasse tudo isso, nota-se ainda uma alusão ao emprego dos princípios para solução dos casos difíceis. A adoção de premissas equivocadas pode revelar uma distinção precipitada entre casos *fáceis* e *difíceis*. Para o primeiro grupo, a técnica da *subsunção* é apontada como sendo a mais adequada. Para os *hards cases*, fala-se em *ponderação*, utilização do princípio da proporcionalidade, etc. No entanto, a complexidade ínsita ao fenômeno jurisdicional recomenda prudência na manutenção desse tipo de dicotomia. Uma visita esporádica e aleatória nos Juizados Especiais Cíveis facilitaria tal compreensão; afinal, "pequenas" causas, grandes "encrencas".

Daí porque é preciso aceitar que o "texto" está atrelado a um "contexto". A compreensão do fenômeno jurídico exige um mínimo de institucionalização e respostas coerentes, tal qual chamado por Dworkin de "romance em cadeia"[8]. O capítulo vindouro da novela considera o enredo anterior.

Parece acertado concluir, portanto, que a tarefa que se impõe é a compreensão dos limites e compromissos hermenêuticos que exsurgem do paradigma do Estado Constitucional. Portanto, são bastante eloqüentes as premissas de que **"juízes, assim como todos os demais sujeitos do processo, estão sobremaneira vinculados à normatividade. A invocação de um princípio precisa encontrar lastro normativo.** Não bastam argumentos lógicos, morais, pragmáticos, etc. para se 'inferir' um princípio (...)"[9].

2. A FILTRAGEM CONSTITUCIONAL E O *IURA NOVIT CURIA*

Apesar da pertinente advertência em torno da necessidade de balizamento de "modelo constitucional de processo"[10], ainda se observa uma enorme

---

da Constituição). Num momento em que o Novo CPC constitui um sistema de principiológico de normas, há que se atentar para que isso não signifique um aumento dos poderes do magistrado – ou que seus poderes sejam percebidos sob a fiscalidade que as próprias normas fundamentais do Código impõem, como densificação dos comandos constitucionais. A crítica ao positivismo literalista na aplicação das normas não nos leva ao extremo oposto, que é uma nova forma de discricionariedade-decisionismo judicial: agora não mais quando há lacunas antinomias, mas em qualquer caso" (**NCPC: fundamentos e sistematização**, Humberto Theodoro Junior, Dierle Nunes, Alexandre Melo Franco Bahia, Flávio Quinad Pedron, Rio de Janeiro: Forense, 2015. p. 52).

8. DWORKIN, Ronald. **Uma questão de princípio**, 2ª ed., São Paulo: Martins Fontes, 2003.

9. **NCPC: fundamentos e sistematização**, Humberto Theodoro Junior, Dierle Nunes, Alexandre Melo Franco Bahia, Flávio Quinad Pedron, p. 52-53.

10. "Assim, o que deve ser posto em relevo é a constatação de que, nos padrões atuais de interpretar e aplicar o direito como um todo – e o direito processual civil em específico -, os mesmos padrões da hermenêutica tradicional, oitocentista, são claramente insuficientes. Eles não conseguem comunicar às normas jurídicas o seu rico campo de abrangência e as variadas gamas de sua interpretação desejada (e, verdadeiramente, incentivada) desde o plano constitucional. Não há mais espaço para que se analise, na atualidade, o 'Código de Processo Civil', como se ainda fosse o Código que veio à luz em 1973 e que entrou em vigor no dia 1º de janeiro de 1974. (...) A 'constitucionalização' do direito processual civil,

tendência na repetição de certos *dogmas* no campo do processo civil que acabam obstando uma verdadeira *filtragem* constitucional. A teoria processual construída em séculos passados continua influenciando os Tribunais brasileiros, que insistem na tese da existência de uma "verdade formal" ou de uma "verdade processual"[11]. Misturam-se, nesse aspecto, metafísica clássica e filosofia da consciência (o eu cognoscente que alcança e "apreende" o objeto cognoscível).

Assim, sob os auspícios do NCPC (Lei 13.105/2015) parece adequado e oportuno revistar o brocardo segundo o qual "o juiz conhece o direito", repetido como um mantra, sob a pomposa forma latina do "*iura novit curia*". Afinal, na Roma antiga talvez fosse possível a defender a premissa de que o juiz era capaz de conhecer o Direito. Eram poucas leis. Não havia sistema federativo com sobreposição de ordens normativas, não se falava em "giro lingüístico", etc. Então, o processo civil contemporâneo, visto sob a ótica de uma efetiva filtragem constitucional, deve privilegiar todas as dimensões do contraditório, incluindo a possibilidade de influência efetiva das partes na construção de sentido da decisão judicial. Não podemos repetir, acriticamente, a assertiva de que o juiz "conhece" o direito, pois as premissas que lhe são subjacentes estão ainda atreladas aos paradigmas anteriores.

Então, é preciso insistir que o processo do Estado constitucional não se limita à jurisdição *stricto sensu* do controle de constitucionalidade; é preciso alargar esse conceito para que a constitucionalização do processo seja exercida em todas as esferas e nuances do Poder Judiciário.

Portanto, diante das regras positivadas dos arts. 9º e 10 do NCPC, impõe-se adequar o postulado do *iura novit curia* com a nova compreensão do contraditório enquanto poder de *influência*. Isto porque, sob os auspícios do Código Buzaid, argumentava-se com a defesa do "livre convencimento motivado" (CPC de 1973, art. 131). Ocorre, contudo, que o art. 371 do NCPC passou a dispor que "o juiz apreciará a prova constante dos autos, independentemente do sujeito que a tiver promovido, e indicará na decisão as razões da formação de seu convencimento". Forçoso aceitar que a alteração redacional imposta ao texto normativo do art. 131 do CPC de 1973, com a abolição da regra segundo a qual o juiz apreciava "livremente a prova", induz uma *norma processual* inteiramente renovada,

---

por si só, convida o estudioso do direito processual civil a lidar com métodos hermenêuticos diversos – a 'filtragem *constitucional*' de que tantos falam alguns constitucionalistas -, tomando consciência de que a interpretação do direito é valorativa e que o 'processo', como método de atuação do Estado, não tem como deixar de ser, em igual medida, valorativo, até como forma de realizar adequadamente aqueles valores: *no* e *pelo* processo" (BUENO, Cassio Scarpinella. **Curso sistematizado de direito processual civil: teoria geral do direito processual civil**, Vol. 1, 5ª ed., São Paulo: Saraiva, 2.011. p. 107).

11. O art. 378 do NCPC dispõe que "ninguém se exime do dever de colaborar com o Poder Judiciário para o descobrimento da verdade".

pois a apreciação das *afirmativas* acerca dos fatos dar-se-á à luz dos argumentos deduzidos pelas partes. Dito de outra forma, não há lugar para se falar em livre apreciação e tampouco para o dogma segundo o qual o juiz conhece o direito[12]. Além disso, há que se superar a premissa de que o juiz é o único destinatário da prova[13].

3. CONTRADITÓRIO "PARTICIPAÇÃO" E CONTRADITÓRIO "INFLUÊNCIA"

Como amplamente lembrado, a garantia constitucional do contraditório e da ampla defesa está assentada na disposição do art. 5°, LX, da Constituição Federal. Mas, para além disso, o princípio do contraditório "deve ser entendido como a possibilidade de o destinatário da atuação do Estado *influenciar* – ou, quando menos, *ter condições reais, efetivas, de influenciar* -, em alguma medida, na decisão a ser proferida"[14]. Exatamente por isso, o art. 7° do NCPC impõe ao órgão julgador o *dever* de zelar pelo efetivo contraditório.

Assim, apesar das dificuldades intrínsecas envolvendo as premissas discursivas necessárias para a construção de uma teoria da decisão judicial, convém ressaltar que a função primordial do direito processual civil é extremamente simples: as normas processuais devem servir, tão-somente, para a *certificação* dos direitos fundamentais e para a realização pragmática do direito material, mas essa tarefa hércula deve estar atrelada à uma certa abertura *participativa*, com ênfase para o viés *argumentantivo*, capaz de englobar a colaboração dos sujeitos processuais parciais. Ora, o processo civil comprometido com o Estado Democrático de Direito deve ser pensado sob a égide de uma democracia participativa, constituindo o Poder Judiciário como instância privilegiada para o debate. Por isso, a preocupação com o equilíbrio informacional e com a *contributividade* dos sujeitos processuais em prol da construção da decisão judicial.

Logo, ressalvadas certas situações excepcionais[15], impõe-se a *prévia* oitiva das partes em relação ao tema sujeito à apreciação jurisdicional. Aliás, o art. 10

---

12. "O direito é conhecido dos tribunais? Não. É construído nos tribunais mediante intermediação efetiva das partes e de seus magistrados" (SILVA, Blecaute Oliveira; e, ROBERTO, Welton. O contraditório substancial no projeto do novo CPC, *In* **Novas tendências do processo civil: estudos sobre o projeto do novo código de processo civil**, Organizadores Alexandre Freire, Bruno Dantas, Dierle Nunes, Fredie Didier Jr., José Miguel Garcia Medina, Luiz Fux, Luiz Henrique Volpe Camargo e Pedro Miranda de Oliveira, Vol. II, Salvador: JusPodium, 2014. p. 192).

13. O Enunciado n. **50** do **FPPC** assinala que "os destinatários da prova são aqueles que dela poderão fazer uso, sejam juízes, partes ou demais interessados, não sendo a única função influir eficazmente na convicção do juiz".

14. BUENO, Cassio Scarpinella. Ob. Cit., p. 145.

15. "Não há violação da garantia do contraditório na concessão, justificada pelo perigo, de tutela provisória liminar. Isso porque há uma ponderação legislativa entre a efetividade e o contraditório, preservando-se o contraditório para o momento posterior. O contraditório, nesses casos, é postecipado para momento

da Lei 13.105/2015 reforça tal assertiva, ao destacar que "o juiz não pode decidir, em grau algum de jurisdição, com base em fundamento a respeito do qual não se tenha dado às partes oportunidade de se manifestar, ainda que se trate de matéria sobre a qual deva decidir de ofício". Ora, "isso representa uma transformação do conceito persistente em parte da doutrina processual nacional, que ainda reduz a participação em contraditório a mero direito à *bilateralidade de audiência* – mero direito de *dizer* e *contradizer*"[16].

Não por outra razão fala-se em "legitimação" pelo procedimento[17], "querendo-se com isto destacar que a manifestação do Estado – de todo ele, não só do Estado-juiz – será tanto mais legítima quanto maior for a possibilidade de os destinatários de seus atos, de suas decisões, que têm caráter imperativo e vinculante, poderem se manifestar para *influenciar* a autoridade competente *antes de ela decidir*"[18].

Demais disso, diante da expansão alcançada pelos incidentes de resolução de demandas repetitivas (IRDR)[19] e demais técnicas similares adotadas pelo

---

seguinte ao da concessão da providência de urgência. Como a decisão é provisória, o prejuízo para o réu fica aliviado. Nos casos de tutela provisória liminar de evidência, embora não haja perigo, a alta probabilidade de êxito da demanda é reconhecida como apta a mitigar o contraditório, postecipando-o da mesma maneira" (DIDIER JR., Fredie. Ob. Cit., p. 83).

16. **NCPC: fundamentos e sistematização**, Humberto Theodoro Junior, Dierle Nunes, Alexandre Melo Franco Bahia, Flávio Quinad Pedron, p. 83.

17. "Para Luhman, a legitimidade passa a ter uma leitura invertida, ou seja, é o procedimento que passa a ter o condão de 'educar' os participantes a aceitar a decisão, a 'gerar legitimidade'. O sistema precisa inclusive fazer 'propaganda' das decisões de forma que a sociedade também seja educada a aceitá-las. Portanto, para Luhman, as pessoas 'obedecem' às leis porque o sistema jurídico se especializou em estabilizar expectativas de comportamento" (SAAVEDRA, Giovani Agostini. **Jurisdição e democracia: uma análise a partir das teorias de Jürgen Habermas, Robert Alexy, Ronald Dworkin e Niklas Luhmann.** Porto Alegre: Livraria do Advogado, 2006. p. 60). Contudo, a crítica a ser dirigida a este tipo de compreensão reside no fato de que quando o sistema jurídico passa a ter a função de determinar soluções para os problemas sociais, personificando supostos valores de uma sociedade ou ditando as formas de vida correta, "o sistema jurídico está deixando de ter uma função normal para começar a colonizar o mundo da vida através de um processo de juridificação das relações sociais. Luhmann não percebe esta situação como negativa, nem admite que a sua seja uma postura ideológica. Além disso, não percebe a relação intrínseca que existe entre autonomia privada e autonomia pública" (SAAVEDRA, Giovani Agostini. Ob. Cit., p. 68).

18. BUENO, Cassio Scarpinella. Ob. Cit., p. 145.

19. "Art. 976. É cabível a instauração do incidente de resolução de demandas repetitivas quando houver, simultaneamente: I - efetiva repetição de processos que contenham controvérsia sobre a mesma questão unicamente de direito; II - risco de ofensa à isonomia e à segurança jurídica. § 1º A desistência ou o abandono do processo não impede o exame de mérito do incidente. § 2º Se não for o requerente, o Ministério Público intervirá obrigatoriamente no incidente e deverá assumir sua titularidade em caso de desistência ou de abandono. § 3º A inadmissão do incidente de resolução de demandas repetitivas por ausência de qualquer de seus pressupostos de admissibilidade não impede que, uma vez satisfeito o requisito, seja o incidente novamente suscitado. § 4º É incabível o incidente de resolução de demandas repetitivas quando um dos tribunais superiores, no âmbito de sua respectiva competência, já tiver afetado recurso para definição de tese sobre questão de direito material ou processual repetitiva. § 5º Não serão exigidas custas processuais no incidente de resolução de demandas repetitivas".

Cap. 15 • A COLABORAÇÃO DOS SUJEITOS PROCESSUAIS NA CONSTRUÇÃO DA DECISÃO JUDICIAL...
Sandro Marcelo Kozikoski

sistema recursal, que buscam privilegiar a perspectiva do trâmite processual acelerado, é preciso efetuar um contraponto com as garantias processuais constitucionais, incluindo-se aqui a perspectiva diferenciada do contraditório na esfera desses processos repetitivos. Ou seja, não há como insistir com a ideia de respeito aos precedentes, se os mesmos ainda são construídos de maneira dissociada do *prévio* debate. Não há como privilegiar uma cultura precedentalista se, até então, os juízes e tribunais insistiam que não estavam obrigados a enfrentar "todos" os argumentos das partes[20]. Aceite-se que as decisões *omissas* revelam, intrinsicamente, um problema de *fundamentação* (portanto, estamos falando de decisões *inconstitucionais*), mas, nada obstante os esforços dos advogados com a interposição de embargos de declaração, eram comuns as respostas *padronizadas*, com a assertiva de que "esse juízo ou Tribunal não está obrigado a enfrentar todos os argumentos deduzidos pelas partes".

Portanto, ao se pensar o sistema processual, torna-se imperativa "a criação de mecanismos de fiscalidade ao exercício dos micropoderes exercidos ao longo do *iter* processual, além da criação de espaços de interação (participação), que viabilizem consensos procedimentais aptos a tornar viável, no ambiente real do debate processual, a prolação de provimentos que representem o exercício de poder participado, com atuação e influência de todos os envolvidos"[21]. É nesta perspectiva ainda que a teoria *neo-institucionalista* do processo defendida por Rosemiro Pereira Leal pretende conciliar o princípio da *democracia* com a garantia de um espaço *discursivo* voltado para o contraditório na produção e fiscalização da constitucionalidade e na realização dos direitos fundamentais[22].

---

20. Por isso, a importância do § 1º do art. 489 do NCPC, o qual se revela de "fundamental importância para que se acabe com entendimento da jurisprudência que, pacificamente, entende que o juiz 'não é obrigado' a enfrentar os argumentos deduzidos pelo advogado, bastando que decida conforme seu 'livre convencimento motivado', assinalando por vezes que não teriam que responder a 'questionários' ou a 'quesitos' formulados pela parte em embargos de declaração (...)" (BAHIA, Alexandre Gustavo Melo Franco; e, VECCHIATTI, Paulo Roberto Iotti. O dever de fundamentação, contraditório substantivo e superação de precedentes vinculantes (*overruling*) no novo CPC – ou do repúdio a uma nova escola da exegese, In **Novas tendências do processo civil: estudos sobre o projeto do novo código de processo civil**, Organizadores Alexandre Freire, Bruno Dantas, Dierle Nunes, Fredie Didier Jr., José Miguel Garcia Medina, Luiz Fux, Luiz Henrique Volpe Camargo e Pedro Miranda de Oliveira, Vol. II, Salvador: JusPodium, 2014. p. 39).

21. **NCPC: fundamentos e sistematização**, Humberto Theodoro Junior, Dierle Nunes, Alexandre Melo Franco Bahia, Flávio Quinad Pedron, p. 89.

22. "A teoria do processo que se institucionalize constitucionalmente pelos princípios jurídicos do contraditório, ampla defesa e isonomia suprime a tensão entre republicanos e liberais à medida que a fiscalidade legitimante do ordenamento jurídico instalador do Estado democrático de direito se processualize pelo direito-de-ação irrestrito, assegurado o contraditório como oportunidade legal de produzir ou não produzir argumentos, bem assim a isonomia como princípio de igualdade, para as partes, do tempo de realização estrutural do procedimento e a ampla defesa como direito ao contraditório em tempo isonômico indistintamente para todos" (LEAL, Rosemiro Pereira. **Teoria processual da decisão jurídica**. São Paulo: Landy, 2003. p. 180).

4. A PLURALIZAÇÃO DO DEBATE E A INTERVENÇÃO DE NOVOS ATORES

Para encerrar, cabe destacar que o propósito almejado com a participação dos *atores* parciais no processo de construção da decisão judicial – e, particularmente, no cenário dos processos repetitivos[23] – está atrelado à possibilidade de *pluralização* do debate, permitindo o fluxo de elementos informativos e das motivações daqueles que, embora não tenham deflagrado o processo, são destinatários diretos ou mediatos da decisão a ser proferida. A aceitação dessas manifestações interventivas coaduna-se com a *abertura* em prol da cooperação, consentânea com a proteção externada para os direitos fundamentais de *participação*.

O *pluralismo* é uma das marcas das democracias contemporâneas, podendo-se compreendê-lo a partir de duas matrizes distintas (i) ora se pode utilizá-lo para descrever a *diversidade* de concepções individuais acerca dos modos de vida, (ii) ora se tem o emprego desta categoria para assinalar a *multiplicidade de identidades* sociais, específicas e culturalmente válidas, em determinado contexto histórico[24].

Portanto, esse novo processo civil renovado deve estar voltado à construção das ferramentas processuais adequadas, que permitam a oitiva de grupos vulneráveis, minorias étnicas ou raciais etc., chamando atenção para a dificuldade de criação de um consentimento legítimo de todos aqueles que são alcançados pelos interesses *transcendentes* veiculados nessas demandas repetitivas. Quer-se acreditar que os incidentes de resolução de demandas repetitivas e ainda o contencioso constitucional devem estar pautados pelos princípios fundamentais de tolerância que caracterizam as comunidades democráticas e plurais, denotando-se ainda a importância da atuação do Judiciário como forma de preservação das individualidades.

Trata-se, então, de descortinar novas perspectivas de compreensão e práxis no âmbito dos processos repetitivos, como forma de se obter uma norma jurídica de cunho autenticamente plural e fazê-la efetiva. Afinal, as sociedades *inclusivas* são paulatinamente marcadas pelo signo da *incorporação* de camadas

---

23. "Mas a pressão da repetitividade se intensificou sempre mais, empurrando o sistema para o desenvolvimento de novas alternativas, a ponto de ser possível afirmar, hoje, uma autêntica tendência do processo civil brasileiro no sentido de que a jurisdição da litigiosidade repetitiva seja adaptada aos contornos de seu objeto, tanto aproveitando oportunidades que os conjuntos oferecem, como ajustando o ponto de equilíbrio da relação entre a independência do juiz e o dever de consideração que deve ter pelas posições consolidadas dos tribunais, naqueles termos colocados acima" (RODRIGUES, Ruy Zoch. **Ações repetitivas: casos de antecipação de tutela sem o requisito da urgência**, São Paulo: Revista dos Tribunais, 2010. p. 148).

24. CITTADINO, Gisele. **Pluralismo, direito e justiça distributiva: elementos da filosofia constitucional contemporânea.** 4ª ed., Rio de Janeiro: Lumen Iuris, 2009. p. 01/02.

e segmentos sociais que, em outros tempos, foram alijadas das conquistas civilizatórias e dos procedimentos judiciais.

Cabe realçar, por fim, que os novos movimentos sociais refogem aos estereótipos tradicionais de legitimação processual e estão a reclamar por uma nova leitura dos seus espaços de participação, condizentes com sua capacidade de mobilização social e política. A defesa do caráter *público* e *plural* da exegese processual impõe a superação de certos formalismos de sorte a permitir que "todos" os segmentos afetados pela decisão judicial possam manifestar suas opiniões quando recomendável. A ênfase, neste particular, deve abarcar especialmente as *minorias* e os chamados *grupos vulneráveis* (idosos, endividados, etc.), apesar das diferenças que possam vir a distingui-los[25]. Aliás, cabe frisar que não há, necessariamente, um consenso acerca de quais elementos devem estar presentes para identificação de uma *minoria*, podendo-se cogitar de alguns traços *objetivos* (critério diferenciador, quantitativo, nacionalidade, não-dominância, etc). Note-se, contudo, que as minorias se apresentam como coletividades *numericamente* inferiores ao restante da população de uma dada sociedade, enquanto que os grupos vulneráveis podem ser *majoritários* do ponto de vista *numérico* ou *quantitativo*. Os aspectos *físicos* nem sempre são hábeis à identificação das minorias. Independentemente das sutilezas que possam vir a diferenciá-los, *grupos vulneráveis* e *minorias* seguem exigindo uma proteção estatal adequada e condizente com a perspectiva inclusiva.

5. CONCLUSÕES

O contraditório visto como mera "bilateralidade" das audiências cedeu espaço em prol da possibilidade das partes e demais sujeitos processuais influenciarem a construção do sentido da decisão judicial. Ou seja, a garantia do

---

25. A respeito do assunto, oportuno consultar Robério Nunes dos Anjos Filho: "As expressões *minorias* e *grupos vulneráveis* não raro são usadas como equivalentes, talvez porque dentre os aspectos de similitude se encontre um de especial significado social, que é a situação de *vulnerabilidade*, o que leva a classificar todas as coletividades portadoras dessa característica como *minorias*, ou como *grupos vulneráveis*. (...) *Grupos vulneráveis em sentido amplo*, dessa forma, para nós devem constituir um gênero ao qual pertencem, conforme o contexto do Estado, pessoas portadoras de necessidades especiais físicas ou mentais, idosos, mulheres, favelados, crianças, minorias étnicas, religiosas e lingüísticas, índios, descedentes de quilombos, ribeirinhos, trabalhadores rurais sem terra, dentre outros. Estas coletividades se dividem em duas espécies, constituindo uma *minoria* ou um *grupo vulnerável estrito senso* (ou em sentido estrito). *Minorias*, nessa ótica, são uma espécie de *grupos vulneráveis lato senso*, com peculiaridades próprias que as distinguem das demais coletividades vulneráveis, as quais chamaremos *grupos vulneráveis em sentido estrito*, embora também existam características compartilhadas por ambas as espécies" (ANJOS FILHO, Robério Nunes. Minorias e grupos vulneráveis: uma proposta de distinção. In **Direitos humanos: estudos em homenagem ao professor Fábio Konder Comparato.** Coordenadora Elza Antonia Pereira Cunha Boiteux, Organizador Robério Nunes dos Anjos Filho, Salvador: JusPodium, 2010. p. 414-416).

contraditório é definida por duas perspectivas complementares: (i) a *cooperação* e (ii) a efetiva possibilidade de *participação* no processo de construção da decisão judicial[26].

Assim, diante das regras positivadas dos arts. 9º e 10 do NCPC, impõe-se adequar o postulado do *iura novit curia* com a nova compreensão do contraditório enquanto poder de *influência*. Por isso, a preocupação com o equilíbrio informacional e com a *contributividade* dos sujeitos processuais.

Demais disso, diante da expansão alcançada pelos incidentes de resolução de demandas repetitivas (IRDR) e demais técnicas similares adotadas pelo sistema recursal, que buscam privilegiar a perspectiva do trâmite processual acelerado, é preciso efetuar um contraponto com as garantias processuais constitucionais, incluindo-se aqui a perspectiva diferenciada do contraditório na esfera desses processos repetitivos.

6. BIBLIOGRAFIA.

ABBOUD, Georges. **Jurisdição constitucional e direitos fundamentais**, São Paulo: Editora Revista dos Tribunais, 2011.

ANJOS FILHO, Robério Nunes. Minorias e grupos vulneráveis: uma proposta de distinção. *In* **Direitos humanos: estudos em homenagem ao professor Fábio Konder Comparato.** Coordenadora Elza Antonia Pereira Cunha Boiteux, Organizador Robério Nunes dos Anjos Filho, Salvador: JusPodium, 2010.

BAHIA, Alexandre Gustavo Melo Franco; e, VECCHIATTI, Paulo Roberto Iotti. O dever de fundamentação, contraditório substantivo e superação de precedentes vinculantes (*overruling*) no novo CPC – ou do repúdio a uma nova escola da exegese, *In* **Novas tendências do processo civil: estudos sobre o projeto do novo código de processo civil,** Organizadores Alexandre Freire, Bruno Dantas, Dierle Nunes, Fredie Didier Jr., José Miguel Garcia Medina, Luiz Fux, Luiz Henrique Volpe Camargo e Pedro Miranda de Oliveira, Vol. II, Salvador: JusPodium, 2014.

BUENO, Cassio Scarpinella. **Curso sistematizado de direito processual civil: teoria geral do direito processual civil,** Vol. 1, 5ª ed., São Paulo: Saraiva, 2011.

CITTADINO, Gisele. **Pluralismo, direito e justiça distributiva: elementos da filosofia constitucional contemporânea.** 4ª ed., Rio de Janeiro: Lumen Iuris, 2009.

---

26. "A cooperação constitui garantia não apenas das partes, mas da própria função jurisdicional, assegurando as primeiras a possibilidade efetiva e plena de sustentarem suas razões e produzirem suas provas, enfim, de colaborarem concretamente na formação da convicção do juiz ao mesmo tempo em que garante a regularidade do processo, a imparcialidade do juiz e a justiça nas decisões" (LUMMERTZ, Henry Gonçalves. O princípio do contraditório no processo civil e a jurisprudência do Supremo Tribunal Federal. *In* **Processo e constituição,** Organizador Carlos Alberto Álvaro de Oliveira, Rio de Janeiro : Forense, 2004. p. 56).

DIDIER JR., Fredie. **Curso de direito processual civil: introdução ao direito processual civil, parte geral e processo de conhecimento**, Vol. 1, 17ª ed., Salvador, JusPodium, 2015.

DWORKIN, Ronald. **Uma questão de princípio**, 2ª ed., São Paulo: Martins Fontes, 2003.

LEAL, Rosemiro Pereira. **Teoria processual da decisão jurídica.** São Paulo: Landy, 2003.

LUMMERTZ, Henry Gonçalves. O princípio do contraditório no processo civil e a jurisprudência do Supremo Tribunal Federal. *In* **Processo e constituição**, Organizador Carlos Alberto Álvaro de Oliveira, Rio de Janeiro: Forense, 2004.

MONTESQUIEU, Barão de. **Do espírito das leis**, São Paulo: Abril Cultural, 1973.

NCPC: fundamentos e sistematização, Humberto Theodoro Junior, Dierle Nunes, Alexandre Melo Franco Bahia, Flávio Quinad Pedron, Rio de Janeiro: Forense, 2015.

RODRIGUES, Ruy Zoch. **Ações repetitivas: casos de antecipação de tutela sem o requisito da urgência**, São Paulo: Revista dos Tribunais, 2010.

SAAVEDRA, Giovani Agostini. **Jurisdição e democracia: uma análise a partir das teorias de Jürgen Habermas, Robert Alexy, Ronald Dworkin e Niklas Luhmann.** Porto Alegre: Livraria do Advogado, 2006.

SILVA, Blecaute Oliveira; e, ROBERTO, Welton. O contraditório substancial no projeto do novo CPC, *In* **Novas tendências do processo civil: estudos sobre o projeto do novo código de processo civil**, Organizadores Alexandre Freire, Bruno Dantas, Dierle Nunes, Fredie Didier Jr., José Miguel Garcia Medina, Luiz Fux, Luiz Henrique Volpe Camargo e Pedro Miranda de Oliveira, Vol. II, Salvador: JusPodium, 2014.

STRECK, Lênio Luiz. **Verdade e consenso**, 4ª ed., São Paulo: Saraiva, 2011.

CAPÍTULO 16

Efetividade *versus* segurança jurídica: cenários de concretização dos dois macro princípios processuais no Novo CPC

Fernando Rubin[1]

SUMÁRIO: 1. INTRODUÇÃO; 2. AS CONCEPÇÕES DE SEGURANÇA JURÍDICA E EFETIVIDADE COMO MACRO PRINCÍPIOS PROCESSUAIS; 3. AS ALTERAÇÕES LEGISLATIVAS NO CÓDIGO BUZAID EM NOME DA EFETIVIDADE PROCESSUAL; 4. O APROVADO PROJETO DO NOVO CPC: UMA TENTATIVA PAULATINA DE REEQUILÍBRIO DO SISTEMA?; 5. CONCLUSÃO; 6. REFERÊNCIAS DOUTRINÁRIAS.

1. INTRODUÇÃO

Em mais um honroso convite para discutirmos os avanços do Projeto para um Novo CPC no país, convertido em Lei nº 13.105, de 16 de março de 2015, buscaremos refletir, nesta passagem, a respeito da aplicação dos macro princípios do sistema processual, *Efetividade e Segurança Jurídica* – não só relacionados ao novo *codex*, mas tratando da aplicação destes ao longo dos últimos períodos, a partir da entrada em vigor do Código Buzaid e passando pelos movimentos de reforma que se seguiram especialmente a partir da primeira metade da década de 90.

É se de notar que houve inegavelmente um movimento legislativo tendente a incentivar o âmbito de incidência do macro princípio da efetividade, ao longo das décadas de reforma do Código Buzaid, sendo que é de se indagar se realmente tal movimento não extrapolou dos seus propósitos, chegando a se montar sistema processual em que a segurança, a qualidade da prestação jurisdicional, não passou a ser seriamente comprometida.

---

1. Bacharel em Direito pela UFRGS, com a distinção da Láurea Acadêmica. Mestre em processo civil pela UFRGS. Professor da Graduação e Pós-graduação do Centro Universitário Ritter dos Reis – UNIRITTER, Laureate International Universities. Professor Colaborador da Escola Superior de Advocacia – ESA/RS. Professor Pesquisador do Centro de Estudos Trabalhistas do Rio Grande do Sul – CETRA-Imed. Professor convidado de cursos de Pós-graduação latu sensu. Parecerista, Colunista e Articulista. Advogado-Sócio do Escritório de Direito Social.

De outro lado, cabe ainda indagar como o aprovado Projeto para um Novo CPC se postou diante dessa realidade processual: de forma a incrementar a necessidade de primazia da efetividade ou em busca de um reequilíbrio do sistema, com avanços em disposições que tratem de concretizar as garantias constitucionais amoldadoras da segurança jurídica?

Eis a relevante e densa tarefa que propomos. Vamos em frente.

2. AS CONCEPÇÕES DE SEGURANÇA JURÍDICA E EFETIVIDADE COMO MACRO PRINCÍPIOS PROCESSUAIS

Ao desenvolvermos a nossa obra de Processo Civil, disponibilizada à comunidade jurídica em revista, atualizada e ampliada versão[2], tratamos diretamente daqueles que seriam os macro princípios do processo civil – *Efetividade e Segurança Jurídica* -, responsáveis por determinarem a adequada e lógica marcha do processo, tendente a pacificação das relações estremecidas e formação de decisão com o selo do Estado com interessante caráter prospectivo.

O processo precisa transcorrer em duração razoável, mas por outro lado precisa garantir a qualidade da decisão final que irá transitar em julgado. Não pode haver, na realidade, uma supremacia flagrante de um macro princípio em relação a outro, sob pena de restar configurado desequilíbrio indevido que compromete a razão de ser do processo. A bem da verdade, se analisarmos com maior cuidado o conflito aparente entre os macro princípios processuais, devemos definir que a prioridade é pela segurança jurídica, já que realmente antes de qualquer coisa o processo precisa devolver legitimidade aos litigantes envolvidos, oferecendo decisão justa e fundamentada, após todos os trâmites possíveis e necessários para se atingir tal desiderato.

Nesse diapasão, o nosso estudo do instituto da preclusão serviu-nos para aprofundarmos essa questão da busca pela harmonização dos macro princípios narrados, admitindo-se a complexidade da análise: estabelecendo prazos/oportunidades para a realização de atos processuais, presta-se a preclusão para inviabilizar a eternalização da lide e a sua completa desordem, possibilitando a partir daí que o cidadão, ao se ver como parte de uma demanda judicial, saiba previamente o caminho (rito) a ser percorrido, com as ponderações estabelecidas pelo instituto[3]. Nessa concepção, torna-se necessário o estudo da "preclusão" juntamente com o que se tem por "procedimento", extraindo-se desse cenário uma primeira definição de segurança jurídica, qual seja, a de

---

2. RUBIN, Fernando. **A preclusão na dinâmica do processo civil**. São Paulo: Atlas, 2014, 2ª edição.

3. GUARNERI, Giuseppe. **Preclusione (diritto processuale penale)** in Novíssimo Digesto Italiano, XIII. Napoli: Utet, p. 571/577.

previsibilidade e inalterabilidade das disposições processuais a serem seguidas nos feitos em geral.

Forma-se, assim, um sistema em que efetividade, segurança e preclusão estão todos colocados em uma mesma direção, em que cabível aplicação conjugada desses institutos de maneira harmônica: toda demanda judicial deve seguir um procedimento (rito previamente estabelecido em lei), pautado pelo instituto da preclusão (que determina o fechamento de uma etapa do feito e o início de uma posterior – numa marcha dinâmica, sempre para frente), tudo a determinar efetividade (na prestação jurisdicional) e segurança jurídica (para as partes litigantes e demais eventuais terceiros interessados).

Nessa primeira acepção, a segurança jurídica (conferida pelo enfeixamento do "procedimento" com a "preclusão") consolida o princípio da não-surpresa, já que as partes litigantes, em linhas gerais, passam a saber previamente como se desenrolará o feito, e assim como devem se pautar, em cada oportunidade processual, para garantir melhor sorte no juízo final[4]. Em todas as fases processuais (postulatória, saneadora, instrutória, decisória, recursal e executória) far-se-á presente, em maior ou menor escala, o instituto da preclusão, e como conseqüência de sua aplicação a inviabilidade se ser suscitada ou enfrentada pelas partes matérias jurídicas a destempo ou ser revisado pelo julgador tema sobre o qual já se posicionou sem irresignação tempestiva[5] – o que vem ao encontro da proteção do cidadão (como parte) de atos arbitrários, respectivamente, do outro litigante e/ou do próprio Estado-juiz.

Contudo, não sendo unívoco o termo segurança jurídica no plano processual, tem-se que da própria noção de procedimento, deduz-se outro significado do termo, esse bem diverso do anterior exposto, e que se coloca de encontro aos ideais de efetividade e do instituto de preclusão, como moldado pelo legislador adjetivo[6].

É essa a concepção de segurança jurídica que mais nos interessa no presente ensaio. Ocorre que, no rito – conferidor de previsibilidade ao processo a ser desenvolvido perante uma autoridade judiciária – devem estar corporificadas garantias constitucionais a serem criteriosamente respeitadas, e sem as quais

---

4. MARTINS-COSTA, Judith. **A resignificação do princípio da segurança jurídica na relação entre o Estado e os cidadãos** in Revista CEJUR n° 120/110 :(2004) 27; PRUDENTE, Antônio Souza. **Poder judiciário e segurança jurídica** in Revista de informação legislativa n° 580/571 :(1992) 115; FACHIN, Luis Edson. **Segurança jurídica entre ouriços e raposas** in Revista eletrônica Carta Forense - http://www.cartaforense.com.br/conteudo/artigos/seguranca-juridica-entre-ouricos-e-raposas/11727. Acesso em 01.03.2014.
5. SCARPINELLA BUENO, Cássio. **Curso sistematizado de direito processual civil. Volume I – Teoria geral do direito processual civil.** 4ª ed. São Paulo: Saraiva, 2010. p. 484/485.
6. BARBOSA MOREIRA, J. C. **Efetividade do processo e técnica processual** in Ajuris (64): 149/161.

não se chegará à decisão final válida e cogente[7]. Tratam-se aqui dos corolários do devido processo legal, cabendo maior relevo ao contraditório e a ampla defesa – na qual a garantia ao "direito prioritário à prova", na expressão feliz muito utilizada por Eduardo Cambi, se insere (art. 5°, LIV, LV e LVI da CF/88)[8].

Os elementos integrantes da cláusula do "due process" são vitais para se chegar a uma decisão justa no caso concreto, conferindo legitimidade à sentença estatal a ser pronunciada. Se a existência de um procedimento, por si só, é importante para trazer previsibilidade à demanda (garantia formal – a almejar e a conferir organização e disciplina ao feito), também são as garantias inerentes ao devido processo legal, verdadeiros direitos fundamentais das partes no processo[9], a integrarem o procedimento (garantia material - a almejar e a conferir justiça e paz social no feito[10]). Assim, imprescindível que seja adotado um conjunto de medidas processuais para que se atinja decisão minimamente aceitável, não se tolhendo essas medidas em face de uma sumariedade de rito (a estabelecer uma efetividade perniciosa).

Vinculada então as garantias processual-constitucionais integralizadoras do "due process", apresenta-se a segurança jurídica no sentido de uma certeza (maior) do direito a ser confirmado ou negado; ou previsibilidade (tanto maior quanto possível) da decisão judicial de mérito a ser tomada. Essa é uma concepção que articula segurança e devido processo afastando-se, a priori, da preclusão e da efetividade[11].

Com essa segurança jurídica, conformada a partir de um conteúdo básico a dar corpo ao rito (cláusula do "due process"), não há a pretensão de se estabelecer uma previsibilidade absoluta e matemática do futuro resultado a ser contido na sentença[12], mas sim busca-se aumentar as chances das partes receberem o que é seu por direito, reduzindo, por outro lado, a possibilidade de ocorrência de atos arbitrários do órgão julgador.

---

7. FAZZALARI, Elio. **Procedimento e processo (teoria generale)** in Enciclopedia del diritto, n° 35 (1986): 819/835; SANCHES, Sydney. **Objeto do processo e objeto litigioso** in Ajuris n° 156/146 :(1979) 16. Muito tempo antes, tal concepção já era sugerida: "intervindo a iniciativa individual, entra e ação o processo. O processo, quer dizer: a fórmula jurídica de abrir o exame contraditório do assunto, e submetê-lo à decisão judicial" (BARBOSA, Rui. **A constituição e os atos inconstitucionais do congresso e do executivo ante a justiça federal.** 2ª ed. Rio de Janeiro: Atlântida. p. 109).

8. CAMBI, Eduardo. **A prova civil: admissibilidade e relevância.** São Paulo: RT, 2006. p. 38.

9. ALVARO DE OLIVEIRA, Carlos Alberto. **Os direitos fundamentais à efetividade e à segurança em perspectiva dinâmica** in AJURIS n° 35 (2008): 57/71.

10. ALVARO DE OLIVEIRA, Carlos Alberto. **Do formalismo no processo civil.** 2ª ed. São Paulo: Saraiva, 2003; LACERDA, Galeno. "O código e o formalismo processual" in Ajuris n° 14/7 :(1983) 28.

11. BARROSO, Luis Roberto. **A segurança jurídica na era da velocidade e do pragmatismo** in Revista do Instituto dos Advogados Brasileiros n° 94 (2000): 79/97.

12. SILVA, Ovídio Baptista da. **Curso de processo civil.** Vol. 1. 6ª ed. São Paulo: RT, 2003. p. 19.

Daí já se pode deduzir abstratamente que quanto maior possibilidade se concede no processo (mesmo contra o estrito teor do texto adjetivo) para o estabelecimento do contraditório/ampla defesa (v.g., aumentando-se as oportunidades do direito a provar), maior segurança se terá no que toca à certeza do direito (invocado ou defendido) e por consequencia à previsibilidade da decisão judicial a ser tomada em sentença; mas, por outro lado, por maior lapso temporal se desenrolará a demanda, sendo possível verificar-se eventualmente uma relativização do rito (nos termos previstos em lei), e por conseqüência da técnica da preclusão bem como da segurança jurídica na primeira acepção vazada[13].

Em termos de aplicação do *complexo valorativo segurança*, Rizzo Amaral confere especial ênfase à primeira acepção trabalhada (o que entende como sinônimo de previsibilidade, não surpresa, respeito à lei, confiança legítima, clareza e conhecimento das regras jurídicas), embora reconheça, aquilo que entendemos como essa outra grande acepção da segurança jurídica – essencial, frise-se, para o raciocínio que se desenvolve neste ensaio. Nesse diapasão registra expressamente que "também a pesquisa sobre os fatos e, assim, a busca da verdade (ainda que relativa) surge como importante elemento da segurança jurídica".[14]

Ainda nesse (segundo) sentido de segurança – o que confirma a possibilidade de sua análise dentro de um compartimento próprio – destaca Rizzo Amaral a importância do "conjunto probatório" para o processo, o qual não poderia assumir papel secundário, cedendo demasiado espaço para a argumentação (*rectius*: retórica) e para a aparente coerência interna da decisão judicial.[15] Em semelhante contexto, louva-se a abordagem de Daniel Mitidiero – muito próxima da linha, já exposta, de Cambi – ao ressaltar que se impõe contemporaneamente a ideia de processo cooperativo e de "direito fundamental à prova no processo civil"[16]; sentido esse que no direito italiano contemporâneo está bem consolidado, dentre outros, em Comoglio e Marelli[17].

---

13. O leitor atento já deve ter percebido que a lógica do raciocínio apresentado aplica-se com maior correção aos processos cuja matéria não seja exclusivamente de direito, nos quais o julgamento não se dá de maneira antecipada – a respeito, consultar: RUBIN, Fernando. **Fragmentos de processo civil moderno, de acordo com o Novo CPC**. Porto Alegre: Livraria do Advogado, 2013, p. 173 e ss.
14. AMARAL, Guilherme Rizzo. **Cumprimento e execução da sentença sob a ótica do formalismo-valorativo.** Porto Alegre: Livraria do advogado. 2008, p. 59.
15. AMARAL, Guilherme Rizzo. **Cumprimento e execução da sentença sob a ótica do formalismo-valorativo.** Porto Alegre: Livraria do advogado. 2008, p. 74.
16. MITIDIERO, Daniel Francisco. **Colaboração no processo civil.** São Paulo: RT, 2009, especialmente p. 127 e 133.
17. COMOGLIO, Luigi Paolo. **Preclusioni istruttorie e diritto alla prova** in Rivista di Diritto Processuale n° 53 995/968 :(1998); MARELLI, Fabio. **La trattazione della causa nel regime delle preclusioni.** Padova: CEDAM, 1996.

3. AS ALTERAÇÕES LEGISLATIVAS NO CÓDIGO BUZAID EM NOME DA EFETIVIDADE PROCESSUAL.

Não obstante tenhamos, desde já, defendido a necessidade de um sistema processual que não deixe sobremaneira de valorizar a importância da segurança jurídica – especialmente na segunda acepção discutida no presente ensaio – forçoso reconhecer que o originário sistema projetado por Alfredo Buzaid, o CPC/1973, tinha estrutura demasiadamente voltada para a garantia dessa segurança jurídica, razão pela qual passou a sofrer sensíveis mudanças a partir de momento histórico em que a exigência pela efetividade passou a assumir maior robustez.

O Código Buzaid, efetivamente vigendo no Brasil desde 1974, restou dividido, em termos de esquema para tutela dos direitos, em processo de conhecimento, processo de execução e processo cautelar. A relativa autonomia dos títulos é evidente, cabendo destaque central ao processo de conhecimento, já que a execução e a própria medida cautelar mantêm vinculação direta com o resultado esperado daquele – tudo repercutindo na ordem lógica e cronológica seguida pelo Código. E dentro do processo de conhecimento, embora previsto o rito comum sumário, destaca-se o rito comum ordinário, especialmente projetado para prolação de sentença de mérito pelo Estado-juiz após cognição plena e exauriente – ultrapassadas, na sequencia, a fase postulatória, saneadora e instrutória[18].

A respeito dessa estrutura geral montada pelo Código Buzaid é oportuna a detida investigação elaborada por Mitidiero, em que, ao qualificá-lo como "individualista, patrimonialista, dominado pela ideologia da liberdade e da segurança jurídica", explicita que o rito comum ordinário do processo de conhecimento só permite a decisão da causa após amplo convencimento de certeza a respeito das alegações das partes; sendo que tal concepção formatada pelo Código, na sua parte central, presta tributo a uma das ideias centrais das codificações oitocentistas, qual seja, a *certeza jurídica*, imaginada a partir de expedientes processuais lineares e com possibilidade de amplo debate das questões envolvidas no processo[19].

Passando-se mais de vinte anos da entrada em vigor do Código Buzaid, operou-se natural modificação da sociedade, o que repercutindo no processo acabou por determinar a obrigatoriedade de retificações no modelo originário.

---

18. BUZAID, Alfredo. **Linhas fundamentais do sistema do código de processo civil brasileiro** in Estudos e pareceres de direito processual civil. Notas de Ada Pellegrini Grinover e Flávio Luiz Yarshell. São Paulo: RT, 2002. p. 31/48.

19. MITIDIERO, Daniel. **O processualismo e a formação do Código Buzaid** in Revista de Processo n° 183 (2010): 165/194.

É de se reparar que essas grandes alterações no CPC/1973 não se deram imediatamente após a entrada em vigor da novel carta constitucional, em 1988, o que aponta, *s.m.j.*, para certa naturalidade do fenômeno de compatibilização da ordem infraconstitucional processual com a ordem constitucional que emergia – tudo a depor favoravelmente ao modelo vigente a partir da década de 70. De fato, principalmente pelo art. 5° da CF/88 foram positivados determinados valores/princípios processuais que não estavam, quem sabe, devidamente explicitados no Código Buzaid, mas que nem por isso eram solenemente ignorados em período anterior à vigência da última Carta Magna.

Não houve, portanto, qualquer ruptura dramática no CPC/1973 com a entrada em vigor da CF/88, e nem mesmo com as reformas ao código desenvolvidas posteriormente. Grosso modo, o que se presenciou foi uma adaptação do modelo Buzaid, com forte carga de defesa à segurança jurídica (*rectius*: certeza jurídica), às reivindicações contemporâneas de um processo efetivo, mais preocupado com o resultado do que com a forma utilizada.

Na grande e eterna tensão entre Segurança e Efetividade[20], ao que parece formou-se a convicção de que o CPC/1973 tinha um sistema processual bem acabado/articulado, mas demasiadamente burocrático (com as suas estanques e prolongadas fases de conhecimento, execução e cautelares) – e que, por isso, não atingia em boa parte dos casos os seus propósitos derradeiros, em tempo útil. Assim, a referida onda reformista, implementada já na primeira metade da década de 90, voltava-se para a busca incessante da efetividade – o que, ao fim e ao cabo, confirmou-se com a inclusão, já em 2004, do inciso LXXVIII no art. 5° da CF/88 (a tratar do direito do cidadão brasileiro à razoável duração do processo[21]).

As reformas estruturais no sistema processual pátrio de 1973 começaram realmente a se definir em meados da década de 90, com o desenvolvimento das tutelas de urgência, objeto de alteração do art. 273 do CPC, a partir do seu caput – sendo que em período próximo seguiram-se alterações na seara recursal (com destaque ao regime do Agravo), deu-se a criação da ação monitória (com a construção do art. 1102-A e ss.), seguiram-se alterações nas obrigações de fazer (de não fazer e de entrega de coisa, com introdução dos arts. 461 e 461-A no CPC), passando por mudanças na parte de execução (especialmente a partir da implementação do art. 475-A e ss.), na admissibilidade de recursos

---

20. FURTADO COELHO, Marcus Vinícius. **O anteprojeto de código de processo civil: a busca por celeridade e segurança** in Revista de Processo n° 185 (2010): 146/50.
21. NICOLITT, André Luiz. **A duração razoável do processo**. Rio de Janeiro: Lúmen Júris. 2006. p.08; ARRUDA, Samuel Miranda. **O direito fundamental à razoável duração do processo**. Brasília: Brasília Jurídica, 2006. p. 31.

repetitivos pelas últimas instâncias (com a criação dos conceitos de repercussão geral e seleção de recursos representativos da controvérsia, nos termos do art. 543-A e ss.) e aproximação das linhas de contato das cautelares com as tutelas de antecipação do mérito (com a introdução do § 7° no já aludido art. 273 do CPC).

Certo que reformas pontuais ao Código foram verificadas em momento até anterior, sendo constantemente lembradas as alterações em matéria de perícia judicial, ocorrida em 1992[22]. De qualquer forma, 1994 foi ano extremamente importante pelo acolhimento pela legislação adjetiva da tutela antecipada de mérito, ocorrendo depois reformas múltiplas, como as acima narradas. Ainda nesse contexto, merece especial realce as reformas estruturais ocorridas em 2006, especialmente na execução de sentença – tratando-se de mais um delicado tema que veio para trazer modificação substancial ao sistema arquitetado por Buzaid.

Explique-se: pela reforma de 1994, cogita-se de ser relativizada a segurança jurídica em nome da efetividade do direito pleiteado (sendo concedida prestação de mérito, em fase procedimental ainda inicial – postulatória, muito longe da fase de cognição exauriente – decisória)[23]; e pela reforma de 2006, cogita-se, em nome do *sincretismo*, de ser relativizada a grande divisão dos processos em conhecimento e execução[24], passando esta a ser um incidente daquele (com a minoração do leque de defesas/recursos do executando, sendo inclusive substituída a robusta expressão "embargos à execução" pela menos sintomática "impugnação à execução")[25].

Ademais, não podemos deixar de lembrar que fora do âmbito do CPC/1973 foram também construídas alterações, via legislações esparsas, que passaram a modificar a estrutura arquitetada por Buzaid. Um Código com visão marcantemente individualista (voltado à proteção dos direitos individuais), forjado para a solução de litígio de A contra B, seguradamente haveria de ser complementado com disposições (*rectius*: procedimentos especiais) que tratassem de processos envolvendo a defesa de direitos coletivos e difusos. Disposições referentes aos *processos coletivos latu sensu*, previstos, *v.g.*, no Código de Defesa do Consumidor (Lei n° 8.078/1990), na Ação Civil Pública (Lei n° 7.347/1985) e mais

---

22. ARAGÃO, E. D. Moniz de. **Reforma processual: 10 anos** in Revista Forense n° 362 (2002):15/23.

23. ZAVASCKI. Teori Albino. **Antecipação de tutela**. São Paulo: Saraiva, 1997.

24. Se bem que certos abalos na separação firme entre os processos de conhecimento e de execução já haviam começado a ser estabelecidos em meados da década de 90, com o acolhimento pelo ordenamento brasileiro da ação monitória – Lei n° 9.079/1995. A respeito do tema, consultar: TALAMINI, Eduardo. **Tutela monitória**. 2ª ed. São Paulo: RT, 2001.

25. AMARAL, Guilherme Rizzo. **Cumprimento e execução da sentença sob a ótica do formalismo-valorativo**. Porto Alegre: Livraria do advogado. 2008.

recentemente no Mandado de Segurança (Lei n° 12.2019/2009), são exemplos expressivos desse movimento retificador tendente a buscar uma mais célere solução do direito material para um rol mais alargado de indivíduos[26].

Por fim, há de se retomar o desenvolvimento de novos ritos fora do sistema do CPC/1973, sendo costurados os formatos dos Juizados Especiais, especialmente pelas Leis n° 9.099/95 e 10.259/2001, a partir da formação de um rito denominado *sumaríssimo*, que acabou por sepultar de vez o rito sumário previsto por Buzaid. O rito dos juizados especiais trata-se de *iter* direcionado ao atendimento do jurisdicionado, propiciando rapidez no trâmite processual e eliminação de formalidades do processo comum (*v.g.*, afastando o reexame necessário e instituindo a igualdade de prazos)[27]. A instalação pioneira do processo eletrônico, na Justiça Federal, também veio nesse mesmo diapasão, concretizando o direito à duração razoável do processo[28] – buscando acelerar a tramitação dos feitos, eliminando os prazos mortos e otimizando a tramitação regular das demandas[29].

4. O APROVADO PROJETO DO NOVO CPC: UMA TENTATIVA PAULATINA DE REEQUILÍBRIO DO SISTEMA?

Após acompanharmos os avanços do Projeto para um Novo CPC no período de 2010-2015, necessário registrarmos que se em um momento inicial foram visualizadas mais disposições tendentes a incrementar a efetividade no processo – como a sumarização de procedimentos, a antecipação da tutela pela demonstração da evidência do direito do autor, a atenção às decisões das cortes superiores (precedentes) e os julgamentos por amostragem; foram depois sendo acompanhadas mudanças que, *s.m.j.*, indicam também importante preocupação com a segurança jurídica (na segunda acepção por nós trabalhada) – como a exigência de contraditório prévio, a obrigação de mais ampla fundamentação das decisões judiciais, a previsão de um acordo de procedimento entre as partes litigantes e a maior liberdade para a produção de provas na fase instrutória.

---

26. "(...) Criticava-se, a certa altura, o Código de 1973, por se voltar apenas para os conflitos individuais, nada dispondo acerca dos conflitos coletivos ou de massa. Mas, de fato, não poderia tê-lo feito, já que, antes do instrumento processual há de existir o direito material a ser por ele remediado" (THEODORO JR., Humberto. **Um novo código de processo civil para o Brasil** in Revista Magister de direito civil e processo civil n° 37 (2010): 86/97).

27. DALL´ALBA, Felipe Camilo. **Curso de juizados especiais**. Belo Horizonte: Fórum, 2011, p. 19 e ss.

28. FÉLIX JOBIM, Marco. **O direito à duração razoável do processo**. Porto Alegre: Livraria do Advogado, 2012, 2ª ed., p. 133 e ss.

29. Já tivemos a oportunidade de recentemente discorrermos a respeito do rito procedimental dos juizados especiais, notadamente os da Justiça Federal (JEFs), em demandas propostas pelo cidadão em desfavor da Fazenda Pública: RUBIN, Fernando. **Benefícios por incapacidade – Questões centrais de direito material e de direito processual**. Porto Alegre: Livraria do Advogado, 2014, 1ª ed.

Começando a tratar mais detidamente do Projeto de Lei 8046/2010 para um novo CPC brasileiro importante o registro inicial de que há algumas similitudes da proposta pátria com o modelo de reforma implementada na Itália, através da lei 69/2009.

Pelo Projeto há opção pela simplificação e rapidez de um "procedimento sumário de cognição" em oposição a um rito de "cognição plena e exauriente"; situação exata que se deu, no direito comparado, pela introdução da lei processual italiana 69/2009 – que tratou da última grande reforma ao CPC italiano/1940[30] – *sul procedimento sommario di cognizione e prevalenti caratteri di simplificazione della trattazione o dell´instruzione della causa Versus la cosidetta cognizione piena ed esauriente*[31].

Ao que parece, então, o modelo italiano que já havia sido uma forte inspiração para a constituição e remodelação do Código Buzaid (lembrando que as grandes alterações do Código italiano de 1940 deram-se justamente entre 1990-1995[32]), passa a ser também para a sua mais ampla retificação, de acordo com o texto da reforma introduzida pela Lei 69/2009.

Mas as similaridades não param por aí. Também na Itália, como ocorreu por aqui, sucedeu-se reação de parte da doutrina em razão do teor da reforma do sistema processual – sendo por lá da mesma forma denunciada a esquizofrenia legislativa *che non aiuta gli operatori del diritto e che non reca certo beneficio al funzionamento della gistizia civile* bem como criticada a rapidez exagerada na implementação de reformas importantes *senza un adeguato approfondimento e un serio confronto, che deve coinvolgere non solo la dottrina, ma tutti gli operatori del diritto*[33].

Há de se reconhecer, no entanto, por aqui, que o Projeto de Novo CPC depois de passar muito rapidamente pelo Senado, teve melhor discussão na Câmara Federal, onde seguiu até o segundo semestre de 2014, para votação dos destaques finais, depois de amplo debate a respeito do texto central[34].

Entendemos como positiva a apresentação inicial de uma sistematização da teoria geral do processo, nos doze primeiros artigos do Projeto, com

---

30. LUPOI, Michele Angelo. **Recent developments in italian Civil Procedure Law** in Civil Procedure Review, v.3, n.1: 25-51, jan.-apr., 2012.
31. CAPPONI, Bruno. **Note sul procedimento sommario di cognizione**. Extraído do site Judicium Saggi. Acesso em: 08 nov. 2010.
32. TARUFFO, Michele. **Le preclusioni nella riforma del processo civile** in Rivista di Diritto Processuale Civile n° 68 (1992): 296/310; TARZIA, Giuseppe. **O novo processo civil de cognição na Itália**. Trad. por Clayton Maranhão in Revista de Processo n° 79 (1995): 51/64.
33. PUNZI, Carmine. **Le riforme del processo civile e degli instrumenti alternativi per la soluzione delle controversie** in Rivista di diritto processuale, Ano 64, segunda série, n° 5 (2009): 1197/1239.
34. GOERGEN, Jerônimo – coordenador. **A reforma do CPC: combate à massificação do processo**. Brasília: Câmara Federal, 2013.

disposições claras de processo constitucional (em capítulo denominado "Dos princípios e das garantias fundamentais do processo civil"), resultado do "profundo amadurecimento do tema que hoje se observa na doutrina processualista brasileira"[35].

A partir desses dispositivos é explicitado o contemporâneo pensamento processual a respeito da proximidade do texto adjetivo com a lei maior, além de serem externadas exigências mais atuais no processo civil como a da formação de contraditório prévio anterior à decisão judicial sobre ponto ainda não discutido entre as partes, ainda que se trate de matéria sobre a qual possa o julgador decidir de ofício.

Fica claro, pelo texto do Projeto aprovado, que as partes não podem ser surpreendidas, sendo oportunizado que se manifestem sobre qualquer tema, de ordem pública ou não, antes que o Estado-juiz decida a respeito[36] – situação fundamental para a proteção das partes, que já vinha sendo denunciada anteriormente pela doutrina[37]. Especialmente quanto às matérias de ordem pública, o julgador deve então sinalizar para qual tema pode vir a reconhecer "ex officio", abrindo prazo para as partes se manifestarem a respeito desse novel possível encaminhamento – v.g.: matéria prescricional; ainda, quando do trato dos recursos em espécie, o Projeto explicita mais uma vez a linha do "contraditório prévio", ao tratar de eventual efeito modificativo do julgado em declaratórios.

Na Câmara Federal, foi apresentada uma nova versão do Projeto para o Novo CPC, a qual em comparação com o Projeto inicial do Senado – parece realmente ser fruto de maior diálogo com o meio jurídico[38]. Percebe-se, ademais, que os participantes das reformas no Projeto possuem bom conhecimento e vivência no meio processual, compreendendo que se pode fazer o possível dentro do lapso regulamentar concedido, como também de que a melhora na letra da lei adjetiva deve vir acompanhada de melhor aparelhamento do Poder Judiciário e treinamento intenso dos operadores do Direito – inclusive para enfrentar a irremediável instalação do processo eletrônico, bem como deve ser forjada verdadeira cultura (jurídica) de colaboração e de boa fé dentro da relação jurídica processual.

---

35. GUEDES, Jefferson Carús; DALL´ALBA, Felipe Camillo; NASSIF AZEM, Guilherme Beux; BATISTA, Liliane Maria Busato (organizadores). **Novo código de processo civil. Comparativo entre o projeto do novo CPC e o CPC de 1973**. Belo Horizonte: Fórum, 2010. p. 27).

36. CRUZ E TUCCI, José Rogério. **Garantia constitucional do contraditório no projeto do CPC: análise e proposta** in Revista Magister de direito civil e processo civil nº 38 (2010): 05/33.

37. DE OLIVEIRA, Carlos Alberto. **A garantia do contraditório** in Revista da Faculdade de Direito Ritter dos Reis 1(1998): 7/27.

38. WAMBIER, Luiz Rodrigues; GOMES JR., Luiz Manoes. **Um código de processo civil com DNA democrático** in Site Conjur, publicação em 02.10.2012. Acesso em 31.03.2013.

Com relação a uma real novidade da Parte Geral do Código, proposta na Câmara Federal, emerge a possibilidade de atuação mais pró-ativa dos advogados das partes em escolher, em paridade de condições e forças, os meios probatórios lícitos que darão forma à fase instrutória.

Se é verdade que o Projeto do Senado conferiu ao Estado-juiz poderes para prorrogar prazos e inverter a ordem das provas – o que nos faz crer que os prazos na fase instrutória deve ser compreendidos como de natureza dilatória (não passíveis de preclusão automática), a fim de que se corporifique efetividamente o direito constitucional e prioritário à prova, coube à Câmara acoplar a esse sistema, em matéria de direitos disponíveis, a possibilidade de as partes atuarem para melhor aproveitamento da fase instrutória, a fim de que o julgador tenha melhores subsídios para proferir decisão de mérito – sem que tenha de se utilizar das malfadas regras (de julgamento) do ônus da prova. Quem melhor que as partes litigantes para saberem dos reais pontos controvertidos e da melhor forma de produzir provas a respeito da controvérsia para que finalmente o agente político do Estado diga então com quem está o direito?

A novidade apresentada vem denominada de acordo de procedimento, permitindo que as partes possam, em certa medida, regular a forma de exercício de seus direitos e deveres processuais e dispor sobre os ônus que contra si recaiam; o enunciado ora proposto admite a adaptação procedimental, mas a adaptação não é aceita aqui como resultado de um ato unilateral do juiz, e sim como fruto do consenso entre as partes e o julgador em situações excepcionais.

De comum acordo, assim[39], o juiz e as partes podem estipular mudanças no procedimento, objetivando ajustá-lo às especificidades da causa, fixando, quando for o caso, o calendário para a prática dos atos processuais – mormente, pensamos, os atos probatórios referentes à realização de perícia técnica e coleta de prova oral em audiência.

Também o Projeto aprovado, em momento mais adiante, ao trata dos elementos essenciais da sentença, estabelece corretamente que o juiz é obrigado a fundamentar adequadamente a sua decisão; não se considerando fundamentada qualquer decisão judicial, seja ela interlocutória, sentença ou acórdão, que: I – se limitar à indicação, à reprodução ou à paráfrase de ato normativo, sem explicar sua relação com a causa ou a questão decidida; II – empregar conceitos jurídicos indeterminados, sem explicar o motivo concreto de sua incidência no caso; III – invocar motivos que se prestariam a justificar qualquer outra decisão; IV – não enfrentar todos os argumentos deduzidos no processo

---

39. Última versão do Projeto no Senado Federal de que tivemos acesso: informação retirada do site de Luiz Dellore, http://www.dellore.com/products/textos-do-ncpc/. Acesso em 01.03.2015.

capazes de, em tese, infirmar a conclusão adotada pelo julgador; V – se limitar a invocar precedente ou enunciado de súmula, sem identificar seus fundamentos determinantes nem demonstrar que o caso sob julgamento se ajusta àqueles fundamentos; VI – deixar de seguir enunciado de súmula, jurisprudência ou precedente invocado pela parte, sem demonstrar a existência de distinção no caso em julgamento ou a superação do entendimento[40].

Pois bem. Embora devamos reconhecer avanços no estudo e lapidação do Projeto para um novo CPC – quando da comparação do Projeto na Câmara Federal com o primeiro Projeto destacado no Senado Federal – percebeu-se falta de consensos em temas importantes[41], o que fez com que a Câmara Federal, em 2013, e o Senado, quando novamente debateu o Projeto no final de 2014, tenha adiado novas importantes etapas de discussão e votação.

Notadamente no rito de cognição, causa espécie a falta de um norte seguro nas discussões em relação a temas relevantíssimos[42]. Nesse diapasão, se é bem verdade que o *agravo retido* sempre fora tratado como recurso extinto pelo Projeto, a discussão a respeito da sorte dos *embargos infringentes* persistiu. Na contramão da última versão do Projeto na Câmara Federal, que mantém no ponto a solução adotada pelo Senado, ratificamos a nossa preocupação com a supressão de importante recurso que inegavelmente se mostra oportuno para o reexame das questões fáticas. Em inúmeras matérias dessa ordem, muitas delas com efeito prospectivo considerável, importante se dar à instância "ad quem" a possibilidade de reexame fático minudente, com formação mais sólida da posição do Tribunal em relação aos temas, por meio de seu Grupo Cível.

Por certo, projeta-se, ao menos, solução intermediária para que os efeitos práticos do aludido recurso sejam preservados, conforme redação final do art. 942 da Lei nº 13.105/2015. Isto porque se percebeu – mesmo dentro da magistratura – quão polêmica figura-se a mera supressão dos embargos infringentes do regime processual[43]. Em outros termos, o fim dos embargos infringentes deve vir acompanhado da inserção de uma técnica de julgamento em que novos magistrados serão chamados se houver decisão por maioria, independentemente de manifestação das partes – o que se de um lado permite maior debate no

---

40. Última versão do Projeto na Câmara Federal de que tivemos acesso: informação retirada do site Atualidades do Direito, 03/12/2013 http://atualidadesdodireito.com.br/dellore/files/2013/12/cpc-aprovado-camara.pdf. Acesso em 01.03.2014.

41. ROQUE, Andre Vasconcelos; PINHO, Humberto Dalla Bernardina de. – coordenadores. **O projeto do novo Código de Processo Civil: uma análise crítica.** Brasília: Gazeta Jurídica, 2013.

42. MACHADO, Marcelo Pacheco. **Incerteza e processo – de acordo com o Projeto de novo CPC.** São Paulo: Saraiva, 2013, especialmente p. 106/110.

43. *Informação retirada do site Conjur, 10/12/2011 http://www.conjur.com.br/2011-dez-10/juizes-pedem-volta--embargos-infringentes-projeto-cpc. Acesso em 21 de fevereiro de 2013.*

NOVO CPC DOUTRINA SELECIONADA, v. 1 • Parte Geral

PARTE III – NORMAS FUNDAMENTAIS

Tribunal, do outro trará uma série de problemas burocráticos no cotidiano forense, que podem até mesmo desestimular a divergência pelos magistrados[44].

Da mesma forma lamentamos a possibilidade de *instituição de honorários recursais ex officio*, na forma mantida pelo art. 85 da Lei n° 13.105/2015: a ideia é a de que a cada recurso improvido o sucumbente reste condenado a pagar honorários adicionais que, no todo, não poderão ultrapassar os 20% do valor da condenação, do proveito, do benefício ou da vantagem econômica obtidos. A crítica, que fazemos nesse espaço, cinge-se a possibilidade dessa majoração oficiosa de honorários especialmente pela segunda instância ordinária, já que acreditamos estar-se, dessa forma, infringindo o *princípio constitucional do duplo grau de jurisdição*; além disso, outro grande princípio processual acaba sendo maculado com essa inovação, qual seja, o *princípio da vedação a reformatio in peius*.

Em matéria de provas, após comemorarmos avanço significativo com relação à disposição contida no art. 139 que autoriza, na instrução, a dilação de prazos a fim de que seja feita determinada prova (inciso VI), passamos a acompanhar com preocupação um acréscimo regulando que a dilação de prazo somente pode ser determinada pelo juiz antes do início do prazo (parágrafo único)[45]. Nesse ponto, para a nossa feliz surpresa, houve nessa votação final avanço positivo, sendo adequadamente modificado o dispositivo para o seguinte: a dilação de prazo prevista somente pode ser determinada antes de *encerrado* o prazo regular[46] (grifo nosso).

Ainda: após comemorarmos a inclusão da matéria de provas no rol do recurso de agravo de instrumento[47], passamos a acompanhar com preocupação a sua exclusão na versão final do substitutivo encaminhado à discussão e votação no Plenário da Câmara Federal – solução desastrada, que se manteve no último relatório finalizado em 2014 pelo Senado Federal – art. 1015[48]. No mesmo último

---

44. DELLORE, Luiz. **Novo CPC: 5 anos de tramitação e 20 inovações** in http://www.portalcarreirajuridica.com.br/noticias/novo-cpc-5-anos-de-tramitacao-e-20-inovacoes. Acesso em 01.03.2015.

45. RUBIN, Fernando. **As importantes alterações firmadas em relação à atuação da preclusão no projeto do novo CPC** in Novas Tendências do Processo Civil - Estudos sobre o Projeto do Novo CPC. Organizadores: Alexandre Freire, Bruno Dantas, Dierle Nunes, Fredie Didier Jr., José Miguel Garcia Medina, Luiz Fux, Luiz Henrique Volpe Camargo e Pedro Miranda de Oliveira. Salvador: Jus Podivm, 2013, p. 411/432.

46. Última versão do Projeto na Câmara Federal de que tivemos acesso: informação retirada do site Atualidades do Direito, 03/12/2013 http://atualidadesdodireito.com.br/dellore/files/2013/12/cpc-aprovado-camara.pdf. Acesso em 01.03.2014.

47. RUBIN, Fernando. **O direito à produção de provas e as correlatas questões recursais no Projeto do novo CPC in Novas Tendências do Processo Civil - Estudos sobre o Projeto do Novo CPC.** Organizadores: Alexandre Freire, Bruno Dantas, Dierle Nunes, Fredie Didier Jr., José Miguel Garcia Medina, Luiz Fux, Luiz Henrique Volpe Camargo e Pedro Miranda de Oliveira. Salvador: Jus Podivm, 2014, Vol II.

48. Última versão do Projeto no Senado Federal de que tivemos acesso: informação retirada do site de Luiz Dellore, http://www.dellore.com/products/textos-do-ncpc/. Acesso em 01.03.2015.

relatório também se sucedeu indevida, no nosso entender, exclusão do *protesto anti-preclusivo* – técnica adequada para embargo imediato e simplificado de decisões interlocutórias de menor gravidade, especialmente envolvendo matéria probatória, na forma como historicamente desenvolvida na Justiça Laboral[49].

Vê-se, portanto, que em matéria probatória articulada com a recursal, o Projeto aprovado apresenta solução extremamente temerária, ao passo que não há previsão de qualquer recurso típico imediato – agravo de instrumento ou mesmo protesto anti-preclusivo – diante de indeferimento de provas.

Por fim, a respeito da constatação de inexistência de uma gama de dispositivos no Projeto tratando dos processos coletivos, destacava-se, ao menos, a previsão, contida no art. 333, no sentido de ser autorizada mesmo que excepcionalmente a "conversão da ação individual em ação coletiva" (decisão interlocutória gravosa que desafiaria Agravo de Instrumento), quando constatada na petição inicial da ação individual pedido que I – tenha alcance coletivo (direito coletivo ou difuso), em razão da tutela de bem jurídico coletivo e indivisível, cuja ofensa afete, a um só tempo, as esferas jurídicas do indivíduo e da coletividade; ou II – tenha por objetivo a solução de conflito de interesse relativo a uma mesma relação jurídica plurilateral, cuja solução, pela sua natureza ou por disposição de lei, deva ser necessariamente uniforme, assegurando-se tratamento isonômico para todos os membros do grupo.

A disposição acabou sendo objeto de veto presidencial[50].

Tratava-se, no nosso entender, de questão interessante, embora inegavelmente complexa, que se colocava a favor da efetividade, mas que não trazia sério prejuízo à segurança jurídica; muito pelo contrário, buscava dar maior certeza ao direito a ser reconhecido para um número maior de jurisdicionados, garantido, como se espera, o devido processo legal e os seus oportunos corolários[51].

Seja como for, em outras disposições do Projeto pode-se presenciar essa peculiar circunstância, em que não se denota confronto direto entre os macro princípios processuais – nesse sentido, especialmente, temos as disposições referentes à implementação, mesmo que paulatina, do processo eletrônico (havendo capítulo no Projeto denominado "da prática eletrônica de atos processuais"); a possibilidade de apresentação de peça recursal mesmo antes do

---

49. BARBOSA GARCIA, Gustavo Filipe. **Curso de direito processual do trabalho – de acordo com o Projeto do Novo CPC.** Rio de Janeiro: Forense, 2012, 2ª Tiragem, p. 431 e ss.

50. Notícia do sítio do Senado Federal: http://www12.senado.leg.br/noticias/materias/2015/03/17/novo-codigo-de-processo-civil-recebe-sete-vetos/tablet . Acesso em 17/03/2015.

51. Tal inovação constante no Projeto da Câmara Federal havia sido suprimida no Senado, voltando a redação no texto derradeiro, de acordo com o art. 333, encaminhado à sanção presidencial em 24.02.2015.

prazo legal (sem riscos para o causídico de ser declarada a intempestividade da irresignação); a possibilidade de ser desnecessária a ratificação do recurso encaminhado às instâncias excepcionais, se o recurso de embargos de declaração da parte contrária acabar sendo rejeitado (nessa hipótese em que os aclaratórios acabam interrompendo o prazo de interposição de outros recursos, por qualquer das partes)[52]; a possibilidade do voto vencido servir expressamente para fins de prequestionamento (o que evita que o procurador tenha que interpor embargos de declaração diante de acórdão para o fim específico de prequestionamento); e a determinação de que o juízo de admissibilidade recursal só ocorra perante o *Tribunal ad quem* (sendo liberado o *Juízo a quo* de responsabilidade prévia a respeito, como ocorria nos termos do atual art. 518 do CPC/1973)[53].

Vê-se dos exemplos supra que realmente muito tem a ser estudado e interpretado, diante de Projeto que, ao longo dos seus 5 anos de efetiva tramitação no Congresso Nacional, acabou tendo sua redação alterada em vários dispositivos a cada troca de relatoria e votação até o momento derradeiro de aprovação e encaminhamento à sanção presidencial (ainda sofrendo alguns vetos).

Como tivemos o interesse em demonstrar em linhas gerais, o Projeto do Novo CPC, com muitos avanços e alguns retrocessos – aqui incluindo o veto presidencial relacionado à conversão da ação individual em coletiva e relacionado à sustentação oral em agravo interno, acabou nas suas versões mais contemporâneas agregando mais disposições garantidoras do macro princípio da segurança jurídica, buscando assim, no nosso entender, equilibrar um pouco mais o sistema – que vem desde o período das reformas ao CPC/1973 (1994-2010) sendo formatado manifestamente em prol da efetividade processual[54].

Ratificamos que essa preocupação é legítima e coloca o Projeto aprovado em melhores condições de ser utilizado, já que se corporifica como sistema mais harmônico, em que se busca, mesmo a conta gotas, (re)estabelecer-se um equilíbrio entre os macro princípios processuais.

Tal cenário, a favor da segurança jurídica, acabou se confirmando em período mais recente com votações na Câmara Federal para a vedação de eficácia

---

52. O que deve determinar, felizmente, a revogação da Súmula nº 418 do STJ, publicada no DJe em 11/03/2010, a registrar que "é inadmissível o recurso especial interposto antes da publicação do acórdão dos embargos de declaração, sem posterior ratificação".

53. Nesse belo rol colocaríamos a extensão do direito do procurador realizar sustentação oral também diante de agravo interno (no caso de anterior gravosa decisão monocrática do relator em sede de recurso de apelação, na forma do atual art. 557 do CPC/1973); tal medida, prevista no art. 937 do Projeto, veio infelizmente a ser objeto de veto presidencial em 17/03/2015 (inciso VII).

54. THEODORO JR., Humberto. **A onda reformista do direito positivo e suas implicações com o princípio da segurança jurídica** in Revista Magister de direito civil e processual civil (11):5/32.

plena e imediata à sentença de primeiro grau – sendo garantido, no nosso entender, o importante efeito suspensivo ao recurso de apelação como regra geral[55].

Quanto à polêmica restrição ao direito à "penhora on line"[56], houve reformulação, pelo Senado Federal, de anteriores limitações da medida gravosa a fases pré-executivas, sendo expressamente registrado, no entanto, que a indisponibilidade se limita ao valor indicado como devido[57]– o que evita excessos em nome de eventual açodado movimento de concretização da penhora.

De qualquer forma, conforme observado mais acima, especialmente em relação ao cenário recursal e probatório, há, sem dúvidas, espaço para melhores ajustes exegéticos, a fim de que a segurança jurídica ganhe ainda mais destaque, retomando o seu devido espaço como primeiro macro princípio orientador do sistema processual – garantidor, antes de qualquer outra coisa, de um processo qualificado[58], em que preservadas e plenamente corporificadas as garantias processuais dos jurisdicionados a um processo justo.

Sigamos, pois, acompanhando e estudando os movimentos de reforma processual, sempre com a convicção de que de nada adianta mudar as leis (processuais) se não há modificação/sensibilidade do homem (jurista) que as aplica.

Mais: persistimos convictos de que o novo código deve necessariamente vir acompanhado especialmente de investimentos em cartórios judiciais, com autorização para o aumento do número de julgadores e de servidores do Poder Judiciário, para que se possa realmente bem atender à população que clama pela realização de justiça e nova postura político-social do Judiciário pátrio – questão complexa essa, que evidentemente não será resolvida simplesmente com a projetada mudança legislativa e o desejado (re)equilíbrio entre as forças da efetividade e da segurança jurídica no campo adjetivo.

5. CONCLUSÃO

A velha tensão entre os macro princípios processuais – *Efetividade* e *Segurança Jurídica* – persiste nesse momento de discussão, votação e aprovação

---

55. Em sentido mais crítico, contra tais medidas do Projeto, colocando-se assim mais a favor do macro princípio da efetividade processual, consultar: ROQUE, André Vasconcelos. **Novo CPC: sabor insosso e validade vencida**. Extraído do site Migalhas, 24/02/2014 - http://www.migalhas.com.br/dePeso/16,MI195955,61044Novo+CPC+sabor+insosso+e+validade+vencida. Acesso em 01.03.2014.

56. ROQUE, André Vasconcelos. **Execução no novo CPC: mais do mesmo?** in http://jota.info/execucao-novo-cpc-mais-mesmo. Acesso em 23.02.2015.

57. Conforme informação do sítio migalhas, de 17.12.2014 - http://www.migalhas.com.br/Quentes/17,MI213017,-11049-Novo+CPC+vai+a+sancao+presidencial . Acesso em 01.03.2015.

58. A respeito, consultar a obra: BOTELHO, Guilherme. **Direito ao processo qualificado – O processo civil na perspectiva do Estado Constitucional**. Porto Alegre: Livraria do Advogado, 2010.

NOVO CPC DOUTRINA SELECIONADA, v. 1 • Parte Geral
PARTE III – NORMAS FUNDAMENTAIS

de um Novo CPC para o Brasil (2010-2015). Se em um outro momento histórico, da entrada em vigor do Código Buzaid, CPC/1973, a Segurança Jurídica tinha o seu lugar de destaque, as reformas que se seguiram, no período de 1994-2010, tratam de inverter a ordem das coisas, dada a necessidade de serem implementadas medidas a favor de um processo com duração razoável, chegando a se estabelecer tal determinação no art. 5° da CF/88, a partir da Emenda Constitucional n° 45/2004.

Os primeiros passos do Projeto, no formato aprovado de plano no Senado, indicavam para uma predominância do complexo valorativo efetividade, sendo que aos poucos, com o aumento do debate, especialmente na Câmara Federal, notou-se a presença de alguns ricos dispositivos que se colocam claramente a favor da segurança, no sentido de se dar não só maior previsibilidade ao rito, mas principalmente determinar uma qualidade maior da prestação jurisdicional, aumentando o grau de certeza quanto ao provimento final de mérito a ser encaminhado pelo Estado-juiz.

A exigência de contraditório prévio, a obrigação de mais ampla fundamentação das decisões judiciais, a previsão de um acordo de procedimento entre os contendores e a maior liberdade para a produção de provas na fase instrutória são exemplos interessantes nesse sentido.

Ademais, oportuno registrar que determinadas valiosas novidades no Projeto se colocam a favor da segurança, mas não chegam a comprometer a efetividade processual: como as disposições referentes à implementação, mesmo que paulatina, do processo eletrônico; a possibilidade de apresentação de peça recursal mesmo antes do prazo legal; a possibilidade de ser desnecessária a ratificação do recurso encaminhado às instâncias excepcionais, se o recurso de embargos de declaração da parte contrária acabar sendo rejeitado; a possibilidade do voto vencido servir expressamente para fins de prequestionamento; e a determinação de que o juízo de admissibilidade recursal só ocorra perante o *Tribunal ad quem*.

Alguns retrocessos, é bem verdade, foram verificados no último período no Senado Federal, como notadamente a da inexistência de previsão de agravo de instrumento quando do indeferimento de provas em juízo; e também quando do veto presidencial, especialmente em relação à sustentação oral no agravo interno. De qualquer forma, acreditamos que ajustes poderão ser efetuados pelos operadores do direito na exegese do texto aprovado, de acordo inclusive com a Constituição Federal – especialmente no cenário probatório.

Concluímos acreditando que após um longo período, de reformas ao CPC/1973, em que a efetividade processual reinou praticamente sozinha – especialmente na mente do legislador processual – chega-se o momento de permitir maior amadurecimento das disposições tendentes a primazia da segurança jurídica, notadamente nas esferas recursais e probatórias, como descrito ao longo do ensaio, a fim de serem preservadas e plenamente corporificadas as garantias processo-constitucionais dos jurisdicionados a um processo qualificado e justo.

6. REFERÊNCIAS DOUTRINÁRIAS

ALVARO DE OLIVEIRA, Carlos Alberto. "A garantia do contraditório" in *Revista da Faculdade de Direito Ritter dos Reis* 1(1998): 7/27.

_____. *Do formalismo no processo civil*. 2ª ed. São Paulo: Saraiva, 2003.

_____. "Os direitos fundamentais à efetividade e à segurança em perspectiva dinâmica" in *AJURIS* n° 71/57 :(2008) 35.

AMARAL, Guilherme Rizzo. *Cumprimento e execução da sentença sob a ótica do formalismo-valorativo*. Porto Alegre: Livraria do advogado. 2008.

ARAGÃO, E. D. Moniz de. "Reforma processual: 10 anos" in *Revista Forense* n° 362 23/15:(2002).

ARRUDA, Samuel Miranda. *O direito fundamental à razoável duração do processo*. Brasília: Brasília Jurídica, 2006.

BARBOSA, Rui. *A constituição e os atos inconstitucionais do congresso e do executivo ante a justiça federal*. 2ª ed. Rio de Janeiro: Atlântida.

BARBOSA GARCIA, Gustavo Filipe. *Curso de direito processual do trabalho – de acordo com o Projeto do Novo CPC*. Rio de Janeiro: Forense, 2012, 2ª Tiragem.

BARBOSA MOREIRA, J. C. "Efetividade do processo e técnica processual" in *Ajuris* (64): 149/161.

BARROSO, Luis Roberto. "A segurança jurídica na era da velocidade e do pragmatismo" in *Revista do Instituto dos Advogados Brasileiros* n° 94 (2000): 79/97.

BOTELHO, Guilherme. *Direito ao processo qualificado – O processo civil na perspectiva do Estado Constitucional*. Porto Alegre: Livraria do Advogado, 2010.

BUZAID, Alfredo. "Linhas fundamentais do sistema do código de processo civil brasileiro" in *Estudos e pareceres de direito processual civil*. Notas de Ada Pellegrini Grinover e Flávio Luiz Yarshell. São Paulo: RT, 2002. p. 31/48.

CAMBI, Eduardo. *A prova civil: admissibilidade e relevância*. São Paulo: RT, 2006.

CAPPONI, Bruno. "Note sul procedimento sommario di cognizione". Extraído do site *Judicium Saggi*. Acesso em: 08 nov. 2010.

COMOGLIO, Luigi Paolo. "Preclusioni istruttorie e diritto alla prova" in *Rivista di Diritto Processuale* n° 995/968 :(1998) 53.

CRUZ E TUCCI, José Rogério. "Garantia constitucional do contraditório no projeto do CPC: análise e proposta" in *Revista Magister de direito civil e processo civil* n° :(2010) 38 33/05.

DALL'ALBA, Felipe Camilo. *Curso de juizados especiais.* Belo Horizonte: Fórum, 2011.

DELLORE, Luiz. *Novo CPC: 5 anos de tramitação e 20 inovações* in http://www.portalcarrei-rajuridica.com.br/noticias/novo-cpc-5-anos-de-tramitacao-e-20-inovacoes. Acesso em 01.03.2015.

FACHIN, Luis Edson. "Segurança jurídica entre ouriços e raposas" in *Revista eletrônica Carta Forense* - http://www.cartaforense.com.br/conteudo/artigos/seguranca-juridica--entre-ouricos-e-raposas/11727. Acesso em 01.03.2014.

FAZZALARI, Elio. "Procedimento e processo (teoria generale)" in *Enciclopedia del diritto*, n° 35 (1986): 819/835.

FÉLIX JOBIM, Marco. *O direito à duração razoável do processo.* Porto Alegre: Livraria do Advogado, 2012, 2ª ed.

FURTADO COELHO, Marcus Vinícius. "O anteprojeto de código de processo civil: a busca por celeridade e segurança" in *Revista de Processo* n° 50/146 :(2010) 185.

GOERGEN, Jerônimo – coordenador. *A reforma do CPC: combate à massificação do processo.* Brasília: Câmara Federal, 2013.

GUARNERI, Giuseppe. "Preclusione (diritto processuale penale)" in *Novíssimo Digesto Italiano*, XIII. Napoli: Utet, p. 571/577.

GUEDES, Jefferson Carús; DALL'ALBA, Felipe Camillo; NASSIF AZEM, Guilherme Beux; BATISTA, Liliane Maria Busato (organizadores). *Novo código de processo civil. Comparativo entre o projeto do novo CPC e o CPC de 1973.* Belo Horizonte: Fórum, 2010.

LACERDA, Galeno. "O código e o formalismo processual" in *Ajuris* n° 14/7 :(1983) 28.

LUPOI, Michele Angelo. "Recent developments in italian Civil Procedure Law" in *Civil Procedure Review*, v.3, n.1: 25-51, jan.-apr., 2012.

MACHADO, Marcelo Pacheco. *Incerteza e processo – de acordo com o Projeto de novo CPC.* São Paulo: Saraiva, 2013.

MARELLI, Fabio. *La trattazione della causa nel regime delle preclusioni.* Padova: CEDAM, 1996.

MARTINS-COSTA, Judith. "A resignificação do princípio da segurança jurídica na relação entre o Estado e os cidadãos" in *Revista CEJUR* n° 120/110 :(2004) 27.

MITIDIERO, Daniel Francisco. *Colaboração no processo civil.* São Paulo: RT, 2009.

_____. "O processualismo e a formação do Código Buzaid" in *Revista de Processo* n° 194/165 :(2010) 183.

NICOLITT, André Luiz. *A duração razoável do processo.* Rio de Janeiro: Lúmen Júris. 2006.

PRUDENTE, Antônio Souza. "Poder judiciário e segurança jurídica" in *Revista de informação legislativa* n° 580/571 :(1992) 115.

PUNZI, Carmine. "Le riforme del processo civile e degli instrumenti alternativi per la soluzione delle controversie" in *Rivista di diritto processuale*, Ano 64, segunda série, n° 5 (2009): 1197/1239.

ROQUE, André Vasconcelos. "Execução no novo CPC: mais do mesmo?" in http://jota.info/ execucao-novo-cpc-mais-mesmo. Acesso em 23.02.2015.

_____. "Novo CPC: sabor insosso e validade vencida". Extraído do *site Migalhas*, 24/02/2014 - http://www.migalhas.com.br/dePeso/16,MI195955,61044-Novo+CPC+sabor+insosso+e+validade+vencida. Acesso em 01.03.2014.

_____.; PINHO, Humberto Dalla Bernardina de. – coordenadores. O projeto do novo Código de Processo Civil: uma análise crítica. Brasília: Gazeta Jurídica, 2013.

RUBIN, Fernando. *A preclusão na dinâmica do processo civil*. 2ª ed. São Paulo: Atlas, 2014.

_____. "As importantes alterações firmadas em relação à atuação da preclusão no projeto do novo CPC" in *Novas Tendências do Processo Civil - Estudos sobre o Projeto do Novo CPC*. Organizadores: Alexandre Freire, Bruno Dantas, Dierle Nunes, Fredie Didier Jr., José Miguel Garcia Medina, Luiz Fux, Luiz Henrique Volpe Camargo e Pedro Miranda de Oliveira. Salvador: Jus Podivm, 2013, p. 411/432.

_____. *Benefícios por incapacidade – Questões centrais de direito material e de direito processual*. Porto Alegre: Livraria do Advogado, 2014.

_____. *Fragmentos de processo civil moderno, de acordo com o novo CPC*. 1ª ed. Porto Alegre: Livraria do Advogado, 2013.

_____. *O direito à produção de provas e as correlatas questões recursais no Projeto do novo CPC* in Novas Tendências do Processo Civil - Estudos sobre o Projeto do Novo CPC. Organizadores: Alexandre Freire, Bruno Dantas, Dierle Nunes, Fredie Didier Jr., José Miguel Garcia Medina, Luiz Fux, Luiz Henrique Volpe Camargo e Pedro Miranda de Oliveira. Salvador: Jus Podivm, 2014, Vol II.

SANCHES, Sydney. "Objeto do processo e objeto litigioso" in *Ajuris* n° 156/146 :(1979) 16.

SCARPINELLA BUENO, Cássio. *Curso sistematizado de direito processual civil. Volume I – Teoria geral do direito processual civil.* 4ª ed. São Paulo: Saraiva, 2010.

SILVA, Ovídio Baptista da. *Curso de processo civil.* Vol. 1. 6ª ed. São Paulo: RT, 2003.

TALAMINI, Eduardo. *Tutela monitória.* 2ª ed. São Paulo: RT, 2001.

TARUFFO, Michele. Le preclusioni nella riforma del processo civile in *Rivista di Diritto Processuale Civile* n° 68 (1992): 296/310.

TARZIA, Giuseppe. "O novo processo civil de cognição na Itália". Trad. por Clayton Maranhão in *Revista de Processo* n° 64/51 :(1995) 79.

THEODORO JR., Humberto. "A onda reformista do direito positivo e suas implicações com o princípio da segurança jurídica" in *Revista Magister de direito civil e processual civil* (11):5/32.

_____."Um novo código de processo civil para o Brasil" in *Revista Magister de direito civil e processo civil* n° 97/86 :(2010) 37.

WAMBIER, Luiz Rodrigues; GOMES JR., Luiz Manoes. "Um código de processo civil com DNA democrático" in *Site Conjur*, publicação em 02.10.2012. Acesso em 31.03.2013.

ZAVASCKI. Teori Albino. *Antecipação de tutela*. São Paulo: Saraiva, 1997.

CAPÍTULO 17

Da proteção contra surpresa processual e o Novo CPC

Maíra de Carvalho Pereira Mesquita[1]

SUMÁRIO: 1. INTRODUÇÃO; 2. DA VISÃO CLÁSSICA OU TRADICIONAL DO CONTRADITÓRIO; 3. DA FACETA SUBSTANCIAL DO CONTRADITÓRIO OU CARÁTER DINÂMICO; 3.1. DEMOCRACIA, DEBATE E DECISÃO ; 3.2. CONTRADITÓRIO E DEMOCRACIA NO ESTADO CONSTITUCIONAL BRASILEIRO; 4. DA VEDAÇÃO A DECISÕES SURPRESA; 4.1. VISÃO GERAL; 4.2. DA VEDAÇÃO A DECISÕES SURPRESA NO NOVO CPC; 5. CONCLUSÃO; 6. REFERÊNCIAS.

1. INTRODUÇÃO

Diferentemente do Código de Processo Civil de 1973, promulgado quando o Brasil vivia uma ditadura militar, o novo CPC (Lei n. 13.105/2015) nasceu sob a égide do Estado Constitucional – modelo contemporâneo de Estado de Direito, concebido como Estado submetido às normas do ordenamento jurídico. Ultrapassados os paradigmas dos Estados Liberal e Social, o Estado Constitucional caracteriza-se pela conjugação das qualidades de Estado de Direito e Estado Democrático.[2]

O presente artigo busca delinear os elementos do contraditório sob a ótica do Estado Constitucional brasileiro e consequente vedação a decisões surpresa. Especificamente, dispõe-se a investigar a interligação do caráter democrático

---

1. Defensora Pública Federal de 1ª Categoria. Mestre em Direito pela UFPE. Professora de Direito Processual Civil na Faculdade Damas

2. A previsão do modelo de Estado Constitucional sob a rubrica de um Estado democrático de direito ou expressão similar é uma constante em diversas Constituições contemporâneas, a exemplo dos textos do Brasil (Artigo 1º da CF/88 *"A República Federativa do Brasil, formada pela união indissolúvel dos Estados e Municípios e do Distrito Federal, constitui-se em Estado Democrático de Direito [...]"*), Portugal (Artigo 2º da *Constituição da República Portuguesa de 1974 - CRP: "A República Portuguesa é um Estado de direito democrático [...]"*) e Espanha (Artigo 1º da *Constitución Española de 1978: "España se constituye en un Estado social y democrático de Derecho [...]"*). A Constituição italiana, por seu turno, não fala em Estado de direito, mas explicita que o exercício da soberania pertence ao povo na forma da Constituição (Artigo 1º La *Costituzione della Repubblica Italiana de 1947: "L'Italia è una Repubblica democratica, fondata sul lavoro. La sovranità appartiene al popolo, che la esercita nelle forme e nei limiti della Costituzione."*). Identifica-se como marco histórico do Estado Constitucional, na Europa, o período pós-segunda guerra mundial. No Brasil, o fenômeno apresentou-se mais tardiamente, com a redemocratização e a promulgação da Constituição Federal de 1988.

do Estado, o direito de participação e influência na construção dos provimentos jurisdicionais no sistema processual civil brasileiro.

Inicialmente, apresenta-se um breve estudo das facetas formal e substancial do contraditório. Aliado à visão clássica de bilateralidade de audiência, reconhece-se o caráter substancial ou dinâmico do contraditório, compreendido como o direito de recíprocas influências e colaboração para a construção da decisão judicial. Posteriormente, busca-se apontar como uma das consequências decorrentes da concepção lata de contraditoriedade e da adoção do modelo constitucional de processo civil a vedação a decisões surpresa.

Na linha de legislações estrangeiras, o novo Código de Processo Civil previu no artigo 9º que, em regra, o contraditório deve ser prévio, e no artigo 10 expressou a proibição a decisões surpresa. Assim, o objetivo central do presente trabalho consiste em delinear os contornos do direito a previsibilidade processual à luz da noção lata de contraditoriedade e do CPC/2015.

2. DA VISÃO CLÁSSICA OU TRADICIONAL DO CONTRADITÓRIO

O primeiro texto constitucional brasileiro a trazer a previsão do princípio do contraditório foi a Constituição Polaca (de 1937), a qual incluía, entre os direitos e garantias individuais, o direito à instrução criminal contraditória, asseguradas antes e depois da formação da culpa, as necessárias garantias de defesa (artigo 122, 11). Da mesma forma, os textos constitucionais posteriores – de 1946[3] e de 1967[4] – também asseguravam a observância de uma instrução criminal contraditória.

Apesar de a previsão constitucional expressa do contraditório restringir-se à instrução criminal na Carta de 1967, a doutrina já defendia sua extensão ao processo civil sob o fundamento do princípio da isonomia. Ao direito de ação deveria corresponder o direito de defesa, o que impunha, inexoravelmente, a notificação do réu dos termos da demanda proposta e a possibilidade de reação.

Alexandre Augusto da Silva Caballero[5] sustentava que o contraditório no processo civil devia-se ao princípio da isonomia. Além disso, identificava

---

3. Artigo 141 § 25: É assegurada aos acusados plena defesa, com todos os meios e recursos essenciais a ela, desde a nota de culpa, que, assinada pela autoridade competente, com os nomes do acusador e das testemunhas, será entregue ao preso dentro em vinte e quatro horas. A instrução criminal será contraditória.
4. Artigo 153 § 16: A instrução criminal será contraditória, observada a lei anterior, no relativo ao crime e à pena, salvo quando agravar a situação do réu.
5. CABALLERO, Alexandre Augusto da Silva. Da relação entre o princípio da isonomia e o contraditório no processo civil. **Revista de Processo**, São Paulo, v. 52, p. 226-227, out.-dez. 1988.

Cap. 17 • DA PROTEÇÃO CONTRA SURPRESA PROCESSUAL E O NOVO CPC
Maíra de Carvalho Pereira Mesquita

a necessidade de bilateralidade de audiência como elemento integrante da própria teoria geral do processo, razão pela qual considerava o contraditório princípio informativo do processo como um todo, expressão da isonomia e do tratamento paritário entre os litigantes. A aplicação do contraditório no processo civil, portanto, não se devia à analogia em relação ao processo penal, mas representava um dos elementos da própria teoria geral do processo.

Ada Pellegrini Grinover[6] enfatizava residir o fundamento lógico do contraditório na necessidade de contradição recíproca ou bilateralidade. Diante da direção contrária dos interesses dos litigantes, o processo deveria desenvolver-se em mútua contraditoriedade: paralelamente ao direito de ação, reconhecia-se ao réu o direito de exceção, a fim de defender-se de forma antitética à pretensão formulada pelo autor.

Ainda segundo a autora, do princípio da isonomia extrai-se o preceito de que ninguém pode ser julgado sem ser ouvido (*nemo inauditus damnari potest*), ou, ao menos, sem se lhe ter sido oportunizada a possibilidade de ser ouvido. Este consiste no fundamento político do contraditório. Assim, não obstante a ausência de previsão constitucional do contraditório ao processo civil, assegurava-se o direito das partes à ciência bilateral dos atos e termos processuais, bem como a possibilidade de contrariá-los. Garantia-se, em suma, o binômio informação-reação.

O artigo 5º, inciso LV da Constituição de 1988 alargou de maneira considerável a previsão do direito ao contraditório, ao estender o âmbito de incidência a todos os processos judiciais e administrativos: *"aos litigantes, em processo judicial ou administrativo, e aos acusados em geral são assegurados o contraditório e ampla defesa, com os meios e recursos a ela inerentes"*. Ultrapassada a barreira da ausência de previsão constitucional do contraditório ao processo civil, sob a perspectiva clássica ou tradicional, continuou-se a considerar ser a primordial finalidade do contraditório assegurar a possibilidade de ciência das partes e reação em face das situações que lhes fossem desfavoráveis. Consagrou-se, por derradeiro, a expressão bilateralidade de audiência (*audiatur et altera pars*) para identificar o princípio do contraditório.

Para Nelson Nery Junior[7], o direito ao contraditório decompõe-se em dois elementos: a) a necessidade de dar conhecimento da existência da ação e dos atos processuais; e b) a possibilidade de reação pelas partes (conceito

---

6. GRINOVER, Ada Pellegrini. **Os princípios constitucionais e o código de processo civil.** São Paulo: Bushatsky, 1975, p. 94-90.
7. NERY JUNIOR, Nelson. **Princípios do Processo Civil na Constituição Federal.** 8. ed, rev., atual e ampl. com as novas Súmulas do STF e com análise sobre a relativização da coisa julgada. São Paulo: Ed.Revista dos Tribunais, 2004, p. 172.

entendido em sentido amplo, de qualquer pessoa que ostente uma pretensão no processo) em face dos atos que lhes sejam desfavoráveis.

Para Cintra, Grinover e Dinamarco[8], o princípio do contraditório ou da audiência bilateral relaciona-se à garantia fundamental de justiça e está intimamente ligado ao exercício do poder. O princípio da audiência bilateral decorreria do dever de imparcialidade e equidistância do juiz em relação às partes: em um processo dialético, o magistrado escuta a tese, a antítese e, depois, chega à síntese (decisão). Apesar de as partes defenderem seus interesses, não possuem papeis antagônicos, mas de "colaboradores necessários" para a eliminação do conflito ou controvérsia que os envolve. O contraditório, para tais autores, possui dois elementos: informação e reação.

Assim, sob a perspectiva tradicional, o contraditório compõe-se do binômio informação-reação. O primeiro elemento do conceito – ciência, comunicação, informação – é indispensável, deve-se sempre observar. A reação ou resistência, por seu turno, consiste em elemento eventual ou possível, porque a parte tem a opção de não apresentar resistência ao pedido formulado pelo outro litigante ou não reagir contra atos desfavoráveis aos seus interesses, situações em que arcará com as consequências decorrentes da inércia. Trata-se da faceta formal ou básica do contraditório, a noção mínima ou restritiva do instituto.

Deste aspecto formal do contraditório, extraem-se diversos direitos das partes no processo – postular, ser ouvido, direito à prova, entre outros. Leonardo Carneiro da Cunha[9] aponta os direitos extraídos da noção mínima de contraditório, visão compartilhada no presente trabalho, razão pela qual se pede vênia para transcrevê-los:

> (a) O direito de ser ouvido; (b) o direito de acompanhar os atos processuais; (c) o direito de produzir provas; (d) o direito de ser informado regularmente dos atos praticados no processo; (e) o direito à motivação das decisões; (f) o direito de impugnar as decisões. Para que tudo se realizasse, seria preciso ciência das partes.

Apesar de se tratar de concepção restritiva, neste paradigma o contraditório não se dirige apenas ao réu; o autor também é sujeito do contraditório. Assim, consideram-se mecanismos suficientes à fiel observância da bilateralidade de audiência a tempestiva citação do réu e a intimação de ambas as partes dos

---

8. CINTRA, Antônio Carlos de Araújo; GRINOVER, Ada Pellegrini; DINAMARCO, Cândido Rangel. **Teoria Geral do Processo.** 19. ed., rev. e atual. São Paulo: Malheiros, 2003, p. 55-57.

9. CUNHA, Leonardo Carneiro da. O processo civil no Estado Constitucional e os fundamentos do projeto do novo Código de Processo Civil brasileiro. **Revista de Processo**, São Paulo, v. 209, p. 349-374, jul. 2012, p. 360.

Cap. 17 • DA PROTEÇÃO CONTRA SURPRESA PROCESSUAL E O NOVO CPC
Maíra de Carvalho Pereira Mesquita

atos processuais, pois a partir daí abre-se o leque de direitos extraíveis do contraditório, conforme acima transcrito. Sobreleva-se, portanto, a importância da comunicação das partes acerca do tempo, modo e lugar dos atos processuais[10].

Limitar o conteúdo do princípio do contraditório à audiência bilateral pressupõe uma visão individualista do processo, uma vez que esta garantia processual teria por finalidade tão-somente possibilitar às partes defender os interesses contrapostos e reagir ou evitar posições desfavoráveis aos seus interesses particulares. O contraditório destina-se exclusivamente àqueles que podem ter a esfera jurídica afetada pelo processo. Justifica-se a necessidade de citação, intimação ou comparecimento da parte para ela defender-se contra situações desvantajosas. Sob essa perspectiva, reduz-se o contraditório a um mecanismo para viabilizar o jogo processual e garantir a igualdade formal.

---

10. Para Cândido Rangel Dinamarco, a citação consiste no primeiro e mais importante ato de comunicação processual, a *alma do processo*. (**Fundamentos do processo civil moderno**. 5. ed. São Paulo: Malheiros, 2002, p. 127). A jurisprudência, por seu turno, em diversas oportunidades apreciou alegações de nulidade em virtude do defeito na comunicação dos atos processuais, em especial irregularidades do mandado de citação, considerado o coração do princípio contraditório em relação ao réu. Por meio da citação, o demandado toma conhecimento da existência do processo, dos termos dos pedidos formulados pelo autor, da possibilidade de reação e do prazo para tanto, razão pela qual a observância das formalidades do referido ato consiste em garantia da observância do contraditório no processo. O Superior Tribunal de Justiça entende, por exemplo, que a não indicação do prazo para contestação no mandado implica nulidade da citação. Neste sentido, conferir os seguintes precedentes: "[...] CITAÇÃO. PRAZO PARA DEFESA. ART. 225, VI. AUSÊNCIA. NULIDADE DA CITAÇÃO. MATÉRIA DE ORDEM PÚBLICA. [...] A citação há que conter, expresso, o prazo para defesa (art. 225, IV, do CPC), sob pena de nulidade. Recurso ordinário provido em parte." (RMS 14106/MS, Rel. Ministro PAULO MEDINA, SEXTA TURMA, julgado em 09/12/2003, DJ 02/02/2004, p. 363); REsp 807871/PR, Rel. Ministro FRANCISCO FALCÃO, PRIMEIRA TURMA, julgado em 14/03/2006, DJ 27/03/2006, p. 238; REsp 227.292/RJ, Rel. Ministro GILSON DIPP, QUINTA TURMA, julgado em 16/05/2000, DJ 01/08/2000, p. 304. Por outro lado, a Corte também já teve a oportunidade de considerar que, em se tratando de litigante habitual, que notoriamente conta com assessoria jurídica, e diante da inexistência de prejuízo, a ausência de indicação do prazo para contestar no mandado citatório não gera nulidade, sob pena de configurar excesso de formalismo: PROCESSUAL CIVIL. EMBARGOS DE DECLARAÇÃO. OFENSA AO ART. 535 DO CPC NÃO CONFIGURADA. MANDADO DE CITAÇÃO. AUSÊNCIA DE INDICAÇÃO DO PRAZO PARA CONTESTAÇÃO E ADVERTÊNCIA QUANTO AO EFEITO DA REVELIA. AUSÊNCIA DE PREJUÍZO. NULIDADE. NÃO-OCORRÊNCIA. PRESUNÇÃO RELATIVA NÃO INFIRMADA PELO ACÓRDÃO RECORRIDO. REVISÃO DE FATOS E PROVAS. INVIABILIDADE. SÚMULA 7/STJ. [...] 2. Hipótese em que o Tribunal de origem afastou a nulidade da citação, apesar da ausência de indicação, no mandado, do prazo para contestação e da advertência quanto ao efeito da revelia. Há precedentes do STJ em sentido contrário (Primeira, Quarta e Sexta Turmas). 3. É excesso de formalismo declarar a nulidade da citação por ausência de informação a respeito de disposição legal, considerando que não houve prejuízo para a recorrida. 4. A decretação de nulidade seria admissível caso comprovado o dano a quem o suscita. Ocorreria, por exemplo, na hipótese de réu humilde, sem experiência da lide jurisdicional, que eventualmente tardasse a procurar aconselhamento especializado de advogado. 5. In casu, o Tribunal de origem aferiu que a ré, ora recorrente, é empresa que tem milhares de demandas na Justiça fluminense. Ademais, é notório o porte da Cedae, a existência de departamento jurídico, a representação judicial adequada e a quantidade de processos que tramitam na Justiça. 6. A empresa não indica prejuízo, apenas a nulidade pelo simples descumprimento de formalidade. 7. O processo não se sujeita ao formalismo em detrimento da economia processual e da efetividade jurisdicional, de modo que a inexistência de dano impede a decretação de nulidade (pas de nullité sans grief), como reiteradamente afirmado pelo STJ. [...] (REsp 1130335/RJ, Rel. Ministro HERMAN BENJAMIN, SEGUNDA TURMA, julgado em 18/02/2010, DJe 04/03/2010)

PARTE III – NORMAS FUNDAMENTAIS

Nessa concepção, o exercício do contraditório relaciona-se unicamente à potencialidade de suportar um dano. Para quem não corre o "risco" de sofrer qualquer dano – quem não será afetado pelo processo –, não há que se falar em contraditório. Resta evidenciada, portanto, a conotação individualista do contraditório clássico, visto que o diálogo processual justifica-se para a proteção da esfera de direitos das partes envolvidas, e não à participação e influência na construção das decisões.

Ademais, a visão tradicional, ao restringir o princípio do contraditório ao binômio informação-reação, enfraquece a importância do debate processual e considera a aplicação das questões jurídicas tarefa exclusiva do magistrado, e não fruto de uma construção legitimada pelo diálogo cujos coautores são todos os sujeitos processuais. Da célebre afirmação de que o autor traz aos autos a tese, o réu a antítese, e o juiz chega à síntese pode-se extrair o retrato do modelo assimétrico do processo civil[11]. Neste modelo, as partes limitam-se a fornecer subsídios para a resolução do conflito, a qual é alcançada de maneira solitária pelo juiz. A restrição do contraditório à bilateralidade de audiência tem por consequência a (re)construção solipsista do ordenamento jurídico pelo magistrado, protagonista da relação processual.

Ao adotar a lógica racionalista, o positivismo jurídico considera desnecessário o debate para construção da decisão, pois se mostrava suficiente verificar a adequação do caso concreto à premissa maior (previsão legal) - este consiste, inclusive, em um dos fatores do esvaziamento da importância do contraditório. Por outro lado, o declínio do positivismo jurídico implicou o reconhecimento da inexistência de verdades absolutas; a resolução de casos concretos não segue o raciocínio matemático, razão pela qual não é possível o juiz, solitariamente, "revelar" a decisão previamente estabelecida pelo ordenamento[12].

Com efeito, a restrição do contraditório exclusivamente à faceta formal conforma a visão de contraditoriedade *estática*, que "somente pode atender a

---

11. Sobre os modelos do processo, consultar: BARREIROS, Lorena Miranda Santos. **Fundamentos constitucionais do modelo processual cooperativo no direito brasileiro.** Dissertação (Mestrado em Direito) Universidade Federal da Bahia. Salvador: 2011; DIDIER JR., Fredie. **Fundamentos do princípio da cooperação no direito processual civil português.** 1. ed., Coimbra: Coimbra Editora, 2010; MACEDO, Elaine Harzheim; MACEDO, Fernanda dos Santos. O direito processual civil e a pós-modernidade. **Revista de Processo**, São Paulo, v. 204, fev. 2012, p. 353-358; MITIDIERO, Daniel Francisco. **Colaboração no processo civil:** pressupostos sociais, lógicos e éticos. 2. ed, rev., atual e ampl. São Paulo: Ed. Revista dos Tribunais, 2011; MITIDIERO, Daniel Francisco, Processo justo, colaboração e ônus da prova. **Revista do TST**, Brasília, n. 78, jan.-mar. 2012, p. 68-71.

12. Sobre a postura do juiz no processo, consultar: OST, François. Júpiter, Hércules, Hermes: tres modelos de juez. **Academia. Revista sobre enseñanza del Derecho.** Buenos Aires: Rubinzal-Culzoni, v. 4, n. 8, p. 101-130, 2007. Disponível em: <http://www.derecho.uba.ar/publicaciones/rev_academia/revistas/08/jupiter-hercules-hermes-tres-modelos-de-juez.pdf>. Acesso em: 27 jul. 2013.

Cap. 17 • DA PROTEÇÃO CONTRA SURPRESA PROCESSUAL E O NOVO CPC
Maíra de Carvalho Pereira Mesquita

uma estrutura procedimental monologicamente dirigida pela perspectiva unilateral de formação de provimento pelo juiz."[13]. Decisões proferidas solitariamente, fruto da clarividência ou sapiência do julgador, não se coadunam com o Estado Constitucional brasileiro[14], o qual impõe a participação dos envolvidos pelo contraditório em simétrica paridade para legitimação dos atos de poder.

Sob a ótica da instrumentalidade do processo e ao buscar uma leitura do instituto a partir da Constituição Federal, Cândido Rangel Dinamarco[15] defende possuir o contraditório dupla destinação: direito das partes e deveres do juiz. Para o autor, o exercício dos atos de poder legitima-se pela participação no procedimento ou, mais particularmente, a legitimação dá-se pelo contraditório e pelo devido processo legal. Em relação às partes, o contraditório consiste na participação através da dinâmica pedir, alegar e provar ("participar pedindo, participar alegando e participar provando"), apoiada pelo sistema de informações representado pelos institutos da citação e intimações.

Ainda para o mesmo autor, o contraditório também se endereça ao juiz, o qual deve participar do processo mediante a execução de atos de direção, provas e diálogo – tríplice participação: conferir impulso oficial ao processo, exercer atividade instrutória e dialogar com os litigantes. Reconhece-se o caráter público do processo, ao mesmo tempo em que se refuta a postura estática do magistrado. O processo civil, nesses termos, repudia a ideia do "juiz Pilatos" (indiferente ao andamento do processo e à busca pela decisão mais acertada) e do "juiz mudo".

O reconhecimento do direito à participação à luz da Constituição Federal, a busca da legitimação dos atos de poder, bem como a inclusão do juiz como sujeito do contraditório propostos por Dinamarco representam, sem dúvidas, um grande passo no caminho da reconstrução do conceito de contraditório. Não obstante o avanço apontado, esta doutrina continuou a restringir o contraditório para as partes ao binômio informação-reação, sem considerar o caráter dinâmico do contraditório, ou seja, o direito à participação como influência.

---

13. THEODORO JÚNIOR, Humberto; NUNES, Dierle. Princípio do contraditório no direito brasileiro. In: _____ **Processo e Constituição**: os dilemas do processo constitucional e dos princípios processuais constitucionais. Rio de Janeiro: GZ Editora, 2011. p. 289.

14. Entende-se por Estado Constitucional não simplesmente um Estado que possui Constituição (fenômeno quase universal), mas um Estado com qualidades: trata-se de um Estado de direito e um Estado democrático, sendo necessária a conjugação dessas duas qualidades para configurá-lo. Além de um Estado submetido à juridicidade, a fim de evitar arbítrios e tirania, busca-se a legitimação do poder através da representação e participação popular, elementos essenciais ao conceito de democracia. (CANOTILHO, J.J. Gomes. **Direito Constitucional e Teoria da Constituição**. 7. ed., 12. reimp. Coimbra: Almedina, 2003, p. 92-93).

15. DINAMARCO, Cândido Rangel. **Fundamentos do processo civil moderno**. 5. ed. São Paulo: Malheiros, 2002, p. 124-135.

3. DA FACETA SUBSTANCIAL DO CONTRADITÓRIO OU CARÁTER DINÂMICO[16]

3.1. Democracia, debate e decisão

De acordo com José Afonso da Silva[17], no Estado democrático de direito, o conceito de participação democrática deixou de se identificar com o sistema representativo. Não basta garantir a possibilidade de eleger representantes: o princípio participativo caracteriza-se pela participação direta e pessoal na formação dos atos de governo, a exemplo dos institutos de iniciativa para projeto de lei, referendo, plebiscito e ação popular[18].

Trata-se, como ressalta Antônio do Passo Cabral, do modelo de democracia deliberativa, cuja característica consiste na legitimação da decisão através do diálogo. As decisões políticas são precedidas de um procedimento comunicativo, onde se garanta o debate regrado, a fim de viabilizar sua racionalidade e controlabilidade. Sob este paradigma, não se consideram os indivíduos objetos das decisões estatais, uma vez que estas são produto de uma "discussão argumentativa pluralista, retirando do indivíduo a condição de súdito (que se submete) para o *status* de ativo co-autor da elaboração da norma, verdadeiramente cidadão e partícipe desse processo" [19].

Da análise de tais afirmações, extraem-se a pluralidade, o debate e a participação-influência na construção dos atos de poder como as notas mestras da democracia no Estado Constitucional.

O alicerce para releitura do contraditório no processo civil brasileiro advém não apenas da adoção do modelo de Estado Constitucional (artigo 1º CF/88) e a decorrente conjugação das características do Estado submetido à juridicidade e à democracia. Decorre da compreensão de uma democracia cujo complexo normativo reúne a representatividade e a participação popular direta, garantindo-se, da maneira mais ampla possível, a contribuição dos indivíduos

---

16. Adotou-se a terminologia "facetas formal e substancial" pela sua ampla utilização na doutrina sobre o assunto, apesar de se reconhecer não ser ela a mais adequada. De fato, não se trata de compartimentos estanques, mas de perspectivas de leitura do contraditório. De toda maneira, no texto utilizar-se-ão os termos faceta e perspectiva para designar esse fenômeno.

17. SILVA, José Afonso. **Curso de direito constitucional positivo.** 24. ed., rev. atual. nos termos da Reforma Constitucional (até a Emenda Constitucional n. 45, de 8.12.2004, publicada em 21.12.2004). São Paulo: Malheiros, 2005, p. 141-142.

18. Luiz Guilherme Marinoni (**Teoria Geral do Processo.** 5. ed, rev. e atual. São Paulo: Ed. Revista dos Tribunais, 2011, p. 416) e Antônio do Passo Cabral (**Nulidades no processo moderno**: contraditório, proteção da confiança e validade prima facie dos atos processuais. Rio de Janeiro: Forense, 2009, p. 113-114) também enfatizam a evolução do conceito de democracia para ressaltar na democracia participativa as instâncias de participação popular direta e o aumento da inserção política do indivíduo.

19. CABRAL, Antônio do Passo. **Nulidades no processo moderno**: contraditório, proteção da confiança e validade prima facie dos atos processuais. Rio de Janeiro: Forense, 2009, p. 114-115.

Cap. 17 • DA PROTEÇÃO CONTRA SURPRESA PROCESSUAL E O NOVO CPC
Maíra de Carvalho Pereira Mesquita

na elaboração dos atos de poder. Não basta, portanto, notificar o cidadão da decisão tomada; a ele deve-se oportunizar a possibilidade de influenciar na construção do provimento[20].

De fato, uma das bases para o reconhecimento do direito à influência no contraditório repousa na mudança de *status* conferido ao indivíduo em face do Estado. Ao exercer papel ativo na construção da decisão, as partes não se limitam a fornecer argumentos (tese e antítese) para o Estado-juiz decidir solitariamente (síntese). Ao reconhecer a necessidade de debate prévio à decisão, aprimora-se a construção do provimento, inexorável espelho do diálogo realizado. Em suma, as partes não são destinatárias da decisão, mas coautoras através do debate.

3.2 Contraditório e democracia no Estado Constitucional brasileiro

Tornou-se lugar comum afirmar que o contraditório é a expressão técnico--jurídica da democracia no processo, e por isso o direito à tutela jurídica efetiva

---

20. Em compasso com essa tendência e a fim de viabilizar o exercício do contraditório por terceiros potencialmente atingidos pela decisão proferida no processo, há vozes no sentido de reconhecer a possibilidade de *lege ferenda* da intervenção *iussu iudicis* no sistema processual brasileiro. Cuida-se de instituto de inspiração do direito italiano previsto no artigo 91 do Código de Processo Civil de 1939 e não reproduzido no CPC de 1973, nem também no Novo CPC. Moacyr Lobo da Costa considerava a intervenção *iussu iudicis* sob a égide do CPC 1939 hipótese de intervenção de terceiro coacta por iniciativa do juiz em casos de litisconsórcio facultativo e por conexão de causas (que não se confundia com o artigo 294, I, segundo o qual o juiz no despacho saneador deveria determinar a citação dos litisconsortes necessários). Para o autor, apesar de a intervenção *iussu iudicis* obstar decisões contraditórias, por se tratar de ordem judicial de integração do terceiro ao processo, importava em séria restrição ao princípio do dispositivo (COSTA, Moacyr Lobo da. **A intervenção iussu iudicis no processo civil brasileiro.** São Paulo: Saraiva, 1961, p. 129-141; 162).Por outro lado, com esteio na doutrina italiana, Izabela Rucker Curi conclui que o artigo 107 do CPC da Itália não consiste em ordem do juiz para integração do terceiro ao processo, mas de mera informação "acerca da demanda quando visualizar a possível existência de interesse jurídico, para que o mesmo avalie se quer ou não integrar o feito. É o que se convencionou chamar de intervenção *iussu iudicis.*" Com base na premissa da não obrigatoriedade da intervenção do terceiro possivelmente interessado e a compatibilidade do instituto com o princípio da demanda, a autora propõe a adoção desta medida no direito brasileiro por questões de economia processual e segurança jurídica (CURI, Izabela Rücker. Considerações sobre assistência e a provocação do terceiro para intervir no feito. In: DIDIER JR., Fredie; WAMBIER, Teresa Arruda Alvim (Coord.). **Aspectos polêmicos e atuais sobre os terceiros no processo civil e assuntos afins.** São Paulo: Editora Revista dos Tribunais, 2004, p. 488-489). Fredie Didier Jr. também sugere a intervenção *iussu iudicis de lege referenda* no direito brasileiro, por considerá-la "mera cientificação, para que o terceiro assuma a posição no processo de acordo com seus interesses." Para Didier Jr., trata-se de solução compatível com a razoável duração do processo, ampliação dos poderes de condução do magistrado, e efetivação do princípio do contraditório. (DIDIER JR., Fredie. **Curso de direito processual civil:** introdução ao direito processual civil e processo de conhecimento 13. ed. Salvador : jusPODIVM, 2011. v.1, p. 346-347). De fato, ao se considerar a intervenção *iussu iudicis* uma medida para informar a eventuais interessados a existência de processo pendente, o magistrado oportunizará o exercício do contraditório ao terceiro que poderia vir a ser afetado por decisão proferida em processo sobre o qual ele sequer tinha conhecimento. Além de prestigiar a economia processual, amplia-se o direito de participação ao contraditório com respeito ao princípio da demanda, ao mesmo tempo em que se possibilita a influência para a construção de uma decisão lastreada em mais elementos fáticos e jurídicos pertinentes à causa.

também consiste em uma garantia fundamental de participação. Da mesma forma, não representa qualquer inovação a assertiva de consistirem contraditório e isonomia em direitos informativos do processo civil intimamente relacionados, pois, diante do caráter dialético do processo, deve-se assegurar igualdade de oportunidades, com intervenção constante e equilibrada das partes.

O "plus" no conceito do contraditório do Estado Constitucional brasileiro – sob a égide do qual foi publicado o novo Código de Processo Civil – não reside no reconhecimento do direito à participação formal (ciência-reação e direitos deles extraídos), mas na participação como direito de influência, cuja consequência imediata reside na construção comparticipada das decisões estatais[21], as quais devem retratar o debate pluralista previamente realizado[22].

Nicolò Trocker[23], ao enfatizar a importância atribuída ao contraditório no processo, já identificava a exigência de participação como núcleo essencial desta garantia, compreendido como o direito de influenciar sobre o desenvolvimento e resultado da controvérsia. O princípio da participação consiste na verdadeira razão de ser e a finalidade do direito à oitiva jurídica. Para o autor, o objetivo principal do contraditório não reside no sentido negativo (oposição ou resistência), mas na influência, ou seja, "como direito ou possibilidade de influenciar ativamente sobre o desenvolvimento e êxito do julgamento"[24].

Considera-se o binômio ciência-reação a *faceta formal* ou *estática* do contraditório, ao lado da *faceta substancial, dinâmica* ou *ativa*, garantia de participação com possibilidade de influência no desenvolvimento do processo e na construção da decisão judicial[25]. Por esta razão, não se mostra adequado identificar o direito ao contraditório tão-somente na contraposição de interesses das partes envolvidas. Não se trata de um mecanismo a ser utilizado pelos participantes de um jogo, mas do direito de participar democraticamente do processo: ser ouvido e influenciar.

---

21. NUNES, Dierle José Coelho. **Processo jurisdicional democrático**. 1. ed (data: 2008), 4. reimpr. Curitiba: Juruá, 2012, p. 215; 239-247.

22. Também nesse sentido, ao discorrer sobre o princípio do contraditório, Cassio Scarpinella Bueno arremata: "A manifestação do Estado – de todo ele, não só do Estado-juiz – será tanto mais legítima quanto maior for a possibilidade de os destinatários de seus atos, de suas decisões, que têm caráter imperativo e vinculante, poderem se manifestar para *influenciar* a autoridade competente *antes* de sua decisão." (BUENO, Cassio Scarpinella. **Amicus curiae no processo civil brasileiro**: um terceiro enigmático. 2. ed., rev. e atual., São Paulo: Saraiva, 2012, p. 85-86).

23. TROCKER, Nicolò. **Processo civile e costituzione**: problemi di diritto tedesco e italiano. Milano: Giuffrè, 1974, p. 370-377.

24. Tradução livre da autora. No original: "come diritto ou possibilità di incidere attivamente sullo svolgimento e sull'esito del giudizio" (TROCKER, Nicolò. **Processo civile e costituzione**: problemi di diritto tedesco e italiano. Milano: Giuffrè, 1974, p. 371).

25. Em decorrência, parece inapropriado denominar o princípio do contraditório de "princípio da bilateralidade de audiência", por esta expressão representar um dos aspectos do princípio e tender a reduzi-lo à faceta formal ou estática.

Cap. 17 • DA PROTEÇÃO CONTRA SURPRESA PROCESSUAL E O NOVO CPC
Maíra de Carvalho Pereira Mesquita

A partir do paradigma da democracia deliberativa e do reconhecimento do direito dos indivíduos de influir na formação das normas jurídicas, Antônio do Passo Cabral[26] propõe o conceito de influência no processo, adotado para fins do presente trabalho:

> qualquer *condicionamento significativo* à conduta dos demais sujeitos do processo, realizado a partir de *posições críticas ou omissões conclusivas, transmitidas comunicativamente* e que, *caso não existissem, poderiam, mantidas as demais condições, motivar o sujeito condicionado a agir de modo diverso.*

A influência busca introjetar no outro indivíduo a adoção de um comportamento através do diálogo e convencimento, sem utilizar a coerção. Direciona-se a persuadir o destinatário sobre o acerto de seus argumentos e motivar a adoção de uma determinada postura. Esteia-se nas ideias de alteridade, diálogo e possibilidade de mudança. Para tanto, o processo torna-se palco de um constante diálogo entre os sujeitos processuais, com influências recíprocas em busca da construção e legitimação do provimento.

José Lebre de Freitas[27], ao discorrer sobre uma "noção mais lata de contrariedade", adotada pelo Código de Processo Civil de Portugal, arremata: o contraditório consiste na garantia de participação efetiva das partes no desenvolvimento de todo curso processual, mediante a possibilidade de *em plena igualdade, influírem* em todos os elementos relacionados ao objeto da causa (questões de fato e direito, provas) e que em qualquer fase apareçam como potencialmente relevantes para a decisão.

Esta "noção mais lata de contrariedade" já integrava o ordenamento jurídico brasileiro em decorrência da interpretação do contraditório à luz da Constituição Federal e do Estado Constitucional. O novo Código de Processo Civil, por sua vez, adotou esta concepção, conforme se extrai da leitura de diversos dispositivos legais. A título exemplificativo, podem-se citar dentre as normas gerais do processo civil: o dever do juiz zelar pelo efetivo contraditório (artigo 7º); a regra de que o contraditório deve ser prévio (artigo 9º) a fim de possibilitar o exercício do direito de influência; a vedação a decisões surpresa (artigo 10).

Diante desse panorama, o contraditório não se restringe a um binômio; pelo contrário, compõe-se de um complexo feixe de direitos, relidos em decorrência da filtragem constitucional do Estado democrático de direito. Deve-se, portanto, ver o princípio do contraditório no novo CPC sob o seguinte enfoque:

---

26. CABRAL, Antônio do Passo. **Nulidades no processo moderno**: contraditório, proteção da confiança e validade prima facie dos atos processuais. Rio de Janeiro: Forense, 2009, p. 120.
27. FREITAS, José Lebre. **Introdução ao processo civil**: conceito e princípios gerais. 2. ed. Coimbra: Coimbra Editora, 2009, p. 108-109.

consiste na manifestação da democracia no processo; impõe ao juiz o dever de dialogar com os demais sujeitos processuais; garante o exercício do direito de influência, além do binômio tradicional ciência-reação; viabiliza a colaboração processual e a construção conjunta dos provimentos.

Além disso, o resgate da importância do diálogo processual também se relaciona com o distanciamento da lógica sistemática do direito e o resgate do método dialético para o alcance da verdade provável. Por essa razão, não merece reparos a observação de Leonardo Greco[28] no sentido de que, após o esvaziamento axiológico do contraditório na segunda metade do século XIX e primeira metade do século XX, no pós-segunda guerra mundial, assistiu-se ao renascimento do princípio, além de readquirirem relevância o método dialético de resolução de conflitos e a paridade de tratamento dos litigantes. Ademais, o contraditório passou a constituir uma "ponte de comunicação de dupla via entre as partes e o juiz", possibilitando-se a influência sobre as decisões judiciais.

Para concretizar o direito de influência processual, em regra, o exercício do contraditório deve ser prévio, conforme acertadamente restou expresso no artigo 9º do CPC/2015. A oportunidade ao debate deve anteceder a decisão. Em outras palavras, o poder de influência, além de revalorizar a dialética processual, ostenta nítido caráter preventivo na formação dos provimentos jurisdicionais. Isto porque, se não for oportunizada a manifestação anteriormente à formação do provimento, restará impedida a participação na construção da decisão.

Em segundo lugar, deve-se ressaltar a liberdade conferida às partes de reagir em face das situações desfavoráveis. O contraditório repressivo, através dos meios de impugnação previstos no ordenamento, destina-se a reabrir a discussão e encaminhá-la ao órgão competente para apreciar novamente a matéria. Ao apresentar um recurso, a parte opta por reabrir a via do debate em busca de modificar uma situação de desvantagem. Entretanto, ela pode optar por não recorrer, pois a reação consiste em ônus processual, e não dever. Em suma, por o elemento "reação" caracterizar-se pela eventualidade – e não indispensabilidade como a ciência –, em regra, deve-se oportunizar o exercício do contraditório preventivamente.

Em situações excepcionais[29], é possível mitigar o direito ao contraditório mediante a utilização do postulado da proporcionalidade. Emblemáticos são os casos de requerimentos liminares de antecipação dos efeitos da tutela nos

---

28. GRECO, Leonardo. O princípio do contraditório. **Revista Dialética de Direito Processual,** São Paulo, n. 25, p. 71-79, mar. 2005, p. 72-73.

29. No mesmo sentido, a doutrina italiana, além de incluir a influência no conceito de contraditório, também reconhece o caráter prévio ou inicial do contraditório, admitindo-se o contraditório diferido apenas em situações excepcionais. Para maior aprofundamento, conferir: MONTESANO, Luigi; ARIETA, Giovanni. **Trattato di diritto processuale civile:** principi generali. rito ordinario di cognizione. Padova: Cedam, 2001. t.1, p. 347.

Cap. 17 • DA PROTEÇÃO CONTRA SURPRESA PROCESSUAL E O NOVO CPC

Maíra de Carvalho Pereira Mesquita

quais a prévia intimação do réu acerca do pedido acarretaria na denegação do direito do autor por notória ausência de tempo hábil ou na inocuidade da medida. Em tais situações, diante do confronto entre dois princípios fundamentais – proteção à tutela jurídica e contraditório –, o postulado da proporcionalidade indica a atenuação do contraditório. Trata-se de decisões nitidamente provisórias, com ampla possibilidade de reforma ou cassação diante da demonstração do desacerto do provimento liminar[30].

4. DA VEDAÇÃO A DECISÕES SURPRESA

4.1. Visão Geral

A primeira consequência do reconhecimento do contraditório como direito à influência consiste na vedação a decisões surpresa. Os litigantes não podem ser surpreendidos com uma decisão fundamentada em matéria não discutida previamente nos autos: o juiz deve possibilitar a manifestação das partes e o exercício do direito de influenciar na elaboração do provimento, para apenas depois proferir a decisão. Isto porque o Estado Democrático de Direito assegura a participação na elaboração dos atos de poder, e não se coaduna com decisões alicerçadas em elementos desconhecidos ou imprevisíveis.

Na legislação estrangeira, encontram-se exemplos de expressa previsão legal acerca da proteção contra surpresas. Conforme observa Antônio do Passo Cabral[31], a vedação a decisões surpresa vem ganhando foros de universalidade diante da adoção expressa do instituto em diplomas processuais de diversos países[32]. Tal tendência também foi abraçada pelo Novo Código de Processo Civil brasileiro, conforme se extrai do artigo 10.

O artigo 183 do *Codice di Procedura Civile* italiano[33] regulamenta a vedação a decisões surpresa ao determinar a necessidade de o juiz, sob pena de

---

30. Conforme dito, o Novo Código de Processo Civil abraçou esta ideia, ao trazer expressamente no artigo 9º, inserido nas normas fundamentais do processo civil, a regra de que não se proferirá decisão contra uma das partes sem que ela seja *previamente* ouvida. As exceções do parágrafo único referem-se aos casos de tutela de urgência e de evidência, situações em que o contraditório será postergado. Eis o texto do dispositivo mencionado: Art. 9º Não se proferirá decisão contra uma das partes sem que ela seja previamente ouvida. Parágrafo único. O disposto no caput não se aplica: I - à tutela provisória de urgência; II - às hipóteses de tutela da evidência previstas no art. 311, incisos II e III; III - à decisão prevista no art. 701.

31. CABRAL, Antônio do Passo. **Nulidades no processo moderno**: contraditório, proteção da confiança e validade prima facie dos atos processuais. Rio de Janeiro: Forense, 2009, p. 248-250.

32. Além dos exemplos de Portugal e Itália aqui ressaltados, Antônio do Passo Cabral também cita a legislação francesa, alemã, austríaca e os *Principles of Transnational Civil Procedure*.

33. "[...] il giudice richiede alle parti, sulla base dei fatti allegati, i chiarimenti necessari e indica le questioni rilevabili d'ufficio delle quali ritiene opportuna la trattazione." Tradução livre da autora: "[...] o juiz deve requer às partes, com base dos fatos alegados, os esclarecimentos necessários e indicar as questões reconhecíveis de ofício das quais ele considera oportuna a manifestação."

nulidade, intimar as partes sobre a questão conhecida de ofício. Fala-se na proibição de *decisione della terza via*, ou seja, decisão com base em terceira via, em elemento de conhecimento do juiz e não debatido nos autos. O juiz não pode fundamentar a decisão em questão apreciada solitariamente; ao verificar a pertinência de qualquer matéria não trazida pelas partes, deve intimá-las para se manifestarem.

No sistema italiano, deve-se entender o princípio do contraditório também como vinculação ao juiz de abrir o debate acerca de todas as questões que se coloquem nos autos. Trata-se da proibição, sob pena de nulidade, de fundar a decisão sobre questão de fato ou de direito relevada de ofício, sobre a qual não se tenha previamente provocado o contraditório entre as partes[34].

Por sua vez, o Código de Processo Civil de Portugal, uma das fontes de inspiração do Novo Código de Processo Civil brasileiro quanto ao tema, determina no artigo 3º, número 3[35]:

> O juiz deve observar e fazer cumprir, ao longo de todo o processo, o princípio do contraditório, não lhe sendo lícito, salvo caso de manifesta desnecessidade, decidir questões de direito ou de facto, mesmo que de conhecimento oficioso, sem que as partes tenham tido a possibilidade de sobre elas se pronunciarem.

O código português explicita o dever de o magistrado, ele próprio, observar o princípio do contraditório. Significa estar o juiz inserido no diálogo processual, com o dever de debater os pontos controvertidos com as partes, e não apenas assistir ao duelo entre elas e depois proferir a decisão construída solitariamente. Pelo contrário, ao juiz impõe-se o diálogo paritário com os demais sujeitos e a vedação a surpresas processuais.

Além disso, o diploma português diferencia adequadamente duas situações: a) possibilidade de conhecimento de ofício de questões de fato e de

---

34. Em sentido contrário ao aqui defendido, Edoardo F. Ricci não reconhece a conexão entre a necessidade de prévia intimação das partes quando do reconhecimento de questões de ofício pelo juiz e o princípio do contraditório no sistema italiano, apesar de identificar tal ligação nos ordenamentos da França e Alemanha. (RICCI, Edoardo F. Princípio do contraditório e questões que o juiz pode propor de ofício. In: FUX, LUIZ; NERY JR; WAMBIER, Teresa Arruda Alvim (Coord). **Processo e Constituição**: estudos em homenagem a José Carlos Barbosa Moreira. São Paulo: Editora Revista dos Tribunais, 2006. p. 495-499.)

35. Eis o teor de todo o artigo 3º do CPC português: **Necessidade do pedido e da contradição**
1 - O tribunal não pode resolver o conflito de interesses que a acção pressupõe sem que a resolução lhe seja pedida por uma das partes e a outra seja devidamente chamada para deduzir oposição.
2 - Só nos casos excepcionais previstos na lei se podem tomar providências contra determinada pessoa sem que esta seja previamente ouvida.
3 - O juiz deve observar e fazer cumprir, ao longo de todo o processo, o princípio do contraditório, não lhe sendo lícito, salvo caso de manifesta desnecessidade, decidir questões de direito ou de facto, mesmo que de conhecimento oficioso, sem que as partes tenham tido a possibilidade de sobre elas se pronunciarem.
4 - Às excepções deduzidas no último articulado admissível pode a parte contrária responder na audiência preliminar ou, não havendo lugar a ela, no início da audiência final.

direito, e b) necessidade de efetivar o contraditório (ciência e oportunidade de influência) antes da decisão. Além disso, explicita que o conteúdo mínimo do princípio do contraditório não se limita à ciência bilateral dos atos e à possibilidade de contraditá-los, mas também inclui necessariamente a (possibilidade de) influência efetiva das partes na formação do provimento judicial. Deve-se oportunizar a prévia apresentação de provas, alegações e manifestações sobre matérias de fato e de direito, relativas ao mérito ou ao rito processual.

Na doutrina portuguesa, José Lebre de Freitas esclarece o alcance da aplicação do princípio do contraditório às matérias de conhecimento de ofício e a vedação a decisões surpresa:

> Mas a proibição da chamada *decisão-surpresa* tem sobretudo interesse para as questões, de direito material ou de direito processual, de que o tribunal pode conhecer oficiosamente: se nenhuma das partes a tiver suscitado, com concessão à parte contrária do direito de resposta, o juiz – ou o relator do tribunal de recurso – que nelas entenda dever basear a decisão, seja mediante o conhecimento do mérito da causa, seja no plano meramente processual, deve previamente convidar ambas as partes a sobre elas tomarem posição, só estando dispensado de o fazer em casos de manifesta desnecessidade[36].

As conclusões do citado autor vêm sendo utilizadas pelo Supremo Tribunal de Justiça de Portugal, ao analisar recursos cuja irresignação consiste na violação ao contraditório em face de decisões surpresa. O Tribunal tem reiteradamente decidido que o direito de acesso aos tribunais (artigo 20 da Constituição da República de Portugal[37]) compreende a participação no processo em igualdade de condições, assegurando-se às partes idênticos meios para litigar. O princípio do contraditório, vetor do processo civil, impõe o direito de as partes deduzirem suas razões de fato e de direito, bem como influenciarem no desenvolvimento e êxito do processo, donde decorre a vedação a decisões-surpresa[38].

---

36. FREITAS, José Lebre. **Introdução ao processo civil:** conceito e princípios gerais. 2. ed. Coimbra: Coimbra Editora, 2009, p. 115-116.

37. Artigo 20.ºAcesso ao direito e tutela jurisdicional efectiva: 1. A todos é assegurado o acesso ao direito e aos tribunais para defesa dos seus direitos e interesses legalmente protegidos, não podendo a justiça ser denegada por insuficiência de meios económicos. 2. Todos têm direito, nos termos da lei, à informação e consulta jurídicas, ao patrocínio judiciário e a fazer-se acompanhar por advogado perante qualquer autoridade. 3. A lei define e assegura a adequada protecção do segredo de justiça. 4. Todos têm direito a que uma causa em que intervenham seja objecto de decisão em prazo razoável e mediante processo equitativo. 5. Para defesa dos direitos, liberdades e garantias pessoais, a lei assegura aos cidadãos procedimentos judiciais caracterizados pela celeridade e prioridade, de modo a obter tutela efectiva e em tempo útil contra ameaças ou violações desses direitos.

38. PORTUGAL, Supremo Tribunal de Justiça. Recurso 02A2478, Acórdão em 15/10/2002, Relator: FERREIRA RAMOS; Processo 2326/11.09TBLLE.E1.S1, Acórdão em 09/11/2012, Relator: FONSECA RAMOS.

4.2. Da vedação a decisões surpresa no Novo CPC

Não obstante a ausência de dispositivo no Código de Processo Civil de 1973 da vedação a decisões surpresa[39], parcela da doutrina já reconhecia este direito[40], em virtude da adoção do modelo constitucional do processo, bem como do seu caráter democrático e participativo. A proibição a decisões surpresa tinha por base normativa o princípio do contraditório (artigo 5º, inciso LV, Constituição Federal), compreendido tanto em seu aspecto formal quanto substancial.

O artigo 10 do novo Código de Processo Civil, no caminho já trilhado por legislações estrangeiras, previu expressamente a vedação a qualquer órgão jurisdicional decidir com base em fundamento sobre o qual as partes não tenham tido oportunidade de se manifestar, mesmo que se trate de matéria de reconhecimento de ofício. Eis a redação do dispositivo: *"O juiz não pode decidir, em grau algum de jurisdição, com base em fundamento a respeito do qual não se tenha dado às partes oportunidade de se manifestar, ainda que se trate de matéria sobre a qual deva decidir de ofício."*

Trata-se de avanço na legislação nacional, tendo por mérito encerrar qualquer discussão doutrinária ou jurisprudencial quanto à proteção contra a surpresa processual. Resta-nos, agora, buscar delimitar os contornos da vedação a decisões surpresa no sistema processual brasileiro, levando-se em consideração a noção lata do contraditório aqui defendida.

Em primeiro lugar, considera-se proibição a decisões surpresa o direito da parte à previsibilidade em relação ao andamento processual e ao conteúdo da

---

39. Mesmo sob a égide do CPC/1973, no âmbito das execuções fiscais, o artigo 40 § 4º da Lei nº 6.830/80, acrescentado pela Lei nº 11.051/2004, prevê expressamente a necessidade de o juiz, antes de decretar de ofício a prescrição intercorrente da pretensão executiva, ouvir a Fazenda Pública. Trata-se de dispositivo que determina a prévia intimação da parte antes do reconhecimento de ofício da prescrição, e aparenta ser um indicativo da legislação especial no sentido da consagração do poder de influência na formação do provimento jurisdicional.

40. Para maior aprofundamento sobre o assunto, consultar: BUENO, Cassio Scarpinella. **Curso Sistematizado de Direito Processual Civil**: teoria geral do direito processual civil. São Paulo: Saraiva, 2007. v. 1, p. 11; CABRAL, Antônio do Passo. **Nulidades no processo moderno**: contraditório, proteção da confiança e validade prima facie dos atos processuais. Rio de Janeiro: Forense, 2009, p. 248-251; CUNHA, Leonardo Carneiro da. O processo civil no Estado Constitucional e os fundamentos do projeto do novo Código de Processo Civil brasileiro. **Revista de Processo**, São Paulo, v. 209, jul. 2012, p. 361-362; DIDIER JR., Fredie. Princípio do contraditório: aspectos práticos. **Revista de Direito Processual Civil**, Curitiba, v. 8, n. 29, p. 505-516, jul.-set. 2003; GRECO, Leonardo. O princípio do contraditório. **Revista Dialética de Direito Processual**, São Paulo, n. 25, mar. 2005, p. 76-77; MITIDIERO, Daniel Francisco. **Colaboração no processo civil:** pressupostos sociais, lógicos e éticos. 2. ed, rev., atual e ampl. São Paulo: Ed. Revista dos Tribunais, 2011, p. 102; OLIVEIRA, Carlos Alberto Alvaro. O juiz e o princípio do contraditório. **Revista de Processo**, São Paulo, n. 73, jan.-mar. 1994, p. 10-12. Em sentido contrário, Lúcio Grassi de Gouveia não compartilhava desta visão: para ele, não existia a vedação a decisões surpresa no sistema jurídico brasileiro por ausência de previsão legal expressa, máxime quando se trata de matéria apreciável de ofício pelo órgão julgador. (GOUVEIA, Lúcio Grassi de. O dever de cooperação dos juízes e tribunais com as partes – uma análise sob a ótica do direito comparado (Alemanha, Portugal e Brasil). **Revista da Esmape,** Recife, n. 11, p. 247-273, jan./jun. 2000.)

decisão jurisdicional. Trata-se de limite imposto ao órgão julgador: ele apenas pode levar em consideração os pontos sobre os quais tiver sido previamente aberta a discussão no processo. Este limite incide sobre todas as questões: de fato ou de direito[41]; de mérito ou de rito[42].

A proteção contra a surpresa processual não restringe a amplitude de atuação e os poderes do magistrado no processo: a ele continuam sendo conferidos poderes de direção, instrução e decisão. Entretanto, diante da releitura do contraditório, impõe-se o dever de diálogo ao juiz, o que lhe impede de elaborar solitariamente os provimentos jurisdicionais, surpreender as partes e, consequentemente, remodela a maneira de exercer os poderes judiciais.

O juiz pode apreciar a prova produzida nos autos, desde que indique de maneira fundamentada as razões do convencimento[43]. Pode considerar questões não trazidas pelas partes para resolução do processo; todavia, esta prerrogativa não se confunde com a imperiosa observância do contraditório em tais situações. Deve-se resguardar a proteção contra a surpresa também nos casos de conhecimento de questões de ofício pelo magistrado, pois ele não pode utilizar como fundamento da decisão matéria sobre a qual as partes não tiveram a oportunidade de se manifestar, sobre as quais não houve possibilidade do exercício do direito de influência.

---

41. Reconhece-se a impossibilidade de distinguir em compartimentos estanques as questões de fato e de direito, bem como a mútua comunicabilidade e a indissolubilidade entre elas. Com efeito, os campos fático e jurídico comunicam-se de forma que os momentos "fato" e "direito" da norma jurídica complementam-se e se interpenetram ao ponto de ser impossível a separação. Não obstante esta constatação, utilizar-se-á esta nomenclatura no presente trabalho para esclarecer a necessidade de oportunizar o debate sobre todos os pontos inovadores pertinentes ao processo antes de ser proferida a decisão judicial (BUENO, Cassio Scarpinella. **Amicus curiae no processo civil brasileiro:** um terceiro enigmático. 2. ed., rev. e atual., São Paulo: Saraiva, 2012, p. 63).

42. A vedação a surpresa relativa às matérias de rito restringe-se aos casos de desvio de rota do procedimento. Em regra, o magistrado não precisa intimar as partes quando no regular exercício do impulso oficial. Por outro lado, devem-se respeitar as expectativas normativas das partes em relação ao andamento do processo: ao vislumbrar a possibilidade de alterar este caminho previamente determinado, o juiz deve intimar previamente as partes, caso a matéria ainda não tenha sido debatida. A título exemplificativo, pode-se mencionar a decisão de alteração do ônus da prova (artigo 6º, VIII do Código de Defesa do Consumidor e artigo 373 do Novo CPC).

43. No CPC/1973, o livre convencimento motivado do juiz estava disposto no artigo 131 (*O juiz apreciará livremente a prova, atendendo aos fatos e circunstâncias constantes dos autos, ainda que não alegados pelas partes; mas deverá indicar, na sentença, os motivos que lhe formaram o convencimento.*). No CPC/2015, o artigo 371 (*O juiz apreciará a prova constante dos autos, independentemente do sujeito que a tiver promovido, e indicará na decisão as razões da formação de seu convencimento.*) suprimiu a expressão "livremente", bem como ressaltou que a prova pode ser trazida aos autos por qualquer dos sujeitos processuais. Destacou-se, portanto, o princípio da comunhão da prova, sem alterar a substância do princípio a persuasão racional ou livre convencimento motivado no processo civil brasileiro. Em complementação, o artigo 372 do CPC/2015 (*O juiz poderá admitir a utilização de prova produzida em outro processo, atribuindo-lhe o valor que considerar adequado, observado o contraditório.*) deixa claro que cabe ao juiz valorar a prova emprestada como entender adequado, desde que observe o contraditório no processo em que a prova vier a ser utilizada.

A diferença entre a possibilidade de conhecimento de questões de ofício e a vedação a decisões surpresa consiste na aparentemente sutil distinção entre "conhecer de certo tema sem provocação das partes e decidir sobre este mesmo tema sem a prévia manifestação das partes."[44].

Da mesma forma, o juiz pode levar em consideração fato superveniente constitutivo, modificativo ou extintivo do direito[45]. Trata-se de flexibilização dos princípios dispositivo e da estabilização objetiva da demanda, pois a sentença deve reproduzir a melhor solução ao caso concreto no momento de sua prolação. Para tanto, também em tal hipótese, deve-se observar o contraditório quanto ao fato novo superveniente[46].

Sobre o assunto, o artigo 493 do CPC de 2015 reproduziu o disposto no artigo 462 do CPC de 1973, ao determinar que o juiz leve em consideração no momento da sentença, de ofício ou requerimento, fato superveniente à propositura da demanda que influencie no julgamento. Acresceu-se, ainda, o parágrafo único para deixar expresso que, quando o fato novo for reconhecido de ofício, o juiz deverá ouvir as partes antes de proferir a decisão. Trata-se de previsão legal que ratifica a concepção do contraditório como direito de influência prévio à formação dos provimentos jurisdicionais[47].

Em suma, autor e réu delimitam o objeto da ação, a relação jurídica a ser discutida no processo, mas o juiz pode conhecer de ofício os fatos supervenientes intimamente interligados e relevantes a esta relação jurídica, desde que as partes tenham a oportunidade de sobre eles exercer o direito de influência. Compatibiliza-se o conhecimento ex *officio* de fatos supervenientes não trazidos pelas partes com o princípio do contraditório: deve-se analisar se os fatos novos foram objeto de debate processual e, em caso positivo, admitir a sentença de procedência ou improcedência com base em tal fundamento.

Em relação a questões jurídicas[48], usualmente são lembrados os brocados romanos *da mihi factum, dabo tibi jus* (dá-me o fato e te darei o direito) e *iura*

---

44. SILVA NETO, Francisco Antônio de Barros e. Os princípios processuais no projeto do novo Código de Processo Civil. **Revista do Tribunal Regional Federal da 5ª Região,** Recife, n. 100, p. 424-437, nov.-dez. 2012, p. 427.

45. Artigo 462 CPC/1973 e Artigo 493 do CPC/2015.

46. PINTO, Junior Alexandre Moreira. **A causa petendi e o contraditório**. São Paulo: Ed. Revista dos Tribunais, 2007. (Temas Atuais de Direito Processual Civil, 12), p. 68-76.

47. Leonardo Carneiro da Cunha, mesmo antes da publicação no Novo CPC, também identificava a relação entre a necessidade de estabilização da demanda e o contraditório para impedir a surpresa das partes com modificações posteriores. Ressaltava que, com a atual conformação do contraditório, assegura-se às partes a prévia intimação para se manifestarem e participarem do convencimento do juiz a respeito de fatos supervenientes relacionados à *causa petendi*. (CUNHA, Leonardo Carneiro da. **A atendibilidade dos fatos supervenientes no processo civil:** uma análise comparativa entre o sistema português e o brasileiro. Coimbra: Almedina, 2012, p. 62).

48. É possível citar diversos exemplos de aplicabilidade da vedação a surpresa sobre questões jurídicas no processo: a declaração incidental de inconstitucionalidade de uma norma, ilegitimidade da parte e o reconhecimento de ofício da prescrição.

novit curia (o juiz conhece o direito). Tais postulados seriam suficientes para justificar a possibilidade de o julgador conhecer de ofício questões jurídicas não ventiladas pelas partes? O juiz, diante do dever de decidir (proibição do *non liquet*), tem o poder-dever de aplicar ao caso a norma jurídica mais pertinente, mesmo que ela não tenha sido suscitada pelas partes. Não há dúvidas de que cabe ao juiz "dizer o direito". Todavia, esta tarefa não lhe é exclusiva.

A construção dos provimentos jurisdicionais deve necessariamente se embasar no diálogo mediante recíprocas influências. Por esta razão, não obstante a possibilidade de reconhecimento de questões fáticas e jurídicas *ex officio*, em observância ao contraditório como influência e à vedação a surpresas processuais, o juiz deve previamente convidar os litigantes ao debate acerca da questão por ele visualizada.

Identifica-se a íntima conexão do diálogo e da proibição de decisões surpresa com o interesse público, por considerar o diálogo judicial autêntica garantia de democratização do processo. Não podem as partes ser surpreendidas por decisão que se apoie em visão jurídica que não tenha sido objeto de diálogo – o brocardo *iura novit curia* não dispensa a ouvida das partes sobre os rumos do litígio. Pensar em sentido contrário atrela-se à concepção de que o direito deveria ser dito exclusivamente pelo juiz, o que não se compatibiliza com o princípio do contraditório[49].

Ademais, mostra-se irretocável a observação trazida por Didier Jr.: nos casos de reconhecimento de questões de ofício, a simples possibilidade de a parte apresentar recurso contra a sentença que se utilizou de fundamento jurídico não discutido nos autos não sana a violação ao contraditório. O recurso é uma forma de discutir novamente a matéria, e não de discuti-la pela primeira vez, razão pela qual o contraditório, em regra, deve ser prévio[50].

---

49. Nas palavras de Carlos Alberto Alvaro de Oliveira: "De modo nenhum pode-se admitir sejam as partes, ou uma delas, surpreendidas por decisão que se apóie, em ponto decisivo, numa visão jurídica de que não se tenham apercebido, ou considerada sem maior significado: o tribunal deve dar conhecimento de qual direção o direito subjetivo corre perigo. [...] O princípio [do contraditório] deve ter por conteúdo também a oportunidade concedida às partes para se manifestarem, em prazo razoável, sobre todas as questões de fato e de direito essenciais para a decisão da causa, pouco importando que seu exame decorra de decisão voluntária do órgão judicial, ou por imposição da regra *iura novit curia*." (O juiz e o princípio do contraditório. **Revista de Processo**, São Paulo, n. 73, p. 7-14, jan.-mar. 1994, p. 10 e 12)

50. Nas palavras do autor: "Então eu pergunto: pode um Magistrado decidir com base em argumento uma questão jurídica não posta pelas partes no processo? [...] Claro que ele pode. O juiz pode aplicar o Direito, trazer, aportar ao processo questões jurídicas. Pode? Pode. Mas pode sem ouvir, antes, as partes? Não. Não pode. [...] O recurso lhe dá [à parte] a oportunidade de uma nova discussão; e não a primeira discussão. Recurso é para restabelecer o curso e não começar um novo curso, a partir dali, para discutir a questão só agora, no Tribunal." (DIDIER JR., Fredie. Princípio do contraditório: aspectos práticos. **Revista de Direito Processual Civil**, Curitiba, v. 8, n. 29, p. 505-516, jul.-set. 2003. p. 510).

Trata-se de concretização do *dever de consulta* do juiz. Impõe-se ao órgão julgador a prévia consulta às partes antes de conhecer matéria de fato ou de direito sobre a qual elas não tenham tido a oportunidade de se pronunciar. O objetivo é, justamente, evitar "decisões surpresa" e, com isso, resguardar a faceta substancial do contraditório.

O dever de consulta do juiz está intimamente ligado aos princípios do contraditório e da cooperação. O novo CPC expressamente adotou o princípio da cooperação processual no artigo 6º, ao determinar que todos os sujeitos processuais devem cooperar entre si[51]. Em suma, reconhece-se no processo civil a existência do princípio da cooperação, espécie normativa que impõe um estado de coisas a ser alcançado, qual seja, a organização do processo como uma "comunidade de trabalho e comunicação" com equilibradas posições entre os sujeitos processuais para construção comparticipada da decisão adequada em tempo razoável.

Por fim, mostra-se necessário ressaltar que o artigo 10 do Novo CPC brasileiro, diferentemente do diploma português, não ressalva a prévia intimação das partes para conhecimento de questões de ofício nos casos de manifesta desnecessidade. Não obstante tal omissão legislativa, em atenção ao princípio da razoável duração do processo – expressamente positivado no artigo 4º do CPC/2015 –, nos casos em que a matéria conhecida de ofício não integre a *ratio decidendi*, a ausência de intimação das partes não ofenderá o direito ao contraditório. Em outras palavras, a interpretação do dispositivo em comento deve levar em consideração a finalidade para o qual foi criado: evitar decisões surpresa. Se a questão não interferir na razão de decidir, nulidade não haverá.

Trata-se de solução consentânea com o princípio *pas de nullité sans grief*, pois não haveria sentido anular uma decisão por violação ao dever de consulta sobre elementos que não compõem a razão de decidir, não afetam o exercício do

---

51. A releitura do princípio do contraditório, a feição democrática do processo e a adoção do modelo constitucional do processo civil levou parte da doutrina a reconhecer a existência de um verdadeiro princípio da cooperação ou colaboração no sistema brasileiro, extraído do princípio do contraditório, antes da existência de texto normativo expresso no CPC. Para maior aprofundamento, consultar autores que extraem o princípio da cooperação do contraditório: BUENO, Cassio Scarpinella. **Amicus curiae no processo civil brasileiro:** um terceiro enigmático. 2. ed., rev. e atual., São Paulo: Saraiva, 2012, p. 86; CABRAL, Antônio do Passo. **Nulidades no processo moderno:** contraditório, proteção da confiança e validade prima facie dos atos processuais. Rio de Janeiro: Forense, 2009, p. 218; CUNHA, Leonardo Carneiro. O processo civil no Estado Constitucional e os fundamentos do projeto do novo Código de Processo Civil brasileiro. **Revista de Processo**, São Paulo, v. 209, jul. 2012, p. 369; PEIXOTO, Ravi. Rumo à construção de um processo cooperativo. **Revista de Processo**, São Paulo, v. 219, maio 2013, p. 93. Em relação ao alicerce normativo do princípio da cooperação processual, não se pode deixar de ressaltar o entendimento de Fredie Didier Jr., para quem, não obstante a ausência de texto normativo antes do novo CPC, extraía-se tal princípio do devido processo legal ou da boa-fé processual (**Fundamentos do princípio da cooperação no direito processual civil português.** 1. ed., Coimbra: Coimbra Editora, 2010, p. 55; 86).

Cap. 17 • DA PROTEÇÃO CONTRA SURPRESA PROCESSUAL E O NOVO CPC
Maíra de Carvalho Pereira Mesquita

contraditório substancial sobre questões relevantes ou não se mostrem suficientes a alterar o decidido. Trata-se, portanto, de análise a ser feita em cada caso concreto cujo norte da solução deve repousar na existência ou não de prejuízo.

Assim, a declaração da nulidade por falta de prévia intimação das partes acerca da matéria conhecida de ofício dependerá da a demonstração de que a parte poderia ter apresentado um elemento relevante e apto a modificar o conteúdo da decisão prolatada. Não basta a ausência de intimação; é preciso comprovar o prejuízo processual, consistente na existência de um elemento que poderia ter influenciado na construção da decisão judicial e, diante da violação ao dever de consulta, não o foi[52].

5. CONCLUSÃO

Apesar de a vedação a decisões surpresa não consistir em inovação trazida pelo novo Código de Processo Civil, este diploma tem o mérito de prever em seu bojo texto expresso sobre questões relevantes do princípio do contraditório. Em primeiro lugar, o exercício do contraditório deve ser, em regra, prévio à decisão judicial; e, ainda, não se devem confundir a possibilidade de conhecimento de matérias de ofício e o respeito ao contraditório substancial.

Fortalece-se, assim, o contraditório como feixe de direitos (e não apenas o binômio ciência-reação), dentre os quais se inclui o direito a influência processual. Garante-se às partes o direito de ocuparem o papel de coautoras do provimento jurisdicional, o qual deve retratar o debate travado no palco processual. Trata-se do exercício da democracia deliberativa no âmbito do processo civil, uma decorrência direta da adoção do modelo de Estado Constitucional (artigo 1º, CF/1988).

6. REFERÊNCIAS

BARREIROS, Lorena Miranda Santos. **Fundamentos constitucionais do modelo processual cooperativo no direito brasileiro.** Dissertação (Mestrado em Direito) Universidade Federal da Bahia. Salvador: 2011. Disponível em: ‹https://repositorio.ufba.br/ri/bitstream/ri/10725/1/Lorena.pdf›. Acesso em: 10 abr. 2013.

BRASIL. Constituição (1937). **Constituição dos Estados Unidos do Brasil.** Disponível em: ‹http://www.planalto.gov.br/ccivil_03/constituicao/constitui%C3%A7a037.htm›. Acesso em: 17 maio 2013.

---

52. No mesmo sentido aqui defendido, conferir: SILVA NETO, Francisco Antônio de Barros e. Os princípios processuais no projeto do novo Código de Processo Civil. **Revista do Tribunal Regional Federal da 5ª Região**, Recife, n. 100, p. 424-437, nov.-dez. 2012, p. 429.

BRASIL. Constituição (1946). **Constituição dos Estados Unidos do Brasil.** Disponível em: <http://www.planalto.gov.br/ccivil_03/constituicao/constitui%C3%A7a046.htm>. Acesso em :17 maio 2013.

BRASIL. Constituição (1967). **Constituição da República Federativa do Brasil.** Disponível em: <http://www.planalto.gov.br/ccivil_03/constituicao/constituicao67.htm>. Acesso em: 17 maio 2013.

BRASIL. Constituição (1988). **Constituição da República Federativa do Brasil.** Disponível em: <http://www.planalto.gov.br/ccivil_03/constituicao/constituicao.htm>. Acesso em: 20 ago. 2013.

BUENO, Cassio Scarpinella. **Amicus curiae no processo civil brasileiro:** um terceiro enigmático. 2. ed., rev. e atual., São Paulo: Saraiva, 2012.

_____. **Curso Sistematizado de Direito Processual Civil:** teoria geral do direito processual civil. São Paulo: Saraiva, 2007. v. 1

CABALLERO, Alexandre Augusto da Silva. Da relação entre o princípio da isonomia e o contraditório no processo civil. **Revista de Processo,** São Paulo, v. 52, p. 225-228, out.-dez. 1988.

CABRAL, Antônio do Passo. **Nulidades no processo moderno:** contraditório, proteção da confiança e validade prima facie dos atos processuais. Rio de Janeiro: Forense, 2009.

CANOTILHO, J.J. Gomes. **Direito Constitucional e Teoria da Constituição.** 7. ed., 12. reimp. Coimbra: Almedina, 2003.

CINTRA, Antônio Carlos de Araújo; GRINOVER, Ada Pellegrini; DINAMARCO, Cândido Rangel. **Teoria Geral do Processo.** 19. ed., rev. e atual. São Paulo: Malheiros, 2003.

COSTA, Moacyr Lobo da. **A intervenção iussu iudicis no processo civil brasileiro.** São Paulo: Saraiva, 1961.

CUNHA, Leonardo Carneiro da. **A atendibilidade dos fatos supervenientes no processo civil:** uma análise comparativa entre o sistema português e o brasileiro. Coimbra: Almedina, 2012.

_____. O processo civil no Estado Constitucional e os fundamentos do projeto do novo Código de Processo Civil brasileiro. **Revista de Processo,** São Paulo, v. 209, p. 349-374, jul. 2012.

CURI, Izabela Rücker. Considerações sobre assistência e a provocação do terceiro para intervir no feito. In: DIDIER JR., Fredie; WAMBIER, Teresa Arruda Alvim (Coord.). **Aspectos polêmicos e atuais sobre os terceiros no processo civil e assuntos afins.** São Paulo: Editora Revista dos Tribunais, 2004, p. 475-495.

DIDIER JR., Fredie. **Curso de direito processual civil:** introdução ao direito processual civil e processo de conhecimento 13. ed. Salvador : jusPODIVM, 2011. v.1.

_____. **Fundamentos do princípio da cooperação no direito processual civil português.** 1. ed., Coimbra: Coimbra Editora, 2010.

_____. Princípio do contraditório: aspectos práticos. **Revista de Direito Processual Civil**, Curitiba, v. 8, n. 29, p. 505-516, jul.-set. 2003.

DINAMARCO, Cândido Rangel. **Fundamentos do processo civil moderno**. 5. ed. São Paulo: Malheiros, 2002.

FREITAS, José Lebre. **Introdução ao processo civil:** conceito e princípios gerais. 2. ed. Coimbra: Coimbra Editora, 2009.

GOUVEIA, Lúcio Grassi de. O dever de cooperação dos juízes e tribunais com as partes – uma análise sob a ótica do direito comparado (Alemanha, Portugal e Brasil). **Revista da Esmape,** Recife, n. 11, p. 247-273, jan./jun. 2000.

GRECO, Leonardo. O princípio do contraditório. **Revista Dialética de Direito Processual,** São Paulo, n. 25, p. 71-79, mar. 2005.

GRINOVER, Ada Pellegrini. **Os princípios constitucionais e o código de processo civil.** São Paulo: Bushatsky, 1975.

ITÁLIA. **Codice di procedura civile.** Disponível em: ‹http://www.altalex.com/index.php?id-not=33727›. Acesso em: 12 set. 2013.

ITÁLIA. **La Costituzione della Repubblica Italiana.** Disponível em: ‹http://www.governo.it/ Governo/Costituzione/principi.html ›. Acesso em: 28 ago. 2013.

MACEDO, Elaine Harzheim; MACEDO, Fernanda dos Santos. O direito processual civil e a pós-modernidade. **Revista de Processo**, São Paulo, v. 204, p. 351-367, fev. 2012.

MARINONI, Luiz Guilherme. **Teoria Geral do Processo.** 5. ed, rev. e atual. São Paulo: Ed. Revista dos Tribunais, 2011.

MITIDIERO, Daniel Francisco. **Colaboração no processo civil:** pressupostos sociais, lógicos e éticos. 2. ed, rev., atual e ampl. São Paulo: Ed. Revista dos Tribunais, 2011.

_____. Processo justo, colaboração e ônus da prova. **Revista do TST**, Brasília, n. 78, p. 67-77, jan.-mar. 2012.

MONTESANO, Luigi; ARIETA, Giovanni. **Trattato di diritto processuale civile:** principi gene-rali. rito ordinario di cognizione. Padova: Cedam, 2001. t.1

NERY JUNIOR, Nelson. **Princípios do Processo Civil na Constituição Federal.** 8. ed, rev., atual e ampl. com as novas Súmulas do STF e com análise sobre a relativização da coisa julgada. São Paulo: Ed.Revista dos Tribunais, 2004.

NUNES, Dierle José Coelho. **Processo jurisdicional democrático.** 1. ed (data: 2008), 4. reimpr. Curitiba: Juruá, 2012.

OLIVEIRA, Carlos Alberto Alvaro. O juiz e o princípio do contraditório. **Revista de Proces-so**, São Paulo, n. 73, p. 7-14, jan.-mar. 1994.

OST, François. Júpiter, Hércules, Hermes: tres modelos de juez. **Academia. Revista sobre enseñanza del Derecho.** Buenos Aires: Rubinzal-Culzoni, v. 4, n. 8, p. 101-130, 2007. Disponível em: ‹http://www.derecho.uba.ar/publicaciones/rev_academia/revistas/08/ jupiter-hercules-hermes-tres-modelos-de-juez.pdf›. Acesso em: 27 jul. 2013.

PEIXOTO, Ravi. Rumo à construção de um processo cooperativo. **Revista de Processo**, São Paulo, v. 219, p. 89-114, maio 2013.

PINTO, Junior Alexandre Moreira. **A causa petendi e o contraditório**. São Paulo: Ed. Revista dos Tribunais, 2007. (Temas Atuais de Direito Processual Civil, 12)

PORTUGAL. Código de Processo Civil. Disponível em: ‹http://www.portolegal.com/CPCivil. htm›. Acesso em: 01 maio 2013.

PORTUGAL. Constituição da República Portuguesa. Disponível em: ‹http://www.parlamento.pt/Legislacao/Paginas/ConstituicaoRepublicaPortuguesa.aspx›. Acesso em: 28 ago. 2013.

PORTUGAL, Supremo Tribunal de Justiça. **Processo 2326/11.09TBLLE.E1.S1**. Acórdão em 09 nov. 2012. Relator: Fonseca Ramos. Disponível em: ‹http://www.stj.pt/jurisprudencia/basedados›. Acesso em: 11 set. 2013.

PORTUGAL, Supremo Tribunal de Justiça. **Recurso 02A2478.** Acórdão em 15 out. 2002. Relator: Ferreira Ramos. Disponível em: ‹ http://www.stj.pt/jurisprudencia/basedados›. Acesso em: 11 set. 2013.

RICCI, Edoardo F. Princípio do contraditório e questões que o juiz pode propor de ofício. In: FUX, LUIZ; NERY JR; WAMBIER, Teresa Arruda Alvim (Coord). **Processo e Constituição**: estudos em homenagem a José Carlos Barbosa Moreira. São Paulo: Editora Revista dos Tribunais, 2006. p. 495-499.

SILVA, José Afonso. **Curso de direito constitucional positivo.** 24. ed., rev. atual. nos termos da Reforma Constitucional (até a Emenda Constitucional n. 45, de 8.12.2004, publicada em 21.12.2004). São Paulo: Malheiros, 2005.

SILVA NETO, Francisco Antônio de Barros e. Os princípios processuais no projeto do novo Código de Processo Civil. **Revista do Tribunal Regional Federal da 5ª Região,** Recife, n. 100, p. 424-437, nov.-dez. 2012.

THEODORO JÚNIOR, Humberto; NUNES, Dierle. Princípio do contraditório no direito brasileiro. In: _____ **Processo e Constituição**: os dilemas do processo constitucional e dos princípios processuais constitucionais. Rio de Janeiro: GZ Editora, 2011. p. 281-309. TROCKER, Nicolò. **Processo civile e costituzione**: problemi di diritto tedesco e italiano. Milano: Giuffrè, 1974.

CAPÍTULO 18

Flexibilização procedimental no Novo Código de Processo Civil

Eduardo Cambi[1]

Aline Regina das Neves[2]

SUMÁRIO: 1. INTRODUÇÃO; 2. ADAPTABILIDADE PROCEDIMENTAL; 3. FUNDAMENTOS LEGITIMADORES DA FLEXIBILIZAÇÃO PROCEDIMENTAL; 3.1. DEVIDO PROCESSO LEGAL; 3.2. NIKLAS LUHMANN E A LEGITIMAÇÃO PELO PROCEDIMENTO ; 3.3. PREVISIBILIDADE E SEGURANÇA JURÍDICAS; 3.4. FLEXIBILIZAÇÃO PROCEDIMENTAL E PONDERAÇÃO DE VALORES; 4. FLEXIBILIZAÇÃO PROCEDIMENTAL NO CÓDIGO DE PROCESSO CIVIL DE 1973; 5. FLEXIBILIZAÇÃO PROCEDIMENTAL NO NOVO CÓDIGO DE PROCESSO CIVIL E AS FONTES AUTÔNOMAS; 5.1. FLEXIBILIZAÇÃO PROCEDIMENTAL JUDICIAL; 5.2. FLEXIBILIZAÇÃO PROCEDIMENTAL VOLUNTÁRIA; 5.3. CONSTRUÇÃO DE NOVO MODELO PROCESSUAL; 6. DESAFIOS AOS RESULTADOS DA FLEXIBILIZAÇÃO PROCEDIMENTAL; 6.1. A RELEITURA DO PAPEL DO PODER JUDICIÁRIO NA CONSTRUÇÃO DO PROCESSO JUSTO; 6.2. A RELEITURA DO PAPEL DAS PARTES NA CONSTRUÇÃO DO PROCESSO JUSTO; 7. CONCLUSÕES; 8. REFERÊNCIAS BIBLIOGRÁFICAS.

1. INTRODUÇÃO

O Novo Código de Processo Civil (NCPC), além de suceder o CPC/1973, lança as bases do que se pretende ser um Novo Direito Processual Civil, ao romper com paradigmas enraizados na cultura processual, primar pela busca da qualidade e eficiência da tutela jurisdicional e assegurar o pleno acesso à justiça.

O NCPC inova ao possibilitar a adaptação do procedimento às peculiaridades da demanda em apreço e das necessidades dos sujeitos processuais.

---

1. Promotor de Justiça no Estado do Paraná. Assessor da Procuradoria Geral de Justiça do Paraná. Coordenador estadual do Movimento Paraná Sem Corrupção. Coordenador Estadual da Comissão de Prevenção e Controle Social da Rede de Controle da Gestão Pública do Paraná. Assessor de Pesquisa e Política Institucional da Secretaria de Reforma do Judiciário do Ministério da Justiça. Representante da Secretaria de Reforma do Judiciário na Estratégia Nacional de Combate à Corrupção e à Lavagem de Dinheiro (ENCCLA). Coordenador do Grupo de Trabalho de Combate à Corrupção, Transparência e Controle Social da Comissão de Direitos Fundamentais do Conselho Nacional do Ministério Público (CNMP). Pós-doutor em direito pela Università degli Studi di Pavia. Doutor e mestre em Direito pela Universidade Federal do Paraná (UFPR). Professor da Universidade Estadual do Norte do Paraná (UENP) e da Universidade Paranaense (UNIPAR). Diretor financeiro da Fundação Escola do Ministério Público do Estado do Paraná (FEMPAR).

2. Mestre em Ciência Jurídica pela UENP. Professora de Processo Civil do Instituto Catuaí de Ensino Superior (ICES). Advogada.

Contemplou, assim, o princípio da adaptabilidade procedimental e a técnica da flexibilização do procedimento, para que o *iter* procedimental possa melhor se amoldar ao caso *sub judice* e não mais fazer com que apenas este tenha que se adequar ao procedimento previamente estabelecido pelo legislador.

O presente estudo aborda a técnica da flexibilização procedimental, seu conceito e finalidade. Analisa os argumentos aduzidos pelos opositores da mencionada técnica para aferir acerca da (im)possibilidade de sua utilização perante o ordenamento pátrio. Ocupa-se, ainda, do cotejo da flexibilização perante o CPC/1973 e o NCPC e, por fim, elenca os desafios principais a serem superados para que surta os efeitos positivos esperados e pertinentes à qualidade da tutela jurisdicional prestada.

Procura-se evidenciar os benefícios da flexibilização procedimental como meio voltado a contribuir para com a eficiência da tutela jurisdicional.

2. ADAPTABILIDADE PROCEDIMENTAL

Do ponto de vista histórico, o ordenamento processual brasileiro sempre demonstrou predileção pelo sistema da *legalidade das formas*, em detrimento da liberdade das formas procedimentais.

O legislador pautou-se pela articulação pormenorizada do procedimento, em observância à sequência legal de atos[3]. Preferiu reduzir o número de procedimentos, estabelecidos conforme critérios pré-ordenados para que as demandas fossem submetidas à apreciação do Poder Judiciário.

Ocorre que, nem sempre, o procedimento legalmente previsto e rigidamente engendrado revela-se o mais adequado à solução do litígio. Tampouco, a prévia estipulação do procedimento se revela sensível às particularidades da demanda e às necessidades dos sujeitos processuais. O artigo 5º, inc. XXXV, da CF assegura o direito fundamental à tutela jurisdicional adequada, célere e efetiva, o que pressupõe a adoção de procedimento que satisfaça as especificidades do caso *sub judice* para que não se prejudique a proteção do direito material violado.

A adaptação do procedimento à causa revela o caráter democrático e plural da tutela jurisdicional, uma vez que os conflitos são de natureza variada e a prestação jurisdicional deve acompanhar esta diferenciação[4]. Aliás, Francesco Carnelutti ensinava que *"as litis são diferentes umas das outras como as doenças*

---

3.   OLIVEIRA, Carlos Alberto Alvaro de. *Do formalismo no processo civil.* 2ª ed. São Paulo: Saraiva, 2003. p. 109.
4.   SILVA, José Afonso da. *Curso de direito constitucional positivo.* 26ª ed. São Paulo: Malheiros, 2006. p. 92.

e nenhum médico pensaria em prescrever para todos os doentes o mesmo método de cura" [5].

Com efeito, não faz sentindo nem colabora com a concretização do direito fundamental à tutela jurisdicional adequada submeter todas as causas a um procedimento único, que ignore suas especificidades.

A partir da exegese do artigo 5º, inc. XXXV, da CF, o rigor procedimentalista e o apego demasiado e incondicional aos procedimentos legalmente fixados têm de ceder lugar à perspectiva instrumentalista, que considera o processo e o procedimento como meios viabilizadores da prestação de tutela jurisdicional adequada. Com efeito, é necessário o abrandamento das disposições legais e a sua moldagem ao caso concreto, pois o procedimento não precisa ser tão cartesiano[6] para assegurar isonomia e segurança às partes.

À adaptação do procedimento às necessidades da causa, opõe-se a adequação *in abstrato*, de responsabilidade do Poder Legislativo, exercida, por exemplo, quando da previsão de procedimentos especiais, criados para contemplar hipóteses determinadas pelo legislador[7].

O princípio da adaptabilidade do procedimento à causa não se confunde com o sistema da liberdade das formas procedimentais nem redunda na *anarquia procedimental*, isto é, em um procedimento sem um arcabouço jurídico mínimo de formas capazes de assegurar o conhecimento prévio das regras do jogo. Apenas não refuta a possibilidade de que os sujeitos processuais – seja o juiz ou as partes – procedam a alterações recomendáveis, que vão desde a inversão da ordem de produção de provas, alteração de prazos legais, negócios jurídicos processuais, até a supressão de atos desnecessários ou inidôneos para o fim do processo[8]. Tudo isso para a maior aderência entre o procedimento adotado e a natureza e as particularidades da demanda, a possibilitar o desenvolvimento da criatividade dos sujeitos processuais sem prejudicar a efetivação da garantia constitucional de acesso à ordem jurídica justa[9].

---

5. CARNELUTTI, Francesco. *Sistema de direito processual civil*. 2ª ed. São Paulo: Lemos & Cruz, 2004. p. 194.
6. CARNELUTTI, Francesco. *Sistema de direito processual civil*. 2ª ed. São Paulo: Lemos & Cruz, 2004. p. 194.
7. GAJARDONI, Fernando da Fonseca. *Flexibilização procedimental: um novo enfoque para o estudo do procedimento em matéria processual*. São Paulo: Atlas, 2008. p. 03.
8. DIDIER JÚNIOR, Fredie. Sobre dois importantes, e esquecidos, princípios do processo: adequação e adaptabilidade do procedimento. *Revista de Direito Processual Civil*, Curitiba, v. 21, n. 21, p. 530-541, 2001. p. 541.
9. NEVES, Aline Regina das. *Flexibilização Procedimental: instrumento de efetivação da garantia de acesso à justiça e da prestação da tutela jurisdicional adjetivada*. Dissertação (Mestrado em Ciência Jurídica) – Universidade Estadual do Norte do Paraná, Jacarezinho. Jacarezinho, 2014. p. 86.

3. FUNDAMENTOS LEGITIMADORES DA FLEXIBILIZAÇÃO PROCEDIMENTAL

A adaptabilidade procedimental está presente em diversos ordenamentos jurídicos, tais como o português[10], o inglês[11] e o francês[12]. Pode apresentar resultados satisfatórios à atividade jurisdicional, ao aumentar a aderência entre a demanda *sub judice* e o procedimento adotado até a obtenção de provimento jurisdicional de mérito, bem como contribuir para promover a celeridade processual, ao eliminar a prática de atos processuais desnecessários.

Contudo, a adaptação procedimental enfrenta diversas críticas como: servir como forma de violação ao devido processo legal (art. 5º, inciso LIV, CF); não ter os sujeitos processuais legitimidade para proceder à adaptabilidade; carência de previsibilidade do procedimento a ensejar insegurança jurídica; dar margens a arbitrariedades e excessos. Tais argumentos precisam ser analisados um a um.

3.1. Devido processo legal

A garantia do devido processo legal tem origem na Alemanha, no ano de 1037, quando da edição, por Conrado II, de decreto que versava sobre a proteção à propriedade privada: *"Nenhum homem pode ser privado de sua terra senão pelas leis do Império"*[13].

Em 1215, a Carta Magna do Direito Inglês, no artigo 39[14], reproduziu a previsão contida no Decreto Alemão e, dela, a garantia se expandiu para a maioria dos ordenamentos jurídicos.

---

10. Em Portugal, o artigo 265-A do Código de Processo Civil prevê que *"quando a tramitação processual prevista na lei não se adequar às especificidades da causa, deve o juiz oficiosamente, ouvidas as partes, determinar a prática de actos que melhor se ajustem ao fim do processo, bem como as necessárias adaptações".*

11. Na Inglaterra, a regra 1.1.1 do *Civil Procedure Rules* adota o modelo do *case management*, ao estabelecer que *"são estabelecidas diretrizes gerenciais para todos os julgadores: a) identificar as questões envolvidas nos casos; b) resolver as questões simples rapidamente, e estabelecer parâmetros para a resolução das demais questões; c) estabelecer cronogramas das providências que serão adotadas no procedimento, inclusive determinando a ordem em que os atos serão praticados e seus prazos; e d) controlar o volume de provas, limitando-as ao necessário".*

12. CADIET, Loïc. Los acuerdos procesales en derecho francês: situación actual de la contractualización del processo y la justicia en Francia. In: http://www.civilprocedurereview.com/busca/baixa_arquivo.php?id=59&embedded=true. Acesso em 7 de abril de 2015.

13. PEREIRA, Ruitemberg Nunes. *O princípio do devido processo legal substantivo.* Rio de Janeiro: Renovar, 2005. p. 20.

14. Art. 39 da Carta Magna. **"Nenhum homem livre será detido ou aprisionado, ou privado de seus direitos ou bens, ou declarado fora da lei, ou exilado, ou despojado, de algum modo, de sua condição; nem procederemos com força contra ele, ou mandaremos outros fazê-lo, a não ser mediante o legítimo julgamento de seus iguais e de acordo com a lei da terra".** Como a disposição em comento referia-se a garantia do cidadão perante o soberano, foi escrita, originalmente, em latim para que o povo, dela, não tomasse conhecimento".

O surgimento da garantia do devido processo legal remonta momento histórico em que se temiam os excessos do governante e se pretendia maior proteção em face do Estado.

Porém, o que é *devido* processo oscila conforme o momento histórico: o devido de ontem não necessariamente o é hoje, mostrando-se imperiosa a interpretação de tal garantia em conjunto com o sistema – não apenas jurídico – que integra. É, pois, uma garantia em permanente construção[15].

O argumento de que a flexibilização procedimental violaria o devido processo legal ampara-se na insistência em mantê-lo vinculado ao seu aspecto formal. Dessa forma, nega-se a sua dimensão substancial que impõe o reconhecimento de que o processo devido às partes é o processo justo[16].

O *devido processo é processo efetivo*[17]. E o processo, enquanto instrumento devido, só é efetivo na medida em que é instrumento eficiente à realização do direito material em tempo razoável e útil às partes[18]. Por isso, a garantia do devido processo legal deve vincular-se à *tutela jurisdicional qualificada*, ou seja, célere, tempestiva e adequada.

Deve-se atentar que a Constituição Federal não elenca, dentre os direitos fundamentais, o devido *procedimento* legal, mas sim o devido *processo* legal. O que se garante às partes é um processo com *desenho constitucional*[19], em que deve ser observado a igualdade substancial, a ampla defesa, o contraditório e a duração razoável do processo.

Em sentido estrito, as regras de procedimento não estão incluídas na acepção de devido processo legal, como corolário do direito ao processo justo, e para não se excluir a dimensão substancial da garantia constitucional é preferível a expressão *devido processo constitucional*[20].

---

15. COSTA, Thaís Mendonça Aleluia da. *A contratualização do procedimento civil francês: um novo horizonte para a adequação processual*. Dissertação (Mestrado em Direito) – Universidade Federal da Bahia, Salvador. Salvador, 2012. p. 34; REDONDO. Bruno Garcia. Devido processo "legal" e flexibilização do procedimento pelo juiz e pelas partes. *Revista Dialética de Direito Processual*, São Paulo, n. 130, p. 9-16, janeiro, 2014. p. 12. Ademais, ao se admitir a classificação dos princípios processuais em informativos – aqueles que não sofrem influência ideológica – e fundamentais – princípios que encerram carga ideológica significativa –, o devido processo legal se enquadraria na categoria de princípio fundamental (PARIZ, Ângelo Aurélio Gonçalves. *O princípio do devido processo legal: direito fundamental do cidadão*. Coimbra: Almedina, 2009. p. 180).
16. PARIZ, Ângelo Aurélio Gonçalves. Op. Cit. p. 183.
17. DIDIER JÚNIOR, Fredie. *Curso de Direito Processual Civil*. 14ª ed. Salvador: JusPodivm, 2012. p. 67.
18. MOREIRA, José Carlos Barbosa. Por um processo socialmente efetivo. In: *Temas de Direito Processual*. 8ª ed. São Paulo: Saraiva, 2004. p. 15.
19. SILVA, Paulo Eduardo Alves da. *Gerenciamento de processos judiciais*. São Paulo: Saraiva, 2010. p. 96.
20. Fernando da Fonseca Gajardoni prefere a expressão devido processo constitucional (Op. Cit. p. 100), enquanto Bruno Garcia Redondo considera mais acertada a expressão devido processo de direito (Op. Cit. p. 13).

O risco de acentuar os aspectos formais da garantia do devido processo legal poderia contribuir com o *desvio de foco da jurisdição para questões formais*[21] e fortalecer o *formalismo jurídico* exacerbado e distante da efetivação da tutela jurisdicional adequada e eficiente assegurada pelo artigo 5º, inc. XXXV, da Constituição Federal.

O devido processo constitucional impõe a adoção de um procedimento adequado, conceito que não se vincula necessariamente à forma, mas sim à aderência à realidade social e à relação de direito material controvertida[22]. Para a preservação do devido processo com contornos constitucionais, a experiência aconselha preterir o formalismo processual exacerbado quando sua utilização tornar estéril ou dissipar os fins do processo[23], abrindo espaço, como mecanismo de obtenção de tutela jurisdicional qualificada, para a adoção de procedimentos menos previsíveis, mas mais comprometidos com o resultado jurisdicional desejado[24].

O apego exagerado ao procedimento legal corrompe a garantia constitucional do devido processo legal, porque o procedimento deve ser apenas o meio válido à efetivação do pleno acesso à justiça, não um fim em si mesmo[25].

Com efeito, desde que observado o contraditório e não se neguem, a nenhuma das partes, oportunidades iguais de influenciar na formação do convencimento judicial, as adaptações do procedimento às necessidades do caso concreto atendem à ideia de processo justo[26]. Logo, se as garantias constitucionais do processo são observadas, tem-se o devido processo legal, ainda que se permitam alterações no procedimento para se adequar às circunstâncias da causa[27].

Portanto, a garantia constitucional do devido processo legal não pode ser enclausurada em disposições infraconstitucionais e de natureza procedimental. O processo civil de resultados deve admitir a flexibilização procedimental como técnica de promoção do direito à tutela jurisdicional justa, sem prejudicar, com a maior liberdade de formas, o respeito às garantias processuais fundamentais da isonomia, do contraditório, da ampla defesa e da segurança jurídica.

---

21. SILVA, Paulo Eduardo Alves da. Op. Cit. p. 95.
22. GAJARDONI, Fernando da Fonseca. Op. Cit. p. 100.
23. Idem. p. 84.
24. CABRAL, Trícia Navarro Xavier. Flexibilização procedimental. *Revista Eletrônica do Direito Processual*, Rio de Janeiro, vol. VI, ano 4, p. 135-164, jul./dez. 2010. p. 164-165.
25. BALEOTTI, Francisco Emilio. Poderes do juiz na adaptação do procedimento. *Revista de Processo*, São Paulo, v. 213, ano 236, p. 389-408, nov. 2012. p. 402.
26. BEDAQUE, José Roberto dos Santos. *Efetividade e técnica processual*. São Paulo: Malheiros, 2006. p. 63.
27. SILVA, Paulo Eduardo Alves da. Op. Cit. p. 97.

3.2. Niklas Luhmann e a legitimação pelo procedimento

Também se questiona a legitimidade dos sujeitos processuais para fazer alterações procedimentais. Tal legitimidade seria exclusiva do legislador, por ser proveniente da manifestação da vontade popular.

A tese de que o procedimento legitima a ação estatal encontra amparo na doutrina de Niklas Luhmann (1927 – 1998).

Luhmann define legitimidade como a disposição generalizada para aceitar decisões de conteúdo ainda não definido, dentro de certos limites de tolerância[28]. Decisão legítima seria aquela que se reconhece como obrigatoriamente válida ou que é aceita por todos.

A aceitação da decisão judicial decorre do curso de um processo decisório, em que as partes são chamadas a participar e têm asseguradas garantias processuais fundamentais.

A função do procedimento é reduzir ou neutralizar as expectativas dos litigantes, servindo como um catalisador de conformação de frustrações. É como se, no transcurso do procedimento, o conflito fosse perdendo importância, na busca por uma decisão, o que diminuiria a expectativa das partes.

A legitimação pelo procedimento é uma forma de *transformação estrutural da expectativa*, por meio do processo efetivo de comunicação, que decorre em conformidade com os regulamentos jurídicos[29]. Trata-se, portanto, de um fenômeno concreto e real, não de uma relação normativa abstrata.

Assim, o que legitima o procedimento é o *processo efetivo de comunicação*, ou seja, a garantia plena e efetiva do contraditório, não a pura e simples previsão antecipada do procedimento pela lei processual.

O que legitima socialmente os resultados da atividade jurisdicional não é o procedimento rígido e inflexível, mas a garantia do diálogo entre as partes e entre as partes e os órgãos judiciais. A participação das partes, instrumentalizada pela garantia constitucional do contraditório, pode propiciar a conformação não apenas quanto ao resultado do processo, mas também quanto aos métodos necessários para a sua obtenção.

Oportunizar às partes a participação na fixação e na adequação do procedimento à causa, sem prejudicar a isonomia, pode trazer vários benefícios como a concretização da cooperação processual, a litigância de boa-fé e a

---

28. LUHMANN, Niklas. *Legitimação pelo procedimento*. Tradução de Maria da Conceição Corte Real. Brasília: Ed. Universidade de Brasília, 1980. p. 30.

29. Idem. p. 35.

redução de questões preliminares, de incidentes e de recursos, bem como da possibilidade de se alegar cerceamento de defesa.

Conclui-se que a legitimação processual não decorre tanto da observância do procedimento legal, mas da participação efetiva das partes na formação da decisão judicial[30]. Não é a flexibilização do procedimento processual que torna a decisão judicial menos legítima, porque a adaptação procedimental que respeita às garantias processuais não prejudica, mas, ao contrário, contribui para a efetiva tutela jurisdicional.

3.3. Previsibilidade e segurança jurídicas

Criou-se um mito de que, quanto mais detalhadas forem as regras procedimentais, mais elevado será o nível de igualdade entre partes e mais democrático será o processo[31].

Nesse contexto, a segurança jurídica estaria vinculada, de forma intrínseca, à legalidade, entendida como império da lei[32].

Ao se cogitar a possibilidade de alteração do procedimento legal, restaria comprometida a previsibilidade de atos procedimentais e as partes poderiam ser surpreendidas por atos ou decisões imprevisíveis ou até mesmo arbitrárias.

É certo que a alteração procedimental procedida inesperadamente, sem prévia observância do contraditório, compromete a previsibilidade dos atos processuais.

Porém, a flexibilização procedimental adotada pelo Novo Código de Processo Civil não possibilita a alteração do *iter* procedimental conforme idiossincrasias dos sujeitos processuais nem resulta da imposição de qualquer deles. Ao contrário, a adaptabilidade do procedimento à causa é resultado da efetivação da garantia constitucional do contraditório e está fundada no caráter dialético do processo.

É o exercício pleno do contraditório que confere legitimidade à flexibilização procedimental e, portanto, não compromete a segurança jurídica. Afinal, quando as variações procedimentais contam com a participação das partes em pleno contraditório, não se pode alegar que o procedimento não era previsível.

Apenas se relativiza a exigência do contraditório quando as modificações procedimentais forem benéficas a ambas as partes, de forma que a notificação

---

30. DINAMARCO, Cândido Rangel. O princípio do contraditório e sua dupla destinação. In: *Fundamentos do processo civil moderno*. 3ª ed. São Paulo: Malheiros, 2000. p. 125.
31. SILVA, Paulo Eduardo Alves da. Op. Cit. p. 30.
32. SILVA, José Afonso da. Op. Cit. p. 420.

das partes sobre a alteração de procedimento importaria dispêndio desnecessário[33]. A alegação de prejuízo, caso não fosse considerado pelo órgão judicial, ensejaria à impugnação pela via recursal, para que outro juízo pudesse ser feito a respeito da alteração procedimental, o que evidencia a ausência de violação à garantia da segurança jurídica.

Importante ressaltar que, além da observação do contraditório prévio à flexibilização procedimental – com a ressalva supra denunciada –, fazem-se necessários mais dois requisitos: a finalidade e a motivação.

Como a flexibilização procedimental não pressupõe a liberdade das formas, a regra geral é a observância dos procedimentos previstos nas disposições legais.

Porém, desde que haja uma finalidade específica, o procedimento legal pode ser alterado para: a) adequar-se à discussão do direito material deduzido em juízo; b) dispensar a existência de formalidades que poderiam impor a realização de atos processuais desnecessários, irrelevantes ou inúteis; c) proteger a parte hipossuficiente e melhor assegurar o equilíbrio entre os litigantes[34] (exemplo da última hipótese é a flexibilização das regras rígidas acerca da preclusão em favor do necessitado, beneficiado com defesa técnica gratuita)[35].

A finalidade da alteração do procedimento previsto em lei deve ser exposta na decisão que determina a variação procedimental. A motivação da decisão judicial, exigência constitucional (art. 93, inciso IX, da CF), é pressuposto de validade para a flexibilização procedimental judicial. E, ainda que se trate de flexibilização procedimental voluntária, haverá decisão judicial que a viabilize, sendo também obrigatória a motivação.

---

33. Exemplo de situação em que a prévia notificação das partes acerca da adaptabilidade procedimental é desnecessária é a prática adotada, durante o mês de fevereiro de 2013, pela 4ª Vara do Trabalho de Londrina, pelo Juiz Júlio Ricardo de Paula Amaral. As pautas de audiência da Vara, que adotava o procedimento de realização de audiências unas, conforme disposição da CLT, estava abarrotada. As petições iniciais distribuídas em setembro de 2012 tinham audiências designadas para junho de 2013. O Magistrado decidiu, assim, intimar as partes (reclamante e reclamada) para comparecimento à audiência especialmente destinada à conciliação, oportunidade destinada, unicamente, ao diálogo entre os sujeitos processuais (partes e juiz). Caso não houvesse possibilidade de composição, a audiência una, prevista na CLT, seria marcada, ocasião em que a reclamada apresentaria defesa e o reclamante procederia à impugnação oral dos documentos que a acompanham. O juiz procedeu à flexibilização procedimental sem a prévia consulta das partes e sem oportunizar-lhes o contraditório. Porém, face aos benefícios a ambos – na hipótese de conciliação, havia a pronta satisfação das pretensões do reclamante e, se não houvesse, nenhum prejuízo haveria à parte reclamada, que apenas apresentaria sua defesa quando da audiência una --, o contraditório pôde ser dispensado.

34. GAJARDONI, Fernando da Fonseca. Op. Cit. p. 88-89.

35. Nesse sentido, vale ressaltar o seguinte julgado: *"APELAÇÃO CÍVEL - AÇÃO DE COBRANÇA - RÉU CITADO ATRAVÉS DE EDITAL - CONTESTAÇÃO APRESENTADA PELO CURADOR ESPECIAL INTEMPESTIVAMENTE - IRRELEVÂNCIA - MERA IRREGULARIDADE (...)"* (TJMG. Apelação Cível nº. 2001.003162-3. Relator: Des. Ildeu de Souza Campos. Órgão Julgador: 1ª Turma Cível. Julgamento: 22.5.11. Fonte: DJ de 07.6.01).

Não há prejuízo à segurança jurídica quando a flexibilização procedimental, surgida em razão da aplicação de uma cláusula aberta ou da identificação de uma técnica processual não prevista em lei, está justificada pelos fatos, pelo direito material ou pelas circunstâncias processuais constantes dos autos[36].

3.4. Flexibilização procedimental e ponderação de valores

A adaptação do procedimento à causa permite conceber vias procedimentais individualizadas em oposição ao rito pré-formatado estabelecido em lei, quando se justificam alterações voltadas à obtenção de melhores resultados, de serviços judiciários mais eficientes e da tutela jurisdicional mais célere e efetiva[37]. Face à natureza instrumental do processo e, consequentemente, do procedimento, o direito processual se deve amoldar às particularidades da causa, não podendo o direito material ser prisioneiro do processo, já que isso dificultaria ou até inviabilizaria a sua tutela judicial.

Por exemplo, o artigo 407, parágrafo único, do CPC/1973[38], possibilita, a cada uma das partes, a oitiva de dez testemunhas, sendo três para cada um dos fatos controvertidos. Entretanto, a quantidade de fatos controvertidos varia conforme a complexidade da demanda, não querendo isso dizer, contudo, que demandas com poucos ou apenas um fato controvertido sejam de pouca complexidade.

Caso se esteja diante de demanda que, em razão da quantidade de pontos controvertidos, necessite da oitiva de mais de dez testemunhas para a formação do convencimento do juiz e consecução dos escopos do processo, o procedimento deverá ser alterado com vistas a viabilizar a colheita de mais depoimentos do que determina a lei[39].

---

36. MARINONI, Luiz Guilherme. *Teoria geral do processo.* 3ª ed. São Paulo: Revista dos Tribunais, 2008. p. 133; MARINONI, Luiz Guilherme. Do controle da insuficiência da tutela normativa aos direitos fundamentais processuais. In: *O direito nos Tribunais Superiores: com ênfase no novo direito processual civil. Homenagem ao Ministro Sérgio Luiz Kukina.* Curitiba: Bonijuris, 2015. p. 249.
37. SILVA, Paulo Eduardo Alves da. Op. Cit. p. 36-37.
38. Art. 407 do CPC: *"Incumbe às partes, no prazo que o juiz fixará ao designar a data da audiência, depositar em cartório o rol de testemunhas, precisando-lhes o nome, profissão, residência e o local de trabalho; omitindo-se o juiz, o rol será apresentado até 10 (dez) dias antes da audiência. Parágrafo único. É lícito a cada parte oferecer, no máximo, dez testemunhas; quando qualquer das partes oferecer mais de três testemunhas para a prova de cada fato, o juiz poderá dispensar as restantes".*
39. Nesse sentido, vale destacar a seguinte decisão: *"RECURSO ELETORAL - INVESTIGAÇÃO JUDICIAL ELEITORAL - ELEIÇÕES 2008 - ARTIGO 22 , INCISO V , DA LEI COMPLEMENTAR N.º 64 /1990 - ARROLAMENTO DE TESTEMUNHAS ALÉM DA LIMITAÇÃO LEGAL - PRESERVAÇÃO DA ISONOMIA ENTRE AS PARTES - PRINCÍPIO DA ADAPTABILIDADE- POSSIBILIDADE - DESPROVIMENTO. Preservando-se a paridade de armas, admite-se a oitiva de número de testemunhas além do limite estabelecido no inciso V, do artigo 22, da Lei Complementar n.º 64/90, se, frente à complexidade da causa, comprovar o magistrado que assim agindo obterá a melhor consecução dos seus fins"* (TRE-MT. Recurso Eleitoral 1423. Fonte: DJ de 21.8.09). Ressalta-se que, no caso em comento, o número de testemunhas

Por meio da flexibilização procedimental, os sujeitos processuais podem eliminar a prática de atos desnecessários, desprovidos de relevância e que conduzam apenas à burocratização do processo e retardam sua marcha. Por exemplo, o Tribunal de Justiça do Rio Grande do Sul (TJRS), ao julgar o agravo de instrumento nº. 70021455225, reformou a decisão do Juízo de Primeira Instância que, ante a desistência da ação manifestada pelo demandante em razão de perda superveniente do interesse, exigiu a intimação do réu revel[40]. No caso em exame, a instituição bancária propôs ação de busca e apreensão de veículo alienado fiduciariamente. Em que pese o réu não ter contestado à ação, entregou o bem espontaneamente ao banco, que, pela perda do interesse no prosseguimento do feito, manifestou a desistência da demanda. O Juízo de primeiro grau, aplicando o artigo 267, § 4º, CPC/1973, determinou a intimação do réu para que manifestasse anuência ou não quanto à desistência. O banco, reiterando a perda de interesse processual e a ausência de prejuízo ao réu revel, agravou a decisão. Com acerto, fundado no princípio da economia processual, o TJRS considerou prescindível a intimação do réu inativo durante todo o processo, abreviando o procedimento.

Além de propiciar melhor aderência do procedimento às particularidades da causa e eliminar atos processuais desnecessários, a flexibilização do procedimento permite a alteração de prazos processuais – regras que fixam prazo têm natureza procedimental e não processual –, ora aumentando-os, com vistas a propiciar a efetiva manifestação das partes, ora restringindo-os[41], no intuito de propiciar tramitação célere.

A flexibilização procedimental pode trazer benefícios ao processo, seja por observar as peculiaridades das demandas e dos sujeitos processuais, promovendo a adequação do rito procedimental às necessidade da causa, bem como por gerar economia de tempo (celeridade e duração razoável do processo).

é regulamentado pela Lei Complementar nº. 64/90, que, em seu art. 22, inciso V, fixa a quantidade máxima de seis testemunhas. A oitiva de número superior de testemunhas coaduna-se com o propósito de concessão de tutela jurisdicional adequada, mediante a conformação do rito procedimental à natureza e complexidade da demanda.

40. *"AGRAVO DE INSTRUMENTO. ALIENAÇÃO FIDUCIÁRIA. AÇÃO DE BUSCA E APREENSÃO. DESISTÊNCIA DA AÇÃO E REVELIA. Na hipótese sub judice, ante a peculiaridade da situação fática, revela-se prescindível a intimação pessoal do demandado que se mantém em total inatividade (revelia total) acerca do pedido de desistência da ação. Aplicação do princípio da adaptabilidade procedimental. Recurso provido"* (TJRS. AI nº. 70021455225. Órgão Julgador: 14ª Câmara Cível. Relator: Des. Judith Dos Santos Mottecy. Fonte: DJ de 30.11.07).

41. Convém salientar que a redução do prazo, desde que justificada, não importa cerceamento de defesa. Podem ser minorados quando se revelarem excessivos à finalidade a que se destinam, em prol da celeridade processual. Por exemplo, em regra, os prazos concedidos, no âmbito da Justiça do Trabalho, para manifestação sobre laudo pericial é de cinco dias (prazo comum). Contudo, caso se aproxime a audiência destinada ou à instrução e julgamento ou ao encerramento da instrução, se a concessão de prazo de cinco dias às partes implicar o adiamento da audiência e não resultar em prejuízo para as partes, pode o juiz reduzi-lo, viabilizando a realização da audiência e, com isso, a duração razoável do processo.

Adequação, celeridade e economia contribuem para eficiência da prestação jurisdicional. São *standards* que aperfeiçoam a qualidade da atividade judicial. Atrelam-se, portanto, à garantia fundamental de acesso à ordem jurídica justa, prevista no artigo 5º, incs. XXXV e LXXVIII, da Constituição Federal. Consequentemente, a adoção do procedimento adequado ao direito material e às peculiaridades do caso concreto é uma garantia constitucional.

Além disso, a colisão entre os princípios da adaptabilidade do procedimento e da segurança jurídica podem ser submetidos a um juízo de ponderação, que envolvem a garantia da efetividade da tutela jurisdicional (art. 5º, incs. XXXV e LXXVIII, CF).

Pela técnica da ponderação, desenvolvida por Robert Alexy, quanto mais alto é o grau do não cumprimento de um princípio ou prejuízo daí decorrente, tanto maior deve ser a importância do cumprimento de outro. Tal técnica se desdobra em três passos: 1º) deve ser comprovado o grau do não cumprimento ou o prejuízo de um princípio; 2º) deve-se comprovar a importância do cumprimento do princípio em sentido contrário; 3º) deve-se, finalmente, ser comprovada se a importância do cumprimento do princípio em sentido contrário justifica o prejuízo ou não do cumprimento do outro[42].

Buscando aplicar a técnica da ponderação de Alexy, podem ser formulados os seguintes enunciados:

1º) constata-se que a flexibilização procedimental causa prejuízo à segurança jurídica;

2º) a flexibilização procedimental visa à consecução da tutela jurisdicional efetiva (qualificada) e, consequentemente, à garantia de acesso à ordem jurídica justa;

3º) a relevância da garantia de acesso à ordem jurídica justa justifica eventual prejuízo da segurança jurídica.

Explica-se: no juízo de ponderação, Alexy adota o modelo de três graus: leve (valor 1), médio (valor 2) e grave (valor 4)[43] e apresenta a fórmula peso[44]: $W_{i,j} = l_i/l_j$, em que l_i representa o grau do prejuízo no princípio i, l_j, a importância do cumprimento do princípio j e $W_{i,j}$, por sua vez, é o peso concreto do princípio i, obtido pelo quociente entre l_i e l_j.

---

42. ALEXY, Robert. *Constitucionalismo discursivo*. Tradução de Afonso Heck. 3. ed. Porto Alegre: Livraria do Advogado, 2011. p. 111.
43. Idem. p. 160.
44. CAMBI, Eduardo. *Neoconstitucionalismo e neoprocessualismo: direitos fundamentais, políticas públicas e protagonismo judiciário*. 2ª ed. São Paulo: Revista dos Tribunais, 2011. p. 477-486.

Pensando que a segurança jurídica é o princípio i e considerando que l_j recebe grau leve (1) ou médio (2), já que o prejuízo advindo do "não cumprimento" da segurança jurídica não pode ser considerado grave (4), bem como que l_j corresponde a (4), ou seja, a importância do cumprimento da garantia de acesso à ordem jurídica justa tem peso (4), tem-se que o peso concreto da segurança jurídica é de: ¼ ou ½.

Por outro lado, o peso concreto do acesso à ordem jurídica justa, em cotejo com a segurança jurídica, é: $4^{45}/2^{46}$ ou 4/1, ou seja, 2 ou 4.

Depreende-se, assim, que o peso concreto do acesso à ordem jurídica justa é maior que 1, enquanto o da segurança jurídica é menor que 1. Em outras palavras, o peso concreto do acesso à ordem jurídica justa é maior que o da segurança jurídica.

Em conclusão, a consecução plena do acesso à ordem jurídica justa, até pelo seu especial predicado de ser a garantia fundamental que assegura a realização de todos os direitos, justifica eventual comprometimento da segurança jurídica.

Portanto, ainda que a flexibilização procedimental, indispensável ao acesso à ordem jurídica justa, violasse a segurança jurídica - assertiva da qual se discorda - não haveria óbice à sua consecução, caso fosse aplicada a técnica da ponderação de Robert Alexy.

4. FLEXIBILIZAÇÃO PROCEDIMENTAL NO CÓDIGO DE PROCESSO CIVIL DE 1973

A flexibilização procedimental, conforme salientado, pode trazer vantagens, tanto às partes litigantes, quanto à jurisdição, enquanto serviço público eficiente, consistentes na maior compatibilidade do procedimento adotado às especificidades da causa, na maior economia e também na maior celeridade processual.

Contudo, o Código de Processo Civil de 1973 não estabeleceu, expressamente, a possibilidade de adaptação procedimental, apesar de adotar técnicas processuais diferenciadas em regras como as contidas nos artigos 331, 333, par. ún., e 461, § 5º.

Neste artigo 461, § 5º, para assegurar os efeitos do provimento jurisdicional, o juiz pode determinar as *medidas necessárias*. No artigo 333, par. ún., as

---

45. Grau de prejuízo derivado do não cumprimento da garantia de acesso à ordem jurídica justa.
46. Importância do cumprimento da segurança jurídica.

partes podem, de comum acordo, distribuir de maneira diferente o ônus da prova, desde que a causa verse sobre direito disponível e não torne excessivamente difícil para uma das partes o exercício do direito. Ainda, o artigo 331 possibilita, ao magistrado, avaliado o caso concreto, optar pela designação ou eliminação da audiência preliminar.

A ausência de expressa previsão legal do princípio da adaptação do procedimento à causa não impede a sua aplicação, pois, como ele decorre da garantia constitucional do acesso à ordem jurídica justa, o ordenamento processual tem que ser interpretado conforme os postulados da unidade e da coerência.

O postulado da unidade do ordenamento jurídico exige do intérprete o relacionamento entre a parte e o todo mediante o emprego das categorias de ordem e unidade, enquanto o postulado da coerência impõe a obrigação de relacionar as normas com as outras normas que lhe são formal e materialmente superiores[47].

O Código de Processo Civil de 1973 confere ao magistrado a liberdade quanto à valoração da prova (art. 131). Desde que motivado, o convencimento judicial é livre, isto é, o órgão julgador deve julgar conforme os elementos apresentados no processo, valendo-se de critérios racionais e críticos[48].

Assim, se o legislador ordinário conferiu ao juiz a possibilidade de valoração motivada da prova, não se poderiam negar poderes ao juiz para alterar, desde que justificadamente, o *iter* procedimental. Aliás, seria como lhe permitir o mais e negar o menos, já que, da valoração da prova, depende o resultado da demanda, o que a torna uma regra até mais relevante que a disposição sobre a marcha processual.

Ademais, a Lei de Arbitragem (Lei nº. 9.307/96), em seu artigo 21[49], possibilita, às partes e ao árbitro, a fixação do procedimento desde que observados, incondicionalmente, as garantias do contraditório, da igualdade de partes, da

---

47. ÁVILA, Humberto. *Teoria dos princípios: da definição à aplicação dos princípios jurídicos.* 14ª ed. São Paulo: Malheiros, 2013. p. 144-145.

48. CINTRA, Antônio Carlos de Araújo; GRINOVER, Ada Pellegrini; DINAMARCO, Cândido Rangel. *Teoria geral do processo.* 22ª ed. São Paulo: Malheiros, 2006. p. 74.

49. "Art. 21 da Lei de Arbitragem. A arbitragem obedecerá ao procedimento estabelecido pelas partes na convenção de arbitragem, que poderá reportar-se às regras de um órgão arbitral institucional ou entidade especializada, facultando-se, ainda, às partes delegar ao próprio árbitro, ou ao tribunal arbitral, regular o procedimento.§ 1º Não havendo estipulação acerca do procedimento, caberá ao árbitro ou ao tribunal arbitral disciplina-lo. § 2º Serão, sempre, respeitados no procedimento arbitral os princípios do contraditório, da igualdade das partes, da imparcialidade do árbitro e de seu livre convencimento. § 3º As partes poderão postular por intermédio de advogado, respeitada, sempre, a faculdade de designar quem as represente ou assista no procedimento arbitral. § 4º Competirá ao árbitro ou ao tribunal arbitral, no início do procedimento, tentar a conciliação das partes, aplicando-se, no que couber, o art. 28 desta Lei".

Cap. 18 • FLEXIBILIZAÇÃO PROCEDIMENTAL NO NOVO CÓDIGO DE PROCESSO CIVIL
Eduardo Cambi – Aline Regina das Neves

imparcialidade e do livre convencimento. Face à expressa autorização do legislador ordinário à flexibilização procedimental arbitral e voluntária em sede de arbitragem, não remanesceriam fundamentos para vedá-las no processo judicial. Não há motivo para autorizar o árbitro a tanto e enclausurar o juiz nos cubículos formais do procedimento, sem liberdade de movimento e com pouquíssima liberdade criativa[50].

A possibilidade de flexibilização procedimental independe de positivação expressa, porque decorre diretamente do acesso à ordem jurídica justa (art. 5º, inciso XXXV, CF)[51], que, por ser uma garantia fundamental, irradia por todo o ordenamento jurídico[52].

Assim, pode-se afirmar que o princípio da inafastabilidade assegura a tutela adequada à realidade de direito material, ou seja, garante o procedimento, a espécie de cognição, a natureza do provimento e os meios executórios adequados às peculiaridades da situação de direito material[53].

Por dispor de natureza finalística e prever um estado ideal, o dispositivo inserido no artigo 5º, inciso XXXV, da Constituição Federal possui natureza jurídica de princípio: o princípio do acesso à justiça. O acesso à ordem jurídica justa, como princípio jurídico, institui o dever de adotar comportamentos necessários à realização de um estado de coisas[54], que se tornam verdadeiras necessidades práticas. Ou melhor, a positivação de princípios implica a obrigatoriedade da adoção de comportamentos necessários à sua realização[55].

Nesse contexto, depois de interpretado o texto do artigo 5º, inciso XXXV, da CF, e fixado o seu alcance e a sua natureza principiológica, a adaptabilidade procedimental se inclui dentre os *"comportamentos"* que *"passam a constituir necessidades práticas"*, indispensáveis à promoção da finalidade.

E, como princípio, o acesso à ordem jurídica justa dispõe da função de bloquear elementos incompatíveis com o estado ideal a ser promovido, o que legitima a adaptabilidade do procedimento legalmente previsto às hipóteses em que esse não se coadune com seus preceitos.

---

50. DINAMARCO, Cândido Rangel. *A instrumentalidade do processo.* 15ª ed. São Paulo: Malheiros, 2013. p. 154.
51. Nesse sentido, verificar, dentre outros: GAJARDONI, Fernando da Fonseca. Op. Cit., p. 137; CUNHA, Leonardo Carneiro da. *A atendibilidade dos fatos supervenientes no processo civil.* Coimbra: Almedina, 2012. p. 83; DIDIER JÚNIOR, Fredie. Sobre dois importantes, e esquecidos, princípios do processo: adequação e adaptabilidade do procedimento. Cit. p. 538; PELEJA JÚNIOR, Antônio Veloso. A adaptabilidade do procedimento: regra ou princípio? Jus Navigandi, Teresina, ano 14, n. 2161, 1 jun. 2009. Disponível em: ‹http://jus.com.br/artigos/12788›. Acesso em: 30 jun. 2014.
52. ALEXY, Robert. Op. Cit. p. 108.
53. DIDIER JÚNIOR, Fredie. Sobre dois importantes, e esquecidos, princípios do processo: adequação e adaptabilidade do procedimento. Cit. p. 536.
54. ÁVILA, Humberto. Op. Cit. p. 87.
55. ÁVILA, Humberto. Op. Cit. p. 86.

Nesse particular, porém, referindo-se, especificamente, ao princípio do devido processo legal, Humberto Ávila atesta a possibilidade de alteração de prazos legais sempre que aquele pré-determinado não for apto à efetiva proteção dos jurisdicionados. Desse modo, se há uma regra prevendo a abertura de prazo, mas o prazo previsto é insuficiente para garantir a adequada tutela aos direitos do cidadão, um prazo adequado deverá ser assegurado em razão da eficácia bloqueadora do princípio do devido processo legal[56].

Portanto, por consistir em técnica processual voltada à consecução da garantia fundamental do acesso à ordem jurídica justa, ainda que o CPC/1973 nada tenha previsto sobre a flexibilização procedimental, por força da necessidade de interpretar o Código de Processo Civil em conformidade com a Constituição Federal, a ausência de regra expressa na legislação infraconstitucional não impediria a aplicação do princípio da adaptação do procedimento à causa.

5. FLEXIBILIZAÇÃO PROCEDIMENTAL NO NOVO CÓDIGO DE PROCESSO CIVIL E AS FONTES AUTÔNOMAS

Ao contrário do Código de Processo Civil de 1973, no Novo CPC, a flexibilização procedimental foi prestigiada e passou a ser descrita em um número maior de normas processuais.

5.1. Flexibilização procedimental judicial

O Anteprojeto de NCPC apresentado ao Senado Federal deixou de cingir o procedimento comum em ordinário e sumário, prevendo, em substituição à dicotomia, um procedimento comum único (art. 302)[57].

Se, com a bipartição de rito comum e variedade de ritos especiais, já era plausível a crítica em face da não aderência procedimental à demanda *sub judice*, ante a diminuição de procedimentos disponibilizados, seria possível pensar que as incongruências aumentariam. Porém, não foi isso que aconteceu, como se pretende explicar.

No intuito de considerar as peculiaridades da demanda, a Comissão responsável pelo Anteprojeto optou por sintetizar os procedimentos legais, ao sugerir uma regra específica sobre a adaptação do procedimento à causa, no artigo 107, inc. V, do Anteprojeto, que dizia:

---

56. ÁVILA, Humberto. Op. Cit. p. 106.
57. Art. 302 do Anteprojeto de CPC: *"Aplica-se a todas as causas o procedimento comum, salvo disposição em contrário deste Código ou de lei. Parágrafo único. Também se aplica o rito comum ao processo de execução e aos procedimentos especiais, naquilo que não se ache diversamente regulado"*.

"O Juiz dirigirá o processo conforme as disposições deste Código, incumbindo-lhe: (...) V – adequar as fases e os atos processuais conforme as especificações do conflito, de modo a conferir maior efetividade à tutela do bem jurídico, respeitando sempre o contraditório e a ampla defesa".

Ademais, o artigo 151, § 1º, do Anteprojeto conferia a possibilidade de o magistrado proceder ao ajuste procedimental necessário a fim de torná-lo adequado às peculiaridades da causa, da seguinte forma: *"Quando o procedimento ou os atos a serem realizados se revelarem inadequados às peculiaridades da causa, deverá o juiz, ouvidas as partes e observados o contraditório e a ampla defesa, promover o necessário ajuste".*

Com efeito, o Anteprojeto do NCPC previa expressamente a possibilidade de flexibilização procedimental judicial, desde que respeitado o contraditório e a ampla defesa. A tais elementos – contraditório e ampla defesa –, somava-se a finalidade da adaptabilidade do procedimento: a adequação do procedimento só poderia ser efetuada para a conferência de maior efetividade à tutela do bem jurídico se o procedimento legalmente previsto (em regra, procedimento comum) revelasse-se inadequado ao caso *sub judice*.

Observados tais requisitos e sem perder de vista o escopo da alteração (aumento da efetividade da tutela jurisdicional), o magistrado poderia adequar o procedimento de forma irrestrita.

O raciocínio da Comissão responsável por elaborar o Anteprojeto era bastante acertado: considerava que o ato de "moldagem" do procedimento se dava, de maneira mais eficaz, na análise *in concreto* da demanda e dos sujeitos que a integram (adaptabilidade procedimental), cuja incumbência seria do Poder Judiciário, em detrimento da análise *in abstracto*, procedida pelo Poder Legislativo, quando da formulação das leis.

Tal raciocínio reconhecia a incapacidade de antevisão de todos os pormenores que podem estar envolvidos no processo judicial quando da fixação de procedimentos legais. Reconhecia-se, pois, o dever de modificação fundamentada do procedimento pelo Poder Judiciário. Assim, ousava-se superar a função do Poder Judiciário como mero legislador negativo, para reconhecê-lo como concretizador do ordenamento jurídico – e de suas finalidades – diante do caso concreto[58].

É provável que o reconhecimento da incapacidade do Poder Legislativo de determinar, *in abstracto*, o procedimento adequado a toda e qualquer demanda tenha gerado desconforto no Senado Federal e redundado em significativa modificação do Anteprojeto de NCPC.

---

58. ÁVILA, Humberto. *Op. Cit.* p. 37.

NOVO CPC DOUTRINA SELECIONADA, v. 1 • Parte Geral
PARTE III – NORMAS FUNDAMENTAIS

Assim, na tramitação do Projeto de Lei (PL) nº. 166/10, o artigo 107, inc. V, do Anteprojeto teve seu alcance minorado. A redação originária foi substituída pela contemplada no artigo 118, inc. V, nos seguintes termos: *"O Juiz dirigirá o processo conforme as disposições deste Código, incumbindo-lhe: (...) V - dilatar os prazos processuais e alterar a ordem de produção dos meios de prova adequando-os às necessidades do conflito, de modo a conferir maior efetividade à tutela do bem jurídico"*. Retirou-se, também, o parágrafo primeiro do art. 151 do Anteprojeto, que possibilitava a flexibilização dos atos procedimentais.

O Senado Federal optou por restringir a esfera de atuação do magistrado, na adaptabilidade procedimental, à dilação de prazos – que não mais podem ser reduzidos, mas apenas dilatados – e à inversão da ordem de produção de provas.

Além de restringir a possibilidade de flexibilização judicial, a alteração deixou de condicionar a dilação de prazos e a inversão da ordem de produção de provas ao prévio contraditório e à observação do princípio da ampla defesa.

A principal crítica a ser feita quanto a essa alteração do Anteprojeto é a de ter tornado o dispositivo inócuo, pois, a despeito de se sustentar que a flexibilização do procedimento é decorrência lógica do dever de otimização do devido processo legal e da concessão de tutela jurisdicional qualificada, já havia outros dispositivos contidos no Anteprojeto que legitimavam, por exemplo, a inversão da ordem de produção de provas.

Por exemplo, o artigo 357 do Anteprojeto[59] já determinava que as provas seriam produzidas preferencialmente na ordem disposta, o que sugeria a possibilidade de inversão da ordem de produção delas, redação mantida na versão final do Projeto, remetida do Senado à Câmara dos Deputados (art. 346). O parágrafo único do artigo 435 do Anteprojeto[60] também possibilitava, desde que houvesse a concordância das partes, a alteração da ordem da oitiva das testemunhas, redação, igualmente, mantida no Projeto enviado à Câmara dos Deputados (art. 422, parágrafo único).

Remetido o Projeto à Câmara dos Deputados, a redação do artigo 118, inc. V, do PL nº. 166/10 foi mantida e, posteriormente, aprovada definitivamente pelo Senado Federal e sancionada pela Presidente da República, o que culminou no disposto no artigo 139, inc. VI, do NCPC, com a seguinte redação: *"Art. 139. O juiz dirigirá o processo conforme as disposições deste Código, incumbindo-lhe: (...) VI - dilatar os prazos processuais e alterar a ordem de produção dos meios*

---

59. Art. 357 do Anteprojeto do NCPC: *"As provas orais serão produzidas em audiência, **preferencialmente** nessa ordem: (...)"* (grifo nosso).
60. Art. 435, parágrafo único, Anteprojeto do NCPC: *"O juiz poderá alterar a ordem estabelecida no caput se as partes concordarem"*.

de prova, adequando-os às necessidades do conflito de modo a conferir maior efetividade à tutela do direito".

Não houve, pois, os avanços esperados pela Comissão de Juristas ao propor a flexibilização procedimental como um dos pontos inovadores para a formulação de um Novo Código de Processo Civil. O que pesou para a redução do alcance do princípio da adaptação do procedimento à causa foi o receio de que a concessão de poderes gerenciais aos magistrados (*case management*) poderia conduzir a decisões arbitrárias. Entretanto, perdeu-se grande oportunidade para fazer evoluir o direito processual civil brasileiro, pois a flexibilização procedimental, para ser operacionalizada, deveria observar as garantias constitucionais do contraditório e da ampla defesa, e, portanto, não constituiria uma espécie de super poder dos juízes que, aliás, passariam a contar com maiores responsabilidades, já que poderiam ser cobrados, pelas próprias partes, a utilizar as técnicas processuais colocadas a seu alcance[61].

Em que pese a timidez da redação do artigo 139, inc. VI, do NCPC quanto à maior possibilidade de flexibilização procedimental, é certo que tal poder deve ser bem utilizado pelos juízes e, até mesmo, venha a ser mais bem instrumentalizado pela jurisprudência, que poderá, a partir da referida regra, extrair a máxima efetividade da garantia constitucional do acesso à ordem jurídica justa (art. 5º, inc. XXXV, CF) e atribuir contornos mais precisos ao direito fundamental à tutela jurisdicional adequada, célere e efetiva.

Nessa dimensão hermenêutica, não se pode concluir que a alteração do Anteprojeto procedida pelo Senado Federal, mantida pela Câmara dos Deputados, aprovada e sancionada no NCPC, represente óbice à mais ampla flexibilização procedimental judicial, uma vez que, como determina o próprio CPC-2015, o processo civil deve ser interpretado conforme os valores e as normas fundamentais estabelecidos na Constituição da República Federativa do Brasil (art. 1º), além de o juiz ter o dever de, ao aplicar o ordenamento jurídico, atender aos fins sociais e às exigências do bem comum para resguardar e promover a dignidade da pessoa humana e observar, dentre outros postulados, o da eficiência na prestação jurisdicional (art. 8º).

5.2. Flexibilização procedimental voluntária

A inovação proposta pela Comissão responsável pela elaboração do Anteprojeto, no que concerne à flexibilização procedimental judicial, não se estendeu à flexibilização procedimental voluntária. O Anteprojeto pouco expandiu,

---

61. CABRAL, Trícia Navarro Xavier. Poderes do juiz no novo CPC. *Revista de Processo*, São Paulo, ano 37, v. 208, p. 275-294, jun. 2012. p. 291.

em relação ao Código de Processo Civil de 1973, quanto à possibilidade de as partes adaptarem o procedimento às necessidades da causa.

Vale destacar cinco iniciativas de flexibilização procedimental voluntária no Anteprojeto: i) pactuar sobre a competência nacional quando, expressa ou tacitamente, submeterem-se à jurisdição nacional (art. 21, inciso III)[62]; ii) praticar atos consistentes em declarações unilaterais ou bilaterais de vontade, com efeitos imediatos quanto à constituição, modificação ou extinção de direitos (art. 155)[63]; iii) de comum acordo, reduzir ou prorrogar prazos dilatórios, desde que o requerimento seja feito antes do vencimento do prazo e se fundar em motivo legítimo (art. 177)[64]; o Anteprojeto, todavia, afastava a possibilidade de convenção referente a prazos peremptórios (art. 178)[65]; iv) convencionar acerca do ônus da prova (art. 263)[66]; v) convencionar sobre a suspensão do processo por até seis meses (art. 298, inciso II e § 3o)[67].

O PLS no. 166/10, por sua vez, seguindo sua tendência de não ampliar os poderes do juiz quanto a flexibilização procedimental judicial, não alterou as disposições do Anteprojeto quanto às faculdades conferidas às partes.

Submetido à apreciação da Câmara dos Deputados, o PLS no. 166/10 sofreu uma das mais significativas emendas, que, além de aproximar os sujeitos processuais (juiz e partes), mantendo-os em diálogo, torna o processo instrumento mais democrático. Ampliou-se a flexibilização procedimental voluntária, com a redação do artigo 191 do PLC no. 8046-A, substitutivo do PLS no. 166/10, nos seguintes termos: *"Art. 191. Versando a causa sobre direitos que admitam autocomposição, é lícito às partes plenamente capazes estipular mudanças no procedimento para ajustá-lo às especificidades da causa e convencionar sobre os seus ônus, poderes, faculdades e deveres processuais, antes ou durante o processo. § 1o De comum acordo, o juiz e as partes podem fixar calendário para a prática dos atos processuais, quando for o caso. § 2o O calendário vincula as partes e o juiz, e os prazos nele previstos somente serão modificados em casos excepcionais, devidamente justificados. § 3o Dispensa-se a intimação das partes para a prática de*

---

62. Art. 21 do Anteprojeto: *"Também caberá à autoridade judiciária brasileira processar e julgar as ações: (...) III - em que as partes, expressa ou tacitamente, se submeterem à jurisdição nacional"*.

63. Art. 155 do Anteprojeto: *"Os atos das partes consistentes em declarações unilaterais ou bilaterais de vontade produzem imediatamente a constituição, a modificação ou a extinção de direitos processuais"*.

64. Art. 177 do Anteprojeto: *"As partes podem, de comum acordo, reduzir ou prorrogar o prazo dilatório, mas a convenção só tem eficácia se, requerida antes do vencimento do prazo, se fundar em motivo legítimo"*.

65. Art. 178 do Anteprojeto: *"É vedado às partes, ainda que todas estejam de acordo, reduzir ou prorrogar o prazo peremptório"*.

66. Art. 263 do Anteprojeto: *"É nula a convenção relativa ao ônus da prova quando: I - recair sobre direito indisponível da parte; II - tornar excessivamente difícil a uma parte o exercício do direito"*.

67. Art. 298: *"Suspende-se o processo: (...) II - pela convenção das partes; (...) § 3o A suspensão do processo por convenção das partes de que trata o inciso II nunca poderá exceder a seis meses"*.

ato processual ou a realização de audiência cujas datas tiverem sido designadas no calendário. § 4º De ofício ou a requerimento, o juiz controlará a validade das convenções previstas neste artigo, recusando-lhes aplicação somente nos casos de nulidade ou inserção abusiva em contrato de adesão ou no qual qualquer parte se encontre em manifesta situação de vulnerabilidade".

A redação trazida pela Câmara dos Deputados, todavia, sofreu pequenas alterações no curso do processo legislativo, mas foi aprovada e sancionada, nos artigos 190 e 191 do NCPC, com a seguinte redação: *"Art. 190. Versando o processo sobre direitos que admitam autocomposição, é lícito às partes plenamente capazes estipular mudanças no procedimento para ajustá-lo às especificidades da causa e convencionar sobre os seus ônus, poderes, faculdades e deveres processuais, antes ou durante o processo. Parágrafo único. De ofício ou a requerimento, o juiz controlará a validade das convenções previstas neste artigo, recusando-lhes aplicação somente nos casos de nulidade ou de inserção abusiva em contrato de adesão ou em que alguma parte se encontre em manifesta situação de vulnerabilidade. Art. 191. De comum acordo, o juiz e as partes podem fixar calendário para a prática dos atos processuais, quando for o caso. § 1º O calendário vincula as partes e o juiz, e os prazos nele previstos somente serão modificados em casos excepcionais, devidamente justificados. § 2º Dispensa-se a intimação das partes para a prática de ato processual ou a realização de audiência cujas datas tiverem sido designadas no calendário".*

Desse modo, o Novo Código de Processo Civil, nos artigos 190 e 191, acolhe a chamada *cláusula geral de negócios jurídicos processuais*, para assimilar fontes jurídicas autônomas, que permitem a imediata participação e elaboração de normas pelos destinatários principais do direito a ser aplicado[68].

Em que pesem as fontes autônomas já existirem em vários ramos do Direito, como no Direito do Trabalho, mediante a previsão constitucional de celebração de acordos e convenções coletivas – os primeiros, entre empregador e sindicato representativo da categoria profissional; as segundas, entre sindicatos representativos da categoria econômica e profissional –, agora ganham maior força no Direito Processual Civil, para se somar a outras possibilidades tradicionais em que se admitia a autonomia da vontade na elaboração de normas jurídicas (v.g, na estipulação de cláusula de eleição de foro prevista nos arts. 111 do CPC-1973 e 63 do NCPC ou na distribuição convencional do ônus da prova pelas partes dos arts. 333, par. ún., CPC-1973 e 373, § 3º, do NCPC).

As cláusulas gerais de negócios jurídicos processuais, contidas nos artigos 190 e 191 do NCPC, dão margem à elaboração dos contratos processuais

---

68. DELGADO, Maurício Godinho. *Curso de direito do trabalho.* 7ª ed. São Paulo: LTr, 2008. p. 143.

NOVO CPC DOUTRINA SELECIONADA, v. 1 • Parte Geral

PARTE III – NORMAS FUNDAMENTAIS

e calendários procedimentais, já utilizados no ordenamento francês. Por essa técnica, as partes, juntamente com o magistrado, podem programar o andamento processual, desde a fixação de datas até a determinação de quais atos processuais serão praticados.

Embora não haja disposição expressa, por se tratar de negócio jurídico, além da capacidade da parte[69], para a celebração de contratos processuais ou calendários procedimentais é necessário preencher os demais requisitos previstos no artigo 104 do Código Civil[70]. Assim, desde que observados os requisitos previstos nesse artigo 104 do Código Civil[71], demandantes e demandados podem dispor acerca de seus deveres processuais e de questões procedimentais, podendo, até mesmo, pactuar a impossibilidade de apresentação de recursos que disponham da finalidade de reforma da sentença, com fundamento no artigo 200 do NCPC: *"Os atos das partes consistentes em declarações unilaterais ou bilaterais de vontade produzem efeitos imediatamente à constituição, modificação ou extinção de direitos processuais".*

Esse artigo 200 do NPC possibilita, às partes, a manifestação de vontade que lhes retire direitos processuais, tal como o acesso à instância superior, e produz efeitos imediatos. Ainda que se considere o duplo grau de jurisdição uma garantia implícita na Constituição Federal, a celebração de contratos procedimentais que exclua a possibilidade de interposição de recurso está no âmbito da autonomia de vontade das partes.

A concessão às partes de liberdade para a condução da marcha processual não representa a adoção de uma postura neoprivatista[72], porque a autonomia

---

69. Tratando-se de capacidade, tem-se a capacidade processual, a capacidade de ser parte e a capacidade postulatória. A capacidade de ser parte é a aptidão de figurar como parte no processo, enquanto a capacidade processual é a disposição para agir, de per si, sem representação ou assistência, no processo. Por sua vez, a capacidade postulatória é a faculdade para postular em juízo, típica dos profissionais regularmente inscritos na Ordem dos Advogados do Brasil (OAB). A capacidade de que trata o artigo 190 do NCPC é a capacidade processual. Porém, não há na celebração dos contratos processuais ou na fixação de calendário procedimental se a parte incapaz, por meio de seu representante ou assistente, e ouvido o Ministério Público, se for o caso, assim o fizer.

70. Art. 104 do Código Civil: *"A validade do negócio jurídico requer: I - agente capaz; II - objeto lícito, possível, determinado ou determinável; III - forma prescrita ou não defesa em lei".*

71. Prevalece o entendimento de acordo com o qual "o controle dos requisitos objetivos e subjetivos de validade da convenção de procedimento deve ser conjugado com a regra segundo a qual não há invalidade do ato sem prejuízo", nos termos de enunciado aprovado no Encontro de Jovens Processualistas.

72. *"O Judiciário não é vocacionado para resolver toda e qualquer demanda. A resolução de conflitos e a pacificação social não podem ser atribuição exclusiva dos juízes. Outros atores devem também ser chamados a intervir. O direito fundamental ao acesso à Justiça não pode ser interpretado no sentido de permitir que o Judiciário se transforme num serviço de atendimento ao consumidor, destinado a resolver a míriade de conflitos que deveriam antes encontrar, senão solução definitiva, ao menos um primeiro encaminhamento, uma primeira tentativa de resolução, com a utilização de meios alternativos de resolução de conflitos, como a conciliação, a mediação e a arbitragem, por exemplo, nos conflitos derivados de serviços públicos, de contratos bancários, de contratos de seguro, de questões de saúde e previdenciárias. Ignorar que o Judiciário não*

das partes, na seara processual, não é absoluta. Os negócios processuais têm limites. O processo civil é instituto do direito público e dispõe de contornos e garantias de ordem constitucional que não podem ser objeto de transação das partes. Não se pode, por exemplo, fixar calendário processual que não observe a garantia fundamental do contraditório; logo, não é lícita a hipótese de determinação de data para apresentação de documentos por uma das partes sem o estabelecimento de prazo para que a parte adversa tome vista deles e se manifeste (art. 437, § 1º, NCPC). Tampouco é possível alterar a ordem cronológica para proferir sentença ou acórdão, uma vez que a própria lei processual se encarregou de enumerar as exceções no artigo 12, § 2º, do NCPC, ou modificar, salvo por motivo justificado e no limite máximo fixado em lei (*"por igual tempo"*), os prazos para o magistrado proferir despachos, decisões interlocutórias e sentenças (arts. 226 e 227 do NCPC).

O NCPC mitigou o princípio do *iura novit curia* (art. 10) e, ainda que a relação entre juiz e partes tenha deixado de ser piramidal, não é absolutamente horizontal[73]. Nos contratos procedimentais, como o juiz tem o dever de zelar pelo equilíbrio das partes (art. 139, inc. I, NCPC), tem de impor limites à autonomia delas. O espaço deixado para a vontade das partes deve ser interior às linhas traçadas pelas regras jurídicas cogentes, como o espaço em branco cercado pelas regras que o limitam[74]. Assim, por exemplo, não podem as partes pactuarem a alteração das regras de competência absoluta, diferentemente da competência relativa (competência territorial e em razão do valor).

Com efeito, três limites devem ser fixados: i) a disponibilidade do direito objeto do litígio; ii) o respeito ao equilíbrio das partes e à igualdade processual, em sentido não apenas formal, mas substancial[75]; iii) a observância das regras, princípios, direitos e garantias fundamentais do processo[76][77].

---

tem encontrado soluções efetivas e céleres para os litígios de massa, não redutíveis a processos coletivos, e continuar a ampliar desmensuradamente o aparato da Justiça, sem questionar a qualidade e a celeridade da prestação jurisdicional é ignorar o imperativo constitucional da duração razoável do processo" (CUEVA, Villas Bôas. Flexibilização do procedimento no novo CPC. In: http://jota.info/flexibilizacao-procedimento--novo-cpc. Acesso em 7 de abril de 2015). Verificar, ainda: DIDIER JÚNIOR, Fredie; NOGUEIRA, Pedro Henrique Pedrosa. *Teoria dos fatos jurídicos processuais.* 2ª ed. Salvador: JusPodivm, 2013. p. 60.

73. NEVES, Aline Regina das Neves. *Contratualização procedimental: novas perspectivas processuais do direito francês e análise do ordenamento pátrio.* Artigo inédito.

74. BRAGA, Paula Sarno. *Aplicação do devido processo legal às relações jurídicas particulares.* Dissertação (Mestrado em Direito) – Universidade Federal da Bahia, Salvador. Salvador, 2007. p. 90.

75. *"Há indício de vulnerabilidade quando a parte celebra acordo de procedimento sem a assistência técnico-jurídica"* (Enunciado aprovado no Encontro de Jovens Processualistas).

76. GRECO, Leonardo. Os atos de disposição processual – primeiras reflexões. In: *Os poderes do juiz e o controle das decisões judiciais: estudos em homenagem à Professora Teresa Arruda Alvim Wambier.* Coord. José Miguel Garcia Medina et. al. São Paulo: RT, 2008. p. 70-72.

77. A propósito, no II Encontro de Jovens Processualistas, realizado em 2014, se aprovou enunciado com o seguinte teor: *"O negócio jurídico processual não pode afastar os deveres específicos das partes e procuradores, tais como os previstos nos arts. 77 e 78".*

NOVO CPC DOUTRINA SELECIONADA, v. 1 • Parte Geral

PARTE III – NORMAS FUNDAMENTAIS

Atente-se, todavia, que a disposição de um poder processual não resulta, automaticamente, da situação jurídica substancial posta em juízo[78]. Tal foi a conclusão consubstanciada no Enunciado nº 135 do III Encontro de Jovens Processualistas, realizado no primeiro semestre de 2014: "*A indisponibilidade do direito material não impede, por si só, a celebração de negócio jurídico processual*". Aliás, é necessário atentar que *indisponibilidade* pode ser de natureza *subjetiva* (v.g., agentes incapazes) ou *objetiva* (v.g., as ações civis públicas por atos de improbidade administrativa por envolverem controvérsias sobre direitos indisponíveis não são passíveis de conciliação[79]). A lógica dos negócios processuais deve seguir a mesma regra usada para a transação. Assim, enquanto os direitos disponíveis podem ser objeto de transação *plena*, os direitos indisponíveis, quando passíveis de conciliação ou mediação, por exemplo, em razão da análise dos sujeitos ou do objeto envolvidos, podem admitir transação *parcial*[80]. O direito a receber alimentos, em se tratando de crianças e adolescentes, é indisponível, mas a forma de pagamento da pensão alimentícia pode ser objeto de transação. Por analogia, os negócios processuais, ainda que versem sobre direitos materiais indisponíveis, também podem ser realizados. Por exemplo, é possível fixar mudar o procedimento ou fixar calendário diferenciado para os procedimentos de ação civil pública por improbidade administrativa, seja por envolverem causas complexas, com diversos fatos ou vários demandados, ou até mesmo para suprimir a necessidade de prévia notificação para defesa preliminar (art. 17, § 7º, da Lei 8.429/92), quando a supressão dessa fase não causar prejuízo à defesa e ela concordar expressamente, inclusive para que o processo tramite em prazo razoável[81].

---

78. NOGUEIRA, Pedro Henrique Pedrosa. *Negócios jurídicos processuais: análise dos provimentos judiciais como atos negociais*. Tese (Doutorado em Direito) – Universidade Federal da Bahia, Salvador. Salvador, 2011. p. 145.

79. STJ, REsp 327.408/RO, Rel. Ministro Franciulli Netto, Segunda Turma, julgado em 05/10/2004, DJ 14/03/2005, p. 244.

80. NERY JR., Nelson; ANDRADE NERY, Rosa. *Código de Processo Civil comentado e legislação extravagante*. 13ª ed. São Paulo: RT, 2013. p. 721.

81. No sentido de que a não observância da defesa prévia na ação de improbidade administrativa não gera nulidade absoluta, é a orientação pacificada pelo Superior Tribunal de Justiça, em embargos de divergência: "*ADMINISTRATIVO. EMBARGOS DE DIVERGÊNCIA EM RECURSO ESPECIAL. IMPROBIDADE ADMINISTRATIVA. NOTIFICAÇÃO PARA DEFESA PRÉVIA (ART. 17, § 7º, DA LEI 8.429/92). DESCUMPRIMENTO DA FASE PRELIMINAR. NULIDADE RELATIVA. NECESSIDADE DE OPORTUNA E EFETIVA COMPROVAÇÃO DE PREJUÍZOS. ORIENTAÇÃO PACIFICADA DO STJ. EMBARGOS DE DIVERGÊNCIA EM RECURSO ESPECIAL PROVIDOS. 1. O tema central do presente recurso está limitado à análise da eventual nulidade nos casos em que não for observado o art. 17, § 7º, da Lei 8.429/92, relacionado à notificação do acusado para apresentação de defesa preliminar em sede de ação de improbidade administrativa. 2. A referida regra foi claramente inspirada no procedimento de defesa prévia previsto nos arts. 513 a 518 do Código de Processo Penal, que regula o processo e o julgamento "dos crimes de responsabilidade dos funcionários públicos". Nesse contexto, o Supremo Tribunal Federal pacificou o entendimento que o eventual descumprimento da referida fase constitui nulidade relativa: HC 110.361/SC, 2ª Turma, Rel. Min. Ricardo Lewandowski, Dje de 31.7.12; HC 97.033/SP, 1ª Turma, Rel. Min. Carmen Lúcia, Dje de 12.5.09. 3. Efetivamente, as Turmas de Direito Público deste Tribunal Superior divergiam sobre o tema, pois a Primeira Turma afirmava que o desrespeito ao comando do dispositivo legal significaria a inobservância do contraditório preliminar em ação de improbidade administrativa, o que importaria em grave desrespeito aos princípios constitucionais da ampla defesa, contraditório e do devido processo legal. Por outro lado, a Segunda Turma entendia que a inexistência da notificação prévia somente configuraria nulidade caso houve comprovação de prejuízo em razão do descumprimento do rito específico. 4. É manifesto que o objetivo da fase preliminar*

Não obstante as limitações impostas ao exercício da autonomia da vontade, não se pode negar a gama de possibilidades que as partes dispõem, com o NCPC, de ordem procedimental, mas também processual. Podem as partes, apenas a título elucidativo, pactuar a ausência de recursos, consignar prazos diversos dos legalmente fixados (maiores ou menores), entabular acordo sobre rateio de despesas processuais, estabelecer quais as provas serão produzidas e dispor sobre o momento da produção, tratar dos efeitos concedidos a eventuais recursos, combinar a escolha do perito, desde que plenamente capazes e a causa puder ser resolvida por autocomposição (art. 471/NCPC), dentre outras medidas passíveis de serem avençadas. Podem, inclusive, delimitar os pontos controvertidos da demanda, atenuar as regras de preclusão ou fixar cláusula penal incidente na hipótese de descumprimento da convenção.

Importa salientar que as convenções permitidas pelos artigos 190 e 191 do NCPC vinculam não apenas as próprias partes (e o juízo, quando for o caso), mas também seus herdeiros e sucessores[82].

A celebração de negócios processuais independe da concessão de poderes específicos ao procurador, exceto quando o artigo 105 do NCPC[83] exigir, no instrumento de mandado, cláusula com poderes específicos.

---

da ação de improbidade administrativa é evitar o processamento de ação temerárias, sem plausibilidade de fundamentos para o ajuizamento da demanda, em razão das graves consequências advindas do mero ajuizamento da ação. Entretanto, apesar de constituir fase obrigatória do procedimento especial da ação de improbidade administrativa, não há falar em nulidade absoluta em razão da não observância da fase preliminar, mas em nulidade relativa que depende da oportuna e efetiva comprovação de prejuízos. 5. Ademais, não seria adequada a afirmação de nulidade processual presumida, tampouco seria justificável a anulação de uma sentença condenatória por ato de improbidade administrativa após regular instrução probatória com observância dos princípios da ampla defesa e contraditório, a qual, necessariamente, deve estar fundada em lastro probatório de fundada autoria e materialidade do ato de improbidade administrativa. Todavia, é necessário ressalvar que tal entendimento não é aplicável aos casos em que houver julgamento antecipado da lide sem a oportunização ou análise de defesa prévia apresentada pelo réu em ação de improbidade administrativa. 6. Nesse sentido, os seguintes precedentes: AgRg no REsp 1.194.009/SP, 1ª Turma, Rel. Min. Arnaldo Esteves Lima, DJe de 30.5.2012; AgRg no AREsp 91.516/DF, 1ª Turma, Rel. Min. Benedito Gonçalves, DJe de 17.4.2012; AgRg no REsp 1.225.295/SP, 1ª Turma, Rel. Min. Francisco Falcão, DJe de 6.12.2011; REsp 1.233.629/SP, 2ª Turma, Rel. Min. Herman Benjamin, DJe de 14.9.2011; AgRg no REsp 1.218.202/SP, 2ª Turma, Rel. Min. Cesar Asfor Rocha, DJe de 29.4.2011; AgRg no REsp 1.127.400/MG, 1ª Turma, Rel. Min. Hamilton Carvalhido, DJe de 18.2.2011; REsp 1.034.511/CE, 2ª Turma, Rel. Min. Eliana Calmon, DJe de 22.9.2009; AgRg no REsp 1.102.652/GO, 2ª Turma, Rel. Min. Humberto Martins, DJe de 31.8.2009; REsp 965.340/AM, 2ª Turma, Rel. Min. Castro Meira, DJe de 8.10.2007. 7. No caso dos autos, o Tribunal de origem expressamente consignou que a nulidade apontada pelo descumprimento do art. 17, § 7º, da Lei 8.429/92, é relativa e que não houve indicação ou comprovação de prejuízos em razão do descumprimento da norma referida. 8. Embargos de divergência providos" (EREsp 1008632/RS, Rel. Ministro MAURO CAMPBELL MARQUES, PRIMEIRA SEÇÃO, julgado em 11/02/2015, DJe 09/03/2015).

82. Enunciado aprovado no III Encontro de Jovens Processualistas, realizado no Rio de Janeiro, no primeiro semestre de 2014.

83. Art. 105 do NCPC: "A procuração geral para o foro, outorgada por instrumento público ou particular assinado pela parte, habilita o advogado a praticar todos os atos do processo, exceto receber citação, confessar, reconhecer a procedência do pedido, transigir, desistir, renunciar ao direito sobre o qual se funda a ação, receber, dar quitação, firmar compromisso e assinar declaração de hipossuficiência econômica, que devem constar de cláusula específica".

Apesar das desconfianças naturais quanto à eficácia dos institutos trazidos pelos artigos 190 a 191 do NCPC, como a possibilidade de causar embaraços ao funcionamento dos serviços auxiliares à justiça e mesmo a entrega da prestação da tutela jurisdicional[84], é preciso esclarecer que o calendário processual/procedimental não deve ser fixado unilateralmente pelo juízo, mas dialogado entre as partes. É certo que, sendo o juiz sujeito processual, é presença ativa e obrigatória no debate, até porque o calendário pressupõe a fixação de datas, inclusive, para a realização de audiências. Não haveria como determiná-las sem a participação do órgão judicial. De qualquer forma, o escopo da técnica processual trazida pelo NCPC é a colaboração entre todos os sujeitos processuais para que, por intermédio da construção de consensos, a condução do processo possa ser mais eficiente.

O artigo 190, par. ún., do NCPC, contudo, traz outros limites à autonomia da vontade. O juiz, de ofício ou a requerimento, pode recusar as mudanças no procedimento que impliquem em nulidade, decorram de inserção abusiva em contrato de adesão ou prejudique parte em situação de vulnerabilidade.

Atente-se que a nulidade a que se refere o artigo 190, par. ún., é a nulidade absoluta, até porque não poderia o magistrado, de ofício, controlar procedimento viciado com nulidade relativa, em razão da preclusão (art. 278/NCPC). Além disso, a arguição da nulidade relativa depende da comprovação de prejuízo para a parte. Quando a própria parte concorda com a alteração do procedimento (v.g., supressão da defesa preliminar do art. 17, § 7o, da Lei 8.429/92) não pode, posteriormente, arguir a nulidade do negócio processual (art. 276/NCPC), porque assim poderia se beneficiar da própria torpeza.

A inserção abusiva de alteração procedimental, em contrato de adesão, visa proteger a isonomia processual e assegurar às partes igualdade de tratamento (art. 139, inc. I, NCPC), uma vez que as cláusulas desses contratos de massas são estabelecidas unilateralmente por um dos contratantes sem a participação efetiva do outro, como bem descreve o Código de Defesa do Consumidor (art. 54 da Lei 8.078/90).

Como a vulnerabilidade é absoluta, diferentemente do que acontece com a hipossuficiência (art. 6o, inc. VIII, da Lei 8.078/90), o órgão judicial, mesmo de ofício, pode invalidar todo e qualquer negócio processual que restringir a situação processual (ônus, faculdades, poderes e deveres) da parte vulnerável, antes ou depois do processo. A invalidação do negócio processual, que flexibiliza o procedimento, se dá após a verificação da situação concreta nos autos e

---

84. SOARES, Leonardo Oliveira. Calendário processual, sucumbência recursal e o projeto de novo CPC para o Brasil. *Revista de Processo*, São Paulo, ano 39, vol. 227, p. 197-205, jan. 2014. p. 200.

com fundamento no princípio da igualdade (art. 139, inc. I, NCPC), indispensável à promoção das garantias constitucionais do contraditório e do devido processo legal, bem como à concretização do direito fundamental ao processo justo.

Com efeito, a flexibilização procedimental voluntária, prevista nos artigos 190 e 191 do NCPC, além de conferir às partes condições de dividir com o juiz a posição de protagonistas do processo, estimula o diálogo entre todos os sujeitos processuais sem prejudicar as garantias constitucionais processuais. Isso aproxima o Estado-juiz dos destinatários da prestação jurisdicional, torna o processo mais democrático, contribuiu para a maior eficiência do Poder Judiciário, facilita a autocomposição endoprocessual e a concretização do acesso à ordem jurídica justa.

Tais objetivos podem ser alcançados na medida em que as partes podem fixar calendário com prazos abreviados, conforme exija a natureza da demanda, o que aumenta a celeridade de tramitação do processo. Torna desnecessária a intimação para a prática dos atos processuais avençados no calendário, circunstância que enseja economia de tempo, mão-de-obra – liberam-se os servidores da prática de atos de natureza estritamente burocrática – e, consequentemente, de recursos econômicos. Além disso, ante a origem consensual do calendário, diminuem-se as situações de cerceamento de defesa. Ainda, as partes podem sopesar o custo-benefício do processo na delimitação do procedimento, já que as demandas que envolvem valores menos expressivos, em cotejo com as demais, se tornam mais dispendiosas, sobretudo, se considerados recursos interpostos e necessidade de prova técnica. O contrato processual/procedimental dá margem a alternativas que visem obstar tais dificuldades, como a pactuação de irrecorribilidade de decisões interlocutórias, a não indicação de assistente técnico, a escolha de perito de comum acordo, somada à impossibilidade de impugnação material ao laudo.

Portanto, as cláusulas gerais de negócios jurídicos processuais, contidas nas regras dos artigos 190 e 191 do NCPC, acentuam o caráter dialético do processo e viabilizam a ponderação não apenas das particularidades do direito material posto em litígio, mas também das especificidades das partes e de seus procuradores, o que pode contribuir com a *cooperação* entre todos os sujeitos processuais, para se obter, em tempo razoável, decisão de mérito justa e efetiva, nos termos do artigo 6º do NCPC.

5.3. Construção de Novo Modelo Processual

O NCPC, ao acentuar as formas de flexibilização procedimental voluntária, busca trazer inovações ao sistema adotado no Código de Processo Civil de 1973 e às legislações processuais anteriores.

A modificação dos modelos de atuação visa, como está na exposição de motivos do Anteprojeto, a *simplificação processual*[85]. O escopo é centralizar os esforços do Poder Judiciário sobre as questões de mérito e não sobre aspectos formais. É, para evitar a sobreposição das discussões procedimentais sobre as de direito material, que o NCPC, por exemplo, procurou estabelecer uma ordem cronológica de conclusão para proferir sentença ou acórdão (art. 12), ampliou a possibilidade de suprimento dos vícios processuais (*v.g.*, art. 139, inc. IX), unificou, à exceção dos embargos de declaração, os prazos para interpor e responder recursos em 15 (quinze) dias (art. 1.0003, § 5º), evitou que a ausência ou a insuficiência de preparo recursal acarrete a deserção, antes de oportunizar ao recorrente a faculdade de depositar ou suprir o depósito (art. 1.007, 2º e 4º), ampliou o alcance do princípio da fungibilidade (*v.g.*, art. 1.024, § 3º) e abrandou o rigor do prequestionamento (art. 1.025).

A simplificação do sistema processual, somada à possibilidade de amoldar procedimentos a cada uma das demandas, individualizando-os conforme as peculiaridades do caso *sub judice* e, sobretudo, dispensando os atos inúteis, são medidas que promovem a celeridade da tramitação processual, elemento indispensável à boa prestação da tutela jurisdicional. Tal redução do tempo do processo não consegue sem a devida racionalização dos atos processuais.

De forma mais acentuada que no diploma antecedente, o NCPC reconhece o *status* normativo da eficiência na prestação jurisdicional (art. 9º). Trata-se de um postulado, isto é, verdadeira metanorma (normas de segundo grau) que dirige a atividade de interpretação de outras normas[86].

A preocupação do NCPC com a eficiência do Poder Judiciário e do processo é fundamental para a construção do *neoprocessualismo*, marcado pela aversão ao formalismo, a maior aproximação dos sujeitos processuais, o respeito à autonomia da vontade sem prejuízo das garantias processuais fundamentais, a efetivação do direito ao processo justo, a cooperação processual e a duração razoável do processo. O NCPC oportuniza às partes atuação decisiva na gestão processual, seja pela possibilidade de celebração de convenções processuais ou pela permissão de delimitação voluntária e consensual dos pontos controvertidos.

A aproximação das partes e a instigação ao debate aumentam a probabilidade de composição e devolve a elas o papel, a ser partilhado com o Poder Judiciário, de protagonistas do processo, posição notavelmente coerente, já que são os destinatários da atividade jurisdicional.

---

85. "A simplificação do sistema, além de proporcionar-lhe coesão mais visível, permite ao juiz centrar sua atenção de modo mais intenso sobre o mérito da causa" (trecho da Exposição de Motivos do Anteprojeto elaborado pela Comissão instituída pelo Senado).
86. ÁVILA, Humberto. *Op. Cit.* p. 143.

Nesse sentido, vale destacar que o NCPC viabiliza o diálogo entre as partes e sua participação efetiva no *saneamento compartilhado*. Não havendo o julgamento antecipado do mérito, ainda que parcial, o juiz saneará e organizará o processo. Após o despacho saneador, as partes terão o prazo de cinco dias para eventuais solicitações (fundamentadas) de ajustes (art. 357, § 1º, NCPC). As partes podem, também, apresentar delimitação consensual das questões de fato e de direito controvertidas, que, uma vez homologada, passa a vincular todos os sujeitos processuais (art. 357, § 2º, NCPC). Além disso, nas causas complexas, deve o juiz designar audiência para que o saneamento seja efeito em cooperação com as partes (art. 357, § 3º, NCPC). É pela ampla possibilidade de participação das partes nessa fase ordinatória que o saneamento é compartilhado, isto é, que há o compartilhamento de atribuições entre todos os sujeitos processuais para a melhor eficiência da prestação jurisdicional.

O que se percebe, portanto, é uma tentativa do NCPC de atenuação da relação triangular mantida entre os sujeitos processuais, de aproximação deles, com vistas à cumulação das contribuições que podem ser ofertadas, por cada um, ao processo. A existência de um *processo cooperativo* depende de um juiz *isonômico* na condução do *diálogo processual*, isto é, que observe rigorosamente o contraditório antes de tomar qualquer decisão (mesmo as que envolvam questões de ofício; art. 10/NCPC), mas *assimétrico*, quanto às decisões, a fim de fazer respeitar a autoridade do Estado na resolução dos conflitos, além das necessárias garantias judiciais da independência e da imparcialidade, sem as quais não há processo nem tampouco decisões justas[87].

No modelo de processo cooperativo, o juiz possui os seguintes deveres para com as partes[88]: i) de esclarecer as dúvidas sobre as alegações, os pedidos e os requerimentos formulados; ii) de prevenir atos contrários à dignidade da justiça e postulações meramente protelatórias (art. 139, inc. III, NCPC); iii) de consultar antes de proferir decisões sobre questões fáticas ou jurídicas, inclusive de ordem pública, para oportunizar a participação e possibilitar a interferência na formação do convencimento judicial, visando à maior efetividade da tutela jurisdicional (arts. 10 e 139, inc. VI, NCPC); iv) de auxiliar perante as dificuldades que possam impedir ou comprometer o exercício de posições jurídicas, especialmente para assegurar a isonomia entre os litigantes (art. 139,inc. I, NCPC) e suprimir vícios processuais (art. 139, inc. X, NCPC).

A desburocratização das formas e a ampliação do diálogo entre os sujeitos processuais se coadunam com a perspectiva de um *processo civil de resultado*.

---

87. MITIDIERO, Daniel. *Colaboração no processo civil. Pressupostos sociais, lógicos e éticos.* São Paulo: RT, 2009. p. 72-73.

88. LANES, Júlio Cesar Goulart. *Fato e direito no processo civil cooperativo.* São Paulo: RT, 2014. p. 127.

Porém, não apenas de um resultado numericamente considerado, mas sim daquele que gera efeitos na vida dos jurisdicionados, já que não se pode olvidar que, por detrás de cada processo submetido à apreciação do Poder Judiciário, existe um conflito a ser dirimido[89] – e bem dirimido – e a garantia fundamental do acesso à ordem jurídica justa que aguarda, caso a caso, efetivação.

Nesse contexto, a flexibilização procedimental, se bem compreendida, pode ser um *método* eficiente para promover decisões mais justas, em prazo mais razoável, e com maior capacidade de pacificação social[90].

6. DESAFIOS AOS RESULTADOS DA FLEXIBILIZAÇÃO PROCEDIMENTAL

A flexibilização procedimental pode apresentar meios de consolidação de um processo justo, expressão que remete à regência do processo segundo o conteúdo principiológico da Constituição[91], o que se vincula ao neprocessualismo brasileiro[92] e a diretriz hermenêutica essencial do Novo Código de Processo Civil (art. 1o). A técnica processual deve promover a realização dos valores éticos para, então, viabilizar a melhoria da qualidade da atividade jurisdicional ofertada pelo Estado-juiz.

Porém, as inovações trazidas pelo NCPC, tanto nos aspectos referentes à flexibilização quanto às demais alterações, restarão inócuas se não acompanhadas da adequação da conduta dos sujeitos processuais e da própria mentalidade dos operadores jurídicos.

Perde-se a relevância dos progressos legislativos propostos na seara processual se a comunidade jurídica recepcioná-los com a mesma mentalidade com que lidava com os dispositivos anteriores. Afinal, norma não se confunde com o texto legal, mas é o resultado advindo da atividade intelectiva de sua interpretação[93]. O simples texto, desconectado da interpretação que lhe é conferida, não aprimorará o ordenamento ou concederá, ao jurisdicionado, um processo de qualidade.

---

89. DOTTI, Rogéria. Um processo civil de mérito. In: *Cadernos Jurídicos da OAB/PR*. Curitiba, n. 35, p. 2, nov. 2012. p. 2.
90. *"(...) a paz não deve ser apenas um objetivo, mas também um método. Só meios pacíficos produzem a paz. Somente pessoas interiormente pacificadas podem ser operadoras efetivas da paz. Quanto mais séria for a busca e quanto mais dinâmico o equilíbrio, mais chances existem para a paz"* (BOFF, Leonardo. *A oração de São Francisco. Uma mensagem de paz para o mundo atual.* 3ª ed. Petrópolis: Vozes, 2013. p. 57).
91. ANDRADE, Érico. As novas perspectivas do gerenciamento e da "contratualização" do processo. *Revista de processo*, São Paulo, vol. 193, p. 167-199, março 2011. p. 168.
92. CAMBI, Eduardo. Op. Cit.
93. ÁVILA, Humberto. Op. Cit. p. 33.

Assim, em que pese a comunhão de esforços para sua elaboração, o NCPC não terá o condão de modificar qualitativamente o processo ou a realidade brasileira se os operadores jurídicos deixarem de o bem interpretar e executar.

A interpretação, a execução e a boa recepção dos novos institutos processuais devem conduzir à alteração da perspectiva com que os sujeitos do processo são vistos – e se fazem ser vistos –, o que representa considerável desafio à obtenção dos benefícios da flexibilização procedimental e à concretização da ordem jurídica processual justa. É preciso modificar a cultura processual para que partes e juízes aprendam a exercer a liberdade com responsabilidade, e não rejeitar a perspectiva da liberdade pelas dificuldades que ela pode acarretar.

6.1. A Releitura do Papel do Poder Judiciário na construção do processo justo

O primeiro grande desafio imposto à flexibilização procedimental, no que se refere à obtenção de resultados práticos e satisfatórios, é o reexame da função do Poder Judiciário no cenário democrático. As vantagens da flexibilização procedimental estão condicionadas à reestruturação da concepção que o próprio Judiciário tem de si e que a comunidade tem dele.

A releitura das teorias da separação de poderes confere nova roupagem à Magistratura, de importância fundamental para a efetividade dos direitos e das garantias fundamentais.

Cai por terra a figura do Juiz Pilatos[94], isto é, do magistrado mero expectador dos dramas processuais, que se esconde atrás do formalismo para manter o *status quo* ao invés de assumir seu papel de agente de transformação social. Sucumbe, também, a figura do Juiz Hércules[95], portador de qualidades infalíveis, que asseguraria a máxima coerência à reconstrução do Direito ao caso concreto.

O neoprocessualismo exige que o Poder Judiciário desenvolva a *função socioterapêutica*, protegendo direitos fundamentais, corrigindo desvios, ainda que decorrentes da atuação dos demais poderes/funções estatais, liberto das amarras da estrita legalidade, para que, juntamente ao Executivo e Legislativo, corrobore para o sucesso político das exigências do Estado Democrático de Direito[96].

Entre o Juiz Pilatos e o Juiz Hércules, a ordem constitucional e a eficácia imediata dos direitos fundamentais impõem o surgimento da figura do Juiz

---

94. DINAMARCO, Cândido Rangel. O princípio do contraditório e sua dupla destinação. In: *Fundamentos do processo civil moderno*. p. 134.
95. DWORKIN, Ronald. *O Império do direito*. São Paulo: Martins Fontes, 2007. p. 377-392.
96. CAMBI, Eduardo. Op. Cit. p. 196.

NOVO CPC DOUTRINA SELECIONADA, v. 1 • Parte Geral

PARTE III – NORMAS FUNDAMENTAIS

Social, consequência de uma teoria material da Constituição e da legitimidade do Estado Social, fundadas em postulados de Justiça[97]. Para a proteção dos direitos sociais, requisito indispensável para a promoção da cidadania brasileira, deve o Poder Judiciário levar a sério a Constituição e, de forma corajosa e independente, assumir-se como um Poder, por vezes *contramajoritário*[98], com legitimidade para determinar o cumprimento das garantias e dos direitos fundamentais[99].

Não se defende, sequer em matéria procedimental, o potencial criativo ilimitado do Poder Judiciário. Tampouco, seria salutar o governo dos juízes, noções correlatas ao ativismo judicial, expressão que, até mesmo por equívocos conceituais[100], adquiriu conotação extremamente pejorativa. Admite-se, tão-somente, um protagonismo responsável ou saudável[101], apto, mediante resposta democrática, à retificação das anomalias, à correção das omissões inconstitucionais, para que as promessas constitucionais se tornem realidade.

O ordenamento processual não respalda julgamentos à margem da lei ou consoantes valores pessoais do magistrado[102]. Contudo, ampara postura ativa do Juiz, que reconhece, como sendo sua atribuição, o labor em prol da consecução dos objetivos estatais, dentre os quais está a prestação da tutela jurisdicional adequada, e que, para tanto, o poder de dispor de iniciativa criativa, inclusive quanto à condução do processo[103].

---

97. Idem. Ibidem.

98. *"A proteção das minorias e dos grupos vulneráveis qualifica-se como fundamento imprescindível à plena legitimação material do Estado Democrático de Direito. - Incumbe, por isso mesmo, ao Supremo Tribunal Federal, em sua condição institucional de guarda da Constituição (o que lhe confere "o monopólio da última palavra" em matéria de interpretação constitucional), desempenhar função contramajoritária, em ordem a dispensar efetiva proteção às minorias contra eventuais excessos (ou omissões) da maioria, eis que ninguém se sobrepõe, nem mesmo os grupos majoritários, à autoridade hierárquico-normativa e aos princípios superiores consagrados na Lei Fundamental do Estado. Precedentes. Doutrina"* (STF, RE 477554 AgR, Relator(a): Min. CELSO DE MELLO, Segunda Turma, julgado em 16/08/2011, DJe-164 DIVULG 25-08-2011 PUBLIC 26-08-2011 EMENT VOL-02574-02 PP-00287 RTJ VOL-00220- PP-00572).

99. CAPPELLETTI, Mauro. *Juízes legisladores?* Porto Alegre: Sérgio Antônio Fabris Editor, 1993. p. 47.

100. *"(...) muitos magistrados, exatamente por possuírem uma postura mais ativa do que tradicionalmente é visto no cenário brasileiro, passaram a ser mal interpretados e, por tal razão, vêm sendo chamados de 'ativistas judiciais' por parte da doutrina que confunde, de forma injustificável, o perfil ativo dos magistrados com o que realmente deve ser chamado de ativismo judicial. Não há ainda, nesse sentido, uma definição clara e precisa da doutrina sobre o conceito de ativismo judicial, possuindo este interpretações mais moderadas e, também, mais arrojadas"* (GOMES, Gustavo Gonçalves. Juiz ativista x juiz ativo: uma diferenciação necessária no âmbito do processo constitucional moderno. In: Ativismo judicial e garantismo processual. Coord. Fredie Didier Júnior et al. Salvador: JusPodivm, 2013. p. 289).

101. NALINI, José Renato. *A rebelião da toga.* 2ª ed. Campinas: Millennium, 2008. p. 323.

102. STRECK, Lenio Luiz. *Jurisdição constitucional e decisão jurídica.* 3ª ed. São Paulo: RT, 2013; GOMES, Gustavo Gonçalves. Juiz ativista x juiz ativo: uma diferenciação necessária no âmbito do processo constitucional moderno. Cit. p. 297-298.

103. *"(...) no plano da interpretação do direito o juiz assume papel cada vez mais ativo e criativo, de problem-solver, de policy-maker e cada vez mais frequentemente de law-maker, assim também no plano extrajurídico ele*

Cap. 18 • FLEXIBILIZAÇÃO PROCEDIMENTAL NO NOVO CÓDIGO DE PROCESSO CIVIL
Eduardo Cambi – Aline Regina das Neves

É o exercício da capacidade criativa do juiz que o liberta das amarras da estrita legalidade, fazendo-o primar pela justiça do caso concreto, sem ser arbitrário, ao respeitar os parâmetros hermenêuticos estabelecidos pela Constituição da República Federativa do Brasil, sempre com a preocupação de atender os fins sociais, as exigências do bem comum, para promover a dignidade humana, com observância dos postulados da proporcionalidade, razoabilidade, legalidade, publicidade e eficiência (arts. 1º *e* 8º *do NCPC).* A relação mantida entre lei e magistrado não é de subordinação cega, mas sim de instrumentalidade crítica para a consecução da função (auto)atribuída ao Estado-Juiz.

É indispensável que o Poder Judiciário tome consciência de seu próprio redimensionamento e de suas funções, não mais vinculadas à aplicação simplória e mecanizada do texto legal, sob pena de ser uma instituição irresponsável que, respaldada na mera legalidade, reproduza injustiças: dura lex, sed lex[104].

Além da expansão da jurisdição constitucional, a reorganização crítica do Poder Judiciário passa pela constatação de que o modelo de linha de produção de justiça do século XXI é completamente diverso do funcionamento artesanal do século XIX, quando a ciência processual foi concebida[105].

As metas impostas pelo Conselho Nacional de Justiça não podem ser um pretexto para a desumanização da prestação jurisdicional. A flexibilização procedimental deve ser sedimentada, a partir das faculdades de Direito, como uma forma de buscar um *novo humanismo* no processo civil. A confiança na prestação jurisdicional depende do resgate da possibilidade da construção de formas de diálogo mais eficientes que, estimulando a autocomposição (art. 3º, § 2º, NCPC) ou ao menos a colaboração processual (art. 6º, NCPC), sejam pautadas pela boa-fé objetiva (art. 5º/NCPC), seja para minimizar a excessiva judicialização de demandas, seja para tornar a busca por soluções consensuais um meio ético de pacificação social e distribuição de justiça.

6.2. A releitura do papel das partes na construção do processo justo

Tão importante quanto a mudança de postura do Poder Judiciário, para a consolidação do *neoprocessualismo* proposto pelo Novo Código de Processo Civil e, inclusive, para o sucesso da técnica da flexibilização do procedimento, é a alteração da postura assumida pelos litigantes e seus procuradores.

---

só pode ser definido como intérprete ativo da cultura, da consciência social, dos princípios e dos valores de seu tempo...Para ser um bom intérprete, o juiz, deve portanto ser consciente da fragmentação e variedade das coordenadas cogniscitivas e valorativas que são as notas dominantes da sociedade atual" (TARUFFO, Michele. Senso comune, esperienza e scienza nel ragionamento del giudice. In: *Sui confini. Scritti sulla giustizia civile.* Bologna: Il Mulino, 2002. p. 154).

104. DALLARI, Dalmo de Abreu. *O poder dos juízes.* 3ª ed. São Paulo: Saraiva, 2010. p. 84.

105. SILVA, Paulo Eduardo Alves da. Op. Cit. p. 29.

Nada muda se não houver um mínimo de vontade de mudar[106]. O aparato legislativo, somado à redescoberta do papel de que dispõe o Poder Judiciário na concretização dos direitos constitucionais, não é suficiente para implementar melhorias ao processo civil se as partes e seus procuradores não contribuírem com as mudanças.

Para a eficiência da colaboração processual, há de se renegar o espírito de beligerância que, por não raras vezes, permeia as relações processuais, instigado, não raro, pela atuação dos procuradores das partes. São advogados que, com o propósito de se mostrarem combativos defensores dos interesses de seus clientes, acabam por inflamar situações embrionariamente já conflituosas.

O diálogo das partes estimulado pelo NCPC é elemento inafastável da flexibilização procedimental voluntária, sem o qual se esvazia a técnica e inviabiliza a celebração de convenções processuais. Tal diálogo deve objetivar, sem olvidar os interesses específicos de cada um dos litigantes, a busca da melhor solução para o conflito, seja por meio das formas de autocomposição endoprocessual, seja pelo uso de estratégias que minimizem ou até neutralizem as divergências.

As partes devem ser orientadas para visualizar os efeitos deletérios que atingem os dois polos da relação processual, bem como para os desgastes da perpetuação do litígio ou da insistência em prorrogá-lo. Com a contribuição de advogados, que devem ser mais bem treinados já nas Universidades quanto aos institutos da negociação, da mediação, da conciliação e da arbitragem, muitos litígios podem ser prevenidos ou, quando tenham que ser judicializados, não se admite que os meios processuais sejam usados como mecanismo de intensificação de divergências ou de estímulo à animosidade[107].

Essa mudança de perspectiva e a introdução de ânimo cooperativo demandam a superação de aspectos culturais enraizados na sociedade, tendentes ao contencioso. Exige, portanto, a readequação do ensino jurídico, mudança na atuação dos operadores do Direito e maturidade social. A dificuldade de atingi-las, entretanto, não deve desestimular o implemento e a difusão de práticas tão inovadoras como a flexibilização procedimental.

---

106. TOMÉ, Levi Rosa. *Simplificação processual como mecanismo de acesso à ordem jurídica justa*. Dissertação (Mestrado em Direito) – Universidade Estadual do Norte do Paraná, Jacarezinho. Jacarezinho, 2011. p. 182.

107. *"O advogado dos tempos atuais não pode deixar de considerar o potencial que tem a mediação de oportunizar às partes posições jurídicas satisfatórias, implodindo o castelo de tensão social, quase sempre construído de forma rápida, emocional e inconsequente. O profissional sintonizado com as novas tendências certamente já percebeu as vantagens do uso dos métodos adequados/eficazes de solução de conflitos para a sociedade civil e para seu próprio ofício"* (MOTTA JÚNIOR, Aldemar de Miranda et al. *Maunual de mediação de conflitos para advogados. Escrito por advogados*. Brasília: Ministério da Justiça, 2014. p. 146).

7. CONCLUSÕES

1. Nem sempre o procedimento previsto abstratamente na legislação processual para a tramitação da causa, é eficiente e apto a viabilizar a tutela jurisdicional adequada, a que os consumidores dos serviços judiciais fazem *jus*, em razão da garantia constitucional do acesso à ordem jurídica justa (art. 5º, inciso XXXV, CF).

2. Para se promover o direito ao processo justo, o NCPC possibilita a adaptação do procedimento *in concreto*, permitindo o seu "amoldamento" às necessidades dos sujeitos processuais e à natureza da causa.

3. A flexibilização procedimental não atenta contra a ordem jurídica, pois: a) não há violação à garantia do devido processo legal; b) não é o procedimento que legitima a decisão judicial, mas sim a participação das partes no procedimento adotado; c) nos moldes adotados no NCPC, não se fere a segurança jurídica e, tampouco, causa perda da previsibilidade dos atos processuais, posto que a flexibilização procedimental condiciona-se ao exercício do contraditório pleno, à existência de finalidade específica e à motivação da decisão judicial que a determina; d) a possibilidade de adaptar o procedimento legalmente estabelecido se justifica pela ponderação de valores e a sua relevância para a efetivação da garantia constitucional de acesso à ordem jurídica justa; e) não faria sentido permitir ao Juiz a valoração da prova de acordo com a sua persuasão racional motivada e impedi-lo de interferir na condução do procedimento, assim como representaria incoerência grosseira permitir ao árbitro a adaptabilidade do procedimento e rechaçá-lo ao Magistrado.

4. Ante a necessidade de interpretação dos institutos processuais em conformidade com a Constituição da República Federativa do Brasil (art. 1º/NCPC), fixada a possibilidade de adaptar o procedimento ao caso concreto – e não enquadrar o caso concreto ao procedimento previsto legalmente –, a técnica da flexibilização procedimental é apta a ensejar: a) maior compatibilidade do procedimento adotado às especificidades da causa; b) economia processual; c) obtenção da solução integral do mérito em prazo razoável.

5. O NCPC, apesar de não ter contemplado um cláusula geral de flexibilização procedimental, trouxe mudanças importantes para a adaptação judicial e voluntária do procedimento à causa, ao contemplar a possibilidade de criação de fontes autônomas ao Direito Processual Civil.

6. Para que as vantagens da flexibilização procedimental deixem de ser meras expectativas e passem a ser qualitativa e quantitativamente perceptíveis aos sujeitos processuais, é necessário que: a) o Poder Judiciário reconheça a sua relevância no cenário democrático e busque implementar todas as potencialidades do NCPC; b) as partes e seus procuradores viabilizem e aprimorem

o diálogo e a cooperação processual, despindo-se do espírito de beligerância que permeia situações naturalmente conflituosas.

7. Os resultados positivos da flexibilização processual demandam, além de adequado preparo científico, desde a formação dos operadores jurídicos nas Universidades, grau de maturidade dos sujeitos processuais e da sociedade como todo, para a superação de aspectos culturais enraizados, para que tal técnica processual possa contribuir para a concretização da garantia constitucional de acesso à ordem jurídica justa, à eficiência da prestação jurisdicional, à justiça da decisão e à pacificação social.

8. REFERÊNCIAS BIBLIOGRÁFICAS

ALEXY, Robert. *Constitucionalismo discursivo*. Tradução de Afonso Heck. 3. ed. Porto Alegre: Livraria do Advogado, 2011.

ANDRADE, Érico. As novas perspectivas do gerenciamento e da "contratualização" do processo. *Revista de processo*, São Paulo, vol. 193, p. 167-199, março 2011.

ÁVILA, Humberto. *Teoria dos princípios: da definição à aplicação dos princípios jurídicos*. 14ª ed. São Paulo: Malheiros, 2013.

BALEOTTI, Francisco Emilio. Poderes do juiz na adaptação do procedimento. *Revista de Processo*, São Paulo, v. 213, ano 236, p. 389-408, nov. 2012.

BEDAQUE, José Roberto dos Santos. *Efetividade e técnica processual*. São Paulo: Malheiros, 2006.

BOFF, Leonardo. *A oração de São Francisco. Uma mensagem de paz para o mundo atual*. 3ª ed. Petrópolis: Vozes, 2013.

BRAGA, Paula Sarno. *Aplicação do devido processo legal às relações jurídicas particulares*. Dissertação (Mestrado em Direito) – Universidade Federal da Bahia, Salvador. Salvador, 2007.

CABRAL, Trícia Navarro Xavier. Flexibilização procedimental. *Revista Eletrônica do Direito Processual*, Rio de Janeiro, vol. VI, ano 4, p. 135-164, jul./dez. 2010.

_____. Poderes do juiz no novo CPC. *Revista de Processo*, São Paulo, ano 37, v. 208, p. 275-294, jun. 2012.

CADIET, Loïc. Los acuerdos procesales en derecho francês: situación actual de la contractualización del proceso y la justicia en Francia. In: http://www.civilprocedurereview.com/busca/baixa_arquivo.php?id=59&embedded=true. Acesso em 7 de abril de 2015.

CAMBI, Eduardo. *Neoconstitucionalismo e neoprocessualismo: direitos fundamentais, políticas públicas e protagonismo judiciário*. 2ª ed. São Paulo: Revista dos Tribunais, 2011.

_____; NEVES, Aline Regina das Neves. *Contratualização procedimental: novas perspectivas processuais do direito francês e análise do ordenamento pátrio*. Artigo inédito.

CAPPELLETTI, Mauro. *Juízes legisladores?* Porto Alegre: Sérgio Antônio Fabris Editor, 1993.

CARNELUTTI, Francesco. *Sistema de direito processual civil.* 2ª ed. São Paulo: Lemos & Cruz, 2004.

CINTRA, Antônio Carlos de Araújo; GRINOVER, Ada Pellegrini; DINAMARCO, Cândido Rangel. *Teoria geral do processo.* 22ª ed. São Paulo: Malheiros, 2006.

COSTA, Thaís Mendonça Aleluia da. *A contratualização do procedimento civil francês: um novo horizonte para a adequação processual.* Dissertação (Mestrado em Direito) – Universidade Federal da Bahia, Salvador. Salvador, 2012.

CUEVA, Villas Bôas. *Flexibilização do procedimento no novo CPC.* In: http://jota.info/flexibilizacao-procedimento-novo-cpc. Acesso em 7 de abril de 2015.

CUNHA, Leonardo Carneiro da. *A atendibilidade dos fatos supervenientes no processo civil.* Coimbra: Almedina, 2012.

DALLARI, Dalmo de Abreu. *O poder dos juízes.* 3ª ed. São Paulo: Saraiva, 2010.

DELGADO, Maurício Godinho. *Curso de direito do trabalho.* 7ª ed. São Paulo: LTr, 2008.

DIDIER JÚNIOR, Fredie. *Curso de Direito Processual Civil.* 14ª ed. Salvador: JusPodivm, 2012.

_____. Sobre dois importantes, e esquecidos, princípios do processo: adequação e adaptabilidade do procedimento. *Revista de Direito Processual Civil,* Curitiba, v. 21, n. 21, p. 530-541, 2001.

_____; NOGUEIRA, Pedro Henrique Pedrosa. *Teoria dos fatos jurídicos processuais.* 2ª ed. Salvador: JusPodivm, 2013.

DINAMARCO, Cândido Rangel. *A instrumentalidade do processo.* 15ª ed. São Paulo: Malheiros, 2013.

_____. O princípio do contraditório e sua dupla destinação. In: *Fundamentos do processo civil moderno.* 3ª ed. São Paulo: Malheiros, 2000.

DOTTI, Rogéria. Um processo civil de mérito. In: *Cadernos Jurídicos da OAB/PR.* Curitiba, n. 35, p. 2, nov. 2012.

DWORKIN, Ronald. *O Império do direito.* São Paulo: Martins Fontes, 2007.

GAJARDONI, Fernando da Fonseca. *Flexibilização procedimental: um novo enfoque para o estudo do procedimento em matéria processual.* São Paulo: Atlas, 2008.

GOMES, Gustavo Gonçalves. Juiz ativista x juiz ativo: uma diferenciação necessária no âmbito do processo constitucional moderno. In: *Ativismo judicial e garantismo processual.* Coord. Fredie Didier Júnior et al. Salvador: JusPodivm, 2013.

GRECO, Leonardo. Os atos de disposição processual – primeiras reflexões. In: *Os poderes do juiz e o controle das decisões judiciais: estudos em homenagem à Professora Teresa Arruda Alvim Wambier.* Coord. José Miguel Garcia Medina et. al. São Paulo: RT, 2008.

LANES, Júlio Cesar Goulart. *Fato e direito no processo civil cooperativo.* São Paulo: RT, 2014.

LUHMANN, Niklas. *Legitimação pelo procedimento*. Tradução de Maria da Conceição Corte Real. Brasília: Ed. Universidade de Brasília, 1980.

MARINONI, Luiz Guilherme. *Teoria geral do processo*. 3ª ed. São Paulo: Revista dos Tribunais, 2008.

_____. Do controle da insuficiência da tutela normativa aos direitos fundamentais processuais. In: *O direito nos Tribunais Superiores: com ênfase no novo direito processual civil. Homenagem ao Ministro Sérgio Luiz Kukina*. Curitiba: Bonijuris, 2015.

MATTOS, Sérgio. *Devido processo legal e proteção de direitos*. Porto Alegre: Livraria do Advogado, 2009.

MITIDIERO, Daniel. *Colaboração no processo civil. Pressupostos sociais, lógicos e éticos*. São Paulo: RT, 2009.

MOREIRA, José Carlos Barbosa. Por um processo socialmente efetivo. In: *Temas de Direito Processual*. 8ª ed. São Paulo: Saraiva, 2004.

MOTTA JÚNIOR, Aldemar de Miranda et al. *Maunual de mediação de conflitos para advogados. Escrito por advogados*. Brasília: Ministério da Justiça, 2014.

NALINI, José Renato. *A rebelião da toga*. 2ª ed. Campinas: Millennium, 2008.

NERY JR., Nelson; ANDRADE NERY, Rosa. *Código de Processo Civil comentado e legislação extravagante*. 13ª ed. São Paulo: RT, 2013.

NEVES, Aline Regina das. *Flexibilização Procedimental: instrumento de efetivação da garantia de acesso à justiça e da prestação da tutela jurisdicional adjetivada*. Dissertação (Mestrado em Ciência Jurídica) – Universidade Estadual do Norte do Paraná, Jacarezinho. Jacarezinho, 2014.

NOGUEIRA, Pedro Henrique Pedrosa. *Negócios jurídicos processuais: análise dos provimentos judiciais como atos negociais*. Tese (Doutorado em Direito) – Universidade Federal da Bahia, Salvador. Salvador, 2011.

OLIVEIRA, Carlos Alberto Alvaro de. *Do formalismo no processo civil*. 2ª ed. São Paulo: Saraiva, 2003.

PARIZ, Ângelo Aurélio Gonçalves. *O princípio do devido processo legal: direito fundamental do cidadão*. Coimbra: Almedina, 2009.

PELEJA JÚNIOR, Antônio Veloso. A adaptabilidade do procedimento: regra ou princípio? **Jus Navigandi**, Teresina, ano 14, n. 2161, 1 jun. 2009. Disponível em:

<http://jus.com.br/artigos/12788>. Acesso em: 30 jun. 2014.

PEREIRA, Ruitemberg Nunes. *O princípio do devido processo legal substantivo*. Rio de Janeiro: Renovar, 2005.

REDONDO. Bruno Garcia. Devido processo "legal" e flexibilização do procedimento pelo juiz e pelas partes. *Revista Dialética de Direito Processual*, São Paulo, n. 130, p. 9-16, janeiro, 2014.

SILVA, José Afonso da. *Curso de direito constitucional positivo*. 26ª ed. São Paulo: Malheiros, 2006.

SILVA, Paulo Eduardo Alves da. *Gerenciamento de processos judiciais*. São Paulo: Saraiva, 2010.

SOARES, Leonardo Oliveira. Calendário processual, sucumbência recursal e o projeto de novo CPC para o Brasil. *Revista de Processo*, São Paulo, ano 39, vol. 227, p. 197-205, jan. 2014.

STRECK, Lenio Luiz. *Jurisdição constitucional e decisão jurídica*. 3ª ed. São Paulo: RT, 2013.

TARUFFO, Michele. Senso comune, esperienza e scienza nel ragionamento del giudice. In: *Sui confini. Scritti sulla giustizia civile*. Bologna: Il Mulino, 2002.

TOMÉ, Levi Rosa. *Simplificação processual como mecanismo de acesso à ordem jurídica justa*. Dissertação (Mestrado em Direito) – Universidade Estadual do Norte do Paraná, Jacarezinho. Jacarezinho, 2011.

CAPÍTULO 19

Os procedimentos simplificados e flexibilizados no Novo CPC

Fernando da Fonseca Gajardoni[1]

SUMÁRIO: 1. MODELOS PROCEDIMENTAIS; 2. PROCEDIMENTOS OU RITOS NO CPC/1973; 3. RAZÕES QUE INSPIRARAM A CRIAÇÃO DOS PROCEDIMENTOS ESPECIAIS; 4. OS PROCEDIMENTOS NO NOVO CPC (LEI 13.105/2015); 5. A SIMPLIFICAÇÃO FORMAL E RITUAL NO NOVO CPC; 5.1. A SUBSTITU-IÇÃO DOS PROCEDIMENTOS COGNITIVOS ORDINÁRIO E SUMÁRIO PELO PROCEDIMENTO COMUM; 5.2. O FIM DOS PROCEDIMENTOS ESPECIAIS CAUTELARES; 5.3. A EXTINÇÃO DE INÚMEROS PRO-CEDIMENTOS ESPECIAIS COGNITIVOS; 5.4. A MANUTENÇÃO, REALOCAÇÃO E INSERÇÃO DE NOVOS PROCEDIMENTOS ESPECIAIS COGNITIVOS; 5.5. A RESSURREIÇÃO (NOVA ROUPAGEM) DE ALGUNS PROCEDIMENTOS ESPECIAIS; 5.5.1. AÇÃO DE DEPÓSITO; 5.5.2. AÇÃO MONITÓRIA; 6. FLEXIBILIZAÇÃO E DÉFICIT PROCEDIMENTAL NO NOVO CPC; 6.1. PROCEDIMENTO RÍGIDO COMO REGRA DE ORDEM PÚ-BLICA.; 6.2. PROCEDIMENTO RÍGIDO COMO FATOR DE SEGURANÇA E PREVISIBILIDADE DO SISTEMA.; 6.3. FLEXIBILIZANDO A RIGIDEZ DO PROCEDIMENTO SEM PERDER A PREVISIBILIDADE E SEGURANÇA DO SISTEMA.; 6.4. FLEXIBILIZAÇÃO PROCEDIMENTAL E CONDICIONAMENTOS.; 6.5. A MITIGAÇÃO DA REGRA D FLEXIBILIZAÇÃO PROCEDIMENTAL PELO JUIZ E A FLEXIBILIZAÇÃO PROCEDIMENTAL VOL-UNTÁRIA NO NOVO CPC; 7. CONCLUSÃO; 8. REFERÊNCIAS BIBILOGRÁFICAS.

1. MODELOS PROCEDIMENTAIS

Quanto à ordenação formal dos atos no processo (local na série e prazos), o modelo procedimental de um sistema varia conforme maior ou menor flexibi-lidade na aplicação destas regras ao caso concreto; se há liberdade ou não das partes e do juiz para modificarem essas regras, se afastando do modelo legal previamente previsto; se o regime preclusivo é tênue ou rigoroso, admitindo ou não o retorno a fase processuais já superadas no tempo.

Com base nisto, dois sistemas processuais são conhecidos e indicados pela doutrina no que toca ao procedimento: a) *sistema da legalidade das formas pro-cedimentais*; b) *sistema da liberdade de formas procedimentais*.

No primeiro sistema, o lugar em que cada ato processual tem cabimento, bem como o prazo para sua prática, se encontra rigidamente pré-estabelecido em lei, podendo o desrespeito à prescrição legal implicar invalidade do próprio

---

1. Professor Doutor de Direito Processual Civil da Faculdade de Direito da USP – Ribeirão Preto (FDRP-USP) e do programa de Mestrado em Direitos Coletivos e da Cidadania da UNAERP. Doutor e Mestre em Direito Processual pela Faculdade de Direito da USP (FD-USP). Juiz de Direito no Estado de São Paulo

ato processual, do seu conjunto (do procedimento todo), ou do resultado do processo (da sentença). Este sistema tem por grande mérito a previsibilidade e a segurança que ofertam ao jurisdicionado, ciente da maneira como se desenvolverá o processo do início ao fim. Mas é burocrático e em muitas ocasiões implica a prática de atos processuais desnecessários ou inadequados à efetiva tutela dos direitos.

Já no segundo sistema não há uma ordem legal pré-estabelecida para a prática dos atos processuais, tampouco há disciplina legal dos prazos, competindo aos sujeitos do processo (ora às partes, ora ao juiz) determinar a cada momento qual o ato processual a ser praticado, bem como o tempo para tanto.

Não há sistemas totalmente puros, embora seja manifesta a preferência pelo primeiro deles e a preponderância das regras legais sobre o procedimento. A grande maioria dos modelos procedimentais – como o da até então vigente Lei de Ação Civil Pública (Lei n. 7.347/85) ou do próprio CPC/1973, ainda em vigor – tende ao sistema da legalidade das formas procedimentais, em que não é permitido às partes ou ao magistrado alterar a ordem ou o prazo para a prática de atos processuais na série.

2. PROCEDIMENTOS OU RITOS NO CPC/1973

Exatamente por conta da adoção do modelo da *legalidade das formas procedimentais* no CPC/1973, a doutrina nacional majoritária tem entendido que só a legislação pode promover a calibração dos procedimentos processuais às particularidades subjetivas e objetivas da causa. Por isto, ao Estado compete estabelecer normas que disciplinem os procedimentos levando em conta diversos fatores, que vão desde a busca por uma tutela jurisdicional mais célere até uma melhor proteção a determinados pessoas ou direitos que, pelo seu valor pecuniário ou social, demandam uma solução de melhor qualidade extrínseca e/ou intrínseca.

Com base nisso e visando esta adequação procedimental, o CPC/1973 criou, conforme o tipo de processo (conhecimento, execução e cautelar), variados procedimentos, assim classificados por puro expediente didático.

No *processo de conhecimento,* o sistema contemplou duas categorias procedimentais: os *procedimentos comuns* e os *procedimentos especiais.* Os primeiros subdividem-se em procedimentos ordinário e sumário (art. 272 do CPC/1973). Os segundos, em procedimentos especiais constantes do CPC/1973 (arts. 890 a 1.102c) e os constantes de legislação extravagante. A todos se aplicam subsidiariamente as regras do *procedimento comum* ordinário (art. 272, parágrafo único, do CPC/1973).

Cap. 19 • OS PROCEDIMENTOS SIMPLIFICADOS E FLEXIBILIZADOS NO NOVO CPC
Fernando da Fonseca Gajardoni

Já no *processo de execução*, embora o sistema não seja expresso, tampouco a doutrina faça esta classificação, encontramos, também, duas categorias de ritos: *os comuns e os especiais*. Integram o processo de execução de rito comum a execução para entrega de coisa (artigos 621 a 631 CPC/1973), a execução de obrigação de fazer e não fazer (artigos 632 a 645 CPC/1973) e a execução por quantia contra devedor solvente (artigos 646 a 729 CPC/1973). Já os procedimentos especiais da execução também se subdividem em procedimentos especiais constantes do CPC/1973 – execução contra a Fazenda Pública (arts. 730 e 731), execução de alimentos (arts. 732 a 735) e execução por quantia contra devedor insolvente (arts. 646 a 729 e 748 a 786-A) – e procedimentos especiais executivos de legislação extravagante (aqueles não contemplados no Código de Processo Civil), entre outros, a execução fiscal (Lei 6.830/1980) e a execução hipotecária do Decreto-lei 70/1966 e da Lei 5.741/1971.

O *processo cautelar* também tem os seus procedimentos. Ao lado das cautelares de *procedimento comum* (arts. 800 a 804 do CPC/1973) – nominadas (arts. 888 e 889 do CPC) ou inominadas (art. 798 do CPC) – há, ainda, as cautelares de *procedimento próprio ou especial* (arts. 813 a 887 do CPC/1973), que se diferenciam das primeiras, como todo procedimento especial, exatamente por se submeterem a trâmites específicos e que se revelam total ou parcialmente distintos dos comuns.

3. RAZÕES QUE INSPIRARAM A CRIAÇÃO DOS PROCEDIMENTOS ESPECIAIS

Para todos os tipos de processos, a criação de modelos rituais especiais resulta, ao menos em tese, de particularidades ligadas ao direito material ou a pessoa dos litigantes

Assim, por exemplo, o legislador, atento ao *diminuto valor do pedido*, criou o procedimento especial dos Juizados Especiais Cíveis Estaduais (Lei 9.099/1995), Federais (Lei 10.259/2001) e da Fazenda Pública (Lei 12.153/2009), onde impera a sumarização e informalidade procedimental; atento ao *interesse público* em jogo criou o procedimento especial da desapropriação (Decreto-lei 3.365/1941), com possibilidade de imissão do poder expropriante na posse do bem liminarmente; atento à tutela do próprio *direito à vida* criou o procedimento especial da ação de alimentos (Lei 5.478/1968), que permite a concessão de tutela antecipatória com requisitos muito mais tênues que os do art. 273 do CPC/1973; atento à *qualidade especial da partes* quadruplicou todos os prazos de reposta das Fazendas Públicas (art. 188 do CPC), bem como modelou um procedimento executivo por quantia específico contra o Estado (art. 730 CPC/1973); e atento, simplesmente, à *incompatibilidade lógica do procedimento comum com a execução coletiva*, criou o procedimento especial falimentar (Lei 11.101/2005).

NOVO CPC DOUTRINA SELECIONADA, v. 1 • Parte Geral
PARTE III – NORMAS FUNDAMENTAIS

Há alguns procedimentos especiais, entretanto, que apesar de previstos na legislação civil em vigor, efetivamente não tinham mais razão de existir, seja porque poderiam perfeitamente ser tutelados pelo procedimento comum (sem prejuízo algum ao direito ou das partes em litígio), seja porque, com a possibilidade, desde 1994, de concessão de liminares antecipatórias genéricas (art. 273 CPC/1973), não havia mais sentido para que continuassem especiais. Listem-se, como exemplos, os procedimentos especiais da ação de anulação de títulos ao portador (arts. 907 a 913 CPC/1973), da ação de nunciação de obra nova (arts. 934 a 940 CPC/1973), da ação de usucapião (arts. 941 a 945 CPC/1973), entre tantos outros.

Seja como for, de se reafirmar que como nosso sistema vigente é adepto da *legalidade das formas procedimentais*, prevalece atualmente o entendimento de que não é dado ao juiz, à míngua de previsão legal específica, ignorar os procedimentos especiais inutilmente previstos – deixando de aplicá-los conforme a constatação de falta de racionalidade lógica na sua criação – tampouco pode o magistrado, percebendo a ausência de tutela ritual adequado a determinado bem ou pessoa, adaptar ou criar procedimentos conforme as particularidades da causa.

4. OS PROCEDIMENTOS NO NOVO CPC (LEI 13.105/2015)

No Novo CPC são promovidas alterações profundas no regime procedimental do CPC/1973, com manifesta simplificação dos ritos e, principalmente, com uma tentativa de se mitigar, ao menos parcialmente, a adoção, pelo sistema, do *modelo da legalidade das formas procedimentais*, permitindo-se ao juiz e às partes, diante do déficit procedimental, a adaptação dos procedimentos às particularidades objetivas e subjetivas da causa (*flexibilização procedimental*).

5. A SIMPLIFICAÇÃO FORMAL E RITUAL NO NOVO CPC

Como um dos motes anunciados pela Comissão de Juristas encarregada da elaboração do Novo CPC era a *simplificação*, não parece estranho que um dos principais campos para o exercício desta tarefa fosse a seara dos procedimentos.

Afinal, é voz corrente no foro e na academia que os procedimentos do CPC/1973, de um modo geral, são lentos e burocráticos, sendo imperiosa, portanto, uma completa reestruturação para, sem renúncia aos direitos e garantias constitucionais, permitir que o processo alcance o maior resultado no menor tempo possível.

Por exemplo, sabe-se que o procedimento cognitivo sumário do CPC/1973 – apesar de ser um plenário rápido (GUILLÉN, 1953, p. 46) – acaba, no mais das

Cap. 19 • OS PROCEDIMENTOS SIMPLIFICADOS E FLEXIBILIZADOS NO NOVO CPC
Fernando da Fonseca Gajardoni

vezes, por ser mais lento que o próprio procedimento ordinário (FIGUEIRA JR. e LOPES, 1997, p. 35), isto por conta da necessidade de pauta judicial livre para a realização de audiência de conciliação logo no início do procedimento (art. 277 e 278 do CPC/1973).

Sabe-se, também, que o modo formal – quase solene – do processamento de certos incidentes processuais (exceções de incompetência relativa, impugnação ao valor da causa, impugnação aos benefícios da justiça gratuita, etc.) e de demandas contrapostas (reconvenção), prejudica profundamente a tutela dos direitos (BEDAQUE, 2005, p. 417-433).

E, por fim, a quase nenhum operador jurídico é lícito negar que o excessivo número de procedimentos especiais cognitivos e cautelares – muitos deles, como já apontado, criados sem sentido lógico algum – acaba por confundir a própria presteza e efetividade da Justiça (ARAGÃO, 2004, p. 205).

Por isto o Novo CPC investe fundo na questão da simplificação formal e ritual do sistema, eliminando empecilhos puramente formais, sem sentido prático ou lógico, e reprojetando, com algumas melhorias, os ritos processuais, os quais doravante pretendem efetivamente servir ao que se prestam: garantir segurança, cadência e estrutura ao processo civil.

5.1. A substituição dos procedimentos cognitivos ordinário e sumário pelo procedimento comum.

O Novo CPC propõe – em boa hora – o fim dos procedimentos cognitivos *sumário* e *ordinário*, fundindo-os em uma figura única e híbrida denominada *procedimento comum*.

Cria-se, assim, um procedimento misto – doravante nominado simplesmente de *procedimento comum* (art. 318 CPC/2015) – com a tentativa de fusão do que havia de melhor nos dois procedimentos substituídos, potencializando-os, ainda, através de pequenos ajustes que podem – com o correspondente empenho dos operadores jurídicos e estruturação das unidades judiciárias – fazer com que os processos sejam concluídos rapidamente em 1º grau de jurisdição.

Ampliam-se as hipóteses de improcedência liminar do pedido (*julgamento antecipadíssimo do mérito*), para abarcar – além da prescrição e decadência (art. 332, § 1º, CPC/2015)– as situações de pretensões fundamentadas em matéria exclusivamente de direito e contrárias: a) a decisões do STF ou STJ, proferidas em julgamento de recursos repetitivos ou súmulas; b) a entendimento firmado em incidente de resolução de demandas repetitivas ou assunção de competência (art. 332 do CPC/2015); c) a enunciado de súmula do Tribunal de Justiça sobre direito local. Lamentavelmente, foi excluída a hipótese atual de

NOVO CPC DOUTRINA SELECIONADA, v. 1 • Parte Geral

PARTE III – NORMAS FUNDAMENTAIS

julgamento liminar de improcedência das causas repetidas em 1º grau (art. 285-A CPC/1973), algo que contraria o ideário sempre defendido pela doutrina (mas não pela comissão de juristas que apoiou os trabalhos junto à Câmara dos Deputados), de que é necessário o fortalecimento dos juízes de primeira instância.

Insere-se, logo na fase inicial do procedimento e antes da resposta do réu, uma audiência de conciliação – de comparecimento pseudo compulsório (sob pena de multa – art. 334, § 8º, CPC/2015) – a ser realizada por conciliadores e mediadores em pauta distinta da do juiz (art. 334 do CPC/2015), a qual só será dispensada se ambas as partes declararem expressamente seu desinteresse no ato; o autor na inicial e o réu nos 10 (dez) dias que antecedem a audiência (art. 334, § 4º, CPC/2015). Embora plenamente justificada a opção do Novo CPC – vez que experiências reais (Projeto de Gerenciamento de casos do TJ/SP) revelam o quão útil para os fins autocompositivos é a realização de audiência de conciliação/mediação, através de corpo de mediadores/conciliadores autônomos, logo no início do rito (GAJARDONI, ROMANO e LUCHIARI, 2007, p. 18/42) –, a realização de audiência a contragosto de uma das partes não parece ter sido a melhor opção, mormente porque violadora do princípio da autonomia da vontade (vetor máximo em tema de autocomposição).

Extingue-se a diferenciação inútil que existia entre a forma de argüição da incompetência absoluta e relativa existente no CPC/1973, a primeira por preliminar de contestação (art. 301, II, CPC/1973) e a outro por exceção ritual autônoma (arts. 112, 114 e 307 CPC/1973). Doravante ambas as incompetências poderão ser argüidas por preliminar de contestação (art. 64 do CPC/2015) – conforme, inclusive, já vem sido admitido por jurisprudência mais progressiva – simplificação esta que também foi estendida para os atuais incidentes autônomos de impugnação ao valor da causa (art. 261 CPC/1973) e impugnação dos benefícios da justiça gratuita (art. 6º da Lei 1.060/50), os quais se farão, da mesma forma, em preliminar de contestação (art. 337, III e XIII, CPC/2015).

Permite-se ao réu no novo *procedimento comum* – tanto quanto hoje já é permitido para o procedimento sumario (art. 278, § 1º, CPC/1973) e para alguns procedimentos especiais (v.g. art. 922 CPC/1973) – a possibilidade de formular reconvenção na própria contestação, independentemente de petição autônoma (art. 343 do CPC/2015). Lamentavelmente, não se suprimiu, de vez, a figura da reconvenção (como era a ideia originária do art. 326 do projeto aprovado originariamente no Senado), relegando o instituto para a história do processo civil brasileiro.

Aliás, pelo seu vasto conteúdo (exceções de incompetência, pedido contraposto, etc.), a contestação – a ser apresentada, regra geral, no prazo de 15 (quinze) dias a contar do insucesso da audiência de conciliação (art. 335 do

CPC/2015) – deveria ser renominada no CPC/2015 para *resposta*, nomenclatura muito mais adequada para indicar o que ela realmente representa (DUARTE, 2011).

Permite-se a emenda da inicial após a contestação – em verdadeira manobra de salvamento do processo – nos casos em que alegada ilegitimidade passiva (art. 338 CPC/2015), dando-se fim à rara figura existente no CPC/1973 da nomeação à autoria (art. 62 e ss. do CPC/1973); extingue-se a declaratória incidente, passando-se as questões prejudiciais a serem alcançadas pela coisa julgada independentemente de provocação da parte (art. 503 CPC/2015); faculta-se ao advogado – a bem da aceleração dos procedimentos – promover diretamente, pelo correio, a intimação do advogado da outra parte (art. 269, § 1º, do CPC/2015), algo que, apesar do avanço, ainda é pouco frente à experiência do direito comparado que permite, inclusive, a citação extrajudicial da parte; reduz-se o prazo em quádruplo da Fazenda Pública (art. 188 do CPC/1973) para o dobro – diminuição compensada pela nova regra de que na contagem dos prazos só se contarão os dias úteis (art. 219 do CPC/2015) –, com duvidoso ganho na celeridade processual (art. 183 do CPC/2015); condiciona, na esteira do que já semelhantemente ocorre no processo do trabalho, a oitiva das testemunhas arroladas ao comparecimento espontâneo ou à prévia a intimação extrajudicial (art. 455 e §§ do CPC/2015); extingue-se a audiência preliminar do atual art. 331 do CPC/1973, obviamente compensada pela audiência inaugural de conciliação, admitindo-se, todavia, a designação de audiência para fins de saneamento compartilhado em casos de maior complexidade (art. 357, § 3º, CPC/2015); permite-se a realização de perícias extrajudiciais em determinadas hipóteses (art. 472 do CPC/2015); entre tantos outras pequenas inovações com grande impacto no procedimento processual, especialmente no tempo.

De se lamentar, apenas, que haja no Novo CPC regra a determinar o julgamento dos processos por ordem cronológica de conclusão (art. 12 do CPC/2015). Apesar das inúmeras exceções legais constantes do próprio dispositivo (§ 2º) – as quais nunca serão suficientes frente a riqueza das situações do foro – fato é que todos os ganhos procedimentais havidos com a simplificação formal e ritual dantes alinhavados podem ser perdidos quando se determina que processos mais simples tenham que ficar na fila aguardando o julgamento de casos mais complexos. Fico eu a pensar um caso de simples alvará para liberação de valores salariais deixados por pessoa morta, que aguardará dias ou meses o julgamento de um inventário mais complexo, ou talvez de uma ação de improbidade administrativa de 16 volumes. Regra sem nexo e sem lógica, que depõe contra o princípio insculpido no art. 5º, LXXVIII, da CF (GAJARDONI, 2015).

Lamentável, também, a supressão da boa regra que havia nos artigos 296 e 325, parágrafo único, do projeto do Senado, no sentido de que para todas as causas não regidas por *procedimento especial*, a petição inicial e a contestação (art. 325, parágrafo único, do projeto originariamente votado no Senado) já devessem vir acompanhadas com o rol de testemunhas não superior a 05 (cinco). Acabou ficando na lei a regra de o rol deverá ser apresentado no prazo de 15 (quinze) dias a partir do saneamento (art. 357, § 4º, do CPC/2015). A utilização da regra do atual procedimento sumário (arts. 276 e 278 CPC/1973) eliminaria uma etapa morta atualmente existente no procedimento ordinário (arrolamento de testemunhas - art. 407 do CPC/1973). E permitiria às partes, ainda na fase postulatória, se precaverem quanto à idoneidade das testemunhas para fins de futura contradita em audiência, algo que, efetivamente, potencializa a garantia constitucional da ampla defesa.

5.2. O fim dos procedimentos especiais cautelares.

Conforme já postulávamos em sede acadêmica (MEDINA, CALDAS e GAJARDONI, 2010, p. 143), extinguiram-se os procedimentos cautelares típicos ou nominados (arts. 813 a 888 CPC/1973) – *não a tutela cautelar como apressadamente têm apontado alguns* – adotando-se a regra no sentido de que basta à parte a demonstração do *fumus boni iuris* e do perigo de ineficácia da prestação jurisdicional (*periculum in mora*) para que a providência pleiteada seja deferida, seja qual for sua natureza (cautelar ou satisfativa). Ou seja, tutelas conservativas, sem exceção, são apreciadas e deferidas à luz do poder geral de cautela do juiz.

Deu-se, também, cabo à autonomia procedimental das cautelares incidentais – algo que já não mais fazia sentido após o advento do art. 273, § 7º, do CPC/1973 – conservando, apenas, o procedimento cautelar autônomo para as medidas cautelares antecedentes (art. 303 do CPC/2015).

Reorganizaram-se as tutelas sumárias – com enormes vantagens didáticas e procedimentais – dividindo-as nas modalidades de *tutela de urgência* (cautelar e satisfativa) – sempre fundada no *periculum in mora* – e *tutela da evidência* (art. 294 e ss. do CPC/2015).

Conforme exposição de motivos do anteprojeto, deixou-se "*clara a possibilidade de concessão de tutela de urgência e de tutela à evidência. Considerou-se conveniente esclarecer de forma expressa que a resposta do Poder Judiciário deve ser rápida não só em situações em que a urgência decorre do risco de eficácia do processo e do eventual perecimento do próprio direito. Também em hipóteses em que as alegações da parte se revelam de juridicidade ostensiva deve a tutela ser antecipadamente (total ou parcialmente) concedida, independentemente de periculum in mora, por não haver razão relevante para a espera, até porque, via de regra, a demora do processo gera agravamento do dano. Ambas essas espécies* de tutela vêm disciplinadas na Parte Geral, tendo também desaparecido o livro das Ações Cautelares. As tutelas de urgência e da evidência podem ser requeridas antes ou no curso do procedimento em que se pleiteia a providência principal. Não tendo havido resistência à liminar concedida, o juiz, depois da efetivação da medida, extinguirá o processo, conservando-se a eficácia da medida concedida, sem que a situação fique protegida pela coisa julgada. Impugnada a medida, o pedido principal deve ser apresentado nos mesmos autos em que tiver sido formulado o pedido de urgência".

5.3. A extinção de inúmeros procedimentos especiais cognitivos

Com propriedade, muitos procedimentos especiais foram extintos pelo Novo CPC, vez que não havia mesmo razão lógica ou jurídica para que continuassem a existir, ainda mais quando no anteprojeto do Novo CPC se permitia – em disposição que, posteriormente, foi objeto de parcial alteração no substitutivo do Senado (art. 118, V) – ao juiz calibrar o procedimento conforme as particularidades da causa (*flexibilização procedimental*) (art. 107, V, do projeto originariamente votado no Senado).

De fato, conforme lançado na exposição de motivos do anteprojeto, "*já não se podia afirmar que a maior parte desses procedimentos era efetivamente especial, vez que as características que, no passado, serviram para lhes qualificar desse modo, após as inúmeras alterações promovidas pela atividade de reforma da legislação processual, deixaram de lhes ser exclusivas. Vários aspectos que, antes, somente se viam nos procedimentos ditos especiais, passaram, com o tempo, a se observar também no procedimento comum*".

Deu-se fim à ação de anulação e substituição de títulos ao portador (arts. 907 e ss. CPC/1973). Primeiro, porque, como regra, a emissão de títulos ao portador não é admitida no sistema (Lei 8.021/1990 e art. 907 do CC/02). E segundo, pois já era plenamente possível a obtenção da posse do título ou sua anulação e substituição através do procedimento comum, inclusive de modo liminar (art. 273 do CPC/1973 e art. 294 e ss. do CPC/2015). Assim, não havia mesmo nenhuma especialidade, seja do ponto de vista das partes, seja do direito material, a justificar a manutenção deste procedimento especial no sistema.

O procedimento especial da ação de usucapião de imóveis (art. 941 e ss. CPC/1973) é extinto, com a criação do procedimento edital, como forma de comunicação dos atos processuais, por meio do qual se provocam todas as pessoas incertas a intervir na medida de seus interesses (art. 259 do CPC/2015). Não fazia sentido a manutenção do rito especial da usucapião, vez que após a fase de citação o feito passava mesmo a seguir o rito comum. A única particularidade mesmo era a citação dos confrontantes e dos terceiros interessados, algo devidamente suprido com o procedimento edital no CPC/2015. Com a mudança, todas as ações de usucapião, inclusive as regidas por lei própria (art. 14 da Lei 10.257/2001), passarão a ter o rito comum, vez que extintos os ritos especial e sumário do CPC/1973.

Manteve-se no Novo CPC a ação de exigir contas (art. 915 CPC/1973 e art. 550 do CPC/2015), que por conta do procedimento bifásico demanda mesmo um procedimento diverso do comum. Foi extinta, entretanto, a ação de dar contas, com regência atual pelo art. 916 do CPC. A opção foi desacertada. Era conveniente a manutenção da natureza dúplice da ação de dar contas, com possibilidade de declaração de saldo credor e favor da parte demandada independentemente de pedido. Como não mais haverá regência especial da medida, a natureza dúplice do procedimento de dar contas pode restar comprometida pela impossibilidade de aplicação art. 552 do CPC/2015 (atual art. 918 do CPC/1973), o que é preocupante. Melhor que se tivesse mantido junto aos procedimentos especiais tal medida.

5.4. A manutenção, realocação e inserção de novos procedimentos especiais cognitivos

Por outro lado foram mantidos no Novo CPC os procedimentos especiais mais úteis e que, em razão de particularidades relacionadas às partes ou ao direito debatido, ou mesmo da incompatibilidade lógica de serem tutelados pelo procedimento comum (procedimentos especiais infungíveis), mereciam mesmo uma tutela procedimental diferenciada: a ação de consignação em pagamento, a ação de prestação de contas, a ação de divisão e demarcação de terras particulares, inventário e partilha, embargos de terceiro, habilitação, restauração de autos, homologação de penhor legal e ações possessórias.

O Novo CPC, adequadamente, realocou os procedimentos especiais que sobejaram no livro que trata do processo de conhecimento (livro I da parte especial), já que apesar de possuírem certa carga cautelar e executiva, indubitavelmente, têm preponderante carga cognitiva. Corrige-se, com isto, uma grave falha do CPC/1973, que criara um livro autônomo para o tratamento dos procedimentos especiais (livro IV), como se fossem processos especiais distintos do processo de conhecimento.

Não houve, de um modo geral, alterações impactantes nos procedimentos especiais preservados, mas apenas mudanças pontuais. A destacar, apenas, o procedimento especial de dissolução parcial de sociedade – que no modelo ainda vigente segue as regras do CPC/39 (art. 1218, VII, CPC/1973 c.c. 655 e ss. do CPC/39) – o qual foi completamente aperfeiçoado e reinserido entre os procedimentos especiais constantes da legislação que, doravante, se verá em vigor (art. 599 e ss. CPC/2015).

Transferiu-se a disciplina da oposição (art. 56 e ss. do CPC/1973) para junto aos procedimentos especiais (art. 682 e ss. CPC/2015), mudança de duvidosa utilidade prática ou teórica, especialmente porque desprovida de qualquer alteração nas regras gerais.

Perdeu-se uma fantástica oportunidade de simplificar o procedimento do inventário/arrolamento (art. 982 e ss. do CPC/1973 e art. 610 e ss. do CPC/2015), certamente um dos mais lentos, burocráticos e dispendiosos procedimentos em curso no Judiciário brasileiro. Poderia o código projetado ter ousado um pouco mais e extrajudicializado, de vez, o procedimento do arrolamento, tornando *obrigatória* a sua realização na esfera extrajudicial.

Inseriu-se no Novo CPC, todavia, um capítulo próprio para disciplinar – de modo bem genérico, diga-se –, o processamento das ações de família (693 do CPC/2015), basicamente para incentivar a prática da conciliação/mediação, inclusive determinando que o réu seja citado sem cópia da inicial (o que torna o dispositivo um dos primeiros a ser objeto de possível afirmação de inconstitucionalidade).

5.5. A ressurreição (nova roupagem) de alguns procedimentos especiais

5.5.1. Ação de depósito

Desde que o STF declarou a inconstitucionalidade da prisão civil de depositário infiel, o contrato e a ação de depósito (art. 627 e ss. do CC/2002) perderam seu prestígio. Sem a possibilidade de ser cominada a prisão para aquele que não deposita, no prazo legal, a coisa ou o seu equivalente em dinheiro, o manejo da ação de depósito do CPC/1973 (art. 901 e ss.) foi substituído pelo da execução do contrato (título extrajudicial). Como a ação de depósito, sem a possibilidade de prisão do depósito infiel, costuma não alcançar a tutela específica desejada (entrega da coisa), a execução direta do valor do bem depositado e perdido acaba por abreviar a eventual (e improvável) obtenção das perdas e danos, tornando desnecessária a própria previsão da ação de depósito – ao menos tal como regulada atualmente – entre os procedimentos especiais do CPC.

Boa parte desta ineficácia da ação de depósito no pós súmula vinculante n. 25 se deve à inexistência, no CPC/1973, de dispositivo que permita ao juiz a rápida apreensão do bem depositado, antes do julgamento da ação de depósito. Não há, como há no DL 911/69 (busca e apreensão de bens alienados fiduciariamente) e no art. 1.071 do CPC/1973 (busca e apreensão de bens vendidos com reserva de domínio), permissão legal para a tutela imediata da evidência do inadimplemento, autorizando que, antes da citação do depositário e independentemente do risco de desvio ou destruição da coisa depositada (periculum in mora), se determine a sua imediata busca e apreensão e a entrega nas mãos do credor/depositante. Para que isso ocorra no regime do CPC/1973, é indispensável que o depositante comprove o risco de desvio ou destruição da coisa depositada, na forma do art. 273, I, do CPC/1973 (tutela antecipada de urgência).

Essa diferenciação de tratamento entre credores resguardados pela garantia fiduciária ou reserva de domínio, e outros credores de obrigações de entrega, nunca convenceu. Pese a diferença material entre as situações, não há diferença, do ponto de vista lógico, entre quem aliena fiduciariamente bem em garantia ou com reserva de domínio, e aquele que recebe coisa em depósito: todos têm a obrigação legal de entrega no caso de inadimplemento do financiamento ou do contrato de depósito. Não há justificativa jurídica, portanto, para que o processo seja eficiente e funcional para alguns credores de obrigação de entrega (geralmente instituições financeiras) e não seja para outros.

O Novo CPC, corretamente, suprime o ineficaz procedimento especial da ação depósito (art. 901 e ss. CPC/1973), amputado que já estava da prisão pela infidelidade do depósito (súmula vinculante n. 25). Mas, paradoxalmente, faz renascer como a Fênix, mais forte, a ação de depósito, agora pelo rito comum.

Estabelece o art. 311, III, do CPC/2015 que a tutela da evidência será concedida, independentemente da demonstração de perigo de dano ou de risco ao resultado útil do processo, quando se tratar de pedido reipersecutório fundado em prova documental adequada do contrato de depósito. Nestes casos, será decretada, liminarmente, a ordem de entrega do objeto custodiado, sob cominação de multa.

O dispositivo recupera o prestígio do depósito. Dota-se a tutela processual do depositante de maior eficácia, através de instrumento processual bastante hábil, equivalente à busca e apreensão do DL 911/69 ou do art. 1.071 do CPC/1973. Desde que haja prova documental do contrato de depósito (a prova literal referida no art. 902 do CPC/1973), possibilita-se a imediata retomada da coisa. E indo até mais além do que o DL 911/69, estabelece que a ordem de entrega do bem (busca e apreensão) se dará, inclusive, sob a cominação de multa (astreinte).

Tem-se se aqui – como já se tinha na busca e apreensão do DL 911/69 e no art. 1.071 do CPC/1973 –, típico caso de tutela da evidência (ou do direito provável), a dispensar qualquer perquirição sobre risco de desvio ou destruição da coisa pelo depositário. O direito se mostra tão evidente ante a prova do depósito que, pela lógica do Sistema, não faz sentido privar o autor de tutela imediata (embora ainda dependente de confirmação na sentença final). Com a ordem liminar de busca e apreensão do bem, distribui-se de modo mais justo o tempo do processo, fazendo com que aquele que aparenta não ter razão (o depositário infiel) acabe por suportá-lo.

Trata-se de excelente inovação do Novo CPC. Ressuscita-se a ação de depósito em nova roupagem, fora dos procedimentos especiais. E permite-se que, doravante, as partes contratem o depósito cientes de que, em caso de descumprimento da obrigação de entrega, há uma resposta imediata do sistema processual para o inadimplemento.

5.5.2. Ação monitória

A ação monitória, incorporada ao Código de Processo Civil vigente no ano de 1995 (lá se vão quase 20 anos), não produziu os efeitos esperados, sendo que sequer, com o devido e merecido respeito, fez jus à toda produção doutrinária e jurisprudencial ao seu derredor.

O insucesso da ação monitória é tributável a diversos fatores: a) à nossa cultura de litigiosidade, que não tem a isenção das custas e honorários como indutores suficientes ao cumprimento espontâneo da obrigação (artigo 1.102-C, § 10, do CPC/1973); b) à possibilidade de uma moratória pela via judicial, decorrente da própria demora no processamento e na decisão dos embargos ao mandado monitório; c) ao fato de que a sentença dos embargos à ação monitória, tal qual modelada pelo CPC/1973, desafia recurso de apelação dotado de efeito suspensivo (art. 520 do CPC/1973); e d) à possiblidade de apresentação, para os casos de conversão *ex vi legis* do mandado monitório em título executivo judicial (art. 1.102-C do CPC/1973), dos embargos pelo devedor sem limitação do âmbito de cognição (tal como se se tratasse de execução de título executivo extrajudicial) (OLIVEIRA JR. e GAJARDONI, 2015).

Em nossa experiência, sem pretensão de universalizar a percepção, a fracassada ação monitória do CPC/1973 obstaculiza a efetiva satisfação do direito, inclusive pelas diferentes e variadas discussões doutrinárias e jurisprudenciais que o procedimento suscita. Uma breve pesquisa no site do STJ com o tema "ação monitória", apontará milhares de julgados relacionados ao instituto (alguns de somenos importância prática).

No novo Código, a ação monitória quase ficou pelas beiradas. Ela foi suprimida em várias fases do trâmite legislativo e só na fase final do tramitar tornou ao texto legal.

Não havíamos ficado ressentidos com a eliminação da ação monitória nas versões iniciais do Novo CPC. Tampouco entusiasmados com seu reingresso, ainda que: a) aumentou seu escopo para abranger todo e qualquer tipo de obrigação; e b) admitida a possibilidade de a prova escrita ser constituída por prova oral produzida antecipadamente (artigo 700, § 1º, do CPC/2015).

Nada obstante, o desalento inicial com a ação monitória foi superado pelo conjunto da obra, isto é, pelas potencialidades da técnica frente ao processo comum estruturado no texto aprovado do Novo CPC.

Sem saber ao certo se as alterações implementadas foram voluntariosas, ao fim e ao cabo das discussões legislativas, a nova ação monitória, na perspectiva do credor, passou a apresentar duas vantagens sobre o procedimento comum: a) um atalho ritual; e b) a produção de sentença dotada de eficácia imediata.

Na nova ação monitória, diferente do procedimento comum, o réu já é citado para pagamento, com a possibilidade de oposição dos embargos monitórios (artigos 701 e 702 do CPC/2015), sem que se realize a audiência prévia de conciliação (artigo 334 do CPC/2015), esta que protrai, ainda adiante, o momento para apresentação de defesa (artigo 335 do CPC/2015).

Logo, o credor pode utilizar da ação monitória para abreviar o procedimento de cobrança dos seus créditos.

Demais disso, e com resultado prático muito mais relevante, a ação monitória resultará em provimento jurisdicional imediatamente eficaz, não submetido ao efeito suspensivo automático da apelação (*ope legis*).

Durante a tramitação do Novo CPC, muito se discutiu a respeito de tornarem as sentenças imediatamente eficazes, passíveis de serem coarctadas somente por decisão do órgão recursal (efeito suspensivo *ope iudicis*).

Porém – infelizmente –, prevaleceu a perversa lógica atual do sistema (art. 520 do CPC/1973), como retratado no artigo 1012 do CPC/2015, conquanto tal dispositivo expresse a possibilidade da sentença produzir imediatamente seus efeitos nas "hipóteses previstas em lei" (artigo 1012, § 1o).

Ocorre que o artigo 702, § 4o, do Novo CPC, diferente do atual artigo 1.102-C do CPC/1973, determina que os embargos monitórios somente suspendem a ação monitória até o julgamento de primeiro grau, de modo que, rejeitados os embargos monitórios, também por aplicação do § 8o do artigo 702 do Novo CPC, o título executivo judicial resta formado, prosseguindo-se imediatamente o cumprimento de sentença, com a possibilidade de atribuição de efeito suspensivo pelo órgão ad quem (artigo 1012, § 3o).

A apelação, consequentemente, não será dotada de efeito suspensivo automático e, raciocínio diverso, com as vênias de estilo, erigiria uma manifesta contradição no novo sistema processual.

Posta assim a questão, a ação monitória do Novo CPC apresenta-se como técnica processual diferenciada de inegável valor, tanto por abreviar seu rito, quanto e, principalmente, por não ficar automaticamente suspensa pelo início da fase recursal. Talvez agora, possa ela justificar parte das expectativas que animaram sua incorporação no ordenamento pátrio em 1995.

6. FLEXIBILIZAÇÃO E DÉFICIT PROCEDIMENTAL NO NOVO CPC

A mais interessante (e polêmica) proposta procedimental apresentada pela Comissão responsável pela elaboração do Novo CPC, entretanto, tinha a ver com a expressa adoção, em nosso sistema, do *princípio da adequação formal* ou, como temos preferido, do princípio (ou padrão) da *flexibilização* (judicial) *do procedimento* (GAJARDONI, 2008).

De fato, conforme letra do art. 107, V, do anteprojeto original do Novo CPC, elaborado pela Comissão de Juristas nomeada pelo Senado, o juiz dirigirá o processo conforme as disposições da lei, incumbindo-lhe *"adequar as fases e os atos processuais às especificações do conflito, de modo a conferir maior efetividade à tutela do bem jurídico, respeitando sempre o contraditório e a ampla defesa"*.

Tal norma ainda era complementada pela redação do art. 151, § 1º, do anteprojeto, a dispor que *"quando o procedimento ou os atos a serem realizados se revelarem inadequados às peculiaridades da causa, deverá o juiz, ouvidas as partes e observados o contraditório e a ampla defesa, promover o necessário ajuste"*.

Se por um lado aplaudiu-se a norma proposta sob o fundamento de que, com isto, os procedimentos passariam a ser adequados às particularidades subjetivas e objetivas do conflito (e não o contrário) – inclusive tornando desnecessária a previsão exaustiva e dilargada de procedimentos especiais (linha, aliás, seguida pelo Novo CPC) – por outro se encontrou forte crítica (e resistência) da comunidade jurídica com a ampliação dos poderes do juiz na condução do procedimento; com o risco de que, operacionalizada a flexibilização, fosse perdido o controle do curso processual (da previsibilidade), principal fator para a preservação, desde a descoberta do país, do modelo da rigidez formal.

6.1. Procedimento rígido como regra de ordem pública.

Diz a doutrina corrente que as normas de direito processual, como regra, são de ordem pública e cogentes, especialmente se tratantes de forma ou de prazos, sendo a dispositividade a mais absoluta exceção (MIRANDA, 1939, p. 50/51).

E assim é porque o procedimento, no direito processual eminentemente publicístico como o atual, atende, sobretudo, a interesses públicos. Não foi instituído, como regra, para favorecer ou para beneficiar as partes, tampouco para contemplar a comodidade de alguma delas. O interesse envolvido na criação de procedimentos, especialmente de cunho, sumário ou especial, parece, sobretudo, atender a um reclamo estatal em extrair da função jurisdicional, do trabalho jurisdicional mesmo, um rendimento maior. Portanto o procedimento ou o rito não é objeto possível de convenção das partes, de transigência ou de renúncia delas, mesmo que ambas e também o juiz estejam completamente concordes quanto a isto (PASSOS, 1983, p. 31).

Decorre daí não haver como a parte ou juiz, conforme sua conveniência pessoal, dispor de um rito, de um procedimento, que não foi criado para eles, mas sim para a atuação de uma função soberana do Estado. Este é o modelo seguido pelo CPC/1973 vigente.

6.2. Procedimento rígido como fator de segurança e previsibilidade do sistema

Desde Montesquieu (1973, l. 29) já se ouve referência de que "as formalidades da justiça são necessárias à liberdade", pois, sem elas, não há como se controlar a atividade judicial, evitar o arbítrio e tampouco se permitir um processo com julgamento justo.

Por isto, o legislador, no intuito de dar ordem, clareza, precisão e segurança de resultados às atividades processuais, bem como de salvaguardar os direitos das muitas pessoas interessadas nelas, alçou algumas exigências técnicas a regras legais e subordinou a eficácia dos atos processuais à observância dos requisitos de forma (LIEBMAN, 1985, p. 225).

Entre as funções deste formalismo nominado procedimento estaria a de se emprestar previsibilidade ao processo e de disciplinar o poder do juiz, atuando como garantia de liberdade contra o arbítrio dos órgãos que exercem o poder do Estado (OLIVEIRA, 1997, p. 6/7).

Tais regras procedimentais, para cumprirem seu papel eminentemente garantista – ao menos de acordo com a doutrina dominante – devem ser rígidas, pois a realização do procedimento deixada ao simples querer do juiz, de acordo com as necessidades do caso concreto, acarretaria a possibilidade de desequilíbrio entre o poder judicial e o direito das partes, além de risco à celeridade.

Por isto, os atos processuais que compõem o rito processual, de acordo com referida parte da doutrina, devem estar previstos expressamente e em lei, pois a previsibilidade e a anterioridade do procedimento é que conferem à decisão judicial os penhores de legalidade e legitimidade, sendo dele requisitos inafastáveis (DINAMARCO, 1996, p. 127).

6.3. Flexibilizando a rigidez do procedimento sem perder a previsibilidade e segurança do sistema

O desenvolvimento dos atos processuais não é livre e espontâneo, senão regrado e organizado em preceitos predeterminados. São as normas de procedimento as que submetem a disciplina do processo, sinalizando os preceitos a utilizar, estabelecendo a ordem das atuações, medindo em unidades de tempo sua direção. Todas estas regras são técnicas, quer dizer, vêm concebidas em função de sua utilidade para o processo.

Exatamente por isto "a experiência aconselha mudá-las quando sua utilização torna estéril e dissipa os fins do processo" (MENDES, 1986, p. 340). Sendo as regras de procedimento preestabelecidas como garantia, estas normas não podem substantivar-se, quer dizer, converter-se em fim próprio por si mesmo. Isso conduz ao formalismo, defeito que deve ser firmemente rechaçado por converter em fim o que não é mais do que um meio.

Ocorre que pela índole do nosso sistema procedimental rígido, as normas do procedimento, *como regra*, só podem ser adaptadas à adequada tutela do direito material *por força de disposição legal*, cujo processo legislativo demanda espera incompatível com a ânsia pela tutela adequada.

Isto porque a relação entre justiça e forma criou a ilusão de que a legalidade e a rigidez do procedimento são sinônimas de previsibilidade e de segurança jurídica, sem o que haveria margem para o arbítrio.

Todavia, partindo do pressuposto de que a segurança jurídica reside na previsibilidade das ações futuras e de suas conseqüências, é possível ser evitado o arbítrio independentemente das regras procedimentais estarem estabelecidas em norma cogente e pretérita.

Para que as regras procedimentais tenham seu poder ordenador e organizador, coibindo o arbítrio judicial, para que promovam a igualdade das partes e emprestem maior eficiência ao processo, tudo com vistas a incentivar a justiça do provimento judicial, *basta que sejam de conhecimento dos litigantes antes de sua implementação no curso do processo*, sendo de pouca importância a fonte de onde provenham (GAJARDONI, 2007, p. 85).

Ou seja, sendo as variações rituais implementadas apenas após a participação das partes sobre elas em pleno contraditório útil, não se vê como a segurança jurídica seja abalada, já que o desenvolvimento do processo está sendo regrado e predeterminado judicialmente, o que o faz previsível.

O estabelecimento de regras procedimentais por lei genérica impede as adequações rituais conforme o direito material a ser objeto de tutela, o que ocasiona (como no nosso sistema até então vigente) a proliferação de dezenas de procedimentos especiais, também incapazes de se adaptarem às circunstâncias do litígio em si. Pois em uma sociedade moderna, os conflitos pululam em uma velocidade não acompanhada simultaneamente por alterações legislativas e implementação de ritos especiais.

Este é o motivo pelo qual a absoluta rigidez formal é regra estéril e que dissipa os fins do processo, que é o de oferecer em cada caso, processado individualmente e conforme suas particularidades, a tutela mais justa. A preocupação do processo há de se ater aos resultados, e não com formas pré-estabelecidas e engessadas com o passar dos séculos.

Não se nega que certo rigor formal é a espinha dorsal do processo, e que seria impensável o processo sem determinada ordem de atos e paralela distribuição de poderes entre os sujeitos. *O que não parece certo é vincular a fonte de emissão destas regras exclusivamente à norma cogente, ou estabelecer que só assim há previsibilidade, conseqüentemente segurança aos contendores*, como se o juiz fosse um ser inanimado incapaz de ordenar adequadamente o rito processual (BEDAQUE, 2005, p. 41, 67 e 104/108).

O juiz, investido por critério estabelecidos na Constituição Federal, é também agente político do Estado, portador de seu poder, inexistindo, portanto, razão para enclausurá-lo em cubículos formais dos procedimentos, sem liberdade de movimentos e com pouquíssima liberdade criativa (DINAMARCO, 1995, p. 129).

Ademais, as variações procedimentais implementadas por determinação judicial poderão ser controladas pela finalidade, pelo contraditório obrigatório e pela motivação, o que deveria ocorrer, inclusive, no âmbito recursal (pese a previsão do CPC projetado da irrecorribilidade das interlocutórias).

6.4. Flexibilização procedimental e condicionamentos

A regra da flexibilização é utilizada apenas em caráter subsidiário. Não havendo nuance a justificar a implementação de alguma variação procedimental, o processo deverá necessariamente seguir o rito fixado em lei, mantendo, assim, a previsibilidade e a segurança que se espera do procedimento processual.

Por isto, algum critério, ainda que mínimo, deve haver para que possa ser implementada a variação ritual, ainda que, *criticavelmente*, não tenha o anteprojeto da comissão de juristas disciplinado isto. Do contrário, as partes e o juiz não saberão para onde o processo vai e nem quando ele vai acabar.

Além da excepcionalidade, três são os condicionamentos para que se operacionalize a flexibilização (GAJARDONI, 2007, p. 88/95):

a) **Finalidade**. Três situações mais específicas autorizarão a variação. (1) A primeira delas – a mais comum – ligada ao direito material: toda vez que o instrumento predisposto pelo sistema não for apto à tutela eficaz do direito reclamado, possível a variação ritual. É o que ocorre com ampliação de prazos rigidamente fixados em lei para garantir a defesa, com a ampliação da fungibilidade de meios em favor da tutela dos direitos, entre outras situações práticas. (2) A segunda relacionada com a higidez e utilidade dos procedimentos, isto é, com a possibilidade de dispensa de alguns empecilhos formais irrelevantes para a composição do *iter* dos processos, que de todo modo atingirá seu escopo sem prejuízo das partes. Com efeito, o juiz, no caso concreto, deverá verificar a idoneidade da exigência formal, desprezando-a caso não haja lógica para a imposição legal havida por mero culto à forma. Exemplificativamente, é o que se dá com a inversão da ordem de produção de provas (art. 452 do CPC). A precedência do exame pericial à colheita da prova oral, além de gerar a realização de dispendiosa perícia para aferição do dano em momento anterior à comprovação do próprio dever de indenizar, não se justifica do ponto de vista finalístico, já que não há razão lógica para esta precedência. Ouvir o perito na mesma audiência em que se ouvirão as partes e as testemunhas, é tecnocracia incompatível com a possibilidade de ser designado posteriormente novo ato para esta finalidade. (3) Finalmente, a terceira situação que autoriza a variação ritual tem relação com a condição da parte. Nada impede que o juiz, a bem da proteção do hipossuficiente e equilíbrio dos contendores, altere o procedimento para a composição de uma igualdade processual e material consoante os valores constitucionais. É o que ocorre com a superação de regras rígidas de preclusão em favor do necessitado cuja defesa técnica e gratuita não seja adequada. Ou que o juiz, a vista do requerimento conjunto e consensual dos litigantes, permita a variação do procedimento, v.g., autorizando a ampliação de prazo rigidamente estabelecido em lei.

b) **Contraditório útil**. O princípio do contraditório não se esgota na ciência bilateral dos atos do processo e na possibilidade de influir nas decisões judiciais, mas faz também depender da participação das partes a própria formação dos procedimentos e dos provimentos judiciais, seja através de manifestação prévia, seja pela ampla possibilidade de recorrer das decisões que alteram o procedimento. Logo, se não se pode tomar as partes de surpresa sob pena de ofensa ao princípio do contraditório, eventual alteração procedimental não prevista no *iter* estabelecido legalmente depende da plena participação delas (preventiva ou repressivamente), até para que as etapas do procedimento sejam previsíveis. E isto só será possível se o julgador propiciar às partes efetiva oportunidade para se manifestarem sobre a inovação, pois, ainda que não estejam de acordo com a flexibilização do procedimento, a participação efetiva dos litigantes na formação desta decisão é o bastante para se precaverem processualmente, inclusive valendo-se de recursos para reparar eventuais iniqüidades. Portanto, no âmbito da flexibilização dos procedimentos, toda vez que for adequada a inversão da ordem, inserção ou exclusão de atos processuais abstratamente previstos, a ampliação dos prazos rigidamente fixados, ou outra medida que escape do padrão legal, indispensável a realização de contraditório, preferencialmente preventivo, desde que útil aos fins colimados pela variação ritual, garantindo-se sempre aos litigantes o pleno exercício do feixe de garantias advindas do devido processo constitucional (contraditório, ampla defesa, etc.).

c) **Motivação**. Derradeiramente, o último requisito para a implementação das variações rituais é a necessidade de fundamentação da decisão que altera o *iter* legal, condição esta que não diverge, por força de disposição constitucional (art. 93, IX, da CF), da sistemática adotada para toda e qualquer decisão judicial. Trata-se de imposição de ordem política e afeta muito mais ao controle dos desvios e excessos cometidos pelos órgãos jurisdicionais inferiores na condução do processo do que propriamente à previsibilidade ou a segurança do sistema. É na análise da fundamentação que se afere em concreto a imparcialidade do juiz, a correção e justiça dos próprios procedimentos e decisões nele proferidas.

6.5. A mitigação da regra da flexibilização procedimental pelo juiz e a flexibilização procedimental voluntária no Novo CPC

Quando divulgado o texto do anteprojeto do Novo CPC pela comissão de juristas responsável pela sua elaboração, a comunidade jurídica, em especial os advogados, viram com extremo receio e desconfiança os dispositivos que permitiam a flexibilização judicial do procedimento (art. 107, V e 151, § 1º, do anteprojeto do Novo CPC). Diziam, como já tivemos oportunidade de afirmar, que com a ampliação dos poderes do juiz na condução do procedimento, haveria risco de que, operacionalizada a flexibilização, fosse perdido o controle do curso processual (da previsibilidade), principal fator para a preservação do modelo da rigidez formal.

Este receio, contudo – não temos dúvida alguma em afirmar – se deveu a três fatores. Primeiro, ao *absoluto desconhecimento* dos críticos do alcance da regra da flexibilização procedimental (princípio da adequação formal) – inclusive no âmbito do direito comparado (art.6º de 547 do vigente CPC/Português) – e dos condicionamentos para sua aplicação. Segundo, à *má compreensão do espírito do Novo CPC*, no sentido de extinguir modelos procedimentais (sumário e especial) exatamente porque estaria permitida a calibração do rito no caso concreto. E terceiro, à *precária redação dos dispositivos* que trataram do tema no texto do anteprojeto de Novo CPC da comissão de juristas, os quais autorizaram a flexibilização através de cláusulas *extremamente* abertas; que não condicionavam a adequação formal a requisitos mínimos que pudessem garantir a previsibilidade e a segurança das partes; e que não acalentavam o espírito daqueles que – com certa razão frente ao texto projetado – se rebelaram contra a inovação proposta.

Exatamente por conta destes fatores, e em busca de um consenso político necessário frente ao curto tempo de tramitação do anteprojeto e dos pouquíssimos debates que se fizeram à luz do texto da comissão de juristas, que o Senador Valter Pereira, no relatório do substitutivo ofertado pelo Senado, vaticinou: "os dois pontos do projeto mais criticados nas audiências públicas que se realizaram, bem como nas propostas apresentadas pelos Senadores e também pelas diversas manifestações que nos chegaram, são a 'flexibilização procedimental' (art. 107, V, e art. 151, §1º, do projeto) e a possibilidade de alteração da causa de pedir e do pedido a qualquer tempo, de acordo com as regras do art. 314 do projeto. *Dando voz à ampla discussão instaurada por aqueles dispositivos, entendemos ser o caso de mitigar as novas regras. Assim, no substitutivo, a flexibilização procedimental, nas condições que especifica, limita-se a duas hipóteses: o aumento de prazos e a inversão da produção dos meios de prova"*.

Conseqüentemente, a regra da *flexibilização procedimental* foi mitigada na versão do Novo CPC aprovada na 1ª votação do projeto no Senado e mantida nas demais fases do tramitar legislativo, passando o novo o dispositivo tratante do tema (art. 139, VI, do CPC/2015) a admitir apenas duas hipóteses de adaptação do rito pelo juiz – ampliação de prazos e alteração da ordem de produção provas – esta última, inclusive, sem sentido algum de constar do dispositivo, já que a autorização já está em outro dispositivo do projeto (art. 361 do CPC/2015).

Eis a redação do dispositivo aprovado: **Art. 139 da Lei 13.105/2015.** *"O juiz dirigirá o processo conforme as disposições deste Código, incumbindo-lhe: VI – dilatar os prazos processuais e alterar a ordem de produção dos meios de prova adequando-os às necessidades do conflito, de modo a conferir maior efetividade à tutela do direito"*.

Foi autorizado, por outro lado, que as partes promovam a adaptação ritual em escala bem mais ampla que o juiz (*flexibilização voluntária do procedimento*), posto que foi inserido, durante o tramitar do projeto na Câmara, disposição inovadora (mas de duvidoso alcance prático), no sentido de que "*versando o processo sobre direitos que admitam autocomposição, é lícito às partes plenamente capazes estipular mudanças no procedimento para ajustá-lo às especificidades da causa e convencionar sobre os seus ônus, poderes, faculdades e deveres processuais, antes ou durante o processo*" (art. 190 do CPC/2015).

Ou seja, embora a flexibilização do procedimento pelo juiz esteja autorizada em poucas hipóteses (ampliação de prazos e inversão da ordem de produção de provas), as partes tem autorização para, em sendo capazes e o direito em debate autocomponível, negociarem o rito, ampliando ou diminuindo prazos, suprimindo ou inserindo atos processuais na série, adotando rito diverso do legal e abstratamente previsto, etc.

7. CONCLUSÃO

Diante de todo o exposto, a conclusão esperada não podia ser outra se não a de que o saldo do Novo CPC no tocante à reformulação dos procedimentos é positivo. Alguns avanços e aperfeiçoamentos para poucos retrocessos (v.g., a regra da ordem cronológica de julgamento dos processos do art. 12 do CPC/2015).

A única ressalva que se faz, é a relativa à mitigação da regra da flexibilização procedimental (art. 139, VI, do CPC/2015).

Afinal, a *flexibilização do procedimento* pelo juiz é regra conforme as garantias constitucionais do processo, sendo inovação elogiável e bastante razoável do ponto de vista da dogmática e da práxis processual. Deveria viger em plenitude no Brasil, conforme, aliás, ocorre nos sistemas processuais mais modernos (Alemanha e Portugal).

8. REFERÊNCIAS BIBILOGRÁFICAS

ARAGÃO, Egas Moniz de. Reforma processual: 10 anos. *Revista do Instituto dos Advogados do Paraná*. Curitiba, n. 33, p. 201-215, dez. 2004.

BEDAQUE, José Roberto dos Santos. *Efetividade do processo e técnica processual*: tentativa de compatibilização. 2005. Tese (Titular de Direito Processual Civil) - Faculdade de Direito, Universidade de São Paulo, São Paulo, 2005.

CHIOVENDA, Giuseppe. *Instituições de direito processual civil*. 2. ed. Tradução de Guimarães Menegale. São Paulo: Saraiva, 1969, v. 1.

DINAMARCO, *A instrumentalidade do processo*. 5. ed. São Paulo: Malheiros, 1996.

FAIRÉN GUILLÉN, Victor. *El juidicio ordinário e los plenários rápidos*. Barcelona: Bosch, 1953.

FIGUEIRA JR., Joel Dias; LOPES, Maurício Antonio Ribeiro. *Comentários à Lei dos Juizados Especiais Cíveis e Criminais*, 2. ed., São Paulo: Revista dos Tribunais, 1997, p. 35-36.

GAJARDONI, Fernando da Fonseca. *Flexibilização procedimental*: um novo enfoque para o estudo do procedimento em matéria processual. São Paulo: Atlas, 2007.

_____. *Técnicas de aceleração do processo*. Franca: Lemos e Cruz, 2003.

_____. O novo CPC e o fim da gestão da justiça. *Jota*. 12.2014. Disponível em: http://jota.info/o-novo-cpc-e-o-fim-da-gestao-na-justica. Acesso em 04.04.2015.

GAJARDONI, Fernando da Fonseca, ROMANO, Michel Betenjane; e LUCHIARI, Valéria Ferioli Lagrasta. O gerenciamento do processo. In: GRIONVER, Ada Pellegrini; WATANABE, Kazuo; e LAGRASTA, Caetano (coord.). *Mediação e gerenciamento do processo*: revolução na prestação jurisdicional. São Paulo: Atlas, 2008, p. 18-42.

LIEBMAN, Enrico Tulio. *Manual de direito processual civil*. 2. ed. Tradução e notas de Cândido Rangel Dinamarco. Rio de Janeiro: Forense, 1985. v. 1.

MEDINA, José Miguel Garcia; ARAÚJO, Fábio Caldas; GAJARDONI, Fernando da Fonseca. Procedimentos cautelares e especiais. 2ª ed. São Paulo: RT, 2010.

MENDES, Francisco Ramoz. *Derecho procesal civil*. 3. ed. Barcelona: Bosch, 1986.

MIRANDA, Francisco Cavalcanti Pontes de. *Comentários ao Código de Processo Civil* (1939). 2. ed. Rio de Janeiro: Revista Forense, 1958. t. 1.

MONTESQUIEU. *O espírito das leis*. São Paulo: Abril Cultural, 1973.

OLIVEIRA, Carlos Alberto Alvaro de. *Do formalismo no processo civil*. São Paulo: Saraiva, 1997.

OLIVEIRA JR., Zulmar Duarte de. Novo CPC e a sobrevivência da exceção de incompetência relativa. Disponível em: http://zulmarduarte.blogspot.com/2011/03/novo-cpc-e-sobrevivencia-da-excecao-de.html. Acesso em: 05 abr 2011.

OLIVEIRA JR., Zulmar Duarte de; GAJARDONI, Fernando da Fonseca. A ressurreição da ação monitória. *Jota*. Disponível em: http://jota.info/ressureicao-da-acao-monitoria-novo-cpc. Acesso em 09.04.2015.

PASSOS, José Joaquim Calmon de. *Comentários ao Código de Processo Civil*. 4. ed. Rio de Janeiro: Forense, 1983. v. 3.

_____. Teoria geral dos procedimentos especiais. In: FARIAS, Cristiano Chaves de e DIDIER JR., Fredie (coord.). *Procedimentos especiais cíveis – legislação extravagante*. São Paulo: Saraiva, 2003.

CAPÍTULO 20

A oralidade no Novo Código de Processo Civil: de volta para o passado

Oscar Valente Cardoso[1]

SUMÁRIO: 1. INTRODUÇÃO; 2. DELIMITAÇÃO CONCEITUAL; 3. ANTECEDENTES HISTÓRICOS: PROCESSO ROMANO, DIREITO COMUM E PROCESSO CIVIL MODERNO; 3.1. DIREITO ROMANO; 3.2. DIREITO COMUM; 3.3. DIREITO PROCESSUAL MODERNO; 4. PROCESSO CIVIL BRASILEIRO: ORIGENS; 5. A ORALIDADE NO CÓDIGO DE PROCESSO CIVIL DE 1973; 6. A ORALIDADE NO NOVO CÓDIGO DE PROCESSO CIVIL; 7. CONCLUSÕES; 8. REFERÊNCIAS BIBLIOGRÁFICAS.

1. INTRODUÇÃO

O processo civil, por ser anterior ao aparecimento da escrita, nasceu com características orais e gestuais. Porém, gradativamente a oralidade perdeu espaço para a forma escrita, o que causou um afastamento entre os sujeitos do processo. Com isso, tornou-se comum que, do início ao fim do andamento processual, as partes não tenham contato direto entre si e com o juiz que decidirá o litígio, o que prejudica a efetividade de normas fundamentais do processo, como o contraditório e a solução consensual dos conflitos.

Busca-se, neste artigo, pesquisar historicamente o papel da oralidade (e da escrita) no processo civil, para, ao final, examiná-la no processo brasileiro e, especificamente, no novo Código de Processo Civil (Lei nº 13.105/2015).

Para alcançar esse objetivo, será vista a delimitação conceitual da oralidade, seguida de sua evolução histórica (no Direito Romano, na Europa e no Brasil), para, ao final, comentar as normas pertinentes do novo CPC, a fim de verificar se adota um processo oral, ou se mantém a tradição escrita do processo civil pátrio.

---

1. Juiz Federal na 4ª Região (atualmente na 3ª Vara Federal de Umuarama/PR). Foi Juiz Auxiliar do Supremo Tribunal Federal (2012/2014). Doutorando em Direito (UFRGS), Mestre em Direito e Relações Internacionais (UFSC). Professor da Escola Superior da Magistratura Federal de Santa Catarina (ESMAFESC).

2. DELIMITAÇÃO CONCEITUAL

A oralidade é, ao mesmo tempo, um *critério* e um *princípio.*

Em primeiro lugar, é *uma forma de realização do ato processual,* ou seja, designa o modo verbal da prática dos atos (critério). Em um processo oral deve estar presente o predomínio (mas não necessariamente a exclusividade) da palavra como meio de expressão, admitindo-se o uso da escritura na preparação e na documentação. Ainda, não basta a oitiva das partes e testemunhas, seguida por debates orais em audiência, para caracterizar um processo como oral; exige-se que sejam orais todos os atos que demandarem a valoração de uma declaração. De outra parte, a prática de atos escritos não é incompatível com a oralidade, pois a escrita é usada para perpetuar o pensamento e possui dupla função: prepara o exame da causa (por meio da petição inicial e da resposta do réu, e eventuais réplica e tréplica, que delimitam a demanda) e documenta tudo o que for importante para o processo (especialmente durante a realização da audiência, a fim de auxiliar o juiz a proferir a sentença e permitir que as instâncias superiores tenham acesso aos atos praticados)[2]

Vista como um princípio, é norma informadora de outras regras e (sub) princípios, especialmente a identidade física do juiz, a imediatidade, a concentração dos atos (na audiência, em regra) e a irrecorribilidade imediata das decisões interlocutórias. Motiva a intervenção do juiz na produção da prova e exige a prática oral dos atos processuais (admitindo, excepcionalmente, a forma escrita).

Seus principais objetivos são a celeridade, a economia processual e a participação ativa e o contato direto das partes (e das provas por ela produzidas) com o julgador.

Na doutrina, Attilio Nicora salienta que a oralidade não se confunde com a oratória, pois não indica apenas a prática de atos orais no processo, e trata-se de um "termo infeliz", por não conseguir explicar de forma clara o conceito jurídico que representa[3]. Para José Frederico Marques, a oralidade não se resume a um princípio, mas é um *sistema ou procedimento oral,* formado por princípios interligados: a concentração, a imediação (ou imediatidade) e a identidade física do juiz[4]. Daniel Mitidiero e Carlos Alberto Alvaro de Oliveira tratam

---

2. Francisco Morato desenvolve a mesma ideia e afirma que "a palavra é necessária à comunicação, o escrito é necessário à documentação das decisões das partes" (MORATO, Francisco. A oralidade. *Revista Forense,* Rio de Janeiro, nº 74, Fascículo 419, p. 11-18, maio 1938, p. 14).
3. NICORA, Attilio. *Il principio di oralità nel diritto processuale civile italiano e nel diritto processuale canonico.* Roma: Università Gregoriana, 1977, p. 338.
4. MARQUES, José Frederico. *Manual de direito processual civil.* v. I. Campinas: Bookseller, 1997, p. 499-501.

Cap. 20 • A ORALIDADE NO NOVO CÓDIGO DE PROCESSO CIVIL: DE VOLTA PARA O PASSADO
Oscar Valente Cardoso

a oralidade como um princípio otimizador da eficiência do processo[5]. Mauro Cappelletti relaciona oralidade à prova, e afirma que consiste na "criação de um ordenamento processual idôneo a propiciar uma possibilidade efetiva da livre valoração da prova testemunhal lato sensu, com a correspondente utilização ampla da prova indiciária"[6]. Jefferson Guedes utiliza a expressão "princípio da oralidade" para designar todos os princípios e subprincípios derivados daquele: "[...] a) *oralidade* aparece em sentido estrito, como realização verbal de atos, ou em sentido amplo, como sinônimo de *princípio da oralidade*; b) *processo oral* e *procedimento oral* servem para denominar a gama toda de procedimentos (e por conseguinte de processos) informados tanto pela *oralidade em sentido estrito* como pela *oralidade em sentido amplo*"[7].

Em suma, ao designar *um conjunto de princípios interdependentes*, a oralidade abrange outros quatro (sub)princípios: (a) a imediação (ou imediatidade) da relação entre o julgador e as pessoas cujas declarações ele deve valorar: o contato direito em audiência do juiz com as partes, testemunhas, peritos, etc., é imprescindível para a valoração da prova e a formação do convencimento[8], ou seja, o juiz deve participar diretamente da produção de provas[9]; (b) a identidade física do juiz: decorre dos dois princípios anteriores e considera que quem instrui o processo deve julgá-lo, ou seja, só o magistrado que acompanhou o desenvolvimento e a instrução do processo e, principalmente, que participou da audiência, deve prolatar a sentença (o julgador deve ser aquele que participou da produção da prova oral), pois suas impressões, convicções e reflexões sobre a prova diretamente obtida ou presenciada não se transferem para outro julgador[10]; (c) a concentração da análise da causa a um período único (debates)

---

5. OLIVEIRA, Carlos Alberto Alvaro de; MITIDIERO, Daniel. *Curso de processo civil*. v. 1. São Paulo: Atlas, 2010, p. 82-84.

6. CAPPELLETTI, Mauro. *La testimonianza della parte nel sistema dell'oralità*: contributo alla teoria della utilizzazione probatoria del sapere delle parti nel processo civile. Parte Prima. Milano: Giuffré, 1962, p. 281.

7. GUEDES, Jefferson Carús. *O princípio da oralidade*: procedimento por audiências no direito processual civil brasileiro. São Paulo: RT, 2003, p. 171.

8. A imediação "(...) consiste em fazer o juiz assistir à produção das provas donde tirar sua convicção, isto é, entrar em relações diretas com as testemunhas, peritos e objetos do juízo, de modo a colher de tudo uma impressão imediata e pessoal; (...) só no procedimento oral pode ser plena e eficazmente aplicado" (MORATO, Francisco. A oralidade. *Revista Forense*, Rio de Janeiro, nº 74, Fascículo 419, p. 11-18, maio 1938, p. 14).

9. Sobre a relação entre oralidade e imediação: JOLOWICZ, J. A. Orality and inmediacy in english civil procedure. *Boletín Mexicano de Derecho Comparado*, Ciudad de México, nº 24, p. 595-608, set./dez. 1975. O autor, todavia, conclui que a adoção maior da escrita no processo inglês (em detrimento da oralidade) poderia tornar a Justiça mais célere e barata.

10. Chiovenda afirma que isso é dispensável e indiferente no processo escrito, como se o processo fosse um quadro, uma estátua ou edifício que pudesse ser projetado por uma pessoa e concluído por outra, ao invés de ser fruto de uma cadeia ordenada de pensamentos (CHIOVENDA, Giuseppe. Relación sobre el proyecto de reforma del procedimiento elaborado por la comisión de postguerra. In: CHIOVENDA, Giuseppe. *Ensayos de derecho procesal civil*. v. II. Buenos Aires: Ediciones Jurídicas Europa-América, 1969, p. 255).

NOVO CPC DOUTRINA SELECIONADA, v. 1 • Parte Geral

PARTE III – NORMAS FUNDAMENTAIS

concretizado em uma audiência (ou em poucas audiências entre datas próximas)[11]: reduz a prática dos atos processuais, concentrando-os em um ou em poucos atos, busca a aplicação da identidade física do juiz e que as provas sejam devidamente valoradas e o processo julgado em um curto espaço temporal, para que o magistrado tenha lembrança dos atos praticados e suas impressões sobre eles no momento da sentença; (d) e a irrecorribilidade imediata (ou "inapelabilidade") das decisões interlocutórias: auxilia na concentração da causa e evita incidentes dilatórios, pois a oralidade e a concentração não são eficazes caso se permita a impugnação de incidentes de forma separada do mérito[12].

Em resumo, Chiovenda afirma que, em um processo oral, o juiz que profere a sentença deve ser o mesmo que colheu os elementos de sua convicção, ou seja, que ouviu as partes e as testemunhas, questionou os peritos, enfim, examinou com seus próprios olhos os objetos e locais controversos. Em regra, o mesmo magistrado deve atuar do início ao fim, as atividades processuais se desenvolvem sem interrupção em um curto lapso temporal (com a resolução dos incidentes em audiência), o contato entre as partes e juiz [e imediato e há o predomínio da voz (e não a escrita) como meio de comunicação[13].

Portanto, a oralidade tem um significado estrito de critério do processo (prática oral de atos) e um sentido amplo de princípio informador e otimizador do processo (que abrange outros princípios além da concretização verbal dos atos processuais).

Reitera-se a assertiva de que *a oralidade não importa na compulsoriedade da prática exclusiva de atos orais*. Há quem defenda que sequer é necessária uma prevalência numérica ou proporcional dos atos orais em relação aos escritos[14], mas sim que ocorra uma primazia desse critério na orientação do sistema processual[15].

---

11. Exemplificando, na audiência são praticados diversos atos em um só, como a oitiva das partes, das testemunhas, dos peritos e assistentes técnicos, exibição de documentos, sustentações orais, prolação de sentença e interposição de recursos, entre outros (arts. 450/457 do CPC de 1973).

12. CHIOVENDA, Giuseppe. Relación sobre el proyecto de reforma del procedimiento elaborado por la comisión de postguerra. In: CHIOVENDA, Giuseppe. *Ensayos de derecho procesal civil*. v. II. Buenos Aires: Ediciones Jurídicas Europa-América, 1969, p. 251-257.

13. CHIOVENDA, Giuseppe. La idea romana en el proceso civil moderno. In: CHIOVENDA, Giuseppe. *Ensayos de derecho procesal civil*. v. I. Buenos Aires: Ediciones Jurídicas Europa-América, 1949, p. 363-364.

14. Attilio Nicora afirma ser instintiva a relação com a prevalência dos atos orais sobre os escritos como uma característica inerente à oralidade, o que, reitera-se, consiste em uma confusão da oralidade com a oratória (NICORA, Attilio. *Il princípio di oralità nel diritto processuale civile italiano e nel diritto processuale canonico*. Roma: Università Gregoriana, 1977, p. 338). Com o mesmo entendimento: MORATO, Francisco. A oralidade. *Revista Forense*, Rio de Janeiro, nº 74, Fascículo 419, p. 11-18, maio 1938, p. 12.

15. Com esse entendimento: OLIVEIRA, Carlos Alberto Alvaro de; MITIDIERO, Daniel. *Curso de processo civil*. v. 1. São Paulo: Atlas, 2010, p. 82. Na Exposição de Motivos do CPC brasileiro de 1939, o Ministro Francisco Campos destacou que "[...] no processo chamado oral, a escrita representa uma grande função. O processo oral funda-se em uma larga base escrita. Nele a escrita continua a representar o seu papel próprio, específico e indispensável".

Ademais, não exige a prática dos atos processuais exclusivamente pelo juiz, mas principalmente *o contato direto deste com as partes*, o que pode abranger a permissão para que elas questionem diretamente as testemunhas[16]. Também não é necessariamente ligada aos poderes do julgador, ou seja, não há uma relação direta entre a oralidade e o peso conferido às atribuições do magistrado. Nesse sentido, o processo inglês tradicional é oral, mas não confere poderes relevantes para o juiz.

Logo, *a preeminência de atos orais sobre os escritos é apenas uma entre as várias características da oralidade*. Um processo com prevalência de atos orais não é necessariamente um processo oral, caso não observe as demais características, como a incidência dos princípios da imediação e da identidade física do juiz, a concentração da análise da causa a um período único, em uma ou em poucas audiências, e a irrecorribilidade imediata das decisões interlocutórias.

3. ANTECEDENTES HISTÓRICOS: PROCESSO ROMANO, DIREITO COMUM E PROCESSO CIVIL MODERNO

Historicamente, o processo civil surgiu sob a forma oral e a escritura não acompanhou o aparecimento da escrita, ou seja, mesmo com a criação e o desenvolvimento da grafia, a maior parte dos povos manteve o processo oral por um longo período. O processo escrito se desenvolveu somente com a popularização do papel, que possibilitou o uso mais amplo e menos dispendioso de documentos e de manifestações escritas[17].

Assim, o processo pré-romano era oral, como, por exemplo, entre os gregos, maias, pérsias e sumérios[18]. Uma das exceções era o Egito, cujo processo continha uma fase inicial escrita, mas se desenvolvia oralmente[19].

---

16. Desenvolvendo o assunto, a partir de normas do Código de Processo Penal: CARDOSO, Oscar Valente. *Direct examination e cross-examination no processo civil brasileiro. Revista Dialética de Direito Processual*, São Paulo, nº 75, p. 83-91, jun. 2009, p. 83-91.

17. GUEDES, Jefferson Carús. *O princípio da oralidade*: procedimento por audiências no direito processual civil brasileiro. São Paulo: RT, 2003, p. 18.

18. O Código de Hammurabi, de aproximadamente 1.700 a.C., possuía regras que demonstravam a existência de um processo exclusivamente oral, por meio de debates e a oitiva de testemunhas, como, por exemplo: "9. Se alguém perder algo e encontrar este objeto na posse de outro: se a pessoa em cuja posse estiver o objeto disser 'um mercador vendeu isto para mim, eu paguei por este objeto na frente de testemunhas' e se o proprietário disser 'eu trarei testemunhas para que conheçam minha propriedade', então o comprador deverá trazer o mercador de quem comprou o objeto e as testemunhas que o viram fazer isto, e o proprietário deverá trazer testemunhas que possam identificar sua propriedade. O juiz deve examinar os testemunhos dos dois lados, inclusive o das testemunhas. Se o mercador for considerado pelas provas ser um ladrão, ele deverá ser condenado à morte. O dono do artigo perdido recebe então sua propriedade e aquele que a comprou recebe o dinheiro pago por ela das posses do mercador".

19. Sobre as origens orais do processo civil: GUEDES, Jefferson Carús. *O princípio da oralidade*: procedimento por audiências no direito processual civil brasileiro. São Paulo: RT, 2003, p. 18.

3.1. Direito Romano

No Direito Romano, os processos das *legis actiones, per formulas* e *cognitio*, progressivamente se sucederam no tempo, com breves períodos de existência comum. Estima-se que as *legis actiones* tenham surgido no século VIII a.C., o processo *per formulas* teve início (formalmente) no século II a.C., e a *cognitio* despontou no século I a.C.[20].

No período das *legis actiones*, o processo era marcado pela oralidade (todo o rito se dava por meio de fórmulas orais, que se tornaram escritas no processo *per formulas*)[21], mas acompanhada por um formalismo oral e (inicialmente) também gestual. O formalismo relaciona-se com outra característica, que é a *tipicidade*: as *legis actiones* eram modos formais de agir, correspondentes a tipos. Ou melhor, a *legis actio* possuía uma dupla tipicidade, externa e interna: as situações jurídicas eram tuteladas apenas se o costume, a interpretação, a Lei das XII Tábuas ou outra lei indicassem a correspondente *legis actio*[22]. De outro lado, atos não abarcados pelas espécies legais não eram admissíveis e não tinham eficácia.

Chiovenda destaca que o processo romano era predominantemente oral, em face da função processual da prova, conforme demonstram as fontes remanescentes (como as orações de Cícero, documentos processuais e o *Corpus Iuris Civilis*). Também era concentrado, pois o juiz ouvia as partes, realizava uma inspeção ocular (quando necessária), examinava pessoalmente os lugares e os indícios para, ao final, proferir a sentença. Em regra, o processo era concluído em um dia, antes do pôr do sol[23].

O processo das *legis actiones* se desenvolvia oralmente na presença do rei ou do magistrado e, a partir de 367 a.C., do pretor. Suas atribuições se resumiam ao controle da regularidade formal dos atos, o que abrangia a autorização ou o impedimento do seguimento do processo, quando fosse constatada a existência (ou não) da situação jurídica alegada. Essa atividade era denominada *ius dicere*

---

20. Nesse sentido, Azevedo e Tucci afirmam que as *legis actiones* existem desde a fundação de Roma em 754 a.C. e perdurou até o fim da República, que o processo *per formulas* foi instituído pela *Lex Aebutia*, entre 149 e 126 a.C. (e posteriormente oficializado pela *Lex Julia privatorum*, de 17 a.C.), e a *extraordinaria cognitio* surgiu juntamente com o Principado em 27 a.C., perdurando até a derrocada do Império Romano do Ocidente (TUCCI, José Rogério Cruz e; AZEVEDO, Luiz Carlos de. *Lições de história do processo civil romano*. São Paulo: RT, 2001, p. 39).

21. Max Kaser lista a oralidade, a imediação e a publicidade do julgamento entre os princípios processuais fundamentais do Direito Romano (KASER, Max. *Direito privado romano*. Lisboa: Fundação Calouste Gulbenkian, 1992, p. 428).

22. Acerca do formalismo das *legis actiones*: PUGLIESE, Giovanni. *Istituzioni di diritto romano*. Torino: G. Giappichelli, 1991, p. 63. Ainda: OLIVEIRA, Carlos Alberto Álvaro de. *Do formalismo no processo civil*. 2. ed. São Paulo: Saraiva, 2003, p. 16.

23. CHIOVENDA, Giuseppe. La idea romana en el proceso civil moderno. In: CHIOVENDA, Giuseppe. *Ensayos de derecho procesal civil*. v. I. Buenos Aires: Ediciones Jurídicas Europa-América, 1949, p. 364.

ou *iurisdictio* (noção não totalmente equivalente à noção atual de jurisdição). Iniciava-se com a declaração de uma fórmula oral pelo autor, algumas ações admitiam a *provocatio sacramento* (aposta verbal), a instrução era oral (oitiva de pessoas e debates) e, por fim, a sentença era proferida verbalmente[24], o que possibilitava a *manus iniectio* (oral) e impedia a rediscussão do caso por meio de uma nova *legis actio*.

O período *per formulas* trouxe o início da escrita no processo romano, a partir da *Lex Aebutia* (ou *Lex Aebutia de formulis*), de 149 a.C.[25], que eliminou as formas e solenidades orais exigidas pela Lei das XII Tábuas[26]. No processo formulário, a exposição da lide pelas partes se dava sem formas rigorosas e o pretor elaborava uma fórmula escrita, com a nomeação do juiz privado (*iudex privatus*) e a delimitação dos fatos controversos, para ser instruído e decidido por este. Manteve-se a característica da bipartição do procedimento, com a primeira fase se desenvolvendo perante o pretor e a segunda diante do juiz privado. A etapa do *in iure* seguia oral: a apresentação do pedido, a *in ius vocatio* do réu e a sua defesa, até chegar à fórmula, escrita pelo magistrado, com o "programa do processo": a nomeação do *iudex* e as questões de fato e de direito que seriam objeto da instrução e da decisão, ou seja, um roteiro escrito ao juiz que decidiria a causa[27]. A segunda etapa (*apud iudicem*) retornava à oralidade, com os debates das partes, a produção de provas e a prolação da sentença em audiência. Gradativamente os documentos ganharam força como meio de prova, até prevalecer sobre as testemunhas[28]. Esse novo procedimento ampliou os poderes dos magistrados, ao se desenvolver com base na fórmula escrita em cada caso[29]. Apesar da introdução da escritura e da consequente prática de atos escritos, o processo *per formulas* se manteve oral[30].

---

24. Acompanhada da fórmula sacramental *"do, dicco, addico"*, que compreendia respectivamente a admissibilidade da demanda, a declaração do direito aplicável e a aprovação do contrato arbitral firmado pelas partes para a decisão por um juiz privado (durante o período em que o processo foi bipartido nas fases *in iure* e *apud iudicem*).

25. A *Lex Aebutia* deu início ao período do processo formulário, com procedimento similar ao mencionado, contendo a exposição da lide sem formas rigorosas e a elaboração da fórmula escrita pelo pretor. Nesse sentido: OLIVEIRA, Carlos Alberto Álvaro de. *Do formalismo no processo civil*. 2. ed. São Paulo: Saraiva, 2003, p. 18. Acrescenta-se que não se sabe ao certo o teor da *Lex Aebutia*, havendo opiniões diversas acerca de sua influência sobre a superação das *legis actiones* pelo processo *per formulas* (PUGLIESE, Giovanni. *Istituzioni di diritto romano*. Torino: G. Giappichelli, 1991, p. 274).

26. OLIVEIRA, Carlos Alberto Álvaro de. *Do formalismo no processo civil*. 2. ed. São Paulo: Saraiva, 2003, p. 18.

27. Sobre a fórmula e suas características: KASER, Max. *Direito privado romano*. Lisboa: Fundação Calouste Gulbenkian, 1992, p. 444-445; PUGLIESE, Giovanni. *Istituzioni di diritto romano*. Torino: G. Giappichelli, 1991, p. 284-286.

28. GUEDES, Jefferson Carús. *O princípio da oralidade*: procedimento por audiências no direito processual civil brasileiro. São Paulo: RT, 2003, p. 20.

29. OLIVEIRA, Carlos Alberto Álvaro de. *Do formalismo no processo civil*. 2. ed. São Paulo: Saraiva, 2003, p. 19.

30. Nas palavras de Carlos Alberto Alvaro de Oliveira, "[...] um processo dominado pelo princípio do livre convencimento do juiz, que pretenda realizar seriamente esse princípio, não pode deixar de ser oral" (OLIVEIRA, Carlos Alberto Álvaro de. *Do formalismo no processo civil*. 2. ed. São Paulo: Saraiva, 2003, p. 20).

O período da *cognitio* (processo cognitório) foi marcado pelo fim da bipartição (o processo passou a ter suas etapas realizadas perante juízes funcionários públicos, delegados do Imperador) e a concretização da primazia da escrita sobre a oralidade. Os atos praticados oralmente eram reduzidos a termo; por outro lado, determinados atos aparentemente orais eram precedidos da forma escrita, como as sentenças, escritas e em seguida publicadas verbalmente[31]. Não se admitia o pedido oral; caso o autor não soubesse ou pudesse escrever, o *libellus* oralmente manifestado era reduzido a termo pelo tabulário[32]. Em resumo, pedido, resposta e sentença eram escritos, e os atos praticados em audiência reduzidos a termo.

Mesmo assim, nessa época o Imperador Adriano (que governou Roma de 117 a 138 d.C.) publicou um Edito no qual recomendava aos juízes ouvir diretamente as testemunhas, ainda que viessem de uma localidade distante e à custa do Tribunal, a fim de evitar delegações e diligências não realizadas diretamente pelo magistrado. Em suas palavras, *alia est auctoritas praesentium testium, alia testimoniorum quae recitari solent*, ou seja, *um é o valor do testemunho de pessoa presente, e outro é o testemunho apenas lido*[33]. Não deveria o juiz conferir o mesmo valor ao depoimento de testemunha que não viu e ouviu diretamente, mas sobre a qual apenas leu seu depoimento escrito. O Edito de Adriano também previa que, ao julgar, o magistrado não devia se servir de atas ou termos, porque ele próprio havia ouvido as pessoas: *ipsos interrogare soleo*. Para Chiovenda, essas três palavras *resumem todo o conteúdo da oralidade*, resgatado 1.600 anos após por Mario Pagano na Itália, Bentham na Inglaterra e Mittermaier na Alemanha, no fim do século XVIII e início do XIX[34].

Acrescenta-se que alguns aspectos orais foram mantidos no processo romano mesmo após a introdução da escrita, diante da apresentação oral da contestação e da sentença, além do contato direto entre juiz e partes; e também no processo canônico, oral e público, até que progressivamente os atos do tribunal e das partes foram se restringindo à forma escrita[35].

---

31. De acordo com: KASER, Max. *Direito privado romano*. Lisboa: Fundação Calouste Gulbenkian, 1992, p. 471; Ainda: OLIVEIRA, Carlos Alberto Álvaro de. *Do formalismo no processo civil*. 2. ed. São Paulo: Saraiva, 2003, p. 22.
32. Conforme descrito por: FIUZA, César. Algumas linhas de processo civil romano. In: FIUZA, César. *Direito processual na história*. Belo Horizonte: Mandamentos, 2002, p. 55. Na época, utilizavam-se tábuas de madeira cobertas com uma camada de cera para a escrita. Desse tempo veio a expressão "tábula rasa", ou tábula raspada, que equivalia a uma folha de papel em branco, apagada.
33. Acerca dessa norma: CHIOVENDA, Giuseppe. La idea romana en el proceso civil moderno. In: CHIOVENDA, Giuseppe. *Ensayos de derecho procesal civil*. v. I. Buenos Aires: Ediciones Jurídicas Europa-América, 1949, p. 364.
34. CHIOVENDA, Giuseppe. La idea romana en el proceso civil moderno. In: CHIOVENDA, Giuseppe. *Ensayos de derecho procesal civil*. v. I. Buenos Aires: Ediciones Jurídicas Europa-América, 1949, p. 364.
35. CHIOVENDA, Giuseppe. Romanesimo e germanesimo nel processo civile. In: CHIOVENDA, Giuseppe. *Saggi di diritto processuale civile*. v. I. Roma: Foro Italiano, 1930, p. 219-220.

Em suma, o processo romano surgiu sob a forma oral e foi gradualmente incorporando atos escritos. Contraditoriamente, isso significou um *abrandamento* do formalismo, pois os atos praticados oralmente (e gestualmente) observavam modos e rituais rígidos, e seu descumprimento obstava o reconhecimento do direito material[36].

3.2. Direito Comum

Na Idade Média, com a formação do *Ius Commune* (Direito Comum) na Europa, o processo se consolidou como escrito, ganhando importância a figura do notário. A partir do domínio Longobardo (século IV) teve início a inserção das tradições jurídicas germânicas sobre os usos e a prática do Direito Romano. Os costumes dos Longobardos se fundiram ao direito dos romanos: inicialmente de modo oral e posteriormente transmutados para a forma escrita, que regulavam as relações jurídicas entre os próprios germânicos[37]. Nesse período prevaleceu o *ordo judiciarius*, modelo isonômico de busca da descoberta do direito subjetivo por meio do processo, apoiado em pressupostos lógicos e semânticos que definiram os seus principais aspectos. Exemplo disso foi o uso da expressão *iudicium* para denominar o processo, identificando-o com a formação da decisão judicial[38].

Chiovenda relembra que o processo germânico era oral, mas foi perdendo esse aspecto após as invasões bárbaras e o início de suas influências recíprocas com o processo romano. Isso ocorreu porque a oralidade germânica existia como consequência do desconhecimento da escrita pelos povos (que tratavam dos negócios jurídicos na assembleia), ou seja, era diferente da oralidade romana vinculada à prova. A oralidade no processo germânico incidia em um processo no qual as provas se davam conforme o sistema das ordálias e o juiz decidia de modo vinculado a um suposto juízo divino (que "conduzia" o resultado da ordália), o que posteriormente foi substituído pelo sistema da prova

---

36. Carlos Alberto Alvaro de Oliveira destaca o formalismo que caracterizava as *legis actiones*, com fórmulas verbais e ritos simbólicos como condições de validade dos atos processuais. Afirma que o formalismo excessivo fazia com que o mero uso de uma única palavra distinta daquela prevista em lei causava a invalidade do ato e podia importar na perda do pedido. Cita como exemplo um caso referido por Gaio, no qual um pleito acerca do corte de árvores foi julgado improcedente porque o autor utilizou a palavra "vinhas" (espécie) ao invés de "árvores" (gênero e a palavra mencionada na Lei das XII Tábuas) (OLIVEIRA, Carlos Alberto Álvaro de. *Do formalismo no processo civil.* 2. ed. São Paulo: Saraiva, 2003, p. 16-17). Esse exemplo está nas Institutas de Gaio, IV.11 (GAIUS. *Institutas do jurisconsulto Gaio.* São Paulo: RT, 2004, p. 183).

37. Sobre a formação e o desenvolvimento do Direito Comum: CAMPITELLI, Adriana. Processo. I. Processo civile: b) Diritto intermedio. In: *Enciclopedia del Diritto.* v. XXXVI. Milano: Giuffrè, 1987, p. 79-101, p. 79-101.

38. MITIDIERO, Daniel. *Colaboração no processo civil:* pressupostos sociais, lógicos e éticos. 2. ed. São Paulo: RT, 2011, p. 89-90.

tarifada, que também não conferia liberdade para o julgador atribuir valor às provas. Consequentemente, a oralidade também tinha um aspecto formal no processo germânico, que se perdeu automaticamente com o uso da escrita e com a mudança subjetiva do julgador, das assembleias para os juízes[39].

Este processo escrito que substituiu o processo oral romano foi denominado de processo ordinário romano-canônico ou italiano medieval, e dividia os atos processuais em fases separadas, pois a oitiva das partes e testemunhas era realizada por um juiz diferente daquele que sentenciaria o processo, frequentemente interrompido pelos recursos contra as *interlocutionae*. Especialmente a partir do século XII (início do renascimento jurídico) ocorreu um aumento da formalidade, não havia oralidade ou a concentração de atos, a oitiva das testemunhas era sigilosa (justificada pela necessidade de impedir influências externas), não havia contato imediato do juiz com as partes, o sistema escrito rígido vedava que as partes se manifestassem oralmente em qualquer ato e introduziu-se o sistema da prova legal ou tarifada[40].

Em decorrência da limitação dos poderes judiciais surgiu o *princípio da escritura*, segundo o qual os atos processuais deviam ser realizados por escrito ou reduzidos a termo, a fim de que o juiz decida exclusivamente com base nos atos escritos (*acta scripta*). Essa documentação dos atos buscava tutelar as partes *contra falsum assertionem iniqui judicis*, ou seja, contra iniquidades e falsidades nos motivos das decisões[41].

3.3. Direito Processual Moderno

O paradigma processual da Idade Média se manteve na maior parte dos países europeus até que, diante da confluência de alguns fatores (a renovação do método científico e sua incidência sobre a ciência jurídica, as mudanças políticas do final do século XVIII e os estudos sobre o Direito Público), a doutrina processual inseriu-se no novo Direito Público. Desenvolveram-se os estudos históricos do Direito e, com isso, ganhou força o princípio do livre convencimento

---

39. CHIOVENDA, Giuseppe. La idea romana en el proceso civil moderno. In: CHIOVENDA, Giuseppe. *Ensayos de derecho procesal civil*. v. I. Buenos Aires: Ediciones Jurídicas Europa-América, 1949, p. 365.

40. CAMPITELLI, Adriana. Processo. I. Processo civile: b) Diritto intermedio. In: *Enciclopedia del Diritto*. v. XXXVI. Milano: Giuffrè, 1987, p. 94-95. Ainda: OLIVEIRA, Carlos Alberto Álvaro de. *Do formalismo no processo civil*. 2. ed. São Paulo: Saraiva, 2003, p. 27.

41. Conforme descrito em: OLIVEIRA, Carlos Alberto Álvaro de. *Do formalismo no processo civil*. 2. ed. São Paulo: Saraiva, 2003, p. 25. Por exemplo, no século XIV foi consolidada a romanização do processo francês, com a superação do formalismo germânico pelos princípios romano-canônicos. Entre as inovações ocorridas, Chiovenda cita a substituição da oralidade pela forma escrita (CHIOVENDA, Giuseppe. Romanesimo e germanesimo nel processo civile. In: CHIOVENDA, Giuseppe. *Saggi di diritto processuale civile*. v. I. Roma: Foro Italiano, 1930, p. 214-216).

Cap. 20 • A ORALIDADE NO NOVO CÓDIGO DE PROCESSO CIVIL: DE VOLTA PARA O PASSADO
Oscar Valente Cardoso

do juiz, ao lado do retorno às instituições romanas e à reforma sucessiva dos processos penal e civil de quase todos os países europeus[42].

No início do século XIX, discutiu-se na Alemanha (parcialmente invadida pela França) a imposição das leis napoleônicas, especialmente o Código de Processo Civil: enquanto o processo comum germânico era complexo e "pesado", o processo francês era simplificado, flexível, mais célere e apoiado na oralidade a na publicidade[43]. No final do século XIX, Franz Klein promoveu ampla reforma sobre a legislação processual austríaca, pois via o processo ao mesmo tempo como um relevante instrumento público e social e como um mal social (*sozial Übel*), que deveria ser resolvido do modo mais célere possível. Para atingir esse fim, usavam-se como meios principais a oralidade, a publicidade e a livre valoração das provas, o que demandava a atribuição da *direção efetiva* (e não somente formal) *do processo ao juiz*[44].

Na época (final do século XIX e início do XX), Chiovenda considerava que eram orais, na Europa: (a) o processo inglês, que, apesar de um procedimento preliminar escrito, desenvolvia-se na audiência, com a oitiva das partes e das testemunhas; (b) o processo civil francês, a partir do Código de 1806 (que por força das conquistas de Napoleão, de 1799 a 1815, influenciou as principais reformas processuais na Europa continental no século XIX), por ter conferido destaque aos debates orais e na sua influência sobre a formação da convicção do julgador e a sentença[45]; (c) o processo alemão, com o *Civilprozessordnung* de 1877, apoiado na imediatidade do juiz em relação às partes, testemunhas e peritos, e na irrecorribilidade imediata das decisões interlocutórias (lei posteriormente usada como base na elaboração dos Códigos processuais civis de Japão, China, Dinamarca, Finlândia e Noruega, todos baseados na oralidade)[46];

---

42. CHIOVENDA, Giuseppe. La idea romana en el proceso civil moderno. In: CHIOVENDA, Giuseppe. *Ensayos de derecho procesal civil*. v. I. Buenos Aires: Ediciones Jurídicas Europa-América, 1949, p. 365
43. CHIOVENDA, Giuseppe. Romanesimo e germanesimo nel processo civile. In: CHIOVENDA, Giuseppe. *Saggi di diritto processuale civile*. v. I. Roma: Foro Italiano, 1930, p. 183-184.
44. OLIVEIRA, Carlos Alberto Álvaro de. *Do formalismo no processo civil*. 2. ed. São Paulo: Saraiva, 2003, p. 58.
45. Acrescenta Chiovenda que o processo francês nunca foi completamente escrito, existindo um nexo entre o processo francês moderno e o processo medieval que existia antes das reformas de Luis XIV, com respeito à oralidade. Essa tradição ainda se mantém na França, conforme prevê o art. 7º do Código de Processo Civil em vigor no país: "o juiz não pode basear sua decisão em fatos que não estão no debate" (*"Le juge ne peut fonder sa décision sur des faits qui ne sont pas dans le débat"*) (CHIOVENDA, Giuseppe. Romanesimo e germanesimo nel processo civile. In: CHIOVENDA, Giuseppe. *Saggi di diritto processuale civile*. v. I. Roma: Foro Italiano, 1930, p. 219).
46. O autor afirma ainda que a abordagem da oralidade não importa no conflito entre os princípios romanos e germânicos, por ser comum a ambos, e que o retorno à oralidade no processo alemão moderno é como um retorno ao processo romano (CHIOVENDA, Giuseppe. Romanesimo e germanesimo nel processo civile. In: CHIOVENDA, Giuseppe. *Saggi di diritto processuale civile*. v. I. Roma: Foro Italiano, 1930, p. 219-220).

(d) e o processo civil da maioria dos Cantões suíços, influenciados pelas normas francesas ou alemãs[47].

Contraditoriamente, a superação do procedimento escrito germânico pelo retorno à oralidade romana foi fortemente influenciada pela doutrina da escola histórica alemã, e entre os países que não realizaram essa reforma processual estava, também incongruentemente, a Itália, o berço da oralidade. Para encerrar este tópico, recorda-se que Chiovenda buscou fazer do processo moderno um processo oral e vaticinou que "[...] a oralidade acabará sendo reconhecida como uma característica essencial de um processo moderno"[48].

4. PROCESSO CIVIL BRASILEIRO: ORIGENS

Como consequência direta da colonização portuguesa, o processo civil brasileiro surgiu como um processo lusitano, influenciado pelos elementos romano e germânico (como já se viu no *Ius Commune* e na formação do processo da modernidade)[49].

As Ordenações portuguesas eram similares aos ordenamentos jurídicos dos países europeus da época, com um processo escrito que mantinha o juiz distante da instrução: as testemunhas eram ouvidas de modo secreto por um inquiridor, na presença de um tabelião que reduzia os depoimentos a termo, e as partes eram cientificadas de seu teor *a posteriori*, em um momento de abertura e publicação das oitivas[50]. Havia a previsão de embargos das partes antes da abertura das inquirições, versando sobre a ausência da oitiva de testemunhas, ou a indicação de novas, entre outras questões. Na sequência, em virtude do sistema da prova legal, incumbia ao juiz analisar as inquirições e,

---

47. CHIOVENDA, Giuseppe. Relación sobre el proyecto de reforma del procedimiento elaborado por la comisión de postguerra. In: CHIOVENDA, Giuseppe. *Ensayos de derecho procesal civil*. v. II. Buenos Aires: Ediciones Jurídicas Europa-América, 1969, p. 224-230.

48. CHIOVENDA, Giuseppe. La idea romana en el proceso civil moderno. In: CHIOVENDA, Giuseppe. *Ensayos de derecho procesal civil*. v. I. Buenos Aires: Ediciones Jurídicas Europa-América, 1949, p. 366.

49. Acerca da formação do Direito Processual português e as influências do Direito castelhano sobre ele: TUCCI, José Rogério Cruz e; AZEVEDO, Luiz Carlos de. *Lições de história do processo civil romano*. São Paulo: RT, 2001, p. 21-41. Os dados sobre as Ordenações portuguesas referidos neste texto foram extraídos, em sua maior parte, da obra citada. Na análise de Mitidiero, o processo civil das Ordenações (Afonsinas, Manuelinas e Filipinas) é tipicamente o processo civil do Direito Comum da Idade Média, influenciado pelos elementos romano, canônico e germânico da antiguidade: com soluções de força, adiantamento de execução à cognição, o contraditório e a imparcialidade, o procedimento escrito e secreto, norteado pelos princípios dispositivo e da demanda, com prevalência das partes sobre o juiz, além da divisão do processo em etapas bem delimitadas (para propiciar a aplicação da preclusão) e das normas rígidas acerca das provas. Em síntese, processo escrito, juiz distante e desconhecido, com valoração limitada das provas (MITIDIERO, Daniel. *Elementos para uma teoria contemporânea do processo civil brasileiro*. Porto Alegre: Livraria do Advogado, 2005, p. 36 e segs.).

50. Por exemplo, vide Título XXXXII do Livro III das Ordenações Manuelinas.

na existência de apenas "meia prova" em favor do autor (como, por exemplo, a apresentação de uma testemunha ou de confissão extrajudicial), deveria lhe oportunizar a possibilidade de prestar juramento decisório. Citam-se outras regras relativas à prova tarifada: o documento escrito tinha prevalência sobre a prova testemunhal; era necessária a escritura pública como prova de negócios jurídicos sobre bens móveis valorados em mais de 4.000 réis ou imóveis acima de 60.000 réis[51].

Genericamente, nas três Ordenações incidia o princípio inquisitivo, o processo era dividido em etapas rígidas e autônomas, as partes detinham a iniciativa para dar início e impulsionar o processo, as decisões interlocutórias eram sujeitas a recurso e produziam efeitos de coisa julgada[52], os prazos eram extensos e prorrogáveis[53].

As Ordenações Afonsinas[54], concluídas no ano de 1446 (no reinado de Dom Afonso V), eram divididas em cinco livros, sendo o Livro III destinado ao processo civil. Apesar de predominantemente escrito, o processo tinha características da oralidade (mesmo com a redução a termo dos atos): o pedido era, em regra, formulado oralmente (e reduzido a termo pelo tabelião ou o escrivão)[55]; adotava-se a imediatidade[56] e a identidade física do juiz[57]; autor e réu

---

51. OLIVEIRA, Carlos Alberto Álvaro de. *Do formalismo no processo civil*. 2. ed. São Paulo: Saraiva, 2003, p. 31-32.

52. Por exemplo, os Títulos LXVII e LXXII do Livro III das Ordenações Afonsinas regulamentavam, respectivamente, as "sentenças interlocutórias" (todas as sentenças ou mandados do juiz anteriores à sentença definitiva) e as apelações cabíveis contra elas.

53. OLIVEIRA, Carlos Alberto Álvaro de. *Do formalismo no processo civil*. 2. ed. São Paulo: Saraiva, 2003, p. 32-33.

54. Surgidas em virtude da insegurança jurídica e dos problemas para a administração da Justiça causados pela elevada quantidade de leis então existentes – algo, pois, que não é um "privilégio" da atualidade.

55. O Título XXIIII ("Em caso o autor deve formar seu libelo por escrito") previa as situações em que o pedido deve ser apresentado por escrito, e que, em regra, "(...) não seja o autor constrangido a formar sua petição por escrito, e poderá bem dizê-la pela palavra: e o Tabelião, ou Escrivão, que escrever perante o Julgador, que da demanda conhecer, deve escrever essa petição assim posta pela palavra, (...)".

56. O Título XVII ("Do Autor, que não compareceu ao termo para que citou seu Contendor") determinava o comparecimento de autor e réu perante o juiz, prevendo sanções para a ausência do primeiro (pagamento de custas na primeira ausência e perempção na segunda), que também era qualificada como revelia. Já o Título XXVII ("Do Réu, que foi citado, e não compareceu em Juízo, como se dará contra ele revelia") regulamentava a revelia do réu que não se apresentasse diante do juiz. São peculiares as razões contidas no dispositivo para sancionar a revelia, reproduzindo norma editada por Dom Fernando (que governou Portugal de 1345 a 1383): "O Rei Dom Fernando da Louvada Memória em seu tempo fez Lei, a qual depois confirmou o Rei Dom João, meu Avô de famosa, e esclarecida memória, em esta forma que se segue. 1. Segundo a Doutrina dos Sabedores, e nos mostra a mui certa experiência da coisa, a tardança, e prolongamento daquilo, que os homens desejam, geram continuadamente ódio, e malquerença, e trazem dano (...)".

57. O Título XXXVIII ("Se o Julgador, ou Voguado é enfermo, ou embargado, que não pode julgar, ou voguar, como se proverá sobre ele") trazia regras de substituição do juiz que, excepcionalmente, não pudesse julgar o processo por ele instruído. Quanto à outra função referida na norma, no português arcaico se utilizavam expressões como "voguado", "vozeiro", "arrazoador", "procurador" e "solicitador" para designar a profissão de quem exercia o *ius postulandi* em juízo.

NOVO CPC DOUTRINA SELECIONADA, v. 1 • Parte Geral

PARTE III – NORMAS FUNDAMENTAIS

se apresentavam diante do magistrado para apresentar provas e nomear as testemunhas a ser ouvidas em audiência[58]; podiam apresentar juramento oral[59]; e os embargos à execução eram orais[60]. Logo, o processo civil no Brasil surgiu antes de seu "descobrimento" em 22 de abril de 1500, quando já vigoravam em Portugal as Ordenações Afonsinas[61].

Em 1521 foram publicadas de forma definitiva as Ordenações Manuelinas, nova consolidação, com o acréscimo das leis posteriores às Ordenações Afonsinas. Daniel Mitidiero destaca que, enquanto as Ordenações Afonsinas efetuaram a *sistematização* do Direito Português, as Manuelinas promoveram sua *divulgação*, ou seja, tornaram-no público, especialmente após a criação da imprensa[62]. Também eram divididas em cinco livros, com o Livro III destinado ao processo civil, igualmente escrito, mas com a oralidade presente desde o pedido inicial, que era apresentado verbalmente (reduzido a termo pelo tabelião ou o escrivão)[63]. Foram mantidas a imediatidade[64], o juramento (Título LXXXV), a apresentação de autor e réu diante do juiz para produzir provas e nomear testemunhas (Título XLII). De outro lado, não havia previsão expressa da oralidade nos embargos à execução (Título LXXI) e não se repetiu a regra da identidade física do juiz (o Título XXIIII tratava somente de regras de suspeição e substituição), tendo em vista que a instrução não era acompanhada diretamente por ele.

As Ordenações Filipinas foram promulgadas em 1603, para revisar as leis vigentes por ordem do rei Filipe I. Sua divisão seguia os cinco Livros, com o

---

58. O Título LXI ("Das testemunhas, que devem ser perguntadas, e quase não") previa o seguinte: "Depois que o julgador assinar termo às partes para darem suas provas, deve-lhes mandar, que nomeem as testemunhas, que entendem a darem o Feito, e se as partes forem presentes, devem-nas nomear logo em essa Audiência, ou em outro dia a mais tardar; (...)".

59. O juramento estava previsto no Título CXVIIII das Ordenações Afonsinas. Trata-se de instituto derivado da *provocatio sacramento* do Direito Romano, uma aposta na qual cada parte depositava uma quantia em dinheiro (*summa sacramenti*), posteriormente devolvida à parte vencedora, ficando retido e convertido para o Estado o montante da parte vencida. Essa prática surgiu com o juramento e o dinheiro era usado para que a parte vencida (e que mentiu no juramento) pudesse compensar a declaração falsa prestada à sua divindade e, mais tarde, ao Estado, como uma pena punitiva pela ação desleal em juízo (*poena temere ligantium*). Sobre o assunto: KASER, Max. *Direito privado romano*. Lisboa: Fundação Calouste Gulbenkian, 1992, p. 435-436; PUGLIESE, Giovanni. *Istituzioni di diritto romano*. Torino: G. Giappichelli, 1991, p. 69.

60. Conforme dispunha o Título LXXXVIIII ("Das Execuções, que se fazem geralmente pelas Sentenças").

61. Sobre o assunto: PACHECO, José da Silva. *Evolução do processo civil brasileiro*. 2. ed. Rio de Janeiro: Renovar, 1999, p. 25.

62. MITIDIERO, Daniel. *Elementos para uma teoria contemporânea do processo civil brasileiro*. Porto Alegre: Livraria do Advogado, 2005, p. 32.

63. Conforme o Título XIX ("Quando será o autor obrigado formar seu libelo por escrito"), o autor só era obrigado a apresentar pedido escrito quando o valor pleiteado fosse superior a mil reais brancos.

64. O Título VII ("Dos que podem e devem ser citados que compareçam pessoalmente em Juízo") determinava o comparecimento pessoal do réu em juízo, o Título XIII ("Do Autor, que não compareceu ao termo para que citou seu contendor, ou compareceu e se ausentou") previa o comparecimento de autor e réu perante o juiz, enquanto o Título XIV ("Em que modo se procederá contra o Réu que for revel, e não comparecer ao termo, para que foi citado") tratava da revelia do réu que não se apresentasse diante do juiz.

696

Cap. 20 • A ORALIDADE NO NOVO CÓDIGO DE PROCESSO CIVIL: DE VOLTA PARA O PASSADO
Oscar Valente Cardoso

processo tratado no Livro Terceiro. Da mesma forma que as anteriores, as Ordenações Filipinas mantiveram a característica essencialmente escrita do processo, com alguns aspectos orais: o pedido inicial apresentado oralmente ao tabelião ou ao escrivão (Título XXX), a imediatidade (Título VII), a presença de autor e réu perante o juiz para produção de provas e indicação de testemunhas (Título LV) e o juramento (Título LII)[65]. Constituíram a principal fonte do Direito Processual no Brasil durante um intervalo de tempo extenso: permaneceram em vigor mesmo após a Independência em 07/09/1822, por força de lei publicada em 20/10/1823[66]. Posteriormente, foram parcialmente revogadas pelo Código Comercial em 1850 (para os processos de matéria comercial) e totalmente afastadas por meio do Regulamento 763 (Decreto nº 763), de 19/09/1890[67]. Portanto, as Ordenações Filipinas foram a fonte do processo civil no Brasil por quase 300 anos, de 1603 a 1890.

O Regulamento 737 (Decreto nº 737, de 25/11/1850), sobre o processo comercial, passou a incidir ao processo civil por força do citado Regulamento 763[68]. Apesar de poucas formalidades, o processo do Regulamento 737 era predominantemente escrito. Quanto à oralidade, destacavam-se a concretização de diversos atos em audiência: a tentativa de conciliação prévia (judicial ou extrajudicial), que condicionava a propositura judicial do pedido (arts. 23/34)[69]; a concentração dos atos (arts. 27, 32, 127 e 223)[70]; e a publicação da sentença, como regra (arts. 233 e 235). Os arts. 236/245 tratavam das ações sumárias, que

---

65. Comentando o processo português a partir do fim da Idade Média, Carlos Alberto Alvaro de Oliveira afirma que as mudanças jurídicas derivadas da Revolução Francesa (especialmente os Códigos Napoleônicos e o fim da influência do Direito Medieval sobre o processo) não produziram reflexos sobre o Direito Processual das Ordenações. A posterior Lei da Boa Razão, de 1769, influenciada pelo Iluminismo e que trazia um preceito racional de validação das normas jurídicas, também não provocou alterações relevantes sobre o processo português (OLIVEIRA, Carlos Alberto Álvaro de. *Do formalismo no processo civil*. 2. ed. São Paulo: Saraiva, 2003, p. 33).

66. Que "declara em vigor a legislação pela qual se regia o Brasil até 25 de Abril de 1821 e bem assim as leis promulgadas pelo Senhor D. Pedro, como Regente e Imperador daquela data em diante, e os decretos das Cortes Portuguesas que são especificados".

67. Sobre o histórico legislativo: OLIVEIRA, Carlos Alberto Álvaro de. *Do formalismo no processo civil*. 2. ed. São Paulo: Saraiva, 2003, p. 33.

68. Que determinava em seu art. 1º: "São aplicáveis ao processo, julgamento e execução das causas cíveis em geral as disposições do regulamento n. 737 de 25 de novembro de 1850, exceto as que se contêm no titulo 1º, no capitulo 1º do titulo 2º, nos capítulos 4º e 5º do titulo 4º, nos capítulos 2º, 3º e 4º e secções 1ª e 2ª do capitulo 5º do titulo 7º, e no titulo 8º da primeira parte".

69. Destaca-se o art. 33, que previa debates orais e apresentação de provas na audiência conciliatória: "Comparecendo as partes por si ou seus procuradores (art. 26), lida a petição, poderão discutir verbalmente a questão, dar explicações e provas, e fazer reciprocamente as propostas que lhes convier. Ouvida a exposição, procurará o Juiz chamar as partes a um acordo, esclarecendo-as sobre seus interesses, e inconvenientes de demandas injustas".

70. O réu era citado para o comparecimento em audiência para a tentativa de conciliação e, no insucesso desta, apresentar contestação. Existindo necessidade de dilação probatória, previa-se o prazo de 20 dias para esse fim, o que incluía a designação de nova audiência para a oitiva das partes e das testemunhas.

iniciavam com uma petição escrita, mas traziam a concentração dos atos em audiência e a possibilidade da apresentação da defesa do réu de forma oral ou escrita na própria audiência, seguida da instrução, com a sentença proferida na audiência seguinte. Contudo, o art. 241 determinava a redução a termo de todos os atos praticados oralmente.

A Constituição brasileira de 1891 permitiu que os Estados criassem seus Códigos de Processo, ao limitar a atribuição do Congresso Nacional para legislar apenas sobre o direito processual da Justiça Federal (art. 34, 23º). Porém, essa autoridade não foi exercida por todos os Estados; vários deles reproduziram as normas do Regulamento 737, e destacavam-se como originais os Códigos da Bahia e de São Paulo.

Com a Constituição de 1934 a União passou a ter competência privativa para legislar sobre direito processual (art. 5º, XIX, 'a'), o que ainda se mantém na Constituição de 1988 (art. 22, I).

Passados quase 50 anos de aplicação do Regulamento 737 ao processo civil, em 18/09/1939 foi finalmente promulgado o primeiro Código de Processo Civil brasileiro (Decreto-Lei nº 1.608/39), que entrou em vigor no dia 01/02/1940. O CPC de 1939 dedica longa a passagem à oralidade na Exposição de Motivos (elaborada por Francisco Campos, Ministro da Justiça na época)[71]. Inicialmente, defende a incorporação da oralidade como parte indispensável do sistema ideal, posto que utilizada com êxito em quase todos os países europeus (e, apesar de Chiovenda, a Itália constituía exceção ao seu uso)[72]. Em seguida são

---

71. Daniel Mitidiero afirma que o CPC brasileiro de 1939 veio para substituir os Códigos estaduais (e que contrariavam a cultura do centralismo jurídico) e "(...) mesclava alguns elementos modernos com institutos tipicamente pertencentes ao direito intermédio". Observava os princípios da oralidade e da publicidade, conferindo ao juiz o poder de direção do processo. Possuía, ao mesmo tempo, elementos romanos, germânicos e influências lusitanas (MITIDIERO, Daniel. *Elementos para uma teoria contemporânea do processo civil brasileiro*. Porto Alegre: Livraria do Advogado, 2005, p. 37).

72. "ORALIDADE, CONCENTRAÇÃO E IDENTIDADE DO JUIZ. (...) O processo oral atende a todas as exigências acima mencionadas: confere ao processo o caráter de instrumento público; substitui a concepção duelística pela concepção autoritária ou pública do processo; simplifica a sua marcha, racionaliza a sua estrutura e, sobretudo, organiza-o no sentido de tornar mais adequada e eficiente a formação da prova, colocando o juiz em relação a esta na mesma situação em que deve colocar-se qualquer observador que tenha por objeto conhecer os fatos e formular sobre eles apreciações adequadas ou justas. O ponto é importante. No processo em vigor o juiz só entra em contato com a prova testemunhal ou pericial através do escrito a que foi reduzida. Não ouviu as testemunhas, não inspecionou as coisas e os lugares. Qual o grau de valor que conferirá ao depoimento das testemunhas e das partes, se não as viu e ouviu, se não seguiu os movimentos de fisionomia que acompanham e sublinham as palavras, se no escrito não encontra a atmosfera que envolvia no momento o autor do depoimento, as suas palavras ou o seu discurso? Que juízo formará sobre a situação dos lugares e a condição das coisas, descritas no laudo pericial, se de uma e de outra não tem nenhuma impressão pessoal?". O destaque à oralidade no CPC foi precedido de intensa campanha doutrinária pela adoção de um processo oral no Brasil. A Revista Forense nº 74, de maio de 1938, foi dedicada à oralidade, com artigos de juristas brasileiros e estrangeiros, como Giuseppe

Cap. 20 • A ORALIDADE NO NOVO CÓDIGO DE PROCESSO CIVIL: DE VOLTA PARA O PASSADO
Oscar Valente Cardoso

apontadas diversas críticas ao uso da oralidade no processo civil, mas todas elas confundem a oralidade com a mera prática verbal dos atos. O Código de 1939 previa a fixação dos pontos controversos para ser debatidos oralmente em audiência (art. 269) e adotou os princípios da identidade física do juiz (art. 120, parágrafo único)[73], da publicidade dos atos processuais (art. 5º), a não interrupção da audiência, os debates orais e a sentença proferida em audiência (arts. 270/271). Por outro lado, a petição inicial, a contestação e a reconvenção deveriam ser obrigatoriamente escritas (arts. 158, 160 e 190).

Logo, apesar de sempre apresentar determinadas características orais, historicamente o processo civil brasileiro é escrito, com exceção do CPC de 1939, que seguiu a doutrina de Chiovenda e adotou um processo oral, mas que vigorou no país durante apenas 34 anos.

5. A ORALIDADE NO CÓDIGO DE PROCESSO CIVIL DE 1973

O CPC de 1973 (Lei nº 5.869/73), em vigor desde 01/01/1974, traz, na sua Exposição de Motivos (redigida por Alfredo Buzaid, Ministro da Justiça e autor do projeto)[74], uma preocupação específica com a oralidade e suas implicações para o processo[75].

Chiovenda, José Alberto dos Reis, Francisco Morato, Bilac Pinto, Eduardo Augusto Garcia, Cunha Barreto, Lucio Bittencourt, Hans Semon e Vitor Nunes Leal.

73. "Se, iniciada a instrução, o juiz falecer ou ficar, por moléstia, impossibilitado de julgar a causa, o substituto mandará repetir as provas produzidas oralmente, quando necessário".

74. Sobre a elaboração, influências, cenário cultural e principais aspectos do Código de Processo Civil de 1973: MITIDIERO, Daniel. O processualismo e a formação do Código Buzaid. *Revista de Processo*, São Paulo, nº 183, pp. 165-194, maio 2010.

75. "*II – Do Processo Oral.* 13. O projeto manteve, quanto ao processo oral, o sistema vigente, mitigando-lhe o rigor, a fim de atender a peculiaridades da extensão territorial do país. O ideal seria atingir a oralidade em toda a sua pureza. Os elementos que a caracterizam são: *a*) a identidade da pessoa física do juiz, de modo que este dirija o processo desde o seu início até o julgamento; *b*) a concentração, isto é, que em uma ou em poucas audiências próximas se realize a produção das provas; *c*) a irrecorribilidade das decisões interlocutórias, evitando a cisão do processo ou a sua interrupção contínua, mediante recursos, que devolvem ao Tribunal o julgamento da decisão impugnada. Falando de processo oral em sua pureza, cumpre esclarecer que se trata de um tipo ideal, resultante da experiência legislativa de vários povos e condensado pela doutrina em alguns princípios. Mas, na realidade, há diversos tipos de processo oral, dos quais dois são os mais importantes: o austríaco e o alemão. Entre estes, a diferença, que sobreleva notar, concerne ao princípio da concentração. Ocorre, porém, que o projeto, por amor aos princípios, não deve sacrificar as condições próprias da realidade nacional. O Código de Processo Civil se destina a servir ao Brasil. Atendendo a estas ponderações, julgamos de bom aviso limitar o sistema de processo oral, não só no que toca ao princípio da identidade da pessoa física do juiz, como também quanto à irrecorribilidade das decisões interlocutórias. O Brasil não poderia consagrar uma aplicação rígida e inflexível de princípio da identidade, sobretudo porque, quando o juiz é promovido para comarca distante, tem grande dificuldade para retornar ao juízo de origem e concluir as audiências iniciadas. O projeto preservou o princípio da identidade física do juiz, salvo nos casos de remoção, promoção ou aposentadoria (art. 137). A exceção aberta à regra geral confirma-lhe a eficácia e o valor científico. 'O que importa', diz Chiovenda, 'é que a oralidade e a concentração sejam observadas rigorosamente como regra'".

Desse modo, não adotou um processo oral. Ao mencionar que, a fim de observar as peculiaridades da extensão territorial do país, Buzaid optou por uma "oralidade mitigada", nada mais fez do que substituir o processo oral pelo escrito. Não existe processo misto, mas (predominantemente) oral ou escrito, razão pela qual a mitigação de uma característica importa na primazia da outra.

Assim, o Código de 1973, em suas duas fases (antes e depois do início das reformas em 1994)[76], manteve um processo escrito, com alguns elementos orais: a identidade física do juiz (art. 132)[77], a imediatidade (art. 446, II)[78], a publicidade dos atos processuais e da audiência (arts. 155 e 444), a realização de audiência preliminar conciliatória, com a fixação dos pontos controversos (art. 331); a produção de provas em audiência como regra (art. 336); a possibilidade de oitiva do perito ou do assistente técnico em audiência para prestar esclarecimentos (art. 435); a não interrupção da audiência como regra, os debates orais e a sentença proferida em audiência (em regra) (arts. 453/456); a apresentação oral do agravo retido contra decisão interlocutória proferida em audiência (art. 523, § 3o); a suscitação oral de contradições na transcrição dos atos processuais praticados diante do juiz (art. 169, §§ 2o e 3o, inseridos pela Lei no 11.419/2006); e a prevalência da oralidade no procedimento sumário, com a concentração de atos em audiência: a decisão oral da impugnação ao valor da causa ou de controvérsia sobre a natureza da demanda, a apresentação de resposta verbal ou escrita pelo réu, os debates e a sentença oral. De outro lado, permite a substituição de memoriais orais por escritos, quando existir questões complexas de fato ou de direito (art. 454, § 3o).

O art. 336 do CPC/73 estabelece a prova oral como regra no processo civil: "Salvo disposição especial em contrário, as provas devem ser produzidas em audiência".

Acerca da necessidade da forma escrita para a documentação do que for relevante para o processo, o Código de Processo Civil brasileiro possui regra que autoriza apenas às partes a gravação dos depoimentos das testemunhas, mas obriga a documentação do ato para o processo: "O depoimento, datilografado ou registrado por taquigrafia, estenotipia ou outro método idôneo de

---

76. Daniel Mitidiero utiliza a expressão Código Buzaid para salientar a existência do sistema processual criado por Alfredo Buzaid (vigente de 1976/1994) e para diferenciá-lo do sistema atual, que denomina de "Código Reformado" (vigente a partir de 1994, com as reformas realizadas até 2006) (MITIDIERO, Daniel. O processualismo e a formação do Código Buzaid. *Revista de Processo*, São Paulo, no 183, pp. 165-194, maio 2010, p. 176).

77. "O juiz, titular ou substituto, que concluir a audiência julgará a lide, salvo se estiver convocado, licenciado, afastado por qualquer motivo, promovido ou aposentado, casos em que passará os autos ao seu sucessor".

78. "Compete ao juiz em especial: (...) proceder direta e pessoalmente à colheita das provas".

documentação, será assinado pelo juiz, pelo depoente e pelos procuradores, facultando-se às partes a sua gravação" (art. 417)[79].

A despeito de o Código de Processo Civil de 1973 possuir uma grande quantidade de elementos orais, os atos praticados oralmente são reduzidos a termo ou são facultativamente praticados na forma oral ou escrita. Por essa razão, apesar da intenção de Alfredo Buzaid, e mesmo após as reformas de 1994/2006, o processo do Código de Processo Civil de 1973 é escrito (na denominada – de forma equivocada – "oralidade mitigada").

6. A ORALIDADE NO NOVO CÓDIGO DE PROCESSO CIVIL

O novo Código de Processo Civil (Lei nº 13.105/2015) não faz uma opção expressa entre processo oral ou escrito, tampouco se viu em seus debates uma atenção específica para essa escolha.

Consta, tanto no ato do Presidente do Senado que designou a comissão de juristas para a sua elaboração (Ato nº 379/2009), quanto no relatório final da Comissão Especial designada na Câmara dos Deputados[80], uma preocupação com: (a) a *atualização* da codificação processual no direito brasileiro, considerando

---

79. Por outro lado, a oralidade incide nos Juizados Especiais Cíveis desde o pedido inicial até o cumprimento da decisão, ressalvada a forma escrita para os atos essenciais. Admite-se a gravação das audiências, com a documentação limitada ao que for reputado *essencial para o processo*. Nos termos do art. 13, § 3º, da Lei nº 9.099/95: "Apenas os atos considerados essenciais serão registrados resumidamente, em notas manuscritas, datilografadas, taquigrafadas ou estenotipadas. Os demais atos poderão ser gravados em fita magnética ou equivalente, que será inutilizada após o trânsito em julgado da decisão" (regra incidente sobre os Juizados Especiais Cíveis Estaduais, Federais e da Fazenda Pública). Ainda, o art. 33 da Lei nº 9.099/95 positivou o do princípio da concentração dos atos, em virtude do qual "[...] os atos processuais devem ser, tanto quanto possível, reunidos em um mesmo momento, impedindo que o procedimento se delongue em um número indefinido de etapas e fases". Com base nesse princípio, pode ser indeferida a expedição de cartas precatórias ou a realização de outras provas exteriores à audiência de instrução e julgamento. Além disso, caso uma das partes apresente documentos novos na audiência, a parte contrária deve se manifestar sobre eles no ato, sem a interrupção deste ou a concessão de prazo para impugnação (art. 29, parágrafo único, da Lei nº 9.099/95).

80. O relator do CPC na Comissão Especial da Câmara, Deputado Federal Paulo Teixeira destacou, em seu relatório: "(...) O CPC atual passou por muitas revisões (mais de sessenta leis o modificaram), tão substanciais algumas delas que terminaram por acarretar grande perda sistemática, o principal atributo que um código deve ter. Nas quatro décadas de vigência do CPC atual, o país e o mundo passaram por inúmeras transformações. Muitos paradigmas inspiradores desse diploma legal foram revistos ou superados em razão de mudanças nos planos normativo, científico, tecnológico e social. Entre 1973 e 2013, houve edição da Lei do divórcio (1977), de uma nova Constituição Federal (1988), o Código de Defesa do Consumidor (1990), o Estatuto da Criança e do Adolescente (1990), as Leis Orgânicas do Ministério Público e da Defensoria Pública (1993 e 1994), um novo Código Civil (2002), e o Estatuto do Idoso (2003), exemplos de diplomas normativos que alteraram substancialmente o arcabouço jurídico brasileiro no período. Pelo fato de muitas das normas e a própria sistematização do CPC de 1973 não se afina mais à realidade jurídica tão diferente dos dias atuais, afigura-se necessária a construção de um Código de Processo Civil adequado a esse novo panorama. (...)".

as diversas leis posteriores ao CPC de 1973 (aproximadamente 70 leis alteradoras) e, em especial, a Constituição de 1988; (b) e a *sistematização*, igualmente em virtude das mudanças legais, que retiraram parte de sua coerência e tornaram necessária a nova codificação.

Não há, no novo Código, a prevalência da palavra como meio de expressão, tendo em vista que a escrita ainda restringe a prática de atos do juiz, limitando-os mesmo quando realizados na forma oral.

O pedido inicial é formulado em petição escrita, que deve observar os requisitos formais listados nos sete incisos do art. 319.

A resposta do réu, ainda que apresentada em audiência, deverá observar a forma escrita: o art. 335, I, do novo Código, determina que a contestação seja apresentada "por petição"[81], o que abrange a reconvenção[82].

Quanto aos pronunciamentos do juiz, o *caput* do art. 205 fixa como regra a forma escrita para os despachos, decisões, sentenças e acórdãos, enquanto o § 1º prevê a sua redução a termo, quando proferidos oralmente[83].

De forma similar, apesar de estabelecer a suscitação oral sobre as contradições na *transcrição* (novamente a escrita) dos atos praticados verbalmente na presença do juiz, o art. 209 igualmente determina o registro em termo desses atos. Apesar de não exigir a degravação integral dos atos praticados e armazenados digitalmente, impõe-se a redução a termo e as assinaturas[84].

Ainda que de modo parcial, o art. 367 dispõe sobre a transcrição resumida dos atos orais praticados em audiência, e integral dos atos judiciais proferidos oralmente[85]. Trata-se de um retrocesso do novo Código, especialmente diante

---

81. "Art. 335. O réu poderá oferecer contestação, por petição, no prazo de 15 (quinze) dias, cujo termo inicial será a data: I - da audiência de conciliação ou de mediação, ou da última sessão de conciliação, quando qualquer parte não comparecer ou, comparecendo, não houver autocomposição".

82. Nos termos do art. 343 do novo Código: "Na contestação, é lícito ao réu propor reconvenção para manifestar pretensão própria, conexa com a ação principal ou com o fundamento da defesa".

83. "Art. 205. Os despachos, as decisões, as sentenças e os acórdãos serão redigidos, datados e assinados pelos juízes. § 1º Quando os pronunciamentos previstos no caput forem proferidos oralmente, o servidor os documentará, submetendo-os aos juízes para revisão e assinatura".

84. "Art. 209. Os atos e os termos do processo serão assinados pelas pessoas que neles intervierem, todavia, quando essas não puderem ou não quiserem firmá-los, o escrivão ou o chefe de secretaria certificará a ocorrência. § 1º Quando se tratar de processo total ou parcialmente documentado em autos eletrônicos, os atos processuais praticados na presença do juiz poderão ser produzidos e armazenados de modo integralmente digital em arquivo eletrônico inviolável, na forma da lei, mediante registro em termo, que será assinado digitalmente pelo juiz e pelo escrivão ou chefe de secretaria, bem como pelos advogados das partes. § 2º Na hipótese do § 1º, eventuais contradições na transcrição deverão ser suscitadas oralmente no momento de realização do ato, sob pena de preclusão, devendo o juiz decidir de plano e ordenar o registro, no termo, da alegação e da decisão".

85. "O servidor lavrará, sob ditado do juiz, termo que conterá, em resumo, o ocorrido na audiência, bem como, por extenso, os despachos, as decisões e a sentença, se proferida no ato".

da informatização e dos processos judiciais eletrônicos, que permitem com maior facilidade e menores custos a gravação (inclusive a audiovisual) dos atos processuais. Não bastasse isso, apesar de terem sido retiradas as menções a atos "datilografados" ou "escritos com tinta escura e indelével"[86] constantes do projeto de lei originário, o novo CPC ainda admite a transcrição de atos por meio do uso da taquigrafia ou da estenotipia[87].

Na audiência, as razões finais são apresentadas oralmente, como regra. Todavia, o juiz pode deferir a substituição da forma oral pela escrita, quando a controvérsia envolver questões complexas de fato ou de direito (art. 364, *caput* e § 2o)[88].

A oralidade também está presente como um princípio informador da conciliação e da mediação (art. 166)[89]. A realização de audiência preliminar conciliatória também pode ser vista como uma forma de incidência da oralidade, por se buscar o contato direto entre as partes, e destas com o juiz (art. 334). Contudo, como se verá adiante, essa cisão de audiências (e a obrigação de atuação de conciliador ou de mediador) descumpre o princípio da imediatidade e prejudica a concentração da análise do processo.

O art. 361 do novo CPC determina, de forma equivocada e limitadora, que "as provas orais serão produzidas em audiência, ouvindo-se nesta ordem, preferencialmente: (...)". Ao restringir a produção da prova oral à audiência, a Lei nº 13.105/2015 limita a possibilidade de instrução verbal também em outros atos. Melhor seria a manutenção do texto do acima citado art. 336 do CPC/73, que havia sido reproduzido no art. 428 do texto original do PLS nº 166/2010 ("Salvo disposição especial em contrário, as provas devem ser produzidas em audiência").

---

86. Por exemplo, a redação original do art. 164 do PLS nº 166/2010: " Art. 164. Os atos e os termos do processo serão digitados, datilografados ou escritos com tinta escura e indelével, assinando-os as pessoas que neles intervieram ou, quando estas não puderem ou não quiserem firmá-los, certificando o escrivão a ocorrência nos autos".

87. Nesse sentido, o art. 210: "É lícito o uso da taquigrafia, da estenotipia ou de outro método idôneo em qualquer juízo ou tribunal". Da mesma forma, dispõe o § 1o do art. 460: "Quando digitado ou registrado por taquigrafia, estenotipia ou outro método idôneo de documentação, o depoimento será assinado pelo juiz, pelo depoente e pelos procuradores".

88. "Art. 364. Finda a instrução, o juiz dará a palavra ao advogado do autor e do réu, bem como ao membro do Ministério Público, se for o caso de sua intervenção, sucessivamente, pelo prazo de 20 (vinte) minutos para cada um, prorrogável por 10 (dez) minutos, a critério do juiz. (...) § 2º Quando a causa apresentar questões complexas de fato ou de direito, o debate oral poderá ser substituído por razões finais escritas, que serão apresentadas pelo autor e pelo réu, bem como pelo Ministério Público, se for o caso de sua intervenção, em prazos sucessivos de 15 (quinze) dias, assegurada vista dos autos".

89. "Art. 166. A conciliação e a mediação são informadas pelos princípios da independência, da imparcialidade, da autonomia da vontade, da confidencialidade, da oralidade, da informalidade e da decisão informada".

A prova pericial continua sendo, em regra, escrita e excessivamente formal, ainda que o § 1º do art. 473 disponha que "no laudo, o perito deve apresentar sua fundamentação em linguagem simples e com coerência lógica, indicando como alcançou suas conclusões"[90]. De forma excepcional, o § 3º do art. 477 do novo CPC determina a oitiva do perito e do assistente técnico em audiência, para prestar esclarecimentos[91]. Novamente limitado pela forma escrita e por formalidades incompatíveis com a oralidade necessária na audiência, com o processo eletrônico e com a busca de esclarecimentos sobre o laudo pericial, o dispositivo prevê que a parte deve apresentar previamente suas dúvidas na forma de quesitos. Além de inverter a ordem lógica e simplificar a produção e a interpretação da perícia (o laudo escrito deve, em último caso, ser esclarecido oralmente, o que poderia ser evitado pela previsão de laudo oral como regra, para dispensar a necessidade de esclarecimentos), a norma engessa e dificulta a realização da prova oral em audiência, ao determinar a apresentação (escrita) de quesitos prévios a ser respondidos pelo perito ou assistente técnico.

Ainda na audiência de instrução e julgamento, após o encerramento da produção de provas, o juiz tem a possibilidade de: (a) proferir a sentença *oralmente* na própria audiência; (b) ou utilizar a forma *escrita* para publicação em data posterior, observado o prazo máximo de 30 dias (art. 366)[92]. Trata-se de poder discricionário do juiz, que pode optar por uma das duas formas, sem o dever de justificar sua escolha. Logo, não há uma regra de prioridade da forma oral da sentença em audiência e, na prática, a maior parte das sentenças será proferida por escrito.

Sob a perspectiva de princípio, a oralidade também não foi devidamente inserida na Lei nº 13.105/2015.

A imediação da relação entre o juiz e as pessoas cujas declarações ele deve valorar se faz *parcialmente* presente no novo Código: ao mesmo tempo em que foi mantida a prática de atos verbalmente em audiência (reduzidos a termo, em sua maioria), a presença do juiz (e seu contato direito com as partes) foi parcialmente afastada pelo art. 334, que prevê a atuação obrigatória

---

90. Ainda que determine o uso de uma linguagem simples, o art. 473 lista, como requisitos formais do laudo pericial: "O laudo pericial deverá conter: I - a exposição do objeto da perícia; II - a análise técnica ou científica realizada pelo perito; III - a indicação do método utilizado, esclarecendo-o e demonstrando ser predominantemente aceito pelos especialistas da área do conhecimento da qual se originou; IV - resposta conclusiva a todos os quesitos apresentados pelo juiz, pelas partes e pelo órgão do Ministério Público".

91. "§ 3º Se ainda houver necessidade de esclarecimentos, a parte requererá ao juiz que Se mande intimar o perito ou o assistente técnico a comparecer à audiência de instrução e julgamento, formulando, desde logo, as perguntas, sob forma de quesitos".

92. "Art. 366. Encerrado o debate ou oferecidas as razões finais, o juiz proferirá sentença em audiência ou no prazo de 30 (trinta) dias".

do conciliador ou do mediador na audiência de conciliação ou mediação. Dessa forma, caso haja conciliador ou mediador na unidade judiciária, o juiz não tem sequer o poder de optar entre presidir o ato ou designar um de seus auxiliares.

A identidade física do juiz, presente no art. 132 do CPC de 1973[93], chegou a ser mantida no projeto do novo CPC[94], mas foi excluída do texto final sancionado da Lei nº 13.105/2015. Portanto, o novo Código não exige que o juiz sentenciante seja aquele que acompanhou o desenvolvimento e a instrução do processo e, principalmente, que participou da audiência e ouviu diretamente as partes, as testemunhas e os peritos. O art. 366 do novo CPC traz implicitamente a presunção de que o juiz que presidiu a audiência seja o mesmo que profere a sentença no próprio ato, ou em até 30 dias, ao dispor que "encerrado o debate ou oferecidas as razões finais, o juiz proferirá sentença em audiência ou no prazo de 30 (trinta) dias". Contudo, a norma não cria uma vinculação expressa, como o referido art. 132 do CPC de 1973. Recorda-se que as impressões, convicções e reflexões sobre a prova diretamente obtida ou presenciada não se transferem para outro julgador, o que foi ignorado na retirada desse princípio do novo Código.

A concentração da análise do processo em uma audiência também não foi priorizada pela Lei nº 13.105/2015, que, além de dividir as audiências de conciliação (ou de mediação) e de instrução e julgamento, determina a participação do juiz apenas na segunda. Enquanto a primeira audiência é presidida por um conciliador ou mediador, quando forem previamente designados (§ 1º do art. 334)[95], a segunda ocorre após a realização das tentativas de conciliação e mediação (em um prazo de até 2 meses), a apresentação de resposta do réu e eventual produção de provas que se fizer necessária (realização de perícia, inspeção judicial etc.). O fato de que cada audiência deva ser uma e contínua (art. 365)[96] não leva à concentração da análise da causa a um período único, em uma ou em poucas audiências, realizadas entre datas próximas.

---

93. "Art. 132. O juiz, titular ou substituto, que concluir a audiência julgará a lide, salvo se estiver convocado, licenciado, afastado por qualquer motivo, promovido ou aposentado, casos em que passará os autos ao seu sucessor. Parágrafo único. Em qualquer hipótese, o juiz que proferir a sentença, se entender necessário, poderá mandar repetir as provas já produzidas".

94. A versão original do projeto de lei aprovado inicialmente pelo Senado continha a identidade física do juiz em seu art. 122: "O juiz que concluir a audiência de instrução e julgamento resolverá a lide, salvo se estiver convocado, licenciado, afastado por qualquer motivo, promovido ou aposentado, casos em que passará os autos ao seu sucessor. Parágrafo único. Em qualquer hipótese, o juiz que tiver que proferir a sentença poderá mandar repetir as provas já produzidas, se entender necessário".

95. "O conciliador ou mediador, onde houver, atuará necessariamente na audiência de conciliação ou de mediação, observando o disposto neste Código, bem como as disposições da lei de organização judiciária".

96. "Art. 365. A audiência é una e contínua, podendo ser excepcional e justificadamente cindida na ausência de perito ou de testemunha, desde que haja concordância das partes. Parágrafo único. Diante da impossibilidade de realização da instrução, do debate e do julgamento no mesmo dia, o juiz marcará seu prosseguimento para a data mais próxima possível, em pauta preferencial".

Desse modo, além da ausência da identidade física do juiz e que as provas sejam devidamente valoradas e o processo resolvido em um curto espaço temporal, para que o magistrado tenha lembrança dos atos praticados e suas impressões sobre eles no momento da sentença; sequer é assegurada a presença do julgador na primeira audiência do processo.

Por fim, inovação prevista no Código de Processo Civil de 2015 está na parcial *irrecorribilidade imediata das decisões interlocutórias*. O recurso de agravo retido (previsto nos arts. 522/523 do CPC de 1973) não foi reproduzido pelo novo Código, que manteve apenas o agravo de instrumento (cabível nas situações previstas no art. 1.015) e regulamentou o agravo interno (art. 1.021), admissível conta a decisão do relator do processo nos tribunais e julgado pelo órgão colegiado. Assim, *todas as decisões interlocutórias não impugnáveis por agravo de instrumento podem ser recorridas em preliminar do recurso de apelação contra a sentença, ou nas contrarrazões* (art. 1.009, § 1º).

7. CONCLUSÕES

Como visto, a oralidade é, ao mesmo tempo, (a) um *critério*, por se tratar de uma forma de realização do ato processual; (b) e um *princípio*, por ser uma norma informadora de outras regras e (sub)princípios, especialmente a identidade física do juiz, a imediatidade, a concentração dos atos (em audiência) e a irrecorribilidade imediata das decisões interlocutórias.

Viu-se ainda a ocorrência de substituições históricas sucessivas entre oralidade e escrita, que alternadamente caracterizaram o processo civil.

A *oralidade* não se confunde com a *oratória*, ou seja, não indica apenas a prática de atos orais no processo. Não é a ditadura da oratória, do verbo ou da fala, tampouco impede a documentação de determinados atos processuais (como a sentença ou, pelo menos, sua parte dispositiva). Há um predomínio, mas não a exclusividade do uso da palavra oral. Sobre o uso da escrita, Francisco Morato afirma que "no procedimento escrito, a escritura é a *forma* das deduções, enquanto que, no oral, não é senão o *registro* das declarações ou deduções que se vão fazer na audiência"[97]. Portanto, não se trata um conceito oposto ao da escrita: a prática de atos orais não significa que o processo seja oral, do mesmo modo que a realização de atos escritos não quer dizer que o processo seja escrito[98].

---

97. MORATO, Francisco. A oralidade. *Revista Forense*, Rio de Janeiro, nº 74, Fascículo 419, p. 11-18, maio 1938, p. 14.
98. Nesse sentido: CHIOVENDA, Giuseppe. Relación sobre el proyecto de reforma del procedimiento elaborado por la comisión de postguerra. In: CHIOVENDA, Giuseppe. *Ensayos de derecho procesal civil*. v. II. Buenos

Conforme consta da Exposição de Motivos do CPC brasileiro de 1939, o processo oral confere caráter público ao processo, simplifica-o, racionaliza-o e organiza-o, situando o juiz em uma condição de observador direto da prova. No procedimento oral o juiz desempenha um papel mais ativo e presente, pois mantém contato imediato com as partes, advogados, peritos etc.

Relembrando Mortara e Chiovenda, a oralidade (e a concentração de atos dela derivada) permite a simplificação do processo e sua celeridade[99]. Contudo, isso não significa que a oralidade necessariamente simplifica e acelera o andamento processual, mas sim que deve ser utilizada de forma adequada e integral, para que tais resultados sejam alcançados. Relembra-se que o processo romano oral era excessivamente formal, o que foi progressivamente abrandado com a introdução da escrita. Essa lógica se inverteu a partir da Idade Média, com a associação da escrita ao formalismo, o que persiste até os dias atuais. Nas palavras de Morato, a oralidade "[...] comunica vida e eficácia ao processo" e "assegura na prática o verdadeiro sentido e finalidade das leis", além de trazer como vantagens: a publicidade das decisões judiciais, a celeridade, a economia judicial, faz com que a convicção do julgador seja efetivamente formada após ouvir os advogados e as próprias partes, e obsta "[...] que os juízes julguem sem ouvir e examinar suas razões", pois "na oralidade a audiência é forçada"[100].

Um processo oral envolve dois sentidos fundamentais do ser humano, que são a visão e a audição: o juiz deve *ver* todas as provas e participar diretamente de sua produção (na medida do possível), e *ouvir* as partes, testemunhas e outras pessoas (peritos, assistentes técnicos, *amici curiae* etc.) que possam contribuir para a sua decisão, a ser proferida em um prazo razoável que, ao mesmo tempo, observe um processo justo (como, por exemplo, que assegure às partes o exercício da ampla defesa e do contraditório) e permita que o juiz forme sua convicção pela *lembrança direta* dos atos praticados.

Apesar de sempre apresentar características orais, historicamente o *processo civil brasileiro é escrito*, com exceção do CPC de 1939, que seguiu a doutrina de Giuseppe Chiovenda e adotou um processo oral, mas que vigorou no país durante apenas 34 anos.

Aires: Ediciones Jurídicas Europa-América, 1969, p. 251.

99. Nesse sentido, e analisando o princípio da oralidade a partir da obra de Mortara: CHIOVENDA, Giuseppe. L'oralità e la prova. *Rivista di diritto processuale civile*, Padova, nº I, vol. I, p. 5-32, 1924, p. 6-7. Todavia, Chiovenda ressalva que, à época (ou seja, em 1924, na Itália), as vantagens abstratas da oralidade ainda eram desejáveis (e não efetivas), pois encontravam obstáculos em sua aplicação prática.

100. MORATO, Francisco. A oralidade. *Revista Forense*, Rio de Janeiro, nº 74, Fascículo 419, p. 11-18, maio 1938, p. 11 e 16.

Criticando a falta de eficiência e o formalismo existente no processo escrito, Pérez-Ragone e Vélez afirmam que há uma "invisibilidade virtual" do juiz no processo, por não existir o contato direto com as partes, tampouco com os meios de prova por elas produzidos[101]. Aproximadamente um século antes, Chiovenda criticou o processo escrito dos primeiros Códigos italianos, ao afirmar que o Código Processual italiano de 1865 "[...] não chegou ao extremo de negar às partes o direito de ver o rosto de seu juiz na audiência em que a causa se encerra; mas reduziu esse encontro do juiz e as partes a uma mera formalidade"[102].

Juiz equidistante não é sinônimo de juiz distante: o dever de observar uma distância equivalente de cada parte (na busca da imparcialidade) não deve levar ao afastamento do julgador. O contato direto do juiz com os litigantes e as provas (imediação), e uma posição mais próxima permitem a efetivação e o controle direto do contraditório e da imparcialidade.

No Brasil, o CPC de 1973 e o novo CPC (Lei nº 13.105/2015) negam esse direito à parte, que em muitos processos não conhece o juiz de seu processo, ou até mesmo a parte contrária. *Pedido, resposta e sentença são escritos, e os atos praticados em audiência reduzidos a termo.* Isso afeta (de forma negativa) a tramitação do processo, a produção de provas, a autocomposição, a elaboração e o cumprimento das decisões judiciais. Como visto, o processo escrito leva invariavelmente a um juiz distante e desconhecido e, consequentemente, à *valoração limitada das provas*.

Portanto, apesar da presença de vários elementos da oralidade (como critério e como princípio), o novo Código de Processo Civil segue a tradição processual brasileira e mantém um processo civil *escrito* (com algumas características orais), que não aproveita em toda a sua amplitude a informatização do processo (iniciada no país há mais de uma década e positivada na Lei nº 11.419/2006).

O novo CPC deveria se voltar para o passado com olhos para o futuro, a fim de buscar na oralidade um meio para alcançar um processo civil célere e efetivo. Relembrando o Edito de Adriano, do século II, *um é o valor do testemunho de pessoa presente, e outro é o testemunho apenas lido.*

---

101. PÉREZ-RAGONE, Álvaro; VÉLEZ, Diego Palomo. Oralidad y prueba: comparación y análisis crítico de las experiencias reformadoras del proceso civil en Alemania y España. *Revista de derecho de La Pontificia Univesidad Católica de Valparaíso*, Valparaíso, nº XXII, p. 363-406, jan./jun. 2009, p. 365.

102. CHIOVENDA, Giuseppe. Relación sobre el proyecto de reforma del procedimiento elaborado por la comisión de postguerra. In: CHIOVENDA, Giuseppe. *Ensayos de derecho procesal civil*. v. II. Buenos Aires: Ediciones Jurídicas Europa-América, 1969, p. 232.

Contudo, o Legislativo optou por olhar e se manter no passado, com o processo escrito do CPC de 1973. Apesar de alguns autores denominarem erroneamente esse sistema de "oralidade mitigada", *o processo civil brasileiro permanece escrito.*

8. REFERÊNCIAS BIBLIOGRÁFICAS

CAMPITELLI, Adriana. Processo. I. Processo civile: b) Diritto intermedio. In: *Enciclopedia del Diritto.* v. XXXVI. Milano: Giuffrè, 1987, p. 79-101.

CAPPELLETTI, Mauro. *La testimonianza della parte nel sistema dell'oralità*: contributo alla teoria della utilizzazione probatoria del sapere delle parti nel processo civile. Parte Prima. Milano: Giuffré, 1962.

CARDOSO, Oscar Valente. *Direct examination e cross-examination* no processo civil brasileiro. *Revista Dialética de Direito Processual*, São Paulo, n° 75, p. 83-91, jun. 2009.

CHIOVENDA, Giuseppe. La idea romana en el proceso civil moderno. In: CHIOVENDA, Giuseppe. *Ensayos de derecho procesal civil.* v. I. Buenos Aires: Ediciones Jurídicas Europa-América, 1949, p. 351-372.

CHIOVENDA, Giuseppe. L'oralità e la prova. *Rivista di diritto processuale civile*, Padova, n° I, vol. I, p. 5-32, 1924.

CHIOVENDA, Giuseppe. Relación sobre el proyecto de reforma del procedimiento elaborado por la comisión de postguerra. In: CHIOVENDA, Giuseppe. *Ensayos de derecho procesal civil.* v. II. Buenos Aires: Ediciones Jurídicas Europa-América, 1969.

CHIOVENDA, Giuseppe. Romanesimo e germanesimo nel processo civile. In: CHIOVENDA, Giuseppe. *Saggi di diritto processuale civile.* v. I. Roma: Foro Italiano, 1930, p. 181-224.

GUEDES, Jefferson Carús. *O princípio da oralidade*: procedimento por audiências no direito processual civil brasileiro. São Paulo: RT, 2003.

FIUZA, César. Algumas linhas de processo civil romano. In: FIUZA, César. *Direito processual na história.* Belo Horizonte: Mandamentos, 2002.

GAIUS. *Institutas do jurisconsulto Gaio.* São Paulo: RT, 2004.

JOLOWICZ, J. A. Orality and inmediacy in english civil procedure. *Boletín Mexicano de Derecho Comparado*, Ciudad de México, n° 24, p. 595-608, set./dez. 1975.

KASER, Max. *Direito privado romano.* Lisboa: Fundação Calouste Gulbenkian, 1992.

MARQUES, José Frederico. *Manual de direito processual civil.* v. I. Campinas: Bookseller, 1997.

MITIDIERO, Daniel. *Colaboração no processo civil*: pressupostos sociais, lógicos e éticos. 2. ed. São Paulo: RT, 2011.

MITIDIERO, Daniel. *Elementos para uma teoria contemporânea do processo civil brasileiro.* Porto Alegre: Livraria do Advogado, 2005.

MITIDIERO, Daniel. O processualismo e a formação do Código Buzaid. *Revista de Processo*, São Paulo, nº 183, pp. 165-194, maio 2010.

MORATO, Francisco. A oralidade. *Revista Forense*, Rio de Janeiro, nº 74, Fascículo 419, p. 11-18, maio 1938.

NICORA, Attilio. *Il princípio di oralità nel diritto processuale civile italiano e nel diritto processuale canonico*. Roma: Università Gregoriana, 1977.

OLIVEIRA, Carlos Alberto Álvaro de. *Do formalismo no processo civil*. 2. ed. São Paulo: Saraiva, 2003.

OLIVEIRA, Carlos Alberto Alvaro de. Poderes do juiz e visão cooperativa do processo. *Revista da Ajuris*, Porto Alegre, nº 90, p. 55-84, jun. 2003.

OLIVEIRA, Carlos Alberto Alvaro de; MITIDIERO, Daniel. *Curso de processo civil*. v. 1. São Paulo: Atlas, 2010.

PACHECO, José da Silva. *Evolução do processo civil brasileiro*. 2. ed. Rio de Janeiro: Renovar, 1999.

PÉREZ-RAGONE, Álvaro; VÉLEZ, Diego Palomo. Oralidad y prueba: comparación y análisis crítico de las experiencias reformadoras del proceso civil en Alemania y España. *Revista de derecho de La Pontificia Univesidad Católica de Valparaíso*, Valparaíso, nº XXII, p. 363-406, jan./jun. 2009.

PUGLIESE, Giovanni. *Istituzioni di diritto romano*. Torino: G. Giappichelli, 1991.

TUCCI, José Rogério Cruz e; AZEVEDO, Luiz Carlos de. *Lições de história do processo civil romano*. São Paulo: RT, 2001.

PARTE IV

A APLICAÇÃO SUBSIDIÁRIA DO CPC/2015 AO PROCESSO DO TRABALHO

CAPÍTULO 1

O Novo CPC e Sua Aplicação Supletiva e Subsidiária no Processo Do Trabalho

Edilton Meireles[1]

SUMÁRIO: 1. INTRODUÇÃO; 2. DOS PROCEDIMENTOS E DO PROCEDIMENTO TRABALHISTA; 3. ELE-MENTOS ESSENCIAIS DO PROCESSO DO TRABALHO; 4. CONCEITOS FUNDAMENTAIS DO PROCESSO E SUA APLICAÇÃO ÀS AÇÕES TRABALHISTAS; 5. PRINCÍPIOS DO PROCESSO DO TRABALHO; 6. A BUSCA EQUIVOCADA DA AUTONOMIA E O ESQUECIMENTO DO PROCESSO DO TRABALHO; 7. DA REGRA SUPLE-TIVA E DA REGRA SUBSIDIÁRIA.; 8. REVOGAÇÃO DA REGRA DE SUBSIDIARIEDADE CONTIDA NA CLT; 9. COMPATIBILIDADE COM O PROCESSO DO TRABALHO; 9.1. INCOMPATIBILIDADE E CONCEITO JURÍDICO INDETERMINADO; 10. DA APLICAÇÃO DA REGRA SUPLETIVA; 11. CONCLUSÕES; 12. REFERÊNCIAS

1. INTRODUÇÃO

Antes de estudar as modificações do processo do trabalho em face do novo CPC (Lei n. 13.015/15) é preciso interpretar e cuidar do art. 15 deste novel diploma legal e suas consequências para processualística laboral.

Isso porque, de acordo com o art. 15 do CPC de 2015, "na ausência de normas que regulem processos eleitorais, trabalhistas ou administrativos, as disposições deste Código lhes serão aplicadas supletiva e subsidiariamente".

Antes tínhamos apenas a regra do art. 769 da CLT que mandava aplicar o "direito processual comum" como fonte subsidiária. Agora poderemos ter a regra do CPC/15 que manda aplicar esse diploma legal de forma supletiva e subsidiária.

É preciso, porém, bem situar o procedimento trabalhista no âmbito do processo civil para que se possa, com clareza, interpretar as novas normas processuais e sua incidência no processo do trabalho.

---

1. Pós–doutor pela Universidade de Lisboa. Doutor em Direito pela Pontifícia Universidade Católica de São Paulo (PUC/SP). Professor de Direito Processual Civil na Universidade Federal da Bahia (UFBa). Professor de Direito na Universidade Católica do Salvador (UCSal). Membro do IBDP. Membro da Associacion Ibe-roamericana de Derecho del Trabajo. Membro do Instituto Brasileiro de Direito Social Cesarino Júnior. Desembargador do Trabalho na Bahia.

No Brasil, a ação trabalhista tem sido objeto de estudo de forma destacada em relação ao processo civil. Fatores como uma legislação especial disciplinando o procedimento laboral e a existência de órgãos judicantes especializados, numa estrutura orgânica autônoma, contribuiu para o afastamento do processo do trabalho do denominado processo civil.

Neste trabalho, no entanto, em preliminar, procuramos estudar se efetivamente a ação trabalhista goza de autonomia em relação ao processo civil e se o processo do trabalho não se encontra agasalhado pela teoria geral do processo civil.

2. DOS PROCEDIMENTOS E DO PROCEDIMENTO TRABALHISTA

Sem querer se aprofundar nas diversas teorias que definem o processo e o procedimento, podemos ter este último, para fins de compreensão do que se fala, como o rito processual a ser observado em cada processo judicial, a partir da propositura da ação.

O procedimento civil, por sua vez, divide-se em comum e especial. Aquele primeiro está regulado no CPC como o procedimento que deve ser utilizado para a generalidade das demandas judiciais; o segundo, regulado no próprio CPC e em legislação esparsa, divide-se em procedimentos especiais de jurisdição voluntária e de jurisdição contenciosa.

Ensina, sinteticamente, Adroaldo Fabrício Furtado, que,

> "em tema de procedimento (ou rito, ou forma do processo), a técnica legislativa usual é a de começar-se pela definição de um modelo procedimental básico, destinado à adoção na generalidade dos casos, verdadeiro rito-padrão, para se estabelecerem depois, com base nele, as variações por supressão, acréscimo ou modificação de atos, donde resultarão procedimentos mais ou menos distanciados do modelo fundamental, segundo a intensidade e número dessas alterações.

> Em regra, o procedimento-tipo é formal e solene, procurando cercar o exercício da função jurisdicional das mais amplas garantias e franquear às partes os mais largos caminhos de discussão, de prova e de impugnação das decisões. O procedimento assim estruturado – geralmente denominado comum ou ordinário – serve ao volume maior e principal das causas, às situações mais frequentes e destituídas de peculiaridades aptas a justificar um tratamento diferenciado... Esse procedimento por assim dizer genérico funciona também como um standard básico, seja no sentido de que a partir dele se constroem os outros, específicos, seja

porque em numerosos casos a diversidade destes em confronto com aquele é parcial e condicionada, de tal sorte que o trâmite processual, iniciado em forma diferenciada, retorna ao leito comum do rito básico a partir de certo momento ou a depender de uma dada condição. A tudo isso se acresça que, exatamente por terem sido fixados como um modelo, os termos do procedimento ordinário prevalecem também no especial, na medida em que as regras jurídicas a este pertinentes sejam omissas: vale dizer, as normas do rito genérico enchem os vazios da regulação dos especiais, a estes aplicando-se subsidiariamente"[2].

Neste sentido, basta lembrar o art. 566 do CPC/15 que manda aplicar às ações possessórias as disposições que regem o procedimento comum.

Os motivos que induzem a criação dos procedimentos especiais são diversos. Eles podem ser desde a modesta expressão econômica ou jurídica, a fatores de ordem política, social, vinculadas ao próprio direito material, etc, ou, ainda, dadas às peculiaridades que cercam a tutela jurisdicional pretendida.

Em regra, os ordenamentos jurídicos também criam procedimentos sumários para atender situações especiais ainda que não dispense a cognição exauriente. Ela é sumária, limitada, daí porque se dispensa solenidades, abreviam-se prazos, restringe-se a atuação das partes, podam-se recursos, etc.

Como ensina Cândido Rangel Dinamarco,

> "a realidade dos conflitos e das variadas crises jurídicas em que eles se traduzem gera a necessidade de instituir procedimentos diferentes entre si, segundo peculiaridades de diversas ordens, colhidos no modo-de-ser dos próprios conflitos, na natureza das soluções ditadas pelo direito substancial e nos resultados que cada espécie de processo propõe-se a realizar"[3].

Em suma, por ser o processo instrumental, "sempre, o procedimento deve ser adaptado à realidade dos conflitos e das soluções buscadas"[4].

E aqui cabe outra ressalva para melhor compreensão do debate. O procedimento especial, para fins didáticos, deve ser entendido como sendo aquele que não adota o rito geral regulado no CPC, valendo-se de regras mais especiais e tão-somente se socorrendo das regras do procedimento comum de forma subsidiária ou supletiva.

---

2. Justificação teórica dos procedimentos especiais, p. 4.
3. Instituições de direito processual civil, p. 332-333.
4. Ibidem, p. 333.

Assim, temos que todos os procedimentos previstos em lei que não adota o rito do procedimento comum regulado no novo CPC, mas tem as suas disposições como fonte subsidiária ou supletiva, são classificados como de rito especial.

Daí se tem, então, que, considerando apenas a jurisdição civil, devemos incluir entre as ações com ritos especiais não só os procedimentos especiais tratados no CPC, como, também, todas as outras ações de natureza civil que possuem ritos específicos, tratados na legislação esparsa, e que têm as regras do procedimento comum como fontes subsidiárias ou supletivas. Aqui, portanto, incluímos, dentre outros, o mandado de segurança, a ação rescisória, a ação cautelar, a ação de execução, a ação judicial que corre perante a Justiça Eleitoral, as ações perante os Juizados Especiais e as típicas ações trabalhistas (reclamação trabalhista, inquérito judicial, ação de cumprimento, procedimento sumaríssimo e dissídios coletivos).

Neste sentido, a ação trabalhista, em verdade, é um procedimento especial, disciplinado em legislação específica (esparsa, em relação ao CPC) e que têm, inclusive, expressamente, as regras do procedimento comum regido pelo CPC como fonte subsidiária ou supletiva (art. 15 do novo CPC), desde a teoria geral do processo aos meios de impugnação às decisões judiciais, tal como ocorre em relação aos demais procedimentos especiais disciplinados por outras leis. Em suma, é um processo civil especial.

Tal procedimento especial trabalhista, por sua vez, tem razão de ser no surgimento das questões sociais no início do Século XX, na preocupação do Estado com as condições de trabalho, na tomada de consciência dos trabalhadores e no desequilíbrio socioeconômico do empregado em face do tomador dos serviços. A estas razões podemos ainda lembrar outros motivos, tais como a ineficiência do procedimento ordinário para resolver os litígios trabalhistas e o surgimento do direito do trabalho destacado do direito civil. Tais motivos e razões, pois, levaram o legislador a criar um procedimento diferenciado para as demandas judiciais trabalhistas.

Interessante notar que, por semelhantes razões e motivos, já no final do Século XX, ao menos no Brasil, o legislador passou a adotar medidas, inclusive processuais, para proteção do consumidor.

3. ELEMENTOS ESSENCIAIS DO PROCESSO DO TRABALHO

Feitos os esclarecimentos acima, cabe-nos investigar se os elementos essenciais do procedimento trabalhista lhe distinguem dos demais procedimentos judiciais civis de modo a poder lhe afastar do âmbito deste último.

Jaime Guasp aponta cinco categorias distintas para essa análise: sujeitos, objeto, atos, procedimento e efeitos no processo[5].

Quanto aos sujeitos, são os mesmos que podem ser sujeitos em outro qualquer processo judicial: o órgão judicial e as partes em litígio. Parte, por óbvio, entendido em seu sentido processual, ou seja, como a pessoa titular de uma situação ativa ou passiva em relação à pretensão. Não é, outrossim, o fato de que na demanda trabalhista se enfrentarem de modo geral o empregado e o empregador que se revela qualquer autonomia. Fosse assim, dada as semelhantes condições (desequilíbrio, proteção, etc), as demandas envolvendo menores deveriam também ser por rito especial.

Da mesma forma, a existência de órgão próprio para apreciar a demanda trabalhista não torna o processo do trabalho autônomo. Do contrário, teríamos que afirmar que a ação judicial em curso na Justiça Eleitoral também seria autônoma em relação ao processo civil, da mesma forma que a ação que tramita nos Juizados Especiais. E nenhum doutrinador aponta que esses outros processos (eleitorais e nos Juizados) sejam autônomos. E vejam que a organização dos Juizados Especiais em muito se assemelha à Justiça do Trabalho. Basicamente a diferença está na falta de autonomia administrativa dos Juizados. De resto, são órgãos judiciais próprios, separados e autônomos em relação à Justiça Estadual e à Federal.

Quanto ao objeto, ele é idêntico a qualquer outro, isto é, a satisfação do direito.

Os atos processuais realizados no procedimento trabalhista não se diferenciam dos atos do processo civil, sendo apenas, em alguns casos, sujeitos às regras mais especiais. De um modo geral, aliás, o processo do trabalho se vale do processo civil para definição e realização desses atos.

Em relação ao procedimento, "o processo do trabalho e as diversas atividades que realizam seus objetos se ordenam em um procedimento igual a qualquer outro tipo processual"[6]. Aliás, há um paralelismo substancial nos procedimentos, especialmente quando comparado o processo do trabalho ao rito dos Juizados Especiais[7].

Aliás, pode-se afirmar que o antigo rito sumaríssimo previsto no CPC/73, o atual rito comum disciplinado no CPC de 2015 e aquele estabelecido para os Juizados Federais, em verdade, valeram-se da experiência trabalhista[8].

---

5. El proceso del trabajo en el teoria general del derecho procesal, in Estudios juridicos, Madrid: Civitas, 1996, p. 538.
6. Ibidem, p. 541. Tradução livre do Autor.
7. Quanto ao procedimento sumaríssimo na Justiça do Trabalho, cf., do autor, Procedimento Sumaríssimo na Justiça do Trabalho, LTr, passim.
8. Neste sentido, cf. Alcides de Mendonça Lima, Processo civil no processo trabalhista, passim.

Por fim, quanto aos efeitos, ele é idêntico a qualquer outro, já que o processo do trabalho também busca a formação da coisa julgada.

E mais. Podemos afirmar que o estudo, em relação ao processo do trabalho, das regras de competência, legitimidade, capacidade, invalidade processual, procedimento, jurisdição, ação, relação jurídica processual, provas, impugnações, dentre outros institutos de direito processual, não se diferiam em nada do estudo dessas mesmas figuras em relação ao processo civil. Quando muito, estudam-se as regras mais especiais, que dão tempero e eventualmente regime jurídico diverso a todos esses institutos.

4. CONCEITOS FUNDAMENTAIS DO PROCESSO E SUA APLICAÇÃO ÀS AÇÕES TRABALHISTAS

Verificamos, acima, que, em seus elementos essenciais, o processo do trabalho, assemelha-se a qualquer outro feito civil.

Temos, ainda, para bem revelar essa identidade, que os conceitos fundamentais do processo civil também se aplicam ao processo do trabalho.

Assim é que o processo do trabalho é mero instrumento de restauração da ordem jurídica, compondo o conflito laboral, assim como o processo civil é instrumento de satisfação do ordenamento civil, buscando a pacificação social na esfera não-trabalhista.

Em nada o processo do trabalho se diferencia, quanto ao conceito fundamental do processo civil, de busca da concretização da ordem jurídica.

Outrossim, como já destacado acima, os conceitos processuais mais fundamentais, que tratam da ação, jurisdição e processo, em nada se diferenciam.

A existência de órgãos próprios para apreciar a demanda trabalhista, por outro lado, não daria, por si só, autonomia ao processo do trabalho, até porque não se pode confundir regra de competência, com regra de processo[9]. Não é porque o processo tem curso na Justiça do Trabalho que ele muda de natureza. O mandado de segurança é uma demanda mandamental, que visa impugnar ato de autoridade, seja na Justiça do Trabalho, seja na Justiça Federal ou Estadual. Sua natureza não muda, ainda que a competência para apreciar a demanda seja afeta a outro Órgão Judiciário.

Aliás, podemos destacar que a típica demanda trabalhista – a reclamação trabalhista -, não passa de uma ação de cobrança de prestações pecuniárias,

---

9. A este respeito, tratando do rito aplicável às ações cíveis de competência da Justiça do Trabalho, cf., do Autor, Competência e Procedimento na Justiça do Trabalho. Primeiras Linhas da Reforma do Judiciário, LTr, 2005.

o mais das vezes. Ela, portanto, não se diferencia de qualquer ação ordinária de cobrança ajuizada na Justiça Comum, salvo quanto ao rito e a competência.

5. PRINCÍPIOS DO PROCESSO DO TRABALHO

Costumam apontar as diferenças entre estes dois processos quanto aos princípios reitores. Apontam que o processo do trabalho teria princípios próprios, que lhe distanciaria do processo civil.

Assim é que Humberto Theodoro Júnior aponta como princípio característico do processo do trabalho o da finalidade social, que, em outras palavras, seria o princípio da proteção do hipossuficiente[10] aplicado ao processo judiciário. Princípio este inerente ao direito material do trabalho, mas que contaminaria o processo do trabalho[11].

Não temos dúvida de que esse princípio protetor atinge o processo do trabalho, de modo a justificar a incidência de regras processuais que acabam criando verdadeiros privilégios para o hipossuficiente.

Tal princípio, no entanto, por si só, não daria a pretendida autonomia ao processo do trabalho, até porque, todos os demais princípios que regem a ação laboral são comuns ao processo civil, a exemplo do princípio da oralidade, dispositivo, inquisitivo, da conciliação, da economia, da concentração, etc, ainda que com maior ou menor ênfase.

Ademais, o princípio protetor, em maior ou menor medida, também rege o processo civil na ação na qual seja parte o consumidor (que tem assegurado o direito a inversão do ônus da prova como instrumento de proteção ao direito material) ou, ainda, nas ações nas quais seja parte a Fazenda Pública, que goza de diversos privilégios processuais em proteção aos seus interesses (prazo em dobro, citação pessoal, etc).

E mesmo no novo CPC encontramos diversas regras que visam a proteger o demandante mais débil, a exemplo do alimentando quanto ao foro competente para demanda de alimentos (art. 53, inciso II), a preferência a ação na qual seja parte o idoso (art. 1.048, inciso I), etc.

Vê-se, assim, que nem o princípio da finalidade social de proteção do hipossuficiente é exclusivo do processo do trabalho (esse princípio da proteção também contamina o processo penal).

---

10. Os princípios do direito processual civil e o processo do trabalho, p. 62.
11. A este respeito, cf. Sérgio Ferraz, A norma processual trabalhista. São Paulo: Revista dos Tribunais, 1983, passim.

Não é, pois, por esta outra razão, que se pode sustentar a autonomia do processo do trabalho.

6. A BUSCA EQUIVOCADA DA AUTONOMIA E O ESQUECIMENTO DO PROCESSO DO TRABALHO

Ao certo, qualquer estudioso do processo civil brasileiro já deve ter percebido que, apesar do processo do trabalho não ser autônomo, há um fosso enorme que separa um do outro, além do esforço monumental em mantê-los distantes. Exemplo desse fosso, é o próprio CPC de 2015 que, no mais das vezes, ignorou o processo do trabalho e a Justiça do Trabalho até quando deveria ter se dirigido a eles em matéria que lhe compete regular. Para se demonstrar essa distância criada e compartida, basta citar que o recurso extraordinário, que tem curso em toda e qualquer ação judicial, mas está regulado no CPC como se apenas coubesse das decisões proferidas pela Justiça Estadual e Federal. Esqueceu o processualista civil, no entanto, que ele também tem cabimento na Justiça do Trabalho, Eleitoral e Militar. No processo civil e penal. Logo, as regras postas no CPC, quanto ao processamento do recurso extraordinário, aplicam-se a toda e qualquer demanda judicial no Brasil. Aqui, pois, temos regras de processo constitucional e não somente de processo civil em sentido restrito.

Esse distanciamento do processo do trabalho em relação ao processo civil tem raízes na equivocada doutrina juslaboralista que sustenta sua autonomia, buscando distanciar o feito trabalhista das formalidades excessivas da demanda civil, bem como no não menos equívoco dos processualistas civis, que têm, em geral, ojeriza do processo laboral dada a informalidade das lides trabalhistas.

Ambas as posições, no entanto, são equivocadas, em prejuízo ao desenvolvimento do processo.

Esse prejuízo fica bem claro quando verificamos que as reformas processuais levadas a efeito nos últimos anos têm deixado de lado o processo do trabalho, que acaba por ficar "para trás", tendo que se socorrer a "malabarismos" para compatibilizar as regras processuais da CLT às novas normas do CPC, muitas vezes, quase que inconciliáveis.

Exemplo temos em relação ao fim da ação de execução por título executivo judicial, que foi retirada do CPC, mas ainda permanece na CLT! Isso sem esquecer que a liquidação por simples cálculos ainda continua a ser previsto na CLT nos moldes do CPC/73 em sua versão originária.

Por outro lado, a falta de estudo do processo do trabalho por parte dos processualistas civis conduz à falta de percepção de práticas processuais que, transportadas para o processo civil, apenas contribuiriam para seu aperfeiçoamento. Podemos mencionar, como exemplo a ser seguido, a regra de contagem do prazo a partir da data da comunicação à parte e não, da juntada aos autos do mandado respectivo (com isso se evitam 'custos por fora', perda de tempo e artimanhas abusivas). Essa é uma prática salutar do processo do trabalho, existente há mais de setenta anos e que, ao certo, iria contribuir para celeridade do feito civil.

Aliás, estamos certo, que o processo civil precisava (e continua a precisar em diversos tópicos), antes de tudo, de uma reforma "cartorária", ou seja, é preciso mudar o processo civil em suas práticas burocráticas, cartorárias. Quanto mais se eliminar a atividade do servidor, ao certo mais o processo irá se desenvolver normalmente.

Assim, além da mudança da regra da contagem do prazo acima mencionado (eliminando um ato do servidor para início da contagem do prazo, lembrando que a juntada do mandado será indispensável para verificação do dia a quo), podemos destacar a regra da CLT que determina a citação do réu pelo distribuidor ou pelo diretor da vara quando este recebe diretamente a demanda, o que, ao certo, contribuiria para maior celeridade do feito cível.

Desse modo, podemos concluir, neste ponto, que em nada contribui para o aperfeiçoamento da legislação processual brasileira a tentativa de afastar o processo do trabalho do processo civil, além de faltar consistência científica a qualquer argumento neste sentido.

Contudo, apesar de nosso pessimismo, entendemos que esse afastamento tende a diminuir em face do disposto no art. 15 do CPC de 2015. Tal dispositivo, em verdade, acabou por atrair o processo trabalhista à sua casa originária, como quem quer se reconciliar após uma longa relação de estranheza.

7. DA REGRA SUPLETIVA E DA REGRA SUBSIDIÁRIA.

O art. 15 do novo CPC dispõe que "na ausência de normas que regulem processos eleitorais, trabalhistas ou administrativos, as disposições deste Código lhes serão aplicadas supletiva e subsidiariamente".

A primeira questão a ser tratada é quanto a definição do que seja regra supletiva e quando estamos diante de uma regra subsidiária.

A primeira ideia que nos vem à mente é que a regra supletiva e a subsidiária são aplicadas sempre na omissão ou lacuna. Tais expressões serviriam, assim, para tratar do mesmo fenômeno. Contudo, como diz antigo brocado interpretativo, a lei não contém palavras inúteis. Logo, devemos estabelecer a distinção em regra supletiva e regra subsidiária, ao menos para fins de incidência do direito processual civil no processo do trabalho.

E a resposta nos é dada pelo sub-relator da proposta legislativa que incluiu no projeto do novo CPC a expressão "supletiva". Para o Deputado Efraim Filho, "aplicação subsidiária visa ao preenchimento de lacuna; aplicação supletiva, à complementação normativa". Sútil diferença que procuraremos ressaltar e que, na prática, vem dar solução a uma questão pouco resolvida no processo do trabalho que é da incidência da regra do direito processual civil mesmo quando não há lacuna na CLT.

É bem verdade que parte da doutrina entende que regra supletiva é aquela que visa a "suprir a ausência de disciplina na lei omissa; a aplicação subsidiária, por sua vez, é auxiliar, operando como que a dar sentido a uma disposição menos precisa"[12].

Talvez essa seja a definição mais correta. Contudo, no direito processual, tradicionalmente tem se entendido que a regra subsidiária se aplica quando diante da lacuna. Mas, em suma, a ordem dos fatores não altera o resultado.

Podemos nos valer da ideia do que seria uma omissão absoluta (ou integral) e uma omissão relativa (parcial) para apontar essa diferença. Isso porque o próprio art. 15 do novo CPC estabelece que somente "na ausência de normas... as disposições deste Código lhes serão aplicadas supletiva e subsidiariamente". A omissão, portanto, tanto deve ocorrer para aplicação da regra supletiva, como para a regra subsidiária.

Para uma melhor compreensão, no entanto, caberia distinguir a omissão que seria do complexo ou sistema normativo, da omissão relativa ao tratar de um determinado instituto jurídico.

A aplicação subsidiária teria, assim, cabimento quando estamos diante de uma lacuna ou omissão absoluta. Ou, em outras palavras, quando omisso o sistema ou complexo normativo que regula determinada matéria (o processo do trabalho, no nosso caso). Por esse fenômeno, a regra subsidiária se integraria à legislação (sistema) mais especial omisso com objetivo de preencher o vazio deixado pelo corpo de regras que tratam de determinada matéria. Preencheria os claros do complexo normativo mais especial (em relação ao sistema geral), com novos preceitos.

Por outro lado, comumente também se diz que a norma supletiva visa a suprir a falta da regra ou, quando diante de um negócio jurídico, da manifestação da vontade. Exemplo, no direito do trabalho, é a regra supletiva do valor

---

12. José Miguel Garcia Medina, Direito processual civil moderno, São Paulo, Revista dos Tribunais, 2015, p. 99.

do salário estabelecida no art. 460 da CLT. Cabem as partes contratar o valor do salário. Na omissão, porém, prevalece a regra do art. 460 da CLT, que determina que, neste caso, o salário será igual ao daquele "que, na mesma empresa, fizer serviço equivalente ou do que for habitualmente pago para serviço semelhante". A regra supletiva, assim, teria como objetivo suprir as omissões do contrato, incidindo nas hipóteses nas quais os contratantes poderiam dispor, mas foram omissos. Mas este é um conceito de direito material.

Para fins de direito processual, no entanto, essa definição não se adequa aos fins previstos no art. 15 do novo CPC. Daí porque se pode ter que a regra supletiva processual é aquela que visa a complementar uma regra principal (a regra mais especial incompleta). Aqui não se estará diante de uma lacuna absoluta do complexo normativo. Ao contrário, estar-se-á diante da presença de uma regra, contida num determinado subsistema normativo, regulando determinada situação/instituto, mas cuja disciplina não se revela completa, atraindo, assim, a aplicação supletiva de outras normas.

Para ficar claro podemos apontar alguns exemplos no direito processual do trabalho.

O primeiro exemplo que pode ser lembrado é o das hipóteses de impedimento e suspeição das testemunhas. A CLT, em seu art. 829, laconicamente, estabelece que "a testemunha que for parente até o terceiro grau civil, amigo íntimo ou inimigo de qualquer das partes, não prestará compromisso, e seu depoimento valerá como simples informação".

Aqui a CLT cuidou de uma hipótese de impedimento ("parente até o terceiro grau civil") e outras duas de suspeição ("amigo íntimo ou inimigo de qualquer das partes"). A partir de tal norma não se pode, então, afirmar que a CLT (o "complexo normativo") seja omissa a respeito desse tema. Não. Ao contrário, ela cuidou de apontar quais seriam as pessoas impedidas e suspeitas para depor como testemunhas no processo do trabalho. Mas por óbvio que esse regramento é incompleto. Basta lembrar que a CLT sequer inclui o cônjuge (que não é parente) como pessoa a impedida para depor como testemunha ou ainda o juiz que anteriormente atuou no feito como advogado da parte.

Daí, então, podemos afirmar que, neste caso, a regra do CPC que trata dos impedimentos e suspeições das testemunhas visa a complementar o que já está disciplinado na CLT. Ao que já dispõe a CLT, soma-se a regra supletiva.

Da mesma forma: a CLT não contém regra sobre as testemunhas incapazes de depor. Logo, aqui estamos diante de uma lacuna existente no sistema normativo, já que falta a disciplina legal no processo do trabalho a este respeito. Aplica-se, então, neste caso, a regra subsidiária diante da lacuna absoluta sobre essa questão de incapacidade da testemunha.

Outro exemplo que podemos citar é o das hipóteses de cabimento dos embargos à execução. A este respeito, a CLT não é omissa, pois no § 1º do seu art. 884 dispõe expressamente que nos embargos à execução "a matéria de defesa será restrita às alegações de cumprimento da decisão ou do acordo, quitação ou prescrição da dívida".

Observem que a CLT chega a ser imperativa ao afirmar que a matéria "será restrita" ao que aponta como questões de defesa. Contudo, mais uma vez se tornou consenso que a CLT, apesar de não ser lacunosa, é incompleta no que se refere a esta regra disciplinadora, daí porque se entende majoritariamente que o executado pode alegar em sua defesa todas as matérias apontadas no CPC para hipótese de cabimento da impugnação ao cumprimento da sentença. O CPC, assim, neste caso, atua como regra supletiva, complementando a CLT.

A CLT, por outro lado, é completamente omissa, por exemplo, a respeito da tutela provisória. Logo, neste caso, aplica-se a regra subsidiária do CPC que trata da matéria.

Mas outra questão que deve ficar clara é de se saber quando estamos diante de uma omissão parcial a se poder recorrer à regra supletiva. Identificar a omissão absoluta ou integral é fácil. Isso porque, neste caso, na legislação especial inexistiria qualquer dispositivo tratando de determinado instituto/matéria jurídico.

Já quanto a omissão parcial podemos afirmar que estamos diante dela sempre que a legislação processual mais especial cuida de regular determinada matéria/instituto jurídico de forma menos abrangente do que no processo civil. Ou seja, em sentido inverso, sempre que o CPC trata de determinada matéria/instituto de forma mais abrangente (mais ampla) do que a ela é tratada pela legislação processual especial, as regras daquele diploma processual básico incidiram de forma supletiva no procedimento especial, salvo expressa disposição em contrário.

Os exemplos acima citados confirmam essa regra. Por ser regulado de forma mais abrangente (mais ampla) pelo CPC, por exemplo, é que os institutos dos impedimentos e suspeição das testemunhas, tal como disciplinados neste diploma legal processual básico, aplicam-se ao processo do trabalho, apesar de neste existir regra tratando da matéria. O mesmo ocorre com diversas outras matérias, a exemplo das hipóteses de defesa em embargos à execução, no impedimento e suspeição do juiz (art. 801 da CLT), etc.

Contudo, duas ressalvas devem ser postas de modo a não incidir a regra supletiva mesmo quando diante de uma suposta omissão. Primeiro porque, da norma mais especial se pode extrair a impossibilidade de aplicação da regra supletiva dada a própria disciplina da matéria. Tal ocorre quando a legislação mais especial esgota a matéria, não deixando margem para aplicação supletiva.

Exemplo mais marcante (desmentida pela praxe forense) seria do § 1º do art. 884 da CLT, que dispõe que nos embargos à execução "a matéria de defesa será restrita às alegações de cumprimento da decisão ou do acordo, quitação ou prescrição da dívida".

Vejam que aqui o legislador quis peremptoriamente restringir a hipótese de cabimento dos embargos à execução. Logo, descaberia a incidência da regra supletiva. Esse, porém, não é o entendimento dominante, o que bem revela a complexidade da matéria...

Contudo, de qualquer forma, podemos ter que sempre que a lei mais especial dispõe de forma a esgotar a matéria, descabe se pensar em aplicação supletiva.

A segunda ressalva a ser destacada é quando estamos de uma omissão que configura o silêncio eloquente. Silêncio eloquente é aquela situação na qual "a hipótese contemplada é a única a que se aplica o preceito legal, não se admitindo, portanto, aí o emprego da analogia" (STF, in RE 0130.552-5, ac. 1a. T., Rel. Min. Moreira Alves, in LTr 55-12/1.442) ou de qualquer regra supletiva ou subsidiária.

Em suma, estamos diante dessa situação quando o legislador dispõe sobre determinada matéria/instituto e desse regramento se extrai a conclusão de que nenhuma outra regra seria aplicável a hipótese, não se admitindo, assim, a incidência de qualquer outra norma sobre a mesma questão, seja ampliativa ou restritiva. Contudo, neste caso, o legislador não deixa de forma expressa a impossibilidade dessa incidência analógica, ampliativa, etc. Em outras palavras, na primeira hipótese, o esgotamento da matéria seria expresso. No silêncio eloquente, a disciplina estaria disciplinada exaustivamente de forma implícita.

Podemos, aqui, então, mencionar a hipótese da regra de nulidade processual. A CLT, em seu art. 795, estabelece a regra geral de que "as nulidades não serão declaradas senão mediante provocação das partes, as quais deverão argui-las à primeira vez em que tiverem de falar em audiência ou nos autos". Já no § 1º estabeleceu uma exceção a essa regra, qual seja, de que cabe declarar "ex officio a nulidade fundada em incompetência de foro".

Aqui, a CLT teria esgotado a matéria. Previu a regra geral e estabeleceu uma exceção. O CPC de 2015, porém, contém a mesma regra geral em seu art. 278 isto é, de que "a nulidade dos atos deve ser alegada na primeira oportunidade em que couber à parte falar nos autos, sob pena de preclusão". Contudo, de maneira mais abrangente, em seu parágrafo único, estabeleceu que "não se aplica esta disposição às nulidades que o juiz deva decretar de ofício, nem prevalece a preclusão provando a parte legítimo impedimento". Ou seja, pelo CPC cabe ao juiz reconhecer toda e qualquer nulidade absoluta. Tal regra é mais abrangente do que aquela da CLT. Logo, poder-se-ia pensar em aplicação supletiva. Contudo, do que se extrai do texto da norma mais especial é que ela somente quis estabelecer uma exceção apenas, apesar de não ter sido expressa ou peremptória neste sentido. Teria, assim, o legislador mais especial esgotado a disciplina da matéria, afastando a incidência supletiva.

O silêncio do legislador quanto a declaração de ofício de outras nulidades que não aquela mencionada na CLT, configuraria uma omissão eloquente, isto é, não se cuida de uma omissão propriamente dita, mas de regular a matéria de forma exaustiva, não deixando margem para a incidência de outras regras ampliativas, restritivas ou de exceção.

Outro exemplo que aqui se pode citar é o da regra de deserção. A legislação processual trabalhista prevê que o preparo (recolhimento de custas e depósito recursal) deva ser realizado e comprovado no prazo recursal e com o recurso. Tão somente. O CPC de 1973, todavia, em regra que se repete no CPC de 2015, também contém regra idêntica (art. 511, CPC/73 e art. 1.007, CPC/15). Contudo, no § 2º do art. 511 do CPC de 1973 e no § 2º do art. 1.007 do CPC/15, estabeleceu o legislador processual civil que em caso de insuficiência do valor do preparo, cabe ao juiz intimar a parte para suprir o vício no prazo de cinco dias.

Tal regra do CPC, no entanto, jamais foi aceita como aplicável ao processo do trabalho. Isso porque, em outras palavras, tem-se que quando o legislador processual trabalhista tratou desta matéria, estabelecendo, tão somente, que o preparo deveria ser realizado e comprovado no prazo recursal, não prevendo a possibilidade de concessão de prazo para complementar o preparo insuficiente, teria aquele esgotado a disciplina da questão. Sua omissão quanto esse prazo para sanar o vício teria sido eloquente, isto é, não que tivesse sido omisso de modo a atrair a regra supletiva, mas, sim, que ao não prevê a concessão desse prazo é porque não o queria. Descaberia, assim, neste ponto, a aplicação supletiva[13].

---

13. Entendemos, porém, que essa questão merece maiores reflexões, já que aqui estamos tratando de uma garantia constitucional de acesso aos tribunais (à justiça), não cabendo, assim, ser mantido um rigor formal ao ponto de não admitir recurso quando o depósito recursal é realizado em valor inferior ao devido, mas com diferença ínfima. Ademais, lembro que essa questão passa por novas reflexões diante do disposto no § 11 do art. 896 da CLT, com a redação dada pela Lei n, 13.015/14, ao permitir que, pelo menos no âmbito do recurso de revista, possa o TST, quando diante de recurso tempestivo, mas que contém defeito formal que não se repute grave, desconsiderar "o vício ou mandar saná-lo, julgando o mérito". Ou seja, por exemplo, quando diante de um depósito insuficiente, com diferença irrisória, pode o Relator conceder prazo para sanar o vício ou mesmo desconsiderá-lo de logo dado seu valor ínfimo.

Assim, em suma, neste ponto, podemos concluir que a regra subsidiária visa preencher a lacuna integral (omissão absoluta) do corpo normativo. Já a regra supletiva tem por objeto dar complementação normativa ao que foi regulado de modo incompleto (omissão parcial). Ali falta a regra, aqui a regra é incompleta. Ali, supre-se a ausência da regra; aqui, complementa-se a regra que não esgota a matéria.

8. REVOGAÇÃO DA REGRA DE SUBSIDIARIEDADE CONTIDA NA CLT

Outra questão que deve ficar clara é quanto a revogação ou não do art. 769 da CLT a partir do disposto no art. 15 do CPC de 2015.

Primeiro é preciso deixar claro o art. 15 do novo CPC não é uma regra de processo civil. Este dispositivo, em verdade, é regra de direito processual do trabalho, de processo judicial eleitoral e de processo administrativo. O art. 15 do CPC, aliás, não se aplica ao processo civil em sentido restrito. Daí então, surge o questionamento, neste caso ele teria revogado o art. 769 da CLT?

Vejam que o art. 769 da CLT dispõe, verbis:

> Art. 769 – Nos casos omissos, o direito processual comum será fonte subsidiária do direito processual do trabalho, exceto naquilo em que for incompatível com as normas deste Título.

Já o art. 15 do novo CPC estabelece que, verbis:

> Art. 15. Na ausência de normas que regulem processos eleitorais, trabalhistas ou administrativos, as disposições deste Código lhes serão aplicadas supletiva e subsidiariamente.

É sabido que a regra posterior revoga a anterior "quando expressamente o declare, quando seja com ela incompatível ou quando regule inteiramente a matéria de que tratava a lei anterior" (§ 1º do art. 2ª da Lei de Introdução às normas do Direito Brasileiro).

A CLT, em seu art. 769, regula a aplicação subsidiária do direito processual comum no processo do trabalho. Já o art. 15 do novo CPC passou a tratar da mesma matéria relativa a aplicação subsidiária de regras processuais ao processo do trabalho. Logo, estaria revogado o art. 769 da CLT.

Antes, conforme art. 769 da CLT, subsidiária era a regra do "direito processual comum". Agora é o CPC. Antes, apenas se aplicava a regra subsidiária,

---

Temos aqui, portanto, a aplicação da regra do CPC, em outras palavras. Ressalto, ainda, que, no novo CPC, essa questão é tratada de forma mais ampla em seu art. 1.006.

o que pressupõe uma omissão absoluta. Agora, aplicam-se as regras do CPC subsidiária ou supletiva.

Assim, tem-se que o art. 769 da CLT está revogada em face do art. 15 do novo CPC a partir da vigência deste. Isso porque este novo dispositivo trata da mesma matéria regulada no art. 769 da CLT.

Cabe, por fim, neste ponto, ressaltar que o disposto no art. 889 da CLT, por ser norma mais especial em relação à regra da subsidiariedade, não foi afetado pelo novo CPC. Assim, no que se refere à fase de execução, a fonte subsidiária principal é o do "processo dos executivos fiscais". O CPC, neste caso, seria fonte subsidiária secundária. Contudo, diante da regra geral do art. 15 do novo CPC, este passa a atuar também como fonte supletiva na execução trabalhista.

Cabe, por fim, ressaltar que ainda que o novo CPC não tenha disposto expressamente quanto a revogação do art. 769 da CLT, como recomenda o art. 9º da LC n. 95/98, daí não se pode concluir que a norma consolidada não teria sido revogada. Isso porque o que o art. 9º da LC n. 95/98 estabelece, enquanto regra dirigida ao legislador, é que este, ao dispor sobre uma matéria que redundará na revogação de outra regra, seja expresso, enumerando as leis ou disposições que serão revogadas.

Contudo, quando diante da omissão do legislador em não apontar expressamente esses dispositivos, tal não afasta a incidência da regra da Lei de Introdução às Normas de Direito Brasileiro (Decreto-Lei n. 4.657/42), que dispõe que "a lei posterior revoga a anterior quando expressamente o declare, quando seja com ela incompatível ou quando regule inteiramente a matéria de que tratava a lei anterior" (§ 1º do art. 2º), lembrando que o art. 15 do CPC/15 é norma tão especial quanto ao do art. 769 da CLT.

Uma outra questão, porém, ficou duvidosa. Cuida-se da aplicação subsidiária e supletiva da regra compatível com o processo do trabalho.

9. COMPATIBILIDADE COM O PROCESSO DO TRABALHO

Confirmada a revogação do art. 769 da CLT, ficaria, então, uma dúvida: e a ressalva contida na sua parte final ("exceto naquilo em que for incompatível com as normas deste Título) continuaria a viger?

Revogada a regra, por certo que essa ressalva final segue a mesma sorte. Ela estaria, portanto, revogada. Contudo, ainda que assim seja, nada se altera a este respeito. Isso porque por óbvio que ao se recorrer à regra subsidiária ou supletiva não se pode aplicar norma que seja incompatível com o que se pretende integrar ou complementar, sob pena de revogar o sistema ou a regra individual mais especial (omissa ou incompleta), já que se estaríamos diante de uma antinomia, isto é, um conflito entre normas.

E aqui, então, devemos lembrar que a incompatibilidade mencionada na CLT é, nada mais, nada menos, do que uma situação de conflito de normas. Conflito entre a norma do processo comum com a norma do processo do trabalho.

Vejam, neste sentido, que, em havendo uma regra subsidiária ou supletiva incompatível com a legislação processual trabalhista, estaríamos diante de um conflito de normas (CPC x CLT). Logo, esse conflito de normas se resolve pelos critérios de suas resoluções. E, como se sabe, são três os critérios que podem ser aplicados quando diante de um conflito de normas: da hierarquia, temporal e da especialidade.

Pelo critério da hierarquia, a norma superior prevalece sobre a inferior. Não seria o caso de sua aplicação no conflito entre CPC e CLT, já que ambas são leis de mesma hierarquia.

Podemos invocar o critério da temporalidade para reconhecer a revogação da CLT, já que o novo CPC é lei mais recente. Contudo, lembramos que, pelo terceiro critério (que é uma exceção ao segundo), a norma geral posterior não revoga a anterior se esta é lei mais especial. E é o caso da legislação processual trabalhista em face do CPC.

A legislação trabalhista é norma mais especial em relação ao CPC. Logo, o CPC não revoga a legislação processual trabalhista nas matérias por esta tratada. Daí se tem, então, que a regra supletiva ou subsidiária deve guardar coesão e compatibilidade com o complexo normativo ou a regra que se pretende integrar ou complementar.

Assim, se a norma do novo CPC se revela incompatível com o processo do trabalho (em seus princípios e regras), lógico que não se poderá invocar seus dispositivos de modo a ser aplicados de forma supletiva ou subsidiária[14].

Essa regra da compatibilidade, porém, gera uma imensa insegurança jurídica. Não à toa é muito comum os advogados afirmarem que cada juiz do trabalho tem em sua cabeça um "código de processo do trabalho". Em cada Vara uma regra diferente. E essa afirmação não é inteiramente falsa. Isso porque, de fato, cada interprete acaba, por diversas razões, entendendo que há ou não há

---

14. Para não se concluir que estamos sendo contraditório em face do entendimento acima sustentado quanto a revogação do art. 769 da CLT, lembramos que o art. 15 do novo CPC é regra de processo do trabalho e não de processo civil. Este novo dispositivo somente topograficamente está inserido no CPC, mas não se cuida de regra do processo civil (em sentido restrito), tanto que a ele não se aplica. Daí se tem que a regra do art. 15 do CPC, em verdade, é regra mais especial de processo do trabalho, tanto quanto aqueles inseridas topograficamente na CLT.

omissão e que determinado instituto é ou não compatível, gerando uma total insegurança jurídica.

Essa insegurança jurídica, todavia, continuará a existir enquanto não tivermos um código de processo do trabalho. E muito provavelmente tão cedo não teremos...

Contudo, a par dos equívocos de interpretação (que devem ser excluídos), o que cabe definir são os critérios que devem ser utilizados para, diante da omissão a ser suprida ou complementada, verificar se a regra subsidiária ou supletiva é compatível. E, infelizmente, nossa doutrina não procura apontar esses critérios, caindo, no mais das vezes, em apenas apontar que apenas se aplica que é compatível, sem definir o que seria essa compatibilidade.

Daí porque, procurando traçar esses critérios é que devemos partir do pressuposto de que, em geral, nas demandas trabalhistas se discute direito de natureza alimentar, atuando no feito uma pessoa que se encontra numa situação débil em relação ao seu contratante, daí porque o procedimento prima pela celeridade, simplicidade e busca de sua máxima efetividade.

Destas características se tem, então, que a compatibilidade deve respeitar os princípios constitucionais que regem todos os processos judicia, mas em especial três desses princípios básicos: o do amplo acesso à justiça, o da duração razoável do processo (celeridade) e da efetividade da justiça. Lógico que, tudo isso, sem perder de vista que os demais princípios constitucionais processuais devem ser respeitados, especialmente o do devido processo legal e do contraditório.

Em outras palavras, salvo quando não se está diante de uma omissão absoluta ou relativa, toda e qualquer regra do CPC que busca ampliar o acesso à Justiça do Trabalho, seja compatível com a celeridade processual e busque ampliar a efetividade das decisões judiciais, ela será aplicável ao processo do trabalho.

E aqui, cito um exemplo para clarear esse entendimento. Cito a regra do art. 475-J do CPC de 1973, agora disposta no § 1º do art. 523 do CPC de 2015. A regra da incidência da multa de 10% sobre o valor devido pelo executado, caso não efetue o pagamento no prazo concedido, visa somente a ampliar os esforços para efetividade da decisão judicial. Com ela, busca-se "incentivar" o cumprimento voluntário da obrigação pecuniária. Logo, ela em nada se mostra incompatível com o processo do trabalho, partindo-se do pressuposto de que não há qualquer regra em contrário na CLT. Aqui, em verdade, há omissão parcial no regramento da CLT a respeito das consequências caso o devedor não pague seu débito no prazo assinalado em lei.

Cap. 1 • O NOVO CPC E SUA APLICAÇÃO SUPLETIVA E SUBSIDIÁRIA NO PROCESSO DO TRABALHO
Edilton Meireles

Outro exemplo, já mencionado acima, é o da deserção. A jurisprudência trabalhista, nesta matéria, tem sido extremamente rigoroso no tratamento desta matéria, não admitindo, em nenhuma hipótese, que a parte eventualmente posa suprir o vício, negando, assim, a incidência da regra supletiva, salvo na hipótese do recurso de revista que, conforme dispõe o § 11 do art. 896 da CLT, com a redação dada pela Lei n, 13.015/14, permite que o TST, quando diante de recurso tempestivo, mas que contém defeito formal que não se repute grave, desconsiderar "o vício ou mandar saná-lo, julgando o mérito".

Aqui, porém, cabe lembrar que a nossa Carta Magna assegura o inafastável direito de acesso à Justiça, inclusive aos tribunais. Para realizar esse direito, no entanto, o Estado não apenas coloca à disposição dos jurisdicionados o aparelho Judiciário, como procura e tem o dever de criar as condições materiais para possibilidade o pleno uso desse direito. Do contrário, esse direito de acesso à Justiça não passará de uma mera ficção jurídica.

O exemplo clássico é o da pessoa pobre, que não tem condições de arcar com os custos do processo judicial. Neste caso, de nada lhe ficar assegurado o direito de ação, se dele não pode fazer uso por falta de dinheiro para pagar as custas processuais. Daí surge, então, o direito de assistência judiciária, com a isenção ou dispensa do pagamento das despesas processuais por quem não tem condições materiais de pagar pelas mesmas. Através dessa isenção, portanto, assegurasse ao mais necessitado o direito de acesso à Justiça.

E é a partir desse exemplo que se extrai uma regra basilar: a de que o legislador infraconstitucional não pode estabelecer condições ou requisitos de uso do direito de ação de modo a anular, na prática, esse direito fundamental. É o exemplo de cobrança de custas ao pobre ou de custas elevadas às pessoas que não são consideradas pobres.

Assim, de logo, podemos apontar duas consequências decorrentes do princípio do acesso à justiça: a primeira, a inafastabilidade do controle jurisdicional, que resulta no direito de ação; a segunda, a vedação de regras ou atos que impedem o acesso à justiça, inclusive através de exigências de requisitos não-razoáveis ou impeditivos ao exercício do direito de ação, como, por exemplo, a cobrança de custas a quem não pode arcar com essa despesa.

Neste último sentido, o legislador infraconstitucional também não pode exigir outras condições ou requisitos a serem observados para que seja possível a tutela definitiva, ou seja, a tutela de mérito. Seria a hipótese de o legislador exigir que o autor da demanda efetuasse um depósito prévio correspondente ao valor de seu pedido de condenação pecuniária, para garantir o ressarcimento de danos ao réu caso a ação seja julgada improcedente. Na prática, a exigência desse requisito anularia, na maior parte dos casos, ao certo, o direito de ação.

731

Daí se tem, então, que os requisitos ou condições processuais ou recursais devem passar pelo crivo do princípio da razoabilidade. O que foge ao razoável, anulando na prática, o direito de ação, há se ser considerado inconstitucional.

Neste sentido, viola também o direito de acesso à Justiça toda e qualquer exigência processual formal exagerada. Seria o caso de se indeferir a petição inicial porque ela não está com firma reconhecida. É razoável essa exigência?

Diga-se, ainda, que essas mesmas lições se aplicam quando da interpretação da norma. Sempre que possível, ela deve ser interpretada de forma a se assegurar, ao máximo possível, o direito fundamental de acesso à Justiça; jamais para restringir esse direito fundamental.

Complementando, ainda, este ponto, cabe ressaltar que o princípio do acesso à justiça apenas não veda os atos que impedem o exercício do direito de ação, mas também agasalha o subprincípio da efetividade da justiça, acompanhado do princípio da duração razoável do processo. Isso porque, de nada adiante assegurar o direito de ação se esta não conduz à uma decisão judicial, ou a conduz de forma retardada, ou, ainda, quando esta não se efetiva.

O princípio do acesso à justiça, portanto, não só assegura a inafastabilidade do controle jurisdicional e veda regras ou atos que impedem o acesso à justiça, como também agasalha o princípio da efetividade da justiça, em prazo razoável. Em suma, o princípio do acesso à justiça oferece as portas de entrada e de saída. Assegura o acesso e garante a efetividade da decisão que se busca, pois de nada adianta apenas assegura o direito de ação se este não está acompanhado da garantia de que a Justiça irá, num prazo razoável, oferecer resposta à demanda.

Cabe esclarecer, ainda, que quando falamos em efetividade não queremos nos referir apenas à decisão judicial em si. Mas, sim, à decisão judicial e a sua concretude, satisfação, efetivação, cumprimento, num prazo razoável.

Lembramos, então, que, na busca da efetividade da Justiça, com o fito de alcançar um processo justo, nosso direito constitucional garante, enquanto regra geral, o acesso ao tribunal mediante recurso (princípio do amplo acesso à Justiça).

Daí se tem que na aplicação das regras infraconstitucionais que estabelecem requisitos e formalidades para o conhecimento do recurso é indispensável também que o julgador interprete as normas pertinentes de modo a respeitar as exigências do princípio da razoabilidade. Deve-se, assim, ao máximo, fazer valer a garantia constitucional fundamental de acesso ao tribunal, evitando-se interpretações que conduzem a exigências desproporcionais ou não-razoáveis.

Neste sentido, parece-me rigorosa a jurisprudência que sustenta a deserção do recurso quando a parte comprova o recolhimento das custas em documento inautêntico. Os Tribunais do Trabalho, aos milhares, assim vêm decidindo. Tal interpretação, data venia, não respeita o princípio da proporcionalidade, na ponderação de valores, por negar o acesso ao tribunal através do recurso, apegando-se mais ao formalismo do que à substância. Sacrificando, desproporcionalmente, o direito de ação (de acesso ao tribunal, neste exemplo).

Observe-se, inclusive, que, no exemplo acima mencionado, não se trata de deserção por falta de prova do recolhimento ou mesmo no seu não-recolhimento, mas sim, da prova deficiente quanto ao seu pagamento.

Seria mais razoável, assim, neste exemplo dado, na busca da efetivação do direito de acesso ao tribunal, que se concedesse prazo à parte para que exibisse o referido documento no original ou em cópia autenticada. E, tão-somente depois, é que se poderia pensar em acolher a preliminar de deserção. Esse exemplo, aliás, também vale para os depósitos recursais quando comprovados por cópias não autenticadas.

Esse mesmo raciocínio se pode ter em relação à deserção por simples erro no preenchimento das guias de recolhimento das custas, quando se constata o pagamento do tributo em favor da Fazenda Pública. Substancialmente o tributo foi recolhido. Deixar de conhecer do recurso tão-somente porque incorretamente preenchida a guia de recolhimento é se apegar mais ao formalismo do que à substância, deixando em segundo plano o direito de acesso ao Tribunal (acesso a uma decisão de mérito).

Exemplo próximo a este temos quando as custas processuais, ao invés de recolhidas em favor da Fazenda Pública, erroneamente é deposita em conta à disposição do Juízo (como se fosse um depósito recursal). Neste caso, temos que, substancialmente o tributo foi satisfeito, ainda que não recolhido aos cofres da Fazenda Pública. É mais razoável, então, que o juiz determine seu recolhimento à Fazenda Pública (mande a ordem de transferência do crédito posto à sua disposição) do que não conhecer do recurso, sacrificando o direito de ação.

Pode-se exemplificar, ainda, em relação ao recolhimento a menor das custas ou do depósito recursal, em valor ínfimo. Não é razoável sacrificar o direito de acesso ao Tribunal por alguns poucos centavos...

Em todos os exemplos acima mencionados, portanto, data venia, os Tribunais têm se apegado mais aos formalismos exagerados do que à substância do ato. Sacrifica-se, assim, desproporcionalmente, o direito de ação ou de tutela definitiva.

Em todas essas situações, portanto, parece-me plenamente compatível a aplicação supletiva do CPC que prevê a possibilidade de concessão de prazo para a parte recorrente sanar o vício da deserção.

Desse modo, concluindo neste ponto, devemos ter em mente que a compatibilidade da regra supletiva ou subsidiária sempre estará presente quando ela estiver agasalhada pelos princípios do acesso à justiça, da duração razoável do processo trabalhista e da efetividade das decisões judiciais.

9.1. Incompatibilidade e conceito jurídico indeterminado

Essa questão da compatibilidade das regras do processo civil ao processo do trabalho, por sua vez, remete-nos a outra questão, que é da fundamentação para rejeitar a aplicação da regra subsidiária ou supletiva.

E aqui queremos de logo mencionar que o CPC de 2015, em seu art. 489, inciso II, estabelece que não se considera fundamentada a decisão quando o juiz utiliza de conceitos jurídicos indeterminados "sem explicar o motivo concreto de sua incidência no caso". E a regra da "incompatibilidade" é conceito jurídico indeterminado, pois ele, por si só, não define o que seja compatível. A expressão, pois, é vaga e imprecisa. Logo, em cada caso concreto o juiz deve argumentar demonstrando o que entende por ser compatível ou incompatível de modo a fazer incidir ou afastar a regra subsidiária quando diante de uma omissão, seja ela absoluta ou parcial.

Assim, ao decidir, o juiz deverá perseguir um iter de análise e fundamentação. Neste sentido, primeiro, ele deve verificar se está diante de uma omissão de modo a atrair, a princípio, a regra subsidiária ou supletiva.

Nesta primeira etapa ele poderá rejeitar a aplicação da regra do CPC quando diante de norma expressa em sentido contrário na CLT. Exemplo: na legislação processual trabalhista a regra é do prazo de oito dias para recorrer. Logo, não há omissão quanto ao prazo recursal. Inaplicável, portanto, a regra respectiva do CPC, que fixa esse prazo em quinze dias. Aqui, em outras palavras, há conflito de normas ("incompatibilidade"), incidindo a regra mais especial (da CLT).

Veja que, nesta etapa, ao julgador caberá analisar individualmente a regra que pode ser aplicada de forma subsidiária ou supletiva.

Ultrapassada essa etapa e verificando o juiz que não há regra expressa em contrário e que, em tese, há norma da CPC que pode incidir no processo do trabalho, caberá, então, verificar se a sua incidência agride o sistema do procedimento processual mais especial da CLT. Aqui, deixa-se de lado a análise individual da regra, para uma apreciação sistêmica.

Nesta etapa o juiz deve verificar se a incidência da regra do CPC pode redundar na alteração da sistemática do procedimento judicial trabalhista. Por exemplo, as hipóteses de intervenção de terceiros.

Na lei que regula os Juizados Especiais há regra expressa não admitindo "qualquer forma de intervenção de terceiro nem de assistência" (art. 10 da Lei n. 9.099/95). Não existe regra neste sentido na CLT. Logo, sendo omissa a CLT quanto as intervenções de terceiros, pode-se pensar, em tese, da compatibilidade da regra do CPC que trata desta matéria.

Podemos, porém, ter, em algumas hipóteses, como incompatível a intervenção de terceiro quando ela, por si só, causar alteração no rito procedimental estabelecido na CLT. E, neste sentido, cabe lembrar que os atos processuais, em geral, por força da lei, na demanda trabalhista são realizados de forma concentrada em audiência única de conciliação, instrução e julgamento, na qual o demandado também deve apresentar sua defesa. Logo, a partir deste rito, podemos, por exemplo, afirmar que a denunciação a lide formulada pelo réu em sua defesa afronta esse rito trabalhista, à medida que, se aceita, ela redundará na interrupção da audiência que deveria ser única. Com a denunciação, essa audiência haveria de ser suspensa, com a designação de outra, já que necessária a citação do denunciado, etc.

Logo, em hipótese como essa, o juiz pode fundamentar sua decisão de não aplicação da regra subsidiária diante da incompatibilidade do instituto processual regulado no CPC com o sistema procedimental trabalhista. Isso porque, neste caso, a aplicação do CPC redundará na mudança ("revogação") da regra do processo do trabalho.

Vale, porém, em análise crítica, destacar que o exemplo acima mencionado, em sua fundamentação, cai por terra quando lembramos que o processo do trabalho admite a aplicação subsidiária do instituto da reconvenção. E ao admiti-lo, por certo que o rito processual trabalhista também é agredido, pois diante da reconvenção cabe suspender a audiência na qual ela foi apresentada para, concedendo-se prazo ao autor da ação principal, em nova oportunidade seja apresentada a defesa do reconvindo. Ou seja, da mesma forma se rompe com o sistema procedimental trabalhista concentrado.

Lembre-se, ainda, que a reconvenção pode ser proposta pelo réu em litisconsórcio, assim como pode ser proposta em face do autor da ação principal em litisconsórcio (§§ 3º e 4º do art. 343 do CPC). Logo, também neste caso pode ocorrer a ampliação subjetiva da demanda, tal como ocorre nas intervenções de terceiros.

Daí, então, fica a pergunta: por qual razão se aceita a reconvenção e não se admite a intervenção de terceiros. São as contradições de nossa jurisprudência e doutrina!

Por fim, neste iter de fundamentação da aplicação ou não da regra supletiva ou subsidiária, o juiz ainda pode motivar a rejeição da incidência da norma argumentando que ela fere os princípios processuais trabalhistas, daí porque "incompatível".

Neste caso, caberá, então, ao juiz apontar qual princípio estaria sendo violado e em que medida, cabendo-lhe explicar o motivo da não incidência da regra do CPC no caso concreto.

E aqui lembramos que diversos princípios, já que postos na Constituição Federal, são comuns a todos os processos judiciais brasileiro. Assim, por exemplo, são os princípios da duração razoável do processo (celeridade), do contraditório, da ampla defesa, etc.

Logo, não cabe afirmar que a regra do CPC não se aplica em face do princípio da celeridade incidente no processo do trabalho, já que este princípio é comum a todos os processos judiciais no Brasil. Desse modo, se a regra se aplica ao processo civil, por óbvio ele deve guardar compatibilidade com o princípio da celeridade prevista na Constituição. Logo, em não sendo inconstitucional a regra do CPC, ela tanto é compatível com a demanda cível, como a trabalhista, pois ambos estão sob o manto do princípio da duração razoável do processo.

E, como ressaltado acima, não há princípio processual trabalhista que não seja comum ao processo civil brasileiro. Difícil, pois, será fundamentar a rejeição do instituto processual civil sob o argumento de ferir princípio processual trabalhista. Ao menos em argumentação sustentável na teoria geral.

10. DA APLICAÇÃO DA REGRA SUPLETIVA

Com a novidade a ser introduzida pelo novo CPC, no que se refere à sua aplicação supletiva no processo do trabalho, algumas questões controvertidas podem encontrar solução, talvez pacificando a jurisprudência.

Um exemplo que podemos citar é justamente em relação a incidência ou não da multa prevista no atual art. 475-J do CPC (art. 537, § 1º, do novo CPC).

O entendimento dominante no TST é de que essa sanção não se aplica por não haver omissão na CLT quanto a conduta "em face do título executivo judicial e as consequências de sua resistência jurídica". Neste sentido, verbis:

> "MULTA DO ART. 475-J DO CPC. INAPLICABILIDADE NO PROCESSO DO TRABALHO. 2.1. O princípio do devido processo legal é expressão da garantia constitucional de que as regras pré-estabelecidas pelo legislador ordinário devem ser observadas na condução do processo, assegurando-se aos litigantes, na defesa dos direitos

levados ao Poder Judiciário, todas as oportunidades processuais conferidas por Lei. 2.2. A aplicação das regras de direito processual comum, no âmbito do Processo do Trabalho, pressupõe a omissão da CLT e a compatibilidade das respectivas normas com os princípios e dispositivos que regem este ramo do Direito, a teor dos arts. 769 e 889 da CLT. 2.3. Existindo previsão expressa, na CLT, sobre a postura do devedor em face do título executivo judicial e as consequências de sua resistência jurídica, a aplicação subsidiária do art. 475-J do CPC, no sentido de ser acrescida, de forma automática, a multa de dez por cento sobre o valor da condenação, implica contrariedade aos princípios da legalidade e do devido processo legal, com ofensa ao art. 5º, II e LIV, da Carta Magna. Recurso de revista conhecido e provido..." (Processo: RR – 17400-35.2009.5.08.0205 Data de Julgamento: 14/04/2010, Relator Ministro: Alberto Luiz Bresciani de Fontan Pereira, 3ª Turma, Data de Publicação: DEJT 14/05/2010).

Entende-se que se deve

"investigar se o texto consolidado é omisso quanto ao cumprimento do título executivo judicial, para, posteriormente, pesquisar-se a compatibilidade da norma processual comum a ser transposta ao Processo do Trabalho.

Assim, o art. 880 da CLT:

'Art. 880. Requerida a execução, o juiz ou presidente do tribunal mandará expedir mandado de citação do executado, a fim de que cumpra a decisão ou o acordo no prazo, pelo modo e sob as cominações estabelecidas ou, quando se tratar de pagamento em dinheiro, inclusive de contribuições sociais devidas à União, para que o faça em 48 (quarenta e oito) horas ou garanta a execução, sob pena de penhora'.

Portanto, no que diz respeito à ação do devedor em face do título executivo judicial e às consequências de sua resistência jurídica, conclui-se que o texto consolidado não é omisso" (Processo: RR – 110400-43.2008.5.13.0025. Data de Julgamento: 28/04/2010, Relator Ministro: Alberto Luiz Bresciani de Fontan Pereira, 3ª Turma, Data de Publicação: DEJT 14/05/2010).

Conquanto questionável o entendimento acima, é fato, no entanto, que a regra do art. 880 da CLT é incompleta. Isso porque ela não disciplina a incidência de qualquer sanção para a hipótese de descumprimento da ordem de pagamento. Disciplina quanto as consequências da resistência jurídica, só que de forma parcial. Isso porque não prevê qualquer sanção ao devedor para a hipótese de descumprimento da ordem judicial.

Ainda que não omissa a CLT quanto a conduta "em face do título executivo judicial", ela é incompleta quanto "as consequências de sua resistência jurídica". Isso partindo-se do entendimento de que a consequência prevista na CLT, que seria a penhora de bens ("sob pena de penhora"), não cuida de imputar ao devedor uma sanção jurídica, mas, sim, de apenas alertá-lo que, diante da omissão, a execução continuará com a apreensão de bens para o pagamento da dívida. Essa "consequência" (penhora de bens) nada mais é do que um alerta do prosseguimento do feito executivo em sua etapa posterior ao não cumprimento da ordem de pagamento.

Ademais, as regras da CLT e do CPC seriam semelhantes. Isso porque, ambos sistemas estabelecem que o devedor deva ser intimado para pagar (um citado; outro intimado), ambos estabelecem um prazo para cumprimento da obrigação (48 horas ou 15 dias) e ambos estabelecem a possibilidade de penhora.

Contudo, o CPC, mais completo, impõe uma multa cominatória. Daí podemos afirmar que a CLT, neste ponto, seria incompleta, pois ela não disciplina sobre a aplicação de qualquer sanção ao devedor para a hipótese de descumprimento da ordem de pagamento em execução. Logo, diante dessa incompletude, caberá a incidência da regra supletiva do novo CPC.

Um outro exemplo. Ainda recentemente o TST decidiu (CC-9941-32.2012.5.00.0000) que é inaplicável ao processo do trabalho a regra do art. 475-P, parágrafo único, do CPC/73 ao fundamento de que a CLT contém regra estabelecendo a competência para as execuções fundadas em título extrajudicial.

A regra da CLT é que a competência para as execuções extrajudiciais é do juízo que seria para conhecer da demanda de conhecimento respectiva (art. 877-A). Tal regra é a mesma do CPC/73 (art. 576), não se diferenciando em nada. E aqui, então, não estamos diante de uma omissão na CLT. Contudo, o CPC/73, em complemento a sua regra geral de definição de competência, estabeleceu que o credor pode demandar em execução no local onde se encontra os bens sujeitos à expropriação ou do atual domicílio do devedor (parágrafo único do art. 475-P, CPC/73).

Tal regramento complementar, assim, também seria aplicável ao processo do trabalho. Isso porque, como já dito, ela seria mera regra supletiva, complementar, portanto, ao regramento da CLT.

Estes, pois, são apenas alguns exemplos que podem ser citados como efeito prático da alteração que se introduzirá na legislação processual do trabalho a partir do texto do art. 15 do novo CPC.

Cap. 1 • O NOVO CPC E SUA APLICAÇÃO SUPLETIVA E SUBSIDIÁRIA NO PROCESSO DO TRABALHO
Edilton Meireles

E a partir dessa nova regra, diversas outras questões se descortinam, já que, doravante, não mais se poderá simplesmente alegar a falta de omissão para não incidência do CPC no processo do trabalho. Doravante, mesmo diante da existência de regra na CLT, mas desde que essa seja incompleta, cabe fazer incidir o novo CPC.

11. CONCLUSÕES

Postos os argumentos acima, apertadamente podemos concluir:

a) o processo do trabalho não guarda autonomia em relação ao processo civil brasileiro, não passando aquele de mais um dentre muitos procedimentos especiais previstos em nosso ordenamento processual.

b) a tentativa de se ressaltar a autonomia do processo do trabalho por parte dos processualistas trabalhistas e, por outro lado, o "esquecimento" do processo laboral por parte dos processualistas civis, somente têm contribuído para frear o desenvolvimento daquele e retardar a modernização deste outro.

c) o art. 15 do novo CPC revogou o art. 769 da CLT;

d) a partir da vigência do art. 15 do novo CPC, este diploma legal passará a ser fonte supletiva e subsidiária ao processo trabalhista, "na ausência de normas";

e) a aplicação da regra subsidiária visa ao preencher a lacuna (omissão absoluta) do complexo normativo que regula determinado sub-ramo do direito ou instituto jurídico (o processo do trabalho, por exemplo);

f) a aplicação supletiva visa à complementação normativa quando diante de regras mais especiais incompletas (omissão parcial);

g) a aplicação da regra subsidiária e da regra supletiva pressupõe a compatibilidade com o que se pretende integrar ou complementar, sob pena de revogar o sistema ou a regra mais especial (omissa ou incompleta);

h) a compatibilidade da regra supletiva ou subsidiária com o processo do trabalho sempre estará presente quando ela estiver agasalhada pelos princípios constitucionais processual, em especial do acesso à justiça, da duração razoável do processo trabalhista, do contraditório e da efetividade das decisões judiciais;

i) a regra supletiva tem aplicação sempre que a legislação processual mais especial (processo do trabalho) cuida de regular determinada matéria/instituto jurídico de forma menos abrangente do que no CPC, observada a sua compatibilidade;

j) não se deve aplicar a regra do CPC, de forma supletiva, quando do teor da legislação mais especial se conclui que ela esgotou a disciplina do instituto/matéria processual, ainda que se forma menos abrangente do que no processo civil;

k) também não se deve aplicar a regra do CPC de forma supletiva quando se estar diante de uma situação caracterizada pelo silêncio eloquente do legislador mais especial; e,

l) com a aplicação supletiva do novo CPC, diversos institutos processuais trabalhistas regulados de modo incompleto poderão ser completados, aperfeiçoando-os (e atualizando-os).

12. REFERÊNCIAS

DINAMARCO, Cândido Rangel. Instituições de direito processual civil. III v. São Paulo: Malheiros, 2001.

FABRÍCIO, Adroaldo Furtado. Justificação teórica dos procedimentos especiais. In http://www.abdpc.org.br/artigos/artigo57.htm, acessado em 13/02/2005.

FERRAZ, Sérgio. A norma processual trabalhista. São Paulo: Revista dos Tribunais, 1983.

GUASP, Jaime. Significación del proceso del trabajo em la teoria general del derecho procesal. In: Estudios Jurídicos. Madrid: Civitas, 1996, p. 529-544.

LIMA, Alcides de Mendonça. Processo civil no processo trabalhista. 3 ed. São Pulo: LTr, 1991.

MEDINA, José Miguel Garcia. Direito processual civil moderno. São Paulo: Revista dos Tribunais, 2015.

MEIRELES, Edilton. Procedimento sumaríssimo na Justiça do Trabalho. São Paulo: LTr, 2000.

_____. Competência e Procedimento na Justiça do Trabalho. Primeiras Linhas da Reforma do Judiciário. São Paulo: LTr, 2005.

THEODORO JÚNIOR, Humberto. Os princípios do direito processual civil e o processo do trabalho. In: BARROS, Alice Monteiro de (Coord.). Compêndio de direito processual do trabalho. Obra em memória de Celso Agrícola Barbi. São Paulo: LTr, 1998, p. 47-63.

PARTE V

COOPERAÇÃO JURÍDICA INTERNACIONAL

CAPÍTULO 1

Considerações sobre a cooperação jurídica internacional no Novo Código de Processo Civil

Flávia Pereira Hill[1]

SUMÁRIO: 1. INTRODUÇÃO; 2. EXIGÊNCIA DE TRATADO OU RECIPROCIDADE VERSUS GARANTIA DE ACESSO À JUSTIÇA E ISONOMIA. DISPOSIÇÕES GERAIS DE COOPERAÇÃO JURÍDICA INTERNACIONAL; 3. COOPERAÇÃO JURÍDICA INTERNACIONAL ATIVA E PASSIVA; 4. CARTA ROGATÓRIA; 5. AUXÍLIO DIRETO; 6. HOMOLOGAÇÃO DE SENTENÇA ESTRANGEIRA; 7. CONCLUSÃO 8. REFERÊNCIAS BIBLIOGRÁFICAS.

1. INTRODUÇÃO

O novo Código de Processo Civil reservou o Capítulo II, Título II, do Livro II ("Da função jurisdicional") da Parte Geral, à Cooperação Internacional, assim como regulou, de modo mais minucioso do que o CPC de 1973, o Processo de Homologação de Sentença Estrangeira no Capítulo VI, Título I, do Livro III ("Dos processos nos tribunais e dos meios de impugnação das decisões judiciais").

Afigura-se de todo conveniente que uma codificação processual cunhada no século XXI preveja, com maior acuidade, os litígios com feição internacional, por representarem uma realidade da sociedade contemporânea.

No presente trabalho, analisaremos as principais inovações trazidas pelo novo CPC no que concerne à cooperação jurídica internacional.

2. EXIGÊNCIA DE TRATADO OU RECIPROCIDADE *VERSUS* GARANTIA DE ACESSO À JUSTIÇA E ISONOMIA. DISPOSIÇÕES GERAIS DE COOPERAÇÃO JURÍDICA INTERNACIONAL

No artigo 26, *caput* e §1º, o novo CPC dispõe que a Cooperação Jurídica Internacional será regida por tratado do qual o Brasil faça parte ou, em sua ausência, com base na reciprocidade.

---

1. Professora Adjunta de Direito Processual Civil da Universidade do Estado do Rio de Janeiro - UERJ. Tabeliã.

Embora o Brasil, tradicionalmente, celebre tratados internacionais com diferentes países, com vistas a facilitar a prática de atos processuais no plano internacional, entendemos que a restrição prevista no artigo 26 deve ser lida *cum granum salis*, sob a perspectiva dos direitos fundamentais processuais.

No inciso II do próprio artigo 26, o novo CPC assenta como princípio basilar a igualdade de tratamento entre nacionais e estrangeiros, residentes ou não em nosso país, em relação ao acesso à justiça e à tramitação dos processos.

Com efeito, a garantia do acesso à justiça repousa no núcleo do princípio da dignidade da pessoa humana. Trata-se de um princípio da mais elevada estatura, que deve ser perseguido e concretizado pelos modernos ordenamentos jurídicos de todos os países.

A nosso sentir, garantir genuinamente a igualdade de tratamento a todos os jurisdicionados, independentemente de sua origem ou país de residência, conforme prometido no inciso II do artigo 26, implica colocar em segundo plano exigências tais como a assinatura formal de tratados internacionais que prevejam expressamente os modernos mecanismos de cooperação jurídica internacional ou a reciprocidade.

Consideramos que a nova ótica processual, à luz da plena garantia do acesso à justiça, demanda que cada país se disponha a dar o primeiro passo no sentido de franquear aos jurisdicionados envolvidos em litígios com feição transnacional a utilização dos mais variados instrumentos processuais que viabilizem a concretização do bem da vida a que fazem jus. Alguém precisa ceder em primeiro lugar para que se inaugure uma nova relação de reciprocidade e não haveria uma melhor oportunidade para tanto do que um novo diploma processual.

Assim sendo, cremos ser desaconselhável a exigência categórica da assinatura de tratado internacional ou reciprocidade para que o acesso à justiça, que é uma garantia fundamental com vocação intrinsecamente universal, seja efetivamente garantido por nosso ordenamento jurídico-processual aos cidadãos envolvidos em litígios transnacionais.

A doutrina critica duramente, e com razão, a exigência de reciprocidade para a promoção da cooperação jurídica internacional[2-3], por ostentar caráter

---

2. Nesse sentido, posiciona-se Amílcar de Castro, *in verbis*: "E não é necessário muito senso jurídico para se ver que essa condicional não afina com o verdadeiro fundamento da atribuição de efeitos a fatos ocorridos no estrangeiro: no *forum*, a preocupação de justiça e utilidade deve subsistir ainda em falta de tratamento recíproco." CASTRO, Amílcar de. *Direito Internacional Privado Vol. 2*. Rio de Janeiro: Forense, 1956. p. 272.

3. No mesmo viés de orientação, esclarece Hermes Marcelo Huck, *in verbis*: "O princípio da reciprocidade, hoje repudiado pela melhor doutrina do direito internacional privado, além de sua inata característica

Cap. 1 • CONSIDERAÇÕES SOBRE A COOPERAÇÃO JURÍDICA INTERNACIONAL NO NOVO CPC
Flávia Pereira Hill

discriminatório e destoar dos princípios de cooperação jurídica internacional e de justiça. Tal exigência, se levada às últimas consequências, poderá, inclusive, gerar um impasse, caso os dois Estados que a exijam se mantenham inertes, no aguardo da iniciativa de que o outro adote a providência em primeiro lugar[4].

Nesse passo, abrir o capítulo dedicado à Cooperação Jurídica Internacional com tal exigência veemente não nos parece a forma mais acertada de demonstrar que estamos imbuídos do propósito de efetivamente progredir nessa seara e nos colocar na proa do movimento em prol do tratamento isonômico a todos os jurisdicionados, inclusive aqueles que sejam parte em controvérsias com elementos de estraneidade.

Excepciona-se a exigência de reciprocidade apenas para a homologação de sentença estrangeira, conforme §2º do artigo 26.

Vale dizer, a existência de tratado ou reciprocidade lamentavelmente será exigida até mesmo para a concessão de *exequatur* às cartas rogatórias, para o cumprimento de decisões interlocutórias estrangeiras, inclusive urgentes, eis que não há menção a esse instrumento processual no §2º, sendo certo que às exceções legais deve ser empregada interpretação restritiva (*exceptiones sunt strictissimoe interpretationis*)[5].

O novo CPC condicionou a cooperação jurídica internacional ao respeito do devido processo legal no Estado requerente, no inciso I do artigo 26. A previsão merece elogios, tendo em vista não ser sequer razoável que se produzam desdobramentos em nosso território nacional, se o processo judicial, em sua origem, nem sequer observa as garantias mínimas das partes previstas no ordenamento do país do qual emanou.

De se consignar que, modernamente, os ordenamentos jurídico-processuais de diferentes países vêm convergindo no tocante aos contornos atribuídos

---

discriminatória, traz consigo a pouco prática necessidade de constantes consultas do Poder Judiciário ao Executivo, a fim de verificar, a cada caso, a existência ou não do tratamento recíproco." HUCK, Hermes Marcelo. *Sentença estrangeira e 'lex mercatoria'. Horizontes e fronteiras do comércio internacional.* São Paulo: Saraiva. 1994. p. 19.

4. Merece registro a situação-limite ventilada por Machado Villela, *in verbis*: "O sistema da reciprocidade enferma de dois defeitos que lhe tiram todo o valor jurídico. O primeiro é que ele se funda numa razão de cortesia ou numa razão de interesse, e não numa razão de justiça. Ora, é bem de ver que é a razão jurídica, e não a simples conveniência ou deferência dos Estados, que exige o reconhecimento das sentenças estrangeiras (*sic*), as quais devem ser respeitadas porque foram proferidas pela jurisdição para isso competente. O segundo é uma petição de princípio, que envolve o sistema da reciprocidade legislativa. Se um Estado só reconhecer as sentenças estrangeiras (*sic*) quando os outros reconheçam as suas ou alguma há de reconhecê-las sem reciprocidade, ou elas nunca serão reconhecidas. No primeiro caso, põe-se de parte o sistema; no segundo, cai-se no sistema retrógrado do não reconhecimento das sentenças estrangeiras." VILLELA, Alvaro da Costa Machado. *O Direito Internacional Privado no Código Civil Brasileiro.* Coimbra: Coimbra Editora. 1922. pp. 503-504.

5. MAXIMILIANO, Carlos. *Hermenêutica e aplicação do Direito.* 19. Ed. Rio de Janeiro: Forense. 2006. P. 192.

aos corolários do devido processo legal, como o contraditório, a ampla defesa, o direito à prova e ao manejo de recurso. Isso revela estar se formando como que um consenso internacional em torno das garantias a serem conferidas às partes nos processos judiciais, facilitando, assim, inclusive, o estreitamento da cooperação jurídica internacional.

Prova disso consiste na elaboração dos Princípios de Direito Processual Civil Transnacional pelo *UNIDROIT - International Institute for de Unification of Private Law* — organização intergovernamental independente criada em 1926, com sede em Roma (Itália), voltada à harmonização e modernização do direito privado[6], de que o Brasil faz parte[7] —, e o *ALI - American Law Institute*, — instituto norte-americano de estudos e pesquisas integrado por juristas[8], fundado em 1923 e sediado na Filadélfia (Estados Unidos)[9].

No inciso II do artigo 26, assegura-se a assistência judiciária aos necessitados em litígios com feição transnacional. Melhor seria prever a assistência jurídica, pois esta expressão abarca o aconselhamento, a consultoria e a busca por soluções extrajudiciais. De todo modo, entendemos que se trata de equívoco técnico, devendo-se extrair do texto legal o seu máximo potencial garantístico. Sendo assim, devemos compreender que, a despeito de o inciso II aludir a assistência judiciária, nem por isso será sonegada aos hipossuficientes a mais ampla assistência jurídica, de acordo com suas necessidades concretas.

Por outro lado, para que o Brasil possa se desincumbir desse compromisso, faz-se necessário capacitar e atualizar Defensores Públicos e advogados dativos, a fim de que conheçam e saibam manejar os novos instrumentos de cooperação jurídica internacional. Isso porque, tradicionalmente, os cursos de Direito se voltam para a formação dos profissionais quanto à solução de litígios internos, sem elementos de estraneidade. Os tempos atuais demandam que os operadores do Direito ampliem o seu espectro de atuação, a fim de que saibam lidar também com as controvérsias transnacionais, cada vez mais comuns. Sem isso, a regulamentação trazida pelo novo CPC terá pouca valia para os jurisdicionados, especialmente os hipossuficientes[10].

---

6. Para maiores informações a respeito do UNIDROIT, recomenda-se o acesso ao endereço eletrônico: www.unidroit.org.

7. O Brasil aderiu ao estatuto do Unidroit através do Decreto nº 884, de 02 de agosto de 1993. Disponível no endereço eletrônico: www.planalto.org.br. Acesso em 10/10/2007.

8. Para maiores esclarecimentos sobre a estrutura e os propósitos do *American Law Institute*, recomenda-se o acesso ao endereço eletrônico: www.ali.org.

9. Texto integral dos Princípios de Direito Processual Civil Transnacional (*Principles of Transnational Civil Procedure*) disponível no endereço eletrônico: www.unidroit.org. Acesso em 30/05/2007.

10. Tivemos a oportunidade de discorrer mais longamente sobre o tema em HILL, Flávia Pereira. *O Direito Processual Transnacional como forma de acesso à justiça no século XXI: os reflexos e desafios da sociedade contemporânea para o Direito Processual Civil e a concepção de um título executivo transnacional*. Rio de Janeiro: GZ Editora. 2013. Especialmente item 5.3. pp. 103-119.

O inciso III do artigo 26 preconiza a publicidade processual como regra para, logo a seguir, ressalvar a possibilidade de sigilo, caso previsto na legislação brasileira ou do Estado requerente.

Essa redação faz emergir uma dúvida: como proceder na hipótese em que o ordenamento jurídico do Estado requerente preveja, como regra geral, o sigilo ou, ao menos, um grau substancialmente inferior de publicidade comparativamente com o nosso sistema processual? Neste caso, de acordo com o inciso III, prevaleceria a publicidade ou o sigilo?

Embora a redação legal não nos pareça clara, entendemos que, por questões diplomáticas e de cortesia, que regem as relações internacionais, a melhor solução será adotarmos o menor grau de publicidade previsto na legislação do Estado requerente.

Por outro lado, em situação oposta, caso o ordenamento do Estado requerente não garanta o sigilo em determinada hipótese, à qual a nossa legislação garanta, consideramos que o procedimento, em nosso país, deverá tramitar em segredo de justiça. Isso porque, quanto a esse ponto, o inciso III foi bastante claro, dispondo que tramitará em sigilo o processo nas hipóteses assim previstas em nosso ordenamento.

O inciso IV do artigo 26 preconiza a designação de autoridade central para a recepção e a transmissão dos pedidos de cooperação. O prestígio à figura da Autoridade central é uma nota distintiva do Direito Processual Internacional moderno e tem por escopo simplificar e homogeneizar os critérios e as medidas tomadas para o processamento dos requerimentos de cooperação jurídica entre países[11].

Em regra, a autoridade central brasileira consiste no Ministério da Justiça, podendo, contudo, haver designação diversa em tratados e convenções firmados pelo Brasil[12].A Procuradoria Geral da República é a autoridade central no

---

11. MELO, Felipe Sartório de. SOUZA, Nevitton Vieira. *A cooperação jurídica internacional e o aparente conflito de leis.* In *Revista Eletrônica de Direito Processual. Volume XII.* P.118. Disponível no endereço eletrônico: www.redp.com.br

12. O Ministério da Justiça esclarece qual é a autoridade central brasileira em cada caso, *in verbis*: "No Brasil, foi designado para exercer o papel de Autoridade central na cooperação jurídica internacional o Ministério da Justiça, que o faz por meio do Departamento de Estrangeiros (DEEST) e do Departamento de Recuperação de Ativos e Cooperação Jurídica Internacional (DRCI), nos termos do Decreto nº 6.061/2007. Ao DEEST compete analisar e tramitar os pedidos de extradição e de transferência de pessoas condenadas. Ao DRCI cabe analisar e tramitar as demais espécies de pedidos de cooperação jurídica internacional. Há, no entanto, algumas exceções à regra, casos em que foram designados outros órgãos para exercer as funções de Autoridade central. Tais exceções se apresentam na cooperação realizada com base em seis tratados: 1. Convenção sobre Prestação de Alimentos no Estrangeiro, de 1956, cujas atribuições de Autoridade central vêm sendo desempenhadas pela Procuradoria-Geral da República (Decreto nº 56.826, de 02 de setembro de 1965); 2. Tratado de Auxílio Mútuo em Matéria Penal entre o Governo da República

Brasil para pedidos de auxílio direto destinados e provenientes de Portugal e do Canadá. Para pedidos de auxílio direto a outros países, este papel é exercido no Brasil pelo Departamento de Recuperação de Ativos e Cooperação Jurídica Internacional, subordinado à Secretaria Nacional de Justiça do Ministério da Justiça. Os pedidos rogatórios extraídos de Ação de Alimentos ajuizados perante a Justiça Federal têm a Procuradoria-Geral da República como autoridade central, nos termos da Convenção sobre Prestação de Alimentos no Estrangeiro[13].

O inciso V do artigo 26 prevê a espontaneidade na transmissão de informações a autoridades estrangeiras. Entendemos que, com tal previsão, pretende o novo CPC estabelecer que, tratando-se meramente da troca de informações e não sendo exigido um procedimento formal específico - como é o caso, *ad exemplum tantum*, da citação, que exige carta rogatória -, a autoridade brasileira poderá responder à solicitação direta e independentemente de qualquer trâmite burocrático, representando o chamado auxílio direto, regulado nos artigos 28 a 34 e comentado em momento posterior do presente trabalho.

O artigo 27 traz um rol exemplificativo dos mecanismos processuais disponíveis para viabilizar a cooperação jurídica internacional em nosso país. Isso fica claro a partir da leitura do inciso VI, que ressalva a possibilidade de se adotar qualquer outra medida judicial ou extrajudicial não proibida em nossa legislação, o que se mostra assaz salutar, uma vez que o Direito Processual Internacional encontra-se em franca evolução, com a permanente criação de novos instrumentos de cooperação voltados a melhor atender às novas relações que vêm sendo estabelecidas na sociedade contemporânea.

3. COOPERAÇÃO JURÍDICA INTERNACIONAL ATIVA E PASSIVA

O novo CPC consagrou a distinção entre cooperação jurídica ativa e passiva. Diz-se ativa, quando o Brasil solicita a um outro país que providencie a

---

Portuguesa e o Governo da República Federativa do Brasil, de 1991, no qual a Procuradoria-Geral da República também figura como Autoridade central (Decreto nº 1.320, de 30/11/1994); 3. Tratado de Assistência Mútua em Matéria Penal entre o Governo da República Federativa do Brasil e o Governo do Canadá (Decreto nº 6.747, de 22 de janeiro de 2009), para o qual também a PGR exerce tais funções; 4. Convenção sobre os Aspectos Civis do Sequestro Internacional de Crianças, de 1980, que tem a Secretaria de Direitos Humanos como Autoridade central - SEDH (Decreto nº 3.413, de 14 de abril de 2000, e Decreto nº 7.256, de 04 de agosto de 2010);5. Convenção relativa à Proteção das Crianças e à Cooperação em Matéria de Adoção internacional, de 1993, onde também a SEDH funciona como Autoridade central (Decreto n. 3.087, de 21 de junho de 1999, e Decreto nº 7.256, de 04 de agosto de 2010); e 6. Convenção Interamericana sobre Restituição Internacional de Menores, para a qual a SEDH também foi designada como Autoridade central (Decreto nº 1.212, de 3 de agosto de 1994, e Decreto nº 7.256, de 04 de agosto de 2010)." Disponível no endereço eletrônico: http://portal.mj.gov.br/ Consulta realizada em 22/08/2011.

13. Informações prestadas pela Procuradoria-Geral da República, disponíveis no endereço eletrônico: http://ccji.pgr.mpf.gov.br/. Consulta realizada em 29/08/2011.

prática de atos processuais ou o cumprimento de provimentos jurisdicionais em território estrangeiro. A cooperação jurídica internacional será passiva, por sua vez, sempre que um país estrangeiro solicitar ao Brasil que cumpra, em nosso território, diligências ou execute provimentos jurisdicionais oriundos daquele Estado.

Os artigos 37 e 38 do novo CPC tratam da cooperação jurídica internacional ativa, dispondo que o pedido passará necessariamente pela autoridade central brasileira, cabendo a esta remetê-lo ao Estado estrangeiro.

O pedido de cooperação ativa deve estar acompanhado dos documentos necessários ao seu cumprimento e ser traduzido para a língua oficial do Estado requerido.

Note-se que não há qualquer exigência no sentido de que a tradução seja realizada por tradutor público juramentado, o que, ao menos à primeira vista, autorizaria a sua realização por tradutores particulares. De se consignar, contudo, que o Estado requerido pode exigir, em sua legislação, que a tradução seja realizada por tradutor público para que dê fiel cumprimento ao pedido brasileiro.

A autoridade central brasileira irá examinar o preenchimento dos requisitos antes de remeter o pedido ao Estado requerido.

O artigo 39 cuida do pedido de cooperação passiva, dispondo que este será recusado se configurar manifesta ofensa à ordem pública.

O §3º do artigo 26 referenda aquele dispositivo, ao prever que não será admitida a prática de atos que contrariem ou que produzam resultados incompatíveis com as normas fundamentais que regem o Estado brasileiro, o que reflete precisamente a preocupação em resguardar a ordem pública interna. Votaremos ao exame desse tema em momento posterior deste trabalho, ao analisarmos os requisitos negativos para a homologação de sentenças estrangeiras.

O artigo 41 do novo CPC almeja deformalizar o procedimento, ao presumir a autenticidade dos documentos e de sua tradução, caso sejam encaminhados ao Brasil através da autoridade central estrangeira ou por via diplomática, o que se mostra louvável.

Acreditamos que esse dispositivo do novo CPC afasta, *nessa hipótese específica de solicitação através da autoridade central ou diplomática*, o disposto no artigo 128, item 6º, da Lei Federal nº 6.015/73 (Lei de Registros Públicos), que exige o registro dos documentos estrangeiros acompanhados de suas respectivas traduções no cartório de Títulos e Documentos para que produzam efeitos em repartições brasileiras, em qualquer instância.

4. CARTA ROGATÓRIA

A carta rogatória tem por escopo dar cumprimento a atos não-decisórios, geralmente diligências ou atos de instrução (carta rogatória de 1ª categoria), e a decisões interlocutórias estrangeiras, inclusive medidas urgentes (carta rogatória de 2ª categoria ou executória)[14].

Até a Emenda Constitucional nº 45/2004, competia ao Supremo Tribunal Federal conceder *exequatur* às cartas rogatórias, tendo esse Tribunal Superior firmado o posicionamento no sentido de considerar incabível carta rogatória com a finalidade de dar cumprimento a atos jurisdicionais decisórios, ainda que urgentes, salvo se houvesse previsão em tratado internacional.

Após a edição da aludida Emenda, que transferiu a competência ao Superior Tribunal de Justiça (artigo 105, I, alínea *i*, CF), este Tribunal editou a Resolução nº 09/2005, através da qual previu expressamente o cabimento das chamadas "cartas rogatórias executórias". Com isso, foi expandido o cabimento das cartas rogatórias no Brasil, passando a existir duas espécies: as cartas rogatórias para cumprimento de diligências (cartas rogatórias propriamente ditas ou de 1ª categoria) e as cartas rogatórias executórias (cartas rogatórias de 2ª categoria)[15].

A nosso sentir, a previsão das cartas rogatórias executórias introduziu grande complexidade a esse instrumento, uma vez que o juízo de delibação exercido para autorizar o cumprimento de decisões interlocutórias substancialmente não destoa daquele voltado a chancelar o cumprimento de sentenças estrangeiras. De fato, as cartas rogatórias executórias aproximam-se significativamente da ação de homologação de sentença estrangeira, a ponto de não vislumbrarmos razões suficientes que justifiquem a coexistência dos dois

---

14. Carmen Rizza Madeira Ghetti, em Monografia dedicada ao tema, assim discorre sobre as cartas rogatórias, *in verbis*: "Um dos atos de cooperação jurídica internacional mais importantes, por sua grande eficácia e abrangência, é a carta rogatória. Destina-se ao cumprimento de diligências processuais que irão instruir um processo em trâmite em outro Estado e é mecanismo de direito processual internacional consagrado na legislação processual de diversos países. Por meio das cartas rogatórias viabiliza-se a citação e intimação de pessoas, interrogatório de réu e oitiva de testemunhas, coleta de provas e até mesmo atos de caráter executório, como a busca e apreensão e quebra de sigilo bancário. Sem este instrumento de cooperação jurídica internacional, a Justiça de um Estado ficaria inerte, quando dependesse da realização de diligências em outro Estado. Os processos ficariam paralisados por falta de meios que realizassem um simples ato de citação ou intimação, necessários para se obter a prestação jurisdicional." GHETTI, Carmen Rizza Madeira. *A Cooperação Jurídica Internacional e as Cartas Rogatórias Passivas.* Monografia de conclusão do Curso de Pós-Graduação *Lato Sensu* em Direito Constitucional. IDP. Brasília. 2008. 60p. Disponível no endereço eletrônico: http://bdjur.stj.gov.br/dspace/handle/2011/21374. Consulta realizada em 22/08/2011.

15. Para maiores detalhes a respeito das categorias de cartas rogatórias, remetemos o leitor para a obra: HILL, Flávia Pereira. *A antecipação da tutela no processo de homologação de sentença estrangeira.* Rio de Janeiro: GZ Editora. 2010.

Cap. 1 • CONSIDERAÇÕES SOBRE A COOPERAÇÃO JURÍDICA INTERNACIONAL NO NOVO CPC
Flávia Pereira Hill

instrumentos distintos, nos parecendo mais adequado que o juízo de delibação para autorizar o cumprimento de qualquer provimento jurisdicional estrangeiro seja realizado sempre e exclusivamente através da ação de homologação, extinguindo-se, por conseguinte, a carta rogatória executória[16].

Em 2014, o Superior Tribunal de Justiça editou a Emenda Regimental n° 18, a fim de alterar o seu Regimento Interno, inclusive na parte relativa à homologação de sentença estrangeira e à carta rogatória. No entanto, não houve modificações substanciais comparativamente com a Resolução n° 09/2005, esta sim promotora de grandes avanços na matéria.

O novo CPC, por sua vez, manteve a dualidade estabelecida pelo E. STJ para as cartas rogatórias, dispondo, no artigo 40, combinado com o *caput* do artigo 960, que o juízo de delibação relativo às sentenças (provimentos finais) será exercido na ação de homologação, enquanto que, para as decisões interlocutórias, sê-lo-á em sede de carta rogatória (§1°).

O novo CPC regulou a Carta Rogatória em dois momentos distintos. Primeiramente, na Parte Geral, Livro II, Título II, Capítulo II, Seção III, artigo 36[17], e, posteriormente, complementou a sua disciplina, enfocando na disciplina da carta rogatória executória, por ocasião da previsão do regramento da Homologação de Sentença Estrangeira, nos artigos 960 a 965, integrantes do Livro III (Dos

---

16. Em trabalho de nossa autoria, tivemos a oportunidade de abordar o tema, conforme se depreende a partir do seguinte trecho, *in verbis:* "Com efeito, na carta rogatória executória, o réu deverá ser instado a se manifestar no prazo de 15 (quinze) dias, podendo apresentar impugnação (artigo 8° da Resolução n° 09/05), que se assemelhará, quanto à matéria de defesa arguível, à contestação do processo de homologação de sentença estrangeira (artigo 9°). Somente excepcionalmente será autorizado diferir a manifestação do réu para momento posterior à efetivação da medida, caso demonstrado que a ciência da parte comprometeria a sua eficácia, em solução idêntica à preconizada no Capítulo 5 deste trabalho para a tutela antecipada concedida pelo Superior Tribunal de Justiça em sede de homologação de sentença estrangeira. Outra demonstração da transposição das regras do procedimento de homologação de sentença estrangeira para a carta rogatória executória, consiste na previsão contida no §2° do artigo 9° da Resolução. Segundo o citado dispositivo, *poderá* Presidente do Superior Tribunal de Justiça determinar a distribuição da carta rogatória executória para julgamento pela Corte Especial, caso seja apresentada impugnação pelo réu. Embora, no processo de homologação de sentença estrangeira, o Presidente do Superior Tribunal de Justiça tenha o *dever* de determinar a sua distribuição em caso de contestação do réu (§1° do artigo 9°), forçoso convir que a possibilidade de distribuição da carta rogatória executória se deve à complexidade que esta adquire em razão da apresentação de impugnação versando sobre o juízo de delibação, o que será ponderado pelo Presidente do Superior Tribunal de Justiça antes de decidir pela distribuição. O sistema recursal previsto para o processo de homologação de sentença estrangeira, examinado em seu lineamento geral no Capítulo 2 do presente trabalho, e posteriormente aplicado ao regime da tutela antecipada no Capítulo 5, também é aplicável às cartas rogatórias executórias, em virtude do disposto no artigo 11 da Resolução n° 09/05 do Superior Tribunal de Justiça, demonstrando, mais uma vez, a proximidade entre o procedimento de homologação de sentença estrangeira e o das cartas rogatórias executórias." HILL, Flávia Pereira. *A Antecipação da Tutela no Processo de Homologação de Sentença Estrangeira. Op. Cit.*

17. O artigo 35 do novo CPC, que dispunha sobre carta rogatória, foi vetado pela Presidente da República.

751

Processos nos Tribunais e dos meios de impugnação das decisões judiciais), Título I, Capítulo VI.

A cisão da regulamentação da Carta Rogatória parece-nos equivocada por dificultar a sua leitura e a sua compreensão, pois caberá ao intérprete percorrer toda a codificação, a fim de complementar a regulamentação do instituto. Melhor seria, então, reunir toda a disciplina da carta rogatória no Livro III, que trata dos Processos nos Tribunais. Afinal, o exame da carta rogatória também é da competência do E. Superior Tribunal de Justiça.

Os §§1º e 2º do artigo 36 do novo CPC vêm ratificar o conceito de juízo de delibação, deixando claro que compete ao E. STJ, na carta rogatória, apenas verificar o preenchimento dos requisitos legais exigidos para que seja realizada a providência solicitada pelo Estado estrangeiro em nosso território, sendo vedado ao Judiciário brasileiro reexaminar o seu mérito.

O procedimento para a concessão de *exequatur* às cartas rogatórias é regulado pelo E. STJ nos artigos 216-O a 216-X, do Regimento Interno, com a redação trazida pela Emenda Regimental nº 18/2014. Compete ao Presidente do STJ conceder *exequatur* às cartas rogatórias, salvo se houver impugnação da parte requerida, caso em que o Presidente poderá determinar a distribuição para um dos Ministros do Tribunal, que figurará como Relator, cabendo o julgamento à Corte Especial.

O artigo 216-P do Regimento Interno do STJ traz a soberania nacional, a ordem pública e a dignidade da pessoa humana como requisitos negativos para a concessão de *exequatur*. Tais requisitos serão mais detidamente examinados ao discorrermos sobre a ação de homologação de sentença estrangeira.

O artigo 36 do novo CPC dispõe que será garantido o exercício do contraditório à parte requerida. De fato, o artigo 216-Q do RISTJ já atende a tal determinação ao conferir o prazo de quinze dias para que a parte requerida impugne o pedido de concessão de *exequatur*.

O Ministério Público deverá ser ouvido no prazo de dez dias, na forma do artigo 216-S do RISTSJ.

Uma vez concedido o *exequatur* pelo STJ, instaura-se a segunda fase do procedimento da carta rogatória, com a efetivação da providência solicitada pelo Estado estrangeiro perante o juízo federal do local da execução (art. 109, inciso X, CF c/c artigo 216-V, RISTJ).

Cabem embargos contra as decisões proferidas pelo Juiz Federal durante a execução da carta rogatória, os quais serão julgados pelo Presidente do STJ (artigo 216-V, §2º, RISTJ). Fica vedada apenas a oposição de embargos com vistas a rediscutir o cabimento ou o mérito da concessão do *exequatur*, que fora

Cap. 1 • CONSIDERAÇÕES SOBRE A COOPERAÇÃO JURÍDICA INTERNACIONAL NO NOVO CPC
Flávia Pereira Hill

objeto da primeira fase da carta rogatória, processada perante o STJ (§2º do artigo 216-V, RISTJ).

Contra a decisão do Presidente do STJ que julgar os embargos, cabe agravo (artigo 216-W, RISTJ).

Após o cumprimento da carta rogatória pela Justiça Federal ou caso se verifique a impossibilidade de seu cumprimento, esta será restituída ao Presidente do STJ, cabendo-lhe remetê-la à autoridade estrangeira de origem, através do Ministério da Justiça ou das Relações Exteriores (artigo 216-X, RISTJ).

A disciplina da carta rogatória executória, voltada ao cumprimento de decisões interlocutórias estrangeiras, será examinada juntamente com a ação de homologação, seguindo-se a sistemática prevista no novo CPC, que reuniu a regulamentação de ambos.

5. AUXÍLIO DIRETO

A doutrina aponta que a origem do instituto encontra-se no Direito Comunitário Europeu, precisamente no chamado "auxílio judiciário mútuo", previsto no artigo 3º, inciso I, da Convenção de Auxílio Judicial Mútuo em Matéria Penal da União Europeia[18].

O novo CPC regula o auxílio direto nos artigos 28 a 34.

Caberá auxílio direto passivo, a ser encaminhado diretamente à autoridade central brasileira, sempre que o Estado estrangeiro solicitar a prática, por autoridade brasileira, de ato judicial sem conteúdo decisório ou de ato administrativo[19]. O artigo 28 do CPC adotou tal posicionamento ao prever que: "Cabe

---

18. Conforme SILVA, Ricardo Perlingeiro Mendes da. "Auxílio direto, Carta Rogatória e Homologação de Sentença Estrangeira". Repro 128. Ano 30. Outubro 2005. P. 288.

19. O Ministério da Justiça assim apresenta o procedimento do auxílio direto, *in verbis*: "O auxílio direto diferencia-se dos demais mecanismos porque nele não há exercício de juízo de delibação pelo Estado requerido. (...) Ao contrário do que ocorre nos mecanismos tradicionais de cooperação, onde o pedido de cooperação enseja apenas um procedimento, o auxílio direto origina obrigatoriamente dois procedimentos. O primeiro deles nasce com o pedido de cooperação lavrado pela autoridade requerente e, após análise e seguimento pelas autoridades competentes, chega às autoridades do país requerido para formar o *procedimento internacional* do auxílio direto. Em busca do atendimento do pedido, devem tais autoridades buscar o início do procedimento pertinente, que pode ser judicial ou administrativo. Este segundo é um *procedimento nacional*, portanto. Assim é que o auxílio direto, na verdade, forma-se a partir da junção de dois procedimentos específicos e separados: o procedimento internacional, também chamado genericamente de pedido de cooperação ou pedido de auxílio jurídico (este último especialmente no auxílio direto em matéria penal) e o procedimento nacional. O procedimento nacional, por sua vez, pode ser um *processo administrativo*, um *incidente processual judicial específico*, como os pedidos do Ministério Público Federal para a obtenção de quebras de sigilo bancário no Brasil ou uma *ação judicial*, a exemplo do que ocorre com as ações de busca, apreensão e retorno movidas pela União nos termos

auxílio direto quando a medida não decorrer diretamente de decisão de autoridade jurisdicional estrangeira a ser submetida a juízo de delibação no Brasil".

Com o auxílio direto, fica dispensada, inclusive, a concessão de *exequatur* pelo STJ através de carta rogatória de 1ª categoria[20].

O cabimento de auxílio direto será, portanto, residual, tendo lugar apenas se não for necessário o exercício de juízo de delibação pelo E. Superior Tribunal de Justiça, seja através de carta rogatória, seja através da ação de homologação.

O artigo 30 elenca, exemplificativamente, medidas que podem ser solicitadas através de auxílio direto, notadamente, obtenção e prestação de informações sobre o ordenamento jurídico e sobre processos administrativos ou jurisdicionais findos ou em curso (inciso I), colheita de provas, salvo se a medida for adotada em processo, em curso no estrangeiro, de competência exclusiva de autoridade judiciária brasileira (inciso II) ou qualquer outra medida judicial ou extrajudicial não proibida pela lei brasileira (inciso III).

A versão final do novo CPC não manteve a alusão ao cabimento do pedido de realização de citações e intimações através de auxílio direto, como constava em versões anteriores do Projeto. Na redação final do Código, optou-se por deixar claro, no artigo 35, que os pedidos de citação e intimação devem ser formulados através de Carta Rogatória (de 1ª categoria), a ser analisada pelo E. Superior Tribunal de Justiça. Tratou-se de uma opção legislativa, que se posicionou no sentido de reputar necessária a aferição, pelo Tribunal Superior, do preenchimento dos requisitos legais autorizadores da realização da citação ou da intimação no Brasil, inclusive a higidez da ordem pública.

No entanto, a Presidente da República vetou o artigo 35 precisamente por entender, após consulta ao Ministério Público Federal e ao Superior Tribunal de Justiça, que os pedidos de citação e intimação devem ser realizados através de auxílio direto, conforme constava em versões anteriores do Projeto[21].

---

da Convenção sobre os Aspectos Civis do Sequestro Internacional de Crianças. O julgamento do auxílio direto judicial no Brasil é entregue aos juízes federais de 1ª instância, nos termos do artigo 109 da CF, seja porque figuram como parte o Ministério Público Federal ou a União, seja porque a medida busca cumprir tratado do qual o Brasil é parte." Disponível no endereço eletrônico: http://portal.mj.gov.br/ Consulta realizada em 11/03/2015. Itálicos no original.

20. Há doutrinadores, como Ricardo Perlingeiro, que entendem ser cabível auxílio direto somente para atos administrativos que não dependam de atuação de autoridade judicial. "O auxílio direto entre juízes estrangeiros e nacionais ou entes públicos estrangeiros e juízes nacionais depende da atuação do STJ. Apenas os atos administrativos é que podem ser objeto de cooperação direta, ao menos enquanto não dependerem de atuação judicial nacional." SILVA, Ricardo Perlingeiro Mendes da. "Anotações...". *Op. cit.* p. 17.

21. A seguir, transcrevem-se as razões do veto presidencial ao artigo 35, *in verbis*: "Razões do veto: Consultados o Ministério Público Federal e o Superior Tribunal de Justiça, entendeu-se que o dispositivo impõe que determinados atos sejam praticados exclusivamente por meio de carta rogatória, o que afetaria a celeridade e efetividade da cooperação jurídica internacional que, nesses casos, poderia ser processada pela via do auxílio direto." Disponível no endereço eletrônico: http://jota.info/mensagem-de-veto-ao-novo-cpc. Consulta realizada em 17/03/2015.

A autoridade central brasileira, a quem incumbirá receber o pedido de auxílio direto, será o Ministério da Justiça, na ausência de designação específica em tratado ou convenção (art. 26, §4º, do novo CPC). Tratando-se de solicitação da prática de ato judicial, a autoridade central encaminhará o pedido à Advocacia-Geral da União, que, por sua vez, requererá a providência ao juízo federal do lugar em que deva ser executada (arts. 33 e 34 do novo CPC).

O parágrafo único do artigo 33 do novo CPC prevê que caberá ao Ministério Público requerer em juízo a medida solicitada quando for autoridade central.

O artigo 31 do novo Código confere um amplo espectro de atuação à autoridade central brasileira, autorizando-a expressamente a se comunicar diretamente com suas congêneres no exterior e, se necessário, com outros órgãos estrangeiros responsáveis pela tramitação e pela execução de pedidos de cooperação enviados e recebidos pelo Estado brasileiro. Tal previsão é salutar, à medida que deixa claro o propósito de evitar o engessamento da autoridade central e a consequente necessidade de movimentação do Judiciário brasileiro para fins de efetivação do pedido de auxílio direto, o que destoaria completamente da essência do instituto.

Na redação final do novo CPC suprimiu-se previsão que constava em versão anterior do Projeto, na qual era garantido o contraditório em sede de auxílio direto, caso houvesse parte interessada, sendo esta citada para se manifestar em quinze dias. Entendemos que, embora se compreenda que o auxílio direto nem sempre possui desdobramentos em juízo, mostra-se de todo recomendável dar ciência do requerimento à parte interessada para que ela, se quiser, possa exercer o contraditório, aduzindo argumentos que possam vir, inclusive, a desautorizar o seu atendimento pelas autoridades brasileiras.

Assim sendo, dada a importância da garantia do contraditório para o Direito Processual contemporâneo, entendemos que o silêncio do novo CPC não implica no seu cerceamento, de modo que incumbe às autoridades brasileiras cientificar os interessados para que possam acompanhar e se manifestar no procedimento de cumprimento do pedido de auxílio direto, especialmente para a prática de atos em que se vislumbre maior potencial de ingerência na esfera jurídica dos interessados.

Afirmar-se peremptoriamente que o cumprimento de auxílio direto não possui qualquer caráter constritivo ou potencial lesivo mostra-se, a nosso sentir, simplista e arriscado, sendo mais adequado que, em caso de dúvida, seja resguardado o contraditório. Até mesmo porque o interessado pode, inclusive, alegar vícios formais, tais como encaminhamento por autoridade estrangeira incorreta à vista de um tratado específico em vigor.

6. HOMOLOGAÇÃO DE SENTENÇA ESTRANGEIRA

O novo CPC merece cumprimentos no tocante à ação de homologação de sentença estrangeira. Antes de mais nada, porque o instituto recebeu regulamentação mais detalhada do que aquela dispensada pelo CPC de 1973, o que, por si só, não se mostra pouco, tendo em vista que o aumento das relações sociais e comerciais entre cidadãos e empresas de diferentes países revela a crescente importância do tema para o Direito Processual contemporâneo e clama por normas claras e atuais[22].

O novo diploma processual regulou a homologação de sentença estrangeira, juntamente com a carta rogatória executória, nos artigos 960 a 965.

De fato, o novo CPC optou claramente, nos artigos 963, parágrafo único, e 964, parágrafo único, por dispensar o mesmo regramento à carta rogatória executória (destinada ao exercício de juízo de delibação sobre decisões interlocutórias estrangeiras) e à ação de homologação de sentença estrangeira (voltada ao exercício do juízo de delibação sobre provimentos finais estrangeiros). Por essa razão, analisaremos, neste momento do trabalho, tanto a carta rogatória executória quanto a ação de homologação.

Reiteramos aqui nossas considerações anteriores no sentido de pugnar pelo cabimento da ação de homologação para o exercício do juízo de delibação sobre todos os provimentos jurisdicionais estrangeiros, sejam eles interlocutórios ou finais, já que a utilização formal de dois instrumentos substancialmente semelhantes não nos parece útil, complicando desnecessariamente o nosso sistema.

Em segundo lugar, o novo CPC tem o mérito de incorporar as duas principais inovações adotadas pela Resolução nº 09/2005 do Superior Tribunal de Justiça[23], hoje revogada pela Emenda Regimental nº 18/2014, que alterou o Regimento Interno daquele Tribunal Superior.

A primeira inovação implementada pelo STJ e acolhida no novo código consiste na expressa previsão, no §1º do artigo 960, do cabimento da execução de decisões interlocutórias estrangeiras, que se dará através de carta rogatória executória.

O artigo 962 prevê textualmente o cabimento da execução de medidas urgentes estrangeiras, ainda que concedidas pelo Judiciário alienígena *inaudita*

---

22. A respeito do moderno tratamento dispensado ao processo de homologação de sentença estrangeira, especialmente no tocante à homologabilidade de decisões interlocutórias estrangeiras e à concessão de tutela antecipada em processo de homologação de sentença estrangeira, remetemos o leitor para obra: HILL, Flávia Pereira. *A antecipação da tutela no processo de homologação de sentença estrangeira. Op. Cit.*

23. A Resolução 09/05 foi revogada pela Emenda Regimental 18/2014, que alterou o Regimento Interno do STJ. Íntegra atualizada do Regimento Interno encontra-se disponível no endereço eletrônico: www.stj.jus.br. Consulta realizada em 15/02/2015.

Cap. 1 • CONSIDERAÇÕES SOBRE A COOPERAÇÃO JURÍDICA INTERNACIONAL NO NOVO CPC
Flávia Pereira Hill

altera parte, contanto que seja garantido ao réu contraditório posterior. Por conseguinte, a falta de manifestação prévia do réu no Estado de origem não poderá ser erigida como óbice para a concessão de *exequatur*, pelo E. STJ, à medida urgente estrangeira.

Trata-se de louvável previsão, pois resguarda a efetividade da decisão interlocutória urgente estrangeira, uma vez que, por vezes, a ciência do réu compromete o seu adequado cumprimento. Nessa hipótese, caso o CPC tivesse adotado entendimento diverso, exigindo o contraditório prévio, estaria esvaziando de utilidade um complexo de decisões estrangeiras e, por conseguinte, sonegando a prestação jurisdicional ao beneficiário da tutela urgente.

No §3º do artigo 962, mais uma vez agiu com acerto o legislador ao dispor que não compete ao Judiciário brasileiro se imiscuir no juízo sobre a urgência da medida, que fora exercido pelo magistrado prolator da decisão estrangeira.

O entendimento preconizado no novo CPC se coaduna com a moderna visão de complementaridade entre jurisdições nacionais e de cooperação e coordenação entre o Judiciário de diferentes países, com o elevado propósito de garantir ao jurisdicionado o universal acesso à justiça e a efetividade do processo[24]. Admitir o reexame, pelo Judiciário brasileiro, do juízo sobre a urgência da medida representaria transbordar o mero juízo de delibação e tratar com desconfiança e desrespeito o Judiciário estrangeiro prolator da decisão, além de atentar contra a economia processual.

O novo Código prevê, ainda, no artigo 27, IV, o cabimento de concessão de medida judicial de urgência. Em outras palavras, pode o Superior Tribunal de Justiça conceder medida cautelar ou antecipação de tutela em sede de processo de homologação de sentença estrangeira ou de carta rogatória executória.

O novo CPC, mais uma vez, andou bem, garantindo que, em caso de premência, possa o requerente pleitear a antecipação dos efeitos da futura homologação da decisão estrangeira, medida essa que, muitas vezes, será fundamental para garantir a efetividade da decisão de homologação a ser proferida ao final do processo perante o Superior Tribunal de Justiça. À semelhança dos demais processos judiciais que, em determinadas circunstâncias urgentes, merecem a antecipação dos efeitos da tutela jurisdicional como forma de resguardar a efetividade do provimento final, o processo de homologação de decisão estrangeira também pode adquirir tal feição, não havendo justificativa para colocá-lo à margem de tal garantia processual.

Uma previsão merecedora de todos os nossos aplausos, talvez a mais inovadora e elogiável de todas, encontra-se na parte final do artigo 961. Nela,

---

24. A esse respeito, HILL, Flávia Pereira. *O Direito Processual Transnacional como forma de acesso à justiça no século XXI: (...)*. *Op. Cit.* Especialmente item 5.4. pp. 120-130.

NOVO CPC DOUTRINA SELECIONADA, v. 1 • Parte Geral

PARTE V – COOPERAÇÃO JURÍDICA INTERNACIONAL

o legislador dispõe expressamente sobre a possibilidade de a lei ou o tratado dispensarem o prévio exercício de juízo de delibação pelo STJ para a execução, em nosso país, de provimentos jurisdicionais estrangeiros.

A matéria era objeto de acalantados debates, sendo sempre o nosso posicionamento no sentido ora propugnado pelo novo CPC. A Constituição Federal de 1988, em seu artigo 105, I, "i", apenas fixou a competência do E. Superior Tribunal de Justiça para a homologação de sentenças estrangeiras e concessão de *exequatur* às cartas rogatórias *quando o juízo de delibação for cabível*. A Carta Magna não soergueu o juízo de delibação como condição inafastável para a execução de provimentos estrangeiros em nosso território, podendo, pois, o tratado ou a lei infraconstitucional dispensá-lo.

Exemplo de dispensa do juízo de delibação encontra-se no artigo 20 do Protocolo de Las Leñas[25], que prevê expressamente que as sentenças e os laudos arbitrais terão "eficácia extraterritorial" nos Estados signatários[26].

Assim sendo, agiu com extremo acerto o legislador ao deixar claro que o prévio juízo de delibação pelo E. STJ não consiste em exigência peremptória em nosso ordenamento jurídico-processual para o cumprimento de provimentos jurisdicionais estrangeiros.

No §1º do artigo 961, o legislador manteve o entendimento já consagrado, no sentido de exigir o prévio juízo de delibação para a execução de atos estrangeiros que, em nosso país, devam ser necessariamente objeto de provimento jurisdicional. Ou seja, é necessário que o ato estrangeiro consista *materialmente* em uma decisão judicial segundo nosso ordenamento jurídico. Desse modo, mesmo que, no país de origem, seja considerado um ato administrativo, deve-se verificar se, no Brasil, a providência almejada somente pode ser alcançada se prevista em uma sentença judicial. Em caso de resposta afirmativa, o ato administrativo estrangeiro (formalmente administrativo), deverá ser previamente homologado pelo STJ para que somente após possa ser executado em nosso território, por se tratar de um ato substancialmente jurisdicional entre nós[27].

No §5º do artigo 961, agiu com extrema coerência o legislador, adotando entendimento que já apregoávamos, no sentido de dispensar expressamente a homologação de sentença estrangeira de divórcio consensual. Isso porque,

---

25. MERCOSUL. *Protocolo de Las Leñas*, de 27/06/1992. Íntegra disponível, em português, no endereço eletrônico: www.mercosul.gov.br. Acesso em 30/01/2013.

26. Nesse sentido, HILL, Flávia Pereira. *O Direito Processual Transnacional como forma de acesso à justiça no século XXI (...). Op. Cit.* Especialmente item 7.3, pp. 349-404.

27. Para maiores esclarecimentos, remetemos o leitor para a obra. HILL, Flávia Pereira. *A antecipação da tutela no processo de homologação de sentença estrangeira.* Rio de Janeiro: GZ Editora. 2010. Especialmente item 1.5.2, pp. 36-37.

Cap. 1 • CONSIDERAÇÕES SOBRE A COOPERAÇÃO JURÍDICA INTERNACIONAL NO NOVO CPC
Flávia Pereira Hill

desde a edição da Lei Federal nº 11.441/07, tornou-se facultativa, no Brasil, a intervenção judicial para fins de decretação do divórcio consensual, podendo os interessados desfazer o vínculo conjugal através da lavratura de escritura pública, portanto, através de um ato administrativo, não-jurisdicional[28].

Se, em nosso país, o divórcio consensual não mais precisa ser decretado por sentença judicial, correlatamente a sentença estrangeira de divórcio consensual não depende de prévia homologação pelo STJ para a produção de efeitos no Brasil. Agiu com perspicácia o legislador, posicionando-se de forma coerente e harmônica com as demais normas em vigor.

No §6º do artigo 961 prosseguiu o legislador de forma correta, dispondo que qualquer magistrado poderá examinar, em caráter principal ou incidental, a validade da sentença estrangeira de divórcio consensual, caso a questão seja suscitada em processo de sua competência. Como tal sentença estrangeira não terá sido objeto de juízo de delibação pelo E. STJ, é facultado à parte interessada arguir a invalidade da sentença estrangeira, o que será decidido pelo magistrado competente. Essa ressalva contida no novo diploma é relevante, pois deixa claro que a dispensa do juízo de delibação pelo STJ não pode implicar na absoluta ausência de qualquer mecanismo de controle interno da validade da sentença estrangeira de divórcio consensual. Afinal de contas, uma sentença inválida não pode produzir efeitos em nosso território.

Ad exemplum tantum, a sentença estrangeira de divórcio apresentada perante o Oficial Registrador brasileiro para instrução do processo de habilitação de casamento (artigos 1521, VI c/c 1525, V, CC/02) pode ter a sua validade impugnada pelo interessado, uma vez ciente através da publicação dos Editais de Proclamas (artigos 1527 e 1528, CC/02). A impugnação será, então, submetida ao Juiz competente para decisão. Concluindo o magistrado pela invalidade da sentença estrangeira de divórcio e pela consequente subsistência do vínculo conjugal do matrimônio anterior, não estarão os noivos habilitados a se casar no Brasil (artigo 1521, VI, CC/02).

Harmoniosamente, o legislador previu, no §4º do artigo 962, que a decisão interlocutória urgente a que tenha sido dispensado o prévio juízo de delibação pelo E. STJ, seja por lei, seja por tratado, deverá ter a sua validade *expressamente* reconhecida pelo juiz federal competente para executá-la.

A contrario sensu, isso significa dizer que todos os demais provimentos jurisdicionais estrangeiros que não impliquem a concessão de medida urgente e

---

28. HILL, Flávia Pereira. PINHO, Humberto Dalla Bernardina de. "Inventário judicial ou extrajudicial; separação e divórcio consensuais por escritura pública – primeiras reflexões sobre a Lei no 11.441/07". *In Revista Dialética de Direito Processual. Vol. 53*. Maio 2007. São Paulo: Oliveira Rocha. pp. 42-59.

aos quais lei ou tratado tenha dispensado a homologação pelo STJ receberão o mesmo tratamento dirigido à sentença estrangeira de divórcio consensual, ou seja, terão a sua validade decidida expressamente pelo juiz brasileiro competente para a execução somente se a parte interessada o arguir (artigo 961, §6º). Caso contrário, a validade será examinada como um antecedente lógico para a prática do ato requerido, porém não será *decidida expressamente*. Este é, a nosso sentir, o entendimento mais consentâneo com o compromisso de fomento da cooperação jurídica internacional assumido pelo novo CPC.

O artigo 963 previu os requisitos a serem analisados pelo E. Superior Tribunal de Justiça no exercício do juízo de delibação, a fim de homologar as sentenças estrangeiras e conceder *exequatur* às cartas rogatórias. Em síntese, foram contemplados os mesmos requisitos tradicionalmente previstos em nosso ordenamento jurídico para a hipótese[29].

Merece nota o inciso VI, que dispõe sobre os requisitos negativos para a homologação da decisão estrangeira. O novo CPC erige como requisito negativo exclusivamente a ofensa à ordem pública.

A Lei de Introdução às Normas do Direito Brasileiro (Decreto-Lei nº 4.657/42) prevê, por seu turno, no artigo 17, a observância da soberania nacional, da ordem pública e dos bons costumes para que quaisquer atos ou declarações de vontade estrangeiros tenham eficácia no Brasil.

A atual redação do Regimento Interno do STJ, trazida pela Emenda Regimental nº 18/2014, é ampla, ao aludir, em seu artigo 216-F, à ordem pública, à soberania nacional e à dignidade da pessoa humana.

Entendemos que deva prevalecer a nova previsão contida no CPC, que claramente pretendeu restringir o juízo de delibação à análise da observância da ordem pública.

De fato, trata-se de matéria pertinente ao Direito Internacional Privado e ao Direito Processual Internacional, sendo certo que o novo código processual consiste na lei mais recente que, portanto, revoga as disposições anteriores em contrário. A Lei de Introdução, nessa parte, não possui *status* constitucional, sendo lei ordinária, e o Regimento Interno do STJ, por seu turno, deve ceder ante o diploma processual, que obedeceu todo o processo legislativo constitucional; inclusive porque, de acordo com o artigo 22, inciso I, da CF/1988, compete privativamente à União legislar sobre Direito Processual.

---

29. Para o exame de cada qual dos requisitos legais, remetemos o leitor para a seguinte obra. HILL, Flávia Pereira. *A antecipação da tutela no processo de homologação de sentença estrangeira. Op. Cit.* Especialmente item 1.5.6, pp. 43-62.

Cap. 1 • CONSIDERAÇÕES SOBRE A COOPERAÇÃO JURÍDICA INTERNACIONAL NO NOVO CPC
Flávia Pereira Hill

No mais, entendemos que o novo CPC agiu bem ao omitir a referência expressa à soberania nacional, até mesmo porque, conforme já tivemos a oportunidade de desenvolver em outra sede, o tradicional conceito de soberania nacional vem sendo revisto na modernidade[30].

A ofensa aos bons costumes, constante da Lei de Introdução, apenas obstará o cumprimento de decisões estrangeiras em nosso território se for grave o bastante para ofender a ordem pública interna.

Por fim, consideramos despicienda a referência à dignidade da pessoa humana, encontrada na atual redação do Regimento Interno do STJ.

Embora não chegue a ser digno de crítica - uma vez que, certamente, a previsão expressa almejou destacar a sua importância - o acréscimo trazido ao Regimento Interno pela Emenda Regimental n° 18/2014 nos parece tecnicamente despiciendo, eis que, modernamente, não há como se conceber que a vulneração da dignidade da pessoa humana, princípio fundamental da mais elevada estatura, não implique afronta à ordem pública do país. Portanto, a rigor, a previsão da observância da ordem pública já implica a higidez da dignidade da pessoa humana. Nada pode haver de mais caro à ordem pública do que a proteção do ser humano.

O novo Código resguarda a competência exclusiva da Justiça brasileira no artigo 964, dispondo que não será homologada a decisão estrangeira que a afronte. A competência exclusiva a Justiça brasileira está contemplada, por sua vez, no artigo 23 do novo diploma processual.

O artigo 965 dispõe que o cumprimento de decisão judicial estrangeira se dará perante Juiz Federal, dependendo de pedido da parte interessada, devidamente instruído com cópia autenticada da decisão homologatória proferida pelo E. STJ, sempre que for exigido o prévio juízo de delibação. Ou seja, não há que se falar em remessa automática do STJ à Justiça Federal, prevalecendo o princípio da demanda (artigo 2° do novo CPC).

Em louvável homenagem ao princípio da isonomia, dispensando tratamento paritário aos jurisdicionados envolvidos em litígios com feição internacional, a parte final do artigo 965 determina que será aplicável ao cumprimento de decisões estrangeiras o mesmo regramento destinado à execução de provimentos jurisdicionais pátrios.

O novo CPC previu expressamente, no §3° do artigo 960, a homologabilidade das sentenças arbitrais, a fim de sepultar quaisquer dúvidas quanto ao seu

---

30. HILL, Flavia Pereira. *O Direito Processual Transnacional como forma de acesso à justiça no século XXI (...)*. Op. Cit. Especialmente Capítulo 4.

cabimento, mais uma medida digna de aplausos, tendo em vista a crescente importância dos meios alternativos de solução de conflitos no cenário internacional.

O novo CPC contemplou textualmente, no §4º do artigo 961, a homologabilidade de decisões estrangeiras para fins de execução fiscal, caso haja tratado ou promessa de reciprocidade, ampliando, pois, o âmbito de aplicação do instituto. Ratificamos, aqui, as nossas críticas a respeito da peremptória exigência de tratado ou reciprocidade para a promoção da cooperação jurídica internacional.

7. CONCLUSÃO

O legislador do novo Código de Processo Civil demonstrou grande sensibilidade em relação aos modernos contornos da ciência processual ao optar por regular a cooperação jurídica internacional com maior detalhamento. Trazer o seu regramento para o bojo do Código de Processo Civil revela, desde já, a apurada percepção de que o tema, de fato, encontra-se na ordem do dia em diversos países do mundo.

Ressalvamos, como pontos de reflexão e eventual modificação, em primeiro lugar, a exigência de tratado ou reciprocidade para a promoção dos instrumentos de cooperação jurídica internacional, contida no artigo 26, que destoa do compromisso assumido no inciso II, de dispensar tratamento isonômico a todos os jurisdicionados, nacionais ou estrangeiros. Ora, garantir paritariamente o acesso à justiça a todos os jurisdicionados, sem distinção de nacionalidade ou local de residência, implica precisamente deixar de exigir, de forma categórica, tratado ou reciprocidade para a prática de atos de cooperação internacional.

Em segundo lugar, consideramos mais adequado reunir o exercício do juízo de delibação pelo E. STJ para o cumprimento de provimentos jurisdicionais interlocutórios ou finais na ação de homologação, extinguindo-se, por conseguinte, com a carta rogatória executória ou de 2ª categoria, diante das semelhanças substanciais entre ambas, a ponto de o novo CPC regulamentá-las conjuntamente.

Ressalvamos também a cisão da regulamentação da carta rogatória, que se deu, em um primeiro momento, no artigo 36 da Parte Geral e prosseguiu bem mais à frente, nos artigos 960 a 965, que trata dos Processos nos Tribunais.

Feitas tais ressalvas pontuais, o novo diploma possui o mérito de contemplar as principais inovações que vinham sendo delineadas no tocante ao tema, como é o caso da previsão do expresso cabimento da homologação de decisões interlocutórias estrangeiras, principalmente as urgentes, e da concessão de antecipação de tutela na ação de homologação de sentença estrangeira e na carta rogatória, assim como a previsão do auxílio direto, dentre outros avanços significativos.

Talvez a maior mudança inaugurada pelo novo CPC nesta seara seja a expressa tomada de posição quanto à não-obrigatoriedade do exercício do juízo de delibação pelo E. STJ para que provimentos jurisdicionais estrangeiros sejam executados em nosso país, podendo tratado ou lei dispensá-lo. Em caso de dispensa, as decisões alienígenas poderão ser diretamente executadas na Justiça Federal, sem qualquer procedimento prévio perante Tribunal Superior, o que merece todos os nossos elogios, por demonstrar a sensibilidade do legislador em prol da genuína promoção da cooperação internacional.

A implementação de tais avanços pelo novo Código de Processo Civil exerce o relevante (e histórico) papel de promover o necessário alinhamento do Brasil à moderna tendência verificada em diversos países do mundo, em prol da desburocratização da circulação de decisões judiciais entre países, sem, com isso, se descurar das garantias processuais.

A moderna ciência processual coloca a pessoa humana, o cidadão — entre nós chamado jurisdicionado —, como o seu *centro gravitacional*, em função do qual devem se voltar os esforços no sentido de aprimorar o sistema processual. E, na atualidade, em que a circulação de pessoas e bens transcende, em volume crescente, as fronteiras políticas dos países, a ciência processual deve perceber e acompanhar tal evolução, sob pena de ver vulnerada a sua legitimidade.

Desse modo, sobreleva a importância do novo Código de Processo Civil ao tratar da Cooperação Jurídica Internacional de forma, a um só tempo, vanguardista e garantística.

O progresso de um país e de sua população perpassa, em nossos dias, necessariamente pela forma com que o seu regramento processual e as suas instituições se posicionam em relação à circulação das decisões judiciais estrangeiras.

Garantir efetivamente o amplo acesso à justiça aos jurisdicionados já há algum tempo não pode se encerrar nos estreitos limites políticos dos países, devendo, ao revés, adquirir contornos transnacionais. E o novo CPC, sensível a isso, avança no firme propósito de trazer respostas aos novos anseios da sociedade moderna.

8. REFERÊNCIAS BIBLIOGRÁFICAS

ADVOCACIA-GERAL DA UNIÃO. Notícias sobre Cooperação Jurídica Internacional disponíveis no endereço eletrônico www.agu.gov.br. Consulta realizada em 22/08/2011.

ARAÚJO, Nadia de. GAMA JUNIOR, Lauro. *Sentenças estrangeiras e cartas rogatórias: novas perspectivas da cooperação internacional*. Disponível no endereço eletrônico: www.mundojuridico.com.br. Consulta realizada em 05/08/2007.

_____. MARQUES, Frederico do Valle Magalhães. *Recognition of foreign judgments in Brazil: the experience of the Supreme Court and the shift to the Superior Federal Court*. Disponível no endereço eletrônico: www.dip.com.br. Consulta realizada em 05/06/2007.

BERNARDI, Vanessa de Oliveira. "Competência internacional: as soluções propostas pelo novo Código de Processo Civil". *In Revista Eletrônica de Direito Processual – REDP. Volume XIII*. Jan-jun 2014. Pp. 858-879. Disponível em: www.redp.com.br.

CASTRO, Amílcar de. *Direito Internacional Privado*. Vol. 2. Rio de Janeiro: Forense, 1956.

CUNHA, Oscar da. *A Homologação da Sentença Estrangeira e o Direito Judiciário Civil Brasileiro*. Rio de Janeiro: Jornal do Commercio. 1933.

GHETTI, Carmen Rizza Madeira. *A Cooperação Jurídica Internacional e as Cartas Rogatórias Passivas*. Monografia de conclusão do Curso de Pós-Graduação *Lato Sensu* em Direito Constitucional. IDP. Brasília. 2008. 60p. Disponível no endereço eletrônico: http://bdjur.stj.gov.br/dspace/handle/2011/21374. Consulta realizada em 22/08/2011.

GRECO FILHO, Vicente. *Homologação de Sentença Estrangeira*. São Paulo: Saraiva. 1978.

HILL, Flávia Pereira. *A antecipação da tutela no processo de homologação de sentença estrangeira*. Rio de Janeiro: GZ Editora. 2010.

_____. *O Direito Processual Transnacional como forma de acesso à justiça no século XXI: os reflexos e desafios da sociedade contemporânea para o Direito Processual Civil e a concepção de um título executivo transnacional*. Rio de Janeiro: GZ Editora. 2013.

_____. PINHO, Humberto Dalla Bernardina de. "Inventário judicial ou extrajudicial; separação e divórcio consensuais por escritura pública – primeiras reflexões sobre a Lei no 11.441/07". *In Revista Dialética de Direito Processual. Vol. 53*. Maio 2007. São Paulo: Oliveira Rocha. pp. 42-59.

HUCK, Hermes Marcelo. *Sentença estrangeira e "lex mercatoria": horizontes e fronteiras do comércio internacional*. São Paulo: Saraiva. 1994.

LOULA, Maria Rosa Guimarães. *Auxílio direto. Novo Instrumento de Cooperação*. Rio de Janeiro: Forum. 2011.

MADRUGA, Antenor. "O Brasil e a jurisprudência do STF na Idade Média da cooperação jurídica internacional". *In Revista Brasileira de Ciências Criminais*. São Paulo. v. 13. n. 54. pp. 291-311. 2005. MINISTÉRIO DA JUSTIÇA. www.mj.gov.br

MAXIMILIANO, Carlos. *Hermenêutica e aplicação do Direito*. 19. Ed. Rio de Janeiro: Forense. 2006.

MELO, Felipe Sartório de. SOUZA, Nevitton Vieira. *A cooperação jurídica internacional e o aparente conflito de leis*. In Revista Eletrônica de Direito Processual. Volume XII. P.118. Disponível no endereço eletrônico: www.redp.com.br

MERCOSUL. *Protocolo de Las Leñas, de 27/06/1992*. Las Leñas. Disponível no endereço eletrônico: www.mercosul.gov.br. Acesso em 30 jan. 2013.

MINISTÉRIO DA JUSTIÇA. Cooperação Jurídica Internacional. Disponível no endereço eletrônico: http://portal.mj.gov.br/. Consulta realizada em 11/03/2015.

MOREIRA, José Carlos Barbosa. "Breves observações sobre a Execução de Sentença Estrangeira à luz das Recentes Reformas do CPC". *In Revista IOB Direito Civil e Processual Civil*. São Paulo. ano VII. n. 42. pp. 46/54. jul-ago. 2006.

_____. "A Emenda Constitucional n° 45 e o processo". *In Revista Forense*. Rio de Janeiro. v. 383. ano 102. jan-fev. 2006.

_____. "Reflexos da Emenda Constitucional n° 45, de 2004, no Processo Civil". *In Revista da Emerj*. Rio de Janeiro. v. 8. n. 32. pp. 31-44. 2005.

PINHO, Humberto Dalla Bernardina de. *Comentário n° 16 ao Projeto de Código de Processo Civil*. Disponível no endereço eletrônico: http://humbertodalla.blogspot.com/2010/10/comentario-016-ao-novo-cpc.html. Consulta realizada em 22/08/2011.

PROCURADORIA-GERAL DA REPÚBLICA. Notícias sobre Cooperação jurídica Internacional disponíveis no endereço eletrônico www.pgr.mpf.gov.br. Consulta realizada em 22/08/2011.

RENTE, Eduardo Santos. "Homologação de sentenças estrangeiras: análise da jurisprudência do biênio 2009/2010". *In Revista Eletrônica de Direito Processual – REDP*. Volume VIII. Jul-dez 2011. pp. 260-290. Disponível no endereço eletrônico: www.redp.com.br.

SILVA, Ricardo Perlingeiro Mendes da. "Auxílio direto, Carta Rogatória e Homologação de Sentença Estrangeira". Repro 128. Ano 30. Outubro 2005. pp. 287-292.

_____. "Anotações sobre o Anteprojeto de Lei de Cooperação Jurídica Internacional". Disponível no endereço eletrônico: www.uff.br. Consulta realizada em 22/08/2011.

_____. "Cooperação Jurídica Internacional e auxílio direto". *In Revista CEJ*. Brasília. v. 32. pp. 75-79. Jan-mar. 2006.

SIQUEIRA, Marcelo Gustavo Silva. "A jurisdição e a cooperação internacional no projeto de lei do novo Código de Processo Civil (conforme aprovado no Senado)". *In Revista Eletrônica de Direito Processual – REDP*. Volume VIII. Jan-jun 2014. pp. 259-274. Disponível no endereço eletrônico: www.redp.com.br.

SUPERIOR TRIBUNAL DE JUSTIÇA. *Regimento Interno*. Disponível no endereço eletrônico: www.stj.jus.br. Consulta realizada em 15/02/2015.

TESHEINER, José Maria. "Jurisdição territorial nos Estados Unidos da América do Norte e competência internacional e de foro no Brasil". *In Revista Eletrônica de Direito Processual – REDP. Volume XIII.* Jan-jun 2014. pp. 259-274. Disponível no endereço eletrônico: www.redp.com.br.

TIBÚRCIO, Carmen. "As cartas rogatórias executórias no direito brasileiro no âmbito do Mercosul". *In Revista Forense.* v. 348. Rio de Janeiro. pp. 77-88. out-dez. 1999.

UNIÃO EUROPEIA. *Convenção de Auxílio Judicial Mútuo em Matéria Penal da União Europeia,* de 16 de outubro de 2001. Disponível no endereço eletrônico: http://eur-lex.europa.eu/pt/

UNIDROIT - International Institute for de Unification of Private Law. ALI - American Law Institute. *Principles of Transnational Civil Procedure.* Disponível no endereço eletrônico: www.unidroit.org. Consulta realizada em 05/10/2014.

VILLELA, Alvaro da Costa Machado. *O Direito Internacional Privado no Código Civil Brasileiro.* Coimbra: Coimbra Editora. 1922. pp. 503-504.

CAPÍTULO 2

Cooperação judicial internacional no novo Código de Processo Civil: sentença estrangeira, carta rogatória e auxílio direto

José Maria Tesheiner[1]

Felipe Waquil Ferraro

SUMÁRIO: 1. INTRODUÇÃO; 2. COOPERAÇÃO JUDICIAL INTERNACIONAL; 3. HOMOLOGAÇÃO DE SENTENÇA ESTRANGEIRA; 4. CARTA ROGATÓRIA; 4.1. ROGATÓRIA CITATÓRIA; 4.2. ROGATÓRIA PROBATÓRIA; 4.3. ROGATÓRIA EXECUTÓRIA; 5. AUXÍLIO DIRETO; OBRAS REFERIDAS[2]

1. INTRODUÇÃO

Uma microempresa brasileira, a Courama Comércio e Representações Ltda. exportou retalhos e raspas de couro do semi-acabado *wet blue* para a Rússia, mais precisamente para a empresa Russkaya Kozha.

A compradora efetuou o pagamento total da mercadoria por ordens de pagamento que totalizaram USD 31.855,40.

Parecia tudo perfeito e acabado, quando a importadora russa dirigiu-se à exportadora brasileira, afirmando que as mercadorias enviadas não correspondiam ao que fora contratado, exigindo o fornecimento da mercadoria devida ou a devolução do preço pago.

Não foi atendida.

A Russkaya, então, propôs ação perante a Corte Internacional de Arbitragem Comercial junto à Câmara de Comércio e Indústria da Federação Russa.

---

1. Professor de Processo Civil na PUCRS. Desembargador aposentado do TJRGS.
2. Mestrando em Direito pela Pontifícia Universidade Católica do Rio Grande do Sul. Especialista em Direito Empresarial e em Direito Processual Civil, ambos pela Pontifícia Universidade Católica do Rio Grande do Sul. Advogado e professor.

A citação foi feita por carta enviada ao endereço constante do contrato. Entrementes, porém, a empresa brasileira mudara de endereço.

O processo arbitral correu à revelia.

A perícia concluiu que a mercadoria pesquisada era o semi-acabado *wet blue* e raspa de *wet blue*, inservíveis para posterior elaboração e confecção do semi-acabado Crust e couro acabado, possuindo odor desagradável, que não é característico do semi-acabado *wet blue*.

A sentença arbitral condenou a empresa brasileira.

No Brasil, a Russkaya requereu a homologação da sentença arbitral russa.

O Superior Tribunal de Justiça homologou a sentença, pelo acórdão ora comentado.

Pelo menos 7 enunciados jurídicos podem ser extraídos do acórdão:

1. Contratos de exportação celebrados com empresas estrangeiras podem conter cláusula arbitral.

2. O tribunal arbitral pode ser estrangeiro.

3. A citação para ação arbitral faz-se na forma prevista pelo processo arbitral

4. É válida a citação para ação arbitral feita no Brasil por carta enviado ao endereço constante do contrato, ainda que inválida segundo a lei brasileira

5. Pode ter eficácia no Brasil sentença arbitral estrangeira, desde que homologada.

6. Compete ao STJ homologar laudo arbitral estrangeiro.

7. O STJ não reexamina o mérito da sentença arbitral estrangeira, dispondo o artigo 38 da Lei 9.307/96: "Somente poderá ser negada a homologação para o reconhecimento ou execução de sentença arbitral estrangeira, quando réu demonstrar que: (...) III – não foi notificado da designação do árbitro ou do procedimento de arbitragem, ou tenha sido violado o princípio do contraditório, impossibilitando a ampla defesa".

2. COOPERAÇÃO JUDICIAL INTERNACIONAL

Cooperação judicial internacional envolve a ideia de cumprimento de medidas judiciais decretadas por juízes de Estado estrangeiro.

Tratamos, aqui, de três temas relativos à cooperação judicial internacional: a homologação de sentença estrangeira, as cartas rogatórias e o auxílio direto.

Estabelece o artigo 26 do novo Código de Processo Civil que a cooperação jurídica internacional é regida pelos tratados celebrados pelo Brasil, observados; o respeito às garantias do devido processo legal no Estado requerente; II – a igualdade de tratamento entre nacionais e estrangeiros, residentes ou não no Brasil, em relação ao acesso à justiça e à tramitação dos processos, assegurando-se assistência judiciária aos necessitados; III – a publicidade processual, exceto nas hipóteses de sigilo previstas na legislação brasileira ou na do Estado requerente; IV – a existência de autoridade central para recepção e transmissão dos pedidos de cooperação; V – a espontaneidade na transmissão de informações a autoridades estrangeiras.

Na ausência de tratado, a cooperação jurídica internacional pode realizar-se com base em reciprocidade, manifestada por via diplomática (art. 26, § 1º), que não é exigida para a homologação de sentença estrangeira (art. 26, § 2º).

Não se admitem, na cooperação jurídica internacional, atos que contrariem ou produzam resultados incompatíveis com as normas fundamentais que regem o Estado brasileiro (art. 26, § 3º).

Na ausência de designação específica, compete ao Ministério da Justiça exercer as funções de autoridade central (art. 26, 4º).

A cooperação jurídica internacional tem por objeto: I – citação, intimação e notificação judicial e extrajudicial; II – colheita de provas e obtenção de informações; judicial de urgência; V – assistência jurídica internacional; VI – qualquer outra medida judicial ou extrajudicial não proibida pela lei brasileira (art. 27).

O pedido de cooperação ativo, isto é, oriundo de autoridade judiciária brasileira, com os documentos que o instruem traduzidos para a língua oficial do Estado requerido, é encaminhado à autoridade central brasileira, geralmente o Ministério da Justiça, para envio ao Estado requerido (novo Código de Processo Civil, Lei 13.105/2.015, arts. 36, 37 e 38).

O pedido de cooperação passivo, para a execução de decisão estrangeira, dá-se por meio de homologação de sentença estrangeira ou por carta rogatória (art. 40).

Considera-se autêntico o documento que instrui pedido de cooperação jurídica internacional, inclusive sua tradução para a língua portuguesa, quando encaminhado ao Estado brasileiro por autoridade central ou pela via diplomática (art. 41).

O pedido passivo de cooperação jurídica internacional pode e deve ser recusado, se configurar manifesta ofensa à ordem pública (art. 39).

3. HOMOLOGAÇÃO DE SENTENÇA ESTRANGEIRA

Em 2004 foi promulgada uma das mais importantes emendas constitucionais, a da Reforma da Judiciário, a Emenda n. 45/2004. Dela resultou a competência do Superior Tribunal de Justiça para a homologação de sentenças estrangeiras e para o exequatur de cartas rogatórias. Anteriormente, essa competência era do Supremo Tribunal Federal.

O Presidente do Superior Tribunal de Justiça editou então a Resolução n. 9/2005, destinada a regular provisoriamente a matéria, posteriormente regulada pelo Regimento Interno do Superior Tribunal de Justiça, com a redação da Emenda Regimental n. 18 de 17 de dezembro de 2.014 (arts. 216-A e seguintes).

Sobreveio o novo Código de Processo Civil, Lei 13.105, de 16/3/2015, que regulou a matéria nos artigos 960 a 965, aplicando-se supletivamente o Regimento Interno do Superior Tribunal de Justiça (art. 960, § 2º).

Salvo disposição de tratado internacional, em sentido contrário, a sentença estrangeira não tem eficácia no Brasil, sem a prévia homologação pelo Superior Tribunal de Justiça (CPC, arts. 960 e. 961), competindo ao seu Presidente processar e julgar a homologação de sentenças estrangeiras não contestadas; à Corte Especial, as contestadas.

Não é homologável sentença estrangeira que disponha sobre matéria da competência exclusiva da autoridade judiciaria brasileira (art. 964).

Não depende de homologação, para produzir efeitos no Brasil, a sentença estrangeira de divórcio consensual (art. 960, § 4º), competindo a qualquer juiz o exame de sua validade, quando impugnada em processo de sua competência (art. 960, § 6º).

É homologável decisão estrangeira para fins de execução fiscal, se prevista em tratado ou havendo promessa de reciprocidade (art. 960, § 4º).

É exigida homologação dos provimentos estrangeiros não judiciais que, pela lei brasileira, têm a natureza de sentença (art. 961, § 1º).

Salvo disposição de tratado em sentido contrário, a homologação de sentença estrangeira é requerida pela parte interessada, por ação de homologação de sentença estrangeira (art. 960), devendo a petição inicial ser instruída com a certidão ou cópia autêntica do texto integral da sentença estrangeira e com outros documentos indispensáveis, devidamente traduzidos por tradutor oficial ou juramentado no Brasil e chancelados pela autoridade consultar brasileira competente, quando for o caso.

Tratando-se de decisão interlocutória estrangeira, sua execução, no Brasil, obedece ao rito da carta rogatória (art. 960, § 1º), sendo passível de execução a decisão estrangeira concessiva de medida de urgência (art. 962, §§ 1º e 2º), ainda que sem audiência do réu, desde que garantido o contraditório em momento posterior (art. 962 § 2º), competindo o juízo de urgência exclusivamente à autoridade estrangeira (art. 962, § 3º).

Salvo disposição em contrário, prevista em tratado internacional ou na legislação própria, também a decisão arbitral estrangeira precisa ser homologada pelo Superior Tribunal de Justiça, para ter eficácia no Brasil (art. 960, § 3º).

Constituem requisitos indispensáveis à homologação: I – haver sido proferida por autoridade competente; II – terem sido as partes citadas ou haver-se legalmente verificado a revelia; III – ser eficaz no país em que foi proferida; IV – não ofender a coisa julgada brasileira; V – estar acompanhada de tradução oficial, salvo disposição em contrário; V – não contenha manifesta ofensa à ordem pública. (art. 963).

Pode haver homologação parcial (art. 961, § 2º).

Admite-se tutela de urgência, podendo-se realizar atos de execução provisória (art. 960, § 3º).

Nos casos em que dispensada a homologação de sentença estrangeira, compete ao juiz federal competente o exame da validade da decisão concessiva de medida de urgência (art. 962, § 4º).

O cumprimento da decisão estrangeira homologada faz-se perante o juiz federal competente, a requerimento da parte, instruído com cópia autenticada da decisão homologatória (art. 965 e seu parágrafo único).

Decorrem do Regimento Interno do Superior Tribunal de Justiça as seguintes regras:

1. A parte interessada é citada para, no prazo de 15 (quinze) dias, contestar o pedido.

2. A defesa somente pode versar sobre autenticidade dos documentos, inteligência da decisão alienígena e observância dos requisitos exigidos pelo Regimento Interno (arts. 216-C, 216-D e 216-F).

3. Revel ou incapaz o requerido, dá-se-lhe curador especial que é pessoalmente notificado.

4. O Ministério Público tem vista dos autos pelo prazo de dez dias, podendo impugná-las.

5. Havendo contestação, o processo é distribuído para julgamento da Corte Especial, cabendo ao relator os demais atos relativos ao andamento e à instrução do processo, admitindo-se réplica e tréplica no

prazo de cinco dias e julgamento monocrático, na hipótese de haver jurisprudência consolidada da Corte Especial a respeito do tema.

6. Das decisões do Presidente ou do relator cabe agravo.

7. A decisão estrangeira homologada é executada por carta de sentença, no juízo federal competente.

8. No cumprimento da carta pelo Juízo Federal cabem embargos relativos a quaisquer atos que lhe sejam referentes, opostos no prazo de 10 (dez) dias, por qualquer interessado ou pelo Ministério Público.

9. Compete ao Presidente do Superior Tribunal de Justiça julgar os embargos.

10. Da decisão que julga os embargos cabe agravo.

4. CARTA ROGATÓRIA

A carta rogatória contém pedido de cooperação entre órgão jurisdicional nacional e órgão jurisdicional estrangeiro para a prática de ato de citação, intimação, notificação judicial, colheita de provas, obtenção de informações e de cumprimento de decisão interlocutória. Por força de tratados celebrados pelo Brasil, quebrou-se a tradição de não se admitir o cumprimento de cartas rogatórias executórias.

Observa Guilherme Rizzo Amaral (2.015, p. 90), que a comunicação de atos processuais ou de quaisquer outros atos oriundos de autoridade judicial estatal dá-se por carta rogatória, sendo inadmissível o auxílio direto e, especialmente, a comunicação de atos processuais pela via extrajudicial, tal como a citação feita por correio internacional, podendo dar-se por auxílio direto, ou mesmo por correio internacional, a comunicação de atos extrajudiciais. [3]

No mesmo sentido, André Luís Monteiro e Fabiane Verçosa: Em se tratando de atos de natureza jurisdicional praticados por juiz estrangeiro, inevitavelmente a cooperação internacional se dará pelas vias da carta rogatória e não pela via do auxílio direto. [4]

A carta rogatória passiva é enviada pelo Estado estrangeiro à respectiva Embaixada do Brasil e encaminhada por esta ao Ministério das Relações Exteriores, que a encaminha ao Superior Tribunal de Justiça.

---

3. AMARAL, Guilherme Rizzo. **Comentários às alterações do novo CPC**. São Paulo: Thompson Reuters, 2015. p. 90.
4. MONTEIRO, André Luís & VERÇosa, Fabiane. In: WAMBIER, Teresa Arruda Alvim; DIDIER JR., Fredi; TALAMINI, Eduardo; DANTAS, Bruno (Coords). Breves comentários ao novo Código de Processo Civil. São Paulo: Revista dos Tribunais, 2.015. p. 122.

São pressupostos para a concessão de exequatur às cartas rogatórias passivas: ter sido determinada a medida por autoridade competente; ter havido citação regular, admitindo-se, porém, medida de urgência *inaudita altera parte*, desde que garantido o contraditório em momento posterior; ser eficaz no país em que foi determinada; não ofender a coisa julgada brasileira; estar acompanhada de tradução oficial, salvo disposição de tratado em contrário; não conter manifesta ofensa à ordem pública brasileira (CPC, art. 962, §único).

Não se concede executar à carta rogatória em matérias da competência exclusiva da autoridade judiciaria brasileira (CPC, art. 964, § único).

O procedimento, no Tribunal, é o estabelecido no seu Regimento Interno, alterado pela Emenda Regimental n. 18, de 17 de dezembro de 2.014.

Trata-se de procedimento de jurisdição contenciosa, com observância do devido processo legal, como exigido pelo artigo 36 do novo Código de Processo Civil, ainda que restrita a discussão ao atendimento dos requisitos para que o pronunciamento judicial estrangeiro produza efeitos no Brasil (art. 36, § 1º) e ainda que vedada, em qualquer hipótese, a revisão do mérito do pronunciamento judicial estrangeiro (art. 36, § 2º).

O veto ao artigo 35, visou a deixar claro que a carta rogatória não constitui meio único de cooperação internacional. [5]

Recebida a carta, o Presidente determina a citação da parte adversa para, no prazo de 15 dias, impugnar o pedido. Eventualmente, pode determinar a realização da medida, sem ouvir a parte, quando de seu conhecimento prévio puder resultar sua ineficácia.

A defesa somente pode versar sobre autenticidade dos documentos, inteligência da decisão e observância de seus requisitos.

Revel o requerido, nomeia-se-lhe curador.

A seguir, dá-se vista ao Ministério Público, pelo prazo de dez dias, o qual pode oferecer impugnação.

Havendo impugnação, o Presidente pode determinar sua distribuição para julgamento pela Corte Especial, se a carta tiver por objeto ato de natureza decisória.

o, o Presidente não examina o mérito da pronunciamento judicial estrangeiro, limitando-se ao juízo de delibação.

---

5. Era o seguinte o teor do artigo 35: "Dar-se-á por meio de carta rogatória o pedido de cooperação entre órgão jurisdicional brasileiro e órgão jurisdicional estrangeiro para prática de ato de citação, intimação, notificação judicial, colheita de provas, obtenção de informações e de cumprimento de decisão interlocutória, sempre que o ato estrangeiro constituir decisão a ser executada no Brasil.

Da decisão do Presidente, concedendo ou negando o exequatur, cabe agravo regimental.

Da decisão da Corte Especial cabe recurso extraordinário para o Supremo Tribunal Federal, presentes os pressupostos do artigo 102 da Constituição.

São incabíveis embargos infringentes, embargos de divergência e recurso ordinário.

A execução deve ser requerida pela parte no juízo federal competente, instruindo o pedido com cópia autenticada do *exequatur* (CPC, art. 965, § único).

No cumprimento da carta rogatória cabem embargos, oponíveis pelo interessado ou pelo Ministério Público, no prazo de dez dias.

Esses embargos são julgados pelo Presidente do Superior Tribunal de Justiça, de cuja decisão cabe agravo regimental para o Órgão Especial.

Cumprida a carta rogatória, ela é devolvida ao Presidente do STJ, no prazo de 10 (dez) dias, e por este remetida, em igual prazo, por meio do Ministério da Justiça ou do Ministério das Relações Exteriores, à autoridade judiciária de origem.

4.1. Rogatória citatória

Juiz estatal estrangeiro não pode citar ninguém, no Brasil, nem mesmo por carta, sem prévia autorização do Superior Tribunal de Justiça.

Suponha-se que um juiz do Estado de Nova York envie uma carta, com aviso de recebimento, para empresa sediada no Brasil, chamando-a para se defender em ação lá contra ela proposta. Essa citação poderá ser válida, segundo a lei de Nova York, mas nula, segundo a lei brasileira. A sentença que for proferida não será homologada pelo Superior Tribunal de Justiça e não produzirá efeitos no Brasil.

Mas, como já se observou, um tribunal arbitral estrangeiro pode, por carta, citar empresa sediada no Brasil, sem prejuízo da sentença arbitral posteriormente proferida.

No Direito federal norte-americano, qualquer pessoa maior de 18 anos pode proceder à citação do réu, entregando-lhe copia do mandado de citação e da petição inicial. Já houve casos em que, na Suíça, por essa forma se citou pessoa para responder perante a Justiça norte-americana, o que provocou incidentes diplomáticos, porque, na Suíça, isso constitui crime!

Por que tanto rigor?

A resposta depende do que se pensa a respeito da natureza jurídica da citação. Trata-se de um ato coercitivo, pelo qual um Estado afirma seu poder de jurisdição sobre o réu ou trata-se, simplesmente, de um ato de comunicação, pelo qual se dá ciência ao réu da existência do processo e da necessidade de se defender?

Houve momentos na História em que não se admitiu que o processo pudesse correr à revelia. A presença do réu era indispensável. Por isso, a citação era um ato coercitivo: agarrava-se o réu para responder: *capias ad respondendum*.

Havida a citação como um ato de coerção, seguia-se naturalmente a necessidade de autorização do soberano, para proceder-se à citação de súdito seu.

O Superior Tribunal de Justiça exerce a função que outrora exercia o soberano.

Essa exigência perderia sentido, se havida a citação como simples ato de comunicação processual.

Na atualidade, porém, é pacífica a orientação do STJ no sentido da necessidade de rogatória para a citação de pessoa que se encontre no Brasil. Não se homologa sentença estatal estrangeira sem que tenha sido citado por rogatória réu que, ao tempo da citação, se encontrava no território nacional.

4.2. Rogatória probatória

Serve a rogatória também para colher-se prova em Estado estrangeiro. Expede-se ou cumpre-se rogatória para ouvir testemunhas, realizar-se perícia ou, simplesmente, para obter informação processualmente relevante.

O Superior Tribunal de Justiça concedeu exequatur para o cumprimento de rogatória do Ministério Público português para que a empresa VIVO informasse quem era o titular de determinada linha telefônica, que fora utilizada para a prática de injúrias e ameaça.

Afirmou o Tribunal que não ofende a ordem jurídica nacional a concessão de exequatur às cartas rogatórias originadas de autoridade estrangeira competente de acordo com a legislação local, mesmo que não integrada ao Judiciário e que a mera identificação do titular de linha telefônica não caracteriza violação ao sigilo constitucional de dados. (STJ, Corte Especial, CARTA ROGATÓRIA Nº 438, Min. Luiz Fux, rel., j. 15/098/2007)

4.3. Rogatória executória

A jurisprudência do Supremo Tribunal Federal pautava-se no sentido da impossibilidade de concessão de exequatur para atos executórios e de constrição que não decorressem de sentença transita em julgado devidamente homologada.

Tendo se transferido a competência para o Superior Tribunal de Justiça, a matéria é atualmente regulada por seu Regimento Interno, alterado pela Emenda Regimental n. 18, de 17 de dezembro de 2.014, cujo artigo 216-O, § 1º, dispõe que "será concedido exequatur à carta rogatória que tiver por objeto atos decisórios e não decisórios".

O Protocolo de Medidas Cautelares, concluído em Ouro Preto, em 16/12/1994 (Decreto 2.626/1998; DLG 192/1995), estabelece que se admitem "medidas cautelares preparatórias, incidentais de uma ação principal e as que garantam a execução de uma sentença".

Observa Flávia Pereira Hill que o artigo 962 do novo Código de Processo Civil prevê textualmente o cabimento da execução de medidas urgentes estrangeiras, ainda que concedidas pelo judiciário alienígena *inaudita altera parte*, contanto que seja garantido ao réu contraditório posterior. Por conseguinte, a falta de manifestação prévia do réu no Estado de origem não poderá ser erigida como óbice para a concessão de exequatur, pelo E. STJ, à medida urgente estrangeira. [6]

5. AUXÍLIO DIRETO

O auxílio direto é forma de cooperação judicial internacional que independe de tramitação pela via diplomática e de juízo de delibação pelo Superior Tribunal de Justiça. Não há auxílio direto, se exigido exequatur do Superior Tribunal de Justiça.

Dispondo-se Juiz Federal a ouvir testemunhas, independentemente de exequatur do STJ, em atendimento a pleito de órgão judicante de Genebra, para instruir processo criminal em curso na Suíça, foi interposta reclamação, atendida pelo Vice-Presidente daquele Tribunal, por decisão liminar, que foi, todavia, cassada pela Corte Especial, ao julgar agravo regimental interposto pelo Ministério Público. Impetrado habeas-corpus, decidiu o Supremo Tribunal Federal que a prática de atos decorrentes de pronunciamento de autoridade judicial

---

6. HILL, Flávia Pereira. Considerações sobre a cooperação jurídical internacional no novo Código de Processo Civil. In: MACÊDO, Lucas Buril, PEIXOTO, RAVI; FREIRE, Alexandre. **Novo CPC: Doutrina selecionada. Parte Geral**. 1. ed. Curitiba: Juspodium, 2015. p. 618-9.

Cap. **2** • COOPERAÇÃO JUDICIAL INTERNACIONAL NO NOVO CÓDIGO DE PROCESSO CIVIL
José Maria Tesheiner – Felipe Waquil Ferraro

estrangeira, em território nacional, objetivando o combate ao crime, pressupõe carta rogatória a ser submetida, sob o angulo da execução, ao crivo do Superior Tribunal de Justiça, não cabendo potencializar a cooperação internacional a ponto de colocar em segundo plano formalidade essencial à valia dos atos a serem praticados (STF, 1ª. Turma, HC 85.588, Min. Marco Aurélio, relator, j. 4/4/2006).

Cabe o auxílio direto, diz o novo Código de Processo Civil, quando a medida não decorre diretamente de decisão de autoridade jurisdicional estrangeira a ser submetida a juízo de delibação no Brasil (art. 28).

Essa norma atende à lição do Ministro Teori Albino Zavascki no sentido de que o juízo de delibação do Superior Tribunal de Justiça somente é exigível nas relações entre órgãos judiciários, em processos submetidos à esfera jurisdicional; não, nas relações entre autoridades policiais ou do Ministério Público, vinculadas ao Poder Executivo. Tratava-se, no caso, de pedido da Procuradoria Geral da Federação Russa de remessa de copia do *hard disk* do computador apreendido em poder de Boris Berezovsky, hipótese de compartilhamento de prova. (STJ, Corte Especial, Recl. 2.645, Min. Teori Albino Zavascki, relator, j. 18/11/2009).

Há também auxílio direto quando a medida judicial é requerida por órgão nacional, como o Ministério Público Federal ou a Advocacia-Geral da União, porque a medida não decorre diretamente de decisão de autoridade jurisdicional estrangeira.

Cabe referir aqui especialmente os pedidos, formulados pela Advocacia-Geral da União, perante Juiz Federal, de retorno de criança indevidamente conduzida para o Brasil, ou aqui, retida, por um de seus pais.

A solicitação de auxílio direto é encaminhada pela autoridade central estrangeira à autoridade central brasileira, na forma estabelecida em tratado (art. 29).

Recebido o pedido de auxílio direto, a autoridade central o encaminha à Advocacia-Geral da União, para requerer a medida em juízo (art. 33).

A medida é requerida pelo Ministério Público, quando é a autoridade central (art. 33, § único).

A competência é do juiz federal em que deve ser executada a medida (art. 34).

O Código de Processo Civil estabelece presunção de autenticidade dos documentos encaminhados pela autoridade central (art. 29, *in fine*), dispensando-se, pois, ajuramentação, autenticação ou qualquer procedimento de legalização (art. 41).

Nos termos do artigo 30 do Código de Processo Civil, o auxílio direto pode ter por objeto: I – obtenção e prestação de informações sobre o ordenamento jurídico e sobre processos administrativos ou jurisdicionais findos ou em curso; II – colheita de provas, salvo se a medida for adotada em processo, em curso no estrangeiro, de competência exclusiva de autoridade judiciária brasileira; III – qualquer outra medida judicial ou extrajudicial não proibida pela lei brasileira.

Nesses casos, autoridade central brasileira comunica-se diretamente com suas congêneres e, se necessário, com outros órgãos estrangeiros responsáveis pela tramitação e pela execução de pedidos de cooperação enviados e recebidos pelo Estado brasileiro, respeitadas disposições específicas constantes de tratado (art. 31).

Estabelece o artigo 32 que, no caso de auxílio direto para a prática de prestação jurisdicional que, segundo a lei brasileira, não exija prestação jurisdicional, a autoridade central adotará as providências necessárias para o seu cumprimento. Incluem-se, entre esses casos, a notificação extrajudicial, a obtenção e prestação de informações sobre o ordenamento jurídico e sobre processos administrativos ou jurisdicionais findos ou em curso e qualquer medida extrajudicial não proibida pela lei brasileira.

Para encerrar, referimos um caso de auxílio direto que teve grande repercussão nacional e internacional: o do menino Sean.

Sean Goldman nasceu nos Estados Unidos, filho de pai americano e de mãe brasileira.

Em 2004, mãe filho vieram de férias para o Brasil, mas não retornaram, porque ela decidiu se divorciar e ficar com a criança no Brasil.

A Justiça de Nova Jersey determinou a devolução do garoto para o pai, que notificou o Departamento de Estado dos Estados Unidos.

A mãe propôs ação, distribuída à 2ª. Vara Cível do Rio de Janeiro, pleiteando a guarda exclusiva do filho, o que foi deferido por sentença.

Em 2008, ela veio a falecer.

Seu marido propôs ação declaratória de paternidade socioafetiva, posse e guarda do menor, perante a 2ª Vara de Família do Rio de Janeiro, sendo acolhido o pedido.

Prestando auxílio direto, em atenção à Convenção de Hu sobre seqüestro internacional de crianças, a AGU (Advocacia Geral da União) propôs ação de busca e apreensão de menor perante a 16ª. Vara Federal do Rio de Janeiro, invocando a Convenção de Haia sobre o sequestro internacional de crianças, promulgada no Brasil pelo Decreto 3e3/2000.

Foi suscitado conflito positivo de competência perante o Superior Tribunal de Justiça, que afirmou a competência da Justiça Federal.

Entrementes, o Partido Progressista propôs ação de arguição de descumprimento de preceito fundamental perante o Supremo Tribunal Federal. O relator, Ministro Marco Aurélio, concedeu liminar, *ad referendum* do Plenário, garantindo a permanência de Sean no Brasil.

Essa ação veio a ser declarada inadmissível, cassando-se, por isso a liminar concedida pelo Ministro Marco Aurélio. No julgamento, disse a Ministra Ellen Gracie:

> Infelizmente, o caso concreto que subjaz à presente arguição de descumprimento de preceito fundamental, desatende a todas essas recomendações. Por desconhecimento do texto da Convenção de Haia, a Justiça Estadual do Rio de Janeiro foi induzia a, repetidas vezes, dispor sobre caso que lhe foge inteiramente à jurisdição. Com isso e a sequencia de recursos e medidas defensivas de uma das partes o caso se alonga para alem de todo o razoável. Para o Estado brasileiro, nos termos do compromisso internacional representado pela Convenção, a única decisão válida, porque proferida por juízo competente será o da jurisdição original do menor, a saber, a do Estado de New Jersey, onde ambos os pais residiam, anteriormente ao afastamento com ânimo definitivo e sem autorização paterna. Vivessem os pais e o menor no Brasil e a competência será a normal das nossas Varas de Família. Vivessem os pais e a criança na França, é lá que se resolveriam as questões de guarda. É este o verdadeiro alcance das disposições da Convenção.

Houve ainda outros episódios processuais, inclusive uma liminar em habeas-corpus, concedida pelo Ministro Marco Aurélio, suspendendo a decisão do Tribunal Regional Federal.

Em 24/12/2009, cinco anos depois de sequestrado pela mão, Sean foi encaminhado ao Consulado dos Estados Unidos.

OBRAS REFERIDAS

ABADE, Denise Neves. **Direitos fundamentais na cooperação jurídica internacional.** São Paulo: Saraiva, 2013.

ALVIM, J.E. Carreira; CABRAL JUNIOR, Silvério Luiz Nery. **Processo judicial eletrônico**. Curitiba: Juruá, 2008.

AMARAL, Guilherme Rizzo. **Comentários às alterações do novo CPC**. São Paulo: Thompson Reuters, 2015.

ANDOLINA, *Italo* Augusto. *Spazio di libertà*, sicurezza e giustizia e cooperazione giudiziaria in materia civile. **Revista de Processo**, São Paulo, v. 35, n. 183, p. 224-238, mai. 2010

ANDOLINA, ITALO. La cooperazione internazionale nel processo civile. Profile della esperienza europea: verso un modelo de integrazione trans-nazionale. **Revista de processo**, São Paulo, ano 22, n. 88, pp. 108-127, out.-dez. 1997

ARAUJO, Nadia de. **Cooperação jurídica internacional no Superior Tribunal de Justiça**: comentários à Resolução nº 9/2005. Rio de Janeiro: Renovar, 2010.

ARAÚJO, Nadia de. Prefácio. In: CASELLA, Paulo B.; SANCHEZ, Rodrigo E. (orgs) **Cooperação Judiciária internacional**. Rio de Janeiro: Renovar, 2002.

ARAÚJO, Nádia. A Conferencia de Haia de Direito Internacional Privado: reaproximação do Brasil e análise das convenções processuais. **Revista de Arbitragem e Mediação**, v. 35/2012, p. 189, Out / 2012

BARBOSA JÚNIOR, Márcio Mateus. O novo Código de Processo Civil e o auxílio direto. Contexto do direito brasileiro contemporâneo. **Jus Navigandi**, Teresina, ano 17, n. 3153, 18 fev. 2012. Disponível em: ‹http://jus.com.br/artigos/21134›. Acesso em: 18 set. 2014.

BENUCCI, Renato Luís. **A tecnologia aplicada ao processo eletrônico**. Campinas, SP: Millennium, 2006.

BORN, Gary B. Born & RUTLEDGE, Peter B. **International civil litigation in United States Courts**. USA: Wolters Kluwer Law & Business, 2011.

Brasil. Secretaria Nacional de Justiça. Departamento de Recuperação de Ativos e Cooperação Jurídica Internacional. Manual de cooperação jurídica internacional e recuperação de ativos : cooperação em matéria civil / Secretaria Nacional de Justiça, Departamento de Recuperação de Ativos e Cooperação Jurídica Internacional (DRCI). – 3. ed. Brasília : Ministério da Justiça, 2012.

CASTRO, Amilcar de. **Direito Internacional Privado**. 5. Ed. Rio de Janeiro, Forense, 2002.

CERVINI, Raúl e TAVARES, Juarez. **Princípios de cooperação judicial penal internacional no protocolo do Mercosul**. São Paulo: Editora Revista dos Tribunais, 2000.

CHAVES JÚNIOR, José Eduardo de Resende (Coord.). **Comentários à lei do processo eletrônico**. São Paulo: LTr, 2010.

FINCATO, Denise Pires; KRIEGER, Mauricio Antonacci. **O ciber como território do processo**. Disponível em http://www.tex.pro.br/home/artigos/260-artigos-fev-2014/6405-o-ciber--como-territorio-do-processo. Publicado em fev 2014. Acessado em Jan 2015.

GRECO FILHO, Vicente. **Direito Processual Civil Brasileiro**. 18ª ed., v. II, São Paulo: Saraiva, 2007.

HILL, Flávia Pereira. A cooperação jurídica internacional no Projeto de novo Código de Processo Civil – O alinhamento do Brasil aos modernos contornos do Direito Processual. **Revista de Processo**, v. 205/2012, p. 347, Mar.2012.

HILL, Flávia Pereira. Considerações sobre a cooperação juridical internacional no novo Código de Processo Civil. In: MACÊDO, Lucas Buril, PEIXOTO, RAVI; FREIRE, Alexandre. **Novo CPC: Doutrina selecionada. Parte Geral**. 1. ed. Curitiba: Juspodium, 2015. p. 618-9.

LOULA, Maria Rosa Guimarães. **Auxílio direto: novo instrumento de cooperação jurídica internacional civil**. Belo Horizonte: Fórum, 2010.

Manual de Cooperação Jurídica Internacional e Recuperação de Ativos – Matéria Cível. Departamento de Recuperação de Ativos e Cooperação Jurídica Internacional, Secretaria Nacional de Justiça, Ministério da Justiça. 3ª ed. Brasília: 2012. 483 p.

MAURIQUE, Jorge Antonio. Anotações sobre a convenção de Haia. **Revista de Doutrina da 4ª Região**, Porto Alegre, n. 28, mar. 2009. Disponível em: ‹http://www.revistadoutrina.trf4.jus.br/artigos/edica0028/jorge_maurique.html› Acesso em: 10 abr. 2014.

MIRANDA, Francisco Cavalcanti Pontes de. **Comentários ao Código de Processo Civil, tomo III: arts. 154 a 281**. Rio de Janeiro: Forense, 1997.

MIRANDA, Pontes de. **Comentários ao Código de Processo Civil**. Rio de Janeiro: Forense, 1997.

MONTEIRO, André Luís & VERÇosa, Fabiane. In: WAMBIER, Teresa Arruda Alvim; DIDIER JR., Fredi; TALAMINI, Eduardo; DANTAS, Bruno (Coords). **Breves comentários ao novo Código de Processo Civil**. São Paulo: Revista dos Tribunais, 2.015.

NERY JR., Nelson e NERY, Rosa Maria de Andrade. **Código de Processo Civil Comentado**. São Paulo: Revista dos Tribunais, 2007.

PERLINGEIRO, Ricardo. A jurisdição internacional na America Latina: competência internacional, reconhecimento e execução de decisão judicial estrangeira em matéria civil. **Revista de Processo**, v. 197, p. 299, Jul./2011.

PERLINGEIRO, Ricardo. Auxílio direto, carta rogatória e homologação de sentença estrangeira. **Revista de Processo**, v., 128, p. 287, Out/2005.

PIMENTEL, Bernardo. Carta Rogatória: observações a luz da Emenda constitucional 45, de 2004. DIDIER, Fredie. **Leituras complementares de Processo Civil**. Salvador: JvsPodium, 2006. P. 305-310.

PORTO, Sérgio Gilberto. **Lições de direitos fundamentais no processo civil: o conteúdo processual de Constituição Federal**. Porto Alegre: Livraria do Advogado Editora, 2009.

RAMOS, Fabiana D'Andrea. A assistência jurídica recíproca no combate ao crime transnacional. **Revista de Processo**, v. 216/2013, p. 189, Fev. 2013.

RESCHSTEINER, Beat Walter. **Direito Internacional Privado**. 6 ed. São Paulo Saraiva, 2003.

SILVA, Marcelo Mesquita. **Processo judicial eletrônico nacional: uma visão prática sobre o processo judicial eletrônico e seu fundamento tecnológico e legal (a Certificação Digital e a Lei 11.419/2006)**. Campinas: Millennium, 2012.

SILVA, Otavio Pinto e. **Processo eletrônico trabalhista**. São Paulo: LTr, 2013.

STRENGER, Irineu. **Direito processual internacional**. São Paulo, LTr, 2003.

TIBURCIO, Carmen. A dispensa da rogatória no atendimento de solicitações proveninetes do exterior. **Revista de Processo**, v. 126, p. 115. Ago. 2005.

TIBURCIO, Carmen. A dispensa de rogatória no atendimento de solicitações provenientes do exterior. **Revista de Processo**, São Paulo, v. 30, n. 126, p. 115-118, ago. 2005.

TIBÚRCIO, Carmen. As inovações da EC 45/2004 em matéria de homologação de sentenças estrangeiras. **Revista de Processo**, v. 132, p. 123, Fev/2006. Doutrinas Essenciais de Direito Internacional I vol. 4 I p. 949 I Fev / 2012.

TORNAGHI, Hélio. **Comentários ao código de processo civil**, 2.ed., São Paulo: Revista dos Tribunais, 1975, v.2.

ZAVASCKI, Teori Albino. Cooperação jurídica internacional e a concessão de exequatur. **Revista Interesse Público**, v. 12, n-61, p. 13-28, 2010.

PARTE VI

COMPETÊNCIA

CAPÍTULO 1

A Competência no Novo Código de Processo Civil

Marina França Santos[1]

SUMÁRIO: 1. A COMPETÊNCIA NO NOVO CÓDIGO DE PROCESSO CIVIL (NCPC); 2. MUDANÇAS GERAIS NAS REGRAS DE DISTRIBUIÇÃO DE COMPETÊNCIA; 3. MODIFICAÇÃO DA COMPETÊNCIA; 4. INCOMPETÊNCIA; 5. CONCLUSÃO; BIBLIOGRAFIA

1. A COMPETÊNCIA NO NOVO CÓDIGO DE PROCESSO CIVIL (NCPC)

Diz-se que um juiz é competente quando a função do Estado de compor conflitos de interesses é a ele atribuída em relação a determinada causa. Estabelecem, portanto, Constituição e lei, ao determinarem a competência, os limites dentro dos quais cada órgão jurisdicional exercerá o poder jurisdicional.[2] Diferenciando jurisdição de competência, chamou atenção Araken de Assis:

> (...) parece fácil distinguir a jurisdição da competência. Aquela é o poder abstrato atribuído ao conjunto de órgãos jurisdicionais; esta, a fixação específica do poder no órgão. Tende a doutrina, universalmente, à consideração de que a competência é a medida da jurisdição. Esta simpática e expressiva fórmula se ostenta algo imprópria, na realidade, pois o poder exercitado por cada órgão timbra pela mesma qualidade e quantidade, ou seja, não se distingue nas 'medidas', conquanto recaia sobre lides diferentes. Na verdade, á competência impõe limites ao juiz, para que ele possa legitimamente exercitar seu poder jurisdicional[3].

Apesar de ter eliminado o termo "competência internacional" para tratar da concorrência entre jurisdições nacional e estrangeira, reconhecendo-se que

---

1. Procuradora do Município de Belo Horizonte. Professora da Pós-Graduação do IDDE/Universidade de Coimbra . Professora Assistente de Direito Processual Civil na Escola Superior Dom Helder Câmara. Doutoranda em Direito pela Pontifícia Universidade Católica do Rio de Janeiro. Mestra e Bacharela em Direito pela Universidade Federal de Minas Gerais. Especialista em Advocacia Pública pelo IDDE/ Universidade de Coimbra. marinafrancasantos@gmail.com
2. SANTOS, Moacir Amaral. Primeiras linhas de direito processual civil: adaptadas ao novo Código de Processo Civil. São Paulo: Saraiva, 1978. p. 166.
3. ASSIS, Araken de. Manual da execução. 9. ed. São Paulo: Revista dos Tribunais, 2005, pág. 318 e 319.

a disciplina tratada não diz respeito aos limites do exercício da jurisdição no território brasileiro (o que seria, tecnicamente, competência), nem trata de nada – nem de jurisdição, nem de competência – no plano internacional[4], o Novo Código manteve a denominação de "competência interna" para as disposições relativas, propriamente, à competência (arts. 42 a 66, NCPC).

Tendo ganhado agora um título próprio, a chamada "competência interna" reúne um capítulo sobre competência, dividido em disposições gerais (arts. 42 a 53, NCPC), modificação da competência (arts. 54 a 63, NCPC) e incompetência (arts. 64 a 66, NCPC), analisados no presente artigo, e um capítulo sobre cooperação nacional (arts. 67 a 69, NCPC).

As alterações trazidas pelo Novo Código, nesta matéria, podem ser decompostas em cinco ordens, a saber:

1) a realização de correções técnicas do texto normativo, como o reconhecimento mais exato das hipóteses em que a conexão e a continência podem alterar a competência;

2) a adaptação da norma à prática judiciária, como a mudança do momento de propositura da ação;

3) o acolhimento de entendimentos jurisprudenciais pacíficos sobre a matéria, com a reprodução exata, pelo texto normativo, de textos de entendimentos sumulares do Superior Tribunal de Justiça;

4) a centralização de normas antes espalhadas no ordenamento, como o regramento da competência previsto no Estatuto do Idoso e

5) o aperfeiçoamento geral da disciplina, com alterações procedimentais voltadas a garantir maior efetividade ao processo e à proteção do interesse público resguardado pela fixação da competência.

2. MUDANÇAS GERAIS NAS REGRAS DE DISTRIBUIÇÃO DE COMPETÊNCIA

Ao organizar as categorias de agregação da disciplina da competência, o NCPC eliminou a divisão entre competência em razão do valor e da matéria, competência funcional e competência territorial, que antes figuravam como os títulos das três primeiras seções do capítulo da competência interna. A mudança de estruturação da lei transcende a ordem estética e se mostra, tecnicamente, bastante positiva, por pelo menos dois motivos.

---

4. MARINONI, Luiz Guilherme. MITIDIERO, Daniel. Código de Processo Civil comentado artigo por artigo. São Paulo: Editora Revista dos Tribunais, 2011, p. 158.

Cap. 1 • A COMPETÊNCIA NO NOVO CÓDIGO DE PROCESSO CIVIL
Marina França Santos

Em primeiro lugar, por corrigir o erro do aparente afastamento da aplicabilidade da Constituição da República em relação à competência em razão do valor e da matéria. O CPC de 1973 causava essa perplexidade ao estabelecer que tais competências seriam regidas somente por "normas de organização judiciária", ressalvados os casos expressos pelo Código (art. 91, CPC/1973), enquanto a competência funcional seria disciplinada, além das normas previstas pelo CPC, por "normas da Constituição da República e de organização judiciária" (art. 93, CPC/1973). A alteração foi positiva também por corrigir a omissão em relação ao critério objetivo de competência em razão da pessoa, que, conquanto não seja diretamente previsto pelo Código, também é regido pelas suas regras.

Em segundo lugar, a mudança na organização da matéria vai ao encontro da boa técnica legislativa, tendo em vista a verdadeira ausência de disposições exclusivas que justificassem seções apartadas para cada um dos critérios determinativos de competência e, por outro lado, a necessidade de se estabelecer regras gerais a serem acolhidas por todos esses critérios. Entre essas regras estão as próprias fontes normativas da competência que, na verdade, são comuns a todos os critérios. Devem ser, assim, observados, os limites estabelecidos pela Constituição da República, pelas Constituições dos Estados, pela legislação especial, pelas normas de organização judiciária e pelo Código de Processo Civil (art. 44, NCPC), para a fixação da competência em razão do valor, da matéria, da pessoa, da função e do território. Vale registrar, nos termos do Enunciado n. 236 do Fórum Permanente de Processualistas Civis (FPPC), que o artigo 44 não estabelece uma ordem de prevalência entre as fontes normativas, cuidando apenas de elencá-las. Optou, assim, o Novo Código, por criar uma seção de disposições gerais, regentes de todas as questões atinentes à competência, em que se reuniram normas referentes à perpetuação de competência (art. 43, NCPC), à atração da competência da Justiça Federal (art. 45, NCPC) e à competência de foro (arts. 46 a 53, NCPC), todas analisadas a seguir.

A noção da perpetuação de competência (ou *perpetuatio jurisdictionis*) pode ser traduzida, como o faz Humberto Theodoro Júnior, na:

> "norma determinadora da inalterabilidade da competência objetiva, a qual, uma vez firmada, deve prevalecer durante todo o curso do processo. A inalterabilidade, no entanto, é objetiva, isto é, diz respeito ao órgão judicial (juízo) e não à pessoa do juiz, pois este pode ser substituído[5]".

---

5. THEODORO JÚNIOR, Humberto. Curso de Direito Processual Civil. Teoria geral do direito processual e processo de conhecimento. Rio de Janeiro: Forense, 2011, p. 182.

NOVO CPC DOUTRINA SELECIONADA, v. 1 • Parte Geral
PARTE VI – COMPETÊNCIA

Conquanto sua disciplina tenha sido aperfeiçoada pelo Novo Código, o seu conteúdo permanece o mesmo: com a propositura da ação, a competência deve se estabilizar, evitando-se, assim, que alterações supervenientes nas circunstâncias fáticas ou jurídicas venham a promover deslocamentos incessantes do processo. O objetivo é evitar o retardamento do procedimento, com mudanças sucessivas de juízos e impedir atuações de má-fé, como, por exemplo, a escolha do juízo da causa em violação ao juiz natural.

A mudança se dá, nesse tópico, em relação ao momento de fixação da competência e à sua exceção. A propositura da ação, marco para a fixação e, consequentemente, estabilização da competência, passa a ser exclusivamente o "momento do registro ou da distribuição da petição inicial" (art. 43, NCPC), resolvendo a problemática regra do CPC anterior que considerava a ação proposta apenas a partir do despacho inicial pelo juiz, nas comarcas onde existia apenas uma vara. O entendimento já era adotado pelo Superior Tribunal de Justiça, sensível, nesse caso, à prática judiciária, que demonstrou que,a seguir a literalidade da regra do art. 263 (CPC/1973), o jurisdicionado ficaria refém de eventual demora dos serviços judiciário e judicial entre a apresentação da petição inicial e o despacho do juiz, com graves consequências para o acesso à justiça, como a prescrição do seu direito.

Quanto à exceção à prorrogação de competência, o que o NCPC fez foi transformar as hipóteses autorizadoras da modificação, consistentes na alteração da competência em razão da matéria e da hierarquia, em uma regra mais ampla, no mesmo sentido da enumeração, passando a incluir todos os casos de mudança da competência absoluta. Na verdade, a teleologia da norma era justamente esta, admitir que se modifique a competência em caso de competências fixadas em razão do interesse público, já sendo, no texto anterior, admissível considerar por analogia a possibilidade, por exemplo, de uma alteração de competência territorial absoluta excepcionar a *perpetuatio jurisdictionis*.

Vale anotar, no entanto, a consideração de Leonardo Greco, para quem o instituto, pela sua relevância na concretização de princípio fundamental, poderia ter merecido tratamento mais minucioso pela nova legislação:

> Compreendido modernamente que esse instituto é um dos instrumentos implementadores da garantia do juiz natural, poderia receber redação mais aprimorada, tendo em vista que a supressão do órgão judiciário ou a alteração da competência absoluta, mesmo quando determinadas por lei, devem revestir-se da necessária impessoalidade para não servirem de instrumento condenável de escolha arbitrária de um determinado julgador

Cap. 1 • A COMPETÊNCIA NO NOVO CÓDIGO DE PROCESSO CIVIL
Marina França Santos

ou de fuga de um julgador indesejado para uma ou algumas causas determinadas[6].

O Novo Código esclarece outras regras de fixação de competência, a começar pelo acolhimento, em seu texto, das causas de remessa dos autos à Justiça Federal em razão da intervenção de ente federal (art. 45, NCPC). As hipóteses e exceções são repetições do art. 109, I, da Constituição da República (os autos serão remetidos ao juízo federal se nele intervier a União, suas empresas públicas, entidades autárquicas e fundações, ou conselho de fiscalização de atividade profissional, na qualidade de parte ou de terceiro interveniente, exceto as ações de recuperação judicial, falência, insolvência civil e acidente de trabalho e as sujeitas à justiça eleitoral e à justiça do trabalho), mas foram acrescidas algumas disposições com o objetivo de disciplinar melhor a matéria.

Estabeleceu o NCPC a impossibilidade de remessa dos autos havendo pedido cuja apreciação seja de competência do juízo no qual foi proposta a ação, valorizando assim o princípio da inafastabilidade da Jurisdição (art. 5º, XXXV, CR/1988). Nessa hipótese, ao não admitir a cumulação de pedidos em razão da incompetência para apreciar aquele que deveria ser processado e julgado pela Justiça Federal, o juiz não apreciará o mérito daquele em que exista interesse de ente federal. A melhor hermenêutica parece ser a de que, nesse caso, deve o juiz determinar a emenda da petição inicial para a exclusão da cumulação de pedidos – explicitando, em decorrência do seu qualificado dever de fundamentação (art. 489, § 1º, NCPC) o motivo da determinação de emenda -, ou, em caso extremo, deve extinguir o processo, permitindo que a parte ajuíze nova ação. De todo modo, apesar de o Código também não explicitar, é imperativo que a decisão quanto ao cabimento desta cumulação de pedidos se dê imediatamente após a intervenção do ente federal, garantindo-se a efetividade do processo.

Por fim, ainda em relação à hipótese de intervenção de ente federal, o NCPC positivou o descabimento da suscitação de conflito de competência pelo juiz federal no caso de exclusão do processo do ente federal cuja presença ensejou a remessa dos autos àquela Justiça. Em situações como essa, deve o magistrado apenas restituir os autos ao juízo estadual, evitando incidentes processuais que contribuem para a morosidade do processo. Reproduziu, nesses termos, entendimento jurisprudencial antigo, já sumulado pelo Superior Tribunal de Justiça:

---

6. GRECO, Leonardo. Breves Comentários aos Primeiros 51 Artigos do Projeto de Novo Código de Processo Civil (Projeto de Lei do Senado 166/2.010). Revista Eletrônica de Direito Processual – REDP. Volume VI. Periódico da Pós- Graduação *Stricto Sensu* em Direito Processual da UERJ, pp., p. 104. Disponível em: www. redp.com.br.

Excluído do feito o ente federal, cuja presença levara o Juiz Estadual a declinar da competência, deve o Juiz Federal restituir os autos e não suscitar conflito. (Súmula 224 STJ)

No que se refere à competência de foro, a disciplina processual não foi alterada em sua regra geral (domicílio do réu – art. 46, NCPC). Firmou-se, porém, em sentido contrário ao entendimento jurisprudencial do Superior Tribunal de Justiça, que a execução fiscal será proposta apenas no foro de domicílio do réu, no de sua residência ou no do lugar onde for encontrado (art. 46 º 5, NCPC). Excluiu-se, desse modo, do texto normativo, a possibilidade de escolha, por parte da Fazenda Pública, do foro do lugar em que se praticou o ato ou ocorreu o fato que deu origem à dívida ou o da situação dos bens (art. 578, CPC/1973). Essa mudança pode gerar relevante dificuldade prática, especialmente para Municípios pequenos, prejudicados pela ausência de estrutura para perseguir seus direitos fora de sua circunscrição territorial.

Os foros especiais mereceram maiores alterações. O foro do domicílio do devedor, para a ação de anulação de títulos extraviados ou destruídos, foi o único excluído dentre as regras especiais já existentes no Código anterior (art. 100, III, CPC/1973). O foro de sucessão, em caso de não possuir o autor da herança domicílio certo (que é a regra geral para os casos de inventário, partilha, arrecadação, cumprimento de disposições de última vontade, impugnação ou anulação de partilha extrajudicial e todas as ações em que o espólio for réu), passou a ser somente o do local dos bens, com prioridade para os bens imóveis (parágrafo único do art. 48, NCPC). Dispensa-se, portanto, a competência do lugar em que ocorreu o óbito do autor da herança, como dispunha o Código anterior (parágrafo único, inc. II do art. 96, CPC/1973), o que é justificado pela sua irrelevância para a efetividade desse tipo de processo.

O regramento para as causas em que a União for autora ou ré foi copiada do art. 109, §2º, da CR/1988, que prevê a competência do foro do domicílio do réu para as causas em que a União for a demandante (art. 51, NCPC) e o foro de domicílio do autor, o de ocorrência do ato ou fato que originou a demanda, o de situação da coisa ou o Distrito Federal, para as causas em que ela for a demandada (parágrafo único do art. 51, NCPC). A regra é repetida, analogamente, para as causas em que Estado ou Distrito Federal figurem como partes: se o Estado ou o Distrito Federal for autor, serão propostas no foro de domicílio do réu (art. 52, NCPC), sendo réus, a ação poderá ser proposta no foro de domicílio do autor, no de ocorrência do ato ou fato que originou a demanda, no de situação da coisa ou na capital do respectivo ente federado (parágrafo único do art. 52, NCPC).

O foro da residência da mulher, nas ações de divórcio, separação, anulação de casamento, reconhecimento ou dissolução de união estável – motivo de

Cap. 1 • A COMPETÊNCIA NO NOVO CÓDIGO DE PROCESSO CIVIL
Marina França Santos

extrema controvérsia e questionamentos quanto a sua constitucionalidade[7] na vigência do Código anterior -, foi totalmente reformulado. O foro competente, para esses casos, passa a ser o do domicílio do guardião do filho incapaz, seja o guardião homem ou mulher, assumindo a lei uma presunção de que o deslocamento para outra comarca será mais custoso para quem estiver com a responsabilidade direta sobre os filhos. Na ausência de filho incapaz, o Código presumiu a existência de maiores condições de deslocamento daquele que saiu de casa, e, não existindo quaisquer dessas hipóteses, retornou à regra geral do domicílio do réu (art. 53, I, NCPC).

A solução avança, ainda que não tenha sido a sua intenção, no enfrentamento da heteronormatividade. O Código anterior, ao estabelecer como competente o domicílio de residência da mulher, reforçava – subsidiado por uma interpretação literal e discriminatória das normas vigentes, agora felizmente ultrapassada pelo julgamento da ADI 4.277[8] e da ADPF 132[9] pelo STF, e pela Resolução nº 175 do CNJ[10] -, a impossibilidade de a controvérsia relativa ao casamento dizer respeito a casais do mesmo sexo. Retrocede, no entanto, por ignorar, em meio a tantas presunções feitas, esta que ainda é franca realidade social brasileira: a preponderante desigualdade concreta entre homens e mulheres, sendo a mulher, frequentemente, a parte mais fraca no casamento heterossexual, e, conseguintemente, para quem é mais dificultoso o acesso à justiça e o exercício da ampla defesa, não devendo ser ignorada a extensão do território brasileiro e a distinta condição socioeconômica das suas mais variadas regiões geográficas. Assim, apesar de a escolha do foro do domicílio do guardião do filho incapaz e do último domicílio conjugal ser extremamente razoável em uma sociedade que houver superado a desigualdade de gênero, no Brasil estaria melhor o Código se mantivesse, ou levasse em conta, nos casamentos heterossexuais, junto a essas novas presunções, o domicílio da mulher, efetivamente protegendo a parte mais fraca, ante a realidade social e cultural brasileira.

Por fim, incluiu o NCPC a competência do foro de residência do idoso para causas que versem sobre direitos previstos na Lei nº 10.741/2003 (art. 53, III, e, NCPC) reproduzindo o disposto no art. 80 do Estatuto dos Idosos. Previu, também, a competência da sede da serventia notarial ou de registro, para a ação de reparação de dano por ato praticado em razão do ofício (art. 53, III, f, NCPC). Nesse sentido, poderia ter aproveitado a oportunidade para inserir outras competências de foro já previstas nas legislações especiais, como a do

---

7. DIDIER JÚNIOR, Fredie. Curso de Direito Processual Civil. Salvador: JusPodivm, 2008, p. 122.
8. ADI 4277, Relator Min. Ayres Britto, Tribunal Pleno, julgado em 05/05/2011, publicado 14-10-2011.
9. ADPF 132, Relator Min. Ayres Britto, Tribunal Pleno, julgado em 05/05/2011, publicado 14-10-2011.
10. Disponível em: http://www.cnj.jus.br/atos-administrativos/atos-da-presidencia/resolucoespresidencia/24675-resolucao-n-175-de-14-de-maio-de-2013.

autor-consumidor para as causas envolvendo relações de consumo, nos termos do art. 101, I, do Código de Defesa do Consumidor, seguindo a finalidade científica e sistemática de unificação jurídica das fontes do direito processual civil.

3. MODIFICAÇÃO DA COMPETÊNCIA

As regras de modificação de competência tornaram-se mais explícitas com o NCPC, especialmente no que concerne às causas de alteração legal: a conexão e a continência. Primeiramente, seguindo a mesma técnica utilizada para a *perpetuatio jurisdictionis*[11], generalizou-se, como já se entendia, para todos os casos de competência relativa (e não apenas para os casos de competência em razão do valor e do território, como dispunha o art. 102 do CPC/1973), as hipóteses em que a competência poderá ser modificada pela conexão ou continência (art. 54, NCPC). Em segundo lugar, o Código cuidou de explicitar o efeito desses institutos. A lembrar o ensinamento de Fredie Didier Júnior:

> A conexão/continência é um vínculo de semelhança entre causas pendentes. Causas pendentes distintas possuem elementos que as tornam semelhantes ou ligadas reciprocamente. Essa relação é fato jurídico (...). Frise-se, portanto, que conexão e continência são fatos, que não se confundem com os efeitos jurídicos que geram (modificação da competência com a reunião das causas em um mesmo juízo) [12].

Especificamente quanto à continência, previu-se a hipótese especial de a ação continente ser proposta anteriormente à contida. Deve-se, nesse caso, ocorrer a extinção sem resolução de mérito da ação ajuizada em momento posterior, que possua identidade de partes e causa de pedir, mas objeto menos amplo e abrangido pela ação primeira (art. 57, NCPC). Em caso contrário, a consequência será a reunião dos processos para julgamento conjunto, regra que também vale para a conexão, aderindo o Novo Código à ressalva, já contida no enunciado nº 235 sumulado pelo STJ, de que "a conexão não determina a reunião dos processos, se um deles já foi julgado" (art. 55, §1º, NCPC).

Fixou-se, ainda, a aplicação da conexão em caso de execução de título extrajudicial e ação de conhecimento relativa ao mesmo ato jurídico e de execuções fundadas no mesmo título executivo (art. 55, §2º, NCPC). A norma visa,

---

11. Perdeu o Código, no entanto, a oportunidade de usar a mesma técnica ao determinar a inderrogabilidade, por convenção das partes, da competência absoluta, preferindo, ao revés, manter a enumeração dos critérios de competência indicando as competências determinadas em razão da matéria, da pessoa ou da função.

12. DIDIER JÚNIOR, Fredie. Curso de Direito Processual Civil. Salvador: JusPodivm, 2008, p. 131.

Cap. 1 • A COMPETÊNCIA NO NOVO CÓDIGO DE PROCESSO CIVIL
Marina França Santos

especialmente, esclarecer divergência existente na vigência do Código de Processo Civil anterior quanto à possibilidade de serem reunidas, em um só juízo, ações de conhecimento e de execução conexas entre si. O rol do art. 55, § 2º, I e II, como esclarece o Enunciado n. 237 do Fórum Permanente de Processualistas Civis (FPPC) é meramente exemplificativo. Apesar de o *caput* do artigo não fazer constar essa intenção de forma expressa, o dispositivo não apresenta uma enumeração fechada das hipóteses de conexão. Ao contrário, o objetivo do artigo é apenas exemplificar algumas situações, suscetíveis de dúvida, em que o vínculo entre demandas é suficiente para se fazer presente o instituto jurídico da conexão.

A definição do juízo de reunião das ações, o juízo prevento, mereceu simplificação. A noção de prevenção, no entanto, prevalece a mesma, nos termos já expostos por Moacir Amaral Santos:

> O vocábulo prevenção vem do latim – *preventione* – com o significado de vir antes, avisar, prevenir. Na doutrina da competência define um fenômeno processual pelo qual, dada a existência de vários juízes igualmente competentes, firma-se a competência daquele em que em primeiro lugar tomar conhecimento da causa. (...) A prevenção, portanto, firma, assegura a competência de um juiz já competente. Não é, pois, critério determinativo da competência visto que aquele juiz, conforme os critérios determinativos da competência, ao conhecer da causa já era competente[13].

Ao invés da regra dupla, que previa a prevenção para o juízo em que tivesse havido a primeira citação válida, em caso de conexão entre juízos de comarcas diversas (art. 219 CPC/1973), e para o juízo que despachou em primeiro lugar, entre dois juízos na mesma comarca, o NCPC antecipou a prevenção para o momento do registro ou da distribuição da petição inicial (art. 59, NCPC). Combate-se,, desse modo, o histórico paradoxo prático na matéria, decorrente da possibilidade de uma ação ajuizada muito antes de outra não gerar, porém, a prevenção do juízo por ter recebido despacho tardio em função de entraves do serviço judiciário.

Finalmente, em relação à modificação de competência, ampliou o Código as possibilidades de declaração da incompetência relativa de ofício pelo juiz, antes restritas aos contratos de adesão, passando a admitir a atuação sem provocação das partes em todos os casos em que a cláusula de eleição de foro for considerada abusiva (art. 63, §3º, NCPC). A hipótese, no entanto, permanece

---

13. [8]SANTOS, Moacir Amaral. Primeiras linhas de direito processual civil: adaptadas ao novo Código de Processo Civil. São Paulo: Saraiva, 1978. p. 216.

sendo excepcional, mantendo-se a regra clássica do processo civil brasileiro, como elucidaram, referindo-se ao Código de 1973, Luiz Guilherme Marinoni e Sérgio Cruz Arenhart:

> Porque fixada em razão do interesse público, a incompetência absoluta pode ser reconhecida a qualquer momento no processo e em qualquer grau de jurisdição, a requerimento da parte – que deve alegar a questão em preliminar na contestação (art. 301, II), ou na primeira oportunidade em que lhe couber falar nos autos – ou mesmo de ofício pelo juiz (art. 113). (...) Já a incompetência relativa não pode ser conhecida de ofício pelo juiz, dependendo de alegação pela parte, (...) sob pena de preclusão[14].

Deixou claro o NCPC, nesse sentido, ser a possibilidade, atribuída ao juiz, de declaração de incompetência relativa sem provocação do réu, limitada no tempo, tornando-se preclusa com a citação, momento a partir do qual caberá o réu alegar a incompetência.

4. INCOMPETÊNCIA

A suscitação de incompetência relativa ganha nova forma com o Novo Código de Processo Civil. Agora, passa a ser permitida como preliminar de contestação (art. 64, NCPC) e sem suspensão do processo. Abandona-se, desse modo, o incidente de exceção de incompetência relativa e igualando-se ao procedimento da incompetência absoluta. Atento à prática judicial, exigiu o novo texto que a decisão sobre a alegação de incompetência seja feita imediatamente após a realização do contraditório em relação a essa questão (art. 64, §2º, NCPC). Evita-se, com essa regra, – a inocuidade da vedação do foro abusivo, em situação em que o réu seja obrigado a litigar em foro incorreto até o final do processo, quando, finalmente, teria a preliminar de sua contestação apreciada.

Declarada a incompetência, seja ela absoluta ou relativa (como frisou o Enunciado n. 238 do Fórum Permanente de Processualistas Civis (FPPC)), serão conservados os efeitos de decisão proferida pelo juízo incompetente, até que outra seja proferida, se for o caso, pelo juízo competente, salvo decisão judicial em sentido contrário (art. 64, §4º, NCPC). Com esse dispositivo, ratifica o NCPC o instituto da *translatio iudicii*, como observou Leonardo Carneiro da Cunha:

---

14. MARINONI, Luiz Guilherme e ARENHART, Sérgio Cruz. Curso de Processo Civil: Processo de Conhecimento. São Paulo: Revista dos Tribunais, vol. 2, 2007, p. 44-45.

> No projeto do novo CPC, não se reproduz a parte final do § 2º do art. 113 do atual CPC. Não há qualquer dispositivo, no projeto, que estabeleça a anulação automática dos atos decisórios em virtude do reconhecimento da incompetência. Ao contrário, está previsto lá no projeto que, uma vez proclamada a incompetência, serão os autos remetidos ao juízo competente (...) Significa que, nos termos do projeto do novo CPC, reconhecida *qualquer* incompetência, os autos devem ser remetidos ao juízo competente, com o aproveitamento de *todos* os atos processuais, aí incluídos os decisórios, salvo se houver decisão em sentido contrário. Por aí se vê que está previsto o aproveitamento dos atos processuais, encampando-se a ideia da *translatio iudicii*15.

Admite-se, assim, que o juízo competente possa validar os atos do juiz anterior declarado incompetente e aproveitar os atos processuais não inviabilizados pela declaração de incompetência, prestigiando-se, desse modo, o princípio da instrumentalidade e da efetividade do processo.

Leonardo Greco, também favorável ao instituto, chama, porém, a atenção, para a necessidade de se combater a interpretação da norma no sentido de que o fator urgência seja capaz de transformar o juízo incompetente em competente, o que abriria margem para a seleção do juízo mais favorável à concessão da medida pelo requerente, em afronta ao princípio do juiz natural[16]. Com essa preocupação, propõe o autor alguns limites à preservação de decisões tomadas por juízo absolutamente incompetente:

> (...) se a incompetência atingir o próprio procedimento, se os atos já praticados não puderem ser aproveitados no procedimento adequado, por serem com ele incompatíveis, e se o autor tiver proposto de má fé a demanda no juízo incompetente ou este, ciente do vício, ainda assim tiver exercido jurisdição[17].

De outro lado, para garantir a segurança jurídica das partes no processo, é crucial que o juízo competente também declare, imediatamente, isto é, já no despacho em que determinar a continuidade do processo, os atos atingidos pela inicial incompetência, de forma que se saiba exatamente quais decisões foram validadas e quais não mais produzirão efeitos no processo. A exigência

---

15. CUNHA, Leonardo José Carneiro da. A *translatio iudicii* no projeto do novo Código de processo civil brasileiro. Revista de processo. São Paulo: Revista dos Tribunais, v. 37, n. 208, p. 257-263, jun., 2012, p. 261.

16. GRECO, Leonardo. Breves Comentários aos Primeiros 51 Artigos do Projeto de Novo Código de Processo Civil (Projeto de Lei do Senado 166/2.010). Revista Eletrônica de Direito Processual – REDP. Periódico da Pós- Graduação *Stricto Sensu* em Direito Processual da UERJ, Ano 4, vol. VI, jul/dez 2010, pp. 93-116, p. 104. Disponível em: www.redp.com.br.

17. GRECO, Leonardo. *Translatio iudicii* e assunção do processo. Revista de Processo nº 166, dez/2008, p.9-26, p. 26.

não foi estabelecida pelo Novo Código mas parece ser a interpretação mais adequada do instituto em face dos princípios que o sustentam.

Finalmente, quanto ao conflito de competência, acolheu o NCPC preceito já implícito destinado ao juiz que não acolher a competência declinada. O novo texto não deixa dúvidas de que, salvo se a atribuir a outro juízo (caso em que, tecnicamente, não há ainda conflito de competência, pautado que é pela reciprocidade[18]), deverá o magistrado suscitar o conflito (parágrafo único do art. 66, NCPC), evitando-se, assim, a restituição indevida e o atraso injustificado no procedimento.

5. CONCLUSÃO

Como se observa, a matéria da competência no Novo Código de Processo Civil se tornou mais clara, mais didática, mais técnica, além de mais adequada à realidade da prática judiciária. Buscou-se a positivação da jurisprudência sumulada dos tribunais superiores sobre a matéria e o acolhimento de pacíficas contribuições da doutrina, evitando-se incertezas e prestigiando-se, assim, a segurança jurídica. Voltou-se, por fim, à centralização de regras processuais, em atendimento à justificativa da codificação, com ganho de sistematicidade à matéria.

Espera-se, desse modo, que o poder jurisdicional se exerça, com as novas regras, de forma mais eficaz e mais efetiva, garantindo-se, assim, a adequada concretização do direito fundamental ao juiz natural, e, desse modo, um processo justo e democrático.

BIBLIOGRAFIA

ASSIS, Araken de. Manual da execução. 9. ed. São Paulo: Revista dos Tribunais, 2005.

CINTRA, Antônio Carlos de Araújo; GRINOVER, Ada Pellegrini Grinover; DINAMARCO, Cândido Rangel. Teoria Geral do Processo. São Paulo: Malheiros, 2006.

CUNHA, Leonardo José Carneiro da. A *translatio iudicii* no projeto do novo Código de processo civil brasileiro. Revista de processo. São Paulo: Revista dos Tribunais, v. 37, n. 208, p. 257–263, jun., 2012.

DIDIER JÚNIOR, Fredie. Curso de Direito Processual Civil. Salvador: JusPodivm, 2008.

---

18. Corrigiu o NCPC a definição de conflito de competência positivo feita pelo Código de 1973, acrescendo à necessidade de dois ou mais juízes se considerarem incompetentes, o requisito de atribuírem-se, reciprocamente, a competência.

DINAMARCO, Cândido Rangel. Instituições de Direito Processual Civil. Vol. I. São Paulo: Malheiros, 2009.

GONÇALVES, Aroldo Plínio. Técnica Processual e Teoria do Processo. Rio de Janeiro: AIDE, 1992.

GRECO, Leonardo. Breves Comentários aos Primeiros 51 Artigos do Projeto de Novo Código de Processo Civil (Projeto de Lei do Senado 166/2.010). Revista Eletrônica de Direito Processual – REDP. Volume VI. Periódico da Pós- Graduação *Stricto Sensu* em Direito Processual da UERJ, pp., p. 104. Disponível em: www.redp.com.br.

GRECO, Leonardo. *Translatio iudicii* e assunção do processo. Revista de Processo nº 166, p.9-26, dez/2008.

MARINONI, Luiz Guilherme. MITIDIERO, Daniel. Código de Processo Civil comentado artigo por artigo. São Paulo: Editora Revista dos Tribunais, 2011.

MARINONI, Luiz Guilherme e ARENHART, Sérgio Cruz. Curso de Processo Civil: Processo de Conhecimento. São Paulo: Revista dos Tribunais, vol. 2, 2007.

MOREIRA, José Carlos Barbosa. Estudos sobre o Novo Código de Processo Civil. Rio de Janeiro: Líber Juris, 1974.

SANTOS, Moacir Amaral. Primeiras linhas de direito processual civil: adaptadas ao novo Código de Processo Civil. São Paulo: Saraiva, 1978.

THEODORO JÚNIOR, Humberto. Curso de Direito Processual Civil. Teoria geral do direito processual e processo de conhecimento. Rio de Janeiro: Forense, 2011.

CAPÍTULO 2

Forum non conveniens

Renato Resende Beneduzi[1]

SUMÁRIO: 1. INTRODUÇÃO; 2. FORUM NON CONVENIENS E A CONVENIÊNCIA-ADEQUAÇÃO; 3. FORUM NON CONVENIENS E O ABUSO NA ESCOLHA DO JUÍZO COMPETENTE; 4. FORUM NON CONVENIENS E LITISPENDÊNCIA INTERNACIONAL; 6. CONCLUSÃO; 7. BIBLIOGRAFIA

1. INTRODUÇÃO

Forum non conveniens é uma defesa processual (ora uma exceção, ora uma objeção[2]) mediante a qual se pede a um juiz, competente embora em princípio para julgar a demanda, que se recuse a julgá-la ao fundamento de que existe um outro foro mais apropriado para o seu julgamento[3]. Daí falar-se de um foro que, embora a rigor competente, é *inconveniente*, porque existe outro *mais adequado*. Figura típica do *common law[4]*, esta *defesa (plea)*, em inglês por vezes também

---

1. Professor de Direito Processual Civil, na graduação e na pós-graduação, da Pontifícia Universidade Católica do Rio de Janeiro (PUC-RIO). Doutorando em Direito pela Ruprecht-Karls-Universität Heidelberg. Mestre em Direito Processual pela Faculdade de Direito da Universidade de São Paulo (USP). Visiting Fellow na Universidade de Oxford (academic visitor; Institute of European and Comparative Law), em 2014. Advogado.

2. Como se verá mais adiante.

3. "Forum non conveniens is a plea to the effect that a court with jurisdiction should decline to exercise its jurisdiction because the just determination of the dispute requires that the action should be tried elsewhere in a more appropriate forum" (*Rodger*, Forum non conveniens post-Owusu, in: 2 J Priv. Int'l L. 71 (2006), p.71);

4. "Forum law conveniens is a common law doctrine which allows a court the discretion to refuse to hear a case, even though personal jurisdiction and venue are properly established, if the forum is inappropriate or inconvenient for the defendant" (*Reed*, To be or not to be: the forum non conveniens performance acted out on Anglo-American courtroom stages, in: Ga. J. Int'l &Comp. L. 31(2000), p. 36); "Forum non conveniens is a legal doctrine first developed by the courts of Scotland, which by the twentieth century had gained acceptance in every major common law legal system. It allows courts to decline to exercise jurisdiction that otherwise exists in deference to litigation in a more appropriate forum in another state" (*Brand/Jablonsky*, Forum non conveniens: History, Global Practice, and Future under the Hague Convention on Choice of Court Agreements (2007), p. xiii). A origem escocesa deste instituto é frequentemente enfatizada, com referência a um famoso artigo publicado em 1947 por Edward Barrett Jr. (*Barrett Jr*, The doctrine of forum non conveniens, Cal. L. Rev. 35 (1947), embora esta ascendência não seja de todo incontroversa: "The ultimate origin of forum non conveniens is unclear. One scholar traced the doctrine back to the plea of forum non competens in sixteenth-century Scottish law. There are also several nineteenth- and early twentieth-century American cases in which courts declined jurisdiction in favour of another forum. But the critical event in the modern history of forum non conveniens appears to be a 1929 law review article by Paxton Blair, a New York attorney" (*Wilson*, Coming to America to file suits: foreign plaintiffs and he forum non conveniens barrier in transnational litigation, in: Ohio St. L.J. 659 (2004),p. 673). É curioso, de todo modo, que, típica embora dos ordenamentos jurídicos filiados à

799

doctrine[5], não encontra, tradicionalmente, aceitação no Brasil[6]. A doutrina, entretanto, vem dedicando nos últimos anos renovada atenção ao assunto[7], sobre o qual também o Código de Processo Civil que está por entrar em vigor lança novas luzes.

A concretização da jurisdição, nos países filiados à tradição do *civil law*, independe, a rigor, da *vontade do juiz*, que não tem o poder de escolher *discricionariamente* quais causas julgará[8]. Deve o juiz, com efeito, apenas *aplicar* as regras definidoras de competência *previamente* fixadas pela Constituição e pelas leis[9] e respeitar, em certos casos (mas não muitos), a vontade das partes (como na hipótese de prorrogação da competência territorial, em que o juiz

---

família do *common law*, o *forum non conveniens* possa ter primeiro se desenvolvido na Escócia, cuja direito ostenta uma natureza híbrida. Sobre esta natureza: "Scots law is today still in the position of a hybrid system of indigenous common law with a large infiltration of Roman law, systematised under Roman influence in the seventeenth and eighteenth centuries, and only since the early nineteenth century affected to any substantial degree by the infusion of English legal principles. This intermediate position between the civil and common law systems Scotland shares with Quebec, the Roman-Dutch system of South Africa and Louisiana" (*Walker*, Some characteristics of Scots Law, in: Modern Law Review 18 (1955), p. 325).

5. Melhor talvez do que a tradução literal *doutrina* seja dizer que *doctrine* quer dizer *teoria*.

6. Na doutrina, por todos: "No mundo jurídico anglo-saxônico, desenvolveu-se uma teoria segundo a qual, se há vantagens práticas muito consideráveis – por exemplo, maior facilidade na colheita das provas -, em admitir que a causa seja discutida e decidida alhures, a Justiça local, mesmo que legalmente ela se inclua no âmbito de sua competência, deve abster-se de processá-la e julgá-la, remetendo as partes, em vez disso, à Justiça do Estado onde se deem as melhores condições de um bom julgamento. O princípio subjacente é o de que a atribuição de competência não *obriga* determinada Justiça, sob quaisquer circunstâncias, a atuar quando solicitada: deixa-lhe certa margem de discrição, de que ela se valerá para recusar a causa, sempre que tenha razões de peso para considerar-se a si própria como um `foro inconveniente´ (forum non conveniens). Inexiste no Brasil, quer na doutrina, quer na jurisprudência, elaboração que possa equiparar-se a essa" (*Barbosa Moreira*, Problemas relativos a litígios internacionais, in: RePro 65 (1992), p.148). Também na jurisprudência: "É condição para a eficácia de uma sentença estrangeira a sua homologação pelo STJ. Assim, não se pode declinar da competência internacional para o julgamento de uma causa com fundamento na mera existência de trânsito em julgado da mesma ação, no estrangeiro. Essa postura implicaria a aplicação dos princípios do 'forum shopping' e 'forum non conveniens' que, apesar de sua coerente formulação em países estrangeiros, não encontra respaldo nas regras processuais brasileiras" (MC 15.398/RJ, Rel. Ministra NANCY ANDRIGHI, TERCEIRA TURMA, julgado em 02/04/2009, DJe 23/04/2009). Simpática à sua aplicação no Brasil a 11ª Câmara de Direito Público do Tribunal de Justiça do Estado de São Paulo, relator o desembargador Ricardo Dip, no julgamento, em 2008, das apelações n. 9109985-72.2005.8.26.0000 e 9111787-37.2007.8.26.0000.

7. Por todos: *Didier Jr.*, Curso de direito processual civil 1 (17ª ed. 2015), p. 206; *Sarno Braga*, Competência adequada, in: RePro 219 (2013), p.13; *Tavares*, A doutrina do *forum non conveniens* e o processo civil brasileiro (dissertação de mestrado defendida perante a Faculdade Baiana de Direito em 2011); e ainda *Jatahy*, Do conflito de jurisdições (2003), p.36.

8. Com razão Brand: "Civil law jurisdictions tend to give as little discretion to judges as possible. Thus, the idea that, under a doctrine such as forum non conveniens, a court could exercise discretion to stay or dismiss a case in favour of a foreign court is inconsistent with the basic understanding of a judge´s role" (*Brand*, Challenges to forum non conveniens, in: New York University Journal of International Law and Politics 45 (2013), p. 1009).

9. Por isso se define competência como o "conjunto das atribuições jurisdicionais de cada órgão ou grupo de órgãos, estabelecidas pela Constituição e pela lei" (*Dinamarco*, Instituições de direito processual civil, tomo I (7ª ed. 2013), p.423).

incompetente se torna competente como consequência da inércia do prejudicado). Julgar, com efeito, não é entendido apenas como um *poder* do juiz competente, mas também como um autêntico *dever* seu[10] de cujo descumprimento decorreria a violação da garantia das partes ao juiz natural[11]. Pouca ou nenhuma margem de manobra sobra para o juiz.

Esta a razão pela qual o processo civil brasileiro, tradicionalmente, reconhece ao demandante irrestrita liberdade para, havendo mais de um foro *abstratamente* competente, escolher *livremente* perante qual demandará: se o juiz é competente, mesmo que outros potencialmente também o sejam, não se lhe permite a recusa em julgar. No concurso eletivo de foros igualmente competentes, assim, fenômeno que ingleses e americanos chamam de *forum shopping*[12], *ficaria "ao exclusivo arbítrio do autor a propositura no local de sua preferência e sem possibilidade de a escolha ser impugnada pelo adversário (essa é uma das manifestação do princípio constitucional da liberdade das partes)"* [13]. A conclusão é coerente com a premissa de que cabe essencialmente à lei, não ao próprio juiz, determinar se ele é competente ou não. Incumbiria ao juiz, em outras palavras, apenas verificar se os parâmetros definidos pelo legislador (e, residualmente, pela vontade das partes) para a definição de sua competência estão presentes no caso concreto. Se estiverem, não teria ele escolha senão julgar a demanda.

Mas será esta a melhor solução? Ou seria razoável reconhecer-se ao juiz *competente*, em alguns casos, o poder de recusar-se a julgar a demanda quando se entender que o foro competente em princípio não é efetivamente o mais apropriado ou adequado[14]? A existência de um *foro mais adequado*[15] *entre aqueles abstratamente competentes poderia justificar a recusa de um juiz competente? Mais*

---

10. „Zuständigkeit bedeutet die Berechtigung und Verpflichtung, eine bestimmte Aufgabe wahrzunehmen" (*Musielak/Voit*, Grundkurs ZPO (12ª ed. 2014), p. 18).
11. "Por consequência, cabe à lei fixar, previamente e de forma genérica, os critérios a serem utilizados para a identificação do juízo competente para o processo e o julgamento dos casos eventualmente surgidos, sendo vedada a sua fixação a posteriori ou a tramitação e o julgamento de feitos perante juízos incompetentes em ofensa a normais processuais de cunho cogente (art. 5º, XXXVII e LIII, da CF). Portanto, de acordo com o juiz natural, apenas a lei – geral e anterior – pode definir a competência dos órgãos jurisdicionais, sendo com base nela que se há de investigar a forma e os critérios de distribuição de competência no direito nacional" (*Marinoni/Arenhart/Mitidiero*, Curso de processo civil, vol. 2 (2015), p. 57).
12. "In its widest sense, forum shopping connotes the exercise of the plaintiff's option to bring a lawsuit in one of several different courts" (*Juenger*, Forum shopping, domestic and international, in: Tulane Law Review 63 (1989), p. 553).
13. *Dinamarco*, Instituições de direito processual civil, tomo I (7ª ed. 2013), p.423.
14. Reed fala em um foro *mais natural* (more natural forum): *Reed*, Venue resolution and forum non conveniens. Four models of jurisdictional propriety, in: Transnat'l. L. & Comtemp. Probs. 369 (2013), p. 371).
15. Esta a competência adequada de que fala Paula Sarno Braga: "O que ora se propõe não é violação, mas, sim, uma mais profunda concretização do juiz natural. Advoga-se a tese de que é necessário compreender-se que não basta que o órgão (ou Estado) seja previamente constituído e individualizado como aquele objetiva e abstratamente competente para a causa. Deve ser, também, concretamente competente, i.e., o mais conveniente e apropriado para assegurar a boa realização e administração da justiça" (*Sarno Braga*, Competência adequada, in: RePro 219 (2013), p. 28).

do que isso, este "most adequate forum"[16] poderia ainda tornar competente um juiz originariamente incompetente? Poderia a prudência do juiz, em outras palavras, ser também admitida como um critério legítimo (forum judiciale), ainda que secundário, para a definição da competência territorial (e apenas dela), depois da Constituição e das leis *(forum legale)* e da vontade das partes *(forum prorogatum)*[17]?

São dois os principais enfoques a partir dos quais se pode encarar a teoria do *forum non conveniens*: conveniência-adequação e abuso na escolha do juízo competente. Ambos são aplicáveis, ao menos é esta a posição que se sustenta neste artigo, alternativa ou cumulativamente, no direito brasileiro, pelos motivos que serão expostos adiante.

2. *FORUM NON CONVENIENS* E A CONVENIÊNCIA-ADEQUAÇÃO

O legislador brasileiro, ao estabelecer os critérios relevantes para a definição da competência, deixa ao juiz, tradicionalmente, pouca ou mesmo nenhuma margem de manobra. É por este motivo, por exemplo, que a reunião de processos, segundo o disposto no art. 105 do CPC de 1973, pressupõe a ocorrência de conexão ou continência. Não há aqui, aparentemente, qualquer espaço para o exercício de discricionariedade judicial. Verificando a ocorrência de uma ou outra hipótese[18], o juiz *deve* remeter os autos para o juiz prevento. Dá-se, na reunião destas demandas, uma *modificação de competência*, que ocorre porque um juiz *em princípio* competente deixa de sê-lo porque prevento um outro.

Mesmo na vigência do CPC de 1973, no entanto, a jurisprudência vinha dando ao requisito da conexão para a reunião de demandas um sentido muito mais flexível do que parece ter sido a intenção do legislador. Segundo o Superior Tribunal de Justiça, com efeito, *"a reunião dos processos por conexão configura faculdade atribuída ao julgador, sendo que o art. 105 do Código de Processo Civil concede ao magistrado certa margem de discricionariedade para avaliar a intensidade da conexão e o grau de risco da ocorrência de decisões contraditórias. Justamente por traduzir faculdade do julgador, a decisão que reconhece a conexão não impõe ao magistrado a obrigatoriedade de julgamento conjunto. A avaliação da conveniência do julgamento simultâneo será feita caso a caso, à luz da matéria controvertida nas ações conexas, sempre em atenção aos objetivos almejados pela norma de regência*

---

16. Ou seja, "the tribunal that can resolve the dispute at the least social cost" (*Miller*, In search of the most adequate forum: State court personal jurisdiction, in: Stan. J. Complex Litig. 2 (2014), p. 2).

17. As expressões *forum legale, forum prorogatum* e *forum judiciale* são extraídas de *Rosenberg/Schwab/Gottwald*, Zivilprozessrecht (17ª ed. 2010), p. 148.

18. Mas observada a restrição segundo a qual "a conexão não determina a reunião dos processos, se um deles já foi julgado" (enunciado 235 da súmula do STJ).

(evitar decisões conflitantes e privilegiar a economia processual)"[19-20]. *Embora ainda fale de conexão, o Superior Tribunal de Justiça vem colocando nos últimos anos grande ênfase na margem de discricionariedade* de que deve gozar o juiz e na circunstância de que a reunião dos processos pressupõe a avaliação da *conveniência* desta reunião. O critério para a modificação da competência (territorial) deixa de ser, inegavelmente, apenas o tradicional *forum legale*.

O § 3º do art. 55 do CPC de 2015 vai ainda mais longe, ao consagrar a relevância da discricionariedade do juiz (*forum judiciale*) para a determinação da reunião das demandas. E faz isso ao dispensar, pura e simplesmente, o requisito da conexão[21]. Diz o dispositivo: *"serão reunidos para julgamento conjunto os processos que possam gerar risco de prolação de decisões conflitantes ou contraditórias caso decididos separadamente, mesmo sem conexão entre eles".* Esta parte final, segundo a qual se permite a reunião *"mesmo sem conexão"* entre os processos, significa a expressa adoção, pelo processo civil brasileiro, da teoria do *forum non conveniens*. E isso porque é exatamente com fundamento nela que se permite a um juiz, competente embora em princípio para julgar uma demanda, a recusar-se a fazê-lo por existir um outro *mais conveniente* prevento.

---

19. REsp 1366921/PR, Rel. Ministro RICARDO VILLAS BÔAS CUEVA, TERCEIRA TURMA, julgado em 24/02/2015, DJe 13/03/2015.
20. Neste mesmo sentido: "a jurisprudência desta Corte é assente no sentido de que a reunião de ações conexas para julgamento conjunto constitui faculdade do magistrado, pois cabe a ele gerenciar a marcha processual, deliberando pela conveniência, ou não, do processamento e julgamento simultâneo" (AgRg no REsp 1204934/RJ, Rel. Ministro BENEDITO GONÇALVES, PRIMEIRA TURMA, julgado em 14/04/2015, DJe 23/04/2015).
21. O CPC de 2015, inovando, foi além, emprestando o mesmo regime jurídico – de reunião dos processos perante o juízo prevento para julgamento conjunto salvo se um deles já tiver sido sentenciado – a outras situações em que, bem analisadas, não há conexão. A reunião, justifica-se, de qualquer sorte, para evitar o proferimento de decisões conflitantes, que é (e sempre foi) a razão de ser da reunião de processos determinada pela conexão (*Scarpinella Bueno*, Manual de direito processual civil (2015), p. 115).

Esta solução corresponde ao *"convenience-suitability approach"* a que se refere Arthur von Mehren[22], critério empregado pelas cortes inglesas[23] e americanas[24] na aplicação da teoria do *forum non conveniens*. Não se nega, com efeito, que as cortes inglesas e americanas aplicam esta teoria em hipóteses outras, que em muitos casos não equivalem exatamente à modificação de competência com fundamento na prevenção do processo civil brasileiro. Mas o *fundamento*, a rigor, é exatamente este: a conveniência-adequação, que se funda no interesse público na boa administração da justiça e não apenas no interesse das partes. É por este motivo (a relevância do interesse público na boa administração da justiça) que, no processo brasileiro, quando se alegar o *forum non conveniens* com fundamento na conveniência-adequação, tratar-se-á de uma *objeção processual*, não de uma exceção, razão pela qual se permite ao juiz dela conhecer de ofício.

Por se tratar de um juízo discricionário (no sentido técnico, e não pejorativo, do termo), o juiz não está vinculado a hipóteses de cabimento expressamente previstas em lei. O *"risco de prolação de decisões conflitantes ou contraditórias caso decididos separadamente"* a que alude a lei ou o *"privilegiar a economia processual"* de que fala a jurisprudência do Superior Tribunal de Justiça são apenas pontos de partida para o exercício, pelo juiz, de um juízo

---

22. *Mehren*, Theory and practice of adjudicatory authority, in: Recueil Des Cours, Collected Courses of the Hague Academy of International Law 295 (2002), p. 326.

23. Com a ressalva de que o julgamento do caso Owusu pela Corte Europeia de Justiça restringiu consideravelmente o escopo de aplicação da teoria do *forum non conveniens* na Inglaterra: "The court has a general power to stay proceedings on grounds of forum non conveniens; that is, on the basis that the courts of England and Wales do not provide an appropriate forum for determining a particular dispute. Objections to forum can be on a variety of grounds. A defendant served outside the jurisdiction may seek to stop proceedings in this country by arguing that there is another forum which is more suitable for the determination of the dispute. Alternatively, a party to proceedings here may argue that the opponent should not be allowed to institute or continue proceedings abroad because England and Wales provide a more appropriate forum, and therefore seek an injunction to restrain the opponent from commencing proceedings abroad or an order directing their discontinuance. The power is by no means confined to claims served out of the jurisdiction. An objection on this ground may be raised even where proceedings have been served within the jurisdiction. The applicable principles are the same as those on application for permission to serve out of the jurisdiction under CPR 6.36, except that the burden of proof is on the defendant to persuade the court of the unsuitability of the English forum. The scope for an objection on the grounds of forum non conveniens has been much reduced by the ECJ's interpretation of the BC, which precludes the court that has jurisdiction under the Convention from refusing to entertain a dispute on the grounds that it is not the most convenient forum for the dispute. It held in Owusu v Jackson (t/a Villa Holidays Bal Inn Villas) (C281/02) that if proceedings are commenced in the defendant's UK domicile in accordance with the Judgments Regulations (Conventions), the court has no power to stay them on the grounds that another jurisdiction offers a more appropriate forum. The ECJ rejected the doctrine of forum non conveniens, recognised in only a limited number of Contracting States, in order to ensure the uniform application of the jurisdictional rules of the Judgments Regulations (BC) in all European countries" (*Zuckerman*, On civil procedure (3ª ed 2013), p. 271).

24. "The doctrine of forum non conveniens holds that a court has discretionary authority to decline to adjudicate an action whose facts arose in another jurisdiction whenever it appears that the cause may be more appropriately tried elsewhere" (*Hazard/Leubsdorf/Bassett*, Civil procedure (6ª. ed. 2011), p. 142).

Cap. 2 • FORUM NON CONVENIENS
Renato Resende Beneduzi

de conveniência-adequação sobre se ele deve, ou não, julgar a demanda[25]. São incontáveis, neste sentido, os precedentes ingleses[26] e americanos[27] que esmiúçam e individualizam os casos em que esta rejeição se justificaria sem se prender a esquemas abstratos rígidos previamente estabelecidos[28]. Convém ao processo civil brasileiro encarar a questão com a mesma flexibilidade. Com isto não se não quer dizer, obviamente, que a decisão do juiz não se sujeite a controle. É mesmo possível, com efeito, que o juiz prevento não concorde com a reunião. Flexibilidade não se confunde, de modo algum, com arbitrariedade.

O mesmo raciocínio (fixação da competência – *forum judiciale* – com fundamento na conveniência-adequação) aplica-se, analogicamente, mesmo quando não houver juízo prevento. Havendo um concurso de foros em tese igualmente competentes, o juiz a que distribuída a demanda pode recusar-se a julgá-la e determinar a remessa dos autos ao juízo (dentre os demais juízos potencialmente competentes) que lhe parecer mais adequado. Se o outro juízo não concordar com a modificação, ocorrerá um conflito negativo de competência que deve ser resolvido como qualquer outro.

---

25. "Forum adequacy is realized when the forum state court exercises jurisdiction when it is the most adequate forum and refrains from exercising jurisdiction when it is not" (*Miller*, In search of the most adequate forum: State court personal jurisdiction, in: Stan. J. Complex Litig. 2 (2014), p. 2).

26. Nas palavras, por exemplo, de Lord Templeman: "The factors which the court is entitled to take into account in considering whether one forum is more appropriate are legion. The authorities do not, perhaps cannot, give any clear guidance as to how these factors are to be weighed in any particular case. Any dispute over the appropriate forum is complicated by the fact that each party is seeking an advantage and may be influenced by considerations which are not apparent to the judge or considerations which are not relevant for his purpose. In the present case, for example, it is reasonably clear that Cansulex prefer the outcome of the Roseline proceedings in Canada to the outcome of the Cambridgeshire proceedings in England and prefer the limitation period in British Columbia to the limitation period in England. The shipowners and their insurers hold other views. There may be other matters which naturally and inevitably help to produce in a good many cases conflicting evidence and optimistic and gloomy assessments of expense, delay and inconvenience. Domicile and residence and place of incident are not always decisive" (Spiliada Maritime Corp v Cansulex Ltd [1986] UKHL 10 (19 November 1986).

27. Na linha do que definido no precedente Gulf Oil Corp v. Gilbert, julgado pela Suprema Corte americana em 1947: "Important considerations in the application of the doctrine of forum non conveniens, from the standpoint of litigants, are relative ease of access to sources of proof, availability of compulsory process for attendance of unwilling witnesses, cost of obtaining attendance of willing witnesses, possibility of view of the premises if that be appropriate, and all other practical problems that make trial of a case easy, expeditious, and inexpensive. Considerations of public interest in applying the doctrine include the undesirability of piling up litigation in congested centers, the burden of jury duty on people of a community having no relation to the litigation, the local interest in having localized controversies decided at home, and the unnecessary injection of problems in conflict of laws" (Gulf Oil Corp v. Gilbert, 330 US. 501-509 (1947)).

28. Exatamente sobre o teste estabelecido em Gulf Oil Corp. v. Gilbert: "However the balancing works, it is a wide-ranging, highly fact-specific inquiry subject to a deferential review. If the test were stricter, ´the forum non conveniens doctrine would lose much of the very flexibility that makes it so valuable. As a result, the outcomes of this balancing test are relatively unpredictable and, compared to FNC`s first prong, more likely to vary between similar cases"(*Muttreja*, How to fix the inconsistent application of forum non conveniens to Latin American jurisdiction – and why consistency may not be enough, in: N.Y.U. l. Rev 1697 (2008), p. 1617).

A conveniência-adequação manifestar-se-á nesta hipótese, especialmente, em relação à instrução probatória. Esta exigência é visível no processo coletivo, por exemplo *"nos casos das ações coletivas ressarcitórias em razão de dano nacional"*[29] em que o foro competente será o de *"qualquer capital de Estado-membro e no Distrito Federal, art. 93, II, CDC"*[30]. Aqui, *"a análise das regras existentes no Direito Brasileiro tem de passar pelo filtro do princípio da competência adequada (corolário dos princípios do devido processo legal e da adequação). Não é possível aplicar as regras legais de competência sem fazer o juízo de ponderação a partir do exame das peculiaridades do caso concreto"*[31]. E isso essencialmente pelos mesmos motivos elencados pela Suprema Corte americana no caso Gulf Oil Corp. v. Gilbert, a saber: *"relative ease of access to sources of proof, availability of compulsory process for attendance of unwilling witnesses, cost of obtaining attendance of willing witnesses, possibility of view of the premises if that be appropriate, and all other practical problems that make trial of a case easy, expeditious, and inexpensive"*[32-33].

Também no processo individual é possível conceber situações em que os mesmos motivos justificam a recusa, no concurso de foros, de um dos juízos potencialmente competentes. Basta imaginar-se a hipótese de prorrogação da competência territorial com fundamento no disposto no art. 46, §4º, do CPC, segundo o qual *"havendo 2 (dois) ou mais réus com diferentes domicílios, serão demandados no foro de qualquer deles, à escolha do autor"*. Se o foro eleito pelo autor é manifestamente inapropriado, embora em princípio competente (por exemplo, porque domicílio de um dos réus), justifica-se a aplicação da teoria do *forum non conveniens*. Nesta hipótese, embora o fundamento conveniência-adequação possa confundir-se com o de abuso na escolha do foro, fundamento para a aplicação do *forum non conveniens* de que se falará mais adiante, o resultado prático é o mesmo: tornará incompetente o juízo em princípio competente, que deverá determinar a remessa dos autos àquele que ele julgar o mais adequado.

---

29. *Didier Jr.*, Curso de direito processual civil 1 (17ª ed. 2015), p. 206.
30. *Didier Jr.*, Curso de direito processual civil 1 (17ª ed. 2015), p. 206.
31. *Didier Jr./Zaneti Jr.*, Curso de direito processual civil 4 (8ª ed. 2013), p. 206.
32. Gulf Oil Corp v. Gilbert, 330 US. 501-509 (1947).
33. Petsche exemplifica: "Lack of efficiency constitutes probably the most significant issue for the purposes of the application of the forum non conveniens doctrine. Classical examples include (i) the dismissal of a claim brought in a U.S. court by a Danish seaman against a Danish sea captain for back wages; (ii) the dismissal of a claim brought in a federal district court in New York by a Virginia resident against a Pennsylvania corporation for damage suffered as a result of the destruction of a warehouse in Virginia; and (iii) the dismissal of a wrongful death action filed in a California state court by Scottish plaintiffs against defendants from Pennsylvania and Ohio arising from an airplane crash in Scotland" (*Petsche*, What´s wrong with forum shopping? An attempt to identify and asses the real issues of a controversial practice, in: International Lawyer 45 (2001), p. 1016).

3. *FORUM NON CONVENIENS* E O ABUSO NA ESCOLHA DO JUÍZO COMPETENTE

A escolha entre os foros em tese competentes, no concurso eletivo de foros, é um direito potestativo do demandante[34]. É natural, por consequência, que *"havendo vários foros competentes, o autor escolha aquele que acredita ser o mais favorável aos seus interesses. É do jogo, sem dúvida"* [35]. Mas *"o problema é conciliar o exercício deste direito potestativo com a proteção da boa-fé"* [36]. Esta, exatamente, a segunda hipótese, que corresponde ao *"abuse-of-process approach"* a que se refere Arthur von Mehren [37], em que aplicável a teoria do *forum non conveniens*: quando se entender abusiva a escolha pelo autor do juízo, ainda que, em tese, ele possa ser competente.

A High Court australiana, ao optar pelo *"abuse-of-process approach"* em detrimento do *"convenience-suitability approach"*[38], é eloquente ao esclarecer o que se deve entender por escolha abusiva: *"First, a plaintiff who has regularly invoked the jurisdiction of a court has a prima facie right to insist upon its exercise. Secondly, the traditional power to stay proceedings which have been regularly commenced, on inappropriate forum grounds, is to be exercised in accordance with the general principle empowering a court to dismiss or stay proceedings which are oppressive, vexatious or an abuse of process and the rationale for the exercise of the power to stay is the avoidance of injustice between parties in the particular case. Thirdly, the mere fact that the balance of convenience favours another jurisdiction or that some other jurisdiction would provide a more appropriate forum does not justify the dismissal of the action or the grant of a stay. Finally, the jurisdiction to grant a stay or dismiss the action is to be exercised 'with great care' or 'extreme caution'"*[39].

A tutela da boa-fé, em outras palavras, para que se possa evitar a ocorrência de considerável injustiça contra o demandado, justifica a aplicação do *forum non conveniens* quando visivelmente *opressiva* e *vexatória* (por isso abusiva) a escolha do demandante. E aqui já se está falando da aplicação da teoria no Brasil. A regra, entretanto, não deixa de ser o respeito pela escolha

---

34. Sobre o ponto, mais detalhadamente: *Tavares*, A doutrina do *forum non conveniens* e o processo civil brasileiro (dissertação de mestrado defendida perante a Faculdade Baiana de Direito em 2011), p. 74.
35. *Didier Jr.*, Curso de direito processual civil 1 (17ª ed. 2015), p. 207.
36. *Didier Jr.*, Curso de direito processual civil 1 (17ª ed. 2015), p. 207.
37. *Mehren*, Theory and practice of adjudicatory authority, in: Recueil Des Cours, Collected Courses of the Hague Academy of International Law 295 (2002), p. 326.
38. Não é esta interpretação restritiva a prevalente nos países filiados à família do *common law* nem é ela que se advoga para o processo brasileiro. Mas o precedente da High Court australiana a seguir transcrito, ao descrever a escolha abusiva, parece útil para ilustrar o que se deve entender por "abuse-of-process approach".
39. Voth v Manildra Flour Mills Pty Ltd, caso de 1990, citado pelo recente Puttick v Tenon Limited (formerly called Fletcher Challenge Forests Limited) [2008] HCA 54.

NOVO CPC DOUTRINA SELECIONADA, v. 1 • Parte Geral

PARTE VI – COMPETÊNCIA

do autor, quando o foro por ele escolhido for em tese competente (Dinamarco diria que *"essa é uma das manifestação do princípio constitucional da liberdade das partes)"*[40]. Apenas quando for evidentemente abusiva a escolha é que o juiz deverá, ao valer-se de um poder discricionário que deve ser exercido com prudência e parcimônia, recusar-se a julgar e, consequentemente, determinar a remessa dos autos ao juízo que lhe parecer mais apropriado (*forum judiciale*, também restrito à determinação da competência territorial). Se o outro juízo não concordar com a modificação, ocorrerá um conflito negativo de competência que deve ser resolvido como qualquer outro. De todo modo, porque nesta hipótese predomina o interesse da parte prejudicada (e não, propriamente, o interesse público no bom andamento da justiça, como na hipótese de conveniência-adequação), a alegação de *forum non conveniens* não é uma objeção, mas sim uma exceção processual, de cujo conhecimento depende a provocação oportuna do prejudicado (na própria contestação, conforme o art. 64 do CPC de 2015, sob pena de prorrogação da competência do juiz *inapropriado* nos termos do disposto no art. 65 do Código).

São folclóricas algumas situações, na experiência judiciária americana, de escolhas de foro manifestamente abusivas, embora em princípio admissíveis, com fundamento em regras *curiosas* sobre a determinação de competência (com fundamento, por exemplo, na *passagem* do demandado, mesmo em um navio ou avião, por um lugar com que nem ele nem a demanda têm qualquer relação)[41]. Imagine-se, no entanto, hipótese relativamente comum no Brasil de determinação da competência territorial com fundamento no disposto no art. 46, §4°, do CPC, segundo o qual *"havendo 2 (dois) ou mais réus com diferentes domicílios, serão demandados no foro de qualquer deles, à escolha do autor"*. A escolha de um litisconsorte pode ser feita de modo abusivo pelo autor, de modo a afastar o julgamento de seu juízo mais apropriado e levá-lo para outro, distante, por exemplo, do domicílio do réu ou do lugar em que a obrigação pactuada deveria ter sido cumprida. A abusividade será ainda mais evidente se, contra o *litisconsorte-ímã*, se formular pedido diverso daquele formulado contra os demais (em um caso limite, este pedido pode vir a ser até mesmo meramente declaratório). Diz-se litisconsorte-ímã porque este litisconsorte é incluído no polo passivo apenas para fixar a competência de determinado foro, não porque contra ele o autor pretende verdadeiramente deduzir uma pretensão.

---

40. *Dinamarco*, Instituições de direito processual civil, tomo I (7ª ed. 2013), p.423.
41. "Because it offered two equally exorbitant jurisdictional bases (personal service and attachment), the traditional American approach provided powerful incentives for litigants to gain leverage by choosing a forum that was inconvenient for the other party. They could, for instance, harass travelling defendants by serving them en route (en route for example, aboard ship or even in an airplane" (*Juenger*, Forum shopping, domestic and international, in: Tulane Law Review 63 (1989), p. 555).

Segunda hipótese frequente de abuso na escolha do foro competente pelo autor é aquela que se convencionou chamar na Europa de *torpedo italiano*: uma das partes, a fim de evitar que o litígio entre elas venha a ser julgado pelo foro *mais apropriado*, adianta-se e ajuíza uma primeira demanda, frequentemente (mas não necessariamente) de natureza negativa, em um segundo foro que melhor lhe convém exatamente porque desvantajoso para o seu adversário. Esta verdadeira *corrida às cortes* para ver quem chega primeiro (e, com isso, fixa a competência para decidir primeiro de quem é a competência para julgar a demanda)[42] é uma consequência, na Europa, da aplicação das regras sobre litispendência (*litis pendens*) previstas no art. 27, 28 e 29 do Regulamento europeu n. 44/2001 à luz da interpretação que lhes deu o Tribunal de Justiça da União Europeia, especialmente, nos casos Gasser e Owusu[43]. Diz-se torpedo italiano porque, generalizada a percepção de que as cortes italianas são mais lentas, correr para ajuizar a primeira demanda na Itália (pedindo-se, por exemplo, a declaração de que determinada obrigação não é exigível) seria vantajoso, por exemplo, para um devedor que pretendesse procrastinar a solução do litígio e retardar a sua condenação ao pagamento da dívida[44].

---

42. "The result is a race to the courthouse that can interrupt (and perhaps prevent) rational negotiated resolution of disputes before tensions are raised by formal legal proceedings" (*Brand*, Challenges to forum non conveniens, in: New York University Journal of International Law and Politics 45 (2013), p. 1012).

43. "While the Court justified its decision in Owusu, on the basis of the need for "the predictability of the rules of jurisdiction laid down by the Brussels Convention," its result was a rigid adherence to the civil law preference for a doctrine of lis pendens over the common law preference for a doctrine of forum non conveniens. This was consistent with the Gasser decision, which elevates lis pendens over the parties' choice of court and allows defensive litigation through requests for negative declaratory judgments. Both cases result in a preference for a rush to the courthouse in order to pre-empt litigation in the natural forum and to allow a party other than the natural plaintiff to gain an advantage by bringing the case in a defensive fashion. The civil law race to the courthouse arguably has the benefit of predictability, but it sacrifices the opportunity for reasoned efforts to resolve disputes before the natural escalation of tensions brought about by formal litigation. It necessarily assumes that the first forum seized will always be the most appropriate forum, and thereby prevents any judicial discretion designed to place the case in the most appropriate forum" (*Brand*, Challenges to forum non conveniens, in: New York University Journal of International Law and Politics 45 (2013), p. 1012).

44. "Assume that a Swedish enterprise (the buyer) has purchased some goods from an Italian company (the seller). After delivery, which, pursuant to the contract, took place in Stockholm, the buyer finds that the quality of the goods is inferior to that specified in the contract. He demands damages from the seller, who refuses to pay. As the agreed place of delivery of the goods is Stockholm, the Italian seller can be sued there by the buyer in accordance with Article 5 point 1 of the Brussels Regulation and the resulting Swedish judgment can be enforced in Italy by virtue of Article 38 of the same Regulation. However, the Italian seller, anticipating that he will be sued in Sweden, rushes to an Italian court and applies for a declaratory judgment confirming that he is not guilty of a breach of contract. The Italian court lacks jurisdiction pursuant to the Regulation and it must decline to deal with the dispute. The lack of jurisdiction would be even more conspicuous if the seller had started proceedings in a third Member State having no relation whatsoever to the parties or to the dispute. The seller is, of course, aware of this, but the main purpose of his action in Italy or a third Member State is not to obtain a favourable judgment there on the merits of the dispute. Instead, he wishes to benefit from the fact that the courts in some Member States are notoriously slow and it may take them years to finally dismiss the case due to lack of jurisdiction. In the meantime, while waiting for the Italian or third-state court to declare itself incompetent, the Swedish

Embora não rigorosamente igual ao *torpedo italiano*, situação análoga poderia ser concebida no Brasil em relação à determinação do foro prevento para julgar demandas conexas. Imagine-se a situação de duas empresas, ambas com sede em uma mesma cidade, que fazem negócios em outros lugares do país e que, em um determinado contrato, elegem um foro que lhes parece mais célere ou confiável. Uma delas, deixando de cumprir suas obrigações e temerosa de ser demandada no foro eleito, adianta-se e ajuíza contra a outra uma demanda, no foro do domicílio delas, mediante a qual alega a invalidade do contrato[45]. Esta primeira demanda tornaria assim a rigor prevento o juízo, que não o eleito, para julgar demandas conexas a ela (entre elas, por exemplo, a eventual ação de cobrança do credor). Situação de evidente abuso que justificaria a recusa do juiz do primeiro foro a julgar a demanda.

---

buyer cannot have his claim tried by the competent Swedish court, as the lis pendens rule obliges the Swedish court to stay proceedings until the court first seized makes up its mind about its jurisdiction. The seller hopes that the long delay, together with the potential costs and inconveniences of taking part in court proceedings abroad, will make the Swedish buyer to give up his claim or accept a settlement favourable to the seller. Such use (or rather abuse) of the lis pendens rule for the purpose of "sinking" proceedings in a competent court has become known as "the Italian torpedo"" (*Bogdan*: The Brussels/Lugano lis pendens rule and the "Italian torpedo", in: Scandinavian Studies in Law (2007), p. 91. Neste mesmo sentido: "El Reglamento Bruselas I permite que el demandante pueda optar entre varios foros, desde el domicilio del demandado a foros especiales como por ejemplo el del lugar del hecho dañoso o el lugar de infracción de una patente. Estas opciones también están disponibles para un posible infractor. Éste último ante un litigio inminente puede plantear una acción declarativa negativa solicitando se declare que no infringe ninguna patente o ningún derecho de un tercero con sus prácticas comerciales. La acción declarativa se puede plantear ante diferentes jurisdicciones, por lo que el primero que la plantea también puede practicar forum shopping a su favor y se adelantará a posibles demandas por infracción de una patente o de daños y perjuicios. Esta estrategia se conoce como torpedo italiano y debe su nombre al italiano Franzosi que comparaba la norma de litispendencia con un convoy de barcos, que avanza a la velocidad del barco más lento y debe esperar a que éste supere sus problemas técnicos para poder continuar con su viaje. Así, el infractor o empresa que espera ser demandada opta por los tribunales más lentos generando un retraso injustificado en la resolución del conflicto. Es sobradamente conocido que la velocidad de los tribunales en las distintas jurisdicciones europeas no es uniforme y que a día de hoy, y a pesar de los mecanismos introducidos por la Unión Europea, sigue habiendo una gran diferencia en los tiempos, calidad e incluso de conocimientos técnicos entre los jueces de unos Estados miembros y otros. De hecho, Franzosi abandera al torpedo como italiano por ser este país el destino favorito de estas demandas abusivas debido a la famosa lentitud de su sistema judicial.29Bélgica también pertenece a los destinos favoritos de los torpedos y acciones declarativas mientras que otros Estados como Alemania suelen ser los preferidos para las demandas por infracción de la patente, o Inglaterra para las demandas de daños por ilícitos Antitrust" (*Suderow*, Nuevas formas de litispendencia y conexidad para Europa, in: Cuadernos de derecho transnacional 5 (2013), p.188).

45. Ao argumento de que este foro seria competente para julgar demandas que versam sobre a validade do contrato, na linha de alguns precedentes do Superior Tribunal de Justiça sobre o tema. Por exemplo: "Nas ações que têm como objeto o próprio contrato e o fundamento é a sua invalidade, o foro de eleição não prevalece, pois a ação não tem como causa de pedir o contrato, mas fatos ou atos jurídicos externos e até mesmo anteriores ao próprio contrato. Quando a ação não é oriunda do contrato, nem se está postulando a satisfação de obrigações dele decorrentes, mas a própria invalidade do contrato, a ação é de natureza pessoal e, portanto, deve ser proposta no domicílio do réu, como manda o art. 94 do CPC" (REsp 773.753/PR, Rel. Ministra NANCY ANDRIGHI, TERCEIRA TURMA, julgado em 04/10/2005, DJ 24/10/2005, p. 326).

Hipótese particular de aplicação da teoria do *forum non conveniens* com fundamento na ocorrência de abuso na escolha do juízo competente é aquela da eleição abusiva de foro[46]. Não se está aqui, a rigor, diante de um *concurso eletivo de foros*; em princípio, apenas um é competente (o eleito). Ocorre que, abusivo o *negócio jurídico processual* eleição de foro (e não, como nos demais casos de aplicação do *forum non conveniens*, o ato de escolha pelo demandante do juízo entre aqueles em tese competentes), admite a lei expressamente, e em qualquer hipótese[47], a recusa do juiz *em princípio* competente porque existe outro foro mais adequado. A regra não deixa de ser o respeito pela vontade manifestada pelas partes, mas quando visivelmente *opressiva* e *vexatória* (por isso abusiva) esta escolha deve o juiz, de ofício antes da citação[48], se provocado depois dela[49], reconhecer-se incompetente (*forum judiciale*) e determinar a remessa dos autos do processo àquele que lhe parecer mais adequado. É neste sentido que fala a jurisprudência do Superior Tribunal de Justiça, ao tratar do reconhecimento de que abusiva a cláusula de eleição de foro, na *"especial dificuldade de acesso ao Poder Judiciário em prejuízo à defesa de uma das partes litigantes"*[50]. *Curiosa espécie de defesa processual que nasce uma objeção e se transforma, com a citação, em exceção.*

4. *FORUM NON CONVENIENS* E LITISPENDÊNCIA INTERNACIONAL

O direito brasileiro, ao menos desde a entrada em vigor do CPC de 1973, não reconhece qualquer efeito à *litispendência internacional*. É isto o que dispõe o art. 24 do CPC de 2015, segundo o qual *"a ação proposta perante tribunal estrangeiro não induz litispendência e não obsta a que a autoridade judiciária brasileira conheça da mesma causa e das que lhe são conexas"*, que nada mais faz do que repetir aquilo que já dizia o art. 90 do código substituído.

Denunciando a imprecisão da redação empregada pelo Código de 1973, e repetida pelo de 2015, já ensinava Barbosa Moreira que *"o que se quis estatuir foi a irrelevância desses possíveis efeitos [da litispendência] para a nossa Justiça: que a lide penda ou não perante o juiz de outro Estado, nada importa aqui. Não se nega propriamente a litispendência, em si: se ela existe ou não, só a lex fori pode responder. Nega-se, isto sim, o efeito impeditivo da litispendência*

---

46. Sobre esta hipótese, também *Sarno Braga*, Competência adequada, in: RePro 219 (2013), p.30.
47. Sem se limitar aos litígios consumeristas ou quando de adesão o contrato.
48. Art. 63, § 3°, do CPC de 2015: Antes da citação, a cláusula de eleição de foro, se abusiva, pode ser reputada ineficaz de ofício pelo juiz, que determinará a remessa dos autos ao juízo do foro de domicílio do réu.
49. Art. 63, § 4°, do CPC de 2015: Citado, incumbe ao réu alegar a abusividade da cláusula de eleição de foro na contestação, sob pena de preclusão.
50. REsp 804.413/SC, Rel. Ministro RAUL ARAÚJO, QUARTA TURMA, julgado em 20/10/2011, DJe 01/07/2013.

NOVO CPC DOUTRINA SELECIONADA, v. 1 • Parte Geral

PARTE VI – COMPETÊNCIA

em relação ao processo instaurado no Brasil; nega-se, em outras palavras, a possibilidade de vir o juiz pátrio a acolher a preliminar de litispendência porventura levantada, aqui, por qualquer das partes, com fundamento na precedente existência de processo estrangeiro sobre a mesma lide – e também, é claro, a possibilidade de vir ele a conhecer ex officio da matéria, como lhe seria dado fazer se se tratasse de outro processo em curso perante a nossa Justiça" [51]. É, por este motivo, plenamente *"possível a ocorrência de duas ações com a mesma causa de pedir (parallel proceedings), quando uma foi ajuizada no Brasil e outra no exterior, e a existência de uma ação anteriormente ajuizada no exterior não impede que ação idêntica seja ajuizada no Brasil. Só haverá obstáculo ao ajuizamento de ação idêntica no Brasil a partir do momento em que houver coisa julgada no Brasil, resultante da homologação da decisão estrangeira pelo Superior Tribunal de Justiça"* [52] [53].

A solução brasileira é, com efeito, apenas uma dentre as inúmeras maneiras possíveis de se encarar o fenômeno da *parallel litigation* [54]. Existem razões que a justificam [55], e também certas vantagens práticas em sua adoção - sem litispendência ou prevenção para o julgamento de demandas conexas [56], evita-se uma

---

51. *Barbosa Moreira*, Relações entre processos instaurados, sobre a mesma lide civil, no Brasil e em país estrangeiro, in: Temas de direito processual (1977), p. 38.

52. *Vargas*, Litispendência internacional: experiência do judiciário brasileiro, In: XXXIV Curso de Derecho Internacional, 2008, Rio de Janeiro. Anuario del Curso de Derecho Internacional. Washington, D.C.: Organização dos Estados Americanos 34 (2007), p. 378).

53. Trata-se aqui, obviamente, apenas das hipóteses de competência concorrente, exatamente porque, "no concernente às hipóteses de competência exclusiva, nenhuma relevância pode jamais assumir, para o Brasil, a instauração de processo ou a emissão de sentença, alhures, sobre a lide reservada ao conhecimento da Justiça nacional" (*Barbosa Moreira*, Relações entre processos instaurados, sobre a mesma lide civil, no Brasil e em país estrangeiro, in: Temas de direito processual (1977), p. 37).

54. George identifica cinco modos principais: "(1) do nothing and continue to litigate both cases; (2) transfer and consolidate the cases into one case; (3) stay or temporarily suspend one of the cases awaiting the outcome and possible preclusive effect of the active litigation; (4) dismiss all but one of the cases; and (5) enjoin a litigant from pursuing another case" (*George*, International parallel litigation – a survey of current conventions and model laws, in: Tex. Int´l L.J 37 (2002), p. 502).

55. "A disposição do art. 90 [do CPC de 1973, atual 24 do CPC de 2015], no que se refere à litispendência, é correta, por vários motivos. Em primeiro lugar, porque, sendo concorrente a competência, é natural que a lei interna prefira o julgamento pelos tribunais do nosso País. Em segundo lugar, e principalmente, porque o exame da existência da litispendência teria de ser feito pelo juiz brasileiro da causa, o qual, em regra, é juiz de primeira instância. E ele teria de aprofundar o estudo da ação proposta no estrangeiro, para ver se a sentença que viesse a ser proferida nela teria validade no Brasil, isto é, se preencheria os requisitos para sua futura homologação (...). Ora, a a homologação é, por norma constitucional, de competência do Supremo Tribunal Federal, como se vê no art. 102, item I, aliena H, da Constituição Federal [hoje do Superior Tribunal de Justiça]; de modo que o juiz de primeira instância teria de fazer um julgamento provisório e precário de uma questão cujo exame e decisão só competem à mais alta Corte do País" (*Agrícola Barbi*, Comentários ao CPC, volume I (14ª ed. 2010), p. 407).

56. "O artigo 90, na sua parte final [do CPC de 1973, atual 24 do CPC de 2015], refere-se também a causas conexas com a ajuizada em Estado estrangeiro com competência concorrente à jurisdição brasileira. A preferencia pela jurisdição do País, princípio sobre o qual se assenta a parte do dispositivo referente à litispendência, com muito mais razão justifica o conhecimento da ação aqui proposta, quando esta tem

corrida às cortes para a definição do juízo competente ou prevento ("race to file" como no exemplo do *Italian torpedo).* Mas há também inconvenientes: a desnecessária duplicidade instrutória, em primeiro lugar, custosa para as partes e para os respectivos judiciários e, em segundo, também o estímulo à prática de chicanas processuais exatamente porque, se quem chega primeiro leva (*"race to judgment"*), o emprego de táticas protelatórias passa a valer a pena[57].

As críticas a este tratamento da litispendência internacional acompanharam a sua introdução no Brasil pelo CPC de 1973[58], e tornaram-se mais vigorosas com o passar do tempo. Teresa Arruda Alvim Wambier advoga, por exemplo, a incidência em algumas hipóteses da eficácia extintiva da litispendência internacional com fundamento no assim chamado princípio da efetividade. Segundo ela, *"por aplicação do princípio em questão, portanto, é razoável afirmar que, mesmo se configurada hipótese de competência do juiz brasileiro, é recomendável sentença de extinção do processo sem resolução do mérito, caso se verifique que a tramitação da causa na Justiça brasileira não trará resultado útil para as partes envolvidas"*[59]. *O próprio CPC de 2015, ao reconhecer expressamente a possibilidade de eleição internacional de foro em seu art. 25*[60], parece dar também um passo no sentido de afastar-se de um certo *chauvinismo jurídico,* predominante no Brasil até relativamente pouco tempo, de que as regras tradicionais sobre litispendência internacional são um eloquente exemplo. É neste contexto que a

---

em comum com a estrangeira apenas o objeto ou a causa de pedir" (*Jatahy,* Do conflito de jurisdições (2003), p. 148).

57. "A rule which permitted parallel proceedings would avoid a "race to file" but in its place would be an equally troubling "race to judgment". If neither action is stayed, the advantage goes to the first party to obtain judgment in its favour because the other jurisdiction would be expected to respect that judgment. Permitting parallel proceedings to continue would encourage a litigation strategy in which each side would attempt to expedite its own action while prolonging in any way possible the other party's action through endless motions or other delaying tactics. In other words, allowing parallel proceedings to continue would not avoid entirely the problem of a "race to the courthouse" but would simply push the problem back a stage in the proceedings" (*Teitz,* Both sides of the coin: a decade of parallel litigation proceedings and enforcement of foreign judgments in transnational litigation, in: Roger Williams U. L. Rev. 1 (2004), p. 2).

58. Já o Código Bustamante, por exemplo, de 1928, dispunha em seu artigo 394 que "A litispendência, por motivo de pleito em outro Estado contratante poderá ser alegada em matéria cível, quando a sentença, proferida em um deles, deva produzir no outro os efeitos de coisa julgada".

59. Prossegue ela: "Ora, se é aconselhável a extinção do processo perante a Justiça brasileira, apesar de sua competência, quando se verificar que não pode trazer resultado útil para as partes, porque não se admitir tal solução quando a impossibilidade de obter resultado útil decorre da tramitação de outra demanda idêntica, perante a Justiça estrangeira? A resposta a essa indagação, parece-nos, justifica a extinção do processo por litispendência estrangeira, sempre que se verificar que, da tramitação da demanda em outro país, puder resultar esvaziamento da utilidade da demanda proposta perante a Justiça brasileira" (*Wambier,* Competência e litispendência internacional, in: Pareceres 2 (2012), p. 24).

60. Art. 25. Não compete à autoridade judiciária brasileira o processamento e o julgamento da ação quando houver cláusula de eleição de foro exclusivo estrangeiro em contrato internacional, arguida pelo réu na contestação. § 1o Não se aplica o disposto no caput às hipóteses de competência internacional exclusiva previstas neste Capítulo.

aplicação da alegação de *forum non conveniens*, quando se tratar de competência internacional concorrente, pode revelar-se frutuosa.

Se a Justiça brasileira é *também* competente para julgar determinada demanda, não é prudente excluir, *automaticamente*, a exigência de homologação de uma eventual sentença estrangeira sobre o mesmo objeto para que ela possa a vir produzir efeitos internamente. Ainda que apenas uma fração delas possa efetivamente vir a violar a soberania e a ordem pública nacionais, a regra geral (exigência de homologação) deve levar em conta a ocorrência destas hipóteses, ainda que excepcionalmente. Mas não seria possível que o juiz brasileiro, *competente em princípio embora* para julgar a demanda, no concurso internacional de foros, possa recusar-se a julgá-la porque existe outro concretamente *mais adequado*? Esta flexibilidade não poderia servir como um ponto de equilíbrio entre o rigor necessário de que se reveste a regra geral e a exigência de justiça e *fairness* que a análise particular de cada caso melhor propicia (*forum judiciale*)?

Suponha-se situação em que as partes litigam em um foro de um país cuja Justiça é reputada séria e imparcial. O juiz de lá considera-se competente para julgar a demanda. Provas são realizadas e o processo desenvolve-se regularmente. Nenhuma alegação consistente de favorecimento coloca em xeque a imparcialidade deste julgamento. Nada parece indicar que a ordem pública nacional brasileira esteja em perigo. Por que razão o juiz brasileiro deveria julgar também a demanda, se perante outro foro mais apropriado um processo com mesmo objeto já se desenvolve? A ideia é justamente não constranger o juiz brasileiro com esquemas abstratos rígidos previamente estabelecidos, mas lhe dar margem de manobra suficiente para, em cada caso concreto, no exercício legítimo de sua discricionariedade (*forum judiciale*), avaliar, com fundamento na conveniência-adequação ou na ocorrência de abuso na escolha do juízo competente, se outro foro fora do Brasil é mais adequado para julgar aquela demanda.

No concurso internacional de foro, entretanto, a aplicação do *forum non conveniens* pressupõe o reconhecimento prévio pelo outro foro de que ele é competente para julgar aquela demanda específica[61]. Ao contrário do concurso interno de foro, em que as partes têm à sua disposição o instrumento do conflito negativo de competência para evitar a ocorrência de denegação de justiça, mesma solução não se encontra disponível no processo civil internacional. Por isto, o reconhecimento pelo juiz brasileiro de sua inconveniência não deve dar-se em benefício de um foro *em tese* mais apropriado, mas apenas de um

---

61. Esta possibilidade foi tratada pelos arts. 21 e 22 do esboço de 2001, não incorporados ao texto final, do que viria a ser a convenção de Haia sobre acordos de escolha de foro (*"2005 Choice of Court Convention"*).

foro que tenha se afirmado competente e que, concretamente, mostre-se mais apropriado[62].

6. CONCLUSÃO

Forum non conveniens é um tema que simboliza bem os desafios e as dificuldades que o diálogo entre sistemas jurídicos filiados à família do *civil law* e aqueles filiados à família do *common law* apresenta. Se para uns segurança e previsibilidade, qualidades que informam o sistema continental da *litispendência*, são valores que devem predominar sobre flexibilidade e *fairness* em cada caso concreto, para outros são exatamente estes os valores que tornam superior a teoria do *forum non conveniens*.

---

62. Com isto se reduzem também os riscos de repetição no Brasil daquilo que é percebido como um abuso na aplicação, pelas cortes americanas, da teoria do *forum non conveniens* em relação a demandas ajuizadas contra empresas americanas, nos Estados Unidos, onde as regras de *Discovery* são mais generosas e as indenizações habitualmente mais altas: "Though the jurisdiction of U.S. courts is broad enough to give many foreign plaintiffs the ability to file suit here, the doctrine of forum non conveniens (FNC) enables a court to dismiss a case because another forum--typically the plaintiff's home forum--would be more convenient for it. FNC dismissal is warranted only if the alternative forum is adequate, available, and more convenient for the case. Often, the alternative forum's availability is a nonissue. However, many Latin American countries subscribe to a system of preemptive jurisdiction, which extinguishes their courts' jurisdiction once a case is filed elsewhere. This system would seem to block the use of FNC by making the alternative forum unavailable, but U.S. courts have not treated this issue consistently. Some courts have reached divergent results using the same evidence, and some have avoided the inquiry altogether by making dismissals conditional. This Note analyzes and explains courts' inconsistent treatment of Latin American rules of preemptive jurisdiction by illustrating certain subtle but crucial doctrinal missteps. The Note argues that FNC doctrine requires courts to analyze a foreign forum's availability from that forum's perspective while also paying heed to the movant's burden of persuasion. Yet this doctrinally honest approach could preclude courts from using FNC to mediate between important policy concerns, as is usually possible. This Note identifies these competing concerns and proposes a possible solution" (*Muttreja*, How to fix the inconsistent application of forum non conveniens to Latin American jurisdiction – and why consistency may not be enough, in: N.Y.U. l. Rev 1697 (2008), p. 1607). Também Wilson: When the Piper Aircraft Court elevated convenience to the apex of the forum non conveniens inquiry in transnational cases, the Court failed to consider the implications of presuming that foreign plaintiffs' claims are less legitimately filed in the United States than domestic plaintiffs' claims. By allowing American defendants to argue that American forums are inconvenient merely because the plaintiffs are foreign, the Court slowed the resolution of transnational disputes and deflected American courts' adjudicative responsibilities. Piper Aircraft did not entirely foreclose litigation by foreign plaintiffs in the United States, but the decision raised the procedural barrier. More recent cases, particularly the Second Circuit's Iragorri, have chiseled away at the barrier by rejecting the presumption against foreign plaintiffs in favor of an analysis of the case's contacts with the chosen forum. But the most decisive step still remains to be taken. If American courts are to cooperate effectively in transnational litigation, they should follow the model of the Hague Conference's forum non conveniens compromise" (*Wilson*, Coming to America to file suits: foreign plaintiffs and he forum non conveniens barrier in transnational litigation, in: Ohio St. L.J. 659 (2004), p. 693). "As with the civil law legal systems of continental Europe represented in the Brussels regime discussed above, a similar distaste for the results of a discretionary forum non conveniens doctrine has been seen in the civil law legal systems of Latin America. The result has been an evolutionary approach that has first challenged the doctrine directly by refusing cases dismissed on forum non conveniens grounds in U.S. courts, and then, more recently, accepting the cases and responding with large judgments" (*Brand*, Challenges to forum non conveniens, in: New York University Journal of International Law and Politics 45 (2013), p. 1017).

É um diálogo difícil, sem dúvida alguma, como revela a recepção crítica na Inglaterra e positiva no continente das decisões do Tribunal de Justiça da União Europeia favoráveis ao *litis pendens approach*. O texto final da convenção de Haia sobre acordos de escolha de foro (*"2005 Choice of Court Convention"*) dá também testemunho dos percalços por que passa este diálogo. Embora o esboço de 2001 procurasse, ambiciosamente, encontrar um ponto de equilíbrio entre *litis pendens* e *forum non conveniens* em seus artigos 21 e 22, a versão final da convenção não chegou a incorporar esta solução[63]. Mas se trata de um diálogo necessário.

Se segurança e previsibilidade são indispensáveis, não se pode negar que, sem flexibilidade, estes valores podem converter-se em causa de inúmeras injustiças. É preciso, com efeito, conciliá-los, sem negar *a priori* a importância e a utilidade de cada um deles. Daí a proposta que se fez neste artigo: Constituição e leis são a fonte primária (*forum legale*) dos critérios determinadores da competência, mas não os únicos. É preciso, em certos casos, respeitar a vontade das partes (*forum prorogatum*) e, em outros, dar também ao juiz o poder de corrigir injustiças que a aplicação cega de regras abstratas e predeterminadas de quando em quando pode vir a ocasionar (*forum judiciale*). E isto nas duas modalidades de *forum non conveniens*, aplicáveis cumulativa ou alternativamente: conveniência-adequação e abuso na escolha do juízo competente. Uma *pitada casuística de discricionariedade*, em outras palavras, pode ser um remédio adequado para corrigir injustiças pontuais em casos concretos. É por isso que se pode definir o *forum non conveniens*, resumidamente, como um valioso *"mecanismo de controle judicial do forum shopping"*[64].

7. BIBLIOGRAFIA

Agrícola Barbi, Celso, Comentários ao CPC, volume I (14a ed. 2010).

Barbosa Moreira, José Carlos, Problemas relativos a litígios internacionais, in: RePro 65 (1992).

_____, Relações entre processos instaurados, sobre a mesma lide civil, no Brasil e em país estrangeiro, in: Temas de direito processual (1977).

---

63. "These efforts in the earlier stages of the negotiations at the Hague Conference indicate the possibility of a reasonable compromise between the common law doctrine of forum non conveniensand the civil law doctrine of lis pendens. The 2001 Hague Interim Text reaches a balance that avoids the problems of the strict lis pendens rule of the (pre-Recast) Brussels I Regulation as interpreted by the European Court of Justice. While it may be possible to improve on the compromise, it goes a long way to bridging the differences between common law and civil law jurisdictions in rules on declining jurisdiction" (*Brand*, Challenges to forum non conveniens, in: New York University Journal of International Law and Politics 45 (2013), p. 1034).

64. *Sarno Braga*, Competência adequada, in: RePro 219 (2013), p. 24.

Barrett Jr, Edward. L, The doctrine of forum non conveniens, Cal. L. Rev. 35 (1947).

Bogdan, Michael, The Brussels/Lugano lis pendens rule and the "Italian torpedo", in: Scandinavian Studies in Law (2007).

Brand, Ronald, Challenges to forum non conveniens, in: New York University Journal of International Law and Politics 45 (2013).

Brand, Ronald/Jablonsky, Scott, Forum non conveniens: History, Global Practice, and Future under the Hague Convention on Choice of Court Agreements (2007).

Didier Jr., Fredie, Curso de direito processual civil 1 (17ª ed. 2015).

Didier Jr, Fredie/Zaneti Jr., Hermes, Curso de direito processual civil 4 (8ª ed. 2013).

Dinamarco, Cândido, Instituições de direito processual civil, tomo I (7ª ed. 2013).

George, James Paul, International parallel litigation – a survey of current conventions and model laws, in: Tex. Int'l L.J 37 (2002).

Hazard/Leubsdorf/Bassett, Civil procedure (6ª. ed. 2011).

Jatahy, Vera, Do conflito de jurisdições (2003).

Juenger, Friedrich, Forum shopping, domestic and international, in: Tulane Law Review 63 (1989).

Marinoni/Arenhart/Mitidiero, Curso de processo civil vol. 2 (2015).

Mehren, Arthur,Theory and practice of adjudicatory authority, in: Recueil Des Cours, Collected Courses of the Hague Academy of International Law 295 (2002).

Miller, Geoffrey, In search of the most adequate forum: State court personal jurisdiction, in: Stan. J. Complex Litig. 2 (2014), p. 2).

Musielak, Hans-Joachim/Voit, Wolfgang, Grundkurs ZPO (12ª ed. 2014).

Muttreja, Rajeev, How to fix the inconsistent application of forum non conveniens to Latin American jurisdiction – and why consistency may not be enough, in: N.Y.U. l. Rev 1697 (2008).

Petsche, Markus, What´s wrong with forum shopping? An attempt to identify and asses the real issues of a controversial practice, in: International Lawyer 45 (2001).

Reed, Alan, To be or not to be: the forum non conveniens performance acted out on Anglo-American courtroom stages, in: Ga. J. Int'l &Comp. L. 31(2000).

Rodger, Barry, Forum non conveniens post-Owusu, in: 2 J Priv. Int'l L. 71 (2006).

Rosenberg/Schwab/Gottwald, Zivilprozessrecht (17ª ed. 2010).

Sarno Braga, Paula, Competência adequada, in: RePro 219 (2013).

Scarpinella Bueno, Cássio, Manual de direito processual civil (2015).

Suderow, Julia, Nuevas formas de litispendencia y conexidad para Europa, in: Cuadernos de derecho transnacional 5 (2013).

Tavares, Sara, A doutrina do *forum non conveniens* e o processo civil brasileiro (dissertação de mestrado defendida perante a Faculdade Baiana de Direito em 2011).

Teitz, Louise, Both sides of the coin: a decade of parallel litigation proceedings and enforcement of foreign judgments in transnational litigation, in: Roger Williams U. L. Rev. 1 (2004).

Vargas, Daniela, Litispendência internacional: experiência do judiciário brasileiro, In: XXXIV Curso de Derecho Internacional, 2008, Rio de Janeiro. Anuario del Curso de Derecho Internacional. Washington, D.C.: Organização dos Estados Americanos 34 (2007).

Walker, David, Some characteristics of Scots Law, in: Modern Law Review 18 (1955).

Wambier, Teresa Arruda Alvim, Competência e litispendência internacional, in: Pareceres 2 (2012).

Wilson, John, Coming to America to file suits: foreign plaintiffs and he forum non conveniens barrier in transnational litigation, in: Ohio St. L.J. 659 (2004).

Zuckerman, Adrian, On civil procedure (3ª ed 2013).

CAPÍTULO 3

Arbitrabilidade, competência e as diretrizes necessárias à interpretação dos arts. 23, I e 964 do Novo Código de Processo Civil

Suzana Santi Cremasco[1]

SUMÁRIO: 1. CONSIDERAÇÕES INICIAIS; 2. ARBITRABILIDADE E COMPETÊNCIA; 3. DIRETRIZES NECESSÁRIAS À INTERPRETAÇÃO DOS ARTIGOS 23, I, E 964 DO NOVO CÓDIGO DE PROCESSO CIVIL; 4. CONCLUSÕES; 5. BIBLIOGRAFIA.

1. CONSIDERAÇÕES INICIAIS

O texto do Código de Processo Civil de 1973 contém[2] não mais que oito dispositivos que versam sobre arbitragem. Eles dizem respeito, fundamentalmente, à possibilidade de instituição do juízo arbitral (art. 86), à extinção do processo sem resolução de mérito ante à existência de convenção de arbitragem (art. 267, VII), ao ônus do réu de suscitar a existência de convenção de arbitragem como preliminar de contestação (art. 301, IX) e à impossibilidade de o juiz conhecer de ofício da convenção (art. 301, parágrafo 4º), ao reconhecimento da sentença arbitral como título executivo judicial (art. 475-N, IV), à competência para o cumprimento de sentença fundado em sentença arbitral

---

1. Doutoranda em Direito pela Universidade de Coimbra, Portugal. Mestre em Direito Processual Civil pela UFMG. Professora Assistente de Arbitragem e de Direito Processual Civil da Faculdade de Direito Milton Campos, nos programas de graduação e pós-graduação. Professora Coordenadora do Núcleo de Estudos em Arbitragem da Faculdade de Direito Milton Campos. É Advogada Sócia de Cremasco | Dilly Patrus | Peixoto | Leão Advogados, com atuação na área de arbitragem e de litígios individuais de alta complexidade. Membro da Comissão de Mediação e Arbitragem da OAB/MG, do IBDP - Instituto Brasileiro de Direito Processual, do CBAr - Comitê Brasileiro de Arbitragem e do CEAPRO - Centro de Estudos Avançados em Processo.

2. Na sua redação originária, o Código de Processo Civil disciplinava o "Juízo Arbitral" entre os seus procedimentos especiais, nos artigos 1.072 a 1.100. O regramento inserto no CPC foi integralmente e expressamente revogado com a entrada em vigor da Lei 9.307/96 que, desde então, é responsável por regulamentar a arbitragem no direito brasileiro.

(art. 475-P, III, e art. 575, IV) e à inexistência de efeito suspensivo no recurso de apelação interposto contra sentença que julga procedente o pedido de instituição de arbitragem (art. 520, VI).

Essa disciplina – por assim dizer "econômica" [3] – do CPC, deixa a cargo da Lei 9.307/96 – aliada aos tratados e convenções internacionais ratificados[4] – o regramento essencial da arbitragem no país e aos cuidados de doutrina e jurisprudência a construção de soluções para as lacunas existentes[5], em um sistema harmônico, que permitiu que a arbitragem crescesse e se desenvolvesse de forma exponencial nas últimas duas décadas[6], conferindo ao Brasil o

---

3. Que poderia eventualmente ser reputada de insuficiente, na medida em que não trata de todas as relações possíveis de ocorrer entre o juízo arbitral e o juízo estatal, sendo certo que a necessidade de concessão de tutelas de urgência quando ainda não instituída a arbitragem e a forma de comunicação entre Tribunais Arbitrais e órgãos do Poder Judiciário para atos que necessitam de colaboração, como é o caso previsto no artigo 22, parágrafo 2º da Lei de Arbitragem: "Em caso de desatendimento, sem justa causa, da convocação para prestar depoimento pessoal, o árbitro ou o tribunal arbitral levará em consideração o comportamento da parte faltosa, ao proferir sua sentença; se a ausência for de testemunha, nas mesmas circunstâncias, poderá o árbitro ou o presidente do tribunal arbitral requerer à autoridade judiciária que conduza a testemunha renitente, comprovando a existência da convenção de arbitragem".

4. A Convenção sobre o Reconhecimento e a Execução de Sentenças Arbitrais Estrangeiras, ratificada no país pelo Decreto n.º 4.311, de 23 de julho de 2002, é, talvez, a mais significativa delas.

5. E aqui a admissão das tutelas de urgência quando ainda não instituída a arbitragem talvez seja o exemplo mais claro quanto a esse aspecto.

6. A este propósito, a Professora Selma Lemes, uma das co-autoras da Lei de Arbitragem nacional, em artigo publicado na Revista Consultor Jurídico em 10 de abril de 2014, com o título "Números mostram maior aceitação da arbitragem no Brasil", aponta que entre 2010 e 2013, considerando-se as seis principais Câmaras de Arbitragem no país - Centro de Arbitragem da AMCHAM – Brasil (AMCHAM), Centro de Arbitragem da Câmara de Comércio Brasil-Canadá (CCBC), Câmara de Mediação, Conciliação e Arbitragem de São Paulo- CIESP/FIESP (CIESP/FIESP), Câmara de Arbitragem do Mercado (CAM), Câmara de Arbitragem da Fundação Getúlio Vargas (CAM/FGV) e Câmara de Arbitragem Empresarial- Brasil (CAMARB) - "o número total de procedimentos iniciados foi de 603. Os valores dos litígios nesse período de quatro anos: quase R$ 16 bilhões (R$ 15.843.067.300,63). No primeiro ano da pesquisa 2010, as arbitragens entrantes perfaziam o total de R$ 2,8 bi de valores envolvidos. Em 2013, o valor saltou para R$ 4,8 bilhões, repartidos em 188 procedimentos entrantes" (Disponível em http://www.conjur.com.br/2014-abr-10/selma-lemes-numeros--mostram-maior-aceitacao-arbitragem-brasil. Acesso em 31/05/2014). De igual modo, o Professor Arnoldo Wald e Ana Gerdau de Borja, em retrospectiva publicada também na Revista Consultor Jurídico em 28 de dezembro de 2013, sob o título "Avanço da arbitragem colocou o Brasil sob os holofotes", anotam que: "Os avanços doutrinários e jurisprudenciais dos últimos tempos colocaram nosso país em posição de destaque em âmbito internacional. Não surpreende que, em 2013, o Professor Albert Van den Berg referiu-se ao Brasil como a "belle of the ball" da arbitragem internacional. O desenvolvimento da arbitragem no Brasil nos últimos 17 anos e, em especial, na última década, corresponde à evolução na matéria por outros países atingida em mais de meio século. Até a presente data, o número de arbitragens iniciadas nas dez principais instituições brasileiras em 2013 cresceu mais de 10% em relação a 2012, chegando a mais de 200 procedimentos iniciados. Ilustrativamente, os números do CAM/CCBC, a instituição com o maior número de casos no país, quase triplicaram em 2013 (80 novos casos até esta data), se considerado o número de 27 arbitragens iniciadas em 2008. Não surpreende que as regras do CAM/CCBC tenham sido inclusive escolhidas para a 24ª edição da mais tradicional competição internacional de arbitragem Willem C. Vis International Commercial Arbitration Moot. Ademais, o Brasil foi o anfitrião de numerosos eventos sobre o tema, a exemplo de tribunais simulados (moots e pre-moots); do Congresso de Arbitragem no Direito Societário, [...]; da Conferência de Arbitragem Internacional, que ocorre tradicionalmente no mês de maio,

Cap. 3 • ARBITRABILIDADE, COMPETÊNCIA E AS DIRETRIZES NECESSÁRIAS À INTERPRETAÇÃO DOS ARTS...
Suzana Santi Cremasco

reconhecimento na comunidade internacional – tanto por arbitralistas de renome, como por atores de expressão no comércio mundial – entre aqueles países considerados "amigos da arbitragem" (*arbitration-friendly*).

O Novo Código de Processo Civil – em que pese a tentativa inserta ainda durante a tramitação do Projeto na Câmara dos Deputados por uma regulamentação mais extensa – manteve essa estrutura "enxuta". A despeito disso, a nova disciplina, encampada pela Lei 13.105/2015, introduz novidades significativas – como, por exemplo, a carta arbitral (art. 69, parágrafo 1º c/c art. 237, IV) e o segredo de justiça para processos relacionados à arbitragem, desde que a confidencialidade tenha sido estabelecida no curso do procedimento arbitral (art. 189, IV) – mantendo, ainda, as previsões do CPC de 1973 no tocante à extinção do processo sem resolução de mérito ante a existência de convenção de arbitragem (art. 485, VII), à natureza de título executivo da sentença arbitral (art. 515, VII), à competência para o cumprimento de sentença fundado em sentença arbitral (art. 516, III) e à eficácia imediata da sentença que julga procedente o pedido de instituição de arbitragem (art. 1012, parágrafo 1º, IV).

Entre as inovações previstas para o texto projetado, uma das mais importantes – com impactos inegáveis na seara arbitral – é a incorporação pelo Novo Código de Processo Civil de um regramento detalhado para o procedimento de reconhecimento e homologação de sentença estrangeira, na forma dos artigos 960 a 965.

Os novos ares, quanto a este aspecto, decorrem do fato de o artigo 36 da Lei 9.307/96 remeter o procedimento de homologação da sentença arbitral estrangeira para o Código de Processo Civil de 1973 que, a despeito de prever o procedimento nos artigos 483 e 484, não o regulamenta, levando as partes aos preceitos constantes no Regimento Interno do Supremo Tribunal Federal (RISTF), que, até a edição da Emenda Constitucional n.º 45/2004, era a Corte responsável pela concessão do *exequatur* no país.

Após a Emenda Constitucional n.º 45/2004, a competência para o reconhecimento e homologação de sentença estrangeira foi deslocada para o Superior

---

no Rio de Janeiro; do Dia Brasileiro da Arbitragem da CCI, em junho; da conferência conjunta do CBAr/ITA, em setembro; da Conferência ICDR/AMCHAM, em novembro; do evento organizado pela instituição arbitral alemã DIS e o CAM/CCBC; e ainda muitos outros eventos, como aqueles organizados por diversas universidades, pela CIESP/FIESP, CAMARB, ICCYAF, Câmara Portuguesa, ABEARB e MUTUSP. Esses eventos trouxeram ao Brasil arbitralistas internacionais, pioneiros no tema relacionado ao Brasil, a exemplo de Eduardo Silva Romero, Karl-Heinz Böckstiegel, Luca Radicati di Brozolo, Martin Hunter, entre muitos outros. Por ocasião da conferência de Coimbra, em outubro, houve também homenagem, por nossos colegas portugueses, ao Professor José Carlos de Magalhães, que foi saudado pelo antigo presidente da Ordem dos Advogados de Portugal, José-Miguel Júdice". Disponível em: http://www.conjur.com.br/2013-dez-28/retrospectiva-2013-a-vanco-arbitragem-colocou-brasil-holofotes?pagina=2. Acesso em 31/05/2014.

NOVO CPC DOUTRINA SELECIONADA, v. 1 • Parte Geral
PARTE VI – COMPETÊNCIA

Tribunal de Justiça, que, em princípio, continuou utilizando a disciplina constante no RISTF no julgamento do procedimento, conforme determinação da Resolução n.º 22 do STJ, de 31 de dezembro de 2004. O artigo 1º da Resolução n.º 22/2004 estabeleceu que, "em caráter excepcional, até que o Superior Tribunal de Justiça aprove disposições regimentais próprias", deveriam ser observados no tocante ao reconhecimento e homologação de sentença "o que dispõe a respeito da matéria o Regimento Interno do Supremo Tribunal Federal nos artigos 215 a 229".

Foi com a edição da Resolução n.º 9, de 04 de maio de 2005, que o Superior Tribunal de Justiça passou a disciplinar de forma própria o procedimento, sem, contudo, afastar a aplicação do RISTF, que permaneceu em vigor quanto àquilo em que não colide com a nova normativa.

A Resolução n.º 9/2005 previa expressamente a possibilidade de homologação não só de sentença emanada de autoridade judicial, mas, igualmente, dos "provimentos não-judiciais que, pela lei brasileira, teriam natureza de sentença" (art. 4º, §1º), entre os quais está, inequivocamente, a sentença arbitral, assim considerada tanto pelo artigo 18, como pelo artigo 31 da Lei 9.307/96.

A Resolução n.º 9/2005 se manteve vigente por aproximadamente 10 anos, até que o Superior Tribunal de Justiça, por meio da Emenda Regimental n.º 18, de 17 de dezembro de 2014, revogou a Resolução até então existente e incorporou na disciplina de seu regimento interno, entre outras questões, o reconhecimento e homologação de sentença estrangeira, nos termos do Capítulo 1, do Título VII-A, cujo art. 216-A, §1º, repete, *ipsis litteris*, a previsão do artigo 4º, §1º da Resolução n.º 9/2005.

Trata-se, em verdade, de uma decorrência do disposto no artigo 105, I, 'i', da Constituição Federal, cuja redação não limita a incidência do procedimento de homologação de sentença apenas à sentença *judicial* estrangeira, mas a toda e qualquer sentença, assim entendida como ato de autoridade investida de poder para solucionar o conflito de interesses existente entre as partes, sendo certo que "com a equiparação das decisões arbitrais às judiciais, a lei nada mais fez que englobá-las em um só conceito jurídico, o de sentença",[7] construindo-se a partir daí todo o tratamento dispensado a cada qual para todos os fins.[8]

---

7.   BAPTISTA, Luiz Olavo. *Arbitragem comercial e internacional*. São Paulo: Lex Magister, 2011, p. 280.
8.   A esse respeito, o Prof. Carlos Alberto Carmona aponta que "o legislador, prudentemente, ao redigir o art. 35 (da Lei de Arbitragem), não quis estabelecer confronto com o Supremo Tribunal Federal (após a Emenda Constitucional 45/2004, com o Superior Tribunal de Justiça) e adotou a tese de que cabe à ordem jurídica pátria estabelecer o que seja sentença para efeito de homologação no fórum: por isso mesmo determinou que, à semelhança do direito nacional, os laudos proferidos no exterior terão a mesma

Com efeito, o texto constitucional segmenta o ato que põe fim ao litígio em dois tipos – nacional e estrangeiro –, sendo que a determinação de cada qual tem por base o critério geográfico do *ius solis*, o que significa dizer que serão nacionais as sentenças proferidas em território brasileiro, ao passo que serão estrangeiras as sentenças proferidas fora das fronteiras do país.

Às sentenças nacionais, o Código de Processo Civil de 1973 confere eficácia imediata de título executivo (art. 475-N), ao passo que às sentenças estrangeiras, tanto a Constituição Federal, quanto o Código de Processo Civil, quanto o Regimento Interno do Superior Tribunal de Justiça, já com as alterações da Emenda 18/2014, quanto a Lei 9.307/96[9] no tocante às sentenças arbitrais, exigem o reconhecimento e homologação perante o Superior Tribunal de Justiça para que possam produzir regularmente os seus efeitos.

Ao condicionar a eficácia da sentença estrangeira ao procedimento de reconhecimento e homologação perante a Corte Superior de Justiça, o ordenamento jurídico brasileiro trata o exercício da função jurisdicional – definida, nas lições de Chiovenda, como a aplicação da vontade da lei ao caso concreto[10] – como algo atrelado à noção de soberania e de território, muito embora também legitime a possibilidade de imprimir efeitos, no país, à decisões oriundas de autoridades estrangeiras, sejam judiciárias ou não.

A disciplina do Novo Código de Processo Civil para o procedimento de reconhecimento e homologação de sentença estrangeira não destoa, absolutamente, da sistemática inserta no Regimento Interno do STJ, já com as incorporações trazidas pela Emenda Regimental 18/2014, e, por conseguinte, tende a manter a aplicação harmônica, coesa e sistêmica do instituto que se tem até então, mesmo com remissões legislativas sucessivas.

A despeito disso, a redação prevista para o artigo 964 do texto projetado, a nosso ver, merece atenção e bastante cuidado, notadamente após os debates ocorridos na Plenária do III Fórum Permanente de Processualistas Civis, realizado no Rio de Janeiro, entre os dias 26 a 28 de abril de 2014, quando da análise e votação dos Enunciados Interpretativos do Grupo de Arbitragem.

---

eficácia das sentenças estatais, merecendo exame direto na Suprema Corte para efeito de reconhecimento de sua eficácia no território nacional, independentemente da qualificação que lhes seja dada pela lei do Estado em que foram proferidas as decisões". CARMONA, Calos Alberto. *Arbitragem e processo*. 2.ed. São Paulo: Atlas, 2004, p. 353. No mesmo sentido, cf. tb.: SCAVONE JR., Luiz Antônio. *Manual de arbitragem*. 4.ed., rev. e atual. São Paulo: RT, 2010, p. 202; e MARTINS, Pedro A. Batista; LEME, Selma Maria Ferreira; CARMONA, Carlos Alberto. *Aspectos fundamentais da Lei de Arbitragem*. Rio de Janeiro: Forense, 1999, p. 440.

9. Cujo art. 35 da Lei 9.307/96 que é expresso ao consignar que: "Para ser reconhecida ou executada no Brasil, a sentença arbitral estrangeira está sujeita, unicamente, à homologação do Supremo Tribunal Federal".

10. CHIOVENDA, Giuseppe. *Instituições de direito processual civil*. v. II, Campinas: Bookseller, 2000, p. 8.

Destarte, o artigo 964 determina que "não será homologada a decisão estrangeira na hipótese de competência exclusiva da autoridade judiciária brasileira". Trata-se de disposição que não encontra qualquer precedente na legislação nacional, muito embora possa se pensar ser uma decorrência lógica do imperativo constante no artigo 23 do NCPC, que trata das hipóteses de competência exclusiva da autoridade judiciária brasileira, reproduzindo, com pequenas alterações, a previsão inserta no artigo 89 do CPC de 1973.

A preocupação aqui refere-se não às sentenças não-judiciais estrangeiras que, de forma geral, eventualmente versem sobre qualquer das hipóteses de competência exclusiva da autoridade judiciária brasileira, mas sobretudo e fundamentalmente às sentenças arbitrais estrangeiras que guardem relação com imóveis situados no Brasil (art. 23, I, NCPC).

Antecipando uma discussão que se imaginava que pudesse ocorrer, o Grupo de Arbitragem presente no II Fórum Permanente de Processualistas Civis, realizado em Salvador, entre os dias 08 e 09 de novembro de 2013, propôs o Enunciado Interpretativo n.º 86 da Carta de Salvador, aprovado por aclamação da Sessão Plenária, naquela oportunidade, com a seguinte redação:

> "O art. 976 não se aplica à homologação da sentença arbitral estrangeira, que se sujeita aos tratados em vigor no País e à legislação aplicável, na forma do §3º do art. 972"[11].

Ao submeter o Enunciado n.º 86 à Plenária do III Fórum Permanente de Processualistas Civis, no Rio de Janeiro, o texto foi calorosamente objetado, ao fundamento que "ofenderia a soberania nacional" e "colocaria em risco o patrimônio imobiliário do país", que "não poderia ficar nas mãos de estrangeiros".

Para além da questão em si da homologação (ou não) da sentença arbitral estrangeira que versa sobre imóveis situados no Brasil, igual preocupação se deve ter com a interpretação que se pretendeu dar à previsão constante no artigo 23, I em razão da regra posta no artigo 964, no sentido de limitar única e exclusivamente à autoridade judiciária brasileira o poder de solucionar controvérsias envolvendo imóveis no país, com o afastamento de qualquer outra jurisdição, inclusive a arbitragem.

É que tal limitação – acaso existente – deveria ser tratada como critério de arbitrabilidade previsto na Lei de Arbitragem e jamais como critério de distribuição de competência, previsto no Código de Processo Civil. Arbitrabilidade e competência são, de fato, noções técnicas absolutamente distintas que devem ser examinadas com bastante cautela, principalmente à vista dos impactos e

---

11. Frise-se, quanto ao texto originário do enunciado, que ele tinha em conta a numeração de dispositivos do Projeto de Código de Processo Civil, àquela altura, ainda em tramitação no Congresso Nacional.

consequências que uma interpretação equivocada e antinômica dos dispositivos – muitas vezes permeada por temores infundados acerca do instituto da arbitragem – podem vir a acarretar.

2. ARBITRABILIDADE E COMPETÊNCIA

A Constituição Federal de 1988 insere a inafastabilidade da jurisdição no rol de direitos e garantias fundamentais assegurados a todos os jurisdicionados ao estabelecer, no artigo 5º, inciso XXXV, que *"a lei não excluirá da apreciação do Poder Judiciário lesão ou ameaça a direito".*

Ao se referir à *lei*, o texto constitucional não deixa dúvidas de que o destinatário da previsão é o legislador, a quem se impõe regra proibitiva, por força da qual não lhe é dado criar em sede legislativa mecanismos que dificultem ou impeçam, *a priori*, o livre acesso ao Poder Judiciário no Brasil. A inafastabilidade da jurisdição não impede, porém, que as partes envolvidas em conflito optem por escolher métodos outros de solução de controvérsia que não o processo[12] e, ato contínuo, dispensem a atuação da jurisdição estatal, sem que isto importe em ofensa à garantia inserta no artigo 5º, inciso XXXV[13].

Vale dizer: da mesma forma como o ordenamento jurídico assegura ao jurisdicionado a garantia de acionar a jurisdição estatal para solucionar os seus conflitos de interesse, também lhe outorga a possibilidade – legítima – de optar por outras formas de composição de litígios, desde que as circunstâncias relacionadas às partes envolvidas e ao objeto da controvérsia permitam que tal se dê.

É o que frequentemente ocorre com a arbitragem, quando partes maiores e capazes de contratar firmam cláusula compromissória ou compromisso arbitral acerca de litígios que versem sobre direitos patrimoniais disponíveis, na forma da Lei 9.307/96.

---

12. A propósito, cf. art. 86 do Código de Processo Civil de 1973: "As causas cíveis serão processadas e decididas, ou simplesmente decididas, pelos órgãos jurisdicionais, nos limites de sua competência, ressalvada às partes a faculdade de instituírem juízo arbitral." (original sem grifos)

13. Tal fundamento foi reconhecido pelo Pleno do Supremo Tribunal Federal, em 12 de dezembro de 2001, quando do julgamento do recurso em processo de homologação de sentença estrangeira - SE 5206/Reino da Espanha - que reconheceu a constitucionalidade da Lei de Arbitragem (Lei 9.307/96), em voto condutor da lavra do Ministro Sepúlveda Pertence, do qual se extrai o seguinte excerto, em alusão ao parecer da Procuradoria Geral da República: "O que o princípio da inafastabilidade do controle da jurisdição estabelece é que a lei não excluirá da apreciação do Poder Judiciário lesão ou ameaça a Direito. Não estabeleceu que as partes interessadas não excluirão da apreciação judicial suas questões ou conflitos. Não determina que os interessados devam levar ao Judiciário suas demandas. Se se admite como lícita a transação relativamente a direitos substanciais objeto da lide, não se pode considerar violência à Constituição abdicar do direito instrumental da ação".

NOVO CPC DOUTRINA SELECIONADA, v. 1 • Parte Geral

PARTE VI – COMPETÊNCIA

A existência de convenção de arbitragem – cláusula compromissória ou compromisso arbitral – tem o condão de afastar o conflito de interesses existente entre as partes da jurisdição estatal e remetê-lo ao juízo arbitral. Trata-se, com efeito, de verdadeiro limitador de procedibilidade do litígio, que, como tal, deve ser apurado de modo prévio a todos os demais condicionantes procedimentais, pois nesse cenário, antes que se pretenda avaliar qualquer outro aspecto, o que está em voga é saber qual jurisdição – estatal ou arbitral [14] – está investida de poder para atuar naquela dada situação.

Isso significa que, diante de um caso concreto, o primeiro aspecto que deve ser investigado é se há ou não cláusula compromissória ou compromisso arbitral que impeça às partes de recorrerem à jurisdição estatal. Cuida-se de questão prejudicial que, por sua vez, depende da análise de algo relativamente simples, de natureza instrumental: se a existência de convenção de arbitragem entre as partes é constatada, desde que este fato seja devidamente suscitado por qualquer delas[15], o processo judicial eventualmente iniciado será extinto sem resolução de mérito, nos termos do artigo 267, VII, do Código de Processo Civil de 1973, devendo os interessados recorrerem ao juízo arbitral. Em contrapartida, porém, a inexistência de convenção de arbitragem autoriza a provocação e a incidência da jurisdição estatal e, por conseguinte, atrai para a espécie a necessidade de exame de todos os demais pressupostos processuais, condições da ação e prejudiciais de mérito eventualmente reconhecidos na sistemática jurídica em vigor.

A simples extinção do processo sem resolução de mérito em função da existência de convenção de arbitragem não impede, contudo, que as questões de fundo inerentes à cláusula compromissória ou ao compromisso arbitral possam – e, em verdade, devam – ser analisadas pelo árbitro ou pelo tribunal arbitral quando oportunamente constituído. Tanto assim que o artigo 8º, parágrafo único, da Lei 9.307/96 determina que *"caberá ao árbitro decidir de ofício, ou por provocação das partes, as questões acerca da existência, validade e eficácia da convenção de arbitragem e do contrato que contenha a cláusula compromissória".*

---

14. Sobre o caráter jurisdicional da arbitragem, já decidiu o Superior Tribunal de Justiça, em mais de uma oportunidade, que "a atividade desenvolvida no âmbito da arbitragem tem natureza jurisdicional". A propósito, cf.: STJ, CC 111.230/DF, Rel. Min. Nancy Andrighi, 2ª Seção, j. 08/05/2013, DJe 03/04/2014; STJ, REsp 1355830/RJ, Rel. Min. Sidnei Beneti, 3ª Turma, j. 09/04/2013, DJe 09/05/2013; STJ, REsp 1277725/AM, Rel. Min. Nancy Andrighi, 3ª Turma, j 12/03/2013, DJe 18/03/2013 e, sobretudo, STJ, CC 113.260/SP, Rel. Min. Nancy Andrighi, Rel. p/ Acórdão Min. João Otávio de Noronha, 2ª Seção, j. 08/09/2010, DJ-e 07/04/2011.

15. A submissão do conflito por uma das partes ao Poder Judiciário em cotejo com o silêncio da parte contrária no tocante à existência da convenção de arbitragem é reputada como uma espécie de "distrato tácito" da cláusula ou compromisso anteriormente firmado entre elas, o que legitimaria, portanto, a atuação da jurisdição estatal no caso. O ônus da invocação da convenção de arbitragem decorre, ainda, do disposto no artigo 301, IX do Código de Processo Civil, sendo certo que o parágrafo 4º do mesmo dispositivo impede que a matéria seja conhecida de ofício pelo magistrado.

Entre essas questões está a verificação da arbitrabilidade ou não do conflito submetido ao árbitro ou ao tribunal arbitral, isto é, a possibilidade da controvérsia ser solucionada por meio de arbitragem, o que é determinado, no direito brasileiro, pelos pressupostos constantes no artigo 1º da Lei 9.307/96, quais sejam: **a)**. capacidade das partes envolvidas na arbitragem para contratar (arbitrabilidade subjetiva) e **b)**. controvérsia que verse sobre direitos patrimoniais de natureza disponível (arbitrabilidade objetiva).

Na atual disciplina – cujos efeitos se produzem no ordenamento jurídico brasileiro desde a entrada em vigor da Lei de Arbitragem em 1996 – o exame acerca da convenção de arbitragem passa por dois momentos fundamentais que, em princípio, nenhuma relação guardam com os critérios de distribuição de competência previstos no Código de Processo Civil: **a)**. primeiro verifica-se se há ou não um instrumento firmado entre as partes que materialize a sua vontade em arbitrar e, por conseguinte, de retirar da jurisdição estatal a análise do conflito de interesses existente; **b)**. em seguida, o árbitro ou tribunal arbitral, devidamente investido de poder jurisdicional para tanto, verifica a existência, validade e eficácia da convenção de arbitragem, oportunidade em que pode reconhecer a sua higidez ou afastá-la, levando as partes – caso não optem ou não possam firmar nova cláusula ou compromisso – ao Poder Judiciário para exame das questões de fundo que sejam objeto da controvérsia.

É, repita-se, em regra[16], na análise realizada pelo árbitro ou pelo tribunal arbitral que se examina, entre outros pontos, se as condições de arbitrabilidade

---

16. Diz-se como regra, na medida em que não se desconhece aqui a existência de julgados na jurisprudência nacional, notadamente em questões versando sobre a inserção de cláusulas compromissórias em contratos de consumo, com o propósito de dificultar ou impedir a defesa do consumidor em juízo, nos quais o Poder Judiciário afasta a incidência do art. 267, VII do Código de Processo Civil e do art. 8º da Lei 9.307/96 para reconhecer, de imediato, a nulidade da convenção de arbitragem. Nesse sentido, é o entendimento do Tribunal de Justiça do Estado de Minas Gerais, como no julgamento dos Embargos Infringentes n.º 1.0079.08.410729-5/002, de relatoria do Desembargador Rogério Medeiros, da 14ª Câmara Cível, que em acórdão datado de 14/08/2013, publicado no DJ-e de 23/08/2013, assentou que: "De acordo com a corrente maximalista, confere-se tratamento protecionista aos sujeitos que, conquanto não utilizem o produto para consumo pessoal, o fazem para viabilizar a atividade desenvolvida e gozam de notória vulnerabilidade em face do fornecedor. Tratando-se de contrato de adesão, através do qual o promitente comprador aceita uma situação contratual definida de forma prévia e unilateral pela construtora, incidem as regras do Código de Defesa do Consumidor. Em regra, a indicação, em cláusula compromissória, de solução de conflitos eventuais e futuros, por intermédio de juízo arbitral, em relações de consumo decorrentes de contratos padrão ou de adesão, é nula de pleno direito. Pode o consumidor rechaçá-la perante o Estado-Juiz, em demanda apropriada definida no artigo 7º da Lei nº 9.307/90, ressalvada, sempre, a hipótese de iniciativa ou concordância do consumidor em instituir a arbitragem, firmando o compromisso de ratificação. Não há nos autos qualquer ratificação por partes dos autores no sentido de aderir à cláusula arbitral, devendo prevalecer o princípio constitucional da inafastabilidade da jurisdição. O artigo 5º, inciso XXXII, da Constituição Federal de 1988, impôs ao Estado a promoção, na forma da lei, da defesa do consumidor. À luz do ""princípio da vulnerabilidade"", é juridicamente vulnerável o consumidor que não detém conhecimentos jurídicos específicos, para entender as cláusulas do contrato

objetiva e subjetiva previstas no artigo 1º da Lei 9.307/06 estão ou não presentes. Jamais anteriormente, sob pena de violação a um dos mais caros preceitos em matéria de arbitragem: o princípio da competência-competência (*kompetenz-kompetenz*), por força do qual compete ao árbitro, em primeira-mão, o controle sobre a regularidade da instituição da arbitragem e da sua atuação no caso concreto[17].

Disso decorre que, do regramento em vigor, as noções de arbitrabilidade – assim entendida como a possibilidade de um conflito ser submetido à arbitragem e cujos limites são determinados no direito brasileiro pelo texto do artigo 1º da Lei 9.307/96 – e competência – enquanto medida de jurisdição, disciplinada nos artigos 86 a 124 do Código de Processo Civil de 1973 (e pelos artigos 21 a 66 do NCPC) – não se confundem. É que enquanto a arbitrabilidade deverá ser invocada na aferição da validade da convenção de arbitragem existente entre as partes que, consoante já se assentou, num primeiro momento competirá ao árbitro ou tribunal arbitral, a competência, por sua vez, deverá ser chamada para, de um lado, possibilitar a determinação do juiz apto a analisar a preliminar de existência instrumental de convenção de arbitragem, e, de outro – e apenas quando a causa se mantiver no Poder Judiciário – processá-la e julgá-la em todos os seus termos.

O respeito às noções de arbitrabilidade e competência ocorrem tanto quando se está diante de arbitragens domésticas – aquelas cujo local da sentença, a teor do artigo 34, parágrafo único, da Lei 9.307/96, está situado em território nacional –, quanto nos casos de arbitragens internacionais – cujas sentenças proferidas em território estrangeiro têm a produção de efeitos no país condicionadas à realização de procedimento prévio de reconhecimento e homologação de sentença estrangeira perante o Superior Tribunal de Justiça.

Independentemente de se estar diante de arbitragem nacional ou internacional a limitação imposta à jurisdição estatal pela existência da convenção de arbitragem e a necessidade de se deixar a cargo do árbitro ou tribunal arbitral o exame e decisão, *prima facie*, da regularidade da cláusula compromissória ou do compromisso arbitral não podem ser, absolutamente, desconsiderados.

---

que está celebrando com empresa". No mesmo sentido, cf. tb.: TJMG, Apelação Cível n.º 1.0079.10.054761-5/001, 17ª Câmara Cível, Rel. Des. Evandro Lopes da Costa Teixeira, j. 12/12/2013, DJ-e 19/12/2013 e TJMG, Agravo de Instrumento n.º 1.0024.08.058093-9/001, 11ª Câmara Cível, Rel. Des. Fernando Caldeira Brant, j. 20/05/2009, DJ-e 01/06/2009. Tal entendimento é contraposto não só na jurisprudência do próprio TJMG - Apelação Cível n.º 1.0024.09.508297-0/001, 13ª Câmara Cível, Rel. Des. Cláudia Maia, j. 30/09/2010, DJ-e 29/10/2010 - como igualmente pela jurisprudência mais recente do Superior Tribunal de Justiça: STJ, REsp 1169841/RJ, Rel. Min. Nancy Andrighi, 3ª Turma, j. 06/11/2012, DJ-e 14/11/2012.

17. Sendo certo que a Lei 9.307/96 franqueia às partes eventualmente inconformadas com a análise realizada pelo árbitro ou pelo Tribunal Arbitral quanto a este aspecto que arguam a nulidade de compromisso arbitral, nos termos dos artigos 32, inciso I, e 33.

3. DIRETRIZES NECESSÁRIAS À INTERPRETAÇÃO DOS ARTIGOS 23, I, E 964 DO NOVO CÓDIGO DE PROCESSO CIVIL

A interpretação dos artigos 23, I, e 964 do Novo Código de Processo Civil, para fins deste estudo, deve ter em consideração duas situações distintas: **a)**. a primeira decorre da previsão expressa do artigo 964 do texto da Lei 13.105/2015, e diz respeito à análise do Enunciado n.º 86 da Carta de Salvador e da suposta impossibilidade de homologação da sentença arbitral estrangeira que guarde relação com imóveis situados no Brasil[18]; **b)**. a segunda refere-se aos impactos derivados da previsão do mesmo artigo 964 na interpretação do artigo 23, I, e está relacionada à impossibilidade de realização de arbitragem – internacional ou doméstica – que eventualmente alcance ativos imobiliários localizados no país.

No que pertine à redação em si do artigo 964 do texto projetado, o primeiro ponto a se considerar é o fato de que o dispositivo está inserido dentro de um capítulo destinado à disciplina da "Homologação de Decisão Estrangeira e da Concessão do Exequatur à Carta Rogatória". Enquanto tal, toda e qualquer interpretação que se pretender dar aos dispositivos dele integrantes, deve estar pautada pela análise global – e sistêmica – de toda a disciplina apresentada e não à leitura isolada de cada um dos artigos nela inseridos.

Essa premissa nos parece fundamental, a partir do momento em que se constata que o Novo Código de Processo Civil, muito embora contemple a regra geral do artigo 964 para a homologação de sentença estrangeira, igualmente contém a previsão constante no artigo 960, §3º que, ao se referir especificamente à homologação da sentença arbitral estrangeira, determina que ela "obedecerá ao disposto em tratado e na lei, aplicando-se, subsidiariamente, as disposições deste Capítulo".

Isso significa que, tratando-se de homologação de sentença arbitral estrangeira, a aplicação dos dispositivos do Código de Processo Civil tem caráter subsidiário. Ou seja: se dá apenas e tão somente nos casos de ausência de previsão específica na Lei 9.307/96 e na Convenção de Nova York de 1958, ratificada no Brasil em 2002 por meio do Decreto n.º 4.311, de 23 de julho de 2002, e, evidentemente, naquilo que não contrariar as determinações constantes em ambos os diplomas.

Tanto a análise da Lei 9.307/96, quanto – e principalmente – do Decreto 4.311/2002 permitem constatar, de forma inequívoca, que o fato da sentença

---

18. Sendo certo que a análise está limitada à hipótese do inciso I, do art. 23, do NCPC na medida em que as situações previstas nos incisos II e III por guardarem relação com direitos, em princípio, de natureza indisponível, dificilmente atenderiam ao critério da arbitrabilidade objetiva previsto no art. 1º da Lei 9.307/96.

arbitral estrangeira versar sobre causa de competência exclusiva da autoridade judiciária brasileira não constitui hipótese de denegação do reconhecimento e da homologação da decisão pelo Superior Tribunal de Justiça, cujo rol vem previsto nos artigos 38 e 39 da Lei de Arbitragem e no artigo V da Convenção de Nova York.

Eventualmente se poderia entender que a questão estaria abarcada nas hipóteses do art. 39 da Lei 9.307/96, nas quais o Poder Judiciário poderia negar de ofício o reconhecimento e a homologação, sob a alegação (i) de que pela legislação brasileira o objeto do conflito não poderia ser solucionado por arbitragem – pois, afinal, pelo Código de Processo Civil, seria causa de competência exclusiva da autoridade judiciária brasileira e, como tal, absoluta e inderrogável – e, além disso, (ii) violaria a ordem pública e a soberania nacional que, em última análise, seria a verdadeira razão de ser da competência exclusiva prevista no CPC.

Não é, todavia, o que parece ser o entendimento mais acertado, na medida em que, como outrora já se apontou, a Lei de Arbitragem não faz qualquer vedação ou ressalva para que processos de competência exclusiva da autoridade judiciária brasileira – por esse tão só fundamento – sejam solucionados pela via arbitral.

Não há, de fato, na Lei de Arbitragem em vigor ou em qualquer outro diploma legislativo nacional, qualquer empecilho à utilização da arbitragem para causas de competência exclusiva do Poder Judiciário nacional – sobretudo no que concerne aos litígios que guardam relação com imóveis situados no país, na medida em que esta questão nunca integrou e, de fato, não integra a noção de arbitrabilidade, cujo exame é antecedente – e prejudicial – à determinação da competência, que só deve ser feita a partir do momento em que a jurisdição estatal é fixada.

Não há, portanto, nenhuma limitação para a arbitrabilidade desses conflitos, o que também não se verifica quando se tem em consideração a natureza dos direitos nele envolvidos – em regra, direitos de propriedade imobiliária e seus correlatos –, que é essencialmente patrimonial, disponível e, como tal, arbitrável.

Por outro lado, o artigo III da Convenção de Nova York de 1958 é claro ao estabelecer que "para fins de reconhecimento ou de execução das sentenças arbitrais às quais a presente Convenção se aplica, não serão impostas condições substancialmente mais onerosas ou taxas ou cobranças mais altas do que as impostas para o reconhecimento ou a execução de sentenças arbitrais domésticas".

Acresça-se a isto que, no tocante à definição do caráter doméstico ou estrangeiro de uma arbitragem – e, por conseguinte, da necessidade ou não da realização do procedimento de homologação da sentença arbitral estrangeira no STJ – o artigo 34 da Lei 9307/96, em vigor, adota um critério único: considera-se estrangeira (e, logo, passível de homologação), a sentença proferida fora do território nacional, sendo que o local da sentença é questão pode ser definida pelas partes, pelo Regulamento da Câmara e pelo árbitro ou tribunal arbitral.

Disso decorre que a nacionalidade dos árbitros, da sede da arbitragem ou da Câmara de Arbitragem à qual o procedimento arbitral eventualmente se vincula não é, em momento algum, analisado para fins de definição quanto à necessidade ou não de homologação da sentença arbitral estrangeira. Por conseguinte, é possível que se tenha uma arbitragem entre partes brasileiras, sobre um contrato assinado no Brasil, aplicando direito brasileiro, cujo idioma oficial é o português, com árbitros e Câmara nacional na qual, se por qualquer razão, se estabelecer o local da sentença no exterior, esta precisará de homologação do STJ para ser executada compulsoriamente no país. De outro lado, é igualmente possível que se tenha uma arbitragem entre partes estrangeiras, sobre um contrato assinado no exterior, com aplicação de direito estrangeiro, em idioma que não o português, com árbitros e Câmara estrangeira que, se for sentenciada em qualquer município do território nacional, será reconhecida como arbitragem doméstica e, como tal, poderá ser executada no país, perante o juízo de primeira instância, sem nenhum óbice ou ressalva.

Pode-se questionar o critério, ser contrário a ele, achar que ele fere a soberania nacional, cria problemas das mais diversas ordens, mas não se pode negar que este não seja o critério que está em vigor no país há quase 20 anos, sem previsão de ser alterado na reforma da Lei de Arbitragem que está em curso, não sendo dado ao Código de Processo Civil alterá-lo, notadamente quando reconhece o caráter subsidiário das suas disposições quanto a homologação de sentença arbitral.

Nesse contexto, quando o artigo 964 do NCPC cria uma regra por força da qual as sentenças estrangeiras que versem sobre causa de competência exclusiva da jurisdição brasileira não são passíveis de serem homologadas no país, nada mais adequado que se reconheça que tal dispositivo só versa sobre sentenças judiciais estrangeiras, não abrangendo as sentenças arbitrais estrangeiras que, em verdade, não se submetem às regras de distribuição competência do CPC, mas, em regra, aos critérios de arbitrabilidade insertos no artigo 1º da Lei 9.307/96.

Ao pretender suprimir o Enunciado n.º 86 da Carta de Salvador, os dissidentes da Plenária do III Fórum Permanente de Processualistas Civis criam, em verdade, uma situação de antinomia, na qual é possível que se tenha arbitragens domésticas, com árbitros e Câmaras estrangeiras, versando sobre matéria que seria de competência exclusiva da autoridade judiciária nacional, sendo realizadas e plenamente executadas no país – pois, afinal, seria um título judicial hígido e pronto para ser executado, ao passo que podemos ter uma arbitragem estrangeira, com árbitros e Câmaras nacionais, envolvendo partes brasileiras, que não poderia ser executada no Brasil, frente à previsão do artigo 964. Se há desacordo quanto a este aspecto, isto é algo que deve ser resolvido pela Lei de Arbitragem, ao definir os critérios de arbitrabilidade, e não pelo NCPC.

No que toca à perspectiva de limitação que o texto do artigo 964 do NCPC eventualmente traria para a interpretação do artigo 23, I, deve-se dizer, mais uma vez, que é a Lei de Arbitragem – texto legislativo específico – quem diz que árbitros constituídos pelas partes, em procedimentos vinculados à Câmaras Arbitrais nacionais ou internacionais, em arbitragens domésticas ou estrangeiras, podem decidir sobre matérias que, se fossem apreciadas pelo Poder Judiciário e estivessem sujeitas à jurisdição estatal, seriam de competência exclusiva da autoridade judiciária brasileira. Trata-se de opção legislativa, talvez decorrente do fato de a Lei de Arbitragem não entender que não haveria qualquer conflito nesse caso e que é reconhecida, inclusive, pelo próprio Código de Processo Civil – atual e projetado – quando dispõe que "as causas cíveis serão processadas e decididas, ou simplesmente decididas, pelos órgãos jurisdicionais, nos limites de sua competência, ressalvada às partes a faculdade de instituírem juízo arbitral" (cf. art. 86, CPC/1973; art. 42, NCPC).

Por fim, não se pode deixar de mencionar que a leitura estrita da previsão do artigo 964 e a eventual revogação do Enunciado n.º 86 – com margem para interpretação em sentido contrário – poderão gerar consequências seríssimas em arbitragens estar em curso – ou, mais grave, já finalizadas – e em contratos que já contenham cláusula compromissória com previsão de local da sentença fixada, com transtornos graves e insegurança jurídica a toda comunidade arbitral.

É dizer: o que se deve fazer com os casos de sentenças arbitrais já proferidas e ainda não executadas? A inexigibilidade do título executivo poderia vir a ser eventualmente suscitada em sede de impugnação ao cumprimento de sentença? Essa impugnação, uma vez acolhida, obrigaria as partes a enfrentarem o Judiciário brasileiro e todos os seus percalços, depois de terem sua questão solucionada pela arbitragem? Será realmente desejável que, em função de temores efetivamente infundados, o Novo Código de Processo Civil que tanto prestígio dá à autonomia da vontade das partes e aos demais métodos de solução de controvérsia que não o processo preferirá levar para o Poder Judiciário disputas societárias complexas - nacionais ou internacionais - que tenham como pano de fundo ativos imobiliários no país? Nos parece que não.

Sob qualquer aspecto que se analise é necessário – conforme as lições precisas do Professor Carlos Alberto Carmona – "evitar a todo custo interpretações tacanhas, limitadoras ou cerebrinas que imponham peias à arbitragem". O Brasil, o Poder Judiciário e a população brasileira só têm a ganhar com ela.

4. CONCLUSÕES

Diante do exposto, são conclusões necessárias deste trabalho que:

(a) o Código de Processo Civil de 1973 refere-se à arbitragem em pouquíssimos dispositivos, deixando à cargo da Lei 9.307/96 e de tratados e convenções internacionais ratificados pelo Brasil - notadamente a Convenção de Nova York de 1958 - a disciplina normativa do instituto e, ainda, a cargo da doutrina e da jurisprudência a solução de lacunas eventualmente existentes;

(b) na atual sistemática em vigor, a disciplina da homologação de sentença arbitral estrangeira vem prevista no artigo 36 da Lei 9.307/96, que remete o procedimento necessário para tanto aos artigos 483 e 484 do Código de Processo Civil e, por conseguinte, aos preceitos da Resolução n.º 09/2005, do Superior Tribunal de Justiça e, posteriormente, ao próprio Regimento Interno do Superior Tribunal de Justiça, com as alterações introduzidas pela Emenda Regimental 18/2014, que, após a edição da Emenda Constitucional n.º 45/2004 passou a ser responsável pela concessão do *exequatur* no país, na esteira do artigo 105, I, 'i' da Constituição Federal;

(c) o Novo Código de Processo Civil amplia significativamente o número de dispositivos que disciplinam a arbitragem, mantendo as previsões constantes no Código de Processo Civil de 1973 e acrescentando novidades importantes como a regulamentação da exceção de arbitragem e a previsão de decretação de segredo de justiça para processos relacionados à arbitragem nos quais a confidencialidade tenha sido reconhecida;

(d) uma das principais inovações trazidas pelo Novo Código de Processo Civil no tocante à arbitragem diz respeito ao procedimento de homologação de sentença estrangeira - assim entendida, a teor do artigo 34, parágrafo único, da Lei 9.307/96, como aquela proferida fora do território nacional -, sendo certo que o local da sentença é questão pode ser definida pelas próprias partes, pelo Regulamento da Câmara de Arbitragem ou pelo árbitro ou tribunal arbitral;

(e) o procedimento de reconhecimento e homologação de sentença estrangeira passará a ser regido, integralmente, pelo Novo Código de Processo Civil, eliminando as referências sucessivas hoje existentes, embora o texto projetado incorpore, essencialmente, a estrutura e os preceitos oriundos da Resolução n.º 9/2005 e do Regimento Interno do Superior Tribunal de Justiça e, no tocante à sentença arbitral, da Convenção de Nova York de 1958, ratificada pelo país em 2002, e da Lei 9.307/96, que estabelecem, como regra, a homologação, salvo as exceções legais;

(f) a redação constante no artigo 964 do Novo Código de Processo Civil – que veda a homologação de sentença estrangeira em hipóteses de competência exclusiva da autoridade judiciária brasileira – é inovação que não encontra precedentes na legislação nacional e deve ser interpretada de forma restritiva, não abrangendo, em absoluto, a sentença arbitral proveniente de arbitragem internacional;

(g) de igual modo, a previsão do artigo 964 do Novo Código de Processo Civil, quando em cotejo com a redação do artigo 23, I, do texto projetado não tem o condão de tornar inarbitráveis as questões que guardem qualquer relação com imóveis situados no Brasil, seja em sede de arbitragem doméstica, seja no bojo de arbitragens internacionais;

(h) os critérios de arbitrabilidade sujetiva (capacidade para contratar) e arbitrabilidade objetiva (litígios que versem sobre direitos patrimoniais disponíveis) são aqueles previstos no artigo 1º da Lei 9.307/96, sendo certo que a competência exclusiva da autoridade judiciária brasileira para processar e julgar a matéria em discussão não os integra;

(i) a competência exclusiva da autoridade judiciária brasileira é matéria afeta, exclusivamente, à jurisdição estatal, cujo exame deve ser realizado posteriormente à sua fixação, ou seja, após a aferição, no caso concreto, se há ou não convenção de arbitragem que vincule as partes envolvidas no litígio e, por conseguinte, as remeta à jurisdição arbitral;

(j) tal interpretação é feita levando-se em consideração a coexistência da arbitragem e do processo como métodos de composição de controvérsias ao longo das últimas duas décadas, desde a entrada em vigor da Lei de Arbitragem em 1996, sem que a admissão da arbitrabilidade de conflitos que guardam relação com imóveis situados no Brasil tenha, em momento algum, "colocado em risco a soberania nacional" ou "ameaçado o patrimônio imobiliário do país";

(k) tal previsão considera, ainda, o caráter subsidiário das normas constantes no NCPC para a homologação de sentença arbitral estrangeira (art. 960, § 3º) e a disciplina prevista na Lei 9307/96 e, sobretudo, no artigo III da Convenção de Nova York de 1958;

(I) entendimento em sentido contrário deve ser veementemente rechaçado, porque (i) importa em confusão das noções técnicas de arbitrabilidade e competência, dois conceitos que não se excluem, nem se confundem; (ii) fere a autonomia da vontade das partes em relação a direitos essencialmente disponíveis (propriedade imobiliária envolvendo partes capazes capazes); (iii) compromete o desenvolvimento e aplicação da arbitragem no Brasil com impactos significativos e negativos para operações comerciais passadas, presentes e futuras; e, ainda, (iv) cria antinomias graves e indesejáveis em relação à convenções de arbitragem anteriormente firmadas e, sobretudo, a sentenças arbitrais que já tenham sido proferidas e que eventualmente precisem ser executadas na vigência da nova legislação.

5. BIBLIOGRAFIA

BAPTISTA, Luiz Olavo. *Arbitragem comercial e internacional*. São Paulo: Lex Magister, 2011.

BARRAL, Welber. Arbitragem e Jurisdição. In: CASELLA, Paulo Borba [org.]. *Arbitragem – Lei Brasileira e Praxe Internacional*. 2.ed. São Paulo, LTR, 1999.

CAHALI, Francisco José. *Curso de arbitragem*. 3.ed. São Paulo: RT, 2014.

_____.; RODOVALHO, Thiago. Arbitragem no Novo CPC - Primeiras Impressões. In: FREIRE, Alexandre et al. *Novas Tendências do Processo Civil - Estudos sobre o Projeto do Novo CPC*. v. 2. Salvador: Jus Podivm, 2014, p. 583-604.

CÂMARA, Alexandre Freitas. *Arbitragem - Lei 9.307/96*. 5.ed. Rio de Janeiro: Lumen Juris, 2009.

CARMONA, Calos Alberto. *Arbitragem e processo*. 2. e 3 ed. São Paulo: Atlas, 2004 e 2009.

CARNEIRO, Athos Gusmão. *Jurisdição e competência*. 18.ed. São Paulo: Saraiva, 2012.

CHIOVENDA, Giuseppe. *Instituições de direito processual civil*. v. II, Campinas: Bookseller, 2000.

CREMASCO, Suzana Santi; SILVA, Tiago Eler. O caráter jurisdicional da arbitragem e o precedente arbitral. *Revista da Faculdade de Direito da UFMG*, Belo Horizonte, n. 59, p. 367 a 404, jul./dez. 2011.

_____. O reconhecimento de sentença arbitral estrangeira na perspectiva do Novo Código de Processo Civil. *Revista de Arbitragem do GEArb*, Belo Horizonte, Del Rey, v. 4, p. n/d, jul./dez. 2013.

CRISTÓFARO, Flavia Savio C.S. A Relação entre a Arbitragem e as Regras sobre Competência Internacional Previstas nos Artigos 88 e 89 do Código de Processo Civil Brasileiro. *Revista de Direito Renovar* – RDR n. 23, p. n/d, maio/ago. 2002.

CUNHA, Leonardo José Carneiro da. *Jurisdição e competência*. 2.ed. São Paulo: RT, 2013.

DIDIER Jr., Fredie . Reforma Constitucional do Poder Judiciário: observações sobre duas novas regras de competência. In: WAMBIER, Teresa; GOMES JR., Luiz Manoel; WAMBIER, Luiz Rodrigues; FERREIRA, William Santos; FISHER, Octavio Campos [org.]. *Reforma do Judiciário*. São Paulo: Revista dos Tribunais, 2005, v. , p. 257-260.

_____. A arbitragem no novo Código de Processo Civil (versão da Câmara dos Deputados, dep. Paulo Teixeira). *Revista do Tribunal Superior do Trabalho*, v. 79, p. 73-80, 2013.

_____.; BUENO, Cássio Scarpinella; BASTOS, Antônio Adonias. Carta de Salvador - II Encontro dos Jovens Processualistas do Instituto Brasileiro de Direito Processual (IBDP). *Revista de Processo*, v. 227, p. 435, 2014.

FIGUEIRA Joel Dias Júnior. *Arbitragem, Jurisdição e Execução*. 2.ed. São Paulo: RT, 1999.

FUX, Luiz. Homologação de sentença estrangeira. In: TIBURCIO, Carmen; BARROSO, Luis Roberto. *O direito internacional contemporâneo*. Rio de Janeiro: Renovar, 2006.

GAMA JR., Lauro. Reconhecimento e Execução de Sentenças Arbitrais Estrangeiras. In: CASELLA, Paulo Borba [org.]. *Arbitragem – Lei Brasileira e Praxe Internacional*. 2.ed. São Paulo, LTR, 1999.

LEMES, Selma. Números mostram maior aceitação da arbitragem no Brasil. *Revista Consultor Jurídico*, 10 de abril de 2014. Disponível em http://www.conjur.com.br/2014-abr-10/selma-lemes-numeros-mostram-maior-aceitacao-arbitragem-brasil. Acesso em 31/05/2014.

MAGALHÃES, José Carlos de. Reconhecimento e Execução de Laudos Arbitrais Estrangeiros, *Revista dos Tribunais*, São Paulo, a. 86, v. 740, jun. 1997.

MARINONI, Luiz Guilherme. *Rápidas observações sobre arbitragem e jurisdição*. Disponível em http://marinoni.adv.br. Acesso em 25/05/2014.

MARTINS, Pedro A. Batista; LEME, Selma Maria Ferreira; CARMONA, Carlos Alberto. *Aspectos fundamentais da Lei de Arbitragem*. Rio de Janeiro: Forense, 1999.

PUCCI, Adriana Noemi. Homologação de sentenças arbitrais estrangeiras. In: CARMONA, Carlos Alberto; MARTINS, Pedro Batista; LEMES, Selma Ferreira. *Arbitragem*. São Paulo: Atlas, 2007.

REIS, Sérgio Cabral dos. Reflexões sobre arbitragem na perspectiva do Novo Código de Processo Civil (Projeto de Lei n.º 8.046/2010 - Câmara dos Deputados). In: FREIRE, Alexandre et al. *Novas Tendências do Processo Civil - Estudos sobre o Projeto do Novo CPC*. v. 3. Salvador: Jus Podivm, 2014, p. 669-694.

SCAVONE JR., Luiz Antônio. *Manual de arbitragem*. 4.ed., rev. e atual. São Paulo: RT, 2010.

TALAMINI, Eduardo. Arguição de convenção arbitral no Projeto de Novo Código de Processo Civil (Exceção de Arbitragem). In: FREIRE, Alexandre et al. *Novas Tendências do Processo Civil - Estudos sobre o Projeto do Novo CPC*. v. 2. Salvador: Jus Podivm, 2014, p. 409-428.

THEODORO JR., Humberto. Jurisdição e competência. *Revista da Faculdade de Direito UFMG*, Belo Horizonte, v. 38, p. 145-182, 2000.

_____. A arbitragem como meio de solução de controvérsias. *Revista Forense*, Rio de Janeiro/RJ, v. 353, p. 107-116, 2001.

WALD, Arnoldo; BORJA, Ana Gerdau de. Avanço da arbitragem colocou o Brasil sob os holofotes. *Revista Consultor Jurídico*, 28 de dezembro de 2013. Disponível em: http://www.conjur.com.br/2013-dez-28/retrospectiva-2013-avanco-arbitragem-colocou-brasil-holofotes?pagina=2. Acesso em 31/05/2014.

CAPÍTULO 4

A jurisdição nacional sob o viés do Novo Código de Processo Civil

Vanessa de Oliveira Bernardi[1]

SUMÁRIO: 1. INTRODUÇÃO; 2. A COMPETÊNCIA EXCLUSIVA BRASILEIRA E O RESPEITO À SOBERANIA NACIONAL; 3. CONCORRÊNCIA ENTRE JURISDIÇÕES: BRASIL VERSUS PAÍS ESTRANGEIRO; 4. LITISPENDÊNCIA INTERNACIONAL: ENTRE O MONISMO INTERNACIONALISTA MODERADO E OS PROBLEMAS GERADOS PELA OCORRÊNCIA DA LITISPENDÊNCIA INTERNACIONAL; 5. A ACEITABILIDADE DA CLÁUSULA DE ELEIÇÃO DE FORO; 6. CONSIDERAÇÕES FINAIS; 7. REFERÊNCIAS BIBLIOGRÁFICAS.

1. INTRODUÇÃO

Para um país é primordial estabelecer os limites de sua jurisdição, ou seja, estabelecer que ações podem, ou devem, ser julgados pelo poder judiciário nacional. Entretanto, para isso, deve-se respeitar a soberania de outros países, pois de nada adiantaria que o Brasil autorizasse o processamento de algumas ações cujas decisões não pudessem ser executadas, seja por violação ou por ofença a soberania de outros países.

Sendo assim, pode-se dizer que a jurisdição é uma manifestação do poder estatal, levando em consideração os interesses deste Estado[2]. Por conseguinte, enquanto a jurisdição é notada no âmbito internacional, a competência é encontrada em âmbito nacional[3].

Neste viés, o presente trabalho pretende fazer uma anáise comparativa entre o Código de Processo Civil de 1973 e o Novo Código de Processo Civil de 2015 no que diz respeito à jurisdição nacional. Para isso, divide-se o trabalho em quatro partes, onde serão analisadas as novidades apresentadas e o que se manteve fiel ao antigo Código.

---

1. Mestranda em Direito Público pela UNISINOS. Professora visitante de Direito Internacional e Integrante do grupo de Pesquisa sobre Tribunais Internacionais do UniRitter. Graduada em direito pela UniRitter.

2. MARINONI, Luiz Guilherme; Arenhart, Sérgio Cruz. **Processo de Conhecimento**. 7. ed. Rev. e atual. 3. tir. São Paulo: Editora Revista dos Tribunais, 2008. p.36.

3. BERNARDI, Vanessa; CARDOSO, Tatiana de A F R. Litispendência e o Processo Civil Internacional. In: **Anais da XII Mostra de Iniciação Científica, Pós-graduação, Pesquisa e Extensão.** Caxias do Sul: UCS, 2012. Disponível em: ‹http://www.ucs.br/etc/conferencias/index.php/mostraucsppga/mostrappga/paper/viewFile/3439/1021›. Acesso em: 20 dez. 2014. p.2

A primeira parte consiste em demonstrar quais são as hipóteses de competência exclusiva brasileira, aquelas em que só o judiciário brasileiro pode atuar. Após, serão analisadas quais são as causas de competência concorrente do judiciário, onde tanto o Brasil quanto outro país podem julgar a demanda.

Em consequência desta concorrência de jurisdição entre dois países pode-se visualizar a ocorrência da litispendência internacional, a qual será abordada na terceira parte do presente artigo. Por fim, a última parte analisará uma das melhores renovações trazidas pelo Novo Código às normas de processo civil internacional, que consiste na aceitabilidade da cláusula de eleição de foro.

2. A COMPETÊNCIA EXCLUSIVA BRASILEIRA E O RESPEITO À SOBERANIA NACIONAL

A competência é exclusiva - também conhecida como absoluta ou necessária - no momento em que a lide apenas pode ser impetrada no judiciário brasileiro[4], em outras palavras, nestas hipóteses apenas o judiciário brasileiro seria competente para julgar, sendo inadmissível a homologação de sentença estrangeira sobre os assuntos previstos. É possível observar que todos os artigos que a regulamentam trazem expressões que corroboram com a ideia de exclusividade do judiciário brasileiro para o julgamento, como se vê na expressão "só à autoridade" constante no artigo 12, §1º da Lei de Introdução às Normas do Direito Brasileiro (LINDB), e, também na expressão "com exclusão de qualquer outra", adotada tanto pelo Código de Processo Civil de 1973, quanto pelo Atual Código de Processo Civil.

Diante disso, caso haja um pedido de homologação de uma sentença julgada por judiciário estrangeiro sobre as matérias determinadas pelos artigos, o Superior Tribunal de Justiça (STJ) jamais a homologará, e, sendo assim, esta estará condenada a permanecer sempre ineficaz no Brasil, não produzindo nenhum efeito[5].

Esse entendimento foi exposto na Sentença Estrangeira Contestada nº 7.171 do ano de 2013 que não foi homologada pelo STJ, sob a alegação de que o

---

4. PORTELA, Paulo Henrique Gonçalves. **Direito Internacional Público e Privado, incluindo noções de direitos humanos e de direito comunitário.** 4ª ed. rev. ampl. e atual. Salvador: Editora Jus Podivm, 2012. p.661.

5. GONÇALVES, Marcus Vinicius Rios. **Novo curso de direito processual civil, volume 1: teoria geral e processo de conhecimento.** 2. ed. rev e atual. São Paulo: Saraiva, 2005. p.48; WAMBIER, Luiz Rodrigues. **Curso avançado de processo civil, volume 1: teoria geral do processo de conhecimento.** 7 ed. rev e atual. São Paulo: Editora Revista dos Tribunais, 2005. p.84; THEODORO JUNIOR, Humberto. **Curso de Direito Processual Civil - Teoria geral do direito processual civil e processo de conhecimento.** Rio de Janeiro: 2007. p.181; MANGE, Flavia Fóz. **Medidas de urgência nos litígios comerciais internacionais - reconhecimento pelos Tribunais Superiores de medidas proferidas por tribunais arbitrais e judiciais no exterior.** Rio de Janeiro, Renovar, 2012. p.32.

julgamento estrangeiro acerca de um bem imóvel situado no Brasil, além de ser incompetente para tanto, "implica em inegável ofensa à autoridade do Poder Judiciário Brasileiro, ferindo, por conseguinte, a soberania nacional".[6]

A soberania é assim definida pelo dicionário: "1. Poder ou autoridade suprema. 2. Propriedade que tem um Estado de ser uma ordem suprema que não deve sua validade a nenhuma outra ordem superior"[7] Logo, a soberania nacional é um atributo fundamental do Estado, que "o faz titular de competências que, precisamente porque existe uma ordem jurídica internacional, não são ilimitadas; mas nenhuma outra entidade as possui superior"[8].

Cabe salientar, ainda, que a Soberania é um dos fundamentos da República Federativa do Brasil, prescrito no artigo 1o, I da Constituição Federal (CF)[9]. E, devido à sua importância, também se encontra no artigo 17 da Lei de Introdução às Normas do Direito Brasileiro[10], determinando que as leis, atos, sentenças e declarações de vontade provenientes de outro país não terão eficácia se ofenderem a soberania nacional, a ordem pública e os bons costumes, conforme será visto na sequência, ao tratar da competência concorrente e homologação de sentenças estrangeiras.

A competência exclusiva do judiciário brasileiro foi, primeiramente, regulamentada pela Lei de Introdução ao Código Civil de 1942 (LICC), atualmente conhecida como Lei de Introdução às Normas do Direito Brasileiro (LINDB)[11]. O §1o do artigo 12 assim dispõe: "Só à autoridade judiciária brasileira compete conhecer das ações relativas a imóveis situados no Brasil".

Este artigo da LINDB ainda deve ser observado e continua válido, entretanto, foi complementado pelo artigo 89 do Código de Processo Civil de 1973. O artigo 89, além de determinar a competência exclusiva sobre as ações relativas a bens imóveis situados no Brasil, estende a obrigatoriedade de realização de

---

6. BRASIL. Superior Tribunal de Justiça. **Sentença Estrangeira Contestada no 7.171**. Requerente: R K S DE A DE F. Requerido: F G P DE F. Relator: Ministra Nancy Andrighi. Brasília, 19 fev 2013. Disponível em:‹https://ww2.stj.jus.br/processo/revista/documento/mediado/?componente=ITA&sequencial=1283161&num_registro=201300426281&data=20131202&formato=PDF›. Acesso em: 19 fev. 2014.

7. FERREIRA, Aurélio, Buarque de Holanda. **Aurélio:** o dicionário da língua portuguesa. Curitiba: Ed. Positivo, 2008. p.451

8. REZEK, José Francisco. **Direito internacional público: curso elementar**. São Paulo: Saraiva, 2010. p.231.

9. BRASIL. Constituição (1988). **Constituição da República Federativa do Brasil de 1988**. Disponível em: ‹http://www.planalto.gov.br/ccivil_03/constituicao/constitui%C3%A7ao.htm›. Acesso em: 20 dez. 2014.

10. BRASIL. **Decreto-Lei no 4.657 de 4 de setembro de 1942**. Lei de Introdução às normas do Direito Brasileiro. Disponível em: ‹http://www.planalto.gov.br/ccivil_03/decreto-lei/Del4657compilado.htm›. Acesso em: 21 dez. 2014.

11. BRASIL. **Decreto-Lei no 4.657 de 4 de setembro de 1942**. Lei de Introdução às normas do Direito Brasileiro. Disponível em: ‹http://www.planalto.gov.br/ccivil_03/decreto-lei/Del4657compilado.htm›. Acesso em: 21 dez. 2014.

inventário e partilha de bens situados no Brasil, mesmo que o autor da herança seja estrangeiro e tenha domicílio fora do país.

No Novo CPC esta espécie de competência é trazida pelo artigo 23, modificando seu inciso II e acrescentando um inciso III, mas observando a mesma finalidade, que é evitar que um país estrangeiro decida sobre bens imóveis situados em território nacional, em outras palavras, respeitar a soberania nacional:

> Art. 23. Compete à autoridade judiciária brasileira, com exclusão de qualquer outra: I. conhecer de ações relativas a imóveis situados no Brasil; II. Em matéria de sucessão hereditária, proceder à confirmação de testamento particular, inventário e partilha de bens situados no Brasil, ainda que o autor da herança seja de nacionalidade estrangeira ou tenha domicílio fora do território nacional; III. Em divórcio, separação judicial ou dissolução de união estável, proceder à partilha de bens situados no Brasil, ainda que o titular seja de nacionalidade estrangeira ou tenha domicílio fora do território nacional.[12]

Destaca-se que neste artigo o Código teve a intenção de especificar em quais situações o Brasil deve decidir, incluindo confirmação de testamento, inventário, partilha de bens, divórcio, separação judicial, dissolução de união estável. Entretanto, o Código não levou em consideração a jurisprudência dos órgãos superiores, incluídos aqui Supremo Tribunal Federal (STF) e Superior Tribunal de Justiça (STJ), que já homologou algumas sentenças estrangeiras, que, apesar de decidirem questões de competência exclusiva do judiciário brasileiro, em sua decisão, respeitaram a legislação brasileira.

Um exemplo que se têm deste entendimento é a Sentença Estrangeira Contestada nº 4512-6 Confederação Helvética[13], onde foi requerida a homologação da partilha de bens feita na sentença de divórcio que foi homologada nos autos da SE nº 3.862-5 - Confederação Suíça. A partilha cuidou de bens imóveis situados no Brasil, decidindo, deste modo, sobre matéria de exclusividade da autoridade judiciária brasileira, em conformidade do artigo 89, I e II do CPC.

O STF entendeu que a sentença estrangeira, mesmo decidindo sobre bem imóvel localizado no Brasil, não ofendeu o inciso II do artigo 89 do CPC/1973, uma vez que a Corte Suíça aplicou a legislação brasileira no momento de determinar

---

12. BRASIL. **Lei nº 13.105, de 16 de março de 2015.** Institui o Código de Processo Civil. Disponível em: ‹http://www.planalto.gov.br/ccivil_03/_Ato2015-2018/2015/Lei/L13105.htm›. Acesso em: 17 março 2015.
13. BRASIL. Supremo Tribunal de Justiça. **Sentença Estrangeira Contestada nº 4.512-6.** Requerente: Thereza Barbara Cajado. Requerido: Paulo Mendes Cajado. Relator: Ministro Paulo Brossard. Brasília, 21 out. 1994. Disponível em: ‹http://redir.stf.jus.br/paginadorpub/paginador.jsp?docTP=AC&docID=265703›. Acesso em: 17 dez. 2014.

a partilha sobre aquele bem. Sob estas justificativas, o STF homologou a partilha de bens realizada pelo judiciário estrangeiro.

Neste viés também é a Sentença Estrangeira Contestada nº 1.304-EX[14], onde foi requerida a homologação de Sentença Declaratória à Revelia proferida pelo Juízo da Vara de Órfãos e Sucessões do Condado de Beaufort do Estado da Carolina do Sul nos Estados Unidos. Foi sustentado que o requerente se beneficiou de um ato de última vontade de Thomas B. Honse que lhe conferiu, por meio de testamento, a transferência de imóveis situados no Brasil.

Destaca-se que, conforme a legislação pátria, é competência exclusiva do judiciário brasileiro julgar ações que tratem sobre bens imóveis situados no Brasil, independente da nacionalidade ou domicílio do *de cujus*. Entretanto, contrariando a legislação, o Superior Tribunal de Justiça (STJ) decidiu que, quando realizado um acordo entre as partes (como é o caso de um testamento), este será aceito e homologado pelo judiciário brasileiro, contanto que não ofenda à soberania nacional e à ordem pública.

No mesmo sentido foi decidida a Sentença Estrangeira Contestada nº 878-EX[15] que requereu a homologação da partilha de bens da dissolução da sociedade conjugal realizada pelo 2º Juízo Cível do Tribunal de Círculo e da Comarca de Oeiras, Portugal. Os bens foram divididos em partes iguais, restando 50% para cada um. Dentre os bens partilhados se encontrava um apartamento situado no Brasil, mais especificamente na cidade do Rio de Janeiro.

Tendo em vista que a decisão tomada pelo Juízo de Portugal respeita as regras da legislação brasileira, no momento em que atribui 50% do montante para cada uma das partes, e, ainda, que o teor da sentença está em perfeita harmonia com a soberania nacional, a ordem pública e os bons costumes, pode-se dizer que esta guarda perfeita coerência com a legislação brasileira. Por estas razões, a sentença estrangeira foi homologada pelo STJ.

Diante disto, têm-se que o Novo Código poderia ter incluído em seu artigo a possibilidade de homologação de sentenças estrangeiras que versem sobre bens imóveis, desde que respeitem a legislação pátria. Esta aceitabilidade,

---

14. BRASIL. Superior Tribunal de Justiça. **Sentença Estrangeira Contestada nº 1.304.** Requerente: Stephen Thomas Honse e outra. Requerido: Laura A Honse e outros. Relator: Ministro Gilson Dipp. Brasília, 19 dez. 2007. Disponível em:‹https://ww2.stj.jus.br/processo/revista/documento/mediado/?componente=ITA&sequencial=749748&num_registro=200501532536&data=20080303&formato=PDF›. Acesso em: 17 dez. 2014.

15. BRASIL. Superior Tribunal de Justiça. **Sentença Estrangeira Contestada nº 878-EX.** Requerente: Antônio Manuel Rodrigues Vieira. Requerido: Maria de Lurdes Rodrigues Vieira. Relator: Ministro Carlos Alberto Menezes Direito. Brasília, 18 maio 2005. Disponível em:‹https://ww2.stj.jus.br/processo/revista/documento/mediado/?componente=ITA&sequencial=549787&num_registro=200500348999&data=20050627&formato=PDF›. Acesso em: 17 dez. 2014.

inclusive, geraria uma economia processual e economizaria gastos de um novo processo judicial, uma vez que o Brasil não precisaria julgar novamente uma demanda que já foi corretamente decidida.

Assim como a legislação pátria apresenta assuntos que devem ser decididos apenas pelo judiciário brasileiro, existem alguns assuntos que, tanto o Brasil quanto outro país são igualmente competentes para o julgamento, como será analisado na sequência.

3. CONCORRÊNCIA ENTRE JURISDIÇÕES: BRASIL VERSUS PAÍS ESTRANGEIRO

A competência concorrente apresenta aqueles casos em que tanto o juiz brasileiro quanto o juiz estrangeiro é competente para julgar a lide, em outras palavras, são aqueles casos em que o juiz brasileiro concorre com os tribunais alienígenas, podendo, também por esses ser julgada[16]. Essa competência é também conhecida como relativa, alternativa ou cumulativa e não exclui a possibilidade do processo correr em foro de outro país[17].

Deste modo, a competência internacional concorrente permite a atuação paralela de jurisdição estrangeira sobre a mesma lide sujeita à jurisdição brasileira[18]. Logo, pode-se depreender do artigo que este possuía a intenção de demonstrar a possiblidade de aceitação de sentenças estrangeiras, mesmo no momento em que o Brasil tem igual competência para o julgamento de uma demanda.

Desta maneira, existe a possibilidade do litigante escolher em qual jurisdição irá interpor a ação. Entretanto, se a parte escolher ingressar com a ação em solo estrangeiro, a sentença proferida lá apenas surtirá efeito no Brasil após a sua homologação que se dará pelo STJ[19].

Imperioso referir que, nas hipóteses apresentadas pelo artigo, a sentença proferida em outro país poderá ser válida em solo brasileiro[20]. Mas, para que seja válida, esta deverá atender aos requisitos regulamentados pelos artigos 15

---

16. PEREIRA, Luis Cesar Ramos. A competência internacional da autoridade judiciária brasileira. **Revista dos Tribunais**, v. 586, ano 73, agosto de 1984. pp.15-21. p.15-16.
17. PORTELA, Paulo Henrique Gonçalves. **Direito Internacional Público e Privado, incluindo noções de direitos humanos e de direito comunitário.** 4ª ed. rev. ampl. e atual. Salvador: Editora Jus Podivm, 2012. p.661.
18. ARMELIN, Donaldo. Competência Internacional. **Revista de Processo**, nº 2, abr./jun., 1978. pp.131-158. p.148.
19. BRASIL. Constituição (1988). **Constituição da República Federativa do Brasil de 1988**. Disponível em: ‹http://www.planalto.gov.br/ccivil_03/constituicao/constitui%C3%A7ao.htm›. Acesso em: 20 dez. 2014.
20. PEREIRA, Luis Cesar Ramos. A competência internacional da autoridade judiciária brasileira. **Revista dos Tribunais**, v. 586, ano 73, agosto de 1984. pp.15-21. p.15-16; DINAMARCO, Cândido Rangel. **Instituições de Direito Processual Civil.** Volume II. 5ª Ed. São Paulo: Malheiros Editores, 2005. p.363; DESTEFANNI, Marcos. **Curso de processo civil**, volume 1 - tomo I. 2. ed. rev atual. e ampl. São Paulo: Saraiva, 2009. p.66-67.

Cap. 4 • A JURISDIÇÃO NACIONAL SOB O VIÉS DO NOVO CÓDIGO DE PROCESSO CIVIL
Vanessa de Oliveira Bernardi

e 17 da LINDB e passar pelo processo de homologação realizado pelo Superior Tribunal de Justiça.

O artigo 15 da LINDB traz os requisitos para que uma sentença estrangeira possa ser executada em teritório nacional, que são: (a) ter sido proferida por juiz competente, (b) terem sido as partes citadas legalmente, (c) ter transitado em julgado, (d) estar traduzida por intérprete autorizado, e, e) ter sido homologada pelo STJ[21]. Já o artigo 17 determina que as sentenças, bem como atos e leis de outros países, não terão eficácia no Brasil se ofenderem a soberania nacional, a ordem pública e os bons costumes.

A competência concorrente foi primeiramente regulamentada pelo artigo 12, caput da LINDB, que apresentava apenas duas hipóteses, quais sejam: (a) quando o réu tiver domicílio no Brasil, ou (b) quando no Brasil tiver que ser cumprida a obrigação. Este artigo foi complementado pelo artigo 88 do CPC/1973 sendo adicionado mais um inciso às possibilidades de competência internacional concorrente.

As hipóteses dessa espécie de competência são, quando o réu, independentemente de sua nacionalidade, (a) estiver domiciliado no Brasil, ou (b) quando a obrigação tiver de ser cumprida no Brasil, ou (c) quando a ação se originar de fato/ato praticado no Brasil. Ainda define, em seu parágrafo único, que reputa-se domiciliada a pessoa estrangeira que tiver agência, filial ou sucursal no Brasil[22].

No Novo CPC a competência concorrente vem regulamentada pelos artigos 21 e 22[23], os quais acrescentaram diversas hipóteses de concorrência entre o Brasil e um outro país para o julgamento de uma demanda. Enquanto o artigo 21 repete a ideia do artigo 88 do CPC/1973, determinando as mesmas três hipóteses de concorrência, o artigo 22 apresenta um rol ainda maior de previsões.

O artigo 22 inova no momento em que determina que também compete ao judiciário brasileiro julgar as ações a) de alimentos, quando o credor tiver domicílio ou residir no Brasil, ou quando o réu mantiver vínculos no Brasil, tais

---

21. No artigo consta "ter sido homologada pelo Supremo Tribunal Federal", entretanto, após a Emenda Constitucional 45/2004, a homologação de sentenças estrangeiras passou a ser competência do Superior Tribunal de Justiça. BRASIL. **Emenda Constitucional nº 45 de 30 de dezembro de 2004.** Altera dispositivos dos arts. 5º, 36, 52, 92, 93, 95, 98, 99, 102, 103, 104, 105, 107, 109, 111, 112, 114, 115, 125, 126, 127, 128, 129, 134 e 168 da Constituição Federal, e acrescenta os arts. 103-A, 103B, 111-A e 130-A, e dá outras providências. Disponível em: ‹http://www.planalto.gov.br/ccivil_03/constituicao/Emendas/Emc/emc45.htm›. Acesso em: 18 dez. 2014.

22. BRASIL. **Lei nº 5.869, de 11 de janeiro de 1973.** Institui o Código de Processo Civil. Disponível em: ‹http://www.planalto.gov.br/ccivil_03/leis/l5869compilada.htm›. Acesso em: 19 fev. 2014.

23. BRASIL. **Lei nº 13.105, de 16 de março de 2015.** Institui o Código de Processo Civil. Disponível em: ‹http://www.planalto.gov.br/ccivil_03/_Ato2015-2018/2015/Lei/L13105.htm›. Acesso em: 17 março 2015.

como posse ou propriedade de bens, recebimento de renda ou obtenção de benefícios econômicos, b) decorrentes de relações de consumo, quando o consumidor tiver domicílio ou residir no Brasil, e, c) em que as partes, expressa ou tacitamente, se sujeitarem à jurisdição nacional.

Este novo artigo remete à ideia de proteção, também adotada pelas normas de competência territorial interna, e tal como esta, é relativa, ou seja, pode ser modificada pelas partes. Em outras palavras, no caso de ações que tenham um elemento de estraneidade existe a possibilidade de escolha, pelo litigante, do local para o ingresso da demanda, podendo ser proposta tanto aqui no Brasil quanto alhures.

Dessa maneira, não há o que impeça que a ação, logo após ser proposta em outro país, venha a ser ajuizada no Brasil, a não ser que já tenha feito coisa julgada[24]. Diante disso é que surge o problema da litispendência internacional, conforme será visto pormenorizadamente na sequência.

4. LITISPENDÊNCIA INTERNACIONAL: ENTRE O MONISMO INTERNACIONA-LISTA MODERADO E OS PROBLEMAS GERADOS PELA OCORRÊNCIA DA LITISPENDÊNCIA INTERNACIONAL

A palavra litispendência é proveniente do latim *litis-pendentia* e significa a pendência de uma lide, representando o estado de pendência de um processo[25]. Dito em outras palavras, o evento da litispendência ocorre no momento em que estão em tramitação duas demandas que são idênticas - que possuem identidade entre si.

Há litispendência no momento em que se reproduz uma ação onde a sentença teria que examinar e decidir quanto às mesmas quaestiones facti e às mesmas quaestiones iuri[26] - ou, ainda, quando duas lides possuem os mesmos elementos[27]. Neste viés, para que se reconheça a igualdade das demandas, é necessária a tríplice identidade, que pode ser representada pela teoria dos três eadem (mesmas partes, mesma causa *petendi*, mesmo *petitum*)[28].

---

24. THEODORO JUNIOR, Humberto. **Curso de Direito Processual Civil - Teoria geral do direito processual civil e processo de conhecimento.** Rio de Janeiro: 2007. p.182.
25. DINAMARCO, Cândido Rangel. **Instituições de Direito Processual Civil.** Volume II. 5ª Ed. São Paulo: Malheiros Editores, 2005. p.49; FIGUEIRA JÚNIOR, Joel Dias. **Comentários ao código de processo civil: v. 4: do processo de conhecimento, arts. 282 a 331, tomo III.** São Paulo: Editora Revista dos Tribunais, 2001. p.230.
26. MIRANDA, Pontes de. **Comentários ao Código de Processo Civil, tomo IV (arts. 282 - 443).** Editora Forense: 1974. p.114
27. MONTENEGRO FILHO, Misael. **Curso de direito processual civil, volume 1: teoria geral do processo de conhecimento.** São Paulo: Atlas, 2005. p.378.
28. PASSOS, José Joaquim Calmon de. **Comentários ao Código de Processo Civil, Lei 5.869 de 11 de janeiro de 1973, vol. III: arts. 270 a 331.** 8ª ed. Rio de Janeiro: Forense, 1998. p.265.

Para que seja caracterizada a litispendência internacional é necessária a observância de dois requisitos, quais sejam: que o Tribunal no qual poderia ser apresentada a exceção de litispendência seja competente por suas normas de competência internacional; e que o Tribunal em que a ação tenha sido proposta primeiro também seja competente através de suas regras de competência internacional. Assim, para que possamos identificar a litispendência é preciso que ambos os tribunais que estão julgando a lide sejam igualmente competentes para tal[29].

Em outras palavras, se cada parte escolhe interpor a ação em uma jurisdição distinta, ter-se-ão dois processos idênticos em trâmite em países diferentes, configurando-se a litispendência internacional[30]. Ou seja, há litispendência internacional quando tribunais de países distintos exercem sua jurisdição sobre uma mesma demanda[31].

A finalidade de aplicar o instituto da litispendência é evitar o duplo julgamento de uma mesma demanda, e, por isso, em âmbito interno, impõe-se a extinção do segundo processo sempre que as ações visem o mesmo resultado, mesmo que as partes estejam em posições invertidas[32]. Entretanto, não é o que se vislumbra quando se está diante da litispendência internacional, uma vez que tanto o CPC de 73 como o Novo CPC a consideram irrelevante.

Apesar da litispendência internacional claramente ocorrer, o artigo 90 do CPC/1973 determina a sua não aplicabilidade, relatando que "a ação intentada perante tribunal estrangeiro não induz litispendência, nem obsta a que a autoridade judiciária brasileira conheça da mesma causa e das que lhe são conexas"[33].

Assim, pode-se simplificar da seguinte forma: se a litispendência ocorre internamente no Brasil, quando dois ou mais processos estão em tramitação, o segundo processo será obrigatoriamente extinto. Se, todavia, dois ou mais países julgarem uma mesma ação, sendo um deles o Brasil, não há extinção quanto ao processo que tramita no Brasil[34].

---

29. GRECO FILHO, Vicente. **Direito processual civil brasileiro, volume I: (teoria geral do processo e auxiliares da justiça).** 22. ed. São Paulo: Saraiva, 2010. p.218.

30. PORTELA, Paulo Henrique Gonçalves. **Direito Internacional Público e Privado, incluindo noções de direitos humanos e de direito comunitário.** 4ª ed. rev. ampl. e atual. Salvador: Editora Jus Podivm, 2012. p.665.

31. GRECO FILHO, Vicente. **Direito processual civil brasileiro, volume I: (teoria geral do processo e auxiliares da justiça).** 22. ed. São Paulo: Saraiva, 2010. p.217.

32. DINAMARCO, Cândido Rangel. **Instituições de Direito Processual Civil. Volume II.** 5 ed. São Paulo: Malheiros Editores, 2005. p.62-63.

33. BRASIL. **Lei nº 5.869, de 11 de janeiro de 1973.** Institui o Código de Processo Civil. Disponível em: ‹http://www.planalto.gov.br/ccivil_03/leis/l5869compilada.htm›. Acesso em: 19 fev. 2014.

34. PABST, Haroldo. A litispendência no Direito Processual Civil Internacional no Brasil. **Revista de Direito do Mercosul,** Buenos Aires, n. 1, fev, 1999, pp. 28-33. p.29; ALVIM, Arruda. **Manual de direito processual civil.** 15 ed rev atual e ampl. São Paulo: Editora Revista dos Tribunais, 2012. p.309.

Neste sentido também se manifestou o STJ no Recurso Especial n° 251.438/ RJ proferido pelo Ministro Barros Monteiro:

> Depois, nos termos do estatuído no art. 90 do Código de Processo Civil, "a ação intentada perante tribunal estrangeiro não induz litispendência, nem obsta que a autoridade judiciária brasileira conheça da mesma causa e das que lhe são conexas". Vale dizer, é irrelevante a litispendência internacional.[35]

Assim, esta regra determina que a mesma demanda pode ser objeto de análise simultânea pelo judiciário brasileiro e por um judiciário alienígena, e que a sentença proferida por juiz estrangeiro poderá, ou não, gerar efeitos no Brasil[36], causando, assim, uma verdadeira corrida de ações[37], não importando qual delas foi interposta em primeiro lugar, e sim qual delas primeiro fará coisa julgada[38]. Em síntese, no Brasil surtirá efeitos a ação que primeiro fizer coisa julgada, lembrando-se, que para que uma sentença estrangeira faça coisa julgada é necessária a homologação da mesma pelo STJ.

Uma das falhas graves constante no artigo, que foi, de certa forma, sanada pelo artigo 24 do Novo CPC, consistia em ignorar as disposições que admitem a litispendência internacional, àquelas constantes em tratados internacionais assinados e ratificados pelo Brasil[39]. O Brasil é signatário de três tratados internacionais que legislam sobre a aplicabilidade do instituto da litispendência internacional.

O primeiro tratado assinado pelo Brasil que regulamenta sobre este assunto é o Código de Bustamante[40] também conhecido como a Convenção de Direito Internacional privado de Havana, tendo sua incorporação através do Decreto 18.871 de 13 de agosto de 1929, possuindo, desta forma, plena validade no ordenamento jurídico interno. O artigo 394 deste tratado apresenta a possibilidade de alegação da litispendência em matéria cível, quando a sentença que for proferida em um país deva produzir no outro país os efeitos da coisa julgada.

---

35. BRASIL. Superior Tribunal de Justiça. **Recurso Especial n° 251.438/RJ.** Recorrente: American Home Assurance Company e outro. Recorrido: Braspetro Oil Services Company - BRASOIL. Relator: Ministro Barros Monteiro. Brasília, 08 ago 2000. Disponível em: ‹https://ww2.stj.jus.br/revistaeletronica/ita.asp?registro=200000248215&dt_publicacao=02/10/2000›. Acesso em: 12 fev. 2014.
36. PORTELA, Paulo Henrique Gonçalves. **Direito Internacional Público e Privado, incluindo noções de direitos humanos e de direito comunitário.** 4ª ed. rev. ampl. e atual. Salvador: Editora Jus Podivm, 2012. p.665.
37. GASPARETTI, Marco Vanin. **Competência internacional.** São Paulo: Saraiva, 2011. p.130.
38. GASPARETTI, Marco Vanin. **Competência internacional.** São Paulo: Saraiva, 2011. p.130.
39. ARMELIN, Donaldo. Competência Internacional. **Revista de Processo,** n° 2, abr./jun., 1978. pp.131-158. p.153.; GASPARETTI, Marco Vanin. **Competência internacional.** São Paulo: Saraiva, 2011. p.132.
40. BRASIL. **Decreto 18.871 de 13 de agosto de 1929.** Promulga a Convenção de direito internacional privado, de Havana. Disponível em: ‹http://legis.senado.gov.br/legislacao/ListaNormas.action?numero=18871&tipo_norma=DEC&data=19290813&link=s›. Acesso em 04 fev. 2014.

Os outros dois tratados internacionais que normatizam a aplicação da litispendência internacional foram firmados no âmbito do Mercado Comum do Sul (MERCOSUL), bloco do qual o Brasil faz parte desde 1991. O primeiro é o Protocolo de Buenos Aires sobre Jurisdição Internacional em Matéria Contratual[41], assinado no ano de 1994 e ratificado pelo Brasil pelo Decreto n° 2.095 de 17 de dezembro de 1996, cujo artigo 6 assim define:

> Eleita ou não a jurisdição, considerar-se-á esta prorrogada em favor do Estado-Parte onde seja proposta a ação quando o demandado, depois de interposta esta, a admita voluntariamente, de forma positiva e não ficta.

Este artigo apresenta a possibilidade de aplicação de um juízo prevento, ou seja, aquele juiz que primeiro despachou, ou proferiu alguma decisão sobre a causa, deve ser o responsável pelo julgamento do processo. A prevenção dar-se-á no início da ação, determinando o local em que correrá a lide até seu julgamento final.

Neste mesmo sentido, também tem o Protocolo de Las Leñas[42], ratificado pelo Brasil através do Decreto 6.891 de 2 de julho de 2009, conhecido no bloco como o Protocolo de Cooperação e Assistência Jurisdicional em Matéria Civil, Comercial, Trabalhista e Administrativa que traz em seu bojo o artigo 22. Este artigo determina que, quando se trata de sentença ou laudo arbitral entre as mesmas partes, com os mesmos fatos e que tenha o mesmo objeto que outro processo já interposto, seu reconhecimento dependerá da compatibilidade com o pronunciamento anterior ou simultâneo recaído em tal processo. Neste diapasão não se conhecerá, nem se procederá à execução, quando um processo que tenha as mesmas partes, fundado nos mesmos fatos e sobre o mesmo objeto for interposto perante outra autoridade.

O Novo CPC alterou um pouco o artigo sobre a litispendência internacional, trazendo a sua inaplicabilidade, entretanto ressalvando os tratados e acordos bilaterais:

> Art. 24. A ação proposta perante tribunal estrangeiro não induz litispendência e não obsta a que a autoridade judiciária brasileira conheça da mesma causa e das que lhe são conexas, ressalvadas

---

41. BRASIL. **Decreto nº 2.095 de 17 de dezembro de 1996**. Promulga o Protocolo de Buenos Aires sobre Jurisdição Internacional em Matéria Contratual, concluído em Buenos Aires, em 5 de agosto de 1994. Disponível em: ‹http://www2.camara.leg.br/legin/fed/decret/1996/decreto-2095-17-dezembro-1996-437295-publicacaooriginal-1-pe.html›. Acesso em 05 fev. 2014.

42. BRASIL. **Decreto 6.891 de 2 de julho de 2009**. Promulga o Acordo de Cooperação e Assistência Jurisdicional em Matéria Civil, Comercial, Trabalhista e Administrativa entre os Estados Partes do Mercosul, a República da Bolívia e a República do Chile. Disponível em: ‹http://www.planalto.gov.br/ccivil_03/_Ato2007-2010/2009/Decreto/D6891.htm›. Acesso em 05 fev. 2014.

as disposições em contrário de tratados internacionais e acordos bilaterais em vigor no Brasil. Parágrafo único. A pendência de causa perante a jurisdição brasileira não impede a homologação de sentença judicial estrangeira quando exigida para produzir efeitos no Brasil.[43]

A ressalva trazida pelo novo artigo vai de encontro com a ideia de que o Brasil adota a teoria monista para regulamentar as relações entre as normas de direito interno e de direito internacional, bem como os conflitos destas decorrentes. Imperioso, aqui, fazer uma breve diferenciação das teorias monistas e dualistas.

Os defensores do dualismo acreditam que o direito internacional e o direito nacional funcionam em separado, estabelecendo uma divisão radical entre a ordem internacional e a ordem interna, colocando-as em patamares equivalentes, mas incomunicáveis[44]. Enquanto o direito internacional teria o condão de regulamentar as relações entre os Estados, o direito interno teria o dever de regular a conduta do Estado com os indivíduos.

Devido à cada um dos direitos regulamentar matérias diferentes é que entre eles não seria possível haver conflito, assim, um tratado internacional não poderia, em hipótese alguma, regular uma matéria interna sem ser incorporado ao ordenamento interno por um procedimento que transforme este tratado em uma lei interna[45]. Em suma, não existe conflito entre as normas, pois cada uma prevalece na sua esfera de atuação[46].

O monismo, por sua vez, tem como base que todos os direitos tem origem de uma só fonte, e, portanto, o direito interno e o direito internacional são dois ramos de um único sistema[47].

Kelsen explica que esta unicidade harmoniosa entre as normas de direito interno e de direito internacional devem ser compreendidas de duas diferentes maneiras. Dois conjuntos de normas diferentes podem estar em um único sistema normativo, pois uma ordem inferior tem sua validade de uma ordem

---

43. BRASIL. **Lei nº 13.105, de 16 de março de 2015.** Institui o Código de Processo Civil. Disponível em: ‹http://www.planalto.gov.br/ccivil_03/_Ato2015-2018/2015/Lei/L13105.htm›. Acesso em: 17 março 2015.
44. HUSEK, Carlos Roberto. **Curso de direito internacional público.** 11 ed. São Paulo: LTr, 2012. p.55; RIBEIRO, Patrícia Henriques. **As relações entre o direito internacional e o direito interno: conflito entre o ordenamento brasileiro e normas do Mercosul.** Belo Horizonte, Del Rey, 2001. p.44.
45. MAZZUOLI, Valerio de Oliveira. **Tratados internacionais.** São Paulo: Editora Juarez de Oliveira, 2001. p.119; SILVA, Geraldo Eulálio do Nascimento. **Manual de direito internacional público.** 15. ed ver e atual. São Paulo, 2002. p.64-65; DOLINGER, Jacob. **Direito internacional privado: parte geral.** 9ª ed. Atualizada. Rio de Janeiro: Renovar, 2008. p.88-89.
46. HUSEK, Carlos Roberto. **Curso de direito internacional público.** 11 ed. São Paulo: LTr, 2012. p.55; MAZZUOLI, Valerio de Oliveira. **Tratados internacionais.** São Paulo: Editora Juarez de Oliveira, 2001. p.121..
47. HUSEK, Carlos Roberto. **Curso de direito internacional público.** 11 ed. São Paulo: LTr, 2012. p.56; DOLINGER, Jacob. **Direito internacional privado: parte geral.** 9ª ed. Atualizada. Rio de Janeiro: Renovar, 2008. p.89-88.

superior. Em outras palavras, a ordem inferior tem sua criação na ordem superior, ou, então, pois as duas ordens coordenadas têm sua validade de uma mesma terceira ordem, que tem o condão de determinar não apenas as esferas, mas o fundamento de validade; a criação das duas normas[48].

A relação entre o direito internacional e o direito interno pode se dar de duas maneiras, o direito internacional pode ter primazia sobre o direito interno, ou vice-versa. Logo, os defensores desta teoria podem enveredar por dois caminhos opostos, pela tese do primado do direito internacional, a qual em caso de conflito de normas, prevalecem as normas de direito internacional, ou, pela tese do primado do direito interno, onde, no conflito entre normas, prevalecem as normas de direito interno[49].

Pode-se dizer que o Brasil adota a teoria monista com primado no direito internacional, sendo moderado, uma vez que exige a ratificação interna de um tratado internacional. Mazzuoli explicita que esta seria a posição mais certa e consentânea diante das novas relações de direito internacional, pois além de permitir a solução de controvérsias, favorece o desenvolvimento do direito internacional e a evolução dos países rumo à concretização do ideal comum dos contemporâneos[50].

Apesar do novo artigo ter apresentado mudanças positivas, o Novo CPC continua ignorando a existência de litispendência internacional entre os países que o Brasil não possui nenhum tratado ou acordo bilateral, não resolvendo o problema da ocorrência da litispendência internacional e da possibilidade de duplo julgamento de uma mesma demanda. E este fato, além de gerar uma insegurança jurídica, fere o direito público, uma vez que provoca o aumento das custas processuais, injustiças e decisões inconsistentes ou contraditórias.

O Novo CPC apresentou, porém, uma grande inovação para as regras de processo civil internacional, que, conforme será vista adiante, incluiu a possibilidade de aceitar a cláusula de eleição de foro. Esta cláusula é de suma importância e, de certa forma, pode resolver o problema da duplicidade de demandas, uma vez que, existindo sua previsão em contrato, ela seria capaz de afastar o processo de uma segunda jurisdição, evitando um duplo julgamento.

5. A ACEITABILIDADE DA CLÁUSULA DE ELEIÇÃO DE FORO

Diante da jurisprudência, nunca consolidada sobre o assunto, sempre se perguntou se as partes poderiam, nas situações de competência concorrente,

---

48. KELSEN, Hans. **Teoria geral do direito e do estado.** 3ª ed. São Paulo: Martins Fontes, 1998. p.530.
49. SILVA, Geraldo Eulálio do Nascimento. **Manual de direito internacional público.** 15. ed ver e atual. São Paulo, 2002. p.65.
50. MAZZUOLI, Valerio de Oliveira. **Tratados internacionais.** São Paulo: Editora Juarez de Oliveira, 2001. p.130.

NOVO CPC DOUTRINA SELECIONADA, v. 1 • Parte Geral
PARTE VI – COMPETÊNCIA

afastar a competência de uma autoridade judiciária brasileira e escolher um foro estrangeiro como competente para julgar a questão[51]. Neste aspecto, uma das grandes novidades apresentadas pelo Novo Código foi o artigo 25 que trouxe o reconhecimento da cláusula de eleição de foro.

Faz-se uma análise de algumas jurisprudências do STJ que discutem a aplicabilidade, ou não, da cláusula de eleição de foro, a fim de demonstrar a contrariedade de argumentos e decisões sobre este assunto, para, a seguir, analisar o inteiro teor do artigo 25 proposto pelo novo CPC.

O primeiro recurso que respeita a autonomia da vontade das partes é o Recurso Especial nº 242.383/SP[52] que decidiu no sentido de aceitar a cláusula de eleição de foro. Tratou-se de uma ação de rescisão unilateral de contrato, cumulada com pedido de indenização por perdas e danos e lucros cessantes e de cobrança das diferenças de comissões pendentes.

O Tribunal paulista aplicou a cláusula de eleição de foro constante no contrato firmado entre as partes, o que foi um dos motivos do recurso apresentado ao órgão superior. O STJ corroborou com a decisão do Tribunal, alegando que, no momento em que não há questão de ordem pública envolvida há que se aplicar a vontade das partes.

O segundo acórdão que respeita a autonomia das partes na escolha de foro é o Recurso Especial nº 1.177.915/RJ[53]. A lide tratava sobre a manutenção do contrato entabulado entre as partes, ou, alternativamente, ao pagamento de indenização pelos prejuízos decorrentes da extinção da relação contratual.

A ré alegou que havia, no contrato, a previsão de uma cláusula contratual de eleição de foro elegendo o juízo da Bolonha, na Itália, como competente para dirimir as questões relativas ao contrato. Assim, o STJ decidiu por dar desprovimento ao recurso, aceitando a cláusula de eleição de foro sob a alegação de que não há, nos autos, hipossuficiência da recorrente e nem qualquer circunstância de impedimento à parte ao acesso à Justiça.

---

51. TIBURCIO, Carmen. A Eleição de Foro Estrangeiro e o Judiciário Brasileiro. In: MOSCHEN, Valesca Raizer Borges; JIMENEZ, Martha Lucia Olivar; RABELO, Manoel Alves; LIMA, Marcellus Polastri (Org.). **Desafios do Processo Civil Internacional**. Rio de Janeiro: Lumen Juris, 2013. Pp.51-75. p.52

52. BRASIL. Superior Tribunal de Justiça. **Recurso Especial nº 242.383/SP**. Recorrente: Cláudio Ferranda e outro. Recorrido: Amoco Chemical Holding Company. Relator: Ministro Humberto Gomes de Barros. Brasília, 03 fev. 2005. Disponível em: ‹https://ww2.stj.jus.br/processo/revista/documento/mediado/?componente=ITA&sequencial=523565&num_registro=199901151830&data=20050321&formato=PDF›. Acesso em: 18 dez. 2014.

53. BRASIL. Superior Tribunal de Justiça. **Recurso Especial nº 1.177.915/RJ**. Recorrente: Fórmula F3 Brazil S/A. Recorrido: Ducati Motor Holding S P A. Relator: Ministro Vasco Della Giustina. Brasília, 13 abr. 2010. Disponível em: ‹https://ww2.stj.jus.br/processo/revista/documento/mediado/?componente=ITA&sequencial=960242&num_registro=201000181955&data=20100824&formato=PDF›. Acesso em: 18 dez. 2014.

O Recurso Especial nº 1.168.547/RJ[54], entretanto, decidiu não respeitar a autonomia das partes. Tratou-se de uma ação de reparação civil por danos materiais e morais devido à utilização indevida da imagem da recorrida, mesmo quando o contrato, expressamente previa a vedação para tal ato.

A recorrente alegou que no contrato firmado pelas partes foi estabelecido o foro da cidade de Málaga, na Espanha, para dirimir quaisquer controvérsias, e que, deste modo, o Brasil seria incompetente para o julgamento da demanda. Entretanto, o STJ entendeu que a cláusula de eleição de foro não impede que a ação seja proposta também no Brasil, uma vez que cuida de competência concorrente, e, sendo assim, concluiu-se que a competência concorrente do juiz brasileiro não pode ser afastada pela vontade das partes.

Neste mesmo viés foi a decisão do Recurso Especial nº 1.159.796/PE[55] que, além de determinar a inafastabilidade da competência concorrente brasileira, alegou que o assunto encontra-se consolidado. A ação era decorrente de contratos de arrendamento mercantil que objetivava viabilizar a aquisição de alguns guindastes, na qual pleiteava-se a compensação por danos morais e o cancelamento de gravames de reserva de domínio sobre os guindastes objetos de contratos celebrados entre as partes.

O recorrente alegou em exceção de incompetência que as partes, em contrato, haviam elegido o foro de Stuttgart, na Alemanha, como foro competente. O STJ não apenas decidiu que a cláusula de eleição de foro não tem o poder de modificar a competência concorrente brasileira, como também alegou a incidência da Súmula 83 do STJ que assim determina: "Não se conhece do recurso especial pela divergência, quando a orientação do Tribunal se firmou no mesmo sentido da decisão recorrida"[56].

Sob este viés, percebe-se que, para a Ministra Nancy Andrighi, relatora da decisão proferida, o assunto encontrava-se, na época do julgamento, consolidado pela jurisprudência do órgão superior, não havendo mais discussões sobre o assunto. Entretanto, o que se vê com o Novo CPC é a consolidação do

---

54. BRASIL. Superior Tribunal de Justiça. **Recurso Especial nº 1.168.547/RJ**. Recorrente: World Company Dance Show Ltda. Recorrido: Patrícia Chélida de Lima Santos. Relator: Ministro Luis Felipe Salomão. Brasília, 11 maio 2010. Disponível em: ‹https://ww2.stj.jus.br/processo/revista/documento/mediado/?componente=ITA&sequencial=960242&num_registro=201000181955&data=20100824&formato=PDF›. Acesso em: 18 dez. 2014.

55. BRASIL. Superior Tribunal de Justiça. **Recurso Especial nº 1.159.796/PE**. Recorrente: Südleasing Gmbh. Recorrido: Saraiva Equipamentos Ltda. Relator: Ministra Nancy Andrighi. Brasília, 30 nov. 2009. Disponível em: ‹https://ww2.stj.jus.br/processo/revista/documento/mediado/?componente=MON&sequencial=7391467&num_registro=200902035717&data=20091210&tipo=0&formato=PDF›. Acesso em: 18 dez. 2014.

56. BRASIL. Superior Tribunal de Justiça. **Súmula nº 83 STJ**. Não se conhece do recurso especial pela divergencia, quando a Orientação do tribunal se firmou no mesmo sentido da decisão Recorrida. Disponível em: ‹http://www.stj.jus.br/docs_internet/VerbetesSTJ_asc.pdf›. Acesso em: 19 dez. 2014.

entendimento contrário, reconhecendo a autonomia das partes para a escolha de foro:

> Art. 25. Não compete à autoridade judiciária brasileira o processamento e o julgamento da ação quando houver cláusula de eleição de foro exclusivo estrangeiro em contrato internacional, arguida pelo réu na contestação. §1º Não se aplica o disposto no *caput* às hipóteses de competência internacional exclusiva previstas neste Capítulo. §2º Aplicam-se à hipótese do *caput* o art. 63, §§ 1º a 4º.[57]

Desta maneira, o Novo CPC resolve a dúvida jurisprudencial aceitando a autonomia da vontade das partes e a cláusula de eleição de foro prevista contratualmente, desde que respeite o artigo 63, §§ 1º a 4º que determina sua aplicabilidade e validade (Art. 25, § 2º Novo CPC). Por certo que esta cláusula não poderia ser aceita quando se trata de competência exclusiva da jurisdição brasileira, como expõe o artigo no §1º.

6. CONSIDERAÇÕES FINAIS

O Novo Código trouxe algumas alterações bastante significativas em matéria de jurisdição nacional, mas outras nem tanto. No que tange à competência exclusiva do judiciário brasileiro pode-se dizer que não existiram alterações significativas. Entretanto, o legislador continuou ignorando a existência de jurisprudência consolidada do STF e do STJ no sentido de aceitar as sentenças estrangeiras que versem sobre bens imóveis, desde que esta respeite a legislação pátria.

No que se refere à competência concorrente, quando há tanto por parte do Brasil, quanto por parte de outro país, competência para o julgamento de uma lide, foram acrescentadas algumas hipóteses. Estas novas possibilidades foram aderidas por motivos protetivos e serão capazes de trazer uma maior segurança para as partes hipossuficientes.

No que diz respeito à litispendência internacional, a qual pode resultar em dois julgamentos de uma mesma ação por dois países distintos, foi acrescentada, pelo Novo CPC, uma ressalva para que se leve em consideração disposições contrárias previstas em tratados internacionais ou em acordos bilaterais. Porém, esta solução não resolve o problema da ocorrência da litispendência internacional quando ocorre com países com os quais o Brasil não possui tratados ou acordos bilaterais.

A mudança mais significativa em matéria de jurisdição nacional trazida pelo Novo CPC foi a inclusão do artigo 25 que regulamenta a aceitabilidade da

---

57. BRASIL. **Lei nº 13.105, de 16 de março de 2015**. Institui o Código de Processo Civil. Disponível em: ‹http://www.planalto.gov.br/ccivil_03/_Ato2015-2018/2015/Lei/L13105.htm›. Acesso em: 17 março 2015.

cláusula de eleição de foro, respeitando a autonomia das partes. Sobre essa questão havia uma grande divergência jurisprudencial, uma vez que algumas decisões aceitavam a cláusula para declinar a competência do judiciário brasileiro enquanto outras não abriam mão da competência, independentemente da existência de cláusula de eleição de foro.

Deste modo, pode-se dizer que o Novo CPC apresentou inovações necessárias, suprindo alguns problemas processuais que a legislação anterior não resolvia. Entretanto, em matéria de jurisdição nacional, a legislação ainda encontra lacunas que precisam ser preenchidas, principalmente com o aumento das relações entre agentes nacionais e internacionais.

7. REFERÊNCIAS BIBLIOGRÁFICAS

ALVIM, Arruda. **Manual de direito processual civil.** 15 ed rev atual e ampl. São Paulo: Editora Revista dos Tribunais, 2012.

ARMELIN, Donaldo. Competência Internacional. **Revista de Processo,** nº 2, abr./jun., 1978. pp.131-158.

BERNARDI, Vanessa; CARDOSO, Tatiana de A F R. Litispendência e o Processo Civil Internacional. In: **Anais da XII Mostra de Iniciação Científica, Pós-graduação, Pesquisa e Extensão.** Caxias do Sul: UCS, 2012. Disponível em: ‹http://www.ucs.br/etc/conferencias/index.php/mostraucsppga/mostrappga/paper/viewFile/3439/1021›. Acesso em: 20 dez. 2014.

BRASIL. Constituição (1988). Constituição da República Federativa do Brasil de 1988. Disponível em: ‹http://www.planalto.gov.br/ccivil_03/constituicao/constitui%C3%A7ao. htm›. Acesso em: 20 dez. 2014.

BRASIL. **Decreto 18.871 de 13 de agosto de 1929.** Promulga a Convenção de direito internacional privado, de Havana. Disponível em: ‹http://legis.senado.gov.br/legislacao/ ListaNormas.action?numero=18871&tipo_norma=DEC&data=19290813&link=s›. Acesso em 04 fev. 2014.

BRASIL. **Decreto 6.891 de 2 de julho de 2009.** Promulga o Acordo de Cooperação e Assistência Jurisdicional em Matéria Civil, Comercial, Trabalhista e Administrativa entre os Estados Partes do Mercosul, a República da Bolívia e a República do Chile. Disponível em: ‹http://www.planalto.gov.br/ccivil_03/_Ato2007-2010/2009/Decreto/D6891.htm›. Acesso em 05 fev. 2014.

BRASIL. **Decreto nº 2.095 de 17 de dezembro de 1996.** Promulga o Protocolo de Buenos Aires sobre Jurisdição Internacional em Matéria Contratual, concluído em Buenos Aires, em 5 de agosto de 1994. Disponível em: ‹http://www2.camara.leg.br/legin/fed/ decret/1996/decreto-2095-17-dezembro-1996-437295-publicacaooriginal-1-pe.html›. Acesso em 05 fev. 2014.

NOVO CPC DOUTRINA SELECIONADA, v. 1 • Parte Geral

PARTE VI – COMPETÊNCIA

BRASIL. **Decreto-Lei nº 4.657 de 4 de setembro de 1942.** Lei de Introdução às normas do Direito Brasileiro. Disponível em: <http://www.planalto.gov.br/ccivil_03/decreto-lei/Del4657compilado.htm>. Acesso em: 21 dez. 2014.

BRASIL. **Emenda Constitucional nº 45 de 30 de dezembro de 2004.** Altera dispositivos dos arts. 5º, 36, 52, 92, 93, 95, 98, 99, 102, 103, 104, 105, 107, 109, 111, 112, 114, 115, 125, 126, 127, 128, 129, 134 e 168 da Constituição Federal, e acrescenta os arts. 103-A, 103B, 111-A e 130-A, e dá outras providências. Disponível em: <http://www.planalto.gov.br/ccivil_03/constituicao/Emendas/Emc/emc45.htm>. Acesso em: 18 dez. 2014.

BRASIL. **Lei nº 13.105, de 16 de março de 2015.** Institui o Código de Processo Civil. Disponível em: <http://www.planalto.gov.br/ccivil_03/_Ato2015-2018/2015/Lei/L13105.htm>. Acesso em: 17 março 2015.

BRASIL. **Lei nº 5.869, de 11 de janeiro de 1973.** Institui o Código de Processo Civil. Disponível em: <http://www.planalto.gov.br/ccivil_03/leis/l5869compilada.htm>. Acesso em: 19 fev. 2014.

BRASIL. Superior Tribunal de Justiça. **Recurso Especial nº 1.159.796/PE.** Recorrente: Südleasing Gmbh. Recorrido: Saraiva Equipamentos Ltda. Relator: Ministra Nancy Andrighi. Brasília, 30 nov. 2009. Disponível em: <https://ww2.stj.jus.br/processo/revista/documento/mediado/?componente=MON&sequencial=7391467&num_registro=200902035717&data=20091210&tipo=0&formato=PDF>. Acesso em: 18 dez. 2014.

BRASIL. Superior Tribunal de Justiça. **Recurso Especial nº 1.168.547/RJ.** Recorrente: World Company Dance Show Ltda. Recorrido: Patrícia Chélida de Lima Santos. Relator: Ministro Luis Felipe Salomão. Brasília, 11 maio 2010. Disponível em: <https://ww2.stj.jus.br/processo/revista/documento/mediado/?componente=ITA&sequencial=960242&num_registro=201000181955&data=20100824&formato=PDF>. Acesso em: 18 dez. 2014.

BRASIL. Superior Tribunal de Justiça. **Recurso Especial nº 1.177.915/RJ.** Recorrente: Fórmula F3 Brazil S/A. Recorrido: Ducati Motor Holding S P A. Relator: Ministro Vasco Della Giustina. Brasília, 13 abr. 2010. Disponível em: <https://ww2.stj.jus.br/processo/revista/documento/mediado/?componente=ITA&sequencial=960242&num_registro=201000181955&data=20100824&formato=PDF>. Acesso em: 18 dez. 2014.

BRASIL. Superior Tribunal de Justiça. **Recurso Especial nº 242.383/SP.** Recorrente: Cláudio Ferranda e outro. Recorrido: Amoco Chemical Holding Company. Relator: Ministro Humberto Gomes de Barros. Brasília, 03 fev. 2005. Disponível em: <https://ww2.stj.jus.br/processo/revista/documento/mediado/?componente=ITA&sequencial=523565&num_registro=199901151830&data=20050321&formato=PDF>. Acesso em: 18 dez. 2014.

BRASIL. Superior Tribunal de Justiça. **Recurso Especial nº 251.438/RJ.** Recorrente: American Home Assurance Company e outro. Recorrido: Braspetro Oil Services Company - BRASOIL. Relator: Ministro Barros Monteiro. Brasília, 08 ago 2000. Disponível em: <https://ww2.stj.jus.br/revistaeletronica/ita.asp?registro=200000248215&dt_publicacao=02/10/2000>. Acesso em: 12 fev. 2014.

BRASIL. Superior Tribunal de Justiça. **Sentença Estrangeira Contestada nº 1.304.** Requerente: Stephen Thomas Honse e outra. Requerido: Laura A Honse e outros. Relator:

Ministro Gilson Dipp. Brasília, 19 dez. 2007. Disponível em:<https://ww2.stj.jus.br/processo/revista/documento/mediado/?componente=ITA&sequencial=749748&num_registro=200501532536&data=20080303&formato=PDF>. Acesso em: 17 dez. 2014.

BRASIL. Superior Tribunal de Justiça. **Sentença Estrangeira Contestada nº 7.171.** Requerente: R K S DE A DE F. Requerido: F G P DE F. Relator: Ministra Nancy Andrighi. Brasília, 19 fev 2013. Disponível em:<https://ww2.stj.jus.br/processo/revista/documento/mediado/?componente=ITA&sequencial=1283161&num_registro=201300426281&data=20131202&formato=PDF>. Acesso em: 19 fev. 2014.

BRASIL. Superior Tribunal de Justiça. **Sentença Estrangeira Contestada nº 878-EX.** Requerente: Antônio Manuel Rodrigues Vieira. Requerido: Maria de Lurdes Rodrigues Vieira. Relator: Ministro Carlos Alberto Menezes Direito. Brasília, 18 maio 2005. Disponível em:<https://ww2.stj.jus.br/processo/revista/documento/mediado/?componente=ITA&sequencial=549787&num_registro=200500348999&data=20050627&formato=PDF>. Acesso em: 17 dez. 2014.

BRASIL. Superior Tribunal de Justiça. **Súmula nº 83 STJ.** Não se conhece do recurso especial pela divergencia, quando a Orientação do tribunal se firmou no mesmo sentido da decisão Recorrida. Disponível em: <http://www.stj.jus.br/docs_internet/VerbetesSTJ_asc.pdf>. Acesso em: 19 dez. 2014.

BRASIL. Supremo Tribunal de Justiça. **Sentença Estrangeira Contestada nº 4.512-6.** Requerente: Thereza Barbara Cajado. Requerido: Paulo Mendes Cajado. Relator: Ministro Paulo Brossard. Brasília, 21 out. 1994. Disponível em: <http://redir.stf.jus.br/paginadorpub/paginador.jsp?docTP=AC&docID=265703>. Acesso em: 17 dez. 2014

DESTEFANNI, Marcos. **Curso de processo civil,** volume 1 - tomo I. 2. ed. rev atual. e ampl. São Paulo: Saraiva, 2009.

DINAMARCO, Cândido Rangel. **Instituições de Direito Processual Civil.** Volume II. 5ª Ed. São Paulo: Malheiros Editores, 2005.

DOLINGER, Jacob. **Direito internacional privado: parte geral.** 9ª ed. Atualizada. Rio de Janeiro: Renovar, 2008.

FERREIRA, Aurélio, Buarque de Holanda. **Aurélio:** o dicionário da língua portuguesa. Curitiba: Ed. Positivo, 2008.

FIGUEIRA JÚNIOR, Joel Dias. **Comentários ao código de processo civil: v. 4: do processo de conhecimento, arts. 282 a 331, tomo III.** São Paulo: Editora Revista dos Tribunais, 2001.

GASPARETTI, Marco Vanin. **Competência internacional.** São Paulo: Saraiva, 2011.

GONÇALVES, Marcus Vinicius Rios. **Novo curso de direito processual civil, volume 1: teoria geral e processo de conhecimento.** 2. ed. rev e atual. São Paulo: Saraiva, 2005.

GRECO FILHO, Vicente. **Direito processual civil brasileiro, volume I: (teoria geral do processo e auxiliares da justiça).** 22. ed. São Paulo: Saraiva, 2010.

HUSEK, Carlos Roberto. **Curso de direito internacional público.** 11 ed. São Paulo: LTr, 2012.

KELSEN, Hans. **Teoria geral do direito e do estado.** 3ª ed. São Paulo: Martins Fontes, 1998.

MANGE, Flavia Fóz. **Medidas de urgência nos litígios comerciais internacionais - reconhecimento pelos Tribunais Superiores de medidas proferidas por tribunais arbitrais e judiciais no exterior.** Rio de Janeiro, Renovar, 2012.

MARINONI, Luiz Guilherme; Arenhart, Sérgio Cruz. **Processo de Conhecimento**. 7. ed. Rev. e atual. 3. tir. São Paulo: Editora Revista dos Tribunais, 2008.

MAZZUOLI, Valerio de Oliveira. **Tratados internacionais.** São Paulo: Editora Juarez de Oliveira, 2001.

MIRANDA, Pontes de. **Comentários ao Código de Processo Civil, tomo IV (arts. 282 - 443).** Editora Forense: 1974.

MONTENEGRO FILHO, Misael. **Curso de direito processual civil, volume 1: teoria geral do processo de conhecimento.** São Paulo: Atlas, 2005.

PABST, Haroldo. A litispendência no Direito Processual Civil Internacional no Brasil. **Revista de Direito do Mercosul,** Buenos Aires, n. 1, fev, 1999, pp. 28-33.

PASSOS, José Joaquim Calmon de. **Comentários ao Código de Processo Civil, Lei 5.869 de 11 de janeiro de 1973, vol. III: arts. 270 a 331.** 8ª ed. Rio de Janeiro: Forense, 1998.

PEREIRA, Luis Cesar Ramos. A competência internacional da autoridade judiciária brasileira. **Revista dos Tribunais,** v. 586, ano 73, agosto de 1984. pp.15-21.

PORTELA, Paulo Henrique Gonçalves. **Direito Internacional Público e Privado, incluindo noções de direitos humanos e de direito comunitário.** 4ª ed. rev. ampl. e atual. Salvador: Editora Jus Podivm, 2012.

REZEK, José Francisco. Direito internacional público: curso elementar. São Paulo: Saraiva, 2010.

RIBEIRO, Patrícia Henriques. **As relações entre o direito internacional e o direito interno: conflito entre o ordenamento brasileiro e normas do Mercosul.** Belo Horizonte, Del Rey, 2001.

SILVA, Geraldo Eulálio do Nascimento. **Manual de direito internacional público.** 15. ed ver e atual. São Paulo, 2002.

THEODORO JUNIOR, Humberto. **Curso de Direito Processual Civil - Teoria geral do direito processual civil e processo de conhecimento.** Rio de Janeiro: 2007.

TIBURCIO, Carmen. A Eleição de Foro Estrangeiro e o Judiciário Brasileiro. In: MOSCHEN, Valesca Raizer Borges; JIMENEZ, Martha Lucia Olivar; RABELO, Manoel Alves; LIMA, Marcellus Polastri (Org.). **Desafios do Processo Civil Internacional.** Rio de Janeiro: Lumen Juris, 2013. Pp.51-75.

WAMBIER, Luiz Rodrigues. **Curso avançado de processo civil, volume 1: teoria geral do processo de conhecimento.** 7 ed. rev e atual. São Paulo: Editora Revista dos Tribunais, 2005.

PARTE VII

DOS SUJEITOS DO PROCESSO

CAPÍTULO 1

As restrições à atuação processual dos cônjuges previstas no art. 73 do CPC/2015 e as influências operadas pelo Código Civil

Ravi Peixoto[1]

SUMÁRIO: 1. INTRODUÇÃO; 2. A QUESTÃO DOS DIREITOS REAIS IMOBILIÁRIOS E OS DIREITOS POSSESSÓ-RIOS; 2.1. AS QUESTÕES PROCESSUAIS; 3. A ANÁLISE DA ATUAÇÃO NO POLO PASSIVO; 3.1. AS CONSEQUÊN-CIAS DA AUSÊNCIA DE CITAÇÃO DO LITISCONSORTE PASSIVO NECESSÁRIO SIMPLES; 3.2. AS HIPÓTESES DE EXIGÊNCIA DE FORMAÇÃO DO LITISCONSÓRCIO PASSIVO NECESSÁRIO; 3.2.1. FATOS RELATIVOS A AMBOS OS CÔNJUGES OU ATO PRATICADO POR ELES; 3.2.2. DÍVIDAS CONTRAÍDAS POR UM DOS CÔNJUGES EM FAVOR DA FAMÍLIA; 4. CONCLUSÃO.

1. INTRODUÇÃO

O casamento, tendo em vista a caracterização do regime de bens influencia, por diversas vezes, a conduta processual dos cônjuges, restringindo a sua legitimidade para atuar processualmente. Pode tanto impor-lhes a prévia autorização por parte do outro cônjuge, ou mesmo exigir a formação de um litisconsórcio passivo necessário.

Essas questões são reguladas tanto no Código Civil, entre os arts. 1643 a 1648, como no Código de Processo Civil, nos arts. 73 e 74. Esses artigos devem, necessariamente, ser analisados em conjunto para o correto tratamento da matéria.

Destaca-se que todos os dispositivos citados, tanto materiais como processuais cingem-se a regular a legitimidade dos cônjuges para a prática de certos atos. O casamento, de forma alguma, interfere em suas capacidades, pois já foi o tempo em que a esposa era considerada relativamente incapaz. O que

---

1. Mestre em Direito pela UFPE. Membro da Associação Norte e Nordeste de Professores de Processo - AN-NEP. Membro do Centro de Estudos Avançados de Processo – CEAPRO. Procurador do Município de João Pessoa.

2. A QUESTÃO DOS DIREITOS REAIS IMOBILIÁRIOS E OS DIREITOS POSSES-SÓRIOS

O art. 1647 do Código Civil traz algumas restrições à atuação dos cônjuges, mas ao que interessa ao presente texto, tem-se os inciso I e II. O primeiro aponta a necessidade de autorização do outro cônjuge para a alienação ou para que haja gravação de ônus real em bens imóveis, mesmo que sejam particulares[3]. O segundo, fazendo referência ao inciso anterior, tratando agora diretamente da legitimidade processual, requer a autorização do outro cônjuge para "pleitear, como autor ou réu, acerca desses bens ou direitos". O *caput* do art. 73 do CPC, bem como o inciso I, do §1º reproduzem a mesma regra.

Assim, nos casos que versem sobre direito reais imobiliários, sendo autor, a propositura da ação depende da autorização do cônjuge e, quando integrante do polo passivo, impõe-se a formação do litisconsórcio passivo necessário. A doutrina ainda afirma que os mesmos requisitos são aplicáveis às causas que versem acerca de direitos reais imobiliários sobre a coisa alheia, tendo em vista a construção do inciso I do art. 1647 do CC[4-5]. Ainda é possível citar a polêmica acerca da abrangência ou não da hipoteca, tendo em vista que há autores que não a consideram um direito real, posição com a qual não concordamos, logo, nesses casos, permanece a exigência de integração da legitimidade, até pela própria dicção legal do art. 1.225, IX do CC[6].

Por fim, uma vez que se exige apenas a autorização para os casos de direitos reais sobre imóveis, fica excluída a necessidade de autorização para os

---

2. Nesse sentido, são preciosas as lições do professor pernambucano Roberto Campos Gouveia Filho, que afirmou: "O art. 10, do CPC, é o exemplo, quiçá mais significativo, da *legitimatio ad processum* das partes. (...) Assim, não há de se falar em incapacidade de estar em juízo de um dos cônjuges se ele demanda sozinho em causas que versem sobre esses tipos de direitos. Capacidade de estar em juízo ele pode ter ou não, de acordo com o que vimos anteriormente. O fato de ele demandar sozinho não o torna incapaz processualmente. (...) Portanto, o art. 10, CPC, trata de legitimação processual e não de capacidade para estar em juízo" (A *capacidade postulatória como uma situação jurídica simples*: ensaio em defesa de uma teoria das capacidades em direito. Dissertação de mestrado. Recife: Unicap, 2008, p. 112).
3. LÔBO, Paulo Luiz Netto. *Famílias*. São Paulo: Saraiva, 2008, p. 305.
4. Art. 1.647. Ressalvado o disposto no art. 1.648, nenhum dos cônjuges pode, sem autorização do outro, exceto no regime da separação absoluta: I - alienar ou gravar de ônus real os bens imóveis;
5. DIDIER JR., Fredie. *Regras processuais no código civil*. 3ª ed. São Paulo: Saraiva, 2008, p. 169.
6. ASSIS, Araken de. *Doutrina e prática do processo civil contemporâneo*. São Paulo: RT, 2001, p.127. Em sentido contrario: BARBI, Celso Agrícola. *Comentários ao código de processo civil*. 10ª ed. Rio de Janeiro: Forense, 1998, v. 1, p. 94.

direitos pessoais sobre imóveis. Dessa forma, por exemplo, as ações relativas à locação[7] e a ação pauliana[8], que são hipóteses de direito obrigacional.

Muito embora a regra se refira apenas a bens imóveis, é importante registrar a critica doutrinária a essa limitação, pois, "na atualidade, o patrimônio mobiliário, inclusive familiar, pode assumir valor pecuniário muitas vezes maior que o imobiliário"[9]. Dessa forma, o objetivo de proteção ao patrimônio familiar previsto tanto no direito material, como no direito processual acaba por ser pouco efetivo.

O professor Arruda Alvim ainda cita uma série de hipóteses analisadas pelos tribunais. No caso da ação de retrocessão, mesmo que alternada por pedido de perdas e danos, haveria a exigência da outorga uxória, mas, nos casos de resilição de promessa de compra e venda de imóvel, ação de consignação em pagamento contra espólio, visando o cumprimento de promessa de compra e venda de imóvel firmada pelo *de cujus*, ela não seria necessária[10].

Quanto aos regimes abrangidos por tais restrições, o art. 1.647 do CC/2002 e o art. 73, *caput*, do CPC/2015 limitam a sua incidência nos casos de regime de separação absoluta de bens.

É adequada a interpretação que amplia essa exceção aos casos de separação absoluta por meio de regime convencional de bens, tendo em vista a inexistência de razões para que se faça esse tipo de distinção[11]. Consoante restou afirmado em precedente no STJ, "O regime de separação obrigatória de bens, previsto no art. 1.829, inc. I, do CC/02, é gênero que congrega duas espécies: (i) separação legal; (ii) separação convencional. Uma decorre da lei e a outra da vontade das partes". Dessa forma, o próprio Superior Tribunal de Justiça permite tal entendimento, ao entender que a separação obrigatória é gênero, que consagra as duas espécies, não havendo razões para diferenciá-las.

Há ainda a possibilidade de sua aplicação ao regime de participação final dos aquestos, tendo em vista que o art. 1.656, do CC/2002, permite que, por via

---

7. NERY JR., Nelson; NERY, Rosa Maria de Andrade. *Código de processo civil comentado.* 7ª ed. São Paulo: 2003, p. 356.
8. STJ, 3ª T., REsp 750.135/RS, 3ª T., Rel. Min. Paulo de Tarso Sanseverino, j. 12/04/2011, DJe 28/04/2011.
9. LÔBO, Paulo Luiz Netto. ob. cit. p. 305. A mesma crítica aguda fora feita, bem antes, por Pontes de Miranda, que dizia, de modo irônico: "Seja como for, no sistema do direito civil e do direito processual brasileiro, pode o marido litigar sobre, por exemplo, 99% dos bens, desde que sejam ações ou títulos, porém não pode litigar a propósito de um case, ou de um terreno de dez metros por dez metros (*Comentários ao código de processo civil.* 5ª ed. Rio de Janeiro: Forense, 1996, t. I, p. 269).
10. *Manual de direito processual civil.* 13ª ed. São Paulo: RT, 2010, p. 570.
11. THEODORO JR., Humberto. O novo código civil e as regras heterotrópicas de direito processual. Disponível em: http://www.abdpc.org.br/abdpc/artigos/Humberto%20Theodoro%20J%C3%BAnior(6)%20-formatado. pdf. Acesso às 22h, do dia 02 de abril de 2015, p. 14.

de pacto antenupcial, os cônjuges possam convencionar a livre disposição dos bens, desde que particulares, o que teria reflexos na legitimidade processual.

Há ainda outro caso a ser mencionado, que seria a atuação do cônjuge como empresário, hipótese em que poderá atuar em juízo em causas relacionadas a bens imóveis sem necessitar da autorização do cônjuge, nos termos do art. 978 do CC/2002, independente do regime de bens adotado.

Sobre o tema, consoante afirma o enunciado n. 6 da I Jornada de Direito Comercial, "o empresário individual regularmente inscrito é o destinatário da norma do art. 978 do Código Civil, que permite alienar ou gravar de ônus real o imóvel incorporado à empresa, desde que exista, se for o caso, prévio registro de autorização conjugal no Cartório de Imóveis, devendo tais requisitos constar do instrumento de alienação ou de instituição do ônus real, com a consequente averbação do ato à margem de sua inscrição no Registro Público de Empresas Mercantis".

Por fim, tem-se a hipótese em que litiguem os cônjuges entre si acerca de algum imóvel. Por obvio, em tais hipóteses, não se exigirá nem a autorização e nem a formação do litisconsórcio passivo necessário.

A regra, então, será aplicada nos casos em que haja: a) comunhão universal de bens; b) comunhão parcial; c) participação final dos aquestos, quando ausente o pacto antenupcial. Não será aplicada quando for o caso de: a) regime de separação absoluta; b) separação absoluta por meio do regime convencional de bens e c) participação final dos aquestos, quando presente o pacto antenupcial.

Uma questão que era detentora de forte polêmica refere-se à aplicação de tais restrições ao regime de União Estável, pois nem o Código Civil e nem o Código de Processo Civil de 1973 tratavam da matéria[12].

Essa polêmica foi resolvida, de forma expressa, pelo CPC/2015. De acordo com o §3º, do art. 73 do diploma legal, as restrições previstas nesse artigo serão aplicadas à união estável comprovada nos autos. Diferentemente do que ocorre no casamento, em que para que seja decretada a nulidade basta que se comprove ser hipótese de incidência de umas das restrições constantes do art. 73 e a existência do casamento, na união estável, a parte deve demonstrar que

---

12. Defendendo a sua aplicação: BUENO, Cassio Scarpinella. *Partes e terceiros.* São Paulo: Saraiva, 2003, p. 42. Em sentido contrário: MARINONI, Luiz Guilherme; MITIDIERO, Daniel. *Código de processo civil anotado artigo por artigo.* 2ª ed. São Paulo: RT, 2010, p. 105. Há precedente nesse segundo sentido por parte do STJ, no entanto, na decisão, o caso concreto é analisado à luz do Código Civil de 1916: STJ, 4 ª T., REsp 416.866/SP, Rel. Min. Sálvio de Figueiredo, j. 17/12/2002, DJ 10/03/2003, p. 230. Há, no entanto, acórdão mais recente aplicando tais restrições à União Estável: STJ, 2ª T., REsp 553.914/PE, Rel. Min. Castro Meira, j. 18/03/2008, DJe 01/04/2008.
Para uma análise mais detalhada do tema, cf.: DIDIER JR., Fredie. *Regras...* cit. p. 173-176.

Cap. 1 • AS RESTRIÇÕES À ATUAÇÃO PROCESSUAL DOS CÔNJUGES E AS INFLUÊNCIAS OPERADAS PELO CC
Ravi Peixoto

ela estava comprovada nos autos. Trata-se de uma opção legislativa adequada, posto que a união estável tem um caráter menos formal e a inexigibilidade de sua comprovação nos autos poderia incentivar fraudes processuais.

Portanto, a discussão que passará a surgir será a forma de comprovação da união estável no processo, devendo sempre ser interpretada com base na boa-fé, nos termos do art. 5º, do CPC/2015. Para que se possa exigir os requisitos do art. 73, especialmente a eventual cominação de nulidade por sua desobediência, é imprescindível que haja identificação inequívoca da comprovação da união estável no processo em que se alega existir o defeito.

Para Fredie Didier haveria necessidade de se realizar uma interpretação restritiva do referido texto normativo. Segundo o autor, "O terceiro, neste caso, ficaria bem desprotegido, em razão da ausência de registro da união estável. Não se nega que, na situação, haverá um conflito de interesses entre duas pessoas que podem estar de boa-fé: o terceiro e o companheiro enganado. Um dos dois haveria de ser prestigiado. No caso, protege-se o terceiro".[13]

Ocorre que, como a união estável é um regime familiar regido por uma lógica de informalidade, não se impõe o registro para que ele possa ser reconhecido. E pode muito bem ocorrer de o réu não saber e não ter meio de conhecer essa situação. Deixá-lo sujeito a eventual alegação de nulidade do processo por companheiro é abrir um flanco para fraudes, inclusive porque há grandes dificuldades para se definir os limites temporais da união estável.[14]

Tendo em vista essa lógica, Fredie Didier defende que apenas as uniões estáveis registradas, nos termos do Provimento n. 37/2014, do Conselho Nacional de Justiça sofreriam a incidência dos arts. 73 e 74.[15] Ocorre que parece possível ir além. Há de se perceber que o §3º, do art. 73 exige que a união estável esteja comprovada nos autos. Nesse sentido, de forma a tutelar adequadamente os terceiros, parece possível defender o posicionamento de que apenas a união estável registrada nos termos do Provimento n. 37/2014, do CNJ e cuja informação esteja presente nos autos atrai a incidência dos arts. 73 e 74. Ou seja, não basta que esteja registrada, deve, além disso, estar comprovada nos autos.

O Código Civil, então, apenas requer a autorização do outro cônjuge para a legitimidade processual nos direitos reais imobiliários, no entanto, o Código de Processo Civil houve por bem criar mais uma hipótese.

Muito embora não haja, em regra, a necessidade de autorização do outro cônjuge para a atuação nos direitos possessórios, essa é requisitada para os

---

13. DIDIER JR., Fredie. *Curso de direito processual civil*. 17ª ed. Salvador: Juspodivm, 2015, v. 1, versão digital, capítulo 7, tópico 6.2.2.4.
14. Idem, ibidem.
15. Idem, ibidem.

casos de composse, ou de ato por ambos praticados, conforme clara dicção do art. 73, §2º do CPC/2015. Entende-se que o texto normativo torna inócua a discussão acerca da natureza jurídica da posse, pois independente de ela ser direito real, ou não, só se impõe a participação do cônjuge nos casos previstos na legislação.

Adequada a posição doutrinaria que exclui as ações possessórias mobiliárias, pois o CPC, em seu art. 73, §2º, exige a participação do cônjuge apenas nos casos de composse ou ato por ambos praticados[16]. O CPC é nitidamente restritivo, não se devendo levar a rigor uma ampliação nessa hipótese.

2.1. As questões processuais

No caso do polo ativo, é importante a afirmação de que não será caso de litisconsórcio ativo necessário. O que se exige apenas é a autorização do outro cônjuge[17]. Tanto não se exige a formação dessa figura processual que é admitida a possibilidade de ser suprido o consentimento, o que seria inconcebível em se tratando de litisconsórcio[18]. Entretanto, nada impede que haja a formação do litisconsórcio ativo facultativo, caso em que haverá a desnecessidade de autorização[19]. É, então, norma integrativa da *legitimatio ad processum* do cônjuge demandante. Para o professor Cassio Scarpinella Bueno, entretanto, com base nas lições de Arruda Alvim, a regra não seria de mera integração, mas de verdadeira substituição processual[20].

Não se impondo a formação do litisconsórcio, acaba-se por admitir a existência de uma legitimação concorrente nesses casos, permitindo que qualquer dos cônjuges poderá ir a juízo sozinho, sendo-lhes exigida apenas a autorização

---

16. CALMON DE PASSOS, José Joaquim. *Comentários ao código de processo civil.* 8ª ed. Rio de Janeiro: Forense, 2001, v. 3, p. 466.

17. Para a civilista Maria Berenice Dias, seria caso de litisconsórcio necessário ativo. (*Manual de direito das famílias.* 6 ª ed. São Paulo: RT, 2010, p. 228). Da mesma forma: SILVA, Ovídio Araújo Baptista da. *Comentários do código de processo civil.* 2ª ed São Paulo. RT, 2005, v. 1, p. 91. O STJ, em certo caso, admitiu a existência do litisconsórcio ativo necessário nos casos do art. 10 do CPC/1973, muito embora tenha sido apenas a título de *obiter dictum* para demonstrar que o nosso sistema admitiria em casos excepcionais essa figura: STJ, 4ª T., REsp 141.172/RJ, Rel. Min. Sálvio de Figueiredo, j. 26/10/1999, DJ 13/12/1999, p. 150.
No sentido do texto, cf.: ALVIM, Thereza. *O direito processual de estar em juízo.* São Paulo: RT, 1996, p. 27-41; BARBI, Celso Agrícola. ob. cit. p. 93; THEODORO JR., Humberto. *Curso de direito processual civil.* 42ª ed. Rio de Janeiro: Forense, 2005, v. 1, p. 76; DINAMARCO, Márcia Conceição Alves. Litisconsórcio necessário ativo. DIDIER JR., Fredie et alli (coords). *O terceiro no processo civil brasileiro e assuntos correlatos:* Estudos em homenagem ao Professor Athos Gusmão Carneiro. São Paulo: Saraiva, 2010, p. 378-379.
Para uma interessante análise do litisconsórcio necessário ativo, inclusive sobre a sua admissão no Processo Civil brasileiro, cf.: DIDIER JR., Fredie. Litisconsórcio necessário ativo (?). MOREIRA, Alberto Camiña *et alli* (coords.). *Panorama individual das tutelas individual e coletiva:* Estudos em homenagem ao professor Sérgio Shimura. São Paulo: Saraiva, 2011.

18. DINAMARCO, Cândido Rangel. *Litisconsórcio.* 7ª ed. São Paulo: Malheiros, 2002, p. 198.

19. No mesmo sentido: BUENO, Cassio Scarpinella. ob. cit., p. 40.

20. Ob. cit. p. 40.

do outro. Como bem ressalta Celso Agrícola Barbi, essa legitimação se refere apenas aos bens comuns, pois quanto aos bens individuais só o dono será legitimado[21], muito embora seja preservada a necessidade da outorga uxória.

Quanto à forma dessa autorização, o Código Civil nada dispõe, ao contrário da aprovação, que ocorre no caso de não ser dada autorização e nem ter ocorrido o seu suprimento pelo magistrado, hipótese, em que se exige instrumento público ou particular, desde que autenticado, nos termos do parágrafo único do art. 1.649.

Adota-se, então, a forma livre para essa autorização, seguindo-se a *ratio* do art. 107 do CC/2002, que afirma serem as declarações de vontade independente de forma especial, senão quando a lei expressamente o exigir. Poderá, então, essa formalidade ser realizada na própria petição inicial, de forma preferencial, conforme dita o art. 220 do CC/2002. No entanto, nada impede que seja concedida em documento separado anexado à petição inicial.

Não concedida a autorização, o ato será anulável, podendo o outro cônjuge pleitear sua anulação até dois anos depois de terminada a sociedade conjugal, nos termos do art. 1.649 do CC/2002. Inclusive, "A jurisprudência do STJ e STF reconhece a adequação do manejo, pelo cônjuge que não foi citado, de *querela nullitatis insanabilis* para discussão acerca de vício, relativo à ausência de sua citação em ação reivindicatória, cuja sentença transitou em julgado, bem como que esse decisum não tem efeito, no que tange àquele litisconsorte necessário que não integrou a relação processual"[22].

Entretanto, a ausência de autorização não gera necessariamente a sua anulação, que pode ser suprida pelo magistrado nos casos previstos no art. 1.648 do CC/2002. Esse artigo autoriza que o magistrado supra a autorização nos casos em que ela seja denegada sem justo motivo, ou quando seja impossível a sua concessão por parte do cônjuge.

Tais hipóteses dependerão da análise do caso concreto. O justo motivo não pode ser conceituado de forma abstrata, sendo um verdadeiro conceito jurídico indeterminado. A questão da impossibilidade é uma situação objetiva, que incide em todos os casos em que haja impossibilidade física, seja ela temporária ou permanente[23].

Muito embora seja procedimento de jurisdição voluntaria, há a necessidade de participação do outro cônjuge, pois como em ambas as hipóteses há conceito jurídico indeterminado que depende da configuração do caso concreto,

---

21. Ob. cit., p. 93.
22. STJ, 4ª T., REsp 977.662/DF, Rel. Min.Luiz Felipe Salomão, j. 22/05/2012, DJe 01/06/2012.
23. DIDIER JR., Fredie. *Regras...* cit. p. 177.

pode, por exemplo, ser demonstrada a existência de justo motivo para a recusa da autorização.

Ele será regulado pelos arts. 719 a 725 do CPC/2015, que tratam da jurisdição voluntária, tendo em vista a inexistência de procedimento específico, devendo esse suprimento da autorização ser realizado anteriormente ao ajuizamento da ação. Caso haja demanda específica, a competência territorial deve ser a do cônjuge que se recusa ou que não está em condições de fornecer o consentimento, seguindo a regra geral do art. 46, do CPC/2015.[24]

Esse suprimento pode ainda se dar de forma incidental à demanda, mas o sendo[25], é importante analisar a competência do magistrado. Sendo competente, deverá suspender o processo para realizar o procedimento. Não sendo competente, deverá a parte ajuizar o procedimento de jurisdição voluntária no juízo competente e requerer a suspensão do processo, com base no art. 313, V, "a", do CPC/2015, uma vez que há preliminaridade entre esta e a ação principal, uma vez que dela depende a regularidade do processo.

No caso de suprimento judicial da legitimidade processual do cônjuge, dispõe Celso Agrícola Barbi, que "não ficam obrigados os bens próprios do cônjuge recusante, ou impossibilitado de consentir"[26], assim percebe-se que havendo a outorga voluntária, os bens do cônjuge estariam obrigados. Tal hipótese é de difícil configuração, tendo em vista que só seria possível vislumbrar duas hipóteses: a) responsabilidade pelo ônus da sucumbência, ou b) eventual reconvenção, na qual, na verdade, haveria imposição de litisconsórcio, pois nos casos em que se exige autorização, se exige a sua formação no polo passivo. Dessa forma, na hipótese "b" não haveria como atingir os bens do cônjuge sem a sua participação. Talvez seja possível pensar na polêmica hipótese da formação do título executivo pelo julgamento de improcedência em ações declaratórias negativas[27].

De fato, uma vez ocorrida a autorização, ficará o cônjuge sujeito à coisa julgada na ação respectiva, seja ela julgada procedente ou improcedente. Essa seria, então, a principal razão da exigência da autorização do cônjuge[28].

Questão interessante é a seguinte: não havendo a autorização do cônjuge, nem suprida judicialmente, o que poderá fazer o magistrado, se perceber o vício? Há, nesse caso, um conflito entre a norma processual, que permite o controle ex officio da legitimidade processual, que é um pressuposto processual e o art. 1.649, do CC/2002, apontando o cônjuge como único apto a pleitear a invalidação do processo.

---

24. DIDIER JR., Fredie. *Curso de direito processual civil*. 17ª ed... cit., capítulo 7, tópico 6.2.2.6.
25. No caso do pedido incidental, defende Araken de Assis a legitimidade do autor. (*Doutrina...* cit. p. 129).
26. Ob. cit. p. 1012
27. Sobre a questão, cf.: ZAVASCKI, Teori Albino. Executividade das sentenças de improcedência em ações declaratórias negativas. *Revista de Processo*, n. 208, São Paulo: RT, 2012.
28. NERY JR., Nelson; NERY, Rosa Maria de Andrade. ob. cit. p. 356.

A norma material acaba por gerar uma eterna insegurança no processo, uma vez que o réu sequer pode alegar a existência desse vício por não ser parte legítima para tanto, de acordo com a norma do direito civil. Isso acaba por permitir, indiretamente, condutas de má-fé por parte do autor, que não se utiliza da autorização e, percebendo a derrota no processo, ou mesmo após essa, requer ao seu cônjuge a sua anulação.

Uma solução interessante é proposta por Fredie Didier Jr.: deve o magistrado intimar o autor para comprovar esse consentimento. Caso não o faça, tendo por vista o dever de manter a igualdade das partes (art. 139, I, do CPC/2015) deverá intimar o próprio cônjuge que poderá: "(a) se calar, quando se presumirá o consentimento, (b) expressamente aprovar os atos já praticados, dando o consentimento para o prosseguimento do processo, (c) negar o consentimento, quando então poderá o magistrado não admitir o procedimento, invalidando a demanda por incapacidade processual"[29].

Vale frisar que essa aprovação não terá mais forma livre, pois, como visto, o art. 1.649 do CC/2002 impõe forma específica (instrumento público ou particular, desde que autenticado).

Quando o cônjuge estiver no polo passivo, a situação é diversa. Há, nesse caso, exigência do litisconsórcio passivo necessário. Aqui, de acordo com a jurisprudência do STJ, não sendo citado o outro cônjuge, impõe-se a anulação do processo[30].

Ainda de acordo com o STJ, "O réu não possui legitimidade e interesse para arguir a ausência de citação de cônjuge de corréu a ele litisconsorciado, se da ausência da citação não resultou qualquer prejuízo"[31]. Nesse precedente, o tribunal acabou por inserir a questão da nulidade pela não citação do litisconsorte necessário no sistema de nulidade, onde só seria necessária sua decretação em caso de prejuízo.

3. A ANÁLISE DA ATUAÇÃO NO POLO PASSIVO

3.1. As consequências da ausência de citação do litisconsorte passivo necessário simples

Consoante citado anteriormente, nos casos que versem sobre direitos reais imobiliários e atos de composse ou de atos por ambos praticados, há a

---

29. *Regras processuais...* cit. p. 177. Em sentido semelhante, defendendo a possibilidade de o magistrado tomar providências para a regularização da legitimidade processual: ALVIM, Arruda. ob. cit. p. 571; NERY JR., Nelson; NERY, Rosa Maria de Andrade. ob. cit., p. 356. No entanto, os autores não mencionam a legislação material, que parece estar em conflito com o CPC. Para Thereza Alvim, a restrição do direito civil não seria aplicável ao processo civil, motivo pelo qual esse vício processual poderia ser alegado por qualquer das partes. (ob. cit. p. 49-50). Em sentido contrário: CALMON DE PASSOS, José Joaquim. ob. cit. p. 467.

30. STJ, 2ª T., REsp 553.914/PE, Rel. Min. Castro Meira, j. 18/03/2008, DJe 01/04/2008. Em sentido semelhante: STJ, 4ª T., REsp 977.662/DF, Rel. Min. Luiz Felipe Salomão, j. 22/05/2012, DJe 01/06/2012.

31. STJ, 4ª T., REsp 567.273/RO, Rel. Min. Luiz Felipe Salomão, j. 17/03/2011, DJe 13/04/2011.

necessidade de formação do litisconsórcio necessário, entretanto, há, ainda, outras hipóteses legais de formação de litisconsórcio.

Sob o prisma do CPC/1973, já se defendia que, nesses casos, o litisconsórcio, embora necessário, era simples, sem que haja uma relação jurídica incindível e a ausência de citação do outro cônjuge não geraria ineficácia absoluta, mas apenas limita a eficácia da sentença àqueles que participaram do processo[32]. Destaque-se que, para o STJ, haveria invalidação do processo, posicionamento alterado pelo novo texto normativo.

O CPC/2015 acolheu essa argumentação ao prever, no art. 115, duas consequências diversas para a ausência do litisconsorte passivo. De acordo com o inciso I, a decisão será nula caso um dos litisconsortes unitários não seja citado. Por outro lado, o inciso I prevê que, caso seja hipótese de litisconsórcio simples, a decisão será ineficaz para os litisconsortes não citados. Não haverá nulidade na hipótese.

O parágrafo único indica que nos casos de litisconsórcio passivo necessário, o juiz determinará que o autor requeira a citação dos demais litisconsortes, sob pena de extinção do processo. No entanto, parece mais adequada a interpretação de que esse parágrafo único aplica-se apenas ao litisconsórcio unitário. Ora, se a ausência de litisconsorte necessário passivo não causa qualquer nulidade no processo, não faria sentido a obrigação da citação de todos os possíveis sujeitos passivos.

3.2. As hipóteses de exigência de formação do litisconsórcio passivo necessário

3.2.1. Fatos relativos a ambos os cônjuges ou ato praticado por eles

No art. 73, §1º, II do CPC, há a previsão da formação de litisconsórcio passivo necessário a partir de fatos que digam respeito a ambos os cônjuges ou a atos praticados por ambos. Essa hipótese será aplicada, por exemplo, em contratos nos quais ambos estejam obrigados. A bem da verdade, há grande

---

32. No mesmo sentido: DIDIER JR., Fredie. *Curso de direito processual civil.* Salvador: Juspodivm, 2011, v. 1, p. 259; THEODORO JR, Humberto. *Curso de direito processual civil.* 51ª ed. Rio de Janeiro: Forense, 2010, v. 1, p. 91.
Essa não era, no entanto, a posição do STJ, que, impunha a invalidação do processo nos casos em que o litisconsorte necessário não é citado, seja ele simples ou unitário: STJ, 5ª T., REsp 421.938/RS, Rel. Min. Felix Fischer, j. 27/05/2003, DJ 30/06/2003, p. 287. No mesmo sentido: STJ, 5ª T., AgRg no REsp 954.709/RS, Rel. Min. Laurita Vaz, j. 03/05/2011, DJe 18/05/2011; STJ, 5ª T., REsp 437.137/RS, Rel. Min. José Arnaldo da Fonseca, j. 15/10/2002, DJ 11/11/2002, p. 281.
Da mesma forma: MARINONI, Luiz Guilherme; MITIDIERO, Daniel. ob. cit. p. 106; MIRANDA, Francisco Cavalcanti Pontes de. ob. cit. p. 277.

Cap. 1 • AS RESTRIÇÕES À ATUAÇÃO PROCESSUAL DOS CÔNJUGES E AS INFLUÊNCIAS OPERADAS PELO CC
Ravi Peixoto

dificuldade em determinar a dimensão dessa proposição legal de forma abstrata, afirmando Ovídio Baptista que, inevitavelmente, caberá ao magistrado o controle concreto acerca do fato litigioso se referir a ambos os cônjuges[33].

Há ainda a sugestão na doutrina de que, tendo em vista a dificuldade de definição em abstrato da abrangência da previsão legal, da citação de ambos os cônjuges para, à luz do caso concreto, haver a definição da sua necessidade ou não, com eventual exclusão do cônjuge não legitimado[34]. Não parece ser razoável tal interpretação, posto que, caso perceba o magistrado o preenchimento do suporte fático do texto normativo, deverá intimar o autor para determinar a citação do outro litisconsorte, sob pena de extinção do processo. Caso nenhuma das partes e nem o juiz percebam ser caso de litisconsórcio passivo necessário, a consequência não será a invalidação do processo, mas tão somente a ineficácia perante o outro cônjuge.

Sendo caso de responsabilidade civil, é também caso de configuração de solidariedade passiva por força de lei, uma vez que o art. 942 do CC/2002 a impõe para os autores de atos que gerem responsabilidade civil. Um detalhe importante é gerado pelo fato de que, pelo fato de serem casados, o regime processual da solidariedade passiva é modificado, tendo em vista que este, não gera, nos demais casos, a necessária formação de litisconsórcio entre os devedores solidários. Em geral, existe a faculdade de escolha por parte do credor de devedores solidários em relação aos quais irá demandar, sendo esta afastada pelo regime de casamento e a sua influência na relação processual.

3.2.2. Dívidas contraídas por um dos cônjuges em favor da família

O inciso III, do §1º, do art. 73 traz regra interessante, impondo a formação do litisconsórcio passivo necessário nas ações "fundada em dívida contraída por um dos cônjuges a bem da família". Trata-se de relevante modificação em comparação com o CPC/1973, que, no art. 10, §1º, III, apenas se referia às dívidas contraídas pelo marido a bem da família, mas cuja execução atingisse também os bens da esposa.

Como defendido em texto escrito sob a égide do CPC/1973,[35] o texto normativo deveria ser lido à luz da Constituição, ou seja, a partir da igualdade dos cônjuges, apontando que o procedimento deve ser idêntico também nos casos

---

33. Ob. cit. p. 92-95.
34. BERMUDES, Sérgio. *As reformas do código de processo civil*. 3ª ed. São Paulo Saraiva, 2010, p. 19.
35. PEIXOTO, Ravi. Restrições à atuação processual dos cônjuges à luz do art. 10 do CPC e das influências do Código Civil. *Revista Dialética de Direito Processual*. São Paulo: Dialética, v. 121, abr.-2013, p. 151.

em que a divida seja contraída pela esposa[36] - essa espécie de leitura foi feita pelo Código Civil, que nos artigos abaixo citados faz menção aos cônjuges, não em marido ou mulher -. O CPC/2015, de forma adequada, atualizou o texto normativo a partir da igualdade entre os cônjuges.

Essa regra ainda deve ser interpretada em conjunto com dois artigos do Código Civil, quais sejam os artigos 1.643 e 1.644. Eles impõem a solidariedade nos casos de: a) compras, mesmo que a crédito, das coisas necessárias à economia doméstica e b) obtenção de empréstimos das quantias que a aquisição de tais coisas possam exigir.

Essa regra não dependerá do regime de bens adotado. Assim, mesmo que o regime de bens seja o da separação absoluta, haverá a solidariedade de ambos os cônjuges para essas dividas, a qual também atingira os bens particulares. Há de se citar que, tal qual ocorre no inciso anterior do art. 73 do CPC, o direito processual modifica o regime do direito material, que, em regra, não exige a formação de litisconsórcio nos casos de solidariedade.

Defende Humberto Theodoro que a não observância do litisconsórcio geraria a prejudicialidade da solidariedade passiva instituída pelo direito material, impedindo que o credor execute a meação ou os bens particulares do cônjuge não incluído[37]. Acerca desse entendimento, é importante esclarecer que gerará apenas a perda do remédio jurídico processual do processo executivo, mas não irá repercutir no direito material, ponto em que discordamos do professor Humberto Theodoro. Não prejudicará a solidariedade, mas apenas impedirá a inclusão do cônjuge no título executivo judicial e sua posterior inclusão no processo executivo.

Há posição doutrinária que dispensa a citação do cônjuge que não seja devedor originário na execução, quando o patrimônio do outro, ou do casal for capaz de suportar a divida[38]. Não parece adequado esse posicionamento, posto que a solução prevista pelo art. 115 do CPC/2015 para a não citação do litisconsorte passivo necessário simples é a ineficácia da decisão em relação a ele.

A questão da solidariedade gera uma presunção relativa por parte da doutrina[39] e dos tribunais superiores[40], de que as transações realizadas pelos

---

36. Nesse sentido: DIDIER JR., Fredie. Regras... cit. p. 180; NERY JR., Nelson; NERY, Rosa Maria de Andrade. ob. cit., p. 357.
37. *Curso de direito processual civil*. 42ª ed... cit. 77.
38. NERY JR., Nelson; NERY, Rosa Maria de Andrade. ob. cit., p. 357.
39. DINAMARCO, Cândido Rangel. ob. cit. p. 199-200. Da mesma forma: ASSIS, Araken de. *Doutrina...* cit. p. 128.
40. STJ, 3ª T., AgRg no Ag 1.082.106/MG, Rel. Min. Massami Yueda, j. 04/06/2009, DJe 17/06/2009; STJ, 1ª T., REsp 787.867/PE, Rel. Min. Teori Albino Zavascki, j. 06/12/2005, DJ 19/12/2005; STJ, 3ª T., REsp 38.800/RJ, Rel. Min. Eduardo Ribeiro, j. 15/03/1994, DJ 16/05/1994.

cônjuges teriam o objetivo do ganho familiar. Assim, poderá o credor exigir a dívida contraída de quaisquer dos cônjuges, cabendo a este demonstrar a inexistência de ganho familiar, como o marido que demonstra que as dividas da esposa foram geradas por presentes adquiridos para o amante. Assim, desloca-se o ônus da prova de que a dívida não teve por objetivo o ganho familiar para o cônjuge que pretende salvar a meação[41]. Caso não obtenha sucesso nessa demonstração, se tornara parte no processo e em eventual futura execução, motivo pelo qual não lhe restara mais a via dos embargos de terceiro[42].

A doutrina ainda aponta que essa presunção cede em certos casos, tais como a responsabilidade por atos ilícitos, a de execução fiscal de sócio, recaindo esta sob o cônjuge sócio[43]. Ainda nesse tema, vale destacar a súmula do STJ, n. 251 a qual dispõe que "A meação só responde pelo ato ilícito quando o credor, na execução fiscal, provar que o enriquecimento dele resultante aproveitou ao casal".

Pode-se, então, estabelecer a seguinte construção acerca do ônus da prova em tais casos: a) quando relativo às dívidas em geral, caberá ao cônjuge que pretenda excluir a sua meação da responsabilidade da dívida o ônus da prova, em face da presunção operada pelo direito civil; b) nos casos de dívidas provenientes de atos ilícitos, tendo em vista a previsão do art. 1.659 do CC/2002, que exclui tais dívidas da meação e casos de dívidas incomunicáveis, caberá ao credor a demonstração da reversão em proveito do casal, caso em que será seu o ônus da prova acerca do benefício comum[44].

4. CONCLUSÃO

Os cônjuges, por diversas vezes, têm modificado o seu modo de atuação pelo fato de estarem casados, seja pelo direito material, seja pelo direito processual. No decorrer deste artigo, tentamos analisar especificamente as questões trazidas pelo art. 73 do CPC, no que se refere à necessidade de autorização

---

41. ZAVASCKI, Teori Albino. *Processo de execução*: parte geral. 3. Ed. São Paulo: RT, 2004, p. 202.
42. ASSIS, Araken de. *Doutrina...* cit. p. 128-129.
43. CUNHA, Leonardo Carneiro da; DIDIER JR., Fredie; BRAGA, Paula Sarno; OLIVEIRA, Rafael. *Curso de direito processual civil*. 4ª ed. Salvador: Juspodivm, 2012, v. 5, p. 271.
44. FIGUEIREDO, Jones. Dívidas de cônjuges: diálogo processual com o direito civil. MARQUES, Claudia Lima. (coord.). *Diálogo das fontes*: do conflito à coordenação de normas do direito brasileiro. São Paulo: RT, 2012, p. 177-178.
    Assim também o STJ, quando afirmou que: "A meação da mulher só deve responder pelos atos ilícitos levados a cabo pelo cônjuge quando houver prova de que se beneficiou com o produto oriundo da infração, devendo-se ressaltar que o ônus da prova é do credor". (STJ, 1ª T., REsp 641.400/PB, Rel. Min. José Delgado, j. 04/11/2004, DJ 01/02/2005, p. 436). No mesmo sentido, fazendo referência às dívidas fiscais: STJ, 2ª T., AgRg no Ag 1.387.636/SP, Rel. Min. Herman Benjamin, j. 01/09/2011, DJe 09/09/2011.

para a propositura de certas demandas, bem como à necessidade da formação do litisconsórcio passivo necessário.

Vale frisar que tais restrições foram fortemente influenciadas pelo atual Código Civil, motivo pelo qual é imprescindível uma análise conjunta da legislação material, para que se alcance a interpretação mais adequada para o regime processual dos cônjuges em juízo.

CAPÍTULO 2

Litigância de má-fé no Novo Código de Processo Civil (Lei n. 13.105/15)

Maria Carolina Silveira Beraldo[1]

SUMÁRIO: 1. CONSIDERAÇÕES INICIAIS; 2. DISCIPLINA DA LITIGÂNCIA DE MÁ-FÉ NO NOVO CÓDIGO DE PROCESSO CIVIL; 2.1 DEVERES PROCESSUAIS; 2.2 TIPOLOGIA DOS ATOS PROCESSUAIS EM LITIGÂNCIA DE MÁ-FÉ. AFERIÇÃO DO DOLO; 3. SANÇÕES PELA LITIGÂNCIA DE MÁ-FÉ; 4. ATOS ATENTATÓRIOS À DIGNIDADE DA JUSTIÇA; 5. CONSIDERAÇÕES FINAIS.

O objetivo deste ensaio é analisar a disciplina da litigância de má-fé na Lei n. 13.105, de 16 de março de 2015, o novo Código de Processo Civil[2].

1. CONSIDERAÇÕES INICIAIS

Inúmeros são os termos usados quase que indistintamente para definir as más práticas de atos processuais: abuso do processo, improbidade processual, litigância de má-fé, fraude processual, ilícito processual. Não obstante a aparente pluralidade de tipos, é certo que toda a filosofia do comportamento processual gira em torno de um preceito comum e de natureza eminentemente ética, que traduz verdadeiro dever-síntese comportamental abrangendo boa-fé e lealdade: a probidade.

Em estudo mais aprofundado sobre o tema[3], já se teve a oportunidade de constatar que a lealdade que o ordenamento impõe aos litigantes no processo não é uma mera questão de retidão formal de comportamento, mas sim pressuposto indispensável para que a atividade processual se desenvolva de forma correta, verdadeira, efetiva e em tempo razoável.

---

1. Mestre e Doutora em Direito Processual Civil pela Universidade de São Paulo e Promotora de Justiça no Estado de Minas Gerais.
2. Parte deste estudo já foi originalmente publicada em outra obra ("O comportamento dos sujeitos processuais como obstáculo à razoável duração do processo", São Paulo: Saraiva, 2013), mas será aqui reproduzida nos aspectos pertinentes à melhor compreensão do tema.
3. *op.cit.*

Não se respeita uma regra de comportamento apenas porque o sistema a impõe. Não basta que as regras sejam respeitadas apenas na exata medida em que impostas expressamente, mas sim por existir uma finalidade maior que paira sobre a existência das normas comportamentais. Deve haver, outrossim, respeito às normas morais, que podem ser traduzidas na fórmula da *lealdade e boa-fé processuais,* cujo conceito, embora de aparente amplitude e fluidez, não pode ser outro que o de uma verdadeira honestidade *substancial.*

Registra a História que desde os sistemas jurídicos mais antigos já se faziam necessárias normas processuais para prevenir e reprimir a prática de condutas desonestas de partes que violassem o dever de dizer a verdade ou, ainda, que atuassem de forma desleal em juízo.

O direito português está na raiz do tratamento jurídico brasileiro da figura da atuação processual inadequada. Dele foram importadas normas que impunham sanções ao comportamento temerário dos litigantes, regras estas que, ao tempo do Império e início da República, não eram devidamente sistematizadas, mas dispostas de maneira esparsa e desorganizada.

A primeira tentativa de sistematização dos atos processuais praticados em litigância de má-fé veio a lume no Código Civil de 1916, cujo artigo 160[4] foi incorporado ao direito processual, tendo o legislador se utilizado do mesmo método do direito civil para repelir o exercício irregular dos direitos pelas partes, desta vez em juízo: a responsabilidade civil.

O Código de Processo Civil de 1939 disciplinou a improbidade processual sob as vestes do *abuso de direito,* tendo introduzido vários conceitos, como *erro grosseiro, fraude e espírito de emulação.*

O Código de Processo Civil de 1973 foi promulgado na mesma linha de seu antecedente, mas teve o mérito de introduzir dispositivos ainda mais desenvolvidos, especificar comportamentos que devem ser evitados pelas partes envolvidas no litígio, e estabelecer diversos deveres gerais de conduta.

É possível afirmar, sem qualquer exagero, que a lei processual de 1973 trouxe verdadeiro "código de comportamento" para os participantes do processo, na medida em que, a par de sistematizar um conjunto de normas que tipificam de forma expressa os atos caracterizadores de litigância de má-fé, preocupou-se também em estabelecer o rol dos deveres das partes (arts. 14

---

4. "Art. 160. Não constituem atos ilícitos: I – os praticados em legítima defesa ou no exercício regular de um direito reconhecido; II – a deterioração ou destruição da coisa alheia, a fim de remover perigo iminente (arts. 1.519 e 1.520). Parágrafo único. Neste último caso, o ato será legítimo, somente quando as circunstâncias o tornarem absolutamente necessário, não excedendo os limites do indispensável para a remoção do perigo."

a 18). E mais: cuidou de introduzir novos dispositivos, ainda que esparsos, em capítulos que tratavam de outras matérias, tais como os arts. 574, 600 e 601, que cuidavam da litigância de má-fé em execução de título extrajudicial e em sede de cumprimento de sentença. Some-se a todas essas normas de repressão expressa, ainda, a aplicação irrestrita da teoria do abuso do direito, agora reconhecida no processo tal como elaborada para o direito material, de forma a abarcar todos os atos não tipificados expressamente como litigância de má-fé.

2. DISCIPLINA DA LITIGÂNCIA DE MÁ-FÉ NO NOVO CÓDIGO DE PROCESSO CIVIL

No novo Código de Processo Civil, introduzido pela Lei n. 13.105/15 e que entrará em vigor em 17 de março de 2016[5], a disciplina da litigância de má-fé foi visivelmente aperfeiçoada. Isto se deu não apenas pelo fato de que as sanções foram majoradas, mas também e sobretudo porque o dever de manter comportamentos condizentes com os mandamentos éticos vem agora expresso logo no início, no Art. 5[06], sintetizado na fórmula ampla e genérica *comportar-se de acordo com a boa-fé*.

Na lei processual ainda vigente, a lealdade e a boa-fé vêm estampadas no rol de deveres das partes e procuradores; agora, a boa-fé é tratada em dispositivo autônomo constante do rol de princípios e garantias fundamentais do processo civil ("Capítulo I – Das normas fundamentais do processo civil"), aplicável a todos os sujeitos processuais, sejam eles partes, procuradores, órgãos da atividade estatal (judiciária ou executiva) ou auxiliares da justiça. Todos os que intervêm ou participam, de qualquer modo, no processo, têm o dever, pois, de cooperar para que os atos se desenvolvam sem qualquer intercorrência indevida.

Em boa hora reconheceu o legislador que tão importante quanto a regulamentação das normas de atuação processual e procedimental é o regramento da probidade. Não obstante o rol de condutas iníquas não se tenha alterado em substância, o simples fato de alçar a ética a norma fundamental – ao lado de outras alterações, tal como a que enaltece e impõe dever de cooperação entre

---

5. Embora haja controvérsia doutrinária a respeito da data em que entrará em vigor o novo Código, 16 ou 17 de março, esta segunda data deve prevalecer. Isto porque, nos termos do Art. 1.045 da Lei n. 13.105/15, o "Código entra em vigor após decorrido 1 (um) ano da data de sua publicação oficial." A Lei Complementar 95, de 26 de fevereiro de 1998, de seu turno, a qual dispõe sobre a elaboração, a redação, a alteração e a consolidação das leis, traz no § 1º do seu art. 8º, determinação expressa no sentido de que a contagem do prazo para entrada em vigor das leis que estabeleçam período de vacância far-se-á com a inclusão da data da publicação e do último dia do prazo, **entrando em vigor no dia subseqüente à sua consumação integral**.

6. Art. 5.º Aquele que de qualquer forma participa do processo deve comportar-se de acordo com a boa-fé.

os sujeitos processuais[7] - é destaque que em muito contribuirá para que se estabeleça dinâmica mais honesta no relacionamento processual e procedimental, o que certamente culminará na obtenção de tutela jurisdicional de forma mais efetiva, seja em termos qualitativos, quantitativos e até mesmo temporal.

2.1. Deveres processuais

O art. 77 do novo Código traz rol de deveres das partes e seus procuradores que, segundo Scarpinella Bueno[8], é mais completo e bem acabado do que o art. 14 do Código atual. Em verdade, os deveres previstos no Código de 1973 foram fielmente reproduzidos, tendo o legislador apenas acrescentado aqueles de a) declinar, no primeiro momento que lhes couber falar nos autos, o endereço residencial ou profissional, onde receberão intimações, atualizando essa informação sempre que ocorrer qualquer modificação temporária ou definitiva (inciso V), e b) não praticar inovação ilegal no estado de fato de bem ou direito litigioso (inciso VI).

Eis a atual disciplina dos deveres:

> Art. 77. Além de outros previstos neste Código, são deveres das partes, de seus procuradores e de todos aqueles que de qualquer forma participem do processo:
>
> I - expor os fatos em juízo conforme a verdade;
>
> II - não formular pretensão ou de apresentar defesa quando cientes de que são destituídas de fundamento;
>
> III - não produzir provas e não praticar atos inúteis ou desnecessários à declaração ou à defesa do direito;
>
> IV - cumprir com exatidão as decisões jurisdicionais, de natureza provisória ou final, e não criar embaraços à sua efetivação;
>
> V - declinar, no primeiro momento que lhes couber falar nos autos, o endereço residencial ou profissional onde receberão intimações, atualizando essa informação sempre que ocorrer qualquer modificação temporária ou definitiva;
>
> VI - não praticar inovação ilegal no estado de fato de bem ou direito litigioso.

Das duas novas hipóteses, incisos V e VI, apenas o primeiro é realmente inovador. Isto porque a vedação à prática de inovação ilegal no estado de fato

---

7. Art. 6.º Todos os sujeitos do processo devem cooperar entre si para que se obtenha, em tempo razoável, decisão de mérito justa e efetiva.

8. Cassio Scarpinella Bueno *in* Novo Código de Processo Civil Anotado, São Paulo: Saraiva, 2015.

de bem ou direito litigioso já existia no Código de 1973, embora com a roupagem de medida cautelar de atentado.

2.2. Tipologia dos atos processuais em litigância de má-fé. Aferição do dolo

A partir de tais deveres o novo legislador houve por bem reproduzir específicas condutas ilícitas caracterizadoras da litigância de má-fé – já previstas todas, diga-se, no Código de 1973 - e que trazem em si, pelo lado negativo, o detalhamento de aspectos inerentes aos correspondentes deveres:

> Art. 80. Considera-se litigante de má-fé aquele que:
>
> I - deduzir pretensão ou defesa contra texto expresso de lei ou fato incontroverso;
>
> II - alterar a verdade dos fatos;
>
> III - usar do processo para conseguir objetivo ilegal;
>
> IV - opuser resistência injustificada ao andamento do processo;
>
> V - proceder de modo temerário em qualquer incidente ou ato do processo;
>
> VI - provocar incidente manifestamente infundado;
>
> VII - interpuser recurso com intuito manifestamente protelatório.

Condutas processuais há que violam frontalmente os deveres previstos no art. 77, sobretudo aqueles dizentes com a boa-fé e lealdade processual, constituindo verdadeiros atos processuais ilícitos, e que ou a) estão previstas no ordenamento processual em dispositivos específicos, tal como as disposições relativas à litigância de má-fé e ao atentado à dignidade da justiça, ou b) constituem atos abusivos sem previsão específica, também ilícitos por excelência porque praticados com desvio de finalidade em violação a valores orientadores das normas.

Importante frisar, nesta oportunidade de análise das condutas tipificadas como litigância de má-fé, que o dolo processual deve ser constatado objetivamente a partir da exteriorização do ato processual e das circunstâncias em que praticado, e não da aferição da psique do agente.

A má-fé, portanto, independe de prova concreta do intuito da parte e resulta diretamente da apreciação de fatos que a lei enumera, e dos quais o julgador extrai a ilicitude da conduta processual. Ocorrida qualquer das hipóteses previstas no referido artigo 80, considera-se ter havido má-fé do litigante, invertendo-se em seu desfavor o ônus da prova da existência de fatos que a excluam. O efeito que se obtém dessa interpretação, sobretudo por essa inversão do ônus da prova, é próximo ao da teoria da responsabilidade objetiva. O litigante cujo comportamento, concluir o juiz a partir da apreciação objetiva dos fatos e do comportamento descrito na norma (e não da psique do agente), configure hipótese de litigância de má-fé, tem o ônus de desconstituir a tipificação e afasta-la de forma expressa na execução do ato processual. Esse novo enfoque da gravidade do ilícito processual favorece sobremaneira o trabalho do julgador, guardião do processo, em suas múltiplas finalidades e, principalmente como defensor intransigente da dignidade e decoro da Justiça.

Não se deve perder de vista que às condutas expressamente tipificadas e sancionadas por constituírem litigância de má-fé devem ser somadas todas aquelas praticadas em abuso de direito no processo. Há, com efeito, mais hipóteses de atos processuais praticados de má-fé que, embora não tipificados, merecem a devida reprimenda, a exemplo da retenção indevida de autos pelo advogado, cuja sanção vem disciplinada no §2º do art. 234[9]. Isto porque ato processual abusivo configura ilicitude. Se a norma jurídica impõe determinado tipo de conduta ou dela se podem extrair determinados valores finalísticos, e um ato é exercido de forma anormal, seja por não obedecer à regra expressamente prevista, seja por conflitar com seus valores, resta claro que há abusividade, a qual é modalidade de ato ilícito.

Os deveres comportamentais constantes do art. 70, exatamente porque previstos no Código, passam a integrar o arcabouço processual, no que se pode denominar norma total processual.

Assim, falar-se em possibilidade de praticar um ato processual (ex: contestar, excepcionar, recorrer) seria considerar, ao mesmo tempo, não apenas as normas próprias orientadoras da prática daquele ato, mas os deveres gerais de conduta previstos no art. 70, especialmente aquele geral, trazido pelo art. 5º, de comportar-se de acordo com a boa-fé. É como se as normas processuais fossem construídas da seguinte forma: da sentença caberá apelação (art. 724), desde que não se alegue defesa consabidamente destituída de fundamento, ou, das decisões interlocutórias caberá agravo, desde que não interposto de forma desnecessária, de forma a apenas procrastinar o processo.

3. SANÇÕES PELA LITIGÂNCIA DE MÁ-FÉ

No que diz respeito às sanções pela litigância de má-fé, foram elas, em boa hora, modificadas. Nos termos do art. 81 do novo Código, a multa, que

---

9. Art. 234. Os advogados públicos ou privados, o defensor público e o membro do Ministério Público devem restituir os autos no prazo do ato a ser praticado.
§ 1º É lícito a qualquer interessado exigir os autos do advogado que exceder prazo legal.
§ 2º Se, intimado, o advogado não devolver os autos no prazo de 3 (três) dias, perderá o direito à vista fora de cartório e incorrerá em multa correspondente à metade do salário-mínimo.

era de **até** um por cento sobre o valor da causa, passa a ser de um a dez por cento, ainda sobre o valor da causa, mas **corrigido**. Outra interessante inovação tem a ver com a efetividade da sanção quando o valor da causa for irrisório ou inestimável. Nesse caso a multa poderá ser fixada em **até dez vezes o valor do salário mínimo**, nos termos do §2° do mesmo art. 81. As demais disposições hoje vigentes permanecerão - obrigação de pagar indenização à parte contrária dos prejuízos que sofrer, bem assim os honorários advocatícios e despesas processuais. De se conferir:

> Art. 81. De ofício ou a requerimento, o juiz condenará o litigante de má-fé a pagar multa, que deverá ser superior a um por cento e inferior a dez por cento do valor corrigido da causa, a indenizar a parte contrária pelos prejuízos que esta sofreu e a arcar com os honorários advocatícios e com todas as despesas que efetuou.
>
> **§ 1° Quando forem 2 (dois) ou mais os litigantes de má-fé, o juiz condenará cada um na proporção de seu respectivo interesse na causa ou solidariamente aqueles que se coligaram para lesar a parte contrária.**
>
> **§ 2° Quando o valor da causa for irrisório ou inestimável, a multa poderá ser fixada em até 10 (dez) vezes o valor do salário-mínimo.**
>
> **§ 3° O valor da indenização será fixado pelo juiz ou, caso não seja possível mensurá-lo, liquidado por arbitramento ou pelo procedimento comum, nos próprios autos.**

As penas destinadas ao litigante de má-fé têm natureza dúplice: punitiva e indenizatória O caráter punitivo se exterioriza pela imposição de variados tipos de multa, e está relacionado às funções de prevenção, desestímulo e retribuição da pena, enquanto o caráter indenizatório visa a recompor os danos materiais (perdas e danos/lucros cessantes) e morais sofridos pela parte contrária.

Tem-se em relação à improbidade processual, portanto, dois tipos de responsabilidade. A primeira é eminentemente processual, não requer a constatação de qualquer tipo de dano à parte contrária, e em tese deveria ser destinada a reparar os prejuízos causados ao Estado – gestor que é do processo – pela prática de atos que violam os deveres processuais e que, de forma indireta, contribuem para o descrédito das instituições e da própria justiça. A segunda, de caráter civil, é destinada a reparar o dano causado à parte contrária.

O Estado é sempre sujeito passivo da improbidade processual, já que se tem na litigância de má-fé um indivíduo dele se servindo para obter resultados ilícitos, os quais prejudicam não só seu oponente, mas todos os que necessitam da atuação dos órgãos jurisdicionais. Não obstante, a multa, tal como prevista anteriormente, reverte em benefício da parte contrária. Somente caso imposta aos serventuários da Justiça pertencerá ao Estado.

Essa distinção, no entanto, não é conveniente.

Melhor seria se apenas o Estado fosse o destinatário/beneficiário da multa, considerando-se que ele sofre grande parte dos prejuízos pela litigância de má-fé, na medida em que dele são os ônus que é obrigado a suportar para manter a estrutura necessária ao bom desenvolvimento do processo.

Uma alteração corrigindo esse equívoco possibilitaria, inclusive, a condenação de ofício nas penas por litigância de má-fé, especialmente em situações de pronto indeferimento ou julgamento de mérito da petição inicial antes da citação da parte contrária. Diante da atual redação, no entanto, mesmo tendo o autor incidido em conduta tipificada como ato de litigância de má-fé, os juízes ficam impedidos de aplicar a multa porque não há parte contrária em favor de quem seja revertida.

Levando em conta tais situações, sugeriu-se[10], quando da tramitação legislativa do novo Código, que a destinação da multa fosse alterada. Com a modificação, restabelecer-se-ia a dignidade da justiça, eis que o prejuízo dos litigantes poderia ser reparado mediante condenação em perdas e danos, e o prejuízo do Estado recompensado com imposição de multa. A proposta não foi, entretanto, considerada, mas foi acolhida a sugestão da criação de um fundo de modernização do Poder Judiciário, para onde serão direcionados os valores das sanções pecuniárias processuais destinadas à União e aos Estados. Confira-se o novo dispositivo, *in verbis*:

> Art. 97. A União e os Estados podem criar fundos de modernização do Poder Judiciário, aos quais serão revertidos os valores das sanções pecuniárias processuais destinadas à União e aos Estados, e outras verbas previstas em lei.

4. ATOS ATENTATÓRIOS À DIGNIDADE DA JUSTIÇA

Importante o estudo, ainda em tema de litigância de má-fé, dos chamados atos atentatórios à dignidade da justiça, previstos tanto no art. 77 quanto no 774.

O rol de condutas comissivas ou omissivas foi enriquecido com o acréscimo de duas novas hipóteses ao atual art. 600 (para além dos incisos IV e VI do art.

---

10. Por sugestão da própria autora, albergada pelo Substitutivo apresentado por membros do Instituto Brasileiro de Direito Processual (Ada Pellegrini Grinover, Carlos Alberto Carmona, Cassio Scarpinella Bueno e Paulo Henrique dos Santos Lucon). Conforme texto do substitutivo: "Por sugestão de trabalho escrito para o Curso de Doutorado da Faculdade de Direito da Universidade de São Paulo por Maria Carolina Beraldo, propomos a criação de um Fundo para o qual devem ser recolhidas as sanções e as multas aplicadas por quebra do princípio da lealdade (art. 98-A). Os Fundos têm finalidade única, imposta pela norma proposta: a modernização da Justiça comum federal, estaduais e distrital.", disponível em http://www.direitoprocessual.org.br/download, último acesso em abril.2015.

77), a saber: a) **dificultação ou embaraçamento da realização da penhora, e** b) **não exibição da prova de propriedade do bem a ela sujeito e de certidão negativa de ônus**, quando exigível. Confira-se:

> Art. 774. Considera-se atentatória à dignidade da justiça a conduta comissiva ou omissiva do executado que:
>
> I - frauda a execução;
>
> II - se opõe maliciosamente à execução, empregando ardis e meios artificiosos;
>
> III - dificulta ou embaraça a realização da penhora;
>
> IV - resiste injustificadamente às ordens judiciais;
>
> V - intimado, não indica ao juiz quais são e onde estão os bens sujeitos à penhora e os respectivos valores, nem exibe prova de sua propriedade e, se for o caso, certidão negativa de ônus.
>
> Parágrafo único. Nos casos previstos neste artigo, o juiz fixará multa em montante não superior a vinte por cento do valor atualizado do débito em execução, a qual será revertida em proveito do exequente, exigível nos próprios autos do processo, sem prejuízo de outras sanções de natureza processual ou material.

A forma de sancionar ficou mantida, tendo havido apenas pequenas correções quanto aos termos utilizados (ex: *exeqüente*, ao invés de *credor*).

A par das condutas descritas no art. 774, dois deveres trazidos pelo rol do art. 77 configuram igualmente atos atentatórios à dignidade da justiça. São eles a) o de cumprir com exatidão as decisões jurisdicionais, de natureza provisória ou final, e não criar embaraços à sua efetivação, bem como b) não praticar inovação ilegal no estado de fato de bem ou direito litigioso.

A forma de sancionar tais atos atentatórios vem prevista nos §2° a 8° do mesmo dispositivo legal:

> § 2° A violação ao disposto nos incisos IV e VI constitui ato atentatório à dignidade da justiça, devendo o juiz, sem prejuízo das sanções criminais, civis e processuais cabíveis, aplicar ao responsável multa de até vinte por cento do valor da causa, de acordo com a gravidade da conduta.
>
> § 3° Não sendo paga no prazo a ser fixado pelo juiz, a multa prevista no § 2° será inscrita como dívida ativa da União ou do Estado após o trânsito em julgado da decisão que a fixou, e sua execução observará o procedimento da execução fiscal, revertendo-se aos fundos previstos no art. 97.
>
> § 4° A multa estabelecida no § 2° poderá ser fixada independentemente da incidência das previstas nos arts. § ,523 1°, e 536, § 1°.

§ 5º Quando o valor da causa for irrisório ou inestimável, a multa prevista no § 2º poderá ser fixada em até 10 (dez) vezes o valor do salário-mínimo.

§ 6º Aos advogados públicos ou privados e aos membros da Defensoria Pública e do Ministério Público não se aplica o disposto nos §§ 2º a 5º, devendo eventual responsabilidade disciplinar ser apurada pelo respectivo órgão de classe ou corregedoria, ao qual o juiz oficiará.

§ 7º Reconhecida violação ao disposto no inciso VI, o juiz determinará o restabelecimento do estado anterior, podendo, ainda, proibir a parte de falar nos autos até a purgação do atentado, sem prejuízo da aplicação do § 2º.

§ 8º O representante judicial da parte não pode ser compelido a cumprir decisão em seu lugar.

Como se vê, haverá imposição de multa de até vinte por cento do valor da causa na hipótese de violação de quaisquer desses deveres, montante idêntico ao já revisto no Código de 1973.

Novidade veio com a possibilidade dessa punição ser fixada independentemente da incidência daquelas previstas nas hipóteses de multa de dez por cento pelo não cumprimento espontâneo da sentença que reconhece a exigibilidade de obrigação de pagar quantia (cf. § 1º do art. 523[11]), ou mesmo das *astreintes* previstas para as obrigações de fazer, não fazer e entregar coisa (cf. §1º do art. 536[12]). A inovação é plenamente justificada, uma vez que, como já sublinhado, a parte é a destinatária dessas citadas multas, enquanto as derivadas de atentado à dignidade da justiça são devidas ao Estado.

Curioso notar, ainda a propósito da cumulação de sanções, que o §3º do art. 536 dispõe de forma expressa que executado incidirá nas penas de litigância de má-fé quando injustificadamente descumprir a ordem judicial, sem prejuízo de sua responsabilização por crime de desobediência. Poderia haver,

---

11. Art. 523. No caso de condenação em quantia certa, ou já fixada em liquidação, e no caso de decisão sobre parcela incontroversa, o cumprimento definitivo da sentença far-se-á a requerimento do exequente, sendo o executado intimado para pagar o débito, no prazo de 15 (quinze) dias, acrescido de custas, se houver.
§ 1º Não ocorrendo pagamento voluntário no prazo do caput, o débito será acrescido de multa de dez por cento e, também, de honorários de advogado de dez por cento.

12. Art. 536. No cumprimento de sentença que reconheça a exigibilidade de obrigação de fazer ou de não fazer, o juiz poderá, de ofício ou a requerimento, para a efetivação da tutela específica ou a obtenção de tutela pelo resultado prático equivalente, determinar as medidas necessárias à satisfação do exequente.
§ 1º Para atender ao disposto no caput, o juiz poderá determinar, entre outras medidas, a imposição de multa, a busca e apreensão, a remoção de pessoas e coisas, o desfazimento de obras e o impedimento de atividade nociva, podendo, caso necessário, requisitar o auxílio de força policial.

no caso, não apenas i) a imposição das *astreintes*, por força do §1º do mesmo dispositivo legal, mas ainda ii) multa pelo ato atentatório à dignidade da justiça por descumprimento de decisão jurisdicional (por força do inc. IV do art. 77), bem como iii) penalidade por litigância de má-fé, nos termos do citado §3º. André Roque[13] questiona a legalidade da cumulação e, embora não ofereça resposta, abre o espaço para a discussão.

É possível afirmar, à luz das premissas já fixadas, que a multa pelo ato atentatório à dignidade da justiça, porque destinada ao Estado e de caráter administrativo, pode ser cumulada com as *astreintes*, de caráter punitivo.

Dúvida pode haver em relação à cumulação de ambas com a penalidade por litigância de má-fé e possível incidência exagerada, em *bis in idem*. Tendo em vista que as penas por litigância de má-fé têm caráter punitivo e indenizatório quanto aos danos sofridos (perdas e danos/lucros cessantes), não há dúvida de que a vertente indenizatória deva ser cumulada, porque de finalidade diversa. Já quanto ao caráter punitivo da litigância de má-fé, haveria correspondência ao caráter punitivo das *astreintes*, razão pela qual apenas estas – porque específicas para a situação – deveriam prevalecer.

Outra importante alteração digna de nota está no marco de exigibilidade da multa por ato atentatório à dignidade da justiça quando não há pagamento voluntário. Diferentemente do Código de 1973, em que exigível a partir do trânsito em julgado da decisão **final da causa** (parágrafo único do art. 14), no novo Código será exigível quando do trânsito em julgado da decisão **que a fixou**, o que poderá antecipar a cobrança, trazendo maior efetividade à punição.

Some-se a tais multas, ainda, repressão específica para o atentado, consistente na possível proibição da parte de falar nos autos até sua cessação.

5. CONSIDERAÇÕES FINAIS

Como visto, o novo Código de Processo Civil trará poucas mas importantes alterações na disciplina da repressão à litigância de má-fé.

A par de pequenas modificações textuais para melhor adequação técnica dos vocábulos utilizados na redação dos dispositivos, pode-se assim resumir os destaques da nova legislação:

- manutenção da tipificação dos atos de litigância de má-fé em sentido estrito e majoração da pena de multa;

---

13. *in* Ele, o novo CPC, visto pelas empresas – Parte I, disponível em http://jota.info/ele-o-novo-cpc-visto-pe-las-empresas-parte-i, último acesso em abril.2015.

- inclusão de novas hipóteses de prática de atos atentatórios à dignidade da justiça;

- alteração do marco temporal de exigibilidade da multa por ato atentatório à dignidade da justiça;

- aumento das sanções por descumprimento de decisões judiciais;

- criação dos fundos de modernização do Poder Judiciário para onde poderão ser direcionados os valores das sanções pecuniárias processuais destinadas à União e aos Estados.

Ituiutaba/MG, 20 de abril de 2015.

CAPÍTULO 3

Os Honorários Advocatícios no Novo Código de Processo Civil e a Valorização do Advogado enquanto Profissional Indispensável à Administração da Justiça (Art. 133, CF)

Benedito Cerezzo Pereira Filho[1]

SUMÁRIO: 1. BREVE SINTESE DO NOVO CÓDIGO; 1.1 DEBATES PÓS-SANÇÃO!; 2. O JUIZ DO CÓDIGO DE 1973; 3. O JUIZ DO (DIREITO) ESTADO CONSTITUCIONAL; 4. UM NOVO CÓDIGO. UM NOVO PARADIGMA. UM NOVO JUIZ.; 4.1. O PODER DO JUIZ; 5. A VALORIZAÇÃO DOS HONORÁRIOS ADVOCATÍCIOS FORTALECE A ADVOCACIA E GARANTE JUSTIÇA COM QUALIDADE AO POVO; 6. SÍNTESE CONCLUSIVA; REFERÊNCIAS

A advocacia, como não poderia ser diferente, foi atuante no processo de elaboração do Novo Código de Processo Civil. Várias foram as conquistas alcançadas. Quanto aos honorários advocatícios, houve mudança significativa.

Essa evolução, ao nosso ver, fortalece a advocacia, resgata a dignidade de seus profissionais, contribuindo, inexoravelmente, para adequada administração da justiça pelos seus agentes.

1. BREVE SINTESE DO *NOVO* CÓDIGO

A sanção presidencial do Novo Código de Processo Civil, com poucos vetos, coloca o cenário jurídico processual cível sob a expectativa do novo e seus interrogantes.

---

1. O autor integrou a Comissão de Juristas responsável pela elaboração e acompanhamento do anteprojeto do Novo Código de Processo Civil. É mestre e doutor em Direito pela Universidade Federal do Paraná – UFPR. Professor de Direito Processual Civil da Faculdade de Direito da Universidade de São Paulo, *campus* de Ribeirão Preto – FDRP/USP - e advogado militante em Brasília, no escritório Eduardo Ferrão Advogados Associados.

O novel estatuto, Lei nº 13.105, de 16 de março de 2015,[2] não obstante ser apontado por vários juristas como sendo um Código do Povo, é fruto do Poder e, como tal, teve e tem suas preferências, não sendo de todo correto afirmar ser um "código popular".

Não obstante o cenário democrático ao qual foi submetido nas duas Casas legislativas, é fato que o processo de produção da lei, seja ela de cunho processual ou material, advém do Poder e, assim, recebe toda sorte de influência das "classes" diretamente interessadas.

Calmon de Passos, sempre pontual, afirmava que *"O Direito é o que dele faz o processo de sua produção. Isso nos adverte de que o Direito nunca é algo dado, pronto, preestabelecido ou pré-produzido, cuja fruição é possível mediante simples utilização do já feito ou acabado. O Direito é produzido em cada ato de sua produção e subsiste com sua aplicação e somente é enquanto está sendo produzido ou aplicado."*[3]

Durante os debates, no Senado Federal, com o projeto 166/2010, e na Câmara dos Deputados, pelo projeto 8.046/2010, a advocacia, a magistratura, a fazenda pública, o ministério público, a defensoria pública, os grupos empresariais etc. participaram direta e ativamente das decisões sobre os mais variados assuntos adstritos aos seus interesses.

Apesar de a Comissão de Juristas incumbida de elaborar e acompanhar o anteprojeto do Novo Código, no início, entender que, em respeito ao princípio da igualdade, os prazos deveriam ser contados de forma igual para todos, o ministério público, a fazenda pública e a defensoria pública, após várias intervenções, preservaram a distinção e mantiveram o direito do prazo em dobro para toda manifestação nos autos, artigos 180, 183 e 186, respectivamente, dentre outras conquistas.

A advocacia, por sua vez, teve a tão sonhada contagem dos prazos em dias úteis, afastando sua incidência em finais de semana e feriados, consoante prescrição do artigo 217: *Na contagem de prazo em dias,* **estabelecido por lei ou pelo juiz, computar-se-ão somente os úteis**.

Pode ser acrescentado a essa relevante conquista o maior tempo de suspensão dos prazos processuais no final do ano, proporcionando, assim, um período de férias aos advogados, conforme dicção do artigo 218: *Suspende-se o curso do prazo processual nos dias compreendidos entre 20 de dezembro e 20 de janeiro, inclusive.*

Todos os protagonistas foram agraciados satisfatoriamente numa convergência de objetivos voltados para os respectivos segmentos. Até nos últimos

---

2.   O código ficará "em repouso" – *vacatio legis* – por 1 (um) ano. Art. 1.045. Este Código entra em vigor após decorrido 1 (um) ano da data de sua publicação oficial.
3.   CALMON DE PASSOS, José Joaquim. **Direito, poder, justiça e processo: julgando os que nos julgam.** Rio de Janeiro: Forense, 1999. p. 25.

momentos, foram disputados, dentro desse espaço de poder, *preferências* e *conquistas* legislativas, com pressões sobre o Executivo para que artigos fossem mantidos ou vetados.

Travou-se um verdadeiro debate, via Conjur,[4] com a participação de doutrinadores e membros do poder judiciário sobre a pretensão das entidades dos juízes (AMB, Ajufe e Anamatra) para que a Presidente da República vetasse, dentre outros, o parágrafo primeiro[5] e seus incisos, do artigo 489, do Novo Código de Processo Civil, ao argumento de que não poderiam os magistrados ficar a mercê do que e como deveria ser uma decisão fundamentada.[6]

Os artigos que a magistratura pretendia ver vetados, para a justificativa de um Direito que possa ser pensado dentro de um mínimo de responsabilidade política, foram mantidos no Código. A propósito, os vetos foram poucos e pontuais, como se pode verificar do quadro ilustrativo abaixo:

VETOS PRESIDENCIAIS AO NOVO CPC			
Dispositivo vetado	Redação do dispositivo	Entidade que solicitou o veto	Razões do veto
Artigo 35	"Art. 35. Dar-se-á por meio de carta rogatória o pedido de cooperação entre órgão jurisdicional brasileiro e órgão jurisdicional estrangeiro para prática de ato de citação, intimação,...	Ministério da Justiça e Advocacia-Geral da União	"Consultados o Ministério Público Federal e o Superior Tribunal de Justiça, entendeu-se que (...)

---

4. Criada em 1997, a revista eletrônica Consultor Jurídico é uma publicação independente sobre direito e justiça que se propõe a ser fonte de informação e pesquisa no trabalho, no estudo e na compreensão do sistema judicial. Além da revista eletrônica, a equipe da Consultor Jurídico edita a série Anuários da Justiça, com foco no tribunais superiores (STF, STJ, TST, TSE e STM), na Justiça Federal, Tribunais Regionais do Trabalho e na Justiça Estadual (TJ-SP, TJ-RJ, TJ-MG e TJ-RS). Endereço eletrônico: www.conjur.com.br

5. Art. 489. São elementos essenciais da sentença:
§1º **Não se considera fundamentada qualquer decisão judicial, seja ela interlocutória, sentença ou acórdão**, que:
I - se limitar à indicação, à reprodução ou à paráfrase de ato normativo, sem explicar sua relação com a causa ou a questão decidida;
II - empregar conceitos jurídicos indeterminados, sem explicar o motivo concreto de sua incidência no caso;
III - invocar motivos que se prestariam a justificar qualquer outra decisão;
IV - não enfrentar todos os argumentos deduzidos no processo capazes de, em tese, infirmar a conclusão adotada pelo julgador;
V - se limitar a invocar precedente ou enunciado de súmula, sem identificar seus fundamentos determinantes nem demonstrar que o caso sob julgamento se ajusta àqueles fundamentos;
VI - deixar de seguir enunciado de súmula, jurisprudência ou precedente invocado pela parte, sem demonstrar a existência de distinção no caso em julgamento ou a superação do entendimento.
§2º No caso de colisão entre normas, o juiz deve justificar o objeto e os critérios gerais da ponderação efetuada, enunciando as razões que autorizam a interferência na norma afastada e as premissas fáticas que fundamentam a conclusão.
§3º A decisão judicial deve ser interpretada a partir da conjugação de todos os seus elementos e em conformidade com o princípio da boa-fé.

6. Sobre esse tema, ver texto de autoria de Lênio Luiz Streck, publicado na Revista Conjur na data de 12 de março de 2015, intitulado: "NCPC: Cobrar fundamentação dos juízes é "utopia totalitária"? - **O que o Mito da Caverna tem a ver com o novo Código de Processo Civil (NCPC)?"** Disponível em: http://www.conjur.com.br/2015-mar-12/senso-incomum-ncpc-cobrar-fundamentacao-juizes-utopia-totalitaria

VETOS PRESIDENCIAIS AO NOVO CPC

Dispositivo vetado	Redação do dispositivo	Entidade que solicitou o veto	Razões do veto
Artigo 35	...notificação judicial, colheita de provas, obtenção de informações e cumprimento de decisão interlocutória, sempre que o ato estrangeiro constituir decisão a ser executada no Brasil."	Ministério da Justiça e Advocacia-Geral da União	(...) o dispositivo impõe que determinados atos sejam praticados exclusivamente por meio de carta rogatória, o que afetaria a celeridade e efetividade da cooperação jurídica internacional que, nesses casos, poderia ser processada pela via do auxílio direto."
Artigo 333 e inciso XII do artigo 1.015	"Art. 333. Atendidos os pressupostos da relevância social e da dificuldade de formação do litisconsórcio, o juiz, a requerimento do Ministério Público ou da Defensoria Pública, ouvido o autor, poderá converter em coletiva a ação individual que veicule pedido que: I - tenha alcance coletivo, em razão da tutela de bem jurídico difuso ou coletivo, assim entendidos aqueles definidos pelo art. 81, parágrafo único, incisos I e II, da Lei no 8.078, de 11 de setembro de 1990 (Código de Defesa do Consumidor), e cuja ofensa afete, a um só tempo, as esferas jurídicas do indivíduo e da coletividade; II - tenha por objetivo a solução de conflito de interesse relativo a uma mesma relação jurídica plurilateral, cuja solução, por sua natureza ou por disposição de lei, deva ser necessariamente uniforme, assegurando-se tratamento isonômico para todos os membros do grupo. §1º Além do Ministério Público e da Defensoria Pública, podem requerer a conversão os legitimados referidos no art. 5o da Lei no 7.347, de 24 de julho de 1985, e no art. 82 da Lei no 8.078, de 11 de setembro de 1990 (Código de Defesa do Consumidor). §2º A conversão não pode implicar a formação de processo coletivo para a tutela de direitos individuais homogêneos. §3º Não se admite a conversão, ainda, se: I - já iniciada, no processo individual, a audiência de instrução e julgamento; ou ...	Advocacia-Geral da União	"Da forma como foi redigido, o dispositivo poderia levar à conversão de ação individual em ação coletiva de maneira pouco criteriosa, inclusive em detrimento do interesse das partes. O tema exige disciplina própria para garantir a plena eficácia do instituto. Além disso, o novo Código já contempla mecanismos para tratar demandas repetitivas. No sentido do veto manifestou-se também a Ordem dos Advogados do Brasil - OAB."

VETOS PRESIDENCIAIS AO NOVO CPC			
Dispositivo vetado	**Redação do dispositivo**	**Entidade que solicitou o veto**	**Razões do veto**
Artigo 333 e inciso XII do artigo 1.015	... II - houver processo coletivo pendente com o mesmo objeto; ou III - o juízo não tiver competência para o processo coletivo que seria formado. §4º Determinada a conversão, o juiz intimará o autor do requerimento para que, no prazo fixado, adite ou emende a petição inicial, para adaptá-la à tutela coletiva. §5º Havendo aditamento ou emenda da petição inicial, o juiz determinará a intimação do réu para, querendo, manifestar-se no prazo de 15 (quinze) dias. §6º O autor originário da ação individual atuará na condição de litisconsorte unitário do legitimado para condução do processo coletivo. §7º O autor originário não é responsável por nenhuma despesa processual decorrente da conversão do processo individual em coletivo." §8º Após a conversão, observar-se-ão as regras do processo coletivo. §9º A conversão poderá ocorrer mesmo que o autor tenha cumulado pedido de natureza estritamente individual, hipótese em que o processamento desse pedido dar-se-á em autos apartados. §10. O Ministério Público deverá ser ouvido sobre o requerimento previsto no caput, salvo quando ele próprio o houver formulado." "Art. 1.015 (...) XII - conversão da ação individual em ação coletiva;"	Advocacia-Geral da União	"Da forma como foi redigido, o dispositivo poderia levar à conversão de ação individual em ação coletiva de maneira pouco criteriosa, inclusive em detrimento do interesse das partes. O tema exige disciplina própria para garantir a plena eficácia do instituto. Além disso, o novo Código já contempla mecanismos para tratar demandas repetitivas. No sentido do veto manifestou-se também a Ordem dos Advogados do Brasil - OAB."
Inciso X do artigo 515	"Art. 515 (...) X - o acórdão proferido pelo Tribunal Marítimo quando do julgamento de acidentes e fatos da navegação."	Ministério da Defesa	"Ao atribuir natureza de título executivo judicial às decisões do Tribunal Marítimo, o controle de suas decisões poderia ser afastado do Poder Judiciário, possibilitando a interpretação de que tal colegiado administrativo passaria a dispor de natureza judicial."

VETOS PRESIDENCIAIS AO NOVO CPC			
Dispositivo vetado	Redação do dispositivo	Entidade que solicitou o veto	Razões do veto
Parágrafo 3º do artigo 895	"Art. 895 (...) §3º As prestações, que poderão ser pagas por meio eletrônico, serão corrigidas mensalmente pelo índice oficial de atualização financeira, a ser informado, se for o caso, para a operadora do cartão de crédito."	Ministério da Fazenda	"O dispositivo institui correção monetária mensal por um índice oficial de preços, o que caracteriza indexação. Sua introdução potencializaria a memória inflacionária, culminando em uma indesejada inflação inercial."
Inciso VII do artigo 937	"Art. 937 (...) VII - no agravo interno originário de recurso de apelação, de recurso ordinário, de recurso especial ou de recurso extraordinário;"	Ministério da Justiça	"A previsão de sustentação oral para todos os casos de agravo interno resultaria em perda de celeridade processual, princípio norteador do novo Código, provocando ainda sobrecarga nos Tribunais."
Artigo 1.055	"Art. 1.055. O devedor ou arrendatário não se exime da obrigação de pagamento dos tributos, das multas e das taxas incidentes sobre os bens vinculados e de outros encargos previstos em contrato, exceto se a obrigação de pagar não for de sua responsabilidade, conforme contrato, ou for objeto de suspensão em tutela provisória."	Ministério da Justiça e Ministério da Fazenda	"Ao converter em artigo autônomo o § 2º do art. 285-B do Código de Processo Civil de 1973, as hipóteses de sua aplicação, hoje restritas, ficariam imprecisas e ensejariam interpretações equivocadas, tais como possibilitar a transferência de responsabilidade tributária por meio de contrato."

1.1 DEBATES PÓS-SANÇÃO!

Sancionado, cabe a todos, principalmente à doutrina, elaborar uma construção interpretativa ao Novo Código, vocacionada à implementação dos preceitos fundamentais previstos na Constituição Federal.

Tal tarefa, contudo, transcende a ideia do Código, enquanto instrumento procedimental, para propiciar uma mudança de paradigma que, a primeira vista, pode não estar evidenciada, principalmente àqueles "afogados em leis".

Escrever sobre o *novo* é, acima de tudo, acreditar no seu sucesso! Para ser novo, precisamos afiançar um horizonte vindouro e sobre ele fixarmos bases sólidas. Para tanto, qualquer tema que mereça discussão deve ser precedido de uma análise reservada ao papel do juiz, responsável pela jurisdição enquanto *dever*, antes mesmo de ser *poder*.[7]

Entendemos, assim, ser nesse momento, e não durante a elaboração da lei, com muita luta, pautada numa hermenêutica constitucional, que será viável, efetivamente, pensar e defender os interesses *do povo*. Nesse contexto, o papel reservado ao juiz nos parece de suma importância, haja vista ser ele o responsável, em última análise, pela decisão judicial.

2. O JUIZ DO CÓDIGO DE 1973

O Código *moribundo* recepcionou um juiz "historiador", cujas preocupações são voltadas apenas para a reconstrução do passado, refletindo os anseios de uma época em que a função do Direito era somente *"garantir a livre circulação das idéias, das pessoas e, particularmente, dos bens".*[8]

Não sem outra razão, a primeira forma de Estado, após a revolução burguesa, foi baseada no "princípio da limitação da intervenção estatal, na liberdade do indivíduo e na crença na superioridade da regulação espontânea da sociedade pela "mão invisível" do mercado (Adam Smith)."[9]

Sendo este o modelo de Estado, não intervencionista, o direito, e, por conseguinte, o processo civil, reservaria ao juiz um papel de coadjuvante. É o juiz sem poder, mero aplicador dos textos legislativos sabiamente elaborados pelo poder competente e que, pela sua excelência, bastaria ser aplicado à situação pretérita para ordenar a sociedade. Estava assim, exaltado o "sucesso" do princípio da subsunção.

O Código de Processo Civil, então, ajustou-se a esse modelo de juiz. Neutro, imparcial, equidistante das partes para, após cognição ampla, plena e exauriente, dizer o direito ao caso concreto com certeza, reconstruindo o passado (historiador) e declarando o valor indenizatório devido ao dano causado.

Veja que inexiste intervenção e, muito menos, interação do juiz (Estado) com as partes. Sua postura é exatamente contrária: de equidistância. "É defeso

---

7.   Sobre esse ponto de vista, ver o que escrevemos no texto "O poder do juiz: ontem e hoje". In: PEREIRA FILHO. O poder do juiz: ontem e hoje. **Revista da AJURIS**. Porto Alegre, ano 33, n. 104, 2006. pp. 19-33.

8.   GOMES, Diego J. Duquelsky. **Entre a lei e o direito**: uma contribuição à teoria do direito alternativo. Trad. por Amilton Bueno de Carvalho e Salo de Carvalho. Rio de Janeiro: Lumen Juris, 2001. p. 17.

9.   Idem, ibidem.

ao juiz emitir ordens às partes".[10] Essa é a construção legislativa e teórica da "doutrina" que influenciou o processo civil até então.

A própria estrutura[11] do Código, alicerçado em três processos, *conhecimento, execução* e *cautelar*, fundados em dois procedimentos distintos, *comum* e *especial*, cuja classificação trinária da sentença em *condenatória, declaratória* e *constitutiva*, arduamente defendida pela doutrina, principalmente pela "escola paulista de processo", evidencia bem esse quadro. "Essas sentenças, como atos integrantes do processo de conhecimento clássico, não permitem ao juiz atuar a não ser no plano normativo, e assim apenas objetivando afirmar a vontade da lei e a autoridade do Estado-legislador".[12]

Por óbvio, pela limitação de espaço do presente trabalho, não se pode discorrer, com mais vagar, sobre toda ideologia pela qual passou o processo civil. Não obstante, não se tem como negar o fato de que o juiz deste Código é aquele que em muito se assemelha com a atividade do historiador. Seu trabalho é voltado, preponderantemente, para o passado, com raras exceções *nos* e *em alguns* procedimentos especiais,[13] mas, estes, até pela própria nomenclatura, evidenciam pertencer aos especiais, que, constituem a minoria da população. Não é por outro motivo que a ineficácia do processo civil está fundada no procedimento comum e seus condicionantes.

3. O JUIZ DO (DIREITO) ESTADO CONSTITUCIONAL

O juiz **do** Direito não é o juiz **do** Código.[14] Este é o historiador, aquele o "*interventor*". Em outras palavras, essa intervenção é o contraponto ao juiz "neutro", "sem poder", simplesmente reproduzindo "a vontade da lei", ou seja, "a boca da lei". Precisamos de um juiz e não de um historiador!

A dinamicidade do direito e os valores que permeiam a vida na sociedade não coadunam com a insensibilidade e com a indiferença. "Se o processo ficar limitado à legislação processual ou, melhor dizendo, tiver a sua feição escravizada à lei, muitas vezes ele poderá ficar distante das necessidades dos direitos e da vida."[15]

---

10. LIEBMAN, Enrico Tulio. **Processo de execução**. 4. ed., São Paulo: Saraiva, 1980.
11. A respeito, examinar os textos: *O poder do juiz: ontem e hoje* (PEREIRA FILHO, 2006) e *A estrutura do código de processo civil: uma afronta à igualdade* (PEREIRA FILHO; OLIVEIRA, 2005).
12. MARINONI, Luiz Guilherme. **Técnica processual e tutela dos direitos**. São Paulo: Revista dos Tribunais, 2004. p. 37.
13. Consultar: *O poder do juiz: ontem e hoje* (PEREIRA FILHO, 2006); *Do formalismo no processo civil* (OLIVEIRA, 2009); *O procedimento comum clássico e a classificação trinária das sentenças como obstáculos à efetividade da tutela dos direitos* (MARINONI, 2002).
14. Ver: *O direito dos códigos e o direito da vida* (HERKENHOFF, 1993) e *O que é dirieto* (LYRA FILHO, 1982).
15. MARINONI, Luiz Guilherme. **Técnica processual e tutela dos direitos**. São Paulo: Revista dos Tribunais, 2004. p. 28.

Ao contrário do tempo em que a proteção jurídica visava o patrimônio e, por assim dizer, se preocupava com poucos, o direito atual passou a servir ao homem, enquanto sujeito de direito, dando relevo à sua dignidade, pois, não há bem de igual ou maior relevo. É conclusivo, pois, que "As transformações do papel do Estado obrigam, irremediavelmente, à adoção de um novo papel também do direito."[16]

Um novo modelo de Estado e de Direito, por lógica, exige, igualmente, outro modelo de juiz. Assim, o vetusto princípio da subsunção cede lugar ao da criação. A interpretação judicial é iluminada de requinte constitucional, notadamente, dos seus fundamentos e valores (arts. 1º e 3º da CRFB). O acesso à justiça passa ser uma inteligência vocacionada a efetiva tutela dos direitos e não como uma mera faculdade de se ajuizar ação processual.[17]

4. UM NOVO CÓDIGO. UM NOVO PARADIGMA. UM NOVO JUIZ.

O Código recentemente sancionado, apesar de não refletir fielmente essa alteração paradigmática, caso pretenda realmente ser instrumento de Justiça para o cidadão, deverá ser interpretado por esse viés. Sua eficiência será verificada não enquanto mero instrumento, mas, na sua exata capacidade de concretizar direito no mundo dos fatos e num tempo satisfatório para as partes interessadas.

O processo e os respectivos procedimentos devem ser pensados na medida em que sejam capazes de tutelar o direito material. Em outros termos, é deixar de pensar o processo pelo próprio processo para dar concretude ao direito material projetado na norma. Essa é a interpretação que se deve empregar à tutela jurisdicional, como corolário à plena garantia do direito fundamental de ação (art. 5º, XXXV, da CFRB).

Luiz Guilherme Marinoni, especialista no tema, esclarece que: "A tutela jurisdicional, quando pensada na perspectiva do direito material, e dessa forma como tutela jurisdicional dos direitos, exige a resposta a respeito do resultado que é proporcionado pelo processo no plano do direito material."[18]

---

16. GOMES, Diego J. Duquelsky. **Entre a lei e o direito:** uma contribuição à teoria do direito alternativo. Trad. por Amilton Bueno de Carvalho e Salo de Carvalho. Rio de Janeiro: Lumen Juris, 2001. p. 19.
17. "Na ótica dos estados liberais burgueses dos séculos dezoito e dezenove, o direito à jurisdição significava apenas o direito formal de propor ou contestar uma ação." MARINONI, Luiz Guilherme. **Novas linhas do processo civil**. São Paulo: Malheiros, 2000. p. 26.
18. MARINONI, Luiz Guilherme. **Técnica processual e tutela dos direitos**. São Paulo: Revista dos Tribunais, 2004. p. 147.

O direito fundamental à adequada tutela jurisdicional exige do juiz uma postura capaz de dar proteção condizente aos preceitos normativos previstos na norma de direito material. Ainda que o processo se ressinta de técnica processual para tal mister, caberá ao juiz empregar esforços para, em respeito ao direito fundamental de proteção, atender efetivamente o que lhe é pleiteado.

Sendo essa a característica da tutela dos direitos e, como frisado, a busca pela proteção da norma de tal forma que o ilícito não ocorra ou, se ocorrido, que seja imediatamente removido, precisa-se, inexoravelmente, de um juiz atuante.

4.1. O PODER DO JUIZ

Luiz Guilherme Marinoni assevera que: "O juiz e o processualista, se um dia realmente se pensaram ideologicamente neutros, mentiram a si próprios, pois a afirmação de neutralidade já é opção ideológica do mais denso valor, a aceitar e a reproduzir o status quo."[19]

Não se pode pensar em tutela do direito sendo prestada por um juiz espectador, preocupado na recomposição do passado (historiador). Ao contrário, pressupõe um juiz que possa emitir ordens e fazê-las cumprir.

No entanto, aos incautos, preocupados com o aumento do poder do juiz, cabe relembrar que não se trata, na verdade, de aumento. O que se busca é uma racionalização do seu poder ante a necessidade de prestar uma tutela em nível constitucional.

Em outras palavras, o poder é inerente à atividade jurisdicional. O juiz exerce parte da soberania do Estado exatamente porque é membro e não mero representante dele. Por isso, a expressão Estado/juiz. Sendo assim, é um erro falar em aumento ou diminuição desse poder.

O que se tem, isso sim, são meios de controle, notadamente, pelas garantias constitucionais/processuais do direito de ação, contraditório, fundamentação[20] das decisões etc. No entanto, se, apesar disso, o juiz se mantiver "neutro", acaba por anular o uso do seu poder, necessário para sua atuação.

Luhman, citado por Diego J. Duquelsky Gomes, bem compreendeu essa questão e esclarece que, "ante a complexidade e a interdependência nas sociedades modernas, aumenta a necessidade de decisões rápidas,

---

19. Idem. **Novas linhas do processo civil**. São Paulo: Malheiros, 2000. p. 25.
20. Assim, de suma importância o artigo 489, parágrafo primeiro e seus incisos, previsto no Novo Código, ao enumerar diversas hipóteses em que não se considerará fundamentada a decisão. Esse dispositivo deixa bem claro o limite do poder e, acima de tudo, legitima a atuação do poder judiciário.

sincronizadas e tempestivas. Assim, o risco não é de um excesso, mas sim de um déficit de poder."[21]

Parece-nos lógica essa questão. Se o judiciário é chamado, cada vez mais, a *participar* da vida dos cidadãos, por decisões que possam permitir, até mesmo, inclusão social,[22] a racionalização do uso do poder exige procedimentos capazes de dar vazão a essa necessidade.

O juiz sem poder, portanto, é um mito! "Na verdade, a idade dos sonhos dogmáticos acabou. A nossa modernidade está na consciência de que o processo, como o direito em geral, é um instrumento da vida real, e como tal deve ser tratado e vivido."[23] O papel reservado ao juiz, então, deve ser pensado e exercido à luz dos direitos fundamentais, notadamente, do direito de ação.

Parece-nos importante refletir sobre atuação do juiz no Código sancionado porque, a partir dela, os demais agentes poderão guiar suas atividades voltadas para a concretização da almejada efetividade da atividade jurisdicional.

Se é certo que *"O espaço judicial é sim palco de luta entre visões diferentes do homem, da sociedade"*,[24] essa luta não pode ser vista por um juiz meramente espectador.

Sabemos tratar-se de uma questão sensível e que muitos rechaçam. Mas, impossível falar de decisão, sempre proferida com o *verbo* no imperativo, sem que a atenção seja sempre voltada para o seu "criador".

Não há conceito, portanto. O caso concreto e a fundamentalidade do direito em questão é que irão definir, particularmente, como deverá ser a aplicação da norma jurídica. Sempre com Roberto Lyra Filho: "direito é sendo",[25] ou seja, não se pode sequer, conceituá-lo, quem dirá, conclui-lo.

Para a compreensão do que pretendemos expor acima, é de vital importância levar em consideração o dado fundamental que modificou, no nosso sentir, toda a estrutura normativa pátria. Para nós, a Constituição Federal de 05 de outubro de 1988, além de inaugurar uma nova ordem jurídica, alterou, sensivelmente, o paradigma até então existente, de tal sorte que os conceitos de *lei* e *jurisdição* foram radicalmente modificados.

---

21. LUHMAN *apud* GOMES, Diego J. Duquelsky. **Entre a lei e o direito**: uma contribuição à teoria do direito alternativo. Trad. por Amilton Bueno de Carvalho e Salo de Carvalho. Rio de Janeiro: Lumen Juris, 2001. p. 28.
22. Ver, neste sentido: *A jurisdição como elemento de inclusão social: revitalizando as regras do jogo democrático* (PAULA, 2002)
23. MARINONI, Luiz Guilherme. **Novas linhas do processo civil**. São Paulo: Malheiros, 2000. p. 19.
24. CARVALHO, Amilton Bueno de. **Eles, os juízes criminais, vistos por nós, os juízes criminais**. Rio de Janeiro: Editora Lumen Juris, 2011. p. 11.
25. LYRA FILHO, Roberto. **O que é direito**. São Paulo: Brasiliense, 1982.

Com efeito, os fundamentos da República Federativa do Brasil (art. 1º) e os objetivos fundamentais em *construir uma sociedade livre, justa e solidária; garantir o desenvolvimento social; erradicar a pobreza e marginalização e reduzir as desigualdades sociais e regionais e; promover o bem de todos, sem preconceitos de origem, raça, sexo, cor, idade e quaisquer outras formas de discriminação* (art. 3º) retiraram da lei o seu sentido absoluto. Sua importância passou a ser subordinada à obediência aos direitos fundamentais previstos no texto constitucional.

A jurisdição, por sua vez, iluminada pelo dever de se prestar uma tutela adequada, tempestiva e efetiva, como corolário ao direito fundamental de ação, passa a ser vista como um meio de se realizar os fins do Estado.

Para tanto, o entendimento de acesso à justiça e, sobretudo, do papel do juiz, são remodelados para se vislumbrar um novo *modelo* de julgador.

O juiz historiador, então, ficou na história!

5. A VALORIZAÇÃO DOS HONORÁRIOS ADVOCATÍCIOS FORTALECE A ADVOCACIA E GARANTE JUSTIÇA COM QUALIDADE AO POVO

> *Se no seu próprio sentir, não puder ser advogado honesto, decida ser honesto sem ser advogado. Exerça outra ocupação, melhor do que aquela, em cuja escolha, de antemão, consente ser um velhaco.*
> *(Abraham Lincoln)*

Sendo indispensável à administração da justiça,[26] a remuneração do advogado necessita ser condizente com sua responsabilidade no exercício da profissão. Luiz Guilherme Marinoni e Daniel Mitidiero apontaram essa relevância em trabalho que muito contribuiu para análise do Código. Afirmaram os processualistas de vanguarda à época das discussões ainda no Senado: "O Projeto patrocinou inovações no que tange à fixação dos honorários advocatícios. Algumas dizem respeito, inclusive, à valorização do advogado como profissional indispensável à administração da Justiça (art. 133, CF)."[27]

Por outro lado, não se pode olvidar que o advogado é um agente social de justiça. Tanto que o artigo 2º do Estatuto da Advocacia, Lei n. 8.906/94, é expresso:

> Art. 2º, §1º: *no seu ministério privado, o advogado presta serviço público e exerce função social.*

---

26. Art. 133 da CF.
27. MARINONI, Luiz Guilherme; DANIEL, Mitidiero. **O projeto do CPC**: críticas e propostas. São Paulo: Revista dos Tribunais, 2010. p. 81.

É-lhe reservado, ainda, conforme comando normativo do art. 44, inciso I, do Estatuto acima citado, na qualidade de Membro da Ordem dos Advogados do Brasil, *"defender a Constituição, a ordem jurídica do Estado democrático de direito, os direitos humanos, a justiça social, e pugnar pela boa aplicação das leis, pela rápida administração da justiça e pelo aperfeiçoamento da cultura e das instituições jurídicas".*

Submetido a essa *grandeza*, seus honorários devem ser condizentes com o que dele se espera e exige. O Novo Código de Processo Civil não se descurou dessa incumbência. Tratou do tema com percuciência e, ao nosso ver, inovou em duas questões fundamentais: *natureza alimentar* e *autoria* (titularidade).

Outras inovações também foram relevantes, principalmente aquela que determina serem os honorários devidos na execução, incluindo cumprimento de sentença, nas suas variadas fases, ora *punindo* quem muito recorrer, ora *prestigiando* quem não recorrer. Quadro abaixo, resumidamente, demonstra o panorama:

Novo CPC	CPC 1973
Art. 83. O autor, brasileiro ou estrangeiro, que residir fora do Brasil ou deixar de residir no país ao longo da tramitação de processo, prestará caução suficiente ao pagamento das custas e dos honorários de advogado da parte contrária nas ações que propuser, se não tiver no Brasil bens imóveis que lhes assegurem o pagamento. §1º Não se exigirá a caução de que trata o caput: I – quando houver dispensa prevista em acordo ou tratado internacional de que o Brasil seja parte; II – na execução fundada em título extrajudicial e no cumprimento de sentença; III – na reconvenção. §2º Verificando-se no trâmite do processo que se desfalcou a garantia, poderá o interessado exigir reforço da caução, justificando seu pedido com a indicação da depreciação do bem dado em garantia e a importância do reforço que pretende obter.	**Art. 835.** O autor, nacional ou estrangeiro, que residir fora do Brasil ou dele se ausentar na pendência da demanda, prestará, nas ações que intentar, caução suficiente às custas e honorários de advogado da parte contrária, se não tiver no Brasil bens imóveis que lhes assegurem o pagamento. **Art. 836.** Não se exigirá, porém, a caução, de que trata o artigo antecedente: I - Na execução fundada em título extrajudicial; II - Na reconvenção.
Art. 85. <u>A sentença condenará o vencido a pagar honorários ao advogado do vencedor.</u> §9º Na ação de indenização por ato ilícito contra pessoa, o percentual de honorários incidirá sobre a soma das prestações vencidas com mais doze prestações vincendas. <u>§14. Os honorários constituem direito do advogado e têm natureza alimentar, com os mesmos privilégios dos créditos oriundos da legislação do trabalho, sendo vedada a compensação em caso de sucumbência parcial.</u>	**Art. 20.** A sentença condenará o vencido a pagar ao vencedor as despesas que antecipou e os honorários advocatícios. Esta verba honorária será devida, também, nos casos em que o advogado funcionar em causa própria. §5º Nas ações de indenização por ato ilícito contra pessoa, o valor da condenação será a soma das prestações vencidas com o capital necessário a produzir a renda correspondente às prestações vincendas (art. 602), podendo estas ser pagas, também mensalmente, na forma do §2º do referido art. 602, inclusive em consignação na folha de pagamentos do devedor.

NOVO CPC DOUTRINA SELECIONADA, v. 1 • Parte Geral
PARTE VII – DOS SUJEITOS DO PROCESSO

Novo CPC	CPC 1973
Art. 90. Se o processo terminar por desistência, renúncia ou reconhecimento do pedido, as despesas e os honorários serão pagos pela parte que desistiu, renunciou ou reconheceu. §1º Sendo parcial a desistência, a renúncia ou o reconhecimento, a responsabilidade pelas despesas e pelos honorários será proporcional à parcela reconhecida, renunciada ou de que se desistiu. §2º Havendo transação e nada tendo as partes disposto quanto às despesas, estas serão divididas igualmente.	**Art. 26.** Se o processo terminar por desistência ou reconhecimento do pedido, as despesas e os honorários serão pagos pela parte que desistiu ou reconheceu. §1º Sendo parcial a desistência ou o reconhecimento, a responsabilidade pelas despesas e honorários será proporcional à parte de que se desistiu ou que se reconheceu.
Art. 92. Quando, a requerimento do réu, o juiz extinguir o processo sem resolver o mérito, o autor não poderá propor novamente a ação sem pagar ou depositar em cartório as despesas e honorários a que foi condenado.	**Art. 28.** Quando, a requerimento do réu, o juiz declarar extinto o processo sem julgar o mérito (art. 267, §2º), o autor não poderá intentar de novo a ação, sem pagar ou depositar em cartório as despesas e os honorários, em que foi condenado.
Art. 699. Sendo evidente o direito do autor, o juiz deferirá a expedição de mandado de pagamento, de entrega de coisa ou para execução de obrigação de fazer ou de não fazer, concedendo ao réu prazo de quinze dias para o cumprimento e o pagamento de honorários advocatícios de cinco por cento do valor atribuído à causa. §1º O réu será isento do pagamento das custas processuais se cumprir o mandado no prazo.	**Art. 1.102-C.** No prazo previsto no art. 1.102-B, poderá o réu oferecer embargos, que suspenderão a eficácia do mandado inicial. Se os embargos não forem opostos, constituir-se-á, de pleno direito, o título executivo judicial, convertendo-se o mandado inicial em mandado executivo e prosseguindo-se na forma do Livro I, Título VIII, Capítulo X, desta Lei. (Redação dada pela Lei nº 11.232, de 2005) §1º Cumprindo o réu o mandado, ficará isento de custas e honorários advocatícios.
Art. 773. O exequente tem o direito de desistir de toda a execução ou de apenas alguma medida executiva. Parágrafo único. Na desistência da execução, observar-se-á o seguinte: I – serão extintos a impugnação e os embargos que versarem apenas sobre questões processuais, pagando o exequente as custas processuais e os honorários advocatícios; II – nos demais casos, a extinção dependerá da concordância do impugnante ou embargante.	**Art. 569.** O credor tem a faculdade de desistir de toda a execução ou de apenas algumas medidas executivas. Parágrafo único. Na desistência da execução, observar-se-á o seguinte: a) serão extintos os embargos que versarem apenas sobre questões processuais, pagando o credor as custas e os honorários advocatícios; b) nos demais casos, a extinção dependerá da concordância do embargante.

O Novo Código mantém os dois princípios norteadores da fixação dos honorários advocatícios. O princípio da *sucumbência*, que leva em consideração o critério objetivo ao determinar que o *vencido* pagará ao *vencedor* as verbas honorárias; enquanto que o princípio da *causalidade*, define o *vencido* como sendo aquele que deu causa a fixação dos honorários.

Mas, é taxativo ao afirmar, no artigo 85, *caput*: *"A sentença condenará o vencido a pagar honorários ao **advogado** do vencedor."* Como se pode verificar do quadro acima exposto, o Código de 1973, no seu artigo 20, afirma que *"A sentença condenará o vencido a pagar ao **vencedor** as despesas que antecipou e os honorários advocatícios."*

Assim, com base nesta dicção, algumas interpretações, tanto na doutrina, como na jurisprudência, vinham defendendo a tese segundo a qual os honorários pertenciam à parte vencedora e não ao advogado.

Essa interpretação reducionista baseia-se no fato de que o *vencedor é a parte* e não o advogado e, ainda, que este já teria recebido seus honorários contratuais, não sendo justo receber duplamente.

Foi com esse entendimento que recente decisão da Justiça Federal[28] condenou a parte vencida a pagar honorários a parte vencedora:

> *Os honorários de sucumbência tem por função recompor razoavelmente o que o vencedor do processo gastou com seu advogado para realizar seu direito no Judiciário. Decorre do princípio da reparação integral e está expresso no nosso sistema processual no art. 20 do CPC, que determina que a sentença condenará o vencido a pagar os honorários de sucumbência ao vencedor (e não a seu advogado).*

A decisão citou a exposição de motivo do Código de 1973 e jurisprudência do Superior Tribunal de Justiça para fundamentar seu entendimento. Explicitou sua Excelência:

> *A própria Exposição de Motivos do atual Código de Processo Civil vai no mesmo sentido: O projeto adota o princípio do sucumbimento, pelo qual o vencido responde por custas e honorários advocatícios em benefício do vencedor. O fundamento desta condenação, como escreveu Chiovenda, é o fato objetivo da derrota: e a justificação deste instituto está em que a atuação da lei não deve representar uma diminuição patrimonial para a parte a cujo favor se efetiva; por ser interesse do Estado que o processo não se resolva em prejuízo de quem tem razão e por ser, de outro turno, que os direitos tenham um valor tanto quanto possível e constante. O STJ, por sua vez, tem confirmado que o vencedor do processo judicial tem direito a ser restituído dos valores despendidos com o pagamento de honorários contratuais efetuado ao seu advogado, em face do princípio da restituição integral (REsp 1134725/MG, Rel. Ministra NANCY ANDRIGHI, TERCEIRA TURMA, julgado em 14/06/2011, DJe 24/06/2011).*

Por fim, concluiu que o Estatuto da Ordem dos Advogados do Brasil é inconstitucional e, citando entendimento de alguns Ministros do Supremo Tribunal Federal, posicionou-se:

> *O Estatuto da OAB, no entanto, avança sobre a verba dos honorários de sucumbência tentando transferi-la para o advogado (artigos 22 e*

---

28. Ação pelo PROCEDIMENTO COMUM ORDINÁRIO Nº 5021934-05.2014.404.7108/RS. Sentença proferida em 19 de setembro de 2014, Comarca de Novo Hamburgo/RS, pela Juíza Federal CATARINA VOLKART PINTO.

23). Tal mecanismo, a meu ver, padece de constitucionalidade, pois impede que o vencedor seja ressarcido de valores gastos no processo, afrontando os princípios da reparação integral e do devido processo legal substantivo. Referidos artigos só não foram declarados inconstitucionais pelo STF, quando do julgamento da Ação Direta de Inconstitucionalidade no 1194/DF, em razão de uma preliminar processual. No entanto, vale a pena mencionar a posição adotada por alguns Ministros do Supremo Tribunal Federal sobre o tema. O Ministro Marco Aurélio, em 04/03/2004, declarou voto de prevalência do art. 20 do Código de Processo Civil, afirmando que '... os honorários de sucumbência, a teor do disposto no art. 20 do CPC, são devidos à parte vencedora e não ao profissional da advocacia'. O Ministro Cezar Peluso proferiu voto reconhecendo expressamente que o art. 21 da Lei 8.906/94 afronta o devido processo constitucional substancial: Penso que tal norma também ofenderia o princípio do devido processo legal substantivo, porque está confiscando à parte vencedora, parcela que por natureza seria destinada a reparar-lhe o dano decorrente da necessidade de ir a juízo para ver sua razão reconhecida. O Ministro Gilmar Mendes aderiu ao entendimento do Ministro Peluso, conforme excerto de seu voto a seguir: Penso, na linha do Ministro Peluso, que essa sistemática possui uma matriz constitucional. Ao alterar a disposição que constava do Código de 1973, a lei acabou por comprometer um dos princípios basilares desse modelo, dando ensejo a um indevido desfalque do patrimônio do vencedor. É evidente que a decisão legislativa contida na disposição impugnada acaba por tornar, sem justificativa plausível, ainda mais onerosa a litigância, e isso é ofensivo ao nosso modelo constitucional de prestação de justiça. Na mesma linha, o entendimento do Ministro Joaquim Barbosa: Pode-se dizer o mesmo quanto ao contexto brasileiro. Incrementar custos de litigância 'sem um justificativa plausível' - para usar as palavras do ministro Gilmar Mendes - é atentatório ao princípio da proteção judiciária. Não é plausível, assim, que uma lei cujo objetivo seja regular prerrogativas para a nobilíssima classe dos advogados estabeleça que não cabe à parte vencedora, seja ela empregadora ou não, os honorários de sucumbência. Tais honorários visam justamente a que a parte vencedora seja ressarcida dos custos que tem com o advogado, empregado seu ou contratado. Os dispositivos impugnados, ao disciplinarem que a verba de sucumbência pertence ao advogado, não promovem propriamente a rule of law, mas o rule of lawyers. Com isso, não se incrementa a proteção judiciária, mas apenas se privilegia certa classe de profissionais que devem atuar sempre em interesse da parte que representam, de acordo com as regras de conduta da advocacia.' Como ressaltou o colega Juiz Federal José Jacomo Gimenes, 'Está sendo escrita uma triste página no direito processual brasileiro. Poderosa corrente

> *corporativa tenta desviar verba indenizatória do jurisdicionado, su-jeito mais frágil do processo. A Constituição e o ideal de Justiça estão sendo violentados por interesses financeiros ilegítimos. O processo civil brasileiro está ficando institucionalmente defeituoso. O Judiciário precisa reagir e recompor a Justiça'. Por essas razões, declaro inci-dentalmentalmente inconstitucionais os artigos. 22 e 23 do Estatuto da OAB e da Advocacia, Lei no 8.906/94, na parte em que transfere os honorários de sucumbência ao advogado.*

Entendemos, assim, que o Novo Código, em boa hora, reforçou o que já previa o Estatuto da Advocacia, elucidando a importância da verba honorária para a subsistência da própria advocacia. A afirmação de que os honorários pertencem ao advogado, erradica qualquer entendimento em contrário.

Quem já atuou, minimamente, na advocacia, principalmente na de primeiro grau, sabe muito bem a importância dos honorários para o profissional que tem de trabalhar por muitos anos para só no final receber pelo seu labor.

Mas, a redação deste dispositivo esmerou, também, ao preceituar a natureza da verba honorária como sendo de *caráter alimentar*.

O seu parágrafo 14, preceitua expressamente: *"Os honorários constituem direito do advogado e têm natureza alimentar, com os mesmos privilégios dos créditos oriundos da legislação do trabalho, sendo vedada a compensação em caso de sucumbência parcial."*

Primoroso dispositivo, pois, além de (re)afirmar que os honorários pertencem ao advogado, eleva-os ao patamar privilegiado dos alimentos, valorizando a subsistência do profissional que tem a incumbência constitucional de ser essencial à administração da justiça.

Essa questão não passou despercebida por Luiz Henrique Volpe Camargo e Estefânia Viveiros.[29] Para ambos, analisando precedente do Superior Tribunal de Justiça, formado nos autos do recurso especial 1.152.218/RS, tal assertiva implicará mudanças, dentre outras, no rol dos bens absolutamente impenhoráveis elencados no artigo 649, inciso IV, do Código de 1973.

> *Por outras palavras, se, em precedente que tem efeito panprocessu-al e na esteira do que está em vias de ser positivado no novo Código de Processo Civil, o Superior Tribunal de Justiça decidiu pela natureza alimentar dos honorários de advogado, significa então que a sua execução não está abrangida pelo regime da impenhorabilidade*

---

29. CAMARGO, Luiz Henrique Volpe; VIVEIROS, Estefânia. Salário pode ser penhorado para pagar honorário advocatício. **Revista Consultor Jurídico**, 22 de maio de 2014. Disponível em: http://www.conjur.com.br/2014-mai-22/salario-penhorado-pagar-honorario-advogado

previsto no artigo 649, IV, do CPC, sendo, pois, o caso de aplicação da exceção contida no §2º do art. 649 do CPC.

O entendimento do Superior Tribunal de Justiça encontra, agora, respaldo no Novo Código de Processo Civil. Os honorários advocatícios são direitos dos advogados e têm natureza alimentar. Essa positivação é de suma importância para os advogados, mas, de um modo geral, satisfaz quem mais dele necessita, o cidadão.

6. SÍNTESE CONCLUSIVA

Todo trabalho que se diz "científico" exige uma conclusão. No Direito, contudo, ousamos discordar. Acreditamos que a discussão tem de ser permanente e jamais haver conclusão. Quando muito, o que se tem são enunciados, visões de como deve ser, naquele caso concreto, aplicado o direito. Contudo, seguindo as regras da academia, apresentamos, apenas, uma síntese conclusiva e, desde já, deixamos o convite para a reflexão a todos que se propuserem a analisar nossas ponderações.

Primeiro, entendemos que os honorários advocatícios deveriam ter previsão legal separadamente *das despesas* e *das multas*. A Seção III, do Capítulo II, disciplina, conjuntamente, as três categorias – "Das despesas, dos Honorários Advocatícios e das Multas."

Se tivéssemos uma seção única para tratar dos honorários advocatícios, seriam evitadas, no nosso entendimento, certas confusões que alguns insistem em fazer acerca de a quem pertencem "despesas", "multas" e "honorários". Seria um bom indicativo para se impedir equívocos.

No mais, apesar de o Novo Código ter utilizado dos honorários advocatícios, em muitos casos, para *punir* aquele que apresentar resistência *indevida*, como forma de inibir a prática de certos atos processuais, e, principalmente, mais uma vez, privilegiar em demasia a fazenda pública, permitindo que os honorários advocatícios podem ser de até 1% sobre o valor da condenação – artigo 85, parágrafo 3º, inciso V, vimos, com aplausos, os demais dispositivos.

A advocacia foi fortalecida, sendo que as duas questões que tratamos nesse trabalho valorizaram e reconheceram o advogado como essencial à administração da justiça.

Aguardamos, pois, que a doutrina e a jurisprudência consigam empregar a correta interpretação ao texto que terão em mãos em março de 2016.[30]

---

30. Agradecemos aos estagiários Antonio Grossi, Ana Carolina Saback, Clara Moura, Isadora Mayer, Fernanda Flecha, Maria Eduarda, Lucas Campos e Rafael Pina e aos advogados Luiz R. B. Monte e Bruno Beserra Mota, todos integrantes do escritório EDUARDO FERRÃO – ADVOGADOS ASSOCIADOS, com os quais temos a

Cap. 3 • OS HONORÁRIOS ADVOCATÍCIOS NO NOVO CÓDIGO DE PROCESSO CIVIL
Benedito Cerezzo Pereira Filho

REFERÊNCIAS

CALMON DE PASSOS, José Joaquim. **Direito, poder, justiça e processo: julgando os que nos julgam**. Rio de Janeiro: Forense, 1999.

CAMARGO, Luiz Henrique Volpe; VIVEIROS, Estefânia. Salário pode ser penhorado para pagar honorário advocatício. **Revista Consultor Jurídico**, 22 de maio de 2014. Disponível em: http://www.conjur.com.br/2014-mai-22/salario-penhorado-pagar-honorario--advogado

CAPPELLETTI, Mauro; GARTH, Bryant. **Acesso à justiça**. trad. por Ellen Gracie Northfleet, Porto Alegre: Sergio Antonio Fabris, 1988.

CARVALHO, Amilton Bueno de. **Eles, os juízes criminais, vistos por nós, os juízes criminais**. Rio de Janeiro: Editora Lumen Juris, 2011.

GINZBURG, Carlo. **Il giudice e lo storico**: considerazioni in margine al processo Sofri. Milano: Feltrinelli, 2006.

GOMES, Diego J. Duquelsky. **Entre a lei e o direito**: uma contribuição à teoria do direito alternativo. trad. Amilton Bueno de Carvalho e Salo de Carvalho. Rio de Janeiro: Lumen Juris, 2001.

HERKENHOFF, João Baptista. **O direito dos códigos e o direito da vida**. Porto Alegre: Sergio Antonio Fabris, 1993.

LIEBMAN, Enrico Tulio. **Processo de execução**. 4. ed., São Paulo: Saraiva, 1980.

LYRA FILHO, Roberto. **O que é direito**. São Paulo: Brasiliense, 1982.

MARINONI, Luiz Guilherme. A questão do convencimento judicial. **Revista Peruana de Derecho Procesal**, Lima, v. 11, 2008. pp. 569-590.

_____. **Novas linhas do processo civil**. São Paulo: Malheiros, 2000.

_____. O procedimento comum clássico e a classificação trinária das sentenças como obstáculos à efetividade da tutela dos direitos. **Revista Peruana de Derecho Procesal**, Lima, v. 5, 2002. pp. 171-191.

_____. **Técnica processual e tutela dos direitos**. São Paulo: Revista dos Tribunais, 2004.

_____. **Tutela inibitória: individual e coletiva**. 3 ed., rev., atual e ampl., São Paulo: Revista dos Tribunais, 2003.

MARINONI, Luiz Guilherme; DANIEL, Mitidiero. **O projeto do CPC**: criticas e propostas. São Paulo: Revista dos Tribunais, 2010. p. 81.

OLIVEIRA, Carlos Alberto Alvaro de. **Do formalismo no processo civil**. 3. ed., São Paulo: Saraiva, 2009.

---

honra de trabalhar na difícil, mas gratificante arte de advogar. À Daniela Marques de Moraes, pela revisão sempre precisa.

PAULA, Jônatas Luiz Moreira de. **A jurisdição como elemento de inclusão social**: revitalizando as regras do jogo democrático. Barueri/SP: Manole, 2002.

PEREIRA FILHO, Benedito Cerezzo. O poder do juiz: ontem e hoje. **Revista da Ajuris**, v. 104, 2006, p. 19-33.

PEREIRA FILHO, Benedito Cerezzo; MORAES, Daniela Marques de. A tutela dos direitos e a remodelação do papel reservado ao juiz como corolário principiológico do acesso à justiça. **PENSAR Revista de Ciências Jurídicas**. v. 17. Fortaleza: Fundação Edson Queiroz – Universidade de Fortaleza, jan./jun. 2012. p. 33-56.

PEREIRA FILHO, Benedito Cerezzo; OLIVEIRA, Emerson Ademir Borges de. A estrutura do código de processo civil: uma afronta à igualdade. **Anais do XIV Congresso Nacional do CONPEDI**. Florianópolis: Fundação Boiteux, 2005. p. 295-296.

RICOEUR, Paul. O historiador e o juiz. In: _____. **A memória, a história, o esquecimento**. trad. por Alain François. Campinas/SP: Editora da UNICAMP, 2007a, pp. 330-347.

STRECK, Lenio Luiz. NCPC: Cobrar fundamentação dos juízes é "utopia totalitária"? **Revista Consultor Jurídico**. 12 de março de 2015. Disponível em: http://www.conjur.com.br/2015-mar-12/senso-incomum-ncpc-cobrar-fundamentacao-juizes-utopia-totalitaria

CAPÍTULO 4

Os honorários de sucumbência no Novo CPC

Alexandre Freire[1]

Leonardo Albuquerque Marques[2]

SUMÁRIO: 1. INTRODUÇÃO; 2. O REGRAMENTO GERAL DOS HONORÁRIOS DE SUCUMBÊNCIA; 3. A FAZEN-DA PÚBLICA E OS HONORÁRIOS SUCUMBENCIAIS; 4. A SUCUMBÊNCIA RECURSAL; 5. A COMPENSAÇÃO DE HONORÁRIOS NA SUCUMBÊNCIA DE RECÍPROCA; 6. CONCLUSÕES; 7. BIBLIOGRAFIA.

1. INTRODUÇÃO

O presente trabalho pretende fazer um breve esboço nos contornos institucionais que recentemente promulgado Código de Processo Civil pretende dar aos honorários de sucumbência, com foco nas suas principais alterações, tais como a instituição da chamada sucumbência recursal, a aplicação de encargos de sucumbência diferenciados para a Fazenda Pública e a vedação da aplicação da compensação de honorários no caso de sucumbência recíproca.

2. O REGRAMENTO GERAL DOS HONORÁRIOS DE SUCUMBÊNCIA

Inicialmente, cumpre destacar que, no novo Código, os honorários de advogado, na sua essência, continuam tendo o mesmo contorno conceitual trazido pelo CPC em vigência e pelo Estatuto da Ordem dos Advogados do Brasil (Lei 8.906/94).

Isto é, continuam a ser uma condenação pecuniária imposta à parte sucumbente em benefício do representante judicial da parte contrária como consequência do sucesso processual desta última. Acabam por representar um ônus imposto à parte perdedora (autor ou réu) em decorrência do risco assumido

---

1. Doutorando em Direito Processual Civil pela PUC-SP. Mestre em Direito do Estado pela UFPR. Professor das Pós-graduações em Direito Processual Civil da PUC-Rio, Escola Paulista de Direito – EPD, OAB-SP, OAB-MA. Coordenador e conferencista da Associação dos Advogados do Estado de São Paulo – AASP. Professor da Universidade CEUMA e da UFMA. Membro do IBDP. Membro do Conselho Editorial da Revista Brasileira de Direito Processual - RBDPRO.
2. Advogado da União. Doutorando em Direito pela PUC-SP. Mestre em Direito Constitucional pelo IDP. Professor da pós-graduação *lato sensu* em Direito Processual Civil da Univercidade CEUMA.

pelo ajuizamento de uma demanda judicial e pela ausência de busca de uma solução conciliatória para o litígio.

Para Leonardo Greco *"hoje entende-se que os honorários da sucumbência podem ser executados pelo próprio vencedor ou pelo seu advogado indistintamente, mas eles são receita do advogado. Então, eles perderam aquele sentido de ressarcimento do vencedor pelas despesas com a contratação do seu advogado e passaram a ser uma receita a mais que o advogado do vencedor percebe"*.[3]

Cassio Scarpinella Bueno afirma que *"[...] por serem os honorários a forma, por excelência de remuneração pelo trabalho desenvolvido pelo advogado, um trabalho humano que merece a tutela do ordenamento jurídico, correta sua qualificação como verba de natureza alimentar, uma vez que também vitais ao desenvolvimento e à manutenção (necessarium vitae) do profissional, do qual o advogado provê o seu sustento"*.[4]

Esta é aliás a orientação do STF , consoante o excerto a seguir: *"conforme o disposto nos artigos 22 e 23 da Lei nº 8.906/94, os honorários advocatícios incluídos na condenação pertencem ao advogado, consubstanciando prestação alimentícia cuja satisfação pela Fazenda ocorre via precatório, observada ordem especial restrita aos créditos de natureza alimentícia, ficando afastado o parcelamento previsto no artigo 78 do Ato das Disposições Constitucionais Transitórias, presente a Emenda Constitucional nº 30, de 2000"* (RE 470407, Relator(a): Min. MARCO AURÉLIO, Primeira Turma, julgado em 09/05/2006, DJ 13-10-2006 PP-00051 EMENT VOL-02251-04 PP-00704 LEXSTF v. 28, n. 336, 2006, p. 253-264 RB v. 18, n. 517, 2006, p. 19-22). Tal posicionamento, aliás, não vem sem objeto de muitas contestações atualmente nos tribunais pátrios e foi expressamente adotada no § 14 do art. 85 do Código.

O regramento geral aplicável aos honorários de sucumbência no novo CPC segue esse espírito. Com efeito, dispõe o art. 85, *caput*, do CPC, que *"a sentença condenará o vencido a pagar honorários ao advogado do vencedor."*

O § 1.º do art. 85, por sua vez, dá alcance amplo ao instituto, o qual não fica restrito apenas aos processos de conhecimento principais (isto é, aqueles que não sejam dependentes de outros). Tal disposição determina que *"são devidos honorários advocatícios na reconvenção, no cumprimento de sentença, provisório ou definitivo, na execução, resistida ou não, e nos recursos interpostos, cumulativamente."*

O § 2.º, por sua vez, reproduz as linhas mestras de arbitramento dos honorários de sucumbência na legislação atualmente vigente. Segundo tal regra,

---

3. GRECO, Leonardo. **Instituições de Processo Civil**. Rio de Janeiro: Editora Forense, 2010. p. 446. Vol.1.
4. BUENO, Cassio Scarpinella. A Natureza alimentar dos honorários advocaticios sucumbenciais. In. ARMELIN, Donaldo. (org). **Tutelas de urgência e cautelares**. São Paulo: Saraiva, p. 216.

"*os honorários serão fixados entre o mínimo de dez e o máximo de vinte por cento sobre o valor da condenação, do proveito econômico obtido, ou, não sendo possível mensurá-lo, sobre o valor atualizado da causa, atendidos: I - o grau de zelo do profissional; II - o lugar de prestação do serviço; III - a natureza e a importância da causa; IV - o trabalho realizado pelo advogado e o tempo exigido para o seu serviço.*" Em tempo, o art. 86, *caput* e parágrafo único, do CPC, trata da dispensa dos honorários no caso de sucumbência mínima e da caracterização da sucumbência recíproca (com as ressalvas que serão apontadas mais à frente), nos mesmos moldes do art. 21 do CPC ainda em vigência.

O CPC recentemente sancionado também inova ao fixar a base de cálculo dos honorários de sucumbência na hipótese de a condenação envolver prestações de trato sucessivo em sede de responsabilidade civil (especialmente nos casos de demandas que envolvam pedido de apensionamento civil, v.g., quando decorrente de morte ou invalidez da vítima). Nos termos do § 9º do art. 85, "*na ação de indenização por ato ilícito contra pessoa, o percentual de honorários incidirá sobre a soma das prestações vencidas com mais doze prestações vincendas*". Não está claro se tal disposição poderia aplicada, por analogia, a outras demandas que envolvam trato sucessivo (v.g., ações previdenciárias e tributárias). Todavia, relembramos que o valor da causa deve corresponder, tanto quanto possível ao proveito econômico pretendido, e que o § 2º do art. 292 do Código determina que "*o valor das prestações vincendas será igual a uma prestação anual* [ou doze prestações mensais], *se a obrigação for por tempo indeterminado ou por tempo superior a 1 (um) ano, e, se por tempo inferior, será igual à soma das prestações*". Assim, a nosso ver, nada impede que tal critério acabe por ter incidência quando a demanda versar sobre outras relações jurídicas de natureza material diversas da descrita no § 9º acima analisado.

Nos embargos à execução (que se darão necessariamente nas execuções por título extrajudicial), por sua vez, o Código inova ao determinar que a realização dos honorários não mais se dará nos autos respectivos, mas sim, nos autos do processo principal. Nos termos do art. 85, § 13, "*as verbas de sucumbência arbitradas em embargos à execução rejeitados ou julgados improcedentes e em fase de cumprimento de sentença serão acrescidas no valor do débito principal, para todos os efeitos legais.*" Neste ponto, é importante lembrar que não mais persiste a execução por título judicial contra a Fazenda Pública, que passa também a se submeter ao procedimento sincrético de cumprimento de sentença judicial.

O art. 87, por sua vez, trata da distribuição da sucumbência no caso litisconsórcio dos sucumbentes. O § 1º, de tal disposição sana omissão relevante da legislação atualmente em vigor ao determinar que a sentença deverá distribuir entre os litisconsortes, de forma expressa, a responsabilidade proporcional pelo pagamento das verbas sucumbenciais. Nos termos do § 2º de tal disposição, se a distribuição não for feita, os vencidos responderão **solidariamente** pelas despesas e honorários. Tal regramento não consta de forma tão minudente no seu correspondente no CPC atual (art. 23).

Continuando nossa análise, para José Miguel Garcia Medina *"em princípio, os honorários devem ser pagos pela parte vencida. Esta regra, no entanto, não é absoluta, pois nem sempre a parte sucumbente no processo é a que deu causa ao surgimento da lide. Este critério (principio da causalidade) prepondera sobre aquele (princípio da sucumbência)."*[5]

O CPC endossa tal princípio da causalidade como regra-matriz de arbitramento dos honorários de sucumbência. Pelo princípio da causalidade os ônus sucumbenciais devem ser suportados por quem deu causa à instauração do processo e ficou vencido (STJ. REsp 1338404/RS, Rel. Ministra ELIANA CALMON, SEGUNDA TURMA, julgado em 23/04/2013, DJe 07/05/2013). Aliás, tanto tal princípio foi endossado que, nos termos do seu art. 85, § 10, *"nos casos de perda do objeto, os honorários serão devidos por quem deu causa ao processo."*

Nelson Nery Jr e Rosa Maria de Andrade Nery explicam que pelo principio da causalidade, aquele que deu causa à propositura da demanda ou à instauração de incidente processual deve responder pelas despesas dai decorrentes. Isto porque, às vezes, o principio da sucumbência se mostra insatisfatório para a solução de algumas questões sobre responsabilidade pelas despesas. Quando não houver resolução do mérito, para aplicar-se o princípio da causalidade na condenação da verba honorária acrescida de custas e demais despesas do processo, deve o juiz fazer exercício de raciocínio, perquirindo sobre que perderia a demanda, se a ação fosse decidida pelo mérito.[6]

Por exemplo, se uma determinada pessoa ajuíza demanda contra a Fazenda Pública procurando a declaração de inexistência de relação jurídica tributária e, posteriormente, lei superveniente do ente tributante reconhece tal inexistência, o processo deverá ser extinto sem julgamento do mérito pela perda superveniente do objeto (ausência de interesse-utilidade). No entanto, isso não exime a condenação do réu nos encargos sucumbenciais por ter dado causa indevidamente à instauração da demanda em questão. Em síntese, esse é o escopo do princípio da causalidade.

3. A FAZENDA PÚBLICA E OS HONORÁRIOS SUCUMBENCIAIS

O CPC inova nos critérios de cálculo dos honorários de sucumbência em desfavor da Fazenda Pública quando houver condenação desta (isto é: imposição

---

5. MEDINA, José Miguel Garcia. **Código de Processo Civil Comentado**. São Paulo: Revista dos Tribunais, 2011. p. 64.
6. NERY JR, Nelson, NERY, Rosa Maria de Andrade. **Código de Processo Civil Comentado**.12 ed. São Paulo: RT, 2012. p.271.

Cap. 4 • OS HONORÁRIOS DE SUCUMBÊNCIA NO NOVO CPC
Alexandre Freire – Leonardo Albuquerque Marques

de obrigação de fazer, não-fazer, dar ou pagar). Pelo regramento atualmente vigente (regida pelo art. 20, §4º, do CPC), não há limites máximos ou mínimos para a fixação de honorários em desfavor da Fazenda Pública.[7] Tal fixação se sujeita a apreciação equitativa do juiz, o qual deve considerar os elementos constantes do art. 20, §3º, quais sejam: o grau de zelo do profissional, o lugar de prestação do serviço, a natureza e importância da causa, o trabalho realizado pelo advogado e o tempo exigido para o seu serviço. Nos termos § 8º do art. 85[8], percebe-se que tal método não mais se aplica à Fazenda Pública como regra. Todavia, nada impede, por outro lado que, excepcionalmente, e desde que verificadas efetivamente as hipóteses do § 8º acima transcrito (proveito econômico de valor inestimável ou irrisório ou baixíssimo valor da causa), os honorários a serem eventualmente arbitrados em desfavor da Fazenda Pública sigam tal método.

Todavia, nos termos do art. 85, § 3º[9], ficam estabelecidos limites máximos e mínimos para a fixação dos honorários (também chamadas de "faixas"), que variam conforme o valor da condenação ou do proveito econômico. Por exemplo, para as ações que sejam inferiores a duzentos salários mínimos, tem-se um mínimo de dez e máximo de vinte por cento condenação ou do proveito econômico como limites.

Já para as ações que sejam superiores a cem mil salários mínimos, tem-se um limite mínimo de um e máximo de três por cento.

No entanto inseriu-se uma regra de cumulatividade de critérios. Nos termos do § 5º do art. 85, *"quando, conforme o caso, a condenação contra a Fazenda Pública ou o benefício econômico obtido pelo vencedor ou o valor da causa for superior ao valor previsto no inciso I do § 3º, a fixação do percentual de honorários*

---

7. conferir, por todos, as críticas ao modelo vigente tecidas por BARBI, Celso Agricola. **Comentários ao Código de Processo Civil**. 14 ed. Rio de Janeiro: Forense, 2010. p. 142-143. Vol. 1.

8. "Nas causas em que for inestimável ou irrisório o proveito econômico ou, ainda, quando o valor da causa for muito baixo, o juiz fixará o valor dos honorários por apreciação equitativa, observando o disposto nos incisos do § 2º".

9. "Nas causas em que a Fazenda Pública for parte, a fixação dos honorários observará os critérios estabelecidos nos incisos I a IV do § 2º e os seguintes percentuais:
   I - mínimo de dez e máximo de vinte por cento sobre o valor da condenação ou do proveito econômico obtido até 200 (duzentos) salários-mínimos;
   II - mínimo de oito e máximo de dez por cento sobre o valor da condenação ou do proveito econômico obtido acima de 200 (duzentos) salários-mínimos até 2.000 (dois mil) salários-mínimos;
   III - mínimo de cinco e máximo de oito por cento sobre o valor da condenação ou do proveito econômico obtido acima de 2.000 (dois mil) salários-mínimos até 20.000 (vinte mil) salários-mínimos;
   IV - mínimo de três e máximo de cinco por cento sobre o valor da condenação ou do proveito econômico obtido acima de 20.000 (vinte mil) salários-mínimos até 100.000 (cem mil) salários-mínimos;
   V - mínimo de um e máximo de três por cento sobre o valor da condenação ou do proveito econômico obtido acima de 100.000 (cem mil) salários-mínimos."

deve observar a faixa inicial e, naquilo que a exceder, a faixa subsequente, e assim sucessivamente." Por exemplo, se o valor da condenação for de dois mil e quinhentos salários mínimos, deverão ser feitos três arbitramentos. Um para a faixa de valores que compreende o inc. I, um segundo para a faixa que compreende o excedente ao inc. I até o teto do inc. II, e um terceiro para o que exceder o teto do inc. II.

Ainda no que se refere aos honorários de sucumbência para a Fazenda Pública, e nos termos do § 6º do art. 85, tais limites se aplicam também para os casos de improcedência do pedido ou quando o feito for extinto sem julgamento do mérito. Na prática, isso quer dizer que os limites específicos no caso de sucumbência da Fazenda Pública deverão ser aplicados tanto na hipótese de ela atuar no polo ativo da relação processual como no polo passivo.

Finalmente, cabe destacar que, o § 7º traz uma hipótese de dispensa de fixação de honorários no processo de execução. Nos termos de tal disposição "não serão devidos honorários no cumprimento de sentença contra a Fazenda Pública que enseje expedição de precatório, desde que não tenha sido impugnada". Todavia, ante o princípio da especialidade, parece permanecer intacto o teor da Súmula 345 do STJ, segundo a qual *"são devidos honorários advocatícios pela Fazenda Pública nas execuções individuais de sentença proferida em ações coletivas, ainda que não embargadas."* Aliás, esse parece ser o espírito da legislação processual em vigência, uma vez que, nos debates nas duas Casas Legislativas, sempre se pretendeu deixar claro que as modificações relativas à legislação processual das ações coletivas deverão ser apresentadas em proposição específica para tanto, pelo que se entende que não é o propósito do novo Código ingressar em tal seara.

4. A SUCUMBÊNCIA RECURSAL

A sucumbência recursal também aparece como uma das principais inovações do CPC, tendo por finalidade criar estímulos para que as partes sejam mais criteriosas ao pedir o reexame de uma decisão nas instâncias superiores (ordinárias e excepcionais).

Aqui, no entanto, após intermináveis discussões no processo legislativo, o CPC sofreu algumas modificações significativas em relação ao inicialmente apresentado no Senado, que, na prática esvaziaram significativamente o instituto. No texto sancionado, ainda que tenha sido estabelecida tal previsão, a sucumbência recursal, em nenhuma hipótese, poderá ultrapassar o limite estabelecido no processo de conhecimento para a condenação em honorários. Nos termos do § 11 do art. 85 *"O tribunal, ao julgar recurso, majorará os honorários fixados anteriormente levando em conta o trabalho adicional realizado em* *grau recursal, **observando, conforme o caso, o disposto nos §§ 20 a 60, sendo vedado ao tribunal, no cômputo geral da fixação de honorários devidos ao advogado do vencedor, ultrapassar os respectivos limites estabelecidos nos §§ 20 e 30 para a fase de conhecimento."** (grifou-se). Por exemplo, se uma parte sucumbente sofrer, em primeira instância, condenação sucumbencial em vinte por cento sobre o valor da condenação principal (limite máximo previsto para o caso, conforme visto acima), caso ela interponha recurso de apelação, tal condenação não poderá agravada pelo tribunal *ad quem*. Na prática isso quer dizer que, quanto mais a condenação em honorários de sucumbência em percentuais próximos do limite máximo, maiores serão os incentivos para que as partes apresentem recursos, especialmente na hipótese de a interposição do recurso, por si só, independentemente do seu provimento, representar um ganho puro (isto é, quando as partes têm incentivos para protelar o andamento do processo, independentemente de terem decisões favoráveis nas fases subsequentes do procedimento). De qualquer forma, à exceção da possiblidade de o próprio tribunal poder aumentar a sucumbência arbitrada, o instituto permanece em moldes semelhantes ao trazido pelo CPC vigente.

Daí, entendemos que o CPC, neste particular, perdeu uma oportunidade histórica para estabelecer mecanismos de desincentivos à utilização dos recursos judiciais, especialmente quando a finalidade almejada for de cunho especificamente protelatório. A nosso ver, o instituto resta praticamente esvaziado.

5. A COMPENSAÇÃO DE HONORÁRIOS NA SUCUMBÊNCIA DE RECÍPROCA

Com o advento do Estatuto da OAB (Lei 8.906/94), estabeleceu-se, conforme visto acima, o caráter autônomo dos honorários de advogado. O art. 85, § 14, por sua vez, determinou que *"Os honorários constituem direito do advogado e têm natureza alimentar, com os mesmos privilégios dos créditos oriundos da legislação do trabalho, **sendo vedada a compensação em caso de sucumbência parcial."*** (grifou-se)

No regramento atual, no caso de sucumbência recíproca (v.g., na hipótese de procedência parcial do pedido), o magistrado condutor do feito deixa de condenar as partes em honorários sucumbenciais para declará-los compensados.

Nos termos do novo Código, isso sofre uma mudança significativa. Ilustremos com um exemplo: considere que um dado autor proponha ação indenizatória pretendendo a condenação no réu em dez mil reais. Considere, ainda, que a sentença proferida em tal lide acolheu parcialmente o pedido para condenar o autor em cinco mil reais, restando caracterizada, assim, a sucumbência recíproca. Como deve agir o magistrado para arbitrar os honorários de sucumbência em tal caso?

Como visto acima, o regramento vigente estaria superado. Na hipótese, o magistrado deverá condenar o autor em honorários de sucumbência a serem pagos ao advogado do réu e deve, na mesma oportunidade, condenar o réu em honorários a serem pagos ao advogado do autor.

Em tempo, durante a fase de discussão legislativa do CPC, os relatórios parciais do então projeto do CPC apresentaram jurídicos sólidos para que se alcançasse tal entendimento, nada obstante tal decisão legislativa ser, sobretudo, política.

Com efeito, desde o EAOAB, os honorários de sucumbência deixam de ser um direito da parte e passam a ser um direito autônomo do próprio advogado. Isso é, passam a ser um direito de alguém que (exceto nas hipóteses de advocacia em causa própria), embora participe do processo patrocinando uma determinada causa, não ostenta a qualidade de parte e nem de terceiro por não participar e nem ter interesse na relação jurídica material que subjaz à demanda proposta.

Por outro lado nos termos do art. 368 do Código Civil, a operacionalizado do instituto da compensação, enquanto modalidade de extinção de obrigações, exige que duas pessoas sejam, ao mesmo tempo, credoras e devedoras uma da outra. Além disso, o art. 380 do mesmo Código veda a compensação em prejuízo de direito de terceiro.

Assim, a relação jurídica entre autor e réu não se confunde com o direito aos honorários de sucumbência recíproca, que existe entre uma parte e o advogado da parte adversa. Daí ser tecnicamente acertada a alteração trazida no novoCPC, que passa a se atualizar aos moldes trazidos pela Lei 8.906/94 há cerca de vinte anos.

6. CONCLUSÕES

Pelo teor da análise acima realizada, chega-se à conclusão de que o novo CPC trouxe alterações significativas no regramento dos honorários de sucumbência, especialmente no que se refere ao método de arbitramento dos honorários de sucumbência em desfavor da Fazenda Pública e à impossibilidade de compensação dos honorários, entre as partes, no caso de sucumbência recíproca.

Todavia, a principal da tais inovações, qual seja, a sucumbência recursal, que poderia se constituir num importantíssimo instrumento de inibição da litigância frívola e da interposição de recursos protelatórios, restou totalmente descaracterizada, a ponto de dizermos que o CPC aprovado não inova em quase nada acerca de tal instituto. A imposição do "teto" de condenação de honorários recursais – que, somados à condenação em primeira instância – não poderá ultrapassar o valor de vinte por cento da condenação esvazia significativamente o instituto em relação ao modelo atual.

Perde-se, enfim, uma preciosa oportunidade histórica para mudarmos a chamada "cultura da litigância" brasileira e caminharmos para uma concepção do processo que **realmente** visasse, tanto quanto possível, a autocomposição dos litígios, especialmente, nas hipóteses em que a questão jurídica de fundo estivesse discutida à exaustão nos tribunais pátrios.

7. BIBLIOGRAFIA

BARBI, Celso Agricola. **Comentários ao Código de Processo Civil**. 14 ed. Vol. 1. Rio de Janeiro: Forense, 2010.

BUENO, Cassio Scarpinella. A Natureza alimentar dos honorários advocaticios sucumbenciais. *In*: ARMELIN, Donaldo. (org). **Tutelas de urgência e cautelares**. São Paulo: Saraiva, p. 216.

GRECO, Leonardo. **Instituições de Processo Civil**. Vol.1. Rio de Janeiro: Editora Forense, 2010.

MEDINA, José Miguel Garcia. **Código de Processo Civil Comentado**. São Paulo: Revista dos Tribunais, 2011.

NERY JR, Nelson, NERY, Rosa Maria de Andrade. **Código de Processo Civil Comentado**. 12 ed. São Paulo: RT, 2012.

CAPÍTULO 5

Os honorários advocatícios pela sucumbência recursal no CPC/2015[1]

Luiz Henrique Volpe Camargo[2]

SUMÁRIO: 1. INTRODUÇÃO; 2. A REDAÇÃO ORIGINAL DO ANTEPROJETO APRESENTADA EM 19-06-2010 (ART. 73, §§6º, 8º E 9º), COTEJADA COM AS MODIFICAÇÕES REALIZADAS NO SENADO FEDERAL NA VERSÃO APROVADA EM 15-12-2010 (ART. 87, §7º), DEPOIS, COMPARADA COM A VERSÃO FINAL APROVADA NA CÂMARA DOS DEPUTADOS EM 26-04-2014 (ART. 85, §11); 3. A SUCUMBÊNCIA RECURSAL NO CÓDIGO DE PROCESSO CIVIL DE 2015; 3.1. A CONDIÇÃO PARA CABIMENTO DOS HONORÁRIOS DE SUCUMBÊNCIA RECURSAL.; 3.2. O ARBITRAMENTO EM JULGAMENTO MONOCRÁTICO OU COLEGIADO.; 3.3. O ARBITRAMENTO NO CASO DE INADMISSÃO OU IMPROVIMENTO DO RECURSO; PROVIMENTO TOTAL E DE PROVIMENTO PARCIAL DO RECURSO; 3.4. OS CRITÉRIOS PARA A FIXAÇÃO DOS HONORÁRIOS PELA SUCUMBÊNCIA RECURSAL; 3.5. CUMULAÇÃO DE HONORÁRIOS DE SUCUMBÊNCIA RECURSAL COM MULTA E OUTRAS SANÇÕES ; 3.6. INEXISTÊNCIA DE HONORÁRIOS RECURSAIS NA REMESSA NECESSÁRIA ; 3.7. HONORÁRIOS QUANDO O ADVOGADO DEIXA DE APRESENTAR RESPOSTA AO RECURSO; 3.8. SUCUMBÊNCIA RECURSAL E LITISCONSÓRCIO; 3.9. HONORÁRIOS DE SUCUMBÊNCIA RECURSAL E DIREITO INTERTEMPORAL; 4. CONCLUSÃO.

1. INTRODUÇÃO

A Lei Federal n.º 11.105, de 2015, introduziu no sistema nacional o novo Código de Processo Civil.

---

1. Este ensaio é a unificação, ampliação e atualização de dois outros textos já publicados, frutos de novas reflexões sobre os honorários advocatícios pela sucumbência recursal no CPC/2015 (VOLPE CAMARGO. Luiz Henrique. Os honorários de sucumbência recursal no novo CPC. FREIRE, Alexandre; DANTAS, Bruno; NUNES, Dierle, DIDIER JR, Fredie, MEDINA, José Miguel Garcia, FUX, Luiz, VOLPE CAMARGO. Luiz Henrique; OLIVEIRA, Pedro Miranda [Coord]. In *Novas Tendências do Processo Civil - Estudos sobre o Projeto do Novo CPC*. Jus Podivm: Salvador, 2013, p. 363-380 e VOLPE CAMARGO. Luiz Henrique. Das Despesas, dos Honorários Advocatícios e das Multas. WAMBIER. Teresa Arruda Alvim; DIDIER JR. Fredie; TALAMINI. Eduardo; DANTAS. Bruno [Coord]. in *Breves Comentários ao Código de Processo Civil*. São Paulo: RT, *no prelo*)

2. Doutorando (PUC/SP), mestre (PUC/SP) e especialista (UCDB/INPG) em Direito processual Civil. Advogado e professor universitário. Integrou as duas Comissões de Juristas formadas no Senado Federal e na Câmara dos Deputados para revisão do novo Código de Processo Civil.

Antes de ser submetido à sanção Presidencial, o texto passou por diversas etapas do processo legislativo e o tema que é objeto do presente ensaio passou por diferentes redações.

Antes de abordar a versão final, tal como convertida em lei, é preciso fazer uma breve síntese das fases da tramitação legislativa, pois este histórico é útil para compreender parte da maneira como a questão é defendida neste ensaio.

A *primeira fase* foi a de elaboração do anteprojeto por meio da Comissão de Juristas criada pelo Presidente do Senado Federal, Senador José Sarney (PMDB/AP). Tal texto foi confeccionado entre outubro de 2009 e julho de 2010 e continha 970 artigos. Depois de recebê-lo, o Senador José Sarney o subscreveu e o apresentou ao Senado Federal dando início formal à tramitação legislativa do Projeto de Lei do Senado n.º 166 de 2010.

Com isso, teve início a *segunda fase*, qual seja, a de apreciação do texto em primeiro lugar pela Comissão Especial composta por 11 (onze) Senadores e, depois, pela composição completa, ou seja, pelo órgão plenário do Senado Federal.

Entre julho e dezembro de 2010 o relator-geral do projeto, o então Senador Valter Pereira (PMDB/MS), assessorado por outra Comissão de Juristas, elaborou um texto substitutivo no qual realizou modificações, acréscimos e supressões do texto inicial do anteprojeto. Este texto, depois de analisado tanto na Comissão Especial de Senadores quanto no Plenário da Casa Alta do Congresso Nacional, foi aprovado com 1007 artigos e remetido à Câmara dos Deputados para a revisão, na forma prevista no parágrafo único do art. 65[3] da Constituição Federal.

Com a remessa do texto para a Câmara dos Deputados teve início a *terceira fase* do projeto. Na Casa Revisora, o texto foi rebatizado e renumerado. Assim, em substituição à denominação "Projeto de Lei do Senado n.º 166 de 2010", criou-se a denominação "Projeto de Lei n.º 8046 de 2010". Na mesma linha do que aconteceu no Senado Federal, a Câmara dos Deputados criou uma Comissão Especial de 25 (vinte e cinco) Deputados para fazer a análise inicial e, depois, o texto foi submetido à composição completa, ou seja, ao plenário da Câmara dos Deputados. Na Comissão Especial, inicialmente foi designado como relator-geral o então Deputado Federal Sérgio Barradas Carneiro (PT/BA).

---

3. Art. 65. O projeto de lei aprovado por uma Casa será revisto pela outra, em um só turno de discussão e votação, e enviado à sanção ou promulgação, se a Casa revisora o aprovar, ou arquivado, se o rejeitar. Parágrafo único. Sendo o projeto emendado, voltará à Casa iniciadora.

Aconteceu que, antes de finalizar o relatório-geral, o Deputado Sérgio Barradas Carneiro, que era suplente, deixou a Casa, pois o titular do mandato retornou à Câmara dos Deputados. Com isso, em sua substituição, o Deputado Federal Paulo Teixeira (PT/SP) foi designado para a função de relator-geral. Depois de alguns meses, eis que o Deputado Sérgio Barradas Carneiro reassumiu o mandato e a função de relator-geral, tendo o Deputado Federal Paulo Teixeira passado a ocupar a condição de relator-geral substituto.

O Deputado Sérgio Barradas Carneiro, assessorado por outra Comissão de Juristas, elaborou um texto substitutivo no qual realizou modificações, acréscimos e supressões do texto de 1007 artigos que foi aprovado no Senado Federal, consolidando-o em 1079 artigos. Aconteceu que, antes de seu relatório-geral ser votado, mais uma vez o Deputado Sérgio Barradas Carneiro deixou a Câmara dos Deputados por nova assunção do cargo do titular do mandato pelo Estado da Bahia, o Deputado Federal Marcos Medrado (PTD/BA), que havia se licenciado por 120 dias. Com isso, o Deputado Federal Paulo Teixeira (PT/SP) reassumiu a condição de relator-geral e realizou a reformulação do relatório-geral antes preparado pelo ex-Deputado Sérgio Barradas Carneiro. Esse novo texto foi votado na comissão especial e, depois, no plenário, sendo que, a última análise e a redação final foi aprovada em 26-03-2014.

No dia seguinte, dando início à *quarta fase* do projeto, o texto foi encaminhado ao Senado Federal, onde houve a formação de nova comissão de Senadores, com a designação do então Senador Vital do Rego (PMDB/PB), para a função de relator-geral. Em tal etapa, o relator-geral também foi auxiliado por outra equipe de juristas.

Em um primeiro momento, em relação ao texto que tratava da sucumbência recursal, o eminente relator-geral resgatou a versão do Senado Federal aprovada em 15-12-2010.

Aconteceu que, antes mesmo da votação da Comissão Temporária de Senadores, o texto aprovado na Câmara dos Deputados no particular foi revigorado e este, ao final, prevaleceu na versão final votada e aprovada no dia 16-12-2014, que, depois, veio a ser sancionada em 16-03-2015 e publicada no Diário Oficial de 17-03-2015.

Feito este breve registro, passa-se ao cerne do presente ensaio, que tem o propósito de apresentar comentários sobre o texto que trata da sucumbência recursal, tal qual convertido na Lei Federal n.º 13.105, de 2015.

2. A REDAÇÃO ORIGINAL DO ANTEPROJETO APRESENTADA EM 19-06-2010 (ART. 73, §§6º, 8º E 9º), COTEJADA COM AS MODIFICAÇÕES REALIZADAS NO SENADO FEDERAL NA VERSÃO APROVADA EM 15-12-2010 (ART. 87, §7º), DEPOIS, COMPARADA COM A VERSÃO FINAL APROVADA NA CÂMARA DOS DEPUTADOS EM 26-04-2014 (ART. 85, §11).

Redação do anteprojeto elaborado pela Comissão de Juristas apresentada em 09-06-2010	Redação do Senado Federal PLS n.º 166, de 2010, aprovada em 15-12-2010
Art. 73. ... §6º. Quando o acórdão proferido pelo tribunal não admitir ou negar, por unanimidade, provimento a recurso interposto contra sentença ou acórdão, a instância recursal, de ofício ou a requerimento da parte, fixará nova verba honorária advocatícia, observando-se o disposto no § 2º e o limite total de vinte e cinco por cento. ... § 8º Em caso de provimento de recurso extraordinário ou especial, o Supremo Tribunal Federal ou o Superior Tribunal de Justiça afastará a incidência dos honorários de sucumbência recursal. § 9º O disposto no § 6º não se aplica quando a questão jurídica discutida no recurso for objeto de divergência jurisprudencial.	Art. 87. ... §7º. A instância recursal, de ofício ou a requerimento da parte, fixará nova verba honorária advocatícia, observando-se o disposto *nos §§ 2º e 3º* e o limite total de vinte e cinco por cento *para a fase de conhecimento.*

A instituição de honorários recursais foi uma das grandes – e boas – novidades[4] do anteprojeto. Foi concebida fundamentalmente com o propósito de evitar a utilização indiscriminada do direito de recorrer, pois previa a adição (...*nova* verba honorária advocatícia) de uma condenação pecuniária que poderia chegar a 25% do valor da causa ou do proveito econômico desta a quem recorresse e não tivesse sucesso, quer por aspectos formais (... *não admitir*), quer em relação ao mérito (... *negar...provimento*), a ser revertida a favor do advogado do vencedor.

---

4. O art. 55 da Lei n.º 9.099, de 26 de setembro de 1995, que dispõe sobre os Juizados Especiais Cíveis e Criminais e dá outras providências, já estabelece a sucumbência recursal, com a distinção de que nas causas que tramitam nos Juizados, de regra, não há honorários em 1º grau, *verbis*: "A sentença de primeiro grau não condenará o vencido em custas e honorários de advogado, ressalvados os casos de litigância de má-fé. Em segundo grau, o recorrente, vencido, pagará as custas e honorários de advogado, que serão fixados entre dez por cento e vinte por cento do valor de condenação ou, não havendo condenação, do valor corrigido da causa."

O texto exigia, como condição para a fixação da verba honorária, que o recurso não fosse admitido ou provido *por unanimidade* (... não admitir ou negar, *por unanimidade*, provimento a recurso interposto...), o que, a *contrario sensu*, significava que, quando não existisse consenso entre os julgadores quanto ao resultado do recurso, a verba honorária adicional seria indevida.

O texto também exigia, para cabimento da condenação adicional da verba honorária, que o recurso *não* fosse conhecido ou *não* fosse provido, ou seja, que o pronunciamento da instância anterior fosse mantido, o que, também a *contrario sensu*, significa que a verba honorária adicional seria indevida, por falta de amparo legal, quando ocorresse reforma da sentença ou acórdão. Tratou-se, portanto, de mecanismo criado para desestimular – e, com isso, reduzir – a interposição de recursos infundados, para, juntamente com outras iniciativas, assegurar a celeridade processual, que é um dos escopos centrais do novo Código de Processo Civil.

Depois disso, no Senado Federal, o texto do anteprojeto, já convertido no PLS n.º 166, de 2010, sofreu algumas alterações de relevo. Foi renumerado em função da adição de alguns artigos ao projeto e a regra de fixação de honorários recursais passou a constar do §7º do art. 87, da seguinte forma: "A instância recursal, de ofício ou a requerimento da parte, fixará nova verba honorária advocatícia, observando-se o disposto *nos §§ 2º e 3º* e o limite total de vinte e cinco por cento *para a fase de conhecimento*."

A supressão da primeira parte do texto do anteprojeto decorre da completa alteração da razão de criação da sucumbência recursal, resgatando a essência do padrão nacional em vigor no Código de Processo Civil (art. 20, §§3º e 4º) combinado com a Lei Federal n.º 8.906/94 (art. 23).

Na concepção atual, a verba honorária existe para remunerar o advogado por seu trabalho. Depende de fato objetivo: a derrota. Não é punição da parte vencida. A versão do anteprojeto, por sua vez, partia de outro pressuposto para a fixação da verba honorária recursal: seria cabível para apenar a parte que interpusesse recurso infundado, assim compreendido o não admitido ou não provido por unanimidade. Tratou-se de tentativa de reprodução da *essência* de regra que já existiu no sistema brasileiro entre 1939 e 1965[5], período em

---

5. "No Código de Processo Civil de 1939 (Decreto-lei n.º 1.608, de 18 de setembro de 1939), a condenação ao pagamento de honorários advocatícios dependia da ocorrência de má-fé, dolo ou culpa do vencido. O art. 63 dizia que tal condenação tinha lugar quando o *vencido*, seja ele autor ou réu, *alterasse a verdade dos fatos*, e o art. 64, por sua vez, previa que os honorários também eram devidos quando se reconhecesse que o *réu agiu com dolo ou culpa*. Fora desses casos, a condenação era incabível. Portanto, naquele tempo, não existia relação entre o trabalho do advogado e sua remuneração. Em verdade, os honorários advocatícios funcionavam como uma *punição* para a parte que agisse *com má-fé* ou para o requerido quando atuasse *com dolo ou culpa*. Em 1965, o art. 64 do Decreto-lei n.º 1.608/39 (CPC de 1939)

que a condenação ao pagamento de honorários advocatícios – não os honorá-rios recursais (que não existiam), mas, sim, os honorários fixados em 1º grau – dependia da ocorrência de má-fé, dolo ou culpa do vencido.

Pois bem, ao abolir a parte que dizia "Quando o acórdão proferido pelo tribunal não admitir ou negar, por unanimidade, provimento a recurso inter-posto contra sentença ou acórdão," o Senado Federal deixou claro, na esteira do sistema que vigora no Brasil desde 1965, que os honorários não devem ser fixados para punir a parte.

Vale reafirmar por palavras outras: o Senado Federal transmudou a su-cumbência recursal criada no anteprojeto, resgatando o cerne do padrão atual decorrente da alteração promovida pelo art. 23 da Lei 8.906/94, afastando a concepção de instrumento de *sanção*[6] *da parte que interpõe recurso infundado* para deixar claro que será *fonte para retribuição financeira pelo trabalho (adi-cional) do advogado da parte vencedora* do recurso no tribunal de segundo grau ou no tribunal superior.

Em função da alteração da essência da regra para a fixação de honorários recursais, não existia mais razão para condicionar a sua fixação à existência ou não de consenso entre os julgadores, o que permitiu, portanto, a exclusão da condicionante do *julgamento unânime* que existia na versão inicial, contida no anteprojeto.

Essa alteração da essência dos honorários recursais também permitiu afastar a exigência de não reforma da sentença ou do acórdão. Tratou-se de al-teração que buscou observar a necessidade de tratamento isonômico entre as partes adversas e seus advogados, pois, com isso, se possibilitou a fixação de honorários tanto no caso de não conhecimento ou não provimento, quanto no caso de provimento do recurso. Nesta linha, no caso de provimento do recurso, haveria não só a inversão da condenação dos honorários fixados em 1º grau pelo trabalho realizado até então, mas, também, a fixação de novos honorários para o trabalho adicional no tribunal, que seriam somados aos arbitrados na instância inferior.

---

foi alterado pela Lei n. º 4.632, de 18-5-1965. A nova redação modificou a concepção inicial do Código, pois os honorários passaram a ser fixados em todos os processos, independente da ocorrência de má-fé, dolo ou culpa. Pela então nova regra, a sua fixação dependia *apenas da derrota*, pois quem perdesse era condenado a pagar ao advogado do vencedor a verba que era arbitrada pelo Juiz *"motivadamen-te"* e com *"moderação"*." (VOLPE CAMARGO. Luiz Henrique. *Não cabimento de honorários advocatícios em mandado de segurança: o entendimento equivocado que virou lei.* Revista de Processo, v. 181, Ano 35, Março/2010, p. 189/230).

6. O caráter sancionatório é explícito no anteprojeto tanto que o § 7º do art. 73 diz que "0s honorários referidos no § 6º são cumuláveis com multas e *outras sanções* processuais, inclusive a do art. 66."

Um exemplo pode auxiliar a demonstração de que a situação sob exame não era contemplada no anteprojeto, mas que, com a modificação do Senado Federal, passou a ser tratada no dispositivo que regula a sucumbência recursal. Suponha-se que a parte autora "A", patrocinada pelo advogado "X", não teve sucesso em 1º grau na ação de cobrança que promove contra a parte "B", patrocinada pelo advogado "Y", e é condenada ao pagamento de 10% de honorários sobre o valor da causa. Inconformada, a parte "A" ingressa com recurso de apelação que, por sua vez, é provido para acolher o pedido condenatório formulado pelo autor-apelante "A". Neste caso, o tribunal deve inverter os ônus de sucumbência, condenando "B" a pagar ao advogado de "A" 10% sobre o valor da condenação e, também, fixar honorários recursais a favor do "X", que é advogado de "A", para remunerá-lo por seu trabalho adicional em 2º grau. Esses honorários recursais – que poderiam ser fixados, por exemplo, em mais 5%, pois o limite geral proposto é de 25% –, seriam somados aos fixados em 1º grau (cuja titularidade seria invertida com o provimento do recurso), totalizando, assim, a condenação em 15% (10% do 1º grau + 5% do 2º grau).

A mudança de núcleo da razão de ser da fixação de honorários advocatícios também demandou, no Senado Federal, a supressão do §8º[7] do art. 73 do anteprojeto, que previa que a *sanção seria relevada* pelo Supremo Tribunal Federal ou pelo Superior Tribunal de Justiça, no caso de provimento de recurso extraordinário ou especial. É que não sendo mais *sanção* – mas, sim, retribuição por trabalho – não deve existir a possibilidade de afastamento da verba fixada. Além disso, o §8º do art. 73 do anteprojeto também foi excluído porque, em verdade, era desnecessário. É que uma vez provido o recurso especial ou extraordinário, invariavelmente a Corte haveria de inverter a condenação, pois o vencedor do 2º grau se transformaria em vencido no STJ (ou STF), logo, sem dúvida a Corte *afastaria* (porque *inverteria* o montante já fixado) a incidência da sucumbência recursal.

A alteração da essência da sucumbência recursal também justificou a supressão do §9º[8] do art. 73 do anteprojeto, que dizia que esta não teria incidência "quando a questão jurídica discutida no recurso for objeto de divergência jurisprudencial", porque a circunstância de existir ou não dissenso quanto à questão jurídica em julgamento não reduz ou elimina o trabalho do advogado no tribunal. Além disso, esse dispositivo também foi excluído porque é contrário à própria essência do anteprojeto de novo CPC, que elegeu como um

---

7.   § 8º Em caso de provimento de recurso extraordinário ou especial, o Supremo Tribunal Federal ou o Superior Tribunal de Justiça afastará a incidência dos honorários de sucumbência recursal.

8.   § 9º O disposto no § 6º não se aplica quando a questão jurídica discutida no recurso for objeto de divergência jurisprudencial.

de seus pilares a estabilidade da jurisprudência (art. 882 da então versão do Senado Federal). Vale dizer: não se afigurava coerente que o anteprojeto que pregava o respeito aos precedentes, de forma expressa, admitisse a "divergência jurisprudencial".

Outrossim, a versão do Senado Federal também incluiu a referência ao §3º do art. 87, alteração que teve o objetivo de deixar claro que a sucumbência recursal *também* se aplicaria aos processos em que a Fazenda Pública for parte, situação que não estava nítida na redação do anteprojeto. Nesta, havia remissão apenas ao §2º[9], que dizia respeito aos processos onde a Fazenda Pública *não* for parte, mas não ao §3º[10] do art. 73, que cuidava da regra de fixação dos honorários nas causas em que esta figurasse como parte.

Com efeito, não existia razão jurídica para excluir a Fazenda Pública da sucumbência recursal, daí porque a alteração realizada no Senado Federal corretamente eliminou o injustificável privilégio, especialmente levando-se em conta a nova razão de ser da sucumbência recursal, que, repita-se, é a de remunerar o trabalho adicional do advogado.

A última modificação realizada no Senado Federal diz respeito à inclusão da frase *"para a fase de conhecimento"* no final do § 7º do art. 87 para deixar claro que o teto de 25% de honorários diz respeito apenas à fase cognitiva, tudo para guardar coerência com o §1º[11] do art. 87 que trata do cabimento de novos honorários na fase de cumprimento de sentença, *cumulativamente* com os fixados para a fase de conhecimento.

Quer isto dizer que na eventualidade dos honorários da fase cognitiva atingirem 25% isso em nada prejudicaria a fixação de novos honorários para a fase de cumprimento de sentença, tudo em prestígio ao princípio da causalidade, pois, caso o condenado resista ao cumprimento espontâneo da sentença, novos honorários hão de ser fixados ao advogado do exequente, mesmo que, no total, tudo somado ultrapasse os 25% (estabelecidos apenas para a fase de conhecimento).

Na Câmara dos Deputados, nada do que o Senado Federal suprimiu do anteprojeto foi resgatado, mas o dispositivo em si que tratava da sucumbência recursal foi remodelado parcialmente, como se pode ver da comparação abaixo:

---

9. § 2º Os honorários serão fixados entre o mínimo de dez e o máximo de vinte por cento sobre o valor da condenação, do proveito, do benefício ou da vantagem econômica obtidos, conforme o caso, atendidos: I - o grau de zelo do profissional; II - o lugar de prestação do serviço; III - a natureza e a importância da causa; IV - o trabalho realizado pelo advogado e o tempo exigido para o seu serviço.

10. § 3º Nas causas em que for vencida a Fazenda Pública, os honorários serão fixados entre o mínimo de cinco por cento e o máximo de dez por cento sobre o valor da condenação, do proveito, do benefício ou da vantagem econômica obtidos, observados os parâmetros do § 2º.

11. § 1º A verba honorária de que trata o caput será devida também no pedido contraposto, no cumprimento de sentença, na execução resistida ou não e nos recursos interpostos, cumulativamente.

Redação do Senado Federal	Redação da Câmara dos Deputados
PLS n.º 166, de 2010, aprovada em 15-12-2010	PL n.º 8046, de 2010, aprovada em 26-04-2014.
Art. 87. ... §7º. A instância recursal, de ofício ou a requerimento da parte, fixará nova verba honorária advocatícia, observando-se o disposto nos §§ 2º e 3º e o limite total de vinte e cinco por cento para a fase de conhecimento.	Art. 85. ... § 11. O tribunal, ao julgar o recurso, majorará os honorários fixados anteriormente levando em conta o trabalho adicional realizado em grau recursal, observando, conforme o caso, o disposto nos §§ 2º a 6º. É vedado ao tribunal, no cômputo geral da fixação de honorários devidos ao advogado do vencedor, ultrapassar os respectivos limites estabelecidos nos §§ 2º e 3º para a fase de conhecimento.

Parece claro que, embora com palavras diferentes, Senado Federal e Câmara dos Deputados foram uníssonos em relação ao critério para a fixação de honorários pela sucumbência recursal. As duas Casas elegeram o fato objetivo da *derrota* no recurso como motivo para gerar o direito de remunerar o advogado do vencedor por seu trabalho adicional.

As duas Casas divergiram, basicamente, quanto ao teto global do percentual de honorários, pois, enquanto a versão aprovada no Senado Federal em 15-12-2010 dizia que a sucumbência recursal deveria observar "o limite total de vinte e cinco por cento para a fase de conhecimento" a Câmara dos Deputados estabeleceu – e isso foi mantido na versão final convertida na Lei 13.105, de 2015, – que é "vedado ao tribunal, no cômputo geral da fixação de honorários devidos ao advogado do vencedor, ultrapassar os respectivos limites estabelecidos nos §§ 2º e 3º para a fase de conhecimento."

O texto final da Câmara dos Deputados – no ponto também mantido na versão final convertida na Lei 13.105, de 2015, – contempla outra diferença em relação ao aprovado no Senado Federal em 15-12-2010. É que deixou claro que, em relação à Fazenda Pública, se observará a tabela progressiva também para a fixação de honorários recursais, situação que não estava prevista claramente na redação do Senado Federal de 15-12-2010.

Pois bem, resgatada, de forma breve, a história da evolução e construção do dispositivo que trata da sucumbência recursal no CPC/2015, passa-se a tratar da versão convertida na Lei 13.105, de 2015.

3. A SUCUMBÊNCIA RECURSAL NO CÓDIGO DE PROCESSO CIVIL DE 2015.

O §11 do art. 85 da Lei Federal 13.105, de 2015, que trata da sucumbência recursal, está assim redigido: "O tribunal, ao julgar recurso, majorará os honorários fixados anteriormente levando em conta o trabalho adicional realizado

NOVO CPC DOUTRINA SELECIONADA, v. 1 • Parte Geral

PARTE VII – DOS SUJEITOS DO PROCESSO

em grau recursal, observando, conforme o caso, o disposto nos §§ 2º a 6º, sendo vedado ao tribunal, no cômputo geral da fixação de honorários devidos ao advogado do vencedor, ultrapassar os respectivos limites estabelecidos nos §§ 2º e 3º para a fase de conhecimento".

O texto legal elege o fato objetivo da *derrota* como fundamento para o surgimento do dever judicial de fixação da sucumbência recursal. É indiferente se o recurso é ou não protelatório, se é ou não interposto de boa-fé, se veicula ou não tese pacífica ou controvertida. Como diz Bruno Vasconcelos Carrilho Lopes[12], "aplicam-se aqui os mesmos princípios e regras que legitimam e norteiam a condenação em honorários em primeira instância. O recorrente que sucumbe é responsável pelos honorários recursais por ter dado causa à instauração da fase recursal e tornado necessário o trabalho realizado nessa fase pelo advogado do recorrido. Essa responsabilidade é objetiva e independe de qualquer consideração a respeito de sua boa-fé ao recorrer."

Tanto é assim que o §12 do art. 85 diz que "os honorários referidos no § 11 são cumuláveis com multas e outras sanções processuais, inclusive as previstas no art. 77", o que significa dizer que eventual má-fé no ato de recorrer deverá receber a adequada punição, cujo valor será devido cumulativamente com os honorários recursais.

3.1. A condição para cabimento dos honorários de sucumbência recursal.

Os honorários de sucumbência recursal serão cabíveis em certos recursos, a depender do conteúdo do pronunciamento judicial impugnado no recurso, já que o §11 do art. 85 deve ser aplicado conjuntamente com o *caput* do mesmo dispositivo.

É, portanto, equivocada a interpretação de que os honorários de sucumbência recursal são cabíveis em *qualquer* recurso.

Com efeito, só serão cabíveis honorários recursais nos casos em que, em 1º grau, for admissível a fixação dos honorários pela atuação em tal instância. Para ser mais específico, somente serão cabíveis honorários recursais quando o recurso impugnar *sentença* que aborde integralmente todos os pedidos do autor ou em *decisão interlocutória* que tenha conteúdo de uma das hipóteses do art. 485 ou 487 (por exemplo, no caso do art. 356), também denominada por alguns de *sentença parcial* e, por outros, de *decisão interlocutória de mérito*.

---

12. LOPES, Bruno Vasconcelos Carrilho. *Os honorários recursais no novo código de processo civil.* in *Honorários Advocatícios.* COÊLHO, Marcus Vinícius Furtado; VOLPE CAMARGO, Luiz Henrique (coord). Salvador: JusPodivm. 2015, *no prelo.*

Assim, os honorários são cabíveis em qualquer recurso que impugnar pronunciamento judicial fundado em uma das hipóteses do art. 485 ou do art. 487, inclusive no agravo de instrumento nos casos em que a decisão interlocutória impugnada versar sobre o mérito da causa (art. 1.015, II); no caso de exclusão de litisconsorte (art. 1.015, VII); na liquidação de sentença (art. 1.015, parágrafo único) (STJ, EREsp 179.355/SP, rel. min. Barros Monteiro, Corte Especial, j. 17/10/2001, v.u.; EDcl no REsp 1374735/RS, rel. min. Luis Felipe Salomão, 4ª T., j. 16/09/2014, v.u.), pois, nestes casos, desde o primeiro grau, o juiz já deverá fixar honorários a favor do advogado do vencedor.

Em todas as demais hipóteses de cabimento do agravo de instrumento não serão cabíveis honorários recursais porque, pela natureza do pronunciamento judicial, já em 1º grau, eles não são admissíveis.

Nesta linha, não cabem honorários recursais no julgamento de agravo de instrumento contra decisão interlocutória que versar sobre: I – tutelas provisórias; II – rejeição da alegação de convenção de arbitragem; II – incidente de desconsideração da personalidade jurídica; IV – rejeição do pedido de gratuidade da justiça ou acolhimento do pedido de sua revogação; V – exibição ou posse de documento ou coisa; VI – rejeição do pedido de limitação do litisconsórcio; VII – admissão ou inadmissão de intervenção de terceiros; VIII – concessão, modificação ou revogação do efeito suspensivo aos embargos à execução.

César Cipriano de Fazio[13] discorre na mesma direção quando diz que "somente se admite a imposição de honorários advocatícios pela sucumbência recursal se possível condenação ou majoração de honorários advocatícios pela decisão recorrida. A título de exemplo, no caso de agravo de instrumento contra decisão que antecipa tutela de forma incidental, não é possível a condenação do sucumbente recursal ao pagamento de honorários, porquanto na decisão recorrida tal obrigação não poderia ter sido imposta ao vencido".

Também não cabe a fixação de honorários pela interposição de embargos de declaração, seja em 1º grau, seja em grau recursal. O propósito desse específico recurso é integrar o pronunciamento judicial embargado, de modo que os honorários, quando cabíveis, devem ser fixados na decisão, sentença ou acórdão objeto de tal recurso e não na que o julgar.

3.2. O arbitramento em julgamento monocrático ou colegiado.

É indiferente se o julgamento realizado no tribunal é colegiado ou monocrático. Por isso, havendo julgamento por tribunal (Tribunal de Justiça, Tribunal Regional Federal, Superior Tribunal de Justiça e Supremo Tribunal Federal) e

---

13. FAZIO, César Cirpiano. *Honorários Advocatícios de Sucumbência Recursal.* in *Honorários Advocatícios.* COÊLHO, Marcus Vinícius Furtado; VOLPE CAMARGO, Luiz Henrique (coord). Salvador: JusPodivm. 2015, *no prelo.*

existindo margem de percentual para arbitramento, a fixação de honorários deve ocorrer, pois a regra é imperativa[14].

Isto quer dizer que a regra geral é a de que, tanto nos casos de decisão monocrática, a ser tomada nos casos do art. 932, quanto nos casos de julgamento colegiado, unânime ou não unânime, os honorários adicionais serão devidos e deverão ser fixados por ocasião do julgamento.

Sobre o tema, na mesma direção é a compreensão de Alexandre Freitas Câmara[15] quando diz que, "tanto nos casos em que o recurso seja julgado monocraticamente (art. 932, III a V), como naqueles em que o julgamento se faz pelo órgão colegiado, deverá haver a fixação da verba honorária relativa à sucumbência recursal".

No caso de omissão quanto à condenação adicional, a parte deverá interpor embargos de declaração para o suprimento do vício e provocar a fixação de honorários de sucumbência recursal. No caso de ocorrer a formação da coisa julgada sem decisão sobre o tema, este poderá ser objeto de ação própria, na forma prevista no §18 do art. 85.

Ressalte-se que a fixação independe de pedido expresso da parte no recurso ou em contrarrazões, sendo, pois, aplicável a essência da previsão do art. 322, §1º, do CPC/2015. Sobre o tema, concorda-se com a sustentação de Flávio Chein Jorge[16] quando diz que a fixação dos honorários pela sucumbência recursal é "um dever do Tribunal" de modo que "não há necessidade de pedido expresso, já que, como decorre do texto legal, o Tribunal de ofício fixará nova verba (§ 11º, art. 85)".

Na mesma direção, é a sustentação de Estefânia Viveiros[17] quando diz "que a interposição de recurso é suficiente para que o Tribunal possa demarcar os novos honorários de sucumbência na fase recursal".

3.3. O arbitramento no caso de inadmissão ou improvimento do recurso; provimento total e de provimento parcial do recurso.

Os honorários devem ser fixados no caso de inadmissão ou improvimento do recurso; provimento total e de provimento parcial do recurso.

---

14. Sobre o tema, colhe-se o enunciado 242 do IV Encontro Permanente de Processualistas Civis: "Os honorários de sucumbência recursal são devidos em decisão unipessoal ou colegiada (Grupo: Advogado e Sociedade de Advogados. Prazos)".

15. CÂMARA, Alexandre Freitas. *Honorários de sucumbência recursal. in Honorários Advocatícios.* COÊLHO, Marcus Vinícius Furtado; VOLPE CAMARGO, Luiz Henrique (coord). Salvador: JusPodivm. 2015, *no prelo.*

16. JORGE, Flávio Chein. *Os honorários advocatícios e o recurso de apelação: um enfoque especial nos honorários recursais. in Honorários Advocatícios.* COÊLHO, Marcus Vinícius Furtado; VOLPE CAMARGO, Luiz Henrique (coord). Salvador: JusPodivm. 2015, *no prelo.*

17. VIVEIROS, Estefânia. *Honorários Advocatícios e Sucumbência Recursal. in Honorários Advocatícios.* COÊLHO, Marcus Vinícius Furtado; VOLPE CAMARGO, Luiz Henrique (coord). Salvador: JusPodivm. 2015, *no prelo.*

Cap. 5 • OS HONORÁRIOS ADVOCATÍCIOS PELA SUCUMBÊNCIA RECURSAL NO CPC/2015
Luiz Henrique Volpe Camargo

No caso de inadmissão ou improvimento total do recurso, os honorários arbitrados pelo tribunal serão somados aos estabelecidos anteriormente, posto que o texto (art. 85, §11) diz claramente que o tribunal "majorará" a verba honorária. Isso demonstra que os honorários recursais são realmente *adicionais* e devem ser acrescidos aos fixados em 1º grau, pois, como dito, têm o objetivo de remunerar o advogado por seu trabalho complementar realizado, conforme o caso, em 2º grau, no STJ ou no STF[18].

O exemplo abaixo parece ser útil para a exposição da questão.

Suponha que a parte autora "A", patrocinada pelo advogado "X", teve sucesso em 1º grau na ação de cobrança que promove contra a parte "B", patrocinada pelo advogado "Y", e é condenada ao pagamento de 10% de honorários sobre o valor da condenação principal. Inconformada, a parte "B" ingressa com recurso de apelação que, por sua vez, é improvido com manutenção do resultado em 1º grau. Neste caso, o tribunal deve, além de manter a condenação de 1º grau de 10% de honorários sobre o valor da condenação principal, fixar honorários recursais a favor de "X", que é advogado de "A", para remunerá-lo por seu trabalho adicional em 2º grau. Esses honorários recursais – que devem ser fixados em no mínimo 10% –, devem ser somados aos fixados em 1º grau, totalizando, assim, a condenação em 20% (10% do 1º grau + 10% do 2º grau).

Já no caso de provimento total do recurso, o tribunal deverá inverter a condenação inicial e fixar os honorários recursais, em razão do tratamento isonômico exigido pelo art. 5º, *caput*, da Constituição Federal, afinal, não existe sentido admitir a fixação de honorários no caso de improvimento do recurso, mas não no caso de seu provimento.

Esta também é a compreensão de Teresa Arruda Alvim Wambier, Maria Lúcia Lins Conceição, Leonardo Ferres da Silva Ribeiro e Rogério Licastro Torres de Mello[19] quando sustentam que prevaleceu "a natureza remuneratória, especialmente porque se acrescentou a possibilidade de fixação de honorários advocatícios para a hipótese em que *o recurso seja provido*".

César Cipriano de Fazio[20] discorre na mesma direção ao dissertar que "A sucumbência recursal é a derrota na pretensão manifestada no recurso, seja

---

18. Sobre o tema, colhe-se o enunciado 241 do IV Encontro Permanente de Processualistas Civis: "Os honorários de sucumbência recursal serão somados aos honorários pela sucumbência em primeiro grau, observados os limites legais (Grupo: Advogado e Sociedade de Advogados. Prazos)".

19. WAMBIER, Teresa Arruda Alvim; CONCEIÇÃO, Maria Lúcia Lins; RIBEIRO, Leonardo Ferres da Silva; MELLO, Rogério Licastro Torres. *Primeiros Comentários ao novo Código de Processo Civil artigo por artigo*. São Paulo: RT, 2015, p. 168.

20. FAZIO, César Cirpiano. *Honorários Advocatícios de Sucumbência Recursal. in Honorários Advocatícios*. COÊLHO, Marcus Vinícius Furtado; VOLPE CAMARGO, Luiz Henrique (coord). Salvador: JusPodivm. 2015, *no prelo*.

pelo recorrente, seja pelo recorrido, não importando, pelo menos para os fins de majoração dos honorários advocatícios (art. 85, §11, do CPC/15), qual deles restou vencedor no mérito da demanda".

Bruno Vasconcelos Carrilho Lopes[21], por sua vez, tem diferente compreensão sobre o dispositivo legal, pois sustenta que, "quando o recurso é provido, não haverá a majoração dos honorários fixados anteriormente, pois a condenação em honorários imposta na decisão recorrida beneficiava o advogado do recorrido e será cassada. Uma condenação em honorários totalmente nova deverá ser imposta pelo tribunal, agora em benefício do advogado do recorrente, devendo ser considerado no arbitramento da verba o trabalho realizado pelo advogado no decorrer de todo o processo, inclusive na fase recursal". Na sua visão, caberia ao tribunal fixar verba honorária integralmente nova, levando em consideração o trabalho em primeiro grau e o trabalho adicional no tribunal, o que, na prática, significaria dizer que o tribunal não poderia, por exemplo, fixar honorários no piso de 10% - mas, sim, acima disto para retribuir o cômputo geral do tempo trabalhado.

Com o devido respeito, discorda-se do ponto de vista de Bruno Vasconcelos Carrilho Lopes. É que no caso de provimento do recurso o tribunal deve realizar duas operações distintas e sequenciais:

a) *a primeira* de inversão do beneficiário da sucumbência arbitrada em 1º grau, com a atribuição do percentual antes fixado ao advogado de uma das partes para o advogado da outra, nova vencedora da causa; e

b) *a segunda* de definição da sucumbência recursal, para retribuir o trabalho adicional do advogado do recorrente, com a interposição do recurso e a atuação junto ao tribunal.

Com efeito, o §11 do art. 85 é claro ao dizer que o tribunal "majorará" os honorários fixados anteriormente, o que pressupõe as duas operações acima descritas. Note-se que, diferentemente do que acontece na previsão do art. 55[22] da Lei 9.099/95, o texto não restringe o cabimento dos honorários recursais à hipótese de improvimento do recurso. Pela generalidade como está redigido o §11 do art. 85 e pelo histórico da tramitação legislativa que indica a opção de

---

21. LOPES, Bruno Vasconcelos Carrilho. *Os honorários recursais no novo código de processo civil.* in *Honorários Advocatícios.* COÊLHO, Marcus Vinícius Furtado; VOLPE CAMARGO, Luiz Henrique (coord). Salvador: JusPodivm. 2015, *no prelo.*

22. Art. 55. A sentença de primeiro grau não condenará o vencido em custas e honorários de advogado, ressalvados os casos de litigância de má-fé. Em segundo grau, o recorrente, vencido, pagará as custas e honorários de advogado, que serão fixados entre dez por cento e vinte por cento do valor de condenação ou, não havendo condenação, do valor corrigido da causa.

utilização dos honorários de sucumbência para retribuir o trabalho do advogado é possível concluir que são devidos tanto no caso de provimento, quanto no caso de improvimento do recurso, pois nas duas situações há trabalho adicional do advogado do vencedor.

Embora, na prática, em termos de percentual, o caminho sugerido por Bruno Vasconcelos Carrilho Lopes possa, em muitos casos, importar no mesmo resultado a ser alcançado pelo itinerário sugerido neste ensaio, acredita-se que a realização de duas operações distintas e sequenciais é mais adequada e simples, sobretudo para disciplinar a renumeração no caso de sucumbência parcial, quer em 1º grau, quer em 2º grau, que em ambos os graus de jurisdição, e também a hipótese de impugnação de apenas um ou alguns dos capítulos da sentença.

Deve, portanto, o tribunal tratar da redefinição do beneficiário da condenação ao pagamento de honorários de 1º grau e arbitrar a verba adicional pela atuação na respectiva Corte, respeitando, como dito acima, o limite estabelecido na versão final convertida em lei[23].

Um exemplo pode melhor esclarecer o ponto de vista aqui defendido.

Suponha que a parte autora "A", patrocinada pelo advogado "X", não teve sucesso em 1º grau na ação de cobrança que promove contra a parte "B", patrocinada pelo advogado "Y", e é condenada ao pagamento de 10% de honorários sobre o valor da condenação impedida, que é o *proveito econômico* alcançado. Inconformada, a parte "A" ingressa com recurso de apelação que, por sua vez, é provido com inversão do resultado em 1º grau. Neste caso, o tribunal deve inverter os ônus de sucumbência, condenando "B" a pagar ao advogado de "A" (no caso, ao advogado "X") 10%, agora, sobre o *valor da condenação* e, também, fixar honorários recursais de mais de 10% também sobre o *valor da condenação* a favor do "X", que é advogado de "A", para remunerá-lo por seu trabalho adicional em 2º grau. Esses honorários recursais – que devem ser fixados em no mínimo 10% –, devem ser somados aos fixados em 1º grau (cuja titularidade deverá ser invertida com o provimento do recurso), totalizando, assim, a condenação em 20% (10% do 1º grau + 10% do 2º grau).

Por fim, no caso de provimento parcial, o tribunal deverá realizar a fixação também em percentual de, no mínimo, mais 10%. Não existe margem para a fixação em percentual menor do que este, posto que, como dito, o §11 do art. 85 diz que deve ser observado o §2º do art. 85 na fixação dos honorários de

---

23. Sobre o tema, colhe-se o enunciado 243 do IV Encontro Permanente de Processualistas Civis: "No caso de provimento do recurso de apelação, o tribunal redistribuirá os honorários fixados em primeiro grau e arbitrará os honorários de sucumbência recursal (Grupo: Advogado e Sociedade de Advogados. Prazos)".

sucumbência recursal. E o art. 85, §2º, impõe o piso de 10%. Note-se que o provimento parcial do recurso importará na definição da *base de cálculo* da incidência do percentual de pelo menos 10% e isso será suficiente para remunerar o advogado na mesma dimensão da vitória.

Por exemplo: suponha que o autor formule pedido de condenação do réu ao pagamento de dano material no valor de R$ 100.000,00. Imagine, ainda, que, em 1º grau, a sentença acolha parcialmente a pretensão e condene o réu a pagar apenas R$ 40.000,00. Figure também que, em 1º grau, a sentença fixe 10% de honorários a favor do advogado do *autor* e 10% a favor do advogado do réu. Os 10% devidos a favor do advogado do *autor* em 1º grau incidirão sobre R$ 40.000,00, que é o valor da condenação (art. 85, §2º). Os 10% devidos a favor do advogado do réu incidirão sobre R$ 60.000,00, que foi a parcela do pedido que o autor decaiu, que, no caso, equivale ao proveito econômico (art. 85, §2º). Idealize, ainda, que o autor interponha recurso de apelação para buscar a majoração da indenização pelo dano material de R$ 40.000,00 (já fixada em 1º grau) para R$ 100.000,00, que era a pretensão inicial e, nesse passo, que o recurso de apelação seja parcialmente provido para majorar a condenação de R$ 40.000,00 para R$ 70.000,00. Neste caso, pela sucumbência recursal, o tribunal deverá condenar o réu a pagar ao advogado do autor 10% sobre o valor da *condenação* (art. 85, §2º, c/c §11) e, de outro lado, o autor a pagar ao advogado do réu 10% do "proveito econômico" (que é igual à *condenação impedida* ou por outras palavras, igual à parte que o autor *decaiu* de sua pretensão) (art. 85, §2º, c/c §11), a ser mensurada a partir da pretensão inicial.

Isso significa que o advogado do autor terá o direito de receber 10% de honorários arbitrados em 1º grau (art. 85, §2º) e mais 10% de honorários pela sucumbência recursal (art. 85, §2º, c/c §11), a incidir sobre a condenação total de R$ 70.000,00. O advogado do réu, por sua vez, terá o direito de receber 10% arbitrados em 1º grau (art. 85, §2º) e mais 10% pelo êxito parcial no recurso (art. 85, §2º, c/c §11), a incidir sobre R$ 30.000,00, que, no final das contas, é a parcela do pedido que o autor decaiu, que, no caso, equivale ao proveito econômico.

O exemplo demonstra que a *base de cálculo* da incidência do percentual de pelo menos 10% é suficiente para remunerar o advogado na mesma dimensão da vitória no caso de provimento parcial.

Com efeito, na hipótese de sucumbência recíproca, onde, no caso de pedidos cumulados, cada uma das partes é, ao mesmo tempo, vencida e vencedora, caberá ao tribunal, quando julgar recurso de qualquer das duas partes, dimensionar a vitória de cada uma delas no recurso e, nessa medida, fixar a remuneração pela parte ao advogado da parte adversa em grau recursal, quer quanto aos honorários de 1º grau, quer quanto aos honorários de sucumbência recursal, tudo sem compensar os honorários, posto que esta é vedada expressamente (§14 do art. 85).

3.4. Os critérios para a fixação dos honorários pela sucumbência recursal.

Os critérios e percentuais para a fixação dos honorários pela sucumbência recursal são os mesmos para a fixação pela sucumbência em 1º grau.

Os honorários pela sucumbência recursal não serão, portanto, fixados por apreciação equitativa do Desembargador ou Ministro. Devem, sim, observar o respectivo *piso* e *teto* estabelecido no texto legal.

Diante disso, com respeito, discorda-se de Flávio Chein Jorge[24] quando sugere que o percentual de "até 5% seja um indicador a ser levado em consideração para a fixação de honorários recursais".

É que no §11 do art. 85 há remissão ao "disposto nos §§2º e 6º" do mesmo artigo, o que demonstra que, por opção legislativa, cabe ao tribunal, ao fixar os honorários pela sucumbência recursal, observar o *piso* estabelecido em tais parágrafos.

Com efeito, o percentual mínimo de honorários recursais não está ao alvedrio do julgador, pois a própria Lei Federal 13.105, de 2015, ao fazer a conexão entre o §11 do art. 85 e os §§ 2º a 6º do mesmo artigo, já deixou clara, expressa, fora de dúvida, a opção legislativa de observância, ao menos, do *piso* definido para a hipótese de causa onde a Fazenda Pública não for parte (§2º do art. 85), assim como o piso para as causas em que a Fazenda Pública for parte (§3º do art. 85).

Não pode, por exemplo, a pretexto de fixar honorários de sucumbência recursal, o tribunal fixar honorários de 0,5% ou 0,75%. O piso advém da Lei Federal, que, como cediço, a todos obriga.

Isso significa que, nas causas em que a Fazenda Pública não for parte, sempre, os honorários recursais serão de, no mínimo, 10% (dez por cento) a favor do advogado vencedor do recurso. Mesmo no caso de provimento parcial, ainda assim os honorários devem ser fixados em 10% (dez por cento), já que, conforme exposto acima, a base de cálculo distinguirá a sucumbência parcial do êxito total.

Outrossim, nas causas em que a Fazenda Pública for parte os honorários pela sucumbência recursal serão de, no mínimo:

a) 10% a favor do advogado vencedor do recurso quando o proveito econômico do processo for de até 200 (duzentos) salários mínimos;

---

24. JORGE, Flávio Chein. *Os honorários advocatícios e o recurso de apelação: um enfoque especial nos honorários recursais*. in *Honorários Advocatícios*. COÊLHO, Marcus Vinícius Furtado; VOLPE CAMARGO, Luiz Henrique (coord). Salvador: JusPodivm. 2015, *no prelo*.

b) 8% a favor do advogado vencedor do recurso quando o proveito econômico do processo for acima de 200 (duzentos) até 2.000 (dois mil) salários mínimos;

c) 5% a favor do advogado vencedor do recurso quando o proveito econômico do processo for acima de 2.000 (dois mil) até 20.000 (vinte mil) salários mínimos;

d) 3% a favor do advogado vencedor do recurso quando o proveito econômico do processo for acima de 20.000 (vinte mil) até 100.000 (cem mil) salários mínimos;

e) 1% a favor do advogado vencedor do recurso quando o proveito econômico do processo acima de 100.000 (cem mil) salários mínimos.

A prefixação legal de piso e teto, em percentuais, é altamente louvável, pois evita em casos concretos, de um lado, a fixação de valor irrisório e, de outro, o estabelecimento de valores astronômicos.

O §11 do art. 85 estabelece, contudo, como teto "no cômputo geral da fixação de honorários" os respectivos percentuais previstos nos §§ 2º e 3º do art. 85. Disso resulta que, se em 1º grau, desde logo, o juiz arbitrar os honorários no teto, não haverá honorários de sucumbência recursal. Mesmo que a fixação inicial se dê no piso em 1º grau, já no tribunal de 2º grau o teto será atingido. Em consequência, nas causas entre particulares, não haverá fixação de honorários de sucumbência recursal no Superior Tribunal de Justiça ou no Supremo Tribunal Federal.

O quadro abaixo sintetiza os percentuais mínimos, intermediários e máximos que podem ser fixados a título de verba honorária para os processos em que figuram como partes, apenas, particulares:

	1º grau	2º grau	STJ	STF	Total máximo
Menor fixação em 1º grau	10%	10%	0%	0%	20%
Intermediária fixação em 1º grau	15%	5%	0%	0%	20%
Maior fixação em 1º grau	20%	0%	0%	0%	20%

Outro exemplo, desta feita envolvendo a Fazenda Pública, também ilustra a explicação. Em causa na qual a Fazenda Pública ocupe qualquer dos polos e o benefício econômico for de 200 (duzentos) salários mínimos, se em 1º grau a condenação em honorários for fixada no percentual intermediário de 15% (art. 85, §3º, I) e no tribunal houver a confirmação da sentença, o órgão jurisdicional, ao julgar o recurso, deveria, em tese, fixar mais 10%, no mínimo (art. 85, §3º, I).

Ocorre que, como o §11 do art. 85 veda, no cômputo geral, a fixação de honorários acima do respectivo limite estabelecido no §3º do art. 85, no caso, o órgão jurisdicional somente poderá fixar mais 5%, alcançando, assim, o teto de 20% (15% em 1º grau + 5% em 2º grau) estabelecido no art. 85, §3º, I, já que, em tal exemplo, o benefício econômico para o cliente do advogado foi de 200 (duzentos) salários mínimos. Havendo recurso ao Superior Tribunal de Justiça e nova derrota, embora o piso seja de mais 10%, porque estabelecido no inciso I do §3º do art. 85, o órgão jurisdicional nada mais poderá fixar a título de honorários, repita-se, em vista do limitador total previsto no §11 do art. 85.

Mais complexa é a regra de fixação da sucumbência recursal quando, em 1º grau, já tiver existido a necessidade de combinação da regra do §3º com a do §5º do art. 85.

Como dito, se o valor da condenação atingir a faixa do inciso III do 3º do art. 85, por ser equivalente a 2.500 salários mínimos, o juiz deverá realizar três arbitramentos: para cada uma das três faixas de valores compreendidas nos incisos I, II e III do §3º do art. 85 deverá existir uma definição de percentual de honorários.

Essa combinação de regras se projeta para a sucumbência recursal, ou seja, devem ser aplicados conjuntamente os §§ 3º, 5º e 11 do art. 85.

Por exemplo: em causa na qual a Fazenda Pública ocupe qualquer dos polos e o benefício econômico for de 10.000 (dez mil) salários mínimos, se em 1º grau a condenação em honorários for fixada a favor do advogado do autor em 10% sobre a parte inicial da condenação até 200 salários-mínimos, 8% sobre para a parte da condenação que mediar entre 200 e 2000 salários-mínimos e, por fim, em 5% sobre o que sobejar os 2000 salários-mínimos (art. 85, §3º, III, c/c §5º), e no tribunal houver a confirmação da sentença, o órgão jurisdicional, ao julgar o recurso, deveria, em tese, fixar *mais* 10% sobre a parte inicial da condenação até 200 salários-mínimos, **8%** sobre a parte da condenação que mediar entre 200 e 2000 salários-mínimos e, por fim, em **5%** sobre o que sobejar os 2000 salários-mínimos (art. 85, §3º, III, c/c §5º).

Ocorre que, como o §11 do art. 85 veda, no cômputo geral, a fixação de honorários *acima do respectivo limite* estabelecido no §3º do art. 85, no caso, o órgão jurisdicional somente poderá fixar *mais* 10% sobre a parte inicial da condenação até 200 salários-mínimos, **2%** sobre para a parte da condenação que mediar entre 200 e 2000 salários-mínimos e, por fim, em **3%** sobre o que sobejar os 2000 salários-mínimos (art. 85, §3º, III, c/c §5º), alcançando, assim, os *respectivos tetos* de cada uma das faixas.

Vale dizer, como, em tal exemplo, o benefício econômico para o cliente do advogado do autor foi de 10.000 (dez mil) salários mínimos e houve recurso ao tribunal de 2º grau, neste atingirá, em cada uma das faixas, o teto de percentual admissível.

Assim, ao todo, o advogado do autor terá direito de receber 20% sobre a parte inicial da condenação até 200 salários-mínimos (10% fixado em 1º grau e mais 10% fixado em 2º grau); 10% sobre para a parte da condenação que mediar entre 200 e 2000 salários-mínimos (8% fixado em 1º grau e mais **2%** fixado em 2º grau); e, por fim, em 8% sobre o que sobejar os 2000 salários-mínimos (5% fixado em 1º grau e mais **3%** fixado em 2º grau), alcançando, assim, os respectivos tetos de cada uma das faixas (art. 85, §3º, I, II e III, c/c §5º c/c §11).

Havendo recurso ao Superior Tribunal de Justiça e novo julgamento, o órgão jurisdicional nada mais poderá fixar a título de honorários a qualquer dos advogados das partes, repita-se, em vista do limitador total previsto no §11 do art. 85.

Isto significa que, em vista da limitação imposta no CPC/2015, ressalvada uma única hipotética situação do inciso V do §3º do art. 85, nas causas em que a Fazenda Pública for parte, ordinariamente não haverá fixação de honorários pela sucumbência no Superior Tribunal de Justiça e/ou no Supremo Tribunal Federal.

A mesma lógica aplica-se às causas em que a Fazenda Pública figure como parte, sendo, por conta disso, possível concluir que os percentuais admissíveis estão contemplados nas seguintes tabelas, que têm incidência quer quando atue como autora, quer quando atue como ré:

Valor da condenação ou do proveito econômico obtido até 200 salários mínimos					
	1º grau	2º grau	STJ	STF	Total máximo
Menor fixação em 1º grau	10%	10%	0%	0%	20%
Intermediária fixação em 1º grau	15%	5%	0%	0%	20%
Maior fixação em 1º grau	20%	0%	0%	0%	20%

***

Valor da condenação ou do proveito econômico acima de 200 salários mínimos até 2.000 salários mínimos					
	1º grau	2º grau	STJ	STF	Total máximo
Menor fixação em 1º grau	8%	2%	0%	0%	10%
Intermediária fixação em 1º grau	9%	1%	0%	0%	10%
Maior fixação em 1º grau	10%	0%	0%	0%	10%

***

Valor da condenação ou do proveito econômico acima de 2000 salários mínimos até 20.000 salários mínimos					
	1º grau	2º grau	STJ	STF	Total máximo
Menor fixação em 1º grau	5%	3%	0%	0%	8%
Intermediária fixação em 1º grau	6%	2%	0%	0%	8%
Intermediária fixação em 1º grau	7%	1%	0%	0%	8%
Maior fixação em 1º grau	8%	0%	0%	0%	8%

***

Valor da condenação ou do proveito econômico acima de 20.000 salários mínimos até 100.000 salários mínimos					
	1º grau	2º grau	STJ	STF	Total máximo
Menor fixação em 1º grau	3%	2%	0%	0%	5%
Intermediária fixação em 1º grau	4%	1%	0%	0%	5%
Maior fixação em 1º grau	5%	0%	0%	0%	5%

***

Valor da condenação ou do proveito econômico acima de 100.000 salários mínimos					
	1º grau	2º grau	STJ	STF	Total máximo
Menor fixação em 1º grau	1%	1%	1%	0%	3%
Intermediária fixação em 1º grau	2%	1%	0%	0%	3%
Maior fixação em 1º grau	3%	0%	0%	0%	3%

3.5. Cumulação de honorários de sucumbência recursal com multa e outras sanções.

O §12º do art. 85 contém regra que tem o propósito de deixar claro que a sucumbência recursal não afasta ou substitui multa ou outras sanções processuais e também pode ser trocada por elas. São, na expressão da lei, "cumuláveis". Isso significa, por exemplo, que a punição do recorrente com multa (art. 81) pela interposição de recurso com intuito manifestamente protelatório (art. 80, VII) ou com alteração da verdade dos fatos (art. 80, II) deve ser cumulada com a fixação de honorários pela sucumbência recursal, nas condições antes expostas.

3.6. Inexistência de honorários recursais na remessa necessária.

O CPC/2015 restringiu substancialmente os casos de remessa necessária (art. 496). Não existe fixação de honorários no caso de remessa necessária posto que não existe trabalho adicional dos advogados das partes. Inaplicável, portanto, o §11 do art. 85 nos casos de julgamento, pelo tribunal, em função do cumprimento do art. 496. A sucumbência recursal é restrita aos casos de recurso voluntário de qualquer das partes.[25]

A inexistência de honorários de sucumbência recursal nos casos de remessa necessária, contudo, não afasta a possibilidade de o tribunal reexaminar os honorários fixados em 1º grau, desde que, naturalmente, observe o regramento do art. 85, §§ 3º, 4º e 5º. O tema, aliás, já é objeto do enunciado n.º 325 da súmula da jurisprudência dominante do STJ, que diz que "A remessa oficial devolve ao Tribunal o reexame de todas as parcelas da condenação suportadas pela Fazenda Pública, inclusive dos honorários de advogado." Este enunciado é recepcionado pelo CPC/2015.

3.7. Honorários quando o advogado deixa de apresentar resposta ao recurso.

Quando o advogado deixa decorrer *in albis* o prazo para a apresentação de contrarrazões, mesmo que seu cliente seja vencedor no tribunal, não são devidos honorários recursais. Como reiteradamente sustentado, os honorários são devidos para remunerar o *trabalho* adicional. Inexistindo trabalho, não deve haver[26] condenação.

A esse respeito, César Cipriano de Fazio[27] sustenta que "outro pressuposto para a majoração dos honorários em virtude da sucumbência recursal é a ocorrência de efetivo trabalho por parte do advogado da parte vencedora no

---

25. Em sentido oposto: "Dúvidas podem surgir quanto à aplicação do art. 85, § 11 à remessa necessária, disciplinada no art. 496 do Novo CPC. Mas apesar de a remessa necessária não ser propriamente um recurso, o relevante para identificar se devem ou não ser fixados honorários em complemento aos da sentença é a realização de um trabalho pelo advogado do vencedor após o julgamento de primeira instância, trabalho que não será adequadamente remunerado se não forem arbitrados honorários complementares. A *ratio* fundamental do art. 85, § 11 é justamente essa: todo o trabalho realizado pelo advogado no decorrer do processo deve ser remunerado, não apenas o decorrente de sua atuação em primeira instância. É irrelevante aqui o fato de o prolongamento do processo pela remessa necessária não depender de um ato de vontade do ente público beneficiado. A remessa é realizada em exclusivo benefício do ente público (STJ, súmula n. 45), a causa do prolongamento do processo é a abertura de uma oportunidade para o reexame em seu favor de decisão contrária aos seus interesses e, em decorrência, ele deve arcar com o pagamento de honorários complementares no julgamento de segundo grau, única forma de remunerar todo o trabalho realizado pelo advogado da parte vencedora." (LOPES, Bruno Vasconcelos Carrilho. *Os honorários recursais no novo código de processo civil. in Honorários Advocatícios.* COÊLHO, Marcus Vinícius Furtado; VOLPE CAMARGO, Luiz Henrique (coord). Salvador: JusPodivm. 2015, *no prelo*)

26. No mesmo sentido: LOPES, Bruno Vasconcelos Carrilho. *Os honorários recursais no novo código de processo civil. in Honorários Advocatícios.* COÊLHO, Marcus Vinícius Furtado; VOLPE CAMARGO, Luiz Henrique (coord). Salvador: JusPodivm. 2015, *no prelo*.

27. FAZIO, César Cirpiano. *Honorários Advocatícios de Sucumbência Recursal. in Honorários Advocatícios.* COÊLHO, Marcus Vinícius Furtado; VOLPE CAMARGO, Luiz Henrique (coord). Salvador: JusPodivm. 2015, *no prelo*.

recurso. Por conseguinte, não poderia ser a parte condenada ao pagamento/ majoração de honorários a advogado que não respondeu ao recurso ou, ao menos, não atuou efetivamente na defesa dos interesses do seu constituinte (realizando sustentação oral, por exemplo), mercê da expressão 'acréscimo de trabalho', prevista no art. 85, §11, do CPC/15".

A questão muda de figura, entretanto, quando o recorrido deixa de apresentar contrarrazões e, depois, apresenta manifestação para esclarecimento de questão junto ao tribunal na forma do art. 933[28] do CPC/2015, prática ou renova ato processual na forma do §1o do art. 938[29], comprova nos autos a entrega de memoriais aos julgadores ou faz sustentação oral por ocasião do julgamento na forma do art. 937[30]. Em tal cenário, a despeito da omissão inicial, o trabalho adicional deve ser recompensado financeiramente, mediante a condenação ao pagamento de honorários recursais.

3.8. Sucumbência recursal e litisconsórcio.

A condenação pela sucumbência recursal é cabível apenas ao vencido no recurso e não a eventuais litisconsortes que não recorrerem ou contra quem não

---

28. Art. 933. Se o relator constatar a ocorrência de fato superveniente à decisão recorrida ou a existência de questão apreciável de ofício ainda não examinada que devam ser considerados no julgamento do recurso, intimará as partes para que se manifestem no prazo de 5 (cinco) dias. § 1o Se a constatação ocorrer durante a sessão de julgamento, esse será imediatamente suspenso a fim de que as partes se manifestem especificamente. § 2o Se a constatação se der em vista dos autos, deverá o juiz que a solicitou encaminhá-los ao relator, que tomará as providências previstas no caput e, em seguida, solicitará a inclusão do feito em pauta para prosseguimento do julgamento, com submissão integral da nova questão aos julgadores.

29. Art. 938. A questão preliminar suscitada no julgamento será decidida antes do mérito, deste não se conhecendo caso seja incompatível com a decisão. § 1o Constatada a ocorrência de vício sanável, inclusive aquele que possa ser conhecido de ofício, o relator determinará a realização ou a renovação do ato processual, no próprio tribunal ou em primeiro grau de jurisdição, intimadas as partes.

30. Art. 937. Na sessão de julgamento, depois da exposição da causa pelo relator, o presidente dará a palavra, sucessivamente, ao recorrente, ao recorrido e, nos casos de sua intervenção, ao membro do Ministério Público, pelo prazo improrrogável de 15 (quinze) minutos para cada um, a fim de sustentarem suas razões, nas seguintes hipóteses, nos termos da parte final do caput do art. 1.021: I - no recurso de apelação; II - no recurso ordinário; III - no recurso especial; IV - no recurso extraordinário; V - nos embargos de divergência; VI - na ação rescisória, no mandado de segurança e na reclamação; VII - (VETADO); VIII - no agravo de instrumento interposto contra decisões interlocutórias que versem sobre tutelas provisórias de urgência ou da evidência; IX - em outras hipóteses previstas em lei ou no regimento interno do tribunal. § 1o A sustentação oral no incidente de resolução de demandas repetitivas observará o disposto no art. 984, no que couber. § 2o O procurador que desejar proferir sustentação oral poderá requerer, até o início da sessão, que o processo seja julgado em primeiro lugar, sem prejuízo das preferências legais. § 3o Nos processos de competência originária previstos no inciso VI, caberá sustentação oral no agravo interno interposto contra decisão de relator que o extinga. § 4o É permitido ao advogado com domicílio profissional em cidade diversa daquela onde está sediado o tribunal realizar sustentação oral por meio de videoconferência ou outro recurso tecnológico de transmissão de sons e imagens em tempo real, desde que o requeira até o dia anterior ao da sessão.

se recorreu. É indiferente[31] se o resultado do julgamento do recurso aproveita ou poderia aproveitar à litisconsorte, nos termos do art. 1.055[32]. Só quem recorreu ou figurou diretamente como recorrido responde pela sucumbência recursal.

De outro lado, havendo litisconsórcio e mais de um vencido no recurso, caberá ao tribunal distribuir de forma expressa, na forma do §1º do art. 87, a responsabilidade pelo pagamento das despesas entre os litisconsortes. Definição da proporção será imperativa quando existir desigualdade na cota de cada um dos litisconsortes. Eventual omissão deve ser suprida por meio de embargos de declaração. No caso de silêncio da decisão monocrática ou do acórdão quanto à questão com trânsito em julgado, pela previsão do §2º do art. 87, haverá solidariedade. Trata-se, pois, de nova hipótese de solidariedade prevista em lei (art. 265 do CC), que pode, entretanto, ser afastada por decisão judicial.

O(s) respectivo(s) credor(es) dos honorários terá(ão), neste caso, na forma do art. 275 do Código Civil, o direito "a exigir e receber de um ou de alguns dos devedores, parcial ou totalmente, a dívida comum; se o pagamento tiver sido parcial, todos os demais devedores continuam obrigados solidariamente pelo resto", aplicando-se, quanto ao mais, toda a "Seção III – Da Solidariedade Passiva" do "Capítulo V – Das Obrigações Divisíveis e Indivisíveis" do Código Civil.

3.9. Honorários de sucumbência recursal e direito intertemporal.

Tema da mais alta relevância para a transição da codificação revogada para o novo regramento diz respeito à incidência ou não de honorários pela sucumbência nos recursos interpostos durante a vigência do CPC/1973, mas julgados durante a vigência do CPC/2015.

Lucas Rister de Sousa Lima[33], em texto que integra esta obra, sustenta que não. Nas suas palavras, "admitir a aplicação da regra para os recursos já

---

31. No mesmo sentido: LOPES, Bruno Vasconcelos Carrilho. *Os honorários recursais no novo código de processo civil*. in *Honorários Advocatícios*. COÊLHO, Marcus Vinícius Furtado; VOLPE CAMARGO, Luiz Henrique (coord). Salvador: JusPodivm. 2015, *no prelo*.

32. Art. 1.005. O recurso interposto por um dos litisconsortes a todos aproveita, salvo se distintos ou opostos os seus interesses. Parágrafo único. Havendo solidariedade passiva, o recurso interposto por um devedor aproveitará aos outros quando as defesas opostas ao credor lhes forem comuns.

33. LIMA, Lucas Rister de Sousa. *Direito intertemporal e honorários advocatícios sucumbenciais no novo cpc*. in *Honorários Advocatícios*. COÊLHO, Marcus Vinícius Furtado; VOLPE CAMARGO, Luiz Henrique (coord). Salvador: JusPodivm. 2015, *no prelo*. Na mesma direção: "sendo os honorários recursais um efeito do ato de interposição (e havendo uma nítida relação de causalidade que deflagra a condenação honorária) é de se concluir que nos recursos interpostos na vigência do CPC/73 não poderá haver condenação em honorários recursais previstos no CPC/15, visto que o efeito do ato realizado sob a égide do CPC/73 deve, também, ser regulado por este estatuto". (NUNES, Dierle, DUTRA, Vitor Barbosa; OLIVEIRA JÚNIOR, Délio Mota de, *Honorários no recurso de apelação e questões correlatas*. in *Honorários Advocatícios*. COÊLHO, Marcus Vinícius Furtado; VOLPE CAMARGO, Luiz Henrique (coord). Salvador: JusPodivm. 2015, *no prelo*)

interpostos antes de vir a lume o novo *codex*, mas julgados na vigência deste, seria violar o direito do litigante à manutenção do regime revogado, no qual interpôs o recurso, quando ainda não era previsto tal efeito (que pode lhe gerar inequívoco prejuízo financeiro) para o caso de insucesso do recurso apresentado. Estar-se-ia colhendo o jurisdicionado de surpresa e impondo-lhe 'pena' inexistente no momento em que decidiu recorrer (afinal, sua condenação certamente se agravará caso reste vencido), a qual, portanto, não foi por ele considerada ou levada em conta quando pautou o seu agir e resolveu recorrer de uma dada decisão".

Com o mais elevado respeito, discorda-se, também, deste posicionamento.

O primeiro ponto de discordância diz respeito à premissa de que a sucumbência recursal é *pena*. Como demonstrado ao longo deste ensaio, os honorários recursais não têm caráter punitivo, *não constituem sanção*. Esse é o ponto chave da questão. A transmudação ocorrida durante a tramitação legislativa – exposta na parte introdutória deste texto – parece deixar claro que foram concebidos para *remunerar o trabalho adicional do advogado*.

Sobre o caráter remuneratório dos honorários, assim discorre Flávio Chein Jorge[34]: "Com efeito, o dispositivo aprovado apresentou grande avanço em relação ao Anteprojeto elaborado pela Comissão de Juristas. É certo que a sucumbência recursal foi criada sob os auspícios deste Anteprojeto, contudo, sua razão de ser era outra. O que se pretendia era que ela impedisse ou evitasse a utilização indiscriminada do direito de recorrer, "pois se previa a adição (... nova verba advocatícia) de uma condenação pecuniária que podia chegar a 25% do valor da causa ou do proveito econômico desta a quem recorresse e não tivesse sucesso". O que se concebia portanto era a noção da sucumbência recursal como uma punição à parte que exercesse seu direito de recorrer sem ter razão. Remontava-se, assim, à ultrapassada e insustentável relação dos honorários como sanção, tal como previa o Código de Processo de Civil de 1939. Por isso, andou bem o Senado Federal ao aceitar o instituto, mas lhe conferir nova *ratio essendi*. No novo CPC, *os honorários sucumbenciais preservam sua natureza e tem por finalidade remunerar o trabalho do advogado na instância recursal*."

Nesta linha, se, sob a vigência do CPC/1973, o trabalho adicional em grau recursal não é remunerado, mas, sob a vigência do CPC/2015, o será, essa nova opção legislativa deve ser respeitada e aplicada aos recursos ainda não julgados, independentemente da data de sua interposição.

---

34. JORGE, Flávio Chein. *Os honorários advocatícios e o recurso de apelação: um enfoque especial nos honorários recursais*. in *Honorários Advocatícios*. COÊLHO, Marcus Vinícius Furtado; VOLPE CAMARGO, Luiz Henrique (coord). Salvador: JusPodivm. 2015, *no prelo*.

O segundo ponto de discordância diz respeito ao argumento da *surpresa*. Como diz César Cipriano de Fazio[35] "não há direito adquirido a um processo regido imutavelmente pelas mesmas leis, por conseguinte, não há direito adquirido a regime de honorários sucumbenciais". O CPC/2015, fiel à tradição do direito brasileiro de respeito ao princípio do *tempus regit actum*, diz no art. 14 que suas disposições aplicar-se-ão imediatamente aos processos em curso, "respeitados os atos processuais praticados e as situações jurídicas consolidadas sobre a vigência da norma revogada" (art. 14). A regra do art. 14 é corroborada pela disposição do art. 1.046, *caput*, que diz que as disposições do CPC/2015 aplicam-se "desde logo aos processos pendentes".

Com efeito, a nova lei promove profunda remodelação nos critérios de fixação de honorários advocatícios – todos aplicáveis imediatamente após a entrada em vigor do CPC/2015 – sendo certo que não existe razão legítima para distinguir a sucumbência recursal. A prevalecer a tese de que a sucumbência recursal significaria "surpresa", o mesmo raciocínio poderia impedir, por exemplo, a substituição do critério da apreciação equitativa – previsto no art. 20, §4º, do CPC/1973 – pela fixação em percentual sobre o proveito econômico – como faz o §2º do art. 85 do CPC/2015 –a todos os processos ajuizados sob a vigência do CPC/1973. Essa posição não parece ser a mais adequada.

Com efeito, a nova lei federal foi criada, justamente, para alterar a realidade atual, sendo que os arts. 14 e 1.046 já cuidaram de positivar que, *nos processos em curso*, os atos praticados sob a vigência do CPC/2015 devem observar o seu regramento.

Assim, por conta de tais disposições, para fins de definição do cabimento dos honorários pela sucumbência recursal, deve ser aplicada a lei vigente na *data do julgamento*, sendo irrelevante a data da interposição do recurso.

Por ocasião da transição do CPC/1939 para o CPC/1973, o Supremo Tribunal Federal, ao julgar recurso extraordinário[36] que discutia a incidência ou não das novas disposições sobre honorários advocatícios contidas no CPC/1973 a processo instaurado sobre a vigência do CPC/1939, decidiu pela aplicação da lei nova ao processo pendente, pela incidência imediata desta, nos termos do art. 1.211 do CPC/1973, porque "no que se refere aos direitos e deveres das partes no processo é de logo aplicável a lei nova. A sucumbência envolve direito do vencedor e obrigação do vencido. *A ela se aplica o direito vigorante no momento em que é decretada*. Se o processo pendente, no caso, se achava na fase de procedimento do apelo quando sobreveio o novo código processual civil que

---

35. FAZIO, César Cirpiano. *Honorários Advocatícios de Sucumbência Recursal*. in *Honorários Advocatícios*. COÊLHO, Marcus Vinícius Furtado; VOLPE CAMARGO, Luiz Henrique (coord). Salvador: JusPodivm. 2015, no prelo.
36. AI 64356 AgR, Rel. Min. Antonio Neder, 1ª T., j. em 21/09/1976, v.u.

alterou radicalmente a regulamentação da sucumbência, esta deve ser julgada nos termos do novo direito.

Assim, caberá ao relator ou ao órgão colegiado de qualquer tribunal, ao julgar o recurso sob a vigência do CPC/2015, condenar o vencido ao pagamento de honorários pela sucumbência recursal, *aplicando o direito vigente na data do julgamento.* Como diz César Cipriano de Fazio[37], "a norma do art. 85, §11, do CPC, se aplica a todos os recursos ainda pendentes de julgamento, mesmo que tenham sido interpostos na vigência do CPC/73. O marco temporal para a aplicação do dispositivo, portanto, é a *conclusão do julgamento do recurso".*

Note-se que alteração análoga já ocorreu quando da transição do CPC/1939 para o CPC/1973. É que o CPC/1973, na época, inovou ao criar a sucumbência para a execução de sentença, que deveria ser somada aos honorários para o processo de conhecimento. O tema do cabimento ou não de honorários nas execuções de sentenças proferidas em processos de conhecimento iniciados sob a vigência do CPC/1939 foi objeto do seguinte comentário de Galeano Lacerda[38], em sua célebre obra sobre direito intertemporal: "O instituto da sucumbência foi radicalmente alterado, mediante a adoção de critérios legais de fixação de honorários de advogado (art. 20, §§3º e 4º). *Esses critérios aplicam-se, evidentemente, aos processos em curso.* A propósito, cumpre advertir para uma peculiaridade do novo Código, quanto à sucumbência na execução. O Código revela-se cuidadoso ao determinar, sempre, o pagamento de despesas e honorários advocatícios no processo de execução (arts. 601, parágrafo único, 651, 659, 710 e 717). Que despesas e honorários são esses? Apenas os que decorrem da sucumbência no processo de conhecimento? É claro que não. As referências à sucumbência na execução abrangem os dois processos: o cognitivo e o executório, embora possam dizer respeito, também, apenas, a este último."

Com efeito, na época, poder-se-ia argumentar que não seriam devidos honorários na execução das sentenças dos processos instaurados quando estava em vigor o CPC/1939, mas processadas durante a vigência do CPC/1973. Não foi isso que prevaleceu na doutrina de Galeano Lacerda. O mesmo raciocínio, *mutatis mutandis*, aplica-se à sucumbência recursal do CPC/2015.

Deve, pois, prevalecer a essência da orientação do Superior Tribunal de Justiça no sentido de que "a fixação dos honorários advocatícios rege-se pela lei vigente ao tempo em que prolatada a sentença que os impõe"[39].

---

37. FAZIO, César Cirpiano. *Honorários Advocatícios de Sucumbência Recursal.* in *Honorários Advocatícios.* COÊLHO, Marcus Vinícius Furtado; VOLPE CAMARGO, Luiz Henrique (coord). Salvador: JusPodivm. 2015, no prelo.

38. LACERDA, Galeano. *O novo direito processual civil e os feitos pendentes.* Rio de Janeiro: Forense, 2006, p. 33

39. REsp 685.201/MT, rel. min. Denise Arruda, 1ª T., j. em 04/04/2006, v.u.; REsp 727.265/RS, rel. min. Teori Albino Zavascki, 1ª T., j. em 09/08/2005, v.u.; REsp 443.837/SP, rel. min. Teori Albino Zavascki, 1ª T., j. em 17/08/2004, v.u.; REsp 542.056/SP, rel. min. Luiz Fux, 1ª T., j. em 19/02/2004, v.u.; REsp 487.570/SP, rel. min. Francisco Falcão, 1ª T., j. em 11/05/2004, v.u.; REsp 439.014/RJ, rel. min. Franciulli Netto, 2ª T., j. em 05/06/2003, v.u..

Diante de tudo isso, acredita-se que é cabível em 2º grau ou em tribunal superior, a fixação de honorários pela sucumbência recursal nos recursos pendentes de julgamento, interpostos durante a vigência do CPC/1973, mas julgados durante a vigência do CPC/2015, desde que, naturalmente, observadas as condições do §11 do art. 85.

4. CONCLUSÃO

A instituição de honorários recursais no novo Código de Processo Civil trata-se de grande novidade, tanto do ponto de vista do jurisdicionado, quanto dos advogados e da administração da Justiça.

Do ponto de vista do jurisdicionado, a sucumbência recursal é grande novidade[40], pois, pelas regras em vigor, afora juros e correção monetária incidentes sobre condenações pecuniárias e custas recursais (CPC/73, art. 511), não existe qualquer outro fator econômico que estimule o vencido a aceitar o resultado de primeiro grau.

A sucumbência recursal pode mudar esse cenário, pois será freio para a interposição de recursos infundados e protelatórios, já que, diante da perspectiva de imposição de despesa adicional, certamente o ato de recorrer será precedido de maior reflexão por parte do vencido. Isso, certamente, fará com que, de regra, os processos se encerrem mais rapidamente.

Sob a ótica dos advogados, a alteração representa avanço, pois o CPC/1973 não contém regra equivalente para remunerar, gradativamente, o advogado por seu trabalho. Sob a vigência do CPC/1973, não importa a dimensão do trabalho do advogado junto aos tribunais; não importa se o vencido se conforma ou não com o resultado de primeiro grau; se interpõe ou não todos os recursos

---

40. Para Fernando B. Meneguin e Bruno Dantas "o CPC vigente não traz a previsão de novos honorários advocatícios quando se recorre. Isso significa que o perdedor, na primeira instância, tem todo o incentivo a recorrer, uma vez que não correrá nenhum risco em fazê-lo, mas, pelo contrário, se beneficiará por retardar o pagamento do principal, especialmente porque os juros da Justiça são inferiores aos praticados pelo mercado. Há um estímulo econômico para o devedor não aceitar a sentença, mesmo quando ele reconhece que a decisão foi justa e correta. Essa ausência de custo extra para manter o processo tramitando é um dos motivos para a morosidade do Poder Judiciário. Em contrapartida, se houvesse receio de incorrer em nova despesa antes de protocolar um recurso, o litigante talvez decidisse por não recorrer." (DANTAS, Bruno. MENEGUIN, Fernando. *Honorários de sucumbência recursal.* Jornal Valor, Rio de Janeiro, 16 de novembro de 2010). Discorda-se deste argumento, pois as condenações pecuniárias são, de regra, atualizadas pelo IGPM-FGV e juros de 1% ao mês, sem capitalização. O acumulado do IGPM/FGV no ano de 2012 foi de 7,8%. Isso dividido por 12 meses resulta na média mensal de 0,65%. Essa correção mensal, somada ao percentual de 1% de juros, fez com que em 2012, a expressão econômica das dívidas cobradas no Poder Judiciário crescesse 1,65% ao mês, em média. No cenário atual, se desconhece a aplicação financeira que renda esse percentual mensal, logo, o ato de protelar a condenação, por si, não é economicamente interessante.

admissíveis; se o processo se encerra no Tribunal de 2º grau, no STJ ou no STF, pois, ressalvadas as alterações na medida da sucumbência originária em decorrência do provimento de algum recurso, os honorários devidos pelo vencido e arbitrados em 1º grau não se alteram em qualquer dessas hipóteses. A sucumbência recursal alterará esse panorama criando mecanismo para a remuneração dos advogados de forma proporcional ao seu trabalho.

Por fim, sob o enfoque da administração da Justiça – e, consequentemente, do interesse público – a mudança também é salutar, pois, seguramente essa possível imposição de despesa adicional ao vencido importará na redução da quantidade de recursos interpostos. Essa medida poderá tornar o Poder Judiciário mais ágil, já que, com menor quantidade de recursos para julgar, os Desembargadores e Ministros decidirão mais rapidamente aqueles eventualmente interpostos.

Por tudo isso, acredita-se que é altamente meritória a criação dos honorários recursais contida no CPC/2015.

CAPÍTULO 6

Gratuidade da Justiça no Novo CPC

Fernanda Tartuce[1]

Luiz Dellore[2]

SUMÁRIO: 1. RELEVÂNCIA DO TEMA; 2. CONCEITOS DE JUSTIÇA GRATUITA, ASSISTÊNCIA JUDICIÁRIA E ASSISTÊNCIA JURÍDICA INTEGRAL E GRATUITA; 3. JUSTIÇA GRATUITA NA LEI. 1060/50; 4. JUSTIÇA GRATUITA NO NOVO CPC; 5. COMPARATIVO ENTRE OS DOIS SISTEMAS; 5.1. REQUERIMENTO E CONCESSÃO; 5.2. IMPUGNAÇÃO À GRATUIDADE DEFERIDA.; 5.3. RECURSO CABÍVEL CONTRA A DECISÃO QUE APRECIA A IMPUGNAÇÃO; 6. CONCLUSÕES; 7. REFERÊNCIAS BIBLIOGRÁFICAS.

1. RELEVÂNCIA DO TEMA

O presente artigo tem por finalidade analisar uma temática que, apesar de não muito debatida até o momento no âmbito do Novo Código de Processo Civil (NCPC), apresenta grande relevância prática: a justiça gratuita[3].

O tema da gratuidade costuma ensejar consideráveis controvérsias e as diversificadas visões dos coautores deste trabalho exemplifica isso.

Para a coautora, se por um lado ninguém nega que o litigante hipossuficiente merece ter acesso à justiça com isonomia, de outra banda costuma-se desconfiar dos pleitos de gratuidade formulados em juízo, pressupondo-os fruto da má fé.

---

1. Doutora e Mestre em Direito Processual pela USP. Professora dos cursos de Mestrado e Doutorado da Faculdade Autônoma de Direito de São Paulo (FADISP). Professora e Coordenadora de Processo Civil da Escola Paulista de Direito (EPD). Advogada orientadora do Departamento Jurídico do Centro Acadêmico XI de Agosto. Membro do IBDFAM (Instituto Brasileiro de Direito de Família), do IBDP (Instituto Brasileiro de Direito Processual) e do IASP (Instituto dos Advogados de São Paulo). Presidente do Conselho do CEAPRO (Centro de Estudos Avançados de Processo). Mediadora e autora de obras jurídicas.
2. Doutor e Mestre em Direito Processual pela USP. Mestre em Direito Constitucional pela PUC/SP. Professor da Universidade Presbiteriana Mackenzie, de especialização em civil e processo civil na Escola Paulista de Direito (EPD) e de cursos preparatórios. Ex-assessor de Ministro do STJ. Advogado concursado da Caixa Econômica Federal. Membro do IBDP (Instituto Brasileiro de Direito Processual) e da Comissão de Direito Processual Civil da OAB/SP. Diretor do CEAPRO (Centro de Estudos Avançados de Processo).
3. Como bem exposto por Cássio Schubsky, "a tutela jurisdicional dos direitos das pessoas desprovidas de recursos materiais fomenta o combate às desigualdades sociais" (Escola de Justiça: história e memória do Departamento Jurídico XI de Agosto. São Paulo: Imprensa Oficial do Estado de São Paulo, 2010, p. 12). Fica aqui nossa homenagem a este historiador que devotou grandes esforços e sincera dedicação ao belíssimo projeto de registrar a história do DJ XI de Agosto, escola de ensinamentos cursada com enorme afeto e ainda maior proveito pelos coautores desse artigo.

NOVO CPC DOUTRINA SELECIONADA, v. 1 • Parte Geral
PARTE VII – DOS SUJEITOS DO PROCESSO

Embora haja afirmações correntes sobre a suposta abusividade[4] nos pedidos de gratuidade em juízo, faltam dados concretos sobre sua verificação. Não há estudos consistentes aptos a responder os seguintes questionamentos: a maior parte dos litigantes pleiteia gratuidade? Em caso positivo, quantos têm seus pedidos atendidos? Quantos desses atendimentos são corretos? Sem dados qualitativos é difícil concluir se há abusos, embora cada advogado, em seu próprio "laboratório de casos", tenha suas impressões a respeito.

Já para o coautor deste artigo, ainda que não existam estatísticas confiáveis sobre o tema, o benefício da justiça gratuita é muito utilizado por quem se vale do Poder Judiciário, especialmente pessoas físicas, muitas das vezes de forma indevida; a análise empírica de quem atua no foro comprova isso.

Além de ser controvertido, o tema é relevante e está na ordem do dia, tendo merecido tratamento especial no Projeto do Novo CPC, que traz sensíveis alterações normativas.

Contudo, apesar da importância do tema e das alterações vindouras, ao menos até o momento a doutrina pouco tem se dedicado ao tema. Nesse sentido, basta verificar que (i) não se conhece, nas coletâneas já publicadas e em revistas especializadas, artigos específicos sobre o tema[5] e (ii) nenhum dos enunciados publicados sobre o NCPC (seja no Fórum Permanente de Processo Civil[6] ou do Centro de Estudos Avançados de Processo[7]) trata especificamente do assunto, ainda que alguns tangenciem a temática[8].

---

4. Como exemplo de tal tipo de assertiva, destaque o seguinte trecho de artigo: "No que se refere às instituições informais, tanto a conduta do advogado, ao eventualmente estimular uma pretensão insustentável, como a pouca resistência da população brasileira em geral em valer-se de prerrogativas associadas à gratuidade e programas assistenciais, juntam-se para um quadro de abusividade no exercício do direito de acesso à justiça pela via da gratuidade" (GALESKI JUNIOR, Irineu; RIBEIRO, Marcia Carla Pereira. Direito e economia: uma abordagem sobre a assistência judiciária gratuita. Trabalho publicado nos Anais do XIX Encontro Nacional do CONPEDI realizado em Fortaleza - CE de 09 a 12 de Junho de 2010. Disponível em http://www.conpedi.org.br/manaus/arquivos/anais/fortaleza/3596.pdf. Acesso 19 fev. 2014).
5. Apenas se encontram alguns artigos na internet, com destaque para o escrito por Antônio Carvalho: Gratuidade judicial, sua presunção, sua comprovação e o novo CPC, disponível em http://emporiododireito.com.br/gratuidade-judicial-sua-presuncao-sua-comprovacao-e-o-novo-cpc-por-antonio-carvalho/, acesso em 22 abr. 2015.
6. Três encontros foram realizados para discutir o projeto do Novo CPC. Com a contribuição de processualistas de todo o país, cada um deles gerou mais de uma centena de enunciados interpretativos sobre o Novo Código.
7. O CEAPRO (Centro de Estudos Avançados de Processo), associação que congrega processualistas de todo o Brasil, realizou reuniões para votar enunciados relacionados ao NCPC. Enunciados do CEAPRO e do FPPC podem ser encontrados no livro Novo CPC anotado e comparado (ROQUE, Andre; DELLORE, Luiz; GAJARDONI, Fernando; TOMITA, Ivo e DUARTE, Zulmar. Indaiatuba: Foco, 2015, passim).
8. Nesse sentido, destacamos os seguintes enunciados do FPPC: (i) Enunciado 71: Art. 669. Poderá ser dispensada a garantia mencionada no parágrafo único do artigo 669, para efeito de julgamento da partilha, se a parte hipossuficiente não puder oferecê-la, aplicando-se semelhante inteligência ao contido no art. 301, § 1º. (Grupo: Procedimentos Especiais); (ii) Enunciado 81. (art. 945, V): Por não haver prejuízo ao

Assim, este breve texto busca analisar o sistema vigente (partindo de um debate terminológico) e as alterações presentes no NCPC[9], para então comparar os principais pontos de distinção entre as regras atuais e as futuras, procedendo a uma análise crítica das modificações.

2. CONCEITOS DE JUSTIÇA GRATUITA, ASSISTÊNCIA JUDICIÁRIA E ASSISTÊNCIA JURÍDICA INTEGRAL E GRATUITA

A distinção entre os três conceitos é importante para dissipar incompreensões, já que certa confusão conceitual é verificada em doutrina e jurisprudência por ser o panorama normativo pródigo em tratar indistintamente institutos que revelam realidades diversas[10].

A partir do critério cronológico iniciemos pela Lei nº 1.060 de 1950, que regula a assistência judiciária gratuita: tal lei prevê um sistema estruturado para que a parte vulnerável economicamente faça jus ao acesso à justiça, buscando tornar sem efeito os óbices pecuniários que poderiam comprometer sua atuação em juízo[11].

A assistência judiciária consiste no patrocínio da causa por advogados[12], sejam eles componentes do Estado, integrantes de uma entidade com ele conveniada, de entidades privadas ou mesmo particulares atuando *pro bono*.

É comum que nos conceitos apareça a figura estatal porque a atuação dela pauta o modelo adotado predominantemente no país; como exemplo, considere-se a conceituação de Anselmo Prieto Alvarez, para quem assistência judiciária é o auxílio que o Estado obrigatoriamente oferece a quem se encontra "em situação de miserabilidade, dispensando-o das despesas e providenciando-lhe defensor, em juízo[13]".

---

contraditório, é dispensável a oitiva do recorrido antes do provimento monocrático do recurso, quando a decisão recorrida: (a) indeferir a inicial; (b) indeferir liminarmente a justiça gratuita; ou (c) alterar liminarmente o valor da causa. (Grupo: Ordem dos Processos no Tribunal, Teoria Geral dos Recursos, Apelação e Agravo); (iii) Enunciado 113. (art. 98) Na Justiça do Trabalho, o empregador pode ser beneficiário da gratuidade da justiça, na forma do art. 98. (Grupo: Impacto do CPC no Processo do Trabalho). Como se percebe, ainda que esses enunciados abordem o tema da hipossuficiência econômica, seu foco não é a justiça gratuita propriamente dita.

9. L. 13.105/2015.
10. TARTUCE, Fernanda. Assistência judiciária gratuita: suficiência da afirmação de pobreza-acórdão comentado. Lex. Revista do Direito Brasileiro, v. 46, 2010, p. 78.
11. TARTUCE, Fernanda. Assistência judiciária gratuita: suficiência da afirmação de pobreza-acórdão comentado. Lex. Revista do Direito Brasileiro, v. 46, 2010, p. 78.
12. MARCACINI, Augusto Tavares Rosa. Assistência Jurídica, Assistência Judiciária e Justiça Gratuita. São Paulo, Forense, 2009, p. 41.
13. ALVAREZ, Anselmo Prieto. Uma moderna concepção de assistência jurídica gratuita. Disponível em http://www.pge.sp.gov.br/centrodeestudos/revistaspge/revista53/moderna.htm. Acesso 20 abr. 2015.

Após a realização de triagem socioeconômica pelo prestador da assistência jurídica, que constata a insuficiência de recursos, a pessoa recebe informações jurídicas e conta com os serviços de acompanhamento e manifestação nos autos por profissionais[14], sendo contemplado com a liberação dos pagamentos que normalmente o onerariam caso precisasse pagar pela representação.

Coerente com a desejada ampliação de acesso à justiça, a Constituição Federal passou a prever, a partir de 1988 no art. 5º, LXXIV, que "o Estado prestará assistência jurídica integral e gratuita aos que comprovarem insuficiência de recursos".

O dispositivo constitucional aumenta o espectro de ferramentas aos necessitados: a assistência jurídica integral e gratuita implica não só na possibilidade de atuação em juízo, mas também na concessão de consultas para a regularização jurídica do indivíduo e no fornecimento de informações[15] e documentos, dentre outras medidas que se possam revelar necessárias[16].

Sobre a importância de tal garantia, o questionamento de Anselmo Prieto Alvarez merece reflexão:

> Num país onde temos como regra a pobreza de sua população, poderíamos afirmar que a assistência jurídica gratuita, em sua real acepção, é por certo tão importante quanto à liberdade de expressão, vez que do que adiantaria termos assegurada tal liberdade se, caso violada, o lesado, sendo hipossuficiente, nada pudesse fazer para rechaçá-la?[17]

A justiça gratuita, por sua vez, pode ser compreendida como a isenção do recolhimento de custas e despesas (de ordem processual ou não) que se revelam necessário ao exercício de direitos e faculdades processuais inerentes ao exercício do devido processo legal[18].

Valem destacar que, embora a gratuidade pareça ser uma benesse atraente, a ponderação de José Renato Nalini procede:

> Alegar que haveria estímulo à demanda em virtude da gratuidade parece não se fundar em análise adequada da personalidade

---

14. TARTUCE, Fernanda. Assistência judiciária gratuita: suficiência da afirmação de pobreza-acórdão comentado. Lex. Revista do Direito Brasileiro, v. 46, 2010, p. 78.
15. MARCACINI, Augusto Tavares Rosa. Assistência Jurídica, Assistência Judiciária e Justiça Gratuita. São Paulo, Forense, 2009, p. 40.
16. TARTUCE, Fernanda. Assistência judiciária gratuita: suficiência da afirmação de pobreza-acórdão comentado. Lex. Revista do Direito Brasileiro, v. 46, 2010, p. 78.
17. ALVAREZ, Anselmo Prieto. Uma moderna concepção de assistência jurídica gratuita. Disponível em http://www.pge.sp.gov.br/centrodeestudos/revistaspge/revista53/moderna.htm. Acesso 20 abr. 2015.
18. MARCACINI, Augusto Tavares Rosa. Assistência Jurídica, Assistência Judiciária e Justiça Gratuita. São Paulo, Forense, 2009, p. 140.

Cap. 6 • GRATUIDADE DA JUSTIÇA NO NOVO CPC

Fernanda Tartuce – Luiz Dellore

humana. Os homens não criarão conflitos pelo simples fato de que sua solução judicial será livre de custeio. Pode haver inicial recrudescimento, pois um dos pontos que contribui para o delinear da litigiosidade contida é, justamente, a necessidade de dispêndio. Mas, o fato de não se cobrar pela prestação jurisdicional é desvinculado da multiplicação dos processos, da mesma maneira como a imaginária isenção de pagamento por internação hospitalar não é, diretamente ao menos, causa de epidemia[19].

Assim, em síntese: (i) assistência jurídica é a orientação jurídica ao hipossuficiente, em juízo ou fora dele; (ii) assistência judiciária é o serviço de postulação em juízo (portanto, inserido na assistência jurídica) e (iii) justiça gratuita é a isenção de custas e despesas (seja diante do serviço prestador de assistência jurídica, seja diante do advogado privado).

3. JUSTIÇA GRATUITA NA LEI. 1060/50

Em 05/02/1950 veio a lume a Lei de Assistência Judiciária para uniformizar, no plano infraconstitucional[20], as regras gerais para o reconhecimento da incidência da Justiça Gratuita no âmbito jurisdicional, incluindo elementos com a extensão das isenções processuais e as prerrogativas dos prestadores do serviço[21].

Como já apontado, a lei ensejou diversos equívocos ao empregar as expressões "assistência judiciária" e "justiça gratuita" como se tivessem o mesmo significado[22].

A lei inicia o regramento afirmando sua aplicabilidade não só aos nacionais, mas também aos estrangeiros residentes no país[23] e na sequência expõe as isenções inerentes à gratuidade[24].

---

19. NALINI, José Renato. O Juiz e o acesso à justiça. 2ª ed. São Paulo: Revista dos Tribunais, 2000, p. 61.
20. Destaca Hamilton Kenji Kuniochi que o parágrafo 35 do artigo 141 da Constituição de 1946 assinalou que o tratamento da concessão da assistência judiciária pelo poder público seria objeto de norma de eficácia contida (Assistência jurídica aos necessitados: concepção contemporânea e análise de efetividade. 2013. Dissertação - Mestrado em Direito Processual - Faculdade de Direito, Universidade de São Paulo, São Paulo, 2013. Disponível em: ‹http://www.teses.usp.br/teses/disponiveis/2/2137/tde-09012014-113135/›. Acesso em 17 abr. 2014. p. 35).
21. ALVAREZ, Anselmo Prieto. Uma moderna concepção de assistência jurídica gratuita. Disponível em http://www.pge.sp.gov.br/centrodeestudos/revistaspge/revista53/moderna.htm. Acesso 20 abr. 2015.
22. Exemplifica Marcacini que o art. 3º, embora afirme que "a assistência judiciária compreende as seguintes isenções", está na verdade tratando de justiça gratuita; vários outros dispositivos incorrem na mesma confusão (MARCACINI, Augusto Tavares Rosa. Assistência Jurídica, Assistência Judiciária e Justiça Gratuita. São Paulo, Forense, 2009, p. 39).
23. A previsão afastou as exigências até então vigentes no art. 70 do Código de Processo Civil de 1939 sobre reciprocidade de tratamento e existência de filho brasileiro (KUNIOCHI, Hamilton Kenji.Assistência jurídica aos necessitados: concepção contemporânea e análise de efetividade, p. 37).
24. Lei 1060/50. Art. 3º.

Pela Lei nº 1.060/50, para ser contemplado com as isenções ali contempladas, basta que o advogado afirme, na petição inicial, que a parte não tem condições de arcar com as despesas do processo sem prejuízo de sua subsistência[25].

Nem sempre foi assim: quando da edição da Lei, era requisito para a obtenção do benefício que o individuo declarasse os rendimentos e os vencimentos que percebesse, assim como os encargos próprios e os da família[26]. A parte deveria instruir a petição com um atestado, emitido pela autoridade policial ou pela prefeitura em constasse ser o requerente necessitado e inapto a pagar as despesas do processo (antigo artigo 4º, §1º[27]).

A Lei 7.510/86, "orientada pelos ideais da desburocratização"[28], reformou o artigo 4º para deixa mais simples a situação dos jurisdicionados necessitados, passando a ser suficiente a afirmação, na petição inicial, de não estar o litigante em condições de pagar as custas do processo e os honorários de advogado sem prejuízo próprio ou de sua família.

Vale lembrar que o dispositivo insere-se no contexto do fornecimento de patrocínio advocatício em juízo: na prática, nos locais em que a Defensoria atua o necessitado passa por uma triagem socioeconômica para aferir sua hipossuficiência. Constatada tal ocorrência, o defensor passará a representar o assistido em juízo ou o encaminhará a órgãos conveniados (o convênio com a OAB e com faculdades de Direito são muito importantes nesse cenário).

A Lei 1.060/50, por ser a única fonte normativa que regula o tema da gratuidade no direito positivo brasileiro, sofreu várias mudanças ao longo dos anos, mas ainda tem dispositivos que se encontram atualmente fora de contexto[29]. Com o NCPC, diversos de seus dispositivos são revogados – mas não todos[30].

---

25. Lei 1.060/50, Art. 4º. A parte gozará dos benefícios da assistência judiciária, mediante simples afirmação, na própria petição inicial, de que não está em condições de pagar as custas do processo e os honorários de advogado, sem prejuízo próprio ou de sua família.

26. Antigo Art. 4º da Lei 1.060/50. A parte, que pretender gozar os benefícios da assistência judiciária, requererá ao Juiz competente lhes conceda, mencionando, na petição, o rendimento ou vencimento que percebe e os encargos próprios e os da família.

27. Antigo Art. 4º § 1º. A petição será instruída por um atestado de que conste ser o requerente necessitado, não podendo pagar as despesas do processo. Este documento será expedido, isento de selos e emolumentos, pela autoridade policial ou pelo Prefeito Municipal, sendo dispensado à vista de contrato de trabalho comprobatório de que o mesmo percebe salários igual ou inferior ao dobro do mínimo legal regional.

28. MARCACINI, Augusto Tavares Rosa. Assistência Jurídica, Assistência Judiciária e Justiça Gratuita, p. 102.

29. KUNIOCHI, Hamilton Kenji. Assistência jurídica aos necessitados: concepção contemporânea e análise de efetividade. 2013. Dissertação (Mestrado em Direito Processual) - Faculdade de Direito, Universidade de São Paulo, São Paulo, 2013. Disponível em: ‹http://www.teses.usp.br/teses/disponiveis/2/2137/tde-09012014-113135/›. Acesso em 17 abr. 2014. p. 37).

30. NCPC, art. 1.072. Revogam-se: III - os arts. 2º, 3º, 4º, 6º, 7º, 11, 12 e 17 da Lei no 1.060, de 5 de fevereiro de 1950.

4. JUSTIÇA GRATUITA NO NOVO CPC

O NCPC contempla a gratuidade em diversas oportunidades; pela limitação de tempo e espaço, serão enfocadas nesse artigo as principais previsões sobre o assunto

Ao abordar despesas e multas aparece a primeira referência à temática no Código; no artigo 82[31] é mencionada a obrigação das partes de prover o pagamento dos atos requeridos ou realizados no processo, sendo ressalvas as previsões referentes à gratuidade. Nesse ponto, não há alteração em relação ao regime atual[32].

Em relação à pericia há algumas previsões novas. Nos termos no artigo 95[33], § 3º:

> Quando o pagamento da perícia for de responsabilidade de beneficiário de gratuidade da justiça, ela poderá ser custeada com recursos alocados ao orçamento do ente público e realizada por servidor do Poder Judiciário ou por órgão público conveniado. No caso da realização por particular, o valor será fixado conforme tabela do tribunal respectivo ou, em caso de sua omissão, do Conselho Nacional de Justiça, e pago com recursos alocados ao orçamento da União, do Estado ou do Distrito Federal.

Esclarece o § 4º de tal dispositivo que, na hipótese do § 3º, o juiz, após o trânsito em julgado da decisão final, oficiará a Fazenda Pública para que promova, contra quem tiver sido condenado ao pagamento das despesas processuais, a execução dos valores gastos com a perícia particular ou com a utilização de servidor público ou da estrutura de órgão público; contudo, se o responsável pelo pagamento das despesas for beneficiário de gratuidade da justiça, observar-se-á o disposto no art. 98, § 2º[34].

---

31. NCPC, art. 82. Salvo as disposições concernentes à gratuidade da justiça, incumbe às partes prover as despesas dos atos que realizarem ou requererem no processo, antecipando-lhes o pagamento, desde o início até a sentença ou, na execução, até a plena satisfação do direito reconhecido no título.

32. Nos termos do art. 19 do CPC de 1973, salvo as disposições concernentes à justiça gratuita, cabe às partes prover as despesas dos atos que realizam ou requerem no processo, antecipando-lhes o pagamento desde o início até sentença final; e bem ainda, na execução, até a plena satisfação do direito declarado pela sentença

33. Eis o caput de tal dispositivo: Cada parte adiantará a remuneração do assistente técnico que houver indicado; a do perito será adiantada pela parte que houver requerido a perícia, ou será rateada quando a perícia for determinada de ofício ou requerida por ambas as partes.

34. Dispõe tal dispositivo que "a concessão da gratuidade não afasta a responsabilidade do beneficiário pelas despesas processuais e honorários advocatícios decorrentes de sua sucumbência".

Por fim, afirma o § 5º[35] do artigo 95 ser vedada a utilização de recursos do fundo de custeio da Defensoria Pública.

A grande inovação do Novo CPC em relação à temática está na criação de toda uma Seção (de n. IV) destinada à gratuidade[36]. Apesar disso, o artigo que inaugura a seção traz a menção "nos termos da lei"; como o projeto propõe a revogação de diversos dispositivos da Lei n. 1.060/50[37], a regulamentação será basicamente a prevista no próprio Código - sem prejuízo de uma futura lei a ser futuramente editada.

O NCPC ainda aborda temas ligados à hipossuficiência dos litigantes em outras previsões, que merecerão breve abordagem apenas para informar o leitor.

De forma pioneira, o Novo CPC insere um título[38] para abordar a Defensoria Pública em três artigos[39]. A Defensoria ainda aparece no contexto das ações possessórias[40], sendo obrigatória sua intimação em litígios coletivos de posse[41].

5. COMPARATIVO ENTRE OS DOIS SISTEMAS

Nos tópicos antecedentes, apresentou-se uma visão geral das regras atuais e do futuro sistema (tomando por base o texto aprovado pela Câmara dos Deputados). Neste momento, faz-se um cotejo entre os principais pontos de alteração entre os dois Códigos, a partir de questões comumente verificadas no cotidiano forense.

---

35. Para fim de aplicação do § 3º, é vedada a utilização de recursos do fundo de custeio da Defensoria Pública.
36. Entre os artigos 98 e 102 do Código há diversas previsões que trabalham a matéria em detalhes.
37. Vide nota 30 acima.
38. TÍTULO VII - DA DEFENSORIA PÚBLICA.
39. Art. 185. A Defensoria Pública exercerá a orientação jurídica, a promoção dos direitos humanos e a defesa dos direitos individuais e coletivos dos necessitados, em todos os graus, de forma integral e gratuita. Art. 186. A Defensoria Pública gozará de prazo em dobro para todas as suas manifestações processuais. § 1º O prazo tem início com a intimação pessoal do defensor público, nos termos do art. 184, §1º. § 2º A requerimento da Defensoria Pública, o juiz determinará a intimação pessoal da parte patrocinada quando o ato processual depender de providência ou informação que somente por ela possa ser realizada ou prestada. § 3º O disposto no caput se aplica aos escritórios de prática jurídica das faculdades de Direito reconhecidas na forma da lei e às entidades que prestam assistência jurídica gratuita em razão de convênios firmados com a Defensoria Pública. § 4º Não se aplica o benefício da contagem em dobro quando a lei estabelecer, de forma expressa, prazo próprio para a Defensoria Pública. Art. 187. O membro da Defensoria Pública será civil e regressivamente responsável quando agir com dolo ou fraude no exercício de suas funções.
40. Art. 565. No litígio coletivo pela posse de imóvel, quando o esbulho ou a turbação afirmado na petição inicial houver ocorrido há mais de ano e dia, o juiz, antes de apreciar o pedido de concessão da medida liminar, deverá designar audiência de mediação, a realizar-se em até trinta dias, que observará o disposto nos §§ 2º e 4º.
41. Art. 565. § 2º O Ministério Público será intimado para comparecer à audiência; a Defensoria Pública será intimada sempre que houver parte beneficiária de gratuidade da justiça.

5.1. Requerimento e concessão

A Lei 1.060/50 traz apenas a previsão do requerimento por parte do autor na petição inicial[42].

Contudo, na praxe forense reconhece-se a possibilidade de tal pleito ser formulado, por ambas as partes, em qualquer momento[43].

No NCPC, o art. 98 destaca haver direito da parte à gratuidade de justiça, seja ela pessoa física ou jurídica.

O art. 99 traz a ampla possibilidade de requerimento da gratuidade, destacando ser ele possível: (i) na petição inicial; (ii) na contestação; (iii) na petição de ingresso de terceiro e (iv) no recurso. Como se percebe, confirmando a tendência jurisprudencial, o texto do NCPC reconhece caber o pleito da gratuidade em qualquer momento do processo.

Deve-se entender que tal rol como exemplificativo. A parte pode, inicialmente, não necessitar da gratuidade, mas ser atingida por significativa precariedade econômica ainda em primeiro grau antes do recurso; é exatamente isso o que está previsto na parte final desse artigo[44].

Como se percebe, a previsão do NCPC é muito mais ampla e completa do que a que atualmente se tem; tal situação é conveniente por evitar alguns entendimentos jurisdicionais – minoritários, felizmente – no sentido de vedar a concessão da gratuidade em momentos posteriores à postulação inicial.

No tocante à concessão da gratuidade, permanece a legislação sem fixar critérios objetivos, tratando-se de decisão que ficará a cargo do magistrado, conforme o caso concreto.

Na Lei 1.060/50, o art. 4º prevê o deferimento da gratuidade caso a parte não esteja em "condições de pagar as custas do processo e os honorários de advogado, sem prejuízo próprio ou de sua família". A regra é complementada pelo § 1º, que aponta a presunção de pobreza da parte sob pena de multa[45].

Indubitavelmente há uma grande carga de subjetividade nesse conceito, o que acarreta decisões extremamente díspares no cotidiano forense, conforme

---

42. Art. 4º. A parte gozará dos benefícios da assistência judiciária, mediante simples afirmação, na própria petição inicial (...).

43. É possível pleitear gratuidade mesmo em grau recursal; nesta hipótese, a gratuidade é aplicada apenas a partir do momento em que for deferida e não de forma retroativa.

44. (...) Se superveniente à primeira manifestação da parte na instância, o pedido poderá ser formulado por petição simples, nos autos do próprio processo, e não suspenderá seu curso.

45. § 1º. Presume-se pobre, até prova em contrário, quem afirmar essa condição nos termos desta lei, sob pena de pagamento até o décuplo das custas judiciais.

o entendimento de cada magistrado[46]. No mesmo sentido vem o NCPC, que não traz critérios para a concessão da justiça gratuita.

Para a coautora deste artigo, andou e andará bem o legislador ao fazer tal escolha normativa; afinal, como bem destaca Augusto Tavares Rosa Marcacini:

> O conceito de necessitado não é determinado mediante regras rígidas, matemáticas, não se utilizando limites numéricos determinados. Têm direito ao benefício aqueles que não podem arcar com os gastos necessários à participação no processo, na medida em que, contabilizados os seus ganhos e os seus gastos com o próprio sustento e da família, não lhe reste numerário suficiente para tanto. O direito ao benefício decorre da indisponibilidade financeira do sujeito[47].

Em sentido inverso, para o coautor, ainda que deva existir alguma margem para a decisão do juiz no caso concreto, seria conveniente que houvesse algum critério objetivo mínimo de modo a evitar as imensas disparidades que se encontram no foro.

De forma análoga ao § 1º do art. 4º da Lei 1.060/50, o art. 99, § 2º do NCPC também aponta a presunção de pobreza em relação à afirmação de hipossuficiência econômica[48] da pessoa física, sendo fácil concluir que não há tal presunção quanto à pessoa jurídica[49].

A novidade prevista na legislação projetada é a impossibilidade de indeferimento de plano da gratuidade. A previsão vem no art. 99, § 2º, nos seguintes termos:

> O juiz somente poderá indeferir o pedido se houver nos autos elementos que evidenciem a falta dos pressupostos legais para concessão da gratuidade, devendo, antes antes de indeferir o pedido, determinar à parte a comprovação do preenchimento dos referidos pressupostos.

Portanto, ainda que o magistrado conclua pela ausência dos requisitos para a concessão da gratuidade, deverá determinar a emenda do requerimento

---

46. Ou mesmo de cada ramo do Judiciário. Por exemplo, é notória a maior dificuldade de concessão de justiça gratuita no âmbito da Justiça Estadual do Rio de Janeiro do que na Justiça Estadual de São Paulo – fenômeno que alguns atribuem ao fato de as custas, no RJ, serem integralmente revertidas aos cofres do Poder Judiciário.

47. MARCACINI, Augusto Tavares Rosa. Assistência Jurídica, Assistência Judiciária e Justiça Gratuita. São Paulo, 2009, p. 90.

48. Presume-se verdadeira a alegação de insuficiência deduzida exclusivamente por pessoa natural.

49. Essa é a posição sumulada pelo STJ à luz do sistema do CPC/73, conforme verbete 481: Faz jus ao benefício da justiça gratuita a pessoa jurídica com ou sem fins lucrativos que demonstrar sua impossibilidade de arcar com os encargos processuais.

para que, mediante a presença de provas produzidas pela parte requerente[50], possa formar sua convicção a respeito do tema.

A novidade é positiva no sentido de evitar o imediato indeferimento da gratuidade e permitir que o pleito do litigante pobre tenha andamento regular sem ser impactado pela presunção de má fé. Contudo, a inovação não deixa de ser contraditória com o previsto no § 3º (ao falar da presunção da pessoa física), pois nesse caso a presunção será afastada pela "sensibilidade" do magistrado em relação ao que dos autos consta.

Resta verificar como será a aplicação desse dispositivo quando da vigência do novo diploma; desde já é possível cogitar que cada magistrado tomará determinado caminho conforme sua convicção, uns aplicando com maior ênfase a presunção do § 3º e outros determinando com mais frequência a prova por parte do requerimento da gratuidade[51].

Por fim, uma situação que seguramente será objeto de intensos debates é a previsão, pela novel legislação, da concessão de "justiça gratuita parcial", que pode se configurar de duas formas distintas:

(i) reconhecimento da gratuidade para alguns dos atos do processo ou apenas a redução de parte das despesas[52] e

(ii) parcelamento de despesas, "se for o caso"[53].

A legislação não traz critérios sobre quando isso será aplicado, deixando de apresentar parâmetros seguros para a aplicação de quaisquer das hipóteses[54], seja em relação a percentual ou número de parcelas. Dúvida não há que essas questões serão objeto de rica divergência até que definidas balizas mínimas pelo Superior Tribunal de Justiça – o que pode levar anos...

---

50. Mas a legislação não especifica quais seriam essas provas da necessidade da gratuidade. Parece-nos que poderiam ser – em rol exemplificativo: extrato bancário, holerite, declaração de imposto de renda e/ou contas demonstrando os gastos do requerente.

51. A respeito do tema "prova da necessidade", divergem mais uma vez os autores do artigo: (i) Fernanda Tartuce entende que a regra deve ser a concessão da gratuidade, com a firme prevalência da presunção de pobreza e (ii) Luiz Dellore, a partir da interpretação do art. 5º, LXXIV da CF (assistência jurídica será prestada aos que "comprovarem insuficiência de recursos") sustenta que deve o autor, em regra, comprovar a necessidade.

52. Art. 98, § 5º: A gratuidade poderá ser concedida em relação a algum ou a todos os atos processuais, ou consistir na redução percentual de despesas processuais que o beneficiário tiver de adiantar no curso do procedimento.

53. Art. 98, § 6º: Conforme o caso, o órgão jurisdicional poderá conceder direito ao parcelamento de despesas processuais que o beneficiário tiver de adiantar no curso do procedimento.

54. Quando se limita a gratuidade a apenas alguns atos? Quando se "dá desconto" em relação a alguns atos? Quando é "o caso" de parcelamento das despesas?

5.2. Impugnação à gratuidade deferida

Na sistemática do CPC/73, assim como na do NCPC, contra a decisão que defere a gratuidade não cabe diretamente recurso para o grau superior. Trata-se de solução totalmente consentânea com o previsto na legislação, que parte da premissa de que a gratuidade deve ser deferida considerando-se a presunção de necessidade.

Assim, tanto na Lei 1.060/50 quando no Novo CPC estamos diante de uma situação na qual, uma vez deferida a gratuidade, cabe à parte contrária discutir o tema perante o próprio magistrado que concedeu o benefício mediante a apresentação de impugnação.

No âmbito da Lei 1.060/50, a questão vem regulada nos arts. 6º e 7º: uma vez deferida a gratuidade pelo juiz, cabe ao *ex adverso* apresentar "impugnação à justiça gratuita", que não suspenderá o andamento do processo e será autuada em apartado dos autos principais[55].

Nessa peça, deverá o impugnante provar "a inexistência ou o desaparecimento dos requisitos essenciais à sua concessão"[56]. Não há prazo específico previsto em lei - inclusive porque o ônus de demonstrar a ausência da hipossuficiência da parte beneficiário é do impugnante[57].

Na maior parte das vezes, a impugnação é apresentada pelo réu em conjunto com a contestação e, sendo impugnante o autor, em conjunto com a réplica.

No âmbito do Novo CPC, há importantes modificações, ainda que a peça receba o mesmo nome.

A "impugnação à gratuidade da justiça" vem prevista no art. 100, que tem a seguinte redação:

---

55. Art. 6º, parte final, da L. 1.060/50. O pedido, quando formulado no curso da ação, não a suspenderá, podendo o juiz, em face das provas, conceder ou denegar de plano o benefício de assistência. A petição, neste caso, será autuada em separado, apensando-se os respectivos autos aos da causa principal, depois de resolvido o incidente.

56. L. 1.060/50. Art. 7º. A parte contrária poderá, em qualquer fase da lide, requerer a revogação dos benefícios de assistência, desde que prove a inexistência ou o desaparecimento dos requisitos essenciais à sua concessão. Parágrafo único. Tal requerimento não suspenderá o curso da ação e se processará pela forma estabelecida no final do artigo 6º. desta Lei.

57. Segundo o coautor, não se trata de uma prova fácil; no cotidiano forense, a maior parte das impugnações não é acolhida exatamente por força do ônus da prova ser do impugnante, sendo que basta ao impugnado juntar seu extrato bancário e declaração de imposto de renda (ou provar que não entrega essa declaração). Para a coautora, se para o réu provar a riqueza de alguém é difícil, que dirá então para o autor provar sua pobreza? A prova negativa, não à toa, era denominada pelos antigos estudiosos como "prova diabólica"... Muitos dos hipossuficientes nem sequer têm documentos de identidade; o que se diga então quanto a disporem de declaração formal sobre seu parco patrimônio? Ainda que o tenham, a Receita Federal não tem disponibilizado a declaração de isento desde 2009.

Deferido o pedido, a parte contrária poderá oferecer impugnação na contestação, na réplica, nas contrarrazões de recurso ou, nos casos de pedido superveniente ou formulado por terceiro, por meio de petição simples, a ser apresentada no prazo de 15 (quinze) dias, nos autos do próprio processo, sem suspensão do seu curso.

Como se percebe, não há mais menção à autuação em apartado, o que leva à conclusão (na linha do sistema do Novo CPC) de se tratar de autuação nos próprios autos; como se vê, há uma simplificação na tramitação.

Além disso, tem-se também que a impugnação não mais será apresentada em peça apartada, mas em um tópico a ser inserido na própria petição em que haverá a manifestação da parte quanto aos termos do processo; isto pode ocorrer nos seguintes momentos:

(i) contestação, se a gratuidade for deferida ao autor após a apreciação do requerimento formulado na inicial;

(ii) réplica, se a justiça gratuita for deferida ao réu após a apreciação do requerimento formulado na contestação;

(iii) contrarrazões, se a gratuidade da justiça for deferida quando do requerimento formulado em sede em recurso ou

(iv) simples petição (mas, frise-se, nos próprios autos), se o requerimento de gratuidade foi deferido em momento diverso dos três anteriores – e, assim, a petição versará exclusivamente sobre esse tema ou acerca da gratuidade e qualquer outro requerimento que a parte formular em juízo.

Assim, diferentemente do sistema vigente, não há mais que se falar em "impugnação à justiça gratuita" como uma peça distinta a ser autuada em apartado. Trata-se, como se percebe, de importante inovação no Novo CPC.

No tocante à prova da hipossuficiência, não há regra legal determinando ser do impugnante esse ônus, como previsto na Lei 1.060/50. Poderia o legislador ter sido claro nesse ponto para evitar debates.

A partir da interpretação do § 3º do art. 99[58], tratando-se o beneficiário de pessoa física, tem-se que esse ônus é do impugnante, considerando a presunção de veracidade do requerimento de gratuidade. De qualquer forma, por analogia ao § 2º do mesmo art. 99, em caso de dúvida é possível inferir que poderá o juiz determinar ao impugnado que apresente documentos aptos a comprovar sua situação de hipossuficiência econômica. Mas, reitere-se,

---

58. Já analisado no tópico 5.1 acima.

considerando a extensa regulamentação do tema no NCPC, teria sido possível – e desejável – que o legislador assim se manifestasse expressamente[59].

Inovação que pode trazer alguma dúvida é em relação ao prazo: não se tratando de contestação, réplica ou contrarrazões (hipóteses nas quais já há prazo estipulado pelo Código), afirma o legislador que o prazo é de 15 dias. Contudo, qual o termo inicial desse prazo? Ademais, e se a parte adversa só descobrir que a parte não faz jus à gratuidade após o prazo de contestação ou de réplica? Tais situações, seguramente, serão objeto de debate no âmbito do NCPC.

Parece-nos que a interpretação mais adequada para esse prazo é ter como início o conhecimento da situação de não hipossuficiência econômica do beneficiário; por certo, trata-se de situação na qual não há como delimitar claramente o termo inicial.

Contudo, se não for admitida essa interpretação, o exercício do direito processual de impugnar a gratuidade será limitado. Assim, caso apresente a impugnação mediante simples petição, deverá o impugnante deixar claro qual foi o momento de ciência da indevida concessão com vistas a evitar a não apreciação da impugnação por força de uma suposta intempestividade.

Em síntese, percebe-se uma evolução na forma de impugnar no âmbito do Novo CPC – salvo em relação ao prazo da impugnação.

5.3. Recurso cabível contra a decisão que aprecia a impugnação

Por fim, resta a análise comparativa em relação ao recurso cabível para atacar a decisão que aprecia a impugnação à justiça gratuita.

Cabe destacar que a questão é polêmica no âmbito do CPC/73 e que o NCPC traz uma solução indubitavelmente mais técnica e apta a evitar o que, segundo nos parece, é um equívoco da jurisprudência.

No âmbito da Lei 1.060/50 e do CPC vigente, o coautor deste artigo se aprofundou na análise do recurso cabível, em estudo publicado na década passada[60]. Este não é o momento, por certo, para uma análise que esgote o assunto; assim, será apresentada apenas a visão geral necessária para a compreensão do tema.

---

59. Ademais, considerando uma interpretação sistemática, tendo em vista que o NCPC adota a teoria da carga dinâmica do ônus da prova (NCPC, art. 373, § 1º), poderá, no caso concreto, o magistrado especificar de quem será a prova.

60. Do recurso cabível das decisões referentes à gratuidade da justiça (L. 1060/50). In: Nery Jr, Nelson; Wambier, Teresa Arruda Alvim. (Org.). Aspectos polêmicos e atuais dos recursos cíveis. V. 9. São Paulo: Editora Revista dos Tribunais, 2006, v. 9, p. 316-346.

Nos termos do exposto no tópico anterior, à luz da Lei 1.060/50, uma vez deferida a gratuidade e ofertada impugnação à justiça gratuita pela parte contrária, esse incidente será autuado em autos apartados (apensados ao principal).

A decisão referente a tal incidente é, indubitavelmente, interlocutória. Dessa forma, a rigor, o recurso cabível seria o agravo de instrumento; porém, não é esse o entendimento que prevaleceu.

Os tribunais, de forma majoritária, entenderam que é eficaz o art. 17 da Lei 1.060/50[61] e que, portanto, da decisão proferida no incidente, cabe apelação. O primeiro julgado do STJ nesse sentido data de 1991, cuja ementa foi assim elaborada:

> ASSISTENCIA JUDICIARIA. PEDIDO DE REVOGAÇÃO DENEGADO. RECURSO CABIVEL. LEI 1060/50, ART. 17 AUTUADO EM APARTADO O PEDIDO DE REVOGAÇÃO DA ASSISTENCIA JUDICIARIA DEFERIDA AO AUTOR - LEI 1060/50, ART. 7. -, DO VEREDITO DE PRIMEIRA INSTANCIA O RECURSO CABIVEL E O DE APELAÇÃO - ART. 17 -. O RECURSO DE AGRAVO DE INSTRUMENTO SOMENTE SERA ADMITIDO, NA SISTEMATICA GERAL DOS RECURSOS, DE DECISÃO PROFERIDA DE PLANO NO CURSO DA PROPRIA AÇÃO - ART. 5., CAPUT-.RECURSO ESPECIAL CONHECIDO E PROVIDO (REsp 7641/SP, Rel. Ministro ATHOS CARNEIRO, QUARTA TURMA, julgado em 01/10/1991, DJ 11/11/1991, p. 16150).

Desde esse julgado, o STJ reproduziu esse entendimento: se a decisão foi proferida nos próprios autos, cabe agravo; se o *decisum* foi prolatado em autos apartados (da impugnação), cabe apelação.

Essa posição trouxe inúmeras dificuldades às partes e advogados, pois em situações análogas referentes a outros incidentes previstos no CPC/73 (como na impugnação ao valor da causa ou na exceção de incompetência relativa), o recurso cabível era o agravo.

Vale mencionar que o anteprojeto de alteração da lei de assistência judiciária[62], datado da década de 1990 e elaborado por Augusto Tavares Rosa Marcacini e Walter Piva Rodrigues, previa expressamente o cabimento do agravo[63] contra a decisão que trata da gratuidade da justiça.

Em mais do que boa hora, o Novo CPC propõe a superação desse entendimento anacrônico.

---

61. Caberá apelação das decisões proferidas em consequência da aplicação desta lei; a apelação será recebida somente no efeito devolutivo quando a sentença conceder o pedido.

62. Cf em Revista AASP 59/15.

63. Assim dispunha o art. 18 de tal anteprojeto: Da decisão que indefere de plano o benefício, ou da que resolve o incidente, caberá o recurso de agravo.

A questão é regulada, de forma singela e objetiva, no art. 101 do projeto:

> "contra a decisão que indeferir a gratuidade ou a que acolher pedido de sua revogação caberá agravo de instrumento, exceto quando a questão for resolvida na sentença, contra a qual caberá apelação"[64].

O dispositivo afasta, assim, qualquer debate relacionado ao assunto, deixando claro o cabimento do recurso em relação às situações que podem surgir em relação à gratuidade:

(i) se o juiz indeferir a gratuidade pleiteada por qualquer das partes, o recurso cabível será o agravo de instrumento;

(ii) se a impugnação à justiça gratuita (formulada em qualquer momento, como visto no tópico anterior, desde que ainda no 1º grau) for acolhida, o recurso cabível será o agravo de instrumento;

(iii) se o magistrado decidir quanto à gratuidade (para deferi-la ou não, seja relacionada à impugnação ou não) no bojo da sentença, considerando o princípio da unirrecorribilidade, o recurso cabível será a apelação.

Nesse particular, dúvida não há quanto à nítida evolução do novo sistema em relação ao previsto na Lei 1.060/50.

6. CONCLUSÕES

Do exposto neste breve artigo, é possível destacar o seguinte:

a) do ponto de vista técnico, há distinção entre justiça gratuita, assistência judiciária e assistência jurídica, embora muitas vezes a legislação, a doutrina e jurisprudência não atentem para essa relevante diferenciação;

b) no âmbito do Novo CPC, o legislador foi mais técnico ao optar por nominar o não recolhimento de custas como "gratuidade de justiça";

c) no tocante ao requerimento da justiça gratuita, o novo CPC prevê ser possível sua formulação a qualquer tempo;

d) em relação à concessão, o NCPC (i) permite o deferimento desde que a parte seja economicamente hipossuficiente (sem especificar, de forma objetiva, o que seja isso); (ii) prevê a presunção da gratuidade para a pessoa física, apesar de (iii) permitir ao magistrado que peça esclarecimentos antes de indeferir o requerimento;

---

64. Como se percebe, a redação é semelhante à proposta do anteprojeto mencionado na nota anterior.

e) quanto à forma de impugnar a gratuidade, o novo sistema inova ao não mais exigir impugnação autônoma, mas sim sua alegação no bojo de peça que será apresentada trazendo esse tópico – que não mais será autuada em apartado;

f) no tocante à maneira de impugnar a decisão da impugnação, o NCPC evolui em relação ao atual sistema ao destacar o cabimento do agravo de instrumento – salvo se a questão relacionada à gratuidade for decidida na própria sentença.

A partir dessa síntese, podemos concluir o seguinte:

i) o sistema anterior, datado de 1950, necessitava de atualização há tempos;

ii) o Novo CPC traz importantes modificações em relação às regras atualmente existentes;

iii) o sistema do NCPC traz algumas situações em que há grande margem para diferentes decisões por parte dos magistrados, o que seguramente acarretará uma série de debates e entendimentos judiciais divergentes (por exemplo, e principalmente, no que tange ao parcelamento das custas e emolumentos "se for o caso" e o termo inicial do prazo de 15 dias para apresentar a impugnação à gratuidade deferida);

v) apesar da pouca atenção da doutrina para o tema até o momento, trata-se de um ponto em que o Novo CPC inova, merecendo atenção por parte de juízes e advogados;

vi) contudo, não houve previsão na novel legislação sobre os critérios objetivos para a concessão da gratuidade de justiça, no tocante às condições financeiras da parte – assunto polêmico que suscita inúmeras divergências no cotidiano forense, inclusive entre os subscritores deste artigo.

Percalços não faltaram e obstáculos fatalmente seguirão presentes nos caminhos de quem precisa da assistência judiciária no Brasil; sigamos, porém, estudando o tema em prol do aprimoramento do acesso à justiça – afinal,

> "A efetivação dos direitos individuais e coletivos, por meio da assistência judiciária gratuita, suplanta os limites do direito formal, do arcabouço jurídico que proclama a igualdade perante a lei e a proteção do Estado aos mais pobres. A letra fria da lei aquece-se com o calor da vida real[65]".

---

65. SCHUBSKY, Cássio (org.). Escola de Justiça: história e memória do Departamento Jurídico XI de Agosto. São Paulo: Imprensa Oficial do Estado de São Paulo, 2010, p. 12.

7. REFERÊNCIAS BIBLIOGRÁFICAS

ALVAREZ, Anselmo Prieto. *Uma moderna concepção de assistência jurídica gratuita*. Disponível em http://www.pge.sp.gov.br/centrodeestudos/revistaspge/revista53/moderna.htm. Acesso 21 abr. 2015

SCHUBSKY, Cássio (org.). *Escola de Justiça: história e memória do Departamento Jurídico XI de Agosto*. São Paulo: Imprensa Oficial do Estado de São Paulo, 2010.

CARVALHO, Antônio. *Gratuidade judicial, sua presunção, sua comprovação e o novo CPC*, em http://emporiododireito.com.br/gratuidade-judicial-sua-presuncao-sua-comprovacao-e-o-novo-cpc-por-antonio-carvalho/, acesso em 22/04/2015.

DELLORE, Luiz. Do recurso cabível das decisões referentes à gratuidade da justiça (L. 1060/50). In: Nery Jr, Nelson; Wambier, Teresa Arruda Alvim. (Org.). *Aspectos polêmicos e atuais dos recursos cíveis*. V. 9. São Paulo: Editora Revista dos Tribunais, 2006, v. 9, p. 316-346.

GALESKI JUNIOR, Irineu; RIBEIRO, Marcia Carla Pereira. Direito e economia: uma abordagem sobre a assistência judiciária gratuita. Trabalho publicado nos Anais do XIX Encontro Nacional do CONPEDI realizado em Fortaleza - CE de 09 a 12 de Junho de 2010. Disponível em http://www.conpedi.org.br/manaus/arquivos/anais/fortaleza/3596.pdf. Acesso em 19/02/2014.

KUNIOCHI, Hamilton Kenji. *Assistência jurídica aos necessitados*: concepção contemporânea e análise de efetividade. 2013. Dissertação (Mestrado em Direito Processual) - Faculdade de Direito, Universidade de São Paulo, São Paulo, 2013. Disponível em: ‹http://www.teses.usp.br/teses/disponiveis/2/2137/tde-09012014-113135/›. Acesso em 17/04/2014.

MARCACINI, Augusto Tavares Rosa. MARCACINI, Augusto Tavares Rosa. *Assistência Jurídica, Assistência Judiciária e Justiça Gratuita*. São Paulo, 2009 (edição eletrônica).

RODRIGUES, Valter Piva e MARCACINI, Augusto Tavares Rosa. "Proposta de alteração da Lei de Assistência Judiciária", *Revista do Advogado*, nº 59, p. 15. São Paulo: AASP, 2000.

ROQUE, Andre; DELLORE, Luiz; GAJARDONI, Fernando; TOMITA, Ivo e DUARTE, Zulmar. *Novo CPC anotado e comparado*. Indaiatuba: Foco, 2015.

TARTUCE, Fernanda. Assistência judiciária, gratuidade e Lei 11.441/07. In: Antonio Coltro, Mario Luiz Delgado. (Org.). Separação, divórcio, partilha e inventário extrajudiciais. 1ed.São Paulo: Método, 2007, v. 1, p. 99-108.

TARTUCE, Fernanda. Assistência judiciária gratuita: suficiência da afirmação de pobreza-acórdão comentado. Lex. Revista do Direito Brasileiro, v. 46, p. 74-82, 2010.

CAPÍTULO 7

O problema dos custos do processo e sua regulamentação pelo Novo CPC

Rafael Sirangelo de Abreu[1]

SUMÁRIO: 1. CONSIDERAÇÕES INTRODUTÓRIAS; 2. PROBLEMAS DE ACESSIBILIDADE ECONÔMICA: DESEQUILÍBRIO NO ACESSO AO PROCESSO.; 3. O BENEFÍCIO DA GRATUIDADE DE JUSTIÇA E OUTRAS SOLUÇÕES PARA O PROBLEMA DOS CUSTOS: A INCORPORAÇÃO DO TRATAMENTO DO TEMA PELO NOVO CPC; 4. CONSIDERAÇÕES FINAIS; 5. REFERÊNCIAS BIBLIOGRÁFICAS.

1. CONSIDERAÇÕES INTRODUTÓRIAS

O processo civil não pode ser neutro diante de eventuais fatores de desequilíbrio no plano *material* que afetem a efetiva possibilidade de acesso à justiça e, portanto, a participação do cidadão nas instituições voltadas à tutela dos seus direitos. É possível vislumbrar inúmeros fatores que podem impedir um pleno acesso ao Poder Judiciário. Dentre outros, relativamente aos litígios individuais, há problemas que potencialmente causadores de desequilíbrio no acesso ao processo, como os da representação, da localização geográfica e dos custos. Daí porque o acesso à justiça envolve direito à acessibilidade técnica, geográfica e econômica ao processo.

O primeiro problema é concernente à escolha institucional pela necessidade de representação dos cidadãos por advogados (como regra) e as consequências para a igualdade que daí podem advir. Além disso, envolve a temática das instituições voltadas à assistência judiciária dos necessitados. O segundo problema, por sua vez, diz respeito a fatores geográficos que potencialmente podem desequilibrar as relações entre os litigantes. Envolve, portanto, a temática das técnicas processuais ligadas à competência e ao desempenho de atos processuais por meio virtual, sistemas de protocolo integrado e mediante

---

1 Advogado. Mestre e Doutorando em Direito pela Universidade Federal do Rio Grande do Sul. Professor dos cursos de pós-graduação lato sensu em Processo Civil da UFRGS, Uniritter e IMED. Coordenador do Grupo de Estudos em Processo Civil da ESA/OAB-RS. Membro do Instituto Brasileiro de Direito Processual (IBDP).

técnicas de remessa de peças processuais. O terceiro problema, por fim, tem íntima relação com o aspecto social-econômico do direito à igualdade. Em outras palavras, envolve o modo pelo qual o estado lida com a necessidade de custeio da estrutura institucional necessária à tutela jurisdicional dos direitos diante da potencial dificuldade que sujeitos em situação financeira desfavorecida podem enfrentar para tanto.

O presente ensaio busca indagar acerca de possíveis soluções às questões relacionadas ao problema dos custos do processo, em especial analisando a forma como o ordenamento processual projetado enfrentou-o, haja vista o fato de que o novo Código de Processo Civil incorpora ao seu texto a regulamentação acerca do benefício da gratuidade de justiça, até então disciplinada pela Lei 1.060/50 - a chamada "Lei da Assistência Judiciária".

2. PROBLEMAS DE ACESSIBILIDADE ECONÔMICA: DESEQUILÍBRIO NO ACESSO AO PROCESSO

Não há dúvida de que para certos indivíduos desfavorecidos economicamente, o direito à tutela dos direitos pode tornar-se uma promessa vazia e sem significado se o ordenamento não predispuser instrumentos que possibilitem a defesa de seus direitos em juízo[2]. A problemática envolvendo os custos do processo assume relevo na medida em que esses podem constituir um óbice à efetivação de direitos, especialmente se constituírem um fator de desequilíbrio no acesso ao processo[3]. A necessidade de pagamento das custas e despesas judiciais (mormente aquelas envolvendo a distribuição) e demais despesas pode significar um entrave. Da mesma forma, a impossibilidade de cumprimento de certo requisito necessário à propositura da demanda ou à obtenção de algum de seus resultados práticos pela ausência de fundos por parte do litigante interessado na obtenção da tutela do direito. O fenômeno, portanto, não se resume à cobrança (e a eventual solução da gratuidade) das custas e demais despesas processuais, mas também, por exemplo, às cauções, garantias e/ou depósitos eventualmente necessários à obtenção de determinado resultado (seja pela sua previsão no plano material ou processual)

O direito à igualdade só será concretizado se a justiça estiver ao alcance de todos[4], sem óbices de natureza econômica que impeçam o exercício do

---

2 TROCKER, Nicolò. Processo Civile e Costituzione – Problemi di Diritto Tedesco e Italiano. Milano: Giuffrè, 1974, p. 299.

3 Sobre o tema dos custos no sistema de common law, especialmente no ordenamento americano, ver RESNIK, Judith. Processes of the Law. Understanding Courts and their alternatives. New York: Foundation Press, 2004, p. 123-130.

4 TUCCI, Rogério Lauria; CRUZ E TUCCI, José Rogério. Constituição de 1988 e processo. Regramentos e garantias constitucionais do processo. São Paulo: Saraiva, 1989, p. 19.

Cap. 7 • O PROBLEMA DOS CUSTOS DO PROCESSO E SUA REGULAMENTAÇÃO PELO NOVO CPC
Rafael Sirangelo de Abreu

direito fundamental à tutela efetiva e adequada por qualquer cidadão. Daí porque, com relação aos custos inerentes à propositura (e andamento) de um processo, é tradicional a orientação de nosso ordenamento a outorgar assistência judiciária aos necessitados, na esteira de um movimento internacional no sentido de promover o acesso à justiça aos desfavorecidos economicamente[5]. A tradição constitucional brasileira privilegia a ideia de gratuidade da justiça há bastante tempo. Assim, por exemplo, o art. 113, 32, da Constituição de 1934 ("32. A União e os Estados concederão aos necessitados assistência judiciária, criando, para esse efeito, órgãos especiais assegurando, a isenção de emolumentos, custas, taxas e selos"), o art. 141, §35 da Constituição de 1946 ("§ 35 - O Poder Público, na forma que a lei estabelecer, concederá assistência judiciária aos necessitados"), o art. 150, §32 da Constituição de 1967 e o art. 153, §32 da Emenda nº 1, de 1969 ("§ 32 - Será concedida assistência Judiciária aos necessitados, na forma da lei"). A Constituição de 1988, em seu art. 5º, inciso LXXIV, por sua vez, inova ao prever não somente o benefício da assistência judiciária, mas a prestação de assistência judiciária integral ("LXXIV - o Estado prestará assistência jurídica integral e gratuita aos que comprovarem insuficiência de recursos"), complementando o sistema[6].

No plano infraconstitucional, a Lei nº 1.060/50 estabelece as normas para a concessão da assistência judiciária aos necessitados, sendo esses as pessoas naturais "cuja situação econômica não lhe permita pagar as custas do processo e os honorários de advogado, sem prejuízo do sustento próprio ou da família" (art. 2º, parágrafo único), redação que sofreu interpretação extensiva para também abarcar as pessoas jurídicas comprovadamente necessitadas. Por essa posição optou o legislador processual, uma vez que o novo Código de Processo Civil[7] é expresso, em seu art. 98, ao determinar que "[a] pessoa natural ou jurídica, brasileira ou estrangeira, com insuficiência de recursos para pagar as custas, despesas processuais e honorários advocatícios tem direito à gratuidade da justiça, na forma da lei".

---

5   Sobre o tema, no direito estrangeiro, ver, para um apanhado das soluções vigentes no Reino Unido, WALKER, Robert. The Impact of European Standards on the Right to a Fair Trial in Civil Proceedings in United Kingdom Domestic Law. In: European Human Rights Law Review, nº 4, 1999, pp. 4-14. Na Áustria, ver KÖNIG, Bernhard. Igualdade de chances na sala de audiência e fora dela – da sua situação do ponto de vista austríaco. In: Revista de Processo, vol. 8, 1997, p. 111 e ss,. Para uma mirada no sistema estadunidense ver RHODE, Deborah. Access to Justice. Oxford: Oxford University Press, 2004. Um interessante estudo de direito comparado, que ainda se mostra atual nas soluções apresentadas com base em relatórios dos mais variados países, é a coletânea CAPPELLETTI, Mauro; GORDLEY, James; JOHNSON JR., Earl. Toward equal justice: a comparative study of legal aid in modern societies. Milano/Nova York: Giuffrè/Oceana, 1975.

6   BARBOSA MOREIRA, José Carlos. O direito à assistência jurídica: evolução no ordenamento brasileiro de nosso tempo. In: Temas de direito processual: quinta série. São Paulo: Saraiva, 1994, p. 62

7   Lei 13.105/2015.

O Superior Tribunal de Justiça, em inúmeros julgados, reconheceu a possibilidade de concessão do benefício da gratuidade de justiça às pessoas jurídicas, com ou sem fins lucrativos. Dessa posição resultou a aprovação de verbete sumular (Súmula 481/STJ: "Faz jus ao benefício da justiça gratuita a pessoa jurídica com ou sem fins lucrativos que demonstrar sua impossibilidade de arcar com os encargos processuais")[8]. Importante observar que o novo CPC, na esteira do que já vinha decidindo a jurisprudência, presume verdadeira a alegação de insuficiência apenas para os requerimentos de pessoas naturais (Art. 99, § 2º. "Presume-se verdadeira a alegação de insuficiência deduzida exclusivamente por pessoa natural"), mas não para as pessoas jurídicas, que devem comprovar a insuficiência.

O sistema da Lei nº 1.060/50 abarca, como isenções, além das taxas judiciárias, selos, emolumentos, custas e despesas com publicações, também os honorários advocatícios devidos à parte contrária em caso de sucumbência e as despesas com a produção de prova pericial ou exame de DNA (art. 3º). Há uma isenção de todas as despesas processuais (em sentido amplo)[9].

Quanto a outras obrigações pecuniárias, envolvendo depósitos, cauções e garantias, não há dúvida de que a necessidade de que a parte deposite determinado valor como condição para que possa exercer o seu direito de ação pode inevitavelmente vir a configurar afronta à igualdade. Não por outra razão o Supremo Tribunal Federal, julgando Ação Direta de Inconstitucionalidade que discutia dispositivo da Lei 8.870/04 que obrigava o prévio depósito do valor do débito previdenciário para viabilizar a discussão judicial[10], declarou a sua inconstitucionalidade com base no direito de acesso à justiça[11]. Além disso, a Lei Complementar nº 132/09, agregou ao art. 3º da Lei nº 1.060/50, o inciso VII, que prevê

---

8   A jurisprudência hoje é uníssona ao admitir a concessão desde que produzida prova da hipossuficiência (Exemplificativamente, no Supremo Tribunal Federal, ED em AI 716294, Relator Ministro Cezar Peluso, Supremo Tribunal Federal, Segunda Turma, julgado em 31/03/2009, publicado em 30/04/2009, pp. 1304 e, no Superior Tribunal de Justiça, EREsp 1185828/RS, Relator Ministro Cesar Asfor Rocha, Corte Especial, julgado em 09/06/2011, publicado no DJe em 01/07/2011), requisito que não se impõe às pessoas físicas, bastando nesses casos as mera declaração.

9   MARINONI, Luiz Guilherme; MITIDIERO, Daniel. Código de Processo Civil comentado artigo por artigo. 3ª Ed. São Paulo: RT, 2011, p. 121.

10 "Art. 19. As ações judiciais inclusive cautelares, que tenham por objeto a discussão de débito para com INSS serão, obrigatoriamente, precedidas do depósito preparatório do valor do mesmo, monetariamente corrigido até a data de efetivação, acrescido dos juros, multa de mora e demais encargos".

11 Ação Direta de Inconstitucionalidade. Artigo 19, caput, da Lei Federal n. 8.870/94. Discussão judicial de débito para com o INSS. Depósito prévio do valor monetariamente corrigido e acrescido de multa e juros. Violação do disposto no artigo 5º, incisos XXXV e LV, da constituição do Brasil. 1. O artigo 19 da Lei n. 8.870/94 impõe condição à propositura das ações cujo objeto seja a discussão de créditos tributários. Consubstancia barreira ao acesso ao Poder Judiciário. 2. Ação Direta de Inconstitucionalidade julgada procedente. (ADI 1074, Relator Min. Eros Grau, Supremo Tribunal Federal, Pleno, julgada em 28/03/2007, Publicação em 25/05/2007, pp. 63)

que são isentos "dos depósitos previstos em lei para interposição de recurso, ajuizamento de ação e demais atos processuais inerentes ao exercício da ampla defesa e do contraditório" os beneficiários da assistência jurídica integral[12].

Ainda que seja correta a assertiva de que gratuidade, propriamente, não existe, já que a noção de justiça gratuita nada mais é do que regime em que o custeio de tudo isso é suportado pelo estado e, portanto, pela coletividade dos contribuintes[13], há situações em que, mesmo diante de pessoas (físicas ou jurídicas) sem condições de arcar imediatamente com os gastos inerentes à propositura da ação, o direito não oferece soluções práticas que permitam a efetiva participação. Não há dúvida de que o direito fundamental à assistência jurídica integral e gratuita obriga o legislativo, o executivo e o judiciário a promover, no processo, direito ao benefício da gratuidade da justiça[14] para aqueles que não têm condições de arcar com o ônus financeiro que um processo judicial impõe. A postura jurisprudencial de criação de um "tabelamento" para a concessão do benefício, nessa medida, é interpretação que foge absolutamente do real conteúdo da previsão constitucional[15].

A má compreensão, pelos operadores, da extensão do benefício e do seu campo de aplicação acarreta, entretanto, alguns problemas práticos à efetivação do direito fundamental. O art. 4º da Lei 1.060/50 prevê que basta a afirmação de que o litigante "não está em condições de pagar as custas do processo e os honorários de advogado, sem prejuízo próprio ou de sua família" para a concessão do benefício, mas muitas vezes, em que pese tenha renda considerável ou patrimônio em seu nome, a parte não pode arcar com as despesas em razão de altos custos de vida (pagamento de medicação, inúmeros dependentes, entre outros fatores) ou em razão da imobilização do seu patrimônio. Essas situações, quando compreendidas como se fossem hipóteses para indeferimento do benefício, podem acarretar afronta à igualdade, na medida em que potencialmente impedem o acesso daquele cidadão ao poder judiciário e, portanto, obstaculizam a efetivação da tutela dos direitos[16].

---

12 A jurisprudência consolidou posição nesse sentido. Exemplificativamente, quanto ao depósito prévio da ação rescisória (art. 488, II, CPC), REsp 1052679/RS, Relatora Ministra Nancy Adrighi, Superior Tribunal de Justiça, Terceira Turma, julgado em 08/06/2010, Publicado no DJe em 18/06/2010.

13 BARBOSA MOREIRA, José Carlos. Sobre a multiplicidade de perspectivas no estudo do processo. In: Temas de Direito Processual. Quarta Série. São Paulo: Saraiva, 1989, p. 16.

14 MARINONI, Luiz Guilherme; MITIDIERO, Daniel. Curso de Direito Constitucional. São Paulo: RT, 2012, p. 676, em coautoria com Ingo Wolfgang Sarlet.

15 Daí porque merece aplausos a recente jurisprudência do Superior Tribunal de Justiça que afasta a possibilidade de indeferimento da gratuidade por critérios "tabelados" como o rendimento em salários mínimos, por exemplo. Nesse sentido, AgRg no AREsp 354.197/PR, Relator Ministro Sérgio Kukina, Superior Tribunal de Justiça, Primeira Turma, julgado em 13/08/2013, Publicado no DJe em 19/08/2013.

16 A jurisprudência tem demonstrado inclinação pelas teses. Exemplificativamente, quanto à concessão do benefício em razão de gastos altos da parte requerente Agravo Interno nº 70053758686, Relator

O reverso do problema também deve ser enfrentado. De um lado, permitir que cidadãos destituídos de recursos possam aceder ao processo com maior facilidade é medida que promove uma litigância equilibrada e, consequentemente, incrementa a participação social no exercício do poder, proporcionando um grau mais alto de legitimação do processo. Ocorre que a disseminação da gratuidade pode acarretar um aumento da litigância frívola ou impensada, o que inevitavelmente prejudica a qualidade do serviço de justiça prestado[17]. Daí porque devem ser impostos limites razoáveis à concessão do benefício.

O direito à igualdade, entendido como *equilíbrio processual*, impõe, portanto, a previsão em abstrato e a realização em concreto do direito à assistência jurídica integral e gratuita, como forma de garantir aos cidadãos que efetivamente necessitem do auxílio o acesso *ao* processo judicial. A participação, nessa medida, deve funcionar como filtro das situações em que o pleito se demonstre carente de fundamento.

Não há dúvida de que um dos problemas centrais de todo sistema de justiça é saber como *equipar* os cidadãos para o processo e como resolver eventuais disparidades entre potenciais litigantes, existentes previamente ao processo[18]. Os problemas apontados *supra* dão conta de alguns obstáculos que o próprio sistema cria à efetivação do *equilíbrio* necessário à participação de todos nos desígnios do processo judicial. As linhas que seguem são uma tentativa de equacionar algumas dessas questões, na busca por alternativas viáveis que permitam um *acesso mais equilibrado ao processo*, mediante diálogo com o novo diploma processual brasileiro, que sistematiza o problema da gratuidade de justiça ao incorporar uma série de regramentos a respeito do tema, até então tratados em lei especial (Lei 1.060/1950), ao Código de Processo Civil (Seção IV – Da Gratuidade da Justiça - do Capítulo II – Dos Deveres das Partes e de Seus Procuradores - do Livro III - Dos Sujeitos do Processo da Parte Geral). Ademais, muitos dos dispositivos da referida Lei da Assistência Judiciária são revogados pelas disposições finais e transitórias do novo Código de Processo Civil, conforme dispõe o inciso III do art. 1072: Art. 1.072. "Ficam revogados: (...) III – os arts. 2º, 3º, 4º, 6º, 7º, 11, 12 e 17 da Lei no 1.060, de 5 de fevereiro de 1950;".

Desembargador Rui Portanova, Tribunal de Justiça do Rio Grande do Sul, Oitava Câmara Cível, Julgado em 02/05/2013 publicado no DJe em 07/05/2013, e, quanto à existência de patrimônio imobilizado, AI nº 70024795585, Relator Desembargador Umberto Guaspari Sudbrack, Tribunal de Justiça do Rio Grande do Sul, Quinta Câmara Cível, Julgado em 06/08/2008, publicado no DJe em 12/08/2008.

17 BARBOSA MOREIRA, José Carlos. La igualdad de las partes en el proceso civil. In: Temas de Direito Processual. Quarta Série. São Paulo: Saraiva, 1989, p. 74.

18 RESNIK, Judith. Processes of the Law. Understanding Courts and their alternatives. New York: Foundation Press, 2004, p. 130.

3. O BENEFÍCIO DA GRATUIDADE DE JUSTIÇA E OUTRAS SOLUÇÕES PARA O PROBLEMA DOS CUSTOS: A INCORPORAÇÃO DO TRATAMENTO DO TEMA PELO NOVO CPC

Não há dúvida acerca da importância da criação de condições à facilitação do acesso à justiça mediante a diminuição de entraves financeiros aos necessitados[19]. Porém, essas soluções devem ser vistas com ressalva, pois se é verdade que o acesso pleno à justiça determina um maior *equilíbrio processual*, também é verdade que a concessão indiscriminada do benefício da gratuidade pode acarretar justamente o contrário: a criação de diferenciações desnecessárias.

Um problema bastante grave com relação à gratuidade está nos incentivos que se criam à litigância frívola ou oportunista. Cria-se com isso um problema de igualdade. De um lado, um litigante tomador de risco, que calcula cada passo sabendo das consequências que determinada ação ou inação pode acarretar, em sentido pecuniário. Tem-se a sucumbência funcionando, aqui, como um regulador ético do processo. De outro lado, um litigante "impune", pois sabe que as suas ações não acarretam nenhuma consequência em termos monetários. Perdendo ou ganhando, não deverá arcar com os custos de sua atuação em juízo. Tem-se, nesse caso, exercício de liberdade sem a contrapartida da responsabilidade. Ainda que as multas relativas à litigância de má-fé possam ser cobradas (uma vez que não estão englobadas na gratuidade conferida[20]), o maior risco, qual seja, a sucumbência, não é arcado por esse litigante. Resulta disso um *desequilíbrio* relativo aos riscos que cada um tem ao utilizar a via processual. A gratuidade, ao ser concedida sem a devida contrapartida da necessidade, impõe afronta à necessária distribuição equilibrada dos ônus e riscos do processo, corolário do contraditório efetivo[21].

A justiça deve estar ao alcance de todos, sem óbices de natureza econômica que impeçam a participação dos cidadãos no exercício do poder e a obtenção da tutela de seus direitos. Essa exigência deve ser conciliada àquela da efetiva *necessidade* para obtenção da gratuidade. Algumas estratégias poderiam ser viáveis para fins de aprimoramento do sistema de assistência jurídica integral: limitação da gratuidade a apenas algumas despesas, diferimento do

---

19 No direito americano, em razão do caráter adversarial do processo civil, a doutrina considera os altos custos como o grande fator de criação de disparidades internas no processo. Sobre o tema, ver BAYLES, Michael. Principles of Law. A normative analysis. Dordrecht: D. Reidel Publishing Company, 1987, p. 36.

20 Contra, entendendo que também as multas por embargos de declaração protelatórios devem ter sua exigibilidade suspensa, AgRg nos EDcl no REsp 968.652/SP, Relator Ministro João Otávio de Noronha, Superior Tribunal de Justiça, Quarta Turma, julgado em 04/05/2010, publicado no DJe 17/05/2010).

21 ZUCKERMAN, Adrian. Justice in crisis: comparative dimensions of civil procedure. In ZUCKERMAN, Adrian (coord.). Civil Justice in Crisis. Comparative Perspective of Civil Procedure. Oxford: Oxford press, 1992, pp. 5-6; BAUR, Fritz. Les garanties fondamentales des parties dans le procès civil en République Fédérale d'Allemagne. In: CAPPELLETTI, Mauro; TALLON, Denis (coord.). Fundamental Guarantees of The Parties in Civil Litigation. Milão: Giuffrè, 1973, p. 19.

pagamento de determinadas despesas, parcelamento do pagamento das despesas processuais, criação de mecanismos de redução das despesas proporcionalmente à necessidade e facilitação do acesso ao financiamento de litígios processuais (*third-party litigation funding*)[22].Como veremos, alguns desses expedientes foram adotados pelo novo diploma processual brasileiro.

Uma primeira perspectiva de abordagem do problema pode ser aquela referente à limitação da gratuidade a determinadas despesas[23]. O novo Código de Processo Civil brasileiro prevê expressamente esta possibilidade, em seu artigo 98, §5º, primeira parte ("Art. 98. § 5º. *A gratuidade poderá ser concedida em relação a algum ou a todos os atos processuais* (...)") Poderá o judiciário, nessa medida, deferir o benefício da gratuidade da justiça *tão somente para determinado ato*[24] ou com a *exclusão de determinadas despesas*[25]. Registre-se que as condições

---

22 O rol apontado é meramente exemplificativo. Para uma mirada geral acerca das soluções encampadas pelos mais diversos sistemas jurídicos quanto aos problemas relativos às custas e despesas processuais e sua relação íntima com a problemática do acesso à justiça, ver HODGES, Cristopher; VOGENAUER, Stefan; TULIBACKA, Magdalena (coord.). The costs and funding of civil litigation. A comparative perspective. Oxford: Hart Publishing, 2010. Trata-se de estudo desempenhado por uma série de profissionais ligados aos mais variados sistemas jurídico do mundo, coordenado por pesquisadores da Faculty of Law da University of Oxford, na Inglaterra, em 2009. A pesquisa buscou, em breve resumo, conhecer as soluções ofertadas por estes sistemas para o problemas das custas e do financiamento da litigância (litigation funding and costs), buscando responder às seguintes questões: (a) Quais as opções de financiamento do processo para litigantes em busca da realização de seus direitos? (b) Quais custas processuais, honorários advocatícios e demais despesas os litigantes devem pagar? (c) Quais as regras que regulam custas, no que tange ao seu desembolso e reembolso em caso de vitória? (d) Existe alguma previsibilidade quantos aos custos gerais da litigância? (e) São esses custos proporcionais ao trabalho desempenhado pelos profissionais, no processo? Por fim, (f) quais sistemas são os mais baratos, comparativamente? (HODGES, Cristopher; VOGENAUER, Stefan; TULIBACKA, Magdalena (coord.). The costs and funding of civil litigation. A comparative perspective. Oxford: Hart Publishing, 2010, p. 3).

23 ALVES, Francisco Glauber Pessoa. O princípio jurídico da igualdade e o processo civil brasileiro. Rio de Janeiro: Forense, 2003, p. 48

24 Processual Civil. Assistência Judiciária. Requerimento. Oportunidade. Curso da Ação. Gratuidade de Determinado Ato. Possibilidade. Lei 1060/50. 1 - A assistência judiciária comporta ser reconhecida parcialmente, em face da própria contingência da vida, que pode desencadear a insuficiência financeira integral da parte no curso da ação, ou até mesmo a impossibilidade de se suportar a despesa de determinado ato processual, pelo seu elevado custo, destoante do custo das demais despesas processuais. 2 - O reconhecimento do benefício em razão de determinadas despesas, ou seja, a gratuidade parcial, é medida que se traduz em solução razoável e apropriada à plena garantia de sua utilização, e até mesmo em proveito dos cofres públicos, que não terão de suportar o ônus financeiro integral do processo, mas apenas, em sua parte. 3 - O fato de o benefício não ter sido requerido em autos apartados, de acordo com o disposto no artigo 6º, da Lei 1060/50, não enseja o reconhecimento de causa suficiente à prejudicialidade do pedido, posto que a iniciativa não importará em qualquer impeço à regularidade da tramitação processual, quanto a isso sendo de se considerar a validade do ato em razão de sua finalidade, conforme previsto pelo artigo 244, do CPC. 4 - Provimento do Agravo. Decisão reformada. (Agravo de Instrumento nº 9601508236, Relator Alexandre Vidigal, Tribunal Regional Federal da 1ª Região, Quarta Turma, Julgado em 24/04/1999, publicado no DJ em 14/05/1999, p. 270).

25 Excluindo o benefício quanto aos honorários, ver Agravo de Instrumento nº 70046185690, Relatora Desembargadora Angela Terezinha de Oliveira Brito, Tribunal de Justiça do Rio Grande do Sul, Terceira Câmara Cível, Julgado em 01/12/2011, publicado no DJ em 14/12/2011.

Cap. 7 • O PROBLEMA DOS CUSTOS DO PROCESSO E SUA REGULAMENTAÇÃO PELO NOVO CPC

Rafael Sirangelo de Abreu

específicas do caso concreto é que vão determinar a extensão do benefício, devendo ser determinadas, especificamente, quais as despesas que serão abarcadas e quais não o serão, em caso de deferimento parcial. Deve-se compreender a assistência judiciária como um sistema que trabalha na lógica do *mais* ou *menos* e não na lógica do *sim* ou *não*. São equivocadas as interpretações no sentido de que a isenção prevista na Lei 1.060/50 deve responder a um esquema de *tudo* ou *nada*, no sentido de que, ou o juiz defere integralmente o pedido de justiça gratuita, ou o nega por completo, quando não vislumbrar a presença dos requisitos legais[26]. Andou bem, nessa medida, o legislador processual, ao compreender o fenômeno da gratuidade como um expediente voltado a permitir o acesso, sem, no entanto, privilegiar a irresponsabilidade na litigância.

Diretamente ligada a essas está a técnica do diferimento do pagamento de despesas processuais, normalmente para momento posterior à sentença ou à efetivação do direito pretendido em juízo. A técnica pressupõe o direito ao benefício por razões circunstanciais transitórias, como a inviabilidade de disposição ou a falta de liquidez do patrimônio no momento da propositura ou da prática de determinado ato processual. Ou seja, permite-se o desempenho do ato mediante diferimento do pagamento de suas despesas, as quais serão cobradas em momento posterior. O Supremo Tribunal Federal já teve a oportunidade de julgar recurso extraordinário envolvendo a postergação do pagamento da taxa judiciária, com base em lei do estado de São Paulo (Lei nº 11.608/03), que regula o diferimento do recolhimento da taxa judiciária em caso de momentânea impossibilidade financeira, nas ações de alimentos, reparação de dano, declaratória incidental e embargos à execução[27]. Nesse mesmo sentido também já se pronunciou o Superior Tribunal de Justiça[28], em julgamento que deferiu a postergação do pagamento das despesas por um espólio, em face da indisponibilidade imediata de valores para custeio daquelas.

O novo Código de Processo Civil brasileiro não prevê nenhum expediente com o objetivo de postergar o pagamento das despesas em função da condição de vulnerabilidade financeira transitória do sujeito processual, mas admite o pagamento das multas por interposição de recurso protelatório, por aqueles que detêm o benefício da gratuidade, ao final do processo (e não como condição para a admissibilidade do recurso). É o caso, por exemplo, do agravo

---

26 Exemplificativamente, Agravo de Instrumento nº 00613534620054030000, Relator Juiz Convocado Márcio Mesquita, Tribunal Regional da 3ª Região, Primeira Turma, Julgado em 06/05/2008, Publicado no DJe em 02/06/2008.

27 ARE 698273/SP, Ministra Cármen Lúcia, Supremo Tribunal Federal, decisão monocrática, julgado em 14/08/2012, publicado no DJe em 20/08/2012.

28 REsp 442145/RS, Relator Ministro Aldir Passarinho Junior, Quarta Turma, julgado em 05/11/2002, Publicado no DJ em 27/06/2005, p. 396.

interno (previsão do art. 1.021, §5º) e dos embargos de declaração (art. 1.026, §3º). Problema diverso, entretanto, é aquele da interposição de recurso diante de decisão que indefere a gratuidade. A dúvida sempre é a de saber se há (ou não) necessidade de recolhimento das custas no âmbito recursal. O novo diploma processual prevê expressamente, em seu art. 101, §1º, a dispensa do recolhimento de custas até decisão do relator sobre a questão, preliminarmente ao julgamento do recurso. Acaso confirmada a denegação ou revogação da gratuidade, o relator determinará ao recorrente o recolhimento, sob pena de não conhecimento do recurso (§2º do mesmo artigo).

É possível vislumbrar, ainda, no novo Código de Processo Civil brasileiro uma inovação bastante criativa para o problema dos custos do processo: o parcelamento das despesas judiciais pelo sujeito processual responsável. Na esteira do que já foi dito - a respeito da necessidade de se pensar o sistema de gratuidade como um problema dinâmico – o novo diploma prevê solução fora do sistema de gratuidade que, ao mesmo tempo, permite um acesso à justiça pleno e responsável. O art. 98, em seu parágrafo sexto, prevê que, "[c]onforme o caso, o juiz poderá conceder direito ao parcelamento de despesas processuais que o beneficiário tiver de adiantar no curso do procedimento". Trata-se de expediente louvável que, bem regulamentado no âmbito das serventias judiciárias, poderá permitir uma diminuição considerável da incidência geral e irrestrita da gratuidade, acarretando menor prejuízo aos cofres públicos sem, de outro lado, gerar obstáculos intransponíveis para as partes.

Pense-se, por exemplo, nos custos de distribuição de uma demanda de alto valor da causa: o pagamento "à vista" dessas despesas certamente dificulta a saúde financeira de pessoas físicas e jurídicas, mas o seu parcelamento, com a diluição do custo no tempo, pode muito bem permitir o pagamento da totalidade do valor, sem maiores percalços para o sujeito responsável. A solução merece aplausos, na medida em que se destaca da lógica estática do "deferimento" ou "indeferimento" absolutos e gerais da gratuidade.

Outra técnica que pode contribuir para um efetivo *acesso equilibrado à justiça* é a técnica da redução proporcional das despesas, de acordo com a necessidade do litigante no caso concreto. Não se trata, assim, de *gratuidade*, mas de efetivo *desconto* dado em patamar sempre proporcional, de acordo com o nível de renda e dos gastos do cidadão. O direito alemão conhece instituto parecido, que prevê a possibilidade de fixação de um valor mais baixo à causa (de forma fictícia) que passa a funcionar como parâmetro para todas as despesas (incluindo aí os honorários)[29].

---

29 Essa possibilidade é narrada por TROCKER, Nicolò. Processo civile e Costituzione. Problemi di diritto tedesco e italiano. Milano: Giuffrè, 1974, pp. 317-319.

Cap. 7 • O PROBLEMA DOS CUSTOS DO PROCESSO E SUA REGULAMENTAÇÃO PELO NOVO CPC
Rafael Sirangelo de Abreu

Trata-se de medida que possibilita o acesso do indivíduo ao sistema de justiça sem, de outro lado, impor tanto custo aos cofres públicos e à parte contrária, efetivando, assim, um *maior equilíbrio na distribuição dos encargos processuais*. Uma medida que desiguala para igualar[30]. O novo CPC, na vanguarda do direito comparado, admite a redução percentual de despesas processuais, para os atos que a parte beneficiada pela gratuidade (aliás, *desconto*) tiver de praticar (art. 98, §5º. "A gratuidade poderá ser concedida em relação a algum ou a todos os atos processuais, *ou consistir na redução percentual de despesas processuais que o beneficiário tiver de adiantar no curso do procedimento*").

Seria possível cogitar de outras soluções criativas para o problema, estas, por sua vez, desconsideradas pelo recentemente aprovado novo Código de Processo Civil. Uma delas é o que, na literatura de língua inglesa, convencionou-se chamar de *third-party litigation funding* ou, de forma reduzida, *TPLF*[31]. A estratégia, que tem sido bastante utilizada em processos arbitrais, poderia ter alguma utilidade para cobrir determinadas hipóteses não abarcadas pelo sistema de assistência judiciária, mas ainda assim carentes de algum tipo de patrocínio.

O financiamento de processos por terceiros, ainda pouco trabalhado pela doutrina processual brasileira, já é utilizado em alguns procedimentos arbitrais[32]. Consubstancia-se em uma série de métodos tendentes a buscar no mercado financeiro ou de seguros interessados em assumir os custos e os riscos do processo a ser proposto, permitindo a autores[33] que talvez não pudessem dispor de altos valores para custear advogados, despesas processuais e custos na produção de determinadas provas, de modo a promover seu acesso à justiça livre de riscos (normalmente pela cessão de determinada parcela do potencial êxito)[34].

---

30 TROCKER, Nicolò. Processo civile e Costituzione. Problemi di diritto tedesco e italiano. Milano: Giuffrè, 1974, p. 317.

31 Para um relato sobre a situação do tema ao redor do mundo, ver HODGES, Christopher; PEYSNER, John; NURSE, Angus. Litigation Funding: Status and Issues. In: Oxford Legal Studies Research Paper, nº 55, 2012 e DE MORPURGO, Marco. A Comparative Legal and Economic Approach to Third-party Litigation Funding. In: Cardozo Journal of International and Comparative Law, Vol. 19, 2011, pp. 343-412.

32 No direito brasileiro a prática é praticamente inexistente, salvo em alguns casos de arbitragem (sobre o tema, ver o relatório de BORJA, Ana Gerdau de. IX Conferência de Arbitragem Internacional do Rio de Janeiro. In: Revista de Arbitragem e Mediação, vol. 38, 2013, pp. 491 e ss. e FERRO, Marcelo. O financiamento de arbitragens por terceiro e a independência do árbitro. In: Direito Empresarial e outros estudos em Homenagem ao Prof. J. A. Tavares Guerreiro. São Paulo: Quartier Latin, 2013.)

33 Discute-se também a possibilidade de financiamento do réu. Em verdade, no polo passivo o mais lógico (até pela dificuldade em construção de uma contratação que seja lucrativa para o financiador) é a contratação de um mero seguro do litígio e não um financiamento na forma de TPLF.

34 STEINITZ, Maya. Whose Claim Is This Anyway? Third Party Litigation Funding. In: Minnesota Law Review, Vol. 95, nº 4, 2011, p. 1276.

NOVO CPC DOUTRINA SELECIONADA, v. 1 • Parte Geral
PARTE VII – DOS SUJEITOS DO PROCESSO

A grande discussão envolvendo essa espécie de financiamento privado da litigância refere-se às implicações éticas[35]: a facilitação do acesso seria compensada por uma grande "fatia do bolo" a ser recebido pelo autor em caso de êxito. Além disso, a contratação típica de um financiador acaba outorgando a esse a faculdade de dispor ou não do direito em discussão, já que ele é talvez o maior interessado em obter proveito econômico com o litígio, o que eventualmente pode impedir a parte de encontrar uma solução autocompositiva mediante a lavratura de um acordo, por exemplo. A doutrina processual civil brasileira ainda não se debruçou sobre o tema, mas a modalidade assemelha-se muito a uma prática cada vez mais conhecida do judiciário brasileiro, qual seja, a do patrocínio de demandas coletivas por associações (não tão) representativas de determinado grupo. Nesse caso, o grande problema apontado diz respeito não à viabilização da tutela de determinados interesses individuais (o que, de fato, acaba ocorrendo), mas à falta de representatividade adequada. Com as devidas restrições, o financiamento privado de litígios pode preencher um espaço ainda não preenchido pelo sistema de assistência jurídica integral, na promoção de um acesso mais equilibrado à justiça.

Como é possível observar, o novo Código de Processo Civil brasileiro merece aplausos nas soluções criativas e alternativas ao problema dos custos do processo, afastando-se da lógica absoluta da mera *gratuidade* de justiça. Concessão de gratuidade para determinados atos processuais, parcelamento e redução proporcional das despesas são algumas das estratégias inovadoras encampadas pelo novo diploma, o que demonstra uma preocupação do legislador em dotar o sistema de novas estratégias com vistas a uma litigância equilibrada e responsável.

No entanto, também inova o novo CPC no controle da concessão, manutenção e revogação do benefício ao longo e depois de terminado o processo, ao menos no que concerne à simplificação das técnicas processuais. No que tange especificamente à concessão do benefício da gratuidade, importante ter em conta que ocorrendo uma modificação no plano material que melhore a vida financeira da parte a quem foi concedido o benefício da gratuidade, passam a ser exigíveis todas as despesas. O incremento de estratégias voltadas ao reforço da transitoriedade que é inerente ao sistema de assistência judiciária gratuita também é uma forma de diminuir o uso do benefício de modo inadequado. A Lei 1.060/50 prevê, em seu art. 7º, a possibilidade de revogação a pedido da parte contrária, desde que provado o desaparecimento dos requisitos[36], e

---

35 WENDEL, Bradley. A Legal Ethics Perspective on Alternative Litigation Financing. In: Canadian Business Law Journal, Vol. 55, 2014, pp. 133-164.

36 "Art. 7º. A parte contrária poderá, em qualquer fase da lide, requerer a revogação dos benefícios de assistência, desde que prove a inexistência ou o desaparecimento dos requisitos essenciais à sua

no seu art. 8º, a decretação dessa revogação de ofício, pelo juiz, nos mesmos casos[37]. O art. 12[38], por sua vez, prevê que a parte sucumbente, se beneficiada pela gratuidade, tem a exigibilidade do pagamento dos honorários advocatícios à parte contrária suspensa por cinco anos, podendo haver dentro desse prazo, em caso de superveniência de condições financeiras favoráveis (mudança no estado de carência), a sua cobrança[39].

A obrigação de pagar existe, porém sob condição legal suspensiva. Essa expressão, aliás, é utilizada pelo legislador processual, que no art. 98, § 3º, incluiu-a, mantendo, entretanto, a sistemática dos cinco anos para a prescrição da pretensão: "[v] encido o beneficiário, as obrigações decorrentes de sua sucumbência ficarão sob condição suspensiva de exigibilidade e somente poderão ser executadas se, nos 5 (cinco) anos subsequentes ao trânsito em julgado da decisão que as certificou, o credor demonstrar que deixou de existir a situação de insuficiência de recursos que justificou a concessão de gratuidade, extinguindo-se, passado esse prazo, tais obrigações do beneficiário".

Havendo comprovação pelo credor da superveniência de uma mudança na situação financeira do devedor, passa a ser possível a cobrança[40]. Assim, é importante interpretar o problema de forma a englobar também as demais despesas, adiantadas pela parte contrária ou não. Não há sentido em permitir a cobrança apenas dos honorários advocatícios, mas não das demais despesas processuais. Considerando que, em última instância, quem arca com a gratuidade concedida é a sociedade, também com relação a essas deve haver a mera suspensão pelo prazo de cinco anos[41]. Não há dúvida, sob a égide do novo Código, de que há responsabilidade pelas despesas e pelos honorários sucumbenciais, ainda que concedida a gratuidade (Art. 98, § 2º. "A concessão de gratuidade não afasta a responsabilidade do beneficiário pelas despesas processuais e pelos honorários advocatícios decorrentes de sua sucumbência").

O sistema de assistência judiciária dá conta do caráter *transitório* do benefício da gratuidade, justamente porque as condições financeiras dos cidadãos

---

concessão. Parágrafo único. Tal requerimento não suspenderá o curso da ação e se processará pela forma estabelecida no final do artigo 6º. desta Lei."

37   "Art. 8º. Ocorrendo as circunstâncias mencionadas no artigo anterior, poderá o juiz, ex-offício, decretar a revogação dos benefícios, ouvida a parte interessada dentro de quarenta e oito horas improrrogáveis."

38   "Art. 12. A parte beneficiada pela isenção do pagamento das custas ficará obrigada a pagá-las, desde que possa fazê-lo, sem prejuízo do sustento próprio ou da família, se dentro de cinco anos, a contar da sentença final, o assistido não puder satisfazer tal pagamento, a obrigação ficará prescrita"

39   Nesse sentido REsp 1082376/RN, Relator Ministro Luiz Fux, Superior Tribunal de Justiça, Primeira Turma, julgado em 17/02/2009, publicado no DJe em 26/03/2009.

40   DIDIER JUNIOR, Fredie; OLIVEIRA, Rafael. Benefício da Justiça Gratuita. 4ª ed. Salvador: Jus Podivm, 2010, p. 29.

41   Acertada, portanto, a jurisprudência do Superior Tribunal de Justiça: AgRg no Ag 1377544/MG, Relatora Ministra Laurita Vaz, Quinta Turma, julgado em 31/05/2011, publicação no DJe 14/06/2011.

também o são. Isso significa que deve haver um esforço compartilhado de todos os que participam do processo na tentativa de obter esses créditos suspensos em caso de superveniência de mudanças consideráveis na situação patrimonial do beneficiário. Uma forma de diminuir os custos arcados pela sociedade está no aprimoramento de sistema de cruzamento de dados no sistema interno de cada tribunal (ou mesmo mediante cooperação entre tribunais diferentes) com vistas a verificar se, nos processos posteriores (dentro do prazo de cinco anos de suspensão da exigibilidade) envolvendo a mesma pessoa, o benefício foi também concedido ou, eventualmente indeferido. Além disso, um sistema desse tipo poderia funcionar como um *meio* de verificação automática de recebimento de valores vultosos (pense-se, por exemplo, no recebimento de grandes indenizações em outro processo por parte de um beneficiário da gratuidade). A informatização dos tribunais pode ser de grande utilidade para a resolução desse problema.

No rito (até então previsto pela Lei 1.060/50) referente ao pedido, concessão, irresignação e revogação dos benefícios ligados ao problema dos custos do processo, por sua vez, igualmente inova o Código de Processo Civil.

Há uma inequívoca simplificação quanto ao pedido de concessão dos benefícios, que passa a ser feito nos autos (e, portanto, sem criação de autos apartados), a qualquer momento, nas manifestações típicas (petição inicial, contestação, etc.) ou por meio de petição simples (Art. 99, *caput*: "O pedido de gratuidade da justiça pode ser formulado na petição inicial, na contestação, na petição para ingresso de terceiro no processo ou em recurso.").

O parágrafo primeiro do referido artigo 99[42] impõe ao juiz, ainda, o dever de permitir à parte que comprove sua alegação de insuficiência, antes de indeferir o pleito. Consagra-se, no ponto, o dever de colaboração do juiz para com as partes (naquilo que impõe ao juiz o dever de *consulta* às partes antes de decidir)[43]. Ainda no que tange aos pressupostos (além do que já se disse a respeito da presunção oriunda da declaração da parte, válida apenas para pessoas naturais), importante a ressalva feita pelo legislador ao tomar partido em antiga discussão doutrinária e jurisprudencial, hoje aparentemente superada,

---

42 Art. 99. § 2º. "O juiz somente poderá indeferir o pedido se houver nos autos elementos que evidenciem a falta dos pressupostos legais para a concessão de gratuidade, devendo, antes de indeferir o pedido, determinar à parte a comprovação do preenchimento dos referidos pressupostos" (grifo nosso).

43 Sobre o tema, ver MITIDIERO, Daniel. Colaboração no Processo Civil. Pressupostos sociais, lógicos e éticos. 2ª Ed. São Paulo: RT, 2011 e, em perspectiva diversa, DIDIER, JUNIOR, Fredie. Fundamentos do princípio da cooperação no direito processual civil português. Coimbra: Coimbra Editora, 2010. Na doutrina estrangeira, ver SOUSA, Miguel Teixeira de. Estudos sobre o novo processo civil. Lisboa: Lex, 1997, pp. 65 e ss. Ver, ainda, NUNES, Dierle; THEODORO JR., Humberto. Uma dimensão que urge reconhecer ao contraditório no Direito brasileiro: sua aplicação como garantia de influência, de não-surpresa e de aproveitamento da atividade processual. In: Revista de Processo, nº 168, 2009, pp. 107–141 e SANTOS, Igor Raatz dos. Processo, igualdade e colaboração. Os deveres de esclarecimento, prevenção, consulta e auxílio como meio de redução de desigualdades no processo civil. In. Revista de Processo, nº 192. São Paulo: RT, 2011, p. 61.

no sentido de que "[a] assistência do requerente por advogado particular não impede a concessão de gratuidade da justiça" (Art. 99, §4º.).

Sobre o tema do procurador da parte beneficiária, cumpre ainda destacar a previsão do parágrafo quarto do mesmo artigo, que prevê a necessidade de recolhimento de custas e preparo nos recursos interpostos que discutam exclusivamente majoração da verba honorária, salvo se o próprio advogado também se enquadrar na situação de necessitado (Art. 99, §5º. "Na hipótese do § 40, o recurso que verse exclusivamente sobre valor de honorários de sucumbência fixados em favor do advogado de beneficiário estará sujeito a preparo, salvo se o próprio advogado demonstrar que tem direito à gratuidade").

A irresignação da parte contrária quanto à concessão dos benefício passa a se dar de forma também simplificada, na nova sistemática. A ainda chamada "impugnação" deve ser oferecida na contestação, réplica, contrarrazões de recurso ou por meio de petição simples, a ser apresentada sempre no prazo de quinze dias nos próprios autos do processo (Art. 100. "Deferido o pedido, a parte contrária poderá oferecer impugnação na contestação, na réplica, nas contrarrazões de recurso ou, nos casos de pedido superveniente ou formulado por terceiro, por meio de petição simples, a ser apresentada no prazo de 15 (quinze) dias, nos autos do próprio processo, sem suspensão de seu curso").

No caso revogação do benefício (a pedido da parte ou por outra circunstância que ocorrer ao longo do processo), o legislador optou por reforçar o dever de lealdade processual, cominando, para o caso de má-fé do beneficiado, multa com limite de dez vezes o valor das despesas que deixou de arcar, além do pagamento dessas (Art. 100. Parágrafo único. "Revogado o benefício, a parte arcará com as despesas processuais que tiver deixado de adiantar e pagará, em caso de má-fé, até o décuplo de seu valor a título de multa, que será revertida em benefício da Fazenda Pública estadual ou federal e poderá ser inscrita em dívida ativa").

A sistemática da recorribilidade das decisões que indeferem ou acolhem o pedido de revogação também se simplifica, passando a ser cabível agravo de instrumento exceto nos casos em que resolvida a questão em sentença (quando, então, caberá requerer em sede de apelação a revisão da decisão) – art. 101[44]. De outro lado, dentre as hipóteses taxativas do nosso regime de agravo

---

44 Art. 101. Contra a decisão que indeferir a gratuidade ou a que acolher pedido de sua revogação caberá agravo de instrumento, exceto quando a questão for resolvida na sentença, contra a qual caberá apelação.
§ 10 0 recorrente estará dispensado do recolhimento de custas até decisão do relator sobre a questão, preliminarmente ao julgamento do recurso.
§ 20 Confirmada a denegação ou a revogação da gratuidade, o relator ou o órgão colegiado determinará ao recorrente o recolhimento das custas processuais, no prazo de 5 (cinco) dias, sob pena de não conhecimento do recurso.

de instrumento aparece a hipótese de rejeição do pedido de concessão da gratuidade ou acolhimento do pedido de revogação (art. 1.015, V). Quanto ao preparo do recurso, resta, até a decisão do relator sobre a questão, dispensado o recolhimento das custas (parágrafo primeiro do art. 101).

Em última análise, a sistematização operada pelo legislador processual tem por mérito (a) consolidar um sistema de assistência jurídica integral, prevendo novas estratégias para transpor os eventuais obstáculos que os custos do processo podem impor à busca pela tutela dos direitos e (b) simplificar o rito previsto para o deferimento ou não dos benefícios de gratuidade (total ou parcial), desconto e parcelamento das custas e despesas processuais, dotada de uma formalidade exagerada sob a égide da Lei 1.060/50.

4. CONSIDERAÇÕES FINAIS

O problema dos custos do processo não é novo (aliás, remonta, no Brasil, à primeira metade do século XX). Isso não significa, entretanto, que não seja atual. A massificação dos litígios e o incremento de renda, acesso a conhecimento e acesso ao poder, típico das transformações sociais ocorridas na segunda metade do século XX, tornou problemática a temática do acesso à justiça, justamente porque, nos movimentos pendulares que caracterizam a história (e, por consequência, os institutos processuais), a gratuidade de justiça de panacéia contra os males da desigualdade social tornou-se objeto de críticas, seja por uma tendência a sua amplificação indevida, seja pela incapacidade de responder (na sua lógica do "tudo ou nada") aos problemas de uma sociedade dinâmica.

O novo Código de Processo Civil acerta ao cuidar do problema. Em primeiro lugar, trazendo para o diploma processual a regulamentação (ainda que não de forma total) do problema, retirando da legislação esparsa (Lei 1.060/50), assim, o seu tratamento. Nessa medida, acaba por dirimir potenciais incongruências e, até mesmo, contradições desta para com o diploma processual. Em segundo lugar, merece louvor o legislador pelas soluções criativas que institui, com vistas a responder ao dinamismo da sociedade contemporânea. Nesse ponto, entretanto, ao manter a expressão "gratuidade de justiça" apesar de fazer referência a técnicas processuais diversas como o desconto, parcelamento e diferimento dos custos, demonstra o novo CPC ter se mantido preso à tradição (aqui, diferentemente de outros tópicos, sem necessidade). Em terceiro lugar, acertou o novo diploma processual ao simplificar o rito relativo à concessão, irresignação e revogação dos benefícios relativos aos custos do processo, especialmente em temas recursais e no que diz respeito à forma de autuação dos requerimentos. Diante desse quadro, fica claro um avanço no tratamento do tema.

Por fim, é importante observar que todo o discurso envolvendo os custos do processo é insuficiente para a efetivação de um acesso à justiça pleno. É necessário, em complemento, introduzir técnicas de gerenciamento de processos e promover também alternativas não-judiciais de resolução de conflitos que permitam uma entrega mais barata e eficiente do serviço de justiça[45]. O paradoxo de tudo isso, entretanto, é constatar que essa estruturação necessariamente custará caro.

5. REFERÊNCIAS BIBLIOGRÁFICAS

ALVES, Francisco Glauber Pessoa. O princípio jurídico da igualdade e o processo civil brasileiro. Rio de Janeiro: Forense, 2003.

BARBOSA MOREIRA, José Carlos. La igualdad de las partes en el proceso civil. In: Temas de Direito Processual. Quarta Série. São Paulo: Saraiva, 1989.

_____. O direito à assistência jurídica: evolução no ordenamento brasileiro de nosso tempo. In: Temas de direito processual: quinta série. São Paulo: Saraiva, 1994.

_____. Sobre a multiplicidade de perspectivas no estudo do processo. In: Temas de Direito Processual. Quarta Série. São Paulo: Saraiva, 1989.

BAUR, Fritz. Les garanties fondamentales des parties dans le procès civil en République Fédérale d'Allemagne. In: CAPPELLETTI, Mauro; TALLON, Denis (coord.). Fundamental Guarantees of The Parties in Civil Litigation. Milão: Giuffrè, 1973.

BAYLES, Michael. Principles of Law. A normative analysis. Dordrecht: D. Reidel Publishing Company, 1987.

BORJA, Ana Gerdau de. IX Conferência de Arbitragem Internacional do Rio de Janeiro. In: Revista de Arbitragem e Mediação, vol. 38, 2013, pp. 491 e ss.

CAPPELLETTI, Mauro; GORDLEY, James; JOHNSON JR., Earl. Toward equal justice: a comparative study of legal aid in modern societies. Milano/Nova York: Giuffrè/Oceana, 1975.

DE MORPURGO, Marco. A Comparative Legal and Economic Approach to Third-party Litigation Funding. In: Cardozo Journal of International and Comparative Law, Vol. 19, 2011, pp. 343-412.

DIDIER JUNIOR, Fredie; OLIVEIRA, Rafael. Benefício da Justiça Gratuita. 4ª ed. Salvador: Jus Podivm, 2010.

DIDIER, JUNIOR, Fredie. Fundamentos do princípio da cooperação no direito processual civil português. Coimbra: Coimbra Editora, 2010.

FERRO, Marcelo. O financiamento de arbitragens por terceiro e a independência do árbitro. In: Direito Empresarial e outros estudos em Homenagem ao Prof. J. A. Tavares Guerreiro. São Paulo: Quartier Latin, 2013.

---

45 HODGES, Cristopher; VOGENAUER, Stefan; TULIBACKA, Magdalena (coord.). The costs and funding of civil litigation. A comparative perspective. Oxford: Hart Publishing, 2010, p. 110.

HODGES, Christopher; PEYSNER, John; NURSE, Angus. Litigation Funding: Status and Issues. In: Oxford Legal Studies Research Paper, no 55, 2012.

HODGES, Cristopher; VOGENAUER, Stefan; TULIBACKA, Magdalena (coord.). The costs and funding of civil litigation. A comparative perspective. Oxford: Hart Publishing, 2010.

KÖNIG, Bernhard. Igualdade de chances na sala de audiência e fora dela – da sua situação do ponto de vista austríaco. In: Revista de Processo, vol. 8, 1997, p. 111 e ss,.

MARINONI, Luiz Guilherme; MITIDIERO, Daniel. Código de Processo Civil comentado artigo por artigo. 3ª Ed. São Paulo: RT, 2011.

_____; MITIDIERO, Daniel. Curso de Direito Constitucional. São Paulo: RT, 2012, em coautoria com Ingo Wolfgang Sarlet.

MITIDIERO, Daniel. Colaboração no Processo Civil. Pressupostos sociais, lógicos e éticos. 2ª Ed. São Paulo: RT, 2011.

NUNES, Dierle; THEODORO JR., Humberto. Uma dimensão que urge reconhecer ao contraditório no Direito brasileiro: sua aplicação como garantia de influência, de não-surpresa e de aproveitamento da atividade processual. In: Revista de Processo, no 168, 2009, pp. 107–141.

RESNIK, Judith. Processes of the Law. Understanding Courts and their alternatives. New York: Foundation Press, 2004.

RHODE, Deborah. Access to Justice. Oxford: Oxford University Press, 2004.

SANTOS, Igor Raatz dos. Processo, igualdade e colaboração. Os deveres de esclarecimento, prevenção, consulta e auxílio como meio de redução de desigualdades no processo civil. In. Revista de Processo, no 192. São Paulo: RT, 2011, p. 61.

SOUSA, Miguel Teixeira de. Estudos sobre o novo processo civil. Lisboa: Lex, 1997, pp. 65 e ss.

STEINITZ, Maya. Whose Claim Is This Anyway? Third Party Litigation Funding. In: Minnesota Law Review, Vol. 95, no 4, 2011.

TROCKER, Nicolò. Processo Civile e Costituzione – Problemi di Diritto Tedesco e Italiano. Milano: Giuffrè, 1974.

TUCCI, Rogério Lauria; CRUZ E TUCCI, José Rogério. Constituição de 1988 e processo. Regramentos e garantias constitucionais do processo. São Paulo: Saraiva, 1989.

WALKER, Robert. The Impact of European Standards on the Right to a Fair Trial in Civil Proceedings in United Kingdom Domestic Law. In: European Human Rights Law Review, no 4, 1999.

WENDEL, Bradley. A Legal Ethics Perspective on Alternative Litigation Financing. In: Canadian Business Law Journal, Vol. 55, 2014, pp. 133-164.

ZUCKERMAN, Adrian. Justice in crisis: comparative dimensions of civil procedure. In ZUCKERMAN, Adrian (coord.). Civil Justice in Crisis. Comparative Perspective of Civil Procedure. Oxford: Oxford press, 1992.

CAPÍTULO 8

O benefício da justiça gratuita no Novo Código de Processo Civil

Ticiano Alves e Silva[1]

SUMÁRIO: 1. INTRODUÇÃO; 2. DIREITO FUNDAMENTAL À GRATUIDADE DA JUSTIÇA: ANÁLISE A PARTIR DO PLANO CONSTITUCIONAL; 3. DAQUELES QUE PODEM SER BENEFICIÁRIOS DA GRATUIDADE DA JUSTIÇA; 4. OBJETO E EXTENSÃO DA GRATUIDADE DA JUSTIÇA: O BENEFÍCIO ABRANGE O QUE E EM QUE MEDIDA?; 5. REQUISITO PARA A CONCESSÃO DO BENEFÍCIO; 6. PROCEDIMENTO PARA A CONCESSÃO DO BENEFÍCIO; 6.1. O PEDIDO DE GRATUIDADE: MOMENTO E FORMA; 6.2. A APRECIAÇÃO DO PEDIDO DE GRATUIDADE PELO MAGISTRADO; 6.3. A IMPUGNAÇÃO AO PEDIDO DE GRATUIDADE; 6.4. RECURSOS CABÍVEIS E OUTROS ASPECTOS RECURSAIS; 7. RESPONSABILIDADE PELO PAGAMENTO DAS DESPESAS PROCESSUAIS E DOS HONORÁRIOS ADVOCATÍCIOS; 8. SANÇÃO APLICÁVEL AO REQUERENTE DE MÁ-FÉ; 9. CONCLUSÃO; 10. BIBLIOGRAFIA.

1. INTRODUÇÃO

A Constituição Federal, no inciso LXXIV do art. 5º, dispõe que "o Estado prestará assistência jurídica integral e gratuita aos que comprovarem insuficiência de recursos". Com natureza de direito fundamental, o direito à justiça gratuita, desde 1950, é regulamentado, fundamentalmente, pela Lei n. 1.060.

Embora anterior à atual Constituição, a Lei n. 1.060/50 (Lei de Assistência Judiciária – LAJ) sempre foi considerada uma lei progressista, afinada com valores sociais de um Estado Democrático, ao assegurar aos hipossuficientes de recursos financeiros o acesso à justiça gratuito.

Sem embargo disso, o Novo Código de Processo Civil (NCPC) dedica uma seção exclusivamente à gratuidade da justiça, em cinco artigos, consolidando entendimentos jurisprudenciais e prevendo novos instrumentos para dar ainda mais efetividade ao citado direito fundamental.

A LAJ, contudo, não será revogada. Conforme o art. 1.072, III, do NCPC, ficam revogados "os arts. 2º, 3º, 4º, *caput* e §§ 1º a 3º, 6º, 7º, 11, 12 e 17 da Lei nº 1.060, de 5 de fevereiro de 1950". Referidos dispositivos são aqueles que ora regulamentam a gratuidade da justiça, que passa a ser regida *concentradamente* pelo NCPC.

---

1 Mestrando em Direito Processual (UERJ). Professor de Direito Processual Civil. Procurador do Estado do Amazonas. Advogado. Membro do Instituto Brasileiro de Direito Processual (IBDP) e do Centro de Estudos Avançados de Processo (Ceapro). E-mail: alves.ticiano@gmail.com Twitter: @ticiano_alves

Neste ensaio, primeiramente, será objeto de estudo o direito à justiça gratuita como direito fundamental e as repercussões que decorrem dessa sua especial natureza no plano infraconstitucional.

Depois, será feita uma análise da nova regulamentação legal. Primeiramente, a respeito de quem pode gozar do benefício e obedecidos quais requisitos, ou seja, segundo um viés subjetivo; em seguida, o estudo se voltará sobre o objeto da gratuidade, vale dizer, que tipos de despesas são abraçados pelo benefício constitucional; por fim, terá espaço a análise do procedimento para concessão do benefício.

Em todo caso, o estudo será também comparativo entre a Lei n. 1.060/50 e a regulamentação prevista no NCPC, até mesmo pela finalidade do artigo.

2. DIREITO FUNDAMENTAL À GRATUIDADE DA JUSTIÇA: ANÁLISE A PARTIR DO PLANO CONSTITUCIONAL

O art. 5º, LXXIV, da Constituição Federal prevê o direito fundamental à assistência jurídica integral e gratuita. O referido direito é amplo e desdobra-se ainda no direito à assistência judiciária, no direito à orientação jurídica extrajudicial e no ora tratado direito à gratuidade da justiça[2].

O *direito à assistência judiciária* consiste no patrocínio da causa de forma gratuita por advogado público (por exemplo, Defensor Público) ou particular (por exemplo, núcleos de prática jurídica das faculdades de direito). Tem a ver, portanto, com a prestação de serviços em juízo.

O *direito à orientação jurídica extrajudicial*, que é mais conhecido como assistência judiciária, compreende a prestação de serviços jurídicos fora do âmbito judicial, podendo-se citar a atuação em processos administrativos, na formulação e execução de contratos, na veiculação de campanhas publicitárias que esclareçam os direitos dos cidadãos, em mediações e conciliações extrajudiciais etc. Essa nova adjetivação da assistência, que passa a ser *jurídica* e não mais apenas *judiciária*, é um dos grandes avanços da Constituição Federal de 1988[3], que se preocupou com o acesso à justiça para além da via jurisdicional, ou seja, de maneira global, considerando todas as possíveis vias de acesso, que, se bem assistidas, evitam mesmo os próprios litígios.

O *direito à gratuidade da justiça*, ou justiça gratuita, por sua vez, é a dispensa do pagamento antecipado das despesas do processo e dos honorários

---

2   Sobre o tema, conferir: MARCACINI, Augusto Tavares Rosa. Assistência jurídica, assistência judiciária e justiça gratuita. São Paulo: edição eletrônica, 2009, p. 39.

3   Ver: BARBOSA MOREIRA, José Carlos. O direito à assistência jurídica: evolução no ordenamento brasileiro de nosso tempo. Temas de Direito Processual – Quinta Série. São Paulo: Saraiva, 1994, p. 59.

Cap. 8 • O BENEFÍCIO DA JUSTIÇA GRATUITA NO NOVO CÓDIGO DE PROCESSO CIVIL
Ticiano Alves e Silva

advocatícios, que, contudo, podem vir a ser cobrados na hipótese de superveniência de idônea capacidade financeira. Além disso, essa dispensa de pagamento abarca também alguns atos extrajudiciais, indispensáveis à tutela jurisdicional efetiva.

Como se vê, o direito à assistência jurídica integral e gratuita é bem amplo, abarcando os três direitos acima mencionados. E não poderia ser diferente, considerando que, além de vedar a autotutela, o Estado objetiva fundamentalmente construir uma sociedade justa, livre e solidária, reduzir as desigualdades e promover o bem de todos, sem discriminação (art. 3º, CF)[4].

Não assistir aqueles que não possuem recursos para ir a juízo, desamparando-os, é o mesmo que lhes negar proteção jurídica[5]. De nada valeria as leis, se, ante uma violação, aos pobres não fosse dado obter tutela jurisdicional estatal e o restabelecimento da ordem jurídica violada. O direito fundamental à igualdade seria agredido na hipótese.

Em relação, especificamente, ao direito à justiça gratuita, depreende-se da Constituição Federal que seus titulares são os brasileiros e estrangeiros residentes no Brasil, conforme o *caput* do art. 5º, embora tal ilação reste superada há muito por uma interpretação favorável aos direitos fundamentais.

Além disso, pode-se igualmente afirmar que o requisito para o gozo da gratuidade da justiça é a *comprovação* de insuficiência de recursos. O texto constitucional exige expressamente comprovação da miserabilidade, vale dizer, não se satisfaz com a mera afirmação ou alegação sem prova.

Por outro lado, é preciso dizer que a Constituição Federal não exclui as pessoas jurídicas do usufruto do benefício. É sabido que também as pessoas jurídicas, inclusive de direito público, titularizam direitos fundamentais. Nem mesmo a interpretação do requisito para gozar da gratuidade leva a esse resultado, já que de "insuficiência de recursos" podem padecer tanto as pessoas naturais como as pessoas jurídicas. A Constituição não alude a sustento próprio ou da família.

Como se nota, o direito fundamental à assistência jurídica integral e gratuita é bem abrangente e encontra-se em harmonia com o Estado Democrático brasileiro, que deve incluir os excluídos na participação processual, como também conceder-lhes proteção jurídica efetiva e acesso à justiça. O direito à justiça gratuita, por sua vez, encontra-se bem delineado na Constituição, com previsão da titularidade e do requisito para o gozo desse benefício.

---

4   Para uma relação entre o direito à assistência jurídica gratuita e os objetivos fundamentais da República, ver: MARINONI, Luiz Guilherme; MITIDIERO, Daniel. Comentário ao art. 5º, inciso LXXIV. In: CANOTILHO, J. J. Gomes; MENDES, Gilmar; SARLET, Ingo W.; STRECK, Lenio L. (Coords.). Comentários à Constituição do Brasil. São Paulo: Saraiva/Almedina, 2013, item 1 (livro digital, suporte Kindle).

5   A relação entre o custo financeiro do processo e outros obstáculos e o acesso à justiça foi tratada na obra clássica de Mauro Cappelletti e Bryant Garth: CAPPELLETTI, Mauro; GARTH, Bryant. Acesso à justiça. Tradução: Ellen Gracie Northfleet. Porto Alegre: Sergio Fabris Editor, 1988.

3. DAQUELES QUE PODEM SER BENEFICIÁRIOS DA GRATUIDADE DA JUSTIÇA

O *caput* do art. 98 do NCPC dispõe sobre aqueles que podem ser beneficiários da justiça gratuita:

> Art. 98. A pessoa natural ou jurídica, brasileira ou estrangeira, com insuficiência de recursos para pagar as custas, despesas processuais e honorários advocatícios tem direito à gratuidade da justiça, na forma da lei.

Qualquer um que seja parte – demandante ou demandada – pode usufruir do benefício da justiça gratuita e bem assim o terceiro, após a intervenção, quando, então, assume a qualidade de parte.

Embora a lei se refira à "pessoa", parece intuitivo que também os entes despersonalizados, que possuem apenas personalidade no plano processual, podem gozar da gratuidade da justiça. A negativa, neste caso, se admitida, atingiria, em última análise, o direito fundamental à justiça gratuita das próprias pessoas vinculadas a esses entes.

Conforme o art. 98, tanto a pessoa natural como a pessoa jurídica têm direito à justiça gratuita, sejam estas brasileiras ou estrangeiras.

A interpretação literal do parágrafo único do art. 2º da Lei n. 1.060/50 conduz ao entendimento de que as pessoas jurídicas não podem usufruir do benefício da gratuidade, uma vez que considera necessitado "todo aquele cuja situação econômica não lhe permita pagar as custas do processo e os honorários de advogado, sem prejuízo do sustento próprio ou da *família*".

Ao aludir à incapacidade de sustento próprio ou da família, o texto pode levar ao entendimento de que apenas as pessoas naturais podem ser beneficiárias da justiça gratuita; afinal, só elas podem compor uma *família*.

É verdade que, à luz da Lei n. 1.060/50, a doutrina[6] e a jurisprudência[7] são unânimes quanto à possibilidade de concessão da justiça gratuita às pessoas

---

6   Por todos, conferir: DINAMARCO, Cândido Rangel. **Instituições de Direito Processual Civil**. 2. ed. São Paulo: Malheiros, 2002, p. 677. No mesmo sentido, Ticiano Alves e Silva: "Ora, o benefício da justiça gratuita pretende garantir o acesso à justiça àqueles que se encontrem impossibilitados de fazê-lo por razões de ordem financeira. E razões desta ordem tanto podem acometer as pessoas naturais como as pessoas jurídicas, suscetíveis às variações de humor do mercado. Não se pode esquecer, também, que a pessoa jurídica de direito privado é, em última análise, uma entidade que depende para ser criada da vontade humana, do querer direcionado das pessoas físicas. Dessa forma, atua como instrumento da pessoa humana na busca pela satisfação de seus interesses, seja econômico, cultural, social, recreativo etc. Negar acesso à justiça à pessoa jurídica por razões financeiras é, pois, por via oblíqua, negar acesso à justiça à pessoa física sócia ou associada". SILVA, Ticiano Alves e. Os entendimentos divergentes do STJ e do STF acerca do procedimento para a concessão do benefício da justiça gratuita às pessoas jurídicas com e sem fins lucrativos. Revista de Processo 151/195, São Paulo: RT, 2007.

7   Por exemplo: "Justiça Gratuita. Pessoa jurídica. O prejuízo do sustento próprio, a que se refere o parágrafo único do art. 2º da Lei n. 1.060/50, pode dizer também com a pessoa jurídica (REsp 122.129-RJ).

Cap. 8 • O BENEFÍCIO DA JUSTIÇA GRATUITA NO NOVO CÓDIGO DE PROCESSO CIVIL
Ticiano Alves e Silva

jurídicas, que, apesar de não terem família, podem, perfeitamente, não ter condições de arcar com as despesas do processo sem prejuízo de sua manutenção.

Mais do que isso, o próprio texto da Constituição Federal não restringe a titularidade do direito fundamental à justiça gratuita apenas às pessoas naturais. Assim, uma restrição infraconstitucional desse tipo seria a meu sentir inconstitucional, por vício material, ao atingir o núcleo intangível do direito, reduzindo consideravelmente o âmbito de proteção no aspecto subjetivo.

Por seu turno, a redação do NCPC, ao requisitar "insuficiência de recursos", é mais clara, trazendo, pois, segurança na aplicação do instituto e prevenindo discussões desnecessárias.

Além disso, o art. 98 do NCPC estende o benefício da gratuidade aos estrangeiros, enquanto o *caput* do art. 5º da CF/88 o faz apenas para os estrangeiros *residentes*, em relação à generalidade dos direitos fundamentais[8]. Não há aí, evidentemente, nenhum vício de inconstitucionalidade, por aparente contrariedade entre o ato normativo infraconstitucional e a CF/88.

Independentemente de qualquer reciprocidade em favor de brasileiros, os estrangeiros, inclusive os apátridas, residentes ou não, mesmo que em trânsito pelo território nacional, titularizam direito fundamentais, especialmente aqueles de índole processual, como o direito à justiça gratuita.

Como visto acima, a Constituição dispõe sobre o *conteúdo irredutível* do direito à justiça gratuita, autorizando o legislador infraconstitucional, obviamente, em nome da *máxima efetividade* do direito, a ampliar o *âmbito de proteção*, de modo a resultar em maior tutela à situação jurídica da pessoa.

Sem prejuízo desse argumento, o direito à justiça gratuita, assim como os demais direitos fundamentais processuais, possui nítida função instrumental, servindo à tutela dos demais direitos (materiais ou processuais) em juízo, o que inviabilizaria, acaso negados, qualquer tipo de proteção judicial ao estrangeiro.

Nesse sentido, prevê o art. 26, II, do NCPC, no capítulo sobre Cooperação Internacional, "a igualdade de tratamento entre nacionais e estrangeiros, residentes ou não no Brasil, em relação ao acesso à justiça e à tramitação dos processos, assegurando-se assistência judiciária aos necessitados".

Cumpre observar, ainda, com fundamento no § 5º do art. 99 do NCPC (correspondente, em parte, ao art. 10 da Lei n. 1.060/50), que o direito ao benefício

---

Recurso conhecido e provido". (REsp 135.181/RJ, Rel. Ministro PAULO COSTA LEITE, TERCEIRA TURMA, julgado em 01/10/1998, DJ 29/03/1999, p. 162).

8 A referência legislativa anterior (art. 2º da Lei n. 1.060/50) fazia menção expressa aos "estrangeiros residentes", o que não impedia a doutrina, com base na teoria dos direitos fundamentais, de estender o benefício também ao estrangeiro não residente ou apenas de passagem pelo território nacional.

da gratuidade judiciária é personalíssimo, porque personalíssima é a insuficiência de recursos que autoriza sua concessão. Logo, o fato jurídico morte extingue o benefício, com efeitos *ex nunc*.

Diante disso, a justiça gratuita concedida a uma parte não se estende ao litisconsorte (art. 99, § 6º), que pode, obviamente, possuir condições financeiras suficientes para pagar as despesas do processo. Por força de iguais razões, ao sucessor do beneficiário também não se estende o benefício antes deferido ao sucedido (art. 99, § 6º). É claro que, satisfeito o requisito legal, litisconsortes e sucessores poderão *pessoalmente* gozar da justiça gratuita.

Por força de idênticas razões, ao advogado não se estende o benefício concedido à parte, quando aquele interpõe recurso para discutir *exclusivamente* o valor dos honorários sucumbenciais fixados. Os honorários de sucumbência são direito do advogado e a dispensa do preparo só terá lugar se ele próprio, o advogado, requerer a gratuidade.

4. OBJETO E EXTENSÃO DA GRATUIDADE DA JUSTIÇA: O BENEFÍCIO ABRANGE O QUE E EM QUE MEDIDA?

O § 1º do art. 98 do NCPC, à semelhança do art. 3º da Lei n. 1.060/50, enumera as despesas processuais abrangidas pelo benefício da justiça gratuita.

Assim, a gratuidade da justiça compreende: (1) as taxas ou custas judiciais; (2) os selos postais; (3) as despesas com publicação na imprensa oficial, dispensando-se a publicação em outros meios; (4) a indenização devida à testemunha que, quando empregada, receberá do empregador salário integral, como se em serviço estivesse; (5) as despesas com a realização de exame de código genético (DNA) e de outros exames considerados essenciais; (6) os honorários do advogado e do perito, e a remuneração do intérprete ou do tradutor nomeado para apresentação de versão em português de documento redigido em língua estrangeira; (7) o custo com a elaboração de memória de cálculo, quando exigida para instauração da execução; (8) os depósitos previstos em lei para interposição de recurso, propositura de ação e para a prática de outros atos processuais inerentes ao exercício da ampla defesa e do contraditório; (9) os emolumentos devidos a notários ou registradores em decorrência da prática de registro, averbação ou qualquer outro ato notarial necessário à efetivação de decisão judicial ou à continuidade de processo judicial no qual o benefício tenha sido concedido.

De início, é importante destacar, sobretudo com base nas raízes constitucionais do instituto, que o rol do § 1º do art. 98 do NCPC, embora contemple numerosas hipóteses e seja mais completo que o da Lei n. 1.060/50, não é exaustivo[9], devendo ser interpretado à luz do art. 5º, LXXIV, da CF, e do *caput* do art. 98 do NCPC.

Desse modo, a parte com insuficiência de recursos poderá requerer a justiça gratuita em relação a uma despesa processual não prevista no § 1º do art. 98. Para isso, basta que fique demonstrada a inviabilidade econômica do acesso à justiça provocada por aquele óbice financeiro.

Além disso, o legislador sistematizou o tratamento dado à matéria. Concentrou em apenas um dispositivo legal as dispensas de pagamento previstas esparsamente em outras leis.

Assim ocorreu, *por exemplo*, com a isenção do custo com a elaboração da memória de cálculo, que é prevista no § 3º do art. 475-B do Código de Processo Civil de 1973 (CPC/73), e, também, com a dispensa de pagamento dos emolumentos devidos em decorrência da prática de ato notarial e registral, tipificada, especificamente, no art. 12, § 2º, da Lei n. 10.257/2001 (Estatuto da Cidade) e no art. 6º da Lei n. 6.969/1981, que regulamentam, respectivamente, a ação de usucapião especial urbana e a ação de usucapião especial rural.

Em relação a esta última isenção, importa sublinhar que o NCPC generalizou a concessão de tais benefícios para outras hipóteses em que se combinem a insuficiência de recursos e a necessidade de prática de ato notarial e registral. Este é um caso exemplar de isenção de despesa extrajudicial, mas que se vincula diretamente com a efetividade da tutela jurisdicional, que, sem o ato notarial ou registral, não pode ser considerada completa e acabada ou até mesmo pode se tornar inefetiva.

No que toca à extensão da gratuidade judiciária, o NCPC trouxe importantíssimas inovações, acolhendo a doutrina de Fredie Didier e Rafael Alexandria de Oliveira[10], que, interpretando, por analogia, o art. 13 da LAJ, sustentam a possibilidade de (1) concessão *parcial* do benefício, bem como (2) o gozo da gratuidade para apenas *um só ato* e mesmo (3) o *parcelamento* da despesa processual.

Com efeito. A gratuidade recai sobre quantia em dinheiro. Logo, seu objeto é divisível. A divisibilidade da obrigação permite, portanto, que o magistrado *fracione* o seu objeto, concedendo desconto (10%, 20%, 30% etc.) e parcelamento (uma, duas, três vezes etc., em periodicidade razoável, não necessariamente mensal), além de isentar a parte da despesa referente a ato específico do processo (perícia, recurso etc.).

---

9   No mesmo sentido, porém em relação ao rol do art. 3º da Lei n. 1.060/50: STJ, 3ª Turma, REsp 1052679, Rel. Ministra Nancy Andrighi, j. 08.06.2010, DJE 18.06.2010.

10 DIDIER JR., Fredie; OLIVEIRA, Rafael Alexandria de. Benefício da justiça gratuita. 5. ed. Salvador: Editora JusPodivm, 2012, p. 24-25.

Na prática, ao invés de indeferir totalmente o benefício, o juiz poderá deferir o benefício *parcial* ou *parceladamente*, fazendo valer a *justa medida* na aplicação do direito fundamental à justiça gratuita.

Assim, segundo o §§ 5º e 6º do art. 98 do NCPC, uma vez atendidos os requisitos, a parte poderá pedir e o juiz conceder (1) a gratuidade em relação *um só ato* processual; (2) a "redução percentual" – verdadeiro *desconto* – das despesas processuais, que deverá ser proporcional, evidentemente, à insuficiência de recursos; e (3) o *parcelamento* das despesas processuais, mais uma vez de maneira proporcional, em quantas vezes for suficiente para o beneficiário pagar.

Embora o NCPC não contemple a hipótese de maneira explícita, é plenamente possível, a meu ver, a *combinação* de todas as três benesses referidas, vale dizer, a concessão de *redução percentual* da despesa de *um só ato* processual, mediante pagamento *parcelado*.

O dispositivo tem grande importância prática. Primeiramente, evita que aquele que tem *algum recurso* para pagar as despesas do processo usufrua do benefício *integralmente* ou tenha a gratuidade *totalmente* negada ante uma aparente suficiência de recursos para todo o processo, em relação ao qual não se podem prever, antecipadamente, os custos do início ao fim. Em suma, prevê a proporcionalidade como balizadora da concessão do benefício, fixando a extensão da gratuidade.

Em segundo lugar, a nova previsão legal é útil ao Estado, que deve, segundo o NCPC, custear *imediatamente* a perícia requerida pelo beneficiário da gratuidade da justiça, com possibilidade de posterior ressarcimento ao erário. Dessa maneira, o *parcelamento puro* livra o Estado dessa obrigação. A redução proporcional das despesas, por sua vez, torna a obrigação menos onerosa à Fazenda Pública.

Por fim, não se pode falar do objeto da gratuidade judiciária sem tratar também daquilo que *não* é abrangido pelo benefício. De forma expressa, e consagrando anterior ensinamento doutrinário, o NCPC dispõe que "a concessão da gratuidade não afasta o dever de o beneficiário pagar, ao final, as multas processuais que lhe sejam impostas".

Ao cuidar de multas processuais, sem discriminar ou ressalvar, o NCPC refere-se a multas coercitivas e multas punitivas. Tanto uma quanto a outra não estão abarcadas pelo benefício. Supor o contrário é, nos casos de multa punitiva, permitir, sem obstáculos, uma atuação irresponsável e desleal da parte com recursos insuficientes, desafinada com a boa-fé objetiva, que é muito cara ao novo sistema processual. Por outro lado, na hipótese de multa coercitiva, é arriscar tornar completamente sem efetividade as decisões judiciais proferidas contra o necessitado. Como destaca o Professor José Carlos Barbosa Moreira, "a pobreza não justifica, a nosso ver, a concessão de um *bill* de indenidade quanto a comportamentos antijurídicos"[11].

5. REQUISITO PARA A CONCESSÃO DO BENEFÍCIO

Segundo a Constituição Federal (art. 5º, LXXIV) e o NCPC (art. 98), o requisito para usufruir da gratuidade da justiça é somente a "insuficiência de recursos".

Na prática, não existem maiores controvérsias quanto ao requisito em si, mas verdadeiramente quanto a sua comprovação.

Falando em "processo evolutivo", o Professor José Carlos Barbosa Moreira relembra que:

> A princípio, consoante se registrou, precisava ele [o requerente da gratuidade] obter atestado de autoridade pública. Mais tarde, a apresentação do atestado passou a ser dispensada para quem exibisse carteira de trabalho, à vista da qual o juiz pudesse apurar a carência (Lei n. 6.654, de 30-05-1979). A evolução atingiu o ápice com a Lei n. 7.510, de 4-7-1986, que modificou radicalmente a redação do art. 4º da Lei n. 1.060, para estabelecer que a pura e simples declaração do interessado, de não estar em condições de custear o feito sem prejuízo próprio ou da família, geraria em seu favor a presunção relativa de necessidade (antes, já nesse sentido, mas em termos menos específico, o art. 1º, caput, da Lei n. 7.115, de 29-8-1983).

Pois bem. O NCPC dispõe que "presume-se verdadeira a alegação de insuficiência deduzida exclusivamente por pessoa natural" (art. 99, § 3º).

Assim, à pessoa natural, inicialmente, basta a mera alegação de insuficiência de recursos, sendo *desnecessária* a produção de provas da hipossuficiência financeira. A alegação presume-se verdadeira, admitindo-se, contudo, que cesse por prova em contrário produzida pela parte adversa ou em razão de investigação feita de ofício pelo juiz. Qualifica-se, pois, como presunção *relativa*.

A presunção de veracidade da alegação de insuficiência de recursos criada por lei não contraria a Constituição, que, de maneira diversa, exige a "comprovação" da insuficiência. É que a lei não restringiu o direito fundamental. A ampliação proporcional do âmbito de proteção do direito, atribuindo-se o ônus

---

11 BARBOSA MOREIRA, José Carlos. O direito à assistência jurídica: evolução no ordenamento brasileiro de nosso tempo. Temas de Direito Processual – Quinta Série. São Paulo: Saraiva, 1994, p. 52-53.

NOVO CPC DOUTRINA SELECIONADA, v. 1 • Parte Geral
PARTE VII – DOS SUJEITOS DO PROCESSO

da prova do fato contrário à parte que contesta a alegação de hipossuficiência, encontra-se dentro do poder de conformação do legislador[12].

É importante destacar que essa alegação de insuficiência de recursos não precisa vir em forma de declaração escrita e assinada pela própria parte, em documento anexo, como ainda se vê na prática e, pior, conforme muitas vezes alguns magistrados exigem. Seja à luz da LAJ, seja do NCPC, é suficiente que a afirmativa de miserabilidade, com o respectivo pedido de justiça gratuita, que não pode ser concedido de ofício[13], conste apenas na petição, subscrita pelo advogado. Entretanto, o advogado necessita, ao contrário do que ocorre sob a égide da LAJ, de poderes especiais para tanto, constante em cláusula específica (art. 105, NCPC[14]).

A pessoa jurídica merece tratamento diferente. Ela deve comprovar a insuficiência de recursos para fazer jus à gratuidade da justiça, sendo irrelevante possuir finalidade lucrativa ou não. Vale dizer, tanto as pessoas jurídicas *com* fins lucrativos como as pessoas jurídicas *sem* fins lucrativos devem demonstrar a insuficiência de recursos para usufruir o benefício da justiça gratuita.

Assim, para as pessoas jurídicas, não se tem a presunção relativa de veracidade da alegação; deve o interessado, pois, *alegar* e *provar* a insuficiência de recursos.

Nesse sentido, o NCPC incorpora a jurisprudência do Supremo Tribunal Federal (STF) e do Superior Tribunal de Justiça (STJ) sobre o tema[15]. Especificamente, a Súmula, n. 481, do STJ, permanece plenamente em vigor: "Faz jus ao benefício da justiça gratuita a pessoa jurídica com ou sem fins lucrativos que demonstrar sua impossibilidade de arcar com os encargos processuais".

Conforme o § 4º do art. 99 do NCPC, a assistência do requerente por advogado particular não impede a concessão de gratuidade da justiça, como

---

12 No mesmo sentido: DINAMARCO, Cândido Rangel. **Instituições de Direito Processual Civil.** 2. ed. São Paulo: Malheiros, 2002, p. 676. Ainda no mesmo sentido: DIDIER JR., Fredie; OLIVEIRA, Rafael Alexandria de. Benefício da justiça gratuita. 5. ed. Salvador: Editora JusPodivm, 2012, p. 40-41.

13 No STJ, ver, no mesmo sentido: STJ, 4ª Turma, AgRg no REsp 1.089.264, Ministro Luís Felipe Salomão, j. 14.04.09, DJ 27.04.09.

14 "Art. 105. A procuração geral para o foro, outorgada por instrumento público ou particular assinado pela parte, habilita o advogado a praticar todos os atos do processo, exceto receber citação, confessar, reconhecer a procedência do pedido, transigir, desistir, renunciar ao direito sobre o qual se funda a ação, receber, dar quitação, firmar compromisso e assinar declaração de hipossuficiência econômica, que devem constar de cláusula específica".

15 Relembre-se, contudo, que, durante muitos anos, os entendimentos do STF e do STJ sobre o ponto eram diferentes, causando grande insegurança jurídica. Acerca dessa divergência, conferir: SILVA, Ticiano Alves e. Os entendimentos divergentes do STJ e do STF acerca do procedimento para a concessão do benefício da justiça gratuita às pessoas jurídicas com e sem fins lucrativos. Revista de Processo 151/195, São Paulo: RT, 2007 e SILVA, Ticiano Alves e. Benefício da justiça gratuita às pessoas jurídicas: o entendimento (agora) unitário do STF e do STJ. Revista de Processo 189/271. São Paulo: RT, 2010.

entendem atualmente alguns juízes, que determinam até a juntada do contrato de honorários. O patrocínio da causa por advogado particular e a necessidade da gratuidade da justiça não são incompatíveis. Em ambiente altamente competitivo, não é incomum que o advogado aceite receber remuneração futura e incerta, sobre o êxito da demanda, ou mesmo que exerça advocacia *pro bono*. Além disso, pode ocorrer de os recursos da parte sejam suficientes para custear o patrocínio particular da causa, mas não sejam capazes de pagar um determinado ato do processo, como uma perícia ambiental, por exemplo.

6. PROCEDIMENTO PARA A CONCESSÃO DO BENEFÍCIO

6.1. O PEDIDO DE GRATUIDADE: MOMENTO E FORMA

O requerimento de justiça gratuita pode ser *inicial* ou *posterior*.

Será inicial quando formulado no momento de ingresso do interessado no processo, isto é, na primeira oportunidade que tem o requerente para falar nos autos. Assim, conforme o art. 99, *caput*, do NCPC, o autor deve deduzir o seu pedido de justiça gratuita, quando *inicial*, na petição inicial; o réu na contestação e o terceiro na petição de ingresso no processo ou em recurso.

Pode ocorrer, contudo, de a necessidade da justiça gratuita surgir após o momento de ingresso no feito. Considerando o tempo do processo, a insuficiência de recursos pode se configurar depois, supervenientemente, ao longo da tramitação processual. Ou, ainda, pode ser que faltem recursos para o pagamento de um determinado ato processual, imprevisível no início da demanda.

Por essas razões, o NCPC admite igualmente a formulação de pedido de justiça gratuita *posterior*, ou seja, depois do momento de ingresso do requerente no processo. Nesse caso, o pedido será veiculado por simples petição, nos autos do *próprio* processo (não mais será autuado em separado – art. 6º, LAJ) e não suspenderá o curso do feito (art. 99, § 1º, NCPC).

Parece intuitivo que o momento de formulação do requerimento de justiça gratuita, inicial ou posterior, não desnatura a presunção relativa de veracidade da afirmação de insuficiência de recursos feita pela pessoa natural. Como ensina Augusto Marcacini, "mesmo no curso do processo, basta a mera declaração, feita na própria petição em que se solicita o benefício"[16].

---

16 MARCACINI, Augusto Tavares Rosa. Assistência jurídica, assistência judiciária e justiça gratuita. São Paulo: edição eletrônica, 2009, p. 103.

Por outro lado, o deferimento do pedido *posterior* de justiça gratuita não tem efeitos retroativos[17], noutras palavras, não alcança as despesas processuais anteriores ao pedido. Como explicam Fredie Didier e Rafael Alexandria de Oliveira, "a se entender o contrário, ter-se-ia que admitir legítima a esdrúxula situação em que a parte, vendo-se na iminência de sair-se derrotada, pleiteasse, antes mesmo da prolação da sentença, o deferimento do benefício da justiça gratuita, no intuito único de ver-se liberta dos ônus da sucumbência"[18].

O requerimento de gratuidade da justiça poderá ainda ser feito em recurso (art. 99, § 7º, NCPC). Nessa hipótese, o recorrente fica dispensado do pagamento do preparo *até* o relator apreciar o requerimento, lembrando-se que o NCPC pôs fim ao duplo juízo de admissibilidade recursal. Acaso o pedido de concessão seja indeferido, o relator fixará prazo para a realização do recolhimento. O recurso só poderá ser considerado deserto se o recorrente, uma vez intimado, não efetuar o pagamento do preparo. A solução é muito melhor do que aquela adotada por alguns tribunais, no sentido de que, para usufruir do benefício em grau recursal, deve a parte requerer e ter deferida a gratuidade da justiça antes de interpor o recurso[19].

6.2. A APRECIAÇÃO DO PEDIDO DE GRATUIDADE PELO MAGISTRADO

Diante do pedido de concessão da justiça gratuita, o magistrado pode deferi-lo ou indeferi-lo.

A omissão, embora possa ocorrer, não é um comportamento correto e não implica o deferimento do pedido, haja vista que, por força do direito fundamental à motivação das decisões, são vedadas pela Constituição as decisões implícitas. A parte prejudicada, no caso o requerente, deve, pois, opor embargos de declaração para que o órgão jurisdicional supra a omissão e aprecie o pedido de gratuidade, que, relembre-se, uma vez deferido, produz efeitos *ex nunc*.

O indeferimento do pedido de justiça gratuita, por seu turno, só terá lugar se o juiz, à luz dos elementos constantes nos autos, verificar a falta do requisito legal para a concessão da gratuidade, isto é, constatar que, ao contrário do que afirma o requerente, ele tem sim recursos suficientes para pagar as despesas do processo.

---

17 "A gratuidade não opera efeitos ex tunc, de sorte que somente passa a valer para os atos ulteriores à data do pedido" (STJ, 4ª Turma, REsp 556.081, Rel. Ministro Aldir Passarinho Junior, j. 14.12.2004, DJ 28.03.2005).

18 DIDIER JR., Fredie; OLIVEIRA, Rafael Alexandria de. Benefício da justiça gratuita. 5. ed. Salvador: Editora JusPodivm, 2012, p. 49-50.

19 Contra: STF, Primeira Turma, AI 652139 AgR, Rel. Min. Dias Toffoli, Relator p/ Acórdão: Min. MARCO AURÉLIO, j. 22/05/2012, DJE 23-08-2012.

Cap. 8 · O BENEFÍCIO DA JUSTIÇA GRATUITA NO NOVO CÓDIGO DE PROCESSO CIVIL
Ticiano Alves e Silva

Por força do princípio da cooperação processual (art. 6º, NCPC) e do direito ao contraditório como direito de *audição* e de *não surpresa* (art. 10, NCPC), deverá o magistrado esclarecer-se (dever de esclarecimento) junto à parte requerente, permitindo que esta comprove o preenchimento do requisito da gratuidade (art. 99, § 2º, NCPC[20]).

A imposição legal pode causar algum estranhamento, principalmente nos magistrados. Ora, se indagará, por que deve o juiz ouvir ainda o requerente se já há elementos nos autos que comprovam a falta do requisito para a concessão da gratuidade? Imagine-se a situação de o requerente residir na Viera Souto, em Ipanema, ou ser um profissional liberal bem remunerado. A razão é que muitas vezes o que parece ser não é e a essa conclusão só se chega mediante um diálogo franco, aberto, direto e transparente entre o órgão jurisdicional e a parte. Pode ser que a parte resida na Vieira Souto porque é zelador de um condomínio de luxo ou mesmo porque mora *de favor* ou, na segunda hipótese, pode ser que esteja desempregado. O dever de esclarecimento redimensiona-se quando se sabe que, em relação às pessoas naturais, a afirmação de insuficiência de recursos goza de presunção de veracidade, dispensando-se a produção de prova até a alegação ser contestada. É necessário diálogo para saber que provas produziria o requerente de sua insuficiência financeira acaso não existisse a presunção legal.

Além disso, a experiência demonstra que a audição prévia da parte que será, possivelmente, prejudicada pela decisão indeferitória não tem o condão de atrasar a marcha do processo, que, certamente, demoraria mais na hipótese de proferimento de uma decisão precipitada seguida da interposição de recursos "esclarecedores".

Cabe por em relevo, ainda, que o NCPC parece limitar a investigação oficiosa do magistrado, ao dispor que "o juiz somente poderá indeferir o pedido se houver *nos autos* elementos que evidenciem a falta dos pressupostos legais para a concessão de gratuidade..." (destacou-se). Em verdade, o que se pretende é coibir aquele comportamento judicial exagerado que, em todo e qualquer caso, quase que por assim dizer *automaticamente*, intima o requerente para comprovar a insuficiência de recursos, esvaziando a presunção relativa de veracidade da afirmação de miserabilidade. A desconfiança do órgão jurisdicional deve ser fundada e as razões expostas na decisão.

A meu ver, extraindo dos autos ou mesmo de fatos públicos e notórios elementos que evidenciem a falta dos pressupostos legais para a concessão

---

20 "O juiz somente poderá indeferir o pedido se houver nos autos elementos que evidenciem a falta dos pressupostos legais para a concessão de gratuidade, devendo, antes de indeferir o pedido, determinar à parte a comprovação do preenchimento dos referidos pressupostos".

NOVO CPC DOUTRINA SELECIONADA, v. 1 • Parte Geral

PARTE VII – DOS SUJEITOS DO PROCESSO

da gratuidade, pode o magistrado, de ofício, investigar esses dados, como, por exemplo, inspecionar a página pessoal da parte em rede social, o que não é incomum, vale destacar. O que não pode esquecer, porém, é de dialogar com a parte sobre isso, como determina a lei.

Para deferir o pedido de gratuidade, o juiz não precisa ouvir a parte contrária, que terá para si reservada a possibilidade de impugnação do benefício (art. 100, NCPC). Ao deferir, o magistrado deve explicitar em que extensão o faz, se total ou parcialmente, se concede a redução percentual e de quantos por cento, se permite o parcelamento, em quantas vezes e com qual periodicidade.

Deferido o pedido, a justiça gratuita produzirá efeitos em todas as instâncias e para todos os atos do processo, nos expressos termos do art. 9º da Lei 1.060/50[21]. O dispositivo não é revogado pelo NCPC, de modo que a orientação prevalecerá sob a égide da nova codificação.

Por fim, alteradas as circunstâncias que justificaram a concessão ou o indeferimento do pedido de justiça gratuita, pode o magistrado, de ofício ou mediante provocação da parte interessada, respectivamente, revogar ou conceder o benefício. Não se trata de redecidir, nem há que se falar em preclusão, haja vista a alteração do quadro fático (capacidade financeira) e, pois, da causa de pedir.

6.3. A IMPUGNAÇÃO AO PEDIDO DE GRATUIDADE

A parte contrária pode impugnar o pedido de justiça gratuita. Quando a parte requerente for pessoa natural, em cujo favor há presunção legal de veracidade da afirmação de insuficiência de recursos, deve o impugnante produzir prova da ausência do requisito. A presunção legal aí termina por atribuir à parte adversa a prova do fato contrário àquele presumido.

---

21 Recentemente, em março de 2015, o STJ pacificou a questão em acórdão assim ementado: "AGRAVO REGIMENTAL NOS EMBARGOS DE DIVERGÊNCIA EM AGRAVO EM RECURSO ESPECIAL. PROCESSUAL CIVIL. JUSTIÇA GRATUITA (LEI 1.060/50, ARTS. 4º, 6º E 9º). CONCESSÃO. EFICÁCIA EM TODAS AS INSTÂNCIAS E PARA TODOS OS ATOS DO PROCESSO. RENOVAÇÃO DO PEDIDO NA INTERPOSIÇÃO DO RECURSO. DESNECESSIDADE. AGRAVO PROVIDO. 1. Uma vez concedida, a assistência judiciária gratuita prevalecerá em todas as instâncias e para todos os atos do processo, nos expressos termos do art. 9º da Lei 1.060/50. 2. Somente perderá eficácia a decisão deferitória do benefício em caso de expressa revogação pelo Juiz ou Tribunal. 3. Não se faz necessário para o processamento do recurso que o beneficiário refira e faça expressa remissão na petição recursal acerca do anterior deferimento da assistência judiciária gratuita, embora seja evidente a utilidade dessa providência facilitadora. Basta que constem dos autos os comprovantes de que já litiga na condição de beneficiário da justiça gratuita, pois, desse modo, caso ocorra equívoco perceptivo, por parte do julgador, poderá o interessado facilmente agravar fazendo a indicação corretiva, desde que tempestiva. 4. Agravo interno provido, afastando-se a deserção" (STJ, Corte Especial, AgRg nos EAREsp 86.915, Rel. Ministro Raul Araújo, j. 26.02.2015, DJE 04.03.2015).

996

Cap. 8 • O BENEFÍCIO DA JUSTIÇA GRATUITA NO NOVO CÓDIGO DE PROCESSO CIVIL
Ticiano Alves e Silva

Quando o requerente for pessoa jurídica, em relação a qual se exige a comprovação da insuficiência de recursos, o impugnante poderá tanto produzir provas contrárias àquelas do impugnado quanto alegar que as provas produzidas por este não demonstram a insuficiência de recursos.

Conforme o art. 100, *caput*, do NCPC, a impugnação deve ser oferecida na primeira oportunidade que a parte tiver para falar nos autos. Nesse sentido, a parte contrária poderá oferecer impugnação na contestação, contra o pedido formulado na petição inicial; na réplica, contra o pedido formulado na contestação; nas contrarrazões de recurso, contra o pedido formulado no recurso. São estes os primeiros momentos para falar nos autos concedidos à parte contrária.

Nos casos de pedido posterior ou formulado por terceiro, a impugnação poderá ser oferecida por meio de petição simples, a ser apresentada no prazo de 15 (quinze) dias, nos autos do próprio processo, sem suspensão de seu curso. Como se nota, o NCPC pôs fim à impugnação como incidente processual[22]. O prazo de 15 dias para impugnar por petição simples conta-se da intimação da decisão que deferiu o pedido.

Se a impugnação for julgada procedente e o juiz revogar o benefício, a parte deverá pagar as despesas processuais que tiver deixado de adiantar (art. 100, parágrafo único, NCPC).

Acaso seja interposto recurso, o pagamento somente precisará ser feito após o trânsito em julgado da decisão que revogou a gratuidade (art. 102, *caput*, NCPC).

Segundo o parágrafo único do art. 102 do NCPC, sobrevindo o trânsito em julgado daquela decisão e não efetuado o recolhimento no prazo fixado pelo órgão jurisdicional, o processo será extinto sem resolução de mérito, tratando-se do autor, e, nos demais casos, não poderá ser deferida a realização de nenhum ato ou diligência requerida pela parte enquanto não efetuado o depósito.

6.4. RECURSOS CABÍVEIS E OUTROS ASPECTOS RECURSAIS

Em conformidade com a sistemática da LAJ, contra as decisões que indeferem o pedido de gratuidade da justiça cabe apelação (art. 17). A previsão sempre foi muito questionada. Afinal, tanto a decisão de primeiro grau que indefere a gratuidade como aquela que decide a impugnação possui natureza de

---

22 Contra, entendendo que "o art. 100 projetado manteve o incidente": NETO, José Wellington Bezerra da Costa. Assistência judiciária gratuita: acesso à justiça e carência econômica. Brasília: Gazeta Jurídica, 2013, p. 382.

decisão interlocutória e, portanto, desafia agravo. O STJ não admite a aplicação do princípio da fungibilidade, por entender que, tratando-se de texto legal expresso, a interposição de agravo no lugar da apelação constitui erro grosseiro. Entretanto, o STJ construiu jurisprudência segundo a qual a decisão proferida nos autos do processo principal desafia sim agravo, enquanto aquela tomada no incidente deve ser atacada por apelação[23]. A atecnia legislativa enseja muitas dúvidas e provoca grande confusão.

O NCPC encerra essa controvérsia. Segundo o *caput* do art. 101 do NCPC, contra a decisão que *indeferir* a gratuidade ou a que *acolher* pedido de sua revogação caberá agravo de instrumento, exceto quando a questão for resolvida na sentença, contra a qual caberá apelação. Com o NCPC, volta a imperar a lógica. Decisões interlocutórias são atacadas por agravo; sentenças por apelação.

Observa-se que, rigorosamente, a previsão é desnecessária, e a solução decorreria mesmo do sistema recursal previsto no Novo Código. Ocorre que a ideia encontra-se tão arraigada em nossa tradição jurídica que o disposto no *caput* do art. 101 assume uma função praticamente didática.

O recorrente estará dispensado do recolhimento de custas até decisão do relator sobre a questão, preliminarmente ao julgamento do recurso. A previsão, contida no § 1º do art. 101 do NCPC, objetiva, forte no direito fundamental do acesso à justiça, favorecer o beneficiário, mantendo a gratuidade até deliberação final.

Confirmada a denegação ou a revogação da gratuidade, o relator ou o órgão colegiado determinará ao recorrente o recolhimento das custas processuais, no prazo de 5 (cinco) dias, sob pena de não conhecimento do recurso.

É preciso notar, ainda sobre a recorribilidade, que a decisão que *defere* o pedido de gratuidade e a que *indefere* o pedido de revogação não são recorríveis mediante agravo de instrumento[24]. Isso não quer dizer, por outro lado, que sejam inatacáveis.

Com o fim do agravo retido, tal questão não se sujeita à preclusão, e poderá ser ventilada em preliminar na apelação ou nas contrarrazões de apelação, conforme o impugnante reste vencido ou não ao final do processo (art. 1.009, § 1º, NCPC).

---

23 O leading case é o STJ, 4ª Turma, REsp 7.641, rel. Ministro Athos Carneiro, j. 01.10.1991, DJ 11.11.1991, p. 16150. A informação é de Fernanda Tartuce e Luiz Dellore: DELLORE, Luiz; TARTUCE, Fernanda. Gratuidade da justiça no Novo CPC. Revista de Processo 236/305. São Paulo: Revista dos Tribunais, 2014, edição digital.

24 No mesmo sentido: DELLORE, Luiz; TARTUCE, Fernanda. Gratuidade da justiça no Novo CPC. Revista de Processo 236/305. São Paulo: Revista dos Tribunais, 2014, item 5.2 (edição digital).

Poderá ainda, segundo penso, ser ventilada em apelação *exclusivamente* com essa finalidade, se porventura o vencido beneficiário não recorrer. É que remanesce aí interesse recursal[25].

7. RESPONSABILIDADE PELO PAGAMENTO DAS DESPESAS PROCESSUAIS E DOS HONORÁRIOS ADVOCATÍCIOS

Ao contrário do que muitas vezes se supõe, a concessão da gratuidade da justiça não afasta, só por si, a responsabilidade do beneficiário pelas despesas processuais e pelos honorários advocatícios (art. 98, § 2º, NCPC).

O benefício da gratuidade da justiça não constitui propriamente uma dispensa de *pagamento*, mas apenas uma dispensa de *adiantamento* das despesas do processo. Por isso que é equivocado, na sentença, isentar o beneficiário *vencido* do pagamento das despesas processuais e dos honorários do advogado.

Para saber se a parte beneficiária ficará realmente livre do pagamento das despesas do processo e dos honorários advocatícios, deve-se analisar a concessão da gratuidade em conjunto com a regra da sucumbência.

No processo civil, o custo financeiro do processo é atribuído àquele que deu causa à demanda (princípio da causalidade). Presume-se, então, que o vencido, ou seja, aquele que sucumbiu, é o responsável pelo custo do processo.

Fixadas essas premissas, pode-se afirmar, portanto, que o beneficiário da gratuidade *vencedor* realmente ficará dispensado de pagar as despesas do processo e os honorários advocatícios, mas isso não se dá por força da justiça gratuita, e sim em razão da regra de sucumbência. A parte vencida *não beneficiária* deverá pagar à Fazenda Pública tudo aquilo que esta adiantou, bem como pagar os honorários do advogado da parte beneficiária.

Se o beneficiário, porém, restar *vencido*, ele não ficará dispensado do pagamento das despesas processuais e dos honorários. Sua responsabilidade continuará existindo. A obrigação de pagar, decorrente de sua sucumbência, ficará sob condição suspensiva de exigibilidade. Essa suspensão liga-se à insuficiência de recursos. Os credores serão a Fazenda Pública, que realizou todas as despesas, e o advogado do vencedor, em relação aos honorários advocatícios.

No prazo de cinco anos, a contar do trânsito em julgado da decisão que certificou a obrigação, *enquanto perdurar a hipossuficiência econômica*, não poderá o credor executar o beneficiário vencido.

---

25 Nesse sentido, por similitude de razões: UZEDA, Carolina. Apelação exclusivamente contra decisão interlocutória: a ausência injustificada à audiência de conciliação ou mediação e o recurso contra a multa arbitrada. Portal Processual. Disponível em: ‹http://portalprocessual.com/apelacao-exclusivamente-contra-decisao-interlocutoria-a-ausencia-injustificada-a-audiencia-de-conciliacao-ou-mediacao-e-o-recurso-contra-a-multa-arbitrada/›. Acesso em 25.04.2015.

Entretanto, se, dentro desse quinquênio, o credor demonstrar que deixou de existir a situação de insuficiência de recursos que justificou a concessão de gratuidade, poderá executar o devedor para reaver aquilo que gastou, bem como os honorários.

Passados os cinco anos, se a situação de insuficiência de recursos não cessar, extingue-se a obrigação e, aí sim, o beneficiário vencido fica dispensado do pagamento das despesas processuais e dos honorários advocatícios (art. 98, § 3º, NCPC).

Quando o pagamento da perícia for de responsabilidade de beneficiário de gratuidade da justiça, ela será custeada pela Fazenda Pública, preferencialmente pelas formas previstas nos incisos I e II do § 3º do art. 95 do NCPC.

Após o trânsito em julgado da decisão final, a Fazenda Pública moverá, contra quem tiver sido condenado ao pagamento das despesas processuais, a execução dos valores gastos com a perícia.

Caso o responsável pelo pagamento das despesas seja o beneficiário de gratuidade da justiça, sua obrigação condiciona-se à perda da qualidade de hipossuficiente, dentro do prazo de cinco anos, extinguindo-se ao término do quinquênio.

8. SANÇÃO APLICÁVEL AO REQUERENTE DE MÁ-FÉ

Segundo o parágrafo único do art. 100 do NCPC, revogado o benefício, a parte arcará com as despesas processuais que tiver deixado de adiantar e *pagará, em caso de má-fé, até o décuplo de seu valor a título de multa, que será revertida em benefício da Fazenda Pública estadual ou federal e poderá ser inscrita em dívida ativa.*

Primeiramente, deve-se dizer que a base de cálculo da multa se altera com o NCPC. A LAJ utiliza as "custas judiciais" como base de cálculo. O NCPC, por outro lado, indica que a base de cálculo são as "despesas processuais", conceito mais amplo, que abrange também as custas judiciais.

Em segundo lugar, o destinatário da multa é a Fazenda Pública estadual ou federal[26], conforme o caso. A multa poderá ser inscrita em dívida ativa e,

---

26 O NCPC acolheu a doutrina de Fredie Didier e Rafael Alexandria de Oliveira, à luz da LAJ: "Por se tratar de conduta que fere a dignidade da justiça, a verba aí deveria ser destinada ao Estado. A conclusão se vivifica ainda mais quando se trata de sanção a que alude o art. 4º, § 1º, da LAJ, vez que, perdurando o benefício para o beneficiário não-necessitado, o mais prejudicado com isso seria o próprio Estado, que, além de sofrer verdadeiro atentado contra a administração da justiça, ainda é o responsável por arcar, durante o curso processual, com eventual adiantamento devido pelo beneficiário ou, ao cabo do processo em que se saiu ele derrotado, pelo pagamento das verbas decorrentes da sucumbência à parte adversária, vencedora. Por outro lado, a contraparte não teria suportado, com o deferimento

portanto, submetida à execução fiscal. Atualmente, a multa imposta ao requerente da justiça gratuita de má-fé é revertida em favor da parte contrária, segundo a sistemática do art. 18 do CPC/73, mantida pelo art. 96 do NCPC. Embora essa multa setorial seja evidentemente por litigância de má-fé, optou o legislador por dar-lhe destinação diversa, afastando a incidência da regra geral.

Além disso, como se trata de multa com caráter punitivo, a sanção pecuniária pode ser aplicada de ofício pelo magistrado, independentemente de provocação da parte contrária[27]. Mesmo quando não haja impugnação ao pedido de gratuidade e a revogação decorra da atuação do órgão jurisdicional, este pode aplicar a multa oficiosamente.

Tem-se, ainda, que a má-fé de que cuida o NCPC é subjetiva, ou seja, a aplicação da multa pressupõe a demonstração de dolo da parte requerente. Justamente por isso o órgão jurisdicional deve ter cuidado ao aplicar a multa. Muitas vezes não existe má-fé, mas apenas um desacordo razoável sobre a configuração do requisito da insuficiência financeira.

Despiciendo dizer, por fim, que a decisão que fixa multa por litigância de má-fé setorial deve ser fundamentada, com a demonstração do dolo do requerente, a exposição da dosimetria da multa etc.

9. CONCLUSÃO

A título de conclusão, cabe fazer um balanço das alterações promovidas pelo NCPC. Nesse sentido, parece intuitivo que o NCPC aperfeiçoou o regramento contido na Lei 1.060/50, que já sofreu numerosas modificações no passado.

O mérito do NCPC é por fim as diversas controvérsias que existiam e ainda existem, e que vinham ao longo do tempo sendo depuradas pela doutrina e pela jurisprudência, desde quem pode fazer jus ao benefício e sob que condições (por exemplo, as pessoas jurídicas) até o que está abrangido pelo benefício (por exemplo, despesas notariais e registrais).

Além disso, o NCPC altera verdadeiramente uma série de regras, a exemplo do recurso cabível contra a decisão que indefere o benefício, a forma de impugnação, a base de cálculo da multa setorial por litigância de má-fé, o destinatário do valor da multa, a possibilidade de redução percentual e de parcelamento das despesas processuais etc.

---

do benefício a quem dele não precisa, qualquer prejuízo, donde não existir nenhum motivo plausível para destinar a ela o montante da sanção pecuniária". DIDIER JR., Fredie; OLIVEIRA, Rafael Alexandria de. Benefício da justiça gratuita. 5. ed. Salvador: Editora JusPodivm, 2012, p. 65.

27   Nesse sentido: STJ, 3ª Turma, REsp 1.125.169, Rel. Ministra Nancy Andrighi, j. 17.05.2011, DJ 23.05.2011.

Por fim, maximiza o direito fundamental à justiça gratuita, tal como já fazia a LAJ, ao ampliar subjetivamente o âmbito de proteção do direito fundamental para estrangeiros em trânsito pelo território nacional, bem como ao manter a presunção relativa de veracidade da afirmação de hipossuficiência que existe em favor das pessoas naturais.

Conclui-se, assim, que as alterações foram positivas e que, não tendo sido poucas, justificam o presente trabalho, que trata de tema com importância prática irrecusável.

10. BIBLIOGRAFIA

BARBOSA MOREIRA, José Carlos. O direito à assistência jurídica: evolução no ordenamento brasileiro de nosso tempo. *Temas de Direito Processual – Quinta Série.* São Paulo: Saraiva, 1994.

CAPPELLETTI, Mauro; GARTH, Bryant. *Acesso à justiça.* Tradução: Ellen Gracie Northfleet. Porto Alegre: Sergio Fabris Editor, 1988.

DELLORE, Luiz; TARTUCE, Fernanda. Gratuidade da justiça no Novo CPC. *Revista de Processo* 236/305. São Paulo: Revista dos Tribunais, 2014.

DIDIER JR., Fredie; OLIVEIRA, Rafael Alexandria de. *Benefício da justiça gratuita.* 5. ed. Salvador: Editora JusPodivm, 2012.

DINAMARCO, Cândido Rangel. *Instituições de Direito Processual Civil.* 2. ed. São Paulo: Malheiros, 2002.

MARCACINI, Augusto Tavares Rosa. *Assistência jurídica, assistência judiciária e justiça gratuita.* São Paulo: edição eletrônica livre, 2009.

MARINONI, Luiz Guilherme; MITIDIERO, Daniel. Comentário ao art. 5º, inciso LXXIV. In: CANOTILHO, J. J. Gomes; MENDES, Gilmar; SARLET, Ingo W.; STRECK, Lenio L. (Coords.). *Comentários à Constituição do Brasil.* São Paulo: Saraiva/Almedina, 2013.

NETO, José Wellington Bezerra da Costa. *Assistência judiciária gratuita: acesso à justiça e carência econômica.* Brasília: Gazeta Jurídica, 2013.

SILVA, Ticiano Alves e. Os entendimentos divergentes do STJ e do STF acerca do procedimento para a concessão do benefício da justiça gratuita às pessoas jurídicas com e sem fins lucrativos. *Revista de Processo* 151/195, São Paulo: RT, 2007.

_____. Benefício da justiça gratuita às pessoas jurídicas: o entendimento (agora) unitário do STF e do STJ. *Revista de Processo* 189/271. São Paulo: RT, 2010.

UZEDA, Carolina. Apelação exclusivamente contra decisão interlocutória: a ausência injustificada à audiência de conciliação ou mediação e o recurso contra a multa arbitrada. *Portal Processual.* Disponível em: ‹http://portalprocessual.com/apelacao-exclusivamente-contra-decisao-interlocutoria-a-ausencia-injustificada-a-audiencia-de-conciliacao-ou-mediacao-e-o-recurso-contra-a-multa-arbitrada/›.

CAPÍTULO 9

A Advocacia Pública e o Novo Código de Processo Civil

Lucio Picanço Facci[1]

SUMÁRIO: 1. INTRODUÇÃO; 2. A ADVOCACIA PÚBLICA NO NOVO CÓDIGO DE PROCESSO CIVIL; 3. A RE-DEFINIÇÃO DOS PARADIGMAS DO DIREITO ADMINISTRATIVO; 4. O CIDADÃO-ADMINISTRADO COMO FOCO PRINCIPAL DO DIREITO ADMINISTRATIVO BRASILEIRO CONTEMPORÂNEO; 5. LIMITES CONSTITUCIONAIS À AUTOTUTELA ADMINISTRATIVA; 6. ADVOCACIA PÚBLICA: SUAS FUNÇÕES E CARACTERÍSTICAS NA CONTEMPORANEIDADE ; 7. CONCLUSÃO; 8. BIBLIOGRAFIA.

1. INTRODUÇÃO

O tema da Advocacia Pública poderia ser problematizado de tantas maneiras que seguramente apenas um artigo científico não seria suficiente para esgotar o assunto.

Para frisar apenas um dos problemas, vale dizer que a compreensão do tema envolve diversos ramos do Direito Público, em especial Direito Administrativo, Processual Civil e Constitucional.

Direito *Administrativo*, pois o advogado público age em defesa do Poder Público. E atualmente se reconhece que o Direito Administrativo vive um momento de ruptura com antigos paradigmas, fruto da própria evolução histórica deste ramo do Direito, marcado pela tensão dialética entre a lógica da *autoridade* (poder) e a lógica da *liberdade* (direitos individuais)[2], conforme será analisado doravante.

Direito *Processual*, pois o tratamento do Estado no processo judicial, de tão diferenciado, ensejou o surgimento de um sub-ramo do Direito Processual Civil denominado "Fazenda Pública em Juízo"[3] ou "Direito Processual Público".[4]

---

1. Doutorando e Mestre em Ciências Jurídicas e Sociais pela Universidade Federal Fluminense (PPGSD – UFF). Especialista em Direito Público pela Universidade de Brasília (UnB). Bacharel em Direito pela Universidade Federal do Rio de Janeiro (UFRJ). Procurador Federal. e-mail: lucio.facci@live.com

2. No sentido do texto, BINENBOJM, Gustavo. "A constitucionalização do Direito Administrativo no Brasil: um inventário de avanços e retrocessos". In: BARROSO, Luís Roberto (org.). A Reconstrução democrática do Direito Público no Brasil. Rio de Janeiro: Renovar, 2007, pp. 500-501.

3. CUNHA, Leonardo José Carneiro da. A Fazenda Pública em juízo. 6. ed. São Paulo: Dialética, 2008.

4. MIRANDA NETTO, Fernando Gama de. Ônus da prova no Direito Processual Público. Rio de Janeiro: Lumen Juris, 2009.

Direito *Constitucional*, considerando que só é possível aferir qual o papel da Advocacia Pública, a partir da compreensão do papel do próprio Estado. Sendo dever do Poder Público reconhecer o cidadão como a *finalidade* de todas as suas ações, e não mero meio para maximizar receitas e minimizar despesas, podemos adiantar que a atuação do Estado no processo civil não se limita à defesa patrimonial. O Estado atua em juízo também – e com maior ênfase – para, dentre outros deveres, preservar a ordem jurídica, cumprir a principiologia constitucional, observar os direitos fundamentais, respeitar a cidadania, materializar a moralidade administrativa, contribuir para o aperfeiçoamento das instituições democráticas, de que é exemplo o aprimoramento da prestação jurisdicional.[5]

De todo modo, ainda que reconhecendo a complexidade do assunto, procuraremos apresentar as principais características que tornam a Advocacia Pública tão singular, e analisar como o tema foi tratado no novo Código de Processo Civil.

2. A ADVOCACIA PÚBLICA NO NOVO CÓDIGO DE PROCESSO CIVIL

O novo Código de Processo Civil dedica um Título exclusivamente à Advocacia Pública. Com efeito, em seu Livro III, referente aos *"sujeitos do processo"*, o novo diploma abre o Título VI para afirmar, em seu artigo 182, que *"incumbe à Advocacia Pública, na forma da lei, defender e promover os interesses públicos da União, dos Estados, do Distrito Federal e dos Municípios, por meio da representação judicial, em todos os âmbitos federativos, das pessoas jurídicas de direito público que integram a administração direta e indireta"*.

O Código de Processo Civil de 1973 não se ocupara da Advocacia Pública, tendo esta carreira típica de Estado sido consagrada expressamente pela Constituição Federal de 1988, que, ao tratar das *"funções essenciais à Justiça"*, destinou uma seção específica à Advocacia Pública, órgão responsável pelas funções de assessoramento e representação jurídica do Estado (art. 131). Na ordem jurídica pregressa a essa inovação constitucional, a representação judicial da União era desempenhada pelo Ministério Público, o que resultava no exercício simultâneo das funções de *custos legis* e de advocacia de Estado pelo mesmo órgão.

O novo Código de Processo Civil nasce, portanto, afinado com a salutar distinção consagrada pelo texto constitucional à Advocacia Pública, tendo reconhecido expressamente a este órgão, no âmbito do processo civil, a representação judicial do Estado.

---

5   Sobre esta função da Advocacia Pública, v., por todos, SILVA, José Afonso da. Comentário contextual à Constituição. São Paulo: Malheiros, 2005, p. 606.

Como o presente trabalho não pretende abordar aspectos relativos ao tratamento da Fazenda Pública em juízo pelo novo diploma, mas precisar as características do órgão que a representa judicialmente, será feito um exame a respeito dos princípios informadores do Direito Administrativo, indispensável para a análise do papel do advogado público. Com efeito, não seria possível examinar o *munus* a ser desempenhado por este profissional, sem antes compreender a relação jurídico-administrativa na atualidade. É o que será analisado no tópico seguinte.

3. A REDEFINIÇÃO DOS PARADIGMAS DO DIREITO ADMINISTRATIVO

Thomas Kuhn, ao publicar seu famoso estudo sobre a forma como evolui a ciência, formulou a proposição teórica segundo a qual o conhecimento não progride evolutiva e pacificamente mas, sim, por rupturas, por grandes saltos, por profundas alterações de paradigmas, entendidos estes últimos como pré-compreensões que integram o pano-de-fundo da linguagem.[6] Tal pano-de-fundo decorre de práticas que a sociedade realiza cotidianamente sem se aperceber delas e que conformam o modo próprio de olhar, de crer. É com a mudança das condições paradigmáticas tradicionais que ocorrem as revoluções científicas e, consequentemente, o progresso da ciência.

No campo do Direito Administrativo, a nova interpretação decorrente dos princípios constitucionais consagrados pela Constituição Federal de 1988 representou importante ruptura com as antigas concepções teóricas aplicadas a esse ramo da ciência jurídica, até então impregnadas de formulações mais comprometidas com a preservação da autoridade da Administração Pública do que com a realização plena do Estado Democrático de Direito.

A vigorante Constituição, ao firmar como fundamento da República a dignidade humana, enunciar extenso rol – registre-se: não taxativo (§2º do art. 5º, CRFB/88) – de princípios e garantias fundamentais e dedicar diversas normas à disciplina da Administração Pública, impôs uma releitura das antigas categorias jurídicas até então forjadas para afirmar, por exemplo, a supremacia do interesse público sobre o privado, a restrita vinculação positiva do administrador às leis infraconstitucionais e a impossibilidade de controle judicial do mérito administrativo. Nesse sentido é a assertiva de Luís Roberto Barroso, **verbis:**

> Por fim, mais decisivo que tudo para a constitucionalização do direito administrativo, foi a incidência no seu domínio dos princípios constitucionais – não apenas os específicos, mas sobretudo os de caráter geral, que se irradiam por todo o sistema jurídico.

---

6 KUHN, Thomas. A estrutura das revoluções científicas. 10. ed. São Paulo: Perspectiva, 2011, passim.

Também aqui, a partir da centralidade da dignidade humana e da preservação dos direitos fundamentais, alterou-se a qualidade das relações entre Administração e administrado, com a superação ou reformulação de paradigmas tradicionais.[7]

A doutrina administrativista clássica reiteradamente refere à supremacia do interesse público sobre o interesse particular como *"verdadeiro axioma reconhecível no Direito Público"*[8], *"objetivo primacial da Administração"*[9] e *"grande princípio informativo do Direito Público"*[10]. A concepção a respeito do princípio parte da premissa de que o interesse público não se confundiria com os interesses pessoais dos integrantes da sociedade, sendo que o primeiro estaria necessariamente identificado com a ideia de bem comum, coletivo, devendo prevalecer sobre o interesse individual, particular, egoístico.

Todavia, com o processo de constitucionalização do Direito Administrativo – experimentado, a rigor, por todos os ramos do Direito[11] –, que impôs o respeito e cumprimento pela Administração Pública dos valores erigidos a mandamentos constitucionais tais como dignidade humana, justiça material, segurança, isonomia, bem-estar social etc., a realização do interesse público, muitas vezes, consistirá exatamente na tutela de interesses privados, de forma que esse amálgama conceitual formado pelo que se supõe ser interesse público, coletivo ou privado impede que se possa cogitar de uma supremacia *a priori* de um sobre o outro.[12] Neste sentido, adverte Fernando Gama de Miranda Netto sobre o cuidado que deve ser observado para a adequada aplicação do art. 2º da Lei 9.784/99, que alude expressamente ao *"interesse público"* como princípio da Administração Pública. Para o eminente Professor, a expressão *"encerra conceito jurídico indeterminado"*.[13]

Não perfilhamos da ideia de que exista, no ordenamento, princípio que estabeleça a supremacia incondicional e apriorística de um valor, princípio ou direito sobre outros. Com efeito, partindo da premissa teórica de Ronald

---

7 BARROSO, Luís Roberto. **Curso de Direito Constitucional Contemporâneo. São Paulo: Saraiva, 2009, pp. 374-375.**

8 MELLO, Celso Antônio Bandeira de. Curso de Direito Administrativo. 14. ed. São Paulo: Malheiros, 2002, p. 41.

9 MEIRELLES, Hely Lopes. Direito Administrativo Brasileiro. 25. ed. São Paulo: Malheiros, 2000, p. 43.

10 GASPARINI, Diógenes. Direito Administrativo. 12. ed. São Paulo: Saraiva, 2007, p. 20. No mesmo sentido, v. Crettella Junior, José. Tratado de Direito administrativo, v. 10, Rio de Janeiro: Forense, 1972, p. 39.

11 A esse respeito, v., por todos, BARROSO, Luís Roberto. **Curso de Direito Constitucional Contemporâneo. São Paulo: Saraiva, 2009**, pp. 360-394.

12 BINENBOJM, Gustavo. **Uma Teoria do Direito Administrativo**: direitos fundamentais, democracia e constitucionalização. 2. ed. Rio de Janeiro: Renovar, 2008, pp. 308-311.

13 MIRANDA NETTO, Fernando Gama de. Ônus da prova no Direito Processual Público. Rio de Janeiro: Lumen Juris, 2009, p. 124.

Dworkin, segundo a qual há apenas uma única decisão correta para cada caso[14], à Administração Pública incumbe, consideradas todas as circunstâncias de fato, o dever de extrair qual o "interesse" a ser tutelado na hipótese enfrentada, considerando não apenas a inequívoca unicidade e irrepetibilidade de cada caso mas, sobretudo, a complexidade do ordenamento jurídico, composto de princípios e regras, de forma que a ordem jurídica deve ser reconstruída de todas as perspectivas possíveis com o propósito de alcançar a norma adequada capaz de produzir justiça material em cada caso específico.

Além disso, a adoção de uma prevalência *a priori* de um interesse sobre outro, tende a gerar uma restrição arbitrária de direitos fundamentais, conforme oportunamente assinala Paulo Ricardo Schier, *verbis*:

> a assunção prática da supremacia do interesse público sobre o privado como cláusula geral de restrição de direitos fundamentais tem possibilitado a emergência de uma política autoritária de realização constitucional, onde os direitos, liberdades e garantias fundamentais devem, sempre e sempre, ceder aos reclames do Estado que, qual Midas, transforma em interesse público tudo aquilo que é tocado.[15]

Além disso, não se pode olvidar que o direito à igualdade (art. 5º, *caput* e inciso I, CRFB/88) incide também sobre as relações entre a Administração Pública e os particulares. Não se pode, assim, favorecer um grupo em detrimento de um grupo menor ou de apenas um indivíduo simplesmente sob o vago argumento do bem comum. A isonomia densifica o valor da dignidade da pessoa humana, alçado pela vigorante Constituição Federal a fundamento da República (artigo 1º, inciso III).

Sobre a ausência de uma supremacia *a priori* do interesse público sobre o privado, cumpre transcrever as contundentes palavras de Leonardo Greco, *in litteris*:

> Interesses particulares são de interesse de certos sujeitos – dentre eles, o próprio Estado – que podem se contrapor aos de outros sujeitos e sobre os quais a jurisdição deve exercer uma tutela impessoal em que não cabe ao juiz pender para o lado do interesse público, a pretexto de que se trata de um interesse de todos, em

---

14 As formulações teóricas do autor, nesse sentido, podem ser encontradas em suas obras Levando os direitos a sério. 3. ed. São Paulo: Martins Fontes, 2010 e Uma questão de princípio. São Paulo: Martins Fontes, 2000.

15 SCHIER, Paulo Ricardo. "Ensaio sobre a supremacia do interesse público sobre o privado e o regime jurídico dos direitos fundamentais" In: SARMENTO, Daniel (org.). Interesses públicos versus interesses privados: desconstruindo o princípio da supremacia do interesse público, Rio de Janeiro: Lumen Juris, 2005, pp. 218-219.

detrimento do interesse de poucos. A tutela jurisdicional se exerce em favor do interesse tutelado pelo Direito, seja ele de um, de poucos ou de todos os cidadãos. O juiz há de ser sempre um terceiro alheio e equidistante dos interesses em conflito, que não exerce o seu *mister* em benefício do Estado, mas daquele que tem razão à luz do ordenamento jurídico. Obviamente, no exercício da jurisdição, existe sempre uma reflexa tutela do interesse público, que é a busca da paz pública, da paz social; mas esse é um interesse remoto e secundário.

(...)

A jurisdição não deve ser exercida com a finalidade de fazer prevalecer o interesse público. Se, num processo judicial, se estabelecer um conflito entre o interesse público e um interesse particular, o juiz tem de fazer prevalecer aquele que merecer a tutela jurisdicional de acordo com a lei ou com o ordenamento jurídico. Logo, não se pode dizer aprioristicamente que nesse conflito sempre prevalecerá o interesse público.

A democracia social, engendrada pelo chamado Estado-Providência, subsequente à Primeira Guerra Mundial foi estruturada sob o absoluto primado do interesse público sobre o interesse particular. Contudo, esse não é mais o Estado Democrático do nosso tempo, pois, sob o pretexto da supremacia sistemática do interesse público, aquele modelo de Estado propiciou o surgimento de regimes autoritários, que violaram sistematicamente direitos e garantias individuais, instituindo truculentas ditaduras, tal como o fizeram os regimes nazista e fascista e algumas ditaduras militares na América Latina.

No Estado de Direito contemporâneo, vivemos sob a égide do primado dos direitos fundamentais (Constituição, preâmbulo e art. 1º), sem olvidar-se, contudo, do necessário equilíbrio que deve haver entre o interesse público e o interesse privado. Mas, se o núcleo duro de um direito fundamental individual estiver em jogo e esse direito for tutelado pela lei, o juiz não pode afastá-lo para agasalhar um suposto interesse público.[16]

A constitucionalização do Direito Administrativo impôs, ainda, uma reformulação do princípio da legalidade estrita, passando a significar tal formulação que o administrador não está apenas positivamente vinculado às leis infraconstitucionais mas, também e principalmente, aos princípios e regras constitucionais. A legalidade administrativa, assim, consiste em mais um princípio inserido no âmbito dos princípios e regras constitucionais, dos quais, inegavelmente, também é destinatário o administrador público, competindo-lhe o dever de,

---

16 GRECO, Leonardo. Instituições de processo civil, vol. I. 3. ed. Rio de Janeiro: Forense, 2011, pp. 70-71.

Cap. 9 • A ADVOCACIA PÚBLICA E O NOVO CÓDIGO DE PROCESSO CIVIL
Lucio Picanço Facci

mesmo na ausência de regra legal específica – tendo em vista a força normativa dos princípios constitucionais –, materializar as normas constitucionais no caso concreto, em ordem a atender aos postulados de cidadania, solidariedade e, principalmente, justiça material, objetivos perseguidos, por mandamento constitucional, pela vigorante República Federativa do Brasil. Por essa razão, o princípio da legalidade estrita não pode ser invocado como um obstáculo, por exemplo, à incidência do princípio da proteção da confiança, *"mesmo quando se trata de preservação de condutas – ou seus efeitos – inválidas"*.[17] Esse fenômeno tem levado parcela da doutrina a aludir a um princípio da constitucionalidade ou da juridicidade.[18] Como esclarece Maria Sylvia Zanella Di Pietro, *in verbis*:

> hoje, falar em *princípio da legalidade* significa abranger não só a lei, em sentido formal, mas todos os valores e princípios contidos implícita ou explicitamente no ordenamento jurídico. Esta é uma ideia inerente ao próprio conceito de Estado Democrático de Direito, adotado no ordenamento jurídico brasileiro a partir do Preâmbulo da Constituição e em seu art. 1o.[19]

Até mesmo o princípio da eficiência, introduzido pela Emenda Constitucional no 19/1998 no *caput* do art. 37 da vigente Constituição modificou a ideia de legalidade adotada no antigo modelo burocrático segundo a qual a legalidade era o parâmetro definitivo acerca da validade de um ato da Administração Pública, restando em segundo plano a efetividade, isto é, o resultado prático de tal ação. O novo modelo de Estado deixa de controlar o procedimento legal em favor da qualidade dos resultados efetivamente obtidos pela conduta do Poder Público. Nesse sentido é a elucidativa lição de Diogo de Figueiredo Moreira Neto, *litteris*:

> Realmente, com o desenvolvimento dos conceitos da administração pública gerencial, que revelam grande influência do pragmatismo do direito público anglo-saxônico, passou-se a reconhecer não ser o bastante praticar-se atos que, simplesmente, estejam aptos a produzir os resultados dele esperados, o que atenderia ao conceito clássico de *eficácia*. Exigiu-se mais, que esses atos devam ser praticados com tais *qualidades* intrínsecas de excelência, que possibilitem lograr-se o *melhor atendimento possível* das *finalidades* para ele previstas em lei.[20]

---

17 MAFFINI, Rafael. Princípio da proteção substancial da confiança no Direito Administrativo brasileiro. Porto Alegre: Verbo Jurídico, 2006, p. 223.

18 Por todos, v. BARROSO, Luís Roberto. **Curso de Direito Constitucional contemporâneo. São Paulo: Saraiva, 2009**, pp. 375-376; e BINENBOJM, Gustavo. **Uma Teoria do Direito Administrativo**: direitos fundamentais, democracia e constitucionalização. 2. ed. Rio de Janeiro: Renovar, 2008., pp. 311-313.

19 PIETRO, Maria Sylvia Zanella Di. Direito Administrativo. 12. ed. São Paulo: Atlas, 2001, p. 486.

20 MOREIRA NETO, Diogo de Figueiredo. Curso de Direito Administrativo. 14. ed. Rio de Janeiro: Forense, 2005, p. 106, grifos no original.

A nova ordem constitucional impôs, ainda, releitura da decantada regra da impossibilidade de controle judicial do mérito administrativo, eis que seria esse privativo da própria Administração Pública e não se submeteria à interferência do Poder Judiciário.[21] Será aprofundado o ponto oportunamente, em tópico próprio. Por ora, pode-se afirmar que, com a constitucionalização do Direito Administrativo, não se concebe mais a existência de liberdade decisória da Administração Pública infensa ou mesmo livre da incidência das regras e princípios constitucionais.[22]

Essas transformações vivenciadas pelo Direito Administrativo – que não se limitam aos fenômenos referidos neste tópico – decorrem do reconhecimento da força normativa das normas constitucionais, cujos valores, princípios e regras se irradiam por todo o ordenamento jurídico. A Constituição, assim, *"outrora um documento meramente simbólico e desprovido de força normativa, veio a se materializar e tornar-se operativa"*[23], impondo a redefinição dos paradigmas até então isoladamente construídos pelos diversos ramos do Direito.

4. O CIDADÃO-ADMINISTRADO COMO FOCO PRINCIPAL DO DIREITO ADMINISTRATIVO BRASILEIRO CONTEMPORÂNEO

A inequívoca modificação dos pressupostos teóricos do Direito Administrativo pela Constituição Federal de 1988 promoveu uma mudança do foco principal da atuação da Administração Pública, antes calcada no melhor interesse do Estado e agora direcionada à realização plena da cidadania, alçada pela vigente Constituição Federal a fundamento da República (art. 1º, inciso II, CRFB/88).

Com essa mudança de perspectiva, o Direito Administrativo deixa de conferir maior atenção aos poderes unilaterais do Estado e aos atributos do ato administrativo para direcionar o seu campo de estudo, principalmente, à incidência dos princípios constitucionais nas relações jurídico-administrativas e ao dever de observância pelo Poder Público dos direitos fundamentais do cidadão-administrado. A partir da nova ordem constitucional, o objeto de investigação do Direito Administrativo contemporâneo passa a ser fundamentalmente a relação entre a Administração Pública e os administrados.[24]

---

21 Essa clássica concepção teórica é encontrada, v.g., em Carvalho Filho, José dos Santos. Manual de Direito administrativo. 9. ed. Rio de Janeiro: Lumen Juris, 2002, p. 749.

22 Segue-se, aqui, posição defendida em BINENBOJM, Gustavo. **Uma Teoria do Direito Administrativo**: direitos fundamentais, democracia e constitucionalização. 2. ed. Rio de Janeiro: Renovar, 2008, pp. 314-316. No mesmo local, assevera o autor que existem graus de vinculação à juridicidade, daí decorrendo que o grau de controlabilidade judicial dos atos administrativos deverá ser proporcional ao grau de vinculação da Administração Pública à juridicidade.

23 MENDES, Gilmar Ferreira; COELHO, Inocêncio Mártires; BRANCO, Paulo Gustavo Gonet. Curso de Direito Constitucional. 4. ed. São Paulo: Saraiva, 2009, p. 180.

24 Tratamos do tema com maior profundidade em FACCI, Lucio Picanço. Administração Pública e segurança jurídica: a tutela da confiança nas relações jurídico-administrativas. Porto Alegre: Sergio Antonio Fabris Editor, 2015, especialmente nos capítulos 2 e 3.

Sobre a mudança de perspectiva do Direito Administrativo imposta pela vigente Constituição, cumpre registrar inspirada síntese da publicista Patrícia Baptista, *in verbis*:

> **Com efeito, de um direito administrativo calcado sobre as premissas da unilateralidade, da imperatividade e da supremacia de um interesse público ditado essencialmente pela própria Administração, evoluiu-se – pois, inequivocamente, tratou-se de uma evolução – para um direito administrativo marcado pela ascensão do cidadão-administrado à condição de objeto central dos cuidados da disciplina e submisso aos princípios e direitos fundamentais. A Administração cedeu sua vez ao cidadão como foco principal das preocupações do direito administrativo.[25]**

Esse novo enfoque, no plano teórico, do Direito Administrativo corresponde, no plano prático, ao efetivo respeito pelo Estado dos direitos dos cidadãos, apoiando-se sempre no pressuposto de que o ser humano é um fim em si mesmo e nunca mero meio para atingir objetivos coletivos ou outros individuais. Assim, deve o Poder Público materializar, nas relações jurídico-administrativas, valores como democracia, moralidade, dignidade humana, consagrados pelo texto constitucional.

Como decorrência do dever de observância de tais imperativos constitucionais pela Administração Pública, exsurge o princípio da cidadania como afirmação do cidadão-administrado como o *"protagonista político e jurídico do Estado"*[26], significando que ao cidadão cumpre não apenas exercer o papel de definir os fins, meios e limites das ações do Poder Público como, principalmente, ser o destinatário imediato dessas ações. Nessa direção, o constitucionalismo contemporâneo reclama a democracia como exigência de efetiva participação dos sujeitos constitucionais, que passam a ocupar cumulativamente e de forma mais concreta os papéis de criadores e beneficiários das normas jurídicas.[27]

---

25 BAPTISTA, Patrícia. "Os limites constitucionais à autotutela administrativa: o dever de observância do contraditório e da ampla defesa antes da anulação de um ato administrativo ilegal e seus parâmetros". In: BARROSO, Luís Roberto (org.). A reconstrução democrática do Direito Público no Brasil. Rio de Janeiro: Renovar, 2007, pp. 547-548. Recentemente assinalou o Supremo Tribunal Federal que "todo agente público está sob permanente vigília da cidadania. E quando o agente estatal não prima por todas as aparências de legalidade e legitimidade no seu atuar oficial, atrai contra si mais fortes suspeitas de um comportamento antijurídico francamente sindicável pelos cidadãos" ADPF 130/DF, Tribunal Pleno, Relator Ministro Carlos Britto, Fonte: DJe-06-11-2009.

26 MOREIRA NETO, Diogo de Figueiredo. Curso de Direito Administrativo. 14. ed. Rio de Janeiro: Forense, 2005, p. 79.

27 Cumpre, nesta pauta, registrar assertiva de Jürgen Habermas, para quem "a co-originariedade da autonomia privada e pública somente se mostra quando conseguimos decifrar o modelo da autolegislação através da teoria do discurso, que ensina serem os destinatários simultaneamente os autores de seus direitos" (HABERMAS, Jürgen. Direito e democracia: entre facticidade e validade. Volume I. Tradução de Flávio Beno Siebeneichler. Rio de Janeiro: Tempo Brasileiro, 1997, p. 139).

5. LIMITES CONSTITUCIONAIS À AUTOTUTELA ADMINISTRATIVA

Os novos paradigmas do Direito Administrativo impuseram, ainda, uma releitura dos parâmetros para o legítimo exercício pelo Poder Público de anular os seu próprios atos ilegais e revogar os inconvenientes ou inoportunos, independentemente de prévia autorização pelo Poder Judiciário. No presente tópico, serão abordados os novos limites substanciais e processuais para a autotutela administrativa bem como a possibilidade de convalidação pela Administração Pública dos atos administrativos inválidos.

O poder de autotutela do Poder Público está consagrado nas súmulas de nº 346 e 473 da jurisprudência dominante do STF[28], as quais, em síntese, afirmam que a Administração Pública pode anular os seus próprios atos quando eivados de vícios que os tornem ilegais, ou revogá-los por motivo de conveniência ou oportunidade, respeitados os direitos adquiridos e ressalvada, em todos os casos, a apreciação judicial.

Considerando que tais enunciados foram editados pela Suprema Corte brasileira antes da Constituição Federal de 1988, atualmente se reconhece que não apenas os direitos adquiridos, atos jurídicos perfeitos ou coisa julgada (art. 5º, XXVI, CRFB/88) encerram limites do exercício da autotutela administrativa, sendo certo que a nova ordem constitucional impôs ao Poder Público novos parâmetros para o desempenho válido dessa prerrogativa, tais como os princípios da moralidade administrativa (art. 37, *caput*, CRFB/88), da tutela à confiança legítima (art. 5º, *caput*, CRFB/88), da motivação dos atos administrativos (art. 93, X, CRFB/88), entre outros. Nesse sentido é a lição de Almiro do Couto e Silva, *litteris*:

> É interessante seguir os passos dessa evolução. O ponto inicial da trajetória está na opinião amplamente divulgada na literatura jurídica de expressão alemã do início do século (séc. XX) de que, embora inexistente, na órbita da Administração Pública, o princípio da *res judicata*, a faculdade que tem o Poder Público de anular seus próprios atos tem limite não apenas nos direitos subjetivos regularmente gerados, mas também no interesse em proteger a boa-fé e a confiança (*Treue und Glauben*) dos administrados.

---

28 **Súmula 346:** "A Administração Pública pode declarar a nulidade dos seus próprios atos". Data da aprovação: Sessão Plenária de 13/12/1963. Fonte: Súmula da Jurisprudência Predominante do Supremo Tribunal Federal – Anexo ao Regimento Interno. Edição: Imprensa Nacional, 1964, p. 151. **Súmula 473: "A Administração Pública pode anular seus próprios ator, quando eivados de vícios que os tornam ilegais, porque deles não se originam direitos; ou revogá-los, por motivo de conveniência ou oportunidade, respeitados os direitos adquiridos, e ressalvada, em todos os casos, a apreciação judicial".** Data da aprovação: Sessão Plenária de 03/12/1969. Fonte: DJ de 10/12/1969, p. 5929; DJ de 11/12/1969, p. 5945; DJ de 12/12/1969, p. 5993.

Cap. 9 • A ADVOCACIA PÚBLICA E O NOVO CÓDIGO DE PROCESSO CIVIL
Lucio Picanço Facci

(...)
> Esclarece Otto Bachof que nenhum outro tema despertou maior interesse do que este, nos anos 50, na doutrina e na jurisprudência, para concluir que o princípio da possibilidade de anulamento foi substituído pelo da impossibilidade de anulamento, em homenagem à boa-fé e à segurança jurídica. Informa ainda que a prevalência do princípio da legalidade sobre o da proteção da confiança só se dá quando a vantagem é obtida pelo destinatário por meios ilícitos por ele utilizados, com culpa sua, ou resulta de procedimento que gera sua responsabilidade. Nesses casos, não se pode falar em proteção à confiança do favorecido.[29]

Além desses limites de caráter substanciais, há limites de natureza processual para o exercício da autotutela pelo Poder Público no âmbito do processo administrativo: os princípios da publicidade dos atos administrativos (art. 37, CRFB/88) e do devido processo legal (art. 5º, LIV, CRFB/88). Como corolários do devido processo legal, erigidos ao patamar de garantias constitucionais, a vigente Constituição impôs à Administração Pública o dever de assegurar efetivamente a ampla defesa e o contraditório aos litigantes em processo administrativo (art. 5º, LV, CRFB/88[30]). Na feliz síntese de Humberto Ávila, o essencial é que a decisão a respeito da revisão do ato administrativo decorra de um procedimento regular e não de mera suposição antecipada da autoridade revisora.[31] Como adverte Fernando Gama de Miranda Netto, *"o Direito Administrativo, hoje, passa por mudanças profundas em suas formulações teóricas. Isto se deve ao fato de que, nos países democráticos se espera uma Administração que permita a participação dos cidadãos e que estes sejam ouvidos, e não uma Administração autoritária".*[32] Significa que a lei deve instituir os meios para a participação dos litigantes no processo administrativo, devendo o administrador público franquear esses meios, viabilizando, pelas partes interessadas, o exercício pleno de defesa e de influir eficazmente na decisão a ser prolatada no caso concreto.[33]

---

29   SILVA, Almiro do Couto e. Os princípios da legalidade da administração pública e da segurança jurídica no Estado de Direito contemporâneo. Revista da Procuradoria-Geral do Estado do Rio Grande do Sul, v. 18, nº 46. Porto Alegre: Instituto de Informática Jurídica do Estado do Rio Grande do Sul, 1988, pp.11-29.

30   Tais direitos foram também expressamente assegurados pela Lei 9.784/99, que rege as regras do processo administrativo no âmbito federal.

31   ÁVILA. Humberto. Benefícios fiscais inválidos e a legítima expectativa dos contribuintes. Revista Eletrônica de Direito Administrativo Econômico, Salvador, Instituto de Direito Público da Bahia, nº 04, nov/dez/2005, jan 2006. Internet: www.direitodoestado.com.br. Acesso em 20/02/2008, p. 6.

32   MIRANDA NETTO, Fernando Gama de. Notas sobre a influência do direito material sobre a técnica processual no contencioso judicial administrativo. Revista Eletrônica de Direito Processual – REDP. Volume IV, jul-dez. 2009, p. 121.

33   Conforme já assinalou Leonardo Greco, "ninguém deve ser atingido na sua esfera de interesses por um ato de autoridade sem ter tido a oportunidade de influir na elaboração dessa decisão" (GRECO, Leonardo. Busca da verdade e a paridade de armas na jurisdição administrativa. Revista da Faculdade de Direito de Campos, Ano VII, Nº 9, dezembro de 2006, p. 121).

Com efeito, sabe-se que uma das principais funções dos direitos fundamentais é a de dar garantia ao indivíduo contra a invasão indevida do Estado em sua esfera de liberdade. A Constituição vigente, fundamento máximo de validade de toda a ordem jurídica, impõe valores e princípios de inafastável aplicação pelo Estado em qualquer uma de suas funções – seja no desempenho de atividade legislativa, jurisdicional e, assim, também pela Administração Pública. Assim, no que tange ao poder de anular e revisar seus próprios atos, o respeito aos princípios constitucionais acima enunciados impede que a Administração Pública promova a revisão dos próprios atos sem considerar os efeitos nocivos daí decorrentes e – principalmente quando se trate de ato favorável ao cidadão – sem respeitar os limites constitucionais de proteção ao administrado.

Assim, o desfazimento de um ato administrativo supostamente defeituoso reclama a observância do devido processo legal. Vale dizer: não há espaço, na ordem constitucional democrática republicana consagrada na CRFB/88, para a recusa da Administração Pública em ouvir previamente o interessado, franquear-lhe os meios para o exercício da ampla defesa e o contraditório e levar em consideração os seus argumentos ao decidir. Como corretamente adverte Marçal Justen Filho, é incorreto considerar que o ato poderia ser desfeito sem observância do devido processo legal porque nulo. Tal assertiva encerra uma petição de princípio. Isso porque só é possível qualificar juridicamente o ato administrativo como inválido após concluído o processo administrativo.[34]

6. ADVOCACIA PÚBLICA: SUAS FUNÇÕES E CARACTERÍSTICAS NA CONTEMPORANEIDADE

Pautados na premissa teórica – sustentada ao longo deste trabalho – segundo a qual o Direito Administrativo experimenta importante ruptura com as fórmulas até então invocadas neste ramo jurídico para justificar, por exemplo, a supremacia do interesse público sobre o privado, a restrita vinculação positiva do administrador às leis infraconstitucionais e a impossibilidade de controle judicial do mérito administrativo, será neste momento analisado o papel da Advocacia Pública na contemporaneidade.

---

34 JUSTEN FILHO, Marçal. Curso de Direito Administrativo. São Paulo: Saraiva, 2005, p. 271. O STJ já registrou que "[n]a aplicação das Súmulas 346 e 473 do STF, tanto a Suprema Corte quanto este STJ têm adotado com cautela a orientação jurisprudencial inserida nos seus enunciados, firmando entendimento no sentido de que o Poder da Administração Pública anular ou revogar os seus próprios atos não é tão absoluto, como às vezes se supõe, eis que, em determinadas hipóteses, hão de ser inevitavelmente observados os princípios constitucionais da ampla defesa e do contraditório. Isso para que não se venha a fomentar a prática de ato arbitrário ou a permitir o desfazimento de situações regularmente constituídas, sem a observância do devido processo legal ou do processo administrativo, quando cabível" (STJ, ROMS 10.673/RJ, 1ª Turma, Rel. Min. Francisco Falcão, j. 23.5.2000, RSTJ v. 137, p. 111).

Cap. 9 • A ADVOCACIA PÚBLICA E O NOVO CÓDIGO DE PROCESSO CIVIL
Lucio Picanço Facci

A nova perspectiva de atuação da Administração Pública corresponde, no plano prático, ao dever de efetivo respeito pelo Estado dos direitos dos cidadãos, isto é: dever de consideração do ser humano como fim em si mesmo e nunca mero meio para atingir objetivos coletivos ou outros individuais. Tais considerações são indispensáveis para a compreensão do atual papel desempenhado pela Advocacia Pública, responsável pelas funções de assessoramento e representação jurídica do Estado (art. 131, CRFB/88). Essa instituição, antes identificada tão-somente com a defesa dos interesses patrimoniais do Poder Público, passa a ter que pautar o cumprimento de seu *munus* em consonância com os deveres impostos ao Estado pelas normas constitucionais, em especial a observância da moralidade administrativa, o respeito aos direitos fundamentais e ao exercício pleno da cidadania.[35]

Diante da missão constitucional confiada à Advocacia Pública na contemporaneidade, discordamos da antiga visão de que a essa instituição cumpriria apenas salvaguardar interesses públicos secundários, identificados nos interesses meramente fazendários, de arrecadação e proteção do patrimônio público, em contraposição aos interesses públicos primários, identificados no interesse da sociedade[36]. Pensamos que essa classificação, embora adotada com certa frequência inclusive pelos Tribunais brasileiros[37], não encerra critério para determinar a esfera de atuação do Ministério Público e da Advocacia Pública[38]. O rol dos legitimados para a propositura da ação civil pública é exemplo elucidativo neste sentido: além do Ministério Público, da Defensoria Pública e das associações, o art. 5º da Lei 7.347/85 também conferiu legitimação ativa aos entes federativos e às entidades da administração indireta para postular a tutela dos bens constantes do art. 1º do referido diploma normativo, dentre os quais se incluem o meio ambiente e os bens e direitos de valor artístico, estético, histórico, turístico e paisagístico.[39]

Nesta linha de intelecção, vale registrar as palavras de José Afonso da Silva, *in litteris*:

> A Advocacia Pública assume, no Estado Democrático de Direito, mais do que uma função jurídica de defesa dos direitos patrimoniais da Fazenda Pública, mais até mesmo do que a defesa do princípio da

---

35 Em sentido semelhante, BINENBOJM, Gustavo. "Advocacia Pública tem um compromisso democrático, voltado à preservação da legitimidade política e da governabilidade". Entrevista publicada no Informativo UNAFE – União dos Advogados Públicos Federais do Brasil. Brasília/DF. Ano II, Edição 3, maio/2010, p. 4.

36 Essa classificação, como se sabe, é oriunda de doutrina italiana, encontrada em ALESSI, Renato. Sistema istituzionale del diritto amministratitivo italiano. 3. ed., Milão, Giuffrè, 1960, p. 197.

37 v.g., STJ. MS 11308, 19/05/2008; e TFR5. AC 410516, 01/07/2009.

38 Distinção encontrada, por exemplo, em BARROSO, Luís Roberto. **Curso de Direito Constitucional contemporâneo. São Paulo: Saraiva, 2009, p. 375.**

39 Tecemos maiores considerações sobre a legitimação ativa e o objeto da tutela da ação civil pública em artigo publicado alhures: FACCI, Lucio Picanço. Do prazo prescricional para o ajuizamento de ação civil pública. Revista da AGU nº 20. Brasília-DF, abr./jun. 2009, pp. 217/244.

legalidade, porque lhe incumbe igualmente, e veementemente, a defesa da moralidade pública que se tornou um valor autônomo constitucionalmente garantido. Não é que essa defesa lhe espaçasse antes do regime constitucional vigente. Mas, então, o princípio da moralidade tinha uma dimensão estritamente administrativa, quase como simples dimensão da legalidade, ligada aos problemas dos desvios de finalidade. Agora não, porque a Constituição lhe deu sentido próprio e extensivo, e abrangente da ética pública.[40]

Com efeito, sendo o cidadão-administrado o foco principal de atuação da Administração Pública e, portanto, o fim das ações administrativas, não o meio para obtenção de outros fins, à Advocacia Pública, como órgão de representação e assessoramento jurídico do Estado, incumbe não apenas promover a defesa do patrimônio público mas, principalmente e com maior vigor, considerar como finalidade principal do Estado o pleno respeito aos direitos inerentes à pessoa humana, pautando a sua atuação sempre em prol do exercício pleno da cidadania.

O papel da Advocacia Pública na contemporaneidade não se limita, portanto, apenas a maximizar arrecadação e minimizar despesas, em contraposição ao que seriam os interesses da sociedade. Além disso, os Procuradores de Estado não são Procuradores de Governo, sua previsão constitucional consta no capítulo dedicado às funções essenciais à Justiça, no título da organização dos Poderes e não no capítulo dedicado ao Poder Executivo ou mesmo à Administração Pública.[41] Isso demonstra que a Constituição Federal reconhece a Advocacia Pública como agente essencial à Justiça: juntamente com o Ministério Público, a Defensoria Pública e a Advocacia Privada, *"em uma missão de zeladoria de valores, busca a concretização de uma justiça em sentido amplo, que é objetivo de todo Estado Democrático de Direito".*[42]

Por tais razões, pensamos ser incompleta a expressão "Fazenda Pública" para designar a presença do Estado na relação processual. Muito embora seja de uso corrente na doutrina[43] e no discurso judiciário[44] e referida em vários

---

40   SILVA, José Afonso da. Comentário contextual à Constituição. São Paulo: Malheiros, 2005, p. 605.

41   SOUTO, Marcos Juruena Villela. O Papel da Advocacia Pública no controle da legalidade da administração. Revista da PGT: Procuradoria-Geral do Tribunal de Contas do Estado do Rio de Janeiro, n. 1, nov. 2005, p. 36.

42   SANTOS, Valkiria Silva. "Advocacia-Geral da União: perspectivas, atribuições e proteção de direitos fundamentais". In: GUEDES, Jefferson Carús; NEIVA, Juliana Sahione Mayrink (coord.). Publicações da Escola da AGU: pós-graduação em direito público – PUC-MG: coletânea de artigos. Brasília: Advocacia-Geral da União, 2010, p. 353.

43   Leonardo Cunha esclarece que "o uso frequente do termo Fazenda Pública fez com que se passasse a adotá-lo num sentido mais lato, traduzindo a atuação do Estado em juízo" (CUNHA, Leonardo José Carneiro da. A Fazenda Pública em Juízo. 6. ed. São Paulo: Dialética, 2008, p. 15).

44   Por todos, v. STJ, REsp 1245487/SC, 2ª Turma, DJe 30/05/2011.

Cap. 9 • A ADVOCACIA PÚBLICA E O NOVO CÓDIGO DE PROCESSO CIVIL
Lucio Picanço Facci

dispositivos do novo Código de Processo Civil[45], a expressão "Fazenda Pública" encerra apenas a ideia de que os encargos patrimoniais decorrentes da demanda serão suportados pelo Erário. A atuação do Estado no processo judicial, entretanto não se limita à defesa dos cofres públicos. E isso ocorre não somente pelo fato de que a processualística moderna privilegia a tutela inibitória, a execução específica e a concreta satisfação dos interesses em detrimento da tutela ressarcitória e repressiva, de utilização subsidiária. A principal razão para evitar a expressão é considerar que o Estado atua em juízo também – e com maior ênfase – para, dentre outros deveres, preservar a ordem jurídica, cumprir a principiologia constitucional, observar os direitos fundamentais, respeitar a cidadania, materializar a moralidade administrativa, contribuir para o aperfeiçoamento das instituições democráticas, de que é exemplo o aprimoramento da prestação jurisdicional.[46]

Nesta direção, Gustavo Binenbojm aponta as principais características de atuação da Advocacia Pública face à ordem jurídica vigorante, que a tornam uma função de Estado única, peculiar e singular.

Em primeiro lugar, ressalta a possibilidade e a perspectiva de atuação prévia: nenhuma outra carreira jurídica tem a possibilidade de atuar previamente à configuração das políticas públicas, cabendo ao advogado público se antecipar à formulação das políticas de forma que elas se mantenham dentro do quadro da juridicidade.

Em segundo lugar, destaca a possibilidade e a perspectiva de atuação sistêmica: o advogado público tem a possibilidade de conhecer os limites sistêmicos em relação ao orçamento, quadro de pessoal, estrutura material, possíveis efeitos colaterais de uma política pública etc. Deve, assim, contribuir para a elaboração de políticas mais efetivas e mais eficientes. Para Binenbojm, a atuação singular do magistrado, dos membros do Ministério Público e dos advogados particulares diante do quadro concreto *"coloca-os na condição de alguém que vê a árvore sem ver a floresta"*. A Advocacia Pública, por sua vez, deve ter a perspectiva geral dos órgãos de governo, para que possa melhor desempenhar a sua missão constitucional.

Em terceiro e último lugar, aponta para a possibilidade e a perspectiva de atuação proativa do Advogado Público: ao passo que o Poder Judiciário é inerte, a Advocacia Pública pode e deve ser proativa no sentido de prevenir litígios, aconselhar medidas e recomendar soluções consensuais no lugar de soluções litigiosas.[47]

---

45 De que são exemplos os arts. 85, §3º; 91; 532; 625 do novo diploma processual civil.

46 Por todos, SILVA, José Afonso da. Comentário contextual à Constituição. São Paulo: Malheiros, 2005, p. 606.

47 BINENBOJM, Gustavo. A Advocacia Pública e o Estado democrático de Direito. Revista da Procuradoria-Geral do Município de Juiz de Fora – RPGMJF, Belo Horizonte, ano 1, n. 1, jan./dez. 2011, pp. 223-224.

7. CONCLUSÃO

O novo Código de Processo Civil dedicou um Título específico para a Advocacia Pública, ao contrário do revogado diploma processual civil, que era omisso em relação ao tema. O novo Código, em relação ao ponto, está em sintonia com a Constituição Federal, que consagrou a Advocacia Pública como órgão de representação e consultoria jurídica do Estado. Para compreender a amplitude do papel desempenhado por este órgão é preciso analisar o papel do próprio Poder Público ante a nova ordem constitucional.

No campo do Direito Administrativo, a nova interpretação decorrente dos princípios constitucionais consagrados pela Constituição Federal de 1988 representou importante ruptura com as antigas concepções teóricas aplicadas a esse ramo da ciência jurídica, até então impregnadas de formulações mais comprometidas com a preservação da autoridade da Administração Pública do que com a realização plena do Estado Democrático de Direito.

Com efeito, sendo o cidadão-administrado o foco principal de atuação da Administração Pública e, portanto, o fim das ações administrativas, não o meio para obtenção de outros fins, à Advocacia Pública, como órgão de representação e assessoramento jurídico do Estado, incumbe não apenas promover a defesa do patrimônio público mas, principalmente e com maior vigor, considerar como finalidade principal do Estado o pleno respeito aos direitos inerentes à pessoa humana, pautando a sua atuação sempre em prol do exercício pleno da cidadania.

O papel da Advocacia Pública na contemporaneidade não se limita, portanto, apenas a maximizar arrecadação e minimizar despesas, em contraposição ao que seriam os interesses da sociedade. O Estado atua em juízo também – e com maior ênfase – para, dentre outros deveres, preservar a ordem jurídica, cumprir a principiologia constitucional, observar os direitos fundamentais, respeitar a cidadania, materializar a moralidade administrativa, contribuir para o aperfeiçoamento das instituições democráticas, de que é exemplo o aprimoramento da prestação jurisdicional. Além disso, os Procuradores de Estado não são Procuradores de Governo, sua previsão constitucional consta no capítulo dedicado às funções essenciais à Justiça, no título da organização dos Poderes e não no capítulo dedicado ao Poder Executivo ou mesmo à Administração Pública.

A possibilidade e a perspectiva de atuação prévia, sistêmica e proativa são características inerentes à atuação dos membros da Advocacia Pública, que tornam essa função de Estado única, peculiar e singular.

8. BIBLIOGRAFIA

ALESSI, Renato. *Sistema istituzionale del diritto amministratitivo italiano*. 3. ed., Milão, Giuffrè, 1960.

ARAGÃO, Alexandre Santos. *Teoria das autolimitações administrativas: atos próprios, confiança legítima e contradição entre órgãos administrativos*. Revista de Direito do Estado nº4. Rio de Janeiro: Renovar, outubro/dezembro de 2006.

ÁVILA. Humberto. *Benefícios fiscais inválidos e a legítima expectativa dos contribuintes*. Revista Eletrônica de Direito Administrativo Econômico, Salvador, Instituto de Direito Público da Bahia, nº 04, nov/dez/2005, jan 2006. Internet: www.direitodoestado.com. br. Acesso em 20/02/2008.

BAPTISTA, Patrícia. "Os limites constitucionais à autotutela administrativa: o dever de observância do contraditório e da ampla defesa antes da anulação de um ato administrativo ilegal e seus parâmetros". In: BARROSO, Luís Roberto (org.). *A reconstrução democrática do Direito Público no Brasil*. Rio de Janeiro: Renovar, 2007.

BARROSO, Luís Roberto. *Curso de Direito Constitucional Contemporâneo*. São Paulo: Saraiva, 2009.

BINENBOJM, Gustavo. "A constitucionalização do Direito Administrativo no Brasil: um inventário de avanços e retrocessos". In: BARROSO, Luís Roberto (org.). *A Reconstrução democrática do Direito Público no Brasil*. Rio de Janeiro: Renovar, 2007.

_____. *Uma Teoria do Direito Administrativo: direitos fundamentais, democracia e constitucionalização*. 2. ed. Rio de Janeiro: Renovar, 2008.

_____. "Advocacia Pública tem um compromisso democrático, voltado à preservação da legitimidade política e da governabilidade". *Entrevista publicada no Informativo UNAFE – União dos Advogados Públicos Federais do Brasil*. Brasília/DF. Ano II, Edição 3, maio/2010.

_____. *A Advocacia Pública e o Estado democrático de Direito*. Revista da Procuradoria-Geral do Município de Juiz de Fora – RPGMJF, Belo Horizonte, ano 1, n. 1, jan./ dez. 2011.

CARVALHO FILHO, José dos Santos. *Manual de Direito administrativo*. 9. ed. Rio de Janeiro: Lumen Juris, 2002.

CRETTELLA JUNIOR, José. *Tratado de Direito administrativo*, v. 10, Rio de Janeiro: Forense, 1972.

CUNHA, Leonardo José Carneiro da. *A Fazenda Pública em juízo*. 6. ed. São Paulo: Dialética, 2008.

DWORKIN, Ronald. *Uma questão de princípio*. São Paulo: Martins Fontes, 2000.

_____. *Levando os direitos a sério*. 3. ed. São Paulo: Martins Fontes, 2010.

FACCI, Lucio Picanço. *Do prazo prescricional para o ajuizamento de ação civil pública*. Revista da AGU nº 20. Brasília-DF, abr./jun. 2009.

_____. *Administração Pública e segurança jurídica: a tutela da confiança nas relações jurídico-administrativas*. Porto Alegre: Sergio Antonio Fabris Editor, 2015.

GASPARINI, Diógenes. *Direito Administrativo*. 12. ed. São Paulo: Saraiva, 2007.

GRECO, Leonardo. *Busca da verdade e a paridade de armas na jurisdição administrativa.* Revista da Faculdade de Direito de Campos, Ano VII, Nº 9, dezembro de 2006.

_____. *Instituições de processo civil*, vol. I. 3. ed. Rio de Janeiro: Forense, 2011.

HABERMAS, Jürgen. *Direito e democracia: entre facticidade e validade.* Volume I. Tradução de Flávio Beno Siebeneichler. Rio de Janeiro: Tempo Brasileiro, 1997.

JUSTEN FILHO, Marçal. *Curso de Direito Administrativo.* São Paulo: Saraiva, 2005.

KUHN, Thomas. *A estrutura das revoluções científicas.* 10. ed. São Paulo: Perspectiva, 2011.

MAFFINI, Rafael. *Princípio da proteção substancial da confiança no Direito Administrativo brasileiro.* Porto Alegre: Verbo Jurídico, 2006.

MEIRELLES, Hely Lopes. *Direito Administrativo Brasileiro.* 25. ed. São Paulo: Malheiros, 2000.

MELLO, Celso Antônio Bandeira de. *Curso de Direito Administrativo.* 14. ed. São Paulo: Malheiros, 2002.

MENDES, Gilmar Ferreira; COELHO, Inocêncio Mártires; BRANCO, Paulo Gustavo Gonet. *Curso de Direito Constitucional.* 4. ed. São Paulo: Saraiva, 2009

MIRANDA NETTO, Fernando Gama de. *Ônus da prova no Direito Processual Público.* Rio de Janeiro: Lumen Juris, 2009.

MIRANDA NETTO, Fernando Gama de. *Notas sobre a influência do direito material sobre a técnica processual no contencioso judicial administrativo.* Revista Eletrônica de Direito Processual – REDP. Volume IV, jul-dez. 2009.

MOREIRA NETO, Diogo de Figueiredo. *Curso de Direito Administrativo.* 14. ed. Rio de Janeiro: Forense, 2005.

PIETRO, Maria Sylvia Zanella Di. *Direito Administrativo.* 12. ed. São Paulo: Atlas, 2001.

SANTOS, Valkiria Silva. "Advocacia-Geral da União: perspectivas, atribuições e proteção de direitos fundamentais". In: GUEDES, Jefferson Carús; NEIVA, Juliana Sahione Mayrink (coord.). *Publicações da Escola da AGU: pós-graduação em direito público – PUC-MG: coletânea de artigos.* Brasília: Advocacia-Geral da União, 2010

SCHIER, Paulo Ricardo. "Ensaio sobre a supremacia do interesse público sobre o privado e o regime jurídico dos direitos fundamentais" In: SARMENTO, Daniel (org.). *Interesses públicos versus interesses privados: desconstruindo o princípio da supremacia do interesse público*, Rio de Janeiro: Lumen Juris, 2005.

SILVA, Almiro do Couto e. *Os princípios da legalidade da administração pública e da segurança jurídica no Estado de Direito contemporâneo.* Revista da Procuradoria-Geral do Estado do Rio Grande do Sul, v. 18, nº 46. Porto Alegre: Instituto de Informática Jurídica do Estado do Rio Grande do Sul, 1988.

SILVA, José Afonso da. *Comentário contextual à Constituição.* São Paulo: Malheiros, 2005.

SOUTO, Marcos Juruena Villela. *O Papel da Advocacia Pública no controle da legalidade da administração.* Revista da PGT: Procuradoria-Geral do Tribunal de Contas do Estado do Rio de Janeiro, n. 1, nov. 2005.

CAPÍTULO 10

Autonomia e independência funcional da Defensoria Pública

Eduardo Cambi[1]

Priscila Sutil de Oliveira[2]

SUMÁRIO: 1. INTRODUÇÃO; 2. NEOCONSTITUCIONALISMO E SUA INFLUÊNCIA NO NCPC; 3. A CONCRETIZAÇÃO DA GARANTIA DO ACESSO EFETIVO À JUSTIÇA; 4. CRÍTICA À DISCRICIONARIEDADE HERMENÊUTICA; 5. DEFENSORIA PÚBLICA COMO PACIFICADORA SOCIAL; 6. CONSIDERAÇÕES FINAIS; 7. REFERÊNCIAS BIBLIOGRÁFICAS.

1. INTRODUÇÃO

Após longo lapso temporal o Novo Código de Processo Civil (NCPC) foi aprovado. O anteprojeto foi elaborado por uma comissão presidida pelo Ministro do Supremo Tribunal Federal Luiz Fux, a partir de 2009, e, após a realização de diversas audiências públicas, que foram indispensáveis para receber sugestões de modificações a serem realizadas, culminou na apresentação ao Senado Federal do Projeto de Lei nº 166/2010. Depois de aprovado, seguiu para a Câmara dos Deputados, onde tramitou como Projeto de Lei nº 8.046/2010, e, em abril de 2014, retornou para o Senado Federal, sendo, definitivamente, aprovado em dezembro de 2014. A Lei 13.105 foi sancionada em 16 de março de 2015, transformando-se no Código de Processo Civil de 2015, e entrará em vigor um ano após a sua publicação oficial (art. 1.045/NCPC).

A nova legislação se adequa às mudanças trazidas pela Emenda Constitucional nº 45/2004 que procurou reduzir a complexidade e proporcionar uma prestação judicial mais célere, aperfeiçoar as instituições que integram o sistema de justiça brasileiro, ampliar o acesso à justiça e os níveis de efetivação dos direitos fundamentais.

---

1. Promotor de Justiça no Estado do Paraná. Assessor da Procuradoria Geral de Justiça do Paraná. Coordenador Estadual do Movimento Paraná Sem Corrupção. Coordenador do Grupo de Trabalho de Combate à Corrupção, Transparência e Controle Social da Comissão de Direitos Fundamentais do Conselho Nacional do Ministério Público. Pós-doutor em direito pela Università degli Studi di Pavia. Doutor e mestre em Direito pela UFPR. Professor da Universidade Estadual do Norte do Paraná (UENP) e da Universidade Paranaense (UNIPAR).

2. Mestranda em Ciência Jurídica pela Universidade Estadual do Norte do Paraná - UENP. Especialista em Direito Constitucional. Graduada em Direito pela Faculdade União de Ponta Grossa.

Trata-se, mais que uma simples reforma do CPC de 1973, de um *novo código*, inspirado em uma ideologia e um modo de compreender o sistema processual a partir da Constituição Federal que, como fonte axiológica irradiante da legislação infraconstitucional[3], permite a melhor concretização dos direitos dos cidadãos.

Com a constitucionalização do direito processual civil e a influência direta dos princípios constitucionais na hermenêutica jurídica, o neoconstitucionalismo precisa superar a *discricionariedade interpretativa* para que garantias como o acesso à justiça sejam levadas a sério.

O processo civil é fundamental para assegurar a tutela dos direitos e para promover justiça social[4]. O NCPC deve ampliar a legitimação social das instituições que integram o sistema de justiça para que o Estado Democrático de Direito se fortaleça[5], fundado no respeito à Constituição e às leis. A construção de uma sociedade menos desigual e que atente para os direitos de todos, em especial dos mais vulneráveis, precisa fortalecer a Defensoria Pública como instituição autônoma e independente voltada à pacificação social.

2. NEOCONSTITUCIONALISMO E SUA INFLUÊNCIA NO NCPC

O neoconstitucionalismo produziu transformações no ordenamento jurídico brasileiro ao incorporar a necessidade de compreender e utilizar as técnicas processuais a partir das bases constitucionais. Tal perspectiva metodológica permite revisitar posições tradicionais que eram incapazes de transformar a realidade social pela via jurídica[6], com a finalidade de o sistema jurídico estar aberto aos anseios legítimos do povo brasileiro.

---

3   "Dessa maneira, a Constituição assume um papel absolutamente decisivo nas complexas, heterogêneas e plurais sociedades contemporâneas, dado que a diversidade de interesses em conflito ultrapassa o próprio ordenamento jurídico e, com ele, a lei como principal fonte de produção jurídica no Estado de Direito". (JULIOS-CAMPUZANO, Alfonso de. Estado e Constituição: Constitucionalismo em tempos de globalização. Trad. José Luis Bolzan de Morais, Valéria Ribas do Nascimento. Vol. 9 – Porto Alegre: Livraria do Advogado Editora, 2009. p. 91.)

4   MARINONI, Luiz Guilherme. Curso de processo civil, volume 1: teoria geral do processo. São Paulo: Revista dos Tribunais, 2006. p. 134.

5   "A ideia de Estado democrático de direito, consagrada no art. 1º da Constituição brasileira, é a síntese histórica de dois conceitos que são próximos, mas que não se confundem: os de constitucionalismo e de democracia. Constitucionalismo significa, em essência, limitação do poder e supremacia da lei (Estado de direito, rule of law, Rechtsstaat). Democracia, por sua vez, em aproximação sumária, traduz-se em soberania popular e governo da maioria. Entre constitucionalismo e democracia podem surgir, eventualmente, pontos de tensão: a vontade da maioria pode ter de estancar diante de determinados conteúdos materiais, orgânicos ou processuais da Constituição. Em princípio, cabe à jurisdição constitucional efetuar esse controle e garantir que a deliberação majoritária observe o procedimento prescrito e não vulnere os consenso mínimos estabelecidos na Constituição" (BARROSO, Luís Roberto. **Curso de Direito Constitucional Contemporâneo – Os conceitos fundamentais e a construção do novo modelo**. São Paulo: Editora Saraiva. 2009. p. 87/88).

6   CAMBI, Eduardo. Neoconstitucionalismo e neoprocessualismo: direitos fundamentais, políticas públicas e protagonismo judiciário. 2 ed. rev. e atual. São Paulo: Editora Revista dos Tribunais, 2011. p.21.

A partir do processo de redemocratização, em 1985, o país vem passando por significativas mudanças como o aumento das liberdades após longo ditatorial, a facilidade de acesso a informações na era globalizada e digital, o amadurecimento do regime democrático e a consolidação de instituições republicanas.

A superação do positivismo ampliou o papel da argumentação jurídica, podendo ser caracterizada[7]: a) pela superação das *teorias das fontes*, em que a lei deixa se confundir com o Direito; b) pela *relevância dos princípios* que, ao lado das regras, servem para a construção das normas para os casos concretos, entendidas como resultado da exegese entre os fatos relevantes e as regras/ princípios aplicáveis para a sua solução[8]; c) pela mudança na forma de compreender, interpretar e aplicar o Direito.

Ganham importância as lições de Martin Heidegeer e de Hans Georg Gadamer quanto a necessidade de compreender o Direito antes de "tentar" interpretá-lo[9].

A abertura principiológica proporcionada pelo neoconstitucionalismo é fundamental para transformar a forma de interpretar o Direito. O NCPC - ao afirmar que o processo civil deverá ser ordenado, disciplinado e interpretado conforme os valores e as normas fundamentais estabelecidos na Constituição Federal (art. 1º) - reconhece o neoconstitucionalismo como perspectiva metodológica capaz de assegurar e construir um direito processual justo. A garantia do acesso à ordem jurídica justa[10] serve para combater as desigualdades materiais, tutelar o direito material violado, proporcionar técnicas processuais que

---

7   STRECK, Lenio Luiz. A revolução copernicana do (neo)constitucionalismo e a (baixa) compreensão do fenômeno no Brasil – uma abordagem à luz da hermenêutica filosófica. Disponível em: http://www.trf4.gov. br/trf4/upload/arquivos/emagis_atividades/lenioluizstreck.pdf. Acesso em: 20/04/2013.

8   "(...) a concretização da norma significa isto: em primeiro lugar, o texto da norma não se identifica com a norma; em segundo lugar, o texto da norma constitui o ponto de partida do processo de concretização, tanto por parte do direito em vigor, quanto por parte dos fatos, pelas circunstâncias das coisas a solucionar, em terceiro lugar, o texto da norma desenvolvido durante o processo de solução do caso e mais concreto que o texto da norma, pois é mais estreitamente vinculado, sob o ponto de vista tipológico, ao caso concreto..." (ALFLEN DA SILVA, Kelly Susane. Hermenêutica jurídica e concretização judicial. Porto Alegre: Sergio Antonio Fabris Editor. 2000. p. 421)

9   HEIDEGGER, Martin. Ser e Tempo – parte II. 13ª edição. Tradução de Marcia Sá Cavalcante Schuback Tradução de Marcia Sá Cavalcante Schuback. São Paulo: Editora Vozes. 2005. p. 210.

10   "A partir dessa nova formulação criou-se a figura do acesso ao processo justo, de sorte que o acesso à Justiça não mais deve ser um direito indiscriminado, mas capaz de proporcionar ao jurisdicionado a conjugação deste com os demais princípios processuais constitucionais, num juízo de proporcionalidade, de modo a situar o Judiciário em seu verdadeiro papel na sociedade. (...) Assim, não basta ao processo instrumentalizar o acesso à Justiça, mas o acesso ao justo, de modo a banir do sistema métodos capazes de retardar a fruição do direito material, no sentido do que, muito oportuno, mencionou ao concluir que 'o acesso formal, mas não efetivo à justiça, corresponde à igualdade apenas formal, mas não efetiva'" (CIANCI, Marina. **O acesso à justiça e as reformas do CPC**. São Paulo: Editora Saraiva. 2009. p. 01/03)

protejam, de forma adequada e efetiva, o titular do direito substancial lesado, bem como estruturar instituições – como a Defensoria Pública – para promover os interesses dos economicamente mais vulneráveis.

O neoconstitucionalismo, ao permitir o desenvolvimento desse novo modelo processual (neoprocessualismo), se vale dos princípios jurídicos como meios de concretização dos direitos constitucionais. Em contrapartida, não se pode encorajar a utilização despreocupada e desenfreada desses princípios (*panprincipiologismo*), já que isso acarretaria maior instabilidade e insegurança jurídicas. Logo, é dever dos operadores do direito procurar dar *consistência jurídica* a hermenêutica, primando pela *coerência*, para evitar que a intepretação e a aplicação sejam conforme às suas consciências, pois isso causaria o colapso do próprio sistema jurídico[11].

O Direito, como meio de promoção da justiça, não admite interpretações irresponsáveis e incoerentes. Francisco Carnelutti já ensinava que *"Direito, pois, não consiste na ordenação e sim aquilo que ordena, isto é, que une ou, de maneira mais realista, que liga: e, portanto, é força"*[12]. Em sendo o Direito a força que harmoniza o sistema jurídico, a interpretação da Constituição e das leis deve ser pautada pela integridade e responsabilidade, para que a sua aplicação ocorra com *coerência e consistência*[13].

Interpretar e aplicar o Direito conforme a própria consciência, ou seja, por livre escolha do intérprete, seria admitir a *discricionariedade hermenêutica*. Em contrapartida, coerência e consistência exigem que a interpretação e a aplicação sejam motivadas conforme o Direito e não de acordo com a mera percepção individualista.

Cabe a Defensoria Pública promover a realização de valores humanos, impedindo os abusos e as violações dos direitos das pessoas mais necessitadas, daqueles que se encontram em situação de vulnerabilidade. O Novo Código de

---

11 "Penso que, de algum modo, é necessário enfrentar o 'estado de natureza hermenêutico' em que se transformou o sistema jurídico. A 'liberdade' na interpretação dos textos jurídicos proporcionada pelo império das correntes (teses, teorias) ainda arraigadas/prisioneiras do esquema sujeito-objeto tem gerado esse 'estado de natureza interpretativo', representado por uma 'guerra de todos os intérpretes contra todos os intérpretes', como que repristinando a fragmentação detectada tão bem em Hobbes. Cada intérprete parte de um 'grau zero' de sentido. Cada intérprete reina nos seus 'domínios de sentido', com seus próprios métodos, metáforas, metonímias, justificativas, etc. os sentidos 'lhe pertencem', como se estes estivessem a sua disposição, em uma espécie de reedição da relação de propriedade (neo)feudal. Nessa guerra entre intérpretes – afinal, cada um impera solipsisticamente nos seus 'domínios de sentido' – reside a morte do próprio sistema jurídico." (STRECK, Lenio Luiz. Lições de crítica hermenêutica do Direito. Porto Alegre: Livraria do Advogado Editora. 2014. p. 140.)

12 CARNELUTTI, Francisco. A arte do Direito: seis meditações sobre o Direito. Bahia: Livraria Progresso editora. 1957. p. 22.

13 DWORKIN, Ronald. Levando os direitos a serio. Tradução e notas de Nelson Boeira. São Paulo: Martins Fontes. 2002.

Processo Civil ressalta essa missão da Defensoria Pública, ao prever no artigo 185, que cabe a ela exercer a orientação jurídica, a promoção dos direitos humanos e a defesa dos direitos individuais e coletivos dos necessitados, em todos os graus, de forma integral e gratuita.

O direito processual civil deve funcionar como instrumento substancial de proteção dos mais necessitados, para que se promova a igualdade material e todos que tenham razão, apesar da sua condição econômica desfavorável, possam obter a tutela de seus direitos[14]. Afinal, apenas assegurar os direitos daqueles que já possuem condições mínimas de existência é consagrar a desigualdade e as injustiças sociais.

Um direito processual que perde a sua capacidade de integrar os membros de uma sociedade se resume a mero perpetuador de injustiças[15]. Portanto, não basta defender o direito de agir[16] ou o mero acesso formal ao sistema de justiça[17], sendo indispensável contar com instituições sólidas e bem estruturadas – como a Defensoria Pública – para que os menos favorecidos não continuem a ser marginalizados, excluídos e injustiçados.

3. A CONCRETIZAÇÃO DA GARANTIA DO ACESSO EFETIVO À JUSTIÇA

A garantia do acesso à justiça permeia o sistema constitucional brasileiro. Na Constituição Federal de 1988, destacam-se as regras contidas nos artigos:

---

14 "Uma das vertentes mais significativas das preocupações dos processualistas contemporâneos é a efetividade do processo como instrumento da tutela de direitos. Do conceptualismo e das abstrações dogmáticas que caracterizam a ciência processual e que lhe deram foros de ciência autônoma, partem hoje os processualistas para a busca de um instrumentalismo mais efetivo do processo, dentro de uma ótica mais abrangente e mais penetrante de toda a problemática sócio-jurídica. Não se trata de negar os resultados alcançados pela ciência processual até esta data. O que se pretende é fazer dessas conquistas doutrinárias e de seus melhores resultados um sólido patamar para, com uma visão crítica e mais ampla da utilidade do processo, proceder ao melhor estudo dos institutos processuais – prestigiando ou adaptando ou reformulando os institutos tradicionais, ou concebendo institutos novos – sempre com a preocupação de fazer com que o processo tenha plena e total aderência à realidade sócio-jurídica a que se destina, cumprindo sua primordial vocação que é servir de instrumento à efetiva realização dos direitos. É a tendência ao instrumentalismo que se denominaria substancial em contraposição ao instrumentalismo meramente nominal ou formal" (WATANABE, Kazuo. **Da cognição no processo civil**. 2ª edição. Campinas: Bookseller, 2000. p. 19/21).

15 CAMBI, Eduardo. Op. cit. p. 501.

16 "O direito de agir, isto é, o de provocar a prestação da tutela jurisdicional é conferido a toda pessoa física ou jurídica diante da lesão ou ameaça de lesão a direito individual ou coletivo e tem sua sede originária (...) na própria Magna Carta" (FUX, Luiz. Curso de direito processual civil. Rio de Janeiro: Forense, 2004. p. 144).

17 "(...) Mas não se trata de apenas assegurar o acesso, o ingresso, no Judiciário. Os mecanismos processuais (i.e., os procedimentos, os meios instrutórios, as eficácias das decisões, os meio executivos) devem ser aptos a propiciar decisões justas, tempestivas e úteis aos jurisdicionados – assegurando-se concretamente os bens jurídicos devidos àquele que tem razão" (WAMBIER, Luiz Rodrigues; TALAMINI, Eduardo. Curso avançado de processo civil: teoria geral do processo de conhecimento. Vol 1. 9ª. ed. rev., atual. e ampl. São Paulo: Editora Revista dos Tribunais, 2007. p. 321).

i) 5º, inc. XXXV, que assegura que toda a lesão ou ameaça de lesão a direitos não pode ser subtraída da apreciação do Poder Judiciário; ii) 5º, inc. LXXIV, que prevê a assistência judiciária integral aos necessitados; iii) art. 98, que institui os Juizados Especiais, como forma de aproximar o cidadão da justiça, servindo-se informalidade, da oralidade, da simplicidade, da economia processual e da celeridade, além de buscar, sempre que possível, a conciliação ou a transação (art. 2º da Lei nº 9.099/95) ; iv) 127 e 129, onde consagra o papel do Ministério Público como instituição essencial à atividade jurisdicional do Estado, incumbindo-lhe a defesa da ordem jurídica, do regime democrático e dos interesses coletivos e difusos; v) 134 (com a redação dada pela Emenda Constitucional nº 80, de 2014), em que se eleva a Defensoria Pública à condição de instituição essencial à função jurisdicional do Estado, incumbindo-lhe, como expressão e instrumento do regime democrático, fundamentalmente, a orientação jurídica, a promoção dos direitos humanos e a defesa, em todos os graus, judicial e extrajudicial, dos direitos individuais e coletivos, de forma integral e gratuita, aos necessitados, na forma do inciso LXXIV do art. 5º desta Constituição Federal.

A necessidade de concretização dos direitos fundamentais dos vulneráveis deve ser uma das maiores preocupações da aplicação do NCPC, que pretendeu conciliar as garantias constitucionais com novas técnicas processuais, a fim de proceder a superação do formalismo jurídico e possibilitar a aplicação de um direito processual mais moderno e preocupado com a realidade social.

A consagração da garantia de acesso efetivo à justiça é mais que assegurar o mero "entrar em juízo"[18]. Compreende a tutela jurisdicional adequada, célere e eficiente, que exige por parte dos legisladores e dos aplicadores da lei processual a concepção de técnicas processuais capazes de promover, na relação processual, a isonomia em sentido material, para que todos, independentemente de sua condição financeira, possam obter a proteção de seus direitos pelo Estado-Juiz, quando tenham razão.

O artigo 8.1 da Convenção Americana dos Direitos Humanos (Pacto de São José da Costa Rica), de 22 de novembro de 1969, já previa, expressamente, que toda pessoa (independente de sexo, raça, credo, condição econômica) tem direito a ser ouvida, com as devidas garantias e dentro de um prazo razoável, por um juiz ou tribunal competente, independente e imparcial, estabelecido

---

18 "Acesso à justiça não equivale a mero ingresso em juízo. A própria garantia constitucional da ação seria algo inoperante e muito pobre se se resumisse a assegurar que as prestações das pessoas cheguem ao processo, sem garantir-lhes também um tratamento adequado. (...) Na preparação do exame substancial da pretensão, é indispensável que as partes sejam tratadas com igualdade e admitidas a participar, não se omitindo da participação também o próprio juiz, de quem é à ordem jurídica justa quem recebe justiça." (DINAMARCO, Cândido Rangel. **Instituição de Direito Processual Civil**. vol. I. 5ª edição. São Paulo: Malheiros Editores, 2005. p. 134).

anteriormente por lei[19]. Tal garantia, ao longo do século XX, mostrou que não é suficiente ser ouvido pelo tribunal, sendo indispensável que as partes sejam tratadas de maneira igualitária e equilibrada.

O Brasil é um país de modernidade tardia, pois ainda não concretizou os direitos sociais de segunda dimensão. Para evitar que a Constituição seja chamada de latifúndio improdutivo[20], superando o seu aspecto meramente simbólico, é se deve assegurar, e não apenas proclamar, os direitos fundamentais[21].

As partes quando se dirigem ao Judiciário não buscam apenas apresentar a sua pretensão em juízo, mas exigem a mais rápida e efetiva tutela jurisdicional para a concretização de seus direitos[22].

Devido ao fenômeno do excesso de litigiosidade e da crescente judicialização das demandas no Brasil, ao lado da jurisdição[23] e para além da concepção restritiva do monopólio da resolução dos conflitos pelo Poder Judiciário[24],

---

19 BULOS, Uadi Lammêgo. Curso de direito constitucional. São Paulo: Saraiva, 2007. p. 482.

20 CAMBI, Eduardo. Op. cit. p. 499.

21 "(...) De fato, o direito ao acesso efetivo tem sido progressivamente reconhecido como sendo de importância capital entre os novos direitos individuais e sociais, uma vez que a titularidade de direitos é destituída de sentido, na ausência de mecanismos para sua efetiva reivindicação. O acesso à justiça pode, portanto, ser encarado como o requisito fundamental – o mais básico dos direitos humanos – de um sistema jurídico moderno e igualitário que pretende garantir, e não apenas proclamar os direitos de todos." (CAPPELLETTI, Mauro; GARTH, Bryant. **Acesso à Justiça**. Tradução de Ellen Gracie Northfleet. Porto Alegre: Sergio Antonio Fabris Editor, 1988. p. 11/12)

22 "A concretização implica um caminhar do texto da norma para a norma concreta (a norma jurídica), que não é ainda, todavia, o destino a ser alcançado; a concretização somente se realiza em sua plenitude no passo seguinte, quando é definida a norma decisão, apta a dar solução ao conflito que consubstancia o caso concreto. Por isso sustento que interpretação e concretização se superpõem. Inexiste interpretação do direito sem concretização; esta é derradeira etapa daquela" (BRASIL. SUPREMO TRIBUNAL FEDERAL. Decisão na ADIN n.º 2.797-2/DF. Ministro Relator: Sepúlveda Pertence. DJ. 19.12.2006. Ementário 2261-2. Disponível em: http://redir.stf.jus.br/paginadorpub/paginador.jsp?docTP=AC&docID=395710. Acessado em: 04/11/2013. p. 298).

23 "Depois dessa breve exposição das principais teorias sobre o conceito de jurisdição, cremos que as notas essenciais, capazes de determinar a jurisdicionalidade de um ato ou de uma atividade realizada pelo juiz, devem atender a dois pressupostos básicos: a) o ato jurisdicional é praticado pela autoridade estatal, no caso pelo juiz, que o realiza por dever de função; o juiz, ao aplicar a lei ao caso concreto, pratica essa atividade como finalidade específica de seu agir, ao passo que o administrador deve desenvolver a atividade específica de seu agir, tendo a lei por limite de sua ação, cujo objetivo não é simplesmente a aplicação da lei ao caso concreto, mas a realização do bem comum, segundo o direito objetivo; b) o outro componente essencial do ato jurisdicional é a condição de terceiro imparcial em que se encontra o juiz em relação ao interesse sobre o qual recai sua atividade. Ao realizar o ato jurisdicional, o juiz mantém-se num posição de independência e estraneidade relativamente ao interesse que tutela por meio de sua atividade" (SILVA, Ovídio A. Baptista. **Curso de Processo Civil. Processo de Conhecimento**. vol. 1. 5ª ed. São Paulo: Editora Revista dos Tribunais, 2000. p. 40)

24 "O Estado, como garantidor da paz social, avocou para si a solução monopolizada dos conflitos intersubjetivos pela transgressão à ordem jurídica, limitando o âmbito da autotutela. Em consequência, dotou um de seus Poderes, o Judiciário, da atribuição de solucionar os referidos conflitos mediante a aplicação do direito objetivo, abstratamente concebido, ao caso concreto." (FUX, Luiz. Curso de direito processual civil. Rio de Janeiro: Forense, 2004, p. 41).

tem-se incentivado, inclusive pelo Conselho Nacional de Justiça (Resolução n⁰ 125/2010) e pelo NCPC (v.g., art. 3⁰, § 3⁰)[25], equivalentes jurisdicionais e mesmo a utilização de técnicas processuais diferenciadas para evitar a universalização do procedimento ordinário, como forma de proteção dos direitos. Portanto, a convicção de que apenas por uma sentença judicial de mérito, resultante de um procedimento com pleno exercício de atividades processuais, pode se pacificar socialmente com justiça, além de ultrapassada, foi repudiada pelo NCPC. Logo, tanto o Judiciário quanto os demais integrantes do sistema de justiça (Ministério Público, Defensoria Pública, Advocacia Pública[26] e Privada) devem adotar estratégias preventivas de defesa dos direitos ou, uma vez judicializados, comprometerem-se com soluções consensuais, que evitem o esgotamento das instâncias judiciais.

Ademais, o NCPC inova ao prever, no artigo 85, § 1⁰, como desestímulo ao abuso do direito processual, honorários advocatícios cumulativos na reconvenção, no cumprimento de sentença, provisório ou definitivo, na execução, resistida ou não, e nos recursos interpostos.

Assim, a nova legislação reconhece que a obstrução deliberada do acesso à justiça e o abuso do direito processual comprometem a efetividade da prestação judicial, o que implica na negativa da cidadania[27], na ausência de pacificação social e na ineficácia concreta dos direitos fundamentais[28]. Com efeito, para o bom funcionamento do Estado Democrático de Direito, a concretização da garantia do efetivo acesso à justiça é o pólo metodológico mais importante do sistema processual na atualidade[29].

---

25 "A conciliação, a mediação e outros métodos de solução consensual de conflitos deverão ser estimulados por juízes, advogados, defensores públicos e membros do Ministério Público, inclusive no curso do processo judicial".

26 O artigo 174 do NCPC incentiva a criação de câmaras de mediação e de conciliação, pelos entes federativos, para dirimir conflitos envolvendo órgãos e entidades da administração pública, avaliar a admissibilidade de pedidos consensuais no âmbito do Poder Público e promover, quando couber, a celebração de termo de ajustamento de conduta. Aliás, o artigo 11, inc. III, da Lei 11.079/2004, que institui normas gerais para licitação e contratação de parceria público-privada no âmbito da administração pública, já previa, no seu artigo 11, inc. III, a possibilidade de o instrumento convocatório prever o emprego dos mecanismos privados de resolução de disputas, a ser realizada no Brasil e em língua portuguesa, para dirimir conflitos decorrentes ou relacionados ao contrato.

27 "A constatação de que é da essência da cidadania a garantia de que a todos será assegurado o mais amplo acesso à Justiça foi incorporada ao longo do século XX. A mera proclamação de acesso democrático, conquanto importante, não basta, por si só, para garantir o êxito no projeto, que depende fundamentalmente da mentalidade dos operadores envolvidos e do permanente ânimo de realizar o direito. A partir dessa perspectiva, a norma constitucional que assegura a apreciação de lesão ou de ameaça a direito (art. 5⁰, XXXV) é a base do direito processual brasileiro, merecendo aplicação imediata e consideração em toda e qualquer discussão judicial" (PORTO, Sérgio Gilberto; USTÁRROZ, Daniel. **Lições de Direitos Fundamentais no Processo Civil**. Porto Alegre: Livraria do Advogado Editora. 2009. p. 41)

28 CAMBI, Eduardo. Op. cit. p. 171.

29 DINAMARCO, Cândido Rangel. A instrumentalidade do processo. 8ª edição. Revista e atualizada. São Paulo: Malheiros, 2000. p. 304.

Cap. 10 • AUTONOMIA E INDEPENDÊNCIA FUNCIONAL DA DEFENSORIA PÚBLICA
Eduardo Cambi – Priscila Sutil de Oliveira

No entanto, é preciso estar atento ao problema da *discricionariedade hermenêutica*, para que não haja a deturpação do neoconstitucionalismo, o que traria outras dificuldades ao acesso à ordem jurídica justa.

4. CRÍTICA À DISCRICIONARIEDADE HERMENÊUTICA

O Direito brasileiro precisa atentar para a crise hermenêutica advinda da equivocada compreensão do neoconstitucionalismo.

A abertura do sistema aos princípios jurídicos, para não gerar maior insegurança jurídica, precisa superar a criação de falsos "princípios". Na prática jurídica, a confusão entre regras e princípios, bem como da má-compreensão da abertura do sistema jurídico para os princípios jurídicos faz com que os intérpretes abusem da hermenêutica jurídica e, sem a devida argumentação, sustentem a existência de pseudoprincípios (dentre eles os seguintes: i) princípio da pureza; ii) princípio da simetria; iii) princípio da não surpresa; iv) princípio da confiança; v) princípio protetor no direito do trabalho; vi) princípio da tipicidade fechada; vii) princípio da confiança no juiz da causa; viii) princípio da benignidade; ix) princípio da paternidade responsável; x) princípio da situação excepcional consolidada; xi) princípio constitucional da indenizabilidade irrestrita; xii) princípio da jurisdição equivalente; xiii) princípio da felicidade; xiv) princípio da amorosidade)[30].

A utilização despreocupada dos princípios e a crença desmedida na sua aplicação (*panprincipiologismo*) gera uma crise hermenêutica, pois, quando tudo passa a ser princípio, ele deixa de exercer sua real função. O problema, contudo, não decorre da construção teórica neoconstitucionalista, mas dá sua má-interpretação.

A utilização dos princípios constitucionais e de conceitos indeterminados, como técnica legislativa, são indispensáveis para a evolução do direito nacional. Prestam-se a evitar que o ordenamento jurídico torne-se, rapidamente, obsoleto, abrindo-se para a evolução dinâmica imposta pelas transformações sociais.

A argumentação de que a imprecisão legislativa possibilita as mais variadas interpretações é imprecisa, porque é o Direito que orienta, guia e concretiza todo ordenamento jurídico, devendo a imprecisão do texto ser resolvida pela hermenêutica jurídica[31]. É preciso levar os direitos a sério, o que significa dizer que não é porque o texto é impreciso que ele admite qualquer interpretação.

---

30 STRECK, Lenio Luiz. Compreender Direito II: como o senso comum pode nos enganar. São Paulo: Editora Revista dos Tribunais, 2014. p. 107/111.

31 "(...) o argumento da imprecisão comete um erro adicional. Supõe que se o legislador aprova uma lei, o efeito dessa lei sobre o Direito é determinado exclusivamente pelo significado abstrato das palavras que usou, de modo que se as palavras são imprecisas, deve decorrer daí que o impacto da lei sobre o

Os termos como *"vulnerabilidade"*, *"minoria"*, *"necessitados"*, *"insuficiência de recursos"* e *"dignidade da pessoa humana"* são expressões plurissignificantes que exigem a fixação de critérios legais objetivos, bem como a uniformização do entendimento jurisprudencial, para evitar insegurança jurídica. Devem ser interpretadas de modo a superar os desequilíbrios econômicos e servirem para a efetivação dos direitos fundamentais.

A definição de minorias e de vulneráveis ainda está em construção. É difícil determinar, com exatidão, o que pode e deve ser considerado uma minoria ou um vulnerável. Para o direito contemporâneo, o conceito de minoria só pode ser deduzido da relação estabelecida entre o referido grupo e aqueles outros detentores do poder hegemônico[32]. As minorias são constituídas por grupos com menor esfera de direitos assegurados ou por terem garantidos um *status* isonômico meramente formal[33].

Quanto ao alcance dos benefícios da justiça gratuita e dos usuários dos serviços da Defensoria Pública, é certo que o Estado-brasileiro não tem estrutura ou condições para atender todos os socialmente excluídos. Está na esfera de autonomia funcional de cada Defensoria estabelecer critérios objetivos para priorizar o atendimento dos mais vulneráveis e para buscar proteção às situações mais graves de violação de direitos fundamentais. Por outro lado, não estão imunes às responsabilidades legais aqueles que, de má-fé, alegam ou omitem informações quanto a sua situação econômica ou sua posição social para fazerem uso dos serviços da Defensoria Pública. Nesse sentido, o artigo 4º, § 1º, da Lei nº 1.060/50 afirmava que quem se dizia necessitado, mas estava de má-fé, deveria pagar até o décuplo das custas judiciais. Tal artigo foi revogado pelo artigo 1.072, inc. III, do NCPC. Entretanto, a regra do pagamento do décuplo do valor das despesas processuais, em caso de má-fé, a título de multa, a ser revertida em favor da Fazenda Pública estadual ou federal e ser inscrita em dívida ativa foi mantida no artigo 100, par. ún., do Novo Código de Processo Civil. Ademais, quem aciona a Defensoria Pública, alegando ser necessitado e não é, além da responsabilidade criminal, deverá ressarcir os cofres públicos pelos serviços prestados pelo Estado, em prejuízo dos realmente hipossuficientes

---

Direito deve, de alguma maneira, ser indeterminado. Mas essa suposição está claramente errada, pois os critérios de um jurista para estabelecer o impacto de uma lei sobre o Direito podem incluir cânones de interpretação ou explicação legal que determinam que força se deve considerar que uma palavra imprecisa tem numa ocasião particular, ou, pelo menos, fazer sua força depender de questões adicionais, que, em princípio, tem uma resposta certa. Estes critérios podem referir-se a questões de intenção ou a outros fatos psicológicos" (DWORKIN, Ronald. Uma questão de princípio. Tradução Luis Carlos Borges. São Paulo: Martins Fontes. 2000. p. 189).

32 ALVES, Fernando de Brito. Constituição e participação popular: a construção histórico-discursiva do conteúdo jurídico-politico da democracia como direito fundamental. Curitiba: Juruá. 2013. p. 126.

33 Idem. p.127.

Cap. 10 • AUTONOMIA E INDEPENDÊNCIA FUNCIONAL DA DEFENSORIA PÚBLICA
Eduardo Cambi – Priscila Sutil de Oliveira

que, em razão de sua conduta dolosa, deixaram de ser atendidos ou tiveram seu atendimento postergado.

A finalidade da Defensoria Pública não deve ser desviada para o atendimento de outros interesses senão aqueles dos *necessitados* que são os únicos destinatários da assistência jurídica gratuita e da razão de ser da Defensoria Pública (arts. 5º, inc. LXXIV, e 134, *caput*, CF), sob pena de extrapolar as atribuições constitucionais da instituição[34].

Apesar de a Constituição Federal estar próxima de completar três décadas, os entes federativos ainda não estruturaram minimante as Defensorias Públicas. Por isso, o Congresso Nacional aprovou a Emenda Constitucional nº 80, em 4 de junho de 2014, para estabelecer, no artigo 98 do Ato das Disposições Constitucionais Transitória (ADCT), que o número de defensores públicos na unidade jurisdicional será proporcional à efetiva demanda pelo serviço da Defensoria Pública e à respectiva população. No prazo de 8 (oito) anos, a União, os Estados e o Distrito Federal deverão contar com defensores públicos em todas as unidades jurisdicionais. Durante o decurso desse prazo, a lotação dos defensores públicos ocorrerá, prioritariamente, atendendo as regiões com maiores índices de exclusão social e adensamento populacional.

Para o cumprimento do artigo 98 da ADCT, não se revela constitucional a imposição à Defensoria Pública da obrigatoriedade de assinatura de convênio exclusivo com a Ordem dos Advogados do Brasil ou com qualquer outra entidade[35], nem, tampouco, a contratação temporária de advogados para o exercício da função de defensor público, pois a Defensoria Pública possui autonomia funcional e administrativa, não podendo seus agentes ser recrutados em caráter precário[36]. A estruturação da Defensoria Pública, por força dos artigos 93, inc. I, e 134, § 2º, da Constituição Federal, exige o provimento de cargos efetivos, mediante concurso público de provas e títulos a fim de se assegurar a autonomia e a independência técnica da instituição e, consequentemente, a democratização do acesso às instâncias judiciárias, a universalização do acesso à justiça e a prestação de serviços de boa qualidade aos estratos mais economicamente vulneráveis da sociedade.

Com a melhor estruturação das Defensorias Públicas pelo país e com a possível e futura criação do Conselho Nacional da Defensoria Pública, mediante

---

34 Nesse sentido, já decidiu o Supremo Tribunal Federal: "Norma estadual que atribui à Defensoria Pública do estado a defesa judicial de servidores públicos estaduais processados civil ou criminalmente em razão do regular exercício do cargo extrapola o modelo da CF (art. 134), o qual restringe as atribuições da Defensoria Pública assistência jurídica a que se refere o art. 5º, LXXIV" (**ADI 3.022**, Rel. Min. **Joaquim Barbosa**, julgamento em 2-8-2004, Plenário, **DJ** de 4-3-2005).

35 STF, ADI 4.163, rel. min. **Cezar Peluso**, julgamento em 29-2-2012, Plenário, **DJE** de 1º-3-2013.

36 STF, ADI 3.700, Rel. Min. Ayres Britto, julgamento em 15-10-2008, Plenário, **DJE** de 6-3-2009.

aprovação de proposta de Emenda Constitucional pelo Congresso Nacional, a própria instituição, no exercício de sua autonomia e independência funcionais, poderá estabelecer um planejamento estratégico nacional, que envolva as Defensorias Públicas de todos os entes federativos, com critérios objetivos de atuação uniforme em prol dos mais vulneráveis e dos grupos minoritários que mais necessitam de assistência jurídica.

Por outro lado, não devem os magistrados, conforme sua própria compreensão de vulnerabilidade, isto é, sem critérios objetivos e razoáveis, pretender impor a atuação da Defensoria Pública, quando não restar caracterizada a insuficiência de recursos da parte. Há regras objetivas (arts. 5º, inc. LXXIV, e 134/CF e 99, § 2º, do NCPC) que, sem embargo da possibilidade de controle judicial, não se confundem com juízos de consciência, porque exigem fundamentação para decidir se a pessoa deve ser atendida pela Defensoria Pública e se ela faz *jus* aos benefícios da Justiça Gratuita. Portanto, é nula a decisão judicial que, com base em critérios subjetivos, nega acesso à Defensoria Pública ou aos benefícios da justiça gratuita[37].

A independência funcional dos Defensores Públicos está assegurada no artigo 4º, § 8º, da Lei Complementar nº 80/1994, que possibilita que, caso o defensor público identifique inexistir hipótese de atuação funcional, dará imediata ciência ao Defensor-Público Geral que decidirá a controvérsia. Se o Chefe da instituição entender que é situação de atuação institucional, não poderá impor ao Defensor, que o provocou, a sua atuação, mas deve designar outro membro para funcionar no caso concreto. O membro designado também não está vinculado ao entendimento do Defensor-Público Geral e, caso entenda que a situação não é de atuação funcional, deve devolver os autos ao Chefe da instituição para nova manifestação. A Emenda Constitucional nº 80 de 2014 consolidou o princípio da independência funcional, ao lado da unidade e da indivisibilidade, no artigo 134, § 4º, da Constituição Federal.

Com isso, o membro da Defensoria Pública não está subordinado às orientações processuais dos órgãos superiores da instituição, para preservar a sua atividade-fim.

---

37 "Há violação dos artigos 2º e 4º da Lei nº 1.060/50, quando os critérios utilizados pelo magistrado para indeferir o benefício revestem-se de caráter subjetivo, ou seja, criados pelo próprio julgador, e pelos quais não se consegue inferir se o pagamento pelo jurisdicionado das despesas com o processo e dos honorários irá ou não prejudicar o seu sustento e o de sua família" (REsp 1.196.941/SP, Rel. Ministro Benedito Gonçalves, Primeira Turma, DJe 23.3.2011). Demais precedentes" (STJ, EDcl no AgRg no AREsp 345.573/RS, Rel. Ministro HERMAN BENJAMIN, SEGUNDA TURMA, julgado em 12/11/2013, DJe 09/12/2013)ALVES, Fernando de Brito. Constituição e participação popular: a construção histórico-discursiva do conteúdo jurídico-político da democracia como direito fundamental. Curitiba: Juruá. 2013. p.127. Os artigos 2º e 4º da Lei nº 1.060/50 foram revogados pelo artigo 1.072, inc. III, do NCPC, mas o artigo 99, § 2º, do Novo Código de Processo Civil afirma: "O juiz somente poderá indeferir o pedido se houver nos autos elementos que evidenciem a falta dos pressupostos legais para a concessão de gratuidade, devendo, antes de indeferir o pedido, determinar à parte a comprovação do preenchimento dos referidos pressupostos".

No entanto, a autonomia e a independência funcionais da Defensoria Pública não é irrestrita[38], estando a atuação funcional limitada pela Constituição e pelas leis, bem como pelos princípios da eficiência e da unidade que reclamam uma ação estratégica indispensável à otimização dos recursos humanos e materiais para se evitar atuações desarticuladas e incapazes de produzir resultados macrossociais efetivos.

Ademais, a autonomia institucional da Defensoria Pública deve preservar a distribuição constitucional de competências entre os atores do sistema de justiça. Por isso, é preciso compatibilizar as regras dos artigos 134, *caput*, e 127, *caput*, da Constituição Federal. À Defensoria Pública incumbe à orientação jurídica e à defesa, em todos os graus dos *necessitados*. Ao Ministério Público à defesa da ordem jurídica, do regime democrático e dos interesses sociais e individuais indisponíveis. Logo, é pressuposto para a promoção da tutela individual ou coletiva da Defensoria Pública a presença de *necessitados*, na forma do artigo 5º, inc. LXXIV, da Constituição Federal, que determina que o Estado preste assistência judiciária integral e gratuita *aos que comprovarem insuficiência de recursos*.

O conceito de *"necessitado"* estava previsto no artigo 2º, par. ún., da Lei 1.060/1950, que versa sobre a concessão de assistência judiciária aos necessitados, e considera que *"necessitado, para fins legais, todo aquele cuja situação econômica não permita pagar as custas do processo e os honorários de advogado, sem prejuízo do próprio sustento ou da família"*. O artigo 2º da Lei 1.060/1950 foi revogado pelo artigo 1.072, inc. III, do NCPC. Porém, o artigo 98, *caput*, do Novo Código de Processo Civil adotou um conceito similar, embora mais abrangente, à regra revogada, ao afirmar que a *"pessoa natural ou jurídica, brasileira ou estrangeira, com insuficiência de recursos para pagar as custas, as despesas processuais e os honorários advocatícios tem direito à gratuidade da justiça, na forma da lei"*. Aliás, o NCPC nem precisava adicionar a expressão *"na forma da lei"*, já que revogou boa parte da Lei 1.060/1950 e incluiu nos artigos 98 a 102 regras sobre a gratuidade da justiça.

Portanto, a promoção da tutela coletiva das minorias pela Defensoria Pública não é irrestrita, sendo indispensável que a condição de hipossuficiência (necessidade) do grupo de pessoas defendido pela instituição. Caso contrário, restaria prejudicada a autonomia funcional do Ministério Público, a quem compete a defesa dos interesses sociais e individuais indisponíveis (art. 127, *caput*, CF).

---

38 Em relação à independência funcional do Ministério Público (exegese do artigo 127, § 1º, da Constituição Federal, conferir: STF, MS 28408, Relator(a): Min. CÁRMEN LÚCIA, Segunda Turma, julgado em 18/03/2014, ACÓRDÃO ELETRÔNICO DJe-114 DIVULG 12-06-2014 PUBLIC 13-06-2014.

A compatibilização entre as funções da Defensoria Pública e do Ministério Público, na tutela coletiva, foi bem assimilada pelo Novo Código de Processo Civil, pelo viés da hipossuficiência econômica. Assim, o artigo 554, § 1º, do NCPC determina que, no caso de ação possessória em que figure no pólo passivo grande número de pessoas, deve ser intimado o Ministério Público e, *se envolver pessoas em situação de hipossuficiência econômica*, a Defensoria Pública.

Ademais, como o número de Defensores Públicos e membros do Ministério Público no Brasil é pequeno[39] para atender todo o contingente populacional brasileiro (estimado, em julho de 2014, em 202,7 milhões de habitantes), é preciso compatibilizar a autonomia funcional de ambas as instituições, com fundamento nas prioridades constitucionais atribuídas a cada instituição. Assim, não é razoável que, no âmbito penal, os necessitados fiquem sem defesa, porque os esforços institucionais da Defensoria Pública são canalizados para a tutela coletiva de pessoas de duvidosa necessidade.

Aliás, a necessidade de vinculação da atuação da Defensoria Pública – seja na atuação extrajudicial ou na judicial, seja na coletiva ou na individual – está atrelada a promoção dos direitos dos necessitados, como está expresso no artigo 1º da Lei Complementar nº 80, de 12 de janeiro de 1994, com a redação dada pela Lei Complementar nº 132, de 2009: "*A Defensoria Pública é instituição permanente, essencial à função jurisdicional do Estado, incumbindo-lhe, como expressão e instrumento do regime democrático, fundamentalmente, a orientação jurídica, a promoção dos direitos humanos e a defesa, em todos os graus, judicial e extrajudicial, dos direitos individuais e coletivos, de forma integral e gratuita, aos necessitados, assim considerados na forma do inciso LXXIV do art. 5º da Constituição Federal*"[40].

E, mais adiante, no artigo 4º, inc. VII, a mesma lei confirma que a função institucional da Defensoria Pública inclui a promoção de ação civil pública e todas as espécies de ações capazes de propiciar a adequada tutela dos direitos difusos, coletivos ou individuais homogêneos, desde que *o resultado da demanda puder beneficiar grupo de pessoas hipossuficientes*.

Atente-se que a redação desse artigo 4º, inc. VII, da Lei Complementar nº 80/94 contraria, parcialmente, os artigos 134, *caput*, (com a redação dada pela

---

39   Conforme indicadores publicados pelo Ministério da Justiça, o Brasil possui: 4767 membros na Defensoria Pública dos Estados; 517, na Defensoria Pública da União; 10.515, no Ministério Público dos Estados; 807, no Ministério Público Federal; 734, no Ministério Público do Trabalho. Disponível em: http://www.acessoajustica.gov.br/pub/centraisDeConteudo/monitoramentoIndicadores.faces. Acesso em 05 de fevereiro de 2015.

40   Nesse sentido, conforme já ressaltado, prevê o artigo 185 do NCPC: "A Defensoria Pública exercerá a orientação jurídica, a promoção dos direitos humanos e a defesa dos direitos individuais e coletivos dos necessitados, em todos os graus, de forma integral e gratuita".

Emenda Constitucional nº 80/2014) e 5º, inc. LXXIV, da Constituição Federal, ao permitir a defesa de direitos difusos. O novo artigo 134 da CF permite a defesa apenas de direitos individuais e coletivos. E não poderia ser diferente, pois a atuação da Defensoria Pública está condicionada a tutela de direitos *coletivos* dos necessitados, concebidos como direitos transindividuais, de natureza indivisível, cuja titularidade pertence a um grupo, categoria ou classe de pessoas ligadas entre si ou com a parte contrária por uma relação jurídica base (art. 81, par. ún., inc. II, da Lei 8.078/90). Os direitos difusos são transindividuais, de natureza indivisível, cujos titulares são pessoas indeterminadas e ligadas por circunstâncias de fato (art. 81, par. ún., inc. I, da Lei 8.078/90). Ora, se os titulares dos direitos difusos são pessoas indeterminadas, jamais se verificará a identificação de um grupo de pessoas hipossuficientes, o que afasta a legitimidade de atuação da Defensoria Pública.

Da mesma forma, o artigo 5º, inc. II, da Lei nº 7.347/85, com a redação dada pela Lei nº 11.448/2007, ao atribuir expressa legitimidade ativa para a Defensoria Pública para propor ação civil pública exige, interpretação conforme os artigos 134, *caput*, e 5º, inc. LXXIV da Constituição Federal, para admitir a atuação da Defensoria Pública na promoção dos interesses individuais homogêneos e coletivos dos necessitados.

Não se trata aqui de promover vaidades institucionais ou de medir as forças de cada instituição, para chamar mais atenção da mídia ou buscar maior simpatia dos cidadãos. Os recursos públicos são finitos e insuficientes para atender todas as demandas sociais. É preciso, pois, evitar a *sobreposição* de estruturas estatais. Não é razoável que o Ministério Público instaure um inquérito civil para a tutela de interesses difusos voltados à tutela do meio ambiente, faça diligências e se prepare para ajuizar ação civil pública, se atividades paralelas são desenvolvidas pela Defensoria Pública com a mesma finalidade.

O Supremo Tribunal Federal, em 1994, de certo modo, balizou esse entendimento ao interpretar o artigo 68 do Código de Processo Penal[41]; ou seja, estruturada da Defensoria Pública, é inconstitucional a atuação do Ministério Público na defesa dos *necessitados*[42], bem como viola a autonomia institucional

---

41 "Art. 68. Quando o titular do direito à reparação do dano for pobre (art. 32, §§ 10 e 20), a execução da sentença condenatória (art. 63) ou a ação civil (art. 64) será promovida, a seu requerimento, pelo Ministério Público".

42 "LEGITIMIDADE - AÇÃO "EX DELICTO" - MINISTÉRIO PÚBLICO - DEFENSORIA PÚBLICA - ARTIGO 68 DO CÓDIGO DE PROCESSO PENAL - CARTA DA REPÚBLICA DE 1988. A teor do disposto no artigo 134 da Constituição Federal, cabe à Defensoria Pública, instituição essencial à função jurisdicional do Estado, a orientação e a defesa, em todos os graus, dos necessitados, na forma do artigo 5º, LXXIV, da Carta, estando restrita a atuação do Ministério Público, no campo dos interesses sociais e individuais, àqueles indisponíveis (parte final do artigo 127 da Constituição Federal). INCONSTITUCIONALIDADE PROGRESSIVA - VIABILIZAÇÃO DO EXERCÍCIO DE DIREITO ASSEGURADO CONSTITUCIONALMENTE - ASSISTÊNCIA JURÍDICA E JUDICIÁRIA DOS NECESSITADOS - SUBSISTÊNCIA

do Ministério Público (art. 127, *caput*, da CF) a atuação irrestrita da Defensoria Pública na defesa de interesses sociais e individuais indisponíveis quando duvidosa ou manifesta a ausência de comprovação da hipossuficiência do grupo beneficiado.

De qualquer modo, a discricionariedade hermenêutica não pode ser um caminho a ser usado pelo Judiciário para limitar o exercício funcional das Defensorias Públicas, nem pode ser um subterfúgio imposto pela Defensoria Pública para invadir a autonomia funcional do Ministério Público. A compatibilização e a harmonização das funções institucionais é indispensável para o bom funcionamento do sistema de justiça.

Além disso, o problema da discricionariedade hermenêutica, aliado ao fenômeno da baixa constitucionalidade, não decorre apenas da atuação do Poder Judiciário, mas também do Poder Executivo, pois, como asseverado, a maior parte dos Estados da Federação, ainda não estruturou, minimamente, as suas Defensorias Públicas. Isso é uma condição essencial para assegurar a assistência jurídica e judiciária aos necessitados, e, assim, garantir a sua devida autonomia funcional.

5. DEFENSORIA PÚBLICA COMO PACIFICADORA SOCIAL

No Brasil, a baixa constitucionalidade ainda impede que a Defensoria Pública seja vista como instituição essencial para a função jurisdicional do Estado.

Com isso, o acesso à justiça é desigual e beneficia mais os ricos do que os pobres, em razão dos custos e da morosidade na prestação jurisdicional[43]. Infelizmente, de forma contraditória, e mesmo inconstitucional, o Estado brasileiro perpetua a criação de obstáculos à diminuição da exclusão social e à promoção da cidadania, quando, por exemplo, consagrou na Lei Geral da Copa do Mundo FIFA 2014, a regra do artigo 53, *in verbis*: " *A FIFA, as Subsidiárias FIFA no Brasil, seus representantes legais, consultores e empregados são isentos do adiantamento de custas, emolumentos, caução, honorários periciais e quaisquer outras*

TEMPORÁRIA DA LEGITIMAÇÃO DO MINISTÉRIO PÚBLICO. Ao Estado, no que assegurado constitucionalmente certo direito, cumpre viabilizar o respectivo exercício. Enquanto não criada por lei, organizada - e, portanto, preenchidos os cargos próprios, na unidade da Federação - a Defensoria Pública, permanece em vigor o artigo 68 do Código de Processo Penal, estando o Ministério Público legitimado para a ação de ressarcimento nele prevista. Irrelevância de a assistência vir sendo prestada por órgão da Procuradoria Geral do Estado, em face de não lhe competir, constitucionalmente, a defesa daqueles que não possam demandar, contratando diretamente profissional da advocacia, sem prejuízo do próprio sustento" (RE 135328, Relator(a): Min. MARCO AURÉLIO, Tribunal Pleno, julgado em 29/06/1994, DJ 20-04-2001 PP-00137 EMENT VOL-02027-06 PP-01164 RTJ VOL-00177-02 PP-00879). No mesmo sentido, conferir: **RE 147.776**, Rel. Min. **Sepúlveda Pertence**, julgamento em 19-5-1998, Primeira Turma, **DJ** de 19-6-1998; **RE 341.717-AgR**, Rel. Min. **Celso de Mello**, julgamento em 5-8-2003, Segunda Turma, **DJE** de 5-3-2010.

43 CAMBI, Eduardo. Op. Cit. p.246.

despesas devidas aos órgãos da Justiça Federal, da Justiça do Trabalho, da Justiça Militar da União, da Justiça Eleitoral e da Justiça do Distrito Federal e Territórios, em qualquer instância, e aos tribunais superiores, assim como não serão condenados em custas e despesas processuais, salvo comprovada má-fé".

Tal regra, ao conceder privilégios processuais à FIFA e às suas Subsidiárias no Brasil, todas entidades com faturamento extraordinário, subverte a lógica do acesso à justiça e a necessária proteção aos hipossuficientes. Apesar da atuação eficiente da Procuradoria-Geral da República ao ajuizar a ação direta de inconstitucionalidade nº 4976 e das críticas impostas pela doutrina[44], o Supremo Tribunal Federal considerou que a isenção fiscal relativa ao pagamento de custas judiciais era indispensável para alcançar os benefícios econômicos e sociais pretendidos com o evento esportivo[45].

A Defensoria Pública é responsável pela proteção jurídica dos hipossuficientes econômicos, os quais terão seus direitos resguardados e defendidos sem que necessitem arcar com as custas do processo e os honorários advocatícios, nos termos do artigo 98, § 1º, do Novo Código de Processo Civil (cujo artigo 1.072, inc. III, revogou o artigo 3º da Lei 1.060/50)[46].

Porém, a confirmação da assistência judiciária gratuita depende de decisão judicial. É o Judiciário quem deve verificar o requisito *necessidade econômica*, antes da concessão das isenções processuais. Logo, a Defensoria Pública,

---

44 HELLMAN, Renê Francisco; CAMBI, Eduardo. Inconstitucionalidade do artigo 53 da lei Geral da Copa (Lei 12.663/2012). In: Os megaeventos nacionais e seus reflexos jurídicos. Coord. Alencar Frederico Margraf, Fernando de Brito Alves e Flávio Pierobon. Rio de Janeiro: Lumen Juris, 2014. p. 67-82.

45 "V – É constitucional a isenção fiscal relativa a pagamento de custas judiciais, concedida por Estado soberano que, mediante política pública formulada pelo respectivo governo, buscou garantir a realização, em seu território, de eventos da maior expressão, quer nacional, quer internacional. Legitimidade dos estímulos destinados a atrair o principal e indispensável parceiro envolvido, qual seja, a FIFA, de modo a alcançar os benefícios econômicos e sociais pretendidos. VI – Ação direta de inconstitucionalidade julgada improcedente" (ADI 4976, Relator(a): Min. RICARDO LEWANDOWSKI, Tribunal Pleno, julgado em 07/05/2014, PROCESSO ELETRÔNICO DJe-213 DIVULG 29-10-2014 PUBLIC 30-10-2014).

46 "Art. 98. " A pessoa natural ou jurídica, brasileira ou estrangeira, com insuficiência de recursos para pagar as custas, as despesas processuais e os honorários advocatícios tem direito à gratuidade da justiça, na forma da lei. § 1o A gratuidade da justiça compreende: I - as taxas ou as custas judiciais; II - os selos postais; III - as despesas com publicação na imprensa oficial, dispensando-se a publicação em outros meios; IV - a indenização devida à testemunha que, quando empregada, receberá do empregador salário integral, como se em serviço estivesse; V - as despesas com a realização de exame de código genético - DNA e de outros exames considerados essenciais; VI - os honorários do advogado e do perito e a remuneração do intérprete ou do tradutor nomeado para apresentação de versão em português de documento redigido em língua estrangeira; VII - o custo com a elaboração de memória de cálculo, quando exigida para instauração da execução; VIII - os depósitos previstos em lei para interposição de recurso, para propositura de ação e para a prática de outros atos processuais inerentes ao exercício da ampla defesa e do contraditório; IX - os emolumentos devidos a notários ou registradores em decorrência da prática de registro, averbação ou qualquer outro ato notarial necessário à efetivação de decisão judicial ou à continuidade de processo judicial no qual o benefício tenha sido concedido".

antes de prestar assistência judiciária, tem o dever de verificar a comprovação da insuficiência de recursos (art. 5º, inc. LXXIV, CF). Caso a Defensoria Pública constate a condição de necessitado e demande judicialmente, é dever do Judiciário verificar que aquele que pleiteia a justiça gratuita possui insuficiência de recursos para pagar as custas, as despesas processuais e os honorários advocatícios (art. 98, *caput*, NCPC). A alegação de insuficiência deduzida por pessoa natural presume-se verdadeira (art. 99, § 3º, NCPC), mas se o magistrado verificar nos autos que há elementos que evidenciam a falta dos pressupostos legais para a concessão da gratuidade, deve, antes de indeferir o pedido, oportunizar à parte a comprovação do seu estado de hipossuficiência (art. 99, § 2º, NCPC).

Tanto a pessoa física quanto a jurídica, brasileira ou estrangeira (Art. 98, *caput*, NCPC e Súmula 481/STJ) [47] podem ser beneficiárias da assistência judiciária gratuita, desde que demonstrem a impossibilidade de arcar com as custas, as despesas processuais e os honorários advocatícios. A condição de hipossuficiente e, portanto, de ser atendido pela Defensoria Pública pode surgir em momento posterior ao ajuizamento da ação judicial. Entretanto, os benefícios da justiça gratuita somente são concedidos após o deferimento do pedido, mediante a apresentação de petição avulsa. Logo, a parte não fica exonerada do recolhimento das custas até que seja apreciado o pedido de gratuidade. Por exemplo, caso não tenha preparado o recurso antes do deferimento judicial do pedido, a pretensão recursal deve ser julgada deserta[48]. Por outro lado, a alteração da situação econômica, em momento posterior ao ajuizamento da demanda, também deve ser considerado e pode implicar a perda dos benefícios da justiça gratuita e da possibilidade da parte ser defendida pelo Estado-Defensoria Pública.

É certo que a assistência judiciária gratuita somente se perfaz após apreciação do pedido pelo Judiciário. A declaração de pobreza possui presunção relativa, tendo os órgãos judiciais o poder-dever de investigar a situação econômica do requerente caso existam, nos autos, elementos indiciários que possam demonstrar a sua capacidade de custear as despesas processuais[49].

Verificada a inexistência da situação de hipossuficiência, cessa, por causa superveniente, a legitimidade de atuação da Defensoria Pública. Nesse caso, a parte deve ser concedida à parte prazo para constituir seu advogado, não sendo responsabilidade do Estado prestar a assistência judiciária gratuita. Não

---

47 "Faz jus ao benefício da justiça gratuita a pessoa jurídica com ou sem fins lucrativos que demonstrar sua impossibilidade de arcar com os encargos processuais".

48 STJ, AgRg no AREsp 123.352/PR, Rel. Ministro MARCO BUZZI, QUARTA TURMA, julgado em 18/03/2014, DJe 31/03/2014; STJ, REsp 1395298/SP, Rel. Ministra NANCY ANDRIGHI, TERCEIRA TURMA, julgado em 11/03/2014, DJe 18/03/2014.

49 STJ, AgRg no Ag 1230024/SP, Rel. Ministra MARIA ISABEL GALLOTTI, QUARTA TURMA, julgado em 18/02/2014, DJe 26/02/2014.

Cap. 10 • AUTONOMIA E INDEPENDÊNCIA FUNCIONAL DA DEFENSORIA PÚBLICA
Eduardo Cambi – Priscila Sutil de Oliveira

cabe, nessa hipótese, o Defensor Público alegar prejuízo do princípio da independência funcional (art. 134, § 2º, da CF) para procurar continuar defendendo o interesse da parte considerada não-necessitada, pois tal princípio não assegura a atuação irrestrita da Defensoria Pública, que está vinculada à Constituição e às leis que regulamentam a assistência jurídica gratuita.

A Defensoria Pública é uma instituição essencial para promover o *constitucionalismo inclusivo*[50] com a consequente tutela do *direito fundamental à inclusão social*, que se depreende a partir da compreensão do artigo 5º, § 2º, da Constituição Federal[51]. Sua atuação deve servir de estímulo à superação da exclusão social e a realização dos objetivos essenciais da República brasileira (art. 3º/CF).

O Novo Código de Processo Civil reforça essa visão, por exemplo, ao afirmar que a curatela especial dos incapazes, sem representante legal, e dos réus presos ou citados por edital ou com hora certa, se revéis, enquanto não for constituído advogado, cabe à Defensoria Pública (art. 72). Ou, ainda, quando compele o juiz, de ofício ou a requerimento, oficiar a Defensoria Pública, quando se deparar com demandas individuais repetitivas, para promover a propositura da ação coletiva respectiva (arts. 139, inc. X, e 977, inc. III, NCPC). De igual modo, para favorecer a atuação judicial da Defensoria Pública, foi assegurada a prerrogativa de prazo em dobro para todas as suas manifestações (art. 186). E, para facilitar a atuação extrajudicial da Defensoria Pública, o artigo 784, inc. IV, do NCPC prevê que o instrumento de transação referendado pela Defensoria Pública é título executivo extrajudicial.

A Defensoria Pública deve atuar como agente de pacificação social. Sua importância vai além da defesa judicial dos direitos dos necessitados. É indispensável a sua atuação *proativa*, na prevenção de violações de direitos humanos-fundamentais e no acompanhamento de políticas públicas. Deve-se destacar a possibilidade de convocar audiências públicas, para prestar assistência jurídica à adequada tutela de coletivos ou individuais homogêneos, que possam beneficiar grupo de pessoas hipossuficientes, ou a atuação nos estabelecimentos policiais, penitenciários e de internação de adolescentes, para que seja assegurado o pleno exercício dos seus direitos fundamentais (art. 4º, inc. XVII e XXII, da Lei Complementar nº 80/94).

Tal compreensão amplificada foi consagrada pela Emenda Constitucional nº 80 de 2014 que alterou a redação do artigo 134 da Constituição Federal para afirmar que a Defensoria Pública deve promover os direitos humanos e

---

50   CAMBI, Eduardo Cambi; LIMA, Jairo Néia. Constitucionalismo inclusivo: o reconhecimento do direito fundamental à inclusão social. Revista de Direito Privado, vol. 60, dez. de 2014. p. 11-35.

51   CAMBI, Eduardo Cambi; LIMA, Jairo Néia. Direito fundamental à inclusão social (e sua eficácia nas relações entre particulares). Revista de Direito Privado, vol. 44, out. de 2010. p. 03.

a defesa, em todos os graus, judicial e extrajudicial, de forma integral e gratuita, dos direitos individuais e coletivos dos necessitados. Tal perspectiva foi, definitivamente, consagrada no artigo 185 do Novo Código de Processo Civil, ao afirmar que cabe a Defensoria Pública a orientação jurídica, a promoção dos direitos humanos e a defesa dos direitos individuais e coletivos dos necessitados, em todos os graus, de forma integral e gratuita.

Porém, a eficiência da atuação da Defensoria Pública depende da garantia de recursos orçamentários. Por isso, a autonomia financeira é tão importante quanto a autonomia e a independência funcional, a ponto do artigo 134, § 2º, da Constituição Federal, acrescentado com a Emenda Constitucional nº 45/2004, afirmar que são garantias das Defensorias Públicas Estaduais a autonomia funcional e administrativa, bem como a iniciativa de sua proposta orçamentária. A capacidade de autogestão da Defensoria Pública foi assegurada, pelo Supremo Tribunal Federal, na Ação Direta de Inconstitucionalidade nº 5218 que, em decisão liminar, suspendeu os efeitos da Lei Orçamentária Anual do Estado do Paraná de 2015 que autorizava o remanejamento de até 70% das verbas destinadas à Defensoria Pública Estadual no ano.

Com efeito, o artigo 134, § 2º, da Constituição Federal não admite que o chefe do Poder Executivo, de forma unilateral, reduza a proposta orçamentária da Defensoria Pública[52]. O Governador do Estado deve incorporar a proposta orçamentária da Defensoria Pública à Lei Orçamentária Anual, quando ela é compatível com a Lei de Diretrizes Orçamentárias, podendo, contudo, pleitear ao Poder Legislativo a redução pretendida, pois é na Assembléia Legislativa em que ocorre o debate sobre possíveis alterações na Lei Orçamentária Anual. Também não pode o Governador do Estado inserir a Defensoria Pública, em capítulo destinado à proposta orçamentária do Poder Executivo, juntamente com as demais Secretarias de Estado[53], por caracterizar a ingerência indevida no estabelecimento da programação financeira e, com isso, violar a autonomia administrativa da instituição.

É preciso que o governo respeite a Constituição, pois, como salienta Ronald Dworkin, "se o governo não leva os direitos a sério, é evidente que também não levará a lei a sério"[54].

---

52 **STF**, ADPF 307-MC-REF, rel. min. **Dias Toffoli**, julgamento em 19-12-2013, Plenário, **DJE** de 27-3-2014.

53 O Supremo Tribunal Federal tem afirmado que o artigo 134, § 2º, da Constituição Federal é norma de eficácia plena e aplicabilidade imediata, sendo inconstitucional a norma que estabelece a vinculação da Defensoria Pública a Secretaria de Estado. Nesse sentido, conferir: **ADI 3.569**, Rel. Min. **Sepúlveda Pertence**, julgamento em 2-4-2007, Plenário, DJ de 11-5-2007; ADI 4.056, rel. Min. **Ricardo Lewandowski**, julgamento em 7-3-2012, Plenário, DJE de 1º-8-2012; ADI 3.965, Rel. Min. **Cármen Lúcia**, julgamento em 7-3-2012, Plenário, **DJE**de 30-3-2012; **RE 599.620-AgR**, Rel. Min. **Eros Grau**, julgamento em 27-10-2009, Segunda Turma, **DJE** de 20-11-2009.

54 Levando os direitos a serio. Op. cit. p. 314.

A omissão do Estado quanto à implementação das Defensorias Públicas, por comprometer os direitos fundamentais das pessoas necessitadas, é suscetível de controle judicial para a efetivação das políticas públicas instituídas pela Constituição e não levadas a sério pelo Poder Público[55].

6. CONSIDERAÇÕES FINAIS

O neoconstitucionalismo trouxe novas perspectivas metodológicas ao Direito brasileiro. A interpretação e a aplicação dos princípios jurídicos exige a construção de uma hermenêutica jurídica responsável pautada no combate ao *panprincipiologismo* e a *discricionariedade* do intérprete na construção da norma jurídica.

O NCPC assimila o neoconstitucionalismo para modernizar o Direito Processual Civil brasileiro, aperfeiçoar as técnicas processuais, ampliar o acesso à ordem jurídica justa e efetivar os direitos fundamentais.

As Emendas Constitucionais nº 45/2004 e 80/2014, bem como o Novo Código de Processo Civil (art. 185), enalteceram a autonomia e a independência funcional da Defensoria Pública para que a assistência jurídica gratuita, aos necessitados, seja levada a sério no Brasil.

A Defensoria Pública é uma instituição essencial para promover o *constitucionalismo inclusivo*, devendo sua atuação ser potencializada nos limites da Constituição Federal e em harmonia com os demais integrantes do sistema de justiça, para reduzir a exclusão social e empoderar os cidadãos mais vulneráveis.

7. REFERÊNCIAS BIBLIOGRÁFICAS

ALFLEN DA SILVA, Kelly Susane. *Hermenêutica jurídica e concretização judicial*. Porto Alegre: Sergio Antonio Fabris Editor. 2000.

ALVES, Fernando de Brito. *Constituição e participação popular: a construção histórico-discursiva do conteúdo jurídico-político da democracia como direito fundamental*. Curitiba: Juruá, 2013.

BULOS, Uadi Lammêgo. *Curso de direito constitucional*. São Paulo: Saraiva. 2007.

CAMBI, Eduardo. *Neoconstitucionalismo e neoprocessualismo: direitos fundamentais, políticas públicas e protagonismo judiciário*. 2ª ed. rev. e atual. São Paulo: Editora Revista dos Tribunais, 2011.

CAMBI, Eduardo; LIMA, Jairo Néia. Direito fundamental à inclusão social (e sua eficácia nas relações entre particulares). *Revista de Direito Privado*, vol. 44, out. de 2010.

---

55 STF, AI 598.212-ED, rel. min. Celso de Mello, julgamento em 25-3-2014, Segunda Turma, **DJE** de 24-4-2014; **ADI 2.903**, Rel. Min. **Celso de Mello**, julgamento em 1º-12-2005, Plenário, **DJE** de 19-9-2008.

CAMBI, Eduardo Cambi; LIMA, Jairo Néia. Constitucionalismo inclusivo: o reconhecimento do direito fundamental à inclusão social. *Revista de Direito Privado*, vol. 60, dez. de 2014.

CAPPELLETTI, Mauro; GARTH, Bryant. **Acesso à Justiça**. Tradução de Ellen Gracie Northfleet. Porto Alegre: Sergio Antonio Fabris Editor, 1988.

CARNELUTTI, Francisco. *A arte do Direito: seis meditações sobre o Direito*. Bahia: Livraria Progresso editora, 1957.

CIANCI, Marina. **O acesso à justiça e as reformas do CPC**. São Paulo: Editora Saraiva, 2009.

DINAMARCO, Cândido Rangel. **Instituição de Direito Processual Civil**. Vol. I. 5ª edição. São Paulo: Malheiros Editores, 2005.

DWORKIN, Ronald. *Levando os direitos a serio*. Tradução de Nelson Boeira. São Paulo: Martins Fontes. 2002.

FUX, Luiz. *Curso de direito processual civil*. Rio de Janeiro: Forense. 2004.

HEIDEGGER, Martin. *Ser e Tempo – parte II*. 13ª edição. Tradução de Marcia Sá Cavalcante Schuback. São Paulo: Editora Vozes, 2005.

HELLMAN, Renê Francisco; CAMBI, Eduardo. Inconstitucionalidade do artigo 53 da lei Geral da Copa (Lei 12.663/2012). In: *Os megaeventos nacionais e seus reflexos jurídicos*. Coord. Alencar Frederico Margraf, Fernando de Brito Alves e Flávio Pierobon. Rio de Janeiro: LumenJuris, 2014.

JULIOS-CAMPUZANO, Alfonso de. *Estado e Constituição: Constitucionalismo em tempos de globalização*. Trad. de José Luis Bolzan de Morais e Valéria Ribas do Nascimento. Vol. 9. Porto Alegre: Livraria do Advogado Editora, 2009.

MARINONI, Luiz Guilherme. *Curso de processo civil, volume 1: teoria geral do processo*. São Paulo: Revista dos Tribunais, 2006.

PORTO, Sérgio Gilberto; USTÁRROZ, Daniel. **Lições de Direitos Fundamentais no Processo Civil**. Porto Alegre: Livraria do Advogado Editora, 2009.

SILVA, Ovídio A. Baptista. **Curso de Processo Civil. Processo de Conhecimento**. vol. 1. 5ª ed. São Paulo: Editora Revista dos Tribunais, 2000.

STRECK, Lenio Luiz. A revolução copernicana do (neo)constitucionalismo e a (baixa) compreensão do fenômeno no Brasil – uma abordagem à luz da hermenêutica filosófica. Disponível em: http://www.trf4.gov.br/trf4/upload/arquivos/emagis_atividades/lenio-luizstreck.pdf. Acesso em: 20/04/2013.

_____. Compreender Direito II: como o senso comum pode nos enganar. São Paulo: Editora Revista dos Tribunais. 2014.

_____. Lições de crítica hermenêutica do Direito. Porto Alegre: Livraria do Advogado Editora. 2014.

WAMBIER, Luiz Rodrigues; TALAMINI, Eduardo. Curso avançado de processo civil: teoria geral do processo de conhecimento. Vol 1. 9ª ed. rev., atual. e ampl. São Paulo: Editora Revista dos Tribunais, 2007.

WATANABE, Kazuo. **Da cognição no processo civil**. 2ª edição. Campinas: Bookseller, 2000.

PARTE VIII

INTERVENÇÃO DE TERCEIROS

CAPÍTULO 1

A Intervenção de Terceiros no CPC/2015

Izabel Cristina Pinheiro Cardoso Pantaleão[1]

SUMÁRIO: 1 - INTRODUÇÃO; 2 - CONSIDERAÇÕES INICIAIS; 3 - A INTERVENÇÃO DE TERCEIROS NO CPC/2015; 4 - CONCLUSÃO; 5 - BIBLIOGRAFIA

1 - INTRODUÇÃO

Foi com muita honra que recebi o convite feito pelos organizadores Lucas Buril, Alexandre Freire e Ravi Peixoto para participar desta importante obra sobre o "Novo" Código de Processo Civil (CPC/2015). Agradeço ao estimados colegas a oportunidade, esperando que o presente ensaio seja útil a todos os operadores do Direito no estudo do novo diploma processual.

Durante mais de cinco anos de discussão, o texto tramitou fervorosamente nas casas legislativas federais, com interessantíssimas discussões a respeito das inovações que estavam sendo propostas como, por exemplo, a extinção dos embargos infringentes. A discussão no Congresso Nacional encerrou-se quando foi aprovado pelo Plenário do Senado Federal o texto final do diploma processual civil (17/12/1014), com mais de mil artigos, prometendo mais celeridade, simplicidade e coesão nos processos judiciais cíveis.

O texto final foi sancionado pela Presidente da República em 16/03/15, promulgando a Lei 13.105/15.

Nesse cenário, coube-me a tarefa de estudar a Intervenção de Terceiros do novel processual, assunto este que já investigamos anteriormente, quando elaboramos um "Estudo comparativo da Intervenção de Terceiros no atual sistema e no projeto do Novo Código de Processo Civil (PLS 166/2010)"[2], à época, ainda, da versão que tramitava na Câmara dos Deputados, em 2012.

---

1. Mestre em Direito Processual Civil pela PUC/SP. Especialista em Direito das Telecomunicações. Professora de cursos de especialização *latu sensu* da Universidade Presbiteriana Mackenzie. Membro da Associação Brasileira de Direito da Tecnologia da Informação e das Comunicações (ABDTIC) e do Centro de Estudos Avançados de Processo (CEAPRO). Advogada em São Paulo.
2. *Revista de Processo* vol. 213. p. 261. Novembro/2012.

NOVO CPC DOUTRINA SELECIONADA, v. 1 • Parte Geral
PARTE VIII – INTERVENÇÃO DE TERCEIROS

Aproveitaremos esta oportunidade para atualizar o referido estudo, revisitando as modalidades de intervenção de terceiros, para fazer um estudo comparativo do sistema do CPC/1973 com o que ficou previsto no texto final do CPC/2015.

2 - CONSIDERAÇÕES INICIAIS

Já dissemos no estudo referido que a intervenção de terceiros é o *ingresso de um sujeito em processo alheio pendente (relação jurídica processual), mediante autorização legal, dada a proximidade entre esse terceiro e o objeto da causa, que poderá ter algum efeito sobre a sua esfera de direitos (efeito indireto, porque ninguém, sem ter sido parte, poderá sofrer os efeitos diretos da sentença).*[3]

Assim, o Código de Processo Civil traz como terceiro todo aquele que não é parte no processo principal.

Também dissemos que os terceiros podem ser, segundo nos ensinam Luiz Rodrigues Wambier e Eduardo Talamini[4]:

- Terceiros desinteressados: a lei não autoriza a intervenção em processo alheio, mas assegura, por exemplo, a possibilidade de opor embargos de terceiro em determinado litígio, justamente para dizer que nada têm a ver com aquele processo.

- Terceiro interessados de fato: aquele que possui interesse econômico, moral ou espiritual, mas não pode intervir em processo alheio.

- Terceiro interessado juridicamente: pode intervir no processo e até tornar-se parte, mediante autorização legal, dada a sua ligação com o objeto do processo ou com a relação controvertida entre as partes originárias.

Portanto, para haver intervenção de terceiros, é preciso que haja *interesse jurídico* deste terceiro na demanda.

No Código Buzaid, foram previstas cinco modalidades de intervenção de terceiros, a saber:

- *Assistência simples e assistência litisconsorcial*, embora previstas em capítulo apartado ao da intervenção de terceiros, a doutrina firmou entendimento segundo o qual a assistência é modalidade de intervenção de terceiros – arts. 50 a 55.

- *Oposição* – arts. 56 a 61.

---

3. Ibidem. p. 264.
4. *Curso Avançado de Processo Civil*. 10ª. ed. rev., ampl. e atual. São Paulo: Ed. RT, 2008. vol. 1, p.289.

1046

Cap. 1 • A INTERVENÇÃO DE TERCEIROS NO CPC/2015
Izabel Cristina Pinheiro Cardoso Pantaleão

- *Nomeação à autoria* – arts. 62 a 69.
- *Denunciação à lide* – arts. 70 a 76.
- *Chamamento ao processo* – art. 77 a 80.

Vejamos, pois, como ficou cada instituto no texto final do CPC/2015, comparando-os com sua atual configuração de nosso ordenamento jurídico, bem como outras modalidades inseridas.

3 – A INTERVENÇÃO DE TERCEIROS NO CPC/2015

a. **Assistência** – arts. 50 a 55, CPC/1973 e arts. 119 a 124, CPC/2015[5]

Em primeiro lugar, consignamos que o legislador, acertadamente, incluiu a figura da assistência dentro do capítulo de Intervenção de Terceiros do CPC/2015, detalhe este que não havia no CPC/1973 e causava uma certa confusão, principalmente nos bancos da graduação.

A assistência é a modalidade de intervenção de terceiros segundo a qual o assistente oferece ajuda ao assistido, para que este saia vencedor na demanda. O assistente não aduz pretensão, podendo ser definida na *ajuda em que uma pessoa presta a uma das partes principais do processo, com vista a melhorar suas condições para obter a tutela jurisdicional*[6].

---

5. "Art. 119. Pendendo causa entre 2 (duas) ou mais pessoas, o terceiro juridicamente interessado em que a sentença seja favorável a uma delas poderá intervir no processo para assisti-la.
   Parágrafo único. A assistência será admitida em qualquer procedimento e em todos os graus de jurisdição, recebendo o assistente o processo no estado em que se encontre.
   Art. 120. Não havendo impugnação no prazo de 15 (quinze) dias, o pedido do assistente será deferido, salvo se for caso de rejeição liminar.
   Parágrafo único. Se qualquer parte alegar que falta ao requerente interesse jurídico para intervir, o juiz decidirá o incidente, sem suspensão do processo.
   Art. 121. O assistente simples atuará como auxiliar da parte principal, exercerá os mesmos poderes e sujeitar-se-á aos mesmos ônus processuais que o assistido.
   Parágrafo único. Sendo revel ou, de qualquer outro modo, omisso o assistido, o assistente será considerado seu substituto processual.
   Art. 122. A assistência simples não obsta a que a parte principal reconheça a procedência do pedido, desista da ação, renuncie ao direito sobre o que se funda a ação ou transija sobre direitos controvertidos.
   Art. 123. Transitada em julgado a sentença no processo em que interveio o assistente, este não poderá, em processo posterior, discutir a justiça da decisão, salvo se alegar e provar que:
   I – pelo estado em que recebeu o processo ou pelas declarações e pelos atos do assistido, foi impedido de produzir provas suscetíveis de influir na sentença;
   II – desconhecia a existência de alegações ou de provas das quais o assistido, por dolo ou culpa, não se valeu.
   Art. 124. Considera-se litisconsorte da parte principal o assistente sempre que a sentença influir na relação jurídica entre ele e o adversário do assistido."
6. DINAMARCO, Cândido Rangel. *Instituições de direito processual civil*. 6º. ed. rev. e atual. São Paulo: Malheiros, 2009. p. 394.

A assistência pode ser simples ou litisconsorcial, sendo simples aquela em que o terceiro o terceiro tem interesse jurídico em obter sentença favorável à parte na qual auxilia, consubstanciado na perspectiva de sofrer efeitos reflexos da decisão desfavorável ao assistido, de forma que sua esfera seja afetada; e litisconsorcial quando o assistente tem relação jurídica (conflito de interesses) com o adversário do assistido, pois tal terceiro é cotitular da própria relação jurídica que constitui o objeto litigioso. Essa modalidade é figura próxima ao do litisconsórcio unitário, pois o assistente litisconsorcial tem legitimidade para agir em relação à sua situação. A sua própria pretensão poderia ter sido deduzida em juízo contra o adversário do assistido e será julgada pela sentença.

Em linhas gerais, no regime do CPC/1973, a assistência tem como características a admissão em qualquer tempo e grau de jurisdição, recebendo o terceiro/assistente o processo no estado em que se encontra e pode se dar no processo de conhecimento e na fase de cumprimento de sentença/processo de execução, desde que haja uma pretensão deduzida que se discuta e que seja necessário ser proferida decisão de mérito, como nos casos de impugnação. É admitida também no procedimento sumário e vedada expressamente pela Lei 9.099/1995, que trata dos Juizados Especiais (art. 10[7]). O assistente será alcançado pela justiça da decisão (isto é não poderá discuti-la posteriormente), salvo se provar as hipóteses contidas no artigo 55 do CPC/1973[8]. Tais hipóteses permanecem no texto do CPC/2015.

O pedido de assistência é feito pelo terceiro através de simples petição e a decisão que deferir ou indeferir seu ingresso é decisão interlocutória atacada mediante agravo de instrumento. Admitido, o assistente terá os mesmos poderes e mesmo ônus da parte assistida, mas sua atividade processual é subordinada à do assistido, não podendo praticar atos contrários à vontade deste. Pode recorrer desde que o assistido não renuncie a tal direito expressamente.

Destacamos uma alteração em relação ao recebimento e julgamento do pedido de assistência: no CPC/1973 o artigo 51 prevê que quando houver impugnação ao pedido de assistência, sob o argumento de que não há interesse jurídico para a intervenção, o juiz determinará, sem suspensão do processo, o desentranhamento da petição e da impugnação para atuação em apenso. No

---

7. Art. 10 – "Não se admitirá, no processo, qualquer forma de intervenção de terceiro nem de assistência. Admitir-se-á o litisconsórcio".

8. Art. 55 – "Transitada em julgado a sentença, na causa em que interveio o assistente, este não poderá, em processo posterior, discutir a justiça da decisão, salvo se alegar e provar que:
   I - pelo estado em que recebera o processo, ou pelas declarações e atos do assistido, fora impedido de produzir provas suscetíveis de influir na sentença;
   II - desconhecia a existência de alegações ou de provas, de que o assistido, por dolo ou culpa, não se valeu."

Cap. 1 • A INTERVENÇÃO DE TERCEIROS NO CPC/2015
Izabel Cristina Pinheiro Cardoso Pantaleão

CPC/2015 a suspensão do processo também não ocorrerá, mas a decisão, ao que nos parece, será proferida nos próprios autos (art. 120), trazendo mais celeridade ao procedimento. O prazo para impugnação também mudou de cinco para quinze dias. Não havendo impugnação, o pedido será deferido, como no regramento do CPC/1973, mas com a ressalva de que não pode se tratar do caso de rejeição liminar.

Assim, temos que as alterações sobre a assistência foram poucas, porém importantes para uma melhor organicidade do sistema processual civil, um dos objetivos do legislador do CPC/2015.

b.   Oposição – arts. 56 a 61, CPC/1973 e arts. 682 a 686 do CPC/2015[9]

A figura da oposição foi excluída do rol de intervenção de terceiros do CPC/2015. No CPC/1973, a oposição, como modalidade de intervenção de terceiros, prestava-se ao ingresso de terceiro em processo alheio, para exercer o direito de ação contra os primitivos litigantes (autor e réu) que figuram no polo passivo como litisconsortes necessários. Assim, é formada uma outra relação jurídica processual em processo alheio. O exemplo clássico da doutrina era o caso de ação reivindicatória movida pelo autor contra o réu e o terceiro se diz proprietário do imóvel[10].

No texto aprovado, a oposição passa a ser procedimento autônomo (na parte que trata dos procedimentos especiais), com o ajuizamento de uma nova ação, apensa aos autos principais -arts. 682 a 686 do CPC/2015-, devendo observar os requisitos da petição inicial, com julgamento da ação originária e da oposição na mesma sentença, oportunidade em que o juiz conhecerá desta em primeiro lugar.

Entendemos acertada a exclusão da oposição do rol de intervenção de terceiros por dois motivos: (i) sua utilização sempre se mostrou muito rara no

---

9. "Art. 682. Quem pretender, no todo ou em parte, a coisa ou o direito sobre que controvertem autor e réu poderá, até ser proferida a sentença, oferecer oposição contra ambos.
   Art. 683. O opoente deduzirá o pedido em observação aos requisitos exigidos para propositura da ação.
   Parágrafo único. Distribuída a oposição por dependência, serão os opostos citados, na pessoa de seus respectivos advogados, para contestar o pedido no prazo comum de 15 (quinze) dias.
   Art. 684. Se um dos opostos reconhecer a procedência do pedido, contra o outro prosseguirá o opoente.
   Art. 685. Admitido o processamento, a oposição será apensada aos autos e tramitará simultaneamente à ação originária, sendo ambas julgadas pela mesma sentença.
   Parágrafo único. Se a oposição for proposta após o início da audiência de instrução, o juiz suspenderá o curso do processo ao fim da produção das provas, salvo se concluir que a unidade da instrução atende melhor ao princípio da duração razoável do processo.
   Art. 686. Cabendo ao juiz decidir simultaneamente a ação originária e a oposição, desta conhecerá em primeiro lugar."
10. A oposição não se confunde com embargos de terceiro porque com eles não se visa à exclusão do direito sobre o qual se controvertem autor e réu, mas apenas livrar o bem de posse ou propriedade de terceiro da constrição que lhe foi imposta.

cotidiano forense e (ii) se oferecida depois da audiência, tornava-se procedimento autônomo, perdendo a sua razão de ser.

c. Nomeação à autoria – arts. 62 a 69, CPC/1973 e arts. 338 e 339, CPC/2015[11]

A nomeação à autoria como intervenção de terceiros no CPC/1973 prestava-se a corrigir a legitimidade passiva em apenas duas hipóteses: (i) quando o detentor é demandando a respeito da coisa que detém em nome alheio; e (ii) quando aquele é acionado em função de ato que praticou por ordem de terceiro ou em cumprimento de suas instruções (arts. 62 e 63 do CPC/1973). Nos demais, e infinitos casos, caso a parte autora tenha indicado equivocadamente o polo passivo, o juiz não tinha alternativa senão extinguir o processo sem julgamento do mérito, nos moldes do artigo 267, VI do CPC/1973.

Para evitar a propositura de uma nova ação, desta vez com a indicação correta da parte ré, o legislador então, louvavelmente, transformou tal modalidade em incidente de substituição da parte a ser apresentada na contestação, para correção do polo passivo, em qualquer caso, previsto no capítulo da contestação. Portanto, a figura da nomeação à autoria foi extinta do rol de intervenção de terceiros, ampliada e "transformada" em incidente de correção do polo passivo.

Alegando o réu ser parte ilegítima, poderá, então, o autor emendar a inicial ou assumir o risco de prosseguir o processo contra parte ilegítima. O réu deve indicar o sujeito passivo da relação jurídica discutida sempre que tiver conhecimento, sob pena de arcar com as despesas processuais e de indenizar o autor pelos prejuízos decorrentes da falta de indicação.

Já estudamos com detalhes esse novo instituto de substituição processual, em trabalho conjunto com Arlete Inês Aurelli, em ensaio intitulado *O fim da Nomeação à autoria e a possibilidade de correção do polo passivo no Projeto do*

---

11. "Art. 338. Alegando o réu, na contestação, ser parte ilegítima ou não ser o responsável pelo prejuízo invocado, o juiz facultará ao autor, em 15 (quinze) dias, a alteração da petição inicial para substituição do réu.

Parágrafo único. Realizada a substituição, o autor reembolsará as despesas e pagará os honorários ao procurador do réu excluído, que serão fixados entre três e cinco por cento do valor da causa ou, sendo este irrisório, nos termos do art. 85, § 8º.

Art. 339. Quando alegar sua ilegitimidade, incumbe ao réu indicar o sujeito passivo da relação jurídica discutida sempre que tiver conhecimento, sob pena de arcar com as despesas processuais e de indenizar o autor pelos prejuízos decorrentes da falta de indicação.

§ 1º O autor, ao aceitar a indicação, procederá, no prazo de 15 (quinze) dias, à alteração da petição inicial para a substituição do réu, observando-se, ainda, o parágrafo único do art. 338.

§ 2º No prazo de 15 (quinze) dias, o autor pode optar por alterar a petição inicial para incluir, como litisconsorte passivo, o sujeito indicado pelo réu."

novo CPC[12], no qual concluímos pela obrigatoriedade da indicação, pelo réu, do correto polo passivo, desde que tenha ciência, bem como do ônus do autor em aceitar a indicação do réu, sob pena de reconhecimento da ilegitimidade, além de ocorrer preclusão no caso de o autor manter-se inerte ao prazo de quinze dias para emendar a inicial, conforme previsão do art. 339, §1º do CPC/2015. Indicamos referido estudo para uma análise mais aprofundada sobre o assunto.

Vemos, pois, com bons olhos tal modificação, tendo em vista a acertada opção do legislador em aumentar as hipóteses de correção do polo passivo, bem como simplificar o procedimento para que tal correção ocorra.

d. Denunciação da lide – arts. 70 a 76, CPC/1973 e art. 125 a 129, CPC/75[13].

A denunciação da lide, em versões anteriores do ainda projeto, chegou a ser nomeada de denunciação à garantia, voltando a ser chamada de denunciação da lide no texto substitutivo da Câmara dos Deputados.

---

12. In *O Direito de Estar em Juízo e a Coisa Julgada* – Livro em homenagem à Thereza Alvim. Coord. Arlete Inês Aurelli e outros. São Paulo: RT, 2014. p. 455/463.
13. "Art. 125. É admissível a denunciação da lide, promovida por qualquer das partes:
    I – ao alienante imediato, no processo relativo à coisa cujo domínio foi transferido ao denunciante, a fim de que possa exercer os direitos que da evicção lhe resultam;
    II – àquele que estiver obrigado, por lei ou pelo contrato, a indenizar, em ação regressiva, o prejuízo de quem for vencido no processo.
    § 1º O direito regressivo será exercido por ação autônoma quando a denunciação da lide for indeferida, deixar de ser promovida ou não for permitida.
    § 2º Admite-se uma única denunciação sucessiva, promovida pelo denunciado, contra seu antecessor imediato na cadeia dominial ou quem seja responsável por indenizá-lo, não podendo o denunciado sucessivo promover nova denunciação, hipótese em que eventual direito de regresso será exercido por ação autônoma.
    Art. 126. A citação do denunciado será requerida na petição inicial, se o denunciante for autor, ou na contestação, se o denunciante for réu, devendo ser realizada na forma e nos prazos previstos no art. 131.
    Art. 127. Feita a denunciação pelo autor, o denunciado poderá assumir a posição de litisconsorte do denunciante e acrescentar novos argumentos à petição inicial, procedendo-se em seguida à citação do réu.
    Art. 128. Feita a denunciação pelo réu:
    I – se o denunciado contestar o pedido formulado pelo autor, o processo prosseguirá tendo, na ação principal, em litisconsórcio, denunciante e denunciado;
    II – se o denunciado for revel, o denunciante pode deixar de prosseguir com sua defesa, eventualmente oferecida, e abster-se de recorrer, restringindo sua atuação à ação regressiva;
    III – se o denunciado confessar os fatos alegados pelo autor na ação principal, o denunciante poderá prosseguir com sua defesa ou, aderindo a tal reconhecimento, pedir apenas a procedência da ação de regresso.
    Parágrafo único. Procedente o pedido da ação principal, pode o autor, se for o caso, requerer o cumprimento da sentença também contra o denunciado, nos limites da condenação deste na ação regressiva.
    Art. 129. Se o denunciante for vencido na ação principal, o juiz passará ao julgamento da denunciação da lide.
    Parágrafo único. Se o denunciante for vencedor, a ação de denunciação não terá o seu pedido examinado, sem prejuízo da condenação do denunciante ao pagamento das verbas de sucumbência em favor do denunciado."

A denunciação da lide é ação secundária, de natureza condenatória, ajuizada no curso de ação condenatória principal, cuja finalidade é obter pretensão indenizatória pelo denunciante contra o terceiro. Tem-se, assim, duas lides processadas simultaneamente e julgadas na mesma sentença, em homenagem ao princípio da economia processual.

Quanto ao cabimento da denunciação, o CPC/2015 reduziu a duas hipóteses, quais sejam: (i) ao alienante imediato, no processo relativo à coisa cujo domínio foi transferido ao denunciante, a fim de que possa exercer os direitos que da evicção lhe resultam; e (ii) àquele que estiver obrigado, por lei ou pelo contrato, a indenizar, em ação regressiva, o prejuízo do que for vencido no processo.

Frise-se que em relação à primeira hipótese, o legislador restringiu a denunciação apenas ao alienante imediato, derrubando a versão inicial do Senado Federal, que permitia a possibilidade de ser exercida contra qualquer dos alienantes da cadeia.

O texto ainda admite o exercício do direito de regresso através de ação autônoma quando a denunciação da lide for indeferida, deixar de ser promovida ou não for permitida.

Destaque para uma mudança de grande relevância prática: procedente o pedido, pode o autor requerer o cumprimento de sentença também contra o denunciado, nos limites da condenação deste na ação regressiva. Tal regra também homenageia o princípio da economia processual, pois aproveita o mesmo processo para a efetivação da tutela obtida.

e. Chamamento ao processo – arts. 77 a 80, CPC/1973 e 130 a 132, CPC/2015[14]

Ocorre chamamento ao processo quando o réu chama ao processo aquele que deve tanto quanto ele, ou mais do que ele, para responder conjuntamente

---

14. "Art. 130. É admissível o chamamento ao processo, requerido pelo réu:

    I – do afiançado, na ação em que o fiador for réu;

    II – dos demais fiadores, na ação proposta contra um ou alguns deles;

    III – dos demais devedores solidários, quando o credor exigir de um ou de alguns o pagamento da dívida comum.

    Art. 131. A citação daqueles que devam figurar em litisconsórcio passivo será requerida pelo réu na contestação e deve ser promovida no prazo de 30 (trinta) dias, sob pena de ficar sem efeito o chamamento.

    Parágrafo único. Se o chamado residir em outra comarca, seção ou subseção judiciárias, ou em lugar incerto, o prazo será de 2 (dois) meses.

    Art. 132. A sentença de procedência valerá como título executivo em favor do réu que satisfizer a dívida, a fim de que possa exigi-la, por inteiro, do devedor principal, ou, de cada um dos codevedores, a sua quota, na proporção que lhes tocar."

Cap. 1 • A INTERVENÇÃO DE TERCEIROS NO CPC/2015
Izabel Cristina Pinheiro Cardoso Pantaleão

a ação, ampliando o polo passivo da relação processual, consagrando-se, mais uma vez, o princípio da economia processual.[15]

Tal modalidade é cabível no processo de conhecimento, buscando título executivo contra os codevedores chamados a responder pela dívida cobrada, admitindo-se chamamentos sucessivos. Porém, é incabível no processo de execução justamente por ser seu objetivo formar título executivo contra os demais devedores.

O CPC/2015 manteve as três hipóteses de incidência já previstas no Código de 1973, fazendo pequenas correções de redação. Em versões anteriores, foi incluída uma quarta hipótese, prevendo a possibilidade de chamamento ao processo quando aqueles que, por lei ou contrato, são também corresponsáveis perante o autor, mas tal foi abandonada durante o processo legislativo.

É de se relembrar que no texto do Anteprojeto foram reunidas as figuras da denunciação e chamamento, criando o *chamamento em garantia*. Essa modificação, objeto de críticas, foi excluída do texto final, porquanto se tratam de duas figuras diferentes: na denunciação, o denunciado deve a quem denunciou, que deve ao autor; já no chamamento, o chamado deve, junto com quem o denunciou, como corresponsável.

f. Amicus curiae – sem correspondência no CPC/1973 e art. 138, CPC/2015[16]

Novidade inserida no rol das modalidades de intervenção de terceiros pelo CPC/2015, o *amicus curiae* (ou amigo da corte) poderá integrar a lide, levando elementos que possam enriquecer o debate judicial. Geralmente, o *amicus curiae* auxilia os julgadores nas tomadas de decisões por meio de esclarecimentos técnicos, visando contribuir com informações relevantes para o deslinde de

---

15. Nelson Nery Jr. critica a posição de que há ampliação do polo passivo. Para ele há uma nova ação de chamante contra chamados, no mesmo processo, na qual o réu pretende acertar a responsabilidade dos codevedores solidários, na proporção de suas cotas. Para o autor, entender que se amplia o polo passivo da demanda, tornando-se chamante e chamados litisconsortes, estaria obrigando o autor a litigar contra quem não queira, já que é ele quem deve escolher contra quem litigar e escolheu apenas um dos devedores solidários, como assegura o direito civil (solidariedade). *Código de Processo Civil Comentado.* 11ª. ed. São Paulo: Ed. RT, 2010. p. 312.

16. Art. 138 – "O juiz ou o relator, considerando a relevância da matéria, a especificidade do tema objeto da demanda ou a repercussão social da controvérsia, poderá, por decisão irrecorrível, de ofício ou a requerimento das partes ou de quem pretenda manifestar-se, solicitar ou admitir a participação de pessoa natural ou jurídica, órgão ou entidade especializada, com representatividade adequada, no prazo de 15 (quinze) dias de sua intimação.
    § 1º A intervenção de que trata o caput não implica alteração de competência nem autoriza a interposição de recursos, ressalvadas a oposição de embargos de declaração e a hipótese do § 3º.
    § 2º Caberá ao juiz ou ao relator, na decisão que solicitar ou admitir a intervenção, definir os poderes do *amicus curiae.*
    § 3º O *amicus curiae* pode recorrer da decisão que julgar o incidente de resolução de demandas repetitivas."

uma questão. O interesse, aqui, não é jurídico, mas sim é institucional. Seria, então, uma exceção à regra de interesse jurídico? Pensamos que sim, pois está claro que é uma modalidade de intervenção de terceiros, além de estar incluído no rol do Título III da Parte Geral da nova lei processual.

Teresa Arruda Alvim Wambier e José Miguel Garcia Medina ensinam que o *amicus curiae* "é figura que torna o processo mais eficiente; que proporciona melhores condições para que direitos fundamentais sejam percebidos e protegidos com mais intensidade; e é figura inteiramente afeiçoada aos nossos tempos."[17]

Assim, o CPC/2015 positivou a figura que já atuava em nosso ordenamento jurídico, principalmente no Supremo Tribunal Federal, onde os amigos da corte já atuam na busca dessas melhores condições para julgamento.

Veja-se, por exemplo, decisão proferida pelo Ministro Celso de Mello, que assim consignou: "A admissão de terceiro, na condição de *amicus curiae*, no processo objetivo de controle normativo abstrato, qualifica-se como fator de legitimação social das decisões da Suprema Corte, enquanto Tribunal Constitucional, pois viabiliza, em obséquio ao postulado democrático, a abertura do processo de fiscalização concentrada de constitucionalidade, em ordem a permitir que nele se realize, sempre sob uma perspectiva eminentemente pluralística, a possibilidade de participação formal de entidades e de instituições que efetivamente representem os interesses gerais da coletividade ou que expressem os valores essenciais e relevantes de grupos, classes ou estratos sociais."[18]

Diante da positivação do instituto, algumas dúvidas já começaram a surgir, oportunidade em que foram aprovados dois enunciados no Fórum Permanente de Processualistas Civis, para melhor entendimento dessa figura processual:

> Enunciado nº 127: A representatividade adequada exigida do *amicus curiae* não pressupõe a concordância unânime daqueles a quem representa.
>
> Enunciado nº 128: No processo em que há intervenção do *amicus curiae*, a decisão deve enfrentar as alegações por ele apresentadas, nos termos do inciso IV do § 1º do art. 499.[19]

---

17. *Amicus Curiae* In O terceiro no processo civil brasileiro e assuntos correlatos – Estudos em homenagem ao Professor Athos Gusmão Carneiro. Coord. Fredie Didier Jr. – São Paulo, RT, 2010. p. 487/497.
18. ADI 2130, relator Min. Celso de Mello, julgamento: 28/08/2001.
19. No texto sancionado, acreditamos que o referido artigo é o 489, cuja redação é a seguinte:
"Art. 489. São elementos essenciais da sentença: (...)
§1º - Não se considera fundamentada qualquer decisão judicial, seja ela interlocutória, sentença ou acórdão, que: (...)
IV - não enfrentar todos os argumentos deduzidos no processo capazes de, em tese, infirmar a conclusão adotada pelo julgador;"

Embora não seja nova a figura do *amicus curiae*, trata-se de positivação inédita, de forma geral[20], sobre o instituto, trazendo benefícios para todas as figuras envolvidas no processo em que este atuará, participando e cooperando para fornecer elementos úteis, a fim de auxiliar no convencimento do julgador.

g. Incidente de Desconsideração da Personalidade Jurídica – sem correspondência no CPC/1973 e arts. 133 a 137, CPC/2015[21]

Outra novidade trazida pelo CPC/2015, fazendo parte do rol das modalidades de intervenção de terceiros, é o incidente de desconsideração da personalidade jurídica, figura já existente na lei civil e consumerista, mas sem previsão anterior na lei processual civil.

A desconsideração da personalidade jurídica passa a ser apurada em incidente no qual o juiz investigará, mediante contraditório prévio, a ocorrência ou não das situações autorizadas pela lei (art. 28, CDC[22] e art. 50,

---

20. O instituto é tratado na legislação extravagante, de forma pontual. Vide artigo 31 da Lei nº 6.385/76, que determina a intervenção da Comissão de Valores Mobiliários (CVM) nos processos que tratam das matérias de sua competência, bem como o artigo 118 da Lei nº 12.529/11, que dispõe sobre a intervenção do Conselho Administrativo de Defesa Econômica, nos processos que tratam dos assuntos relacionados à concorrência/antitruste.

21. "Art. 133. O incidente de desconsideração da personalidade jurídica será instaurado a pedido da parte ou do Ministério Público, quando lhe couber intervir no processo.
§ 1º O pedido de desconsideração da personalidade jurídica observará os pressupostos previstos em lei.
§ 2º Aplica-se o disposto neste Capítulo à hipótese de desconsideração inversa da personalidade jurídica.
Art. 134. O incidente de desconsideração é cabível em todas as fases do processo de conhecimento, no cumprimento de sentença e na execução fundada em título executivo extrajudicial.
§ 1º A instauração do incidente será imediatamente comunicada ao distribuidor para as anotações devidas.
§ 2º Dispensa-se a instauração do incidente se a desconsideração da personalidade jurídica for requerida na petição inicial, hipótese em que será citado o sócio ou a pessoa jurídica.
§ 3º A instauração do incidente suspenderá o processo, salvo na hipótese do § 2º.
§ 4º O requerimento deve demonstrar o preenchimento dos pressupostos legais específicos para desconsideração da personalidade jurídica.
Art. 135. Instaurado o incidente, o sócio ou a pessoa jurídica será citado para manifestar-se e requerer as provas cabíveis no prazo de 15 (quinze) dias.
Art. 136. Concluída a instrução, se necessária, o incidente será resolvido por decisão interlocutória.
Parágrafo único. Se a decisão for proferida pelo relator, cabe agravo interno.
Art. 137. Acolhido o pedido de desconsideração, a alienação ou a oneração de bens, havida em fraude de execução, será ineficaz em relação ao requerente."

22. "Art. 28. O juiz poderá desconsiderar a personalidade jurídica da sociedade quando, em detrimento do consumidor, houver abuso de direito, excesso de poder, infração da lei, fato ou ato ilícito ou violação dos estatutos ou contrato social. A desconsideração também será efetivada quando houver falência, estado de insolvência, encerramento ou inatividade da pessoa jurídica provocados por má administração.
§1º (Vetado).
§2º As sociedades integrantes dos grupos societários e as sociedades controladas, são subsidiariamente responsáveis pelas obrigações decorrentes deste código.
§3º As sociedades consorciadas são solidariamente responsáveis pelas obrigações decorrentes deste código.
§4º As sociedades coligadas só responderão por culpa.
§5º Também poderá ser desconsiderada a pessoa jurídica sempre que sua personalidade for, de alguma forma, obstáculo ao ressarcimento de prejuízos causados aos consumidores."

CC^{23}) para responsabilização pessoal dos sócios da pessoa jurídica e, por isso, a acertada escolha do legislador em incluir o incidente no rol de intervenção de terceiros, já que, caso seja deferida a desconsideração, os sócios da pessoa jurídica passarão a figurar no polo passivo da demanda, alterando a configuração inicial, na condição de parte. Também está prevista a possibilidade de desconsideração inversa da personalidade jurídica (art. 133, §2º), ou seja, "o afastamento da autonomia patrimonial da sociedade, para, contrariamente do que ocorre na desconsideração da personalidade propriamente dita, atingir o ente coletivo e seu patrimônio social, de modo a responsabilizar a pessoa jurídica por obrigações do sócio controlador."[24]

Na versão sob a relatoria do Deputado Paulo Teixeira, foi efetuada relevante modificação no instituto, para eliminar a previsão de hipóteses em que seria possível a desconsideração, sob o correto argumento de que não é papel do Código de Processo Civil cuidar dos casos em que se permite a desconsideração mas sim disciplinar como ela deve ser feita, ou seja, o seu procedimento. Nessa oportunidade, o incidente foi deslocado da seção "Das Partes e dos Procuradores" para a seção da "Intervenção de Terceiros" também acertadamente, como dissemos.

Chegou a ser discutida a proposta de restringir o alcance da desconsideração, de modo a não permitir que se alcance o patrimônio de outras sociedades do mesmo grupo econômico, bem como outra proposta que tratava dos efeitos da desconsideração, levando a um problema de ordem material e não processual, de modo que decidiu-se, corretamente, deixar a questão para ser tratada em outra sede (cf. Parecer do Deputado Paulo Teixeira – p. 433).

Assim, adentra no sistema processual civil o incidente de desconsideração de personalidade jurídica, com duas modalidades, o qual pode ser proposto pela parte ou pelo Ministério Público, sendo cabível em todas as fases do processo de conhecimento, no cumprimento de sentença e na execução fundada em título executivo extrajudicial, devendo ser submetido ao crivo do contraditório e sendo decidido mediante decisão interlocutória.

4 - CONCLUSÃO

No nosso sentir, as alterações e inovações trazidas pelo CPC/2015 em relação à Intervenção de Terceiros são positivas, porque buscaram simplificar o

---

23. "Art. 50. Em caso de abuso da personalidade jurídica, caracterizado pelo desvio de finalidade, ou pela confusão patrimonial, pode o juiz decidir, a requerimento da parte, ou do Ministério Público quando lhe couber intervir no processo, que os efeitos de certas e determinadas relações de obrigações sejam estendidos aos bens particulares dos administradores ou sócios da pessoa jurídica."

24. RE 948.117/MS. Rel. do Acórdão: Min. Nancy Andrighi. 22/06/2010.

procedimento e dar maior celeridade processual, principais escopos do legislador do novo *Codex*.

5 - BIBLIOGRAFIA

AURELLI, Arlete Inês e PANTALEÃO, Izabel Cristina Pinheiro Cardoso. *O fim da nomeação à autoria e a possibilidade de correção do polo passivo no Projeto do novo CPC* In O Direito de Estar em Juízo e a Coisa Julgada – Livro em homenagem à Thereza Alvim. Coord. Arlete Inês Aurelli e outros. São Paulo: RT, 2014.

DINAMARCO, Cândido Rangel. *Instituições de direito processual civil*. 6º. ed. rev. e atual. São Paulo: Malheiros, 2009.

NERY JR., Nelson. *Código de Processo Civil Comentado*. 11ª. ed. São Paulo: Ed. RT, 2010.

PANTALEÃO, Izabel Cristina Pinheiro Cardoso. *Estudo Comparativo da Intervenção de Terceiros no Atual Sistema e no Projeto do Novo Código de Processo Civil (PLS 166/2010)* In Revista de Processo, vol. 213, Novembro/2012.

WAMBIER, Luiz Rodrigues e TALAMINI, Eduardo. *Curso Avançado de Processo Civil*. 12ª. ed. rev., ampl. e atual. São Paulo:RT, 2012. vol. 1.

WAMBIER, Teresa Arruda Alvim e MEDINA, José Miguel Garcia. *Amicus Curiae* In O Terceiro no Processo Civil Brasileiro e assuntos correlatos – Estudos em homenagem ao Professor Athos Gusmão Carneiro. Coord. Fredie Didier Jr. – São Paulo, RT, 2010.

CAPÍTULO 2

Intervenção de terceiros no Novo Código de Processo Civil

Marina França Santos[1]

SUMÁRIO: 1. O INSTITUTO DA INTERVENÇÃO DE TERCEIROS ; 2. A ASSISTÊNCIA NO NOVO CÓDIGO DE PROCESSO CIVIL; 3. A DENUNCIAÇÃO DA LIDE NO NOVO CÓDIGO DE PROCESSO CIVIL; 4. O CHAMAMENTO AO PROCESSO NO NOVO CÓDIGO DE PROCESSO CIVIL; 5. NOVA MODALIDADE DE INTERVENÇÃO DE TERCEIROS: O INCIDENTE DE DESCONSIDERAÇÃO DA PERSONALIDADE JURÍDICA; 6. NOVA MODALIDADE DE INTERVENÇÃO DE TERCEIRO: O AMICUS CURIAE; 7. MODALIDADES DE INTERVENÇÃO DE TERCEIROS QUE DEIXAM DE EXISTIR NO NOVO CÓDIGO DE PROCESSO CIVIL; 8. BIBLIOGRAFIA.

1. O INSTITUTO DA INTERVENÇÃO DE TERCEIROS

Os limites subjetivos da coisa julgada, cingidos às partes que integram e participam em contraditório do processo, não impedem, porém, que terceiros, estranhos ao processo, sofram alteração em sua esfera jurídica subjetiva em razão da decisão judicial ali fixada. A admissão da intervenção de terceiros apresenta-se, justamente, como uma solução legal para hipóteses como essa. Trata-se de instituto criado para garantir a participação, em determinado processo, desses indivíduos que, não tendo sido a ele levados na condição de autores ou de réus, ainda assim, por razões diversas, possam ter sua esfera jurídica direta ou indiretamente atingida pelos efeitos da decisão judicial.

A intervenção de terceiros é, portanto, a possibilidade do ingresso de pessoa juridicamente interessada em um processo em curso de que não participou desde o início, nem na condição daquele que deduz uma pretensão de direito material no processo, nem daquele em face de quem essa pretensão é deduzida. Responde o Direito Processual, assim, à complexidade da vida em sociedade e à interdependência dos indivíduos e de suas relações sociais, garantindo, assim, uma intensificação do contraditório e da ampla participação nos procedimentos estatais de solução de conflitos.

---

1   Procuradora do Município de Belo Horizonte. Professora da Pós-Graduação do IDDE/Universidade de Coimbra. Professora Assistente de Direito Processual Civil na Escola Superior Dom Helder Câmara. Doutoranda em Direito pela Pontifícia Universidade Católica do Rio de Janeiro. Mestra e Bacharela em Direito pela Universidade Federal de Minas Gerais. Especialista em Advocacia Pública pelo IDDE/ Universidade de Coimbra. marinafrancasantos@gmail.com

O terceiro que possuir interesse no resultado de um processo pode, espontaneamente, solicitar o seu ingresso, que ocorre independentemente da vontade das demais partes. É a chamada intervenção espontânea, assim prevista nas modalidades de assistência e de oposição, no Código de Processo Civil de 1973 e, no Novo Código, na assistência e no *amicus curiae*. Caso seja, ao contrário, do interesse de alguma das partes do processo o ingresso do terceiro, esta intervenção será tida como provocada. São elas, no Código de 1973, a nomeação à autoria, a denunciação da lide e o chamamento ao processo e, no CPC de 2015, a denunciação da lide, o chamamento ao processo e o incidente de desconsideração da personalidade jurídica.

Em todos os casos deve ficar evidenciado, como regra, o caráter jurídico do interesse deste terceiro, já que a Jurisdição resguarda interesse público e a atuação dos sujeitos no processo não é absolutamente incondicionada. Requer-se, do terceiro, que faça parte da relação jurídica de direito material discutida no processo, de alguma que dela seja dependente, ou, ainda, que seja legitimado extraordinariamente para discuti-la.

A consequência imediata de uma intervenção de terceiros em um processo é a modificação da conformação do processo já existente, seja em relação aos seus sujeitos, seja ao seu objeto. A alteração pode ser a ampliação subjetiva do processo, com o aumento do número de sujeitos dele inicialmente partícipes (caso, por exemplo, do chamamento ao processo e, com o Novo Código, do incidente de desconsideração da personalidade jurídica), pode ser a troca dos sujeitos do processo, como era o caso da nomeação à autoria, ou, ainda, pode ser a ampliação objetiva do processo, com o acréscimo de alguma nova questão a ser resolvida, o que se dá por exemplo com a denunciação da lide.

O Código de Processo Civil de 1939 previa três modalidades de intervenção de terceiros: a oposição, a nomeação à autoria e o chamamento à autoria. O Código de 1973 passou a denominar o chamamento à autoria de chamamento ao processo e acresceu às modalidades já previstas uma quarta, a denunciação da lide[2]. O Código de 2015 traz às intervenções de terceiros outras duas possibilidades: o incidente de desconsideração da personalidade jurídica e o *amicus curiae*, e retira das hipóteses formais de intervenção a oposição e a nomeação à autoria[3].

---

2   Além delas, a doutrina divergia, desde a elaboração do projeto de 1939, quanto a outras modalidades: os embargos de terceiro, o recurso de terceiro prejudicado e o concurso de credores (MILHOMENS, Jônatas, op.cit., p. 13 e14).

3   Todas essas alterações, ampliações e limitações no instituto da intervenção de terceiros ganham, ainda, com o Código de 2015, faceta mais ampla em decorrência da adoção do instituto do negócio processual, que deverá ter efeitos também no instituto da intervenção de terceiros, como se desenvolveu em: SANTOS, Marina França. Intervenção de terceiro negociada: possibilidade aberta pelo novo código de processo civil. In. Revista de Processo (Repro), n 241, mar.2015.

Cap. 2 • INTERVENÇÃO DE TERCEIROS NO NOVO CÓDIGO DE PROCESSO CIVIL
Marina França Santos

As modalidades já existentes na sistemática prevista pelo ordenamento processual de 1973 sofreram também alterações em seu regramento, seja aperfeiçoando a técnica legislativa, em alguns pontos duvidosa do Código anterior, seja acolhendo avanços construídos jurisprudencialmente em relação à matéria, seja, ainda, ampliando prazos e alterando procedimentos. O Novo Código estabelece, também, expressamente, o agravo de instrumento como o recurso cabível em face das decisões interlocutórias que versarem sobre admissão ou inadmissão de intervenção de terceiros (art. 1.015, IX, NCPC).

As intervenções de terceiros passam a constar, agora, de uma inédita Parte Geral do Novo Código, um conjunto de normas destinado à disciplina de institutos e de regras basilares do processo, que terão aplicabilidade sobre o processo de conhecimento, o cumprimento de sentença, o processo de execução, os processos nos tribunais e os meios de impugnação de decisões judiciais, entre os quais se incluem o regramento da jurisdição, da competência e dos atos e prazos processuais. Seu regramento, contido nos artigos 119 a 138 do NCPC, passa a ser agora analisado, centrando-se, especificamente, a análise, em pontuar suas mudanças em relação ao ordenamento processual anterior.

2. A ASSISTÊNCIA NO NOVO CÓDIGO DE PROCESSO CIVIL

A assistência, não incluída pelos dois Códigos anteriores explicitamente como modalidade de intervenção de terceiros, mas assim considerada pela maior parte da doutrina, passa a figurar, no CPC de 2015, lado a lado às demais modalidades interventivas. Trata-se de hipótese de intervenção fundada no interesse jurídico do assistente na vitória processual do assistido. Preocupa-se o terceiro com os efeitos que eventual decisão proferida no processo terá em sua esfera jurídica subjetiva, o que faz surgir, portanto, o seu interesse em atuar no sentido de colaborar com a formação da convicção do juízo em favor do assistido.

A disciplina da assistência passa a ser prevista no Novo Código em três seções do capítulo a ela reservado: as disposições comuns, a assistência simples e a assistência litisconsorcial, técnica legislativa muito mais favorável à disciplina do instituto (o CPC de 1973 não fazia qualquer divisão interna à modalidade), já que se evita a confusão entre as regras de uma e de outra formas de assistência. Particulariza-se, assim, a assistência litisconsorcial pela existência de relação jurídica entre o assistente e o adversário do assistido (hipótese de litisconsórcio unitário facultativo ulterior)[4] e a assistência simples pela relação

---

4   DIDIER JR., Fredie. Curso de Direito Processual Civil. Salvador: JusPodivm, 2008, v. 1, p. 333.

1061

NOVO CPC DOUTRINA SELECIONADA, v. 1 • Parte Geral

PARTE VIII – INTERVENÇÃO DE TERCEIROS

jurídica que possuem, entre si, assistente e assistido (hipótese de legitimidade extraordinária subordinada)[5].

Nesses termos, aplicam-se especificamente à assistência simples os dispositivos referentes à posição do assistente de substituto processual em caso de revelia do assistido ou de qualquer outra forma de omissão do assistido (art. 121, parágrafo único), as regras que condicionam a atuação do assistente aos atos de disposição de vontade por parte do assistido (art. 122) e a especificidade da coisa julgada relativa à justiça da decisão, excepcionadas as hipóteses de impedimento, por parte do assistente, de produção de provas relevantes ao processo, e de desconhecimento de alegações e provas não utilizadas dolosa ou culposamente pelo assistido (art. 123).

Vale registrar que o NCPC foi feliz ao corrigir a posição do assistente em caso de revelia ou de omissão do assistido, deixando de qualificar a sua atuação como gestor de negócios, figura estranha ao processo, e passando a reconhecer expressamente a figura da substituição processual. Esclareceu, ainda, no que concerne aos limites da atuação do assistente, a sua subordinação também à eventual renúncia do assistido ao direito sobre o que se funda a ação, condicionamento esse amplamente reconhecimento pela doutrina e jurisprudência, mas não explicitado no Código de 1973.

Ainda especificamente em relação ao assistente simples, deve ser destacado o acréscimo do Novo Código de que a atuação do assistente como substituto processual se dá em qualquer caso de omissão do assistido. Tal alteração vem encerrar polêmica jurisprudencial acerca da validade do recurso do assistente na hipótese de omissão do assistido em recorrer[6]. A discussão possuía, de um lado, defensores do não conhecimento do recurso, em razão da posição subordinada do assistente simples em relação à vontade do assistido e da pressuposição de que se o assistido não recorreu é porque não tem interesse na impugnação da decisão e, de outro, defensores da validade do recurso, que seria compatível com a posição de auxiliar do assistente e relevante, por exemplo, para evitar a preclusão de uma decisão desfavorável no caso de o assistido perder o prazo recursal. Com o Novo Código, fica adequadamente chancelada a segunda corrente[7], como elucidou Leonardo Cunha:

---

5   MOREIRA, José Carlos Barbosa. Apontamentos para um estudo sistemático da legitimação extraordinária. Revista dos Tribunais. São Paulo: RT, 1969, n. 404, p. 10-12.

6   Vide, entre outros, STJ, EREsp 1068391/PR, Rel. Ministro Humberto Martins, Rel. p/ Acórdão Ministra Maria Thereza De Assis Moura, Corte Especial, julgado em 29/08/2012, DJe 07/08/2013; STJ, AgRg no REsp n. 1.217.004/SC, Rel. Min. Antonio Carlos Ferreira, Quarta Turma, julgado em 28.08.2012, publicado no DJe de 04.09.2012; STJ, REsp n. 535.937/SP, Rel. Min. Humberto Martins, Segunda Turma, julgado em 26.09.2006, publicado no DJ de 10.10.2006; STJ, REsp n. 105.6127/RJ, Rel. Min. Mauro Campbell Marques, Segunda Turma, julgado em 19.08.2008, publicado no DJe de 16.09.2008.

7   Vale anotar que a admissão da atuação do assistente em caso de omissão do assistido não significa a autorização de que o faça a despeito de expressa manifestação de vontade contrária do assistido, como

Cap. 2 • INTERVENÇÃO DE TERCEIROS NO NOVO CÓDIGO DE PROCESSO CIVIL
Marina França Santos

Não é demais lembrar que o parágrafo único do art. 121 do projeto do novo CPC refere-se não somente à revelia, mas a outras omissões. Logo, se o assistido deixa de recorrer (e não importa sua vontade), o recurso do assistente evitará a preclusão.

Se, entretanto, o assistido expressamente tiver manifestado a vontade de não-recorrer, renunciando ao recurso ou desistindo do recurso já interposto, o recurso do assistente não poderá, efetivamente, ser conhecido, pois a atuação do assistente simples fica vinculada à manifestação de vontade do assistido (NCPC, art. 122). Nesse caso, houve efetivamente a prática de um ato processual (ou melhor, de um negócio jurídico processual): o assistido expressamente renunciou ou desistiu. A simples inércia ou omissão na interposição do recurso constitui situação diversa: aqui há um ato-fato, sendo irrelevante a vontade, não sendo adequado afirmar que houve contradição de vontades ou que se atentou contra a vontade do assistido[8].

Já ao assistente litisconsorcial, seja em caso de revelia seja de omissão do assistido, devem-se entender aplicáveis as regras do litisconsórcio unitário, não estando seus poderes e faculdades no processo condicionados à atuação do assistido. Submete-se o assistente litisconsorcial, ainda, ao regime geral da coisa julgada, isto é, aquela que se cinge apenas ao dispositivo da sentença (art. 503 e 504, NCPC) e cuja relativização é excepcional e dependente de ação de impugnação própria (art. 966 a 975, NCPC). Ressalta-se, nesse contexto, que, visando a este esclarecimento, o Código de 2015 previu exclusivamente na seção relativa à assistência simples o efeito da impossibilidade de discussão da justiça da decisão, deixando claro não ser aplicável à assistência litisconsorcial[9].

Dentre as alterações trazidas para ambas as modalidades está, de um lado, uma preocupação com a ampla defesa das partes, o que levou a uma ampliação do prazo para impugnação do assistente, de cinco para quinze dias

---

no caso de renúncia ao recurso ou desistência do recurso já interposto. O mesmo vale para outras formas de omissão voluntária, como a preclusão lógica, em decorrência de ação incompatível com conduta anterior.

8 CUNHA, Leonardo Carneiro da. A Assistência no Projeto do Novo Código Processo Civil Brasileiro. Novas Tendências do Processo Civil: Estudos sobre o projeto do novo Código de Processo Civil, Salvador: Editora Jus Podivm, vol. IV, 2014. [no prelo]

9 Como elucida Leonardo Carneiro da Cunha, "com isso, elimina-se o entendimento segundo o qual aquele enunciado normativo estaria a se referir às duas classes de intervenção. Desse modo, fica estabelecido que o assistente simples há de sofrer apenas influência da sentença, sujeitando-se ao efeito da intervenção, mas não à coisa julgada. Por sua vez, ao assistente litisconsorcial não se aplica o efeito da intervenção, mas sim o regime da coisa julgada, já que este é um litisconsorte unitário do assistido". (CUNHA, Leonardo Carneiro da. A Assistência no Projeto do Novo Código Processo Civil Brasileiro. Novas Tendências do Processo Civil: Estudos sobre o projeto do novo Código de Processo Civil, Salvador: Editora Jus Podivm, vol. IV, 2014. [no prelo]).

e, de outro, com a economia processual, eliminando a necessidade de desentranhamento da petição de impugnação e autuação em apartado para decisão da existência ou não de interesse jurídico na intervenção.

Finalmente, para tornar a disciplina processual mais clara e técnica, alterou-se a disposição legal contida no Código de Processo Civil de 1973 que não estabelecia qualquer causa impeditiva do deferimento da assistência caso não houvesse impugnação pelas partes dentro do prazo legal. O Novo CPC, ao instituir que o pedido de ingresso do assistente pode ser rejeitado liminarmente, positivou o entendimento, já admitido pela doutrina e jurisprudência, quanto ao poder do juiz de controlar o ingresso de terceiros no processo, negando a intervenção daquele cujo interesse não estiver qualificado pelo Direito, independentemente do requerimento das partes.

3. A DENUNCIAÇÃO DA LIDE NO NOVO CÓDIGO DE PROCESSO CIVIL

Seguindo a sequência estabelecida pelo Novo Código (que alterou a ordem de apresentação das modalidades em relação ao Código de 1973), passa-se à denunciação da lide, modalidade de intervenção em que terceiro é provocado a ingressar no processo por uma demanda de caráter regressivo e eventual. O instituto torna possível a autor e réu de um processo exercer uma ação incidental de garantia justificada em razão do litígio e da possibilidade de uma superveniente diminuição de seu patrimônio caso se torne vencido.

O denunciado é aquele que, na eventualidade de o denunciante não sair vitorioso do processo (demanda prejudicial em relação à instaurada pela intervenção), poderá, em razão de contrato ou de lei, ser condenado a ressarci-lo da perda decorrente do processo, resultando essa modalidade de intervenção em um fator de economia e de efetividade processual.

A denunciação amplia, desse modo, objetiva e subjetivamente, a demanda principal, figurando como uma "verdadeira ação de regresso eventual ajuizada pelo autor (quando propõe a ação) ou pelo réu (no prazo de defesa) contra terceiro que, por disposição de lei ou de contrato, tem responsabilidade de lhe assegurar determinado proveito econômico"[10].

Sintetizando as hipóteses em que se admite a denunciação da lide, o Novo Código passou a prever somente duas, no lugar das três anteriormente

---

10 BUENO, Cassio Scarpinella. A denunciação da lide e o art. 456 do novo código civil. In. ASSIS, Araken de; ALVIM, Eduardo Arruda; NERY JR., Nelson; MAZZEI, Rodrigo; WAMBIER, Teresa Arruda Alvim; ALVIM, Thereza (coord.). Direito civil e processo: estudos em homenagem ao Professor Arruda Alvim. São Paulo: Revista dos Tribunais, 2008, páginas 742-755, p. 743.

Cap. 2 • INTERVENÇÃO DE TERCEIROS NO NOVO CÓDIGO DE PROCESSO CIVIL
Marina França Santos

previstas: a denunciação para o exercício dos direitos decorrentes da evicção (ao alienante imediato, no processo relativo à coisa cujo domínio foi transferido ao denunciante – art. 125, I, NCPC) e as demais hipóteses de direito de regresso (àquele que estiver obrigado, por lei ou pelo contrato, a indenizar, em ação regressiva, o prejuízo de quem for vencido no processo – art. 125, II, NCPC).

Na verdade, simplificou acertadamente a nova lei, já que a hipótese anteriormente prevista (denunciação ao proprietário ou ao possuidor indireto quando, por força de obrigação ou direito, em casos como o do usufrutuário, do credor pignoratício, do locatário, o réu, citado em nome próprio, exerça a posse direta da coisa demandada), além de não tão frequente na prática a ponto de justificar essa especificação em separado, já está incluída na hipótese do direito de regresso, não podendo, portanto, ser considerado que o Novo Código reduziu as hipóteses de cabimento da denunciação da lide. Em outras palavras, deixa o NCPC de prever, isoladamente, a denunciação da lide ao proprietário ou ao possuidor indireto, por se tratar de hipótese que evidentemente já se encontra incluída na denunciação daquele obrigado a indenizar em ação regressiva[11].

Alteração digna de destaque, corrigindo disposição legal que causara muita polêmica na sistemática processual anterior, está o abandono do caráter de obrigatoriedade dessa forma de ação de garantia, tal como enunciava o *caput* do artigo 70 do CPC de 1973. O Novo Código troca o comando cogente ("a denunciação da lide é obrigatória") para simples faculdade ("é admissível a denunciação da lide"), indo ao encontro da jurisprudência hoje dominante no Superior Tribunal de Justiça[12] e eliminando, definitivamente, a condição de ônus desta modalidade interventiva, cuja grave consequência negativa consistiria na perda do direito de regresso por ação autônoma. A preocupação do Novo Código em sedimentar essa discussão ficou evidente. Para além da troca do comando, cuidou de expressamente constar que a propositura da ação autônoma para o alcance dos fins permitidos pela denunciação da lide é possível sempre que a intervenção for indeferida, deixar de ser promovida ou não for permitida. Em síntese, como firmado no enunciado n. 120 do Fórum Permanente de Processualistas Civis (FPPC): "A ausência de denunciação da lide gera apenas a preclusão do direito de a parte promovê-la, sendo possível ação autônoma de regresso".

---

11   MOREIRA, José Carlos Barbosa. Estudos sobre o Novo Código de Processo Civil. Rio de Janeiro: Líber Juris, 1974, p. 85.

12   Vide, entre vários: AgRg no AREsp 26.064/PR, Rel. Ministro Luis Felipe Salomão, Quarta Turma, julgado em 11/02/2014, DJe 17/02/2014; AgRg no REsp 1406741/RJ, Rel. Ministro Mauro Campbell Marques, Segunda Turma, julgado em 26/11/2013, DJe 04/12/2013, AgRg nos EDcl no RMS 37.989/DF, Rel. Ministro Sidnei Beneti, Terceira Turma, julgado em 28/05/2013, DJe 17/06/2013), REsp 528.551/SP, Rel. Ministro Carlos Alberto Menezes Direito, Terceira Turma, julgado em 09/12/2003, DJ 29/03/2004.

Consequência da assunção da condição de faculdade da denunciação da lide, o Novo Código estabelece como ônus do denunciante o pagamento das custas da demanda que provocou em face do denunciado quando não tiver havido necessidade de apreciação da intervenção de terceiros, isto é, na situação em que o denunciante reste vencedor da ação principal. Tendo em vista que a denunciação da lide sequer terá seu pedido examinado, houve por bem o Código acolher a jurisprudência do Superior Tribunal de Justiça[13] que fixa para o denunciante, pelo princípio da causalidade, o dever de pagar as verbas de sucumbência em favor do denunciado. A escolha legislativa, porém, penaliza o vencedor da demanda principal com ônus de vencido, muito embora seja possível que a ação de regresso tivesse sido julgada procedente, isto é, que tivesse o denunciante, em razão de lei ou contrato, o direito à garantia a ser prestada pelo denunciado, o que só não restou examinado por não ter sido necessário discutir indenização do denunciante naquela situação em concreto. A opção pela economia processual e pela efetividade do seu direito, por parte do denunciante, é, portanto, uma faca de dois gumes, já que pode levá-lo a ganhar e, ao mesmo tempo, a perder, em um processo em que não restou em nenhum momento efetivamente vencido.

Indo ao encontro do assumido propósito de simplificação das formas, o NCPC resolve também a dúvida quanto a se a denunciação por parte do réu deveria ser formulada em peças apartadas ou na própria contestação, imprecisão criada pelo texto legal anterior ao estabelecer que a citação do denunciado, se o denunciante fosse o réu, seria requerida "no prazo para contestar" (art. 71, CPC/1973). O Novo Código elucida definitivamente a questão, dispondo que a citação do denunciado será requerida pelo denunciante na própria contestação (art. 126, NCPC), assentando, pois, a desnecessidade de petição própria para a denunciação da lide. A citação do denunciado ganha um prazo mais elastecido de 30 dias para ser promovida (contra os 10 dias do Código anterior), para o caso de o denunciado residir na mesma comarca, chegando a 2 meses (contra 30 dias na sistemática anterior) na situação em que o denunciado residir em outra comarca/seção ou subseção judiciárias, ou, ainda, em lugar incerto.

Maior liberdade é dada ao denunciado e ao denunciante pelo NCPC para escolher a posição que ocupará no processo a partir da intervenção. No caso da denunciação feita pelo autor, a nova lei, ao contrário da anterior, ressalta ser mera faculdade do denunciado figurar como litisconsorte de seu denunciante

---

13 Vide, entre outros, AgRg no AREsp 205.725/SP, Rel. Ministro Paulo de Tarso Sanseverino, Terceira Turma, julgado em 04/12/2014, DJe 16/12/2014; REsp 54.444/SP, Rel. Ministro Sálvio de Figueiredo Teixeira, Quarta Turma, julgado em 18/10/1994, DJ 21/11/1994, REsp 36.135/RS, Rel. Ministro ALDIR PASSARINHO JUNIOR, QUARTA TURMA, julgado em 07/03/2002, DJ 15/04/2002.

Cap. 2 • INTERVENÇÃO DE TERCEIROS NO NOVO CÓDIGO DE PROCESSO CIVIL
Marina França Santos

("poderá" assumir e não "assumirá" essa posição como estatuiu o Código de 1973). Isto é, pode o denunciado atuar em defesa do denunciante na demanda principal ou se limitar à sua própria defesa em relação ao dever de indenizá-lo em garantia, refutando o direito regressivo ou a evicção. Já no caso da denunciação feita pelo réu, são duas as modificações merecedoras de registro: a primeira, na hipótese de revelia e, a segunda, em caso de confissão, por parte do denunciado, dos fatos alegados na ação principal. Em ambos os casos, o denunciante não é mais obrigado a prosseguir com sua defesa na ação contra ele proposta até o final do processo, como estabelecia a lei e defendia parte da doutrina (como asseverou Dinamarco: "quer o denunciado aceite a denunciação e responda à inicial, quer ele a recuse ou fique revel, sempre cumprirá ao denunciante prosseguir na defesa até o final – porque esse é um ônus de toda parte em qualquer processo").[14] O Novo Código, ao contrário, faculta ao denunciante que restrinja sua atuação à ação regressiva, ante o reconhecimento por parte do denunciado dos fatos contra o denunciante sustentados na ação principal ou ante o desinteresse do denunciado em se defender da ação de garantia que lhe é movida (hipótese em que, aliás, deve-se entender inexistir por parte do denunciado o dever de arcar com ônus da sucumbência - como consolidou o enunciado n. 122 do Fórum Permanente de Processualistas Civis (FPPC): "Vencido o denunciante na ação principal e não tendo havido resistência à denunciação da lide, não cabe a condenação do denunciado nas verbas de sucumbência").

Novidade também é a limitação da denunciação sucessiva a uma única possibilidade. A lei anterior dava margem para a ocorrência de uma cadeia de denunciações consecutivas (ao dispor que o denunciado deveria intimar do litígio o responsável pela indenização "e, assim, sucessivamente" – art. 73 do CPC de 1973). Nessa sistemática, cada denunciado ocuparia, ao mesmo tempo, a posição de réu em uma demanda de garantia e autor de outra, de modo a se garantir a reparação completa de todos aqueles que puderem sofrer indiretamente as consequências do resultado da ação principal. A medida tinha por finalidade a economia processual decorrente da concentração dos atos processuais e, especialmente, dos atos instrutórios de todas as ações que se relacionem direta ou indiretamente com a ação principal.[15]

O Novo Código optou, ao contrário, por priorizar o direito de acesso à justiça do adversário do denunciante, garantindo-lhe "o direito de obter em prazo razoável a solução integral do mérito" (art. 4º, NCPC) cuja apreciação levou ao Judiciário, evitando o atraso na concretização de seu direito em decorrência

---

14   DINAMARCO, Cândido Rangel. Instituições de Direito Processual Civil. São Paulo: Malheiros, 2009, p. 419.
15   GONÇALVES, Aroldo Plínio. Da denunciação da lide. 3. ed. Rio de Janeiro: Forense, 1998, pp. 294/299.

de litisdenunciações infindáveis. Não perde, porém, o denunciado, seguindo a *ratio legis* já exposta em relação à denunciação da lide de um modo geral, o direito de obter, em ação autônoma, a tutela do direito de regresso que teria em face de terceiro denunciado sucessivamente.

A denunciação *per saltum*, consistente na possibilidade de convocar ao processo não apenas o responsável imediato mas qualquer um dos anteriores, isto é, de instaurar um litígio a despeito de relação jurídica de direito material entre denunciante e denunciado, admitida, por disposição do art. 456 do Código Civil[16], no caso de evicção, também parece, pelas mesmas razões, ter sido afastada pelo NCPC. Passa-se a admitir, expressamente, que a denunciação sucessiva se dê apenas em face daquele que seja responsável por indenizá-lo ou que antecede imediatamente o denunciante na sequência dominial ("uma única denunciação sucessiva, promovida pelo denunciado, contra seu antecessor *imediato* na cadeia dominial" – art. 125 §2º, NCPC).

Por fim, o Novo Código passa a admitir, ainda, em medida elogiável, o cumprimento de sentença por parte do autor diretamente contra o denunciado (hipótese repudiada por parte da doutrina por se entender inexistir relação jurídica de direito material entre denunciado e adversário do denunciante[17]). A admissão da execução direta na denunciação da lide é um fator de efetividade do processo, por garantir a concretização mais célere do direito material violado, já que, como ensinado classicamente por Chiovenda, em lição que remanesce plenamente atual, "o processo deve dar o quanto é possível praticamente a quem tem um direito tudo aquilo e propriamente aquilo que ele tem direito de conseguir"[18]. A execução direta passa, assim, a ser considerada admissível em qualquer hipótese de denunciação da lide fundada na obrigação legal ou contratual de indenizar, em ação regressiva, o prejuízo do que for vencido no processo, tal como cuidou de explicitar o enunciado n. 121 do Fórum Permanente de Processualistas Civis (FPPC): "o cumprimento da sentença diretamente contra o denunciado é admissível em qualquer hipótese de denunciação da lide fundada no inciso II do art. 125".

---

16 Há, no entanto, divergências quanto a essa interpretação do art. 456 do Código Civil, como a posição de Alexandre Freitas Câmara, para quem o dispositivo da lei civil remeteu a definição quanto a essa possibilidade para as leis do processo e estas vedam a denunciação per saltum (CÂMARA, Alexandre Freitas. Lições de direito processual civil. 8. ed. Rio de Janeiro: Lumen Juris, 2002. v. I., pp. 203/204).

17 Entre eles: BEDAQUE, José Roberto dos Santos. Direito e processo – Influência do direito material sobre o processo. 2. ed. São Paulo: Malheiros, 1995, p. 91; DINAMARCO, Cândido Rangel, Intervenção de terceiros,. São Paulo: Malheiros, 2000. pp. 149/150. BUENO, Cassio Scarpinella. A denunciação da lide e o art. 456 do novo código civil. In. ASSIS, Araken de; ALVIM, Eduardo Arruda; NERY JR., Nelson; MAZZEI, Rodrigo; WAMBIER, Teresa Arruda Alvim; ALVIM, Thereza (coord.). Direito civil e processo: estudos em homenagem ao Professor Arruda Alvim. São Paulo: Revista dos Tribunais, 2008, páginas 742-755, p. 752.

18 "Il processo deve dare per quanto è possibile praticamente a chi ha un diritto tutto quello e proprio quello ch'égli ha diritto conseguire." (tradução livre). (CHIOVENDA, Giuseppe. Sagli di Diritto Processuale Civile. vol. I. Roma, 1930, p.110).

4. O CHAMAMENTO AO PROCESSO NO NOVO CÓDIGO DE PROCESSO CIVIL

Encerrando as modalidades de intervenção de terceiros mantidas pelo Novo Código em relação ao de 1973, está o instituto do chamamento ao processo, hipótese de intervenção que permanece como modalidade hábil à integração do polo passivo do processo, por parte do réu, garantindo-lhe título executivo em face dos demais codevedores, em caso de condenação contra si proferida.

O regramento do chamamento ao processo não sofreu maiores alterações na nova sistemática processual, mantendo-se as hipóteses restritas às obrigações solidárias e especificando-se, entre elas, o chamamento do afiançado (caso a fiança não tenha sido firmada com benefício de ordem) e dos demais fiadores pelo fiador réu. A única mudança ocorrida, seguindo o mesmo regramento dado à denunciação da lide (inclusive o mesmo dispositivo – art. 131, NCPC - é aplicável para ambos os institutos), foi a ampliação do prazo para a citação do chamado, que passou de dez para trinta dias quando residente na mesma comarca, e, se residir em outra comarca, seção ou subseção judiciárias, ou em lugar incerto, de trinta para sessenta dias.

5. NOVA MODALIDADE DE INTERVENÇÃO DE TERCEIROS: O INCIDENTE DE DESCONSIDERAÇÃO DA PERSONALIDADE JURÍDICA

Nova modalidade de intervenção de terceiros, o incidente de desconsideração da personalidade jurídica vem resolver dúvidas frequentemente suscitadas quanto à forma de se acessar os bens dos sócios, ou da própria pessoa jurídica (desconsideração da personalidade jurídica inversa), com vistas a se evitar a fraude, o abuso de direito e a confusão patrimonial, que impedem a concretização do direito dos credores.

A disciplina fixada resolve a discussão decorrente da ausência de lei que disciplinasse o procedimento da desconsideração, o que divide a jurisprudência entre entendimentos que consideravam depender a desconsideração da pessoa jurídica de ação autônoma, a oportunizar, aprofundadamente, o direito ao contraditório e à ampla defesa dos sócios ou da pessoa jurídica e aqueles que, de outro lado, entendiam que o pedido de desconsideração podia ser deferido independente da propositura de ação autônoma que se destinasse exclusivamente ao reconhecimento da responsabilidade do terceiro. Entre os que dispensavam a ação autônoma, polêmica remanescia, ainda, entre a possibilidade de formulação e resolução do pedido na própria execução como uma questão incidental ao processo ou a necessidade de instauração de incidente processual cognitivo para a verificação da presença dos pressupostos legais autorizadores da desconsideração, com atendimento do pleno contraditório e ampla defesa.

Inicialmente, deve-se registrar que o Novo Código, ao contrário do que vinha sendo pautado em seu projeto, adequadamente, optou por não dispor sobre os pressupostos da desconsideração da personalidade jurídica, deixando-os para a disciplina do direito material, de acordo com a especificidade de cada ramo do direito. Hoje, este regramento consta, entre outros, do Código Civil, do Código Tributário Nacional, do Código de Defesa do Consumidor e da Lei n. 9.605/1998, cada um desses diplomas dispondo de forma distinta quanto aos requisitos necessários à utilização do incidente:

> Art. 50. Em caso de abuso da personalidade jurídica, caracterizado pelo desvio de finalidade, ou pela confusão patrimonial, pode o juiz decidir, a requerimento da parte, ou do Ministério Público quando lhe couber intervir no processo, que os efeitos de certas e determinadas relações de obrigações sejam estendidos aos bens particulares dos administradores ou sócios da pessoa jurídica. [Código Civil]

> Art. 135. São pessoalmente responsáveis pelos créditos correspondentes a obrigações tributárias resultantes de atos praticados com excesso de poderes ou infração de lei, contrato social ou estatutos: I - as pessoas referidas no artigo anterior; [que inclui os pais, pelos tributos devidos por seus filhos menores; os tutores e curadores, pelos tributos devidos por seus tutelados ou curatelados; os administradores de bens de terceiros, pelos tributos devidos por estes; o inventariante, pelos tributos devidos pelo espólio; o síndico e o comissário, pelos tributos devidos pela massa falida ou pelo concordatário; os tabeliães, escrivães e demais serventuários de ofício, pelos tributos devidos sobre os atos praticados por eles, ou perante eles, em razão do seu ofício; os sócios, no caso de liquidação de sociedade de pessoas]; II - os mandatários, prepostos e empregados; III - os diretores, gerentes ou representantes de pessoas jurídicas de direito privado. [Código Tributário Nacional]

> Art. 28. O juiz poderá desconsiderar a personalidade jurídica da sociedade quando, em detrimento do consumidor, houver abuso de direito, excesso de poder, infração da lei, fato ou ato ilícito ou violação dos estatutos ou contrato social. A desconsideração também será efetivada quando houver falência, estado de insolvência, encerramento ou inatividade da pessoa jurídica provocados por má administração. [Código de Defesa do Consumidor]

> Art. 4º Poderá ser desconsiderada a pessoa jurídica sempre que sua personalidade for obstáculo ao ressarcimento de prejuízos causados à qualidade do meio ambiente. [Lei n. 9.605/1998]

O incidente de desconsideração da personalidade jurídica poderá ser instaurado, em qualquer fase do processo de conhecimento, no cumprimento de

Cap. 2 • INTERVENÇÃO DE TERCEIROS NO NOVO CÓDIGO DE PROCESSO CIVIL
Marina França Santos

sentença e na execução fundada em título executivo extrajudicial (sendo também admitido, diferentemente das demais hipóteses de intervenção de terceiros – como expressamente prescreve o art. 10 da Lei 9.099/1995 - nos processos de competência dos juizados especiais - art. 1.062, NCPC). Para a instauração do incidente é necessário que haja pedido da parte ou do Ministério Público (vale anotar que no incidente de desconsideração da personalidade jurídica é desnecessária, porém, a intervenção do Ministério Público, como fiscal da ordem jurídica, salvo nos casos em que deva intervir obrigatoriamente - enunciado n. 123 do Fórum Permanente de Processualistas Civis (FPPC)). A instauração deve ser imediatamente comunicada ao distribuidor para as anotações devidas dando assim publicidade a terceiros.

Se a desconsideração da personalidade jurídica for requerida na inicial, o juiz já determinará a um só tempo a citação dos sócios ou da pessoa jurídica para integrarem o polo passivo da ação, hipótese em que não será necessária a instauração de um incidente específico e em que se formará litisconsórcio passivo facultativo ("Há litisconsórcio passivo facultativo quando requerida a desconsideração da personalidade jurídica, juntamente com outro pedido formulado na petição inicial ou incidentemente no processo em curso" - enunciado n. 125 do Fórum Permanente de Processualistas Civis (FPPC)). Nesse caso, incumbe ao sócio ou à pessoa jurídica, já na contestação, impugnar tanto a própria desconsideração quanto os demais pontos da causa (enunciado n. 248 do Fórum Permanente de Processualistas Civis (FPPC)).

A instauração do incidente, caso em que o requerimento da desconsideração se der em qualquer momento posterior à propositura da ação, suspende o processo, ensejando a citação dos sócios ou da pessoa jurídica para manifestar-se em 15 dias. Incumbe ao próprio juiz da causa decidir o incidente, por meio de decisão interlocutória, recorrível por agravo de instrumento (art. 1.015, NCPC), ou ao relator quando o incidente for instaurado originariamente perante o tribunal (art. 932, NCPC), cabendo, nesse caso, agravo interno (parágrafo único do art. 136, NCPC).

A consequência do deferimento do pedido de desconsideração é a ineficácia, em relação ao requerente, da alienação ou oneração de bens havida em fraude de execução. Tal alienação/oneração é considerada fraude à execução, nos casos de desconsideração da personalidade jurídica, segundo o Novo Código, a partir da citação da parte cuja personalidade se pretende desconsiderar (art. 792, § 3º, NCPC). A previsão suscita problemas já que, tendo sido requerida a desconsideração apenas na fase de cumprimento de sentença, é possível que, entre a citação do réu (devedor) e a do terceiro (responsável) tenham decorrido anos. Isto é, admite-se que a fraude tenha como termo inicial um período muito anterior ao da ciência do terceiro quanto à desconsideração.

A situação, que parece razoável no caso de efetiva fraude, incompatibiliza-se, porém, com as hipóteses de responsabilização fundadas na teoria menor da desconsideração da personalidade jurídica[19] em que não é pressuposto da desconsideração a ocorrência de fraude.

A inclusão da desconsideração da personalidade jurídica como modalidade interventiva dispensa, portanto, definitivamente, a necessidade de ajuizamento de ação autônoma para esse fim, sem, no entanto, recusar o pleno direito ao contraditório e à ampla defesa por parte dos terceiros, resolvendo, assim, de modo satisfatório, e também no sentido da jurisprudência pátria, a ponderação entre o direito dos credores e a autonomia das pessoas jurídicas.

6. NOVA MODALIDADE DE INTERVENÇÃO DE TERCEIRO: O AMICUS CURIAE

A doutrina sempre divergiu acerca da natureza jurídica do *amicus curiae*. Aqueles que o reconheciam como espécie de intervenção de terceiros eram contraditados com o argumento de que a finalidade da atuação do *amicus curiae* em nada se parecia com as demais formas de intervenção, voltadas para o auxílio de uma das partes ou para a defesa de interesse próprio, além de não sofrer o *amicus curiae* os efeitos da coisa julgada do processo em que intervém. Outros defendiam que a posição do amigo da Corte se identificava à de auxiliar da justiça, dada a sua condição de sujeito imparcial, a detenção de deveres típicos de agentes públicos e o dimensionamento de seus poderes a partir dos serviços que prestam. Ainda outros autores associaram a posição do *amicus curiae* à de perito do juízo, responsável por assistir e ajudar à formação da convicção judicial a partir do aporte de informações técnicas.

A discussão resta finalmente encerrada com o Novo CPC naquela que é, certamente, a maior inovação na matéria, a previsão do *amicus curiae* como modalidade de intervenção de terceiros[20], passando a ser admitido genericamente nos processos judiciais, em mais um passo importante no sentido da democratização do processo e do reconhecimento de que a interpretação do direito deve se dar em um procedimento aberto[21] e criativo.

---

19 Segundo a teoria menor da desconsideração da personalidade jurídica, basta, para atingir os bens dos sócios, a prova de insolvência da pessoa jurídica para o pagamento de suas obrigações, independentemente da existência de desvio de finalidade ou de confusão patrimonial. Tal teoria tem como justificativa a maior situação de vulnerabilidade de alguns credores, caso das relações de consumo ou o sublinhado interesse social no cumprimento de determinadas obrigações, caso da Lei n. 9.605/98.

20 Alguns autores já consideravam o amicus curiae como espécie de intervenção de terceiros. Vide CABRAL, Antônio do Passo. Pelas Asas de Hermes: a intervenção do amicus curiae, um terceiro especial. Uma análise dos institutos interventivos similares – O amicus e o Vertreter dês offenlichen Interesses. Revista de Processo, 117, ano 29, set-out, 2004, p.9-41, p. 17.

21 HÄBERLE, Peter. Hermenêutica Constitucional – a Sociedade Aberta dos Intérpretes da Constituição: Constituição para e Procedimental da Constituição. Tradução de Gilmar Ferreira Mendes. Porto Alegre: Sérgio Antônio Fabris editor, 1997, p. 30 e 31.

Cap. 2 • INTERVENÇÃO DE TERCEIROS NO NOVO CÓDIGO DE PROCESSO CIVIL
Marina França Santos

O surgimento do *amicus curiae* no direito brasileiro tem inspiração estadunidense e seu marco inicial pode ser considerado a previsão, feita pela Lei nº 6.385/76, de atuação da Comissão de Valores Mobiliários em processos de seu interesse, admitindo-se dela a contribuição por meio de pareceres ou prestando esclarecimentos. Em seguida, a Lei nº 8.884/94 trouxe previsão semelhante para processos que envolviam o direito de concorrência, admitindo o Conselho Administrativo de Defesa Econômica em posição análoga. Em 1999, com a regulamentação do controle concentrado de constitucionalidade pelas leis nº 9.868 e 9.882, ocorre uma expansão da figura do *amicus curiae*, que passa a não ser previamente restrita a determinado órgão e a não depender de prévia provocação do juízo[2223], alteração que· foi acolhida pelas demais hipóteses sucessivamente admitidas no processo brasileiro[24], sempre, contudo, em órgãos colegiados.

O reconhecimento do amigo da Corte como terceiro interveniente no processo pelo Novo Código significa uma opção pela expansão da possibilidade de atuação de terceiros no processo civil brasileiro[25]. Passa-se a admitir, expressamente, a manifestação de pessoa natural ou jurídica por requerimento das partes, determinação judicial ou espontaneamente, em qualquer processo individual ou coletivo e em qualquer instância, solução que vai claramente ao encontro de uma mitigação do "déficit democrático da atuação do Judiciário brasileiro"[26].

Com efeito, a efetividade do processo, diretriz imprescindível do processo civil e agora ressaltada por sua positivação no Novo Código, indica a necessidade de uma jurisdição sempre compromissada com a melhor composição do litígio, que atinja decisões justas e demonstre o potencial de atuar, em tempo

---

22 Assim dispôs o texto legal: "Art. 70 Não se admitirá intervenção de terceiros no processo de ação direta de inconstitucionalidade. (...) § 20 O relator, considerando a relevância da matéria e a representatividade dos postulantes, poderá, por despacho irrecorrível, admitir, observado o prazo fixado no parágrafo anterior, a manifestação de outros órgãos ou entidades". (Lei nº 9.868/1999).

23 Como analisou Fredie Didier Júnior: "Com a edição das leis que regulamentam os processos de controle concentrado de constitucionalidade, a intervenção do amicus curiae aprimorou-se: não mais se identifica previamente quem deva ser o auxiliar (que pode ser qualquer um, pessoa física ou jurídica, desde que tenha representatividade e possa contribuir para a solução da causa) e se permite a intervenção espontânea do amicus curiae – até então a intervenção era sempre provocada" (DIDIER JÚNIOR, Fredie. Curso de Direito Processual Civil. Salvador: JusPodivm, 2008, p. 380).

24 Como o art. 543-A, §6º, incluído no CPC de 1973 pela Lei nº 11.418, de 2006, quanto à análise da repercussão geral em recurso extraordinário, o art. 543-C, § 4º, incluído no CPC pela Lei nº 11.672, de 2008, relativo à análise de recurso especial repetitivo e a Lei nº 11.417/06 para o procedimento de edição, revisão ou cancelamento de enunciado da súmula vinculante.

25 Por não haver qualquer incompatibilidade, deve-se entender que a intervenção do amicus curiae é cabível no mandado de segurança (enunciado n. 249 do Fórum Permanente de Processualistas Civis (FPPC)) e no processo trabalhista (enunciado n. 250 do Fórum Permanente de Processualistas Civis (FPPC)).

26 BUENO, Cássio Scarpinella. Quatro perguntas e quatro respostas sobre o amicus curiae. Revista Nacional da Magistratura. Ano II, n. 5. Brasília: Escola Nacional da Magistratura/Associação dos Magistrados Brasileiros, maio de 2008, p. 137.

razoável, eficaz e concretamente, no plano dos fatos. As garantias constitucionais do devido processo legal e constitucional conjugam-se, pois, para transformar o processo em estrutura de colaboração e cooperação no exercício da Jurisdição, transformando a atuação dos sujeitos processuais em uma dialética necessária à boa qualidade da prestação jurisdicional e ao atingimento da justiça. Nesses termos, a abertura do processo à atuação do *amicus curiae* vai ao encontro dos objetivos fundamentais do processo, aduzindo à construção do provimento perspectivas e argumentos que permitam a busca por meios de tutela mais adequados ao objeto da demanda, por condições mais favoráveis à reconstituição dos fatos tidos por relevantes e pela melhor forma de se garantir a eficácia da decisão a quem tem direito.

Por esta razão, deve-se anotar que o magistrado, em todo processo em que intervir o *amicus curiae*, deve guardar, em relação a ele, os mesmos deveres quanto ao contraditório que possui em face das partes do processo. É dever do juiz, portanto, enfrentar todos os argumentos deduzidos no processo pelos amigos da Corte capazes de, em tese, infirmar a conclusão adotada pelo julgador (enunciado n. 128 do Fórum Permanente de Processualistas Civis (FPPC): "No processo em que há intervenção do amicus curiae, a decisão deve enfrentar as alegações por ele apresentadas, nos termos do inciso IV do § 1º do art. 499" [leia-se: art. 489 no NCPC]). Isto é, não é possível admitir que a participação do *amicus curiae* no processo seja tida como mera figuração ou como apoio de argumentos para a decisão já tomada pelo juiz, desprezando-se as alegações naquilo que forem incompatíveis com a decisão proferida. O *amicus curiae*, ao contrário, passa a integrar efetivamente o contraditório e suas contribuições serão, assim, de interesse público e de apreciação vinculante na formação do provimento jurisdicional.

Os poderes do *amicus curiae* serão definidos pelo juiz ou relator na decisão que o solicitar ou admitir. Vale lembrar, porém, com Fredie Didier Júnior, que o *amicus curiae* não se confunde com a figura de um perito[27], razão pela qual se espera que os poderes de atuação a ele conferidos não sejam tais que cinjam a sua atuação à mera produção de prova para a convicção do juízo. O potencial da intervenção do amigo da Corte vai, como visto, muito além disso, expandindo-se para a função de verdadeiro partícipe na tarefa de reconhecimento e concretização do direito.

O Novo Código limitou a participação do *amicus curiae*, porém, a processos que discutam matéria relevante, possuam tema específico ou gerem repercussão social, exigindo-se, em relação a ele, uma adequada representatividade

---

27 DIDIER JÚNIOR, Fredie. Curso de Direto Processual Civil. Teoria geral do processo e processo de conhecimento. Volume 1. Salvador: Editora Podivm, 2010, p. 406.

Cap. 2 • INTERVENÇÃO DE TERCEIROS NO NOVO CÓDIGO DE PROCESSO CIVIL
Marina França Santos

para manifestar-se sobre a questão em litígio. Registra o Novo CPC, ainda, que a intervenção do *amicus curiae* não gera alteração de competência e não está ele autorizado à interposição de recursos, ressalvados os embargos de declaração e o recurso da decisão que julgar o incidente de resolução de demandas repetitivas.

7. MODALIDADES DE INTERVENÇÃO DE TERCEIROS QUE DEIXAM DE EXISTIR NO NOVO CÓDIGO DE PROCESSO CIVIL

Desaparecem, das hipóteses formais de intervenção de terceiro hoje conhecidas, a oposição e a nomeação à autoria. A mudança não significa, no entanto, que tais formas de ingresso de terceiro tenham sido completamente excluídas da sistemática processual brasileira. Na verdade, o que houve foi uma alteração de sua natureza jurídica e a modificação de algumas regras procedimentais.

Àquele que pretender a coisa ou o direito sobre que controvertem autor e réu passa a ser unicamente facultada a propositura de ação autônoma, que permanece denominada "oposição", prevista agora no título dos procedimentos especiais (arts. 682 a 686, NCPC).

A disciplina da oposição não foi alterada em relação à manutenção da distribuição por dependência, à citação dos opostos na pessoa de seus advogados e ao prazo comum de 15 dias para contestação. Mudança ocorre, porém, quanto ao processamento da oposição, que agora deverá acompanhar a ação principal, tramitando simultaneamente a ela em autos apensados. Diferente do Código de 1973, que limitava essa tramitação e julgamento conjuntos ao oferecimento da oposição antes da audiência de instrução e julgamento - com a possibilidade de, oferecida após esse momento, ser sobrestada a ação principal por prazo nunca superior a 90 dias, a fim de tentar o julgamento conjunto – a determinação agora é o processamento simultâneo. Se a oposição for proposta após o início da audiência, o processo principal deve ser suspenso após o fim da instrução para que a oposição o acompanhe. Caso a unidade da instrução conjunta seja mais benéfica, a suspensão será imediata.

Já ao que foi indevidamente levado ao polo passivo de um processo, foi estabelecido o poder-dever do réu de indicar, na preliminar da contestação, sempre que tiver conhecimento, o verdadeiro sujeito passivo da relação discutida (art. 339, NCPC). Tendo conhecimento do verdadeiro legitimado passivo e não cumprindo o dever de indicá-lo ao autor, surge para o réu responsabilidade subjetiva (enunciado nº 44 do Fórum Permanente de Processualistas Civis (FPPC)) de arcar com as despesas processuais e de indenizar o autor pelos prejuízos decorrentes de sua omissão.

Ao autor surge o ônus de, no prazo de quinze dias destinado à sua manifestação sobre a contestação ou sobre a alegação de ilegitimidade do réu (enunciado nº 152 do Fórum Permanente de Processualistas Civis (FPPC)), proceder, também no prazo de 15 dias, caso aceite a indicação feita, à alteração da petição inicial para a substituição do réu ou para incluir, como litisconsorte passivo, o sujeito por ele indicado.

A solução tem a vantagem de ampliar as hipóteses de correção do polo passivo previstas pelo instituto da nomeação à autoria, que se restringia à hipótese do detentor da coisa em nome alheio que é demandado em nome próprio (art. 62 do CPC de 1973)[28]. A nova possibilidade trazida pelo NCPC permite que, independentemente do direito discutido no processo, o réu que alegue a sua ilegitimidade na contestação seja substituído pelo autor. O dispositivo, como consolidado no enunciado nº 42 do Fórum Permanente de Processualistas Civis (FPPC), aplica-se a qualquer tipo de procedimento, mesmo aqueles "que não admitem intervenção de terceiros, bem como aos juizados especiais cíveis, pois se trata de mecanismo saneador, que excepciona a estabilização do processo".

A regra concretiza o princípio da duração razoável do processo e o da eficiência processual, aproveitando ao máximo os atos praticado (realizada a substituição, é dever do autor o pagamento das despesas processuais e dos honorários sucumbenciais em relação ao réu excluído).

A mudança procedimental, ao evitar a extinção do processo sem resolução do mérito por ilegitimidade *ad causam*, vem ao encontro de toda a teleologia do Novo Código, no sentido da simplificação dos procedimentos, da economia processual e da efetividade do processo.

8. BIBLIOGRAFIA

BEDAQUE, José Roberto dos Santos. Direito e Processo. Influência do direito material sobre o processo. São Paulo: Malheiros Editores, 2003.

_____. Efetividade do Processo e Técnica Processual. São Paulo: Malheiros, 2007.

BUENO, Cassio Scarpinella. A denunciação da lide e o art. 456 do novo código civil. In. ASSIS, Araken de; ALVIM, Eduardo Arruda; NERY JR., Nelson; MAZZEI, Rodrigo; WAMBIER, Teresa Arruda Alvim; ALVIM, Thereza (coord.). Direito civil e processo: estudos em

---

28   Já que a hipótese do art. 63 do CPC de 1973, concernente a ações de indenização intentadas pelo proprietário ou pelo titular de um direito sobre a coisa, quando o responsável pelos prejuízos alegar que praticou o ato por ordem, ou em cumprimento de instruções de terceiro, era – e assim permanece sendo – mais apropriadamente inserida no chamamento ao processo (CUNHA, Leonardo Carneiro da. A Assistência no Projeto do Novo Código Processo Civil Brasileiro. Novas Tendências do Processo Civil: Estudos sobre o projeto do novo Código de Processo Civil, Salvador: Editora Jus Podivm, vol. IV, 2014).

Cap. 2 • INTERVENÇÃO DE TERCEIROS NO NOVO CÓDIGO DE PROCESSO CIVIL
Marina França Santos

homenagem ao Professor Arruda Alvim. São Paulo: Revista dos Tribunais, 2008, páginas 742-755,

_____. *Amicus curiae* no Processo Civil Brasileiro: Um Terceiro Enigmático. São Paulo: Saraiva, 2006.

_____. Quatro perguntas e quatro respostas sobre o *amicus curiae*. Revista Nacional da Magistratura. Ano II, n. 5. Brasília: Escola Nacional da Magistratura/Associação dos Magistrados Brasileiros, maio de 2008, p. 137.

CABRAL, Antônio do Passo. Pelas Asas de Hermes: a intervenção do *amicus curiae*, um terceiro especial. Uma análise dos institutos interventivos similares – O *amicus* e o *Vertreter* dês offenlichen Interesses. Revista de Processo, 117, ano 29, set-out, São Paulo: Ed. RT, 2004, p.9-41.

CÂMARA, Alexandre Freitas. *Lições de direito processual civil*. 8. ed. Rio de Janeiro: Lumen Juris, 2002. v. I., pp. 203/204

CARNEIRO, Athos Gusmão. Intervenção de Terceiros. 10. Ed. São Paulo, Saraiva, 1.998

CINTRA, Antônio Carlos de Araújo; GRINOVER, Ada Pellegrini Grinover; DINAMARCO, Cândido Rangel. Teoria Geral do Processo. São Paulo: Malheiros, 2006.

CHIOVENDA, Giuseppe. Sagli di Diritto Processuale Civile. Roma: Foro Italiano, 1930, vol. 1.

CUNHA, Leonardo Carneiro da. A Assistência no Projeto do Novo Código Processo Civil Brasileiro. Novas Tendências do Processo Civil: Estudos sobre o projeto do novo Código de Processo Civil, Salvador: Editora Jus Podivm, vol. IV, 2014. [no prelo]

DIDIER JÚNIOR, Fredie. Curso de Direito Processual Civil. Salvador: JusPodivm, 2010.

DINAMARCO, Cândido Rangel. A instrumentalidade do processo. São Paulo: Malheiros, 2009.

_____. Instituições de Direito Processual Civil. São Paulo: Malheiros, 2009.

_____. Intervenção de Terceiros. São Paulo: Malheiros,1997.

GONÇALVES, Aroldo Plínio. Técnica Processual e Teoria do Processo. Rio de Janeiro: AIDE, 1992.

_____. Da denunciação da lide. 3. ed. Rio de Janeiro: Forense, 1998, pp. 294/299

GRINOVER, Ada Pelegrini. O processo constitucional em marcha: contraditório e ampla defesa em cem julgados do Tribunal de Alçada Criminal de São Paulo. São Paulo: Max Limonad, 1985.

HÄBERLE, Peter. Hermenêutica Constitucional – a Sociedade Aberta dos Intérpretes da Constituição: Constituição para e Procedimental da Constituição. Tradução de Gilmar Ferreira Mendes. Porto Alegre: Sérgio Antônio Fabris editor, 1997.

MARINONI, Luiz Guilherme. Curso de Processo Civil: Teoria Geral do Processo. São Paulo: Revista dos Tribunais, vol.1, 2010.

MILHOMENS, Jônatas. Da intervenção de terceiros. Rio de Janeiro: Forense, 1985.

NOVO CPC DOUTRINA SELECIONADA, v. 1 • Parte Geral

PARTE VIII – INTERVENÇÃO DE TERCEIROS

MOREIRA, José Carlos Barbosa. Apontamentos para um estudo sistemático da legitimação extraordinária. *Revista dos Tribunais*. São Paulo: RT, 1969, n. 404, p. 10-12.

_____. Estudos sobre o Novo Código de Processo Civil. Rio de Janeiro: Líber Juris, 1974.

_____. O futuro da Justiça: alguns mitos. Temas de direito processual: oitava série. São Paulo: Saraiva, 2004.

MULLER, Júlio Guilherme. Acordo Processual e Gestão Compartilhada do Procedimento. In.: Novas Tendências do Processo Civil: Estudos sobre o projeto do novo Código de Processo Civil,Salvador: Editora Jus Podivm, vol. III, 2014, p. 147-160.

NUNES, Dierle José Coelho. Processo jurisdicional democrático: uma análise crítica das reformas processuais. Curitiba: Juruá, 2008.

_____; THEODORO JÚNIOR, Humberto. Uma dimensão que urge reconhecer ao contraditório no direito brasileiro: sua aplicação como garantia de influência, de não surpresa e de aproveitamento da atividade processual. Revista de Processo, São Paulo, v.34, n.168, p. 107-141, fev. 2009.

O'DONNELL, Guillermo. Democracia, agência e estado. Teoria com intenção comparativa. São Paulo: Paz e Terra, 2011.

SANTOS, Marina França. A garantia do duplo grau de jurisdição. Belo Horizonte: Editora Del Rey, 2012.

SANTOS, Marina França. Intervenção de terceiro negociada: possibilidade aberta pelo novo código de processo civil. In Revista de Processo (Repro), n 241, mar.2015.

CAPÍTULO 3

A assistência no Novo Código de Processo Civil Brasileiro

Leonardo Carneiro da Cunha[1]

SUMÁRIO: 1. AS INTERVENÇÕES DE TERCEIRO NO NOVO CPC; 2. ASSISTÊNCIA NO NOVO CPC; 3. ASSISTÊN-CIA TÍPICA E INTERVENÇÃO DE TERCEIRO NEGOCIADA; 4. PODERES DO ASSISTENTE SIMPLES; 5. INTER-VENÇÃO DO COLEGITIMADO; 6. ASSISTÊNCIA PROVOCADA; 7. CONCLUSÕES.

1. AS INTERVENÇÕES DE TERCEIRO NO NOVO CPC

O Código de Processo Civil brasileiro de 1973 disciplina a intervenção de terceiros em capítulo próprio, compreendendo os arts. 56 a 80. Em tal capítulo, não há previsão da assistência. Na verdade, a assistência, no CPC/1973, está prevista nos arts. 50 a 55, em capítulo separado daquele dedicado à intervenção de terceiros. A assistência é regulada em capítulo próprio, juntamente com o litisconsórcio.

O novo Código de Processo Civil brasileiro, diferentemente do CPC/1973, contém uma parte geral em que se reúnem as disposições comuns aplicáveis à generalidade dos processos. E é na parte geral que se encontram as normas concernentes à intervenção de terceiros.

Além de tratar das intervenções de terceiro na parte geral, o novo CPC promove importantes modificações, supressões e acréscimos que merecem destaque.

As intervenções de terceiro disciplinadas no CPC/1973 são a oposição, a nomeação à autoria, a denunciação da lide e o chamamento ao processo. A assistência, embora integre outro capítulo, é considerada por maior parte da doutrina como uma intervenção de terceiro.

---

1. Mestre em Direito pela UFPE. Doutor em Direito pela PUC/SP. Pós-doutorado pela Universidade de Lisboa. Professor adjunto da Faculdade de Direito do Recife (UFPE), nos cursos de graduação, mestrado e doutorado. Membro do Instituto Iberoamericano de Direito Processual, do Instituto Brasileiro de Direito Processual e da Associação Norte e Nordeste de Professores de Processo. Procurador do Estado de Pernambuco e advogado. *www.leonardocarneirodacunha.com.br*

NOVO CPC DOUTRINA SELECIONADA, v. 1 • Parte Geral
PARTE VIII – INTERVENÇÃO DE TERCEIROS

Registre-se que a oposição, no novo CPC, deixou de ser formalmente uma intervenção de terceiro, passando ser um procedimento especial regulado nos arts. 682 a 686, com as mesmas regras que a disciplinam no CPC/1973.

No CPC/1973, a nomeação à autoria, na hipótese prevista no seu art. 62[2], tem clara finalidade de corrigir a ilegitimidade passiva *ad causam*[3]. A possibilidade dessa correção excepciona a regra geral segundo a qual a ilegitimidade *ad causam* acarreta a extinção do processo sem resolução do mérito, independentemente de provocação. Com isso, a nomeação à autoria provoca a substituição de um réu por outro, excepcionando a regra da estabilização subjetiva da demanda prevista no art. 264[4] do CPC/1973, em razão da qual não podem, depois da citação, ser alteradas as partes.

Já o art. 63[5] do CPC/1973 refere-se à nomeação à autoria feita pelo réu originário, que é parte legítima (por ser responsável pelo dano que causou), a um outro corresponsável, que *também* é parte legítima. A hipótese é, na verdade, de chamamento ao processo, embora esteja prevista como de nomeação à autoria.

O novo CPC não prevê a nomeação à autoria. A hipótese prevista no art. 63 do CPC/1973 passa, então, a ser uma hipótese de chamamento ao processo, em que um responsável indica outro corresponsável, formando-se aí um litisconsórcio passivo facultativo ulterior. Por sua vez, a hipótese do art. 62 generaliza-se: em qualquer caso, quando o réu alegar ilegitimidade passiva *ad causam*, poderá ser corrigido o defeito. Qualquer que seja o direito invocado, se o réu alegar, na contestação, ser parte ilegítima, o autor poderá alterar a petição inicial para modificar o réu[6]. A regra concretiza o princípio da duração razoável do processo e o da eficiência processual, aproveitando ao máximo os atos praticados.

Ao alegar sua ilegitimidade, deve o réu indicar quem detém legitimidade, em observância aos princípios da boa-fé processual e da cooperação. O autor

---

2. "Art. 62. Aquele que detiver a coisa em nome alheio, sendo-lhe demandada em nome próprio, deverá nomear à autoria o proprietário ou o possuidor".
3. ROCHA, José de Albuquerque. *Nomeação à autoria*. São Paulo: Saraiva, 1983, p. 11; MOREIRA, José Carlos Barbosa. *Estudos sobre o novo Código de Processo Civil*. Rio de Janeiro: Liber Juris, 1974, p. 81.
4. "Art. 264. Feita a citação, é defeso ao autor modificar o pedido ou a causa de pedir, sem o consentimento do réu, mantendo-se as mesmas partes, salvo as substituições permitidas por lei."
5. "Art. 63. Aplica-se também o disposto no artigo antecedente à ação de indenização, intentada pelo proprietário ou pelo titular de um direito sobre a coisa, toda vez que o responsável pelos prejuízos alegar que praticou o ato por ordem, ou em cumprimento de instruções de terceiro".
6. "Art. 338. Alegando o réu, na contestação, ser parte ilegítima ou não ser o responsável pelo prejuízo invocado, o juiz facultará ao autor, em quinze dias, a alteração da petição inicial para substituição do réu. Parágrafo único. Realizada a substituição, o autor reembolsará as despesas e pagará honorários ao procurador do réu excluído, que serão fixados entre três e cinco por cento do valor da causa ou, sendo este irrisório, nos termos do art. 85, § 8º."

Cap. 3 • A ASSISTÊNCIA NO NOVO CÓDIGO DE PROCESSO CIVIL BRASILEIRO
Leonardo Carneiro da Cunha

pode optar por pedir a substituição de um réu pelo outro, ou apenas incluir como réu o sujeito indicado como parte legítima pelo réu originário, formando-se aí um litisconsórcio passivo ulterior[7].

Quanto à denunciação da lide, o novo CPC não mantém a redação do *caput* do art. 70 do CPC/1973, suprimindo a expressão "obrigatória". Confirma-se, no texto normativo, o entendimento que se consolidou na doutrina e na jurisprudência: a denunciação da lide, mesmo nos casos de evicção, é apenas uma opção posta à disposição da parte interessada. É, portanto, um *ônus*, e não um dever, de modo que, se não denunciar a lide, a parte fica impedida apenas de exercer seu direito de regresso no próprio processo, não lhe sendo vetada a possibilidade de fazê-lo autonomamente. Vale dizer que a falta de denunciação da lide acarreta apenas a preclusão do direito de utilizar-se de tal intervenção de terceiro, não havendo perda do direito de regresso, que poderá ser exercido posteriormente, em ação autônoma[8]. Também se observa que, no novo CPC, é possível, com exceção da hipótese de evicção, haver cumprimento de sentença pelo adversário do denunciante diretamente contra o denunciado[9].

Entre as intervenções de terceiro disciplinadas no novo CPC, destaca-se a previsão do incidente de desconsideração da personalidade jurídica, novidade que merece registro. Os requisitos para a desconsideração da personalidade jurídica encontram-se na legislação própria, mas não havia um procedimento específico para ela. No novo CPC, há esse procedimento, a depender de requerimento da parte, não podendo ser instaurado de ofício pelo juiz, que se qualifica como uma intervenção de terceiro, justamente porque se concretiza aí o ingresso de um terceiro no processo, que passará, caso proclamada a desconsideração, a ostentar a qualidade de parte.

No capítulo da intervenção de terceiro, há, ainda, a previsão do *amicus curiae*, que pode ser um órgão ou entidade, uma pessoa, natural ou jurídica, privada ou pública, que desempenha atividades relacionadas com o tema a ser examinado pelo juízo ou tribunal. Sua atuação tem a finalidade de apresentar argumentos, dados ou elementos que contribuam para a prolação de

---

7. "Art. 339. Quando alegar sua ilegitimidade, incumbe ao réu indicar o sujeito passivo da relação jurídica discutida sempre que tiver conhecimento, sob pena de arcar com as despesas processuais e de indenizar o autor pelos prejuízos decorrentes da falta da indicação. § 1º. Aceita a indicação pelo autor, este, no prazo de quinze dias, procederá à alteração da petição inicial para substituição do réu, observando-se, ainda, o parágrafo único do art. 338. § 2º. No prazo de quinze dias, o autor pode optar por alterar a petição inicial para incluir, como litisconsorte passivo, o sujeito indicado pelo réu."

8. Enunciado nº 120 do Fórum Permanente de Processualistas Civis: "A ausência de denunciação da lide gera apenas a preclusão do direito de a parte promovê-la, sendo possível ação autônoma de regresso."

9. Enunciado nº 121 do Fórum Permanente de Processualistas Civis: "O cumprimento da sentença diretamente contra o denunciado é admissível em qualquer hipótese de denunciação da lide fundada no inciso II do art. 125."

uma melhor decisão, permitindo ao juízo examinar, adequadamente, todas as nuances da questão, ponderando vários pontos de vista.

A intervenção de terceiros, no novo CPC, está disciplinada nos arts. 119 a 138. Esses pontos ora destacados podem, juntamente com outros, ser objeto de análise mais aprofundada, o que escapa ao objeto do presente ensaio, cuja finalidade é pontuar apenas algumas novidades no tratamento conferido à assistência.

2. ASSISTÊNCIA NO NOVO CPC

No novo CPC, a assistência ganha disciplina mais organizada. Enquanto o CPC/1973 reunia todos os dispositivos sobre a assistência simples e litisconsorcial na mesma seção do capítulo relativo ao litisconsórcio e à assistência, o novo CPC subdivide o capítulo concernente à assistência em três seções.

A primeira delas trata das disposições comuns à assistência simples e à assistência litisconsorcial, enunciando que cabem, enquanto pendente a causa, em qualquer procedimento e em todos os graus de jurisdição, além de estabelecer o procedimento a ser adotado.

Já a segunda seção dedica-se à assistência simples, ao passo que a terceira seção, composta de apenas um artigo, dirige-se à assistência litisconsorcial.

A disciplina normativa da assistência, no novo CPC, apresenta-se mais organizada. A divisão que se faz atende ao que já se defendia na doutrina, pois há dispositivos que dizem respeito apenas à assistência simples, sendo certo que a assistência litisconsorcial rege-se pelas regras do litisconsórcio unitário[10].

As alterações levadas a efeito na Câmara dos Deputados melhorou bastante a organização dos dispositivos relativos à assistência, incrementando o projeto antes aprovado pelo Senado Federal.

É relevante destacar que, no novo CPC, o *efeito da intervenção* está previsto no art. 123, reproduzindo o disposto no art. 55 do CPC/1973. Tal dispositivo encontra-se inserido na seção relativa à assistência simples, não se aplicando à assistência litisconsorcial. Com isso, elimina-se o entendimento segundo o qual aquele enunciado normativo estaria a se referir às duas classes de intervenção. Desse modo, fica estabelecido que o assistente simples há de sofrer apenas *influência* da sentença, sujeitando-se ao *efeito da intervenção*, mas não à coisa julgada. Por sua vez, ao assistente litisconsorcial não se aplica o efeito da intervenção, mas sim o regime da coisa julgada, já que este é um litisconsorte unitário do assistido.

---

10. DIDIER JR., Fredie. *Curso de Direito Processual Civil*. 16ª ed. Salvador: JusPodivm, 2014, v. 1, p. 375-379.

3. ASSISTÊNCIA TÍPICA E INTERVENÇÃO DE TERCEIRO NEGOCIADA

A assistência simples depende da demonstração de interesse jurídico. Para que se admita a assistência, o terceiro deve demonstrar ter *interesse jurídico* em que a decisão do processo seja favorável à parte que almeja auxiliar.

O art. 120 do novo CPC, reproduzindo o art. 51 do CPC/1973, dispõe que, se qualquer das partes originárias alegar que falta ao requerente interesse jurídico para intervir, o juiz deverá decidir o pedido do terceiro para figurar como assistente simples, sem suspensão do processo. A assistência, enfim, depende da presença do interesse jurídico.

Na sistemática do CPC/1973, prevalece o entendimento segundo o qual o juiz deve indeferir o pedido do terceiro para figurar como assistente simples, ainda que haja concordância das partes originárias, se não houver interesse jurídico. O controle judicial do pedido de assistência simples está na avaliação da presença ou não do interesse jurídico do terceiro no resultado da causa.

A assistência é uma intervenção *típica*, que tem seu requisito legalmente estabelecido: a presença de um interesse jurídico, a ser demonstrado e preenchido pelo requerente.

O novo CPC adota um modelo cooperativo de processo, com valorização da vontade das partes e equilíbrio nas funções dos sujeitos processuais. Há, a partir daí, o prestígio da autonomia da vontade das partes, cujo fundamento é a liberdade, um dos principais direitos fundamentais previstos no art. 5º da Constituição Federal. O direito à liberdade contém o direito ao autorregramento, justificando o chamado *princípio do respeito ao autorregramento da vontade no processo*[11].

Com efeito, o novo CPC contém diversas normas que prestigiam a autonomia da vontade das partes, permitindo que elas negociem sobre o processo, de modo mais evidente do que no CPC/1973. O autorregramento da vontade no processo é permitido, assegurado e respeitado. O novo CPC é estruturado de maneira a estimular a solução do conflito pela via que parecer mais adequada a cada caso, não erigindo a jurisdição como necessariamente a melhor opção para eliminar a disputa de interesses. O novo Código trata, por exemplo, da autocomposição, regulando a mediação e a conciliação (arts. 165 a 175), inserindo a tentativa de autocomposição como ato anterior à defesa do réu (arts. 334 e 695), permitindo, no acordo judicial, a inclusão de matéria estranha ao objeto litigioso do processo (art. 515, § 2º) e admitindo acordos sobre o processo (art.

---

11. DIDIER JR., Fredie. "Negociação sobre o processo: autorregramento da vontade no projeto de novo Código de Processo Civil". Texto inédito, gentilmente cedido pelo autor.

190). Há, enfim, um estímulo à autocomposição, destacando-se os §§ 2º e 3º do seu art. 3º. A consagração do princípio da cooperação (art. 6º) relaciona-se com o fenômeno da valorização da autonomia da vontade no processo. O art. 190 prevê uma cláusula geral de negociação processual, permitindo a celebração de negócios processuais atípicos.

Há, no novo CPC, da mesma forma que existem no CPC/1973, negócios processuais *típicos*. As partes podem eleger o foro competente (NCPC, art. 63), convencionar a suspensão do processo (NCPC, art. 313, II), apresentar ao juiz um saneamento consensual do processo (NCPC, art. 357, § 2º), negociar o adiamento da audiência (NCPC, art. 362, I), acordar sobre a distribuição diversa do ônus da prova (NCPC, art. 373, §§ 3º e 4º), escolher, de comum acordo, o perito (NCPC, art. 471), convencionar que a liquidação da sentença seja por arbitramento (NCPC, art. 509, I). É possível, ainda, o juiz, com a concordância das partes, reduzir prazos peremptórios (NCPC, art. 222, § 1º). Essas – e outras aqui não mencionadas – são hipóteses de negócios processuais *típicos*.

De par com essas hipóteses, é possível ainda haver negócios processuais *atípicos*. Em razão da cláusula geral prevista no art. 190 do novo CPC, as partes podem negociar regras processuais, convencionando sobre ônus, poderes, faculdades e deveres processuais, além de poderem, juntamente com o juiz, fixar o calendário processual. O novo CPC, fundado na concepção da democracia participativa, estrutura-se de modo a permitir maior valorização da vontade dos sujeitos processuais, a quem se confere a possibilidade de promover o autorregramento de suas situações processuais. As convenções ou os negócios processuais despontam como mais uma medida de flexibilização e de adaptação procedimental, adequando o processo à realidade do caso submetido à análise judicial. As negociações processuais constituem meios de se obter maior eficiência processual, reforçando o devido processo legal, na medida em que permitem que haja maior adequação do processo à realidade do caso.

Diante do ideário que permeia o novo Código e com base na cláusula geral do art. 190, é possível defender a existência de intervenções de terceiro atípicas ou negociadas[12].

Se o terceiro preencher o requisito para a intervenção *típica*, deverá, nessa qualidade, ser admitido no processo. Desse modo, se o terceiro pretende ser assistente simples de uma das partes e tem efetivamente interesse jurídico, o juiz deve admiti-lo no processo. Caso, todavia, não haja a presença do interesse jurídico, não poderá o terceiro ser admitido como assistente, mas poderá

---

12. Sobre o tema, conferir, com proveito, SANTOS, Marina França. "Intervenção de terceiro negociada: possibilidade aberta pelo novo Código de Processo Civil". Texto inédito, gentilmente cedido pela autora.

ser admitido como interveniente, se as partes assim concordarem, a fim de ampliar o debate e a cooperação judicial, concretizando a ideia de participação democrática no processo civil, bastando, para isso, a anuência das partes.

Segundo Marina França Santos[13], é possível, no novo CPC, haver duas modalidades de intervenção de terceiro negociada: a negociação de intervenções atípicas, e a negociação de regras previstas para as intervenções típicas. É possível admitir uma intervenção *atípica*, como a de um terceiro que não tenha interesse jurídico para assistir uma das partes. Mas, também é possível negociar regras de uma intervenção *típica*.

No caso da assistência, seria possível negociar, por exemplo, a manifestação do assistente sobre atos pretéritos à sua intervenção[14], bem como ampliar ou restringir ainda mais os poderes do assistente simples.

É bem verdade que é possível negociar a intervenção de terceiro em todos os aspectos indicados por Marina França Santos. Em tais casos, a intervenção será *atípica*, pois alterar uma regra ou um aspecto específico de uma intervenção típica consiste em desqualificá-la e torná-la atípica.

É possível, em outras palavras, haver intervenções atípicas ou negociadas. Vale dizer que, no novo CPC, ao lado das intervenções de terceiro típicas, é possível haver intervenções atípicas ou negociadas, em virtude do disposto no art. 190, não sendo vedado o negócio processual que discipline, inclusive, uma intervenção típica, o que, nos termos propostos acima, a tornaria *atípica*. Não havendo interesse jurídico do terceiro, não será deferida a assistência, mas poderá o terceiro intervir de forma atípica, se houver concordância das partes, observados os pressupostos do *caput* do art. 190. Também é possível que as partes negociem regras próprias da assistência, permitindo que o assistente pratique atos anteriores à sua intervenção, ou ampliando e, até mesmo, reduzindo seus poderes.

4. PODERES DO ASSISTENTE SIMPLES

A assistência pode ser simples ou litisconsorcial.

Enquanto o assistente litisconsorcial atua com autonomia, figurando como litisconsorte da parte, o simples deve agir apenas como auxiliar do assistido, não podendo praticar atos que sejam incompatíveis com a vontade deste, ou que a contrariem. Realmente, não pode o assistente simples impedir que o

---

13. Idem.
14. Exemplo dado por SANTOS, Marina França. "Intervenção de terceiro negociada: possibilidade aberta pelo novo Código de Processo Civil". Texto inédito, gentilmente cedido pela autora.

assistido pratique atos de disposição de vontade, como reconhecer a procedência do pedido, transigir, desistir da ação ou do recurso, renunciar à ação ou ao recurso.

Nos termos do art. 53 do CPC/1973, *"a assistência não obsta a que a parte principal reconheça a procedência do pedido, desista da ação ou transija sobre direitos controvertidos; casos em que, terminando o processo, cessa a intervenção do assistente".* O enunciado normativo não continha expressa menção à renúncia ao direito sobre o qual se funda a ação, muito embora fosse incontroverso o entendimento doutrinário e jurisprudencial no sentido de que a renúncia estaria ali igualmente contemplada.

Apenas para corrigir esse lapso redacional, o art. 122 do novo CPC, que equivale ao art. 53 do CPC/1973, ostenta a seguinte redação: *"A assistência simples não obsta a que a parte principal reconheça a procedência do pedido, desista da ação, renuncie ao direito sobre o que se funda a ação ou transija sobre direitos controvertidos".* Embora o dispositivo aluda apenas à desistência da ação e à renúncia ao direito, a assistência simples também não obsta a que a parte principal desista do *recurso* ou o renuncie.

O assistente simples tem, enfim, seus poderes limitados à vontade contrária do assistido.

Na verdade, o assistente simples é um legitimado extraordinário do assistido, exatamente porque atua, em nome próprio, na defesa de direito alheio. O assistente simples, em outras palavras, ajuda o assistido, atuando em nome próprio. Como o assistente simples submete-se à vontade do assistido, sua legitimidade extraordinária é *subordinada*, valendo dizer que a presença do titular do direito controvertido é indispensável à regularidade do contraditório[15].

É por isso que o parágrafo único do art. 121 do novo CPC dispõe que *"Sendo revel ou, de qualquer outro modo, omisso o assistido, o assistente será considerado seu substituto processual".* Tal dispositivo equivale ao parágrafo único do art. 52 do CPC/1973, segundo o qual *"Sendo revel o assistido, o assistente será considerado seu gestor de negócios".* A referência a "gestor de negócios" foi alterada, corretamente, para "substituto processual".

A substituição da expressão "gestor de negócios" por "substituto processual" revela que houve um aprimoramento técnico, sendo mais adequada a

---

15. MOREIRA, José Carlos Barbosa. Apontamentos para um estudo sistemático da legitimação extraordinária. *Revista dos Tribunais*. São Paulo: RT, 1969, n. 404, p. 10-12; DINAMARCO, Cândido Rangel. *Instituições de Direito Processual Civil*. São Paulo: Malheiros, 2001, v. II, p. 311. DIDIER JR., Fredie. "Poderes do assistente simples no novo Código de Processo Civil: notas aos arts. 121 e 122 do projeto, na versão da Câmara dos Deputados". Texto inédito, gentilmente cedido pelo autor.

expressão, pois o assistente simples efetivamente atua, em nome próprio, na defesa de interesses do assistido[16]. A revelia do assistido não afeta a atuação do assistente simples.

Também foi acrescentada a expressão *"ou, de qualquer outro modo, omisso o assistido"*. Significa que, não apenas a revelia, mas também qualquer outra omissão, não afetam a atuação do assistente simples.

O dispositivo tem aplicação, evidentemente, aos demais casos de condutas omissivas do assistido, e não apenas à revelia. E isso porque a contumácia[17] é um *ato-fato*, não sendo relevante a vontade da parte[18].

O assistente simples tem, como visto, sua atuação limitada à vontade do assistido. Os atos jurídicos são, como se sabe, atos humanos, caracterizados por expressarem uma vontade humana. Ao lado deles, há os atos-fatos jurídicos, que *"são atos humanos, em que não houve vontade, ou dos quais se não leva em conta o conteúdo de vontade, aptos, ou não, a serem suportes fáticos de regras jurídicas"*[19].

O ato-fato *independe da vontade*. Não se avalia a vontade. Não interessa qual foi a intenção ou vontade da parte. O que se tem como relevante é a prática do ato.

A contumácia das partes é um grande exemplo de ato-fato processual. Não importa qual tenha sido a vontade da parte; o importante é que não houve a prática do ato, daí sendo produzidos efeitos no processo. Por isso a revelia é um ato-fato. Não importa a vontade.

A previsão legal de revelia não exige que haja uma *vontade* de ser revel. Logo, a atuação do assistente não contraria qualquer vontade do assistido.

---

16. "Nesta hipótese, o assistente assume a posição de parte no processo, mais precisamente de substituto processual. O assistente, que até então era legitimado incidentalmente para auxiliar na defesa de direito do assistido, sendo este revel, perde essa qualidade e uma outra legitimidade surge, sobrepondo-se àquela. Essa 'segunda' legitimidade incidental, operada de permeio na relação jurídica processual, atribui ao assistente, como gestor de negócios, a qualidade de substituto processual." (SEVERO NETO, Manoel. *Substituição processual*. São Paulo: Juarez de Oliveira, 2002, p. 51).

17. A inércia das partes causa-lhes consequências desvantajosas no processo, caracterizando-se a chamada *contumácia*. A contumácia pode ser do autor, do réu ou de ambos. A revelia é uma contumácia do réu. Não é qualquer inércia ou omissão que caracteriza a contumácia, pois há omissões negociais no processo.

18. No mesmo sentido: DIDIER JR., Fredie. "Poderes do assistente simples no novo Código de Processo Civil: notas aos arts. 121 e 122 do projeto, na versão da Câmara dos Deputados". Texto inédito, gentilmente cedido pelo autor. Assim também: CUNHA, Leonardo Carneiro da. "A contumácia das partes como ato-fato processual". *Pontes de Miranda e o Direito Processual*. Fredie Didier Jr.; Pedro Henrique Pedrosa Nogueira; Roberto P. Campos Gouveia Filho (org.). Salvador: JusPodivm, 2013, p. 635-648.

19. MIRANDA, Francisco Cavalcanti Pontes de. *Tratado de direito privado*. Atual. Vilson Rodrigues Alves. Campinas: Bookseller, 1999, t. 1, § 26, n. 2, p. 133.

Em virtude disso, o assistente pode atuar, em nome próprio, na defesa do assistido, ainda que ele seja revel. Esse, na verdade, é o seu papel: ajudar o assistido.

Não é demais lembrar que o parágrafo único do art. 121 do novo CPC refere-se não somente à revelia, mas a outras omissões. Logo, se o assistido deixa de recorrer (e não importa sua vontade), o recurso do assistente evitará a preclusão.

Se, entretanto, o assistido expressamente tiver manifestado a vontade de não-recorrer, renunciando ao recurso ou desistindo do recurso já interposto, o recurso do assistente não poderá, efetivamente, ser conhecido, pois a atuação do assistente simples fica vinculada à manifestação de vontade do assistido (NCPC, art. 122). Nesse caso, houve efetivamente a prática de um ato processual (ou melhor, de um negócio jurídico processual): o assistido expressamente renunciou ou desistiu. A simples inércia ou omissão na interposição do recurso constitui situação diversa: aqui há um ato-fato, sendo irrelevante a vontade, não sendo adequado afirmar que houve contradição de vontades ou que se atentou contra a vontade do assistido.

Não é, entretanto, toda e qualquer omissão ou inércia que se caracteriza como ato-fato. Há omissões negociais. Quando a omissão for negocial, aí o assistente não pode atuar, pois estará contrariando a vontade do assistido[20].

Quando, por exemplo, o réu deixa de opor a exceção de incompetência relativa, sua inércia é negocial. Com efeito, *"A propositura da demanda em foro incompetente, aliada à inércia do réu em opor a exceção de incompetência, caracteriza um negócio tácito ou implícito entre as partes"*[21]. De igual modo, a renúncia tácita à convenção de arbitragem (NCPC, art. 337, § 6º) é uma omissão negocial, não podendo o assistente contrariar a vontade do assistido.

Por aí já se percebe que há dois tipos de omissão no processo: (a) a omissão contumacial e (b) a omissão negocial. Quando a omissão do assistido for contumacial, o assistente simples pode atuar livremente, auxiliando-o na defesa de seu direito. Sendo, porém, negocial a omissão, não se permite ao assistente simples contrariar a vontade do assistido.

As condutas omissivas a que se refere o parágrafo único do art. 121 do novo CPC não são as negociais; são as contumaciais. O dispositivo refere-se a *revelia* e a outras omissões que tenham a mesma natureza dela, ou seja, o

---

20. DIDIER JR., Fredie. "Poderes do assistente simples no novo Código de Processo Civil: notas aos arts. 121 e 122 do projeto, na versão da Câmara dos Deputados". Texto inédito, gentilmente cedido pelo autor.
21. CUNHA, Leonardo Carneiro da. *Jurisdição e competência*. 2ª ed. São Paulo: RT, 2013, n. 4.5, p. 191.

referido enunciado normativo alude à omissão que é *ato-fato*, não alcançando a omissão que seja negocial.

5. INTERVENÇÃO DO COLEGITIMADO

O art. 124 do novo CPC, reproduzindo o disposto no art. 54 do CPC/1973, dispõe que se considera *"litisconsorte da parte principal o assistente sempre que a sentença influir na relação jurídica entre ele e o adversário do assistido"*.

O dispositivo mantém as deficiências redacionais do art. 54 do CPC/1973, por dispor que o interveniente deve ser considerado "como se fora" um litisconsorte, naturalmente sem ser, pois nele há referência à "parte *principal*", dando a entender que o interveniente seria parte *secundária*.

Tal redação poderia reforçar a ideia de que o assistente litisconsorcial não se torna litisconsorte; seria assistente, auxiliar ou parte *secundária*. E há, com efeito, autores que assim entendem: o assistente litisconsorcial seria *um terceiro*, cuja função é sempre a de um *coadjuvante* da parte, apenas com maior intensidade de poderes e faculdades processuais[22].

O entendimento que recusa ver no assistente litisconsorcial um verdadeiro litisconsorte sustenta-se em duas razões: (a) o assistente sofre simples influência da sentença, não se lhe alcançando a coisa julgada; (b) o assistente não formula pedido, nem tem pedido contra si formulado, sendo-lhe vedado modificar o objeto litigioso, que permanecerá alterado.

Os exemplos de assistência litisconsorcial denotam que o terceiro, ainda que não ingresse em juízo e não participe do processo, será alcançado pela coisa julgada. Os casos de assistência litisconsorcial são aqueles em que a situação jurídica litigiosa envolve ou pertence a pessoas que não estejam fazendo parte do processo, como nos casos de substituição processual, nos de litisconsórcio unitário facultativo e, ainda, na hipótese de alienação de bem ou de direito litigioso. Nesses casos, o terceiro, mesmo que não participe do processo, será alcançado pela coisa julgada.

Quanto à circunstância de não haver formulação de pedido pelo assistente litisconsorcial, cabe ceder a palavra a Ovídio A. Baptista da Silva:

> "consideram-se partes apenas aqueles que assinam a petição inicial e a contestação, ou se haverá de admitir a formação de um *litisconsórcio ulterior*, caso em que o interveniente assumirá, sem a menor dúvida, a condição de *parte*? Este é o caso freqüentíssimo

---

22. DINAMARCO, Cândido Rangel. *Intervenção de terceiro*. São Paulo: Malheiros, 1997, p. 31; CARNEIRO, Athos Gusmão. *Intervenção de terceiro*. 10ª ed. São Paulo: Saraiva, 1998, p. 129.

do ingresso subseqüente de um litisconsorte necessário que, tal como o assistente litisconsorcial, nada pede, sob forma expressa, e a que nem é permitido alterar o *objeto litigioso*. Não obstante, ninguém lhe haverá de negar a condição de litisconsorte."[23]

Na assistente litisconsorcial, o assistido e o assistente são, na verdade, litisconsortes, submetidos a um regime de unitariedade. Há, na verdade, um litisconsórcio unitário facultativo ulterior. Segundo Thereza Alvim,

> "... haverá o assistente de ser considerado litisconsorte do assistido, recebendo, pois, o tratamento de litisconsorte e serão assim considerados porque se por eles, ou contra eles, fosse deduzido o pedido, a situação já estaria estampada no processo. As partes originárias e seus assistentes litisconsorciais, estão sujeitos ao regime da unitariedade, ante a circunstância de estar sendo deduzido um só pedido."[24]

O assistente litisconsorcial é um litisconsorte facultativo ulterior. É um litisconsorte que ingressa posteriormente no processo, de forma espontânea, exercendo todos os direitos, poderes e faculdades de uma parte e sujeitando-se aos ônus e deveres processuais de uma parte. É por isso que a intervenção de um colegitimado no processo faz-se mediante a assistência litisconsorcial[25].

E, no novo CPC, mais precisamente no parágrafo único do seu art. 18, está expressamente enunciado que "Havendo substituição processual, o substituído poderá intervir como assistente litisconsorcial".

Embora o *caput* do art. 124 do novo CPC reproduza as falhas de redação do art. 54 do CPC/1973, o parágrafo único do art. 18 dá claras indicações de que o assistente litisconsorcial é efetivamente um litisconsorte, não incorporando a doutrina que nega a condição de litisconsorte ao assistente litisconsorcial.

Além disso, é relevante perceber que o art. 123 do novo CPC, que equivale ao art. 55 do CPC/1973, está topograficamente na seção dedicada à assistência simples, não dizendo respeito à assistência litisconsorcial. Significa que o dispositivo refere-se apenas à assistência simples, que há de sofrer apenas *influência da sentença*, sujeitando-se ao *efeito da intervenção* e não sendo alcançado pela coisa julgada. Já o assistente litisconsorcial, que é um litisconsorte do assistido, não se sujeita ao *efeito da intervenção*, pois é atingido pela própria coisa julgada.

Justamente por ser um litisconsorte seu, o assistente litisconsorcial não está sujeito à vontade da parte originária. Mesmo que a parte originária renuncie,

---

23. *Comentários ao Código de Processo Civil*. São Paulo: RT, 2000, v. 1, n. 11 ao art. 54, p. 294.
24. *O direito processual de estar em juízo*. São Paulo: RT, 1996, p. 238.
25. DIDIER JR., Fredie. *Curso de direito processual civil*. 16ª ed. Salvador: JusPodivm, 2014, v. 1, n. 8.4, p. 380.

desista, transacione, o assistente litisconsorcial pode prosseguir e praticar os atos processuais a seu cargo, não sendo atingindo pelos atos praticados por seu litisconsorte. Qualquer omissão da parte originária, seja ela negocial ou não, é irrelevante, não interferindo na atuação do assistente litisconsorcial, pois este não tem seus poderes limitados à vontade do seu litisconsorte. Não há qualquer espécie de subordinação.

6. ASSISTÊNCIA PROVOCADA

A assistência é, como se sabe, uma intervenção de terceiro espontânea: o terceiro *pede* para ser admitido no processo. Em alguns casos, entretanto, a doutrina sugere que o juiz convoque o terceiro que tem interesse jurídico para participar do processo. Essa convocação, conhecida como intervenção *iussu iudicis*[26], insere-se no ambiente democrático, ampliando a participação e o diálogo no processo judicial[27].

A intervenção *iussu iudicis* caracteriza-se por ser determinada de ofício pelo magistrado. Diante do contexto e das peculiaridades do caso, poderá o juiz determinar a intimação de um terceiro que tenha interesse jurídico na causa, para que dela, se quiser, participe como assistente.

Além da intervenção *iussu iudicis*, é possível que a assistência seja provocada por requerimento de uma das partes do processo. É muito comum defender essa hipótese na produção antecipada de provas, nas ações cautelares e nos casos de evicção, quando não cabível a denunciação da lide[28].

O novo CPC reforça a possibilidade da assistência provocada, pois estrutura o processo num ambiente de cooperação em que se estimula e se viabiliza o debate democrático, ampliando a participação das partes e de todos aqueles que tenham interesse no resultado da demanda proposta perante o juiz.

Segundo Daniel Colnago Rodrigues, uma vez provocada a assistência, deve o terceiro ser intimado para participar do processo, sujeitando-se ao efeito da intervenção previsto no art. 55 do CPC/1973 (equivalente ao art. 123 do novo CPC)[29].

---

26. Conferir, por todos, DIDIER JR., Fredie. *Curso de direito processual civil*. 16ª ed. Salvador: JusPodivm, 2014, v. 1, p. 363 - 366
27. Conferir, nesse sentido, o Enunciado nº 110, do Fórum Permanente de Processualistas Civis: *"Havendo substituição processual, e sendo possível identificar o substituto, o juiz deve determinar a intimação deste último para, querendo, integrar o processo.*
28. Nesse sentido, RODRIGUES, Daniel Gustavo de Oliveira Colnago. *A assistência provocada no processo civil brasileiro: possibilidade e conveniência*. Texto inédito, gentilmente cedido pelo autor.
29. RODRIGUES, Daniel Gustavo de Oliveira Colnago. *A assistência provocada no processo civil brasileiro: possibilidade e conveniência*. Texto inédito, gentilmente cedido pelo autor.

Não parece adequado esse entendimento. A intervenção provocada é efetivamente cabível e recomendável, devendo ser admitida nos processos judiciais, mas não se deve entender que o efeito da intervenção se aplique mesmo na ausência de participação do terceiro. O efeito da intervenção decorre da *efetiva* participação do assistente simples. Tanto isso é verdade que poderá ser afastado tal efeito quando o assistente demonstrar que não pôde ter participação efetiva, seja porque assumiu o processo numa fase avançada, seja porque o assistido deixou de, por dolo ou culpa, apresentar elementos importantes para sua vitória.

A bem da verdade, o efeito da intervenção é corolário do contraditório substancial, resultando, repita-se, da *efetiva* participação do assistente, que só pode sofrer os efeitos da decisão para cuja construção contribuiu.

O que se percebe, em vista disso, é que o novo CPC oferece um ambiente propício para a assistência provocada por uma das partes, ou realizada de ofício pelo juiz (intervenção *iussu iudicis*).

7. CONCLUSÕES

O novo CPC disciplina a assistência de forma mais bem organizada, distribuindo o tratamento do tema em três seções: uma para as disposições gerais, outra só para a assistência simples e outra para a assistência litisconsorcial. Deixa mais claro que o efeito da intervenção é regra aplicável apenas à assistência simples e que a intervenção do colegitimado faz-se por assistência litisconsorcial.

Há, ainda, um tratamento mais adequado quanto aos poderes do assistente simples, restando estabelecido que, no caso de revelia ou de outras omissões que se caracterizem como atos-fatos, o assistente será substituto processual do assistido, podendo praticar todos os atos destinados a auxiliá-lo.

É possível, ainda, entender que se permite uma intervenção de terceiro atípica ou negociada, quando não estiver presente o interesse jurídico que permita a assistência simples, mas as partes concordem com a participação do terceiro no processo, bem como nas situações em que as partes negociarem sobre os poderes, deveres, ônus e faculdades do assistente.

Quanto à situação processual do assistente litisconsorcial, a despeito das deficiências redacionais no texto normativo do novo CPC, há de ser entendido que se trata efetivamente de um litisconsorte facultativo ulterior, atuando tal qual a parte originária, com regime processual diverso do assistente simples.

Embora seja uma intervenção voluntária, a assistência pode ser promovida pro provocação de uma das partes ou por ordem do juiz.

CAPÍTULO 4

Assistência e a Coisa Julgada

Gelson Amaro de Souza[1]

SUMÁRIO: 1. NOTA INTRODUTÓRIA; 2. CONCEITO DE ASSISTÊNCIA; 3. NATUREZA JURÍDICA DA ASSISTÊNCIA; 4. ESPÉCIES DE ASSISTÊNCIA; 4.1. ASSISTÊNCIA SIMPLES ; 4.2. ASSISTÊNCIA LITISCONSORCIAL; 4.3. DIFERENÇAS ENTRE ASSISTÊNCIA SIMPLES E ASSISTÊNCIA LITISCONSORCIAL; 5. DIFERENÇAS: ASSISTÊNCIA LITISCONSOR-CIAL E LITISCONSÓRCIO ULTERIOR; 6. EFEITOS DA ASSISTÊNCIA; 6.1. QUANTO À POSIÇÃO:; 6.2. QUANTO AOS DIREITOS:; 6.3. QUANTO ÀS OBRIGAÇÕES:; 7. COISA JULGADA; 8. QUANTO AOS LIMITES OBJETIVOS E SUBJETIVOS DA COISA JULGADA; 9. A POSIÇÃO DO ASSISTENTE NA RELAÇÃO PROCESSUAL; 10. A NORMA DO ART. 123 DO CPC – JUSTIÇA DA DECISÃO; 11. COISA JULGADA E O ASSISTENTE; 12. INEXISTÊNCIA DE COISA JULGADA PARA O ASSISTENTE; 12.1. CASOS DE SOLIDARIEDADE; 12.2. CASOS DE DIREITO COMUM; 12.3. CASOS DE COMPRA E VEN-DA COM CESSÃO DO CONTRATO; 12.4. CASOS DE LOCAÇÃO E SUBLOCAÇÃO; 12.5. CASOS COMO OS DE ANULAÇÃO DE ASSEMBLÉIA; 12.6. CÔNJUGES; CONCLUSÕES; REFERÊNCIAS.

1. NOTA INTRODUTÓRIA

Questão bastante intrigante nos meios jurídicos é a relação entre a coisa julgada e a assistência. A redação dada ao artigo 123 do CPC, que fala em im-possibilidade do assistente discutir em futuro processo a justiça da decisão, em vez de esclarecer acabou por complicar e levar muitos a pensarem que a nor-ma estaria impondo a coisa julgada ao assistente,[2] enquanto que para outros inexiste o alcance da coisa julgada ao assistente[3]

Todavia, é de se ver que a questão não pacífica e ainda está a desafiar pesquisa e reflexão sobre o assunto, que exerce grande influência no dia a dia da vida forense. Na tentativa de fornecer alguma contribuição e um impulso para o achego à discussão sobre o tema, dispôs-se a analisar a questão, que sabidamente não encontra foro de unanimidade, até mesmo para os conceitos isolados de coisa julgada e de assistência.

---

1. Doutor em Direito Processual Civil pela PUC/SP. Membro do Instituto Panamericano de Derecho Procesal. Laureado com a Comenda Luciano Pinheiro de Souza do I Congresso de Direito Internacional de Direito Processual Civil. Professor concursado para os cursos de graduação e pós graduação em direito da Uni-versidade Estadual do Norte do Paraná – UENP (Campus de Jacarezinho), ex-diretor e atual professor da Faculdade de Direito da Associação Educacional Toledo - AET de Presidente Prudente-SP. Ex professor da ITE/Bauru; Fadap/Tupã; Fai/Adamantina. Procurador do Estado (aposentado) e advogado em Presidente Prudente – SP, E-mail: advgelson@yahoo.com.br. – Site: www.gelsonamaro.com
2. BARBI, Celso Agrícola. *Comentários ao CPC.* vol. II, p. 306; AMARAL SANTOS, Moacir, *Primeiras Linhas de DPC*, vol. 2, pág. 52 entre outros.
3. SOUZA, Gelson Amaro de. *Curso de direito processual civil.* 2ª edição. Pres.Prudente-Sp. Datajuris, 1998 e DINAMARCO, Cândido Rangel. *Litisconsórcio.* pág. 25, nota 42. São Paulo, RT. 1984.

Saber o que é a coisa julgada, seu alcance e seus limites objetivos e subjetivos sempre foi palco de grandes discussões e assim não é diferente com a figura da assistência em que se discute até hoje se o assistente é ou não é parte e se pode ou não ser alcançado pela coisa julgada. Sobre essas questões é que se pretende fazer um estudo perfunctório, sem a intenção de apresentar solução, senão aviventar o debate na busca de melhores idéias.

2. CONCEITO DE ASSISTÊNCIA

É a participação espontânea de terceiro com relação à causa, tendo por finalidade apenas ajudar ou auxiliar uma das partes a obter vitória no processo. Diz-se espontânea, porque o terceiro comparece aos autos por iniciativa própria, sem a necessidade de provocação de alguém. Na assistência o terceiro não defende diretamente direito próprio, agindo pura e simplesmente como auxiliar de uma das partes, que tanto pode ser o autor como o réu.

O assistente, também, não defende o direito de outro por si só, há necessidade de que a parte assistida já esteja litigando para que ele compareça aos autos apenas como auxiliar desta última, mas, não como defensor "lato sensu" da parte assistida. Apenas colabora na defesa do direito da parte assistida, mas não o faz sozinho, pois a isto não está legitimado. Tanto isso é verdade, que o assistente não pode defender intransigentemente o assistido, quando este se dispuser a reconhecer o pedido ou desistir da ação, bem como impedir que o mesmo transija sobre o direito em demanda (art. 121, CPC). A rigor, o assistente não defende direito próprio e nem do assistido, ele apenas auxilia este último em sua defesa, quando este já estiver e continuar se defendendo.

3. NATUREZA JURÍDICA DA ASSISTÊNCIA

Não quis o nosso legislador incluir a assistência no capítulo próprio e reservado à intervenção de terceiro. A opção diferente feita pelo legislador, não obstante isso, não é suficiente para tirar da assistência a natureza de intervenção de terceiro. Basta ver que o legislador utilizou-se da expressão "terceiro" no artigo 119, CPC, ao dizer: "Pendendo causa entre 2 (duas) ou mais pessoas, o **terceiro**, juridicamnete interessado em que a sentença seja favorável a **uma** delas, poderá **intervir** no processo para assisti-la" (art. 119).

Pela norma mencionada vê-se, pois, que o próprio legislador, apesar de não a incluir no capítulo próprio da intervenção de terceiro, acabou por diversas palavras a confirmar a sua natureza como tal.

Ao se utilizar a expressão "o terceiro" já dizia diretamente a natureza do assistente: Mas não é só - disse mais : "que tiver interesse jurídico"; Ora, essa condicionante, somente poderá recair sobre terceiro, porque, aquele que for parte sempre tem interesse em atuar no processo. Cada parte tem interesse no processo, o terceiro é que pode ter ou não ter: desta forma a expressão "que tiver interesse jurídico", implicitamente se refere a terceiro e não à parte.

Depois, fala a lei em que a sentença seja favorável a uma das partes ao dizer: "em que a sentença seja favorável a uma delas". Esta expressão "uma delas" se refere às partes e vem antecipada da expressão "em que a sentença seja favorável". Ora toda parte tem interesse que a sentença lhe seja favorável, e ao condicionar com a expressão "em que a sentença seja favorável a uma delas" novamente está se referindo a terceiro. Por fim, utiliza as palavras "intervir no processo" e "para assisti-la". Intervir no processo já é referencia a terceiro e para assisti-la, completa o entendimento.

A seguir, encontra-se o artigo 121, que diz textualmente, que "o assistente atuará como auxiliar da parte principal". A única dúvida que o enunciado fornece é a palavra "principal" quando em verdade bastava a expressão parte. Mas a expressão "atuará como auxiliar", não deixa dúvida, que se trata de terceiro, ainda quando o parágrafo único do mesmo dispositivo, afirma que o assistente será considerado gestor de negócio em caso de réu revel. Ainda mais, o artigo 124, CPC, fala, "considera-se litisconsorte da parte principal, o assistente sempre que a sentença influir na relação jurídica entre ele e o adversário do assistido. Acaso, fosse parte não precisaria ser considerado. O simples fato de considerá-lo, é porque não o é. Logo, se é considerado parte é porque, parte não é. É terceiro e não parte, tanto que a lei apenas o considera parte e diz que o mesmo é litisconsorte da parte.

Fosse parte seria atingido pela coisa julgada, prevista no art. 506, CPC. Todavia, o art. 123, I, II, abre exceção à coisa julgada, exatamente por não ser parte o assistente, pois, se parte fosse não haveria necessidade dessa exceção. Por tudo isso, conclui-se que o assistente é terceiro e não parte no processo. É, pois, uma forma de intervenção de terceiro.

Buscando afastar qualquer dúvida da configuração do terceiro como assistente GRECO FILHO, ensina: "Na assistência, porém, o interveniente não propõe nova demanda nem há ampliação do objeto do litígio em virtude de seu ingresso. No direito brasileiro não temos a figura da intervenção litisconsorcial voluntária".[4]

---

4. GRECO FILHO, Vicente. Da intervenção de terceiros. P.75. Em nota de rodapé completa: "6. É comum a confusão das duas figuras, a assistência litisconsorcial e a intervenção litisconsorcial, especialmente em virtude da doutrina estrangeira às vezes trazida como argumento sem a devida adaptação, como já comentamos no capítulo II". P. 75 nota n° 6.

4. ESPÉCIES DE ASSISTÊNCIA

A doutrina tem indicado duas espécies de assistência e denominado-as de assistência simples e assistência litisconsorcial. Em princípio dá-se a idéia de que a divisão é dotada mais de conteúdo acadêmico e menos de interesse prático. A figura da assistência processual poderá ser vista e se apresentar em dois pontos ou enfoques diferentes. Dependendo do interesse que tem aquele que vai assistir, tem se entendido que a assistência pode ser simples ou litisconsorcial. São duas espécies de assistência que guardam semelhança no proceder, mas existem diferenças nos efeitos e no interesse de cada qual, mormente porque as relações jurídicas que se consubstanciaram em interesse jurídico são diferentes. Veja-se a seguir, cada uma dessas espécies.

4.1. Assistência simples

É caso de assistência simples a figura que se apresenta, quando terceiro intervém no processo tão somente para coadjuvar (auxiliar, ajudar) uma das partes a obter sentença favorável, sem defender direito próprio e sem ter direito próprio possível de ser defendido no processo. Ocorre quando o terceiro tem uma relação jurídica com a parte que assiste e não com o adversário da assistida. É uma relação jurídica diferente daquela, objeto da demanda entre as partes. Poder-se-ia, apenas, para fins didáticos e para facilitar a compreensão, dizer, tratar-se de outra relação jurídica, ou seja, segunda relação ou relação jurídica secundária. Assim tem-se uma relação primária entre o assistido e seu adversário e uma relação secundária entre o assistido e o assistente. Todavia, no processo somente se discute a relação primária entre o assistido e seu adversário, não estando em demanda a segunda relação entre o assistido e o assistente. Mas a segunda relação que existe entre assistido e assistente, muito embora não seja objeto de discussão no processo poderá ser abalada com a sentença a ser proferida em razão da dependência direta e imediata a que está sujeita em face da relação principal ou primária.[5]

A relação jurídica existente entre o assistido e o seu adversário funciona como verdadeira prejudicial em relação à segunda ou secundária existente entre assistido e assistente. Desta forma, saindo vencido o assistido a relação existente entre este e o assistente, será abalada ou até mesmo extinta. Isto é, a permanência ou sobrevivência integral da relação secundária, está em dependência do que se decidir na primeira relação entre o assistido e seu adversário. Dependendo do resultado da sentença, a relação jurídica entre assistido

---

5. Sobre relação de dependência direta e imediata e interesse mediato e imediato, a matéria foi mais amplamente tratada em nosso CURSO DE DIREITO PPROCESSUAL CIVIL, mencionado.

e assistente prevalece, mas, conforme o resultado, esta relação desaparecerá por impossibilidade lógica. Como exemplo de assistência simples, lembra-se o caso do sublocatário e do cessionário do direito a compra. No caso do sublo-catário, a sentença que concede o despejo, faz desaparecer a sublocação. No segundo caso, em se tratando do cessionário do contrato de compromisso de compra, sendo o contrato anulado, rescindido ou revogado, a cessão também desaparece. A sublocação depende da relação principal que é a locação entre o dono e o locatário sublocador. A cessão do compromisso de venda e compra, depende da validade ou existência do contrato, desaparecendo este, desapa-rece por via de conseqüência a sua cessão.

O assistente ao intervir no processo ele não defende a validade de sua cessão, mas ajuda o cedente-assistido a defender a validade do contrato de compra e venda, para que prevalecendo este, possa prevalecer a sua cessão que é uma relação subordinada. O mesmo se dá com o sublocatário que não defende a sua sublocação, mas a locação, para que prevaleça esta e em con-seqüência a sua sublocação.

4.2. Assistência litisconsorcial

A assistência chamada litisconsorcial é diferente da assistência simples porque nesta, apesar do assistente auxiliar a defesa do assistido, ele o faz, levando-se em conta também o seu direito que está ao lado do assistido e superpostos contra o adversário do assistido. Envolve-se em uma só relação, direito do assistido e do assistente em confronto ao do adversário do assistido.

Nesse caso, o assistente teria legitimidade para demandar sozinho ou em litisconsórcio com o assistido. Acontece, por exemplo, no caso de condôminos ou co-proprietários, em que apenas um ou alguns propõe ação para defender o bem ameaçado ou esbulhado e o outro ou outros que poderiam propor sozinhos ou em litisconsórcio, mas, como não o fizeram, resolvem intervir no processo para assistirem aquele ou aqueles que demandaram. Em outras pala-vras é aquele que poderia ser parte e não o foi, como nos casos de devedores solidários quando o credor propõe ação de cobrança apenas contra um ou alguns, mas deixando de fora do processo os demais devedores solidários. É aquele que tem relação jurídica diretamente com o adversário do assistido e não diretamente com este (assistido), como ocorre na assistência simples.

4.3. Diferenças entre assistência simples e assistência litisconsorcial

A doutrina tem encontrado dificuldades em distinguir essas duas espécies de assistência. Em verdade a questão não é mesmo fácil. Muitas vezes, o que

NOVO CPC DOUTRINA SELECIONADA, v. 1 • Parte Geral

PARTE VIII – INTERVENÇÃO DE TERCEIROS

a princípio dá a idéia de assistência simples, às vezes trata-se de assistência litisconsorcial e vice-versa. Por isso, procuramos captar algumas diferenças, no sentido de facilitar a distinção entre as duas.

a. **Relação jurídica:** A primeira e mais forte circunstância que distingue uma modalidade de assistência da outra é a relação jurídica. Quando essa relação existir entre o assistente e o assistido, teremos assistência simples. Quando a relação jurídica vincular o assistente e o adversário do assistido, teremos uma assistência litisconsorcial.

b. **Ação:** Na assistência simples o assistente tem relação e poderá ter ação contra o assistido. Enquanto que na assistência litisconsorcial, a ação do assistente é contra o adversário do assistido. Ex.: Na sublocação o assistente (sublocatário) tem relação e poderá ter ação contra o assistido (locatário e sublocador) para reivindicar direitos desta sublocação; Já no caso de devedores solidários, o assistente terá ação contra o adversário (credor) e não contra o assistido (devedor solidário).

c. **Lide:** levando-se em conta a lide estampada na ação, poderemos verificar que, em se tratando de assistência simples esta lide somente poderá ocorrer entre o assistido e seu adversário, enquanto que na assistência litisconsorcial a lide poderá ser entre o assistente e o adversário do assistido, bem como entre assistido e assistente de um lado contra o adversário. O assistente litisconsorcial poderá ser um dos integrantes da lide (extra-processualmente) e não ser citado para integrar a relação processual ou se no pólo ativo, não integrou a relação processual através da petição inicial como poderia ter feito.

Concluindo, pode-se dizer que, na assistência simples, a relação jurídica motivadora da assistência liga o assistente ao assistido. Numa ação reivindicatória em que "A" reivindica o bem que está com "B", quando então, aquele que tem um contrato de compromisso de venda e compra com "B", poderá assisti-lo, pois da sentença dependerá o cumprimento do contrato. Observe-se bem, que a relação jurídica deve ser entre assistente e assistido, enquanto que a outra relação ou direito em discussão não é do assistente, mas tão somente do assistido e de seu adversário. Somente por vias oblíquas a sentença vai atingir a relação existente entre assistente e assistido. No caso do exemplo citado o contrato de compra e venda não está em discussão na ação, mas sim a reivindicação por outro título entre "A" e "B".

Enfim, o assistente simples é aquele que tem vínculo com o assistido e não com o adversário deste.

Na assistência litisconsorcial, a relação jurídica que o assistente se baseia para intervir no processo, opera-se entre ele e o adversário do assistido (art.

1098

124, do CPC). Como exemplo pode-se citar o caso do devedor solidário que assiste o outro devedor como autor em ação de anulação do negócio jurídico que originou o débito ou declaratória de inexistência desse mesmo débito. Nesses casos a relação, tanto do assistente, como do assistido, é com a parte contrária do assistido. Da mesma forma, poderá, assistir o devedor, se foi somente ele citado em ação de cobrança ordinária, pois se vencedor o assistido (devedor acionado), o assistente como devedor solidário ficará livre da cobrança.

O assistente litisconsorcial é aquele que tem relação jurídica com o adversário do assistido e que poderia ser por ele acionado ou acioná-lo sozinho ou conjuntamente com o assistido. Na assistência litisconsorcial a relação jurídica liga o assistente a parte contrária do assistido, diversamente do que acontece com a assistência simples, em que o assistente tem uma relação jurídica com o assistido. Também na assistência litisconsorcial o interesse jurídico do assistente apresenta-se pelo simples fato de poder ser parte e não o foi, visto que preso à mesma relação jurídica da parte assistida em relação ao adversário desta.

5. DIFERENÇAS: ASSISTÊNCIA LITISCONSORCIAL E LITISCONSÓRCIO ULTERIOR

Alguns autores entendem que existe identidade entre assistência litisconsorcial e litisconsórcio ulterior. Todavia, esse entendimento causou espanto a MAURÍCIO, que assim se expressou: "A rigor, entre litisconsórcio e assistência só existem diferenciações. Mesmo assim, estes institutos têm sido confundidos. Daí porque achamos conveniente fazer a distinção entre eles, a despeito da ausência de pontos conexos".[6]

Em verdade, não se pode confundir as duas figuras. Muito embora o assistente litisconsorcial tivesse legitimidade para ser parte (litisconsorte) mas pelo simples fato de que não o foi e nem a esse título pede sua intervenção no processo, não é parte, será tão somente assistente. Sendo assistente litisconsorcial do autor, não foi litisconsórcio porque não quis conjuntamente com este propor a ação; Sendo assistente litisconsorcial do réu é porque o autor não quis com ele litigar e contra ele não propôs ação; Logo é assistente e não é parte ou litisconsórcio ulterior.

Para demonstrar a diferença maior entre o assistente litisconsorcial e o litisconsórcio ulterior basta ver que este, apesar de ulterior, tem momento próprio ou limitado para a sua formação, enquanto que o assistente litisconsorcial intervirá em qualquer momento, apenas pegando o processo no estado em

---

6. MAURÍCIO.Ubiratan de Couto. Assistência simples no direito processual civil, p. 29.

NOVO CPC DOUTRINA SELECIONADA, v. 1 • Parte Geral
PARTE VIII – INTERVENÇÃO DE TERCEIROS

que se encontra. O assistente não faz pedido próprio, apenas reitera e reforça o que pede o assistido enquanto que o litisconsorte já faz pedido próprio. O litisconsórcio ulterior poderá, se autor, desistir da ação, e se réu, reconhecer o pedido do autor. O assistente litisconsorcial, não poderá desistir da ação porque esta não é sua e nem reconhecer o pedido porque contra si nada foi pedido. Ainda em caso de revelia do assistido o assistente tem o direito de atuar no processo como seu substituto processual (art. 121, Parágrafo único), o que não acontece em caso de litisconsórcio.

O litisconsórcio ulterior poderá prosseguir na ação sempre que o outro litisconsorte desistir, enquanto que o assistente não tem como prosseguir neste caso, porque a desistência do assistido desfaz a assistência, mesmo sendo esta da espécie litisconsorcial. Também o reconhecimento do pedido feito pelo assistido não pode ser obstado pelo assistente. O litisconsorte ulterior ativo exerce o direito de ação enquanto o assistente litisconsorcial não. Apenas auxilia outro que o esteja exercendo. O litisconsorte ulterior passivo exerce o direito de defesa, enquanto o assistente litisconsorcial não, porque contra ele não houve ataque (demanda, pedido) e por isso de nada há que se defender. Apenas auxilia aquele que é atacado (demandado) a se defender. A relação jurídica do litisconsorte será apreciada enquanto que a do assistente não será objeto de decisão.

Com acerto, a nosso ver, referindo-se ao CPC/1973, ensinou OVÍDIO BAPTISTA, ao dizer: "A concepção do artigo 54 não deixa dúvidas dessa intenção, avaliada pelo cuidado com que o Código preserva a condição de terceiro ao interveniente, primeiro dispondo que a relação jurídica entre ele e o adversário do assistido apenas sofre influência em razão da sentença, como a dizer que ela, em hipótese alguma, será também objeto de decisão; e ao dispor que o assistente do artigo 54 é considerado como se fora um litisconsorte da parte principal, supõe a lei que o interveniente seja como na assistência adesiva simples - uma "parte acessória" ou secundária; segundo, que a equiparação ao litisconsorte apenas se dá no plano da gestão processual, conferindo-se ao assistente litisconsorcial os poderes reconhecidos pelo Código a um litisconsorte, quanto a autonomia e independência na condução do processo e defesa dos respectivos interesses. Finalmente, se dúvidas ainda pudessem restar sobre a natureza desse tipo de intervenção na concepção do legislador, haveria o argumento topográfico do artigo 55 que, certamente, está a dispor para as duas classes de intervenção, como a confirmar que também o assistente litisconsorcial como o dependente, sofre apenas o chamado "efeito de intervenção" e nunca eficácia de coisa julgada sobre a relação de que ele participa"[7]. Os arti-

---

7. BAPTISTA DA SILVA, Ovídio. Assistência litisconsorcial. REPRO vol. 30. pág. 20.

gos 54 e 55 do CPC/1973, mencionados, tinha redações semelhantes aos artigos 123 e 124 do CPC/2015.

6. EFEITOS DA ASSISTÊNCIA

A assistência é instituto processual de grande importância processual, produzindo váriios efeitos, coforme o ângulo de observação. Pode ser visto sob a posição que ocupa no processo, quanto aos direitos e quanto às obrigações que ele tem.

6.1. Quanto à posição:

Quanto à posição do assistente pode-se dizer que ele não é parte e atua no processo somente como terceiro interveniente como ficou demonstrado, apenas com a finalidade de assistir ou auxiliar uma das partes. Fosse parte não seria auxiliar, visto que ninguém auxilia a si próprio.

Em qualquer das modalidades de assistência o assistente será sempre terceiro e não litisconsorte da parte. Fosse o assistente litisconsorcial uma espécie de parte, seria ele tratado como parte e gozaria dos mesmos benefícios do litisconsorte, como prazo em dobro (191, CPC), coisa que seguramente não ocorre.

No dizer de MOACIR LOBO DA COSTA[8], "É terceiro quem intervém no processo alheio e como terceiro permanece" até o final. No mesmo sentido é a posição de UBIRATAN COUTO MAURÍCIO[9]. AGRÍCOLA BARBI, afirma que: "Apesar de considerado litisconsorte, na realidade o assistente não se torna parte"[10].

Seja assistente simples ou litisconsorcial este não deixa de ser terceiro pela simples intervenção como assistente no processo. O assistente simples será terceiro sempre, porque não está em demanda relação jurídica sua, mas tão somente a do assistido e do adversário deste. Já o assistente litisconsorcial, tem uma relação jurídica que será atingida pela sentença, mas pelo simples fato de não ser autor (não haver proposto a ação) e nem réu (não haver sido citado), deixou de ser parte e por isso é apenas assistente: e o assistente como o próprio nome indica será sempre terceiro, pois do contrário deixaria de ser assistente, seria parte.

Qualquer que seja a assistência, ela não obstará que a parte assistida reconheça a procedência do pedido, desista da ação ou transija sobre os direitos

---

8. LOBO DA COSTA, MOACIR. Da Assistência, pág. 168.
9. MAURIÇIO, Ubiratan Couto. Assistência Simples no Direito Processual Civil, pág. 102
10. AGRÍCOLA BARBI, Celso, Comentários ao. CPC., vol. I, tomo I, pág. 308.

controvertidos, casos em que se extingue o processo, encerrando-se também a assistência.

6.2. Quanto aos direitos:

O assistente terá praticamente os mesmos direitos processuais do assistido, excluídos tão somente os atos próprios da parte, tidos como, a possibilidade de desistir da ação, reconhecer o pedido, transigir, confessar, pois, não sendo parte, pode tão somente desistir da assistência e não da ação e nem confessar pois terceiro não confessa, não transige e nem reconhece o pedido. Todavia, tem direito à mudança da competência como nos casos do artigo 109, I, da CF e art. 51, e parágrafos, do CPC.

O artigo 121, do CPC, ao falar que o assistente exercerá os mesmos poderes, outra coisa não é, senão os mesmos direitos que tem a parte à qual assiste. Entre outros, o direito de ser intimado dos atos processuais, acompanhá-los, requerer o que julgar necessário etc. São direitos meramente processuais, pois não terão direitos materiais, como utilizar a compensação, transigência, remissão etc.

Também não terá direito à indenização por dano processual, (art. 79/81, CPC), pois este é reservado somente às partes. Enfim são direitos processuais, não direitos materiais oriundos do processo. Ainda em caso de revelia do assistido o assistente tem o direito de atuar no processo como seu substituto processual (art. 121, Parágrafo único).

6.3. Quanto às obrigações:

Da mesma forma que o assistente tem direitos, ele tem também obrigações processuais, como a de pagar custas proporcionais à sua atividade no processo (art. 94, CPC). O art. 121, CPC, após falar em poderes, acrescenta que o assistente sujeitar-se-á aos mesmos ônus processuais que o assistido. Esses ônus, são apenas processuais, eis que não sendo parte no processo, não será atingido materialmente pelo processo, ressalvando pura e tão somente os casos de indenização por litigância de má-fé (art. 79 a 81, do CPC) eis que, tendo os mesmos poderes ou direitos que as partes, poderá comportar-se conforme o art. 80, CPC, de modo temerário (V), provocar incidente manifestamente infundado (VI), opor resistência injustificada ao andamento do processo (IV), alterar a verdade do fato (II) etc. Fica, pois, sujeito aos ônus do processo (art. 121) e vinculação à justiça da decisão (art. 123). Jamais o assistente ficará obrigado ao cumprimento do que ficar decidido além das matérias simplesmente processuais porque, por não ser parte, não pode ficar obrigado ao mérito da questão decidida e nem sujeito à execução da sentença por si mesmo. Poderá ser atingido pela execução da sentença mais indiretamente, pois diretamente esta execução deve ser voltada somente contra a parte assistida.

7. COISA JULGADA

GOMES DA CRUZ, diz que "a autoridade da coisa julgada pode definir-se com precisão, como a imutabilidade do comando emergente de uma sentença" [11].

A coisa julgada representa a estabilidade daquilo que se decidiu entre as mesmas partes. Todavia tal julgamento não vincula terceiros que não foram partes no processo, a menos que seja o caso excepcional de substituição processual em que a parte é o substituto e o substituído continua como terceiro e fica fora do processo sem ser parte.

A coisa julgada se refere à matéria (pedido) que foi julgada, relacionando-se objetivamente com o conteúdo do julgado em relação à matéria ou questão decidida e subjetivamente à pessoa em relação àquela que propôs ação e a outra contra ou relação a quem a ação foi proposta.

Deve a sentença se limitar ao pedido (art. 141 e 492, CPC) e em razão do princípio da congruência (julgamento limitado ao pedido), a eventual coisa que sobrevirá somente poderá estar também nos limites do pedido. Somente ficam vinculados à coisa julgada o autor que pede e o réu contra quem existe pedido. Não alcança quem não pediu e nem aquele contra quem nada se pediu.

8. QUANTO AOS LIMITES OBJETIVOS E SUBJETIVOS DA COISA JULGADA

Quando se fala em limites objetivos e subjetivos da coisa julgada, estar-se-á se referindo ao alcance da coisa julgada. Em sendo o julgamento uma resposta ao que se pede, somente, pode ser alcançado pela coisa julgada, o pedido em suas faces objetiva (matéria pedida e decidida) e subjetiva a quem se pede e contra quem é pedido. Fora isso inexiste coisa julgada. Talvez a questão mais intrincada no estudo da assistência é aquela que diz respeito aos limites subjetivo da coisa julgada. A doutrina não é unânime, a lei não é clara e a jurisprudência não é segura. Vale o alerta de LIEBMAN de que "é exata a afirmativa de que a coisa julgada se restringe à parte dispositiva da sentença".[12]

É certo que a coisa julgada somente fica limitada ao dispositivo da sentença, não alcançando a fundamentação e menos ainda o relatório (art. 504,

---

11. GOMES D A CRUZ, José Raimundo. Pluralidade de partes e intervenção de terceiros, p. 154.
12. LIEBMAN, Enrico Túlio. Estudos sobre o processo civil brasileiro, p. 164.

do CPC.). Ainda mais, é de se ver que em face do princípio da congruência a sentença deve se limitar ao pedido e assim sendo, a coisa julgada que sobrevirá da sentença, também não pode ultrapassar o pedido. O mesmo LIEBMAN,[13] nesse particular esclarece que para identificar-se o objeto, no sentido técnico do processo e, em conseqüência, da coisa julgada, é necessário que se lembre que a sentença nada mais é do que a resposta dada pelo juiz ao pedido formulado pelos litigantes e que, assim fica afastada a possibilidade excepcional de julgamento "ultra petita".

A sentença transitada em julgado é imutável (para todos), apenas a questão nela decidida é que se torna imutável somente entre as partes, não atingindo terceiros que não serão beneficiados e nem prejudicados (art. 506, CPC).

A expressão "coisa julgada", quer dizer questão julgada e não sentença. A sentença depois de transitada em julgado torna-se imutável e não mais poderá ser modificada, ressalvada como foi dito, o caso de ação rescisória. Até mesmo aquela sentença terminativa que não decide a lide (mérito) torna-se imutável e não mais será modificada. será perene e intangível.

Tanto isso é verdade, que se as partes quiserem voltar-se ao mérito da questão terão de demandar de novo, formando outro processo, para obter outra decisão sobre a lide, visto que aquela primeira apesar de ser formal ela é imutável e a sua conclusão se tornou indiscutível

9. A POSIÇÃO DO ASSISTENTE NA RELAÇÃO PROCESSUAL

Como foi visto em relação à natureza jurídica da assistência, o assistente é terceiro e não é parte no processo. No entanto, há quem entende que o assistente litisconsorcial é parte no processo. Para alguns é parte principal e para outros é parte acessória.[14]

Para DOWER, "1) o assistente simples figura na relação jurídica como terceiro sempre e o assistente litisconsorcial é parte acessória, porque na relação em que ele participa, o assistente é parte principal".[15]

Entretanto, esse mesmo eminente autor, em outra passagem assim se expressou: "4) O assistente, se for vencido, não imposta a espécie de assistente, sujeitar-se-á ao pagamento das custas, na proporção da atividade que houver exercido no processo (CPC. art. 94, do CPC) mas não arcará com honorários de advogado adverso, porque a derrota é do assistido; assim, também, a vitória

---

13. LIEBMAN, Enrico Túlio. Estudos sobre o processo civil brasileiro, p. 162-163.
14. DOWER, Nelson Godoy Bassil. DPC. Curso básico. Pág. 263.
15. DOWER, Nelson Godoy Bassil. DPC. Curso básico, pág. 263.

do assistido não lhe dá direito de receber honorários".[16] Ora, se assim pensa é porque o assistente não é parte, porque se parte fosse, responderia também pelos demais encargos sucumbenciais.

Seguindo esse mesmo entendimento, WAMBIER, TALAMINI E ALMEIDA[17], apontam que a há casos em que quando alguém intervir no processo como assistente litisconsorcial, assume posição idêntica à do litisconsorte.

Pensa-se que melhor é a posição dos que negam ao assistente a condição de parte e nesse passo lembra-se, o que muito bem asseverou AMARAL SANTOS: "Esta segunda característica do assistente litisconsorcial se lhe impõe capacidade de ser parte – capacidade processual e capacidade postulatória – e que tenha interesse jurídico na vitória da parte a que assiste. Todavia, não é parte, mas assistente de uma das partes".[18]

O artigo 124 do CPC, reconhecendo que o assistente não é parte no processo, ao aludir à assistência litisconsorcial diz que se considera litisconsorte da parte principal o assistente, todo vez que a sentença houver de influir na relação jurídica entre ele e o adversário do assistido. Essa norma fala que "Considera-se litisconsorte", o que já deixa entendido que o assistente não parte e nem litisconsórcio. Isto porque, se o fosse, não haveria necessidade de assim ser considerado. Quem é, não precisa ser considerado. Ao se contentar com a mera consideração é porque já reconhece que parte não o é[19].

10. A NORMA DO ART. 123 DO CPC – JUSTIÇA DA DECISÃO

O art. 123, do CPC., dispõe que: "Transitada em julgado a sentença, no processo em que interveio o assistente, este não poderá, em processo posterior, discutir a justiça da decisão", salvo se alegar e provar as hipóteses dos incisos I e II, do mesmo dispositivo. A redação da lei, ao que se pensa, não foi das mais felizes.

Dizer que "transitada em julgado a sentença, na causa em que interveio o assistente, este não poderá, em processo posterior discutir a justiça da decisão", parece-nos chover no molhado, porque, uma vez transitada em julgado a sentença emitida em um processo, ela não poderá ser objeto de nova discussão em outro, nem pela parte nem pelo assistente e nem por

---

16. DOWER, Nelson Godoy Bassil, DPC. Curso básico, pág. 264.
17. WAMBIER, Luiz Rodrigues, TALAMINI, Eduardo e ALMEIDA, Flávio R.C. de. Curso avançado. vol. 1, pág. 254.
18. AMARAL SANTOS, Moacyr. Primeiras linhas de direito processual civil. vol. 2. p. 56.
19. Nesse passo lembra-se interessante frase utilizada por Alice Monteiro de Barros, ao se referir à lei: "Se é necessário dizer que tem força de lei é porque é outra coisa que não uma lei". *Curso de Direito do Trabalho*, p. 105, 3ª ed. LTR. São Paulo: 2007. Assim, e da mesma forma, também quando se diz que se considera parte o assistente litisconsorcial é porque é porque parte não o é.

terceiro que não tenha participado do processo, ressalvada tão somente a hipótese de ação rescisória, mesmo assim esta é reservada somente à parte e não ao assistente[20].

Acaso a expressão "transitada em julgado" fosse sinônima de "coisa julgada", como esta foi tratada nos artigos 502 a 496, CPC, a sentença não pode ser modificada nem no mesmo e nem em outro processo. Nem entre as partes e nem entre terceiros. A diferença está, em que, quem transita em julgado é a sentença (terminativa ou definitiva) e o que faz a coisa julgada é a matéria que foi decidida na sentença e não a própria sentença.

A norma do artigo 123 do CPC, pela forma em que está redigida tem causado interpretações divergentes e em grande parte até mesmo equivocada. Muitos são os autores que entendem que essa norma ao falar em impossibilidade de discutir a justiça da decisão, estaria consagrando a coisa julgada em relação ao terceiro assistente. No entanto, pensa-se que essa não é a melhor interpretação. Melhor, parece-me, pensarem aquele, que entendem que a norma do artigo 123 do CPC, não está se referindo à coisa julgada. SERGIO FERRAZ,[21] referindo ao CPC/1973, é incisivo em afirmar que: "A "justiça da decisão", a que se reporta o art. 55, doutra parte, não se confunde com a coisa julgada". PONTES DE MIRANDA, sempre lembrado, ao analisar o artigo 55, do CPC/1973 assim ensinou: "No art. 55 não se está a falar da eficácia da coisa julgada, o que se estatui é que os fundamentos de fato e de direito que foram assentes na sentença são incontroláveis (sic), isto é, em processo posterior não pode o assistente "discutir a justiça" da decisão (e.g. vicio da coisa vencida)".[22]

Para não deixar dúvidas sobre eventual diferença entre o assistente simples e o assistente litisconsorcial, o eminente jurista PONTES DE MIRANDA referindo-se ao CPC/1973, esclareceu: "As regras jurídicas do art. 55 são relativas a todos os assistentes".[23]

Nas mesmas passadas segue FIDELIS DOS SANTOS, que de sua vez, diz: "Justiça da decisão não se refere à coisa julgada, pois a lide de outro processo não é a mesma. Refere-se aos fatos que se tiveram por comprovados".[24]

Agora, a questão julgada (coisa julgada) faz lei entre as partes não beneficiando e nem prejudicando terceiro (art. 506, CPC). Esta sim, não atinge o assistente, porque este não é parte. Ao se referir aos artigos 467 a 475 CPC/1973,

---

20. O assistente está legitimado para propor a ação rescisória, não pela qualidade de assistente, mas sim pela qualidade de terceiro interessado (art. 487, II, do CPC).
21. FERRAZ, Sergio. Assistência litisconsorcial no direito processual civil. pág. 79.
22. PONTES DE MIRANDA, Comentários ao CPC. t. II, pág. 79.
23. PONTES DE MIRANDA, idem, ibidem.
24. FIDELIS DOS SANTOS, Ernane. Manual de direito processual civil. vol. 1. p. 76.

AGRÍCOLA BARBI, afirmou: "ora, isso não pode ser aplicado aos assistentes, porque ele não faz nenhum pedido, nem contra ele é feito qualquer pedido: a parte dispositiva não se refere a ele e sim aos litigantes principais" [25] O mesmo AGRÍCOLA BARBI[26], afirma que o artigo 55, do CPC/1973, somente se aplica à assistência simples, porque, segundo afirma, nesta é que tem importância futura relação entre o assistente e o assistido.

Mas é necessário observar um detalhe de extrema importância e enorme peso para a análise dessa questão. Exatamente, por envolver relação ou ação entre assistente e assistido é que não se pode voltar a discutir questão de fato e direito já decidida na ação entre assistido e seu adversário, porque além de serem outros os fundamentos, ainda a sentença não poderá atingir quem do processo não participa (art. 506, do CPC). Assim fosse, seria uma forma espúria de ação rescisória, sem os requisitos do artigo 966, CPC, e ainda proposta por terceiro em afronta ao artigo 17, do CPC.

Referindo-se ao CPC/1973, diz expressamente AGRÍCOLA BARBI [27], que a norma do artigo 55, do CPC de 1.973, não se aplicava à assistência litisconsorcial muito embora antes houvera afirmado que a justiça da decisão referida na lei, significa fundamento de fato e de direito[28].

Fosse a expressão "justiça da decisão" equivalente a fundamento de fato e direito, somente nesta poderia ser aplicado, eis que na assistência simples, eventual ação futura será entre assistido e assistente da qual, o adversário do assistido será estranho (art. 506) e ainda os fundamentos são outros, como foi mencionado acima.

Tudo isso leva a crer que a expressão "justiça da decisão" tem mais a ver com juridicidade (ausência de vício) do que fundamento de fato e de direito e poderá ser aplicada a qualquer das modalidades de assistência, como preleciona UBIRATAN DE COUTO MAURÍCIO [29], chamando ao seu apoio ARRUDA ALVIM, PONTES DE MIRANDA e SÉRGIO FERRAZ.

O art. 123, CPC., trata de algo diferente da coisa julgada, não daquela que atinge a parte dispositiva da sentença entre as partes. Mas, ao que pensamos, também não se refere aos motivos de fato e de direito, que constituem a causa de pedir, como pensam, AGRÍCOLA BARBI [30], AMARAL SANTOS[31] e PONTES DE MIRANDA[32].

---

25. AGRÍCOLA BARBI, Celso. Comentários aos CPC. Vol. I, tomo I, pág. 305.
26. op. cit., págs. 308/309.
27. Idem, idem, pág. 309.
28. Idem, pág. 306..
29. op. cit., pág. 130,
30. Obra citada. pág. 306.
31. Primeiras Linhas de DPC, vol. 2, pág. 52.
32. Comentários ao CPC. t. II, p. 79.

Com a devida e máxima vênia e o respeito que merecem os expoentes e luminares doutrinadores citados, modesta e cautelosamente, não se compreende como puderam chegar a tal conclusão. Dispõe o artigo 504, I e II, do CPC, que não fazem coisa julgada (não se tornam imutáveis) os motivos, ainda que importantes para determinar o alcance da parte dispositiva da sentença e a verdade dos fatos, estabelecida como fundamento da sentença. Ora, se os motivos e os fundamentos não fazem coisa julgada (não se tornam imutáveis) entre as partes, com maior razão não podem ser imutáveis aos assistentes que nem partes são. Seria dar maior efeito da sentença ao assistente do que às próprias partes. Tal assertiva, a nosso modesto modo de ver é ilógica, anti-sistemática e irreal. Pensa-se que o processo e a sentença devem vincular mais as partes do que o assistente e não este mais que aquelas.

Parece não ser possível e nem viável, apregoar-se, que com relação às partes os motivos e os fundamentos são mutáveis e a disposição imutável (art. 504, do CPC), e para o assistente serem os motivos e os fundamentos imutáveis, porquanto mutável a parte dispositiva, porque não é parte. Exatamente por não ser parte não se subordina à imutabilidade da parte dispositiva, com maior razão não se pode subordiná-lo ou vinculá-lo aos motivos ou fundamentos, pois estes, não vinculam ninguém, porque não fazem coisa julgada e por isso não são imutáveis nem mesmo parar as partes. (art. 504, CPC).

A disposição do artigo 123, CPC, ao falar que o assistente não mais poderá em processo posterior discutir a justiça da decisão da sentença, não está se referindo aos motivos e nem aos fundamentos que serviram de base à sentença, porque essa proibição não se impôs às partes (art.504, do CPC) muito menos seria de se impor ao assistente.

A justiça da decisão, expressa no dispositivo citado, ao que se pensa, quis dizer "JURIDICIDADE" da decisão. Juridicidade da decisão, que nada tem a ver com os motivos e fundamentos que serviram de base à disposição da sentença, senão referência a forma procedimental (vícios do procedimento ou da sentença). Tem a ver com aspectos jurídicos do procedimento ou da própria sentença (embora a lei fala decisão).

A juridicidade (justiça, na expressão da lei) da sentença, é encontrada nas garantias constitucionais e ainda nos arts. 489, 490, 492 e 497 do CPC entre outros. Ao que parece, que em razão de cessar a assistência com o fim do processo, não mais cabe ao assistente alegar qualquer vício da sentença ou do procedimento em processo posterior. Incluem-se também na juridicidade da sentença os casos dos artigos 144 e 145, do CPC., sendo que estes últimos tanto podem ligar à sentença, como ao processo ou ao procedimento como um todo. A norma do artigo 123 ao se referir à justiça da decisão está se referindo ao procedimento e nesse particular, já assinalava CARNELUTTI, quando assim expressou: " Como tal supõe uma anomalia do procedimento impugnado, cuja existência faz provável a injustiça da sentença. As anomalias do procedimento impugnado, das quais se argúi a probabilidade de injustiça da sentença". [33]

As ressalvas feitas nos incisos I e II do artigo 123, do CPC., realmente criam confusão, pois no primeiro fala em provas suscetíveis de influir na sentença e no segundo de existência de alegações ou de provas de que o assistido por dolo ou culpa, não se valeu. A letra fria da lei, pode levar o intérprete a pensar em fundamento de fato e de direito (causa de pedir). Mas, como ficou anotado, a interpretação sistemática, afasta esta hipótese pela aplicação conjunta deste dispositivo e a do artigo 487, do CPC. Pelo estado em que receberá o processo dá a idéia da intervenção ter sido em segunda instância (art. 119, parágrafo único) ou mesmo em primeira instância, mas depois de ultrapassado o prazo para apresentações das exceções (arts. 144, 145 e 335, do CPC).

Por atos do assistido pode-se imaginar, desistência da ação e reconhecimento do pedido ou transigência sobre o direito litigado, mas estes casos têm a ver com a disposição da sentença e não com os fundamentos e motivação. Além do mais, a persistir o entendimento de que a norma do artigo 123, do CPC, refere-se aos motivos e fundamentos da sentença, além de contrariar a sistemática (ver art. 504, do CPC), ainda somente poderia ter aplicação aos casos da assistência litisconsorcial, a única que a relação jurídica do assistente está ligada ao adversário do assistido, alicerçada pelos mesmos fundamentos.

Não se aplicará na assistência simples, porque em sendo a relação jurídica do assistente com o assistido, não guarda relação ou vinculação direta com a outra relação entre assistido e seu adversário.

Expressivos, a respeito, são os ensinamentos de DINAMARCO quando se referiu ao CPC/1973: "Essa eficácia da intervenção perante o terceiro que ingressou como assistente, a que alude o art. 55, costuma ser indevidamente assimilada à autoridade da coisa julgada material. Basta ver, no entanto, que a indiscutibilidade dos fundamentos da sentença, no âmbito da demanda já julgada, sequer para as partes é explicada pelo fenômeno da *res iudicata* (supra, nota 37) para facilmente se compreender que muito menos para terceiro poderá sê-lo"[34].

Nesse sentido apresenta segura é a advertência de LIEBMAN:

> "Em segundo lugar, nem todas as questões discutidas e resolvidas constituem coisa julgada. Estão nesse número a que, sem constituir objeto do processo em sentido estrito, tiveram que ser

---

33. CARNELUTTI, Francesco. Instituições do processo civil. p. 321-322.
34. DINAMARCO, Cândido Rangel. Litisconsórcio, p. 25.

examinados como premissa lógica da questão principal (questões prejudicais, propriamente ditas). São elas conhecidas ou apreciadas, mas não decididas, porque nada resolveu o juiz a seu respeito, podendo ser, assim; julgados livremente em outra causa levada a juízo por outro motivo, continuando em aberto em tudo quanto não foi objeto da lide anterior".[35]

11. COISA JULGADA E O ASSISTENTE

Acaso ficará ou não o assistente sujeito à coisa julgada. A doutrina não é unânime, a lei não é clara e a jurisprudência não é pacífica. Já advertia COUTURE: "São muito comuns os casos em que o legislador utiliza, por imperícia, uma palavra que não é, tecnicamente, a apropriada".[36] Parece ser isso que ocorreu com a redação do artigo 123, do Código de Processo Civil. Chama-se a atenção nesse aspecto que o mesmo COUTURE, em outro ponto ao cuidar da interpretação da lei processual acentuou: "Interpretar – dizíamos – é extrair um sentido. Mas, extrair um sentido dentro de uma ordem normativa da índole da que acaba de referir, própria da esfera processual, é não só descobrir a razão do texto, como, também, seu significado dentro do sistema de princípios". [37]

Em razão da redação dada ao artigo 123, do CPC, como foi anotado, surgem as divergências sobre eventual alcance da coisa julgada ao assistente. Após distinguir o alcance da coisa julgada entre as espécies de assistência,

DOWER diz: "Com relação à assistência litisconsorcial, por ser este parte, embora de maneira acessória, a sentença o atingirá com força de coisa julgada" [38] É de se ver que essa afirmação contradiz àquela acima exposta em que o mesmo autor afirma que não importa a espécie de assistente, não arcará com os honorários do advogado adverso, porque a derrota é do assistido".[39] Ora, se assim pensa, é porque não há coisa julgada contra o assistente, isto porque, se a sentença produzisse coisa julgada em relação ao assistente, com certeza estaria ele vinculado à sucumbência.

Também CAMARGO SOBRINHO pensa que a coisa julgada se estende ao assistente litisconsorcial e assim expôs: "A coisa julgada se opera em referência ao assistente litisconsorcial, pois este intervém no processo para manter relação jurídica própria sendo que o direito em discussão também lhe pertence. A sentença proferida atingirá diretamente o assistente litisconsorcial, sujeitando-o

---

35. LIEBMAN, Enrico Túlio. Estudos sobre o processo civil brasileiro, p. 162.
36. COUTURE, Eduardo J. Interpretação das leis processuais, p. 41.
37. Idem, idem, pág. 40.
38. DOWER, Nelson Godoy Bassil, op cit. pág. 265.
39. Idem, idem, pág. 264.

à eficácia da coisa julgada e não havendo, portanto, possibilidade de discutir posteriormente o mesmo direito entre assistido e assistente".[40]

FREDERICO MARQUES, apesar de reconhecer que o assistido poderá ser atingido pela sentença, esclarece: "A sentença que condenar o assistido não poderá ter qualquer força de título executivo contra o assistente".[41] Ao dizer que a sentença não produz título executivo contra o assistente, já está indicando que este não é parte e nem mesmo está sujeito à coisa julgada.

A respeito do tema bastante explícito se mostra FIDELIS DOS SANTOS, que diz poder haver também influência direta da sentença na relação jurídica de terceiro mas como efeito próprio do direito material provocado por ela e não pela coisa julgada que não o afeta. Julgado procedente pedido reivindicatório do imóvel, prejudicado fica o contrato de locação entre réu e terceiro. É mera prejudicialidade de direito material".[42]

Em relação ao assistente litisconsorcial esclarece: "O assistente qualificado não é parte, já que nada pede nem contra ele se pede nada. Não é litisconsorte, pois o litisconsorte também é autor ou réu".[43] "No comum, a coisa julgada, porém não atinge o assistente, mesmo o litisconsorcial. Não, não o atinge, exatamente porque não é parte, já que nada pediu, nem contra ele se pediu nada. É simples assistente com poderes de parte, mas não litisconsorte".[44]

O que se estende aos terceiros tais como o assistente são os efeitos da sentença, mas não o da coisa julgada. Mesmo assim estes efeitos da sentença atingem o terceiro que intervêm com a assistência, bem como aquele que não assiste, mas que esteja na mesma situação jurídica. Esclarece bem GOMES DA CRUZ: "Mas o certo é que "não está o terceiro, em caso algum, sujeito a coisa julgada, nem a nenhum efeito dela". No entanto daí não decorre falta de interesse em intervir. Se a coisa julgada só diz respeito às partes, os efeitos da sentença também podem atingir terceiros".[45] Para esse autor a situação não se altera, mesmo nos casos de coobrigação e assim se expressa: "Não se altera o problema nos casos de coobrigação. Mesmo tratando-se de obrigações solidárias, a solução será a ampliação ao terceiro apenas dos efeitos da sentença, mas sem a autoridade da coisa julgada".[46] Em acórdão brilhantemente relatado pelo eminente Des. Dinio Garcia, consta a seguinte passagem:

---

40. CAMARGO SOBRINHO, Mario. Do litisconsórcio e seus efeitos, p. 148, n° 8.7.
41. FREDERICO MARQUES, José. Manual de DPC. Vol.1. pág. 270.
42. FIDELIS DOS SANTOS, Ernane. Manual de DPC, vol.1. 3ª ed. 1994, pág. 73.
43. Idem, idem, pág. 74.
44. Idem, idem, pág. 76.
45. GOMES DA CRUZ, José Raimundo. Pluralidade de partes e intervenção de terceiros, p. 155.
46. Idem, idem p. 157.

NOVO CPC DOUTRINA SELECIONADA, v. 1 • Parte Geral

PARTE VIII – INTERVENÇÃO DE TERCEIROS

"A procedência da ação, relativamente à assistente litisconsorcial (...) resultou da circunstância de tê-la considerado, o prolator da sentença, parte no processo.

Data vênia, não deu a melhor interpretação ao art. 54 do CPC. Confira-se, a propósito, a lição de Pontes de Miranda (Comentários ao Código de Processo Civil, vol. 2/70): "Por si só, não é parte. Nem autor, nem é réu, no processo. Quando ele entra no feito, nenhum novo processo surge nem o processo, que havia e estava correndo, se altera. Ele adere, mas também se insere. Principalmente, nada pede para si. Se nada pede, não há nos autos pedido seu que o juiz tenha de examinar para deferir ou indeferir. O pleito não é dele; é da pessoa que ele ajuda".[47]

O assistente litisconsorcial, como se decidiu neste julgamento ementado, não é parte, no máximo pode ser considerado, mas, só se pode considerar que não o é. Pois, quem é, não precisa ser considerado (art. 124, do CPC).

12. INEXISTÊNCIA DE COISA JULGADA PARA O ASSISTENTE

Conforme foi anotado até agora, o assistente em qualquer de suas modalidades não é parte, nada pede e nem contra ele se pede. O assistente é atingido pelos efeitos da sentença, mas não pelos efeitos da coisa julgada que é coisa bem diferente. De regra tanto o assistente simples bem como o assistente litisconsorcial não será atingido pela coisa julgada, mas poderão sê-lo pela eficácia da sentença (que é outra coisa), desde que pela natureza da relação jurídica tivesse o juiz de decidir a lide de modo uniforme (art. 114, do CPC) e nos demais casos, desde que não presentes as exceções dos incisos I e II do artigo 123, do CPC.

Mas como ensina ARRUDA ALVIM[48], o assistente litisconsorcial, ou melhor, aquele que está em situação de ser assistente litisconsorcial, "será atingido pelos efeitos da sentença, tenha ingressado ou não no processo". Isso quer dizer que o assistente mesmo quando atingido pela coisa julgada não é pela simples condição de assistente, senão pela natureza da lide que o atingiria fosse ou não assistente.

Caso o assistente fosse atingido pela coisa julgada, pelos simples fato de ser assistente, ocorreria o que demonstrou GRINOVER, ao expressar: "não

---

47. TJSP.Apelação n° 73.259-2. julgada em 18.9.84. in RT. 592/80. Com a seguinte ementa: "Litisconsórcio – Assistente – Autora julgada carecedora da ação – Procedência desta com relação àquele – Inadmissibilidade – Partilha das custas entre autora e réu – Honorária a cargo dos vencidos – Sentença parcialmente anulada. Com a extinção do processo em relação à parte principal cessa a assistência litisconsorcial". RT. 592/80.
48. ARRUDA ALVIM. J.M. *CPC. Comentado*. v. 3. p. 7.

1112

sendo titular da ação, não lhe sendo movida ação alguma, a sua legitimação é sempre secundária e ele não deixa de ser um assistente".[49] Em outro ponto a mesma eminente processualista GRINOVER alerta: "Afirma-se com Liebman, que se fosse verdade que a coisa julgada pudesse estender-se ao terceiro, não haveria razão para o ordenamento permitir o seu ingresso na relação processual, exatamente com o fito de ser por ela alcançado".[50]

No mesmo sentido observou: GRECO FILHO: "Ninguém mais ingressaria como assistente, porque não iria correr o risco de, habilitando-se no processo, ficar vinculado a uma transigência leviana, a uma confissão dolosa, ao desinteresse ou, até a simulação do assistido".[51]

No entanto, ao que se pensa, enganou-se GRECO FILHO em outro ponto quando se referiu ao CPC/1973 ao dizer: "O art. 55 do Código de Processo Civil, todavia, não se aplica ao assistente litisconsorcial, o qual sofre, inexoravelmente, a imutabilidade da coisa julgada, porque detém a qualidade de titular da relação jurídica que é discutida em juízo. Aliás, sua vinculação à coisa julgada ocorre mesmo que não tenha ingressado como assistente, em virtude da extensão da imutabilidade da sentença decorrente da substituição processual".[52]

Ora, se pode o terceiro ser atingido pela coisa julgada mesmo sem ser assistente, é porque a assistência não influirá na formação da coisa julgada. Se atingido fosse, seria por outra razão.[53] Volta-se aqui a lembrança de LIEBMAN: "O que se estende aos terceiros, isto é, aos outros legitimados à impugnação, é somente o efeito da sentença". [54]

De sua vez BERENICE DIAS, afastava a incidência do artigo 55, do CPC/1973, ao assistente litisconsorcial e assim expressou: "Diante desse pressuposto, não se pode sujeitar o assistente litisconsorcial aos efeitos de intervenção previstos no art. 55 do CPC, que impõe a indiscutibilidade da premissa menor do silogismo sentencial" [55]

---

49. GRINOVER, Ada Pellegrini. in Manual de direito processual civil de Liebman, Enrico Túlio.p. 113, nota 84. A nota n° 85, tem a seguinte explicitação: "Não pode, em primeiro lugar, deixar de parecer sintomática a simplicidade da demonstração com que se costuma afirmar preliminarmente a verificação para os terceiros, de tais efeitos reflexos, que a lei não só não dispôs nem prevê, mas antes, parece excluir nitidamente, quando limita rigorosamente às partes a autoridade da coisa julgada". Local e obra citada.
50. GRINOVER, Ada Pellegrini, in nota ao § 5° da obra Eficácia e autoridade da sentença ,,, de Liebman, p. 111.
51. GRECO FILHO, Vicente. Da intervenção de terceiros, p. 76.
52. GRECCO FILHO, Vicente, Da intervenção de terceiros, p. 77.
53. Pensa-se diferente e o nosso pensamento foi exposto no item 13.1.
54. LIEBMAN, Enrico Túlio, Eficácia e autoridade da sentença, pág. 235.
55. BERENICE DIAS, Maria. O terceiro no processo. p. 106.

Aliás, LIEBMAN, já apontava a impropriedade da expressão "assistência litisconsorcial", bem como a diferença entre efeitos da sentença e efeitos da coisa julgada quando assim se expressou:

> "Quanto aos efeitos da sentença – que não se confundem com a autoridade da coisa julgada -, o Código reconhece claramente, segundo revela o exame sistemático, que eles são capazes de atingir a esfera jurídica de terceiros, seja embora por via reflexa. É o que explica a existência de institutos como a impropriamente chamada "assistência litisconsorcial" que se pressupõe a idoneidade da sentença para "influir na relação jurídica" entre o assistido litisconsorcial e o adversário da parte assistida".[56]

Já ensinava AMARAL SANTOS: "No que tange ao assistente, nada a sentença decide, mesmo porque nada ele pediu, nem poderia pedir, nem contra ele nada foi pedido".[57] Em outro ponto o mesmo professor sustenta: "A sentença se dá entre as partes, conquanto seus efeitos possam atingir o assistente".[58] Os efeitos da sentença poderão atingir o terceiro assistente, mas não a coisa julgada.

É de LIEBMAN a afirmação: "conseqüentemente, todos os terceiros estão sujeitos à eficácia da sentença nos limites do seu objeto, é sempre possível a eles que lhes podem repelir os efeitos demonstrando a sua injustiça, uma vez que tenham interesse jurídico nessa demonstração".[59] Assim também parece pensar BAPTISTA DA SILVA[60], para quem é "irrestrita e absoluta limitação da coisa julgada somente às partes". Enfático nesse sentido é OLIVEIRA LIMA, segundo o qual, "a coisa julgada SEMPRE é restrita às partes. Contudo, malgrado a coisa julgada seja restrita às partes, forçoso é convir na possibilidade dos efeitos outros da sentença influírem nas relações jurídicas entre terceiros e cada uma delas ou ambas".[61]

O Professor FIDELIS DOS SANTOS acima citado, em outra passagem, exemplificou:

> "Pode ocorrer que o terceiro, em tese, seja co-titular do direito disputado no processo, mas sem que sua presença se faça necessária, constitua-se ou não a coisa julgada. O espólio pode demandar e ser demandado pelas relações patrimoniais do autor de herança, operando-se a coisa julgada inclusive para os herdeiros, estejam ou não no processo. O condômino pode reivindicar a

---

56. LIEBMAN, Enrico Túlio. Eficácia e autoridade da sentença, 3ª ed. 1984. p. 100.
57. AMARAL SANTOS, Moacyr. Primeiras linhas de direito processual civil, vol. 2. pág. 57.
58. Idem, idem, pág. 56.
59. LIEBMAN, Enrico Túlio. Eficácia da sentença, p. 170.
60. BAPTISTA DA SILVA, Ovidio. Sentença e coisa julgada, p. 117-118.
61. OLIVEIRA LIMA, Paulo Roberto de. Teoria da coisa julgada, p. 40.

coisa comum (CC 623, II) e qualquer dos sócios pleitear nulidade das deliberações sociais, sem que o julgamento se qualifique pela coisa julgada com relação aos que não participaram do processo, que podem ser beneficiados pela sentença de procedência, mas por simples reflexo necessário de direito material". [62]

"Na assistência litisconsorcial, há casos em que a coisa julgada atinge o assistente, como ocorre, quando o herdeiro assiste o espólio. Mas, em tais hipóteses, o que se verifica é que o envolvimento do terceiro na coisa julgada se dá não em razão da assistência, mas da extensão da representação reconhecida em lei".[63]

THEREZA ALVIM, também em brilhante magistério demonstrou esse entendimento e assim se expressou:

"Ora, se a decisão de mérito imutável influenciará na pretensão do terceiro, não constante do processo, mas igual a nele deduzida e é razão suficiente e bastante para que ingresse ele no feito na posição de assistente litisconsorcial, torna-se patente que a coisa julgada material o atingirá. Mas, esse atingimento, como deduzimos da norma, não se dá em virtude do ingresso no processo na posição de assistente litisconsorcial, mas tão-somente pela natureza da relação jurídica, ante sua unitariedade".[64]

Um aspecto que aparece de grande interesse para o assunto aqui tratado é impossibilidade de condenação contra o assistente, a não ser apenas nas custas e despesas que tenha eventualmente provocado. De outro lado, saindo vencedor o assistido somente ele terá título executivo a seu favor e não o assistente que sem título não poderá propor execução de sentença. Noticia VALLE, que J.L. Pinto Guimarães, assim se expressou:

"Se o assistente não pode ser condenado senão nas custas, em caso de êxito, não dispõe da faculdade de promover a execução do julgado em seu favor e, se o assistente, no dizer de Carnelutti, não é sujeito da lide (ob cit. pág. 111), pois a demanda trazida a juízo pelo processo não lhe pertence, apenas intervém em demanda alheia, não há como atribuir-lhe qualidade material. É o que decorre da afirmativa, feita por Kisch, de que o assistente "no atua em um pleito próprio". (Elementos de Derecho Procesal Civil, pág. 323). "Pretendem alguns como Batista Martins (C. de Proc. Civil Comentado, vol. I, 291) equiparar o assistente ao litisconsorte. Não têm, porém, razão os que assim pensam". [65]

---

62. FIDELIS DOS SANTOS, Ernane. Manual de DPC. 4ª ed. 3º vol. P. 75.
63. Idem, idem, p. 77.
64. ALVIM, Thereza. Da assistência litisconsorcial no Código Brasileiro. REPRO 11-12, p. 48.
65. VALLE, Christiano de Almeida. Da assistência e o novo código de processo civil. P. 24.

GUSMÃO CARNEIRO, parece seguir o mesmo entendimento ao expor:

"O assistente simples, a rigor, não é afetado pela imutabilidade dos efeitos da sentença. A "coisa julgada" não o atinge, pela mera razão de que não está em julgamento o direito do assistente, mas sim o direito do assistido. Será, todavia, afetado pelos efeitos reflexos da sentença, já que a assistência se funda exatamente no interesse jurídico do assistente na vitória da parte a quem assiste. Mas estes jurídico do assistente na vitória da parte a quem assiste. Mas estes efeitos reflexos se produziriam houvesse ou não ingressado como assistente".[66]

Com relação ao assistente litisconsorcial, este, como foi visto, não é parte, não passando de assistente, muito embora pudesse ser parte. O mesmo SÉRGIO FERRAZ, com apoio em WILHEIM WETZELL, afirma que "o assistente litisconsorcial não tem pretensão no processo por ser a lide de outrem. Não é litisconsorte".[67]

12.1. Casos de solidariedade

Imagine-se como exemplo o devedor solidário que não foi citado para integrar a relação processual, mas espontaneamente se apresenta para assistir o réu (co-devedor) e pelo estado em que pega a causa já não pode excepcionar (art. 335, do CPC) ou pela confissão, reconhecimento do pedido ou transigência do réu, não pode exercer por completo o direito de defesa. Em caso do credor se dispuser executar a sentença contra si ou o réu após pagar o débito contra si se voltar, poderá ele (assistente) discutir a juridicidade da sentença e obter decisão de inexistência do aludido crédito. Ao assistente não o atinge a coisa julgada referente à disposição da sentença e por mais óbvio os fundamentos de fato e de direito que deram ensejo à sentença.

Mesmo em se tratando de casos de solidariedade em obrigação ou direito o terceiro que intervém em processo alheio simplesmente para assistir a uma das partes na qualidade de assistente litisconsorcial, não se torna parte e não será atingido pelos efeitos da coisa julgada. No caso de devedor solidário, para que o terceiro seja integrado ao processo há necessidade da iniciativa do devedor e fazer o chamamento na forma do artigo 130, do CPC. Somente quando o réu chama ao processo o outro obrigado solidário é que se dá a ampliação subjetiva e com isso o terceiro chamado passa a integrar o processo como parte e será atingido pela coisa julgada. Jamais o será o terceiro apenas assistente.

Tratando-se de terceiro assistente nada se pede contra ele, diferentemente do chamado ao processo em que já existe pedido contra ele e esse pedido

---

66. GUSMÃO CARNEIRO, Athos. Intervenção de terceiros p. 114..
67. Idem, idem, pág. 85.

deve também ser apreciado sob pena de nulidade do processo, o que não se dá com o assistente litisconsorcial.[68]

Quando se tratar de ação apenas em relação a um devedor, quando existentes devedores solidários, para que aquele ou aqueles não acionado(s) seja(m) atingido(s) pela coisa julgada é necessário o chamamento ao processo previsto no artigo 130 do CPC. Sem essa providência, ainda que os solidários compareçam como assistentes não há pedido contra eles e por isso não serão atingidos pela coisa julgada.

Em caso de ação contra um ou apenas alguns solidários, a coisa julgada somente atinge aquele que é autor ou réu (ou chamado que se torna réu) e não para os demais. Assim, em caso de ser vencido em ação de cobrança um devedor solidário, ele poderá se voltar depois contra o outro, mas a dívida poderá ser discutida e aquele que não participou do processo como parte, ainda que tenha participado como assistente poderá rediscutir a questão e até mesmo sair vencedor e restar afirmado que não tem responsabilidade pela dívida.

Isso pode acontecer no caso em que é apenas acionado (parte) o devedor principal, e, o fiador que não pode ser chamado ao processo pelo devedor (art. 130, do CPC) se apresenta apenas como assistente, embora também pudesse ser acionado pelo autor, mas não fora. Condenado o devedor principal, somente em relação a este será a coisa julgada. Não pagando a dívida, o credor precisará de outra ação contra o fiador e este poderá discutir a existência da dívida ou a sua responsabilidade, por que em relação ao assistente (fiador) inexiste coisa julgada. Além de poder o fiador alegar pagamento, prescrição, renúncia, remissão etc, poderá ainda alegar nulidade da própria fiança.

Ao contrário, se acionado somente o fiador e este não chamar ao processo o devedor, poderá este se apresentar voluntariamente como assistente, mas o resultado da demanda não faz coisa julgada contra ele. Imagina-se, vencido o fiador em ação em que não foi parte o devedor principal, aquele necessitará de propor ação de cobrança (regresso pelo que pagar), mas outro julgamento haverá ser feito por inexistir a coisa julgada contra o devedor principal. Acionado o devedor poderá alegar pagamento, prescrição, renúncia, remissão etc, bem como incapacidade para contratar entre outras defesas de caráter pessoal.

---

68. Assim já foi decidido: "Chamamento ao processo. Sentença. Omissão do juiz. Nulidade – Processual civil – Chamamento ao processo. Assumindo o chamado ao processo a posição de réu perante o credor, impõe-se que na mesma sentença o juiz defina as responsabilidades de todos os litisconsortes. Aplicação do artigo 78, do Código de Processo Civil. A sentença que não decide a respeito do chamado ao processo não esgota a prestação jurisdicional e, portanto, nula. Sentença anulada. (TARS-AC 183.023.837-2ª C.Civ. J. 23.8.1983)". citado por CAMARGO SOBRINHO, Mário, op. Cit. p. 186.

Muito bem observou BAPTISTA DA SILVA: "O próprio efeito declaratório da sentença que julgar válido o contrato afiançado nada dirá sobre o contrato de fiança. A coisa julgada terá dito que o contrato principal é válido e eficaz, de modo que o efeito da declaração, como qualquer efeito natural da sentença, atingirá o fiador, sem contudo produzir coisa julgada sobre a relação fidejussória".[69]

Depois o mesmo autor complementa: "Do mesmo modo, o fiador não estará impedido de discutir a validade do contrato garantido pela fiança, de modo a obter uma declaração contrária àquela emitida no processo anterior, que o dera como válido". [70]

Como já se anotou acima com segura e impecável lição esclarece bem GOMES DA CRUZ: "Mas o certo é que "não está o terceiro, em caso algum, sujeito a coisa julgada, nem a nenhum efeito dela".

Ainda como observa THEREZA ALVIM, ao se referir à situação do assistente em futura ação que pretensão ou a defesa que deduzira'em lide sua em nada se assemelha à do processo em figura apenas como assistente. "Esta funcionará como uma espécie de prejudicial, sobre a qual passará a autoridade de coisa julgada, ao seu direito".[71]

No entanto daí não decorre falta de interesse em intervir. Se a coisa julgada só diz respeito às partes, os efeitos da sentença também podem atingir terceiros"[72]. Para esse autor a situação não se altera, mesmo nos casos de coobrigação e assim se expressa: "Não se altera o problema nos casos de coobrigação. Mesmo tratando-se de obrigações solidárias, a solução será a ampliação ao terceiro apenas dos efeitos da sentença, "mas sem a autoridade da coisa julgada"[73].

12.2. Casos de direito comum.

É de se ver que em caso de titularidade de direito comum a discussão em uma ação entre alguns dos comunheiros como partes, ainda que os outros comunheiros não demandam, vindo mais tarde se apresentar como assistentes (não litisconsortes ulteriores), continuam como terceiros assistentes e não partes, não sendo por isso alcançados ou vinculados à sentença pela simples razão

---

69. BAPTISTA DA SILVA, Ovídio. Comentários ao CPC. vol. 1. p. 300.
70. Idem, idem, pág. 301.
71. THEREZA ALVIM. Da assistência litisconsorcial no Código Brasileiro, REPRO 11-12, p. 49.
72. GOMES DA CRUZ, José Raimundo. Pluralidade de partes e intervenção de terceiros, p. 155.
73. Idem, idem p. 157.

de serem assistentes. Aparecendo ou não como assistente, não será atingido pela coisa julgada.

Exemplifica SÉRGIO FERRAZ, nos seguintes termos: "Se "A" pleiteia herança por ser filho, e esta é concedida, apesar das alegações apresentadas pelos outros filhos (desde que não tenha, a respeito, sido pedida declaração incidente), nada impedirá que em outra ação, na qual "A" postula o direito ao uso do nome do pai, os irmãos deduzam as mesmas defesas e alegações anteriores, obtendo, até, (por absurdo lógico, e não jurídico), ganho de causa"[74]. Não se vê como fugir a essa realidade, pois se os motivos e fundamentos não fazem coisa julgada nem para as partes, como se tornar imutáveis para os terceiros que intervieram apenas como assistentes que nem partes são.

12.3. Casos de compra e venda com cessão do contrato

Exemplifica-se, com uma ação de rescisão de contrato de compra e venda entre promitente vendedor e compromissário quando o cessionário do contrato assiste o compromissário cedente e o contrato vem a ser rescindido. Num futuro processo o assistente e o assistido poderão discutir a validade e responsabilidade dessa cessão.

Mas neste caso, não se há de rever os fundamentos da decisão anterior que rescindiu o contrato, pois os fundamentos de uma e outra ação são outros além de outras serem as partes. Imagine-se, caso em que o contrato foi rescindido por descumprimento de obrigação por parte do comprador-cedente ou anulado por vício de vontade ou falta de capacidade de contratar pelo vendedor, os fundamentos desta decisão nada tem a ver com eventual ação de indenização proposta pelo cessionário (assistente) contra o comprador (assistido). Os fundamentos de fato e de direito são outros e não se haveria de falar em nova discussão sobre os mesmos.

12.4. Casos de locação e sublocação

O mesmo se dá também, no caso do sublocatário que assiste o locatário (sublocador) e saindo este vencido, propõe ação para reaver os seus prejuízos oriundos da relação sublocatícia. Os fundamentos de fato e de direito dessa segunda ação, são outros e não os mesmos da ação de despejo. Portanto, não se poderá falar em rediscussão dos fundamentos de fato e de direito da ação de despejo e nem o autor desta (locador) não será parte na segunda ação entre

---

74. FERRAZ, Sergio. Assistência Litisconsorcial no Direito Processual Civil, pág. 60 e 61.

locatário (assistido) e sublocatário (assistente) e também por isso não poderá ser atingido pela segunda sentença (art. 506, do CPC).

12.5. Casos como os de anulação de assembléia

Mesmo não sendo litisconsorte qualquer pessoa, não só o assistente pode ser atingido pela sentença, dependendo da natureza da lide em questão. Em caso de ação popular proposta por uma pessoa, outras tantas poderiam ser litisconsortes e mesmo não o sendo, serão atingidas pela sentença.

A sentença que acolher ou rejeitar a ação popular atinge a todos que poderiam ser litisconsortes ativos. Uma vez que atinge até quem não é parte e nem é assistente, com maior razão atinge os assistentes. Mas não o será pelo só fato de ser assistente.

Assim também o é, com relação a ação proposta por um dos sócios para anular a deliberação de uma assembléia, aqueles que poderiam litisconsorciar-se e não o fizeram, poderão se apresentar a qualquer momento como assistentes, mas em qualquer hipótese, ficam sujeitos aos efeitos da sentença e não à coisa julgada, podendo em outra ação rediscutir a matéria. Tanto aquele se habilitou como assistente ou qualquer outro sócio ou até mesmo terceiro não sócio que tiver interesse poderá propor ação nova para restabelecer o ato eventualmente anulado.[75]

12. 6. Cônjuges

Diferentemente se dá no caso da mulher que não se litisconsorcia com o marido para propor a ação nos casos do artigo 73 do CPC, voltando depois a participar como assistente, ou mesmo sem essa participação, nesse fica sujeita aos efeitos da coisa julgada, não podendo mais voltar a discutir o mérito da causa, não em razão da assistência, porque mesmo sem ser assistente, os efeitos seriam os mesmos.

Nesse caso o cônjuge será atingido pela coisa julgada, mas isso nada tem a ver com a condição de assistente, porque mesmo sem essa situação já seria atingido por força da relação de direito material. Somente não será atingida pelos ônus processuais, quando poderia participar e não participou do processo, como nos exemplos citados da ação popular, da nulidade de deliberação de assembléia e do casal (art. 73 CPC), ficando livre dos efeitos da sucumbência, como custas, despesas e indenização (arts. 79 a 82, do CPC), mas ficarão

---

75. BAPTISTA DA SILVA, Ovídio. Sentença e coisa julgada. P. 118, é bastante claro nesse sentido.

sujeitos aos efeitos da coisa julgada, não mais podendo propor outra ação para discutir a mesma questão, por força exclusiva da relação de direito material e não por causa ter sido assistente porque a figura da assistência não amplia o alcance da coisa julgada.

CONCLUSÕES

Com essas colocações, pode-se, extrair algumas conclusões:

1. A figura da assistência é a mais genuína figura de intervenção de terceiro, visto que o assistente se apresenta ao processo como terceiro e sai do processo como terceiro, jamais se tornando em parte.

2. O assistente seja ele simples ou o chamado assistente litisconsorcial, são eles terceiros e por isso não se sujeitam à coisa julgada pela simples razão de se apresentarem como assistentes.

3. Se o artigo 123 do CPC, diz que o assistente não poderá em futura ação discutir a justiça da decisão, está exatamente afirmando a inexistência de coisa julgada, pois, se coisa julgada existisse, nem se haveria de se falar em futura ação, tendo em vista que a coisa julgada impede a renovação da mesma ação. Pelo simples fato de se tratar de outra ação, afasta qualquer idéia de incidência da coisa julgada.

4. Caso o assistente fosse atingido pela coisa julgada, ocorreria o que demonstrou GRECO FILHO: "Ninguém mais ingressaria como assistente, porque não iria correr o risco de, habilitando-se no processo, ficar vinculado a uma transigência leviana, a uma confissão dolosa, ao desinteresse ou, até a simulação do assistido".[76] Ainda a lição de GRINOVER: "Afirma-se com Liebman, que se fosse verdade que a coisa julgada pudesse estender-se ao terceiro, não haveria razão para o ordenamento permitir o seu ingresso na relação processual, exatamente com o fito de ser por ela alcançado".[77]

5. A coisa julgada está limitada ao dispositivo da sentença e este não poderá ir além do pedido e por inexistir pedido contra ou a favor do assistente, este jamais será atingido pela parte dispositiva e com isso inexiste em relação a si a coisa julgada.

6. Imaginar-se a coisa julgada contra o assistente, seria imaginar-se sentença fora do pedido, o que é impedido pelos artigos 141 e 503 do CPC.

---

76. GRECO FILHO, Vicente. Da intervenção de terceiros, p. 76.
77. GRINOVER, Ada Pellegrini, in nota ao § 5° da obra Eficácia e autoridade da sentença ,,, de Liebman, p. 111.

7. Efeitos da sentença e efeitos da coisa julgada são diferentes e não podem ser confundidos. Os assistentes poderão ser atingidos pelos efeitos da sentença, mas, não pelos efeitos da coisa julgada.

8. Nos casos excepcionais em que o assistente poderá ser atingido pela coisa julgada, não o será pelo fato de ser assistente, porque mesmo sem ser assistente será alcançado pelos efeitos da mesma.

Mesmo sem ser assistente será atingido pela eficácia da sentença como o será qualquer pessoa. Somente não será atingido pela coisa julgada, porque esta somente vincula as partes, como dispõe o artigo 506, do CPC. Não é e nem será a condição de assistente que vai lhe impor a eficácia da sentença e nem os efeitos da coisa julgada..

REFERÊNCIAS

AGRÍCOLA BARBI, Celso. *Comentários aos CPC. Vol. I, tomo I.* Rio: Forense: 1974.

ALVIM WAMBIER, Teresa Arruda. *O agravo do CPC brasileiro.* 3ª ed. São Paulo: RT. 2000.

ALVIM, Thereza, *Da assistência litisconsorcial no código brasileiro.* REPRO 11-12, São Paulo: RT. Julho/dezembro, 1978.

ARRUDA ALVIM. J.M. *CPC. comentado.* vol. 3. São Paulo: RT. 1976.

BAPTISTA DA SILVA, Ovídio. *Assistência litisconsorcial.* REPRO, v. 30. São Paulo: RT. Abril/ junho de 1983.

_____ *Comentários ao CPC.* vol. 1. São Paulo: RT. 2000.

_____ *Sentença e coisa julgada.* 3ª ed. Porto Alegre: Sérgio Antonio Fabris editor, 1995.

BERENICE DIAS, Maria. *O terceiro no processo.* Rio de Janeiro: AIDE, 1993.

CAMARGO SOBRINHO, Mário de. *Do litisconsórcio.* São Paulo: Interlex, 2002.

CARNEIRO, Athos Gusmão. *Intervenção de terceiros.* 4ª edição.São Paulo: Saraiva, 1989.

CARNELUTTI, Francesco. *Instituições do processo civil.* v. II. Campinas: Servanda, 1999.

CHIOVENDA, Giuseppe. *Instituições de direito processual civil.* Campinas: Bookseller, 1998.

COUTURE, Eduardo J. *Interpretação das leis processuais.* 4ª ed. Rio de Janeiro: Tradução de Gilda Maciel Corrêa Meyer Russomano. Forense, 1994.

DINAMARCO, Cândido Rangel. Litisconsórcio. São Paulo: RT. 1984.

DOWER, Nelson Godoy Bassil. *DPC. Curso básico.* Vol. 1. São Paulo: Nelpa, 1993.

FERRAZ, Sergio. *Assistência litisocnsorcial no direito processual civil.* São Paulo: RT. 1979.

FIDELIS DOS SANTOS, Ernane. *Manual de direito processual civil.* 3ª edição. vol. 1. São Paulo: Saraiva, 1994.

_____ *Manual de direito processual civil.* 4ª edição. vol. 1. São Paulo: Saraiva, 1996.

FREDERICO MARQUES, José. *Manual de direito processual civil.* vol. 1°, São Paulo: Saraiva, 2ª edição, 1974.

GOMES DA CRUZ, José Raimundo. Pluralidade de partes e intervenção de terceiros. São Paulo: RT. 1991.

GRECO FILHO, Vicente. *Da intervenção de terceiros.* São Paulo: 2ª edição. Saraiva, 1986.

LIEBMAN, Enrico Túlio. *Estudos sobre o processo civil brasileiro.* São Paulo: J. Bushatski Editor, 1976.

_____ *Manual de direito processual civil.* vol. I. Tradução de Cândido R. Dinamarco. Rio de Janeiro: Forense, 1984.

_____ *Eficácia e autoridade da sentença e outras escritos sobre a coisa julgada.* Tradução de Alfredo Buzaid e Benvindo Aires, com notas de Ada Pellegrini. Grinover. Rio de Janeiro: Forense,1981.

MAURÍCIO, Ubiratan de Couto *Assistência simples no direito processual civil.* São Paulo: RT. 1983.

MIRANDA, Gilson Delgado e PIZZOL, Patrícia Miranda. *Processo Civil – Recursos.* 3ª edição. São Paulo: Atlas, 2002.

MONTEIRO DE BARROS, Alice. *Curso de Direito do Trabalho.* São Paulo: LTR, 3ª ed. 2007.

OLIVEIRA LIMA, Paulo Roberto. *Teoria da coisa julgada.* São Paulo: RT. 1997.

PIZZOL, Patrícia Miranda. *A competência no processo civil.* São Paulo: RT. 2003.

PONTES DE MIRANDA. *Comentários ao CPC.* t. II, 3ª ed. Rio de Janeiro: Forense, 1995.

SANTOS, Moacyr Amaral. *Primeiras linhas de direito processual civil.* 13ª edição. 2° vol. São Paulo: Saraiva, 1990.

VALLE, Christiano Almeida do. *Da assistência.* Rio de Janeiro: CEA, 1994.

WAMBIER, Luiz Rodrigues, TALAMINI, Eduardo e ALMEIDA, Flávio R. Correia de. *Curso avançado de processo civil.* 2ª ed. 2ª tiragem. Vol. 1. São Paulo: 1999.

CAPÍTULO 5

O "incidente" da desconsideração da personalidade jurídica: apontamentos à luz do Novo CPC[1]

Antônio Pereira Gaio Júnior[2]

SUMÁRIO: 1. CONSIDERAÇÕES INICIAIS; 2. PESSOA JURÍDICA: NATUREZA E CAPACIDADE ; 3. PESSOA JURÍDICA: PERSONALIDADE E SUA DESCONSIDERAÇÃO; 4. INCIDENTE DE DESCONSIDERAÇÃO DA PERSONALIDADE JURÍDICA NO NOVO CÓDIGO DE PROCESSO CIVIL BRASILEIRO; 4.1. NATUREZA DE "INCIDENTE"; 4.2. CABIMENTO; 4.3. LEGITIMIDADE E PARTICIPAÇÃO; 4.4. REGRAS PROCESSUAIS E PROCEDIMENTAIS; 5. CONSIDERAÇÕES FINAIS; 6. REFERÊNCIAS BIBLIOGRÁFICAS.

1. CONSIDERAÇÕES INICIAIS

Sendo o Processo instrumento apto à realização concreta dos direitos, sobretudo, daqueles ditos fundamentais[3], compreende-se que o mesmo leva consigo toda a carga tipicamente comandada pela sua exata noção de que, mais do que um meio estatal para a tentativa de realização prática do justo, é ele instrumento social e democrático eivado de direitos e garantias imperativas que devem ser respeitadas em sintonia com o estado democrático que se presencia em dado tempo e espaço.

---

1   Lei 13.105, de 16.03.2015.

2   Pós-Doutor em Direito (Universidade de Coimbra/PT). Pós-Doutor em Democracia e Direitos Humanos (Ius Gentium Conimbrigae/ Faculdade de Direito da Universidade de Coimbra-PT). Doutor em Direito (UGF). Mestre em Direito (UGF). Pós-Graduado em Direito Processual (UGF). Professor Adjunto da Universidade Federal Rural do Rio de Janeiro – UFRRJ. Membro do Instituto Iberoamericano de Direito Processual – IIDP. Membro do Instituto Brasileiro de Direito Processual – IBDP. Membro da International Bar Association – IBA. Membro Efetivo da Comissão Permanente de Direito Processual Civil do IAB-Nacional. Advogado.

3   Nestes termos, bem leciona Fix Zamudio, ao certificar que "son numerosos los constitucionalistas que consideran que la verdadera garantía de los derechos de la persona humana consiste precisamente en su protección procesal, para lo cual es preciso distinguir entre los derechos del hombre y las garantías de tales derechos, que no son otras que los medios procesales por conducto de los cuales es posible su realización y eficacia." ZAMUDIO, Fix. La protección procesal de los derechos humanos. Madrid: Civitas, 1982, p. 51 e 54.
Especificamente, sobre a proteção aos direitos fundamentais e o fortalecimento das relações entre Constituição e Processo, ver o nosso Instituições de Direito Processual. Belo Horizonte: Del Rey, 2011, p.87-89.

Por outro lado, não se pode descuidar de que, por não se tratar de um fim em si mesmo[4], é virtude instrumental que impõe ao processo sua conformidade com as necessidades do direito substancial, visto ser aquele o meio e, em sede de razão prática, se presta, sobretudo, na função realizadora do direito material objetivado.[5]

Daí que, consubstanciado na ideia da efetividade e instrumentalidade, deve o Processo como instrumento apto à satisfação dos direitos, objetivamente, propiciar a tutela efetiva do direito lesado, proporcionando – sempre que possível[6] – àquele que teve sua obrigação inadimplida, exatamente, aquilo que obteria se, voluntariamente, o devedor a adimplisse.[7]

Notadamente, sabido é o grau de complexidade nas relações sociais[8] e o esforço hercúleo por que deveras vem enfrentando o ordenamento processual civil pátrio nos últimos tempos, sobretudo na esfera das reformas normativas voltada ao ataque à patrimonialidade daquele recalcitrante em satisfazer o débito constituído.[9]

Tal conteúdo processual introdutório se faz necessário ao que desejamos analisar neste presente estudo ("A Desconsideração da Personalidade Jurídica"), na medida em que se deve estar munido dos ideais que impulsionam o processo em sua dinâmica realizadora e dimensão social, a fim de concretizar exitosamente seu desiderato.

---

4   DINAMARCO assevera que "todo instrumento, como tal, é meio e todo meio só é tal e se legitima, em função dos fins a que se destina. O raciocínio teleológico há de incluir, então, necessariamente, a fixação dos escopos do processo, ou seja, dos propósitos norteadores da sua instituição e das condutas dos agentes estatais que o utilizam". DINAMARCO, Cândido Rangel. A Instrumentalidade do Processo. 14.ed. São Paulo: Malheiros Editores, 2009, p. 177.

5   Sobre o assunto, cf. também BEDAQUE, José Roberto dos Santos. Direito e Processo. 6 ed. São Paulo: Malheiros Editores, 2011, p.23.

6   Sobre a referida possibilidade diante de limites naturais, políticos e jurídicos para a concreta e efetiva prestação jurisdicional, ver o nosso Tutela Específica das Obrigações de Fazer. 4 ed. Curitiba: Juruá, 2012, especialmente, o Capítulo VI.

7   Sempre na genialidade de Chiovenda: "Il processo deve dare per quanto è possibile praticamente a chi ha um diritto quello e próprio quello ch'egli há diritto di conseguire." CHIOVENDA, Giuseppe. Dell Azione Nascente dal Contratto Preliminare In: Saggi di Diritto Processuale Civile. 2 ed. Roma: Foro It., 1930, n.3, p.110.

8   Dita complexidade é fenômeno pelo qual da Ciência Jurídica se requer sempre o maior zelo. Cf. CARBONNIER, Jean. Sociologia Jurídica. Coimbra: Almedina, 1979, 213 e ss.

9   Não é novidade que o problema do inadimplemento das obrigações e a sua respectiva satisfação em tempos hodiernos vem, de muito, sendo um dos pontos de estrangulamento nos mais diferentes ordenamentos processuais pelo mundo.
Em obra que se atesta a grande preocupação que se tem hoje sobre o aludido problema no continente europeu, em que se pese o próprio papel delimitador da Corte Europeia dos Direito Humanos sobre a figura do devedor, bem expressa Anne Leborgne, Professora da Université d'Aix-Marseille III:
"Le droit de l'exécution forcée, c'est-`-dire l'ensemble des voies de droit offertes à um créancier pour venir à bien de la résistance de son débiteur, devrait être le droit de l'effectivité." In: LEBORGNE, Anne; PUTMAN Emmanuel (Org.) Les Obstacles à L'exécution Forcée: Permanence et Évolution. Paris:Éditions Juridiques et Techniques, 2009, p, 1.

Cap. 5 • O "INCIDENTE" DA DESCONSIDERAÇÃO DA PERSONALIDADE JURÍDICA: APONTAMENTOS À LUZ DO NOVO CPC
Antônio Pereira Gaio Júnior

O Novo Código de Processo Civil aqui enfrentado, teve por bem regular processualmente o instituto da Desconsideração da Personalidade Jurídica, disciplinando-o em forma de incidente processual, ou seja, acostando-o na Parte Geral, em seu Livro III, especificamente no Capítulo IV do Título III (Da Intervenção de Terceiros), arts. 133 a 137.

Verdadeiramente e por tradição, dito instituto tem suas raízes fincadas na seara do direito material, encontrando-se disciplinado em diversos textos legais, tais do Código Civil (art. 50) e o Código de Defesa do Consumidor (art. 28), dentre outros, e mesmo indiretamente – por que nos remete "aos termos da lei" – na própria legislação processual civil, como se nota do art. 592, II.

Por isso, ao se prestar em analisar os exatos alcances processuais do instituto da desconsideração da personalidade jurídica regulados pelos aludidos Projetos, inegavelmente, não se pode prescindir de um debruçar percuciente sobre a pessoa jurídica, desde a sua natureza, capacidade e responsabilidade até a personificação da mesma, projetando as reais medidas para uma desconsideração de sua personalidade, pois que é neste plano que incidirá, inclusive e em medidas certas, os limites para a atuação processual do objeto em análise.

Em breves apontamentos, este será o itinerário a seguir.

2. PESSOA JURÍDICA: NATUREZA E CAPACIDADE

Em regra, conceitua-se pessoa jurídica como um conjunto de pessoas ou de bens, dotado de personalidade jurídica e reconhecido pelo ordenamento jurídico como, efetivamente, sujeito de direitos, com obrigações, deveres, ônus e direitos próprios; possuindo ainda características próprias e não menos fundamentais, tais como a capacidade de direito e de fato, existência de uma estrutura organizativa, objetivos comuns aos de seus membros, autonomia patrimonial e imperioso registro dos atos constitutivos em respectivas repartições competentes.

Notadamente, tais conteúdos, de ordem conceitual, não expressam unanimidade doutrinária, sobretudo, no que se refere à sua existência e natureza, ora se questionando, afirmando ou negando sua utilidade em tempos hodiernos.

Dentre tais questionamentos, merece trazer a colação algumas das teorias significativas do ponto de vista de realce meritório acerca dos elementos conceituais em tela.

a) Teoria da Ficção: Desenvolvida na Idade Média e mais adiante por Savigny, prevalecendo na França e Alemanha nos idos do século XVIII, estrutura-se no pensamento de que a pessoa jurídica seria apenas uma criação do legislador, sendo incapaz de ter vontade própria e, ainda que, carecendo de realidade, se

1127

faria imposta por determinadas circunstâncias, justificadas dentre outras, pelas finalidades de ordem estritamente patrimonial.

Bem pontua Warde Júnior que dita teoria "conferia uma solução técnica para o problema gerado pela limitação da responsabilidade, i. e., provia o adquirente das entradas de capital."[10]

Ditos argumentos depositados à presente teoria são importantes face à tradicional racionalidade de que a limitação da responsabilidade é decorrente da dotação de capacidade patrimonial atribuída às pessoas jurídicas.[11]

b) Teoria Realista: Tendo como importante defensor Gierke, justifica-se na ideia de que a pessoa jurídica possui vontade própria, pautando-se na razão da pluralidade de seus componentes[12], daí a noção de se tratar de uma "pessoa composta".

Vista, igualmente, como fenômeno associativo – um organismo social – a pessoa jurídica expressaria uma realidade social preexistente ao próprio direito[13], não sendo por isso uma criação eminentemente jurídica, estando o direito apenas a reconhecer e regular esta realidade social, cuja vontade própria e personalidade jurídica são a ela inerentes.

c) Teoria Negativista: Parte-se da negação existencial da pessoa jurídica, pois que

somente existiriam no Direito seres humanos e com isso careceriam as denominadas pessoas jurídicas de qualquer personalidade.

Em tal contexto se coloca M. Planiol[14], para quem a nominada pessoa jurídica mascara determinado patrimônio que é coletivo, ou seja, de propriedade coletiva e que, muito embora seja administrado por alguns, é de propriedade comum daquela coletividade.

A bem da verdade, hoje não há como negar existência da pessoa jurídica regulada pelos ordenamentos, o que, notadamente, não contraria a existência da pessoa natural como realidades distintas e personalizadas.

10　WARDE JÚNIOR, Walfrido Jorge. Responsabilidade dos sócios: a crise da limitação de responsabilidade dos sócios e a teoria da desconsideração da personalidade jurídica. Belo Horizonte: Del Rey, 2007, p. 106-107.

11　Importante ressaltar que Hans Kelsen (Teoria Pura do Direito. Trad. João Baptista Machado. São Paulo: Martins Fontes, 2003, p. 194 e ss.) deu contributo argumentativo à teoria ficcionista, não obstante chegar à mesma conclusão de Savigny, ou seja, de que seja o legislador ou mesmo o jurista, pode criar um centro de imputação, ainda que seja ele mera representação do interesse de seus membros. Aliás, bem observa Comparato que a diferença entre eles insere-se na passagem do positivismo dogmático pandectista (Savigny) para o positivismo normativo (Kelsen). COMPARATO, Fábio Konder. O Poder de Controle na Sociedade Anônima. 3 ed. Rio de Janeiro: Forense, 1983,p. 327 e ss.

12　SALOMÃO FILHO, Calixto. A sociedade unipessoal. São Paulo: Malheiros Editores, 1995, p.20-22.

13　CORDEIRO, António Menezes. Tratado de Direito Civil Português. Vol. I. Coimbra: Almedina, 2004, p.503.

14　Traité élémentaire de droit civil. T. 1. 6 ed. Paris: s. n., 1911/1913,p. 3005-3019.

d) Teoria Institucional: A despeito de pouco contribuir para com a discussão acerca da natureza/existência da pessoa jurídica, parte a dita teoria institucional do pensamento de que na realidade social existe uma série de realidades institucionais, constituindo-se em uma possível estrutura hierárquica.

Dita estrutura hierárquica, neste caso, advém da própria noção dos indivíduos, pois que, quando a empresa se posta de tal modo na consciência daqueles que nela militam (tais os membros do grupo ou os seus beneficiários passivos), passam eles a atuar conscientemente com responsabilidade dos fins sociais e daí a "Instituição" passa a agregar personalidade moral.

Tal teoria fora edificada por Maurice Hauriou, recebendo avanços por parte de George Bonnard.[15]

Conforme já pontuado em linhas alhures, da mesma forma que o ordenamento jurídico atribui à pessoa natural, direitos, obrigações, deveres e ônus, o mesmo o faz com relação às denominadas pessoas jurídicas, certamente, por se tratar de realidades distintas, são igualmente especificadas certas condições objetivas e subjetivas atinentes àquelas realidades.

No que toca ao atributo da capacidade, é este, inegavelmente, referencial lógico no plano da responsabilidade da pessoa.

Ao contrário da pessoa natural, cuja capacidade pode chegar à forma plena, a pessoa jurídica tem sua capacidade limitada à finalidade para a qual fora edificada, daí abrangendo, por conseguinte, os atos que direta ou indiretamente servem e servirão como propósito de sua existência e finalidade.

A pessoa jurídica tem seus poderes outorgados e delimitados nos atos constitutivos da mesma - v.g., contrato social, estatutos – notadamente, delineados pelo ordenamento jurídico, pois que não podem ditos atos constitutivos contrariar normas cogentes.

Uma vez registrada nos órgãos competentes para tal, mister pontuar que passa a dita *persona* a ser reconhecida pelo direito como capaz e responsável no universo jurídico, estendendo tais adjetivos por todos os campos do Direito e em todas as atividades compatíveis com a mesma.[16]

Por tudo, tendo a pessoa jurídica como uma realidade, seja em sua existência bem como em suas responsabilidades, o direito pátrio assim teve por bem estabelecer dispositivos legais que expressam bem tais atributos, como se vê, em exemplo, os arts. 45, *caput* e 50, ambos do Código Civil. *In verbis*:

---

15 RÁO, Vicente. O Direito e a vida dos Direitos. 6 ed. São Paulo: RT, 2004, p.767-768.
16 Cf. VENOSA, Sílvio de Salvo. Direito Civil. 6 ed. São Paulo: Atlas, 2006, p.240-241.

> *Art. 45. Começa a existência legal das pessoas jurídicas de direito privado com a inscrição do ato constitutivo no respectivo registro, precedida, quando necessário, de autorização ou aprovação do Poder Executivo, averbando-se no registro todas as alterações por que passar o ato constitutivo.*
>
> *Art. 50. Em caso de abuso da personalidade jurídica, caracterizado pelo desvio de finalidade, ou pela confusão patrimonial, pode o juiz decidir, a requerimento da parte, ou do Ministério Público quando lhe couber intervir no processo, que os efeitos de certas e determinadas relações de obrigações sejam estendidos aos bens particulares dos administradores ou sócios da pessoa jurídica.*

3. PESSOA JURÍDICA: PERSONALIDADE E SUA DESCONSIDERAÇÃO

Como bem se nota do item anterior, a análise de teorias justificadoras da natureza da pessoa jurídica é variável seja quanto ao momento histórico ou mesmo quanto à ideologia que municia determinado ordenamento jurídico, de modo que o conhecimento do que seja pessoa jurídica para um específico Estado somente é possível a partir da análise de sua ordem jurídica, e certamente, naquele determinado momento histórico.[17]

Na mesma toada, Verrucoli[18] assume que o caráter de relatividade da personalidade da pessoa jurídica corresponde à própria casualidade de atribuições do privilégio de a mesma existir e agir de forma unitária como grupo, daí então como um reflexo da própria relatividade do reconhecimento.[19] Ainda para o aludido autor, o reconhecimento da personalidade jurídica é, invariavelmente, uma criação do direito, decorrendo daí como a mesma é consentida, reconhecida e protegida.[20]

Entre nós, bem sustenta Comparato[21] ao definir personalização como "uma técnica jurídica utilizada para se atingirem determinados objetivos práticos – autonomia patrimonial, limitação ou supressão de responsabilidades individuais – não recobrindo toda a esfera de subjetividade em direito."[22]

---

17 No mesmo sentido, SERICK, Rolf. Apariencia y realidade em las sociedades mercantiles. Barcelona: Ariel, 1958, p.261.

18 VERRUCOLI, Piero. Il superamento dela personalità giuridica dele societá di capitali nella "common law" e nella "civil law". Milano: Giuffrè, 1964, p.195.

19 Cf. dentre outros, KOURY, Suzy Elizabeth Cavalcante. A desconsideração da Personalidade Jurídica. (Disregard doctrine) e os grupos de empresas. 3 ed. Rio de Janeiro: Forense, 2012, p. 19-22.

20 Ob. Cit., p.195.

21 Ob. Cit., p.279.

22 Vale ressaltar em tal conceito que, ao se referir ao não recobrimento de "toda esfera de subjetividade do direito", parece que Comparato leva em consideração a ideia de que a lei, ainda que reconheça

Certamente, o ente, uma vez personificado, adquire existência jurídica passando então a atuar validamente na vida e no universo jurídico, não sendo possível que a ordem jurídica que o personificou desprezar dita realidade e muito menos os efeitos decorrentes de sua existência e atuação.

Fato é que a partir do século XIX, crescente fora a preocupação da doutrina e jurisprudência com a reiterada utilização da pessoa jurídica para objetivos diversos daqueles justificadores da sua existência legal, motivo pelo qual se passou à construção de instrumentos aptos a reprimir a consecução de práticas[23] não condizentes com os fins justificadores da pessoa jurídica, dentre eles, a "Desconsideração da Personalidade Jurídica" (*Disregard doctrine*).

A teoria da Desconsideração da Personalidade Jurídica nasceu no âmbito da *common law*, mais precisamente, na América do Norte, onde se desenvolveu inicialmente na jurisprudência, através do caso *Bank of United States v. Deveaux*, em 1809, quando o juiz Marshall, intencionado em preservar a jurisdição das corte federais sobre as *corporations*, conheceu da causa, tendo em vista a própria delimitação contida na Constituição Federal Americana (art.3º, seção 2ª), quanto o conhecimento e controvérsias entre cidadãos de diferentes estados.

Nisto, e não cabendo discutir o mérito da decisão do caso supracitado, muito bem observa Wormser que em tal julgado, "as cortes levantaram o véu e consideraram as características dos sócios individuais."[24]

Pauta-se a teoria da desconsideração da personalidade jurídica na ideia estabelecer eventual desprezo em relação à autonomia patrimonial de uma determinada pessoa jurídica, com o fito de exigir a submissão de seus sócios para com seus próprios patrimônios pessoais a responder pelos atos abusivos e/ou fraudulentos praticados com a utilização indevida dos privilégios concedidos àquela pessoa jurídica.

Vale ressaltar que, em sede pátria, é possível a efetivação da presente desconsideração em casos de falência, estado de insolvência, encerramento ou inatividade da pessoa jurídica, notadamente, comprovados por notória má administração da mesma.

---

corretamente a existência de direitos a certos agregados patrimoniais (v.g., massa falida), sem, no entanto, personalizá-los, demonstra-se que nem todo sujeito de direito é, verdadeiramente, uma pessoa.

23 Para o conhecimento de tais práticas, ver, por todos, VERRUCOLI, Piero. Ob. cit., p.2.

24 WORMSER, Maurice. Piercing the veil of corporate entity.In: Columbia Law Review, Columbia, vol. 12, 1912, p.498.
Acerca da crítica ao fato de se considerar como leading case da Disregard Doctrine aquele relativo à controvérsia inglesa Salomon v. Salomon e Co., frequentemente aludida por parte da doutrina, ver , por todos, VERRUCOLINI, Piero. Ob. cit., p. 90 e ss.; KOURY, Suzy Elizabeth Cavalcante. Ob. cit., p.68-69.

Demonstra-se, portanto, que a aplicação da presente *Disregard doctrine* possui incidência em casuísmos voltados ao desvirtuamento dos fins aos quais o ordenamento jurídico se propôs a conceder à pessoa jurídica.

Bem andou Coelho[25] ao expressar que:

> A teoria da desconsideração da pessoa jurídica, é necessário deixar bem claro esse aspecto, não é uma teoria contra a separação subjetiva entre a sociedade empresária e seus sócios. Muito ao contrário, ela visa preservar o instituto, em seus contornos fundamentais, diante da possibilidade de o desvirtuamento vir a comprometê-lo.

Insta pontuar que a observância quanto às formalidades necessárias para a constituição de uma pessoa jurídica, como já assinalada em item anterior, é de ordem fundamental, no entanto, deveras não ser suficiente para que eventuais sócios tenham, indistintamente, a possibilidade inequívoca de limitação quanto às suas responsabilidades patrimoniais.

Em sede pátria, num olhar generalista para o ordenamento jurídico e jurisprudência, duas teorias apontam em destaque no que se refere à desconsideração da personalidade jurídica.

A primeira, conhecida como teoria maior[26], fulcra-se na ideia de que o magistrado tem autorização para estabelecer o afastamento temporário da autonomia patrimonial da pessoa jurídica, isto como forma de espancar fraudes e abusos praticados por meio dela.

Nota-se, do preceito exposto no Código Civil de 2002, a esteira de dita teoria. *In verbis*:

> Art. 50. Em caso de abuso da personalidade jurídica, caracterizado pelo desvio de finalidade, ou pela confusão patrimonial,

---

25 COELHO, Fábio Ulhoa. Curso de Direito Comercial. Vol. 2. 5 ed. São Paulo: Saraiva, 2002, p.37.

26 "FALÊNCIA. ARRECADAÇÃO DE BENS PARTICULARES DE SÓCIOS-DIRETORES DE EMPRESA CONTROLADA PELA FALIDA. DESCONSIDERAÇÃO DA PERSONALIDADE JURÍDICA (DISREGARD DOCTRINE). TEORIA MAIOR. NECESSIDADE DE FUNDAMENTAÇÃO ANCORADA EM FRAUDE, ABUSO DE DIREITO OU CONFUSÃO PATRIMONIAL. RECURSO PROVIDO.
1. A teoria da desconsideração da personalidade jurídica - disregard doctrine -, conquanto encontre amparo no direito positivo brasileiro (art. 2º da Consolidação das Leis Trabalhistas, art. 28 do Código de Defesa do Consumidor, art. 4º da Lei n. 9.605/98, art. 50 do CC/02, dentre outros), deve ser aplicada com cautela, diante da previsão de autonomia e existência de patrimônios distintos entre as pessoas físicas e jurídicas.
2. A jurisprudência da Corte, em regra, dispensa ação autônoma para se levantar o véu da pessoa jurídica, mas somente em casos de abuso de direito - cujo delineamento conceitual encontra-se no art. 187 do CC/02 -, desvio de finalidade ou confusão patrimonial, é que se permite tal providência. Adota-se, assim, a "teoria maior" acerca da desconsideração da personalidade jurídica, a qual exige a configuração objetiva de tais requisitos para sua configuração.(....)." (REsp 693235 MT 2004/0140247-0.STJ. 4ª T.Rel. Min. Luis Felipe Salomão. Julg. em 17.11.2009, DJe 30.11.2009).(Grifo nosso).

pode o juiz decidir, a requerimento da parte, ou do Ministério Público quando lhe couber intervir no processo, que os efeitos de certas e determinadas relações de obrigações sejam estendidos aos bens particulares dos administradores ou sócios da pessoa jurídica.

Já a segunda, intitulada teoria menor[27], centra-se na possibilidade de aplicação da desconsideração da personalidade jurídica em toda hipótese que se faz demonstrado necessário comprometimento do patrimônio do sócio por obrigação da empresa, i. e., parte-se da noção autorizadora de desconsideração todas as vezes em que a pessoa jurídica não tiver bens suficientes em seu patrimônio para a efetiva satisfação da obrigação, ou ainda em razão de seu estado de iliquidez.

Representa bem esta hipótese o art. 28, caput e §5º do Código de Defesa do Consumidor brasileiro (Lei n. 8.078/90), ao estipular que:

> Art. 28. O juiz poderá desconsiderar a personalidade jurídica da sociedade quando, em detrimento do consumidor, houver abuso de direito, excesso de poder, infração da lei, fato ou ato ilícito ou violação dos estatutos ou contrato social. A desconsideração também será efetivada quando houver falência, estado de

---

27 "RESPONSABILIDADE CIVIL E DIREITO DO CONSUMIDOR. RECURSO ESPECIAL. SHOPPING CENTER DE OSASCO-SP. EXPLOSÃO.CONSUMIDORES. DANOS MATERIAIS E MORAIS. MINISTÉRIO PÚBLICO. LEGITIMIDADE ATIVA. PESSOA JURÍDICA. DESCONSIDERAÇÃO. TEORIA MAIOR E TEORIA MENOR. LIMITE DE RESPONSABILIZAÇÃO DOS SÓCIOS. CÓDIGO DE DEFESA DO CONSUMIDOR. REQUISITOS. OBSTÁCULO AO RESSARCIMENTO DE PREJUÍZOS CAUSADOS AOS CONSUMIDORES. ART. 28, § 5º.
Considerada a proteção do consumidor um dos pilares da ordem econômica, e incumbindo ao Ministério Público a defesa da ordem jurídica, do regime democrático e dos interesses sociais e individuais indisponíveis, possui o Órgão Ministerial legitimidade para atuar em defesa de interesses individuais homogêneos de consumidores, decorrentes de origem comum. - A teoria maior da desconsideração,regra geral no sistema jurídico brasileiro, não pode ser aplicada com a mera demonstração de estar a pessoa jurídica insolvente para o cumprimento de suas obrigações. Exige-se, aqui, para além da prova de insolvência, ou a demonstração de desvio de finalidade (teoria subjetiva da desconsideração), ou a demonstração de confusão patrimonial (teoria objetiva da desconsideração). – A teoria menor da desconsideração, acolhida em nosso ordenamento jurídico excepcionalmente no Direito do Consumidor e no Direito Ambiental, incide com a mera prova de insolvência da pessoa jurídica para o pagamento de suas obrigações, independentemente da existência de desvio de finalidade ou de confusão patrimonial. - Para a teoria menor, o risco empresarial normal às atividades econômicas não pode ser suportado pelo terceiro que contratou com a pessoa jurídica, mas pelos sócios e/ou administradores desta, ainda que estes demonstrem conduta administrativa proba, isto é, mesmo que não exista qualquer prova capaz de identificar conduta culposa ou dolosa por parte dos sócios e/ou administradores da pessoa jurídica. – A aplicação da teoria menor da desconsideração às relações de consumo está calcada na exegese autônoma do §5º do art. 28, do CDC, porquanto a incidência desse dispositivo não se subordina à demonstração dos requisitos previstos no caput do artigo indicado, mas apenas à prova de causar, a mera existência da pessoa jurídica, obstáculo ao ressarcimento de prejuízos causados aos consumidores. - Recursos especiais não conhecidos." (STJ, 3ªT. REsp 279.273/SP, Rel. Min. Nancy Andrighi, Julg.. em 04.12.2003).(Grifos nossos).

insolvência, encerramento ou inatividade da pessoa jurídica provocados por má administração.

(...)

§ 5° Também poderá ser desconsiderada a pessoa jurídica sempre que sua personalidade for, de alguma forma, obstáculo ao ressarcimento de prejuízos causados aos consumidores.

Diante da extensão acerca da aplicação da *Disregard doctrine*, define Justen Filho[28] :

A escolha por uma desconsideração mais ou menos extensa, então, não é produzida por atenção específica à natureza do risco de sacrifício, mas à extensão do abuso. Quanto mais ampla for a utilização abusiva da pessoa jurídica, tanto mais extensa será a desconsideração.

Convém ainda apensar aqui o que comumente a doutrina denomina de "desconsideração inversa da personalidade jurídica" ou ainda, "desconsideração às avessas".

Trata-se da desconsideração da autonomia patrimonial da pessoa jurídica a fim de responsabilizá-la pelos atos ou mesmo dívidas praticadas por seus sócios.

Como bem nota Gonçalves[29] que a desconsideração em tela caracteriza-se pelo afastamento do princípio da autonomia patrimonial da pessoa jurídica

para responsabilizar a sociedade por obrigação do sócio, como, por exemplo, na hipótese de um dos cônjuges, ao adquirir bens de maior valor, registrá-los em nome da pessoa jurídica sob o seu controle, para livrá-los da partilha a ser realizada nos autos da separação judicial. Ao se desconsiderar a autonomia patrimonial, será possível responsabilizar a pessoa jurídica pelo devido ao ex-cônjuge do sócio.

Do dito, observa-se que a aplicação da desconsideração inversa se dá no campo do desvio de bens, fraude ou mesmo abuso de direito por parte do(s) sócio(s), prejudicando e mesmo, induzindo a erro de seu(s) credor(es), portanto, parte-se da prática de transferência de bens para a pessoa jurídica sobre a qual detém absoluto controle, de modo que continue a usufruí-los, ainda que tais bens estejam então agora, fazendo parte do patrimônio daquela pessoa

---

28   JUSTEM FILHO, Marçal. Desconsideração da personalidade societária no direito brasileiro. São Paulo: RT, 1987, p.78.

29   GONÇALVES, Carlos Alberto. Direito Civil brasileiro. Parte Geral. 2 ed. São Paulo: Saraiva, 2005, p. 217.

jurídica e, por isso, dificultando a garantia de liquidez do próprio devedor para com a dívida assumida e não adimplida.[30]

4. INCIDENTE DE DESCONSIDERAÇÃO DA PERSONALIDADE JURÍDICA NO NOVO CÓDIGO DE PROCESSO CIVIL BRASILEIRO[31]

Como cediço, a edificação para um novo Código de Processo Civil iniciou em 2009, quando o Presidente do Senado Federal instituiu uma Comissão de Juristas para a elaboração de Anteprojeto visando estabelecer um novo Código Processual Civil, sendo o aludido Anteprojeto entregue ao final do 1º semestre de 2010 àquela Casa Legislativa.

---

30 "EMENTA PROCESSUAL CIVIL E CIVIL. RECURSO ESPECIAL. EXECUÇÃO DE TÍTULO JUDICIAL. ART. 50 DO CC/02. DESCONSIDERAÇÃO DA PERSONALIDADE JURÍDICA INVERSA. POSSIBILIDADE.
I – A ausência de decisão acerca dos dispositivos legais indicados como violados impede o conhecimento do recurso especial. Súmula 211/STJ. II – Os embargos declaratórios têm como objetivo sanear eventual obscuridade, contradição ou omissão existentes na decisão recorrida. Inexiste ofensa ao art. 535 do CPC, quando o Tribunal a quo pronuncia-se de forma clara e precisa sobre a questão posta nos autos, assentando-se em fundamentos suficientes para embasar a decisão, como ocorrido na espécie. III – A desconsideração inversa da personalidade jurídica caracteriza-se pelo afastamento da autonomia patrimonial da sociedade, para, contrariamente do que ocorre na desconsideração da personalidade propriamente dita, atingir o ente coletivo e seu patrimônio social, de modo a responsabilizar a pessoa jurídica por obrigações do sócio controlador. IV – Considerando-se que a finalidade da disregard doctrine é combater a utilização indevida do ente societário por seus sócios, o que pode ocorrer também nos casos em que o sócio controlador esvazia o seu patrimônio pessoal e o integraliza na pessoa jurídica, conclui-se, de uma interpretação teleológica do art. 50 do CC/02, ser possível a desconsideração inversa da personalidade jurídica, de modo a atingir bens da sociedade em razão de dívidas contraídas pelo sócio controlador, conquanto preenchidos os requisitos previstos na norma. V – A desconsideração da personalidade jurídica configura-se como medida excepcional. Sua adoção somente é recomendada quando forem atendidos os pressupostos específicos relacionados com a fraude ou abuso de direito estabelecidos no art. 50 do CC/02. Somente se forem verificados os requisitos de sua incidência, poderá o juiz, no próprio processo de execução, "levantar o véu" da personalidade jurídica para que o ato de expropriação atinja os bens da empresa. VI – À luz das provas produzidas, a decisão proferida no primeiro grau de jurisdição, entendeu, mediante minuciosa fundamentação, pela ocorrência de confusão patrimonial e abuso de direito por parte do recorrente, ao se utilizar indevidamente de sua empresa para adquirir bens de uso particular. Documento: 985791 - Inteiro Teor do Acórdão - Site certificado - DJ: 03/08/2010 Página 1 de 14 Superior Tribunal de Justiça VII – Em conclusão, a r. decisão atacada, ao manter a decisão proferida no primeiro grau de jurisdição, afigurou-se escorreita, merecendo assim ser mantida por seus próprios fundamentos. Recurso especial não provido." (STJ. 3ªT Resp. n. 948.117 - MS (2007/0045262-5). Min.Nancy Andrighi. Julg. 22.06.2010).
"EMENTA.DESCONSIDERAÇÃO INVERSA DA PERSONALIDADE JURÍDICA- LEGITIMIDADE PASSIVA Pretensão de reforma da decisão que, em execução de título extrajudicial, reconheceu a legitimidade passiva da empresa agravante, por força de desconsideração inversa da personalidade jurídica Descabimento Hipótese em que há sólidos elementos de convicção, inclusive anterior relatório do Conselho Gestor de Ações Conjuntas de Combate à Evasão Fiscal, que apontam para o acerto da decisão ora agravada, no sentido de que a pessoa jurídica recorrente teria sido utilizada como instrumento para a prática de fraude ou abuso de direito pelo executado Decisão de primeiro grau que deve ser integralmente mantida Precedentes desta Colenda 13ª Câmara - RECURSO DESPROVIDO." (TJSP. AI. 1200053720128260000 SP 0120005-37.2012.8.26.0000, 13ª Câm. de Direito Privado Rel. Des.Ana de Lourdes Coutinho Silva. Julg.. 29.08.2012, DJ. 31.08.2012).

31 Também em reflexões sobre a temática, cf. GAIO JÚNIOR, Antônio Pereira; CÂMARA, Alexandre Freitas. (Coords.). Novo CPC: reflexões e perspectivas. Belo Horizonte: Del Rey, 2014, p.57-86.

No âmbito do Senado Federal, referido Anteprojeto tomou corpo em forma de PLS n. 166/2010 e ainda fora nomeada uma Comissão Especial pelo Relator do PLS, Senador Valter Pereira, com o intuito de não somente revisar o multicitado Anteprojeto, como também para analisar centenas de propostas de aperfeiçoamento enviadas ao Senado pelos próprios senadores bem como pelos mais diversificados segmentos das searas acadêmicas, forense e política, tudo com o fito de se vislumbrar possíveis aperfeiçoamentos ao texto originário daquele Anteprojeto.

Dito isso, com pontuais modificações, o Senado Federal acabou por aprovar ao final do mês de dezembro de 2010 substitutivo ao PLS n.166/2010, este que, em respeito ao art. 65, parágrafo único da Constituição Federal de 1988, fora enviado para a Câmara dos Deputados[32], recebendo nesta casa legislativa o número 8.046/2010.[33]

Após análise e estudos da Câmara dos Deputados, com acréscimos e modificações ao texto original do PL n. 166/2010, regressou o Projeto para o Senado Federal em 23 de março de 2014[34], onde a Comissão Temporária do Código de Processo Civil desta casa legislativa teve, por bem, analisar o Substitutivo da Câmara dos Deputados (PL n. 8.046/2010) ao Projeto de Lei do Senado, acatando várias das sugestões ali colacionadas e aprovando o texto-base de relatoria do Senador Vital do Rêgo em votação simbólica pelo plenário em 16.12.2014.

Em seguida, veio o Parecer da Comissão Diretora do Senado Federal em 17 de dezembro de 2014, com a respectiva redação final do Substitutivo da Câmara dos Deputados ao Projeto de Lei do Senado n. 166, de 2010 (n. 8.046, de 2010, naquela Casa)[35] – nos termos do texto consolidado pela já citada Comissão Temporária do Código de Processo Civil, com as adequações propostas pelo Relator e os destaques aprovados pelo Plenário, o que fora protocolado na Presidência da República em 24.02.2015, para fins de necessária sanção.

Finalmente, em 16 de março de 2015 foi o Código sancionado pela Presidente da República, inclusive com mensagem de veto aos artigos 35 (carta rogatória), 333 e 1.015, XII (conversão da ação individual em coletiva), 515, X (acórdão do tribunal marítimo como título executivo judicial), 895, §3º. (correção pelo índice oficial das prestações da alienação), 937, VII (sustentação oral em agravo interno) e 1.055 (pagamento de encargos por devedor ou arrendatário).

---

32 Disponível em: http://www.senado.gov.br/atividade/materia/detalhes.asp?p_cod_mate=97249. Acesso em 11.12.2012.

33 Disponível em: http://www.camara.gov.br/proposicoesWeb/fichadetramitacao?idProposicao=490267. Acesso em 29.12.2012.

34 Disponível em: http://www.camara.gov.br/proposicoesWeb/fichadetramitacao?idProposicao=490267. Acesso em 14.04.2014.

35 Disponível em: http://legis.senado.leg.br/mateweb/arquivos/mate-pdf/160741.pdf. Acesso em 08.03.2015.

No corpo do NCPC sancionado, encontra-se disciplinado na Parte Geral, Livro III, Capítulo IV do Título III "Da Intervenção de Terceiros", mais precisamente dos arts. 133 a 137, o intitulado "Incidente de Desconsideração da Personalidade Jurídica".

Textualmente, aludido incidente se faz expresso nos seguintes termos:

> CAPÍTULO IV
>
> DO INCIDENTE DE DESCONSIDERAÇÃO DA PERSONALIDADE
>
> JURÍDICA
>
> Art. 133. O incidente de desconsideração da personalidade jurídica será instaurado a pedido da parte ou do Ministério Público, quando lhe couber intervir no processo.
>
> § 1º O pedido de desconsideração da personalidade jurídica observará os pressupostos previstos em lei.
>
> § 2º Aplica-se o disposto neste Capítulo à hipótese de desconsideração inversa da personalidade jurídica.

Normatizado nestes termos, segue-se adiante breve análise, a nosso ver, de seus pontos principais.

4.1. Natureza de "incidente"

Conforme já anunciado no título de seu Capítulo, a desconsideração da personalidade jurídica possui característica de um incidente processual, querendo daí depreender que prescinde de ação própria para provocar sua cognição. Neste sentido é que será nos próprios autos do processo, após provocação para tal, que o magistrado, estabelecerá o contraditório e a ampla defesa para o pleno conhecimento e análise meritória do pedido de desconsideração da personalidade jurídica em questão.

É bem verdade que a configuração em natureza incidental para o conhecimento de dito instituto representa o prestígio da economia processual e se bem levada a cabo, igualmente, pelo Princípio da Cooperação dos partícipes da demanda, surtirá efetivos efeitos na tão desejosa, mas ainda desprestigiada celeridade processual, notabilizada por sua garantia formal no art. 5ª, LXXVIII da CF/88.

Ainda que pese constar do penúltimo artigo relativo ao tema (art.136), insta ressaltar aqui, porque se faz em sede interlocutória, portanto, incidental, é a referência ao instrumento recursal apto a enfrentar quaisquer das decisões proferidas acerca de tal incidente de desconsideração da personalidade jurídica. *In verbis*:

> *"Art.136. Concluída a instrução, se necessária, o incidente será resolvido por decisão interlocutória."*

Nota-se que, havendo ou não necessidade de instrução probatória para o deslinde acerca do reconhecimento ou não do incidente, portanto, dependendo de cada caso em concreto, o *decisum* será atacável pela via recursal do Agravo de Instrumento (art.1.015, IV), já em sede de 2º grau, caso a decisão acerca do incidente venha a ser proferida pelo relator, cabível será o Agravo Interno (parágrafo único do art. 136).

4.2. Cabimento

Os permissivos legais para o respectivo cabimento do incidente de desconsideração da personalidade jurídica são elencados tanto sob o ponto de vista material quanto formal, ou seja, leva-se em conta tanto o conteúdo de direito material, objeto do caso concreto imputado a outrem e qualificado como casuística relativa ao cabimento de possível desconsideração da personalidade jurídica, como a forma processual e procedimental adequada.

Quanto ao conteúdo de direito material, nos caso de abuso da personalidade jurídica, *caracterizado na forma da lei*, o juiz poderá decidir que os efeitos de certas e determinadas obrigações sejam estendidos aos bens particulares dos administradores ou dos sócios da pessoa jurídica ou aos bens de empresa do mesmo grupo econômico.

Observa-se pelo dito que a regulação do abuso da personalidade jurídica advém do próprio conteúdo legal que o regula e, conforme já especificamente analisado no item 3 supra, são notórias as hipóteses decorrentes do próprio direito material, ex vi dos arts. 50 do C. Civil, 28 do CDC, dentre outros, inclusive levando-se em consideração as racionalidades pertinentes as já referidas *teorias maior e menor* da desconsideração[36] e, portanto, serão em tais searas a que o magistrado se debruçará para admitir ou não a incidência da desconsideração da personalidade jurídica, evidentemente, demonstrada pela parte que a imputa como legitimamente necessária.

Chama atenção ainda o §2º do art. 133, ao dispor que o incidente da desconsideração da personalidade jurídica é aplicável à hipótese de desconsideração da personalidade jurídica inversa.

Trata-se, neste interim, do que já fora por nós enfrentado no item 3, i. e., a denominada "desconsideração inversa" ou "às avessas", centrada na

---

36 Cf. no item 3 do presente artigo.

possibilidade de desconsiderar a autonomia patrimonial da pessoa jurídica a fim de responsabilizá-la pelos atos ou mesmo dívidas praticadas por seus sócios, *in casu* do dispositivo em análise, pelo comprovado "abuso de direito por parte do sócio."

Seguindo os dispositivos referentes ao presente "incidente", expressa o art. 134, *caput*, a extensão processual e procedimental para o cabimento do incidente de desconsideração da personalidade jurídica, *in verbis*:

> "Art. 134. O incidente de desconsideração é cabível em todas as fases do processo de conhecimento, no cumprimento de sentença e na execução fundada em título executivo extrajudicial."

De todo modo, importante é que o incidente de desconsideração da personalidade jurídica encontrará lugar quer antes ou após a constituição do título executivo e mesmo naqueles casos onde já se encontra obtido o título executivo pela via extrajudicial.

4.3. Legitimidade e Participação

Autoriza o caput do art.133 que o requerimento para que os efeitos de certas e determinadas obrigações sejam estendidos aos bens particulares dos administradores ou dos sócios da pessoa jurídica ou aos bens de empresa do mesmo grupo econômico, isto em caso de abuso da personalidade da pessoa jurídica, seja realizado pela parte ou pelo Ministério Público quando, notadamente, lhe competir intervir no processo.

Nota-se que, no caso da parte requerente, vislumbra-se ser, por exemplo, um possível credor no âmbito da relação jurídica material e que agora, já em sede processual, portanto, inserido na relação jurídica processual, requer a desconsideração da personalidade jurídica de seu devedor - a pessoa jurídica em abuso de sua personalidade - ou mesmo o sócio devedor que, em abuso de direito deste, tem-se a necessidade de obter a desconsideração da personalidade jurídica na forma "inversa" ou "às avessas".

Na mesma toada, conforme supracitado, autorizado também estará o Ministério Público "quando lhe couber intervir no processo". Insta ressaltar que o *Parquet* estará apto a requerer a instauração do incidente tanto como parte quanto na hipótese de *custus legis*[37], pois que a "intervir no processo" compreende o exercício de ambas as atribuições, seja na qualidade de parte ou como e importante fiscal da lei.

---

37 No mesmo entendimento, BUENO, Cássio Scarpinella. Desconsideração da personalidade Jurídica no Projeto do Novo Código de Processo Civil. In: BRUSCHI, Gilberto Gomes et ali. Direito Processual Empresarial. Rio de Janeiro: Elsevier, 2012, p. 123.

Por outro lado, sustenta o art.135 que, uma vez requerida a desconsideração da personalidade jurídica e então instaurado o incidente, o sócio ou a pessoa jurídica será citado para, no prazo de quinze dias, se manifestar e requerer as provas cabíveis.

Aponta-se aí a participação de ditas pessoas - o sócio ou a pessoa jurídica - que não compondo qualquer dos polos da demanda quando, p. ex., de seu nascedouro e mediante o requerimento da desconsideração da personalidade jurídica, terão seus interesses jurídicos[38] (neste caso, patrimoniais) possivelmente atingidos, caso venha o magistrado, convencido pela força probante acostada pelo requerente, julgar procedente o já digitado requerimento.

Traga-se aqui à luz as garantias do devido processo constitucional[39], com a correta citação daqueles, por ventura, apontados na peça requerente, não somente porque estando pela primeira vez a participar do feito, farão jus à aludida comunicação processual, inclusive, na forma pessoal - já que figurarão agora no processo, inegavelmente, como parte, pois que algo se pede em face deles[40] - , como também, e aí na forma constitucionalmente "sagrada", exercerem o pleno e efetivo contraditório acerca das afirmações a qualquer daqueles dirigidas, tendo como natural garantia, notadamente, o direito de requererem as provas que julgarem cabíveis, tudo no lapso temporal de 15 dias, ex vi do aludido dispositivo legal já explicado e agora *infra*:

> "Art. 135. Instaurado o incidente, o sócio ou a pessoa jurídica será citado para manifestar-se e requerer as provas cabíveis no prazo de quinze dias."

4.4. Regras processuais e procedimentais

De conteúdo variável são os parágrafos que se seguem ao *caput* do art. 134, e que os reportamos abaixo:

---

38 Sobre a classificação dos terceiros quanto ao grau de influência dos efeitos de uma sentença sobre as suas relações jurídicas, estando aí a se destacar o "terceiro juridicamente interessado", ver o nosso Instituições de Direito Processual Civil..., p. 134-135.

39 Como instrumento para a efetivação dos valores bem como a realização das liberdades e direitos fundamentais, se estará a compreender que o processo leva consigo toda a carga tipicamente comandada pela sua exata noção de que, mais do que um meio estatal para a tentativa de realização prática do justo, é ele instrumento social e democrático eivado de direitos e garantias imperativas que devem ser respeitadas em sintonia com o Estado democrático que se presencia em dado tempo e espaço.
Nestes termos é que propulsa a índole do devido processo constitucional, consubstanciando no efetivo ideário axiológico que se estabelece na firme leitura constitucional sobre as instituições processuais.
No que se refere à relação Constituição e Processo, realçando a necessária efetividade deste bem como os escopos daquela, ver o nosso Tutela Específica das Obrigações de Fazer..., especialmente, o Capitulo I.

40 Dispõe o art. 242 do NCPC:
"Art. 242. A citação será pessoal, podendo, no entanto, ser feita na pessoa do representante legal ou do procurador do réu, do executado ou do interessado."

§ 1º A instauração do incidente será imediatamente comunicada ao distribuidor para as anotações devidas.

§ 2º Dispensa-se a instauração do incidente se a desconsideração da personalidade jurídica for requerida na petição inicial, hipótese em que será citado o sócio ou a pessoa jurídica.

§ 3º A instauração do incidente suspenderá o processo, salvo na hipótese do § 2º.

§ 4º O requerimento deve demonstrar o preenchimento dos pressupostos legais específicos para desconsideração da personalidade jurídica.

Do § 1º pouco há de se ressaltar senão a comunicação imediata ao distribuidor da existência do incidente, sobretudo, para fins de organização processual, com o fito de requerer as anotações respectivas, evitando-se o próprio tumulto em distribuição de documentos nos autos, partindo inclusive, da própria existência do incidente em tela.

Por outro lado, chama atenção o §2º, ao dispensar a instauração do incidente quando de seu requerimento já na própria exordial, caso então que o próprio sócio ou a pessoa jurídica já será devidamente citada, conforme já por nós enfrentado em item anterior.

A princípio, parte-se da ideia de que o legislador optou por inserir o pedido de desconsideração como em um pedido principal ou mesmo um único pedido.

No entanto, é de se indagar: estaríamos diante de uma ação em que se requer a desconsideração de uma personalidade jurídica, para fins de agressão ao patrimônio? Não necessariamente. É possível, inclusive, requerer em sede de pedidos subsidiários, ou seja, em não sendo possível este, que seja aquele, por exemplo, levando a um próprio indeferimento e mesmo a uma decisão interlocutória do pedido de desconsideração, já que não se teria o condão de extinguir a própria demanda e então, em sede de agravo de instrumento, se requerer a própria desconsideração quando tal pedido for negado, daí que como incidente voltaria... Mas isso requer de nós outras letras... Em outros momentos...

Quanto ao §3º, prudentemente, a suspensão do processo é efeito necessário para evitar-se o tumulto nas relações jurídicas que se desenvolvem durante a cognição do "incidente"; deveras a mesma prudência toma conta do § 4º, ao se exigir, como não poderia diferente ser, a demonstração do preenchimento dos pressupostos legais específicos para a comprovação de existência da desconsideração da personalidade jurídica.

NOVO CPC DOUTRINA SELECIONADA, v. 1 • Parte Geral
PARTE VIII – INTERVENÇÃO DE TERCEIROS

Em sequencia procedimental, atesta o art. 136 que, uma vez concluída a instrução, se necessária, o incidente será resolvido por decisão interlocutória, o que contra a qual, caberá agravo de instrumento.

Conforme já observamos alhures, é de se notar que havendo ou não necessidade de instrução probatória para o deslinde acerca do reconhecimento ou não do incidente, e nisso, dependendo de cada caso em concreto, o *decisum* será atacável pela via recursal do Agravo de Instrumento.

Vale aqui uma referência ao art.1.015 do NCPC, tudo no intuito de referendar a hipótese consolidada no dispositivo *in comento*.

> Art. 1.015. *Cabe agravo de instrumento contra as decisões interlocutórias que versarem sobre:*
>
> *I – tutelas provisórias;*
>
> *II – mérito do processo;*
>
> *III – rejeição da alegação de convenção de arbitragem;*
>
> **IV – incidente de desconsideração da personalidade jurídica***;*
>
> *V – rejeição do pedido de gratuidade da justiça ou acolhimento do pedido de sua revogação;*
>
> *VI – exibição ou posse de documento ou coisa;*
>
> *VII – exclusão de litisconsorte;*
>
> *VIII – rejeição do pedido de limitação do litisconsórcio;*
>
> *IX – admissão ou inadmissão de intervenção de terceiros;*
>
> *X – concessão, modificação ou revogação do efeito suspensivo aos embargos à execução;*
>
> *XI – redistribuição do ônus da prova nos termos do art. 373, § 1º;*
>
> *XII – (VETADO)*
>
> *XIII – outros casos expressamente referidos em lei.*
>
> *Parágrafo único. Também caberá agravo de instrumento contra decisões interlocutórias proferidas na fase de liquidação de sentença ou de cumprimento de sentença, no processo de execução e no processo de inventário.* (Grifo nosso).

Já parágrafo único do próprio art. 136 é que acaba avançando em nível de segundo grau, ao acrescentar que:

> Parágrafo único. Se a decisão for proferida pelo relator, cabe agravo interno.

Por fim, de importância relevante está o art. 137 do NCPC comento. Assim expressa:

Art. 137. Acolhido o pedido de desconsideração, a alienação ou oneração de bens, havida em fraude de execução, após a instauração do incidente, será ineficaz em relação ao requerente.

Trata-se, como se pode notar, de regulação com objetivo de garantir a liquidez patrimonial daquele requerente da desconsideração da personalidade jurídica de seu devedor, a fim de desqualificar qualquer alienação, oneração, ou seja, venda, garantia etc que poderia ensejar prejuízo e por isso, perda do próprio objeto, representativo do direito subjetivo inadimplido, justificador e ensejador da tutela jurisdicional requerida.

No entanto, não custa lembrar aqui a Súmula n. 375/STJ[41], o que, desde já, mereceria reflexões em bons contornos e harmonização com o dispositivo em questão.

5. CONSIDERAÇÕES FINAIS

De tudo que fora acostado neste breve estudo, vale frisar que o Novo Código de Processo Civil, além da frequentemente já proclamada sensibilidade para o diálogo necessário entre Constituição e o Processo, aliás, devidamente representado já em sede inaugural, pelos primeiros dispositivos deste novel *Codex* quando do frisar principiológico daquilo que já se faz insculpido na Carta Maior de 1988, não descuida, igualmente, da importante vocação e razão teleológica do Processo como instrumento apto à realização do direito material inadimplido.

Nisso a viabilização e aplicação do direito material ora inobservado têm, no processo, sua razão de ser, por isso, tanto a instrumentalidade quanto a efetividade colocam dito instrumento democrático em sua verdadeira trilha, não como fim em si mesmo, mas dotado de aptidão para, pelo menos, tornar as pessoas mais felizes ou menos infelizes.

É o que se espera do importante regramento processual do Incidente de Desconsideração da Personalidade Jurídica no plano da efetividade dos direitos.

6. REFERÊNCIAS BIBLIOGRÁFICAS

BEDAQUE, José Roberto dos Santos. *Direito e Processo*. 6 ed. São Paulo: Malheiros Editores, 2011.

BONNARD, George. *Traité élémentaire de droit civil*. T. 1. 6 ed. Paris: s. n., 1911/1913.

---

41 "O reconhecimento da fraude à execução depende do registro da penhora do bem alienado ou da prova de má-fé do terceiro adquirente."

BUENO, Cássio Scarpinella. Desconsideração da personalidade Jurídica no Projeto do Novo Código de Processo Civil. In: BRUSCHI, Gilberto Gomes et ali. Direito Processual Empresarial. Rio de Janeiro: Elsevier, 2012, p.123.

CARBONNIER, Jean. Sociologia Jurídica. Coimbra: Almedina, 1979.

CHIOVENDA, Giuseppe. Saggi di Diritto Processuale Civile. 2 ed. Roma: Foro It., 1930.

COELHO, Fábio Ulhoa. Curso de Direito Comercial. Vol. 2. 5 ed. São Paulo: Saraiva, 2002.

COMPARATO, Fábio Konder. O Poder de Controle na Sociedade Anônima. 3 ed. Rio de Janeiro: Forense, 1983.

CORDEIRO, António Menezes. Tratado de Direito Civil Português. Vol. I. Coimbra: Almedina, 2004.

DINAMARCO, Cândido Rangel. A Instrumentalidade do Processo. 14.ed. São Paulo: Malheiros Editores, 2009.

GAIO JÚNIOR, Antônio Pereira. Instituições de Direito Processual Civil. 2 ed. Belo Horizonte: Del Rey, 2013.

_____.Tutela Específica das Obrigações de Fazer. 4 ed. Curitiba: Juruá, 2012.

_____; CÂMARA, Alexandre Freitas. (Coords.). Novo CPC: reflexões e perspectivas. Belo Horizonte: Del Rey, 2014.

GONÇALVES, Carlos Alberto. Direito Civil brasileiro. Parte Geral. 2 ed. São Paulo: Saraiva, 2005.

http://www.camara.gov.br/proposicoesWeb/fichadetramitacao?idProposicao=490267. Acesso em 29.12.2012.

http://www.senado.gov.br/atividade/materia/detalhes.asp?p_cod_mate=97249. Acesso em 11.12.2012.

http://www.camara.gov.br/proposicoesWeb/fichadetramitacao?idProposicao=490267. Acesso em 14.04.2014.

JUSTEM FILHO, Marçal. Desconsideração da personalidade societária no direito brasileiro. São Paulo: RT, 1987.

KELSEN, Hans. Teoria Pura do Direito. Trad. João Baptista Machado. São Paulo: Martins Fontes, 2003.

KOURY, Suzy Elizabeth Cavalcante. A desconsideração da Personalidade Jurídica. (Disregard doctrine) e os grupos de empresas. 3 ed. Rio de Janeiro: Forense, 2012.

LEBORGNE, Anne; PUTMAN Emmanuel (Org.) Les Obstacles à L'exécution Forcée: Permanence et Évolution. Paris:Éditions Juridiques et Techniques, 2009.

RÁO, Vicente. O Direito e a vida dos Direitos. 6 ed. São Paulo: RT, 2004.

SALOMÃO FILHO, Calixto. A sociedade unipessoal. São Paulo: Malheiros Editores, 1995.

SERICK, Rolf. *Apariencia y realidade em las sociedades mercantiles*. Barcelona: Ariel, 1958.

VENOSA, Sílvio de Salvo. *Direito Civil*. 6 ed. São Paulo: Atlas, 2006.

VERRUCOLI, Piero. *Il superamento dela personalità giuridica dele societá di capitali nella "common law" e nella "civil law"*. Milano: Giuffrè, 1964.

WARDE JÚNIOR, Walfrido Jorge. *Responsabilidade dos sócios: a crise da limitação de responsabilidade dos sócios e a teoria da desconsideração da personalidade jurídica*. Belo Horizonte: Del Rey, 2007.

WORMSER, Maurice. Piercing the veil of corporate entity. *In: Columbia Law Review*, Columbia, Vol. 12, 1912.

ZAMUDIO, Fix. *La protección procesal de los derechos humanos*. Madrid: Civitas, 1982.

CAPÍTULO 6

O incidente de desconsideração da personalidade jurídica do Novo Código de Processo Civil

Humberto Dalla Bernardina de Pinho[1]

Marina Silva Fonseca[2]

SUMÁRIO: 1. INTRODUÇÃO; 2. A DESCONSIDERAÇÃO DA PERSONALIDADE JURÍDICA: CONTORNOS DE DIREITO MATERIAL; 2.1. PRESSUPOSTOS LEGITIMADORES DA DESCONSIDERAÇÃO; 2.2. EFEITOS DA DESCONSIDERAÇÃO – ANÁLISE À LUZ DA TEORIA DUALISTA DA OBRIGAÇÃO; 3. O DESENVOLVIMENTO PROCESSUAL DA DESCONSIDERAÇÃO DA PERSONALIDADE JURÍDICA E O REGRAMENTO DO NOVO CPC; 3.1. NECESSIDADE DE AÇÃO AUTÔNOMA DE CONHECIMENTO OU EFETIVAÇÃO DA DISREGARD NO CURSO DO PROCESSO PRINCIPAL; 3.2. O POLOS PROCESSUAIS ATIVO E PASSIVO NO INCIDENTE DE DESCONSIDERAÇÃO; 3.3. CONTRADITÓRIO E AMPLA DEFESA NO DESENVOLVIMENTO PROCESSUAL DA DESCONSIDERAÇÃO DA PERSONALIDADE JURÍDICA; 4. CONCLUSÕES; 5. REFERÊNCIAS.

1. INTRODUÇÃO

A preocupação com a instrumentalidade das formas processuais envolve um esforço de adaptação, primariamente em sede legislativa, dos mecanismos processuais aos objetivos materiais a serem alcançados através do processo. E, sob a égide do Formalismo Valorativo, além do vetor da efetividade, têm as formas processuais *lato sensu*[3] em mira a asseguração das demais garantias

---

1. Professor Associado de Direito Processual Civil na UERJ e na Estácio Promotor de Justiça no RJ
2. Bacharel em Direito pela UERJ. Assessora junto ao TJ/RJ
3. Sobre o alcance do formalismo ou forma em sentido amplo, confiram-se as considerações de Carlos Alberto Álvaro de Álvaro de Oliveira (*in: Do formalismo no processo civil*. São Paulo: Saraiva, 1997. p. 6-9), com destaque ao seguinte trecho: *"O formalismo, ou forma em sentido amplo, no entanto, mostra-se mais abrangente e mesmo indispensável, a implicar a totalidade formal do processo, compreendido não só a forma, ou as formalidades, mas especialmente a delimitação dos poderes, faculdades e deveres dos sujeitos processuais, coordenação de sua atividade, ordenação do procedimento e organização do processo, com vistas e que sejam atingidas suas finalidades primordiais. A forma em sentido amplo investe-se, assim, da tarefa de indicar as fronteiras para o começo e o fim do processo, circunscrever o material a ser formado, estabelecer dentro de quais limites devem cooperar e agir pessoas atuantes no processo para o seu desenvolvimento. O formalismo processual contém, portanto, a própria idéia do processo como organização da desordem, emprestando previsibilidade a todo o procedimento. Se o processo não obedecesse a uma ordem determinada, cada ato devendo ser praticado a seu devido tempo e lugar, fácil entender que o litígio desembocaria numa disputa desordenada, sem limites ou garantias para as partes, prevalecendo ou podendo prevalecer a do procedimento e na atividade cognitiva do juiz, faceta assaz importante da própria garantia fundamental do contraditório. Embora se cuide aqui de um postulado lógico, não se pode deixar de reconhecer que sua realização é garantida apenas pela forma em sentido amplo."*

constitucionais relacionadas ao processo justo[4], como o contraditório (participativo) e a ampla defesa.

O devido processo legal, em sua perspectiva procedimental, deve traduzir-se pela ordenação formal do processo consentânea aos valores constitucionais, cuja eficácia irradiante norteia a interpretação de todo o ordenamento jurídico. Sob esse intento, foi elaborado o Novo Código de Processo Civil, visando à compatibilização do regramento processual civil – cujo principal texto legislativo, embora entremeado por reformas, era anterior à Constituição de 1988 – aos reclames da ordem constitucional e da sociedade atuais, no seio de um Estado Democrático de Direito.[5]

Nesse contexto, temos, dentre as inovações do Diploma, a criação do *incidente de desconsideração da personalidade jurídica* (artigos 133 a 137). Uma vez que a teoria da desconsideração encerra desafios para sua efetivação no âmbito do processo – caracterizando-se o atual cenário jurisprudencial pela ausência de uniformidade no tratamento processual do instituto e por recorrentes violações das garantias constitucionais-processuais –, buscou o Novo Código conferir segurança jurídica ao desenvolvimento processual da desconsideração, conformando-o às garantias do processo justo.

Pois, como se exporá quando da análise dos contornos materiais da desconsideração da personalidade jurídica, esta tem por efeito, diante da ocorrência dos pressupostos legais, determinado grau de superação da eficácia da personificação societária, o que importará alteração na sujeição passiva pelo débito (originalmente imputado à pessoa jurídica). No plano processual, a operação desconsiderante repercutirá na responsabilidade patrimonial pela dívida discutida, influindo, necessariamente, na legitimação passiva.

Chega-se então ao segundo ponto de análise deste artigo: da compatibilização do desenvolvimento processual da desconsideração às garantias constitucionais-processuais, cotejando as proposições doutrinárias às soluções adotadas pelo Novo Código de Processo Civil. A efetivação da desconsideração de modo consentâneo aos ditames do devido processo, conciliando princípios por vezes conflitantes, é o grande desafio de qualquer regramento que se proponha à ordenação procedimental do expediente, podendo-se concluir que bem desempenhado no incidente de desconsideração da personalidade jurídica inaugurado pelo Novo Diploma Processual.

---

4. V. GRECO, Leonardo. Garantias fundamentais do processo: o processo justo. In: _____. *Estudos de Direito Processual*. Campos dos Goytacazes: Ed. Faculdade de Direito de Campos, 2005. p. 225-286.

5. V. PINHO, Humberto Dalla Bernardina de. Os Princípios e as Garantias Fundamentais no Projeto de Código de Processo Civil: breves considerações acerca dos artigos 1º a 11 do PLS 166/10. *Revista Eletrônica de Direito Processual*, Rio de Janeiro, a. 4, v. 6, p. 49-92, jul./dez. 2010. p. 49-52.

2. A DESCONSIDERAÇÃO DA PERSONALIDADE JURÍDICA: CONTORNOS DE DIREITO MATERIAL

O desenvolvimento de uma teoria da desconsideração da personalidade jurídica – cuja sistematização, nos anos 1950, atribui-se a Rolf Serick[6] – partiu da preocupação com o *uso dos atributos da personificação societária de modo desviante das funções preconizadas pelo ordenamento*, normalmente com o intento de obstar a satisfação de créditos ou de fraudar a lei.[7]

É certo que a dotação de autonomia subjetiva e patrimonial à pessoa jurídica, possibilitando a formação de um polo de interesses juridicamente distinto das esferas subjetivas das pessoas que a compõem, contribuiu significativamente ao fortalecimento das atividades empresariais e associativas em geral, de modo que inconcebível a eliminação do instituto. Por outro lado, observou-se, na prática jurisprudencial, uma série de situações em que o reconhecimento dos efeitos da personificação societária importava resultado indesejado pelo direito, sendo, ademais, inaptas para corrigir o problema as normas estabelecedoras de alguma forma de responsabilidade aos sócios.

Com base nessa essa percepção, surgiram, nos países da *Common Law*, ainda no Século XIX, os primeiros precedentes da chamada *disregard of legal entity*[8], nos quais se permitiu a pontual superação da eficácia do "véu da personalidade jurídica". Em direito pátrio, embora a primeira menção doutrinária à desconsideração, creditada a Requião[9], date de 1969, a disciplina legal adveio apenas em 90, com o Código de Defesa do Consumidor.

O estudo da desconsideração da personalidade jurídica, aqui objeto de breves apontamentos, envolve a compreensão de seus pressupostos legitimadores e efeitos jurídicos, temas a serem então abordados.

---

6. V. SERICK, Rolf. *Forma e Realtà della Persona Giuridica*. Milano: A. Giuffre, 1966.

7. José Lamartine Corrêa de Oliveira, em sua obra "A Dupla Crise da Pessoa Jurídica", apresenta o marco inicial a ensejar a criação do expediente: *"Por tudo isso, o problema que vamos tratar nesse capítulo é problema comum a todo e qualquer sistema jurídico em que vigora o princípio básico da separação entre pessoa jurídica e pessoa-membro. Pois em todos esses países pode surgir (como de fato tem surgido) o fenômeno da utilização da pessoa jurídica (e se sua subjetividade autônoma, separada) no contexto da busca de finalidades distintas daquelas que inspiraram o conjunto do sistema jurídico."* (OLIVEIRA, J. Lamartine Corrêa de. *A Dupla Crise da Pessoa Jurídica*. São Paulo: Saraiva, 1979. p. 262.)

8. Dentre os casos mais célebres, temos Salomon v. Salomon & Co (1897), *Bank of United States v. Deveaux* (1809) e *State vs. Standard Oil Co.* (1892). V. também *United States v. Milwaukee*, *United States v. Lehigh Valley R.R.Co*, *United States v. Reading Co.*, *Morre & Handley Hardware Co. v. Towers Hardware Co.*, *Higgins vs. California Petroleun and Asphalt Co. et al*, *Booth v. Bunce*, *The Trustees of Darthmonth College v. Woodward*, *First National Bank of Chicago v. F. C. Trebein Co.*, *Ross v. Pennsylvania Railroad Co.*, *In Re Muncie Pulp Co.*, *Anderson v. Abbott* e *People's Pleasure Park Co. v. Rohleder.*

9. REQUIÃO, Rubens. Abuso de direito e fraude através da personalidade jurídica. *Revista dos Tribunais*, São Paulo, a. 58, v. 410, p. 12-24, dez. 1969.

2.1. Pressupostos legitimadores da desconsideração

Como visto, debruça-se a teoria da desconsideração sobre a figura do desvio de função da personalidade jurídica[10]. Ou seja, vislumbra-se a personificação societária através de uma perspectiva funcional/teleológica, devendo, para que se legitime a "consideração" da personalidade jurídica (com a aplicação do regime jurídico respectivo), sua utilização consoante os fins objetivados pelo ordenamento. Nesse sentido, poderia falar-se em *função social da pessoa jurídica*[11], havendo doutrina que associe a desconsideração aos princípios da função social da propriedade[12] ou da função social da empresa[13].

Por essa ótica, o uso abusivo, anormal ou indireto da pessoa jurídica não mereceria tutela do direito. Para a caracterização dessa situação, Justen Filho[14] remete à figura do negócio indireto, aquele estruturalmente válido, porém desviante do objetivo típico abstratamente previsto pelo ordenamento para aquela figura negocial. Diferencia-se, assim, a *disregard*, enquanto vício de funcionalidade, dos vícios estruturais dos atos jurídicos[15].

---

10. Lamartine C. de Oliveira (op. cit. p. 608) refere-se à crise de função da pessoa jurídica: *"A pessoa jurídica é uma realidade que tem funções – função de tornar possível a soma de esforços e recursos econômicos para a realização de atividades produtivas impossíveis com os meios isolados de um ser humano; função de limitação de riscos empresariais; função de agrupamento entre os homens para fins religiosos, políticos educacionais; função de vinculação de determinados bens ao serviço de determinadas finalidades socialmente relevantes. À medida, porém, que as estruturas sociais e econômicas evoluem, tipos legais previstos para determinadas funções vão sendo utilizados para outras – não previstas pelo legislador – funções. Se tais funções novas entram em contraste com os valores reitores da ordem jurídica, há uma crise de função do instituto. [...] As técnicas de disregard ou Durchgriff são o mais agudo sintoma da crise de função. Elas denunciam a existência de um desvio do instituto – da função que lhe foi assinalada pelo legislador. E, ao mesmo tempo, visam evitar – principalmente ao servirem de inspiração à intepretação de algumas normas legais específicas – o surgimento concreto de novos casos de desvio".*

11. JUSTEN FILHO, Marçal. Desconsideração da Personalidade Societária no Direito Brasileiro. São Paulo: RT, 1987. p. 118-125

12. DIDIER JÚNIOR, Fredie. Aspectos processuais da desconsideração da personalidade jurídica. In: DIDIER JÚNIOR, Fredie; MAZZEI, Rodrigo (Org.). *Reflexos do novo código civil no direito processual.* 2. ed. Salvador: Jus Podium, 2007. p. 159-163.

13. ANDRADE FILHO, Edmar Oliveira. *Desconsideração da personalidade jurídica no Novo Código Civil.* São Paulo: MP Editora, 2005. p. 54.

14. *Op. cit.* p. 91-92. Cf. CLÁPIS, Flávia Maria de Morais Geraigire. *Desconsideração da personalidade jurídica.* 2006. Dissertação (Mestrado em Direito Comercial)–Pontifícia Universidade Católica de São Paulo, São Paulo, 2006. p. 42; KOURY, Suzi Elizabeth Cavalcante. *A Desconsideração da Personalidade Jurídica (disregard doctrine) e os Grupos de Empresas.* 2. ed. Rio de Janeiro: Forense, 1998. p. 68-69.

15. *"A desconsideração é marcada, dessa maneira, por um defeito de funcionalidade na forma de uma pessoa agir no mundo concreto. Há visível contradição entre a teoria legal relativa à função primeira da pessoa jurídica e seu exercício de fato. Esse defeito, que impulsiona a aplicação da desconsideração, não se encontra na estrutura do ato jurídico específico, e sim na atividade funcional exercida pelo indivíduo que realizou tal ato. A atividade funcional da sociedade personificada, na prática, em muito se distanciou do preceituado pela norma jurídica. Assim, a teoria da desconsideração deve ser encarada como doutrina autônoma e individuada e não como simples aplicação específica das normas referentes à invalidação de atos fraudulentos."* (FREITAS, Elisabeth Cristina Campos Martins de. *Desconsideração da Personalidade Jurídica.* 2. ed. São Paulo: Atlas, 2004. p. 73-75)

No entanto, não é precisa a delimitação do que caracterizaria, em concreto, um desvio de funcionalidade da personificação jurídica, a legitimar a aplicação da desconsideração. Aponta Sérgio Marcos Negri[16], citado por Guilherme Calmon da Gama[17], a tensão entre segurança e justiça: opõe-se o valor reconhecido à autonomia da pessoa jurídica a outros interesses dignos de tutela, devendo perquirir-se a justiça do caso concreto (a solução que adequadamente harmonize os interesses em conflito) e o "custo" da solução équa à segurança jurídica consistente na manutenção do regime jurídico personificatório.[18]

Nessa linha, há doutrina[19] que se refira a verdadeira atividade de ponderação a nortear a decisão pela desconsideração, bem como à gradação entre maior ou menor abertura ao expediente de acordo com critérios como negociabilidade, assunção de risco, disponibilidade/indisponibilidade dos interesses envolvidos e previsibilidade[20].

A essa complexidade de cenários à utilização da teoria da desconsideração, não ficou alheio o legislador – nem a jurisprudência sobre a matéria – havendo distintas previsões normativas sobre os pressupostos da *disregard* qual seja o ramo do direito envolvido. Daí advinda também a conhecida divisão entre as teorias maior e menor, cada qual aplicável a determinadas modalidades de relação jurídica.

---

16. NEGRI, Sérgio Marcos Carvalho de Ávila. Repensando a Disregard Doctrine: Justiça, segurança e eficiência na desconsideração da personalidade jurídica. In: ALVES, Alexandre Ferreira de Assumpção; GAMA, Guilherme Calmon Nogueira da (Org.). *Temas de direito civil-empresarial*. Rio de Janeiro: Renovar, 2008. p. 167.

17. GAMA, Guilherme Calmon Nogueira da (Coord.). *Desconsideração da Personalidade da Pessoa Jurídica*: visão crítica da jurisprudência. São Paulo, Atlas, 2009.

18. Koury (*op. cit.* p. 74-75) associa *disrergard* e equidade, invocando a justiça concreta dos efeitos da consideração da personificação jurídica como critério à desconsideração. Em seguida, conclui: *"Assim, no caso do emprego da Disregard Doctrine, ao decidir que os resultados práticos da aplicação da norma, que considera a pessoa jurídica distinta da pessoa dos seus membros, produziriam, em uma determinada situação real, efeitos que estariam em contradição com os valores segundo os quais foi modelado o ordenamento jurídico positivo e, por esse motivo, afastar a sua utilização, o juiz não age arbitrariamente e nem compromete os valores de certeza e segurança. Na verdade, toma por base os valores que informam o ordenamento jurídico e, considerando que se empregasse a norma entraria em flagrante contradição com aqueles valores, decide pela sua não aplicação ao caso concreto sob exame. Portanto, nos casos em que a aplicação do regime da personificação societária desvie a sociedade da finalidade que o ordenamento jurídico vise a alcançar por seu intermédio; nos casos em que tal aplicação conduza a situações de injusto prejuízo ao Estado ou à coletividade nele organizada; e, ainda, quando a sua aplicação produza efeitos contrários aos valores que inspiram o ordenamento jurídico, poder-se-á subestimar os efeitos da personalidade jurídica, utilizando-se, assim, a Disregard Doctrine."* (Ibid. p. 78-79)

19. JUSTEN FILHO, Marçal. *Op. cit.* p. 123-124; SILVA, Osmar Vieira da. *Desconsideração da personalidade jurídica*: aspectos processuais. Rio de Janeiro: Renovar, 2002. p. 228-231.

20. Cf. CLÁPIS. *Op. cit.* p. 39-40; COMPARATO, Fábio Konder; SALOMÃO FILHO, Calixto. *O poder de controle na sociedade anônima*. 4. ed. Rio de Janeiro: Forense, 2005. p. 483-493; JUSTEN FILHO. *Op. cit.* p.123-132; NUNES, Márcio Tadeu Guimarães. *Desconstruindo a desconsideração da personalidade jurídica*. São Paulo: Quartier Latin do Brasil, 2007. p. 118-121; SILVA, Alexandre Couto. *A aplicação da desconsideração da personalidade jurídica no direito brasileiro*. São Paulo: LTr, 1999. p. 172; SILVA, Osmar Vieira da. *Op .cit.* p. 184-186.

A previsão legislativa aplicável residualmente à generalidade das relações (desde que não regidas por diploma específico) é a constante do art. 50 do Código Civil de 2002[21].

Denota-se a adoção da teoria maior da desconsideração, segundo a qual se exige a utilização abusiva ou fraudulenta dos atributos da personalidade jurídica como pressuposto à *disregard*. A definição desse pressuposto pode se dar através de uma ótica subjetiva (fundada na intenção do agente que opera por através da pessoa jurídica), consoante a formulação original de Serick[22], ou advir de análise objetiva, concepção mais atual da teoria maior[23] e encampada pela redação do Código Civil.

Pauta-se a concepção objetiva na vertente também objetiva da teoria do abuso de direito, a qual tem por principal exponente Josserand. Identifica-se o abuso, em linhas gerais, pela utilização de um direito em desacordo com a finalidade para qual concebido[24], o que nos remete ao tema, já abordado, do desvio de função da personificação societária.

Parte da doutrina admite, outrossim, enquanto pressuposto da vertente objetiva da teoria maior, a confusão patrimonial/confusão de esferas. Tendo

---

21. Art. 50. Em caso de abuso da personalidade jurídica, caracterizado pelo desvio de finalidade, ou pela confusão patrimonial, pode o juiz decidir, a requerimento da parte, ou do Ministério Público quando lhe couber intervir no processo, que os efeitos de certas e determinadas relações de obrigações sejam estendidos aos bens particulares dos administradores ou sócios da pessoa jurídica.

22. Serick (*op. cit.* p.275-276), em tradução livre, assim conceitua o abuso de forma da pessoa jurídica: "Existe abuso quando, através do instrumento da pessoa jurídica, se tenta evadir-se de uma lei ou escapar de obrigações contratuais, ou causar dano fraudulentamente a terceiros."
Observe-se que, ainda hoje, há doutrina defensora da concepção subjetiva da teoria maior da desconsideração, cujos pressupostos se resumem à fraude ou ao abuso de direito em sua tradicional formulação subjetiva, relacionada aos atos emulativos. Nessa linha: TEDESCO, Alex Moisés. Desconsideração da personalidade jurídica no novo Código Civil. *Revista Síntese de Direito Civil e Processual Civil*, Porto Alegre, v. 4, n. 19, p. 155-160, set./out. 2002.

23. A divisão da teoria maior da desconsideração em subjetiva e objetiva não é efetuada de forma uníssona pela doutrina. A sistematização formulada por F. Ulhôa Coelho (in: *Desconsideração da personalidade jurídica*. São Paulo: Revista dos Tribunais, 1989. p. 53-54), aqui adotada, tem por critério a importância conferida ao elemento subjetivo: "*Duas são as formulações existentes quanto à teoria da desconsideração* [...]. *A formulação subjetiva, em que importa, em regra, a ocorrência da intenção fraudulenta no uso da pessoa jurídica com dano a terceiros, e a formulação objetiva, onde não há nenhuma importância conferida a esse elemento.*" (*Ibid.* p. 54). Há autores, entretanto, que distinguem as vertentes da teoria da desconsideração simploriamente entre a modalidade fundada na fraude ou abuso (teoria subjetiva) e a fundada na confusão patrimonial (objetiva). Nessa linha: ALVIM, Eduardo Pellegrini Arruda; GRANADO, Daniel Willian. Aspectos processuais da desconsideração da personalidade jurídica. *Revista Forense*, Rio de Janeiro, a. 106, n. 412, p. 63-84, ANDRIGHI, Fátima Nancy. Desconsideração da personalidade jurídica no Código de Defesa do Consumidor e no Novo Código Civil. In: PRIMEIRA SEMANA DO CONSUMIDOR DA FACULDADE DE DIREITO DO UNICEUB, 2004, Brasília.

24. COELHO, Fábio Ulhôa. *Op. cit.* p. 58-59. Indica-se também a leitura da dissertação de Flávia Clápis (*Op. cit.* p. 153-161), em que se expõem com maior detalhamento as teorias subjetiva e objetiva de abuso de direito, esta última dividida nas seguintes vertentes: teoria do destino econômico, teoria do fim social do direito, teoria do motivo legítimo, teoria do uso normal do direito e teoria mista.

Cap. 6 • O INCIDENTE DE DESCONSIDERAÇÃO DA PERSONALIDADE JURÍDICA DO NOVO CÓDIGO DE PROCESSO CIVIL
Humberto Dalla Bernardina de Pinho – Marina Silva Fonseca

por preceito que o intuito legitimador da personificação jurídica é a criação de um polo de interesses e patrimônio apartados das pessoas dos sócios, o enleio entre essas esferas significa um desvio do escopo societário. Logo, tendo os próprios sócios subvertido a separação patrimonial (ou da administração societária), descabe a eles invocar, para sua proteção, a distinção entre a pessoa jurídica e seus integrantes; do contrário, haveria *venire contra factum proprium*[25].

A confusão patrimonial manifesta-se de diversas formas, abrangendo mais que promiscuidade entre o patrimônio social e dos sócios, mas também, especialmente no âmbito de grupos societários, confusão de denominações ou administração societárias. Sua análise perpassa, sobretudo, a intensidade do poder de controle, a qual pode importar total identificação ou difícil distinção de interesses entre a sociedade e o grupo (ou sócio) controlador. Invocam-se as noções, oriundas do direito norteamericano, de *alter ego* ou *instrumentality*[26], em que a pessoa jurídica nada mais é que um instrumento de atuação do sócio

---

25. V. COMPARATO, Fábio Konder; SALOMÃO FILHO, Calixto. *Op. cit*. p. 450. Remete-se o tema, outrossim, à noção de *estoppel* desenvolvida pela doutrina e jurisprudência norteamericanas, a qual tem por melhor paralelo no direito romano-germânico o *venire contra factum proprium* (OLIVEIRA, J. *Op. cit*. p. 280-281). Fundado na "proteção jurídica à boa fé manifestada na confiança depositada na aparência" (SILVA, O. *Op. cit*. p. 114-117), o instituto permite a responsabilização do sócio quando, em contrariedade com seu próprio comportamento antecedente (como à confusão patrimonial a que deu causa), invoca a autonomia patrimonial para esquivar-se ao cumprimento de determinada obrigação. Rolf Serick (*op. cit*. p. 279), na conceituação de abuso da personalidade jurídica, já tomou em consideração a hipótese de *estoppel*: "*Vi può essere abuso anche quando si invoca successivamente, a propria tutela, l'autonomia della persona giuridica, se ciò è in contrasto con il proprio comportamento precedente.*" (em tradução livre: "pode haver abuso quando posteriormente se invoca, em sua própria tutela, a autonomia da pessoa jurídica, se este [o sócio] está em contraste com seu próprio comportamento anterior.").

26. Alexandre de Assumpção Alves discorre sobre as figuras construídas pela jurisprudência americana relacionadas (como possíveis pressupostos) à desconsideração da personalidade jurídica: "A pessoa jurídica é considerada uma *instrumentality* quando há um controle excessivo da sociedade de comando em relação às controladas. [...] Contudo, é indispensável a prova do nexo causal entre o excesso de controle e o dano causado (*injust loss*), sendo uma evidência de nexo a insolvência da controlada provocada pela controladora. [...] Para ficar configurada a situação de *alter ego* da sociedade em relação ao sócio é preciso haver *unidade patrimonial* entre as sociedades, deixando estas de ser pessoas jurídicas distintas em face da total dominação de uma sociedade por outra, sendo a autonomia subjetiva mera ficção. Por conseguinte, impende concluir que a manutenção da personalidade jurídica proporcionará a perpetração da fraude ou de outro 'resultado injusto', devendo ser considerada ineficaz tal separação (meramente formal) para responsabilizar todas as sociedades do grupo solidária e subsidiariamente. O termo *identity* é empregado para casos em que existe uma identidade entre a sociedade dominante e a dominada [...]. A desconsideração só pode ser declarada se a parte a quem favorece provar o prejuízo sofrido, a fraude e a má-fé do demandado. Para facilitar o *onus probandi* do autor são invocados vários indícios de *identity*, denominados *tests* [...]. A *agency* é uma relação jurídica fiduciária, resultante da manifestação de uma pessoa (*principal*) perante outra (*agent*) para que esta atue no interesse da primeira e sob seu controle, aceitando o *agent* essa exigência." (ALVES, Alexandre Ferreira de Assumpção. Fundamentos da desconsideração da personalidade jurídica no sistema jurídico da Common Law e sua aplicação nos direitos inglês e norteamericano – influência no Código de Defesa do Consumidor. In: ALVES, Alexandre Ferreira de Assumpção; GAMA, Guilherme Calmon Nogueira da (Org.). *Temas de direito civilempresarial*. Rio de Janeiro: Renovar, 2008. p. 11-12.)

controlador[27], havendo total confusão de interesses (*alter ego*) ou domínio absoluto de controle de forma lesiva a terceiros (*instrumentality*).

De fato, a adoção da confusão patrimonial como pressuposto à desconsideração tem expressa previsão no citado artigo 50. Diverge a doutrina, porém, se consiste em requisito autônomo a legitimar a desconsideração[28] ou se tão somente em uma das manifestações do abuso da personalidade jurídica, vislumbrado em sua concepção objetiva/funcional[29].

Retomando, em síntese, a análise do art. 50 do Código Civil, conclui-se que a regra do sistema jurídico pátrio é a adoção da teoria maior da desconsideração, segundo a qual se exige a utilização fraudulenta ou abusiva da personalidade jurídica, bem como, consoante parcela da doutrina, também a legitimando a verificação da confusão de esferas entre sociedade e sócios ou outras sociedades integrantes de grupo econômico[30].

Já a teoria menor tem a insuficiência patrimonial da sociedade como pressuposto bastante à desconsideração da personalidade jurídica, prescindindo-se da verificação de qualquer conduta abusiva ou fraudulenta dos sócios.[31] Visa-se, precipuamente, à redistribuição dos riscos empresariais, sendo os sócios preferencialmente onerados em relação aos terceiros credores da sociedade. Tal construção adquire relevo diante de bens jurídicos reputados prioritários face à observância do regime jurídico personificatório[32], ou diante de relações marcadas pelo desequilíbrio entre as partes, em que desprovido o polo vulnerável de poder econômico de negociação ou remuneração pelos riscos incorridos.

---

27.   OLIVEIRA, José Lamartine Corrêa de. *Op. cit.* p. 271.
28.   COMPARATO, Fábio Konder; SALOMÃO FILHO, Calixto. *Op. cit.* p. 355-356.
29. ANDRADE FILHO. Op. cit. p. 128-129; CLÁPIS. Op. cit. p. 153; JUSTEN FILHO. Op. cit. p. 136-138; LINS, Daniela Storry. Aspectos polêmicos atuais da desconsideração da personalidade jurídica no Código de defesa do consumidor e na lei antitruste. Rio de Janeiro: Lumen Juris, 2002. p.38-41.
30. Quanto ao exercício do poder de controle e aplicação da desconsideração da personalidade jurídica em sede de grupos societários, indica-se a leitura do livro de Suzy Koury (op. cit., com destaque a p. 102-105).
31. "*A teoria menor da desconsideração, por sua vez, parte de premissas distintas da teoria maior: para a incidência da desconsideração com base na teoria menor, basta a prova de insolvência da pessoa jurídica para o pagamento de suas obrigações, independentemente da existência de desvio de finalidade ou de confusão patrimonial. Para esta teoria, o risco empresarial normal às atividades econômicas não pode ser suportado pelo terceiro que contratou com a pessoa jurídica, mas pelos sócios e/ou administradores desta, ainda que estes demonstrem conduta administrativa proba, isto é, mesmo que não exista qualquer prova capaz de identificar conduta culposa ou dolosa por parte dos sócios e/ou administradores da pessoa jurídica. Como se observa no trecho citado, a desconsideração pode, excepcionalmente, representar um instrumento de redistribuição do risco empresarial entre a sociedade e seus credores [...]*" (NEGRI, Sérgio Marcos Carvalho de Ávila. *Op. cit.* p. 185.)
32. BOEIRA, Alex Perozzo. A desconsideração da personalidade jurídica: noções gerais e questões controvertidas à luz da doutrina e da jurisprudência. *Revista síntese de direito civil e processual civil*, Porto Alegre, v. 12, n. 69, p. 7-20, jan./fev. 2011. p. 12.

Cap. 6 • O INCIDENTE DE DESCONSIDERAÇÃO DA PERSONALIDADE JURÍDICA DO NOVO CÓDIGO DE PROCESSO CIVIL
Humberto Dalla Bernardina de Pinho – Marina Silva Fonseca

Dada a excepcionalidade da teoria menor – cuja aplicação indiscriminada esvaziaria as regras limitadoras da responsabilidade dos sócios –, sua adoção em direito pátrio restringe-se a determinadas categorias de relações jurídicas, além das quais aplicável o art. 50 do Código Civil. A previsão legislativa inaugural deu-se no Código de Defesa do Consumidor, em seu art. 28, §5º.[33]

Afere-se, da leitura do artigo 28, que seu *caput* consagra, embora com imprecisões técnicas[34], a adoção da teoria maior da desconsideração. Não obstante, o §5º estende a aplicação do expediente além das hipóteses do *caput*, admitindo parcela da doutrina[35] e jurisprudência[36] dominante a invocação do

---

33. Art. 28. O juiz poderá desconsiderar a personalidade jurídica da sociedade quando, em detrimento do consumidor, houver abuso de direito, excesso de poder, infração da lei, fato ou ato ilícito ou violação dos estatutos ou contrato social. A desconsideração também será efetivada quando houver falência, estado de insolvência, encerramento ou inatividade da pessoa jurídica provocados por má administração. [...] § 5º Também poderá ser desconsiderada a pessoa jurídica sempre que sua personalidade for, de alguma forma, obstáculo ao ressarcimento de prejuízos causados aos consumidores.

34. Acerca dos equívocos na redação do dispositivo, cita-se Alexandre de Assumpção Alves (*op. cit.* p. 34):
"*De maneira geral, as opiniões dos estudiosos neste assunto convergem para o fracasso da tentativa do legislador de adotar a teoria, por abarcar situações ensejadoras da aplicação de outros 'remédios jurídicos', como as ações de nulidade ou de responsabilidade civil dos administradores, além da confusão com institutos semelhantes em sua essência, mas diferentes em suas conseqüências, notadamente as teorias ultra vires e da aparência, afastando-se dos requisitos e objetivos da disregard. Verifica-se a transposição, sem análise comparatista, dos institutos da fraude, alter ego, agency, trust, entre outros, do direito anglo-saxão para o nacional sem atentar para a legislação especial e, principalmente, os contornos e elementos de institutos já positivados no Brasil, como o ato ilícito e a responsabilidade por fato próprio.*"
Cf. também: CARVALHO, Pedro Marco Brandão. Desconsideração da personalidade jurídica: teorias, aspectos processuais e o Direito Falimentar. 2009. Monografia (Pós-Graduação *Lato Sensu*)–Fundação Escola Superior do Ministério Público do Distrito Federal e Territórios, Brasília, 2009. p. 34; COELHO, Fábio Ulhoa. *Curso de Direito Comercial*: direito de empresa. 15. ed. São Paulo: Saraiva, 2011. v. 2. p. 70; CLÁPIS. *Op. cit.* p. 125-128; GOMES, Magno Federici; MAIA Estefânia Lima. Questões processuais da desconsideração da personalidade jurídica no código de defesa do consumidor. *Revista síntese de direito civil e processual civil*, Porto Alegre, v. 12, n.69, p.7-20, jan./fev. 2011. p. 27; KOURY. *Op. cit.* p. 191-192; SILVA, A. *Op. cit.* p. 102; TEPEDINO, Gustavo. Notas sobre a desconsideração da personalidade jurídica. In: _____. *Temas de Direito Civil*: Tomo III. Rio de Janeiro: Renovar, 2009. p. 74-76.

35. Nessa linha, GAULIA, Cristina Tereza. A desconsideração da personalidade da pessoa jurídica no Código de Defesa do Consumidor. *Revista da EMERJ*, Rio de Janeiro, v. 5, n. 18, p. 66-87, abr./jun. 2002. p. 74-87; GUIMARÃES, Flávia Lefèvre. *Desconsideração da pessoa jurídica no código de defesa do consumidor* – aspectos processuais. São Paulo: Max Limonad, 1998. p. 83-85; KOURY. *Op. cit.* p. 194-195; SILVA, O. *Op. cit.* p. 143-145; SZTAJN, Rachel. Desconsideração da personalidade jurídica. *Revista de Direito do Consumidor*, São Paulo, n. 2, p. 67-75, 1992. p. 74. Em sentido contrário: ALBERTON, Genacéia da Silva. A desconsideração da pessoa jurídica no código de consumidor – aspectos processuais. Ajuris, Porto Alegre, v. 19, n. 54, p. 146-180, mar. 1992. p. 171; ALVES. *Op. cit.* p. 49-50; BIANQUI, Henrique Torres de. *Desconsideração da personalidade jurídica no Processo Civil*. São Paulo: Saraiva, 2011. p. 65; COELHO, Fábio Ulhoa. *Curso de...* p. 71-72; GAMA. *Op. cit.* p. 23; LINS. *Op. cit.* p. 57-58; NUNES. *Op. cit.*p.84-85; SILVA, A.. *Op. cit.* p. 103; TEPEDINO. *Op. cit.* p. 79-80.

36. Tem-se por *leading case* o REsp nº 279.273/SP, cuja matéria de fundo foram os danos sofridos pelas vítimas da explosão no *Shopping Osasco*. Entendeu-se pela adoção da teoria menor, excepcionalmente, no Direito do Consumidor e no Direito Ambiental, com base, quanto às relações de consumo, em exegese autônoma do § 5º do art. 28, do CDC (cuja incidência não se subordina à demonstração dos requisitos previstos no *caput*). Prestigia a aludida interpretação a ideia de distribuição de riscos, reputando-se preferível,

parágrafo desvinculada dos requisitos do *caput*, representando a adoção, em sede consumerista, da teoria menor da desconsideração.[37]

Outro diploma que, consoante parte da doutrina, encampou a teoria menor da desconsideração é a Lei nº 9.605/1998, em seu art. 4º[38]. Na seara ambiental, legitima-se a adoção da teoria menor em virtude da relevância e indisponibilidade do bem jurídico tutelado, razão pela qual ampla a acolhida jurisprudencial a essa tese.

As hipóteses de aplicação da teoria menor não se resumem às duas previsões normativas expostas, sendo, por exemplo, consagrada em jurisprudência sua extensão às relações trabalhistas[39], seja com base nos critérios de distribuição de riscos (art. 2º, *caput*, da CLT)[40], como também no caráter alimentar das verbas trabalhistas. Igualmente não se resumem aos casos aqui expostos as previsões legais acerca da *disregard*, havendo-se abordado apenas as mais relevantes, para não prolongar demasiadamente o texto.

Cabe, por fim, mencionar a possibilidade de desconsideração inversa, ou seja, da hipótese em que necessário superar a pessoa do sócio, devedor original, para alcançar a pessoa jurídica na qual este oculta seus bens[41]. As noções de *alter ego* e *instrumentality* são novamente de importante valia, tratando usualmente as hipóteses autorizadoras da desconsideração inversa de situações em que o sócio, por titularizar controle absoluto sobre a sociedade, ou propriamente confundindo-se com esta, utiliza o véu societário como aparato para ocultar bens próprios, evadindo-se de dívidas pessoais. Em suma, mostra-se presente o *desvio de finalidade da personificação societária* – mesmo pressuposto avençado para a desconsideração da personalidade jurídica de modo geral

---

em um juízo de equidade, a oneração dos sócios que a dos consumidores. Protege-se, assim, o polo vulnerável da relação jurídica, desprovido de poder econômico de negociação ou remuneração pelos riscos incorridos, especialmente em hipóteses similares ao citado acórdão, referente a credores de delito.

37. "Em suma, muito embora a formulação adotada pelo Código de Defesa do Consumidor possa parecer uma ruptura em relação à teoria geral da desconsideração, ela, na verdade, pode ser harmonizada com os princípios gerais do Direito Civil: no caso, com o da tutela da confiança. Nesse contexto, sua inserção no ordenamento de direito privado brasileiro tem plena justificativa, ainda mais quando se tem presente o fato de que a proteção do consumidor corresponde a um anseio de alcançar a justiça material." (ANDRADE, Fábio Siebeneichler de; CALIENDO, Paulo (Coord.). *Série Pensando o Direito*: Desconsideração da personalidade jurídica. Brasília: Secret. de Assuntos Legislativos do Ministério da Justiça, 2010. p. 39-40.)

38. Art. 4º Poderá ser desconsiderada a pessoa jurídica sempre que sua personalidade for obstáculo ao ressarcimento de prejuízos causados à qualidade do meio ambiente.

39. V. ALMEIDA, Amador Paes de. *Execução de bens dos sócios*: obrigações mercantis, tributárias, trabalhistas: da desconsideração da personalidade jurídica (doutrina e jurisprudência). 11. ed. São Paulo: Saraiva, 2010. p. 171-215; ANDRADE; CALIENDO. *Op. cit.* p. 41. JUSTEN FILHO. *Op. cit.* p. 106.

40. "Art. 2º Considera-se empregador a empresa, individual ou coletiva, que, assumindo os riscos da atividade econômica, admite, assalaria e dirige a prestação pessoal de serviço."

41. DIREITO, Carlos Alberto Menezes. Desconsideração da Personalidade Jurídica. In: _____. *Estudos de direito público privado*. Rio de Janeiro: Renovar, 2006. p. 110.

-, entretanto manifestado através do uso da pessoa jurídica como instrumento para desvio de bens[42].

Por certo, haveria, em princípio, outros meios para responsabilização do devedor, como a penhora de cotas ou ações, ou a invocação da fraude contra credores, avençada por Lamartine C. de Oliveira[43]. Parte da doutrina[44], por essa razão, restringe a utilização da desconsideração inversa, preferindo outras soluções, ao reputarem que a operação de desconsideração, ao reduzir o capital social, prejudicaria os demais sócios e credores societários. Não obstante, a penhora da participação social nem sempre é cabível, ou pode ser pouco frutuosa ou excessivamente penosa a determinadas categorias de credores, havendo forte posicionamento doutrinário[45] e jurisprudencial pela admissão da desconsideração inversa, especialmente no âmbito do Direito de Família.

Portanto, tem-se um panorama dos pressupostos à desconsideração, em sua modalidade "tradicional" e inversa. Possível, então, passar à análise dos efeitos da desconsideração da personalidade jurídica, sem jamais perder de vista a preocupação central da doutrina ao invocar a *disregard*: a correção dos efeitos deletérios do uso disfuncional da pessoa jurídica (o "abuso da personalidade jurídica"), todavia sem aplicar indiscriminadamente o expediente, a ponto de comprometer a segurança jurídica e esvaziar a utilidade do regime jurídico personificatório. Se "corretamente" empregada a teoria da desconsideração, aponta a doutrina seu caráter protetor do instituto da pessoa jurídica, salvaguardando sua conformação às finalidades colimadas pelo ordenamento.[46]

---

42. "A fraude que a desconsideração invertida coíbe é, basicamente, o desvio de bens. O devedor transfere seus bens para a pessoa jurídica sobre a qual detém absoluto controle. Desse modo, continua a usufruí-los, apesar de não serem de sua propriedade, mas da pessoa jurídica controlada. Os seus credores, em princípio, não podem responsabilizá-lo executando tais bens. É certo que, em se tratando a pessoa jurídica de uma sociedade, ao sócio é atribuída a participação societária, isto é, quotas ou ações representativas de parcela do capital social. Essas são, em regra, penhoráveis para a garantia do cumprimento das obrigações de seu titular. Quando, porém, a pessoa jurídica reveste forma associativa ou fundacional, ao seu integrante ou instituidor não é atribuído nenhum bem correspondente à respectiva participação na constituição do novo objeto de direito." (COELHO, Fábio Ulhôa. Curso de Direito Comercial... p. 65.)
43. *Op. cit.*p. 341-342.
44. Cf., BIANQUI. *Op. cit.* p. 58-59; BERALDO, Leonardo de Faria. O Interesse de recorrer da decisão que determina a desconsideração da personalidade jurídica. *Revista síntese de direito civil e processual civil*, Porto Alegre, v. 7, n. 42, p. 77-91, ago 2006. p. 85.
45. V. COELHO, Fábio Ulhôa. *Curso...* p. 65. Em mesma linha, o Enunciado nº 283 da IV Jornada de Direito Civil: "É cabível a desconsideração da personalidade jurídica denominada 'inversa' para alcançar bens de sócio que se valeu da pessoa jurídica para ocultar ou desviar bens pessoais, com prejuízo a terceiros."
46. "A teoria da desconsideração, assim, não é um expediente contra a pessoa jurídica [...] mas, ao contrário, é a tentativa de salvaguardar o instituto, fornecendo critérios para a coibição das fraudes e abusos de direito perpetrados através da pessoa jurídica. Nos passos de Serick, pode-se afirmar que aqueles que abusam da personalidade jurídica da pessoa jurídica são os que a negam e aqueles que lutam contra o seu desvirtuamento são os que a afirmam." (COELHO, Fábio Ulhôa. Desconsideração... p. 55.)

2.2. Efeitos da desconsideração – análise à luz da teoria dualista da obrigação

Em linhas gerais, orienta-se a desconsideração a permitir episódica "penetração" através do manto protetor da personalidade jurídica[47], alcançando-se as pessoas que operam o ente societário. Trata-se, portanto, de técnica de "ineficacização" relativa[48], de excepcional[49] e pontual suspensão dos efeitos da personificação societária, de forma a atingir as pessoas que através da pessoa jurídica atuam, seja no tocante à determinação da lei aplicável (invocando-se características dos sócios como atribuíveis à sociedade), na *desconsideração atributiva*[50], seja quanto à imputação de condutas e estabelecimento de responsabilidades, na *desconsideração para fins de responsabilidade*, esta objeto do presente estudo.

Ressalta-se, na formação do conceito, a necessidade de representar a personificação societária, no caso concreto, um anteparo à justiça material. Por conseguinte, a aplicação da teoria da desconsideração deve se dar de forma residual, somente às hipóteses em que o ordenamento jurídico não apresente outra solução adequada.[51]

---

47. Pontue-se que Lamartine C. de Oliveira (*op. cit.* p. 271) critica a expressão angloamericana *piercing the corporate veil*, vislumbrando na desconsideração método não propriamente de penetração no véu societário, mas de determinação de até onde o véu atinge.

48. Citando o artigo pioneiro de Rubens Requião, "[...] a 'disregard docrtine' não visa a anular a personalidade jurídica, mas somente objetiva desconsiderar no caso concreto, dentro de seus limites, a pessoa jurídica, em relação às pessoas ou bens que atrás dela se escondem. É caso de declaração de ineficácia especial da personalidade jurídica para determinados efeitos, prosseguindo todavia a mesma incólume para seus outros fins legítimos." (REQUIÃO, Rubens. Abuso de direito e fraude através da personalidade jurídica. *Revista dos Tribunais*, São Paulo, a. 58, v. 410, p. 12-24, dez. 1969. p. 14.)

49. Destacam o caráter excepcional do expediente Sérgio Campinho (*In*: O direito de empresa à luz do novo código civil. 11. ed. Rio de Janeiro: Renovar, 2010. p. 79-80) e Gustavo Tepedino (*op. cit.* p.121), os quais advogam aplicação bastante restrita da *disregard*, além de Koury (*op. cit.* p. 89).

50. Koury (*op. cit.* p. 71) apresenta o tema da desconsideração atributiva, de emprego bastante frequente durante as Grandes Guerras, considerando-se "inimigas" algumas sociedades com base na nacionalidade de seus sócios, ainda que, sob os critérios legais em princípio aplicáveis (constituição, sede social, etc.), fossem tidas por nacionais: "[...] além dos casos de aplicação da disregard por ter havido utilização abusiva da forma da pessoa jurídica, ainda existe a sua utilização para relacionar determinadas normas com a pessoa jurídica, quer sejam normas de Direito de sociedades, de valor tão fundamental que não devam encontrar obstáculos de maneira indireta, quer sejam normas baseadas em qualidades, capacidades ou valores humanos cujas finalidades correspondam às das pessoas jurídicas.
    A utilização da Disregard Doctrine para que as qualidades dos homens que se acham encobertos na pessoa jurídica sejam imputadas a esta é bastante freqüente, principalmente no que diz respeito à nacionalidade e para evitar que pessoas jurídicas nacionais sejam dominadas por detentores de capital estrangeiro." Cf. também Henrique Bianqui (*op. cit.* p. 53), o qual menciona como exemplo a Súmula 486 do Supremo Tribunal Federal, e F. Konder Comparato e C. Salomão Filho (*op. cit.* p. 460-461).

51. Refere-se Ulhôa ao denominado pressuposto da licitude: "Cabe aplicar a teoria da desconsideração apenas se a pessoa jurídica autônoma da sociedade empresária antepõe-se como obstáculo à justa composição dos interesses. Se a autonomia patrimonial da sociedade não impede a imputação de responsabilidade ao sócio ou administrador, não existe nenhuma desconsideração. Em outros termos, cabe invocar a teoria quando a consideração da sociedade empresária implica a licitude dos atos praticados, exsurgindo a ilicitude apenas em seguida à desconsideração da personalidade jurídica dela. Somente nesse caso se opera a ocultação da

Nessa linha, não se confunde a desconsideração da personalidade jurídica com previsões legais (de invocação preferencial à *disregard*) estabelecedoras de responsabilidade solidária, subsidiária ou pessoal/exclusiva do sócio, como os artigos 124, 134 e 135 do Código Tributário Nacional[52], os artigos 117, 158, 245 e 246 da Lei das Sociedades Anônimas[53] e o art. 1.015 do Código Civil [54].

É esta a conceituação básica da teoria da desconsideração: método excepcional e de aplicação residual de suspensão pontual/relativa da eficácia dos atributos da personalidade jurídica. Cabe-nos, então, aprofundar a análise dos efeitos da operação desconsiderante, perquirindo seu enquadramento, à luz da teoria dualista da obrigação, enquanto método de imputação de débito/obrigação ou de intervenção apenas no plano da responsabilidade – o que repercutirá no tratamento processual do expediente.

Por uma primeira corrente[55], vislumbra-se na desconsideração mecanismo de atribuição de responsabilidade por débito alheio (ou "responsabilidade

---

fraude e, portanto, justifica-se afastar a autonomia patrimonial, exatamente para revelar o oculto por trás do véu da pessoa jurídica. Em outros termos, enquanto o ato é imputável à sociedade, ele é lícito. Torna-se ilícito apenas quando se o imputa ao sócio, ou administrador. A desconsideração da personalidade jurídica é a operação prévia a essa mudança na imputação. A sociedade empresária deve ser desconsiderada exatamente se for obstáculo à imputação do ato a outra pessoa. Assim, se o ilícito, desde logo, pode ser identificado como ato de sócio ou administrador, não é caso de desconsideração. O pressuposto da licitude serve, em decorrência, para distinguir a desconsideração de outras hipóteses de responsabilização de sócios ou administradores de sociedade empresária, hipóteses essas que não guardam relação com o uso fraudulento da autonomia patrimonial." (COELHO, Fábio Ulhôa. *Curso de Direito Comercial...*p. 62-63.). Cf. também os aportes de Fredie Didier Júnior (*op. cit.* p. 164-165), M. Justen Filho (*op. cit.* p. 130-132), Suzy Koury (*op. cit.* p. 81), Lamartine Corrêa de Oliveira (*op. cit.* p. 610), S. Negri (*op. cit.* p. 181), Osmar V. da Silva (*op. cit.* p. 118).

52. É errônea a identificação entre o redirecionamento da execução fiscal e a desconsideração da personalidade jurídica. Consagrando aquela previsão de responsabilização pessoal do sócio (mais propriamente, de imputação do ato ilícito ao sócio), desnecessária a invocação da *disregard*. Cf. AMENDOEIRA JÚNIOR, Sidnei. Aspectos processuais da responsabilidade patrimonial dos sócios e da desconsideração da personalidade jurídica. In: BRUSCHI, Gilberto Gomes; SHIMURA, Sérgio. (Coord.) *Execução civil e cumprimento da sentença.* São Paulo: Método, 2007. v. 2, p. 549-576; BERALDO. *Op. cit.* p. 84; CLÁPIS. *Op. cit.* p. 181; SILVA, A. *Op. cit.* p. 119; SILVA, O. *Op. cit.* p. 139.

53. V. ANDRIGHI. *Op. cit.* p. 3-4; CLÁPIS. *Op. cit.* p. 139-140.

54. Remete o dispositivo aos chamados atos *ultra vires societatis*, elaboração teórica de origem inglesa, que não se confunde à *disregard doctrine*. Trata-se de instituto de limitação da capacidade jurídica da sociedade (OLIVEIRA. J. *Op. cit.* p. 141-144), a qual, em princípio, não se vincularia aos atos que extrapolem o objeto social (categoria oposta aos atos regulares de gestão, que obrigam a sociedade).
Na formulação inicial da teoria, seriam, por conseguinte, nulos os atos *ultra vires*. Todavia, diante do pesado ônus que se imporia ao terceiro contratante (de averiguar a adequação ao fim da entidade, de delimitação nem sempre precisa), possibilitou a jurisprudência um abrandamento, prevendo a imputação de tais atos aos administradores ou sócios que os praticassem. Adiante, formulou-se novo abrandamento, com vistas à tutela da boa-fé do terceiro contraente (o qual pretendeu vinculação à sociedade, e não ao incerto patrimônio de seus sócios), estabelecendo-se a oponibilidade de tais atos à sociedade, a qual, somente em sede de regresso, poderia alcançar as pessoas imediatamente responsáveis pela prática do ato. Sobre o tema, v. também: ALVES. *Op. cit.* p. 37; SILVA, O. *Op. cit.* p. 110-114; TOMAZETTE, Marlon. A teoria dos atos ultra vires e o direito brasileiro. *Revista de Direito*, Viçosa, v.4, p.117-133, 2011. Indica-se a leitura, ademais, do Enunciado nº 219 da III Jornada de Direito Civil e do REsp n º 448.471/MG.

55. Nessa linha: BENETI, Sidnei Agostinho. Desconsideração da sociedade e legitimidade *ad causam*: esboço de sistematização. In: DIDIER JÚNIOR, Fredie; WAMBIER, Teresa Arruda Alvim (Coord.). *Aspectos polêmicos*

sem obrigação"). Permanece o vínculo obrigacional imputado à pessoa jurídica, exsurgindo, do inadimplemento, responsabilidade aos sócios; e apenas de caráter secundário/subsidiário, caso insuficiente o patrimônio da pessoa jurídica (devedora e responsável primária).

Por outro lado, uma segunda corrente[56] entende que a suspensão da eficácia do regime jurídico personificatório atua já no plano da relação de débito. Há a transposição (e não ampliação) do polo passivo do vínculo obrigacional, imputando-se o débito exclusivamente àqueles que operaram de modo abusivo através do véu da personalidade jurídica[57]. E, uma vez inexistindo subsidiariedade, não há espaço para benefício de ordem ou regresso; responde o sócio por dívida própria, pela qual é primariamente responsável[58].

Propõe-se, no entanto, a adoção de uma terceira corrente doutrinária, capitaneada por Marçal Justen Filho. Enquanto as vertentes anteriores enxergam na desconsideração um fenômeno jurídico uno, pretendendo enquadrar sua efetivação em um dos planos da teoria dualista da obrigação, Justen Filho entende haver graus de intensidade da operação de desconsideração, divididos didaticamente em máximo, médio e mínimo[59].

---

e atuais sobre os terceiros no processo civil e assuntos afins. São Paulo: Revista dos Tribunais, 2004. p. 1007; DINAMARCO, Cândido Rangel. Desconsideração da personalidade jurídica, fraude, ônus da prova e contraditório. In: _____. Fundamentos do Processo Civil Moderno. 6. ed. São Paulo: Malheiros, 2010. v. 2, p. 545; OLIVEIRA, J. Lamartine. C. de. Op. cit. p. 610.

56. Cf. ALVES. Op. cit. p. 52; COELHO. Curso... p. 75-77; GAMA. Op. cit. p. 24. É essa também a vertente adotada na Ley das Sociedades Comerciales argentina (art. 54): "La actuación de la sociedad que encubra la consecución de fines extrasocietarios, constituya un mero recurso para violar la ley, el orden público o la buena fe o para frustrar derechos de terceros, se imputará directamente a los socios o a los controlantes que la hicieron posible, quienes responderán solidaria e ilimitadamente por los perjuicios causados."

57. "[...] fraude ou o abuso do direito através da personalidade: os atos negativos não são praticados pela pessoa jurídica, mas através dela. A desconsideração não é incompatível com a teoria da preservação da empresa e dos bens imateriais a ela associados, haja vista que o almejado não é a dissolução da atividade econômica debaixo do véu corporativo. Não há que se imputar à pessoa jurídica nenhuma responsabilidade civil, mas somente àqueles que se utilizaram de seus apanágios para burlar obrigação legal ou contratual." (ALVES, Alexandre Ferreira de Assumpção. A desconsideração da personalidade jurídica e o Direito do Consumidor: um estudo de Direito Civil-constitucional. In: TEPEDINO, Gustavo (Org.). Problemas de direito civil-constitucional. Rio de Janeiro: Renovar, 2000. p. 261-262.)

58. NUNES, Márcio Tadeu Guimarães. Op. cit. p. 228-231.

59. "A nosso ver, a desconsideração consiste tanto na ignorância total do regime jurídico da personificação societária como em um abrandamento desse regime jurídico. Assim, a mais intensa manifestação do superamento da personalidade jurídica societária consiste na total ignorância da existência da pessoa jurídica, considerando-se os atos e as relações jurídicas como imputados diretamente a pessoa dos sócios (ou vice-versa). Passa-se por cima da pessoa jurídica para alcançar-se direta e exclusivamente a pessoa do sócio. Chamaremos esse caso de desconsideração total (máxima). Pode-se considerar como manifestação de intensidade média da teoria a hipótese em que haja identificação entre sócio e sociedade. Vale dizer, não se ignora a existência da sociedade, mas se toma como se houvesse uma única e só pessoa – ou, mais precisamente, duas pessoas com posição jurídica idêntica, compartilhando dos mesmos deveres e responsabilidades. A essa hipótese denominamos desconsideração média. Por fim, a manifestação menos intensa da desconsideração reside na ignorância de um ângulo do regime jurídico personificatório. Isso se passa quando não se desconsidera a personificação societária nem a distinção entre sociedade e sócio – mas

Os graus máximo e médio remetem à teoria maior da desconsideração, na qual há manipulação abusiva, pelo sócio, da personificação societária. No caso da desconsideração máxima, a imputação do débito é exclusivamente direcionada ao sócio (pois este quem agiu, consoante interesses próprios, através da personalidade jurídica), não integrando a pessoa jurídica o polo passivo. Já quando médio o grau de intensidade da desconsideração – diante de tal identificação entre os interesses de sócio e pessoa jurídica que se possa considerá-los um só sujeito (*alter ego*) – empreende a efetivação da *disregard* a ampliação da sujeição passiva, reputando-se solidariamente obrigados a pessoa jurídica e seus sócios.

Na desconsideração mínima, por sua vez, há propriamente subsidiariedade da responsabilização do sócio pelo débito imputado à pessoa jurídica. Trata-se de aplicação da teoria menor, em que se prescinde de qualquer ato abusivo praticado pelo sócio, responsável secundário pela dívida societária sob um juízo de distribuição de riscos.

Então, empreendida a filtragem dos efeitos da desconsideração à luz da teoria dualista da obrigação, relacionando-os aos requisitos das teorias maior e menor[60], possível compreender os contornos atinentes ao desenvolvimento processual do fenômeno. Este, por certo, comportará variações, de acordo com as nuances de direito material estudadas.

3. O DESENVOLVIMENTO PROCESSUAL DA DESCONSIDERAÇÃO DA PERSO-NALIDADE JURÍDICA E O REGRAMENTO DO NOVO CPC

Como vimos, a utilização do expediente da desconsideração da personalidade jurídica opera modificação no polo passivo da relação obrigacional, alterando ou ampliando, no plano processual, a responsabilidade patrimonial sobre a obrigação discutida na lide. Da leitura combinada dos incisos LIV e LV

---

se considera que sócio ou sociedade (conforme o caso) têm uma responsabilidade subsidiária pelos efeitos dos atos praticados pela sociedade ou pelo sócio (respectivamente). Intitulamos o caso de desconsideração mínima." (JUSTEN FILHO. *Op. cit.* p. 61)

60. V. também a classificação bipartite de Leandro Zanitelli: *"Desde já é possível distinguir duas espécies de desconsideração, análogas às de abuso da pessoa jurídica. Existem, portanto, a desconsideração da limitação da responsabilidade e a desconsideração da separação existente entre pessoa jurídica e seus membros. A distinção é importante, muito embora ela não seja, normalmente, estabelecida. A desconsideração da limitação da responsabilidade ocorre sempre que, esgotados os bens de uma pessoa jurídica, passam a ser executados os bens dos sócios. [...] A desconsideração da separação existente entre pessoa jurídica e seus membros dá-se, por sua vez, sempre que são referidos a um, a alguns, ou até mesmo à totalidade dos sócios direitos ou situações subjetivas em condições normais atribuídos à pessoa jurídica, ou vice-versa."* (ZANITELLI, Leandro Martins. Abuso da pessoa jurídica e desconsideração. In: MARTINS-COSTA, Judith (Org.). A reconstrução do direito privado: reflexos dos princípios, diretrizes e direitos fundamentais constitucionais no direito privado. São Paulo: Revista dos Tribunais, 2002. p. 723.)

da Constituição da República, extrai-se que àquele a ter seus bens atingidos, através da *disregard*, pelo débito discutido no processo, deve ser garantido o direito a participar do diálogo processual acerca da aplicação do expediente, influindo na decisão a ser tomada pelo órgão jurisdicional.

Logo, a eficácia subjetiva da operação desconsiderante encontrará seu espelhamento na relação processual, devendo assegurar-se, aos sujeitos potencialmente atingidos pela medida, a observância das garantias relacionadas ao processo justo. Essa é a preocupação central da doutrina acerca da efetivação processual da desconsideração, e que inspirou a disciplina do Novo Código de Processo Civil.

Diversas questões podem ser formuladas quanto ao desenvolvimento processual da desconsideração, como o meio processual adequado (necessidade de ação própria), a formação dos polos ativo e passivo, a forma de exercício do contraditório e instrução probatória. Algumas destas serão então abordadas, cotejando as considerações doutrinárias ao regramento do Novo Código, e sem perder de vista as repercussões da multiplicidade de contornos da teoria em direito material.

3.1. Necessidade de ação autônoma de conhecimento ou efetivação da *disregard* no curso do processo principal

A primeira questão analisada pela doutrina se refere à necessidade de instauração de ação de conhecimento para requerer a desconsideração da personalidade jurídica ou pela possibilidade de sua efetivação incidental, esteja o processo em que se discute o débito perante a pessoa jurídica em fase de conhecimento ou execução/cumprimento de sentença.

Parte da doutrina advoga a necessidade de propositura de ação de conhecimento perante os sócios a serem atingidos pela desconsideração.[61] Invoca a

---

61. *"O pressuposto inafastável da desconsideração é o uso fraudulento ou abusivo da autonomia patrimonial da pessoa jurídica, únicas situações em que a personalização das sociedades empresárias deve ser abstraída para fins de coibição dos ilícitos por ela ocultados. Ora, se assim é, o juiz não pode desconsiderar a separação entre a pessoa jurídica e seus integrantes senão por meio de ação judicial própria, de caráter cognitivo, movida pelo credor da sociedade contra os sócios ou seus controladores. Nessa ação, o credor deverá demonstrar a presença do pressuposto fraudulento. [...]Note-se que descabe a desconsideração operada por simples despacho judicial no processo de execução de sentença. Quer dizer, se o credor obtém em juízo a condenação da sociedade (e só dela) e, ao promover a execução, constata o uso fraudulento da sua personalização, frustrando seu direito reconhecido em juízo, ele não possui ainda título executivo contra o responsável pela fraude. Deverá então acioná-lo para conseguir o título. Não é correto o juiz, na execução, simplesmente determinar a penhora de bens do sócio ou administrador, transferindo para eventuais embargos de terceiro a discussão sobre a fraude, porque isso significa uma inversão do ônus probatório. [...]Deste modo, quando a fraude na manipulação da personalidade jurídica é anterior à propositura da ação pelo lesionado, a demanda deve ser ajuizada contra o agente que a perpetrou, sendo a sociedade a ser desconsiderada parte*

aludida vertente as garantias do devido processo legal, contraditório e ampla defesa, concluindo que vedada a sujeição patrimonial de terceiro à relação processual (o que importaria afronta aos limites subjetivos do título executivo). Entende-se pela necessidade de submissão da pretensão de desconsideração, em face dos potenciais atingidos pela medida, a regular fase de conhecimento, na qual, assegurados contraditório e ampla defesa quanto aos requisitos materiais da *disregard*, será formado título executivo a respaldar a sujeição patrimonial.

A exigência da propositura de ação própria, entretanto, desprestigia outras garantias de matriz igualmente constitucional, como a efetividade (art. 5º, XXXV) e a duração razoável do processo (art. 5º, LXXVIII). Especialmente quando a demanda "principal" (proposta em face da pessoa jurídica) já esteja em fase avançada quando do surgimento dos elementos à invocação da desconsideração[62], a necessidade de propositura de nova ação de conhecimento em face dos sócios representaria via processual excessivamente morosa e custosa, postergando a ultimação da tutela jurisdicional.

Por essa razão, entende parcela da doutrina[63] pela possibilidade de efetivação incidental da desconsideração da personalidade jurídica, no curso do processo em que discutido o débito perante a pessoa jurídica, esteja em fase cognitiva ou executória.

---

ilegítima. Por outro lado, se o autor teme eventual frustração ao direito que pleiteia contra uma sociedade empresária, em razão de manipulação fraudulenta da autonomia patrimonial no transcorrer do processo, ele não pode deixar de incluir, desde o início, no polo passivo da relação processual, a pessoa ou as pessoas sobre cuja conduta incide o seu fundado temor. Nesse caso, o agente fraudador e a sociedade são litisconsortes. [...]O Judiciário não pode simplesmente dispensar o prévio título executivo judicial, para fins de tornar efetivo qualquer tipo de responsabilização contra sócio ou administrador de sociedade empresária. Ainda que o pressuposto da teoria da desconsideração não fosse a fraude, mas a mera insatisfação de credor social, isso não alteraria em nada a discussão dos aspectos processuais da aplicação da teoria. Quer dizer, será sempre inafastável a exigência de processo de conhecimento de que participe, no polo passivo, aquele cuja responsabilização se pretende, seja para demonstrar sua conduta fraudulenta (se prestigiada a formulação doutrinária da teoria), seja para condená-lo, tendo em vista a insolvabilidade da pessoa jurídica (pressuposto dos que aplicam incorretamente a teoria)." (COELHO, Fábio Ulhôa. Curso de... p. 75-77). Em mesma linha: NUNES. Op. cit. p. 219-235; SILVA, O. Op. cit. p. 167-179; THEODORO JÚNIOR, Humberto. Partes e terceiros na execução: responsabilidade patrimonial. Revista de Processo, São Paulo, v. 25, n.100, p. 139-165, out./dez. 2000. p. 159.

62. É essa, inclusive, a situação mais usual: a teoria da desconsideração é invocada apenas no curso da execução ou cumprimento de sentença, quando verificado o insucesso da execução perante a pessoa jurídica. Pontue-se que, no caso da teoria menor/desconsideração mínima, a insuficiência patrimonial da pessoa jurídica constitui propriamente requisito à desconsideração.

63. Nesse sentido: ALMEIDA. Op. cit. p. 229; ALVIM; GRANADO. Op. cit. p. 74-76; ANDRIGHI. Op. cit. p. 10; BENETI. Op. cit. p. 1.019; BERALDO. Op. cit. p. 80; BIANQUI. Op. cit. p. 107-124; BRUSCHI Op. cit. 2009, p. 87; CARVALHO. Op. cit. p. 905-909; COMPARATO; SALOMÃO FILHO. Op. cit. p. 481-482; DIDIER JÚNIOR. Op. cit. DINAMARCO. Op. cit. DIREITO. Op. cit. p.115; FREITAS. Op. cit. p. 170; GAMA. Op. cit. p. 26; GOMES; MAIA. Op. cit. GUIMARÃES, F. Op. cit., p.169; NOGUEIRA, Pedro Henrique Pedrosa. A desconsideração da personalidade jurídica e a garantia do contraditório: os embargos à execução e a lei n. 11.382. Revista dialética de direito processual, São Paulo, n. 48, p. 84-97, mar. 2007. p. 87-90; SOUZA, André Pagani de. Desconsideração da personalidade jurídica: aspectos processuais. 2. ed. São Paulo: Saraiva, 2011. p. 148.

Por certo, sob pena de imprimir frontal violação aos inc. LIV e LV da Constituição Federal, vedada a simples penhora dos bens de terceiro, relegando sua defesa à posterioridade, através de embargos[64]. A decisão quanto à desconsideração demanda a instauração de incidente cognitivo, no qual assegurada a participação e efetiva influência dos potenciais atingidos pela medida na formação da convicção do juízo (v. item 3.3).[65]

Pontue-se que o expediente aventado não representa violação ao princípio da *nulla executio sine titulo*, porquanto o incidente cognitivo terá o condão de integrar os sócios à relação processual e, caso deferida a desconsideração, estender-lhes a eficácia do título executivo[66]. Também não pode ser considerado óbice à desconsideração incidental o princípio da estabilização da demanda, o qual, consistindo em vetor de garantia do devido processo legal (no sentido de ordenação formal do processo) e do contraditório, admite mitigações, desde que respeitados os valores que o informam[67].

---

64. Gilberto Bruschi (*op. cit.* p. 89-90), por outro lado, admite que somente seja oportunizada a defesa do sócio atingido pela *disregard* após a decisão interlocutória que a determinou, mediante agravo de instrumento ou embargos de terceiro. Não é essa a tese adotada no presente trabalho (v. item 3.3), tendo em vista que o prestigio conferido à efetividade e celeridade contrapõe-se a significativa violação do contraditório.

65. "Invadir o patrimônio do sócio sem prévia verificação e decisão judicial acerca de eventual abuso da personalidade jurídica dos entes associativos caracteriza insuportável inversão sistemática: penhorar-se-iam bens integrantes do patrimônio de uma pessoa sem que ela esteja indicada como devedora: no título executivo e sem que fatos muito objetivos atestassem inequivocamente a presença dos requisitos da desconsideração da personalidade jurídica. Com isso instituir-se-ia para o sócio o ônus de embargar ou de impugnar a execução com seu patrimônio já constrito (CPC, arts. 475-L e 745, inc. V), quando o correto é precisamente o contrário: primeiro se acerta a obrigação ou a responsabilidade mediante a regular formação de um título executivo, para só depois serem admissíveis as agressões executivas ao patrimônio, fundadas neste. Tenhamos sempre presente que a legitimidade da realização da penhora no processo ou fase executiva, com a imposição ao executado do ônus de impugnar ou embargar, advém da eficácia abstrata do título executivo. Consiste esta na autorização, dada ao juiz, de determinar a constrição executiva independentemente de qualquer verificação da existência do crédito. [...] Inexistindo previamente um título executivo ou qualquer outro provimento jurisdicional que o reconheça como devedor ou mesmo como responsável, de algum modo esse reconhecimento há de ser feito pelo juiz competente e mediante atividades processuais idôneas. Algum pronunciamento judicial há de ser emitido, precedido de uma instrução razoável e suficiente, com vistas ao possível reconhecimento da legitimidade passiva do terceiro e, mediante isso, a estender a ele a eficácia do título executivo (CC, art. 50) - e tudo isso deve ser feito antes de direcionar ao patrimônio do terceiro as agressões inerentes à execução forçada.[...]Por isso é que, ao trasladar uma responsabilidade do devedor, constante em título, para um suposto fraudador mostra-se indispensável dar a este uma prévia oportunidade suficiente para deduzir sua defesa, com um mínimo de contraditório que legitime a conclusão judicial (ao menos mediante um incidente no procedimento da execução)." (DINAMARCO, Cândido Rangel. *Op. cit.* p. 542-545). Em mesmo sentido: "A preservação do contraditório não afasta a possibilidade da decretação incidental da desconsideração; o que não é viável é o pedido de *disregard*, tendo como conseqüência uma perfunctória decisão judicial determinando a constrição de um bem do sócio." (GUIMARÃES, Márcio Souza. Aspectos modernos da teoria da desconsideração da personalidade jurídica. *Revista da EMERJ*, Rio de Janeiro, v. 7, n. 25, p. 229-243, 2004. p. 239-240.)

66. GAMA. *Op. cit.* p. 26; SOUZA. *Op. cit.* p. 148-151.

67. V. BIANQUI, Henrique Torres de. *Op. cit.* p. 109-111.

Trata-se de solução que, à luz de um juízo de proporcionalidade, bem equaciona os princípios constitucionais-processuais colidentes, prestigiando a efetividade e a duração razoável do processo sem mitigar o efetivo contraditório, plenamente assegurado em sede de incidente cognitivo (prévio à desconsideração). Não por outra razão foi a linha adotada pelo Novo Código de Processo Civil, que disciplinou, em seus artigos 133 a 137, incidente de desconsideração da personalidade jurídica.[68]

A desconsideração incidental há muito vinha sendo admitida pela jurisprudência[69], tendo a normatização empreendida pelo Novo Código o inegável mérito de trazer segurança jurídica ao tema, prevendo tratamento aplicável uniformemente à generalidade dos processos e deferente às garantias constitucionais-processuais.

Consoante o novo regramento legal, a instauração do incidente (de notado cunho cognitivo) pode-se dar no curso das fases de conhecimento, cumprimento de sentença e executiva, sendo imperiosa a citação do terceiro, inserindo-o no diálogo processual acerca da aplicação da desconsideração (v. item 3.3). Topologicamente, integra o incidente o título da intervenção de terceiros, indicando – o que será adiante aprofundado – a opção pela sujeição patrimonial do sócio apenas após sua integração à relação processual, sendo-lhe assegurado o efetivo poder de influência na prestação jurisdicional.

Observe-se também que o Novo Código não afasta a possibilidade de formulação do pedido de desconsideração da personalidade jurídica através de ação de conhecimento, em que já traz a petição inicial o pedido de desconsideração (acompanhado de sua *causa petendi,* a ocorrência dos pressupostos

---

68. Art. 133. O incidente de desconsideração da personalidade jurídica será instaurado a pedido da parte ou do Ministério Público, quando lhe couber intervir no processo.
§ 1º O pedido de desconsideração da personalidade jurídica observará os pressupostos previstos em lei.
§ 2º Aplica-se o disposto neste Capítulo à hipótese de desconsideração inversa da personalidade jurídica.
Art. 134. O incidente de desconsideração é cabível em todas as fases do processo de conhecimento, no cumprimento de sentença e na execução fundada em título executivo extrajudicial.
§ 1º A instauração do incidente será imediatamente comunicada ao distribuidor para as anotações devidas.
§ 2º Dispensa-se a instauração do incidente se a desconsideração da personalidade jurídica for requerida na petição inicial, hipótese em que será citado o sócio ou a pessoa jurídica.
§ 3º A instauração do incidente suspenderá o processo, salvo na hipótese do § 2º.
§ 4º O requerimento deve demonstrar o preenchimento dos pressupostos legais específicos para desconsideração da personalidade jurídica.
Art. 135. Instaurado o incidente, o sócio ou a pessoa jurídica será citado para manifestar-se e requerer as provas cabíveis no prazo de 15 (quinze) dias.
Art. 136. Concluída a instrução, se necessária, o incidente será resolvido por decisão interlocutória.
Parágrafo único. Se a decisão for proferida pelo relator, cabe agravo interno.
Art. 137. Acolhido o pedido de desconsideração, a alienação ou a oneração de bens, havida em fraude de execução, será ineficaz em relação ao requerente.
69. Ilustra o entendimento o AgRg no REsp nº 9.925/MG, de lavra do do Superior Tribunal de Justiça.

materiais à *disregard*). Nessa hipótese, dispensada a instauração do incidente (v. art. 134, §2o), uma vez que os potenciais atingidos pela medida já serão citados *ab initio*, participando da relação processual consoante as regras do procedimento comum (artigos 318 *et seq*).[70]

3.2. Os polos processuais ativo e passivo no incidente de desconsideração

A legitimidade para a instauração do incidente de desconsideração da personalidade jurídica tem previsão no art. 133, *caput*, do Novo Código[71]. Quanto à menção ao Ministério Público, entende-se por abranger tanto a situação em que figurar como parte, como na função de *custos legis*. Levanta maiores discussões doutrinárias a referência genérica a "parte", a qual reproduz o art. 50 do Código Civil. De fato, consagra o dispositivo situação legitimante tanto a autor e réu para a instauração do incidente de desconsideração, cabendo perquirir, não obstante, o interesse processual.

Ao interesse processual do autor (credor da pessoa jurídica) à invocação da *disregard*, há doutrina que associe a insuficiência patrimonial da entidade ré[72], compreendendo que a efetivação da desconsideração somente será necessária e útil caso infrutuosa a responsabilização patrimonial da pessoa jurídica. Entretanto, no plano do direito material, a insuficiência patrimonial somente figura como requisito da teoria menor, sendo dissonante dos pressupostos da formulação maior da desconsideração.[73]

Deve adotar-se, destarte, interpretação ampla do interesse de agir, preconizada doutrinariamente por conferir maior efetividade à cláusula constitucional do acesso à justiça (art. 5o, XXXV). Em sede de desconsideração maior, em que é o sócio (que atuou abusivamente através da personalidade jurídica)

---

70. A efetivação da desconsideração através de ação de conhecimento desperta controvérsias quanto à composição do polo passivo. Doutrina majoritária (ANDRADE FILHO. *Op. cit.* p. 158; BENETI. *Op. cit.* p. 1021; BERALDO. *Op. cit.* p. 80-82; CLÁPIS. *Op. cit.* p. 186-188; GOMES; MAIA. *Op. cit.* p. 31; GUIMARÃES, F. *Op. cit.* p. 139-146) e a jurisprudência do Superior Tribunal de Justiça (v. REsp no 282.266/RJ) vedam o ajuizamento da demanda exclusivamente em face do sócio, posição, por outro lado, defendida por Ulhoa Coelho (*in*: *Curso...* p. 76). Recomenda-se, majoritariamente (ALBERTON. *Op. cit.* p. 176-178; BIANQUI. *Op. cit.* p. 125-137; DINAMARCO. *Op. cit.* p. 546-547; FREITAS. *Op. cit.* p. 188-195; SILVA, O. *Op. cit.* p. 176; SOUZA, André Pagani de. *Desconsideração da personalidade jurídica: aspectos processuais*. 2. ed. São Paulo: Saraiva, 2011. p. 126), a formação de litisconsórcio passivo, havendo autores que remetam ao litisconsórcio eventual (DIDIER JÚNIOR. *Conversibilidade de rito, desconsideração da personalidade jurídica e litisconsórcio eventual. Revista da Esmese*, Aracaju, n. 2, p. 85-104, 2002; SILVA, O. *Op. cit.* p. 176) ou ao litisconsórcio sucessivo (BIANQUI. *Op. cit.* p. 131-133).

71. Art. 133. O incidente de desconsideração da personalidade jurídica será instaurado a pedido da parte ou do Ministério Público, quando lhe couber intervir no processo.

72. BIANQUI. *Op. cit.* p. 106; CLÁPIS. *Op. cit.* p. 57-58; 119-120; GOMES; MAIA. *Op. cit.* p. 25.

73. V. o Enunciado no 281 da IV Jornada de Direito Civil: "*A aplicação da teoria da desconsideração, descrita no art. 50 do Código Civil, prescinde da demonstração de insolvência da pessoa jurídica.*"

verdadeiro titular passivo do crédito, assiste ao autor o direito de optar por sua responsabilização, independentemente da potencial satisfatividade do crédito perante a pessoa jurídica.

Outra questão debatida em doutrina concerne à possibilidade de invocação defensiva da desconsideração pela própria pessoa jurídica demandada. Na desconsideração mínima (teoria menor), em que há responsabilidade tão somente subsidiária do sócio, e na desconsideração média, em que sócio e sociedade são materialmente uma só pessoa (de modo que, embora formalmente figurem como devedores solidários, afasta-se o regresso), por certo não há utilidade à pessoa jurídica na aplicação da *disregard*. Na desconsideração máxima, por sua vez, visto que tem o condão de imputar exclusivamente ao sócio o débito contraído através da personalidade jurídica, vislumbra-se potencial interesse da sociedade na invocação da teoria, com vistas a afastar sua responsabilização patrimonial.[74]

Todavia, não se pode olvidar a proteção da aparência manifestada ao credor da pessoa jurídica, o qual pretendeu vinculação a esta, lastreado em seu capital social (visualizado enquanto *trust fund*[75]). Logo, impõe-se solução harmonizadora dos interesses envolvidos, propondo-se ou a manutenção da sujeição passiva da pessoa jurídica perante terceiros, podendo esta reaver o débito do sócio em sede regressiva, ou o estabelecimento de responsabilidade subsidiária da sociedade desconsiderada pelos créditos não suportados pelo patrimônio do sócio atingido pela desconsideração. Em ambos os casos – a despeito de não importar completa exoneração da responsabilidade patrimonial da pessoa jurídica – haverá interesse processual na invocação defensiva da desconsideração (máxima), seja apenas para firmar o direito de regresso, ou, respectivamente, para saltar da posição de devedor e responsável primário para a de mero responsável subsidiário.

Ainda na análise do polo ativo da desconsideração, percebe-se que a normatização do incidente não deixa espaço a sua instauração de ofício pelo juiz, fazendo referência tão somente às partes e ao Ministério Público. Encampou o Novo CPC, na linha do Código Civil, o posicionamento doutrinário majoritário, contrário à desconsideração ex *officio*. Entende a aludida corrente doutrinária[76]

---

74. Pela admissão da arguição defensiva de *disregard*, enquanto instituto protetivo da pessoa jurídica, cita-se Alexandre de A. Alves (*op. cit.* p. 261-262). Em sentido congruente, o Enunciado nº 285 da IV Jornada de Direito Civil: "*A teoria da desconsideração, prevista no art. 50 do Código Civil, pode ser invocada pela pessoa jurídica em seu favor.*" Em contrapartida, opõem-se à invocação da *disregard* em âmbito intrassocietário A. Couto Silva (*op. cit.* p. 171) e Márcio Nunes (*op. cit.* p. 233).

75. V. COMPARATO, Fábio Konder; SALOMÃO FILHO, Calixto. *Op. cit.* p. 450-451; NEGRI, Sérgio Marcos. *Op. cit.* p. 179; OLIVEIRA, Lamartine Corrêa de. *Op. cit.* p. 272.

76. ALMEIDA. *Op. cit.* p. 232; BERALDO. *Op. cit.* p.82; BIANQUI. *Op. cit.* p. 116-119; CLÁPIS. *Op. cit.* p. 183; GUIMARÃES, F. *Op. cit.* p. 53; NUNES. *Op. cit.* p. 166.

que, representando a desconsideração um novo pedido, e cujo acolhimento acarreta modificação da sujeição processual passiva, sua realização por iniciativa do órgão jurisdicional importaria afronta ao princípio dispositivo, pondo em cheque, outrossim, a imparcialidade do órgão jurisdicional.

No tocante à legitimidade passiva do incidente de desconsideração[77], esta corresponderá aos potenciais atingidos pela medida à luz da análise de direito material da eficácia da operação desconsiderante (v. item 2.2). Repise-se que o Novo Código insere o incidente no título da intervenção de terceiro[78], enunciando que, uma vez comprovada a ocorrência (através do incidente) dos pressupostos materiais à desconsideração, serão os sócios atingidos pelos efeitos da disregard transportados ao polo passivo do processo.

Desse modo, embora a doutrina se divida entre os que defendem a exclusão ou a permanência da pessoa jurídica no polo passivo do processo após a decisão pela desconsideração da personalidade jurídica[79], devemos retomar a abordagem tripartite dos graus de desconsideração, transpondo-a ao plano processual.

Em sede de desconsideração máxima, superada a aparente titularidade do débito pela sociedade e desvelado o sócio que através dela operava, somente sobre este recairá a responsabilidade patrimonial, passando a integrar, com exclusividade, o polo passivo (com exceção às considerações feitas quanto à invocação defensiva da disregard). E, destaque-se, somente serão atingidos pela operação desconsiderante os sócios que atuaram em abuso da personalidade jurídica (diretamente ou que de alguma forma anuíram com o desvio), mesmo que não mais componham o corpo societário ao tempo da desconsideração[80],

---

Há doutrina, no entanto, que se posiciona pela possibilidade de desconsideração *ex officio* em sede de relação de consumo, com base na redação mais aberta do art. 28 do Código de Defesa do Consumidor, a qual se legitima na vulnerabilidade do consumidor. (ALBERTON. *Op. cit.* p. 173; DIREITO. *Op. cit.* p.114; GAMA. *Op. cit.* p. 25; SILVA, A. *Op. cit.* p. 131; SILVA, O. *Op. cit.* p. 158).

77. Refere-se o Enunciado nº 125 do Encontro do Fórum Permanente de Processualistas Civis, de modo simplista, à formação de litisconsórcio passivo facultativo: *"Há litisconsórcio passivo facultativo quando requerida a desconsideração da personalidade jurídica, juntamente com outro pedido formulado na petição inicial ou incidentemente no processo em curso."*

78. Rafael Lovato (In:Desconsideração da Personalidade Jurídica: a Teoria Maior e tese sobre a Teoria Menor. *Revista da Procuradoria-Geral do Banco Central*, Brasília, v. 2, n. 1, p. 199-234, jun. 2008) critica o tratamento da desconsideração no Novo CPC como modalidade de intervenção de terceiro, defendendo a aproximação às fraudes processuais, cujo reconhecimento pelo juízo prescinde da citação dos atingidos pela medida e pode dar-se de ofício. Não é este, contudo, o entendimento adotado no presente trabalho, dada a mitigação que imporia às garantias do devido processo (com destaque ao efetivo contraditório).

79. Autores como Bianqui (*op. cit.* p. 111-114) e Souza (*op. cit.* p. 128) entendem que a pessoa jurídica não perde legitimidade passiva com a desconsideração, continuando com o *status* de parte. Já Alves (*op. cit.* p. 261-262) e Coelho (*op. cit.* p. 75-77) vislumbram na *disregard* método de alteração da sujeição passiva, havendo o redirecionamento da demanda aos sócios (aos quais diretamente imputado o ato abusivo).

80. A sujeitabilidade de ex-sócios, em sede de teoria maior, foi reconhecida pelo Superior Tribunal de Justiça no Recurso Especial nº 1.180.714. Cf. também BOEIRA. *Op. cit.* p. 17-19.

restando salvaguardadas as minorias societárias (se não cientes do abuso) e os sócios manifestamente contrários aos atos (o que se comprova através das atas das assembleias).[81]

Já na desconsideração média, hipótese de mais difícil comprovação, as personalidades do(s) sócio(s) controlador(es) e da sociedade se confundem, razão pela qual ambos integrarão o polo passivo da relação processual, respondendo patrimonialmente de forma solidária pelo débito (já que meramente formal a distinção entre os patrimônios).

Por sua vez, em sede de teoria menor/desconsideração mínima, a responsabilização dos sócios não tem lastro em conduta abusiva pessoalmente imputável, mas sim por se entender "que a posição de sócio implica uma obrigação de garantia ou que a ela é inerente um risco profissional"[82]. Logo, todos os membros do corpo societário a partir do momento em que configurada a insuficiência patrimonial da pessoa jurídica (o que pode incluir ex-sócios ao tempo da desconsideração) são passíveis de integração ao polo passivo, na qualidade de responsáveis subsidiários da sociedade (a qual permanecerá como ré).

3.3. Contraditório e ampla defesa no desenvolvimento processual da desconsideração da personalidade jurídica

À luz do Formalismo Valorativo, as garantias constitucionais do devido processo legal e do contraditório e ampla defesa encontram-se necessariamente interligadas, consistindo a função precípua da ordenação formal do processo em orientar seu desenvolvimento de forma dialógica, assegurando aos potenciais atingidos pela eficácia da tutela jurisdicional o efetivo poder de influência na formação da convicção do juízo.[83] Inconcebível pensar em devido processo

---

81. Nessa linha o Enunciado nº 7 da I Jornada de Direito Civil: "Só se aplica a desconsideração da personalidade jurídica quando houver a prática de ato irregular, e limitadamente, aos administradores ou sócios que nela hajam incorrido". Cf. também: COELHO. Curso de... p. 75-77; NUNES. Op. cit. p. 139-141; ANDRADE FILHO. Op. cit. p. 131-136; BERALDO. Op. cit. p. 82, CLÁPIS. Op. cit. p. 56.

82. ANDRADE FILHO, Edmar Oliveira. Op. cit. p. 136.

83. "Nos tempos atuais, a regulação formal e temporal do procedimento não pode deixar de considerar o caráter essencial do contraditório para o fenômeno processual. Mostra-se imperiosa, como facilmente se intui, a participação dos interessados no iter de formação do provimento judicial destinado a interferir em sua esfera jurídica. E essa participação deverá ocorrer, à evidência, da forma mais paritária possível, de modo a permitir a intervenção dos interessados mediante eqüitativa distribuição dos respectivos poderes, faculdades e ônus, com efetiva correspondência e equivalência entre as posições contrapostas.
A correspondência e equivalência assinaladas influenciam a própria estrutura do procedimento, necessariamente dialética e devem conduzir ainda com a dinâmica dialética do processo." (OLIVEIRA, Carlos Alberto Álvaro de. Do formalismo no processo civil. São Paulo: Saraiva, 1997. p. 113-114).
Em mesmo sentido, as considerações de Bedaque: "A técnica processual e a previsão de forma para determinados atos destinam-se exclusivamente a permitir o desenvolvimento ordenado da relação jurídica entre juiz, autor e réu, assegurando aos respectivos sujeitos efetiva participação e possibilidade de influência

NOVO CPC DOUTRINA SELECIONADA, v. 1 • Parte Geral

PARTE VIII – INTERVENÇÃO DE TERCEIROS

sem a asseguração do contraditório efetivo ou participativo, leitura atual do contraditório (no contexto do Estado Democrático de Direito), que congrega a garantia da ampla defesa ("o direito de defender-se provando").[84]

---

nos rumos e no resultado do processo. Este fenômeno constitui a verdadeira substância daquilo que autorizada doutrina denomina de 'contraditório efetivo e equilibrado'." (BEDAQUE, José Roberto dos Santos. Efetividade do processo e técnica processual. 3. ed. Malheiros: São Paulo, 2010. p. 158)

84. Sobre os contornos da garantia do efetivo contraditório, confiram-se as considerações de Leonardo Greco:

"O mais importante princípio geral do processo judicial contemporâneo é o princípio do contraditório, que exprime na sua projeção processual o princípio político de regência das relações entre o Estado e os cidadãos que é o da participação democrática, segundo o qual ninguém deve ser atingido na sua esfera de interesses por um ato de autoridade sem ter tido a oportunidade de influir na elaboração dessa decisão.

Toda a teoria geral do processo contemporânea se abebera nos influxos humanitários decorrentes desse princípio, que se encontra consagrado, sob as mais diversas fórmulas, nas principais constituições democráticas da nossa época, inclusive na Constituição brasileira, como uma garantia dos direitos fundamentais (art. 5°, inciso LV). De uma noção descritiva do seu conteúdo, como o princípio que assegura às partes o direito de participar ativamente do processo, apresentando argumentos, propondo e produzindo provas e discutindo todas as questões de fato ou de direito submetidas à apreciação judicial, de modo a influir eficazmente nas decisões do magistrado, se extraem relevantes conseqüências práticas, que vão ser determinantes na avaliação do grau de observância do princípio por qualquer sistema processual. A primeira conseqüência é a de que as partes devem ser adequada e tempestivamente cientificadas da existência do processo e de todos os atos nele praticados, através de comunicações preferencialmente reais, para poderem adaptar as providências que lhes pareçam mais convenientes em defesa dos seus interesses e praticar com proveito os atos decorrentes dessas comunicações. Outra conseqüência é a ampla possibilidade de oferecer alegações e manifestar-se sobre as alegações da outra parte, propor e produzir provas e participar da produção das provas requeridas ou determinadas por outros sujeitos, desse modo influindo intensamente em toda a aquisição do conhecimento pelo juiz de todas as circunstâncias da causa.

A terceira conseqüência consiste no direito de manifestar-se previamente sobre todas as questões submetidas à apreciação do juiz, contribuindo assim para que as decisões que se seguirem sejam as melhores possíveis e sempre considerem os interesses e opiniões das partes interessadas. Do contraditório ainda decorrem, necessariamente, a razoabilidade dos prazos, para assegurar simultaneamente a celeridade do processo e a possibilidade de prática proveitosa de todos os atos da causa, um processo por audiências, para assegurar a mais perfeita cognição através da palavra oral e do contacto humano do juiz com as partes e com os sujeitos probatórios, a consistente fundamentação das decisões, como garantia da sua racionalidade e demonstração de ter sido o juiz influenciado por toda a atividade das partes, e a publicidade, para assegurar o mais democrático controle social do cumprimento de todo esse conjunto de garantias. Esse é o contraditório participativo, que não se limita a assegurar a marcha dialética do processo e a igualdade formal entre as partes, mas que instaura um autêntico e fecundo diálogo humano entre as partes e o juiz, indispensável para que esse conjunto de prerrogativas possibilite às partes influir eficazmente nas decisões judiciais, através da intervenção no curso de toda a atividade de aquisição do conhecimento fático e jurídico de que se originam e da sua repercussão no entendimento do julgador. [...] No contraditório participativo, a prova passa a ser um dos componentes mais relevantes do direito de defesa, o direito de defender-se provando, que não se exaure no direito de propor a sua produção, mas se completa com o de efetivamente produzir todas as provas que potencialmente tenham alguma relevância para o êxito da postulação ou da defesa. Na concepção tradicional da dogmática processual, acolhida no Código de Processo Civil brasileiro de 1973 (arts. 130, 342, 355, 418, 437 e 440), sendo o juiz o destinatário das provas, a ele caberia com exclusividade a decisão a respeito da sua admissão. Entretanto, o moderno contraditório participativo não se satisfaz mais com esse entendimento, porque, para poder concretamente influir na decisão judicial, as partes

Com base nesse introito, possível compreender o intuito de que imbuído o Novo CPC ao disciplinar o incidente de desconsideração da personalidade jurídica. Diante de um cenário jurisprudencial que admite a desconsideração incidental, porém à custa de recorrentes violações ao efetivo contraditório (como a postergação da defesa dos atingidos pela *disregard* após o deferimento da medida pelo juízo[85]), mostrou-se imperiosa a ordenação procedimental do expediente, conformando-a aos ditames do processo justo.

Nessa linha, prevê o art. 135 do Novo Código a exigência de citação dos sócios (ou, no caso da desconsideração inversa, da pessoa jurídica), oportunizando-lhes a apresentação de defesa (no prazo de 15 dias) e a produção probatória.[86] Somente ao cabo da fase instrutória, decidirá o juízo quanto à ocorrência dos pressupostos à desconsideração, deferindo-a ou a indeferindo através de decisão interlocutória, nos termos do art. 136.

Alinha-se o Código ao entendimento doutrinário majoritário, segundo o qual, para assegurar o contraditório efetivo, este deve se desenvolver previamente à decisão pela desconsideração e com ampla possibilidade de produção probatória a ambas as partes. Inconstitucional, por conseguinte, a postergação da oportunidade de defesa a momento posterior à constrição, restando apenas

---

precisam dispor amplamente do direito de produzir todas as provas que tenham alguma possibilidade de demonstrar a procedência das suas alegações. Ademais, a promessa constitucional do Estado de Direito, que assegura a eficácia dos direitos dos cidadãos, somente se tornará realidade se os litigantes tiverem a mais ampla oportunidade de demonstrar os fatos em que fundamentam os seus direitos. É o direito de defender-se provando, componente essencial do direito à mais ampla defesa, exigência do contraditório participativo e do próprio direito de acesso à tutela jurisdicional efetiva, como o direito da parte de efetivamente produzir todas as provas que possam ser úteis à defesa dos seus interesses" (GRECO, Leonardo. A busca da verdade e a paridade de armas na jurisdição administrativa. *Revista da Faculdade de Direito de Campos*, Campos dos Goytacazes, v.7, n. 9, p. 121-144, jul./dez.2006. p. 121-123.)

85. A própria jurisprudência do Superior Tribunal de Justiça tende a admitir a decisão interlocutória pela desconsideração não precedida da citação dos potenciais atingidos pela medida, "bastando a defesa apresentada *a posteriori*, mediante embargos, impugnação ao cumprimento de sentença ou exceção de pré-executividade" (v. REsp 1.096.604/DF, AgRg no REsp 1.182.385/RS e AgRg no REsp 1.459.831/MS). Cita-se, não obstante, em sentido contrário, o RMS nº 29.697/RS, no qual se entendeu pela imprescindibilidade do prévio contraditório: "Não se pode adotar medida definitiva que afete bem da vida em determinada instância judicial sem que se garanta o contraditório. A validade das decisões judiciais requer a observância de um processo justo, em suas dimensões formal e material."

86. Sobre o regramento do incidente de desconsideração do Novo CPC, citam-se as seguintes observações de Gaio Júnior, em sentido convergente ao entendimento adotado no presente trabalho: "*Traga-se aqui à luz as garantias do devido processo constitucional, com a correta citação daqueles, por ventura, apontados na peça requerente, não somente porque estando pela primeira vez a participar do feito, farão jus à aludida comunicação processual, inclusive, na forma pessoal - já que figurarão agora no processo, inegavelmente, como parte, pois que algo se pede em face deles -, como também, e aí na forma constitucionalmente "sagrada", exercerem o pleno e efetivo contraditório acerca das afirmações a qualquer daqueles dirigidas, tendo como natural garantia, notadamente, o direito de requererem as provas que julgarem cabíveis, tudo no lapso temporal comum de 15 dias, [...]*"(GAIO JÚNIOR, Antônio Pereira. Desconsideração da personalidade jurídica: considerações sobre o "incidente" à luz do novo CPC. *Revista de Processo*, São Paulo, v. 38, n. 220, p. 271-291, jun. 2013. p. 287-288)

o "contraditório eventual dos embargos à execução [...], dos embargos de terceiro ou do recurso de terceiro"[87].

Isso resta claro da leitura do art. 795, §4º, do Novo Diploma[88], o qual exige que preceda a responsabilização patrimonial com base na teoria da *disregard* a instauração do incidente de desconsideração dos artigos 133 e seguintes (ressalvada a hipótese em que integrado o sócio *ab initio* à relação processual, na já referida desconsideração através de ação de conhecimento). É certo que prevê o art. 674, §2º, III, o instrumento processual dos embargos de terceiro a "quem sofre constrição judicial de seus bens por força de desconsideração da personalidade jurídica, de cujo incidente não fez parte", porém, nessa situação, já está configurado o *error in procedendo* do órgão jurisdicional, servindo os embargos de terceiro à veiculação da nulidade processual.

Tema ainda relacionado às garantias do contraditório e ampla defesa no desenvolvimento processual da desconsideração é o ônus da prova quanto à presença dos requisitos autorizadores da medida. Em regra, seja com base no art. 373, I e II, do Novo Diploma, seja com lastro na presunção de boa fé, incumbirá àquele que provocou a instauração do incidente de desconsideração o ônus da prova quanto a seus requisitos[89].

Não obstante, tendo em vista a preocupação com o efetivo acesso à justiça – não se admitindo sua irrazoável restrição sob a alcunha de observância do princípio dispositivo – preconiza-se a superação do modelo estático de distribuição do ônus da prova, com a admissão de sua repartição dinâmica pelo juízo[90].

No âmbito da *disregard*, observam Comparato e Salomão Filho "as dificuldades específicas que terceiros têm em tomar ciência de fatos internos à sociedade"[91], razão pela qual se advoga a possibilidade de flexibilização da

---

87. DIDIER JÚNIOR, Fredie. *Aspectos...* p. 171-172. Nessa linha: AMENDOEIRA JÚNIOR. *Op. cit.* p.573; BERALDO. *Op. cit.* p. 81; BIANQUI. *Op. cit.* p. 123-124; CARVALHO. *Op. cit.* p. 909; DINAMARCO. *Op. cit.* p. 544-547; GUIMARÃES, M. *Op. cit.* p. 239-240; NUNES. *Op. cit.* p. 219-227; SILVA, O. *Op. cit.* p. 204-205; SOUZA. *Op. cit.* p. 118-120; 141-142. Em sentido contrário, Beneti (*op. cit.* p. 1028-1032), Bruschi (*op. cit.* p. 89-100) e Nogueira (*op. cit.*, p. 87-92) admitem o contraditório diferido, invocando o princípio da efetividade (a fim de evitar desvio de bens pelo sócio previamente à constrição).

88. "Art. 795. Os bens particulares dos sócios não respondem pelas dívidas da sociedade, senão nos casos previstos em lei. [...] § 4º Para a desconsideração da personalidade jurídica é obrigatória a observância do incidente previsto neste Código."

89. Nesse sentido: ALVIM; GRANADO. *Op. cit.* p. 74-75; BIANQUI. *Op. cit.* p. 149-151; DINAMARCO . *Op. cit.* p. 538-539; GAMA. *Op. cit.* p. 27; SERICK. *Op. cit.* p. 298.

90. Sobre a teoria da distribuição dinâmica do ônus da prova, difundida por Jorge Peyrano, v. GRECO, Leonardo. A prova no Processo Civil: do Código de 1973 ao novo Código Civil. Revista Forense, Rio de Janeiro, n. 374, p. 183-199, jul./ago. 2004; REDONDO, Bruno Garcia. Distribuição Dinâmica do Ônus da Prova: Breves Apontamentos. Revista dialética de direito processual. São Paulo, n. 93, p. 14-23, 2010.

91. COMPARATO, Fábio Konder; SALOMÃO FILHO, Calixto. *Op. cit.* p. 508.

distribuição dos ônus probatórios, com fulcro na expressa previsão do §1º do art. 373[92], também em sede de incidente de desconsideração da personalidade jurídica. Pontue-se, contudo, que, para a fixação dos encargos probatórios diversamente da disposição legal, imperioso que o juízo assim estabeleça anteriormente à fase instrutória do incidente de desconsideração, sob pena de macular a ampla defesa, abrindo às partes nova oportunidade de especificação de provas. Assim preleciona o art. 357, III, do Novo CPC, invocando-se sua aplicação analógica ao incidente dos artigos 133 a 137.

Por fim, encerrando a abordagem acerca da disciplina processual da *disregard* pelo Novo Código, observa-se que o exercício do direito de ação e da ampla defesa prolonga-se à via recursal. O incidente de desconsideração se encerra através de decisão intelocutória, prevendo o art. 1.015, IV, o cabimento do recurso de agravo de instrumento, ou, se instaurado o incidente em segunda instância (caso em que será decidido monocraticamente pelo relator, por força do art. 932, VI), cabível agravo interno (art. 136, parágrafo único).

À análise do interesse recursal, serão pertinentes as discussões travadas quanto ao interesse processual para a instauração do incidente (v. item 3.2). Haverá interesse recursal, em caso de provimento negativo à desconsideração, aos mesmos detentores de interesse para a instauração do incidente. Já no caso da decisão que defere a *disregard*, haverá interesse às pessoas trazidas à sujeição passiva (em nível de obrigação ou responsabilidade) através da operação desconsiderante. À pessoa jurídica desconsiderada, nenhum prejuízo adveio da decisão, assim como nenhuma utilidade a sua situação jurídica adviria de potencial reforma, razão pela qual não detém interesse recursal[93].

4. CONCLUSÕES

Diante do quadro atual, em que compete a cada órgão jurisdicional a delineação do procedimento à efetivação da desconsideração da personalidade jurídica, a inauguração de disciplina pelo Novo Código de Processo Civil tem o condão de conferir segurança jurídica ao desenvolvimento processual da desconsideração, assegurando tratamento uniforme aos jurisdicionados.

Incumbe-lhe a missão, ademais, de compatibilizar o gravoso expediente às garantias do processo justo, sendo frequentes, no desencontrado tratamento

---

92. "§ 1º Nos casos previstos em lei ou diante de peculiaridades da causa relacionadas à impossibilidade ou à excessiva dificuldade de cumprir o encargo nos termos do caput ou à maior facilidade de obtenção da prova do fato contrário, poderá o juiz atribuir o ônus da prova de modo diverso, desde que o faça por decisão fundamentada, caso em que deverá dar à parte a oportunidade de se desincumbir do ônus que lhe foi atribuído."

93. Nesse sentido: BERALDO. *Op. cit.* p. 87-88; BIANQUI. *Op. cit.* p. 157; BRUSCHI. *Op. cit.* p. 108.

jurisprudencial à luz do Código de 73, as violações ao contraditório, ampla defesa e devido processo legal.

Pode-se concluir, das considerações expostas ao longo do presente trabalho, que bem desempenhou essa missão o regramento trazido pelo Novo Código, o qual ordena o devido processo à desconsideração através da criação de um incidente processual de desconsideração da personalidade jurídica.[94]

O incidente, conforme previsto nos artigos 133 a 137 do Código, é perfeitamente adaptável aos variados contornos de direito material da teoria, servindo à efetivação da desconsideração em seus graus máximo, médio e mínimo[95]. E, sobretudo, conforma-se às garantias fundamentais do processo, conciliando a preocupação com a efetividade e duração razoável do processo à estruturação dialética necessária ao efetivo contraditório.[96]

Portanto, trata-se de disciplina processual compatível com a ordem constitucional, com os ditames de um Estado Democrático de Direito. Jamais devemos olvidar que a ordenação formal do processo se legitima na medida em que constitui veículo às garantias processuais-constitucionais, linha esta que norteou a elaboração do Novo Código de Processo Civil.[97]

---

94. *"É elogiável a preocupação com as regras processuais atinentes à desconsideração da personalidade jurídica, visto que a decretação da desconsideração causa impactos severos, uma vez que tem por efeito o afastamento da autonomia patrimonial da pessoa jurídica, possibilitando a invasão do patrimônio pessoal dos sócios. [...]O novo CPC, na forma projetada, prevê a utilização do incidente de desconsideração no processo de conhecimento, cumprimento de sentença e execução de título extrajudicial. Importante destacar a observância do contraditório e da ampla defesa, já que os sócios e administradores serão citados para se manifestar no prazo de quinze dias."* (EMILIANO, Eurípedes de Oliveira. Considerações a respeito do incidente de desconsideração da personalidade jurídica. *Conteudo Juridico*, Brasília: 25 jun. 2014.)

95. O texto original do projeto, ao fazer referência ao "abuso da personalidade jurídica", indevidamente restringia a aplicação do incidente ao âmbito da teoria maior da desconsideração. A menção à extensão da eficácia de certas obrigações aos bens particulares dos sócios ou administradores representava outra inadequada interferência nos aspectos de direito material da teoria, já que, na desconsideração máxima, não se pode aludir propriamente à extensão de eficácia, havendo verdadeira substituição da sujeição passiva.
  Já a redação final do texto legislativo, ao enunciar tão somente que "o pedido de desconsideração da personalidade jurídica observará os pressupostos previstos em lei." (art. 133, §1º) afigura-se maleável aos contornos de direito material da teoria, adaptando-se aos diversos regramentos sobre a matéria.

96. *"De relevância a inovação criada pelos doutrinadores e responsáveis pelo anteprojeto para o novo Código de Processo Civil, uma vez que o incidente para o exame do pedido referente a desconsideração da personalidade jurídica, vem em respeito a observância dos princípios do contraditório, da ampla defesa e da celeridade do processo[...]Ao pensar o doutrinador do projeto para o novo Código de Processo Civil em criar um incidente específico para permitir às partes o requerimento de sua instauração e ser tal pedido contrariado, possibilitando a produção de provas, põe termo a várias questões processuais e permite adequado ajuste no procedimento, assegurando à todos decisão equânime, ficando afastada a surpresa da decisão que muitas vezes ocorria ao ser decretada a desconsideração da personalidade jurídica."* (JORGE JUNIOR, Nelson. Do incidente de desconsideração da personalidade jurídica. *Revista Jus Navigandi*, Teresina, a. 19, n. 3866, 31 jan. 2014.)

97. Nesse sentido, encerra-se o texto com o seguinte excerto: *"Entre as garantias constitucionais tradicionais avulta a do devido processo legal, praticamente compreensiva das demais de natureza processual. [...]*

5. REFERÊNCIAS

AGUIAR JÚNIOR, Ruy Rosado de (Org.). *Jornadas de Direito Civil I, III, IV e V*: enunciados aprovados. Brasília: Conselho da Justiça Federal, 2012.

ALBERTON, Genacéia da Silva. A desconsideração da pessoa jurídica no código de consumidor – aspectos processuais. *Ajuris*, Porto Alegre, v. 19, n. 54, p. 146-180, mar. 1992.

ALMEIDA, Amador Paes de. *Execução de bens dos sócios*: obrigações mercantis, tributárias, trabalhistas: da desconsideração da personalidade jurídica (doutrina e jurisprudência). 11. ed. São Paulo: Saraiva, 2010.

ALVES, Alexandre Ferreira de Assumpção. A desconsideração da personalidade jurídica e o Direito do Consumidor: um estudo de Direito Civil-constitucional. In: TEPEDINO, Gustavo (Org.). *Problemas de direito civil-constitucional*. Rio de Janeiro: Renovar, 2000. p. 243-278.

_____ . Fundamentos da desconsideração da personalidade jurídica no sistema jurídico da Common Law e sua aplicação nos direitos inglês e norteamericano – influência no Código de Defesa do Consumidor. In: ALVES, Alexandre Ferreira de Assumpção; GAMA, Guilherme Calmon Nogueira da (Org.). *Temas de direito civil-empresarial*. Rio de Janeiro: Renovar, 2008. p. 1-56.

ALVIM, Eduardo Pellegrini Arruda; GRANADO, Daniel Willian. Aspectos processuais da desconsideração da personalidade jurídica. *Revista Forense*, Rio de Janeiro, a. 106, n. 412, p. 63-84, nov./dez. 2010.

AMENDOEIRA JÚNIOR, Sidnei. Aspectos processuais da responsabilidade patrimonial dos sócios e da desconsideração da personalidade jurídica. In: BRUSCHI, Gilberto Gomes; SHIMURA, Sérgio. (Coord.) *Execução civil e cumprimento da sentença*. São Paulo: Método, 2007. v. 2, p. 549-576.

ANDRADE, Fábio Siebeneichler de; CALIENDO, Paulo (Coord.). *Série Pensando o Direito*: Desconsideração da personalidade jurídica. Brasília: Secretaria de Assuntos Legislativos do Ministério da Justiça, 2010.

ANDRADE FILHO, Edmar Oliveira. *Desconsideração da personalidade jurídica no Novo Código Civil*. São Paulo: MP Editora, 2005.

Concebida originalmente como freio ao poder real, e para servir de estatuto de convivência política e econômica entre as elites dominantes na Inglaterra do século XIII, culminou por constituir elemento fundamental do Estado de direito. Para além das garantias correspondentes ao órgão judicial e do caráter fundamental da garantia de acesso à jurisdição, do ponto de vista estritamente processual, o conceito de devido processo legal compreende a estruturação correta do procedimento, permitindo tendencialmente aos litigantes as garantias de publicidade, contato direto do juiz com as partes e tramitação rápida do expediente. Todavia, como o processo não se resume a uma simples sequência ordenada de atos, o princípio não se esgota em assegurar a regularidade do procedimento, abrangendo também a possibilidade de ambas as partes sustentarem suas razões e apresentarem suas provas e, assim, influírem por meio do contraditório na formação do convencimento do juiz. Por tais razões, o aspecto mais essencial do devido processo legal é o de assegurar o contraditório e a ampla defesa." (OLIVEIRA, Carlos Alberto Álvaro de. Op. cit. p. 85-86.)

ANDRIGHI, Fátima Nancy. Desconsideração da personalidade jurídica no Código de Defesa do Consumidor e no Novo Código Civil. In: PRIMEIRA SEMANA DO CONSUMIDOR DA FACULDADE DE DIREITO DO UNICEUB, 2004, Brasília. Disponível em: <http://bdjur.stj.gov.br/dspace/handle/2011/602>. Acesso em: 13 abr. 2015.

ARGENTINA. Ley no 22.903, de 9 de set. de 1983. Ley de las Sociedades Comerciales. *Anales de Legislación Argentina n° XLIII-D*, jueves 15 de septiembre de 1983, pp. 3673-3740.

BARACAT, Eduardo Milleo. Desconsideração da personalidade jurídica da sociedade limitada no processo do trabalho: interpretação à luz do princípio da dignidade da pessoa humana. *Revista LTr*: Legislação do Trabalho e Previdência Social, São Paulo, v. 72, n. 5, p. 576-586, maio 2008.

BEDAQUE, José Roberto dos Santos. *Efetividade do processo e técnica processual*. 3. ed. Malheiros: São Paulo, 2010.

BEDAQUE, José Roberto dos Santos; MARINONI, Luiz Guilherme Bittencourt (Coord.). *Causa petendi e o contraditório*. 1. ed. São Paulo, Revista dos Tribunais, 2007.

BENETI, Sidnei Agostinho. Desconsideração da sociedade e legitimidade *ad causam*: esboço de sistematização. In: DIDIER JÚNIOR, Fredie; WAMBIER, Teresa Arruda Alvim (Coord.). *Aspectos polêmicos e atuais sobre os terceiros no processo civil e assuntos afins.* São Paulo: Revista dos Tribunais, 2004. p. 1005-1034.

BERALDO, Leonardo de Faria. O Interesse de recorrer da decisão que determina a desconsideração da personalidade jurídica. *Revista síntese de direito civil e processual civil*, Porto Alegre, v. 7, n. 42, p. 77-91, ago 2006.

BIANQUI, Henrique Torres de. *Desconsideração da personalidade jurídica no Processo Civil.* São Paulo: Saraiva, 2011.

BOEIRA, Alex Perozzo. A desconsideração da personalidade jurídica: noções gerais e questões controvertidas à luz da doutrina e da jurisprudência. *Revista síntese de direito civil e processual civil*, Porto Alegre, v. 12, n. 69, p. 7-20, jan./fev. 2011.

BRUSCHI, Gilberto Gomes. *Aspectos processuais da desconsideração da personalidade jurídica*. São Paulo: Saraiva, 2009.

CAMPINHO, Sergio Murilo Santos. *O direito de empresa à luz do novo código civil*. 11. ed. Rio de Janeiro: Renovar, 2010.

CARVALHO, Pedro Marco Brandão. *Desconsideração da personalidade jurídica*: teorias, aspectos processuais e o Direito Falimentar. 2009. 67 f. Monografia (Pós-Graduação *Lato Sensu* Ordem Jurídica e Ministério Público)–Fundação Escola Superior do Ministério Público do Distrito Federal e Territórios, Brasília, 2009.

CLÁPIS, Flávia Maria de Morais Geraigire. *Desconsideração da personalidade jurídica.* 2006. 205 f. Dissertação (Mestrado em Direito Comercial)–Pontifícia Universidade Católica de São Paulo, São Paulo, 2006.

COELHO, Fábio Ulhoa. *Curso de Direito Comercial*: direito de empresa. 15. ed. São Paulo: Saraiva, 2011. v. 2.

_____ . *Desconsideração da personalidade jurídica.* São Paulo: Revista dos Tribunais, 1989.

COMPARATO, Fábio Konder; SALOMÃO FILHO, Calixto. *O poder de controle na sociedade anônima.* 4. ed. Rio de Janeiro: Forense, 2005.

DALL'AGNOL JÚNIOR, Antonio Janyr. Distribuição Dinâmica dos Ônus Probatórios. *Revista dos Tribunais,* São Paulo, v. 90, n. 788, p.93-107, jun. 2001.

DIDIER JÚNIOR, Fredie. Aspectos processuais da desconsideração da personalidade jurídica. In: DIDIER JÚNIOR, Fredie; MAZZEI, Rodrigo (Org.). *Reflexos do novo código civil no direito processual.* 2. ed. Salvador: Jus Podium, 2007. p. 159-178.

_____ . Conversibilidade de rito, desconsideração da personalidade jurídica e litisconsórcio eventual. *Revista da Esmese,* Aracaju, n. 2, p. 85-104, 2002.

DINAMARCO, Cândido Rangel. *A instrumentalidade do processo.* 14. ed. São Paulo: Malheiros, 2009.

_____ . Desconsideração da personalidade jurídica, fraude, ônus da prova e contraditório. In: _____. *Fundamentos do Processo Civil Moderno.* 6. ed. São Paulo: Malheiros, 2010. v. 2, p. 531-549.

DIREITO, Carlos Alberto Menezes. Desconsideração da Personalidade Jurídica. In: _____. *Estudos de direito público privado.* Rio de Janeiro: Renovar, 2006. p. 107-125.

EMILIANO, Eurípedes de Oliveira. Considerações a respeito do incidente de desconsideração da personalidade jurídica. *Conteudo Juridico,* Brasília: 25 jun. 2014. Disponivel em: ‹http://www.conteudojuridico.com.br/?artigos&ver=2.48769›. Acesso em: 16 abr. 2015.

FERREIRA JÚNIOR, Celso Rodrigues. A desconsideração da personalidade jurídica: hipóteses de positivação no direito brasileiro. *Revista Trimestral de Direito Civil,* Rio de Janeiro, v. 5, n. 17, p. 11-32, jan./mar. 2004.

FONSECA, Marina Silva. *Desenvolvimento processual da desconsideração da personalidade jurídica.* 2012. 143 f. Monografia (Graduação em Direito)–Universidade do Estado do Rio de Janeiro, Rio de Janeiro, 2012.

FÓRUM PERMANENTE DE PROCESSUALISTAS CIVIS. *Carta de Belo Horizonte.* Belo Horizonte, 2014. Disponivel em: ‹http://portalprocessual.com/wp-content/uploads/2015/03/Carta-de-Belo-Horizonte.pdf›. Acesso em: 16 abr. 2015.

FREITAS, Elisabeth Cristina Campos Martins de. *Desconsideração da Personalidade Jurídica.* 2. ed. São Paulo: Atlas, 2004.

GAIO JÚNIOR, Antônio Pereira. Desconsideração da personalidade jurídica: considerações sobre o 'incidente' à luz do novo CPC. *Revista de Processo,* São Paulo, v. 38, n. 220, p. 271-291, jun. 2013.

GAMA, Guilherme Calmon Nogueira da (Coord.). *Desconsideração da Personalidade da Pessoa Jurídica:* visão crítica da jurisprudência. São Paulo, Atlas, 2009.

GAULIA, Cristina Tereza. A desconsideração da personalidade da pessoa jurídica no Código de Defesa do Consumidor. *Revista da EMERJ*, Rio de Janeiro, v. 5, n. 18, p. 66-87, abr./jun. 2002.

GODINHO, Robson Renault. Distribuição do Ônus da Prova e a Constituição. *Revista da EMERJ*. Rio de Janeiro, v. 10, n. 38, p. 263-284, abr./jun. 2007.

GOMES, Magno Federici; MAIA Estefânia Lima. Questões processuais da desconsideração da personalidade jurídica no código de defesa do consumidor. *Revista síntese de direito civil e processual civil*, Porto Alegre, v. 12, n. 69, p. 7-20, jan./fev. 2011.

GRECO, Leonardo. A busca da verdade e a paridade de armas na jurisdição administrativa. *Revista da Faculdade de Direito de Campos*, Campos dos Goytacazes, v. 7, n. 9, p. 121-122, jul./dez. 2006.

_____ . A prova no Processo Civil: do Código de 1973 ao novo Código Civil. *Revista Forense*, Rio de Janeiro, n. 374, p. 183-199, jul./ago. 2004.

_____. Garantias fundamentais do processo: o processo justo. In: _____. *Estudos de Direito Processual*. Campos dos Goytacazes: Ed. Faculdade de Direito de Campos, 2005. p. 225-286.

GRINOVER, Ada Pellegrini. Da Desconsideração da pessoa jurídica: aspectos de direito material e processual. *De jure*: revista juridica do Ministério Público do Estado de Minas Gerais, Belo Horizonte, n. 6, p. 53-67, jan./jun. 2006.

GUIMARÃES, Flávia Lefèvre. *Desconsideração da pessoa jurídica no código de defesa do consumidor* – aspectos processuais. São Paulo: Max Limonad, 1998.

GUIMARÃES, Márcio Souza. Aspectos modernos da teoria da desconsideração da personalidade jurídica. *Revista da EMERJ*, Rio de Janeiro, v. 7, n. 25, p. 229-243, 2004.

JORGE JUNIOR, Nelson. Do incidente de desconsideração da personalidade jurídica. *Revista Jus Navigandi*, Teresina, a. 19, n. 3866, 31 jan. 2014. Disponível em: ‹http://jus.com. br/artigos/26578›. Acesso em: 16 abr. 2015.

JUSTEN FILHO, Marçal. *Desconsideração da Personalidade Societária no Direito Brasileiro*. São Paulo: RT, 1987.

KOURY, Suzi Elizabeth Cavalcante. *A Desconsideração da Personalidade Jurídica (disregard doctrine) e os Grupos de Empresas*. 2. ed. Rio de Janeiro: Forense, 1998.

LIMBORÇO, Lauro. Disregard of legal entity. *Revista dos Tribunais*, São Paulo, v. 579, p. 25-29, jan. 1984.

LINS, Daniela Storry. *Aspectos polêmicos atuais da desconsideração da personalidade jurídica no Código de defesa do consumidor e na lei antitruste*. Rio de Janeiro: Lumen Juris, 2002.

LOVATO, Luiz Gustavo. Da personalidade jurídica e sua desconsideração e previsões do novo CPC. *Revista da ESMESC*, Florianópolis, v. 21, n. 27, p. 229-268, 2014.

MAIA FILHO, Napoleão Nunes. A desconsideração da pessoa jurídica em face da evolução do direito obrigacional e os limites de sua aplicação judicial. *BDJur*, Brasília, set. 2009. Disponível em: ‹http://bdjur.stj.gov.br/dspace/handle/2011/24367›. Acesso em: 13 abr. 2015.

MARINONI, Luiz Guilherme. Formação da convicção e inversão do ônus da prova segundo as peculiaridades do caso concreto. In: NEVES, Daniel Amorim Assumpção (Coord.). *Provas*: aspectos atuais do direito probatório. São Paulo: Método, 2009. p. 255-268.

MARINONI, Luiz Guilherme; MITIDIERO, Daniel. *O Projeto do CPC*: Crítica e propostas. São Paulo: Revista dos Tribunais, 2010.

MOREIRA, José Carlos Barbosa. Julgamento e ônus da prova. In: _____. *Temas de Direito Processual Civil*: segunda série. 2. ed. São Paulo: Saraiva, 1988. p. 73-82.

NEGRI, Sérgio Marcos Carvalho de Ávila. Repensando a Disregard Doctrine: Justiça, segurança e eficiência na desconsideração da personalidade jurídica. In: ALVES, Alexandre Ferreira de Assumpção; GAMA, Guilherme Calmon Nogueira da (Org.). *Temas de direito civil-empresarial*. Rio de Janeiro: Renovar, 2008. p. 167-196.

NOGUEIRA, Pedro Henrique Pedrosa. A desconsideração da personalidade jurídica e a garantia do contraditório: os embargos à execução e a lei n. 11.382. *Revista dialética de direito processual*, São Paulo, n. 48, p. 84-97, mar. 2007.

NUNES, Márcio Tadeu Guimarães. *Desconstruindo a desconsideração da personalidade jurídica*. São Paulo: Quartier Latin do Brasil, 2007.

OLIVEIRA, Carlos Alberto Álvaro de. *Do formalismo no processo civil*. São Paulo: Saraiva, 1997.

OLIVEIRA, José Lamartine Corrêa de. *A Dupla Crise da Pessoa Jurídica*. São Paulo: Saraiva, 1979.

PANTOJA, Teresa Cristina Gonçalves. Anotações sobre as pessoas jurídicas. In: TEPEDINO, Gustavo (Coord.). *A parte geral do novo Código Civil*: estudos na perspectiva civil-constitucional. Rio de Janeiro: Renovar, 2002. p. 85-124.

PINHO, Humberto Dalla Bernardina de. *Direito Processual Civil Contemporâneo*. 5. ed. Rio de Janeiro: Saraiva, 2013. 2 v.

_____. Os Princípios e as Garantias Fundamentais no Projeto de Código de Processo Civil: breves considerações acerca dos artigos 1º a 11 do PLS 166/10. *Revista Eletrônica de Direito Processual*, Rio de Janeiro, a. 4, v. 6, p. 49-92, jul./dez. 2010.

REDONDO, Bruno Garcia. Distribuição Dinâmica do Ônus da Prova: Breves Apontamentos. *Revista dialética de direito processual*, São Paulo, n. 93, p. 14-23, dez. 2010.

REQUIÃO, Rubens. Abuso de direito e fraude através da personalidade jurídica. *Revista dos Tribunais*, São Paulo, a. 58, v. 410, p. 12-24, dez. 1969.

SERICK, Rolf. *Forma e Realtà della Persona Giuridica*. Milano: A. Giuffre, 1966.

SILVA, Alexandre Couto. *A aplicação da desconsideração da personalidade jurídica no direito brasileiro.* São Paulo: LTr, 1999.

SILVA, Osmar Vieira da. *Desconsideração da personalidade jurídica*: aspectos processuais. Rio de Janeiro: Renovar, 2002.

SOUZA, André Pagani de. *Desconsideração da personalidade jurídica*: aspectos processuais. 2. ed. São Paulo: Saraiva, 2011.

SZTAJN, Rachel. Desconsideração da personalidade jurídica. *Revista de Direito do Consumidor*, São Paulo, n. 2, p. 67-75, 1992.

_____. Sobre a desconsideração da personalidade jurídica. *Revista dos Tribunais*, São Paulo, v. 88, n. 762, p. 81-97, abr. 1999.

TEDESCO, Alex Moisés. Desconsideração da personalidade jurídica no novo Código Civil. *Revista Síntese de Direito Civil e Processual Civil*, Porto Alegre, v. 4, n. 19, p. 155-160, set./out. 2002.

TEPEDINO, Gustavo. Notas sobre a desconsideração da personalidade jurídica. In: _____. *Temas de Direito Civil*: Tomo III. Rio de Janeiro: Renovar, 2009. p. 65-93.

THEODORO JÚNIOR, Humberto. Partes e terceiros na execução: responsabilidade patrimonial. *Revista de Processo*, São Paulo, v. 25, n.100, p. 139-165, out./dez. 2000.

TOMAZETTE, Marlon. A teoria dos atos ultra vires e o direito brasileiro. *Revista de Direito*, Viçosa, v.4, p.117-133, 2011.

ZANITELLI, Leandro Martins. Abuso da pessoa jurídica e desconsideração. In: MARTINS--COSTA, Judith (Org.). *A reconstrução do direito privado*: reflexos dos princípios, diretrizes e direitos fundamentais constitucionais no direito privado. São Paulo: Revista dos Tribunais, 2002. p. 715-729.

CAPÍTULO 7

O incidente de desconsideração da personalidade jurídica no Novo Código de Processo Civil

Michel Ferro e Silva[1]

SUMÁRIO: 1. INTRODUÇÃO; 2. NOÇÕES GERAIS; 3. DO INCIDENTE DE DESCONSIDERAÇÃO DA PERSONALIDADE JURÍDICA NO NCPC; 4. CONCLUSÃO; 5. BIBLIOGRAFIA.

1. INTRODUÇÃO

Uma das grandes novidades do novo Código de Processo Civil é a expressa previsão de um procedimento voltado à desconsideração da personalidade jurídica.

Com efeito, em que pese a desconsideração ter previsão na legislação de direito material, o antigo Código de Processo Civil não previa qualquer procedimento que regulamentasse a sua utilização, provocando, não raro, dúvidas e questionamentos a seu respeito.

A nova lei se propõe a regulamentar os aspectos procedimentais da desconsideração com a criação de um incidente processual a fim de que seja assegurado o contraditório e a ampla defesa ao sócio ou à pessoa jurídica, cuja responsabilidade patrimonial se pretende estabelecer.

A iniciativa é muito bem vinda e o presente trabalho se propõe a fazer uma inicial análise do incidente que, acertadamente, foi incluído como modalidade de intervenção de terceiros.

---

1   Mestre em Direito do Estado (UNAMA). Especialista em Direito Processual (UNAMA). Professor de Teoria Geral do Processo e Direito Processual Civil do CESUPA – Centro Universitário do Pará (graduação e especialização) e de Direito Processual Civil e Jurisdição Constitucional da FAP – Faculdade Estácio do Pará. Membro do Instituto Brasileiro de Direito Processual – IBDP e da Associação Norte e Nordeste de Professores de Processo – ANNEP. Advogado em Belém/ PA.

2. NOÇÕES GERAIS

A responsabilidade patrimonial sempre foi um dos temas mais interessantes envolvendo a atividade jurisdicional executiva. Dentro dele, a possibilidade extraordinária da prática de atos de invasão no patrimônio dos sócios merece destaque.

Trata-se da utilização da chamada teoria da desconsideração da personalidade jurídica (*Disregard Doctrine*), que possui suas bases sedimentadas no direito norte-americano e europeu.[2]

Mediante a utilização da referida teoria se mostra possível atribuir ao(s) patrimônio(s) do(s) sócio(s) - ou da empresa na hipótese de grupo econômico - a responsabilidade pelo adimplemento de obrigações constituídas pela sociedade, em decorrência da evolução na noção de separação absoluta entre os mesmos.

O ordenamento jurídico brasileiro incorporou a teoria da desconsideração da personalidade jurídica, sendo diversos os dispositivos legais que a consagram. Dentre eles, merecem destaque o artigo 28, do Código de Defesa do Consumidor (CDC) e o artigo 50, do Código Civil (CC). A Lei n. 8.884/94 – Lei Antitruste – também a prevê.

Todavia, apesar de prevista no direito substancial, o antigo Código de Processo Civil não cuidava dos aspectos procedimentais a serem observados fazendo com que, muitas vezes, a teoria não pudesse ser utilizada ou utilizada de modo inadequado.

O NCPC se propõe a reparar citada omissão, tratando do incidente de desconsideração da personalidade jurídica nos artigos 133 a 137, considerando-o, como dito acima, uma modalidade de intervenção de terceiros.

Antes da análise dos aspectos procedimentais do incidente, objetivando uma melhor compreensão, optou-se pelo estabelecimento de considerações, ainda que superficiais, a respeito da *Disregard Doctrine* e, igualmente, da responsabilidade patrimonial executiva.

A atividade jurisdicional executiva nas obrigações de pagar quantia certa está toda alicerçada no princípio da responsabilidade patrimonial, ou seja, o patrimônio do devedor responderá pelas dívidas por ele assumidas caso não

---

2   Cf. KOURY, Suzy Elizabeth Cavalcante. A Desconsideração da Personalidade Jurídica: Disregard Doctrine e os grupos de empresas. Rio de Janeiro: Forense, 2011, p. 67. Conferir, também, MARINHO, Rodrigo Saraiva; SANTIAGO, Nestor Eduardo. Execução judicial, desconsideração da personalidade jurídica e dignidade da pessoa humana. In: DIDIER JR, Fredie; CUNHA, Leonardo Carneiro da; BASTOS, Antonio Adonias. Execução e Cautelar. Salvador: JusPODIVM, 2012, pp. 547-8.

se dê a satisfação voluntária.[3] Somente excepcionalmente a responsabilidade será pessoal, como acontece na hipótese de inadimplência de crédito de natureza alimentar.[4]

Conforme consolidado na doutrina, a responsabilidade patrimonial poderá ser *primária* ou *secundária*. No primeiro caso, os atos executivos incidirão sobre bens do próprio devedor obrigado,[5] conforme previsto no art. 789, do NCPC.

Contudo há situações em que o patrimônio de terceiros também pode ser objeto da atividade executiva do Estado. Trata-se da chamada responsabilidade patrimonial *secundária*, o que reforça a ideia de separação entre *obrigação* e *responsabilidade*.[6] É justamente sob essa perspectiva que a teoria da desconsideração da personalidade jurídica pode ser utilizada.

Em regra, a sociedade, por possuir personalidade jurídica própria, responde com o seu próprio patrimônio pelas suas obrigações contraídas, uma vez que ela é a titular na relação de direito material. É, ao mesmo tempo, *obrigada* e *responsável*.[7]

Todavia, de acordo com o disposto no art. 50, do Código Civil e no art. 28, do Código de Defesa do Consumidor, se permite a invasão do patrimônio do sócio, que não constituiu a dívida.

Suzy Elizabeth Cavalcante Koury considera tarefa das mais difíceis a formulação de um conceito único para as diversas situações que permitem a utilização da *Disregard Doctrine*. Todavia, afirma que:

> "Não obstante, todas as considerações aqui desenvolvidas sugerem-nos, salvo melhor análise, a aceitação do ponto de vista de que a *Disregard Doctrine* consiste em subestimar os efeitos da personificação jurídica, em casos concretos, mas, ao mesmo tempo, penetrar na sua estrutura formal, verificando-lhe o substrato, a fim de impedir que, delas se utilizando, simulações e fraudes alcancem suas finalidades, como também para solucionar todos os

---

3 No tocante às obrigações de fazer, não fazer e dar coisa, o princípio da responsabilidade patrimonial não exerce a mesma relevância. É que, nessas hipóteses, predomina o princípio da máxima efetividade, que assegura ao credor o direito de ver adimplida in natura a obrigação, somente convertendo-se, em último caso, no seu equivalente em dinheiro.

4 Nesse particular, em trabalho clássico, já se afirmou: "O objeto sobre o qual opera a sanção executiva não é a pessoa do devedor, mas são os bens que se encontram em seu patrimônio [...]. O órgão do Estado, usando do poder do qual é investido, pode tomar os bens do devedor e destiná-los à satisfação do credor, segundo as modalidades e com os efeitos estabelecidos pela lei" (LIEBMAN, Enrico Tulio. Manual de Direito Processual. V.1. Tocantins: Intelctos, 2003, p. 179).

5 Cf. ASSIS, Araken de. Manual do Processo de Execução. São Paulo: Revista dos Tribunais, 2002, p. 403.

6 No mesmo sentido, v. DIDIER JR., Fredie; CUNHA, Leonardo José Carneiro da; BRAGA, Paula Sarno; OLIVEIRA, Rafael. Curso de Direito Processual Civil. V. 5. Salvador: Jus PODIVM, 2011, p. 259 e ASSIS, op. cit., p. 403.

7 Cf. SILVA, Ovídio A. Baptista da. Curso de Processo Civil. V. 2. São Paulo: Revista dos Tribunais, 2000, p. 69.

outros casos em que o respeito à forma societária levaria a soluções contrárias à sua função e aos princípios consagrados pelo ordenamento jurídico".[8]

Luiz Guilherme Marinoni e Sérgio Cruz Arenhart afirmam que:

"A desconsideração da personalidade jurídica é reflexo da teoria do abuso de direito. A pessoa jurídica foi concebida como instrumento para a facilitação do comércio e das relações sociais, desvinculando as pessoas naturais de certas posições de patrimônio. Essa ficção, porém, não pode ser usada para atingir fins ilícitos ou para fraudar credores. Manifestando-se esse abuso na instituição da pessoa jurídica, cabe desconsiderá-la para que, por detrás dela, reapareça a figura do sócio."[9]

Em recentíssima decisão, o Superior Tribunal de Justiça entendeu que a simples dissolução ou o encerramento da sociedade não é motivo para a desconsideração da personalidade jurídica. Neste sentido:

PROCESSUAL CIVIL. AGRAVO REGIMENTAL NO RECURSO ESPECIAL. CUMPRIMENTO DE SENTENÇA. ARTIGO 50, DO CC. DESCONSIDERAÇÃO DA PERSONALIDADE JURÍDICA. REQUISITOS. ENCERRAMENTO DAS ATIVIDADES OU DISSOLUÇÃO IRREGULARES DA SOCIEDADE. INSUFICIÊNCIA. DESVIO DE FINALIDADE OU CONFUSÃO PATRIMONIAL. NECESSIDADE DE COMPROVAÇÃO. QUESTÃO ATRELADA AO REEXAME DE MATÉRIA FÁTICA. ÓBICE DA SÚMULA 7/STJ. AGRAVO REGIMENTAL NÃO PROVIDO.

1. A jurisprudência do STJ firmou o entendimento de que a desconsideração da personalidade jurídica prevista no artigo 50 do Código Civil trata-se de regra de exceção, de restrição ao princípio da autonomia patrimonial da pessoa jurídica. Assim, a interpretação que melhor se coaduna com esse dispositivo legal é a que relega sua aplicação a casos extremos, em que a pessoa jurídica tenha sido instrumento para fins fraudulentos, configurado mediante o desvio da finalidade institucional ou a confusão patrimonial.

2. Dessa forma, o encerramento das atividades ou dissolução, ainda que irregulares, da sociedade não são causas, por si só, para a desconsideração da personalidade jurídica, nos termos do artigo 50 do Código Civil. Precedentes.

3. O reexame de matéria de prova é inviável em sede de recurso especial (Súmula 7/STJ).

4. Agravo regimental não provido.

---

8   KOURY, op. cit., p. 85.
9   Curso de Processo Civil. V. 3. São Paulo: Revista dos Tribunais, 2012, pp. 263-4.

(AgRg no REsp 1500103/SC, Rel. Ministro Mauro Campbell Marques, 2ª Turma, julgado em 07/04/2015, DJe 14/04/2015).

É indiscutível que a utilização da teoria da desconsideração permite que o órgão jurisdicional executivo realize atos de constrição no patrimônio do sócio em que pese o mesmo não ter constituído a obrigação. No entanto é fundamental a observância de que referida situação não pode ser confundida com aquela prevista no art. 790, II, do NCPC.

A grande diferença entre as duas hipóteses reside no fato de que a prevista no artigo 790, II do NCPC, é de responsabilidade patrimonial *secundária*, ou seja, o patrimônio do sócio somente será atingido caso inexistam bens que componham o patrimônio da sociedade, sendo-lhe lícito invocar o benefício de ordem assegurado no artigo 795, § 1º, do NCPC.[10]

Por outro lado, na desconsideração da personalidade jurídica, o sócio responderá direta e primariamente, não lhe sendo permitido invocar o citado benefício.[11] É que, neste caso, havendo postulação para adoção da teoria, pautada nas hipóteses previstas na legislação nacional, deverá haver a integralização do sócio à relação processual a fim de que o mesmo possa oferecer a sua defesa. Ainda sob a perspectiva do CPC/73, manifestamos entendimento de que:

> "Acolhido o pedido, o sócio assume a qualidade de devedor/ executado e não apenas responsável, como ocorre na situação do art. 592, II, do CPC. Trata-se de *sanção* aplicada pela prática de ato ilícito - utilização abusiva da personalidade jurídica -, [...]".[12]

Justamente para assegurar o seu amplo direito de defesa se fazia necessário o tratamento processual de como deve ocorrer essa integralização.

---

10 "No primeiro caso estão as formas de pessoas jurídicas em que não há a completa separação entre o patrimônio dos sócios e o da empresa e, ainda, as sociedades não personificadas (art. 990 do CC). Entram nessa categoria, por exemplo, as sociedades simples (art. 1.023 do CC), as sociedades em nome coletivo (art. 1.039, parágrafo único, c/c o art. 1.023, ambos do CC), as sociedades em comandita simples (art. 1.45 do CC) e algumas sociedades cooperativas 9art. 1.095, § 2º, do CC). Também nas sociedades limitadas, enquanto não integralizada a quota pelo sócio, responde este com seus bens pelas dívidas da empresa, até o limite da integralização do capital social (art. 1.052 do CC)." (MARINONI e ARENHART, op. cit., 2012, p. 263).

11 Não é este o entendimento de prestigiado autor segundo o qual: "Qualquer que seja a hipótese, porém, terá o sócio, quando executado por dívidas da sociedade, o denominado beneficium excussionis (exceptio excussionis), previsto no art. 596 do CPC, que lhe dá direito de exigir que a execução primeiro seja dirigida contra os bens da sociedade, livres e desembargados, que ele desde logo pode indicar (art. 596, § 1º)". SILVA, op. cit., 2000, p. 74.

12 SILVA, Michel Ferro e. O Projeto do Novo Código de Processo Civil e o Incidente de Desconsideração da Personalidade Jurídica. In: DIDIER JR, Fredie; CUNHA, Leonardo Carneiro da; BASTOS, Antonio Adonias. Execução e Cautelar. Salvador: JusPODIVM, 2012, pp. 413-26.

PARTE VIII – INTERVENÇÃO DE TERCEIROS

Como veremos a seguir, o Novo Código de Processo Civil pretende resolver mencionada pendência.

3. DO INCIDENTE DE DESCONSIDERAÇÃO DA PERSONALIDADE JURÍDICA NO NCPC

O incidente de desconsideração da personalidade jurídica está previsto nos artigos 133 a 137, do NCPC e representa uma modalidade de intervenção provocada.

O artigo 133 prevê que:

> Art. 133. "O incidente de desconsideração da personalidade jurí-
> dica será instaurado a pedido da parte ou do Ministério Público,
> quando lhe couber intervir no processo".

Pelo que se observa do texto, o incidente somente poderá ser instaurado mediante requerimento da parte ou do Ministério Público, quando lhe couber intervir no processo. A instauração por iniciativa do magistrado é vedada.

Melhor seria que o legislador também tivesse permitido a instauração por iniciativa do magistrado, na qualidade de reitor do processo, e a fim de assegurar a efetividade de sua decisão judicial, notadamente naquelas hipóteses que envolvem relações de consumo.

O que parece ser indiscutível, em que pese o silêncio da lei, é que se mostra dispensável a participação do Ministério Público no incidente de desconsideração, salvo nos casos em que deva intervir obrigatoriamente, previstos no art. 178, do CPC.[13]

De todo modo, o pedido de instauração do incidente deverá ser endereçado ao juízo executivo, mediante requerimento que apresente de forma razoável provas que justifiquem a adoção da teoria da desconsideração da personalidade jurídica, conforme previsão no art. 134, § 4º, do NCPC; pena de indeferimento liminar.

A norma processual permite que o incidente seja instaurado em todas as fases do processo de conhecimento, no cumprimento de sentença e na execução fundada em título executivo extrajudicial, conforme previsto no art. 134, do NCPC.

Em nossa opinião, o ideal é que o pedido do autor seja, desde logo, endereçado à sociedade e ao sócio (ou a outra sociedade na hipótese de grupos

---

13 A conclusão foi obtida no III Encontro do Fórum Permanente de Processualistas Civis, realizado nos dias 25 a 27 de abril de 2014, na cidade do Rio de Janeiro. Trata-se do Enunciado n. 123, do referido Fórum.

de empresas), formando-se a figura de um litisconsórcio *eventual*, conforme sustentado por Cândido Rangel Dinamarco, que afirma:

> "Já se vê, portanto, que nem o litisconsórcio eventual, nem o alternativo, repugnam à nossa ordem jurídico-processual. Por mais de um caminho, chega-se à conclusão de que é lícito *ampliar a potencialidade do processo*, para a tutela jurisdicional mais rápida, econômica e coerente de cúmulos dessas espécies."[14]

Esse também o pensamento de Fredie Didier Jr., que explica:

> "[...]. O *litisconsórcio eventual*, aplicado à hipótese em comento, permite atacar o patrimônio pessoal dos sócios, apenas e tão-somente, se for impossível liquidar o débito por intermédio do capital social da pessoa jurídica. Ora, na medida em que se poderá *desconsiderar* a personalidade jurídica de uma sociedade empresária - e, consequentemente, se instaurando a busca no patrimônio de seus sócios de bens para a satisfação da obrigação -, nada mais razoável, assim, que sejam citados, *ab ovo*, os sócios, ou outra sociedade do mesmo grupo, já que, com a desconsideração, poderão ser tomadas medidas que acarretem a excussão dos seus patrimônios para a satisfação das pretensões de direito material postas em juízo."[15]

Assim, já na fase de conhecimento, seria averiguada pelo órgão jurisdicional a ocorrência de uma das hipóteses justificadoras da desconsideração e, em se confirmando, o sócio ou a empresa seria incluído na condenação, prosseguindo em execução com a prática de atos de constrição em seus patrimônios.

Nesse caso, conforme disposto no § 2º, do art. 134, do NCPC, não haverá a necessidade de instauração de um incidente de desconsideração da personalidade jurídica em razão do pedido de formação de litisconsórcio *eventual*.

Não se confirmando a suspeita do autor, isto é, não havendo motivos para a desconsideração, a sentença condenará apenas a empresa, eximindo o sócio de qualquer responsabilidade.

Caso o credor opte por apresentar o pedido de desconsideração na etapa de cumprimento de sentença ou na execução fundada em título extrajudicial se mostra necessária a instauração do incidente a fim de que seja assegurado o contraditório.

Em outras palavras, deve o órgão jurisdicional instaurar o incidente, determinando a citação do sócio ou da empresa para oferecimento de defesa (com

---

14 DINAMARCO, Cândido Rangel. Litisconsórcio. São Paulo: Malheiros, 2002, p. 393.
15 DIDIER JR, Fredie. Regras Processuais no Código Civil. São Paulo: Saraiva, 2008, p. 12.

requerimento de provas), reservando-se para determinar a realização de atos de constrição tão somente após a prolação da decisão acolhendo o pedido de desconsideração.

Entender-se de maneira diversa implicaria grave ofensa ao que se encontra previsto no artigo 5º, LIV, da Constituição da República, uma vez que se mostra inconcebível alguém ser "privado de seus bens sem o devido processo legal". A esse respeito, é a lição de Cassio Scarpinella Bueno:

> "É importante frisar a conclusão: a circunstância de a lei admitir que, ao longo da execução, alguém diferente do que consta do título executivo venha a ser convocado para responder pela dívida contraída por outrem (e já suficientemente reconhecido como devedor no título executivo) não pode significar que o "redirecionamento" da execução possa dar-se sem observância das mínimas garantias, impostas desde a Constituição Federal, para a atuação do Estado-juiz".[16]

A apresentação do requerimento provoca a suspensão do processo (art. 134, § 3º, do NCPC), que somente terá seu curso retomado após a decisão do órgão jurisdicional, acolhendo ou não o pedido de desconsideração. Trata-se de efeito suspensivo proveniente da própria legislação processual e se justifica já que o prosseguimento da atividade executiva depende da constatação do preenchimento dos pressupostos previstos em lei para a utilização da teoria.

Como dito, uma vez instaurado o incidente, o art. 135, do NCPC, estabelece a necessidade de citação dos sócios ou da pessoa jurídica para oferecimento de manifestação e requerimento de provas no prazo de quinze dias. Não havendo manifestação dos citados deverá ser aplicado o efeito material da revelia, considerando-se relativamente verdadeiras as alegações apresentadas pelo exequente e autorizando o juízo executivo a praticar atos de invasão no patrimônio do sócio ou da pessoa jurídica.

Havendo necessidade, o juízo executivo deferirá as provas requeridas pelas partes, resolvendo o incidente por decisão interlocutória, contra a qual caberá o recurso de agravo de instrumento a teor do que dispõem os artigos 136 e 1.015, IV, do NCPC. Trata-se, contudo, de decisão de conteúdo definitivo apta a transitar em julgado e suscetível de eventual ação rescisória.[17] Neste caso,

---

16 Curso Sistematizado de Direito Processual Civil. V.2. São Paulo: Saraiva, 2012, p. 262.

17 Na doutrina tem predominado o entendimento no sentido de que decisões interlocutórias de mérito também podem produzir coisa julgada material. Nesse sentido, conferir, entre outros, DIDIER JR., Fredie; BRAGA, Paula Sarno; OLIVEIRA, Rafael. Curso de Direito Processual Civil. V.2. Salvador: Jus PODIVM, 2011, pp. 458-9 e ARAÚJO, José Henrique Mouta. Coisa Julgada Progressiva e Resolução Parcial do Mérito. Curitiba: 2007, pp. 329-30.

entendemos que o devedor originário, não possui legitimidade para impugnar a decisão que acolheu o pedido de desconsideração, por lhe faltar o interesse jurídico.

A decisão que acolhe o pedido de desconsideração produz efeitos no caso concreto e apenas momentaneamente, ou seja, até que o credor se satisfaça com o patrimônio dos sócios ou da pessoa jurídica.[18] Ultimado isso, a empresa prosseguirá normalmente as suas atividades. No particular, merece destaque a afirmação de Fredie Didier Jr.:

> "[...] trata-se de uma técnica de suspensão episódica da eficácia do ato constitutivo da pessoa jurídica, de modo a buscar, no patrimônio dos sócios, bens que respondam pela dívida contraída."[19]

Portanto, a desconsideração não pode ser confundida com a despersonalização, que possui caráter definitivo, já que provoca a extinção compulsória da personalidade jurídica.[20]

A decisão que julga procedente o incidente e adota a teoria da desconsideração transfere ao sócio ou à empresa não só a responsabilidade pelo pagamento da dívida, como também a sua própria obrigação. Tais efeitos são decorrentes da decisão judicial que acolheu o pedido de desconsideração e que serve de sanção pela prática de atos irregulares.

É, portanto, a decisão que acolheu a desconsideração que constitui o título executivo. Trata-se de título executivo judicial com duplo efeito: constitutivo, em relação aos atos praticados irregularmente e, condenatório, impondo a obrigação e a responsabilidade.

Uma vez constituído o título, a execução prosseguirá de acordo com o previsto no artigo 523, do NCPC, ou seja, promovendo-se a correspondente intimação para pagamento no prazo de 15 (quinze) dias, sob pena de incidência de multa de 10% (dez por cento) e de honorários advocatícios no mesmo percentual. Não ocorrendo o pagamento, será iniciada a atividade executiva, expedindo-se o correspondente mandado de penhora e de avaliação contra o sócio ou a sociedade.

Em que pese os atos executivos somente poderem ser praticados após a decretação de desconsideração, nada impede que o credor pleiteie a concessão de medida de urgência para assegurar o resultado útil do processo, conforme previsto a partir do art. 300, do NCPC.

---

18   Cf. GAGLIANO, Pablo Stolze; PAMPLONA FILHO, Rodolfo. Novo Curso de Direito Civil. V. I. São Paulo: Saraiva, 2009, p. 230.

19   Op. cit., p.6.

20   GAGLIANO; PAMPLONA FILHO, op. cit., p. 230.

O art. 137, do NCPC, estabelece que acolhido o pedido de desconsideração, a alienação ou a oneração de bens importará em fraude de execução, sendo o ato ineficaz em relação ao requerente.

Com efeito, eventual alienação ou oneração de bens do sócio ou da empresa será ineficaz para aquele que requereu a instauração do incidente de desconsideração, permitindo a invasão no patrimônio do terceiro adquirente.

Deve-se, observar, contudo, que para ocorrência da fraude de execução se mostra necessário que a alienação ou oneração tenha ocorrido após a citação do sócio ou da empresa no incidente de desconsideração, conforme estabelecido no art. 792, § 3º, do NCPC. É que, para caracterização da fraude de execução exige-se a litispendência, o que somente ocorrerá para o réu com a sua citação válida (art. 240, do NCPC). No particular, destaca-se:

> "Não ocorrendo a litispendência na data do negócio, existirá ou não, observados os pressupostos respectivos, fraude contra credores; decididamente, porém, excluir-se-á a ineficácia peculiar da fraude à execução."[21]

Duas últimas observações.

A primeira. Considerando que a decisão de desconsideração da personalidade jurídica é que constitui o título executivo contra o sócio (ou a sociedade) lhe deve ser assegurado o direito de impugnar não apenas o ato constritivo, mas também o próprio título e a obrigação nele constante. Para tanto, poderá se valer dos embargos ou da impugnação, de acordo com o título que instrumentaliza a execução.[22]

A segunda. O § 2º, do art. 133, do NCPC, permite a chamada desconsideração inversa da personalidade jurídica. Trata-se de hipótese na qual o sócio esvazia o seu patrimônio, transferindo bens para a sociedade da qual faz parte.

Apesar da inexistência de norma expressa, o NCPC traz o assunto com base em algumas decisões tomadas pelos tribunais. O próprio Superior Tribunal de Justiça já enfrentou o tema. No julgamento do REsp n. 948.117/MS, afirmou-se que:

> "A desconsideração inversa da personalidade jurídica caracteriza-se pelo afastamento da autonomia patrimonial da sociedade, para, contrariamente do que ocorre na desconsideração da personalidade propriamente dita, atingir o ente coletivo e seu

---

21 Cf. ASSIS, op. cit., p. 448.
22 Cf. KLIPEL, Rodrigo; BASTOS, Antonio Adonias. Manual de Processo Civil. Rio de Janeiro: Ed. Lumen Juris, 2011, p. 1.301.

patrimônio social, de modo a responsabilizar a pessoa jurídica por obrigações do sócio controlador.

Considerando-se que a finalidade da disregard doctrine é combater a utilização indevida do ente societário por seus sócios, o que pode ocorrer também nos casos em que o sócio controlador esvazia o seu patrimônio pessoal e o integraliza na pessoa jurídica, conclui-se, de uma interpretação teleológica do art. 50 do CC/02, ser possível a desconsideração inversa da personalidade jurídica, de modo a atingir bens da sociedade em razão de dívidas contraídas pelo sócio controlador, conquanto preenchidos os requisitos previstos na norma.

A desconsideração da personalidade jurídica configura-se como medida excepcional. Sua adoção somente é recomendada quando forem atendidos os pressupostos específicos relacionados com a fraude ou abuso de direito estabelecidos no art. 50 do CC/02. Somente se forem verificados os requisitos de sua incidência, poderá o juiz, no próprio processo de execução, "levantar o véu" da personalidade jurídica para que o ato de expropriação atinja os bens da empresa."[23]

Todavia, entendemos não se tratar propriamente da utilização da teoria da desconsideração e sim de transferência fraudulenta realizada pelo sócio através da fraude contra credores ou da fraude de execução, a depender da análise específica de seus pressupostos.

Diante disso, pode-se mostrar temerária a utilização da desconsideração inversa da personalidade jurídica, sobretudo nas situações que envolvam fraude contra credores, nas quais há a necessidade da propositura da ação pauliana para anulação do ato de alienação ou oneração, com ampla atividade cognitiva, o que, particularmente, questionamos ser viável através da instauração do incidente.

De toda forma, uma análise mais cuidadosa do tema é necessária, o que ficará para uma oportunidade futura.

4. CONCLUSÃO

O novo Código de Processo Civil inova ao estabelecer o incidente de desconsideração da personalidade jurídica como uma das modalidades de intervenção de terceiros.

---

23   3ª Turma, rela. Min. Nancy Andrighi, j. 22.06.2010, DJe 03.08.2010.

A iniciativa deve ser recebida com aplausos eis que, não raro, a teoria da desconsideração é utilizada em casos concretos, no entanto, sem qualquer respeito ao direito de defesa e de contraditório do sócio ou da sociedade que se pretende atingir.

Com o estabelecimento de um procedimento para a desconsideração a nova lei processual, cuja aplicação também deve ocorrer no processo trabalhista,[24] espera-se sanar a omissão do Código de Processo Civil de 1973.

A desconsideração da personalidade jurídica, se bem aplicada, representa importante instrumento de efetividade da função jurisdicional executiva e, ainda, meio eficaz de sanção ao sócio (ou sociedade) que se utilizou de forma abusiva da personalidade jurídica da sociedade.

5. BIBLIOGRAFIA

ARAÚJO, José Henrique Mouta. *Coisa Julgada Progressiva e Resolução Parcial do Mérito*. Curitiba: 2007.

ASSIS, Araken de. *Manual do Processo de Execução*. São Paulo: Revista dos Tribunais, 2002.

BUENO, Cassio Scarpinella. *Curso Sistematizado de Direito Processual Civil*. V.2. São Paulo: Saraiva, 2012.

DIDIER JR., Fredie; BRAGA, Paula Sarno; OLIVEIRA, Rafael. *Curso de Direito Processual Civil*. V.2. Salvador: Jus PODIVM, 2011.

DIDIER JR., Fredie; CUNHA, Leonardo José Carneiro da; BRAGA, Paula Sarno; OLIVEIRA, Rafael. *Curso de Direito Processual Civil*. V. 5. Salvador: Jus PODIVM, 2011.

DIDIER JR, Fredie. *Regras Processuais no Código Civil*. São Paulo: Saraiva, 2008.

DINAMARCO, Cândido Rangel. *Litisconsórcio*. São Paulo: Malheiros, 2002.

GAGLIANO, Pablo Stolze; PAMPLONA FILHO, Rodolfo. *Novo Curso de Direito Civil*. V. I. São Paulo: Saraiva, 2009.

LIEBMAN, Enrico Tulio. *Manual de Direito Processual*. V.1. Tocantins: Intelctos, 2003.

KLIPEL, Rodrigo; BASTOS, Antonio Adonias. *Manual de Processo Civil*. Rio de Janeiro: Ed. Lumen Juris, 2011.

KOURY, Suzy Elizabeth Cavalcante. *A Desconsideração da Personalidade Jurídica: Disregard Doctrine e os grupos de empresas*. Rio de Janeiro: Forense, 2011.

---

24 Esta foi a conclusão obtida no III Fórum Permanente de Processualistas Civis, realizado nos dias 25 a 27 de abril de 2014, na cidade do Rio de janeiro. Trata-se no Enunciado n. 124.

MARINHO, Rodrigo Saraiva; SANTIAGO, Nestor Eduardo. *Execução judicial, desconsideração da personalidade jurídica e dignidade da pessoa humana.* In: DIDIER JR, Fredie; CUNHA, Leonardo Carneiro da; BASTOS, Antonio Adonias. *Execução e Cautelar.* Salvador: JusPODIVM, 2012.

MARINONI, Luiz Guilherme; ARENHART, Sérgio Cruz. *Curso de Processo Civil.* V. 3. São Paulo: Revista dos Tribunais, 2012.

SILVA, Michel Ferro e. *O Projeto do Novo Código de Processo Civil e o Incidente de Desconsideração da Personalidade Jurídica.* In: DIDIER JR, Fredie; CUNHA, Leonardo Carneiro da; BASTOS, Antonio Adonias. *Execução e Cautelar.* Salvador: JusPODIVM, 2012.

SILVA, Ovídio A. Baptista da. *Curso de Processo Civil.* V. 2. São Paulo: Revista dos Tribunais, 2000.

CAPÍTULO 8

A sistematização do *amicus curiae* no Novo Código de Processo Civil Brasileiro

Marcelo Miranda Caetano[1]

SUMÁRIO: 1. A REALIDADE BRASILEIRA; 2. O ART. 138 DO NOVO CPC; 3 ENUNCIADOS DO FÓRUM PERMANENTE DE PROCESSUALISTAS CIVIS; 4. CONCLUSÃO; 5. BIBLIOGRAFIA.

1. A REALIDADE BRASILEIRA

A recente promulgação do novo CPC (Lei 13.105/15) materializou, enfim, a real caracterização processual do *amicus curiae* no direito pátrio, como espécie de terceiro interventor a levar ao processo judicial informações, dados e argumentos impregnados de interesse institucional, metaindividual, difuso e coletivo, permissivos de fundar decisão mais justa e completa, sem necessária preocupação com o interesse individual dos litigantes.

Somos entusiastas da expressa inclusão do *amicus curiae* no novel CPC (art. 138), por lhe entendermos plenamente compatível com as normas fundamentais trazidas por este Código, como o são: a) busca de solução meritória integral (art. 4º); b) cooperação de todos os sujeitos do processo (art. 6º); c) aplicação do ordenamento com espeque nos fins sociais, exigência de bem comum e dignidade da pessoa humana (art. 8º) e d) sentido de eficiência, proporção e razoabilidade dos julgados (art. 8º).

A normatização do *amicus curiae* pelo NCPC coroa o longo caminhar de tal terceiro, paulatinamente introduzido no direito pátrio, cujo vigente CPC (1973), ainda que não lhe disponha especificamente, não lhe inibe ou desautoriza, tanto o é que seu art. 543-A, §6º permite intervenção de terceiro quando da análise

---

1 Aluno regular do curso de doutorado em direito (UBA). Mestre em direito (UFPA). Especialista em direito (UNAMA). Professor de direito na FABEL; FACI e Faculdade Maurício de Nassau. Professor convidado à pós-graduação de direito na Faculdade Maurício de Nassau e FIBRA. Autor de ensaios e artigos jurídicos publicados nacionalmente. Membro Fundador da Associação dos Professores de Processo Norte Nordeste (ANNEP). Membro da comissão de ensino jurídico (OAB/PA). Advogado.

de repercussão geral de recurso extraordinário, e seu 543-C, §4° possibilita participação de terceiro quando de apreciação de recursos repetitivos no STJ. Terceiros esses que, no nosso sentir, podem ser o *amicus curiae*.

Ao longo dos anos a legislação pátria tem caminhado no sentido de permitir participação processual de terceiros, se não em características iguais as do *amicus curiae* disposto no NCPC, mas em moldes aproximados, com se dá, por exemplo: a) Lei 6.616/78 que, alterando o art. 31 da Lei 6.385/76, possibilitou à Comissão de Valores Mobiliários o direito, acaso assim o deseje e após intimação judicial, de oficialmente se manifestar em todos os processos cuja matéria esteja no rol de sua competência; b) Lei 8.884/94, a determinar, antes da revogação de seu art. 89 pela Lei 12.529/11, ativa participação do Conselho Administrativo de Defesa Econômica - CADE em processos cujo debate fosse a própria aplicação dos seus dispositivos legais; c) Lei 8.906/94, a dispor, em seu art. 49, sobre a possibilidade dos Presidentes dos Conselhos e das Subseções da OAB intervirem em processos com participação de inscritos na OAB, e d) Lei 9.469/97, a possibilitar, em seu art. 5°, p. u., que pessoas jurídicas de direito público possam intervir em processos cuja decisão possa gerar efeitos/reflexos (diretos e/ou indiretos) de natureza financeira/econômica.

Pela virada do século XX ao XXI o direito brasileiro continuou recebendo importantes balizas à efetiva participação processual do *amicus curiae*, ainda que sem referência expressa a tal nomenclatura[2], com se dá, por exemplo: a) Lei 9.784/99, a determinar, em seu art. 31, a possibilidade de terceiro se manifestar em processo administrativo federal com discussão material a abranger temática de relevante interesse geral; b) Lei 9.868/99[3], sobre o controle de

---

2   "Tem sido bastante comum entre as nossas letras a afirmação de que o amicus curiae é o 'amigo da Corte' ou o 'colaborador da Corte'. Embora não haja razão para discordar dessas afirmações, elas são claramente insatisfatórias em todos os sentidos. É que o nosso direito não conhece, pelo menos como este nome, um 'amigo' ou um 'colaborador' da 'Corte', mesmo que se entenda por 'Corte' os Tribunais ou, de forma ainda mais ampla, o Poder Judiciário. De resto, a atuação de qualquer sujeito processual que seja 'amigo' do juiz pode comprometer a imparcialidade daquele que presta a jurisdição (art. 135, I; v. n. 7.1 do Capítulo 1 da Parte II do vol. 1)". (BUENO, Cássio Scarpinella. Curso sistematizado de direito processual civil. v. II, tomo I. São Paulo: Saraiva, 2007, p. 528).

3   Vale destacar importante trecho decisório do processo EDcl no AgRg no MANDADO DE SEGURANÇA N° 12.459 – DF (2006/0273097-2) sobre a figura do amicus curiae: "3. A figura do amicus curiae, tão conhecida no direito norte-americano, chegou ao ordenamento positivo brasileiro por meio da Lei n° 9.868, de 10 de novembro de 1999, que dispõe sobre o processo e julgamento da ação direta de inconstitucionalidade e da ação declaratória de constitucionalidade perante o Supremo Tribunal Federal, inaugurando importante inovação em nosso Direito. 4. O amicus curiae poderá atuar na esfera infraconstitucional, objetivando a uniformização de interpretação de lei federal. 5. O escopo da edição da norma legal viabilizadora da intervenção do "amicus curiae" é o de permitir ao julgador maiores elementos para a solução do conflito, que envolve, de regra, a defesa de matéria considerada de relevante interesse social. 6. Intervenção especial de terceiros no processo, para além das clássicas conhecidas, a presença do amicus curiae no feito não diz tanto respeito às causas ou aos interesses eventuais de partes em jogo em determinada lide, mas, sim, ao próprio exercício da cidadania e à preservação dos princípios e, muito particularmente, à ordem constitucional".

constitucionalidade (art. 7º, §2); c) Lei 9.882/99, sobre o julgamento de arguição de descumprimento de preceito fundamental; d) Lei 10.259/01, sobre o pedido de uniformização de interpretação de lei federal (art. 14, §7º) e e) Lei 11.417/06, a permitir, em seu art. 3º, §2º, atuação de terceiro no debate à construção de súmula vinculante.

O STF, por sua vez, já pacificou entendimento de aceite da participação do *amicus curiae* na processualística pátria, aliás, como bem pontuam os seguintes casos, todos com acentuado pendor constitucional e de repercussão geral, a afetar econômica, social e juridicamente a sociedade brasileira, quais sejam: ADI 2321 (Direito administrativo e outras matérias de direito público | Servidor Público Civil | Reajuste de Remuneração, proventos ou pensão); ADI 2777 (Direito tributário | ICMS | crédito e responsabilidade tributária); ADI 2765 (Processo legislativo | Decreto | Taxa de expediente - Redução - Decreto 2.240/02 - Cidade Ocidental/GO); ADI 3510 (Direito administrativo e outras matérias de direito público | Garantias constitucionais); ADI 4163 (Direito administrativo e outras matérias de direito público | Serviços | Defensoria); ADPF 123 (Direito do trabalho | Direito de greve | Lockout | interdito proibitório) ADPF 130 (Direito administrativo e outras matérias de direito público | Controle de Constitucionalidade); ADPF 144 (Direito eleitoral e processo eleitoral | Eleição | Registro da candidatura | Inelegibilidade); ADPF 153 (Direito administrativo e outras matérias de direito público | Garantias Constitucionais | Anistia Política); HC 82.424 (Crime de preconceito de raça ou de cor | Edição e venda de livro com apologia de ideia preconceituosa | Anti-semitismo); RE 611586 (Direito tributário | Impostos | Contribuições | Direito civil | Empresas | coligadas | estrangeiras) e ARE 665134 (Direito tributário | Impostos | ICMS | importação).

Analisando decisões como as acima, se percebe certa modulação à participação processual do *amicus curiae*, de vez que seu aceite deverá observar, no geral, ao seguinte: a) relevância da matéria; b) representatividade e idoneidade do postulante; c) real possibilidade argumentativa e de fornecimento de dados e fundamentos; d) proeminência de interesse social, econômico, político, jurídico, científico e outros a afetar a temática debatida e e) transcendência de mero interesse individual particular.

De todo modo, o *amicus curiae* deve observar, na sistemática processual atual, que seu aceite, notadamente em feitos de controle constitucional, não poderá extrapolar a própria natureza e legitimidade de sua participação, especialmente quanto à impossibilidade de manejar defesas e recursos. A jurisprudência do STF é farta em tal sentido[4].

---

4   Ementa: CONSTITUCIONAL. AÇÃO DIRETA DE INCONSTITUCIONALIDADE (ADI). AMICUS CURIAE. EMBARGOS DECLA-RATÓRIOS NÃO CONHECIDOS. 1. Segundo a jurisprudência firmada pelo Supremo Tribunal Federal (STF), o

NOVO CPC DOUTRINA SELECIONADA, v. 1 • Parte Geral

PARTE VIII – INTERVENÇÃO DE TERCEIROS

Os demais Tribunais pátrios também passaram a defender a participação processual do *amicus curiae*[5], massificando sua importância, tendente a amentar com o art. 138, NCPC.

2. O ART. 138 DO NOVO CPC

O presente tópico analisará o art. 138 do NCPC, cuja redação é a seguinte:

DO AMICUS CURIAE

Art. 138. O juiz ou o relator, considerando a relevância da matéria, a especificidade do tema objeto da demanda ou a repercussão social da controvérsia, poderá, por decisão irrecorrível, de ofício ou a requerimento das partes ou de quem pretenda manifestar-se, solicitar ou admitir a participação de pessoa natural ou jurídica, órgão ou entidade especializada, com representatividade adequada, no prazo de 15 (quinze) dias de sua intimação.

§ 1º A intervenção de que trata o caput não implica alteração de competência nem autoriza a interposição de recursos, ressalvadas a oposição de embargos de declaração e a hipótese do § 3º.

---

amicus curiae não tem legitimidade para opor Embargos de Declaração em ações de controle concentrado. 2. Embargos de declaração não conhecidos. (STF - ADI: 4163 SP, Relator: Min. TEORI ZAVASCKI, data de Julgamento: 25/09/2013, Tribunal Pleno, Data de Publicação: ACÓRDÃO ELETRÔNICO DJe-207 DIVULG 17-10-2013 PUBLIC 18-10-2013).

EMENTA: CONSTITUCIONAL. AÇÃO DIRETA DE INCONSTITUCIONALIDADE. AGRAVO REGIMENTAL EM EMBARGOS DE DECLARAÇÃO. EMBARGOS DE DECLARAÇÃO OPOSTOS POR AMICUS CURIAE. NÃO CONHECIMENTO. LEGITIMIDADE RECURSAL. INEXISTÊNCIA. I – Esta Corte pacificou sua jurisprudência no sentido de que não há legitimidade recursal das entidades que participam dos processos do controle abstrato de constitucionalidade na condição de amicus curiae, "ainda que aportem aos autos informações relevantes ou dados técnicos" (ADI 2.591-ED/DF, Rel. Min. Eros Grau). II - Precedentes. III – Agravo regimental improvido. (STF - ADI: 3934 DF, Relator: Min. RICARDO LEWANDOWSKI, Data Julgamento: 24/02/2011, Tribunal Pleno, Data Publicação: DJe-061 DIVULG 30-03-2011 PUBLIC 31-03-2011 EMENT VOL-02493-01 PP-00001).

5   DIREITO COMERCIAL E PROCESSUAL CIVIL. PATENTE PIPELINE. PRAZO.CONTAGEM. AMICUS CURIAE. INTERESSE PÚBLICO. REQUISITOS. ASSISTÊNCIA.PEDIDO. TERCEIRO INTERESSADO. NECESSIDADE. INTERESSE JURÍDICO.LIMITES. 1. Nos termos do art. 230 da Lei nº 9.279/96, a revalidação patentária pipeline é conferida pelo prazo remanescente que a patente tem no exterior, a contar do primeiro depósito do pedido de proteção da patente. Precedentes. 2. A intervenção do amicus curiae no processo deve se ater ao interesse público do processo submetido à análise judicial, sobre o qual se legitima a participação processual do terceiro. 3. O interesse institucional pode eventualmente caracterizar-se como público, desde que transcenda o interesse individual do próprio amicus curiae. 4. O pedido de assistência exige a iniciativa do terceiro, que deve peticionar expondo os fatos e as razões pelas quais considera ter interesse jurídico na demanda. 5. Recurso especial parcialmente provido. (STJ - REsp: 1192841 RJ 2010/0077745-0, Rel. Min.NANCY ANDRIGHI, Julgamento: 16/12/2010, TERCEIRA TURMA, Publicação: DJe 13/05/2011).

AGRAVO DE INSTRUMENTO. INTERVENÇÃO DA INTERESSADA. "AMICUS CURIAE". A intervenção de "amicus curiae" é possível no feito que diz respeito à matéria de índole constitucional e quando esta intervenção forneça suporte fático ou jurídico ao magistrado para resolução da questão. Agravo a que se nega provimento. (TRF-3 - AI: 27632 SP 0027632-93.2011.4.03.0000, Relator: DESEMBARGADORA FEDERAL MARLI FERREIRA, Data de Julgamento: 07/11/2013, QUARTA TURMA).

Cap. 8 • A SISTEMATIZAÇÃO DO AMICUS CURIAE NO NOVO CÓDIGO DE PROCESSO CIVIL BRASILEIRO
Marcelo Miranda Caetano

§ 2º Caberá ao juiz ou ao relator, na decisão que solicitar ou admitir a intervenção, definir os poderes do amicus curiae.

§ 3º O amicus curiae pode recorrer da decisão que julgar o incidente de resolução de demandas repetitivas.

O dispositivo acima é verdadeiro marco na processualística pátria, por ser concreta e especifica referência, em Código de Processo Civil brasileiro, do tema *amicus curiae*, em função deste, até então, ter previsão menos direta e esparsa, como exemplificado ao norte.

Somos admiradores do art. 138 supra, por pacificar, de vez, a existência do *amicus curiae* no ordenamento pátrio, tornando-o, onde for aceito, meio de democratizar a participação judicial e peça importante à consecução da justiça e paz social.

Em função do art. 138 estar disposto no Título III (intervenção de terceiro) do Livro III (dos sujeitos do processo) do NCPC, pode-se asseverar ser o *amicus curiae* entendido como espécie de terceiro interventor, cujo ingresso processual poderá ser solicitado pelo próprio interessado, por qualquer dos litigantes e de ofício pelo julgador, afim levar ao processo dados com repercussão processual maior (institucional, metaindividual, difuso e coletivo).

Somente o magistrado condutor do feito (juiz ou relator) poderá decidir pela viabilidade do ingresso processual do *amicus curiae* e definir seus poderes (§2º, 138, NCPC[6]), cuja negativa encerra a questão e não permite cabimento recursal contrário por ninguém.

A dicção do art. 138 permite observar que a participação processual do *amicus curiae* foi amplamente alargada, podendo o ser em casos diversos (cíveis, trabalhistas, ambientais, criminais, tributários e afins), perante Varas e Tribunais, desde que o magistrado condutor se convença da real possibilidade daquele contribuir ao melhor deslinde da questão.

Toda sorte de pessoa pode ser aceita como *amicus curiae*, - natural ou jurídica, órgão ou entidade especializada, com representatividade adequada - e terá, acaso aceita, quinze dias de prazo para se manifestar, contados de sua intimação. Tal característica avança na contemplação da pluralidade de visões sobre mesmo tema e claramente aproxima o judiciário dos mais diversos segmentos e anseios sociais.

---

6 O §2 do art. 138 é digno de elogios. Segundo o dispositivo, 'caberá ao juiz ou ao relator, na decisão que solicitar ou admitir a intervenção, definir os poderes do amicus curiae', fixando, portanto, as possibilidades e os limites de sua participação no processo, consoante a redação que acabou por prevalecer na derradeira redação dada ao caput do dispositivo. A iniciativa tem o condão de evitar discussões sobre o papel que amicus curiae pode ou não assumir'. BUENO, Cássio S.. Novo código de processo civil anotado. São Paulo: Saraiva, 2015, p. 136).

Para não banalizar a figura do *amicus curiae* e auxiliar o magistrado no julgamento da real conveniência de seu ingresso no feito, o art. 138 do NCPC foi feliz ao indicar parâmetros para tal, quais sejam: relevância da matéria; especificidade da temática discutida e repercussão social da controvérsia. O juízo poderá invocar qualquer deles, isolada ou conjuntamente, para deferir o pedido.

Os parâmetros acima são necessários e possuem razão de existir, inclusive para não se permitir desregrado tumulto processual, com a participação de aventureiros, de quem vise mera questão pessoal e de toda sorte de pessoas que almejem interesses escusos ou simples envolvimento midiático, sem real interesse e possibilidade de auxiliar na correta resolução do caso concreto[7].

Pender pela necessidade de real relevância e especificidade da matéria debatida é dever do magistrado quando do julgamento de pedido de intervenção processual de *amicus curiae*, pois não é razoável se permitir a participação deste quando nada de valoroso ou singular puder acrescentar ao debate, notadamente quando a matéria for de amplo domínio público, largamente conhecida pelo juízo e/ou pacificada pela doutrina e jurisprudência pátria, sem nada de peculiar a demandar análise especial.

De igual forma ocorre com a necessidade de repercussão social da controvérsia, com envolvimento de questões políticas, econômicas e sociais diversas a abranger grandes segmentos da sociedade, com pendor difuso, coletivo ou metaindividual, pois processo com relevância limitada à vida pessoal dos próprios litigantes não demanda, em princípio, participação de *amicus curiae*.

Mesmo aceito a ingressar no processo, o *amicus curiae* deve se limitar ao seu real papel, sem pretender transmudar a natureza e competência processual e tampouco gozar direitos que lhe são estranhos, como o de ser considerado parte ou litisconsorte processual para todos os fins, ainda que possa opor embargos e recorrer de decisão sobre incidente de resolução de demandas repetitivas (art. 138, §1º e 3º, NCPC).

Respeitada a dicção do art. 138, NCPC, caberá ao magistrado do feito aclarar a forma de aceite do *amicus curiae* e seus reais poderes no caso concreto, dentro

---

7   "O interesse institucional, contudo, é interesse jurídico, especialmente qualificado, porque transcende o interesse individual das partes. E é jurídico no sentido de estar previsto pelo sistema, a ele pertencer, e merecedor, por isso mesmo, de especial proteção e salvaguarda. (...)
O interesse institucional também é interesse público. E o é justamente porque transcende o interesse individual de cada uma das partes litigantes e, o que para nós é mais saliente, porque transcende o próprio 'interesse' eventualmente titularizado pelo próprio amicus curiae. O interesse institucional é público no sentido de que deve valer em juízo pelo que ele diz respeito às instituições, aos interesses corporificados no amicus, externos a eles e não pelos interesses que ele próprio amicus pode, eventualmente, possuir e os possuirá, não há como negar isso, legitimamente."50 50 BUENO, Cássio Scarpinella. Amicus Curiae no Processo Civil Brasileiro: um terceiro enigmático. São Paulo: Saraiva, 2006, p. 500-533.

Cap. 8 • A SISTEMATIZAÇÃO DO AMICUS CURIAE NO NOVO CÓDIGO DE PROCESSO CIVIL BRASILEIRO
Marcelo Miranda Caetano

de esperada razoabilidade e proporção, justamente para preservar sua essência jurídica e não impactar desarrazoadamente o prosseguimento do feito.

Quanto maior a participação, experiência, representatividade e conhecimento de causa do *amicus curiae*, maior será a repercussão jurídica de seus atos, tornando o desfecho do direito material cada vez mais vinculada àquele. Eis a lição trazida pelo art. 138, NCPC[8].

3. ENUNCIADOS DO FÓRUM PERMANENTE DE PROCESSUALISTAS CIVIS

Nos últimos anos tem se intensificado o encontro de professores e estudiosos de processo civil, visando debater e melhor entender as nuances do até então projeto do NCPC.

Nessa senda, realizou-se, em 2013, o II Encontro de Jovens Processualistas, na Universidade Federal da Bahia, cujas conclusões resultaram na chamada 'Carta de Salvador', a editar enunciados jurídicos, encabeçada pelos ilustres professores Fredie Didier Jr., Antonio Adonias Bastos e Cassio Scarpinella Bueno. Em 2014, realizou-se o III Encontro, desta feita nominado Fórum Permanente de Processualistas (FPPC), na cidade do Rio de Janeiro, cujas conclusões resultaram na chamada 'Carta do Rio', com apresentação de novos enunciados, encabeçada pelos ilustres professores Fredie Didier Jr., Ronaldo Cramer e Cassio Scarpinella Bueno. O IV Encontro foi realizado em Belo Horizonte, cujas conclusões resultaram na chamada 'Carta de Belo Horizonte', novamente com edição de enunciados, encabeçada pelos ilustres professores Fredie Didier Jr., Dierle Nunes e Cassio Scarpinella Bueno. O V Encontro já está marcado, a ocorrer em Vitória, entre fevereiro e março de 2015, será o primeiro a se desenvolver com o NCPC já sancionado, onde certamente serão apresentados novos enunciados. Tive a felicidade de participar desde o III Encontro e conclamo a todos a também participarem, pois o debate muito contribui ao melhor entendimento do NCPC

Quanto ao *amicus curiae*, vale observar os seguintes enunciados editados nos Fóruns supra:

> 127. (art. 138) A representatividade adequada exigida do *amicus curiae* não pressupõe a concordância unânime daqueles a quem representa. (Grupo: Litisconsórcio e Intervenção de Terceiros).

---

8 "O amicus curiae deve levar ao processo elementos que proporcionem condições para que o juiz decida melhor. Mas sua atuação não pode tumultuar o processo: por isso, deu-se ao juiz, na nova lei, poderes para amoldar, desenhar, limitar a atuação deste personagem. Como se viu, são bastante diversificadas as situações que ensejam a utilidade da intervenção do amicus curiae. Casos haverá em que pode, por exemplo, haver interesse em que ele produza uma prova ou faça uma sustentação oral. (WAMBIER, Teresa Arruda Alvim et al. Primeiros comentários ao novo código de processo civil: artigo por artigo. São Paulo: Ed. Revista dos Tribunais, 2015, p. 260).

128. (art. 138; art. 499, § 1º, IV). No processo em que há intervenção do amicus curiae, a decisão deve enfrentar as alegações por ele apresentadas, nos termos do inciso IV do § 1º do art. 499. (Grupo: Litisconsórcio e Intervenção de Terceiros)

249. (art. 138) A intervenção do amicus curiae é cabível no mandado de segurança.

(Grupo: Impactos do CPC nos Juizados e nos procedimentos especiais de legislação extravagante).

250. (art. 138; art. 15). Admite-se a intervenção do amicus curiae nas causas trabalhistas, na forma do art. 138, sempre que o juiz ou relator vislumbrar a relevância da matéria, a especificidade do tema objeto da demanda ou a repercussão geral da controvérsia, a fim de obter uma decisão respaldada na pluralidade do debate e, portanto, mais democrática.

(Grupo: Impacto do CPC no processo do trabalho)

4. CONCLUSÃO

O aceite processual do *amicus curiae*, a rigor, se vincula ao ideário de fortalecimento da cidadania e do real acesso à justiça, permitindo-lhe levar elementos únicos ou vitais à melhor solução do conflito judicial.

Dicções legais como as do art. 543-C, §4º do CPC (1973) e das Leis 8.884/94 e 8.906/94, muito ajudaram a fomentar a possibilidade de participação processual do *amicus curiae*. Todavia, faltava disposição mais concreta sobre o instituto, que acreditamos seja a do art. 138, NCPC.

A ordem e os princípios constitucionais brasileiros ganham com o alargamento da participação processual do *amicus curiae*, pois, se autorizada e efetivada dentro de patrões éticos e de real engrandecimento do debate, muito contribuirá à melhor análise do direito material em jogo.

Com a nova roupagem do *amicus curiae*, trazida pelo art. 138 do NCPC, seu aceite processual crescerá, impactando decisivamente as lides onde for interventor, levando magistrados e partes a cada vez mais observarem as informações e temáticas que apresentar, pois, não se estranhará conterem o justo fundamento decisório.

O art. 138, NCPC serve como resposta aos incrédulos da importância jurídica do *amicus curiae*, pois, ao expressamente permitir a intervenção deste como terceiro em qualquer processo e/ou grau de jurisdição, acaba por dissipar qualquer descrença ao particular e, indo além, aclara a crescente influência de tal figura ao desfecho meritório do caso concreto.

5. BIBLIOGRAFIA

BUENO, Cássio Scarpinella. **Novo código de processo civil anotado**. São Paulo: Saraiva, 2015;

_____. **Amicus curiae no processo civil brasileiro**: um terceiro enigmático. São Paulo: Saraiva, 2006;

_____. **Curso sistematizado de direito processual civil**. v. II, tomo I. São Paulo: Saraiva, 2007;

CARDOSO, Oscar Valente. O amicus curiae nos juizados especiais federais. **Revista Dialética de Direito Processual – RDDP**, São Paulo, nº 60, p. 102-112, mar. 2008;

DIDIER JR., Fredie. **Curso de direito processual civil**. V. 1. 17ª ed. Salvador: *jus*PODIVM, 2015;

_____. **Possibilidade de Sustentação Oral do Amicus Curiae**. Revista Dialética de Direito Processual. Nov/2003;

_____. **Curso de Direito Processual Civil**: introdução ao direito processual civil e processo de conhecimento. v. 1º, 13ª ed., Salvador: Jus Podivm, 2011.

http://www.scarpinellabueno.com.br/Textos/Amicus%20curiae.pdf;

http://www.stf.jus.br;

http://www.stj.jus.br;

http://www.supremecourt.gov/ctrules/2013RulesoftheCourt.pdf;

MEDINA, Damares. Amicus Curiae Amigo da Corte ou Amigo da Parte? São Paulo: Editora Saraiva, 2010;

NEGRÃO, Theotônio et al. Código de processo civil e legislação processual em vigor. 44 ed. São Paulo: Saraiva, 2012;

NERY JUNIOR, Nelson. Código de processo civil comentado e legislação extravagante. 10ª Ed., São Paulo: Editora Revista dos Tribunais, 2007;

_____. Princípios do processo civil na Constituição Federal. 2ª ed., São Paulo: Revista dos Tribunais, 1995;

PEREIRA, Milton Luiz. *Amicus curiae – intervenção de terceiros. Revista de Processo,* São Paulo, ano 28, nº. 109, p. 40, 41 e 43, jan./mar. 2003;

SILVA, José Eduardo da. Curso de direito constitucional positivo. 15ª Ed. São Paulo: Malheiros, 1998;

SOUZA, Wilson Alves de. *Acesso à Justiça,* Salvador: Dois de Julho, 2011;

THEODORO JÚNIOR, Humberto. Curso de Direito Processual Civil – teoria geral do direito processual civil e processo de conhecimento. Rio de Janeiro: Forense, 2006;

WAMBIER, Teresa Arruda Alvim et al. Primeiros comentários ao novo código de processo civil: artigo por artigo. São Paulo: Ed. Revista dos Tribunais, 2015.

CAPÍTULO 9

A natureza jurídica do *amicus curiae* no Novo Código de Processo Civil

Marta Valéria C. B. Patriota[1]

SUMÁRIO: 1. INTRODUÇÃO; 2. A NORMATIZAÇÃO DO INSTITUTO E A DEFESA DE INTERESSES PARA ALÉM DAS PARTES; 3. O AMICUS CURIAE COMO SUJEITO DO AMBIENTE COOPERATIVO; 4. O AMICUS NO ORDENAMENTO JURÍDICO BRASILEIRO ; 5. A NATUREZA JURÍDICA DO AMICUS CURIAE SEGUNDO O NOVO CÓDIGO DE PROCESSO CIVIL; 6. CONCLUSÃO; 7. REFERÊNCIAS.

1. INTRODUÇÃO

Após quatro anos de negociações, ajustes e alterações nas Casas Legislativas, o Anteprojeto do Código de Processo Civil enfim foi sancionado e ingressou em definitivo no ordenamento jurídico como o Novo Código de Processo Civil, por meio da Lei Federal nº13.105, de 16 de março de 2015.

A novidade, sabe-se, é vista diferentemente, a depender de o seu destinatário ser um entusiasta ou um pessimista. Porque todo extremo tende a ser limitado, busca-se no presente trabalho uma posição intermediária, em que se exaltam os méritos do novo, sem desconsiderar as críticas que lhe são inerentes.

Reconhece-se a concreta impossibilidade de, em um capítulo de um livro, abordar todas as nuances e peculiaridades do instituto *amicus curiae*, um sujeito ainda pouco conhecido no âmbito jurídico, sobretudo diante da escassez normativa e bibliográfica sobre o tema, mas que se pretende revelar na nova codificação processual. Por isso, sem desconsiderar outros pontos relevantes quanto ao instituto – legitimidade recursal, limites à atuação, etc. – opta-se por concentrar a presente análise num dos mais controversos na doutrina: sua natureza processual.

Para tanto, parte-se da evolução histórica do instituto, com destaque à mudança no interesse que despertava os sujeitos à intervenção. Em seguida, apresenta-se a divergência doutrinária preexistente à edição do Novo CPC, a fim de situar o cenário acadêmico onde foram estruturadas as bases teóricas que inspiraram a elaboração do novo código pela Comissão de Juristas. Ao final,

---

[1]   Mestre em Direito Público pela Faculdade de Direito do Recife-UFPE. Bacharel em Direito pela Faculdade de Direito do Recife-UFPE. Analista Ministerial do Ministério Público do Estado de Pernambuco-MPPE.

volta-se a análise ao dispositivo consolidado, com os elogios e críticas que ora se julgam pertinentes.

Na certeza de que a novidade demanda tempo para ser assimilada, apresenta-se este ensaio sem conclusões definitivas, mas como uma provocação ao leitor para a melhor construção do instituto que, se bem aplicado, personifica um dos mais evidentes instrumentos processuais de consolidação democrática.

2. A NORMATIZAÇÃO DO INSTITUTO E A DEFESA DE INTERESSES PARA ALÉM DAS PARTES

Acredita-se que a participação de *amicus curiae* em disputas judiciais encontra raízes no direito romano, o qual previa a possibilidade de, a critério do Tribunal, determinados sujeitos fornecerem a esse informações em áreas do conhecimento jurídico que estivessem além de seu conhecimento ou perícia.

Todavia, o perfil do instituto, tal como conhecido nos dias de hoje, tornou-se uma prática na Inglaterra somente a partir do século XVII. À época, a noção de um sujeito processual que atuasse como auxiliar para ajudar os juízes a evitar erros e manter a honra e integridade judicial, agindo como amigo imparcial do Judiciário, fornecendo informações para além das competências do tribunal, amoldava-se ao princípio do *trial by duel*, que prescreve a paridade das armas no litigio pelas partes, livres de intervenção de terceiros ou estranhos ao processo[2].

No mais das vezes, como espectadores, cumpria-lhes a função de alertar a Corte para evitar erros manifestos, razão pela qual não se lhes era exigida a qualidade de advogado.

Herança jurídica do processo de colonização, o modelo de *common law* norte-americano sofreu forte influência do modelo inglês supracitado, inclusive quanto à incorporação do conceito de *friend of the court* na jurisprudência nacional.

Embora frequentemente se aponte o ano de 1812 como o marco da primeira manifestação do instituto nos Estados Unidos, durante o julgamento do *The Schooner Exchange* vs *McFadden*, há precedente na doutrina americana[3] reconhecendo que apenas em 1821, no caso *Green* vs *Biddle*, um terceiro atuou na qualidade de *amicus*.

A princípio, as causas em que havia a intervenção do *amicus* limitavam-se à defesa do interesse público sobre privado, quanto à aplicação do federalismo

---

2   KRISLOV, Samuel. The amicus curiae brief: from friendship to advocacy. The Yale Law Journal, v. 72, 694-721, 1963. Disponível em: ‹http://www.jstor.org/discover/10.2307/794698?uid=3737664&uid=2&uid=4&sid=21102638494321›. Acesso em: 14 jun. 2014.

3   Para uma análise aprofundada da história do amicus curiae ver KRISLOV, Samuel. The amicus curiae brief: from friendship to advocacy. The Yale Law Journal, v. 72, 694-721, 1963. Disponível em: ‹http://www.wcl.american.edu/journal/lawrev/41/lowman.pdf› Acesso em: 07 jun. 2014.

Cap. 9 • A NATUREZA JURÍDICA DO AMICUS CURIAE NO NOVO CÓDIGO DE PROCESSO CIVIL
Marta Valéria C. B. Patriota

americano. Em tais casos, a participação se justificava como meio de uma representação mais adequada do interesse público, em defesa da lei federal ou estadual a ser aplicada no caso concreto, ainda que o litígio envolvesse apenas particulares.

Gradativamente, com o desenvolvimento das Cortes estaduais e federal, o déficit de representatividade formal dos interesses particulares, em causas que resultavam em decisões de amplitude e aplicabilidade geral, com grande importância constitucional, passou a preocupar terceiros que, de alguma forma, poderiam ser afetados pela ampla política pública que tais decisões implicariam.

Dessa forma, esses sujeitos passaram a querer influenciar no resultado dos litígios, a partir da inclusão dos seus interesses nos debates de outras partes, o que terminou por transfigurar a neutralidade típica da origem da prática para uma efetiva posição de advocacia interessada. Nesse cenário de reconhecida litigância, emergem dois tipos de *amici*: os *partisan* (litigantes, partidários de seus interesses nas causas em que intervêm) e os *neutral* (imparciais, no sentido original do instituto).

Cassio Scarpinella, ao comparar a regulamentação do instituto em sistemas estrangeiros, ressalta a imprecisão doutrinária e jurisprudencial que circunda o interesse do *amicus* e que legitimaria sua intervenção. Reportando-se aos estudos de Michael J. Harris[4], Cassio destaca os casos *Wyatt vs Stickney* (1982), *EEOC vs Boeing Co.* (1985) e *United States vs Michigan* (1987) como precedentes marcos na construção da doutrina do *amicus* litigante[5].

Transmudados os interesses, seria possível denominar tais sujeitos de *amicus curiae* ou *friend of the court*? É a imparcialidade a condição *sine qua non* sem a qual resta descaracterizado o instituto? Essa dualidade de regime jurídicos na atuação do *amicus* e a extensão da influência desse nas decisões judiciais têm sido, há tempos, o aspecto central do debate sobre o instituto nas doutrinas jurídica e de ciência política norte-americanas[6].

---

4   HARRIS, Michael. Amicus curiae: friend or foe? The limits of friendship in american jurisprudence. Suffolk Journal of Trial & Appelate Advocacy, v.5, p.01-19,2000. Disponível em: ‹https://litigation-essentials. lexisnexis.com/webcd/app?action=DocumentDisplay&crawlid=1&doctype=cite&docid=5+Suffolk+J.+Trial+%26+App.+Adv.+1&srctype=smi&srcid=3B15&key=d55691dffeca3c2924c3471dfe840bb9›. Acesso em: 06 jun. 2014.

5   BUENO, Cassio Scarpinella. Amicus curiae no processo civil brasileiro: um terceiro enigmático. São Paulo: Saraiva, 2012, p. 122.

6   Dentre outros, citam-se as obras: COLLINS Jr., Paul M. Friends of the Court: Examining the Influence of Amicus curiae Participation in U. S. Supreme Court Litigation. Law & Society Review, v. 38, n. 4, p. 807-832, 2004. Texto fornecido pelo autor; GARCIA, Ruben J. A Democratic Theory of Amicus Advocacy. Florida State University Law Review, v. 35, n.315, p. 316-357, 2008. Disponível em: ‹ http://law.fsu.edu/journals/lawreview/downloads/352/garcia.pdf›. Acesso em: 03 jun. 2014; HARRIS, Michael. Amicus curiae: friend or foe? The limits of friendship in american jurisprudence. Suffolk Journal of Trial & Appelate Advocacy, v.5, p.01-19, 2000. Disponível em: ‹https://litigation-essentials.lexisnexis.com/webcd/app?action=DocumentDisplay&crawlid=1&doctype=cite&docid=5+Suffolk+J.+Trial+%26+App.+Adv.+1&srctype=smi&srcid=3B15&key=d55691dffeca3c2924c3471dfe840bb9›

NOVO CPC DOUTRINA SELECIONADA, v. 1 • Parte Geral
PARTE VIII – INTERVENÇÃO DE TERCEIROS

Oportuno destacar que, somente no período compreendido entre os anos de 1953 e 1985, houve um aumento considerável não apenas no número de requerimentos de submissão como *amici* à Suprema Corte dos Estados Unidos, mas também no percentual de participantes incluídos em cada pedido[7]. A respeito, destaca Paul Collins[8] que, só na década de 80, o número de participantes incluídos nos pleitos de submissão foi doze vezes maior que os solicitantes na década de 50. Disso, conclui o autor, resta clara não apenas uma explosão da litigância de bloco em si, mas, sobretudo, uma explosão quanto ao número de participantes inseridos em tais grupos de interesses.

Para além de uma simples mudança quantitativa, tais dados sugerem a importância em se determinar a melhor estratégia de persuasão em um ambiente suscetível ao princípio democrático da regra majoritária – convence mais a manifestação individual de vários *amici* ou a reunião em grupos de organizações co-patrocinadoras?

Paul Collins[9], ao discorrer sobre a "teoria dos grupos afetados", citada por Kearney e Merril[10] e a capacidade de influência desses nas decisões, conclui que não são os argumentos da ciência social, legal, ou política, manifestados nas causas, que influenciam a Corte, mas a presença de um grande número de interesses concentrado em um mesmo lado da disputa processual. Em síntese: a probabilidade de vitória é diretamente proporcional à concentração de participantes em um dos lados da disputa judicial.

Acesso em 06 jun. 2014; KEARNEY, Joseph D.; MERRILL, Thomas W. The Influence of Amicus curiae Briefs on The Supreme Court. University of Pennsylvania Law Review, v. 148, 743-855, 2000. Disponível em: ‹http://scholarship.law.marquette.edu/cgi/viewcontent.cgi?article=1567&context=facpub›. Acesso em: 09 jun. 2014; KRISLOV, Samuel. The amicus curiae brief: from friendship to advocacy. The Yale Law Journal, v. 72, 694-721, 1963. Disponível em: http://www.jstor.org/discover/10.2307/794698?uid=3737664&uid=2&uid=4&sid=21102638494321›. Acesso em: 14 jun. 2014; LOWMAN, Michael K. The Litigating Amicus Curiae: When Does the Party Begin after the Friends Leave. American University Law Review, v.41, n.1243, p.1247-1265, 1992. Disponível em: ‹ http://www.wcl.american.edu/journal/lawrev/41/lowman.pdf ›. Acesso em: 07 jun. 2014; LUCAS, Allison. Friends of the Court? The Ethics of Amicus Brief Writing in First Amendment Litigation. Fordham Urban Law Journal, v. 26, p.1605-1634, 1998. Disponível em: ‹http://ir.lawnet.fordham.edu/cgi/viewcontent.cgi?article=1770&context=ulj›. Acesso em: 07 jun. 2014; SORENSON, Nancy Bage. The Ethical Implications of amicus briefs: a proposal for reforming rule 11 of the Texas rules of appellate procedure. St. Mary's Law Journal, v. 30, p. 1219-1277, 1999. Disponível em: ‹https://litigation-essentials.lexisnexis.com/webcd/app?action=DocumentDisplay&crawlid=1&doctype=cite&docid=30+St.+Mary's+L.+J.+1219&srctype=smi&srcid=3B15&key=26d86d15f4950f78c144d51b0bfd85f1›. Acesso em: 08 jun. 2014.

7 COLLINS Jr, Paul M. Friends of the Court: Examining the Influence of Amicus curiae Participation in U. S. Supreme Court Litigation. Law & Society Review, vol. 38, n. 4, p. 807-832, 2004, p. 811. Texto fornecido pelo autor.

8 COLLINS Jr, Paul M. Friends of the Court: Examining the Influence of Amicus curiae Participation in U. S. Supreme Court Litigation. Law & Society Review, vol. 38, n. 4, p. 807-832, 2004, p. 811. Texto fornecido pelo autor.

9 COLLINS Jr, Paul M. Friends of the Court: Examining the Influence of Amicus curiae Participation in U. S. Supreme Court Litigation. Law & Society Review, vol. 38, n. 4, p. 807-832, 2004, p.814. Texto fornecido pelo autor.

10 Segundo Kearney e Merrill, trata-se de uma teoria que analisa o poder da opinião pública na tomada de decisões. Sob essa ótica, o amicus pode ser visto como um barômetro da opinião de ambos os lados do problema, ao fornecer dados imperceptíveis à análise estrita dos argumentos legais. KEARNEY, Joseph D.; MERRILL, Thomas W. The Influence of Amicus curiae Briefs on The Supreme Court. University of Pennsylvania Law Review, v. 148, 743-855, 2000. Disponível em: ‹http://scholarship.law.marquette.edu/cgi/viewcontent.cgi?article=1567&context=facpub›. Acesso em: 09 jun. 2014.

Cap. 9 • A NATUREZA JURÍDICA DO AMICUS CURIAE NO NOVO CÓDIGO DE PROCESSO CIVIL
Marta Valéria C. B. Patriota

À evidência, o cenário judicial em que se insere o *amicus*, longe da neutralidade que lhe marcou na origem, revela-se eminentemente contencioso, no sentido de disputa clara de interesses. Não por acaso, desde a primeira regulamentação do instituto em 1937, a Suprema Corte dos Estados Unidos passou a impor limites à participação daquele, embora, na prática, raramente haja indeferimento de pedido. No ordenamento jurídico norte-americano, duas normas se destacam quando se aborda o tema: a *Rule 29 of the Federal Rules of Appellate Procedure*[11] e a *United States Supreme Court Rule 37*[12].

---

11 "Rule 29. Brief of an Amicus Curiae
(a) When Permitted. The United States or its officer or agency or a state may file an amicus-curiae brief without the consent of the parties or leave of court. Any other amicus curiae may file a brief only by leave of court or if the brief states that all parties have consented to its filing.
(b) Motion for Leave to File. The motion must be accompanied by the proposed brief and state:
(1) the movant's interest; and
(2) the reason why an amicus brief is desirable and why the matters asserted are relevant to the disposition of the case.
(c) Contents and Form. An amicus brief must comply with Rule 32. In addition to the requirements of Rule 32, the cover must identify the party or parties supported and indicate whether the brief supports affirmance or reversal. An amicus brief need not comply with Rule 28, but must include the following:
(1) if the amicus curiae is a corporation, a disclosure state-ment like that required of parties by Rule 26.1;
(2) a table of contents, with page references;
(3) a table of authorities—cases (alphabetically arranged), statutes, and other authorities—with references to the pages of the brief where they are cited;
(4) a concise statement of the identity of the amicus curiae,
its interest in the case, and the source of its authority to file;
(5) unless the amicus curiae is one listed in the first sentence of Rule 29(a), a statement that indicates whether:
(A) a party's counsel authored the brief in whole or in part;
(B) a party or a party's counsel contributed money that was intended to fund preparing or submitting the brief; and
(C) a person—other than the amicus curiae, its members, or its counsel—contributed money that was intended to fund preparing or submitting the brief and, if so, identifies each such person;
(6) an argument, which may be preceded by a summary and which need not include a statement of the applicable standard of review; and
(7) a certificate of compliance, if required by Rule 32(a)(7).
(d) Length. Except by the court's permission, an amicus brief may be no more than one-half the maximum length authorized by these rules for a party's principal brief. If the court grants a party permission to file a longer brief, that extension does not affect the length of an amicus brief.
(e) Time for Filing. An amicus curiae must file its brief, accompanied by a motion for filing when necessary, no later than 7 days after the principal brief of the party being supported is filed. An amicus curiae that does not support either party must file its brief no later than 7 days after the appellant's or petitioner's principal brief is filed. A court may grant leave for later filing, specifying the time within which an opposing party may answer.
(f) Reply Brief. Except by the court's permission, an amicus curiae may not file a reply brief.
(g) Oral Argument. An amicus curiae may participate in oral argument only with the court's permission.
(As amended Apr. 24, 1998, eff. Dec. 1, 1998; Apr. 28, 2010, eff. Dec. 1, 2010.)". ESTADOS UNIDOS DA AMÉRICA. Supreme Court of the United States of America. Rule 29 of the Federal Rules of Appellate Procedure. Disponível em ‹http://www.uscourts.gov/uscourts/RulesAndPolicies/rules/2010%20Rules/Appellate%20Procedure.pdf› Acesso em: 28 jun. 2014.
12 "Rule 37. Brief for an Amicus Curiae
1. An amicus curiae brief that brings to the attention of the Court relevant matter not already brought to its attention by the parties may be of considerable help to the Court. An amicus curiae brief that does not serve this purpose burdens the Court, and its filing is not favored. An amicus curiae brief may be filed only by an attorney admitted to practice before this Court as provided in Rule 5.

NOVO CPC DOUTRINA SELECIONADA, v. 1 • Parte Geral

PARTE VIII – INTERVENÇÃO DE TERCEIROS

2. (a) An amicus curiae brief submitted before the Court's consideration of a petition for a writ of certiorari, motion for leave to file a bill of complaint, jurisdictional statement, or petition for an extra-ordinary writ may be filed if accompanied by the written consent of all parties, or if the Court grants leave to file under subparagraph 2(b) of this Rule. An amicus curiae brief in support of a petitioner or appellant shall be filed within 30 days after the case is placed on the docket or a response is called for by the Court, whichever is later, and that time will not be extended. An amicus curiae brief in support of a motion of a plaintiff for leave to file a bill of complaint in an original action shall be filed within 60 days after the case is placed on the docket, and that time will not be extended. An amicus curiae brief in support of a respondent, an appellee, or a defendant shall be submitted within the time allowed for filing a brief in opposition or a motion to dismiss or affirm. An amicus curiae shall ensure that the counsel of record for all parties receive notice of its intention to file an amicus curiae brief at least 10 days prior to the due date for the amicus curiae brief, unless the amicus curiae brief is filed earlier than 10 days before the due date. Only one signatory to any amicus curiae brief filed jointly by more than one amicus curiae must timely notify the parties of its intent to file that brief. The amicus curiae brief shall indicate that counsel of record received timely notice of the intent to file the brief under this Rule and shall specify whether consent was granted, and its cover shall identify the party supported.

(b) When a party to the case has withheld consent, a motion for leave to file an amicus curiae brief before the Court's consideration of a petition for a writ of certiorari, motion for leave to file a bill of com-plaint, jurisdictional statement, or petition for an extraordinary writ may be presented to the Court. The motion, prepared as required by Rule 33.1 and as one document with the brief sought to be filed, shall be submitted within the time allowed for filing an amicus curiae brief, and shall indicate the party or parties who have withheld consent and state the nature of the movant's interest. Such a motion is not favored.

3. (a) An amicus curiae brief in a case before the Court for oral argument may be filed if accompanied by the written consent of all parties, or if the Court grants leave to file under subparagraph 3(b) of this Rule. The brief shall be submitted within 7 days after the brief for the party supported is filed, or if in support of neither party, within 7 days after the time allowed for filing the petitioner's or appellant's brief. Motions to extend the time for filing an amicus curiae brief will not be entertained. The 10-day notice requirement of subparagraph 2(a) of this Rule does not apply to an amicus curiae brief in a case before the Court for oral argument. An electronic version of every amicus curiae brief in a case before the Court for oral argument shall be transmitted to the Clerk of Court and to counsel for the parties at the time the brief is filed in accordance with guidelines established by the Clerk. The electronic transmission requirement is in addition to the requirement that booklet format briefs be timely filed. The amicus curiae brief shall specify whether consent was granted, and its cover shall identify the party supported or indicate whether it suggests affirmance or reversal. The Clerk will not file a reply brief for an amicus curiae, or a brief for an amicus curiae in support of, or in opposition to, a petition for rehearing.

(b) When a party to a case before the Court for oral argument has withheld consent, a motion for leave to file an amicus curiae brief may be presented to the Court. The motion, prepared as required by Rule 33.1 and as one document with the brief sought to be filed, shall be submitted within the time allowed for filing an amicus curiae brief, and shall indicate the party or parties who have withheld consent and state the nature of the movant's interest.

4. No motion for leave to file an amicus curiae brief is necessary if the brief is presented on behalf of the United States by the Solicitor General; on behalf of any agency of the United States allowed by law to appear before this Court when submitted by the agency's authorized legal representative; on behalf of a State, Commonwealth, Territory, or Possession when submitted by its Attorney General; or on behalf of a city, county, town, or similar entity when submitted by its authorized law officer.

5. A brief or motion filed under this Rule shall be accompanied by proof of service as required by Rule 29, and shall comply with the applicable provisions of Rules 21, 24, and 33.1 (except that it suffices to set out in the brief the interest of the amicus curiae, the summary of the argument, the argument, and the conclusion). A motion for leave to file may not exceed 1,500 words. A party served with the motion may file an objection thereto, stating concisely the reasons for withholding consent; the objection shall be prepared as required by Rule 33.2.

6. Except for briefs presented on behalf of amicus curiae listed in Rule 37.4, a brief filed under this Rule shall indicate whether counsel for a party authored the brief in whole or in part and whether such coun-sel or a party made a monetary contribution intended to fund the preparation or submission of the brief,

Da leitura do primeiro dispositivo, dois pontos merecem destaque: i) o ingresso livre de uma determinada entidade, em uma causa, na qualidade de *amicus*, depende da sua natureza jurídica – privada ou pública, caso se trate de ente governamental; ii) a exigência de listagem dos patrocinadores com a respectiva medida de contribuição ou suporte financeiro para a apresentação da entidade interveniente na causa.

Em relação ao primeiro ponto, a concordância das partes com o ingresso do *amicus* privado na causa se justifica pelo receio dessas em ver o objeto da demanda ser, em alguma medida, conturbado por um estranho interveniente. Ora, ao ajuizarem uma demanda, por força do princípio dispositivo, as partes limitam o alcance material da decisão à medida do objeto proposto. Em sendo assim, a ampliação do aspecto subjetivo da demanda, com o aumento do número de litigantes, tende à alteração também no aspecto formal em discussão, o seu objeto[13].

Por sua vez, o fundamento para a segunda exigência listada é a necessária identificação dos interesses econômicos que levam à associação dos participantes como *amici*, o que, em última análise, denota a competição econômica entre os sujeitos processuais. Com efeito, a garantia processual da isonomia das partes é o que lhes assegura, ou ao menos pretende assegurar, que potenciais econômicos e "lobbys" não determinem a vitória dos mais fortes economicamente em disputas judiciais[14].

Na esteira das exigências supratranscritas, a *United States Supreme Court Rule 37* consolida a importância do *amicus* para a ampliação do debate nos

---

and shall identify every person other than the amicus curiae, its members, or its counsel, who made such a monetary contribution. The disclosure shall be made in the first footnote on the first page of text. ESTADOS UNIDOS DA AMÉRICA. Supreme Court of the United States of America. Rule 37. Disponível em: ‹http://www.supremecourt.gov/ctrules/2010RulesoftheCourt.pdf› Acesso em 28 jun. 2014.

13 Discorda-se da possibilidade de alteração do objeto da demanda decorrente da inclusão de outros interesses subjetivos no debate. Isso porque o amicus tem por função enriquecer, acrescentar em argumentos o diálogo judicial; ele atua sobre o que já foi posto pelas partes, esclarecendo ou aprimorando as teses por essas apresentadas. Com base nisso, Carlos Del Prá limita a intervenção do amicus às causas em que o interesse tenha um vínculo jurídico com a relação jurídica já disposta em juízo. DEL PRÁ, Carlos Gustavo Rodrigues. "Breves considerações sobre o amicus curiae na ADIn e sua legitimidade recursal". In: DIDIER JR., Fredie e WAMBIER, Teresa Arruda Alvim (coord.) Aspectos polêmicos e atuais sobre os terceiros no processo civil e assuntos afins. São Paulo: Revista dos Tribunais, 2004, p. 63-64.

14 Ao tratarem sobre o tema, Paul Collins e Lisa Solowiej denunciam o poder de determinados grupos nos julgamentos. Segundo afirmam em uma de suas obras, a Suprema Corte dos Estados Unidos, assim como os outros órgãos do governo que foram eleitos, é vista como um campo de batalha para a política pública, onde confrontam interesses que buscam preponderar suas preferências políticas na forma da lei. COLLINS Jr., Paul M, SOLOWIEJ, Lisa A. Interest Goroup Participation, Competition, and Conflict in the U.S. Supreme Court. Law & Society Inquiry, v.32, 955-984, 2007. Disponível em: ‹http://www.polsci.uh.edu/faculty/lsolowiej/LSI_2007.pdf›. Acesso em: 10 jun. 2014; e COLLINS Jr., Paul M, SOLOWIEJ, Lisa A. Counteractive Lobbying in the U.S. Supreme Court. American Politics Research, v.37, n.4, p.670-699, 2009. Disponível em: ‹http://www.psci.unt.edu/~pmcollins/Solowiej%20and%20Collins%20SPSA%202008.pdf›. Acesso em: 10 jun. 2014.

julgamentos. Sob tal ordem de princípio, apenas será aceita a manifestação quando forem apresentadas à Corte relevantes questões não postas pelas partes.

Ademais, assim como prevê a *Rule 29 of the Federal Rules of Appellate Procedure*, apenas quanto às pessoas privadas é exigido o consentimento das partes ou a determinação judicial, para o ingresso na causa. Do mesmo modo, exige-se a indicação, na nota de rodapé da petição, do autor do requerimento, bem como dos patrocinadores econômicos da intervenção do *amicus*.

3. O AMICUS CURIAE COMO SUJEITO DO AMBIENTE COOPERATIVO

Reconhecida a concreta impossibilidade de o juiz deter, em absoluto, os conhecimentos necessários para a prestação da melhor tutela jurisdicional, impõe-se a abertura hermenêutica do processo, através da intervenção de sujeitos que, de algum modo, possam auxiliá-lo fornecendo subsídios informacionais úteis à decisão. No exercício de tal mister, aponta-se o *amicus curiae* enquanto instrumento de auxílio[15] do Estado-juiz no exercício da tutela jurisdicional, mediante a apresentação de teses jurídicas, capazes de colaborar para a formação do convencimento e julgamento da causa[16].

Um dos aspectos mais tortuosos na doutrina pátria quanto ao instituto alcança sua natureza jurídica. Embora se reconheça que o *amicus* não atua no processo na condição de parte ou *custos legis*, havia divergência na doutrina quanto à categoria jurídica de sujeito processual em que ele se incluí: auxiliar do juízo ou terceiro.

Para Didier Jr.[17], a própria etimologia da expressão "amigo da cúria" já situa o *amicus* mais próximo do auxiliar do juízo do que de um postulante – cuja parcialidade direciona a atuação em vista ao resultado do julgamento – colaborando com o julgador em sua tarefa hermenêutica. Segundo o autor, trata-se de intervenção provocada pelo magistrado ou voluntária, em que o *amicus* intervém na qualidade de auxiliar do juízo para aprimorar as decisões proferidas pelo Poder Judiciário, de modo a possibilitar ao Supremo Tribunal Federal o conhecimento das implicações ou repercussões da causa em debate.

---

15 SOUZA FILHO, Luciano Marinho de Barros e. Amicus curiae: instituto controvertido e disseminado no ordenamento jurídico brasileiro. Revista ESMAFE - Escola de Magistratura Federal da 5. Região, n.16, p.49-56, dez., 2007.

16 A respeito, destaca Juliano Heinen a existência de "um benefício mútuo na adoção do amicus curiae: da sociedade que pode participar na formação da construção de paradigmas hermenêuticos constitucionais, e da própria Suprema Corte que pode contar com uma visão pluralista e matizada do tema posto em pauta". HEINEN, Juliano. A figura do amicus curiae como um mecanismo de legitimação democrática do direito. Revista forense, Rio de Janeiro, v. 103, n. 392, p. 149-165, jul./ago. 2007, p. 160.

17 DIDIER JUNIOR, Fredie. Recurso de Terceiro: juízo de admissibilidade. 2ª ed. rev., atual. e ampl. São Paulo: Editora Revista dos Tribunais, 2005, p. 181-186.

Cap. 9 • A NATUREZA JURÍDICA DO AMICUS CURIAE NO NOVO CÓDIGO DE PROCESSO CIVIL
Marta Valéria C. B. Patriota

Convém salientar que para Didier Jr.[18], na esteira de Dinamarco, quando um terceiro ingressa em processo pendente, transforma-se em parte, sem com isso importar na criação de processo novo ou nova relação processual, apenas torna essa mais complexa. Tal conceito de parte justificaria a exclusão adotada por aquele quanto ao *amicus* não ser terceiro, mas auxiliar do juízo: ao ingressar no processo, não poderia ser considerado terceiro e, não sendo parte, a ele sobraria, a função de auxiliar do juízo.

É possível, contudo, que se adote outro conceito de parte e de terceiro, o que permite incluir o *amicus* como terceiro interveniente. Tomando-se, por exemplo, o conceito de parte proposto por Chiovenda[19], que ora se adota neste trabalho, tem-se por partes: como autor, o sujeito da relação processual que formula pedido ou, como réu, contra quem o pedido é formulado, não interessando para a compreensão do conceito a titularidade do direito material discutido.

Cassio Scarpinella também se filia à essa definição e situa o "ser" terceiro, em um primeiro momento, independente da participação em contraditório, da condição de ser "sujeito de direitos, deveres, faculdades, ônus e obrigações no plano do processo". Mirando-se o momento imediatamente anterior à sua intervenção, é possível que após a intervenção tais terceiros se tornem partes, "outros, entretanto, adotando a premissa que abre este item, serão sempre terceiros porque, não obstante exerçam atividades no plano do processo, nada pedem em juízo e nada contra eles é pedido"[20].

Ao que se observa, trata-se de um conceito de parte mais restrito que o adotado por Fredie Didier e também por Ovídio Baptista, que constrói sua definição a partir do alcance da coisa julgada – "só as partes serão atingidas

---

18 Em suas palavras: "Intervenção de terceiro é o fato (ato) jurídico processual pelo qual um terceiro, autorizado pela lei, ingressa em processo pendente, transformando-se em parte. Estamos plenamente de acordo com as duas premissas, formuladas por Dinamarco, que regem toda a teoria geral da intervenção de terceiro: a) terceiros são todos os sujeitos estranhos a dada relação processual, que se tornam partes a partir do momento em que intervenham; b) o acréscimo de sujeitos à relação processual, em qualquer hipótese de intervenção, não importa criação de processo novo ou nova relação processual – a presença de um sujeito a mais torna a relação mais complexa, mas ela é sempre a mesma. O ingresso, aqui, efetiva-se por meio do recurso (ato postulatório). A transformação em parte opera-se no procedimento recursal. DIDIER JR., Fredie. Recurso de Terceiro: juízo de admissibilidade. 2ª ed. rev., atual. e ampl. São Paulo: Editora Revista dos Tribunais, 2005, p. 34.

19 Para quem "o conceito de parte entronca-se no conceito de relação processual: parte é aquele que demanda em seu próprio nome (ou em cujo nome é demandada) a atuação duma vontade da lei, e aquele em face de quem essa atuação é demandada. CHIOVENDA, Giuseppe. Instituições de Direito Processual Civil: as relações processuais: a relação processual ordinária de cognição. v. II, 3ª ed. Campinas: Bookseller, 2002. p. 278.

20 BUENO, Cassio Scarpinella. Partes e terceiros no processo civil brasileiro. São Paulo: Saraiva, 2003, p. 2-3.

pela coisa julgada, nunca os terceiros, ainda que hajam intervindo na causa"[21]. Afasta-se tal conceito considerando-se as demandas com feições coletivas em geral, em que os efeitos da decisão e a extensão da coisa julgada transcendem os sujeitos originalmente integrantes da relação processual, o que levaria a considerar como partes, e conferir as prerrogativas que são inerentes à essa condição (comunicação dos atos processuais, legitimidade recursal ampla, etc.), todos os sujeitos que integrem a coletividade.

O cerne da questão reside, pois, em distinguir a "parte", como aquele sujeito processual que pede ou contra quem se pede alguma coisa, do "partícipe", quem participa do processo, sem com isso assumir a condição de parte. Concebe-se o *amicus* como terceiro porque embora *participe* do processo, exerça atividade no plano do processo, nada pede[22] em juízo e nada contra ele é pedido.

É com base nessa concepção mais restrita de parte, que se reconhece a qualidade de terceiro ao *amicus*. Convém tecer alguns comentários a respeito.

Na doutrina clássica e jurisprudência brasileiras, costuma-se em geral apontar como o fundamento da intervenção de terceiros[23] o interesse qualificável de jurídico. Segundo Celso Agrícola Barbi[24], haveria tal interesse quando a solução do litígio pudesse influir, favorável ou desfavoravelmente, sobre a posição jurídica de terceiro, dada a relação de conexão ou dependência existente entre o direito discutido e o que o terceiro busca preservar.

---

21 SILVA, Ovídio A. Baptista da. Curso de Processo Civil: Processo de Conhecimento. 5ª ed. rev. e atual. São Paulo: Editora Revista dos Tribunais, 2001, p. 238.

22 Na esteira do que ora se sustenta, o Min. Roberto Barroso indeferiu a participação do Município de Bento Gonçalves, nos autos da ADI 4711, após ter esse proposto o aditamento da petição inicial, para inserir novo pedido na declaração de inconstitucionalidade, de forma a anular a criação do Município de Pinto Bandeira. Nesta hipótese, a análise do ministro foi precisa, ao afastar a intervenção de peticionante que, sob a escusa de intervir como amicus, pretendeu rediscutir matéria já decidida em outra ação, mediante a proposta de aditamento da petição inicial. É preciso deixar claro o espaço de liberdade do amicus: sua atuação se justifica para acrescentar em conteúdo os argumentos já postos pelas partes, não lhe cabe ampliar o objeto da demanda, restando-lhe a via do controle difuso, caso deseje a tutela sobre um interesse específico seu, que porventura não esteja tratado na via abstrata da ADI.

23 Justifica-se a intervenção de terceiros em processo pendente porque "os conflitos sociais não se exaurem na divergência entre os titulares da pretensão e da resistência, que se confrontam. Acabam, de algum modo, enredando terceiras pessoas que, não sendo contendores, são atingidas pela lide. Por isso mesmo, a prestação jurisdicional, muitas vezes, extravasa do universo de vínculos exclusivos entre o autor e o réu e apanha outras pessoas. O direito admite em consequência, que essas pessoas ingressem, voluntariamente, na relação processual, ou sejam convocadas a integrá-la, ou porque sofrerão, inevitavelmente, as consequências do que nela se decidir, ou porque a prevenção, ou a solução da lide só terá plena utilidade e eficácia, se se estender a elas a prestação jurisdicional". BERMUDES, Sérgio. Introdução ao processo civil. 4ª ed. Rio de Janeiro: Editora Forense, 2006, p.89.

24 BARBI, Celso Agrícola. Comentários ao Código de Processo Civil, vol. I: arts. 1º ao 153. 11ª ed. rev. e atual. por Eliana Barbi Botelho. Rio de Janeiro: Editora Forense, 2002, p.214.

À luz dessa definição/constatação, foca-se na extensão dos efeitos da sentença sobre relações jurídicas para além das partes, excluindo-se interesses meramente econômicos, morais, etc., que não se reflitam em relações jurídicas. Convém, pois, destacar a classe de terceiros que serão alcançados pelos efeitos reflexos da sentença que justifiquem seu ingresso ou sua intervenção no processo alheio.

A depender da existência ou não de interesse jurídico capaz de ser prejudicado pela sentença, a doutrina costuma dividir os terceiros em duas classes: a) os juridicamente interessados[25], que mantêm relação jurídica conexa ou dependente com uma das partes; e b) os indiferentes, que não mantêm relação jurídica que os vincule a uma das partes ou são titulares de relação jurídica incompatível com a relação jurídica litigiosa.

Saliente-se que um e outro serão alcançados pelo efeito natural da sentença, qual seja, de se fazer valer contra todos (*erga omnes*), na medida em que consubstancia ato estatal, no exercício do seu poder de império[26]. No que diz respeito à eficácia[27] da sentença é que haverá distinção. No caso dos terceiros indiferentes, esses serão alcançados pela eficácia da sentença apenas até o momento em que postulem uma nova sentença disciplinando em sentido contrário, não havendo, pois, vinculação definitiva.

No caso especifico da assistência, o interesse jurídico consta expressamente no art. 119 e ss., do Novo CPC, como um dos pressupostos que legitimam

---

25 É o caso, por exemplo, do fiador, em ação em que controvertem credor e afiançado, em relação à obrigação principal; o sublocatário, em ação de despejo movida pelo locador em face do locatário; o coobrigado solidário, em ação em que o devedor postule contra outro coobrigado a respeito de obrigação solidária.

26 Trata-se, para Pontes de Miranda, do plus constante da sentença, decorrente da sua "imponibilidade", por aquele conceituado como "efeito do que se torna impositivo, obrigatório". MIRANDA, Pontes de. Comentários ao Código de Processo Civil: Tomo V (arts. 444 a 475). 3ª ed. rev. e aum. Rio de Janeiro: Editora Forense, 2002, p. 38-39.

27 Segundo Ovídio Baptista, reportando-se aos ensinamentos de Carnelutti e Liebman, são cinco as eficácias principais das sentenças: declaratória, constitutiva, condenatória, executiva e mandamental. SILVA, Ovídio A. Baptista da. Comentários ao Código de Processo Civil, v.1: do processo de conhecimento arts. 1º a 100. 2ª ed. rev., atual. e ampl. São Paulo: Editora Revista dos Tribunais, 2005, p.260. Pontes de Miranda emprega terminologia diversa, ao conceituar a eficácia como "a propriedade de ter força ou efeitos", do que se extraem como eficácias: "a) certa imodificabilidade pelo prolator, que varia a modificabilidade, quando o juiz volte a ter de examinar o assunto, até a sentença, que de regra é imodificável (sentença apelável) e só excepcionalmente alterável por provocação (art. 527, agravo, embargos, arts 530-538); b) a força formal de coisas julgadas; c) a força ou o efeito declaratório, ou força ou efeito material de coisa julgada; d) a força ou o efeito constitutivo, condenatório, mandamental, ou executivo, se o tem; e) os efeitos próximos ou laterais; f) os efeitos-reflexos, que são os da sentença como ato jurídico ou fato jurídico. Em sentido estrito, eficácia seria o ter os efeitos a) e b)". MIRANDA, Pontes de. Comentários ao Código de Processo Civil: Tomo V (arts. 444 a 475). 3ª ed. rev. e aum. Rio de Janeiro: Editora Forense, 2002, p. 57-58.

essa modalidade de participação. Na assistência qualificada ou litisconsorcial (art. 124, do Novo CPC), o direito controvertido pertence *também* ou *apenas* ao assistente, mas foi discutido por um substituto processual ou por outro sujeito, quando o assistente, embora tivesse legitimação para agir em juízo, em ação própria, optou por não fazê-lo. No caso da assistência simples ou adesiva, o direito em litígio pertence apenas ao assistido, mas o assistente ingressa em juízo porque tem interesse na vitória desse, visto que ela poderá beneficiar outro direito seu.

Segundo Ovídio Baptista[28], o assistente presta auxílio ao assistido porque tem interesse jurídico na vitória desse, na medida em que os efeitos da decisão alcançarão, favorável ou desfavoravelmente, interesse próprio seu. É o que acontece, por exemplo, em uma ação de despejo, em que um sublocatário ingressa em juízo para assistir o locatário, contra o locador; ou ainda o terceiro adquirente de coisa litigiosa, que ingressa no processo para assistir o alienante.

Assumindo posição diversa, Pontes de Miranda[29] afirma que nem sempre o assistente defende o seu direito; em verdade, resguarda sempre os direitos do assistido, "nada pede para si". De tal modo que, se algum direito próprio lhe dá interesse, não é esse que defende em juízo, mas o da parte assistida, funcionando, junto com essa, na qualidade de adversário da parte contrária à assistida.

Diante da litigiosidade que movimenta a atuação dos sujeitos processuais, incluindo as partes e os terceiros que ingressem em juízo, causa espanto a posição defendida por Pontes de Miranda, ao sustentar a atuação desinteressada de alguém que tenha direito próprio que lhe confira interesse jurídico, porque voltado a assistir determinada parte. O fato de o assistente não pedir em nome próprio determinado direito, não exclui o seu interesse direto no resultado da lide, inexistindo qualquer altruísmo nessa atuação.

A par de tais considerações, tratando especificamente do *amicus curiae*, o que o legitima a intervir em processo alheio?

---

28 SILVA, Ovídio A. Baptista da. Comentários ao Código de Processo Civil, v.1: do processo de conhecimento arts. 1º a 100. 2ª ed. rev., atual. e ampl. São Paulo: Editora Revista dos Tribunais, 2005, p.259.

29 "Há interesses jurídicos a que não corresponde (ou ainda não corresponde) algum direito. Defende, sempre, o direito de outrem, a quem assiste. Se o direito defendido é comum, ou se o seu direito ou obrigação deriva do mesmo fato, ou regra jurídica, de que deriva o direito alheio, ou se há conexão, ou afinidade de questões por ponto comum de fato ou de direito, há litisconsórcio, e não assistência. O interesse jurídico do assistente não é o que o leva a opor-se, ou a litisconsorciar-se. Se algum direito dele é que lhe dá tal interesse, não é esse direito que ele defende, é o da parte assistida, de modo que são até aí é adversário da parte contrária ao assistido. Tem ele interesse jurídico – quer tenha algum direito quer não – em que vença o assistido, mesmo se só em parte. Nada pede para si". MIRANDA, Pontes de. Comentários ao Código de Processo Civil: Tomo II (arts. 46 a 153). 3ª ed. rev. e aum. Rio de Janeiro: Editora Forense, 1996 p. 56.

De fato, a existência ou não do interesse do *amicus*, conforme salienta Carlos Gustavo Rodrigues Del Prá[30], encontra-se intrinsecamente relacionada com a natureza do objeto da lide e não com as partes envolvidas. Assim, a participação de ente público ou de determinada coletividade de sujeitos, ou mesmo um idoso ou um incapaz, por si só, não legitimará a manifestação daquele, mas a expressão social da temática debatida.

Em obra específica sobre o tema, Cassio Scarpinella Bueno[31] discorre que o interesse que motiva (legitima) a atuação do *amicus* em juízo é jurídico, porque é previsto na ordem jurídica considerada como um todo[32]. Mas vai além. Mesmo porque tal caráter não é exclusivo a tal sujeito, na medida em que essa expressão também consagra, tradicionalmente, a atuação do Ministério Público quando atua como *custos legis*.

Com o fito de distinguir cientificamente o interesse que legitima o ingresso do *amicus curiae* dos demais sujeitos processuais, o referido autor defende o emprego do nome "interesse institucional". Esse seria um interesse jurídico, especialmente qualificado, na medida em que transcende as razões individuais das partes e do próprio interveniente, caracterizando-o público. Tal interesse institucional é dito público, frise-se, por corporificar aqueles que são externos ao *amicus curiae*, muito embora não deixem de existir os seus particulares, mesmo porque, não há como negar que o ingresso de terceiros em juízo pressupõe um mínimo de motivação egoística desses na causa[33].

Saliente-se que não se trata de um interesse público porque oriundo do Estado, ainda que também diga respeito a esse, mas porque é entendido como conglomerado de valores que o Estado representa e tem a obrigação constitucional de cumprir. É, em última análise, uma das manifestações das ondas de

---

30 DEL PRÁ, Carlos Gustavo Rodrigues. Amicus curiae: instrumento de participação democrática e de aperfeiçoamento da prestação jurisdicional. Curitiba: Juruá, 2007, p. 257.

31 BUENO, Cassio Scarpinella. Amicus curiae no processo civil brasileiro: um terceiro enigmático. São Paulo: Saraiva, 2012, p.459.

32 Sem desmerecer a relevância da obra do autor, neste aspecto em particular reconhece-se que a definição do interesse jurídico como aquele previsto no ordenamento é mais tautológico do que efetivamente explicativo. Tal insuficiência deixa clara a dificuldade de estender à figura do amicus o instituto do interesse jurídico típico da assistência, entendido como o interesse existente quando uma relação jurídica influir na esfera jurídica de terceiros.

33 A respeito, dispôs Gustavo Santana Nogueira: "O amicus não possui esse vínculo com nenhuma das partes, até porque a doutrina majoritária entende que não há partes nas ações de controle da constitucionalidade, porém ele possui interesse em que a decisão sobre a constitucionalidade ou não das leis seja de um determinado conteúdo, por lhe interessar indiretamente. A sua intervenção não é imparcial, intervindo ele para defender uma tese jurídica que pode lhe beneficiar, mas sem o interesse jurídico que justifica a assistência. Para nós, o amicus intervém para defender um interesse institucional". NOGUEIRA, Gustavo Santana. Do amicus curiae. Revista do Tribunal Regional Federal da 1ª Região, Brasília, v. 16, n. 7, p. 22-35, abr., 2004, p.28.

acesso à justiça cappellettianas adaptadas às necessidades políticas e sociais. Transmuda-se o conceito primário de interesse jurídico, de modo a ampliar e, com isso, tutelar outras situações jurídicas em que não se preveja, juridicamente, a atuação de sujeitos estranhos ao processo.

Voltando a análise à natureza jurídica do *amicus*, sustenta Antônio do Passo Cabral[34] que o amigo da cúria não pode ser parte, por não ser titular da relação jurídica objeto da demanda, na medida em que não exterioriza pretensão, tampouco é demandado; seria uma espécie de intervenção de terceiros, na qualidade de terceiro especial. Em realidade, o adjetivo posposto "especial", assim como "*sui generis*", cumpre a função de distingui-lo inclusive das demais espécies de terceiros – assistente simples ou litisconsorcial, opoente, nomeado à autoria, denunciado à lide, chamado ao processo, terceiro prejudicado, concurso de credores ou terceiro embargante – em virtude da parcela de direito material (interesse) subjacente à atuação processual.

Cassio Scarpinella Bueno[35] reforça tratar-se de terceiro, sem com isso confundi-lo com as demais espécies positivadas no CPC; mas porque está autorizado a intervir em processo alheio, ainda quando não lhe diga respeito direta ou indiretamente. À luz da classificação adotada pelo autor, reconhece-se o *amicus* como terceiro a partir da lógica de exclusão, dentre os sujeitos processuais há duas categorias, partes e terceiros, do que decorre a conclusão de que todos que não forem parte serão, por exclusão, terceiros, categoria em que se incluem também os auxiliares do juízo.

Para Cassio Scarpinella, se em determinados casos a atuação do *amicus* se aproxima à de um fiscal da lei – papel reservado tradicionalmente ao Ministério Público – dado o alto grau de conhecimento sobre a matéria em exame, do que se espera a aplicação mais abalizada da lei em discussão no caso concreto; em outros, assemelha-se à função de um perito, ao fornecerem ao magistrado subsídios informacionais estranhos ao conhecimento desse, cooperando,

---

34 CABRAL, Antonio do Passo. Pelas asas de Hermes: a intervenção do amicus curiae, um terceiro especial: uma análise dos institutos interventivos similares: o amicus e o Vertreter des öffentlichen Interesses. Revista de Processo, São Paulo, v. 29, n. 117, p. 9-41, set./out., 2004.

35 "Assim, considerando que entre os sujeitos processuais há duas grandes categorias, a de partes e a de terceiros, não há como deixar de nos referir ao amicus como terceiro. E isso também porque, a partir da classificação por nós adotada – fazendo eco à grande maioria da doutrina no particular (...) –, o terceiro caracteriza-se, tão somente, pela circunstância de não ser parte, isto é, não pormular pedido relativo ao bem jurídico deduzido em juízo nem em face dele ser formulado qualquer pedido. (...) A partir da classificação que aqui empregamos sobre quem é parte e quem é terceiro, não há como negar que todos os demais 'sujeitos do processo' que a própria lei processual civil classifica de 'auxiliares do juízo' são, eles próprios, terceiros também. No máximo, poderão assumir legitimidade própria em algum incidente em que se vejam envolvidos (...), mas, no que diz respeito ao objeto litigioso, são, inequivocamente, terceiros". BUENO, Cassio Scarpinella. Amicus curiae no processo civil brasileiro: um terceiro enigmático. São Paulo: Saraiva, 2012, p. 396.

Cap. 9 • A NATUREZA JURÍDICA DO AMICUS CURIAE NO NOVO CÓDIGO DE PROCESSO CIVIL
Marta Valéria C. B. Patriota

assim, para a instrução processual. Tal aproximação, contudo, alerta o autor, não importa em substituição de funções, mas de convivência com esses e os demais sujeitos do processo, com foco em um único objetivo: "o proferimento da *melhor* decisão judicial"[36].

Por seu turno, Edgard Silveira Bueno Filho[37], concluiu tratar-se de uma forma qualificada de assistência, visto que para que seja admitido, deve não apenas demonstrar o interesse jurídico no julgamento da lide, a favor ou contra o demandante, mas também sua representatividade adequada.

Leonardo Cunha[38], em parecer dirigido à Ordem dos Advogados do Brasil, Seccional Pernambuco – OAB/PE, insere-se no debate para comungar da natureza de terceiro já apontada por Cassio Scarpinella[39], no que distingue o *amicus* do assistente (também reconhecido por aquele autor como terceiro) a partir da finalidade da intervenção em cada um dos casos.

Sob tal ótica, tanto o assistente quanto o *amicus* detêm interesse jurídico no resultado da ação, já que mesmo o interesse institucional sustentado por Cassio Scarpinella é também um interesse jurídico. Contudo, afirma Leonardo, enquanto aquele intervém por lhe interessar a vitória de uma das partes, porque de algum modo a decisão repercutirá na sua esfera jurídica, atividade ou relação jurídica com o assistido; ao *amicus* importa que o suporte técnico apresentado integre o conteúdo da decisão, independentemente de qual polo da demanda sagre-se vencedor.

Athos Gusmão Carneiro[40], por sua vez, situa a intervenção do *amicus curiae* como uma forma atípica de intervenção de terceiros, com características próprias em que, ao contrário do que defendem Leonardo Cunha e Cassio Scarpinella, não se exige a demonstração do interesse jurídico na solução da lide,

---

36 BUENO, Cassio Scarpinella. Amicus curiae no processo civil brasileiro: um terceiro enigmático. São Paulo: Saraiva, 2012, p. 406.
37 BUENO FILHO, Edgard Silveira. Amicus curiae – a democratização do debate nos processos de controle de constitucionalidade. **Revista** Jurídica do Centro de Estudos Judiciários, Brasília, n. 19, p. 85-89, out./dez. 2002, p. 27.
38 CUNHA, Leonardo José Carneiro da. Parecer: Intervenção da OAB – Honorários Advocatícios em Valor Irrisório – Assistência Simples, e não Amicus Curiae, Revista Dialética de Direito Processual, nº 122, maio, 2013, p. 156-160.
39 O autor perfilha da mesma opinião apresentada por Leonardo Cunha, quanto à distinção entre o amicus e o assistente, qual seja, a razão pela qual um e outro intervém em juízo: "(...) mesmo quando a intervenção se da em casos concretos, individuais, o amicus não postula que sejam levadas em consideração específicas e concretas situações jurídicas. Para chamar a atenção do juiz para elas, são suficientes os advogados de ambas as partes, até mesmo, se for o caso, eventuais terceiros intervenientes, dentre eles os assistentes". BUENO, Cassio Scarpinella. Amicus curiae no processo civil brasileiro: um terceiro enigmático. São Paulo: Saraiva, 2012, p. 412.
40 CARNEIRO, Athos Gusmão. Intervenção de terceiros. São Paulo: Saraiva. 19ª ed., 2010, p. 211.

mas apenas a representatividade adequada e suficiente da entidade peticionante.

Ao que se observa, a doutrina concentra no interesse subjacente à intervenção o ponto distintivo entre as figuras do *amicus* e do assistente. Embora tal interesse seja útil para retirar aquele da categoria de subespécie da assistência, não é suficiente para explicar o fenômeno do *"amicus* litigante". Trata-se, como abordado anteriormente, da hipótese em que terceiros buscam em juízo efetivamente a tutela de interesse próprio, distanciando-se, assim, da defesa do interesse público que lhe caracterizou, na origem, o instituto.

Nesses casos, a partir da distinção adotada por Cassio Scarpinella e Leonardo Cunha, se há um interesse próprio subjacente à intervenção, tratar-se-ia de assistência e não de *amicus*. O problema é a delimitação desse interesse próprio, sobretudo diante do efeito *erga omnes* da decisão em controle de constitucionalidade abstrato (ou, no difuso, após a resolução do Senado ampliando para além das partes os efeitos da sentença), em que sujeitos originalmente externos à relação jurídica formada na ação constitucional serão alcançados pelos efeitos da decisão.

Para ilustrar, destaca-se a ADI 4747, em que se discute o novo marco regulatório da TV por assinatura no Brasil. Na ação, foi admitido como *amicus* o Coletivo Brasil de Comunicação Social – INTERVOZES, tendo ainda pleiteado ingresso a Associação Brasileira de Radiodifusores – ABRA. Segundo consta no seu requerimento de ingresso, a ABRA é uma associação civil, integrada por dezenas de empresas de radiodifusão de sons e imagens com operações em catorze entes federados que tem, dentre os seus objetivos, o envolvimento em questões referentes aos serviços de TV por assinatura e radiodifusão de imagens e sons.

Nesse caso, é possível sustentar seu interesse institucional, neutro, voltado à melhor decisão sobre a norma em apreço, sem qualquer relevância o resultado do processo, quando esse resultado afetará diretamente a atuação das empresas representadas pela associação? Indo além, a existência de interesse direto dos assistidos deslegitimaria a intervenção assim processada?

Convém um outro exemplo antes de concluir as respostas.

Na ADI 4768, ajuizada pelo Conselho Federal da OAB, discutiu-se a constitucionalidade do art.18, inciso I, alínea "a", da Lei Complementar nº 75/1993 e do artigo 41, inciso XI, Lei nº 8.625/1993, que estabelecem o assento do Ministério Público à direita do juiz e a eventual ofensa à isonomia das partes no processo. Foram admitidos como *amici*: i) as associações representantes da carreira do Ministério Público, quais sejam, a Associação Nacional dos Membros do Ministério Público – Conamp e a ANPR - Associação Nacional dos Procuradores da República; ii) as associações representantes das carreiras da advocacia, quais sejam, a ANADEP - Associação Nacional dos Defensores Publicos, a ANADEF - Associação Nacional dos Defensores Publicos Federais e a Associação dos Advogados de São Paulo – AASP; iii) a entidade não governamental IBCCRIM – Instituto Brasileiro de Ciências Criminais.

Também nesse caso, fica evidente o interesse próprio, embora indireto, dos sujeitos representados pelas respectivas associações quanto ao resultado da ação, o que ficou evidente nos requerimentos apresentados. À exceção da ANADEP, cujo requerimento limitou-se a justificar sua admissibilidade no feito como *amicus* (representatividade adequada, relevância da matéria), nos demais requerimentos houve expresso pedido pela procedência ou improcedência da ação, a depender do polo de interesse em que se filiasse a entidade.

Na hipótese em tela, condicionar o ingresso à existência de interesse institucional, neutro quanto ao resultado do processo, seria limitar a participação apenas ao IBCCRIM, única dentre os *amici* admitidos que não é associação representante do interesse de classe profissional específica, não lhe alcançando diretamente o resultado da ação, seja pela constitucionalidade ou pela inconstitucionalidade.

O risco de tal limitação é restringir os sujeitos admissíveis como *amici* ao corpo técnico e científico, cujo argumento de autoridade, em tese, garantiria a neutralidade exigida para essa modalidade de intervenção de terceiros, excluindo do *amicus* o que lhe confere identidade e autonomia: o pluralismo ético e cultural que personifica quando atua no processo. Neste particular, convém uma releitura do interesse institucional sustentado por Cassio Scarpinella que, levado ao extremo, implicaria na exclusão de inúmeras entidades admitidas como *amici*, cuja partipação, longe de neutra, revela nítido interesse – ao menos político, ideológico, cultural ou econômico – quanto ao resultado do processo.

Frise-se: o que legitima a atuação do *amicus* é o reconhecimento de que há, circundando a esfera política em que se insere a decisão judicial, uma pluralidade de interesses que serão afetados pela eficácia da decisão e que, por isso, precisam ser considerados antes que essa se efetive[41]. São precisamente

---

41 Mauro Cappelletti, ao tratar das formações sociais e dos interesses coletivos, destaca a figura do "representante ideológico" como o sujeito privado, indivíduo ou grupo que, embora não seja o titular do direito ou interesse legítimo, atua em juízo orientado por um interesse comunitário, com foco transcendente às partes da relação processual, de forma a alcançar determinada coletividade. Como exemplos dessa figura processual, destaca o autor o "Ombudsman dos consumidores", criado em 1970 na Suécia, composto por 25 membros, dentre os quais figuram juristas, economistas, especialistas em problemas de mercado, ao qual incumbe, dentre outros deveres, controlar abusos comerciais e publicitários a danos dos consumidores. CAPELLETTI, Mauro. Formações sociais e interesses coletivos diante da justiça civil, Revista de Processo, São Paulo, n. 5, p. 128-59, jan./mar., 1977. Embora o autor não faça menção ao amicus curiae, pela descrição proposta, poder-se-ia inseri-lo como exemplo de manifestação da figura do "representante ideológico", na medida em que também encerra a função de porta-voz de valores econômicos, sociais, políticos, ideológicos, interesses transcendentes às partes da relação processual.

esses interesses que se materializam sob as vestes dos *amici* e que não os confundem com o assistente.

Não se ignora quão tênue é a linha que distingue o assistente e o *amicus* e isso se deve, sobretudo, à consagração do interesse jurídico como requisito do interesse de agir para um terceiro intervir em um litígio. Sob tal perspectiva, apenas quando uma demanda repercutisse na esfera jurídica de um sujeito é que esse estaria autorizado a intervir, não se admitindo a interferência para fins meramente econômicos ou altruísticos, tampouco com o fim de esclarecimento de matéria de fato ou de direito[42].

O inconveniente desse parâmetro é que nem sempre a identificação do titular do direito material tutelado é clara – ou mesmo possível – ao ponto de permitir a exata designação do legitimado ativo ou passivo, tampouco precisar seu interesse de agir em juízo. É o caso, por exemplo, das ações coletivas *lato sensu*, em que a existência de interesse transindividual da coletividade substituída não implica, necessariamente, na inexistência de dissidências internas entre os substituídos em si e em face do substituto processual. Em tais casos, afirma Rodolfo de Camargo Mancuso[43], a grande litigiosidade interna nos grupos coletivos decorre dos diferentes impactos que a violação ao direito material pode gerar na pluralidade de indivíduos.

No caso das ações constitucionais, é possível afirmar que a ofensa ao direito material expressa numa norma constitucional não alcança apenas os legitimados ativos à propositura de ADI, ADC ou ADPF, tampouco as partes da ação em que a inconstitucionalidade é discutida incidentalmente no processo. Interessa ao corpo social como um todo a preservação e o respeito às normas constitucionais, ainda que os efeitos da decisão em controle de constitucionalidade não afetem diretamente a esfera jurídica de todos os indivíduos que compõem a coletividade.

Incorpora-se aqui o que exposto por Antônio do Passo Cabral[44], ao sustentar um interesse de agir para os terceiros intervenientes desvinculado da relação jurídica material típica do modelo privatista do direito subjetivo oitocentista, em que se evidencia o interesse jurídico. É justamente a transcendência[45] do

---

42 CARNEIRO, Athos Gusmão. Mandado de segurança: assistência e amicus curiae. Revista Síntese de Direito Civil e Processual Civil, n. 24, jul./ago., 2003, p. 36.

43 MANCUSO, Rodolfo de Camargo. Interesses difusos: conceito e legitimação para agir. São Paulo: RT, 6ª ed., 2004, p. 100.

44 CABRAL, Antônio do Passo. Despolarização do processo e "zonas de interesse": sobre a migração entre os polos da demanda. Revista Eletrônica do Ministério Público Federal, ano I, n.1, 2009. Disponível em: ‹http://www.prrj.mpf.mp.br/custoslegis/revista_2009/2009/aprovados/2009a_Tut_Col_Cabral%2001.pdf›. Acesso em: 03 dez. 2014.

45 Mauro Cappelleti alerta para a insuficiência da solução que atribui a legitimidade para agir apenas à parte direta e pessoalmente prejudicada. Na atual conformação sócio-econômica, a complexidade das

interesse – que pode ser jurídico, como também político, ideológico, cultural, econômico, etc. – porventura desperto diante da possibilidade de reconhecimento da inconstitucionalidade de uma norma constitucional, o que justifica a participação do *amicus curiae* nas ações constitucionais.

A questão fica ainda mais tortuosa diante da vedação à figura da assistência no controle abstrato de constitucionalidade. Eis o impasse: se, para evitar uma possível confusão conceitual das figuras da assistência e do *amicus*, limitar-se a atuação desse aos casos em que inexista interesse jurídico envolvido, ter-se-ia um vácuo interventivo na hipótese em que esse existisse, considerando-se que o art. 7º, da Lei 9.868/99 veda a intervenção de terceiros, incluindo-se a assistência. Por outro lado, admitindo-se a participação sempre que a decisão ali proferida alcançar a esfera jurídica de sujeitos para além das partes do processo, ter-se-iam casos em que, aparentemente, para uma mesma situação fática, haveria a participação sob as vestes de sujeitos processuais distintos.

A aparente anomalia é desfeita quando se foca para as peculiaridades que conferem feição ao *amicus*. Importa essencialmente observar se a matéria discutida é socialmente relevante, ou seja, se os interesses alcançáveis pelos efeitos da decisão são potencialmente transcendentes aos das partes e se a intervenção é capaz de pluralizar o debate, agregando legitimidade democrática ao processo decisório.

Ao que se observa, o fato de existirem interesses próprios subjacentes à intervenção não o deslegitima, justamente porque para além de tais interesses subjetivos há um interesse público preponderante em discussão. Em verdade, mesmo a existência desses interesses próprios constitui um dado social a ser considerado pelo magistrado, isso porque ao integrar o debate na forma de argumentos, tem o condão de evidenciar o dissenso pulverizado na esfera extrajurídica, mas que também circunda e integra a decisão judicial. O conflito de interesses representado nos argumentos postos pelos grupos sociais é um fator real e inerente à democracia, ignorá-lo ou excluí-lo no processo decisório além de ingênuo, revelar-se-ia antidemocrático.

Perceba-se que também a assistência seria uma forma de participação social, mas restrita à existência de interesse jurídico, por expressa limitação

---

relações promove situações e problemas cujos reflexos alcançarão um grande número de pessoas, não abarcáveis pela tradicional forma de resolução de conflitos tipicamente individualista. É igualmente insuficiente, segundo o autor, declarar a legitimação exclusiva ao Ministério Público ou seu equivalente, como representante oficial do interesse público, por lhe faltar o conhecimento especializado sobre matérias contábeis, urbanísticas, ecológicas, químicas, etc., no que ganha relevo a figura do representante ideológico, já tratada anteriormente neste trabalho. CAPELLETTI, Mauro. Formações sociais e interesses coletivos diante da justiça civil, Revista de Processo, São Paulo, n. 5, p. 128-59, jan./mar., 1977.

textual. Assim, por uma razão de coerência teórica, sustenta-se que, nas hipóteses em que existir entre o terceiro interveniente e alguma das partes do processo uma relação jurídica – conceito de interesse jurídico adotado neste trabalho – a intervenção aí operada o será na qualidade de assistente e não de *amicus*.

Postas essas considerações, as respostas às perguntas feitas acima seguem-se mais claras.

Das ações propostas para análise, apenas a intervenção pleiteada pela ABRA, na ADI 4747, ocultaria interesse jurídico das empresas representadas no resultado do processo, na medida em que o resultado da constitucionalidade ou inconstitucionalidade afeta diretamente as relações jurídicas existentes entre as empresas prestadoras de serviços de TV por assinatura e radiodifusão de imagens e sons e seus clientes. Tal interesse ensejaria, pois, sua admissão como assistente e não como *amicus*.

No caso do Coletivo INTERVOZES, admitido corretamente como *amicus* na ação, considerando os objetivos da associação[46], o interesse subjacente à atuação é essencialmente ideológico e político, voltado à democratização da comunicação e formulação de políticas públicas sobre o tema. Essa intervenção, inclusive, mostra que a manifestação do *amicus* pode existir sem ser limitada ao argumento científico ou de autoridade.

Por sua vez, no tocante à ADI 4768, embora seja notório o interesse ideológico e institucional subjacente à intervenção das associações de classe, o resultado da demanda não terá reflexos na esfera jurídica dos membros substituídos, cuja atuação ou competência não será alterada na prática forense. Ocorre, efetivamente, que a definição do assento representaria uma ofensa ou não à isonomia processual e, por extensão, na valorização de carreiras profissionais albergadas constitucionalmente. A carga institucional, nesse caso, embora aparente uma discussão entre classes profissionais, transcende ao interesse público do igual tratamento das partes em processos judiciais, o que legitima a atuação sob a insígnia de *amicus*.

---

46 Segundo consta do Estatuto Social da associação (artigo 2º, "c"), anexo ao requerimento de ingresso, trata-se de associação civil sem fins lucrativos fundada em 2003, que tem por objetivo "atuar para a transformação do sistema de comunicação brasileiro, lutando pela democratização da comunicação e para que a comunicação se torne efetivamente um direito de todo ser humano". Na petição oferecida, inclusive, fez-se menção à atividade desenvolvida pela entidade, consistente na elaboração de estudos, pesquisas e publicações relativas ao direito à comunicação, participação em consultas e audiências públicas relativas à comunicação social, promoção de ações judiciais pertinentes ao tema e acompanhamento e participação em espaços públicos de debate, formulação e deliberação de políticas públicas relativas à comunicação social, como a 1ª Conferência Nacional da Comunicação, realizada em 2009, da qual integrou a Comissão Organizadora Nacional.

Mais do que mera abstração ontológica, a definição da natureza jurídica do instituto é essencial para a delimitação ou ampliação dos poderes processuais que lhes são inerentes, sobretudo no que toca a legitimidade recursal. O próprio STF tem reconhecido a relevância do *nomen iuris* atribuído a esse sujeito interveniente, ao ponto de já haver sido determinada a mudança de qualificação de *amicus* para interessado, ao fundamento de assim lhe serem garantidos maiores poderes processuais.

Trata-se, qualquer que seja a qualidade atribuída, de um sujeito processual típico do contraditório substancial efetivado sob as vestes da cooperação, que personifica os interesses dispersos na sociedade, proporcionando ao magistrado o acesso a dados e informações que lhes sejam estranhos, legitimando a atuação estatal, formalizada na decisão judicial, do ponto de vista do Estado Constitucional Democrático-Deliberativo, sustentado ao longo de todo este trabalho.

A despeito da escassa normatividade do instituto no ordenamento jurídico brasileiro, pode-se afirmar que os fundamentos constitucionais da intervenção do *amicus curiae* repousam em princípios como o pluralismo político (art. 1º, V), o exercício dos poderes constitucionais diretamente pelo povo (art. 1º, parágrafo único), a cidadania (art. 1º, II), a livre manifestação do pensamento (art. 5º, IV), o direito à livre convicção político-filosófica (art. 5º, VIII), o acesso à informação (art. 5º, XIV), o devido processo legal (art. 5º, LIV).

Nessa esteira, consagra-se como "garantia institucional"[47] em defesa dos interesses de uma sociedade aberta e plural de intérpretes, no contexto de um processo não mais limitado apenas à lide, ou à autoridade concreta da lei, mas voltado à efetivação dos direitos fundamentais e dos princípios constitucionais, de modo a evitar que a jurisdição se torne uma instância autoritária de poder, consoante destaca Gustavo Binenbojm[48]:

> (...) há que se fomentar a idéia de sociedade aberta de intérpretes da Constituição, formulada por Peter Häberle, segundo a qual o círculo de intérpretes da Lei Fundamental deve ser elastecido para abarcar não apenas as autoridades públicas e as partes formais nos processos de controle de constitucionalidade, mas todos os cidadãos e grupos sociais que, de uma forma ou de outra, vivenciam a realidade constitucional.

---

47 Segundo Paulo Bonavides, a função do amicus curiae encontra-se intrinsecamente relacionada com a evolução do processo, a partir de uma nova concepção de jurisdição, voltada à concretização dos preceitos constitucionais. BONAVIDES, Paulo. Curso de Direito Constitucional. 13ª ed. São Paulo:Malheiros, 2003.

48 BINENBOJM, Gustavo. A dimensão do amicus curiae no processo constitucional brasileiro: requisitos, poderes processuais e aplicabilidade no âmbito estadual. Direito Federal: Revista da Associação dos Juízes Federais do Brasil, p. 22-78, 141-166, out./dez. 2004, p.149.

Não mais subsiste espaço para o hermetismo característico do direito positivo clássico, estritamente legalista, autóctone e unidisciplinar. Instaura-se a chamada sociedade aberta de intérpretes, essencialmente multidisciplinar, que permitem a efetiva conjugação entre o real e o normativo, de modo a evitar que a Constituição vire norma sem efeito[49].

A manifestação do *amicus curiae* no processo colabora para a ampliação do debate de matérias de extrema relevância o que culmina, em última análise, na democratização da jurisdição, tornando o processo socialmente efetivo[50], capaz de veicular aspirações da sociedade como um todo. A respeito, destaca Cândido Rangel Dinamarco[51]:

> Assim é que a efetividade do processo está bastante ligada ao modo como se dá a participação dos litigantes em contraditório e à participação inquisitiva do juiz (...) O grau dessa participação de todos constitui fator de aprimoramento da qualidade do produto final, ou seja, fator de efetividade do processo do ponto-de-vista do escopo jurídico de atuação da vontade concreta do direito.

Com efeito, não pode a imparcialidade dos juízes se sobrepor ao direito de manifestação social acerca do conteúdo democrático decisório, constitucionalmente assegurado. Mesmo porque a interpretação normativa, mormente a constitucional, encontra-se pautada na democracia, na abertura procedimental de intervenção da sociedade civil na formação do convencimento do intérprete oficial da vontade geral expressa no texto da lei.

Diante disso, na condução do processo, assume o juiz importante papel instrutório, o que reduz as diferenças de oportunidades outrora ameaçadas pela situação econômica dos sujeitos e contribui para a efetividade do processo.

4. O AMICUS NO ORDENAMENTO JURÍDICO BRASILEIRO

Diferente do que se observa no sistema norte-americano, ainda é escassa a disciplina do *amicus* no sistema brasileiro.

---

49 TAVARES, André Ramos. Leituras complementares de direito constitucional: controle de constitucionalidade e hermenêutica constitucional. 2ª ed. rev. e atual. Salvador: JusPodivm, 2008. p.155. A respeito, pontua Peter Häberle: "uma constituição, que estrutura não apenas o Estado em sentido estrito, mas também a própria esfera pública (öffentlichkeit), dispondo sobre a organização da própria sociedade e, diretamente, sobre os setores da vida privada, não pode tratar as forças sociais e privadas como meros objetos. Ela deve integrá-las ativamente como sujeitos". HÄBERLE, Peter. Hermenêutica constitucional: a sociedade aberta dos intérpretes da Constituição: contribuição para a interpretação pluralista e 'procedimental' da Constituição. Porto Alegre: SAFE, 1997, p.33.

50 MOREIRA, José Carlos Barbosa. Por um processo socialmente efetivo. Revista de processo, ano 27, n.105, jan./mar., p.181-190, 2002, p. 181.

51 DINAMARCO, Cândido Rangel. A instrumentalidade do processo. 11. ed. São Paulo: Malheiros, 2003, p.359.

Cap. 9 • A NATUREZA JURÍDICA DO AMICUS CURIAE NO NOVO CÓDIGO DE PROCESSO CIVIL
Marta Valéria C. B. Patriota

A previsão mais remota do instituto no ordenamento jurídico nacional, conforme pesquisa realizada por Didier Jr.[52], consta no §2º, do art. 6º, do Decreto nº 6.142, de 10/03/1876[53], o qual nomeou (rol taxativo) como eventuais *amici curiae* do Supremo Tribunal de Justiça, nos procedimentos de tomada de assentos sobre a interpretação de leis de relevante conteúdo, o Instituto da Ordem dos Advogados, os Tribunais de Comércio e os "jurisconsultos de melhor nota".

Um século após, aponta-se o art. 35, da Lei 6.385/76, acrescentado pela Lei nº 6.616/78, o qual disciplina o procedimento de fiscalização do mercado de valores, a ser exercido pela Comissão de Valores Imobiliários (CVM). Pela literalidade do dispositivo, nos processos judiciários que tenham por objeto matéria incluída na competência da dita autarquia, será esta sempre intimada para, querendo, oferecer parecer ou prestar esclarecimentos, no prazo de quinze dias a contar da intimação.

Outro dispositivo que se destaca é o extinto art. 89, da Lei 8.884/94, com redação dada pelo art. 118, da Lei 12.529/11, que estabelece a intervenção – opcional – do Conselho Administrativo de Defesa Econômica (CADE), na qualidade de assistente, nos processos judiciais em que se discuta a aplicação das referidas leis quanto à prevenção e repressão às infrações contra a ordem econômica.

Até então limitado a demandas específicas – processos judiciais em que estivessem envolvidos interesses ligados à CVM ou ao CADE – e reduzido a mero colaborador informal, cujos memoriais eram apresentados fora do curso do processo, na capa dos autos[54], o instituto ganhou relevo constitucional a partir da edição da Lei 9.868/99, que dispõe sobre o processo e julgamento da ação direta de inconstitucionalidade (ADI) e da ação declaratória de constitucionalidade (ADC) perante o Supremo Tribunal Federal.

Nos termos do §2º, do art. 7º, da referida lei, em regra, não se admite intervenção de terceiros no processo de ação direta de inconstitucionalidade; excetuam-se as manifestações de outros órgãos ou entidades, desde que

---

52 DIDIER JUNIOR, Fredie. Formação do precedente e amicus curiae no Direito Imperial brasileiro: o interessante Dec. 6.142/1876. Revista de Processo, v. 220, 2013.

53 Art. 6º Havendo indicação nos termos do art. 4º nº 1, será lida e ficará sobre a mesa para ser votada na sessão seguinte, sem discussão.
    (...) § 2º O Tribunal poderá tambem ouvir, quando julgue conveniente, o Instituto da Ordem dos Advogados, os Tribunaes do Commercio e Jurisconsultos de melhor nota. BRASIL. Câmara dos Deputados. Decreto nº 6.142 de 10 de março de 1876. Disponível em: < http://www2.camara.leg.br/legin/fed/decret/1824-1899/decreto-6142-10-marco-1876-549106-publicacaooriginal-64454-pe.html>. Acesso em: 13 dez. 2014.

54 GONTIJO, André Pires; SILVA, Christine Oliveira Peter da. O papel do amicus curiae no processo constitucional: a comparação com o decision making como elemento de construção do processo constitucional no âmbito do Supremo Tribunal Federal. Revista de Direito Constitucional e Internacional, São Paulo, v. 16, n. 64, jul./set. 2008, p. 63.

demonstrem a relevância da matéria e a representatividade dos postulantes. Saliente-se, por oportuno, acerca da irrecorribilidade do despacho que admitir a manifestação.

Na esteira dessa previsão, destacam-se, ainda, em ordem cronológica: o art. 482, §3º, do CPC/1973, na declaração de inconstitucionalidade; o art. 6º, §§1º e 2º, da Lei 9.882/99, que dispõe sobre o processo e julgamento da arguição de descumprimento de preceito fundamental (ADPF) e o art. 14, §7º, da Lei 10.259/01, que institui os Juizados Especiais Cíveis e Criminais no âmbito da Justiça Federal. Vislumbra-se a intervenção ainda no julgamento das causas repetitivas perante o STJ, conforme dicção do art. 543-C, §4º, do CPC/1973, instituído pela Lei 11.648, de 08/05/2008.

Tal carência legislativa culminou na disciplina e adequação do instituto a cargo do Supremo Tribunal Federal, cuja jurisprudência retrata as principais discussões que têm sido travadas acerca da matéria, no Brasil.

5. A NATUREZA JURÍDICA DO AMICUS CURIAE SEGUNDO O NOVO CÓDIGO DE PROCESSO CIVIL

Com foco na qualidade da satisfação das partes com a solução dada ao litígio, previu-se no art. 138, do Capítulo V, do Título III, do Novo CPC, o instituto *amicus curiae*, sujeito reputado apto "para proporcionar ao juiz condições de proferir decisão mais próxima às reais necessidades das partes e mais rente à realidade do país". Para tanto, foi criada a regra de que a intervenção poderia ser pleiteada pelo próprio *amicus*, ou solicitada de ofício, em todos os graus de jurisdição. Eis o teor do dispositivo:

CAPÍTULO V

DO AMICUS CURIAE

Art. 138. O juiz ou o relator, considerando a relevância da matéria, a especificidade do tema objeto da demanda ou a repercussão social da controvérsia, poderá, por decisão irrecorrível, de ofício ou a requerimento das partes ou de quem pretenda manifestar--se, solicitar ou admitir a participação de pessoa natural ou jurídica, órgão ou entidade especializada, com representatividade adequada, no prazo de 15 (quinze) dias de sua intimação.

§ 1º A intervenção de que trata o *caput* não implica alteração de competência nem autoriza a interposição de recursos, ressalvadas a oposição de embargos de declaração e a hipótese do § 3º.

§ 2º Caberá ao juiz ou ao relator, na decisão que solicitar ou admitir a intervenção, definir os poderes do *amicus curiae*.

§ 3º O *amicus curiae* pode recorrer da decisão que julgar o incidente de resolução de demandas repetitivas.

Digna de nota, a mera positivação do instituto no Novo CPC, por si, teve o mérito de deixar clara, pela própria topografia do instituto, a posição do legislador ordinário quanto à natureza jurídica do *amicus*: um terceiro interveniente. Afastar-se-ia, a partir de então, toda a celeuma existente em torno do tema, com o lastro definitivo de terceiro.

Contudo, sem desconsiderar o avanço da disciplina, abre-se a ressalva de que ainda são necessárias pesquisas mais profundas quanto ao tema, a fim de se alcançar uma regulamentação do instituto mais condizente com a realidade processual brasileira.

Conforme dito no ponto anterior, a prática forense tem denunciado a existência de, no mínimo, duas espécies distintas de *amicus*, com natureza jurídicas igualmente diversas: de um lado, tem-se a figura clássica do *amicus* ("*amicus* neutro"), em que a intervenção se limita a subsidiar o julgamento, sem que se identifique um interesse direto daquele no resultado do julgamento; de outro, tem-se o *amicus litigante*, cuja intervenção se opera com o claro interesse de reforçar em argumentos um dos polos da lide, a fim de obter um resultado que lhe seja mais favorável.

Em relação à primeira espécie, o art.138, do Novo CPC aplicar-se-ia sem maiores óbices, visto se tratar de modalidade de intervenção de terceiros, em que embora participe do processo, exerça atividade no plano do processo, nada pede em juízo e nada contra ele é pedido. O problema reside quanto ao *amicus litigante*, cuja intervenção o aproxima do assistente, o que leva à sua admissão como tal, qualquer que seja o *nomen iuris* que se atribua na petição de intervenção.

O efeito da distinção é relevante: exige-se do magistrado responsável pelo deferimento do pedido de intervenção uma análise apurada quanto às efetivas razões do ingresso, sendo para tanto insuficiente a mera presença da representatividade adequada do ente peticionante. Cumpre ao magistrado observar se, ao argumento de auxiliar na formação da decisão, o peticionante em verdade não busca repisar a tese de um dos polos da demanda, numa espécie de burla a um eventual limite numérico dos sujeitos processuais já integrantes da relação processual.

Em decorrência, reforça-se o dever de fundamentação das decisões judiciais, na medida em que o juiz atuará como controle seletivo do debate argumentativo, cabendo-lhe definir os poderes do *amicus* e rejeitar intervenções que não acresçam, de fato, ao mérito da demanda.

Acolhida a distinção supracitada, ter-se-iam duas vias possíveis: de um lado, acaso se entenda que independentemente do interesse na intervenção, trata-se de uma mesma figura processual *"amicus curiae"*, a positivação do instituto no Novo CPC deveria ter sido particionada em subespécies de um mesmo gênero, a exemplo do que ocorre com a figura da assistência, que tem por subespécies a ordinária/simples e a litisconsorcial; de outro, acaso se entenda que a intervenção do *amicus* litigante é espécie de assistência, então que seja incluída tal subespécie nos dispositivos referentes a essa modalidade interventiva, com a ressalva e a remissão àquela nos dispositivos que tratam do *amicus* em geral.

Uma ou outra alternativa alcançam o mesmo fim: a consciência de que a intervenção de tais sujeitos em processo alheio não é realizada de modo uniforme, antes, é orientada conforme seus interesses e, por isso mesmo, para se manter a coerência da teoria frente à prática, não podem ser colocados na mesma categoria jurídica, como se tratassem de uma mesma figura interventiva.

6. CONCLUSÃO

Em certa medida, a experiência norte-americana, onde a figura do *amicus* litigante já foi identificada, serve de exemplo de que, ao invés de rechaçar uma realidade – há sujeitos que intervêm no processo com as vestes de amigo da Corte, mas que em verdade são amigos de uma das partes – convém situá-la nos limites necessários ao regular andamento do processo.

Dito de outro modo, acaso se pretenda limitar a figura do *amicus* à sua versão clássica de um sujeito voltado à melhoria da qualidade argumentativa da decisão judicial, então a atuação dos *amici* litigantes estaria excluída da categoria geral *amicus* e, ou seria considerado assistente, ou seria admitido como um terceiro *sui generis*, qualificação genérica demais e que em nada contribui para a consolidação dos institutos processuais, personificando num adjetivo a dificuldade em se precisar conceitos.

Eis, em síntese, o problema: o novo CPC tem o mérito de ter disciplinado em um código o que até então estava disperso em leis esparsas, ampliando as hipóteses de intervenção, não mais limitadas ao controle abstrato de constitucionalidade ou à intervenção da CVM, por exemplo. Todavia, ao que parece o novo já nasceu desatualizado; fardo esse, aliás, inerente ao processo legiferante.

Por outro lado, diante da carência bibliográfica existente no país sobre o tema, a iniciativa dos juristas membros da Comissão que elaborou o novo código foi inegavelmente um importante avanço para o instituto. A insuficiência

Cap. 9 • A NATUREZA JURÍDICA DO AMICUS CURIAE NO NOVO CÓDIGO DE PROCESSO CIVIL
Marta Valéria C. B. Patriota

ainda remanescente serve, portanto, não para desacreditar ou desmerecer o que foi positivado, mas para orientar a pesquisa acadêmica para a complementação do que falta e adequação/distinção dos sujeitos conforme se apresentam na realidade social e jurídica do país.

7. REFERÊNCIAS

BARBI, Celso Agrícola. **Comentários ao Código de Processo Civil, vol. I: arts. 1º ao 153.** 11ª ed. rev. e atual. por Eliana Barbi Botelho. Rio de Janeiro: Editora Forense, 2002, p.214.

BINENBOJM, Gustavo. A dimensão do amicus curiae no processo constitucional brasileiro: requisitos, poderes processuais e aplicabilidade no âmbito estadual. **Direito Federal: Revista da Associação dos Juízes Federais do Brasil,** p. 22-78, 141-166, out./dez. 2004, p.149.

BERMUDES, Sérgio. **Introdução ao processo civil.** 4ª ed. Rio de Janeiro: Editora Forense, 2006, p.89.

BONAVIDES, Paulo. **Curso de Direito Constitucional.** 13ª ed. São Paulo:Malheiros, 2003.

BRASIL. Câmara dos Deputados. **Decreto nº 6.142 de 10 de março de 1876.** Disponível em:‹http://www2.camara.leg.br/legin/fed/decret/1824-1899/decreto-6142-10-marco--1876-549106-publicacaooriginal-64454-pe.html›. Acesso em: 13 dez. 2014.

BUENO, Cassio Scarpinella. **Amicus curiae no processo civil brasileiro: um terceiro enigmático.** São Paulo: Saraiva, 2012, p. 122.

BUENO, Cassio Scarpinella. **Partes e terceiros no processo civil brasileiro.** São Paulo: Saraiva, 2003, p. 2-3.

BUENO FILHO, Edgard Silveira. Amicus curiae – a democratização do debate nos processos de controle de constitucionalidade. **Revista Jurídica do Centro de Estudos Judiciários,** Brasília, n. 19, p. 85-89, out./dez. 2002, p. 27.

CABRAL, Antônio do Passo. Despolarização do processo e "zonas de interesse": sobre a migração entre os polos da demanda. **Revista Eletrônica do Ministério Público Federal,** ano I, n.1, 2009. Disponível em: ‹http://www.prrj.mpf.mp.br/custoslegis/revista_2009/2009/aprovados/2009a_Tut_Col_Cabral%2001.pdf›. Acesso em: 03 dez. 2014.

CABRAL, Antonio do Passo. Pelas asas de Hermes: a intervenção do amicus curiae, um terceiro especial: uma análise dos institutos interventivos similares: o amicus e o Vertreter des öffentlichen Interesses. **Revista de Processo,** São Paulo, v. 29, n. 117, p. 9-41, set./out., 2004.

CAPELLETTI, Mauro. Formações sociais e interesses coletivos diante da justiça civil, **Revista de Processo,** São Paulo, n. 5, p. 128-59, jan./mar., 1977.

CARNEIRO, Athos Gusmão. **Intervenção de terceiros.** São Paulo: Saraiva. 19ª ed., 2010, p. 211.

_____. Mandado de segurança: assistência e *amicus curiae*. **Revista Síntese de Direito Civil e Processual Civil**, n. 24, jul./ago., 2003, p. 36.

CHIOVENDA, Giuseppe. **Instituições de Direito Processual Civil: as relações processuais: a relação processual ordinária de cognição**. v. II, 3ª ed. Campinas: Bookseller, 2002. p. 278.

COLLINS Jr., Paul M. Friends of the Court: Examining the Influence of Amicus curiae Participation in U. S. Supreme Court Litigation. **Law & Society Review**, v. 38, n. 4, p. 807-832, 2004. Texto fornecido pelo autor.

COLLINS Jr., Paul M, SOLOWIEJ, Lisa A. Counteractive Lobbying in the U.S. Supreme Court. **American Politics Research**, v.37, n.4, p.670-699, 2009. Disponível em:‹http://www.psci.unt.edu/~pmcollins/Solowiej%20and%20Collins%20SPSA%202008.pdf›. Acesso em: 10 jun. 2014.

_____.Interest Goroup Participation, Competition, and Conflict in the U.S. Supreme Court. **Law & Society Inquiry**, v.32, 955-984, 2007. Disponível em: ‹http://www.polsci.uh.edu/faculty/lsolowiej/LSI_2007.pdf›. Acesso em: 10 jun. 2014.

CUNHA, Leonardo José Carneiro da. Parecer: Intervenção da OAB – Honorários Advocatícios em Valor Irrisório – Assistência Simples, e não *Amicus Curiae*, **Revista Dialética de Direito Processual**, nº 122, maio, 2013, p. 156-160.

DEL PRÁ, Carlos Gustavo Rodrigues. **Amicus curiae: instrumento de participação democrática e de aperfeiçoamento da prestação jurisdicional**. Curitiba: Juruá, 2007, p. 257.

DEL PRÁ, Carlos Gustavo Rodrigues. "Breves considerações sobre o *amicus curiae* na ADIn e sua legitimidade recursal". In: DIDIER JR., Fredie e WAMBIER, Teresa Arruda Alvim (coord.) **Aspectos polêmicos e atuais sobre os terceiros no processo civil e assuntos afins**. São Paulo: Revista dos Tribunais, 2004, p. 63-64.

DIDIER JUNIOR, Fredie. **Recurso de Terceiro: juízo de admissibilidade**. 2ª ed. rev., atual. e ampl. São Paulo: Editora Revista dos Tribunais, 2005, p. 181-186.

_____. Formação do precedente e *amicus curiae* no Direito Imperial brasileiro: o interessante Dec. 6.142/1876. **Revista de Processo**, v. 220, 2013.

DINAMARCO, Cândido Rangel. **A instrumentalidade do processo**. 11. ed. São Paulo: Malheiros, 2003, p.359.

ESTADOS UNIDOS DA AMÉRICA. Supreme Court of the United States of America. **Rule 29 of the Federal Rules of Appellate Procedure**. Disponível em ‹http://www.uscourts.gov/uscourts/RulesAndPolicies/rules/2010%20Rules/Appellate%20Procedure.pdf› Acesso em: 28 jun. 2014.

_____. **Rule 37**. Disponível em: ‹http://www.supremecourt.gov/ctrules/2010RulesoftheCourt.pdf› Acesso em 28 jun. 2014.

GARCIA, Ruben J. A Democratic Theory of Amicus Advocacy. **Florida State University Law Review**, v. 35, n.315, p. 316-357, 2008. Disponível em: ‹ http://law.fsu.edu/journals/lawreview/downloads/352/garcia.pdf›. Acesso em: 03 jun. 2014.

Cap. 9 • A NATUREZA JURÍDICA DO AMICUS CURIAE NO NOVO CÓDIGO DE PROCESSO CIVIL
Marta Valéria C. B. Patriota

GONTIJO, André Pires; SILVA, Christine Oliveira Peter da. O papel do amicus curiae no processo constitucional: a comparação com o decision making como elemento de construção do processo constitucional no âmbito do Supremo Tribunal Federal. **Revista de Direito Constitucional e Internacional**, São Paulo, v. 16, n. 64, jul./set. 2008, p. 63.

HÄBERLE, Peter. **Hermenêutica constitucional: a sociedade aberta dos intérpretes da Constituição: contribuição para a interpretação pluralista e 'procedimental' da Constituição.** Porto Alegre: SAFE, 1997, p.33.

HARRIS, Michael. Amicus curiae: friend or foe? The limits of friendship in american jurisprudence. **Suffolk Journal of Trial & Appelate Advocacy**, v.5, p.01-19, 2000. Disponível em: ‹https://litigation-essentials.lexisnexis.com/webcd/app?action=DocumentDisplay&crawlid=1&doctype=cite&docid=5+Suffolk+J.+Trial+%26+App.+Adv.+1&srctype=smi&srcid=3B15&key=d55691dffeca3c2924c3471dfe840bb9› Acesso em 06 jun. 2014.

HEINEN, Juliano. A figura do amicus curiae como um mecanismo de legitimação democrática do direito. **Revista forense**, Rio de Janeiro, v. 103, n. 392, p. 149-165, jul./ago. 2007, p. 160.

KEARNEY, Joseph D.; MERRILL, Thomas W. The Influence of Amicus curiae Briefs on The Supreme Court. **University of Pennsylvania Law Review**, v. 148, 743-855, 2000. Disponível em: ‹http://scholarship.law.marquette.edu/cgi/viewcontent.cgi?article=1567&context=facpub›. Acesso em: 09 jun. 2014.

KRISLOV, Samuel. The amicus curiae brief: from friendship to advocacy. **The Yale Law Journal**, v. 72, 694-721, 1963. Disponível em: ‹http://www.jstor.org/discover/10.2307/794698?uid=3737664&uid=2&uid=4&sid=21102638494321›. Acesso em: 14 jun. 2014.

LOWMAN, Michael K. The Litigating Amicus Curiae: When Does the Party Begin after the Friends Leave. **American University Law Review**, v.41, n.1243, p.1247–1265, 1992. Disponível em: ‹ http://www.wcl.american.edu/journal/lawrev/41/lowman.pdf ›. Acesso em: 07 jun. 2014.

LUCAS, Allison. Friends of the Court? The Ethics of Amicus Brief Writing in First Amendment Litigation. **Fordham Urban Law Journal**, v. 26, p.1605-1634, 1998. Disponível em: ‹http://ir.lawnet.fordham.edu/cgi/viewcontent.cgi?article=1770&context=ulj›. Acesso em: 07 jun. 2014.

MANCUSO, Rodolfo de Camargo. **Interesses difusos: conceito e legitimação para agir.** São Paulo: RT, 6ª ed., 2004, p. 100.

MIRANDA, Pontes de. **Comentários ao Código de Processo Civil: Tomo V (arts. 444 a 475).** 3ª ed. rev. e aum. Rio de Janeiro: Editora Forense, 2002, p. 38-39

_____. **Comentários ao Código de Processo Civil: Tomo II (arts. 46 a 153).** 3ª ed. rev. e aum. Rio de Janeiro: Editora Forense, 1996 p. 56.

MOREIRA, José Carlos Barbosa. Por um processo socialmente efetivo. **Revista de processo**, ano 27, n.105, jan./mar., p.181-190, 2002, p. 181.

NOGUEIRA, Gustavo Santana. Do amicus curiae. **Revista do Tribunal Regional Federal da 1ª Região**, Brasília, v. 16, n. 7, p. 22-35, abr., 2004, p.28.

1233

SILVA, Ovídio A. Baptista da. **Curso de Processo Civil: Processo de Conhecimento**. 5ª ed. rev. e atual. São Paulo: Editora Revista dos Tribunais, 2001, p. 238.

_____. **Comentários ao Código de Processo Civil, v.1: do processo de conhecimento arts. 1º a 100**. 2ª ed. rev., atual. e ampl. São Paulo: Editora Revista dos Tribunais, 2005, p.260.

SORENSON, Nancy Bage. The Ethical Implications of amicus briefs: a proposal for reforming rule 11 of the Texas rules of appellate procedure. **St. Mary's Law Journal**, v. 30, p. 1219-1277, 1999. Disponível em: <https://litigation-essentials.lexisnexis.com/webcd/app?action=DocumentDisplay&crawlid=1&doctype=cite&docid=30+St.+Mary's+L.+J.+1219&srctype=smi&srcid=3B15&key=26d86d15f4950f78c144d51b0bfd85f1>. Acesso em: 08 jun. 2014.

SOUZA FILHO, Luciano Marinho de Barros e. *Amicus curiae*: instituto controvertido e disseminado no ordenamento jurídico brasileiro. **Revista ESMAFE** - Escola de Magistratura Federal da 5. Região, n.16, p.49-56, dez., 2007.

TAVARES, André Ramos. **Leituras complementares de direito constitucional: controle de constitucionalidade e hermenêutica constitucional**. 2ª ed. rev. e atual. Salvador: JusPodivm, 2008. p.155.

CAPÍTULO 10

A Extinção da Nomeação à Autoria como Intervenção de Terceiro e a Nova Forma Procedimental de Correção do Polo Passivo

Vinicius Silva Lemos[1]

SUMÁRIO: 1. INTRODUÇÃO; 2. A NOMEAÇÃO À AUTORIA NO CPC/73; 2.1 A SUA FORMALIDADE COMO INTERVENÇÃO DE TERCEIRO; 3. A RETIRADA DA NOMEAÇÃO À AUTORIA NO NOVO CPC; 3.1 A ESCOLHA POR UM NOVO PROCEDIMENTO; 4. O PROCEDIMENTO SUBSTITUTO DA NOMEAÇÃO À AUTORIA; 4.1 A ALEGAÇÃO DO RÉU SOBRE A ILEGITIMIDADE PASSIVA NA CONTESTAÇÃO; 4.1.1 A MULTA APLICÁVEL AO RÉU EM CASO DE INJUSTIFICADAMENTE NÃO INDICAR A PARTE QUE ENTENDE LEGÍTIMA; 4.2. A MANIFESTAÇÃO DO JUÍZO E A ESCOLHA DO AUTOR; 4.3.1 A REJEIÇÃO DA INDICAÇÃO E A MANUTENÇÃO DO RÉU INDICADO NA INICIAL; 4.3.2 A SUBSTITUIÇÃO DO RÉU E A INCLUSÃO DO INDICADO NA CONTESTAÇÃO; 4.3.3 A INCLUSÃO DO INDICADO NA CONTESTAÇÃO E A FORMAÇÃO DO LITISCONSÓRCIO PASSIVO; 4.4 A AUSÊNCIA DE DISCRICIONARIEDADE DO JUÍZO SOBRE O PROCEDIMENTO; 4.4.1 A NECESSIDADE DE SEGUIR AS ORIENTAÇÕES DO AUTOR; 5. A AUSÊNCIA DE DECISÃO DO JUÍZO E A RETIRADA DO CPC COMO INTERVENÇÃO DE TERCEIRO; 6. BIBLIOGRAFIA

1. INTRODUÇÃO

Com o advento da lei 13.105/2015, o Novo Código de Processo Civil, a legislação processual passa por um período de transição, seja pela sua vacatio legis até março de 2016 ou, ainda, pelo período normal de adaptação que impactará o cotidiano forense em sua inicial vigência.

A nova norma processual traz consigo inovações em diferentes áreas procedimentais, com o intuito e desafio de deixar mais célere a condução processual, permitindo que a demanda tenha uma simplificação em suas formalidades

---

1. Advogado. Mestrando na Universidade Federal Fluminense em Sociologia e Direito. Especialista em Processo Civil pela Faculdade de Rondônia – FARO. Graduado pela Faculdade de Rondônia – FARO. Conselheiro Estadual da OAB/RO. Professor de Processo Civil na Faculdade de Rondônia – FARO. Diretor Acadêmico da ESA/RO. Membro do CEAPRO – Centro de Estudos Avançados em Processo Civil. Membro da ABDPC – Academia Brasileira de Direito Processual Civil. Membro da ANNEP – Associação Norte Nordeste de Professores de Processo.

e incidentes com o intuito de alcançar, com maior facilidade, a resolução de mérito que a prestação jurisdicional almeja.

O instituto da nomeação à autoria, presente no CPC/73, teve a sua existência formal retirada no CPC/2015, com a criação de um procedimento bem mais amplo, porém sem constar como uma espécie de intervenção de terceiro, mais envolta à contestação e a ilegitimidade passiva, com uma simplicidade de alegação pelo réu, para possibilitar um andamento processual, mais condizente com os princípios envoltos no novo ordenamento, para permitir uma melhor resposta judicial para aquela demanda.

Extinção de um lado, criação de novos procedimentos, com isso, a ilegitimidade passiva passa a ser uma alegação do réu com desdobramentos necessários, seja por parte do próprio réu, bem como do autor, para os momentos processuais posteriores. Os impactos sobre essa nova realidade diante da alegação da ilegitimidade passiva são, durante este trabalho, delineados para um melhor entendimento do instituto.

2. A NOMEAÇÃO À AUTORIA NO CPC/73

O antigo código, no tocante a intervenção de terceiros, dividia-a em cinco espécies: assistência, denunciação à lide, chamamento ao processo, oposição e nomeação à autoria.[2]

Com ênfase à última hipótese, tema deste estudo, o conceito era bem restrito, como um instituto que imputava ao réu citado na demanda, mas sendo somente um mero possuidor ou detentor da servidão do imóvel, detém este a obrigação processual de imputar em sua defesa, que é o real proprietário do imóvel sobre o qual a demanda tem objeto, respaldado pelo artigo 62, do CPC/73.[3]

Uma imposição ao réu para nomear à autoria de quem seria o proprietário do imóvel, pelo fato deste ser o real legítimo para responder a demanda, com todos os impactos jurídicos a este concernente.

---

2. "Em regra, a ilegitimidade de parte conduz a vício insanável que determina extinção do processo sem julgamento de mérito (art. 267, VI, do CPC). Entretanto, em certas circunstâncias, arbitrariamente estipuladas pelo Código de Processo Civil, seria justo o equívoco na determinação do sujeito passivo da demanda, em função das peculiaridades fáticas da situação concreta. Em vista disso, para tais casos, autoriza o Código, para que não seja decretada a extinção do processo por ilegitimidade passiva ad causam, que se corrija o polo passivo da relação processual, substituindo-se o primitivo réu por outrao que seria legítimo para figurar no polo passivo." MARINONI, Luiz Guilherme. ARENHART, Sergio Cruz. Manual do processo de conhecimento, São Paulo: RT. 2006. p. 188

3. **CPC/73.** Art. 62. Aquele que detiver a coisa em nome alheio, sendo-lhe demandada em nome próprio, deverá nomear à autoria o proprietário ou o possuidor.

A outra forma cabível da nomeação à autoria, pertinente ao artigo 63 do CPC/73,[4] encontra-se em hipótese de demanda realizada contra indivíduo que agiu de acordo com ordens de terceiro ou em cumprimento de instruções deste. Há o dever de chamar o terceiro ordenante ou instrutor para a correção do polo passivo da lide.

O intuito do instituto é imputar ao réu citado erroneamente que nomeie a autoria do possível ato ilícito o dono do imóvel sobre o qual guarda a posse – direito ou fâmulo – para que este responda como réu ou a autoria das ordens ou instruções realizadas pelo terceiro, corrigindo o polo passivo da demanda.[5]

Evidente que o instituto é limitado e tem aplicabilidade/utilidade restrita, já que os seus requisitos são, de certa forma, somente para uma espécie determinada de processos em que se envolva um imóvel e que ocorreu a citação do possuidor/detentor como se proprietário fosse.

O intuito desta antiga intervenção de terceiro neste caso recai na necessidade de alegação de ilegitimidade passiva da demanda, com a correção pleiteada pela parte ré, pelo erro ao imputar-se àquele réu originário uma responsabilidade que não detém, com a visualização de nomear a autoria e pleitear a transferência das imputações ao proprietário do bem ou ao instrutor/ordenante.

2.1 A sua formalidade como intervenção de terceiro

A nomeação à autoria era uma intervenção de terceiros no CPC/73, mas com diferenças pertinentes quanto às demais intervenções, por alguns pontos: o fato da alegação em prazo da contestação suspender o prazo para tal ato; a decisão do juízo sobre a instauração do incidente; a posterior oitiva do autor sobre a questão; quando citado a possibilidade do nomeado manifestar-se sobre a matéria, a decisão posterior sobre a correção ou não do polo passivo.

O instituto tinha um procedimento do réu imputar o nomeado à autoria do ato ilícito, com a indicação para entrada na demanda. O réu poderia realizar a nomeação em peça apartada, dentro do prazo da contestação, indicando que havia discrepância entre o alegado pelo autor, com a necessidade de chamar

---

4. **CPC/73**. Art. 63. Aplica-se também o disposto no artigo antecedente à ação de indenização, intentada pelo proprietário ou pelo titular de um direito sobre a coisa, toda vez que o responsável pelos prejuízos alegar que praticou o ato por ordem, ou em cumprimento de instruções de terceiro.

5. "a utilidade da nomeação à autoria consiste em antecipar soluções para a questão da legitimidade passiva, mediante incidente razoavelmente simples, em que o autor, alertado, tem oportunidade de retificar a mira da demanda proposta." DINAMARCO, Cândido Rangel. **Instituições de Direito Processual Civil**. 4ª ed., São Paulo: Malheiros: 2004, vol. 2, p. 397.

um terceiro a lide – seja o terceiro real proprietário ou o instrutor/ordenante – para que este a responda. De igual forma, o réu poderia optar por fazê-lo na própria contestação.

Com a nomeação realizada, o juiz analisava de forma preliminar se havia alguma plausibilidade naquela nomeação, podendo, desde já, indeferi-la de plano, o que já era passível de agravo de instrumento, voltando o processo para a fase de contestação ou, se a nomeação foi interna a esta, para as fases posteriores. Somente se o juiz deferisse preliminarmente o argumento do réu, o autor seria ouvido, com a possibilidade de concordar ou discordar da alegação da diferença da autoria do ato ilícito.

Com a discordância do autor, não havia motivos para tal prosseguimento, importando no indeferimento da nomeação à autoria, necessitando de nova decisão, também passível de agravo de instrumento. Em caso de aceitação do autor pela nomeação à autoria, o réu deve ser citado para integrar – ainda provisoriamente – a demanda, com a possibilidade de defender-se sobre a imputação – sem necessitar ainda defender-se do mérito do processo. Se houver a concordância do terceiro imputado sobre a alegação que lhe recai, automaticamente não se discute, neste momento, a legitimidade, com a definitiva entrada deste terceiro, figurando desde já, como réu, retirando o antigo réu, outrora originário, desta condição. Neste momento, abre-se novo prazo para a contestação, agora sobre o mérito da demanda.

Se o terceiro, ao manifestar-se, não concordar com a imputação que lhe foi feita, nos moldes do artigo 66,[6] o juízo decidirá a questão, podendo, inclusive, deixar ambos os réus – originário e nomeado – respondendo a demanda.[7]

Nesta nomeação à autoria, o juiz tinha a possibilidade decisória por dois momentos: a preliminar recusando ou abrindo o incidente e a posterior, depois de aberto o incidente com a decisão final deste. Com o incidente aberto, mesmo com as alegações das partes, o juiz tinha certa autonomia em decidir sobre a inclusão deste terceiro como parte, somente sendo automática quando

---

6. **CPC/73**. Art. 66. Se o nomeado reconhecer a qualidade que lhe é atribuída, contra ele correrá o processo; se a negar, o processo continuará contra o nomeante.

7. " Embora o Código faça presumir que ao terceiro nomeado será sempre livre e justa a recusa, ficando o autor e o nomeante constrangidos a persistirem em uma causa para a qual ambos resultem convencidos da completa ilegitimidade passiva do demandado originário, parece evidente que a disposição do art. 66 deverá ser entendida adequadamente, pois ninguém, no sistema processual brasileiro, poderá livrar-se da condição de réu, alegando não ser legitimado para a causa, ou não desejar responder à demanda. Cremos que não haverá outra saída para a correta exegese do artigo 66 senão atribuir ao juiz a faculdade de decidir sobre a legitimidade passiva do nomeado. Se o juiz relegar para a sentença final a decisão sobre essa preliminar, a causa prosseguirá contra ambos" BAPTISTA DA SILVA, Ovídio A. **Curso de Direito Processual Civil**. Porto Alegre: Sérgio A. Fabris, 1991, v. l, p. 236.

o autor, depois da decisão provisória, aceitar a nomeação, com a concordância do novo réu, quando instado a se manifestar.

Se o autor aceitasse a nomeação, com a posterior recusa do nomeado para tal desiderato, ainda assim, mesmo para a nomeação à autoria, havia a necessidade da decisão, com a refutação de todos os argumentos postos pelo réu.

3. A RETIRADA DA NOMEAÇÃO À AUTORIA NO NOVO CPC

Com a limitação do instituto e a sua consequente inutilidade processual, a nomeação à autoria, neste novo momento legislativo procedimental, ficou na berlinda com uma necessária pergunta: sem uma utilidade devida no cotidiano processual, havia a necessidade de manter-se este o instituto?

Não há, no CPC/2015, a figura específica da nomeação à autoria, preferiu-se retirar este instituto do texto legal, bem como do rol das espécies de intervenção de terceiros. Dessa forma, somente restou a assistência, a denunciação à lide e o chamamento ao processo, como possibilidades de intervir num processo como terceiro.[8]

Mas, a pergunta persiste: a nomeação à autoria foi extinta? Como um instituto próprio, sim. Entretanto, como fica o réu que encontrar-se na mesma situação processual em que anteriormente cabia a nomeação à autoria? Não poderá o réu realizá-la imputando o ato ilícito/conflituoso ao verdadeiro proprietário do imóvel e provável responsável pelo dano?

Se esta situação processual continuar, o réu erroneamente citado, por ser meramente o possuidor/detentor da coisa ou simplesmente por ter cumprido ordens/instruções de terceiro, necessita realizada a imputação do proprietário ou do instrutor/ordenante para que responda ao processo, participando, este terceiro, como o réu legítimo da demanda.

Entretanto, mesmo com a extirpação do instituto da nomeação à autoria, não há um desamparo processual para o réu nesta situação. A intenção legislativa, neste caso, recai em modo inverso, a retirada da nomeação à autoria acaba por ser uma espécie de modificação do instituto, enquadrando-o como uma realidade para o mesmo momento processual, todavia com uma ampliação em seu cabimento, bem como uma maior utilidade para a parte ré

---

8. "Como se pode observar de imediato, essa figura não corresponde a verdadeira intervenção de terceiro, já que se mostra como meio de correção do polo passivo da relação processual, fazendo com que este "terceiro", que ingressa na demanda deduzida, assuma condição de réu no processo, no lugar do primitivo demandado." MARINONI, ARENHART, Ob. cit. p. 188

e, principalmente, para a própria existência da imputação à autoria neste momento processual.

3.1 A escolha por um novo procedimento

Para o lugar da nomeação à autoria e com uma amplitude maior, criou-se o procedimento do artigo 338[9] e 339[10] no CPC/2015. Não há mais a figura de uma intervenção de terceiros, mas a substituição por um outro ato processual, no mesmo momento processual, inserto na peça contestatória, porém como uma visualização diversa do instituto anterior.

Neste caso, não há mais uma decisão sobre a intervenção de terceiro, mas sim uma opção a ser dada ao autor, sobre a indicação a ser realizada pelo réu na contestação de que há outro indivíduo que deve responder aquela demanda.

A nomeação à autoria tinha hipóteses restritas, específicas por demais, tornando o próprio instituto obsoleto e pouco utilizado. A sua substituição por um procedimento na contestação, de forma mais ampla, abre novas possibilidades, com um significado e utilidade processual bem maior, consequentemente, mais hipóteses de incidência e alcance processual.

Se antes havia a limitação da nomeação à autoria para a hipótese da citação equivocada sobre o possuidor/detentor do imóvel, que sofre a demanda erroneamente no lugar do proprietário ou do terceiro responsável pelas ordens ou instruções dadas ao réu originário, no novo código, essa amplitude aumenta, com um impacto maior, além desta hipótese delineada no CPC/73. ´

4. O PROCEDIMENTO SUBSTITUTO DA NOMEAÇÃO À AUTORIA

Se saiu a nomeação à autoria, um outro instituto deu vazão à mesma fase processual, à mesma hipótese processual, contudo o intuito do novo ordenamento passou por ampliar a mesma possibilidade para outras situações parecidas, para que não houvesse somente possibilidades de atuações restritas.

O momento processual que substituiu a nomeação à autoria, de igual forma, inicia-se na contestação, como a resposta do réu devida para a situação.

---

9. **CPC/2015.** Art. 338. Alegando o réu, na contestação, ser parte ilegítima ou não ser o responsável pelo prejuízo invocado, o juiz facultará ao autor, em 15 (quinze) dias, a alteração da petição inicial para substituição do réu.

10. **CPC/2015.** Art. 339. Quando alegar sua ilegitimidade, incumbe ao réu indicar o sujeito passivo da relação jurídica discutida sempre que tiver conhecimento, sob pena de arcar com as despesas processuais e de indenizar o autor pelos prejuízos decorrentes da falta de indicação.

Entretanto, o novo procedimento recai na alegação da ilegitimidade passiva, criando novas regras para esta alegação, com desdobramentos processuais práticos para a questão.

De certa forma, no CPC/73, quando o réu detentor/possuidor do imóvel ou aquele que realizou o ato ilícito por mando ou instrução de terceiro era erroneamente citado para responder a demanda e nomeava a autoria de quem respondia pela propriedade do imóvel ou o terceiro instrutor/ordenante. Para se desincumbir da responsabilidade da demanda, o réu tinha a necessidade de imputar quem era o real legítimo passivo para tal situação. Com isto, a nomeação à autoria se confundia com a própria alegação de ilegitimidade passiva, entretanto com um rito diferente quando houvesse ocasiões processuais específicas – na hipótese legal prevista pelos artigos 62 e 63 do CPC/73 – para além desta alegação, haver a necessidade do réu em imputar o verdadeiro responsável pelo polo passivo da demanda.

Analisando por este prisma, a própria nomeação à autoria era uma alegação de ilegitimidade passiva com a imposição de imputação ao réu, em hipóteses limitadas. O novo instituto responsável por substituir e ampliar a nomeação à autoria tem as mesmas conjunções – ilegitimidade + imputação do legítimo – do antigo código, somente com uma abertura para qualquer espécie de demanda, sobre qualquer matéria ou hipótese em que comportar tal feito.

4.1 A alegação do réu sobre a ilegitimidade passiva na contestação

A alegação de ilegitimidade passiva do réu no CPC/2015 tem duas possibilidades de situações: o atual réu sabe quem deveria ser o legítimo[11] ou o réu não tem ciência de quem seria o legítimo para aquela demanda.

Se houver a alegação de ilegitimidade passiva, é dever do réu, de acordo com o artigo 338, indicar qual seria o verdadeiro réu para estar naquela demanda. Evidente que somente há de se cobrar do réu essa imputação, se for nítido ou facilmente verificável que o atual réu tem como saber quem é o verdadeiro responsável pelo conflito de interesses. Sem essa ciência sobre a questão, não há como imputar essa responsabilidade ao réu quando fizer a alegação de ilegitimidade.

Evidente que se réu escolhe pela ilegitimidade, se não souber quem seria o possível réu a ser indicado, deve fundamentar a impossibilidade de ciência

---

11. "São casos em que, pelas circunstâncias do caso, o réu tem conhecimento de quem seja o legitimado passivo (art. 339, caput, CPC)." DIDIER JR, Fredie . Curso de Direito Processual Civil (v. 1) – introdução ao direito processual civil, parte geral e processo de conhecimento. 17. ed. Salvador: Editora Juspodvim, 2015, p. 647.

de tal desiderato. Não há como simplesmente alegar a ilegitimidade passiva, sem imputar o indivíduo que deveria responder como réu ou não alegar a impossibilidade de ter conhecimento de quem seria o réu a ser citado no processo.

Na contestação, não pode o réu simplesmente alegar a ilegitimidade passiva, deve escolher por um dos dois caminhos, se souber quem imputar, deve proceder por este caminho, por outro lado, sem a sapiência, deve indicar a impossibilidade para tal fim.

4.1.1 A multa aplicável ao réu em caso de injustificadamente não indicar a parte que entende legítima

O artigo 339, além de indicar a necessidade do réu imputar quem considera legítimo para responder a demanda, dispõe sobre a responsabilidade por eventuais despesas processuais e eventual indenização ao autor em caso da não indicação de forma injustificada.[12]

O intuito da norma passa pelo princípio da cooperação processual, disposto no artigo 6[013] onde as partes têm o dever de cooperar para a melhor resolução da demanda, o que é atrelada à boa-fé processual, como um desdobramento desta, que está no artigo 5[014]. A parte ré, neste momento, tem obrigações para o processo, ainda que esteja alegando que não deveria ser parte naquela demanda. Se há sapiência sobre a legitimidade correta, de igual forma, há a necessidade dessa indicação.[15]

Por vezes, pode-se entender como um encargo demasiado à parte ré, pelo fato de que "foi o autor o responsável pelo direcionamento equivocada da ação,"[16] todavia, vislumbro que a aplicabilidade destas sanções tem duas razões: a própria alegação de ilegitimidade ficaria mais latente pelo réu ao indicar quem deveria compor a lide passivamente e ao dispor em sua defesa a

---

12. "O réu que alegar sua ilegitimidade mas deixar, *injustificadamente* de apontar quem seria a parte legítima para compor o polo passivo da lide, além de não ter suas despesas reembolsadas, será obrigado a indenizar o autor pelo prejuízo decorrente da falta de indicação." WAMBIER, Teresa Arruda Alvim. CONCEIÇÃO, Maria Lúcia Lins. RIBEIRO, Leonardo Ferres da Silva. MELLO, Rogério Licastro Torres de. Primeiros comentários ao novo código de processo civil. 1ª. Ed, São Paulo: RT. 2015, p. 593

13. **CPC/2015.** Art. 6º Todos os sujeitos do processo devem cooperar entre si para que se obtenha, em tempo razoável, decisão de mérito justa e efetiva

14. **CPC/2015.** Art. 5º Aquele que de qualquer forma participa do processo deve comportar-se de acordo com a boa-fé

15. **CPC/73.** Art. 69. Responderá por perdas e danos aquele a quem incumbia a nomeação: I – deixando de nomear à autoria, quando lhe competir; II – nomeando pessoa diversa daquela em cujo nome detém a coisa demandada

16. WAMBIER, CONCEIÇÃO, RIBEIRO, MELLO, Ob. cit, p. 593

ilegitimidade com a ciência de quem deve ser o réu, pratica a boa-fé processual, demonstrando a colaboração necessária para o deslinde do feito.

Quando não realizar a sua obrigação imputada pelo artigo 339, o réu deve justificar a ausência da indicação, argumentando que há a impossibilidade de fazê-lo ou o desconhecimento da legitimidade correta para a demanda.

4.2. A manifestação do juízo e a escolha do autor

Realizada a contestação pelo réu, contendo nesta a arguição da ilegitimidade passiva, nos moldes do artigo 338 e a indicação do terceiro provável responsável pelo ato ilícito, passa-se para a manifestação do juízo – podendo ser um ato ordinatório – para a réplica do autor, contendo, neste momento, a faculdade de acatar a ilegitimidade nos termos arguidos e optar-se pela substituição processual do polo passivo.

Não há, no ato judicial de intimação, da intimação para a réplica, nenhum juízo de valor sobre a ilegitimidade passiva, somente com o dever da cooperação judicial em facultar ao autor o descrito no artigo 338. Ao autor, conjuntamente ao prazo para a impugnação à peça conteste, deve manifestar-se sobre a alegação da ilegitimidade passiva, discorrendo sobre o próximo passo processual.

Não há a possibilidade do juiz decidir sobre esta substituição processual, sendo prerrogativa do autor dispor/escolher como proceder com os próximos passos processuais. Não há discricionariedade do juiz para este momento.

Evidente que neste momento o autor deve, ao se manifestar sobre a contestação como um todo, também argumentar sobre a ilegitimidade passiva, com diversas possibilidades processuais sobre este ponto, com diferentes consequências no andamento procedimental da lide.

No CPC/73, com a manifestação do autor, nessa mesma hipótese processual, o juízo decidia sobre a inclusão ou não do terceiro indicado pelo réu, nomeando à autoria do possível ato ilícito praticada ou do objeto indicado na demanda, como uma autentica decisão de intervenção de terceiros, sob a responsabilidade do juízo e passível de agravo de instrumento.

No CPC/2015, conforme preconiza o artigo 338, fica a critério do autor a escolha processual subsequente, com a responsabilidade deste pela consequência de sua possível manifestação ou omissão. O autor dispõe, neste momento, as seguintes possibilidades: manutenção do réu no polo passivo, substituição do réu pelo terceiro indicado por este ou a formação de um litisconsórcio passivo – a inclusão do terceiro com a manutenção do atual réu.

Esta decisão processual é exclusiva do autor, incumbindo ao juízo somente acatar a manifestação, prosseguindo com o processo mantendo o réu, substituindo-o ou formando o litisconsórcio no polo passivo, nos moldes da deliberação realizada pelo autor.

Com a escolha realizada pelo autor – podendo ser feita na impugnação ou em peça apartada – mesmo sem a discricionariedade do juízo para os próximos passos processuais, este deve, ao acatar o desejado pelo autor, quando necessário, imputá-lo das consequências processuais daquela escolha, como eventuais custas, honorários, novas citações e ademais despesas processuais.

A possibilidade do autor corrigir o polo passivo no meio do procedimento é uma demonstração do princípio da prioridade ao julgamento de mérito, também chamado de primazia de mérito, presente de forma geral no artigo 4º,[17] mas presente em diversos pontos do novo ordenamento, como no artigo 338. O intuito é possibilitar que haja uma correção processual, evitando uma sentença sem julgamento de mérito e a necessidade de outra demanda, uma visualização do legislador da possibilidade de "salvar" o processo.

4.2.1 A rejeição da indicação e a manutenção do réu indicado na inicial

Caso o autor entenda como incabível e inócua a argumentação do réu pela ilegitimidade passiva, com a completa rejeição a esta tese apresentada na contestação, deve se manifestar pela manutenção do polo passivo, pela legitimidade do réu para responder a demanda.

O autor, nesta hipótese, refuta os argumentos trazidos pelo réu sobre a ilegitimidade passiva impugnando-os, com a indicação de sua escolha processual pela manutenção do polo passivo e o devido prosseguimento da demanda.

Claro que o autor deve estar ciente das possíveis consequências processuais de tal escolha, pelo fato de que a matéria será analisada pelo juiz no momento do saneamento, ocasião em que ao proceder a análise processual da demanda, com o intuito de verificar a regularidade das partes, caso o juiz entenda pelo acatamento da alegação do réu, com a latente ilegitimidade passiva, pode, desde já, sentenciar o processo, sem o enfrentamento do mérito, pela irregularidade no polo passivo, utilizando-se de uma das hipóteses do artigo 485,[18] com o encerramento do processo, de forma terminativa, com a

---

17. **CPC/2015.** Art. 4º As partes têm o direito de obter em prazo razoável a solução integral do mérito, incluída a atividade satisfativa.
18. **CPC/2015.** Art. 485. O juiz não resolverá o mérito quando: I. indeferir a petição inicial; II. o processo ficar parado durante mais de 1 (um) ano por negligência das partes; III. por não promover os atos e as

condenação do autor em custas e despesas processuais e, também, honorários advocatícios.

Por outro lado, se no saneamento verificar-se pela legitimidade, as partes processuais passam a ser estabilizadas, prosseguindo o rito procedimental para o estágio probatório ou até mesmo decisório, entendendo-se que aquele réu é o legítimo para responder aquela demanda.

O juiz pode, de igual maneira, adiar para o momento da prolação da sentença a análise sobre a matéria da ilegitimidade passiva, caso entenda que necessita dilação probatória sobre a questão, inserindo, no momento decisório, a análise da alegação do réu como resolução da preliminar na sentença.

4.2.2 A substituição do réu e a inclusão do indicado na contestação

Com a faculdade concedida ao autor, por intermédio do artigo 338, este pode, ao analisar os fundamentos elencados na contestação, concordando com a alegada ilegitimidade passiva, escolher pela substituição do polo passivo, retirando-se o réu originário da demanda para a inclusão do novo réu, aquele indicado na contestação como o provável legítimo para responder a demanda.

Neste momento, com o posicionamento do autor pela substituição do polo passivo, o juiz tem o dever de proceder dessa maneira, com duas consequências processuais: a prolação de uma decisão parcial sem julgamento de mérito, excluindo o réu originário da lide, com a devida condenação para o reembolso de despesas e estipulação de honorários – no importe de três a cinco por cento – conforme o parágrafo único do artigo 338 e a inclusão do novo réu no processo, com a necessidade de determinação da citação deste para a ciência de sua entrada no polo passivo desta demanda.

Ao autor é dada a possibilidade de corrigir a legitimidade passiva, com a adequação ao réu correto, caso concorde com as alegações realizadas pelo réu originário. Uma possibilidade legislativa positivada no novo ordenamento que prima pela alteração do polo passivo durante a demanda para proporcionar uma solução processual interlocutória que satisfaz todas as partes, tanto o autor – que errou na inicial e corrige a tempo – quanto o réu originário – que retira-se da lide com a indicação do legítimo.

---

diligências que lhe incumbir, o autor abandonar a causa por mais de 30 (trinta) dias; IV. verificar a ausência de pressupostos de constituição e de desenvolvimento válido e regular do processo; V. reconhecer a existência de perempção, de litispendência ou de coisa julgada; VI. verificar ausência de legitimidade ou de interesse processual; VII. acolher a alegação de existência de convenção de arbitragem ou quando o juízo arbitral reconhecer sua competência;

Mesmo com a possibilidade desta correção, o autor, por ter dado causa à inclusão indevida do réu originário na lide, deve arcar com as despesas comprovadas deste e, ainda, com os honorários advocatícios pela sucumbência pela extinção parcial. Com isso, ao escolher pela substituição processual, com a alteração de réus, o autor já tem a ciência das consequências monetárias que deve arcar, com a indicação ao próprio juiz da causa que concorda com o erro inicial da citação do réu originário de forma equivocada.

Certo do erro que houve na indicação inicial do réu, o autor opta pela substituição, arcando com o ônus de sua escolha. Evidente que esta opção pode lhe causar economia, seja processual – com o devido saneamento da demanda desde logo e a desnecessidade de outra demanda – ou econômica – pela condenação menor em honorários advocatícios limitados à três a cinco por cento.

Ao juiz não é concedida a discricionariedade para decidir diferentemente da opção realizada pelo autor. Com a escolha realizada pela substituição processual, a decisão judicial deve ser nesta forma, mesmo que o juízo entenda como incorreta, ciente o autor das consequências da alteração sobre a qual fez a opção, inclusive com a possibilidade de, ao final da demanda, sobre este novo indicado como legítimo, haver a extinção da demanda por ilegitimidade passiva.

Neste momento processual, a "bola" está com o autor, com a necessidade do juízo respeitar essa condição, impondo, inclusive, as devidas consequências posteriores que forem plausíveis, mas no próximo passo, não há como deixar de seguir o determinado pelo autor.

Após a prolação da decisão parcial sem mérito, determinando a exclusão do réu e a inclusão do novo réu, a citação deve ser realizada e, posteriormente, o processo prosseguir em seu andamento.

4.2.3 A inclusão do indicado na contestação e a formação do litisconsórcio passivo

Uma terceira opção possível ao autor quando manifestar-se sobre a alegação de ilegitimidade passiva feita pelo réu na contestação, recai na escolha pela inclusão do indicado como possível legitimado pelo réu originário, sem, no entanto, optar pela exclusão deste. Há, nesta hipótese de escolha pelo autor, a manutenção do réu originário na lide, com a formação do litisconsórcio passivo pela somatória de um novo réu, nos moldes indicados pelo artigo 339 § 2º.

A escolha do autor passa por não excluir o réu originário, entendendo que a legitimidade passiva deve ser dividida entre o réu originário e aquele indicado por este para substituí-lo, dando razão parcial ao que foi alegado na contestação. De igual forma das demais opções, o juiz deve acatar a escolha do autor, com a determinação do prosseguimento da lide em face do réu originário e a inclusão devida do, agora novo, réu.

O autor, ao proceder por este caminho, tem a ciência de que a formação do litisconsórcio passivo é a saída processual mais apropriada, pelo fato de que há a possibilidade do juiz, em momento posterior – no saneamento ou no momento da prolação da sentença – entender que, para um destes réus que agora formam o litisconsórcio passivo, não tem legitimidade para compor a lide, extinguindo a demanda em relação a este sem o devido julgamento do mérito, com a condenação em despesas processuais e honorários advocatícios, agora em patamares normais, sem a diminuição prevista no parágrafo único do artigo 338.[19]

4.3 A ausência de discricionariedade do juízo sobre o procedimento

Como já vimos, o procedimento imposto no artigo 338 e 339 importam em uma faculdade processual concedida ao autor para decidir sobre como prossegue a demanda. A inovação legislativa sobre a questão permite a correção processual, com o aproveitamento da mesma demanda – que no ordenamento anterior seria extinta sem mérito – para o prosseguimento contra um possível novo réu legitimado ou a formação de um litisconsórcio.

Uma nova mentalidade existente no CPC/2015 ao priorizar de forma incessante a visualização do processo como um escopo para conseguir-se a real efetividade do direito material. Por esta forma mais flexível de olhar o direito processual, diversos gargalos processuais anteriores foram retirados para uma melhor prestação jurisdicional, de certo modo até ampliando os deveres e direitos das partes, como uma maneira de efetivar-se o princípio da cooperação, exposto no artigo 6º do CPC/2015.

Ao réu, neste procedimento dos artigos 338 e 339, existe a incumbência de indicar, quando alegar a ilegitimidade passiva, quem entende como legítimo para responder a demanda, possibilitando num ato contínuo processual a faculdade ao autor decidir como a sua pretensão continuará em relação ao polo passivo.

Uma verdadeira imputação às partes para colaborar com o processo, concedendo-lhe deveres e direitos, com consequências para seus atos – seja com

---

19. **CPC/2015.** Art. 338. (...) Parágrafo único. Realizada a substituição, o autor reembolsará as despesas e pagará os honorários ao procurador do réu excluído, que serão fixados entre três e cinco por cento do valor da causa ou, sendo este irrisório, nos termos do art. 85, § 8º.

a necessidade de indicação do legitimado ou com a condenação do autor em despesas e honorários advocatícios – retirando da figura central do juiz toda a autonomia processual, demonstrando que há uma nova ordem elaborada pelo princípio colaborativo.

Com essa descentralização processual nesta fase, o juiz perde a sua liberdade decisória[20] pelo rito preconizado nos artigos 338 e 339, o papel de protagonismo sobre quais os próximos andamentos processuais passa a cargo das partes – principalmente ao autor – com uma verdadeira inovação diante do que se tinha no CPC/73.

4.3.1 A necessidade de seguir as orientações do autor

O artigo 339 em seus parágrafos 1º e 2º dispõe sobre o procedimento aberto pela alegação do réu em sua contestação da matéria de ilegitimidade passiva, com a possibilidade do autor optar pela substituição do réu – § 1º – ou pela formação de um litisconsórcio passivo com o réu originário e a inclusão do novo réu – § 2º.

O § 1º do artigo 339 utiliza os seguintes termos: "o autor, ao aceitar a indicação, procederá (..)." A aceitação é atributo exclusivo do autor, sem nenhuma influência decisória do juiz, com a faculdade dada à parte e, com isso, uma escolha processual.[21]

De igual forma, a redação do parágrafo subsequente segue a mesma linha ao delinear da maneira tal: "o autor pode optar por alterar a petição inicial para incluir, como litisconsórcio passivo, o sujeito indicado pelo réu." Neste caso, a opção também fica a critério do autor, sem nenhuma discricionariedade ou poder decisório do juiz. [22]

Todo o procedimento previsto nos artigos 338 e 339 – correção do polo passivo – possibilita um protagonismo às partes, com a necessária vinculação do ato judicial posterior ao indicado pelo autor, por ser este o titular do direito que iniciou a demanda. Se é o autor que sofrerá as consequências de sua própria escolha, realmente há de se respeitá-las, com o prosseguimento do feito

---

20. Enunciado n.º 296 do FPPC: Quando conhecer liminarmente e de ofício a ilegitimidade passiva, o juiz facultará ao autor a alteração da petição inicial, para substituição do réu, nos termos dos arts. 339 e 340, sem ônus sucumbenciais.

21. "O autor tem o direito de optar por substituir o réu ou ampliar o polo passivo; não há necessidade de consentimento do réu originário." DIDIER JR, Ob. cit. p. 648.

22. Enunciado n.º 152 do FPPC: Nas hipóteses dos §§ 1º e 2º do art. 339, a aceitação do autor deve ser feita no prazo de quinze dias destinado à sua manifestação sobre a contestação ou sobre essa alegação de ilegitimidade do réu.

com o polo passivo que assim desejar, ainda que, posteriormente, o juiz possa sentenciar ou decidir parcialmente de forma diversa.

Ao lembrarmos do procedimento da nomeação à autoria do CPC/73, as partes tinham também momentos processuais dentro do incidente formado para a discussão da nomeação para manifestar-se, mas com uma capacidade decisória do juiz muito maior, seja de forma preliminar, com a possibilidade inicial de rejeição, sem ouvir o autor, tampouco o terceiro ou depois de todas as oitivas, decidir-se pelo que entendia como prudente naquele momento.

5. A AUSÊNCIA DE DECISÃO DO JUÍZO E A RETIRADA DO CPC COMO INTER-VENÇÃO DE TERCEIRO

Ao discorrer sobre esta matéria, Fredie Didier Jr entende essa nova regra como "uma modalidade nova de intervenção de terceiro, que tem por consequência a sucessão processual,"[23] esse procedimento que imputa ao réu a indicação de que há outro indivíduo que deve responder a demanda e a opção ao autor pela substituição. Entretanto, por mais que o embrião da nomeação à autoria ainda esteja dentro deste novo procedimento disposto nos artigos 338 e 339, não se deve considerar como uma hipótese de intervenção de terceiro, mas claramente uma faculdade ao autor pela substituição processual.

As intervenções de terceiros têm o intuito de incluir a figura de um indivíduo – pessoa física ou jurídica – à lide, aumentando o alcance da discussão processual, com maior amplitude para a resolução daquela questão e, ao mesmo tempo, possibilitando impactar, desde já, todos os atores diretos daquele conflito de interesse. Não há uma substituição (no caso das intervenções propriamente ditas), mas uma conjunção de réus (ou assistentes em ambos os polos) para responder aquela demanda.

Este é um dos pontos em que a regra imposta pelos artigos 338 e 339 não importam numa intervenção de terceiro. Outros pontos estão na faculdade decisória do autor sobre o prosseguimento processual e a ausência de decisão discricionária do juízo sobre a escolha do autor.

Todo o rito previsto nestes supracitados artigos preveem a faculdade ao autor, nunca uma discricionariedade do juízo, com isto, a decisão posterior proveniente da substituição ou não do polo passivo somente tem escopo como a concordância judicial ao deliberado pelo autor, nada a ser imposto à demanda, como era no CPC/73 quanto à nomeação à autoria.

---

23. DIDIER JR, Ob. cit. p. 647.

No antigo ordenamento, por mais que houvesse a abertura de prazo para manifestação das partes, após a decisão do deferimento prévio da nomeação à autoria o juiz detinha a possibilidade decisória preliminar e final sobre a alteração do polo passivo proveniente daquela intervenção de terceiro. Ao compararmos os institutos processuais, na forma em que construiu no CPC/2015, esta fase processual de substituição processual depende exclusivamente, após a alegação do réu, da vontade do autor, pelo fato de que este é o titular do direito pleiteado na inicial, o que leva a ter ali a escolha pessoal sobre contra quem a demanda deve continuar. Sai o protagonismo da figura do juiz, entra o protagonismo processual do autor, evidentemente, com possíveis consequências processuais sobre a sua escolha, inclusive sobre os encargos – custas, despesas e honorários advocatícios.

Dessa forma, retirou-se do juiz o encargo da decisão judicial para a questão, com a facilidade processual de colocar como faculdade do autor para o próximo passo processual, com uma amplitude de possibilidades e com consequências futuras. Sem liberdade decisória, se o autor escolher por qualquer das opções, o juiz percorre esse caminho, com a formatação processual conforme a imaginada como adequada pelo autor.

Sem uma decisão livre sobre a entrada ou não do terceiro indicado pelo réu como o legitimado para responder aquela demanda, esta fase passa a ser um mero procedimento de correção processual, sem enquadrar-se no rol das intervenções de terceiro. Todos os institutos intitulados desta forma são precedidos de uma decisão judicial fundamentada com a admissão ou inadmissão da inclusão do terceiro à lide.

Como há decisão judicial sobre a admissão ou inadmissão das intervenções de terceiro, com a possibilidade de agravo de instrumento destas – artigo 1.015[24] – quando não houver a decisão com esta característica, ainda que a norma processual crie um procedimento para a substituição processual ou a inclusão de novo réu para a formação de um litisconsórcio, sem uma decisão judicial que enquadra-se como "admissão ou inadmissão de terceiro", não há como interpretar essa possibilidade de correção do polo passivo como uma

---

24. **CPC/2015**. Art. 1.015. Cabe agravo de instrumento contra as decisões interlocutórias que versarem sobre: I. tutelas provisórias; II. mérito do processo; III. rejeição da alegação de convenção de arbitragem; IV. incidente de desconsideração da personalidade jurídica; V. rejeição do pedido de gratuidade da justiça ou acolhimento do pedido de sua revogação; VI. exibição ou posse de documento ou coisa; VII. exclusão de litisconsorte; VIII. rejeição do pedido de limitação do litisconsórcio; IX. admissão ou inadmissão de intervenção de terceiros; X. concessão, modificação ou revogação do efeito suspensivo aos embargos à execução; XI. redistribuição do ônus da prova nos termos do art. 373, § 1º; XII. (VETADO) conversão da ação individual em ação coletiva; XIII. outros casos expressamente referidos em lei.

autêntica intervenção de terceiro, bem como pela impossibilidade de recorribilidade da decisão pelas partes.

Seja pelo autor que, ao acatar a opção do réu pela imputação realizada a terceiro, somente almeja uma correção no polo passivo, o que leva o juiz a decidir por esta substituição processual pleiteada pelo réu e em concordância com o autor, o que acarreta em evidente falta de interesse recursal.

Quando o juiz decide pela substituição processual do réu originário pelo novo réu, mesmo com uma decisão que tem conteúdo do artigo 485, importando em uma matéria sem mérito com condenação em custas, honorários advocatícios e demais encargos, não há recorribilidade por falta de interesse recursal, pelo réu, ora excluído, ter alegado e requerido sua própria exclusão.

Mesmo o réu que foi substituído ou, ainda, o que foi incluído como novo réu ou litisconsorte, não há como impugnar este ato judicial via agravo de instrumento por falta de previsibilidade legal para tanto, bem como da falta de interesse recursal, já que esta decisão que segue o decidido pelo autor, não esgota a matéria meritória sobre a ilegitimidade passiva, esta somente ficando postergada para o momento do saneamento ou, ainda, da sentença.

Outro ponto sobre o entendimento de que este procedimento criado pelos artigos 338 e 339 não pode ser visualizado como uma intervenção de terceiro está em sua aplicabilidade em qualquer processo, em qualquer matéria, inclusive "os especiais e aqueles que não admitem intervenção de terceiro, pois é medida saneadora e preocupada com a duração razoável do processo."[25]

Por todas estas razões, o CPC/2015, ao criar este procedimento, optou pelo caminho da celeridade e pela possibilidade de correção processual,[26] possibilitando uma incidente para melhoria da prestação jurisdicional com a saneabilidade um erro detectado pelo réu ou de plano pelo juízo, imputando responsabilidades ao réu, bem como permitindo uma faculdade do autor, demonstrando claramente o intuito colaborativo do novo ordenamento, como uma clara visualização real dos princípios embutidos pelo novo código.

6. BIBLIOGRAFIA

BAPTISTA DA SILVA, Ovídio A. **Curso de Direito Processual Civil**. Porto Alegre: Sérgio A. Fabris, 1991, v. l.

---

25. DIDIER JR, Ob. cit. p. 648.
26. Enunciado n.º 42 do FPPC: O dispositivo aplica-se mesmo a procedimentos especiais que não admitem intervenção de terceiros, bem como aos juizados especiais cíveis, pois se trata de mecanismo saneador, que excepciona a estabilização do processo.

BRASIL. Código de Processo Civil. Lei 13.105 de 16 de março de 2015.

_____. Código de Processo Civil. Lei 5.869 de 11 de janeiro de 1973.

DIDIER Jr., Fredie . Curso de Direito Processual Civil (v. 1) – introdução ao direito processual civil, parte geral e processo de conhecimento. 17. ed. Salvador: Editora Juspodvim, 2015.

DINAMARCO, Cândido Rangel. **Instituições de Direito Processual Civil**. 4ª ed., São Paulo: Malheiros: 2004, vol. 2.

ENCONTRO DO FÓRUM DE PERMANENTE DE PROCESSUALISTAS CIVIS. Enunciados do Fórum Permanente de Processualistas Civis: 05, 06 e 07 de dezembro de 2014: coordenadores gerais: Fredie Didier Jr, Dierle Nunes – Salvador: Ed. JusPodivm. 2015

MARINONI, Luiz Guilherme. ARENHART, Sergio Cruz. Manual do processo de conhecimento, São Paulo: RT. 2006.

NUNES, Dierle. SILVA , Natanael Lud Santos e. CPC Referenciado – Lei 13.105/2015. 1ª ed. – Florianópolis: Empório do Direito Editora, 2015.

WAMBIER, Teresa Arruda Alvim. CONCEIÇÃO, Maria Lúcia Lins. RIBEIRO, Leonardo Ferres da Silva. MELLO, Rogério Licastro Torres de. Primeiros comentários ao novo código de processo civil. 1ª. Ed, São Paulo: RT. 2015.

www.stj.jus.br/portal/site/STJ – acessado dia 15 de novembro de 2015.

CAPÍTULO 11

A Intervenção De Terceiro Da Defensoria Pública Nas Ações Possessórias Multitudinárias Do NCPC: Colisão De Interesses (Art. 4º-A, V, LC N. 80/1994) e Posições Processuais Dinâmicas

Maurilio Casas Maia[1]

SUMÁRIO: 1. INTRODUÇÃO; 2. INTERESSE INSTITUCIONAL E CONSTITUCIONAL DA DEFENSORIA PÚBLICA; 2.1 AS ATRIBUIÇÕES DEFENSORIAIS DE ACORDO COM AS 4 (QUATRO) ONDAS DE ACESSO À JUSTIÇA; 2.2 SOBRE A AUSÊNCIA DE ADJETIVAÇÃO CONSTITUCIONAL DOS "NECESSITADOS" E DA "INSUFICIÊNCIA DE RECURSOS" (ADI 3943, REXT 733433 E ERESP 1192577); 2.3 SOBRE AS MÚLTIPLAS NECESSIDADES E SEUS RESPECTIVOS NECESSITADOS; 2.4 MODALIDADES DE INTERVENÇÃO DOS ÓRGÃOS CONSTITUCIONAIS POSTULANTES DO SISTEMA DE JUSTIÇA BRASILEIRO; 2.4.1 CARREIRAS PÚBLICAS POSTULATÓRIAS ESSENCIAIS À JUSTIÇA E A TRÍPLICE CAPACIDADE: BREVES ESCLARECIMENTOS; 3. POSSESSÓRIAS MULTITUDINÁRIAS (OU COLETIVAS) NO NCPC E INTERVENÇÃO DA DEFENSORIA PÚBLICA; 3.1 A INTERVENÇÃO DEFENSORIAL DO § 1º DO ART. 554 DO NCPC; 3.1.1 UMA LEITURA CONSTITUCIONALMENTE CONFORME DO § 1º DO ART. 554 DO NCPC (ADI 3943): "HIPOSSUFICIÊNCIA ECONÔMICA" OU "HIPOSSUFICIÊNCIA"?; 3.2 A INTERVENÇÃO DEFENSORIAL DO § 2º DO ART. 565 DO NCPC; 3.2.1 O DEFENSOR PÚBLICO DO § 1º DO ART. 554 SERIA O MESMO DO § 2º DO ART. 565, AMBOS DO NCPC?; 3.2.1 NATUREZA E FUNÇÃO DA INTERVENÇÃO DEFENSORIAL DO § 2º DO ART. 565 DO NCPC; 3.3 DA DINAMICIDADE DAS POSIÇÕES PROCESSUAIS OCUPADAS PELA DEFENSORIA PÚBLICA NAS POSSESSÓRIAS MULTITUDINÁRIAS; 4. CONCLUSÃO: A RENOVAÇÃO DO PAPEL DA DEFENSORIA PÚBLICA EM UM PROCESSO POLICÊNTRICO E COMPARTICIPATIVO; 5. REFERÊNCIAS

1. INTRODUÇÃO

Desde a sua constitucionalização e nacionalização em 1988, a Defensoria Pública foi geralmente vitimada pela sina do *reducionismo* de sua missão

---

1. Mestre em Ciências Jurídicas (UFPB). Pós-graduado *lato sensu* em "Direitos Civil e Processual Civil" e em "Direito Público: Constitucional e Administrativo". Professor de Teoria Geral do Processo da Faculdade de Direito da Universidade Federal do Amazonas (FD/UFAM). Defensor Público (AM).

constitucional e legal nos livros de Teoria Geral do Processo, Direito Processual e Direito Constitucional. Tal situação não foi diferente nas salas de aula. Comumente, as atribuições do defensor público eram resumidas à apenas um aspecto: a substituição do advogado privado.

Como consequência da "pobreza" com a qual a Defensoria Pública era exposta no cenário acadêmico-doutrinário, diversas celeumas foram instauradas no cenário nacional sobre os poderes e as atribuições do defensor público. Exemplificativamente, cita-se a controvérsia acerca da legitimidade coletiva, solucionada em 2015 por meio da ADI n. 3943 (Pleno do STF) e do EREsp n. 1192577 (Corte Especial do STJ), julgados nos quais foi aprofundada a hermenêutica das expressões "necessitados" (CRFB/88, art. 134) e "insuficiência de recursos (CRFB/88, art. 5º, LXXIV). Entretanto, ainda existem muitos temas a serem esclarecidos quando se trata da missão do "Estado Defensor".

Em verdade, o Código de Processo Civil 1973 (CPC/1973) foi promulgado em época na qual a Defensoria Pública não representava um modelo nacionalmente aceito de assistência jurídica aos necessitados. Desse modo, as omissões de professores e livros de Processo Civil no período antecedente ao novo Código de Processo Civil parecia algo razoável...

Porém, com o advento do Novo Código de Processo Civil (NCPC) a excessiva superficialidade acadêmica sobre a Defensoria Pública parece estar com seus dias contados. Por outro lado, as celeumas doutrinárias e os debates jurisprudenciais não devem ser solucionados tão cedo. Portanto, será preciso amadurecer os estudos sobre as respectivas polêmicas.

Dentre as sobreditas polêmicas que devem ser ventiladas nos próximos anos, encontra-se a intervenção da Defensoria Pública enquanto *terceiro* no processo individual e coletivo, a partir de seu *interesse institucional* – temática ainda incipiente doutrinariamente.

A fim de delimitar a problemática a ser enfrentada aqui e enquadrá-la no formato proposto de artigo técnico, delimita-se a zona de investigação à *intervenção de terceiros* da Defensoria Pública nas lides possessórias multitudinárias do NCPC, a partir de dois artigos específicos: § 1º do art. 554 e o § 2º do art. 565. A pesquisa tangenciará a natureza e problemas advindos dos retrocitados artigos. Tratar-se-iam de intervenções semelhantes? A forma de atuação do defensor público seria por legitimação extraordinária ou em representação postulatória em substituição do advogado privado? A menção à "gratuidade judiciária" – em vez de "assistência jurídica gratuita" –, no § 2º do art. 565 do NCPC poderia representar o estopim de uma nova forma de atividade defensorial? Esses e outros problemas conectados à temática serão investigados.

A fim de cumprir a missão proposta, o presente texto será dividido em 2 (duas) grandes partes: uma voltada à atualização da missão da Defensoria

Pública em conformidade com a jurisprudência do STF e do STJ e a segunda parte destinada à análise das intervenções defensoriais nas ações possessórias de caráter possessório multitudinário.

A primeira parte do artigo apresentará, em termos gerais, o *interesse institucional* e a exposição das atribuições defensoriais a partir das *4 (quatro) ondas renovatórias de acesso à Justiça*. A partir desse ponto, será a apresentada a hermenêutica contemporânea do artigo 134 (quem é o *"necessitado"* apto a ser protegido pela Defensoria Pública?) e do inciso LXXIV do art. 5º (qual seria o *"recurso hipossuficiente"* a fim de despertar o atuar defensorial?) da Constituição – tudo com ênfase no entendimento do Supremo Tribunal Federal (ADI n. 3943) e do Superior Tribunal de Justiça (EREsp n. 1192577). Ao remate da parte inaugural dos debates, serão expostas as formas de atuação das funções públicas essenciais à Justiça postulantes e ainda como a *tríplice capacidade* se atrela a cada uma delas. Tais exposições serão de grande importância às conclusões provenientes da segunda parte do texto.

No segundo grande setor deste trabalho, serão expostas as intervenções defensoriais no processo possessório. Em um primeiro plano, será feito um estudo acerca do § 1º do art. 554 do NCPC, incluindo uma proposta de leitura em conformidade com a Constituição e com o julgamento da ADI n. 3943 do sobredito dispositivo. A partir de então será apresentada e proposta a tormentosa distinção entre a figura do defensor público da primeira hipótese interventiva (§ 1º do art. 554, NCPC) e do defensor público do § 2º do art. 565 do NCPC – incluindo aí a natureza de cada intervenção e os desdobramentos práticos da referida distinção.

Um último esclarecimento é necessário: o presente debate será realizado em conformidade com o inciso V, do art. 4º-A, da LC n. 80/1994. Desse modo – antecipando-se parte da conclusão –, a tensão e colisão de interesses entre eventuais protegidos pela Defensoria Pública será questão essencial às conclusões aportadas ao fim.

2. INTERESSE INSTITUCIONAL E CONSTITUCIONAL DA DEFENSORIA PÚBLICA

No presente estudo, parte-se do pressuposto de que as *instituições postulantes e autônomas* do *Sistema Constitucional de Justiça Brasileiro* – Ministério Público e Defensoria Pública –, possuem missões constitucionais específicas remissivas ao respectivo *interesse institucional*.

Nessa senda, traz-se a lume Cássio Scarpinella Bueno[2] – expondo sua visão peculiar sobre o especial *interesse público* do *amicus curiae* enquanto norteador

---

2. Bueno, Cássio Scarpinella. *Amicus Curiae no Processo Civil Brasileiro*: um terceiro enigmático. 3ª ed. São Paulo: Saraiva, 2012, p. 459 ss.

NOVO CPC DOUTRINA SELECIONADA, v. 1 • Parte Geral
PARTE VIII – INTERVENÇÃO DE TERCEIROS

de sua intervenção em juízo –, destaca o *interesse institucional*. Leciona Scarpinella Bueno[3]: "O *Interesse institucional*, contudo, é interesse *jurídico*, especialmente qualificado, porque transcende o interesse individual das partes".

Sendo assim, pode-se afirmar que as instituições em geral – e em especial as instituições postulantes do Sistema Constitucional de Justiça –, possuem *interesses jurídicos e públicos, constitucionalmente* fixados, pelos quais devem velar. No referido contexto, sobressai a importância do desvelo dos *interesses institucionais* e sua repercussão na legitimação das instituições no Processo.

Desse modo, toda e qualquer instituição pública deve realizar suas atividades de acordo com seu regulamento normativo referente às respectivas missões institucionais. Certamente, com a Defensoria Pública não é diferente. Todavia, deve-se ressaltar que as fronteiras das atribuições defensoriais são – antes mesmo do arcabouço legislativo –, previstas constitucionalmente.

Nesse passo, o artigo 134[4] da Constituição é a primeira baliza específica das supracitadas atribuições defensoriais, as quais podem ser representadas basicamente pelos seguintes grupos: (1) atuação (judicial e extrajudicial) enquanto *expressão e instrumento do regime democrático*, sendo especial vetor da tutela de interesses minoritários, contra-hegemônicos, contramajoritários e comunitários, a fim de lhes garantir expressão social e jurídica; (2) Tutela dos *Direitos Humanos*, enquanto missão institucional expressamente prevista a partir da EC n. 80/2014; (3) Defesa dos *necessitados* (indivíduos ou coletividades), na forma do artigo 5º, inciso LXXIV, CRFB/88 – neste ponto, percebe-se que o necessitado é indicado como a figura daquele que não possui *"recursos suficientes"* para a defesa e promoção de seus direitos.

Deve-se atentar ainda para dois pontos não esclarecidos constitucionalmente: (I) a forma de atuação da Defensoria Pública em juízo; (II) A ausência de adjetivação constitucional do termo "necessitado" (art. 134, CRFB/88) e "insuficiência de recurso" (art. 5º, LXXIV, CRFB/88), temas esses tratados a seguir.

2.1 As atribuições defensoriais de acordo com as 4 (quatro) ondas de acesso à Justiça

Desde a EC n. 45/2004 (concedendo autonomia à Defensoria Pública) até o recente julgamento do EREsp n. 1192577 (sobre a legitimidade defensorial-coletiva

---

3. *Idem, ibidem*, p 460.
4. CRFB/88, "Art. 134. A Defensoria Pública é instituição permanente, essencial à função jurisdicional do Estado, incumbindo-lhe, como expressão e instrumento do regime democrático, fundamentalmente, a orientação jurídica, a promoção dos direitos humanos e a defesa, em todos os graus, judicial e extrajudicial, dos direitos individuais e coletivos, de forma integral e gratuita, aos *necessitados*, na forma do inciso LXXIV do art. 5º desta Constituição Federal".

1256

Cap. 11 • COLISÃO DE INTERESSES (ART. 4º-A, V, LC N. 80/1994) E POSIÇÕES PROCESSUAIS DINÂMICAS
Maurilio Casas Maia

para a tutela de idosos usuários de Plano de Saúde) pelo STJ, muito foi debatido sobre os contornos sociais e jurídicos da missão do "Estado Defensor".

Fato é que a clássica divisão entre *típicas* (ex.:"tutela do carente econômico") e *atípicas* (ex.: indisponibilidade da defesa penal e curadoria especial, independentemente do poder econômico do assistido) da Defensoria Pública, já não é suficiente e bastante diante do espeque social da Instituição.

No atual cenário, a missão institucional da Defensoria Pública demanda *revisão científica* à luz da razão de ser da criação do órgão defensorial: o *acesso à Justiça*, tanto no sentido *formal* (acesso ao Judiciário) quanto *material* (acesso ao direito devido, tanto por via judicial, quanto extrajudicial). Tudo isso, obviamente, respeitando o espaço das demais carreiras componentes do Sistema de Justiça Brasileiro. Nessa senda, propõe-se o escalonamento da missão defensorial à luz das ondas renovatórias do acesso à Justiça.

Regressando ao passado, mais especificamente na década de 1970, Mauro Cappelletti e Bryant Garth[5] no chamado *"Projeto de Florença"* elaboraram a clássica obra *"Acesso à Justiça"*. No referido trabalho, os autores sobreditos identificaram alguns óbices impeditivos do *acesso à Justiça*, registrando a existência de *três ondas* renovatórias do acesso à Justiça.

Com efeito – sendo a Defensoria Pública um órgão constitucionalmente idealizado para garantir o acesso à Justiça –, entende-se ser impositivo visualizar a missão defensorial à luz das ondas de acesso à Justiça[6]. Conforme antedito, tal constatação implica na necessidade de *releitura* das atribuições defensoriais de acordo com a *máxima efetividade* do acesso à Justiça e das respectivas ondas renovatórias. Isso porque a Defensoria Pública é órgão constitucional responsável pela remoção dos *óbices* de acesso à Justiça em prol dos *necessitados de Justiça*, sempre respeitando a zona de atuação advocatícia e ministerial, este enquanto fiscal da ordem jurídica.

Portanto, imperioso é superar a *anacrônica* visão das funções típicas e atípicas da Defensoria Pública, propondo-se a *releitura* das funções defensoriais e de seu modo de atuar a partir de cada *onda renovatória de acesso à Justiça*, na qual esteja inserido o indivíduo ou coletividade reputada *necessitada*.

Na *primeira onda de acesso à Justiça*, por exemplo, a ênfase na remoção de óbices ao acesso à Justiça ocorre por meio da superação das dificuldades

---

5. Cappelletti, Mauro; Garth, Bryant. *Acesso à Justiça.* Tradução Ellen Gracie Northfleet. Porto Alegre: Fabris, 1988.
6. Maia, Maurilio Casas. A Segunda Onda de acesso à Justiça e os necessitados constitucionais: por uma visão democrática da Defensoria Pública. In: Costa-Corrêa, André L.; Seixas, Bernardo Silva de; Souza, Roberta Kelly Silva; Silvio, Solange Almeida Holanda. (Org.). *Direitos e garantias fundamentais*: novas perspectivas. Birigui-SP: Boreal, 2015, v. 1, p. 182-204.

1257

econômicas e financeiras. Assim, por exemplo, o *defensor público* poderá atuar como *representante postulatório* da parte que não dispõe de *recursos financeiros* para pagar um advogado privado. Neste ponto, é essencial afirmar: o atuar do defensor público, no seio da 1ª onda de acesso à Justiça, é predominantemente guiado pelo viés meramente econômico-financeiro, situação essa que não ocorrerá nas demais atuações, a seguir expostas.

Por outro lado, na *segunda onda de acesso à Justiça*, a ênfase vem no sentido de remoção de obstáculos de *organização, capacitação técnica* e de *legitimidade coletiva* para pleitear direitos de coletividades (grupos, comunidades e sociedade). Ademais, a coletivização de (macro)lides é vocacionada à promoção de *isonomia* e à *economia* processual[7]. Aliás, a referida *economia* tem efeitos até mesmo em relação à atuação da Defensoria Pública, a qual poderá, v.g., com uma Ação Civil Pública solucionar (isonomicamente) conflitos sociais de diversos *necessitados*, em vez de se utilizar – de modo *nada* racional e eficiente –, centenas de ações individuais – as quais poderiam até mesmo tumultuar o Poder Judiciário.

Em outra perspectiva, a *terceira onda de acesso à Justiça* expõe dupla perspectiva: uma *institucional* e outra *procedimental*. Na perspectiva *procedimental*, surge a necessidade de *simplificação* e até de desformalização dos procedimentos judiciais, a fim de torná-los mais acessíveis e práticos para a população. Por outro lado, no plano *institucional*, investe-se na *desjudicialização* de conflitos, expandindo a gama de instituições e de atores sociais pacificadores. O fenômeno da *simplificação* procedimental pode ser visualizado em relação aos Juizados Especiais (Lei n. 9.099/1995), no qual a Defensoria Pública também atua. Por outro lado, no que se refere à *extrajudicialização* da solução de conflitos, pode-se citar desde o ato de referendar acordos extrajudiciais (previsto no CPC/1973[8] e no NCPC[9]), passando pelas *sentenças arbitrais defensoriais* (SAD) em prol de litigantes necessitados (existindo precedente de *SAD* em Minas Gerais), e, por fim, chegando à vocação institucional para o exercício da mediação e conciliação extrajudicial (LC n. 80/1994, art. 4º, II[10]).

---

7. Mancuso, Rodolfo de Camargo. *Acesso à Justiça*: condicionantes legítimas e ilegítimas. São Paulo: Ed. Revistas dos Tribunais, 2011, p. 417.
8. CPC/1973, Art. 585. São títulos executivos extrajudiciais: (...) II - a escritura pública ou outro documento público assinado pelo devedor; o documento particular assinado pelo devedor e por duas testemunhas; o instrumento de transação referendado pelo Ministério Público, pela *Defensoria Pública* ou pelos advogados dos transatores; (Redação dada pela Lei nº 8.953, de 13.12.1994)
9. NCPC/2015, Art. 784. São títulos executivos extrajudiciais: (...) IV - o instrumento de transação referendado pelo Ministério Público, pela *Defensoria Pública*, pela Advocacia Pública, pelos advogados dos transatores ou por conciliador ou mediador credenciado por tribunal;
10. LC n. 80/1994, "Art. 4º São funções institucionais da Defensoria Pública, dentre outras: (...) II - promover, prioritariamente, a solução extrajudicial dos litígios, visando à composição entre as pessoas em conflito de interesses, por meio de mediação, conciliação, arbitragem e demais técnicas de composição e administração de conflitos;"

Cap. 11 • COLISÃO DE INTERESSES (ART. 4º-A, V, LC N. 80/1994) E POSIÇÕES PROCESSUAIS DINÂMICAS
Maurilio Casas Maia

Há ainda uma *quarta onda de acesso à Justiça*, para além das três dimensões expostas por Cappelletti e Garth. O professor Kim Economides[11] "expõe as dimensões ética e política da administração da justiça e, assim, indica importantes e novos desafios tanto para a responsabilidade profissional como para o ensino jurídico". Nesse cenário, parece relevante a revitalização e o reforço dos ideais de efetivação dos *direitos humanos*, mormente com respeito à autodeterminação das minorias.

Desse modo, a Defensoria Pública também deve atuar na 4ª onda renovatória de acesso à Justiça, por dois motivos basilares: (1) Sua missão constitucional (art. 134) é de promover os direitos humanos em geral, mormente de segmentos excluídos e necessitados; (2) A Defensoria Pública possui a missão legal de promover a "educação em direitos" (LC n. 80/1994, art. 4º, III[12]), função essa potencialmente emancipadora da população. Portanto, o compromisso defensorial com a construção de uma ordem jurídica calcada nos direitos humanos e na educação jurídica a quem *necessita*, impulsiona a Instituição para um atuar lastreado na *renovação ética* aguardada pela chamada 4ª onda de acesso à Justiça.

Ainda com referência à *quarta onda de acesso à Justiça* e sua relação com os direitos humanos – dos quais é titular toda *humanidade* –, ressalta-se que o critério econômico não definirá aqui o atuar do Estado Defensor. Nesse sentido, Ragazzi e Silva[13] lecionam que "cabe à Defensoria Pública zelar pela promoção dos Direitos Humanos *de toda e qualquer pessoa, seja ela necessitada econômica ou não*, na medida em que o critério balizador da atuação institucional não é mais exclusivo o da condição financeira, *mas sim a existência de um direito fundamental digno de tutela estatal*".

Em suma, a Defensoria Pública é órgão de acesso à Justiça – criado especificamente com tal desiderato –, motivo pelo qual suas atribuições podem e devem ser lidas de acordo com as *ondas renovatórias de acesso à Justiça* indicadas pela doutrina e à luz de cada contexto renovatório podem surgir diversos conceitos de necessitados e de necessidades conectados a cada realidade fático-normativa de acesso à Justiça. A fim de confirmar esta última afirmação, será exposto a seguir a recente visão do STF e do STJ sobre a figura do *necessitado*.

---

11. Economides, Kim. Lendo as ondas do movimento de acesso à Justiça: epistemologia versus metodologia. In: Pandolfi, Dulce. [*et al*]. (org.). *Cidadania: Justiça e Violência*. Rio de Janeiro: Ed. Fund. Getúlio Vargas, 1999, p. 72.

12. LC n. 80/1994, "Art. 4º São funções institucionais da Defensoria Pública, dentre outras: (...) III – promover a difusão e a conscientização dos direitos humanos, da cidadania e do ordenamento jurídico;"

13. Ragazzi, José Luiz. SILVA, Renato Tavares da. A Defensoria Pública como instrumento de promoção dos direitos humanos. *Revista de Direito Constitucional e Internacional*, São Paulo, Vol. 88, p. 197-206, Jul.-Set. 2014.

2.2 Sobre a ausência de adjetivação constitucional dos "necessitados" e da "insuficiência de recursos" (ADI 3943, RExt 733433 e EREsp 1192577)

No ano de 2015, a Defensoria Pública e sua legitimidade coletiva enfrentou um velho *mito do senso comum jurídico-teórico* brasileiro no sentido de que a Defensoria Pública manteria seus *limites* de atuação vinculados aos necessitados de índole "econômico-financeira".

Bem, o primeiro contra-argumento ao supracitado mito é que *não há palavras mortas e sem sentidos na Constituição*. Nessa senda, quisesse a Constituição vincular a Defensoria Pública tão somente aos pobres (enquanto *"necessitados econômicos ou financeiros"*) teria adjetivado os termos "necessitados" e "insuficiência de recursos" – mas não o fez. Ora, quando a Constituição quis mencionar o *pobre* (necessitado econômico), assim o fez expressamente no inciso LXXVI[14] do artigo 5º da Constituição.

Em verdade, a Constituição tratou de expor o *"necessitado"* e a *"insuficiência de recursos"* sem qualquer pré-qualificação ou adjetivação. Ou seja, trata-se de *conceitos jurídicos indeterminados* cujos termos são vagos e o são propositadamente, a fim de garantir *operabilidade*[15] ao sistema de *acesso à Justiça*.

Desse modo, em uma visão da missão da Defensoria Pública a partir das ondas renovatórias de acesso à Justiça, sustentou-se a ocorrência de *mutação constitucional*[16] nos termos "necessitados" e "insuficiência de recursos" a fim de adaptá-los com maior eficiência aos mecanismos de remoção de óbice de acesso à Justiça e à realidade social – transformação essa possível por conta da abertura ou *"dilação semântica"*[17] das expressões constitucionalmente adotadas.

Uma vez exposta a amplitude semântica do termo "necessitado" e da expressão "insuficiência de recursos", faz-se imprescindível tornar razoável e proporcional a intervenção defensorial à luz de cada *habitat* processual (individual

---

14. CRFB/88, "art. 5º "LXXVI - são gratuitos para os reconhecidamente pobres, na forma da lei: a) o registro civil de nascimento; b) a certidão de óbito;"

15. O uso da técnica dos conceitos jurídicos abertos (e vagos) foi usado por Miguel Reale, no Código de Civil de 2002, a fim de conferir *operabilidade* contínua ao Sistema Jurídico – vide: REALE, Miguel. *O Código Civil após um ano de vigência*. in: Alves, José Carlos Moreira Alves; Gozzo, Déborah; Reale, Miguel. *Principais controvérsias no Novo Código Civil*. São Paulo: Saraiva, 2006, p. 1-8.

16. Nesse sentido, vide os seguintes artigos: Maia, Maurilio Casas. A Segunda Onda de acesso à Justiça e os necessitados constitucionais: por uma visão democrática da Defensoria Pública. In: Costa-Corrêa, André L.; Seixas, Bernardo Silva de; Souza, Roberta Kelly Silva; Silvio, Solange Almeida Holanda. (Org.). *Direitos e garantias fundamentais*: novas perspectivas. Birigui-SP: Boreal, 2015, p. 182-204; Franco Neto, Horário Xavier. A Defensoria Pública e o Consumidor enquanto necessitado jurídico. In: Ré, Aluísio Iunes Monti Ruggeri. *Temas aprofundados de Defensoria Pública*. V. 1. 2ª ed., 2ª tir. Salvador: Jus Podivm, 2014, p. 653.

17. Melotto, Amanda Oliari. *A Defensoria Pública e a proteção de direitos metaindividuais por meio de ação civil pública*. Florianópolis: Empório do Direito, 2015, p. 73 e 75.

Cap. 11 • COLISÃO DE INTERESSES (ART. 4º-A, V, LC N. 80/1994) E POSIÇÕES PROCESSUAIS DINÂMICAS
Maurilio Casas Maia

ou coletivo), de cada contexto *renovatório de acesso à Justiça* e da respectiva necessidade do caso concreto. Para tanto, serão expostas formas possíveis de atuação da Defensoria Pública em prol do necessitado – o que será feito logo após breve exposição das necessidades humanas, as quais repercutem diretamente no atuar diuturno do defensor público.

2.3 Sobre as múltiplas necessidades e seus respectivos necessitados

Embora a doutrina pacificamente mencione os "necessitados" e a "insuficiência de recursos" como enfoque da atuação defensorial, a verdade é que pouco ou nada se fala do estopim de tais conceitos: *as necessidades humanas.*

Com efeito, o Estado justifica sua existência nas necessidades humanas[18]. Em relação às funções do Estado, porém, destacam-se as chamadas *necessidades coletivas públicas* ou *necessidades públicas*[19], as quais são selecionadas a partir das *escolhas políticas*[20] de um Estado.

Certamente, *"necessidade"* é conceito aberto e mutável a partir das circunstâncias de tempo e lugar[21]. Ora, "os homens tem aspirações e necessidades diferentes"[22], sendo remota a possibilidade de satisfazer as necessidades de todos e promover amplamente o bem comum geral. Desse modo, as variáveis devem ser sempre levadas em consideração para fins de aferição de quais seriam as *necessidades* públicas em determinada sociedade ou comunidade humana para somente então definir quem seriam o *necessitado* em determinado ordenamento jurídico.

Nesse contexto, a *escolha política do texto constitucional* afastou a carreira pública cuidadora dos *necessitados* (art. 134) de qualquer impulso liberal-lucrativo – com tal enfoque, há a *advocacia* (art. 133) –, e de tutela do ordenamento jurídico – missão *ministerial* (art. 127 ss.). Desse modo, criou-se uma carreira pública destinada a identificar *necessidades* e *vulnerabilidades* sociais a fim de

---

18. Ramos Filho, Carlos Alberto. *Direito Financeiro Esquematizado*. São Paulo: Saraiva, 2015 (Coleção Esquematizado. Coordenação: Pedro Lenza), p. 41.
19. Destaca-se lição do professor Carlos Alberto Ramos Filho: "Há, todavia, certas necessidades que não podem ser satisfeita pelo esforço do indivíduo nem mesmo pelo esforço coordenado dos integrantes de determinada coletividade, pois são do interesse de todos os seguimentos da sociedade". (Ramos Filho, Carlos Alberto. *Curso de Direito Financeiro*. São Paulo: Saraiva, 2012, p. 35).
20. Ramos Filho, Carlos Alberto de Moraes. O Direito Fundamental à saúde, a escassez dos recursos públicos e a 'reserva do possível'. In: Costa-Corrêa, André L.; Seixas, Bernardo Silva de; Souza, Roberta Kelly Silva; Silvio, Solange Almeida Holanda. (Org.). *Direitos e garantias fundamentais*: novas perspectivas. Birigui-SP: Boreal, 2015, p. 101.
21. Ramos Filho, Carlos Alberto. *Direito Financeiro Esquematizado*. São Paulo: Saraiva, 2015, p. 43.
22. Azambuja, Darcy. *Introdução à Ciência Política*. 2ª ed. São Paulo: Ed. Globo, 2008, p. 145.

reduzir as desigualdades sociais e promover justiça pela defesa de direitos, democratizando o sistema de Justiça e social.

Óbvio que desde 1988 até a presente data, a *visão sociopolítica* da Defensoria Pública foi bastante afetada por sua própria atuação e pelo binômio "politização do direito"-"judicialização da política". Consequência disso é a retrocitada *mutação constitucional*[23] no conceito de "necessitados" e "insuficiência de recursos" a fim de alcançar coletividades e cidadãos em situação de *vulnerabilidade social* – como perceptível, por exemplo, no EREsp n. 1192577.

Com efeito, a atual visão constitucional da missão da Defensoria Pública deve tangenciar sua atuação enquanto *mecanismo de pluralização e democratização*[24] *da seleção de políticas para atendimento de necessidades humanas.* Isso porque – conforme lição de Amartya Sen[25] –, a percepção das necessidades (econômicas) "depende crucialmente de *discussões e debates públicos abertos,* cuja garantia requer que se faça questão de liberdade política e de direitos civis básicos".

Enfim, o Estado Defensor é instrumento e expressão do Estado Democrático de Direito no amplo e atual debate público sobre as *necessidades* populacionais. E em um contexto de *coletivização e politização* do Direito, a releitura da missão constitucional da Defensoria Pública foi e é imprescindível para (re) adequá-la ao avanço social e constitucional.

Dito isso, segue breve exposição das modalidades de atuação do defensor público em juízo.

2.4 Modalidades de intervenção dos órgãos constitucionais postulantes do Sistema de Justiça Brasileiro

A partir da clássica lição de Hugo Nigro Mazzilli[26] – focada especialmente na atuação ministerial –, detectaram-se algumas modalidades interventivas da

---

23. Com essa linha de raciocínio vide: Maia, Maurilio Casas. A Segunda Onda de acesso à Justiça e os necessitados constitucionais: por uma visão democrática da Defensoria Pública. In: Costa-Corrêa, André L.; Seixas, Bernardo Silva de; Souza, Roberta Kelly Silva; Silvio, Solange Almeida Holanda. (Org.). *Direitos e garantias fundamentais*: novas perspectivas. Birigui-SP: Boreal, 2015, p. 182-204; Franco Neto, Horário Xavier. A Defensoria Pública e o Consumidor enquanto necessitado jurídico. In: Ré, Aluísio Iunes Monti Ruggeri. *Temas aprofundados de Defensoria Pública.* V. 1. 2ª ed., 2ª tir. Salvador: Jus Podivm, 2014, p. 653.
24. Isso porque a Defensoria Pública, nos termos da atual redação do artigo 134 da CRFB/88, é *expressão e instrumento* do Regime Democrático, devendo viabilizar a democracia participativa a partir da inclusão sociopolítica.
25. Sen, Amartya. *Desenvolvimento como liberdade.* Tradução de Laura Teixeira Motta. Revisão Técnica de Ricardo Doninelli Mendes. 3ª reimpressão. São Paulo: Companhia das Letras, 2010, p. 195.
26. Mazzilli, Hugo Nigro. *Regime Jurídico do Ministério Público.* 7ª ed. São Paulo: Saraiva, 2013, p. 474-475.

Cap. 11 • COLISÃO DE INTERESSES (ART. 4º-A, V, LC N. 80/1994) E POSIÇÕES PROCESSUAIS DINÂMICAS
Maurilio Casas Maia

carreira pública essencial à Justiça mais desenvolvida ate a presente data: o Ministério Público. Para Mazzilli, a atuação ministerial em primeira instância pode ocorrer como parte, interveniente (*Custös legis*), assistente *ad coadjuvandum*, substituto processual e representante da parte. A partir da retrocitada divisão de tarefas, delineou-se as modalidades de atuação das carreiras públicas postulantes no cenário do Sistema de Justiça Brasileiro, acrescentando-se o litisconsórcio. Assim, seriam formas possíveis de atuação das carreiras públicas que compõe o sistema de justiça brasileiro:

a) *Parte principal*[27] ou em sentido estrito[28] – Ocorre quando a Instituição essencial à Justiça propõe ação em nome próprio ou quando é aforada demanda em seu desfavor, alocando-a no polo passivo. É o que ocorre em relação ao Ministério Público e à Defensoria Pública por ocasião da propositura da *ação civil pública* ou quando o *Parquet*[29] propõe a ação penal pública.

b) Litisconsorte – Neste caso, percebe-se a integração em litisconsórcio, pluralizando um ou mais polos processuais. Ocorre quando, por exemplo, Ministério Público ou Defensoria Pública pleiteiam o ingresso em litisconsórcio em ação proposta pela outra Instituição[30].

c) *Terceiro Interveniente* – segundo lição de Mazzilli, a atuação de interveniente seria "em razão da natureza da lide e desvinculado do zelo de interesse ligado à qualidade de quaisquer das partes", exemplificando nesse caso com o Ministério Público, na modalidade de atuação *Custös Legis et iuris*. Por outro lado, em relação à Defensoria Pública, pode-se citar sua *novel* atuação em favor dos direitos humanos (art. 134, CRFB/88). É preciso esclarecer que as instituições

---

27. "As partes principais são aquelas que participam ou ao menos foram chamadas a participar do processo (...) Podemos chamá-las de sujeitos da demanda." (Didier Jr., Fredie. *Recurso de Terceiro*: Juízo de Admissibilidade. São Paulo: Ed. RT, 2002, p. 137).

28. Para os fins do presente texto, as partes são "os sujeitos que figuram respectivamente como autor e como réu na relação processual. (...) São as partes na demanda" (Pinho, 2015, p. 200-201). Assim, "[a]utor e réu são principais sujeitos do processo", envoltas no chamado "esquema subjetivo mínimo" (Grinover; Dinarmarco; Cintra; 2014, p. 368-369). Ressalte-se que não se deve ignorar a dinamicidade das posições processuais e a evolução do conceito de parte no Processo Civil. Sobre o tema vide: Didier Jr., Fredie. *Recurso de Terceiro*: Juízo de Admissibilidade. São Paulo: Ed. RT, 2002; _____. *Curso de Direito Processual Civil*. V. 1. 17ª ed. Salvador: Jus Podivm, 2015, p. 368-370; Cabral, Antônio do Passo. Despolarização do Processo e "zonas de interesse": sobre a migração entre polos da demanda. In: Didier Jr., Fredie. *Reconstruindo a Teoria Geral do Processo*. Salvador: Jus Podivm, 2012, p. 133-192.

29. Em tal caso, é totalmente incabível se falar em um Ministério Público imparcial. Vide a lição de Mazzilli: "No campo criminal, afirma-se ser o Ministério Público uma *parte imparcial* – verdadeira *contradictio in terminis*". (Mazzilli, Hugo Nigro. *Regime Jurídico do Ministério Público*. 7ª ed. São Paulo: Saraiva, 2013, p. 475).

30. Lei 7.347/1985, "Art. 5º (...) § 2º Fica facultado ao Poder Público e a outras associações legitimadas nos termos deste artigo habilitar-se como litisconsortes de qualquer das partes. (...) § 5.º Admitir-se-á o litisconsórcio facultativo entre os Ministérios Públicos da União, do Distrito Federal e dos Estados na defesa dos interesses e direitos de que cuida esta lei."

NOVO CPC DOUTRINA SELECIONADA, v. 1 • Parte Geral

PARTE VIII – INTERVENÇÃO DE TERCEIROS

constitucionais do Ministério Público[31] e da Defensoria Pública – enquanto *terceiros intervenientes* –, são *"interessadas"* no cumprimento de seu *"fim institucional"* – afastando-lhes de qualquer imparcialidade[32] –, porquanto se adequariam a um conceito de parte em sentido mais amplo, para além do conceito tradicional[33], por serem *interessados em determinada solução da demanda*[34].

d) *Substituto Processual* (acepção restrita[35]) – Embora tal caso também exponha a carreira como parte, tal situação ocorreria totalmente no interesse e na postulação do direito de outro sujeito. Dar-se-á quando, por exemplo, o Ministério Público propõe, em nome próprio, ação de alimentos em favor de criança.

e) Assistente *ad coadjuvandum*[36] – No contexto da intervenção das carreiras componentes das funções essenciais à Justiça, trata-se de modalidade *sui*

---

31. Leciona Hugo Nigro Mazzilli: "(...) a suposta distinção entre atuação do Ministério Público como *parte* e como *fiscal da lei* nada distingue, pois mesmo quando é órgão agente, o *Ministério Público zela pelo correto cumprimento da Lei*, e mesmo quando é interveniente, é parte, ou seja, um dos sujeitos da relação processual". (Mazzilli, Hugo Nigro. *Regime Jurídico do Ministério Público*. 7ª ed. São Paulo: Saraiva, 2013, p. 626).

32. Sobre a situação jurídico-processual do Ministério Público, por exemplo, lecionou Calmon de Passos: "(...) a imparcialidade do MP seria semelhante à da autoridade administrativa que deve desempenhar as atribuições de seu cargo no interesse público. (...) O Ministério Público no processo civil, é parte, seja promovendo a ação, seja intervindo na ação proposta por outrem". (Passos, J.J. Calmon de. *Ensaios e artigos*. V. I. Salvador: Ed. Jus Podivm, 2014, p. 99 e 107). Com outra visão, agregando o conceito de *imparcialidade* ao debate, cita-se Antônio Cabral: "(...) quando em jogo o interesse público e não um interesse particular, é desarrazoado pensar em uma atuação necessariamente parcial de tais sujeitos tão somente por figurarem, no processo, o MP como parte ou a administração como julgadora" (Cabral, Antônio do Passo. Imparcialidade e impartialidade: por uma teoria sobre repartição e incompatibilidade de funções nos processos civil e penal. *Revista de Processo*, São Paulo, v. 32, n. 149, Jul. 2007, p. 351).

33. O enquadramento de determinado sujeito no conceito de parte ou terceiro pode ser contextual e relativo à demanda principal ou aos incidentes. Em crítico trabalho sobre o Recurso de Terceiro, Fredie Didier Jr. arguia: "(...) o conceito de parte. Não se pode restringir esta noção apenas às figuras do autor e do réu (quem e em face de quem se pede a prestação jurisdicional). Os próprios terceiros intervenientes, após sua intervenção, são considerados partes (...) O conceito tradicional de parte simplesmente não serve para solução dos problemas que decorrem da experiência jurídica (...) a legitimidade de recurso pelo juiz, promotor ou pelos auxiliares será, nos incidentes que reflitam seus interesses, na condição de parte – e não de terceiro." (Didier Jr., *Recurso de Terceiro*: Juízo de Admissibilidade. São Paulo: Ed. RT, 2002, p. 136 e 142-143).

34. "O conceito de parte deve restringir-se àquele que participar (ao menos potencialmente) do processo com parcialidade, tendo interesse em determinado resultado do julgamento. Saber se essa participação dá-se em relação à demanda, principal ou incidental ou em relação à discussão de outra questão, não é algo essencial para o conceito puramente processual de parte. Parte é o sujeito parcial do contraditório". (Didier Jr., Fredie. *Curso de Direito Processual Civil*. V. 1. 17ª ed. Salvador: Jus Podivm, 2015, p. 475).

35. "Segundo essa corrente, a substituição processual seria uma espécie de 'legitimação extraordinária' e existitira quando ocorresse uma efetiva substituição do legitimado ordinário pelo legitimado extraordinário" (Didier Jr., Fredie. *Curso de Direito Processual Civil*. V. 1. 17ª ed. Salvador: Jus Podivm, 2015, p. 347). Alexandre Freitas Câmara segue essa linha de raciocínio: "Não se pode confundir a legitimidade extraordinária com substituição processual. Esta ocorre quando, em um processo, o legitimado extraordinário atua em nome próprio, na defesa de interesse alheio, sem que o legitimado ordinário atue em conjunto com ele". (Câmara, Alexandre Freitas. *Lições de Direito Processual Civil*. V. 1. 23ª ed. São Paulo: Atlas, 2012, p. 150).

36. Zufelato, Camilo. A participação da Defensoria Pública nos processos coletivos de hipossuficientes: da legitimidade ativa à intervenção *ad coadjuvandum*. In: Ré, Aluísio Iunes Monti Ruggeri. *Temas aprofundados*

1264

Cap. 11 • COLISÃO DE INTERESSES (ART. 4°-A, V, LC N. 80/1994) E POSIÇÕES PROCESSUAIS DINÂMICAS
Maurilio Casas Maia

generis de assistência vinculada ao *interesse institucional* em tutelar determinada categoria. Pode ocorrer em relação à Defensoria Pública quando esta postula ingresso em juízo a fim de reforçar a tutela de interesses de categorias protegidas constitucionalmente[37].

f) *representante processual da parte (representante postulatório)* – Ocorre com a finalidade de suprir a ausência de capacidade postulatória da parte protegida. É o que ocorre, por exemplo, com os advogados públicos em relação ao respectivo ente e com os defensores públicos em relação à parte representada, por não possuírem meios de pagar advogado privado.

g) Intervenção *Iussu Iudicis*[38]: É a intervenção de terceiro que pode ser determinada de ofício pelo juiz[39], podendo ser *típica* (prevista em Lei, tal como a intervenção do *amicus curiae*) ou *atípica* (quando o juízo detectar existir, de algum modo, eventual interesse de terceiro na lide). No caso da Defensoria Pública, a intimação ou remessa dos autos ao defensor público deverá ocorrer nos casos de suspeita de interesse institucional envolvido na demanda[40], questão para a qual sobressai a análise da Constituição (art. 134 e art. 5°, LXXIV) e da LC n. 80/1994 (em especial, o art. 4°). Tal intervenção, entretanto, parece tratar simplesmente da iniciativa para o ingresso e intervenção do terceiro no feito e não da qualidade a ser assumida a partir de tal medida.

Expostos com brevidade os modelos de atuação das funções públicas essenciais à Justiça, mais à frente tais conceitos serão aplicados especificamente à Defensoria Pública.

2.4.1 Carreiras Públicas postulatórias essenciais à Justiça e a Tríplice capacidade: Breves esclarecimentos

É importante mencionar que no quadro constitucional atual, a *tríplice capacidade*[41]processual se distribui entre as carreiras públicas postulantes de

---

de *Defensoria Pública*. V. 1. 2ª ed., 2ª tir. Salvador: Jus Podivm, 2014, p. 303-332.

37. Ferrajoli, por exemplo, visualiza o atuar defensorial como órgão complementar a fim de reforçar a defesa já realizada por advogado constituído, quando houver desequilíbrio processual. Vide mais detalhes em: Ferrajoli, Luigi. *Direito e razão*: teoria do garantismo penal. 4ª. ed. São Paulo: RT, 2014, p. 537.

38. Para maiores detalhes na perspectiva do CPC/1939, vide: Costa, Moacyr Lôbo da. *A intervenção Iussu Iudicis no Processo Civil Brasileiro*. São Paulo: Edição Saraiva, 1961.

39. Didier Jr., Fredie. *Curso de Direito Processual Civil*. V. I. 17ª ed. Salvador: Jus Podivm, 2015, p. 527-529.

40. Uma das primeiras intervenções *iussu iudicis* (no Processo Civil *individual*) da Defensoria Pública ocorreu em junho de 2015, na Comarca de Maués/AM (processo n°. 0000301-31.2014.8.04.5801), quando o juiz de direito Jean Carlos Pimentel remeteu à Defensoria Pública os autos de processo individual no qual figurava como autora (hiper)vulnerável idosa e deficiente, representada por advogado privado, para *manifestação institucional* em prol do indivíduo vulnerável (art. 4°, XI, LC n. 80/1994).

41. A tríplice capacidade é composta pelos seguintes elementos: (I) capacidade de ser parte; (II) capacidade processual (capacidade de "estar em juízo"); (III) capacidade postulatória. Conforme lição precisa de

acordo com as peculiaridades da função essencial à Justiça e em conformidade com o caso concreto em determinadas situações.

O *Ministério Público*, por exemplo, concentra em si a tríplice capacidade, de modo geral. Ou seja, em geral, terá legitimidade para *ser parte, estar no* processo e para *postular.*

Noutro passo, os *Advogados Públicos* congregam em si a capacidade *postulatória* e para *representação* em juízo do ente público – este sim, possuindo a legitimidade de ser parte.

Por seu turno, a *Defensoria Pública* em seu atuar *multifacetário* poderá: (*a*) ser *representante processual* para preenchimento da *capacidade postulatória.* É o que ocorre, *v.g.*, quando a Defensoria Pública patrocina (com sua *capacidade postulatória*) a ação de alimentos em favor de criança (*legitimada para ser parte*), sendo esta representada por sua genitora (representante da parte, para que esta figure no processo); (*b*) *Concentração da tríplice capacidade*: ocorre quando o defensor público propõe ação coletiva em nome da própria Defensoria Pública ou na qualidade de interveniente; (*c*) Representante processual para supressão da ausência de capacidade de exercício ("capacidade para estar em juízo"): Ocorre, por exemplo, na atuação defensorial enquanto *curador especial*[42] do requerente incapaz em conflito com seu representante legal[43].

Realizadas as perfunctórias observações pertinentes, ruma-se ao ponto central deste trabalho: a intervenção da Defensoria Pública nas Ações Possessórias do NCPC.

3. POSSESSÓRIAS MULTITUDINÁRIAS (OU COLETIVAS) NO NCPC E INTERVENÇÃO DA DEFENSORIA PÚBLICA

Em relação às ações possessórias no NCPC, são dois os dispositivos legais destacados quanto à Defensoria Pública e as ações possessórias: (I) § 1o[44] do

---

Fábio Victor Monnerat, "a regularidade da tríplice capacidade das partes é imprescindível para fins de desenvolvimento válido e regular do processo". (Monnerat, Fábio Victor da Fonte. *Introdução ao estudo do Direito Processual Civil.* São Paulo: Saraiva, 2015, p. 319).

42. Para saber mais acerca das controvérsias sobre a natureza do atuar defensorial enquanto curador especial, vide o seguinte trabalho: Esteves, Diego. Silva, Franklyn Roger Alves. A Curadoria Especial no Novo Código de Processo Civil. In: Sousa, José Augusto Garcia de. (Coord.) *Defensoria Pública.* Salvador: Jus Podivm, 2015. (Coleção Repercussões do Novo CPC, v. 5. Coordenador Geral: Fredie Didier Júnior), p. 129-163.

43. NCPC/2015, "Art. 72. O juiz nomeará curador especial ao: I - incapaz, se não tiver representante legal ou se os interesses deste colidirem com os daquele, enquanto durar a incapacidade; (...) Parágrafo único. A curatela especial será exercida pela Defensoria Pública, nos termos da lei."

44. NCPC, "Art. 554 (...) § 1º No caso de ação possessória em que figure no polo passivo grande número de pessoas, serão feitas a citação pessoal dos ocupantes que forem encontrados no local e a citação por

Cap. 11 • COLISÃO DE INTERESSES (ART. 4º-A, V, LC N. 80/1994) E POSIÇÕES PROCESSUAIS DINÂMICAS
Maurilio Casas Maia

artigo 554; (II) § 2º[45] do artigo 565. Em um primeiro plano será analisada a intervenção defensorial do § 1º do artigo 554 e, na sequência, o § 2º do artigo 565, todos do mesmo ato normativo.

3.1 A intervenção defensorial do § 1º do art. 554 do NCPC

O § 1º do artigo 554 do NCPC dispõe sobre ações possessórias na qual exista, no polo passivo, "*grande número de pessoas*". Para além da discussão sobre se tratar de "*ação coletiva passiva*" ou de "*Litisconsórcio multitudinário*", interessa ao presente estudo caracterizar a *natureza da intervenção* da Defensoria Pública.

O primeiro ponto a ser percebido é que a intimação da Defensoria Pública *não* dispensa – de modo algum –, a *citação* dos pretensos titulares do litígio possessório. Exige-se, primariamente, a "citação pessoal dos ocupantes que forem encontrados no local" e, somente *residualmente*, ocorrerá a "citação por edital dos demais" – é essa a dicção legal.

Em verdade, a finalidade da intervenção defensorial é reforçar[46] o direito ao contraditório e à ampla defesa e jamais o inverso. Desse modo, pode-se refutar a hipótese de que o atuar da *Defensoria Pública* previsto no § 1º do art. 554 do NCPC ocorreria na modalidade de "*substituto processual*" – pleiteando em nome próprio, direito alheio –, uma vez que a Defensoria Pública não "substitui" em momento algum os demandados para fins de citação, sendo os demandados citados e podendo atuar *concomitantemente* em juízo. A Defensoria Pública, portanto, não atua como "substituto processual" dos citados (pessoalmente ou por edital).

Por outro lado, poder-se-ia indagar se a Defensoria Pública atuaria na função tradicional de *representante postulatório* da parte que não pode pagar advogado. A resposta aqui é *não* para o caso do § 1º do art. 554 do NCPC/2015. Isso porque o referido atuar deve ser lido à luz da *indispensabilidade da advocacia* (art. 133, CRFB/88) e da autonomia da parte em escolher seu causídico de sua confiança. Ademais, a função de "representante postulatório" do defensor público é, *em regra*, conduzida pelo critério econômico – porquanto se trata de função residual à atuação advocatícia privada.

---

edital dos demais, determinando-se, ainda, a intimação do Ministério Público e, se envolver pessoas em situação de hipossuficiência econômica, da Defensoria Pública".

45. NCPC, "Art. 565. (...) § 2º O Ministério Público será intimado para comparecer à audiência, e a Defensoria Pública será intimada sempre que houver parte beneficiária de gratuidade da justiça."

46. Em sentido semelhante: "(...) parece-nos que o intento do legislador é de potencializar a ampla defesa e o contraditório das pessoas envolvidas na ação possessória multitudinária". (Silva, Franklyn Roger Alves. Esteves, Diogo. A nova disciplina da legitimação extraordinária da Defensoria Pública no Novo Código de Processo Civil. In: Sousa, José Augusto Garcia de. (Coord.) *Defensoria Pública*. Salvador: Jus Podivm, 2015, p. 334).

Por outro lado, entende-se que a missão de *"litisconsorte passivo"* também não poderia ser cogitada. Em primeiro lugar porque a Defensoria Pública *não* é titular do direito material em litígio e porque, se a intenção do legislador fosse formar uma espécie de *litisconsórcio passivo necessário*, o esperado seria a promoção da *citação* e não da *intimação* do órgão defensorial. Assim sendo, tanto no aspecto material, quanto no aspecto processual, entende-se que o ingresso defensorial previsto no artigo 554 (§ 1º) do NCPC *não* ocorre no sistema de *litisconsórcio* e muito menos ocorrerá enquanto *parte em sentido estrito* no processo, pois não se trata de integrá-la a fim de formar o *"esquema subjetivo mínimo"* do processo. Do contrário, ter-se-ia que admitir o mesmo regramento de invalidade e nulidade processual conferido à ausência de integração do litisconsórcio necessário em caso de eventual "esquecimento" da integração à lide da Defensoria Pública – medida essa inconcebível e incompatível com o cenário apresentado em uma ação possessória multitudinária.

Por fim, convém indagar: a intervenção da Defensoria Pública prevista no § 1º do art. 554 do NCPC, seria uma atuação de *terceiro interveniente sui generis* (de índole constitucional) ou de assistente *ad coadjuvandum*? Na segunda hipótese de atuação (*"ad coadjuvandum"*), a participação defensorial seria de auxiliar na defesa dos interesses da parte assistida. Por outro lado, a primeira hipótese de intervenção ocorreria institucionalmente em nome da missão constitucional da Defensoria Pública, com ampla liberdade institucional, configurando uma intervenção de terceiro *sui generis*, à semelhança da figura do *Custos legis et iuris* – porém com enfoque distinto de atuação.

No caso em tela, a intimação institucional da Defensoria Pública ocorre em harmonia com a *vocação política e jurídica* da sobredita instituição – tudo em prol da efetivação dos direitos da *comunidade necessitada de posse, moradia, habitação* etc. Pretende-se com isso um efetivo debate democrático em contraditório com outros órgãos, como o Ministério Público, órgãos de política de agrária (rural e urbana), nos termos dos §§ 2º e 4º do art. 565 do NCPC. Desse modo, a *Defensoria Pública* funciona como *amplificadora do contraditório dos interesses comunitários.*

Com efeito, entende-se se tratar de uma intervenção determinada *ex vi legis* na qual a Defensoria Pública ingressará enquanto *terceiro interveniente – terceiro* no sentido de ser alheia ao esquema subjetivo mínimo do processo, para além dos sujeitos principais da demanda (autor e réu) –, na função de defesa dos próprios *interesses institucionais:* ou seja, na busca da satisfação das *necessidades das comunidades necessitadas,* mas em *legitimidade coletiva*[47]. Desse

---

47. Em linha harmônica, Franklyn Roger Silva e Diogo Esteves tratam da intervenção do § 1º do art. 554 do NCPC, enquanto forma de *legitimidade extraordinária:* "A esse respeito, interessa-nos considerar esta atuação

Cap. 11 • COLISÃO DE INTERESSES (ART. 4º-A, V, LC N. 80/1994) E POSIÇÕES PROCESSUAIS DINÂMICAS
Maurilio Casas Maia

modo, a Defensoria Pública possuirá legitimidade recursal[48] e ampla liberdade de manifestação dentro de sua *finalidade institucional*, à luz da respectiva missão constitucional e legal.

Embora possa guardar certa semelhança, convém esclarecer não ser o caso de intervenção similar àquela do *"assistente simples em processo individual"* – como ocorreu no RExt n. 550.769/RJ em relação a um Sindicato. Repita-se: trata-se de uma intervenção cuja base é *constitucional*, à semelhança da intervenção do Ministério Público, enquanto *Custós Legis*. Há missão constitucional a ser cumprida em prol das coletividades necessitadas.

Em outras palavras, defende-se que a intervenção defensorial prevista no § 1º do art. 554 do NCPC é em uma modalidade obrigatória intervenção de terceiro *sui generis*, com lastro na *missão constitucional* da Defensoria Pública – em legitimidade coletiva –, sendo totalmente independente[49] da presença advocatícia em representação postulatória dos interessados envolvidos.

Por tal intervenção de base constitucional, a Defensoria Pública já recebeu as simbólicas designações de *"Custós Vulnerabilis"*[50], *"Custós Plebis"*[51] e de

---

como verdadeira hipótese de legitimação extraordinária (...)". (Silva, Franklyn Roger Alves. Esteves, Diogo. A nova disciplina da legitimação extraordinária da Defensoria Pública no Novo Código de Processo Civil. In: Sousa, José Augusto Garcia de. (Coord.) *Defensoria Pública*. Salvador: Jus Podivm, 2015, p. 334).

48. Outro debate pertinente a ser explorado em outra ocasião seria a natureza de eventual recurso defensorial: Após a integração da Defensoria Pública à lide, o recurso da Defensoria Pública seria um recurso de terceiro ou de parte integrada?

49. No mesmo sentido: "(...) ratifico a necessidade de a Defensoria Pública participar sempre das demandas possessórias coletivas, até mesmo na hipótese de todos os réus carentes constituírem advogado particular" (Sousa, José Augusto Garcia de. A Defensoria Pública e o Código de Processo Civil de 2015: Novos caminhos – e responsabilidades – para uma instituição enfim essencial. In: _____. (Coord.) *Defensoria Pública*. Salvador: Jus Podivm, 2015, p. 498).

50. O uso termo *"Custós Vulnerabilis"* é recente, expressão essa traduzida aqui como "protetor dos vulneráveis" ou "guardião [dos direitos dos] vulneráveis". A primeira referência publicada conhecida é datada de 1º de junho de 2014 (Revista Jurídica Consulex), seguida por referência em dissertação de mestrado, na Revista de Processo (RePro), em livro lançado em 2015 de Amanda Oliari Melloto, e na Revista de Direito do Consumidor 101 (Set.-Out. 2015). Vide as referências: Maia, Maurilio Casas. *Custos Vulnerabilis* Constitucional: O Estado Defensor entre o REsp 1.192.577-RS e a PEC 4/14. Revista Jurídica Consulex, Brasília, p. 55-57, 1º jun. 2014; Santos, Denise Cândido Lima e Silva. *Defensoria Pública e Tutela Coletiva: a atuação da Defensoria Pública na defesa de direitos coletivos no cenário pós-Emenda Constitucional n. 80/2014 – uma nova perspectiva*. Itaúna: 2014. (Dissertação de Mestrado em proteção de Direitos Fundamentais da Universidade de Itaúna); Almeida Filho, Carlos Alberto Souza; Maia, Maurílio Casas. O Estado-defensor e sua legitimidade para os pedidos de suspensão de liminar, segurança e tutela antecipada. *Revista de Processo*. São Paulo, v. 239, p. 247-261, jan. 2015; Melloto, Amanda Oliari. *A Defensoria Pública e a proteção de direitos metaindividuais por meio de ação civil pública*. Florianópolis: Empório do Direito, 2015, p. 63 ss; Maia, Maurilio Casas. A Legitimidade Coletiva da Defensoria Pública para a tutela de segmentos sociais vulneráveis. *Revista de Direito do Consumidor*, v. 101, São Paulo, Set.-Out. 2015, p. 351-383.

51. Consta que o termo *"custós"* ou *"amicus plebis"* nas atuações da Defensoria Pública de São Paulo. A primeira referência encontrada do termo foi a seguinte: Zufelato, Camilo. A participação da Defensoria Pública nos processos coletivos de hipossuficientes: da legitimidade ativa à intervenção *ad coadjuvandum*. In: Ré, Aluísio Iunes Monti Ruggeri. *Temas aprofundados de Defensoria Pública*. V. 1. 2ª ed., 2ª tir. Salvador: Jus Podivm, 2014, p. 304 ss.

"Amicus Communitas"[52], por se apresentar como instituição protetora dos vulneráveis, dos excluídos e das comunidades necessitadas de inclusão, garantindo-se maior "expressão democrática" (CRFB/88, art. 134).

Enfim, o atuar defensorial do § 1º do artigo 554 do NCPC é atuar coletivo, *em nome próprio* e voltado para o *interesse institucional* da Defensoria Pública: a tutela dos necessitados e suas respectivas necessidades. Trata-se de perspectiva de *terceiro interveniente sui generis*, com base constitucional e lastro no seu *interesse institucional* – atuando com legitimidade coletiva (ou extraordinária).

3.1.1 Uma leitura constitucionalmente conforme do § 1º do art. 554 do NCPC (ADI 3943): "hipossuficiência econômica" ou "hipossuficiência"?

Em maio de 2015, o STF por meio da ADI n. 3943 concluiu que o termo "necessitado" deve ser interpretado de maneira ampla. Constatou-se o óbvio: não há adjetivação constitucional no uso dos termos constitucionais "necessitados" e "insuficiência de recursos". Entretanto, com a finalidade de respeitar a zona de atuação da advocacia privada, restringiu-se a função de *representante postulante* (quando o defensor atua em função similar ao advogado privado) à atuação em prol dos necessitados econômicos, ao menos em regra.

Ao adotar a visão ampla do conceito de "necessitados" (art. 134, CRFB/88) e dos recursos "hipossuficientes" (art. 5º, LXXIV, CRFB/88), o STF ratificou a posição de boa parte da doutrina processual brasileira. Nesse sentido vide: (1) Rodolfo de Camargo Mancuso[53], para quem o termo necessitado *não* deve ser interpretado restritivamente, devendo abranger outros tipos de vulnerabilidades sociais; (2) Ada Pellegrini Grinover – em parecer apresentado na ADI nº. 3943 –, ressaltando a existência dos *necessitados organizacionais*, vistos pelo ponto de vista coletivo; (3) Os sempre lembrados Fredie Didier Jr. e Hermes Zanetti Jr.[54], defendendo também a existência do *necessitado jurídico*; (4)

---

52. "A expressão *amicus communitas* foi cunhada pelo jusfilósofo e professor da Faculdade de Direito da Universidade Federal do Amazonas (FD/UFAM), Daniel Gerhard. O tema foi ainda publicado em textos em parceria com Edilson Santana (DPU) e Maurilio Maia (DPE/AM) em 2015. O conceito de comunidade surge aqui com perspectiva sociopolítica e filosófica. Assim, falar-se em "amigo da comunidade" é uma clara opção político-jurídica: a Defensoria Pública não veio para ser (só) amiga da Corte (*amicus curiae*). A vocação defensorial é de "amiga das comunidades", em uma visão de proximidade e representação de interesses. A ideia é reavivar o conceito de comunidade e seu pluralismo democrático no âmbito da sociedade, sendo a missão defensorial de reforço do referido pluralismo de ideias e de efetivação da *democracia inclusiva*, judicialmente ou não." (Maia, Maurilio Casas. Expressão e Instrumento da Democracia: Sobre o Estado Defensor e a EC 80/2014. ADV, n. 46, Nov. 2015, p. 620).
53. Mancuso, Rodolfo de Camargo. *Interesses Difusos*: Conceito e Legitimação para Agir. São Paulo: Ed. RT, 2011, p. 251.
54. Didier Jr., Fredie. Zaneti Jr., Hermes. Curso de Direito Processual Civil. V. 5. 9ª ed. Salvador: Ed. Jus *Podivm*, 2014, p. 192.

Cap. 11 • COLISÃO DE INTERESSES (ART. 4º-A, V, LC N. 80/1994) E POSIÇÕES PROCESSUAIS DINÂMICAS
Maurilio Casas Maia

Daniel Amorin Assumpção Neves[55], lembrando a existência dos *hipossuficientes organizacionais*; (5) Eudóxio Cêspedes Paes[56], citando a Defensoria Pública e sua legitimidade coletiva quanto aos *necessitados de organização política*, socialmente vulneráveis; (6) Alexandre Freitas Câmara[57], no sentido de que a Defensoria Pública deve tutelar o *necessitado jurídico*, independente de sua condição econômica; (7) Cássio Scarpinella Bueno[58] visualizando muita semelhança entre a amplitude da legitimidade da Defensoria Pública e do Ministério Público; (8) E Luiz Manoel Gomes Júnior, com a visão de que "necessitado" é termo mais amplo que "pobre" ou "miserável"[59], e ainda que – sob a ótica coletiva –, a interpretação do que seria "necessitado"[60] deve ser distinta da esfera individual.

Desse modo – em respeito ao entendimento vinculante decorrente da ADI n. 3943 (STF) –, entende-se que a menção ao termo "econômico" adjetivando o hipossuficiente do § 1º do art. 554 do NCPC deve ser visto como uma "atribuição mínima compulsória da Defensoria Pública"[61] e como uma espécie *exemplificativa* de hipossuficiente (individual ou coletivo), mormente por conta do caráter de direito social e coletivo (ou multitudinário) que possui a ação sob análise.

Portanto, a referência à coletividade economicamente hipossuficiente é um piso de atribuição para a Defensoria Pública, existindo outras formas de carência de recursos capazes de despertar a vocação defensorial para a tutela dos necessitados, conforme intepretação conferida pelo STF na ADI 3943 e pelo STJ no EREsp n. 1192577. Enfim, o § 1º do artigo 554 do NCPC, graças ao enfoque coletivo ou multitudinário, deve ser lido de acordo com a Constituição e em especial com o retromencionado precedente vinculante proferido pelo STF, para fins de análise da legitimação coletiva do Estado Defensor.

---

55. Neves, Daniel Amorin Assumpção. Tutela Coletiva do Consumidor em juízo. In: _____. Tartuce, Flávio. *Manual de Direito do Consumidor*. São Paulo: Método, 2014, p. 640-648.
56. Paes, Eudóxio Cêspedes. Aspectos processuais. In: Fernandes Neto, Guilherme. Inquérito Civil e Ação Civil Pública. São Paulo: Ed. Atlas, 2013, p. 61.
57. Câmara, Alexandre Freitas. Legitimidade da Defensoria Pública para ajuíza Ação Civil Pública: um possível primeiro pequeno passo em direção a uma grande reforma. In: Sousa, José Augusto Garcia de. *A Defensoria Pública e os Processos Coletivos*: Comemorando a Lei Federal 11.448, de 15 de janeiro de 2007. Rio de Janeiro: Lumen Juris, 2008, p. 48.
58. Bueno, Cássio Scarpinella. *Curso sistematizado de Direito Processual*. V. 2. T. III. São Paulo: Saraiva, 2013, p. 192.
59. Gomes Júnior, Luiz Manoel. *Curso de Direito Processual Civil Coletivo*. 2ª ed. São Paulo: SRS ed., 2008, p. 136.
60. Gomes Júnior, Luiz Manoel, *Ibidem*, p. 139.
61. Tal raciocínio foi registrado em voto da min. Cármen Lúcia na ADI n. 3943 ao invocar trecho de voto da ADI n. 558/RJ: "(...) A Constituição Federal impõe, sim, que os Estados prestem assistência judiciária aos necessitados. Daí decorre a *atribuição mínima compulsória* da Defensoria Pública. Não, porém, o impedimento a que os seus serviços se estendam ao patrocínio de outras iniciativas processuais em que se vislumbre interesse social que justifique esse subsídio estatal".

3.2 A intervenção defensorial do § 2º do art. 565 do NCPC

Em relação à intervenção da Defensoria Pública prevista no § 2º do artigo 565 do NCPC, novas notas devem ser expostas. Eis a redação do referido dispositivo: "Art. 565. (...) § 2º O Ministério Público será intimado para comparecer à audiência, e a *Defensoria Pública será intimada sempre que houver parte beneficiária de gratuidade da justiça.*"

Em primeiro lugar, esclarece-se que a doutrina questiona sobre a existência de eventual *atecnia* do legislador ao usar as expressões "parte beneficiária de gratuidade da justiça", propondo que o termo correto seria "parte beneficiária da assistência jurídica gratuita", missão tipicamente defensorial (art. 134 c/c inc. LXXIV, art. 5º, CRFB/88). Nesse sentido, citam-se: (I) José Augusto Garcia de Sousa, para quem o legislador do NCPC/2015 teria cometido uma "impropriedade técnica"[62] ao confundir "gratuidade da justiça" com a "assistência jurídica" prestada pela Defensoria Pública no § 2º do art. 565; (II) Do mesmo modo, Franklyn Roger Alves Silva e Diogo Esteves[63] destacam o "descompasso" do texto legislativo porque o elemento justificante do atuar defensorial não é a "gratuidade da justiça". Assim, Silva e Esteves expõem a intimação do § 2º do art. 565 do NCPC como um reforço à prerrogativa de intimação defensorial do § 1º do art. 186 do NCPC. Os sobreditos autores então concluem por inexistir "regra nova" ou "modalidade autônoma de intervenção".

Com o respeito aos respeitáveis entendimentos acima expostos, inaugura-se aqui divergência à luz da missão constitucional da Defensoria Pública, hodiernamente considerada.

Nessa senda, para um entendimento pleno de caráter social e jurídico, faz-se imperioso entender o contexto envolvendo as lides multitudinárias abrangendo os necessitados.

Com efeito, é fato comum a concessão *gratuita* de patrocínio advocatício privado aos membros de *comunidades carentes* a partir de autoridades políticas e ainda de entidades privadas assistenciais. *Em verdade,* passado algum tempo de tramitação processual, muitas vezes tais assistências são encerradas inadvertidamente e a tutela do necessitado resta simplesmente abandonada, por diversos motivos. E eis aqui a razão de ser do § 2º do art. 565 do NCPC, a partir da *perspectiva social e jurídico-processual.*

---

62. Sousa, José Augusto Garcia de. A Defensoria Pública e o Código de Processo Civil de 2015: novos caminhos – e responsabilidade –, para uma instituição enfim essencial. In:_____. (Coord.) *Defensoria Pública.* Salvador: Jus Podivm, 2015. (Coleção Repercussões do Novo CPC, v. 5. Coordenador Geral: Fredie Didier Júnior), p. 496.
63. Silva, Franklyn Roger Alves. Esteves, Diogo. A nova disciplina da legitimação extraordinária da Defensoria Pública no Novo Código de Processo Civil. In: Sousa, José Augusto Garcia de. (Coord.) *Defensoria Pública.* Salvador: Jus Podivm, 2015, p. 337.

Cap. 11 • COLISÃO DE INTERESSES (ART. 4º-A, V, LC N. 80/1994) E POSIÇÕES PROCESSUAIS DINÂMICAS
Maurilio Casas Maia

A situação narrada acima expõe não somente os necessitados, mas a sociedade à *dilação indevida* da lide possessória multitudinária, arriscando – em um só golpe –, a *razoável duração do processo* e a *pacificação* social, porquanto será possível cogitar o adiamento da audiência e do final do processo por conta da ausência advocatícia.

Por outro lado, uma tentativa vulgar de solução do problema (de possível adiamento da audiência) seria a nomeação de *"advogados dativos de corredor"*. Porém, tal expediente – além de ser ofensivo ao sistema constitucional de assistência jurídica gratuita (CRFB/88, art. 134) –, macula o direito à ampla defesa, por ausência de preparo e contato prévio com a causa, e ainda corrói o direito do litigante de livre constituição do advogado de confiança.

Ademais, embora se trate de audiência de *mediação*, é imprescindível evitar a todo custo as chamadas "conciliações repressivas"[64] (ou melhor, aqui as "mediações repressivas") – mazelas já identificadas doutrinariamente[65] –, mormente por conta do relevo social circundante das ocupações multitudinárias. Portanto, é preciso convir que a temática das ações possessórias e coletivas passivas envolvendo posse ou propriedade é matéria deveras complexa, envolvendo até mesmo *políticas públicas* – razão essa também pela qual os órgãos de *política* agrária serão intimados a fim de participarem da multicitada audiência (art. 565, § 4º, NCPC).

Nesse cenário, a *assistência técnico-jurídica individual* de um advogado ou, *se for o caso*, de um defensor público pode se revelar imprescindível em um cenário no qual o Ministério Público, a Defensoria Pública (em legitimidade coletiva, pelo § 1º do art. 554, NCPC), os órgãos da Administração Pública – bem como o respectivo ente federativo –, os subgrupos privados e os indivíduos estão interessados em determinado desfecho, muitas vezes diametralmente oposto ao almejado pelo cidadão que descobriu às vésperas ou na própria audiência de mediação não estar mais auxiliado juridicamente no processo.

No contexto descrito, a figura do defensor público do § 2º do art. 565 (NCPC) surge para abrandar as vulnerabilidades técnico-informativas do cidadão e garantir-lhes, nessa quadra subjetivamente complexa, a "informação" e

---

64. Santos, Boaventura de Sousa. *Para uma revolução democrática da Justiça*. 2ª ed. São Paulo: Editora Cortez, 2008, p. 102-103.
65. Existem patologias detectáveis nos instrumentos de autocomposição, as quais podem ser potencializadas no contexto multitudinário das possessórias sob análise. Para maiores detalhes sobre as mazelas que podem atingir as técnicas autocompostivas de solução de conflito, vide: Didier Jr., Fredie. *Curso de Direito Processual Civil*: Introdução ao Direito Processual Civil, Parte Geral e Processo de Conhecimento. V. 1. Salvador: Jus Podivm, 2015, p. 280; Neves, Daniel Amorim Assumpção. *Novo Código de Processo Civil – Lei 13.105/2015*. São Paulo: Método, 2015, p. 31; Tartuce, Fernanda. Vulnerabilidade processual no Novo CPC. In: Sousa, José Augusto Garcia de. (Coord.) *Defensoria Pública*. Salvador: Jus Podivm, 2015, p. 297.

o "esclarecimento" – um binômio necessário à formação da *decisão informada* e ao respeito da *autonomia da vontade*, princípios primordiais à mediação (NCPC/2015, art. 166[66]).

Em verdade, o quadro social de (hiper)vulnerabilidade geralmente vivenciado pelos agrupamentos necessitados recomendou as missões expressamente atribuídas à Defensoria Pública no NCPC. Nessa linha de raciocínio, Viana[67] ressalta: "Não são raras as situações em que as ações possessórias atingem grupo elevado de pessoas, a maioria ou totalidade carentes, cuja vulnerabilidade extrema, *advinda não apenas da pobreza*, mas também da delicada e crítica situação processual que vivenciam, recomenda ao legislador a adoção de uma postura estatal mais ativa".

Assim sendo, crê-se na retidão da redação do dispositivo comentado a fim de abrandar os nefastos efeitos sociais e processuais do quadro exposto. Todavia, dúvidas brotam a partir da proposta interpretativa ora exposta.

No quadro apresentado, atrai-se então o ônus argumentativo de responder às seguintes questões: (1) O *necessitado* tutelado no § 1º do artigo 554 do NCPC seria o mesmo *necessitado* protegido pelo § 2º, do artigo 565, também do NCPC/2015? Indagando de outra forma, existiria a possibilidade (em tese) de os defensores dos dispositivos retrocitados protegerem interesses distintos e até mesmo conflitantes? (2) Caso as figuras defensoriais dos artigos mencionados não coincidam, qual seria a natureza da intervenção e a função do defensor [do § 2º do art. 565] intimado em duas hipóteses: (2.1) comparecimento do advogado privado à audiência e; (2.2) ausência do advogado privado, sendo a parte necessitada econômica.

3.2.1 O defensor público do § 1º do art. 554 seria o mesmo do § 2º do art. 565, ambos do NCPC?

Com finalidade prática, faz-se imperioso indagar se o Defensor Público representante do *interesse institucional* – já intimado por força do artigo 554, § 1º, do NCPC e que deve ser consequentemente intimado dos demais atos processuais ulteriores (NCPC, § 1º do art. 186[68]) –, seria (ou não) o mesmo a ser intimado para fins do § 2º do artigo 565 do mesmo NCPC.

---

66. NCPC/2015, "Art. 166. A conciliação e a mediação são informadas pelos princípios da independência, da imparcialidade, da autonomia da vontade, da confidencialidade, da oralidade, da informalidade e da decisão informada."

67. Lima, Frederico Rodrigues Viana de. Um novo Código de Processo Civil para uma nova Defensoria Pública. In: Sousa, José Augusto Garcia de. (Coord.) *Defensoria Pública*. Salvador: Jus Podivm, 2015, p. 354.

68. NCPC, "Art. 186. A Defensoria Pública gozará de prazo em dobro para todas as suas manifestações processuais. § 1º O prazo tem início com a intimação pessoal do defensor público, nos termos do art. 183, § 1º."

Cap. 11 • COLISÃO DE INTERESSES (ART. 4º-A, V, LC N. 80/1994) E POSIÇÕES PROCESSUAIS DINÂMICAS
Maurilio Casas Maia

Para iniciar uma possível resposta à indagação é necessário, porém, um esclarecimento: A Lei Complementar n. *80/1994 (art. 4º-A, inciso V*[69]) garante ao assistido da Defensoria Pública a atuação de defensores públicos *distintos* em caso de *colisão* de interesses entre os interesses tutelados pelo Estado Defensor. E é a partir desse ponto o nascedouro da resposta à indagação apresentada.

Assim sendo, entende-se que os defensores públicos do art. 554 e do art. 565 serão distintos, em regra – sendo tal definição guiada pelo *art. 4º-A, inciso V*, da LC n. 80/1994. E o motivo maior desse entendimento, no caso, é a preservação da ampla defesa (art. 5º, LV, CRFB/88) em caso de eventual *colisão* dos interesses *institucionais* (em prol da coletividade necessitada) e do interesse individual do necessitado econômico com *gratuidade judiciária* – este, porém, com advogado privado até então.

Todavia – reconhecendo ainda a permanência do estado geral de carência de defensores públicos no país –, é forçoso reconhecer também que em caso de *inexistência* de colisão de interesses ou de efetiva assistência jurídica pela *advocacia privada*, não será obrigatória a participação de um defensor público específico para fins do § 2º do art. 565 do NCPC. Isso porque a *ausência de prejuízo* à defesa e à orientação jurídica do cidadão guiará o intérprete à inexistência *de nulidade* (NCPC, Art. 282, § 1º[70]).

Aliás, mesmo na ausência do advogado privado, será possível admitir que o mesmo membro da Defensoria Pública desempenhe as funções do artigo 554, § 1º e concomitantemente do artigo 565, § 2º, do NCPC – isso, claro, desde que inexista colisão de interesses, à luz do *art. 4º-A, inciso V*, da LC n. 80/1994.

Por outro lado, haverá prejuízo ao contraditório e à ampla defesa quando (I) *ausente* o advogado privado da parte beneficiária da *gratuidade judiciária* e (II) havendo *colisão* entre o interesse *institucional da Defensoria Pública* em prol da *coletividade* necessitada (pelo qual é responsável o defensor público do § 1º, do art. 554 do NCPC) e o interesse *individual* da parte com *gratuidade da justiça* – o qual será eventualmente tutelado pelo defensor público do § 2º do art. 565 do NCPC –, (III) não for providenciado o defensor público aludido no *art. 4º-A, inciso V*, da LC n. 80/1994.

A fim de esclarecer melhor o referido problema, expõe-se qual seria a natureza e função da intervenção defensorial do § 2º do art. 565 do NCPC.

---

69. LC n. 80/1994, "Art. 4º-A. São direitos dos assistidos da Defensoria Pública, além daqueles previstos na legislação estadual ou em atos normativos internos: (...) V – a atuação de Defensores Públicos distintos, quando verificada a existência de interesses antagônicos ou colidentes entre destinatários de suas funções."

70. NCPC, "Art. 282. (...) § 1º O ato não será repetido nem sua falta será suprida quando não prejudicar a parte."

3.2.1 Natureza e função da intervenção defensorial do § 2º do art. 565 do NCPC

Outro ponto relevante a fim de esclarecer a intepretação aqui proposta do § 2º do art. 565 do NCPC é definir qual a *natureza da intervenção* e a real *função* do defensor público intimado para satisfação da referida norma.

Para tanto, parte-se do seguinte pressuposto: a parte beneficiária da *gratuidade judiciária* possui *advogado privado*. Caso contrário, seria despiciendo e sem sentido o dispositivo comentado, porquanto a parte assistida por um defensor público na condição de *representante postulatório* deve ser naturalmente acompanhada pelo seu defensor técnico em audiência, o qual será intimado sempre para a prática ou participação nos atos processuais.

No referido contexto, poder-se-ia questionar em primeiro plano: qual a utilidade do defensor público se há advogado privado constituído em prol da parte beneficiária da gratuidade da Justiça?

Certamente, ao ser intimado para fins do § 2º do art. 565 do NCPC, o defensor público *não* se enquadra na atuação como *representante postulatório*, sob pena de ofensa ao artigo 133 da CRFB/88 e de claro desrespeito às atribuições advocatícias. Advogado constituído, em princípio, há. Desse modo, afasta-se a ideia de que a intimação da Defensoria Pública se daria com a finalidade de ser representante para fins de supressão da capacidade postulatória.

No contexto das *razões sociais* e processuais expostas para a previsão contida no § 2º do artigo 565 do NCPC, percebe-se que a figura do *defensor público* como *instituição de garantia,* como eventual instrumento de reforço do contraditório do necessitado econômico (beneficiário da gratuidade judiciária) e de *razoável duração do processo para todos os demais membros das coletividades afetadas* no caso narrado.

Enquanto garantia de contraditório e de ampla defesa do *necessitado econômico, a* finalidade precípua do dispositivo (§ 2º, do art. 565, NCPC) é que *no caso de* abandono da causa pelo patrono e impossibilidade econômica de constituição de novo advogado privado, a parte beneficiária da *gratuidade judiciária* na ação possessória multitudinária permaneça tutelada e com a tríplice capacidade intacta, graças à *capacidade postulatória do defensor público* (LC n. 80/1994, art. 4º, § 6º[71]).

Por outro lado, a presença do *defensor público do* § 2º do art. 565 do NCPC evita, em princípio, o adiamento da audiência judicial, fato esse prejudicial às coletividades prejudicadas pela permanência do litígio multitudinário ou coletivo.

---

71. LC n. 80/1994, "Art. 4º (...) § 6º A capacidade postulatória do Defensor Público decorre exclusivamente de sua nomeação e posse no cargo público."

Destarte, a finalidade do § 2º do art. 565 do NCPC é resguardar a ampla defesa e o contraditório do *necessitado econômico* – o qual, na prática dos processos possessórios multitudinários, tem sido abandonado por questões conjunturais e políticas no momento da audiência –, e ainda evitar o adiamento da audiência em prejuízo de toda a coletividade.

Assim sendo, convém expor qual seria a *função* do defensor público em caso de comparecimento do advogado privado constituído e no caso de ausência do referido causídico.

A) Em caso de atuação do advogado privado

Sendo a intimação obrigatória por força de lei, qual seria a utilidade e função da intervenção do defensor público em prol do *beneficiário da gratuidade da justiça* que possua advogado atuante e firme na causa? O NCPC não é claro nesse ponto. Acredita-se estar nessa senda a maior inovação do dispositivo.

Embora exista posicionamento[72] no sentido de que em havendo advogado constituído a *participação* decorrente da intimação do § 2º do artigo 565 do NCPC/2015 seja desnecessária, tal visão deve ser lida com cuidado, porquanto – à luz das razões aqui explanadas –, o abandono do patrocínio advocatício, por vezes, somente se confirma por ocasião da audiência. Ademais, o referido debate somente se coaduna no tangente à *atuação individual* da Defensoria Pública como representante postulatória (a fim de romper a dificuldade econômica ou jurídica na contratação advocatícia) – e o mesmo *não* se pode dizer, todavia, acerca do interesse institucional a ser resguardado no art. 134 c/c LXXIV, art. 5º, da Constituição, mormente em favor dos *direitos humanos*.

É preciso lembrar que a coletividade terá interesse reforçado pela atuação defensorial *institucional* do § 1º do art. 554 do NCPC e quem gozar da *gratuidade judiciária* – mesmo acompanhada de advogado privado –, litigará *contra* uma entidade pública, com o peso institucional da Defensoria Pública, protetora de interesses comunitários. Assim, o defensor público do § 2º do art. 565 do NCPC deve surgir como fator de (re)*equilíbrio* da demanda quando presente o advogado privado.

Em outras palavras, a solução a seguir delineada tem como *pressuposto primeiro* a *tensão* entre o interesse coletivo tutelado pela Defensoria Pública atuando em nome institucional e a parte utente da *gratuidade judiciária*.

Portanto, o defensor público intimado para fins do § 2º do art. 565 do NCPC – face à eventualidade de ser desnecessário o seu atuar protetivo de

---

72. Lima, Frederico Rodrigues Viana de. Um novo Código de Processo Civil para uma nova Defensoria Pública. In: Sousa, José Augusto Garcia de. (Coord.) *Defensoria Pública*. Salvador: Jus Podivm, 2015, p. 354.

representante postulatório graças à efetiva atuação advocatícia –, poderá adotar as seguintes alternativas: (1) *inércia*[73], quando não detectar traços de desequilíbrio processual ou de séria vulnerabilidade. Nesse caso, faz-se justificável o silêncio defensorial e sua retirada do caso. Desse modo, o patrocínio advocatício não[74] será causa imediata para o afastamento da intervenção do defensor público no processo, conforme se propõe no item seguinte; (2) Em uma segunda hipótese, o defensor público do § 2º do art. 565 do NCPC poderá assumir o papel de *assistente simples* da parte utente da *gratuidade judiciária* acompanhada de advogado, a fim de reequilibrar o embate processual contra a coletividade ou entes públicos, reforçando os interesses do necessitado de *gratuidade judiciária* quando detectar nele um *alto nível de vulnerabilidade*, nos termos do inciso XI[75] do artigo 4º da LC n. 80/1994 – tudo de modo devidamente justificado. Trata-se de atuação defensorial como "órgão complementar" à defesa privada, semelhante àquela visualizada para o Processo Penal, por Luigi Ferrajoli[76], cuja finalidade é trazer maior isonomia e proteção a valores constitucionalmente protegidos.

Tal intervenção possui o papel de efetivar a missão constitucional e institucional da Defensoria Pública vinculada ao *pluralismo de manifestação democrática* (CRFB/88, art. 134) e aos objetivos da República de construir uma sociedade *igualitária*, livre, justa e solidária, buscando erradicar e reduzir as desigualdades sociais.

Em síntese, o § 2º do artigo 565 do NCPC deve ser lido à luz do art. 133 da CRFB/88. Portanto, a parte beneficiária da "gratuidade Judiciária" devidamente representada por advogado privado em audiência, não terá *jamais* no defensor público do art. 565 do NCPC um *"representante postulatório"*. Trata-se de respaldo do princípio do *defensor natural*[77], o qual abarca, em um primeiro plano (*privado*), o respeito à escolha do jurisdicionado quanto ao *advogado privado* – indispensável à Justiça (art. 133, CRFB/88) e, no *plano público*, quanto ao defensor público com atribuição legal para atuação em caso de *necessidade* do assistido. Desse modo, frente ao princípio do defensor natural, se a parte

---

73. Acredita-se que somente nesse quadro seria justificável o silêncio do defensor público. Não bastando a constatação do patrocínio do advogado privado para o afastamento total da atividade de apoio jurídico do Defensor Público para fins do § 2º do art. 565 do NCPC.
74. Lima, Frederico Rodrigues Viana de. Um novo Código de Processo Civil para uma nova Defensoria Pública. In: Sousa, José Augusto Garcia de. (Coord.) *Defensoria Pública*. Salvador: Jus Podivm, 2015, p. 354.
75. LC n. 80/1994, "Art. 4º São funções institucionais da Defensoria Pública, dentre outras: (...) XI – exercer a defesa dos *interesses individuais* e coletivos da criança e do adolescente, do idoso, da pessoa portadora de necessidades especiais, da mulher vítima de violência doméstica e familiar e de *outros grupos sociais vulneráveis* que mereçam proteção especial do Estado;"
76. Ferrajoli, Luigi. *Direito e razão*: teoria do garantismo penal. 4. ed. São Paulo: RT, 2014, p. 537.
77. LC n. 80/1994, "Art. 4º-A. São direitos dos assistidos da Defensoria Pública, além daqueles previstos na legislação estadual ou em atos normativos internos: (...) IV - o patrocínio de seus direitos e interesses pelo *defensor natural*;"

Cap. 11 • COLISÃO DE INTERESSES (ART. 4º-A, V, LC N. 80/1994) E POSIÇÕES PROCESSUAIS DINÂMICAS
Maurilio Casas Maia

já possui (I) causídico constituído e (II) gozar a gratuidade da Justiça, entra em cenário a atuação da Defensoria Pública em *caráter complementar*, enquanto *assistente simples*, conforme a necessidade concreta de reequilíbrio processual e vulnerabilidade processual.

Óbvio, que a referida *assistência defensorial* somente será passível de aceitação se – além da compreensão da missão constitucional defensorial à luz do *pluralismo* democrático e dos objetivos da República –, o intérprete reconhecer o atuar defensorial *multifacetário* vocacionado à migração entre zonas de interesse do processo e a assumir diversas posições jurídicas no decorrer do processo – como será tratado mais á frente.

B) em caso de descontinuidade do patrocínio pelo advogado privado e impossibilidade financeira de constituição de novo causídico

Com efeito, é no cenário do abandono do patrocínio dos interesses individuais do *necessitado econômico* que se apresenta a *proposta* de eventual *transmudação* da intervenção *assistencial* do defensor intimado para acompanhar a parte que goza da gratuidade judiciária, nos termos do § 2º do art. 565 do NCPC. Desse modo, ausente o advogado privado, poderá o *defensor público* intimado para fins do artigo 565 do NCPC, assumir a função de seu *representante postulatório*.

Apenas uma observação: para fins de *representação postulatória* e em se tratando de interesse individual, a função defensorial de representante postulatório deve ser conduzida pelo respeito ao princípio do *defensor natural* (privado de confiança ou público, nos termos do ato normativo respectivo) e, *em regra*, pela análise da hipossuficiência econômica – nesse sentido é a conclusão extraída da ADI n. 3943 e do EREsp n. 1192577.

Ou seja, ainda que se trate de demandado beneficiário da gratuidade judiciária e seu advogado constituído não compareça à audiência aprazada na possessória multitudinária, o defensor público somente deveria assumir a condição de representante postulatório caso a parte realmente não tenha condições financeiras de contratar novo causídico. Ser beneficiário da gratuidade judiciária e ao mesmo tempo poder contratar (um novo) advogado é hipótese remota, mas possível[78].

---

78.   Apenas por apego à reflexão, convém uma última ponderação: Caso se entenda que um dos principais fatores de atuação do defensor público do § 2º artigo 565 do NCPC seja evitar o retardo da solução do caso multitudinário e o defensor público participar da audiência na condição de *"representante postulatório"* (e somente em tal condição) em prol de parte com possibilidade financeiras de arcar com a contratação de novo causídico, deveria ocorrer a respectiva condenação em *honorários defensoriais*? Uma resposta possível tem lastro no princípio da igualdade material e vem no voto min. Luis Felipe Salomão

3.3 Da dinamicidade das posições processuais ocupadas pela Defensoria Pública nas Possessórias multitudinárias

O processo civil brasileiro vem adquirindo feição colaborativa a ponto de se falar em um modelo cooperativo de processo civil[79]. Trata-se de um modelo comparticipativo e policêntrico[80] no qual a Defensoria Pública, enfim, torna-se essencial[81] ao lado das demais carreiras jurídico-processuais.

No contexto acima delineado, o desafio é descobrir as posições jurídico-processuais que podem ser assumidas por uma instituição cuja missão é garantir o *pluralismo de vozes* por ser *"expressão e instrumento do regime democrático"* (CRFB/88, art. 134). Dessa forma, os temas da *dinamicidade das posições jurídico-processuais*[82], da *despolarização do processo* e da *migração entre as zonas de interesse* se tornarão relevantes para o entendimento da amplitude da missão processual da Defensoria Pública no Processo Civil Brasileiro.

Somente para exemplificar quanto às possessórias multitudinárias do NCPC, além da conhecida função de *representante postulatório* (substituto do advogado privado para o necessitado econômico que seja autor ou réu), a Defensoria Pública será instada a defender seus *interesses institucionais* em prol da *coletividade necessitada* para os fins do § 1º do art. 554 do NCPC/2015, em

---

no EREsp 1192577. Ditou o referido ministro: "caso se verifique a atuação indevida da Defensoria Pública em prol daquele indivíduo que não faz jus a sua assistência, deverá ser fixada verba sucumbencial decorrente de sua atuação, destinando-a a fundo gerido pela instituição, exclusivamente, no aparelhamento da Defensoria Pública e à capacitação profissional de seus membros e servidores, nos termos do art. 4°, XXI, da LC n. 80/1994". (trecho de voto do min. Luis Felipe Salomão no EREsp n. 1192577). Assim, se a necessidade de atuação defensorial foi de índole jurídico-processual e não de ordem econômico--financeira, exigir-se-ia tratamento desigual do *necessitado jurídico* em relação ao *necessitado econômico*, para quem o atuar deve ser integralmente gratuito. Todavia, tal hipótese é remota, porquanto a parte ora mencionada deva ser beneficiária da gratuidade da Justiça – nos termos do § 2º do art. 565, do NCPC –, colocando-a presumivelmente no quadro de *necessitado econômico*. Desse modo, ainda que ocorra a condenação em honorários defensoriais nos termos expostos, estes teriam sua exigibilidade suspensa por conta da gratuidade judiciária.

79. Para saber mais sobre o tema, vide: Didier Jr., Fredie. Os três modelos de Direito Processual: Inquisitivo, dispositivo e cooperativo. In: Leite, George Salomão. Sarlet, Ingo Wolfgang. Carbonell, Miguel. (coord.) *Direitos, deveres e garantias fundamentais*. Salvador: Jus Podivm, 2011, p. 427-439; Mitidiero, Daniel. *Colaboração no Processo Civil*: pressupostos sociais, lógicos e éticos. São Paulo: Ed. RT, 2009.

80. Nunes, Dierle José Coelho. *Processo Jurisdicional democrático*: uma análise crítica das reformas processuais. Curitiba: Juruá, 2008, p. 147.

81. Sousa, José Augusto Garcia de. A Defensoria Pública e o Código de Processo Civil de 2015: Novos caminhos – e responsabilidades – para uma instituição enfim essencial. In: _____. (Coord.) *Defensoria Pública*. Salvador: Jus Podivm, 2015. (Coleção Repercussões do Novo CPC, v. 5. Coordenador Geral: Fredie Didier Júnior).

82. Para saber mais sobre o tema, vide: Cabral, Antônio do Passo. Despolarização do Processo e "zonas de interesse": sobre a migração entre polos da demanda. In: Didier Jr., Fredie. *Reconstruindo a Teoria Geral do Processo*. Salvador: Jus Podivm, 2012, p. 133-192; Didier Jr., *Curso de Direito Processual Civil*. V. I. 17ª ed. Salvador: Jus Podivm, 2015, p. 368-370.

típica legitimidade coletiva ou extraordinária. Poderá ainda atuar na função de *curadoria especial*[83] dos réus revéis citados por edital, nos termos do § 2º[84] do art. 554 do NCPC. E, quanto ao § 2º do art. 565 do NCPC, poderá atuar na função de *assistente simples* do hipervulnerável necessitado ou, eventualmente, enquanto *representante postulatório* do beneficiário da gratuidade da justiça cujo patrono abandonou a causa e não possa constituir novo advogado.

Ao remate, perceba-se que a existência de *interesses dissidentes* dentro da coletividade heterogênea de necessitados é o *pressuposto ativador da movimentação dinâmica* das posições processuais a serem ocupadas pela Defensoria Pública, em conformidade com ao LC n. 80/1994 (art. 4º-A, V). Eis o motivo pelo qual José Aurélio de Araújo[85] ressaltou que "os órgãos da Defensoria Pública deverão atentar para eventuais interesses em conflito dentro da própria coletividade", devendo-se cuidar para a tutela jurídica do interesse conflitante mesmo que de um único indivíduo.

4. CONCLUSÃO: A RENOVAÇÃO DO PAPEL DA DEFENSORIA PÚBLICA EM UM PROCESSO POLICÊNTRICO E COMPARTICIPATIVO

O presente estudo concluiu pela distinção da forma de intervenção defensorial do § 1º do art. 554 e do § 2º do art. 565, ambos do NCPC, em conformidade com o inciso V do art. 4º-A da LC n. 80/1994 e com a teoria da dinamicidade das posições processuais dentro de um modelo constitucional, cooperativo, comparticipativo e policêntrico de Processo Civil.

Em síntese, eis as conclusões propostas a partir do presente estudo:

(1) A Defensoria Pública – enquanto órgão constitucional do Sistema de Justiça – possui um *interesse institucional a zelar* em conformidade com sua missão (art. 134, CRFB), com os princípios democráticos e com os objetivos da República Federativa do Brasil;

---

83. Entende-se que por conta de eventual colisão e dissidência de interesses entre o *interesse institucional* (em benefício da coletividade necessitada) e a os interesses dos indivíduos citados por edital (ex.: alegação de nulidade do ato citatório editalício, enquanto tese prejudicial à grande massa de necessitados), a participação da Defensoria Pública enquanto Instituição (§ 1º, art. 554, NCPC) não dispensaria o atuar de outro defensor público enquanto curador especial, a partir das consequências do § 2º do art. 554 do NCPC. Em sentido contrário: Silva, Franklyn Roger Alves. Esteves, Diogo. A nova disciplina da legitimação extraordinária da Defensoria Pública no Novo Código de Processo Civil. In: Sousa, José Augusto Garcia de. (Coord.) *Defensoria Pública*. Salvador: Jus Podivm, 2015, p. 335.

84. NCPC/2015, "art. 554 (...) § 2º Para fim da citação pessoal prevista no § 1º, o oficial de justiça procurará os ocupantes no local por uma vez, citando-se por edital os que não forem encontrados."

85. Araújo, José Aurélio de. O Litígio coletivo da posse dos artigos 554 e 565 do Novo CPC e a Natureza da atuação da Defensoria Pública. In: Sousa, José Augusto Garcia de. (Coord.) *Defensoria Pública*. Salvador: Jus Podivm, 2015, p. 545.

(1.1) A Defensoria Pública é órgão de acesso à Justiça (judicial ou extrajudicialmente), razão pela qual suas atribuições e forma de atuação devem ser lidas em conformidade com as ondas renovatórias de acesso à Justiça – em especial com a remoção de óbices econômicos (1ª onda), óbices organizacionais/coletivos (2ª onda), óbices procedimentais/formais (3ª onda) e óbices éticos de acesso à ordem jurídica justa (4ª onda);

(1.2) O destinatário das funções defensoriais é o *necessitado*, seja este um indivíduo ou uma *coletividade*. Reconhecendo a ausência de pré-adjetivação financeira ou econômica ao necessitado na Constituição, o STF (ADI n. 3943) e o STJ (EREsp 1192577) adotam interpretação consentânea com a busca da máxima efetivação do acesso à Justiça, em especial na 2ª onda renovatória ("Justiça Transindividual"). Nesse contexto, a Defensoria Pública passa a ser um dos instrumentos de efetivação das *necessidades* humanas;

(2) No contexto processual, concluiu-se que os órgãos postulantes do Sistema de Justiça podem assumir diversas *formas de atuação processual* a depender de sua natureza e do contexto. Assim, poderiam sê-lo: (a) *parte em sentido estrito*, quando comporá o substrato subjetivo mínimo do processo, serão sujeitos da demanda; (b) *Litisconsorte*, ocasião na qual também findará por integrar o conceito de parte, vinculada a um dos polos do processo; (c) *Substituto processual*, no sentido de substituição autônoma do legitimado ordinário – postulando em nome próprio direito alheio; (d) *Representante postulatório*, quando o ente exercerá a função de "advogado" do ente público (advocacia pública) ou do particular necessitado (Defensoria Pública); (e) *Terceiro interveniente*, quando o ente público ingressará no feito processual com lastro em suas atribuições constitucionais e legais, embora não integrando o esquema subjetivo mínimo do processo (autor--juiz-réu) – tudo em prol do respectivo *interesse institucional*, como ocorre com o Ministério Público (*Custös Legis et Iuris*) e a Defensoria Pública (*Custös Plebis et vulnerabilis*); (f) Assistente *ad coadjuvandum*, aqui se trata também de uma forma de *intervenção de terceiro*. A peculiaridade, porém, é que o interesse institucional se volta, de certo modo, à tutela de outrem. Ocorre, por exemplo, com a atuação ministerial em prol do incapaz ou da Defensoria Pública em favor de hipervulnerável necessitado que já possua advogado constituído ("atuar complementar"); (g) Intervenção *Iussu Iudicis*, eis uma modalidade de intervenção de terceiro, determinada oficiosamente pelo juiz. Embora não se destaque ontologicamente das demais, merece lembrança no contexto do presente trabalho.

(2.1) Ainda no aspecto processual, observou-se que as carreiras públicas postulatórias podem assumir diversas posições quanto à detenção da *tríplice capacidade processual* (capacidade de ser parte, de estar no processo e de postular). Nesse sentido, mencionou-se que o *Ministério Público*, ao atuar com sua legitimidade coletiva (ou extraordinária), atuaria cumulando a tríplice capacidade.

O *Advogado Público*, por outro lado, seria detentor de dúplice capacidade: de estar em juízo e de postular, indicando o ente público como aquele detentor da capacidade de ser parte. A *Defensoria Pública*, por seu turno, cambiará pelos pressupostos a depender do contexto: (a) Em legitimação coletiva será detentora da *tríplice capacidade*; (b) enquanto representante postulatória, substituta do advogado privado do necessitado, terá somente a *capacidade postulatória*; (c) Enquanto curadora especial do incapaz com advogado e em conflito com seu representante, terá o condão de suprir a ausência de *capacidade de ser parte*. Assim, exemplificativamente, percebe-se que as carreiras públicas possuem conformações distintas quanto à detenção da tríplice capacidade. Nessa senda, a Defensoria Pública possui especial vocação para o trânsito entre diversas formas de atividades processuais e assim também no pertinente à tríplice capacidade.

(3) Quanto à intervenção defensorial nas possessórias multitudinárias, dois são os dispositivos do NCPC/2015 dignos de atenção: o § 1º do art. 554 e o § 2º do art. 565 – este último, sem dúvida, mais problemático;

(3.1) Quanto à intervenção defensorial prevista no § 1º do art. 554 do NCPC/2015, verificou-se aí uma forma de *intervenção de terceiro* em nome do *interesse institucional da Defensoria Pública* (tutela da coletividade necessitada). Isso porque se considerou a Defensoria Pública fora do esquema subjetivo mínimo do processo (autor-juiz-réu) e que seu atuar se daria em nome de sua legitimidade coletiva (ou extraordinária) e com lastro em sua missão constitucional;

(3.1.1) Tratando-se de interesse institucional-constitucional da Defensoria Pública, sua intervenção será obrigatória mesmo na presença de advogado constituído para todos os "necessitados de posse" envolvidos no caso. Isso porque não se pode confundir a atividade de *representante postulatório* com a tutela do *interesse institucional* (e *constitucional*) do Estado Defensor – esta última sendo uma forma de atuação coletiva e a primeira um mecanismo de suprir a ausência de capacidade postulatória da parte;

(3.1.2) Assim, tratando-se a intervenção defensorial do § 1º do art. 554 do NCPC de uma *atuação institucional* de ênfase coletiva, deve-se ler a atribuição do defensor público em conformidade com a ADI n. 3943 e o ERESp 1192577 (Corte Especial do STJ), adotando-se o conceito de necessitado para além do critério econômico. Em outras palavras, a expressão "econômica" qualificando os hipossuficientes deve sofrer *interpretação em conformidade com a Constituição*, a fim de ser vista de modo exemplificativo, como *atribuição defensorial mínima* e, assim, abarcar outras formas de vulnerabilidade e necessidades humanas, mormente a tutela do direito social à moradia da coletividade necessitada;

(3.2) Referentemente ao já problemático § 2º do art. 565 do NCPC/2015, propôs-se interpretação que somente será aceitável se levado a sério o direito ao contraditório dos múltiplos interesses conflitantes envolvidos no processo e a missão constitucional da Defensoria Pública – tudo em conformidade com o direito de acesso à defesa pública dos necessitados em caso de interesses colidentes, cuja base é encontrada na LC n. 80/1994 (art. 4º-A, V);

(3.2.1) Concluiu-se que o defensor público do § 1º do art. 554 do NCPC somente poderá ser o mesmo do § 2º do art. 565 do NCPC, em caso de *inexistência* colisão de interesses entre o interesse institucional da Defensoria Pública (em prol da coletividade necessitada) e o interesse individual do beneficiário da gratuidade judiciária. Dessa forma, existindo dissidência de interesses entre o interesse institucional pró-coletividade necessitada (§ 1º, art. 554, NCPC) e o interesse individual daquele beneficiado pelo § 2º do art. 565, do NCPC, impõe-se o atuar de um defensor público específico, nos termos da LC n. 80/1994, art. 4º-A, V. Isso, porém, não ocorrerá em todo e qualquer caso;

(3.2.2) É preciso convir que ser beneficiário da gratuidade judiciária (menção do § 2º do art. 565 do NCPC) não é sinônimo de ser assistido da Defensoria Pública. Ou seja, o dispositivo ora comentado deve ser interpretado com base na indispensabilidade do advogado (art. 133, CRFB/88);

(3.2.1) Não há nulidade sem prejuízo. Para os fins do § 2º do art. 565 do NCPC, somente haverá prejuízo (em tese) ao jurisdicionado se, (*I*) ausente o advogado privado constituído, (*II*) houver choque entre o *interesse institucional* (em prol da coletividade necessitada) tutelado pelo defensor do artigo 554 (§ 1º) do NCPC e o *interesse individual* do beneficiário da gratuidade (III) e não lhe for providenciado o defensor aludido no inciso V do art. 4º-A da LC n. 80/1994;

(3.2.2) O defensor público do § 2º do art. 565 do NCPC foi previsto com a finalidade última de se tornar, eventualmente, um *representante postulatório* do interesse individual daquele *beneficiário da gratuidade da Justiça*, caso abandonado por seu patrono técnico na ocasião da audiência de mediação;

(3.2.2.1) A conclusão exposta no item anterior tem razão social. É deveras comum que membros de comunidades carentes, alvo de ações possessórias multitudinárias, obtenham patrocínio gratuito com finalidade política e eleitoreira. Infelizmente – e eis aqui uma constatação prática do autor –, tais patrocínios nem sempre perduram até a fase final do processo. Com a figura do defensor público do § 2º do art. 565 do NCPC, a legislação preserva o contraditório, a ampla defesa e o devido processo legal dos hipossuficientes que não puderem contratar novo causídico e ainda evitam o retardo da solução do litígio, retardo esse prejudicial a todos os membros da sociedade afetados pelo caso;

(3.2.2.2) Por outro lado, em meio à complexidade social e jurídica da demanda multitudinária – a qual conta com a intervenção de diversos órgãos públicos e zonas de interesse –, a garantia ao hipossuficiente de um defensor

Cap. 11 • COLISÃO DE INTERESSES (ART. 4º-A, V, LC N. 80/1994) E POSIÇÕES PROCESSUAIS DINÂMICAS
Maurilio Casas Maia

técnico nas situações de abandono da causa pelo causídico privado é medida fortalecedora dos princípios da *decisão informada* e *da autonomia da vontade* em um cenário no qual o risco de uma *"conciliação repressiva"* (termo de Boaventura de Sousa Santos) é altíssimo;

(3.2.3) Por fim, o maior desafio do § 2º do art. 565 do NCPC talvez seja responder qual a função do defensor público do referido dispositivo em caso de comparecimento à audiência de mediação do advogado privado do beneficiário da gratuidade da Justiça. Em um primeiro plano, convém esclarecer que suprida a *capacidade postulatória* e garantida a assistência técnico-jurídica por advogado privado, não haverá prejuízo algum em caso de ausência do defensor do § 2º do 565 do NCPC. Porém, à luz do princípio da *pluralidade* democrática da Defensoria Pública (que é "expressão e instrumento do regime democrático", nos termos do art. 134 da CRFB/88) e da tutela efetiva dos necessitados é possível cogitar o atuar "complementar", mencionado por Luigi Ferrajoli, à defesa do hipossuficiente em caso de *severa* situação de vulnerabilidade social (art. 4º, XI, LC n. 80/1994) e/ou desequilíbrio processual, em assistência *ad coadjuvandum e simples.*

(4) Reconhecendo-se as diversas zonas de interesse e posições jurídicas potencialmente ocupadas pela Defensoria Pública em uma Ação Possessória Multitudinária, percebe-se que a defensoria pública poderá assumir por seus defensores públicos as seguintes funções: (a) *representante postulatório* de interesses individuais de necessitados econômicos, tanto no polo ativo, quanto passivo; (b) *legitimado coletivo* (ou extraordinário) em prol da preservação do *interesse institucional* da Defensoria Público, buscando a melhor solução para as coletividades necessitadas; (c) *Curador Especial* dos réus revéis citados por edital por ordem do § 2º do artigo 554, NCPC, em caso de colisão de interesses; (d) *Representante postulatório* em caso de ausência do advogado constituído e impossibilidade de constituir novo causídico, nos termos do § 2º do art. 565 do NCPC; (e) Por fim, em função ainda mais desafiadora aos olhos mais tradicionais, o defensor intimado para fins do § 2º do art. 565 do NCPC poderá avocar para si a função de assistente simples quando visualizar no caso concreto alto nível de vulnerabilidade e necessidade social ou processual da parte beneficiária da gratuidade judiciária.

Em síntese, o modelo cooperativo de processo civil – comparticipativo e policêntrico –, deve observar a missão constitucional da Defensoria Pública de ser "instrumento e expressão do regime democrático" (CRFB, art. 134), garantindo-se, por via dessa função essencial à Justiça, o pluralismo de manifestações na seara processual, maximizando-se as garantias de contraditório e de ampla defesa. Nesse contexto, a despolarização processual, a migração entre zonas de interesse e a dinamicidade das posições jurídicas ocupadas no Processo devem ser os elementos condutores da hermenêutica da atuação defensorial em juízo a fim de não se permitir que antidemocráticos silêncios sociais sejam autoritariamente reforçados no âmbito do processo civil brasileiro.

Com a certeza de que há ainda muito para debater e esclarecer, lançam-se as presentes conclusões ao debate acadêmico na busca por uma ordem jurídica *livre, justa, igualitária e solidária.*

5. REFERÊNCIAS

Araújo, José Aurélio de. O Litígio coletivo da posse dos artigos 554 e 565 do Novo CPC e a Natureza da atuação da Defensoria Pública. In: Sousa, José Augusto Garcia de. (Coord.) *Defensoria Pública.* Salvador: Jus Podivm, 2015. (Coleção Repercussões do Novo CPC, v. 5. Coordenador Geral: Fredie Didier Júnior), p. 527-547.

Azambuja, Darcy. *Introdução à Ciência Política.* 2ª ed. São Paulo: Ed. Globo, 2008.

Bueno, Cássio Scarpinella. *Amicus Curiae no Processo Civil Brasileiro:* um terceiro enigmático. 3ª ed. São Paulo: Saraiva, 2012.

_____. *Curso sistematizado de Direito Processual.* V. 2. T. III. São Paulo: Saraiva, 2013.

Cabral, Antônio do Passo. Despolarização do Processo e "zonas de interesse": sobre a migração entre polos da demanda. In: Didier Jr., Fredie. *Reconstruindo a Teoria Geral do Processo.* Salvador: Jus Podivm, 2012, p. 133-192.

_____. Imparcialidade e impartialidade: por uma teoria sobre repartição e incompatibilidade de funções nos processos civil e penal. *Revista de Processo,* São Paulo, v. 32, n. 149, p. 339-364, jul. 2007.

Câmara, Alexandre Freitas. Legitimidade da Defensoria Pública para ajuíza Ação Civil Pública: um possível primeiro pequeno passo em direção a uma grande reforma. In: Sousa, José Augusto Garcia de. *A Defensoria Pública e os Processos Coletivos:* Comemorando a Lei Federal 11.448, de 15 de janeiro de 2007. Rio de Janeiro: Lumen Juris, 2008.

_____. *Lições de Direito Processual Civil.* V. 1. 23ª ed. São Paulo: Atlas, 2012.

Cambi, Eduardo. *Neoconstitucionalismo e Neoprocessualismo:* direitos fundamentais, políticas públicas e protagonismo judiciário. São Paulo: Ed. RT, 2009.

Cappelletti, Mauro; Garth, Bryant. *Acesso à Justiça.* Tradução Ellen Gracie Northfleet. Porto Alegre: Fabris, 1988.

Cintra, Antônio Carlos de Araújo. Grinover, Ada Pellegrini. Dinamarco, Cândido Rangel. *Teoria Geral do Processo.* 30ª ed. São Paulo: Malheiros, 2014.

Costa, Moacyr Lôbo da. *A intervenção Iussu Iudicis no Processo Civil Brasileiro.* São Paulo: Edição Saraiva, 1961.

Didier Jr., Fredie. *Curso de Direito Processual Civil.* V. I. 17ª ed. Salvador: Jus Podivm, 2015.

Cap. 11 • COLISÃO DE INTERESSES (ART. 4º-A, V, LC N. 80/1994) E POSIÇÕES PROCESSUAIS DINÂMICAS

Maurilio Casas Maia

_____. Os três modelos de Direito Processual: Inquisitivo, dispositivo e cooperativo. In: Leite, George Salomão. Sarlet, Ingo Wolfgang. Carbonell, Miguel. (coord.) *Direitos, deveres e garantias fundamentais*. Salvador: Jus Podivm, 2011, p. 427-439

_____. Zaneti Jr., Hermes. *Curso de Direito Processual Civil*. V. 5. 9ª ed. Salvador: Ed. Jus Podivm, 2014.

_____. *Recurso de Terceiro*: Juízo de Admissibilidade. São Paulo: Ed. RT, 2002.

Economides, Kim. Lendo as ondas do movimento de acesso à Justiça: epistemologia versus metodologia. In: Pandolfi, Dulce. [*et al*]. (org.). *Cidadania: Justiça e Violência*. Rio de Janeiro: Ed. Fund. Getúlio Vargas, 1999.

Esteves, Diego. Silva, Franklyn Roger Alves. A Curadoria Especial no Novo Código de Processo Civil. In: Sousa, José Augusto Garcia de. (Coord.) *Defensoria Pública*. Salvador: Jus Podivm, 2015. (Coleção Repercussões do Novo CPC, v. 5. Coordenador Geral: Fredie Didier Júnior), p. 129-163.

_____. A nova disciplina da legitimação extraordinária da Defensoria Pública no Novo Código de Processo Civil. In: Sousa, José Augusto Garcia de. (Coord.) *Defensoria Pública*. Salvador: Jus Podivm, 2015. (Coleção Repercussões do Novo CPC, v. 5. Coordenador Geral: Fredie Didier Júnior), p. 313-344.

Ferrajoli, Luigi. *Direito e razão*: teoria do garantismo penal. 4. ed. São Paulo: RT, 2014.

Franco Neto, Horário Xavier. A Defensoria Pública e o Consumidor enquanto necessitado jurídico. In: Ré, Aluísio Iunes Monti Ruggeri. *Temas aprofundados de Defensoria Pública*. V. 1. 2ª ed., 2ª tir. Salvador: Jus Podivm, 2014, p. 651-659.

Garcia, Emerson. *Ministério Público*: organização, atribuições e regime jurídico. São Paulo: Saraiva, 2015.

Godinho, Robson Renault. Ministério Público e Assistência: O interesse institucional como interesse jurídico. In: Didier Jr., Fredie. Wambier, Teresa Arruda Alvim. *Aspectos polêmicos e atuais sobre os terceiros no Processo Civil assuntos afins*. São Paulo: , p. 817-859.

Gomes Júnior, Luiz Manoel. *Curso de Direito Processual Civil Coletivo*. 2ª ed. São Paulo: SRS ed., 2008.

Gonçalves Filho, Edilson Santana. Defensoria Pública: *Amicus Communitas*. In: ANADEP. *Livro de teses e práticas exitosas*: Defensoria como metagarantia: Transformando promessas constitucionais em efetividade. XII Congresso Nacional dos Defensores Públicos. Curitiba: ANADEP, 2015, p. 75-81.

Lima, Frederico Rodrigues Viana de. Um novo Código de Processo Civil para uma nova Defensoria Pública. In: Sousa, José Augusto Garcia de. (Coord.) *Defensoria Pública*. Salvador: Jus Podivm, 2015. (Coleção Repercussões do Novo CPC, v. 5. Coordenador Geral: Fredie Didier Júnior), p. 345-371.

Maia, Maurilio Casas. A Legitimidade Coletiva da Defensoria Pública para a tutela de segmentos sociais vulneráveis. *Revista de Direito do Consumidor*, v. 101, São Paulo, Set.-Out. 2015, p. 351-383.

_____. A Segunda Onda de acesso à Justiça e os necessitados constitucionais: por uma visão democrática da Defensoria Pública. In: Costa-Corrêa, André L.; Seixas, Bernardo Silva de; Souza, Roberta Kelly Silva; Silvio, Solange Almeida Holanda. (Org.). *Direitos e garantias fundamentais*: novas perspectivas. Birigui (SP): Boreal, 2015, v. 1, p. 182-204.

_____. Expressão e Instrumento da Democracia: Sobre o Estado Defensor e a EC 80/2014. *ADV*, n. 46, Nov. 2015, p. 620-621.

Mancuso, Rodolfo de Camargo. *Acesso à Justiça*: condicionantes legítimas e ilegítimas. São Paulo: Ed. Revistas dos Tribunais, 2011.

_____. *Interesses Difusos*: Conceito e Legitimação para Agir. São Paulo: Ed. RT, 2011.

Mazzilli, Hugo Nigro. *Regime Jurídico do Ministério Público*. 7ª ed. São Paulo: Saraiva, 2013.

Melotto, Amanda Oliari. *A Defensoria Pública e a proteção de direitos metaindividuais por meio de ação civil pública*. Florianópolis: Empório do Direito, 2015.

Menezes, Gustavo Quintanilha Telles de. A presença institucional da Defensoria Pública no Novo CPC. In: Sousa, José Augusto Garcia de. (Coord.) *Defensoria Pública*. Salvador: Jus Podivm, 2015. (Coleção Repercussões do Novo CPC, v. 5. Coordenador Geral: Fredie Didier Júnior), p. 427-433.

Mitidiero, Daniel. *Colaboração no Processo Civil*: pressupostos sociais, lógicos e éticos. São Paulo: Ed. RT, 2009.

Monnerat, Fábio Victor da Fonte. *Introdução ao estudo do Direito Processual Civil*. São Paulo: Saraiva, 2015.

Neves, Daniel Amorin Assumpção. *Novo Código de Processo Civil* – Lei 13.105/2015. São Paulo: Método, 2015.

_____. Tutela Coletiva do Consumidor em juízo. In: _____. Tartuce, Flávio. *Manual de Direito do Consumidor*. São Paulo: Método, 2014.

Nunes, Dierle José Coelho. *Processo Jurisdicional democrático*: uma análise crítica das reformas processuais. Curitiba: Juruá, 2008.

Oliveira, Pedro González Montes de. Löwenkron, Marina. In: ANADEP. *Livro de teses e práticas exitosas*: Defensoria como metagarantia: Transformando promessas constitucionais em efetividade. XII Congresso Nacional dos Defensores Públicos. Curitiba: ANADEP, 2015, p. 193-200.

Paes, Eudóxio Cêspedes. Aspectos processuais. In: Fernandes Neto, Guilherme. Inquérito Civil e Ação Civil Pública. São Paulo: Ed. Atlas, 2013.

Passos, J.J. Calmon de. *Ensaios e artigos*. V. I. Salvador: Ed. Jus Podivm, 2014.

Pinho, Hhumberto Dalla Bernadina de. *Direito Processual Civil Contemporâneo*. 6ª ed. São Paulo: Saraiva, 2015.

Ragazzi, José Luiz. SILVA, Renato Tavares da. A Defensoria Pública como instrumento de promoção dos direitos humanos. *Revista de Direito Constitucional e Internacional*, São Paulo, Vol. 88, p. 197-206, Jul.-Set. 2014.

Ramos Filho, Carlos Alberto de Moraes. *Curso de Direito Financeiro*. São Paulo: Saraiva, 2012.

_____. *Direito Financeiro Esquematizado*. São Paulo: Saraiva, 2015 (Coleção Esquematizado. Coordenação: Pedro Lenza).

_____. O Direito Fundamental à saúde, a escassez dos recursos públicos e a 'reserva do possível'. In: Costa-Corrêa, André L.; Seixas, Bernardo Silva de; Souza, Roberta Kelly Silva; Silvio, Solange Almeida Holanda. (Org.). *Direitos e garantias fundamentais*: novas perspectivas. Birigui-SP: Boreal, 2015, p. 98-108.

Reale, Miguel. *O Código Civil após um ano de vigência*. *in*: Alves, José Carlos Moreira; Gozzo, Déborah; Reale, Miguel. *Principais controvérsias no Novo Código Civil*. São Paulo: Saraiva, 2006, p. 1-8.

Santos, Boaventura de Sousa. *Para uma revolução democrática da Justiça*. 2ª ed. São Paulo: Editora Cortez, 2008.

Santos Neto, Arlindo Gonçalves dos. Defensoria Pública de Anitta. **Revista Visão Jurídica**, São Paulo, v. 101, p. 70-71, Out. 2014.

Sen, Amartya. *Desenvolvimento como liberdade*. Tradução de Laura Teixeira Motta. Revisão Técnica de Ricardo Doninelli Mendes. 3ª reimpressão. São Paulo: Companhia das Letras, 2010.

Sousa, José Augusto Garcia de. A Defensoria Pública e o Código de Processo Civil de 2015: Novos caminhos – e responsabilidades – para uma instituição enfim essencial. In: _____. (Coord.) *Defensoria Pública*. Salvador: Jus Podivm, 2015. (Coleção Repercussões do Novo CPC, v. 5. Coordenador Geral: Fredie Didier Júnior), p. 469-526.

Tartuce, Fernanda. *Igualdade e Vulnerabilidade no Processo Civil*. Rio de Janeiro: Forense, 2012.

_____. *Mediação nos conflitos civis*. 2ª ed. São Paulo: Método, 2015.

_____. *Vulnerabilidade processual no Novo CPC*. In: Sousa, José Augusto Garcia de. (Coord.) *Defensoria Pública*. Salvador: Jus Podivm, 2015. (Coleção Repercussões do Novo CPC, v. 5. Coordenador Geral: Fredie Didier Júnior).

Zaneti Jr., Hermes. *A Constitucionalização do Processo*; 2ª ed. São Paulo: Atlas, 2014.

Zufelato, Camilo. A participação da Defensoria Pública nos processos coletivos de hipossuficientes: da legitimidade ativa à intervenção *ad coadjuvandum*. In: Ré, Aluísio Iunes Monti Ruggeri. *Temas aprofundados de Defensoria Pública*. V. 1. 2ª ed., 2ª tir. Salvador: Jus Podivm, 2014, p. 303-332.

PARTE IX

ATOS, PRAZOS E
NEGÓCIOS PROCESSUAIS

CAPÍTULO 1

Do Processo Eletrônico: das Origens ao NCPC

Alexandre Freire Pimentel[1]

SUMÁRIO: 1. DAS ORIGENS DO DIREITO E DO PROCESSO ELETRÔNICO NO DIREITO COMPARADO; 2. ESCORÇO HISTÓRICO SOBRE O PROCESSO ELETRÔNICO BRASILEIRO; 3. DA PRÁTICA ELETRÔNICA DE ATOS PROCESSUAIS NO CPC DE 2015; 4. ATA NOTARIAL E ATOS REGISTRAIS ELETRÔNICOS; 5. REQUISITOS DOS SISTEMAS DE PROCESSO JUDICIAL ELETRÔNICO; 6. GERENCIAMENTO DOS SISTEMAS JUDICIAIS ELETRÔNICOS; 7. A GARANTIA DE ACESSO DAS PARTES E DOS ADVOGADOS AO PROCESSO ELETRÔNICO; 7.1. ACESSO À JUSTIÇA ELETRÔNICA POR PESSOAS COM DEFICIÊNCIA; 7.1.1. A CONVENÇÃO DE NOVA YORK E OS DIREITOS DA "PESSOA COM DEFICIÊNCIA"; 7.1.2. ASSINATURAS DIGITAIS E USUÁRIOS DEFICIENTES VISUAIS E AUDITIVOS; 8. INTIMAÇÃO ELETRÔNICA DA FAZENDA PÚBLICA; 9. O REQUISITO DA CERTIFICAÇÃO DIGITAL E A QUESTÃO DA VALIDADE DOS ATOS PROCESSUAIS ELETRÔNICOS ; 10. O PROBLEMA DA VEICULAÇÃO DA DECISÃO JUDICIAL NO SÍTIO ELETRÔNICO DO TRIBUNAL ; REFERÊNCIAS

1. DAS ORIGENS DO DIREITO E DO PROCESSO ELETRÔNICO NO DIREITO COMPARADO

A base teórica que possibilitou o desenvolvimento da tecnologia e o seu uso para controlar a comunicação "no homem e na máquina" foi a cibernética de Norbert Wiener, instituída em meados da década de quarenta nos EUA (WIENER: 1965, p. 15). Foi a partir dos pressupostos teórico-cibernéticos que surgiram propostas jurídicas, em especial jurídico-processuais, de aplicação da tecnologia ao direito, como a jurimetria, de Loevinger, que propôs uma espécie de modelismo processual pelo qual seria possível prever o comportamento do judiciário norte-americano por meio do armazenamento e recuperação de dados jurídicos através de computadores eletrônicos (LOEVINGER: 1949, p. 455).

---

1. Pós-doutorado pela Universidade de Salamanca – USAL-Espanha, com bolsa da CAPES-FUNDAÇÃO CAROLINA. Doutor e Mestre (FDR-UFPE). Professor da Universidade Católica de Pernambuco (UNICAP) e da Faculdade de Direito do Recife (FDR-UFPE). Consultor ad-hoc da CAPES (Comissão de Aperfeiçoamento de Pessoal do Nível Superior-MEC) e do CONPEDI (Conselho Nacional de Pesquisa e Pós-Graduação em Direito). Membro da Associação Norte e Nordeste dos Professores de Processo (ANNEP). Membro do Conselho Editorial da Revista de Processo (IUDICIUM) da Universidade de Salamanca (España). Juiz de Direito Titular da 29ª Vara Cível do Recife – TJPE – Seção A. Diretor da Escola Judicial do TRE-PE. Juiz colaborador da ENFAM (Escola Nacional de Formação e Aperfeiçoamento de Magistrados). Coordenador de cursos internacionais da Escola Judicial do Tribunal de Justiça de Pernambuco.

A compenetração do jurídico com o tecnológico impôs, como percebeu Vittorio Frosini, uma mutação de mentalidade dos estudiosos e operadores do direito, impingindo-lhes um afastamento do esquema mental do formalismo jurídico, que estavam habituados e no qual o direito era considerado como um reduzido universo escrito sobre códigos (FROSINI: 1978, p. 12). Na mesma senda, Alexandre Vaz percebeu que "Este duplo tema (tecnologia e justiça) ... constitui o ponto fulcral da plena realização do sistema das garantias judiciárias fundamentais do cidadão no Estado de Direito Social e Democrático" (VAZ: 1998, p. 373).

Uma vez instituídas as bases tecnológicas e jurídicas, os primeiros sistemas informáticos de gerenciamento processual começaram a surgir nos EUA a partir de meados da década de noventa, quando vários tribunais adotaram o processo virtual, e, sobretudo, desde 1999 quando os advogados passaram a poder peticionar por via eletrônica, através da internet. O mesmo fenômeno repetiu-se na Europa, em especial na Áustria, no Japão e na Finlândia, países que já adotaram o processo telematizado como alternativa de resolução de conflitos de interesses, sobretudo, nas ações de pequeno valor. (GRECO: 2001, p. 29).

Por sua vez, na Itália, em 1990, um grupo de juristas, encabeçado por Renato Borruso, Ettore Giannantonio, Ugo Berni Canani, Vittorio Novelli e Floreta Rolleri, prenunciou a necessidade de se conceber um sistema de processo eletrônico, para agilizar a administração da justiça italiana (RIEM: 2002, pp. 05-06. No mesmo sentido: BUFFA: 2002, p. 150).

Desse trabalho nasceu o sistema Polis, um sistema experto idealizado por Pasquale Liccardo, cuja destinação foi possibilitar o arquivamento informatizado das sentenças do Tribunal de Bolonha, bem como gerir o processo civil, administrativo e contábil italianos. A partir de então, passou-se a falar, na Itália, de um modelo de processo civil telemático. Em seguida, no ano de 2001, uma convenção, organizada pela Faculdade de Jurisprudência da Universidade de Trieste e pela ordem dos advogados italianos, concluiu que o processo telemático consiste: "num modo diverso, veloce e sicuro di fare la stessa cosa: il processo civile. A Bologna il 26 e 27 novembre 1999 si è parlato de 'Il processo telematico. Nuovi ruoli e nuove tecnologie per un moderno processo civile". Floreta Rolleri, por sua vez, acrescenta que o processo civil telemático não é apenas um slogan mediato, mas sim uma concreta experiência de uma justiça em condições de oferecer uma resposta eficaz à expectativa das partes, dos demandantes (ROLLERI, Floreta, em apresentação à obra já citada de BUFFA, Francesco).

Na Espanha, a utilização de meios informáticos e telemáticos no sistema jurisdicional foi permitida pela Ley Orgânica nº 16, de 8 de novembro de 1994, a qual procedeu uma reforma na lei orgânica do poder judicial espanhol (Ley nº

06/1985). Essa lei regulamentou, ainda, a validade e a eficácia dos documentos eletrônicos na península Ibérica. Explicitamente, permitiu que juízes e tribunais pudessem utilizar "... cualesquiera medios técnicos, electrónicos, informáticos y telemáticos, para el desarrollo de sus actividades". Igualmente, regulou a validade de dos documentos produzidos pelas vias tradicionais anteriores independentemente do suporte em que foram constituídos (EXPOSICIÓN DE MOTIVOS, Ley Orgánica nº 16/1994).

Percebe-se que, cronologicamente falando, o processo eletrônico surge a reboque da consolidação do direito cibernético, o qual lhe precedeu no tempo e na lógica.

O desarrolho de sistemas de processo eletrônico por países componentes da Zona Euro alavancou as bases para a concepção de um processo telemático europeu. Foi daí que, em maio de 2008, o Parlamento da Comunidade Europeia aprovou o "Plano de Ação E-Justiça", o qual previu o desenvolvimento de sistemas judiciais telemáticos comunitários para os países-membros, baseando-se em dois preponderantes princípios: o da cooperação das autoridades judiciárias transfronteiriças e o da garantia de acesso eletrônico à justiça pelos cidadãos (ILLÁN FERNÁNDEZ: 2009, p. 230).

Esse panorama demonstra que a adoção do processo eletrônico é um caminho sem retorno e que o Brasil fez a opção certa em regulamentá-lo tanto em lei específica quanto no Novo CPC.

2. ESCORÇO HISTÓRICO SOBRE O PROCESSO ELETRÔNICO BRASILEIRO

Os arts. 9º e 10 do CPC-1939 representam um marco histórico na aplicação da tecnologia ao processo, à medida que permitiram a expedição de cartas precatórias por telegrama, radiograma ou telefone.[2] Na mesma esteira, o art. 4º da Lei nº 1.533/1951, que regulamentou o mandado de segurança, admitiu a impetração do *mandamus* por radiograma ou telegrama.[3] O CPC de 1973, por sua vez, progrediu na matéria ao equiparar o valor probatório do telegrama, radiograma e "... qualquer outro meio de transmissão..." ao dos documentos

---

2. A propósito, o art. 263 do CPC-2015 estabelece que "As cartas deverão, preferencialmente, ser expedidas por meio eletrônico...".

3. A primeira linha brasileira de telégrafo foi inaugurada pelo Imperador Dom Pedro II, distando apenas oito anos da data em que Samuel Morse fez a primeira transmissão de mensagens por esse meio, em 1852. Em seguida, em 22 de junho 1874, foi instalado um cabo submarino que ligou o nordeste brasileiro a Portugal e à Inglaterra. Esse evento representou a construção da primeira rede internacional de transmissão de dados em alta velocidade. Para Tom Standage, foi a mais importante revolução no sistema de comunicações internacionais desde a criação da imprensa escrita. Na obra "The Victorian Internet: The Remarkable Story of the Telegraph and the Nineteenth Century's On-line Pioneers", o autor dedica o primeiro capítulo ao tema (The mother of all networks, pp. 1-22). STANDAGE: 2013, pp. 1-22.

particulares (art. 374); e mais, o seu art. 383 ainda considerou que qualquer reprodução mecânica "ou de outra espécie" faz prova dos fatos ou das coisas representadas. Avançando na aplicação da tecnologia ao processo, o § 3º do art. 14, da Lei nº 7.244/1984, que instituiu os juizados de pequenas causas, estabeleceu que somente os atos processuais essenciais fossem registrados de forma escrita, mas os realizados em audiência de instrução e julgamento passaram a poder ser gravados em fita magnética ou equivalente.

A Lei nº 9.099/1995 revogou a lei anterior e, em seu art. 13, reiterou que apenas os atos processuais essenciais seriam registrados resumidamente "em notas manuscritas, datilografadas, taquigrafadas ou estenotipadas", quanto aos demais atos seguia-se a regra da gravação em fita magnética.

Depois, os arts 1º e 3º, da Lei nº 9.800/1999, possibilitaram a prática de atos postulatórios das partes e atos do juiz por meio de "... sistema de transmissão de dados e imagens tipo fac-símile ou outro similar". Entretanto, o art. 1º da Resolução nº 179/1999, do Supremo Tribunal Federal, que regulamentou a Lei do Fax, suprimiu do art. 1º a expressão "ou outro similar", limitando, dessa forma, a sua eficácia ao uso do fax, quando poderia ter progredido para a prática de atos através de 'sistemas de transmissão de dados'.

A baliza legal da regulamentação e validação das transações eletrônicas no Brasil foi a Medida Provisória nº 2.200-2/2001, a qual instituiu a ICP-Brasil (Infraestrutura de Chaves Públicas Brasileira), objetivando gerenciar e garantir a autenticidade, integridade e validade jurídica de documentos constituídos em forma eletrônica através do método da certificação digital. Tal método aplica-se tanto ao direito material quanto ao processual.

Na seara jurisdicional, o peticionamento por meio eletrônico só foi regulamentado pela Lei nº 10.259/2001, restringindo-se, todavia, ao âmbito dos juizados especiais federais. O advento do processo eletrônico comum, isto é, aplicável a todos os órgãos judiciais, ocorreu com a Lei nº 11.280/2006, a qual incluiu um parágrafo único ao art. 154 do CPC, para autorizar os tribunais a criarem sistemas de gerenciamento processual eletrônico, seguindo as regras da ICP-Brasil criadas pela MP nº 2.200-2/2001. No final do mesmo ano, contudo, adveio a Lei nº 11.419/2006, que, por sua vez, criou um verdadeiro sistema de processo eletrônico brasileiro, aplicável a todos os ramos do direito e a todos os órgãos do poder judiciário, incluindo os juizados, e os distintos níveis de jurisdição.

Em sucessivo, a Lei nº 11.900/2009 pôs fim à celeuma acerca da validade dos interrogatórios realizados no processo penal por videoconferência, alterando os arts. 185 e 222 do CPP, para, excepcionalmente, permitir o interrogatório do réu preso por sistema de videoconferência ou outro recurso tecnológico de transmissão de sons e imagens em tempo real.

Enfim, a Lei nº 12.682/2012 dispôs sobre a elaboração e o arquivamento de documentos em meios eletromagnéticos e definiu a digitalização, como "... a conversão da fiel imagem de um documento para código digital", bem como que o seu procedimento deve observar o emprego do método da certificação digital regulado pela ICP - Brasil. Esse era o panorama legislativo anterior ao código de processo civil de 2015, o qual referendou muitas das regras já dispostas acima e instituiu outras, como passaremos a ver.

3. DA PRÁTICA ELETRÔNICA DE ATOS PROCESSUAIS NO CPC DE 2015

O NCPC inovou em relação ao seu antecedente, ao disciplinar a prática de atos processuais eletrônicos em seção específica, inserida, com precisão, no capítulo que trata da forma dos atos processuais. O Projeto do Senado (PLS nº 166/2010) havia tratado da matéria no bojo do mesmo capítulo que cuidava dos atos processuais em geral, mas de maneira genérica e dispersa. Coube à Câmara dos Deputados a acertada decisão de sistematizar a matéria em seção própria. Sem exaurir a regulamentação dos atos processuais virtuais em seu âmbito, instituiu requisitos e cânones hermenêuticos que facilitarão a interpretação dos demais dispositivos esparsos no código que também cuidam da prática de atos processuais eletrônicos.

A seção II, desse capítulo I, dispõe sobre os requisitos constitutivos dos atos processuais eletrônicos, os quais são aplicáveis genericamente aos dispositivos esparsos, e com os quais se comunicam e complementam; estatui, ainda, as condições técnicas que os sistemas de gerenciamento processual eletrônico devem observar; estabelece verdadeiros princípios do novo processo civil virtual como o da publicidade e acesso à justiça telemática, em especial por pessoas com deficiência; espraia suas regras para o âmbito do direito notarial, ao observar que suas normas aplicam-se às atas notariais e atos registrais dos cartórios do extrajudicial; e ainda outorga ao Conselho Nacional de Justiça poderes para regulamentação complementar sobre a prática e a comunicação dos atos processuais eletrônicos e, em especial, para que o órgão de controle da magistratura zele pela interoperabilidade entre os sistemas informáticos.

A seção em questão é iniciada pelo art. 193 do NCPC, o qual especifica que: "Os atos processuais podem ser total ou parcialmente digitais, de forma a permitir que sejam produzidos, comunicados, armazenados e validados por meio eletrônico, na forma da lei". Porém, o dispositivo é ocioso, na medida em que repete o disposto no *caput* do art. 8º da Lei nº 11.419/2006, o qual já permitia que os atos processuais pudessem efetivar-se de modo total ou parcialmente eletrônico. A Lei específica ainda referenda que tal prática deve ocorrer, preferencialmente, pela Internet através de redes internas e externas.

NOVO CPC DOUTRINA SELECIONADA, v. 1 • Parte Geral

PARTE IX – ATOS, PRAZOS E NEGÓCIOS PROCESSUAIS

Ademais, interessa observar que a construção pretoriana edificada na sistemática do CPC-1973 já esclarecia que a digitalização parcial de documentos não constitui fato impeditivo à análise das teses jurídicas manejadas em recurso especial, considerando que a sua análise não representa reexame de provas (STJ - AgRg nos EDcl no AREsp: 164418 RS 2012/0071751-8, Relator: Ministra Maria Isabel Gallotti - T4 - Quarta Turma - DJe 11/11/2014).

A despeito da distinção conceitual entre atos processuais digitais e atos processuais eletrônicos, no contexto, é irrelevante o fato de o *caput* do art. 193 do NCPC usar a expressão "eletrônico", para designar o ato processual tecnológico, e, noutra ponta, o art. 8º da Lei nº 11.419/2006 preferir o vocábulo "digital. O ato processual será existente, válido e eficaz se perpetrado por qualquer das duas formas.

Contudo, do ponto de vista técnico, os conceitos são distintos. Ato processual digital consiste numa espécie de ato eletrônico caracterizado pela codificação de seu conteúdo em dígitos binários o qual é acessível e decodificado por uma máquina computacional. Por sua vez, o ato eletrônico abrange outros meios os quais tanto podem ser codificados de maneira digital como analógica e cujo conteúdo é acessível tanto por um computador quanto por outros aparelhos eletrônicos, como DVDs, CDs, sistemas informáticos, *hardwares, firmwares*, sons, imagens etc. (ABEL LLUCH y PICÓ I JUNIO, 2011, p. 31).

4. ATA NOTARIAL E ATOS REGISTRAIS ELETRÔNICOS

O parágrafo único, do art. 193 do CPC de 2015 constitui outra inovação do novo código. Ao admitir que "o disposto nesta Seção aplica-se, no que for cabível, à prática de atos notariais e de registro", o NCPC também está a permitir a adoção da forma eletrônica de procedimentos extrajudiciais por ele regulados.

Assim, no novo cenário processual, a ata notarial não se apresenta apenas como meio de prova hábil à demonstração da existência e do "modo de existir" de algum fato, mas, igualmente, como o instrumento hábil à procedimentalização da usucapião extrajudicial, considerando o teor do parágrafo único do art. 384 do NCPC, pelo qual dados representados por imagem ou som gravados em mídia eletrônica poderão integrar a ata notarial. Cumpre frisar que o art. 1.071 do NCPC altera a Lei de Registros Públicos (Lei nº 6.015/1973), para nela instituir o art. 216-A, e, assim, permitir a opção da via extrajudicial para se requerer a usucapião diretamente perante o oficial de registro de imóveis da comarca na qual o imóvel estiver situado. Para tanto, o requerente deve instruir o seu pedido com uma ata notarial que ateste o tempo da posse, dentre outros requisitos. Nada obsta que a ata possa constituir-se sob a forma eletrônica, como defende Ivanildo Figueiredo, irradiando inclusive a presunção de verdade do conteúdo fático nela consignado (OLIVEIRA FILHO: 2014, p. 226).

1298

5. REQUISITOS DOS SISTEMAS DE PROCESSO JUDICIAL ELETRÔNICO

O art. 194 do CPC-2015 estatui os princípios que os sistemas de gerenciamento processual devem observar, nos seguintes termos: "Os sistemas de automação processual respeitarão a publicidade dos atos, o acesso e a participação das partes e de seus procuradores, inclusive nas audiências e sessões de julgamento, observadas as garantias da disponibilidade, independência da plataforma computacional, acessibilidade e interoperabilidade dos sistemas, serviços, dados e informações que o Poder Judiciário administre no exercício de suas funções". O dispositivo reforça o enunciado de nº 264, do fórum permanente de processualistas civis (FPPC), segundo o qual "Salvo hipóteses de segredo de justiça, nos processos em que se realizam intimações exclusivamente por portal eletrônico, deve ser garantida ampla publicidade aos autos eletrônicos, assegurado o acesso a qualquer um".

Os sistemas de automação processual, no entanto, devem obedecer não apenas aos requisitos exigidos no art. 194 do NCPC, mas, também, aos previstos na MP nº 2.200-2/2001 e na Lei nº 11.419/2006, todos eles destinados à promoção da segurança, rapidez e eficiência no transporte da informação processual telemática.

Assim, da análise sistemática desses três instrumentos normativos, conclui-se que tais sistemas devem observar: a) a garantia da publicidade dos atos processuais, ressalvados os casos que, por determinação legal ou judicial, devem tramitar em segredo de justiça; b) o acesso das partes e dos advogados, o qual está regulamentado e garantido pela Resolução nº 121/2010-CNJ; c) disponibilidade, isto é, que o sistema seja capaz de fornecer um nível específico de serviço sempre que necessário, porém melhor seria que o NCPC exigisse que os sistemas observassem as técnicas da alta disponibilidade (HA - high availability), que consiste na capacidade que os sistemas informáticos devem possuir para manterem-se disponíveis ao longo do tempo e serem capazes de detectar falhas e interrupções, inclusive durante os períodos de manutenção; d) independência da plataforma computacional, ou seja, um *software* ou módulo de *software* deve quedar-se livre da interferência maliciosa de usuários e de aplicativos externos (PIEDAD & HAWKINS: 2001, pp. 15-22 e p. 151); e) interoperabilidade, que traduz a capacidade de os sistemas poderem comunicar-se de forma eficiente uns com os outros; f) autenticidade na identificação eletrônica, requisito destinado a atestar que os sujeitos processuais que dialogam através de plataformas digitais são realmente quem afirmam ser. A adoção da técnica da certificação digital regulada pela Medida Provisória nº 2.200-2/2001 outorga maior confiabilidade quanto a este último requisito, considerando que contém mecanismos de segurança bastante superiores aos do sistema do simples cadastro dos usuários perante os sistemas dos tribunais.

NOVO CPC DOUTRINA SELECIONADA, v. 1 • Parte Geral

PARTE IX – ATOS, PRAZOS E NEGÓCIOS PROCESSUAIS

6. GERENCIAMENTO DOS SISTEMAS JUDICIAIS ELETRÔNICOS

O art. 196 do NCPC ressalva que compete ao Conselho Nacional de Justiça regulamentar a prática e a comunicação oficial de atos processuais por meio eletrônico, bem como velar pela compatibilidade dos sistemas, e, ainda, disciplinar a incorporação progressiva de novos avanços tecnológicos. Para tal fim, o CNJ pode editar atos administrativos que se apresentarem como necessários, respeitadas as normas fundamentais deste Código. O mesmo art. adverte que a competência gerencial dos tribunais sobre os sistemas é meramente supletiva.

Pois bem, em que pese o fato de o art. 8º da Lei nº 11.419/2006 permitir que os tribunais desenvolvam sistemas de gerenciamento processual eletrônico, devendo primar pela autenticidade, integridade e interoperabilidade, o art. 196 do CPC deixa claro que compete ao Conselho Nacional de Justiça regulamentar a prática e a comunicação oficial de atos processuais eletrônicos.

Logo, remanesce válida e eficaz a Resolução nº 185/2013-CNJ, a qual adotou e impôs imperativamente o uso do sistema PJe, como sistema nacional-padrão e obrigatório para gerenciamento do processo eletrônico, assim como remanescem válidos os demais atos administrativos do Conselho sobre a matéria. Os arts. 34 e 44 da Resolução em questão dispõem que é vedado aos tribunais criarem, desenvolverem ou implantarem sistemas ou módulos de sistema distintos do PJe, sem prévia autorização do Conselho. Segundo a regra administrativa, somente o plenário do CNJ pode relativizar a imposição, a requerimento fundamentado do tribunal interessado, que justifique as especificidades locais capazes de recomendarem a alteração de rotinas do PJe. A opção pelo PJe levou em consideração a experiência bem sucedida que ele proporcionou à justiça federal. Aliás, a Resolução nº 202/2012, do Conselho da Justiça Federal, já havia decidido pelo PJe como sistema padrão no âmbito da justiça federal de primeiro e segundo graus, tendo isso também se verificado na justiça eleitoral, quando o TSE editou a Resolução nº 23393/2013, com a mesma finalidade.

Apesar do tom imperativo da Resolução nº 185/2013-CNJ, no pertinente à proibição de os tribunais terem de pedir autorização do Conselho Nacional de Justiça, até mesmo para desenvolverem módulos de sistemas de gerenciamento processual eletrônico, deve-se-lhe reconhecer o mérito de primar pela implantação de um sistema nacional único.

A multiplicidade de sistemas constitui um serio óbice à comunicação telemática entre tribunais, sobretudo porque havia, e ainda há, inúmeros sistemas desenvolvidos por tribunais e empresas privadas os quais não observam o requisito da interoperabilidade, isto é, não se comunicam entre si, fato que denuncia um óbice eletrônico de acesso à justiça. Como observa Carlos Henrique Abrão, a adoção de um sistema padronizado pelo CNJ evita que "... cada Justiça

1300

Cap. 1 • DO PROCESSO ELETRÔNICO: DAS ORIGENS AO NCPC
Alexandre Freire Pimentel

se socorra de suas próprias ferramentas, sem espelhar uma orientação unívoca" (ABRÃO: 2011, p. 08). Conquanto imperativa, a Resolução nº 185/2013-CNJ não impede que os tribunais desenvolvam sistemas de gerenciamento processual eletrônico, apenas condiciona, no exercício da competência regulamentar que lhe garante o art. 196 do CPC, à prévia autorização do Conselho Nacional, a qual há de prestar-se, também, para a observação dos requisitos exigidos pelo art. 194 do mesmo código, sobretudo no tocante à interoperabilidade.

O poder regulamentar do CNJ não deriva diretamente do CPC, mas primordialmente do art. 103-B, § 4º, I, da Constituição Federal. O dispositivo constitucional é a gênese do poder normativo do CNJ, segundo restou chancelado pelo Supremo Tribunal Federal, no julgamento da ADC nº 12/DF, consoante voto condutor do Ministro Celso de Mello. Consequentemente, o Conselho Nacional de Justiça está autorizado diretamente pela Constituição para expedir atos administrativos que visem à regulamentação e gerenciamento do processo eletrônico não apenas no âmbito da área cível, mas em todos os setores da jurisdição nacional. Noutra ponta, o poder regulamentar do CNJ encontra limites nas normas fundamentais do CPC. Mas não esbarra apenas nas disposições tópicas constantes do art. 1º ao art. 12 deste código, à medida que os princípios fundamentais espraiam-se por boa parte do conteúdo textual do CPC, de modo que não pode o CNJ alterar normas que versem sobre direitos e garantias processuais que se imbriquem direta ou indiretamente com as normas fundamentais, porquanto, como ensina Pontes, o regulamento não pode criar direitos ou obrigações contrários aos instituídos pela lei (MIRANDA: 1970, p. 316-317. No mesmo sentido, MELLO: 1995. p. 180).

7. A GARANTIA DE ACESSO DAS PARTES E DOS ADVOGADOS AO PROCESSO ELETRÔNICO

A Resolução nº 121/2010-CNJ, com as alterações procedidas pela Resolução nº 143/2011-CNJ, instituiu dois níveis de acesso aos autos do processo eletrônico. No primeiro, ressalvadas as hipóteses de segredo de justiça, é garantida a consulta aos dados básicos do processo eletrônico através da internet a qualquer pessoa, independentemente de prévio cadastramento ou comprovação de interesse processual. O segundo nível possibilita o acesso ao conteúdo integral do processo eletrônico, mas é restrito às partes, membros do Ministério Público e advogados cadastrados no sistema.

Segundo o *caput* do art. 3º da Resolução nº 121/2010-CNJ, para acessar o conteúdo integral do processo eletrônico o advogado, além de estar cadastrado no sistema deve, também, estar habilitado nos autos. Porém, no julgamento do procedimento de controle administrativo (PCA) nº 0000547-84.2011.2.00.0000, o CNJ permitiu o acesso integral por advogado não habilitado nos autos como representante postulacional da parte, tendo esclarecido, ainda, que não é necessária prévia manifestação de interesse nem decisão judicial autorizativa de consulta. Entretanto, no mesmo julgamento restou vedada a pesquisa anônima por advogado. Mas, a superação desse óbice resolve-se pelo cadastramento no sistema eletrônico. Na verdade, o mero cadastramento não deve servir de identificação para nenhum dos sujeitos processuais, considerando a fragilidade quanto à possibilidade de violação da senha, considerando que esse tipo de codificação utiliza algoritmos criptográficos inseguros e que podem ser decodificados sem maiores dificuldades. Por isso, não resta a mais mínima dúvida de que as identificações dos sujeitos processuais deva perpetrar-se por meio de certificação digital segura, com recorrência ao método da criptografia assimétrica. Esse tipo de codificação, além de ser extremamente mais hermético do que o anterior, já que se utiliza de duas senhas, uma pública e outra privada, ainda possibilita o uso da função hash, como mecanismo garantidor da inviolabilidade ou de evidenciar a existência de uma violação no sistema.[4]

Pois bem, o art. 7º, XV, do Estatuto da OAB, que trata das garantias dos advogados, confere o direito à vista dos processos judiciais ou administrativos de qualquer natureza em cartório ou repartição, bem como para retirá-los dentro dos prazos estabelecidos; por sua vez, o inciso XVI, do mesmo artigo, garante o direito à retirada de autos de processos findos, ainda que o advogado não possua procuração. Todavia, o § 1º do art. 7º do EOAB, esclarece que as prerrogativas constantes dos incisos XV e XVI não se aplicam aos processos que tramitam sob segredo de justiça. Nesses casos, somente as partes da demanda e os advogados constituídos podem consultar os autos, regra que, obviamente, deve ser aplicada ao processo eletrônico. A propósito, o enunciado de nº 265, do fórum permanente de processualistas civis, admite, inclusive, que "É possível haver documentos transitoriamente confidenciais no processo eletrônico".

Reforçando a garantia do acesso à justiça eletrônica, o art. 198 do NCPC, determina que

> As unidades do Poder Judiciário deverão manter gratuitamente, à disposição dos interessados, equipamentos necessários à prática de atos processuais e à consulta e ao acesso ao sistema e aos documentos dele constantes.

---

4. Como explica Silva Lima: "Uma função hash, também conhecida por função resumo, soma hash ou checksums, trabalha recebendo uma entrada de tamanho variável e retornando uma sequência de tamanho fixo de caracteres hexadecimais. Com essa característica de retornar uma sequência de caracteres hexadecimais de tamanho fixo, independentemente do tamanho de sua entrada, os hashes acabam sendo utilizados como validadores de integridade. Caso a entrada seja alterada em um bit, o valor hash sofrerá mudanças apontando a alteração". LIMA, José Paulo da Silva. Validação de dados através de hashes criptográficos: uma avaliação na perícia forense computacional brasileira. UFPE - Dissertação de Mestrado, Recife: 2015, p. 60.

Cap. 1 • DO PROCESSO ELETRÔNICO: DAS ORIGENS AO NCPC
Alexandre Freire Pimentel

Parágrafo único. Será admitida a prática de atos por meio não eletrônico no local onde não estiverem disponibilizados os equipamentos previstos no caput.

A regra constante do art. 198 representa um aperfeiçoamento da disposição contida no § 3º do art. 10 da Lei nº 11.419/2006, a qual, no entanto, limitava-se a obrigar o poder judiciário a manter à disposição dos interessados equipamentos de digitalização (scanners) necessários para a distribuição. Todavia, o art. 18 da Resolução nº 185/2013-CNJ reproduzira, antecedentemente, o conteúdo constante do *caput* do art. 198 do CPC, acrescentando, ainda, que os órgãos do poder judiciário estão autorizados a firmar convênio com a OAB, outras entidades associativas de advogados e órgãos públicos, com o objetivo de compartilhar a responsabilidade referente ao oferecimento de espaço físico, equipamentos e auxílio técnico-presencial. Ora, se o encargo for compartilhado a responsabilidade também o será. Dessa forma, as consequências jurídicas pelo não atendimento do preceito recairá sobre todas as entidades que tenham participado do convênio, na medida dos encargos estabelecidos para cada ente. Mas, na hipótese de inexistir compartilhamento a responsabilidade recairá exclusivamente sobre o órgão judiciário que não atender à disposição do *caput* do art. 198.

O NCPC, portanto, referendou parte dos deveres que o CNJ já havia estipulado, dotando de força legislativa regra de índole administrativa. A Resolução nº 185/2013-CNJ ainda acrescenta que nas demandas nas quais a capacidade postulatória pertencer à própria parte, hipótese que praticamente limita-se aos juizados e outras raras exceções, incumbe ao poder judiciário viabilizar servidor com o desiderato de reduzir o requerimento a termo e digitalizar as peças processuais correlatas. Quanto ao acesso ao sistema informatizado, um dos principais problemas enfrentados pelo PJe consiste na sua limitação para o recebimento de petições e documentos digitalizados, os quais não podem ser superiores a 1,5 mega, como reza o art. 13 da Resolução nº 185/2013-CNJ. Quando o peticionamento eletrônico não for possível em razão do grande volume de peças, é lícito aos advogados requererem ao órgão judicial competente a digitalização respectiva, ou simplesmente peticionar eletronicamente por etapas, dividindo a quantidade de documentos em tantos arquivos distintos quantos se fizerem necessários, pois o limite de 1,5 mega é computado por cada arquivo que for enviado e não há limite à quantidade de arquivos eletrônicos que podem ser remetidos pela internet.

Porém, quando a digitalização apresentar-se inviável, seja em face da excessiva quantidade de peças ou em razão de ilegibilidade do conteúdo do documento, o advogado deve proceder ao envio da petição por meio eletrônico comunicando a impossibilidade de anexação, o que lhe assegurará a prática tempestiva do ato processual. Nesse caso, terá dez dias contados da data do envio de sua petição eletrônica para protocolizá-los fisicamente em juízo (Lei nº 11.419/2006, art. 11, § 5º). Sempre que a parte ou o advogado apresentar documentos constituídos em meio físico para serem digitalizados, eles devem ser retirados no prazo de quarenta e cinco dias, pois, a partir do exaurimento desse prazo, o juízo estará autorizado a inutilizá-los (art. 15, Resolução nº 185/2013-CNJ). Contudo, os originais devem ser preservados até o escoamento do prazo da ação rescisória, sempre que cabível (Lei nº 11.419/2006, art. 11, § 3º).

Sobre os deveres dos usuários do sistema PJe, é preciso esclarecer que, além dos deveres instituídos pelo CPC, os quais são direcionados a todos os sujeitos processuais que, de qualquer forma, participem do processo, tais como a urbanidade, lealdade, veracidade, boa fé, cooperação etc, os usuários do PJe devem observar, ainda, outros deveres constantes do § 2º do art. 4º da Resolução nº 185/2013-CNJ. Diz a regra que o usuário é responsável pela exatidão das informações pessoais que prestar no momento do seu credenciamento, além disso, sobre ele recai o dever de guarda, sigilo e utilização da sua assinatura digital, incluindo o token ou cartão digital de identificação. Isso torna o usuário o único responsável pelo uso de sua assinatura digital "... não sendo oponível, em qualquer hipótese, alegação de uso indevido, nos termos da Medida Provisória n. 2.200-2, de 24 de agosto de 2001". Ademais, é importante frisar que o NCPC também adota o princípio do não repúdio no processo eletrônico, pelo qual nenhum de seus usuários pode repudiar as informações prestadas através de seu login e senha, já que o sistema deve possibilitar a identificação segura de todos.

7.1. Acesso à justiça eletrônica por pessoas com deficiência

Consoante o art. 199 do NCPC "As unidades do Poder Judiciário assegurarão às pessoas com deficiência acessibilidade aos seus sítios na rede mundial de computadores, ao meio eletrônico de prática de atos judiciais, à comunicação eletrônica dos atos processuais e à assinatura eletrônica".

O NCPC apresenta-se como o primeiro ato legislativo brasileiro, dentre os que dispuseram sobre processo eletrônico, que demonstrou atenção às pessoas com deficiência. Anteriormente, apenas o Conselho Nacional de Justiça havia acordado para esse verdadeiro dever de cidadania. Diferentemente, a legislação europeia demonstrou constante preocupação com os direitos do cidadão na temática da aplicação da tecnologia ao processo. Foi assim que o art. 16 da Lei Orgânica do Poder Judicial da Espanha (Ley nº 16/1994), ao admitir a prática de atos processuais por meios eletrônicos, ressalvou o direito de acesso à justiça pelos cidadãos, fato que se repetiu em 22 de abril de 2002, quando foi aprovada pelo Congresso dos Deputados da Espanha a Carta de Direitos do Cidadão Perante a Justiça, garantindo-se-lhes uma "justicia ágil y tecnológicamente avanzada".

Antes do CPC-2015, o § 1º do art. 18 da Resolução nº 185/2013-CNJ, com o intuito de conferir eficiência concreta ao *caput*, o qual instituiu o dever de o judiciário pôr equipamentos à disposição das partes, advogados e interessados para consulta do sistema e para prática de atos processuais eletrônicos, determinara também que o judiciário providenciasse auxílio técnico presencial às pessoas com deficiência e aos de idade igual ou superior a sessenta anos.

A nova regra do art. 199 do CPC institui um inequívoco direito individual homogêneo, já que o cidadão é um consumidor dos serviços jurisdicionais, ao determinar que o judiciário assegure às pessoas com deficiência o direito de acesso aos seus portais eletrônicos, à comunicação eletrônica e à assinatura digital. Compete ao Ministério Público e aos legitimados para o exercício das ações coletivas, em especial da ação civil pública, fiscalizar o atendimento ao preceito legal.

7.1.1. A Convenção de Nova York e os direitos da "pessoa com deficiência"

A convenção de Nova York, de 30 de março de 2007, que dispõe sobre os direitos das pessoas com deficiência, foi referendada pelo Congresso Nacional brasileiro, por meio do Decreto Legislativo nº 186, de 09 de julho de 2008, com o quórum qualificado de três quintos. Em seguida, em 25 de agosto de 2009, foi promulgada pelo Presidente da República, através do Decreto nº 6.949/2009. Isso importa dizer, nos termos do art. 5º, § 3º, da Constituição Federal, que dita Convenção Internacional detém status de Emenda Constitucional. Logo em seu art. 1º, a Convenção define as pessoas com deficiência como "... aquelas que têm impedimentos de longo prazo de natureza física, mental, intelectual ou sensorial, os quais, em interação com diversas barreiras, podem obstruir sua participação plena e efetiva na sociedade em igualdades de condições com as demais pessoas". Por sua vez, o art. 2º do mesmo tratado estabelece que os sistemas de comunicação multimídia devem ser acessíveis às pessoas com deficiência devendo proporcionar a compreensão por mecanismos de voz digitalizada, bem como "... modos, meios e formatos aumentativos e alternativos de comunicação, inclusive a tecnologia da informação".

7.1.2. Assinaturas digitais e usuários deficientes visuais e auditivos

Quanto à questão da assinatura eletrônica, impende esclarecer que o § 1º do art. 1º da Lei nº 11.419/2006 admite duas modalidades de identificação digital

NOVO CPC DOUTRINA SELECIONADA, v. 1 • Parte Geral

PARTE IX – ATOS, PRAZOS E NEGÓCIOS PROCESSUAIS

dos usuários de sistemas eletrônicos: a) por meio de assinatura digital baseada em certificado digital emitido por autoridade certificadora credenciada; b) através do mero cadastro de usuário no poder judiciário, do qual já antecipamos acima nossa impressão sobre a inconveniência de sua adoção. A propósito, a opção feita pelo Conselho Nacional de Justiça do PJe como sistema nacional padrão e a sua regulamentação por meio da Resolução nº 185/2013-CNJ implicarão na abolição da segunda modalidade, na medida em que somente admite, no sistema PJe, assinaturas digitais que utilizem exclusivamente o certificado digital A3 ou equivalente que o substitua e que siga as regras da ICP-Brasil. Os certificados A3, por sua vez, possibilitam a identificação e a autenticação do usuário por meio de um *hardware* de tamanho mínimo de 1024 bits, com armazenamento em cartão inteligente ou token, proporcionando um nível de segurança na autenticidade digital deveras superior ao do simples credenciamento ou cadastramento com login e senha. De acordo com o art. 4º da Resolução nº 185/2013-CNJ, todos os usuários do PJe deverão, obrigatoriamente, utilizar esse tipo de certificação digital. Porém, é preciso que o sistema avance no sentido de proporcionar aos usuários portadores de deficiência visual ou auditiva o pleno acesso ao conteúdo do processo virtual, sob pena de nulidade, por inconstitucionalidade decorrente da violação da Convenção de Nova York em face dos motivos expostos no item 7.1.1.

8. INTIMAÇÃO ELETRÔNICA DA FAZENDA PÚBLICA

O art. 5º da Lei nº 11.419/2006 regulamenta a intimação eletrônica, e o seu § 6º especifica que "As intimações feitas na forma deste artigo, inclusive da Fazenda Pública, serão consideradas pessoais para todos os efeitos legais". Entretanto, o § 2º do art. 4º da mesma Lei, que também cuida da mesma temática, ressalva que as publicações eletrônicas substituem qualquer outro meio de cientificação oficial, ressalvadas as hipóteses nas quais a lei estabelecer a forma pessoal de intimação.

Os dois dispositivos versam sobre intimação eletrônica, contudo o art. 5º da mesma lei refere aos casos de acesso ao sítio eletrônico de determinado tribunal, ao passo que o art. 4º cuida da veiculação de atos judiciais no diário da justiça eletrônico, logo sua incidência limita-se a essa situação. Assim, a intimação regulada pelo art. 5º pressupõe o prévio cadastramento no sistema, por isso é válido o ato de ciência eletrônica procedido ao representante da Fazenda Pública desde que previamente cadastrado, repercutindo os mesmos efeitos da intimação pessoal.

Nessa direção, o art. 9º da lei nº 11.419/2006, que trata da citação eletrônica, extirpa qualquer dúvida ao prescrever que: "No processo eletrônico, todas as citações, intimações e notificações, inclusive da Fazenda Pública, serão feitas

1306

por meio eletrônico, na forma desta Lei". Nesse mesmo sentido, opinam: DIDIER JÚNIOR: 2009, v. 1, p. 477; ABRÃO: 2011, p. 32. As leis extravagantes que regulamentam as prerrogativas processuais dos procuradores e que mantêm o benefício da intimação pessoal são todas elas anteriores tanto à Lei nº 11.419/2006 e, sobretudo, ao NCPC, por isso, estão revogadas nesse particular, nos termos do art. 2º, § 1º, da Lei de Introdução às Normas do Direito Brasileiro. O NCPC referenda a Lei nº 11.419/2006, ao dispor no art. 183 que a Fazenda deve ser intimada pessoalmente, mas esclarece no § 1º que a intimação pessoal também se fará por meio eletrônico.

9. O REQUISITO DA CERTIFICAÇÃO DIGITAL E A QUESTÃO DA VALIDADE DOS ATOS PROCESSUAIS ELETRÔNICOS

A ICP pode ser conceituada como um conjunto de protocolos lógico-informáticos pelos quais os conteúdos dos documentos eletrônicos são criptografados com o escopo de garantir sua inviolabilidade, integridade e autenticidade. Dessa forma, assegura-se tanto a fidedignidade do conteúdo quanto a identidade dos usuários de um sistema informático. Consoante o art. 1º da MP nº 2.200-2/2001, a ICP-Brasil foi instituída com o objetivo de proporcionar segurança às transações eletrônicas, por isso possui a atribuição de gerenciar a forma de constituição e de validação dos documentos eletrônicos. Para tanto, possui a prerrogativa de fiscalizar as Autoridades Certificadoras, as quais emitem certificados digitais. A ICP-Brasil, por seu turno, obedece a uma hierarquia gerencial, pela qual há uma Autoridade Certificadora Raiz, representada pelo ITI (Instituto Nacional de Tecnologia da Informação), a qual se sobrepõe e administra as demais Autoridades Certificadoras, e tem, ainda, a prerrogativa de gerar as chaves de segurança do sistema.

Noutra seara, o art. 193 do CPC prescreve que os atos processuais devem ser produzidos, comunicados, armazenados e "validados" por meio eletrônico, "na forma da lei". Mas, a forma da validação, a propósito, é a constante da MP nº 2.200-2/2001 e da Lei nº 12.682/2012, as quais impõem o uso da certificação digital regulada pela ICP-Brasil. Por sua vez, o art. 195 do CPC, seguindo essa mesma linha, referenda que a certificação digital é requisito de validade do ato processual eletrônico.

O ato processual eletrônico que não tenha sido praticado com observância das regras da ICP-Brasil não é, necessariamente, nulo. Nesse sentido, o art. 1.053 do CPC-2015, que prevê uma etapa de transição na prática dos atos processuais eletrônicos para o sistema da certificação digital, convalida aqueles atos que tenham sido perpetrados, antes da transição definitiva, sem a observação dos requisitos prescritos nesta seção, desde que atinjam sua finalidade e não acarretem prejuízo a qualquer das partes. Mas, mesmo após a transição definitiva para o sistema da certificação digital, o princípio da instrumentalidade das formas manter-se-á intacto, isto é, o ato processual eletrônico praticado sem a observação dos padrões ditados pela ICP-Brasil somente será nulo se não for possível comprovar a sua autoria a integridade eletrônicas e, se em razão disso, advier prejuízo. Nessa direção é expresso o § 2º do art. 10 da MP nº 2200-2/2001, pelo qual fica admitido o uso de outros meios de comprovação da autoria e da integridade dos documentos eletrônicos "... inclusive os que utilizem certificados não emitidos pela ICP-Brasil, desde que admitido pelas partes como válido ou aceito pela pessoa a quem for oposto o documento".

10. O PROBLEMA DA VEICULAÇÃO DA DECISÃO JUDICIAL NO SÍTIO ELETRÔNICO DO TRIBUNAL

O art. 197 do CPC-2015 prescreve que "Os tribunais divulgarão as informações constantes de seu sistema de automação em página própria na rede mundial de computadores, gozando a divulgação de presunção de veracidade e confiabilidade. Parágrafo único. Nos casos de problema técnico do sistema e de erro ou omissão do auxiliar da justiça responsável pelo registro dos andamentos, poderá ser configurada a justa causa prevista no art. 223, caput e § 1º".

A regra do parágrafo único do art. 197 contém uma imprecisão técnica, na medida em que ventila hipótese de suspensão de prazo processual quando este ainda não começou a fluir. É que a mera veiculação da decisão no sítio eletrônico não acarreta o efeito da fluência do prazo para as partes, logo só haverá que se falar em 'justa causa' quando o problema surgir após a publicação da decisão no diário da justiça eletrônico.

A esse respeito o § 2º do art. 224 do CPC não permite qualquer dúvida, porquanto determina que "Considera-se como data da publicação o primeiro dia útil seguinte ao da disponibilização da informação no Diário da Justiça eletrônico". Na mesma senda, o art. 231, VII, do mesmo código reforça que se deve considerar como dia do começo do prazo, quando: "a intimação se der pelo Diário da Justiça impresso ou eletrônico, a data da publicação". Portanto, é ilógico falar-se de "justa causa" para acarretar a suspensão do prazo quando este, sequer, começou a fluir. Logo, para que o juiz possa aplicar o art. 223 do CPC é preciso que a falha técnica ou humana ocorrida no sistema consista num evento verificado após a publicação no diário eletrônico, e, ainda, que gere prejuízo à parte.

O simples fato de a página eletrônica do tribunal conter falha que não permita a leitura integral de uma decisão judicial nela constante, mas que ainda não foi publicada no diário da justiça eletrônico, não acarreta o mais mínimo prejuízo.

O art. 197 estabelece apenas e tão somente que as informações divulgadas nos sítios eletrônicos dos tribunais gozarão da presunção de veracidade e confiabilidade, mas é omisso no pertinente à questão da alteração da decisão (antes de publicada) pelo próprio juiz que a proferiu. Ademais, também não determina que a partir desse momento da veiculação os prazos processuais começarão a fluir.

Noutra ponta, o art. 494 do NCPC mantém a mesma regra do art. 463 do CPC-1973, pela qual, uma vez publicada a sentença, o juiz não mais poderá alterá-la, ressalvada a possibilidade de correção de inexatidões materiais, erros de cálculo ou por meio de embargos declaratórios. Perceba-se que, ao tratar do princípio da inalterabilidade das decisões pelo próprio juiz que as prolatou, o art. 463 do CPC-1973 e o art. 494 do CPC-2015 referem, ambos, à "publicação" como baliza impeditiva à modificação, porém não à "veiculação" da decisão. Assim, não há que se confundir o fenômeno da 'veiculação' com o da 'publicação'. Ora, considerando que o § 2º do art. 224 do CPC mantém a regra do § 3º do art. 4º da Lei nº 11.419/2006, segundo a qual "Considera-se como data da publicação o primeiro dia útil seguinte ao da disponibilização da informação no Diário da Justiça eletrônico", é forçoso concluir que a simples veiculação da decisão na página eletrônica do tribunal sequer impede que o juiz a altere a posteriori, desde que antes da publicação.

O suporte fático descrito no dispositivo detém nítida finalidade probatória, na medida em que as informações constantes do sítio oficial do tribunal podem servir para instruir recursos, petições ou demandas, já que gozam da presunção de veracidade e confiabilidade. Não se trata, no entanto, de presunção *iure et de iure*, pois não se pode deixar de considerar a possibilidade de invasão maliciosa do sistema por um hacker e que este faça alterações indevidas nos dados processuais.

Nesse caso o interessado tem o direito de solicitar do tribunal certidão comprobatória do ataque externo e da adulteração nas informações. A certidão do tribunal desconstituirá a presunção de veracidade e confiabilidade. Deve manter-se, portanto, o entendimento jurisprudencial do Superior Tribunal de Justiça sobre a matéria, pelo qual:

> ... Informações prestadas via internet - Natureza meramente informativa - Ausência de justa causa" (STJ. AgRg no Ag 1422549/RJ – Relator: Ministro Massami Uyeda - Órgão Julgador: T3 - DJe 28/08/2012; **b)** "A Corte Especial do Superior Tribunal de Justiça firmou entendimento segundo o qual os dados a respeito do andamento dos processos constantes da internet são meramente informativos, não ensejando a reabertura do prazo recursal caso não estejam corretos." (STJ - AgRg nos EAg 1287509 / RJ – Relator: Ministro Arnaldo Esteves Lima - Órgão Julgador: S1 - Primeira Seção - DJe 29/04/2011).

REFERÊNCIAS

ABEL LLUCH, Xavier y PICÓ I JUNIO, Joan. **La prueba electrónica**. Barcelona: Bosch Editor, 2011.

ABRÃO, Carlos Henrique. **Processo eletrônico. Processo digital**. 3ª ed. São Paulo: Atlas, 2011.

BUFFA, Francesco. **Il processo civile telematico**. Milão: Giuffrè, 2002.

DIDIER JÚNIOR, Fredie. **Curso de direito processo civil. Teoria geral do processo e processo de conhecimento**. 11ª ed. Salvador: Juspodivm, 2009.

FROSINI, Vittorio. **Cibernetica, diritto e società**. 4. ed. Milão, Edizione de Cumunità, 1978.

ILLÁN FERNÁNDEZ, José María. **La prueba electrónica, eficacia y valoración en el proceso civil**. Pamplona: Aranzadi, 2009.

GRECO, Leonardo. **O processo eletrônico. In: Internet e direito. Reflexões doutrinárias**. SILVA JÚNIOR, Roberto Roland Rodrigues coord. Rio de Janeiro: Lumen Juris, 2001.

LIMA, José Paulo da Silva. **Validação de dados através de hashes criptográficos: uma avaliação na perícia forense computacional brasileira**. UFPE - Dissertação de Mestrado, Recife: 2015.

LOEVINGER, Lee. **Jurimetrics: the next step forward**. Minnesota: Minnesota Law Review, vol. XXXIII, 1949.

MELLO, Celso Antônio Bandeira de. **Curso de direito administrativo**. 6. ed. São Paulo: Malheiros, 1995.

MIRANDA, Pontes. **Comentários à Constituição 1967**. São Paulo: Revista dos Tribunais, 1970.

OLIVEIRA FILHO, Ivanildo de Figueiredo Andrade de. **Segurança do documento eletrônico - Prova da declaração de vontade e validade das relações jurídicas na Internet**. Tese de doutorado - UFPE: FDR, 2014.

PIEDAD, Floyd & HAWKINS, Michael. **Highavailability. Design, Techniques, and Processes**. New Jersey: Prentice Hall Professional, 2001.

RIEM, Glauco. **Il processo civile telematico. La nuove frontiere del processo alla luce del D.P.R. 123/2001**. Napoli: Simone, 2002.

STANDAGE, Tom. **The Victorian Internet: The Remarkable Story of the Telegraph and the Nineteenth Century's On-line Pioneers**. Michigan: Thomson-Shore, 2013.

VAZ, Alexandre Mário Pessoa. **Direito processual civil. Do antigo ao novo código**. Coimbra: Almedina, 1998.

WIENER, Norbert. **Cybernetics: or control and communication in the animal and the machine**. Massachusetts: MIT Press, 1965.

CAPÍTULO 2

Considerações sobre a citação por meio eletrônico no NCPC

Cristina Ferraz[1]

SUMÁRIO: 1. CONSIDERAÇÕES GERAIS SOBRE A CITAÇÃO; 1.1 CITAÇÃO COMO REQUISITO DE VALIDADE AO PROCESSO; 1.2 PESSOALIDADE DA CITAÇÃO; 2. CITAÇÃO POR MEIO ELETRÔNICO; 2.1. O NCPC E AS HIPÓTESES PREFERENCIAIS DE CITAÇÃO POR MEIO ELETRÔNICO ; 2.2. REGRAS SOBRE A CITAÇÃO POR MEIO ELETRÔNICO; 3. CONCLUSÃO ; REFERÊNCIAS BIBLIOGRÁFICAS

1. CONSIDERAÇÕES GERAIS SOBRE A CITAÇÃO

CPC/73	CPC/2015
Art. 213. Citação é o ato pelo qual se chama a juízo réu ou o interessado a fim de se defender.	**Art. 238.** Citação é o ato pelo qual são convocados o réu, o executado ou o interessado para integrar a relação processual.

Consiste a citação em ato de comunicação processual destinado a convocar o demandado a integrar a relação jurídica processual a fim de oportunizar e viabilizar o exercício do contraditório e da ampla defesa.

1.1 Citação como requisito de validade ao processo

Perante a lei processual civil brasileira a citação é indispensável, sob pena de invalidade do processo (arts. 214, CPC/73 e **239, CPC/15**), salvo nas hipóteses excepcionadas pelo art. **239 CPC/15**.[2] A redação do *caput* deste artigo retrata a citação como pressuposto processual de validade do processo. No entanto, em doutrina há forte posicionamento doutrinário no sentido de considerar a citação pressuposto processual de existência.[3]

---

1. Doutora e Mestre pela PUC/SP. Docente e Pesquisadora. Advogada e Consultora Jurídica em São Paulo.
2. Art. 239 do CPC/15: "Para a validade do processo é indispensável a citação do réu ou do executado, **ressalvadas as hipóteses de indeferimento da petição inicial ou de improcedência liminar do pedido.**" Grifo nosso.
3. ALVIM, José Manoel Arruda. Manual de direito processual civil. São Paulo : RT, 2003, p. 549; WAMBIER, Teresa Arruda Alvim. Nulidades do processo e da sentença. São Paulo : RT, 1998, p. 39.

1311

Em suas lições, Fredie Didier Jr.[4] não reconhece a citação como pressuposto processual de existência, mas sim "condição de eficácia do processo em relação ao réu", sendo que a falta desta condição pode ser decretada a qualquer tempo. Com efeito, o decreto da nulidade da citação não tem o condão de tornar os atos anteriores inexistentes. Isso porque o processo não depende da citação para existir, tanto assim que o Código de Processo Civil prevê a sua extinção por indeferimento da petição inicial (com ou sem a resolução do mérito), ou seja, antes da citação.

Se a falta de citação configura vício grave, a ausência deste ato com subsequente decretação de revelia caracteriza vício processual gravíssimo[5] cuja arguição de nulidade é permitida a qualquer tempo. O CPC/15, similarmente ao CPC/73, confere o mesmo tratamento à matéria ao prever que o comparecimento espontâneo do réu supre a falta da citação (214, § 1.º, CPC/73 e **239, CPC/15**).

Novidade: diferentemente do CPC/73, o **§ 1.º, do art. 239, CPC/15** acrescenta que o comparecimento espontâneo do réu **supre a falta** *ou a* **nulidade da citação** (o CPC/73 dispõe que supre somente a falta da citação). Além disso, houve simplificação do termo inicial da contagem do prazo para a apresentação de contestação ou dos embargos, este passa a fluir a partir da data do comparecimento espontâneo do réu ou executado.

Os artigos 475-L,I, CPC/73 e **525, § 1.º, I; 535, I, CPC/15** preveem a possibilidade de alegação da falta ou da nulidade de citação – se na fase de conhecimento o processo correu à revelia. A alegação será feita por meio de impugnação, na fase do cumprimento da sentença, ou em embargos a execução (arts. 741, I e 745, V, CPC/73 e **917,VI CPC/15**). Trata-se da *querela nullitatis* [6]. Nesse sentido, a orientação dos nossos tribunais superiores de acordo com os precedentes do STJ e do STF:

> "Ação de nulidade. Alegação de negativa de vigência dos artigos 485, 467, 468, 471 e 474 do CPC. Para a hipótese prevista no artigo 741, I, do atual código de processo civil – que é a de falta ou nulidade de citação, havendo revelia -, persiste, no direito positivo brasileiro, a '**querela nullitatis**', o que implica dizer que a nulidade da sentença, nesse caso, pode ser declarada em ação

---

4. DIDIER JR., Fredie. Curso de direito processual civil. Salvador : JUSPODIVM, 2015, v.1, p.607
5. Conforme observa José Alexandre Manzano Oliani em comentário ao art. 239 do NCPC. Breves Comentários ao Novo Código de Processo Civil, organizado por Fredie Didier *et al*, pág. 686.
6. Na lição de Fredie Didier Jr., "querela nullitatis", consiste no instrumento que possibilita ao réu revel impugnar, a qualquer tempo, sentença proferida em seu desfavor, por não ter sido citado ou porque a citação foi inválida (art. 525, § 1.º, I e 535,I). Id. Ibid., p. 669.

Cap. 2 • CONSIDERAÇÕES SOBRE A CITAÇÃO POR MEIO ELETRÔNICO NO NCPC
Cristina Ferraz

declaratória de nulidade, independentemente do prazo para a propositura da ação rescisória, que, em rigor, não é a cabível. Recurso extraordinário não conhecido.[7]

Ação declaratória de nulidade de sentença por ser nula a citação do réu revel na ação em que ela foi proferida. 1. Para a hipótese prevista no artigo 741, I, do atual CPC – que é a da falta ou nulidade de citação, havendo revelia – persiste, no direito positivo brasileiro – a **'querela nullitatis'**, o que implica dizer que a nulidade da sentença, nesse caso, pode ser declarada em ação declaratória de nulidade, independentemente do prazo para a propositura da ação rescisória, que, em rigor, não é a cabível para essa hipótese. 2.recurso extraordinário conhecido, negando-se-lhe, porém, provimento.[8]

Direito processual civil. Nulidade da citação em ação de nunciação de obra nova. **'Querela nullitatis insanabilis'**. Cabimento. 1. A ausência de citação não convalesce com a prolação de sentença e nem mesmo com o trânsito em julgado, devendo ser impugnada mediante ação ordinária de declaração de nulidade. A hipótese não se enquadra no rol exaustivo do art. 485 do Código de Processo Civil, que regula o cabimento da ação rescisória. 2. Recurso especial a que se dá provimento.[9]

Agravo interno. Agravo em recurso especial. Conversão em especial. Provimento monocrático. Processual civil. Irregularidade na intimação. Invalidade. Anulação da decisão que, com base na revelia, deu pela procedência dos embargos à execução. Possibilidade. 1.- Evidenciada a ocorrência de nulidade na intimação ou citação feita aos advogados do embargado, é de ser anulada a sentença que, com base na revelia, deu pela procedência dos embargos à execução. 2.- Não há que se falar em ação rescisória ou **'querela nullitatis'** quando ainda inexiste sentença terminativa no processo, com autoridade de coisa julgada. 3.- Agravo Regimental improvido."[10]

---

7. BRASIL, STF, RE 96374/ GO, Relator Min. Moreira Alves, votação unânime.
8. BRASIL,STF, RE 97589/ SC, Relator Min. Moreira Alves, votação unânime.
9. BRASIL,STJ, RESP 201201443485, Relator Min. Maria Isabel Gallotti, DJE 12/12/2014: "A Quarta Turma, por unanimidade, deu provimento ao recurso especial, nos termos do voto da Sra. Ministra Relatora."
10. BRASIL, STJ, AGRESP 201400207629, Relator Min. Sidnei Beneti, DJE 02/09/2014: Vistos, relatados e discutidos os autos em que são partes as acima indicadas, acordam os Ministros da Terceira Turma do Superior Tribunal de Justiça, por unanimidade, negar provimento ao agravo regimental, nos termos do voto do Sr. Ministro Relator."

1.2 Pessoalidade da citação

A lei processual civil brasileira é clara ao dispor sobre o direito à pessoalidade da citação (art. 215, CPC/73 e art. **242, CPC/15**). Por citação pessoal entende-se aquela feita na pessoa do réu, executado ou interessado, mesmo que este seja citado por meio do seu representante legal ou procurador devidamente constituídos para esta finalidade.

A doutrina divide a citação em pessoal (real) e ficta (fictícia ou presumida). A primeira privilegia a pessoalidade na citação; enquanto a segunda, permite a presunção de ciência do demandado. É o que costuma ocorrer nas citações por edital e com hora certa; efetivada a citação por estes meios, admite-se a "presunção" da ciência – não há como aferir certeza.

A certeza (ou condições de aferição desta) é mais provável, e possível, nas citações pessoais (ou reais), cujas espécies são: citação por oficial de justiça, correio, meio eletrônico[11] e a citação feita pelo escrivão ou chefe da secretaria (**art. 246, III, CPC/15**). Estes meios viabilizam a confirmação da ciência, em geral por meio do retorno da cópia do mandado ou do aviso de recebimento (AR) assinado pelo demandado; da declaração com fé pública feita pelo escrivão ou chefe da secretaria ou pelo registro efetuado pelo próprio demandado nos órgãos do Poder Judiciário, nas citações por meio eletrônico.

De fato, tanto na citação por oficial de justiça, cujo cumprimento se dá por mandado, quanto na citação realizada pelo correio, cumprimento por carta e na citação feita pelo escrivão ou chefe da secretaria é possível colher a assinatura do réu (executado ou interessado), o que possibilita a comprovação de sua ciência. A citação por meio eletrônico, que também poderá ser pessoal, será explicada no próximo item.

Por essa razão, em virtude da dificuldade em se obter certeza da ciência do demandado – nas citações fictas (com hora certa e edital) – sendo o réu revel, o juiz nomeará um curador especial que está autorizado a apresentar defesa técnica (9.º, II c/c parágrafo único, art. 302 CPC/73 e **art. 72, II c/c parágrafo único, 341 CPC/15**). Nesta função, em geral exercida por defensores públicos (o art. 4º, XVI, da LC 80/94, prevê que é *função institucional* da Defensoria Pública), o curador especial não está atrelado ao ônus da impugnação especificada dos fatos narrados na inicial, razão pela qual, sendo o réu revel, não haverá a incidência dos efeitos da revelia.

---

11. Ressalta-se que citação por meio eletrônico será pessoal se observados os requisitos previstos no art. 9.º, § 1.º, da Lei 11.419/06.

Cap. 2 • CONSIDERAÇÕES SOBRE A CITAÇÃO POR MEIO ELETRÔNICO NO NCPC
Cristina Ferraz

2. CITAÇÃO POR MEIO ELETRÔNICO

CPC/73	CPC/2015
Art. 221. A citação far-se-á: I – pelo correio; II – por oficial de justiça; III – por edital; IV – por meio eletrônico, conforme regulado em lei própria. (grifo nosso)	Art. 246. A citação será feita: I – pelo correio; II – por oficial de justiça; III – pelo escrivão ou chefe de secretaria, se o citando comparecer em cartório; IV – por edital; V – por meio eletrônico, conforme regulado em lei. §1.º – Com exceção das microempresas e das empresas de pequeno porte, as empresas públicas e privadas são obrigadas a manter um cadastro nos sistemas de processo em autos eletrônico, para efeito de recebimento de citações e intimações, as quais serão efetuadas preferencialmente por esse meio. § 2.º – O disposto no § 1.º aplica-se à União, aos Estados, ao Distrito Federal, aos Municípios e às entidades da administração indireta. (grifo nosso) (...)

A comunicação de atos processuais por meio eletrônico não é novidade em nosso sistema processual: a Lei nº 9.800, de 26 de maio de 1999, conhecida como lei do *fax*, já autorizava às partes a utilizarem o sistema de transmissão de dados e imagens *tipo fac-símile* ou similar, para a prática de atos processuais. Esta lei inovou nosso sistema jurídico ao permitir o uso desse meio.

Tampouco a comunicação por meios de informática é recente em nosso sistema jurídico. O art. 58, IV, da Lei 8245/91 – Lei da Locação – há muito prevê a possibilidade de intimação, citação ou notificação de pessoa jurídica ou firma individual mediante telex ou *fac-simile* desde que autorizado no contrato.

Dando sequência a essa tendência, em 2006 foi sancionada a Lei nº 11.419, de 19 de dezembro, que veio regulamentar a informatização do processo judicial, bem como a criação do sistema de comunicação eletrônica dos atos processuais. Dessa forma, introduziu-se em nosso ordenamento a intimação, a citação eletrônica, o diário da justiça eletrônico (DJE) e o peticionamento eletrônico de modo a alterar, significativamente, o trâmite procedimental e a nossa *praxis* forense.

Depreende-se do art. 18 da Lei 11.419/06, permissão para que os órgãos do Poder Judiciário regulamentem sobre a informatização do processo judicial no âmbito de suas respectivas competências. Com base nesta regra, e considerando as suas atribuições previstas no art. 103-B, § 4º, da Constituição da República (CRFB), especialmente as concernentes à coordenação do planejamento estratégico do Poder Judiciário, em 18 de dezembro de 2013, o Conselho Nacional de Justiça, por meio da Resolução 185/2013, instituiu o sistema de processamento de informações e prática de atos processuais do Processo Judicial Eletrônico – PJe – de modo a fornecer parâmetros para implementação e funcionamento do sistema por todo o Poder Judiciário.

1315

NOVO CPC DOUTRINA SELECIONADA, v. 1 • Parte Geral

PARTE IX – ATOS, PRAZOS E NEGÓCIOS PROCESSUAIS

A citação por meio eletrônico está prevista em nosso ordenamento jurídico desde 2006, art. 20 da Lei 11.419/06 que acrescentou o inc. IV ao art. 221 do CPC/73.

O **CPC/15** na esteira do CPC/73, prevê a citação por meio eletrônico "conforme regulado em lei". A lei que regula a citação por meio eletrônico é a 11.419/06, em especial, artigos 5.º, 6.º e 9.º na sequência comentados. Registre-se ter o **CPC/15** relacionado como requisito de petição inicial o endereço eletrônico das partes (art. 319,II).

Afinal, o que se entende por meio eletrônico? Segundo o art. 2º, I da Lei 11.419/06 meio eletrônico corresponde a: "qualquer forma de armazenamento ou tráfego de documentos e arquivos digitais;". Com redação quase idêntica, o art. 3.º, VI, da Resolução 185/13 do Conselho Nacional de Justiça explicita meio eletrônico como "o ambiente de armazenamento ou tráfego de informações digitais."

Diante das definições previstas em lei sobre meio eletrônico, poder-se-ia conceber como válida a comunicação processual realizada por *email, whatsApp, facebook, messenger, face time, skype* para mencionar os meios mais conhecidos na atualidade?

Poderia, por exemplo, o demandado ser citado pela rede social *facebook* como ocorreu num Tribunal de Nova York, conforme divulgado pelo *site Conjur*[12]? E intimação por *WhatsApp*?[13] Seria possível?

---

12. "Se em uma ação de divórcio, o ex-marido se encontra em lugar incerto e não sabido, é cabível a citação por edital, como se sabe. Mas isso, para o Tribunal Superior de Nova York, é um procedimento antiquado para quem vive na era digital. Por isso, em uma decisão inusitada, assinada pelo ministro Matthew Cooper, o advogado Andrew Spinnell, que representa a enfermeira Ellanora Baidoo, 26 anos, poderá publicar a citação e outros documentos dos autos na conta de sua cliente no Facebook. Para a corte, a citação pelo Facebook será mais eficaz, especialmente nesse caso específico. Desde que Ellanora se separou de Victor Sena Blood-Dzraku, os dois se comunicam apenas por telefone e pelo Facebook, mesmo que com alguma frequência. Em algumas comunicações pessoais pelo Facebook, a enfermeira pediu a ele seu endereço. Em todas, ele respondeu que não tem endereço fixo. Vive um dia aqui outro ali. Também não tem endereço de trabalho, porque vive de bicos, e não se dispôs a oferecer uma forma de receber a citação e demais documentos. Segundo os autos, a agência de correio não tem o endereço de Blood-Dzraku, para lhe encaminhar correspondências. O Departamento de Veículos a motor não tem qualquer registro dele. "Tentamos de tudo para localizá-lo. Chegamos a contratar um detetive particular. Mas não conseguimos achá-lo", disse o advogado ao tribunal. Por isso, o ministro Matthew Cooper determinou que a publicação da citação e outros documentos na página do Facebook da autora da ação deve ser feita uma vez por semana, por três semanas consecutivas – a não ser que o ex-marido confirme o recebimento da citação antes do prazo fixado (...)."Disponível em‹ http://www.conjur.com.br/2015-abr-07/tribunal-superior-ny-autoriza-citacao-divorcio-facebook#author › acesso em 15.05.2015.
13. "Acreditando no poder das mensagens simples, pessoais e em tempo real, um juiz de Direito de Presidente Médici, em Rondônia, despachou em ação de cumprimento de sentença para que a autora fosse intimada "pelo meio menos oneroso e rápido". S. Exa. indicou as tecnologias possíveis para tanto: e-mail, telefone e o WhatsApp." Juiz manda intimar parte por *wathsapp*. Disponível em ‹http://www.migalhas.com.br/Quentes/17,MI211261,71043Juiz+manda+intimar+parte+pelo+WhatsApp› acesso em 25/11/2015. Juiz

Cap. 2 • CONSIDERAÇÕES SOBRE A CITAÇÃO POR MEIO ELETRÔNICO NO NCPC
Cristina Ferraz

Se for considerado tão somente o conceito de meio eletrônico mencionado acima, sim. No entanto, a Lei 11.419/06 elenca requisitos para que se proceda a essa modalidade de citação, e um deles exige que a parte esteja cadastrada em portal do Poder Judiciário.

Embora haja registro do usuário na conta social *facebook* este não é suficiente para autorizar a citação eletrônica em nosso País.

Assim, dos requisitos previstos na 11.419/06 para que se proceda à citação eletrônica, destaca-se: i) credenciamento prévio dos usuários em portal do Poder Judiciário – sendo que este credenciamento "será realizado mediante procedimento no qual esteja assegurada a adequada identificação presencial do interessado" (art. 2.º, § 1.º); e ii) seja mantido o acesso à integra dos autos do processo ao citando (art. 9.º, § 1.º).

Comentando o tema, Paulo Roberto Froes Toniazzo[14] explica que a viabilidade da citação por meio eletrônico depende desse prévio credenciamento das partes ou de seus advogados, com poderes para receber citação, no Poder Judiciário, de modo a assegurar a identificação presencial da parte ou de seus representantes legais.

Além disso, o conhecimento da íntegra dos autos deve ser de fácil acesso ao citando seja em meio digital, em portal do Poder Judiciário ou em autos

---

de Rondônia manda intimar parte de processo por aplicativo de celular Magistrado pediu que WhatsApp fosse utilizado para intimar autora. Tribunal de Justiça não se posicionou contra o profissional. ‹disponível em http://g1.globo.com/ro/rondonia/noticia/2014/11/juiz-de-rondonia-manda-intimar-parte--de-processo-por-aplicativo-de-celular.html› acesso em 25/11/2015 É fato que ainda se está em fase inicial, porém já existem algumas iniciativas normativas para acelerar este processo como a portaria de n.º 012/2015 da 7 ª Vara Criminal da Justiça Federal de São Paulo que complementa a Portaria do "Processo Cidadão" e admite a comunicação dos atos processuais, por qualquer meio idôneo, disponibilizando ao público em geral, partes, defensores, testemunhas, procuradores, o aplicativo de mensagem multiplataforma, *WhatsApp Messenger,* "que permite enviar e receber mensagens (...). Caberá à Secretaria acompanhar esse canal de comunicação, promovendo o cadastro de advogados (e outros) que o queiram em grupo de *WhatsApp* (...) de modo a assegurar os serviços (...)."De acordo com a Portaria o agendamento de visitas será para: 1. Consulta de autos; 2. Audiência com o juiz; 3. Retirada de certidões e alvarás; 4. Lembretes de audiências. Mencionada Portaria disponibiliza a comunicação dos atos processuais por *WhatsApp,* relaciona quais são estes atos, sem mencionar a citação. Disponível em ‹http://www.jfsp.jus. br/assets/Uploads/administrativo/NUCS/decisoes/2015/150423whatsapp.pdf › acesso em 15.05.2015. Jamil Zamul Filho, em sua dissertação de mestrado, já acentuava que a utilização tecnológica incorporada pelo ciberespaço, no processo eletrônico, ainda carece de previsão normativa, cita como exemplo as notificações e as transações realizadas por meio de terminais celulares a serem realizadas pelo denominado "governo móvel" ou *m-móvel,* regulamentado em alguns estados, como o do Mato Grosso do Sul. ZAMUL FILHO, JAMIL. **Processo judicial eletrônico:** alcance e efetividade sob a égide da Lei n. 11.419, de 19.12.2006. Dissertação de Mestrado, USP, 2011, NR 5, p. 4.

14. "Art. 5º: As intimações serão feitas por meio eletrônico em portal próprio aos que se cadastrarem na forma do art. 2º desta Lei, dispensando-se a publicação no órgão oficial, inclusive eletrônico." e "art. 6º : Observadas as formas e as cautelas do art. 5º desta Lei, as citações, inclusive da Fazenda Pública, excetuadas as dos Direitos Processuais Criminal e Infracional, poderão ser feitas por meio eletrônico, desde que a íntegra dos autos seja acessível ao citando."

1317

físicos disponíveis no Cartório ou na Secretaria do Juízo, a fim de não obstar o contraditório.[15]

Se todos estes cuidados forem observados, a citação por meio eletrônico será considerada modalidade de citação *pessoal*, conforme prevê o art. 9.º, § 1.º, da Lei 11.419/06:

> "Art. 9º No processo eletrônico, todas as citações, intimações e notificações, inclusive da Fazenda Pública, serão feitas por meio eletrônico, na forma desta Lei.
>
> § 1º **As citações, intimações, notificações e remessas que viabilizem o acesso à íntegra do processo correspondente serão consideradas vista pessoal do interessado para todos os efeitos legais.**" (negrito e grifos nosso)

Em que pese a celeridade consistir numa das principais metas da Reforma do **CPC/15** e do CNJ[16], não devem ser olvidadas as exigências para a efetivação da citação eletrônica vez que melhor atendem ao núcleo do ordenamento jurídico processual: a cláusula geral do devido processo legal.

2.1. O NCPC e as hipóteses preferenciais de citação por meio eletrônico

O NCPC elegeu a citação por meio eletrônico como o meio preferencial para a citação das pessoas jurídicas – com exceção das microempresas e das empresas de pequeno porte (**art. 246, §1°, CPC/15**) – todas as empresas públicas e privadas estão obrigadas a criar e a manter cadastro nos sistemas de processo em autos eletrônicos para que possam receber citações e intimações.

De acordo com o art. **246, § 2.º CPC/15**, a exigência, também se estende a todas as pessoas da Administração Direta (União, Estados, Distrito Federal e Municípios) e da Administração Indireta (Autarquias e Fundações Públicas de Direito Público).

---

15. TONIAZZO, Paulo Roberto Froes. **Comunicação dos atos processuais por meio eletrônico: o impacto do uso da tecnologia na prestação jurisdicional a partir da Lei 11.419/06**. Disponível em < http://ww3.lfg.com.br/artigo/20080616101831744_direito-constitucional_comunicacao-dos-atos-processuais-por-meio-eletronico--paulo-roberto-froes-toniazzo.html > acesso em 18/05/2015.

16. Foi objeto também da EC 45/04, e dos tratados internacionais sobre direitos humanos, v.g. Pacto Internacional de Direitos Civis e Políticos de 1966 e Convenção Americana sobre Direitos Humanos de 1969, entre outros, os quais, alçados a *status* supralegal – salvo se aprovados na forma do § 3.º, art. 5.º da CFRB, hipótese em que terão equivalência a EC – devem ser observados pela legislação vigente – e aqui o **CPC/15** se inclui. Em que pese a previsão literal com viés precipuamente penal dos referidos tratados sobre direitos humanos, nada impede que a celeridade ali prevista seja aplicada em uma ação cível, por exemplo, em ação proposta em face de ente federativo na qual se busca medicamentos, a celeridade é fundamental sob pena de iminente falecimento.

Cap. 2 • CONSIDERAÇÕES SOBRE A CITAÇÃO POR MEIO ELETRÔNICO NO NCPC
Cristina Ferraz

O disposto no art. **246, § 1.º, do CPC/15,** igualmente se aplica ao Ministério Público, à Defensoria Pública e à Advocacia Pública (**art. 270, parágrafo único CPC/15**).

Importante ressaltar duas regras previstas nas disposições finais e transitórias, do NCPC, relacionadas ao tema:

> **"Art. 1050.** A União, os Estados, o Distrito Federal, os Municípios suas respectivas entidades da administração indireta, o Ministério Público, a Defensoria Pública e a Advocacia Pública, no prazo de 30 (trinta) dias a contar da data da entrada em vigor deste Código, deverão se cadastrar perante a administração do tribunal no qual atuem para cumprimento do disposto nos arts. 246, § 2.º, e 270, parágrafo único."

> **"Art. 1051.** As empresas públicas e privadas devem cumprir o disposto no art. 246, § 1.º, no prazo de 30 (trinta) dias, a contar da data de inscrição do ato constitutivo da pessoa jurídica, perante o juízo onde tenham sede ou filial.

> **Parágrafo único.** O disposto no *caput* não se aplica às microempresas e às empresas de pequeno porte."

Fredie Didier, em pertinente observação, critica a exigência prevista no art. 1.051 do **CPC/15,** pois "parece dirigir-se somente às novas pessoas jurídicas empresárias, tanto que o prazo para fazer o cadastro perante o tribunal é contado da data da inscrição do ato constitutivo da sociedade." [17]

De fato, a regra não faz sentido, pois induz a tratamento desigual em relação às pessoas jurídicas criadas antes da vigência do **CPC/15,** estariam estas dispensadas de manter referido cadastro? Certamente que não, por ofensa à isonomia. O mesmo se diga em relação aos entes públicos, como também, ao Ministério Público, Advocacia Pública e à Defensoria, igualmente estariam desobrigados ao cadastramento? A negativa se impõe. Transcreve-se a sugestão dada por Fredie Didier ao texto:

> "Para dar conformidade constitucional aos textos normativos dos arts. 1 .050 e 1 .051, a melhor interpretação é a seguinte: a) as pessoas jurídicas empresárias constituídas antes do novo Código deverão, no prazo de trinta dias contados a partir da vigência do CPC, providenciar o cadastro perante os tribunais em que atuam (aplicação

---

17. DIDIER Jr., Fredie. Curso de direito processual civil. Salvador: Ed. Jus Podivm, 2015, v.1, p. 621.

analógica do art. 1 .050, CPC); b) as pessoas jurídicas empresárias constituídas após o novo Código deverão, no prazo de trinta dias contados da inscrição do respectivo ato constitutivo, providenciar o cadastro perante os tribunais em que atuam (art. 1 .051, CPC)." [18]

2.2. Regras sobre a citação por meio eletrônico

Como proceder à citação por meio eletrônico? Envio de *e-mail* ao citando, mas como conferir se este foi efetivamente entregue ao demandado ou se o *e-mail* é proveniente do Poder Judiciário? Não é novidade a prática de envio de *e-mails* com intimações e cobranças falsas. Outro ponto muito bem lembrado por Dennys Antonialli, Francisco Brito Cruz e Mariana Giorgetti Valente, em artigo sobre o tema, publicado no site JusBrasil diz respeito às plataformas de comunicação de *e-mails* e *WhatsApp*, mantidas por empresas privadas, cujos termos de uso são, em geral, ignorados pelos usuários:

> "(...)as plataformas de comunicação como *email* e *WhatsApp* são mantidas por empresas privadas, e regidas por termos de uso definidos unilateralmente (e que quase ninguém lê). Utilizar meios como esse para a comunicação de informações judiciais pode expor a privacidade do cidadão. As informações e atos do processo vão se somar aos milhares de informações que essas empresas já têm. E se elas começarem a ser usadas para fins publicitários? Não seria interessante oferecer uma linha de crédito a uma pessoa que está respondendo a um processo de cobrança? E se ocorrem falhas de segurança no software e vazam informações que corriam em segredo de justiça? " [19]

Os parâmetros para a comunicação por meio eletrônico constam no art. 5.º e parágrafos da Lei 11.419/06.

Ressalta-se que se a intimação se der por meio eletrônico, por força da Lei, não haverá necessidade de publicação no Diário Oficial impresso ou no Diário de Justiça Eletrônico (DJE) ou qualquer outro meio de intimação pessoal tradicional (carta com AR ou oficial de justiça); presentes os requisitos, a comunicação por meio eletrônico será considerada pessoal, assim prescreve o art. 5.º, § 6.º.[20]

---

18. *Id. Ibid.*, p. 621.
19. Disponível em ‹http://infojusbrasil.jusbrasil.com.br/noticias/159811465/›acesso em 25/11/2015
20. "O cadastro, para fins de intimações, deve obedecer aos mesmos requisitos de eficiência e segurança adotados para os sistemas de transmissão de petições e recursos (art. 20.), pois pressupõe que seja realizado mediante o uso de assinatura eletrônica (em qualquer das duas modalidades consagradas no inc. III do § 20. do art. 30., alíneas a e b). Ao usuário cadastrado é atribuído meio que possibilite a identificação e autenticação do acesso ao sistema. Essa modalidade de comunicação eletrônica de natureza pessoal, prevista no art. 50. da Lei 11.419, configura uma inovação inspirada na bem sucedida

Cap. 2 • CONSIDERAÇÕES SOBRE A CITAÇÃO POR MEIO ELETRÔNICO NO NCPC
Cristina Ferraz

Como já se mencionou, a citação por meio eletrônico só é possível aos que estiverem cadastrados no sistema do Poder Judiciário (**art. 5º da Lei 11.419/06**). A regra da obrigatoriedade de manter cadastro ainda não se estende às pessoas físicas, todavia é requisito de petição inicial fornecer o endereço eletrônico das partes (**art. 319, I, CPC/15**).

Segundo a lei, e na lição de Fredie Didier[21], considera-se realizada a citação, no dia em que o citando "efetivar a consulta eletrônica ao teor da intimação, certificando-se nos autos a sua realização" (art. 5.º, § 1.º); caso a "consulta se dê em dia não útil, a intimação será considerada como realizada no primeiro dia útil seguinte" (art. 5.º, § 2.º); mencionada consulta deverá ocorrer em até 10 (dez) dias corridos contados da data do envio da citação, sob pena de considerar-se a citação automaticamente realizada na data do término desse prazo (art. 5.º, § 3.º). Observa o autor que esta última hipótese gera uma presunção legal de citação; isso não significa que a citação transmuda para ficta citação ficta, *pois a comunicação pode ter acontecido.*

As intimações feitas na forma do art. 5.º, inclusive da Fazenda Pública, serão consideradas pessoais para todos os efeitos legais (art. 5.º, § 6º).

Realizada a citação eletrônica, começa a correr o prazo para a resposta no dia útil seguinte à consulta ao teor da citação ou ao término do prazo para que a consulta se dê (**art. 231, V, CPC/15**).

Por fim, registrem-se as principais inovações do NCPC indicativas de que o meio de comunicação eletrônico será muito utilizado: A União, os Estados, o Distrito Federal, os Municípios e suas respectivas autarquias e fundações de direito público deverão ser intimados pessoalmente mediante carga, remessa ou meio eletrônico (**183, § 1.º**); As intimações serão realizadas por meio eletrônico, sempre que possível (**art. 270 CPC/15**); O advogado deverá fornecer seu endereço eletrônico na procuração (**art. 287 CPC/15**); A petição inicial deverá conter os endereços eletrônicos das partes (**art. 319, II CPC/15**); o perito deverá indicar o seu endereço eletrônico quando for nomeado (**artigo 465, parágrafo 2º, III, CPC/15**), bem como o inventariante quando das primeiras declarações (**art. 620,II, CPC/15**).

---

experiência do processo eletrônico (sistema "e-Proc") dos Juizados Especiais Federais." REINALDO, Demócrito Filho. Comunicação eletrônica de atos processuais na Lei 11.419/06, p.06.

21. "A citação eletrônica deve observar as exigências do art.5.º da Lei n. 11.419/2006: a) deve ser feita em portal próprio, acessível pelos cadastrados no sistema, dispensada a publicação no órgão oficial (art. 5.º caput); b) considerar-se realizada no dia em que o citando efetivar a consulta eletrônica ao teor da intimação, certificando-se nos autos a sua realização (art. 5.º, § 1º); c) na hipótese anterior, nos casos em que a consulta se dê em dia não útil, a citação será considerada como realizada no primeiro dia útil seguinte; d) a consulta deverá ser feita em até dez dias corridos contados da data do envio da citação, sob pena de considerar-se a citação automaticamente realizada na data do término desse prazo – há, aqui, uma presunção legal de citação; não é uma ficção, pois a comunicação pode ter acontecido." *Id. Ibid* p. 622.

3. CONCLUSÃO

Como se diz em doutrina, a comunicação por meio eletrônico não é palpável como papel, mas possui registro é, portanto, rastreável. Por esta razão, será considerada pessoal se presentes os requisitos previstos na Lei 11.419 de 2006.

Para aqueles que pensam a citação eletrônica por meio de envio de *e-mail* ao endereço eletrônico pessoal do citando ou *post* no *facebook* ou simplesmente uma mensagem via *WhatsApp*, tudo em nome da celeridade estabelecida pela reforma do CPC/15 – adianta-se que não obstante estes meios possam ser reconhecidos como meios eletrônicos, falta-lhes os requisitos determinados pela lei 11.419/06, como exemplo: i) cadastro do usuário em portal do Poder Judiciário – com credenciamento realizado mediante procedimento no qual o interessado possa ter assegurada a sua adequada identificação presencial; e ii) acesso à integra dos autos do processo ao citando.

Citação eletrônica que contrarie mencionadas exigências macula o processo por ausência de pressuposto processual de validade ou, na lição de Fredie Didier: falta de condição de eficácia do processo em relação ao réu, podendo ser decretada a qualquer tempo (*querela nullitatis*).

A regra é clara: processo com trâmite em autos eletrônicos – sempre que possível – as intimações serão realizadas por meio eletrônico.

São obrigados a manter cadastro em portal do Poder Judiciário: as pessoas jurídicas (com exceção das microempresas e das empresas de pequeno porte), o Ministério Público, a Advocacia Pública e a Defensoria Pública. A obrigatoriedade ainda não se estende às pessoas físicas, no entanto, o CPC/15 estabelece o endereço eletrônico das partes como requisito de petição inicial.

Esta espécie de citação vai ao encontro de um dos principais objetivos da Reforma Processual: a celeridade. De fato, estabelecida como uma das metas prioritárias determinadas pelo Conselho Nacional de Justiça, na esteira da EC 45/04, bem como dos tratados internacionais sobre direitos humanos, v.g., Pacto Internacional de Direitos Civis e Políticos de 1966 e Convenção Americana sobre Direitos Humanos de 1969, os quais, alçados a *status* supralegal – salvo se aprovados na forma do § 3.º, art. 5.º da CFRB, hipótese em que terão equivalência a EC –, devem ser observados pela legislação vigente – e aqui o CPC/15 se inclui, sobretudo para atender à cláusula constitucional da razoável duração do processo em âmbito judicial e administrativo.

Essas medidas não podem ser confundidas com mero formalismo; ao contrário, visam conferir confiabilidade e segurança ao sistema; há muito se procura conciliar o paradoxo: "celeridade *versus* segurança". A citação é ato de importância fundamental para que o processo se constitua em consonância com a cláusula geral do devido processo legal.

As regras sobre a citação eletrônica determinadas pela Lei 11.419 de 2006 atuam em conjunto com o CPC/15 e demais regulamentações do Poder Judiciário.

Não obstante o CPC/15 enfatize o julgamento do mérito, o respeito à forma dos atos processuais é garantia essencial ao contraditório e, por conseguinte, ao devido processo legal, centro nevrálgico do sistema processual sob o prisma constitucional.

REFERÊNCIAS BIBLIOGRÁFICAS

ALVIM, José Manoel Arruda. **Manual de direito processual civil**. São Paulo: Revista dos Tribunais, 2003.

DIDIER Jr., Fredie. **Curso de direito processual civil**: introdução ao direito processual civil, parte geral e processo de conhecimento. Fredie Didier Jr. – 17. ed. – Salvador: Ed. JusPodivm, 2015, v. 1

_____ **Breves Comentários ao Novo Código de Processo Civil**/ Teresa Arruda Alvim Wambier, Fredie Didier Jr., Eduardo Talamini, Bruno Dantas, coordenadores. – São Paulo : Revista dos Tribunais, 2015.

NEVES, Daniel Amorim Assunção. **Novo Código de Processo Civil – Lei 13.105/2015.** Rio de Janeiro : Forense; São Paulo : Método, 2015.

REINALDO, Demócrito Filho. **Comunicação eletrônica de atos processuais na Lei 11.419/06.** Disponível e <http://egov.ufsc.br/portal/sites/default/files/anexos/29562-29578-1-PB.pdf> acesso em 15/08/2014.

STUDER, Andrea Cristina Rodrigues. **Processo judicial eletrônico e o devido processo legal.** Disponível em <http://scholar.google.com/scholar?q=Processo%20judicial%20eletr%C3%B4nico%20e%200%20devido%20processo%20legal acesso em 17/04/2015. Dissertação de Mestrado, UNIVALI, 2007.

TONIAZZO, Paulo Roberto Froes. **Comunicação dos atos processuais por meio eletrônico: o impacto do uso da tecnologia na prestação jurisdicional a partir da Lei 11.419/06.** Disponível em <http://ww3.lfg.com.br/artigo/20080616101831744_direitoconstitucional_comunicacao-dos-atos-processuais-por-meio-eletronico-paulo-roberto-froes toniazzo.html> acesso em 18/05/2015.

ZAMUL FILHO, JAMIL. **Processo judicial eletrônico: alcance e efetividade sob a égide da Lei n. 11.419, de 19.12.2006.** Dissertação de Mestrado, USP, 2011.

WAMBIER, Teresa Arruda Alvim. **Nulidades do processo e da sentença.** São Paulo : Revista dos Tribunais, 1998.

CAPÍTULO 3

A "contratualização" do processo no Novo Código de Processo Civil

Érico Andrade[1]

SUMÁRIO: 1. INTRODUÇÃO; 2. A "CONTRATUALIZAÇÃO" DO PROCESSO: UMA BREVE VISÃO DE DIREITO COMPARADO; 2.1. A CONTEXTUALIZAÇÃO DA JURISDIÇÃO E DO PROCESSO NO ÂMBITO DO DIREITO PÚBLICO; 2.2. "CONTRATUALIZAÇÃO" DO PROCESSO; 2.3. CALENDÁRIO PROCESSUAL; 3. A "CONTRATUALIZAÇÃO" DO PROCESSO E O CALENDÁRIO DO PROCESSO NO NOVO CPC; 4. INDICAÇÕES CONCLUSIVAS; 5. REFERÊNCIAS BIBLIOGRÁFICAS.

1. INTRODUÇÃO

Em 2011, foi publicado na Revista de Processo (RePro) de março, número 196, artigo deste autor tendo como título *As novas perspectivas do gerenciamento e da "contratualização" do processo*. O artigo foi construído a partir de considerações extraídas no âmbito dos direitos francês e italiano, no qual se apontou, dentre outras, a interessante perspectiva de se admitir a realização de negócios jurídicos entre as partes e o juiz, para ajustar situações processuais, dentre elas a pactuação do calendário do processo.

Na ocasião, destacou-se, ainda, que apesar de o anteprojeto de CPC, inclusive na versão votada no Senado em 2010 (PL 166/2010), ter acatado o princípio da colaboração ou cooperação entre as partes e o juízo, não avançou mais no tema, ou seja, não admitiu ou reconheceu explicitamente a perspectiva da "contratualização" do processo.[2]

---

1   Doutor em Direito Processual Civil pela UFMG. Ex-bolsista do PDEE/CAPES: estágio de doutorado em Milão, Itália, na "Università degli Studi di Milano". Mestre em Direito Administrativo pela UFMG. Professor Adjunto de Direito Processual Civil na Faculdade de Direito da UFMG. Procurador do Estado de Minas Gerais. Advogado.

2   ANDRADE, Revista de Processo, 2011, n. 193, p. 193.

Todavia, no âmbito da versão do Projeto aprovada na Câmara dos Deputados (PL 8.046-B), em março de 2014 (art. 191),[3] já reapreciada pelo Senado, na votação final que culminou com a aprovação do novo CPC, em 16 de dezembro de 2014 (PL 166), a perspectiva da "contratualização" do processo, e neste cenário, do ajustamento do calendário do processo, foi expressamente admitida e regulada nos arts. 190 e 191,[4] prevalecendo no Senado a mesma redação para o dispositivo proveniente do projeto aprovado na Câmara dos Deputados, com uma alteração formal: o dispositivo único na versão da Câmara (art. 191) foi desdobrado em dois artigos distintos na versão final aprovada no Senado (art. 190 e 191).

Assim, a ideia agora é retornar ao tema para apurar, em linhas gerais e iniciais, como a matéria foi tratada no novo CPC. A proposta é fixar como ponto de partida os contornos iniciais da "contratualização" do processo e do calendário do processo, com o resgate de considerações da doutrina estrangeira inseridas no artigo publicado na RePro em 2011, para depois desaguar no exame do tema a partir da regulamentação inserida no novo CPC, aprovado pelo Senado em 16 de dezembro de 2014, e ora enviado à sanção presidencial.[5]

2. A "CONTRATUALIZAÇÃO" DO PROCESSO: UMA BREVE VISÃO DE DIREITO COMPARADO

Antes de adentrar no tema da contratualização do processo propriamente dita, é interessante, ainda que de maneira breve, contextualizar o cenário maior do direito público em que estão inseridos o processo e a jurisdição, como pano de fundo do tema.

2.1. A contextualização da jurisdição e do processo no âmbito do direito público

A "contratualização" do processo tem de ser modernamente examinada no âmbito do reconhecimento da inserção da jurisdição e do processo no cenário geral do direito público, não simplesmente para fins meramente

---

3   Conferir notícia extraída do sítio da Câmara dos Deputados publicada na rede mundial de computadores no seguinte endereço: http://www2.camara.leg.br/camaranoticias/noticias/DIREITO-E-JUSTICA/464590-CAMA-RA-APROVA-NOVO-CODIGO-DE-PROCESSO-CIVIL-TEXTO-RETORNA-AO-SENADO.html

4   Trata-se da redação final do texto, cuja revisão concluída em fevereiro de 2015 no Senado, conforme versão do novo CPC extraída do sítio do Senado na rede mundial de computadores: http://legis.senado.leg.br/mateweb/arquivos/mate-pdf/160741.pdf

5   Conferir informação extraída do sítio do Senado na rede mundial de computadores: http://www12.senado.leg.br/noticias/materias/2015/02/24/texto-do-novo-cpc-aprovado-pelo-congresso-vai-a-sancao

Cap. 3 • A "CONTRATUALIZAÇÃO" DO PROCESSO NO NOVO CÓDIGO DE PROCESSO CIVIL
Érico Andrade

classificatórios, de enquadramento em um dos grandes ramos do direito, mas sim para se entender plenamente a jurisdição e o processo como integrantes da estrutura estatal, o que produz influência direta sobre estes dois institutos, ou seja, passar a entender a jurisdição e o processo inseridos na "base unitária" do direito público.[6]

Noutras palavras, a jurisdição, como parte do Estado, se insere no quadro geral do direito público, de modo que sua atuação é regida por este mesmo direito público.

Por conseguinte, a jurisdição, como integrante do organismo estatal como um todo, permeado pelo direito público, se impregna das novas possibilidades que gravitam na base desse conjunto, como a necessidade de maior abertura para a consensualidade e atuação pautada pela eficiência, permeada pela economicidade,[7] a fim de que os recursos estatais possam ser melhor aproveitados e geridos em prol da sociedade.

Atualmente, o Estado e o direito público têm sido invadidos pela ideia da consensualidade: revê-se a atuação imperativa do poder público, a fim de buscar maior consenso com os cidadãos,[8] inclusive como técnica para alcançar enquadramento mais democrático da atuação estatal.[9]

---

6   Como aponta a doutrina italiana, o direito público tem base unitária, sem embargo do tratamento em separado dos seus vários ramos, situação que acaba gerando uma espécie de crise de unidade, como destaca CASSESE, Rivista trimestrale di diritto pubblico, 2010, p. 396: Un secondo fattore che contraddistingue il presente stato del diritto amministrativo è la crisi dell'unità del diritto pubblico. (...) il diritto pubblico costituisce un ramo unitario comprendente diritto costituzionale, amministrativo, internazionale, processuale, ecclesiastico. Tuttavia, la scienza giuridica italiana (ma neppure quella tedesca) non ha coltivato questi campi in modo unitario: ad esempio, non vi sono teorie unitarie dei procedimenti, legislativi, amministrativi e giurisdizionali, oppure tentativi di ricondurre a unità lo studio dei diversi processi, costituzionale, amministrativo, civile, penale (o almeno dei principi fondamentali che stanno alla loro base).

7   O direito brasileiro acolhe os princípios da eficiência e economicidade na atuação estatal (arts. 37 e 70, Constituição), que traduzem a ideia de "desburocratização" do Estado: parte-se para a busca da eficiência administrativa mediante implementação de modelos de administração gerencial.

8   CASSESE, Rivista trimestrale di diritto pubblico, 2010, p. 396: In questi anni lo Stato è stato spogliato della sua veste sacrale, sono stati analizzati i limiti interni e esterni della sovranità, sono stati indagati i limiti dell'imperatività e il "governo con il consenso (o, meglio, la necessità del consenso per governare), con ciò che ne è conseguito in ordine alle embricazione tra diritto pubblico e diritto privato.

9   SORACE, Diritto delle amministrazioni pubbliche, p. 332: La conclusione del procedimento può anche essere costituita, invece che da un atto unilaterale (che, peraltro, come si è visto sopra, può presupporre un accordo), da un atto consensuale, che può intervenire sia con un'altra pubblica amministrazione , sia con i privati interessati. Attualmente, dunque, vi è il pieno riconoscimento della parte del legislatore, che è possibile curare l'interesse pubblico anche mediante accordi tra amministrazioni pubbliche e privati; di conseguenza, in applicazione del principio di proporzionalità, potrebbe ora sostenersi che le pubbliche amministrazioni siano tenute ordinariamente a ricercare il consenso degli interessati prima di prendere decisioni unilaterali ("principio di consensualità").

Essas duas perspectivas gerais do direito público (consensualidade e eficiência) são introduzidas no mundo processual a partir do reconhecimento dos atuais princípios da duração razoável do processo (art. 5º, LXXVIII, CF) e da cooperação,[10] nitidamente entrelaçados no âmbito do novo CPC, quando se dispõe que *todos os sujeitos do processo devem cooperar entre si para que se obtenha, em tempo razoável, decisão de mérito justa e efetiva* (art. 6º).

Assim, os ventos de inovação que sopram no direito público atingem a jurisdição, ou seja, atingem sua organização e seu núcleo: o processo. A jurisdição é, assim, inserida num quadro maior de movimentação do próprio Estado, na busca de eficiência e economicidade de sua atuação, inclusive com maior espaço para participação dos interessados, para garantir que sua missão constitucional seja bem executada: assegurar a solução das crises de direito material em tempo razoável e de forma efetiva.[11] Tudo claro, sem perder de vista o contraditório e a ampla defesa.[12]

Parte-se para profunda revisão do papel da jurisdição e da sua colocação como integrante do poder soberano estatal, de modo a se admitir que a jurisdição se insere no contexto estatal de atuação em prol do cidadão, e passa

---

10 A respeito da cooperação no âmbito do processo civil, conferir, por exemplo, o trabalho de MITIDIERO, Colaboração no Processo Civil, especialmente p. 114/115.

11 COMOGLIO, Rivista di Diritto Processuale, 2010, p. 528/529, aponta que à ideologia constitucional do justo processo se acresce modernamente la garanzia (individuale e strutturale) della "ragionevole durata" del processo, o que deságua, hoje, na necessidade de efetividade da tutela jurisdicional: Ad ulteriore supporto di tale esigenza si aggiunge, necessariamente, il principio di effettività, che in quel generale contesto si trasforma nel comune denominatore di ogni altra garanzia fondamentale, riguardante non soltanto il diritto individuale al processo ed alla giurisdizione, ma anche il diritto ad un'adeguata forma di tutela delle situazione da proteggere in sede giurisdizionale.

12 O ponto da conciliação ou harmonização da efetividade do processo, a partir da ideia de duração razoável, com as ideias de contraditório e ampla defesa, é dos mais importantes e complicados, como destaca MOREIRA, Temas de Direito Processual (nona série), p. 377: é mais do que hora de nos compenetrarmos da superlativa dificuldade, para não dizer da impossibilidade, de conciliar de modo perfeito o ideal da celeridade processual e a preservação de certas garantias básicas para as partes, que a consciência jurídica e ética de nosso tempo não tem como relegar a plano secundário. Também se lê na Constituição, e desde o seu primeiro momento de vida, que "aos litigantes, em processo judicial e administrativo, e aos acusados em geral são assegurados o contraditório e ampla defesa, com os meios e recursos a ela interentes" (art. 5º, inciso LV). A norma introduzida pela Emenda Constitucional n. 45 terá de conviver com essa e não poderá fazer tábua rasa. Um processo informado por preocupações garantísticas necessariamente será menos rápido do que um processo que as ponha de lado. Daí as perfeitas ponderações de DENTI, La giustizia civile, 2004, p. 82, a respeito da necessidade de se balancearam, constitucionalmente, as garantias constitucionais da duração razoável e do contraditório: risulta infatti evidente che ad esempio garanzie quali quella del contraddittorio e della ragionevole durata incidono in maniera contrastante sulla disciplina processuale e non possono entrambe essere potenziate al massimo grado, dovendo invece prevalere quell'ottica di bilanciamento dei valori che è propria della interpretazione costituzionale.

a ser vista mais como serviço público e menos como manifestação de poder,[13] derruindo-se, inclusive, o chamado monopólio da jurisdição estatal.[14]

Num conjunto mais amplo e geral, portanto, toda essa nova perspectiva estatal é a fonte remota ou a grande moldura em que se inserem as reformas processuais e que não deixa de impregnar e inspirar as tentativas de modernização do processo.

2.2. "Contratualização" do processo

Uma das tendências mais marcantes no direito público atual é a penetração da consensualidade. O direito público até pouco tempo era regido quase

---

13 A doutrina italiana tem indicado que o destaque da jurisdição, como função essencial do Estado para atuar a vontade da lei, tem sido deixada de lado para dar maior enfoque à justiça como serviço público, ou seja, o serviço-justiça voltado à efetivação dos direitos subjetivos dos usuários, destacando-se o cenário da justiça como serviço público e a utilidade que rende ao usuário, sem deixar, claro, de ser poder. Trata-se de agregar nova perspectiva para a justiça, de modo que esta não pode ser concebida só como função/poder estatal, mas também como serviço público voltado para a composição de conflitos. Conferir CAPONI, Rivista Trimestrale di Diritto e Procedura Civile, 2011, p. 391/392: Dire che lo scopo del processo civile è la giusta compozione della controversia entro un termine ragionevole non significa "indossare un vestito buono per tutte le stagioni", ma implica di compiere una scelta piuttosto determinata. Essa entra in tensione critica con la concezione che vede nell'amministrazione della giustizia una funzione essenziale propria dello Stato moderno al servizio della attuazione della "volontà della legge", con le caratteristiche della relativa incontestabilità sul piano del diritto sostanziale e nel corso dei futuri processi. Questa seconda concezione si rende interprete di una tradizione alta e ricca di prestigio, ma relega piuttosto sullo sfondo l'utilità che gli individui, in quanto parti del processo, ricavano dall'esercizio della giurisdizione. Lo scopo del processo tende ad essere colto attualmente, piuttosto, nell'attuazione dei diritti soggettivi dei privati. Se questo è vero, in primo piano si profila l'utilità che gli individui si ripromettono di conseguire nel momento in cui intraprendono (o si difendono in) un processo. Di conseguenza, la giurisdizione non è da concepire solo come una funzione dello Stato moderno diretta all'attuazione del diritto nel caso concreto, ma anche – in primo luogo – come servizio pubblico diretto alla composizione delle controversie secondo giustizia (cioè con l'applicazione di criteri di giudizo oggettivi e predeterminati). Dominante in questa prospettiva è proprio l'utilità aspirata da chi agisce (o si difende) in giudizio). A noção da justiça como serviço público também é tranquila na França, como se infere das lições de CADIET; JEULAND, Droit judiciaire privé, p. 30: À côté des principes d'organisation, l'ordonnancement judiciaire comporte des principes de fonctionnement qui sont essentiellement fondés sur la notion de service public. Fonction étatique, la justice est, naturellement, un service public; elle l'est souvent dans les deux sens du terme, organique (l'institution) et matériel (l'activité) lorsque la fonction de juger est exercée par une juridiction étatique (...). Mais parce qu'elle est un service public, la justice doit fonctionner conformément aux principes communs à tous les services publics : la continuité et l'egalité.

14 PUNZI, Rivista di Diritto Processuale, 2014, p. 19: Appare, dunque, pienamente giustificata la profonda revisione operata dalla dottrina contemporanea dell'assioma della giurisdizione quale attribuzione esclusiva della sovranità e la conclusione che il monopolio statale della giurisdizione si è andato vistosamente sgretolando. Ciò non significa negare che tra le funzioni dello Stato sia ricompresa la giurisdizione. È infatti garantito a tutti i cittadini dall'art. 24 Cost. il diritto di accedere al "servizio" giustizia, alla tutela accordata dai giudici dello Stato e, correlativamente, è consacrato il "dovere" dello Stato di offrire a tutti i cittadini la possibilità di ottenere riconoscimento e tutela dei loro diritti e l'esercizio delle azioni relative.

que exclusivamente pela unilateralidade ou pelos atos de autoridade. Com a consensualidade, permite-se a participação do cidadão em atos administrativos, o que torna a Administração mais democrática e permeável à participação da sociedade.[15]

Essa mesma tendência reflete-se no processo:[16] surge no direito francês a "contratualização" do processo, de modo a permitir ajustes entre partes e juiz a respeito da forma de condução do processo e fixação dos termos do seu desenvolvimento. Parte-se, nitidamente, para efetivação do clima de cooperação entre partes e juiz, para a gestão processual, recomendada pela melhor doutrina processual.

Aliás, registre-se, a ideia de ajustes ou negócios processuais sempre foi admitida pelos direitos processuais de vários países, inclusive o brasileiro, que regula no CPC de 1973 a possibilidade de ajustes no curso do processo, tendo como objeto temas processuais,[17] bem como aqueles que as partes celebram para terminar o litígio (transação), para suspender o processo, bem como ajustes contratuais que interferem no processo que irá nascer, como é o caso da cláusula de arbitragem, que exclui a discussão da jurisdição estatal, ou o chamado foro de eleição, em que as partes escolhem o foro onde a causa será ajuizada.

---

15 PUNZI, Rivista di Diritto Processuale, 2014, p. 6: Ed è proprio tale asimmetria tra pubblico e privato, caratteristica della logica moderna della sovranità, ad essere entrata ormai in crisi. Si consideri, in specie, le trasformazioni che stanno attraversando, nell'età contemporanea, le strutture del potere: dal tradizionale monopolio pubblico di un potere progettato secondo un disegno pianificatorio ed esercitato secondo logiche rigidamente gerarchiche, se non anche disciplinari, si sta viepiù transitando verso un potere distribuito in senso orizzontale, partecipato dalla stessa comunità (dalla consultazione informale fino alla vera e propria co-decisione), continuamente esposto a componenti di natura privata. Da un soggetto privato inteso per lo più come suddito, tenuto ad obbedire ad una distante ed incomprensibile volontà del sovrano, si transita, nella società complessa, ad un soggetto privato co-operatore di processi decisionali.

16 CADIET, Revista de Processo, 2008, p. 63/64: D'une part, d'un point de vue général, ces conventions relatives au procès s'inscrivent dans une tendance très nette à la contractualisation contemporaine des rapports sociaux, liée au déclin du centralisme étatique et de son corollaire dans l'ordre de la production normative, le légicentrisme. Ce phénomène, qui a pris son essor dans les années 1960, fait l'objet de nombreuses études doctrinales, qui en soulignent l'importance, indépendamment de la variété des positions qu'elles expriment, favorables ou défavorables. La réflexion sur la contractualisation de la justice, du procès ou, plus généralement des modes de règlement des différents, depuis une quinzaine d'années, participe assurément de ce mouvement qui traduit l'émergence d'un ordre juridique négocié entre les acteurs sociaux, à côté de l'ordre juridique imposé par l'Etat, ce que l'on identifie aujourd'hui par référence au concept de post-modernité.

17 Nesse sentido, o art. 158, CPC de 1973, admite, genericamente, os negócios processuais, mas a doutrina de um modo geral enquadrava na perspectiva a desistência da ação e desistência de recursos, como se extrai das indicações de MIRANDA, Pontes, Comentários ao Código de Processo Civil, tomo III, 4ª ed., Rio de Janeiro: Forense, p. 61/66, 1997; e de ARAGÃO, Comentários ao Código de Processo Civil, vol. II, 9ª ed., Rio de Janeiro: Forense, p. 22/25, 1998.

Entretanto, os acordos ou contratos processuais de que ora se cogita são bem diversos dessas figuras clássicas do processo civil:[18] preconiza-se, modernamente, a possibilidade de partes e juiz, em clima de cooperação,[19] ajustarem acordo de natureza exclusivamente processual a respeito da condução do processo e do momento da prática de determinados atos processuais.

Trata-se, sem dúvida, de verdadeira novidade introduzida no âmbito da gestão processual,[20] e ganha coloridos novos e atuais a partir do princípio processual que se encontra subjacente: o princípio da cooperação ou colaboração, hoje francamente admitido no novo CPC (art. 6o).[21]

Esse tipo de ajuste, certamente, leva a determinadas perplexidades, como por exemplo, a concepção de que o processo, por envolver litígios ou conflitos, seria infenso às possibilidades negociais, inerentes aos contratos,[22] ou mesmo à impossibilidade de enquadrar esse tipo de ajuste em figuras contratuais clássicas do direito civil, donde a doutrina francesa apontar que se trata mais de "contrahere" que de "contractus".[23]

O fato é que, com a abertura do Estado para a consensualidade, não deixa de ser possibilidade das mais interessantes a abertura do processo para esse tipo de ajuste processual, que permite maior participação e cooperação entre as partes e o juiz, no ajustamento da forma de condução processual, engajando as partes na condução do processo. Conjunto que, no mínimo, abre o processo para uma perspectiva participativa na sua condução, que passa a ser não apenas unilateral, imposta pelo Estado-juiz.

Todo esse quadro leva, ao menos em tese, à maior eficácia da ação pública, com a possibilidade de melhor aceitação das decisões judiciais,[24] em razão

---

18 A tentativa de dar novo colorido aos contratos de processo é nítida no novo CPC: mantém-se artigo equivalente ao art. 158 do CPC de 1973 (o art. 200 do novo CPC, que tem redação praticamente idêntica à do art. 158), e os contratos de processo vêm inseridos em disposição distinta, separada, qual seja o art. 190.

19 CADIET, Les nouvelles tendances de la procédure civile en France in Novos Rumos da Justiça Cível: Conferência Internacional, Lisboa, abril 2008, p. 38: La contractualisation du procés est dans la logique du principe de coopération du juge et des parties (...). Cf. ainda CADIET, Revista de Processo, 2008, p. 71.

20 CADIET, Revista de Processo, 2008, p. 71, destaca que no âmbito da justiça estatal, le contrat se diffuse sensiblement au sein du procès; au moyen d'accords processuels, il devient, en qualque sorte, à l'instar sinon à l'égal de la loi et de la décision unilatérale du juge, une technique complémentaire de gestion de la procédure civile.

21 Aliás, o novo CPC insere a cooperação em nítido clima geral da consensualidade no âmbito processual, pois o Código como um todo prestigia a solução consensual dos conflitos sempre que possível, incentivando que os operadores do direito atuem neste sentido (§§2o e 3o do art. 3o).

22 CADIET, Revista de Processo, 2008, p. 62.

23 CADIET, Revista de Processo, 2008, p. 80. Cf., ainda, CANELLA, Rivista Trimestrale di Diritto e Procedura Civile, 2010, p. 555.

24 CANELLA, Rivista Trimestrale di Diritto e Procedura Civile, 2010, p. 555 e 5757: L'accento posto sulla logica contrattuale non implica solamente la modificazione dell'equilibrio tradizionale tra la legge e il contratto, ma garantisce altresì una maggiore efficacia dell'azione pubblica, superiore a quella imposta dall'alto, permettendo di ottenere la cooperazione dei consociati.

da abertura democrática que se produz no Judiciário, tornando a justiça mais "cidadã" e enquadrando a função judiciária no novo modelo de Estado que se desenha neste início de século XXI: o Estado mediador.[25] O novo CPC, inclusive, caminha nitidamente nesta linha, ao prever e incentivar, no âmbito da jurisdição, a busca de solução consensual dos conflitos, até mesmo para prevenir o uso do processo (art. 3º, §§ 2º e 3º).

Ademais, a partir do clima consensual, também se combate um dos males modernos do processo: os recursos. Como o ajustamento de pontos importantes no processo se dá por meio do consenso, as partes tendem a não apresentar recursos contra decisões proferidas em tal contexto.

Tais contratos processuais derivaram, na França, para a possibilidade de ajustamento em âmbito coletivo, como se fossem, parafraseando o direito do trabalho, uma espécie de convenção coletiva do processo, em que se negociam, por exemplo, as condições de informatização do processo e sua implementação, ou ainda, novas condições procedimentais ou de sua gestão, bem como surgem instrumentos negociais para melhorar a própria administração da justiça.[26]

Desse modo, os tribunais franceses e os representantes dos advogados ajustam acordos coletivos nos quais se estabelecem regras, por exemplo, para gestão da fase de instrução, conferindo-se ao procedimento maior flexibilidade e permitindo ao juiz maiores poderes gerenciais.[27]

---

25 CADIET, Revista de Processo, 2008, p. 82: Favoriser la contractualisation de la justice aux conditions que je viens d'indiquer, c'est simplement contribuer à faciliter l'acceptation sociale de l'activité juridictionnelle ; c'est donc contribuer à retisser du lien social et, lorsque ces modes se développent au sein même de l'institution judiciaire, c'est promouvoir une justice plus citoyenne, une justice plus démocratique, sous la tutelle d'un Etat modérateur en charge des équilibres sociaux, qu'on pourrait appeler l'Etat-mediateur, après l'Etat-gendarme du 19 siècle et l'Etat-providence du 20 siècle.

26 CADIET, Revista de Processo, 2008, p. 78/79 : Au terme de cette présentation, je voudrais faire observer que la progression de la technique contractuelle au sein du procès ne se limite pas au seul traitement procédural des cas individuels. Le contrat est égalment devenu, à la fois, un instrument de gestion collective des procès, avec les protocoles de procédure conclus entre les jurisdictions et les professions judiciaires, sortes de convention collective de procédure civile, ainsi qu'un outil de politique publique, qu'il s'agisse de promouvoir la communication électronique des actes du procès, l'accès au droit ou d'améliorer les performances des juridictions. Cette philosophie contractuelle dépasse ainsi le seul cadre des procédures juridictionnelles, pour toucher progressivement l'administration même de la justice comme en témoignent les dispositions relatives à l'organisation et au fonctionnement des Maisons de justice et du droit, sans parler des conseils départementaux d'accès au droit, des contracts locaux de sécurité ou des contrats d'objectifs, conclus entre les juridictions et l'administration centrale du Ministère de la justice en vue d'assurer une meilleure maîtrise de dépenses et des délais de la justice. Cf., ainda, CANELLA, Rivista Trimestrale di Diritto e Procedura Civile, 2010, p. 570.

27 CANELLA, Rivista Trimestrale di Diritto e Procedura Civile, 2010, p. 549/550: A partire dalla metà degli anni ottanta si è sviluppata in Francia una pratica di stipulazione di convenzioni collettive finalizzate a regolamentare i processi ed in particolare quelli che si svolgono innanzi ai "Tribunals de Grande Instance" ed alle" Cours d'appel". Da un punto di vista soggettivo gli accordi vengono conclusi tra i presidenti delle varie giurisdizione da un lato e i "Bâtonniers" (presidenti) dei locali ordini degli avvocati o i presidenti

Cap. 3 • A "CONTRATUALIZAÇÃO" DO PROCESSO NO NOVO CÓDIGO DE PROCESSO CIVIL
Érico Andrade

A doutrina lista alguns exemplos interessantes que constituem objeto dos acordos coletivos processuais na França: i) as conclusões finais das partes devem anunciar claramente as razões de fato e de direito; ii) comunicação entre tribunal e advogado por via eletrônica; iii) acordo para perícias firmado entre tribunal, ordem dos advogados e associação de peritos, para regulamentar a produção da prova e uniformizar critérios de fixação de honorários; iv) instituição de comissão mista de estudo para acompanhar processos e estudar as eventuais disfunções e apresentar propostas de alterações.[28]

A perspectiva gerencial é bem aceita pela legislação processual francesa para permitir maior adequação procedimental, considerando o caso objeto do processo,[29] até mesmo em razão da flexibilidade natural do processo francês.[30]

A importância desses acordos coletivos é destacada pela doutrina, pois permitem, de forma consensual, a introdução de boas práticas no processo civil, que depois acabam por se incorporar legislativamente ao Código de Processo.[31] Assim, por exemplo, algumas importantes alterações ocorreram na legislação processual na França em 2004/2005 inspiradas em práticas adotadas nos acordos coletivos.[32]

Tudo isso se insere, como dito, num quadro mais amplo da tendência geral de abertura do ordenamento jurídico francês para o consenso.[33] Tendência para a qual só agora, timidamente, começa a se abrir o direito italiano.[34]

---

delle "Chambres des avoués", dall'altro lato. Tali convenzioni sono per lo più volte a regolare in modo specifico la "mise en état" (ciò che grosso modo potrebbe essere considerata l'istruzione della causa), fase processuale che caratterizza la forma più complessa del processo di cognizione di primo grado, vale a dire il cosiddetto "circuit long" ed il processo di appello.

28 CANELLA, Rivista Trimestrale di Diritto e Procedura Civile, 2010, p. 563/568.

29 CANELLA, Rivista Trimestrale di Diritto e Procedura Civile, 2010, p. 550: È bene chiarire che le norme processuali contenute nel code de procédure civile (d'ora in poi c.p.c.) sono state formulate per poter essere utilmente applicate dal giudice a seconda della complessità della lite, favorendo una trattazione più personalizzata ed efficace.

30 CANELLA, Rivista Trimestrale di Diritto e Procedura Civile, 2010, p. 550: Come si vedrà nel prosieguo, l'ampio margine di "contrattazione collettiva" all'interno dell'ordinamento l'oltralpe si può produrre in modo efficace in virtù della natura elastica del processo francese, in generale, e della fase della "mise en état", in particolare.

31 CANELLA, Rivista Trimestrale di Diritto e Procedura Civile, 2010, p. 552: Ciò che li distingue è la capacità persuasiva che ha consentito alle regole elaborate nell'ambito delle giurisdizioni parigini, norme tecniche e talvolta innovative, di essere successivamente recepite dal codice di procedura civile.

32 CANELLA, Rivista Trimestrale di Diritto e Procedura Civile, 2010, p. 552: Infatti, il processo ordinario francese è stato oggetto di importanti riforme nel 2004 e nel 2005, che hanno tratto ispirazione in modo consistente dagli accordi processuali stipulati in precedenza tra magistrati e avvocati (...).

33 CANELLA, Rivista Trimestrale di Diritto e Procedura Civile, 2010, p. 553/554: Ciò non è casuale, poiché l'adozione della forma convenzionale si inserisce nell'ambito di una più ampia tendenza generale dell'ordinamento giuridico francese, volta al recepimento del consenso dei destinatari delle norme giuridiche. Tale tendenza assume uno specifico rilievo nell'ambito dell'amministrazione della giustizia e non solo nei settori più tradizionali toccati da politiche in senso lato contrattuali.

34 CANELLA, Rivista Trimestrale di Diritto e Procedura Civile, 2010, p. 555.

O contrato de processo coloca, então, a lógica contratual ou negocial (= consensual) no âmbito judicial, modificando a forma de relacionamento entre partes/advogados e juiz, que se afasta do esquema vertical impositivo e passa a ser horizontal, dando lugar a situações procedimentais acordadas, em concreto, num determinado processo, entre as partes e o juiz.[35]

2.3. Calendário processual

Interessante instrumento advindo da "contratualização" do processo é o calendário processual, ou seja, o juiz e os advogados das partes ajustam o calendário do processo, em que se preveem as datas para prática dos atos processuais de instrução e de troca de peças de defesa, bem como da própria decisão.[36] E tal calendário tem de ser cumprido, salvo alteração devidamente amparada em motivos de maior gravidade.[37]

Essa técnica do direito francês foi encampada pelo direito italiano na recente reforma de 2009, produzida pela lei n. 69 que, entre várias outras modificações, introduziu o calendário do processo,[38] por meio do qual são ajustadas previamente, no início da causa, as datas para a prática dos atos processuais, inclusive instrutórios, até a decisão,[39] de modo que o calendário do processo ao conter a previsão, *a priori*, da duração do processo, em toda a sua complexidade, com o que se permite às partes ao menos um prognóstico de sua duração.[40]

E, claro, o calendário é fixado em cada processo de acordo com as peculiaridades da causa concretamente considerada: não se trata de mera atividade

---

35 CANELLA, Rivista Trimestrale di Diritto e Procedura Civile, 2010, p. 555: Si tratta di collocare la logica contrattuale nell'àmbito della attuale tecnica di produzione giuridica. Infatti si assiste ad una modificazione dei rapporti tra cittadini ed istituzioni, consistente in un allontanamento dallo schema piramidale tipico del diritto moderno, nell'àmbito del quale la norma di origine statale si imponeva all'individuo. Oggi si può osservare una tendenza dello Stato ad utilizzare sovente lo strumento in senso lato contrattuale, in modo da realizzare forme organizzative di tipo orizzontale e dando così luogo a norme che anziché imporsi al singolo, vengono concordate con esso: in tal modo i destinatari della norma giuridica sono associati al processo di elaborazione della regola.

36 CANELLA, Rivista Trimestrale di Diritto e Procedura Civile, 2010, p. 557: Il calendario prevede il numero delle difese ed i rispettivi termini, la data della chiusura della fase istruttoria, quella in cui si terrà la discussione della causa, nonché quella della pronuncia della sentenza (artt. 763 e 764 c.p.c.).

37 CADIET; JEULAND, Droit judiciaire privé, p. 567: Ce calendrier comporte le nombre prévisible et la date des échanges de conclusions, la date de la clôture, celle des débats et, par dérogation aux premier et deuxième alinéas de l'article 450, celle du prononcé de la décision. Ce calendrier est contraignant et il n'a de sens véritable qu'à la condition qu'il le soit pour les parties autant que pour le juge. D'où les délais fixés dans le calendrier de la mise en état, ce qui inclut le délai de jugement à defaut de disposition contraire, ne peuvent être prorogés qu'en cas de cause grave et dûment justifiée. Cf. ainda CANELLA, Rivista Trimestrale di Diritto e Procedura Civile, 2010, p. 557.

38 PICOZZA, Rivista di Diritto Processuale, 2009, p. 1650.

39 PICOZZA, Rivista di Diritto Processuale, 2009, p. 1655.

40 PICOZZA, Rivista di Diritto Processuale, 2009, p. 1651: Il calendario del processo consente di stabilire in via anticipata, e perciò di prevedere, la tempistica di quella fase processuale che, fino ad oggi, veniva fissata di volta in volta e perciò permette, quanto meno in via tendenziale, di fare un pronostico sulla durata complessiva del processo.

arbitrária do juiz, mas sim realizada em consonância, por exemplo, com a natureza da lide, urgência na solução da controvérsia, bem como sua complexidade, e, ainda, com a participação das partes, situação que, como aponta a doutrina italiana, mostra que o estabelecimento do calendário não é simples.[41] O instrumento, para funcionar, vai exigir, certamente, maior engajamento do juiz e das partes, principalmente a análise mais acurada do conteúdo do processo no início da sua tramitação.

O calendário por si só não é causa direta de aceleração do processo ou de diminuição de sua duração, mas é de grande importância como instrumento de gestão processual e para oferecer às partes a previsão inicial da duração do processo. Assim, as partes, desde o início da causa, já sabem, de antemão, qual será a duração da tramitação do feito em juízo, e podem, então, valorar se a via judicial é o melhor caminho para solução da controvérsia.[42]

Cabe mais uma vez destacar que o calendário, tanto no direito francês como no direito italiano não é fixado unilateralmente pelo juiz, mas com a participação negocial das partes, estabelecendo-se verdadeiro contrato de processo.[43] Com isso, permite-se um clima de maior cooperação entre partes e juízo, além de se introduzir a prática negocial ou os acordos procedimentais.[44]

41　PICOZZA, Rivista di Diritto Processuale, 2009, p. 1656: Il giudice, inoltre, provvede a scansionare nel tempo le varie attività processuali non in maniera del tutto discrezionale., bensì "tenuto conto della natura, dell'urgenza e della complessità della causa". Come è stato giustamente osservato, si tratta di tre variabili piuttosto difficili da combinare e che vanno intese in maniere relativa. Sono quindi criteri forniti al magistrato per meglio organizzare il suo lavoro complessivamente considerato e per consentirgli di stabilire, caso per caso, quale concreta causa, rispetto alle altre assegnate al sua ruolo, abbisogni di essere condotta in maniera più spedita.

42　PICOZZA, Rivista di Diritto Processuale, 2009, p. 1652: Non si tratta quindi di una disposizione volta ad accelerare i tempi di svolgimento del processo medesimo, bensì di uno strumento di organizzazione e perciò di previsione: "calendario alla mano" le parti possono rendersi conto dei tempi che - presumibilmente - ci vorranno per giungere ad una decisione e potranno quindi meglio valutare se la risoluzione giudiziaria della loro controversia costituisca o meno la strada migliore. Il nuovo art. 81 bis disp. att. c.p.c., quindi, di per sé non incide sui tempi del processo e perciò non serve ad accelerarlo, ma lancia un segnale ai gestori ed agli utenti della giustizia civile, ricordando ai primi che è nel loro potere (rectius: dovere) esercitare tutti i poteri intesi al più sollecito e leale svolgimento del processo e invitando i secondi a cooperare attivamente.

43　CANELLA, Rivista Trimestrale di Diritto e Procedura Civile, 2010, p. 557: Infatti, come accennato, il "juge de la mise en état" può fissare il calendario dell'istruzione a séguito di un accordo delle parti: tale nuova norma introdotta nel" code de procédure civile" dalla riforma del 2005 ha consacrato la pratica c.d. dei "contratti di procedura" già previsti da alcuni accordi collettivi, utilizzati da tempo e con successo nell'ambito delle giurisdizioni che li avevano stipulati. No direito italiano, cf. PICOZZA, Rivista di Diritto Processuale, 2009, p. 1654: L'art. 81 bis disp. att. c.p.c. prevede poi che il giudice fissi il calendario "sentite le parti". Ciò significa che il giudice deve creare un contraddittorio informale con le stesse sull'organizzazione degli adempimenti successivi, in modo da tenere conto - nei limiti del possibile - delle loro preferenze.

44　CADIET, Les nouvelles tendances de la procédure civile en France in Novos Rumos da Justiça Cível: Conferência Internacional, Lisboa, abril 2008, p. 38: (...) la consécration du contrat de procédure, avec le calendrier de mise en état, devant le tribunal de grande instance et la cour d'appel, ce calendrier, fixé avec l'accord des avocats, comportant « le nombre prévisible et la date des échanges de conclusions,

Todavia, no direito italiano, o instrumento do calendário foi instituído sem maiores sanções no caso do seu descumprimento. Segundo a doutrina italiana, a ideia é boa e útil, mas, apesar da obrigatoriedade da instituição do calendário, se esse não foi elaborado ou, se elaborado, for descumprido, não há sanção. Logo, a perspectiva pode não ter força para interferir na prática judicial, a fim de levar à desejada mudança de comportamento e mentalidade dos juízes.[45] Só o tempo dirá, segundo a doutrina italiana, se o novo instrumento será aplicado pelos juízes italianos e se funcionará ou não.[46]

3. A "CONTRATUALIZAÇÃO" DO PROCESSO E O CALENDÁRIO DO PROCESSO NO NOVO CPC

O Anteprojeto de CPC, que depois se transforou no Projeto de CPC originariamente votado no Senado em dezembro de 2010 (PL 166/2010), consagrou o princípio da cooperação entre as partes e juízo (art. 5º), reeditado depois no Projeto votado na Câmara dos Deputados em março de 2014 (PL 8.046-B), inclusive, nesta última versão, com maior clareza (art. 6º) e, pode-se, afirmar, com contornos de maior efetividade, quando se reconheceu expressamente, no art. 191, a possibilidade dos contratos de processo, dentre eles o estabelecimento do calendário do processo (§§ 1º a 3º do art. 191).

A versão gestada na votação na Câmara dos Deputados acabou por prevalecer na votação final do novo CPC, realizada pelo Senado em 16 de dezembro de 2014, apenas, como já indicado, com uma alteração formal: o art. 191 do Projeto votado na Câmara foi desdobrado em dois artigos, os arts. 190 e 191 do novo CPC, mas com redação praticamente idêntica à da versão aprovada na Câmara dos Deputados.

A admissão dos acordos ou contratos de processo surge, assim, no art. 190 do novo CPC nos seguintes termos:

Versando a causa sobre direitos que admitam autocomposição, é lícito às partes plenamente capazes estipular mudanças no procedimento para ajustá-lo às especificidades da causa e convencionar sobre os seus ônus, poderes, faculdades e deveres processuais, antes ou durante o processo.

De início, a redação contém uma nítida limitação: apenas nos processos que envolvem os chamados direitos materiais disponíveis, que admitem a transação ou autocomposição, é que seria possível às partes ajustar os contratos de processo.

---

la date de clôture, celle des débats et (...) celle du prononcé de la décision ». Cf. ainda CADIET; JEULAND, Droit judiciaire privé, p. 567.

45 PICOZZA, Rivista di Diritto Processuale, 2009, p. 1658/1659.

46 SALVANESCHI, Rivista di Diritto Processuale, 2009, p. 1577.

Todavia, um questionamento surge de plano: qual a razão, diante da conhecida separação entre os planos material e processual, de não se admitir determinados ajustes processuais, como, por exemplo, alteração de prazos processuais, ajustes para realização de prova ou mesmo o calendário do processo, em processos que envolvam direitos indisponíveis?

Não se vê razão para bloquear acordos ou ajustes processuais, sobre normas processuais ou formas de realização de atos processuais, mesmo nos casos de processos que tenham como objeto direitos indisponíveis, desde que estes acordos não busquem, por vias transversas, dispor sobre o próprio direito material.

Sem embargo, a partir de interpretação do tema permeada pelas diretrizes traçadas no art. 8º do próprio Código novo, entende-se possível sustentar que pode ser admitida acordos processuais entre as partes e juiz, ainda que o processo envolva direitos indisponíveis, já que neste caso não se estaria a dispor sobre o direito material em si, mas regular o modo de condução do processo e realização de certos atos processuais.[47]

Aliás, nesse ponto, pode-se considerar de bom alvitre o ajuste realizado na votação final do novo CPC no Senado, quando se retirou a perspectiva do calendário do processo do tratamento conjunto, em um mesmo dispositivo, com os contratos de processo (na versão votada na Câmara o calendário do processo estava inserido em parágrafos do art. 189, que tratava dos negócios processuais).

Com efeito, apesar de o calendário do processo previsto no art. 191 do novo CPC não deixar de ser uma modalidade de acordo ou negócio processual, a separação dos temas em dois dispositivos vai permitir, por exemplo, que se admita com maior tranquilidade que o calendário possa também ser estabelecido em processo que verse direito indisponível, já que não mais inserida a matéria como parágrafos do artigo sobre os contratos de processo, no qual se indica que a base dos acordos processuais são as causas que tenham por objeto direitos disponíveis.[48]

---

47 O enunciado 135, editado no âmbito do Fórum Permanente de Processualistas Civis, no encontro realizado no Rio de Janeiro, entre 25 e 27 de abril de 2014, parece seguir nesta mesma linha: A indisponibilidade do direito material não impede, por si só, a celebração de negócio processual. O conjunto de enunciados pode ser visualizado, por exemplo, no âmbito da rede mundial de computadores no seguinte endereço eletrônico: https://www.academia.edu/9845423/Enunciados_consolidados_do_F%C3%B3rum_Permanente_de_Processualistas_Civis

48 Se se mantivesse o calendário do processo como parágrafos do artigo sobre negócios processuais, como ocorria na versão aprovada na Câmara (art. 189), certamente poderia surgir com mais força o questionamento de que não se admitiria, nos casos de direitos indisponíveis, até mesmo o ajustamento do calendário do processo, baseado, por exemplo, na regra clássica de hermenêutica de que os parágrafos devem ser interpretados no contexto do caput do artigo (MAXIMILIANO, Hermenêutica e Aplicação do Direito, p. 269).

Feita essa observação inicial, pode-se destacar que, em tese, a perspectiva dos negócios processuais é das mais amplas, como, por exemplo consignado em enunciados editados no âmbito do II Encontro dos Jovens Processualistas do Instituto Brasileiro de Direito Processual (IBDP), realizado em Salvador-BA, em novembro de 2013:[49]

a) Enunciado 18: *São admissíveis os seguintes negócios processuais bilaterais, dentre outros: pacto de impenhorabilidade, acordo bilateral de ampliação de prazos das partes, acordo de rateio de despesas processuais, dispensa consensual de assistente técnico, acordo para retirar o efeito suspensivo da apelação, acordo para não promover execução provisória;*

b) Enunciado 20: *São admissíveis os seguintes negócios plurilaterais, dentre outros: acordo para realização de sustentação oral, acordo para ampliação do tempo de sustentação oral, julgamento antecipado da lide convencional, convenção sobre prova, redução de prazos processuais.*

Outros pontos, por exemplo, que poderiam ser objeto do acordo processual, inclusive alguns indicados pela doutrina francesa (item 1.2 supra): i) ajuste entre as partes para que as alegações finais anunciem claramente as razões de fato e de direito ou contenham limitação do número de páginas dos arrazoados; ii) comunicação entre juízo e advogados por via eletrônica, com definição dos endereços, definindo a forma de contagem de prazos a partir da intimação eletrônica; iii) acordo entre as partes e o juiz para definição conjunta, v.g., do perito, de quesitos, assistentes técnicas, parâmetros para honorários periciais e forma de adiantamento dos honorários; iv) inversão na ordem de produção de provas e depoimentos.[50]

Entende-se, também, como viável o acordo entre as partes para, por exemplo, estabelecerem contratualmente, como admitido pelo direito francês,[51] a opção pelo regime do procedimento de cognição sumária (arts.294/304)

---

49 Os enunciados podem ser acessados a partir do seguinte endereço na rede mundial de computadores: http://pt.scribd.com/doc/190164383/Carta-de-Salvador-II-Encontro-de-Jovens-Processualistas

50 Aliás, também no âmbito do novo CPC se admite expressamente o acordo processual sobre ônus da prova, como se extrai da redação do §3º do art. 373: A distribuição diversa do ônus da prova também pode ocorrer por convenção das partes, salvo quando (...).

51 Vuitton; Vuitton, Les réferés, p. 19-20: Les parties à un contrat peuvent s'accorder a priori pour sommettre un éventuel litige au juge des référés. (...) La Cour de cassation paraìt aujourd'hui autoriser les clauses qui préconstituent l'urgence en prévoyant indépendamment de son existence réelle au moment où l'ordonnance sera rendue, le recours au juge des référés. Ceci dispense le juge d'avoir à relever l'urgence avant de statuer lorsque cette condition est nécessaire. La Haute Juridiction ne semble plus imposer de celui qui l'invoque en application d'une clause contractuelle la preuve de l'urgence. Todavia, como destacam Vuitton; Vuitton, op. cit., p. 20-21, a jurisprudência da Corte de Cassação não aceita o contrário, ou seja, que as partes disponham contratualmente a proibição de usar o procedimento do référé: Cependant, si la Cour de cassation respecte le jeu de la volonté contractuelle, c'est uniquement lorsque

Cap. 3 • A "CONTRATUALIZAÇÃO" DO PROCESSO NO NOVO CÓDIGO DE PROCESSO CIVIL
Érico Andrade

previsto no novo CPC, inclusive com o estabelecimento de presunção de urgência, de modo que todas as medidas derivadas daquele negócio jurídico seriam submetidas ao procedimento antecipatório, com a urgência presumida contratualmente pelas partes.[52]

Certo, porém, que os acordos processuais ou contratos de processo não poderiam incidir, por exemplo, sobre pontos inerentes ao funcionamento da justiça em si, como é o caso da modificação de competência absoluta ou supressão da primeira instância, como destaca, com acerto, o Enunciado 19 do II Encontro dos Jovens Processualistas do Instituto Brasileiro de Direito Processual (IBDP).[53] Ou, ainda, para excluir a intervenção obrigatória do Ministério Público como fiscal da lei, como indica enunciado do Fórum Permanente dos Processualistas Civis.[54]

Tais acordos, é claro, como indica o parágrafo único do art. 190 do novo CPC, ficam sob o controle estrito da Justiça, determinando-se que o juiz deverá controlar a validade de tais convenções,[55] de ofício ou a requerimento das

---

celle-ci étend le champ d'intervention et les pouvoirs du juge des référés. En revanche, elle protège ce champ d'intervention des stipulations contractuelles qui auraient pour effet ou objet de le restreindre en privant de pouvoirs le juge des référés dans des circonstances où la loi lui confère normalement. (...) Une telle solution permet d'éviter les abus nés, par exemple, de l'inégale puissance ou compétence des contractants, qui permettrait à la partie de la plus forte de profieter de la faiblesse de son cocontractant en cas d'urgence pour en tirer un avantage indu, sans qu'une juge puisse intervenir avec rapidité e efficacitté.

52 THEODORO JÚNIOR; ANDRADE, Revista de Processo, 2012, n. 206, p. 54. Em termos mais gerais o enunciado 257, editado no âmbito do Fórum Permanente de Processualistas Civis, no encontro realizado em Belo Horizonte, entre 5 e 7 de dezembro de 2014, admite a possibilidade de se estipular mudança no procedimento: O art. 191 autoriza que as partes tanto estipulem mudanças do procedimento quanto convencionem sobre os seus ônus, poderes, faculdades e deveres processuais. O conjunto de enunciados pode ser visualizado, por exemplo, no âmbito da rede mundial de computadores no seguinte endereço eletrônico:https://www.academia.edu/9845423/Enunciados_consolidados_do_F%C3%B3rum_Permanente_de_Processualistas_Civis

53 Enunciado 19: Não são admissíveis os seguintes negócios bilaterais, dentre outros: acordo para modificação da competência absoluta, acordo para supressão da 1ª instância. Os enunciados podem ser acessados a partir do seguinte endereço na rede mundial de computadores: http://pt.scribd.com/doc/190164383/Carta-de-Salvador-II-Encontro-de-Jovens-Processualistas

54 O enunciado 254, editado no âmbito do Fórum Permanente de Processualistas Civis, no encontro realizado em Belo Horizonte, entre 5 e 7 de dezembro de 2014, aponta a perspectiva: É inválida a convenção para excluir a intervenção do Ministério Público como fiscal da ordem jurídica. O conjunto de enunciados pode ser visualizado, por exemplo, no âmbito da rede mundial de computadores no seguinte endereço eletrônico: https://www.academia.edu/9845423/Enunciados_consolidados_do_F%C3%B3rum_Permanente_de_Processualistas_Civis

55 O Enunciado 15 do II Encontro dos Jovens Processualistas do Instituto Brasileiro de Direito Processual (IBDP) fornece parâmetro interessante para tal controle judicial de validade: O controle dos requisitos objetivos e subjetivos de validade da convenção de procedimento deve ser conjugado com a regra segundo a qual não há invalidade do ato sem prejuízo. Os enunciados podem ser acessados a partir do seguinte endereço na rede mundial de computadores: http://pt.scribd.com/doc/190164383/Carta-de-Salvador-II-Encontro-de-Jovens-Processualistas

partes, tanto quanto ao objeto das disposições quanto sob a perspectiva de terem sido ajustadas em cenário de hipossuficiência de uma das partes, inserindo-se no âmbito das cláusulas abusivas.[56]

O novo CPC também admitiu, no âmbito dos acordos processuais, que as partes, em conjunto com o juiz, possam ajustar o calendário do processo, em que se indicam as datas e prazos para a prática de determinados atos processuais e se delineia o cenário completo da indicação das datas dos principais eventos processuais, como se extrai da redação do art. 191: *De comum acordo, o juiz e as partes podem fixar calendário para a prática dos atos processuais, quando for o caso.*

Tem-se, com isso, interessante ferramenta de gestão e previsibilidade processual, indicando o novo CPC que, uma vez estabelecido o calendário do processo, fica dispensada a intimação das partes para a prática de atos processuais e audiências previstos no calendário ajustado (§2º do art. 191).

Neste cenário, como indicado no item 1.3 supra, o calendário do processo, ao conter a previsão, *a priori*, da sua duração, a par de regular e permitir maior adaptação das regras processuais às especificidades do caso concreto, com a participação das partes nesta fixação, além de funcionar como importante ferramenta de gestão processual, também fornece às partes importante prognóstico da duração processual.[57]

Todavia, não obstante o novo CPC indicar, no §1º, do art. 191, que o calendário, uma vez estipulado, vincula o juiz e as partes, somente se admitindo sua modificação em casos excepcionais devidamente comprovados, tem-se que as mesmas observações críticas avançadas sobre a perspectiva, quando da sua introdução no direito italiano em 2009, conforme item 1.3 supra, são aplicáveis ao direito brasileiro, pois não há sanção para o caso de descumprimento do calendário pelo juiz.

Tem-se, ainda, que no novo CPC não há obrigatoriedade de instituição do calendário do processo, de modo que, mesmo se as partes indicarem a necessidade de adoção do calendário do processo, se o juiz não admitir ou não participar diretamente da sua fixação, a perspectiva não se concretizará.

---

56 Também aqui o Enunciado 17 do II Encontro dos Jovens Processualistas do Instituto Brasileiro de Direito Processual (IBDP), fornece bom indício de abusividade no âmbito do acordo processual: Há indício de vulnerabilidade quando a parte celebra acordo de procedimento sem assistência técnico-jurídica. Os enunciados podem ser acessados a partir do seguinte endereço na rede mundial de computadores:http://pt.scribd.com/doc/190164383/Carta-de-Salvador-II-Encontro-de-Jovens-Processualistas

57 O ponto da previsibilidade da duração processuais é da maior relevância, conforme pesquisa realizada no âmbito da jurisdição francesa, em que se evidencia a importância para o usuário da previsibilidade do tempo de duração dos processos e dos custos financeiros: Les cahiers de la justice, À l'écoute des justiciables, 2013/1, p. 14 e 18.

Noutras palavras, a implementação do calendário ficará nas mãos da boa vontade ou operosidade do juiz, que pode simplesmente ignorar a possibilidade, relegando a norma à completa falta de efetividade, já que, reitere-se, o novo CPC admitiu o calendário apenas como uma possibilidade, não impondo sua obrigatoriedade, como ocorreu, por exemplo, no direito italiano (vide 1.3 supra).

Sem embargo, trata-se de ferramenta importante e sua implementação irá depender de alteração no comportamento dos juízes e das partes, para que possa produzir todas suas potencialidades no âmbito da gestão do processo e da participação das partes nesta atividade, a partir do princípio maior da cooperação (art. 6º do novo CPC).

Cabe, por fim, indagar se o modelo processual brasileiro, cristalizado na Constituição, seria infenso ou refratário a tais instrumentos (contratualização do processo e calendário do processo).

O modelo constitucional do processo brasileiro é montado sobre a garantia do amplo acesso à jurisdição (art. 5º, XXXV, Const.), que funciona segundo o devido processo legal (art. 5º, LIV, Const.), permeado pelo contraditório e ampla defesa (art. 5º, LV, Const.), e pelas garantias da neutralidade e da imparcialidade da jurisdição (arts. 5º, LIII, e 95, Const.), sem perder de vista a duração razoável do processo (art. 5º, LXXVIII, Const.).

A contratualização do processo, ao permitir às partes, ou às partes em conjunto com o juízo, por meio do consenso, regularem determinadas situações processuais, para adequar melhor o processo ao caso concreto, não esbarra, *a priori*, pela só negociação em si, na perspectiva de inconstitucionalidade, pois o devido processo legal, como informa a mais moderna doutrina italiana, não significa processo rigidamente modelado pela lei, mas sim o delineamento legal do processo, que pode ser montado sobre cláusulas gerais, abertas e flexíveis, que permitem maior mobilidade judicial para adequação procedimental ao caso concreto.[58]

Da mesma forma, o calendário processual também poderia ser colocado como importante ferramenta gerencial do processo, ensejando a fixação prévia

---

58 COMOGLIO, Etica e tecnica del "giusto processo", p. 58: Non sembra concepibile una costante garantisca costituzionale, in forza della qualle il "giusto processo", per essere tale, debba sempre e necessariamente avere supporto e riscontro in una sua "regolamentazione" ope legis, che sia di tale analiticità ed estensione, da predeterminare, in modo rigido e esaustivo, non solo i poteri, i doveri e le facoltà dei soggetti processuali (parte e giudice), nella trattazione, nell'istruzione e nella discussione della causa, ma anche le forme e i termini di compimento dei diversi atti processuali in cui si traduce l'esercizio dei poteri suindicati. Se ciò fosse realmente ipotizzabile e sostenibile, il "dovuto processo legale" dovrebbe dirsi esistente, soltanto laddove la disciplina di legge ne preveda, con rigida precisione e con esauriente completezza, forme, modalità e termini.

das datas e limites temporais dos principais atos do processo, a cargo do juiz e das partes, e de maneira negociada, sem que haja qualquer violação ao devido processo legal.

Como o novo CPC submete tais negócios processuais ao controle judicial, a requerimento das partes ou mesmo por iniciativa oficial (art. 190, parágrafo único), é certo que se determinado contrato de processo violar a principiologia constitucional (por exemplo, acordo para se eliminar o contraditório em relação a uma das partes), ou extrapolar o objeto viável de negociação (acordo sobre competência absoluta), ou mesmo mostrar-se abusivo, desarrazoado, o acordo será nulo.

Assim, diante do princípio democrático que permeia a Constituição no âmbito do direito público, dentro do qual se insere a ideia de participação dos interessados na gestão da coisa pública – e que, como visto, abarca a jurisdição e o processo – tem-se que a adoção, pelo novo CPC, da possibilidade de as partes "contratualizarem" o processo, bem como ajustarem, juntamente com o juízo, o calendário processual, não esbarra, só por isso, em violação da principiologia processual lançada na Constituição.

Em suma, não se vislumbra inconstitucionalidade na perspectiva de as partes entre si, e com o próprio juízo, negociarem determinadas situações processuais específicas e instituírem o calendário do processo, porque tal cenário se alinha com a própria principiologia processual, hoje agregada com a perspectiva da consensualidade que permeia o moderno direito público e que adentra o processo civil por meio do princípio de cooperação (art. 6º, do novo CPC).

4. INDICAÇÕES CONCLUSIVAS

Diante do breve cenário de direito comparado e da adoção, pelo novo CPC, da contratualização do processo e do calendário do processo, traçado neste trabalho, pode-se concluir no sentido de que o novo Código introduz importante inovação no âmbito do direito processual, a partir do reconhecimento explícito do princípio de cooperação entre as partes e o juízo, na busca da decisão justa em tempo razoável (art. 6º), do qual constitui derivação direta a possibilidade de as partes, em conjunto com o juízo, ajustarem acordos processuais, para dispor sobre determinadas situações processuais (art. 190), bem como estabelecerem o calendário do processo, fixando as datas dos principais eventos processuais (art. 191), conferindo, assim, às partes e ao juízo, importante ferramenta para a boa gestão processual.

O novo CPC insere, assim, o direito processual brasileiro em um novo cenário da evolução processual, mais rente à realidade da principiologia constitucional

Cap. 3 • A "CONTRATUALIZAÇÃO" DO PROCESSO NO NOVO CÓDIGO DE PROCESSO CIVIL
Érico Andrade

do processo e da jurisdição, que não pode ser mais vista como expressão pura e simples do poder judicial, mas como representação da cooperação eficiente entre todos os atores processuais,[59] contexto que representa uma verdadeira tendência geral e não toca apenas este ou aquele sistema jurídico, como destaca a doutrina francesa.[60]

Certo, porém, que a efetiva implementação desses instrumentos no direito brasileiro vai exigir do juiz uma postura mais ativa no gerenciamento do processo, o que demanda o compromisso judicial de rigorosa análise da causa no seu nascedouro, bem como permitir a fixação de datas no calendário processual, não em tese ou abstratamente, mas considerando o caso concreto em si: um determinado processo com suas especificidades e complexidades fáticas e jurídicas. E, claro, vai exigir também das partes e seus advogados posturas mais consentâneas com o princípio da cooperação.

Assim, este novo ambiente cooperativo e gerencial do processo vai necessitar, para implementação efetiva, de mudança de mentalidade e maior engajamento dos juízes, promotores, advogados, serventuários da justiça e do próprio Poder Público, para uma gestão mais eficiente, ou seja, há necessidade de verdadeira alteração cultural na forma de ver e encarar o processo e a jurisdição.

Tal engajamento de juízes, promotores, advogados, serventuários e do próprio Poder Público, ao lado do fornecimento de recursos financeiros e materiais, é imprescindível para a evolução do quadro da justiça brasileira, pois como destaca Giannini, a administração pública em sentido amplo é um carro pesado tracionado por seis rodas, que lhe asseguram o movimento: as regras, o procedimento, a formação de pessoal, a organização, a dotação material e os recursos financeiros. As regras e os procedimentos são os primeiros instrumentos de trabalho, mas sem as demais "rodas", o "carro-administração" não anda.[61]

Não basta, pois, atualizar legislativamente as regras e o procedimento para modernizar a justiça.

Como destaca a doutrina italiana, é preciso conjugar pelo menos três fatores que envolvem o funcionamento da justiça para se obter verdadeiro ganho

---

59 CADIET, Les nouvelles tendances de la procédure civile en France in Novos Rumos da Justiça Cível: Conferência Internacional, Lisboa, abril 2008, p. 48: Nous sommes vraiment entrés dans l'ère du management judiciaire, conçu non pas comme l'expression de la toute puissance du juge, mais comme la coopération efficiente de tous les acteurs du procès, seule compatible avec une société démocratique dont les exigences imposent d'ailleurs de relever d'autres défis (...).

60 CADIET, Les nouvelles tendances de la procédure civile en France in Novos Rumos da Justiça Cível: Conferência Internacional, Lisboa, abril 2008, p. 50/51.

61 AMOROSINO, Achille e la tartaruga, p. 5-6.

de eficiência: fator legislativo; fator dos recursos/investimentos financeiros (fator administrativo) e fator cultural.[62]

Assim, se se quiser melhorar efetivamente a performance da justiça brasileira, é insuficiente a mera atualização legislativa com a edição do novo CPC (aliás, a reforma legislativa no direito brasileiro vem em curso desde a década de 90 do século passado sem resultados significativos em termos de efetividade de acesso à jurisdição). É preciso engajar a administração da justiça e inseri-la e alinhá-la na moldura geral do direito público, na busca de maior profissionalização.

É necessário pessoal adequado (administrativo e judicial), informatização, disponibilização dos recursos orçamentários para fazer face às inovações e, ainda, agregar ações de reformulação cultural dos servidores públicos, para mudar a cultura burocrática, bem como promover ampla reorganização administrativa, na busca da modernização, sem esquecer que se deve dotar o aparelho estatal-judicial de estrutura física suficiente e de infraestrutura telemática ou de informática.[63]

Do ponto de vista normativo (fator legislativo), entretanto, não se pode deixar de indicar que o Brasil, com a edição do novo CPC, vai se inserir entre os países ocidentais com um dos mais atuais Códigos de Processo Civil, e espera-se que a administração pública, os tribunais, a doutrina jurídica e todos os partícipes do processo façam sua parte e busquem a implementação de uma nova era para a Justiça Brasileira (fatores administrativo e cultural).

5. REFERÊNCIAS BIBLIOGRÁFICAS

ANDRADE, Érico. As novas perspectivas do gerenciamento e da "contratualização" do processo. Revista de Processo, São Paulo, RT, ano 35, n. 193, p. 167-199, 2011.

AMOROSINO, Sandro. Achille e la tartaruga: semplificazione amministrativa e competitività del "sistema Italia". Milano: Dott. A. Giuffrè Editore, 2006.

CADIET, Loïc; JEULAND, Emmanuel. Droit judiciaire privé. 5.édition. Paris: LexisNexis-Litec, 2006.

CADIET, Loïc. Les conventions relatives au procès en droit français. Sur la contractualisation du règlement des litiges. Revista de Processo, São Paulo, RT, ano 33, n. 160, p. 61-82, 2008.

CANELLA, Maria Giulia. Gli accordi processuali francesi volti alla "regolamentazione collettiva" del processo civile. Rivista Trimestrale di Diritto e Procedura Civile, Milano, Giuffrè, anno LXIV, n. 2, p. 549-580, 2010

---

62   CAPONI, Rivista Trimestrale di Diritto e Procedura Civile, p. 393/396.
63   AMOROSINO, Achille e la tartaruga, p. 5.

Cap. 3 • A "CONTRATUALIZAÇÃO" DO PROCESSO NO NOVO CÓDIGO DE PROCESSO CIVIL
Érico Andrade

CAPONI, Remo. Il principio di proporzionalità nella giustizia civile: prime note sistematiche. *Rivista Trimestrale di Diritto e Procedura Civile*, Milano, Giuffrè, anno LXV, n. 2, p. 389-406, 2011.

CASSESE, Sabino. Lo stato presente del diritto amministrativo italiano. *Rivista trimestrale di diritto pubblico*, Milano, Giuffrè editore, n. 2, p. 389-400, 2010.

CENTRO DE ESTUDOS JUDICIÁRIOS. *Novos Rumos da Justiça Cível*: Conferência Internacional, Lisboa, abril 2008. Coimbra: Cejur-Coimbra Editora, 2009.

COMOGLIO, Luigi Paolo. *Etica e tecnica del "giusto processo"*. Torino: G. Giappichelli Editore, 2004.

COMOGLIO, Luigi Paolo. Ideologie consolidate e riforme contingenti del processo civile. *Rivista di Diritto Processuale*, Padova, Cedam, anno LXV, n. 3, p. 521-543, 2010.

DE CRISTOFARO, Marco. Case management e riforma del processo civile, tra effettività della giurisdizione e diritto costituzionale al giusto processo. *Rivista di Diritto Processuale*, Padova, Cedam, anno LXV, n. 2, p. 282-305, 2010.

DENTI, Vittorio. *La Giustizia Civile*. Bologna: Il Mulino, 2004.

ÉCOLE NATIONALE DE LA MAGISTRATURE. À l'écoute des justiciables. *Les cahiers de la justice*, Paris, Dalloz, 2013/1.

MAXIMILIANO, Carlos. *Hermenêutica e Aplicação do Direito*. 13ª edição. Rio de Janeiro: Forense, 1993.

MITIDIERO, Daniel. *Colaboração no Processo Civil*. 2ª edição. São Paulo: Revista dos Tribunais, 2011.

MOREIRA, José Carlos Barbosa. *Temas de Direito Processual (Nona Série)*. São Paulo: Saraiva, 2007.

PICOZZA, Elisa. Il calendario del processo. *Rivista di Diritto Processuale*, Padova, Cedam, anno LXIV, n. 6, p. 1650-1659, 2009.

PUNZI, Carmine. Dalla crisi del monopolio statale giurisdizione al superamento dell'alternativa contrattualità-giurisdizionalità dell'arbitrato. *Rivista di Diritto Processuale*, Padova, Cedam, anno LXIX, n. 1, p. 1-25, 2014.

SALVANESCHI, Laura. La riduzione del tempo del processo nella nuova riforma dei primi due libri del codice di rito. *Rivista di Diritto Processuale*, Padova, Cedam, anno LXIV, n. 6, p. 1560-1581, 2009.

SORACE, Domenico. *Diritto delle amministrazioni pubbliche: una introduzione*. 4ª ed. Bologna: il Mulino, 2007.

THEODORO JÚNIOR, Humberto; ANDRADE, Érico, As novas perspectivas do gerenciamento e da "contratualização" do processo. *Revista de Processo*, São Paulo, RT, ano 37, n. 206, p. 13-59, 2012.

VUITTON, Jacques; VUITTON, Xavier. *Les référés*. 2.édition. Paris: LexisNexis-Litec, 2006.

CAPÍTULO 4

Negócios Jurídicos Processuais: a Ampliação das Hipóteses Típicas pelo Novo Código de Processo Civil

Rafael Calheiros Bertão[1]

SUMÁRIO: 1. INTRODUÇÃO; 2. NEGÓCIO JURÍDICO PROCESSUAL; 2.1. A TEORIA DO FATO JURÍDICO APLICADA AOS ATOS PROCESSUAIS; 2.2. EXISTE NEGÓCIO JURÍDICO PROCESSUAL?; 3. O NOVO CÓDIGO DE PROCESSO CIVIL; 3.1. CONTEXTO HISTÓRICO; 3.2. O MODELO COOPERATIVO DE PROCESSO: BREVES CONSIDERAÇÕES; 3.3. O MODELO COOPERATIVO DE PROCESSO E OS NEGÓCIOS JURÍDICOS PROCESSUAIS; 4. OS NEGÓCIOS JURÍDICOS PROCESSUAIS TIPIFICADOS NA LEGISLAÇÃO BRASILEIRA; 4.1. REGRAMENTO ATUAL: CÓDIGO DE PROCESSO CIVIL DE 1973; 4.2. O NOVO CÓDIGO DE PROCESSO CIVIL: A AMPLIAÇÃO DAS HIPÓTESES TÍPICAS; 4.2.1. A REDUÇÃO DOS PRAZOS PEREMPTÓRIOS; 4.2.2. A ESCOLHA CONSENSUAL DO PERITO; 4.2.3. ORGANIZAÇÃO CONSENSUAL DO PROCESSO E AUDIÊNCIA DE SANEAMENTO EM COOPERAÇÃO COM AS PARTES; 4.2.4. CALENDÁRIO PROCESSUAL; 5. CONCLUSÕES; 6. REFERÊNCIAS BIBLIOGRÁFICAS

1. INTRODUÇÃO

O novo Código de Processo Civil, sancionado em março de 2015 pela Presidenta do Brasil e com previsão para entrar em vigor em março de 2016, representa verdadeira revolução na dogmática processual. Mesmo que não se rompa definitivamente com institutos do CPC/73, o que seria evidentemente um grave equívoco do legislador, o novo diploma inova ao adotar, como base, um novo modelo para a aplicação do direito: o modelo cooperativo.

Nesse sentido, intencionando-se modernizar o Código, atendendo aos anseios da sociedade, corrigindo os vícios sistêmicos da legislação processual anterior e as nem tão poucas incompatibilidades com a Constituição Federal de 1988, a nova codificação foi elaborada. Traçou-se cinco objetivos, a saber: (1) sintonizar, implícita e expressamente, o Código Processual à Constituição; (2) possibilitar ao Juiz meios mais eficazes de decidir, em consonância com a

---

1. Mestrando em Direito Processual pela Faculdade de Direito do Largo do São Francisco, Universidade de São Paulo (USP). Pós-graduando em Direito Empresarial pela Fundação Getúlio Vargas de São Paulo (FGV/SP). Bacharel em Direito pela Faculdade de Direito do Recife, Universidade Federal de Pernambuco (FDR-UFPE). Advogado.

realidade fática; (3) simplificar; (4) majorar, ao máximo, o rendimento dos processos judiciais, e (5) organizar e dar mais coesão ao sistema processual.[2]

Optou o legislador, assim, por elaborar um sistema pautado no "modelo cooperativo de processo, com valorização da vontade das partes e equilíbrio nas funções dos sujeitos processuais".[3] Entender esse novo modelo, bem como toda sua construção teórica, faz-se necessário para a compreensão do momento histórico que se vivencia, com o surgimento do primeiro Código de Processo Civil democrático da história brasileira.[4]

Desse contexto, assim, emerge a valorização dos negócios jurídicos processuais, ou seja, de atos negociais das partes com influência processual. A temática, no entanto, não é pacífica entre os estudiosos processualistas, sendo certo, ainda, que a sua atual importância exige um estudo mais aprofundado acerca de suas origens, seus limites, sua regulação e sua forma de aplicação pelos jurisdicionados.

Esse é o tema do presente trabalho. Busca-se, aqui, apresentar a natureza dos negócios jurídicos, abordar a polêmica acerca do ato negocial processual, contextualizá-lo com o novo modelo processual positivado pelo novo Código e, ao fim, analisar a abordagem que o novo CPC dá aos negócios jurídicos, em especial as modificações nas hipóteses típicas.

Assim, visa-se analisar as modificações mais sensíveis e revolucionárias do novo sistema, bem como refletir sobre as novas abordagens que o Código de Processo Civil de 2015 impõe. É o que se intenciona.

2. NEGÓCIO JURÍDICO PROCESSUAL

2.1. A teoria do fato jurídico aplicada aos atos processuais

A teoria do fato jurídico, estruturada por Pontes de Miranda[5] e aprofundada, com maestria, por Marcos Bernardes de Mello[6], consiste no estudo dos

---

2. BRASIL, Senado Federal. **Exposição de motivos do anteprojeto do novo Código de Processo Civil.** p. 14. Disponível em http://www.senado.gov.br/senado/novocpc/pdf/Anteprojeto.pdf, consultado em 02 de junho de 2015.
3. CUNHA, Leonardo Carneiro da. **Negócios jurídicos processuais no Processo Civil Brasileiro.** Negócios Processuais. Antonio do Passo Cabral e Pedro Henrique Nogueira (coord.). Salvador: Juspodivm, 2015, p. 27-62, p. 49.
4. Não se está, aqui, ignorando a pertinente colocação de Nelson Nery Jr. que, categoricamente, defende uma contradição entre o momento histórico e a ideologia dos códigos processuais de 1973 e 2015. O Professor aponta que este, apesar de ser promulgado em momento de democracia política, é autoritário, enquanto que aquele, surgido em meio a um sistema ditatorial, é democrático. Sintetizando seu entendimento: "Estou falando de democracia verdadeira e não de democracia formal. Não se faz um Código de Processo Civil para atender interesses apenas de tribunais". (NERY JR., Nelson. **Ditadura dos tribunais:** pensou-se no STF e no STJ, mas faltou ouvir o povo sobre o novo CPC. Disponível em http://www.conjur.com.br/2014-dez-20/nelson-nery-jr-faltou-ouvir-povo-respeito-cpc, consultado em 08 de outubro de 2015).
5. PONTES DE MIRANDA, Francisco Cavalcanti. **Tratado de Direito Privado.** tomo. II. São Paulo: RT, 1974, p. 184 e ss.
6. MELLO, Marcos Bernardes de. **Teoria do Fato Jurídico:** plano da existência. 17ª ed. São Paulo: Saraiva, 2011.

fatos jurídicos lato senso, que englobam os fatos jurídicos stricto senso, o ato--fatos jurídicos e os atos jurídicos lato senso (ato jurídico stricto senso, negócio jurídico e ato ilícito). Quando analisamos o processo, utilizando a classificação proposta pela teoria do fato jurídico, é possível cogitar fatos jurídicos processuais lícitos, nos quais há os fatos jurídicos *stricto sensu* processuais, os atos-fatos jurídicos processuais, os atos jurídicos *stricto sensu* processuais e os negócios jurídicos processuais, e os ilícitos processuais.[7]

Os fatos jurídicos stricto senso são aqueles nos quais inexiste ação humana para sua concepção, havendo, contudo, repercussão nas esferas jurídicas dos eventuais indivíduos envolvidos, constituindo direitos. Um exemplo do direito cível é a aluvião, fato da natureza que produz efeitos na relação jurídica entre os donos das glebas envolvidas.[8] No campo processual, tem-se como exemplo o parentesco, nos termos do art. 134, IV, do CPC/73, que, apesar de fato *stricto sensu*, gera consequências processuais.[9]

Os atos-fatos jurídicos, por sua vez, são aqueles em que é identificável a ação humana, mas a vontade é irrelevante para o mundo jurídico. Em outras palavras, toma-se uma ação em que, contando com a atividade humana, suas consequências serão notadas independentemente do teor volitivo. É o caso, em exemplo do direito civil, da união estável, situação na qual, preenchido os requisitos legais, operar-se-ão as consequências do instituto, mesmo que não seja essa a vontade dos envolvidos.[10] No campo processual, tem-se a revelia, situação configurada na ausência de apresentação tempestiva de contestação pelo réu, mas cujas razões para tal, ausência de vontade de contestar, perda do prazo processual, ignorância da parte, dentre outras, são irrelevantes para a configuração dos efeitos.

Os atos jurídicos "stricto sensu" são aqueles nos quais, dependente de vontade humana para se perfazer, não há poder de escolha da categoria jurídica e, em consequência, poder de estruturar o conteúdo eficacial da relação jurídica. Dessa forma, manifestada a vontade, concretizando o ato, o indivíduo não terá poder de negociar os efeitos daquela decisão, anuindo, assim, com todas as consequências legais daquela escolha. É o caso, pois, da aquisição de propriedade pela ocupação, como, por exemplo, de um peixe pela prática da pescaria.[11] No campo processual, configuram-se a boa parte dos atos praticados

---

7. DIDIER JR, Fredie; NOGUEIRA, Pedro Henrique Pedrosa. **Teoria dos Fatos Jurídicos Processuais.** 2ª ed. Salvador: JusPodivm, 2013, p. 40.
8. GOMES, Orlando. **Direitos Reais.** 21. ed. Rio de Janeiro: Forense, 2012, p. 171.
9. COUTURE, Eduardo. **Fundamentos do Direito Processual Civil.** Campinas: Red Livros, 1999, p. 110.
10. LÔBO, Paulo Luiz Netto. **Direito Civil:** Famílias. 4. ed. São Paulo: Saraiva, 2012, p. 172.
11. ALVES, José Carlos Moreira. **A Parte Geral do Projeto de Código Civil Brasileiro.** São Paulo: Saraiva, 1986, p. 98.

pelos sujeitos processuais, como, por exemplo, a contestação, a penhora, a interposição de recurso e as intervenções de terceiros.[12]

Já os atos ilícitos consistem naqueles contrários à norma jurídica vigente, gerando consequências jurídicas punitivas às partes que os praticam. É o caso, por exemplo, do descumprimento dos deveres decorrentes do poder familiar, por parte de genitor ausente.[13] No campo processual, tem-se o exemplo dos atos previstos no art. 17 do CPC, os abusos do processo, como atos ilícitos capazes de gerar responsabilidade por litigância de má-fé.

Os negócios jurídicos, destarte, são atos nos quais a vontade é imprescindível e, ao realizá-lo, as partes envolvidas podem negociar as repercussões jurídicas da escolha. São, em outros termos, atos jurídicos cujas consequências são passíveis de negociação, podendo as partes optarem pela categoria jurídica permitida em lei. É, nos dizeres de Junqueira: "todo fato jurídico consistente em declaração de vontade, a que o ordenamento jurídico atribui os efeitos designados como queridos, respeitados os pressupostos de existência, validade e eficácia impostos pela norma jurídica que sobre ele incide".[14]

É o caso, por exemplo, do contrato de compra e venda, na qual vendedor e comprador podem formar o conteúdo do negócio.[15] No âmbito processual, há enorme discussão acerca da existência ou não de negócios jurídicos processuais. Por se tratar de tema central do presente trabalho, a matéria será abordada em tópico próprio.

2.2. Existe negócio jurídico processual?

No curso do processo, no que tange ao procedimento, há inúmeros atos que são, ou deveriam ser, praticados para se chegar à pacificação do conflito. Em sua maioria, tratam-se de atos jurídicos estrito senso, ou seja, atos que recaem em categorias pré-definidas e cujos efeitos são previamente regrados pela lei processual.[16]

Existem, no entanto, alguns atos que não possuem as suas consequências pré-delimitadas. Há, neles, voluntariedade e discricionariedade na escolha da

---

12. BRAGA, Paula Sarno. **Primeiras reflexões sobre uma Teoria do Fato Jurídico Processual:** plano da existência. Revista de Processo. n. 148. São Paulo: Revista dos Tribunais, jun. 2007, p. 293-320, p. 312.

13. **ALBUQUERQUE JÚNIOR, Roberto Paulino de. Ensaio introdutório sobre a teoria da responsabilidade civil familiar.** Famílias no Direito contemporâneo: estudos em homenagem ao Prof. Paulo Luiz Netto Lôbo. Fabíola Santos Albuquerque; Marcos Ehrhardt; Catarina Oliveira (coord.). Salvador: Juspodivm, 2010, p. 397-428, p. 405.

14. AZEVEDO, Antônio Junqueira de. **Negócio Jurídico:** existência, validade e eficácia. 4. ed. São Paulo: Saraiva, 2002, p. 16.

15. ALVES, José Carlos Moreira. **op. cit.**, p. 98.

16. BRAGA, Paula Sarno. **op. cit.**, p. 312.

categoria jurídica, ou seja, dos efeitos que aquele ato produzirá.[17] São verdadeiros negócios jurídicos que refletem no processo, configurando-se negócios jurídicos processuais.[18]

Nesse mesmo sentido, analisando o Direito Comparado, Véscovi admite a existência dos contratos processuais, demonstrando que se regem, como qualquer outro ato, pela sua estrutura e seus elementos.[19] No entanto, apesar das precisas colocações dos autores supra, a matéria enseja secular debate na doutrina.

A discussão, em verdade, já se encontra bem avançada, mas, no cenário jurídico atual, ela ganha enorme importância. Isso porque, diante das recentes discussões acerca da contratualização da justiça, tanto do processo como da resolução de conflitos por meios alternativos, e da crise do judiciário estatal, presente em todos os sistemas jurídicos de origem europeia continental ou insular, ganha relevo os contratos privados de tutela jurídica.[20]

A discussão acerca do acordo entre as partes e o processo tem razões históricas e, em verdade, é natural à construção jurídica dos países modernos. Nesse sentido, dois fatores são essenciais para a compreensão do tema: a titularidade da justiça pelo Estado e a opção pela categorização do direito processual como público.

Dessa forma, desde o século XVII o Estado se apropriou da justiça e monopolizou a legislação em matéria processual, com intuito claro de afastar a influência do direito romano-canônico. Ademais, desde a metade do século XIX, notadamente na Alemanha, delimitou-se a proteção jurídica como fruto de um direito natural, em virtude da força do pensamento *jusnaturalista* à época, denotando ao processo civil a natureza de direito público.[21]

Foi a doutrina alemã, a propósito, que enfrentou, elaborou e desenvolveu o conceito de negócio jurídico processual. Schönke, um dos primeiros a analisar

---

17. NOGUEIRA, Pedro Henrique Pedrosa. **Sobre os acordos de procedimento no Processo Civil Brasileiro.** Negócios Processuais. Antonio de Passos Cabral e Pedro Henrique Nogueira (coord.). Salvador: Juspodivm, 2015, p. 81-92, p. 84.
18. "Transpondo as concepções de Marcos Bernardes de Mello, pode-se dizer que os negócios processuais podem ser regidos por normas cogentes, quando só resta a escolha pela categoria eficacial – ex.: desistência da ação ou de recurso, reconhecimento da procedência do pedido, não oposição de exceção de incompetência etc. -, ou podem encontrar-se no âmbito da dispositividade, quando também é possível o regramento do conteúdo eficacial do negócio, sempre dentro de balizas legais mínimas – ex.: foro de eleição, convenção para substituição de bem penhorado, convenção para distribuição do ônus da prova, convenção de arbitragem, a transação, dentre outros" (BRAGA, Paula Sarno. **op. cit.**, p. 312-313).
19. VÉSCOVI, Enrique. **Teoría General del Proceso.** Bogotá: Editorial Temis Librería, 1984, p. 249-250.
20. CADIET, Löic. **Los acuerdos procesales en derecho francés:** situación actual de la contractualización del proceso y de la justicia en Francia. Civil Procedure Review. v. 3. n. 3. Ago.-Dez., 2012, p. 3-35, p. 4-6.
21. CAPONI, Remo. **Autonomia privata e processo civile: gli accordi processual.** Civil Procedure Review. v. 1. n. 2. Jul./Set., 2010, p. 42-57, p. 44.

NOVO CPC DOUTRINA SELECIONADA, v. 1 • Parte Geral

PARTE IX – ATOS, PRAZOS E NEGÓCIOS PROCESSUAIS

a questão, já admitia as convenções privadas sobre determinadas situações processuais, mas não dotava efeito imediato a elas.[22] Lent, após divagar sobre a existência ou não do negócio jurídico processual, traçando um paralelo, inclusive, com o substancial, conclui que há negócio processual quando os efeitos processuais de um ato só se verificam mediante a vontade das partes.[23]

Lieble, por outro lado, não enfrenta a matéria ao tratar dos atos processuais, mas, ao analisar a natureza jurídica da transação, afirma ser ato de dupla essência: contrato jurídico-material e contrato processual, admitindo, por fim, a existência de negócios jurídicos processuais, desde que em consonância com o ZPO (Código Civil alemão).[24] Nesse mesmo sentido, tratando a matéria como sendo existente, porém excepcional e dependente de autorização expressa do ZPO, Jauernig, exemplificando com o compromisso arbitral.[25]

A doutrina italiana também enfrentou a questão, considerando-a como polêmica e bastante controversa. Chiovenda, apesar de admitir a dificuldade conceitual, defende a existência dos negócios jurídicos processuais, como aqueles em que os efeitos produzidos são determinados, com autorização legal, pela vontade das partes.[26] Carnelutti, ao tratar do foro de eleição, demonstra que a cláusula compromissória, ou de competência, apresenta-se como um acordo preventivo ou sucessivo, a depender do caso, oriundo de negociação entre as partes.[27] Fazzalari, ainda, elenca os negócios processuais, ou contratos processuais, como espécie do gênero atos processuais.[28]

Há, ainda, aqueles que defendem a inexistência de negócio jurídico processual. Liebman, ao analisar a voluntariedade do ato processual, aponta que a autonomia da vontade não é plena, posto que os efeitos dos atos estão regulados em lei, de modo a não possuir a parte disposição das consequências da prática do ato. Inexiste, portanto, negócio jurídico processual.[29]

A doutrina nacional, tradicionalmente, apresentou-se bastante dividida acerca da temática. Nesse sentido, expõe Dinarmarco: "A vinculação entre ato

---

22. SCHÖNKE, Adolf. **Derecho Procesal Civil**. 5. ed. Barcelona: Bosch, 1950, p. 148.
23. LENT, Friedrich. **Diritto processuale civile tedesco:** parte prima – il procedimento di cognizione. Traduzione di Edoardo F. Ricci. Napoli: Morano Editore, 1962.
24. LIEBLE, Stefan. **Proceso Civil Alemán**. 2. ed. Medellín: Biblioteca Jurídica Dike, 1999, p. 305-306.
25. JAUERNIG, Othmar. **Zivilprozessrecht:** ein studienbuch. Munique: C.H. Beck'sche, Verlagsbuchhandlung, 1985, p. 236-240.
26. CHIOVENDA, Giuseppe. **Instituciones de Derecho Procesal Civil**. Tomo II. Madri: Editorial Revista de Derecho Privado, 1954, p. 137.
27. CARNELUTTI, Francisco. **Sistema de Derecho Procesal Civil**. Tomo II. Traducción de Niceto Alcalá-Zamora y Castillo y Santiago Sentís Melendo. Buenos Aires: Uteha Argentina, 1944, p. 325-326.
28. FAZZALARI, Elio. **Instituições de Direito Processual**. Tradução de Elaine Nassif. Campinas: Bookseller, 2006, p. 416.
29. LIEBMAN, Enrico Tullio. **Manuale di Diritto Processuale Civile**. Tomo I. 2. ed. Milão: Dott. A. Giuffrè – Editore, 1957, p. 188-189.

Cap. 4 • NEGÓCIOS JURÍDICOS PROCESSUAIS: A AMPLIAÇÃO DAS HIPÓTESES TÍPICAS PELO NOVO CPC
Rafael Calheiros Bertão

e efeito programado é característica dos *negócios jurídicos* (Emilio Betti) e os atos processuais não têm essa qualificação. Eles produzirão efeitos não-desejados, se isso for disposto pela lei (...). Os efeitos dos atos processuais são sempre os que resultam da lei e não necessariamente da vontade".[30] Nesse sentido, também, Alexandre Freitas Câmara, para negar a existência do negócio jurídico, aponta o exemplo da transação, cujos efeitos já estarão contidos e previstos no art. 269, III, do CPC, com a extinção do feito com resolução do mérito.[31]

Daniel Mitidiero, em seus comentários ao Código de Processo Civil, defende que, apesar de respeitada doutrina nacional e internacional admitirem a existência de negócios jurídicos processuais, estes são incompatíveis com o direito processual. Isso porque, em sua essência, as convenções privadas exigem, além da bilateralidade volitiva, um espaço para o autorregramento da vontade no que tange aos resultados do ato, o que não se percebe em relações processuais, cujos efeitos já estão previstos em lei.[32]

Defende tal corrente, em resumo, que no processo, ante sua natureza pública, não há lugar para o autorregramento da vontade, estando os efeitos da eventual realização do ato já delimitados em lei. Entretanto, não parece ser esse o melhor entendimento.

Apesar de ser o Direito Processual Civil um ramo do Direito Público, deve ser regido pela liberdade, conforme o art. 5º, *caput*, da Constituição de 1988. Entretanto, não há uma independência nos mesmos moldes dogmáticos do Direito Civil. Tratando-se de exercício de função pública, a negociação processual deve ser mais regulada e, naturalmente, ter uma maior restrição quanto ao objeto. No entanto, isso não exclui a importância da liberdade, do autorregramento, que deve ter espaço, sempre que possível, na relação processual.[33]

Rogério Lauria Tucci, nesse sentido, entende que o art. 158 do CPC/73, que versa "os atos das partes, consistentes em declarações unilaterais ou bilaterais de vontade, produzem imediatamente a constituição, a modificação ou a extinção de direitos processuais", é permissivo para se concluir pela existência dos negócios jurídicos processuais. Aponta, ainda, que à exceção da desistência

---

30. DINAMARCO, Cândido Rangel. **Instituições de Direito Processual Civil.** v. II. 6. ed. Malheiros: São Paulo, 2009, p. 484.
31. CÂMARA, Alexandre Freitas. **Lições de Direito Processual Civil.** v. I. 9. ed. Rio de Janeiro: Lumen Juris, 2003, p. 240.
32. MITIDIERO, Daniel Francisco. **Comentários ao Código de Processo Civil.** Tomo II (arts. 154 a 269). São Paulo: Memória Jurídica Editora, 2005, p. 15-16.
33. DIDIER JR., Fredie. **Princípio do respeito ao autorregramento da vontade no processo civil.** Negócios Processuais. Antonio do Passo Cabral e Pedro Henrique Nogueira (coord.). Salvador: Juspodivm, 2015, p. 19-26, p. 20-21.

1353

da ação, cuja eficácia fica pendente à homologação judicial, há inúmeros atos negociais das partes que refletem no processo.[34]

Pontes de Miranda afirma, em princípio, que os atos processuais não podem ser negócios jurídicos. No entanto, logo em seguida, reconhece a desistência da demanda e do recurso como sendo atos negociais processuais, admitindo, pois, a existência dos negócios jurídicos processuais.[35]

Barbosa Moreira, ainda, admite a existência do que nomeou "convenção das partes sobre matéria processual", advertindo que a liberdade das partes se limita ao âmbito das normas processuais dispositivas. Trata, apesar de não usar a nomenclatura, dos negócios jurídicos processuais, definindo o âmbito de atuação da vontade das partes ao modo de ser do processo e até ao conteúdo da relação processual.[36]

Carreira Alvim, ao tratar dos fatos, atos e negócios jurídicos processuais, admite sua existência. Define, assim, que "a caracterização do *negócio jurídico processual* está em ser ele produto de uma atuação voluntária e intencional dos agentes (ativo e passivo), direcionada à produção de determinado efeito jurídico na órbita do seu interesse".[37]

José Frederico Marques, introduzindo o conteúdo do ato processual, classifica-o em três modalidades: o da voluntariedade, a da vontade e a da vontade intencional. Nesta, insere o negócio jurídico processual.[38] Acrescenta Luiz Fux, ao admitir a existência de negócios jurídicos processuais, que as normas são em regra cogentes, mas, excepcionalmente, permite-se algum poder dispositivo às partes.[39]

Defendem, também, a existência de negócios jurídicos processuais: Paula Sarno Braga[40], Fredie Didier Jr., e Pedro Henrique Nogueira,[41] encabeçando uma nova geração de processualistas que assim se posicionam.[42]

---

34. TUCCI, Rogério Lauria. **Negócio Jurídico Processual.** Enciclopédia Saraiva de Direito. v. 54. São Paulo: Saraiva, 1977, p. 190-192 *apud* CUNHA, Leonardo Carneiro da. **Negócios jurídicos processuais no Processo Civil Brasileiro.** Negócios Processuais. Antonio do Passo Cabral e Pedro Henrique Nogueira (coord.). Salvador: Juspodivm, 2015, p. 27-62, p. 38-39.
35. PONTES DE MIRANDA, Francisco Cavalcanti. **Comentários ao Código de Processo Civil.** t. 3. Rio de Janeiro: Forense, 1974, p. 5.
36. BARBOSA MOREIRA, José Carlos. **Convenções das partes sobre matéria processual.** Temas de Direito Processual – terceira série. São Paulo: Saraiva, 1984, p. 87-98.
37. CARREIRA ALVIM, José Eduardo. **Teoria Geral do Processo.** 13. ed. Rio de Janeiro: Forense, 2010, p. 215.
38. MARQUES, José Frederico. **Manual de Direito Processual Civil.** Atualizado por Ovídio Rocha Barros Sandoval. 9. ed. Campinas: Millennium, 2003, p. 410.
39. FUX, Luiz. **Curso de Direito Processual Civil.** 2. ed. Rio de Janeiro: Forense, 2004, p. 433.
40. BRAGA, Paula Sarno. **op. cit.,** p. 312.
41. DIDIER JR, Fredie; NOGUEIRA, Pedro Henrique Pedrosa. **op. cit.**
42. Como exemplos, além de outros citados ao longo de todo o trabalho: ABREU, Rafael Sirangelo de. **A igualdade e os negócios processuais.** Negócios Processuais. Antonio do Passo Cabral e Pedro Henrique

Partindo dessa ideia, o novo Código de Processo Civil de 2015, sancionado em março deste ano, optou por positivar o art. 190, que dispõe: "versando o processo sobre direitos que admitam autocomposição, é lícito às partes plenamente capazes estipular mudanças no procedimento para ajustá-lo às especificidades da causa e convencionar sobre os seus ônus, poderes, faculdades e deveres processuais, antes ou durante o processo". Dessa forma, pela dicção da nova norma, o legislador decidiu explicitar a possibilidade de celebração de negócios jurídicos processuais, valorizando o autorregramento e a liberdade dos jurisdicionados.

Não parece, assim, restar mais dúvida que se sagrou vencedora, ao menos no Brasil, a corrente que defende a existência dos negócios jurídicos processuais.

3. O NOVO CÓDIGO DE PROCESSO CIVIL

3.1. Contexto histórico

O novo Código de Processo Civil possui várias modificações importantes para o estudo e aplicação do processo civil judicial. Dentre elas, destaca-se, por sua função estrutural, a adoção pelo legislador do modelo cooperativo de processo, em evidente evolução científica do estudo processual.

Compreender o novo modelo é crucial para qualquer estudo a ser realizado acerca do processo civil. Tratando-se, ainda, dos negócios jurídicos processuais, o tema ganha enorme relevância, posto que a revolução dogmática fundamenta e, ao mesmo tempo, limita as convenções privadas sobre matéria processual.

Importante, de início, entender o momento histórico em que surge o novo diploma processual. Presencia-se a constitucionalização do processo, sendo este regulado por garantias e princípios constitucionalmente previstos, que balizam toda a relação jurídica processual. Em verdade, se o código de 1973, apesar de extremamente técnico e eficaz, possuía uma "sombra", mesmo que

---

Nogueira (coord.). Salvador: Juspodivm, 2015, p. 193-214; CABRAL, Trícia Navarro Xavier. **Reflexos das convenções em matéria processual nos atos judiciais.** Negócios Processuais. Antonio do Passo Cabral e Pedro Henrique Nogueira (coord.). Salvador: Juspodivm, 2015, p. 215-244; ALMEIDA, Diogo Assumpção Rezende de. **As convenções processuais na experiência francesa e no novo CPC.** Negócios Processuais. Antonio do Passo Cabral e Pedro Henrique Nogueira (coord.). Salvador: Juspodivm, 2015, p. 245-268; REDONDO, Bruno Garcia. **Negócios processuais:** necessidade de rompimento radical com o sistema do CPC/1973 para a adequada compreensão da inovação do CPC/2015. Negócios Processuais. Antonio do Passo Cabral e Pedro Henrique Nogueira (coord.). Salvador: Juspodivm, 2015, p. 269-280; MAZZEI, Rodrigo; CHAGAS, Bárbara Seccato Ruis. **Os negócios jurídicos processuais e a arbitragem.** Negócios Processuais. Antonio do Passo Cabral e Pedro Henrique Nogueira (coord.). Salvador: Juspodivm, 2015, p. 521-540.

ínfima, do Estado ditatorial vivenciado pelo Brasil no período de sua positivação, o novo diploma surge em diálogo com a constituição cidadã e respaldada nos ditames democráticos.

É, ainda, o primeiro Código de Processo Civil brasileiro a ser promulgado e sancionado no contexto do Estado Constitucional. Enquanto os anteriores estavam inseridos numa época bem diversa, em que o padrão do direito era o legislador, sendo o juiz mero declarador de enunciados normativos[43], o atual surge caracterizado pela garantia de proteção dos direitos fundamentais.[44] Insere-se, assim, conforme Robert Alexy[45], na primazia das normas de otimização do sistema jurídico, que passaram a basilar, com valores informativos e diretivos, todos os ordenamentos jurídicos a partir da segunda metade do século XX.

Nesse sentido, enquanto o Estado Liberal primou pela liberdade e o Estado Social pela igualdade material, o Estado Constitucional surge embasado na noção de solidariedade, como valor final a ser buscado pelo Estado. De fato, a força normativa da constituição, a hermenêutica constitucional e a ampliação da jurisdição constitucional fundamentam a constitucionalização do direito, dotando ao seu conteúdo axiológico a natureza de condicionantes de validade e sentido de todo o ordenamento.[46]

De fato, esse cenário é reconhecido expressamente pelo texto constitucional vigente, ao afirmar que a "República Federativa do Brasil constitui-se em Estado Democrático de Direito", nos termos do art. 1º, *caput*, da Constituição Federal de 1988. Conforme nos ensina Canotilho, o Estado Constitucional é um Estado com qualidades, sendo fundamentalmente democrático e de direito.[47]

Assim, é possível se extrair uma série de princípios que devem nortear as relações jurídicas. Destacam-se, dentre eles, a legalidade, a isonomia, a segurança jurídica e a confiança legítima, frutos do Estado de Direito, e a liberdade, legitimidade e participação, decorrentes da noção de Estado Democrático.

É nesse contexto constitucional que surge o novo Código de Processo Civil. Assim, suas normas e institutos refletem as garantias e princípios constitucionais, majorando-os em alguns casos, com vistas a compatibilizar completamente o processo civil à constituição.

---

43. NEVES, Antônio Castanheira. **Digesta – escritos acerca do direito, do pensamento jurídico, da sua metodologia e outros.** v. 2. Coimbra: Coimbra, 1995, p. 181.
44. CUNHA, Leonardo Carneiro da. **O processo civil no Estado Constitucional e os fundamentos do projeto do novo Código de Processo Civil brasileiro.** Revista de Processo. ano. 37. n. 209. São Paulo: Revista dos Tribunais, jul. 2012, p. 349-374, p. 350-351.
45. ALEXY, Robert. **Teoría de los derechos fundamentales.** 2. ed. Madri: Centro de Estudios Políticos y Constitucionales, 2008.
46. CUNHA, Leonardo Carneiro da. **O processo civil no Estado Constitucional... op. cit.,** p. 351.
47. CANOTILHO, Joaquim José Gomes. **Direito constitucional e teoria da constituição.** 7. ed. Coimbra: Almedina, 2003, p. 92-93.

3.2. O modelo cooperativo de processo: breves considerações

A constitucionalização do direito, consequentemente do processo civil, e a consolidação do princípio como norma, repercutindo na adoção de técnica legislativa de uso de termos indeterminados e cláusulas gerais, foram determinantes para a consolidação da importância da linguagem e da argumentação na metodologia do direito.[48] A participação e o debate, pois, ganham papel de destaque nas técnicas de resolução de conflito.

Não se espera mais, pelo jurisdicionado, uma decisão outorgada por um Estado imperativo. Em verdade, a sociedade não aceita mais decisões fundadas em autoridade, nem é da cultura brasileira a adoção de um Estado inerte, que deixa a solução do conflito a cargo das partes, apenas fiscalizando o cumprimento regras procedimentais. Não há mais espaço, portanto, para o modelo inquisitorial, nem nunca houve para o modelo adversarial, urgindo-se a adoção de uma nova forma de solucionar os conflitos.

> "O processo cooperativo parte da idéia de que o Estado tem como dever primordial propiciar condições para a organização de uma sociedade livre, justa e solidária, fundado que está na dignidade da pessoa humana. Indivíduo, sociedade, civil e Estado acabam por ocupar, assim, posições coordenadas".[49]

O modelo cooperativo propõe, assim, que todos os sujeitos processuais dirijam seus atos, no decorrer do procedimento, a uma solução mais justa e eficaz, proporcionando a verdadeira pacificação social. Propõe-se, pois, uma responsabilização de todos os participantes da relação jurídica processual no desenrolar do procedimento, a exemplo das reformas alemães de 1976, buscando-se a melhor tutela jurisdicional possível.[50] Tal modelo é fortemente inspirado pelas tendências reformistas dos anos 1990 em Portugal, nascedouro da "cooperação intersubjetiva".[51]

Entendeu o legislador do novo diploma processual, nesse contexto, por positivar expressamente o dever de cooperação, nos termos do art. 6º, que versa: "todos os sujeitos do processo devem cooperar entre si para que se

---

48. CUNHA, Leonardo Carneiro da. **Negócios jurídicos processuais... op. cit.**, p. 45.
49. MITIDIERO, Daniel Francisco. **Colaboração no Processo Civil:** pressupostos sociais, lógicos e éticos. Coleção temas atuais de Direito Processual Civil. Luiz Guilherme Marinoni e José Roberto dos Santos Bedaque (coord.). v. 14. São Paulo: Revista dos Tribunais, 2009, p. 102.
50. THEODORO JR., Humberto; NUNES, Dierle; BAHIA, Alexandre Melo Franco; PEDRON, Flávio Quinaud. **Novo CPC – fundamentos e sistematização.** 2. ed. Rio de Janeiro: Forense, 2015, p. 82-83.
51. Para uma melhor compreensão do tema, recomenda-se: SOUSA, Miguel Teixeira de. **Aspectos do novo Processo Civil português.** Revista de Processo. n. 86. São Paulo: Revista dos Tribunais, abr./jun. 1997, p. 174-184.

obtenha, em tempo razoável, decisão de mérito justa e efetiva". Evidencia-se, portanto, o dever de colaborar na identificação das questões de fato e de direito, bem como de não provocar incidentes desnecessários e procrastinatórios.[52]

Para isso, faz-se imprescindível uma atuação firme do Juiz, no decorrer do procedimento, devendo, além disso, possibilitar às partes a efetiva participação em cada ato, em cada decisão, a ser produzido, tornando todos responsáveis pela efetividade da decisão.[53] Deve o magistrado, pois, pautar-se no dever de prevenção, esclarecimento, assistência das partes e consulta às partes dos pontos fáticos e jurídicos da demanda.[54]

O dever de esclarecimento, de acordo com Miguel Teixeira de Sousa, é recíproco entre partes e juiz, consistindo na possibilidade de elucidar questões obscuras.[55] No Processo Civil alemão e no italiano, tal compromisso possui uma dupla função. Visa-se, assim, facilitar a obtenção de elementos de convencimento e, ao mesmo tempo, proporcionar uma assistência à parte mal representada, possuindo, assim, também um papel assistencial.[56]

Esse dever possui previsão expressa no novo Código de Processo Civil, cuidando o legislador de garantir a eficácia da cooperação como modelo processual adotado. Dessa forma, prevê o art. 139, VIII, do CPC/2015: "o juiz dirigirá o processo conforme as disposições deste Código, incumbindo-lhe determinar, a qualquer tempo, o comparecimento pessoal das partes, para inquiri-las sobre os fatos da causa, hipótese em que não incidirá a pena de confesso".

A prevenção, conforme demonstra Miguel Teixeira de Sousa, consiste na consagração do convite, às partes, de aperfeiçoar seus atos, quando constatada a imprecisão ou insuficiência de algum ato produzido.[57] Em outras palavras, deve o juiz apontar as deficiências das postulações das partes para que, assim, estas possam corrigir.

Já o dever de assistência, ou auxílio, consiste no dever do magistrado de socorrer as partes na superação de obstáculos que impeçam ou dificultem o exercício de direitos ou faculdades, bem como o cumprimento de ônus e deveres processuais. Nesse sentido, prevê o artigo 379 do CPC/2015: "preservado o

---

52. BUENO, Cássio Scarpinella. **Novo Código de Processo Civil anotado**. São Paulo: Saraiva, 2015, p. 45.

53. FLEXA, Alexandre; MACEDO, Daniel; BASTOS, Fabrício. **Novo Código de Processo Civil**: temas inéditos, mudanças e supressões. Salvador: Juspodivm, 2015, p. 46.

54. THEODORO JR., Humberto; NUNES, Dierle; BAHIA, Alexandre Melo Franco; PEDRON, Flávio Quinaud. **op. cit.**, p. 83.

55. SOUSA, Miguel Teixeira de. **op. cit.**, p. 176-177.

56. DENTI, Vittorio. Processo civile e giustizia sociale. Milão: Comunità, 1971, p. 64 *apud* THEODORO JR., Humberto; NUNES, Dierle; BAHIA, Alexandre Melo Franco; PEDRON, Flávio Quinaud. **op. cit.**, p. 84.

57. SOUSA, Miguel Teixeira de. **op. cit.**, p. 176.

Cap. 4 • NEGÓCIOS JURÍDICOS PROCESSUAIS: A AMPLIAÇÃO DAS HIPÓTESES TÍPICAS PELO NOVO CPC
Rafael Calheiros Bertão

direito de não produzir prova contra si própria, incumbe à parte".[58] Percebe-se um exemplo de assistência *ope legis* às partes.

Por fim, há o dever de consulta prévia às partes, ou seja, não pode o juiz decidir com base em questão, de fato ou de direito, ainda que possa ser conhecida de ofício, sem que às partes tenha sido oportunizada a manifestação.[59] O legislador achou por bem prever expressamente tal dever, nos termos do art. 9º do novo CPC, que dispõe: "Não se proferirá decisão contra uma das partes sem que ela seja previamente ouvida".

O modelo cooperativo se fundamenta, especialmente, em dois princípios constitucionais, majorando sua importância: o princípio da boa-fé objetiva e do contraditório. Cooperar nada mais é do que agir de boa-fé, apesar de que ne sempre agir de boa-fé signifique agir em colaboração.[60]

A boa-fé processual, assim, se subdivide em dois subprincípios elementares para o modelo cooperativo: proteção da confiança e prevalência da materialidade subjacente.[61] Este, significa uma postura do combate ao formalismo, visando-se a consolidação do direito material em face dos vícios formais. Já a proteção da confiança é elementar para o sucesso do modelo cooperativo: os sujeitos processuais, com mútua confiança, podem praticar atos com vistas a efetividade do processo, esperando reciprocidade.

Já o princípio do contraditório ganha uma nova roupagem, ampliando o seu significado. Agora, além de pressuposto para a validade das decisões e garantia de comunicação e manifestação, passa o princípio a ser, também, garantia de influência e não surpresa. É, assim, "direito de participação na construção do provimento, sob a forma de uma garantia processual de influência e não surpresa para a formação das decisões".[62] Nesse contexto, achou por bem o novo diploma prever, expressamente, o dever do juiz de zelar pelo efetivo contraditório, nos termos do art. 7º.

Desse modo, apenas com o modelo cooperativo de processo, adotado pelo novo diploma processual positivado, consolida-se um sistema pautado na democracia, fundamento essencial ao Estado Constitucional. Visa-se, assim,

---

58. Enunciado n. 51 do FPPC: (art. 378; art.379) A compatibilização do disposto nestes artigos c/c o art. 5º, LXIII, da CF/1988, assegura à parte, exclusivamente, o direito de não produzir prova contra si em razão de reflexos no ambiente penal. (*Grupo: Direito Probatório*).

59. DIDIER JR., Fredie. **Fundamentos do princípio da cooperação no Direito Processual Civil português.** Coimbra: Coimbra Editora, 2010, p. 17-18.

60. WAMBIER, Teresa Arruda Alvim; CONCEIÇÃO, Maria Lúcia Lins; RIBEIRO, Leonardo Ferres da Silva; Mello, Rogerio Licastro Torres de. **Primeiros comentários ao novo Código de Processo Civil:** artigo por artigo. São Paulo: Revista dos Tribunais, 2015, p. 62.

61. DIDIER JR., Fredie. **Fundamentos do princípio da cooperação... op. cit.**, p. 83.

62. THEODORO JR., Humberto; NUNES, Dierle; BAHIA, Alexandre Melo Franco; PEDRON, Flávio Quinaud. **op. cit.**, p. 93.

3.3. O modelo cooperativo de processo e os negócios jurídicos processuais

O novo Código de Processo Civil é um diploma sustentado no modelo cooperativo de processo. Entender isso é crucial para a compreensão adequada da valorização dos negócios jurídicos pelo legislador do CPC/2015.

Isso porque, ao estabelecer que o CPC/2015 tem por base um modelo que se sustenta na vontade das partes e no equilíbrio da função dos sujeitos processuais, fica clara a importância das convenções privadas. "Há, no novo Código, uma valorização do consenso e uma preocupação em criar no âmbito do judiciário um espaço não apenas de julgamento, mas de resolução de conflitos".[63] Enfoca-se, portanto, a autonomia da vontade como elemento basilar de todo o sistema processual.

De fato, é possível extrair do novo CPC uma série de normas que visam estimular a solução extrajudicial dos conflitos, evidenciando um moderno posicionamento de valorização de pacificação consensual. Nota-se, assim, os arts. 165 a 175, que regulam a autocomposição, regrando a conciliação e medicação como métodos salutares à resolução das lides.

Há quem defenda a criação, pelo novo Código, do princípio do respeito ao autorregramento da vontade no processo.[64] A ideia, aqui, é perceber que o novo diploma determina que as partes possam, sem quaisquer restrições injustificadas, autorregular-se.

Ao se analisar o novo CPC, percebe-se uma ampliação dos negócios jurídicos processuais típicos. Tem-se, assim, a título de exemplo: (a) a redução de prazos peremptórios, (b) o calendário processual; (c) a escolha consensual do perito, (d) a audiência de saneamento e organização em cooperação com as partes, e (e) o acordo de saneamento ou saneamento consensual. Tais institutos, objetos principais deste trabalho, serão abordados de maneira mais detida em itens *infra*.

Ainda assim, entendeu por bem o legislador prever a alcunhada cláusula geral de negociação processual,[65] contida no art. 190 do novo diploma. Tal regra, diga-se, fundamenta-se no princípio da adequação, ou seja, de que deve

---

63. CUNHA, Leonardo Carneiro da. **Negócios jurídicos processuais... op. cit.**, p. 49.
64. DIDIER JR., Fredie. **Princípio do respeito ao autorregramento... op. cit.**, p. 22.
65. NOGUEIRA, Pedro Henrique Pedrosa. **A cláusula geral do acordo de procedimento no projeto do novo CPC (PL 8.046/2010).** Novas tendências do processo civil: estudos sobre o projeto do novo Código de Processo Civil. Alexandre Freire, Bruno Dantas, Dierle Nunes, Fredie Didier Jr., José Miguel Garcia Medina, Luiz Fux, Luiz Henrique Volpe Camargo, Pedro Miranda de Oliveira (org.). Salvador: Juspodivm, 2013, p. 15-26.

Cap. 4 • NEGÓCIOS JURÍDICOS PROCESSUAIS: A AMPLIAÇÃO DAS HIPÓTESES TÍPICAS PELO NOVO CPC
Rafael Calheiros Bertão

o procedimento previsto em lei atender às finalidades e à natureza do direito tutelado. Nesse sentido, *ope legis*, há inúmeras previsões, já no CPC atual, de procedimentos especiais estruturados de acordo com as peculiaridades do direito material. Há, ainda, o permissivo da adequação *ope judicis*, ou seja, realizada pelo magistrado diante do caso concreto.

O novo CPC, em verdade, apenas amplia a adequação para as partes, podendo elas flexibilizar, voluntariamente, o procedimento comum,[66] para, assim, ajustá-lo às peculiaridades de seu caso.[67] O grande desafio dos processualistas será definir quais são os limites para a negociação sobre matéria processual. O próprio art. 190, no seu parágrafo único, prevê que o juiz deve controlar a validade do contrato, afastando-o, apenas, em caso de nulidade, vício de vontade ou criação de vulnerabilidade entre as partes. Não parece, contudo, serem os limites apenas formais.

Destaca-se, nesse sentido, o enunciado n. 6 do Fórum Permanente de Processualistas civis, eventos que reúnem acadêmicos do Brasil inteiro para discutir o novo CPC, que afirma: "(arts. 5 º, 6º e 190) O negócio jurídico processual não pode afastar os deveres inerentes à boa-fé e à cooperação (*Grupo: Negócio Processual)*". Percebe-se, assim, que os negócios jurídicos não podem afrontar princípios e garantias constitucionais, bem como a própria sistemática processual. Não parece viável, também, convenções sobre matérias reguladas por normas cogentes, em que o legislador não outorga disponibilidade às partes.[68]

É importante ressaltar, no entanto, que não se trata de inclusão de uma figura nova, sendo os negócios jurídicos processuais atípicos autorizados implicitamente pelo CPC/73. Assim, o art. 158, reproduzido no novo Código no art. 200, dispõe; "os atos das partes consistentes em declarações unilaterais ou bilaterais de vontade produzem imediatamente a constituição, modificação ou extinção dos direitos processuais". A grande novidade é, apenas, a previsão expressa do instituto, que enseja maiores cuidados.

A verdade é que, com a introdução da autorização expressa aos negócios jurídicos atípicos, o novo Código evidencia a valorização do autorregramento da vontade, em consonância com o modelo cooperativo de processo. Cabe, agora, aos estudiosos do processo civil estabelecerem quais os limites substanciais e formais da negociação, desafio que parece bastante relevante para o sucesso dos novos institutos processuais.[69]

---

66. GAJARDONI, Fernando. **Flexibilização procedimental**. São Paulo: Atlas, 2008, p. 215.
67. CUNHA, Leonardo Carneiro da. **Negócios jurídicos processuais... op. cit.**, p. 57.
68. Ibidem... p. 59.
69. DAVIS, Kevin E.; HERSHKOFF, Helen. **Contracting for procedure**. Negócios Processuais. Antonio do Passo Cabral e Pedro Henrique Nogueira (coord.). Salvador: juspodivm, 2015, p. 131-178, p. 170 e ss.

1361

NOVO CPC DOUTRINA SELECIONADA, v. 1 • Parte Geral

PARTE IX – ATOS, PRAZOS E NEGÓCIOS PROCESSUAIS

4. OS NEGÓCIOS JURÍDICOS PROCESSUAIS TIPIFICADOS NA LEGISLAÇÃO BRASILEIRA

4.1. Regramento atual: Código de Processo Civil de 1973

Os negócios jurídicos processuais estão previstos em várias partes do CPC/73, possuindo um espectro muito amplo de hipóteses típicas[70]. É possível, em verdade, identificar convenções privadas que interferem no início do procedimento, na petição inicial, no seu desenvolvimento, como o acordo para a suspensão do processo, e no término, a exemplo da desistência.[71]

É que, a bem da verdade, inúmeros atos praticados no decorrer do procedimento podem ser enquadrados como negócio jurídico. Tem-se, por exemplo, a petição inicial. Há, pelo menos, o ato negocial da escolha do procedimento a ser seguido, ainda mais perceptível quando o autor pode optar por mais de um procedimento.[72] Paula Costa e Silva vai além, considerando o ato postulatório inteiramente um ato negocial, ao defender que a petição inicial delimita o objeto do processo, manifestando a vontade acerca do que se espera do tribunal e, mais, a decisão ficará restrita ao pedido.[73]

---

70. Apenas alguns exemplos de hipóteses típicas no CPC/73, sendo tarefa herculana e diabólica tentar esgotar o assunto: (1) a modificação do réu na nomeação à autoria (arts. 65 e 66); (2) sucessão do alienante ou cedente pelo adquirente ou cessionário da coisa litigiosa (art. 42, § 2º); (3) acordo de eleição de foro (art. 111); (4) prorrogação da competência territorial por inércia do réu (art. 111); (5) desistência do recurso (art. 158; art. 500, III); (6) convenções sobre prazos dilatórios (art. 181); (7) convenção para a suspensão do processo (arts. 265, II, e 792); (8) desistência da ação (art. 267, §4º; art. 158, parágrafo único); (9) convenção de arbitragem (art. 267, VII; art. 301, IX); (10) revogação da convenção de arbitragem (art. 301, IV, e § 4º); (11) reconhecimento da procedência do pedido (art. 269, II); (12) transação judicial (arts. 269, III, 475-N, III e V, e 794, II); (13) renúncia ao direito sobre o qual se funda a ação (art. 269, V); (14) convenção sobre distribuição do ônus da prova (art. 333, parágrafo único); (15) acordo para retirar dos autos o documento cuja falsidade foi arguida (art. 392, parágrafo único); (16) conciliação em audiência (arts. 447 e 449); (17) adiamento da audiência por convenção das partes (arts. 447 a 449); (18) convenção sobre alegações finais orais de litisconsortes (art. 454, §1º); (19) liquidação por arbitramento em razão de convenção das partes (art. 475-C, I); (20) escolha do juízo de execução (art. 475-P, parágrafo único); (21) renúncia ao direito de recorrer (art. 502); (22) requerimento conjunto de preferência no julgamento perante tribunais (art. 565, parágrafo único); (23) desistência da execução ou de medidas executivas (art. 569); (24) escolha do foro competente pela Fazenda Pública na execução fiscal (art. 578, parágrafo único); (25) opção do exequente pelas perdas e danos na execução de obrigação de fazer (art. 633); (26) desistência da penhora pelo exequente (art. 667, III); (27) administração de estabelecimento penhorado (art. 677, §2º); (28) dispensa de avaliação se o exequente aceitar a estimativa do executado (art. 684, I); (29) opção do exequente por substituir a arrematação pela alienação via *internet* (art. 689-A); (30) opção do executado pelo parcelamento do valor a ser pago (art. 745-A); (31) acordo de pagamento amigável pelo insolvente (art. 783); (32) escolha de depositário de bens sequestrados (art. 824, I); (33) acordo de partilha (art. 1.031).

71. VITIRITTO, Benedito Mário. **Reflexões sobre o Negócio Jurídico Processual**. O julgamento antecipado da lide e outros estudos. São Paulo: Lejus, 1999, p. 114 e ss.

72. DIDIER JR., Fredie. **Curso de Direito Processual Civil:** introdução ao direito processual civil, parte geral e processo de conhecimento. 17. ed. Salvador: Juspodivm, 2015, p. 377.

73. SILVA, Paula Costa e. **Acto e Processo**: o dogma da irrelevância da vontade na interpretação e nos vícios do acto postulativo. Coimbra: Coimbra, 2003, p. 318 e ss.

Imperioso, para a boa compreensão do tema, atentar-se para o fato de que os negócios jurídicos podem ser unilaterais, bilaterais ou plurilaterais.[74] Nesse contexto, a título de exemplo, a modificação do réu na nomeação à autoria e a sucessão do alienante ou cedente pelo adquirente são negócios jurídicos plurilaterais. Ou seja, três ou mais partes acordam, expressa ou tacitamente, para sua celebração.

Por outro lado, a desistência da ação antes da citação válida, a renúncia ao direito de recorrer, a escolha do juízo de execução, são todos exemplos de negócios jurídicos unilaterais. Nesse caso, a realização do ato depende, unicamente, da vontade de uma parte. É o caso da petição inicial.

Por fim, negócios jurídicos bilaterais, cuja celebração e realização depende da vontade de duas partes, podem ser divididos em contratos, quando se tratam de interesses contrapostos, e acordos ou convenções, quando se unem por um interesse comum. Estas, em verdade, são mais comuns e até esperadas no decorrer do procedimento, sendo certo que, em litígio, há enorme dificuldade de celebração de contratos entre as partes.[75] Um bom exemplo de negócio jurídico bilateral é a desistência da ação após a citação válida, o que exige a manifestação do autor e concordância do réu.

Ressalte-se, para melhor esclarecimento, que a distinção importa apenas didaticamente, para a melhor compreensão do tema, possibilitando a classificação de inúmeros atos unilaterais como negócio jurídico. Negócio jurídico, acordo e convenção, ao longo de todo este trabalho, foram utilizados como termos sinônimos, o que não contraria a técnica, mas apenas não especifica a diferenciação em gênero e espécies.

Percebe-se, ademais, que a maioria das hipóteses previstas no CPC/73 são de atos comissivos, ou seja, dependem da ação das partes para se concretizarem. No entanto, é possível se identificar situações que autorizam a omissão negocial, como é o caso da prorrogação da competência territorial por inércia do réu e da revogação da convenção de arbitragem. Esta, caso o réu não alegue a existência da cláusula no momento adequado, qual seja em preliminar de contestação, enquanto que aquela caso o réu permaneça silente diante da propositura de uma ação em foro territorial incompetente.

---

74. CUNHA, Leonardo Carneiro da. **Negócios Jurídicos processuais... op. cit.,** p. 44.
75. Não se pretende, aqui, negar a hipótese, mas apenas apontar a dificuldade prática de se verificar a existência de um contrato processual. Adota como possível a ocorrência de tais: ECHANDIA, Hernando Devis. **Teoria General del Proceso aplicable a toda clase de procesos:** nociones generales, sujetos de la relación jurídica procesal, objeto, iniciación, desarrollo y terminación del proceso. 2. ed. Buenos Aires: Editorial Universidad, 1997, p. 367-368.

Note-se, ainda, que, à exceção da desistência da ação, os negócios jurídicos tipificados produzem efeitos imediatos. O caso excepcional, diga-se, decorre da natureza bilateral da desistência após a citação válida, o que determina o aperfeiçoamento do ato apenas após a manifestação, expressa ou tácita, do réu.

Imperioso se destacar que, a despeito de alguns atos necessitarem de homologação pelo julgador, não perdem sua natureza negocial nem a liberdade do autorregramento da vontade. Isso porque, em consonância com a sistemática processual, os atos já existem no momento da manifestação de vontade, apenas optando a lei por impedir seus efeitos até a apreciação da sua higidez pelo juiz. É o caso, por exemplo, da desistência da ação, que só a extingue efetivamente com a homologação. Entender de outra maneira seria confundir os planos da existência e da eficácia, em desacordo com a teoria pontiana.[76]

Além disso, não há, para configuração de um negócio jurídico, a necessidade de sujeição de todos os efeitos decorrentes do ato à vontade manifestada da parte, como se para configurar o ato negocial houvesse a necessidade de estipulação, pelo indivíduo, de todos os seus efeitos.[77] Nem assim o é no direito civil, a exemplo da nota promissória.[78] Por isso, é equivocada a compreensão da expressão negócio processual como se todas as consequências do ato dependessem da vontade das partes, sendo certo que alguns efeitos são impostos pela lei.[79]

Nesse contexto, o rol de negócios jurídicos processuais é enorme e se encontra disperso em todo o Código de Processo Civil de 1973. Os exemplos são muitos, configurando-se atos unilaterais, bilaterais e, até, plurilaterais. Ao se adotar uma adequada compreensão do que é negócio jurídico, percebe-se a possibilidade de enquadramento de vários atos como hipóteses de atos negociais.

Assim, o CPC/73, atual até março de 2016, já possui um regramento considerável dos negócios jurídicos processuais típicos, sendo certo que, a despeito de respeitada doutrina, já havia atos negociais no sistema processual mesmo antes do novo diploma. A nova estrutura principiológica e metodológica, bem como previsão expressa da possibilidade de negócios atípicos, com a cláusula geral de negociação processual, apenas consolidam instrumentos que já conviviam na estrutura processual civil.

---

76. Idem.
77. NOGUEIRA, Pedro Henrique Pedrosa. **Sobre os acordos de procedimento... op. cit.**, p. 87.
78. Tem-se, no direito cambial, que o emitente, ao sacar uma nota promissória, realizando um negócio jurídico unilateral de direito cambial, não dispõe de todos os efeitos do ato, sendo certo que, a despeito de sua manifestação ou vontade, a nota adquirirá caráter de título executivo extrajudicial por força da lei, nos termos do art. 784, I, do CPC/73
79. SILVA, Paula Costa e. **op. cit.**, p. 270.

Cap. 4 • NEGÓCIOS JURÍDICOS PROCESSUAIS: A AMPLIAÇÃO DAS HIPÓTESES TÍPICAS PELO NOVO CPC
Rafael Calheiros Bertão

4.2. O novo Código de Processo Civil: a ampliação das hipóteses típicas

O novo CPC, embasado na valorização da cooperação e do autorregramento da vontade, modificou e ampliou o rol de hipóteses típicas dos negócios jurídicos processuais. Não poderia ser diferente. Da mesma forma que se valoriza a negociação atípica do procedimento, nos termos do art. 190, o novo diploma mantém a maioria dos instrumentos do CPC/73, modifica alguns para adequá-los à nova sistemática codificada e positiva novos atos negociais.

Destaca-se, de início, a percepção de Fredie Didier Jr.[80], ao analisar o novo art. 18, que dispõe: "Ninguém poderá pleitear direito alheio em nome próprio, salvo quando autorizado pelo ordenamento jurídico". Tal artigo é uma recepção da norma contida no art. 6º do CPC/73, com a modificação, ao final, do termo "lei" pelo termo "ordenamento jurídico". Ao ser o negócio jurídico instituto pertencente ao ordenamento jurídico, há uma autorização implícita à legitimação extraordinária negociada, permitindo-se a atribuição a alguém, por via contratual, de legitimação para a defesa judicial dos interesses de outrem.

O novo diploma mantém a maioria das hipóteses típicas previstas no CPC/73. Prevê, assim, a eleição convencional do foro (art. 63), a convenção acerca da suspensão do processo (art. 313, II), a negociação do adiamento de audiência (art. 362, I), o acordo sobre distribuição diversa do ônus da prova (art. 373, §§ 3º e 4º), a convenção para a liquidação de sentença por arbitramento (art. 509, I), a desistência do recurso (art. 999), dentre outras esparsas em todo o Código.

Há, ainda, alguns institutos que, apesar de mantidos, necessitam de uma adaptação para se adequar ao novo Código. Tem-se, por exemplo, a questão da extinção da nomeação à autoria como modalidade de intervenção de terceiros. É que o novo CPC, simplificando o procedimento, prevê que, ao alegar ilegitimidade, o réu deverá indicar o sujeito passivo, quando o conhecer, e o autor terá prazo de quinze dias para aceitar, modificando o polo passivo, ou apenas incluir o novo sujeito como litisconsorte, tudo conforme o art. 339, §§ 1º e 2º.

Dessa maneira, apesar de não mais se falar em modificação do réu na nomeação à autoria como negócio jurídico processual, tem-se a novidade da substituição ou ampliação negocial do polo passivo, através de um verdadeiro negócio jurídico processual bilateral. Há, assim, a manutenção da hipótese de 1973, com a devida adaptação à nova sistemática processual.

---

80. DIDIER JR., Fredie. **Fonte normativa da legitimação extraordinária no novo Código de Processo Civil:** a legitimação extraordinária de origem negocial. Revista de Processo. ano. 39. n. 232. São Paulo: Revista dos Tribunais, jun. 2014, p. 69-76.

Ademais, há alguns casos mantidos em que, apesar de compatíveis com o novo diploma, o legislador optou por operar pequenas modificações. É o caso da desistência de documento cuja falsidade foi arguida que, na sistemática do CPC/73, é ato negocial bilateral que depende de iniciativa da parte que produziu a prova e da concordância da parte contrária, nos termos do art. 392. A nova previsão, no art. 432 do CPC/2015, entendeu por torná-lo um negócio jurídico processual unilateral, prevendo que, para a exclusão da prova, basta a iniciativa da parte que a produziu em retirá-la.

4.2.1. A redução dos prazos peremptórios

A redução dos prazos peremptórios apresenta-se como a primeira grande mudança ampliativa das hipóteses. É que, nos termos do art. 222, §1º, do novo CPC, o juiz pode, desde que haja concordância das partes, diminuir os prazos, com o intuito de dotar maior celeridade ao procedimento. Percebe-se, aqui, uma hipótese de negócio plurilateral típico, envolvendo todos os sujeitos processuais, ou seja, partes e juiz.

É importante elucidar, aqui, que o juiz, enquanto sujeito processual que coopera com as partes para a efetividade das decisões judiciais, ou seja, no modelo cooperativo, não possui qualquer impedimento para negociar com as partes. Faz parte da nova sistemática, pois, o redimensionamento e democratização do papel do Poder judiciário, que, no curso do procedimento, equipara-se às partes, para, assim, conduzi-lo de forma mais eficaz. Há, verdadeiramente, uma modificação sensível do papel do juiz na condução do processo.

> Disso surgem deveres de conduta tanto para as partes como para órgão jurisdicional, que assume uma "dupla posição": mostra-se paritário na condução do processo, no diálogo processual, e assimétrico no momento da decisão; não conduz o processo *ignorando* ou *minimizando* o papel das partes na divisão do trabalho, mas, sim, em uma posição paritária, com diálogo e equilíbrio.[81]

4.2.2. A escolha consensual do perito

A segunda ampliação significativa é a escolha consensual do perito. Ao longo da história legislativa brasileira, a forma de escolha do perito sofreu inúmeras variações. No Regulamento 737/1850, cada parte indicava um perito e, em comum acordo, escolhiam um terceiro, que seria indicado pelo juiz caso não houvesse

---

81. DIDIER JR., Fredie. **Fundamentos do princípio da cooperação...** op. cit., p. 48.

o consenso. Sendo a prova solicitada de ofício, o juiz deveria escolher o perito, mas, mesmo nesses casos, na prática, adotava-se o procedimento geral.[82]

Já no Código de Processo Civil de 1939, na dicção originária de seu art. 129, o juiz deveria escolher o perito. Sobreveio, em 1946, o Decreto-lei n. 8.570, alterando o artigo, retomando-se o modelo anterior, ou seja, legando às partes o direito de escolher seus peritos. Estes poderiam ser indicados conforme o modelo de 1850, ou, ainda, ser apenas um perito, indicado conjuntamente pelas partes.

Percebeu-se, na prática, que, normalmente, o juiz seguia apenas o laudo do terceiro perito, o consensual, posto que os peritos das partes apenas defendiam seus interesses. Passou-se, assim, no CPC/73, ao juiz o poder de determinar o perito, nos termos do art. 331, I e 421. Às partes, cabia apenas a indicação de assistentes técnicos que, originalmente, firmavam termo de compromisso de imparcialidade com o perito, mas, após a reforma pela Lei n. 8.455/1992, passaram a ser pessoas parciais de confiança da parte.[83]

No novo CPC, assim, mantém-se a regra de que o perito deve ser escolhido pelo juiz, sendo alguém de sua confiança. No entanto, o art. 471 permite às partes, consensualmente, a escolha do perito. Nesse sentido: "As partes podem, de comum acordo, escolher o perito, indicando-o mediante requerimento, desde que: I - sejam plenamente capazes; II - a causa possa ser resolvida por autocomposição".

Percebe-se que devem as partes ser plenamente capazes e o litígio deve versar sob matéria disponível. Ao acordarem o perito, as partes deverão, no mesmo ato, indicarem os assistentes técnicos, sendo o procedimento pericial idêntico ao do perito judicial. Trata-se, assim, de um negócio jurídico típico bilateral.

4.2.3. Organização consensual do processo e audiência de saneamento em cooperação com as partes

O art. 357 do novo diploma processual prevê, em seus parágrafos, duas hipóteses novas de negociação processual: a organização consensual do processo e a audiência de saneamento em cooperação com as partes. Tratam-se, assim, de mais ampliações ao rol típico de atos negociais processuais.

Nesse sentido, em seu § 2º, prevê que "as partes podem apresentar ao juiz, para homologação, delimitação consensual das questões de fato e de direito a que se referem os incisos II e IV, a qual, se homologada, vincula as partes e o juiz". Em outras palavras, as partes podem convencionar acerca das

---

82. CUNHA, Leonardo Carneiro da. **Negócios Jurídicos processuais... op. cit.,** p. 54.
83. Idem.

questões de fato sobre as quais recairá a atividade probatória, especificando os meios de prova que podem ser admitidos, e designar as questões de direito relevantes ao julgamento de mérito. Frise-se que, conforme o enunciado 427 do Fórum Permanente de Processualistas Civis, as partes podem incluir questões fáticas ainda não deduzidas.

Dispõe a norma, ainda, que o acordo vincula as partes e o juiz, ou seja, não poderá o magistrado proferir decisão pautada em questões de direito que, por exemplo, não foram elencadas pelas partes em seu pacto de organização. Trata-se de negócio jurídico típico bilateral.

Já no § 3º, tem-se um negócio jurídico típico plurilateral, celebrado entre partes e juiz. Nesse sentido: "se a causa apresentar complexidade em matéria de fato ou de direito, deverá o juiz designar audiência para que o saneamento seja feito em cooperação com as partes, oportunidade em que o juiz, se for o caso, convidará as partes a integrar ou esclarecer suas alegações". Ainda acrescenta o § 5º do mesmo artigo que, nesse momento, deverão as partes apresentarem o rol de testemunhas para tal audiência.

É mais um dispositivo em consonância com o princípio da cooperação, permitindo que as partes, que conhecem em detalhes a controvérsia, possam colaborar para o saneamento da demanda em diálogo com o magistrado.[84] Apesar de o Código condicionar a realização da audiência de saneamento em cooperação com as partes às causas que apresentem complexidade, o Fórum Permanente de Processualistas Civis, no enunciado 298, entendeu, corretamente, pela sua possibilidade em qualquer causa.

4.2.4. Calendário processual

Grande novidade importada pelo novo Código, com inspirações nas legislações francesa e italiana[85], é a positivação do calendário processual, previsto no art. 191. Trata-se de mais uma ampliação das hipóteses típicas de ato negocial, configurando-se um negócio jurídico processual plurilateral, a ser celebrado entre partes e juiz.

Através de negociação, é possível se calendarizar o procedimento, ou seja, fixar as datas para a realização dos atos processuais, tanto das partes quanto

---

84. Ibidem, p. 55.
85. Art. 81-bis do CPC italiano: "Il giudice, quando provvede sulle richieste istruttorie, sentite le parti e tenuto conto della natura, dell'urgenza e della complessità della causa, fissa, nel rispetto del principio di ragionevole durata del processo, il calendario delle udienze successive, indicando gli incombenti che verranno in ciascuna di esse espletati, compresi quelli di cui all'articolo 189, primo comma. I termini fissati nel calendario possono essere prorogati, anche d'ufficio, quando sussistono gravi motivi sopravvenuti. La proroga deve essere richiesta dalle parti prima della scadenza dei termini".

do juiz, restando tudo agendado previamente. Fixado, o calendário dispensa intimações das partes para a prática dos atos previstos e, além disso, para eventuais audiências já marcadas. Há, ainda, uma vinculação de todos os sujeitos processuais, inclusive do juiz, só sendo possível superveniente modificação em casos devidamente justificados.

Yarshell, no entanto, aponta que, a despeito da norma prever a vinculação dos sujeitos, não abrange os prazos para os atos do juiz. A interpretação que deve ser dada, para o professor, é a de que as partes podem fixar os prazos a que se sujeitam, não sendo o juiz parte contratante, e, ainda, que apenas a lei pode fixar prazos para os magistrados. Excepcionando-se a previsão das datas de audiência, que vincula também o juízo, o calendário nada mais é do que um capítulo particular da convenção das partes em matéria processual.[86]

Não parece ser esse, contudo, o melhor entendimento. É que, no caso do calendário processual, a norma do novo CPC prevê a necessidade de comum acordo entre juiz e partes. Dessa forma, ao que parece, a lei autoriza o juiz a ser, como sujeito processual que é, parte na negociação.[87] Nesse sentido, não há como se afastar a participação do juiz para a celebração do ato e, ainda, sua sujeição após o estabelecimento consensual do calendário.

O fundamento do instituto é claro: garantir a razoável duração do processo, com a previsão de um processo célere, evitando-se atos protelatórios e minimizando ao máximo o tempo morto. Busca possibilitar, desde já, a previsão da duração de todo o processo, determinando-se, até, o momento da sentença.[88] Percebe-se que, além de buscar à razoável duração do processo, o calendário é instrumento eficaz para organização e previsibilidade de todo o procedimento.

Algumas questões devem ser esclarecidas.

De início, aceitando-se a premissa de que os prazos processuais do juiz podem ser fixados pelo calendário, esses não deixam de ser impróprios, ou seja, não preclusivos. Isso porque, "é natural que sejam impróprios os prazos fixados para o juiz porque ele não defende interesses pessoais no processo, mas cumpre deveres. Seria contrário à ética e ao senso-comum a definitiva dispensa do cumprimento de um dever, em razão do seu não-cumprimento no prazo".[89]

---

86. YARSHELL, Flávio Luiz. **Convenção das partes em matéria processual:** rumo a uma nova era? Negócios Processuais. Antonio do Passo Cabral e Pedro Henrique Nogueira (coord.). Salvador: Juspodivm, 2015, p. 63-80, p. 79.

87. AVELINO, Murilo Teixeira. **Sobre a *atipicidade* dos negócios processuais e a hipótese *típica* de calendarização**. Texto inédito, gentilmente cedido autor.

88. RICCI, Gian Franco. **La reforma del processo civile:** legge 18 giugno 2009, n. 69. Turim: G. Giappichelli Editore, 2009, p. 36 *apud* CUNHA, Leonardo Carneiro da. **Negócios Jurídicos processuais... op. cit.**, p. 51.

89. DINAMARCO, Cândido Rangel. **op. cit.**, p. 567.

Em outras palavras, por mais que haja uma vinculação dos sujeitos processuais aos prazos fixados no calendário, o juiz, ao deixar de cumprir determinado ato, não terá seu dever de praticá-lo precluido. Além disso, não prevê a norma qualquer sanção para o não cumprimento. Isso significa, assim, que a vinculação apenas atingirá os atos das partes, que precluirão em caso de não cumprimento no prazo e não poderão ser dilatados ou modificados mesmo pelo magistrado. Dessa forma, por não ter nenhum instrumento de garantia do cumprimento no prazo fixado dos atos do juiz, o instituto perde, aparentemente, parte de sua eficácia.

Outra questão é a incompatibilidade entre o art. 191 e o art. 12 do novo CPC. Isso porque, dispõe este: "Os juízes e os tribunais deverão obedecer à ordem cronológica de conclusão para proferir sentença ou acórdão". Se há uma ordem cronológica para a sentença, como se poderá fixar data para a sua prolação? Há, visivelmente, uma incompatibilidade, posto que o magistrado deve se vincular ao calendário, mas, ao mesmo tempo, deve cumprir a ordem cronológica de conclusão para poder proferir a sentença.

Nesse contexto, não poderá o magistrado fixar data para a prolação da sentença sem respeitar à ordem cronológica. Há duas formas para se compatibilizar as duas regras, de acordo com Leonardo Cunha: (i) a sentença não pode ser incluída no calendário processual; (ii) fica estabelecido no calendário a prolação de sentença em audiência, o que, de acordo com o §2º, I, do art. 12, não se submete à ordem cronológica.[90] Não parece, no entanto, ser esta solução adequada, haja vista representar um mal-uso de uma exceção que, no caso, seria objeto de manipulação para se burlar à ordem cronológica. A conclusão é que, em razão do art. 12 do novo CPC, o calendário processual no sistema brasileiro não comporta a previsão da data da sentença.

O calendário processual serve, em regra, para a previsão dos atos instrutórios,[91] tornando-os mais previsíveis. É possível, no entanto, que seja prevista a prática de atos postulatórios, a exemplo das alegações finais, bem como de atos decisórios e executivos, emanados do magistrado.[92]

O novo CPC não prevê o momento para a fixação do calendário, o que sugere, compatibilizando-se com sua própria natureza, que o ato negocial pode ser celebrado a qualquer momento durante o processo. Parece, no entanto, mais factível e provável que seja estabelecido na fase de organização e saneamento do processo, a fim de se agendarem os atos instrutórios, oportunidade na qual

---

90. CUNHA, Leonardo Carneiro da. **Negócios Jurídicos processuais... op. cit.**, p. 53.
91. RICCI, Gian Franco. **La reforma del processo civile:** legge 18 giugno 2009, n. 69. Turim: G. Giappichelli Editore, 2009, p. 36 *apud* CUNHA, Leonardo Carneiro da. **Negócios Jurídicos processuais... op. cit.**, p. 52.
92. Idem.

os sujeitos processuais irão delimitar o processo. Pode, ainda, o magistrado designar audiência específica para a negociação do calendário processual, nos termos do enunciado n. 299 do Fórum Permanente dos Processualistas Civis.

Por fim, questão que chama atenção é quanto à possibilidade de imposição do calendário, pelo juiz, às partes. Há quem defenda ser a calendarização por imposição judicial, apesar de aparentar radical garantismo: "excelente instrumento de celerização nos processos em que uma das partes seja o Poder Público".[93] Defende-se, assim, que, caso o juiz entenda ser salutar, pode determinar o calendário para a prática dos atos, em verdadeiro exercício do ativismo judicial, devendo, no entanto, agir com cautela.

Apesar de se compreender a intenção de tal entendimento, sendo certo que a imposição do calendário otimizaria o andamento do processo, não parece ser esse o melhor entendimento. Por mais que caiba ao juiz zelar pela razoável duração do processo, isso não lhe autoriza a impor, arbitrariamente, um instituto previsto como ato negocial. Trata-se, expressamente, de um negócio jurídico plurilateral, só sendo concebível se estipulado de comum acordo entre todos os sujeitos processuais.[94]

Assim, o calendário processual se apresenta como a principal inovação dos negócios processuais típicos, sendo certo que a dispensa de intimações tende a reduzir o tempo morto e dotar maior celeridade ao procedimento. Apesar de restarem, ainda, muitas questões relevantes a ser delimitadas para a sua eficaz utilização, parece ser um instrumento interessante para racionalizar o processo, dotando-o de maior previsibilidade e atendendo à duração razoável do processo.

5. CONCLUSÕES

O presente momento histórico do direito processual brasileiro é de adaptação a uma verdadeira revolução sistemática. Não se espera, diga-se, que da noite para o dia, por mera imposição de um texto normativo, todos os operadores do direito evoluam para concretizar os princípios e nortes que o novo CPC busca implementar. O Código é um primeiro passo, um incentivo para que todos os estudiosos do processo possam, enfim, defender ideais mais compatíveis com a realidade do Estado Constitucional brasileiro.

O novo Código de Processo Civil deve ser comprado, ou seja, deve ser aceito como o modelo ideal, como um norte para o estudo e para a prática jurídica. Espera-se, de todos, um grande esforço para se adequarem à nova

---

93. COSTA, Eduardo José da Fonseca. **Calendarização processual.** Negócios Processuais. Antonio do Passo Cabral e Pedro Henrique Nogueira (coord.). Salvador: Juspodivm, 2015, p. 353-370, p. 362-363.
94. CUNHA, Leonardo Carneiro da. **Negócios Jurídicos processuais... op. cit.**, p. 52.

normativa, sendo certo que, por mais que não se acredite em uma adoção imediata de todas as regras e princípios da nova sistemática processual, é esperado pequenas, mas significativas, mudanças no trato processual e na cultura dos aplicadores do direito.

Portanto, há esperanças que a nova visão, mais democrática, mais compatível com os anseios sociais, mais cooperativa entre todos os sujeitos processuais, seja ensinada, aprendida e adotada, com o tempo, por todos os aplicadores do direito, em especial por uma nova geração de juristas que, de certo, conduzirá o direito no futuro. Conforme as palavras do físico Max Planck, que sintetiza brilhantemente a esperança para o futuro do processo civil: "As ideias novas não vencem porque convençam os portadores de ideias velhas, mas porque surge uma nova geração que as tomam para si e fazem delas sua bandeira e o seu instrumento".

A discussão secular acerca da existência, ou não, dos negócios jurídicos processuais parece superada pela legislação brasileira. De fato, entendendo-se corretamente o conceito de negócio jurídico, bem como os princípios gerais que devem regular o processo, é compatível a ocorrência de atos negociais processuais. Mesmo aqueles que discordem de tal concepção, tendo em vista a nova disciplina processual, deverão o fazer, a partir da vigência do novo CPC, contra *legem*.

O novo modelo cooperativo de processo, pautando-se no diálogo, na colaboração entre os sujeitos processuais e na liberdade das partes, impõe uma releitura de vários institutos, exigindo-se, assim, uma nova concepção cultural da resolução de conflitos. Nesse contexto, os negócios jurídicos processuais se apresentam como instrumento de enorme importância para a consolidação das ideias constitucionais, sendo o autorregramento da vontade basilar para se alcançar os escopos do novo CPC.

O legislador, dessa forma, entendeu por bem manter os tipos negociais do CPC/73, modificando-se apenas para adequá-los à nova sistemática, e optou por ampliar as hipóteses típicas. Destacam-se a redução de prazos peremptórios, a escolha consensual dos peritos, a organização consensual do processo, a audiência de saneamento em cooperação com as partes e o calendário processual. São tipos que, ao que parece, compatibilizam-se com o novo modelo e, mais, tendem a dotar de mais efetividade a tutela jurídica estatal.

Assim, o novo Código de Processo Civil surge como uma louvável inovação legislativa tendente a incentivar uma revolução sistêmica processual. Espera-se um processo judicial civil mais democrático, compatível com os anseios sociais e com maior eficácia para atingir seus objetivos. E, nesse sentido, os negócios jurídicos processuais se valorizam, posto servirem como instrumento de enorme importância para os objetivos do novo diploma.

6. REFERÊNCIAS BIBLIOGRÁFICAS

ABREU, Rafael Sirangelo de. **A igualdade e os negócios processuais**. Negócios Processuais. Antonio do Passo Cabral e Pedro Henrique Nogueira (coord.). Salvador: Juspodivm, 2015, p. 193-214.

ALBUQUERQUE JÚNIOR, Roberto Paulino de. **Ensaio introdutório sobre a teoria da responsabilidade civil familiar**. Famílias no Direito contemporâneo: estudos em homenagem ao Prof. Paulo Luiz Netto Lôbo. Fabíola Santos Albuquerque; Marcos Ehrhardt; Catarina Oliveira (coord.). Salvador: Juspodivm, 2010, p. 397-428.

ALEXY, Robert. **Teoría de los derechos fundamentales**. 2. ed. Madri: Centro de Estudios Políticos y Constitucionales, 2008.

ALMEIDA, Diogo Assumpção Rezende de. **As convenções processuais na experiência francesa e no novo CPC**. Negócios Processuais. Antonio do Passo Cabral e Pedro Henrique Nogueira (coord.). Salvador: Juspodivm, 2015, p. 245-268.

ALVES, José Carlos Moreira. **A Parte Geral do Projeto de Código Civil Brasileiro**. São Paulo: Saraiva, 1986.

AVELINO, Murilo Teixeira. **Sobre a *atipicidade* dos negócios processuais e a hipótese *típica* de calendarização**. Texto inédito, gentilmente cedido autor.

AZEVEDO, Antônio Junqueira de. **Negócio Jurídico**: existência, validade e eficácia. 4. ed. São Paulo: Saraiva, 2002.

BARBOSA MOREIRA, José Carlos. **Convenções das partes sobre matéria processual.** Temas de Direito Processual – terceira série. São Paulo: Saraiva, 1984.

BRAGA, Paula Sarno. **Primeiras reflexões sobre uma Teoria do Fato Jurídico Processual**: plano da existência. Revista de Processo. n. 148. São Paulo: Revista dos Tribunais, jun. 2007, p. 293-320.

BRASIL, Senado Federal. **Exposição de motivos do anteprojeto do novo Código de Processo Civil**. p. 14. Disponível em http://www.senado.gov.br/senado/novocpc/pdf/ Anteprojeto.pdf, consultado em 02 de junho de 2015.

BUENO, Cássio Scarpinella. **Novo Código de Processo Civil anotado**. São Paulo: Saraiva, 2015.

CABRAL, Trícia Navarro Xavier. **Reflexos das convenções em matéria processual nos atos judiciais**. Negócios Processuais. Antonio do Passo Cabral e Pedro Henrique Nogueira (coord.). Salvador: Juspodivm, 2015, p. 215-244.

CADIET, Löic. **Los acuerdos procesales en derecho francés**: situación actual de la contractualización del proceso y de la justicia en Francia. Civil Procedure Review. v. 3. n. 3. Ago.-Dez., 2012, p. 3-35.

CÂMARA, Alexandre Freitas. **Lições de Direito Processual Civil.** v. I. 9. ed. Rio de Janeiro: Lumen Juris, 2003.

CANOTILHO, Joaquim José Gomes. **Direito constitucional e teoria da constituição.** 7. ed. Coimbra: Almedina, 2003.

CAPONI, Remo. **Autonomia privata e processo civile: gli accordi processual.** Civil Procedure Review. v. 1. n. 2. Jul./Set., 2010, p. 42-57.

CARNELUTTI, Francisco. **Sistema de Derecho Procesal Civil.** Tomo II. Traducción de Niceto Alcalá-Zamora y Castillo y Santiago Sentís Melendo. Buenos Aires: Uteha Argentina, 1944.

CARREIRA ALVIM, José Eduardo. **Teoria Geral do Processo.** 13. ed. Rio de Janeiro: Forense, 2010, p. 215.

CHIOVENDA, Giuseppe. **Instituciones de Derecho Procesal Civil.** Tomo II. Madri: Editorial Revista de Derecho Privado, 1954.

COSTA, Eduardo José da Fonseca. **Calendarização processual.** Negócios Processuais. Antonio do Passo Cabral e Pedro Henrique Nogueira (coord.). Salvador: Juspodivm, 2015, p. 353-370.

COUTURE, Eduardo. **Fundamentos do Direito Processual Civil.** Campinas: Red Livros, 1999.

CUNHA, Leonardo Carneiro da. **Negócios jurídicos processuais no Processo Civil Brasileiro.** Negócios Processuais. Antonio do Passo Cabral e Pedro Henrique Nogueira (coord.). Salvador: Juspodivm, 2015, p. 27-62.

_____. **O processo civil no Estado Constitucional e os fundamentos do projeto do novo Código de Processo Civil brasileiro.** Revista de Processo. ano. 37. n. 209. São Paulo: Revista dos Tribunais, jul. 2012, p. 349-374.

DAVIS, Kevin E.; HERSHKOFF, Helen. **Contracting for procedure.** Negócios Processuais. Antonio do Passo Cabral e Pedro Henrique Nogueira (coord.). Salvador: juspodivm, 2015, p. 131-178.

DENTI, Vittorio. Processo civile e giustizia sociale. Milão: Comunità, 1971.

DIDIER JR., Fredie. **Curso de Direito Processual Civil:** introdução ao direito processual civil, parte geral e processo de conhecimento. 17. ed. Salvador: Juspodivm, 2015.

_____. **Fonte normativa da legitimação extraordinária no novo Código de Processo Civil:** a legitimação extraordinária de origem negocial. Revista de Processo. ano. 39. n. 232. São Paulo: Revista dos Tribunais, jun. 2014, p. 69-76.

_____. **Fundamentos do princípio da cooperação no Direito Processual Civil português.** Coimbra: Coimbra Editora, 2010.

_____. **Princípio do respeito ao autorregramento da vontade no processo civil.** Negócios Processuais. Antonio do Passo Cabral e Pedro Henrique Nogueira (coord.). Salvador: Juspodivm, 2015, p. 19-26.

_____; NOGUEIRA, Pedro Henrique Pedrosa. **Teoria dos Fatos Jurídicos Processuais.** 2ª ed. Salvador: JusPodivm, 2013.

DINAMARCO, Cândido Rangel. **Instituições de Direito Processual Civil.** v. II. 6. ed. Malheiros: São Paulo, 2009.

ECHANDIA, Hernando Devis. **Teoria General del Proceso aplicable a toda clase de procesos:** nociones generales, sujetos de la relación juridica procesal, objeto, iniciación, desarrollo y terminación del proceso. 2. ed. Buenos Aires: Editorial Universidad, 1997.

FAZZALARI, Elio. **Instituições de Direito Processual.** Tradução de Elaine Nassif. Campinas: Bookseller, 2006.

FLEXA, Alexandre; MACEDO, Daniel; BASTOS, Fabrício. **Novo Código de Processo Civil:** temas inéditos, mudanças e supressões. Salvador: Juspodivm, 2015.

FUX, Luiz. **Curso de Direito Processual Civil.** 2. ed. Rio de Janeiro: Forense, 2004.

GAJARDONI, Fernando. **Flexibilização procedimental.** São Paulo: Atlas, 2008.

GOMES, Orlando. **Direitos Reais.** 21. ed. Rio de Janeiro: Forense, 2012.

JAUERNIG, Othmar. **Zivilprozessrecht:** ein studienbuch. Munique: C.H. Beck'sche, Verlagsbuchhandlung, 1985.

LENT, Friedrich. **Diritto processuale civile tedesco:** parte prima – il procedimento di cognizione. Traduzione di Edoardo F. Ricci. Napoli: Morano Editore, 1962.

LIEBLE, Stefan. **Proceso Civil Alemán.** 2. ed. Medellín: Biblioteca Juridica Dike, 1999.

LIEBMAN, Enrico Tullio. **Manuale di Diritto Processuale Civile.** Tomo I. 2. ed. Milão: Dott. A. Giuffrè – Editore, 1957.

LÔBO, Paulo Luiz Netto. **Direito Civil:** Famílias. 4. ed. São Paulo: Saraiva, 2012.

MARQUES, José Frederico. **Manual de Direito Processual Civil.** Atualizado por Ovídio Rocha Barros Sandoval. 9. ed. Campinas: Millennium, 2003.

MAZZEI, Rodrigo; CHAGAS, Bárbara Seccato Ruis. **Os negócios jurídicos processuais e a arbitragem.** Negócios Processuais. Antonio do Passo Cabral e Pedro Henrique Nogueira (coord.). Salvador: Juspodivm, 2015, p. 521-540.

MELLO, Marcos Bernardes de. **Teoria do Fato Jurídico:** plano da existência. 17ª ed. São Paulo: Saraiva, 2011.

MITIDIERO, Daniel Francisco. **Colaboração no Processo Civil:** pressupostos sociais, lógicos e éticos. Coleção temas atuais de Direito Processual Civil. Luiz Guilherme Marinoni e José Roberto dos Santos Bedaque (coord.). v. 14. São Paulo: Revista dos Tribunais, 2009.

_____. **Comentários ao Código de Processo Civil.** Tomo II (arts. 154 a 269). São Paulo: Memória Jurídica Editora, 2005.

NEVES, Antônio Castanheira. **Digesta – escritos acerca do direito, do pensamento jurídico, da sua metodologia e outros.** v. 2. Coimbra: Coimbra, 1995.

NOGUEIRA, Pedro Henrique Pedrosa. **A cláusula geral do acordo de procedimento no projeto do novo CPC (PL 8.046/2010).** Novas tendências do processo civil: estudos sobre o projeto do novo Código de Processo Civil. Alexandre Freire, Bruno Dantas, Dierle Nunes, Fredie Didier Jr., José Miguel Garcia Medina, Luiz Fux, Luiz Henrique Volpe Camargo, Pedro Miranda de Oliveira (org.). Salvador: Juspodivm, 2013, p. 15-26.

_____. **Sobre os acordos de procedimento no Processo Civil Brasileiro**. Negócios Processuais. Antonio de Passos Cabral e Pedro Henrique Nogueira (coord.). Salvador: Juspodivm, 2015, p. 81-92.

NERY JR., Nelson. **Ditadura dos tribunais**: pensou-se no STF e no STJ, mas faltou ouvir o povo sobre o novo CPC. Disponível em http://www.conjur.com.br/2014-dez-20/nelson--nery-jr-faltou-ouvir-povo-respeito-cpc, consultado em 08 de outubro de 2015.

PONTES DE MIRANDA, Francisco Cavalcanti Pontes de. **Comentários ao Código de Processo Civil**. t. 3. Rio de Janeiro: Forense, 1974.

_____. **Tratado de Direito Privado**. tomo. II. São Paulo: RT, 1974.

REDONDO, Bruno Garcia. **Negócios processuais**: necessidade de rompimento radical com o sistema do CPC/1973 para a adequada compreensão da inovação do CPC/2015. Negócios Processuais. Antonio do Passo Cabral e Pedro Henrique Nogueira (coord.). Salvador: Juspodivm, 2015, p. 269-280.

RICCI, Gian Franco. **La reforma del processo civile**: legge 18 giugno 2009, n. 69. Turim: G. Giappichelli Editore, 2009.

SCHÖNKE, Adolf. **Derecho Procesal Civil**. 5. ed. Barcelona: Bosch, 1950.

SILVA, Paula Costa e. **Acto e Processo**: o dogma da irrelevância da vontade na interpretação e nos vícios do acto postulativo. Coimbra: Coimbra, 2003.

SOUSA, Miguel Teixeira de. **Aspectos do novo Processo Civil português**. Revista de Processo. n. 86. São Paulo: Revista dos Tribunais, abr./jun. 1997, p. 174-184.

THEODORO JR., Humberto; NUNES, Dierle; BAHIA, Alexandre Melo Franco; PEDRON, Flávio Quinaud. **Novo CPC – fundamentos e sistematização**. 2. ed. Rio de Janeiro: Forense, 2015.

TUCCI, Rogério Lauria. **Negócio Jurídico Processual**. Enciclopédia Saraiva de Direito. v. 54. São Paulo: Saraiva, 1977.

VÉSCOVI, Enrique. **Teoría General del Proceso**. Bogotá: Editorial Temis Librería, 1984.

VITIRITTO, Benedito Mário. **Reflexões sobre o Negócio Jurídico Processual**. O julgamento antecipado da lide e outros estudos. São Paulo: Lejus, 1999.

WAMBIER, Teresa Arruda Alvim; CONCEIÇÃO, Maria Lúcia Lins; RIBEIRO, Leonardo Ferres da Silva; Mello, Rogerio Licastro Torres de. **Primeiros comentários ao novo Código de Processo Civil**: artigo por artigo. São Paulo: Revista dos Tribunais, 2015.

YARSHELL, Flávio Luiz. **Convenção das partes em matéria processual**: rumo a uma nova era? Negócios Processuais. Antonio do Passo Cabral e Pedro Henrique Nogueira (coord.). Salvador: Juspodivm, 2015, p. 63-80.

CAPÍTULO 5

Uma contribuição ao estudo da existência, validade e eficácia dos negócios jurídicos processuais

Jaldemiro Rodrigues de Ataíde Júnior[1]

SUMÁRIO: 1. CONSIDERAÇÕES INICIAIS; 2. BREVES CONSIDERAÇÕES SOBRE OS NEGÓCIOS JURÍDICOS MATERIAIS E PROCESSUAIS; 3. EXISTÊNCIA, VALIDADE E EFICÁCIA DOS NEGÓCIOS JURÍDICOS – CAMPO-INVARIÁVEL; 4. EXISTÊNCIA, VALIDADE E EFICÁCIA DOS NEGÓCIOS JURÍDICOS PROCESSUAIS – CAMPO-DEPENDENTE E CAMPO-DEPENDENTE'; 5. UMA ÚLTIMA PALAVRA SOBRE O OBJETO LÍCITO NOS NEGÓCIOS PROCESSUAIS E A RELEVÂNCIA DA ORDEM PÚBLICA COMO LIMITE À NEGOCIAÇÃO; 6. CONCLUSÕES.

1. CONSIDERAÇÕES INICIAIS

O fato de o CPC/2015 instituir, em seu artigo 190, uma *cláusula geral de negociação sobre o processo* tem posto os *negócios jurídicos processuais* no centro dos debates acadêmicos e tem induzido processualistas de escol[2-3] a propalar a *inserção*, no novo sistema processual, do *princípio da autonomia ou do autor-regramento da vontade no processo*, que estaria concretizado no art. 3º, §§ 2º e 3º, do CPC/2015 – disposição constante no rol das normas fundamentais do processo civil –, assim como em vários outros dispositivos ao longo do código, a exemplo do já citado art. 190.

---

1. Doutorando em Direito Processual Civil pela Pontifícia Universidade Católica de São Paulo – PUC/SP. Mestre em Direito Processual Civil pela Universidade Católica de Pernambuco – UNICAP. Graduado em ciências jurídicas e sociais pela Universidade Federal da Paraíba – UFPB. Membro da Associação Norte e Nordeste de Professores de Processo – ANNEP. Professor da Escola Superior da Advocacia da Paraíba. Advogado e consultor jurídico.

2. DIDIER JR., Fredie. *Curso de direito processual civil*, Vol 1. 17ed. Salvador: Juspodivm, 2015, p. 132-136; CUNHA, Leonardo Carneiro da. *Negócios jurídicos processuais no Processo Civil Brasileiro*. In: CABRAL, A. P.; DIDIER JR., F.; NOGUEIRA, P. H. P.. (Org.). *Negócios Processuais*. Salvador: Juspodivm, 2015. p. 44.

3. De acordo com Loïc Cadiet, processualista francês, há cerca quinze anos tem-se se refletido sobre os negócios jurídicos processuais na França. Segundo o autor essas reflexões num contexto de crise da justiça estatal e do impulso dos meios alternativos de solução de conflito. In: CADIET, Loïc. *Los acuerdos procesales en derecho francés: situación actual de la constractualización del proceso y de lajusticia en Francia*. *Civil Procedure Review*, v. 3, n.3: 3-35, aug.-dec., 2012, p. 5-6. Disponível em: www.civilprocedurereview.com.

Isso não quer significar, contudo, que, na vigência do CPC/73 – que vigorará até 16.03.2016 –, não seja possível a celebração de negócios jurídicos processuais, ou que não deva haver respeito ao autorregramento da vontade no processo.

É, no mínimo, questionável a asserção de que o CPC/2015 instituiu o *princípio da autonomia ou do autorregramento da vontade no processo*. Instituiu mesmo? No regime do CPC/73, já não deve haver respeito à autonomia da vontade no processo? As características que se têm apontado para defender a instituição, pelo CPC/2015, do *princípio da autonomia ou do autorregramento da vontade no processo* – tais como: o incentivo à autocomposição; a delimitação do objeto litigioso do processo pela vontade das partes; a previsão de um significativo número de negócios processuais típicos; a positivação do princípio da cooperação e a previsão de uma cláusula geral de negociação processual – já estão todas presentes, embora que com menor nitidez, no sistema processual do CPC/73, iluminado pela CF/88. Aliás, o art. 158 do CPC/73 já estabelece que: "Os atos das partes, consistentes em declarações unilaterais ou bilaterais de vontade, produzem imediatamente a constituição, a modificação ou a extinção de direitos processuais". Além disso, afigura-se uma contradição em termos falar-se de *ato processual*, sem se atribuir relevância à *vontade*, afinal, esta é o *elemento nuclear* do suporte fático dos atos jurídicos *lato sensu*[4], dentre os quais se encontram (i) o ato jurídico *stricto sensu* (incluso o ato processual) e (ii) o *negócio jurídico* (incluso o negócio jurídico processual).

Pode-se contra-argumentar que no CPC/73 não havia uma *cláusula geral de negociação processual*[5], como a do art. 190 do CPC/2015. Contudo, não se pode olvidar que é plenamente possível a realização de negócios jurídicos processuais *atípicos*, na vigência do CPC/73, e a doutrina apresenta fartos exemplos desses negócios. O que não se pode é negociar onde o CPC/73 impõe vedação (*v.g.*, negociar quanto aos prazos peremptórios - art. 181, CPC/73), o que, ao ver deste articulista, também não é possível diante do CPC/2015[6]. Por exemplo, mesmo diante da *cláusula geral de negociação processual* (art. 190 do CPC/2015), as partes não poderão negociar para alterar a causa de pedir e/ou o pedido, após o saneamento do processo, uma vez que tal negócio encontra vedação no art. 329, II, do CPC/2015.

---

4. MIRANDA, Pontes de. *Tratado de Direito Privado*, T. III. Rio de Janeiro: Borsói, 1954, p. 56.
5. Até essa afirmação é questionável, tendo em vista a redação do art. 158 do CPC/73. Leonardo Carneiro da Cunha, por exemplo, defende que tal dispositivo legal autoriza os negócios jurídicos processuais *atípicos*.
6. O que se quis dizer na oração acima foi apenas que, no regime do CPC/2015, também não se afigura válido um negócio jurídico processual cujo objeto seja contrário à norma processual cogente. Para que não reste qualquer dúvida, no regime do CPC/2015, é plenamente possível a negociação sobre prazo peremptório, conforme arts. 190 e 191.

Tanto é verdade que o *princípio da autonomia ou do autorregramento da vontade no processo* não é propriamente uma inovação do CPC/2015 que, no Brasil e alhures, vários autores defenderam o respeito à *autonomia da vontade no processo*, mesmo quando não havia previsão de uma *cláusula geral de negociação processual*, como o art. 190 do CPC/2015[7]. Não se pode obscurecer, entretanto, que há processualistas de escol que não atribuem relevância à vontade no processo civil[8].

Ademais, na vigência do CPC/73, os negócios jurídicos processuais (típicos e atípicos) têm sido, trivialmente, utilizados pelos sujeitos do processo. Não são incomuns os casos em que as partes, por exemplo: (i) renunciam mutuamente ao prazo para a interposição de recursos[9]; (ii) convencionam, em audiência, prazo para apresentação de razões finais escritas; (iii) estabelecem foro de eleição para modificar competência relativa[10]; (iv) suspendem o processo[11]; (v) alteram prazos dilatórios[12]; (vi) adiam a realização de audiência[13]; (vii) distribuem o tempo para realizar sustentação oral em julgamento de recurso; (viii)

---

7. Nesse sentido: COSTA E SILVA, Paula. *Acto e processo: o dogma da irrelevância da vontade na interpretação e nos vícios do acto postulativo*. Coimbra: Coimbra Editora, 2003, p. 19; 306-320; 448-451; CHIOVENDA, Giuseppe. *Instituições de Direito Processual Civil*. 4ed. Tradução de Paolo Capitanio. Campinas: Bookseller, 2009, p. 121-123; CAPONI, Remo, *Autonomia privada e processo civil: os acordos processuais*. Revista Eletrônica de Direito Processual – REDP. Vol. XIII, p. 733-749, disponível em: www.redp.com.br; MOREIRA, José Carlos Barbosa. *Convenções das partes sobre matéria processual. Temas de direito processual, terceira série*. São Paulo: Saraiva, 1984, p. 87-98; SANTOS, Moacyr Amaral. *Primeiras linhas de direito processual civil: processo de conhecimento*. 25ed. São Paulo: Saraiva, 2007, p. 291-292; MARINONI, Luiz Guilherme; ARENHART, Sérgio Cruz. *Manual do Processo de conhecimento*. 4ª ed., rev., atual e ampl. São Paulo: Revista dos Tribunais, 2005, p. 193; NOGUEIRA, Pedro Henrique Pedrosa. *Negócios Jurídicos Processuais: análise dos provimentos judiciais como atos negociais*. Tese. Salvador: Universidade Federal da Bahia, 2011, p. 118-126. GODINHO, Robson Renault. *Convenções sobre o ônus da prova - estudo sobre a divisão de trabalho entre as partes e os juízes no processo civil brasileiro*. Tese. São Paulo: Pontifícia Universidade Católica de São Paulo, 2013, p. 2; 32; 65-74; CINTRA, Lia Carolina Batista. *Relevância da vontade no processo, interpretação do ato postulatório e pedido "meramente" declaratório*. Revista de Processo, São Paulo, ano 40, n. 239, jan. 2015, p. 35-60. Este último artigo, embora escrito recentemente, ou seja, já na iminência de aprovação do CPC/2015, não se embasa no art. 190 do CPC/2015 para defender a autonomia da vontade no processo.

8. Nesse sentido: DINAMARCO, Cândido Rangel. *Instituições de Direito Processual Civil, Vol. II*. 6 ed. São Paulo: Malheiros, 2009, p. 484; PASSOS, Calmon de. *Esboço de uma teoria das nulidades aplicadas às nulidade processuais*. Rio de Janeiro: Forense, 2002 p. 6-70; GRECO FILHO, Vicente. *Direito Processual Civil Brasileiro, Vol. 2*. 18. ed. São Paulo: Saraiva, 2007, p. 6; CÂMARA, Alexandre Freitas. *Lições de Direito Processual Civil, Vol I*. 20 ed. Rio de Janeiro: Lumen Juris, 2010, p. 249-250; MITIDIERO, Daniel. *O problema da invalidade dos atos processuais no direito processual civil brasileiro contemporâneo*, p. 11-12. Disponível em: http://www.abdpc.org.br/abdpc/artigos/Daniel%20Francisco%20Mitidiero%20-%20formatado.pdf.

9. Art. 502 do CPC/73.

10. Art. 111 do CPC/73.

11. Art. 265 do CPC/73.

12. Art. 181 do CPC/73.

13. Art. 453 do CPC/73.

convencionam a distribuição do ônus da prova[14-15]; (ix) estipulam a convenção de arbitragem[16] etc..

Se é certo que os negócios jurídicos processuais podem ensejar uma maior efetividade à prestação jurisdicional – mediante a adaptação negociada do processo – e um maior alcance do ideal de pacificação prometido pelo Estado-juiz – especialmente, porque "a efetiva participação das partes no regramento de suas situações jurídicas é exigência de um processo civil democrático"[17] –; é importante que se tenha cautela nesse momento, evitando que a euforia, normalmente causada pelo novo, venha a contagiar a processualística brasileira e, assim, impeli-la à defesa em prol de um sem-número de negócios jurídicos processuais inválidos ou ineficazes, como o seriam: as convenções para desconsiderar a coisa julgada[18]; para convencionar a interposição de recurso com supressão de instância; para pactuar a não desconsideração da personalidade jurídica[19]; para dispensar a fundamentação das decisões ou o contraditório etc..

A defesa em prol da validade e eficácia de um negócio jurídico para desconsiderar a coisa julgada, ao ver deste articulista, é o maior exemplo da empolgação que há em torno dos negócios jurídicos processuais tais quais regulados pelo do CPC/2015. Basta ver que, nem na arbitragem – que é privada; que nasce a partir de um negócio jurídico processual (convenção de arbitragem) e,

---

14. Art. 333, parágrafo único, I e II, do CPC/73.
15. Acerca do negócio jurídico processual relativo à inversão do ônus da prova, recomenda-se a leitura das seguintes obras: GODINHO, Robson Renault. *Convenções sobre o ônus da prova - estudo sobre a divisão de trabalho entre as partes e os juízes no processo civil brasileiro*; GRECO, Leonardo. Os atos de disposição processual: primeiras reflexões. In: *Os Poderes do Juiz e o Controle das Decisões Judiciais*. MEDIDA, J. M. G.; CRUZ, L. P. F.; CERQUEIRA, L. O. S.; GOMES JR., L. M.. (Org.). São Paulo: RT, 2008, p. p. 292; DIDIER JR., Fredie; NOGUEIRA, Pedro Henrique Pedrosa. *Teoria dos Fatos Jurídicos Processuais*; MACÊDO, Lucas Buril de; PEIXOTO, Ravi Medeiros. *Ônus da Prova e sua Dinamização*. Salvador: Juspodivm, 2014; ATAÍDE JR., Jaldemiro Rodrigues de; MOUZALAS, Rinaldo. *Distribuição do ônus da prova por convenção processual*. Revista de Processo, São Paulo, ano 40, n. 240, fev. 2015, p. 399-423.
16. Art. 3º e 4º da Lei nº 9.307/96.
17. GODINHO, Robson Renault. Op. Cit., p. IV.
18. Fredie Didier Jr., v.g., defende a viabilidade de negócio jurídico processual para desconsiderar a coisa julgada, o que faz nos seguintes termos: "Nada impede, também, que as partes acordem no sentido de ignorar a coisa julgada (pressuposto processual negativo) anterior e pedir nova decisão sobre o tema: se aspartes são capazes e a questão admite autocomposição, não há razão para impedir – note que a parte vencedora poderia renunciar ao direito reconhecido por sentença transitada em julgado." In: DIDIER JR., Fredie. *Curso de direito processual civil*, Vol 1. 17ed. Salvador: Juspodivm, 2015, p. 382.
19. Roberto Campos Gouveia Filho posicionou-se, e com razão, contra negócio jurídico que impedisse a desconsideração da personalidade jurídica, o que fez nos seguintes termos: "Resumindo minha visão do problema: a) pode haver negócio jurídico de renúncia (unilateral) do direito de constranger o patrimônio do sócio? Sim, desde que disponível o crédito, claro; b) pode haver negócio jurídico (acordo), entre sujeitos quaisquer que sejam, que impeçam ao Estado-juiz a apreciação de uma suposta ilicitude para fins diversos da desconsideração (tendo esta como condenação do sócio pelo seu agir societário ilícito)? Não. Isso, por óbvio, fica de fora dos limites da autonomia privada". In: Grupo de e-mail da ANNEP – Associação Norte-Nordeste de Professores de Processo annep@googlegroups.com; e-mail enviado em 11.04.2015.

onde, indubitavelmente, impera o *princípio da autonomia da vontade* (arts. 1º, 2º, 3º e 21, da Lei nº 9.307/96) –, tem-se admitido o rejulgamento de demanda já decidida por sentença judicial ou arbitral acobertada pela coisa julgada[20].

Aliás, é importante destacar que a Lei da Arbitragem, ao mesmo tempo em que dá ampla liberdade às partes para convencionarem sobre o procedimento (art. 21, *caput*), estabelece, no § 2º desse mesmo dispositivo legal, que "serão, sempre, respeitados no procedimento arbitral os princípios do contraditório, da igualdade das partes, da imparcialidade do árbitro e de seu livre convencimento". Dentre os arbitralistas, é voz corrente que a convenção sobre o procedimento arbitral encontra limites no devido processo legal, na ordem pública processual e nas disposições processuais cogentes da Lei da Arbitragem[21].

Ora, se nem na arbitragem – marcada por todas as supracitadas características – se admite um compromisso arbitral cujo objeto seja relação jurídica já anteriormente decidida por juiz togado ou por outro órgão arbitral; o que se dizer de um tal negócio no processo civil, que é um ramo do direito público, onde o juiz, munido de um plexo de poderes-deveres (inclusive, de conformação constitucional), exerce sua pública função jurisdicional? Se o art. 966, IV, do CPC/2015 prevê a ofensa à coisa julgada como causa para se expurgar sentença transitada

---

20. Nesse sentido, as lições do arbitralista Carlos Alberto Carmona: "O efeito negativo da coisa julgada consiste, em síntese, na proibição de se voltar a discutir, ou decidir, o que consta do dispositivo da sentença de mérito irrecorrível em face das mesmas partes, qualquer que seja a ação futura. E, considerando-se a função jurisdicional do árbitro, a 'ação futura' pode ser judicial ou arbitral, de sorte que seria inválido o compromisso arbitral cujo objeto fosse relação jurídica já anteriormente decidida pelo juiz togado ou por outro órgão arbitral. É sintomático, relativamente a esse ponto, que diversas leis estrangeira declarem expressamente que a decisão arbitral faz coisa julgada, como acontece na França (art. 1.476 do *Noveau Code de Procedure Civile*), na Bélgica (art. 1.703 do *Code Judiciaire*) e em Portugal (onde o art. 26 da Lei 31/86, que regula a arbitragem, dispôs que a decisão arbitral considera-se transitada em julgado logo que não seja suscetível de recurso ordinário)". *In:*CARMONA, Carlos Alberto. *Arbitragem e processo*. 3ed. rev., atual e ampl. São Paulo: Editora Atlas S.A., 2009, p. 56-57.

21. Nesse sentido: "O limite para as partes e para os árbitros no momento de definir o direito processual aplicável e o procedimento a ser seguido são os direitos e garantias fundamentais previstos na Constituição da República, a ordem pública processual e as disposições processuais cogentes da lei de arbitragem aplicável". *In:* FICHTNER, José Antonio; MANNHEIMER, Sergio Nelson; MONTEIRO, André Luís. *Cinco pontos sobre a arbitragem no projeto do novo código de processo civil*. Revista de Processo, São Paulo, ano 37, n. 205, set.2012, p. 309. "Restaram fortalecidos os princípios básicos do devido processo legal, ao mesmo tempo em que a autonomia da vontade foi prestigiada, na medida em que fica a critério das partes a disciplina procedimental da arbitragem. A regra preconizada é a seguinte: as partes podem adotar o procedimento que bem entenderem desde que respeitem os princípios do contraditório, da igualdade das partes, da imparcialidade do árbitro e do seu convencimento racional". *In:* CARMONA, Carlos Alberto. *Arbitragem e processo*. 3ed. rev., atual e ampl. São Paulo: Editora Atlas S.A., 2009, p. 23. "Não existe, neste ponto, qualquer restrição ao procedimento que venha a ser escolhido pelas partes, exceto a necessidade de respeito à ordem pública, podendo as partes estabelecer procedimentos probatórios como *cross examination* e *discovery*". GUERRERO, Luis Fernando. *Convenção de arbitragem e processo arbitral*. São Paulo: Atlas, 2009, p. 26. Ainda no mesmo sentido: ALVIM, Eduardo Arruda; DANTAS, André Ribeiro. *Direito processual arbitral: natureza processual da relação jurídica arbitral e incidência do Direito Constitucional Processual*. Revista de Processo, São Paulo, ano 39, n. 234, ago. 2014, p. 365-381.

PARTE IX – ATOS, PRAZOS E NEGÓCIOS PROCESSUAIS

em julgado do mundo jurídico, como pode ser *válido* e *eficaz* um negócio jurídico processual que tenha como objeto o rejulgamento de uma demanda já decidida por decisão acobertada pela coisa julgada? Como as partes podem obrigar o Estado-juiz – um terceiro com relação ao pacto – a rejulgar a demanda?

Diante dessa preocupação, parece que um bom antídoto à euforia em torno dos *negócios jurídicos processuais* e do *autorregramento da vontade no processo* – que na visão deste articulista não é propriamente uma novidade – seja um olhar para os *negócios jurídicos materiais,* (i) que gozam de uma tradição milenar; (ii) que desde sempre estiveram iluminados pelo princípio da autonomia da vontade[22], (iii) cujo regramento estabelecido no Código Civil Brasileiro (arts. 104, 166, 167, 171, 177), constitui-se na *teoria geral dos negócios jurídicos,* aplicável a outros ramos do direito brasileiro e, (iv) que por tudo isso gozam de maior estabilidade, não havendo, por exemplo, tantos problemas na aferição da *licitude do objeto,* pressuposto de validade de qualquer negócio jurídico.

Entretanto, em que medida as normas construídas a partir dos enunciados legais do Código Civil podem servir como razões definitivas à solução de questões relativas aos *negócios jurídicos processuais* ou mesmo lançar luzes na construção de normas a partir dos enunciados legais do CPC/2015, na busca de uma solução para essas questões?

O filósofo inglês Stephen E. Toulmin, em sua obra *Os usos do argumento,* defende que a avaliação dos argumentos deve observar um procedimento, que contém características (um conjunto de padrões) *invariáveis,* independentemente da área específica do saber e, características (padrões) que *variam,* a depender do ramo específico do conhecimento em que se está a argumentar[23].

Toulmin denomina de *campo-invariável* o conjunto de *padrões de referência* pelos quais avaliamos os argumentos e os modos como qualificamos nossas

---

22. Nesse sentido, confira-se os romanistas: CHAMOUN, Ebert. *Instituições de direito romano.* 5ed., rev. e atual. Rio de Janeiro: Forense, 1968, p. 82-85; ALVES, José Carlos Moreira. *Direito romano, Vol I.* 11ed. Rio de Janeiro, Forense, 1998, p. 155-160; IGLESIAS, Juan. *Direito romano.* 18ed. Tradução de Cláudia de Miranda Avena. São Paulo: Revista dos Tribunais, 2011, p. 242-244; DUCOS, Michèle. *Roma e o direito.* Tradução de Silvia Sarzana, Mário Pugliesi Netto. São Paulo: Madras, 2007, p. 104-105.

23. "Ora, podem-se produzir argumentos para inúmeros fins. Nem sempre usamos os argumentos para fazer a defesa formal de uma asserção direta. Mas há uma função específica dos argumentos à qual dedicaremos toda a nossa atenção nestes ensaios: nos interessarão, principalmente, os argumentos justificatórios apresentados como apoio de asserções; as estruturas que se pode esperar que tenham; os méritos que podem reivindicar; e como começamos a classificá-los, avaliá-los e criticá-los. (...) há uma enorme variedade de passos (dos dados até a conclusão) que podem aparecer no desenvolvimento de argumentos justificatórios. (...) Esta variedade é o principal problema que temos de considerar neste primeiro ensaio. É o problema de decidir em que pontos podem-se admitir variações – e que variações são admissíveis – no modo como avaliamos os argumentos. A questão será: quais as características de nosso procedimento de avaliação que serão afetadas, cada vez que deixarmos de considerar um tipo de passo e passarmos a considerar outro; e quais as características de nosso procedimento de avaliação que não se alterarão, seja qual for o tipo de passo que estivermos considerando". *In:* TOULMIN, Stephen E. *Os usos do argumento.* Tradução de Reinaldo Guarany. São Paulo: Martins Fontes, 2006, p. 16-17.

Cap. 5 • ESTUDO DA EXISTÊNCIA, VALIDADE E EFICÁCIA DOS NEGÓCIOS JURÍDICOS PROCESSUAIS

Jaldemiro Rodrigues de Ataíde Júnior

conclusões sobre eles, que são sempre os mesmos, em todos os campos do conhecimento. Os *campo-dependentes*, por sua vez, (i) são *os critérios ou os tipos de motivos necessários para justificar* a observância dos *padrões de referência do campo-invariável* ou (ii) são *novos padrões de referência que variam*, que *surgem*, quando passamos de um campo para outro[24].

Pois bem, o que nos interessa saber é, até que ponto se pode dizer que há *padrões invariáveis* para se aferir *a existência, a validade* e *a eficácia* dos negócios jurídicos materiais e processuais – que, como se sabe, pertencem a campos diferentes.

Ou seja, o problema ora proposto é identificar (i) quais os *padrões de referência que são invariáveis* (campo-invariável); (ii) quais os *padrões de referência que são variáveis* (campo-dependentes) e (iii) quais os *critérios ou os tipos de motivos necessários para justificar* a observância dos *padrões de referência invariáveis*, que utilizamos para qualificar nossas conclusões acerca da *existência, validade* e *eficácia* dos negócios jurídicos, quando passamos do *campo material* para o *campo processual*; tudo isso, visando dar uma contribuição à solução dos problemas atinentes à aferição da *existência, validade* e *eficácia* dos negócios jurídicos processuais.

2. BREVES CONSIDERAÇÕES SOBRE OS NEGÓCIOS JURÍDICOS MATERIAIS E PROCESSUAIS

Na *teoria do fato jurídico* de Pontes de Miranda, tão bem desenvolvida e aperfeiçoada por Marcos Bernardes de Mello, o negócio jurídico e o ato jurídico

---

24. "Até que ponto os argumentos justificatórios podem ter uma e a mesma forma, ou até que ponto se pode apelar a um único e mesmo conjunto de padrões, em todos os diferentes tipos de caso que consideramos? (...) O primeiro problema que nos colocamos pode ser agora expresso em outros termos: que coisas, na forma e nos méritos de nossos argumentos, não variam conforme o campo (são campos-invariáveis) e que coisas, na forma e nos méritos de nossos argumentos, variam conforme o campo (são *campo-dependentes*)?. Que coisas, nos modos como avaliamos os argumentos, nos padrões de referência pelos quais os avaliamos e no modo como qualificamos nossas conclusões sobre eles, são sempre as mesmas, em todos os campos (traços campo-invariáveis); e quais dessas coisa variam quando abandonamos os argumentos de um campo e adotamos argumentos de outro campo (traços dependentes de campo)? (...) o que nos interessa é saber até que ponto se pode dizer que há padrões que se podem usar para criticar argumentos tirado de diferentes campos. (...) Estamos agora em posição de ver a resposta de nossa primeira questão importante: que características do procedimento que adotamos e dos conceitos que empregamos não variam conforme varie o campo em que estão (campo-invariáveis), e que características variam com o campo (campo-dependentes), quando se expõem e criticam argumentos e conclusões em diferentes campos? (...) A *força* da conclusão "não pode ser o caso que..." ou "x é impossível" é a mesma, independente de campos: os *critérios* ou os tipos de motivo necessários para justificar a conclusão variam de campo para campo. (...) Dizer, em qualquer campo, "tal-e-tal é uma resposta possível à nossa questão" é dizer que, tendo em mente a natureza da problema em questão, a resposta tal-e-tal merece ser considerada. Esta "parte" do significado do termo "possível" é campo-invariável. Os critérios de possibilidade, por outro lado, são campo-dependentes, e também o são os critérios de impossibilidade e bondade". TOULMIN, Stephen E., Op. Cit., p. 19-21; 51; 53.

1383

stricto sensu são espécies de ato jurídico *lato sensu* – daqueles atos humanos que têm na vontade o seu elemento nuclear e não se constituem em ilícito.

O traço diferencial entre essas duas espécies de ato jurídico consiste em que, no ato jurídico *stricto sensu*, a parte não escolhe a *categoria jurídica*, os efeitos são preestabelecidos e inalteráveis pela vontade dos interessados, ao passo que, no negócio jurídico, o direito "outorga liberdade às pessoas, para, dentro de certos limites, auto-regrar os seus interesses, permitindo a escolha de categorias jurídicas, de acordo com as suas conveniências, e possibilitando a estruturação do conteúdo eficacial das relações jurídicas decorrentes"[25].

Como definido por Marcos Bernardes de Mello, "*negócio jurídico é o fato jurídico*, cujo elemento nuclear do suporte fáctico consiste em manifestação ou declaração consciente de vontade, em relação à qual o sistema jurídico faculta às pessoas, dentro de limites pré-determinados e de amplitude vária, o poder de escolha de categoria jurídica e de estruturação do conteúdo eficacial das relações jurídicas respectivas, quanto ao seu surgimento, permanência e intensidade no mundo jurídico"[26].

Exposta essa noção acerca dos *negócios jurídicos*, faz-se necessário tecer breves considerações a respeito dos *fatos processuais* (*lato sensu*), que são todos aqueles que, de algum modo, interferem no desenvolvimento da relação jurídica processual, seja um ato do processo (que compõe a cadeia de atos do procedimento), como, por exemplo, a prévia renúncia ao direito de recorrer de ato decisório; seja um ato praticado fora do processo, mas que surte efeitos na relação jurídica processual, como, por exemplo, a cláusula de foro de eleição[27].

Assim, "o ato jurídico ganha o qualificativo de processual quando é tomado como *fattispecie* (suporte fático) de uma norma jurídica processual e se refira a algum procedimento. Esse ato pode ser praticado durante o itinerário do procedimento ou fora do *processo*. A 'sede' do ato é irrelevante para caracterizá-lo como processual"[28].

Logo, a noção de negócio jurídico processual deriva da própria noção de negócio jurídico associada à de ato processual.

Somada a noção de *negócio jurídico* à de fato jurídico processual (*lato sensu*), pode-se concluir que *negócio jurídico processual* é o *negócio jurídico* que

---

25. MELLO, Marcos Bernardes de. *Teoria do fato jurídico: plano da existência*, 14ed., rev. São Paulo: Saraiva, 2007, p. 153.
26. Idem, p. 189.
27. DIDIER JR., Fredie; NOGUEIRA, Pedro Henrique Pedrosa. *Teoria dos Fatos Jurídicos Processuais*. Salvador: Juspodivm, 2011.p. 30-31
28. Idem, p. 31. No meso sentido: GRECO, Leonardo. Os atos de disposição processual: primeiras reflexões. In: *Os Poderes do Juiz e o Controle das Decisões Judiciais*. MEDIDA, J. M. G.; CRUZ, L. P. F.; CERQUEIRA, L. O. S.; GOMES JR., L. M.. (Org.). São Paulo: RT, 2008, p. 293.

Cap. 5 • ESTUDO DA EXISTÊNCIA, VALIDADE E EFICÁCIA DOS NEGÓCIOS JURÍDICOS PROCESSUAIS
Jaldemiro Rodrigues de Ataíde Júnior

decorre da incidência de uma *norma de natureza processual*[29] e que se refere a algum processo, ou melhor, que tem valor para o processo.

Chiovenda, na década de 30 do século passado, já tratava dos *negócios jurídicos processuais* como atos processuais, cujos efeitos que produzem na relação processual se relacionam imediatamente com a vontade das partes. Contudo, ele os admitia de forma um tanto quanto restrita, pois, partindo da premissa de que o acordo entre as partes não poderia condicionar/regular a atividade pública do juiz, somente seriam válidos quando expressamente previstos em lei. Chiovenda não aceitava os negócios jurídicos processuais *atípicos*. Apesar disso, deu grande contribuição ao desenvolvimento do tema, pois, já naquela época, percebera que os negócios jurídicos processuais: (i) poderiam ser praticados dentro e fora do processo (v.g., o pactum de foro prorrogando); (ii) poderiam ser unilaterais (v.g., declarações unilaterais de vontade como a renúncia, aceitação de sentença...) ou bilaterais (v.g., o compromisso de submeter a controvérsia a um árbitro); (iii) "conquanto dotados de eficácia dispositiva, não deixam de ser atos processuais, e, portanto, regulados pela lei processual, quanto à forma, à capacidade, e o mais que lhe diz respeito"[30-31].

Outros autores clássicos como Carnelutti[32] e Goldschmidt[33] também trataram dos negócios jurídicos processuais. Carnelutti, inclusive, apresentava como

---

29. Sobre a distinção entre norma de natureza material e nora de natureza processual, recomenda-se as seguintes leituras: Sobre *esfera jurídica* recomenda-se a seguinte leitura: MELLO, Marcos Bernardes de. *Teoria do fato jurídico: plano da eficácia 1ª parte.* 6ed. São Paulo: Saraiva, p. 225-226.

30. CHIOVENDA, Giuseppe. *Instituições de Direito Processual Civil.* 4ed. Tradução de Paolo Capitanio. Campinas: Bookseller, 2009, p. 121-123; 945-947; 969-970.

31. Chiovenda posicionava-se, contrariamente, ao negócio jurídico processual que tinha como objeto a inversão convencional do ônus da prova, certamente, porque tal negócio jurídico não tinha previsão na lei processual italiana. Entretanto, mais tarde, a convenção sobre o ônus da prova acabou encontrando previsão expressa na legislação italiana (artigo 2.698 do Código Civil: "Art. 2698 - Patti relativi all'onere della prova: Sono nulli i patti con i quali è invertito ovvero e modificato l'onere della prova, quando si tratta di diritti di cui le parti non possono disporre o quando l'inversione o la modificazione (1341) ha per effetto di rendere a una delle parti eccessivamente difficile l'esercizio del diritto". Ibidem, p. 946-947.

32. Vale à pena a leitura: "en materia de negocio jurídico, un ejemplar de acto discrecional es el compromiso (supra, n. 63), no tanto porque las partes pueden nombrar árbitro a quien quieren, cuanto porque pueden prescribir las reglas del procedimiento (i .. fra, n, 661); ejemplares de acto vinculado, en cambio, son las instancias (*infra*, n. 301) Y las revocaciones (*infro*, n. 376), con las cuales las partes no determinan en absoluto el modo del efecto jurídico que se sigue de ellas". In: CARNELUTTI, Francesco. *Instituciones del Proceso Civil, Vol. I.* 4ed. Tradução de Santiago Sentis Melendo. Buenos Aires: Ediciones Juridicas Europa-America, 1950, p. 433.

33. Vale à pena a leitura: "2. Los actos de las partes son de dos clases : de postulación y constitutivos: *artos de postulación (Erwirkungshandlungen)* son los que tienen por fin el conseguir una resolución judicial de determinado contenido, mediante influjos psíquicos ejercidos sobre el juez [1]. Actos de esta clase son las solicitudes, afirmaciones (alegaciones) y aportaciones de pruebas; y *actos constitutivos (Bewirkungshandlungen)* son todos los demás. Estos actos están siempre en una relación de finalidad con los actos de postulación ya realizados, o que habrán de realizarse, y son de tal clase los convenios (por ej., prorrogación de la competencia, compromiso y transacción), las declaraciones unilaterales de voluntad (por ej., el desistimiento de la demanda o del recurso, la asunción de un proceso del causante,

exemplo de negócio processual aquele que tivesse como objeto a convenção de arbitragem. Goldschmidt, por sua vez, classificava os atos processuais em atos *postularórios* e *constitutivos*, estando dentre estes os *convênios* (negócios jurídicos processuais), dos quais cita como exemplos desde negócios unilaterais como a renúncia e desistência; a negócios bilaterais como a convenção sobre prorrogação de competência, a cláusula compromissória arbitral etc..

3. EXISTÊNCIA, VALIDADE E EFICÁCIA DOS NEGÓCIOS JURÍDICOS – CAMPO--INVARIÁVEL

Antes de se apresentar o que vem a ser o *campo-invariável*, para fins de aferição da existência, validade e eficácia dos negócios jurídicos (materiais e processuais), mister se faz mais uma breve incursão sobre a *teoria do fato jurídico* – referencial teórico do presente trabalho.

Para Pontes de Miranda, "a noção fundamental do direito é a de fato jurídico; depois, a de relação jurídica"[34]. Tal conclusão é lógica, pois é a partir do fato jurídico que se forma o mundo jurídico, possibilitando o nascimento das relações jurídicas com a produção de toda a sua eficácia, constituída por direitos-deveres, pretensões-obrigações, ações, exceções e outras categorias eficaciais (situações jurídicas)[35].

Há fatos que são tidos como relevantes para o direito e outros não. A valoração do que tem relevância para o relacionamento inter-humano e, consequentemente, para o direito, encontra-se nas normas jurídicas editadas pela comunidade jurídica, que, na sua finalidade de ordenar a conduta humana, atribuem relevância a determinados fatos, prevendo-os no seu suporte fático

---

el consentimiento para la modificación de la demanda, la renuncia al recurso, el otorgamiento de poder procesal, la ratificación de actos procesales), las participaciones de voluntad (los requerimientos, como, por ej., el de que se nombre abogado, la citación, el anuncio del propósito que se tiene de continuar el procedimiento, las denegaciones, así como; también la renuncia a la acción, el allanamiento y la confesión) (2), los avisos de hechos (por ej. litisdenunciación, anuncio déla extinción, del poder o del nombramiento de un nuevo abogado o representante' legal) y los llamados « actos reales » (por ej., exhibición o retirada de un documento, aportación de medios de prueba). In: GOLDSCHMIDT, James. *Derecho Procesal Civil.* Tradução de Leonardo Prieto Castro. Barcelona: Editorial Labor, S.A., 1936, p. 227-228.

34. PONTES DE MIRANDA, Francisco Cavalcanti. *Tratado de Direito Privado, tomo I.* 4ed. São Paulo: Revista dos Tribunais, 1983, p, XVI.

35. Nesse sentido: GOUVEIA FILHO, Roberto P. Campos; ALBUQUERQUE JR., Roberto Paulino de; ARAÚJO, Gabriela Expósito de. *Da noção de direito ao remédio jurídico processual à especialidade dos procedimentos das execuções fundadas em título extrajudicial: ensaio a partir do pensamento de Pontes de Miranda.* In: DIDIER Jr., F.; CUNHA, L. C.; BASTOS, A. A.. (Org.). *Execução e Cautelar - Estudos em homenagem a José de Moura Rocha.* Salvador: Juspodivm, 2012. p. 506. No mesmo sentido: NOGUEIRA, Pedro Henrique Pedrosa. *Situações Jurídicas Processuais. In:* DIDIER JR., F. (Org.). *Teoria Geral do Processo: panorama doutrinário mundial,* segunda série. Salvador: Juspodivm, 2010, p.749-753.

Cap. 5 • ESTUDO DA EXISTÊNCIA, VALIDADE E EFICÁCIA DOS NEGÓCIOS JURÍDICOS PROCESSUAIS
Jaldemiro Rodrigues de Ataíde Júnior

hipotético[36] (hipótese de incidência ou hipótese normativa[37]) e atribuindo-lhes consequências, quando da sua concretização no mundo fático.

A norma jurídica é que, por sua incidência sobre o suporte fático concretizado no mundo dos fatos, gera os fatos jurídicos, que compõem o mundo jurídico, e de onde se possibilita o nascimento de relações jurídicas com a produção de toda a sua eficácia, constituída por direitos-deveres, pretensões-obrigações, ações, exceções e outras categorias eficaciais[38]. Somente com a incidência e o consequente surgimento do fato jurídico é que se pode falar de eficácia jurídica (relação jurídica, direitos, deveres e demais categorias eficaciais)[39].

A norma, contendo a previsão normativa do fato jurídico, constitui-se numa proposição, "através da qual se estabelece que, ocorrendo determinado fato ou conjunto de fatos (= suporte fático) a ele devem ser atribuídas certas conseqüências no plano do relacionamento intersubjetivo (= efeitos jurídicos)"[40]. Como afirma Marcos Bernardes de Mello, "do ponto de vista lógico-formal, a norma jurídica constitui uma proposição hipotética que, usando-se a linguagem da lógica tradicional, pode ser assim expressada: 'se SF então deve ser P', em que a hipótese é representada pelo suporte fático (SF) e a tese pelo preceito (P)"[41].

O suporte fático da norma jurídica é composto por (a) *elementos nucleares*, que, por serem considerados essenciais à sua incidência e à consequente criação do fato jurídico, constituem-se no *cerne*, cuja ausência ou deficiência, acarreta a *inexistência* do fato jurídico; (b) *elementos completantes*, que junto ao elemento cerne constituem o próprio suporte fático do fato, de modo que sua integral concreção no mundo é pressuposto necessário à *existência* do fato jurídico; (c) *elementos complementares*, não integram o núcleo do suporte fático, apenas o complementam (não completam) e se referem, exclusivamente,

---

36. Afigura-se importante a distinção que o Prof. Marcos Bernardes de Mello faz entre (a) o suporte fático, que designa o enunciado lógico da norma em que se representa a hipótese fática condicionante de sua incidência – denominado de *suporte fáctico hipotético* ou *abstrato* e, (b) que nomeia o próprio fato quando materializado no mundo dos fatos, denominado de *suporte fático concreto*. Nesse sentido, leia-se a seguinte transcrição: "(a) Ao suporte fáctico, enquanto considerado apenas como enunciado lógico da norma jurídica, se dá o nome de *suporte fáctico hipotético* ou *abstrato*, uma vez que existe, somente, como hipótese prevista pela norma sobre a qual, se ocorrer, dar-se-á a sua incidência. (b) Ao suporte fáctico quando já materializado, isto é, quando o fato previsto como hipótese se concretiza no mundo fáctico, denomina-se *suporte fáctico concreto.*" In: MELLO, Marcos Bernardes de. *Teoria do fato jurídico: plano da existência*, 14ed., rev. São Paulo: Saraiva, 2007, p. 42.

37. Expressão preferida por Marcelo Neves. In: NEVES, Marcelo. *Entre Hidra e Hércules: princípios e regras constitucionais*. São Paulo: Martins Fontes, 2013, p. 4.

38. MELLO, Marcos Bernardes de. *Teoria do fato jurídico: plano da existência*, 14ed., rev. São Paulo: Saraiva, 2007, p. 20.

39. Idem., p. 74.

40. Idem, p. 20.

41. Ibidem.

à perfeição de seus elementos, repercutindo apenas *nos planos da validade* e *eficácia* dos atos jurídicos *stricto sensu* e do negócios jurídicos – fundados na vontade humana – e, (d) *elementos integrativos,* que também não compõem o suporte fático dos atos jurídicos *stricto sensu* e dos negócios jurídicos, sendo atos praticados por terceiros, em geral autoridade pública, que integram o ato jurídico, repercutindo apenas no plano da eficácia, a fim de que se irradie certo efeito que se adiciona à eficácia normal dos atos jurídicos *stricto sensu* e dos negócios jurídicos[42].

A suficiência dos *elementos nucleares* e *completantes* refere-se à própria *existência* do fato jurídico, ao passo que os *elementos complementares* e *integrativos* relacionam-se à validade e eficácia dos atos jurídicos *lato sensu* a que dizem respeito, de forma que a ausência de quaisquer deles pode ensejar a invalidade ou ineficácia do ato, nunca sua inexistência[43].

Com base nessas premissas, pode-se afirmar que o *negócio jurídico* tem como *elemento nuclear,* logo, como requisito de existência (*plano da existência*), *a manifestação ou declaração consciente de vontade,* de uma ou de ambas as partes, visando o autorregramento de uma situação jurídica simples ou da eficácia de uma relação jurídica[44] e, como *elementos completantes* (i) a existência de um poder de determinação e regramento da categoria jurídica[45] (no processo civil, tem-se a cláusula geral negocial do art. 190, CPC/2015) e, (ii) no caso dos negócios jurídicos processuais (campo-dependente, pois), a existência de um processo a que se refira, ainda quando sua ocorrência seja exterior, isto é, fora da "sede" processual[46].

Quanto ao *plano da validade,* pode-se afirmar que o *negócio jurídico* (seja ele material ou processual) tem como *elementos complementares,* logo, como

---

42. Idem, p. 52-56.
43. MELLO, Marcos Bernardes de. *Teoria do fato jurídico: plano da existência,* 14ed., rev. São Paulo: Saraiva, 2007, p. 62-63.
44. Idem, p. 122; 166-172.
45. BRAGA, Paula Sarno. *Primeiras Reflexões sobre uma Teoria do Fato Jurídico Processual:* Plano da Existência. In: *Revista de Processo,* nº 148. São Paulo: RT, junho, 2007., p.312.
46. Nesse sentido: "À luz da teoria do fato jurídico, pode-se dizer ser um elemento completante do núcleo do suporte fático do fato jurídico processual a existência de um procedimento a que se refira. Sem a pendência do procedimento, portanto, pode até haver fato jurídico (*lato sensu*), mas não há fato jurídico processual. A processualidade fica condicionada ao surgimento (que poderá ser anterior, concomitante ou posterior ao fato) de um procedimento a que se refira o fato (manifestação de vontade, conduta, ou simples evento). Assim, v.g., o negócio jurídico acerca da estipulação de competência territorial (CPC-1973, art. 111) somente será adjetivado de processual quando a demanda judicial a que se refira o pacto vier a ser proposta (primeiro ato introdutor do procedimento). Antes disso, não há que se falar (ou seria pouco útil) de efeitos processuais. Uma vez ajuizada a demanda, o suporte fático do fato jurídico processual se compõe, surgindo como efeito em benefício do interessado o direito de arguir a incompetência relativa." In: NOGUEIRA, Pedro Henrique Pedrosa. *Negócios Jurídicos Processuais: análise dos provimentos judiciais como atos negociais,* p. 52. No mesmo sentido: GODINHO, Robson Renault. *Convenções sobre o ônus da prova - estudo sobre a divisão de trabalho entre as partes e os juízes no processo civil brasileiro,* p. 75.

Cap. 5 • ESTUDO DA EXISTÊNCIA, VALIDADE E EFICÁCIA DOS NEGÓCIOS JURÍDICOS PROCESSUAIS
Jaldemiro Rodrigues de Ataíde Júnior

requisitos de validade: (i) ser celebrado por pessoa capaz; (ii) possuir *objeto* e *objetivo*[47] lícitos; (iii) obedecer a forma prescrita ou não defesa em lei e, (iv) a perfeição da manifestação de vontade, isto é, livre de vícios (tais como: erro, dolo, coação, estado de perigo, lesão)[48]. Observe-se que todos esses requisitos de validade (*elementos complementares*) encontram-se relacionados à *perfeição* dos elementos *nucleares* e *completantes* já comentados acima[49].

Como se percebe, o regime jurídico de validade dos *negócios jurídicos* é estabelecido pelo Código Civil (arts. 104[50], 166[51], 167[52], 171[53], 177[54]), que se constitui na *teoria geral dos negócios jurídicos*, iluminando diversos outros ramos do direito brasileiro. Não é ocioso destacar que: (i) o art. 104 do Código Civil prevê os requisitos gerais de validade do negócio jurídico; (ii) os arts. 166 e 167 especificam, casuisticamente, hipóteses de *nulidade* do negócio jurídico, todas derivadas da inobservância de algum dos requisitos gerais de validade e, (iii) o art. 171 especifica hipóteses de *anulabilidade* – incapacidade relativa; vícios

---

47. Por exemplo: no negócio simulado (art. 167, CC), o *objetivo* é ilícito e, no negócio em fraude contra credores (art. 171, II, CC), tem-se a ilicitude do *objeto* em virtude do prejuízo a terceiro.
48. Que são causas de anulabilidade do negócio jurídico, nos termos do art. 171, II, do CC.
49. Note-se que , que (i) a capacidade das partes e a perfeição na manifestação de vontade – requisitos de validade – relacionam-se com a perfeição da manifestação ou declaração consciente de *vontade* e, (ii) a licitude do objeto e do objetivo – também requisitos de validade – relaciona-se com a existência de um poder de determinação e regramento da categoria jurídica.
50. "Art. 104. A validade do negócio jurídico requer:
    I - agente capaz;
    II - objeto lícito, possível, determinado ou determinável;
    III - forma prescrita ou não defesa em lei".
51. "Art. 166. É nulo o negócio jurídico quando:
    I - celebrado por pessoa absolutamente incapaz;
    II - for ilícito, impossível ou indeterminável o seu objeto;
    III - o motivo determinante, comum a ambas as partes, for ilícito;
    IV - não revestir a forma prescrita em lei;
    V - for preterida alguma solenidade que a lei considere essencial para a sua validade;
    VI - tiver por objetivo fraudar lei imperativa;
    VII - a lei taxativamente o declarar nulo, ou proibir-lhe a prática, sem cominar sanção."
52. "Art. 167. É nulo o negócio jurídico simulado, mas subsistirá o que se dissimulou, se válido for na substância e na forma.
    § 1º Haverá simulação nos negócios jurídicos quando:
    I - aparentarem conferir ou transmitir direitos a pessoas diversas daquelas às quais realmente se conferem, ou transmitem;
    II - contiverem declaração, confissão, condição ou cláusula não verdadeira;
    III - os instrumentos particulares forem antedatados, ou pós-datados.
    § 2º Ressalvam-se os direitos de terceiros de boa-fé em face dos contraentes do negócio jurídico simulado."
53. "Art. 171. Além dos casos expressamente declarados na lei, é anulável o negócio jurídico:
    I - por incapacidade relativa do agente;
    II - por vício resultante de erro, dolo, coação, estado de perigo, lesão ou fraude contra credores."
54. "Art. 177. A anulabilidade não tem efeito antes de julgada por sentença, nem se pronuncia de ofício; só os interessados a podem alegar, e aproveita exclusivamente aos que a alegarem, salvo o caso de solidariedade ou indivisibilidade."

de vontade (relacionados à perfeição da *manifestação consciente de vontade*, elemento nuclear do negócio jurídico) e fraude contra credores (relacionada à ilicitude do *objeto*).

Quanto ao *plano da eficácia*, pode-se afirmar que (i) *o negócio jurídico tem eficácia pessoal limitada à "esfera jurídica"*[55] *dos participantes do pacto*, pois "em geral, a eficácia do negócio jurídico limita-se à esfera jurídica do sujeito de direito a que se refere. Sob pena de ilicitude, salvo os estritos casos em que haja expresso permissivo legal, a eficácia de ato jurídico não pode afetar a esfera jurídica alheia"[56] e, que (ii) *o negócio jurídico, para surtir seus efeito jurídicos, pode exigir ato integrativo* (v.g., homologação de autoridade), quando expressamente previsto em lei.

Pois bem, isso é o que forma o *campo-invariável* para fins de aferição da existência, validade e eficácia dos negócios jurídicos materiais e processuais, ou melhor, *os padrões de referência* a partir dos quais se deve analisar a existência, validade e eficácia dos negócios jurídicos, sejam materiais ou processuais.

4. EXISTÊNCIA, VALIDADE E EFICÁCIA DOS NEGÓCIOS JURÍDICOS PROCESSUAIS – CAMPO-DEPENDENTE E CAMPO-DEPENDENTE'

Apresentados os padrões de referência *invariáveis* para os negócios jurídicos, sejam eles materiais ou processuais; cumpre esclarecer que o campo-dependente dos negócios jurídicos processuais é formado (i) pelos *critérios ou os tipos de motivos – estabelecidos no ordenamento processual – necessários para justificar* a observância dos *padrões de referência invariáveis*, que utilizamos para qualificar nossas conclusões acerca da *existência, validade* e *eficácia* dos negócios jurídicos processuais e, (ii) pelos novos *padrões de referência que são variáveis, adicionais* – próprios dos negócios jurídicos processuais e, assim, estabelecidos pelo ordenamento processual.

Os *critérios ou os tipos de motivos – estabelecidos no ordenamento processual – necessários para justificar* a observância dos *padrões de referência invariáveis* constituem-se num olhar, pela perspectiva do direito processual[57], sobre os requisitos *invariáveis* de existência, validade e eficácia dos negócios jurídicos, tais quais estabelecidos pelo Código Civil. Isso quer significar apenas que:

---

55. Sobre *esfera jurídica* recomenda-se a seguinte leitura: MELLO, Marcos Bernardes de. *Teoria do fato jurídico: plano da eficácia* 1ª parte. 6ed. São Paulo: Saraiva, p. 87-90.
56. MELLO, Marcos Bernardes de. *Teoria do fato jurídico: plano da eficácia* 1ª parte. 6ed. São Paulo: Saraiva, 2010, p. 45-46.
57. Leonardo Greco posiciona-se nesse mesmo sentido, ao afirmar que embora o negócio jurídico processual deva observar os requisitos de validade do Código Civil, porém sob a perspectiva do direito processual. *In*: GRECO, Leonardo. *Os atos de disposição processual: primeiras reflexões*, p. 298.

Quanto ao plano da existência, resta evidenciado que há um poder de autorregramento da categoria jurídica, no campo processual, conforme estabelecido na cláusula geral de negociação processual (art. 190, CPC/2015);

Quanto ao plano da validade:

(i) *o ser celebrado por pessoa capaz*, no campo processual, é definido pelo direito processual, de forma que se afigura capaz a celebrar negócio processual todo aquele que tem capacidade processual (arts. 70 a 73, CPC/2015);

(ii) *a licitude do objeto e do objetivo*, no campo processual, é determinada pelo ordenamento processual, sendo, pois, inválido o negócio que tem como objeto algo que a norma processual cogente proíbe (*v.g.*, alterar competência absoluta - art. 62, CPC/2015) ou, o que tem como objeto a dispensa de algo que a norma processual cogente impõe (*v.g.*, a dispensa de fundamentação, art. 489, CPC/2015);

(iii) *a obediência à forma prescrita ou não defesa em lei*, no campo processual, da mesma forma, é determinada pelo ordenamento processual, de forma que se afigura inválido um negócio processual que não observe a forma prescrita em lei (*v.g.*, eleição de foro de forma verbal, art. 63, § 1º); assim como se afigura inválido um negócio processual que contenha, justamente, a forma vedada em lei (*v.g.*, um negócio processual firmado mediante a inserção de cláusula em contrato de adesão; note-se, contudo, que, aqui, para que se configure a invalidade, exige-se uma duplicidade de defeitos, pois a *abusividade*, referida no parágrafo único do art. 190 do CPC/2015, relaciona-se com o vício de vontade);

(iv) *a perfeição da manifestação de vontade*, no campo processual, também é definida pelo ordenamento processual, razão pela qual os vícios de vontade (erro, dolo, coação, estado de perigo, lesão) são aferidos em consonância com as normas processuais, por exemplo: um negócio processual unilateral como a desistência ou a renúncia a recurso, pode ser anulado, se decorreu de erro de fato ou coação, aqui pode-se dar uma interpretação extensiva ao art. 393[58] do CPC/2015, que trata da invalidação de ato processual *stricto sensu* e,

Quanto ao plano da eficácia, quer significar que muitos negócios jurídicos processuais interferirão na esfera jurídica do juiz, exigindo, pois, sua participação, e que outros negócios exigirão um *ato integrativo* (*v.g.*, homologação pelo juiz), quando assim o for previsto em lei[59].

---

58. "Art. 393. A confissão é irrevogável, mas pode ser anulada se decorreu de erro de fato ou de coação. Parágrafo único. A legitimidade para a ação prevista no *caput* é exclusiva do confitente e pode ser transferida a seus herdeiros se ele falecer após a propositura".

59. Nesse sentido, posiciona-se Loïc Cadiet: "a) *El acuerdo entre las partes subordinado a la decisión del juez* 22. El resultado de estos acuerdos varía dependiendo si dicho acuerdo atenta, o no, a las prerrogativas

O fato de muitos negócios jurídicos processuais interferirem na esfera jurídica do juiz não passou despercebido por Chiovenda, que afirmou: "por sua natureza, o acordo processual tem sempre em mira, mais ou menos diretamente, a atividade do juiz, limitada, por força do acordo, em face das partes"[60].

Já o campo-dependente dos negócios jurídicos processuais "atípicos", ou melhor, os padrões de referência que são variáveis, adicionais – próprios dos negócios jurídicos processuais e, assim, estabelecidos pelo ordenamento processual, são aqueles dois novos requisitos de validade inseridos na cláusula geral de negociação processual (art. 190, CPC), quais sejam: (i) versar o processo sobre direitos que admitam autocomposição[61] (afigura-se de grande relevância a

---

del juez. 23. Cuando el acuerdo entre las partes es susceptible de atentar contra las prerrogativas del juez, su eficacia depende del acuerdo suplementario del juez. En cierto caso esta validación del juez es impuesta por la ley. Tal es el caso, por ejemplo, en la jurisdicción civil, donde las partes tienen la posibilidad de demandar que los debates tengan lugar a puerta cerrada y no en público. Según el artículo 435 CPC, "El tribunal podrá acordar que el juicio se celebre o prosiga a puerta cerrada en caso de que su publicidad pueda atentar contra el derecho a la intimidad, cuando lo soliciten todas las partes o si se producen alteraciones del orden que pudieran perturbar la serenidad necesaria para una recta administración de justicia". Este acuerdo entre las partes no es impuesto al juez ya que es precisamente él quien 'podrá acordarlo' o no". In: CADIET, Loïc. Los acuerdos procesales en derecho francés: situación actual de la constractualización del proceso y de lajustica en Francia. Civil Procedure Review, v. 3, n.3: 3-35, aug.-dec., 2012, p. 25-26. Disponível em: www.civilprocedurereview.com.

60. CHIOVENDA, Giuseppe. Instituições de Direito Processual Civil. 4ed. Tradução de Paolo Capitanio. Campinas: Bookseller, 2009, p. 121.

61. O novo requisito de validade dos negócios jurídicos processuais inserido pelo art. 190 do CPC/2015 – o versar sobre direitos que admitam autocomposição –, à primeira vista, dá a entender que se afiguram inadmissíveis negócios jurídicos processuais em demandas que versem sobre direitos indisponíveis. Não é bem assim! Há uma diferença entre (i) processo que verse sobre direito indisponível e (ii) processo que verse sobre direitos que admitam autocomposição, pois é possível a transação mesmo em se tratando de direito indisponível, tanto é assim que são corriqueiros os casos em que as partes de uma ação de alimentos transacionam o valor da pensão, forma de pagamento etc.; também são comuns os Termos de Ajustamento de Conduta (TAC) firmados pelo Ministério Público em ações civis públicas ou nos inquéritos civis preparatórios das mesmas (art. 5º, § 6º, Lei nº 7.347/1985); se não bastasse, o Conselho Nacional do Ministério Público (CNMP), no ano de 2014, editou a Resolução nº 118, permitindo, nos seus arts. 6º, IV e V, 7º e 15 a 17, a realização convenções processuais, nos processos em que atue o Ministério Público. Não se pode olvidar que mesmo nessas ações que versam sobre direitos coletivos, a indisponibilidade não é absoluta, como defende Antônio do Passo Cabral: "Parece-nos evidente que há negociação nas ações coletivas no que tange ao modo e ao tempo da reparação do dano coletivo, sempre com vistas à máxima efetividade da tutela destes interesses. Nesse sentido, ainda que indisponíveis em algum grau, este dado não impede a negociação". Ademais, como afirma Antônio do Passo Cabral "ainda que haja restrições no que tange à disponibilidade sobre os direitos materiais, vimos que existe alguma margem para autocomposição. De fato, tanto no processo civil das causas do Estado, quanto no processo sancionador, e até mesmo no processo penal, há possibilidade de celebração de negócios que representam algum grau de disposição sobre os direitos materiais envolvidos, mesmo em campos de forte presença de interesse público. O mesmo acontece nos termos (ou compromissos) de ajustamento de conduta nas ações coletivas e, em nosso sentir, também nas ações de improbidade administrativa. Essa permeabilidade para os acordos existe hoje e deverá ser certamente alargada pela influência da normativa do novo CPC. Todavia, essa constatação não seria sequer necessária para que investiguemos a admissibilidade de acordos processuais em causas desta natureza. Se a convencionalidade é reconhecida no processo penal e sancionador, no processo civil de interesse público e nas ações coletivas, até mesmo para dispor dos interesses substanciais, entendemos que não deva haver óbice apriorístico para a

Cap. 5 • ESTUDO DA EXISTÊNCIA, VALIDADE E EFICÁCIA DOS NEGÓCIOS JURÍDICOS PROCESSUAIS
Jaldemiro Rodrigues de Ataíde Júnior

distinção entre direitos indisponíveis e direitos que admitem autocomposição, razão pela qual se torna imperiosa a leitura da última nota de rodapé) e, (ii) *não ter a convenção processual sido firmada mediante a inserção abusiva de cláusula em "contrato de adesão"; assim como não ter a convenção sido firmada diante de manifesta situação de "vulnerabilidade" de uma das partes.* Note-se que esses dois novos requisitos de validade (ao fim e ao caso, ambos resumem-se à *vulnerabilidade* de uma das partes) relacionam-se à *perfeição da manifestação de vontade*[62], estando, pois, ao lado dos vícios clássicos de vontade (erro, dolo, coação, estado de perigo, lesão).

Há também um campo-dependente', que se relaciona, especificamente, a cada um dos negócios processuais *típicos*. Por conseguinte, um negócio processual *típico* para existir, ser válido e eficaz, terá que observar (i) os padrões do campo-invariável; (ii) os critérios do campo-dependente e os padrões adicionais do campo-dependente (regramento dos negócios processuais *atípicos*); assim como (iii) os novos padrões específicos inseridos pelo campo-dependente', que é definido pelo regramento próprio de cada um dos negócios processuais *típicos*, v.g., (a) a convenção sobre foro de eleição, que tem de observar a forma escrita (art. 63, CPC/2015); (b) a convenção sobre o calendário processual, que exige a participação do juiz (art. 191, §§ 1º e 2º, CPC/2015); (c) a organização negociada do processo, que também exige a participação do juiz (art. 357, § 2º, CPC/2015); (d) a convenção sobre o ônus da prova, que não pode ser realizada quando o processo versar sobre direito indisponível ou quando tornar excessivamente difícil a uma parte o exercício do direito[63] (art. 373, §§ 3º e 4º, CPC/2015; (e) a escolha consensual do perito (art. 471, CPC/2015) etc.

---

negociação em *matéria processual.* Em se tratando de convenções atinentes a direitos processuais ou ao procedimento, não há propriamente a disposição de direitos materiais da coletividade. A disposição de direito processual, como visto à exaustão nesta coletânea, não tem como reflexo necessário a mitigação do direito material cuja tutela é pretendida na relação jurídica processual. As convenções, por exemplo, que alteram a forma da citação, ou os negócios que renunciam previamente a certos tipos de recurso ou meios de prova, não versam sobre o direito material, embora possam, é verdade, impactar a solução final do processo em relação a eles". CABRAL, Antônio do Passo. *A Resolução nº 118 do Conselho Nacional do Ministério Público e as Convenções Processuais.* In: CABRAL, A. P.; DIDIER JR., F.; NOGUEIRA, P. H. P.. (Org.). *Negócios Processuais.* Salvador: Juspodivm, 2015, p. 541-557.

62. Fredie Didier Jr., pensa diferente, entendendo que tal vício relaciona-se à capacidade; seria uma nova categoria jurídica, a incapacidade processual negocial: a incapacidade pela situação de vulnerabilidade. In: DIDIER JR., Fredie. *Curso de direito processual civil,* Vol 1. 17ed. Salvador: Juspodivm, 2015, p. 384-386.

63. De acordo com Leonardo Greco, a validade da convenção sobre inversão do ônus da prova, sob o prisma da *licitude do objeto,* está relacionada diretamente a três fatores: (i) à disponibilidade do próprio direito material posto em juízo; (ii) o respeito ao equilíbrio entre as partes e à paridade de armas, para que uma delas, em razão de atos de disposição seus ou de seu adversário, não se beneficie de sua particular posição de vantagem em relação à outra quanto ao direito de acesso aos meios de ação e de defesa e, (iii) à preservação da observância dos princípios e garantias fundamentais do processo no Estado Democrático de Direito. GRECO, Leonardo. Os atos de disposição processual: primeiras reflexões. *Os Poderes do Juiz e o Controle das Decisões Judiciais.* In: MEDIDA, J. M. G.; CRUZ, L. P. F.; CERQUEIRA, L. O. S.; GOMES JR., L. M.. (Org.). São Paulo: RT, 2008, p. p. 292.

NOVO CPC DOUTRINA SELECIONADA, v. 1 • Parte Geral

PARTE IX – ATOS, PRAZOS E NEGÓCIOS PROCESSUAIS

Encerrando este tópico dos campo-dependentes dos negócios jurídicos processuais, cumpre esclarecer que também nele se encontra o regime de invalidação dos negócios processuais, pois em virtude do *princípio da ausência de nulidade processual sem prejuízo (pas de nullité sans grief)*[64], mesmo diante de vícios que ensejem a *nulidade* ou a *anulabilidade* dos negócios processuais, estas sanções só serão decretadas se houver prejuízo.

5. UMA ÚLTIMA PALAVRA SOBRE O OBJETO LÍCITO NOS NEGÓCIOS PROCESSUAIS E A RELEVÂNCIA DA ORDEM PÚBLICA COMO LIMITE À NEGOCIAÇÃO

Como já afirmado nas considerações iniciais, o processo civil pertence ao direito público e é o método através do qual o juiz, munido de um plexo de poderes-deveres (inclusive, de conformação constitucional), exerce sua pública função jurisdicional.

O processo civil, diante do modelo constitucional do processo, onde abundam os princípios constitucionais do processo, tornou-se, na visão deste articulista, campo fértil às *questões de ordem pública*[65]. No contexto do neopositivismo, do neoconstitucionalismo e do neoprocessualismo ou formalismo-valorativo[66-67], é inegável a repercussão que exerce sobre o processo temas como: (i) a força normativa da Constituição; (ii) a normatividade dos princípios; (iii) o método hermenêutico da concreção; (iv) a consagração dos direitos fundamentais, dentre outros.

---

64. Positivado nos arts. 277, 279, § 2º, 281, 282, §§ 1º e 2º e, 283, parágrafo único, CPC/2015.

65. Há autores como Fredie Didier Jr. e Eduardo Talamini, que vêm defendendo em palestras que o conceito *ordem pública* está em vias de extinção; com o que não concorda o autor deste trabalho, que reputa o conceito de ordem pública relevante e útil, sobretudo como limite à autonomia da vontade e, consequentemente, aos negócios jurídicos processuais. Se a dificuldade semântica e das condições de aplicabilidade que cercam as questões de ordem pública ensejam a proscrição do conceito, ter-se-ia que destinar o mesmo destino às noções sobre o devido processo legal e sobre a própria justiça.

66. Sobre o neopositivismo, neoconstitucionalismo e neoprocessualismo há vasta bibliografia e, como os temas estão imbricados, não há como dissociar as obras que tratam especificamente de cada um deles: BITTAR, Eduardo Carlos Bianca. *O Direito na Pós-Modernidade*. Rio de Janeiro: Forense Universitária, 2005; CAMBI, Eduardo. *Neoconstitucionalismo e Neoprocessualismo: direitos fundamentais, políticas públicas e protagonismo judiciário*. 2ed., rev. e atual. São Paulo: Revista dos Tribunais, 2011; BARROSO, Luíz Roberto. *Neoconstitucionalismo e constitucionalização do Direito*. In: *Revista de Direito Administrativo*, v. 240, 2005.; ZANETI JR., Hermes. *A Constitucionalização do Processo: A Virada do Paradigma Racional e Político no Processo Civil Brasileiro do Estado Democrático Constitucional*. Tese de Doutorado. Universidade Federal do Rio Grande do Sul, Porto Alegre, set. 2005; MITIDIERO, Daniel. *Colaboração no processo civil*. 2. ed. São Paulo: Revista dos Tribunais, 2011; SAMPAIO JR., José Herval. *Processo constitucional – nova concepção de jurisdição*. São Paulo: Método, 2008; MARINONI, Luiz Guilherme. *Curso de processo civil: teoria geral do processo*. 3 ed. rev. e atual. São Paulo: Revista dos Tribunais, 2008; DIDIER JR., Fredie. *Teoria do Processo e Teoria do Direito: o Neoprocessualismo*. In: DIDIER JR., F. (Org). *Teoria do Processo: Panorama Doutrinário Mundial, segunda série*. Salvador: Juspodivm, 2010.

67. Formalismo-valorativo é a expressão utilizada por Carlos Alberto Alvaro de Oliveira para designar essa fase de desenvolvimento do direito processual. In: *O Formalismo-valorativo no confronto com o formalismo excessivo*.

Pois bem, nesse cenário, encontram-se intimamente imbricadas a *autonomia da vontade*, a *licitude do objeto* e as *questões de ordem pública*, donde estas exsurgem como limites ao autorregramento da vontade no processo, ou melhor, como um importante parâmetro para se aferir a (i)licitude do objeto do negócio jurídico processual e, consequentemente, sua (in)validade.

Não por acaso, a Lei da Arbitragem – que explicitamente consagra o princípio da *autonomia da vontade* (arts. 1º a 3º) –, ao mesmo tempo em que dá ampla liberdade às partes para convencionarem sobre o procedimento (art. 21, *caput*), estabelece, no § 2º desse dispositivo legal, que "serão, sempre, respeitados no procedimento arbitral os princípios do contraditório, da igualdade das partes, da imparcialidade do árbitro e de seu livre convencimento". E, como já afirmado, dentre os arbitralistas, é voz corrente que a convenção sobre o procedimento arbitral encontra limites no *devido processo legal*, na *ordem pública processual* e nas *disposições processuais cogentes* da Lei da Arbitragem[68].

A identificação das normas processuais inderrogáveis pela vontade das partes[69], ou melhor, das "normas jurídicas cogentes, impositivas ou proibitivas, que se impõem a todos indistintamente, interessando, por isso, ao direito como um todo"[70], é um bom começo para se encontrar as *questões de ordem pública* processuais.

---

68. Nesse sentido: "O limite para as partes e para os árbitros no momento de definir o direito processual aplicável e o procedimento a ser seguido são os direitos e garantias fundamentais previstos na Constituição da República, a ordem pública processual e as disposições processuais cogentes da lei de arbitragem aplicável". *In*: FICHTNER, José Antonio; MANNHEIMER, Sergio Nelson; MONTEIRO, André Luís. *Cinco pontos sobre a arbitragem no projeto do novo código de processo civil*. Revista de Processo, São Paulo, ano 37, n. 205, set.2012, p. 309. "Restaram fortalecidos os princípios básicos do devido processo legal, ao mesmo tempo em que a autonomia da vontade foi prestigiada, na medida em que fica a critério das partes a disciplina procedimental da arbitragem. A regra preconizada é a seguinte: as partes podem adotar o procedimento que bem entenderem desde que respeitem os princípios do contraditório, da igualdade das partes, da imparcialidade do árbitro e do seu convencimento racional". *In*: CARMONA, Carlos Alberto. *Arbitragem e processo*. 3ed. rev., atual e ampl. São Paulo: Editora Atlas S.A., 2009, p. 23. "Não existe, neste ponto, qualquer restrição ao procedimento que venha a ser escolhido pelas partes, exceto a necessidade de respeito à ordem pública, podendo as partes estabelecer procedimentos probatórios como *cross examination* e *discovery*". GUERRERO, Luis Fernando. *Convenção de arbitragem e processo arbitral*. São Paulo: Atlas, 2009, p. 26. Ainda no mesmo sentido: ALVIM, Eduardo Arruda; DANTAS, André Ribeiro. *Direito processual arbitral: natureza processual da relação jurídica arbitral e incidência do Direito Constitucional Processual*. Revista de Processo, São Paulo, ano 39, n. 234, ago. 2014, p. 365-381.
69. Carlos Alberto Carmona identifica a noção de *ordem pública* interna à impossibilidade de derrogação pela vontade privada. *In*: CARMONA, Carlos Alberto. *Arbitragem e processo*. 3ed. rev., atual e ampl. São Paulo: Editora Atlas S.A., 2009, p. 69-70.
70. Marcos Bernardes de Mello dá uma importante contribuição ao tema, ao tratar da *ordem pública* sob a perspectiva das invalidades. Leia-se: "A expressão *ordem pública*, no que respeita à invalidade, não tem o sentido restrito empregado no direito público. Aqui quer designar o interesse protegido por normas jurídicas cogentes, impositivas ou proibitivas, que se impõem a todos, interessando, por isso, ao direito como um todo. O emprego dessa expressão relacionada à nulidade não quer dizer que nos casos de anulabilidade também não haja interesse da ordem pública, isto porque a invalidade em si, em qualquer de seus graus e espécies, constitui instrumento utilizado pelo direito para escoimar de seu mundo atos ilícitos, portanto, a ele contrários, de modo a tornar possível a integridade do ssitema". *In*: MELLO, Marcos Bernardes de. *Teoria do fato jurídico: plano da validade*. 11 ed. São Paulo: Saraiva, 2011, p. 94.

NOVO CPC DOUTRINA SELECIONADA, v. 1 • Parte Geral

PARTE IX – ATOS, PRAZOS E NEGÓCIOS PROCESSUAIS

No sistema processual brasileiro, há vários exemplos de normas de *ordem pública*, tais como as que tratam: da coisa julgada; da competência absoluta; da fundamentação[71]; da imparcialidade; da capacidade processual; do vício de vontade, dentre outras. As normas que concretizam o núcleo duro do devido processo legal também se constituem em questões de ordem pública, conquanto, é inegável que possa surgir dificuldades quanto às *condições fáticas e jurídicas* de *aplicabilidade* dessas normas.

Portanto, é de se reiterar: as questões de *ordem pública* exsurgem, e com toda relevância, como limites ao autorregramento da vontade no processo.

6. CONCLUSÕES

Com base nas considerações apresentadas, pode-se concluir que:

- Um negócio jurídico processual *atípico* existe, é válido e eficaz se atende: (i) aos padrões do campo-invariável – estabelecidos no Código Civil para os negócios jurídicos em geral –; (ii) aos *critérios ou os tipos de motivos – estabelecidos no ordenamento processual – necessários para justificar* a observância dos *padrões de referência invariáveis*, que utilizamos para qualificar nossas conclusões acerca da *existência, validade* e *eficácia* dos negócios jurídicos processuais e, (iii) aos padrões adicionais do campo-dependente (regramento dos negócios processuais *atípicos*).

Em outras palavras, um negócio jurídico processual *atípico* existe, é válido e eficaz se: [plano da existência - (i)] (i.i) há a *manifestação ou declaração consciente de vontade*, de uma ou de ambas as partes, visando o autorregramento de uma situação jurídica simples ou da eficácia de uma relação jurídica; (i.ii) há um poder de determinação e regramento da categoria jurídica (no processo civil, tem-se a cláusula geral negocial do art. 190, CPC/2015) e, (i.iii) há um processo a que se refira, ainda quando sua ocorrência seja exterior, isto é, fora da *sede* processual; [validade - (ii)] (ii.i) fora celebrado por pessoa capaz; (ii.ii) possuir *objeto* e *objetivo* lícitos; (ii.iii) obedecer a forma prescrita ou não defesa em lei; (ii.iv) houver perfeição da manifestação de vontade; (ii.v) versar sobre direitos que admitam autocomposição e, (ii.vi) a convenção não foi inserida, abusivamente, em contrato de adesão, nem celebrada diante da manifesta situação de vulnerabilidade de alguma das partes; [eficácia - (iii)] (iii.i) *o negócio jurídico teve a participação de todos aqueles que tiveram sua esfera jurídica afetada* e, (iii.ii) operou-se o ato integrativo expressamente previsto em lei – o

---

71. Quanto à fundamentação há precedentes do STF denegando homologação a sentenças estrangeiras, em virtude de ausência de fundamentação.

1396

que é dispensado no *negócio jurídico processual atípico*, nos termos do art. 190 do CPC/2015.

- Um negócio jurídico processual *típico* existe, é válido e eficaz se observar: (i) os padrões do campo-invariável; (ii) os critérios do campo-dependente; (iii) os padrões adicionais do campo-dependente (regramento dos negócios processuais *atípicos*) e, (iv) os novos padrões específicos inseridos pelo campo-dependente', que é definido pelo regramento próprio de cada um dos negócios processuais *típicos*, v.g., a convenção sobre foro de eleição, que tem de observar a forma escrita (art. 63, CPC/2015); a convenção sobre o calendário processual, que exige a participação do juiz (art. 191, §§ 1º e 2º, CPC/2015); a organização negociada do processo, que também exige a participação do juiz (art. 357, § 2º, CPC/2015); a convenção sobre o ônus da prova, que não pode ser realizada quando o processo versar sobre direito indisponível ou quando tornar excessivamente difícil a uma parte o exercício do direito (art. 373, §§ 3º e 4º, CPC/2015; a escolha consensual do perito (art. 471, CPC/2015) etc.

- Nos campo-dependentes dos negócios jurídicos processuais, também se encontra o regime de invalidação dos negócios processuais, pois em virtude do *princípio da ausência de nulidade processual sem prejuízo* (*pas de nullité sans grief*)[72], mesmo diante de vícios que ensejem a *nulidade* ou a *anulabilidade* dos negócios processuais, estas sanções só serão decretadas se houver prejuízo.

- Nesse novo contexto, encontram-se intimamente imbricadas a *autonomia da vontade*, a *licitude do objeto* e *ordem pública*, donde estas exsurgem como limites ao autorregramento da vontade no processo, ou melhor, como um importante parâmetro para se aferir a (i)licitude do objeto do negócio jurídico processual e, consequentemente, sua (in)validade.

---

72. Positivado nos arts. 277, 279, § 2º, 281, 282, §§ 1º e 2º e, 283, parágrafo único, CPC/2015.

CAPÍTULO 6

A negociação no Novo Código de Processo Civil: novas perspectivas para a conciliação, para a mediação e para as convenções processuais

Julio Guilherme Müller[1]

SUMÁRIO: 1. INTRODUÇÃO; 2. PANORAMA GERAL SOBRE A NEGOCIAÇÃO NO CPC DE 1973; 3. A NEGOCIA-ÇÃO NO NOVO CÓDIGO DE PROCESSO CIVIL; 3.1. CONCILIAÇÃO E MEDIAÇÃO; 3.2. NEGÓCIOS PROCESSUAIS; 4. CONCLUSÃO: "POR UMA CONSCIÊNCIA EM FAVOR DA NEGOCIAÇÃO"; 5. BIBLIOGRAFIA.

1. INTRODUÇÃO

No dia 16 de março foi sancionado o novo Código de Processo Civil (Lei 13.105). Comparado ao Código anterior de 1973, a versão final traz alguns novos institutos e alterações úteis e que podem contribuir para melhorar a prestação jurisdicional.

Há mecanismos com propósito de assegurar maior coerência, estabilidade e integridade ao sistema jurídico, como há dispositivos voltados à qualidade da decisão e tratamento isonômico dos jurisdicionados. Sistema de precedentes, incidente de repetição de demandas repetitivas e um aparato normativo mais minucioso e descritivo quanto à fundamentação das decisões judiciais são algumas das novidades mais importantes.

Vários direitos fundamentais processuais acabaram recebendo tratamento infraconstitucional, sendo possível observar, também, alterações cujo propósito é o de conferir maior primazia às questões de mérito, eliminando boa parte dos obstáculos processuais que impediam o exame da matéria de fundo dos recursos (que se passou a chamar comumente de "jurisprudência defensiva").

---

1. Doutorando em Direito na PUC-SP. Mestre em Direito pela UFPR. Ex-Professor da Univali-SC e da Unisul-SC. Professor de Cursos de Pós-Graduação. Advogado.

Interessa ao presente trabalho, contudo, as modificações no campo da negociação, aqui entendido como o meio pelo qual se chega a um consenso ou acordo a respeito de interesses originariamente opostos.

A negociação como meio para solucionar conflitos de interesses faz parte da vida moderna. Como meio alternativo de solução de litígios, a negociação, ao lado da conciliação e da mediação, é tema atual no Brasil e no mundo[2].

No ambiente familiar e afetivo, com bens intangíveis ou monetários, dentro ou fora do processo, as pessoas negociam a todo tempo e modo. Às vezes diretamente, em outras com o auxílio de negociadores, representantes, conciliadores e mediadores, a negociação integra diuturnamente a rotina das pessoas de modo que é parte integrante do sistema social.

E nos conflitos que chegam ao Poder Judiciário não é diferente. Há negociação quanto ao objeto de um litígio, como também há negociação quando os advogados e o juiz ajustam um determinado prazo ou designação de uma data para a audiência. É fato que a negociação, realizada diretamente pelas partes, seus advogados, ou mesmo desenvolvida com o auxílio de terceiros (conciliadores e mediadores), é um importante mecanismo para a solução de divergências de qualquer magnitude e natureza.

O propósito do presente ensaio é o de analisar a nova disciplina ofertada ao campo da negociação a partir do novo Código de Processo Civil, tanto no que diz respeito à negociação empreendida como meio de solução alternativa de litígios, com o auxílio da conciliação e mediação, quanto no que diz respeito à negociação processual para adaptar o procedimento ou convencionar sobre algumas situações processuais no interesse mútuo das partes.

Para isto o trabalho foi distribuído em quatro partes. Na primeira o tema é analisado na perspectiva dada pelo Código de Processo Civil de 1973. A segunda parte, elaborada já conforme a disciplina da Lei 13.105 (NCPC), aborda a negociação, mediação e conciliação como meios alternativos para a solução de litígios, e o campo dos negócios processuais como mecanismo de apoio para resolução judicial dos conflitos. O último tópico apresenta considerações valorativas pessoais a respeito do tema.

2. PANORAMA GERAL SOBRE A NEGOCIAÇÃO NO CPC DE 1973

O CPC de 1973 aposta no juiz como principal agente para a resolução de conflitos, dando a este o papel de protagonista no processo judicial. São

---

2.   CAHALI, José Francisco. *Curso de arbitragem: mediação : conciliação : Resolução CNJ 125/2010.* 4. edição revista, atualizada e ampliada. São Paulo: Editora Revista dos Tribunais, 2014. P. 27.

escassas as passagens no Código Buzaid a respeito do uso de meios alternativos para solucionar litígios ou sobre situações passíveis de negociação.

De acordo com o art. 125, IV competirá ao Juiz, ao dirigir o processo, tentar a qualquer tempo conciliar as partes. Idêntico dever reaparece no art. 448 do CPC de 1973, segundo o qual o juiz, antes de iniciar a instrução, tentará conciliar as partes.

A reforma no sistema empreendida em 1994 criou uma audiência preliminar (art. 331), na qual uma das atividades naquele ato complexo, dentre outros, é buscar a conciliação das partes quanto ao objeto do processo.

Originariamente toda a atividade de conciliação, prevista no Código, tem o próprio juiz da causa como o responsável por conduzir as partes a um acordo. Posteriormente, várias unidades judiciárias, e alguns Estados da Federação, introduziram a figura do conciliador como sujeito auxiliar do juízo.

É fato, todavia, que o formato e a prática desta atividade de conciliação, tanto na audiência preliminar do art. 331, quanto na audiência de instrução, necessitavam de uma revisão para se adequar aos mecanismos mais modernos de conciliação, mediação e negociação.

Por outro lado, não há, dentre os deveres das partes previstos no CPC de 1973 (art. 14), o de se empenhar na busca de meios alternativos para resolver seus litígios, como também não há nenhuma política de incentivo, estampada no Código, para aqueles que no curso do processo conseguem resolver sua controvérsia através de um acordo negociado. Normativamente, o Código de Ética dos Advogados prevê o dever de estimular a conciliação entre os litigantes.

Na Justiça Civil comum brasileira o índice de processos encerrados por acordo ainda é muito baixo quando analisado o volume total de processos. Entretanto, quando há foco e planejamento da atividade, como no Programa de Semana Nacional de Conciliação, o número de negociações e acordos fechados é animador, com percentual que atinge pouco mais da metade dos casos submetidos ao programa[3]. Todavia não há um programa constante ou permanente com foco na negociação, conciliação e mediação para a solução de litígios na justiça civil.

De outra banda, a atual disciplina conferida pelo Código de 1973 exigia revisão e modernização quanto ao tema da mediação.

A mesma constatação também pode ser realizada no campo da negociação processual.

---

3. Segundo dados do CNJ na Semana de Conciliação de 2014 foram realizadas 283.719 audiências de conciliação em todo o País, com o expressivo número de 150.499 acordos realizados (53,05% do total). Fonte: www.cnj.jus.br/conciliação, acessado em 20 de março de 2015.

NOVO CPC DOUTRINA SELECIONADA, v. 1 • Parte Geral
PARTE IX – ATOS, PRAZOS E NEGÓCIOS PROCESSUAIS

Não há, no CPC de 1973, uma cláusula geral ou disciplina completa a respeito das convenções processuais, mas apenas previsão de situações específicas, como afirma José Carlos Barbosa Moreira em artigo publicado originariamente na Revista de Processo em 1984[4].

Podem ser citadas, como hipóteses pontuais em que as partes podem modificar as regras do procedimento, ou compor quanto às suas condutas processuais por mútuo entendimento, aquelas inerentes a alguns temas como o ônus da prova (ressalvadas as exceções do parágrafo único do art. 333 do CPC), adiamento de audiência (art. 453, I do CPC), fixação de prazos dilatório (art. 181 do CPC), a cláusula de eleição de foro, dentre outros.

A gestão do procedimento no CPC de 1973 é de incumbência direta do magistrado, inexistindo maiores possibilidades de flexibilização ou de sua alteração pelas partes ou pelo juiz, ressalvada, quanto ao último, a hipótese de controle incidental de inconstitucionalidade sobre alguma regra procedimental para dar eficácia, em um determinado caso concreto, a um direito fundamental processual violado[5].

Em verdade a ausência de um campo maior para a negociação de situações processuais, no âmbito do CPC de 1973, tem origem no caráter publicista do processo civil.

Desde a concepção do processo como relação jurídica, atribuída a Oskar Von Büllow em clássica obra a respeito das exceções e pressupostos processuais, de 1868, fixou-se o entendimento de que a natureza jurídica das normas processuais é de direito público, na medida em que regulam uma relação jurídica entre particulares e Estado. O passo seguinte resultou na compreensão da regra geral segundo a qual as normas processuais são cogentes, admitidas exceções e hipóteses restritas em que as normas são dispositivas por opção e definição do legislador.

Como afimava Chiovenda *"Não existe, pois, um processo convencional, quer dizer, ao juiz e às partes não é permitido governar arbitrariamente o processo; mas em certos casos é livre às partes desatenderem a uma norma processual, já por acordo expresso ou tácito, já deixando de assinalar-lhe a observância. Se as partes gozam ou não dessa liberdade, deve ressaltar dos termos expressos da lei*

---

4. MOREIRA, José Carlos Barbosa. *Convenções das partes sobre matéria processual.*In Doutrinas Essenciais Processo Civil. Organizada por Luiz Rodrigues Wambier e Teresa Arruda Alvim Wambier. Volume III. São Paulo: Editora Revista dos Tribunais, 2011. P. 152.
5. A respeito da flexibilização procedimental vide a precursora obra de Gajardoni: GAJARDONI, Fernando da Fonseca. *Flexibilização procedimental: um novo enfoque para o estudo do procedimento em matéria processual.* São Paulo: Editora Atlas, 2008.

ou do escopo da norma determinada: na dúvida, as normas processuais devem reputar-se cogentes."[6]

Esta evolução implicou no natural abandono da visão e da possibilidade do processo judicial como um contrato ou relação obrigacional de direito privado entre as partes, limitando a possibilidade de negociação de situações processuais pelas partes. Como anota Leonardo Greco, a *"concepção publicística do processo relegou a segundo plano a reflexão acadêmica sobre os limites da autonomia da vontade das partes a respeito da multiplicidade de questões que podem ser suscitadas no processo"[7]*.

Este raciocínio levado a efeito nos últimos cento e cinquenta anos consolidou o entendimento no sentido de que convenções ou acordos a respeito de situações processuais devem ser tratadas apenas excepcionalmente, o que também ocorreu com o CPC de 1973. Neste as convenções processuais são apenas aquelas lá nominadas, inexistindo uma cláusula geral ou posições indeterminadas passíveis de negociação.

Concluindo o ponto, o CPC de 1973 é tímido no tocante ao campo para a negociação processual pelas partes, sendo deficiente, também, no que concerne ao uso da conciliação e mediação como meios para a solução de litígios.

3. A NEGOCIAÇÃO NO NOVO CÓDIGO DE PROCESSO CIVIL

3.1. Conciliação e Mediação

A reforma processual que culminou na sanção da nova codificação processual modifica inúmeros institutos e pretende romper alguns paradigmas e dogmas processuais, sempre com a boa intenção de resolver ou minimizar alguns dos problemas (quase crônicos) de quem busca o Judiciário.

Um dos pilares do Código de Processo Civil de 2015 é o de estimular a solução consensual de conflitos, como se observa de norma inserta em capítulo que dispõe a respeito das normas fundamentais do processo (§2° do art. 3°)[8]. Esta

---

6. CHIOVENDA, Giuseppe. *Instituições de direito processual civil.* Volume 1. Editora Bookseller: São Paulo. P. 99.
7. GRECO, Leonardo. *Os atos de disposição processual - primeiras reflexões.* Revista Eletrônica de Direito Processual. Outubro a Dezembro de 2007. Rio de Janeiro. www.revistaprocessual.com. O mesmo ensaio foi publicado também na seguinte obra: *Os poderes do juiz e o controle das decisões judiciais: estudos em homenagem à professora Teresa Arruda Alvim Wambier.* Coordenada por José Miguel Garcia Medina, Luana Pedrosa de Figueiredo Cruz, Luiz Otávio Sequeira de Cerqueira e Luiz Manoel Gomes Júnior. São Paulo: Editora Revista dos Tribunais, 2008
8. O instituto da mediação será parcialmente alterado e complementado se aprovado o Projeto de Lei 517/2011 (Lei da Mediação).

verdadeira orientação e política pública vem na esteira da Resolução 125/2010 do Conselho Nacional de Justiça, que tratou de fixar aportes mais modernos a respeito dos meios alternativos para a solução de controvérsias. Cada um dos meios alternativos (negociação, conciliação, mediação, dentre outros) são portas de acesso à justiça, sem exclusão dos demais canais de pacificação de conflitos, daí a razão de se defender como política pública a implantação do denominado Sistema Multiportas[9].

Mas o Código vai além e exorta juízes, advogados, defensores públicos e membros do Ministério Público a estimular a conciliação, a mediação e outros métodos alternativos para solução consensual de conflitos (§3° do art. 3°).

E é importante que assim o faça pois os meios alternativos que envolvem soluções consensuais têm indiscutível qualidade e eficácia, representando importante parcela na solução de litígios em diversos países.

Neil Andrews, comentando a realidade em seu País, afirma que *"o acordo é o meio mais comum pelo qual os conflitos civis são concluídos na Inglaterra. Sem este alto nível de realização de acordos, seria necessária significativa expansão de todo o Poder Judiciário e aumento de número de ombudsmen de árbitros. (...) é política oficial que haja uma cultura de acordo.[10]"*

O novo Código de Processo Civil brasileiro diferencia a conciliação da mediação a partir da distinção dos seus agentes (o conciliador e o mediador).

Por definição legal (§2° do art. 165) o conciliador é o profissional que atuará preferencialmente nos casos em que não houver vínculo anterior entre as partes, competindo-lhe sugerir soluções para o litígio, vedada a utilização de qualquer tipo de constrangimento ou intimidação para que as partes conciliem.

O mediador, a seu turno, atuará preferencialmente nos casos em que houver vínculo anterior entre as partes, devendo auxiliar os interessados a compreender as questões e os interesses em conflito, de modo que eles possam, pelo restabelecimento da comunicação, identificar, por si próprios, soluções consensuais que gerem benefícios mútuos (§3° do art. 165).

Segundo o §3° do art. 165 do NCPC, o referido profissional deverá atuar de modo a restabelecer a comunicação entre as partes, auxiliando-as a identificar, por si próprias, soluções consensuais que gerem benefícios mútuos. Entretanto,

---

9. A expressão tem origem no modelo norte-americano "multidoor courtroom". CAHALI, José Francisco. *Curso de arbitragem: mediação : conciliação : Resolução CNJ 125/2010.* 4. edição revista, atualizada e ampliada. São Paulo: Editora Revista dos Tribunais, 2014. P. 58.

10. ANDREWS, Neil. O moderno processo civil: formas judiciais e alternativas de resolução de conflitos na Inglaterra. Orientação e revisão da tradução por Teresa Arruda Alvim Wambier. São Paulo: Editora Revista dos Tribunais, 2012. P. 343.

Cap. 6 • A NEGOCIAÇÃO NO NOVO CÓDIGO DE PROCESSO CIVIL
Julio Guilherme Müller

esta face da mediação não exclui outras, na medida em que o próprio Código (4° do art. 166) estabelece que seja quanto ao propósito como quanto ao procedimento deve ser observada a vontade dos interessados.

De acordo com Francisco José Cahali, a distinção entre conciliador e mediador, em razão do vínculo anterior das partes, é importante para o desenvolvimento do trabalho e formulação dos objetivos do profissional envolvido: *"O foco na mediação é o conflito, e não a solução. Na conciliação percebe-se o contrário: o foco é a solução, e não o conflito*[11]*"*. Daí porque, segundo o autor, *"a mediação é recomendável para conflitos com marcantes elementos subjetivos, como nas relações familiares e na dissolução de empresas, sugerindo-se igualmente em outras relações continuadas, como relações de vizinhança, contratos de franquia"*[12], entre outras, o que sugere como propósito maior a busca pela reaproximação das partes ou de seu vínculo comunicacional. A conciliação, a seu turno, é aplicável a todos os demais casos residualmente.

Embora a lei opte pela distinção, as atividades de conciliação e mediação se desenvolvem através de um processo de negociação assistida, onde uma terceira pessoa neutra (conciliador ou mediador) auxilia as partes a negociarem a realização de um acordo para por fim a um conflito de interesses[13].

É evidente que a negociação, como meio alternativo de solução de litígios, não se desenvolve somente através da conciliação ou mediação segundo o formato oferecido pelo novo Código. A negociação pode e deve ser realizada também diretamente pelas partes ou através de seus advogados, independente da participação do facilitador.

Segundo a Lei 13.105, o conciliador e o mediador devem atuar com independência e imparcialidade, respeitando os deveres de confidencialidade e decisão informada. observando a oralidade e informalidade. O respeito à autonomia da vontade das partes interessadas, entretanto, abre um amplo campo para negociação a respeito do modelo, formato e desenvolvimento da atividade (artigo 166, *caput* e §°4).

As inovações no novo Código terão reduzido potencial de eficácia se não houver um compromisso autêntico para impulsionar os meios alternativos de solução de litígios. A conciliação e a mediação precisam ser levadas a sério pelo Judiciário e pelos advogados. E o ponto de partida para isto é a conscientização

---

11. CAHALI, José Francisco. *Curso de arbitragem: mediação : conciliação : Resolução CNJ 125/2010. 4. edição revista, atualizada e ampliada. São Paulo: Editora Revista dos Tribunais, 2014. P. 45.*
12. CAHALI, José Francisco. *Curso de arbitragem: mediação : conciliação : Resolução CNJ 125/2010. 4. edição revista, atualizada e ampliada. São Paulo: Editora Revista dos Tribunais, 2014. P. 45.*
13. FOLBERG, Jay. GOLANN, Dwight. *Lawyer negotiation: theory, practice, and law.* 2nd edition. New York: Aspen Publishers, p. 288.

de que a negociação (na mediação e na conciliação) é um importante meio para solucionar um litígio, que exige preparação e comprometimento.

Cahali adverte que a *"a mediação não deve ser feita sem a capacitação do facilitador. Por mais que uma pessoa tenha habilidade e talento como negociador ou gestor de conflitos, a mediação exige estudo específico, técnicas, experiência, e constante aprendizado para aprimoramento do conhecimento. Repita-se, a capacitação é indispensável à correta utilização deste valioso instrumento"*[14].

A assertiva está correta na teoria. Mas, na prática, considerando o tamanho do País e as dificuldades de acesso à educação e de treinamento de qualidade, a realização de mediação e conciliação deve ser tentada em qualquer cenário e não somente através de pessoas habilitadas. É importante destacar que independe da qualificação há pessoas com natural aptidão para facilitar a comunicação e negociação entre as partes.

Todavia, é evidente que o desenvolvimento da atividade com a participação de facilitadores capacitados ou experimentados tende a apresentar resultados mais eficazes. Um mediador treinado costuma utilizar diferentes técnicas e enfoques para atingir o propósito que é o de solucionar um litígio através da negociação e acordo. A utilização de técnicas negociais, como por exemplo as formuladas pelo programa de negociação da Harvard Law School[15] e do curso de negociação da Wharton Business School[16], e que são admitidas pelo NCPC de acordo com o §3° do art. 166 genericamente, devem ser estimuladas nos programas de treinamento e capacitação de mediadores, bem como aplicados na condução da atividade.

Segundo Jay Folberg e Dwight Gollan, professores respectivamente da University of San Francisco e Suffolk University[17], um mediador pode:

- auxiliar as partes e seus advogados a focar sua atenção na busca de uma solução construtiva de uma disputa;

- permitir que as partes e seus advogados apresentem diretamente aos seus adversários seus argumentos jurídicos, preocupações subjacentes e sentimentos, ouvindo as perspectivas de lado a lado e seus interesses;

---

14. CAHALI, José Francisco. *Curso de arbitragem: mediação : conciliação : Resolução CNJ 125/2010. 4. edição revista, atualizada e ampliada.* São Paulo: Editora Revista dos Tribunais, 2014. P. 77.

15. FISHER, Roger. URY, William. PATTON, Bruce. *Como chegar ao sim: a negociação de acordos sem concessões.* Projeto de Negociação da Harvard Law School. Segunda Edição Revisada e Ampliada. Tradução de Vera Ribeiro e Ana Luiza Borges. Rio de Janeiro: Imago Editora, 2005.

16. DIAMOND, Stuart. *Consiga o que você quer: as 12 estratégias que vão fazer de você um negociador competente em qualquer situação.* Tradução de Ivo Korytowski. Rio de Janeiro: Sextante, 2012.

17. FOLBERG, Jay. GOLANN, Dwight. *Lawyer negotiation: theory, practice, and law.* 2nd edition. New York: Aspen Publishers, p. 288.

- auxiliar os participantes a manter o foco nos seus autênticos interesses e identificar opções de acordo com criatividade;

- moderar negociações, instruindo os participantes (negociadores) a usar técnicas eficazes, auxiliando na comunicação entre as partes adversárias e reenquadrando as posições e percepções discordantes de maneira construtiva;

- auxiliar as partes de modo que cada uma avalie por si o resultado provável (ou possível) de julgamento do caso e os custos que serão gerados com a continuidade do processo;

- trabalhar com os litigantes na elaboração de acordo durável e, quando necessário, na sua implementação / execução.

Além da técnica adequada, o mediador deve buscar subsídios para uma perfeita compreensão da questão posta no litígio, as perspectivas e interesses em disputa e os verdadeiros obstáculos para a realização de um acordo negociado.

Newman, citado por Neil Andrews, sugere que um mediador eficiente tem as seguintes qualidades: a) empatia - habilidade de se relacionar bem com as partes; b) paciência; c) autoconfiança - no sentido de inspirar confiança nas partes; d) clareza de pensamento - no sentido de formular as perguntas adequadas para obter informações e perspectivas úteis para a mediação; e) engenhosidade - capacidade de trazer novas idéias e propor soluções criativas; f) perseverança - qualidade de se comprometer e dar o tempo que for necessário para a realização do acordo quando sentir que o mesmo é viável[18].

E mais, apesar da mediação não ser um julgamento e nem o mediador um juiz, a atividade permite que as partes e seus advogados estabeleçam uma comunicação franca e exponham seus argumentos, interesses e emoções. Permitir que cada um se manifeste e expresse seus sentimentos e interesses à parte adversa, incentivando, do outro lado, que a parte adversa franca e verdadeiramente a escute (o que é possível por meio de uma mediação eficiente que argue sobre o mérito de forma neutra mas sem expressar opiniões sobre quem tem razão), costuma produzir resultados surpreendentes[19]. Mais do que solucionar um litígio, a mediação tem aptidão para transformar e reconstruir relações.

E mais: na conciliação e mediação é possível construir solução criativas e com efeitos mais amplos do que aquelas a que se chegaria com o julgamento de uma determinada questão.

---

18. ANDREWS, Neil. O moderno processo civil: formas judiciais e alternativas de resolução de conflitos na Inglaterra. Orientação e revisão da tradução por Teresa Arruda Alvim Wambier. São Paulo: Editora Revista dos Tribunais, 2012. P. 371.

19. Retratando a experiência norte americana neste sentido: FOLBERG, Jay. GOLANN, Dwight. *Lawyer negotiation: theory, practice, and law*. 2nd edition. New York: Aspen Publishers, p. 301.

Neil Andrews cita um caso real interessante em que as partes, através da mediação, chegam a um acordo e transacionam sobre pretensões e interesses diferentes daqueles que originariamente constavam da ação, produzindo reflexos para além do pedido originário:

> "Um exemplo da flexibilidade da mediação se relaciona com uma ação de um grupo movida pelos pais dos filhos falecidos contra um fundo de um hospital infantil (Alder Hey Hospital, Liverpool). O hospital havia removido órgãos das crianças falecidas sem a permissão dos pais. A ação durou algum tempo. O juiz (Senior Master Robert Tuner), então, recomendou, de forma bem-sucedida, a mediação por alguém que nada tivesse a ver com o ocorrido. Um acordo foi firmado com cinco itens: um montante muito modesto de indenização; a garantia de que o hospital se empenharia na pesquisa em questão; a incumbência do Governo de fornecer orientações melhores para hospitais; a construção de um memorial para as crianças; um pedido de desculpas público, feito pelos médicos envolvidos."[20]

O exemplo demonstra que muitas vezes uma negociação pode ser conduzida com sucesso criando ou tratando a respeito de bens ou posições diferentes da pretensão veiculada na ação. Um bom negociador ou mediador, utilizando-se das técnicas adequadas, tem condição de descobrir quais os verdadeiros interesses por trás de uma pretensão, sendo capaz de criar alternativas de "benefícios" ou "ganhos" que atendam estes verdadeiros interesses (que levaram o autor a propor a ação) com a concessão de posições diferentes daquelas inicialmente almejadas pelo autor. Trata-se da utilização de uma das dezenas técnicas de negociação citadas pela doutrina especializada.

No caso narrado por Andrews, por exemplo, o montante indenizatório do acordo, que era a pretensão principal, foi modesto. As outras posições convencionadas, entretanto, atenderam com maior eficácia o verdadeiro interesse que se escondia atrás do pedido indenizatório. E nestas o espectro de eficácia social foi mais amplo quando avaliado o possível resultado que a pretensão condenatória poderia proporcionar.

Dependendo da complexidade da causa e do grau de animosidade das partes, o mediador deve, se necessário, usar tantas sessões quanto forem necessárias para que seu trabalho tenha êxito. Neste sentido o CPC de 2015 foi sensível à realidade, dispondo no §2º do art. 334 que poderá haver mais de uma sessão destinada à conciliação e à mediação, não podendo exceder a 2

---

20. ANDREWS, Neil. O moderno processo civil: formas judiciais e alternativas de resolução de conflitos na Inglaterra. Orientação e revisão da tradução por Teresa Arruda Alvim Wambier. São Paulo: Editora Revista dos Tribunais, 2012. P. 353/354

(dois) meses da data de realização da primeira sessão, desde que necessárias à composição das partes.

Não há espaço, num Judiciário verdadeiramente comprometido com a resolução de demandas por meios alternativos, a reserva de curto espaço de tempo para a realização de sessão de conciliação ou mediação, ou mesmo limitação do número de sessões para as causas que exigem mais de um encontro para buscar um acordo negociado.

Por outro lado, é claro que em tempos em que a litigiosidade no Brasil alcança a ordem de uma centena de milhões de processos, a utilização do tempo deve sofrer algum controle e racionalidade.

Ainda a respeito do tempo, o §12 do art. 334 da Lei 13.105 dispõe que a pauta de audiências de conciliação ou mediação serão organizadas de modo a respeitar o intervalo mínimo de 20 (vinte) minutos entre o início de uma e o início da seguinte. Fica o dito pelo não dito que a duração pretendida de uma sessão de mediação será de aproximadamente 20 (vinte) minutos. Considerando o padrão cultural do brasileiro (afeito a uma "boa conversa" antes de tratar de um negócio) e o que se espera verdadeiramente de um mediador para solucionar causas complexas através de um acordo negociado, o intervalo de tempo nos parece demasiadamente curto. A solução, ao que tudo indica, passará pela elaboração de pauta de acordo com a natureza e complexidade da causa e número de partes envolvidas. Se a conciliação demanda menor complexidade e envolvimento, e por isso menor tempo em tese, a mediação, a seu turno, exige mais tempo.

De acordo com o grau de conflituosidade das partes, pode o mediador optar também por encontrar as partes separadamente antes, durante ou após a sessão de conciliação de mediação. Tal técnica[21] permite que cada uma delas seja ouvida pelo mediador individualmente de uma forma mais franca e aberta, com a comunicação sendo canalizada entre as partes exclusivamente através do mediador, o qual moldará e filtrará as informações de modo a buscar um regime mais cooperativo e menos adversarial entre as partes.

Nada impede que a atividade do mediador, após a sessão, continue através de contatos com as partes e advogados, mantendo a dinâmica própria de uma negociação e impedindo o natural esfriamento decorrente do transcurso do tempo.

É importante que não haja um único formato para sessões de mediação. A natureza do conflito e o comportamento das partes sugerem formatações

---

21. Esta técnica também é chamada de "private caucuses". FOLBERG, Jay. GOLANN, Dwight. *Lawyer negotiation: theory, practice, and law.* 2nd edition. New York: Aspen Publishers. p. 289.

diferentes no campo da mediação. Conflitos envolvendo direito de família usualmente diferem de conflitos envolvendo propriedade industrial ou direitos de imagem, especialmente no tocante ao comportamento dos envolvidos. Processos envolvendo um grande número de partes em litisconsórcio podem exigir técnicas de mediação diferentes das utilizadas nos processos envolvendo apenas um autor e um réu, de modo que se defende uma total flexibilização e liberdade quanto ao modo de condução da sessão pelo mediador.

Outro ponto passível de negociação no novo Código de Processo Civil é a escolha do conciliador, mediador ou câmara privada de conciliação e de mediação, conforme se observa do texto do art. 168. Somente na hipótese de inexistência de acordo quanto à escolha do mediador ou conciliador é que haverá distribuição entre aqueles cadastrados no registro do Tribunal.

Há uma incoerência aparente entre o art. 168, que permite a escolha do conciliador ou mediador pelas partes, e o art. 334, que prevê a designação da audiência de conciliação ou mediação. É que uma vez designada a sessão de conciliação e mediação, a posterior citação do réu dificulta (mas não impede) uma escolha mútua do mediador pelas partes.

A propósito, o §2° do art. 168 dispõe que a distribuição dentre os mediadores cadastrados ocorrerá apenas quando inexistir acordo quanto à escolha consensual do profissional pelas partes.

Isto significa que esta distribuição ocorrerá apenas após a citação do réu e pouco antes da realização da audiência? É possível, mas é importante ressalvar que, na prática, esta designação pode atropelar a agenda dos profissionais envolvidos, diminuir a preparação adequada e prejudicar a eficácia deste meio de resolução alternativa de litígio. Ademais, ocorrendo a posterior escolha do mediador pelas partes, poderá haver dificuldade adicional na remarcação da sessão e transtorno pela dispensa do mediador substituído em prejuízo da distribuição realizada.

Apesar do Código prever a sessão ou audiência de mediação antes da contestação e ainda na fase inicial do processo, nada impede que sejam realizadas audiências com o mesmo propósito ao longo do procedimento. Após a contestação, ou mesmo encerrada a instrução, as partes costumam ter um poder de análise mais elaborado para decidir em favor de uma solução negociada para a disputa. Advogados e magistrados, portanto, devem estimular sessões extras de mediação mesmo após a apresentação da defesa ou encerramento da instrução, lembrando que uma transação realizada mesmo momento antes da sentença atinge com maior eficácia a pacificação social, além de proporcionar redução dos custos judiciais (com recursos, etc) e do prolongamento no tempo de duração do processo.

3.2. Negócios Processuais

Se no Código de Processo Civil de 1973 a negociação sobre matéria processual poderia ocorrer somente em algumas situações excepcionais e determinadas, a nova codificação processual mudou profundamente este paradigma ao prever uma cláusula geral que permite convencionar sobre um número indeterminado de situações processuais.

Assim dispõe a Lei 13.105 quanto à cláusula geral de negócio processual:

> Art. 190. Versando o processo sobre direitos que admitam autocomposição, é lícito às partes plenamente capazes estipular mudanças no procedimento para ajustá-lo às especificidades da causa e convencionar sobre os seus ônus, poderes, faculdades e deveres processuais, antes ou durante o processo.
>
> Parágrafo único. De ofício ou a requerimento, o juiz controlará a validade das convenções previstas neste artigo, recusando-lhes aplicação somente nos casos de nulidade ou de inserção abusiva em contrato de adesão ou em que alguma parte se encontre em manifesta situação de vulnerabilidade.

O dispositivo em questão trata de dois campos diferentes para o exercício da liberdade e autonomia privada das partes: i) a possibilidade de mudanças no procedimento para ajustá-lo às especificidades da causa; e ii) a convenção sobre os ônus, poderes, faculdades e deveres processuais.

Não nos parece apropriada a interpretação no sentido de que a convenção sobre ônus, poderes, faculdades e deveres processuais tem espaço somente quando necessárias mudanças no procedimento para ajustá-lo às especificidades de uma determinada causa.

O dispositivo permite às partes convencionar sobre situações e condutas processuais em toda e qualquer causa (desde que o processo verse sobre direitos que admitam autocomposição), e não somente naquelas em que alguma especificidade recomende ajuste ou mudança no procedimento.

Neste sentido há dois enunciados interpretativos aprovados pelo Fórum Permanente de Processualistas:

> 257. O art. 191[22] autoriza que as partes tanto estipulem mudanças do procedimento quanto convencionem sobre os seus ônus, poderes, faculdades e deveres processuais.
>
> 258. As partes podem convencionar sobre seus ônus, poderes, faculdades e deveres processuais, ainda que essa convenção não importe ajustes às especificidades da causa.

---

22. A referência ao art. 191 corresponde ao texto constante do projeto da Câmara. Com a aprovação no Senado o texto passou a integrar a hipótese prevista no art. 190.

O fato é que o o novo Código de Processo Civil abre um espaço maior para a negociação a respeito de situações processuais.

A relação jurídica processual se desenvolve através de um conjunto encadeado de situações processuais em que funcionam como atores as partes, o juiz, os serventuários e os auxiliares do juízo. Como ensina Cândido Rangel Dinamarco *"o objeto de cada uma delas é sempre uma conduta - conduta permitida, com ou sem sanções pelo descumprimento (faculdades, ônus), conduta devida (deveres), conduta vedada (sujeição)"*[23].

No modelo do CPC de 1973 o processo é dirigido diretamente pelo juiz (art. 125 do CPC). O magistrado o conduz e o impulsiona, toma as decisões e exerce, indiscutivelmente, o protagonismo na cena jurídica.

As propostas constantes da Lei 13.105 possibilitam que as partes assumam parcela deste protagonismo, negociando sobre situações processuais e adaptando o procedimento de modo que o processo tenha maior aderência aos seus interesses. Há indiscutivelmente campo mais dilatado para a participação democrática das partes e para a negociação, privilegiando a liberdade e a autonomia da vontade no processo.

A complexidade dos dramas na vida social revelam conflitos também cada vez mais complexos. Seus cenários podem ocorrer em ambientes físicos, eletrônicos ou virtuais. Os bens em jogo podem ser tanto materiais quanto imateriais. A natureza da demanda pode sugerir a adoção de técnicas processuais preventivas, inibitórias, condenatórias, declaratórias, entre outras, e não raras vezes necessitar da realização de atos processuais mais específicos cuja forma e tempo não encontram exata previsão na legislação para uma prestação jurisdicional final adequada à causa. Enfim, toda a dinâmica e diversidade social, em seus mais variados aspectos no direito material e no convívio social, sugerem a adaptação do procedimento às especificidades da causa.

O direito positivo está sempre um passo atrás das necessidades da vida. Como adverte Karl Larenz *"sempre se reconheceu que mesmo uma lei muito cuidadosamente pensada não pode conter uma solução para cada caso necessitado de regulação que seja atribuível ao âmbito de regulação da lei"*[24].

De fato são as partes quem detém, ou deveriam deter, maior conhecimento a respeito de sua causa. São elas quem podem, também hipoteticamente, reunir condições melhores de tempo (em audiência e principalmente fora dela) e

---

23. DINAMARCO, Cândido Rangel. *Instituições de direito processual civil*. Volume 2. São Paulo: Malheiros Editores. P. 202.

24. LARENZ, Karl. *Metodologia da ciência do direito*. Tradução de José Lamego. Lisboa: Fundação Calouste Gulbenkian, 1997. P. 519.

de conhecimento para negociar as mudanças necessárias para ajustar e gerir o procedimento às especificidades da causa, ou mesmo convencionar a respeito de seus deveres, faculdades, direitos e ônus para um processo mais eficaz.

O projeto prevê, também, a possibilidade de negociação de um calendário para a prática dos atos processuais, de comum acordo entre as partes e o juiz, que os vinculará. Negociado este calendário comum, as intimações poderão ser dispensadas (art. 191).

O texto deve ser interpretado em conjunto com o art. 6° do CPC de 2015 que dispõe sobre o dever dos sujeitos do processo de cooperarem entre si para que se obtenha, em tempo razoável, decisão de mérito justa e efetiva. É evidente que este dever independe do resultado final ser uma decisão. A cooperação se dá também no regime da negociação (processual), mediação e conciliação.

A cooperação entre os sujeitos processuais, mesmo nos processos adversariais, é também um imperativo ético no sentido subjetivo do *fair play*.

Um calendário negociado entre partes e juiz, por exemplo, tende a propiciar melhores condições para a concretização do princípio da eficiência do serviço jurisdicional nos processos em que neles se convencionar. Constitui uma máxima de experiência a afirmação de que o planejamento adequado de qualquer empreitada humana tem a potencialidade de produzir resultados mais eficazes se comparada a simples participação descompromissada no desenrolar dos acontecimentos. O processo por si só já constitui uma atividade planejada. Mas possibilitar uma maior participação e responsabilidade das partes ao vinculá-las cronologicamente, com a negociação de datas para a realização das fases e atos processuais, é um passo a mais para a eficiência. Planeja-se e projeta-se no tempo futuro os atos processuais que serão praticados.

A negociação de um calendário entre as partes e juiz cria uma expectativa mais precisa quanto ao início, meio e término do processo, tornando este mais previsível.

A atividade cartorial e os riscos de nulidades na comunicação dos atos processuais também podem potencialmente diminuir a partir de um processo ou calendário negociado, proporcionando economia de tempo e recursos públicos. O mesmo ocorre no que tange à hipótese de impugnações e de arguições de cerceamento de defesa por violação às normas procedimentais ou processuais. O acordo processual a respeito do procedimento e do calendário apresenta um campo menor para a ocorrência de nulidades.

Assunto que merecerá alguma reflexão maior é a conjugação do calendário com a regra de julgamento por ordem cronológica, prevista no art. 12 do novo

NOVO CPC DOUTRINA SELECIONADA, v. 1 • Parte Geral

PARTE IX – ATOS, PRAZOS E NEGÓCIOS PROCESSUAIS

Código de Processo. As partes podem negociar com o juiz uma data para a sentença ou a ordem cronológica legal impede a negociação quanto a este ponto?

Uma possível solução é a do calendário configurar situação excepcional que permita as partes negociar a exclusão da regra de observância da ordem cronológica. Nesta caso seria possível extrair do enunciado constante do art, 12, §2°, inciso I (decisão homologatória de acordo sobre o calendário processual).

A propósito, o acordo a respeito do procedimento e do calendário normalmente está relacionado a um comprometimento maior das partes com o desenrolar do processo, fato que por si só é digno de recompensa.

Outra solução seria a de excluir do calendário processual o prazo para a sentença. Assim, poderiam ser incluídas na negociação do calendário entre as partes e o juiz todas as atividades processuais, exceto a data ou prazo para a sentença final. Tal solução não afetaria, portanto, direitos de terceiros cujos processos aguardam o julgamento, e evitaria a possibilidade de acordos processuais entre as partes com o propósito único de burlar a ordem cronológica. O calendário seria integralmente objeto de negociação e, concluída a instrução e demais atos, o processo seguiria para a lista de processos aptos a julgamento. Caberá aos magistrados e à doutrina, no tempo necessário, revelar a melhor solução.

Além da cláusula geral, a Lei 13.105 nomina uma série de outros negócios processuais, facultando às partes uma maior parcela de poder na condução do processo. Privilegia-se a liberdade (e responsabilidade) das partes quando estas têm interesse e condições de exercitar tal direito.

Não nos parece que o Código tenha caminhado para a contratualização ou privatização do processo, tendência para superação da crise da Justiça e prolongação dos procedimentos na França como revela Löic Cadiet[25]. A opção por abrir campo para a negociação em matéria processual acabará sendo utilizada em um número limitado de demandas dentre as milhares que são iniciadas a cada ano. Mas estas modificações, a permitir uma maior participação das partes, abre, sem quaisquer dúvidas, um campo para negociação com vasto potencial de utilidade.

4. CONCLUSÃO: "POR UMA CONSCIÊNCIA EM FAVOR DA NEGOCIAÇÃO"

As alterações em andamento (Resolução 125 do CNJ, CPC de 2015 e projeto da lei de mediação) atuará ao longo dos próximos anos nos mecanismos

---

25. CADIET, Löic. *Los acuerdos procesales en derecho francés: situación actual de la contractualización del proceso y de la justicia en Francia.* In Civil Procedure Review, v. 3, n.3: 3.-35, agosto-dezembro de 2012, acessado em 02/03/2015 em www.civilprocedurereview.com.

de resolução de conflitos, mas não nas causas que levaram ao atual cenário jurídico brasileiro. Apesar do esforço do Poder Judiciário, cujos membros (magistrados, assessores e servidores) são capazes de dar cabo a uma imensa quantidade de processos por ano, desafiando limites da capacidade humana, o estoque de litígios ativos atingiu a grandeza de mais de noventa milhões em 2013 segundo dados do CNJ. Ao lado desta realidade há uma sensação constante de insegurança jurídica, ante a falta de previsibilidade e de calculabilidade do direito, resultado destes "tempos" de desarmonia e descomprometimento na interpretação dos textos e de não rara atecnia na aplicação das normas[26]. Daí a importância nesta quadra da história de opções ou meios alternativos para a solução de litígios (sistema multiportas).

Nesta seara há que se dar maior importância à função do mediador e do conciliador. Há que se ter maior preparo e responsabilidade dos profissionais envolvidos para aumentar a eficácia dos meios alternativos para a solução de conflitos. O compromisso com a duração razoável dos processos e realização do acesso à justiça passa, inexoralvelmente, pelo estímulo da mediação, da conciliação e da negociação como mecanismos para a solução dos litígios em substituição à prestação jurisdicional.

Como afirma Fernanda Tartuce *"O Novo CPC valoriza sobremaneira a adoção de meios consensuais e pode colaborar decisivamente para o desenvolvimento de sua prática entre nós - sobretudo nas Cortes de Justiça"*[27].

Os mediadores, conciliadores e negociadores devem receber um tratamento mais destacado, especialmente aqueles comprometidos e eficazes. Um Estado verdadeiramente compromissado com os meios alternativos de solução de litígios não pode se contentar com sessões de conciliação ou mediação apenas como uma etapa formal do procedimento para cumprir tabela. Uma política pública permanente e que recompense o acordo negociado como solução de um litígio é importante.

Não há espaço para discussões a respeito de recursos protelatórios, de incoerência na aplicação do direito, de ativismo judicial indevido ou de injustiça da decisão nos litígios solucionados por negociação e consenso das partes. O

---

26. Sobre a crise na interpretação de textos e aplicação do direito no Brasil vide, dentre tantas, as seguintes obras: STRECK, Lênio. *Verdade e consenso: constituição, hermenêutica e teorias discursivas*. São Paulo: Editora Saraiva, 2012. GRAU, Eros Roberto. *Por que tenho medo dos juízes (a interpretação/aplicação do direito e os princípios)*. São Paulo: Malheiros Editores, 2013.

27. TARTUCE, Fernanda. *Mediação no novo CPC: questionamentos reflexivos.*In Novas Tendências do Processo Civil. Organizada por Alexandre Freire, Bruno Dantas, Dierle Nunes, Fredie Didier Júnior, José Miguel Garcia Medina, Luiz Fux, Luiz Henrique Volpe Camargo e Pedro Miranda de Oliveira.Salvador: Editora JusPodivm, 2013. P. 767.

custo estatal é menor e a pacificação social maior. Não há perdedores quando o litígio é resolvido por negociação. Todos ganham com uma solução negociada.

O mesmo ocorre quanto à negociação de situações processuais, medida de apoio para a solução de litígios.

As convenções processuais colaboram com a manutenção do sistema processual e auxiliam na preservação do propósito essencial do procedimento na perspectiva sociológica e na do acesso à justiça. Quanto à primeira por contribuir para a previsibilidade e eliminação de incertezas, e quanto à segunda perspectiva por potencializar uma prestação jurisdicional mais isonômica e no interesse das partes, e portanto, mais democrática, adequada, efetiva e justa.

A previsibilidade e a aceitação da decisão judicial, em processo convencionado, aumentam na exata proporção do maior envolvimento das partes (que passam a ser protagonistas no cenário processual e portanto com maior responsabilidade pelo resultado).

A propósito do tema, Michele Taruffo, em capítulo narrativo sobre obra de Rabelais, que aborda a história de um juiz que, após analisar pormenorizadamente todas as circunstâncias, provas e alegações das partes, se utilizava de dados de jogo para decidir em favor daquele que detinha a maior pontuação, tece as seguintes considerações:

> "A decisão é casual, mas o que importa é que aquilo que a precede pareça ter surgido de um exame analítico, detalhado e longo, visto que desse modo a decisão poderá parecer aceitável aos olhos do público e ser acatada mais facilmente por quem for derrotado. Em outros termos: o observador está convencido de que o juiz procede, então aceitará a decisão.
>
> Em certo sentido, Rabelais pode ser considerado um precedecessor de Luhmann de Legitimation durch Verfahren. Em sua obra jovem, de fato, o sociólogo de Bielefeld explica como seria o procedimento (de qualquer gênero e, portanto, também o do Jucidiário) que determinaria a legitimação dos resultados que produz. Também nesse caso é posto em evidência o procedimento considerado em si mesmo, como instrumento que favorece a aceitação social da decisão que o conclui, ao passo que a decisão, considerada em si mesma, segue nas sombras. Essa, por conseguinte, não se legitima em razão de seu conteúdo ou de sua qualidade (que seguem sendo irrelevantes), mas sim em razão do fato de que as modalidades procedimentais com que é obtida (especialmente se houver participação dos sujeitos interessados) são objeto de aceitação por parte desses sujeitos, bem como por parte do ambiente social circundante.[28]"

---

28. TARUFFO, Michele. *Uma simples verdade: o juiz e a construção dos fatos*. Tradução de Vitor de Paula Ramos. Madrid: Marcial Pons Editora. P. 123.

Quanto maior o envolvimento e comprometimento das partes no procedimento, maiores serão as chances de aceitação (e legitimação) da decisão. As pessoas são mais suscetíveis a aceitar decisões de cujo procedimento participaram ativamente do que aquelas decorrentes de processos das quais não tiveram maiores chances de participar.

A negociação, seja como meio para solução final do litígio ou como mecanismo de apoio para a solução judicial final através de convenções processuais, tem aptidão para contribuir de forma decisiva para a melhoria da Justiça. Mas, para que a potencialidade se revele, há necessidade de mudança, especialmente quanto ao tratamento oferecido pelo Poder Judiciário e comprometimento comportamental das partes e principalmente dos advogados.

Segundo Enrique Dussel a vida humana é o conteúdo da ética, a qual se realiza *"através das culturas, motivando-as por dentro, assim como aos valores ou às diversas maneiras de cumprir a 'vida boa' , a felicidade, etc. (...) As culturas, por exemplo, são modos particulares de vida, modos movidos pelo princípio universal da vida humana de cada sujeito e comunidade, a partir de dentro. Toda norma, ação, microestrutura, instituição ou eticidade cultural têm sempre e necessariamente como conteúdo último algum momento da produção, reprodução e desenvolvimento da vida humana em concreto.[29]"*

Uma das maiores dificuldades para a substituição de um paradigma por outro é a cultura em vigor. As inovações constantes do projeto e que são objeto deste ensaio não excluem o imperativo vigente. É necessária uma mudança de comportamento e de consciência prestigiando, incentivando e priorizando a liberdade, vontade e interesse das partes - e a correlata responsabilidade. Com elas são abertas outras portas de acesso à justiça.

Para que a negociação, conciliação e mediação (quanto ao objeto do processo ou mesmo quanto à situações processuais) tenham maior eficácia e possam produzir bons frutos, é fundamental uma mudança de mentalidade para quiça, e em breve, termos uma cultura menos litigante e mais vocacionada à soluções negociadas. Um País onde os litígios são resolvidos sobremaneira através de acordos negociados, e só residualmente através de decisões de juízes ou árbitros é o que se deseja. A negociação, nos campos do direito material ou processual, pode ser uma opção melhor do que aquela entregue pelo Estado-Juiz.

Quanto aos advogados, é imprescindível que o comportamento adversarial conviva com o cooperativo. O processo não pode se tornar apenas um campo de competição de força, poder, astúcia ou submissão. Há espaço para a cooperação, negociação e para o *fair play,* mesmo em um modelo adversarial.

---

29. DUSSEL, Enrique. Ética da libertação na idade da globalização e da exclusão. Petrópolis: Editora Vozes. P. 93.

O objetivo das partes e seus advogados, e do Estado e seus juízes, é o de trabalhar para que o processo possa cumprir sua finalidade da forma mais adequada, efetiva, tempestiva e justa possível. O panorama atual (mais de noventa milhões de processos ativos e elevada taxa de congestionamento na justiça civil) evidencia a necessidade de se apostar (e investir!) nos meios alternativos de solução de litígios. A negociação, conciliação e mediação devem ser priorizadas e recompensadas[30]! Como afirma Neil Andrews, *"política sábia é incentivar o acordo. A decisão dos conflitos, pelo mérito, pelo Poder Judiciário deveria permanecer como um mecanismo residual"*[31].

O ethos determinante, para aqueles que se interessam pela negociação como meio de solução de litígios ou como mecanismo de apoio para um processo mais efetivo e célere, precisa estar comprometido com a consciência de que é melhor dialogar, cooperar e negociar.

Parte do desafio, portanto, será a incorporação desta consciência até a consolidação de hábitos e formação de uma cultura mais conciliadora e menos litigante. Uma nova cultura, novos hábitos, um novo ethos, uma nova ética profissional e processual, priorizando soluções negociadas para os conflitos e para as situações processuais, seja pela cúpula e órgãos de direção dos Tribunais, seja pelas partes e seus advogados.

A negociação, conciliação e mediação precisam ser levadas a sério. É tempo de negar-o-ócio e negociar.

5. BIBLIOGRAFIA

ANDREWS, Neil. *O moderno processo civil: formas judiciais e alternativas de resolução de conflitos na Inglaterra*. Orientação e revisão da tradução por Teresa Arruda Alvim Wambier. São Paulo: Editora Revista dos Tribunais, 2012.

CADIET, Löic. *Los acuerdos procesales en derecho francés: situación actual de la contractualización del proceso y de la justicia en Francia*. In Civil Procedure Review, v. 3, n.3: 3.-35, agosto-dezembro de 2012, acessado em 02/03/2015 em www.civilprocedurereview. com.

CAHALI, José Francisco. *Curso de arbitragem: mediação : conciliação : Resolução CNJ 125/2010. 4. edição revista, atualizada e ampliada*. São Paulo: Editora Revista dos Tribunais, 2014.

CHIOVENDA, Giuseppe. *Instituições de direito processual civil*. Volume 1. Editora Bookseller: São Paulo.

---

30. Que tipo de recompensa ou incentivo o Estado oferece para as partes que conseguem chegar a um acordo no curso do processo como meio para resolver o litígio?

31. ANDREWS, Neil. O moderno processo civil: formas judiciais e alternativas de resolução de conflitos na Inglaterra. Orientação e revisão da tradução por Teresa Arruda Alvim Wambier. São Paulo: Editora Revista dos Tribunais, 2012. P. 357.

DIAMOND, Stuart. *Consiga o que você quer: as 12 estratégias que vão fazer de você um negociador competente em qualquer situação.* Tradução de Ivo Korytowski. Rio de Janeiro: Sextante, 2012.

DINAMARCO, Cândido Rangel. *Instituições de direito processual civil.* Volume 2. São Paulo: Malheiros Editores.

DUSSEL, Enrique. Ética da libertação na idade da globalização e da exclusão. Petrópolis: Editora Vozes.

FISHER, Roger. URY, William. PATTON, Bruce. *Como chegar ao sim: a negociação de acordos sem concessões.* Projeto de Negociação da Harvard Law School. Segunda Edição Revisada e Ampliada. Tradução de Vera Ribeiro e Ana Luiza Borges. Rio de Janeiro: Imago Editora, 2005.

FOLBERG, Jay. GOLANN, Dwight. *Lawyer negotiation: theory, practice, and law.* 2nd edition. New York: Aspen Publishers.

GAJARDONI, Fernando da Fonseca. *Flexibilização procedimental: um novo enfoque para o estudo do procedimento em matéria processual. São Paulo: Editora Atlas, 2008.*

GRAU, Eros Roberto. *Por que tenho medo dos juízes (a interpretação/aplicação do direito e os princípios).* São Paulo: Malheiros Editores, 2013.

GRECO, Leonardo. *Os poderes do juiz e o controle das decisões judiciais: estudos em homenagem à professora Teresa Arruda Alvim Wambier.* Coordenada por José Miguel Garcia Medina, Luana Pedrosa de Figueiredo Cruz, Luiz Otávio Sequeira de Cerqueira e Luiz Manoel Gomes Júnior. São Paulo: Editora Revista dos Tribunais, 2008.

MOREIRA, José Carlos Barbosa. *Convenções das partes sobre matéria processual.* In Doutrinas Essenciais Processo Civil. Organizada por Luiz Rodrigues Wambier e Teresa Arruda Alvim Wambier. Volume III. São Paulo: Editora Revista dos Tribunais, 2011.

STRECK, Lênio. *Verdade e consenso: constituição, hermenêutica e teorias discursivas.* São Paulo: Editora Saraiva, 2012.

LARENZ, Karl. *Metodologia da ciência do direito.* Tradução de José Lamego. Lisboa: Fundação Calouste Gulbenkian, 1997.

TARUFFO, Michele. *Uma simples verdade: o juiz e a construção dos fatos.* Tradução de Vitor de Paula Ramos. Madrid: Marcial Pons Editora.

TAVARES, Fernando Horta. *Mediação, processo e constituição: considerações sobre a autocomposição de conflitos no novo Código de Processo Civil.* In Novas Tendências do Processo Civil. Organizada por Alexandre Freire, Bruno Dantas, Dierle Nunes, Fredie Didier Júnior, José Miguel Garcia Medina, Luiz Fux, Luiz Henrique Volpe Camargo e Pedro Miranda de Oliveira. Salvador: JusPodivm, 2013.

CAPÍTULO 7

Sobre a *atipicidade* dos negócios processuais e a hipótese *típica* de calendarização

Murilo Teixeira Avelino[1]

SUMÁRIO: 1. BREVES CONSIDERAÇÕES SOBRE O NEGÓCIO JURÍDICO; 2. O MARCO PRINCIPIOLÓGICO DO NCPC; 3. OS NEGÓCIOS PROCESSUAIS ATÍPICOS – ART. 190 DO NCPC; 4. A CALENDARIZAÇÃO DO PROCEDIMENTO – ART. 191 DO NCPC; 5. PROBLEMATIZAÇÃO DE ALGUNS PONTOS; 6. (IN)CONCLUSÕES; 7. BIBLIOGRAFIA.

1. BREVES CONSIDERAÇÕES SOBRE O NEGÓCIO JURÍDICO

O conceito de negócio jurídico é estudado na teoria geral do direito. É conceito jurídico fundamental ou lógico-jurídico[2] e, por isso, com pretensão de validade universal. É preciso, portanto, conceituar o negócio jurídico, apontando seus elementos essenciais.

O estudo dos negócios jurídicos está dentro do tema relacionado aos fatos jurídicos em sentido amplo. Por fatos jurídicos entendem-se os eventos ocorridos no mundo dos fastos que repercutem no âmbito do direito, ou seja, que são juridicamente relevantes. Subdividindo-se a classificação, temos os fatos jurídicos em sentido estrito, caracterizados por eventos não humanos, independentes de emissão volitiva, e com repercussão no direito; temos, ainda, os atos jurídicos, caracterizados como emissão volitiva visando produzir determinados efeitos jurídicos. Entre uma e outra categoria, situa-se o que se chama de ato-fato jurídico: atos humanos dependentes de emissão volitiva não obstante o direito reconheça efeitos desconsiderando na forma de sua produção, a manifestação de vontade. Nos atos-fatos, assim, importa o elemento de *ocorrência*, dispensando-se atenção do elemento *volitivo* do fato. Na análise

---

1   Mestre e Bacharel em Direito Pela Universidade Federal de Pernambuco - UFPE. Especialista em Direito Constitucional. Professor da UFPE e Advogado.

2   DIDIER Jr., Fredie. A reconstrução da teoria geral do processo. In.: DIDIER JR. Fredie (org.). Reconstruindo a Teoria Geral do Processo. Salvador: JusPodivm, 2012. p. 22.

dos atos jurídicos, é possível falar dos atos jurídicos em sentido estrito, e dos negócios jurídicos. Os primeiros se dão quando o próprio ordenamento jurídico já delimita os efeitos decorrentes de uma emissão volitiva consciente por parte do sujeito; os negócios jurídicos, por outro lado, decorrem de encontro de vontades aptos à produção de um efeito não delimitado previamente pelo ordenamento jurídico. Assim, os negócios jurídicos diferenciam-se dos atos jurídicos na medida em que estes têm o seu efeito pré-determinado pela ordem jurídica, enquanto os negócios jurídicos dependem de emissão volitiva no *ato antecedente* (como elemento do suporte fático), de forma a condicionar o seu *consequente*, quais sejam, os efeitos do negócio na esfera subjetiva dos envolvidos[3]. É, em resumo, aquilo que se esquematiza no estudo dos fatos com repercussão no direito.

Interessa, então, aprofundar o estudo dos negócios jurídicos. Estes, como já dito, servem a constituição de situações jurídicas a partir da manifestação de vontade dos sujeitos que atuam (suporte fático) na produção de efeitos jurídicos admitidos pelo ordenamento jurídico, dentro de um espectro mais amplo que os atos jurídicos. Ou seja, desde que não se trate de ilícito, as partes podem regular os efeitos decorrentes da sua emissão volitiva consciente. O clássico exemplo de negócio jurídico é o contrato. Os elementos essenciais (deixando de lado a diferença entre *elementos* e *requisitos*) para o aperfeiçoamento de um negócio jurídico são quatro: sujeitos capazes, objeto lítico, forma prescrita ou não defesa em lei e emissão volitiva consciente não viciada.

Como o negócio jurídico possui elementos de disposição, ou seja, a possibilidade de se alterar a esfera jurídica através da emissão volitiva, é necessário que os sujeitos possam dispor a respeito do direito objeto do negócio. Ligam-se intimamente à *autonomia da vontade*, permitindo aos particulares da forma como melhor lhes parece, regular a sua esfera de direitos. A *vontade*, em suma, adquire papel de destaque na disposição das situações jurídicas subjetivas[4].

---

3   Devemos adotar o que afirma Caio Mário da Silva Pereira: "É a noção do ato jurídico lato sensu que abrange as ações humanas, tanto aquelas que são meramente obedientes à ordem constituída, determinantes de consequências jurídicas ex lege, independentemente de serem ou não queridas, como aquelas outras declarações de vontade, polarizadas no sentido de uma finalidade, hábeis a produzir efeitos jurídicos queridos." É essa segunda categoria que o autor denomina negócio jurídico. E prossegue o autor: "Os 'negócios jurídicos' são, portanto, declarações de vontade destinadas à produção de efeitos jurídicos queridos pelo agente; os 'atos jurídicos stricto sensu' são manifestações de vontade, obedientes à lei, porém geradoras de efeitos que nascem da própria lei." PEREIRA, Caio Mário da Silva. Instituições de Direito Civil – vol. 01. Rio de Janeiro: Forense, 2008. pp. 475 – 476.

4   Mais uma vez, Caio Mário da Silva Pereira: "O fundamento e os efeitos do negócio jurídico assentam então na vontade, não uma vontade qualquer, mas aquelas que atua em conformidade com os preceitos ditados pela ordem legal. E tão relevante é o papel da vontade na etiologia do negócios jurídico, que se procura identificar a sua própria idéia conceitual com a declaração de vontade, constituindo-se desta forma sua definição." Idem. Ib idem. pp. 476 – 477.

Em conclusão, Pedro Henrique Nogueira faz importante observação de ordem técnica:

> O negócio jurídico é um ato pelo qual, em razão do autorregramento da vontade, o sujeito manifesta vontade visando à criação, modificação ou extinção de situações jurídicas previamente definidas no ordenamento jurídico. A vontade não cria efeitos; compõe o suporte fático, que, após a incidência da regra jurídica, produz o fato jurídico do qual derivam efeitos.[5]

Pois bem.

Feita a compressão inicial do que são *negócios jurídicos*[6], importa delimitar o que os faz adquirir o qualificativo *processual*. Se a teoria dos fatos jurídicos é elemento de teoria geral do direito, significa que terá aplicação e desdobramento dentro de cada um dos ramos do Direito. Com o Processo Civil não é diferente. Os ensinamentos de teoria geral do direito se aplicam processo, com a especificidade de que, para se qualificar um ato ou negócio jurídico como *processual*, é indispensável que este produza efeitos na relação jurídica processual e para tal seja direcionado. Veja-se: não é elemento necessário que o negócio seja aperfeiçoado como ato do procedimento, mas que seja apto a produzir efeitos dentro do feixe de relações jurídicas que é o processo[7].

Da forma como o nosso processo estava organizado sob a égide do Código de Processo Civil de 1973, era comum que a referência aos *negócios jurídicos*

---

5 NOGUEIRA, Pedro Henrique Pedrosa. Negócios Jurídicos Processuais: análise dos provimentos judiciais como atos negociais. No prelo, 2011. p. 120. Prossegue o autor, valendo-se das ideias de Marcos Bernardes de Mello: "o negócios jurídico se apresenta como o fato jurídico cujo elemento nuclear do suporte fático consiste em manifestação consciente de vontade, em relação a qual o sistema jurídico faculta aos sujeitos, dentro de limites predeterminados e de amplitude vária, o poder de escolha de categoria jurídica e de estruturação eficacial das relações jurídicas respectivas, quanto ao seu surgimento, permanência e intensidade no mundo jurídico."

6 Foge ao objeto do presente trabalho um estudo aprofundado sobre a teoria dos negócios jurídicos. Assim, buscamos de forma direta trazer ao leitor o paradigma no qual nos apoiamos para a construção deste trabalho: partimos da lição clássica de Caio Mário da Silva Pereira, sem, contudo esquecer de apontar nuances que a doutrina contemporânea traz, na voz de Pedro Henrique Nogueira.

7 Tem-se a lição de Pontes de Miranda: "Atos processuais são todos os que constituem a sequência de atos, que é o próprio processo, e todos aqueles que, dependentes de certo processo, se pratiquem à parte, ou autônomos, para finalidade de algum processo, ou com o seu fim em si mesmo – em processo." MIRANDA, Francisco Cavalcanti Pontes de. Comentários ao Código de Processo Civil – tomo III. Rio de Janeiro: Forense, 1974. p. 16. A partir das mesmas lições de Pontes, Fredie Didier Jr. afirma: "O conceito de ato processual deve abranges não só os atos do procedimento como também os demais atos que interfiram de algum modo no desenvolvimento da relação jurídica processual." DIDIER JR., Fredie. Curso de Direito Processual Civil – vol. 1. Salvador: JusPodivm, 2014. pp. 262 – 263. Pedro Henrique Nogueira ao definir o negócio jurídico processual: "o fato jurídico voluntário em cujo suporte fático, descrito em norma processual, esteja conferido ao respectivo sujeito o poder de escolher a categoria jurídica ou estabelecer, dentre (sic) dos limites fixados no próprio ordenamento jurídico, certas situações jurídicas processuais." NOGUEIRA, Pedro Henrique Pedrosa. Ob, cit., p. 137.

processuais respeitasse aos atos de disposição de situações jurídicas processuais ou materias aptas a influenciar a relação jurídica processual. São exemplos: os negócios de autocomposição, a desistência da ação ou do recurso e aqueles que dependem de homologação do juiz. No que tange à possibilidade de disposição *do procedimento*, das regras de processo, não eram admitidos negócios afora as hipóteses expressamente previstas pelo Código de Processo Civil. Prestigiava-se o *dogma da irrelevância da vontade das partes* para regular o procedimento.

Podíamos falar, então, da regra da *tipicidade* dos negócios jurídicos processuais que dispunham a respeito do procedimento[8]. Decorria do entendimento tradicional de que as regras de procedimento eram indisponíveis[9], ou seja, em busca de uma estabilidade nas relações e da segurança jurídica, o legislador tornou indisponível o procedimento, devendo as partes a ele se adequar, não sendo possível alteração incidental. São exemplos típicos de negócios jurídicos processuais no CPC/73: a possibilidade de dilação de prazo não peremptório (por interpretação *a contrario sensu* do antigo art. 182, CPC/73), a possibilidade de eleição negocial de foro (antigo art. 111, CPC/73 e atual art. 63 do NCPC) e o acordo para a suspensão do processo (antigo art. 265, II, CPC/73 e atual art. 313, II do NCPC). Somente de forma típica, naqueles casos previstos no Código de Processo Civil de 1973, onde o legislador vislumbrou o interesse subjetivo disponível, permitiu que as partes promovessem pequenas modificações no procedimento, conforme exemplos já mencionados.

Contudo, este entendimento tradicional vem sendo desafiado desde o advento do fenômeno chamado de *neoconstitucionalismo*, e do seu principal

---

8 Importa perceber que a divergência doutrinária a respeito da existência dos negócios jurídicos processuais gira em torno da incompreensão a respeito da forma como o tema é tratado. Aqueles que não admitem a existência dos negócios jurídicos processuais focam o debate nas regras sobre procedimento, enquanto os que admitem tendem a tratar da possibilidade sob uma ótica mais ampla que, além do procedimento, abrange a relação jurídica de direito material objeto do processo. Sem perceber a confusão, Fredie Didier Jr. admite os negócios jurídicos processuais e aponta o entendimento de Liebman, Dinamarco e Mitidiero a respeito da impossibilidade. DIDIER JR., Fredie. Curso... Ob. cit. pp. 259-262. Em verdade, trata-se de um debate que deve ocorrer em um momento anterior à análise da existência ou não de negócios jurídicos processuais. É preciso saber qual o conceito de ato processual que o autor adota para só então compreender o que se entende por negócios jurídico processual e se este tipo seria admitido ou não.

9 Nesse sentido: "Mas, conquanto existam no direito processual civil, algumas normas dispositivas, na sua imensa maioria elas são cogentes. É característica da norma processual civil o não ser possível afastar sua incidência nem às partes, nem ao juiz. Assim, está excluída a possibilidade de um processo convencional." ALVIM, Arruda. Manual de direito processual civil. São Paulo: RT, 2011. p. 144. Ainda, Piero Calamandrei afirma que o direito positivo adota o sistema "da legalidade das formas processuais, segundo o qual as atividades que conduzem ao pronunciamento da providência jurisdicional não podem ser realizadas do modo e na ordem que, a juízo discricionário dos interessados, parece ser mais apropriados ao caso singular, mas devem, para poder ter eficácia jurídica, ser realizadas do modo e na ordem que a lei (isto é, o Direito Processual) estabeleceu de uma vez e para sempre." CALAMANDREI, Piero. Instituições de direito processual civil. Campinas: Bookseller, 2003. p. 267.

Cap. 7 • SOBRE A ATIPICIDADE DOS NEGÓCIOS PROCESSUAIS E A HIPÓTESE TÍPICA DE CALENDARIZAÇÃO
Murilo Teixeira Avelino

desdobramento no processo civil: o *formalismo-valorativo*, informado pelo princípio da *cooperação processual*. Observa-se atualmente um movimento tendente à retomada da relevância da vontade dos sujeitos do processo no que refere à forma de tutela dos seus direitos, transportando-se o *autorregramento da vontade* também para o processo. A lógica é simples: sendo os sujeitos da relação jurídica processual titulares de situações jurídicas dentro de determinado processo, a eles deve ser dada a possibilidade de regular a forma como tais situações serão desenvolvidas. Ainda que o legislador tenha, em abstrato, regulado os termos em que se deve desenrolar o procedimento, ninguém melhor que os sujeitos do processo para, em face das vicissitudes do caso, escolher como há de se desenvolver o ato complexo procedimento.

2. O MARCO PRINCIPIOLÓGICO DO NCPC

Ultrapassada está a fase instrumentalista do processo. Não obstante mantidas as suas lições quanto à necessidade de o processo servir como instrumento à tutela dos direitos materiais, deve-se ir além. O *neoconstitucionalismo* trouxe consigo o fenômeno da constitucionalização do direito, elevando diversos princípios do processo ao rol de princípios constitucionais, impôs uma quebra da divisão estanque entre direito material e direito processual, proporcionou a releitura de diversos princípios constitucionais e ajudou na formulação de uma nova teoria a respeito dos direitos fundamentais. Ou seja, o marco teórico que o jurista está inserido hodiernamente é outro se comparado ao tempo em que o nosso Código de Processo Civil de 1973 foi editado.

Estamos inseridos hoje na fase chamada do *formalismo-valorativo* ou *neoprocessualismo*, identificada como a faceta processual do neoconstitucionalismo[10]. O processo civil deve permanecer coerente com o ideal democrático e solidário da Carta de 1988. Assim, o neoprocessualismo impõe a aplicação, no processo, do valor da igualdade material consagrado na Constituição; não somente, mas de outros, como a solidariedade social, a democracia participativa, o contraditório, a segurança jurídica e a boa-fé objetiva. A forma deve ser tida como um meio na consecução do fim, qual seja, a obtenção de uma decisão justa, construída através do amplo debate processual.

---

10 Advêm desta relação, inclusive, as diferenças terminológicas para o mesmo fenômeno. Fredie Didier Jr. prefere utilizar a denominação neoprocessualismo, pois denota a relação com o movimento de constitucionalização do direito decorrente do neoconstitucionalismo (DIDIER Jr., Fredie. Curso de Direito Processual Civil – vol. 1. Salvador: JusPodivm, 2014. pp. 89 – 94). Doutro modo, Carlos Alberto Álvaro de Oliveira prefere a denominação formalismo-valorativo na medida em que demonstra uma reconstrução do formalismo processual, que não perde importância, mas recebe uma releitura diante dos novos valores consagrados pelo neoconstitucionalismo, não obstante tome os termos como sinônimos (OLIVEIRA, Carlos Alberto Álvaro de. Do formalismo no processo civil – 3. ed. São Paulo: Saraiva, 2009. p. 13).

1425

O reconhecimento da força normativa da Constituição, assegura um processo solidário, que exige a participação efetiva de todos os seus membros em cooperação, um modelo que não se identifica com o adversarial ou com o inquisitivo. Este é o processo cooperativo, indispensável à concretização das garantias constitucionais processuais. O processo cooperativo e suas características principiológicas alimentam a relação processual em todas as suas fases de desenvolvimento. Sem embargos, mesmo no momento de proferir a sentença, quando o magistrado assume uma posição assimétrica[11], devem ser observados os valores de colaboração. Assim, o formalismo-valorativo materializa-se no modelo de processo cooperativo.

É no contexto ora apresentado que nasce o Novo Código de Processo Civil. O texto inova na consagração de princípios, explicitando sua aplicação ao processo e dedicando um capítulo especial introdutório às normas fundamentais do processo civil.

O art. 4° do NCPC fala na *duração razoável do processo* como o princípio regente da atividade jurisdicional. Um processo para ser devido deve durar um tempo razoável. O processo deve durar certo período de tempo até pela necessidade decorrente da instrução probatória, conquanto não se deva admitir supressão de etapas necessárias ou dilações indevidas e inúteis[12]. O princípio não é o da *rapidez* ou da *celeridade*, mas o da duração razoável.

O artigo 5° do NCPC consagra a *boa-fé processual*. O processo, pra ser devido, tem que ser leal. Assim, um processo pautado pelo princípio do Devido Processo Legal tem que também o ser pela boa-fé. O processo de constitucionalização do direito o faz figurar também como princípio constitucional que, não obstante implícito[13], tem sua incidência reconhecida no processo. É a boa-fé objetiva que informa o processo como norma de conduta, impondo um modo de agir, independente de boas ou más intenções. É regulada em cláusula geral,

---

11 "O juiz do processo cooperativo é um juiz isonômico na condução o processo e assimétrico no quando da decisão das questões processuais e materiais da causa. Desempenha duplo papel, pois, ocupa dupla posição: paritário no diálogo, assimétrico na decisão." MITIDIERO, Daniel. Colaboração no Processo Civil – 2ª ed. São Paulo: RT, 2011. p. 81.

12 CUNHA, Leonardo Carneiro da. A Atendibilidade dos Fatos Supervenientes no Processo Civil. Coimbra: Almedina, 2012. p. 86. No mesmo sentido, Gomes Canotilho: "Note-se que a exigência de um processo sem dilações indevidas, ou seja, de uma proteção judicial em tempo adequado, não significa necessariamente «justiça acelerada». A «aceleração» da proteção jurídica que se traduz em diminuição das garantias processuais e materiais (prazos de recurso, supressão de instâncias excessiva) pode conduzir a uma justiça pronta mas materialmente injusta." CANOTILHO, José Joaquim Gomes. Direito Constitucional e Teoria da Constituição. Coimbra: Almedina, 2010. p. 499.

13 Lorena Miranda entende que "pode-se afirmar ser a boa-fé objetiva um valor que embasa todo o ordenamento jurídico, inclusive o constitucional, verdadeiro princípio geral do direito." In: BARREIROS, Lorena Miranda Santos. Fundamentos constitucionais do princípio da cooperação processual. Salvador: JusPodivm, 2013. p. 285.

impondo conduta leal, honesta e proba a todos aos sujeitos do processo. Destina-se a todos que participam do processo, partes, juiz, auxiliares, terceiros e qualquer outro que nele atue[14]. Os sujeitos da relação jurídica processual têm o dever de agir com probidade[15].

O *princípio da cooperação processual* está no art. 6° do NCPC. É o marco de um processo civil constitucionalizado e representa uma virada na concepção do processo civil moderno. Os atores processuais são postos em simetria na relação de colaboração, visando a justa composição do conflito. A perspectiva da relação processual muda, de modo a não mais identificar-se com o processo adversarial ou inquisitivo, mas sim com um processo cooperativo. É este modelo de processo que justifica a aplicação dos valores consagrados na Constituição diretamente ao processo civil. A doutrina se ocupa em elencar certos deveres decorrentes da *cooperação processual*, deveres estes tanto imputáveis às partes quanto ao juiz, destacando-se os sempre mencionados deveres de *consulta, auxílio, prevenção e esclarecimento*[16]. Tais deveres devem incidir para a conformação de uma prestação da atividade jurisdicional que se coadune com o atual estado de participação política consagrada na Constituição de 1988. A participação direta dos sujeitos da relação jurídica processual no processo de construção da decisão judicial é um dos modernos elementos de legitimação da atividade decisória do Estado.

Intimamente ligado a ideia de cooperação está o *princípio do contraditório*, consagrado no art. 5°, LV, da Constituição Federal, garantindo aos litigantes o direito de exercer todos os meios de defesa à disposição, na busca do

---

14 Veja-se acórdão proferido em sede de Embargos de Declaração no HC 101.132-ED, de relatoria do Ministro Luiz Fux, onde o Supremo Tribunal Federal expressamente trata da boa-fé exigida do juiz.

15 Ainda, a partir da boa-fé objetiva se aplica ao processo a regra do nemo potest venire contra factum proprium, que veda a atuação contraditória ao longo do processo, em respeito à proteção da confiança. c.f. CABRAL, Antônio do Passo. Nulidades no Processo Moderno. Rio de Janeiro: Forense, 2010. pp. 307-314.

16 Leonardo Carneiro da Cunha elenca tais deveres: "A cooperação das partes com o tribunal envolve: a) a ampliação do dever de litigância de boa-fé; b) o reforço do dever de comparecimento e prestação de quaisquer esclarecimentos que o juiz considere pertinentes e necessários para a perfeita inteligibilidade do conteúdo de quaisquer peças processuais apresentadas; c) o reforço do dever de comparecimento pessoal em audiência, com a colaboração para a descoberta da verdade; e, d) o reforço do dever de colaboração com o tribunal, mesmo quando este possa envolver quebra ou sacrifício de certos deveres de sigilo ou confidencialidade (CPC português, arts. 519° e 519°-A).Por sua vez, a cooperação do tribunal com as partes comporta: a) a consagração de um poder-dever de o juiz promover o suprimento da insuficiência ou imprecisões na exposição da matéria de fato alegada por qualquer das partes; b) a consagração de um poder-dever de suprimir obstáculos procedimentais à prolação da decisão de mérito; c) a consagração do poder-dever de auxiliar qualquer das partes na remoção de obstáculos que as impeçam de atuar com eficácia no processo; e, d) a consagração, em combinação com o princípio do contraditório, da obrigatória discussão précia com as partes da solução do pleito, evitando a prolação de "decisões-surpresa", sem que as partes tenham oportunidade de influenciar as decisões judiciais". CUNHA, Leonardo Carneiro da. O princípio do contraditório e a cooperação no processo. No prelo, p. 6. São os deveres de esclarecimento, prevenção, auxílio e consulta.

convencimento do juiz. É o direito de participar do processo com poder de influência[17].

A dimensão formal desse princípio garante a participação no processo. É o direito de ser ouvido, de atuar efetivamente no decorrer dos atos de prestação da jurisdição. É a garantia de participação no processo. Tradicionalmente, o contraditório era identificado somente com o que hoje se identifica com sua faceta formal, forjada a partir da *bilateralidade da audiência*. Hoje já não mais prevalece a identificação, servindo somente como um dos lados da moeda, complementada por aquilo que se chama de *contraditório substancial* para referenciar à real possibilidade de influência no convencimento. Exige-se do magistrado, assim, no momento de proferir a decisão, uma análise que leve em conta os argumentos e alegações trazidos por aqueles que participaram do processo. As decisões, alegações, atos e posicionamentos lastreados em questões sobre as quais não houve a oportunidade de discussão ferem frontalmente o princípio do contraditório na perspectiva contemporânea. Ao trazer questões *ex oficio* à fundamentação dos seus atos, o juiz deve levá-las ao contraditório das partes[18]. O Novo CPC adota tal posicionamento, além do art. 7°, nos arts. 9° e 10.

Deve-se destacar, ainda, o *princípio da eficiência*, agora expressamente aplicável ao processo, conforme o art. 8° do NCPC. Eficiência não se confunde com efetividade, é preciso que se diga[19]. Quando se trata da *efetividade* está a se referir ao cumprimento das normas jurídicas. Quando os destinatários da norma a cumprem, está é considerada efetiva. Já a *eficiência* leva em conta a relação entre os meios empregados e os resultados alcançados em vista a finalidades pré-estabelecidas. Surge com o novo CPC uma perspectiva diferente

---

17 REDONDO, Bruno Garcia. Deveres-poderes do juiz no projeto de Novo Código de Processo Civil. O projeto do novo código de processo civil. ADONIAS, Antônio; DIDIER JR., Fredie (org.). Salvador: Jus Podivm, 2012. pp. 191-193.

18 Não parece mais haver dúvida de que contraditório incide sobre todos os sujeitos do processo, informando direitos e deveres. Segundo Leonardo Cunha: "Significa que a principal finalidade do contraditório deixou de ser a apresentação de defesa pelo réu, para passar a ser influência no desenvolvimento e no resultado do processo, razão pela qual constitui direito não só do réu, mas também do autor. O contraditório constitui expressão da participação: todo poder, para ser legítimo, dever permitir participação de quem poderá ser atingido com seu exercício." CUNHA, Leonardo Carneiro da. A Atendibilidade... Ob. cit., p. 58. E continua, adiante (p. 63): "Na verdade não é só o réu que deve ser intimado para manifestar-se sobre um fato superveniente, mas também o autor, justamente porque o contraditório diz respeito a ambas as partes, que têm o direito de participar da formação da decisão, contribuindo com o convencimento do juiz".

19 A relação entre eficiência e eficácia é posta por Leonardo Cunha: "É possível que um processo seja efetivo sem ser eficiente, atingindo-se o resultado pretendido, mas de forma insatisfatória, demorada ou inadequada. O processo, por sua vez, será eficiente se atingir o resultado pretendido de modo satisfatório. É possível, então, que o processo seja efetivo, sem ser eficiente, mas se for eficiente, será necessariamente efetivo." CUNHA, Leonardo Carneiro da. A previsão do princípio da eficiência no projeto do novo código de processo civil brasileiro. No prelo, p. 14.

para a aplicação da *eficiência* no processo, qual seja, sua relação com a *gestão do processo*. Daí se pode falar em duas perspectivas diversas da *eficiência* no sistema processual. A primeira delas se relaciona com a *velocidade* do procedimento e a redução dos custos; a segunda com a qualidade da prestação da atividade jurisdicional. Poder-se-ia falar, então, em *eficiência quantitativa* e *eficiência qualitativa*.

O princípio da eficiência é um dos fundamentos diretos para a admissão dos negócios jurídicos processuais atípicos. Através dos negócios processuais, permite-se que o procedimento seja alterado de acordo com as necessidades não só do direito material objeto do litígio, mas também dos sujeitos processuais. Conhecer a forma como o procedimento irá se desenvolver e ter a possibilidade de modificá-lo, além de possibilitar uma maior aproximação das partes entre si e com o juízo, diminuindo a litigiosidade, permite deslocar o foco do debate processual cada vez mais da forma para a matéria, facilitando a construção de uma solução justa para o caso concreto.

3. OS NEGÓCIOS PROCESSUAIS ATÍPICOS – ART. 190 DO NCPC

Mesmo antes do advento do NCPC, não faltavam teses a respeito da possibilidade da conformação de negócios jurídicos para além dos casos típicos admitidos no CPC/73. Uma das grandes preocupações daqueles que trabalham o tema é exatamente revisitar a da indisponibilidade das regras sobre procedimento em face do *dogma da irrelevância da vontade*

Piero Calamandrei, em suas *Instituições*, bem expõe a questão referente à necessidade de *certeza* do procedimento:

> esta certeza não existiria se o indivíduo que pede justiça não soubesse exatamente quais são os atos que deve realizar para obtê-la, quais as vias a que deve recorrer para chegar ao juiz, para fazer-se ouvir por ele e para obter, concretamente, aquela garantia jurisdicional que a norma promete abstratamente. A regulamentação das formas processuais serve precisamente para isto: as regras do procedimento são, substancialmente, uma espécie de metodologia fixada pela lei para servir de guia a quem pede justiça(...)[20]

O problema é que nem sempre essa *metodologia fixada* é adequada ao direito material objeto do litígio. É de conhecimento corrente que a *forma pela forma* não se justifica. É a reaproximação entre o direito material e o direito

---

20 CALAMABDREI, Piero. Ob. cit., p. 268.

processual que justificará uma relativização do caráter *cogente* e *indisponível* das normas de processo.

O processo é instrumento para a tutela dos direitos materiais, ao mesmo tempo em que é por ele preenchido, em uma relação de circularidade. Se ao processo cabe a função de concretização dos direitos materiais, o direito material põe-se como o valor regente da criação, interpretação e aplicação das regras de processo. Conforme aponta Fredie Didier Jr., "não há processo oco"[21]. Os dois planos se unem no processo, em uma comunicação de mão dupla, engrenagem para o exercício da ação e prestação da jurisdição. Não é de surpreender que os sujeitos da relação material objeto do processo possam também influenciar a forma como este correrá. O processo absorve, mormente o NCPC, os valores fundamentais do ordenamento jurídico, consagrados pela Constituição. Tal constatação faz perceber que o processo não conforma um ambiente ideologicamente neutro, muito pelo contrário, o processo é informado pelas opções valorativas da Carta.

O raciocínio desenvolvido serve à compreensão da necessidade de superar a ideia de um processo formado eminentemente por normas cogentes, indisponíveis pela vontade das partes. Ora, se os princípios processuais inseridos na Constituição consagram direitos fundamentais processuais, tais direitos, ao mesmo tempo que regem o legislador na construção de normas para um procedimento básico, instituem situações jurídicas subjetivas aptas a serem dispostas pelas partes. Assim, o *exercício pleno do contraditório* dependerá não somente das regras procedimentais previstas na legislação, mas também de um processo de *adaptação* do procedimento de acordo como cada caso concreto posto ao conhecimento da jurisdição.

A doutrina tradicional, apesar de reconhecer o processo como instrumento à tutela do direito material, admitindo a sua *adaptabilidade* em certas situações, sempre o fez reconhecendo hipóteses *típicas* de disposição. Veja-se a ilustrativa posição de Giuseppe Chiovenda:

> Não existe, pois, um *processo convencional*, quer dizer, ao juiz e às partes não é permitido governar arbitrariamente o processo; mas em certos casos é livre às partes desatenderem a uma norma processual, já por acôrdo expresso ou tácito, já deixando de assinalar-lhe a inobservância. Se as partes gozam ou não dessa liberdade, deve ressaltar dos termos expressos da lei ou do escôpo da norma determinada: na dúvida, as normas processuais devem reputar-se cogentes.[22]

---

21 DIDIER JR., Fredie. Curso... Ob. cit., pp. 26-28.
22 CHIOVENDA, Giuseppe. Instituições de Direito Processual Civil – vol. 1. São Paulo: Saraiva, 1965. p. 74.

O NCPC vai exatamente em sentido contrário a esta ideia e encampa a *atipicidade dos negócios jurídicos processuais* de forma expressa no art. 190, tendo andado o legislador ao lado daqueles que advogam a disponibilidade das regras de procedimento. Trata-se da possibilidade de flexibilização do procedimento a partir, agora, da *relevância da vontade dos sujeitos processuais*. O dispositivo mencionado atente-se, é redigido como cláusula geral[23].

O *caput* do artigo 190 já nos apresenta os requisitos necessário para a disposição do procedimento pelos sujeitos da relação jurídica processual: a) o objeto do processo deve ser direito disponível, ou seja, aqueles que admitem autocomposição, excluindo-se desde já as ações sobre o estado de pessoas, os direitos de incapazes, etc.; b) partes plenamente capazes, retirando daqueles que devem atuar em juízo com representação ou assistência a possibilidade de ser sujeito no negócio jurídico processual de alteração do procedimento[24].; c) o negócio deve ser firmado antes ou durante o processo, devendo-se entender, por lógica, que a convenção deve tratar de atos procedimentais ainda não praticados, mesmo que já iniciado o processo.

O parágrafo único faz menção ao papel do juiz no controle da validade das convenções previstas no artigo 190. Assim, a função do magistrado é controlar a observância dos requisitos da convenção sobre procedimento. O juiz não pode se imiscuir nas razões ou no conteúdo do negócio, pois agora prevalece o autorregramento da vontade. Frise-se: exerce somente o controle de validade da convenção.

Seguindo na análise do art. 190, a menção à negativa de aplicação em caso de nulidade constante do parágrafo único é repetitiva, pois já ficou claro que deve o juiz controlar a validade do ato, o que envolve, necessariamente a verificação de eventual *nulidade*. Não somente isso, mas semanticamente incorreta

---

23 Art. 190. Versando o processo sobre direitos que admitam autocomposição, é lícito às partes plenamente capazes estipular mudanças no procedimento para ajustá-lo às especificidades da causa e convencionar sobre os seus ônus, poderes, faculdades e deveres processuais, antes ou durante o processo. Parágrafo único. De ofício ou a requerimento, o juiz controlará a validade das convenções previstas neste artigo, recusando-lhes aplicação somente nos casos de nulidade ou de inserção abusiva em contrato de adesão ou em que alguma parte se encontre em manifesta situação de vulnerabilidade.

24 A mens legis, todavia, informa uma situação excepcional: ainda exigindo-se que o objeto do processo seja direito disponível e que as partes sejam plenamente capazes, caso o negócio jurídico beneficie um daqueles que são "protegidos" por tais limitações, deve-se entender o negócio como plenamente válido. Por exemplo, no caso de um negócio jurídico que venha a beneficiar a situação processual de um menor, alterando o ônus da prova em seu favor, ainda que, em tese, tal negócio fosse inválido, a própria razão da proibição não se justifica no caso concreto, devendo-se manter incólume e reconhecer a validade do negócio. Fredie Didier Jr., no mesmo sentido, entende que "se a convenção firmada recai sobre fatos ligados a direito indisponível tornando mais fácil para a parte a comprovação desses fatos, obviamente que ela não poderia ser invalidada". DIDIER Jr., Fredie; BRAGA, Paula Sarno; OLIVEIRA, Rafael Alexandre de. Curso de Direito Processual Civil – vol. 2. Salvador: JusPodivm, 2014. p. 87.

NOVO CPC DOUTRINA SELECIONADA, v. 1 • Parte Geral

PARTE IX – ATOS, PRAZOS E NEGÓCIOS PROCESSUAIS

a menção à *nulidade*, pois não é conceito lógico-jurídico, mas jurídico-positivo. Dever-se-ia falar, então, em *invalidade*, na medida em que este é o conceito jurídico-fundamental que se quer referir por *controle da validade*. Somada à hipótese de controle pelo juiz de cláusula abusiva em contrato de adesão, o controle de validade do negócio processual deve ser objeto de decisão solidamente fundamentada do juiz, após o exercício do contraditório.

4. A CALENDARIZAÇÃO DO PROCEDIMENTO – ART. 191 DO NCPC

O que hoje é o art. 191 do NCPC[25] foi originalmente concebido como os parágrafos 1° a 3° do art. 189 do projeto.

Trata-se de uma modalidade típica de negócio jurídico processual, qual seja, aquele destinado à fixação de um *calendário* específico para o processo. É o que se vem chamando de *calendário processual* ou de *calendarização do processo*. O calendário processual consistirá em uma convenção entre as partes e o juiz da causa, no sentido de fixar datas específicas à realização dos atos processuais. Justifica-se na ideia de uma prestação da atividade jurisdicional dialógica, onde juiz e partes estão, durante o debate processual, em um mesmo nível, somente sobrelevando-se o magistrado no momento de decidir. Até lá, juiz e partes, ressalvadas os atos privativos de cada um, devem transitar em pé de igualdade em busca da construção de uma decisão justa para o caso concreto.

Perceba-se que a hipótese do *calendário processual* é diferente da hipótese do art. 190. Este trata do negócio jurídico entre as partes, pois somente elas podem dispor sobre os seus *"ônus, poderes, faculdades e deveres processuais"*. O NCPC, não permitiu às partes disporem dos ônus, poderes, faculdades e deveres processuais do juiz. Não é possível dispor sobre *situação processual* alheia.

Assim, quando o legislador permite que sejam efetivados negócios jurídicos a respeito de "direito que admitam autocomposição", deixa entendido que a hipótese do art. 190 não se aplica ao juiz, pois ele não titulariza pessoalmente direito (no sentido de situação jurídica substantiva subjetiva) posto em debate como objeto do processo, na medida em que atua como órgão da jurisdição. É preciso diferenciar: as partes titularizam situações jurídicas relativas tanto ao processo (entendido como *procedimento em contraditório* – ônus, poderes,

---

25 Art. 191. De comum acordo, o juiz e as partes podem fixar calendário para a prática dos atos processuais, quando for o caso. § 1° O calendário vincula as partes e o juiz, e os prazos nele previstos somente serão modificados em casos excepcionais, devidamente justificados. § 2° Dispensa-se a intimação das partes para a prática de ato processual ou a realização de audiência cujas datas tiverem sido designadas no calendário.

1432

deveres, faculdades, etc.) quanto ao direito material objeto da relação jurídica processual; o juiz titulariza situações jurídicas relativas ao processo (inserido no *procedimento em contraditório*), mas não em relação ao direito material que se discute. Assim, excluída está a figura do magistrado da hipótese do art. 190. Consequentemente, a *capacidade negocial* do juiz, no que refere aos negócios jurídicos processuais no NCPC é limitada, pois a norma que consagra a *atipicidade dos negócios processuais* não se destinada a ele. Assim, somente pode o juiz ser sujeito de negócio jurídico processual quando a norma expressamente lhe põe em tal condição, quando então e somente, pode atuar como *parte* na convenção sobre o procedimento.

No que refere ao *calendário processual*, expressamente se exige o "comum acordo" das partes e do juiz. Trata-se, então, de hipótese de ato de três pessoas, com natureza negocial. Aí está grande inovação e fonte de boa parte do rebuliço a respeito do NCPC: o juiz pode ser parte, sujeito de negócio jurídico processual. A inovação é sensível.

Acontece que o *calendário processual*, assim como a *atipicidade dos negócios processuais*, da forma como escritos os dispositivos comentados, deixam de responder diversas perguntas. Propomos, adiante, algumas questões.

5. PROBLEMATIZAÇÃO DE ALGUNS PONTOS

Este item final se presta a provocar o debate e externar nossa primeira visão. Não se faz com pretensão de definitividade, mas sim de dar o pontapé inicial e fomentar o debate

a) qual natureza jurídica do negócio processual tratado nos arts. 190 e 191?

São ambos negócios jurídicos processuais. O art. 190 faz referência genérica, quebrando com o *dogma da irrelevância da vontade* consagrado pelo CPC/73. Permite-se, pelo NCPC, que as partes disponham também das regras sobre procedimento, em clara valorização da liberdade negocial. Se as regras sobre processo, antes do NCPC eram *cogentes* e somente em exceção *dispositivas*, o cenário agora é outro: as regras sobre processo são *dispositivas* em regra, exceptuando-se somente as hipóteses previstas de indisponibilidade[26]. Aproxima-se o processo, assim, do direito material ao valorizar o *autorregramento da vontade*.

O art. 191 trata de uma hipótese *típica* de negócio jurídico processual. Há um elemento indispensável que o caracteriza: a necessidade de participação do Estado no aperfeiçoamento do negócio. É necessário que o Estado concorde

---

26 Por exemplo, o art. 62 do NCPC: "Art. 62. A competência determinada em razão da matéria, da pessoa ou da função é inderrogável por convenção das partes."

com o calendário processual e, *presentado* pelo juiz, concorde com a conformação de um calendário que também se adéque as especificidades de sua estrutura administrativa. O calendário processual, assim, passa a ser importante instrumento à concretização do princípio da duração razoável do processo, na medida em que permite ao juiz e às partes levarem em conta o objeto discutido e a estrutura administrativa do foro para a melhor solução do conflito, dispensando dilações indevidas em virtude do tempo que normalmente se perde nos atos de comunicação processual (saída do mandado, publicação, retorno aos autos, etc.). Os dispositivos ora em comento são fonte da capacidade negocial do juiz.

b) quem pode ter a iniciativa de propor o calendário processual? Somente as partes ou também o juiz?

No caso específico do calendário processual, tanto o juiz como as partes podem propor a sua constituição. Todos os atores processuais têm interesse em uma prestação jurisdicional em tempo razoável, podendo assim tomar a iniciativa. Além disso, tendo em vista que o calendário processual diz respeito à disposição sobre a própria atuação do magistrado, ou seja, sobre suas posições jurídicas dentro do processo, vinculando o próprio juiz à prática de determinado ato (audiência, julgamento de embargos de declaração, por exemplo) fica muito clara sua posição de *negociante*. Assim, sendo sujeito do negócio tão como as partes, a proposta do calendário processual pode partir, inclusive, do próprio magistrado.

No que refere aos negócios jurídicos em geral, tratados no art. 190, somente as partes são legítimas para figurar como sujeito da relação, pois refere à disposição de suas posições jurídicas dentro do processo. A atuação do juiz, no caso, é somente no controle de tais negócios. Além dos requisitos elencados no *caput*, já objeto de análise anterior, há de se acrescentar mais um elemento de verificação: o juiz deve controlar os negócios processuais que venham tanto a dispor sobre situações jurídicas por si titularizadas no processo, quanto a hipóteses expressamente vedadas pela ordem jurídica. Por exemplo, não podem as partes firmar calendário processual sem a participação do magistrado, assim como não podem "regular" o procedimento em hipóteses não permitidas pela ordem jurídica. O controle do negócio jurídico pelo magistrado, em tais hipóteses, é fundamental e refere-se à própria validade de seu objeto.

c) estar-se-ia em face de um ato jurisdicional ou de um ato administrativo do juiz?

Talvez seja o ponto mais polêmico levantado neste trabalho: o *calendário processual* tem como sujeitos as partes e o Estado, como ente da Administração Pública. A formalização do calendário não pode ser tida como ato de prestação da atividade jurisdicional, pois: i) o juiz não atua como *desinteressado*, sendo claramente parte – *partial* e *parcial*; ii) não se realiza "direito" de *modo imperativo*, não é ato que substitui a vontade das partes pela vontade de um terceiro; iii) não há se falar em aptidão para a indiscutibilidade, vez que o próprio §1º do art. 191 permite a alteração excepcional dos termos do calendário. É um ato negocial de três pessoas: Estado, autor e réu.

A participação do juiz é feita como agente público, órgão presentante do Estado pessoa jurídica de direito publico. O juiz, no momento que firma com as partes o calendário processual, não está prestando jurisdição, está dispondo a respeito das regras sobre procedimento, em ato tipicamente administrativo. É o magistrado, como agente administrativo que dispõe a respeito dos seus próprios "*ônus, poderes, faculdades e deveres processuais*".

Ainda assim, o acordo a respeito do calendário processual é ato do procedimento, mesmo que não necessário. Só pode ocorrer dentro do processo, pois a atuação do juiz, mesmo na condição acima defendida, deve se dar dentro do processo.

Diferente são as hipóteses do art. 190. Trata-se de atos do processo, mas não necessariamente atos do procedimento. É que as partes podem aperfeiçoar o ato de vontade fora do processo, devendo ser "processualizado" no momento que o juiz recebe o negócio em petição que pode ser apresentada de forma conjunta ou individualmente pelos sujeitos interessados. Nesse caso, o juiz não atua[27] ou somente atua como agente *homologador*[28], caso seja necessário. Só será possível ao juiz exercer o controle de validade, não sendo possível adentrar no *objeto* do negócio, qual seja, a disposição das partes a respeito dos seus "ônus, poderes, faculdades e deveres" no processo que foram objeto de disposição.

d) a quem cabe controlar a *validade* do calendário?

O controle dos negócios jurídicos processuais do art. 190, pela própria dicção do parágrafo único, não deixa qualquer dúvida: o controle é pelo juiz. O problema está no controle do calendário processual.

Não é possível compreender que o juiz atue no controle da *validade* do *calendário* que ele mesmo foi sujeito de sua conformação. Acontece que também as partes participaram como sujeitos no fazimento do negócio. Aplicando-se a teoria

---

27 Por exemplo, no que refere à cláusula de eleição de foro em contrato, que não exige qualquer participação do magistrado para ser plenamente válida e eficaz.

28 Como no caso de atos das partes que exigem homologação do magistrado para terem eficácia, a exemplo da autocomposição ocorrida dentro do processo, que deve ser reduzida a termo e homologada por sentença (art. 334, §11 do NCPC).

das invalidades e o princípio da boa-fé objetiva, deve-se entender que nenhum daqueles sujeitos que deu causa ao vício pode alegá-lo em benefício próprio.

A partir daí, duas situações podem surgir. Antes de apresentá-las, esclareça-se: o controle do calendário processual somente dirá respeito aos seus elementos formais, e não sobre o conteúdo, ou seja, não sobre as datas dos atos definidas nos instrumentos, pois quanto a estas, em virtude da possibilidade de disposição pelas partes, seria atuação contraditória questionar posteriormente o tempo acertado para a prática dos atos. No que refere à validade do ato, de observar que os únicos vícios controláveis são os referentes à capacidade negocial dos sujeitos e à própria emissão volitiva.

Sendo assim, caso haja vício decorrente da atuação em colusão das partes, para de qualquer forma prejudicar a prestação da atividade jurisdicional, a partir daí seria possível ao próprio magistrado reconhecer a invalidade do *calendário processual*, dessa vez, atuando como *órgão jurisdicional* no controle das invalidades processuais.

Contudo, se o vício decorre, de qualquer forma, da atuação do juiz, só ou mancomunado com uma das partes, apto ao controle do vício será o Tribunal ao qual ele está vinculado, órgão constitucionalmente competente para o controle da atuação do juiz, seja em face de sua atuação administrativa, seja diante de sua atuação jurisdicional.

Ainda, caso uma das partes não possua capacidade negocial, sem dúvida o controle será procedido pelo magistrado, na medida em que se poderá verificar também ausência de pressuposto processual de validade: a *capacidade processual*.

e) a convenção sobre os prazos peremptórios pode ser feita com base no art. 190 e no art. 191?

É questão de grande importância, mormente pela interferência profundamente na produtividade dos cartórios. A constatação é bem direta e o exemplo radical ajudará a compreender: como será possível aos juízes cumprirem as metas de julgamento postas pelo CNJ se os prazos processuais, por exemplo, os prazos recursais, estarão sob disposição das partes? O juiz está vinculado ao negócio jurídico das partes que decidem sobre um prazo de 150 dias para a interposição de eventual apelação?

Saber se a convenção a respeito dos prazos peremptórios está inserida como elemento do *calendário processual* é indispensável para responder tais questionamentos.

Entendemos que a disposição a respeito dos prazos processuais não é elemento *necessário* do calendário processual. É que este serve para fixação de datas para a prática de atos, datas estas que não podem ser fixadas aprioristicamente, antes do início do processo. Assim, como o art. 190 delimita que os negócios atípicos podem ser constituídos antes mesmo do processo, é possível que as partes, em instrumento contratual já definam, por exemplo, que o prazo para recursos dentro do processo que tenha por objeto eventual conflito, será de 5, 20 ou 50 dias. É ato de disposição do procedimento, explicitamente autorizado pelo art. 190.

Isso leva a outro questionamento: pode o juiz controlar os prazos para a prática dos atos *negociados* pelas partes?

Parece-nos que sim. Não obstante as partes possam dispor de tais prazos (sendo essa disposição mesma um direito) o nosso ordenamento jurídico veda o abuso de direito. Assim, a atuação das partes que for de encontro à justa e eficiente prestação da atividade jurisdicional, é passível de controle pelo magistrado, através do permissivo dado pelo devido processo legal substancial e da economia processual, informadores da teoria das invalidades dos atos jurídicos. Tal entendimento pode ser balizado, inclusive, pelas disposições constantes do art. 139, incisos II e III do NCPC, na medida em que impõem ao juiz o dever de zelar pela duração razoável do processo e prevenir ou reprimir atos contrários à dignidade da justiça.

Dessa forma, as partes podem dispor livremente dos prazos, desde que essa disposição não configure ato desproporcional, que a prestação da tutela jurisdicional em prazo razoável e de forma eficiente seja protegida. Aprioristicamente, não se pode dizer qual prazo razoável ou não, devendo o exame restar ao caso concreto.

f) nos casos de legitimação extraordinária, é possível ao legitimado *negociar* nos termos dos artigos 190 e 191?

Pressupõe-se que sim, desde que o direito seja disponível aos seus titulares. É que na legitimação extraordinária, como é sabido, o titular da relação processual não é o titular do direito material. Se, a legitimação extraordinária diz respeito a direito indisponível, no caso, não poderá o legitimado extraordinário modificar o procedimento. Caso o direito seja disponível será possível a ele, no processo, conformar calendário processual.

Há que se atentar a uma especificidade, contudo. O legitimado extraordinário somente pode dispor do procedimento fazendo referência àqueles processo em que ele irá atuar. Perceba-se: no caso de legitimidade extraordinário concorrente, significa que o titular do direito material também pode titularizar uma relação processual para discutir aquele mesmo direito. Assim, o eventual negócio jurídico processual firmado pelo legitimado extraordinário não atingirá a relação processual do legitimado ordinário e vice-versa. Por outro lado, caso a legitimidade extraordinário seja exclusiva, não há que se fazer tal diferenciação, pois somente ele poderá atuar em juízo na defesa daquele direito, não obstante seu titular seja outro, não legitimado processualmente.

6. (IN)CONCLUSÕES

A consagração de negócios jurídicos processuais *atípicos* é, sem dúvida, uma virada paradigmática no estudo das normas processuais. O tema é de ampla relevância, não sendo suficiente esta sede para chegarmos a sólidas conclusões.

A perspectiva que se desenha quanto aos *negócios jurídicos processuais atípicos* é positiva em diversos pontos: permitir uma aproximação maior entre juiz e partes; proporcionar sensível redução da litigiosidade, aproximando os interesses de autor e réu; reforçar a função do processo como instrumento a uma tutela jurisdicional justa e efetiva; ser mais um elemento de concretização dos princípios da cooperação, da boa-fé, da eficiência, efetividade, razoável duração do processo, etc. Andou muito bem o legislador ao consagrar os negócios processuais atípicos, pois reflexo do marco metodológico no qual estamos inseridos. Quanto a isso, não há dúvida.

Mas muito há a se esclarecer. Alguns problemas deixam turvas as perspectivas a respeito dos negócios jurídicos processuais, podendo levar até a sua total inefetividade: o aspecto prático e a cultura de litigiosidade em que estamos inseridos, além da morosidade que pode causar na resolução dos conflitos. Um dos grandes problemas a serem enfrentados hoje pela doutrina processualista é construir a ponte entre a teoria e a prática. Para que os negócios jurídicos processuais possam ter os efeitos desejados, é premente uma alteração da cultura de litigiosidade em que está inserida a nossa prática processual. É necessária uma modificação na mentalidade dos litigantes habituais, como as grandes empresas e, principalmente a administração pública e sua cultura de *sempre negar* os pedidos na esfera administrativa, abarrotando o judiciário de processos em que o resultado final já pode ser seguramente previsto.

Ainda, é preciso que se reforce a estrutura administrativa dos órgãos do judiciário, pois a existência de diversos procedimentos com *calendário processual* próprio exigirá atenção redobrada na administração dos processos. É uma faca de dois gumes: ao mesmo tempo em que a disposição do procedimento serve à estruturação de um processo adequado, a prática pode se mostrar ineficiente, morosa, pois será mais difícil lidar com prazos e ordem de atos diferentes em face de cada procedimento. E se ineficiente, inadequado será o processo.

Como já se afirmou, sobre o tema ainda pairam mais *inconclusões* que *conclusões*. Estas serão esclarecidas por doutrina e jurisprudência, no exercício de concretização de todas as cláusulas gerais que permeiam o Novo Código de Processo Civil.

7. BIBLIOGRAFIA

ALVIM, Arruda. Manual de direito processual civil. São Paulo: RT, 2011

BARREIROS, Lorena Miranda Santos. Fundamentos constitucionais do princípio da cooperação processual. Salvador: JusPodivm, 2013.

CABRAL, Antônio do Passo. Nulidades no Processo Moderno. Rio de Janeiro: Forense, 2010.

CALAMANDREI, Piero. Instituições de direito processual civil. Campinas: Bookseller, 2003.

CANOTILHO, José Joaquim Gomes. Direito Constitucional e Teoria da Constituição. Coimbra: Almedina, 2010.

CHIOVENDA, Giuseppe. Instituições de Direito Processual Civil – vol. 1. São Paulo: Saraiva, 1965.

CUNHA, Leonardo Carneiro da. A Atendibilidade dos Fatos Supervenientes no Processo Civil. Coimbra: Almedina, 2012.

_____. O princípio do contraditório e a cooperação no processo. No prelo.

_____. A previsão do princípio da eficiência no projeto do novo código de processo civil brasileiro. No prelo.

DIDIER JR., Fredie. Curso de Direito Processual Civil – vol. 1. Salvador: JusPodivm, 2014.

_____; BRAGA, Paula Sarno; OLIVEIRA, Rafael Alexandre de. Curso de Direito Processual Civil – vol. 2. Salvador: JusPodivm, 2014.

_____. A reconstrução da teoria geral do processo. In.: DIDIER JR. Fredie (org.). Reconstruindo a Teoria Geral do Processo. Salvador: JusPodivm, 2012.

MIRANDA, Francisco Cavalcanti Pontes de. Comentários ao Código de Processo Civil – tomo III. Rio de Janeiro: Forense, 1974.

MITIDIERO, Daniel. Colaboração no Processo Civil – 2ª ed. São Paulo: RT, 2011.

NOGUEIRA, Pedro Henrique Pedrosa. Negócios Jurídicos Processuais: análise dos provimentos judiciais como atos negociais. No prelo, 2011.

OLIVEIRA, Carlos Alberto Álvaro de. Do formalismo no processo civil – 3. ed. São Paulo: Saraiva, 2009.

PEREIRA, Caio Mário da Silva. Instituições de Direito Civil – vol. 01. Rio de Janeiro: Forense, 2008.

REDONDO, Bruno Garcia. Deveres-poderes do juiz no projeto de Novo Código de Processo Civil. O projeto do novo código de processo civil. ADONIAS, Antônio; DIDIER JR., Fredie (org.). Salvador: Jus Podivm, 2012.

CAPÍTULO 8

As férias dos advogados privados: a suspensão dos prazos processuais de 20 de dezembro a 20 de janeiro no CPC de 2015

Welder Queiroz dos Santos[1]

SUMÁRIO: 1. INTRODUÇÃO; 2. SUSPENSÃO DOS PRAZOS PROCESSUAIS E ATIVIDADE JURISDICIONAL ININTERRUPTA; 3. VEDAÇÃO A REALIZAÇÃO DE AUDIÊNCIAS E JULGAMENTOS POR ÓRGÃO COLEGIADO; 4. A INDISPENSABILIDADE DOS ADVOGADOS PARA A ADMINISTRAÇÃO DA JUSTIÇA E A SUSPENSÃO DOS PRAZOS PROCESSUAIS; 5. A RETOMADA DO PRAZO; 6. BIBLIOGRAFIA.

1. INTRODUÇÃO

A Constituição da República Federativa do Brasil de 1988, pela primeira vez na história do constitucionalismo brasileiro, deu estatura constitucional à Advocacia, reconhecendo a importância da atuação dos advogados na observância da ordem jurídica ao estabelecer em seu art. 133 que *"O advogado é indispensável à administração da justiça, sendo inviolável por seus atos e manifestações no exercício da profissão, nos limites da lei".*[2]

Essa mesma Constituição, ao tratar "Da Organização dos Poderes", prevê o Ministério Público, a Advocacia, Pública e Privada, e a Defensoria Pública como *"funções essenciais à Justiça"* ao lado, inequivocamente, da Magistratura.

---

1 Doutorando, mestre e especialista em Direito Processual Civil pela Pontifícia Universidade Católica de São Paulo - PUC/SP; Especialista em Direito Empresarial pela Universidade Presbiteriana Mackenzie; Professor efetivo de Direito Civil e de Direito Processual Civil da Faculdade de Direito da Universidade Federal de Mato Grosso - UFMT; Professor de Direito Processual Civil em cursos de pós-graduação lato sensu. Membro do Instituto Brasileiro de Direito Processual – IBDP, do Centro de Estudos Avançados de Processo – CEAPRO e do Instituto Brasileiro de Direito de Família - IBDFAM; Secretário Adjunto da Escola Superior de Advocacia de Mato Grosso - ESA/MT; Vice-Presidente da Comissão de Direito Civil e Processo Civil da Ordem dos Advogados do Brasil - Seccional Mato Grosso - OAB/MT. Advogado.

2 No plano infraconstitucional, o art. 20 da Lei Federal n. 8.906/1994, denominada de Estatuto da Advocacia e da Ordem dos Advogados do Brasil, reafirma o indispensabilidade do advogado à administração da Justiça.

Aos membros dessas funções, que atuam em prol da legítima prestação jurisdicional, deve ser assegurado o direito às férias.

O direito às férias é garantido à todos pelo art. XXIV da Declaração Universal dos Direitos do Homem.[3] Aos magistrados[4], aos membros do Ministério Público[5], aos Defensores Públicos[6] e aos Advogados Públicos[7], as respectivas Leis Orgânicas asseguram o direito às férias. No entanto, não há previsão legal para os Advogados Privados.

Assim, com a finalidade de assegurar o tratamento paritário a todos os membros das "funções essenciais à Justiça", bem como o direito às férias aos Advogados Privados, é que o novo Código de Processo Civil, instituído pela Lei n. 13.105 e publicado no dia 16 de março de 2015, institui a suspensão dos prazos processuais de 20 de dezembro a 20 de janeiro. Permitir-se-á, assim, que os advogados possam tirar férias sem se preocuparem com os prazos processuais e seus termos finais.

A proposta tem chamado atenção tanto da comunidade jurídica quanto dos estudiosos da ciência processual. Há quem entenda[8] que o dispositivo

---

3   Artigo XXIV. "Toda pessoa tem direito a repouso e lazer, inclusive a limitação razoável das horas de trabalho e férias periódicas remuneradas".

4   Aos magistrados, as férias são asseguradas pelo art. 66 da Lei Orgânica da Magistratura Nacional (Lei Complementar n. 25, de 14 de março de 1979): "Os magistrados terão direito a férias anuais, por sessenta dias, coletivas ou individuais".

5   Aos membros do Ministério Público, o direito a férias consta no art. 51 da Lei Orgânica Nacional do Ministério Público (Lei n. 8.625, de 12 de fevereiro de 1993): "O direito a férias anuais, coletivas e individuais, do membro do Ministério Público, será igual ao dos Magistrados, regulando a Lei Orgânica a sua concessão e aplicando-se o disposto no art. 7º, inciso XVII, da Constituição Federal".

6   Aos Defensores Públicos, as Leis Orgânicas da Defensoria Pública de cada Estado da Federação asseguram o direito a férias, como é o caso do Estado de Mato Grosso e da União, do Distrito Federal e dos Territórios, respectivamente: Art. 80. "Aos subsídios dos membros componentes da Defensoria Pública poderão ser acrescidas as seguintes vantagens, nos termos desta lei complementar: III - gozo de férias anuais remuneradas com acréscimo de 1/3 (um terço) calculado sobre os subsídios"; Art. 41. "As férias dos membros da Defensoria Pública da União serão concedidas pelas chefias a que estiverem subordinados".

7   Aos Advogados Públicos, as Leis Orgânicas de cada carreira regulamentam o direito a férias, como é o caso da Lei Orgânica da Procuradoria Geral do Estado de Mato Grosso: "Art. 83. "Os Procuradores do Estado terão direito a férias de 30(trinta) dias por ano, contínuos ou divididos em dois períodos iguais, salvo acúmulo por necessidade de serviço e pelo máximo de 02(dois) anos".

8   Consta na exposição de motivos do "substitutivo" apresentado pelos Professores Ada Pellegrini Grinover, Carlos Alberto Carmona, Cassio Scarpinella Bueno e Paulo Henrique dos Santos Lucon, Diretores do Instituto Brasileiro de Direito Processual (IBDP), à Câmara dos Deputados: "O art. 187 do PL n. 8.046/2010, que instituiu um verdadeiro "feriado forense" não pode subsistir. Ele viola, às escâncaras, o art. 93, XII, da Constituição Federal, segundo o qual a atividade jurisdicional é ininterrupta. A ideia é louvável mas é no plano constitucional, não no legal, que a questão do necessário descanso dos advogados e de todos os envolvidos diretamente com a Administração da Justiça deve ser resolvido. Até porque, a despeito de diversas normas estaduais no mesmo sentido do art. 187 projetado, são frequentes atos "não urgentes" sendo praticados na primeira e na segunda instâncias. Por isso, propomos a revogação daquele dispositivo". (GRINOVER, Ada Pellegrini. CARMONA, Carlos Alberto; SCARPINELLA BUENO, Cassio. LUCON, Paulo Henrique dos Santos. Exposição de motivos. Substitutivo. Disponível em <http://www.direitoprocessual.org.br/fileManager/substitutivo_titulo_1.pdf> Acesso em 05.12.2011).

é incompatível com o art. 93, XII, da Constituição Federal, que, inserido pela Emenda Constitucional 45/2004, prevê que "a atividade jurisdicional será ininterrupta, sendo vedada as férias coletivas nos juízos e tribunais de segundo grau, funcionando, nos dias em que não houver expediente forense normal, juízes em plantão permanente".

Não restam dúvidas de que, após a Emenda Constitucional 45/2004, as férias coletivas dos magistrados e dos auxiliares da Justiça passaram a ser vedadas pela Constituição.[9]

Entretanto, *data maxima venia*, nos parece que a previsão de suspensão dos prazos processuais de 20 de dezembro a 20 de janeiro não encontra óbice no texto constitucional.

2. SUSPENSÃO DOS PRAZOS PROCESSUAIS E ATIVIDADE JURISDICIONAL ININTERRUPTA

Em nosso sentir, há distinção entre a suspensão dos prazos processuais, prevista no CPC de 2015, e a vedação, prevista na Constituição, às denominadas férias forenses para os magistrados e para os auxiliares da Justiça de primeiro e segundo grau.[10]

Cândido Rangel Dinamarco ensina que "a suspensão processual consiste na *parada momentânea do procedimento, que deixa de prosseguir em direção ao provimento final, sendo em princípio ineficazes os atos que durante ela se realizem*".[11]

Na suspensão, o processo fica em estado de espera por um determinado período de tempo onde cessa a fluência do prazo processual. Como leciona Othmar Jauernig, "todo o *prazo* processual deixa de correr; após a cessação da suspensão, o prazo corre de novo".[12]

9　Por todos, Nelson Nery Jr. e Rosa Maria de Andrade Nery lecionam: "Com a inclusão do inciso XII à CF 93, pela EC 45/04 (DOU 31.12.2004), no sistema judicial brasileiro estão proibidas as férias forenses, isto é, as férias coletivas". (NERY JR., Nelson; NERY, Rosa Maria de Andrade. Código de Processo Civil comentado. 9 ed. São Paulo: RT, 2006, p. 382).

10　As férias coletivas ainda existem nos Tribunais Superiores. A continuidade dos prazos cessa com as férias forenses nestes Tribunais. Como leciona Arruda Alvim, referindo-se ao CPC de 1973, "de acordo com o atual CPC, a superveniência de férias – que ainda pode ocorrer em relação aos Tribunais Superiores, à luz do art. 93, XII, da Constituição – suspende sempre o curso do prazo (art. 179), que recomeçará a correr no 'primeiro dia útil seguinte ao termo das férias'". (ARRUDA ALVIM NETTO, José Manoel. Manual de direito processual civil. 12 ed. São Paulo: RT, 2008, v. 1, p. 514).

11　DINAMARCO, Cândido Rangel. Instituições de direito processual civil. 6 ed. São Paulo: Malheiros, 2009, v. II, p. 647. Destaque no original.

12　JAUERNIG, Othmar. Direito processual civil. Coimbra: Almedina, 2002, p. 411. Tradução de F. Silveira Ramos da 25a edição, totalmente refundida, da obra criada por Friedrich Lent: Zivilprozessrecht: ein Studienbuch/von Othmar Jauernig-25., vollig neubearb. Aufl. Des von Friedrich Lent begr. Werkes. Munchen: Beck,

É esse o fenômeno que o art. 220 do CPC de 2015 prevê: a suspensão do curso do prazo processual nos dias compreendidos entre 20 de dezembro e 20 de janeiro, inclusive.

Por outro lado, o que é vedado pela Constituição é a interrupção da atividade jurisdicional decorrente das férias coletivas dos juízes e auxiliares da Justiça, e não a suspensão dos prazos processuais.

Como esclarecem Nelson Nery Jr. e Rosa Maria de Andrade Nery, "as *férias forenses*, isto é, as férias coletivas que existiam nos juízos e tribunais, foram abolidas pela reforma constitucional de 2004. (...) A CF 93 XII estabelece a regra de que a atividade jurisdicional tem de ser prestada de forma ininterrupta, sendo proibido o estabelecimento de férias coletivas, tanto nos juízos singulares como nos tribunais".[13]

Antes mesmo da aprovação da reforma do Judiciário, quando ainda era uma Proposta de Emenda Constitucional, o hoje Ministro do Superior Tribunal de Justiça Sidnei Agostinho Beneti, então Desembargador do Tribunal de Justiça do Estado de São Paulo, dizia que a atividade jurisdicional passaria por um grande avanço a implicar na "não interrupção nos períodos de férias".[14]

Desse modo, no direito brasileiro, por força constitucional, não existem hipóteses de interrupção do processo, apenas de suspensão por um período determinado.[15]

O que o CPC de 2015 prevê é apenas a suspensão do curso dos prazos processuais entre os dias 20 de dezembro e 20 de janeiro e não a interrupção da atividade jurisdicional, garantindo, assim, o direito dos advogados privados às férias.

1998. O jurista alemão ensina que a lei distingue três modalidades de suspensão do processo: (i) a interrupção, que é a suspensão por força de lei; (ii) a dilação que é a suspensão com base em decisão judicial; e (iii) a paragem, que é a suspensão com base em decisão judicial, mas requerida por ambas as partes. No caso, o autor refere-se ao fenômeno que na Alemanha denomina-se de interrupção. (Op. cit., p. 408-409)

13   NERY JR., Nelson; NERY, Rosa Maria de Andrade. Código de Processo Civil comentado. 9 ed. São Paulo: RT, 2006, p. 382.

14   BENETI, Sidnei Agostinho. "A reforma do Judiciário vai melhorar os processos judiciais?". Revista do advogado: reforma do Judiciário, ano XIX, n. 56, AASP, set. 1999, p. 103-104. Arruda Alvim também viu com bons olhos a alteração: "(...) a EC 45 estabelece que a magistratura deve ter atividade ininterrupta, o que se nos afigura correto e atende às exigências sociais (art. 93, XII, da CF)". (ARRUDA ALVIM NETTO, José Manoel. Manual de direito processual civil, v. 1, p. 218). No mesmo sentido,, Cândido Rangel Dinamarco: "Outra inovação processual importante foi a supressão de férias coletivas e, consequentemente, das férias forenses em todos os graus jurisdicionais de todas as Justiças (Const., art. 93, inc. XII)". (DINAMARCO, Cândido Rangel. Instrumentalidade do processo. 14 ed. São Paulo: Malheiros, 2009, p. 29).

15   Conf. MARINONI, Luiz Guilherme; MITIDIERO, Daniel. Código de Processo Civil comentado artigo por artigo. São Paulo: RT, 2008, p. 255.

Após o quinto mês sem férias, comprovadamente, o cidadão não tem o mesmo rendimento, principalmente em serviço intelectual, como é o caso do advogado.[16]

Como observou Flávio Luiz Yarshell, ao comentar o Proposta de Emenda Constitucional que resultou na reforma do Judiciário, "também os operadores precisam de férias. A vida funciona dessa forma. É ilusório supor que a Justiça melhorará se prazos correrem o ano todo. Dizer isso seria afirmar que os advogados que atuam na esfera judicial jamais teriam férias; o que, obviamente, seria um despropósito. Portanto, se a Justiça funcionasse – ou funcionar – bem durante todo o correr do ano, nada mais justo que entrar em regime de 'recesso' por alguns dias, obviamente preservado o atendimento em regime de plantão, para casos de urgência".[17]

O tempo comprovou que é ilusório crer que o Poder Judiciário funcionaria normalmente no final de ano e no mês de janeiro. A alteração constitucional não gerou uma revolução cultural de âmbito nacional, nem estadual. Os processos não tramitam no período compreendido entre 20 de dezembro e 20 de janeiro como se este fosse um período normal.

Pelo contrário. É comum ver a "guerra" entre as seccionais da Ordem dos Advogados do Brasil e demais entidades representantes dos advogados e os Tribunais na definição do período denominado de recesso forense previstos nos Códigos de Organização e Divisão Judiciárias estaduais.

Como advertiam Teresa Arruda Alvim Wambier, Luiz Rodrigues Wambier e José Miguel Garcia Medina, ao comentarem a reforma do Judiciário, "parece que o legislador constitucional não levou em consideração peculiaridades de nosso País, que talvez justificassem a manutenção de férias coletivas, pelo menos no período que envolve as festas de final de ano e o mês de janeiro. É duvidoso, a não ser que haja uma verdadeira revolução cultural de âmbito nacional, que os processos tramitem no mês de janeiro como se este fosse um mês 'normal'".[18]

---

16 De acordo com Sérgio Pinto Martins, "as férias visam proporcionar descanso ao trabalhador, após certo período de trabalho, quando já se acumularam no organismo toxinas que não foram eliminadas adequadamente. Os estudos da medicina do trabalho revelam que o trabalho contínuo sem férias é prejudicial ao organismo. Sabe-se que, após o quinto mês de trabalho sem férias, o empregado já não tem o mesmo rendimento, principalmente em serviço intelectual". (MARTINS, Sergio Pinto. Direito do trabalho. 18 ed. São Paulo: Atlas, 2003, p. 536).

17 YARSELL, Flávio Luiz. "A reforma do Judiciário e a promessa de 'duração razoável do processo'". Revista do advogado: reforma do Judiciário, ano XXIV, n. 75, AASP, abr. 2004, p. 30-31.

18 ARRUDA ALVIM WAMBIER, Teresa; WAMBIER, Luiz Rodrigues; MEDINA, José Miguel Garcia. Breves comentários à nova sistemática processual civil.: emenda constitucional n. 45/2004 (reforma do judiciário); Lei 10.444/2002; Lei 10.358/2001 e Lei 10.352/2001. 3 ed. São Paulo: RT, 2005, p. 47.

Portanto, também por razões pragmáticas é importante o CPC de 2015 estabelecer, de forma uniforme para todo o Brasil, o período de suspensão dos prazos processuais no verão. Isso acaba com a discussão sobre o período do recesso forense, período em que o Poder Judiciário funciona em escala de plantão, que não se confunde com a suspensão dos prazos processuais.

Inobstante os argumentos de ordem jurídico-constitucional e de caráter pragmático, para ilidir qualquer dúvida no que diz respeito à paralização da prestação jurisdicional, o parágrafo primeiro do art. 220 do CPC de 2015, acrescentado pelo Senado Federal, estabelece que durante o período de suspensão dos prazos processuais, os juízes, os membros do Ministério Público, da Defensoria Pública e os auxiliares da Justiça exercerão suas atribuições normalmente, ressalvadas as férias individuais.

Como já salientou José Miguel Garcia Medina, "o art. 187 do novo CPC [referente ao texto aprovado pelo Senado Federal em 2010] não interrompe a atividade jurisdicional. O par. 1º do referido artigo (inserido pelo Senado no anteprojeto) é claro, nesse sentido. O art. 187 do CPC apenas suspende o prazo para as partes. A atividade jurisdicional continua ininterrupta e os juízes e seus auxiliares têm, ressalvadas, as suas férias individuais.Logo, o art. 187 do projeto do projeto do novo CPC nada tem de inconstitucional (como, aliás, ninguém afirma ser inconstitucional o art. 62 da L. 5010/1966, ou outros dispositivos de lei federal que versam sobre a suspensão dos prazos processuais...)".[19]

Ademais, a previsão de suspensão dos prazos processuais para possibilitar as férias aos advogados privados também existe em outros países.

Na Itália, a Lei n. 742 de 7 de outubro de 1969, que substituiu a Lei n. 818 de 14 de julho de 1965, prevê no art. 1º a suspensão dos prazos processuais no período das festividades civis, compreendidos de 1º de agosto a 15 de setembro de cada ano.[20] A norma tem a finalidade de criar um período de férias para os advogados e procuradores, que estarão livres das preocupações quanto aos prazos processuais e seus termos finais.[21] As exceções ficam por conta das ações e procedimentos previstas no art. 92 da Lei Orgânica dos Tribunais (*Legge dell'Ordinamento giudiziario*, Lei n. 12, de 30 de janeiro de 1941), como é o caso das ações alimentares, trabalhistas, previdenciárias, de oposição à execução e das providências cautelares.

---

19 MEDINA, José Miguel Garcia. Avanços do projeto do novo CPC em risco. Disponível em: ‹http://professor-medina.com/2011/09/17/avancos-do-projeto-do-novo-cpc-em-risco/› Acesso em 09/11/2011.

20 Conf. COMOGLIO, Luigi Paolo; FERRI, Corrado; TARUFFO, Michelle. Lezioni sul processo civile: il processo ordinario di cognizione. 5 ed. Bologna: Il Mulino, 2011, p. 376.

21 Conf. LIEBMAN, Enrico Tullio. Manuale di diritto processuale civile: principi. 7 ed. A cura di Vittorio Colesanti, Elena Merlin, Edoardo F. Ricci. Milano: Giuffrè, 2007, p. 217.

Em Portugal, o art. 144-1 do antigo Código de Processo Civil, Decreto-Lei n.º 44.129/1961, com a redação dada pelo Decreto-Lei n. 329-A/1995, previa a suspensão dos prazos processuais durante as férias judiciais, estabelecidas pelo art. 12 da Lei de Organização e Funcionamento dos Tribunais Judiciais (Lei n. 3, de 13 de janeiro de 1999), é de 22 de Dezembro a 3 de Janeiro, do domingo de Ramos à segunda-feira de Páscoa e de 1º a 31 de Agosto, período em que os prazos não correm, salvo quando a duração deles forem igual ou superior a seis meses ou se tratar de atos considerados urgentes pela lei, como é o caso dos procedimentos cautelares (art. 382, CPC português) e do processo de insolvência e incidentes (art. 9-1 CIRE).[22]

Os arts. 137-1 e 138-1 do novo Código de Processo Civil português, instituído pela Lei n. 41/2013, de 26 de junho, retificada pela Declaração de Retificação n. 36/2013, de 12 de agosto, mantém a previsão de não se praticar atos processuais durante o periodo de férias judiciais.

Assim, salvo melhor juízo, não há falar em inconstitucionalidade do art. 220 do CPC de 2015 que prevê a suspensão dos prazos processuais entre 20 de dezembro e 20 de janeiro.

3. VEDAÇÃO A REALIZAÇÃO DE AUDIÊNCIAS E JULGAMENTOS POR ÓRGÃO COLEGIADO

O CPC de 2015 prevê ainda, no parágrafo segundo do art. 220, a vedação à realização de audiências e de julgamentos por órgãos colegiados durante esse período de suspensão processual.

O dispositivo tem a finalidade de preservar a aplicação, ainda que mitigada, do princípio da oralidade no direito processual civil brasileiro.[23]

---

22 Conf. LEBRE DE FREITAS, José; REDINHA, João; PINTO, Rui. Código de Processo Civil anotado. 2 ed. Coimbra: Coimbra Editora, 2008, v. 1, p. 263; TEIXEIRA DE SOUSA, Miguel. Estudos sobre o novo processo civil. 2 ed. Lisboa: LEX, 1997, p. 17; LOPES DO REGO, Carlos Francisco de Oliveira. Comentários ao Código de Processo Civil. Coimbra: Almedina, 1999, p. 121.

23 Sobre o princípio da oralidade no direito processual civil brasileiro: GUEDES, Jefferson Carús. O Princípio da oralidade: procedimento por audiência no direito processual civil brasileiro. São Paulo: RT, 2003, passim; OLIVEIRA JUNIOR, Zulmar Duarte de. O princípio da oralidade no processo civil. Porto Alegre: Nuria Fabris, 2011, passim.

Zulmar Duarte de Oliveira Junior critica a aplicação mitigada do princípio da oralidade. Para o autor: "Um processo para se etiquetar como oral, e para o sê-lo na prática, não pode abrir mão do quinteto da oralidade". (Op. cit., p. 169-170).

Como pregava Giuseppe Chivenda, o processo oral resolve-se na aplicação: "1. prevalência da palavra como meio de expressão combinada com o uso de meios escritos de preparação e de documentação. (...) 2. imediação da relação entre o juiz e as pessoas cujas declarações deva apreciar. (...) 3. Identidade das pessoas físicas que constituem o juiz durante a condução da causa. (...) 4. concentração do conhecimento da causa num único período a desenvolver-se numa audiência ou em poucas audiências

NOVO CPC DOUTRINA SELECIONADA, v. 1 • Parte Geral

PARTE IX – ATOS, PRAZOS E NEGÓCIOS PROCESSUAIS

A possibilidade de debate oral – seja na avaliação das declarações das testemunhas, peritos e partes e na alegação final oral em audiência, seja na sustentação oral perante os tribunais - pode conduzir a um julgado melhor do que aquele elaborado pelos magistrados apenas com base nos escritos, tendo em vista que a oralidade simplifica a comunicação dos sujeitos processuais.

Como defendia Giuseppe Chiovenda, "a maior rapidez, a maior facilidade de entender-se reciprocamente, a seleção que a defesa falada opera naturalmente nas razões e argumentos, dando a perceber a eficácia dos bons e a inanidade dos maus, a genuidade da impressão de quem ouve, explicam a importância que o debate oral oferece nas relações públicas e provadas da vida moderna". [24]

No Brasil, Zulmar Duarte de Oliveira Junior sustenta que "a comunicação oral possibilita o aclaramento de pontos obscuros dos escritos preparatórios, sendo utilíssimo ao claro entendimento da causa de pedir e do pedido veiculado na demanda". [25]

Desse modo, pode-se afirmar que a previsão da proibição da realização de audiências e de julgamento por órgãos colegiados durante o período de suspensão processual no verão é acertada, pois privilegia, de certa forma, as discussões orais.

4. A INDISPENSABILIDADE DOS ADVOGADOS PARA A ADMINISTRAÇÃO DA JUSTIÇA E A SUSPENSÃO DOS PRAZOS PROCESSUAIS

Um último argumento ainda merece reflexão. Se o advogado é indispensável a administração da justiça, sendo, nas precisas palavras de Piero Calamandrei, a "antena supersensível da justiça"[26], poder-se-ia argumentar que a previsão de suspensão dos prazos processuais de 20 de dezembro a 20 de janeiro poderia conflitar com o disposto no art. 133 da Constituição.[27]

---

contíguas. (...) 5. irrecorribilidade das interlocutórias em separado". (CHIOVENDA, Giuseppe. Instituições de direito processual civil. Campinas: Bookseller, 1998, v. 3, p. 61-67. Tradução de Paolo Capitanio da 2a edição de Instituzioni di diritto processuale civile).

Cassio Scarpinella Bueno afirma que a oralidade "é claramente mitigada no Código de Processo Civil e mesmo nas leis extravagantes que o acolhem. É que, mesmo quando admitido o uso da palavra oral, ela será reduzida a escrito". (SCARPINELLA BUENO, Cassio. Curso sistematizado de direito processual civil: Teoria geral do direito processual civil. 4 ed. São Paulo: Saraiva, 2011, v. 1, p. 547-548).

24 CHIOVENDA, Giuseppe. Instituições de direito processual civil, v. 3, p. 63.

25 OLIVEIRA JUNIOR, Zulmar Duarte. O princípio da oralidade no processo civil, p. 178-179.

26 CALAMANDREI, Piero. Eles, os juízes, vistos por nós, advogados. 7 ed. Lisboa: Livraria Clássica. Tradução de Ary dos Santos do "Elogio dei giudici scritto da un avvocato".

27 "Art. 133. O advogado é indispensável à administração da justiça, sendo inviolável por seus atos e manifestações no exercício da profissão, nos limites da lei".

Cap. 8 • AS FÉRIAS DOS ADVOGADOS PRIVADOS
Welder Queiroz dos Santos

No entanto, não há incompatibilidade entre o previsto no art. 220 do CPC de 2015 e o art. 133 da Constituição.

O período de suspensão dos prazos processuais permitirá aos advogados privados, que assim preferirem, tirarem férias sem se preocuparem com a prática de atos e com o termo final dos prazos processuais.

Aos advogados que pretenderem trabalhar o Poder Judiciário deverá continuar de portas abertas para atender aos clamores mais altos pela necessária prestação da tutela jurisdicional, podendo praticar diversos atos processuais no período de suspensão, como protocolo de petição inicial, de contestação, de recursos, de contrarrazões recursais etc.[28] e os magistrados continuarem proferindo despachos, decisões, sentenças e, em segundo grau, julgando monocraticamente. No entanto, ainda que os provimentos jurisdicionais sejam publicados antes, os prazos começarão a fluir somente após 20 de janeiro, ressalvados os atos urgentes a fim de evitar dano irreparável.[29-30]

Essa é a razão pela qual a Constituição prevê que a atividade jurisdicional será ininterrupta e que veda as férias coletivas de juízes e dos auxiliares da Justiças de primeiro e segundo grau. Por essa mesma razão, o parágrafo primeiro do art. 220 do CPC de 2015 que "os juízes, os membros do Ministério Público, da Defensoria Pública e os auxiliares da Justiça exercerão suas atribuições normalmente" durante o período de suspensão dos prazos processuais no verão, ressalvadas as férias individuais que fazem jus.

---

28 De acordo com o parágrafo quarto do art. 218 do CPC de 2015, "será considerado tempestivo o ato praticado antes do termo inicial do prazo", superando-se, assim, a jurisprudência defensiva e ilógica quanto à prematuridade criada pelo Superior Tribunal de Justiça, como a contida no enunciado n. 418 de sua Súmula: "É inadmissível o recurso especial interposto antes da publicação do acórdão dos embargos de declaração, sem posterior ratificação". Acertado, em nosso sentir, o enunciado n. 23 do Fórum Permanente de Processualistas Civis: "Fica superado o enunciado 418 da súmula do STJ após a entrada em vigor do CPC - Fica superado o enunciado 418 da súmula do STJ após a entrada em vigor do CPC".

29 Atualmente, o expediente forense no período natalino é regulamentado pela Resolução n. 3, de 16 de agosto de 2005, do Conselho Nacional de Justiça, repristinada por meio da Resolução n. 28/2006. A previsão de recesso estadual de final de ano é aceita como norma análoga aos feriados forenses pela jurisprudência do Supremo Tribunal Federal e do Superior Tribunal de Justiça. De acordo com o art. 10 da Resolução, os tribunais podem, por meio de deliberações de seus órgão competentes, determinar a suspensão do expediente forense de 20 de dezembro a 06 de janeiro, garantindo o atendimento aos casos urgentes por meio de plantão permanente. Essa mesma Resolução, no art. 20, prevê a possibilidade de os tribunais suspenderem os prazos processuais e a publicação de acórdãos, sentenças e decisões, bem como a intimação de partes ou advogados, na primeira e segunda instâncias, salvo com relação às medidas urgentes. Sobre o tema: MORAES, Alexandre de. Direito constitucional. 27 ed. São Paulo: Altas, 2011, p. 563-565.

30 Inaplicável a suspensão de 20 dezembro a 20 de janeiro, em nosso sentir, à vedação a prática de qualquer ato processual durante o período de suspensão do processo prevista na primeira parte do art. 314 do CPC de 2015 por incompatibilidade com o disposto no art. 93, XII, da Constituição.

Portanto, a sociedade não ficará desemparada pelo fato de os prazos processuais não correrem de 20 de dezembro a 20 de janeiro, já que os advogados poderão praticar atos processuais e os magistrados poderão proferir os provimentos jurisdicionais, exceto julgamento por órgão colegiado, que somente poderá ser realizado após a retomada da fluência dos prazos.

5. A RETOMADA DO PRAZO

Suspensos no dia 20 de dezembro, os prazos processuais voltarão a correr, independe de intimação judicial, no dia 21 de janeiro – já que o art. 220 do CPC de 2015 inclui expressamente o dia 20 de janeiro –, salvo se esta data coincidir com sábado, domingo ou feriado, já que há previsão no sentido de que os prazos correrão somente em dias úteis.[31]

Assim, não se aplicará no Brasil a regra estabelecida em Portugal, tanto no antigo, como no novo CPC português, no sentido de que os prazos retomam no último dia das férias judiciais, independentemente de ser dia útil ou de descanso.[32]

6. Conclusão

A título conclusivo, entendemos que a previsão de suspensão dos prazos processuais no período compreendido de 20 de dezembro a 20 de janeiro contida no art. 220 do CPC de 2015 assegura o direito às férias aos advogados privados, concedendo tratamento isonômico entre todos os membros das "funções essenciais à Justiça". Ademais, não implica em paralização da atividade jurisdicional, sendo, desse modo, compatível com o disposto no art. 93, XII da Constituição.

O parágrafo primeiro do dispositivo prevê expressamente que essa suspensão não será óbice para os magistrados, membros do Ministério Público, da Defensoria e os auxiliares da Justiça exercerem normalmente suas atribuições.

Sendo assim, os advogados poderão praticar diversos atos processuais no período de suspensão, como protocolo de petição inicial, de contestação, de recursos, de contrarrazões recursais etc. e os magistrados poderão continuar proferindo despachos, decisões, sentenças e, em segundo grau, julgando monocraticamente; mas não poderão realizar audiências e nem julgamentos por órgão colegiado, conforme previsto no parágrafo segundo do art. 220 do CPC de 2015, em prestígio ao princípio, ainda que mitigado, da oralidade.

---

31 O art. 219 CPC de 2015 é nesse sentido: "Na contagem de prazos em dias, estabelecido pela lei ou pelo juiz, computar-se-ão somente os dias úteis".

32 Conf. LEBRE DE FREITAS, José; REDINHA, João; PINTO, Rui. Código de Processo Civil anotado, v. 1, p. 264.

O período de suspensão dos prazos processuais não conflita com a indispensabilidade dos advogados para a administração da Justiça, apenas permite aos advogados, que assim preferirem, tirarem férias sem se preocuparem com a prática de atos e com o termo final dos prazos processuais.

Suspensos no dia 20 de dezembro, os prazos processuais voltarão a correr, independe de intimação judicial, no dia 21 de janeiro. Havendo publicação durante o período da suspensão, os prazos iniciar-se-ão também no dia 21 de janeiro, salvo se esta data coincidir com sábado, domingo ou feriado ou se tratar de medidas urgentes.

6. BIBLIOGRAFIA

ARRUDA ALVIM NETTO, José Manoel. *Manual de direito processual civil*. 12 ed. São Paulo: RT, 2008, v. 1.

ARRUDA ALVIM WAMBIER, Teresa; WAMBIER, Luiz Rodrigues; MEDINA, José Miguel Garcia. *Breves comentários à nova sistemática processual civil*.: emenda constitucional n. 45/2004 (reforma do judiciário); Lei 10.444/2002; Lei 10.358/2001 e Lei 10.352/2001. 3 ed. São Paulo: RT, 2005.

_____; CONCEIÇÃO, Maria Lúcia Lins; RIBEIRO, Leonardo Ferres da Silva; MELLO, Rogerio Licastro Torres de. *Primeiros comentários ao nova Código de Processo Civil – artigo por artigo*. São Paulo: RT, 2015.

BENETI, Sidnei Agostinho. "A reforma do Judiciário vai melhorar os processos judiciais?". *Revista do advogado*: reforma do Judiciário, ano XIX, n. 56, AASP, set. 1999.

CALAMANDREI, Piero. *Eles, os juízes, vistos por nós, advogados*. 7 ed. Lisboa: Livraria Clássica. Tradução de Ary dos Santos do *"Elogio dei giudici scritto da un avvocato"*.

CHIOVENDA, Giuseppe. *Instituições de direito processual civil*. Campinas: Bookseller, 1998, v. 3. Tradução de Paolo Capitanio da 2ª edição de *Instituzioni di diritto processuale civile*.

COMOGLIO, Luigi Paolo; FERRI, Corrado; TARUFFO, Michelle. *Lezioni sul processo civile: il processo ordinario di cognizione*. 5 ed. Bologna: Il Mulino, 2011.

DINAMARCO, Cândido Rangel. Instituições de direito processual civil. 6 ed. São Paulo: Malheiros, 2009, v. II.

DINAMARCO, Cândido Rangel. *Instrumentalidade do processo*. 14 ed. São Paulo: Malheiros, 2009.

GUEDES, Jefferson Carús. *O Princípio da oralidade*: procedimento por audiência no direito processual civil brasileiro. São Paulo: RT, 2003.

GRINOVER, Ada Pellegrini. CARMONA, Carlos Alberto; SCARPINELLA BUENO, Cassio. LUCON, Paulo Henrique dos Santos. *Exposição de motivos*. Substitutivo. Disponível em ‹http://

www.direitoprocessual.org.br/fileManager/substitutivo_titulo_1.pdf> Acesso em 05.12.2011.

JAUERNIG, Othmar. *Direito processual civil.* Coimbra: Almedina, 2002, p. 411. Tradução de F. Silveira Ramos da 25ª edição, totalmente refundida, da obra criada por Friedrich Lent: Zivilprozessrecht: ein Studienbuch/von Othmar Jauernig-25., vollig neubearb. Aufl. Des von Friedrich Lent begr. Werkes. Munchen: Beck, 1998.

LEBRE DE FREITAS, José; REDINHA, João; PINTO, Rui. *Código de Processo Civil anotado.* 2 ed. Coimbra: Coimbra Editora, 2008, v. 1.

LIEBMAN, Enrico Tullio. *Manuale di diritto processuale civile:* principi. 7 ed. A cura di Vittorio Colesanti, Elena Merlin, Edoardo F. Ricci. Milano: Giuffrè, 2007.

LOPES DO REGO, Carlos Francisco de Oliveira. Comentários ao Código de Processo Civil. Coimbra: Almedina, 1999.

MARINONI, Luiz Guilherme; MITIDIERO, Daniel. *Código de Processo Civil comentado artigo por artigo.* São Paulo: RT, 2008.

MARTINS, Sergio Pinto. *Direito do trabalho.* 18 ed. São Paulo: Atlas, 2003.

MEDINA, José Miguel Garcia. *Avanços do projeto do novo CPC em risco.* Disponível em: <http://professormedina.com/2011/09/17/avancos-do-projeto-do-novo-cpc-em-risco/> Acesso em 09/11/2011.

MORAES, Alexandre de. *Direito constitucional.* 27 ed. São Paulo: Altas, 2011.

NERY JR., Nelson; NERY, Rosa Maria de Andrade. *Código de Processo Civil comentado.* 9 ed. São Paulo: RT, 2006.

OLIVEIRA JUNIOR, Zulmar Duarte de. *O princípio da oralidade no processo civil.* Porto Alegre: Nuria Fabris, 2011.

SCARPINELLA BUENO, Cassio. *Curso sistematizado de direito processual civil:* Teoria geral do direito processual civil. 4 ed. São Paulo: Saraiva, 2011, v. 1.

TEIXEIRA DE SOUSA, Miguel. Estudos sobre o novo processo civil. 2 ed. Lisboa: LEX, 1997.

YARSELL, Flávio Luiz. "A reforma do Judiciário e a promessa de 'duração razoável do processo'". *Revista do advogado:* reforma do Judiciário, ano XXIV, n. 75, AASP, abr. 2004.

CAPÍTULO 9

Invalidades processuais no Código De Processo Civil de 2015

Eduardo Scarparo[1]

SUMÁRIO: 1. INTRODUÇÃO; 2. SOBRE O ULTRAPASSADO SENTIDO DA COMINAÇÃO DA NULIDADE NOS DIFERENTES SISTEMAS E SEU COTEJO COM A NOVA LEGISLAÇÃO; 3. PARTICIPAÇÃO E CONTRADITÓRIO NO NOVO CÓDIGO DE PROCESSO CIVIL, CONSIDERANDO ESPECIFICAMENTE A TEMÁTICA DAS INVALIDADES PROCESSUAIS; 4. PODERES DAS PARTES, DO MINISTÉRIO PÚBLICO E DO JUIZ; 5. REFERÊNCIAS BIBLIOGRÁFICAS.

1. INTRODUÇÃO

Não se deparará com grandes novidades o jurista que, conhecedor apenas do texto do CPC/1973, pretender conhecer os enunciados contidos no Título III, designado "Das Nulidades", no CPC/2015. Os ajustes realizados, tendo por comparativo o sistema anterior, certamente chamariam mais atenção de gramáticos que de processualistas. Assim porque o legislador promoveu quase tão somente a exclusão de vírgulas, a troca de palavras, o ajuste à reforma ortográfica, a substituição de pronomes etc.

Todavia, engana-se quem a partir da singela comparação entre o texto desses capítulos dos Códigos de 1973 e de 2015 alardeie não haver significativas mudanças no trato das invalidades processuais com a legislação vindoura. Ocorre que a compreensão desse complexo tema transpassa o respectivo capítulo no Código e se insere umbilicalmente no formalismo processual [2]. Busca, portanto, anteparos na significação do papel do processo civil no ordenamento jurídico, na conformação que a lei dá aos direitos fundamentais e na distribuição de poderes entre as partes, terceiros e o juiz.

---

1 Doutor em Direito Processual Civil pela UFRGS. Professor Adjunto de Direito Processual Civil na UFRGS. Advogado em Porto Alegre (RS).

2 Formalismo é maior que a simples forma ou que as formalidades, já que engloba não apenas o invólucro do ato, mas a delimitação de poderes, faculdades e deveres dos sujeitos processuais, a coordenação de sua atividade, a ordenação do procedimento e a organização do processo, com vistas a que sejam atingidas suas finalidades primordiais, sempre relacionadas com as diretivas axiológicas constitucionais. Por isso, de um lado o formalismo é responsável por dar ordem ao procedimento, e, por outro, atua como garantia de liberdade contra o arbítrio estatal. ALVARO DE OLIVEIRA, Carlos Alberto. Do Formalismo no Processo Civil. 4ª ed. São Paulo: Saraiva, 2010 p. 29.

A pouca reforma nas letras do título sobre invalidades não importa insignificância nas considerações sobre a temática tendo em conta o novo diploma processual. Aliás, essa constatação tem também sustentação histórica. Basta rememorar que as três teorias clássicas que nortearam o pensamento e aplicação das invalidades processuais no Brasil após o CPC/1973 foram erigidas ainda sob a vigência do CPC/1939. Galeno Lacerda, em 1953 publicou o conhecido livro "Despacho Saneador" [3], sendo seguido por José Joaquim Calmon de Passos, em 1959, que escreveu obra para concorrer à Livre Docência da Cátedra da UFBA, posteriormente editado em livro [4]. Igualmente, a tese na temática de Pontes de Miranda já se encontrava bastante assente desde seus comentários ao CPC/1939 [5].

Dessas três sistematizações decorreram inúmeras doutrinas contemporâneas. Para citar algumas, lembra-se das relevantes obras de Teresa Arruda Alvim Wambier [6] e José Maria Tesheiner [7], bem como da recente trilha a esse caminho por Antônio do Passo Cabral [8] e pelo próprio autor deste texto [9].

Fato é que as questões que envolvem as invalidades processuais precisam ser pensadas em um âmbito mais amplo que o do capítulo das invalidades. Por isso, quando o CPC/2015 abre espaços para a edição de negócios jurídicos processuais, determina significações fortes ao contraditório – com a exigência de oitiva prévia das partes para a tomada de qualquer decisão – ou estabelece os fundamentos de cooperação, além de regrar pontualmente esses institutos produz reverberações no formalismo estabelecido que repercutem ativamente no trato das invalidades.

Não se poderia ignorar que os sistemas clássicos de Calmon de Passos, Pontes de Miranda e Galeno Lacerda mostravam sensíveis dissintonias com o regime jurídico vigente ao tempo do CPC/1973. A reprodução do texto, em quase sua totalidade, na nova legislação, faz ainda mais evidente a necessidade de superação de paradigmas e a defesa de um modelo sobre invalidades pautado sob a ótica dos direitos fundamentais.

---

3 LACERDA, Galeno. Despacho Saneador. Porto Alegre: Sulina, 1953.

4 PASSOS, José Joaquim Calmon de. Esboço de uma teoria das nulidades aplicada às nulidades processuais. Rio de Janeiro: Forense, 2002.

5 MIRANDA, Pontes de. Comentários ao Código de Processo Civil. Tomo IV. 2ª ed. Rio de Janeiro: Forense, 1959.

6 WAMBIER, Teresa Arruda Alvim. Nulidades do processo e da sentença. São Paulo: Revista dos Tribunais, 1997.

7 TESHEINER, José Maria. Pressupostos processuais e nulidades no processo civil. São Paulo: Saraiva, 2000.

8 CABRAL, Antônio do Passo. Nulidades no Processo Moderno. Rio de Janeiro: Forense, 2009.

9 SCARPARO, Eduardo. As invalidades processuais civis na perspectiva do formalismo-valorativo. Porto Alegre: Livraria do Advogado, 2013.

2. SOBRE O ULTRAPASSADO SENTIDO DA COMINAÇÃO DA NULIDADE NOS DIFERENTES SISTEMAS E SEU COTEJO COM A NOVA LEGISLAÇÃO

As principais questões polêmicas em torno da temática das invalidades processuais condizem tradicionalmente com (1) a distribuição de poderes entre juiz e partes, (2) com as hipóteses de convalidação ou aproveitamento dos atos praticados em desconformidade, (3) com a extensão semântica dada ao tipo e (4) com a relevância de haver ou não cominação da invalidação na lei processual. Conforme se responda a essas indagações, aproximar-se-á mais ou menos dos modelos tradicionalmente defendidos no Brasil, que encontram amparo em Pontes de Miranda, Calmon de Passos ou Galeno Lacerda

Historicamente, no que diz respeito ao tema, a legislação brasileira é herdeira de disposições constantes no Progetto Carnelutti [10] e no Codice Vaticano[11]. Essas fontes influenciaram notadamente a letra da lei do art. 273 do CPC/1939 que, conjuntamente com seu art. 274, distinguia entre nulidades cominadas e não cominadas nitidamente. Assim sendo, naquele modelo, se a lei processual previsse a expressão "sob pena de nulidade" ou alguma cominação congênere, ter-se-ia a aplicabilidade de um regime jurídico próprio, no qual se teria a prevalência do tipo estabelecido em detrimento de formas de aproveitamento e convalidação. Nesse particular, Pontes de Miranda indicava que a cominação marcava a integridade da norma e, assim, as faziam insuscetíveis de aproveitamento ou sanação [12].

Ainda que durante a vigência do CPC/1939 consistente doutrina já apontasse ser o sistema da cominação um retrocesso pouco valioso ao cotidiano forense, no CPC/1973 há inegavelmente a marca do sistema anterior, como se

---

10 Em tradução livre: Progetto Carnelutti. Art. 150. "Mesmo que se uma dada forma seja prescrita em lei sob pena de nulidade, o juiz não pode declarar a nulidade sem requerimento da parte, quando não seja expressamente autorizado a declará-la de ofício. Esse requerimento não pode ser formulado pela parte, que deu causa à nulidade ou que a ele tenha expressa ou tacitamente renunciado". CARNELUTTI, Francesco. Progetto del Codice di Procedura Civile presentato alla Sottocommisione Reale per la riforma del Codice di Procedura Civile: Parte Prima - Del processo di cognizione. Pádova: CEDAM, 1926, p. 52.

11 Conforme Barbosa Moreira, a origem imediata está no Codice Vaticano, assim redigido: Art. 150, §3º. Quando a lei prescreve uma determinada forma sob pena de nulidade, a declaração da nulidade não pode ser formulada pela parte que lhe tenha dado causa". MOREIRA, José Carlos Barbosa. Il Progetto Carnelutti e il Codice di Procedura Civile Brasiliano. In: (Ed.). Temas de Direito Processual Civil. Quinta Série. São Paulo: Saraiva, 1994. p.201-215, p. 205.

12 "No sistema jurídico do Código de Processo Civil há distinção que está à base de sua teoria das nulidades: nulidades cominadas, isto é, nulidades derivadas da incidência de regra jurídica em que se disse, explicitamente, que, ocorrendo a infração da regra jurídica processual, a sanção seria a nulidade; nulidades não-cominadas, isto é, nulidades que resultam da infração de regras jurídicas processuais, mas para as quais não se disse, explicitamente, que a sanção seria a nulidade. Sutileza, dir-se-á. Mas tal sutileza é a expressão de princípio fundamental da teoria das nulidades segundo o Código de Processo Civil. As regras jurídicas sôbre validade ou são, no direito processual brasileiro, dotadas de integridade ou regras jurídicas vulneráveis". MIRANDA, Pontes de. Comentários ao Código de Processo Civil. Tomo IV. 2ª ed. Rio de Janeiro: Forense, 1959, p. 5.

percebe também facilmente na redação dos respectivos arts. 243 e 244. Isso fez com que o pensamento jurídico brasileiro sobre nulidades posterior ao CPC/1973 ou adotasse a cominação como critério relevante [13] ou buscasse interpretações generosas (e necessárias) para desdizer a aplicabilidade do arcaico critério presente na lei [14].

O sistema proposto por Calmon de Passos absolutamente ignorava qualquer espécie de tipologia de nulidades, dizendo que a nulidade é um estado do ato, que depende da decretação do juiz a partir da constatação da atipicidade e do prejuízo. Evidentemente nesse sistema não há lugar para distinção entre nulidades cominadas ou não cominadas [15]. Aliás, quando se trabalhou com maior ênfase sobre essa teoria elogiou-se no sistema de Calmon de Passos, sua aptidão para criar "uma relação teleológica entre os atos praticados e os fins do processo, dando flexibilidade às exigências de tipo e fazendo interagir além do binômio 'perfeição-eficácia' o exame 'meio-fim'" [16]. Disso se nota com clareza que na linha de pensamento do saudoso processualista pouco importava a cominação, o que mereceu os devidos aplausos para a evolução na teoria das nulidades.

A irrelevância da cominação é também percebida no modelo estabelecido por Galeno Lacerda. Sua classificação não leva esse critério em conta para definição das espécies de invalidades, nem das consequências atribuíveis aos atos defeituosos. Bastaria atentar à finalidade da norma e à sua natureza, para alcançar as categorias de nulidades absolutas, nulidades relativas e anulabilidades [17]. Ainda que esse sistema estivesse organizado a partir de um pressuposto de abstração e idealismo – o mesmo pressuposto que permite pensar

---

13 Conforme Teresa Arruda Alvim Wambier, exemplificativamente, a cominação autaria como "presunção absoluta de prejuízo". WAMBIER, Teresa Arruda Alvim. Nulidades do processo e da sentença. São Paulo: Revista dos Tribunais, 1997, p. 159. Igualmente, José Bedaque indicou que a cominação funciona como presunção de prejuízo, mas não absoluta, pois "não há nulidade absoluta decorrente de mera violação à forma. Ela está sempre relacionada à finalidade do ato e ao prejuízo causado pela não observância da forma, mesmo tratando-se de nulidade cominada". BEDAQUE, José Roberto dos Santos. Efetividade do processo e técnica processual. São Paulo: Malheiros, 2007, p. 440.

14 Como se vê em Tesheiner, a "referência do Código às duas hipóteses de nulidade explica-se (...) como expressa rejeição à tese de que, sendo a nulidade uma sanção, somente poderia ser aplicada nos casos expressos em lei". TESHEINER, José Maria. Pressupostos processuais e nulidades no processo civil. São Paulo: Saraiva, 2000, p. 119. Também nesse sentido, nossa própria interpretação, confessadamente generosa: "Já o art. 244 do Código de Processo Civil deve ser estudado conjuntamente com o art. 154. Caso fosse efetuado o raciocínio a contrario sensu dessas disposições legais, poder-se-ia concluir que as nulidades cominadas não admitem a aplicação do princípio da finalidade. Porém, a interpretação em via contrária nem sempre conduz ao sentido objetivo da norma". SCARPARO, Eduardo. As invalidades processuais civis na perspectiva do formalismo-valorativo. Porto Alegre: Livraria do Advogado, 2013, p. 152.

15 PASSOS, José Joaquim Calmon de. Esboço de uma teoria das nulidades aplicada às nulidades processuais. Rio de Janeiro: Forense, 2002, p. 107.

16 SCARPARO, Eduardo. As invalidades processuais civis na perspectiva do formalismo-valorativo. Porto Alegre: Livraria do Advogado, 2013, p. 158.

17 LACERDA, Galeno. Despacho Saneador. Porto Alegre: Sulina, 1953, p. 68-75.

em cominações relevantes –, é bastante claro que se dissociava a noção de invalidade das cominações realizadas na lei [18].

A doutrina sobre a temática mais recente, aqui exemplificada pelo pensamento de Antônio do Passo Cabral, aponta igualmente sobre a impropriedade do critério cominatório:

> "A técnica de enumerar as causas de nulidade ou elencar vícios dos atos jurídicos é falha e peca por pensar o legislador poder esgotar o rol de tipos defesos. Com isso, além de não exaurir o tema, o legislador causa variados inconvenientes: primeiramente, petrifica o sistema, dando por nulos muitos atos processuais, ainda que atinjam suas finalidades; de outro lado, peca por omissão, ao permitir que atos inidôneos tenham eficácia quando não cominada a nulidade. Além disso, reduz-se enormemente a participação do juiz, limitado a proceder, 'em voz alta', à leitura da lei" [19].

Assim sendo, embora fosse desejável e esperado que o CPC/2015 se desgarrasse definitivamente do critério da cominação, considerando que a doutrina já o superara há longa data, a nova legislação repete em muito a redação dos códigos anteriores. O CPC/1973, à primeira vista, parecia acolher a dicotomia entre as nulidades cominadas (art. 243) e as nulidades não cominadas (art. 244), o que foi custosa e progressivamente superado pela doutrina e jurisprudência. Ao invés de romper explicitamente com o modelo, o novo diploma o tomou por texto base e apenas riscou da redação do novo art. 277 – equivalente ao então art. 244 do CPC/1973 – a expressão "sem cominação de nulidade".

Facilitando a compreensão da evolução dos textos legislativos, atente-se à seguinte tabela comparativa:

CPC/1939	CPC/1973	CPC/2015
Art. 273. Quando a lei prescrever determinada forma, sem a cominação de nulidade, o juiz deverá considerar válido o ato: I – se, praticado por outra forma, tiver atingido o seu fim;	Art. 243. Quando a lei prescrever determinada forma, sob pena de nulidade, a decretação desta não pode ser requerida pela parte que lhe deu causa.	Art. 276. Quando a lei prescrever determinada forma sob pena de nulidade, a decretação desta não pode ser requerida pela parte que lhe deu causa.
II – se a nulidade fôr arguida por quem lhe tiver dado causa; III – se a nulidade não fôr arguida pelo interessado na observância da formalidade ou na repetição do ato	Art. 244. Quando a lei prescrever determinada forma, sem cominação de nulidade, o juiz considerará válido o ato se, realizado de outro modo, lhe alcançar a finalidade	Art. 277. Quando a lei prescrever determinada forma, o juiz considerará válido o ato se, realizado de outro modo, lhe alcançar a finalidade.

---

18 Para nossa exposição e crítica relativamente a essa teoria, com maior aprofundamento, ver: SCARPARO, Eduardo. As invalidades processuais civis na perspectiva do formalismo-valorativo. Porto Alegre: Livraria do Advogado, 2013, p. 161-168.

19 CABRAL, Antônio do Passo. Nulidades no Processo Moderno. Rio de Janeiro: Forense, 2009, p. 75.

No caso, se a transição entre o CPC/1939 e o CPC/1973 foi mais sensível, embora não tenha abalado as estruturas do capítulo, quando comparados os textos do CPC/1973 e do CPC/2015 percebe-se que houve quase tão somente a simples reprodução de um no outro. A única nota diferencial estrutural do título das nulidades no CPC/2015 está no art. 277 que não mais menciona a expressão "sem cominação de nulidade" prevista no art. 244 do CPC/1973.

Essa singela supressão permite felizmente afirmar que a nova legislação se afasta um pouco mais do modelo da cominação – a doutrina, anos a frente, já o fez há longa data –. Assim, com a nova legislação não mais será necessário interpretar tão generosamente a lei processual, ainda que a mantença da expressão "sob pena de nulidade" no art. 276 demande que o intérprete conveniente e deliberadamente a esqueça ou não lhe dê qualquer significado relevante quando da respectiva aplicação. Afinal, assim proceder será indispensável para que a compreensão do sistema de invalidades processuais ocorra na perspectiva valorativa que o atual estágio de desenvolvimento do pensamento jurídico processual exige do tema.

3. PARTICIPAÇÃO E CONTRADITÓRIO NO NOVO CÓDIGO DE PROCESSO CIVIL, CONSIDERANDO ESPECIFICAMENTE A TEMÁTICA DAS INVALIDADES PROCESSUAIS

O CPC/2015 inova decisivamente na disciplina legislativa acerca do contraditório. O papel privilegiado da participação no procedimento significa necessariamente a valorização das partes, afetando o fundamento para a legitimação das decisões. Sobre o ponto, é interessante apontar que tanto o CPC/1939 quanto o CPC/1973 foram cunhados sob período de restrição de garantias e direitos fundamentais, na história do Brasil. O primeiro foi decretado ao tempo do Estado Novo de Getúlio Vargas e o segundo sancionado pelo governo do Gen. Emílio Médici.

Ditos períodos históricos foram marcados pela repressão a liberdades individuais, pela censura e pelo autoritarismo. Não significa isso que a legislação processual civil teve aplicação e interpretação antidemocrática ao longo de toda a sua vigência, mas é inegável que a estruturação de legitimação das decisões não se permeava na participação livre, mas sim na autoridade. A ideologia política intervinha na compreensão dos papeis dos agentes do Estado, também lançando diretivas sobre a lei processual.

Em outras palavras, o que dava suporte à decisão era o fato de ser tomada pelo juiz. As partes eram ouvidas, mas não necessariamente sobre todos os tópicos (v.g. matérias que juiz conhece de ofício), nem era necessário que seus fundamentos fossem considerados quando da prolação da decisão. Sobre o ponto

Cap. 9 • INVALIDADES PROCESSUAIS NO CÓDIGO DE PROCESSO CIVIL DE 2015
Eduardo Scarparo

lembra-se a conhecida e reiteradamente aplicada jurisprudência dos tribunais acerca de negativa jurisdicional e cabimento de embargos declaratórios [20].

Muito diferentes são as regras previstas no CPC/2015, editado em período de consolidação democrática na história brasileira. As exigências constitucionais de participação e cidadania, no exercício de todos os poderes estatais, balizou a construção do no diploma e isso reflete em sua tratativa sobre fundamentação (art. 489, §1º [21]), sobre o papel do contraditório e sobre o critério de legitimação das decisões. Note-se que o art. 7º do CPC/2015 [22] estabelece ao juiz o dever de zelar pelo efetivo contraditório, sendo que a lei exige a participação para a tomada de decisão (art. 9º [23]), independentemente se a matéria pode ou não ser conhecida de ofício (art. 10 [24]).

Nesse ponto, convém questionar de que maneira essa ingerência contribui à compreensão da temática das invalidades processuais. Para tanto,

---

20 Para fins de exemplificar, transcreve-se ementa escolhida aleatoriamente, diante de milhares de julgamentos no mesmo sentido: PROCESSUAL CIVIL. EMBARGOS DE DECLARAÇÃO. ALEGADA CONTRADIÇÃO NO ARESTO QUE ENTENDE POR AUSÊNCIA DE PREQUESTIONAMENTO E, AO MESMO TEMPO, REJEITA A VIOLAÇÃO DO DISPOSTO NO ARTIGO 535, II, CPC. NÃO CARACTERIZAÇÃO.
1. Prevê o art. 535 do CPC a possibilidade de manejo dos embargos de declaração para apontar omissão, contradição ou obscuridade na sentença ou acórdão não se prestando este recurso, portanto, para rediscutir a matéria apreciada. 2. É possível que o Tribunal a quo manifeste-se sobre todas as questões colocadas à sua apreciação, decidindo a lide em sua integralidade sem, contudo, manifestar-se sobre todos os dispositivos legais apontados pela parte então recorrente. Sabe-se que é pacífico nesta Corte o entendimento de que não está o juiz obrigado a examinar, um a um, os pretensos fundamentos das partes, nem todas as alegações que produzem; o importante é que indique o fundamento de sua conclusão, que lhe apoiou a convicção no decidir. 3. Embargos de declaração rejeitados. (EDcl no AgRg no REsp 895.753/DF, Rel. Ministro MAURO CAMPBELL MARQUES, SEGUNDA TURMA, julgado em 28/04/2009, DJe 15/05/2009).
21 CPC/2015. Art. 489, § 1º. Não se considera fundamentada qualquer decisão judicial, seja ela interlocutória, sentença ou acórdão, que: I – se limitar à indicação, à reprodução ou à paráfrase de ato normativo, sem explicar sua relação com a causa ou a questão decidida; II – empregar conceitos jurídicos indeterminados, sem explicar o motivo concreto de sua incidência no caso; III – invocar motivos que se prestariam a justificar qualquer outra decisão; IV – não enfrentar todos os argumentos deduzidos no processo capazes de, em tese, infirmar a conclusão adotada pelo julgador; V – se limitar a invocar precedente ou enunciado de súmula, sem identificar seus fundamentos determinantes nem demonstrar que o caso sob julgamento se ajusta àqueles fundamentos; VI – deixar de seguir enunciado de súmula, jurisprudência ou precedente invocado pela parte, sem demonstrar a existência de distinção no caso em julgamento ou a superação do entendimento. § 2º No caso de colisão entre normas, o juiz deve justificar o objeto e os critérios gerais da ponderação efetuada, enunciando as razões que autorizam a interferência na norma afastada e as premissas fáticas que fundamentam a conclusão. § 3º A decisão judicial deve ser interpretada a partir da conjugação de todos os seus elementos e em conformidade com o princípio da boa-fé.
22 CPC/2015. Art. 7º. É assegurada às partes paridade de tratamento em relação ao exercício de direitos e faculdades processuais, aos meios de defesa, aos ônus, aos deveres e à aplicação de sanções processuais, competindo ao juiz zelar pelo efetivo contraditório.
23 CPC/2015. Art. 9º. Não se proferirá decisão contra uma das partes sem que esta seja previamente ouvida. Parágrafo único. O disposto no caput não se aplica: I – à tutela provisória de urgência; II – às hipóteses de tutela da evidência previstas no art. 309, incisos II e III; III – à decisão prevista no art. 700.
24 CPC/2015. Art. 10. O juiz não pode decidir, em grau algum de jurisdição, com base em fundamento a respeito do qual não se tenha dado às partes oportunidade de se manifestar, ainda que se trate de matéria sobre a qual deva decidir de ofício.

PARTE IX – ATOS, PRAZOS E NEGÓCIOS PROCESSUAIS

primeiramente é necessário entender o papel que o valor participação ocupa no processo civil hodierno, bem como sobre a função representada pelo contraditório nesse esquema. A partir disso, permitir-se-á indicar um dos fundamentos valorativos de se redistribuir poderes entre juiz e partes no trato das invalidades.

No processo atuam não só o juiz, mas também as partes, além de terceiros, interessados ou não no resultado da contenda, como serventuários, peritos, testemunhas e intervenientes. Tanto por isso, já se definiu a natureza do processo como um procedimento em contraditório, aspecto que, na linha de Fazzallari, conduz a sua condição de "autêntico instrumento de vida democrática" [25]. A esse respeito, convém lembrar que a indicação da cidadania como fundamento da República Brasileira, logo no primeiro artigo da Constituição, determina consequências na seara processual. Assim é porque a sua imperiosidade não só se afirma nas relações político-eleitorais, mas também é exigência sobre as atividades democráticas estatais, dentre as quais está o processo [26].

O vínculo entre contraditório e democracia é umbilical. Por determinar a participação no exercício do poder soberano, o contraditório é instrumento indispensável do Estado Democrático do Direito "na medida em que permite às partes a efetiva participação na formação do provimento jurisdicional" [27]. Não se efetivando, portanto, com a simples citação, mas sim com a faculdade real do litigante de participar para provar, argumentar, esclarecer e convencer [28]. Assim, pensa-se o "direito ao contraditório como sendo um direito a influenciar efetivamente o juízo sobre as questões da causa" [29].

Ao tema das invalidades, a influência do valor participação é determinante nas suas relações com o desenvolver dialético da atividade jurisdicional, apontando ao princípio do contraditório. Ademais, a participação no processo – e não o direito de as partes o acompanharem prostradas – pressupõe a aptidão para escolher e influenciar, ou seja, o reconhecimento de valor sobre

---

25 FAZZALARI, Elio. Procedimento (Teoria Generale). In: (Ed.). Enciclopedia del Diritto. Milano: Giuffrè, v.XXXV, 1986. , p. 820.

26 "A participação no processo e pelo processo já não pode ser visualizada apenas como instrumento funcional de democratização ou realizadora do direito material e processual, mas como dimensão intrinsecamente complementadora e integradora dessas mesmas esferas". ALVARO DE OLIVEIRA, Carlos Alberto. O processo civil na perspectiva dos direitos fundamentais. In: (Ed.). Do formalismo no processo civil. 2ª ed. São Paulo: Saraiva, 2003. p.260-274, p. 270.

27 LUMMERTZ, Henry Gonçalves. O princípio do contraditório no processo civil e a jurisprudência do Supremo Tribunal Federal. In: Alvaro de Oliveira (Ed.). Processo e Constituição. Rio de Janeiro: Forense, 2004. , p. 48.

28 PASSOS, José Joaquim Calmon de. O devido processo legal e o duplo grau de jurisdição. Revista da Ajuris, v. 25, p. 130-144, 1982, p. 133.

29 MITIDIERO, Daniel. Colaboração no processo civil: pressupostos sociais, lógicos e éticos. São Paulo: Revista dos Tribunais, 2009, p. 91.

Cap. 9 • INVALIDADES PROCESSUAIS NO CÓDIGO DE PROCESSO CIVIL DE 2015
Eduardo Scarparo

as vontades das partes e de poderes sobre o procedimento. No tema das invalidades, isso repercute na redescoberta da causa e da vontade do ato processual, bem como na necessidade de se delimitar poderes de iniciativa para a decretação das invalidades.

Antônio do Passo Cabral, em importante e recente estudo sobre invalidades processuais, sustentou, entre outras considerações, que o aspecto determinante para se considerar relevante o desvio do tipo é o contraditório-influência. Assim, sustentou que "quando o defeito impedir a plena consecução do contraditório influência, o juiz poderá considerar como normativamente relevante a atipicidade, pronunciando a nulidade do ato" [30].

A tese de Antônio do Passo Cabral acerca das invalidades processuais – Teoria Comunicativa das Nulidades – centra-se nas repercussões do contraditório sobre o procedimento. Corretamente argumenta que há comunicatividade dinâmica entre os atos ao longo do procedimento, de modo que as atuações ocorridas no seu início influenciarão sobremaneira o desenvolvimento ulterior. Igualmente as projeções que as partes e o juiz realizam impactam o desenrolar do processo que é compreendido como um instrumento essencialmente destinado ao diálogo e à participação na tomada de decisão. Assim sendo, vê-se que o dinamismo do contraditório marca o procedimento, razão pela qual o autor elege esse direito fundamental como critério essencial para suportar sua teoria: "a atipicidade somente será relevante se interferir nas possibilidades que têm os litigantes de condicionar a decisão; se atingir as oportunidades que decorrem do contraditório, de demonstrar o acerto de seus argumentos" [31].

Compreende-se que apesar da inegável valia na pioneira tese de associar a face dinâmica do contraditório à temática das nulidades, nesse ponto, a teoria limita indevidamente o exame da atipicidade. Basta constatar que existem atos que não interferem diretamente no direito de influenciar a decisão e que, ainda assim, podem e devem ensejar exames de validade [32].

Apresenta-se uma questão e um exemplo singelo, afora outros indicados anteriormente [33], para expor a crítica: exatamente no quê a expropriação do bem penhorado por preço vil interfere nas oportunidades do contraditório de demonstrar o acerto de seus argumentos e de influenciar o juízo? Ora, as

---

30   CABRAL, Antônio do Passo. Nulidades no Processo Moderno.   Rio de Janeiro: Forense, 2009, p. 283.
31   Ibid., p. 286.
32   SCARPARO, Eduardo. As invalidades processuais civis na perspectiva do formalismo-valorativo.   Porto Alegre: Livraria do Advogado, 2013, p. 170-173.
33   "Alguns atos processuais não poderiam ser contemplados nessa teoria, como o vício na penhora, o erro no valor da causa, a prova ilícita, a condução por juiz não natural, a incompetência absoluta, a invalidade de hasta pública, entre tantos outros exemplos que se poderia cogitar. Basta que o desvio não tenha por fundamento normativo direto o princípio do contraditório". Ibid., p. 173.

associações que efetivamente podem ser realizadas entre a invalidade da arrematação e o direito ao contraditório em sentido forte somente aparecem com algum esforço e inegavelmente de modo indireto. Certo, no entanto, que a Teoria Comunicativa das Nulidades é um pensamento contemporâneo sobre invalidades de grande utilidade e valor em seu âmbito de incidência. Com as disposições do CPC/2015 sobre o contraditório esse sentir ganha ainda mais razão. Apesar disso, é insuficiente para tratar de todas as questões que envolvem o tema das nulidades processuais.

Convém apontar, também, que o valor participação, mediante o princípio do contraditório, afirma-se não somente na constatação de invalidades por sua ofensa, mas no próprio proceder para a decretação da nulidade processual e consequências de sua constituição. Tal análise decorre da confirmação de diversos aspectos: o desvio do tipo, o alcance ou não da finalidade da norma, a ocorrência ou não de prejuízo, a ocorrência ou não das formas extraordinárias de aproveitamento [34]. Deve-se determinar a extensão da invalidade sobre os efeitos, a aptidão potencial para convalidação, a relevância da atuação das partes, entre tantos outros fatores de significativa complexidade, por isso, mesmo antes da edição do CPC/2015, já se defendia que "antes da decretação de qualquer invalidade processual, tem o órgão jurisdicional de colher a impressão das partes a propósito da relevância da infração" [35].

Esse entendimento faz-se ainda mais claro na medida em que se incorpora a lógica valorativa ao raciocínio processual (CPC/2015, art. 1º), impondo uma constante reaproximação entre a estruturação do processo e o campo dos valores. Afinal, a constatação sobre o alcance da finalidade e do prejuízo deve se dar com diálogo [36], subsumindo a norma constante nos arts. 9º e 10 do CPC/2015.

4. PODERES DAS PARTES, DO MINISTÉRIO PÚBLICO E DO JUIZ

A redação do Título III no Código de Processo Civil de 2015 não é substancialmente diferente daquela constante no Capítulo V, do Título V, da legislação anterior. Em termos de novidade, afora ajustes gramaticais ou muito pontuais, houve o acréscimo de um parágrafo ao art. 279 – correspondente ao art. 246 do CPC/1973 –. O texto legal regulamenta a nulidade de atos por ausência de intimação e intervenção do Ministério Público, prevendo no novo diploma que competirá ao membro do *parquet* se manifestar acerca da existência ou não de prejuízo

---

34 Ditos elementos, em pormenores, consistem na esquematização proposta em tese acerca do tema. Ibid., p. 180-233.

35 MITIDIERO, Daniel. Colaboração no processo civil: pressupostos sociais, lógicos e éticos. São Paulo: Revista dos Tribunais, 2009, p. 121.

36 Ibid., p. 121.

Cap. 9 • INVALIDADES PROCESSUAIS NO CÓDIGO DE PROCESSO CIVIL DE 2015
Eduardo Scarparo

CPC/1973	CPC/2015
Art. 246. É nulo o processo, quando o Ministério Público não for intimado a acompanhar o feito em que deva intervir.	Art. 279. É nulo o processo quando o membro do Ministério Público não for intimado a acompanhar o feito em que deva intervir.
Parágrafo único. Se o processo tiver corrido, sem conhecimento do Ministério Público, o juiz o anulará a partir do momento em que o órgão devia ter sido intimado.	§ 1º Se o processo tiver tramitado sem conhecimento do membro do Ministério Público, o juiz invalidará os atos praticados a partir do momento em que ele deveria ter sido intimado.
	§ 2º A nulidade só pode ser decretada após a intimação do Ministério Público, que se manifestará sobre a existência ou a inexistência de prejuízo.

Bem é verdade que a doutrina oscilava acerca da nulidade dos atos – e não necessariamente de todo o processo – quando não intimado o Ministério Público. Ora afirmava necessariamente nulos os atos subsequentes [37], ora atestava que seria necessária a ponderação do interesse atingido em face da norma motivadora da participação do *parquet* [38]. Nesse ponto, a jurisprudência do Superior Tribunal de Justiça seguiu a última tese [39].

A questão colocada pela doutrina originalmente envolvia a aptidão de aplicação das formas de aproveitamento quando cominada a nulidade pela lei – dado que consta cominação no art. 246 do CPC/1973 – e a necessária superação da Teoria da Cominação, encampada textualmente no art. 243 e, especialmente, no art. 244 do CPC/1973. Aqueles que ultrapassavam essa barreira necessitavam de um critério para permitir a ocorrência de prejuízo, atribuindo a competência de declará-lo existente ou não ao juiz. Esse ponto foi muito bem resolvido no CPC/2015, que optou por destinar ao Ministério Público a legitimação para indicar a ocorrência ou não de prejuízo pela ausência de sua intimação tempestiva.

O acréscimo do §2º ao texto transplantado do art. 246 do CPC/1973 indica que a iniciativa para decretação da invalidade depende, na verdade, de

---

37 BEDAQUE, José Roberto dos Santos. Nulidade Processual e Instrumentalidade do Processo. Revista de Processo, v. 60, p. 31-43, 1990.

38 THEODORO JR., Humberto. Curso de Direito Processual Civil. Vol. 1. 41ª ed. Rio de Janeiro: Forense, 2004, p. 264. SANTOS, Ernane Fidélis dos. Manual de Direito Processual Civil. Vol. I. 8ª ed. São Paulo: Saraiva, 2001, p. 296.

39 ESTATUTO DA CRIANÇA E DO ADOLESCENTE - ECA. ADOÇÃO. INTIMAÇÃO DO MINISTÉRIO PÚBLICO PARA AUDIÊNCIA. ART. 166 DA LEI 8.069/90. FIM SOCIAL DA LEI. INTERESSE DO MENOR PRESERVADO. DIREITO AO CONVÍVIO FAMILIAR. AUSÊNCIA DE PREJUÍZO. NULIDADE INEXISTENTE. Não se declara nulidade por falta de audiência do Ministério Público se - a teor do acórdão recorrido - o interesse do menor foi preservado e o fim social do ECA foi atingido. O Art. 166 da Lei 8.069/90 deve ser interpretado à luz do Art. 6º da mesma lei. (REsp 847.597/SC, Rel. Ministro HUMBERTO GOMES DE BARROS, TERCEIRA TURMA, julgado em 06/03/2008, DJe 01/04/2008).

atuação do participante no processo que resta incumbido da defesa daquele interesse jurídico. Quem melhor que o próprio Ministério Público para responder sobre a ocorrência ou não de prejuízo? Ao retirar do juiz o poder de dizer se há ou não prejuízo pela ausência de intimação do *parquet* e atribuindo-o ao representante do Ministério Público, o CPC/2015 indica que a decretação da invalidade depende de especial iniciativa das partes juridicamente interessadas, pela afetação do prejuízo.

Aqui, portanto, oculta a olhos eventualmente desatentos, resta definido um dos pontos mais controversos acerca das nulidades processuais: tem-se a sustentação de uma distribuição de poderes de iniciativa e controle sobre as invalidades processuais coordenada pela aferição do interesse atingido pelo prejuízo. O titular da legitimidade para a defesa do interesse atingido é também aquele legitimado para a iniciativa ao conhecimento e decretação da invalidade. Justamente, em duas oportunidades, se defendeu esse critério de legitimidade para decretação das invalidades processuais [40].

Sobre o tema, a importante tese de distribuição de poderes para a decretação de invalidades tem apontamento decisivo na doutrina nacional pela pena de Galeno Lacerda. Ainda sob o raciocínio abstrato, distinguiu normas que tutelam interesse privado daquelas condizentes com o interesse público. As primeiras, se dispositivas, demandariam requerimento da parte para conhecimento do juiz; as segundas seriam conhecidas de ofício [41].

Sabe-se, também, que a doutrina de Galeno Lacerda, por restar, imbuída de tão marcante abstração e idealismo não resistiu em sua aplicação ao peso dos casos concretos, mas é inegável que atribuição de poderes às partes relativamente a atos processuais e sua não concentração exclusiva nas mãos do juiz trata-se de relevantíssimo avanço [42].

Discorda-se nesse ponto da doutrina de Calmon de Passos, para qual a iniciativa da parte seria irrelevante, uma vez que restaria subjacente a todos os atos processuais o interesse público de maneira prevalente. Assim porque, como propunha o jurista baiano, o tipo não asseguraria interesses privados contra o arbítrio estatal. No direito público isso se daria apenas para "aqueles setores ou aquelas situações em que a tipicidade se reveste de caráter de

---

40 SCARPARO, Eduardo. As invalidades processuais civis na perspectiva do formalismo-valorativo. Porto Alegre: Livraria do Advogado, 2013. Também, em SCARPARO, Eduardo. Os Poderes de Iniciativa Legítima para Decretação de Invalidades Processuais. In: MITIDIERO (Ed.). Processo Civil: Estudos em Homenagem ao Professor Doutor Carlos Alberto Alvaro de Oliveira. São Paulo: Atlas, 2012. p.110-131.

41 LACERDA, Galeno. Despacho Saneador. Porto Alegre: Sulina, 1953, p. 72-73.

42 Para exposição e apreciação crítica, com pormenores, da doutrina de Galeno Lacerda, ver SCARPARO, Eduardo. As invalidades processuais civis na perspectiva do formalismo-valorativo. Porto Alegre: Livraria do Advogado, 2013, p. 161-168.

Cap. 9 • INVALIDADES PROCESSUAIS NO CÓDIGO DE PROCESSO CIVIL DE 2015
Eduardo Scarparo

garantia individual, a exemplo do que ocorre no direito penal e em boa parte do direito tributário" [43], mas não no direito processual.

A tese cobriu de interesse público todas as normas processuais, o que significa que o magistrado é responsável por fiscalizar o cumprimento de todos os tipos, assumindo poderes para decretação de ofício de qualquer nulidade. No caso, a teoria se sustentaria somente se não fosse reconhecida qualquer relevância jurídica à vontade privada e à autonomia das partes no relativo aos atos processuais.

A suposta irrelevância da vontade na formação do ato processual tem por objetivo permitir uma enorme simplificação ao processo. Na linha afirmada por Redenti, "se a cada ato do procedimento fosse realizada uma indagação acerca da correspondência dos efeitos à intenção e acerca da formação da vontade interior, o processo não caminharia mais" [44]. Assim, a conveniência de limitar o âmbito cognitivo dos atos processuais levou a doutrina a exigir maior rigor quanto à forma – fenômeno chamado de *hipertrofia da forma* –, relegando para exame em demanda própria eventuais vícios sobre a vontade [45]. Inclusive, a temática desenvolveu-se a ponto de afirmar-se que os atos processuais seriam, na verdade, atos-fatos [46]. A crítica a essa tese se mantém e ganha novo vigor com a nova legislação.

Compreende-se que a vontade afastada reproduz uma prevalência da percepção pública sobre os atos, inviabilizando poderes às partes e determinando-se uma concentração na figura do juiz. Contudo, negar valor processual à causa e à vontade, além de incompatível com o processo constitucional e democraticamente construído, significa também ignorar uma série de fenômenos inegavelmente processuais e relevantes há longa data, como o justo motivo, a litigância de má-fé e o erro material [47].

---

43 PASSOS, José Joaquim Calmon de. Esboço de uma teoria das nulidades aplicada às nulidades processuais. Rio de Janeiro: Forense, 2002, p. 32.

44 REDENTI, Enrico. Profili pratici del Diritto Processuale Civile. 2ª ed. Milão: Giuffrè, 1939, p. 499-501.

45 "Se por um lado, não se pode excluir da consistência do ato jurídico praticado no processo o seu caráter volitivo, por outro, pode-se restringir o exame de validade dos atos no âmbito endoprocessual, limitando a análise apenas às questões pertinentes à regularidade do ato considerado como parte integrante do procedimento. Salvo exceção prevista na lei processual, a causa subjetiva e a vontade de seus atos não devem ser analisadas no próprio processo, mas em demanda própria, nos termos da lei civil. Há, assim, um diferimento da impugnação da validade fundada no conteúdo subjetivo (vontade e causa subjetiva) dos atos processuais. Em alguns casos, essa análise é postergada ou para uma ação rescisória, no caso de ser o ato atacado uma sentença de mérito (art. 485), ou para uma ação anulatória, na forma do art. 486 do Código de Processo Civil". SCARPARO, Eduardo. As invalidades processuais civis na perspectiva do formalismo-valorativo. Porto Alegre: Livraria do Advogado, 2013, p. 59.

46 PASSOS, José Joaquim Calmon de. Esboço de uma teoria das nulidades aplicada às nulidades processuais. Rio de Janeiro: Forense, 2002, p. 186.

47 SILVA, Paula Costa e. Acto e Processo: o dogma da irrelevância da vontade na interpretação e nos vícios do acto postulativo. Coimbra: Coimbra Editora, 2003, p. 316 e ss. Também trabalhamos essas questões,

A suposta irrelevância da vontade, além de dotar o juiz de poderes absolutos quanto ao desenvolver do processo, importa obscurecer a face formal do princípio dispositivo. Aqui, as inovações do CPC/2015 vão ao encontro do que se julga adequado, visto que faz notável a aceitabilidade da categoria de negócios jurídicos processuais. E, diga-se o que se bem pretender, mas para haver negócio jurídico processual é pressuposto reconhecer-se espaço para deliberação e vontade das partes sobre os atos do processo.

Não se trata tão somente de poderem as partes convencionar sobre a competência relativa, a suspensão do processo, ou ônus da prova, como se verificava no CPC/1973 nos arts. 114, 265, II, e 333, parágrafo único, mas sob a regência do CPC/2015 podem as partes "estipular mudanças no procedimento para ajustá-lo às especificidades da causa e convencionar sobre os seus ônus, poderes, faculdades e deveres processuais, antes ou durante o processo" (CPC/2015 art. 189).

A nova legislação valoriza o papel das partes, reconstruindo valor ao princípio dispositivo em sentido formal, bem como alcança ao interessado a iniciativa para a decretação da invalidade processual. A participação é alçada a condição base da compreensão do formalismo e isso conduz à necessária divisão de poderes no âmbito das invalidades processuais.

A consideração da causa e da vontade como inerente ao ato processual – são dois de seus componentes – produz maior relevância da atuação das partes, inclusive para fins de determinar a iniciativa legítima para decretação das nulidades. O modelo previsto na regulamentação pertinente à nulidade de atos nos quais não há participação do Ministério Público confirma e ratifica esse enfrentamento. O mesmo vale às partes.

> "Claro que o interesse preponderante na norma abstrata é de dificílima ou até impossível apuração, sem as especificidades do caso concreto. Porém, o sistema de invalidades processuais brasileiro dá grande valia à existência de prejuízo para a apuração da invalidade, havendo, aí, não só um elemento necessário à decretação, mas um verdadeiro componente do suporte fático do estado de invalidade (não aproveitamento). (...) O problema dos poderes de atuação para conhecer as invalidades processuais diz respeito diretamente ao interesse jurídico atingido pela violação do tipo" [48].

---

em especial a pertinência de reconhecer a existência e a relevância da causa e da vontade nos atos processuais em SCARPARO, Eduardo. As invalidades processuais civis na perspectiva do formalismo-valorativo. Porto Alegre: Livraria do Advogado, 2013, p. 47-60.

48 SCARPARO, Eduardo. As invalidades processuais civis na perspectiva do formalismo-valorativo. Porto Alegre: Livraria do Advogado, 2013, p. 201-202.

Afinal, se a ação e a defesa são exercidas ao longo do procedimento [49], a indispensabilidade de um legítimo interesse vinculado concretamente ao prejuízo mostra-se inegavelmente pertinente para traçar poderes de iniciativa. Como se exige legítimo interesse para exercer a ação e a defesa no início do processo, o mesmo se dá ao longo de todos os atos e desenvolvimentos do procedimento. Assim tanto que se exige interesse para recorrer e a concretude do prejuízo para determinar o poder de iniciativa para a decretação de invalidades. Questões todas correlacionadas ao exercício da ação e da defesa, que dão dinamicidade ao processo.

No mais, a renovação de estudos e pensamentos acerca de temas primordiais do processo com o advento do CPC/2015 reforça as hipóteses de indispensabilidade da constatação concreta do prejuízo e da inviabilidade de aproveitamento do ato para a decretação da invalidade, perfazendo-se a possibilidade de decretação mediante: (a) a atipicidade, (b) a legítima iniciativa e (c) o não aproveitamento. Por fim, após decretada a invalidade, zela-se também por plena condições de sua reversão, mediante o uso de técnicas de convalidação, ou o exame das sistemáticas de contenção e extensão das invalidades processuais[50].

5. REFERÊNCIAS BIBLIOGRÁFICAS

ALVARO DE OLIVEIRA, Carlos Alberto. **Do Formalismo no Processo Civil.** 4ª ed. São Paulo: Saraiva, 2010.

_____. O processo civil na perspectiva dos direitos fundamentais. In: (Ed.). **Do formalismo no processo civil.** 2ª ed. São Paulo: Saraiva, 2003. p.260-274.

_____. **Teoria e prática da tutela jurisdicional.** Rio de Janeiro: Forense, 2008.

BEDAQUE, José Roberto dos Santos. **Efetividade do processo e técnica processual.** São Paulo: Malheiros, 2007.

_____. Nulidade Processual e Instrumentalidade do Processo. **Revista de Processo,** v. 60, p. 31-43, 1990.

CABRAL, Antônio do Passo. **Nulidades no Processo Moderno.** Rio de Janeiro: Forense, 2009.

---

49 Se os atos são ligados pelo vínculo do procedimento em razão de uma sequencia lógica, "de modo que cada um pressupõe o presente (ou os precedentes) e é um pressuposto do seguinte (ou seguintes)", a própria noção de ação processual pode ser considerada uma posição subjetiva complexa de evolução porogressiva, contendo, portanto, uma série de poderes, faculdades, deveres, ônus e direitos em sentido estrito, atribuídos pelo ordenamento ao autor ao longo do desenvolvimento do processo. ALVARO DE OLIVEIRA, Carlos Alberto. Teoria e prática da tutela jurisdicional. Rio de Janeiro: Forense, 2008, p. 70.

50 A respeito da sistematização ora referida, com os aprofundamentos e explicitações que se exigem para sua defesa, ver SCARPARO, Eduardo. As invalidades processuais civis na perspectiva do formalismo-valorativo. Porto Alegre: Livraria do Advogado, 2013, p. 180-234.

CARNELUTTI, Francesco. **Progetto del Codice di Procedura Civile presentato alla Sotto-commisione Reale per la riforma del Codice di Procedura Civile: Parte Prima - Del processo di cognizione.** Pádova: CEDAM, 1926.

FAZZALARI, Elio. Procedimento (Teoria Generale). In: (Ed.). **Enciclopedia del Diritto.** Milano: Giuffrè, v.XXXV, 1986.

LACERDA, Galeno. **Despacho Saneador.** Porto Alegre: Sulina, 1953.

LUMMERTZ, Henry Gonçalves. O princípio do contraditório no processo civil e a jurisprudência do Supremo Tribunal Federal. In: ALVARO DE OLIVEIRA, C. A. (Ed.). **Processo e Constituição.** Rio de Janeiro: Forense, 2004.

MIRANDA, Pontes de. **Comentários ao Código de Processo Civil.** Tomo IV. 2ª ed. Rio de Janeiro: Forense, 1959.

MITIDIERO, Daniel. **Colaboração no processo civil: pressupostos sociais, lógicos e éticos.** São Paulo: Revista dos Tribunais, 2009.

MOREIRA, José Carlos Barbosa. Il Progetto Carnelutti e il Codice di Procedura Civile Brasiliano. In: (Ed.). **Temas de Direito Processual Civil. Quinta Série.** São Paulo: Saraiva, 1994. p.201-215.

PASSOS, José Joaquim Calmon de. **Esboço de uma teoria das nulidades aplicada às nulidades processuais.** Rio de Janeiro: Forense, 2002.

_____. O devido processo legal e o duplo grau de jurisdição. **Revista da Ajuris,** v. 25, p. 130-144, 1982.

REDENTI, Enrico. **Profili pratici del Diritto Processuale Civile.** 2ª ed. Milão: Giuffrè, 1939.

SANTOS, Ernane Fidélis dos. **Manual de Direito Processual Civil.** Vol. I. 8ª ed. São Paulo: Saraiva, 2001.

SCARPARO, Eduardo. **As invalidades processuais civis na perspectiva do formalismo-valorativo.** Porto Alegre: Livraria do Advogado, 2013.

_____. Os Poderes de Iniciativa Legítima para Decretação de Invalidades Processuais. In: MITIDIERO, D. A., GUILHERME RIZZO (Ed.). **Processo Civil: Estudos em Homenagem ao Professor Doutor Carlos Alberto Alvaro de Oliveira.** São Paulo: Atlas, 2012. p.110-131.

SILVA, Paula Costa e. **Acto e Processo: o dogma da irrelevância da vontade na interpretação e nos vícios do acto postulativo.** Coimbra: Coimbra Editora, 2003.

TESHEINER, José Maria. **Pressupostos processuais e nulidades no processo civil.** São Paulo: Saraiva, 2000.

THEODORO JR., Humberto. **Curso de Direito Processual Civil.** Vol. 1. 41ª ed. Rio de Janeiro: Forense, 2004.

WAMBIER, Teresa Arruda Alvim. **Nulidades do processo e da sentença.** São Paulo: Revista dos Tribunais, 1997.

CAPÍTULO 10

Algumas notas sobre a chamada "nulidade guardada"

João Roberto de Sá Dal'Col[1]

SUMÁRIO: 1. DO OBJETO DO ESTUDO; 2. DA INSTRUMENTALIDADE DAS FORMAS E DA RELAÇÃO ENTRE O DIREITO MATERIAL E O PROCESSO: EFETIVIDADE PROCESSUAL NO PLANO CONCRETO; 3 DA IMPOS-SIBILIDADE DA NULIDADE PROCESSUAL SER SANADA ; 4. DA CHAMADA "NULIDADE GUARDADA" E OS SEUS EFEITOS.

1. DO OBJETO DO ESTUDO

O presente trabalho tem como objeto de estudo a chamada "nulidade guardada", sobretudo e mais precisamente no que tange a interpretação que entende ser inviável a aplicação de sanção nos casos de nulidades guardadas.

Buscar-se-á tratar - com olhos no direito processual constitucional – acerca da estreita relação entre o direito material e o direito processual, estabelecendo como se considera o termo "nulidade" para o presente estudo, assim como serão tecidos alguns comentários sobre o princípio da instrumentalidade das formas e do processo aplicáveis ao caso.

Sem dúvida, é um tema que, se usado corretamente, pode ser valioso na efetivação e proteção dos direitos materiais.

Alerte-se que este estudo não possui a pretensão de esgotar a problemática em torno das "nulidades guardadas", nem mesmo quer ditar uma nova estruturação da teoria existente. Têm-se por finalidade, entretanto, fazer deste trabalho um subsídio para alternativas futuras, uma provocação à interpretação do processo como algo íntimo ao direito material, bem como parte do caminho que vem sendo trilhado pelos estudiosos e aplicadores do direito em prol de uma visão do processo como instrumento de transformação social e efetivação do direito material.

---

1. Mestrando em Direito Processual pela Universidade Federal do Espírito Santo; Procurador do Município de Piúma/ES; Advogado. Contato: (27) 98112-7172; joao@dclsadvogados.adv.br

2. DA INSTRUMENTALIDADE DAS FORMAS E DA RELAÇÃO ENTRE O DI-REITO MATERIAL E O PROCESSO: EFETIVIDADE PROCESSUAL NO PLANO CONCRETO

A efetividade processual deve ser vista como uma aptidão de produzir, eficientemente, os efeitos esperados pelo processo. Por conseguinte, processo efetivo é aquele capaz de proporcionar às partes envolvidas o resultado desejado pelo direito material. Para Cândido Rangel Dinamarco, "o endereçamento positivo do raciocínio instrumental conduz a idéia de efetividade do processo, entendida como capacidade de exaurir os objetivos que o legitimam no contexto jurídico-social e político" [2].

O processo precisa urgentemente ser visto como um instrumento para o alcance do direito material. Antes de qualquer análise, é importante entender o que é um instrumento. Este nada mais é do que um recurso empregado para se alcançar um objetivo, ou seja, conseguir um resultado. [3]

Acerca da questão, Bruno Silveira alerta para necessidade de reflexão no sentido de analisarmos o processo com os olhos nos seus fins, "[...] porque resulta exatamente dessa investigação o delineamento da feição instrumental do processo" [4].

A propósito, o princípio da instrumentalidade das formas é fundamental para a garantia da efetividade. Qualquer instrumento que facilite o alcance da paz social, sem prejudicar o modelo de processo democrático, deve ser considerado efetivo. Logo, nas palavras de Barbosa Moreira, "será efetivo o processo que constitua instrumento eficiente de realização do direito material" [5].

No direito processual é comum nos depararmos com conflitos envolvendo os seguintes valores: forma processual e objetivo a ser alcançado. Já que o conflito ocorre entre valores processuais, vale advertir que não existem valores absolutos. Com efeito, os valores envolvidos no conflito devem ser ponderados para que o direito material encontre existência. Como a finalidade maior e mais nobre do processo é a paz social, não resta dúvida de que a forma processual pode e deve ser relevada quando for prejudicial à finalidade do processo. De acordo com José Roberto dos Santos Bedaque, "A legitimidade do processo

---

2. DINAMARCO, Cândido Rangel. A instrumentalidade do processo. 8. ed. São Paulo: Malheiros Editores, 2000. p. 266.
3. Um dos significados da palavra "instrumento" expresso no Dicionário Aurélio.
4. Nas palavras de Bruno Silveira, [...] *pouco adianta saber que algo é um instrumento se não conhecermos sua finalidade, tampouco ajudará sabermos que algo é um instrumento se, mesmo conhecendo sua finalidade, não soubermos utilizá-lo com a destreza necessária para a obtenção do resultado almejado.* (OLIVEIRA, Bruno Silveira de. Os princípios constitucionais, a instrumentalidade do processo e a técnica processual. Panóptica, Vitória, ano 1, n. 2, out. 2006, p. 1-15. Disponível em: <http://www.panoptica.org>.)
5. MOREIRA, José Carlos Barbosa. Temas de direito processual: oitava série. São Paulo: Saraiva, 2004. p.15.

Cap. 10 • ALGUMAS NOTAS SOBRE A CHAMADA "NULIDADE GUARDADA"
João Roberto de Sá Dal'Col

reside na eliminação da crise de direito material com segurança e celeridade, não na forma adotada para que tal efeito se produza" [6].

Quando se fala em instrumentalidade do processo ou efetividade, no fim das contas, estamos pensando no acesso à justiça e na universalidade da jurisdição [7]. O processo deve ser usado como um meio de fazer justiça aos envolvidos e ser acessível a qualquer pessoa. Segundo Mauro Cappelletti, "A efetividade perfeita, no contexto de um dado direito substantivo, poderia ser expressa como a completa igualdade das armas" [8]. Talvez a completa paridade das armas esteja um pouco distante, mas o ideal é que cheguemos ao mais próximo dela possível. E o contraditório, é importante que se diga, deve ser visto como viabilidade de participação no processo. Ou seja, contraditório, quando de discute o processo, é sinônimo de participação.

Por sua vez, a instrumentalidade das formas existe e deve ser usada para diminuir a diferença entre as partes e, por conseguinte, contribuir na busca da "igualdade de armas" e para um efetivo acesso à justiça.

Voltando ao cerne da questão, o motivo de ser da técnica processual é conferir eficácia ao meio. [9] Não há e não pode se admitir nulidade sem prejuízo. Mas, se não há prejuízo, trata-se de mero defeito ou vício, não nulidade. A nulidade não pode ser sanada; o vício, a irregularidade ou o defeito, sim. Quando o vício processual for descoberto no início do processo, o juiz deve tomar as providências necessárias para extingui-lo, até para evitar a inutilidade do instrumento. Entretanto, quando o vício processual for detectado ao fim do processo, o juiz deve analisar a quem o resultado de mérito favoreça. Caso o beneficiado seja a parte prejudicada com a falha processual, o processo deve continuar independente de sua solução final [10].

Nessa tocante, não se pode olvidar do princípio da operabilidade. Rodrigo Mazzei alerta para a necessidade de a operabilidade ser vista tanto sob o

---

6. BEDAQUE, José Roberto dos Santos. *Efetividade do processo e técnica processual*. São Paulo: Malheiros Editores, 2006. p.61.
7. Para Dinamarco, "Universalizar o exercício da jurisdição significa estendê-lo até aonde a razão e o sentimento de justiça demonstrem ser conveniente levar a proteção estatal às pessoas atingidas ou ameaçadas por injustiças" (DINAMARCO, Cândido Rangel. *Fundamentos do processo civil moderno*. 5. ed. São Paulo: Malheiros Editores, 2002. 1490 p. Tomo II.p.873).
8. CAPPELLETTI, Mauro; GARTH, Bryant. *Acesso à justiça*. Tradução de Ellen Gracie Northfleet. Porto Alegre: Fabris, 1988. p.15.
9. O processo, nas palavras de Dinamarco, é "um instrumento cheio de dignidade e autonomia científica, mas nada mais do que instrumento." (DINAMARCO, Cândido Rangel. *A instrumentalidade do processo*. 8. ed. São Paulo: Malheiros Editores, 2000. p.269).
10. Segundo Bedaque, "A extinção do processo sem julgamento de mérito é alternativa absolutamente excepcional e frustrante, pois representa o fracasso do meio, que não conseguiu atingir seu fim". BEDAQUE, José Roberto dos Santos. *Efetividade do processo e técnica processual*. São Paulo: Malheiros Editores, 2006. p.44.

NOVO CPC DOUTRINA SELECIONADA, v. 1 • Parte Geral

PARTE IX – ATOS, PRAZOS E NEGÓCIOS PROCESSUAIS

enfoque material quanto sob o enfoque processual, valendo trazer à colação as seguintes palavras do autor:

> [...] a operabilidade há de ser vista sob dois enfoques:
>
> (1)   Material – decorrente da enunciação da norma.
>
> (2)   Processual – aplicação concreta da norma.
>
> De nada adiantará a previsão de instituto material com simplicidade estrutural, se na sua aplicação se verifique ser figura de difícil aplicação, causando enleios que não permitam a sua realização. A preocupação do legislador não pode ser, dessa forma, apenas na formulação da norma material, mas também em como será aplicada, pois só haverá operatividade se a solução desejada pelo legislador puder ser efetivamente aplicada concretamente [11].

Portanto, de nada basta termos a previsão de um direito material louvável se não existir um processo eficaz para a concretização desse direito. Para Rodrigo Mazzei,

> "de pouco adiantará se na enunciação da norma não houver a preocupação de como a mesma será realizada, daí porque afirmamos que a operabilidade não pode ser vista apenas no seu enfoque material, desprezando-se a carga de conteúdo processual que também carrega, haja vista não ser possível falar em concreção de qualquer dispositivo sem imaginar a sua aplicação" [12].

De outra banda, é valioso pontuar que o formalismo existe para dar maior segurança aos jurisdicionados [13]. O formalismo é fundamental para ordenar e organizar o processo, tendo o papel de restringir o arbítrio judicial, promover a igualação das partes e emprestar maior eficiência ao processo, com a finalidade primordial de alcançar o provimento judicial justo. [14] O formalismo não deve ser visto como um fim em si mesmo, mas como ferramenta útil e necessária para a realização da justiça material [15].

---

11. MAZZEI, Rodrigo Reis. Apresentação: notas iniciais à leitura do novo código civil. In: ALVIM, Arruda; ALVIM, Thereza (coords.). *Comentários ao Código Civil Brasileiro, parte geral, v. 1.* Rio de Janeiro: Forense, 2005.

12. MAZZEI, Rodrigo Reis. Apresentação: notas iniciais à leitura do novo código civil. In: ALVIM, Arruda; ALVIM, Thereza (coords.). *Comentários ao Código Civil Brasileiro, parte geral, v. 1.* Rio de Janeiro: Forense, 2005.

13. Sobre a importância da observância dos preceitos da forma, Flávio Cheim Jorge afirma que *"De fato, reconhecendo-se no processo uma relação jurídica processual que se movimenta através de um procedimento pré-definido e delimitado, é fácil perceber que a necessidade da observância de preceitos de forma é indispensável para que o processo atinja o seu objetivo de, pela força estatal, impor a formulação da norma jurídica concreta que regerá a relação existente entre as partes."* (CHEIM JORGE, Flávio. Teoria geral dos recursos cíveis. 6.ed ver., atual. e ampl.- São Paulo: Editora Revista dos Tribunais, 2013. p. 335.)

14. No sentido, ver: ALVARO DE OLIVEIRA, Carlos Alberto. *Do formalismo no processo civil.* 4. ed. São Paulo: Saraiva, 2010. p. 243.

15. Nas palavras de Carlos Alberto Alvaro de Oliveira, "o âmago do problema consiste na possibilidade de o poder organizador, ordenador e disciplinador do formalismo contribuir para o aniquilamento do próprio direito ou para um retardamento irrazoável da solução do litígio, em vez de servir à realização do direito. Nesse caso o formalismo se transforma no seu contrário: deixa de constituir ferramenta útil para

Galeno Lacerda pontua que "o processo, sem o direito material, não é nada. O instrumento, desarticulado do fim, não tem sentido. [...] A lei que rege a forma deve ser interpretada e aplicada em função do fim" [16].

Flávio Cheim Jorge destaca que "Para ser considerado válido e regular, o ato processual deve obedecer às disposições abstratas contidas no CPC. Não somente as de natureza formal, mas também todas as condições de regularidade do ato" [17].

Com efeito, respeitando-se os preceitos da forma, é fundamental que se pense, sempre, o direito processual a partir do direito material, haja vista que só assim os fenômenos processuais serão bem compreendidos [18].

3. DA IMPOSSIBILIDADE DA NULIDADE PROCESSUAL SER SANADA

Para defender a impossibilidade de uma nulidade processual ser sanada, primeiro é importante destacar o que entendemos por nulidade processual.

Entendemos nulidade como uma sanção cuja consequência é a eliminação dos efeitos jurídicos que o ato processual nulo se destinava a produzir. Coadunamos com o entendimento de Flávio Cheim Jorge, que destaca que "A *nulidade* processual, ao contrário do que se poderia conceber, não se confunde com o *defeito* ou *vício* do ato processual. Trata-se, efetivamente, de uma sanção, que consiste na supressão dos efeitos jurídicos que ele se destinava a produzir." [19]

Para Calmon de Passos,

> A nulidade, portanto, não se confunde nem com a inexistência, nem com a irregularidade. Mas, por igual, deve ela ser distinguida da inadmissibilidade, que diz respeito à inadequação do processo, como um todo, para autorizar a tutela jurídica pretendida

---

a realização da justiça material e passa a ser o algoz, em vez de propiciar uma solução rápida e eficaz do processo, contribui para a extinção deste sem julgamento do mérito, obstando a que o instrumento atinja a sua finalidade essencial." (ALVARO DE OLIVEIRA, Carlos Alberto. Do formalismo no processo civil. 4. ed. São Paulo: Saraiva, 2010. p. 245.)

16. LACERDA, Galeno. *O Código e o formalismo processual*. In Ajuris 28. Porto Alegre: Ajuris, 1993. p. 14.

17. CHEIM JORGE, Flávio. *Teoria geral dos recursos cíveis*. 6.ed ver., atual. e ampl.- São Paulo: Editora Revista dos Tribunais, 2013. p. 335.

18. Nesse sentido, Cássio Scarpinella Bueno dispõe sobre a importância do *"diálogo* que o direito processual civil precisa estabelecer com outras áreas, com vistas a uma maior (e verdadeira, não apenas retórica) aproximação do direito processual ao direito material: o da consciência de que fenômenos *processuais* são bem mais compreendidos quando analisados à luz das vicissitudes do direito material. Sem descurar, evidentemente, do "modelo constitucional do direito processual civil", não há como deixar de pensar o direito processual civil, sempre e incansavelmente, a partir do direito material." (BUENO, Cassio Scarpinella Bueno. Desconsideração da Personalidade Jurídica no Projeto de Novo Código de Processo Civil. In: BRUSCHI, Gilberto Gomes (coords.). *Direito processual empresarial*: estudos em homenagem ao professor Manoel de Queiroz Pereira Calças. Rio de Janeiro: Elsevier, 2012. p.117).

19. CHEIM JORGE, Flávio. *Teoria geral dos recursos cíveis*. 6.ed ver., atual. e ampl.- São Paulo: Editora Revista dos Tribunais, 2013. p. 335.

pelos sujeitos (partes) da relação processual, tendo em vista o princípio de que nenhuma interferência na liberdade ou no patrimônio dos sujeitos de direito é legítima se não se efetivar num processo em que foram atendidas as garantias do devido processo constitucional de produção do direito. O específico da nulidade reside em que ela é ineficácia do ato, judicialmente decretada, por força de sua atipicidade relevante. Por atipicidade relevante se entende aquela falta ou vício de um ou de algum dos elementos do tipo (substanciais ou formais) que importem em inatingibilidade do fim posto ao ato pelo sistema jurídico. Essa afirmativa não é contraditada pelos textos legais. Eles a prestigiam e autorizam concluir-se que sem haver prejuízo para os fins de justiça do processo nenhuma nulidade deve ser decretada, importando a atipicidade sem prejuízo em mera irregularidade.[20]

Embora o nosso atual Código de Processo Civil utilize o termo "nulidade sanável" (a título de exemplo, §4º do art. 515[21] e o art. 327 do CPC[22]) ou "nulidade suprível" (a título de exemplo, o parágrafo único do art. 560 do CPC[23]), trata-se, a nosso ver, de mera atecnia. Tanto é assim que a redação final do novo CPC tratou de excluir ou corrigir o termo, senão vejamos alguns exemplos:

CPC de 1973 (atual)	Redação final do novo CPC (Lei nº 13.105/15)
Art. 560. Qualquer questão preliminar suscitada no julgamento será decidida antes do mérito, deste não se conhecendo se incompatível com a decisão daquela. (Redação dada pela Lei nº 5.925, de 1º.10.1973)	Art. 938. A questão preliminar suscitada no julgamento será decidida antes do mérito, deste não se conhecendo caso seja incompatível com a decisão.
Parágrafo único. Versando a preliminar sobre **nulidade suprível**, o tribunal, havendo necessidade, converterá o julgamento em diligência, ordenando a remessa dos autos ao juiz, a fim de ser sanado o vício. (Redação dada pela Lei nº 5.925, de 1º.10.1973)	§ 1º Constatada a ocorrência de **vício sanável**, inclusive aquele que possa ser conhecido de ofício, o relator determinará a realização ou a renovação do ato processual, no próprio tribunal ou em primeiro grau de jurisdição, intimadas as partes. [...]

---

20. PASSOS, José Joaquim Calmon de. *Esboço de uma teoria das nulidades aplicada às nulidades processuais.* Rio de Janeiro: Forense, 2009. p. 146.

21. § 4º Constatando a ocorrência de **nulidade sanável**, o tribunal poderá determinar a realização ou renovação do ato processual, intimadas as partes; cumprida a diligência, sempre que possível prosseguirá o julgamento da apelação.

22. Art. 327. Se o réu alegar qualquer das matérias enumeradas no art. 301, o juiz mandará ouvir o autor no prazo de 10 (dez) dias, permitindo-lhe a produção de prova documental. Verificando a existência de irregularidades ou de **nulidades sanáveis**, o juiz mandará supri-las, fixando à parte prazo nunca superior a 30 (trinta) dias.

23. Parágrafo único. Versando a preliminar sobre **nulidade suprível**, o tribunal, havendo necessidade, converterá o julgamento em diligência, ordenando a remessa dos autos ao juiz, a fim de ser sanado o vício. (Redação dada pela Lei nº 5.925, de 1º.10.1973)

Art. 327. Se o réu alegar qualquer das matérias enumeradas no art. 301, o juiz mandará ouvir o autor no prazo de 10 (dez) dias, permitindo-lhe a produção de prova documental. Verificando a existência de irregularidades ou de **nulidades sanáveis**, o juiz mandará supri--las, fixando à parte prazo nunca superior a 30 (trinta) dias.	Art. 352. Verificando a existência de **irregularidades ou de vícios sanáveis**, o juiz determinará sua correção em prazo nunca superior a 30 (trinta) dias.

Com efeito, uma nulidade jamais pode ser sanada, sendo que sempre que há nulidade existe também prejuízo. De outra banda, podem existir atos - com vícios, imperfeições, defeitos ou irregularidades – que podem ser sanáveis, mas, em assim sendo, enfatiza-se, não se trata de nulidade [24]-[25].

4. DA CHAMADA "NULIDADE GUARDADA" E OS SEUS EFEITOS

Nulidade guardada seria aquela nulidade supostamente percebida — num primeiro momento em silêncio — por uma das partes do processo, que, de modo oportuno, guardaria a nulidade como uma carta na manga para utilizá-la em hipótese de resultado desfavorável a seus interesses.

A título de melhor esclarecimento, seguem trechos de dois julgados do Superior Tribunal de Justiça em que a "nulidade guardada" é repudiada, senão veja-se:

> "Não há nulidade da ação penal por cerceamento de defesa em razão do indeferimento da produção de prova testemunhal por ausência de recolhimento de custas processuais, na hipótese em

---

24. De maneira clara, Flávio Cheim Jorge observa que: *"Com efeito, inicialmente é preciso fazer uma observação sobre a expressão "nulidade sanável", já que não foi usada em linguagem escorreita. Uma leitura menos atenta poderia, diante do texto legal, entender que a nulidade pode ser sanada, no tribunal, com realização ou renovação do ato processual defeituoso. O equívoco em tal entendimento advém da circunstância , já referida no item anterior, da imperiosa necessidade de não se confundir irregularidade do ato processual com a decretação da nulidade. O que pode ser sanado (corrigido) não é a nulidade, enquanto sanção imposta ao ato defeituoso, mas o próprio ato. O que se corrige é o ato irregular, viciado, imperfeito, defeituoso. Em dadas situações, mesmo diante de atos com essas características, é possível que, ao se renovar o ato processual, não seja aplicada a decretação de nulidade.* (CHEIM JORGE, Flávio. *Teoria geral dos recursos cíveis.* 6.ed ver., atual. e ampl.- São Paulo: Editora Revista dos Tribunais, 2013. p. 337.)

25. Calmon de Passos ensina que *"De quanto argumentado, podemos concluir que ao falar-se nulidades sanáveis e insanáveis está-se a cuidar, verdadeiramente, não da nulidade, sim da repercussão, nos demais atos do procedimento, de sua decretação. Procurando ser mais claro: Se a imperfeição do ato é relevante, deve o magistrado decretar sua invalidade. Invalidado o ato, passa ele a faltar no procedimento. Diante desse resultado, avaliará o magistrado as consequências dessa falta. Se ela repercutiu sobre os atos subsequentes, atingindo-os de modo a inviabilizar o prosseguimento do feito, de duas uma – pode-se voltar a praticar o ato no procedimento, sanando-se os efeitos de sua repercussão, ou isso é impossível. Na primeira hipótese, há sanabilidade. Na segunda, de insanabilidade se cuida.* (PASSOS, José Joaquim Calmon de. *Esboço de uma teoria das nulidades aplicada às nulidades processuais.* Rio de Janeiro: Forense, 2009. p. 141.)

que o vício não foi impugnado no primeiro momento em que a defesa teve oportunidade de falar nos autos, nem quando da interposição de recurso de apelação. **Isso porque o Poder Judiciário não pode compactuar com a chamada nulidade guardada, conduta de quedar-se inerte para alegar o vício em caso de resultado desfavorável, uma vez que esta demonstra a má-fé processual.** Além disso, o prejuízo pela ausência do ato processual deve ser comprovado, nos termos do brocardo "pas de nulitté sans grief"." **Isso beira as raias da má-fé processual e por isso não pode ser utilizada em seu benefício.** (RHC 46.000/SP, trecho do voto vencido do Ministro MOURA RIBEIRO, QUINTA TURMA, julgado em 05/08/2014, DJe 09/09/2014) (grifos não existentes no original)

[...] 3. A decretação de nulidade de atos processuais depende da efetiva demonstração de prejuízo da parte interessada, prevalecendo o princípio pas de nulitte sans grief. Precedentes.

4. A nulidade absoluta do processo deve ser alegada no primeiro momento oportuno em que teve a parte para se manifestar nos autos, sob pena de ocorrência de preclusão temporal.

5. O Poder Judiciário não pode compactuar com a chamada nulidade guardada, em que falha processual sirva como uma "carta na manga", para utilização eventual e oportuna pela parte, apenas caso seja do seu interesse.

6. Hipótese em que a nulidade absoluta foi suscitada somente após 18 meses do julgamento do recurso especial, sob a alegação de desapensamento indevido dos autos da execução dos respectivos embargos, ocorrido ainda na origem, afirmando que isso impediu o STJ de ter acesso à memória de cálculo que teria instruído a petição inicial. Ressalva feita em sede de embargos de declaração no próprio recurso especial, de que seria defeso ao STJ examinar a memória de cálculo, ante ao óbice do enunciado nº 07 da Súmula/STJ, tendo a Turma julgadora se baseado na premissa de que, embora confuso, o acórdão do Tribunal Estadual indicou que o demonstrativo do débito não foi apresentado ou ao menos que era incompleto, sendo qualquer dessas hipóteses suficiente para determinar a extinção da execução.

7. Petição não conhecida. (Pet 9.971/DF, Rel. Ministra NANCY ANDRIGHI, TERCEIRA TURMA, julgado em 17/12/2013, DJe 03/02/2014)

É sabido que o artigo 243 do CPC dispõe que "quando a lei prescrever determinada forma, sob pena de nulidade, a decretação desta não pode ser requerida pela parte que lhe deu causa", assim como o caput do artigo 245 do CPC dispõe que "a nulidade dos atos deve ser alegada na primeira oportunidade em que couber à parte falar nos autos, sob pena de preclusão", salvo quando tratar-se de nulidades que o juiz deva decretar de ofício ou provando a parte legítimo impedimento, ressalvas estas feita no parágrafo único do artigo 245 do CPC [26].

Nas palavras de Calmon de Passos, "nada tem mais a cara da nulidade decretável de ofício do que aquela expressamente cominada pelo legislador" [27]. Logo, se o juiz deve decretar de ofício as nulidades expressamente cominadas por lei, não importa se a parte que revelou a nulidade foi a que supostamente lhe deu causa, haja vista que, repita-se, a nulidade cominada por lei deve — obrigatoriamente — ser decretada.

Enfatiza-se que quando falamos em nulidade estamos pressupondo prejuízo para os fins de justiça do processo. Como já dito alhures, a finalidade do processo é encontrar o direito material, sendo que as formalidades possuem uma razão para existir, razões estas que não podem ser um fim em si mesmo, mas sempre no sentido de resguardar os fins de justiça do processo — do devido processo legal constitucional [28].

Portanto, constatando-se a nulidade, não importa em qual momento processual e por qual parte foi denunciada, ela deve ser decretada, lembrando que se for verificada a ausência de prejuízo não estamos a falar de nulidade.

De outra banda, se constatado que determinada parte procrastinou a instrução processual mantendo-se silente quanto a alguma nulidade por ela detectada, para somente suscitá-la após o encerramento da instrução processual, a parte retardatária deve ser penalizada, mas nunca em detrimento da oponibilidade da nulidade.

Não se deve permitir o uso do devido processo legal como artifício ou manobra de defesa, logo, para aqueles — e não para o processo — em que restar comprovada a má-fé processual em guardar determinada nulidade, devem ser aplicadas as sanções da lei.

---

26. Pontua-se que a redação dos dois artigos mencionados não sofreu qualquer alteração no Novo CPC, sendo que o art. 243 do atual CPC passou a ser o art. 276 do novo CPC e o art. 245 passou a ser o art. 278 do novo CPC.

27. (PASSOS, José Joaquim Calmon de. *Esboço de uma teoria das nulidades aplicada às nulidades processuais.* Rio de Janeiro: Forense, 2009. p. 135.)

28. Para Calmon de Passos, "*O fim sempre prevalece e a sua obtenção é que orienta e dirige toda a matéria do pronunciamento das nulidades. Só excepcionalmente, quando se trate de fim objetivando exclusiva e imediatamente a tutela de determinada parte, é que a arguição da nulidade pelo que lhe deu causa deve ser interditada. Se a formalidade, entretanto, ainda que mediatamente, também tutela os fins de justiça do processo, vale dizer, a função jurisdicional, e eles permaneceram inatingidos, pouco importa que a nulidade tenha sido ou não arguida por quem lhe deu causa. Aqui, a regra moral não pode merecer tutela com a solução da eficácia do ato. Anula-se o que foi importante para realizar os fins da lei, pune-se o litigante malicioso com as sanções previstas para tal.*" (PASSOS, José Joaquim Calmon de. *Esboço de uma teoria das nulidades aplicada às nulidades processuais.* Rio de Janeiro: Forense, 2009. p. 134.)

NOVO CPC DOUTRINA SELECIONADA, v. 1 • Parte Geral

PARTE IX – ATOS, PRAZOS E NEGÓCIOS PROCESSUAIS

À respeito, o próprio Código de Processo Civil atual e, por conseguinte, o novo CPC, abrigam mecanismos para punir o litigante malicioso, senão vejamos alguns exemplos:

CPC de 1973 (atual)	Novo Código de Processo Civil (Lei nº 13.105/15)
Art. 22. **O réu que**, por não argüir na sua resposta fato impeditivo, modificativo ou extintivo do direito do autor, **dilatar o julgamento da lide**, será condenado nas custas a partir do saneamento do processo e perderá, ainda que vencedor na causa, o direito a haver do vencido honorários advocatícios. (Redação dada pela Lei nº 5.925, de 1.10.1973)	Art. 93. **As despesas de atos adiados ou cuja repetição for necessária ficarão a cargo da parte**, do auxiliar da justiça, do órgão do Ministério Público ou da Defensoria Pública ou do juiz **que, sem justo motivo, houver dado causa ao adiamento ou à repetição.**
Art. 29. **As despesas dos atos, que forem adiados ou tiverem de repetir-se, ficarão a cargo da parte**, do serventuário, do órgão do Ministério Público ou do juiz **que, sem justo motivo, houver dado causa ao adiamento ou à repetição.**	Art. 339. Quando alegar sua ilegitimidade, incumbe ao réu indicar o sujeito passivo da relação jurídica discutida sempre que tiver conhecimento, **sob pena de arcar com as despesas processuais e de indenizar o autor pelos prejuízos decorrentes da falta de indicação.**
Art. 113. A incompetência absoluta deve ser declarada de ofício e pode ser alegada, em qualquer tempo e grau de jurisdição, independentemente de exceção. **§ 1º Não sendo, porém, deduzida no prazo da contestação, ou na primeira oportunidade em que lhe couber falar nos autos, a parte responderá integralmente pelas custas.**	Art. 485. O juiz não resolverá o mérito quando: [...] II – o processo ficar parado durante mais de 1 (um) ano por negligência das partes; III – por não promover os atos e as diligências que lhe incumbir, o autor abandonar a causa por mais de 30 (trinta) dias; [...]
Art. 267. Extingue-se o processo, sem resolução de mérito: (Redação dada pela Lei nº 11.232, de 2005)	§ 1º Nas hipóteses descritas nos incisos II e III, a parte será intimada pessoalmente para suprir a falta no prazo de 5 (cinco) dias.
I - quando o juiz indeferir a petição inicial;	**§ 2º No caso do § 1º, quanto ao inciso II, as partes pagarão proporcionalmente as custas, e, quanto ao inciso III, o autor será condenado ao pagamento das despesas e dos honorários de advogado.**
II - quando ficar parado durante mais de 1 (um) ano por negligência das partes;	

1478

Cap. 10 • ALGUMAS NOTAS SOBRE A CHAMADA "NULIDADE GUARDADA"

João Roberto de Sá Dal'Col

CPC de 1973 (atual)	Novo Código de Processo Civil (Lei nº 13.105/15)
III - quando, por não promover os atos e diligências que lhe competir, o autor abandonar a causa por mais de 30 (trinta) dias;	
IV - quando se verificar a ausência de pressupostos de constituição e de desenvolvimento válido e regular do processo;	
V - quando o juiz acolher a alegação de perempção, litispendência ou de coisa julgada;	
VI - quando não concorrer qualquer das condições da ação, como a possibilidade jurídica, a legitimidade das partes e o interesse processual;	
VII - pela convenção de arbitragem; (Redação dada pela Lei nº 9.307, de 23.9.1996)	
VIII - quando o autor desistir da ação;	
IX - quando a ação for considerada intransmissível por disposição legal;	
X - quando ocorrer confusão entre autor e réu;	
XI - nos demais casos prescritos neste Código.	
§ 1º O juiz ordenará, nos casos dos ns. II e III, o arquivamento dos autos, declarando a extinção do processo, se a parte, intimada pessoalmente, não suprir a falta em 48 (quarenta e oito) horas.	
§ 2º No caso do parágrafo anterior, quanto ao no II, as partes pagarão proporcionalmente as custas e, quanto ao no III, o autor será condenado ao pagamento das despesas e honorários de advogado (art. 28).	
§ 3º O juiz conhecerá de ofício, em qualquer tempo e grau de jurisdição, enquanto não proferida a sentença de mérito, da matéria constante dos ns. IV, V e VI; <u>todavia, o réu que a não alegar, na primeira oportunidade em que lhe caiba falar nos autos, responderá pelas custas de retardamento.</u>	

Os mecanismos acima devem ser aplicados conjuntamente com o caput do artigo 944 do Código Civil, que dispõe que "a indenização mede-se pela extensão do dano." Assim, o litigante malicioso deve ser punido conforme a extensão do dano provocado pelo seu ato.

5. CONCLUSÃO

Portanto, considerando o princípio *pas de nullitté sans grief* (inexistência de nulidade sem prejuízo), assim como somente será razoável e efetivo um processo que respeite as garantias Constitucionais, só o caso concreto pode determinar qual será a razoável duração de um processo.

A discussão em torno da instrumentalidade do processo e das formas, em geral, muito tem contribuído para a evolução do debate em torno das nulidades. Entretanto, há que se ter uma cautela especial para que direitos não restem violados na busca ou em nome do direito material.

O processo é e deve ser visto como instrumento de se chegar ao direito material, mas no processo há direitos materiais que devem ser respeitados para que o resultado final esperado não seja fruto de um processo virulento e desrespeitoso com o direito das partes envolvidas. [29]

Quando se fala em processo, os fins não podem justiçar os meios da mesma forma que não é correto o juiz decidir antes para só depois procurar os argumentos a fundamentar sua decisão.

Salienta-se que não se deve reconhecer qualquer nulidade sem a efetiva demonstração do prejuízo, uma vez que a forma não deve prevalecer sobre a essência de qualquer processo. Mas também não se pode aproveitar-se da instrumentalidade das formas para tentar dar ao processo uma efetividade que não lhe é compatível nem peculiar.

Não é novidade que os Juízes e os Tribunais brasileiros têm decidido cada vez mais e com menos qualidade, talvez por serem poucos os magistrados e muitas as metas a cumprir. Contudo, não se pode negar o fato de que a efetividade quantitativa substituiu a efetividade qualitativa. Multiplicam-se as decisões iguais para casos não tão iguais. O estudo minucioso do caso concreto, por sua vez, fica sem luz diante das dogmáticas teses "ad quem".

O contraditório e a ampla defesa não podem, em hipótese alguma, serem sacrificados em prol da economia processual e da instrumentalidade das formas. O processo – se respeitado o devido processo legal constitucional - é

---

29. Para Samuel Meira Brasil Júnior, "*O processo é, pois, instrumento a serviço do direito material, voltado, sempre, para os resultados que deve produzir. Nada além disso. Não se pode esquecer sua função precípua, de solução de conflitos.*" (BRASIL JR., Samuel Meira. *Justiça, direito e processo*. São Paulo: Atlas, 2007. p. 25.)

instrumento de transformação social e caminho necessário na efetivação e proteção dos direitos materiais.

Quando se fala em instrumentalidade do processo ou efetividade, no fim das contas, estamos pensando no acesso à justiça e na universalidade da jurisdição. O processo deve ser usado como um meio de fazer justiça aos envolvidos e ser acessível a qualquer pessoa. O contraditório, por sua vez, deve ser visto como sinônimo de participação, ou seja, como viabilidade de participação no processo, no sentido de influenciar e auxiliar o julgador na formação da melhor decisão possível.

Por sua vez, a instrumentalidade das formas só deve ser aceita se usada para diminuir a diferença entre as partes e, por conseguinte, contribuir para um efetivo acesso à justiça.

Por outro lado, de nada basta termos a previsão de um direito material louvável se não existir um processo eficaz para a concretização desse direito. Logo, para que os fenômenos processuais sejam bem compreendidos, o direito processual deve ser antes de tudo respeitado, e, depois disso, pensado a partir do direito material.

Portanto, verificada uma nulidade, independente do momento processual, é dever do magistrado decretá-la. E, na hipótese de se ficar constatado que determinado litigante atuou com malícia, silenciando quando deveria ter arguido a nulidade, que tal litigante seja punido com as sanções da lei, sem prejuízo dos fins de justiça do processo.

6. BIBLIOGRAFIA

ALVARO DE OLIVEIRA, Carlos Alberto. **Do formalismo no processo civil.** 4. ed. São Paulo: Saraiva, 2010.

_____, Carlos Alberto. **O formalismo-valorativo no confronto com o formalismo excessivo.** In RePro n. 137. São Paulo: RT, 2006.

BARROSO, Luís Roberto. **Interpretação e Aplicação da Constituição:** fundamentos de uma dogmática constitucional transformadora. 6. ed. São Paulo: Saraiva, 2006.

BEDAQUE, José Roberto dos Santos. **Efetividade do processo e técnica processual.** São Paulo: Malheiros Editores, 2006.

BONAVIDES, Paulo. **Curso de Direito Constitucional.** 16. ed. São Paulo: Malheiros, 2005.

BRASIL JR., Samuel Meira. **Justiça, direito e processo.** São Paulo: Atlas, 2007.

BUARQUE DE HOLANDA, Aurélio. **Minidicionário da língua portuguesa.** Rio de Janeiro: Nova Fronteira, 1985.

CANOTILHO, José Joaquim Gomes. **Direito Constitucional e Teoria da Constituição.** 7. Ed. Coimbra: Almedina, 2007.

CAPPELLETTI, Mauro; GARTH, Bryant. **Acesso à justiça.** Tradução de Ellen Gracie Northfleet. Porto Alegre: Fabris, 1988. 168 p.

_____; **O Controle judicial de Constitucionalidade das Leis no Direito Comparado.** Tradução de Aroldo Plínio Gonçalves. Porto Alegre: Fabris, 1984.

CHEIM JORGE, Flávio. **Teoria geral dos recursos cíveis.** 6.ed ver., atual. e ampl.- São Paulo: Editora Revista dos Tribunais, 2013.

DIDIER JÚNIOR, Fredie; BRAGA, Paula Sarno; OLIVEIRA, Rafael. **Curso de direito processual civil**: direito probatório, decisão judicial, cumprimento e liquidação da sentença e coisa julgada. Salvador: Edições Juspodivm, 2007. v.2.

DINAMARCO, Cândido Rangel. **Fundamentos do processo civil moderno.** 5. ed. São Paulo: Malheiros Editores, 2002. Tomo II.

_____. **A instrumentalidade do processo.** 8. ed. São Paulo: Malheiros Editores, 2000. 341 p.

GODINHO, Robson Renalt. A Distribuição do Ônus da Prova e a Constituição. In: NEVES, Daniel Amorim Assumpção (coord.). **Provas:** aspectos atuais do direito probatório. Rio de Janeiro: Forense; São Paulo: Método, 2009.

GUASTINI, Riccardo. **Das fontes às normas.** Trad. Edson Bini. São Paulo: Quartier Latin, 2005.

HESSE, Konrad. **A força normativa da Constituição (Die Normative Kraft der Verfassung),** trad Gilmar Ferreira Mendes, Porto Alegre: Sérgio Antonio Fabris Editor, 1991.

LACERDA, Galeno. **O Código e o formalismo processual.** In Ajuris 28. Porto Alegre: Ajuris, 1993.

MAZZEI, Rodrigo Reis. Apresentação: notas iniciais à leitura do novo código civil. In: ALVIM, Arruda; ALVIM, Thereza (coords.). **Comentários ao Código Civil Brasileiro, parte geral, v. 1.** Rio de Janeiro: Forense, 2005.

_____. Código Civil de 2002 e o Judiciário: apontamentos na aplicação das cláusulas gerais. In: DIDIER JR., Fredie; MAZZEI, Rodrigo Reis (Organizadores.). **Reflexos do Novo Código Civil no Direito Processual.** 2.ed. Salvador: Juspodvm, 2007

MOREIRA, José Carlos Barbosa. **Temas de direito processual:** oitava série. São Paulo: Saraiva, 2004.

PASSOS, José Joaquim Calmon de. **Esboço de uma teoria das nulidades aplicada às nulidades processuais.** Rio de Janeiro: Forense, 2009.

SILVA, José Afonso da. **Curso de Direito Constitucional Positivo.** 26 ed. São Paulo: Malheiros, 2006.

CAPÍTULO 11

Nulidade e o Novo Processo Civil Brasileiro - parte 1: o que significa "alcançar a finalidade"?[1]

Renzo Cavani[2]

SUMÁRIO: 1. PREMISSA; 2. VÍCIO E NULIDADE: INDISPENSÁVEL PONTO DE PARTIDA; 2.1. FUNCIONALIDADE DA NULIDADE NO PROCESSO CIVIL; 2.2. O VÍCIO COMO PRESSUPOSTO DA NULIDADE: DIFERENÇA ENTRE ATO VICIADO E ATO NULO; 3. A FINALIDADE NO ÂMBITO DA NULIDADE PROCESSUAL: POR UMA EXPLICAÇÃO DO MODELO DA FINALIDADE; 3.1. PRIMEIRAS INTERROGANTES; 3.2. FINALIDADE OBJETIVA E SUBJETIVA; 3.3. A CONFUSÃO ENTRE FINALIDADE DO ATO E EFEITOS DO ATO; 3.4. A FINALIDADE COMO *SITUAÇÃO IDEAL*; 3.5. A COGNIÇÃO JUDICIAL NO MODELO DA FINALIDADE; 4. CONCLUSÕES; 5. REFERÊNCIAS BIBLIOGRÁFICAS.

1. PREMISSA

O presente ensaio é –espero– o primeiro de muitos sob o título *Nulidade e o novo processo civil brasileiro*. O objetivo de todos eles é analisar, de forma crítica, a figura da nulidade processual, com especial preocupação no Novo Código de Processo Civil recentemente sancionado.

Em especial, este ensaio visa a estudar a figura da *finalidade* prevista no art. 275 do Novo Código de Processo Civil brasileiro (em diante, NCPC), cuja redação é idêntica à do art. 244 do Código de Processo Civil ainda vigente (em diante, CPC). Inclusive, uma rápida leitura do regime das nulidades processuais do NCPC (título III do Livro IV, "Dos atos processuais" da Parte Geral) nos diz que,

---

1 O presente trabalho –e os sucessivos– tem como base meu livro La nulidad en el proceso civil (Lima: Palestra, 2014), apresentado pelo Prof. Daniel Mitidiero e prefaciado pelo Prof. Antonio do Passo Cabral, ambos grandes processualistas, queridos amigos e referências acadêmicas e pessoais para mim. Por motivos de espaço, muitas referências serão feitas à obra da minha autoria mencionada. Finalmente, cabe salientar que já venho preparando a segunda edição: a oportunidade de rever o tema e analisar mais a fundo as particularidades do processo civil brasileiro, assim como as reações da doutrina especializada, decerto contribuirão para aperfeiçoamento das ideias.

2 Professor no Mestrado em Direito Processual da Pontifícia Universidade Católica del Perú (PUCP), na Universidad San Ignacio de Loyola (USIL) e na Universidade Continental (Huancayo, Peru). Mestre em Direito pela Universidade Federal do Rio Grande do Sul (UFRGS). Possui graduação em Direito pela Universidade de Lima (Peru). Membro do Instituto Brasileiro de Direito Processual (IBDP). prof.renzo.cavani@gmail.com

praticamente, nada mudou a respeito do CPC (capítulo V do título V, "Dos atos processuais" do Livro I, "Processo de conhecimento").[3]

Em sendo isso, caberia perguntar, portanto, com toda razão: qual a justificativa deste ensaio e dos posteriores? Qual a novidade que justifica abordagem que, pelo que parece... não seria novidade? A razão, em minha opinião, é que a figura da *finalidade*, central no sistema da nulidade processual na legislação processual civil brasileira (e também em muitas outras), não fora devidamente explorada e, portanto, a doutrina não chegou a respostas satisfatórias.

Destarte, com o advento do NCPC, acredito ser um momento mais do que oportuno para refletir criticamente sobre a finalidade no âmbito da nulidade processual, com o intuito de buscar novas respostas e, assim, facilitar a interpretação do texto legal e um uso mais racional e adequado da figura da nulidade.

2. VÍCIO E NULIDADE: INDISPENSÁVEL PONTO DE PARTIDA

2.1. Funcionalidade da nulidade no processo civil

A nulidade processual importa uma *crise no procedimento*.[4] Ele consagra, dentro da sua estrutura, uma grande quantidade de normas que disciplinam os poderes e faculdades do juiz e das partes, pautas de conduta, realização de atos etc. Assim mesmo, todos os atos que compõem um procedimento (qualquer um que ele seja) está encaminhado para um fim, pois esse atos, encadeados em sucessão dinâmica, estão direcionados, sempre, para um *ato final*.

Então, enquanto o procedimento avança para uma meta, a nulidade importa tudo o contrário: é o *retrocesso*, o refazer algo porque está mal feito, o voltar sobre os próprios passos. É compreensível, por conseguinte, o quão nocivo e prejudicial significa a nulidade para o processo, já que pospõe a obtenção da tutela jurisdicional efetiva, adequada e tempestiva que o Estado tem o dever de outorgar. Destarte, quando acontece um vício que gera efetivamente uma decretação de nulidade, suprime-se a eficácia e os efeitos daqueles atos afetados (que, segundo o caso, podem se *renovar*, isto é, se realizarem novamente), ensejando uma perda de dinheiro, tempo e esforço nos partícipes do processo;[5] prolonga-se a situação de incerteza e insegurança própria de um

---

3   Apenas existe uma única mudança: a incorporação do segundo parágrafo no art. 277, NCPC (art. 246, CPC), sobre a nulidade em caso de não intimação do Ministério Público.

4   Frase que pertence a Manuel Serra Domínguez. "Nulidades procesales". In Revista Peruana de Derecho Procesal, p. 561.

5   Trata-se, como é claro, do princípio de economia processual. Cfr. Juan Monroy Gálvez. Introducción al proceso civil, t. I, p. 99.

processo judicial; e, o mais grave de tudo, *impede-se* a solução do conflito que poderia se dar com a sentença de mérito e com os meios executivos para satisfação do direito reconhecido.

É inegável que o autor ou o réu que não têm razão *sempre* será favorecido com a nulidade, dado que ela adia a futura decisão final que seria favorável para a parte que a tem. É por isso que é absolutamente normal que aquele autor ou réu esteja na busca de vícios para denunciá-los e, assim, fazer retroceder o processo. De outro lado, tendo em vista que o só fato de ser parte em um processo judicial produz angústia e sofrimento, adiar a decisão final é, no fim das contas, prolongar ainda mais esse drama. E ele é, decerto, mais intenso na parte que tem razão.

Mas não só a partes se veem afetadas: o Estado-juiz, ao ter um interesse direto em que a controvérsia suscitada entre os cidadãos possa ser resolvida (o que não deve se confundir com interesse favorável a uma das partes), também se vê prejudicado pela nulidade pelo fato dela constituir um óbice para o cumprimento do seu dever, qual seja prestar uma tutela efetiva, adequada e tempestiva para o caso concreto.

A nulidade, consequentemente, é *não-querida*. O ideal, tanto para as partes quanto para o Estado, é que através do processo se chegue a uma decisão que componha a controvérsia de forma definitiva e justa, tutelando efetivamente o direito reconhecido em *prazo proporcional*. E para a consecução desses propósitos é absolutamente indispensável avançar, transitando por diversos estágios determinados pelo procedimento, até chegar ao momento em que o Estado encarregar-se-á de satisfazer o vencedor, com ou sem a cooperação do vencido.

Em sendo assim, é dever do legislador estruturar o procedimento de modo a que a nulidade, por ser tão danosa, não seja decretada *salvo se ela for absolutamente necessária*, e quando isso acontecer, que esteja limitada àqueles atos que realmente requeiram ser invalidados, conservando, na maior medida do possível, a integridade dos atos do procedimento.

Neste ponto cabe uma reflexão que não pode mais ser adiada: se a nulidade é tão nefasta, qual a sua razão de ser? Por que é fenômeno que está presente em qualquer tipo de processo? Aqui se descobre a íntima vinculação entre nulidade e procedimento: *a nulidade, tendo por função refazer o mal feito, serve para redirecionar o procedimento pelo "bom caminho", isto é, eliminar todos aqueles atos realizados contra o querido pelo Direito, e retornar a uma situação em que possa se continuar com o procedimento, agora já livre de impurezas*. Desde este ponto de vista, a nulidade é uma ferramenta muito importante, pois tutela a segurança jurídica –pilar do Estado de Direito–, corrigindo o desvio nas formas que compõem o procedimento, que, por sua vez, garantem cognoscibilidade, confiabilidade e calculabilidade.[6]

Com efeito, a nulidade poderia chegar a ser, inclusive, um remédio melhor do que continuar o procedimento. Por exemplo, será que é melhor dar por concluído o processo na etapa do saneamento ou, quiçá, aguardar até o tribunal de justiça ou a corte de vértice verificar o vício e invalidar tudo? Obviamente, o ideal seria a primeira solução.

Entretanto, essa concepção "positiva" da nulidade não deve fazer com que se perca de vista o mais importante: que a tutela dos direitos levados a juízo, ademais de efetiva e adequada, deve ser outorgada tempestivamente e sem dilações indevidas. *Daí ser absolutamente necessário que a nulidade seja um evento muito restrito, privilegiando-se sempre a possibilidade de sanar os vícios de modo a não influir no ato final, sendo que a decretação de nulidade será imprescindível quando o vício seja o suficientemente grave para ter de invalidar imediatamente e não aguardar até que o ato final se veja prejudicado, só para recém invalidá-lo.*

Não deve ser esquecido, de outro lado, que o regime da nulidade importa diversas *técnicas processuais* que condicionam e disciplinam sua aplicação no procedimento. A partir disso se deduz que existe um dever do legislador de institui-las normativamente, e do juiz de aplicá-las adequadamente, à luz do direito fundamental ao processo justo, com o escopo de conseguir uma prestação jurisdicional efetiva, adequada e tempestiva. Consequentemente, vulnera-se de forma gravíssima esse direito quando se consagra uma disciplina que desenha um processo ritualista e drasticamente formal, sem se preocupar por sanar dos vícios, o que somente pode ter como consequência uma prática judicial que use a nulidade sob uma ótica exageradamente formalista. Note-se que isso não é pouco: um legislador ou um juiz que pense no processo como conjunto de formas que devem ser cumpridas ao pé da letra, consagrando a nulidade como remédio para castigar os erros do julgador e das partes por não observar as disposições procedimentais, trai o fim máximo do processo, violando a Constituição.

Sob essa perspectiva, que liga diretamente a nulidade com a proteção e promoção dos direitos fundamentais, é imperativo que toda construção de uma teoria sobre a invalidade processual tenha sempre em vista o funcionamento do processo e suas técnicas.

2.2. O vício como pressuposto da nulidade: diferença entre ato viciado e ato nulo

Antes de falar em nulidade, é imprescindível abordar a categoria de *vício*. A razão disso é que se trata de fenômeno pré-existente ao da nulidade: a

---

6   Cfr. Humberto Ávila. Segurança jurídica, p. 249 ss.

produção do vício é *sine qua non* da nulidade, é seu pressuposto; sem vício, ela não pode existir. Mas mesmo antes de falarmos sobre esse tema, é preciso recorrer, ainda que brevemente, ao tema da *fattispecie*.

Fattispecie é a hipótese fática que se encontra na estrutura de uma norma jurídica, cujo cumprimento deve desencadear (salvo na hipótese de um fato sobreveniente), as consequências jurídicas assignadas. Em uma palavra, *fattispecie* equivale ao *antecedente*, que não pode ser confundido com o *consequente*.

É possível falar de uma *fattispecie* abstrata e uma *fattispecie* concreta. A primeira é aquela que está prevista hipoteticamente pela ordem jurídica, enquanto a segunda está composta por situações concretas realizadas na realidade da vida e que buscam ser subsumidas no esquema abstrato desenhado previamente, ou seja, na *fattispecie* abstrata.[7] Se é bem verdade que é possível afirmar que o campo de incidência do conceito *"fattispecie"* se circunscreve a uma adequada configuração do ato (ato existente e válido), isso não pode nos levar a negar a estreitíssima relação entre *fattispecie*, eficácia (entendida como *aptidão para produzir efeitos*) e os efeitos do próprio ato. Mas esse ponto é importante: não é correto dizer que a *fattispecie* do ato abrange os efeitos que esse produz, dado que eles manifestam-se em momento posterior por ser *consequência* de tal *fattispecie*; nada obstante, é possível sim afirmar que os efeitos do ato são os que *caracterizam* e *individualizam* a *fattispecie*,[8] o que é muito diferente de afirmar que *sejam parte dela*. Com outras palavras, a *fattispecie* dá-se a conhecer mediante a forma como ela impactou na realidade, ou seja, mediante os *efeitos* do ato. Esses são como a esteira deixada por um cometa: a partir dela é possível saber o tamanho, a velocidade, a projeção ou a massa do astro, *mas a esteira não é o próprio cometa*. Daí a íntima vinculação entre *fattispecie* e efeitos, ainda que, decerto, sejam inconfundíveis.

Mas a vinculação entre *fattispecie* e efeitos não se limita a uma individualização da primeira por causa dos segundos. Com efeito, se um ato é *perfeito*, o que equivale dizer que sua *fattispecie* foi realizada exatamente como previa o modelo legal ou de acordo com a própria natureza do ato (porque nem toda *fattispecie* se encontra prevista em *texto normativo*),[9] então os efeitos que dele devem decorrer são *exatamente* os que o ordenamento jurídico prevê e aos que a própria natureza do ato tende. Trata-se do binômio *perfeição-eficácia*:[10] se o ato é típico,[11] perfeitamente configurado ou, o que é o mesmo, possui a

---

7   Cfr. Giovanni Conso. I fatti giuridici processuali penali. Perfezione e efficacia, p. 6.

8   Ibidem, p. 6-7.

9   Cfr. Carlo Alberto Giovanardi. "Sullo scopo dell'atto processuale". In Rivista di diritto civile, p. 270.

10 Cfr. Giovanni Conso. I fatti giuridici processuali penali, p. 18-19; Antonio do Passo Cabral. Nulidades no processo moderno, p. 93.

11 Cfr. José Joaquim Calmon de Passos. Esboço de uma teoria das nulidades, p. 27.

fisionomia jurídica correspondente ao modelo legal, então tem uma *eficácia típica* e, por tanto, deve produzir os efeitos para os quais estava destinado, exatamente como a ordem jurídica previu.

Essa *eficácia típica* é *eficácia extrínseca*: a correta presença dos elementos de existência e validade (adequação, tipicidade) geram uma eficácia a que, por sua vez, permite a produção dos *efeitos típicos*.

Dito isso, já é possível tratar sobre o tema do vício.

O vício é a *imperfeição estrutural do ato processual*, isto é, um defeito presente na própria configuração do ato, concretamente, em um dos seus requisitos. Refiro-me a "imperfeição estrutural" basicamente por duas razões:

(a) Em primeiro lugar, é *imperfeição* porque o ato passível de ser decretado como nulo, se é bem verdade que é eficaz, é imperfeito porque defeituoso (viciado) por não cumprir com os parâmetros que a lei impõe para sua correta realização.[12] Em outras palavras, o ato viciado produz efeitos (mesmo não típicos), mas o fato que esteja destinado a ser invalidado qualifica o ato como *inadequado* a respeito do suporte fático exigido pela norma ou, o que é o mesmo, que exista uma errada configuração da *fattispecie*. Pelo contrário, um ato processual *perfeito* é aquele que cumpriu com seus pressupostos de existência e com seus requisitos de validade, pelo que deve produzir precisamente os efeitos que a lei dispôs. Trata-se do binômio *perfeição-eficácia*.[13]

Pelo contrário, aquele ato que não é configurado segundo o suporte fático previsto legalmente faria com que os efeitos não sejam típicos. Trata-se do binômio oposto: *imperfeição-ineficácia*. Com efeito, é preciso levar em conta que o ato viciado, mesmo sendo eficaz, não é capaz de produzir *exatamente* os efeitos típicos próprios de um ato perfeito. É verdade que qualquer ato, seja ou não viciado, produz no mínimo o efeito de ocasionar um novo ato, o que é típico dos atos inseridos em uma cadeia procedimental. Por exemplo, uma sentença impecavelmente proferida e uma sentença imotivada ensejarão o poder de recorrer, o que se plasmaria no ato processual de apelação, mediante o que a parte prejudicada a questionará.

No entanto, a chave aqui é contemplar esses *efeitos típicos* como aquelas consequências que o ordenamento abstratamente deseja que tal ato produza.

---

12 Cfr. Vittorio Denti. "Volontarietà e volontà nel trattamento degli atti processuali". In Dall'azione al giudicato, p. 185 (artigo cuja origem reside no texto "Note sui vizi della volontà negli atti processuali civili". In Studi nelle scienze giuridiche e sociali dell'Università di Pavia), criticando duramente o entendimento de Giovanni Conso. Il concetto e le specie d'invalidità, p. 19 ss.

13 Giovanni Conso. I fatti giuridici processuali penali, p. 18-19; Antonio do Passo Cabral. Nulidades no processo moderno, p. 93.

De uma ou outra maneira, não pode haver *coincidência plena e exata* entre efeitos típicos e atípicos. Agora, isso não quer dizer que deva excluir a *priori* que todo ato *atípico* (viciado) não possa chegar, em algum momento, a produzir os *efeitos típicos*. Isso será explorado mais à frente.

(b) Em segundo lugar, se fala de *estrutural* dado que o vício é produto do descumprimento da *forma* legalmente estabelecida para um ato, à que pertence a *estrutura* deste.[14] O vício está circunscrito unicamente no âmbito da configuração do ato processual e, portanto, de jeito nenhum é superveniente: sempre é originário, contemporâneo ao ato. A bem de verdade, o fato de o vício ser pressuposto essencial da nulidade, é a autêntica razão pela que essa identifica-se com uma falha no nível dos requisitos do ato.

A propósito, é necessário esclarecer que a alusão ao termo *forma* faz-se em sentido lato, com o que se pretende abranger a forma propriamente dita (isto é, a forma para realização do ato processual: lugar, modo, tempo[15]) e ao conteúdo ou substância do ato processual. Sobre isto já se pronunciou favoravelmente boa parte da doutrina.[16]

O vício é resultado do descumprimento das disposições sobre a forma pré-estabelecida do ato processual. Tal descumprimento produz, em consequência, um ato viciado. Essa situação, pois, apenas involucra um ou mais defeitos na configuração do ato. São atos viciados, por exemplo, um ato de notificação mal realizado, uma sentença imotivada, aqueles praticados pela parte que perdeu a sua capacidade processual, uma hasta pública realizada sem observar as regras sobre as publicações ou aqueles atos realizados depois que uma parte perdeu a titularidade do direito discutido, entre muitos outros.

O *ato viciado* não deve ser confundido com o *ato nulo*. O primeiro é aquele ato que padece de defeito nos seus requisitos (âmbito de validade); o segundo apresenta-se quando o vício que contaminou o ato concretizou-se em pronunciamento de invalidade (decretação de nulidade). Isto quer dizer que há ato viciado *pela só produção do defeito na forma do ato*, qualquer um que este seja, *desde que, é claro, afete algum requisito deste ato*. Não se trata, portanto –e isto é da mais alta relevância– que o vício se manifesta diante qualquer tipo de inobservância da lei; na verdade, o fenômeno do vício está na observância da *fattispecie* do ato;[17] a que, se é bem verdade que está integrada por diversos

---

14 Portanto, não pode se falar de vício quando se está diante de um erro in iudicando (decisão injusta), tal como propõe Elio Fazzalari. Sentenza. I. Sentenza civile. In Enciclopedia del diritto, p. 1.247.

15 Cfr. Enrico Redenti. Atti processuali. a) Diritto processuale civile. In Enciclopedia del diritto, p. 117.

16 Cfr. Renato Oriani. Atti processuali. I. Diritto processuale civile. In Enciclopedia giuridica (Treccani), t. 3, p. 4 ss.

17 Cfr. Crisanto Mandrioli. Corso di diritto processuale civile, I.

requisitos legais, tem outros que fogem à forma e, inclusive, à forma-conteúdo. Nesses casos, apesar da existência de inobservância formal, o ato não estaria viciado.

Já há ato nulo quando o vício continuou e ocasionou *decretação que o evidencia, eliminando-se a eficácia e os efeitos do ato que albergava o vício*.[18]

É possível evidenciar que se trata de dois diferentes estágios ou âmbitos que devem ser nitidamente diferenciados, não apenas pela sua origem, mas também porque se produzem *sempre* em dois momentos distintos do iter processual, o que, por sua vez, se reflete claramente no procedimento lógico que o juiz realiza para efetivar decretação da nulidade.[19] Quando se fala em ato nulo, alude-se, inequivocamente, a que tal ato padecia um vício *mas que já foi invalidado*.[20] Nada obstante, existem muitos obstáculos no caminho do ato viciado, a fim de conduzir ao ato nulo: os principais são, sem dúvida nenhuma, os assim chamados "princípios da nulidade" (*rectius*: técnicas processuais destinadas a impedir a decretação de nulidade), sendo que a grande maioria deles têm por missão principal impedir que o vício possa gerar uma nulidade. Portanto, é possível sustentar o seguinte: *toda nulidade provém de um vício, mas nem todo vício produz uma nulidade*.

Assim, vício e nulidade estão vinculados no âmbito estrutural do ato, o que *pode* chegar a ver afetada sua eficácia no processo, pré-determinada pela lei. Mas aqui é imprescindível advertir que essa ineficácia apenas se efetiva quando o ato foi decretado como nulo, e não quando o ato está simplesmente viciado, pois ele produz efeitos, mesmo que atípicos.

Além de discrepâncias sobre se os efeitos que produz o ato viciado são ou não *precários* (para aludir ao fato de que são distintos daqueles decorrentes de um ato típico),[21] a diferença entre os efeitos do ato perfeitamente configurado e os do ato viciado é que esses são suscetíveis de serem eliminados devido a que a configuração da *fattispecie* se realizou defeituosamente.

---

18 Eficácia é a aptidão ou idoneidade para produzir efeitos jurídicos. Cfr. Giovanni Conso. I fatti giuridici processuali penali, p. 34, nota 72.

19

20 Cfr. Antonio Carlos de Araújo Cintra; Cândido Rangel Dinamarco y Ada Pellegrini Grinover. Teoria geral do proceso, p. 364.

21 Cfr. Antonino Galati. Nullità. d) Diritto processuale penale. In Enciclopedia del diritto, p. 910; Crisanto Mandrioli. Corso di diritto processuale civile, tomo I, p. 248. Na beira oposta encontra-se Vittorio Denti. "Volontarietà e volontà nel trattamento degli atti processuali". In Enciclopedia del diritto, p. 188, que nega a existência de "precariedade de efeitos". Para uma exposição ampla sobre o pensamento de Giovanni Conso, Vittorio Denti e Carlo Alberto Giovanardi (ideias essenciais para aproximação crítica sobre fattispecie, efeitos atípicos e finalidade no contexto da nulidade processual), cfr. Renzo Cavani. La nulidad en el proceso civil, p. 327 ss.

A ineficácia *unicamente* se verifica quando tais efeitos são efetivamente suprimidos, o que, por sua vez, ocorre quando o ato foi anulado[22] através de pronunciamento judicial. O ato viciado é, portanto, consequência de uma determinada inobservância da forma, enquanto o ato nulo sempre será uma consequência do ato viciado. Deduz-se com clareza que sem o vício, a nulidade não pode se apresentar. O vício é sua razão de ser, o que não quer dizer que seja sua *causa determinante*, mas sem dúvida é seu pressuposto, sua *causa originaria*.

A despeito desta clara distinção, é muito frequente que se faça referência ao ato nulo ou ao ato inválido quando esse apenas é um ato viciado. Assim, por exemplo, tanto no âmbito forense quanto no acadêmico se fala de "sentença nula" quando, por exemplo, existe uma incongruência *extra petita*, sem que sobre esse sentença tenha recaído pronunciamento de invalidade. Porém, essa "sentença nula" não é tal; trata-se de uma sentença *viciada*.

A distinção entre ato viciado e ato nulo não só tem um valor meramente teórico: trata-se de fenômenos que frequentemente se verificam na prática e que devem receber um tratamento normativo e prático diferenciado. Entretanto, a complexidade do vício e da nulidade não se esgota tão só em advertir qual figura é anterior à outra. Da mesma forma para que a nulidade faça sua aparição após ter superado uma série de obstáculos, não é menos importante determinar com precisão quando se produz o vício, ou melhor, as situações que ocasionam um ato viciado.

3. A FINALIDADE NO ÂMBITO DA NULIDADE PROCESSUAL: POR UMA EXPLICAÇÃO DO MODELO DA FINALIDADE

3.1. Primeiras interrogantes

Muito se tem dito respeito da prevalência da *finalidade* sobre a *forma*. Essa ideia é consagrada no assim chamado *princípio de instrumentalidade das formas*.

---

22   Essa ideia já tinha sido explicada com grande clareza por José Joaquim Calmon de Passos, na sua tese de concurso para a cátedra na Universidade Federal da Bahia, denominada A nulidade no processo civil, que data de 1959, citada por Antonio Janyr Dall'Agnol Jr. "Para um conceito de irregularidade processual". In Alvaro de Oliveira, Carlos Alberto (org.). Saneamento do processo. Estudos em homenagem ao prof. Galeno Lacerda, p. 89-90. Evidentemente, essa mesma ideia manteve-se até o final da sua vida: Esboço de uma teoria das nulidades, p. 107-108. Essa nítida diferenciação entre ato viciado e ato nulo também foi salientada por boa parte da doutrina brasileira que tratou do assunto: cfr. Antonio Janyr Dall'Agnol Jr. Invalidades processuais, p. 42-43; Roque Komatsu. Da invalidade no processo civil, p. 206 ss.; Aroldo Plínio Gonçalves. Nulidades no processo, p. 19 ss.; José Maria Tesheiner. Pressupostos processuais e nulidades no processo civil, p. 11 ss.; Antonio do Passo Cabral. Nulidades no processo moderno, p. 71 ss.

São incontáveis os autores da doutrina brasileira que salientaram esse fato relevante. Rejeita-se, com isso, a possibilidade de o juiz ter de decretar uma nulidade pelo só fato de existir cominação expressa.

Porém, se é bem verdade não ser possível negar a importância da concepção instrumentalista das formas e de contemplá-las desde seu aspecto teleológico, os problemas que apresenta um modelo cujo correto funcionamento depende de saber qual é a finalidade *de cada um dos atos* e se, por consequência, alcançou-se aquela ou não em um caso concreto para saber quando decretar ou não a nulidade, podem ser iguais ou maiores às suas vantagens.

Com efeito, o que significa com exatidão *atingir a finalidade ou escopo do ato?* Existe finalidade comum para todos os atos do procedimento no que diz respeito à análise para decretação de nulidade? É possível dizer que a finalidade dos atos processuais equivale aos fins do processo (sejam eles quais forem)? Quando é que um ato atinge sua *finalidade*? Equivale a *finalidade* aos *efeitos* do ato? É o mesmo falar de *finalidade do ato* do que *finalidade da norma*? Como se adequa dogmaticamente o atingimento do escopo com a *fattispecie* do ato viciado?

Resulta ser óbvio que, tanto o estudioso quanto os juízes devem saber as respostas a essas perguntas, pois todas elas desprendem-se do modelo que regulamento a produção ou não produção de nulidades no contexto de um sistema processual.

Vamos em frente.

3.2. Finalidade objetiva e subjetiva

Quando se fala de "finalidade do ato", a doutrina entende que, de um lado, pode se referir a uma *finalidade subjetiva*, que reflete a intenção de quem realiza o ato processual e as consequências que dele espera. De outro lado, também pode se falar de uma *finalidade objetiva* do ato, que seria o propósito que a lei consagrou.

Existe parte da doutrina que descarta a finalidade subjetiva, principalmente porque se rejeita, à diferença do que ocorre no direito privado, a importância da *vontade* do agente que realiza o ato processual. Se ela fosse relevante, a violação da forma pré-estabelecida (e a eventual produção da nulidade) ficaria sujeita à concordância entre a vontade do sujeito processual e os resultados do seu agir, pois apenas essa concordância legitimaria a eficácia ou as consequências desejadas pelo ordenamento jurídico. Assim, resultaria inviável que o juiz tenha que investigar se em *todo* ato processual houve uma autêntica declaração de vontade, o que poderia gerar muitos prejuízos e arbitrariedades.[23]

---

23 Cfr. Enrico Redenti. Diritto processuale civile, p. 231; Carlo Alberto Giovanardi. "Sullo scopo dell'atto processuale". In Rivista di diritto civile, p. 271.

Já a *finalidade objetiva* também apresenta muitos problemas. Por exemplo, a doutrina italiana dedicou muitos esforços para conceituar o que seria o famoso *raggiungimento dello scopo*, e as respostas são muito diversas. Tem-se dito que o atingimento da finalidade de um ato determina-se segundo a "*ratio legis*";[24] a "função do ato";[25] a "função abstrata e objetiva do ato no processo"[26-27] e o "resultado que o legislador propôs-se conseguir".[28] Assim mesmo, tem-se associado o atingimento da finalidade em relação ao interesse em que uma norma foi pré-disposta.[29]

Já se afirmou também que não se trata, na verdade, da finalidade do ato, mas da "finalidade da norma",[30] o "espírito da lei" ou "finalidade da lei", que, por sua vez, por ter muitas finalidades, como a clareza, a certeza ou a integridade da defesa;[31] ou que a finalidade última da formação da coisa julgada (decisão justa) pressupõe "todas as finalidades particulares dos atos".[32]

Uma posição bastante recorrente é identificar a finalidade do ato com seus efeitos, no sentido de que o ato teria alcançado sua finalidade apesar de estar viciado, quando produz a eficácia que deveria produzir.[33] Também se tem dito, em posição muito peculiar, que o *raggiungimento dello scopo* se resume em um comportamento da parte mediante o qual se extingue o poder de excepcionar a nulidade.[34]

Não é menos famosa a invocação aos *fins do processo* como meio de sanar os vícios.[35] Porém, também existem posições isoladas que entendem como

---

24 Cfr. Enrico Redenti. Atti processuali. a) Diritto processuale civile. In Enciclopedia del diritto, p. 124.

25 Cfr. Salvatore Satta. Diritto processuale civile, p. 142, quem, mais em frente, indica que a função não pode ser estabelecida de outra forma que não seja no caso concreto. Segue fielmente o pensamento de Satta, José Joaquim Calmon de Passos. Esboço de uma teoria das nulidades, p. 130. Fala também de "função do ato no processo" Matteo Gozzi. "La notificazione eseguita in luogo privo di relazione". In Rivista di diritto processuale, p. 769.

26 Cfr. Girolamo Monteleone. Diritto processuale civile, p. 300. Já Giovanni Verde. Profili del processo civile, p. 302, fala de "função objetiva e típica pela qual o ato nasceu e é levado em consideração pela lei".

27 Cfr. Fabio Marelli. La conservazione degli atti invalidi nel processo civile, p. 47-48, que fala de "função", "finalidade da norma", "interesse da ley" e "ratio" (todos como sinónimos).

28 Cfr. Renato Oriani. Nullità degli atti processuali. I. Diritto processuale civile. In Enciclopedia giuridica, p. 7, remetendo-se a Luigi Montesano. "Questioni attuali su formalismo, antiformalismo e garantismo". In Rivista trimestrale di diritto e procedura civile, p. 4.

29 Cfr. Salvatore Satta. Commentario al Codice di Procedura Civile, libro primo, p. 538.

30 Cfr. Carlo Alberto Giovanardi. "Sullo scopo dell'atto processuale". In Rivista di diritto civile, p. 279.

31 Cfr. Enrico Redenti. Diritto processuale civile, p. 231.

32 Cfr. Salvatore Satta. Commentario al Codice di Procedura Civile, libro primo, p. 539.

33 Cfr. Carlo Furno. "Nullità e rinnovazione degli atti processuali". In Studi in onore di Enrico Redenti nel XL anno del suo insegnamento, vol. I, p. 413.

34 Cfr. Vittorio Denti. "Volontarietà e volontà nel trattamento degli atti processuali". In Dall'azione al giudicato, p. 190-191.

35 Cfr. José Roberto dos Santos Bedaque. Efetividade do processo e técnica processual, p. 448.

finalidade do ato processual a construção do procedimento para que o juiz possa proferir validamente a sentença[36] e, também, chegar a julgar sobre a existência ou não do direito do ator discutido em juízo.[37]

É possível apreciar que existem muitos entendimentos para determinar o que realmente quis dizer o legislador com o termo "alcançar a finalidade". Verificam-se, decerto, explicações que não conduzem a nenhuma resposta satisfatória. Por exemplo, afirmar que a finalidade do ato é a finalidade da lei é tautológico, enquanto identificar o atingimento da finalidade com o cumprimento dos *fins do processo* diz tudo... e nada. Entretanto, um ponto comum é que a finalidade, quer conduza a uma decretação da nulidade, quer conduza a uma não-decretação da nulidade, *não pode ser determinada abstratamente, mas caso a caso*. Disso não existem maiores dúvidas, já que muitos são os atos –por não dizer quase todos– que podem, hipoteticamente, se ver afetados por um vício que, por sua parte, possa conduzi-los à invalidação.[38]

3.3. A confusão entre finalidade do ato e efeitos do ato

Em um discurso em que temos *fattispecie* abstrata e *fattispecie* concreta atípica, efeitos típicos e efeitos atípicos, onde entra a finalidade? Seria tentador afirmar que o ato alcançou sua finalidade se produziu seus efeitos típicos e, pelo contrario, que não a cumpriu se produziu efeitos atípicos e que, por isso, invalidado. Com isso, haveria uma identidade entre efeitos e finalidade. Será que isso é correto?

Parece-me que não, e para demonstrá-lo se deve começar com uma pergunta: em que casos um ato tem aptidão para cumprir com a finalidade assignada pela ordem jurídica? Até onde chegaram minhas reflexões, apenas dois são as hipóteses: (i) que tenha sido configura *tipicamente* ou (ii) que tenha sido configurado *atipicamente* e que, posteriormente, por alguma circunstância, o ato não seja invalidado.

Sobre o ponto (i), se um ato típico produz efeitos típicos, ele alcança sua finalidade *não porque tenha produzido seus efeitos típicos, mas porque,*

---

36 Cfr. Aroldo Plínio Gonçalves. Nulidades no processo, p. 61.

37 Cfr. Roberto Poli. "Sulla sanabilità dei vizi degli atti processuali" In Rivista di diritto processuale, p. 486.

38 Quiçá a incerteza sobre o significado desta figura tenha impulsado Carnelutti, pouco antes de falecer, a propor uma definição legislativa do raggiungimento do scopo no seu projeto de Codice di Procedura Penale, cujo artigo 56 dizia: "Em qualquer caso a nulidade será excluída quando, a pesar do vício, o fim do ato foi conseguido. Se entende que um ato consegue seu fim quando, a pesar do vício, o procedimento pode prosseguir sem nenhum prejuízo à potestade do juiz ou aos direitos das partes" (Francesco Carnelutti. Verso la riforma del processo penale, p. 130). Os grifos são do original e correspondem às modificações sugeridas pelo próprio Carnelutti dirigidas ao texto elaborado pela comissão que ele presidiu.

precisamente, foi configurado tipicamente. A finalidade, portanto, entendida como *situação jurídica*, não está nos efeitos, mas determinada na própria geração do ato. Os efeitos típicos, como já foi dito, são a consequência da *adequação* do ato ao modelo legal.

O mesmo deve ser dito sobre o ponto (ii): se o vício de um ato não lhe permite produzir seus efeitos típicos, a eventual falta do atingimento da finalidade origina-se, exclusivamente, pela *aticipicidade* do ato, o que gera, por sua vez, efeitos *atípicos*.

Mas o que acontece quando, apesar da atipicidade, o ato alcançar a finalidade? É precisamente neste ponto que é fácil chegar à confusão entre finalidade e efeitos; entretanto, aqui é preciso recorrer à explicação realizada por Giovanardi, no sentido de que o requisito defeituoso ou omitido exigido pela *fattispecie* típica deve ser colocado em *relação teleológica* com a finalidade do ato (mesmo quando Giovanardi fala sobre *"finalidade da norma"*). Destarte, o ato viciado conforma uma *fattispecie* concreta que é capaz de atingir tal finalidade se o requisito defeituosamente realizado ou omitido responde ao seu vínculo teleológico.[39] Por isso, não se trata de equiparar finalidade e efeitos, mas colocar a finalidade, sempre e em qualquer circunstancia, ao nível dos requisitos (de validade) e jamais dos efeitos.[40] Confundir finalidade com efeitos suporia afirmar que o efeito seria um elemento capaz de configurar a *fattispecie*, o que seria um erro grave porque não é possível admitir que uma situação jurídica possa constituir, em um só tempo, elemento e efeito jurídico de um mesmo ato.[41]

---

39 Cfr. Carlo Alberto Giovanardi. "Sullo scopo dell'atto processuale". In Rivista di diritto civile, p. 273 ss.
40 No mesmo sentido, cfr. Roberto Poli. "Sulla sanabilità dei vizi degli atti processuali". In Rivista di diritto processuale, p. 482-483.
41 Cfr. Carlo Alberto Giovanardi. "Sullo scopo dell'atto processuale". In Rivista di diritto civile, p. 273. Algo que vale a pena mencionar é que a fattispecie (concreta) do ato viciado não se "transforma" na fattispecie do ato típico por ocasião do atingimento da finalidade, já que se o ato foi configurado defeituosamente é desse jeito que fica: como um ato viciado e jamais como um ato válido. Assim, por exemplo, note-se que a renovação ou repetição do ato –que tem lugar unicamente após a decretação de nulidade, tal como prevê o caput do art. 282, NCPC– pressupõe a realização de outro ato e não daquele que já foi realizado. O objetivo é que o primeiro se configura adequadamente para que possa produzir os efeitos típicos que o segundo não pôde produzir pelo fato de se encontrar erroneamente configurado (e que, por isso, foi invalidado). Assim, se o ato atípico produzir efeitos típicos não é pela existência de uma fattispecie subsidiária. Essa é, por exemplo, a proposta de Giovanni Conso (Il concetto e le specie d'invalidità, p. 35 ss.) para explicar como é que uma terceira fattispecie, conformada pela fattispecie do ato viciado e os fatos que sanearam o vício, (que, assim, já não seria mais um ato imperfeito, mas um perfeito) é o que produz os efeitos típicos. A proposta, segundo penso, é equivocada porque é difícil aceitar que o legislador tenha criado duas fattispecie abstratas (a abstrata propriamente dita e a subsidiária) fornecendo os mesmos efeitos típicos a pesar de serem estruturalmente diferentes. Ainda mais: a fattispecie subsidiária seria mais abstrata do que a própria fattispecie abstrata! Na verdade, é o próprio ato atípico (fattispecie concreta) que produz efeitos –que ulteriormente não seriam eliminados a pesar da atipicidade– mas pelo fato de ter respondido à finalidade do ato diante do requisito concreto que foi omitido ou realizado defeituosamente. A despeito disso, é preciso reconhecer que Conso tem razão

A finalidade, portanto, está na própria configuração do ato.

3.4. A finalidade como situação ideal

Se a finalidade encontra-se no âmbito da *fattispecie* e não dos efeitos, estamos perto de entender o que, no meu critério, realmente aquela significa.

Porém, primeiro é preciso dizer o que ela *não significa*.

Dizer que a finalidade equivale a *ratio legis*, à função do ato, à finalidade da norma ou ao propósito do legislador não diz absolutamente nada. Desloca o problema a um outro problema (definir o que seria *ratio legis*, função do ato, finalidade da norma ou propósito do legislador). Não seria outra coisa, ademais, do que afirmar *finalidade* é a própria *fattispecie*. Mas isso, como é cristalino, não leva a lugar nenhum, *salvo que o discurso jurídico seja precisado com maior rigorosidade.*

Uma reflexão especial merece aquela identificação entre finalidade do ato com os fins do processo. Nada obstante, seria necessário, antes do que nada, definir quais sãos os fins do processo. Justiça? Pacificação? Aplicação do direito objetivo ao caso concreto? Mas ainda, definindo-os, não se oferece nenhuma solução coerente, pois dizer que o ato alcança sua finalidade se permitir a consecução da justiça no processo é dizer nada. Ainda pior: afirmar que um ato não será invalidado se permitir o alcance da pacificação social (caso essa se assuma como um fim do processo, é claro) é um argumento tão etéreo que, em realidade, seria completamente inútil. Falar de "fins do processo", mesmo considerando que o fim do processo é a tutela dos direitos, resulta uma proposta que, no contexto das nulidades, não pode ser levada a sério.

O que seria, portanto, a finalidade? Em minha opinião, por *finalidade* deve entender-se *aquela situação ideal inerente a cada ato processual típico, a fim de que ele produza a incidência no procedimento que o legislador dispôs, que pode ser alcançada quer mediante efeitos típicos, quer através de efeitos atípicos.*

Trata-se, em primeiro lugar, de uma *situação ideal* porque unicamente habita no mundo abstrato, junto à *fattispecie* abstrata. A finalidade unicamente faz referência a essa e aos requisitos típicos. Portanto, quando se diz "o ato alcançou sua finalidade" faz-se referência a essa abstração que unicamente

---

ao afirmar que o ato viciado, por ser imperfeito ou atípico, no pode produzir exatamente as mesmas consequências jurídicas que o ordenamento lhe assignou a um ato típico (ibidem, p. 22-23). É verdade que o ato viciado não deixa de ser um ato inserido em uma cadeia procedimental, razão pela qual, muitas vezes, não é tão fácil detectar qual o defeito atípico que produz (ou, o que é o mesmo, o efeito típico que não produz); entretanto, uma questão de lógica faz possível afirmar a priori que os efeitos não podem ser equiparados em sua plenitude.

se pode descobrir pela *razão de ser* do ato no procedimento. Nada obstante, essa situação não pode se confundir com a própria *fattispecie*. É a *fattispecie* que consagra uma *situação ideal* (finalidade) à qual, no contexto do modelo da finalidade, deve se adequar o ato efetivamente praticado para ser ou não invalidado –e não para produzir efeitos típicos, como poderia se pensar.

Trata-se de situação ideal *inerente a cada ato processual típico* porque o legislador, ao consagrar diversas *fattispecie* atípicas no marco do procedimento, não faz nada mais do que regulamentar abstratamente os atos processuais e a forma como devem ser realizados. Por isso, desde essa perspectiva, é mais preciso falar de *finalidade do ato processual* do que de *finalidade da norma*, inclusive porque o legislador cria textos (atos processuais típicos) e não normas.

Fala-se de uma situação ideal inerente a cada ato processual típico *a fim de que esse produza a incidência no procedimento que o legislador dispôs*, porque o ato processual teria uma razão de ser (ou várias, segundo o caso) que justifique sua inserção no procedimento legalmente estabelecido. Por exemplo, o propósito do legislador de regulamentar o ato processual de citação tem como propósito que o destinatário tome conhecimento do conteúdo da petição inicial.

Mas esse é apenas *um dos propósitos da citação*. Outro poderia ser a possibilidade de o destinatário exercer seu direito ao contraditório para influencia no processo. Assim, argumentativamente é possível identificar *diversas finalidades* ou, como foi assinalado, *situações ideais* que cada ato processual determina. Inclusive, é possível dizer que todos os atos processuais têm como um dos seus fins se encaminhar ao ato final. Nada obstante, como se verá mais em frente, muito além que a complexidade de identificar essas situações ideais (propósitos do legislador) signifique uma bondade do modelo, constitui, na verdade, sua maior falência.

Finalmente, a finalidade é a situação ideal inerente a cada ato processual típico, a fim de que produza a incidência no procedimento que o legislador dispôs, *que pode ser alcançada seja mediante efeitos típicos, seja através de efeitos atípicos*, dado que o atingimento dessa situação ideal não só pode se dar nos casos de coincidência entre as *fattispecie* abstrata e concreta, mas também quando essa é atípico. É incorreto dizer que o legislador, apesar de desejar que os atos se realizem exatamente como ele o previu, rejeite que a essa situação ideal também se possa chegar por outros caminhos, *porque ele mesmo assim o autoriza quando impede a decretação de nulidade nos casos em que o ato atingiu sua finalidade*. Note-se, mais uma vez, a diferença entre *finalidade* como situação *ideal* e *efeitos*: são esses (sejam típicos ou atípicos) os que levam àquela, que é sempre abstrata. Não há nem pode haver uma relação de identidade entre ambos os conceitos.

3.5. A cognição judicial no modelo da finalidade

É plenamente possível afirmar que o atingimento da finalidade resulta, para o intérprete, uma indagação muito complexa direcionada a individualizar a finalidade do ato.[42] Com efeito, "cumprimento do propósito", "atingimento do escopo" e "finalidade" são termos indeterminados que possuem uma *grande densidade normativa* e uma *baixa objetividade semântica*.[43] As consequências dessa indeterminação linguística permite extrair a(s) norma(s) que melhor se adaptem a cada caso concreto, mas, simultaneamente, faz com que o trabalho interpretativo –e, sobretudo, aplicativa– seja dificultado sobremaneira, principalmente no tema que aqui concerne.

Parte de tal complexidade já foi enunciada ao recorrer à doutrina e corroborar que o significado do término *"raggiungimento dello scopo"* ou "atingimento da finalidade" está muito longe de ser pacífico e adequado. Não obstante, a dificuldade da tarefa que o legislador lhe impôs ao juiz vai muito além de saber quando se alcança ou não essa situação ideal que se tem identificado de *finalidade.*

Com efeito, o que o juiz deve fazer para *saber quando decretar ou não uma nulidade no modelo da finalidade* pode se resumir ao seguinte: (i) verificar qual a *fattispecie* que a ordem jurídica lhe confere ao ato perfeito ou típico; (ii) aferir se dita *fattispecie* foi cumprida corretamente pelo ato –em tese– viciado (ou, também, descobrir qual a *fattispecie* concreta de tal ato), o que involucra determinar quais são os requisitos (formais ou não) que foram inobservados; (iii) determinar qual a *finalidade* ou *finalidades* do ato cuja *fattispecie* é perfeita (finalidade em abstrato); e (iv) demonstrar se tal *finalidade* foi ou não conseguida pelo ato viciado ou imperfeito.[44]

Saliente-se que os pontos (i) e (ii) podem ser muito mais complexos quando a legislação processual não regulamenta uma determinada forma ou tipicidade para o ato; contudo, trabalhar com *fattispecie* é próprio da atividade do juiz. Assim, determinar qual ato possui um vício ou não comparando a forma como o ato foi realizado com a forma como devia ser realizado é um procedimento lógico inescapável ao controle que o juiz deve realizar sobre o correto desenvolvimento do procedimento.

É o ponto (iii) que involucra uma operação mental de enorme dificuldade, já que o juiz deve ser capaz de determinar *com absoluta precisão* qual a finalidade ou finalidades de todo e qualquer ato processual, finalidade que, por

---

42 Cfr. Renato Oriani. Nullità degli atti processuali. In Enciclopedia giuridica, p. 3.
43 Cfr. Antonio do Passo Cabral. Nulidades no processo moderno, p. 49.
44 Idem.

essência, deve ser analisada de forma abstrata porque ela mesma o é. Assim, deve identificar com rigorosidade qual a *situação ideal* ou as *situações ideais* inerentes ao ato típico, para depois contrastar com o ato efetivamente realizado.[45]

O ponto (iv), evidentemente, não é menos árduo de solucionar: saber se um ato alcançou ou não essa situação ou situações ideais às que estava previsto pressupõe um juízo muito preciso a respeito das regras para sanar os vícios. Não se esqueça de que o juiz deve fornecer uma motivação suficiente e adequada para fundamentar as razões da anulação ou as razoes pelas quais deixa de fazê-lo.

Esse trabalhoso labor de determinar qual a finalidade do ato processual viciado é uma exigência consubstancial e inescapável ao modelo da finalidade,[46] sendo que tal busca outorga uma *considerável liberdade ao juiz*. Mas essa liberdade pode produzir *arbitrariedade* se tal procedimento lógico não é realizado corretamente e se se optasse pela decretação de nulidade quando não existe um vício ou quando se perde de vista que o juiz, para saber se houve ou não atingimento da finalidade, antes deve fixar a finalidade em abstrato.

Assim mesmo, o raciocínio é ainda mais complexo se o juiz, argumentativamente, descobrir duas ou mais finalidades no ato. O que acontece se a *fattispecie* concreta alcança a finalidade, mas não a outra? Qual deve ser a decisão se uma finalidade está contida dentro da outra? Evidentemente essas perguntas não podem ser respondidas aqui, em abstrato, mas no caso concreto. E é precisamente a enorme complexidade do caso concreto que faz com que essa análise da finalidade seja indesejável.

4. CONCLUSÕES

Neste breve ensaio demonstrou-se que não é possível entender o fenômeno da nulidade processual sem aprofundar na dogmática do vício e da *fattispecie*. A partir daí, diferenciando-a dos efeitos do ato, permite situar o âmbito da finalidade na configuração do ato e não nas consequências (típicas ou atípicas) dele. Isso resulta ser de grande importância para nos aproximar à resposta da pergunta esboçada no título: o que é significa "alcançar a finalidade"?

Daí que conceituar o que significa a *finalidade* foi decisivo mais do que para esclarecer e solucionar os problemas, para evidenciar outros: aqueles que pressupõem o fato de o juiz ter de trabalhar com *fattispecie* abstrata e concreta

---

45   Cfr. Fabio Marelli. La conservazione dell'atto invalido, p. 48.
46   Cfr. Carlo Alberto Giovanardi. "Sullo scopo dell'atto processuale". In Rivista di diritto civile, p. 270.

e com finalidade abstrata e concreta, já que só dessa maneira é possível determinar quando um ato alcançou sua finalidade, tal como manda o art. 255, NCPC, *determinante* para impedir (ou permitir) a decretação de nulidade.

Assim, para o próximo ensaio ficará pendente buscar dar uma solução aos questionamentos que aqui se plantearam, visando sempre a uma racionalidade no uso da figura da nulidade processual e que se constitua em ferramenta verdadeiramente excepcional.

5. REFERÊNCIAS BIBLIOGRÁFICAS

ÁVILA, Humberto. *Segurança jurídica. Entre permanência, mudança e realização no Direito Tributário*, 1ª ed. São Paulo: Malheiros, 2011

BEDAQUE, José Roberto dos Santos. *Efetividade do processo e técnica processual*, 3ª ed. São Paulo: Malheiros, 2010.

CABRAL, Antonio do Passo. *Nulidades no processo moderno. Contraditório, proteção da confiança e validade prima facie dos atos processuais*. Rio de Janeiro: Forense, 2009.

CALMON DE PASSOS, José Joaquim. *Esboço de uma teoria das nulidades aplicadas às nulidades processuais*, 1ª ed., 4ª tiragem. Forense: Rio de Janeiro, 2009.

CARNELUTTI, Francesco. *Verso la riforma del processo penale*. Nápoles: Morano, 1963.

CAVANI, Renzo. *La nulidad en el proceso civil*. Lima: Palestra, 2014.

CINTRA, Antonio Carlos de Araújo; DINAMARCO, Cândido Rangel; Ada PELLEGRINI GRINOVER. *Teoria geral do processo*, 22ª ed. revista e atualizada. São Paulo: Malheiros, 2006.

CONSO, Giovanni. *I fatti giuridici processuali penali. Perfezione ed efficacia*. Milão: Giuffrè, 1955.

_____. *Il concetto e le specie d'invalidità: introduzione alla teoria dei vizi degli atti processuali penali*. Milão: Giuffrè, 1955.

DALL'AGNOL, Antonio Janyr. *Invalidades processuais*. Porto Alegre: Lejur, 1989.

_____. "Para um conceito de irregularidade processual". In Alvaro de Oliveira, Carlos Alberto (org.). *Saneamento do processo. Estudos em homenagem ao prof. Galeno Lacerda*. Porto Alegre: Sérgio Antonio Fabris Editor, 1989, p. 83-108.

DENTI, Vittorio. "Volontarietà e volontà nel trattamento degli atti processuali". In *Dall'azione al giudicato. Temi del processo civile*. Pádua: Cedam, 1983, p. 181-229.

FAZZALARI, Elio. *Sentenza. I. Sentenza Civile*. In *Enciclopedia del diritto*, vol. XLI. Milão: Giuffrè, 1989, p. 1245-1272.

FURNO, Carlo. "Nullità e rinnovazione degli atti processuali". In *Studi in onore di Enrico Redenti nel XL anno del suo insegnamento*, vol. I. Milão: Giuffrè, 1951, p. 405-465.

GALATI, Antonino. *Nullità. d) Diritto processuale penale*. In *Enciclopedia del diritto*, XXVIII. Milão: Giuffrè, 1978, p. 909-939.

Giovanardi, Carlo Alberto. "Sullo scopo dell'atto processuale, in relazione alla disciplina della nullità". In *Rivista di diritto civile*. Pádua: Cedam, 1987, II, p. 267-283.

Gonçalves, Aroldo Plínio. *Nulidades no processo*. Rio de Janeiro: Aide, 1993.

Gozzi, Matteo. "La notificazione eseguita in luogo privo di relazione com il destinatario tra nullità e inesistenza". In *Rivista di diritto processuale*. Pádua: Cedam, mai./jun. 2007, n. 3, p. 764-775.

Komatsu, Roque. *Da invalidade no processo civil*. São Paulo: Revista dos Tribunais, 1991.

Mandrioli, Crisanto. *Corso di diritto processuale civile*, I. Nozioni introduttive e disposizioni generali (appunti per gli studenti). Turim: Giappichelli, 1971.

Marelli, Fabio. *La conservazione degli atti invalidi nel processo civile*. Pádua: Cedam, 2000.

Monroy Gálvez, Juan. *Introducción al proceso civil*, t. I. Bogotá: Temis, 1996.

Monteleone, Girolamo. *Diritto processuale civile*, vol. primo. *Teoria e disposizioni generali*. Pádua: Cedam, 1994.

Montesano, Luigi. "Questioni attuale su formalismo, antiformalismo e garantismo". In *Rivista trimestrale di diritto e procedura civile*. Milão: Giuffrè, 1990, 1, p. 1-14.

Oriani, Renato. *Atti processuali. I. Diritto processuale civile*. In *Enciclopedia Giuridica* (Treccani), t. 3. Roma: Istituto della Enciclopedia italiana, 1988, p. 1-10.

_____. *Nullità degli atti processuali. I. Diritto processuale civile*. In *Enciclopedia Giuridica* (Treccani), t. 21. Roma: Istituto della Enciclopedia italiana, 1990, p. 1-22.

Poli, Roberto. "Sulla sanabilità dei vizi degli atti processuali". In *Rivista di diritto processuale*. Pádua: Cedam, abr./jun. 1995, n. 2, p. 472-506.

Redenti, Enrico. *Diritto processuale civile. I. Nozioni e regole generali*, reimpressão da 2ª ed. revista e atualizada com um novo apêndice sobre o controle da legitimidade das leis. Milão: Giuffrè, 1957.

_____. *Profili pratici del diritto processuale civile*, 2ª ed. revista com apêndice. Milão: Giuffrè, 1939.

_____. *Atti processuali. a) Diritto processuale civile*. In *Enciclopedia del diritto*, IV. Milão: Giuffrè, 1959, p. 105-140.

Satta, Salvatore. *Diritto processuale civile*. Pádua: Cedam, 1948.

_____. *Commentario al Codice di Procedura Civile*. Libro primo. Disposizioni generali.Milão: Casa Editrice Dr. Francesco Vallardi, 1959.

Serra Domínguez, Manuel. "Nulidades procesales". In *Revista peruana de derecho procesal*, II, 1999, p. 559-570.

Tesheiner, José Maria. *Pressupostos processuais e nulidades no processo civil*. São Paulo: Saraiva, 2000.

Verde, Giovanni. *Profili del processo civile. Parte generale*, 2ª ed., reimpressão. Nápoles: Jovene, 1988.

CAPÍTULO 12

Preclusão elástica[1] no Novo CPC[2]: protesto antipreclusivo, uma oportunidade perdida

Zulmar Duarte[3]

SUMÁRIO: 1. INTRODUÇÃO.; 2. PRECLUSÃO; 3. PRECLUSÃO ELÁSTICA NO NOVO CPC; 4. PROTESTO ANTI-PRECLUSIVO E O NOVO CPC.; 5. CONCLUSÃO; 6. REFERÊNCIAS.

1. INTRODUÇÃO

O leitor informado tem presente que o Novo CPC, atualmente em estado de letargia pela *vacatio legis*, conferiu novel tratamento ao instituto da preclusão

A bem da verdade, já na primeira versão do projeto, apresentada pela Comissão de notáveis juristas nomeados pelo Senado, a preclusão assumiu nova feição, razão porque predicada como elástica, *preclusão elástica*.

Porém, durante o tramite Congressual da proposta de Novo Código, o instituto foi reiteradamente alterado, pelo que indispensável, antes de cerrar os olhos — precluir a questão —, ter em mira mais uma vez o tema.

Nessa perspectiva, vale também visualizar o protesto antipreclusivo, instituto caro ao processo do trabalho, que, em determinado momento, restou

---

1   Em artigo publicado em 2011 (OLIVEIRA JUNIOR, Zulmar Duarte de. Preclusão elástica no Novo CPC (Org. Bruno Dantas). Revista de Informação Legislativa, Brasília, ano 48, n. 190, t. 2, p. 307, abr./jun., 2011), tomando de empréstimo a expressão empregada por CALAMANDREI, utilizada para outra dimensão do instituto, isto é, para a flexibilização da preclusão das ditas deduções de mérito, na forma dos artigos 183 e 184 do Código de Processo Civil italiano de 1940 (CALAMANDREI, Piero. Direito processual civil: estudos sobre o Processo Civil. Tradução de Luiz Abezia e Sandra Drina Fernandez Barbery. Campinas: Bookseller, 1999. vol. I., p. 310/311), designamos a aludida preclusão como elástica. A expressão vem sendo reconhecida pela doutrina (RUBIN, Fernando. Fragmentos de processo civil moderno: de acordo com o novo CPC. Porto Alegre: Livraria do Advogado, 2013). ainda que para a crítica do instituto (MACHADO, Antônio Cláudio da Costa. Sem gestão, a morosidade da Justiça não acabará. Disponível em: http://www.conjur. com.br/2011-dez-13/brasil-codigo-processo-civil Acesso em: 19-abril-15.

2   Designaremos o Código de Processo Civil, aprovado pela lei no 13.105, de 16 de março de 2015, atualmente no período de vacatio legis, com a expressão "Novo CPC", sendo que, em contrapartida, o Código de Processo Civil de 1973 — lei nº 5.869, de 11 de janeiro de 1973 —, pelo rótulo "Velho CPC".

3   Advogado. Professor. Pós-Graduado em Direito Civil e Processual Civil. Membro do IAB (Instituto dos Advogados Brasileiros) e do CEAPRO (Centro de Estudos Avançados de Processo).

2. PRECLUSÃO

O processo é um método de trabalho visando um resultado, um produto. O processo judicial, como o nome já direciona, é o método pelo qual se constrói o produto jurisdicional, o provimento jurisdicional, que se pretende, aí idealmente, justo.

Aliás, certo é que a coincidência entre propósito e resultado depende de uma adequação dos meios aos fins, de uma adequada escolha e manuseio daqueles[4].

Bom é dizer, tal resultado não se alcança imediatamente, mas, ao revés, demanda uma série de atos, protraídos no tempo e espaço, pelo que o processo, embora nascido para findar, vive numa dimensão temporal[5].

Não é nenhuma novidade, o próprio conceito de processo, derivado do verbo "proceder", envolve a concepção de continuidade, dinâmica, isto é, uma série de operações, ainda que díspares, concatenadas temporalmente pela unidade de fim.

Assim, num primeiro momento, a conformação do processo obedece uma razão de ordem lógica, para que sua estruturação não prejudique, mas qualifique, o produto final.

Em contrapartida, sem descurar do primeiro objetivo, o processo também tem que prestar contas ao tempo[6], pois o ideal de justiça quanto ao resultado se perderia pela passagem do calendário. É a aturada advertência de que justiça tardia é injustiça qualificada[7].

Pois bem, nessa conjugação entre a necessidade imperiosa de um produto idealmente justo e a oportunidade para sua apresentação, o sistema processual erige institutos de acomodação, entre eles, a preclusão.

Nosso ordenamento processual — filiado ao princípio da ordenação legal como contraponto ao discricional[8] —, regula minuciosamente a ordem, a

---

4   CARNELUTTI, Francesco. Metodologia do direito. Campinas: Bookseller, 2000. p. 19.
5   ALVIM, Arruda. Manual de direito processual civil: parte geral. 6. ed. rev. e atual. São Paulo: RT, 1997. v. 1.
6   (CRFB/88, artigo 5º, inciso LXXVIII) (TUCCI, José Rogério Cruz e. Tempo e processo: uma análise empírica das repercussões do tempo na fenomenologia processual (civil e penal). São Paulo: RT, 1997).
7   "O tempo, como aspecto da natureza ou do mundo, conforme se preferir, não é mais do que expressão de sua contínua mudança, ou seja, da história; exatamente porque a realidade não existe mais do que em mutação, história e realidade se confundem com frequência. A posição de um ato em tal mutação é o que se chama o tempo do ato; a inserção de cada ato na história acontece em um ponto do tempo, ao qual nossa pobre linguagem ainda dá o nome de tempo;" (CARNELUTTI, Francesco. Sistema de direito processual civil: da estrutura do processo. Traduzido por Hiltomar Martins Oliveira. São Paulo: Classic Book, 2000. vol. III, p. 594).
8   MIRANDA, Pontes. Comentários ao código de processo civil: (Arts. 154-281). 3. ed. rev. e aument. Atualização legislativa de Sergio Bermudes. Rio de Janeiro: Forense, 1996. Tomo III, p. 117; COUTURE, Eduardo J. Fundamentos del derecho procesal civil. Buenos Aires: Aniceto Lopez, 1942, p. 80. GAJARDONI, Fernando da Fonseca. Flexibilização procedimental: um novo enfoque para estudo do procedimento em matéria processual; de acordo com as recentes reformas do CPC. São Paulo: Atlas, 2008.

sequência e o tempo em que se realizam os diversos atos que compõem o processo, os atos processuais[9]. Os inúmeros atos processuais, que formam estádios processuais[10], sucedem-se em ordem fixa, cada qual destinado à determinadas atividades, em desenrolar quase que automático, tudo de acordo com o esquema pré-estabelecido em abstrato.

Justamente, o acolhimento na conformação do procedimento do princípio da ordem legal traz consigo o instituto da preclusão[11], mormente em processo de corte marcadamente escrito[12].

Isso porque, a preclusão[13] colmata o processo, impelindo-o ao objetivo final, ou seja, a prestação da tutela jurisdicional, assumindo extremo relevo no sistema brasileiro de procedimento rígido[14].

OSKAR BÜLOW[15] foi quem, com vistas a analisar os fatos processuais, chamou atenção para o fenômeno ao estatuir que o não agir da parte constitui fundamento decisivo para seu prejuízo jurídico. O *non facere*, por si só, é considerado fato processual.

No entanto, influenciado pelos estudos de BÜLOW[16], coube a CHIOVENDA[17] o tratamento moderno da preclusão, notadamente na extensão e importância aceitos atualmente.

---

9   "Levando em consideração a noção de tempo (supra, nº 522), quando se determina o tempo dos atos jurídicos e, especialmente, dos atos processuais, isso acontece para obter uma certa relação entre o cumprimento de um ato e o cumprimento de um ou mais atos e, portanto, para fazer desse modo com que o ato seja inserido em um ponto da história em preferência de outro" (CARNELUTTI, op. cit., p. 595).

10 "Poder-se-ia seccionar o processo em momentos, comparando-o como uma representação cinematográfica, permitindo traçar no negativo divisões ideais, no qual resultariam unidades de movimento, os momentos processuais." (CARNELUTTI, op. cit, p. 20).

11 "Quando se adota o princípio da ordenação legal – ou se permitem dentro de certo período atos processuais que também poderia ser de outro, ou só se permitem em determinado ou determinados períodos (princípio de preclusão). Então, a parte que não praticou, ou não provocou a prática de alguns ato processual, não pode mais fazê-lo. A preclusão pode ser relativa a um ato, ou alguns atos, ou ser ligada a certos períodos em que os atos têm de ser praticados ou provocados (preclusão por período) (MIRANDA, op. cit, p. 117)

12 Sobre o caráter escrito de nosso Código de Processo Civil e as consequências e defeitos daí decorrentes, escrevemos in OLIVEIRA JUNIOR, Zulmar Duarte de. O Princípio da oralidade no processo civil: quinteto estruturante. Porto Alegre: Núria Fabris, 2011.

13 O vocábulo preclusão – do latim praecludo, que significa fechar, tapar, encerrar (forclusion em francês: exclusio a foro) –, apareceu no direito medieval romano-canônico.

14 DINAMARCO, Cândido Rangel. Instituições de direito processual civil. 2. ed. rev. e atual. São Paulo: Malheiros, 2002. vol. II, p. 454.

15 (in Civilprozeessualische Fiktionen und Wahrheiten, Archiv für die Civilistische Praxis, 62(1879): 1-96, esp. p. 54-6)

16 "Apesar de existir em todos os sistemas processuais – pois sem ela seria impossível o andamento e o término dos feitos – a preclusão esteve durante largos séculos sem conceituação precisa, confundida com outros institutos, principalmente com o da coisa julgada e o da decadência. (...). CHIOVENDA empreendeu uma série de pesquisas sobre a preclusão, sua natureza, fins e efeitos. Isolou o instituto, despiu-o do caráter penal, distinguiu-o da coisa julgada material, caracterizando precisamente os dois conceitos mostrando a natureza, objeto, finalidade e extensão de cada um; por fim, após a fixação do instituto, deu-lhe o nome de preclusão retirado da poena praeclusi do direito intermédio – com o qual já se incorporou definitivamente à doutrina, à jurisprudência e à legislação dos povos cultos." (BARBI, Celso Agrícola. Da preclusão no processo civil. Revista Forense, v. 52, nº 158, mar./abr. 1955., p. 59).

17 A maturação do pensamento de CHIOVENDA sobre a matéria atravessou três décadas, iniciando em 1905, no ensaio sobre coisa julgada, coisa julgada e competência, passando pela obra princípios do direito

PARTE IX – ATOS, PRAZOS E NEGÓCIOS PROCESSUAIS

A título de registro, vale rememorar o conceito galvanizado por CHIOVENDA sobre o tema:

> **"La preclusión consiste en que después de la realización de determinados actos o del transcurso de ciertos términos queda *precluso* a la parte el derecho de realizar otros actos procesales determinados, o, en general, actos procesales"**[18].

Ponto está, como observava CHIOVENDA, todos os processos, em maior ou menor medida, fazem préstimo da preclusão para alcançar o seu final[19], fato reconhecido pela doutrina nacional[20].

À sua vez, o velho Código de Processo Civil de 1973, como sói de ser, integrou no seu desenvolvimento a preclusão, embora não tenha conferido tratamento sistêmico ao instituto[21]. Não existiu o cuidado de uma disciplina orgânica e estruturada da preclusão[22].

Dispõe o artigo 473 do Código de Processo Civil em vigor: **"É defeso à parte discutir, no curso do processo, as questões já decididas, a cujo respeito se operou a preclusão".**

Mesmo porque, a rigidez do procedimento previsto no Código de Processo Civil vigente, com fases claramente marcadas, compassadamente desenvolvidas, impõe e justifica um severo sistema de preclusão[23].

---

processual civil e pelo ensaio a ideia romana no processo civil moderno e ficando raízes no ensaio coisa julgada e preclusão (CHIOVENDA, Giuseppe. In: Cosa juzgada y preclusión. Ensayos de derecho procesal civil. Traducción de Santiago Sentís Melendo. Buenos Aires: E.J.E.A, 1949. vol. III, p. 223)

18 CHIOVENDA, Giuseppe. Principios de derecho procesal civil. Traducción de Jose Casais Y Santalo. Madrid: Reus. Tomo II, p. 358.

19 "Todo processo, uns mais, outros menos, e da mesma forma o nosso processo, com o fim de assegurar precisão e rapidez ao desenvolvimento dos atos judiciais, traça limites ao exercício de determinadas faculdades processuais, com a conseqüência de que, além desses limites, não se pode usar delas. Emprestei a essa conseqüência o nome de "preclusão", extraído de uma expressão das fontes que se empregava, precisamente com o significado que lhe dou "poena praeclusi" do direito comum, ressalvando-se que, no direito moderno, naturalmente se prescinde da idéia de pena. (...). Minhas observações tiveram o propósito e resultado de simplificação e de diferenciação. Proporcionou-me o motivo e o ponto de partida um dos escritores alemães que mais contribuíram para o progresso da ciência processual moderna com um concurso de idéias, não somente novas, senão também sadias, fecundas e propulsivas, refiro-me a Oskar Bulow (...)." (CHIOVENDA, Giuseppe. Instituições de direito processual civil: as relações processuais; a relação ordinária de cognição. Anotações de Enrico Tullio Liebman. Traduzido por Paolo Capitanio. Campinas: Bookseller, 1998. v. 3, p. 184/185).

20 "Se o excesso de preclusões é condenável, porque desumaniza o processo, porque o transforma em máquina de expelir despachos, não é possível, entretanto, bani-las totalmente do direito processual" (LACERDA, Galeno. Despacho saneador. 2. ed. Porto Alegre: Sérgio Antonio Fabris, 1985, p. 156).

21 Independentemente dos juízos de oportunidade e conveniência, o fato é que o Velho CPC, no que é repetido pelo Novo CPC, não dedicou conjunto coordenado de normas ao instituto da preclusão, sacando-se sua disciplina de normas espaçadas e remissões específicas (artigos 169, 183, 245, 473, 503).

22 (DINAMARCO, op. cit., p. 455)

23 "Politicamente justifica-se a preclusão em virtude do princípio pelo qual a passagem de um ato processual para outro supõe o encerramento do anterior, de tal forma que os atos já praticados permaneçam

Cap. 12 • PRECLUSÃO ELÁSTICA NO NOVO CPC: PROTESTO ANTIPRECLUSIVO, UMA OPORTUNIDADE PERDIDA
Zulmar Duarte

No mais das vezes, na estruturação do instituto, consente-se com a tríplice configuração[24], a saber, preclusão temporal, lógica e consumativa, como difundido por CHIOVENDA[25].

Salvo raríssimas exceções[26], a doutrina brasileira segue sem hesitação tal diferenciação, como dão conta ARRUDA ALVIM[27], DINAMARCO[28], FREDERICO MARQUES[29] e MONIZ DE ARAGÃO[30].

---

firmes e inatacáveis. Quanto mais rígido o procedimento – como o é o brasileiro, por desenvolver-se através de fases claramente determinadas pela lei – maior se torna a importância da preclusão". (CINTRA, Antônio Carlos Araújo; GRINOVER, Ada Pellegrini; DINAMARCO, Cândido Rangel. Teoria geral do processo. 14. ed. rev. e atual. São Paulo: Malheiros, 1998. p. 328).

24 LIEBMAN advogada a existência de mais um tipo de preclusão, dita mista: "b) a la falta de ejercicio del derecho en el momento oportuno, cuando el orden legalmente establecido en la sucesión de las atividades procesales importe una consecuencia tan grave;" (LIEBMAN, Enrico Tullio. Manual de derecho procesal civil. Traducción de Santiago Sentís Melendo. Buenos Aires: EJEA, 1980. p. 176). Preclusão mista pela conjugação do transcurso do tempo com o andamento processual, sendo que DINAMARCO exemplifica, como mista, a apresentação da manifestação de que tratam os artigos 326, 327 e 398 até a audiência preliminar (CPC, artigo 331) (DINAMARCO, op. cit., p. 455).

25 "que entendo por preclusão a perda, ou extinção, ou consumação de uma faculdade processual que sofre pelo fato: a) ou de não se haver observado a ordem prescrita em lei ao uso de seu exercício, como os prazos peremptórios, ou a sucessão legal das atividades ou das exceções;
b) ou de se haver realizado uma atividade incompatível com o exercício da faculdade (...);
c) ou de já se haver validamente exercido a faculdade (consumação propriamente dita)." (CHIOVENDA, Instituições de direito processual civil, op. cit., p. 184).

26 Em bela obra sobre a preclusão, SICA nega a existência da preclusão consumativa, aproximando as hipóteses assim tipificadas com a falta de interesse processual ou a impossibilidade lógica ou temporal. (SICA, Heitor Vitor Mendonça. Preclusão processual civil: atualizado de acordo com a nova reforma processual – leis nos 11.187/2005, 11.232/2005, 11.276/2006, 11.277/2006 e 11.280/2006. São Paulo: Atlas, 2006. p. 153).

27 "A preclusão comporta diversas classificações. A mais comum é a que divide em: a) temporal, a mais importante (=comum); b) lógica; e c) consumativa. Diz-se temporal a preclusão quando um ato não é praticado no prazo existente para a respectiva prática e, por essa circunstância, não mais pode ser realizado. Diz-se lógica a preclusão quando um ato não mais pode ser praticado, pelo fato de se ter praticado outro ato que, pela lei, é definido como incompatível com o já realizado, ou que esta circunstância deflua inequivocamente do sistema. (...). Fala-se, finalmente, em preclusão consumativa, quando se pratica o ato processual previsto na lei. Não será possível, depois de consumado o ato, praticá-lo novamente." (ALVIM, Arruda. Manual de direito processual civil: parte geral. 6. ed. rev. e atual. São Paulo: RT, 1997. v. 1, p. 465/466).

28 "Segundo as circunstâncias em que ocorre, a preclusão será: a) temporal quando decorre do decurso do prazo sem a prática do ato que a parte tinha o poder ou a faculdade de realizar (p.ex., revelia); b) lógica, que é a conseqüência prática de um ato incompatível com a vontade de exercer a faculdade ou poder (reconhecimento do direito do autor elimina a faculdade de contestar para resistir a ele: art. 297 c/c art. 268, inc. II); c) consumativa, pelo exercício da própria faculdade ou poder (oferecido recurso contra uma decisão, não será admissível outro – princípio da unirrecorribilidade)." (DINAMARCO, op. cit., p. 455).

29 "A preclusão é um fato processual impeditivo, que, conforme, o acontecimento em que se configure, pode assim ser classificado: a) preclusão temporal, quando o decurso do tempo é que constitui ou forma o fato impeditivo; b) preclusão lógica, quando a incompatibilidade entre um ato processual já praticado e outro que se pretenda praticar se torna fato impeditivo a não permitir que se realize o ato posterior; c) preclusão consumativa, quando o pronunciamento decisório sobre uma questão toma as características de fato impeditivo, não possibilitar reexame posterior da referida questão (ne bis in idem)." (MARQUES, José Frederico. Manual de direito processual civil: processo de conhecimento. Atualizador Vilson Rodrigues Alves. Campinas: Bookseller, 1997. vol. 2, p. 201).

30 "A preclusão é um dos efeitos da inércia da parte, acarretando a perda da faculdade de praticar o ato processual. Mas nem só da inação poderá resultar. Além da temporal, que se forma pelo decurso do tempo, há a lógica, que decorre da incompatibilidade entre o ato praticado e outro, que se quereria

Não obstante, vale notar com COUTURE: **"Estas tres posibilidades significan que la preclusión no es, en verdade, un instituto único e individualizado, sino más bien una circunstancia atingente a la misma estructura del juicio (...)"**[31].

Verdade seja, a dificuldade na perfeita compreensão da preclusão decorre da ausência de solidez na sua fundação, qual seja, o conceito de processo. Conceber o processo como relação jurídica[32], situação processual[33] ou

---

praticar também, e a consumativa, que se origina de já ter sido realizado um ato, não importa se com mau ou bom êxito, não sendo possível tornar a realizá-lo." (ARAGÃO, Egas Dirceu Moniz de. Comentários ao código de processo civil: lei 5.869, de 11 de janeiro de 1973. 9. ed. rev. e atual. Rio de Janeiro: Forense, 1998. vol. 2, p. 97).

31 COUTURE, op. cit., p. 96.

32 "Nunca se há dudado que el derecho procesal civil determina las facultades y los deberes que ponen en mutua vinculación a las partes y al tribunal. Pero, de esa manera, se ha afirmado, también, que el proceso es una relación de derechos y obligaciones recíprocos, es decir, una relación jurídica. Esta simple, pero, para el derecho científico, realidad importantíssima, desde todo punto de vista, no ha sido hasta ahora debidamente apreciada ni siquera claramente entendida. Se acostumbra a hablar, tan sólo, de relaciones de derecho privado. A éstas, sin embargo, no puede ser referido el proceso. Desde que los derechos y las obligaciones procesales se dan entre los funcionarios del Estado y los ciudadanos, desde que se trata en el proceso de la función de los oficiales públicos y desde que, también, a las partes se las toma en cuenta únicamente en el aspecto de su vinculación y cooperación con la actividad judicial, esa relación pertenece, con toda evidencia, al derecho público y el proceso resulta, por lo tanto, una relación jurídica pública. La relación jurídica procesal se distingue de las demás relaciones de derecho por otra singular característica, que puede haber contribuido, en gran parte, a desconocer su naturaleza de relación jurídica continua. El proceso es una relación jurídica que avanza gradualmente y que se desarolla paso a paso. Mientras que las relaciones jurídicas privadas que constituyen la materia del debate judicial, se presentan como totalmente concluidas, la relación jurídica procesal se encuentra en embrión." (BÜLOW, Oskar Von. La teoria de las excepciones procesales y los presupuestos procesales. Traducción de Miguel Angel Rosas Lichtschein. Buenos Aires: EJEA, 1964. p. 01-02).

33 "Puede concebirse el Derecho como um conjunto de imperativos que han de seguir los sometidos a las reglas jurídicas, pero también como una serie de normas que han de ser aplicadas por el juez. Esta última concepción es la adecuada para el Derecho justiciario, y, por consiguinte, para el Derecho procesal civil. Desde este punto de vista, las normas juridicas constituyen, para los sometidos a ellas, las conminaciones de que el juez observará determinada conducta, y, en último término, de que dictará una sentencia judicial de determinado alcance. Los vinculos jurídicos que nacen de aquí entre las partes no son propiamente ‹relaciones jurídicas› (consideración ‹estática› del Derecho), esto es, no son facultades ni deberes en el sentido de poderes sobre imperativos o mandatos, sino ‹situaciones jurídicas› (consideración dâmica del derecho), es decir, situaciones de expectativa, esperanzas de la conducta judicial que ha de producirse y, en último término, del fallo judicial futuro; en una palabra; expectativas, posibilidades y cargas. Sólo aquéllas son derechos en sentido procesal – el mismo derecho a la tutela jurídica (acción procesal) no es, desde este punto de vista, más que una expectativa juridicamente fundada –, y las últimas – las cargas –, ‹imperativos del propio interés›, ocupan en el proceso el lugar de las obligaciones. La situación jurídica se diferencia de la relación jurídica no sólo por su contenido, sino también porque depende, no de la ‹existencia›, sino de la ‹evidencia› y muy especialmente de la prueba de sus presupuestos. El concepto de la ‹situación jurídica› se debe a Kohler, el cual ve en ella una relación jurídica imperfecta. Pero en todo caso, es un concepto especificamente de derecho procesal, y hasta quizá su concepto fundamental." (GOLDSCHMIDT, James. Derecho procesal civil. Traducción de Leonardo Prieto Castro. Barcelona: Editorial Labor, 1936. p. 08-09).

procedimento em contraditório[34], por exemplo, implica em alteração sobre o sentido e alcance do instituto[35].

Ainda assim, não concordamos com MARINONI[36] que a marcha processual tenha ordem pela preclusão, mas propriamente que a preclusão seja a causa motriz do andamento processual, participando decisivamente na aceleração processual[37], pois verdadeiro impulso no processo de cariz escrito[38].

O procedimento estratificado, dividido em fases e estádios processuais, seccionado pelo próprio tempo de realização dos atos, encontra na preclusão sua costura arrematadora[39]. A ideia da marcha procedimental é dominada pela preclusão.

Some-se a isso o próprio impulso oficial (CPC/1973, artigo 262), que conjugado com a preclusão opera sobre a estrutura processual rígida empurrando e dinamizando o andamento processual, objetivando sua finalização[40].

3. PRECLUSÃO ELÁSTICA NO NOVO CPC

O Novo CPC repetiu a omissão do Código de Processo Civil em vigor, regulando a preclusão em dispositivos esparsos, sem conferir-lhe tratamento orgânico.

Demais disso, no Novo CPC, num plano geral, a preclusão mantém as balizas atuais do instituto (exceto no tocante à preclusão consumativa[41]), porquanto

---

34 "Se, pois, no procedimento de formação do provimento, ou seja, se nas atividades preparatórias por meio das quais se realizam os pressupostos do provimento, são chamados a participar, em um ou mais fases, os 'interessados', em contraditório, colhemos a essência do 'processo': que é, exatamente, um procedimento ao qual, além do autor do ato final, participam, em contraditório entre si, os 'interessados', isto é, os destinatários dos efeitos de tal ato." (FAZZALARI, Elio. Instituições de direito processual civil. Tradução de Elaine Nassif. Campinas: Bookseller, 2006. p. 33).

35 MAXIMILIANO, Carlos. Hermenêutica e aplicação do direito. Rio de Janeiro: Forense, 1997. p. 104/105.

36 MARINONI, Luiz Guilherme; ARENHART, Sérgio Cruz. Manual do processo do conhecimento. 4. ed. rev., atual. e ampl. São Paulo: RT, 2005. p. 607.

37 DINAMARCO, op. cit., p. 455.

38 "El ordenado y coherente desarollo del proceso se obtiene, además que con lós términos, también con las preclusiones." (LIEBMAN, op. cit., p. 176). No mesmo sentido: (COUTURE, op. cit., p. 80)

39 "Constituem-se os prazos processuais e as preclusões em dois aspectos através dos quais se exterioriza a disciplina do tempo no processo, em função da idéia de o processo deve marchar em direção à sentença, irreversivelmente." (ALVIM, op. cit., p. 442).

40 "A preclusão pode ser considerada um verdadeiro princípio da teoria dos prazos porque ela interfere em toda a dinâmica do andamento processual. Ela é a espinha dorsal do processo, no que respeita ao seu andamento, pois é o instituto através do qual, no processo, se superam os estágios procedimentais, e não deixa de ser também um instituto propulsionador da dinâmica processual, na medida em que for acatada pela legislação processual." (ALVIM, op. cit., p. 462).

41 O artigo 223 do Novo CPC direciona no sentido da ausência de preclusão consumativa no Código, na medida em que permite a emenda do ato até o decurso do prazo legal. Porém, existem outras situações processuais em que a realização do ato consome a fase respectiva, como é regra geral o artigo 200 do Novo CPC. Viva será a controvérsia sobre o tema, a merecer estudo específico.

a dedução de questões processuais ou de mérito deverão ser realizadas oportunamente, existindo termos processuais para regular sua oportunidade[42].

O instituto da preclusão normalmente opera em fases, seccionando abstratamente o procedimento, estabelecendo limites para a formulação de deduções. Mesmo quando, por vezes, permite-se a persistência de tais questões, estas observam novos limites e outros condicionantes, sempre mais rigorosos pelo perpassar e ultrapassar das etapas processuais.

Assim, no regime vigente, as partes não têm liberdade incondicionada para suscitar questões, já que estas estão sujeitas a uma série de preclusões, sempre mais rigorosas quanto mais se aproxima o final do processo. Existe uma gradual e progressiva sucessão de freios à subsistência de questões, principalmente processuais, um efetivo sistema de obstáculos ordenados pelo tempo e estádios processuais.

Adequada a alegoria de COUTURE:

> **"Transcurrida la oportunidad, la etapa del juicio se clausura y se pasa a la subsiguiente, tal como si una especie de compuerta se cerrara tras los actos impidiendo su regreso."[43]**

Em rápidas pinceladas, a justificativa para a consumição gradual das questões pelo transcurso processual é permitir a ultimação, sua finalização, bem como fechar a porta para comportamentos cavilosos, que escalonem alegações, guardando melhores argumentos para o fim, num verdadeiro conta gotas processual.

O Novo CPC reedita o atual artigo 473 do Código de Processo Civil no seu artigo 507[44], *in verbis*:

> **"Art. 507. É vedado à parte discutir no curso do processo as questões já decididas a cujo respeito se operou a preclusão".**

Contudo, o preceptivo é temperado pelo § 1º do artigo 1.009 do Novo CPC:

> **"§ 1º As questões resolvidas na fase de conhecimento, se a decisão a seu respeito não comportar agravo de instrumento, não são cobertas pela preclusão e devem ser suscitadas em preliminar de apelação, eventualmente interposta contra a decisão final, ou nas contrarrazões".**

---

42 Excetuando obviamente as questões de ordem pública e o legítimo impedimento (artigo 278).

43 COUTURE, op. cit., p. 97.

44 Em debate realizado na décima-primeira reunião da Comissão, especificamente sobre a repristinação do sobredito dispositivo, observou acertadamente o Ministro Luiz Fux: "Uma regra geral tem que constar" (Disponível em: http://www.senado.gov.br/senado/novocpc/pdf/11a%20Reunião%202010%2004%2023%20 ata.pdf Acesso em: 19-abril-2015).

Ora bem, a conjugação de tais dispositivos, aliada à ausência, via de regra, de recurso contra as decisões interlocutórias, opera uma mudança radical no sistema de preclusões observado *hic et hunc*.

Precisamente, a intenção meditada da Comissão, elaboradora do anteprojeto, foi externada na seguinte súmula propositiva, resultado de sua segunda reunião:

> "c) Determinar a ausência de preclusão no 1º grau de jurisdição, extinguindo-se a figura do agravo, ressalvado o agravo de instrumento para as decisões de urgência satisfativas ou cautelares."[45]

O idealizado foi esvaziar o recurso de agravo de instrumento[46], retomando a disciplina do Código de Processo Civil de 1939, estabelecendo-se taxativamente as hipóteses suscetíveis de serem devolvidas ao Tribunal pelo agravo[47].

Nada obstante, a bem da verdade, com a aprovação do projeto, as preclusões não serão expungidas do ordenamento processual, mas sim sua ocorrência, em determinadas hipóteses, protraída para a fase do recurso de apelação, razão porque se sustentou que o projeto de Código adotou um **sistema elástico de preclusão**.

Dissemos alhures:

> "Seria escusado dizer, não é correto afirmar que o Novo CPC teria extinguido com a preclusão no processo ou, ainda, com a preclusão das questões surgidas em primeiro grau de jurisdição.

---

45 Disponível em: http://www.senado.gov.br/senado/novocpc/pdf/ata%20da%202%20reuniao.pdf Acesso em: 19-abril-2015.

46 Como observou o professor ADROALDO FURTADO FABRÍCIO, na terceira reunião da Comissão (Disponível em: <http://www.senado.gov.br/senado/novocpc/pdf/3a%20reuniao%20-%202010%2002%2023%20ata.pdf> Acesso em: 19-abril-2015.

47 É a redação do artigo 842 do Código de Processo Civil de 1939: "Art. 842. Além dos casos em que a lei expressamente o permite, dar-se-á agravo de instrumento das decisões; I – que não admitirem a intervenção de terceiro na causa; II – que julgarem a exceção de incompetência; III – que denegarem ou concederem medidas requeridas como preparatórias da ação; IV – que não concederem vista para embargos de terceiro, ou que os julgarem; V – que denegarem ou revogarem o benefício de gratuidade; VI – que ordenarem a prisão; VII – que nomearem, ou destituirem inventariante, tutor, curador, testamenteiro ou liquidante; VIII – que arbitrarem, ou deixarem de arbitrar a remuneração dos liquidantes ou a vintena dos testamenteiros; IX – que denegarem a apelação, inclusive a de terceiro prejudicado, a julgarem deserta, ou a relevarem da deserção; X – que decidirem a respeito de êrro de conta; XI – que concederem, ou não, a adjudicação ou a remissão de bens; XII – que anularem a arrematação, adjudicação ou remissão cujos efeitos legais já se tenham produzido; XIII – que admitirem, ou não, o concurso de credores, ou ordenarem a inclusão ou exclusão de créditos; XIV – que julgarem, ou não, prestadas as contas; XV – que julgarem os processos de que tratam os Títulos XV a XXII do Livro V, ou os respectivos incidentes, ressalvadas as exceções expressas; XVI – que negarem alimentos provisionais; XVII – que, sem caução idônea, ou independentemente de sentença anterior, autorizarem a entrega de dinheiro ou quaisquer outros bens, ou a alienação, hipoteca, permuta, subrogação ou arrendamento de bens".

Persiste integralmente no Novo CPC a preclusão temporal das nulidades não apontadas no transcorrer do arco procedimental, como previsto na cabeça do artigo 253 do Velho CPC:

'Art. 253. A nulidade dos atos deve ser alegada na primeira oportunidade em que couber à parte falar nos autos, sob pena de preclusão'.

Assim, necessário o apontamento, na primeira oportunidade, de descompasso ocorrido nos autos, sob pena da matéria restar coberta pela preclusão.

Agora, entretanto, o desacordo quanto à determinada solução imposta por decisão interlocutória, como afastada a possibilidade de interposição do recurso de agravo de instrumento (artigo 969 do Novo CPC), fica devolvida ao âmbito de cognoscibilidade do recurso de apelação (artigo 963 do Novo CPC).

Por isso, a preclusão no Novo CPC opera de duas maneiras, imediatamente para aquelas matérias não suscitadas em momento oportuno (artigo 253) e elasticamente para as suscitadas"[48].

O tema foi bem pontuado e apreendido nas discussões travadas pela Comissão do Novo CPC, em sua décima-terceira reunião, senão vejamos:

"**SR. BRUNO DANTAS: Outra coisa, Presidente, o 252 diz que a nulidade dos atos devem ser alegadas na primeira oportunidade que couber à parte falar nos autos, sob pena de preclusão. Me parece que isso está incompatível com o regime de fim do agravo retido e ausência de preclusão que nós criamos.**

(...).

SR. BRUNO DANTAS: Mas o meu ponto é o seguinte, Prof. Humberto, é que se precisa ser alegada, isso vai levar a uma decisão, se levar a uma decisão, precisa ter uma forma de impugnar a decisão, porque a preclusão—

SR. HUMBERTO THEODORO JÚNIOR: Depois que o Juiz resolver, aí sim não há preclusão para recorrer disso aí no final, mas para alegar não pode ficar aberto; é como o prazo de contestação, o prazo de revelia, são todos prazos

(...)

SRA. TERESA ARRUDA ALVIM WAMBIER: Porque uma coisa é a preclusão no nível recursal desse... e outra coisa é tem que falar para o Juiz...

---

48   OLIVEIRA JUNIOR, Preclusão elástica no Novo CPC, p. 314.

SR. HUMBERTO THEODORO JÚNIOR: O processo está sanando a ele mesmo.

SRA. TERESA ARRUDA ALVIM WAMBIER: É, claro.

SR. BRUNO DANTAS: Tudo bem"[49].

Presente esse contexto factual-normativo, o Novo CPC trabalha com, por assim dizer, uma **preclusão elástica**, já que todas as matérias decididas podem ser suscitadas — ressuscitadas, com mais propriedade —, na fase do recurso de apelação, sob pena, aí sim, de restarem preclusas.

Fixemos no ponto. Decidida determinada questão pelo magistrado[50], a mesma não finda, não se encerra, persistindo potencialmente no processo até a fase de apelação, podendo então ser repristinada. A preclusão da questão decidida somente ocorrerá acaso não figure na fase de apelação nas razões ou contrarrazões recursais.

Mais uma vez, colhe-se:

> "Daí porque, a preclusão da questão decidida fica, por hipóstase, em estado letárgico até o não agir futuro da parte, ou seja, pela não reedição do ponto no segundo grau de jurisdição.
>
> Posta assim a questão, o Novo CPC não extirpou a preclusão das decisões prolatadas no curso do processo, bem ao revés, elasteceu, esticou a fase preclusiva, a fim de que esta opere na fase recursal.
>
> Deste modo, inegavelmente, o Novo CPC agasalhou a preclusão elástica no concernente as questões decididas no curso do arco procedimental e não suscetíveis do imediato ataque pelo recurso de agravo, as quais devem ser suscitadas na fase de apelação, sob pena de autêntica preclusão temporal"[51].

Nem se diga que essa elasticidade do fenômeno preclusivo não justificaria uma nova categorização do instituto, uma vez que não apresentaria *quid* diverso frente à preclusão temporal.

É de se ressaltar, a classificação da preclusão sempre observou a forma de sua ocorrência (pelo tempo, pela prática do ato ou contrariedade lógica), não o resultado que sempre é o mesmo.

---

49 Disponível em: http://www.senado.gov.br/senado/novocpc/pdf/13a%20Reunião%202010%2005%2010%20 ata.pdf Acesso em 19-abril-2015.

50 Sempre tendo presente que as assertivas não se referem aquelas questões passíveis de serem resolvidas a qualquer tempo (supra).

51 OLIVEIRA JUNIOR, Preclusão elástica no Novo CPC, p. 316.

E aí, diversa a forma em que ocorre a preclusão temporal (submetida exclusivamente ao *non facere*), da preclusão elástica, que fica em estado de suspensão por todo o arco procedimental após a parte suscitar determinada questão (*facere*). Enquanto a preclusão temporal se dá pela não suscitação da questão em tempo oportuno (*non facere*), a elástica ocorre pela ausência de sua ressuscitação na fase recursal, embora suscitada no tempo e modo devidos (*facere* colapsado por *non facere* posterior).

Justificável, nessa medida, essa nova classificação.

4. PROTESTO ANTIPRECLUSIVO E O NOVO CPC

Entrementes, durante o trâmite do projeto de Código, propugnávamos, para melhora do instituto, a adoção pelo Novo CPC do protesto antipreclusivo, nos seguintes termos:

> **"Penso que uma forma de manter hígida a opção da Comissão Elaboradora do anteprojeto, evitando, na mesma toada, os problemas apresentados, seria adotar procedimento afeito ao processo do trabalho, especificamente o protesto antipreclusivo.**

> **As partes teriam que protestar, evitando a preclusão, contra as decisões que eventualmente discordassem, a fim de posteriormente lhes submeter ao juízo *ad quem*. Omitindo-se no protesto, a questão resolvida queda preclusa, impedindo sua revisão posterior, aplicando-se a elas o disposto no artigo 494 do Novo CPC.**

> **Assim, proponho uma alteração no parágrafo único do artigo 963 do Novo CPC, que passaria a ter a seguinte grafia: "As questões resolvidas na fase cognitiva, se a decisão a seu respeito não comportar agravo de instrumento, desde que realizado protesto antipreclusivo, devem ser suscitadas em preliminar de apelação, eventualmente interposta contra a decisão final, ou nas contrar-razões."[52]**

Mais uma vez, agora na companhia dos insignes professores ANDRÉ VAS-CONCELOS ROQUE, LUIZ DELLORE e FERNANDO DA FONSECA GAJARDONI, consignamos:

> "(ix) Apelação e preclusão

> A interpretação isolada não é só um risco, como também deve ser evitada. Mas não é isso que se tem na espécie. Não se disse, no texto anterior ou em outra sede, que inexistiria preclusão. As

---

52 Ibidem, p. 317.

Cap. 12 • PRECLUSÃO ELÁSTICA NO NOVO CPC: PROTESTO ANTIPRECLUSIVO, UMA OPORTUNIDADE PERDIDA
Zulmar Duarte

questões não suscitadas durante o processo, exceto de ordem pública e as não alegadas por justo impedimento, serão cobertas pela preclusão (arts. 63, § 4º; 209, § 2º; 278; 294 e 518). Mas aquelas aventadas e decididas, não suscetíveis de agravo de instrumento, não estarão preclusas até o recurso de apelação, como deixa claro o art. 1.022 do projeto (verdadeira norma de colmatação do sistema). Assim, decidida determinada questão pelo juiz e não sendo hipótese de recurso imediato, a questão fica em estado letárgico, podendo ser reproduzida e rediscutida na fase da apelação. A questão decidida fica em suspenso até o não agir futuro da parte, ou seja, pela não reedição do ponto no segundo grau de jurisdição. Até porque, raciocínio diverso implicaria na conclusão de que tais questões seriam decididas unicamente pelo magistrado de primeiro grau, pois não recorríveis e alcançadas imediatamente pela preclusão.

Nessa situação, o recurso de apelação pode se transformar num verdadeiro inventário de todo e qualquer descompasso processual. O melhor seria exigir que as partes, para deixarem em aberto tais questões, realizem, logo na primeira oportunidade após a decisão, o expediente do protesto antipreclusivo, tão comum na Justiça do Trabalho. O tema assume maior relevo pela surpreendente notícia de que as decisões sobre a prova não mais justificarão o recurso de agravo, pelo que o cerceamento de defesa será argumento recorrente nos recurso de apelação.

Proposta de redação:

Art. 1.022. (...).

Parágrafo único. As questões resolvidas na fase de conhecimento, se a decisão a seu respeito não comportar agravo de instrumento, desde que realizado protesto antipreclusivo na primeira oportunidade em que couber à parte falar nos autos, têm de ser impugnadas em apelação, eventualmente interposta contra a decisão final, ou nas contrarrazões, observado o disposto no art. 278. Sendo suscitadas em contrarrazões, o recorrente será intimado para, em quinze dias, manifestar-se a respeito delas"[53].

No sistema de preclusão elástica adotado pelo Novo CPC, o protesto antipreclusivo assumiria a importante função de delimitar, positivamente, as questões que eventualmente seriam submetidas ao órgão recursal, permitindo também que as questões decididas e não ressalvadas (protesto) precluam imediatamente.

---

53 DELLORE, Luiz et al. Um convite ao debate: o Novo CPC ainda mais uma vez. Disponível em: http://atualidadesdodireito.com.br/zulmarduarte/2013/07/14/um-convite-ao-debate-o-novo-cpc-ainda-mais-uma-vez/ Acesso em: 19-abril-2015.

Quem conhece a realidade do processo tem ciência de quantas questões são suscitadas, principalmente em audiência, e decididas, sobre as quais as partes não apresentam qualquer objeção (ausência de agravos retidos). Permitir que tais questões, muito tempo depois, venham justificar o recurso de apelação, parece-nos um contrassenso.

COUTURE[54] estabelece correlação entre a efetividade da regra moral no processo e a oralidade, dizendo ser neste o ambiente propício a repressão da conduta imoral das partes, já que a presença das partes perante o juiz favorece o controle de sua conduta:

> Até porque, a seleção que a defesa falada opera naturalmente nos argumentos e razões, salientando a eficácia das boas e a inanidade das más, a impressão de quem escuta, explicam a importância que os debates orais têm nas relações públicas e privadas da vida moderna.[55]

Mister se faz ressaltar, a Justiça do Trabalho, frente à regra da irrecorribilidade imediata das decisões interlocutórias (artigo 893, § 1º, da Consolidação das Leis do Trabalho), somada à necessidade de articular as nulidades (artigo 795 da Consolidação das Leis do Trabalho), erigiu o protesto contrapreclusão, antipreclusivo.

O Tribunal Superior do Trabalho decide diuturnamente:

> **"AGRAVO DE INSTRUMENTO EM RECURSO DE REVISTA. RITO SUMARÍSSIMO. NULIDADE DO PROCESSO POR CERCEAMENTO DO DIREITO DE DEFESA. PRECLUSÃO. Segundo o Regional, a reclamada não ofereceu protesto antipreclusivo acerca da decisão proferida pelo juízo de origem, o qual, durante a audiência inaugural, declarou a revelia e confissão quanto à matéria de fato, tendo em vista o preposto e o procurador da demandada terem comparecido àquela assentada sem a documentação que os identificassem. Resta preclusa a arguição de cerceamento do seu direito de defesa em sede de recurso ordinário, como decidido pela Corte Regional. Pertinência do artigo art. 795 da CLT. Incidência, ainda, da Súmula 422/TST. Agravo de instrumento conhecido e não provido."** (AIRR - 1226-16.2010.5.04.0402 , Relatora Ministra: Dora Maria da Costa, Data de Julgamento: 28/09/2011, 8ª Turma, Data de Publicação: 30/09/2011).

Portanto, o protesto antipreclusivo faz às vezes, no processo do trabalho, das funções do agravo retido no processo comum, com todas suas qualidades,

---

54 COUTURE, Eduardo J. Oralidade e regra moral no Processo Civil. Processo oral. Rio de Janeiro: Forense, 940. (Coletânea de Estudos de Juristas nacionais e estrangeiros). p. 99 e seguintes.

55 MORATO, Francisco. A oralidade. Processo oral. Rio de Janeiro: Forense, 1940. (Coletânea de Estudos de Juristas nacionais e estrangeiros).

mas sem seus defeitos comumente lembrados, principalmente decorrentes do seu manuseio burocrático.

Daí porque, frente às boas razões, o Relator-Geral do projeto na Câmara, na última redação apresentada, incorporou o protesto antipreclusivo ao texto, em redação, diga-se, superior àquela que cogitávamos.

Transcreve-se o então § 2º do artigo 1.022 do projeto:

> "§ 2º A impugnação prevista no § 1º pressupõe a prévia apresentação de protesto no primeiro momento que couber à parte falar nos autos, sob pena de preclusão".

Oportuno se torna dizer, a inserção qualificava o instituto da preclusão conformado pelo projeto, permitindo um melhor aproveitamento desse importante instituto processual.

Nada obstante, no retorno do projeto para o Senado Federal, excluiu-se o protesto antipreclusivo ao argumento de que:

> É forçoso excluir os §§ 1º e 2º do art. 1.022 do SCD, com o consequente resgate do parágrafo único do art. 963 do PLS, em razão de, ao criar um protesto, com rígida preclusão, estar a restabelecer a lógica do "agravo retido", embora com outro nome, indo de encontro à filosofia simplificadora do PLS em matéria recursal.[56]

Como o devido e merecido respeito, lamentável que assim tenha sido feito. O protesto antipreclusivo não ressuscitava o agravo retido, já que poderia ser realizado sem qualquer burocracia (tampouco de recurso se trata). Ainda, permitiria que as questões menos importantes precluíssem durante o trâmite do processo, pelo que o Tribunal somente se deteria na análise sobre questões efetivamente importantes.

Importante que o processo, durante o seu processamento, afaste continuamente questões incidentais, que só turvam o exame do mérito, funcionando como verdadeiro funil para questões processuais.

Agora, com a ausência de protesto antipreclusivo, todas as questões decididas no processo poderão ser reeditadas na fase recursal, sem qualquer limites, pelo que a fase recursal passa a ser reexame total de tudo o que decidido em primeiro grau.

Sinceramente, é uma pena a perda da oportunidade de incorporar no ordenamento civil instituto que funciona tão bem, há vários anos e sem qualquer burocracia na justiça do trabalho.

---

56 Disponível em: http://www.senado.gov.br/atividade/materia/getPDF.asp?t=157517&tp=1 Acesso em: 19-abril-2015.

5. CONCLUSÃO

O Novo CPC, embora repetindo a disciplina inorgânica do atual Código de Processo Civil no tocante à preclusão, modificou o instituto, agasalhando uma espécie de preclusão elástica.

Assim, na disciplina projetada, as questões não articuladas[57] ficam preclusas pela não suscitação, sendo que as enfrentadas pelo magistrado ficam em estado letárgico até a fase da apelação, quando então, olvidadas, recebem a tarja da preclusão.

Projetado dessa maneira, o processo desloca seu **centro de gravidade** para a fase recursal, momento em que, potencialmente, todas as questões decididas seriam revistas.

O processo, ao invés de funcionar com um funil, afastando no seu intersecto uma miríade de questões, para se concentrar na pretensão meritória, abre seu espectro em segundo grau ao debate de toda e qualquer questão enfrentada pelo juízo *a quo*.

Neste pensar, o Novo CPC erigiu verdadeira preclusão elástica no relativo às questões decididas em primeiro grau, autorizando sua renovação em sede de razões de apelação e/ou contrarrazões, elastecendo, pois, a ocorrência da preclusão daquelas.

Uma boa forma de temperar as consequências disso é o protesto antipreclusivo, assaz conhecido da Justiça do Trabalho, o qual possibilita uma segregação das questões que não serão cobertas pela preclusão e poderão ser analisadas pelo juízo *ad quem*.

O protesto antipreclusivo ou contrapreclusão evitaria a sobrevivência de temas sobre os quais as partes no momento da decisão não apresentaram qualquer contrariedade, mas que, frente ao provimento negativo, podem ser ressuscitadas.

Infelizmente, a inclusão do protesto antipreclusivo na última redação do projeto do Novo CPC apresentado para debate na Câmara de Deputados não prevaleceu, pelo que certamente a fase de apelação passará ao reexame de todas as questão decididas em primeiro grau.

6. REFERÊNCIAS

ALVIM, Arruda. **Manual de direito processual civil:** parte geral. 6. ed. rev. e atual. São Paulo: RT, 1997. v. 1

---

57 Exceto as de ordem pública (supra) e a comprovação de justa causa.

Cap. 12 • PRECLUSÃO ELÁSTICA NO NOVO CPC: PROTESTO ANTIPRECLUSIVO, UMA OPORTUNIDADE PERDIDA
Zulmar Duarte

ARAGÃO, Egas Dirceu Moniz de. **Comentários ao código de processo civil:** lei 5.869, de 11 de janeiro de 1973. 9. ed. rev. e atual. Rio de Janeiro: Forense, 1998. vol. 2.

BARBI, Celso Agrícola. Da preclusão no processo civil. **Revista Forense**, v. 52, nº 158, mar./ abr. 1955.

BÜLOW, Oskar Von. **La teoria de las excepciones procesales y los presupuestos procesales.** Traducción de Miguel Angel Rosas Lichtschein. Buenos Aires: EJEA, 1964.

CALAMANDREI, Piero. **Direito processual civil:** estudos sobre o Processo Civil. Tradução de Luiz Abezia e Sandra Drina Fernandez Barbery. Campinas: Bookseller, 1999. vol. I.

CARNELUTTI, Francesco. **Sistema de direito processual civil:** introdução e função do processo civil. Traduzido por Hiltomar Martins de Oliveira. São Paulo: Classic Book, 2000. v. 1.

_____. **Sistema de direito processual civil:** composição do processo. Traduzido por Hiltomar Martins Oliveira. São Paulo: Classic Book, 2000. vol II.

_____. **Sistema de direito processual civil:** da estrutura do processo. Traduzido por Hiltomar Martins Oliveira. São Paulo: Classic Book, 2000. vol. III.

CINTRA, Antônio Carlos Araújo; GRINOVER, Ada Pellegrini; DINAMARCO, Cândido Rangel. **Teoria geral do processo.** 14. ed. rev. e atual. São Paulo: Malheiros, 1998.

CHIOVENDA, Giuseppe. In: Cosa juzgada y preclusión. **Ensayos de derecho procesal civil.** Traducción de Santiago Sentís Melendo. Buenos Aires: E.J.E.A, 1949. vol. III.

_____. **Instituições de direito processual civil:** as relações processuais; a relação ordinária de cognição. Anotações de Enrico Tullio Liebman. Traduzido por Paolo Capitanio. Campinas: Bookseller, 1998. v. 3.

_____. **Principios de derecho procesal civil.** Traducción de Jose Casais Y Santalo. Madrid: Reus. Tomo II.

COUTURE, Eduardo J. **Fundamentos del derecho procesal civil.** Buenos Aires: Aniceto Lopez, 1942.

_____. Oralidade e regra moral no Processo Civil. Processo oral. Rio de Janeiro: Forense, 1940. (Coletânea de Estudos de Juristas nacionais e estrangeiros).

DELLORE, Luiz et al. **Um convite ao debate:** o Novo CPC ainda mais uma vez. Disponível em: http://atualidadesdodireito.com.br/zulmarduarte/2013/07/14/um-convite-ao-debate-o-novo-cpc-ainda-mais-uma-vez/ Acesso em: 19-abril-2015.

DINAMARCO, Cândido Rangel. **Instituições de direito processual civil.** 2. ed. rev. e atual. São Paulo: Malheiros, 2002. vol. II.

FAZZALARI, Elio. **Instituições de direito processual civil.** Tradução de Elaine Nassif. Campinas: Bookseller, 2006.

GAJARDONI, Fernando da Fonseca. **Flexibilização procedimental:** um novo enfoque para estudo do procedimento em matéria processual; de acordo com as recentes reformas do CPC. São Paulo: Atlas, 2008.

1519

GOLDSCHMIDT, James. **Derecho procesal civil.** Traducción de Leonardo Prieto Castro. Barcelona: Editorial Labor, 1936.

LACERDA, Galeno. **Despacho saneador.** 2. ed. Porto Alegre: Sérgio Antonio Fabris, 1985.

LIEBMAN, Enrico Tullio. **Manual de derecho procesal civil.** Traducción de Santiago Sentís Melendo. Buenos Aires: EJEA, 1980.

MACHADO, Antônio Cláudio da Costa. **Sem gestão, a morosidade da Justiça não acabará.** Disponível em: http://www.conjur.com.br/2011-dez-13/brasil-codigo-processo-civil Acesso em: 19-abril-2015.

MARINONI, Luiz Guilherme; ARENHART, Sérgio Cruz. **Manual do processo do conhecimento.** 4. ed. rev., atual. e ampl. São Paulo: RT, 2005.

MARQUES, José Frederico. **Manual de direito processual civil:** processo de conhecimento. Atualizador Vilson Rodrigues Alves. Campinas: Bookseller, 1997. vol. 2.

MAXIMILIANO, Carlos. **Hermenêutica e aplicação do direito.** Rio de Janeiro: Forense, 1997.

MIRANDA, Pontes. **Comentários ao código de processo civil:** (Arts. 154-281). 3. ed. rev. e aument. Atualização legislativa de Sergio Bermudes. Rio de Janeiro: Forense, 1996. Tomo III.

_____. **Comentários ao código de processo civil:** (Arts. 154-281). 3. ed. rev. e aument. Atualização legislativa de Sergio Bermudes. Rio de Janeiro: Forense, 1996. Tomo VI.

MORATO, Francisco. A oralidade. Processo oral. Rio de Janeiro: Forense, 1940. (Coletânea de Estudos de Juristas nacionais e estrangeiros).

OLIVEIRA, Carlos Alberto Álvaro de. **Do formalismo no processo civil.** São Paulo: Saraiva, 1997.

OLIVEIRA JUNIOR, Zulmar Duarte de. **O Princípio da oralidade no processo civil:** quinteto estruturante. Porto Alegre: Núria Fabris, 2011.

_____. Preclusão elástica no Novo CPC (Org. Bruno Dantas). **Revista de Informação Legislativa,** Brasília, ano 48, n. 190, t. 2, p. 307, abr./jun., 2011.

RUBIN, Fernando. **Fragmentos de processo civil moderno:** de acordo com o novo CPC. Porto Alegre: Livraria do Advogado, 2013

SICA, Heitor Vitor Mendonça. **Preclusão processual civil:** atualizado de acordo com a nova reforma processual – leis nos 11.187/2005, 11.232/2005, 11.276/2006, 11.277/2006 e 11.280/2006. São Paulo: Atlas, 2006.

TUCCI, José Rogério Cruz e. **Tempo e processo:** uma análise empírica das repercussões do tempo na fenomenologia processual (civil e penal). São Paulo: RT, 1997.

WAMBIER, Teresa Arruda Alvim. **O novo regime do agravo.** 2. ed. rev. e atual. São Paulo: RT, 1996.

WATANABE, Kazuo. **Da cognição no processo civil.** 2. ed. atual. Campinas: Bookseller, 2000.

PARTE X

O REGIME DAS QUESTÕES DE ORDEM PÚBLICA NO CPC/2015

CAPÍTULO 1

O regime das questões de ordem pública no Novo CPC

Trícia Navarro Xavier Cabral[1]

SUMÁRIO: 1. NOÇÕES GERAIS SOBRE AS QUESTÕES DE ORDEM PÚBLICA; 2. EVOLUÇÃO HISTÓRICA DAS QUESTÕES DE ORDEM PÚBLICA; 3. IDENTIFICAÇÃO DAS QUESTÕES DE ORDEM PÚBLICA; 4. PRESSUPOSTOS PROCESSUAIS; 5. CONDIÇÕES DA AÇÃO; 6. O TRATAMENTO DAS QUESTÕES DE ORDEM PÚBLICA NO CPC/2015; 7. NECESSIDADE DE CONTRADITÓRIO PARA O RECONHECIMENTO DE QUESTÕES PRÉVIAS; 8. CONCLUSÃO; 9. BIBLIOGRAFIA.

1. NOÇÕES GERAIS SOBRE AS QUESTÕES DE ORDEM PÚBLICA

A ordem pública pode ser avaliada de diversas formas, como um meta-valor, um princípio[2], uma técnica ou uma instituição.[3] Pode estar relacionada ao Estado de Direito, aos interesses gerais da sociedade, às mudanças legislativas, ao tipo de ramo do Direito e/ou sua evolução, dentre outras. Por isso, vários campos das Ciências Humanas tratam do assunto, como a Sociologia, a Filosofia, a Ciência Política e o Direito, cada qual imprimindo a sua forma particular de abordagem e de tratamento do que entendem por ordem pública.[4]

No Direito Processual Civil - disciplina jurídica que integra o Direito Público e que trata das normas reguladoras da função jurisdicional do Estado –, a

---

1 Doutora em Direito Processual na UERJ. Mestre em Direito pela UFES. Juíza Estadual no Espírito Santo. Membro-efetivo do IBDP.

2 "Não obstante, entende-se que, melhor de todas as sugestões doutrinárias, temos aquela que considera possível identificar a ordem pública como um princípio geral de preservação de valores jurídicos, morais e econômicos de determinada sociedade política." (MARQUES, Jussara Cristina. Ordem pública, ordem privada e bem comum. Conceito e extensão nos direitos nacional e internacional. Revista Jurídica Cesumar - Mestrado. Maringá, v. 2, n. 1, p. 245-268, dezembro 2002, p. 259).

3 Na definição de Ráo: "[...] o conjunto de normas coordenadas em direção a um fim comum e as relações que elas visam regular, constituem o instituto jurídico." (RÁO, Vicente. O direito e a vida dos direitos. 6. ed. anotada e atual. por Ovídio Rocha Sandoval. São Paulo: Revista dos Tribunais, 2004, p. 252).

4 "Em síntese: a Sociologia Jurídica estuda o direito como fato social. A Dogmática Jurídica (Ciência do Direito em sentido estrito) se ocupa da norma jurídica e sua aplicação aos casos particulares. E a Filosofia Jurídica investiga os princípios fundamentais do direito, como norma, poder, realidade, valor ou conhecimento.". E prossegue: "[...] correspondem, assim, a três perspectivas diferentes, que não se excluem, mas, ao contrário, se completam. E contribuem para o melhor conhecimento da realidade jurídica em suas múltiplas dimensões.". (MONTORO, André Franco. Introdução à ciência do direito. 29. ed. rev. e atual. São Paulo: Revista dos Tribunais, 2011, p. 586).

ordem pública se manifesta como fator regulador e diretivo, e também como fundamento para a aplicação de um limite estatal à autonomia privada e pública, por meio do poder de restrição e do dever de controle do juiz, e que constitui um direito subjetivo dos jurisdicionados à organização processual[5] e ao afastamento dos eventuais defeitos que poderiam comprometer a prestação de uma tutela jurisdicional integral. Com efeito, a ordem pública está diretaménte relacionada à observância da cláusula do devido processo legal, atuando como um objetivo e ao mesmo tempo um limite à livre disposição dos sujeitos processuais.

Curiosamente, o Código de Processo Civil[6] de 1973 não menciona, em nenhuma oportunidade, o termo "ordem pública". Assim, as normas efetivamente cogentes não são identificadas de plano, a não ser pela interpretação analógica aos dispositivos que cominam algum tipo de sanção.

Já no CPC/2015 a expressão "ordem pública" aparece, apenas, no contexto de proteção das bases essenciais do direito interno. Refere-se, portanto, à ordem pública interna[7], que constitui os valores extraídos de um consenso social e jurídico de um determinado ordenamento, flexíveis às eventuais mutações históricas e relacionados aos sentimentos de juridicidade, justiça e moralidade, motivados, especialmente, pelos direitos e garantias fundamentais, cuja inobservância gera uma repúdia capaz de tornar ilegítimo o ato jurídico ou jurisdicional, sendo, pois, passível de controle.

---

5   Cf: VINCENT-LEGOUX, Marie Caroline. L'ordre public: Étude de droit compare interne. Paris: PressesUniversitaires de France, 2001, p. 89-90.

6   O Código de Processo Civil de 1939 estabelecia o procedimento de homologação de sentença estrangeira. Com o advento do Código de Processo Civil de 1973 a disciplina foi delegada ao Supremo Tribunal Federal, através de seu regimento interno, que reiterou as hipóteses de pé-exclusão da homologação de sentença estrangeira quando verificada a ofensa à soberania nacional, a ordem pública e os bons costumes. CALIXTO. Negi. Ordem pública: exceção à eficácia do direito estrangeiro. Curitiba: Editora Universidade Federal do Paraná, 1987, p. 53.

7   "A noção de ordem pública só pode ser nacional. Ela, reconhecidamente, é por demais incerta, porque varia no tempo e no espaço, de um para outro país e, até mesmo, em um determinado país de uma época para outra. A noção de ordem pública, na verdade, é mais fácil de ser sentida do que definida e resulta, no dizer de Salvat, de um conjunto de princípios de ordem superior, políticos, econômicos, morais e algumas vezes religiosos, aos quais uma sociedade considera estreitamente vinculada à existência e conservação da organização social estabelecida. A noção obedece a um critério contingente, histórico e nacional." (LAZZARINI, Álvaro. Ordem constitucional de 1988 a ordem pública. Revista de Informação Legislativa. Brasília, Ano 29, nº 115, julho/setembro, 1992, p. 278). Em sentido contrário: "Não se concebe que ordem pública seja uma noção que só possa ser nacional porque varia no tempo e no espaço, de país para país, e até mesmo em um país de uma época para outra. O conceito de ordem pública é único e não varia e não varia no tempo ou no espaço. Ordem pública tem o mesmo significado em qualquer país, em qualquer época. O que varia são as condições sócio-econômicas que definem a zona de estabilidade, mas ordem pública, conceitualmente falando, é uma só." (FILOCRE, D'Aquino. Revisita à ordem pública. Revista de Informação Legislativa. Brasília, Ano 46, nº 184, outubro/dezembro, 2009, p. 146).

Cap. 1 • O REGIME DAS QUESTÕES DE ORDEM PÚBLICA NO NOVO CPC
Trícia Navarro Xavier Cabral

De qualquer modo, no campo do processo civil, a ordem pública[8] tem sido relacionada às matérias que o juiz pode e deve conhecer de ofício, a qualquer tempo e grau de jurisdição, como as condições da ação, os pressupostos processuais e outros requisitos processuais e materiais capazes de impedir o alcance de um pronunciamento de mérito.

2. EVOLUÇÃO HISTÓRICA DAS QUESTÕES DE ORDEM PÚBLICA

O regime jurídico das questões de ordem pública acompanhou os novos contextos processuais que, de tempos em tempos, sofreram modificações ideológicas, científicas e pragmáticas. Assim, na época em que o Processo Civil era tratado como acessório do direito material, as questões de ordem pública processual consistiam basicamente em um simples meio de se levar as controvérsias ao Poder Judiciário. Com a autonomia do direito processual esse panorama se altera para conferir ao processo uma legitimação própria e necessária à formação da decisão judicial.

Desse modo, a origem e os fundamentos da ordem pública ganham importância para o Processo Civil somente a partir do século XIX, ocasião em que se consagrou a autonomia da referida ciência jurídica em relação ao direito material.[9]

Na realidade, a relevância do tema para o processo surge com a instituição dos pressupostos processuais por Oscar von Bülow, em 1868[10]. Esse foi o marco inicial para o estudo do assunto.[11]

---

8 "[...] o predicado "de interesse da ordem pública" é o temo antecedente de uma regra jurídica que determina que as leis que se enquadram em tal previsão possuam efeito cogente. Dizer-se, portanto, que uma norma é de interesse da ordem pública é buscar conferir-lhe efeito cogente." (RIBEIRO, Maurício Moura Portugal. O controle do uso da noção de ordem pública como limite à liberdade de contratar: périplo do paradigma de dogmática contratual pós-napoleônica. 2002. Dissertação (Mestrado) – Pontifícia Universidade Católica, São Paulo, p. 154).

9 Sobre a evolução do direito processual, consultar: DINAMARCO, Cândido Rangel. Instituições de direito processual civil. São Paulo: Malheiros, 2001. v. 1, p. 259-262.

10 "Em poucas palavras, eis a síntese do que se procurou expor no presente trabalho: 1. Os pressupostos processuais foram sistematizados por Oskar von Bülow e diziam respeito unicamente à existência do processo. 2. Ulteriormente, quando os olhos dos processualistas passaram a se voltar ao objeto do processo e não mais a seu nascimento, consolidada que estava sua autonomia, os pressupostos processuais passaram a abranger questões atinentes à validade do processo, chegando à categoria, na doutrina alemã (e também mais recentemente na italiana), a ser alargada a ponto de abarcar todos os requisitos condicionantes do julgamento de mérito. Evidentes problemas terminológicos surgiram de referido alargamento e a doutrina voltou seus olhos a esses problemas deixando de lado a efetividade do processo. [...]". (BATISTA, Lia Carolina. Pressupostos Processuais e efetividade do processo civil – Uma tentativa de sistematização. Revista de Processo. São Paulo, v. 214, p. 79-119, dez. 2012, p. 115).

11 O processo civil contemporâneo também foi moldado por Franz Klein, na reforma legislativa austríaca de 1895, e possibilitou medidas em nome do princípio da economia processual como a modificação da

Posteriormente, com o estabelecimento das condições da ação, estas também passaram a integrar o rol das regras processuais denominadas de ordem pública.

Destarte, os pressupostos processuais e as condições da ação consistiam no que podia ser entendido como intransponível no processo, cujo resultado era o reconhecimento imediato do vício pelo juiz, inclusive de ofício, gerando, entre outras consequências, a decretação de nulidade absoluta do ato ou a extinção do processo sem a resolução do mérito.

Não obstante, outras hipóteses passaram a ser inseridas na qualidade de ordem pública e, além disso, sofreram diferentes tratamentos pela doutrina e pela jurisprudência.

Portanto, resta analisar como esses fatos refletiram no processo civil, especialmente na nova legislação.

3. IDENTIFICAÇÃO DAS QUESTÕES DE ORDEM PÚBLICA

No que tange ao rol de questões de ordem pública[12] - na esfera processual - é comum ver o mesmo relacionado, basicamente, com os pressupostos processuais, com as condições da ação[13], além de requisitos específicos de admissibilidade e recursais[14]. Há quem inclua nessa categoria as nulidades

---

demanda após a citação, a correção dos vícios de forma e a direção do processo pelo juiz. Cf.: BEDAQUE, José Roberto dos Santos. Efetividade do processo e técnica processual. 3 ed. São Paulo: Malheiros, 2010, p. 97-98.

12   "As questões de ordem pública, que refletem a supremacia do interesse público sobre o interesse particular, são imperativos que devem ser reconhecidos de ofício pelo julgador para que se tenha a correta prestação jurisdicional por parte do Estado-juiz." (MIRANDA, Gladson Rogério de Oliveira. Prequestionamento nas questões de ordem pública. Disponível em: ‹HTTP://jus2.uol.com.br/doutrina/texto. asp?id=4606. Acesso em: 4/8/2008).

13   Segundo Rodrigo Freire: "Os pressupostos processuais e as condições da ação constituem requisitos de admissibilidade para o julgamento do mérito, de caráter público, tendo em vista os altos custos do processo para as partes e – principalmente – para o Estado." E prossegue dizendo que, por esta razão, "[...] as questões atinentes a estas duas categorias jurídicas são consideradas questões de ordem pública." (FREIRE, Rodrigo da Cunha Lima. Ainda sobre a declaração ex officio da falta de um pressuposto processual ou de uma condição da ação em agravo de instrumento. Disponível em: ‹HTTP://jus2.uol.com. br/doutrina/texto.asp?id=2007, Acesso em: 04/8/2008). Fredie Didier Jr. Entende que o mais correto seria dividir as questões em questões de mérito e questões de admissibilidade do processo, já que só há dois tipos de juízos que o magistrado pode fazer em um procedimento (de validade do procedimento; aptidão para a prolação do ato final e de mérito), não sendo lógico distingui-los em pressupostos processuais, condições da ação e mérito. Cf.: DIDIER JUNIOR, Fredie. Pressupostos processuais e condições da ação: o juízo de admissibilidade do processo. São Paulo: Saraiva, 2005, p. 72.

14   Leonardo Greco, ao discorrer sobre o tema, adota um posicionamento abrangente quanto às hipóteses de ordem pública: "Entre esses princípios indisponíveis, porque impostos de modo absoluto, apontei então: a independência, a imparcialidade e a competência absoluta do juiz; a capacidade das partes; a liberdade de acesso à tutela jurisdicional em igualdade de condições por todos os cidadãos (igualdade

Cap. 1 • O REGIME DAS QUESTÕES DE ORDEM PÚBLICA NO NOVO CPC
Trícia Navarro Xavier Cabral

processuais[15]. Contudo, as nulidades processuais são as consequências resultantes dos diversos tipos de vícios e não integram a mesma natureza jurídica dos requisitos de admissibilidade, até porque aquelas precisam ser declaradas pelo magistrado após o reconhecimento judicial dos defeitos processuais.

Com efeito, as condições da ação, os pressupostos processuais[16] e as demais garantias constitucionais e requisitos processuais constituem espécies e formas de controle do regular desenvolvimento do processo se amparam em interesse público graduável de acordo com o momento e o espaço em que são observados, podendo sofrer alterações inclusive em razão de política legislativa ou judiciária. Por essa razão, o interesse público está intimamente ligado à própria noção de ordem pública, podendo, ainda, configurar uma de suas facetas.

Ademais, por questões de ordem pública material deve ser entendido como aquelas que se referem ao direito substancial, mas que podem ser conhecidas de ofício diante do interesse público declarado pela lei ou pela própria jurisprudência.

De qualquer forma, diante das limitações de extensão do presente trabalho, serão analisados, apenas, os pressupostos processuais e as condições da ação, matérias reconhecidamente incluídas na categoria de questões de ordem pública.

---

de oportunidades e de meios de defesa); um procedimento previsível, equitativo, contraditório e público; a concorrência das condições da ação; a delimitação do objeto litigioso; o respeito ao princípio da iniciativa das partes e ao princípio da congruência; a conservação do conteúdo dos atos processuais; a possibilidade de ampla defesa e oportuna utilização de todos os meios de defesa, inclusive a defesa técnica e a autodefesa; a intervenção do Ministério Público nas causas que versam sobre direitos indisponíveis, as de curador especial ou de curador à lide; o controle da legalidade e causalidade das decisões judiciais por meio da fundamentação. A esses acrescento agora a celeridade do processo, pois a litigiosidade é uma situação de crise na eficácia dos direitos dos cidadãos que o juiz tem o dever de remediar com a maior rapidez possível (CPC, art. 125), especialmente após a introdução do novo inc. LXXVIII do art. 5º da Constituição pela EC 45/2004. Acrescentaria também a garantia de uma cognição adequada pelo juiz, pois esse é um dos objetivos essenciais de toda a atividade processual." (GRECO, Leonardo. Os atos de disposição processual – primeiras reflexões. In: MEDINA, José Miguel Garcia et al. (Coords). Os poderes do juiz e o controle das decisões judiciais. São Paulo: Revista dos Tribunais, 2008, p. 293).

15 "De outro lado, integram a ordem pública processual as nulidades processuais absolutas, fruto de vícios formais de maior gravidade, que afetam universo de interesses da própria jurisdição. Em vista de valores fundamentais do processo (abrangidos pela cláusula mais geral do devido processo legal), o sistema reconhece a relevância de determinados atos do procedimento, retira das partes a disponibilidade sobre a matéria e autoriza o reconhecimento de ofício de eventual nulidade." (APRIGLIANO, Ricardo de Carvalho. Ordem pública e processo: o tratamento das questões de ordem pública no direito processual civil. São Paulo: Atlas, 2011. (Coleção Atlas de Processo Civil. - Coord. Carlos Alberto Carmona), p. 91).

16 Segundo a doutrina tradicional: "Na prática, a falta de um pressuposto processual poderá determinar a extinção do processo, a inexistência jurídica ou a nulidade de alguns atos processuais ou, simplesmente, o envio dos autos do processo a outro juiz ou juízo." (FREIRE, Rodrigo da Cunha Lima. Ainda sobre a declaração ex officio da falta de um pressuposto processual ou de uma condição da ação em agravo de instrumento. Disponível em: <HTTP://jus2.uol.com.br/doutrina/texto.asp?id=2007, Acesso em: 04/8/2008).

4. PRESSUPOSTOS PROCESSUAIS

Os pressupostos processuais[17], ao lado das condições da ação, constituem os requisitos de admissibilidade do provimento jurisdicional, e devem ser apreciados como preliminares em momento antecedente ao exame do mérito. Não obstante, devem ser observados desde a petição inicial e, a partir daí, em todos os atos subsequentes do procedimento, sendo que, na ausência de um dos pressupostos do ato ou do procedimento, o processo fica maculado, gerando consequências que vão desde o indeferimento da petição inicial até a extinção anômala do feito. Na verdade entre a rejeição da inicial e a extinção existe uma graduação de possíveis efeitos processuais que permitem a regularização do defeito identificado.

Dessa forma, os pressupostos processuais podem ser divididos em três categorias distintas: a) questões de ordem pública, cujas hipóteses são taxativas, em que impera um grau elevado de interesse público na proteção do Estado ou dos sujeitos processuais, ensejando a indisponibilidade processual; b) questões de interesse público que podem ser reconhecidas de acordo com a política legislativa ou judiciária em vigor; c) questões predominantemente de interesse privado, que em sua maioria atuam em benefício das partes e que podem ser superadas diante do grau de disponibilidade processual.

Assim, há uma gradação do interesse público, variável de acordo com a relevância garantística da hipótese analisada.

Com efeito, existem vícios aparentemente insuperáveis na relação processual, de modo que seus efeitos permanecem intactos, podendo ser arguidos inclusive após a consolidação do trânsito em julgado. Seriam, pois, os vícios intransponíveis, absolutos e irrenunciáveis, responsáveis em último grau pelo controle e pela obtenção da ordem pública processual. Nesta categoria estão as hipóteses de existência de órgão estatal investido de jurisdição e o impedimento do juiz.

No grupo das questões de interesse público estariam: a competência absoluta, a existência de demanda; a citação; a capacidade de ser parte, de estar em juízo e a postulatória; a litispendência; a coisa julgada; a suspeição do juiz, entre outras.

---

17 "Costuma-se falar em pressupostos de existência e de validade. A terminologia merece uma correção técnica. Pressuposto é aquilo que precede ao ato e se coloca como elemento indispensável à sua existência jurídica: requisito é tudo quanto integra a estrutura do ato e diz respeito à sua validade, como já foi visto no primeiro capítulo. Assim, é mais técnico falar em requisitos de validade, em vez de 'pressupostos de validade'. 'Pressupostos processuais' é denominação que se deveria reservar apenas aos pressupostos de existência." (DIDIER JR., Fredie Didier. Pressupostos processuais e condições da ação: o juízo de admissibilidade do processo. São Paulo: Saraiva, 2005, p. 105).

Por fim, os casos de interesses disponíveis seriam, por exemplo, a competência relativa e a convenção de arbitragem.

5. CONDIÇÕES DA AÇÃO

As condições da ação tiveram como marco teórico os ensinamentos do italiano Enrico Tullio Liebman[18], cujas lições foram imediatamente absorvidas pela Escola Processual de São Paulo, que passou a difundir seu conceito e suas vantagens para o nosso ordenamento. Sua doutrina também foi seguida pelo professor Alfredo Buzaid, encarregado de elaborar o anteprojeto do atual Código de Processo Civil, oportunidade em que inseriu as referidas condições e previu as suas consequências processuais.

Liebman, ao tentar conciliar as teorias[19] da ação[20], criou a chamada teoria eclética da ação que, apesar de se filiar à doutrina dualista que reconhece a

---

18 Liebman chegou ao Brasil em 1939 e constatou na doutrina nacional um pensamento bastante privatístico em relação ao processo civil, passando a propor uma visão mais publicista do processo, para considerá--lo como função pública exercida em benefício do interesse coletivo, e não mais como mero instrumento a serviço da defesa dos direitos dos indivíduos. Cf.: DINAMARCO, Cândido Rangel. Fundamentos do processo civil moderno. Tomo I. 6.ed. São Paulo: Malheiros, 2010, p. 33-47.

19 As mais conhecidas teorias sobre a natureza da ação seriam: a) Teoria Imanentista ou Civilista (Savigny): a ação e o processo eram simples capítulos do direito material; b) Teoria Concreta da Ação (Wach): reconhece a autonomia do instituto da ação em relação ao direito material mas condiciona a existência daquele à existência deste; c) Teoria Abstrata da Ação (Degenkolb): o direito de ação não é visto como um direito à uma sentença favorável, mas como o direito de obter do Estado um provimento judicial, favorável ou não; e d) Teoria Eclética da Ação (Liebman): segue a doutrina dualista que defende a autonomia do direito de ação em relação ao direito material e mantem o caráter abstrato do direito de ação, mas condiciona à existência da própria ação e da função jurisdicional à presença de questões que antecedem à apreciação do mérito, chamadas de condições da ação. Cf.: BRANDÃO, Fábio Nobre Bueno. Uma visão atual das condições da ação: requisitos do provimento final. Revista Ibero-Americana de Direito Público. Rio de Janeiro: América Jurídica. Ano III, n. 8, abril/junho. 2002. p. 95-107. p. 95-97.

20 Em brevíssimo resumo sobre a evolução das teorias da ação: "A concepção civilista vigorou até 1856, apenas com certas variantes, como a variante de SAVIGNY, que considerava a ação como um direito novo, nascido da lesão ao direito subjetivo material, mas sempre um direito voltado contra o devedor, o titular da obrigação. Com pequenas variantes, vigorou a concepção civilista até 1856 quando, neste ano, surgiu na Alemanha uma célebre polêmica ente WINDSCHEID e MUTHER a respeito da actio romana. Esta polêmica marca o primeiro passo no sentido da independência, da autonomia científica do direito processual. [...] Logo depois disto surge a célebre, a primeira, Revista de Direito Processual alemã, fundada por BÜLOW. BÜLOW sustenta a tese da relação jurídica processual de direito público, como um passo avante, decorrente das premissas lançadas por MUTHER. [...] A concepção de CHIOVENDA, o maior mestre italiano, é conhecida na doutrina como teoria da 'ação como direito potestativo'. CHIOVENDA a apresentou numa conferência pronunciada em Bucareste, em 1902. Esta conferência é encontrada no primeiro volume dos Ensaios de CHIOVENDA. Antes disto, lá por 1898 ou 1899, CHIOVENDA redigiria o verbete sobre a 'ação' no Dicionário Jurídico de Direito Privado de Scialoja, onde trata já do problema da ação. [...] Essa teoria culminou com o grande COUTURE. Ele realiza a etapa final, completa a obra da publicização do processo, pela inserção definitiva do direito processual no direito constitucional. Diz COUTURE: 'Chegados a esse extremo, de que a ação nada mais é do que o direito à jurisdição, verifica-se que, na verdade, esse direito de ação nada mais é do que aquilo que os constitucionalistas já conheciam: uma modalidade de direito

NOVO CPC DOUTRINA SELECIONADA, v. 1 • Parte Geral

PARTE X – O REGIME DAS QUESTÕES DE ORDEM PÚBLICA NO CPC/2015

autonomia do direito processual em relação ao direito material e manter o caráter público e abstrato do direito da ação em relação ao direito substancial, vislumbrava a necessidade de se examinar de plano a presença de algumas situações relacionadas à relação jurídica material como condição de admissibilidade da propositura da demanda e, por conseguinte, do exame do mérito.

São as chamadas condições da ação, identificadas em três espécies: a possibilidade jurídica do pedido[21], a legitimidade *ad causam* e o interesse de agir. Como se observa, cada uma dessas condições se identifica com um dos elementos da ação, quais sejam: pedido, partes e causa de pedir, respectivamente.[22]

Para Liebman as condições da ação devem ser tratadas como uma categoria independente dos pressupostos processuais e do mérito, representando uma posição intermediária entre essas duas classes. Em outros termos, as condições da ação não se confundiriam com os pressupostos processuais e nem com o mérito, sendo inclusive prejudicial à apreciação deste.

No entanto, as condições da ação seriam questões de natureza processual, relacionadas apenas a alguns aspectos da relação jurídica material, cuja análise deve ser feita preliminarmente pelo juiz, de forma superficial e abstrata, ou seja, baseada na hipotética existência do direito subjetivo alegado pelo autor, e sem as quais não seria possível a apreciação do mérito.

Com isso, a estrutura do processo seria formada por três categorias autônomas, formando o trinômio processual, qual seja: a) os pressupostos processuais, que seriam os requisitos do próprio processo; b) as condições da ação, relacionadas a alguns aspectos da relação jurídica material; e c) o mérito, que seria a análise sobre a lide. Já a cognição judicial seria dividida em dois tipos: a) sobre os requisitos de admissibilidade da análise do mérito, que envolveria os pressupostos processuais e as condições da ação; e b) o exame do mérito da causa.

Como consequência, a questão poderia ser arguida ou declarada de ofício pelo juiz, em qualquer fase do processo, e o reconhecimento da ausência de uma das referidas condições tornaria o autor carecedor da ação.

---

constitucional de petição'." (GALENO, Lacerda. Teoria geral do processo. 1ª Edição. Rio de Janeiro: Editora Forense, 2008, p. 215-228. Sobre o assunto, por todos ver: OLIVEIRA, Carlos Alberto Alvaro de. Teoria e prática da tutela jurisdicional. Rio de Janeiro: Forense, 2008, p. 19-80).

21 Com a entrada em vigor na Itália em 1970 da lei que instituiu o divórcio, o principal exemplo do Liebman, na terceira edição de seu Manuale de Direito Processual Civil de 1973, o autor retirou a possibilidade jurídica das condições da ação, mantendo somente a legitimidade ad causam e o interesse de agir, no qual estaria embutida a possibilidade jurídica do pedido. Cf.: DINAMARCO, Cândido Rangel. Fundamentos do processo civil moderno. Tomo I. 6.ed. São Paulo: Malheiros, 2010, p. 49.

22 "As três condições da ação, se bem examinadas, referem-se a cada um dos três elementos da ação (demanda): legitimidade ad causam/partes; possibilidade jurídica do pedido/pedido; interesse de agir/ causa de pedir." (DIDIER JR., Fredie Didier. Pressupostos processuais e condições da ação: o juízo de admissibilidade do processo. São Paulo: Saraiva, 2005, p. 278).

Cap. 1 • O REGIME DAS QUESTÕES DE ORDEM PÚBLICA NO NOVO CPC
Trícia Navarro Xavier Cabral

Apesar das críticas, a justificativa doutrinária para a mantença das condições da ação no ordenamento jurídico reside em possíveis benefícios para o processo. Com efeito, o tema tem como fundamento científico o princípio da economia processual[23], responsável por impedir o desenvolvimento ou a continuidade do processo cuja impossibilidade de tutela jurisdicional se verifica de plano em relação ao cabimento jurídico do pedido, à pertinência subjetiva da demanda e à necessidade/adequação da pretensão autoral.[24]

O fato é que as condições da ação foram inseridas no Código de Processo Civil de 1973[25] e, a partir dessa previsão legislativa, foram estabelecidos importantes reflexos processuais. Passaram a ter tratamento de situações intransponíveis, oriundas de norma cogente, cognoscíveis de ofício pelo juiz e a qualquer tempo e grau de jurisdição, capazes de ensejar a extinção do feito sem o exame do mérito.[26]

Pelo Código, constatada a ausência de uma das condições da ação, o juiz deve se pronunciar no primeiro momento, de ofício ou mediante requerimento[27], gerando, por conseguinte, inúmeras consequências processuais, que podem ir desde o indeferimento da petição inicial[28] até a extinção do processo

---

23 "O texto constitucional não prevê, de modo expresso e geral, pressupostos processuais ou condições da ação, o que já denota que as limitações infraconstitucionais impostas deverão ser comedidas e ter por finalidade o cumprimento expresso na Carta Magna. Portanto, não poderão representar denegação de justiça e deverão ser vir exatamente aos escopos constitucionais do acesso à ordem jurídica justa e da duração razoável dos processos. Sendo assim, a exigência dos pressupostos processuais e das condições da ação, bem como a solução diante da inexistência destes requisitos, devem estar pautadas pelo acesso à justiça e pela economia processual." (MENDES, Aluisio Gonçalves de Castro. O acesso à Justiça e as condições da ação. Revista de Processo, São Paulo: Revista dos Tribunais, ano 34, nº 174, 2009, p. 327-328).

24 Entendendo que a falta de uma das condições da ação leva a um julgamento sem resolução do mérito, não importando o momento em que for constatada, ver: MOUTA, Madson da Cunha. Ação: ausência de condição constatada no final do processo, carência de ação ou improcedência do pedido? Revista Síntese de Direito Civil e Processual Civil. Porto Alegre: Síntese, v. 1, n. 1, p. 31-34, set./out. 1999, p. 34.

25 Concordando com a opção legislativa brasileira de optar pelo trinômio pressupostos processuais, condições da ação e mérito, consultar: THEODORO JÚNIOR, Humberto. Pressupostos processais, condições da ação e mérito da causa. Revista de Processo. São Paulo: Revista dos Tribunais, ano V, nº 17, p. 41-49, janeiro-março. 1980, p. 45.

26 Art. 267. Extingue-se o processo, sem resolução de mérito: I - quando o juiz indeferir a petição inicial; [...] VI - quando não concorrer qualquer das condições da ação, como a possibilidade jurídica, a legitimidade das partes e o interesse processual; [...] § 3o O juiz conhecerá de ofício, em qualquer tempo e grau de jurisdição, enquanto não proferida a sentença de mérito, da matéria constante dos ns. IV, V e VI; todavia, o réu que a não alegar, na primeira oportunidade em que lhe caiba falar nos autos, responderá pelas custas de retardamento.

27 Art. 301. Compete-lhe, porém, antes de discutir o mérito, alegar: [...] III - inépcia da petição inicial; [...] X - carência de ação; [...].

28 Art. 295. A petição inicial será indeferida: I - quando for inepta; II - quando a parte for manifestamente ilegítima; III - quando o autor carecer de interesse processual; [...] Parágrafo único. Considera-se inepta a petição inicial quando: [...] II - da narração dos fatos não decorrer logicamente a conclusão; III - o pedido for juridicamente impossível; [...].

sem o exame do mérito, hipótese que, para alguns doutrinadores, impediria, inclusive, a repropositura da demanda caso a condição não fosse atendida, interpretação extraída do caput do artigo 268, do CPC.

Atualmente, os processualistas brasileiros já divergem sobre a existência e o tratamento dado às referidas figuras processuais[29], e muitos entendendo tratar-se de hipóteses relacionadas ao próprio mérito da demanda[30] e que por tal razão não deveriam mais subsistir.[31]

Não bastasse, a própria utilidade dessa categoria autônoma de cognição judicial vem sendo questionada, seja porque na prática os magistrados não se dedicam a dar às condições da ação a economia processual inicialmente propagada, seja porque, apesar do estreito liame com a relação jurídica de direito material, o reconhecimento da ausência de uma das condições da ação tem como consequência legislativa a extinção do feito sem o exame do mérito, sem resolver definitivamente a lide instaurada.

É importante salientar que as condições da ação, durante uma fase mais formalista do processo, serviram de justificativa para inúmeras sentenças terminativas, em verdadeiro abuso da atividade jurisdicional, já que para o magistrado era muito mais fácil extinguir de forma anômala o feito do que adentrar nas questões meritórias.[32]

Por outro lado, apesar de a doutrina condicionar a propositura de nova demanda ao preenchimento da condição faltante e a lei fazer algumas exigências de ordem financeira[33], não existia o necessário controle estatal sobre a qualidade dessas novas proposições, o que também não contribuía para o processo, para as partes e nem para a eficiência do Judiciário.

---

29 Adotando a corrente majoritária que distingue as condições da ação, de caráter puramente processual, daquelas proferidas com a análise do mérito, em razão de economia processual, ver: BRANDÃO, Fábio Nobre Bueno. Uma visão atual das condições da ação: requisitos do provimento final. Revista Ibero-Americana de Direito Público. Rio de Janeiro: América Jurídica. Ano III, n. 8, abril/junho. 2002. p. 95-107. p. 106.

30 No sentido de que as condições da ação são pertinentes ao mérito por se referirem à relação de direito material, ver: SILVA, Ovídio A. Baptista da; GOMES, Fábio Luiz. Teoria geral do processo civil. 5. Ed., revista e atualizada. São Paulo: Revista dos Tribunais, 2009, p. 106.

31 "Reiteramos, após essa análise individualizada das chamadas condições da ação, nosso convencimento no sentido de que a denominada sentença de carência em nada se pode distinguir daquela de improcedência." FABRÍCIO, A. F. Extinção do processo e mérito da causa. In: Saneamento do processo – estudos em homenagem ao prof. Galeno Lacerda. Porto Alegre: Sergio Antonio Fabris, p. 15- 53, 1989, p. 44.

32 "Por outro lado, a própria teoria das condições da ação foi levada a pontos de exagero no Brasil, seja em sede doutrinária, seja pelos tribunais, sendo frequentes as afirmações de ser o autor carecedor da ação em casos de nítida improcedência da demanda ou de algum pressuposto de direito material." DINAMARCO, Cândido Rangel. Fundamentos do processo civil moderno. Tomo I. 6.ed. São Paulo: Malheiros, 2010, p. 49.

33 Art. 268. Salvo o disposto no art. 267, V, a extinção do processo não obsta a que o autor intente de novo a ação. A petição inicial, todavia, não será despachada sem a prova do pagamento ou do depósito das custas e dos honorários de advogado. [...].

Cap. 1 • O REGIME DAS QUESTÕES DE ORDEM PÚBLICA NO NOVO CPC
Trícia Navarro Xavier Cabral

Já a jurisprudência continuou dando a idêntica receptividade às condições da ação, sem tecer maiores críticas ou trazer entendimentos divergentes capazes de ajudar no debate do assunto numa perspectiva mais contemporânea.

Daí a necessidade de se continuar investindo no estudo e aperfeiçoamento da função e efeitos das condições da ação, para que sua existência no sistema, caso persista, possa ter a correta compreensão e utilização pelos operadores do direito.

De qualquer forma, as condições da ação foram divididas em três espécies: impossibilidade jurídica do pedido, legitimidade para a causa e interesse de agir. Das três, a mais controvertida[34] é a possibilidade jurídica do pedido, especialmente em razão da dificuldade de se dissociar a análise puramente hipotética e processual da viabilidade jurídica do direito subjetivo afirmado pelo autor das questões afeitas ao mérito.[35]

O próprio Liebman, pai das condições da ação, retirou a possibilidade jurídica do pedido do rol das condições da ação. Porém, o autor italiano considerou a hipótese absorvida pelo interesse de agir, levando a crer que essa incorporação não teria o condão de transformar a natureza processual da condição para meritória, sendo que a até os dias de hoje os processualistas divergem sobre o assunto, sendo certo que a controvérsia só reside na esfera acadêmica diante da previsão legislativa expressa da referida condição da ação.

Contudo, quando da elaboração do Projeto de novo Código de Processo Civil, criaram-se expectativas quanto à mantença das condições da ação da forma como foram sedimentadas no meio jurídico, ou então se lei caminharia

---

34 "Verifica-se, pois, que impossibilidade jurídica e improcedência são fenômenos ontologicamente iguais. A diferença está no maior ou menor grau de incompatibilidade entre a pretensão e o sistema. Contrariar frontalmente a regra do direito material é impossibilidade jurídica. Divergir da orientação de determinados tribunais implica improcedência passível de verificação na própria inicial. Questões de direito mais complexas podem ensejar o julgamento antecipado. Por isso, errou o legislador ao considerar a possibilidade jurídica como condição da ação cuja ausência importaria decisão sem conteúdo de mérito (CPC, arts. 267, VI, e 295, parágrafo único, I), apenas porque manifesta a incompatibilidade da demanda com o ordenamento jurídico-material." BEDAQUE, José Roberto dos Santos. Efetividade do processo e técnica processual. 3 ed. São Paulo: Malheiros, 2010, p. 280.

35 "Por muito que nos tenhamos empenhado na meditação do assunto e por maior que tenha sido nosso esforço em penetrar as razões do convencimento que parece ser o da maioria (sobre ser a solução da lei), fortalecemos sempre mais nossa convicção no sentido de ser a sentença declaratória da impossibilidade jurídica uma típica e acabada sentença de mérito. Ao proferi-la, o juiz 'rejeita o pedido do autor', nos exatos termos do art. 269, I; denega-lhe o bem da vida por ele perseguido através do processo; afirma que ele não tem o direito subjetivo material invocado; diz que ele não tem razão; indefere-lhe o pedido mediato formulado; repele a sua demanda. Podem-se alinhar às dezenas outras maneiras de dizer, mas todas significarão sempre que a ação (rectius, o pedido) não procede." FABRÍCIO, A. F. Extinção do processo e mérito da causa. Saneamento do processo – estudos em homenagem ao prof. Galeno Lacerda. Editora Sergio Antonio Fabris Editor, Porto Alegre, p. 15- 53, 1989, p. 35-36.

para a extinção da referida categoria jurídica, seguindo parte da doutrina atual que defende o seu fim.

No entanto, pelo novo Código de Processo Civil houve modificação da legislação original das condições da ação para retirar a possibilidade jurídica do pedido de suas hipóteses, mas sem deixar expresso se adota a natureza processual ou meritória da questão, mantendo incólume a existência da legitimidade *ad causam* e do interesse de agir[36] como categorias de extinção do feito sem resolução de mérito.[37]

Daí iniciou-se uma nova discussão doutrinária sobre se a real intenção do legislador teria sido atribuir à possibilidade jurídica do pedido a caraterística de verdadeira questão de mérito[38], por resolver por completo a crise do direito material judicializada, ou se a ideia do CPC/2015 teria sido aderir à última versão de Liebman, que considerava a possibilidade jurídica do pedido uma espécie integrante do interesse de agir e, neste caso, continuaria correspondendo a um caso de decisão de inadmissibilidade.[39]

---

36 Art. 3º. Para propor ou contestar ação é necessário ter interesse e legitimidade. No NCPC: Art. 17. Para postular em juízo é necessário ter interesse e legitimidade.

37 "O ideal é que também a legitimidade para agir e o interesse processual fossem retirados do âmbito dos casos em que não há resolução de mérito. Nada obstante a teoria da asserção resolva em parte o problema, ao permitir a construção de que a efetiva verificação da ilegitimidade para a causa e da ausência de interesse processual redundem em decisões de mérito, o mais adequado está em desde logo reconhecer-se o fato de que estas categorias pertencem à situação jurídica material deduzida em juízo. Como durante muito tempo se discutiu esse tema e o Código vigente veio, por assim dizer, para pacificá-lo, não basta a simples supressão do inciso VI do art. 467. O mais conveniente é que se explicite no art. 469 que o exame da legitimidade para a causa e do interesse processual implicam resolução do mérito e verdadeira improcedência do pedido." MARINONI, Luiz Guilherme; MITIDIERO, Daniel. O projeto do CPC: críticas e propostas. São Paulo: Revista dos Tribunais, 2010.p. 126-127.

38 Nesse sentido: DIDIER JR., Fredie. Será o fim da categoria "condição da ação"? Um elogio ao projeto do novo Código de Processo Civil. Revista de Processo. São Paulo: Revista dos Tribunais, ano 36, nº 197, junho. 2011, p. 255-260. P. 258. Também seguindo o entendimento de que a possibilidade jurídica do pedido deixou de integrar a categoria das condições da ação, ver: MACEDO. Bruno Regis Bandeira Ferreira. Os aspectos procedimentais da petição inicial e da contestação e o novo Código de Processo Civil. In: DIDIER JR., Fredie; MOUTA, José Henrique; KLIPPEL, Rodrigo. (Coord). O projeto do novo Código de Processo Civil. Estudos em homenagem ao Professor José de Albuquerque Rocha. Salvador: JusPodvum, p. 81-102, 2011, p. 99.

39 "É que, a meu juízo, a ausência de possibilidade jurídica é, na verdade, um caso de falta de interesse de agir. Afinal, aquele que vai a juízo em busca de algo proibido aprioristicamente pelo ordenamento jurídico postula, a rigor, uma providência jurisdicional que não lhe pode trazer qualquer utilidade. E isto nada mais é do que ausência de interesse de agir.". CÂMARA, Alexandre Freitas. Será o fim da categoria "condição da ação"? Uma resposta a Fredie Didier Júnior. Revista de Processo. São Paulo: Revista dos Tribunais, ano 36, nº 197, junho. 2011, p. 261-270. P. 263. Também defendendo que o Projeto do novo Código de Processo Civil acolheu a posição de Liebman que passou a incluir a possibilidade jurídica do pedido no interesse processual, ver: ALMEIDA, Gregório Assagra de; GOMES JUNIOR, Luiz Manoel. Um novo Código de Processo Civil para o Brasil: análise teórica e prática da proposta apresentada ao Senado Federal. Rio de Janeiro: GZ, 2010, p. 156.

Cap. 1 • O REGIME DAS QUESTÕES DE ORDEM PÚBLICA NO NOVO CPC
Trícia Navarro Xavier Cabral

Também chama atenção dos juristas o fato de o novo texto legislativo não fazer referência à expressão "condição da ação" e nem "carência da ação", que há muito vem sendo criticada pela doutrina nacional[40]. A opção legislativa também gera dúvidas sobre a subsistência das condições da ação[41] como categoria autônoma ou se estas passariam a integrar os requisitos de admissibilidade do julgamento de mérito ou então o próprio mérito.[42]

A Exposição de Motivos do Anteprojeto do Código de Processo Civil[43] não deixa dúvidas de que a possibilidade jurídica do pedido deixou de integrar o juízo de admissibilidade para fazer parte do exame de mérito, inclusive com previsão de julgamento liminar de improcedência do pedido[44], prejudicando, assim, todas as dúvidas sobre o referido assunto.

Porém, em relação à legitimidade e ao interesse, parece que o CPC/2015, infelizmente, não fez qualquer alteração substancial, mantendo as referidas hipóteses na categoria de "condições da ação", embora não tenha feito uso dessa expressão.

---

40 "Ao prevalecer a proposta, não mais haverá razão para o uso, pela ciência do processo brasileira, do conceito "condição da ação". A legitimidade ad causam e o interesse de agir passarão a ser explicados com suporte no repertório teórico dos pressupostos processuais. [...] A mudança não é pequena. Sepulta-se um conceito que, embora prenhe de defeitos, estava amplamente disseminado no pensamento jurídico brasileiro. Inaugura-se, no particular, um novo paradigma teórico, mais adequado que o anterior, e que, por isso mesmo, é digno de registro e aplauso. É certo que o projeto poderia avançar ainda mais, para reconhecer que a fala de legitimação ordinária implica improcedência do pedido, e não juízo de inadmissibilidade. Mas este texto é para celebrar o avanço e não para lamentar eventual timidez da proposta. [...] A legitimidade extraordinária, e apenas ela, deverá ser compreendida como pressuposto processual de validade, cuja falta leva à extinção sem resolução do mérito." DIDIER JR. Fredie. Será o fim da categoria "condição da ação"? Um elogio ao projeto do novo Código de Processo Civil. Revista de Processo. São Paulo: Revista dos Tribunais, ano 36, nº 197, p. 255-260, junho. 2011, p. 259-260.

41 Entendendo que a carência da ação se refere ao processo e não à ação, ver: PACAGNAN, Rosaldo Elias. Breves reflexões sobre as condições da ação. Revista Jurídica: órgão nacional de doutrina, jurisprudência, legislação e crítica judiciária. Porto Alegre: Notadez, ano 53, nº 331, p. 65-74, maio.2005, p. 69.

42 Segundo Leonardo Cunha o texto dos dispositivos do Projeto do novo Código de Processo Civil que não prevê os termos "condições da ação" e "carência da ação" indica a opção pela extinção das condições da ação como categoria autônoma do direito processual. CUNHA, Leonardo Carneiro da. Será o fim da categoria "condição da ação"? Uma intromissão no debate travado entre Fredie Didier Jr. E Alexandre Freitas Câmara. Revista de Processo. São Paulo: Revista dos Tribunais, ano 36, nº 198, p. 227-236, agosto. 2011, p. 234.

43 "Com o objetivo de dar maior rendimento a cada processo, individualmente considerado, e, atendendo a críticas tradicionais da doutrina, deixou, a possibilidade jurídica do pedido, de ser condição da ação. A sentença que, à luz da lei revogada seria de carência da ação, à luz do Novo CPC é de improcedência e resolve definitivamente a controvérsia." Comissão de Juristas Responsável pela Elaboração de Anteprojeto de Código de Processo Civil. Anteprojeto do Código de Processo Civil. Brasília: Senado Federal, Presidência, 2010. 377 p.

44 Art. 333. Nas causas que dispensem a fase instrutória, o juiz, independentemente da citação do réu, julgará liminarmente improcedente o pedido que: [...] IV – for manifestamente improcedente por contrariar o ordenamento jurídico; [...].

Observa-se, pois, que o tema ainda suscita divergências no âmbito doutrinário, mas a legislação está, aos poucos, adequando à verdadeira função dessa técnica processual que inicialmente foi criada para servir ao direito material, mas que depois foi desvirtuada com uma dimensão que não se justifica cientificamente e muito menos no campo pragmático.

6. O TRATAMENTO DAS QUESTÕES DE ORDEM PÚBLICA NO CPC/2015

A denominada "ordem pública processual"[45] representa uma técnica destinada à correta identificação e aplicação das técnicas processuais, bem como ao exercício do controle da regularidade processual, por todos os sujeitos processuais, mas em especial pelo juiz, de modo adequado e tempestivo, visando resolver concreta e proporcionalmente os eventuais defeitos e suas consequências, a fim de que a prestação da tutela jurisdicional seja legítima e integral, com a pronúncia de mérito.[46]

O tratamento das questões de ordem pública nunca foi uniforme, tendo acompanhado os novos contextos processuais que, de tempos em tempos, sofreram modificações ideológicas, científicas e pragmáticas.

Nesse passo, tem-se que: 1) as questões que envolvem interesse público podem ser baseadas em questão de fato ou questão de direito; 2) a imperatividade das chamadas "questões de ordem pública" pode ser variada, justificando um tratamento diferenciado; 3) as questões de ordem pública podem acarretar prejuízos distintos, de acordo com o caso concreto; 4) identificar imperatividades e prejuízos distintos não significa aplicar a fungibilidade ou a flexibilização, tendo em vista que a questão, por si só, deve ser encarada na proporção de seu alcance e consequência e não representar um aspecto único em todas as situações.

---

45 "[...] a ordem pública processual pode ser definida como o conjunto de regras técnicas que o sistema concebe para o controle tempestivo da regularidade do processo, necessariamente voltadas para o objetivo maior de permitir que seus escopos sejam atingidos, com rapidez, economia e racionalidade, regras que devem ser suscitadas pelas partes ou pelo magistrado com obrigatória observância do contraditório, e que apenas excepcionalmente devem conduzir à extinção anômala do processo ou impedir que se realize o julgamento quanto ao mérito do litígio." APRIGLIANO, Ricardo de Carvalho. Ordem pública e processo: o tratamento das questões de ordem pública no direito processual civil. São Paulo: Atlas, 2011. (Coleção Atlas de Processo Civil. - Coord. Carlos Alberto Carmona), p. 106.

46 "A ordem pública processual compreende o conjunto de regras técnicas que o sistema concebe para o controle da regularidade do processo, ou seja, para salvar processos, permitir que sejam conduzidos ao julgamento de mérito. [...] A ordem pública processual só pode ser interpretada como um conjunto de técnicas voltadas ao tempestivo controle sobre a viabilidade do processo." APRIGLIANO, Ricardo de Carvalho. Ordem pública e processo: o tratamento das questões de ordem pública no direito processual civil. São Paulo: Atlas, 2011. (Coleção Atlas de Processo Civil. - Coord. Carlos Alberto Carmona), p. 65.

Cap. 1 • O REGIME DAS QUESTÕES DE ORDEM PÚBLICA NO NOVO CPC
Trícia Navarro Xavier Cabral

Sendo assim, o juízo de admissibilidade deve ser feito correta e tempestivamente, e consiste na análise judicial da presença dos requisitos de cada ato processual, bem como do procedimento como um todo, objetivando afastar eventuais defeitos e se alcançar o exame do mérito[47]. Trata-se de importante filtro processual, responsável por garantir a regularidade do procedimento, em benefício da boa administração da justiça e do equilíbrio das partes, legitimando a prestação jurisdicional.

A cognição do magistrado durante o procedimento pode dar-se em relação às questões prévias e em relação às questões de fundo[48]. Na primeira, o juiz analisa a regularidade dos atos e do procedimento para fins de saneamento do feito, cuja atividade se denomina de chamado de juízo de admissibilidade. Já na segunda, o julgador examina as questões meritórias e resolve em definitivo a lide, denominado de juízo de mérito.

Quanto à sua natureza jurídica, esta poderá ser declaratória ou constitutiva negativa, conforme o juízo de admissibilidade for positivo ou negativo, respectivamente.[49]

Registre-se que o juízo de admissibilidade é exercido pelo juiz, sem prejuízo de as partes poderem indicar o vício para provocar a manifestação judicial.

Por sua vez, o estudo acerca do juízo de admissibilidade envolve o seu momento, forma, objeto e consequências processuais. Com efeito, a eficiência do juízo de admissibilidade está diretamente ligada ao momento em que é

---

47 "O ato jurídico inicial pode ser válido e, ainda assim, ser decretada a inadmissibilidade do procedimento. É que, conforme visto, a validade de um ato-complexo pode ser investigada durante toda a execução desse ato, que é composto de vários atos. Mas somente comprometerão o procedimento, e por isso podem ser considerados requisitos processuais, os fatos que digam respeito à demanda originária: relacionados ao autor, ao juízo ou ao objeto litigioso. Nem todo ato processual defeituoso pode implicar o juízo de admissibilidade do processo: é preciso que o defeito deste ato impeça que o objeto litigioso seja apreciado - e isso só acontece quando o ato processual está dentro da cadeia de atos do procedimento principal, estruturado para dar resposta ao quanto foi demandado. Se não compromete a apreciação do mérito do procedimento principal, não pode ser considerado requisito de validade do processo: ou será um requisito de validade do ato processual isoladamente considerado, ou será um requisito de admissibilidade de um procedimento incidental ou recursal." DIDIER JR., Fredie Didier. Pressupostos processuais e condições da ação: o juízo de admissibilidade do processo. São Paulo: Saraiva, 2005, p. 108.

48 Acerca da relevância prática da distinção entre o juízo de admissibilidade e o juízo de mérito, especialmente para fins de interposição de ação rescisória, ver: BARBOSA MOREIRA, José Carlos. Juízo de admissibilidade e juízo de mérito no julgamento do recurso especial. In: Temas de direito processual: quarta série. São Paulo: Saraiva, 1989, p. 135.

49 "Diante do que foi exposto, adota-se o seguinte posicionamento sobre a natureza jurídica do juízo de admissibilidade: a) se positivo, será um juízo declaratório da eficácia, decorrente da constatação da validade do procedimento (aptidão para prolação da decisão sobre o objeto posto sob apreciação); b) se negativo, será um juízo constitutivo negativo, em que se aplica a sanção da inadmissibilidade (invalidade) do ato-complexo, que se apresenta defeituoso/viciado." DIDIER JR., Fredie Didier. Pressupostos processuais e condições da ação: o juízo de admissibilidade do processo. São Paulo: Saraiva, 2005, p. 41.

exercido, já que quando mais cedo forem detectadas as irregularidades processuais, mais aproveitamento se terá do processo, evitando-se atos inúteis decorrentes de um controle tardio[50]. Ademais, a forma e o momento de alegação do defeito processual dependerão do tipo de questão envolvida e do interesse público a ela inerente, aplicando-se de modos diferentes para as partes e para o juiz. Além disso, as consequências processuais e sua extensão dependerão da gravidade do defeito detectado, bem como de sua repercussão na cadeia procedimental.

Os reflexos do juízo de inadmissibilidade em relação ao ato ou ao procedimento[51] **são tratados pela teoria das nulidades processuais, que prevê sanções variáveis, mas que podem eventualmente comprometer o alcance de uma pronúncia de mérito.**

O juízo de admissibilidade, portanto, é a cognição exercida pelo magistrado sobre as questões capazes de comprometer o alcance do exame meritório, sendo que deve ser ocorrer a cada ato processual e também durante todo o procedimento.

De qualquer modo, a identificação e o tratamento das questões de ordem pública sempre foram atrelados à possibidade de cognição de ofício pelo juiz. Porém, essa relação entre a questão de ordem pública e a atividade de cognição de ofício pelo juiz nem sempre se confirma e não devem ser confundidas.[52]

Isso porque as questões de ordem pública são aquelas cujo interesse público envolvido é elevado a ponto de justificar uma intervenção corretiva do

---

50 "O controle da regularidade do processo deve ser realizado logo no início (arts. 284 e 295 do CPC), ou imediatamente após a resposta (arts. 327 e 329). No máximo, na audiência preliminar (art. 331). É dever do juiz fazê-lo o mais breve possível, contribuindo, assim, para a realização prática do princípio da operosidade." BEDAQUE, José Roberto dos Santos. Efetividade do processo e técnica processual. 3 ed. São Paulo: Malheiros, 2010, p. 57.

51 "Eis, portanto, as conclusões parciais a que se chega: (a) o procedimento submete-se ao juízo de admissibilidade; b) o juízo de admissibilidade é o juízo sobre a validade do ato-complexo procedimento; c) a inadmissibilidade é sanção que se aplica ao procedimento defeituoso." DIDIER JR., Fredie Didier. Pressupostos processuais e condições da ação: o juízo de admissibilidade do processo. São Paulo: Saraiva, 2005, p. 28.

52 "Nessa perspectiva, a cognição sobre questões de ordem pública e a cognição que o magistrado pode realizar por ato espontâneo configuram fenômenos diferentes. Se é fato que as matérias de ordem pública podem ser examinadas de ofício, o inverso não se verifica, ao contrário. Muito poucas das atividades que se realizam de ofício possuem traços próprios da ordem pública. Ser ou não apreciada de ofício, ao que tudo indica, decorre exclusivamente de política legislativa, eis que a grande variedade destas hipóteses nem sequer apresenta traços comuns, que permitam extrair razões desta classificação." APRIGLIANO, Ricardo de Carvalho. Ordem pública e processo: o tratamento das questões de ordem pública no direito processual civil. São Paulo: Atlas, 2011. (Coleção Atlas de Processo Civil. - Coord. Carlos Alberto Carmona), p. 114-115.

Cap. 1 • O REGIME DAS QUESTÕES DE ORDEM PÚBLICA NO NOVO CPC
Trícia Navarro Xavier Cabral

juiz, em nome da boa administração da justiça[53]. Já as questões cognoscíveis de ofício, embora geralmente apresentem boa dose de interesse público, podem ser criadas para atender à política legislativa ou judiciária, não se identificando, necessariamente, com o conteúdo e a densidade das questões ou matérias afetas à ordem pública processual.

Dessa forma, uma matéria que hoje é tratada como direito disponível pode amanhã passar a integrar o rol de questões cognoscíveis de ofício, o que não terá o condão de transformá-la em uma questão em matéria de ordem pública, mas apenas de confere à mesma um tratamento diferenciado pelo magistrado. Um exemplo disso foi o que ocorreu com a prescrição, que antes constituía matéria que dependia de arguição pela parte interessada e que com o Código Civil de 2002 passou a poder ser conhecida de ofício. Ora, esse poder cognitivo dado ao juiz em razão de política legislativa não tornou a prescrição uma questão de ordem pública, ou seja, aquela em que há um efetivo comprometimento do desenvolvimento do processo, e tanto é assim que ainda cabe a renúncia, embora ela passasse a ser inserida em um regime jurídico diferenciado.

Portanto, o poder de cognição de ofício de certas matérias pelo juiz não se confunde com as questões de ordem pública processual e não transforma estas últimas naquelas.

Em outro viés, observa-se ser equivocada a afirmação de que as questões de ordem pública podem ser conhecidas em qualquer tempo ou grau de jurisdição.

Isso porque, uma vez decidida expressamente a questão, preclui para o juiz a possibilidade de reanálise sem que haja algum fato novo que justifique[54], sob pena de ferir o princípio da segurança jurídico-processual e inclusive abalar a ordem pública processual.

Registre-se ainda sobre o aspecto preclusivo do pronunciamento judicial[55], que a preclusão quanto às matérias já decididas aplica-se em todos os graus

---

53 "A questo proposito (e ripetendo ciò che rammentavo in um incontro di studi, in questa medesima sede, pochimesi da), è sempre utile rileggere l'art. 1delleCicil procedure rules inglesi del 1998, che ricorda come il giudice deve governare il processo in modo da «deal with cases justly». È forse questa la chiave per passare da la in approcciodi rigorosa logica giuridica, ad in altro diverso, che, senza negare le norme, ante pongalo scopo di offrire ai cittadini ina giustizia credibile." BIAVATI, Paolo. Appunti sulla struttura dela decisione e l'ordine dele questioni. Revista Trimestrale di Diritto e Procedura Civile. Milano: Giuffrè Editore. Anno LXIII. Nº 1, p. 1301-1323, marzo 2009, 1323.

54 "Se o juízo de admissibilidade é uma decisão (e parece indiscutível que o seja), positivo ou negativo, pouco importa, deverá submeter-se à preclusão. É o que ora se defende. As razões serão analisadas nos itens seguintes." DIDIER JR., Fredie Didier. Pressupostos processuais e condições da ação: o juízo de admissibilidade do processo. São Paulo: Saraiva, 2005, p. 84.

55 "Sob uma perspectiva puramente literal, o artigo 267, § 3º, de fato, não parece autorizar o entendimento de que o exame daquelas questões não está sujeito a qualquer estabilização. O que o texto legal afirma é a possibilidade de o juiz conhecer de ofício tais questões, em qualquer tempo e grau de jurisdição.

NOVO CPC DOUTRINA SELECIONADA, v. 1 • Parte Geral
PARTE X – O REGIME DAS QUESTÕES DE ORDEM PÚBLICA NO CPC/2015

de jurisdição[56], só podendo ser modificada pela via recursal. Note-se, por sua vez, que ocorre a preclusão independentemente do sistema de agravo que o sistema processual pretenda adotar, ou seja, mais rígido como o atual ou mais flexível como o previsto no CPC/2015.[57]

Dessa forma, a expressão "a qualquer tempo ou grau de jurisdição" não condiz com o tratamento que deve ser dado ao assunto, servindo apenas para que juízes ajam autoritariamente e para que advogados manipulem o processo com estratégias desleais.

Ainda no que concerne ao tratamento das questões de ordem pública, o CPC/2015 prevê dois dispositivo que simplificam as formalidades e garantem a efetividade processual. Tratam-se dos artigos 339[58], que facilita a identificação e correção da parte ilegítima[59], e do artigo 340[60], que, em caso de alegação de

---

E a reforçar a impressão de que as questões decididas fiquem efetivamente fora de nova cognição judicial está o já referido artigo 471 do Código de Processo Civil, que é aplicável não apenas às decisões de mérito finais, mas também às interlocutórias. Da mesma forma, ao dizer que "nenhum juiz decidirá novamente" tais questões, o dispositivo pretende incluir também o próprio juiz da causa, que proferiu a decisão e é, portanto, o primeiro a estar por ela vinculado." APRIGLIANO, Ricardo de Carvalho. Ordem pública e processo: o tratamento das questões de ordem pública no direito processual civil. São Paulo: Atlas, 2011. (Coleção Atlas de Processo Civil. - Coord. Carlos Alberto Carmona), p. 171.

56 "Não se permite que o tribunal, no julgamento do recurso, reveja questão que já fora anteriormente decidida, mesmo as processuais, e em relação à qual se operou a preclusão. O que se permite ao tribunal é conhecer, mesmo sem provocação das partes, das questões relativas à admissibilidade do processo, respeitada, porém, a preclusão. Parece haver uma confusão entre a possibilidade de conhecimento exofficiode tais questões, fato indiscutível, com a possibilidade de decidir de novo questões já decididas, mesmo as que poderiam ter sido conhecidas de ofício. São coisas diversas: a cognoscibilidade exofficio de tais questões significa, tão-somente, que elas podem ser examinadas pelo Judiciário sem a provocação das partes, o que torna irrelevante o momento em que são apreciadas. Não há preclusão para o exame das questões, enquanto pendente o processo, mas há preclusão para o reexame." (DIDIER JR., Fredie. Pressupostos processuais e condições da ação: o juízo de admissibilidade do processo. São Paulo: Saraiva, 2005, p. 87. Em sentido contrário, entende Flávio Cheim Jorge, vide: JORGE, Flávio Cheim; DIDIER JR.; Fredie; RODRIGUES, Marcelo Abelha. A nova reforma processual. 2. ed. São Paulo: Saraiva, 2003, p. 176).

57 CABRAL, Trícia Navarro Xavier. Preclusão e decisão interlocutória no projeto do novo CPC. In: ROQUE, André Vasconcelos; PINHO, Humberto Dalla Bernardina de. (Org.). O projeto do novo Código de Processo Civil: uma análise crítica. 1. ed. Brasília: Gazeta Jurídica, 2013, v. 1, p. 195-235.

58 No NCPC: Art. 339. Quando alegar sua ilegitimidade, incumbe ao réu indicar o sujeito passivo da relação jurídica discutida sempre que tiver conhecimento, sob pena de arcar com as despesas processuais e de indenizar o autor pelos prejuízos decorrentes da falta de indicação. § 1o O autor, ao aceitar a indicação, procederá, no prazo de 15 (quinze) dias, à alteração da petição inicial para a substituição do réu, observando-se, ainda, o parágrafo único do art. 338. § 2o No prazo de 15 (quinze) dias, o autor pode optar por alterar a petição inicial para incluir, como litisconsorte passivo, o sujeito indicado pelo réu.

59 Enunciado FPPC: 296. (art. 339; art. 340) Quando conhecer liminarmente e de ofício a ilegitimidade passiva, o juiz facultará ao autor a alteração da petição inicial, para substituição do réu, nos termos dos arts. 339 e 340, sem ônus sucumbenciais. (Grupo: Petição inicial, resposta do réu e saneamento).

60 No NCPC: Art. 340. Havendo alegação de incompetência relativa ou absoluta, a contestação poderá ser protocolada no foro de domicílio do réu, fato que será imediatamente comunicado ao juiz da causa, preferencialmente por meio eletrônico. § 1o A contestação será submetida a livre distribuição ou, se o

incompetência absoluta, admite que o protocolo da contestação pelo réu seja feito no foro de seu próprio domicílio.

Por fim, insta salientar que o CPC/2015 reforça o princípio da sanabilidade dos atos processuais, incentivando, assim, a superação de qualquer tipo de vício processual, até mesmo os mais graves, como é o caso da ausência de citação.

7. NECESSIDADE DE CONTRADITÓRIO PARA O RECONHECIMENTO DE QUESTÕES PRÉVIAS

Pelo atual tratamento que se tem dado ao conhecimento das questões preliminares ou consideradas de ordem pública pelo juiz, verifica-se que não constituir uma conduta cotidiana a abertura ao contraditório[61] antes de se firmar um juízo cognitivo sobre o assunto. Contudo, essa é uma realidade que vem paulatinamente sendo criticada e modificada, permitindo-se que as partes não só conheçam da questão antecipadamente, evitando-se surpresas, como também para que tenham a plena capacidade de interferir na decisão judicial.

Com efeito, trata-se de providência cada vez mais necessária ao exercício da ampla defesa, especialmente diante da análise cada vez mais concreta que vem sendo dada às situações postas em juízo, bem como em virtude das variadas consequências possíveis quando da verificação de alguma irregularidade processual.

O princípio do contraditório e da ampla defesa, previsto no artigo 5º, LV, da Constituição Federal, é a expressão mais fiel do Estado Democrático de Direito, de modo que sua não observância viola as mais basilares garantias do nosso ordenamento jurídico.

---

réu houver sido citado por meio de carta precatória, juntada aos autos dessa carta, seguindo-se a sua imediata remessa para o juízo da causa. § 2º Reconhecida a competência do foro indicado pelo réu, o juízo para o qual for distribuída a contestação ou a carta precatória será considerado prevento. § 3º Alegada a incompetência nos termos do caput, será suspensa a realização da audiência de conciliação ou de mediação, se tiver sido designada. § 4º Definida a competência, o juízo competente designará nova data para a audiência de conciliação ou de mediação.

61 Edoaldo Ricci entende que o princípio do contraditório como uma garantia fundamental não é conexo com os dispositivos legais que disciplinam os poderes das partes e a sua vedação pelo juiz, provocando o seu efetivo exercício, para que as partes façam o que também poderiam realizar na ausência de solicitação, uma vez que tais dispositivos se prestam a outras finalidades, que não dizem respeito à cooperação com o juiz na busca da solução mais justa, e nem à cooperação do juiz com as partes por razão de solidariedade, já que estas duas hipóteses se referem a outros valores que nada têm a ver com a garantia do contraditório. RICCI, Edoardo F. Princípio do contraditório e questões que o juiz pode propor de ofício. In: FUX, Luiz; NERY JUNIOR, Nelson; WAMBIER, Teresa Arruda Alvim (Coord.). Processo e Constituição: estudos em homenagem ao Professor José Carlos Barbosa Moreira. São Paulo: Revista dos Tribunais, 2006, p. 498-499.

Por sua vez, o exercício do contraditório não envolve só as partes, mas compreende também o juiz e todos os demais participantes do processo[62], num imprescindível diálogo judicial[63]. Essa cooperação e dialética processual[64] tem inegável importância o processo justo e legítimo.[65]

Não obstante, o princípio do contraditório[66] possui estreita associação com o princípio da igualdade[67]-[68]. E complementa Nelson Nery Júnior: "Essa igualdade

---

62 "[...] o contraditório não se resume apenas nisso, visto que ele é igualmente garantia da própria jurisdição, pois que essa efetiva e plena possibilidade de ambas as partes sustentarem suas razões e de produzirem provas constitui a própria garantia da regularidade do processo, da imparcialidade do juiz e da justiça das decisões. [...] Sob um outro enfoque, mas entretanto sem contrapor aquele recém manifestado acerca do aspecto técnico do contraditório, está a questão do contraditório como instrumento de limitação ao exercício do poder.". (PIRES, Adriana. Prova e contraditório. In: OLIVEIRA, Carlos Alberto Alvaro de (Coord.). Prova cível. Rio de Janeiro: Forense, 1999, p. 61-63).

63 "Como se vê, o contraditório não é um princípio que deva ser observado somente na relação entre as partes no processo, ou seja, no sentido de uma poder manifestar-se sobre as alegações da outra. Aplica-se com a mesma intensidade imperativa no que diz respeito às partes e o órgão julgador, não sendo dado a este fazer do processo uma 'caixinha de surpresas', de cujo conteúdo as partes só poderão tomar conhecimento após a prolação da decisão." (PIRES, Adriana. Prova e contraditório. In: OLIVEIRA, Carlos Alberto Alvaro de (Coord.). Prova cível. Rio de Janeiro: Forense, 1999. p. 65).

64 Na observação de José Roberto dos Santos Bedaque: "Constitui o contraditório o tempero e a compensação necessários a evitar que a autoridade do magistrado seja transformada em arbítrio." (Poderes instrutórios do juiz. 3. ed. rev. atual. e ampl. São Paulo: Revista dos Tribunais, 2001, p. 78).

65 "A sentença final só pode resultar do trabalho conjunto de todos os sujeitos do processo. Ora, a ideia de cooperação, além de exigir, sim, um juiz ativo e leal, colocado no centro da controvérsia, importará senão o restabelecimento do caráter isonômico do processo pelo menos na busca de um ponto de equilíbrio. Esse objetivo impõe-se alcançado pelo fortalecimento dos poderes das partes, por sua participação mais ativa e leal no processo de formação da decisão, em consonância com uma visão não autoritária do papel do juiz e mais contemporânea quanto à divisão do trabalho entre o órgão judicial e as partes." (OLIVEIRA, Carlos Alberto Alvaro de. O formalismo-valorativo no confronto com o formalismo excessivo. Revista de Processo, São Paulo, Revista dos Tribunais, ano 31, n. 137, p. 7-31, jul. 2006, p. 13).

66 "O princípio do contraditório, além de fundamentalmente constituir-se em manifestação do princípio do estado de direito, tem íntima ligação com o da igualdade e o do direito de ação, pois o texto constitucional, ao garantir aos litigantes o contraditório e a ampla defesa, quer significar que tanto o direito de ação quanto o direito de defesa são manifestações do princípio do contraditório." (NERY JUNIOR, Nelson. Princípios do processo civil na Constituição Federal. 5. ed. São Paulo: Revista dos Tribunais, 1999, p. 135).

67 Sobre o tema, Luigi Paolo Comoglio assevera que o contraditório da parte, como forma de obtenção de condição de paridade, também é tido no ordenamento jurídico italiano, espanhol e latino-americano como uma das garantias mínimas para se atingir o justo processo, e que deve ser respeitado, principalmente quando estão em jogo os poderes de iniciativa instrutória do juiz, cuja possibilidade já reconheceu a legislação italiana. Trata-se de garantia mínima de legalidade processual, juntamente com a figura institucional do juiz imparcial. In: Il "giusto processo" civile in Italia e in Europa. Revista de Processo, São Paulo, Revista dos Tribunais, ano 29, n. 116, p. 97-158, jul./set. 2004). O mesmo autor também aborda a matéria em: COMOGLIO, Luigi Paolo. Garanzieminimedel "giusto processo" civilenegliordinamentiispano-latinoamericani. Revista de Processo, São Paulo, Revista dos Tribunais, ano 28, n. 112, p. 159-176, out./dez. 2003.

68 "Na medida que toda a convivência social se apresenta como uma grande competição para a obtenção de bens escassos, a igualdade de oportunidades tem como objetivo oferecer a todos os membros de determinada comunidade condições de participar, valendo-se de posições iguais de partida, da competição pela vida, ou pela conquista do que é vitalmente mais significativo. O parentesco entre o princípio da igualdade de oportunidades e o do contraditório é irrefutável.". (MATTOS, Sérgio Luís Wetzel de. Iniciativa probatória do juiz e princípio do contraditório no processo civil. In: OLIVEIRA, Carlos Alberto Alvaro de (Coord.). Prova cível. Rio de Janeiro: Forense, p. 119-135, 1999, p. 133).

de armas[69] não significa, entretanto, paridade absoluta, mas sim na medida em que as partes estiverem diante da mesma realidade em igualdade de situações processuais."[70]

Nesse contexto, deve o juiz zelar que as questões capazes de gerar efeitos relevantes para o processo possam se submeter ao prévio contraditório. Assim, o julgador acaba assumindo dois papeis distintos: o de sujeito que participa e se submete ao contraditório e, ao mesmo tempo, o de responsável pelo exercício e controle do contraditório e da ampla defesa das partes no processo.

Destarte, também no conhecimento de questões de ordem pública ou de interesse público se mostra imprescindível o atendimento ao princípio do contraditório, o que deve ser proporcionado pelo julgador quando da condução do processo, na qualidade de seu presidente. Isso porque a natureza jurídica das referidas questões não deve afastar o contraditório, uma vez que todas elas são capazes de interferir no convencimento do juiz.

Desse modo, não importa se a relação jurídica é de direito disponível ou indisponível, ou se a iniciativa do conhecimento é judicial ou pelas partes. Em qualquer caso, compete ao magistrado respeitar e controlar o contraditório, conferindo legitimidade aos seus posicionamentos.

Apesar disso, registre-se que a não submissão de uma questão ao contraditório quando do juízo de admissibilidade não enseja necessariamente um vício insanável e a consequente a anulação do ato, tendo em vista que os defeitos processuais devem ser analisados sob a ótica da finalidade do processo e também da demonstração do prejuízo, o que deve ser sopesado pelo julgador.[71]

De qualquer forma, trata-se de exigência constitucional tanto para os procedimentos judiciais e quanto para os administrativos, consistindo um direito

---

69 "Ocorre, entretanto, que nem sempre existe inteira coincidência entre o princípio da igualdade e o contraditório. Como se sabe, a igualdade das partes deve ser assegurada ao juiz na condução do processo na conformidade do que dispõe o art. 125, I, do CPC. Porém, a igualdade não se projeta apenas no nível do contraditório, mas sim ela deve ser garantida em tudo que se refere aos poderes, aos deveres, aos direitos das partes no processo. Assim, deve haver igualdade de prazos para recorrer, igualdade de oportunidades em recorrer, enfim, igualdade de oportunidades de modo geral no processo." (PIRES, Adriana. Prova e contraditório In: OLIVEIRA, Carlos Alberto Alvaro de (Coord.). Prova cível. Rio de Janeiro: Forense, p. 59-75, 1999, p. 69).

70 NERY JUNIOR, Nelson. Princípios do processo civil na Constituição Federal, 5. ed. São Paulo: Revista dos Tribunais, 1999, p. 153.

71 Defendendo que o desrespeito ao contraditório em decisões sobre questões cognoscíveis de ofício não gera necessariamente a invalidade do ato, devendo ser ponderado o prejuízo e a gravidade da violação do contraditório pelo juiz em momento posterior à decisão, conferir: CHIARLONI, Sergio. Questioni rilevabili d'ufficio, diritto di difesa e "formalismo dele garanzie". Revista de Processo. São Paulo: Revista dos Tribunais, ano 37, n. 212, p. 83-93, outubro. 2012.

fundamental imprescindível ao desenvolvimento regular do processo, aplicando-se tanto ao juízo de admissibilidade quanto ao juízo de mérito.[72]

Nesse passo, na apreciação das questões cognoscíveis de ofício também deve ser oportunizada às partes o exercício do direito de defesa, até porque, em alguns casos, pode-se demonstrar que o acolhimento de uma questão tida como de ordem pública não trará benefício aos litigantes ou ao processo, especialmente quando este já estiver maduro para o julgamento com o exame do mérito.

Em outro vértice, tem-se que o fato de o juiz poder conhecer de algumas questões de ofício não autoriza que o julgamento das mesmas também seja de modo oficioso, sem a ciência e contribuição argumentativa das partes.

Seguindo essa tendência que, na verdade, tem ganhado bastante expressão em outros ordenamentos jurídicos, o novo Código de Processo Civil[73], à semelhança da reforma italiana, prevê expressamente que as matérias cognoscíveis de ofício deverão passar pelo crivo do contraditório antes da manifestação do juiz[74], evitando-se surpresa para o jurisdicionado.[75-76]

Ademais, há necessidade de adequada fundamentação[77], permitindo a ciência e a ampla defesa pelas partes e, ainda, conferindo legitimidade ao ato judicial.

Por fim, registre-se, apenas, que as partes devem agir com cooperação, boa-fé e lealdade dentro do processo, de modo a não postergar a alegação de

---

72 "Não há dúvidas de que, por razões já expostas, o julgador deva conhecer de determinadas matérias sem que, sobre elas, tenha havido prévia manifestação das partes; contudo, e tal distinção não pode ser olvidada, revela-se manifestamente ilegítima a decisão ex officio (de terceira via ou surpresa), pouco importando se ela diz respeito a questões de admissibilidade, meritórias ou até acessórias como os honorários de sucumbência. Tem-se, assim, o contraditório prévio sobre as questões de ofício como um limite ou vínculo aos poderes decisórios dos órgãos jurisdicionais a seu respeito.". (FARIA, Márcio Carvalho. O princípio do contraditório, a boa-fé processual. In: FUX, Luiz (Coord.) Processo constitucional. Rio de Janeiro: Forense, 2013, p. 761).

73 No NCPC: Art. 7º. É assegurado às partes paridade de tratamento no curso do processo, competindo ao juiz velar pelo efetivo contraditório.

74 No NCPC: Art. 10. O juiz não pode decidir, em grau algum de jurisdição, com base em fundamento a respeito do qual não se tenha dado às partes oportunidade de se manifestar, ainda que se trate de matéria sobre a qual deva decidir de ofício.

75 "Aspecto interessante do devido processo legal é o que vem de ser consagrado na parte geral do projeto do Código de Processo Civil, admitindo-se o contraditório ainda que o juiz possa extinguir o processo sem análise do mérito, tendo em vista que o réu pode pretender que a resolução atinja a questão material de fundo para que não mais seja molestado acerca daquele tema sub judice.". (FUX, Luiz. Processo e Constituição. In: FUX, Luiz (Coord.) Processo constitucional. Rio de Janeiro: Forense, 2013, p. 35).

76 Ver: FUX, Luiz. O novo processo civil. In: FUX, Luiz (Coord.). Andrea Carla Barbosa... [et al.]. O novo processo civil brasileiro (direito em expectativa): reflexões acerca do projeto do novo Código de Processo Civil. Rio de Janeiro: Forense, p. 4-24. 2001, p. 15.

77 No NCPC: Art. 11. Todos os julgamentos dos órgãos do Poder Judiciário serão públicos, e fundamentadas todas as decisões, sob pena de nulidade. [...].

questões processuais apenas para que, em momento oportuno e desfavorável, possam usar com um trunfo na tentativa de reverter os resultados do feito.

8. CONCLUSÃO

As questões de ordem pública no CPC/2015 sofreram pontuais alterações estruturais, como a eliminação da impossibilidade jurídica do pedido da categoria das condições da ação, mas, acima de tudo, importantes mudanças ideológicas, especialmente em relação à necessidade de se atender ao contraditório das partes para a formação da convicção judicial acerca das matérias cognoscíveis de ofício.

Além disso, o juiz continua com o importante papel no controle ideal das irregularidades processuais, por meio do exercício de um correto juízo de admissibilidade que leva em consideração o melhor momento, a forma, o objeto e as consequências processuais do reconhecimento de uma questão de ordem pública. "Enfim, o juiz deve velar pelo núcleo duro de princípios e garantias que formam a *ordem pública processual*, aceitando que as partes disponham com liberdade sobre a marcha do processo, desde que respeitado esse mínimo irredutível.".[78]

Portanto, deve existir um ponto de equilíbrio entre o garantismo processual e a efetividade, levando-se em conta, ainda, as particularidades do direito processual[79] e a observância dos valores contemporâneos que rondam a ordem jurídica.

9. BIBLIOGRAFIA

ALMEIDA, Gregório Assagra de; GOMES JUNIOR, Luiz Manoel. *Um novo Código de Processo Civil para o Brasil*: análise teórica e prática da proposta apresentada ao Senado Federal. Rio de Janeiro: GZ, 2010.

APRIGLIANO, Ricardo de Carvalho. *Ordem pública e processo*: o tratamento das questões de ordem pública no direito processual civil. São Paulo: Atlas, 2011. (Coleção Atlas de Processo Civil. - Coord. Carlos Alberto Carmona).

---

78 GRECO, Leonardo. Os atos de disposição processual – primeiras reflexões. In: MEDINA, José Miguel Garcia et al. (Coords). Os poderes do juiz e o controle das decisões judiciais. São Paulo: Revista dos Tribunais, 2008, p. 302.

79 "É possível afirmar-se que a utilidade do processo passa, necessariamente, por um enfoque que tem como linhas principais a instrumentalidade do processo e a sua efetividade, trazendo como consequências necessárias a rapidez, a garantia do bem da vida, a execução específica, a abrangência da decisão do ponto de vista subjetivo e objetivo e, finalmente, o tratamento adequado do ato processual com uma nova sistematização das nulidades." (CARNEIRO, Paulo Cezar Pinheiro. Acesso à justiça: juizados especiais cíveis e ação civil pública: uma nova sistematização da teoria geral do processo. 2. ed. rev. e atual. Rio de Janeiro: Forense, 2007, p. 106).

BARBOSA MOREIRA, José Carlos. Juízo de admissibilidade e juízo de mérito no julgamento do recurso especial. In: *Temas de direito processual*: quarta série. São Paulo: Saraiva, 1989.

BATISTA, Lia Carolina. Pressupostos Processuais e efetividade do processo civil – Uma tentativa de sistematização. *Revista de Processo*. São Paulo, v. 214, p. 79-119, dez. 2012.

BEDAQUE, José Roberto dos Santos. *Efetividade do processo e técnica processual*. 3 ed. São Paulo: Malheiros, 2010.

_____. *Poderes instrutórios do juiz*. 3. ed. rev. atual. e ampl. São Paulo: Revista dos Tribunais, 2001.

BIAVATI, Paolo. Appuntisullastruttura dela decisione e l'ordine dele questioni. *Revista TrimestralediDiritto e ProceduraCivile*. Milano: Giuffrè Editore. Anno LXIII. Nº 1, p. 1301-1323, marzo. 2009.

BRANDÃO, Fábio Nobre Bueno. Uma visão atual das condições da ação: requisitos do provimento final. *Revista Ibero-Americana de Direito Público*. Rio de Janeiro: América Jurídica. Ano III, n. 8, p. 95-107, abril/junho. 2002.

CABRAL, Trícia Navarro Xavier. Preclusão e decisão interlocutória no projeto do novo CPC. In: ROQUE, André Vasconcelos; PINHO, Humberto Dalla Bernardina de. (Org.). *O projeto do novo Código de Processo Civil*: uma análise crítica. 1. ed. Brasília: Gazeta Jurídica, p. 195-235, 2013, v. 1.

CALIXTO. Negi. *Ordem pública*: exceção à eficácia do direito estrangeiro. Curitiba: Editora Universidade Federal do Paraná, 1987.

CÂMARA, Alexandre Freitas. Será o fim da categoria "condição da ação"? Uma resposta a Fredie Didier Júnior. *Revista de Processo*. São Paulo: Revista dos Tribunais, ano 36, nº 197, p. 261-270, junho. 2011.

CARNEIRO, Paulo Cezar Pinheiro. *Acesso à justiça*: juizados especiais cíveis e ação civil pública: uma nova sistematização da teoria geral do processo. 2. ed. rev. e atual. Rio de Janeiro: Forense, 2007.

CHIARLONI, Sergio. Questionirilevabili d'ufficio, dirittodi defesa e "formalismo dele garanzie". *Revista de Processo*. São Paulo: Revista dos Tribunais, ano 37, n. 212, p. 93-83, outubro. 2012.

COMOGLIO, Luigi Paolo. Il "giusto processo" civile in Italia e in Europa. *Revista de Processo*, São Paulo, Revista dos Tribunais, ano 29, n. 116, p. 97-158, jul./set. 2004.

_____. Garanzieminimedel "giusto processo" civilenegliordinamentiispano-latino-americani. *Revista de Processo*, São Paulo, Revista dos Tribunais, ano 28, n. 112, p. 159-176, out./dez. 2003.

Comissão de Juristas Responsável pela Elaboração de Anteprojeto de Código de Processo Civil. *Anteprojeto do Código de Processo Civil*. Brasília: Senado Federal, Presidência, 2010. 377 p.

CUNHA, Leonardo Carneiro da. Será o fim da categoria "condição da ação"? Uma intromissão no debate travado entre Fredie Didier Jr. E Alexandre Freitas Câmara. *Revista de Processo.* São Paulo: Revista dos Tribunais, ano 36, nº 198, p. 227-236, agosto. 2011.

DIDIER JR., Fredie. *Pressupostos processuais e condições da ação*: o juízo de admissibilidade do processo. São Paulo: Saraiva, 2005.

_____. Será o fim da categoria "condição da ação"? Um elogio ao projeto do novo Código de Processo Civil. *Revista de Processo.* São Paulo: Revista dos Tribunais, ano 36, nº 197, p. 255-260, junho. 2011.

DINAMARCO, Cândido Rangel. *Instituições de direito processual civil.* São Paulo: Malheiros, 2001. V. 1.

_____. *Fundamentos do processo civil moderno.* Tomo I. 6. ed. São Paulo: Malheiros, 2010.

FABRÍCIO, A. F. Extinção do processo e mérito da causa. *Saneamento do processo – estudos em homenagem ao prof. Galeno Lacerda.* Editora Sergio Antonio Fabris Editor, Porto Alegre, p. 15- 53, 1989.

FARIA, Márcio Carvalho. O princípio do contraditório, a boa-fé processual. In: FUX, Luiz (Coord.) *Processo constitucional.* Rio de Janeiro: Forense, 2013.

FILOCRE, D'Aquino. Revisita à ordem pública. *Revista de Informação Legislativa.* Brasília, Ano 46, nº 184, outubro/dezembro, 2009.

FREIRE, Rodrigo da Cunha Lima. *Ainda sobre a declaração ex officio da falta de um pressuposto processual ou de uma condição da ação em agravo de instrumento.* Disponível em: <HTTP://jus2.uol.com.br/doutrina/texto.asp?id=2007, Acesso em: 04/8/2008.

FUX, Luiz. Processo e Constituição. In: FUX, Luiz (Coord.) *Processo constitucional.* Rio de Janeiro: Forense, 2013.

_____. O novo processo civil. In: FUX, Luiz (Coord.). Andrea Carla Barbosa... [et al.]. *O novo processo civil brasileiro (direito em expectativa)*: reflexões acerca do projeto do novo Código de Processo Civil. Rio de Janeiro: Forense, p. 4-24. 2001.

GALENO, Lacerda. *Teoria geral do processo.* 1ª ed. Rio de Janeiro: Editora Forense, 2008.

GRECO, Leonardo. Os atos de disposição processual – primeiras reflexões. In: MEDINA, José Miguel Garcia et al. (Coords). *Os poderes do juiz e o controle das decisões judiciais.* São Paulo: Revista dos Tribunais, 2008.

JORGE, Flávio Cheim; DIDIER JR.; Fredie; RODRIGUES, Marcelo Abelha. *A nova reforma processual.* 2. ed. São Paulo: Saraiva, 2003.

LAZZARINI, Álvaro. Ordem constitucional de 1988 a ordem pública. *Revista de Informação Legislativa.* Brasília, Ano 29, nº 115, julho/setembro, 1992.

MACEDO. Bruno Regis Bandeira Ferreira. Os aspectos procedimentais da petição inicial e da contestação e o novo Código de Processo Civil. In: DIDIER JR., Fredie; MOUTA, José Henrique; KLIPPEL, Rodrigo. (Coords). *O projeto do novo Código de Processo Civil.*

Estudos em homenagem ao Professor José de Albuquerque Rocha. Salvador: JusPodvum, p. 81-102, 2011.

MARQUES, Jussara Cristina. Ordem pública, ordem privada e bem comum. Conceito e extensão nos direitos nacional e internacional. *Revista Jurídica Cesumar - Mestrado*. Maringá, v. 2, n. 1, p. 245-268, dezembro 2002.

MARINONI, Luiz Guilherme; MITIDIERO, Daniel. *O projeto do CPC*: críticas e propostas. São Paulo: Revista dos Tribunais, 2010.

MATTOS, Sérgio Luís Wetzel de. Iniciativa probatória do juiz e princípio do contraditório no processo civil. In: OLIVEIRA, Carlos Alberto Alvaro de (Coord.). *Prova cível*. Rio de Janeiro: Forense, p. 119-135, 1999.

MENDES, Aluisio Gonçalves de Castro. O acesso à Justiça e as condições da ação. *Revista de Processo*, São Paulo: Revista dos Tribunais, ano 34, nº 174, 2009.

MIRANDA, Gladson Rogério de Oliveira. *Prequestionamento nas questões de ordem pública*. Disponível em: <HTTP://jus2.uol.com.br/doutrina/texto.asp?id=4606. Acesso em: 4/8/2008.

MONTORO, André Franco. *Introdução à ciência do direito*. 29. ed. rev. e atual. São Paulo: Revista dos Tribunais, 2011.

MOUTA, Madson da Cunha. Ação: ausência de condição constatada no final do processo, carência de ação ou improcedência do pedido? *Revista Síntese de Direito Civil e Processual Civil*. Porto Alegre: Síntese, v. 1, n. 1, p. 31-34, set./out. 1999.

NERY JUNIOR, Nelson. *Princípios do processo civil na Constituição Federal*. 5. ed. São Paulo: Revista dos Tribunais, 1999.

OLIVEIRA, Carlos Alberto Alvaro de. Teoria e prática da tutela jurisdicional. Rio de Janeiro: Forense, 2008.

_____. *O formalismo-valorativo no confronto com o formalismo excessivo*. Revista de Processo, São Paulo, Revista dos Tribunais, ano 31, n. 137, p. 7-31, jul. 2006.

PACAGNAN, Rosaldo Elias. Breves reflexões sobre as condições da ação. *Revista Jurídica*: órgão nacional de doutrina, jurisprudência, legislação e crítica judiciária. Porto Alegre: Notadez, ano 53, nº 331, p. 65-74, maio. 2005.

PIRES, Adriana. *Prova e contraditório*. In: OLIVEIRA, Carlos Alberto Alvaro de (Coord.). *Prova cível*. Rio de Janeiro: Forense, 1999.

RÁO, Vicente. *O direito e a vida dos direitos*. 6. ed. anotada e atual. por Ovídio Rocha Sandoval. São Paulo: Revista dos Tribunais, 2004.

RIBEIRO, Maurício Moura Portugal. *O controle do uso da noção de ordem pública como limite à liberdade de contratar*: périplo do paradigma de dogmática contratual pós-napoleônica. 2002. Dissertação (Mestrado) – Pontifícia Universidade Católica, São Paulo.

RICCI, Edoardo F. Princípio do contraditório e questões que o juiz pode propor de ofício. In: FUX, Luiz; NERY JUNIOR, Nelson; WAMBIER, Teresa Arruda Alvim (Coord.). *Processo e*

Constituição: estudos em homenagem ao Professor José Carlos Barbosa Moreira. São Paulo: Revista dos Tribunais, 2006.

SILVA, Ovídio A. Baptista da; GOMES, Fábio Luiz. *Teoria geral do processo civil*. 5. Ed., revista e atualizada. São Paulo: Revista dos Tribunais, 2009.

THEODORO JÚNIOR, Humberto. Pressupostos processais, condições da ação e mérito da causa. *Revista de Processo*. São Paulo: Revista dos Tribunais, ano V, nº 17, p. 41-49, janeiro-março. 1980.

VINCENT-LEGOUX, Marie Caroline. *L'ordre public*: Étude de droit compare interne. Paris: PressesUniversitaires de France, 2001.

www.editorajuspodivm.com.br

Impressão e Acabamento:
Geográfica